The Greek New Testament
For Beginning Readers

Byzantine Textform

The Greek New Testament Byzantine Textform

With Aids for Beginning Readers

The Greek Text with Verb Parsing Information
as Compiled by
Maurice A. Robinson & William G. Pierpont

With Lexical Information & Layout
Prepared by John Jeffrey Dodson

Publications

Bibliographic information published by the Deutsche Nationalbibliothek
The Deutsche Nationalbibliothek lists this publication in the Deutsche National-bibliografie; detailed bibliographic data are available in the Internet at http://dnb.d-nb.de.

ISBN 978-3-941750-24-1

VTR Publications
Gogolstr. 33, 90475 Nuremberg, Germany
info@vtr-online.com, http://www.vtr-online.com

In memory of my mother, Melba Cooper Dodson,
who by example taught me to esteem God's Word,
and

for my son Antonio,
that he would grow in his knowledge
and love of the Lord.

Table of Contents

Preface

Beginning in the late twentieth century, the Christian community witnessed a virtual explosion of English Bible translations. Many of these translations are the product of earnest prayer and fine scholarship, and have benefited the church significantly. As a resultant by-product of this broad selection of English translations (or perhaps because of their number), a renewed interest has arisen in reading the New Testament in its original language: Koine Greek.

Learning to read the New Testament in Greek is a rewarding task, but also a deeply challenging one, whether the student is a seminarian, pastor, or church member. After an initial year of study, most students will master a beginning Greek grammar textbook, and will be eager to delve immediately into the Greek text. Unfortunately, many will find that leaving the shelter of a first-year textbook for the uncharted water of the Greek text is a daunting and, at times, discouraging endeavor. With a limited knowledge of vocabulary and verbal forms, the student must continually set aside the Greek text and consult a lexicon or other reference work to fill their knowledge gap. It is the aim and purpose of *The Greek New Testament For Beginning Readers: Byzantine Textform* to bridge this gap by providing footnoted definitions and parsing information for the less frequent word forms on each page of the text, precisely where the student needs them. This help will dramatically reduce or eliminate round trips to other reference materials. By applying this type of inductive approach, the student is naturally encouraged to increase vocabulary, language, and reading skills, and eventually to decrease dependence on various reading tools.

The very existence of other "Reader's Editions" of the Greek New Testament has demonstrated the usefulness of this approach. This of course raises the question: Why, then, is another Reader's Edition needed for the Greek New Testament, and what more can it offer? First, *The Greek New Testament For Beginning Readers: Byzantine Textform* is the only Reader's Edition that is based upon the Byzantine Textform (which agrees some ninety-four percent of the time with other Greek New Testament editions). Further, it is the only Reader's Edition that offers Greek-to-English definitions for every word in the Greek New Testament, as well as parsing information for every verbal form therein. This includes footnoted coverage for uncommon words, along with coverage in the appendices for words commonly committed to memory during the first year of study (words occurring fifty times or more). Also of significance, *The Greek New Testament For Beginning Readers: Byzantine Textform* is the only Reader's Edition that resides in the public domain, thus providing complete flexibility in academic and educational environments regarding how the text and lexical/parsing data are quoted and utilized. Finally, this edition combines some of the best features of other editions: a readable font similar to that used in modern beginning Greek grammars, English section headings that divide the text into recognizable, less intimidating segments, and word frequency counts to help readers decide which vocabulary words deserve further memorization.

Strong houses are built on strong foundations, and a similar principle holds true for this volume. Any Greek New Testament must be based on an accurate Greek text that is prepared on the basis of sound, common-sense guidelines. I am very grateful to Dr. Maurice A. Robinson, Senior Professor of New Testament and Greek at Southeastern Baptist Theological Seminary in Wake Forest, North Carolina, and to the late William G. Pierpont of Wichita, Kansas, for preparing just such a Greek text, and for releasing it into the public domain; also for providing the current parsing information from their electronic database. Their work and generosity made this edition possible. I would also like to thank Dr. Robinson for his helpful suggestions and critiques, and for "field testing" portions of this work with his students at Southeastern. Finally, I am grateful to my loving wife Natalie and my son Antonio for their encouragement and patience since this project began in March of 2005.

JOHN JEFFREY DODSON

Introduction

The purpose of *The Greek New Testament For Beginning Readers: Byzantine Textform* is to provide a resource, free of copyright, for beginning readers who wish to further their study of the New Testament in Koine Greek.

A Note about the Text

The Greek text of this volume is that edited by Maurice A. Robinson and William G. Pierpont, published separately as *The New Testament in the Original Greek: Byzantine Textform 2005*[1]. For background information on the text, please see the preface and appendix of the above-mentioned work.

Aids for the Reader

To aid beginning readers, this volume contains a number of valuable features:

- A readable, non-italic font for the main body of Greek text
- Footnotes containing brief definitions of words occurring less than fifty times
- Word frequency counts to help the reader decide if a word should be memorized
- Footnotes showing how to parse all verbs occurring less than fifty times
- An alphabetized list of all other verb forms with parsing information
- A lexicon showing proper names and all words occurring fifty times or more

The reader should note that the text itself contains aids that are not part of the original Greek manuscripts. These manuscripts generally displayed little or no punctuation or diacritical marks, were written entirely in uncial script (capital letters), and contained no extra space between words. Because the focus of this edition is *readability* for those relatively new to Koine Greek, the text is formatted as today's readers would expect—sentences are punctuated, spacing between words is observed, and accents, breathing marks, and diacriticals are used throughout. Additional aids of this type include:

- English and Greek titles at the beginning of each book
- Chapter and verse numbers throughout the text
- English headings dividing the text into familiar, manageable sections

These aids are not intended to add to or take away from the meaning of the Biblical text, but merely to render it more accessible to beginning readers.

Footnote Apparatus

At the bottom of each page the reader will notice a footnote apparatus containing Greek lexical word forms paired with brief English definitions. The words selected for this footnote apparatus are those appearing in the text less than fifty times. For example, the Greek word βίβλος occurs nine times in the Greek New Testament text, so each occurrence is footnoted in the apparatus. Definitions for proper names of individuals,

---

[1] Robinson, Maurice A. and William G. Pierpont, *The New Testament in the Original Greek: Byzantine Textform 2005*, Southborough, MA: Chilton Book Publishing, 2005.

even if occurring less than fifty times, are included in the lexicon rather than in the footnote apparatus.

Below is an example of how a footnote might appear for the noun βίβλος, or for any other noun:

> ¹ *βίβλος, ου, ἡ, [9] a written book, roll, or volume, sometimes with a sacred connotation.*

The lexical form of the word appears first, showing the noun's nominative singular form (βίβλος), genitive ending (ου), and accompanying article (ἡ). The number in square brackets shows the number of occurrences of this word (in any of its forms) in the Greek New Testament. Finally, the entry shows a brief English definition for the word.

Footnoted adjectives appear as follows:

> ¹ *εὐλογητός, ή, όν, [8] (used only of God), blessed (as entitled to receive blessing from man), worthy of praise.*

Again, the lexical form appears first, showing the nominative masculine form of the adjective, followed by the feminine and neuter endings. The word frequency and brief definition follow, as with the noun.

Footnotes for verbs display only the present active indicative first-person form, followed by a word frequency count and brief definition as seen here:

> ¹ *γνωρίζω, [24] I make known, declare, know, discover.*

Footnotes for adverbs consist of the Greek form of the adverb, the word frequency count, and the definition.

> ¹ *πώποτε, [6] at any time, ever.*

Note that the English definitions are *not* adjusted according to context, and no interpretive decisions are made for the reader. Each definition may contain a range of meanings, so the particular meaning should be determined by examining the surrounding context.

An additional footnote apparatus appears on most pages to show parsing for footnoted verbs. When a verb is footnoted with a definition, it will also be noted in the parsing apparatus with the same footnote number.

For example, when the verb θεάομαι is footnoted with a definition in 1 John 1:1, it appears as follows in the parsing apparatus:

> ¹ *ἐθεασάμεθα: ADI-1P*

This shows that the verb appears in the text in the form ἐθεασάμεθα, which is the aorist (middle) deponent indicative first-person plural form of θεάομαι.

Parsed verbs appear in one of the following forms:

Tense-Voice-Mood
Tense-Voice-Mood-Person-Number
Tense-Voice-Mood-Case-Number-Gender

The abbreviations used to represent tense, voice, mood, etc., are:

Tense: P = Present
        I = Imperfect
        F = Future 2nd Future   = 2F
        A = Aorist 2nd Aorist   = 2A
        R = peRfect 2nd peRfect   = 2R
        L = pLuperfect 2nd pLuperfect = 2L

Voice: A = Active   Mood: I = Indicative
        M = Middle   S = Subjunctive
        P = Passive   O = Optative
        E = Either middle or passive   M = iMperative
        D = middle Deponent   N = iNfinitive
        O = passive depOnent   P = Participle
        N = middle or passive depoNent

Case: N = Nominative
        G = Genitive
        D = Dative
        A = Accusative
        V = Vocative

Extra: ATT   = Attic Greek form
Person: 1, 2, 3 = 1st, 2nd, 3rd person
Number: S, P   = Singular, Plural
Gender: M, F, N = Masculine, Feminine, Neuter

A Final Word

A man once asked Jesus, "What is truth?" (John 18:38). Many are asking the same question today, and we can tell them that Jesus said, "*I am the way, the truth, and the life. No one comes to the Father except through Me.*" (John 14:6). The truth *is* knowable, because an all-knowing God has revealed it to us in His Son, Jesus Christ of Nazareth, and through His word, the Bible. I pray that I have handled God's word diligently, and that through it you might know the truth. *Soli Deo gloria!*

JOHN JEFFREY DODSON

Abbreviations

Some abbreviations are used frequently in the text of the English definitions. These abbreviations are:

Abbreviation	Meaning
absol	absolute
abstr	abstract
acc	accusative
act	active
adj	adjective
adv	adverb
aor	aorist
concr	concrete
conj	conjunction
dat	dative
dep	deponent
fig	figuratively
gen	genitive
infin	infinitive
intrans	intransitive
lit	literally
met	metaphorically
meton	metonymy
mid	middle
neut	neuter
NT	New Testament
OT	Old Testament
pass	passive
plur	plural
prep	preposition
prop	properly
sing	singular
subst	substantive
trans	transitive

Part I

The Gospels
and
Acts of the Apostles

ΚΑΤΑ ΜΑΤΘΑΙΟΝ
According to Matthew

The Genealogy of Christh

Βίβλος *¹* γενέσεως *²* Ἰησοῦ χριστοῦ, υἱοῦ Δαυίδ, υἱοῦ Ἀβραάμ.
2 Ἀβραὰμ ἐγέννησεν τὸν Ἰσαάκ· Ἰσαὰκ δὲ ἐγέννησεν τὸν Ἰακώβ· Ἰακὼβ δὲ
ἐγέννησεν τὸν Ἰούδαν καὶ τοὺς ἀδελφοὺς αὐτοῦ· 3 Ἰούδας δὲ ἐγέννησεν τὸν Φαρὲς
καὶ τὸν Ζαρὰ ἐκ τῆς Θάμαρ· Φαρὲς δὲ ἐγέννησεν τὸν Ἑσρώμ· Ἑσρὼμ δὲ ἐγέννησεν
τὸν Ἀράμ· 4 Ἀρὰμ δὲ ἐγέννησεν τὸν Ἀμιναδάβ· Ἀμιναδὰβ δὲ ἐγέννησεν τὸν Ναασσών·
Ναασσὼν δὲ ἐγέννησεν τὸν Σαλμών· 5 Σαλμὼν δὲ ἐγέννησεν τὸν Βοὸζ ἐκ τῆς Ῥαχάβ·
Βοὸζ δὲ ἐγέννησεν τὸν Ὠβὴδ ἐκ τῆς Ῥούθ· Ὠβὴδ δὲ ἐγέννησεν τὸν Ἰεσσαί· 6 Ἰεσσαὶ δὲ
ἐγέννησεν τὸν Δαυὶδ τὸν βασιλέα.

Δαυὶδ δὲ ὁ βασιλεὺς ἐγέννησεν τὸν Σολομῶνα ἐκ τῆς τοῦ Οὐρίου· 7 Σολομὼν
δὲ ἐγέννησεν τὸν Ῥοβοάμ· Ῥοβοὰμ δὲ ἐγέννησεν τὸν Ἀβιά· Ἀβιὰ δὲ ἐγέννησεν τὸν
Ἀσά· 8 Ἀσὰ δὲ ἐγέννησεν τὸν Ἰωσαφάτ· Ἰωσαφὰτ δὲ ἐγέννησεν τὸν Ἰωράμ· Ἰωρὰμ
δὲ ἐγέννησεν τὸν Ὀζίαν· 9 Ὀζίας δὲ ἐγέννησεν τὸν Ἰωάθαμ· Ἰωάθαμ δὲ ἐγέννησεν
τὸν Ἄχαζ· Ἄχαζ δὲ ἐγέννησεν τὸν Ἑζεκίαν· 10 Ἑζεκίας δὲ ἐγέννησεν τὸν Μανασσῆ·
Μανασσῆς δὲ ἐγέννησεν τὸν Ἀμών· Ἀμὼν δὲ ἐγέννησεν τὸν Ἰωσίαν· 11 Ἰωσίας δὲ
ἐγέννησεν τὸν Ἰεχονίαν καὶ τοὺς ἀδελφοὺς αὐτοῦ, ἐπὶ τῆς μετοικεσίας *³* Βαβυλῶνος. *⁴*

12 Μετὰ δὲ τὴν μετοικεσίαν *³* Βαβυλῶνος, *⁴* Ἰεχονίας ἐγέννησεν τὸν Σαλαθιήλ·
Σαλαθιὴλ δὲ ἐγέννησεν τὸν Ζοροβάβελ· 13 Ζοροβάβελ δὲ ἐγέννησεν τὸν Ἀβιούδ·
Ἀβιοὺδ δὲ ἐγέννησεν τὸν Ἐλιακείμ· Ἐλιακεὶμ δὲ ἐγέννησεν τὸν Ἀζώρ· 14 Ἀζὼρ δὲ
ἐγέννησεν τὸν Σαδώκ· Σαδὼκ δὲ ἐγέννησεν τὸν Ἀχείμ· Ἀχεὶμ δὲ ἐγέννησεν τὸν Ἐλιούδ·
15 Ἐλιοὺδ δὲ ἐγέννησεν τὸν Ἐλεάζαρ· Ἐλεάζαρ δὲ ἐγέννησεν τὸν Ματθάν· Ματθὰν
δὲ ἐγέννησεν τὸν Ἰακώβ· 16 Ἰακὼβ δὲ ἐγέννησεν τὸν Ἰωσὴφ τὸν ἄνδρα Μαρίας, ἐξ ἧς
ἐγεννήθη Ἰησοῦς, ὁ λεγόμενος χριστός.

17 Πᾶσαι οὖν αἱ γενεαὶ *⁵* ἀπὸ Ἀβραὰμ ἕως Δαυὶδ γενεαὶ *⁵* δεκατέσσαρες· *⁶* καὶ

---

*¹βίβλος, ου, ἡ, [9] a written book, roll, or volume, sometimes with a sacred connotation. ²γένεσις, εως, ἡ, [3]
birth, lineage, descent. ³μετοικεσία, ας, ἡ, [4] change of abode, migration, deportation. ⁴Βαβυλών, ῶνος, ἡ,
[12] (a) Babylon, the ancient city on the Euphrates, to which the people of Jerusalem, etc., were transported, (b)
hence allegorically of Rome, from the point of view of the Christian people. ⁵γενεά, ᾶς, ἡ, [42] a generation;
if repeated twice or with another time word, practically indicates infinity of time. ⁶δεκατέσσαρες, ων, [5]
fourteen.*

ἀπὸ Δαυὶδ ἕως τῆς μετοικεσίας¹ Βαβυλῶνος,² γενεαὶ³ δεκατέσσαρες·⁴ καὶ ἀπὸ τῆς μετοικεσίας¹ Βαβυλῶνος² ἕως τοῦ χριστοῦ, γενεαὶ³ δεκατέσσαρες.⁴

The Annunciation to Joseph and the Birth of Jesus

18 Τοῦ δὲ Ἰησοῦ χριστοῦ ἡ γέννησις⁵ οὕτως ἦν. Μνηστευθείσης⁶ γὰρ τῆς μητρὸς αὐτοῦ Μαρίας τῷ Ἰωσήφ, πρὶν⁷ ἢ συνελθεῖν⁸ αὐτούς, εὑρέθη ἐν γαστρὶ⁹ ἔχουσα ἐκ πνεύματος ἁγίου. **19** Ἰωσὴφ δὲ ὁ ἀνὴρ αὐτῆς, δίκαιος ὤν, καὶ μὴ θέλων αὐτὴν παραδειγματίσαι,¹⁰ ἐβουλήθη¹¹ λάθρᾳ¹² ἀπολῦσαι αὐτήν. **20** Ταῦτα δὲ αὐτοῦ ἐνθυμηθέντος,¹³ ἰδού, ἄγγελος κυρίου κατ’ ὄναρ¹⁴ ἐφάνη¹⁵ αὐτῷ, λέγων, Ἰωσήφ, υἱὸς Δαυίδ, μὴ φοβηθῇς παραλαβεῖν¹⁶ Μαριὰμ τὴν γυναῖκά σου· τὸ γὰρ ἐν αὐτῇ γεννηθὲν ἐκ πνεύματός ἐστιν ἁγίου. **21** Τέξεται¹⁷ δὲ υἱόν, καὶ καλέσεις τὸ ὄνομα αὐτοῦ Ἰησοῦν· αὐτὸς γὰρ σώσει τὸν λαὸν αὐτοῦ ἀπὸ τῶν ἁμαρτιῶν αὐτῶν. **22** Τοῦτο δὲ ὅλον γέγονεν, ἵνα πληρωθῇ τὸ ῥηθὲν ὑπὸ τοῦ κυρίου διὰ τοῦ προφήτου, λέγοντος, **23** Ἰδού, ἡ παρθένος¹⁸ ἐν γαστρὶ⁹ ἕξει καὶ τέξεται¹⁹ υἱόν, καὶ καλέσουσιν τὸ ὄνομα αὐτοῦ Ἐμμανουήλ,²⁰ ὅ ἐστιν μεθερμηνευόμενον,²¹ Μεθ’ ἡμῶν ὁ θεός. **24** Διεγερθεὶς²² δὲ ὁ Ἰωσὴφ ἀπὸ τοῦ ὕπνου,²³ ἐποίησεν ὡς προσέταξεν²⁴ αὐτῷ ὁ ἄγγελος κυρίου· καὶ παρέλαβεν²⁵ τὴν γυναῖκα αὐτοῦ, **25** καὶ οὐκ ἐγίνωσκεν αὐτὴν ἕως οὗ ἔτεκεν²⁶ τὸν υἱὸν αὐτῆς τὸν πρωτότοκον·²⁷ καὶ ἐκάλεσεν τὸ ὄνομα αὐτοῦ Ἰησοῦν.

The Wise Men from the East

2 Τοῦ δὲ Ἰησοῦ γεννηθέντος ἐν Βηθλεὲμ²⁸ τῆς Ἰουδαίας,²⁹ ἐν ἡμέραις Ἡρώδου τοῦ βασιλέως, ἰδού, μάγοι³⁰ ἀπὸ ἀνατολῶν³¹ παρεγένοντο³² εἰς Ἱεροσόλυμα,

---

⁶Μνηστευθείσης: APP-GSF   ⁸συνελθεῖν: 2AAN   ¹⁰παραδειγματίσαι: AAN   ¹¹ἐβουλήθη: AOI-3S   ¹³ἐνθυμηθέντος: AOP-GSM   ¹⁵ἐφάνη: 2API-3S   ¹⁶παραλαβεῖν: 2AAN   ¹⁷Τέξεται: FDI-3S   ¹⁹τέξεται: FDI-3S   ²¹μεθερμηνευόμενον: PPP-NSN   ²²Διεγερθεὶς: APP-NSM   ²⁴προσέταξεν: AAI-3S   ²⁵παρέλαβεν: 2AAI-3S   ²⁶ἔτεκεν: 2AAI-3S   ³²παρεγένοντο: 2ADI-3P

---

¹μετοικεσία, ας, ἡ, [4] change of abode, migration, deportation.   ²Βαβυλών, ῶνος, ἡ, [12] (a) Babylon, the ancient city on the Euphrates, to which the people of Jerusalem, etc., were transported, (b) hence allegorically of Rome, from the point of view of the Christian people.   ³γενεά, ᾶς, ἡ, [42] a generation; if repeated twice or with another time word, practically indicates infinity of time.   ⁴δεκατέσσαρες, ων, [5] fourteen.   ⁵γέννησις, εως, ἡ, [2] nativity, birth.   ⁶μνηστεύω, [3] I ask in marriage; pass: I am betrothed.   ⁷πρίν, [14] formerly, before.   ⁸συνέρχομαι, [32] I come or go with, accompany; I come together, assemble.   ⁹γαστήρ, γαστρός, ἡ, [9] the womb, stomach; of a woman: to be with child (lit: to have [a child] in the belly).   ¹⁰παραδειγματίζω, [2] I put to open shame, make a public example of, put to disgrace.   ¹¹βούλομαι, [34] I will, intend, desire, wish.   ¹²λάθρᾳ, [4] secretly, privately.   ¹³ἐνθυμέομαι, [3] I meditate upon, reflect upon, ponder.   ¹⁴ὄναρ, ατος, τό, [6] a dream.   ¹⁵φαίνω, [31] (a) act: I shine, shed light, (b) pass: I shine, become visible, appear, (c) I become clear, appear, seem, show myself as.   ¹⁶παραλαμβάνω, [49] I take from, receive from, or: I take to, receive (apparently not used of money), admit, acknowledge; I take with me.   ¹⁷τίκτω, [19] I bear, bring forth, produce, beget, yield.   ¹⁸παρθένος, ου, ὁ, ἡ, [14] a maiden, virgin; extended to men who have not known women.   ¹⁹τίκτω, [19] I bear, bring forth, produce, beget, yield.   ²⁰Ἐμμανουήλ, ὁ, [1] Emmanuel, a Messianic title derived from Isaiah 7:14 = God with us.   ²¹μεθερμηνεύω, [7] I translate (from one language into another), interpret.   ²²διεγείρω, [7] I wake out of sleep, arouse in general, stir up.   ²³ὕπνος, ου, ὁ, [6] sleep; fig: spiritual sleep.   ²⁴προστάσσω, [8] (a) I instruct, command, (b) I appoint, assign.   ²⁵παραλαμβάνω, [49] I take from, receive from, or: I take to, receive (apparently not used of money), admit, acknowledge; I take with me.   ²⁶τίκτω, [19] I bear, bring forth, produce, beget, yield.   ²⁷πρωτότοκος, ον, [9] first-born, eldest.   ²⁸Βηθλεέμ, ἡ, [8] Bethlehem, a town of Judea.   ²⁹Ἰουδαία, ας, ἡ, [43] Judea, a Roman province, capital Jerusalem.   ³⁰μάγος, ου, ὁ, [6] a sorcerer, a magician, a wizard.   ³¹ἀνατολή, ῆς, ἡ, [10] (a) rising of the sun, hence (b) (sing. and plur.) the quarter whence the sun rises, the East.   ³²παραγίνομαι, [37] (a) I come on the scene, appear, come, (b) with words expressing destination: I present myself at, arrive at, reach.

2 λέγοντες, Ποῦ¹ ἐστὶν ὁ τεχθεὶς² βασιλεὺς τῶν Ἰουδαίων; Εἴδομεν γὰρ αὐτοῦ τὸν ἀστέρα³ ἐν τῇ ἀνατολῇ,⁴ καὶ ἤλθομεν προσκυνῆσαι αὐτῷ. **3** Ἀκούσας δὲ Ἡρῴδης ὁ βασιλεὺς ἐταράχθη,⁵ καὶ πᾶσα Ἱεροσόλυμα μετ' αὐτοῦ· **4** καὶ συναγαγὼν πάντας τοὺς ἀρχιερεῖς καὶ γραμματεῖς τοῦ λαοῦ, ἐπυνθάνετο⁶ παρ' αὐτῶν ποῦ¹ ὁ χριστὸς γεννᾶται. **5** Οἱ δὲ εἶπον αὐτῷ, Ἐν Βηθλεὲμ⁷ τῆς Ἰουδαίας·⁸ οὕτως γὰρ γέγραπται διὰ τοῦ προφήτου, **6** Καὶ σὺ Βηθλεέμ,⁷ γῆ Ἰούδα, οὐδαμῶς⁹ ἐλαχίστη¹⁰ εἶ ἐν τοῖς ἡγεμόσιν¹¹ Ἰούδα· ἐκ σοῦ γὰρ ἐξελεύσεται ἡγούμενος,¹² ὅστις ποιμανεῖ¹³ τὸν λαόν μου τὸν Ἰσραήλ. **7** Τότε Ἡρῴδης, λάθρᾳ¹⁴ καλέσας τοὺς μάγους,¹⁵ ἠκρίβωσεν¹⁶ παρ' αὐτῶν τὸν χρόνον τοῦ φαινομένου¹⁷ ἀστέρος.³ **8** Καὶ πέμψας αὐτοὺς εἰς Βηθλεὲμ⁷ εἶπεν, Πορευθέντες ἀκριβῶς¹⁸ ἐξετάσατε¹⁹ περὶ τοῦ παιδίου· ἐπὰν²⁰ δὲ εὕρητε, ἀπαγγείλατέ²¹ μοι, ὅπως κἀγὼ ἐλθὼν προσκυνήσω αὐτῷ. **9** Οἱ δὲ ἀκούσαντες τοῦ βασιλέως ἐπορεύθησαν· καὶ ἰδού, ὁ ἀστήρ,³ ὃν εἶδον ἐν τῇ ἀνατολῇ,⁴ προῆγεν²² αὐτούς, ἕως ἐλθὼν ἔστη ἐπάνω²³ οὗ²⁴ ἦν τὸ παιδίον. **10** Ἰδόντες δὲ τὸν ἀστέρα,³ ἐχάρησαν χαρὰν μεγάλην σφόδρα.²⁵ **11** Καὶ ἐλθόντες εἰς τὴν οἰκίαν, εἶδον τὸ παιδίον μετὰ Μαρίας τῆς μητρὸς αὐτοῦ, καὶ πεσόντες προσεκύνησαν αὐτῷ, καὶ ἀνοίξαντες τοὺς θησαυροὺς²⁶ αὐτῶν προσήνεγκαν²⁷ αὐτῷ δῶρα,²⁸ χρυσὸν²⁹ καὶ λίβανον³⁰ καὶ σμύρναν.³¹ **12** Καὶ χρηματισθέντες³² κατ' ὄναρ³³ μὴ ἀνακάμψαι³⁴ πρὸς Ἡρῴδην, δι' ἄλλης ὁδοῦ ἀνεχώρησαν³⁵ εἰς τὴν χώραν³⁶ αὐτῶν.

---

²τεχθεὶς: APP-NSM   ⁵ἐταράχθη: API-3S   ⁶ἐπυνθάνετο: INI-3S   ¹²ἡγούμενος: PNP-NSM   ¹³ποιμανεῖ: FAI-3S ¹⁶ἠκρίβωσεν: AAI-3S   ¹⁷φαινομένου: PEP-GSM   ¹⁹ἐξετάσατε: AAM-2P   ²¹ἀπαγγείλατέ: AAM-2P   ²²προῆγεν: IAI-3S   ²⁷προσήνεγκαν: AAI-3P   ³²χρηματισθέντες: APP-NPM   ³⁴ἀνακάμψαι: AAN   ³⁵ἀνεχώρησαν: AAI-3P

---

¹ποῦ, [44] where, in what place.   ²τίκτω, [19] I bear, bring forth, produce, beget, yield.   ³ἀστήρ, έρος, ὁ, [24] a star.   ⁴ἀνατολή, ῆς, ἡ, [10] (a) rising of the sun, hence (b) (sing. and plur.) the quarter whence the sun rises, the East.   ⁵ταράσσω, [17] I disturb, agitate, stir up, trouble.   ⁶πυνθάνομαι, [12] I ask, inquire, ascertain by inquiry, understand.   ⁷Βηθλεέμ, ἡ, [8] Bethlehem, a town of Judea.   ⁸Ἰουδαία, ας, ἡ, [43] Judea, a Roman province, capital Jerusalem.   ⁹οὐδαμῶς, [1] by no means, not at all.   ¹⁰ἐλάχιστος, ίστη, ιστον, [13] least, smallest, but perhaps oftener in the weaker sense: very little, very small.   ¹¹ἡγεμών, όνος, ὁ, [22] a leader, guide; a commander; a governor (of a province); plur: leaders.   ¹²ἡγέομαι, [28] (a) I lead, (b) I think, am of opinion, suppose, consider.   ¹³ποιμαίνω, [11] I shepherd, tend, herd; hence: I rule, govern.   ¹⁴λάθρᾳ, [4] secretly, privately.   ¹⁵μάγος, ου, ὁ, [6] a sorcerer, a magician, a wizard.   ¹⁶ἀκριβόω, [2] I learn carefully, inquire with exactness.   ¹⁷φαίνω, [31] (a) act: I shine, shed light, (b) pass: I shine, become visible, appear, (c) I become clear, appear, seem, show myself as.   ¹⁸ἀκριβῶς, [9] carefully, exactly, strictly, distinctly.   ¹⁹ἐξετάζω, [3] I examine, question, inquire at, search out.   ²⁰ἐπάν, [3] after, when, as soon as.   ²¹ἀπαγγέλλω, [44] I report (from one place to another), bring a report, announce, declare.   ²²προάγω, [18] (a) trans: I lead forth; in the judicial sense, into court, (b) intrans. and trans: I precede, go before, (c) intrans: I go too far.   ²³ἐπάνω, [20] (a) adv: on the top, above, (b) prep: on the top of, above, over, on, above, more than, superior to.   ²⁴οὗ, [23] where, whither, when, in what place.   ²⁵σφόδρα, [11] exceedingly, greatly, very much.   ²⁶θησαυρός, οῦ, ὁ, [18] a store-house for precious things; hence: a treasure, a store.   ²⁷προσφέρω, [48] (a) I bring to, (b) characteristically: I offer (of gifts, sacrifices, etc).   ²⁸δῶρον, ου, τό, [19] a gift, present.   ²⁹χρυσός, οῦ, ὁ, [10] gold, anything made of gold, a gold coin.   ³⁰λίβανος, ου, ὁ, [2] (Semitic word), frankincense, incense.   ³¹σμύρνα, ης, ἡ, [2] myrrh.   ³²χρηματίζω, [9] (originally: I transact business), (a) act. of God: I warn; pass: I am warned by God (probably in response to an inquiry as to one's duty), (b) (I take a name from my public business, hence) I receive a name, am publicly called.   ³³ὄναρ, ατος, τό, [6] a dream.   ³⁴ἀνακάμπτω, [4] I bend or turn back; I return.   ³⁵ἀναχωρέω, [14] I return, retire, withdraw, depart (underlying idea perhaps of taking refuge from danger or of going into retirement).   ³⁶χώρα, ας, ἡ, [27] (a) a country or region, (b) the land, as opposed to the sea, (c) the country, distinct from town, (d) plur: fields.

The Flight into Egypt and the Return to Nazareth

13 Ἀναχωρησάντων¹ δὲ αὐτῶν, ἰδού, ἄγγελος κυρίου φαίνεται² κατ᾽ ὄναρ³ τῷ Ἰωσήφ, λέγων, Ἐγερθεὶς παράλαβε⁴ τὸ παιδίον καὶ τὴν μητέρα αὐτοῦ, καὶ φεῦγε⁵ εἰς Αἴγυπτον,⁶ καὶ ἴσθι ἐκεῖ ἕως ἂν εἴπω σοί· μέλλει γὰρ Ἡρῴδης ζητεῖν τὸ παιδίον, τοῦ ἀπολέσαι αὐτό. **14** Ὁ δὲ ἐγερθεὶς παρέλαβεν⁷ τὸ παιδίον καὶ τὴν μητέρα αὐτοῦ νυκτός, καὶ ἀνεχώρησεν⁸ εἰς Αἴγυπτον,⁶ **15** καὶ ἦν ἐκεῖ ἕως τῆς τελευτῆς⁹ Ἡρῴδου· ἵνα πληρωθῇ τὸ ῥηθὲν ὑπὸ τοῦ κυρίου διὰ τοῦ προφήτου, λέγοντος, Ἐξ Αἰγύπτου⁶ ἐκάλεσα τὸν υἱόν μου. **16** Τότε Ἡρῴδης, ἰδὼν ὅτι ἐνεπαίχθη¹⁰ ὑπὸ τῶν μάγων,¹¹ ἐθυμώθη¹² λίαν,¹³ καὶ ἀποστείλας ἀνεῖλεν¹⁴ πάντας τοὺς παῖδας¹⁵ τοὺς ἐν Βηθλεὲμ¹⁶ καὶ ἐν πᾶσιν τοῖς ὁρίοις¹⁷ αὐτῆς, ἀπὸ διετοῦς¹⁸ καὶ κατωτέρω,¹⁹ κατὰ τὸν χρόνον ὃν ἠκρίβωσεν²⁰ παρὰ τῶν μάγων.¹¹ **17** Τότε ἐπληρώθη τὸ ῥηθὲν ὑπὸ Ἰερεμίου τοῦ προφήτου, λέγοντος, **18** Φωνὴ ἐν Ῥαμᾶ²¹ ἠκούσθη, θρῆνος²² καὶ κλαυθμὸς²³ καὶ ὀδυρμὸς²⁴ πολύς, Ῥαχὴλ κλαίουσα²⁵ τὰ τέκνα αὐτῆς, καὶ οὐκ ἤθελεν παρακληθῆναι, ὅτι οὐκ εἰσίν. **19** Τελευτήσαντος²⁶ δὲ τοῦ Ἡρῴδου, ἰδού, ἄγγελος κυρίου κατ᾽ ὄναρ³ φαίνεται²⁷ τῷ Ἰωσὴφ ἐν Αἰγύπτῳ,⁶ **20** λέγων, Ἐγερθεὶς παράλαβε²⁸ τὸ παιδίον καὶ τὴν μητέρα αὐτοῦ, καὶ πορεύου εἰς γῆν Ἰσραήλ· τεθνήκασιν²⁹ γὰρ οἱ ζητοῦντες τὴν ψυχὴν τοῦ παιδίου. **21** Ὁ δὲ ἐγερθεὶς παρέλαβεν³⁰ τὸ παιδίον καὶ τὴν μητέρα αὐτοῦ, καὶ ἦλθεν εἰς γῆν Ἰσραήλ. **22** Ἀκούσας δὲ ὅτι Ἀρχέλαος βασιλεύει³¹ ἐπὶ τῆς Ἰουδαίας³² ἀντὶ³³ Ἡρῴδου τοῦ πατρὸς αὐτοῦ,

---

¹Ἀναχωρησάντων: AAP-GPM ²φαίνεται: PEI-3S ⁴παράλαβε: 2AAM-2S ⁵φεῦγε: PAM-2S ⁷παρέλαβεν: 2AAI-3S ⁸ἀνεχώρησεν: AAI-3S ¹⁰ἐνεπαίχθη: API-3S ¹²ἐθυμώθη: API-3S ¹⁴ἀνεῖλεν: 2AAI-3S ²⁰ἠκρίβωσεν: AAI-3S ²⁵κλαίουσα: PAP-NSF ²⁶Τελευτήσαντος: AAP-GSM ²⁷φαίνεται: PEI-3S ²⁸παράλαβε: 2AAM-2S ²⁹τεθνήκασιν: RAI-3P ³⁰παρέλαβεν: 2AAI-3S ³¹βασιλεύει: PAI-3S

---

¹ἀναχωρέω, [14] I return, retire, withdraw, depart (underlying idea perhaps of taking refuge from danger or of going into retirement). ²φαίνω, [31] (a) act: I shine, shed light, (b) pass: I shine, become visible, appear, (c) I become clear, appear, seem, show myself as. ³ὄναρ, ατος, τό, [6] a dream. ⁴παραλαμβάνω, [49] I take from, receive from, or: I take to, receive (apparently not used of money), admit, acknowledge; I take with me. ⁵φεύγω, [31] I flee, escape, shun. ⁶Αἴγυπτος, ου, ἡ, [24] Egypt. ⁷παραλαμβάνω, [49] I take from, receive from, or: I take to, receive (apparently not used of money), admit, acknowledge; I take with me. ⁸ἀναχωρέω, [14] I return, retire, withdraw, depart (underlying idea perhaps of taking refuge from danger or of going into retirement). ⁹τελευτή, ῆς, ἡ, [1] end of life, death. ¹⁰ἐμπαίζω, [13] I mock, ridicule. ¹¹μάγος, ου, ὁ, [6] a sorcerer, a magician, a wizard. ¹²θυμόω, [1] I provoke to anger; pass: I am wroth or very angry. ¹³λίαν, [14] very; very much, exceedingly, greatly. ¹⁴ἀναιρέω, [23] I take up, take away the life of, make an end of, murder. ¹⁵παῖς, παιδός, ὁ, ἡ, [24] (a) a male child, boy, (b) a male slave, servant; thus: a servant of God, especially as a title of the Messiah, (c) a female child, girl. ¹⁶Βηθλεέμ, ἡ, [8] Bethlehem, a town of Judea. ¹⁷ὅριον, ου, τό, [11] the boundaries of a place, hence: districts, territory. ¹⁸διετής, ές, [1] two years old, lasting two years. ¹⁹κάτω, [11] (a) down, below, also: downwards, (b) lower, under, less, of a length of time. ²⁰ἀκριβόω, [2] I learn carefully, inquire with exactness. ²¹Ῥαμά, ἡ, [1] Rama, a place in Ephraim, two hours north of Jerusalem. ²²θρῆνος, ου, ὁ, [1] wailing, lamentation, dirge. ²³κλαυθμός, οῦ, ὁ, [9] weeping, lamentation, crying. ²⁴ὀδυρμός, οῦ, ὁ, [2] lamentation, wailing, mourning, sorrow. ²⁵κλαίω, [40] I weep, weep for, mourn, lament. ²⁶τελευτάω, [12] I end, finish, die, complete. ²⁷φαίνω, [31] (a) act: I shine, shed light, (b) pass: I shine, become visible, appear, (c) I become clear, appear, seem, show myself as. ²⁸παραλαμβάνω, [49] I take from, receive from, or: I take to, receive (apparently not used of money), admit, acknowledge; I take with me. ²⁹θνήσκω, [13] I die, am dying, am dead. ³⁰παραλαμβάνω, [49] I take from, receive from, or: I take to, receive (apparently not used of money), admit, acknowledge; I take with me. ³¹βασιλεύω, [21] (a) I rule, reign, (b) I reign over. ³²Ἰουδαία, ας, ἡ, [43] Judea, a Roman province, capital Jerusalem. ³³ἀντί, [22] (a) instead of, in return for, over against, opposite, in exchange for, as a substitute for, (b) on my behalf, (c) wherefore, because.

ἐφοβήθη ἐκεῖ ἀπελθεῖν· χρηματισθεὶς [1] δὲ κατ' ὄναρ, [2] ἀνεχώρησεν [3] εἰς τὰ μέρη [4] τῆς Γαλιλαίας, **23** καὶ ἐλθὼν κατῴκησεν [5] εἰς πόλιν λεγομένην Ναζαρέτ· [6] ὅπως πληρωθῇ τὸ ῥηθὲν διὰ τῶν προφητῶν, ὅτι Ναζωραῖος [7] κληθήσεται.

The Ministry of John the Baptist

3 Ἐν δὲ ταῖς ἡμέραις ἐκείναις παραγίνεται [8] Ἰωάννης ὁ βαπτιστής, [9] κηρύσσων ἐν τῇ ἐρήμῳ τῆς Ἰουδαίας, [10] **2** καὶ λέγων, Μετανοεῖτε· [11] ἤγγικεν [12] γὰρ ἡ βασιλεία τῶν οὐρανῶν. **3** Οὗτος γάρ ἐστιν ὁ ῥηθεὶς ὑπὸ Ἡσαΐου τοῦ προφήτου, λέγοντος, Φωνὴ βοῶντος [13] ἐν τῇ ἐρήμῳ, Ἑτοιμάσατε [14] τὴν ὁδὸν κυρίου· εὐθείας [15] ποιεῖτε τὰς τρίβους [16] αὐτοῦ. **4** Αὐτὸς δὲ ὁ Ἰωάννης εἶχεν τὸ ἔνδυμα [17] αὐτοῦ ἀπὸ τριχῶν [18] καμήλου, [19] καὶ ζώνην [20] δερματίνην [21] περὶ τὴν ὀσφὺν [22] αὐτοῦ· ἡ δὲ τροφὴ [23] αὐτοῦ ἦν ἀκρίδες [24] καὶ μέλι [25] ἄγριον. [26] **5** Τότε ἐξεπορεύετο [27] πρὸς αὐτὸν Ἱεροσόλυμα καὶ πᾶσα ἡ Ἰουδαία [10] καὶ πᾶσα ἡ περίχωρος [28] τοῦ Ἰορδάνου· [29] **6** καὶ ἐβαπτίζοντο ἐν τῷ Ἰορδάνῃ [29] ὑπ' αὐτοῦ, ἐξομολογούμενοι [30] τὰς ἁμαρτίας αὐτῶν. **7** Ἰδὼν δὲ πολλοὺς τῶν Φαρισαίων καὶ Σαδδουκαίων [31] ἐρχομένους ἐπὶ τὸ βάπτισμα [32] αὐτοῦ, εἶπεν αὐτοῖς, Γεννήματα [33] ἐχιδνῶν, [34] τίς ὑπέδειξεν [35] ὑμῖν φυγεῖν [36] ἀπὸ τῆς μελλούσης ὀργῆς; [37] **8** Ποιήσατε οὖν καρπὸν ἄξιον [38] τῆς μετανοίας· [39] **9** καὶ μὴ δόξητε λέγειν ἐν ἑαυτοῖς, Πατέρα ἔχομεν

---

[1]χρηματισθείς: *APP-NSM*   [3]ἀνεχώρησεν: *AAI-3S*   [5]κατῴκησεν: *AAI-3S*   [8]παραγίνεται: *PNI-3S*   [11]Μετανοεῖτε: *PAM-2P*   [12]ἤγγικεν: *RAI-3S*   [13]βοῶντος: *PAP-GSM*   [14]Ἑτοιμάσατε: *AAM-2P*   [27]ἐξεπορεύετο: *INI-3S*   [30]ἐξομολογούμενοι: *PMP-NPM*   [35]ὑπέδειξεν: *AAI-3S*   [36]φυγεῖν: *2AAN*

---

[1]χρηματίζω, [9] (originally: I transact business), (a) act. of God: I warn; pass: I am warned by God (probably in response to an inquiry as to one's duty), (b) (I take a name from my public business, hence) I receive a name, am publicly called.   [2]ὄναρ, ατος, τό, [6] a dream.   [3]ἀναχωρέω, [14] I return, retire, withdraw, depart (underlying idea perhaps of taking refuge from danger or of going into retirement).   [4]μέρος, ους, τό, [43] a part, portion, share.   [5]κατοικέω, [45] I dwell in, settle in, am established in (permanently), inhabit.   [6]Ναζαρέτ, ἡ, [12] Nazareth, a city of Galilee, where Jesus lived before His ministry.   [7]Ναζωραῖος, ου, ὁ, [15] a Nazarene, an inhabitant of Nazareth.   [8]παραγίνομαι, [37] (a) I come on the scene, appear, come, (b) with words expressing destination: I present myself at, arrive at, reach.   [9]βαπτιστής, οῦ, ὁ, [14] the baptizer, the Baptist, epithet used only of John, the son of Zechariah and Elizabeth, forerunner of Jesus.   [10]Ἰουδαία, ας, ἡ, [43] Judea, a Roman province, capital Jerusalem.   [11]μετανοέω, [34] I repent, change my mind, change the inner man (particularly with reference to acceptance of the will of God), repent.   [12]ἐγγίζω, [43] trans: I bring near; intrans: I come near, approach.   [13]βοάω, [11] I shout, call aloud, proclaim.   [14]ἑτοιμάζω, [40] I make ready, prepare.   [15]εὐθύς, εῖα, ύ, [8] adj: (a) straight of direction, as opposed to crooked, (b) upright; adv: immediately.   [16]τρίβος, ου, ἡ, [3] a worn path, beaten way, road, highway.   [17]ἔνδυμα, ατος, τό, [8] a garment, raiment, clothing.   [18]θρίξ, τριχός, ἡ, [15] hair (of the head or of animals).   [19]κάμηλος, ου, ὁ, ἡ, [6] a camel or dromedary.   [20]ζώνη, ῆς, ἡ, [8] a girdle, belt, waistband; because the purse was kept there, also: a purse.   [21]δερμάτινος, η, ον, [2] made of hide, leathern.   [22]ὀσφύς, ύος, ἡ, [8] the loins.   [23]τροφή, ῆς, ἡ, [16] food, nourishment, maintenance.   [24]ἀκρίς, ίδος, ἡ, [4] a locust.   [25]μέλι, ιτος, τό, [4] honey.   [26]ἄγριος, ία, ιον, [3] wild, fierce.   [27]ἐκπορεύομαι, [32] I depart from; I am voided, cast out; I proceed from, am spoken; I burst forth, flow out, am spread abroad.   [28]περίχωρος, ον, [10] neighboring; subst: the neighboring country, neighboring inhabitants.   [29]Ἰορδάνης, ου, ὁ, [15] the Jordan, a great river flowing due south and bounding Galilee, Samaria, and Judea on the east.   [30]ἐξομολογέω, [10] (a) I consent fully, agree out and out, (b) I confess, admit, acknowledge (cf. the early Hellenistic sense of the middle: I acknowledge a debt), (c) I give thanks, praise.   [31]Σαδδουκαῖος, ου, ὁ, [13] a Sadducee, a member of the aristocratic party among the Jews, from whom the high-priests were almost invariably chosen.   [32]βάπτισμα, ατος, τό, [22] the rite or ceremony of baptism.   [33]γέννημα, ατος, τό, [9] offspring, child, fruit.   [34]ἔχιδνα, ης, ἡ, [5] a serpent, snake, viper.   [35]ὑποδείκνυμι, [6] I indicate, intimate, suggest, show, prove.   [36]φεύγω, [31] I flee, escape, shun.   [37]ὀργή, ῆς, ἡ, [36] anger, wrath, passion; punishment, vengeance.   [38]ἄξιος, ία, ιον, [41] worthy, worthy of, deserving, comparable, suitable.   [39]μετάνοια, ας, ἡ, [24] repentance, a change of mind, change in the inner man.

τὸν Ἀβραάμ· λέγω γὰρ ὑμῖν, ὅτι δύναται ὁ θεὸς ἐκ τῶν λίθων τούτων ἐγεῖραι τέκνα τῷ Ἀβραάμ. 10 Ἤδη δὲ καὶ ἡ ἀξίνη¹ πρὸς τὴν ῥίζαν² τῶν δένδρων³ κεῖται·⁴ πᾶν οὖν δένδρον³ μὴ ποιοῦν καρπὸν καλὸν ἐκκόπτεται⁵ καὶ εἰς πῦρ βάλλεται. 11 Ἐγὼ μὲν βαπτίζω ὑμᾶς ἐν ὕδατι εἰς μετάνοιαν·⁶ ὁ δὲ ὀπίσω⁷ μου ἐρχόμενος ἰσχυρότερός⁸ μου ἐστίν, οὗ οὐκ εἰμὶ ἱκανὸς⁹ τὰ ὑποδήματα¹⁰ βαστάσαι·¹¹ αὐτὸς ὑμᾶς βαπτίσει ἐν πνεύματι ἁγίῳ. 12 Οὗ τὸ πτύον¹² ἐν τῇ χειρὶ αὐτοῦ, καὶ διακαθαριεῖ¹³ τὴν ἅλωνα¹⁴ αὐτοῦ, καὶ συνάξει τὸν σῖτον¹⁵ αὐτοῦ εἰς τὴν ἀποθήκην,¹⁶ τὸ δὲ ἄχυρον¹⁷ κατακαύσει¹⁸ πυρὶ ἀσβέστῳ.¹⁹

The Baptism of Jesus

13 Τότε παραγίνεται²⁰ ὁ Ἰησοῦς ἀπὸ τῆς Γαλιλαίας ἐπὶ τὸν Ἰορδάνην²¹ πρὸς τὸν Ἰωάννην, τοῦ βαπτισθῆναι ὑπ᾽ αὐτοῦ. 14 Ὁ δὲ Ἰωάννης διεκώλυεν²² αὐτόν, λέγων, Ἐγὼ χρείαν²³ ἔχω ὑπὸ σοῦ βαπτισθῆναι, καὶ σὺ ἔρχῃ πρός με; 15 Ἀποκριθεὶς δὲ ὁ Ἰησοῦς εἶπεν πρὸς αὐτόν, Ἄφες ἄρτι.²⁴ οὕτως γὰρ πρέπον²⁵ ἐστὶν ἡμῖν πληρῶσαι πᾶσαν δικαιοσύνην. Τότε ἀφίησιν αὐτόν. 16 Καὶ βαπτισθεὶς ὁ Ἰησοῦς ἀνέβη εὐθὺς ἀπὸ τοῦ ὕδατος· καὶ ἰδού, ἀνεῴχθησαν αὐτῷ οἱ οὐρανοί, καὶ εἶδεν τὸ πνεῦμα τοῦ θεοῦ καταβαῖνον ὡσεὶ²⁶ περιστερὰν²⁷ καὶ ἐρχόμενον ἐπ᾽ αὐτόν. 17 Καὶ ἰδού, φωνὴ ἐκ τῶν οὐρανῶν, λέγουσα, Οὗτός ἐστιν ὁ υἱός μου ὁ ἀγαπητός, ἐν ᾧ εὐδόκησα.²⁸

The Temptation in the Wilderness

4 Τότε ὁ Ἰησοῦς ἀνήχθη²⁹ εἰς τὴν ἔρημον ὑπὸ τοῦ πνεύματος, πειρασθῆναι³⁰ ὑπὸ τοῦ διαβόλου.³¹ 2 Καὶ νηστεύσας³² ἡμέρας τεσσαράκοντα³³ καὶ νύκτας τεσσαράκοντα,³³ ὕστερον³⁴ ἐπείνασεν.³⁵ 3 Καὶ προσελθὼν αὐτῷ ὁ πειράζων³⁶ εἶπεν, Εἰ υἱὸς εἶ τοῦ θεοῦ, εἰπὲ ἵνα οἱ λίθοι οὗτοι ἄρτοι γένωνται. 4 Ὁ δὲ ἀποκριθεὶς

---

⁴κεῖται: PNI-3S ⁵ἐκκόπτεται: PPI-3S ¹¹βαστάσαι: AAN ¹³διακαθαριεῖ: FAI-3S-ATT ¹⁸κατακαύσει: FAI-3S ²⁰παραγίνεται: PNI-3S ²²διεκώλυεν: IAI-3S ²⁵πρέπον: PAP-NSN ²⁸εὐδόκησα: AAI-1S ²⁹ἀνήχθη: API-3S ³⁰πειρασθῆναι: APN ³²νηστεύσας: AAP-NSM ³⁵ἐπείνασεν: AAI-3S ³⁶πειράζων: PAP-NSM

---

¹ἀξίνη, ης, ἡ, [2] an axe. ²ῥίζα, ης, ἡ, [17] a root, shoot, source; that which comes from the root, a descendent. ³δένδρον, ου, τό, [26] a tree. ⁴κεῖμαι, [26] I lie, recline, am placed, am laid, set, specially appointed, destined. ⁵ἐκκόπτω, [10] I cut out (off, away), remove, prevent. ⁶μετάνοια, ας, ἡ, [24] repentance, a change of mind, change in the inner man. ⁷ὀπίσω, [37] behind, after; back, backwards. ⁸ἰσχυρός, ά, όν, [29] strong (originally and generally of physical strength); mighty, powerful, vehement, sure. ⁹ἱκανός, ή, όν, [41] (a) considerable, sufficient, of number, quantity, time, (b) of persons: sufficiently strong (good, etc.), worthy, suitable, with various constructions, (c) many, much. ¹⁰ὑπόδημα, ατος, τό, [10] a sandal; anything bound under. ¹¹βαστάζω, [27] (a) I carry, bear, (b) I carry (take) away. ¹²πτύον, ου, τό, [2] a simple wooden pitchfork; a winnowing-shovel or fan. ¹³διακαθαρίζω, [2] I cleanse thoroughly. ¹⁴ἅλων, ωνος, ἡ, [2] a threshing-floor. ¹⁵σῖτος, ου, ὁ, [14] wheat, grain. ¹⁶ἀποθήκη, ης, ἡ, [6] a repository, granary, barn, storehouse. ¹⁷ἄχυρον, ου, τό, [2] chaff. ¹⁸κατακαίω, [12] I burn up, consume entirely. ¹⁹ἄσβεστος, ον, [4] inextinguishable, unquenchable. ²⁰παραγίνομαι, [37] (a) I come on the scene, appear, come, (b) with words expressing destination: I present myself at, arrive at, reach. ²¹Ἰορδάνης, ου, ὁ, [15] the Jordan, a great river flowing due south and bounding Galilee, Samaria, and Judea on the east. ²²διακωλύω, [1] I obstinately prevent, hinder. ²³χρεία, ας, ἡ, [49] need, necessity, business. ²⁴ἄρτι, [37] now, just now, at this moment. ²⁵πρέπω, [7] it becomes, is fitting to, is right. ²⁶ὡσεί, [31] as if, as it were, like; with numbers: about. ²⁷περιστερά, ᾶς, ἡ, [10] a dove, pigeon. ²⁸εὐδοκέω, [21] I am well-pleased, think it good, am resolved. ²⁹ἀνάγω, [23] I lead up, bring up, offer, product, put to sea, set sail. ³⁰πειράζω, [39] I try, tempt, test. ³¹διάβολος, ον, [38] (adj. used often as a noun) slanderous; with the article: the Slanderer (par excellence), the Devil. ³²νηστεύω, [21] I fast, abstain from food. ³³τεσσαράκοντα, [22] forty. ³⁴ὕστερον, [12] lastly, afterward, later. ³⁵πεινάω, [23] I am hungry, needy, desire earnestly. ³⁶πειράζω, [39] I try, tempt, test.

εἶπεν, Γέγραπται, Οὐκ ἐπ’ ἄρτῳ μόνῳ¹ ζήσεται ἄνθρωπος, ἀλλ’ ἐπὶ παντὶ ῥήματι ἐκπορευομένῳ² διὰ στόματος θεοῦ. **5** Τότε παραλαμβάνει³ αὐτὸν ὁ διάβολος⁴ εἰς τὴν ἁγίαν πόλιν, καὶ ἵστησιν αὐτὸν ἐπὶ τὸ πτερύγιον⁵ τοῦ ἱεροῦ, **6** καὶ λέγει αὐτῷ, Εἰ υἱὸς εἶ τοῦ θεοῦ, βάλε σεαυτὸν⁶ κάτω· ⁷ γέγραπται γὰρ ὅτι Τοῖς ἀγγέλοις αὐτοῦ ἐντελεῖται⁸ περὶ σοῦ, καὶ ἐπὶ χειρῶν ἀροῦσίν σε, μήποτε⁹ προσκόψῃς¹⁰ πρὸς λίθον τὸν πόδα σοῦ. **7** Ἔφη αὐτῷ ὁ Ἰησοῦς, Πάλιν γέγραπται, Οὐκ ἐκπειράσεις¹¹ κύριον τὸν θεόν σου. **8** Πάλιν παραλαμβάνει¹² αὐτὸν ὁ διάβολος⁴ εἰς ὄρος ὑψηλὸν¹³ λίαν,¹⁴ καὶ δείκνυσιν¹⁵ αὐτῷ πάσας τὰς βασιλείας τοῦ κόσμου καὶ τὴν δόξαν αὐτῶν, **9** καὶ λέγει αὐτῷ, Ταῦτα πάντα σοι δώσω, ἐὰν πεσὼν προσκυνήσῃς μοι. **10** Τότε λέγει αὐτῷ ὁ Ἰησοῦς, Ὕπαγε ὀπίσω¹⁶ μου, Σατανᾶ· ¹⁷ γέγραπται γάρ, Κύριον τὸν θεόν σου προσκυνήσεις, καὶ αὐτῷ μόνῳ¹ λατρεύσεις.¹⁸ **11** Τότε ἀφίησιν αὐτὸν ὁ διάβολος· ⁴ καὶ ἰδού, ἄγγελοι προσῆλθον καὶ διηκόνουν¹⁹ αὐτῷ.

The Beginning of the Galilean Ministry and the Call of the Four

12 Ἀκούσας δὲ ὁ Ἰησοῦς ὅτι Ἰωάννης παρεδόθη, ἀνεχώρησεν²⁰ εἰς τὴν Γαλιλαίαν· **13** καὶ καταλιπὼν²¹ τὴν Ναζαρέτ,²² ἐλθὼν κατῴκησεν²³ εἰς Καπερναοὺμ²⁴ τὴν παραθαλασσίαν,²⁵ ἐν ὁρίοις²⁶ Ζαβουλὼν καὶ Νεφθαλείμ· **14** ἵνα πληρωθῇ τὸ ῥηθὲν διὰ Ἡσαΐου τοῦ προφήτου, λέγοντος, **15** Γῆ Ζαβουλὼν καὶ γῆ Νεφθαλείμ, ὁδὸν θαλάσσης, πέραν²⁷ τοῦ Ἰορδάνου,²⁸ Γαλιλαία τῶν ἐθνῶν, **16** ὁ λαὸς ὁ καθήμενος ἐν σκότει²⁹ εἶδεν φῶς μέγα, καὶ τοῖς καθημένοις ἐν χώρᾳ³⁰ καὶ σκιᾷ³¹ θανάτου, φῶς ἀνέτειλεν³² αὐτοῖς.

---

²ἐκπορευομένῳ: *PNP-DSN* ³παραλαμβάνει: *PAI-3S* ⁸ἐντελεῖται: *FNI-3S* ¹⁰προσκόψῃς: *AAS-2S* ¹¹ἐκπειράσεις: *FAI-2S* ¹²παραλαμβάνει: *PAI-3S* ¹⁵δείκνυσιν: *PAI-3S* ¹⁸λατρεύσεις: *FAI-2S* ¹⁹διηκόνουν: *IAI-3P* ²⁰ἀνεχώρησεν: *AAI-3S* ²¹καταλιπὼν: *2AAP-NSM* ²³κατῴκησεν: *AAI-3S* ³²ἀνέτειλεν: *AAI-3S*

---

¹μόνος, η, ον, *[45]* only, solitary, desolate. ²ἐκπορεύομαι, *[32]* I depart from; I am voided, cast out; I proceed from, am spoken; I burst forth, flow out, am spread abroad. ³παραλαμβάνω, *[49]* I take from, receive from, or: I take to, receive (apparently not used of money), admit, acknowledge; I take with me. ⁴διάβολος, ον, *[38]* (adj. used often as a noun), slanderous; with the article: the Slanderer (par excellence), the Devil. ⁵πτερύγιον, ου, τό, *[2]* an extremity, battlement, parapet, apex. ⁶σεαυτοῦ, ῆς, οῦ, *[41]* of yourself. ⁷κάτω, *[11]* (a) down, below, also: downwards, (b) lower, under, less, of a length of time. ⁸ἐντέλλομαι, *[17]* I give orders (injunctions, instructions, commands). ⁹μήποτε, *[25]* lest at any time, lest; then weakened: whether perhaps, whether at all; in a principal clause: perhaps. ¹⁰προσκόπτω, *[8]* I stumble, strike the foot against, beat upon, take offense at. ¹¹ἐκπειράζω, *[4]* I put to the test, make trial of, tempt, try. ¹²παραλαμβάνω, *[49]* I take from, receive from, or: I take to, receive (apparently not used of money), admit, acknowledge; I take with me. ¹³ὑψηλός, ή, όν, *[11]* high, lofty. ¹⁴λίαν, *[14]* very; very much, exceedingly, greatly. ¹⁵δείκνυμι, *[31]* I point out, show, exhibit; met: I teach, demonstrate, make known. ¹⁶ὀπίσω, *[37]* behind, after; back, backwards. ¹⁷Σατανᾶς, ᾶ, ὁ, *[36]* an adversary, Satan. ¹⁸λατρεύω, *[21]* I serve, especially God, perhaps simply: I worship. ¹⁹διακονέω, *[37]* I wait at table (particularly of a slave who waits on guests); I serve (generally). ²⁰ἀναχωρέω, *[14]* I return, retire, withdraw, depart (underlying idea perhaps of taking refuge from danger or of going into retirement). ²¹καταλείπω, *[25]* I leave behind, desert, abandon, forsake; I leave remaining, reserve. ²²Ναζαρέτ, ἡ, *[12]* Nazareth, a city of Galilee, where Jesus lived before His ministry. ²³κατοικέω, *[45]* I dwell in, settle in, am established in (permanently), inhabit. ²⁴Καπερναούμ, ἡ, *[16]* Capernaum, a town of Galilee. ²⁵παραθαλάσσιος, ία, ιον, *[1]* by the sea. ²⁶ὅριον, ου, τό, *[11]* the boundaries of a place, hence: districts, territory. ²⁷πέραν, *[23]* over, on the other side, beyond. ²⁸Ἰορδάνης, ου, ὁ, *[15]* the Jordan, a great river flowing due south and bounding Galilee, Samaria, and Judea on the east. ²⁹σκότος, ους, τό, *[32]* darkness, either physical or moral. ³⁰χώρα, ας, ἡ, *[27]* (a) a country or region, (b) the land, as opposed to the sea, (c) the country, distinct from town, (d) plur: fields. ³¹σκιά, ᾶς, ἡ, *[7]* a shadow, shade, thick darkness, an outline. ³²ἀνατέλλω, *[9]* I make to rise, I rise, shine (generally of the sun, and hence met.).

17 Ἀπὸ τότε ἤρξατο ὁ Ἰησοῦς κηρύσσειν καὶ λέγειν, Μετανοεῖτε· ¹ ἤγγικεν ² γὰρ ἡ βασιλεία τῶν οὐρανῶν.

18 Περιπατῶν δὲ παρὰ τὴν θάλασσαν τῆς Γαλιλαίας εἶδεν δύο ἀδελφούς, Σίμωνα τὸν λεγόμενον Πέτρον, καὶ Ἀνδρέαν τὸν ἀδελφὸν αὐτοῦ, βάλλοντας ἀμφίβληστρον ³ εἰς τὴν θάλασσαν· ἦσαν γὰρ ἁλιεῖς. ⁴ 19 Καὶ λέγει αὐτοῖς, Δεῦτε ⁵ ὀπίσω ⁶ μου, καὶ ποιήσω ὑμᾶς ἁλιεῖς ⁴ ἀνθρώπων. 20 Οἱ δὲ εὐθέως ἀφέντες τὰ δίκτυα ⁷ ἠκολούθησαν αὐτῷ. 21 Καὶ προβὰς ⁸ ἐκεῖθεν, ⁹ εἶδεν ἄλλους δύο ἀδελφούς, Ἰάκωβον τὸν τοῦ Ζεβεδαίου καὶ Ἰωάννην τὸν ἀδελφὸν αὐτοῦ, ἐν τῷ πλοίῳ μετὰ Ζεβεδαίου τοῦ πατρὸς αὐτῶν, καταρτίζοντας ¹⁰ τὰ δίκτυα ⁷ αὐτῶν· καὶ ἐκάλεσεν αὐτούς. 22 Οἱ δὲ εὐθέως ἀφέντες τὸ πλοῖον καὶ τὸν πατέρα αὐτῶν ἠκολούθησαν αὐτῷ.

23 Καὶ περιῆγεν ¹¹ ὅλην τὴν Γαλιλαίαν ὁ Ἰησοῦς, διδάσκων ἐν ταῖς συναγωγαῖς αὐτῶν, καὶ κηρύσσων τὸ εὐαγγέλιον τῆς βασιλείας, καὶ θεραπεύων ¹² πᾶσαν νόσον ¹³ καὶ πᾶσαν μαλακίαν ¹⁴ ἐν τῷ λαῷ. 24 Καὶ ἀπῆλθεν ἡ ἀκοὴ ¹⁵ αὐτοῦ εἰς ὅλην τὴν Συρίαν· ¹⁶ καὶ προσήνεγκαν ¹⁷ αὐτῷ πάντας τοὺς κακῶς ¹⁸ ἔχοντας, ποικίλαις ¹⁹ νόσοις ¹³ καὶ βασάνοις ²⁰ συνεχομένους, ²¹ καὶ δαιμονιζομένους, ²² καὶ σεληνιαζομένους, ²³ καὶ παραλυτικούς· ²⁴ καὶ ἐθεράπευσεν ²⁵ αὐτούς. 25 Καὶ ἠκολούθησαν αὐτῷ ὄχλοι πολλοὶ ἀπὸ τῆς Γαλιλαίας καὶ Δεκαπόλεως ²⁶ καὶ Ἱεροσολύμων καὶ Ἰουδαίας ²⁷ καὶ πέραν ²⁸ τοῦ Ἰορδάνου. ²⁹

The Beatitudes

5 Ἰδὼν δὲ τοὺς ὄχλους, ἀνέβη εἰς τὸ ὄρος· καὶ καθίσαντος ³⁰ αὐτοῦ, προσῆλθον αὐτῷ οἱ μαθηταὶ αὐτοῦ· 2 καὶ ἀνοίξας τὸ στόμα αὐτοῦ, ἐδίδασκεν αὐτούς, λέγων,

---

¹ Μετανοεῖτε: PAM-2P ² ἤγγικεν: RAI-3S ⁵ Δεῦτε: PAM-2P ⁸ προβὰς: 2AAP-NSM ¹⁰ καταρτίζοντας: PAP-APM ¹¹ περιῆγεν: IAI-3S ¹² θεραπεύων: PAP-NSM ¹⁷ προσήνεγκαν: AAI-3P ²¹ συνεχομένους: PPP-APM ²² δαιμονιζομένους: PNP-APM ²³ σεληνιαζομένους: PNP-APM ²⁵ ἐθεράπευσεν: AAI-3S ³⁰ καθίσαντος: AAP-GSM

---

¹ μετανοέω, [34] I repent, change my mind, change the inner man (particularly with reference to acceptance of the will of God), repent. ² ἐγγίζω, [43] trans: I bring near; intrans: I come near, approach. ³ ἀμφίβληστρον, ου, τό, [2] prop: something thrown around; a fishing-net, drag-net. ⁴ ἁλιεύς, έως, ὁ, [5] a fisherman. ⁵ δεῦτε, [13] come hither, come, hither, an exclamatory word. ⁶ ὀπίσω, [37] behind, after; back, backwards. ⁷ δίκτυον, ου, τό, [12] a fishing-net. ⁸ προβαίνω, [5] I go forward, advance. ⁹ ἐκεῖθεν, [28] thence, from that place. ¹⁰ καταρτίζω, [13] (a) I fit (join) together; met: I compact together, (b) act. and mid: I prepare, perfect, for his (its) full destination or use, bring into its proper condition (whether for the first time, or after a lapse). ¹¹ περιάγω, [6] I lead or carry about (or around), go about, traverse. ¹² θεραπεύω, [44] I care for, attend, serve, treat, especially of a physician; hence: I heal. ¹³ νόσος, ου, ἡ, [12] a disease, malady, sickness. ¹⁴ μαλακία, ας, ἡ, [3] weakness, illness, sickness. ¹⁵ ἀκοή, ῆς, ἡ, [24] hearing, faculty of hearing, ear; report, rumor. ¹⁶ Συρία, ας, ἡ, [8] Syria, a great Roman imperial province, united with Cilicia. ¹⁷ προσφέρω, [48] (a) I bring to, (b) characteristically: I offer (of gifts, sacrifices, etc). ¹⁸ κακῶς, [16] badly, evilly, wrongly. ¹⁹ ποικίλος, η, ον, [10] various, of different colors, diverse, various. ²⁰ βάσανος, ου, ἡ, [3] torture, torment, examination by torture. ²¹ συνέχω, [12] (a) I press together, close, (b) I press on every side, confine, (c) I hold fast, (d) I urge, impel, (e) pass: I am afflicted with (sickness). ²² δαιμονίζομαι, [13] I am possessed, am under the power of an evil-spirit or demon. ²³ σεληνιάζομαι, [2] I am a lunatic, am moonstruck, epileptic. ²⁴ παραλυτικός, ή, όν, [10] afflicted with paralysis. ²⁵ θεραπεύω, [44] I care for, attend, serve, treat, especially of a physician; hence: I heal. ²⁶ Δεκάπολις, εως, ἡ, [3] Decapolis, meaning a group or district of ten cities (of the Greek type) in Palestine, mostly south-east of the Lake of Tiberias; the names and number vary in ancient authorities. ²⁷ Ἰουδαία, ας, ἡ, [43] Judea, a Roman province, capital Jerusalem. ²⁸ πέραν, [23] over, on the other side, beyond. ²⁹ Ἰορδάνης, ου, ὁ, [15] the Jordan, a great river flowing due south and bounding Galilee, Samaria, and Judea on the east. ³⁰ καθίζω, [48] (a) trans: I make to sit; I set, appoint, (b) intrans: I sit down, am seated, stay.

3 Μακάριοι οἱ πτωχοὶ¹ τῷ πνεύματι· ὅτι αὐτῶν ἐστιν ἡ βασιλεία τῶν οὐρανῶν.

4 Μακάριοι οἱ πενθοῦντες·² ὅτι αὐτοὶ παρακληθήσονται.

5 Μακάριοι οἱ πραεῖς·³ ὅτι αὐτοὶ κληρονομήσουσιν⁴ τὴν γῆν.

6 Μακάριοι οἱ πεινῶντες⁵ καὶ διψῶντες⁶ τὴν δικαιοσύνην· ὅτι αὐτοὶ χορτασθήσονται.⁷

7 Μακάριοι οἱ ἐλεήμονες·⁸ ὅτι αὐτοὶ ἐλεηθήσονται.⁹

8 Μακάριοι οἱ καθαροὶ¹⁰ τῇ καρδίᾳ· ὅτι αὐτοὶ τὸν θεὸν ὄψονται.

9 Μακάριοι οἱ εἰρηνοποιοί·¹¹ ὅτι αὐτοὶ υἱοὶ θεοῦ κληθήσονται.

10 Μακάριοι οἱ δεδιωγμένοι¹² ἕνεκεν¹³ δικαιοσύνης· ὅτι αὐτῶν ἐστιν ἡ βασιλεία τῶν οὐρανῶν.

11 Μακάριοί ἐστε, ὅταν ὀνειδίσωσιν¹⁴ ὑμᾶς καὶ διώξωσιν,¹⁵ καὶ εἴπωσιν πᾶν πονηρὸν ῥῆμα καθ᾽ ὑμῶν ψευδόμενοι,¹⁶ ἕνεκεν¹³ ἐμοῦ. 12 Χαίρετε καὶ ἀγαλλιᾶσθε,¹⁷ ὅτι ὁ μισθὸς¹⁸ ὑμῶν πολὺς ἐν τοῖς οὐρανοῖς· οὕτως γὰρ ἐδίωξαν¹⁹ τοὺς προφήτας τοὺς πρὸ²⁰ ὑμῶν.

The Chief Functions of the Disciples in the World

13 Ὑμεῖς ἐστε τὸ ἅλας²¹ τῆς γῆς· ἐὰν δὲ τὸ ἅλας²¹ μωρανθῇ,²² ἐν τίνι ἁλισθήσεται;²³ Εἰς οὐδὲν ἰσχύει²⁴ ἔτι, εἰ μὴ βληθῆναι ἔξω καὶ καταπατεῖσθαι²⁵ ὑπὸ τῶν ἀνθρώπων. 14 Ὑμεῖς ἐστε τὸ φῶς τοῦ κόσμου· οὐ δύναται πόλις κρυβῆναι²⁶ ἐπάνω²⁷ ὄρους κειμένη·²⁸ 15 οὐδὲ καίουσιν²⁹ λύχνον³⁰ καὶ τιθέασιν αὐτὸν ὑπὸ τὸν μόδιον,³¹ ἀλλ᾽ ἐπὶ τὴν λυχνίαν,³² καὶ λάμπει³³ πᾶσιν τοῖς ἐν τῇ οἰκίᾳ. 16 Οὕτως λαμψάτω³⁴ τὸ φῶς ὑμῶν ἔμπροσθεν³⁵ τῶν

---

²πενθοῦντες: *PAP-NPM* ⁴κληρονομήσουσιν: *FAI-3P* ⁵πεινῶντες: *PAP-NPM* ⁶διψῶντες: *PAP-NPM* ⁷χορτασθήσονται: *FPI-3P* ⁹ἐλεηθήσονται: *FPI-3P* ¹²δεδιωγμένοι: *RPP-NPM* ¹⁴ὀνειδίσωσιν: *AAS-3P* ¹⁵διώξωσιν: *AAS-3P* ¹⁶ψευδόμενοι: *PNP-NPM* ¹⁷ἀγαλλιᾶσθε: *PNM-2P* ¹⁹ἐδίωξαν: *AAI-3P* ²²μωρανθῇ: *APS-3S* ²³ἁλισθήσεται: *FPI-3S* ²⁴ἰσχύει: *PAI-3S* ²⁵καταπατεῖσθαι: *PPN* ²⁶κρυβῆναι: *2APN* ²⁸κειμένη: *PNP-NSF* ²⁹καίουσιν: *PAI-3P* ³³λάμπει: *PAI-3S* ³⁴λαμψάτω: *AAM-3S*

---

¹πτωχός, ή, όν, [34] *poor, destitute, spiritually poor, either in a good sense (humble devout persons) or bad.* ²πενθέω, [10] *I mourn, lament, feel guilt.* ³πραΰς, πραεῖα, πραΰ, [4] *mild, gentle.* ⁴κληρονομέω, [18] *I inherit, obtain (possess) by inheritance, acquire.* ⁵πεινάω, [23] *I am hungry, needy, desire earnestly.* ⁶διψάω, [16] I thirst for, desire earnestly.* ⁷χορτάζω, [15] *I feed, satisfy, fatten.* ⁸ἐλεήμων, ον, [2] *full of pity, merciful, compassionate.* ⁹ἐλεέω, [31] *I pity, have mercy on.* ¹⁰καθαρός, ά, όν, [28] *clean, pure, unstained, either literally or ceremonially or spiritually; guiltless, innocent, upright.* ¹¹εἰρηνοποιός, όν, [1] *pacific, loving peace, a peace-maker.* ¹²διώκω, [44] *I pursue, hence: I persecute.* ¹³ἕνεκεν, [26] *for the sake of, on account of, on account of which, wherefore, on account of what, why.* ¹⁴ὀνειδίζω, [10] *I reproach, revile, upbraid.* ¹⁵διώκω, [44] *I pursue, hence: I persecute.* ¹⁶ψεύδομαι, [12] *I deceive, lie, speak falsely.* ¹⁷ἀγαλλιάω, [11] I exult, am full of joy.* ¹⁸μισθός, οῦ, ὁ, [29] (a) pay, wages, salary, (b) reward, recompense, punishment.* ¹⁹διώκω, [44] *I pursue, hence: I persecute.* ²⁰πρό, [47] (a) of place: before, in front of, (b) of time: before, earlier than.* ²¹ἅλας, ατος, τό, [8] *salt.* ²²μωραίνω, [4] (a) I make foolish, turn to foolishness, (b) I taint, and thus: I am tasteless, make useless.* ²³ἁλίζω, [3] *I salt, sprinkle with salt (of sacrifices or of those who offer sacrifice), keep fresh and sound, and so acceptable to God.* ²⁴ἰσχύω, [29] *I have strength, am strong, am in full health and vigor, am able; meton: I prevail.* ²⁵καταπατέω, [5] *I trample down, trample under foot (lit. and met.), spurn.* ²⁶κρύπτω, [17] *I hide, conceal, lay up.* ²⁷ἐπάνω, [20] (a) adv: on the top, above, (b) prep: on the top of, above, over, on, above, more than, superior to.* ²⁸κεῖμαι, [26] *I lie, recline, am placed, am laid, set, specially appointed, destined.* ²⁹καίω, [14] *I ignite, light, burn, lit. and met; I consume with fire.* ³⁰λύχνος, ου, ὁ, [14] a lamp.* ³¹μόδιος, ου, ὁ, [3] *a dry measure, nearly two English gallons.* ³²λυχνία, ας, ἡ, [12] a lamp-stand.* ³³λάμπω, [7] *I shine, give light.* ³⁴λάμπω, [7] *I shine, give light.* ³⁵ἔμπροσθεν, [48] *in front, before the face; sometimes made a subst. by the addition of the article: in front of, before the face of.*

ἀνθρώπων, ὅπως ἴδωσιν ὑμῶν τὰ καλὰ ἔργα, καὶ δοξάσωσιν τὸν πατέρα ὑμῶν τὸν ἐν τοῖς οὐρανοῖς.

Christ Confirms and Expounds the Law of Moses

17 Μὴ νομίσητε¹ ὅτι ἦλθον καταλῦσαι² τὸν νόμον ἢ τοὺς προφήτας· οὐκ ἦλθον καταλῦσαι³ ἀλλὰ πληρῶσαι. **18** Ἀμὴν γὰρ λέγω ὑμῖν, ἕως ἂν παρέλθῃ⁴ ὁ οὐρανὸς καὶ ἡ γῆ, ἰῶτα⁵ ἓν ἢ μία κεραία⁶ οὐ μὴ παρέλθῃ⁷ ἀπὸ τοῦ νόμου, ἕως ἂν πάντα γένηται. **19** Ὃς ἐὰν οὖν λύσῃ⁸ μίαν τῶν ἐντολῶν τούτων τῶν ἐλαχίστων,⁹ καὶ διδάξῃ οὕτως τοὺς ἀνθρώπους, ἐλάχιστος⁹ κληθήσεται ἐν τῇ βασιλείᾳ τῶν οὐρανῶν· ὃς δ' ἂν ποιήσῃ καὶ διδάξῃ, οὗτος μέγας κληθήσεται ἐν τῇ βασιλείᾳ τῶν οὐρανῶν. **20** Λέγω γὰρ ὑμῖν ὅτι ἐὰν μὴ περισσεύσῃ¹⁰ ἡ δικαιοσύνη ὑμῶν πλεῖον τῶν γραμματέων καὶ Φαρισαίων, οὐ μὴ εἰσέλθητε εἰς τὴν βασιλείαν τῶν οὐρανῶν.

21 Ἠκούσατε ὅτι ἐρρέθη τοῖς ἀρχαίοις,¹¹ Οὐ φονεύσεις·¹² ὃς δ' ἂν φονεύσῃ,¹³ ἔνοχος¹⁴ ἔσται τῇ κρίσει·¹⁵ **22** ἐγὼ δὲ λέγω ὑμῖν ὅτι πᾶς ὁ ὀργιζόμενος¹⁶ τῷ ἀδελφῷ αὐτοῦ εἰκῆ¹⁷ ἔνοχος¹⁴ ἔσται τῇ κρίσει·¹⁵ ὃς δ' ἂν εἴπῃ τῷ ἀδελφῷ αὐτοῦ, Ῥακά,¹⁸ ἔνοχος¹⁴ ἔσται τῷ συνεδρίῳ·¹⁹ ὃς δ' ἂν εἴπῃ, Μωρέ,²⁰ ἔνοχος¹⁴ ἔσται εἰς τὴν γέενναν²¹ τοῦ πυρός. **23** Ἐὰν οὖν προσφέρῃς²² τὸ δῶρόν²³ σου ἐπὶ τὸ θυσιαστήριον,²⁴ καὶ ἐκεῖ μνησθῇς²⁵ ὅτι ὁ ἀδελφός σου ἔχει τι κατὰ σοῦ, **24** ἄφες ἐκεῖ τὸ δῶρόν²³ σου ἔμπροσθεν²⁶ τοῦ θυσιαστηρίου,²⁴ καὶ ὕπαγε, πρῶτον διαλλάγηθι²⁷ τῷ ἀδελφῷ σου, καὶ τότε ἐλθὼν πρόσφερε²⁸ τὸ δῶρόν²³ σου.

---

¹νομίσητε: AAS-2P   ²καταλῦσαι: AAN   ³καταλῦσαι: AAN   ⁴παρέλθῃ: 2AAS-3S   ⁷παρέλθῃ: 2AAS-3S
⁸λύσῃ: AAS-3S   ¹⁰περισσεύσῃ: AAS-3S   ¹²φονεύσεις: FAI-2S   ¹³φονεύσῃ: AAS-3S   ¹⁶ὀργιζόμενος: PPP-NSM
²²προσφέρῃς: PAS-2S   ²⁵μνησθῇς: APS-2S   ²⁷διαλλάγηθι: 2APM-2S   ²⁸πρόσφερε: PAM-2S

---

¹νομίζω, [15] I practice, hold by custom; I deem, think, consider, suppose.   ²καταλύω, [17] (lit: I loosen thoroughly), (a) trans: I break up, overthrow, destroy, both lit. and met., (b) I unyoke, unharness a carriage horse or pack animal; hence: I put up, lodge, find a lodging.   ³καταλύω, [17] (lit: I loosen thoroughly), (a) trans: I break up, overthrow, destroy, both lit. and met., (b) I unyoke, unharness a carriage horse or pack animal; hence: I put up, lodge, find a lodging.   ⁴παρέρχομαι, [29] I pass by, pass away, pass out of sight; I am rendered void, become vain, neglect, disregard.   ⁵ἰῶτα, τό, [1] iota, a small letter of the Greek alphabet, used in the NT (like yod, the Hebrew or rather Aramaic letter which was the smallest of all) to indicate the smallest part.   ⁶κεραία, ας, ἡ, [2] a little hook, an apostrophe on letters of the alphabet, distinguishing them from other little letters, or a separation stroke between letters.   ⁷παρέρχομαι, [29] I pass by, pass away, pass out of sight; I am rendered void, become vain, neglect, disregard.   ⁸λύω, [42] (a) I loose, untie, release, (b) met: I break, destroy, set at naught, contravene; I break up a meeting, annul.   ⁹ἐλάχιστος, ίστη, ιστον, [13] least, smallest, but perhaps oftener in the weaker sense: very little, very small.   ¹⁰περισσεύω, [39] (a) intrans: I exceed the ordinary (the necessary), abound, overflow; am left over, (b) trans: I cause to abound.   ¹¹ἀρχαῖος, αία, αῖον, [11] original, primitive, ancient.   ¹²φονεύω, [12] I murder, kill.   ¹³φονεύω, [12] I murder, kill.   ¹⁴ἔνοχος, ον, [10] involved in, held in, hence: liable, generally with dat. (or gen.) of the punishment.   ¹⁵κρίσις, εως, ἡ, [48] judging, judgment, decision, sentence; generally: divine judgment; accusation.   ¹⁶ὀργίζω, [8] I irritate, provoke, am angry.   ¹⁷εἰκῆ, [7] without a cause, purpose; purposelessly, in vain, for nothing.   ¹⁸ῥακά, [1] empty, foolish.   ¹⁹συνέδριον, ου, τό, [22] a council, tribunal; the Sanhedrin, the meeting place of the Sanhedrin.   ²⁰μωρός, ά, όν, [13] (a) adj: stupid, foolish, (b) noun: a fool.   ²¹γέεννα, ης, ἡ, [12] Gehenna, and originally the name of a valley or cavity near Jerusalem, a place underneath the earth, a place of punishment for evil.   ²²προσφέρω, [48] (a) I bring to, (b) characteristically: I offer (of gifts, sacrifices, etc).   ²³δῶρον, ου, τό, [19] a gift, present.   ²⁴θυσιαστήριον, ου, τό, [23] an altar (for sacrifice).   ²⁵μιμνήσκομαι, [23] I remember, call to mind, recall, mention.   ²⁶ἔμπροσθεν, [48] in front, before the face; sometimes made a subst. by the addition of the article: in front of, before the face of.   ²⁷διαλλάσσομαι, [1] I change, exchange; I reconcile, change enmity for friendship.   ²⁸προσφέρω, [48] (a) I bring to, (b) characteristically: I offer (of gifts, sacrifices, etc).

25 Ἴσθι εὐνοῶν¹ τῷ ἀντιδίκῳ² σου ταχύ,³ ἕως ὅτου⁴ εἶ ἐν τῇ ὁδῷ μετ' αὐτοῦ, μήποτέ⁵ σε παραδῷ ὁ ἀντίδικος² τῷ κριτῇ,⁶ καὶ ὁ κριτής⁶ σε παραδῷ τῷ ὑπηρέτῃ,⁷ καὶ εἰς φυλακὴν⁸ βληθήσῃ. **26** Ἀμὴν λέγω σοι, οὐ μὴ ἐξέλθῃς ἐκεῖθεν,⁹ ἕως ἂν ἀποδῷς¹⁰ τὸν ἔσχατον κοδράντην.¹¹

27 Ἠκούσατε ὅτι ἐρρέθη, Οὐ μοιχεύσεις·¹² **28** ἐγὼ δὲ λέγω ὑμῖν, ὅτι πᾶς ὁ βλέπων γυναῖκα πρὸς τὸ ἐπιθυμῆσαι¹³ αὐτὴν ἤδη ἐμοίχευσεν¹⁴ αὐτὴν ἐν τῇ καρδίᾳ αὐτοῦ. **29** Εἰ δὲ ὁ ὀφθαλμός σου ὁ δεξιὸς σκανδαλίζει¹⁵ σε, ἔξελε¹⁶ αὐτὸν καὶ βάλε ἀπὸ σοῦ· συμφέρει¹⁷ γάρ σοι ἵνα ἀπόληται ἓν τῶν μελῶν¹⁸ σου, καὶ μὴ ὅλον τὸ σῶμά σου βληθῇ εἰς γέενναν.¹⁹ **30** Καὶ εἰ ἡ δεξιά σου χεὶρ σκανδαλίζει²⁰ σε, ἔκκοψον²¹ αὐτὴν καὶ βάλε ἀπὸ σοῦ· συμφέρει²² γάρ σοι ἵνα ἀπόληται ἓν τῶν μελῶν¹⁸ σου, καὶ μὴ ὅλον τὸ σῶμά σου βληθῇ εἰς γέενναν.¹⁹ **31** Ἐρρέθη δὲ ὅτι Ὃς ἂν ἀπολύσῃ τὴν γυναῖκα αὐτοῦ, δότω αὐτῇ ἀποστάσιον·²³ **32** ἐγὼ δὲ λέγω ὑμῖν, ὅτι ὃς ἂν ἀπολύσῃ τὴν γυναῖκα αὐτοῦ, παρεκτὸς²⁴ λόγου πορνείας,²⁵ ποιεῖ αὐτὴν μοιχᾶσθαι·²⁶ καὶ ὃς ἐὰν ἀπολελυμένην γαμήσῃ²⁷ μοιχᾶται.²⁸

33 Πάλιν ἠκούσατε ὅτι ἐρρέθη τοῖς ἀρχαίοις,²⁹ Οὐκ ἐπιορκήσεις,³⁰ ἀποδώσεις³¹ δὲ τῷ κυρίῳ τοὺς ὅρκους³² σου· **34** ἐγὼ δὲ λέγω ὑμῖν μὴ ὀμόσαι³³ ὅλως·³⁴ μήτε³⁵ ἐν τῷ οὐρανῷ, ὅτι θρόνος ἐστὶν τοῦ θεοῦ· **35** μήτε³⁵ ἐν τῇ γῇ, ὅτι ὑποπόδιόν³⁶ ἐστιν τῶν ποδῶν αὐτοῦ· μήτε³⁵ εἰς Ἱεροσόλυμα, ὅτι πόλις ἐστὶν τοῦ μεγάλου βασιλέως· **36** μήτε³⁵ ἐν τῇ κεφαλῇ

---

¹εὐνοῶν: PAP-NSM   ¹⁰ἀποδῷς: 2AAS-2S   ¹²μοιχεύσεις: FAI-2S   ¹³ἐπιθυμῆσαι: AAN   ¹⁴ἐμοίχευσεν: AAI-3S
¹⁵σκανδαλίζει: PAI-3S   ¹⁶ἔξελε: 2AAM-2S   ¹⁷συμφέρει: PAI-3S   ²⁰σκανδαλίζει: PAI-3S   ²¹ἔκκοψον: AAM-2S
²²συμφέρει: PAI-3S   ²⁶μοιχᾶσθαι: PNN   ²⁷γαμήσῃ: AAS-3S   ²⁸μοιχᾶται: PNI-3S   ³⁰ἐπιορκήσεις: FAI-2S
³¹ἀποδώσεις: FAI-2S   ³³ὀμόσαι: AAN

---

¹εὐνοέω, [1] I am favorable, am kindly-disposed.   ²ἀντίδικος, ου, ὁ, [5] an opponent (at law), an adversary. ³ταχύ, [12] quickly, speedily.   ⁴ὅτου, [6] until.   ⁵μήποτε, [25] lest at any time, lest; then weakened: whether perhaps, whether at all; in a principal clause: perhaps.   ⁶κριτής, ου, ὁ, [17] a judge, magistrate, ruler.   ⁷ὑπηρέτης, ου, ὁ, [20] a servant, an attendant, (a) an officer, lictor, (b) an attendant in a synagogue, (c) a minister of the gospel.   ⁸φυλακή, ῆς, ἡ, [47] a watching, keeping guard; a guard, prison; imprisonment.   ⁹ἐκεῖθεν, [28] thence, from that place.   ¹⁰ἀποδίδωμι, [47] (a) I give back, return, restore, (b) I give, render, as due, (c) mid: I sell. ¹¹κοδράντης, ου, ὁ, [2] a "quadrans," the smallest Roman copper coin, a quarter of an "as," the sixteenth part of a "sesterius".   ¹²μοιχεύω, [14] I commit adultery (of a man with a married woman, but also of a married man).   ¹³ἐπιθυμέω, [16] I long for, covet, lust after, set the heart upon.   ¹⁴μοιχεύω, [14] I commit adultery (of a man with a married woman, but also of a married man).   ¹⁵σκανδαλίζω, [30] I cause to stumble, cause to sin, cause to become indignant, shock, offend.   ¹⁶ἐξαιρέω, [8] I take out, remove; sometimes (mid): I choose, sometimes: I rescue.   ¹⁷συμφέρω, [17] I bring together, collect; I am profitable to.   ¹⁸μέλος, ους, τό, [34] a bodily organ, limb, member.   ¹⁹γέεννα, ης, ἡ, [12] Gehenna, and originally the name of a valley or cavity near Jerusalem, a place underneath the earth, a place of punishment for evil.   ²⁰σκανδαλίζω, [30] I cause to stumble, cause to sin, cause to become indignant, shock, offend.   ²¹ἐκκόπτω, [10] I cut out (off, away), remove, prevent. ²²συμφέρω, [17] I bring together, collect; I am profitable to.   ²³ἀποστάσιον, ου, τό, [3] repudiation, divorce; met: bill of divorce.   ²⁴παρεκτός, [3] (a) adv. used as adj.: besides, outside, without, left over, in addition, (b) prep: apart from, except.   ²⁵πορνεία, ας, ἡ, [26] fornication, whoredom; met: idolatry.   ²⁶μοιχάομαι, [6] I commit adultery, not only of a married woman but of a married man.   ²⁷γαμέω, [29] I marry, used of either sex. ²⁸μοιχάομαι, [6] I commit adultery, not only of a married woman but of a married man.   ²⁹ἀρχαῖος, αία, αῖον, [11] original, primitive, ancient.   ³⁰ἐπιορκέω, [1] I take an oath, swear falsely.   ³¹ἀποδίδωμι, [47] (a) I give back, return, restore, (b) I give, render, as due, (c) mid: I sell.   ³²ὅρκος, ου, ὁ, [10] an oath.   ³³ὀμνύω, [27] I swear, take an oath, promise with an oath.   ³⁴ὅλως, [4] wholly, altogether, actually, really; with negative: not at all.   ³⁵μήτε, [36] nor, neither, not even, neither...nor.   ³⁶ὑποπόδιον, ου, τό, [9] a footstool.

σου ὀμόσῃς,¹ ὅτι οὐ δύνασαι μίαν τρίχα² λευκὴν³ ἢ μέλαιναν⁴ ποιῆσαι. **37** Ἔστω δὲ ὁ λόγος ὑμῶν, ναὶ⁵ ναί,⁵ οὒ οὔ· τὸ δὲ περισσὸν⁶ τούτων ἐκ τοῦ πονηροῦ ἐστιν.

The Law of Love toward the Enemy

38 Ἠκούσατε ὅτι ἐρρέθη, Ὀφθαλμὸν ἀντὶ⁷ ὀφθαλμοῦ, καὶ ὀδόντα⁸ ἀντὶ⁷ ὀδόντος·⁸ **39** ἐγὼ δὲ λέγω ὑμῖν μὴ ἀντιστῆναι⁹ τῷ πονηρῷ· ἀλλ' ὅστις σε ῥαπίσει¹⁰ ἐπὶ τὴν δεξιὰν σιαγόνα,¹¹ στρέψον¹² αὐτῷ καὶ τὴν ἄλλην· **40** καὶ τῷ θέλοντί σοι κριθῆναι καὶ τὸν χιτῶνά¹³ σου λαβεῖν, ἄφες αὐτῷ καὶ τὸ ἱμάτιον· **41** καὶ ὅστις σε ἀγγαρεύσει¹⁴ μίλιον¹⁵ ἕν, ὕπαγε μετ' αὐτοῦ δύο. **42** Τῷ αἰτοῦντί σε δίδου· καὶ τὸν θέλοντα ἀπὸ σοῦ δανείσασθαι¹⁶ μὴ ἀποστραφῇς.¹⁷

43 Ἠκούσατε ὅτι ἐρρέθη, Ἀγαπήσεις τὸν πλησίον¹⁸ σου, καὶ μισήσεις¹⁹ τὸν ἐχθρόν²⁰ σου· **44** ἐγὼ δὲ λέγω ὑμῖν, Ἀγαπᾶτε τοὺς ἐχθροὺς²⁰ ὑμῶν, εὐλογεῖτε²¹ τοὺς καταρωμένους²² ὑμᾶς, καλῶς²³ ποιεῖτε τοῖς μισοῦσιν²⁴ ὑμᾶς, καὶ προσεύχεσθε ὑπὲρ τῶν ἐπηρεαζόντων²⁵ ὑμᾶς, καὶ διωκόντων²⁶ ὑμᾶς· **45** ὅπως γένησθε υἱοὶ τοῦ πατρὸς ὑμῶν τοῦ ἐν τοῖς οὐρανοῖς, ὅτι τὸν ἥλιον²⁷ αὐτοῦ ἀνατέλλει²⁸ ἐπὶ πονηροὺς καὶ ἀγαθούς, καὶ βρέχει²⁹ ἐπὶ δικαίους καὶ ἀδίκους.³⁰ **46** Ἐὰν γὰρ ἀγαπήσητε τοὺς ἀγαπῶντας ὑμᾶς, τίνα μισθὸν³¹ ἔχετε; Οὐχὶ καὶ οἱ τελῶναι³² τὸ αὐτὸ ποιοῦσιν; **47** Καὶ ἐὰν ἀσπάσησθε τοὺς φίλους³³ ὑμῶν μόνον, τί περισσὸν⁶ ποιεῖτε; Οὐχὶ καὶ οἱ τελῶναι³² οὕτως ποιοῦσιν; **48** Ἔσεσθε οὖν ὑμεῖς τέλειοι,³⁴ ὥσπερ³⁵ ὁ πατὴρ ὑμῶν ὁ ἐν τοῖς οὐρανοῖς τέλειός³⁴ ἐστιν.

---

¹ὀμόσῃς: AAS-2S   ⁹ἀντιστῆναι: 2AAN   ¹⁰ῥαπίσει: FAI-3S   ¹²στρέψον: AAM-2S   ¹⁴ἀγγαρεύσει: FAI-3S
¹⁶δανείσασθαι: AMN   ¹⁷ἀποστραφῇς: 2APS-2S   ¹⁹μισήσεις: FAI-2S   ²¹εὐλογεῖτε: PAM-2P   ²²καταρωμένους:
PNP-APM   ²⁴μισοῦσιν: PAP-DPM   ²⁵ἐπηρεαζόντων: PAP-GPM   ²⁶διωκόντων: PAP-GPM   ²⁸ἀνατέλλει: PAI-3S
²⁹βρέχει: PAI-3S

---

¹ὀμνύω, [27] I swear, take an oath, promise with an oath.   ²θρίξ, τριχός, ἡ, [15] hair (of the head or of animals).   ³λευκός, ή, όν, [25] white, bright, brilliant.   ⁴μέλας, αινα, αν, [3] black.   ⁵ναί, [35] yes, certainly, even so.   ⁶περισσός, ή, όν, [26] more, greater, excessive, abundant, exceedingly, vehemently; noun: preeminence, advantage.   ⁷ἀντί, [22] (a) instead of, in return for, over against, opposite, in exchange for, as a substitute for, (b) on my behalf, (c) wherefore, because.   ⁸ὀδούς, όντος, ὁ, [12] a tooth.   ⁹ἀνθίστημι, [14] I set against; I withstand, resist, oppose.   ¹⁰ῥαπίζω, [2] I slap, strike, smite with the hand.   ¹¹σιαγών, όνος, ἡ, [2] the jawbone, cheek, jaw.   ¹²στρέφω, [19] I turn, am converted, change, change my direction.   ¹³χιτών, ῶνος, ὁ, [11] a tunic, garment, undergarment.   ¹⁴ἀγγαρεύω, [3] I impress (into my service), send (on an errand).   ¹⁵μίλιον, ου, τό, [1] a Roman mile, measuring 1478.5 meters or 5820.9 feet.   ¹⁶δανείζω, [4] I lend; mid: I borrow.   ¹⁷ἀποστρέφω, [10] I turn away, pervert, remove; I restore, replace; mid: I desert, reject.   ¹⁸πλησίον, [16] near, nearby, a neighbor.   ¹⁹μισέω, [41] I hate, detest, love less, esteem less.   ²⁰ἐχθρός, ά, όν, [32] hated, hostile; subst: an enemy.   ²¹εὐλογέω, [43] (lit: I speak well of) I bless; pass: I am blessed.   ²²καταράομαι, [6] I curse.   ²³καλῶς, [36] well, nobly, honorably, rightly.   ²⁴μισέω, [41] I hate, detest, love less, esteem less.   ²⁵ἐπηρεάζω, [3] I insult, treat wrongfully, molest, revile.   ²⁶διώκω, [44] I pursue, hence: I persecute.   ²⁷ἥλιος, ου, ὁ, [32] the sun, sunlight.   ²⁸ἀνατέλλω, [9] I make to rise, I rise, shine (generally of the sun, and hence met.).   ²⁹βρέχω, [7] I moisten, rain, send rain.   ³⁰ἄδικος, ον, [12] unjust, unrighteous, wicked.   ³¹μισθός, οῦ, ὁ, [29] (a) pay, wages, salary, (b) reward, recompense, punishment.   ³²τελώνης, ου, ὁ, [22] a publican, collector of taxes.   ³³φίλος, η, ον, [30] friendly; subst: a friend, an associate.   ³⁴τέλειος, α, ον, [19] perfect, (a) complete in all its parts, (b) full grown, of full age, (c) specially of the completeness of Christian character.   ³⁵ὥσπερ, [42] just as, as, even as.

On Giving of Alms, Praying, and Fasting

6 Προσέχετε¹ τὴν ἐλεημοσύνην² ὑμῶν μὴ ποιεῖν ἔμπροσθεν³ τῶν ἀνθρώπων, πρὸς τὸ θεαθῆναι⁴ αὐτοῖς· εἰ δὲ μήγε,⁵ μισθὸν⁶ οὐκ ἔχετε παρὰ τῷ πατρὶ ὑμῶν τῷ ἐν τοῖς οὐρανοῖς.

2 Ὅταν οὖν ποιῇς ἐλεημοσύνην,² μὴ σαλπίσῃς⁷ ἔμπροσθέν³ σου, ὥσπερ⁸ οἱ ὑποκριταὶ⁹ ποιοῦσιν ἐν ταῖς συναγωγαῖς καὶ ἐν ταῖς ῥύμαις,¹⁰ ὅπως δοξασθῶσιν ὑπὸ τῶν ἀνθρώπων· ἀμὴν λέγω ὑμῖν, ἀπέχουσιν¹¹ τὸν μισθὸν⁶ αὐτῶν. 3 Σοῦ δὲ ποιοῦντος ἐλεημοσύνην,² μὴ γνώτω ἡ ἀριστερά¹² σου τί ποιεῖ ἡ δεξιά σου, 4 ὅπως ᾖ σου ἡ ἐλεημοσύνη² ἐν τῷ κρυπτῷ·¹³ καὶ ὁ πατήρ σου ὁ βλέπων ἐν τῷ κρυπτῷ¹³ αὐτὸς ἀποδώσει¹⁴ σοι ἐν τῷ φανερῷ.¹⁵

5 Καὶ ὅταν προσεύχῃ, οὐκ ἔσῃ ὥσπερ⁸ οἱ ὑποκριταί,⁹ ὅτι φιλοῦσιν¹⁶ ἐν ταῖς συναγωγαῖς καὶ ἐν ταῖς γωνίαις¹⁷ τῶν πλατειῶν¹⁸ ἑστῶτες προσεύχεσθαι, ὅπως ἂν φανῶσιν¹⁹ τοῖς ἀνθρώποις· ἀμὴν λέγω ὑμῖν ὅτι ἀπέχουσιν²⁰ τὸν μισθὸν⁶ αὐτῶν. 6 Σὺ δέ, ὅταν προσεύχῃ, εἴσελθε εἰς τὸ ταμιεῖόν²¹ σου, καὶ κλείσας²² τὴν θύραν²³ σου, πρόσευξαι τῷ πατρί σου τῷ ἐν τῷ κρυπτῷ·¹³ καὶ ὁ πατήρ σου ὁ βλέπων ἐν τῷ κρυπτῷ¹³ ἀποδώσει²⁴ σοι ἐν τῷ φανερῷ.¹⁵ 7 Προσευχόμενοι δὲ μὴ βαττολογήσητε,²⁵ ὥσπερ⁸ οἱ ἐθνικοί·²⁶ δοκοῦσιν γὰρ ὅτι ἐν τῇ πολυλογίᾳ²⁷ αὐτῶν εἰσακουσθήσονται.²⁸ 8 Μὴ οὖν ὁμοιωθῆτε²⁹ αὐτοῖς· οἶδεν γὰρ ὁ πατὴρ ὑμῶν ὧν χρείαν³⁰ ἔχετε, πρὸ³¹ τοῦ ὑμᾶς αἰτῆσαι αὐτόν. 9 Οὕτως οὖν προσεύχεσθε ὑμεῖς· Πάτερ ἡμῶν ὁ ἐν τοῖς οὐρανοῖς, ἁγιασθήτω³² τὸ ὄνομά σου. 10 Ἐλθέτω ἡ βασιλεία σου. Γενηθήτω τὸ θέλημά σου, ὡς ἐν οὐρανῷ, καὶ ἐπὶ τῆς γῆς. 11 Τὸν ἄρτον ἡμῶν τὸν ἐπιούσιον³³ δὸς ἡμῖν σήμερον.³⁴ 12 Καὶ ἄφες

---

¹*Προσέχετε: PAM-2P*   ⁴*θεαθῆναι: APN*   ⁷*σαλπίσῃς: AAS-2S*   ¹¹*ἀπέχουσιν: PAI-3P*   ¹⁴*ἀποδώσει: FAI-3S*
¹⁶*φιλοῦσιν: PAI-3P*   ¹⁹*φανῶσιν: 2APS-3P*   ²⁰*ἀπέχουσιν: PAI-3P*   ²²*κλείσας: AAP-NSM*   ²⁴*ἀποδώσει: FAI-3S*
²⁵*βαττολογήσητε: AAS-2P*   ²⁸*εἰσακουσθήσονται: FPI-3P*   ²⁹*ὁμοιωθῆτε: APS-2P*   ³²*ἁγιασθήτω: APM-3S*

---

¹*προσέχω, [24] (a) I attend to, pay attention to, (b) I beware, am cautious, (c) I join, devote myself to.* ²*ἐλεημοσύνη, ῆς, ἡ, [14] abstr: alms-giving, charity; concr: alms, charity.* ³*ἔμπροσθεν, [48] in front, before the face; sometimes made a subst. by the addition of the article: in front of, before the face of.* ⁴*θεάομαι, [24] I see, behold, contemplate, look upon, view; I see, visit.* ⁵*εἰ δὲ μήγε, [8] but if not, else, otherwise.* ⁶*μισθός, οῦ, ὁ, [29] (a) pay, wages, salary, (b) reward, recompense, punishment.* ⁷*σαλπίζω, [12] I sound a trumpet.* ⁸*ὥσπερ, [42] just as, as, even as.* ⁹*ὑποκριτής, οῦ, ὁ, [20] (lit: a stage-player), a hypocrite, dissembler, pretender.* ¹⁰*ῥύμη, ης, ἡ, [4] a narrow street or lane in a town or city.* ¹¹*ἀπέχω, [18] I have in full, am far, it is enough.* ¹²*ἀριστερός, ά, όν, [3] on the left hand.* ¹³*κρυπτός, ή, όν, [19] hidden, secret; as subst: the hidden (secret) things (parts), the inward nature (character).* ¹⁴*ἀποδίδωμι, [47] (a) I give back, return, restore, (b) I give, render, as due, (c) mid: I sell.* ¹⁵*φανερός, ά, όν, [20] apparent, clear, visible, manifest; adv: clearly.* ¹⁶*φιλέω, [25] I love (of friendship), regard with affection, cherish; I kiss.* ¹⁷*γωνία, ας, ἡ, [9] a corner; met: a secret place.* ¹⁸*πλατεῖα, ας, ἡ, [9] a street, public square, broad way.* ¹⁹*φαίνω, [31] (a) act: I shine, shed light, (b) pass: I shine, become visible, appear, (c) I become clear, appear, seem, show myself as.* ²⁰*ἀπέχω, [18] I have in full, am far, it is enough.* ²¹*ταμεῖον, ου, τό, [4] a store-chamber, secret chamber, closet; a granary, barn.* ²²*κλείω, [15] I shut, shut up.* ²³*θύρα, ας, ἡ, [39] (a) a door, (b) met: an opportunity.* ²⁴*ἀποδίδωμι, [47] (a) I give back, return, restore, (b) I give, render, as due, (c) mid: I sell.* ²⁵*βαττολογέω, [1] I chatter, am long-winded, utter empty words, stammer, repeat.* ²⁶*ἐθνικός, ή, όν, [2] pagan, heathen, gentile; subst: a Gentile, non-Jew.* ²⁷*πολυλογία, ας, ἡ, [1] much-speaking, loquacity.* ²⁸*εἰσακούω, [5] I hear, listen to, heed.* ²⁹*ὁμοιόω, [15] I make like, liken; I compare.* ³⁰*χρεία, ας, ἡ, [49] need, necessity, business.* ³¹*πρό, [47] (a) of place: before, in front of, (b) of time: before, earlier than.* ³²*ἁγιάζω, [29] I make holy, treat as holy, set apart as holy, sanctify, hallow, purify.* ³³*ἐπιούσιος, ον, [2] for the morrow, necessary, sufficient.* ³⁴*σήμερον, [41] today, now.*

ἡμῖν τὰ ὀφειλήματα[1] ἡμῶν, ὡς καὶ ἡμεῖς ἀφίεμεν τοῖς ὀφειλέταις[2] ἡμῶν. **13** Καὶ μὴ εἰσενέγκῃς[3] ἡμᾶς εἰς πειρασμόν,[4] ἀλλὰ ῥῦσαι[5] ἡμᾶς ἀπὸ τοῦ πονηροῦ. Ὅτι σοῦ ἐστιν ἡ βασιλεία καὶ ἡ δύναμις καὶ ἡ δόξα εἰς τοὺς αἰῶνας. Ἀμήν. **14** Ἐὰν γὰρ ἀφῆτε τοῖς ἀνθρώποις τὰ παραπτώματα[6] αὐτῶν, ἀφήσει καὶ ὑμῖν ὁ πατὴρ ὑμῶν ὁ οὐράνιος·[7] **15** ἐὰν δὲ μὴ ἀφῆτε τοῖς ἀνθρώποις τὰ παραπτώματα[6] αὐτῶν, οὐδὲ ὁ πατὴρ ὑμῶν ἀφήσει τὰ παραπτώματα[6] ὑμῶν.

16 Ὅταν δὲ νηστεύητε,[8] μὴ γίνεσθε ὥσπερ[9] οἱ ὑποκριταὶ[10] σκυθρωποί·[11] ἀφανίζουσιν[12] γὰρ τὰ πρόσωπα αὐτῶν, ὅπως φανῶσιν[13] τοῖς ἀνθρώποις νηστεύοντες·[14] ἀμὴν λέγω ὑμῖν ὅτι ἀπέχουσιν[15] τὸν μισθὸν[16] αὐτῶν. **17** Σὺ δὲ νηστεύων[17] ἄλειψαί[18] σου τὴν κεφαλήν, καὶ τὸ πρόσωπόν σου νίψαι,[19] **18** ὅπως μὴ φανῇς[20] τοῖς ἀνθρώποις νηστεύων,[21] ἀλλὰ τῷ πατρί σου τῷ ἐν τῷ κρυπτῷ·[22] καὶ ὁ πατήρ σου ὁ βλέπων ἐν τῷ κρυπτῷ[22] ἀποδώσει[23] σοι.

Warning against Covetousness and Care

19 Μὴ θησαυρίζετε[24] ὑμῖν θησαυροὺς[25] ἐπὶ τῆς γῆς, ὅπου σὴς[26] καὶ βρῶσις[27] ἀφανίζει,[28] καὶ ὅπου κλέπται[29] διορύσσουσιν[30] καὶ κλέπτουσιν·[31] **20** θησαυρίζετε[32] δὲ ὑμῖν θησαυροὺς[25] ἐν οὐρανῷ, ὅπου οὔτε σὴς[26] οὔτε βρῶσις[27] ἀφανίζει,[33] καὶ ὅπου κλέπται[29] οὐ διορύσσουσιν[34] οὐδὲ κλέπτουσιν.[35] **21** Ὅπου γάρ ἐστιν ὁ θησαυρὸς[25] ὑμῶν, ἐκεῖ ἔσται καὶ ἡ καρδία ὑμῶν. **22** Ὁ λύχνος[36] τοῦ σώματός ἐστιν ὁ ὀφθαλμός· ἐὰν οὖν

---

[3]*εἰσενέγκῃς*: AAS-2S   [5]*ῥῦσαι*: ADM-2S   [8]*νηστεύητε*: PAS-2P   [12]*ἀφανίζουσιν*: PAI-3P   [13]*φανῶσιν*: 2APS-3P   [14]*νηστεύοντες*: PAP-NPM   [15]*ἀπέχουσιν*: PAI-3P   [17]*νηστεύων*: PAP-NSM   [18]*ἄλειψαί*: AMM-2S   [19]*νίψαι*: AMM-2S   [20]*φανῇς*: 2APS-2S   [21]*νηστεύων*: PAP-NSM   [23]*ἀποδώσει*: FAI-3S   [24]*θησαυρίζετε*: PAM-2P   [28]*ἀφανίζει*: PAI-3S   [30]*διορύσσουσιν*: PAI-3P   [31]*κλέπτουσιν*: PAI-3P   [32]*θησαυρίζετε*: PAM-2P   [33]*ἀφανίζει*: PAI-3S   [34]*διορύσσουσιν*: PAI-3P   [35]*κλέπτουσιν*: PAI-3P

---

[1]*ὀφείλημα, ατος, τό*, [2] a debt, offense, sin.   [2]*ὀφειλέτης, ου, ὁ*, [7] (a) a debtor, one who owes, one who is indebted, (b) one who has sinned against another (an Aramaism), a sinner.   [3]*εἰσφέρω*, [7] I lead into, bring in, announce.   [4]*πειρασμός, οῦ, ὁ*, [21] (a) trial, probation, testing, being tried, (b) temptation, (c) calamity, affliction.   [5]*ῥύομαι*, [18] I rescue, deliver (from danger or destruction).   [6]*παράπτωμα, ατος, τό*, [23] a falling away, lapse, slip, false step, trespass, sin.   [7]*οὐράνιος, ον*, [6] in heaven, belonging to heaven, heavenly, from heaven.   [8]*νηστεύω*, [21] I fast, abstain from food.   [9]*ὥσπερ*, [42] just as, as, even as.   [10]*ὑποκριτής, οῦ, ὁ*, [20] (lit: a stage-player), a hypocrite, dissembler, pretender.   [11]*σκυθρωπός, ή, όν*, [2] gloomy, sad-countenanced.   [12]*ἀφανίζω*, [5] I cause to disappear, hide, remove; I disfigure (probably by leaving unwashed for a long period), destroy.   [13]*φαίνω*, [31] (a) act: I shine, shed light, (b) pass: I shine, become visible, appear, (c) I become clear, appear, seem, show myself as.   [14]*νηστεύω*, [21] I fast, abstain from food.   [15]*ἀπέχω*, [18] I have in full, am far, it is enough.   [16]*μισθός, οῦ, ὁ*, [29] (a) pay, wages, salary, (b) reward, recompense, punishment.   [17]*νηστεύω*, [21] I fast, abstain from food.   [18]*ἀλείφω*, [9] I anoint: festivally, in homage, medicinally, or in anointing the dead.   [19]*νίπτω*, [17] I wash; mid. I wash my own (hands, etc.).   [20]*φαίνω*, [31] (a) act: I shine, shed light, (b) pass: I shine, become visible, appear, (c) I become clear, appear, seem, show myself as.   [21]*νηστεύω*, [21] I fast, abstain from food.   [22]*κρυπτός, ή, όν*, [19] hidden, secret; as subst: the hidden (secret) things (parts), the inward nature (character).   [23]*ἀποδίδωμι*, [47] (a) I give back, return, restore, (b) I give, render, as due, (c) mid: I sell.   [24]*θησαυρίζω*, [8] I store up, treasure up, save, lay up.   [25]*θησαυρός, οῦ, ὁ*, [18] a store-house for precious things; hence: a treasure, a store.   [26]*σής, σητός, ὁ*, [3] a moth.   [27]*βρῶσις, εως, ἡ*, [11] (a) abstr: eating, (b) food, a meal, (c) rust.   [28]*ἀφανίζω*, [5] I cause to disappear, hide, remove; I disfigure (probably by leaving unwashed for a long period), destroy.   [29]*κλέπτης, ου, ὁ*, [16] a thief.   [30]*διορύσσω*, [4] I dig through, break through.   [31]*κλέπτω*, [13] I steal.   [32]*θησαυρίζω*, [8] I store up, treasure up, save, lay up.   [33]*ἀφανίζω*, [5] I cause to disappear, hide, remove; I disfigure (probably by leaving unwashed for a long period), destroy.   [34]*διορύσσω*, [4] I dig through, break through.   [35]*κλέπτω*, [13] I steal.   [36]*λύχνος, ου, ὁ*, [14] a lamp.

ὁ ὀφθαλμός σου ἁπλοῦς¹ ᾖ, ὅλον τὸ σῶμά σου φωτεινὸν² ἔσται· 23 ἐὰν δὲ ὁ ὀφθαλμός σου πονηρὸς ᾖ, ὅλον τὸ σῶμά σου σκοτεινὸν³ ἔσται. Εἰ οὖν τὸ φῶς τὸ ἐν σοὶ σκότος⁴ ἐστίν, τὸ σκότος⁴ πόσον;⁵ 24 Οὐδεὶς δύναται δυσὶν κυρίοις δουλεύειν·⁶ ἢ γὰρ τὸν ἕνα μισήσει,⁷ καὶ τὸν ἕτερον ἀγαπήσει· ἢ ἑνὸς ἀνθέξεται,⁸ καὶ τοῦ ἑτέρου καταφρονήσει.⁹ Οὐ δύνασθε θεῷ δουλεύειν¹⁰ καὶ μαμωνᾷ.¹¹ 25 Διὰ τοῦτο λέγω ὑμῖν, μὴ μεριμνᾶτε¹² τῇ ψυχῇ ὑμῶν, τί φάγητε καὶ τί πίητε· μηδὲ τῷ σώματι ὑμῶν, τί ἐνδύσησθε.¹³ Οὐχὶ ἡ ψυχὴ πλεῖόν ἐστιν τῆς τροφῆς,¹⁴ καὶ τὸ σῶμα τοῦ ἐνδύματος;¹⁵ 26 Ἐμβλέψατε¹⁶ εἰς τὰ πετεινὰ¹⁷ τοῦ οὐρανοῦ, ὅτι οὐ σπείρουσιν, οὐδὲ θερίζουσιν,¹⁸ οὐδὲ συνάγουσιν εἰς ἀποθήκας,¹⁹ καὶ ὁ πατὴρ ὑμῶν ὁ οὐράνιος²⁰ τρέφει²¹ αὐτά· οὐχ ὑμεῖς μᾶλλον διαφέρετε²² αὐτῶν; 27 Τίς δὲ ἐξ ὑμῶν μεριμνῶν²³ δύναται προσθεῖναι²⁴ ἐπὶ τὴν ἡλικίαν²⁵ αὐτοῦ πῆχυν²⁶ ἕνα; 28 Καὶ περὶ ἐνδύματος¹⁵ τί μεριμνᾶτε;²⁷ Καταμάθετε²⁸ τὰ κρίνα²⁹ τοῦ ἀγροῦ,³⁰ πῶς αὐξάνει·³¹ οὐ κοπιᾷ,³² οὐδὲ νήθει·³³ 29 λέγω δὲ ὑμῖν ὅτι οὐδὲ Σολομὼν ἐν πάσῃ τῇ δόξῃ αὐτοῦ περιεβάλετο³⁴ ὡς ἓν τούτων. 30 Εἰ δὲ τὸν χόρτον³⁵ τοῦ ἀγροῦ,³⁰ σήμερον³⁶ ὄντα, καὶ αὔριον³⁷ εἰς κλίβανον³⁸ βαλλόμενον, ὁ θεὸς οὕτως ἀμφιέννυσιν,³⁹ οὐ πολλῷ μᾶλλον ὑμᾶς, ὀλιγόπιστοι;⁴⁰ 31 Μὴ οὖν μεριμνήσητε,⁴¹ λέγοντες, Τί φάγωμεν, ἢ τί πίωμεν, ἢ τί περιβαλώμεθα;⁴² 32 Πάντα γὰρ ταῦτα τὰ ἔθνη ἐπιζητεῖ·⁴³ οἶδεν γὰρ

---

⁶δουλεύειν: PAN   ⁷μισήσει: FAI-3S   ⁸ἀνθέξεται: FDI-3S   ⁹καταφρονήσει: FAI-3S   ¹⁰δουλεύειν: PAN
¹²μεριμνᾶτε: PAM-2P   ¹³ἐνδύσησθε: AMS-2P   ¹⁶Ἐμβλέψατε: AAM-2P   ¹⁸θερίζουσιν: PAI-3P   ²¹τρέφει: PAI-3S
²²διαφέρετε: PAI-2P   ²³μεριμνῶν: PAP-NSM   ²⁴προσθεῖναι: 2AAN   ²⁷μεριμνᾶτε: PAI-2P   ²⁸Καταμάθετε:
2AAM-2P   ³¹αὐξάνει: PAI-3S   ³²κοπιᾷ: PAI-3S   ³³νήθει: PAI-3S   ³⁴περιεβάλετο: 2AMI-3S   ³⁹ἀμφιέννυσιν: PAI-3S
⁴¹μεριμνήσητε: AAS-2P   ⁴²περιβαλώμεθα: 2AMS-1P   ⁴³ἐπιζητεῖ: PAI-3S

---

¹ἁπλοῦς, ῆ, οῦν, [2] single, simple, sound, perfect.   ²φωτεινός, ή, όν, [5] bright, luminous, full of light.
³σκοτεινός, ή, όν, [3] full of darkness, dark.   ⁴σκότος, ους, τό, [32] darkness, either physical or moral.   ⁵πόσος,
η, ον, [27] how much, how great, how many.   ⁶δουλεύω, [25] I am a slave, am subject to, obey, am devoted.
⁷μισέω, [41] I hate, detest, love less, esteem less.   ⁸ἀντέχομαι, [4] trans: I hold against; intrans: I withstand;
mid: I hold out against, hold firmly to, cleave to.   ⁹καταφρονέω, [9] I despise, scorn, and show it by active
insult, disregard.   ¹⁰δουλεύω, [25] I am a slave, am subject to, obey, am devoted.   ¹¹μαμωνᾶς, ᾶ, ὁ, [4] (Ara-
maic), riches, money, possessions, property.   ¹²μεριμνάω, [19] I am over-anxious; with acc: I am anxious
about, distracted; I care for.   ¹³ἐνδύω, [28] I put on, clothe (another).   ¹⁴τροφή, ῆς, ἡ, [16] food, nourishment,
maintenance.   ¹⁵ἔνδυμα, ατος, τό, [8] a garment, raiment, clothing.   ¹⁶ἐμβλέπω, [12] I look into (upon); met: I
consider; I see clearly.   ¹⁷πετεινόν, οῦ, τό, [14] a bird, fowl.   ¹⁸θερίζω, [21] I reap, gather, harvest.   ¹⁹ἀποθήκη,
ης, ἡ, [6] a repository, granary, barn, storehouse.   ²⁰οὐράνιος, ον, [6] in heaven, belonging to heaven, heavenly,
from heaven.   ²¹τρέφω, [7] I feed, nourish; I bring up, rear, provide for.   ²²διαφέρω, [13] (a) trans: I carry
through, hither and thither, (b) intrans: I am different, differ, and sometimes: I surpass, excel.   ²³μεριμνάω,
[19] I am over-anxious; with acc: I am anxious about, distracted; I care for.   ²⁴προστίθημι, [18] I place (put)
to, add; I do again.   ²⁵ἡλικία, ας, ἡ, [8] age, term of life; full age, maturity; stature.   ²⁶πῆχυς, εως, ὁ, [4] a
cubit, about a foot and a half.   ²⁷μεριμνάω, [19] I am over-anxious; with acc: I am anxious about, distracted;
I care for.   ²⁸καταμανθάνω, [1] I understand, take in a fact about, consider carefully.   ²⁹κρίνον, ου, τό, [2] a
lily growing wild, variously identified with the red anemone, the whole lily, the sword lily.   ³⁰ἀγρός, οῦ, ὁ, [35]
a field, especially as bearing a crop; the country, lands, property in land, a country estate.   ³¹αὐξάνω, [23] (a)
I cause to increase, become greater (b) I increase, grow.   ³²κοπιάω, [23] (a) I grow weary, (b) I toil, work with
effort (of bodily and mental labor alike).   ³³νήθω, [2] I spin.   ³⁴περιβάλλω, [24] I cast around, wrap a garment
about, put on; hence mid: I put on to myself, clothe myself, dress; I draw (a line).   ³⁵χόρτος, ου, ὁ, [15] grass,
herbage, growing grain, hay.   ³⁶σήμερον, [41] today, now.   ³⁷αὔριον, [15] tomorrow.   ³⁸κλίβανος, ου, ὁ, [2]
an oven, furnace.   ³⁹ἀμφιέννυμι, [4] I put on, clothe.   ⁴⁰ὀλιγόπιστος, ον, [5] of little faith.   ⁴¹μεριμνάω, [19]
I am over-anxious; with acc: I am anxious about, distracted; I care for.   ⁴²περιβάλλω, [24] I cast around, wrap
a garment about, put on; hence mid: I put on to myself, clothe myself, dress; I draw (a line).   ⁴³ἐπιζητέω, [15]
I seek after, desire, search for, make inquiries about.

ὁ πατὴρ ὑμῶν ὁ οὐράνιος¹ ὅτι χρῄζετε² τούτων ἁπάντων.³ **33** Ζητεῖτε δὲ πρῶτον τὴν βασιλείαν τοῦ θεοῦ καὶ τὴν δικαιοσύνην αὐτοῦ, καὶ ταῦτα πάντα προστεθήσεται⁴ ὑμῖν. **34** Μὴ οὖν μεριμνήσητε⁵ εἰς τὴν αὔριον·⁶ ἡ γὰρ αὔριον⁶ μεριμνήσει⁷ τὰ ἑαυτῆς. Ἀρκετὸν⁸ τῇ ἡμέρᾳ ἡ κακία⁹ αὐτῆς.

Warning against Unauthorized Judging and Admonition to Persevere in Prayer

7 Μὴ κρίνετε, ἵνα μὴ κριθῆτε· **2** ἐν ᾧ γὰρ κρίματι¹⁰ κρίνετε, κριθήσεσθε· καὶ ἐν ᾧ μέτρῳ¹¹ μετρεῖτε,¹² μετρηθήσεται¹³ ὑμῖν. **3** Τί δὲ βλέπεις τὸ κάρφος¹⁴ τὸ ἐν τῷ ὀφθαλμῷ τοῦ ἀδελφοῦ σου, τὴν δὲ ἐν τῷ σῷ¹⁵ ὀφθαλμῷ δοκὸν¹⁶ οὐ κατανοεῖς;¹⁷ **4** Ἢ πῶς ἐρεῖς τῷ ἀδελφῷ σου, Ἄφες ἐκβάλω τὸ κάρφος¹⁴ ἀπὸ τοῦ ὀφθαλμοῦ σου· καὶ ἰδού, ἡ δοκὸς¹⁶ ἐν τῷ ὀφθαλμῷ σου; **5** Ὑποκριτά,¹⁸ ἔκβαλε πρῶτον τὴν δοκὸν¹⁶ ἐκ τοῦ ὀφθαλμοῦ σου, καὶ τότε διαβλέψεις¹⁹ ἐκβαλεῖν τὸ κάρφος¹⁴ ἐκ τοῦ ὀφθαλμοῦ τοῦ ἀδελφοῦ σου.

6 Μὴ δῶτε τὸ ἅγιον τοῖς κυσίν·²⁰ μηδὲ βάλητε τοὺς μαργαρίτας²¹ ὑμῶν ἔμπροσθεν²² τῶν χοίρων,²³ μήποτε²⁴ καταπατήσωσιν²⁵ αὐτοὺς ἐν τοῖς ποσὶν αὐτῶν, καὶ στραφέντες²⁶ ῥήξωσιν²⁷ ὑμᾶς.

7 Αἰτεῖτε, καὶ δοθήσεται ὑμῖν· ζητεῖτε, καὶ εὑρήσετε· κρούετε,²⁸ καὶ ἀνοιγήσεται ὑμῖν. **8** Πᾶς γὰρ ὁ αἰτῶν λαμβάνει, καὶ ὁ ζητῶν εὑρίσκει, καὶ τῷ κρούοντι²⁹ ἀνοιγήσεται. **9** Ἢ τίς ἐστιν ἐξ ὑμῶν ἄνθρωπος, ὃν ἐὰν αἰτήσῃ ὁ υἱὸς αὐτοῦ ἄρτον, μὴ λίθον ἐπιδώσει³⁰ αὐτῷ; **10** Καὶ ἐὰν ἰχθὺν³¹ αἰτήσῃ, μὴ ὄφιν³² ἐπιδώσει³³ αὐτῷ; **11** Εἰ οὖν ὑμεῖς, πονηροὶ ὄντες, οἴδατε δόματα³⁴ ἀγαθὰ διδόναι τοῖς τέκνοις ὑμῶν, πόσῳ³⁵ μᾶλλον ὁ πατὴρ ὑμῶν ὁ ἐν τοῖς οὐρανοῖς δώσει ἀγαθὰ τοῖς αἰτοῦσιν αὐτόν; **12** Πάντα οὖν ὅσα ἂν θέλητε ἵνα

---

²χρῄζετε: *PAI-2P*   ⁴προστεθήσεται: *FPI-3S*   ⁵μεριμνήσητε: *AAS-2P*   ⁷μεριμνήσει: *FAI-3S*   ¹²μετρεῖτε: *PAI-2P*   ¹³μετρηθήσεται: *FPI-3S*   ¹⁷κατανοεῖς: *PAI-2S*   ¹⁹διαβλέψεις: *FAI-2S*   ²⁵καταπατήσωσιν: *AAS-3P*   ²⁶στραφέντες: *2APP-NPM*   ²⁷ῥήξωσιν: *AAS-3P*   ²⁸κρούετε: *PAM-2P*   ²⁹κρούοντι: *PAP-DSM*   ³⁰ἐπιδώσει: *FAI-3S*   ³³ἐπιδώσει: *FAI-3S*

---

¹οὐράνιος, ον, [6] *in heaven, belonging to heaven, heavenly, from heaven.*   ²χρῄζω, [5] *I need, have need of, want, desire.*   ³ἅπας, ασα, αν, [39] *all, the whole, altogether.*   ⁴προστίθημι, [18] *I place (put) to, add; I do again.*   ⁵μεριμνάω, [19] *I am over-anxious; with acc: I am anxious about, distracted; I care for.*   ⁶αὔριον, [15] *tomorrow.*   ⁷μεριμνάω, [19] *I am over-anxious; with acc: I am anxious about, distracted; I care for.*   ⁸ἀρκετός, ή, όν, [3] *sufficient, enough.*   ⁹κακία, ας, ἡ, [11] (a) *evil (i.e. trouble, labor, misfortune),* (b) *wickedness,* (c) *vicious disposition, malice, spite.*   ¹⁰κρίμα, ατος, τό, [28] (a) *a judgment, a verdict; sometimes implying an adverse verdict, a condemnation,* (b) *a case at law, a lawsuit.*   ¹¹μέτρον, ου, τό, [14] *a measure, whether lineal or cubic; a measuring rod.*   ¹²μετρέω, [11] *I measure (out), estimate.*   ¹³μετρέω, [11] *I measure (out), estimate.*   ¹⁴κάρφος, ους, τό, [6] *a dry stalk, chip of wood, twig, splinter, chaff.*   ¹⁵σός, σή, σόν, [27] *yours, thy, thine.*   ¹⁶δοκός, οῦ, ἡ, [6] *a beam or spar of timber.*   ¹⁷κατανοέω, [14] *I take note of, perceive, consider carefully, discern, detect, make account of.*   ¹⁸ὑποκριτής, οῦ, ὁ, [20] (lit: *a stage-player), a hypocrite, dissembler, pretender.*   ¹⁹διαβλέπω, [2] *I see through, see clearly.*   ²⁰κύων, κυνός, ὁ, ἡ, [5] *a dog, universally despised in the East.*   ²¹μαργαρίτης, ου, ὁ, [9] *a pearl.*   ²²ἔμπροσθεν, [48] *in front, before the face; sometimes made a subst. by the addition of the article: in front of, before the face of.*   ²³χοῖρος, ου, ὁ, [14] *a swine, hog, sow.*   ²⁴μήποτε, [25] *lest at any time; then weakened: whether perhaps, whether at all; in a principal clause: perhaps.*   ²⁵καταπατέω, [5] *I trample down, trample under foot (lit. and met.), spurn.*   ²⁶στρέφω, [19] *I turn, am converted, change, change my direction.*   ²⁷ῥήγνυμι, ῥήσσω, [7] *I rend, break asunder; I break forth (into speech); I throw or dash down.*   ²⁸κρούω, [9] *I knock, beat a door with a stick, to gain admittance.*   ²⁹κρούω, [9] *I knock, beat a door with a stick, to gain admittance.*   ³⁰ἐπιδίδωμι, [11] (a) trans: *I hand in, give up,* (b) intrans: *I give way (to the wind).*   ³¹ἰχθύς, ύος, ὁ, [20] *a fish.*   ³²ὄφις, εως, ὁ, [14] *a serpent, snake; used of the devil or Satan.*   ³³ἐπιδίδωμι, [11] (a) trans: *I hand in, give up,* (b) intrans: *I give way (to the wind).*   ³⁴δόμα, ατος, τό, [4] *a gift, present.*   ³⁵πόσος, η, ον, [27] *how much, how great, how many.*

ποιῶσιν ὑμῖν οἱ ἄνθρωποι, οὕτως καὶ ὑμεῖς ποιεῖτε αὐτοῖς· οὗτος γάρ ἐστιν ὁ νόμος καὶ οἱ προφῆται.

The Conclusion of the Sermon

13 Εἰσέλθετε διὰ τῆς στενῆς¹ πύλης·² ὅτι πλατεῖα³ ἡ πύλη,² καὶ εὐρύχωρος⁴ ἡ ὁδὸς ἡ ἀπάγουσα⁵ εἰς τὴν ἀπώλειαν,⁶ καὶ πολλοί εἰσιν οἱ εἰσερχόμενοι δι᾽ αὐτῆς· **14** τί στενὴ¹ ἡ πύλη,² καὶ τεθλιμμένη⁷ ἡ ὁδὸς ἡ ἀπάγουσα⁸ εἰς τὴν ζωήν, καὶ ὀλίγοι⁹ εἰσὶν οἱ εὑρίσκοντες αὐτήν.

15 Προσέχετε¹⁰ δὲ ἀπὸ τῶν ψευδοπροφητῶν,¹¹ οἵτινες ἔρχονται πρὸς ὑμᾶς ἐν ἐνδύμασιν¹² προβάτων,¹³ ἔσωθεν¹⁴ δέ εἰσιν λύκοι¹⁵ ἅρπαγες.¹⁶ **16** Ἀπὸ τῶν καρπῶν αὐτῶν ἐπιγνώσεσθε¹⁷ αὐτούς· μήτι¹⁸ συλλέγουσιν¹⁹ ἀπὸ ἀκανθῶν²⁰ σταφυλήν,²¹ ἢ ἀπὸ τριβόλων²² σῦκα;²³ **17** Οὕτως πᾶν δένδρον²⁴ ἀγαθὸν καρποὺς καλοὺς ποιεῖ· τὸ δὲ σαπρὸν²⁵ δένδρον²⁴ καρποὺς πονηροὺς ποιεῖ. **18** Οὐ δύναται δένδρον²⁴ ἀγαθὸν καρποὺς πονηροὺς ποιεῖν, οὐδὲ δένδρον²⁴ σαπρὸν²⁵ καρποὺς καλοὺς ποιεῖν. **19** Πᾶν δένδρον²⁴ μὴ ποιοῦν καρπὸν καλὸν ἐκκόπτεται²⁶ καὶ εἰς πῦρ βάλλεται. **20** Ἄρα²⁷ γε²⁸ ἀπὸ τῶν καρπῶν αὐτῶν ἐπιγνώσεσθε²⁹ αὐτούς. **21** Οὐ πᾶς ὁ λέγων μοι, Κύριε, κύριε, εἰσελεύσεται εἰς τὴν βασιλείαν τῶν οὐρανῶν· ἀλλ᾽ ὁ ποιῶν τὸ θέλημα τοῦ πατρός μου τοῦ ἐν οὐρανοῖς. **22** Πολλοὶ ἐροῦσίν μοι ἐν ἐκείνῃ τῇ ἡμέρᾳ, Κύριε, κύριε, οὐ τῷ σῷ³⁰ ὀνόματι προεφητεύσαμεν,³¹ καὶ τῷ σῷ³⁰ ὀνόματι δαιμόνια ἐξεβάλομεν, καὶ τῷ σῷ³⁰ ὀνόματι δυνάμεις πολλὰς ἐποιήσαμεν; **23** Καὶ τότε ὁμολογήσω³² αὐτοῖς ὅτι Οὐδέποτε³³ ἔγνων ὑμᾶς· ἀποχωρεῖτε³⁴ ἀπ᾽ ἐμοῦ οἱ ἐργαζόμενοι³⁵ τὴν ἀνομίαν.³⁶ **24** Πᾶς οὖν ὅστις

---

⁵ἀπάγουσα: *PAP-NSF*   ⁷τεθλιμμένη: *RPP-NSF*   ⁸ἀπάγουσα: *PAP-NSF*   ¹⁰Προσέχετε: *PAM-2P*   ¹⁷ἐπιγνώσεσθε: *FDI-2P*   ¹⁹συλλέγουσιν: *PAI-3P*   ²⁶ἐκκόπτεται: *PPI-3S*   ²⁹ἐπιγνώσεσθε: *FDI-2P*   ³¹προεφητεύσαμεν: *AAI-1P*   ³²ὁμολογήσω: *FAI-1S*   ³⁴ἀποχωρεῖτε: *PAM-2P*   ³⁵ἐργαζόμενοι: *PNP-NPM*

---

¹στενός, ή, όν, [3] *narrow, strait.*   ²πύλη, ης, ἡ, [10] *a gate.*   ³πλατύς, εῖα, ύ, [1] *broad, wide; subst: a street.*   ⁴εὐρύχωρος, ον, [1] *broad, spacious, wide.*   ⁵ἀπάγω, [14] *I lead, carry, take away; met: I am led astray, seduced.*   ⁶ἀπώλεια, ας, ἡ, [19] *destruction, ruin, loss, perishing; eternal ruin.*   ⁷θλίβω, [10] (a) *I make narrow (strictly: by pressure); I press upon, (b) I persecute, press hard.*   ⁸ἀπάγω, [14] *I lead, carry, take away; met: I am led astray, seduced.*   ⁹ὀλίγος, η, ον, [43] (a) *especially in plur: few, (b) in sing: small; hence, of time: short, of degree: light, slight, little.*   ¹⁰προσέχω, [24] (a) *I attend to, pay attention to, (b) I beware, am cautious, (c) I join, devote myself to.*   ¹¹ψευδοπροφήτης, ου, ὁ, [11] *a false prophet; one who in God's name teaches what is false.*   ¹²ἔνδυμα, ατος, τό, [8] *a garment, raiment, clothing.*   ¹³πρόβατον, ου, τό, [41] *a sheep.*   ¹⁴ἔσωθεν, [13] (a) *from within, from inside, (b) within, inside; with the article: the inner part, the inner element, (c) the mind, soul.*   ¹⁵λύκος, ου, ὁ, [6] *a wolf, of perhaps a jackal; often applied to persons of wolfish proclivities.*   ¹⁶ἅρπαξ, αγος, ὁ, [5] *rapacious, ravenous; a robber, an extortioner.*   ¹⁷ἐπιγινώσκω, [42] *I come to know by directing my attention to him or it, I perceive, discern, recognize; aor: I found out.*   ¹⁸μήτι, [16] *if not, unless, whether at all.*   ¹⁹συλλέγω, [8] *I collect, gather.*   ²⁰ἄκανθα, ης, ἡ, [14] *a thorn-bush, prickly plant; a thorn.*   ²¹σταφυλή, ῆς, ἡ, [3] *a grape, cluster of grapes.*   ²²τρίβολος, ου, ὁ, [2] *a thistle.*   ²³σῦκον, ου, τό, [4] *a (ripe) fig.*   ²⁴δένδρον, ου, τό, [26] *a tree.*   ²⁵σαπρός, ά, όν, [8] *rotten, useless, corrupt, depraved.*   ²⁶ἐκκόπτω, [10] *I cut out (off, away), remove, prevent.*   ²⁷ἄρα, [35] *then, therefore, since.*   ²⁸γε, [15] *an enclitic, emphasizing particle: at least, indeed, really, but generally too subtle to be represented in English.*   ²⁹ἐπιγινώσκω, [42] *I come to know by directing my attention to him or it, I perceive, discern, recognize; aor: I found out.*   ³⁰σός, σή, σόν, [27] *yours, thy, thine.*   ³¹προφητεύω, [28] *I foretell, prophesy; I set forth matter of divine teaching by special faculty.*   ³²ὁμολογέω, [24] (a) *I promise, agree, (b) I confess, (c) I publicly declare, (d) a Hebraism, I praise, celebrate.*   ³³οὐδέποτε, [16] *never.*   ³⁴ἀποχωρέω, [3] *I go away, depart, withdraw.*   ³⁵ἐργάζομαι, [39] *I work, trade, perform, do, practice, commit, acquire by labor.*   ³⁶ἀνομία, ας, ἡ, [15] *lawlessness, iniquity, disobedience, sin.*

ἀκούει μου τοὺς λόγους τούτους καὶ ποιεῖ αὐτούς, ὁμοιώσω[1] αὐτὸν ἀνδρὶ φρονίμῳ,[2] ὅστις ᾠκοδόμησεν[3] τὴν οἰκίαν αὐτοῦ ἐπὶ τὴν πέτραν·[4] **25** καὶ κατέβη ἡ βροχὴ[5] καὶ ἦλθον οἱ ποταμοὶ[6] καὶ ἔπνευσαν[7] οἱ ἄνεμοι,[8] καὶ προσέπεσον[9] τῇ οἰκίᾳ ἐκείνῃ, καὶ οὐκ ἔπεσεν· τεθεμελίωτο[10] γὰρ ἐπὶ τὴν πέτραν.[4] **26** Καὶ πᾶς ὁ ἀκούων μου τοὺς λόγους τούτους καὶ μὴ ποιῶν αὐτούς, ὁμοιωθήσεται[11] ἀνδρὶ μωρῷ,[12] ὅστις ᾠκοδόμησεν[13] τὴν οἰκίαν αὐτοῦ ἐπὶ τὴν ἄμμον·[14] **27** καὶ κατέβη ἡ βροχὴ[5] καὶ ἦλθον οἱ ποταμοὶ[6] καὶ ἔπνευσαν[15] οἱ ἄνεμοι,[8] καὶ προσέκοψαν[16] τῇ οἰκίᾳ ἐκείνῃ, καὶ ἔπεσεν· καὶ ἦν ἡ πτῶσις[17] αὐτῆς μεγάλη.

28 Καὶ ἐγένετο ὅτε συνετέλεσεν[18] ὁ Ἰησοῦς τοὺς λόγους τούτους, ἐξεπλήσσοντο[19] οἱ ὄχλοι ἐπὶ τῇ διδαχῇ[20] αὐτοῦ· **29** ἦν γὰρ διδάσκων αὐτοὺς ὡς ἐξουσίαν ἔχων, καὶ οὐχ ὡς οἱ γραμματεῖς.

The Healing of the Leper

8 Καταβάντι δὲ αὐτῷ ἀπὸ τοῦ ὄρους, ἠκολούθησαν αὐτῷ ὄχλοι πολλοί· **2** καὶ ἰδού, λεπρὸς[21] ἐλθὼν προσεκύνει αὐτῷ, λέγων, Κύριε, ἐὰν θέλῃς, δύνασαί με καθαρίσαι.[22] **3** Καὶ ἐκτείνας[23] τὴν χεῖρα, ἥψατο[24] αὐτοῦ ὁ Ἰησοῦς, λέγων, Θέλω, καθαρίσθητι.[25] Καὶ εὐθέως ἐκαθαρίσθη[26] αὐτοῦ ἡ λέπρα.[27] **4** Καὶ λέγει αὐτῷ ὁ Ἰησοῦς, Ὅρα μηδενὶ εἴπῃς· ἀλλὰ ὕπαγε, σεαυτὸν[28] δεῖξον[29] τῷ ἱερεῖ,[30] καὶ προσένεγκε[31] τὸ δῶρον[32] ὃ προσέταξεν[33] Μωσῆς, εἰς μαρτύριον[34] αὐτοῖς.

---

[1]ὁμοιώσω: FAI-1S [3]ᾠκοδόμησεν: AAI-3S [7]ἔπνευσαν: AAI-3P [9]προσέπεσον: 2AAI-3P [10]τεθεμελίωτο: LPI-3S [11]ὁμοιωθήσεται: FPI-3S [13]ᾠκοδόμησεν: AAI-3S [15]ἔπνευσαν: AAI-3P [16]προσέκοψαν: AAI-3P [18]συνετέλεσεν: AAI-3S [19]ἐξεπλήσσοντο: IPI-3P [22]καθαρίσαι: AAN [23]ἐκτείνας: AAP-NSM [24]ἥψατο: ADI-3S [25]καθαρίσθητι: APM-2S [26]ἐκαθαρίσθη: API-3S [29]δεῖξον: AAM-2S [31]προσένεγκε: 2AAM-2S [33]προσέταξεν: AAI-3S

---

[1]ὁμοιόω, [15] I make like, liken; I compare. [2]φρόνιμος, ον, [14] intelligent, prudent, sensible, wise. [3]οἰκοδομέω, [39] I erect a building, build; fig. of the building up of character: I build up, edify, encourage. [4]πέτρα, ας, ἡ, [16] a rock, ledge, cliff, cave, stony ground. [5]βροχή, ῆς, ἡ, [2] a heavy rain. [6]ποταμός, οῦ, ὁ, [16] a river, torrent, stream. [7]πνέω, [7] I blow, breathe, as the wind. [8]ἄνεμος, ου, ὁ, [31] the wind; fig: applied to empty doctrines. [9]προσπίπτω, [8] (a) I fall down before, (b) I beat against, rush violently upon. [10]θεμελιόω, [6] I found, lay the foundation (lit. and met.). [11]ὁμοιόω, [15] I make like, liken; I compare. [12]μωρός, ά, όν, [13] (a) adj: stupid, foolish, (b) noun: a fool. [13]οἰκοδομέω, [39] I erect a building, build; fig. of the building up of character: I build up, edify, encourage. [14]ἄμμος, ου, ἡ, [5] sand, sandy ground. [15]πνέω, [7] I blow, breathe, as the wind. [16]προσκόπτω, [8] I stumble, strike the foot against, beat upon, take offense at. [17]πτῶσις, εως, ἡ, [2] a falling, a fall, ruin. [18]συντελέω, [7] I bring to an end, fulfill, accomplish. [19]ἐκπλήσσω, [13] I strike with panic or shock; I amaze, astonish. [20]διδαχή, ῆς, ἡ, [30] teaching, doctrine, what is taught. [21]λεπρός, οῦ, ὁ, [9] a leprous person, a leper. [22]καθαρίζω, [30] I cleanse, make clean, literally, ceremonially, or spiritually, according to context. [23]ἐκτείνω, [16] I stretch out (forth), cast forth (as of an anchor), lay hands on. [24]ἅπτομαι, [36] prop: I fasten to; I lay hold of, touch, know carnally. [25]καθαρίζω, [30] I cleanse, make clean, literally, ceremonially, or spiritually, according to context. [26]καθαρίζω, [30] I cleanse, make clean, literally, ceremonially, or spiritually, according to context. [27]λέπρα, ας, ἡ, [4] leprosy. [28]σεαυτοῦ, ῆς, οῦ, [41] of yourself. [29]δείκνυμι, [31] I point out, show, exhibit; met: I teach, demonstrate, make known. [30]ἱερεύς, έως, ὁ, [33] a priest, one who offers sacrifice to a god (in Jewish and pagan religions; of Christians only met.). [31]προσφέρω, [48] (a) I bring to, (b) characteristically: I offer (of gifts, sacrifices, etc). [32]δῶρον, ου, τό, [19] a gift, present. [33]προστάσσω, [8] (a) I instruct, command, (b) I appoint, assign. [34]μαρτύριον, ου, τό, [20] witness, evidence, testimony, proof.

The Centurion of Capernaum

5 Εἰσελθόντι δὲ αὐτῷ εἰς Καπερναούμ,¹ προσῆλθεν αὐτῷ ἑκατόνταρχος² παρακαλῶν αὐτόν, 6 καὶ λέγων, Κύριε, ὁ παῖς³ μου βέβληται ἐν τῇ οἰκίᾳ παραλυτικός,⁴ δεινῶς⁵ βασανιζόμενος.⁶ 7 Καὶ λέγει αὐτῷ ὁ Ἰησοῦς, Ἐγὼ ἐλθὼν θεραπεύσω⁷ αὐτόν. 8 Καὶ ἀποκριθεὶς ὁ ἑκατόνταρχος² ἔφη, Κύριε, οὐκ εἰμὶ ἱκανὸς⁸ ἵνα μου ὑπὸ τὴν στέγην⁹ εἰσέλθῃς· ἀλλὰ μόνον εἰπὲ λόγῳ, καὶ ἰαθήσεται¹⁰ ὁ παῖς³ μου. 9 Καὶ γὰρ ἐγὼ ἄνθρωπός εἰμι ὑπὸ ἐξουσίαν, ἔχων ὑπ᾽ ἐμαυτὸν¹¹ στρατιώτας·¹² καὶ λέγω τούτῳ, Πορεύθητι, καὶ πορεύεται· καὶ ἄλλῳ, Ἔρχου, καὶ ἔρχεται· καὶ τῷ δούλῳ μου, Ποίησον τοῦτο, καὶ ποιεῖ. 10 Ἀκούσας δὲ ὁ Ἰησοῦς ἐθαύμασεν,¹³ καὶ εἶπεν τοῖς ἀκολουθοῦσιν, Ἀμὴν λέγω ὑμῖν, οὐδὲ ἐν τῷ Ἰσραὴλ τοσαύτην¹⁴ πίστιν εὖρον. 11 Λέγω δὲ ὑμῖν, ὅτι πολλοὶ ἀπὸ ἀνατολῶν¹⁵ καὶ δυσμῶν¹⁶ ἥξουσιν,¹⁷ καὶ ἀνακλιθήσονται¹⁸ μετὰ Ἀβραὰμ καὶ Ἰσαὰκ καὶ Ἰακὼβ ἐν τῇ βασιλείᾳ τῶν οὐρανῶν· 12 οἱ δὲ υἱοὶ τῆς βασιλείας ἐκβληθήσονται εἰς τὸ σκότος¹⁹ τὸ ἐξώτερον·²⁰ ἐκεῖ ἔσται ὁ κλαυθμὸς²¹ καὶ ὁ βρυγμὸς²² τῶν ὀδόντων.²³ 13 Καὶ εἶπεν ὁ Ἰησοῦς τῷ ἑκατοντάρχῃ,² Ὕπαγε, καὶ ὡς ἐπίστευσας γενηθήτω σοι. Καὶ ἰάθη²⁴ ὁ παῖς³ αὐτοῦ ἐν τῇ ὥρᾳ ἐκείνῃ.

Various Miracles of Healing

14 Καὶ ἐλθὼν ὁ Ἰησοῦς εἰς τὴν οἰκίαν Πέτρου, εἶδεν τὴν πενθερὰν²⁵ αὐτοῦ βεβλημένην καὶ πυρέσσουσαν,²⁶ 15 καὶ ἥψατο²⁷ τῆς χειρὸς αὐτῆς, καὶ ἀφῆκεν αὐτὴν ὁ πυρετός·²⁸ καὶ ἠγέρθη, καὶ διηκόνει²⁹ αὐτῷ. 16 Ὀψίας³⁰ δὲ γενομένης προσήνεγκαν³¹ αὐτῷ δαιμονιζομένους³² πολλούς· καὶ ἐξέβαλεν τὰ πνεύματα λόγῳ, καὶ πάντας τοὺς

---

⁶βασανιζόμενος: PPP-NSM   ⁷θεραπεύσω: FAI-1S   ¹⁰ἰαθήσεται: FPI-3S   ¹³ἐθαύμασεν: AAI-3S   ¹⁷ἥξουσιν: FAI-3P   ¹⁸ἀνακλιθήσονται: FPI-3P   ²⁴ἰάθη: API-3S   ²⁶πυρέσσουσαν: PAP-ASF   ²⁷ἥψατο: ADI-3S   ²⁹διηκόνει: IAI-3S   ³¹προσήνεγκαν: AAI-3P   ³²δαιμονιζομένους: PNP-APM

---

¹Καπερναούμ, ἡ, [16] Capernaum, a town of Galilee.   ²ἑκατοντάρχης, ου, ὁ, [21] a centurion of the Roman army.   ³παῖς, παιδός, ὁ, ἡ, [24] (a) a male child, boy, (b) a male slave, servant; thus: a servant of God, especially as a title of the Messiah, (c) a female child, girl.   ⁴παραλυτικός, ή, όν, [10] afflicted with paralysis. ⁵δεινῶς, [2] vehemently, terribly, grievously.   ⁶βασανίζω, [12] I examine, as by torture; I torment; I buffet, as of waves.   ⁷θεραπεύω, [44] I care for, attend, serve, treat, especially of a physician; hence: I heal. ⁸ἱκανός, ή, όν, [41] (a) considerable, sufficient, of number, quantity, time, (b) of persons: sufficiently strong (good, etc.), worthy, suitable, with various constructions, (c) many, much.   ⁹στέγη, ης, ἡ, [3] a flat roof of a house.   ¹⁰ἰάομαι, [28] I heal, generally of the physical, sometimes of spiritual, disease.   ¹¹ἐμαυτοῦ, ῆς, οῦ, [37] of myself.   ¹²στρατιώτης, ου, ὁ, [26] a soldier.   ¹³θαυμάζω, [46] (a) intrans: I wonder, marvel, (b) trans: I wonder at, admire.   ¹⁴τοσοῦτος, τοσαύτη, τοσοῦτο, [20] so great, so large, so long, so many.   ¹⁵ἀνατολή, ῆς, ἡ, [10] (a) rising of the sun, hence (b) (sing. and plur.) the quarter whence the sun rises, the East.   ¹⁶δυσμή, ῆς, ἡ, [5] a setting (of the sun), hence: the West.   ¹⁷ἥκω, [27] I have come, am present, have arrived.   ¹⁸ἀνακλίνω, [8] I lay upon, lean against, lay down, make to recline; pass: I lie back, recline.   ¹⁹σκότος, ους, τό, [32] darkness, either physical or moral.   ²⁰ἐξώτερος, α, ον, [3] outmost, outer, external.   ²¹κλαυθμός, οῦ, ὁ, [9] weeping, lamentation, crying.   ²²βρυγμός, οῦ, ὁ, [7] a grinding or gnashing.   ²³ὀδούς, όντος, ὁ, [12] a tooth.   ²⁴ἰάομαι, [28] I heal, generally of the physical, sometimes of spiritual, disease.   ²⁵πενθερά, ᾶς, ἡ, [6] a mother-in-law. ²⁶πυρέσσω, [2] I am sick with a fever.   ²⁷ἅπτομαι, [36] prop: I fasten to; I lay hold of, touch, know carnally. ²⁸πυρετός, οῦ, ὁ, [6] a fever, scorching heat.   ²⁹διακονέω, [37] I wait at table (particularly of a slave who waits on guests); I serve (generally).   ³⁰ὄψιος, α, ον, [15] late, evening.   ³¹προσφέρω, [48] (a) I bring to, (b) characteristically: I offer (of gifts, sacrifices, etc).   ³²δαιμονίζομαι, [13] I am possessed, am under the power of an evil-spirit or demon.

κακῶς¹ ἔχοντας ἐθεράπευσεν·² 17 ὅπως πληρωθῇ τὸ ῥηθὲν διὰ Ἠσαΐου τοῦ προφήτου, λέγοντος, Αὐτὸς τὰς ἀσθενείας³ ἡμῶν ἔλαβεν, καὶ τὰς νόσους⁴ ἐβάστασεν.⁵

The Discipleship of Christ

18 Ἰδὼν δὲ ὁ Ἰησοῦς πολλοὺς ὄχλους περὶ αὐτόν, ἐκέλευσεν⁶ ἀπελθεῖν εἰς τὸ πέραν.⁷ 19 Καὶ προσελθὼν εἷς γραμματεὺς εἶπεν αὐτῷ, Διδάσκαλε, ἀκολουθήσω σοι ὅπου ἐὰν ἀπέρχῃ. 20 Καὶ λέγει αὐτῷ ὁ Ἰησοῦς, Αἱ ἀλώπεκες⁸ φωλεοὺς⁹ ἔχουσιν, καὶ τὰ πετεινὰ¹⁰ τοῦ οὐρανοῦ κατασκηνώσεις·¹¹ ὁ δὲ υἱὸς τοῦ ἀνθρώπου οὐκ ἔχει ποῦ¹² τὴν κεφαλὴν κλίνῃ.¹³ 21 Ἕτερος δὲ τῶν μαθητῶν αὐτοῦ εἶπεν αὐτῷ, Κύριε, ἐπίτρεψόν¹⁴ μοι πρῶτον ἀπελθεῖν καὶ θάψαι¹⁵ τὸν πατέρα μου. 22 Ὁ δὲ Ἰησοῦς εἶπεν αὐτῷ, Ἀκολούθει μοι, καὶ ἄφες τοὺς νεκροὺς θάψαι¹⁶ τοὺς ἑαυτῶν νεκρούς.

The Storm on the Lake

23 Καὶ ἐμβάντι¹⁷ αὐτῷ εἰς τὸ πλοῖον, ἠκολούθησαν αὐτῷ οἱ μαθηταὶ αὐτοῦ. 24 Καὶ ἰδού, σεισμὸς¹⁸ μέγας ἐγένετο ἐν τῇ θαλάσσῃ, ὥστε τὸ πλοῖον καλύπτεσθαι¹⁹ ὑπὸ τῶν κυμάτων·²⁰ αὐτὸς δὲ ἐκάθευδεν.²¹ 25 Καὶ προσελθόντες οἱ μαθηταὶ ἤγειραν αὐτόν, λέγοντες, Κύριε, σῶσον ἡμᾶς, ἀπολλύμεθα. 26 Καὶ λέγει αὐτοῖς, Τί δειλοί²² ἐστε, ὀλιγόπιστοι;²³ Τότε ἐγερθεὶς ἐπετίμησεν²⁴ τοῖς ἀνέμοις²⁵ καὶ τῇ θαλάσσῃ, καὶ ἐγένετο γαλήνη²⁶ μεγάλη. 27 Οἱ δὲ ἄνθρωποι ἐθαύμασαν,²⁷ λέγοντες, Ποταπός²⁸ ἐστιν οὗτος, ὅτι καὶ οἱ ἄνεμοι²⁵ καὶ ἡ θάλασσα ὑπακούουσιν²⁹ αὐτῷ;

Jesus and the Gadarenes

28 Καὶ ἐλθόντι αὐτῷ εἰς τὸ πέραν⁷ εἰς τὴν χώραν³⁰ τῶν Γεργεσηνῶν,³¹ ὑπήντησαν³² αὐτῷ δύο δαιμονιζόμενοι³³ ἐκ τῶν μνημείων³⁴ ἐξερχόμενοι, χαλεποὶ³⁵ λίαν,³⁶ ὥστε μὴ

---

²ἐθεράπευσεν: AAI-3S   ⁵ἐβάστασεν: AAI-3S   ⁶ἐκέλευσεν: AAI-3S   ¹³κλίνῃ: PAS-3S   ¹⁴ἐπίτρεψόν: AAM-2S   ¹⁵θάψαι: AAN   ¹⁶θάψαι: AAN   ¹⁷ἐμβάντι: 2AAP-DSM   ¹⁹καλύπτεσθαι: PPN   ²¹ἐκάθευδεν: IAI-3S   ²⁴ἐπετίμησεν: AAI-3S   ²⁷ἐθαύμασαν: AAI-3P   ²⁹ὑπακούουσιν: PAI-3P   ³²ὑπήντησαν: AAI-3P   ³³δαιμονιζόμενοι: PNP-NPM

---

¹κακῶς, [16] badly, evilly, wrongly.   ²θεραπεύω, [44] I care for, attend, serve, treat, especially of a physician; hence: I heal.   ³ἀσθένεια, ας, ἡ, [24] want of strength, weakness, illness, suffering, calamity, frailty.   ⁴νόσος, ου, ἡ, [12] a disease, malady, sickness.   ⁵βαστάζω, [27] (a) I carry, bear, (b) I carry (take) away.   ⁶κελεύω, [26] I command, order, direct, bid.   ⁷πέραν, [23] over, on the other side, beyond.   ⁸ἀλώπηξ, εκος, ἡ, [3] a fox; a fox-like, crafty person.   ⁹φωλεός, οῦ, ὁ, [2] a burrow, hole, den, lair.   ¹⁰πετεινόν, οῦ, τό, [14] a bird, fowl.   ¹¹κατασκήνωσις, εως, ἡ, [2] a dwelling-place.   ¹²ποῦ, [44] where, in what place.   ¹³κλίνω, [7] trans: I rest, recline; I bend, incline; I cause to give ground, make to yield; intrans: I decline, approach my end.   ¹⁴ἐπιτρέπω, [19] I turn to, commit, entrust; I allow, yield, permit.   ¹⁵θάπτω, [11] I bury.   ¹⁶θάπτω, [11] I bury.   ¹⁷ἐμβαίνω, [19] I step in; I go onboard a ship, embark.   ¹⁸σεισμός, οῦ, ὁ, [13] a shaking (as an earthquake); a storm.   ¹⁹καλύπτω, [8] I veil, hide, conceal, envelop.   ²⁰κῦμα, ατος, τό, [5] a wave, surge, billow.   ²¹καθεύδω, [22] I sleep, am sleeping.   ²²δειλός, ή, όν, [3] cowardly, timid, fearful.   ²³ὀλιγόπιστος, ον, [5] of little faith.   ²⁴ἐπιτιμάω, [29] (a) I rebuke, chide, admonish, (b) I warn.   ²⁵ἄνεμος, ου, ὁ, [31] the wind; fig: applied to empty doctrines.   ²⁶γαλήνη, ης, ἡ, [3] a calm.   ²⁷θαυμάζω, [46] (a) intrans: I wonder, marvel, (b) trans: I wonder at, admire.   ²⁸ποταπός, ή, όν, [7] of what kind, of what manner.   ²⁹ὑπακούω, [21] I listen, hearken to, obey, answer.   ³⁰χώρα, ας, ἡ, [27] (a) a country or region, (b) the land, as opposed to the sea, (c) the country, distinct from town, (d) plur: fields.   ³¹Γεργεσηνός, ή, όν, [1] from Gerasene.   ³²ὑπαντάω, [5] I meet, go to meet.   ³³δαιμονίζομαι, [13] I am possessed, am under the power of an evil-spirit or demon.   ³⁴μνημεῖον, ου, τό, [41] a tomb, sepulcher, monument.   ³⁵χαλεπός, ή, όν, [2] (a) hard, troublesome, (b) harsh, fierce.   ³⁶λίαν, [14] very; very much, exceedingly, greatly.

ἰσχύειν¹ τινὰ παρελθεῖν² διὰ τῆς ὁδοῦ ἐκείνης· 29 καὶ ἰδού, ἔκραξαν λέγοντες, Τί ἡμῖν καὶ σοί, Ἰησοῦ υἱὲ τοῦ θεοῦ; Ἦλθες ὧδε πρὸ³ καιροῦ βασανίσαι⁴ ἡμᾶς; 30 Ἦν δὲ μακρὰν⁵ ἀπ᾽ αὐτῶν ἀγέλη⁶ χοίρων⁷ πολλῶν βοσκομένη.⁸ 31 Οἱ δὲ δαίμονες⁹ παρεκάλουν αὐτόν, λέγοντες, Εἰ ἐκβάλλεις ἡμᾶς, ἐπίτρεψον¹⁰ ἡμῖν ἀπελθεῖν εἰς τὴν ἀγέλην⁶ τῶν χοίρων.⁷ 32 Καὶ εἶπεν αὐτοῖς, Ὑπάγετε. Οἱ δὲ ἐξελθόντες ἀπῆλθον εἰς τὴν ἀγέλην⁶ τῶν χοίρων·⁷ καὶ ἰδού, ὥρμησεν¹¹ πᾶσα ἡ ἀγέλη⁶ τῶν χοίρων⁷ κατὰ τοῦ κρημνοῦ¹² εἰς τὴν θάλασσαν, καὶ ἀπέθανον ἐν τοῖς ὕδασιν. 33 Οἱ δὲ βόσκοντες¹³ ἔφυγον,¹⁴ καὶ ἀπελθόντες εἰς τὴν πόλιν ἀπήγγειλαν¹⁵ πάντα, καὶ τὰ τῶν δαιμονιζομένων.¹⁶ 34 Καὶ ἰδού, πᾶσα ἡ πόλις ἐξῆλθεν εἰς συνάντησιν¹⁷ τῷ Ἰησοῦ· καὶ ἰδόντες αὐτόν, παρεκάλεσαν ὅπως μεταβῇ¹⁸ ἀπὸ τῶν ὁρίων¹⁹ αὐτῶν.

The Healing of the Palsied Man

9 Καὶ ἐμβὰς²⁰ εἰς τὸ πλοῖον διεπέρασεν²¹ καὶ ἦλθεν εἰς τὴν ἰδίαν πόλιν. 2 Καὶ ἰδού, προσέφερον²² αὐτῷ παραλυτικὸν²³ ἐπὶ κλίνης²⁴ βεβλημένον· καὶ ἰδὼν ὁ Ἰησοῦς τὴν πίστιν αὐτῶν εἶπεν τῷ παραλυτικῷ,²³ Θάρσει,²⁵ τέκνον· ἀφέωνταί σοι αἱ ἁμαρτίαι σου. 3 Καὶ ἰδού, τινὲς τῶν γραμματέων εἶπον ἐν ἑαυτοῖς, Οὗτος βλασφημεῖ.²⁶ 4 Καὶ ἰδὼν ὁ Ἰησοῦς τὰς ἐνθυμήσεις²⁷ αὐτῶν εἶπεν, Ἵνα τί ὑμεῖς ἐνθυμεῖσθε²⁸ πονηρὰ ἐν ταῖς καρδίαις ὑμῶν; 5 Τί γάρ ἐστιν εὐκοπώτερον,²⁹ εἰπεῖν, Ἀφέωνταί σου αἱ ἁμαρτίαι· ἢ εἰπεῖν, Ἔγειραι καὶ περιπάτει; 6 Ἵνα δὲ εἰδῆτε, ὅτι ἐξουσίαν ἔχει ὁ υἱὸς τοῦ ἀνθρώπου ἐπὶ τῆς γῆς ἀφιέναι ἁμαρτίας–τότε λέγει τῷ παραλυτικῷ²³–Ἐγερθεὶς ἆρόν σου τὴν κλίνην,²⁴ καὶ ὕπαγε εἰς τὸν οἶκόν σου. 7 Καὶ ἐγερθεὶς ἀπῆλθεν εἰς τὸν οἶκον αὐτοῦ. 8 Ἰδόντες δὲ οἱ ὄχλοι ἐθαύμασαν,³⁰ καὶ ἐδόξασαν τὸν θεόν, τὸν δόντα ἐξουσίαν τοιαύτην τοῖς ἀνθρώποις.

---

¹ἰσχύειν: PAN   ²παρελθεῖν: 2AAN   ⁴βασανίσαι: AAN   ⁸βοσκομένη: PPP-NSF   ¹⁰ἐπίτρεψον: AAM-2S ¹¹ὥρμησεν: AAI-3S   ¹³βόσκοντες: PAP-NPM   ¹⁴ἔφυγον: 2AAI-3P   ¹⁵ἀπήγγειλαν: AAI-3P   ¹⁶δαιμονιζομένων: PNP-GPM   ¹⁸μεταβῇ: 2AAS-3S   ²⁰ἐμβάς: 2AAP-NSM   ²¹διεπέρασεν: AAI-3S   ²²προσέφερον: 1AI-3P   ²⁵Θάρσει: PAM-2S   ²⁶βλασφημεῖ: PAI-3S   ²⁸ἐνθυμεῖσθε: PNI-2P   ³⁰ἐθαύμασαν: AAI-3P

---

¹ἰσχύω, [29] I have strength, am strong, am in full health and vigor, am able; meton: I prevail.   ²παρέρχομαι, [29] I pass by, pass away, pass out of sight; I am rendered void, become vain, neglect, disregard.   ³πρό, [47] (a) of place: before, in front of, (b) of time: before, earlier than.   ⁴βασανίζω, [12] I examine, as by torture; I torment; I buffet, as of waves.   ⁵μακράν, [9] at a distance, far away, remote, alien.   ⁶ἀγέλη, ης, ἡ, [8] a flock, herd.   ⁷χοῖρος, ου, ὁ, [14] a swine, hog, sow.   ⁸βόσκω, [9] I feed, pasture.   ⁹δαίμων, ονος, ὁ, [4] an evil-spirit, demon.   ¹⁰ἐπιτρέπω, [19] I turn to, commit, entrust; I allow, yield, permit.   ¹¹ὁρμάω, [5] I rush, hasten on.   ¹²κρημνός, οῦ, ὁ, [3] a crag, precipice, steep bank.   ¹³βόσκω, [9] I feed, pasture.   ¹⁴φεύγω, [31] I flee, escape, shun.   ¹⁵ἀπαγγέλλω, [44] I report (from one place to another), bring a report, announce, declare. ¹⁶δαιμονίζομαι, [13] I am possessed, am under the power of an evil-spirit or demon.   ¹⁷συνάντησις, εως, ἡ, [1] a meeting with.   ¹⁸μεταβαίνω, [12] I change my place (abode), leave, depart, remove, pass over.   ¹⁹ὅριον, ου, τό, [11] the boundaries of a place, hence: districts, territory.   ²⁰ἐμβαίνω, [19] I step in; I go onboard a ship, embark.   ²¹διαπεράω, [6] I cross over, pass over.   ²²προσφέρω, [48] (a) I bring to, (b) characteristically: I offer (of gifts, sacrifices, etc).   ²³παραλυτικός, ή, όν, [10] afflicted with paralysis.   ²⁴κλίνη, ης, ἡ, [10] a couch, bed, portable bed or mat, a couch for reclining at meals, possibly also a bier.   ²⁵θαρσέω, [8] I am of good courage, good cheer, am bold.   ²⁶βλασφημέω, [35] I speak evil against, blaspheme, use abusive or scurrilous language about (God or men).   ²⁷ἐνθύμησις, εως, ἡ, [4] inward thought, reflection, plur: thoughts.   ²⁸ἐνθυμέομαι, [3] I meditate upon, reflect upon, ponder.   ²⁹εὐκοπώτερον, [7] easier.   ³⁰θαυμάζω, [46] (a) intrans: I wonder, marvel, (b) trans: I wonder at, admire.

The Call of Matthew and His Feast

9 Καὶ παράγων¹ ὁ Ἰησοῦς ἐκεῖθεν² εἶδεν ἄνθρωπον καθήμενον ἐπὶ τὸ τελώνιον,³ Ματθαῖον λεγόμενον, καὶ λέγει αὐτῷ, Ἀκολούθει μοι. Καὶ ἀναστὰς ἠκολούθησεν αὐτῷ.

10 Καὶ ἐγένετο αὐτοῦ ἀνακειμένου⁴ ἐν τῇ οἰκίᾳ, καὶ ἰδού, πολλοὶ τελῶναι⁵ καὶ ἁμαρτωλοὶ⁶ ἐλθόντες συνανέκειντο⁷ τῷ Ἰησοῦ καὶ τοῖς μαθηταῖς αὐτοῦ. **11** Καὶ ἰδόντες οἱ Φαρισαῖοι εἶπον τοῖς μαθηταῖς αὐτοῦ, Διὰ τί μετὰ τῶν τελωνῶν⁵ καὶ ἁμαρτωλῶν⁶ ἐσθίει ὁ διδάσκαλος ὑμῶν; **12** Ὁ δὲ Ἰησοῦς ἀκούσας εἶπεν αὐτοῖς, Οὐ χρείαν⁸ ἔχουσιν οἱ ἰσχύοντες⁹ ἰατροῦ,¹⁰ ἀλλ᾽ οἱ κακῶς¹¹ ἔχοντες. **13** Πορευθέντες δὲ μάθετε¹² τί ἐστιν, Ἔλεον¹³ θέλω, καὶ οὐ θυσίαν·¹⁴ οὐ γὰρ ἦλθον καλέσαι δικαίους, ἀλλὰ ἁμαρτωλοὺς⁶ εἰς μετάνοιαν.¹⁵

14 Τότε προσέρχονται αὐτῷ οἱ μαθηταὶ Ἰωάννου, λέγοντες, Διὰ τί ἡμεῖς καὶ οἱ Φαρισαῖοι νηστεύομεν¹⁶ πολλά, οἱ δὲ μαθηταί σου οὐ νηστεύουσιν;¹⁷ **15** Καὶ εἶπεν αὐτοῖς ὁ Ἰησοῦς, Μὴ δύνανται οἱ υἱοὶ τοῦ νυμφῶνος¹⁸ πενθεῖν,¹⁹ ἐφ᾽ ὅσον μετ᾽ αὐτῶν ἐστιν ὁ νυμφίος;²⁰ Ἐλεύσονται δὲ ἡμέραι ὅταν ἀπαρθῇ²¹ ἀπ᾽ αὐτῶν ὁ νυμφίος,²⁰ καὶ τότε νηστεύσουσιν.²² **16** Οὐδεὶς δὲ ἐπιβάλλει²³ ἐπίβλημα²⁴ ῥάκους²⁵ ἀγνάφου²⁶ ἐπὶ ἱματίῳ παλαιῷ·²⁷ αἴρει γὰρ τὸ πλήρωμα²⁸ αὐτοῦ ἀπὸ τοῦ ἱματίου, καὶ χεῖρον²⁹ σχίσμα³⁰ γίνεται. **17** Οὐδὲ βάλλουσιν οἶνον³¹ νέον³² εἰς ἀσκοὺς³³ παλαιούς·²⁷ εἰ δὲ μήγε,³⁴ ῥήγνυνται³⁵ οἱ ἀσκοί,³³ καὶ ὁ οἶνος³¹ ἐκχεῖται,³⁶ καὶ οἱ ἀσκοὶ³³ ἀπολοῦνται· ἀλλὰ βάλλουσιν οἶνον³¹ νέον³² εἰς ἀσκοὺς³³ καινούς,³⁷ καὶ ἀμφότεροι³⁸ συντηροῦνται.³⁹

---

¹παράγων: PAP-NSM   ⁴ἀνακειμένου: PNP-GSM   ⁷συνανέκειντο: INI-3P   ⁹ἰσχύοντες: PAP-NPM   ¹²μάθετε: 2AAM-2P   ¹⁶νηστεύομεν: PAI-1P   ¹⁷νηστεύουσιν: PAI-3P   ¹⁹πενθεῖν: PAN   ²¹ἀπαρθῇ: APS-3S   ²²νηστεύσουσιν: FAI-3P   ²³ἐπιβάλλει: PAI-3S   ³⁵ῥήγνυνται: PPI-3P   ³⁶ἐκχεῖται: PPI-3S   ³⁹συντηροῦνται: PPI-3P

---

¹παράγω, [10] I pass by, depart, pass away.   ²ἐκεῖθεν, [28] thence, from that place.   ³τελώνιον, ου, τό, [3] a tax-collector's office, toll-house.   ⁴ἀνάκειμαι, [15] I recline, especially at a dinner-table.   ⁵τελώνης, ου, ὁ, [22] a publican, collector of taxes.   ⁶ἁμαρτωλός, ον, [48] sinning, sinful, depraved, detestable.   ⁷συνανάκειμαι, [8] I recline at table with.   ⁸χρεία, ας, ἡ, [49] need, necessity, business.   ⁹ἰσχύω, [29] I have strength, am strong, am in full health and vigor, am able; meton: I prevail.   ¹⁰ἰατρός, οῦ, ὁ, [7] a physician.   ¹¹κακῶς, [16] badly, evilly, wrongly.   ¹²μανθάνω, [25] I learn; with adj. or nouns: I learn to be so and so; with acc. of person who is the object of knowledge; aor. sometimes: to ascertain.   ¹³ἔλεος, ους, τό, [28] pity, mercy, compassion.   ¹⁴θυσία, ας, ἡ, [29] abstr. and concr: sacrifice; a sacrifice, offering.   ¹⁵μετάνοια, ας, ἡ, [24] repentance, a change of mind, change in the inner man.   ¹⁶νηστεύω, [21] I fast, abstain from food.   ¹⁷νηστεύω, [21] I fast, abstain from food.   ¹⁸νυμφών, ῶνος, ὁ, [3] a bridal chamber.   ¹⁹πενθέω, [10] I mourn, lament, feel guilt.   ²⁰νυμφίος, ου, ὁ, [16] a bridegroom.   ²¹ἀπαίρω, [3] I take away, remove; pass: I am taken away, withdrawn.   ²²νηστεύω, [21] I fast, abstain from food.   ²³ἐπιβάλλω, [18] (a) I throw upon, cast over, (b) I place upon, (c) I lay, (d) intrans: I strike upon, rush.   ²⁴ἐπίβλημα, ατος, τό, [3] a patch on a garment.   ²⁵ῥάκος, ους, τό, [2] a piece of cloth, a remnant torn off.   ²⁶ἄγναφος, ον, [2] unshrunken, new.   ²⁷παλαιός, ά, όν, [19] old, ancient, not new or recent.   ²⁸πλήρωμα, ατος, τό, [17] (a) a fill, fullness; full complement; supply, patch, supplement, (b) fullness, filling, fulfillment, completion.   ²⁹χείρων, ον, [11] worse, more severe.   ³⁰σχίσμα, ατος, τό, [8] a rent, as in a garment; a division, dissention.   ³¹οἶνος, ου, ὁ, [33] wine.   ³²νέος, α, ον, [24] (a) young, youthful, (b) new, fresh.   ³³ἀσκός, οῦ, ὁ, [12] a wine-skin, leather bottle.   ³⁴εἰ δὲ μήγε, [8] but if not, else, otherwise.   ³⁵ῥήγνυμι, ῥήσσω, [7] I rend, break asunder; I break forth (into speech); I throw or dash down.   ³⁶ἐκχέω, [28] I pour out (liquid or solid); I shed, bestow liberally.   ³⁷καινός, ή, όν, [44] fresh, new, unused, novel.   ³⁸ἀμφότεροι, αι, α, [14] both (of two).   ³⁹συντηρέω, [4] I preserve, keep safe, keep in mind, keep close.

The Daughter of Jairus

18 Ταῦτα αὐτοῦ λαλοῦντος αὐτοῖς, ἰδού, ἄρχων¹ εἷς ἐλθὼν προσεκύνει αὐτῷ, λέγων ὅτι Ἡ θυγάτηρ² μου ἄρτι³ ἐτελεύτησεν·⁴ ἀλλὰ ἐλθὼν ἐπίθες⁵ τὴν χεῖρά σου ἐπ' αὐτήν, καὶ ζήσεται. **19** Καὶ ἐγερθεὶς ὁ Ἰησοῦς ἠκολούθησεν αὐτῷ καὶ οἱ μαθηταὶ αὐτοῦ. **20** Καὶ ἰδού, γυνὴ αἱμορροοῦσα⁶ δώδεκα ἔτη,⁷ προσελθοῦσα ὄπισθεν,⁸ ἥψατο⁹ τοῦ κρασπέδου¹⁰ τοῦ ἱματίου αὐτοῦ. **21** Ἔλεγεν γὰρ ἐν ἑαυτῇ, Ἐὰν μόνον ἅψωμαι¹¹ τοῦ ἱματίου αὐτοῦ, σωθήσομαι. **22** Ὁ δὲ Ἰησοῦς ἐπιστραφεὶς¹² καὶ ἰδὼν αὐτὴν εἶπεν, Θάρσει,¹³ θύγατερ·² ἡ πίστις σου σέσωκέν σε. Καὶ ἐσώθη ἡ γυνὴ ἀπὸ τῆς ὥρας ἐκείνης. **23** Καὶ ἐλθὼν ὁ Ἰησοῦς εἰς τὴν οἰκίαν τοῦ ἄρχοντος,¹ καὶ ἰδὼν τοὺς αὐλητὰς¹⁴ καὶ τὸν ὄχλον θορυβούμενον,¹⁵ **24** λέγει αὐτοῖς, Ἀναχωρεῖτε·¹⁶ οὐ γὰρ ἀπέθανεν τὸ κοράσιον,¹⁷ ἀλλὰ καθεύδει.¹⁸ Καὶ κατεγέλων¹⁹ αὐτοῦ. **25** Ὅτε δὲ ἐξεβλήθη ὁ ὄχλος, εἰσελθὼν ἐκράτησεν²⁰ τῆς χειρὸς αὐτῆς, καὶ ἠγέρθη τὸ κοράσιον.¹⁷ **26** Καὶ ἐξῆλθεν ἡ φήμη²¹ αὕτη εἰς ὅλην τὴν γῆν ἐκείνην.

Further Miracles of That Day

27 Καὶ παράγοντι²² ἐκεῖθεν²³ τῷ Ἰησοῦ, ἠκολούθησαν αὐτῷ δύο τυφλοί, κράζοντες καὶ λέγοντες, Ἐλέησον²⁴ ἡμᾶς, υἱὲ Δαυίδ. **28** Ἐλθόντι δὲ εἰς τὴν οἰκίαν, προσῆλθον αὐτῷ οἱ τυφλοί, καὶ λέγει αὐτοῖς ὁ Ἰησοῦς, Πιστεύετε ὅτι δύναμαι τοῦτο ποιῆσαι; Λέγουσιν αὐτῷ, Ναί,²⁵ κύριε. **29** Τότε ἥψατο²⁶ τῶν ὀφθαλμῶν αὐτῶν, λέγων, Κατὰ τὴν πίστιν ὑμῶν γενηθήτω ὑμῖν. **30** Καὶ ἀνεῴχθησαν αὐτῶν οἱ ὀφθαλμοί· καὶ ἐνεβριμήσατο²⁷ αὐτοῖς ὁ Ἰησοῦς, λέγων, Ὁρᾶτε μηδεὶς γινωσκέτω. **31** Οἱ δὲ ἐξελθόντες διεφήμισαν²⁸ αὐτὸν ἐν ὅλῃ τῇ γῇ ἐκείνῃ.

---

⁴ἐτελεύτησεν: AAI-3S ⁵ἐπίθες: 2AAM-2S ⁶αἱμορροοῦσα: PAP-NSF ⁹ἥψατο: ADI-3S ¹¹ἅψωμαι: AMS-1S ¹²ἐπιστραφεὶς: 2APP-NSM ¹³Θάρσει: PAM-2S ¹⁵θορυβούμενον: PPP-ASM ¹⁶Ἀναχωρεῖτε: PAM-2P ¹⁸καθεύδει: PAI-3S ¹⁹κατεγέλων: IAI-3P ²⁰ἐκράτησεν: AAI-3S ²²παράγοντι: PAP-DSM ²⁴Ἐλέησον: AAM-2S ²⁶ἥψατο: ADI-3S ²⁷ἐνεβριμήσατο: ADI-3S ²⁸διεφήμισαν: AAI-3P

---

¹ἄρχων, οντος, ὁ, [37] a ruler, governor, leader, leading man; with the Jews, an official member (a member of the executive) of the assembly of elders. ²θυγάτηρ, τρός, ἡ, [29] a daughter; hence (Hebraistic?), of any female descendent, however far removed; even of one unrelated: my young lady. ³ἄρτι, [37] now, just now, at this moment. ⁴τελευτάω, [12] I end, finish, die, complete. ⁵ἐπιτίθημι, [41] I put, place upon, lay on; I add, give in addition. ⁶αἱμορροέω, [1] I suffer from a continual flow (oozing) of blood. ⁷ἔτος, ους, τό, [49] a year. ⁸ὄπισθεν, [6] from behind, after. ⁹ἅπτομαι, [36] prop: I fasten to; I lay hold of, touch, know carnally. ¹⁰κράσπεδον, ου, τό, [5] the fringe, edge, corner, tassel. ¹¹ἅπτομαι, [36] prop: I fasten to; I lay hold of, touch, know carnally. ¹²ἐπιστρέφω, [37] (a) trans: I turn (back) to (towards), (b) intrans: I turn (back) (to [towards]); I come to myself. ¹³θαρσέω, [8] I am of good courage, good cheer, am bold. ¹⁴αὐλητής, οῦ, ὁ, [2] a flute-player. ¹⁵θορυβέω, [4] I disturb greatly, terrify, strike with panic; mid: I show agitation of mind. ¹⁶ἀναχωρέω, [14] I return, retire, withdraw, depart (underlying idea perhaps of taking refuge from danger or of going into retirement). ¹⁷κοράσιον, ου, τό, [8] a little girl, a young girl; a girl, maiden. ¹⁸καθεύδω, [22] I sleep, am sleeping. ¹⁹καταγελάω, [3] I laugh at, ridicule. ²⁰κρατέω, [47] I am strong, mighty, hence: I rule, am master, prevail; I obtain, take hold of; I hold, hold fast. ²¹φήμη, ης, ἡ, [2] a report, fame, saying. ²²παράγω, [10] I pass by, depart, pass away. ²³ἐκεῖθεν, [28] thence, from that place. ²⁴ἐλεέω, [31] I pity, have mercy on. ²⁵ναί, [35] yes, certainly, even so. ²⁶ἅπτομαι, [36] prop: I fasten to; I lay hold of, touch, know carnally. ²⁷ἐμβριμάομαι, [5] I snort (with the notion of coercion springing out of displeasure, anger, indignation, antagonism), express indignant displeasure with some one; I charge sternly. ²⁸διαφημίζω, [3] I report, publish abroad.

32 Αὐτῶν δὲ ἐξερχομένων, ἰδού, προσήνεγκαν¹ αὐτῷ ἄνθρωπον κωφὸν² δαιμονιζόμενον.³ **33** Καὶ ἐκβληθέντος τοῦ δαιμονίου, ἐλάλησεν ὁ κωφός·² καὶ ἐθαύμασαν⁴ οἱ ὄχλοι, λέγοντες, Οὐδέποτε⁵ ἐφάνη⁶ οὕτως ἐν τῷ Ἰσραήλ. **34** Οἱ δὲ Φαρισαῖοι ἔλεγον, Ἐν τῷ ἄρχοντι⁷ τῶν δαιμονίων ἐκβάλλει τὰ δαιμόνια.

Continuation of Christ's Teaching and Healing Ministry

35 Καὶ περιῆγεν⁸ ὁ Ἰησοῦς τὰς πόλεις πάσας καὶ τὰς κώμας,⁹ διδάσκων ἐν ταῖς συναγωγαῖς αὐτῶν, καὶ κηρύσσων τὸ εὐαγγέλιον τῆς βασιλείας, καὶ θεραπεύων¹⁰ πᾶσαν νόσον¹¹ καὶ πᾶσαν μαλακίαν¹² ἐν τῷ λαῷ. **36** Ἰδὼν δὲ τοὺς ὄχλους, ἐσπλαγχνίσθη¹³ περὶ αὐτῶν, ὅτι ἦσαν ἐσκυλμένοι¹⁴ καὶ ἐρριμμένοι¹⁵ ὡσεὶ¹⁶ πρόβατα¹⁷ μὴ ἔχοντα ποιμένα.¹⁸ **37** Τότε λέγει τοῖς μαθηταῖς αὐτοῦ, Ὁ μὲν θερισμὸς¹⁹ πολύς, οἱ δὲ ἐργάται²⁰ ὀλίγοι·²¹ **38** δεήθητε²² οὖν τοῦ κυρίου τοῦ θερισμοῦ,¹⁹ ὅπως ἐκβάλῃ ἐργάτας²⁰ εἰς τὸν θερισμὸν¹⁹ αὐτοῦ.

The Commission to the Twelve

10 Καὶ προσκαλεσάμενος²³ τοὺς δώδεκα μαθητὰς αὐτοῦ, ἔδωκεν αὐτοῖς ἐξουσίαν πνευμάτων ἀκαθάρτων,²⁴ ὥστε ἐκβάλλειν αὐτά, καὶ θεραπεύειν²⁵ πᾶσαν νόσον¹¹ καὶ πᾶσαν μαλακίαν.¹²

2 Τῶν δὲ δώδεκα ἀποστόλων τὰ ὀνόματά ἐστιν ταῦτα· πρῶτος Σίμων ὁ λεγόμενος Πέτρος, καὶ Ἀνδρέας ὁ ἀδελφὸς αὐτοῦ· Ἰάκωβος ὁ τοῦ Ζεβεδαίου, καὶ Ἰωάννης ὁ ἀδελφὸς αὐτοῦ· **3** Φίλιππος, καὶ Βαρθολομαῖος· Θωμᾶς, καὶ Ματθαῖος ὁ τελώνης·²⁶ Ἰάκωβος ὁ τοῦ Ἀλφαίου, καὶ Λεββαῖος ὁ ἐπικληθεὶς²⁷ Θαδδαῖος· **4** Σίμων ὁ Κανανίτης,²⁸ καὶ Ἰούδας Ἰσκαριώτης ὁ καὶ παραδοὺς αὐτόν.

---

¹προσήνεγκαν: AAI-3P   ³δαιμονιζόμενον: PNP-ASM   ⁴ἐθαύμασαν: AAI-3P   ⁶ἐφάνη: 2API-3S   ⁸περιῆγεν: IAI-3S   ¹⁰θεραπεύων: PAP-NSM   ¹³ἐσπλαγχνίσθη: AOI-3S   ¹⁴ἐσκυλμένοι: RPP-NPM   ¹⁵ἐρριμμένοι: RPP-NPM   ²²δεήθητε: AOM-2P   ²³προσκαλεσάμενος: ADP-NSM   ²⁵θεραπεύειν: PAN   ²⁷ἐπικληθεὶς: APP-NSM

---

¹προσφέρω, [48] (a) I bring to, (b) characteristically: I offer (of gifts, sacrifices, etc).   ²κωφός, ή, όν, [14] (lit: blunted) dumb, dull, deaf.   ³δαιμονίζομαι, [13] I am possessed, am under the power of an evil-spirit or demon.   ⁴θαυμάζω, [46] (a) intrans: I wonder, marvel, (b) trans: I wonder at, admire.   ⁵οὐδέποτε, [16] never.   ⁶φαίνω, [31] (a) act: I shine, shed light, (b) pass: I shine, become visible, appear, (c) I become clear, appear, seem, show myself as.   ⁷ἄρχων, οντος, ὁ, [37] a ruler, governor, leader, leading man; with the Jews, an official member (a member of the executive) of the assembly of elders.   ⁸περιάγω, [6] I lead or carry about (or around), go about, traverse.   ⁹κώμη, ης, ἡ, [28] a village, country town.   ¹⁰θεραπεύω, [44] I care for, attend, serve, treat, especially of a physician; hence: I heal.   ¹¹νόσος, ου, ἡ, [12] a disease, malady, sickness.   ¹²μαλακία, ας, ἡ, [3] weakness, illness, sickness.   ¹³σπλαγχνίζομαι, [12] I feel compassion, have pity on, am moved.   ¹⁴σκύλλω, [4] I flay, trouble, annoy, vex.   ¹⁵ρίπτω, [7] I throw, cast, toss, set down; pass: I am dispersed.   ¹⁶ὡσεί, [31] as if, as it were, like; with numbers: about.   ¹⁷πρόβατον, ου, τό, [41] a sheep.   ¹⁸ποιμήν, ένος, ὁ, [18] a shepherd; hence met: of the feeder, protector, and ruler of a flock of men.   ¹⁹θερισμός, οῦ, ὁ, [13] reaping, harvest; met: the harvest, crop.   ²⁰ἐργάτης, ου, ὁ, [16] a field-laborer; then: a laborer, workman in general.   ²¹ὀλίγος, η, ον, [43] (a) especially in plur: few, (b) in sing: small; hence, of time: short, of degree: light, slight, little.   ²²δέομαι, [22] I want for myself; I want, need; I beg, request, beseech, pray.   ²³προσκαλέω, [31] I call to myself, summon.   ²⁴ἀκάθαρτος, ον, [31] unclean, impure.   ²⁵θεραπεύω, [44] I care for, attend, serve, treat, especially of a physician; hence: I heal.   ²⁶τελώνης, ου, ὁ, [22] a publican, collector of taxes.   ²⁷ἐπικαλέω, [32] (a) I call (name) by a supplementary (additional, alternative) name, (b) mid: I call upon, appeal to, address.   ²⁸Κανανίτης, ου, ὁ, [2] a Canaanite.

5 Τούτους τοὺς δώδεκα ἀπέστειλεν ὁ Ἰησοῦς, παραγγείλας¹ αὐτοῖς, λέγων, Εἰς ὁδὸν ἐθνῶν μὴ ἀπέλθητε, καὶ εἰς πόλιν Σαμαρειτῶν² μὴ εἰσέλθητε· 6 πορεύεσθε δὲ μᾶλλον πρὸς τὰ πρόβατα³ τὰ ἀπολωλότα οἴκου Ἰσραήλ. 7 Πορευόμενοι δὲ κηρύσσετε, λέγοντες ὅτι Ἤγγικεν⁴ ἡ βασιλεία τῶν οὐρανῶν. 8 Ἀσθενοῦντας⁵ θεραπεύετε,⁶ λεπροὺς⁷ καθαρίζετε,⁸ δαιμόνια ἐκβάλλετε· δωρεὰν⁹ ἐλάβετε, δωρεὰν⁹ δότε. 9 Μὴ κτήσησθε¹⁰ χρυσόν,¹¹ μηδὲ ἄργυρον,¹² μηδὲ χαλκὸν¹³ εἰς τὰς ζώνας¹⁴ ὑμῶν, 10 μὴ πήραν¹⁵ εἰς ὁδόν, μηδὲ δύο χιτῶνας,¹⁶ μηδὲ ὑποδήματα,¹⁷ μηδὲ ῥάβδους·¹⁸ ἄξιος¹⁹ γὰρ ὁ ἐργάτης²⁰ τῆς τροφῆς²¹ αὐτοῦ ἐστιν. 11 Εἰς ἣν δ᾽ ἂν πόλιν ἢ κώμην²² εἰσέλθητε, ἐξετάσατε²³ τίς ἐν αὐτῇ ἄξιός¹⁹ ἐστιν· κἀκεῖ²⁴ μείνατε, ἕως ἂν ἐξέλθητε. 12 Εἰσερχόμενοι δὲ εἰς τὴν οἰκίαν, ἀσπάσασθε αὐτήν. 13 Καὶ ἐὰν μὲν ᾖ ἡ οἰκία ἀξία,¹⁹ ἐλθέτω ἡ εἰρήνη ὑμῶν ἐπ᾽ αὐτήν· ἐὰν δὲ μὴ ᾖ ἀξία,¹⁹ ἡ εἰρήνη ὑμῶν πρὸς ὑμᾶς ἐπιστραφήτω.²⁵ 14 Καὶ ὃς ἐὰν μὴ δέξηται ὑμᾶς μηδὲ ἀκούσῃ τοὺς λόγους ὑμῶν, ἐξερχόμενοι τῆς οἰκίας ἢ τῆς πόλεως ἐκείνης, ἐκτινάξατε²⁶ τὸν κονιορτὸν²⁷ τῶν ποδῶν ὑμῶν. 15 Ἀμὴν λέγω ὑμῖν, ἀνεκτότερον²⁸ ἔσται γῇ Σοδόμων²⁹ καὶ Γομόρρων³⁰ ἐν ἡμέρᾳ κρίσεως,³¹ ἢ τῇ πόλει ἐκείνῃ.

The Perils of Apostleship

16 Ἰδού, ἐγὼ ἀποστέλλω ὑμᾶς ὡς πρόβατα³ ἐν μέσῳ λύκων·³² γίνεσθε οὖν φρόνιμοι³³ ὡς οἱ ὄφεις,³⁴ καὶ ἀκέραιοι³⁵ ὡς αἱ περιστεραί.³⁶ 17 Προσέχετε³⁷ δὲ ἀπὸ τῶν ἀνθρώπων· παραδώσουσιν γὰρ ὑμᾶς εἰς συνέδρια,³⁸ καὶ ἐν ταῖς συναγωγαῖς

---

¹παραγγείλας: AAP-NSM ⁴Ἤγγικεν: RAI-3S ⁵Ἀσθενοῦντας: PAP-APM ⁶θεραπεύετε: PAM-2P ⁸καθαρίζετε: PAM-2P ¹⁰κτήσησθε: ADS-2P ²³ἐξετάσατε: AAM-2P ²⁵ἐπιστραφήτω: 2APM-3S ²⁶ἐκτινάξατε: AAM-2P ³⁷Προσέχετε: PAM-2P

---

¹παραγγέλλω, [30] I notify, command, charge, entreat solemnly. ²Σαμαρείτης, ου, ὁ, [9] a Samaritan. ³πρόβατον, ου, τό, [41] a sheep. ⁴ἐγγίζω, [43] trans: I bring near; intrans: I come near, approach. ⁵ἀσθενέω, [36] I am weak (physically: then morally), I am sick. ⁶θεραπεύω, [44] I care for, attend, serve, treat, especially of a physician; hence: I heal. ⁷λεπρός, οῦ, ὁ, [9] a leprous person, a leper. ⁸καθαρίζω, [30] I cleanse, make clean, literally, ceremonially, or spiritually, according to context. ⁹δωρεάν, [9] as a free gift, without payment, freely. ¹⁰κτάομαι, [7] (a) I acquire, win, get, purchase, buy, (b) I possess, win mastery over. ¹¹χρυσός, οῦ, ὁ, [10] gold, anything made of gold, a gold coin. ¹²ἄργυρος, ου, ὁ, [5] silver as a metal. ¹³χαλκός, οῦ, ὁ, [5] copper, brass, money; a brazen musical instrument. ¹⁴ζώνη, ῆς, ἡ, [8] a girdle, belt, waistband; because the purse was kept there, also: a purse. ¹⁵πήρα, ας, ἡ, [6] a sack, wallet for carrying provisions. ¹⁶χιτών, ῶνος, ὁ, [11] a tunic, garment, undergarment. ¹⁷ὑπόδημα, ατος, τό, [10] a sandal; anything bound under. ¹⁸ῥάβδος, ου, ἡ, [12] a rod, staff, staff of authority, scepter. ¹⁹ἄξιος, ία, ιον, [41] worthy, worthy of, deserving, comparable, suitable. ²⁰ἐργάτης, ου, ὁ, [16] a field-laborer; then: a laborer, workman in general. ²¹τροφή, ῆς, ἡ, [16] food, nourishment, maintenance. ²²κώμη, ης, ἡ, [28] a village, country town. ²³ἐξετάζω, [3] I examine, question, inquire at, search out. ²⁴κἀκεῖ, [8] and there, and yonder, there also. ²⁵ἐπιστρέφω, [37] (a) trans: I turn (back) to (towards), (b) intrans: I turn (back) (to [towards]); I come to myself. ²⁶ἐκτινάσσω, [4] I shake off; mid: I shake off from myself. ²⁷κονιορτός, ου, ὁ, [5] dust. ²⁸ἀνεκτός, ή, όν, [6] endurable, tolerable. ²⁹Σόδομα, ων, τά, [10] Sodom. ³⁰Γόμορρα, ας, ἡ, [5] Gomorrah, one of the destroyed cities on the Dead Sea. ³¹κρίσις, εως, ἡ, [48] judging, judgment, decision, sentence; generally: divine judgment; accusation. ³²λύκος, ου, ὁ, [6] a wolf, of perhaps a jackal; often applied to persons of wolfish proclivities. ³³φρόνιμος, ον, [14] intelligent, prudent, sensible, wise. ³⁴ὄφις, εως, ὁ, [14] a serpent, snake; used of the devil or Satan. ³⁵ἀκέραιος, ον, [3] (lit: unmixed) simple, unsophisticated, sincere, blameless. ³⁶περιστερά, ᾶς, ἡ, [10] a dove, pigeon. ³⁷προσέχω, [24] (a) I attend to, pay attention to, (b) I beware, am cautious, (c) I join, devote myself to. ³⁸συνέδριον, ου, τό, [22] a council, tribunal; the Sanhedrin, the meeting place of the Sanhedrin.

αὐτῶν μαστιγώσουσιν¹ ὑμᾶς· 18 καὶ ἐπὶ ἡγεμόνας² δὲ καὶ βασιλεῖς ἀχθήσεσθε ἕνεκεν³ ἐμοῦ, εἰς μαρτύριον⁴ αὐτοῖς καὶ τοῖς ἔθνεσιν. 19 Ὅταν δὲ παραδιδῶσιν ὑμᾶς, μὴ μεριμνήσητε⁵ πῶς ἢ τί λαλήσητε· δοθήσεται γὰρ ὑμῖν ἐν ἐκείνῃ τῇ ὥρᾳ τί λαλήσετε· 20 οὐ γὰρ ὑμεῖς ἐστε οἱ λαλοῦντες, ἀλλὰ τὸ πνεῦμα τοῦ πατρὸς ὑμῶν τὸ λαλοῦν ἐν ὑμῖν. 21 Παραδώσει δὲ ἀδελφὸς ἀδελφὸν εἰς θάνατον, καὶ πατὴρ τέκνον· καὶ ἐπαναστήσονται⁶ τέκνα ἐπὶ γονεῖς,⁷ καὶ θανατώσουσιν⁸ αὐτούς. 22 Καὶ ἔσεσθε μισούμενοι⁹ ὑπὸ πάντων διὰ τὸ ὄνομά μου· ὁ δὲ ὑπομείνας¹⁰ εἰς τέλος,¹¹ οὗτος σωθήσεται. 23 Ὅταν δὲ διώκωσιν¹² ὑμᾶς ἐν τῇ πόλει ταύτῃ, φεύγετε¹³ εἰς τὴν ἄλλην· ἀμὴν γὰρ λέγω ὑμῖν, οὐ μὴ τελέσητε¹⁴ τὰς πόλεις τοῦ Ἰσραήλ, ἕως ἂν ἔλθῃ ὁ υἱὸς τοῦ ἀνθρώπου.

24 Οὐκ ἔστιν μαθητὴς ὑπὲρ τὸν διδάσκαλον, οὐδὲ δοῦλος ὑπὲρ τὸν κύριον αὐτοῦ. 25 Ἀρκετὸν¹⁵ τῷ μαθητῇ ἵνα γένηται ὡς ὁ διδάσκαλος αὐτοῦ, καὶ ὁ δοῦλος ὡς ὁ κύριος αὐτοῦ. Εἰ τὸν οἰκοδεσπότην¹⁶ Βεελζεβοὺλ¹⁷ ἐκάλεσαν, πόσῳ¹⁸ μᾶλλον τοὺς οἰκειακοὺς¹⁹ αὐτοῦ;

Fearless Confession of Christ Demanded

26 Μὴ οὖν φοβηθῆτε αὐτούς· οὐδὲν γάρ ἐστιν κεκαλυμμένον²⁰ ὃ οὐκ ἀποκαλυφθήσεται·²¹ καὶ κρυπτὸν²² ὃ οὐ γνωσθήσεται. 27 Ὃ λέγω ὑμῖν ἐν τῇ σκοτίᾳ,²³ εἴπατε ἐν τῷ φωτί· καὶ ὃ εἰς τὸ οὖς²⁴ ἀκούετε, κηρύξατε ἐπὶ τῶν δωμάτων.²⁵ 28 Καὶ μὴ φοβεῖσθε ἀπὸ τῶν ἀποκτενόντων τὸ σῶμα, τὴν δὲ ψυχὴν μὴ δυναμένων ἀποκτεῖναι· φοβήθητε δὲ μᾶλλον τὸν δυνάμενον καὶ τὴν ψυχὴν καὶ τὸ σῶμα ἀπολέσαι ἐν γεέννῃ.²⁶ 29 Οὐχὶ δύο στρουθία²⁷ ἀσσαρίου²⁸ πωλεῖται;²⁹ Καὶ ἓν ἐξ αὐτῶν οὐ πεσεῖται ἐπὶ τὴν γῆν ἄνευ³⁰ τοῦ πατρὸς ὑμῶν· 30 ὑμῶν δὲ καὶ αἱ τρίχες³¹ τῆς κεφαλῆς πᾶσαι

---

¹μαστιγώσουσιν: FAI-3P ⁵μεριμνήσητε: AAS-2P ⁶ἐπαναστήσονται: FDI-3P ⁸θανατώσουσιν: FAI-3P ⁹μισούμενοι: PPP-NPM ¹⁰ὑπομείνας: AAP-NSM ¹²διώκωσιν: PAS-3P ¹³φεύγετε: PAM-2P ¹⁴τελέσητε: AAS-2P ²⁰κεκαλυμμένον: RPP-NSN ²¹ἀποκαλυφθήσεται: FPI-3S ²⁹πωλεῖται: PPI-3S

---

¹μαστιγόω, [7] I flog, scourge, the victim being strapped to a pole or frame; met: I chastise. ²ἡγεμών, όνος, ὁ, [22] a leader, guide; a commander; a governor (of a province); plur: leaders. ³ἕνεκεν, [26] for the sake of, on account of, on account of which, wherefore, on account of what, why. ⁴μαρτύριον, ου, τό, [20] witness, evidence, testimony, proof. ⁵μεριμνάω, [19] I am over-anxious; with acc: I am anxious about, distracted; I care for. ⁶ἐπανίστημι, [2] intrans. tenses: I rise up against. ⁷γονεύς, έως, ὁ, [19] a begetter, father; plur: parents. ⁸θανατόω, [11] I put to death, subdue; pass: I am in danger of death, am dead to, am rid of, am parted from. ⁹μισέω, [41] I hate, detest, love less, esteem less. ¹⁰ὑπομένω, [17] (a) I remain behind, (b) I stand my ground, show endurance, (c) I endure, bear up against, persevere. ¹¹τέλος, ους, τό, [41] (a) an end, (b) event or issue, (c) the principal end, aim, purpose, (d) a tax. ¹²διώκω, [44] I pursue, hence: I persecute. ¹³φεύγω, [31] I flee, escape, shun. ¹⁴τελέω, [26] (a) I end, finish, (b) I fulfill, accomplish, (c) I pay. ¹⁵ἀρκετός, ή, όν, [3] sufficient, enough. ¹⁶οἰκοδεσπότης, ου, ὁ, [12] a head of a household. ¹⁷Βεελζεβούλ, ὁ, [7] Beelzebul, a name of Satan, the chief of evil spirits. ¹⁸πόσος, η, ον, [27] how much, how great, how many. ¹⁹οἰκειακός, ή, όν, [2] one of a family, whether child or servant. ²⁰καλύπτω, [8] I veil, hide, conceal, envelop. ²¹ἀποκαλύπτω, [26] I uncover, bring to light, reveal. ²²κρυπτός, ή, όν, [19] hidden, secret; as subst: the hidden (secret) things (parts), the inward nature (character). ²³σκοτία, ας, ἡ, [16] darkness; fig: spiritual darkness. ²⁴οὖς, ὠτός, τό, [37] (a) the ear, (b) met: the faculty of perception. ²⁵δῶμα, ατος, τό, [7] the roof (of a house), the top of the house. ²⁶γέεννα, ης, ἡ, [12] Gehenna, and originally the name of a valley or cavity near Jerusalem, a place underneath the earth, a place of punishment for evil. ²⁷στρουθίον, ου, τό, [4] a small bird, sparrow. ²⁸ἀσσάριον, ίου, τό, [2] a small coin equal to the tenth part of a drachma. ²⁹πωλέω, [22] I sell, exchange, barter. ³⁰ἄνευ, [3] without, without the cooperation (or knowledge) of. ³¹θρίξ, τριχός, ἡ, [15] hair (of the head or of animals).

ἠριθμημέναι¹ εἰσίν. **31** Μὴ οὖν φοβηθῆτε· πολλῶν στρουθίων² διαφέρετε³ ὑμεῖς. **32** Πᾶς οὖν ὅστις ὁμολογήσει⁴ ἐν ἐμοὶ ἔμπροσθεν⁵ τῶν ἀνθρώπων, ὁμολογήσω⁶ κἀγὼ ἐν αὐτῷ ἔμπροσθεν⁵ τοῦ πατρός μου τοῦ ἐν οὐρανοῖς. **33** Ὅστις δ᾽ ἂν ἀρνήσηταί⁷ με ἔμπροσθεν⁵ τῶν ἀνθρώπων, ἀρνήσομαι⁸ αὐτὸν κἀγὼ ἔμπροσθεν⁵ τοῦ πατρός μου τοῦ ἐν οὐρανοῖς.

34 Μὴ νομίσητε⁹ ὅτι ἦλθον βαλεῖν εἰρήνην ἐπὶ τὴν γῆν· οὐκ ἦλθον βαλεῖν εἰρήνην, ἀλλὰ μάχαιραν.¹⁰ **35** Ἦλθον γὰρ διχάσαι¹¹ ἄνθρωπον κατὰ τοῦ πατρὸς αὐτοῦ, καὶ θυγατέρα¹² κατὰ τῆς μητρὸς αὐτῆς, καὶ νύμφην¹³ κατὰ τῆς πενθερᾶς¹⁴ αὐτῆς· **36** καὶ ἐχθροὶ¹⁵ τοῦ ἀνθρώπου οἱ οἰκειακοὶ¹⁶ αὐτοῦ.

Perfect Consecration to Christ

37 Ὁ φιλῶν¹⁷ πατέρα ἢ μητέρα ὑπὲρ ἐμέ, οὐκ ἔστιν μου ἄξιος·¹⁸ καὶ ὁ φιλῶν¹⁹ υἱὸν ἢ θυγατέρα¹² ὑπὲρ ἐμέ, οὐκ ἔστιν μου ἄξιος·¹⁸ **38** καὶ ὃς οὐ λαμβάνει τὸν σταυρὸν²⁰ αὐτοῦ καὶ ἀκολουθεῖ ὀπίσω²¹ μου, οὐκ ἔστιν μου ἄξιος.¹⁸ **39** Ὁ εὑρὼν τὴν ψυχὴν αὐτοῦ ἀπολέσει αὐτήν· καὶ ὁ ἀπολέσας τὴν ψυχὴν αὐτοῦ ἕνεκεν²² ἐμοῦ εὑρήσει αὐτήν.

40 Ὁ δεχόμενος ὑμᾶς ἐμὲ δέχεται· καὶ ὁ ἐμὲ δεχόμενος δέχεται τὸν ἀποστείλαντά με. **41** Ὁ δεχόμενος προφήτην εἰς ὄνομα προφήτου μισθὸν²³ προφήτου λήψεται· καὶ ὁ δεχόμενος δίκαιον εἰς ὄνομα δικαίου μισθὸν²³ δικαίου λήψεται. **42** Καὶ ὃς ἐὰν ποτίσῃ²⁴ ἕνα τῶν μικρῶν²⁵ τούτων ποτήριον²⁶ ψυχροῦ²⁷ μόνον εἰς ὄνομα μαθητοῦ, ἀμὴν λέγω ὑμῖν, οὐ μὴ ἀπολέσῃ τὸν μισθὸν²³ αὐτοῦ.

---

¹ἠριθμημέναι: RPP-NPF   ³διαφέρετε: PAI-2P   ⁴ὁμολογήσει: FAI-3S   ⁶ὁμολογήσω: FAI-1S   ⁷ἀρνήσηταί: ADS-3S
⁸ἀρνήσομαι: FDI-1S   ⁹νομίσητε: AAS-2P   ¹¹διχάσαι: AAN   ¹⁷φιλῶν: PAP-NSM   ¹⁹φιλῶν: PAP-NSM   ²⁴ποτίσῃ: AAS-3S

---

¹ἀριθμέω, [3] I number, count.   ²στρουθίον, ου, τό, [4] a small bird, sparrow.   ³διαφέρω, [13] (a) trans: I carry through, hither and thither, (b) intrans: I am different, differ, and sometimes: I surpass, excel.   ⁴ὁμολογέω, [24] (a) I promise, agree, (b) I confess, (c) I publicly declare, (d) a Hebraism, I praise, celebrate.   ⁵ἔμπροσθεν, [48] in front, before the face; sometimes made a subst. by the addition of the article: in front of, before the face of.   ⁶ὁμολογέω, [24] (a) I promise, agree, (b) I confess, (c) I publicly declare, (d) a Hebraism, I praise, celebrate.   ⁷ἀρνέομαι, [31] (a) I deny (a statement), (b) I repudiate (a person, or belief).   ⁸ἀρνέομαι, [31] (a) I deny (a statement), (b) I repudiate (a person, or belief).   ⁹νομίζω, [15] I practice, hold by custom; I deem, think, consider, suppose.   ¹⁰μάχαιρα, ας, ἡ, [29] a sword.   ¹¹διχάζω, [1] I cut asunder; met: I set at variance, make to be hostile.   ¹²θυγάτηρ, τρός, ἡ, [29] a daughter; hence (Hebraistic?), of any female descendent, however far removed; even of one unrelated: my young lady.   ¹³νύμφη, ης, ἡ, [8] (a) a bride, young wife, young woman, (b) a daughter-in-law.   ¹⁴πενθερά, ᾶς, ἡ, [6] a mother-in-law.   ¹⁵ἐχθρός, ά, όν, [32] hated, hostile; subst: an enemy.   ¹⁶οἰκειακός, ή, όν, [2] one of a family, whether child or servant.   ¹⁷φιλέω, [25] I love (of friendship), regard with affection, cherish; I kiss.   ¹⁸ἄξιος, ία, ιον, [41] worthy, worthy of, deserving, comparable, suitable.   ¹⁹φιλέω, [25] I love (of friendship), regard with affection, cherish; I kiss.   ²⁰σταυρός, οῦ, ὁ, [28] a cross.   ²¹ὀπίσω, [37] behind, after; back, backwards.   ²²ἕνεκεν, [26] for the sake of, on account of, on account of which, wherefore, on account of what, why.   ²³μισθός, οῦ, ὁ, [29] (a) pay, wages, salary, (b) reward, recompense, punishment.   ²⁴ποτίζω, [15] I cause to drink, give to drink; irrigate, water.   ²⁵μικρός, ά, όν, [45] little, small.   ²⁶ποτήριον, ου, τό, [33] a drinking cup, the contents of the cup; fig: the portion which God allots.   ²⁷ψυχρός, ά, όν, [4] cool, cold; fig: cold-hearted.

John the Baptist's Disciples Come to Jesus

11 Καὶ ἐγένετο ὅτε ἐτέλεσεν[1] ὁ Ἰησοῦς διατάσσων[2] τοῖς δώδεκα μαθηταῖς αὐτοῦ, μετέβη[3] ἐκεῖθεν[4] τοῦ διδάσκειν καὶ κηρύσσειν ἐν ταῖς πόλεσιν αὐτῶν. **2** Ὁ δὲ Ἰωάννης ἀκούσας ἐν τῷ δεσμωτηρίῳ[5] τὰ ἔργα τοῦ χριστοῦ, πέμψας δύο τῶν μαθητῶν αὐτοῦ, **3** εἶπεν αὐτῷ, Σὺ εἶ ὁ ἐρχόμενος, ἢ ἕτερον προσδοκῶμεν;[6] **4** Καὶ ἀποκριθεὶς ὁ Ἰησοῦς εἶπεν αὐτοῖς, Πορευθέντες ἀπαγγείλατε[7] Ἰωάννῃ ἃ ἀκούετε καὶ βλέπετε· **5** τυφλοὶ ἀναβλέπουσιν,[8] καὶ χωλοὶ[9] περιπατοῦσιν, λεπροὶ[10] καθαρίζονται,[11] καὶ κωφοὶ[12] ἀκούουσιν, νεκροὶ ἐγείρονται, καὶ πτωχοὶ[13] εὐαγγελίζονται· **6** καὶ μακάριός ἐστιν, ὃς ἐὰν μὴ σκανδαλισθῇ[14] ἐν ἐμοί.

Christ's Testimony Concerning John

7 Τούτων δὲ πορευομένων, ἤρξατο ὁ Ἰησοῦς λέγειν τοῖς ὄχλοις περὶ Ἰωάννου, Τί ἐξήλθετε εἰς τὴν ἔρημον θεάσασθαι;[15] Κάλαμον[16] ὑπὸ ἀνέμου[17] σαλευόμενον;[18] **8** Ἀλλὰ τί ἐξήλθετε ἰδεῖν; Ἄνθρωπον ἐν μαλακοῖς[19] ἱματίοις ἠμφιεσμένον;[20] Ἰδού, οἱ τὰ μαλακὰ[19] φοροῦντες[21] ἐν τοῖς οἴκοις τῶν βασιλείων[22] εἰσίν. **9** Ἀλλὰ τί ἐξήλθετε ἰδεῖν; Προφήτην; Ναί,[23] λέγω ὑμῖν, καὶ περισσότερον[24] προφήτου· **10** οὗτος γάρ ἐστιν περὶ οὗ γέγραπται, Ἰδού, ἐγὼ ἀποστέλλω τὸν ἄγγελόν μου πρὸ[25] προσώπου σου, ὃς κατασκευάσει[26] τὴν ὁδόν σου ἔμπροσθέν[27] σου. **11** Ἀμὴν λέγω ὑμῖν, οὐκ ἐγήγερται ἐν γεννητοῖς[28] γυναικῶν μείζων Ἰωάννου τοῦ βαπτιστοῦ.[29] Ὁ δὲ μικρότερος[30] ἐν τῇ βασιλείᾳ τῶν οὐρανῶν μείζων αὐτοῦ ἐστιν. **12** Ἀπὸ δὲ τῶν ἡμερῶν Ἰωάννου τοῦ βαπτιστοῦ[29] ἕως ἄρτι[31] ἡ βασιλεία τῶν οὐρανῶν βιάζεται,[32] καὶ βιασταὶ[33] ἁρπάζουσιν[34]

---

[1]ἐτέλεσεν: AAI-3S   [2]διατάσσων: PAP-NSM   [3]μετέβη: 2AAI-3S   [6]προσδοκῶμεν: PAI-1P   [7]ἀπαγγείλατε: AAM-2P   [8]ἀναβλέπουσιν: PAI-3P   [11]καθαρίζονται: PPI-3P   [14]σκανδαλισθῇ: APS-3S   [15]θεάσασθαι: ADN   [18]σαλευόμενον: PPP-ASM   [20]ἠμφιεσμένον: RPP-ASM   [21]φοροῦντες: PAP-NPM   [26]κατασκευάσει: FAI-3S   [32]βιάζεται: PPI-3S   [34]ἁρπάζουσιν: PAI-3P

---

[1]τελέω, [26] (a) I end, finish, (b) I fulfill, accomplish, (c) I pay.   [2]διατάσσω, [15] I give orders to, prescribe, arrange.   [3]μεταβαίνω, [12] I change my place (abode), leave, depart, remove, pass over.   [4]ἐκεῖθεν, [28] thence, from that place.   [5]δεσμωτήριον, ου, τό, [4] a prison.   [6]προσδοκάω, [16] I expect, wait for, await, think, anticipate.   [7]ἀπαγγέλλω, [44] I report (from one place to another), bring a report, announce, declare.   [8]ἀναβλέπω, [26] I look up, recover my sight.   [9]χωλός, ή, όν, [15] lame, deprived of a foot, limping.   [10]λεπρός, οῦ, ὁ, [9] a leprous person, a leper.   [11]καθαρίζω, [30] I cleanse, make clean, literally, ceremonially, or spiritually, according to context.   [12]κωφός, ή, όν, [14] (lit: blunted) dumb, dull, deaf.   [13]πτωχός, ή, όν, [34] poor, destitute, spiritually poor, either in a good sense (humble devout persons) or bad.   [14]σκανδαλίζω, [30] I cause to stumble, cause to sin, cause to become indignant, shock, offend.   [15]θεάομαι, [24] I see, behold, contemplate, look upon, view; I see, visit.   [16]κάλαμος, ου, ὁ, [12] a reed; a reed-pen, reed-staff, measuring rod.   [17]ἄνεμος, ου, ὁ, [31] the wind; fig: applied to empty doctrines.   [18]σαλεύω, [15] I shake, excite, disturb in mind, stir up, drive away.   [19]μαλακός, ή, όν, [4] (a) soft, (b) of persons: soft, delicate, effeminate.   [20]ἀμφιέννυμι, [4] I put on, clothe.   [21]φορέω, [6] I carry, wear, bear constantly.   [22]βασίλειος, ον, [3] courtiers, palaces, a body of kings, royal.   [23]ναί, [35] yes, certainly, even so.   [24]περισσός, ή, όν, [26] more, greater, excessive, abundant, exceedingly, vehemently; noun: preeminence, advantage.   [25]πρό, [47] (a) of place: before, in front of, (b) of time: before, earlier than.   [26]κατασκευάζω, [11] I build, construct, prepare, make ready.   [27]ἔμπροσθεν, [48] in front, before the face; sometimes made a subst. by the addition of the article: in front of, before the face of.   [28]γεννητός, ή, όν, [2] begotten, born.   [29]βαπτιστής, οῦ, ὁ, [14] the baptizer, the Baptist, epithet used only of John, the son of Zechariah and Elizabeth, forerunner of Jesus.   [30]μικρός, ά, όν, [45] little, small.   [31]ἄρτι, [37] now, just now, at this moment.   [32]βιάζομαι, [2] (a) mid: I use force, force my way, come forward violently, (b) pass: I am forcibly treated, suffer violence.   [33]βιαστής, οῦ, ὁ, [1] a forceful, violent man; one who is eager in pursuit.   [34]ἁρπάζω, [13] I seize, snatch, obtain by robbery.

αὐτήν. **13** Πάντες γὰρ οἱ προφῆται καὶ ὁ νόμος ἕως Ἰωάννου προεφήτευσαν·¹ **14** καὶ εἰ θέλετε δέξασθαι, αὐτός ἐστιν Ἠλίας ὁ μέλλων ἔρχεσθαι. **15** Ὁ ἔχων ὦτα² ἀκούειν ἀκουέτω. **16** Τίνι δὲ ὁμοιώσω³ τὴν γενεὰν⁴ ταύτην; Ὁμοία⁵ ἐστὶν παιδίοις ἐν ἀγοραῖς⁶ καθημένοις, καὶ προσφωνοῦσιν⁷ τοῖς ἑταίροις⁸ αὐτῶν, **17** καὶ λέγουσιν, Ηὐλήσαμεν⁹ ὑμῖν, καὶ οὐκ ὠρχήσασθε·¹⁰ ἐθρηνήσαμεν¹¹ ὑμῖν, καὶ οὐκ ἐκόψασθε.¹² **18** Ἦλθεν γὰρ Ἰωάννης μήτε¹³ ἐσθίων μήτε¹³ πίνων, καὶ λέγουσιν, Δαιμόνιον ἔχει. **19** Ἦλθεν ὁ υἱὸς τοῦ ἀνθρώπου ἐσθίων καὶ πίνων, καὶ λέγουσιν, Ἰδού, ἄνθρωπος φάγος¹⁴ καὶ οἰνοπότης,¹⁵ τελωνῶν¹⁶ φίλος¹⁷ καὶ ἁμαρτωλῶν.¹⁸ Καὶ ἐδικαιώθη¹⁹ ἡ σοφία ἀπὸ τῶν τέκνων αὐτῆς.

The Woe upon the Galilean Cities

20 Τότε ἤρξατο ὀνειδίζειν²⁰ τὰς πόλεις ἐν αἷς ἐγένοντο αἱ πλεῖσται²¹ δυνάμεις αὐτοῦ, ὅτι οὐ μετενόησαν.²² **21** Οὐαί²³ σοι, Χοραζίν,²⁴ οὐαί²³ σοι, Βηθσαϊδά,²⁵ ὅτι εἰ ἐν Τύρῳ²⁶ καὶ Σιδῶνι²⁷ ἐγένοντο αἱ δυνάμεις αἱ γενόμεναι ἐν ὑμῖν, πάλαι²⁸ ἂν ἐν σάκκῳ²⁹ καὶ σποδῷ³⁰ μετενόησαν.³¹ **22** Πλὴν³² λέγω ὑμῖν, Τύρῳ²⁶ καὶ Σιδῶνι²⁷ ἀνεκτότερον³³ ἔσται ἐν ἡμέρᾳ κρίσεως,³⁴ ἢ ὑμῖν. **23** Καὶ σύ, Καπερναούμ,³⁵ ἡ ἕως τοῦ οὐρανοῦ ὑψωθεῖσα,³⁶ ἕως Ἅδου³⁷ καταβιβασθήσῃ·³⁸ ὅτι εἰ ἐν Σοδόμοις³⁹ ἐγένοντο αἱ δυνάμεις αἱ γενόμεναι ἐν σοί, ἔμειναν ἂν μέχρι⁴⁰ τῆς σήμερον.⁴¹ **24** Πλὴν³² λέγω ὑμῖν, ὅτι γῇ Σοδόμων³⁹ ἀνεκτότερον³³ ἔσται ἐν ἡμέρᾳ κρίσεως,³⁴ ἢ σοί.

---

¹προεφήτευσαν: AAI-3P   ³ὁμοιώσω: FAI-1S   ⁷προσφωνοῦσιν: PAP-DPN   ⁹Ηὐλήσαμεν: AAI-1P   ¹⁰ὠρχήσασθε: ADI-2P   ¹¹ἐθρηνήσαμεν: AAI-1P   ¹²ἐκόψασθε: AMI-2P   ¹⁹ἐδικαιώθη: API-3S   ²⁰ὀνειδίζειν: PAN   ²²μετενόησαν: AAI-3P   ³¹μετενόησαν: AAI-3P   ³⁶ὑψωθεῖσα: APP-NSF   ³⁸καταβιβασθήσῃ: FPI-2S

---

¹προφητεύω, [28] I foretell, prophesy; I set forth matter of divine teaching by special faculty.   ²οὖς, ὠτός, τό, [37] (a) the ear, (b) met: the faculty of perception.   ³ὁμοιόω, [15] I make like, liken; I compare.   ⁴γενεά, ᾶς, ἡ, [42] a generation; if repeated twice or with another time word, practically indicates infinity of time.   ⁵ὅμοιος, οία, οιον, [44] like, similar to, resembling, of equal rank.   ⁶ἀγορά, ᾶς, ἡ, [11] market-place, forum, public place of assembly.   ⁷προσφωνέω, [7] I call to, summon; I call (out) to, address, give a speech to, harangue.   ⁸ἑταῖρος, ου, ὁ, [4] a companion, comrade, friend.   ⁹αὐλέω, [3] I play the flute, pipe.   ¹⁰ὀρχέομαι, [4] I dance.   ¹¹θρηνέω, [4] intrans: I lament, wail; trans: I bewail.   ¹²κόπτω, [8] (a) I cut, cut off, strike, smite, (b) mid: I beat my breast or head in lamentation, lament, mourn, sometimes with acc. of person whose loss is mourned.   ¹³μήτε, [36] nor, neither, not even, neither...nor.   ¹⁴φάγος, ου, ὁ, [2] a glutton.   ¹⁵οἰνοπότης, ου, ὁ, [2] an excessive wine-drinker.   ¹⁶τελώνης, ου, ὁ, [22] a publican, collector of taxes.   ¹⁷φίλος, η, ον, [30] friendly; subst: a friend, an associate.   ¹⁸ἁμαρτωλός, ον, [48] sinning, sinful, depraved, detestable.   ¹⁹δικαιόω, [39] I make righteous, defend the cause of, plead for the righteousness (innocence) of, acquit, justify; hence: I regard as righteous.   ²⁰ὀνειδίζω, [10] I reproach, revile, upbraid.   ²¹πλεῖστος, η, ον, [3] the greatest, the most, very great.   ²²μετανοέω, [34] I repent, change my mind, change the inner man (particularly with reference to acceptance of the will of God), repent.   ²³οὐαί, [47] woe!, alas!, uttered in grief or denunciation.   ²⁴Χοραζίν, ἡ, [2] Chorazin, a town of Galilee.   ²⁵Βηθσαϊδά, ἡ, [7] Bethsaida, (a) a city of Galilee, (b) a city east of the Jordan.   ²⁶Τύρος, ου, ἡ, [11] Tyre, an ancient city, the capital of Phoenicia.   ²⁷Σιδών, ῶνος, ἡ, [11] Sidon, a great coast city of Phoenicia.   ²⁸πάλαι, [6] of old, long ago, in times past, former.   ²⁹σάκκος, ου, ὁ, [4] sack-cloth, a sign of mourning.   ³⁰σποδός, οῦ, ἡ, [3] ashes.   ³¹μετανοέω, [34] I repent, change my mind, change the inner man (particularly with reference to acceptance of the will of God), repent.   ³²πλήν, [31] however, nevertheless, but, except that, yet.   ³³ἀνεκτός, ή, όν, [6] endurable, tolerable.   ³⁴κρίσις, εως, ἡ, [48] judging, judgment, decision, sentence; generally: divine judgment; accusation.   ³⁵Καπερναούμ, ἡ, [16] Capernaum, a town of Galilee.   ³⁶ὑψόω, [20] (a) I raise on high, lift up, (b) I exalt, set on high.   ³⁷Ἅδης, ου, ὁ, [11] Hades, the unseen world.   ³⁸καταβιβάζω, [2] I bring down, cast down, cause to go down.   ³⁹Σόδομα, ων, τά, [10] Sodom.   ⁴⁰μέχρι, [17] as far as, until, even to.   ⁴¹σήμερον, [41] today, now.

The Gospel Call

25 Ἐν ἐκείνῳ τῷ καιρῷ ἀποκριθεὶς ὁ Ἰησοῦς εἶπεν, Ἐξομολογοῦμαί[1] σοι, πάτερ, κύριε τοῦ οὐρανοῦ καὶ τῆς γῆς, ὅτι ἀπέκρυψας[2] ταῦτα ἀπὸ σοφῶν[3] καὶ συνετῶν,[4] καὶ ἀπεκάλυψας[5] αὐτὰ νηπίοις.[6] **26** Ναί,[7] ὁ πατήρ, ὅτι οὕτως ἐγένετο εὐδοκία[8] ἔμπροσθέν[9] σου. **27** Πάντα μοι παρεδόθη ὑπὸ τοῦ πατρός μου· καὶ οὐδεὶς ἐπιγινώσκει[10] τὸν υἱόν, εἰ μὴ ὁ πατήρ· οὐδὲ τὸν πατέρα τις ἐπιγινώσκει,[11] εἰ μὴ ὁ υἱός, καὶ ᾧ ἐὰν βούληται[12] ὁ υἱὸς ἀποκαλύψαι.[13] **28** Δεῦτε[14] πρός με πάντες οἱ κοπιῶντες[15] καὶ πεφορτισμένοι,[16] κἀγὼ ἀναπαύσω[17] ὑμᾶς. **29** Ἄρατε τὸν ζυγόν[18] μου ἐφ' ὑμᾶς καὶ μάθετε[19] ἀπ' ἐμοῦ, ὅτι πρᾷός[20] εἰμι καὶ ταπεινὸς[21] τῇ καρδίᾳ· καὶ εὑρήσετε ἀνάπαυσιν[22] ταῖς ψυχαῖς ὑμῶν. **30** Ὁ γὰρ ζυγός[18] μου χρηστός,[23] καὶ τὸ φορτίον[24] μου ἐλαφρόν[25] ἐστιν.

The Lord of the Sabbath

12 Ἐν ἐκείνῳ τῷ καιρῷ ἐπορεύθη ὁ Ἰησοῦς τοῖς σάββασιν διὰ τῶν σπορίμων·[26] οἱ δὲ μαθηταὶ αὐτοῦ ἐπείνασαν,[27] καὶ ἤρξαντο τίλλειν[28] στάχυας[29] καὶ ἐσθίειν. **2** Οἱ δὲ Φαρισαῖοι ἰδόντες εἶπον αὐτῷ, Ἰδού, οἱ μαθηταί σου ποιοῦσιν ὃ οὐκ ἔξεστιν[30] ποιεῖν ἐν σαββάτῳ. **3** Ὁ δὲ εἶπεν αὐτοῖς, Οὐκ ἀνέγνωτε[31] τί ἐποίησεν Δαυίδ, ὅτε ἐπείνασεν[32] αὐτὸς καὶ οἱ μετ' αὐτοῦ· **4** πῶς εἰσῆλθεν εἰς τὸν οἶκον τοῦ θεοῦ, καὶ τοὺς ἄρτους τῆς προθέσεως[33] ἔφαγεν, οὓς οὐκ ἐξὸν[34] ἦν αὐτῷ φαγεῖν, οὐδὲ τοῖς μετ' αὐτοῦ,

---

[1]Ἐξομολογοῦμαί: PMI-1S   [2]ἀπέκρυψας: AAI-2S   [5]ἀπεκάλυψας: AAI-2S   [10]ἐπιγινώσκει: PAI-3S   [11]ἐπιγινώσκει: PAI-3S   [12]βούληται: PNS-3S   [13]ἀποκαλύψαι: AAN   [14]Δεῦτε: PAM-2P   [15]κοπιῶντες: PAP-NPM   [16]πεφορτισμένοι: RPP-NPM   [17]ἀναπαύσω: FAI-1S   [19]μάθετε: 2AAM-2P   [27]ἐπείνασαν: AAI-3P   [28]τίλλειν: PAN   [30]ἔξεστιν: PAI-3S   [31]ἀνέγνωτε: 2AAI-2P   [32]ἐπείνασεν: AAI-3S   [34]ἐξὸν: PAP-NSN

---

[1]ἐξομολογέω, [10] (a) I consent fully, agree out and out, (b) I confess, admit, acknowledge (cf. the early Hellenistic sense of the middle: I acknowledge a debt), (c) I give thanks, praise.   [2]ἀποκρύπτω, [6] I hide away, conceal, keep secret.   [3]σοφός, ή, όν, [22] wise, learned, cultivated, skilled, clever.   [4]συνετός, ή, όν, [4] intelligent, prudent, wise, understanding, discerning.   [5]ἀποκαλύπτω, [26] I uncover, bring to light, reveal.   [6]νήπιος, α, ον, [14] unlearned, unenlightened; noun: an infant, a child.   [7]ναί, [35] yes, certainly, even so.   [8]εὐδοκία, ας, ή, [9] (a) good-will (good-pleasure), favor, feeling of complacency of God to man, (b) good-pleasure, satisfaction, happiness, delight of men.   [9]ἔμπροσθεν, [48] in front, before the face; sometimes made a subst. by the addition of the article: in front of, before the face of.   [10]ἐπιγινώσκω, [42] I come to know by directing my attention to him or it, I perceive, discern, recognize; aor: I found out.   [11]ἐπιγινώσκω, [42] I come to know by directing my attention to him or it, I perceive, discern, recognize; aor: I found out.   [12]βούλομαι, [34] I will, intend, desire, wish.   [13]ἀποκαλύπτω, [26] I uncover, bring to light, reveal.   [14]δεῦτε, [13] come hither, come, hither, an exclamatory word.   [15]κοπιάω, [23] (a) I grow weary, (b) I toil, work with effort (of bodily and mental labor alike).   [16]φορτίζω, [2] I load, burden; pass: I am laden.   [17]ἀναπαύω, [12] I make to rest, give rest to; mid. and pass: I rest, take my ease.   [18]ζυγός, οῦ, ὁ, [6] a yoke; hence met: (a Jewish idea) of a heavy burden, comparable to the heavy yokes resting on the bullocks' necks; a balance, pair of scales.   [19]μανθάνω, [25] I learn; with adj. or nouns: I learn to be so and so; with acc. of person who is the object of knowledge; aor. sometimes: to ascertain.   [20]πραΰς, πραεῖα, πραΰ, [4] mild, gentle.   [21]ταπεινός, ή, όν, [8] humble, lowly, in position or spirit (in a good sense).   [22]ἀνάπαυσις, εως, ή, [5] rest, cessation from labor, refreshment.   [23]χρηστός, ή, όν, [7] useful, gentle, pleasant, kind.   [24]φορτίον, ου, τό, [6] a burden; the freight of a ship.   [25]ἐλαφρός, ά, όν, [2] light, not burdensome.   [26]σπόριμος, ον, [3] sown; neut. plur: sown fields.   [27]πεινάω, [23] I am hungry, needy, desire earnestly.   [28]τίλλω, [3] I pluck, pluck off.   [29]στάχυς, νος, ὁ, [5] a head of grain.   [30]ἔξεστιν, [31] it is permitted, lawful, possible.   [31]ἀναγινώσκω, [32] I read, know again, know certainly, recognize, discern.   [32]πεινάω, [23] I am hungry, needy, desire earnestly.   [33]πρόθεσις, εως, ή, [12] a setting forth, the show-bread; predetermination, purpose.   [34]ἔξεστιν, [31] it is permitted, lawful, possible.

εἰ μὴ τοῖς ἱερεῦσιν¹ μόνοις;² **5** Ἢ οὐκ ἀνέγνωτε³ ἐν τῷ νόμῳ, ὅτι τοῖς σάββασιν οἱ ἱερεῖς¹ ἐν τῷ ἱερῷ τὸ σάββατον βεβηλοῦσιν,⁴ καὶ ἀναίτιοί⁵ εἰσιν; **6** Λέγω δὲ ὑμῖν ὅτι τοῦ ἱεροῦ μεῖζόν ἐστιν ὧδε. **7** Εἰ δὲ ἐγνώκειτε τί ἐστιν, Ἔλεον⁶ θέλω καὶ οὐ θυσίαν,⁷ οὐκ ἂν κατεδικάσατε⁸ τοὺς ἀναιτίους.⁵ **8** Κύριος γάρ ἐστιν τοῦ σαββάτου ὁ υἱὸς τοῦ ἀνθρώπου.

9 Καὶ μεταβὰς⁹ ἐκεῖθεν¹⁰ ἦλθεν εἰς τὴν συναγωγὴν αὐτῶν. **10** Καὶ ἰδού, ἄνθρωπος ἦν τὴν χεῖρα ἔχων ξηράν· ¹¹ καὶ ἐπηρώτησαν αὐτόν, λέγοντες, Εἰ ἔξεστιν¹² τοῖς σάββασιν θεραπεύειν;¹³ ἵνα κατηγορήσωσιν¹⁴ αὐτοῦ. **11** Ὁ δὲ εἶπεν αὐτοῖς, Τίς ἔσται ἐξ ὑμῶν ἄνθρωπος, ὃς ἕξει πρόβατον¹⁵ ἕν, καὶ ἐὰν ἐμπέσῃ¹⁶ τοῦτο τοῖς σάββασιν εἰς βόθυνον,¹⁷ οὐχὶ κρατήσει¹⁸ αὐτὸ καὶ ἐγερεῖ; **12** Πόσῳ¹⁹ οὖν διαφέρει²⁰ ἄνθρωπος προβάτου.¹⁵ Ὥστε ἔξεστιν²¹ τοῖς σάββασιν καλῶς²² ποιεῖν. **13** Τότε λέγει τῷ ἀνθρώπῳ, Ἔκτεινον²³ τὴν χεῖρά σου. Καὶ ἐξέτεινεν,²⁴ καὶ ἀποκατεστάθη²⁵ ὑγιὴς²⁶ ὡς ἡ ἄλλη.

The Enmity of the Pharisees and Christ's Answer

14 Οἱ δὲ Φαρισαῖοι συμβούλιον²⁷ ἔλαβον κατ' αὐτοῦ ἐξελθόντες, ὅπως αὐτὸν ἀπολέσωσιν. **15** Ὁ δὲ Ἰησοῦς γνοὺς ἀνεχώρησεν²⁸ ἐκεῖθεν· ¹⁰ καὶ ἠκολούθησαν αὐτῷ ὄχλοι πολλοί, καὶ ἐθεράπευσεν²⁹ αὐτοὺς πάντας, **16** καὶ ἐπετίμησεν³⁰ αὐτοῖς, ἵνα μὴ φανερὸν³¹ αὐτὸν ποιήσωσιν· **17** ὅπως πληρωθῇ τὸ ῥηθὲν διὰ Ἡσαΐου τοῦ προφήτου, λέγοντος, **18** Ἰδού, ὁ παῖς³² μου ὃν ᾑρέτισα· ³³ ὁ ἀγαπητός μου εἰς ὃν εὐδόκησεν³⁴ ἡ ψυχή

---

³ἀνέγνωτε: 2AAI-2P ⁴βεβηλοῦσιν: PAI-3P ⁸κατεδικάσατε: AAI-2P ⁹μεταβὰς: 2AAP-NSM ¹²ἔξεστιν: PAI-3S ¹³θεραπεύειν: PAN ¹⁴κατηγορήσωσιν: AAS-3P ¹⁶ἐμπέσῃ: 2AAS-3S ¹⁸κρατήσει: FAI-3S ²⁰διαφέρει: PAI-3S ²¹ἔξεστιν: PAI-3S ²³Ἔκτεινον: AAM-2S ²⁴ἐξέτεινεν: AAI-3S ²⁵ἀποκατεστάθη: API-3S ²⁸ἀνεχώρησεν: AAI-3S ²⁹ἐθεράπευσεν: AAI-3S ³⁰ἐπετίμησεν: AAI-3S ³³ᾑρέτισα: AAI-1S ³⁴εὐδόκησεν: AAI-3S

---

¹ἱερεύς, έως, ὁ, [33] a priest, one who offers sacrifice to a god (in Jewish and pagan religions; of Christians only met.). ²μόνος, η, ον, [45] only, solitary, desolate. ³ἀναγινώσκω, [32] I read, know again, know certainly, recognize, discern. ⁴βεβηλόω, [2] I profane, pollute, violate. ⁵ἀναίτιος, ον, [2] guiltless, innocent. ⁶ἔλεος, ους, τό, [28] pity, mercy, compassion. ⁷θυσία, ας, ἡ, [29] abstr. and concr: sacrifice; a sacrifice, offering. ⁸καταδικάζω, [5] I condemn, pass sentence upon. ⁹μεταβαίνω, [12] I change my place (abode), leave, depart, remove, pass over. ¹⁰ἐκεῖθεν, [28] thence, from that place. ¹¹ξηρός, ά, όν, [7] dry, withered; noun: dry land. ¹²ἔξεστιν, [31] it is permitted, lawful, possible. ¹³θεραπεύω, [44] I care for, attend, serve, treat, especially of a physician; hence: I heal. ¹⁴κατηγορέω, [22] I accuse, charge, prosecute. ¹⁵πρόβατον, ου, τό, [41] a sheep. ¹⁶ἐμπίπτω, [7] I fall in, am cast in, am involved in. ¹⁷βόθυνος, ου, ὁ, [3] a pit, ditch. ¹⁸κρατέω, [47] I am strong, mighty, hence: I rule, am master, prevail; I obtain, take hold of; I hold, hold fast. ¹⁹πόσος, η, ον, [27] how much, how great, how many. ²⁰διαφέρω, [13] (a) trans: I carry through, hither and thither, (b) intrans: I am different, differ, and sometimes: I surpass, excel. ²¹ἔξεστιν, [31] it is permitted, lawful, possible. ²²καλῶς, [36] well, nobly, honorably, rightly. ²³ἐκτείνω, [16] I stretch out (forth), cast forth (as of an anchor), lay hands on. ²⁴ἐκτείνω, [16] I stretch out (forth), cast forth (as of an anchor), lay hands on. ²⁵ἀποκαθίστημι, [8] I set up again, restore to its original position or condition; hence: I restore, give back. ²⁶ὑγιής, ές, [14] (a) sound, healthy, pure, whole, (b) wholesome. ²⁷συμβούλιον, ου, τό, [8] (a) a body of advisers (assessors) in a court, a council, (b) abstr: consultation, counsel, advice; resolution, decree. ²⁸ἀναχωρέω, [14] I return, retire, withdraw, depart (underlying idea perhaps of taking refuge from danger or of going into retirement). ²⁹θεραπεύω, [44] I care for, attend, serve, treat, especially of a physician; hence: I heal. ³⁰ἐπιτιμάω, [29] (a) I rebuke, chide, admonish, (b) I warn. ³¹φανερός, ά, όν, [20] apparent, clear, visible, manifest; adv: clearly. ³²παῖς, παιδός, ὁ, ἡ, [24] (a) a male child, boy, (b) a male slave, servant; thus: a servant of God, especially as a title of the Messiah, (c) a female child, girl. ³³αἱρετίζω, [1] I choose. ³⁴εὐδοκέω, [21] I am well-pleased, think it good, am resolved.

μου· θήσω τὸ πνεῦμά μου ἐπ᾽ αὐτόν, καὶ κρίσιν¹ τοῖς ἔθνεσιν ἀπαγγελεῖ.² **19** Οὐκ ἐρίσει,³ οὐδὲ κραυγάσει·⁴ οὐδὲ ἀκούσει τις ἐν ταῖς πλατείαις⁵ τὴν φωνὴν αὐτοῦ. **20** Κάλαμον⁶ συντετριμμένον⁷ οὐ κατεάξει,⁸ καὶ λίνον⁹ τυφόμενον¹⁰ οὐ σβέσει·¹¹ ἕως ἂν ἐκβάλῃ εἰς νῖκος¹² τὴν κρίσιν.¹ **21** Καὶ τῷ ὀνόματι αὐτοῦ ἔθνη ἐλπιοῦσιν.¹³

22 Τότε προσηνέχθη¹⁴ αὐτῷ δαιμονιζόμενος,¹⁵ τυφλὸς καὶ κωφός·¹⁶ καὶ ἐθεράπευσεν¹⁷ αὐτόν, ὥστε τὸν τυφλὸν καὶ κωφὸν¹⁶ καὶ λαλεῖν καὶ βλέπειν. **23** Καὶ ἐξίσταντο¹⁸ πάντες οἱ ὄχλοι καὶ ἔλεγον, Μήτι¹⁹ οὗτός ἐστιν ὁ υἱὸς Δαυίδ; **24** Οἱ δὲ Φαρισαῖοι ἀκούσαντες εἶπον, Οὗτος οὐκ ἐκβάλλει τὰ δαιμόνια, εἰ μὴ ἐν τῷ Βεελζεβοὺλ²⁰ ἄρχοντι²¹ τῶν δαιμονίων. **25** Εἰδὼς δὲ ὁ Ἰησοῦς τὰς ἐνθυμήσεις²² αὐτῶν εἶπεν αὐτοῖς, Πᾶσα βασιλεία μερισθεῖσα²³ καθ᾽ ἑαυτῆς ἐρημοῦται·²⁴ καὶ πᾶσα πόλις ἢ οἰκία μερισθεῖσα²⁵ καθ᾽ ἑαυτῆς οὐ σταθήσεται. **26** Καὶ εἰ ὁ Σατανᾶς²⁶ τὸν Σατανᾶν²⁶ ἐκβάλλει, ἐφ᾽ ἑαυτὸν ἐμερίσθη·²⁷ πῶς οὖν σταθήσεται ἡ βασιλεία αὐτοῦ; **27** Καὶ εἰ ἐγὼ ἐν Βεελζεβοὺλ²⁰ ἐκβάλλω τὰ δαιμόνια, οἱ υἱοὶ ὑμῶν ἐν τίνι ἐκβάλλουσιν; Διὰ τοῦτο αὐτοὶ ὑμῶν ἔσονται κριταί.²⁸ **28** Εἰ δὲ ἐν πνεύματι θεοῦ ἐγὼ ἐκβάλλω τὰ δαιμόνια, ἄρα²⁹ ἔφθασεν³⁰ ἐφ᾽ ὑμᾶς ἡ βασιλεία τοῦ θεοῦ. **29** Ἢ πῶς δύναταί τις εἰσελθεῖν εἰς τὴν οἰκίαν τοῦ ἰσχυροῦ³¹ καὶ τὰ σκεύη³² αὐτοῦ διαρπάσαι,³³ ἐὰν μὴ πρῶτον δήσῃ³⁴ τὸν ἰσχυρόν;³¹ Καὶ τότε τὴν οἰκίαν αὐτοῦ διαρπάσει.³⁵ **30** Ὁ μὴ ὢν μετ᾽ ἐμοῦ, κατ᾽ ἐμοῦ ἐστιν, καὶ ὁ μὴ συνάγων μετ᾽ ἐμοῦ, σκορπίζει.³⁶

---

²ἀπαγγελεῖ: FAI-3S   ³ἐρίσει: FAI-3S   ⁴κραυγάσει: FAI-3S   ⁷συντετριμμένον: RPP-ASM   ⁸κατεάξει: FAI-3S   ¹⁰τυφόμενον: PPP-ASN   ¹¹σβέσει: FAI-3S   ¹³ἐλπιοῦσιν: FAI-3P-ATT   ¹⁴προσηνέχθη: API-3S   ¹⁵δαιμονιζόμενος: PNP-NSM   ¹⁷ἐθεράπευσεν: AAI-3S   ¹⁸ἐξίσταντο: IMI-3P   ²³μερισθεῖσα: APP-NSF   ²⁴ἐρημοῦται: PPI-3S   ²⁵μερισθεῖσα: APP-NSF   ²⁷ἐμερίσθη: API-3S   ³⁰ἔφθασεν: AAI-3S   ³³διαρπάσαι: AAN   ³⁴δήσῃ: AAS-3S   ³⁵διαρπάσει: FAI-3S   ³⁶σκορπίζει: PAI-3S

---

¹κρίσις, εως, ἡ, [48] judging, judgment, decision, sentence; generally: divine judgment; accusation. ²ἀπαγγέλλω, [44] I report (from one place to another), bring a report, announce, declare. ³ἐρίζω, [1] I contend, dispute, wrangle, strive. ⁴κραυγάζω, [6] I cry aloud, shout, exclaim. ⁵πλατεῖα, ας, ἡ, [9] a street, public square, broad way. ⁶κάλαμος, ου, ὁ, [12] a reed; a reed-pen, reed-staff, measuring rod. ⁷συντρίβω, [8] I break by crushing, break in pieces, shatter, crush, bruise. ⁸κατάγνυμι, [4] I break down (in pieces), crush, break into. ⁹λίνον, ου, τό, [2] flax, linen. ¹⁰τύφω, [1] I raise smoke, smolder. ¹¹σβέννυμι, [8] (a) I extinguish, quench, (b) I suppress, thwart. ¹²νῖκος, ους, τό, [4] victory. ¹³ἐλπίζω, [31] I hope, hope for, expect, trust. ¹⁴προσφέρω, [48] (a) I bring to, (b) characteristically: I offer (of gifts, sacrifices, etc). ¹⁵δαιμονίζομαι, [13] I am possessed, am under the power of an evil-spirit or demon. ¹⁶κωφός, ή, όν, [14] (lit: blunted) dumb, dull, deaf. ¹⁷θεραπεύω, [44] I care for, attend, serve, treat, especially of a physician; hence: I heal. ¹⁸ἐξίστημι, [17] (lit: I remove from a standing position), (a) in trans. tenses: I astonish, amaze, (b) in intrans. tenses: I am astonished, amazed; I am out of my mind, am mad. ¹⁹μήτι, [16] if not, unless, whether at all. ²⁰Βεελζεβούλ, ὁ, [7] Beelzebul, a name of Satan, the chief of evil spirits. ²¹ἄρχων, οντος, ὁ, [37] a ruler, governor, leader, leading man; with the Jews, an official member (a member of the executive) of the assembly of elders. ²²ἐνθύμησις, εως, ἡ, [4] inward thought, reflection, plur: thoughts. ²³μερίζω, [14] I divide into parts, divide, part, share, distribute; mid: I share, take part in a partitioning; I distract. ²⁴ἐρημόω, [5] (a) I make desolate, bring to desolation, destroy, waste, (b) of a person: I strip, rob. ²⁵μερίζω, [14] I divide into parts, divide, part, share, distribute; mid: I share, take part in a partitioning; I distract. ²⁶Σατανᾶς, ᾶ, ὁ, [36] an adversary, Satan. ²⁷μερίζω, [14] I divide into parts, divide, part, share, distribute; mid: I share, take part in a partitioning; I distract. ²⁸κριτής, ου, ὁ, [17] a judge, magistrate, ruler. ²⁹ἄρα, [35] then, therefore, since. ³⁰φθάνω, [7] (a) I anticipate, precede, (b) I come, arrive. ³¹ἰσχυρός, ά, όν, [29] strong (originally and generally of physical strength); mighty, powerful, vehement, sure. ³²σκεῦος, ους, τό, [23] a vessel to contain liquid; a vessel of mercy or wrath; any instrument by which anything is done; a household utensil; of ships: tackle. ³³διαρπάζω, [4] I plunder, rob thoroughly. ³⁴δέω, [44] I bind, tie, fasten; I impel, compel; I declare to be prohibited and unlawful. ³⁵διαρπάζω, [4] I plunder, rob thoroughly. ³⁶σκορπίζω, [5] I disperse, scatter abroad (as of sheep); I dissipate, waste; I distribute alms.

The Sin against the Holy Spirit

31 Διὰ τοῦτο λέγω ὑμῖν, Πᾶσα ἁμαρτία καὶ βλασφημία¹ ἀφεθήσεται τοῖς ἀνθρώποις· ἡ δὲ τοῦ πνεύματος βλασφημία¹ οὐκ ἀφεθήσεται τοῖς ἀνθρώποις. **32** Καὶ ὃς ἐὰν εἴπῃ λόγον κατὰ τοῦ υἱοῦ τοῦ ἀνθρώπου, ἀφεθήσεται αὐτῷ· ὃς δ᾽ ἂν εἴπῃ κατὰ τοῦ πνεύματος τοῦ ἁγίου, οὐκ ἀφεθήσεται αὐτῷ, οὔτε ἐν τῷ νῦν αἰῶνι οὔτε ἐν τῷ μέλλοντι. **33** Ἢ ποιήσατε τὸ δένδρον² καλόν, καὶ τὸν καρπὸν αὐτοῦ καλόν, ἢ ποιήσατε τὸ δένδρον² σαπρόν,³ καὶ τὸν καρπὸν αὐτοῦ σαπρόν·³ ἐκ γὰρ τοῦ καρποῦ τὸ δένδρον² γινώσκεται. **34** Γεννήματα⁴ ἐχιδνῶν,⁵ πῶς δύνασθε ἀγαθὰ λαλεῖν, πονηροὶ ὄντες; Ἐκ γὰρ τοῦ περισσεύματος⁶ τῆς καρδίας τὸ στόμα λαλεῖ. **35** Ὁ ἀγαθὸς ἄνθρωπος ἐκ τοῦ ἀγαθοῦ θησαυροῦ⁷ ἐκβάλλει ἀγαθά· καὶ ὁ πονηρὸς ἄνθρωπος ἐκ τοῦ πονηροῦ θησαυροῦ⁷ ἐκβάλλει πονηρά. **36** Λέγω δὲ ὑμῖν, ὅτι πᾶν ῥῆμα ἀργόν,⁸ ὃ ἐὰν λαλήσωσιν οἱ ἄνθρωποι, ἀποδώσουσιν⁹ περὶ αὐτοῦ λόγον ἐν ἡμέρᾳ κρίσεως.¹⁰ **37** Ἐκ γὰρ τῶν λόγων σου δικαιωθήσῃ,¹¹ καὶ ἐκ τῶν λόγων σου καταδικασθήσῃ.¹²

The Sign from Heaven and a Warning

38 Τότε ἀπεκρίθησάν τινες τῶν γραμματέων καὶ Φαρισαίων, λέγοντες, Διδάσκαλε, θέλομεν ἀπὸ σοῦ σημεῖον ἰδεῖν. **39** Ὁ δὲ ἀποκριθεὶς εἶπεν αὐτοῖς, Γενεὰ¹³ πονηρὰ καὶ μοιχαλὶς¹⁴ σημεῖον ἐπιζητεῖ·¹⁵ καὶ σημεῖον οὐ δοθήσεται αὐτῇ, εἰ μὴ τὸ σημεῖον Ἰωνᾶ τοῦ προφήτου. **40** Ὥσπερ¹⁶ γὰρ ἦν Ἰωνᾶς ἐν τῇ κοιλίᾳ¹⁷ τοῦ κήτους¹⁸ τρεῖς ἡμέρας καὶ τρεῖς νύκτας, οὕτως ἔσται ὁ υἱὸς τοῦ ἀνθρώπου ἐν τῇ καρδίᾳ τῆς γῆς τρεῖς ἡμέρας καὶ τρεῖς νύκτας. **41** Ἄνδρες Νινευῖται¹⁹ ἀναστήσονται ἐν τῇ κρίσει¹⁰ μετὰ τῆς γενεᾶς¹³ ταύτης καὶ κατακρινοῦσιν²⁰ αὐτήν· ὅτι μετενόησαν²¹ εἰς τὸ κήρυγμα²² Ἰωνᾶ· καὶ ἰδού, πλεῖον Ἰωνᾶ ὧδε. **42** Βασίλισσα²³ νότου²⁴ ἐγερθήσεται ἐν τῇ κρίσει¹⁰ μετὰ τῆς γενεᾶς¹³ ταύτης καὶ κατακρινεῖ²⁵ αὐτήν· ὅτι ἦλθεν ἐκ τῶν περάτων²⁶ τῆς γῆς ἀκοῦσαι τὴν σοφίαν Σολομῶνος· καὶ ἰδού, πλεῖον Σολομῶνος ὧδε. **43** Ὅταν δὲ

---

⁹ἀποδώσουσιν: FAI-3P   ¹¹δικαιωθήσῃ: FPI-2S   ¹²καταδικασθήσῃ: FPI-2S   ¹⁵ἐπιζητεῖ: PAI-3S   ²⁰κατακρινοῦσιν: FAI-3P   ²¹μετενόησαν: AAI-3P   ²⁵κατακρινεῖ: FAI-3S

---

¹βλασφημία, ας, ἡ, [19] abusive or scurrilous language, blasphemy.   ²δένδρον, ου, τό, [26] a tree.   ³σαπρός, ά, όν, [8] rotten, useless, corrupt, depraved.   ⁴γέννημα, ατος, τό, [9] offspring, child, fruit.   ⁵ἔχιδνα, ης, ἡ, [5] a serpent, snake, viper.   ⁶περίσσευμα, ατος, τό, [5] abundance, overflow.   ⁷θησαυρός, οῦ, ὁ, [18] a storehouse for precious things; hence: a treasure, a store.   ⁸ἀργός, ή, όν, [8] idle, lazy, thoughtless, unprofitable, injurious.   ⁹ἀποδίδωμι, [47] (a) I give back, return, restore, (b) I give, render, as due, (c) mid: I sell.   ¹⁰κρίσις, εως, ἡ, [48] judging, judgment, decision, sentence; generally: divine judgment; accusation.   ¹¹δικαιόω, [39] I make righteous, defend the cause of, plead for the righteousness (innocence) of, acquit, justify; hence: I regard as righteous.   ¹²καταδικάζω, [5] I condemn, pass sentence upon.   ¹³γενεά, ᾶς, ἡ, [42] a generation; if repeated twice or with another time word, practically indicates infinity of time.   ¹⁴μοιχαλίς, ίδος, ἡ, [7] (a) an adulteress (that is, a married woman who commits adultery), (b) Hebraistically: extended to those who worship any other than the true God.   ¹⁵ἐπιζητέω, [15] I seek after, desire, search for, make inquiries about.   ¹⁶ὥσπερ, [42] just as, as, even as.   ¹⁷κοιλία, ας, ἡ, [23] belly, abdomen, heart, a general term covering any organ in the abdomen, e.g. stomach, womb; met: the inner man.   ¹⁸κῆτος, ους, τό, [1] a sea monster, huge sea fish, whale.   ¹⁹Νινευίτης, ου, ὁ, [2] a Ninevite, an inhabitant of Nineveh, a city on the Tigris in Assyria.   ²⁰κατακρίνω, [17] I condemn, judge worthy of punishment.   ²¹μετανοέω, [34] I repent, change my mind, change the inner man (particularly with reference to acceptance of the will of God), repent.   ²²κήρυγμα, ατος, τό, [8] a proclamation, preaching.   ²³βασίλισσα, ης, ἡ, [4] a queen.   ²⁴νότος, ου, ὁ, [7] the south wind, the South.   ²⁵κατακρίνω, [17] I condemn, judge worthy of punishment.   ²⁶πέρας, ατος, τό, [4] (a) a boundary, limit, extremity, (b) an end, conclusion.

τὸ ἀκάθαρτον¹ πνεῦμα ἐξέλθῃ ἀπὸ τοῦ ἀνθρώπου, διέρχεται² δι' ἀνύδρων³ τόπων, ζητοῦν ἀνάπαυσιν,⁴ καὶ οὐχ εὑρίσκει. **44** Τότε λέγει, Ἐπιστρέψω⁵ εἰς τὸν οἶκόν μου ὅθεν⁶ ἐξῆλθον· καὶ ἐλθὸν εὑρίσκει σχολάζοντα,⁷ σεσαρωμένον,⁸ καὶ κεκοσμημένον.⁹ **45** Τότε πορεύεται καὶ παραλαμβάνει¹⁰ μεθ' ἑαυτοῦ ἑπτὰ ἕτερα πνεύματα πονηρότερα ἑαυτοῦ, καὶ εἰσελθόντα κατοικεῖ¹¹ ἐκεῖ· καὶ γίνεται τὰ ἔσχατα τοῦ ἀνθρώπου ἐκείνου χείρονα¹² τῶν πρώτων. Οὕτως ἔσται καὶ τῇ γενεᾷ¹³ ταύτῃ τῇ πονηρᾷ.

Christ's Relatives

46 Ἔτι δὲ αὐτοῦ λαλοῦντος τοῖς ὄχλοις, ἰδού, ἡ μήτηρ καὶ οἱ ἀδελφοὶ αὐτοῦ εἱστήκεισαν ἔξω, ζητοῦντες αὐτῷ λαλῆσαι. **47** Εἶπεν δέ τις αὐτῷ, Ἰδού, ἡ μήτηρ σου καὶ οἱ ἀδελφοί σου ἔξω ἑστήκασιν, ζητοῦντές σοι λαλῆσαι. **48** Ὁ δὲ ἀποκριθεὶς εἶπεν τῷ εἰπόντι αὐτῷ, Τίς ἐστιν ἡ μήτηρ μου; Καὶ τίνες εἰσὶν οἱ ἀδελφοί μου; **49** Καὶ ἐκτείνας¹⁴ τὴν χεῖρα αὐτοῦ ἐπὶ τοὺς μαθητὰς αὐτοῦ εἶπεν, Ἰδού, ἡ μήτηρ μου καὶ οἱ ἀδελφοί μου. **50** Ὅστις γὰρ ἂν ποιήσῃ τὸ θέλημα τοῦ πατρός μου τοῦ ἐν οὐρανοῖς, αὐτός μου ἀδελφὸς καὶ ἀδελφὴ¹⁵ καὶ μήτηρ ἐστίν.

The Parable of the Sower

13 Ἐν δὲ τῇ ἡμέρᾳ ἐκείνῃ ἐξελθὼν ὁ Ἰησοῦς ἀπὸ τῆς οἰκίας ἐκάθητο παρὰ τὴν θάλασσαν. **2** Καὶ συνήχθησαν πρὸς αὐτὸν ὄχλοι πολλοί, ὥστε αὐτὸν εἰς τὸ πλοῖον ἐμβάντα¹⁶ καθῆσθαι· καὶ πᾶς ὁ ὄχλος ἐπὶ τὸν αἰγιαλὸν¹⁷ εἱστήκει. **3** Καὶ ἐλάλησεν αὐτοῖς πολλὰ ἐν παραβολαῖς, λέγων, Ἰδού, ἐξῆλθεν ὁ σπείρων τοῦ σπείρειν. **4** Καὶ ἐν τῷ σπείρειν αὐτόν, ἃ μὲν ἔπεσεν παρὰ τὴν ὁδόν· καὶ ἦλθεν τὰ πετεινὰ¹⁸ καὶ κατέφαγεν¹⁹ αὐτά. **5** Ἄλλα δὲ ἔπεσεν ἐπὶ τὰ πετρώδη,²⁰ ὅπου οὐκ εἶχεν γῆν πολλήν· καὶ εὐθέως ἐξανέτειλεν,²¹ διὰ τὸ μὴ ἔχειν βάθος²² γῆς· **6** ἡλίου²³ δὲ ἀνατείλαντος²⁴ ἐκαυματίσθη,²⁵ καὶ διὰ τὸ μὴ ἔχειν ῥίζαν,²⁶ ἐξηράνθη.²⁷ **7** Ἄλλα δὲ ἔπεσεν ἐπὶ τὰς

---

²διέρχεται: PNI-3S   ⁵Ἐπιστρέψω: FAI-1S   ⁷σχολάζοντα: PAP-ASM   ⁸σεσαρωμένον: RPP-ASM   ⁹κεκοσμημένον: RPP-ASM   ¹⁰παραλαμβάνει: PAI-3S   ¹¹κατοικεῖ: PAI-3S   ¹⁴ἐκτείνας: AAP-NSM   ¹⁶ἐμβάντα: 2AAP-ASM   ¹⁹κατέφαγεν: 2AAI-3S   ²¹ἐξανέτειλεν: AAI-3S   ²⁴ἀνατείλαντος: AAP-GSM   ²⁵ἐκαυματίσθη: API-3S   ²⁷ἐξηράνθη: API-3S

---

¹ἀκάθαρτος, ον, [31] unclean, impure.   ²διέρχομαι, [42] I pass through, spread (as a report).   ³ἄνυδρος, ον, [4] without water, dry; subst: dry places, desert.   ⁴ἀνάπαυσις, εως, ἡ, [5] rest, cessation from labor, refreshment.   ⁵ἐπιστρέφω, [37] (a) trans: I turn (back) to (towards), (b) intrans: I turn (back) (to [towards]); I come to myself.   ⁶ὅθεν, [15] (a) whence, from which place, (b) wherefore.   ⁷σχολάζω, [2] (a) I have leisure, (b) I stand empty (of a house).   ⁸σαρόω, [3] I sweep, cleanse by sweeping.   ⁹κοσμέω, [10] I put into order; I decorate, deck, adorn.   ¹⁰παραλαμβάνω, [49] I take from, receive from, or: I take to, receive (apparently not used of money), admit, acknowledge; I take with me.   ¹¹κατοικέω, [45] I dwell in, settle in, am established in (permanently), inhabit.   ¹²χείρων, ον, [11] worse, more severe.   ¹³γενεά, ᾶς, ἡ, [42] a generation; if repeated twice or with another time word, practically indicates infinity of time.   ¹⁴ἐκτείνω, [16] I stretch out (forth), cast forth (as of an anchor), lay hands on.   ¹⁵ἀδελφή, ῆς, ἡ, [25] a sister, a woman (fellow-)member of a church, a Christian woman.   ¹⁶ἐμβαίνω, [19] I step in; I go onboard a ship, embark.   ¹⁷αἰγιαλός, οῦ, ὁ, [6] sea-coast, (sandy) beach; shore (of sea or lake), land.   ¹⁸πετεινόν, οῦ, τό, [14] a bird, fowl.   ¹⁹κατεσθίω, [15] I eat up, eat till it is finished, devour, squander, annoy, injure.   ²⁰πετρώδης, ες, [4] rocky, stony.   ²¹ἐξανατέλλω, [2] I rise (spring) up out (of the ground).   ²²βάθος, ους, τό, [8] depth; deep water; met: fullness, immensity; an extreme degree; profundities, deep-laid plans.   ²³ἥλιος, ου, ὁ, [32] the sun, sunlight.   ²⁴ἀνατέλλω, [9] I make to rise, I rise, shine (generally of the sun, and hence met.).   ²⁵καυματίζω, [4] I burn, scorch.   ²⁶ῥίζα, ης, ἡ, [17] a root, shoot, source; that which comes from the root, a descendent.   ²⁷ξηραίνω, [16] I dry up, parch, am ripened, wither, waste away.

ἀκάνθας,¹ καὶ ἀνέβησαν αἱ ἄκανθαι¹ καὶ ἀπέπνιξαν² αὐτά. **8** Ἄλλα δὲ ἔπεσεν ἐπὶ τὴν γῆν τὴν καλήν, καὶ ἐδίδου καρπόν, ὃ μὲν ἑκατόν,³ ὃ δὲ ἑξήκοντα,⁴ ὃ δὲ τριάκοντα.⁵ **9** Ὁ ἔχων ὦτα⁶ ἀκούειν ἀκουέτω.

10 Καὶ προσελθόντες οἱ μαθηταὶ εἶπον αὐτῷ, Διὰ τί ἐν παραβολαῖς λαλεῖς αὐτοῖς; **11** Ὁ δὲ ἀποκριθεὶς εἶπεν αὐτοῖς ὅτι Ὑμῖν δέδοται γνῶναι τὰ μυστήρια⁷ τῆς βασιλείας τῶν οὐρανῶν, ἐκείνοις δὲ οὐ δέδοται. **12** Ὅστις γὰρ ἔχει, δοθήσεται αὐτῷ καὶ περισσευθήσεται·⁸ ὅστις δὲ οὐκ ἔχει, καὶ ὃ ἔχει ἀρθήσεται ἀπ' αὐτοῦ. **13** Διὰ τοῦτο ἐν παραβολαῖς αὐτοῖς λαλῶ, ὅτι βλέποντες οὐ βλέπουσιν, καὶ ἀκούοντες οὐκ ἀκούουσιν, οὐδὲ συνιοῦσιν.⁹ **14** Καὶ ἀναπληροῦται¹⁰ αὐτοῖς ἡ προφητεία¹¹ Ἡσαΐου, ἡ λέγουσα, Ἀκοῇ¹² ἀκούσετε, καὶ οὐ μὴ συνῆτε·¹³ καὶ βλέποντες βλέψετε, καὶ οὐ μὴ ἴδητε. **15** Ἐπαχύνθη¹⁴ γὰρ ἡ καρδία τοῦ λαοῦ τούτου, καὶ τοῖς ὠσὶν⁶ βαρέως¹⁵ ἤκουσαν, καὶ τοὺς ὀφθαλμοὺς αὐτῶν ἐκάμμυσαν·¹⁶ μήποτε¹⁷ ἴδωσιν τοῖς ὀφθαλμοῖς, καὶ τοῖς ὠσὶν⁶ ἀκούσωσιν, καὶ τῇ καρδίᾳ συνῶσιν,¹⁸ καὶ ἐπιστρέψωσιν,¹⁹ καὶ ἰάσομαι²⁰ αὐτούς. **16** Ὑμῶν δὲ μακάριοι οἱ ὀφθαλμοί, ὅτι βλέπουσιν· καὶ τὰ ὦτα⁶ ὑμῶν, ὅτι ἀκούει. **17** Ἀμὴν γὰρ λέγω ὑμῖν ὅτι πολλοὶ προφῆται καὶ δίκαιοι ἐπεθύμησαν²¹ ἰδεῖν ἃ βλέπετε, καὶ οὐκ εἶδον· καὶ ἀκοῦσαι ἃ ἀκούετε, καὶ οὐκ ἤκουσαν. **18** Ὑμεῖς οὖν ἀκούσατε τὴν παραβολὴν τοῦ σπείροντος. **19** Παντὸς ἀκούοντος τὸν λόγον τῆς βασιλείας καὶ μὴ συνιέντος,²² ἔρχεται ὁ πονηρός, καὶ ἁρπάζει²³ τὸ ἐσπαρμένον ἐν τῇ καρδίᾳ αὐτοῦ· οὗτός ἐστιν ὁ παρὰ τὴν ὁδὸν σπαρείς. **20** Ὁ δὲ ἐπὶ τὰ πετρώδη²⁴ σπαρείς, οὗτός ἐστιν ὁ τὸν λόγον ἀκούων, καὶ εὐθὺς μετὰ χαρᾶς λαμβάνων αὐτόν· **21** οὐκ ἔχει δὲ ῥίζαν²⁵ ἐν ἑαυτῷ, ἀλλὰ πρόσκαιρός²⁶ ἐστιν· γενομένης δὲ θλίψεως²⁷ ἢ διωγμοῦ²⁸ διὰ τὸν λόγον, εὐθὺς σκανδαλίζεται.²⁹ **22** Ὁ δὲ εἰς τὰς ἀκάνθας¹ σπαρείς, οὗτός ἐστιν ὁ τὸν λόγον

---

²ἀπέπνιξαν: AAI-3P   ⁸περισσευθήσεται: FPI-3S   ⁹συνιοῦσιν: PAI-3P   ¹⁰ἀναπληροῦται: PPI-3S   ¹³συνῆτε: 2AAS-2P   ¹⁴Ἐπαχύνθη: API-3S   ¹⁶ἐκάμμυσαν: AAI-3P   ¹⁸συνῶσιν: 2AAS-3P   ¹⁹ἐπιστρέψωσιν: AAS-3P   ²⁰ἰάσομαι: FDI-1S   ²¹ἐπεθύμησαν: AAI-3P   ²²συνιέντος: PAP-GSM   ²³ἁρπάζει: PAI-3S   ²⁹σκανδαλίζεται: PPI-3S

---

¹ἄκανθα, ης, ἡ, [14] a thorn-bush, prickly plant; a thorn.   ²ἀποπνίγω, [3] (a) I suffocate, choke, drown, (b) I stop the growth of.   ³ἑκατόν, [17] one hundred.   ⁴ἑξήκοντα, οἱ, αἱ, τά, [9] sixty.   ⁵τριάκοντα, οἱ, αἱ, τά, [11] thirty.   ⁶οὖς, ὠτός, τό, [37] (a) the ear, (b) met: the faculty of perception.   ⁷μυστήριον, ου, τό, [27] a mystery, secret, of which initiation is necessary; in the NT: the counsels of God, once hidden but now revealed in the Gospel or some fact thereof; the Christian revelation generally; particular truths or details of the Christian revelation.   ⁸περισσεύω, [39] (a) intrans: I exceed the ordinary (the necessary), abound, overflow; am left over, (b) trans: I cause to abound.   ⁹συνίημι, [26] I consider, understand, perceive.   ¹⁰ἀναπληρόω, [6] I fill up, make up, complete the measure of, fulfill, carry out the commands (provisions, etc.) of.   ¹¹προφητεία, ας, ἡ, [19] prophecy, prophesying; the gift of communicating and enforcing revealed truth.   ¹²ἀκοή, ῆς, ἡ, [24] hearing, faculty of hearing, ear; report, rumor.   ¹³συνίημι, [26] I consider, understand, perceive.   ¹⁴παχύνω, [2] I fatten, thicken; pass. fig: I become stupid, dull, unfeeling.   ¹⁵βαρέως, [2] heavily, with difficulty.   ¹⁶καμμύω, [2] I close, shut the eyes.   ¹⁷μήποτε, [25] lest at any time, lest; then weakened: whether perhaps, whether at all; in a principal clause: perhaps.   ¹⁸συνίημι, [26] I consider, understand, perceive.   ¹⁹ἐπιστρέφω, [37] (a) trans: I turn (back) to (towards), (b) intrans: I turn (back) (to [towards]); I come to myself.   ²⁰ἰάομαι, [28] I heal, generally of the physical, sometimes of spiritual, disease.   ²¹ἐπιθυμέω, [16] I long for, covet, lust after, set the heart upon.   ²²συνίημι, [26] I consider, understand, perceive.   ²³ἁρπάζω, [13] I seize, snatch, obtain by robbery.   ²⁴πετρώδης, ες, [4] rocky, stony.   ²⁵ῥίζα, ης, ἡ, [17] a root, shoot, source; that which comes from the root, a descendent.   ²⁶πρόσκαιρος, ον, [4] for a season, temporary.   ²⁷θλῖψις, εως, ἡ, [45] persecution, affliction, distress, tribulation.   ²⁸διωγμός, οῦ, ὁ, [10] chase, pursuit; persecution.   ²⁹σκανδαλίζω, [30] I cause to stumble, cause to sin, cause to become indignant, shock, offend.

ἀκούων, καὶ ἡ μέριμνα¹ τοῦ αἰῶνος τούτου καὶ ἡ ἀπάτη² τοῦ πλούτου³ συμπνίγει⁴ τὸν λόγον, καὶ ἄκαρπος⁵ γίνεται. 23 Ὁ δὲ ἐπὶ τὴν γῆν τὴν καλὴν σπαρείς, οὗτός ἐστιν ὁ τὸν λόγον ἀκούων καὶ συνιών·⁶ ὃς δὴ⁷ καρποφορεῖ,⁸ καὶ ποιεῖ ὁ μὲν ἑκατόν,⁹ ὁ δὲ ἑξήκοντα,¹⁰ ὁ δὲ τριάκοντα.¹¹

The Parable of the Tares, and Others

24 Ἄλλην παραβολὴν παρέθηκεν¹² αὐτοῖς, λέγων, Ὡμοιώθη¹³ ἡ βασιλεία τῶν οὐρανῶν ἀνθρώπῳ σπείροντι καλὸν σπέρμα¹⁴ ἐν τῷ ἀγρῷ¹⁵ αὐτοῦ· 25 ἐν δὲ τῷ καθεύδειν¹⁶ τοὺς ἀνθρώπους, ἦλθεν αὐτοῦ ὁ ἐχθρὸς¹⁷ καὶ ἔσπειρεν ζιζάνια¹⁸ ἀνὰ¹⁹ μέσον τοῦ σίτου,²⁰ καὶ ἀπῆλθεν. 26 Ὅτε δὲ ἐβλάστησεν²¹ ὁ χόρτος²² καὶ καρπὸν ἐποίησεν, τότε ἐφάνη²³ καὶ τὰ ζιζάνια.¹⁸ 27 Προσελθόντες δὲ οἱ δοῦλοι τοῦ οἰκοδεσπότου²⁴ εἶπον αὐτῷ, Κύριε, οὐχὶ καλὸν σπέρμα¹⁴ ἔσπειρας ἐν τῷ σῷ²⁵ ἀγρῷ;¹⁵ Πόθεν²⁶ οὖν ἔχει ζιζάνια;¹⁸ 28 Ὁ δὲ ἔφη αὐτοῖς, Ἐχθρὸς¹⁷ ἄνθρωπος τοῦτο ἐποίησεν. Οἱ δὲ δοῦλοι εἶπον αὐτῷ, Θέλεις οὖν ἀπελθόντες συλλέξομεν²⁷ αὐτά; 29 Ὁ δὲ ἔφη, Οὔ· μήποτε,²⁸ συλλέγοντες²⁹ τὰ ζιζάνια,¹⁸ ἐκριζώσητε³⁰ ἅμα³¹ αὐτοῖς τὸν σῖτον.²⁰ 30 Ἄφετε συναυξάνεσθαι³² ἀμφότερα³³ μέχρι³⁴ τοῦ θερισμοῦ·³⁵ καὶ ἐν καιρῷ τοῦ θερισμοῦ³⁵ ἐρῶ τοῖς θερισταῖς,³⁶ Συλλέξατε³⁷ πρῶτον τὰ ζιζάνια,¹⁸ καὶ δήσατε³⁸ αὐτὰ εἰς δέσμας³⁹ πρὸς τὸ κατακαῦσαι⁴⁰ αὐτά· τὸν δὲ σῖτον²⁰ συναγάγετε εἰς τὴν ἀποθήκην⁴¹ μου.

---

⁴συμπνίγει: PAI-3S　⁶συνιών: PAP-NSM　⁸καρποφορεῖ: PAI-3S　¹²παρέθηκεν: AAI-3S　¹³Ὡμοιώθη: API-3S ¹⁶καθεύδειν: PAN　²¹ἐβλάστησεν: AAI-3S　²³ἐφάνη: 2API-3S　²⁷συλλέξομεν: FAI-1P　²⁹συλλέγοντες: PAP-NPM ³⁰ἐκριζώσητε: AAS-2P　³²συναυξάνεσθαι: PPN　³⁷Συλλέξατε: AAM-2P　³⁸δήσατε: AAM-2P　⁴⁰κατακαῦσαι: AAN

---

¹μέριμνα, ης, ἡ, [6] care, worry, anxiety. ²ἀπάτη, ης, ἡ, [7] deceit, deception, deceitfulness, delusion. ³πλοῦτος, ου, ὁ, [22] riches, wealth, abundance, materially or spiritually. ⁴συμπνίγω, [5] I choke utterly, as weeds do plants; I crowd upon. ⁵ἄκαρπος, ον, [7] unfruitful, barren, profitless. ⁶συνίημι, [26] I consider, understand, perceive. ⁷δή, [7] (a) in a clause expressing demand: so, then, (b) indeed, (c) truly. ⁸καρποφορέω, [8] I bear fruit. ⁹ἑκατόν, [17] one hundred. ¹⁰ἑξήκοντα, οἱ, αἱ, τά, [9] sixty. ¹¹τριάκοντα, οἱ, αἱ, τά, [11] thirty. ¹²παρατίθημι, [19] (a) I set (especially a meal) before, serve, (b) act. and mid: I deposit with, entrust to, (c) I bring forward, quote as evidence. ¹³ὁμοιόω, [15] I make like, liken; I compare. ¹⁴σπέρμα, ατος, τό, [44] (a) seed, commonly of cereals, (b) offspring, descendents. ¹⁵ἀγρός, οῦ, ὁ, [35] a field, especially as bearing a crop; the country, lands, property in land, a country estate. ¹⁶καθεύδω, [22] I sleep, am sleeping. ¹⁷ἐχθρός, ά, όν, [32] hated, hostile; subst: an enemy. ¹⁸ζιζάνιον, ου, τό, [8] spurious wheat, darnel; a plant that grows in Palestine which resembles wheat in many ways but is worthless. ¹⁹ἀνά, [15] prep. Rare in NT; prop: upwards, up; among, between; in turn; apiece, by; as a prefix: up, to, anew, back. ²⁰σῖτος, ου, ὁ, [14] wheat, grain. ²¹βλαστάνω, [4] intrans: I sprout; trans: I cause to sprout, make to grow up. ²²χόρτος, ου, ὁ, [15] grass, herbage, growing grain, hay. ²³φαίνω, [31] (a) act: I shine, shed light, (b) pass: I shine, become visible, appear, (c) I become clear, appear, seem, show myself as. ²⁴οἰκοδεσπότης, ου, ὁ, [12] a head of a household. ²⁵σός, σή, σόν, [27] yours, thy, thine. ²⁶πόθεν, [28] whence, from what place. ²⁷συλλέγω, [8] I collect, gather. ²⁸μήποτε, [25] lest at any time, lest; then weakened: whether perhaps, whether at all; in a principal clause: perhaps. ²⁹συλλέγω, [8] I collect, gather. ³⁰ἐκριζόω, [4] I root out, pluck up by the roots. ³¹ἅμα, [10] at the same time, therewith, along with, together with. ³²συναυξάνομαι, [1] I grow together. ³³ἀμφότεροι, αι, α, [14] both (of two). ³⁴μέχρι, [17] as far as, until, even to. ³⁵θερισμός, οῦ, ὁ, [13] reaping, harvest; met: the harvest, crop. ³⁶θεριστής, οῦ, ὁ, [2] a reaper, harvester. ³⁷συλλέγω, [8] I collect, gather. ³⁸δέω, [44] I bind, tie, fasten; I impel, compel; I declare to be prohibited and unlawful. ³⁹δέσμη, ης, ἡ, [1] a bundle. ⁴⁰κατακαίω, [12] I burn up, consume entirely. ⁴¹ἀποθήκη, ης, ἡ, [6] a repository, granary, barn, storehouse.

31 Ἄλλην παραβολὴν παρέθηκεν[1] αὐτοῖς, λέγων, Ὁμοία[2] ἐστὶν ἡ βασιλεία τῶν οὐρανῶν κόκκῳ[3] σινάπεως,[4] ὃν λαβὼν ἄνθρωπος ἔσπειρεν ἐν τῷ ἀγρῷ[5] αὐτοῦ· **32** ὃ μικρότερον[6] μέν ἐστιν πάντων τῶν σπερμάτων·[7] ὅταν δὲ αὐξηθῇ,[8] μεῖζον τῶν λαχάνων[9] ἐστίν, καὶ γίνεται δένδρον,[10] ὥστε ἐλθεῖν τὰ πετεινὰ[11] τοῦ οὐρανοῦ καὶ κατασκηνοῦν[12] ἐν τοῖς κλάδοις[13] αὐτοῦ.

33 Ἄλλην παραβολὴν ἐλάλησεν αὐτοῖς, Ὁμοία[2] ἐστὶν ἡ βασιλεία τῶν οὐρανῶν ζύμῃ,[14] ἣν λαβοῦσα γυνὴ ἔκρυψεν[15] εἰς ἀλεύρου[16] σάτα[17] τρία, ἕως οὗ ἐζυμώθη[18] ὅλον.

34 Ταῦτα πάντα ἐλάλησεν ὁ Ἰησοῦς ἐν παραβολαῖς τοῖς ὄχλοις, καὶ χωρὶς[19] παραβολῆς οὐκ ἐλάλει αὐτοῖς· **35** ὅπως πληρωθῇ τὸ ῥηθὲν διὰ τοῦ προφήτου, λέγοντος, Ἀνοίξω ἐν παραβολαῖς τὸ στόμα μου, ἐρεύξομαι[20] κεκρυμμένα[21] ἀπὸ καταβολῆς[22] κόσμου.

36 Τότε ἀφεὶς τοὺς ὄχλους ἦλθεν εἰς τὴν οἰκίαν ὁ Ἰησοῦς· καὶ προσῆλθον αὐτῷ οἱ μαθηταὶ αὐτοῦ, λέγοντες, Φράσον[23] ἡμῖν τὴν παραβολὴν τῶν ζιζανίων[24] τοῦ ἀγροῦ.[5] **37** Ὁ δὲ ἀποκριθεὶς εἶπεν αὐτοῖς, Ὁ σπείρων τὸ καλὸν σπέρμα[7] ἐστὶν ὁ υἱὸς τοῦ ἀνθρώπου· **38** ὁ δὲ ἀγρός[5] ἐστιν ὁ κόσμος· τὸ δὲ καλὸν σπέρμα,[7] οὗτοί εἰσιν οἱ υἱοὶ τῆς βασιλείας· τὰ δὲ ζιζάνιά[24] εἰσιν οἱ υἱοὶ τοῦ πονηροῦ· **39** ὁ δὲ ἐχθρὸς[25] ὁ σπείρας αὐτά ἐστιν ὁ διάβολος·[26] ὁ δὲ θερισμὸς[27] συντέλεια[28] τοῦ αἰῶνός ἐστιν· οἱ δὲ θερισταὶ[29] ἄγγελοί εἰσιν. **40** Ὥσπερ[30] οὖν συλλέγεται[31] τὰ ζιζάνια[24] καὶ πυρὶ καίεται,[32] οὕτως ἔσται ἐν τῇ συντελείᾳ[28] τοῦ αἰῶνος τούτου. **41** Ἀποστελεῖ ὁ υἱὸς τοῦ ἀνθρώπου τοὺς ἀγγέλους αὐτοῦ, καὶ συλλέξουσιν[33] ἐκ τῆς βασιλείας αὐτοῦ πάντα τὰ σκάνδαλα[34] καὶ τοὺς ποιοῦντας τὴν ἀνομίαν,[35] **42** καὶ βαλοῦσιν αὐτοὺς εἰς τὴν κάμινον[36] τοῦ πυρός· ἐκεῖ ἔσται ὁ κλαυθμὸς[37] καὶ ὁ βρυγμὸς[38] τῶν ὀδόντων.[39] **43** Τότε οἱ δίκαιοι

---

[1] παρέθηκεν: AAI-3S   [8] αὐξηθῇ: APS-3S   [12] κατασκηνοῦν: PAN   [15] ἔκρυψεν: AAI-3S   [18] ἐζυμώθη: API-3S [20] ἐρεύξομαι: FDI-1S   [21] κεκρυμμένα: RPP-APN   [23] Φράσον: AAM-2S   [31] συλλέγεται: PPI-3S   [32] καίεται: PPI-3S [33] συλλέξουσιν: FAI-3P

---

[1] παρατίθημι, [19] (a) I set (especially a meal) before, serve, (b) act. and mid: I deposit with, entrust to, (c) I bring forward, quote as evidence.   [2] ὅμοιος, οία, οιον, [44] like, similar to, resembling, of equal rank.   [3] κόκκος, ου, ὁ, [7] a kernel, grain, seed.   [4] σίναπι, εως, ἡ, [5] mustard (probably the shrub, not the herb).   [5] ἀγρός, οῦ, ὁ, [35] a field, especially as bearing a crop; the country, lands, property in land, a country estate.   [6] μικρός, ά, όν, [45] little, small.   [7] σπέρμα, ατος, τό, [44] (a) seed, commonly of cereals, (b) offspring, descendents. [8] αὐξάνω, [23] (a) I cause to increase, become greater (b) I increase, grow.   [9] λάχανον, ου, τό, [4] an herb, garden plant, vegetable.   [10] δένδρον, ου, τό, [26] a tree.   [11] πετεινόν, οῦ, τό, [14] a bird, fowl.   [12] κατασκηνόω, [4] I encamp, take up my quarters, tabernacle, pitch my tent, dwell.   [13] κλάδος, ου, ὁ, [11] a young tender shoot, then: a branch; met: of descendants.   [14] ζύμη, ης, ἡ, [13] leaven, ferment, both lit. and met.   [15] κρύπτω, [17] I hide, conceal, lay up.   [16] ἄλευρον, ου, τό, [2] meal, flour.   [17] σάτον, ου, τό, [2] a large measure equal to nearly three English gallons.   [18] ζυμόω, [4] I leaven, ferment.   [19] χωρίς, [39] apart from, separately from; without.   [20] ἐρεύγομαι, [1] (lit: I belch forth, hence) I utter, declare.   [21] κρύπτω, [17] I hide, conceal, lay up. [22] καταβολή, ῆς, ἡ, [11] (a) foundation, (b) depositing, sowing, deposit, technically used of the act of conception. [23] φράζω, [2] I declare, explain, interpret.   [24] ζιζάνιον, ου, τό, [8] spurious wheat, darnel; a plant that grows in Palestine which resembles wheat in many ways but is worthless.   [25] ἐχθρός, ά, όν, [32] hated, hostile; subst: an enemy.   [26] διάβολος, ον, [38] (adj. used often as a noun), slanderous; with the article: the Slanderer (par excellence), the Devil.   [27] θερισμός, οῦ, ὁ, [13] reaping, harvest; met: the harvest, crop.   [28] συντέλεια, ας, ἡ, [6] a completion, consummation, end.   [29] θεριστής, οῦ, ὁ, [2] a reaper, harvester.   [30] ὥσπερ, [42] just as, as, even as.   [31] συλλέγω, [8] I collect, gather.   [32] καίω, [14] I ignite, light, burn, lit. and met; I consume with fire. [33] συλλέγω, [8] I collect, gather.   [34] σκάνδαλον, ου, τό, [15] a snare, stumbling-block, cause for error.   [35] ἀνομία, ας, ἡ, [15] lawlessness, iniquity, disobedience, sin.   [36] κάμινος, ου, ἡ, [4] a furnace, oven, kiln.   [37] κλαυθμός, οῦ, ὁ, [9] weeping, lamentation, crying.   [38] βρυγμός, οῦ, ὁ, [7] a grinding or gnashing.   [39] ὀδούς, όντος, ὁ, [12] a tooth.

ἐκλάμψουσιν¹ ὡς ὁ ἥλιος² ἐν τῇ βασιλείᾳ τοῦ πατρὸς αὐτῶν. Ὁ ἔχων ὦτα³ ἀκούειν ἀκουέτω.

44 Πάλιν ὁμοία⁴ ἐστὶν ἡ βασιλεία τῶν οὐρανῶν θησαυρῷ⁵ κεκρυμμένῳ⁶ ἐν τῷ ἀγρῷ,⁷ ὃν εὑρὼν ἄνθρωπος ἔκρυψεν·⁸ καὶ ἀπὸ τῆς χαρᾶς αὐτοῦ ὑπάγει, καὶ πάντα ὅσα ἔχει πωλεῖ,⁹ καὶ ἀγοράζει¹⁰ τὸν ἀγρὸν⁷ ἐκεῖνον.

45 Πάλιν ὁμοία⁴ ἐστὶν ἡ βασιλεία τῶν οὐρανῶν ἀνθρώπῳ ἐμπόρῳ¹¹ ζητοῦντι καλοὺς μαργαρίτας·¹² **46** ὃς εὑρὼν ἕνα πολύτιμον¹³ μαργαρίτην,¹² ἀπελθὼν πέπρακεν¹⁴ πάντα ὅσα εἶχεν, καὶ ἠγόρασεν¹⁵ αὐτόν.

47 Πάλιν ὁμοία⁴ ἐστὶν ἡ βασιλεία τῶν οὐρανῶν σαγήνῃ¹⁶ βληθείσῃ εἰς τὴν θάλασσαν, καὶ ἐκ παντὸς γένους¹⁷ συναγαγούσῃ· **48** ἥν, ὅτε ἐπληρώθη, ἀναβιβάσαντες¹⁸ ἐπὶ τὸν αἰγιαλόν,¹⁹ καὶ καθίσαντες,²⁰ συνέλεξαν²¹ τὰ καλὰ εἰς ἀγγεῖα,²² τὰ δὲ σαπρὰ²³ ἔξω ἔβαλον. **49** Οὕτως ἔσται ἐν τῇ συντελείᾳ²⁴ τοῦ αἰῶνος· ἐξελεύσονται οἱ ἄγγελοι, καὶ ἀφοριοῦσιν²⁵ τοὺς πονηροὺς ἐκ μέσου τῶν δικαίων, **50** καὶ βαλοῦσιν αὐτοὺς εἰς τὴν κάμινον²⁶ τοῦ πυρός· ἐκεῖ ἔσται ὁ κλαυθμὸς²⁷ καὶ ὁ βρυγμὸς²⁸ τῶν ὀδόντων.²⁹

51 Λέγει αὐτοῖς ὁ Ἰησοῦς, Συνήκατε³⁰ ταῦτα πάντα; Λέγουσιν αὐτῷ, Ναί,³¹ κύριε. **52** Ὁ δὲ εἶπεν αὐτοῖς, Διὰ τοῦτο πᾶς γραμματεὺς μαθητευθεὶς³² εἰς τὴν βασιλείαν τῶν οὐρανῶν ὅμοιός⁴ ἐστιν ἀνθρώπῳ οἰκοδεσπότῃ,³³ ὅστις ἐκβάλλει ἐκ τοῦ θησαυροῦ⁵ αὐτοῦ καινὰ³⁴ καὶ παλαιά.³⁵

A Visit to Nazareth

53 Καὶ ἐγένετο ὅτε ἐτέλεσεν³⁶ ὁ Ἰησοῦς τὰς παραβολὰς ταύτας, μετῆρεν³⁷ ἐκεῖθεν·³⁸ **54** καὶ ἐλθὼν εἰς τὴν πατρίδα³⁹ αὐτοῦ ἐδίδασκεν αὐτοὺς ἐν τῇ συναγωγῇ αὐτῶν, ὥστε

---

¹ἐκλάμψουσιν: *FAI-3P*   ⁶κεκρυμμένῳ: *RPP-DSM*   ⁸ἔκρυψεν: *AAI-3S*   ⁹πωλεῖ: *PAI-3S*   ¹⁰ἀγοράζει: *PAI-3S*   ¹⁴πέπρακεν: *RAI-3S*   ¹⁵ἠγόρασεν: *AAI-3S*   ¹⁸ἀναβιβάσαντες: *AAP-NPM*   ²⁰καθίσαντες: *AAP-NPM*   ²¹συνέλεξαν: *AAI-3P*   ²⁵ἀφοριοῦσιν: *FAI-3P-ATT*   ³⁰Συνήκατε: *AAI-2P*   ³²μαθητευθεὶς: *APP-NSM*   ³⁶ἐτέλεσεν: *AAI-3S*   ³⁷μετῆρεν: *AAI-3S*

---

¹ἐκλάμπω, [1] I shine forth (out).   ²ἥλιος, ου, ὁ, [32] the sun, sunlight.   ³οὖς, ὠτός, τό, [37] (a) the ear, (b) met: the faculty of perception.   ⁴ὅμοιος, οία, οιον, [44] like, similar to, resembling, of equal rank.   ⁵θησαυρός, οῦ, ὁ, [18] a store-house for precious things; hence: a treasure, a store.   ⁶κρύπτω, [17] I hide, conceal, lay up.   ⁷ἀγρός, οῦ, ὁ, [35] a field, especially as bearing a crop; the country, lands, property in land, a country estate.   ⁸κρύπτω, [17] I hide, conceal, lay up.   ⁹πωλέω, [22] I sell, exchange, barter.   ¹⁰ἀγοράζω, [31] I buy.   ¹¹ἔμπορος, ου, ὁ, [5] a merchant, trader; one on a journey.   ¹²μαργαρίτης, ου, ὁ, [9] a pearl.   ¹³πολύτιμος, ον, [2] of great value, very costly, very precious.   ¹⁴πιπράσκω, [9] I sell; pass: I am a slave to, am devoted to.   ¹⁵ἀγοράζω, [31] I buy.   ¹⁶σαγήνη, ης, ἡ, [1] a fishing-net.   ¹⁷γένος, ους, τό, [21] offspring, family, race, nation, kind.   ¹⁸ἀναβιβάζω, [1] I draw up, as a net to shore.   ¹⁹αἰγιαλός, οῦ, ὁ, [6] sea-coast, (sandy) beach; shore (of sea or lake), land.   ²⁰καθίζω, [48] (a) trans: I make to sit; I set, appoint, (b) intrans: I sit down, am seated, stay.   ²¹συλλέγω, [8] I collect, gather.   ²²ἀγγεῖον, ου, τό, [2] a vessel, flask.   ²³σαπρός, ά, όν, [8] rotten, useless, corrupt, depraved.   ²⁴συντέλεια, ας, ἡ, [6] a completion, consummation, end.   ²⁵ἀφορίζω, [10] I rail off, separate, place apart.   ²⁶κάμινος, ου, ἡ, [4] a furnace, oven, kiln.   ²⁷κλαυθμός, οῦ, ὁ, [9] weeping, lamentation, crying.   ²⁸βρυγμός, οῦ, ὁ, [7] a grinding or gnashing.   ²⁹ὀδούς, όντος, ὁ, [12] a tooth.   ³⁰συνίημι, [26] I consider, understand, perceive.   ³¹ναί, [35] yes, certainly, even so.   ³²μαθητεύω, [4] I make a disciple of, train in discipleship; pass: I am trained, discipled, instructed.   ³³οἰκοδεσπότης, ου, ὁ, [12] a head of a household.   ³⁴καινός, ή, όν, [44] fresh, new, unused, novel.   ³⁵παλαιός, ά, όν, [19] old, ancient, not new or recent.   ³⁶τελέω, [26] (a) I end, finish, (b) I fulfill, accomplish, (c) I pay.   ³⁷μεταίρω, [2] I change my position, depart, remove.   ³⁸ἐκεῖθεν, [28] thence, from that place.   ³⁹πατρίς, ίδος, ἡ, [8] fatherland, one's native place.

ἐκπλήττεσθαι¹ αὐτοὺς καὶ λέγειν, Πόθεν² τούτῳ ἡ σοφία αὕτη καὶ αἱ δυνάμεις; 55 Οὐχ οὗτός ἐστιν ὁ τοῦ τέκτονος³ υἱός; Οὐχὶ ἡ μήτηρ αὐτοῦ λέγεται Μαριάμ, καὶ οἱ ἀδελφοὶ αὐτοῦ Ἰάκωβος καὶ Ἰωσῆς καὶ Σίμων καὶ Ἰούδας; 56 Καὶ αἱ ἀδελφαὶ⁴ αὐτοῦ οὐχὶ πᾶσαι πρὸς ἡμᾶς εἰσίν; Πόθεν² οὖν τούτῳ ταῦτα πάντα; 57 Καὶ ἐσκανδαλίζοντο⁵ ἐν αὐτῷ. Ὁ δὲ Ἰησοῦς εἶπεν αὐτοῖς, Οὐκ ἔστιν προφήτης ἄτιμος,⁶ εἰ μὴ ἐν τῇ πατρίδι⁷ αὐτοῦ καὶ ἐν τῇ οἰκίᾳ αὐτοῦ. 58 Καὶ οὐκ ἐποίησεν ἐκεῖ δυνάμεις πολλάς, διὰ τὴν ἀπιστίαν⁸ αὐτῶν.

The Death of John the Baptist

14 Ἐν ἐκείνῳ τῷ καιρῷ ἤκουσεν Ἡρῴδης ὁ τετράρχης⁹ τὴν ἀκοὴν¹⁰ Ἰησοῦ, 2 καὶ εἶπεν τοῖς παισὶν¹¹ αὐτοῦ, Οὗτός ἐστιν Ἰωάννης ὁ βαπτιστής·¹² αὐτὸς ἠγέρθη ἀπὸ τῶν νεκρῶν, καὶ διὰ τοῦτο αἱ δυνάμεις ἐνεργοῦσιν¹³ ἐν αὐτῷ. 3 Ὁ γὰρ Ἡρῴδης κρατήσας¹⁴ τὸν Ἰωάννην ἔδησεν¹⁵ αὐτὸν καὶ ἔθετο ἐν φυλακῇ,¹⁶ διὰ Ἡρῳδιάδα τὴν γυναῖκα Φιλίππου τοῦ ἀδελφοῦ αὐτοῦ. 4 Ἔλεγεν γὰρ αὐτῷ ὁ Ἰωάννης, Οὐκ ἔξεστίν¹⁷ σοι ἔχειν αὐτήν. 5 Καὶ θέλων αὐτὸν ἀποκτεῖναι, ἐφοβήθη τὸν ὄχλον, ὅτι ὡς προφήτην αὐτὸν εἶχον. 6 Γενεσίων¹⁸ δὲ ἀγομένων τοῦ Ἡρῴδου, ὠρχήσατο¹⁹ ἡ θυγάτηρ²⁰ τῆς Ἡρῳδιάδος ἐν τῷ μέσῳ, καὶ ἤρεσεν²¹ τῷ Ἡρῴδῃ· 7 ὅθεν²² μεθ' ὅρκου²³ ὡμολόγησεν²⁴ αὐτῇ δοῦναι ὃ ἐὰν αἰτήσηται. 8 Ἡ δέ, προβιβασθεῖσα²⁵ ὑπὸ τῆς μητρὸς αὐτῆς, Δός μοι, φησίν, ὧδε ἐπὶ πίνακι²⁶ τὴν κεφαλὴν Ἰωάννου τοῦ βαπτιστοῦ.¹² 9 Καὶ ἐλυπήθη²⁷ ὁ βασιλεύς, διὰ δὲ τοὺς ὅρκους²³ καὶ τοὺς συνανακειμένους²⁸ ἐκέλευσεν²⁹ δοθῆναι· 10 καὶ πέμψας ἀπεκεφάλισεν³⁰ τὸν Ἰωάννην ἐν τῇ φυλακῇ.¹⁶ 11 Καὶ ἠνέχθη ἡ κεφαλὴ αὐτοῦ ἐπὶ πίνακι,²⁶ καὶ ἐδόθη τῷ κορασίῳ·³¹ καὶ ἤνεγκεν τῇ μητρὶ αὐτῆς. 12 Καὶ

---

¹ἐκπλήττεσθαι: PPN   ⁵ἐσκανδαλίζοντο: IPI-3P   ¹³ἐνεργοῦσιν: PAI-3P   ¹⁴κρατήσας: AAP-NSM   ¹⁵ἔδησεν: AAI-3S   ¹⁷ἔξεστίν: PAI-3S   ¹⁹ὠρχήσατο: ADI-3S   ²¹ἤρεσεν: AAI-3S   ²⁴ὡμολόγησεν: AAI-3S   ²⁵προβιβασθεῖσα: APP-NSF   ²⁷ἐλυπήθη: API-3S   ²⁸συνανακειμένους: PNP-APM   ²⁹ἐκέλευσεν: AAI-3S   ³⁰ἀπεκεφάλισεν: AAI-3S

---

¹ἐκπλήσσω, [13] I strike with panic or shock; I amaze, astonish.   ²πόθεν, [28] whence, from what place.   ³τέκτων, ονος, ὁ, [2] a carpenter, an artisan.   ⁴ἀδελφή, ῆς, ἡ, [25] a sister, a woman (fellow-)member of a church, a Christian woman.   ⁵σκανδαλίζω, [30] I cause to stumble, cause to sin, cause to become indignant, shock, offend.   ⁶ἄτιμος, ον, [4] without honor, despised.   ⁷πατρίς, ίδος, ἡ, [8] fatherland, one's native place.   ⁸ἀπιστία, ας, ἡ, [12] unbelief, unfaithfulness, distrust.   ⁹τετράρχης, ου, ὁ, [4] a tetrarch, ruler over a fourth part of a region.   ¹⁰ἀκοή, ῆς, ἡ, [24] hearing, faculty of hearing, ear; report, rumor.   ¹¹παῖς, παιδός, ὁ, ἡ, [24] (a) a male child, boy, (b) a male slave, servant; thus: a servant of God, especially as a title of the Messiah, (c) a female child, girl.   ¹²βαπτιστής, οῦ, ὁ, [14] the baptizer, the Baptist, epithet used only of John, the son of Zechariah and Elizabeth, forerunner of Jesus.   ¹³ἐνεργέω, [21] I work, am operative, am at work, am made to work, accomplish; mid: I work, display activity.   ¹⁴κρατέω, [47] I am strong, mighty, hence: I rule, am master, prevail; I obtain, take hold of; I hold, hold fast.   ¹⁵δέω, [44] I bind, tie, fasten; I impel, compel; I declare to be prohibited and unlawful.   ¹⁶φυλακή, ῆς, ἡ, [47] a watching, keeping guard; a guard, prison; imprisonment.   ¹⁷ἔξεστιν, [31] it is permitted, lawful, possible.   ¹⁸γενέσια, ίων, τά, [2] a birthday celebration.   ¹⁹ὀρχέομαι, [4] I dance.   ²⁰θυγάτηρ, τρός, ἡ, [29] a daughter; hence (Hebraistic?), of any female descendent, however far removed; even of one unrelated: my young lady.   ²¹ἀρέσκω, [17] I please, with the idea of willing service rendered to others; hence almost: I serve.   ²²ὅθεν, [15] (a) whence, from which place, (b) wherefore.   ²³ὅρκος, ου, ὁ, [10] an oath.   ²⁴ὁμολογέω, [24] (a) I promise, agree, (b) I confess, (c) I publicly declare, (d) a Hebraism, I praise, celebrate.   ²⁵προβιβάζω, [2] I lead forward, lead on; met: I induce, incite, urge.   ²⁶πίναξ, ακος, ἡ, [5] a plate, platter, disc, dish.   ²⁷λυπέω, [26] I pain, grieve, vex.   ²⁸συνανάκειμαι, [8] I recline at table with.   ²⁹κελεύω, [26] I command, order, direct, bid.   ³⁰ἀποκεφαλίζω, [4] I behead.   ³¹κοράσιον, ου, τό, [8] a little girl, a young girl; a girl, maiden.

προσελθόντες οἱ μαθηταὶ αὐτοῦ ἦραν τὸ σῶμα, καὶ ἔθαψαν¹ αὐτό· καὶ ἐλθόντες ἀπήγγειλαν² τῷ Ἰησοῦ.

The Feeding of the Five Thousand

13 Καὶ ἀκούσας ὁ Ἰησοῦς ἀνεχώρησεν³ ἐκεῖθεν⁴ ἐν πλοίῳ εἰς ἔρημον τόπον κατ᾽ ἰδίαν· καὶ ἀκούσαντες οἱ ὄχλοι ἠκολούθησαν αὐτῷ πεζῇ⁵ ἀπὸ τῶν πόλεων. **14** Καὶ ἐξελθὼν ὁ Ἰησοῦς εἶδεν πολὺν ὄχλον, καὶ ἐσπλαγχνίσθη⁶ ἐπ᾽ αὐτοῖς, καὶ ἐθεράπευσεν⁷ τοὺς ἀρρώστους⁸ αὐτῶν. **15** Ὀψίας⁹ δὲ γενομένης, προσῆλθον αὐτῷ οἱ μαθηταὶ αὐτοῦ, λέγοντες, Ἔρημός ἐστιν ὁ τόπος, καὶ ἡ ὥρα ἤδη παρῆλθεν·¹⁰ ἀπόλυσον τοὺς ὄχλους, ἵνα ἀπελθόντες εἰς τὰς κώμας¹¹ ἀγοράσωσιν¹² ἑαυτοῖς βρώματα.¹³ **16** Ὁ δὲ Ἰησοῦς εἶπεν αὐτοῖς, Οὐ χρείαν¹⁴ ἔχουσιν ἀπελθεῖν· δότε αὐτοῖς ὑμεῖς φαγεῖν. **17** Οἱ δὲ λέγουσιν αὐτῷ, Οὐκ ἔχομεν ὧδε εἰ μὴ πέντε¹⁵ ἄρτους καὶ δύο ἰχθύας.¹⁶ **18** Ὁ δὲ εἶπεν, Φέρετέ μοι αὐτοὺς ὧδε. **19** Καὶ κελεύσας¹⁷ τοὺς ὄχλους ἀνακλιθῆναι¹⁸ ἐπὶ τοὺς χόρτους,¹⁹ λαβὼν τοὺς πέντε¹⁵ ἄρτους καὶ τοὺς δύο ἰχθύας,¹⁶ ἀναβλέψας²⁰ εἰς τὸν οὐρανόν, εὐλόγησεν,²¹ καὶ κλάσας²² ἔδωκεν τοῖς μαθηταῖς τοὺς ἄρτους, οἱ δὲ μαθηταὶ τοῖς ὄχλοις. **20** Καὶ ἔφαγον πάντες, καὶ ἐχορτάσθησαν·²³ καὶ ἦραν τὸ περισσεῦον²⁴ τῶν κλασμάτων,²⁵ δώδεκα κοφίνους²⁶ πλήρεις.²⁷ **21** Οἱ δὲ ἐσθίοντες ἦσαν ἄνδρες ὡσεὶ²⁸ πεντακισχίλιοι,²⁹ χωρὶς³⁰ γυναικῶν καὶ παιδίων.

Christ Walks on the Sea

22 Καὶ εὐθέως ἠνάγκασεν³¹ ὁ Ἰησοῦς τοὺς μαθητὰς ἐμβῆναι³² εἰς τὸ πλοῖον, καὶ προάγειν³³ αὐτὸν εἰς τὸ πέραν,³⁴ ἕως οὗ ἀπολύσῃ τοὺς ὄχλους. **23** Καὶ ἀπολύσας τοὺς ὄχλους, ἀνέβη εἰς τὸ ὄρος κατ᾽ ἰδίαν προσεύξασθαι· ὀψίας⁹ δὲ γενομένης, μόνος³⁵ ἦν

---

¹ἔθαψαν: AAI-3P   ²ἀπήγγειλαν: AAI-3P   ³ἀνεχώρησεν: AAI-3S   ⁶ἐσπλαγχνίσθη: AOI-3S   ⁷ἐθεράπευσεν: AAI-3S
¹⁰παρῆλθεν: 2AAI-3S   ¹²ἀγοράσωσιν: AAS-3P   ¹⁷κελεύσας: AAP-NSM   ¹⁸ἀνακλιθῆναι: APN   ²⁰ἀναβλέψας: AAP-NSM   ²¹εὐλόγησεν: AAI-3S   ²²κλάσας: AAP-NSM   ²³ἐχορτάσθησαν: API-3P   ²⁴περισσεῦον: PAP-ASN
³¹ἠνάγκασεν: AAI-3S   ³²ἐμβῆναι: 2AAN   ³³προάγειν: PAN

---

¹θάπτω, [11] I bury.   ²ἀπαγγέλλω, [44] I report (from one place to another), bring a report, announce, declare. ³ἀναχωρέω, [14] I return, retire, withdraw, depart (underlying idea perhaps of taking refuge from danger or of going into retirement).   ⁴ἐκεῖθεν, [28] thence, from that place.   ⁵πεζῇ, [2] on foot, by land.   ⁶σπλαγχνίζομαι, [12] I feel compassion, have pity on, am moved.   ⁷θεραπεύω, [44] I care for, attend, serve, treat, especially of a physician; hence: I heal.   ⁸ἄρρωστος, ον, [5] infirm, sick, ill, feeble, sickly.   ⁹ὄψιος, α, ον, [15] late, evening.   ¹⁰παρέρχομαι, [29] I pass by, pass away, pass out of sight; I am rendered void, become vain, neglect, disregard.   ¹¹κώμη, ης, ἡ, [28] a village, country town.   ¹²ἀγοράζω, [31] I buy.   ¹³βρῶμα, ατος, τό, [17] food of any kind.   ¹⁴χρεία, ας, ἡ, [49] need, necessity, business.   ¹⁵πέντε, οἱ, αἱ, τά, [38] five.   ¹⁶ἰχθύς, ύος, ὁ, [20] a fish.   ¹⁷κελεύω, [26] I command, order, direct, bid.   ¹⁸ἀνακλίνω, [8] I lay upon, lean against, lay down, make to recline; pass: I lie back, recline.   ¹⁹χόρτος, ου, ὁ, [15] grass, herbage, growing grain, hay.   ²⁰ἀναβλέπω, [26] I look up, recover my sight.   ²¹εὐλογέω, [43] (lit: I speak well of) I bless; pass: I am blessed.   ²²κλάω, [15] I break (in pieces), break bread.   ²³χορτάζω, [15] I feed, satisfy, fatten.   ²⁴περισσεύω, [39] (a) intrans: I exceed the ordinary (the necessary), abound, overflow; am left over, (b) trans: I cause to abound.   ²⁵κλάσμα, ατος, τό, [9] a fragment, broken piece.   ²⁶κόφινος, ου, ὁ, [6] a large basket.   ²⁷πλήρης, ες, [17] full, abounding in, complete, completely occupied with.   ²⁸ὡσεί, [31] as if, as it were, like; with numbers: about.   ²⁹πεντακισχίλιοι, αι, α, [6] five thousand.   ³⁰χωρίς, [39] apart from, separately from; without.   ³¹ἀναγκάζω, [9] I force, compel, constrain, urge.   ³²ἐμβαίνω, [19] I step in; I go onboard a ship, embark.   ³³προάγω, [18] (a) trans: I lead forth; in the judicial sense, into court, (b) intrans. and trans: I precede, go before, (c) intrans: I go too far.   ³⁴πέραν, [23] over, on the other side, beyond.   ³⁵μόνος, η, ον, [45] only, solitary, desolate.

ἐκεῖ. **24** Τὸ δὲ πλοῖον ἤδη μέσον τῆς θαλάσσης ἦν, βασανιζόμενον¹ ὑπὸ τῶν κυμάτων·² ἦν γὰρ ἐναντίος³ ὁ ἄνεμος. ⁴ **25** Τετάρτῃ⁵ δὲ φυλακῇ⁶ τῆς νυκτὸς ἀπῆλθεν πρὸς αὐτοὺς ὁ Ἰησοῦς, περιπατῶν ἐπὶ τῆς θαλάσσης. **26** Καὶ ἰδόντες αὐτὸν οἱ μαθηταὶ ἐπὶ τὴν θάλασσαν περιπατοῦντα ἐταράχθησαν,⁷ λέγοντες ὅτι Φάντασμά⁸ ἐστιν· καὶ ἀπὸ τοῦ φόβου⁹ ἔκραξαν. **27** Εὐθέως δὲ ἐλάλησεν αὐτοῖς ὁ Ἰησοῦς, λέγων, Θαρσεῖτε·¹⁰ ἐγώ εἰμι· μὴ φοβεῖσθε. **28** Ἀποκριθεὶς δὲ αὐτῷ ὁ Πέτρος εἶπεν, Κύριε, εἰ σὺ εἶ, κέλευσόν¹¹ με πρός σε ἐλθεῖν ἐπὶ τὰ ὕδατα. **29** Ὁ δὲ εἶπεν, Ἐλθέ. Καὶ καταβὰς ἀπὸ τοῦ πλοίου ὁ Πέτρος περιεπάτησεν ἐπὶ τὰ ὕδατα, ἐλθεῖν πρὸς τὸν Ἰησοῦν. **30** Βλέπων δὲ τὸν ἄνεμον⁴ ἰσχυρὸν¹² ἐφοβήθη· καὶ ἀρξάμενος καταποντίζεσθαι¹³ ἔκραξεν, λέγων, Κύριε, σῶσόν με. **31** Εὐθέως δὲ ὁ Ἰησοῦς ἐκτείνας¹⁴ τὴν χεῖρα ἐπελάβετο¹⁵ αὐτοῦ, καὶ λέγει αὐτῷ, Ὀλιγόπιστε,¹⁶ εἰς τί ἐδίστασας;¹⁷ **32** Καὶ ἐμβάντων¹⁸ αὐτῶν εἰς τὸ πλοῖον, ἐκόπασεν¹⁹ ὁ ἄνεμος· ⁴ **33** οἱ δὲ ἐν τῷ πλοίῳ ἐλθόντες προσεκύνησαν αὐτῷ, λέγοντες, Ἀληθῶς²⁰ θεοῦ υἱὸς εἶ.

34 Καὶ διαπεράσαντες²¹ ἦλθον εἰς τὴν γῆν Γεννησαρέτ.²² **35** Καὶ ἐπιγνόντες²³ αὐτὸν οἱ ἄνδρες τοῦ τόπου ἐκείνου ἀπέστειλαν εἰς ὅλην τὴν περίχωρον²⁴ ἐκείνην, καὶ προσήνεγκαν²⁵ αὐτῷ πάντας τοὺς κακῶς²⁶ ἔχοντας· **36** καὶ παρεκάλουν αὐτόν, ἵνα μόνον ἅψωνται²⁷ τοῦ κρασπέδου²⁸ τοῦ ἱματίου αὐτοῦ· καὶ ὅσοι ἥψαντο²⁹ διεσώθησαν.³⁰

A Lesson Concerning Defilement

15 Τότε προσέρχονται τῷ Ἰησοῦ οἱ ἀπὸ Ἱεροσολύμων γραμματεῖς καὶ Φαρισαῖοι, λέγοντες, **2** Διὰ τί οἱ μαθηταί σου παραβαίνουσιν³¹ τὴν παράδοσιν³² τῶν πρεσβυτέρων; Οὐ γὰρ νίπτονται³³ τὰς χεῖρας αὐτῶν, ὅταν ἄρτον ἐσθίωσιν. **3** Ὁ δὲ

---

¹βασανιζόμενον: *PPP-NSN* ⁷ἐταράχθησαν: *API-3P* ¹⁰Θαρσεῖτε: *PAM-2P* ¹¹κέλευσόν: *AAM-2S* ¹³καταποντίζεσθαι: *PPN* ¹⁴ἐκτείνας: *AAP-NSM* ¹⁵ἐπελάβετο: *2ADI-3S* ¹⁷ἐδίστασας: *AAI-2S* ¹⁸ἐμβάντων:* 2AAP-GPM* ¹⁹ἐκόπασεν: *AAI-3S* ²¹διαπεράσαντες: *AAP-NPM* ²³ἐπιγνόντες: *2AAP-NPM* ²⁵προσήνεγκαν: *AAI-3P* ²⁷ἅψωνται: *AMS-3P* ²⁹ἥψαντο: *ADI-3P* ³⁰διεσώθησαν: *API-3P* ³¹παραβαίνουσιν: *PAI-3P* ³³νίπτονται: *PMI-3P*

---

¹βασανίζω, *[12] I examine, as by torture; I torment; I buffet, as of waves.* ²κῦμα, ατος, τό, *[5] a wave, surge, billow.* ³ἐναντίος, α, ον, *[8] opposite, opposed, contrary; the adversary.* ⁴ἄνεμος, ου, ὁ, *[31] the wind; fig: applied to empty doctrines.* ⁵τέταρτος, η, ον, *[10] fourth.* ⁶φυλακή, ῆς, ἡ, *[47] a watching, keeping guard; a guard, prison; imprisonment.* ⁷ταράσσω, *[17] I disturb, agitate, stir up, trouble.* ⁸φάντασμα, ατος, τό, *[2] an apparition, ghost, spirit, phantom.* ⁹φόβος, ου, ὁ, *[47] (a) fear, terror, alarm, (b) the object or cause of fear, (c) reverence, respect.* ¹⁰θαρσέω, *[8] I am of good courage, good cheer, am bold.* ¹¹κελεύω, *[26] I command, order, direct, bid.* ¹²ἰσχυρός, ά, όν, *[29] strong (originally and generally of physical strength); mighty, powerful, vehement, sure.* ¹³καταποντίζω, *[2] I sink in the sea, pass: I drown, am submerged.* ¹⁴ἐκτείνω, *[16] I stretch out (forth), cast forth (as of an anchor), lay hands on.* ¹⁵ἐπιλαμβάνομαι, *[19] I lay hold of, take hold of, seize (sometimes with beneficent, sometimes with hostile, intent).* ¹⁶ὀλιγόπιστος, ον, *[5] of little faith.* ¹⁷διστάζω, [2] I waver, doubt, hesitate.* ¹⁸ἐμβαίνω, *[19] I step in; I go onboard a ship, embark.* ¹⁹κοπάζω, *[3] I abate, cease raging, am stilled.* ²⁰ἀληθῶς, *[21] truly, really, certainly, surely.* ²¹διαπεράω, *[6] I cross over, pass over.* ²²Γεννησαρέτ, ἡ, *[3] Gennesaret, a fertile district by the lake of Tiberias, which was in consequence sometimes called the Lake of Gennesaret.* ²³ἐπιγινώσκω, *[42] I come to know by directing my attention to him or it, I perceive, discern, recognize; aor: I found out.* ²⁴περίχωρος, ον, *[10] neighboring; subst: the neighboring country, neighboring inhabitants.* ²⁵προσφέρω, *[48] I bring to, (b) characteristically: I offer (of gifts, sacrifices, etc).* ²⁶κακῶς, *[16] badly, evilly, wrongly.* ²⁷ἅπτομαι, *[36] prop: I fasten to; I lay hold of, touch, know carnally.* ²⁸κράσπεδον, ου, τό, *[5] the fringe, edge, corner, tassel.* ²⁹ἅπτομαι, *[36] prop: I fasten to; I lay hold of, touch, know carnally.* ³⁰διασώζω, *[8] I save (rescue) through (some danger), bring safely to, escaped to.* ³¹παραβαίνω, *[4] I transgress, violate, depart, desert.* ³²παράδοσις, εως, ἡ, *[13] an instruction, tradition.* ³³νίπτω, *[17] I wash; mid. I wash my own (hands, etc.).*

ἀποκριθεὶς εἶπεν αὐτοῖς, Διὰ τί καὶ ὑμεῖς παραβαίνετε¹ τὴν ἐντολὴν τοῦ θεοῦ διὰ τὴν παράδοσιν² ὑμῶν; 4 Ὁ γὰρ θεὸς ἐνετείλατο,³ λέγων, Τίμα⁴ τὸν πατέρα καὶ τὴν μητέρα· καί, Ὁ κακολογῶν⁵ πατέρα ἢ μητέρα θανάτῳ τελευτάτω·⁶ 5 ὑμεῖς δὲ λέγετε, Ὃς ἂν εἴπῃ τῷ πατρὶ ἢ τῇ μητρί, Δῶρον,⁷ ὃ ἐὰν ἐξ ἐμοῦ ὠφεληθῇς,⁸ καὶ οὐ μὴ τιμήσῃ⁹ τὸν πατέρα αὐτοῦ ἢ τὴν μητέρα αὐτοῦ· 6 καὶ ἠκυρώσατε¹⁰ τὴν ἐντολὴν τοῦ θεοῦ διὰ τὴν παράδοσιν² ὑμῶν· 7 ὑποκριταί,¹¹ καλῶς¹² προεφήτευσεν¹³ περὶ ὑμῶν Ἡσαΐας, λέγων, 8 Ἐγγίζει¹⁴ μοι ὁ λαὸς οὗτος τῷ στόματι αὐτῶν, καὶ τοῖς χείλεσίν¹⁵ με τιμᾷ·¹⁶ ἡ δὲ καρδία αὐτῶν πόρρω¹⁷ ἀπέχει¹⁸ ἀπ' ἐμοῦ. 9 Μάτην¹⁹ δὲ σέβονταί²⁰ με, διδάσκοντες διδασκαλίας²¹ ἐντάλματα²² ἀνθρώπων. 10 Καὶ προσκαλεσάμενος²³ τὸν ὄχλον, εἶπεν αὐτοῖς, Ἀκούετε καὶ συνίετε.²⁴ 11 Οὐ τὸ εἰσερχόμενον εἰς τὸ στόμα κοινοῖ²⁵ τὸν ἄνθρωπον· ἀλλὰ τὸ ἐκπορευόμενον²⁶ ἐκ τοῦ στόματος, τοῦτο κοινοῖ²⁷ τὸν ἄνθρωπον. 12 Τότε προσελθόντες οἱ μαθηταὶ αὐτοῦ εἶπον αὐτῷ, Οἶδας ὅτι οἱ Φαρισαῖοι ἀκούσαντες τὸν λόγον ἐσκανδαλίσθησαν;²⁸ 13 Ὁ δὲ ἀποκριθεὶς εἶπεν, Πᾶσα φυτεία,²⁹ ἣν οὐκ ἐφύτευσεν³⁰ ὁ πατήρ μου ὁ οὐράνιος,³¹ ἐκριζωθήσεται.³² 14 Ἄφετε αὐτούς· ὁδηγοί³³ εἰσιν τυφλοὶ τυφλῶν· τυφλὸς δὲ τυφλὸν ἐὰν ὁδηγῇ,³⁴ ἀμφότεροι³⁵ εἰς βόθυνον³⁶ πεσοῦνται. 15 Ἀποκριθεὶς δὲ ὁ Πέτρος εἶπεν αὐτῷ, Φράσον³⁷ ἡμῖν τὴν παραβολὴν ταύτην. 16 Ὁ δὲ Ἰησοῦς εἶπεν, Ἀκμὴν³⁸ καὶ ὑμεῖς ἀσύνετοί³⁹ ἐστε; 17 Οὔπω⁴⁰ νοεῖτε,⁴¹

---

¹παραβαίνετε: PAI-2P ³ἐνετείλατο: ADI-3S ⁴Τίμα: PAM-2S ⁵κακολογῶν: PAP-NSM ⁶τελευτάτω: PAM-3S ⁸ὠφεληθῇς: APS-2S ⁹τιμήσῃ: AAS-3S ¹⁰ἠκυρώσατε: AAI-2P ¹³προεφήτευσεν: AAI-3S ¹⁴Ἐγγίζει: PAI-3S ¹⁶τιμᾷ: PAI-3S ¹⁸ἀπέχει: PAI-3S ²⁰σέβονταί: PNI-3P ²³προσκαλεσάμενος: ADP-NSM ²⁴συνίετε: PAM-2P ²⁵κοινοῖ: PAI-3S ²⁶ἐκπορευόμενον: PNP-NSN ²⁷κοινοῖ: PAI-3S ²⁸ἐσκανδαλίσθησαν: API-3P ³⁰ἐφύτευσεν: AAI-3S ³²ἐκριζωθήσεται: FPI-3S ³⁴ὁδηγῇ: PAS-3S ³⁷Φράσον: AAM-2S ⁴¹νοεῖτε: PAI-2P

---

¹παραβαίνω, [4] I transgress, violate, depart, desert. ²παράδοσις, εως, ἡ, [13] an instruction, tradition. ³ἐντέλλομαι, [17] I give orders (injunctions, instructions, commands). ⁴τιμάω, [21] (a) I value at a price, estimate, (b) I honor, reverence. ⁵κακολογέω, [4] I speak evil of, curse, revile, abuse. ⁶τελευτάω, [12] I end, finish, die, complete. ⁷δῶρον, ου, τό, [19] a gift, present. ⁸ὠφελέω, [15] I help, benefit, do good, am useful (to), profit. ⁹τιμάω, [21] (a) I value at a price, estimate, (b) I honor, reverence. ¹⁰ἀκυρόω, [3] I annul, make of no effect, cancel. ¹¹ὑποκριτής, οῦ, ὁ, [20] (lit: a stage-player), a hypocrite, dissembler, pretender. ¹²καλῶς, [36] well, nobly, honorably, rightly. ¹³προφητεύω, [28] I foretell, prophesy; I set forth matter of divine teaching by special faculty. ¹⁴ἐγγίζω, [43] trans: I bring near; intrans: I come near, approach. ¹⁵χεῖλος, ους, τό, [7] a lip, mouth, shore, edge, brink; meton: language, dialect. ¹⁶τιμάω, [21] (a) I value at a price, estimate, (b) I honor, reverence. ¹⁷πόρρω, [4] far, far off, at a distance. ¹⁸ἀπέχω, [18] I have in full, am far, it is enough. ¹⁹μάτην, [2] in vain, in an unreal way, to no purpose. ²⁰σέβομαι, [10] I reverence, worship, adore. ²¹διδασκαλία, ας, ἡ, [21] instruction, teaching. ²²ἔνταλμα, ατος, τό, [3] an injunction, ordinance, precept. ²³προσκαλέω, [31] I call to myself, summon. ²⁴συνίημι, [26] I consider, understand, perceive. ²⁵κοινόω, [14] I make unclean, pollute, desecrate, mid: I regard (treat) as unclean. ²⁶ἐκπορεύομαι, [32] I depart from; I am voided, cast out; I proceed from, am spoken; I burst forth, flow out, am spread abroad. ²⁷κοινόω, [14] I make unclean, pollute, desecrate, mid: I regard (treat) as unclean. ²⁸σκανδαλίζω, [30] I cause to stumble, cause to sin, cause to become indignant, shock, offend. ²⁹φυτεία, ας, ἡ, [1] a plant, that which is planted. ³⁰φυτεύω, [11] I plant, set. ³¹οὐράνιος, ον, [6] in heaven, belonging to heaven, heavenly, from heaven. ³²ἐκριζόω, [4] I root out, pluck up by the roots. ³³ὁδηγός, οῦ, ὁ, [5] a leader, guide; met: an instructor, teacher. ³⁴ὁδηγέω, [5] I lead, guide; met: I instruct, teach. ³⁵ἀμφότεροι, αι, α, [14] both (of two). ³⁶βόθυνος, ου, ὁ, [3] a pit, ditch. ³⁷φράζω, [2] I declare, explain, interpret. ³⁸ἀκμήν, [1] even now. ³⁹ἀσύνετος, ον, [5] unintelligent, without wisdom, unwise, undiscerning (implying probably moral defect). ⁴⁰οὔπω, [23] not yet. ⁴¹νοέω, [14] I understand, think, consider, conceive, apprehend; aor. possibly: realize.

ὅτι πᾶν τὸ εἰσπορευόμενον¹ εἰς τὸ στόμα εἰς τὴν κοιλίαν² χωρεῖ,³ καὶ εἰς ἀφεδρῶνα⁴ ἐκβάλλεται; 18 Τὰ δὲ ἐκπορευόμενα⁵ ἐκ τοῦ στόματος ἐκ τῆς καρδίας ἐξέρχεται, κἀκεῖνα⁶ κοινοῖ⁷ τὸν ἄνθρωπον. 19 Ἐκ γὰρ τῆς καρδίας ἐξέρχονται διαλογισμοὶ⁸ πονηροί, φόνοι,⁹ μοιχεῖαι,¹⁰ πορνεῖαι,¹¹ κλοπαί,¹² ψευδομαρτυρίαι,¹³ βλασφημίαι·¹⁴ 20 ταῦτά ἐστιν τὰ κοινοῦντα¹⁵ τὸν ἄνθρωπον· τὸ δὲ ἀνίπτοις¹⁶ χερσὶν φαγεῖν οὐ κοινοῖ¹⁷ τὸν ἄνθρωπον.

The Syrophoenician Woman

21 Καὶ ἐξελθὼν ἐκεῖθεν¹⁸ ὁ Ἰησοῦς ἀνεχώρησεν¹⁹ εἰς τὰ μέρη²⁰ Τύρου²¹ καὶ Σιδῶνος.²² 22 Καὶ ἰδού, γυνὴ Χαναναία²³ ἀπὸ τῶν ὁρίων²⁴ ἐκείνων ἐξελθοῦσα ἐκραύγασεν²⁵ αὐτῷ, λέγουσα, Ἐλέησόν²⁶ με, κύριε, υἱὲ Δαυίδ· ἡ θυγάτηρ²⁷ μου κακῶς²⁸ δαιμονίζεται.²⁹ 23 Ὁ δὲ οὐκ ἀπεκρίθη αὐτῇ λόγον. Καὶ προσελθόντες οἱ μαθηταὶ αὐτοῦ ἠρώτων αὐτόν, λέγοντες, Ἀπόλυσον αὐτήν, ὅτι κράζει ὄπισθεν³⁰ ἡμῶν. 24 Ὁ δὲ ἀποκριθεὶς εἶπεν, Οὐκ ἀπεστάλην εἰ μὴ εἰς τὰ πρόβατα³¹ τὰ ἀπολωλότα οἴκου Ἰσραήλ. 25 Ἡ δὲ ἐλθοῦσα προσεκύνησεν αὐτῷ λέγουσα, Κύριε, βοήθει³² μοι. 26 Ὁ δὲ ἀποκριθεὶς εἶπεν, Οὐκ ἔστιν καλὸν λαβεῖν τὸν ἄρτον τῶν τέκνων, καὶ βαλεῖν τοῖς κυναρίοις.³³ 27 Ἡ δὲ εἶπεν, Ναί,³⁴ κύριε· καὶ γὰρ τὰ κυνάρια³³ ἐσθίει ἀπὸ τῶν ψιχίων³⁵ τῶν πιπτόντων ἀπὸ τῆς τραπέζης³⁶ τῶν κυρίων αὐτῶν. 28 Τότε ἀποκριθεὶς ὁ Ἰησοῦς εἶπεν αὐτῇ, Ὦ³⁷ γύναι, μεγάλη σου ἡ πίστις· γενηθήτω σοι ὡς θέλεις. Καὶ ἰάθη³⁸ ἡ θυγάτηρ²⁷ αὐτῆς ἀπὸ τῆς ὥρας ἐκείνης.

---

¹εἰσπορευόμενον: PNP-NSN   ³χωρεῖ: PAI-3S   ⁵ἐκπορευόμενα: PNP-NPN   ⁷κοινοῖ: PAI-3S   ¹⁵κοινοῦντα: PAP-NPN   ¹⁷κοινοῖ: PAI-3S   ¹⁹ἀνεχώρησεν: AAI-3S   ²⁵ἐκραύγασεν: AAI-3S   ²⁶Ἐλέησόν: AAM-2S   ²⁹δαιμονίζεται: PNI-3S   ³²βοήθει: PAM-2S   ³⁸ἰάθη: API-3S

---

¹εἰσπορεύομαι, [17] I journey in(to), I go in(to), enter, intervene.   ²κοιλία, ας, ἡ, [23] belly, abdomen, heart, a general term covering any organ in the abdomen, e.g. stomach, womb; met: the inner man.   ³χωρέω, [10] (lit: I make room, hence) (a) I have room for, receive, contain, (b) I make room for by departing, go, make progress, turn myself.   ⁴ἀφεδρών, ῶνος, ὁ, [2] a drain, latrine.   ⁵ἐκπορεύομαι, [32] I depart from; I am voided, cast out; I proceed from, am spoken; I burst forth, flow out, am spread abroad.   ⁶κἀκεῖνος, η, ο, [21] and he, she, it, and that.   ⁷κοινόω, [14] I make unclean, pollute, desecrate, mid: I regard (treat) as unclean.   ⁸διαλογισμός, οῦ, ὁ, [14] a calculation, reasoning, thought, movement of thought, deliberation, plotting.   ⁹φόνος, ου, ὁ, [10] murder, slaughter, killing.   ¹⁰μοιχεία, ας, ἡ, [4] adultery.   ¹¹πορνεία, ας, ἡ, [26] fornication, whoredom; met: idolatry.   ¹²κλοπή, ῆς, ἡ, [2] thieving, theft.   ¹³ψευδομαρτυρία, ας, ἡ, [2] false testimony, false witness.   ¹⁴βλασφημία, ας, ἡ, [19] abusive or scurrilous language, blasphemy.   ¹⁵κοινόω, [14] I make unclean, pollute, desecrate, mid: I regard (treat) as unclean.   ¹⁶ἄνιπτος, ον, [3] unwashed, ceremonially unclean.   ¹⁷κοινόω, [14] I make unclean, pollute, desecrate, mid: I regard (treat) as unclean.   ¹⁸ἐκεῖθεν, [28] thence, from that place.   ¹⁹ἀναχωρέω, [14] I return, retire, withdraw, depart (underlying idea perhaps of taking refuge from danger or of going into retirement).   ²⁰μέρος, ους, τό, [43] a part, portion, share.   ²¹Τύρος, ου, ἡ, [11] Tyre, an ancient city, the capital of Phoenicia.   ²²Σιδών, ῶνος, ἡ, [11] Sidon, a great coast city of Phoenicia.   ²³Χαναναῖος, αία, αῖον, [1] Canaanite, a Biblical and archaic name for Phoenician.   ²⁴ὅριον, ου, τό, [11] the boundaries of a place, hence: districts, territory.   ²⁵κραυγάζω, [6] I cry aloud, shout, exclaim.   ²⁶ἐλεέω, [31] I pity, have mercy on.   ²⁷θυγάτηρ, τρός, ἡ, [29] a daughter; hence (Hebraistic?), of any female descendent, however far removed; even of one unrelated: my young lady.   ²⁸κακῶς, [16] badly, evilly, wrongly.   ²⁹δαιμονίζομαι, [13] I am possessed, am under the power of an evil-spirit or demon.   ³⁰ὄπισθεν, [6] from behind, after.   ³¹πρόβατον, ου, τό, [41] a sheep.   ³²βοηθέω, [8] I come to the rescue of, come to help, help.   ³³κυνάριον, ου, τό, [4] a little dog, a house dog.   ³⁴ναί, [35] yes, certainly, even so.   ³⁵ψιχίον, ου, τό, [3] a crumb.   ³⁶τράπεζα, ης, ἡ, [15] a table, (a) for food or banqueting, (b) for money-changing or business.   ³⁷ὦ, [17] O, an exclamation, used in addressing someone.   ³⁸ἰάομαι, [28] I heal, generally of the physical, sometimes of spiritual, disease.

Christ Teaches and Feeds Four Thousand

29 Καὶ μεταβὰς¹ ἐκεῖθεν² ὁ Ἰησοῦς ἦλθεν παρὰ τὴν θάλασσαν τῆς Γαλιλαίας· καὶ ἀναβὰς εἰς τὸ ὄρος ἐκάθητο ἐκεῖ. **30** Καὶ προσῆλθον αὐτῷ ὄχλοι πολλοί, ἔχοντες μεθ᾿ ἑαυτῶν χωλούς,³ τυφλούς, κωφούς,⁴ κυλλούς,⁵ καὶ ἑτέρους πολλούς, καὶ ἔρριψαν⁶ αὐτοὺς παρὰ τοὺς πόδας τοῦ Ἰησοῦ καὶ ἐθεράπευσεν⁷ αὐτούς· **31** ὥστε τοὺς ὄχλους θαυμάσαι,⁸ βλέποντας κωφοὺς⁴ λαλοῦντας, κυλλοὺς⁵ ὑγιεῖς,⁹ χωλοὺς³ περιπατοῦντας, καὶ τυφλοὺς βλέποντας· καὶ ἐδόξασαν τὸν θεὸν Ἰσραήλ.

32 Ὁ δὲ Ἰησοῦς προσκαλεσάμενος¹⁰ τοὺς μαθητὰς αὐτοῦ εἶπεν, Σπλαγχνίζομαι¹¹ ἐπὶ τὸν ὄχλον, ὅτι ἤδη ἡμέραι τρεῖς προσμένουσίν¹² μοι, καὶ οὐκ ἔχουσιν τί φάγωσιν· καὶ ἀπολῦσαι αὐτοὺς νήστεις¹³ οὐ θέλω, μήποτε¹⁴ ἐκλυθῶσιν¹⁵ ἐν τῇ ὁδῷ. **33** Καὶ λέγουσιν αὐτῷ οἱ μαθηταὶ αὐτοῦ, Πόθεν¹⁶ ἡμῖν ἐν ἐρημίᾳ¹⁷ ἄρτοι τοσοῦτοι,¹⁸ ὥστε χορτάσαι¹⁹ ὄχλον τοσοῦτον;¹⁸ **34** Καὶ λέγει αὐτοῖς ὁ Ἰησοῦς, Πόσους²⁰ ἄρτους ἔχετε; Οἱ δὲ εἶπον, Ἑπτά, καὶ ὀλίγα²¹ ἰχθύδια.²² **35** Καὶ ἐκέλευσεν²³ τοῖς ὄχλοις ἀναπεσεῖν²⁴ ἐπὶ τὴν γῆν· **36** καὶ λαβὼν τοὺς ἑπτὰ ἄρτους καὶ τοὺς ἰχθύας,²⁵ εὐχαριστήσας²⁶ ἔκλασεν,²⁷ καὶ ἔδωκεν τοῖς μαθηταῖς αὐτοῦ, οἱ δὲ μαθηταὶ τῷ ὄχλῳ. **37** Καὶ ἔφαγον πάντες καὶ ἐχορτάσθησαν·²⁸ καὶ ἦραν τὸ περισσεῦον²⁹ τῶν κλασμάτων,³⁰ ἑπτὰ σπυρίδας³¹ πλήρεις.³² **38** Οἱ δὲ ἐσθίοντες ἦσαν τετρακισχίλιοι³³ ἄνδρες, χωρὶς³⁴ γυναικῶν καὶ παιδίων. **39** Καὶ ἀπολύσας τοὺς ὄχλους ἐνέβη³⁵ εἰς τὸ πλοῖον, καὶ ἦλθεν εἰς τὰ ὅρια³⁶ Μαγδαλά.

---

¹μεταβὰς: 2AAP-NSM   ⁶ἔρριψαν: AAI-3P   ⁷ἐθεράπευσεν: AAI-3S   ⁸θαυμάσαι: AAN   ¹⁰προσκαλεσάμενος: ADP-NSM   ¹¹Σπλαγχνίζομαι: PNI-1S   ¹²προσμένουσίν: PAI-3P   ¹⁵ἐκλυθῶσιν: APS-3P   ¹⁹χορτάσαι: AAN ²³ἐκέλευσεν: AAI-3S   ²⁴ἀναπεσεῖν: 2AAN   ²⁶εὐχαριστήσας: AAP-NSM   ²⁷ἔκλασεν: AAI-3S   ²⁸ἐχορτάσθησαν: API-3P   ²⁹περισσεῦον: PAP-ASN   ³⁵ἐνέβη: 2AAI-3S

---

¹μεταβαίνω, [12] I change my place (abode), leave, depart, remove, pass over.   ²ἐκεῖθεν, [28] thence, from that place.   ³χωλός, ή, όν, [15] lame, deprived of a foot, limping.   ⁴κωφός, ή, όν, [14] (lit: blunted) dumb, dull, deaf.   ⁵κυλλός, ή, όν, [4] crippled, lame, especially in the hands.   ⁶ῥίπτω, [7] I throw, cast, toss, set down; pass: I am dispersed.   ⁷θεραπεύω, [44] I care for, attend, serve, treat, especially of a physician; hence: I heal.   ⁸θαυμάζω, [46] (a) intrans: I wonder, marvel, (b) trans: I wonder at, admire.   ⁹ὑγιής, ές, [14] (a) sound, healthy, pure, whole, (b) wholesome.   ¹⁰προσκαλέω, [31] I call to myself, summon.   ¹¹σπλαγχνίζομαι, [12] I feel compassion, have pity on, am moved.   ¹²προσμένω, [6] I remain; I abide in, remain in, persist in, adhere to.   ¹³νῆστις, ιος, ὁ, ἡ, [2] fasting, not eating.   ¹⁴μήποτε, [25] lest at any time, lest; then weakened: whether perhaps, whether at all; in a principal clause: perhaps.   ¹⁵ἐκλύω, [5] I loose, release, unloose (as a bow-string), relax, enfeeble; pass: I am faint, grow weary.   ¹⁶πόθεν, [28] whence, from what place.   ¹⁷ἐρημία, ας, ἡ, [4] a desert place, desert, uninhabited region.   ¹⁸τοσοῦτος, τοσαύτη, τοσοῦτο, [20] so great, so large, so long, so many.   ¹⁹χορτάζω, [15] I feed, satisfy, fatten.   ²⁰πόσος, η, ον, [27] how much, how great, how many.   ²¹ὀλίγος, η, ον, [43] (a) especially in plur: few, (b) in sing: small; hence, of time: short, of degree: light, slight, little.   ²²ἰχθύδιον, ου, τό, [2] a small fish.   ²³κελεύω, [26] I command, order, direct, bid.   ²⁴ἀναπίπτω, [11] I lie down, recline (at a dinner-table), fall back upon (the breast of another person reclining at dinner).   ²⁵ἰχθύς, ύος, ὁ, [20] a fish.   ²⁶εὐχαριστέω, [40] I thank, give thanks; pass. 3 sing: is received with thanks.   ²⁷κλάω, [15] I break (in pieces), break bread.   ²⁸χορτάζω, [15] I feed, satisfy, fatten.   ²⁹περισσεύω, [39] (a) intrans: I exceed the ordinary (the necessary), abound, overflow; am left over, (b) trans: I cause to abound.   ³⁰κλάσμα, ατος, τό, [9] a fragment, broken piece.   ³¹σπυρίς, ίδος, ἡ, [5] a plaited basket.   ³²πλήρης, ες, [17] full, abounding in, complete, completely occupied with.   ³³τετρακισχίλιοι, αι, α, [5] four thousand.   ³⁴χωρίς, [39] apart from, separately from; without.   ³⁵ἐμβαίνω, [19] I step in; I go onboard a ship, embark.   ³⁶ὅριον, ου, τό, [11] the boundaries of a place, hence: districts, territory.

The Demand for a Sign

16 Καὶ προσελθόντες οἱ Φαρισαῖοι καὶ Σαδδουκαῖοι[1] πειράζοντες[2] ἐπηρώτησαν αὐτὸν σημεῖον ἐκ τοῦ οὐρανοῦ ἐπιδεῖξαι[3] αὐτοῖς. 2 Ὁ δὲ ἀποκριθεὶς εἶπεν αὐτοῖς, Ὀψίας[4] γενομένης λέγετε, Εὐδία·[5] πυρράζει[6] γὰρ ὁ οὐρανός. 3 Καὶ πρωΐ,[7] Σήμερον[8] χειμών·[9] πυρράζει[10] γὰρ στυγνάζων[11] ὁ οὐρανός. Ὑποκριταί,[12] τὸ μὲν πρόσωπον τοῦ οὐρανοῦ γινώσκετε διακρίνειν,[13] τὰ δὲ σημεῖα τῶν καιρῶν οὐ δύνασθε; 4 Γενεὰ[14] πονηρὰ καὶ μοιχαλὶς[15] σημεῖον ἐπιζητεῖ·[16] καὶ σημεῖον οὐ δοθήσεται αὐτῇ, εἰ μὴ τὸ σημεῖον Ἰωνᾶ τοῦ προφήτου. Καὶ καταλιπὼν[17] αὐτούς, ἀπῆλθεν.

The Leaven of the Pharisees

5 Καὶ ἐλθόντες οἱ μαθηταὶ αὐτοῦ εἰς τὸ πέραν[18] ἐπελάθοντο[19] ἄρτους λαβεῖν. 6 Ὁ δὲ Ἰησοῦς εἶπεν αὐτοῖς, Ὁρᾶτε καὶ προσέχετε[20] ἀπὸ τῆς ζύμης[21] τῶν Φαρισαίων καὶ Σαδδουκαίων.[1] 7 Οἱ δὲ διελογίζοντο[22] ἐν ἑαυτοῖς, λέγοντες ὅτι Ἄρτους οὐκ ἐλάβομεν. 8 Γνοὺς δὲ ὁ Ἰησοῦς εἶπεν αὐτοῖς, Τί διαλογίζεσθε[23] ἐν ἑαυτοῖς, ὀλιγόπιστοι,[24] ὅτι ἄρτους οὐκ ἐλάβετε; 9 Οὔπω[25] νοεῖτε,[26] οὐδὲ μνημονεύετε[27] τοὺς πέντε[28] ἄρτους τῶν πεντακισχιλίων,[29] καὶ πόσους[30] κοφίνους[31] ἐλάβετε; 10 Οὐδὲ τοὺς ἑπτὰ ἄρτους τῶν τετρακισχιλίων,[32] καὶ πόσας[30] σπυρίδας[33] ἐλάβετε; 11 Πῶς οὐ νοεῖτε,[34] ὅτι οὐ περὶ ἄρτου εἶπον ὑμῖν προσέχειν[35] ἀπὸ τῆς ζύμης[21] τῶν Φαρισαίων καὶ Σαδδουκαίων;[1]

---

[2]πειράζοντες: PAP-NPM   [3]ἐπιδεῖξαι: AAN   [6]πυρράζει: PAI-3S   [10]πυρράζει: PAI-3S   [11]στυγνάζων: PAP-NSM   [13]διακρίνειν: PAN   [16]ἐπιζητεῖ: PAI-3S   [17]καταλιπών: 2AAP-NSM   [19]ἐπελάθοντο: 2ADI-3P   [20]προσέχετε: PAM-2P   [22]διελογίζοντο: INI-3P   [23]διαλογίζεσθε: PNI-2P   [26]νοεῖτε: PAI-2P   [27]μνημονεύετε: PAI-2P   [34]νοεῖτε: PAI-2P   [35]προσέχειν: PAN

---

[1]Σαδδουκαῖος, ου, ὁ, [13] a Sadducee, a member of the aristocratic party among the Jews, from whom the high-priests were almost invariably chosen.   [2]πειράζω, [39] I try, tempt, test.   [3]ἐπιδείκνυμι, [9] I show, display, point out, indicate; I prove, demonstrate.   [4]ὄψιος, α, ον, [15] late, evening.   [5]εὐδία, ας, ἡ, [1] fair weather, good weather.   [6]πυρράζω, [2] I am red, fire-colored.   [7]πρωΐ, [11] early in the morning, at dawn.   [8]σήμερον, [41] today, now.   [9]χειμών, ῶνος, ὁ, [6] a storm, tempest; winter, the rainy season.   [10]πυρράζω, [2] I am red, fire-colored.   [11]στυγνάζω, [2] I am gloomy, have a somber countenance, am shocked.   [12]ὑποκριτής, οῦ, ὁ, [20] (lit: a stage-player), a hypocrite, dissembler, pretender.   [13]διακρίνω, [19] I separate, distinguish, discern one thing from another; I doubt, hesitate, waver.   [14]γενεά, ᾶς, ἡ, [42] a generation; if repeated twice or with another time word, practically indicates infinity of time.   [15]μοιχαλίς, ίδος, ἡ, [7] (a) an adulteress (that is, a married woman who commits adultery), (b) Hebraistically: extended to those who worship any other than the true God.   [16]ἐπιζητέω, [15] I seek after, desire, search for, make inquiries about.   [17]καταλείπω, [25] I leave behind, desert, abandon, forsake; I leave remaining, reserve.   [18]πέραν, [23] over, on the other side, beyond.   [19]ἐπιλανθάνομαι, [8] I forget, neglect.   [20]προσέχω, [24] (a) I attend to, pay attention to, (b) I beware, am cautious, (c) I join, devote myself to.   [21]ζύμη, ης, ἡ, [13] leaven, ferment, both lit. and met.   [22]διαλογίζομαι, [16] I reason (with), debate (with), consider.   [23]διαλογίζομαι, [16] I reason (with), debate (with), consider.   [24]ὀλιγόπιστος, ον, [5] of little faith.   [25]οὔπω, [23] not yet.   [26]νοέω, [14] I understand, think, consider, conceive, apprehend; aor. possibly: realize.   [27]μνημονεύω, [21] I remember, hold in remembrance, make mention of.   [28]πέντε, οἱ, αἱ, τά, [38] five.   [29]πεντακισχίλιοι, αι, α, [6] five thousand.   [30]πόσος, η, ον, [27] how much, how great, how many.   [31]κόφινος, ου, ὁ, [6] a large basket.   [32]τετρακισχίλιοι, αι, α, [5] four thousand.   [33]σπυρίς, ίδος, ἡ, [5] a plaited basket.   [34]νοέω, [14] I understand, think, consider, conceive, apprehend; aor. possibly: realize.   [35]προσέχω, [24] (a) I attend to, pay attention to, (b) I beware, am cautious, (c) I join, devote myself to.

12 Τότε συνῆκαν¹ ὅτι οὐκ εἶπεν προσέχειν² ἀπὸ τῆς ζύμης³ τοῦ ἄρτου, ἀλλὰ ἀπὸ τῆς διδαχῆς⁴ τῶν Φαρισαίων καὶ Σαδδουκαίων.⁵

"Christ the Son of the Living God"

13 Ἐλθὼν δὲ ὁ Ἰησοῦς εἰς τὰ μέρη⁶ Καισαρείας⁷ τῆς Φιλίππου ἠρώτα τοὺς μαθητὰς αὐτοῦ, λέγων, Τίνα με λέγουσιν οἱ ἄνθρωποι εἶναι, τὸν υἱὸν τοῦ ἀνθρώπου; 14 Οἱ δὲ εἶπον, Οἱ μὲν Ἰωάννην τὸν βαπτιστήν·⁸ ἄλλοι δὲ Ἠλίαν· ἕτεροι δὲ Ἰερεμίαν, ἢ ἕνα τῶν προφητῶν. 15 Λέγει αὐτοῖς, Ὑμεῖς δὲ τίνα με λέγετε εἶναι; 16 Ἀποκριθεὶς δὲ Σίμων Πέτρος εἶπεν, Σὺ εἶ ὁ χριστός, ὁ υἱὸς τοῦ θεοῦ τοῦ ζῶντος. 17 Καὶ ἀποκριθεὶς ὁ Ἰησοῦς εἶπεν αὐτῷ, Μακάριος εἶ, Σίμων Βαριωνᾶ, ὅτι σὰρξ καὶ αἷμα οὐκ ἀπεκάλυψέν⁹ σοι, ἀλλ' ὁ πατήρ μου ὁ ἐν τοῖς οὐρανοῖς. 18 Κἀγὼ δέ σοι λέγω, ὅτι σὺ εἶ Πέτρος, καὶ ἐπὶ ταύτῃ τῇ πέτρᾳ¹⁰ οἰκοδομήσω¹¹ μου τὴν ἐκκλησίαν, καὶ πύλαι¹² Ἅδου¹³ οὐ κατισχύσουσιν¹⁴ αὐτῆς. 19 Καὶ δώσω σοὶ τὰς κλεῖς¹⁵ τῆς βασιλείας τῶν οὐρανῶν· καὶ ὃ ἐὰν δήσῃς¹⁶ ἐπὶ τῆς γῆς, ἔσται δεδεμένον¹⁷ ἐν τοῖς οὐρανοῖς· καὶ ὃ ἐὰν λύσῃς¹⁸ ἐπὶ τῆς γῆς, ἔσται λελυμένον¹⁹ ἐν τοῖς οὐρανοῖς. 20 Τότε διεστείλατο²⁰ τοῖς μαθηταῖς αὐτοῦ ἵνα μηδενὶ εἴπωσιν ὅτι αὐτός ἐστιν Ἰησοῦς ὁ χριστός.

Christ's First Prophecy Concerning His Passion

21 Ἀπὸ τότε ἤρξατο ὁ Ἰησοῦς δεικνύειν²¹ τοῖς μαθηταῖς αὐτοῦ ὅτι δεῖ αὐτὸν ἀπελθεῖν εἰς Ἱεροσόλυμα, καὶ πολλὰ παθεῖν²² ἀπὸ τῶν πρεσβυτέρων καὶ ἀρχιερέων καὶ γραμματέων, καὶ ἀποκτανθῆναι, καὶ τῇ τρίτῃ ἡμέρᾳ ἐγερθῆναι. 22 Καὶ προσλαβόμενος²³ αὐτὸν ὁ Πέτρος ἤρξατο ἐπιτιμᾶν²⁴ αὐτῷ λέγων, Ἵλεώς²⁵ σοι, κύριε· οὐ μὴ ἔσται σοι τοῦτο. 23 Ὁ δὲ στραφεὶς²⁶ εἶπεν τῷ Πέτρῳ, Ὕπαγε ὀπίσω²⁷ μου,

---

¹συνῆκαν: AAI-3P ²προσέχειν: PAN ⁹ἀπεκάλυψέν: AAI-3S ¹¹οἰκοδομήσω: FAI-1S ¹⁴κατισχύσουσιν: FAI-3P ¹⁶δήσῃς: AAS-2S ¹⁷δεδεμένον: RPP-NSN ¹⁸λύσῃς: AAS-2S ¹⁹λελυμένον: RPP-NSN ²⁰διεστείλατο: AMI-3S ²¹δεικνύειν: PAN ²²παθεῖν: 2AAN ²³προσλαβόμενος: 2AMP-NSM ²⁴ἐπιτιμᾶν: PAN ²⁶στραφεὶς: 2APP-NSM

---

¹συνίημι, [26] I consider, understand, perceive. ²προσέχω, [24] (a) I attend to, pay attention to, (b) I beware, am cautious, (c) I join, devote myself to. ³ζύμη, ης, ἡ, [13] leaven, ferment, both lit. and met. ⁴διδαχή, ῆς, ἡ, [30] teaching, doctrine, what is taught. ⁵Σαδδουκαῖος, ου, ὁ, [13] a Sadducee, a member of the aristocratic party among the Jews, from whom the high-priests were almost invariably chosen. ⁶μέρος, ους, τό, [43] a part, portion, share. ⁷Καισάρεια, ας, ἡ, [17] Two cities of Palestine: one in Galilee (Caesarea Philippi), the other on the coast of the Mediterranean. ⁸βαπτιστής, οῦ, ὁ, [14] the baptizer, the Baptist, epithet used only of John, the son of Zechariah and Elizabeth, forerunner of Jesus. ⁹ἀποκαλύπτω, [26] I uncover, bring to light, reveal. ¹⁰πέτρα, ας, ἡ, [16] a rock, ledge, cliff, cave, stony ground. ¹¹οἰκοδομέω, [39] I erect a building, build; fig. of the building up of character: I build up, edify, encourage. ¹²πύλη, ης, ἡ, [10] a gate. ¹³Ἅιδης, ου, ὁ, [11] Hades, the unseen world. ¹⁴κατισχύω, [2] I prevail against, overpower, get the upper hand. ¹⁵κλεῖς, κλειδός, ἡ, [6] a key. ¹⁶δέω, [44] I bind, tie, fasten; I impel, compel; I declare to be prohibited and unlawful. ¹⁷δέω, [44] I bind, tie, fasten; I impel, compel; I declare to be prohibited and unlawful. ¹⁸λύω, [42] (a) I loose, untie, release, (b) met: I break, destroy, set at naught, contravene; I break up a meeting, annul. ¹⁹λύω, [42] (a) I loose, untie, release, (b) met: I break, destroy, set at naught, contravene; I break up a meeting, annul. ²⁰διαστέλλομαι, [8] I give a commission (instructions); order; I admonish, prohibit. ²¹δείκνυμι, [31] I point out, show, exhibit; met: I teach, demonstrate, make known. ²²πάσχω, [42] I am acted upon in a certain way, either good or bad; I experience ill treatment, suffer. ²³προσλαμβάνω, [14] (a) I take to myself, (b) I take aside, (c) I welcome. ²⁴ἐπιτιμάω, [29] (a) I rebuke, chide, admonish, (b) I warn. ²⁵ἵλεως, [2] propitious, forgiving, merciful. ²⁶στρέφω, [19] I turn, am converted, change, change my direction. ²⁷ὀπίσω, [37] behind, after; back, backwards.

Σατανᾶ,¹ σκάνδαλόν² μου εἶ· ὅτι οὐ φρονεῖς³ τὰ τοῦ θεοῦ, ἀλλὰ τὰ τῶν ἀνθρώπων. 24 Τότε ὁ Ἰησοῦς εἶπεν τοῖς μαθηταῖς αὐτοῦ, Εἴ τις θέλει ὀπίσω⁴ μου ἐλθεῖν, ἀπαρνησάσθω⁵ ἑαυτόν, καὶ ἀράτω τὸν σταυρὸν⁶ αὐτοῦ, καὶ ἀκολουθείτω μοι. 25 Ὃς γὰρ ἂν θέλῃ τὴν ψυχὴν αὐτοῦ σῶσαι ἀπολέσει αὐτήν· ὃς δ᾽ ἂν ἀπολέσῃ τὴν ψυχὴν αὐτοῦ ἕνεκεν⁷ ἐμοῦ εὑρήσει αὐτήν· 26 τί γὰρ ὠφελεῖται⁸ ἄνθρωπος ἐὰν τὸν κόσμον ὅλον κερδήσῃ,⁹ τὴν δὲ ψυχὴν αὐτοῦ ζημιωθῇ;¹⁰ Ἢ τί δώσει ἄνθρωπος ἀντάλλαγμα¹¹ τῆς ψυχῆς αὐτοῦ; 27 Μέλλει γὰρ ὁ υἱὸς τοῦ ἀνθρώπου ἔρχεσθαι ἐν τῇ δόξῃ τοῦ πατρὸς αὐτοῦ μετὰ τῶν ἀγγέλων αὐτοῦ, καὶ τότε ἀποδώσει¹² ἑκάστῳ κατὰ τὴν πρᾶξιν¹³ αὐτοῦ. 28 Ἀμὴν λέγω ὑμῖν, εἰσίν τινες ὧδε ἑστῶτες, οἵτινες οὐ μὴ γεύσωνται¹⁴ θανάτου, ἕως ἂν ἴδωσιν τὸν υἱὸν τοῦ ἀνθρώπου ἐρχόμενον ἐν τῇ βασιλείᾳ αὐτοῦ.

The Transfiguration of Christ

17 Καὶ μεθ᾽ ἡμέρας ἓξ¹⁵ παραλαμβάνει¹⁶ ὁ Ἰησοῦς τὸν Πέτρον καὶ Ἰάκωβον καὶ Ἰωάννην τὸν ἀδελφὸν αὐτοῦ, καὶ ἀναφέρει¹⁷ αὐτοὺς εἰς ὄρος ὑψηλὸν¹⁸ κατ᾽ ἰδίαν. 2 Καὶ μετεμορφώθη¹⁹ ἔμπροσθεν²⁰ αὐτῶν, καὶ ἔλαμψεν²¹ τὸ πρόσωπον αὐτοῦ ὡς ὁ ἥλιος,²² τὰ δὲ ἱμάτια αὐτοῦ ἐγένοντο λευκὰ²³ ὡς τὸ φῶς. 3 Καὶ ἰδού, ὤφθησαν αὐτοῖς Μωσῆς καὶ Ἠλίας, μετ᾽ αὐτοῦ συλλαλοῦντες.²⁴ 4 Ἀποκριθεὶς δὲ ὁ Πέτρος εἶπεν τῷ Ἰησοῦ, κύριε, καλόν ἐστιν ἡμᾶς ὧδε εἶναι· εἰ θέλεις, ποιήσωμεν ὧδε τρεῖς σκηνάς,²⁵ σοὶ μίαν, καὶ Μωσῇ μίαν, καὶ μίαν Ἠλίᾳ. 5 Ἔτι αὐτοῦ λαλοῦντος, ἰδού, νεφέλη²⁶ φωτεινὴ²⁷ ἐπεσκίασεν²⁸ αὐτούς· καὶ ἰδού, φωνὴ ἐκ τῆς νεφέλης,²⁶ λέγουσα, Οὗτός ἐστιν ὁ υἱός μου ὁ ἀγαπητός, ἐν ᾧ εὐδόκησα·²⁹ αὐτοῦ ἀκούετε. 6 Καὶ ἀκούσαντες οἱ μαθηταὶ ἔπεσον ἐπὶ πρόσωπον αὐτῶν, καὶ ἐφοβήθησαν σφόδρα.³⁰ 7 Καὶ προσελθὼν ὁ Ἰησοῦς ἥψατο³¹ αὐτῶν καὶ εἶπεν, Ἐγέρθητε καὶ μὴ φοβεῖσθε. 8 Ἐπάραντες³² δὲ τοὺς ὀφθαλμοὺς αὐτῶν, οὐδένα εἶδον, εἰ μὴ τὸν Ἰησοῦν μόνον.

---

³φρονεῖς: PAI-2S   ⁵ἀπαρνησάσθω: ADM-3S   ⁸ὠφελεῖται: PPI-3S   ⁹κερδήσῃ: AAS-3S   ¹⁰ζημιωθῇ: APS-3S   ¹²ἀποδώσει: FAI-3S   ¹⁴γεύσωνται: ADS-3P   ¹⁶παραλαμβάνει: PAI-3S   ¹⁷ἀναφέρει: PAI-3S   ¹⁹μετεμορφώθη: API-3S   ²¹ἔλαμψεν: AAI-3S   ²⁴συλλαλοῦντες: PAP-NPM   ²⁸ἐπεσκίασεν: AAI-3S   ²⁹εὐδόκησα: AAI-1S   ³¹ἥψατο: ADI-3S   ³²Ἐπάραντες: AAP-NPM

---

¹Σατανᾶς, ᾶ, ὁ, [36] an adversary, Satan.   ²σκάνδαλον, ου, τό, [15] a snare, stumbling-block, cause for error.   ³φρονέω, [29] (a) I think, (b) I think, judge, (c) I direct the mind to, seek for, (d) I observe, (e) I care for.   ⁴ὀπίσω, [37] behind, after; back, backwards.   ⁵ἀπαρνέομαι, [13] I deny, disown, repudiate (either another person or myself), disregard.   ⁶σταυρός, οῦ, ὁ, [28] a cross.   ⁷ἕνεκεν, [26] for the sake of, on account of, on account of which, wherefore, on account of what, why.   ⁸ὠφελέω, [15] I help, benefit, do good, am useful (to), profit.   ⁹κερδαίνω, [16] I gain, acquire, win (over), avoid loss.   ¹⁰ζημιόω, [6] I inflict loss (damage) upon, fine, punish, sometimes with the acc. of the penalty, even when the verb is passive.   ¹¹ἀντάλλαγμα, ατος, τό, [2] an exchange, purchasing price.   ¹²ἀποδίδωμι, [47] (a) I give back, return, restore, (b) I give, render, as due, (c) mid: I sell.   ¹³πρᾶξις, εως, ἡ, [6] (a) a doing, action, mode of action; plur: deeds, acts, (b) function, business.   ¹⁴γεύομαι, [15] (a) I taste, (b) I experience.   ¹⁵ἕξ, οἱ, αἱ, τά, [13] six.   ¹⁶παραλαμβάνω, [49] I take from, receive from, or: I take to, receive (apparently not used of money), admit, acknowledge; I take with me.   ¹⁷ἀναφέρω, [10] (a) I carry up, lead up, (b) I offer up (on a high altar) as a sacrifice, offer up to God on high.   ¹⁸ὑψηλός, ή, όν, [11] high, lofty.   ¹⁹μεταμορφόω, [4] I transform, transfigure.   ²⁰ἔμπροσθεν, [48] in front, before the face; sometimes made a subst. by the addition of the article: in front of, before the face of.   ²¹λάμπω, [7] I shine, give light.   ²²ἥλιος, ου, ὁ, [32] the sun, sunlight.   ²³λευκός, ή, όν, [25] white, bright, brilliant.   ²⁴συλλαλέω, [6] I talk with, discuss.   ²⁵σκηνή, ῆς, ἡ, [20] a tent, booth, tabernacle, abode, dwelling, mansion, habitation.   ²⁶νεφέλη, ης, ἡ, [26] a cloud.   ²⁷φωτεινός, ή, όν, [5] bright, luminous, full of light.   ²⁸ἐπισκιάζω, [5] I overshadow, envelop.   ²⁹εὐδοκέω, [21] I am well-pleased, think it good, am resolved.   ³⁰σφόδρα, [11] exceedingly, greatly, very much.   ³¹ἅπτομαι, [36] prop: I fasten to; I lay hold of, touch, know carnally.   ³²ἐπαίρω, [19] I raise, lift up.

9 Καὶ καταβαινόντων αὐτῶν ἐκ τοῦ ὄρους, ἐνετείλατο¹ αὐτοῖς ὁ Ἰησοῦς, λέγων, Μηδενὶ εἴπητε τὸ ὅραμα,² ἕως οὗ ὁ υἱὸς τοῦ ἀνθρώπου ἐκ νεκρῶν ἀναστῇ. 10 Καὶ ἐπηρώτησαν αὐτὸν οἱ μαθηταὶ αὐτοῦ λέγοντες, Τί οὖν οἱ γραμματεῖς λέγουσιν ὅτι Ἠλίαν δεῖ ἐλθεῖν πρῶτον; 11 Ὁ δὲ Ἰησοῦς ἀποκριθεὶς εἶπεν αὐτοῖς, Ἠλίας μὲν ἔρχεται πρῶτον, καὶ ἀποκαταστήσει³ πάντα· 12 λέγω δὲ ὑμῖν ὅτι Ἠλίας ἤδη ἦλθεν, καὶ οὐκ ἐπέγνωσαν⁴ αὐτόν, ἀλλὰ ἐποίησαν ἐν αὐτῷ ὅσα ἠθέλησαν· οὕτως καὶ ὁ υἱὸς τοῦ ἀνθρώπου μέλλει πάσχειν⁵ ὑπ' αὐτῶν. 13 Τότε συνῆκαν⁶ οἱ μαθηταὶ ὅτι περὶ Ἰωάννου τοῦ βαπτιστοῦ⁷ εἶπεν αὐτοῖς.

The Healing of a Boy with a Demon

14 Καὶ ἐλθόντων αὐτῶν πρὸς τὸν ὄχλον, προσῆλθεν αὐτῷ ἄνθρωπος γονυπετῶν⁸ αὐτὸν 15 καὶ λέγων, Κύριε, ἐλέησόν⁹ μου τὸν υἱόν, ὅτι σεληνιάζεται¹⁰ καὶ κακῶς¹¹ πάσχει·¹² πολλάκις¹³ γὰρ πίπτει εἰς τὸ πῦρ, καὶ πολλάκις¹³ εἰς τὸ ὕδωρ. 16 Καὶ προσήνεγκα¹⁴ αὐτὸν τοῖς μαθηταῖς σου, καὶ οὐκ ἠδυνήθησαν αὐτὸν θεραπεῦσαι.¹⁵ 17 Ἀποκριθεὶς δὲ ὁ Ἰησοῦς εἶπεν, Ὦ¹⁶ γενεὰ¹⁷ ἄπιστος¹⁸ καὶ διεστραμμένη,¹⁹ ἕως πότε²⁰ ἔσομαι μεθ' ὑμῶν; Ἕως πότε²⁰ ἀνέξομαι²¹ ὑμῶν; Φέρετέ μοι αὐτὸν ὧδε. 18 Καὶ ἐπετίμησεν²² αὐτῷ ὁ Ἰησοῦς, καὶ ἐξῆλθεν ἀπ' αὐτοῦ τὸ δαιμόνιον, καὶ ἐθεραπεύθη²³ ὁ παῖς²⁴ ἀπὸ τῆς ὥρας ἐκείνης. 19 Τότε προσελθόντες οἱ μαθηταὶ τῷ Ἰησοῦ κατ' ἰδίαν εἶπον, Διὰ τί ἡμεῖς οὐκ ἠδυνήθημεν ἐκβαλεῖν αὐτό; 20 Ὁ δὲ Ἰησοῦς εἶπεν αὐτοῖς, Διὰ τὴν ἀπιστίαν²⁵ ὑμῶν. Ἀμὴν γὰρ λέγω ὑμῖν, ἐὰν ἔχητε πίστιν ὡς κόκκον²⁶ σινάπεως,²⁷ ἐρεῖτε τῷ ὄρει τούτῳ, Μετάβηθι²⁸ ἐντεῦθεν²⁹ ἐκεῖ, καὶ μεταβήσεται·³⁰ καὶ οὐδὲν

---

¹ἐνετείλατο: ADI-3S   ³ἀποκαταστήσει: FAI-3S   ⁴ἐπέγνωσαν: 2AAI-3P   ⁵πάσχειν: PAN   ⁶συνῆκαν: AAI-3P   ⁸γονυπετῶν: PAP-NSM   ⁹ἐλέησόν: AAM-2S   ¹⁰σεληνιάζεται: PNI-3S   ¹²πάσχει: PAI-3S   ¹⁴προσήνεγκα: AAI-1S   ¹⁵θεραπεῦσαι: AAN   ¹⁹διεστραμμένη: RPP-NSF   ²¹ἀνέξομαι: FDI-1S   ²²ἐπετίμησεν: AAI-3S   ²³ἐθεραπεύθη: API-3S   ²⁸Μετάβηθι: 2AAM-2S   ³⁰μεταβήσεται: FDI-3S

---

¹ἐντέλλομαι, [17] I give orders (injunctions, instructions, commands).   ²ὅραμα, ατος, τό, [12] a spectacle, vision, that which is seen.   ³ἀποκαθίστημι, [8] I set up again, restore to its original position or condition; hence: I restore, give back.   ⁴ἐπιγινώσκω, [42] I come to know by directing my attention to him or it, I perceive, discern, recognize; aor: I found out.   ⁵πάσχω, [42] I am acted upon in a certain way, either good or bad; I experience ill treatment, suffer.   ⁶συνίημι, [26] I consider, understand, perceive.   ⁷βαπτιστής, οῦ, ὁ, [14] the baptizer, the Baptist, epithet used only of John, the son of Zechariah and Elizabeth, forerunner of Jesus.   ⁸γονυπετέω, [4] I fall on my knees before (in supplication), supplicate, entreat.   ⁹ἐλεέω, [31] I pity, have mercy on.   ¹⁰σεληνιάζομαι, [2] I am a lunatic, am moonstruck, epileptic.   ¹¹κακῶς, [16] badly, evilly, wrongly.   ¹²πάσχω, [42] I am acted upon in a certain way, either good or bad; I experience ill treatment, suffer.   ¹³πολλάκις, [18] many times, often, frequently.   ¹⁴προσφέρω, [48] (a) I bring to, (b) characteristically: I offer (of gifts, sacrifices, etc).   ¹⁵θεραπεύω, [44] I care for, attend, serve, treat, especially of a physician; hence: I heal.   ¹⁶ὦ, [17] O, an exclamation, used in addressing someone.   ¹⁷γενεά, ᾶς, ἡ, [42] a generation; if repeated twice or with another time word, practically indicates infinity of time.   ¹⁸ἄπιστος, ον, [23] unbelieving, incredulous, unchristian; sometimes subst: unbeliever.   ¹⁹διαστρέφω, [7] I pervert, corrupt, oppose, distort.   ²⁰πότε, [19] when, at what time.   ²¹ἀνέχομαι, [15] I endure, bear with, have patience with, suffer, admit, persist.   ²²ἐπιτιμάω, [29] (a) I rebuke, chide, admonish, (b) I warn.   ²³θεραπεύω, [44] I care for, attend, serve, treat, especially of a physician; hence: I heal.   ²⁴παῖς, παιδός, ὁ, ἡ, [24] (a) a male child, boy, (b) a male slave, servant; thus: a servant of God, especially as a title of the Messiah, (c) a female child, girl.   ²⁵ἀπιστία, ας, ἡ, [12] unbelief, unfaithfulness, distrust.   ²⁶κόκκος, ου, ὁ, [7] a kernel, grain, seed.   ²⁷σίναπι, εως, ἡ, [5] mustard (probably the shrub, not the herb).   ²⁸μεταβαίνω, [12] I change my place (abode), leave, depart, remove, pass over.   ²⁹ἐντεῦθεν, [11] hence, from this place, on this side and on that.   ³⁰μεταβαίνω, [12] I change my place (abode), leave, depart, remove, pass over.

ἀδυνατήσει¹ ὑμῖν. **21** Τοῦτο δὲ τὸ γένος² οὐκ ἐκπορεύεται³ εἰ μὴ ἐν προσευχῇ⁴ καὶ νηστείᾳ.⁵

Christ Foretells His Passion and Pays the Temple-Tax

22 Ἀναστρεφομένων⁶ δὲ αὐτῶν ἐν τῇ Γαλιλαίᾳ, εἶπεν αὐτοῖς ὁ Ἰησοῦς, Μέλλει ὁ υἱὸς τοῦ ἀνθρώπου παραδίδοσθαι εἰς χεῖρας ἀνθρώπων, **23** καὶ ἀποκτενοῦσιν αὐτόν, καὶ τῇ τρίτῃ ἡμέρᾳ ἐγερθήσεται. Καὶ ἐλυπήθησαν⁷ σφόδρα.⁸

24 Ἐλθόντων δὲ αὐτῶν εἰς Καπερναούμ,⁹ προσῆλθον οἱ τὰ δίδραχμα¹⁰ λαμβάνοντες τῷ Πέτρῳ καὶ εἶπον, Ὁ διδάσκαλος ὑμῶν οὐ τελεῖ¹¹ τὰ δίδραχμα;¹⁰ **25** Λέγει, Ναί.¹² Καὶ ὅτε εἰσῆλθεν εἰς τὴν οἰκίαν, προέφθασεν¹³ αὐτὸν ὁ Ἰησοῦς, λέγων, Τί σοι δοκεῖ, Σίμων; Οἱ βασιλεῖς τῆς γῆς ἀπὸ τίνων λαμβάνουσιν τέλη¹⁴ ἢ κῆνσον;¹⁵ Ἀπὸ τῶν υἱῶν αὐτῶν, ἢ ἀπὸ τῶν ἀλλοτρίων;¹⁶ **26** Λέγει αὐτῷ ὁ Πέτρος, Ἀπὸ τῶν ἀλλοτρίων.¹⁶ Ἔφη αὐτῷ ὁ Ἰησοῦς, Ἄρα¹⁷ γε¹⁸ ἐλεύθεροί¹⁹ εἰσιν οἱ υἱοί. **27** Ἵνα δὲ μὴ σκανδαλίσωμεν²⁰ αὐτούς, πορευθεὶς εἰς τὴν θάλασσαν βάλε ἄγκιστρον,²¹ καὶ τὸν ἀναβαίνοντα πρῶτον ἰχθὺν²² ἆρον· καὶ ἀνοίξας τὸ στόμα αὐτοῦ, εὑρήσεις στατῆρα·²³ ἐκεῖνον λαβὼν δὸς αὐτοῖς ἀντὶ²⁴ ἐμοῦ καὶ σοῦ.

The Greatest in the Kingdom of Heaven

18 Ἐν ἐκείνῃ τῇ ὥρᾳ προσῆλθον οἱ μαθηταὶ τῷ Ἰησοῦ, λέγοντες, Τίς ἄρα²⁵ μείζων ἐστὶν ἐν τῇ βασιλείᾳ τῶν οὐρανῶν; **2** Καὶ προσκαλεσάμενος²⁶ ὁ Ἰησοῦς παιδίον ἔστησεν αὐτὸ ἐν μέσῳ αὐτῶν, **3** καὶ εἶπεν, Ἀμὴν λέγω ὑμῖν, ἐὰν μὴ στραφῆτε²⁷ καὶ γένησθε ὡς τὰ παιδία, οὐ μὴ εἰσέλθητε εἰς τὴν βασιλείαν τῶν οὐρανῶν. **4** Ὅστις οὖν ταπεινώσει²⁸ ἑαυτὸν ὡς τὸ παιδίον τοῦτο, οὗτός ἐστιν ὁ μείζων ἐν τῇ βασιλείᾳ τῶν οὐρανῶν. **5** Καὶ ὃς ἐὰν δέξηται παιδίον τοιοῦτον ἓν ἐπὶ τῷ ὀνόματί μου, ἐμὲ δέχεται·

---

¹ἀδυνατήσει: FAI-3S   ³ἐκπορεύεται: PNI-3S   ⁶Ἀναστρεφομένων: PPP-GPM   ⁷ἐλυπήθησαν: API-3P   ¹¹τελεῖ: PAI-3S   ¹³προέφθασεν: AAI-3S   ²⁰σκανδαλίσωμεν: AAS-1P   ²⁶προσκαλεσάμενος: ADP-NSM   ²⁷στραφῆτε: 2APS-2P   ²⁸ταπεινώσει: FAI-3S

---

¹ἀδυνατέω, [2] to be impossible; I am unable.   ²γένος, ους, τό, [21] offspring, family, race, nation, kind.   ³ἐκπορεύομαι, [32] I depart from; I am voided, cast out; I proceed from, am spoken; I burst forth, flow out, am spread abroad.   ⁴προσευχή, ῆς, ἡ, [37] (a) prayer (to God), (b) a place for prayer (used by Jews, perhaps where there was no synagogue).   ⁵νηστεία, ας, ἡ, [8] fasting, the day of atonement.   ⁶ἀναστρέφω, [11] I overturn; I turn back, return; I turn hither and thither; pass: I turn myself about; I sojourn, dwell; I conduct myself, behave, live.   ⁷λυπέω, [26] I pain, grieve, vex.   ⁸σφόδρα, [11] exceedingly, greatly, very much.   ⁹Καπερναούμ, ἡ, [16] Capernaum, a town of Galilee.   ¹⁰δίδραχμον, ου, τό, [2] a double-drachma, two drachmae, a Greek silver coin.   ¹¹τελέω, [26] (a) I end, finish, (b) I fulfill, accomplish, (c) I pay.   ¹²ναί, [35] yes, certainly, even so.   ¹³προφθάνω, [1] I anticipate, forestall.   ¹⁴τέλος, ους, τό, [41] (a) an end, (b) event or issue, (c) the principal end, aim, purpose, (d) a tax.   ¹⁵κῆνσος, ου, ὁ, [4] a poll-tax.   ¹⁶ἀλλότριος, ία, ιον, [14] belonging to another person, belonging to others, foreign, strange.   ¹⁷ἄρα, [35] then, therefore, since.   ¹⁸γε, [15] an enclitic, emphasizing particle: at least, indeed, really, but generally too subtle to be represented in English.   ¹⁹ἐλεύθερος, έρα, ερον, [23] free, delivered from obligation.   ²⁰σκανδαλίζω, [30] I cause to stumble, cause to sin, cause to become indignant, shock, offend.   ²¹ἄγκιστρον, ου, τό, [1] a fish-hook.   ²²ἰχθύς, ύος, ὁ, [20] a fish.   ²³στατήρ, ῆρος, ὁ, [1] an Attic silver coin equal in value to the Jewish shekel.   ²⁴ἀντί, [22] (a) instead of, in return for, over against, opposite, in exchange for, as a substitute for, (b) on my behalf, (c) wherefore, because.   ²⁵ἄρα, [19] a particle asking a question, to which a negative answer is expected.   ²⁶προσκαλέω, [31] I call to myself, summon.   ²⁷στρέφω, [19] I turn, am converted, change, change my direction.   ²⁸ταπεινόω, [14] I make or bring low, humble, humiliate; pass: I am humbled.

6 ὃς δ᾿ ἂν σκανδαλίσῃ¹ ἕνα τῶν μικρῶν² τούτων τῶν πιστευόντων εἰς ἐμέ, συμφέρει³ αὐτῷ ἵνα κρεμασθῇ⁴ μύλος⁵ ὀνικὸς⁶ εἰς τὸν τράχηλον⁷ αὐτοῦ, καὶ καταποντισθῇ⁸ ἐν τῷ πελάγει⁹ τῆς θαλάσσης. **7** Οὐαὶ¹⁰ τῷ κόσμῳ ἀπὸ τῶν σκανδάλων·¹¹ ἀνάγκη¹² γὰρ ἐστιν ἐλθεῖν τὰ σκάνδαλα·¹¹ πλὴν¹³ οὐαὶ¹⁰ τῷ ἀνθρώπῳ ἐκείνῳ, δι᾿ οὗ τὸ σκάνδαλον¹¹ ἔρχεται. **8** Εἰ δὲ ἡ χείρ σου ἢ ὁ πούς σου σκανδαλίζει¹⁴ σε, ἔκκοψον¹⁵ αὐτὰ καὶ βάλε ἀπὸ σοῦ· καλόν σοι ἐστὶν εἰσελθεῖν εἰς τὴν ζωὴν χωλὸν¹⁶ ἢ κυλλόν,¹⁷ ἢ δύο χεῖρας ἢ δύο πόδας ἔχοντα βληθῆναι εἰς τὸ πῦρ τὸ αἰώνιον. **9** Καὶ εἰ ὁ ὀφθαλμός σου σκανδαλίζει¹⁸ σε, ἔξελε¹⁹ αὐτὸν καὶ βάλε ἀπὸ σοῦ· καλόν σοι ἐστὶν μονόφθαλμον²⁰ εἰς τὴν ζωὴν εἰσελθεῖν, ἢ δύο ὀφθαλμοὺς ἔχοντα βληθῆναι εἰς τὴν γέενναν²¹ τοῦ πυρός. **10** Ὁρᾶτε μὴ καταφρονήσητε²² ἑνὸς τῶν μικρῶν² τούτων, λέγω γὰρ ὑμῖν ὅτι οἱ ἄγγελοι αὐτῶν ἐν οὐρανοῖς διὰ παντὸς βλέπουσιν τὸ πρόσωπον τοῦ πατρός μου τοῦ ἐν οὐρανοῖς. **11** Ἦλθεν γὰρ ὁ υἱὸς τοῦ ἀνθρώπου σῶσαι τὸ ἀπολωλός. **12** Τί ὑμῖν δοκεῖ; Ἐὰν γένηταί τινι ἀνθρώπῳ ἑκατὸν²³ πρόβατα,²⁴ καὶ πλανηθῇ²⁵ ἓν ἐξ αὐτῶν· οὐχὶ ἀφεὶς τὰ ἐνενήκοντα²⁶ ἐννέα,²⁷ ἐπὶ τὰ ὄρη πορευθεὶς ζητεῖ τὸ πλανώμενον;²⁸ **13** Καὶ ἐὰν γένηται εὑρεῖν αὐτό, ἀμὴν λέγω ὑμῖν ὅτι χαίρει ἐπ᾿ αὐτῷ μᾶλλον, ἢ ἐπὶ τοῖς ἐνενήκοντα²⁶ ἐννέα²⁷ τοῖς μὴ πεπλανημένοις.²⁹ **14** Οὕτως οὐκ ἔστιν θέλημα ἔμπροσθεν³⁰ τοῦ πατρὸς ὑμῶν τοῦ ἐν οὐρανοῖς, ἵνα ἀπόληται εἷς τῶν μικρῶν² τούτων.

How to Deal with an Erring Brother

15 Ἐὰν δὲ ἁμαρτήσῃ³¹ εἰς σὲ ὁ ἀδελφός σου, ὕπαγε καὶ ἔλεγξον³² αὐτὸν μεταξὺ³³ σοῦ καὶ αὐτοῦ μόνου.³⁴ Ἐάν σου ἀκούσῃ, ἐκέρδησας³⁵ τὸν ἀδελφόν σου· **16** ἐὰν δὲ

---

¹σκανδαλίσῃ: AAS-3S   ³συμφέρει: PAI-3S   ⁴κρεμασθῇ: APS-3S   ⁸καταποντισθῇ: APS-3S   ¹⁴σκανδαλίζει: PAI-3S   ¹⁵ἔκκοψον: AAM-2S   ¹⁸σκανδαλίζει: PAI-3S   ¹⁹ἔξελε: 2AAM-2S   ²²καταφρονήσητε: AAS-2P   ²⁵πλανηθῇ: APS-3S   ²⁸πλανώμενον: PPP-ASN   ²⁹πεπλανημένοις: RPP-DPN   ³¹ἁμαρτήσῃ: AAS-3S   ³²ἔλεγξον: AAM-2S   ³⁵ἐκέρδησας: AAI-2S

---

¹σκανδαλίζω, [30] I cause to stumble, cause to sin, cause to become indignant, shock, offend.   ²μικρός, ά, όν, [45] little, small.   ³συμφέρω, [17] I bring together, collect; I am profitable to.   ⁴κρεμάννυμι, [7] I hang, hang up, suspend; mid: I am hanging, hang.   ⁵μύλος, ου, ὁ, [4] a millstone, mill.   ⁶ὀνικός, ή, όν, [2] pertaining to an ass.   ⁷τράχηλος, ου, ὁ, [7] the neck.   ⁸καταποντίζω, [2] I sink in the sea, pass: I drown, am submerged.   ⁹πέλαγος, ους, τό, [2] the sea, the deep.   ¹⁰οὐαί, [47] woe!, alas!, uttered in grief or denunciation.   ¹¹σκάνδαλον, ου, τό, [15] a snare, stumbling-block, cause for error.   ¹²ἀνάγκη, ης, ἡ, [18] necessity, constraint, compulsion; there is need to; force, violence.   ¹³πλήν, [31] however, nevertheless, but, except that, yet.   ¹⁴σκανδαλίζω, [30] I cause to stumble, cause to sin, cause to become indignant, shock, offend.   ¹⁵ἐκκόπτω, [10] I cut out (off, away), remove, prevent.   ¹⁶χωλός, ή, όν, [15] lame, deprived of a foot, limping.   ¹⁷κυλλός, ή, όν, [4] crippled, lame, especially in the hands.   ¹⁸σκανδαλίζω, [30] I cause to stumble, cause to sin, cause to become indignant, shock, offend.   ¹⁹ἐξαιρέω, [8] I take out, remove; sometimes (mid): I choose, sometimes: I rescue.   ²⁰μονόφθαλμος, ον, [2] one-eyed, with one eye only.   ²¹γέεννα, ης, ἡ, [12] Gehenna, and originally the name of a valley or cavity near Jerusalem, a place underneath the earth, a place of punishment for evil.   ²²καταφρονέω, [9] I despise, scorn, and show it by active insult, disregard.   ²³ἑκατόν, [17] one hundred.   ²⁴πρόβατον, ου, τό, [41] a sheep.   ²⁵πλανάω, [40] I lead astray, deceive, cause to wander.   ²⁶ἐνενήκοντα, [4] ninety.   ²⁷ἐννέα, [5] nine.   ²⁸πλανάω, [40] I lead astray, deceive, cause to wander.   ²⁹πλανάω, [40] I lead astray, deceive, cause to wander.   ³⁰ἔμπροσθεν, [48] in front, before the face; sometimes made a subst. by the addition of the article: in front of, before the face of.   ³¹ἁμαρτάνω, [43] originally: I miss the mark, hence (a) I make a mistake, (b) I sin, commit a sin (against God); sometimes the idea of sinning against a fellow-creature is present.   ³²ἐλέγχω, [18] (a) I reprove, rebuke, discipline, (b) I expose, show to be guilty.   ³³μεταξύ, [9] meanwhile, afterwards, between.   ³⁴μόνος, η, ον, [45] only, solitary, desolate.   ³⁵κερδαίνω, [16] I gain, acquire, win (over), avoid loss.

μὴ ἀκούσῃ, παράλαβε[1] μετὰ σοῦ ἔτι ἕνα ἢ δύο, ἵνα ἐπὶ στόματος δύο μαρτύρων[2] ἢ τριῶν σταθῇ πᾶν ῥῆμα· 17 ἐὰν δὲ παρακούσῃ[3] αὐτῶν, εἰπὲ τῇ ἐκκλησίᾳ· ἐὰν δὲ καὶ τῆς ἐκκλησίας παρακούσῃ,[4] ἔστω σοι ὥσπερ[5] ὁ ἐθνικὸς[6] καὶ ὁ τελώνης.[7] 18 Ἀμὴν λέγω ὑμῖν, ὅσα ἐὰν δήσητε[8] ἐπὶ τῆς γῆς, ἔσται δεδεμένα[9] ἐν τῷ οὐρανῷ· καὶ ὅσα ἐὰν λύσητε[10] ἐπὶ τῆς γῆς, ἔσται λελυμένα[11] ἐν τῷ οὐρανῷ. 19 Πάλιν ἀμὴν λέγω ὑμῖν, ὅτι ἐὰν δύο ὑμῶν συμφωνήσωσιν[12] ἐπὶ τῆς γῆς περὶ παντὸς πράγματος[13] οὗ ἐὰν αἰτήσωνται, γενήσεται αὐτοῖς παρὰ τοῦ πατρός μου τοῦ ἐν οὐρανοῖς. 20 Οὗ[14] γάρ εἰσιν δύο ἢ τρεῖς συνηγμένοι εἰς τὸ ἐμὸν ὄνομα, ἐκεῖ εἰμι ἐν μέσῳ αὐτῶν.

21 Τότε προσελθὼν αὐτῷ ὁ Πέτρος εἶπεν, Κύριε, ποσάκις[15] ἁμαρτήσει[16] εἰς ἐμὲ ὁ ἀδελφός μου, καὶ ἀφήσω αὐτῷ; Ἕως ἑπτάκις;[17] 22 Λέγει αὐτῷ ὁ Ἰησοῦς, Οὐ λέγω σοι ἕως ἑπτάκις,[17] ἀλλ᾽ ἕως ἑβδομηκοντάκις[18] ἑπτά.

Parable of the Unmerciful Servant

23 Διὰ τοῦτο ὡμοιώθη[19] ἡ βασιλεία τῶν οὐρανῶν ἀνθρώπῳ βασιλεῖ, ὃς ἠθέλησεν συνᾶραι[20] λόγον μετὰ τῶν δούλων αὐτοῦ. 24 Ἀρξαμένου δὲ αὐτοῦ συναίρειν,[21] προσηνέχθη[22] αὐτῷ εἷς ὀφειλέτης[23] μυρίων[24] ταλάντων.[25] 25 Μὴ ἔχοντος δὲ αὐτοῦ ἀποδοῦναι[26] ἐκέλευσεν[27] αὐτὸν ὁ κύριος αὐτοῦ πραθῆναι,[28] καὶ τὴν γυναῖκα αὐτοῦ καὶ τὰ τέκνα, καὶ πάντα ὅσα εἶχεν, καὶ ἀποδοθῆναι.[29] 26 Πεσὼν οὖν ὁ δοῦλος προσεκύνει αὐτῷ, λέγων, Κύριε, Μακροθύμησον[30] ἐπ᾽ ἐμοί, καὶ πάντα σοι ἀποδώσω.[31] 27 Σπλαγχνισθεὶς[32] δὲ ὁ κύριος τοῦ δούλου ἐκείνου ἀπέλυσεν αὐτόν, καὶ τὸ δάνειον[33]

---

[1]παράλαβε: 2AAM-2S [3]παρακούσῃ: AAS-3S [4]παρακούσῃ: AAS-3S [8]δήσητε: AAS-2P [9]δεδεμένα: RPP-NPN [10]λύσητε: AAS-2P [11]λελυμένα: RPP-NPN [12]συμφωνήσωσιν: AAS-3P [16]ἁμαρτήσει: FAI-3S [19]ὡμοιώθη: API-3S [20]συνᾶραι: AAN [21]συναίρειν: PAN [22]προσηνέχθη: API-3S [26]ἀποδοῦναι: 2AAN [27]ἐκέλευσεν: AAI-3S [28]πραθῆναι: APN [29]ἀποδοθῆναι: APN [30]Μακροθύμησον: AAM-2S [31]ἀποδώσω: FAI-1S [32]Σπλαγχνισθεὶς: AOP-NSM

---

[1]παραλαμβάνω, [49] I take from, receive from, or: I take to, receive (apparently not used of money), admit, acknowledge; I take with me. [2]μάρτυς, υρος, ὁ, [34] a witness; an eye- or ear-witness. [3]παρακούω, [2] (a) I hear carelessly or incidentally, or I pretend not to hear, (b) I refuse to hear; I disobey, disregard. [4]παρακούω, [2] (a) I hear carelessly or incidentally, or I pretend not to hear, (b) I refuse to hear; I disobey, disregard. [5]ὥσπερ, [42] just as, as, even as. [6]ἐθνικός, ή, όν, [2] pagan, heathen, gentile; subst: a Gentile, non-Jew. [7]τελώνης, ου, ὁ, [22] a publican, collector of taxes. [8]δέω, [44] I bind, tie, fasten; I impel, compel; I declare to be prohibited and unlawful. [9]δέω, [44] I bind, tie, fasten; I impel, compel; I declare to be prohibited and unlawful. [10]λύω, [42] (a) I loose, untie, release, (b) met: I break, destroy, set at naught, contravene; I break up a meeting, annul. [11]λύω, [42] (a) I loose, untie, release, (b) met: I break, destroy, set at naught, contravene; I break up a meeting, annul. [12]συμφωνέω, [6] I agree with, harmonize with, agree together. [13]πρᾶγμα, ατος, τό, [11] a thing done, a deed, action; a matter, an affair. [14]οὗ, [23] where, whither, when, in what place. [15]ποσάκις, [3] how often, how many times. [16]ἁμαρτάνω, [43] originally: I miss the mark, hence (a) I make a mistake, (b) I sin, commit a sin (against God); sometimes the idea of sinning against a fellow-creature is present. [17]ἑπτάκις, [4] seven times. [18]ἑβδομηκοντάκις, [1] seventy times. [19]ὁμοιόω, [15] I make like, liken; I compare. [20]συναίρω, [3] I compare (settle) accounts, make a reckoning. [21]συναίρω, [3] I compare (settle) accounts, make a reckoning. [22]προσφέρω, [48] (a) I bring to, (b) characteristically: I offer (of gifts, sacrifices, etc). [23]ὀφειλέτης, ου, ὁ, [7] (a) a debtor, one who owes, one who is indebted, (b) one who has sinned against another (an Aramaism), a sinner. [24]μυρίοι, ίαι, ία, [3] ten thousand; also used for a very large number, innumerable. [25]τάλαντον, ου, τό, [15] a talent of silver or gold. [26]ἀποδίδωμι, [47] (a) I give back, return, restore, (b) I give, render, as due, (c) mid: I sell. [27]κελεύω, [26] I command, order, direct, bid. [28]πιπράσκω, [9] I sell; pass: I am a slave to, am devoted to. [29]ἀποδίδωμι, [47] (a) I give back, return, restore, (b) I give, render, as due, (c) mid: I sell. [30]μακροθυμέω, [10] I suffer long, have patience, am forbearing, perseverance. [31]ἀποδίδωμι, [47] (a) I give back, return, restore, (b) I give, render, as due, (c) mid: I sell. [32]σπλαγχνίζομαι, [12] I feel compassion, have pity on, am moved. [33]δάνειον, ου, τό, [1] a loan, debt.

ἀφῆκεν αὐτῷ. **28** Ἐξελθὼν δὲ ὁ δοῦλος ἐκεῖνος εὗρεν ἕνα τῶν συνδούλων¹ αὐτοῦ, ὃς ὤφειλεν² αὐτῷ ἑκατὸν³ δηνάρια,⁴ καὶ κρατήσας⁵ αὐτὸν ἔπνιγεν,⁶ λέγων, Ἀπόδος⁷ μοι εἴ τι ὀφείλεις.⁸ **29** Πεσὼν οὖν ὁ σύνδουλος¹ αὐτοῦ εἰς τοὺς πόδας αὐτοῦ παρεκάλει αὐτόν, λέγων, Μακροθύμησον⁹ ἐπ' ἐμοί, καὶ ἀποδώσω¹⁰ σοι. **30** Ὁ δὲ οὐκ ἤθελεν, ἀλλὰ ἀπελθὼν ἔβαλεν αὐτὸν εἰς φυλακήν,¹¹ ἕως οὗ ἀποδῷ¹² τὸ ὀφειλόμενον.¹³ **31** Ἰδόντες δὲ οἱ σύνδουλοι¹ αὐτοῦ τὰ γενόμενα ἐλυπήθησαν¹⁴ σφόδρα·¹⁵ καὶ ἐλθόντες διεσάφησαν¹⁶ τῷ κυρίῳ ἑαυτῶν πάντα τὰ γενόμενα. **32** Τότε προσκαλεσάμενος¹⁷ αὐτὸν ὁ κύριος αὐτοῦ λέγει αὐτῷ, Δοῦλε πονηρέ, πᾶσαν τὴν ὀφειλὴν¹⁸ ἐκείνην ἀφῆκά σοι, ἐπεὶ¹⁹ παρεκάλεσάς με· **33** οὐκ ἔδει καὶ σὲ ἐλεῆσαι²⁰ τὸν σύνδουλόν¹ σου, ὡς καὶ ἐγώ σε ἠλέησα;²¹ **34** Καὶ ὀργισθεὶς²² ὁ κύριος αὐτοῦ παρέδωκεν αὐτὸν τοῖς βασανισταῖς,²³ ἕως οὗ ἀποδῷ²⁴ πᾶν τὸ ὀφειλόμενον²⁵ αὐτῷ. **35** Οὕτως καὶ ὁ πατήρ μου ὁ ἐπουράνιος²⁶ ποιήσει ὑμῖν, ἐὰν μὴ ἀφῆτε ἕκαστος τῷ ἀδελφῷ αὐτοῦ ἀπὸ τῶν καρδιῶν ὑμῶν τὰ παραπτώματα²⁷ αὐτῶν.

On Marriage and Divorce

19 Καὶ ἐγένετο ὅτε ἐτέλεσεν²⁸ ὁ Ἰησοῦς τοὺς λόγους τούτους, μετῆρεν²⁹ ἀπὸ τῆς Γαλιλαίας, καὶ ἦλθεν εἰς τὰ ὅρια³⁰ τῆς Ἰουδαίας³¹ πέραν³² τοῦ Ἰορδάνου.³³ **2** Καὶ ἠκολούθησαν αὐτῷ ὄχλοι πολλοί, καὶ ἐθεράπευσεν³⁴ αὐτοὺς ἐκεῖ. **3** Καὶ προσῆλθον αὐτῷ οἱ Φαρισαῖοι πειράζοντες³⁵ αὐτόν, καὶ λέγοντες αὐτῷ, Εἰ ἔξεστιν³⁶ ἀνθρώπῳ ἀπολῦσαι τὴν γυναῖκα αὐτοῦ κατὰ πᾶσαν αἰτίαν;³⁷ **4** Ὁ δὲ ἀποκριθεὶς εἶπεν

---

²*ὤφειλεν: IAI-3S* ⁵*κρατήσας: AAP-NSM* ⁶*ἔπνιγεν: IAI-3S* ⁷*Ἀπόδος: 2AAM-2S* ⁸*ὀφείλεις: PAI-2S* ⁹*Μακροθύμησον: AAM-2S* ¹⁰*ἀποδώσω: FAI-1S* ¹²*ἀποδῷ: 2AAS-3S* ¹³*ὀφειλόμενον: PPP-ASN* ¹⁴*ἐλυπήθησαν: API-3P* ¹⁶*διεσάφησαν: AAI-3P* ¹⁷*προσκαλεσάμενος: ADP-NSM* ²⁰*ἐλεῆσαι: AAN* ²¹*ἠλέησα: AAI-1S* ²²*ὀργισθεὶς: APP-NSM* ²⁴*ἀποδῷ: 2AAS-3S* ²⁵*ὀφειλόμενον: PPP-ASN* ²⁸*ἐτέλεσεν: AAI-3S* ²⁹*μετῆρεν: AAI-3S* ³⁴*ἐθεράπευσεν: AAI-3S* ³⁵*πειράζοντες: PAP-NPM* ³⁶*ἔξεστιν: PAI-3S*

---

¹*σύνδουλος, ου, ὁ, [10] a fellow slave, fellow servant; of Christians: a fellow worker, colleague.* ²*ὀφείλω, [36] I owe, ought.* ³*ἑκατόν, [17] one hundred.* ⁴*δηνάριον, ου, τό, [16] a denarius, a small Roman silver coin.* ⁵*κρατέω, [47] I am strong, mighty, hence: I rule, am master, prevail; I obtain, take hold of: I hold, hold fast.* ⁶*πνίγω, [2] I choke, throttle, strangle; hence: I drown.* ⁷*ἀποδίδωμι, [47] (a) I give back, return, restore, (b) I give, render, as due, (c) mid: I sell.* ⁸*ὀφείλω, [36] I owe, ought.* ⁹*μακροθυμέω, [10] I suffer long, have patience, am forbearing, perseverance.* ¹⁰*ἀποδίδωμι, [47] (a) I give back, return, restore, (b) I give, render, as due, (c) mid: I sell.* ¹¹*φυλακή, ῆς, ἡ, [47] a watching, keeping guard; a guard, prison; imprisonment.* ¹²*ἀποδίδωμι, [47] (a) I give back, return, restore, (b) I give, render, as due, (c) mid: I sell.* ¹³*ὀφείλω, [36] I owe, ought.* ¹⁴*λυπέω, [26] I pain, grieve, vex.* ¹⁵*σφόδρα, [11] exceedingly, greatly, very much.* ¹⁶*διασαφέω, [1] I make clear, explain fully.* ¹⁷*προσκαλέω, [31] I call to myself, summon.* ¹⁸*ὀφειλή, ῆς, ἡ, [2] a debt, a duty, what is due.* ¹⁹*ἐπεί, [27] of time: when, after; of cause: since, because; otherwise: else.* ²⁰*ἐλεέω, [31] I pity, have mercy on.* ²¹*ἐλεέω, [31] I pity, have mercy on.* ²²*ὀργίζω, [8] I irritate, provoke, am angry.* ²³*βασανιστής, οῦ, ὁ, [1] one who tortures, a tormentor, jailor.* ²⁴*ἀποδίδωμι, [47] (a) I give back, return, restore, (b) I give, render, as due, (c) mid: I sell.* ²⁵*ὀφείλω, [36] I owe, ought.* ²⁶*ἐπουράνιος, ον, [20] heavenly, celestial, in the heavenly sphere, the sphere of spiritual activities; met: divine, spiritual.* ²⁷*παράπτωμα, ατος, τό, [23] a falling away, lapse, slip, false step, trespass, sin.* ²⁸*τελέω, [26] (a) I end, finish, (b) I fulfil, accomplish, (c) I pay.* ²⁹*μεταίρω, [2] I change my position, depart, remove.* ³⁰*ὅριον, ου, τό, [11] the boundaries of a place, hence: districts, territory.* ³¹*Ἰουδαία, ας, ἡ, [43] Judea, a Roman province, capital Jerusalem.* ³²*πέραν, [23] over, on the other side, beyond.* ³³*Ἰορδάνης, ου, ὁ, [15] the Jordan, a great river flowing due south and bounding Galilee, Samaria, and Judea on the east.* ³⁴*θεραπεύω, [44] I care for, attend, serve, treat, especially of a physician; hence: I heal.* ³⁵*πειράζω, [39] I try, tempt, test.* ³⁶*ἔξεστιν, [31] it is permitted, lawful, possible.* ³⁷*αἰτία, ας, ἡ, [20] a cause, reason, excuse; a charge, accusation; guilt; circumstances, case.*

αὐτοῖς, Οὐκ ἀνέγνωτε[1] ὅτι ὁ ποιήσας ἀπ᾽ ἀρχῆς ἄρσεν[2] καὶ θῆλυ[3] ἐποίησεν αὐτούς, 5 καὶ εἶπεν, Ἕνεκεν[4] τούτου καταλείψει[5] ἄνθρωπος τὸν πατέρα καὶ τὴν μητέρα, καὶ προσκολληθήσεται[6] τῇ γυναικὶ αὐτοῦ, καὶ ἔσονται οἱ δύο εἰς σάρκα μίαν; 6 Ὥστε οὐκέτι[7] εἰσὶν δύο, ἀλλὰ σὰρξ μία· ὃ οὖν ὁ θεὸς συνέζευξεν,[8] ἄνθρωπος μὴ χωριζέτω.[9] 7 Λέγουσιν αὐτῷ, Τί οὖν Μωσῆς ἐνετείλατο[10] δοῦναι βιβλίον[11] ἀποστασίου,[12] καὶ ἀπολῦσαι αὐτήν; 8 Λέγει αὐτοῖς ὅτι Μωσῆς πρὸς τὴν σκληροκαρδίαν[13] ὑμῶν ἐπέτρεψεν[14] ὑμῖν ἀπολῦσαι τὰς γυναῖκας ὑμῶν· ἀπ᾽ ἀρχῆς δὲ οὐ γέγονεν οὕτως. 9 Λέγω δὲ ὑμῖν ὅτι ὃς ἂν ἀπολύσῃ τὴν γυναῖκα αὐτοῦ, μὴ ἐπὶ πορνείᾳ,[15] καὶ γαμήσῃ[16] ἄλλην, μοιχᾶται·[17] καὶ ὁ ἀπολελυμένην γαμήσας[18] μοιχᾶται.[19] 10 Λέγουσιν αὐτῷ οἱ μαθηταὶ αὐτοῦ, Εἰ οὕτως ἐστὶν ἡ αἰτία[20] τοῦ ἀνθρώπου μετὰ τῆς γυναικός, οὐ συμφέρει[21] γαμῆσαι.[22] 11 Ὁ δὲ εἶπεν αὐτοῖς, Οὐ πάντες χωροῦσιν[23] τὸν λόγον τοῦτον, ἀλλ᾽ οἷς δέδοται. 12 Εἰσὶν γὰρ εὐνοῦχοι,[24] οἵτινες ἐκ κοιλίας[25] μητρὸς ἐγεννήθησαν οὕτως· καί εἰσιν εὐνοῦχοι,[24] οἵτινες εὐνουχίσθησαν[26] ὑπὸ τῶν ἀνθρώπων· καί εἰσιν εὐνοῦχοι,[24] οἵτινες εὐνούχισαν[27] ἑαυτοὺς διὰ τὴν βασιλείαν τῶν οὐρανῶν. Ὁ δυνάμενος χωρεῖν[28] χωρείτω.[29]

Christ Blessing Little Children

13 Τότε προσηνέχθη[30] αὐτῷ παιδία, ἵνα τὰς χεῖρας ἐπιθῇ[31] αὐτοῖς, καὶ προσεύξηται· οἱ δὲ μαθηταὶ ἐπετίμησαν[32] αὐτοῖς. 14 Ὁ δὲ Ἰησοῦς εἶπεν, Ἄφετε τὰ παιδία, καὶ μὴ

---

[1]ἀνέγνωτε: 2AAI-2P [5]καταλείψει: FAI-3S [6]προσκολληθήσεται: FPI-3S [8]συνέζευξεν: AAI-3S [9]χωριζέτω: PAM-3S [10]ἐνετείλατο: ADI-3S [14]ἐπέτρεψεν: AAI-3S [16]γαμήσῃ: AAS-3S [17]μοιχᾶται: PNI-3S [18]γαμήσας: AAP-NSM [19]μοιχᾶται: PNI-3S [21]συμφέρει: PAI-3S [22]γαμῆσαι: AAN [23]χωροῦσιν: PAI-3P [26]εὐνουχίσθησαν: API-3P [27]εὐνούχισαν: AAI-3P [28]χωρεῖν: PAN [29]χωρείτω: PAM-3S [30]προσηνέχθη: API-3S [31]ἐπιθῇ: 2AAS-3S [32]ἐπετίμησαν: AAI-3P

---

[1]ἀναγινώσκω, [32] I read, know again, know certainly, recognize, discern. [2]ἄρσην, ενος, εν, [9] male. [3]θῆλυς, εια, υ, [5] female. [4]ἕνεκεν, [26] for the sake of, on account of, on account of which, wherefore, on account of what, why. [5]καταλείπω, [25] I leave behind, desert, abandon, forsake; I leave remaining, reserve. [6]προσκολλάω, [3] (lit: I glue one thing to another), I join (unite) closely, cleave (to), follow as an adherent. [7]οὐκέτι, [48] no longer, no more. [8]συζεύγνυμι, [2] I yoke together, unite (as man and wife). [9]χωρίζω, [13] (a) I separate, put apart, (b) mid. or pass: I separate myself, depart, withdraw. [10]ἐντέλλομαι, [17] I give orders (injunctions, instructions, commands). [11]βιβλίον, ου, τό, [36] a papyrus roll. [12]ἀποστάσιον, ου, τό, [3] repudiation, divorce; met: bill of divorce. [13]σκληροκαρδία, ας, ἡ, [3] hardness of heart, perverseness, obstinacy. [14]ἐπιτρέπω, [19] I turn to, commit, entrust; I allow, yield, permit. [15]πορνεία, ας, ἡ, [26] fornication, whoredom; met: idolatry. [16]γαμέω, [29] I marry, used of either sex. [17]μοιχάομαι, [6] I commit adultery, not only of a married woman but of a married man. [18]γαμέω, [29] I marry, used of either sex. [19]μοιχάομαι, [6] I commit adultery, not only of a married woman but of a married man. [20]αἰτία, ας, ἡ, [20] a cause, reason, excuse; a charge, accusation; guilt; circumstances, case. [21]συμφέρω, [17] I bring together, collect; I am profitable to. [22]γαμέω, [29] I marry, used of either sex. [23]χωρέω, [10] (lit: I make room, hence) (a) I have room for, receive, contain, (b) I make room for by departing, go, make progress, turn myself. [24]εὐνοῦχος, ου, ὁ, [8] (a) a chamberlain, keeper of the bed-chamber of an eastern potentate, eunuch, (b) a eunuch, castrated person, or one who voluntarily abstains from marriage. [25]κοιλία, ας, ἡ, [23] belly, abdomen, heart, a general term covering any organ in the abdomen, e.g. stomach, womb; met: the inner man. [26]εὐνουχίζω, [2] I make into a eunuch, emasculate, castrate. [27]εὐνουχίζω, [2] I make into a eunuch, emasculate, castrate. [28]χωρέω, [10] (lit: I make room, hence) (a) I have room for, receive, contain, (b) I make room for by departing, go, make progress, turn myself. [29]χωρέω, [10] (lit: I make room, hence) (a) I have room for, receive, contain, (b) I make room for by departing, go, make progress, turn myself. [30]προσφέρω, [48] (a) I bring to, (b) characteristically: I offer (of gifts, sacrifices, etc). [31]ἐπιτίθημι, [41] I put, place upon, lay on; I add, give in addition. [32]ἐπιτιμάω, [29] (a) I rebuke, chide, admonish, (b) I warn.

κωλύετε¹ αὐτὰ ἐλθεῖν πρός με· τῶν γὰρ τοιούτων ἐστὶν ἡ βασιλεία τῶν οὐρανῶν. **15** Καὶ ἐπιθεὶς² αὐτοῖς τὰς χεῖρας, ἐπορεύθη ἐκεῖθεν.³

The Dangers of Riches

16 Καὶ ἰδού, εἷς προσελθὼν εἶπεν αὐτῷ, Διδάσκαλε ἀγαθέ, τί ἀγαθὸν ποιήσω, ἵνα ἔχω ζωὴν αἰώνιον; **17** Ὁ δὲ εἶπεν αὐτῷ, Τί με λέγεις ἀγαθόν; Οὐδεὶς ἀγαθός, εἰ μὴ εἷς, ὁ θεός. Εἰ δὲ θέλεις εἰσελθεῖν εἰς τὴν ζωήν, τήρησον τὰς ἐντολάς. **18** Λέγει αὐτῷ, Ποίας;⁴ Ὁ δὲ Ἰησοῦς εἶπεν, Τὸ Οὐ φονεύσεις·⁵ οὐ μοιχεύσεις·⁶ οὐ κλέψεις·⁷ οὐ ψευδομαρτυρήσεις·⁸ **19** τίμα⁹ τὸν πατέρα καὶ τὴν μητέρα· καί, ἀγαπήσεις τὸν πλησίον¹⁰ σου ὡς σεαυτόν.¹¹ **20** Λέγει αὐτῷ ὁ νεανίσκος,¹² Πάντα ταῦτα ἐφυλαξάμην¹³ ἐκ νεότητός¹⁴ μου· τί ἔτι ὑστερῶ;¹⁵ **21** Ἔφη αὐτῷ ὁ Ἰησοῦς, Εἰ θέλεις τέλειος¹⁶ εἶναι, ὕπαγε, πώλησόν¹⁷ σου τὰ ὑπάρχοντα καὶ δὸς πτωχοῖς,¹⁸ καὶ ἕξεις θησαυρὸν¹⁹ ἐν οὐρανῷ· καὶ δεῦρο,²⁰ ἀκολούθει μοι. **22** Ἀκούσας δὲ ὁ νεανίσκος¹² τὸν λόγον ἀπῆλθεν λυπούμενος·²¹ ἦν γὰρ ἔχων κτήματα²² πολλά.

23 Ὁ δὲ Ἰησοῦς εἶπεν τοῖς μαθηταῖς αὐτοῦ, Ἀμὴν λέγω ὑμῖν ὅτι δυσκόλως²³ πλούσιος²⁴ εἰσελεύσεται εἰς τὴν βασιλείαν τῶν οὐρανῶν. **24** Πάλιν δὲ λέγω ὑμῖν, εὐκοπώτερόν²⁵ ἐστιν κάμηλον²⁶ διὰ τρυπήματος²⁷ ῥαφίδος²⁸ διελθεῖν,²⁹ ἢ πλούσιον²⁴ εἰς τὴν βασιλείαν τοῦ θεοῦ εἰσελθεῖν. **25** Ἀκούσαντες δὲ οἱ μαθηταὶ αὐτοῦ ἐξεπλήσσοντο³⁰ σφόδρα,³¹ λέγοντες, Τίς ἄρα³² δύναται σωθῆναι; **26** Ἐμβλέψας³³ δὲ ὁ Ἰησοῦς εἶπεν αὐτοῖς, Παρὰ ἀνθρώποις τοῦτο ἀδύνατόν³⁴ ἐστιν, παρὰ δὲ θεῷ πάντα δυνατά.³⁵

---

¹κωλύετε: PAM-2P ²ἐπιθεὶς: 2AAP-NSM ⁵φονεύσεις: FAI-2S ⁶μοιχεύσεις: FAI-2S ⁷κλέψεις: FAI-2S
⁸ψευδομαρτυρήσεις: FAI-2S ⁹τίμα: PAM-2S ¹³ἐφυλαξάμην: AMI-1S ¹⁵ὑστερῶ: PAI-1S ¹⁷πώλησόν: AAM-2S
²⁰δεῦρο: PAM-2S ²¹λυπούμενος: PPP-NSM ²⁹διελθεῖν: 2AAN ³⁰ἐξεπλήσσοντο: IPI-3P ³³Ἐμβλέψας: AAP-NSM

---

¹κωλύω, [23] I prevent, debar, hinder; with infin: from doing so and so. ²ἐπιτίθημι, [41] I put, place upon, lay on; I add, give in addition. ³ἐκεῖθεν, [28] thence, from that place. ⁴ποῖος, α, ον, [34] of what sort. ⁵φονεύω, [12] I murder, kill. ⁶μοιχεύω, [14] I commit adultery (of a man with a married woman, but also of a married man). ⁷κλέπτω, [13] I steal. ⁸ψευδομαρτυρέω, [5] I testify falsely, bear false witness. ⁹τιμάω, [21] (a) I value at a price, estimate, (b) I honor, reverence. ¹⁰πλησίον, [16] near, nearby, a neighbor. ¹¹σεαυτοῦ, ῆς, οῦ, [41] of yourself. ¹²νεανίσκος, ου, ὁ, [10] a young man, youth, an attendant. ¹³φυλάσσω, [30] (a) I guard, protect; mid: I am on my guard, (b) act. and mid. of customs and regulations: I keep, observe. ¹⁴νεότης, τητος, ἡ, [5] youth, youthfulness. ¹⁵ὑστερέω, [16] I fall behind, am lacking, fall short, suffer need, am inferior to. ¹⁶τέλειος, α, ον, [19] perfect, (a) complete in all its parts, (b) full grown, of full age, (c) specially of the completeness of Christian character. ¹⁷πωλέω, [22] I sell, exchange, barter. ¹⁸πτωχός, ή, όν, [34] poor, destitute, spiritually poor, either in a good sense (humble devout persons) or bad. ¹⁹θησαυρός, οῦ, ὁ, [18] a store-house for precious things; hence: a treasure, a store. ²⁰δεῦρο, [9] (originally: hither, hence) (a) exclamatory: come, (b) temporal: now, the present. ²¹λυπέω, [26] I pain, grieve, vex. ²²κτῆμα, ατος, τό, [4] a piece of landed property, a field; plur: possessions, property, possibly landed property, property in land. ²³δυσκόλως, [3] with difficulty, hardly. ²⁴πλούσιος, α, ον, [28] rich, abounding in, wealthy; subst: a rich man. ²⁵εὐκοπώτερον, [7] easier. ²⁶κάμηλος, ου, ὁ, ἡ, [6] a camel or dromedary. ²⁷τρύπημα, ατος, τό, [1] a hole; the eye of a needle. ²⁸ῥαφίς, ίδος, ἡ, [3] a needle. ²⁹διέρχομαι, [42] I pass through, spread (as a report). ³⁰ἐκπλήσσω, [13] I strike with panic or shock; I amaze, astonish. ³¹σφόδρα, [11] exceedingly, greatly, very much. ³²ἄρα, [19] a particle asking a question, to which a negative answer is expected. ³³ἐμβλέπω, [12] I look into (upon); met: I consider; I see clearly. ³⁴ἀδύνατος, ον, [10] of persons: incapable; of things: impossible; either the inability, or that which is impossible. ³⁵δυνατός, ή, όν, [36] (a) of persons: powerful, able, (b) of things: possible.

The Reward of the Apostles

27 Τότε ἀποκριθεὶς ὁ Πέτρος εἶπεν αὐτῷ, Ἰδού, ἡμεῖς ἀφήκαμεν πάντα καὶ ἠκολουθήσαμέν σοι· τί ἄρα¹ ἔσται ἡμῖν; **28** Ὁ δὲ Ἰησοῦς εἶπεν αὐτοῖς, Ἀμὴν λέγω ὑμῖν ὅτι ὑμεῖς οἱ ἀκολουθήσαντές μοι, ἐν τῇ παλιγγενεσίᾳ² ὅταν καθίσῃ³ ὁ υἱὸς τοῦ ἀνθρώπου ἐπὶ θρόνου δόξης αὐτοῦ, καθίσεσθε⁴ καὶ ὑμεῖς ἐπὶ δώδεκα θρόνους, κρίνοντες τὰς δώδεκα φυλὰς⁵ τοῦ Ἰσραήλ. **29** Καὶ πᾶς ὃς ἀφῆκεν οἰκίας, ἢ ἀδελφούς, ἢ ἀδελφάς,⁶ ἢ πατέρα, ἢ μητέρα, ἢ γυναῖκα, ἢ τέκνα, ἢ ἀγρούς,⁷ ἕνεκεν⁸ τοῦ ὀνόματός μου, ἑκατονταπλασίονα⁹ λήψεται, καὶ ζωὴν αἰώνιον κληρονομήσει.¹⁰ **30** Πολλοὶ δὲ ἔσονται πρῶτοι ἔσχατοι, καὶ ἔσχατοι πρῶτοι.

Parable of the Laborers in the Vineyard

20 Ὁμοία¹¹ γάρ ἐστιν ἡ βασιλεία τῶν οὐρανῶν ἀνθρώπῳ οἰκοδεσπότῃ,¹² ὅστις ἐξῆλθεν ἅμα¹³ πρωῒ¹⁴ μισθώσασθαι¹⁵ ἐργάτας¹⁶ εἰς τὸν ἀμπελῶνα¹⁷ αὐτοῦ. **2** Καὶ συμφωνήσας¹⁸ μετὰ τῶν ἐργατῶν¹⁶ ἐκ δηναρίου¹⁹ τὴν ἡμέραν, ἀπέστειλεν αὐτοὺς εἰς τὸν ἀμπελῶνα¹⁷ αὐτοῦ. **3** Καὶ ἐξελθὼν περὶ τρίτην ὥραν, εἶδεν ἄλλους ἑστῶτας ἐν τῇ ἀγορᾷ²⁰ ἀργούς·²¹ **4** καὶ ἐκείνοις εἶπεν, Ὑπάγετε καὶ ὑμεῖς εἰς τὸν ἀμπελῶνα,¹⁷ καὶ ὃ ἐὰν ᾖ δίκαιον δώσω ὑμῖν. **5** Οἱ δὲ ἀπῆλθον. Πάλιν ἐξελθὼν περὶ ἕκτην²² καὶ ἐνάτην²³ ὥραν, ἐποίησεν ὡσαύτως.²⁴ **6** Περὶ δὲ τὴν ἑνδεκάτην²⁵ ὥραν ἐξελθών, εὗρεν ἄλλους ἑστῶτας ἀργούς,²¹ καὶ λέγει αὐτοῖς, Τί ὧδε ἑστήκατε ὅλην τὴν ἡμέραν ἀργοί;²¹ **7** Λέγουσιν αὐτῷ, Ὅτι οὐδεὶς ἡμᾶς ἐμισθώσατο.²⁶ Λέγει αὐτοῖς, Ὑπάγετε καὶ ὑμεῖς εἰς τὸν ἀμπελῶνα,¹⁷ καὶ ὃ ἐὰν ᾖ δίκαιον λήψεσθε. **8** Ὀψίας²⁷ δὲ γενομένης λέγει ὁ κύριος τοῦ ἀμπελῶνος¹⁷ τῷ ἐπιτρόπῳ²⁸ αὐτοῦ, Κάλεσον τοὺς ἐργάτας,¹⁶ καὶ ἀπόδος²⁹ αὐτοῖς τὸν μισθόν,³⁰ ἀρξάμενος ἀπὸ τῶν ἐσχάτων ἕως τῶν πρώτων. **9** Καὶ ἐλθόντες οἱ περὶ τὴν ἑνδεκάτην²⁵ ὥραν ἔλαβον ἀνὰ³¹ δηνάριον.¹⁹ **10** Ἐλθόντες δὲ οἱ πρῶτοι

---

³καθίσῃ: AAS-3S   ⁴καθίσεσθε: FDI-2P   ¹⁰κληρονομήσει: FAI-3S   ¹⁵μισθώσασθαι: AMN   ¹⁸συμφωνήσας: AAP-NSM   ²⁶ἐμισθώσατο: AMI-3S   ²⁹ἀπόδος: 2AAM-2S

---

¹ἄρα, [19] a particle asking a question, to which a negative answer is expected.   ²παλιγγενεσία, ας, ἡ, [2] a new birth, regeneration, renewal.   ³καθίζω, [48] (a) trans: I make to sit; I set, appoint, (b) intrans: I sit down, am seated, stay.   ⁴καθίζω, [48] (a) trans: I make to sit; I set, appoint, (b) intrans: I sit down, am seated, stay.   ⁵φυλή, ῆς, ἡ, [31] a tribe or race of people.   ⁶ἀδελφή, ῆς, ἡ, [25] a sister, a woman (fellow-)member of a church, a Christian woman.   ⁷ἀγρός, οῦ, ὁ, [35] a field, especially as bearing a crop; the country, lands, property in land, a country estate.   ⁸ἕνεκεν, [26] for the sake of, on account of, on account of which, wherefore, on account of what, why.   ⁹ἑκατονταπλασίων, ον, [3] a hundredfold.   ¹⁰κληρονομέω, [18] I inherit, obtain (possess) by inheritance, acquire.   ¹¹ὅμοιος, οία, οιον, [44] like, similar to, resembling, of equal rank.   ¹²οἰκοδεσπότης, ου, ὁ, [12] a head of a household.   ¹³ἅμα, [10] at the same time, therewith, along with, together with.   ¹⁴πρωΐ, [11] early in the morning, at dawn.   ¹⁵μισθόω, [2] I hire out, mid: I hire, engage.   ¹⁶ἐργάτης, ου, ὁ, [16] a field-laborer; then: a laborer, workman in general.   ¹⁷ἀμπελών, ῶνος, ὁ, [23] a vineyard.   ¹⁸συμφωνέω, [6] I agree with, harmonize with, agree together.   ¹⁹δηνάριον, ου, τό, [16] a denarius, a small Roman silver coin.   ²⁰ἀγορά, ᾶς, ἡ, [11] market-place, forum, public place of assembly.   ²¹ἀργός, ή, όν, [8] idle, lazy, thoughtless, unprofitable, injurious.   ²²ἕκτος, η, ον, [14] sixth.   ²³ἔνατος, η, ον, [10] ninth.   ²⁴ὡσαύτως, [18] in like manner, likewise, just so.   ²⁵ἑνδέκατος, η, ον, [3] eleventh.   ²⁶μισθόω, [2] I hire out, mid: I hire, engage.   ²⁷ὄψιος, α, ον, [15] late, evening.   ²⁸ἐπίτροπος, ου, ὁ, [3] (a) (procurator) a steward, (b) (tutor) a guardian (appointed for an "infant" [under 14 perhaps] by the father or by a magistrate).   ²⁹ἀποδίδωμι, [47] (a) I give back, return, restore, (b) I give, render, as due, (c) mid: I sell.   ³⁰μισθός, οῦ, ὁ, [29] (a) pay, wages, salary, (b) reward, recompense, punishment.   ³¹ἀνά, [15] prep. Rare in NT; prop: upwards, up; among, between; in turn; apiece, by; as a prefix: up, to, anew, back.

ἐνόμισαν¹ ὅτι πλείονα λήψονται· καὶ ἔλαβον καὶ αὐτοὶ ἀνὰ² δηνάριον.³ 11 Λαβόντες δὲ ἐγόγγυζον⁴ κατὰ τοῦ οἰκοδεσπότου,⁵ 12 λέγοντες ὅτι Οὗτοι οἱ ἔσχατοι μίαν ὥραν ἐποίησαν, καὶ ἴσους⁶ ἡμῖν αὐτοὺς ἐποίησας, τοῖς βαστάσασιν⁷ τὸ βάρος⁸ τῆς ἡμέρας καὶ τὸν καύσωνα.⁹ 13 Ὁ δὲ ἀποκριθεὶς εἶπεν ἑνὶ αὐτῶν, Ἑταῖρε,¹⁰ οὐκ ἀδικῶ¹¹ σε· οὐχὶ δηναρίου³ συνεφώνησάς¹² μοι; 14 Ἆρον τὸ σὸν¹³ καὶ ὕπαγε· θέλω δὲ τούτῳ τῷ ἐσχάτῳ δοῦναι ὡς καὶ σοί. 15 Ἢ οὐκ ἔξεστίν¹⁴ μοι ποιῆσαι ὃ θέλω ἐν τοῖς ἐμοῖς; Εἰ ὁ ὀφθαλμός σου πονηρός ἐστιν, ὅτι ἐγὼ ἀγαθός εἰμι; 16 Οὕτως ἔσονται οἱ ἔσχατοι πρῶτοι, καὶ οἱ πρῶτοι ἔσχατοι· πολλοὶ γάρ εἰσιν κλητοί,¹⁵ ὀλίγοι¹⁶ δὲ ἐκλεκτοί.¹⁷

Christ Again Foretells His Passion

17 Καὶ ἀναβαίνων ὁ Ἰησοῦς εἰς Ἱεροσόλυμα παρέλαβεν¹⁸ τοὺς δώδεκα μαθητὰς κατ' ἰδίαν ἐν τῇ ὁδῷ, καὶ εἶπεν αὐτοῖς, 18 Ἰδού, ἀναβαίνομεν εἰς Ἱεροσόλυμα, καὶ ὁ υἱὸς τοῦ ἀνθρώπου παραδοθήσεται τοῖς ἀρχιερεῦσιν καὶ γραμματεῦσιν· καὶ κατακρινοῦσιν¹⁹ αὐτὸν θανάτῳ, 19 καὶ παραδώσουσιν αὐτὸν τοῖς ἔθνεσιν εἰς τὸ ἐμπαῖξαι²⁰ καὶ μαστιγῶσαι²¹ καὶ σταυρῶσαι·²² καὶ τῇ τρίτῃ ἡμέρᾳ ἀναστήσεται.

The Requests of the Sons of Zebedee

20 Τότε προσῆλθεν αὐτῷ ἡ μήτηρ τῶν υἱῶν Ζεβεδαίου μετὰ τῶν υἱῶν αὐτῆς, προσκυνοῦσα καὶ αἰτοῦσά τι παρ' αὐτοῦ. 21 Ὁ δὲ εἶπεν αὐτῇ, Τί θέλεις; Λέγει αὐτῷ, Εἰπὲ ἵνα καθίσωσιν²³ οὗτοι οἱ δύο υἱοί μου, εἷς ἐκ δεξιῶν σου, καὶ εἷς ἐξ εὐωνύμων²⁴ σου, ἐν τῇ βασιλείᾳ σου. 22 Ἀποκριθεὶς δὲ ὁ Ἰησοῦς εἶπεν, Οὐκ οἴδατε τί αἰτεῖσθε. Δύνασθε πιεῖν τὸ ποτήριον²⁵ ὃ ἐγὼ μέλλω πίνειν, ἢ τὸ βάπτισμα²⁶ ὃ ἐγὼ βαπτίζομαι βαπτισθῆναι; Λέγουσιν αὐτῷ, Δυνάμεθα. 23 Καὶ λέγει αὐτοῖς, Τὸ μὲν ποτήριόν²⁵ μου πίεσθε, καὶ τὸ βάπτισμα²⁶ ὃ ἐγὼ βαπτίζομαι βαπτισθήσεσθε· τὸ δὲ καθίσαι²⁷ ἐκ

---

¹ἐνόμισαν: AAI-3P   ⁴ἐγόγγυζον: IAI-3P   ⁷βαστάσασιν: AAP-DPM   ¹¹ἀδικῶ: PAI-1S   ¹²συνεφώνησάς: AAI-2S
¹⁴ἔξεστίν: PAI-3S   ¹⁸παρέλαβεν: 2AAI-3S   ¹⁹κατακρινοῦσιν: FAI-3P   ²⁰ἐμπαῖξαι: AAN   ²¹μαστιγῶσαι: AAN
²²σταυρῶσαι: AAN   ²³καθίσωσιν: AAS-3P   ²⁷καθίσαι: AAN

---

¹νομίζω, [15] I practice, hold by custom; I deem, think, consider, suppose.   ²ἀνά, [15] prep. Rare in NT; prop: upwards, up; among, between; in turn; apiece, by; as a prefix: up, to, anew, back.   ³δηνάριον, ου, τό, [16] a denarius, a small Roman silver coin.   ⁴γογγύζω, [8] I whisper, murmur, grumble (generally of smoldering discontent).   ⁵οἰκοδεσπότης, ου, ὁ, [12] a head of a household.   ⁶ἴσος, η, ον, [8] equal, equivalent, identical.   ⁷βαστάζω, [27] (a) I carry, bear, (b) I carry (take) away.   ⁸βάρος, ους, τό, [6] a weight, burden, lit. or met.   ⁹καύσων, ῶνος, ὁ, [3] a scorching heat, hot wind.   ¹⁰ἑταῖρος, ου, ὁ, [4] a companion, comrade, friend.   ¹¹ἀδικέω, [27] I act unjustly towards, injure, harm.   ¹²συμφωνέω, [6] I agree with, harmonize with, agree together.   ¹³σός, σή, σόν, [27] yours, thy, thine.   ¹⁴ἔξεστιν, [31] it is permitted, lawful, possible.   ¹⁵κλητός, ή, όν, [12] called, invited, summoned by God to an office or to salvation.   ¹⁶ὀλίγος, η, ον, [43] (a) especially in plur: few, (b) in sing: small; hence, of time: short, of degree: light, slight, little.   ¹⁷ἐκλεκτός, ή, όν, [24] chosen out, elect, choice, select, sometimes as subst: of those chosen out by God for the rendering of special service to Him (of the Hebrew race, particular Hebrews, the Messiah, and the Christians).   ¹⁸παραλαμβάνω, [49] I take from, receive from, or: I take to, receive (apparently not used of money), admit, acknowledge; I take with me.   ¹⁹κατακρίνω, [17] I condemn, judge worthy of punishment.   ²⁰ἐμπαίζω, [13] I mock, ridicule.   ²¹μαστιγόω, [7] I flog, scourge, the victim being strapped to a pole or frame; met: I chastise.   ²²σταυρόω, [46] I fix to the cross, crucify; fig: I destroy, mortify.   ²³καθίζω, [48] (a) trans: I make to sit; I set, appoint, (b) intrans: I sit down, am seated, stay.   ²⁴εὐώνυμος, ον, [10] (lit: well-named, to avoid the evil omen attaching to the left), on the left-hand side, left.   ²⁵ποτήριον, ου, τό, [33] a drinking cup, the contents of the cup; fig: the portion which God allots.   ²⁶βάπτισμα, ατος, τό, [22] the rite or ceremony of baptism.   ²⁷καθίζω, [48] (a) trans: I make to sit; I set, appoint, (b) intrans: I sit down, am seated, stay.

δεξιῶν μου καὶ ἐξ εὐωνύμων[1] μου, οὐκ ἔστιν ἐμὸν δοῦναι, ἀλλ᾽ οἷς ἡτοίμασται[2] ὑπὸ τοῦ πατρός μου. **24** Καὶ ἀκούσαντες οἱ δέκα[3] ἠγανάκτησαν[4] περὶ τῶν δύο ἀδελφῶν. **25** Ὁ δὲ Ἰησοῦς προσκαλεσάμενος[5] αὐτοὺς εἶπεν, Οἴδατε ὅτι οἱ ἄρχοντες[6] τῶν ἐθνῶν κατακυριεύουσιν[7] αὐτῶν, καὶ οἱ μεγάλοι κατεξουσιάζουσιν[8] αὐτῶν. **26** Οὐχ οὕτως δὲ ἔσται ἐν ὑμῖν· ἀλλ᾽ ὃς ἐὰν θέλῃ ἐν ὑμῖν μέγας γενέσθαι ἔσται ὑμῶν διάκονος·[9] **27** καὶ ὃς ἐὰν θέλῃ ἐν ὑμῖν εἶναι πρῶτος ἔστω ὑμῶν δοῦλος· **28** ὥσπερ[10] ὁ υἱὸς τοῦ ἀνθρώπου οὐκ ἦλθεν διακονηθῆναι,[11] ἀλλὰ διακονῆσαι,[12] καὶ δοῦναι τὴν ψυχὴν αὐτοῦ λύτρον[13] ἀντὶ[14] πολλῶν.

Healing of Two Blind Men

29 Καὶ ἐκπορευομένων[15] αὐτῶν ἀπὸ Ἰεριχώ,[16] ἠκολούθησεν αὐτῷ ὄχλος πολύς. **30** Καὶ ἰδού, δύο τυφλοὶ καθήμενοι παρὰ τὴν ὁδόν, ἀκούσαντες ὅτι Ἰησοῦς παράγει,[17] ἔκραξαν, λέγοντες, Ἐλέησον[18] ἡμᾶς, κύριε, υἱὸς Δαυίδ. **31** Ὁ δὲ ὄχλος ἐπετίμησεν[19] αὐτοῖς ἵνα σιωπήσωσιν.[20] Οἱ δὲ μεῖζον[21] ἔκραζον, λέγοντες, Ἐλέησον[22] ἡμᾶς, κύριε, υἱὸς Δαυίδ. **32** Καὶ στὰς ὁ Ἰησοῦς ἐφώνησεν[23] αὐτούς, καὶ εἶπεν, Τί θέλετε ποιήσω ὑμῖν; **33** Λέγουσιν αὐτῷ, Κύριε, ἵνα ἀνοιχθῶσιν ἡμῶν οἱ ὀφθαλμοί. **34** Σπλαγχνισθεὶς[24] δὲ ὁ Ἰησοῦς ἥψατο[25] τῶν ὀφθαλμῶν αὐτῶν· καὶ εὐθέως ἀνέβλεψαν[26] αὐτῶν οἱ ὀφθαλμοί, καὶ ἠκολούθησαν αὐτῷ.

Christ's Entry into Jerusalem

21 Καὶ ὅτε ἤγγισαν[27] εἰς Ἰεροσόλυμα, καὶ ἦλθον εἰς Βηθσφαγὴ[28] πρὸς τὸ ὄρος τῶν Ἐλαιῶν,[29] τότε ὁ Ἰησοῦς ἀπέστειλεν δύο μαθητάς, **2** λέγων αὐτοῖς, Πορεύθητε

---

[2]ἡτοίμασται: RPI-3S   [4]ἠγανάκτησαν: AAI-3P   [5]προσκαλεσάμενος: ADP-NSM   [7]κατακυριεύουσιν: PAI-3P
[8]κατεξουσιάζουσιν: PAI-3P   [11]διακονηθῆναι: APN   [12]διακονῆσαι: AAN   [15]ἐκπορευομένων: PNP-GPM
[17]παράγει: PAI-3S   [18]Ἐλέησον: AAM-2S   [19]ἐπετίμησεν: AAI-3S   [20]σιωπήσωσιν: AAS-3P   [22]Ἐλέησον: AAM-2S
[23]ἐφώνησεν: AAI-3S   [24]Σπλαγχνισθεὶς: AOP-NSM   [25]ἥψατο: ADI-3S   [26]ἀνέβλεψαν: AAI-3P   [27]ἤγγισαν: AAI-3P

---

[1]εὐώνυμος, ον, [10] (lit: well-named, to avoid the evil omen attaching to the left), on the left-hand side, left. [2]ἑτοιμάζω, [40] I make ready, prepare. [3]δέκα, [27] ten. [4]ἀγανακτέω, [7] I am angry, incensed. [5]προσκαλέω, [31] I call to myself, summon. [6]ἄρχων, οντος, ὁ, [37] a ruler, governor, leader, leading man; with the Jews, an official member (a member of the executive) of the assembly of elders. [7]κατακυριεύω, [4] I exercise authority over, overpower, master. [8]κατεξουσιάζω, [2] I have (exercise) power (authority) over. [9]διάκονος, οῦ, ὁ, ἡ, [30] a waiter, servant; then of any one who performs any service, an administrator. [10]ὥσπερ, [42] just as, as, even as. [11]διακονέω, [37] I wait at table (particularly of a slave who waits on guests); I serve (generally). [12]διακονέω, [37] I wait at table (particularly of a slave who waits on guests); I serve (generally). [13]λύτρον, ου, τό, [2] the purchasing money for manumitting slaves, a ransom, the price of ransoming; especially the sacrifice by which expiation is effected, an offering of expiation. [14]ἀντί, [22] (a) instead of, in return for, over against, opposite, in exchange for, as a substitute for, (b) on my behalf, (c) wherefore, because. [15]ἐκπορεύομαι, [32] I depart from; I am voided, cast out; I proceed from, am spoken; I burst forth, flow out, am spread abroad. [16]Ἰεριχώ, ἡ, [7] Jericho, a city a little north of the Dead Sea. [17]παράγω, [10] I pass by, depart, pass away. [18]ἐλεέω, [31] I pity, have mercy on. [19]ἐπιτιμάω, [29] (a) I rebuke, chide, admonish, (b) I warn. [20]σιωπάω, [11] I keep silence, am silent, either voluntarily or involuntarily. [21]μείζων, [1] greater, greatest. [22]ἐλεέω, [31] I pity, have mercy on. [23]φωνέω, [42] I give forth a sound, hence: (a) of a cock: I crow, (b) of men: I shout, (c) trans: I call (to myself), summon; I invite, address. [24]σπλαγχνίζομαι, [12] I feel compassion, have pity on, am moved. [25]ἅπτομαι, [36] prop: I fasten to; I lay hold of, touch, know carnally. [26]ἀναβλέπω, [26] I look up, recover my sight. [27]ἐγγίζω, [43] trans: I bring near; intrans: I come near, approach. [28]Βηθφαγή, ἡ, [3] Bethphage, a village in the neighborhood of Jerusalem, on the Mt. of Olives. [29]ἐλαία, ας, ἡ, [15] an olive tree; the Mount of Olives.

εἰς τὴν κώμην¹ τὴν ἀπέναντι² ὑμῶν, καὶ εὐθέως εὑρήσετε ὄνον³ δεδεμένην,⁴ καὶ πῶλον⁵ μετ᾽ αὐτῆς· λύσαντες⁶ ἀγάγετέ μοι. 3 Καὶ ἐάν τις ὑμῖν εἴπῃ τι, ἐρεῖτε ὅτι Ὁ κύριος αὐτῶν χρείαν⁷ ἔχει· εὐθέως δὲ ἀποστέλλει αὐτούς. 4 Τοῦτο δὲ ὅλον γέγονεν, ἵνα πληρωθῇ τὸ ῥηθὲν διὰ τοῦ προφήτου, λέγοντος, 5 Εἴπατε τῇ θυγατρὶ⁸ Σιών,⁹ Ἰδού, ὁ βασιλεύς σου ἔρχεταί σοι, πραὺς¹⁰ καὶ ἐπιβεβηκὼς¹¹ ἐπὶ ὄνον³ καὶ πῶλον⁵ υἱὸν ὑποζυγίου.¹² 6 Πορευθέντες δὲ οἱ μαθηταί, καὶ ποιήσαντες καθὼς προσέταξεν¹³ αὐτοῖς ὁ Ἰησοῦς, 7 ἤγαγον τὴν ὄνον³ καὶ τὸν πῶλον,⁵ καὶ ἐπέθηκαν¹⁴ ἐπάνω¹⁵ αὐτῶν τὰ ἱμάτια αὐτῶν, καὶ ἐπεκάθισεν¹⁶ ἐπάνω¹⁵ αὐτῶν. 8 Ὁ δὲ πλεῖστος¹⁷ ὄχλος ἔστρωσαν¹⁸ ἑαυτῶν τὰ ἱμάτια ἐν τῇ ὁδῷ· ἄλλοι δὲ ἔκοπτον¹⁹ κλάδους²⁰ ἀπὸ τῶν δένδρων,²¹ καὶ ἐστρώννυον²² ἐν τῇ ὁδῷ. 9 Οἱ δὲ ὄχλοι οἱ προάγοντες²³ καὶ οἱ ἀκολουθοῦντες ἔκραζον, λέγοντες, Ὡσαννὰ²⁴ τῷ υἱῷ Δαυίδ. Εὐλογημένος²⁵ ὁ ἐρχόμενος ἐν ὀνόματι κυρίου. Ὡσαννὰ²⁴ ἐν τοῖς ὑψίστοις.²⁶ 10 Καὶ εἰσελθόντος αὐτοῦ εἰς Ἱεροσόλυμα, ἐσείσθη²⁷ πᾶσα ἡ πόλις, λέγουσα, Τίς ἐστιν οὗτος; 11 Οἱ δὲ ὄχλοι ἔλεγον, Οὗτός ἐστιν Ἰησοῦς ὁ προφήτης, ὁ ἀπὸ Ναζαρὲτ²⁸ τῆς Γαλιλαίας.

Christ Visits the Temple

12 Καὶ εἰσῆλθεν ὁ Ἰησοῦς εἰς τὸ ἱερὸν τοῦ θεοῦ, καὶ ἐξέβαλεν πάντας τοὺς πωλοῦντας²⁹ καὶ ἀγοράζοντας³⁰ ἐν τῷ ἱερῷ, καὶ τὰς τραπέζας³¹ τῶν κολλυβιστῶν³² κατέστρεψεν,³³ καὶ τὰς καθέδρας³⁴ τῶν πωλούντων³⁵ τὰς περιστεράς.³⁶ 13 Καὶ λέγει αὐτοῖς, Γέγραπται, Ὁ οἶκός μου οἶκος προσευχῆς³⁷ κληθήσεται· ὑμεῖς δὲ αὐτὸν

---

⁴δεδεμένην: RPP-ASF   ⁶λύσαντες: AAP-NPM   ¹¹ἐπιβεβηκὼς: RAP-NSM   ¹³προσέταξεν: AAI-3S   ¹⁴ἐπέθηκαν: AAI-3P   ¹⁶ἐπεκάθισεν: AAI-3S   ¹⁸ἔστρωσαν: AAI-3P   ¹⁹ἔκοπτον: IAI-3P   ²²ἐστρώννυον: IAI-3P   ²³προάγοντες: PAP-NPM   ²⁵Εὐλογημένος: RPP-NSM   ²⁷ἐσείσθη: API-3S   ²⁹πωλοῦντας: PAP-APM   ³⁰ἀγοράζοντας: PAP-APM   ³³κατέστρεψεν: AAI-3S   ³⁵πωλούντων: PAP-GPM

---

¹κώμη, ης, ἡ, [28] a village, country town.   ²ἀπέναντι, [6] against, over against, opposite, in view of, in the presence of.   ³ὄνος, ου, ὁ, ἡ, [5] a donkey, an ass.   ⁴δέω, [44] I bind, tie, fasten; I impel, compel; I declare to be prohibited and unlawful.   ⁵πῶλος, ου, ὁ, [12] a colt, young ass, foal.   ⁶λύω, [42] (a) I loose, untie, release, (b) met: I break, destroy, set at naught, contravene; I break up a meeting, annul.   ⁷χρεία, ας, ἡ, [49] need, necessity, business.   ⁸θυγάτηρ, τρός, ἡ, [29] a daughter; hence (Hebraistic?), of any female descendent, however far removed; even of one unrelated: my young lady.   ⁹Σιών, ἡ, [7] Zion, the hill; used for Jerusalem or heaven.   ¹⁰πραΰς, πραεῖα, πραΰ, [4] mild, gentle.   ¹¹ἐπιβαίνω, [6] (a) I set foot on, step on, (b) I mount (a horse), board (a vessel).   ¹²ὑποζύγιον, ου, τό, [2] a beast of burden, an ass or mule.   ¹³προστάσσω, [8] (a) I instruct, command, (b) I appoint, assign.   ¹⁴ἐπιτίθημι, [41] I put, place upon, lay on; I add, give in addition.   ¹⁵ἐπάνω, [20] (a) adv: on the top, above, (b) prep: on the top of, above, over, on, above, more than, superior to.   ¹⁶ἐπικαθίζω, [1] I sit upon, cause to sit upon.   ¹⁷πλεῖστος, η, ον, [3] the greatest, the most, very great.   ¹⁸στρωννύω, [7] I spread, make a bed.   ¹⁹κόπτω, [8] (a) I cut, cut off, strike, smite, (b) mid: I beat my breast or head in lamentation, lament, mourn, sometimes with acc. of person whose loss is mourned.   ²⁰κλάδος, ου, ὁ, [11] a young tender shoot, then: a branch; met: of descendants.   ²¹δένδρον, ου, τό, [26] a tree.   ²²στρωννύω, [7] I spread, make a bed.   ²³προάγω, [18] (a) trans: I lead forth; in the judicial sense, into court, (b) intrans. and trans: I precede, go before, (c) intrans: I go too far.   ²⁴ὡσαννά, [6] (Aramaic and Hebrew, originally a cry for help), hosanna!, a cry of happiness.   ²⁵εὐλογέω, [43] (lit: I speak well of) I bless; pass: I am blessed.   ²⁶ὕψιστος, η, ον, [13] highest, most high, the heights.   ²⁷σείω, [5] I shake; fig: I agitate, stir up.   ²⁸Ναζαρέτ, ἡ, [12] Nazareth, a city of Galilee, where Jesus lived before His ministry.   ²⁹πωλέω, [22] I sell, exchange, barter.   ³⁰ἀγοράζω, [31] I buy.   ³¹τράπεζα, ης, ἡ, [15] a table, (a) for food or banqueting, (b) for money-changing or business.   ³²κολλυβιστής, ου, ὁ, [3] a money-changer, who changed heathen into Jewish money, for payment into the Temple treasury.   ³³καταστρέφω, [2] I overturn, overthrow.   ³⁴καθέδρα, ας, ἡ, [3] a seat, chair.   ³⁵πωλέω, [22] I sell, exchange, barter.   ³⁶περιστερά, άς, ἡ, [10] a dove, pigeon.   ³⁷προσευχή, ῆς, ἡ, [37] (a) prayer (to God), (b) a place for prayer (used by Jews, perhaps where there was no synagogue).

ἐποιήσατε σπήλαιον¹ λῃστῶν.² **14** Καὶ προσῆλθον αὐτῷ χωλοὶ³ καὶ τυφλοὶ ἐν τῷ ἱερῷ· καὶ ἐθεράπευσεν⁴ αὐτούς. **15** Ἰδόντες δὲ οἱ ἀρχιερεῖς καὶ οἱ γραμματεῖς τὰ θαυμάσια⁵ ἃ ἐποίησεν, καὶ τοὺς παῖδας⁶ κράζοντας ἐν τῷ ἱερῷ, καὶ λέγοντας, Ὡσαννὰ⁷ τῷ υἱῷ Δαυίδ, ἠγανάκτησαν,⁸ **16** καὶ εἶπον αὐτῷ, Ἀκούεις τί οὗτοι λέγουσιν; Ὁ δὲ Ἰησοῦς λέγει αὐτοῖς, Ναί·⁹ οὐδέποτε¹⁰ ἀνέγνωτε¹¹ ὅτι Ἐκ στόματος νηπίων¹² καὶ θηλαζόντων¹³ κατηρτίσω¹⁴ αἶνον;¹⁵

The Cursing of the Fig-Tree

17 Καὶ καταλιπὼν¹⁶ αὐτοὺς ἐξῆλθεν ἔξω τῆς πόλεως εἰς Βηθανίαν,¹⁷ καὶ ηὐλίσθη¹⁸ ἐκεῖ. **18** Πρωΐας¹⁹ δὲ ἐπανάγων²⁰ εἰς τὴν πόλιν, ἐπείνασεν·²¹ **19** καὶ ἰδὼν συκῆν²² μίαν ἐπὶ τῆς ὁδοῦ, ἦλθεν ἐπ' αὐτήν, καὶ οὐδὲν εὗρεν ἐν αὐτῇ εἰ μὴ φύλλα²³ μόνον· καὶ λέγει αὐτῇ, Μηκέτι²⁴ ἐκ σοῦ καρπὸς γένηται εἰς τὸν αἰῶνα. Καὶ ἐξηράνθη²⁵ παραχρῆμα²⁶ ἡ συκῆ.²² **20** Καὶ ἰδόντες οἱ μαθηταὶ ἐθαύμασαν,²⁷ λέγοντες, Πῶς παραχρῆμα²⁶ ἐξηράνθη²⁸ ἡ συκῆ;²² **21** Ἀποκριθεὶς δὲ ὁ Ἰησοῦς εἶπεν αὐτοῖς, Ἀμὴν λέγω ὑμῖν, ἐὰν ἔχητε πίστιν, καὶ μὴ διακριθῆτε,²⁹ οὐ μόνον τὸ τῆς συκῆς²² ποιήσετε, ἀλλὰ κἂν³⁰ τῷ ὄρει τούτῳ εἴπητε, Ἄρθητι καὶ βλήθητι εἰς τὴν θάλασσαν, γενήσεται. **22** Καὶ πάντα ὅσα ἐὰν αἰτήσητε ἐν τῇ προσευχῇ,³¹ πιστεύοντες, λήψεσθε.

The Authority of Christ

23 Καὶ ἐλθόντι αὐτῷ εἰς τὸ ἱερόν, προσῆλθον αὐτῷ διδάσκοντι οἱ ἀρχιερεῖς καὶ οἱ πρεσβύτεροι τοῦ λαοῦ, λέγοντες, Ἐν ποίᾳ³² ἐξουσίᾳ ταῦτα ποιεῖς; Καὶ τίς σοι ἔδωκεν τὴν ἐξουσίαν ταύτην; **24** Ἀποκριθεὶς δὲ ὁ Ἰησοῦς εἶπεν αὐτοῖς, Ἐρωτήσω ὑμᾶς κἀγὼ λόγον ἕνα, ὃν ἐὰν εἴπητέ μοι, κἀγὼ ὑμῖν ἐρῶ ἐν ποίᾳ³² ἐξουσίᾳ ταῦτα ποιῶ. **25** Τὸ

---

⁴ἐθεράπευσεν: *AAI-3S*   ⁸ἠγανάκτησαν: *AAI-3P*   ¹¹ἀνέγνωτε: *2AAI-2P*   ¹³θηλαζόντων: *PAP-GPM*   ¹⁴κατηρτίσω: *AMI-2S*   ¹⁶καταλιπὼν: *2AAP-NSM*   ¹⁸ηὐλίσθη: *AOI-3S*   ²⁰ἐπανάγων: *PAP-NSM*   ²¹ἐπείνασεν: *AAI-3S*   ²⁵ἐξηράνθη: *API-3S*   ²⁷ἐθαύμασαν: *AAI-3P*   ²⁸ἐξηράνθη: *API-3S*   ²⁹διακριθῆτε: *APS-2P*

---

¹σπήλαιον, ου, τό, *[6] a cave, den, hideout.*   ²λῃστής, οῦ, ὁ, *[15] a robber, brigand, bandit.*   ³χωλός, ή, όν, *[15] lame, deprived of a foot, limping.*   ⁴θεραπεύω, *[44] I care for, attend, serve, treat, especially of a physician; hence: I heal.*   ⁵θαυμάσιος, α, ον, *[1] wonderful, admirable; subst: a wonder.*   ⁶παῖς, παιδός, ὁ, ἡ, *[24] (a) a male child, boy, (b) a male slave, servant; thus: a servant of God, especially as a title of the Messiah, (c) a female child, girl.*   ⁷ὡσαννά, *[6] (Aramaic and Hebrew, originally a cry for help), hosanna!, a cry of happiness.*   ⁸ἀγανακτέω, *[7] I am angry, incensed.*   ⁹ναί, *[35] yes, certainly, even so.*   ¹⁰οὐδέποτε, *[16] never.*   ¹¹ἀναγινώσκω, *[32] I read, know again, know certainly, recognize, discern.*   ¹²νήπιος, α, ον, *[14] unlearned, unenlightened; noun: an infant, child.*   ¹³θηλάζω, *[6] (a) I give suck, (b) I suck.*   ¹⁴καταρτίζω, *[13] (a) I fit (join) together; met: I compact together, (b) act. and mid: I prepare, perfect, for his (its) full destination or use, bring into its proper condition (whether for the first time, or after a lapse).*   ¹⁵αἶνος, ου, ὁ, *[2] praise.*   ¹⁶καταλείπω, *[25] I leave behind, desert, abandon, forsake; I leave remaining, reserve.*   ¹⁷Βηθανία, ας, ἡ, *[12] (a) Bethany, the home of Lazarus, Martha, and Mary, near Jerusalem, (b) Bethany, beyond Jordan.*   ¹⁸αὐλίζομαι, *[2] I lodge in the open, lodge, pass the night.*   ¹⁹πρωΐα, ας, ἡ, *[3] early morning.*   ²⁰ἐπανάγω, *[3] (a) nautical: I put out (from the shore), (lit: I take up a ship on to the high seas), (b) I go up, possibly: I go up again, return.*   ²¹πεινάω, *[23] I am hungry, needy, desire earnestly.*   ²²συκῆ, ῆς, ἡ, *[16] a fig-tree.*   ²³φύλλον, ου, τό, *[6] a leaf.*   ²⁴μηκέτι, *[21] no longer, no more.*   ²⁵ξηραίνω, *[16] I dry up, parch, am ripened, wither, waste away.*   ²⁶παραχρῆμα, *[18] instantly, immediately, on the spot.*   ²⁷θαυμάζω, *[46] (a) intrans: I wonder, marvel, (b) trans: I wonder at, admire.*   ²⁸ξηραίνω, *[16] I dry up, parch, am ripened, wither, waste away.*   ²⁹διακρίνω, *[19] I separate, distinguish, discern one thing from another; I doubt, hesitate, waver.*   ³⁰κἄν, *[13] and if, even if, even, at least.*   ³¹προσευχή, ῆς, ἡ, *[37] (a) prayer (to God), (b) a place for prayer (used by Jews, perhaps where there was no synagogue).*   ³²ποῖος, α, ον, *[34] of what sort.*

βάπτισμα¹ Ἰωάννου πόθεν² ἦν; Ἐξ οὐρανοῦ ἢ ἐξ ἀνθρώπων; Οἱ δὲ διελογίζοντο³ παρ' ἑαυτοῖς, λέγοντες, Ἐὰν εἴπωμεν, Ἐξ οὐρανοῦ, ἐρεῖ ἡμῖν, Διὰ τί οὖν οὐκ ἐπιστεύσατε αὐτῷ; 26 Ἐὰν δὲ εἴπωμεν, Ἐξ ἀνθρώπων, φοβούμεθα τὸν ὄχλον· πάντες γὰρ ἔχουσιν τὸν Ἰωάννην ὡς προφήτην. 27 Καὶ ἀποκριθέντες τῷ Ἰησοῦ εἶπον, Οὐκ οἴδαμεν. Ἔφη αὐτοῖς καὶ αὐτός, Οὐδὲ ἐγὼ λέγω ὑμῖν ἐν ποίᾳ⁴ ἐξουσίᾳ ταῦτα ποιῶ.

The Parable of the Two Sons

28 Τί δὲ ὑμῖν δοκεῖ; Ἄνθρωπος εἶχεν τέκνα δύο, καὶ προσελθὼν τῷ πρώτῳ εἶπεν, Τέκνον, ὕπαγε, σήμερον⁵ ἐργάζου⁶ ἐν τῷ ἀμπελῶνί⁷ μου. 29 Ὁ δὲ ἀποκριθεὶς εἶπεν, Οὐ θέλω· ὕστερον⁸ δὲ μεταμεληθείς,⁹ ἀπῆλθεν. 30 Καὶ προσελθὼν τῷ δευτέρῳ¹⁰ εἶπεν ὡσαύτως.¹¹ Ὁ δὲ ἀποκριθεὶς εἶπεν, Ἐγώ, κύριε· καὶ οὐκ ἀπῆλθεν. 31 Τίς ἐκ τῶν δύο ἐποίησεν τὸ θέλημα τοῦ πατρός; Λέγουσιν αὐτῷ, Ὁ πρῶτος. Λέγει αὐτοῖς ὁ Ἰησοῦς, Ἀμὴν λέγω ὑμῖν, ὅτι οἱ τελῶναι¹² καὶ αἱ πόρναι¹³ προάγουσιν¹⁴ ὑμᾶς εἰς τὴν βασιλείαν τοῦ θεοῦ. 32 Ἦλθεν γὰρ πρὸς ὑμᾶς Ἰωάννης ἐν ὁδῷ δικαιοσύνης, καὶ οὐκ ἐπιστεύσατε αὐτῷ· οἱ δὲ τελῶναι¹² καὶ αἱ πόρναι¹³ ἐπίστευσαν αὐτῷ· ὑμεῖς δὲ ἰδόντες οὐ μετεμελήθητε¹⁵ ὕστερον⁸ τοῦ πιστεῦσαι αὐτῷ.

The Parable of the Wicked Husbandmen

33 Ἄλλην παραβολὴν ἀκούσατε. Ἄνθρωπός τις ἦν οἰκοδεσπότης,¹⁶ ὅστις ἐφύτευσεν¹⁷ ἀμπελῶνα,⁷ καὶ φραγμὸν¹⁸ αὐτῷ περιέθηκεν,¹⁹ καὶ ὤρυξεν²⁰ ἐν αὐτῷ ληνόν,²¹ καὶ ᾠκοδόμησεν²² πύργον,²³ καὶ ἐξέδοτο²⁴ αὐτὸν γεωργοῖς,²⁵ καὶ ἀπεδήμησεν.²⁶ 34 Ὅτε δὲ ἤγγισεν²⁷ ὁ καιρὸς τῶν καρπῶν, ἀπέστειλεν τοὺς δούλους αὐτοῦ πρὸς τοὺς γεωργούς,²⁵ λαβεῖν τοὺς καρποὺς αὐτοῦ· 35 καὶ λαβόντες οἱ γεωργοὶ²⁵ τοὺς δούλους αὐτοῦ, ὃν μὲν ἔδειραν,²⁸ ὃν δὲ ἀπέκτειναν, ὃν δὲ ἐλιθοβόλησαν.²⁹ 36 Πάλιν ἀπέστειλεν ἄλλους δούλους πλείονας τῶν πρώτων· καὶ ἐποίησαν αὐτοῖς ὡσαύτως.¹¹ 37 Ὕστερον⁸

---

³διελογίζοντο: INI-3P   ⁶ἐργάζου: PNM-2S   ⁹μεταμεληθείς: AOP-NSM   ¹⁴προάγουσιν: PAI-3P   ¹⁵μετεμελήθητε: AOI-2P   ¹⁷ἐφύτευσεν: AAI-3S   ¹⁹περιέθηκεν: AAI-3S   ²⁰ὤρυξεν: AAI-3S   ²²ᾠκοδόμησεν: AAI-3S   ²⁴ἐξέδοτο: 2AMI-3S   ²⁶ἀπεδήμησεν: AAI-3S   ²⁷ἤγγισεν: AAI-3S   ²⁸ἔδειραν: AAI-3P   ²⁹ἐλιθοβόλησαν: AAI-3P

---

¹βάπτισμα, ατος, τό, [22] the rite or ceremony of baptism.   ²πόθεν, [28] whence, from what place.   ³διαλογίζομαι, [16] I reason (with), debate (with), consider.   ⁴ποῖος, α, ον, [34] of what sort.   ⁵σήμερον, [41] today, now.   ⁶ἐργάζομαι, [39] I work, trade, perform, do, practice, commit, acquire by labor.   ⁷ἀμπελών, ῶνος, ὁ, [23] a vineyard.   ⁸ὕστερον, [12] lastly, afterward, later.   ⁹μεταμέλομαι, [6] (lit: I change one care or interest for another), I change my mind (generally for the better), repent, regret.   ¹⁰δεύτερος, α, ον, [44] second; with the article: in the second place, for the second time.   ¹¹ὡσαύτως, [18] in like manner, likewise, just so.   ¹²τελώνης, ου, ὁ, [22] a publican, collector of taxes.   ¹³πόρνη, ης, ἡ, [12] a prostitute; met: an idolatrous community.   ¹⁴προάγω, [18] (a) trans: I lead forth; in the judicial sense, into court, (b) intrans. and trans: I precede, go before, (c) intrans: I go too far.   ¹⁵μεταμέλομαι, [6] (lit: I change one care or interest for another), I change my mind (generally for the better), repent, regret.   ¹⁶οἰκοδεσπότης, ου, ὁ, [12] a head of a household.   ¹⁷φυτεύω, [11] I plant, set.   ¹⁸φραγμός, οῦ, ὁ, [4] a hedge, fence, partition.   ¹⁹περιτίθημι, [8] I place or put around, clothe; fig: I bestow, confer.   ²⁰ὀρύσσω, [3] I dig, dig out, excavate.   ²¹ληνός, οῦ, ὁ, ἡ, [5] a trough, vat, winepress.   ²²οἰκοδομέω, [39] I erect a building, build; fig. of the building up of character: I build up, edify, encourage.   ²³πύργος, ου, ὁ, [4] a tower, fortified structure.   ²⁴ἐκδίδωμι, [4] I give out, let; middle: I let out for my own advantage.   ²⁵γεωργός, οῦ, ὁ, [19] a worker of the soil, husbandman, farmer, farm-laborer, vine-dresser.   ²⁶ἀποδημέω, [6] I am away from home, go into another country, am away, am abroad.   ²⁷ἐγγίζω, [43] trans: I bring near; intrans: I come near, approach.   ²⁸δέρω, [15] I flay, flog, scourge, beat.   ²⁹λιθοβολέω, [9] I stone, cast stones (at), kill by stoning.

δὲ ἀπέστειλεν πρὸς αὐτοὺς τὸν υἱὸν αὐτοῦ, λέγων, Ἐντραπήσονται¹ τὸν υἱόν μου. **38** Οἱ δὲ γεωργοὶ² ἰδόντες τὸν υἱὸν εἶπον ἐν ἑαυτοῖς, Οὗτός ἐστιν ὁ κληρονόμος·³ δεῦτε,⁴ ἀποκτείνωμεν αὐτόν, καὶ κατάσχωμεν⁵ τὴν κληρονομίαν⁶ αὐτοῦ. **39** Καὶ λαβόντες αὐτὸν ἐξέβαλον ἔξω τοῦ ἀμπελῶνος⁷ καὶ ἀπέκτειναν. **40** Ὅταν οὖν ἔλθῃ ὁ κύριος τοῦ ἀμπελῶνος,⁷ τί ποιήσει τοῖς γεωργοῖς² ἐκείνοις; **41** Λέγουσιν αὐτῷ, Κακοὺς κακῶς⁸ ἀπολέσει αὐτούς, καὶ τὸν ἀμπελῶνα⁷ ἐκδώσεται⁹ ἄλλοις γεωργοῖς,² οἵτινες ἀποδώσουσιν¹⁰ αὐτῷ τοὺς καρποὺς ἐν τοῖς καιροῖς αὐτῶν. **42** Λέγει αὐτοῖς ὁ Ἰησοῦς, Οὐδέποτε¹¹ ἀνέγνωτε¹² ἐν ταῖς γραφαῖς, Λίθον ὃν ἀπεδοκίμασαν¹³ οἱ οἰκοδομοῦντες,¹⁴ οὗτος ἐγενήθη εἰς κεφαλὴν γωνίας·¹⁵ παρὰ κυρίου ἐγένετο αὕτη, καὶ ἔστιν θαυμαστὴ¹⁶ ἐν ὀφθαλμοῖς ἡμῶν; **43** Διὰ τοῦτο λέγω ὑμῖν ὅτι ἀρθήσεται ἀφ᾽ ὑμῶν ἡ βασιλεία τοῦ θεοῦ, καὶ δοθήσεται ἔθνει ποιοῦντι τοὺς καρποὺς αὐτῆς. **44** Καὶ ὁ πεσὼν ἐπὶ τὸν λίθον τοῦτον συνθλασθήσεται·¹⁷ ἐφ᾽ ὃν δ᾽ ἂν πέσῃ, λικμήσει¹⁸ αὐτόν. **45** Καὶ ἀκούσαντες οἱ ἀρχιερεῖς καὶ οἱ Φαρισαῖοι τὰς παραβολὰς αὐτοῦ ἔγνωσαν ὅτι περὶ αὐτῶν λέγει. **46** Καὶ ζητοῦντες αὐτὸν κρατῆσαι,¹⁹ ἐφοβήθησαν τοὺς ὄχλους, ἐπειδὴ²⁰ ὡς προφήτην αὐτὸν εἶχον.

The Parable of the Marriage Feast

22 Καὶ ἀποκριθεὶς ὁ Ἰησοῦς πάλιν εἶπεν αὐτοῖς ἐν παραβολαῖς, λέγων, **2** Ὡμοιώθη²¹ ἡ βασιλεία τῶν οὐρανῶν ἀνθρώπῳ βασιλεῖ, ὅστις ἐποίησεν γάμους²² τῷ υἱῷ αὐτοῦ· **3** καὶ ἀπέστειλεν τοὺς δούλους αὐτοῦ καλέσαι τοὺς κεκλημένους εἰς τοὺς γάμους,²² καὶ οὐκ ἤθελον ἐλθεῖν. **4** Πάλιν ἀπέστειλεν ἄλλους δούλους, λέγων, Εἴπατε τοῖς κεκλημένοις. Ἰδού, τὸ ἄριστόν²³ μου ἡτοίμασα,²⁴ οἱ ταῦροί²⁵ μου καὶ τὰ σιτιστὰ²⁶ τεθυμένα,²⁷ καὶ πάντα ἕτοιμα·²⁸ δεῦτε²⁹ εἰς τοὺς γάμους.²² **5** Οἱ δὲ ἀμελήσαντες³⁰

---

¹Ἐντραπήσονται: 2FPI-3P   ⁴δεῦτε: PAM-2P   ⁵κατάσχωμεν: 2AAS-1P   ⁹ἐκδώσεται: FDI-3S   ¹⁰ἀποδώσουσιν: FAI-3P   ¹²ἀνέγνωτε: 2AAI-2P   ¹³ἀπεδοκίμασαν: AAI-3P   ¹⁴οἰκοδομοῦντες: PAP-NPM   ¹⁷συνθλασθήσεται: FPI-3S   ¹⁸λικμήσει: FAI-3S   ¹⁹κρατῆσαι: AAN   ²¹Ὡμοιώθη: API-3S   ²⁴ἡτοίμασα: AAI-1S   ²⁷τεθυμένα: RPP-NPN   ²⁹δεῦτε: PAM-2P   ³⁰ἀμελήσαντες: AAP-NPM

---

¹ἐντρέπω, [9] (a) I turn to confusion, put to shame, (b) mid: I reverence, regard.   ²γεωργός, οῦ, ὁ, [19] a worker of the soil, husbandman, farmer, farm-laborer, vine-dresser.   ³κληρονόμος, ου, ὁ, [15] an heir, an inheritor.   ⁴δεῦτε, [13] come hither, come, hither, an exclamatory word.   ⁵κατέχω, [19] (a) I hold fast, bind, arrest, (b) I take possession of, lay hold of, (c) I hold back, detain, restrain, (d) I hold a ship, keep its head.   ⁶κληρονομία, ας, ἡ, [14] an inheritance, an heritage, regularly the gift of God to His chosen people, in the Old Testament: the Promised Land, in NT a possession viewed in one sense as present, in another as future; a share, participation.   ⁷ἀμπελών, ῶνος, ὁ, [23] a vineyard.   ⁸κακῶς, [16] badly, evilly, wrongly.   ⁹ἐκδίδωμι, [4] I give out, let; middle: I let out for my own advantage.   ¹⁰ἀποδίδωμι, [47] (a) I give back, return, restore, (b) I give, render, as due, (c) mid: I sell.   ¹¹οὐδέποτε, [16] never.   ¹²ἀναγινώσκω, [32] I read, know again, know certainly, recognize, discern.   ¹³ἀποδοκιμάζω, [9] I reject after testing (examination), disqualify.   ¹⁴οἰκοδομέω, [39] I erect a building, build; fig. of the building up of character: I build up, edify, encourage.   ¹⁵γωνία, ας, ἡ, [9] a corner; met: a secret place.   ¹⁶θαυμαστός, ή, όν, [7] to be wondered at, wonderful, marvelous.   ¹⁷συνθλάω, [2] I break, break in pieces, crush, shatter.   ¹⁸λικμάω, [2] I crush to powder, scatter like chaff.   ¹⁹κρατέω, [47] I am strong, mighty, hence: I rule, am master, prevail; I obtain, take hold of; I hold, hold fast.   ²⁰ἐπειδή, [10] of time: when, now, after that; of cause: seeing that, forasmuch as.   ²¹ὅμοιος, [15] I make like, liken; I compare.   ²²γάμος, ου, ὁ, [16] a marriage, wedding, wedding-ceremony; plur: a wedding-feast.   ²³ἄριστον, ου, τό, [4] breakfast or a mid-day meal.   ²⁴ἑτοιμάζω, [40] I make ready, prepare.   ²⁵ταῦρος, ου, ὁ, [4] a bull, an ox.   ²⁶σιτιστός, ή, όν, [1] fattened; subst: a fatling, cattle.   ²⁷θύω, [14] I sacrifice, generally an animal; hence: I kill.   ²⁸ἕτοιμος, η, ον, [17] ready, prepared.   ²⁹δεῦτε, [13] come hither, come, hither, an exclamatory word.   ³⁰ἀμελέω, [5] I neglect, am careless of, disregard.

ἀπῆλθον, ὁ μὲν εἰς τὸν ἴδιον ἀγρόν,[1] ὁ δὲ εἰς τὴν ἐμπορίαν[2] αὐτοῦ· 6 οἱ δὲ λοιποὶ[3] κρατήσαντες[4] τοὺς δούλους αὐτοῦ ὕβρισαν[5] καὶ ἀπέκτειναν. 7 Καὶ ἀκούσας ὁ βασιλεὺς ἐκεῖνος ὠργίσθη,[6] καὶ πέμψας τὰ στρατεύματα[7] αὐτοῦ ἀπώλεσεν τοὺς φονεῖς[8] ἐκείνους, καὶ τὴν πόλιν αὐτῶν ἐνέπρησεν.[9] 8 Τότε λέγει τοῖς δούλοις αὐτοῦ, Ὁ μὲν γάμος[10] ἕτοιμός[11] ἐστιν, οἱ δὲ κεκλημένοι οὐκ ἦσαν ἄξιοι.[12] 9 Πορεύεσθε οὖν ἐπὶ τὰς διεξόδους[13] τῶν ὁδῶν, καὶ ὅσους ἂν εὕρητε, καλέσατε εἰς τοὺς γάμους.[10] 10 Καὶ ἐξελθόντες οἱ δοῦλοι ἐκεῖνοι εἰς τὰς ὁδοὺς συνήγαγον πάντας ὅσους εὗρον, πονηρούς τε καὶ ἀγαθούς· καὶ ἐπλήσθη[14] ὁ γάμος[10] ἀνακειμένων.[15] 11 Εἰσελθὼν δὲ ὁ βασιλεὺς θεάσασθαι[16] τοὺς ἀνακειμένους[17] εἶδεν ἐκεῖ ἄνθρωπον οὐκ ἐνδεδυμένον[18] ἔνδυμα[19] γάμου·[10] 12 καὶ λέγει αὐτῷ, Ἑταῖρε,[20] πῶς εἰσῆλθες ὧδε μὴ ἔχων ἔνδυμα[19] γάμου;[10] Ὁ δὲ ἐφιμώθη.[21] 13 Τότε εἶπεν ὁ βασιλεὺς τοῖς διακόνοις,[22] Δήσαντες[23] αὐτοῦ πόδας καὶ χεῖρας, ἄρατε αὐτὸν καὶ ἐκβάλετε εἰς τὸ σκότος[24] τὸ ἐξώτερον·[25] ἐκεῖ ἔσται ὁ κλαυθμὸς[26] καὶ ὁ βρυγμὸς[27] τῶν ὀδόντων.[28] 14 Πολλοὶ γάρ εἰσιν κλητοί,[29] ὀλίγοι[30] δὲ ἐκλεκτοί.[31]

The Question Concerning Tribute

15 Τότε πορευθέντες οἱ Φαρισαῖοι συμβούλιον[32] ἔλαβον ὅπως αὐτὸν παγιδεύσωσιν[33] ἐν λόγῳ. 16 Καὶ ἀποστέλλουσιν αὐτῷ τοὺς μαθητὰς αὐτῶν μετὰ τῶν Ἡρωδιανῶν,[34] λέγοντες, Διδάσκαλε, οἴδαμεν ὅτι ἀληθὴς[35] εἶ, καὶ τὴν ὁδὸν τοῦ θεοῦ ἐν ἀληθείᾳ διδάσκεις, καὶ οὐ μέλει[36] σοι περὶ οὐδενός, οὐ γὰρ βλέπεις εἰς πρόσωπον ἀνθρώπων.

---

[4]κρατήσαντες: AAP-NPM [5]ὕβρισαν: AAI-3P [6]ὠργίσθη: API-3S [9]ἐνέπρησεν: AAI-3S [14]ἐπλήσθη: API-3S [15]ἀνακειμένων: PNP-GPM [16]θεάσασθαι: ADN [17]ἀνακειμένους: PNP-APM [18]ἐνδεδυμένον: RMP-ASM [21]ἐφιμώθη: API-3S [23]Δήσαντες: AAP-NPM [33]παγιδεύσωσιν: AAS-3P [36]μέλει: PAI-3S

---

[1]ἀγρός, οῦ, ὁ, [35] a field, especially as bearing a crop; the country, lands, property in land, a country estate. [2]ἐμπορία, ας, ἡ, [1] trading, trade, trafficking, business. [3]λοιπός, ή, όν, [42] left, left behind, the remainder, the rest, the others. [4]κρατέω, [47] I am strong, mighty, hence: I rule, am master, prevail; I obtain, take hold of; I hold, hold fast. [5]ὑβρίζω, [5] I insult, treat with insolence. [6]ὀργίζω, [8] I irritate, provoke, am angry. [7]στράτευμα, ατος, τό, [8] an army, detachment of troops. [8]φονεύς, έως, ὁ, [7] a murderer. [9]ἐμπρήθω, [1] I burn, set on fire, suffer inflammation. [10]γάμος, ου, ὁ, [16] a marriage, wedding, wedding-ceremony; plur: a wedding-feast. [11]ἕτοιμος, η, ον, [17] ready, prepared. [12]ἄξιος, ία, ιον, [41] worthy, worthy of, deserving, comparable, suitable. [13]διέξοδος, ου, ἡ, [1] a meeting-place of roads, a public spot in a city. [14]πλήθω, [25] I fill, fulfill, complete. [15]ἀνάκειμαι, [15] I recline, especially at a dinner-table. [16]θεάομαι, [24] I see, behold, contemplate, look upon, view; I see, visit. [17]ἀνάκειμαι, [15] I recline, especially at a dinner-table. [18]ἐνδύω, [28] I put on, clothe (another). [19]ἔνδυμα, ατος, τό, [8] a garment, raiment, clothing. [20]ἑταῖρος, ου, ὁ, [4] a companion, comrade, friend. [21]φιμόω, [8] I muzzle, silence. [22]διάκονος, οῦ, ὁ, ἡ, [30] a waiter, servant; then of any one who performs any service, an administrator. [23]δέω, [44] I bind, tie, fasten; I impel, compel; I declare to be prohibited and unlawful. [24]σκότος, ους, τό, [32] darkness, either physical or moral. [25]ἐξώτερος, α, ον, [3] outmost, outer, external. [26]κλαυθμός, οῦ, ὁ, [9] weeping, lamentation, crying. [27]βρυγμός, οῦ, ὁ, [7] a grinding or gnashing. [28]ὀδούς, όντος, ὁ, [12] a tooth. [29]κλητός, ή, όν, [12] called, invited, summoned by God to an office or to salvation. [30]ὀλίγος, η, ον, [43] (a) especially in plur: few, (b) in sing: small; hence, of time: short, of degree: light, slight, little. [31]ἐκλεκτός, ή, όν, [24] chosen out, elect, choice, select, sometimes as subst: of those chosen out by God for the rendering of special service to Him (of the Hebrew race, particular Hebrews, the Messiah, and the Christians). [32]συμβούλιον, ου, τό, [8] (a) a body of advisers (assessors) in a court, a council, (b) abstr: consultation, counsel, advice; resolution, decree. [33]παγιδεύω, [1] I ensnare, entrap, entangle. [34]Ἡρωδιανοί, ῶν, οἱ, [3] the Herodians, the partisans of Herod (Antipas). [35]ἀληθής, ές, [25] unconcealed, true, true in fact, worthy of credit, truthful. [36]μέλει, [9] it is a care, it is an object of anxiety, it concerns.

17 Εἰπὲ οὖν ἡμῖν, τί σοι δοκεῖ; Ἔξεστιν¹ δοῦναι κῆνσον² Καίσαρι,³ ἢ οὔ; 18 Γνοὺς δὲ ὁ Ἰησοῦς τὴν πονηρίαν⁴ αὐτῶν εἶπεν, Τί με πειράζετε,⁵ ὑποκριταί;⁶ 19 Ἐπιδείξατέ⁷ μοι τὸ νόμισμα⁸ τοῦ κήνσου.² Οἱ δὲ προσήνεγκαν⁹ αὐτῷ δηνάριον.¹⁰ 20 Καὶ λέγει αὐτοῖς, Τίνος ἡ εἰκὼν¹¹ αὕτη καὶ ἡ ἐπιγραφή;¹² 21 Λέγουσιν αὐτῷ, Καίσαρος.³ Τότε λέγει αὐτοῖς, Ἀπόδοτε¹³ οὖν τὰ Καίσαρος³ Καίσαρι·³ καὶ τὰ τοῦ θεοῦ τῷ θεῷ. 22 Καὶ ἀκούσαντες ἐθαύμασαν·¹⁴ καὶ ἀφέντες αὐτὸν ἀπῆλθον.

The Question of the Sadducees

23 Ἐν ἐκείνῃ τῇ ἡμέρᾳ προσῆλθον αὐτῷ Σαδδουκαῖοι,¹⁵ οἱ λέγοντες μὴ εἶναι ἀνάστασιν,¹⁶ καὶ ἐπηρώτησαν αὐτόν, 24 λέγοντες, Διδάσκαλε, Μωσῆς εἶπεν, Ἐάν τις ἀποθάνῃ μὴ ἔχων τέκνα, ἐπιγαμβρεύσει¹⁷ ὁ ἀδελφὸς αὐτοῦ τὴν γυναῖκα αὐτοῦ, καὶ ἀναστήσει σπέρμα¹⁸ τῷ ἀδελφῷ αὐτοῦ. 25 Ἦσαν δὲ παρ' ἡμῖν ἑπτὰ ἀδελφοί· καὶ ὁ πρῶτος γαμήσας¹⁹ ἐτελεύτησεν·²⁰ καὶ μὴ ἔχων σπέρμα,¹⁸ ἀφῆκεν τὴν γυναῖκα αὐτοῦ τῷ ἀδελφῷ αὐτοῦ. 26 Ὁμοίως²¹ καὶ ὁ δεύτερος,²² καὶ ὁ τρίτος, ἕως τῶν ἑπτά. 27 Ὕστερον²³ δὲ πάντων ἀπέθανεν καὶ ἡ γυνή. 28 Ἐν τῇ οὖν ἀναστάσει,¹⁶ τίνος τῶν ἑπτὰ ἔσται γυνή; Πάντες γὰρ ἔσχον αὐτήν. 29 Ἀποκριθεὶς δὲ ὁ Ἰησοῦς εἶπεν αὐτοῖς, Πλανᾶσθε,²⁴ μὴ εἰδότες τὰς γραφάς, μηδὲ τὴν δύναμιν τοῦ θεοῦ. 30 Ἐν γὰρ τῇ ἀναστάσει¹⁶ οὔτε γαμοῦσιν,²⁵ οὔτε ἐκγαμίζονται,²⁶ ἀλλ' ὡς ἄγγελοι τοῦ θεοῦ ἐν οὐρανῷ εἰσιν. 31 Περὶ δὲ τῆς ἀναστάσεως¹⁶ τῶν νεκρῶν, οὐκ ἀνέγνωτε²⁷ τὸ ῥηθὲν ὑμῖν ὑπὸ τοῦ θεοῦ, λέγοντος, 32 Ἐγώ εἰμι ὁ θεὸς Ἀβραάμ, καὶ ὁ θεὸς Ἰσαάκ, καὶ ὁ θεὸς Ἰακώβ; Οὐκ ἔστιν ὁ θεὸς θεὸς νεκρῶν, ἀλλὰ ζώντων. 33 Καὶ ἀκούσαντες οἱ ὄχλοι ἐξεπλήσσοντο²⁸ ἐπὶ τῇ διδαχῇ²⁹ αὐτοῦ.

---

¹Ἔξεστιν: PAI-3S ⁵πειράζετε: PAI-2P ⁷Ἐπιδείξατέ: AAM-2P ⁹προσήνεγκαν: AAI-3P ¹³Ἀπόδοτε: 2AAM-2P ¹⁴ἐθαύμασαν: AAI-3P ¹⁷ἐπιγαμβρεύσει: FAI-3S ¹⁹γαμήσας: AAP-NSM ²⁰ἐτελεύτησεν: AAI-3S ²⁴Πλανᾶσθε: PPI-2P ²⁵γαμοῦσιν: PAI-3P ²⁶ἐκγαμίζονται: PPI-3P ²⁷ἀνέγνωτε: 2AAI-2P ²⁸ἐξεπλήσσοντο: IPI-3P

---

¹ἔξεστιν, [31] it is permitted, lawful, possible. ²κῆνσος, ου, ὁ, [4] a poll-tax. ³Καῖσαρ, αρος, ὁ, [30] Caesar, a surname of the gens Iulia, which became practically synonymous with the Emperor for the time being; in the Gospels it always refers to Tiberias. ⁴πονηρία, ας, ἡ, [7] wickedness, iniquities. ⁵πειράζω, [39] I try, tempt, test. ⁶ὑποκριτής, οῦ, ὁ, [20] (lit: a stage-player), a hypocrite, dissembler, pretender. ⁷ἐπιδείκνυμι, [9] I show, display, point out, indicate; I prove, demonstrate. ⁸νόμισμα, ατος, τό, [1] money, coin. ⁹προσφέρω, [48] (a) I bring to, (b) characteristically: I offer (of gifts, sacrifices, etc). ¹⁰δηνάριον, ου, τό, [16] a denarius, a small Roman silver coin. ¹¹εἰκών, όνος, ἡ, [23] an image, likeness, bust. ¹²ἐπιγραφή, ῆς, ἡ, [5] an inscription, title, label. ¹³ἀποδίδωμι, [47] (a) I give back, return, restore, (b) I give, render, as due, (c) mid: I sell. ¹⁴θαυμάζω, [46] (a) intrans: I wonder, marvel, (b) trans: I wonder at, admire. ¹⁵Σαδδουκαῖος, ου, ὁ, [13] a Sadducee, a member of the aristocratic party among the Jews, from whom the high-priests were almost invariably chosen. ¹⁶ἀνάστασις, εως, ἡ, [42] a rising again, resurrection. ¹⁷ἐπιγαμβρεύω, [1] I take to wife after, marry a deceased brother's wife. ¹⁸σπέρμα, ατος, τό, [44] (a) seed, commonly of cereals, (b) offspring, descendents. ¹⁹γαμέω, [29] I marry, used of either sex. ²⁰τελευτάω, [12] I end, finish, die, complete. ²¹ὁμοίως, [32] in like manner, similarly, in the same way, equally. ²²δεύτερος, α, ον, [44] second; with the article: in the second place, for the second time. ²³ὕστερον, [12] lastly, afterward, later. ²⁴πλανάω, [40] I lead astray, deceive, cause to wander. ²⁵γαμέω, [29] I marry, used of either sex. ²⁶ἐκγαμίζω, [6] I give in marriage, marry. ²⁷ἀναγινώσκω, [32] I read, know again, know certainly, recognize, discern. ²⁸ἐκπλήσσω, [13] I strike with panic or shock; I amaze, astonish. ²⁹διδαχή, ῆς, ἡ, [30] teaching, doctrine, what is taught.

The Silencing of the Pharisees

34 Οἱ δὲ Φαρισαῖοι, ἀκούσαντες ὅτι ἐφίμωσεν[1] τοὺς Σαδδουκαίους,[2] συνήχθησαν ἐπὶ τὸ αὐτό. **35** Καὶ ἐπηρώτησεν εἷς ἐξ αὐτῶν νομικός,[3] πειράζων[4] αὐτόν, καὶ λέγων, **36** Διδάσκαλε, ποία[5] ἐντολὴ μεγάλη ἐν τῷ νόμῳ; **37** ὁ δὲ Ἰησοῦς ἔφη αὐτῷ, Ἀγαπήσεις κύριον τὸν θεόν σου, ἐν ὅλῃ καρδίᾳ σου, καὶ ἐν ὅλῃ ψυχῇ σου, καὶ ἐν ὅλῃ τῇ διανοίᾳ[6] σου. **38** Αὕτη ἐστὶν πρώτη καὶ μεγάλη ἐντολή. **39** Δευτέρα[7] δὲ ὁμοία[8] αὐτῇ, Ἀγαπήσεις τὸν πλησίον[9] σου ὡς σεαυτόν.[10] **40** Ἐν ταύταις ταῖς δυσὶν ἐντολαῖς ὅλος ὁ νόμος καὶ οἱ προφῆται κρέμανται.[11]

41 Συνηγμένων δὲ τῶν Φαρισαίων, ἐπηρώτησεν αὐτοὺς ὁ Ἰησοῦς, **42** λέγων, Τί ὑμῖν δοκεῖ περὶ τοῦ χριστοῦ; Τίνος υἱός ἐστιν; Λέγουσιν αὐτῷ, Τοῦ Δαυίδ. **43** Λέγει αὐτοῖς, Πῶς οὖν Δαυὶδ ἐν πνεύματι κύριον αὐτὸν καλεῖ, λέγων, **44** Εἶπεν ὁ κύριος τῷ κυρίῳ μου, Κάθου ἐκ δεξιῶν μου, ἕως ἂν θῶ τοὺς ἐχθρούς[12] σου ὑποπόδιον[13] τῶν ποδῶν σου; **45** Εἰ οὖν Δαυὶδ καλεῖ αὐτὸν κύριον, πῶς υἱὸς αὐτοῦ ἐστιν; **46** Καὶ οὐδεὶς ἐδύνατο αὐτῷ ἀποκριθῆναι λόγον· οὐδὲ ἐτόλμησέν[14] τις ἀπ' ἐκείνης τῆς ἡμέρας ἐπερωτῆσαι αὐτὸν οὐκέτι.[15]

The Inordinate Ambition of the Pharisees

23 Τότε ὁ Ἰησοῦς ἐλάλησεν τοῖς ὄχλοις καὶ τοῖς μαθηταῖς αὐτοῦ, **2** λέγων, Ἐπὶ τῆς Μωσέως καθέδρας[16] ἐκάθισαν[17] οἱ γραμματεῖς καὶ οἱ Φαρισαῖοι· **3** πάντα οὖν ὅσα ἐὰν εἴπωσιν ὑμῖν τηρεῖν, τηρεῖτε καὶ ποιεῖτε· κατὰ δὲ τὰ ἔργα αὐτῶν μὴ ποιεῖτε, λέγουσιν γὰρ καὶ οὐ ποιοῦσιν. **4** Δεσμεύουσιν[18] γὰρ φορτία[19] βαρέα[20] καὶ δυσβάστακτα,[21] καὶ ἐπιτιθέασιν[22] ἐπὶ τοὺς ὤμους[23] τῶν ἀνθρώπων, τῷ δὲ δακτύλῳ[24] αὐτῶν οὐ θέλουσιν κινῆσαι[25] αὐτά. **5** Πάντα δὲ τὰ ἔργα αὐτῶν ποιοῦσιν πρὸς τὸ θεαθῆναι[26] τοῖς ἀνθρώποις· πλατύνουσιν[27] δὲ τὰ φυλακτήρια[28]

---

[1]ἐφίμωσεν: AAI-3S   [4]πειράζων: PAP-NSM   [11]κρέμανται: PPI-3P   [14]ἐτόλμησέν: AAI-3S   [17]ἐκάθισαν: AAI-3P
[18]Δεσμεύουσιν: PAI-3P   [22]ἐπιτιθέασιν: PAI-3P-ATT   [25]κινῆσαι: AAN   [26]θεαθῆναι: APN   [27]πλατύνουσιν: PAI-3P

---

[1]φιμόω, [8] I muzzle, silence.   [2]Σαδδουκαῖος, ου, ὁ, [13] a Sadducee, a member of the aristocratic party among the Jews, from whom the high-priests were almost invariably chosen.   [3]νομικός, ή, όν, [9] (a) adj: connected with law, about law, (b) noun: a lawyer, one learned in the Law, one learned in the Old Testament.   [4]πειράζω, [39] I try, tempt, test.   [5]ποῖος, α, ον, [34] of what sort.   [6]διάνοια, ας, ἡ, [12] understanding, intellect, mind, insight.   [7]δεύτερος, α, ον, [44] second; with the article: in the second place, for the second time.   [8]ὅμοιος, οία, οιον, [44] like, similar to, resembling, of equal rank.   [9]πλησίον, [16] near, nearby, a neighbor.   [10]σεαυτοῦ, ῆς, οῦ, [41] of yourself.   [11]κρεμάννυμι, [7] I hang, hang up, suspend; mid: I am hanging, hang.   [12]ἐχθρός, ά, όν, [32] hated, hostile; subst: an enemy.   [13]ὑποπόδιον, ου, τό, [9] a footstool.   [14]τολμάω, [16] I dare, endure, am bold, have courage, make up the mind.   [15]οὐκέτι, [48] no longer, no more.   [16]καθέδρα, ας, ἡ, [3] a seat, chair.   [17]καθίζω, [48] (a) trans: I make to sit; I set, appoint, (b) intrans: I sit down, am seated, stay.   [18]δεσμεύω, [2] I bind, put in chains, tie together.   [19]φορτίον, ου, τό, [6] a burden; the freight of a ship.   [20]βαρύς, εῖα, ύ, [6] heavy, weighty, burdensome, lit. and met; violent, oppressive.   [21]δυσβάστακτος, ον, [2] difficult to carry, oppressive.   [22]ἐπιτίθημι, [41] I put, place upon, lay on; I add, give in addition.   [23]ὦμος, ου, ὁ, [2] the shoulder.   [24]δάκτυλος, ου, ὁ, [8] a finger.   [25]κινέω, [8] I set in motion, move, remove, excite, stir up.   [26]θεάομαι, [24] I see, behold, contemplate, look upon, view; I see, visit.   [27]πλατύνω, [3] I enlarge, make broad; met: of the growth of tenderness and love.   [28]φυλακτήριον, ου, τό, [1] a phylactery, an amulet, a parchment capsule containing little parchment rolls with the Hebrew texts, affixed to the left upper arm or the forehead of men at morning prayer, and regarded as a protection (hence the name) against evil spirits.

αὐτῶν, καὶ μεγαλύνουσιν¹ τὰ κράσπεδα² τῶν ἱματίων αὐτῶν· 6 φιλοῦσίν³ τε τὴν πρωτοκλισίαν⁴ ἐν τοῖς δείπνοις,⁵ καὶ τὰς πρωτοκαθεδρίας⁶ ἐν ταῖς συναγωγαῖς, 7 καὶ τοὺς ἀσπασμοὺς⁷ ἐν ταῖς ἀγοραῖς,⁸ καὶ καλεῖσθαι ὑπὸ τῶν ἀνθρώπων, Ῥαββί,⁹ ῥαββί·⁹ 8 ὑμεῖς δὲ μὴ κληθῆτε Ῥαββί·⁹ εἷς γάρ ἐστιν ὑμῶν ὁ καθηγητής,¹⁰ ὁ χριστός· πάντες δὲ ὑμεῖς ἀδελφοί ἐστε. 9 Καὶ πατέρα μὴ καλέσητε ὑμῶν ἐπὶ τῆς γῆς· εἷς γάρ ἐστιν ὁ πατὴρ ὑμῶν, ὁ ἐν τοῖς οὐρανοῖς. 10 Μηδὲ κληθῆτε καθηγηταί·¹⁰ εἷς γὰρ ὑμῶν ἐστιν ὁ καθηγητής,¹⁰ ὁ χριστός. 11 Ὁ δὲ μείζων ὑμῶν ἔσται ὑμῶν διάκονος.¹¹ 12 Ὅστις δὲ ὑψώσει¹² ἑαυτόν, ταπεινωθήσεται·¹³ καὶ ὅστις ταπεινώσει¹⁴ ἑαυτόν, ὑψωθήσεται.¹⁵

The Woes upon the Hypocrisy of the Pharisees

13 Οὐαὶ¹⁶ δὲ ὑμῖν, γραμματεῖς καὶ Φαρισαῖοι, ὑποκριταί,¹⁷ ὅτι κατεσθίετε¹⁸ τὰς οἰκίας τῶν χηρῶν,¹⁹ καὶ προφάσει²⁰ μακρὰ²¹ προσευχόμενοι· διὰ τοῦτο λήψεσθε περισσότερον²² κρίμα.²³ 14 Οὐαὶ¹⁶ ὑμῖν, γραμματεῖς καὶ Φαρισαῖοι, ὑποκριταί,¹⁷ ὅτι κλείετε²⁴ τὴν βασιλείαν τῶν οὐρανῶν ἔμπροσθεν²⁵ τῶν ἀνθρώπων· ὑμεῖς γὰρ οὐκ εἰσέρχεσθε, οὐδὲ τοὺς εἰσερχομένους ἀφίετε εἰσελθεῖν.

15 Οὐαὶ¹⁶ ὑμῖν, γραμματεῖς καὶ Φαρισαῖοι, ὑποκριταί,¹⁷ ὅτι περιάγετε²⁶ τὴν θάλασσαν καὶ τὴν ξηρὰν²⁷ ποιῆσαι ἕνα προσήλυτον,²⁸ καὶ ὅταν γένηται, ποιεῖτε αὐτὸν υἱὸν γεέννης²⁹ διπλότερον³⁰ ὑμῶν.

16 Οὐαὶ¹⁶ ὑμῖν, ὁδηγοὶ³¹ τυφλοί, οἱ λέγοντες, Ὃς ἂν ὀμόσῃ³² ἐν τῷ ναῷ,³³ οὐδέν ἐστιν· ὃς δ' ἂν ὀμόσῃ³⁴ ἐν τῷ χρυσῷ³⁵ τοῦ ναοῦ,³³ ὀφείλει.³⁶ 17 Μωροὶ³⁷ καὶ τυφλοί· τίς γὰρ

---

¹μεγαλύνουσιν: PAI-3P   ³φιλοῦσίν: PAI-3P   ¹²ὑψώσει: FAI-3S   ¹³ταπεινωθήσεται: FPI-3S   ¹⁴ταπεινώσει: FAI-3S
¹⁵ὑψωθήσεται: FPI-3S   ¹⁸κατεσθίετε: PAI-2P   ²⁴κλείετε: PAI-2P   ²⁶περιάγετε: PAI-2P   ³²ὀμόσῃ: AAS-3S   ³⁴ὀμόσῃ: AAS-3S   ³⁶ὀφείλει: PAI-3S

---

¹μεγαλύνω, [8] (a) I enlarge, lengthen, (b) I increase, magnify, extol.   ²κράσπεδον, ου, τό, [5] the fringe, edge, corner, tassel.   ³φιλέω, [25] I love (of friendship), regard with affection, cherish; I kiss.   ⁴πρωτοκλισία, ας, ἡ, [5] the chief place at a banquet or table.   ⁵δεῖπνον, ου, τό, [16] a dinner, an afternoon or evening meal. ⁶πρωτοκαθεδρία, ας, ἡ, [4] a chief (most honorable) seat.   ⁷ἀσπασμός, οῦ, ὁ, [10] a greeting, salutation. ⁸ἀγορά, ᾶς, ἡ, [11] market-place, forum, public place of assembly.   ⁹ῥαββί, [17] Rabbi, my master, teacher; a title of respect often applied to Christ.   ¹⁰καθηγητής, ου, ὁ, [3] a leader, teacher, guide, master.   ¹¹διάκονος, οῦ, ὁ, ἡ, [30] a waiter, servant; then of any one who performs any service, an administrator.   ¹²ὑψόω, [20] (a) I raise on high, lift up, (b) I exalt, set on high.   ¹³ταπεινόω, [14] I make or bring low, humble, humiliate; pass: I am humbled.   ¹⁴ταπεινόω, [14] I make or bring low, humble, humiliate; pass: I am humbled.   ¹⁵ὑψόω, [20] (a) I raise on high, lift up, (b) I exalt, set on high.   ¹⁶οὐαί, [47] woe!, alas!, uttered in grief or denunciation. ¹⁷ὑποκριτής, οῦ, ὁ, [20] (lit: a stage-player), a hypocrite, dissembler, pretender.   ¹⁸κατεσθίω, [15] I eat up, eat till it is finished, devour, squander, annoy, injure.   ¹⁹χήρα, ας, ἡ, [27] a widow.   ²⁰πρόφασις, εως, ἡ, [7] a pretext, an excuse.   ²¹μακρός, ά, όν, [6] long, distant, far; of long duration.   ²²περισσός, ή, όν, [26] more, greater, excessive, abundant, exceedingly, vehemently; noun: preeminence, advantage.   ²³κρίμα, ατος, τό, [28] (a) a judgment, a verdict; sometimes implying an adverse verdict, a condemnation, (b) a case at law, a lawsuit.   ²⁴κλείω, [15] I shut, shut up.   ²⁵ἔμπροσθεν, [48] in front, before the face; sometimes made a subst. by the addition of the article: in front of, before the face of.   ²⁶περιάγω, [6] I lead or carry about (or around), go about, traverse.   ²⁷ξηρός, ά, όν, [7] dry, withered; noun: dry land.   ²⁸προσήλυτος, ου, ὁ, [4] (lit: that has come to), a proselyte, that is a non-Jew, who has been circumcised and has adopted the Jews' religion.   ²⁹γέεννα, ης, ἡ, [12] Gehenna, and originally the name of a valley or cavity near Jerusalem, a place underneath the earth, a place of punishment for evil.   ³⁰διπλοῦς, ῆ, οῦν, [4] double, two-fold.   ³¹ὁδηγός, οῦ, ὁ, [5] a leader, guide; met: an instructor, teacher.   ³²ὀμνύω, [27] I swear, take an oath, promise with an oath.   ³³ναός, οῦ, ὁ, [46] a temple, a shrine, that part of the temple where God himself resides.   ³⁴ὀμνύω, [27] I swear, take an oath, promise with an oath.   ³⁵χρυσός, οῦ, ὁ, [10] gold, anything made of gold, a gold coin.   ³⁶ὀφείλω, [36] I owe, ought.   ³⁷μωρός, ά, όν, [13] (a) adj: stupid, foolish, (b) noun: a fool.

μείζων ἐστίν, ὁ χρυσός,[1] ἢ ὁ ναὸς[2] ὁ ἁγιάζων[3] τὸν χρυσόν;[1] **18** Καί, Ὃς ἐὰν ὀμόσῃ[4] ἐν τῷ θυσιαστηρίῳ,[5] οὐδέν ἐστιν· ὃς δ᾽ ἂν ὀμόσῃ[6] ἐν τῷ δώρῳ[7] τῷ ἐπάνω[8] αὐτοῦ, ὀφείλει.[9] **19** Μωροὶ[10] καὶ τυφλοί· τί γὰρ μεῖζον, τὸ δῶρον,[7] ἢ τὸ θυσιαστήριον[5] τὸ ἁγιάζον[11] τὸ δῶρον;[7] **20** Ὁ οὖν ὀμόσας[12] ἐν τῷ θυσιαστηρίῳ[5] ὀμνύει[13] ἐν αὐτῷ καὶ ἐν πᾶσιν τοῖς ἐπάνω[8] αὐτοῦ· **21** καὶ ὁ ὀμόσας[14] ἐν τῷ ναῷ[2] ὀμνύει[15] ἐν αὐτῷ καὶ ἐν τῷ κατοικήσαντι[16] αὐτόν· **22** καὶ ὁ ὀμόσας[17] ἐν τῷ οὐρανῷ ὀμνύει[18] ἐν τῷ θρόνῳ τοῦ θεοῦ καὶ ἐν τῷ καθημένῳ ἐπάνω[8] αὐτοῦ.

23 Οὐαὶ[19] ὑμῖν, γραμματεῖς καὶ Φαρισαῖοι, ὑποκριταί,[20] ὅτι ἀποδεκατοῦτε[21] τὸ ἡδύοσμον[22] καὶ τὸ ἄνηθον[23] καὶ τὸ κύμινον,[24] καὶ ἀφήκατε τὰ βαρύτερα[25] τοῦ νόμου, τὴν κρίσιν[26] καὶ τὸν ἔλεον[27] καὶ τὴν πίστιν· ταῦτα ἔδει ποιῆσαι, κἀκεῖνα[28] μὴ ἀφιέναι. **24** Ὁδηγοὶ[29] τυφλοί, οἱ διϋλίζοντες[30] τὸν κώνωπα,[31] τὴν δὲ κάμηλον[32] καταπίνοντες.[33]

25 Οὐαὶ[19] ὑμῖν, γραμματεῖς καὶ Φαρισαῖοι, ὑποκριταί,[20] ὅτι καθαρίζετε[34] τὸ ἔξωθεν[35] τοῦ ποτηρίου[36] καὶ τῆς παροψίδος,[37] ἔσωθεν[38] δὲ γέμουσιν[39] ἐξ ἁρπαγῆς[40] καὶ ἀδικίας.[41] **26** Φαρισαῖε τυφλέ, καθάρισον[42] πρῶτον τὸ ἐντὸς[43] τοῦ ποτηρίου[36] καὶ τῆς παροψίδος,[37] ἵνα γένηται καὶ τὸ ἐκτὸς[44] αὐτῶν καθαρόν.[45]

---

[3] ἁγιάζων: PAP-NSM   [4] ὀμόσῃ: AAS-3S   [6] ὀμόσῃ: AAS-3S   [9] ὀφείλει: PAI-3S   [11] ἁγιάζον: PAP-NSN   [12] ὀμόσας: AAP-NSM   [13] ὀμνύει: PAI-3S   [14] ὀμόσας: AAP-NSM   [15] ὀμνύει: PAI-3S   [16] κατοικήσαντι: AAP-DSM   [17] ὀμόσας: AAP-NSM   [18] ὀμνύει: PAI-3S   [21] ἀποδεκατοῦτε: PAI-2P   [30] διϋλίζοντες: PAP-NPM   [33] καταπίνοντες: PAP-NPM   [34] καθαρίζετε: PAI-2P   [39] γέμουσιν: PAI-3P   [42] καθάρισον: AAM-2S

---

[1] χρυσός, οῦ, ὁ, [10] gold, anything made of gold, a gold coin.   [2] ναός, οῦ, ὁ, [46] a temple, a shrine, that part of the temple where God himself resides.   [3] ἁγιάζω, [29] I make holy, treat as holy, set apart as holy, sanctify, hallow, purify.   [4] ὀμνύω, [27] I swear, take an oath, promise with an oath.   [5] θυσιαστήριον, ου, τό, [23] an altar (for sacrifice).   [6] ὀμνύω, [27] I swear, take an oath, promise with an oath.   [7] δῶρον, ου, τό, [19] a gift, present.   [8] ἐπάνω, [20] (a) adv: on the top, above, (b) prep: on the top of, above, over, on, above, more than, superior to.   [9] ὀφείλω, [36] I owe, ought.   [10] μωρός, ά, όν, [13] (a) adj: stupid, foolish, (b) noun: a fool.   [11] ἁγιάζω, [29] I make holy, treat as holy, set apart as holy, sanctify, hallow, purify.   [12] ὀμνύω, [27] I swear, take an oath, promise with an oath.   [13] ὀμνύω, [27] I swear, take an oath, promise with an oath.   [14] ὀμνύω, [27] I swear, take an oath, promise with an oath.   [15] ὀμνύω, [27] I swear, take an oath, promise with an oath.   [16] κατοικέω, [45] I dwell in, settle in, am established in (permanently), inhabit.   [17] ὀμνύω, [27] I swear, take an oath, promise with an oath.   [18] ὀμνύω, [27] I swear, take an oath, promise with an oath.   [19] οὐαί, [47] woe!, alas!, uttered in grief or denunciation.   [20] ὑποκριτής, οῦ, ὁ, [20] (lit: a stage-player), a hypocrite, dissembler, pretender.   [21] ἀποδεκατόω, [4] I take off (deduct) a tenth part (of my property) (and give it away), pay tithe.   [22] ἡδύοσμον, ου, τό, [2] mint, peppermint.   [23] ἄνηθον, ου, τό, [1] anise, dill.   [24] κύμινον, ου, τό, [1] cumin, a plant used as a spice.   [25] βαρύς, εῖα, ύ, [6] heavy, weighty, burdensome, lit. and met; violent, oppressive.   [26] κρίσις, εως, ἡ, [48] judging, judgment, decision, sentence; generally: divine judgment; accusation.   [27] ἔλεος, ους, τό, [28] pity, mercy, compassion.   [28] κἀκεῖνος, η, ο, [21] and he, she, it, and that.   [29] ὁδηγός, οῦ, ὁ, [5] a leader, guide; met: an instructor, teacher.   [30] διϋλίζω, [1] I strain, put through a sieve.   [31] κώνωψ, ωπος, ὁ, [1] a gnat, mosquito, referred to proverbially as something small.   [32] κάμηλος, ου, ὁ, ἡ, [6] a camel or dromedary.   [33] καταπίνω, [7] I drink down, swallow, devour, destroy, consume.   [34] καθαρίζω, [30] I cleanse, make clean, literally, ceremonially, or spiritually, according to context.   [35] ἔξωθεν, [13] (a) from outside, from without, (b) outside, both as adj. and prep; with article: the outside.   [36] ποτήριον, ου, τό, [33] a drinking cup, the contents of the cup; fig: the portion which God allots.   [37] παροψίς, ίδος, ἡ, [2] prop: a dainty side-dish; meton: a plate, dish, platter.   [38] ἔσωθεν, [13] (a) from within, from inside, (b) within, inside; with the article: the inner part, the inner element, (c) the mind, soul.   [39] γέμω, [11] I am full of.   [40] ἁρπαγή, ῆς, ἡ, [3] the act of plundering; plunder, spoil, robbery.   [41] ἀδικία, ας, ἡ, [26] injustice, unrighteousness, hurt.   [42] καθαρίζω, [30] I cleanse, make clean, literally, ceremonially, or spiritually, according to context.   [43] ἐντός, [2] within, inside, the inside.   [44] ἐκτός, [9] (a) adv: (1) without, outside, beyond, (2) except, (3) subst: the outside, (b) prep: outside, apart from.   [45] καθαρός, ά, όν, [28] clean, pure, unstained, either literally or ceremonially or spiritually; guiltless, innocent, upright.

27 Οὐαὶ¹ ὑμῖν, γραμματεῖς καὶ Φαρισαῖοι, ὑποκριταί,² ὅτι παρομοιάζετε³ τάφοις⁴ κεκονιαμένοις,⁵ οἵτινες ἔξωθεν⁶ μὲν φαίνονται⁷ ὡραῖοι,⁸ ἔσωθεν⁹ δὲ γέμουσιν¹⁰ ὀστέων¹¹ νεκρῶν καὶ πάσης ἀκαθαρσίας.¹² **28** Οὕτως καὶ ὑμεῖς ἔξωθεν⁶ μὲν φαίνεσθε¹³ τοῖς ἀνθρώποις δίκαιοι, ἔσωθεν⁹ δὲ μεστοί¹⁴ ἐστε ὑποκρίσεως¹⁵ καὶ ἀνομίας.¹⁶

29 Οὐαὶ¹ ὑμῖν, γραμματεῖς καὶ Φαρισαῖοι, ὑποκριταί,² ὅτι οἰκοδομεῖτε¹⁷ τοὺς τάφους⁴ τῶν προφητῶν, καὶ κοσμεῖτε¹⁸ τὰ μνημεῖα¹⁹ τῶν δικαίων, **30** καὶ λέγετε, Εἰ ἦμεν ἐν ταῖς ἡμέραις τῶν πατέρων ἡμῶν, οὐκ ἂν ἦμεν κοινωνοὶ²⁰ αὐτῶν ἐν τῷ αἵματι τῶν προφητῶν. **31** Ὥστε μαρτυρεῖτε ἑαυτοῖς ὅτι υἱοί ἐστε τῶν φονευσάντων²¹ τοὺς προφήτας· **32** καὶ ὑμεῖς πληρώσατε τὸ μέτρον²² τῶν πατέρων ὑμῶν. **33** Ὄφεις,²³ γεννήματα²⁴ ἐχιδνῶν,²⁵ πῶς φύγητε²⁶ ἀπὸ τῆς κρίσεως²⁷ τῆς γεέννης;²⁸

The Peroration and the Lament over Jerusalem

34 Διὰ τοῦτο, ἰδού, ἐγὼ ἀποστέλλω πρὸς ὑμᾶς προφήτας καὶ σοφοὺς²⁹ καὶ γραμματεῖς· καὶ ἐξ αὐτῶν ἀποκτενεῖτε καὶ σταυρώσετε,³⁰ καὶ ἐξ αὐτῶν μαστιγώσετε³¹ ἐν ταῖς συναγωγαῖς ὑμῶν καὶ διώξετε³² ἀπὸ πόλεως εἰς πόλιν· **35** ὅπως ἔλθῃ ἐφ' ὑμᾶς πᾶν αἷμα δίκαιον ἐκχυνόμενον³³ ἐπὶ τῆς γῆς, ἀπὸ τοῦ αἵματος Ἄβελ τοῦ δικαίου, ἕως τοῦ αἵματος Ζαχαρίου υἱοῦ Βαραχίου, ὃν ἐφονεύσατε³⁴ μεταξὺ³⁵ τοῦ ναοῦ³⁶ καὶ τοῦ θυσιαστηρίου.³⁷ **36** Ἀμὴν λέγω ὑμῖν, ὅτι ἥξει³⁸ πάντα ταῦτα ἐπὶ τὴν γενεὰν³⁹ ταύτην.

---

³παρομοιάζετε: PAI-2P   ⁵κεκονιαμένοις: RPP-DPM   ⁷φαίνονται: PEI-3P   ¹⁰γέμουσιν: PAI-3P   ¹³φαίνεσθε: PPI-2P   ¹⁷οἰκοδομεῖτε: PAI-2P   ¹⁸κοσμεῖτε: PAI-2P   ²¹φονευσάντων: AAP-GPM   ²⁶φύγητε: 2AAS-2P   ³⁰σταυρώσετε: FAI-2P   ³¹μαστιγώσετε: FAI-2P   ³²διώξετε: FAI-2P   ³³ἐκχυνόμενον: PPP-NSN   ³⁴ἐφονεύσατε: AAI-2P   ³⁸ἥξει: FAI-3S

---

¹οὐαί, [47] woe!, alas!, uttered in grief or denunciation.   ²ὑποκριτής, οῦ, ὁ, [20] (lit: a stage-player), a hypocrite, dissembler, pretender.   ³παρομοιάζω, [1] I resemble, am like.   ⁴τάφος, ου, ὁ, [7] a burial-place, sepulcher, tomb, grave.   ⁵κονιάω, [2] I whitewash, plaster over.   ⁶ἔξωθεν, [13] (a) from outside, from without, (b) outside, both as adj. and prep; with article: the outside.   ⁷φαίνω, [31] (a) act: I shine, shed light, (b) pass: I shine, become visible, appear, (c) I become clear, appear, seem, show myself as.   ⁸ὡραῖος, αία, αῖον, [4] fair, beautiful, blooming.   ⁹ἔσωθεν, [13] (a) from within, from inside, (b) within, inside; with the article: the inner part, the inner element, (c) the mind, soul.   ¹⁰γέμω, [11] I am full of.   ¹¹ὀστέον, ου, τό, [5] a bone.   ¹²ἀκαθαρσία, ας, ἡ, [10] uncleanness, impurity.   ¹³φαίνω, [31] (a) act: I shine, shed light, (b) pass: I shine, become visible, appear, (c) I become clear, appear, seem, show myself as.   ¹⁴μεστός, ή, όν, [8] full, filled with.   ¹⁵ὑπόκρισις, εως, ἡ, [7] (lit: stage-playing), a response, answer, hypocrisy, dissembling.   ¹⁶ἀνομία, ας, ἡ, [15] lawlessness, iniquity, disobedience, sin.   ¹⁷οἰκοδομέω, [39] I erect a building, build; fig. of the building up of character: I build up, edify, encourage.   ¹⁸κοσμέω, [10] I put into order; I decorate, deck, adorn.   ¹⁹μνημεῖον, ου, τό, [41] a tomb, sepulcher, monument.   ²⁰κοινωνός, οῦ, ὁ, ἡ, [11] a sharer, partner, companion.   ²¹φονεύω, [12] I murder, kill.   ²²μέτρον, ου, τό, [14] a measure, whether lineal or cubic; a measuring rod.   ²³ὄφις, εως, ὁ, [14] a serpent, snake; used of the devil or Satan.   ²⁴γέννημα, ατος, τό, [9] offspring, child, fruit.   ²⁵ἔχιδνα, ης, ἡ, [5] a serpent, snake, viper.   ²⁶φεύγω, [31] I flee, escape, shun.   ²⁷κρίσις, εως, ἡ, [48] judging, judgment, decision, sentence; generally: divine judgment; accusation.   ²⁸γέεννα, ης, ἡ, [12] Gehenna, and originally the name of a valley or cavity near Jerusalem, a place underneath the earth, a place of punishment for evil.   ²⁹σοφός, ή, όν, [22] wise, learned, cultivated, skilled, clever.   ³⁰σταυρόω, [46] I fix to the cross, crucify; fig: I destroy, mortify.   ³¹μαστιγόω, [7] I flog, scourge, the victim being strapped to a pole or frame; met: I chastise.   ³²διώκω, [44] I pursue, hence: I persecute.   ³³ἐκχέω, [28] I pour out (liquid or solid); I shed, bestow liberally.   ³⁴φονεύω, [12] I murder, kill.   ³⁵μεταξύ, [9] meanwhile, afterwards, between.   ³⁶ναός, οῦ, ὁ, [46] a temple, a shrine, that part of the temple where God himself resides.   ³⁷θυσιαστήριον, ου, τό, [23] an altar (for sacrifice).   ³⁸ἥκω, [27] I have come, am present, have arrived.   ³⁹γενεά, ᾶς, ἡ, [42] a generation; if repeated twice or with another time word, practically indicates infinity of time.

37 Ἰερουσαλήμ, Ἰερουσαλήμ, ἡ ἀποκτένουσα τοὺς προφήτας καὶ λιθοβολοῦσα [1] τοὺς ἀπεσταλμένους πρὸς αὐτήν, ποσάκις [2] ἠθέλησα ἐπισυναγαγεῖν [3] τὰ τέκνα σου, ὃν τρόπον [4] ἐπισυνάγει [5] ὄρνις [6] τὰ νοσσία [7] ἑαυτῆς ὑπὸ τὰς πτέρυγας, [8] καὶ οὐκ ἠθελήσατε. 38 Ἰδού, ἀφίεται ὑμῖν ὁ οἶκος ὑμῶν ἔρημος. 39 Λέγω γὰρ ὑμῖν, οὐ μή με ἴδητε ἀπ᾽ ἄρτι, [9] ἕως ἂν εἴπητε, Εὐλογημένος [10] ὁ ἐρχόμενος ἐν ὀνόματι κυρίου.

The Judgment of God upon Jerusalem and upon the World

24 Καὶ ἐξελθὼν ὁ Ἰησοῦς ἐπορεύετο ἀπὸ τοῦ ἱεροῦ· καὶ προσῆλθον οἱ μαθηταὶ αὐτοῦ ἐπιδεῖξαι [11] αὐτῷ τὰς οἰκοδομὰς [12] τοῦ ἱεροῦ. 2 Ὁ δὲ Ἰησοῦς εἶπεν αὐτοῖς, Οὐ βλέπετε πάντα ταῦτα; Ἀμὴν λέγω ὑμῖν, οὐ μὴ ἀφεθῇ ὧδε λίθος ἐπὶ λίθον, ὃς οὐ καταλυθήσεται. [13]

3 Καθημένου δὲ αὐτοῦ ἐπὶ τοῦ ὄρους τῶν Ἐλαιῶν, [14] προσῆλθον αὐτῷ οἱ μαθηταὶ κατ᾽ ἰδίαν, λέγοντες, Εἰπὲ ἡμῖν, πότε [15] ταῦτα ἔσται; Καὶ τί τὸ σημεῖον τῆς σῆς [16] παρουσίας, [17] καὶ τῆς συντελείας [18] τοῦ αἰῶνος; 4 Καὶ ἀποκριθεὶς ὁ Ἰησοῦς εἶπεν αὐτοῖς, Βλέπετε, μή τις ὑμᾶς πλανήσῃ. [19] 5 Πολλοὶ γὰρ ἐλεύσονται ἐπὶ τῷ ὀνόματί μου, λέγοντες, Ἐγώ εἰμι ὁ χριστός· καὶ πολλοὺς πλανήσουσιν. [20] 6 Μελλήσετε δὲ ἀκούειν πολέμους [21] καὶ ἀκοὰς [22] πολέμων· [21] ὁρᾶτε, μὴ θροεῖσθε· [23] δεῖ γὰρ πάντα γενέσθαι· ἀλλ᾽ οὔπω [24] ἐστὶν τὸ τέλος. [25] 7 Ἐγερθήσεται γὰρ ἔθνος ἐπὶ ἔθνος, καὶ βασιλεία ἐπὶ βασιλείαν· καὶ ἔσονται λιμοὶ [26] καὶ λοιμοὶ [27] καὶ σεισμοὶ [28] κατὰ τόπους. 8 Πάντα δὲ ταῦτα ἀρχὴ ὠδίνων. [29] 9 Τότε παραδώσουσιν ὑμᾶς εἰς θλίψιν, [30] καὶ ἀποκτενοῦσιν ὑμᾶς· καὶ ἔσεσθε μισούμενοι [31] ὑπὸ πάντων τῶν ἐθνῶν διὰ τὸ ὄνομά μου. 10 Καὶ τότε σκανδαλισθήσονται [32] πολλοί, καὶ ἀλλήλους παραδώσουσιν, καὶ μισήσουσιν [33] ἀλλήλους. 11 Καὶ πολλοὶ ψευδοπροφῆται [34] ἐγερθήσονται, καὶ πλανήσουσιν [35] πολλούς.

---

[1] λιθοβολοῦσα: PAP-NSF [3] ἐπισυναγαγεῖν: 2AAN [5] ἐπισυνάγει: PAI-3S [10] Εὐλογημένος: RPP-NSM [11] ἐπιδεῖξαι: AAN [13] καταλυθήσεται: FPI-3S [19] πλανήσῃ: AAS-3S [20] πλανήσουσιν: FAI-3P [23] θροεῖσθε: PPM-2P [31] μισούμενοι: PPP-NPM [32] σκανδαλισθήσονται: FPI-3P [33] μισήσουσιν: FAI-3P [35] πλανήσουσιν: FAI-3P

---

[1] λιθοβολέω, [9] I stone, cast stones (at), kill by stoning. [2] ποσάκις, [3] how often, how many times. [3] ἐπισυνάγω, [7] I collect, gather together, assemble. [4] τρόπος, ου, ὁ, [13] (a) way, manner, (b) manner of life, character. [5] ἐπισυνάγω, [7] I collect, gather together, assemble. [6] ὄρνις, ιθος, ὁ, ἡ, [2] a bird, fowl, hen. [7] νοσσίον, ου, τό, [1] a nestling, the young of birds. [8] πτέρυξ, υγος, ἡ, [5] a wing, pinion. [9] ἄρτι, [37] now, just now, at this moment. [10] εὐλογέω, [43] (lit: I speak well of) I bless; pass: I am blessed. [11] ἐπιδείκνυμι, [9] I show, display, point out, indicate; I prove, demonstrate. [12] οἰκοδομή, ῆς, ἡ, [18] (a) the act of building, (b) a building, (c) met: spiritual advancement, edification. [13] καταλύω, [17] (lit: I loosen thoroughly), (a) trans: I break up, overthrow, destroy, both lit. and met., (b) I unyoke, unharness a carriage horse or pack animal; hence: I put up, lodge, find a lodging. [14] ἐλαία, ας, ἡ, [15] an olive tree; the Mount of Olives. [15] πότε, [19] when, at what time. [16] σός, σή, σόν, [27] yours, thy, thine. [17] παρουσία, ας, ἡ, [24] (a) presence, (b) a coming, an arrival, advent, especially of the second coming of Christ. [18] συντέλεια, ας, ἡ, [6] a completion, consummation, end. [19] πλανάω, [40] I lead astray, deceive, cause to wander. [20] πλανάω, [40] I lead astray, deceive, cause to wander. [21] πόλεμος, ου, ὁ, [19] a war, battle, strife. [22] ἀκοή, ῆς, ἡ, [24] hearing, faculty of hearing, ear; report, rumor. [23] θροέω, [3] I disturb, agitate; pass: I am troubled, alarmed. [24] οὔπω, [23] not yet. [25] τέλος, ους, τό, [41] (a) an end, (b) event or issue, (c) the principal end, aim, purpose, (d) a tax. [26] λιμός, οῦ, ὁ, ἡ, [12] a famine, hunger. [27] λοιμός, οῦ, ὁ, [3] (a) a pestilence, (b) a pestilent fellow; a storm. [28] σεισμός, οῦ, ὁ, [13] a shaking (as an earthquake); a storm. [29] ὠδίν, ῖνος, ἡ, [4] the pain of childbirth, acute pain, severe agony, a snare. [30] θλῖψις, εως, ἡ, [45] persecution, affliction, distress, tribulation. [31] μισέω, [41] I hate, detest, love less, esteem less. [32] σκανδαλίζω, [30] I cause to stumble, cause to sin, cause to become indignant, shock, offend. [33] μισέω, [41] I hate, detest, love less, esteem less. [34] ψευδοπροφήτης, ου, ὁ, [11] a false prophet; one who in God's name teaches what is false. [35] πλανάω, [40] I lead astray, deceive, cause to wander.

12 Καὶ διὰ τὸ πληθυνθῆναι¹ τὴν ἀνομίαν,² ψυγήσεται³ ἡ ἀγάπη τῶν πολλῶν· **13** ὁ δὲ ὑπομείνας⁴ εἰς τέλος,⁵ οὗτος σωθήσεται. **14** Καὶ κηρυχθήσεται τοῦτο τὸ εὐαγγέλιον τῆς βασιλείας ἐν ὅλῃ τῇ οἰκουμένῃ⁶ εἰς μαρτύριον⁷ πᾶσιν τοῖς ἔθνεσιν· καὶ τότε ἥξει⁸ τὸ τέλος.⁵

15 Ὅταν οὖν ἴδητε τὸ βδέλυγμα⁹ τῆς ἐρημώσεως,¹⁰ τὸ ῥηθὲν διὰ Δανιὴλ τοῦ προφήτου, ἑστὼς ἐν τόπῳ ἁγίῳ–ὁ ἀναγινώσκων¹¹ νοείτω¹²– **16** τότε οἱ ἐν τῇ Ἰουδαίᾳ¹³ φευγέτωσαν¹⁴ ἐπὶ τὰ ὄρη· **17** ὁ ἐπὶ τοῦ δώματος¹⁵ μὴ καταβαινέτω ἆραι τὰ ἐκ τῆς οἰκίας αὐτοῦ· **18** καὶ ὁ ἐν τῷ ἀγρῷ¹⁶ μὴ ἐπιστρεψάτω¹⁷ ὀπίσω¹⁸ ἆραι τὰ ἱμάτια αὐτοῦ. **19** Οὐαὶ¹⁹ δὲ ταῖς ἐν γαστρὶ²⁰ ἐχούσαις καὶ ταῖς θηλαζούσαις²¹ ἐν ἐκείναις ταῖς ἡμέραις. **20** Προσεύχεσθε δὲ ἵνα μὴ γένηται ἡ φυγὴ²² ὑμῶν χειμῶνος,²³ μηδὲ σαββάτῳ. **21** Ἔσται γὰρ τότε θλῖψις²⁴ μεγάλη, οἵα²⁵ οὐ γέγονεν ἀπ' ἀρχῆς κόσμου ἕως τοῦ νῦν, οὐδ' οὐ μὴ γένηται. **22** Καὶ εἰ μὴ ἐκολοβώθησαν²⁶ αἱ ἡμέραι ἐκεῖναι, οὐκ ἂν ἐσώθη πᾶσα σάρξ· διὰ δὲ τοὺς ἐκλεκτοὺς²⁷ κολοβωθήσονται²⁸ αἱ ἡμέραι ἐκεῖναι. **23** Τότε ἐάν τις ὑμῖν εἴπῃ, Ἰδού, ὧδε ὁ χριστός, ἢ ὧδε, μὴ πιστεύσητε. **24** Ἐγερθήσονται γὰρ ψευδόχριστοι²⁹ καὶ ψευδοπροφῆται,³⁰ καὶ δώσουσιν σημεῖα μεγάλα καὶ τέρατα,³¹ ὥστε πλανῆσαι,³² εἰ δυνατόν,³³ καὶ τοὺς ἐκλεκτούς.²⁷ **25** Ἰδού, προείρηκα³⁴ ὑμῖν. **26** Ἐὰν οὖν εἴπωσιν ὑμῖν, Ἰδού, ἐν τῇ ἐρήμῳ ἐστίν, μὴ ἐξέλθητε· Ἰδού, ἐν τοῖς ταμείοις,³⁵ μὴ

---

¹πληθυνθῆναι: APN   ³ψυγήσεται: 2FPI-3S   ⁴ὑπομείνας: AAP-NSM   ⁸ἥξει: FAI-3S   ¹¹ἀναγινώσκων: PAP-NSM   ¹²νοείτω: PAM-3S   ¹⁴φευγέτωσαν: PAM-3P   ¹⁷ἐπιστρεψάτω: AAM-3S   ²¹θηλαζούσαις: PAP-DPF   ²⁶ἐκολοβώθησαν: API-3P   ²⁸κολοβωθήσονται: FPI-3P   ³²πλανῆσαι: AAN   ³⁴προείρηκα: RAI-1S

---

¹πληθύνω, [12] I increase, multiply.   ²ἀνομία, ας, ἡ, [15] lawlessness, iniquity, disobedience, sin.   ³ψύχω, [1] I cool, pass: I grow cold.   ⁴ὑπομένω, [17] (a) I remain behind, (b) I stand my ground, show endurance, (c) I endure, bear up against, persevere.   ⁵τέλος, ους, τό, [41] (a) an end, (b) event or issue, (c) the principal end, aim, purpose, (d) a tax.   ⁶οἰκουμένη, ης, ἡ, [16] (properly: the land that is being inhabited, the land in a state of habitation), the inhabited world, that is, the Roman world, for all outside it was regarded as of no account.   ⁷μαρτύριον, ου, τό, [20] witness, evidence, testimony, proof.   ⁸ἥκω, [27] I have come, am present, have arrived.   ⁹βδέλυγμα, ατος, τό, [6] an abominable thing, an accursed thing.   ¹⁰ἐρήμωσις, εως, ἡ, [3] a desolation, devastation.   ¹¹ἀναγινώσκω, [32] I read, know again, know certainly, recognize, discern.   ¹²νοέω, [14] I understand, think, consider, conceive, apprehend; aor. possibly: realize.   ¹³Ἰουδαία, ας, ἡ, [43] Judea, a Roman province, capital Jerusalem.   ¹⁴φεύγω, [31] I flee, escape, shun.   ¹⁵δῶμα, ατος, τό, [7] the roof (of a house), the top of the house.   ¹⁶ἀγρός, οῦ, ὁ, [35] a field, especially as bearing a crop; the country, lands, property in land, a country estate.   ¹⁷ἐπιστρέφω, [37] (a) trans: I turn (back) to (towards), (b) intrans: I turn (back) (to [towards]); I come to myself.   ¹⁸ὀπίσω, [37] behind, after; back, backwards.   ¹⁹οὐαί, [47] woe!, alas!, uttered in grief or denunciation.   ²⁰γαστήρ, γαστρός, ἡ, [9] the womb, stomach; of a woman: to be with child (lit: to have [a child] in the belly).   ²¹θηλάζω, [6] (a) I give suck, (b) I suck.   ²²φυγή, ῆς, ἡ, [2] flight, fleeing.   ²³χειμών, ῶνος, ὁ, [6] a storm, tempest; winter, the rainy season.   ²⁴θλῖψις, εως, ἡ, [45] persecution, affliction, distress, tribulation.   ²⁵οἷος, α, ον, [15] of what kind, such as.   ²⁶κολοβόω, [4] (lit: I maim, mutilate), I cut short, shorten, abbreviate.   ²⁷ἐκλεκτός, ή, όν, [24] chosen out, elect, choice, select, sometimes as subst: of those chosen out by God for the rendering of special service to Him (of the Hebrew race, particular Hebrews, the Messiah, and the Christians).   ²⁸κολοβόω, [4] (lit: I maim, mutilate), I cut short, shorten, abbreviate.   ²⁹ψευδόχριστος, ου, ὁ, [2] a false Christ, pretended Messiah.   ³⁰ψευδοπροφήτης, ου, ὁ, [11] a false prophet; one who in God's name teaches what is false.   ³¹τέρας, ατος, τό, [16] a wonder, portent, marvel.   ³²πλανάω, [40] I lead astray, deceive, cause to wander.   ³³δυνατός, ή, όν, [36] (a) of persons: powerful, able, (b) of things: possible.   ³⁴προερέω, [9] I say already, predict, foretell.   ³⁵ταμεῖον, ου, τό, [4] a store-chamber, secret chamber, closet; a granary, barn.

πιστεύσητε. **27** Ὥσπερ¹ γὰρ ἡ ἀστραπὴ² ἐξέρχεται ἀπὸ ἀνατολῶν³ καὶ φαίνεται⁴ ἕως δυσμῶν,⁵ οὕτως ἔσται καὶ ἡ παρουσία⁶ τοῦ υἱοῦ τοῦ ἀνθρώπου. **28** Ὅπου γὰρ ἐὰν ᾖ τὸ πτῶμα,⁷ ἐκεῖ συναχθήσονται οἱ ἀετοί.⁸

29 Εὐθέως δὲ μετὰ τὴν θλίψιν⁹ τῶν ἡμερῶν ἐκείνων, ὁ ἥλιος¹⁰ σκοτισθήσεται,¹¹ καὶ ἡ σελήνη¹² οὐ δώσει τὸ φέγγος¹³ αὐτῆς, καὶ οἱ ἀστέρες¹⁴ πεσοῦνται ἀπὸ τοῦ οὐρανοῦ, καὶ αἱ δυνάμεις τῶν οὐρανῶν σαλευθήσονται.¹⁵ **30** Καὶ τότε φανήσεται¹⁶ τὸ σημεῖον τοῦ υἱοῦ τοῦ ἀνθρώπου ἐν τῷ οὐρανῷ· καὶ τότε κόψονται¹⁷ πᾶσαι αἱ φυλαὶ¹⁸ τῆς γῆς, καὶ ὄψονται τὸν υἱὸν τοῦ ἀνθρώπου ἐρχόμενον ἐπὶ τῶν νεφελῶν¹⁹ τοῦ οὐρανοῦ μετὰ δυνάμεως καὶ δόξης πολλῆς. **31** Καὶ ἀποστελεῖ τοὺς ἀγγέλους αὐτοῦ μετὰ σάλπιγγος²⁰ φωνῆς μεγάλης, καὶ ἐπισυνάξουσιν²¹ τοὺς ἐκλεκτοὺς²² αὐτοῦ ἐκ τῶν τεσσάρων²³ ἀνέμων,²⁴ ἀπ᾽ ἄκρων²⁵ οὐρανῶν ἕως ἄκρων²⁵ αὐτῶν.

32 Ἀπὸ δὲ τῆς συκῆς²⁶ μάθετε²⁷ τὴν παραβολήν· ὅταν ἤδη ὁ κλάδος²⁸ αὐτῆς γένηται ἀπαλός,²⁹ καὶ τὰ φύλλα³⁰ ἐκφύῃ,³¹ γινώσκετε ὅτι ἐγγὺς³² τὸ θέρος·³³ **33** οὕτως καὶ ὑμεῖς, ὅταν ἴδητε ταῦτα πάντα, γινώσκετε ὅτι ἐγγύς³² ἐστιν ἐπὶ θύραις.³⁴ **34** Ἀμὴν λέγω ὑμῖν, οὐ μὴ παρέλθῃ³⁵ ἡ γενεὰ³⁶ αὕτη, ἕως ἂν πάντα ταῦτα γένηται. **35** Ὁ οὐρανὸς καὶ ἡ γῆ παρελεύσονται,³⁷ οἱ δὲ λόγοι μου οὐ μὴ παρέλθωσιν.³⁸ **36** Περὶ δὲ τῆς ἡμέρας ἐκείνης καὶ ὥρας οὐδεὶς οἶδεν, οὐδὲ οἱ ἄγγελοι τῶν οὐρανῶν, εἰ μὴ ὁ πατήρ μου μόνος.³⁹ **37** Ὥσπερ¹ δὲ αἱ ἡμέραι τοῦ Νῶε, οὕτως ἔσται καὶ ἡ παρουσία⁶ τοῦ υἱοῦ

---

⁴φαίνεται: PEI-3S   ¹¹σκοτισθήσεται: FPI-3S   ¹⁵σαλευθήσονται: FPI-3P   ¹⁶φανήσεται: 2FPI-3S   ¹⁷κόψονται: FDI-3P   ²¹ἐπισυνάξουσιν: FAI-3P   ²⁷μάθετε: 2AAM-2P   ³¹ἐκφύῃ: PAS-3S   ³⁵παρέλθῃ: 2AAS-3S   ³⁷παρελεύσονται: FDI-3P   ³⁸παρέλθωσιν: 2AAS-3P

---

¹ὥσπερ, [42] just as, as, even as.   ²ἀστραπή, ῆς, ἡ, [9] a flash of lightning, brightness, luster.   ³ἀνατολή, ῆς, ἡ, [10] (a) rising of the sun, hence (b) (sing. and plur.) the quarter whence the sun rises, the East.   ⁴φαίνω, [31] (a) act: I shine, shed light, (b) pass: I shine, become visible, appear, (c) I become clear, appear, seem, show myself as.   ⁵δυσμή, ῆς, ἡ, [5] a setting (of the sun), hence: the West.   ⁶παρουσία, ας, ἡ, [24] (a) presence, (b) a coming, an arrival, advent, especially of the second coming of Christ.   ⁷πτῶμα, ατος, τό, [5] a fall; a carcass, corpse, dead body.   ⁸ἀετός, οῦ, ὁ, [5] an eagle, bird of prey.   ⁹θλῖψις, εως, ἡ, [45] persecution, affliction, distress, tribulation.   ¹⁰ἥλιος, ου, ὁ, [32] the sun, sunlight.   ¹¹σκοτίζω, [8] I darken.   ¹²σελήνη, ης, ἡ, [9] the moon.   ¹³φέγγος, ους, τό, [3] brightness, light, splendor, radiance.   ¹⁴ἀστήρ, έρος, ὁ, [24] a star.   ¹⁵σαλεύω, [15] I shake, excite, disturb in mind, stir up, drive away.   ¹⁶φαίνω, [31] (a) act: I shine, shed light, (b) pass: I shine, become visible, appear, (c) I become clear, appear, seem, show myself as.   ¹⁷κόπτω, [8] (a) I cut, cut off, strike, smite, (b) mid: I beat my breast or head in lamentation, lament, mourn, sometimes with acc. of person whose loss is mourned.   ¹⁸φυλή, ῆς, ἡ, [31] a tribe or race of people.   ¹⁹νεφέλη, ης, ἡ, [26] a cloud.   ²⁰σάλπιγξ, ιγγος, ἡ, [11] a trumpet, the sound of a trumpet.   ²¹ἐπισυνάγω, [7] I collect, gather together, assemble.   ²²ἐκλεκτός, ή, όν, [24] chosen out, elect, choice, select, sometimes as subst: of those chosen out by God for the rendering of special service to Him (of the Hebrew race, particular Hebrews, the Messiah, and the Christians).   ²³τέσσαρες, τέσσαρα, [41] four.   ²⁴ἄνεμος, ου, ὁ, [31] the wind; fig: applied to empty doctrines.   ²⁵ἄκρον, ου, τό, [6] the end, extremity.   ²⁶συκῆ, ῆς, ἡ, [16] a fig-tree.   ²⁷μανθάνω, [25] I learn; with adj. or nouns: I learn to be so and so; with acc. of person who is the object of knowledge; aor. sometimes: to ascertain.   ²⁸κλάδος, ου, ὁ, [11] a young tender shoot, then: a branch; met: of descendants.   ²⁹ἀπαλός, ή, όν, [2] soft, tender, as a shoot of a tree.   ³⁰φύλλον, ου, τό, [6] a leaf.   ³¹ἐκφύω, [2] I put forth, cause to sprout.   ³²ἐγγύς, [30] near.   ³³θέρος, ους, τό, [3] summer.   ³⁴θύρα, ας, ἡ, [39] (a) a door, (b) met: an opportunity.   ³⁵παρέρχομαι, [29] I pass by, pass away, pass out of sight; I am rendered void, become vain, neglect, disregard.   ³⁶γενεά, ᾶς, ἡ, [42] a generation; if repeated twice or with another time word, practically indicates infinity of time.   ³⁷παρέρχομαι, [29] I pass by, pass away, pass out of sight; I am rendered void, become vain, neglect, disregard.   ³⁸παρέρχομαι, [29] I pass by, pass away, pass out of sight; I am rendered void, become vain, neglect, disregard.   ³⁹μόνος, η, ον, [45] only, solitary, desolate.

τοῦ ἀνθρώπου. **38** Ὥσπερ¹ γὰρ ἦσαν ἐν ταῖς ἡμέραις ταῖς πρὸ² τοῦ κατακλυσμοῦ³ τρώγοντες⁴ καὶ πίνοντες, γαμοῦντες⁵ καὶ ἐκγαμίζοντες,⁶ ἄχρι ἧς ἡμέρας εἰσῆλθεν Νῶε εἰς τὴν κιβωτόν,⁷ **39** καὶ οὐκ ἔγνωσαν, ἕως ἦλθεν ὁ κατακλυσμὸς³ καὶ ἦρεν ἅπαντας,⁸ οὕτως ἔσται καὶ ἡ παρουσία⁹ τοῦ υἱοῦ τοῦ ἀνθρώπου. **40** Τότε δύο ἔσονται ἐν τῷ ἀγρῷ·¹⁰ ὁ εἷς παραλαμβάνεται,¹¹ καὶ ὁ εἷς ἀφίεται. **41** Δύο ἀλήθουσαι¹² ἐν τῷ μύλωνι·¹³ μία παραλαμβάνεται,¹⁴ καὶ μία ἀφίεται.

The Need of Watchfulness

42 Γρηγορεῖτε¹⁵ οὖν, ὅτι οὐκ οἴδατε ποίᾳ¹⁶ ὥρᾳ ὁ κύριος ὑμῶν ἔρχεται. **43** Ἐκεῖνο δὲ γινώσκετε, ὅτι εἰ ᾔδει ὁ οἰκοδεσπότης¹⁷ ποίᾳ¹⁶ φυλακῇ¹⁸ ὁ κλέπτης¹⁹ ἔρχεται, ἐγρηγόρησεν²⁰ ἄν, καὶ οὐκ ἂν εἴασεν²¹ διορυγῆναι²² τὴν οἰκίαν αὐτοῦ. **44** Διὰ τοῦτο καὶ ὑμεῖς γίνεσθε ἕτοιμοι·²³ ὅτι ᾗ ὥρᾳ οὐ δοκεῖτε, ὁ υἱὸς τοῦ ἀνθρώπου ἔρχεται. **45** Τίς ἄρα²⁴ ἐστὶν ὁ πιστὸς δοῦλος καὶ φρόνιμος,²⁵ ὃν κατέστησεν²⁶ ὁ κύριος αὐτοῦ ἐπὶ τῆς θεραπείας²⁷ αὐτοῦ, τοῦ διδόναι αὐτοῖς τὴν τροφὴν²⁸ ἐν καιρῷ; **46** Μακάριος ὁ δοῦλος ἐκεῖνος, ὃν ἐλθὼν ὁ κύριος αὐτοῦ εὑρήσει ποιοῦντα οὕτως. **47** Ἀμὴν λέγω ὑμῖν, ὅτι ἐπὶ πᾶσιν τοῖς ὑπάρχουσιν αὐτοῦ καταστήσει²⁹ αὐτόν. **48** Ἐὰν δὲ εἴπῃ ὁ κακὸς δοῦλος ἐκεῖνος ἐν τῇ καρδίᾳ αὐτοῦ, Χρονίζει³⁰ ὁ κύριός μου ἐλθεῖν, **49** καὶ ἄρξηται τύπτειν³¹ τοὺς συνδούλους,³² ἐσθίειν δὲ καὶ πίνειν μετὰ τῶν μεθυόντων,³³ **50** ἥξει³⁴ ὁ κύριος τοῦ δούλου ἐκείνου ἐν ἡμέρᾳ ᾗ οὐ προσδοκᾷ,³⁵ καὶ ἐν ὥρᾳ ᾗ οὐ γινώσκει, **51** καὶ

---

⁴τρώγοντες: PAP-NPM   ⁵γαμοῦντες: PAP-NPM   ⁶ἐκγαμίζοντες: PAP-NPM   ¹¹παραλαμβάνεται: PPI-3S ¹²ἀλήθουσαι: PAP-NPF   ¹⁴παραλαμβάνεται: PPI-3S   ¹⁵Γρηγορεῖτε: PAM-2P   ²⁰ἐγρηγόρησεν: AAI-3S   ²¹εἴασεν: AAI-3S   ²²διορυγῆναι: 2APN   ²⁶κατέστησεν: AAI-3S   ²⁹καταστήσει: FAI-3S   ³⁰Χρονίζει: PAI-3S   ³¹τύπτειν: PAN ³³μεθυόντων: PAP-GPM   ³⁴ἥξει: FAI-3S   ³⁵προσδοκᾷ: PAI-3S

---

¹ὥσπερ, [42] just as, as, even as.   ²πρό, [47] (a) of place: before, in front of, (b) of time: before, earlier than. ³κατακλυσμός, οῦ, ὁ, [4] a deluge, flood.   ⁴τρώγω, [6] I eat, partake of a meal.   ⁵γαμέω, [29] I marry, used of either sex.   ⁶ἐκγαμίζω, [6] I give in marriage, marry.   ⁷κιβωτός, οῦ, ἡ, [6] (properly: a wooden box, hence) the Ark, in which Noah sailed; the Ark of the Covenant.   ⁸ἅπας, ασα, αν, [39] all, the whole, altogether. ⁹παρουσία, ας, ἡ, [24] (a) presence, (b) a coming, an arrival, advent, especially of the second coming of Christ. ¹⁰ἀγρός, οῦ, ὁ, [35] a field, especially as bearing a crop; the country, lands, property in land, a country estate. ¹¹παραλαμβάνω, [49] I take from, receive from, or: I take to, receive (apparently not used of money), admit, acknowledge; I take with me.   ¹²ἀλήθω, [2] I grind.   ¹³μυλών, ῶνος, ὁ, [1] a mill-house, the place where grain was ground.   ¹⁴παραλαμβάνω, [49] I take from, receive from, or: I take to, receive (apparently not used of money), admit, acknowledge; I take with me.   ¹⁵γρηγορέω, [23] (a) I am awake (in the night), watch, (b) I am watchful, on the alert, vigilant.   ¹⁶ποῖος, α, ον, [34] of what sort.   ¹⁷οἰκοδεσπότης, ου, ὁ, [12] a head of a household.   ¹⁸φυλακή, ῆς, ἡ, [47] a watching, keeping guard; a guard, prison; imprisonment.   ¹⁹κλέπτης, ου, ὁ, [16] a thief.   ²⁰γρηγορέω, [23] (a) I am awake (in the night), watch, (b) I am watchful, on the alert, vigilant. ²¹ἐάω, [12] I allow, permit, let alone, leave.   ²²διορύσσω, [4] I dig through, break through.   ²³ἕτοιμος, η, ον, [17] ready, prepared.   ²⁴ἄρα, [19] a particle asking a question, to which a negative answer is expected.   ²⁵φρόνιμος, ον, [14] intelligent, prudent, sensible, wise.   ²⁶καθίστημι, [21] I set down, bring down to a place; I set in order, appoint, make, constitute.   ²⁷θεραπεία, ας, ἡ, [4] care, attention, especially medical attention (treatment); hence almost: healing; meton: those who render service.   ²⁸τροφή, ῆς, ἡ, [16] food, nourishment, maintenance. ²⁹καθίστημι, [21] I set down, bring down to a place; I set in order, appoint, make, constitute.   ³⁰χρονίζω, [5] I delay, tarry, linger, spend time.   ³¹τύπτω, [14] I beat, strike, wound, inflict punishment.   ³²σύνδουλος, ου, ὁ, [10] a fellow slave, fellow servant; of Christians: a fellow worker, colleague.   ³³μεθύω, [6] I am intoxicated with wine, am drunk.   ³⁴ἥκω, [27] I have come, am present, have arrived.   ³⁵προσδοκάω, [16] I expect, wait for, await, think, anticipate.

διχοτομήσει¹ αὐτόν, καὶ τὸ μέρος² αὐτοῦ μετὰ τῶν ὑποκριτῶν³ θήσει· ἐκεῖ ἔσται ὁ κλαυθμὸς⁴ καὶ ὁ βρυγμὸς⁵ τῶν ὀδόντων.⁶

The Parable of the Ten Virgins

25 Τότε ὁμοιωθήσεται⁷ ἡ βασιλεία τῶν οὐρανῶν δέκα⁸ παρθένοις,⁹ αἵτινες λαβοῦσαι τὰς λαμπάδας¹⁰ αὐτῶν ἐξῆλθον εἰς ἀπάντησιν¹¹ τοῦ νυμφίου.¹² **2** Πέντε¹³ δὲ ἦσαν ἐξ αὐτῶν φρόνιμοι,¹⁴ καὶ αἱ πέντε¹³ μωραί.¹⁵ **3** Αἵτινες μωραί,¹⁵ λαβοῦσαι τὰς λαμπάδας¹⁰ αὐτῶν, οὐκ ἔλαβον μεθ᾽ ἑαυτῶν ἔλαιον·¹⁶ **4** αἱ δὲ φρόνιμοι¹⁴ ἔλαβον ἔλαιον¹⁶ ἐν τοῖς ἀγγείοις¹⁷ αὐτῶν μετὰ τῶν λαμπάδων¹⁰ αὐτῶν. **5** Χρονίζοντος¹⁸ δὲ τοῦ νυμφίου,¹² ἐνύσταξαν¹⁹ πᾶσαι καὶ ἐκάθευδον.²⁰ **6** Μέσης δὲ νυκτὸς κραυγὴ²¹ γέγονεν, Ἰδού, ὁ νυμφίος¹² ἔρχεται, ἐξέρχεσθε εἰς ἀπάντησιν¹¹ αὐτοῦ. **7** Τότε ἠγέρθησαν πᾶσαι αἱ παρθένοι⁹ ἐκεῖναι, καὶ ἐκόσμησαν²² τὰς λαμπάδας¹⁰ αὐτῶν. **8** Αἱ δὲ μωραὶ¹⁵ ταῖς φρονίμοις¹⁴ εἶπον, Δότε ἡμῖν ἐκ τοῦ ἐλαίου¹⁶ ὑμῶν, ὅτι αἱ λαμπάδες¹⁰ ἡμῶν σβέννυνται.²³ **9** Ἀπεκρίθησαν δὲ αἱ φρόνιμοι,¹⁴ λέγουσαι, Μήποτε²⁴ οὐκ ἀρκέσῃ²⁵ ἡμῖν καὶ ὑμῖν· πορεύεσθε δὲ μᾶλλον πρὸς τοὺς πωλοῦντας²⁶ καὶ ἀγοράσατε²⁷ ἑαυταῖς. **10** Ἀπερχομένων δὲ αὐτῶν ἀγοράσαι,²⁸ ἦλθεν ὁ νυμφίος·¹² καὶ αἱ ἕτοιμοι²⁹ εἰσῆλθον μετ᾽ αὐτοῦ εἰς τοὺς γάμους,³⁰ καὶ ἐκλείσθη³¹ ἡ θύρα.³² **11** Ὕστερον³³ δὲ ἔρχονται καὶ αἱ λοιπαὶ³⁴ παρθένοι,⁹ λέγουσαι, Κύριε, κύριε, ἄνοιξον ἡμῖν. **12** Ὁ δὲ ἀποκριθεὶς εἶπεν, Ἀμὴν λέγω ὑμῖν, οὐκ οἶδα ὑμᾶς. **13** Γρηγορεῖτε³⁵ οὖν, ὅτι οὐκ οἴδατε τὴν ἡμέραν οὐδὲ τὴν ὥραν, ἐν ᾗ ὁ υἱὸς τοῦ ἀνθρώπου ἔρχεται.

The Parable of the Talents

14 Ὥσπερ³⁶ γὰρ ἄνθρωπος ἀποδημῶν³⁷ ἐκάλεσεν τοὺς ἰδίους δούλους, καὶ παρέδωκεν αὐτοῖς τὰ ὑπάρχοντα αὐτοῦ· **15** καὶ ᾧ μὲν ἔδωκεν πέντε¹³ τάλαντα,³⁸ ᾧ δὲ

---

¹διχοτομήσει: FAI-3S ⁷ὁμοιωθήσεται: FPI-3S ¹⁸Χρονίζοντος: PAP-GSM ¹⁹ἐνύσταξαν: AAI-3P ²⁰ἐκάθευδον: IAI-3P ²²ἐκόσμησαν: AAI-3P ²³σβέννυνται: PPI-3P ²⁵ἀρκέσῃ: AAS-3S ²⁶πωλοῦντας: PAP-APM ²⁷ἀγοράσατε: AAM-2P ²⁸ἀγοράσαι: AAN ³¹ἐκλείσθη: API-3S ³⁵Γρηγορεῖτε: PAM-2P ³⁷ἀποδημῶν: PAP-NSM

---

¹διχοτομέω, [2] I cut in two, perhaps: scourge severely. ²μέρος, ους, τό, [43] a part, portion, share. ³ὑποκριτής, οῦ, ὁ, [20] (lit: a stage-player), a hypocrite, dissembler, pretender. ⁴κλαυθμός, οῦ, ὁ, [9] weeping, lamentation, crying. ⁵βρυγμός, οῦ, ὁ, [7] a grinding or gnashing. ⁶ὀδούς, όντος, ὁ, [12] a tooth. ⁷ὁμοιόω, [15] I make like, liken; I compare. ⁸δέκα, [27] ten. ⁹παρθένος, ου, ὁ, ἡ, [14] a maiden, virgin; extended to men who have not known women. ¹⁰λαμπάς, άδος, ἡ, [9] a torch, lamp, lantern. ¹¹ἀπάντησις, εως, ἡ, [4] the act of meeting, to meet (a phrase seemingly almost technical for the reception of a newly arrived official). ¹²νυμφίος, ου, ὁ, [16] a bridegroom. ¹³πέντε, οἱ, αἱ, τά, [38] five. ¹⁴φρόνιμος, ον, [14] intelligent, prudent, sensible, wise. ¹⁵μωρός, ά, όν, [13] (a) adj: stupid, foolish, (b) noun: a fool. ¹⁶ἔλαιον, ου, τό, [11] olive oil, oil. ¹⁷ἀγγεῖον, ου, τό, [2] a vessel, flask. ¹⁸χρονίζω, [5] I delay, tarry, linger, spend time. ¹⁹νυστάζω, [2] I nod in sleep, am drowsy, slumber. ²⁰καθεύδω, [22] I sleep, am sleeping. ²¹κραυγή, ῆς, ἡ, [6] (a) a shout, cry, clamor, (b) outcry, clamoring against another. ²²κοσμέω, [10] I put into order; I decorate, deck, adorn. ²³σβέννυμι, [8] (a) I extinguish, quench, (b) I suppress, thwart. ²⁴μήποτε, [25] lest at any time, lest; then weakened: whether perhaps, whether at all; in a principal clause: perhaps. ²⁵ἀρκέω, [8] I keep off, assist; I suffice; pass: I am satisfied. ²⁶πωλέω, [22] I sell, exchange, barter. ²⁷ἀγοράζω, [31] I buy. ²⁸ἀγοράζω, [31] I buy. ²⁹ἕτοιμος, η, ον, [17] ready, prepared. ³⁰γάμος, ου, ὁ, [16] a marriage, wedding, wedding-ceremony; plur: a wedding-feast. ³¹κλείω, [15] I shut, shut up. ³²θύρα, ας, ἡ, [39] (a) a door, (b) met: an opportunity. ³³ὕστερον, [12] lastly, afterward, later. ³⁴λοιπός, ή, όν, [42] left, left behind, the remainder, the rest, the others. ³⁵γρηγορέω, [23] (a) I am awake (in the night), watch, (b) I am watchful, on the alert, vigilant. ³⁶ὥσπερ, [42] just as, as, even as. ³⁷ἀποδημέω, [6] I am away from home, go into another country, am away, am abroad. ³⁸τάλαντον, ου, τό, [15] a talent of silver or gold.

δύο, ᾧ δὲ ἕν, ἑκάστῳ κατὰ τὴν ἰδίαν δύναμιν· καὶ ἀπεδήμησεν¹ εὐθέως. **16** Πορευθεὶς δὲ ὁ τὰ πέντε² τάλαντα³ λαβὼν εἰργάσατο⁴ ἐν αὐτοῖς, καὶ ἐποίησεν ἄλλα πέντε² τάλαντα.³ **17** Ὡσαύτως⁵ καὶ ὁ τὰ δύο ἐκέρδησεν⁶ καὶ αὐτὸς ἄλλα δύο. **18** Ὁ δὲ τὸ ἓν λαβὼν ἀπελθὼν ὤρυξεν⁷ ἐν τῇ γῇ, καὶ ἀπέκρυψεν⁸ τὸ ἀργύριον⁹ τοῦ κυρίου αὐτοῦ. **19** Μετὰ δὲ χρόνον πολὺν ἔρχεται ὁ κύριος τῶν δούλων ἐκείνων, καὶ συναίρει¹⁰ μετ' αὐτῶν λόγον. **20** Καὶ προσελθὼν ὁ τὰ πέντε² τάλαντα³ λαβὼν προσήνεγκεν¹¹ ἄλλα πέντε² τάλαντα,³ λέγων, Κύριε, πέντε² τάλαντά³ μοι παρέδωκας· ἴδε,¹² ἄλλα πέντε² τάλαντα³ ἐκέρδησα¹³ ἐπ' αὐτοῖς. **21** Ἔφη δὲ αὐτῷ ὁ κύριος αὐτοῦ, Εὖ,¹⁴ δοῦλε ἀγαθὲ καὶ πιστέ, ἐπὶ ὀλίγα¹⁵ ἦς πιστός, ἐπὶ πολλῶν σε καταστήσω·¹⁶ εἴσελθε εἰς τὴν χαρὰν τοῦ κυρίου σου. **22** Προσελθὼν δὲ καὶ ὁ τὰ δύο τάλαντα³ λαβὼν εἶπεν, Κύριε, δύο τάλαντά³ μοι παρέδωκας· ἴδε,¹⁷ ἄλλα δύο τάλαντα³ ἐκέρδησα¹⁸ ἐπ' αὐτοῖς. **23** Ἔφη αὐτῷ ὁ κύριος αὐτοῦ, Εὖ,¹⁴ δοῦλε ἀγαθὲ καὶ πιστέ, ἐπὶ ὀλίγα¹⁵ ἦς πιστός, ἐπὶ πολλῶν σε καταστήσω·¹⁹ εἴσελθε εἰς τὴν χαρὰν τοῦ κυρίου σου. **24** Προσελθὼν δὲ καὶ ὁ τὸ ἓν τάλαντον³ εἰληφὼς εἶπεν, Κύριε, ἔγνων σε ὅτι σκληρὸς²⁰ εἶ ἄνθρωπος, θερίζων²¹ ὅπου οὐκ ἔσπειρας, καὶ συνάγων ὅθεν²² οὐ διεσκόρπισας·²³ **25** καὶ φοβηθείς, ἀπελθὼν ἔκρυψα²⁴ τὸ τάλαντόν³ σου ἐν τῇ γῇ· ἴδε,²⁵ ἔχεις τὸ σόν.²⁶ **26** Ἀποκριθεὶς δὲ ὁ κύριος αὐτοῦ εἶπεν αὐτῷ, Πονηρὲ δοῦλε καὶ ὀκνηρέ,²⁷ ᾔδεις ὅτι θερίζω²⁸ ὅπου οὐκ ἔσπειρα, καὶ συνάγω ὅθεν²² οὐ διεσκόρπισα·²⁹ **27** ἔδει οὖν σε βαλεῖν τὸ ἀργύριόν⁹ μου τοῖς τραπεζίταις,³⁰ καὶ ἐλθὼν ἐγὼ ἐκομισάμην³¹ ἂν τὸ ἐμὸν σὺν τόκῳ.³² **28** Ἄρατε οὖν ἀπ' αὐτοῦ τὸ τάλαντον,³ καὶ δότε τῷ ἔχοντι τὰ δέκα³³ τάλαντα.³ **29** Τῷ γὰρ ἔχοντι παντὶ δοθήσεται, καὶ περισσευθήσεται·³⁴ ἀπὸ δὲ τοῦ μὴ ἔχοντος, καὶ ὃ ἔχει, ἀρθήσεται ἀπ'

---

¹ἀπεδήμησεν: AAI-3S   ⁴εἰργάσατο: ADI-3S   ⁶ἐκέρδησεν: AAI-3S   ⁷ὤρυξεν: AAI-3S   ⁸ἀπέκρυψεν: AAI-3S
¹⁰συναίρει: PAI-3S   ¹¹προσήνεγκεν: AAI-3S   ¹²ἴδε: 2AAM-2S   ¹³ἐκέρδησα: AAI-1S   ¹⁶καταστήσω: FAI-1S   ¹⁷ἴδε:
2AAM-2S   ¹⁸ἐκέρδησα: AAI-1S   ¹⁹καταστήσω: FAI-1S   ²¹θερίζων: PAP-NSM   ²³διεσκόρπισας: AAI-2S   ²⁴ἔκρυψα:
AAI-1S   ²⁵ἴδε: 2AAM-2S   ²⁸θερίζω: PAI-1S   ²⁹διεσκόρπισα: AAI-1S   ³¹ἐκομισάμην: AMI-1S   ³⁴περισσευθήσεται:
FPI-3S

---

¹ἀποδημέω, [6] I am away from home, go into another country, am away, am abroad.   ²πέντε, οἱ, αἱ, τά, [38] five.   ³τάλαντον, ου, τό, [15] a talent of silver or gold.   ⁴ἐργάζομαι, [39] I work, trade, perform, do, practice, commit, acquire by labor.   ⁵ὡσαύτως, [18] in like manner, likewise, just so.   ⁶κερδαίνω, [16] I gain, acquire, win (over), avoid loss.   ⁷ὀρύσσω, [3] I dig, dig out, excavate.   ⁸ἀποκρύπτω, [6] I hide away, conceal, keep secret.   ⁹ἀργύριον, ου, τό, [20] silver, a piece of silver, a shekel, money in general.   ¹⁰συναίρω, [3] I compare (settle) accounts, make a reckoning.   ¹¹προσφέρω, [48] (a) I bring to, (b) characteristically: I offer (of gifts, sacrifices, etc.)   ¹²ἴδε, [35] See! Lo! Behold! Look!   ¹³κερδαίνω, [16] I gain, acquire, win (over), avoid loss.   ¹⁴εὖ, [6] well, well done, good, rightly; also used as an exclamation.   ¹⁵ὀλίγος, η, ον, [43] (a) especially in plur: few, (b) in sing: small; hence, of time: short, of degree: light, slight, little.   ¹⁶καθίστημι, [21] I set down, bring down to a place; I set in order, appoint, make, constitute.   ¹⁷ἴδε, [35] See! Lo! Behold! Look!   ¹⁸κερδαίνω, [16] I gain, acquire, win (over), avoid loss.   ¹⁹καθίστημι, [21] I set down, bring down to a place; I set in order, appoint, make, constitute.   ²⁰σκληρός, ά, όν, [5] hard, violent, harsh, stern.   ²¹θερίζω, [21] I reap, gather, harvest.   ²²ὅθεν, [15] (a) whence, from which place, (b) wherefore.   ²³διασκορπίζω, [9] I scatter, winnow, disperse, waste.   ²⁴κρύπτω, [17] I hide, conceal, lay up.   ²⁵ἴδε, [35] See! Lo! Behold! Look!   ²⁶σός, σή, σόν, [27] yours, thy, thine.   ²⁷ὀκνηρός, ά, όν, [3] slothful, backward, hesitating; of things: irksome.   ²⁸θερίζω, [21] I reap, gather, harvest.   ²⁹διασκορπίζω, [9] I scatter, winnow, disperse, waste.   ³⁰τραπεζίτης, ου, ὁ, [1] a money-changer, banker.   ³¹κομίζω, [11] (a) act: I convey, bring, carry, (b) mid: I receive back, receive what has belonged to myself but has been lost, or else promised but kept back, or: I get what has come to be my own by earning, recover.   ³²τόκος, ου, ὁ, [2] interest, usury.   ³³δέκα, [27] ten.   ³⁴περισσεύω, [39] (a) intrans: I exceed the ordinary (the necessary), abound, overflow; am left over, (b) trans: I cause to abound.

αὐτοῦ. **30** Καὶ τὸν ἀχρεῖον¹ δοῦλον ἐκβάλετε εἰς τὸ σκότος² τὸ ἐξώτερον.³ Ἐκεῖ ἔσται ὁ κλαυθμὸς⁴ καὶ ὁ βρυγμὸς⁵ τῶν ὀδόντων.⁶

The Last Judgment

31 Ὅταν δὲ ἔλθῃ ὁ υἱὸς τοῦ ἀνθρώπου ἐν τῇ δόξῃ αὐτοῦ, καὶ πάντες οἱ ἅγιοι ἄγγελοι μετ' αὐτοῦ, τότε καθίσει⁷ ἐπὶ θρόνου δόξης αὐτοῦ, **32** καὶ συναχθήσεται ἔμπροσθεν⁸ αὐτοῦ πάντα τὰ ἔθνη, καὶ ἀφοριεῖ⁹ αὐτοὺς ἀπ' ἀλλήλων, ὥσπερ¹⁰ ὁ ποιμὴν¹¹ ἀφορίζει¹² τὰ πρόβατα¹³ ἀπὸ τῶν ἐρίφων·¹⁴ **33** καὶ στήσει τὰ μὲν πρόβατα¹³ ἐκ δεξιῶν αὐτοῦ, τὰ δὲ ἐρίφια¹⁵ ἐξ εὐωνύμων.¹⁶ **34** Τότε ἐρεῖ ὁ βασιλεὺς τοῖς ἐκ δεξιῶν αὐτοῦ, Δεῦτε,¹⁷ οἱ εὐλογημένοι¹⁸ τοῦ πατρός μου, κληρονομήσατε¹⁹ τὴν ἡτοιμασμένην²⁰ ὑμῖν βασιλείαν ἀπὸ καταβολῆς²¹ κόσμου. **35** Ἐπείνασα²² γάρ, καὶ ἐδώκατέ μοι φαγεῖν· ἐδίψησα,²³ καὶ ἐποτίσατέ²⁴ με· ξένος²⁵ ἤμην, καὶ συνηγάγετέ με· **36** γυμνός,²⁶ καὶ περιεβάλετέ²⁷ με· ἠσθένησα,²⁸ καὶ ἐπεσκέψασθέ²⁹ με· ἐν φυλακῇ³⁰ ἤμην, καὶ ἤλθετε πρός με. **37** Τότε ἀποκριθήσονται αὐτῷ οἱ δίκαιοι, λέγοντες, Κύριε, πότε³¹ σὲ εἴδομεν πεινῶντα,³² καὶ ἐθρέψαμεν;³³ Ἢ διψῶντα,³⁴ καὶ ἐποτίσαμεν;³⁵ **38** Πότε³¹ δέ σε εἴδομεν ξένον,²⁵ καὶ συνηγάγομεν; Ἢ γυμνόν,²⁶ καὶ περιεβάλομεν;³⁶ **39** Πότε³¹ δέ σε εἴδομεν ἀσθενῆ,³⁷ ἢ ἐν φυλακῇ,³⁰ καὶ ἤλθομεν πρός σε; **40** Καὶ ἀποκριθεὶς ὁ βασιλεὺς ἐρεῖ αὐτοῖς, Ἀμὴν λέγω ὑμῖν, ἐφ' ὅσον ἐποιήσατε ἑνὶ τούτων τῶν ἀδελφῶν μου τῶν ἐλαχίστων,³⁸ ἐμοὶ ἐποιήσατε. **41** Τότε ἐρεῖ καὶ τοῖς ἐξ εὐωνύμων,¹⁶ Πορεύεσθε ἀπ'

---

⁷καθίσει: FAI-3S   ⁹ἀφοριεῖ: FAI-3S   ¹²ἀφορίζει: PAI-3S   ¹⁷Δεῦτε: PAM-2P   ¹⁸εὐλογημένοι: RPP-NPM ¹⁹κληρονομήσατε: AAM-2P   ²⁰ἡτοιμασμένην: RPP-ASF   ²²Ἐπείνασα: AAI-1S   ²³ἐδίψησα: AAI-1S   ²⁴ἐποτίσατέ: AAI-2P   ²⁷περιεβάλετέ: 2AAI-2P   ²⁸ἠσθένησα: AAI-1S   ²⁹ἐπεσκέψασθέ: ADI-2P   ³²πεινῶντα: PAP-ASM ³³ἐθρέψαμεν: AAI-1P   ³⁴διψῶντα: PAP-ASM   ³⁵ἐποτίσαμεν: AAI-1P   ³⁶περιεβάλομεν: 2AAI-1P

---

¹ἀχρεῖος, ον, [2] unprofitable, useless, unworthy.   ²σκότος, ους, τό, [32] darkness, either physical or moral. ³ἐξώτερος, α, ον, [3] outmost, outer, external.   ⁴κλαυθμός, οῦ, ὁ, [9] weeping, lamentation, crying.   ⁵βρυγμός, οῦ, ὁ, [7] a grinding or gnashing.   ⁶ὀδούς, όντος, ὁ, [12] a tooth.   ⁷καθίζω, [48] (a) trans: I make to sit; I set, appoint, (b) intrans: I sit down, am seated, stay.   ⁸ἔμπροσθεν, [48] in front, before the face; sometimes made a subst. by the addition of the article: in front of, before the face of.   ⁹ἀφορίζω, [10] I rail off, separate, place apart.   ¹⁰ὥσπερ, [42] just as, as, even as.   ¹¹ποιμήν, ένος, ὁ, [18] a shepherd; hence met: of the feeder, protector, and ruler of a flock of men.   ¹²ἀφορίζω, [10] I rail off, separate, place apart.   ¹³πρόβατον, ου, τό, [41] a sheep.   ¹⁴ἔριφος, ου, ὁ, [2] a goat.   ¹⁵ἐρίφιον, ου, τό, [1] a goat, kid.   ¹⁶εὐώνυμος, ον, [10] (lit: well-named, to avoid the evil omen attaching to the left), on the left-hand side, left.   ¹⁷δεῦτε, [13] come hither, come, hither, an exclamatory word.   ¹⁸εὐλογέω, [43] (lit: I speak well of) I bless; pass: I am blessed. ¹⁹κληρονομέω, [18] I inherit, obtain (possess) by inheritance, acquire.   ²⁰ἑτοιμάζω, [40] I make ready, prepare. ²¹καταβολή, ῆς, ἡ, [11] (a) foundation, (b) depositing, sowing, deposit, technically used of the act of conception. ²²πεινάω, [23] I am hungry, needy, desire earnestly.   ²³διψάω, [16] I thirst for, desire earnestly.   ²⁴ποτίζω, [15] I cause to drink, give to drink; irrigate, water.   ²⁵ξένος, η, ον, [14] alien, new, novel; noun: a guest, stranger, foreigner.   ²⁶γυμνός, ή, όν, [15] rarely: stark-naked; generally: wearing only the under-garment; bare, open, manifest; mere.   ²⁷περιβάλλω, [24] I cast around, wrap a garment about, put on; hence mid: I put on to myself, clothe myself, dress; I draw (a line).   ²⁸ἀσθενέω, [36] I am weak (physically: then morally), I am sick. ²⁹ἐπισκέπτομαι, [11] I look upon, visit, look out, select.   ³⁰φυλακή, ῆς, ἡ, [47] a watching, keeping guard; a guard, prison; imprisonment.   ³¹πότε, [19] when, at what time.   ³²πεινάω, [23] I am hungry, needy, desire earnestly.   ³³τρέφω, [7] I feed, nourish; I bring up, rear, provide for.   ³⁴διψάω, [16] I thirst for, desire earnestly. ³⁵ποτίζω, [15] I cause to drink, give to drink; irrigate, water.   ³⁶περιβάλλω, [24] I cast around, wrap a garment about, put on; hence mid: I put on to myself, clothe myself, dress; I draw (a line).   ³⁷ἀσθενής, ές, [25] (lit: not strong), (a) weak (physically, or morally), (b) infirm, sick.   ³⁸ἐλάχιστος, ίστη, ιστον, [13] least, smallest, but perhaps oftener in the weaker sense: very little, very small.

ἐμοῦ, οἱ κατηραμένοι,¹ εἰς τὸ πῦρ τὸ αἰώνιον, τὸ ἡτοιμασμένον² τῷ διαβόλῳ³ καὶ τοῖς ἀγγέλοις αὐτοῦ. **42** Ἐπείνασα⁴ γάρ, καὶ οὐκ ἐδώκατέ μοι φαγεῖν· ἐδίψησα,⁵ καὶ οὐκ ἐποτίσατέ⁶ με· **43** ξένος⁷ ἤμην, καὶ οὐ συνηγάγετέ με· γυμνός,⁸ καὶ οὐ περιεβάλετέ⁹ με· ἀσθενής,¹⁰ καὶ ἐν φυλακῇ,¹¹ καὶ οὐκ ἐπεσκέψασθέ¹² με. **44** Τότε ἀποκριθήσονται καὶ αὐτοί, λέγοντες, Κύριε, πότε¹³ σὲ εἴδομεν πεινῶντα,¹⁴ ἢ διψῶντα,¹⁵ ἢ ξένον,⁷ ἢ γυμνόν,⁸ ἢ ἀσθενῆ,¹⁰ ἢ ἐν φυλακῇ,¹¹ καὶ οὐ διηκονήσαμέν¹⁶ σοι; **45** Τότε ἀποκριθήσεται αὐτοῖς, λέγων, Ἀμὴν λέγω ὑμῖν, ἐφ᾽ ὅσον οὐκ ἐποιήσατε ἑνὶ τούτων τῶν ἐλαχίστων,¹⁷ οὐδὲ ἐμοὶ ἐποιήσατε. **46** Καὶ ἀπελεύσονται οὗτοι εἰς κόλασιν¹⁸ αἰώνιον· οἱ δὲ δίκαιοι εἰς ζωὴν αἰώνιον.

Events Preceding the Last Passover

26 Καὶ ἐγένετο ὅτε ἐτέλεσεν¹⁹ ὁ Ἰησοῦς πάντας τοὺς λόγους τούτους, εἶπεν τοῖς μαθηταῖς αὐτοῦ, **2** Οἴδατε ὅτι μετὰ δύο ἡμέρας τὸ Πάσχα²⁰ γίνεται, καὶ ὁ υἱὸς τοῦ ἀνθρώπου παραδίδοται εἰς τὸ σταυρωθῆναι.²¹ **3** Τότε συνήχθησαν οἱ ἀρχιερεῖς καὶ οἱ γραμματεῖς καὶ οἱ πρεσβύτεροι τοῦ λαοῦ εἰς τὴν αὐλὴν²² τοῦ ἀρχιερέως τοῦ λεγομένου Καϊάφα, **4** καὶ συνεβουλεύσαντο²³ ἵνα τὸν Ἰησοῦν δόλῳ²⁴ κρατήσωσιν²⁵ καὶ ἀποκτείνωσιν. **5** Ἔλεγον δέ, Μὴ ἐν τῇ ἑορτῇ,²⁶ ἵνα μὴ θόρυβος²⁷ γένηται ἐν τῷ λαῷ. **6** Τοῦ δὲ Ἰησοῦ γενομένου ἐν Βηθανίᾳ²⁸ ἐν οἰκίᾳ Σίμωνος τοῦ λεπροῦ,²⁹ **7** προσῆλθεν αὐτῷ γυνὴ ἀλάβαστρον³⁰ μύρου³¹ ἔχουσα βαρυτίμου,³² καὶ κατέχεεν³³ ἐπὶ τὴν κεφαλὴν αὐτοῦ ἀνακειμένου.³⁴ **8** Ἰδόντες δὲ οἱ μαθηταὶ αὐτοῦ ἠγανάκτησαν,³⁵ λέγοντες, Εἰς τί

---

¹κατηραμένοι: RPP-NPM   ²ἡτοιμασμένον: RPP-ASN   ⁴Ἐπείνασα: AAI-1S   ⁵ἐδίψησα: AAI-1S   ⁶ἐποτίσατέ: AAI-2P   ⁹περιεβάλετέ: 2AAI-2P   ¹²ἐπεσκέψασθέ: ADI-2P   ¹⁴πεινῶντα: PAP-ASM   ¹⁵διψῶντα: PAP-ASM   ¹⁶διηκονήσαμέν: AAI-1P   ¹⁹ἐτέλεσεν: AAI-3S   ²¹σταυρωθῆναι: APN   ²³συνεβουλεύσαντο: AMI-3P   ²⁵κρατήσωσιν: AAS-3P   ³³κατέχεεν: AAI-3S   ³⁴ἀνακειμένου: PNP-GSM   ³⁵ἠγανάκτησαν: AAI-3P

---

¹καταράομαι, [6] I curse.   ²ἑτοιμάζω, [40] I make ready, prepare.   ³διάβολος, ον, [38] (adj. used often as a noun), slanderous; with the article: the Slanderer (par excellence), the Devil.   ⁴πεινάω, [23] I am hungry, needy, desire earnestly.   ⁵διψάω, [16] I thirst for, desire earnestly.   ⁶ποτίζω, [15] I cause to drink, give to drink; irrigate, water.   ⁷ξένος, η, ον, [14] alien, new, novel; noun: a guest, stranger, foreigner.   ⁸γυμνός, ή, όν, [15] rarely: stark-naked; generally: wearing only the under-garment; bare, open, manifest; mere.   ⁹περιβάλλω, [24] I cast around, wrap a garment about, put on; hence mid: I put on to myself, clothe myself, dress; I draw (a line).   ¹⁰ἀσθενής, ές, [25] (lit: not strong), (a) weak (physically, or morally), (b) infirm, sick.   ¹¹φυλακή, ῆς, ἡ, [47] a watching, keeping guard; a guard, prison; imprisonment.   ¹²ἐπισκέπτομαι, [11] I look upon, visit, look out, select.   ¹³πότε, [19] when, at what time.   ¹⁴πεινάω, [23] I am hungry, needy, desire earnestly.   ¹⁵διψάω, [16] I thirst for, desire earnestly.   ¹⁶διακονέω, [37] I wait at table (particularly of a slave who waits on guests); I serve (generally).   ¹⁷ἐλάχιστος, ίστη, ιστον, [13] least, smallest, but perhaps oftener in the weaker sense: very little, very small.   ¹⁸κόλασις, εως, ἡ, [2] chastisement, punishment, torment, perhaps with the idea of deprivation.   ¹⁹τελέω, [26] (a) I end, finish, (b) I fulfill, accomplish, (c) I pay.   ²⁰πάσχα, τό, [29] the feast of Passover, the Passover lamb.   ²¹σταυρόω, [46] I fix to the cross, crucify; fig: I destroy, mortify.   ²²αὐλή, ῆς, ἡ, [12] court-yard, fore-court, sheep-fold; but it may be understood as: palace, house.   ²³συμβουλεύω, [5] I give advice, exhort; mid: I take counsel together, consult.   ²⁴δόλος, ου, ὁ, [11] deceit, guile, treachery.   ²⁵κρατήσωσιν [47] I am strong, mighty, hence: I rule, am master, prevail; I obtain, take hold of; I hold, hold fast.   ²⁶ἑορτή, ῆς, ἡ, [27] a festival, feast, periodically recurring.   ²⁷θόρυβος, ου, ὁ, [7] (a) din, hubbub, confused noise, outcry, (b) riot, disturbance.   ²⁸Βηθανία, ας, ἡ, [12] (a) Bethany, the home of Lazarus, Martha, and Mary, near Jerusalem, (b) Bethany, beyond Jordan.   ²⁹λεπρός, οῦ, ὁ, [9] a leprous person, a leper.   ³⁰ἀλάβαστρον, ου, τό, [4] a phial or bottle of perfumed ointment, usually of alabaster.   ³¹μύρον, ου, τό, [14] anointing-oil, ointment.   ³²βαρύτιμος, ον, [1] of great price.   ³³καταχέω, [2] I pour (down) upon.   ³⁴ἀνάκειμαι, [15] I recline, especially at a dinner-table.   ³⁵ἀγανακτέω, [7] I am angry, incensed.

ἡ ἀπώλεια¹ αὕτη; 9 Ἠδύνατο γὰρ τοῦτο τὸ μύρον² πραθῆναι³ πολλοῦ, καὶ δοθῆναι πτωχοῖς.⁴ 10 Γνοὺς δὲ ὁ Ἰησοῦς εἶπεν αὐτοῖς, Τί κόπους⁵ παρέχετε⁶ τῇ γυναικί; Ἔργον γὰρ καλὸν εἰργάσατο⁷ εἰς ἐμέ. 11 Πάντοτε⁸ γὰρ τοὺς πτωχοὺς⁴ ἔχετε μεθ᾽ ἑαυτῶν, ἐμὲ δὲ οὐ πάντοτε⁸ ἔχετε. 12 Βαλοῦσα γὰρ αὕτη τὸ μύρον² τοῦτο ἐπὶ τοῦ σώματός μου, πρὸς τὸ ἐνταφιάσαι⁹ με ἐποίησεν. 13 Ἀμὴν λέγω ὑμῖν, ὅπου ἐὰν κηρυχθῇ τὸ εὐαγγέλιον τοῦτο ἐν ὅλῳ τῷ κόσμῳ, λαληθήσεται καὶ ὃ ἐποίησεν αὕτη, εἰς μνημόσυνον¹⁰ αὐτῆς. 14 Τότε πορευθεὶς εἷς τῶν δώδεκα, ὁ λεγόμενος Ἰούδας Ἰσκαριώτης, πρὸς τοὺς ἀρχιερεῖς, 15 εἶπεν, Τί θέλετέ μοι δοῦναι, κἀγὼ ὑμῖν παραδώσω αὐτόν; Οἱ δὲ ἔστησαν αὐτῷ τριάκοντα¹¹ ἀργύρια.¹² 16 Καὶ ἀπὸ τότε ἐζήτει εὐκαιρίαν¹³ ἵνα αὐτὸν παραδῷ.

17 Τῇ δὲ πρώτῃ τῶν ἀζύμων¹⁴ προσῆλθον οἱ μαθηταὶ τῷ Ἰησοῦ, λέγοντες αὐτῷ, Ποῦ¹⁵ θέλεις ἑτοιμάσομέν¹⁶ σοι φαγεῖν τὸ Πάσχα;¹⁷ 18 Ὁ δὲ εἶπεν, Ὑπάγετε εἰς τὴν πόλιν πρὸς τὸν δεῖνα,¹⁸ καὶ εἴπατε αὐτῷ, Ὁ διδάσκαλος λέγει, Ὁ καιρός μου ἐγγύς¹⁹ ἐστιν· πρὸς σὲ ποιῶ τὸ Πάσχα¹⁷ μετὰ τῶν μαθητῶν μου. 19 Καὶ ἐποίησαν οἱ μαθηταὶ ὡς συνέταξεν²⁰ αὐτοῖς ὁ Ἰησοῦς, καὶ ἡτοίμασαν²¹ τὸ Πάσχα.¹⁷

The Passover Meal and the Institution of the Lord's Supper

20 Ὀψίας²² δὲ γενομένης ἀνέκειτο²³ μετὰ τῶν δώδεκα. 21 Καὶ ἐσθιόντων αὐτῶν εἶπεν, Ἀμὴν λέγω ὑμῖν ὅτι εἷς ἐξ ὑμῶν παραδώσει με. 22 Καὶ λυπούμενοι²⁴ σφόδρα²⁵ ἤρξαντο λέγειν αὐτῷ ἕκαστος αὐτῶν, Μήτι²⁶ ἐγώ εἰμι, κύριε; 23 Ὁ δὲ ἀποκριθεὶς εἶπεν, Ὁ ἐμβάψας²⁷ μετ᾽ ἐμοῦ ἐν τῷ τρυβλίῳ²⁸ τὴν χεῖρα, οὗτός με παραδώσει. 24 Ὁ μὲν υἱὸς τοῦ ἀνθρώπου ὑπάγει, καθὼς γέγραπται περὶ αὐτοῦ· οὐαὶ²⁹ δὲ τῷ ἀνθρώπῳ ἐκείνῳ, δι᾽ οὗ ὁ υἱὸς τοῦ ἀνθρώπου παραδίδοται· καλὸν ἦν αὐτῷ εἰ οὐκ ἐγεννήθη ὁ ἄνθρωπος ἐκεῖνος. 25 Ἀποκριθεὶς δὲ Ἰούδας ὁ παραδιδοὺς αὐτὸν εἶπεν, Μήτι²⁶ ἐγώ εἰμι, ῥαββί;³⁰ Λέγει αὐτῷ, Σὺ εἶπας. 26 Ἐσθιόντων δὲ αὐτῶν, λαβὼν ὁ Ἰησοῦς τὸν ἄρτον, καὶ εὐχαριστήσας,³¹ ἔκλασεν³² καὶ ἐδίδου τοῖς μαθηταῖς, καὶ εἶπεν, Λάβετε, φάγετε·

---

³πραθῆναι: APN ⁶παρέχετε: PAI-2P ⁷εἰργάσατο: ADI-3S ⁹ἐνταφιάσαι: AAN ¹⁶ἑτοιμάσομέν: FAI-1P ²⁰συνέταξεν: AAI-3S ²¹ἡτοίμασαν: AAI-3P ²³ἀνέκειτο: INI-3S ²⁴λυπούμενοι: PPP-NPM ²⁷ἐμβάψας: AAP-NSM ³¹εὐχαριστήσας: AAP-NSM ³²ἔκλασεν: AAI-3S

---

¹ἀπώλεια, ας, ἡ, [19] destruction, ruin, loss, perishing; eternal ruin. ²μύρον, ου, τό, [14] anointing-oil, ointment. ³πιπράσκω, [9] I sell; pass: I am a slave to, am devoted to. ⁴πτωχός, ή, όν, [34] poor, destitute, spiritually poor, either in a good sense (humble devout persons) or bad. ⁵κόπος, ου, ὁ, [19] (a) trouble, (b) toil, labor, laborious toil, involving weariness and fatigue. ⁶παρέχω, [16] act. and mid: I offer, provide, confer, afford, give, bring, show, cause. ⁷ἐργάζομαι, [39] I work, trade, perform, do, practice, commit, acquire by labor. ⁸πάντοτε, [42] always, at all times, ever. ⁹ἐνταφιάζω, [2] I embalm, prepare for burial. ¹⁰μνημόσυνον, ου, τό, [3] reminder, memorial; a remembrance offering. ¹¹τριάκοντα, οἱ, αἱ, τά, [11] thirty. ¹²ἀργύριον, ου, τό, [20] silver, a piece of silver, a shekel, money in general. ¹³εὐκαιρία, ας, ἡ, [2] a convenient time, opportunity. ¹⁴ἄζυμος, ον, [9] unleavened, the paschal feast (a feast of the Hebrews); fig: uncorrupted, sincere. ¹⁵ποῦ, [44] where, in what place. ¹⁶ἑτοιμάζω, [40] I make ready, prepare. ¹⁷πάσχα, τό, [29] the feast of Passover, the Passover lamb. ¹⁸δεῖνα, ὁ, ἡ, τό, [1] so and so, such a one, where the name of the person is known but not used. ¹⁹ἐγγύς, [30] near. ²⁰συντάσσω, [2] I arrange with, direct, appoint, prescribe, ordain. ²¹ἑτοιμάζω, [40] I make ready, prepare. ²²ὄψιος, α, ον, [15] late, evening. ²³ἀνάκειμαι, [15] I recline, especially at a dinner-table. ²⁴λυπέω, [26] I pain, grieve, vex. ²⁵σφόδρα, [11] exceedingly, greatly, very much. ²⁶μήτι, [16] if not, unless, whether at all. ²⁷ἐμβάπτω, [3] I dip into. ²⁸τρύβλιον, ου, τό, [2] a deep dish, platter, bowl. ²⁹οὐαί, [47] woe!, alas!, uttered in grief or denunciation. ³⁰ῥαββί, [17] Rabbi, my master, teacher; a title of respect often applied to Christ. ³¹εὐχαριστέω, [40] I thank, give thanks; pass. 3 sing: is received with thanks. ³²κλάω, [15] I break (in pieces), break bread.

τοῦτό ἐστιν τὸ σῶμά μου. **27** Καὶ λαβὼν τὸ ποτήριον,[1] καὶ εὐχαριστήσας,[2] ἔδωκεν αὐτοῖς, λέγων, Πίετε ἐξ αὐτοῦ πάντες· **28** τοῦτο γάρ ἐστιν τὸ αἷμά μου, τὸ τῆς καινῆς[3] διαθήκης,[4] τὸ περὶ πολλῶν ἐκχυνόμενον[5] εἰς ἄφεσιν[6] ἁμαρτιῶν. **29** Λέγω δὲ ὑμῖν ὅτι οὐ μὴ πίω ἀπ' ἄρτι[7] ἐκ τούτου τοῦ γεννήματος[8] τῆς ἀμπέλου,[9] ἕως τῆς ἡμέρας ἐκείνης ὅταν αὐτὸ πίνω μεθ' ὑμῶν καινὸν[3] ἐν τῇ βασιλείᾳ τοῦ πατρός μου.

Events at Gethsemane

30 Καὶ ὑμνήσαντες[10] ἐξῆλθον εἰς τὸ ὄρος τῶν Ἐλαιῶν.[11]

31 Τότε λέγει αὐτοῖς ὁ Ἰησοῦς, Πάντες ὑμεῖς σκανδαλισθήσεσθε[12] ἐν ἐμοὶ ἐν τῇ νυκτὶ ταύτῃ· γέγραπται γάρ, Πατάξω[13] τὸν ποιμένα,[14] καὶ διασκορπισθήσεται[15] τὰ πρόβατα[16] τῆς ποίμνης.[17] **32** Μετὰ δὲ τὸ ἐγερθῆναί με, προάξω[18] ὑμᾶς εἰς τὴν Γαλιλαίαν. **33** Ἀποκριθεὶς δὲ ὁ Πέτρος εἶπεν αὐτῷ, Εἰ πάντες σκανδαλισθήσονται[19] ἐν σοί, ἐγὼ δὲ οὐδέποτε[20] σκανδαλισθήσομαι.[21] **34** Ἔφη αὐτῷ ὁ Ἰησοῦς, Ἀμὴν λέγω σοι ὅτι ἐν ταύτῃ τῇ νυκτί, πρὶν[22] ἀλέκτορα[23] φωνῆσαι,[24] τρὶς[25] ἀπαρνήσῃ[26] με. **35** Λέγει αὐτῷ ὁ Πέτρος, Κἂν[27] δέῃ με σὺν σοὶ ἀποθανεῖν, οὐ μή σε ἀπαρνήσωμαι.[28] Ὁμοίως[29] δὲ καὶ πάντες οἱ μαθηταὶ εἶπον.

36 Τότε ἔρχεται μετ' αὐτῶν ὁ Ἰησοῦς εἰς χωρίον[30] λεγόμενον Γεθσημανῆ,[31] καὶ λέγει τοῖς μαθηταῖς, Καθίσατε[32] αὐτοῦ,[33] ἕως οὗ ἀπελθὼν προσεύξωμαι ἐκεῖ. **37** Καὶ παραλαβὼν[34] τὸν Πέτρον καὶ τοὺς δύο υἱοὺς Ζεβεδαίου, ἤρξατο λυπεῖσθαι[35] καὶ

---

[2]*εὐχαριστήσας: AAP-NSM*   [5]*ἐκχυνόμενον: PPP-NSN*   [10]*ὑμνήσαντες: AAP-NPM*   [12]*σκανδαλισθήσεσθε: FPI-2P*   [13]*Πατάξω: FAI-1S*   [15]*διασκορπισθήσεται: FPI-3S*   [18]*προάξω: FAI-1S*   [19]*σκανδαλισθήσονται: FPI-3P*   [21]*σκανδαλισθήσομαι: FPI-1S*   [24]*φωνῆσαι: AAN*   [26]*ἀπαρνήσῃ: FDI-2S*   [28]*ἀπαρνήσωμαι: ADS-1S*   [32]*Καθίσατε: AAM-2P*   [34]*παραλαβὼν: 2AAP-NSM*   [35]*λυπεῖσθαι: PPN*

---

[1]*ποτήριον, ου, τό, [33] a drinking cup, the contents of the cup; fig: the portion which God allots.*   [2]*εὐχαριστέω, [40] I thank, give thanks; pass. 3 sing: is received with thanks.*   [3]*καινός, ή, όν, [44] fresh, new, unused, novel.* [4]*διαθήκη, ης, ἡ, [33] (a) a covenant between two parties, (b) (the ordinary, everyday sense [found a countless number of times in papyri]) a will, testament.*   [5]*ἐκχέω, [28] I pour out (liquid or solid); I shed, bestow liberally.* [6]*ἄφεσις, εως, ἡ, [17] a sending away, a letting go, a release, pardon, complete forgiveness.*   [7]*ἄρτι, [37] now, just now, at this moment.*   [8]*γέννημα, ατος, τό, [9] offspring, child, fruit.*   [9]*ἄμπελος, ου, ἡ, [9] a vine, grape-vine.*   [10]*ὑμνέω, [4] I sing, sing hymns to, praise.*   [11]*ἐλαία, ας, ἡ, [15] an olive tree; the Mount of Olives.* [12]*σκανδαλίζω, [30] I cause to stumble, cause to sin, cause to become indignant, shock, offend.*   [13]*πατάσσω, [10] I smite, strike (as with a sword), smite to death, afflict.*   [14]*ποιμήν, ένος, ὁ, [18] a shepherd; hence met: of the feeder, protector, and ruler of a flock of men.*   [15]*διασκορπίζω, [9] I scatter, winnow, disperse, waste.* [16]*πρόβατον, ου, τό, [41] a sheep.*   [17]*ποίμνη, ης, ἡ, [5] a flock (of sheep or goats).*   [18]*προάγω, [18] (a) trans: I lead forth; in the judicial sense, into court, (b) intrans. and trans: I precede, go before, (c) intrans: I go too far.* [19]*σκανδαλίζω, [30] I cause to stumble, cause to sin, cause to become indignant, shock, offend.*   [20]*οὐδέποτε, [16] never.*   [21]*σκανδαλίζω, [30] I cause to stumble, cause to sin, cause to become indignant, shock, offend.*   [22]*πρίν, [14] formerly, before.*   [23]*ἀλέκτωρ, ορος, ὁ, [12] a cock, rooster.*   [24]*φωνέω, [42] I give forth a sound, hence: (a) of a cock: I crow, (b) of men: I shout, (c) trans: I call (to myself), summon; I invite, address.*   [25]*τρίς, [12] three times.*   [26]*ἀπαρνέομαι, [13] I deny, disown, repudiate (either another person or myself), disregard.*   [27]*κἄν, [13] and if, even if, even, at least.*   [28]*ἀπαρνέομαι, [13] I deny, disown, repudiate (either another person or myself), disregard.*   [29]*ὁμοίως, [32] in like manner, similarly, in the same way, equally.*   [30]*χωρίον, ου, τό, [10] a place, piece of land, field, property, estate.*   [31]*Γεθσημανῆ, ἡ, [2] Gethsemane, a small place between the brook Kidron and the Mount of Olives near Jerusalem.*   [32]*καθίζω, [48] (a) trans: I make to sit; I set, appoint, (b) intrans: I sit down, am seated, stay.*   [33]*αὐτοῦ, [4] here, there.*   [34]*παραλαμβάνω, [49] I take from, receive from, or: I take to, receive (apparently not used of money), admit, acknowledge; I take with me.*   [35]*λυπέω, [26] I pain, grieve, vex.*

ἀδημονεῖν.¹ **38** Τότε λέγει αὐτοῖς ὁ Ἰησοῦς, Περίλυπός² ἐστιν ἡ ψυχή μου ἕως θανάτου· μείνατε ὧδε καὶ γρηγορεῖτε³ μετ' ἐμοῦ. **39** Καὶ προσελθὼν μικρόν,⁴ ἔπεσεν ἐπὶ πρόσωπον αὐτοῦ προσευχόμενος καὶ λέγων, Πάτερ μου, εἰ δυνατόν⁵ ἐστιν, παρελθέτω⁶ ἀπ' ἐμοῦ τὸ ποτήριον⁷ τοῦτο· πλὴν⁸ οὐχ ὡς ἐγὼ θέλω, ἀλλ' ὡς σύ. **40** Καὶ ἔρχεται πρὸς τοὺς μαθητάς, καὶ εὑρίσκει αὐτοὺς καθεύδοντας,⁹ καὶ λέγει τῷ Πέτρῳ, Οὕτως οὐκ ἰσχύσατε¹⁰ μίαν ὥραν γρηγορῆσαι¹¹ μετ' ἐμοῦ; **41** Γρηγορεῖτε¹² καὶ προσεύχεσθε, ἵνα μὴ εἰσέλθητε εἰς πειρασμόν·¹³ τὸ μὲν πνεῦμα πρόθυμον,¹⁴ ἡ δὲ σὰρξ ἀσθενής.¹⁵ **42** Πάλιν ἐκ δευτέρου¹⁶ ἀπελθὼν προσηύξατο, λέγων, Πάτερ μου, εἰ οὐ δύναται τοῦτο τὸ ποτήριον⁷ παρελθεῖν¹⁷ ἀπ' ἐμοῦ, ἐὰν μὴ αὐτὸ πίω, γενηθήτω τὸ θέλημά σου. **43** Καὶ ἐλθὼν εὑρίσκει αὐτοὺς πάλιν καθεύδοντας,¹⁸ ἦσαν γὰρ αὐτῶν οἱ ὀφθαλμοὶ βεβαρημένοι.¹⁹ **44** Καὶ ἀφεὶς αὐτοὺς ἀπελθὼν πάλιν προσηύξατο ἐκ τρίτου, τὸν αὐτὸν λόγον εἰπών. **45** Τότε ἔρχεται πρὸς τοὺς μαθητὰς αὐτοῦ, καὶ λέγει αὐτοῖς, Καθεύδετε²⁰ τὸ λοιπὸν²¹ καὶ ἀναπαύεσθε·²² ἰδού, ἤγγικεν²³ ἡ ὥρα, καὶ ὁ υἱὸς τοῦ ἀνθρώπου παραδίδοται εἰς χεῖρας ἁμαρτωλῶν.²⁴ **46** Ἐγείρεσθε, ἄγωμεν. Ἰδού, ἤγγικεν²⁵ ὁ παραδιδούς με.

The Betrayal and Arrest

47 Καὶ ἔτι αὐτοῦ λαλοῦντος, ἰδού, Ἰούδας εἷς τῶν δώδεκα ἦλθεν, καὶ μετ' αὐτοῦ ὄχλος πολὺς μετὰ μαχαιρῶν²⁶ καὶ ξύλων,²⁷ ἀπὸ τῶν ἀρχιερέων καὶ πρεσβυτέρων τοῦ λαοῦ. **48** Ὁ δὲ παραδιδοὺς αὐτὸν ἔδωκεν αὐτοῖς σημεῖον, λέγων, Ὃν ἂν φιλήσω,²⁸ αὐτός ἐστιν· κρατήσατε²⁹ αὐτόν. **49** Καὶ εὐθέως προσελθὼν τῷ Ἰησοῦ εἶπεν, Χαῖρε,

---

¹ἀδημονεῖν: PAN   ³γρηγορεῖτε: PAM-2P   ⁶παρελθέτω: 2AAM-3S   ⁹καθεύδοντας: PAP-APM   ¹⁰ἰσχύσατε: AAI-2P ¹¹γρηγορῆσαι: AAN   ¹²Γρηγορεῖτε: PAM-2P   ¹⁷παρελθεῖν: 2AAN   ¹⁸καθεύδοντας: PAP-APM   ¹⁹βεβαρημένοι: RPP-NPM   ²⁰Καθεύδετε: PAI-2P or PAM-2P   ²²ἀναπαύεσθε: PMI-2P or PMM-2P   ²³ἤγγικεν: RAI-3S   ²⁵ἤγγικεν: RAI-3S   ²⁸φιλήσω: AAS-1S   ²⁹κρατήσατε: AAM-2P

---

¹ἀδημονέω, [3] I feel fear, lack courage, am distressed, troubled.   ²περίλυπος, ον, [5] very sorrowful, greatly grieved.   ³γρηγορέω, [23] (a) I am awake (in the night), watch, (b) I am watchful, on the alert, vigilant. ⁴μικρός, ά, όν, [45] little, small.   ⁵δυνατός, ή, όν, [36] (a) of persons: powerful, able, (b) of things: possible. ⁶παρέρχομαι, [29] I pass by, pass away, pass out of sight; I am rendered void, become vain, neglect, disregard. ⁷ποτήριον, ου, τό, [33] a drinking cup, the contents of the cup; fig: the portion which God allots.   ⁸πλήν, [31] however, nevertheless, but, except that, yet.   ⁹καθεύδω, [22] I sleep, am sleeping.   ¹⁰ἰσχύω, [29] I have strength, am strong, am in full health and vigor, am able; meton: I prevail.   ¹¹γρηγορέω, [23] (a) I am awake (in the night), watch, (b) I am watchful, on the alert, vigilant.   ¹²γρηγορέω, [23] (a) I am awake (in the night), watch, (b) I am watchful, on the alert, vigilant.   ¹³πειρασμός, οῦ, ὁ, [21] (a) trial, probation, testing, being tried, (b) temptation, (c) calamity, affliction.   ¹⁴πρόθυμος, ον, [3] eager, ready, willing, prompt.   ¹⁵ἀσθενής, ές, [25] (lit: not strong), (a) weak (physically, or morally), (b) infirm, sick.   ¹⁶δεύτερος, α, ον, [44] second; with the article: in the second place, for the second time.   ¹⁷παρέρχομαι, [29] I pass by, pass away, pass out of sight; I am rendered void, become vain, neglect, disregard.   ¹⁸καθεύδω, [22] I sleep, am sleeping.   ¹⁹βαρέω, [7] I weight, load, burden, lit. and met.   ²⁰καθεύδω, [22] I sleep, am sleeping.   ²¹λοιπόν, [14] finally, from now on, henceforth, beyond that.   ²²ἀναπαύω, [12] I make to rest, give rest to; mid. and pass: I rest, take my ease.   ²³ἐγγίζω, [43] trans: I bring near; intrans: I come near, approach.   ²⁴ἁμαρτωλός, ον, [48] sinning, sinful, depraved, detestable.   ²⁵ἐγγίζω, [43] trans: I bring near; intrans: I come near, approach.   ²⁶μάχαιρα, ας, ἡ, [29] a sword.   ²⁷ξύλον, ου, τό, [20] anything made of wood, a piece of wood, a club, staff; the trunk of a tree, used to support the cross-bar of a cross in crucifixion.   ²⁸φιλέω, [25] I love (of friendship), regard with affection, cherish; I kiss.   ²⁹κρατέω, [47] I am strong, mighty, hence: I rule, am master, prevail; I obtain, take hold of; I hold, hold fast.

ῥαββί·¹ καὶ κατεφίλησεν² αὐτόν. 50 Ὁ δὲ Ἰησοῦς εἶπεν αὐτῷ, Ἑταῖρε,³ ἐφ᾽ ᾧ πάρει;⁴ Τότε προσελθόντες ἐπέβαλον⁵ τὰς χεῖρας ἐπὶ τὸν Ἰησοῦν, καὶ ἐκράτησαν⁶ αὐτόν. 51 Καὶ ἰδού, εἷς τῶν μετὰ Ἰησοῦ, ἐκτείνας⁷ τὴν χεῖρα, ἀπέσπασεν⁸ τὴν μάχαιραν⁹ αὐτοῦ, καὶ πατάξας¹⁰ τὸν δοῦλον τοῦ ἀρχιερέως ἀφεῖλεν¹¹ αὐτοῦ τὸ ὠτίον.¹² 52 Τότε λέγει αὐτῷ ὁ Ἰησοῦς, Ἀπόστρεψόν¹³ σου τὴν μάχαιραν⁹ εἰς τὸν τόπον αὐτῆς· πάντες γὰρ οἱ λαβόντες μάχαιραν⁹ ἐν μαχαίρᾳ⁹ ἀποθανοῦνται. 53 Ἢ δοκεῖς ὅτι οὐ δύναμαι ἄρτι¹⁴ παρακαλέσαι τὸν πατέρα μου, καὶ παραστήσει¹⁵ μοι πλείους ἢ δώδεκα λεγεῶνας¹⁶ ἀγγέλων; 54 Πῶς οὖν πληρωθῶσιν αἱ γραφαί, ὅτι οὕτως δεῖ γενέσθαι; 55 Ἐν ἐκείνῃ τῇ ὥρᾳ εἶπεν ὁ Ἰησοῦς τοῖς ὄχλοις, Ὡς ἐπὶ λῃστὴν¹⁷ ἐξήλθετε μετὰ μαχαιρῶν⁹ καὶ ξύλων¹⁸ συλλαβεῖν¹⁹ με; Καθ᾽ ἡμέραν πρὸς ὑμᾶς ἐκαθεζόμην²⁰ διδάσκων ἐν τῷ ἱερῷ, καὶ οὐκ ἐκρατήσατέ²¹ με. 56 Τοῦτο δὲ ὅλον γέγονεν, ἵνα πληρωθῶσιν αἱ γραφαὶ τῶν προφητῶν. Τότε οἱ μαθηταὶ πάντες ἀφέντες αὐτὸν ἔφυγον.²²

The Trial before Caiaphas and the Denial of Peter

57 Οἱ δὲ κρατήσαντες²³ τὸν Ἰησοῦν ἀπήγαγον²⁴ πρὸς Καϊάφαν τὸν ἀρχιερέα, ὅπου οἱ γραμματεῖς καὶ οἱ πρεσβύτεροι συνήχθησαν. 58 Ὁ δὲ Πέτρος ἠκολούθει αὐτῷ ἀπὸ μακρόθεν,²⁵ ἕως τῆς αὐλῆς²⁶ τοῦ ἀρχιερέως, καὶ εἰσελθὼν ἔσω²⁷ ἐκάθητο μετὰ τῶν ὑπηρετῶν,²⁸ ἰδεῖν τὸ τέλος.²⁹ 59 Οἱ δὲ ἀρχιερεῖς καὶ οἱ πρεσβύτεροι καὶ τὸ συνέδριον³⁰ ὅλον ἐζήτουν ψευδομαρτυρίαν³¹ κατὰ τοῦ Ἰησοῦ, ὅπως θανατώσωσιν³² αὐτόν. 60 Καὶ

---

²κατεφίλησεν: AAI-3S   ⁴πάρει: PAI-2S   ⁵ἐπέβαλον: 2AAI-3P   ⁶ἐκράτησαν: AAI-3P   ⁷ἐκτείνας: AAP-NSM
⁸ἀπέσπασεν: AAI-3S   ¹⁰πατάξας: AAP-NSM   ¹¹ἀφεῖλεν: 2AAI-3S   ¹³Ἀπόστρεψόν: AAM-2S   ¹⁵παραστήσει: FAI-3S
¹⁹συλλαβεῖν: 2AAN   ²⁰ἐκαθεζόμην: INI-1S   ²¹ἐκρατήσατέ: AAI-2P   ²²ἔφυγον: 2AAI-3P   ²³κρατήσαντες: AAP-NPM
²⁴ἀπήγαγον: 2AAI-3P   ³²θανατώσωσιν: AAS-3P

---

¹ῥαββί, [17] Rabbi, my master, teacher; a title of respect often applied to Christ.   ²καταφιλέω, [6] I kiss affectionately.   ³ἑταῖρος, ου, ὁ, [4] a companion, comrade, friend.   ⁴πάρειμι, [24] I am present, am near; I have come, arrived.   ⁵ἐπιβάλλω, [18] (a) I throw upon, cast over, (b) I place upon, (c) I lay, (d) intrans: I strike upon, rush.   ⁶κρατέω, [47] I am strong, mighty, hence: I rule, am master, prevail; I obtain, take hold of; I hold, hold fast.   ⁷ἐκτείνω, [16] I stretch out (forth), cast forth (as of an anchor), lay hands on.   ⁸ἀποσπάω, [4] lit: I wrench away from, drag away, but perhaps sometimes in the well-attested weakened sense: I am parted or withdrawn.   ⁹μάχαιρα, ας, ἡ, [29] a sword.   ¹⁰πατάσσω, [10] I smite, strike (as with a sword), smite to death, afflict.   ¹¹ἀφαιρέω, [10] I take away, smite off.   ¹²ὠτίον, ου, τό, [5] an ear.   ¹³ἀποστρέφω, [10] I turn away, pervert, remove; I restore, replace; mid: I desert, reject.   ¹⁴ἄρτι, [37] now, just now, at this moment.   ¹⁵παρίστημι, [41] I bring, present, prove, come up to and stand by, am present.   ¹⁶λεγεών, ῶνος, ἡ, [4] properly: a division of the Roman army, numbering about 6,000 infantry with additional cavalry; hence: a very large number; a legion.   ¹⁷λῃστής, οῦ, ὁ, [15] a robber, brigand, bandit.   ¹⁸ξύλον, ου, τό, [20] anything made of wood, a piece of wood, a club, staff; the trunk of a tree, used to support the cross-bar of a cross in crucifixion.   ¹⁹συλλαμβάνω, [16] I seize, apprehend, assist, conceive, become pregnant.   ²⁰καθέζομαι, [6] I am sitting, sit down, am seated.   ²¹κρατέω, [47] I am strong, mighty, hence: I rule, am master, prevail; I obtain, take hold of; I hold, hold fast.   ²²φεύγω, [31] I flee, escape, shun.   ²³κρατέω, [47] I am strong, mighty, hence: I rule, am master, prevail; I obtain, take hold of; I hold, hold fast.   ²⁴ἀπάγω, [14] I lead, carry, take away; met: I am led astray, seduced.   ²⁵μακρόθεν, [14] from a (long) distance, afar.   ²⁶αὐλή, ῆς, ἡ, [12] court-yard, fore-court, sheep-fold; but it may be understood as: palace, house.   ²⁷ἔσω, [8] within, inside, with verbs either of rest or of motion; prep: within, to within, inside.   ²⁸ὑπηρέτης, ου, ὁ, [20] a servant, an attendant, (a) an officer, lictor, (b) an attendant in a synagogue, (c) a minister of the gospel.   ²⁹τέλος, ους, τό, [41] (a) an end, (b) event or issue, (c) the principal end, aim, purpose, (d) a tax.   ³⁰συνέδριον, ου, τό, [22] a council, tribunal, the Sanhedrin, the meeting place of the Sanhedrin.   ³¹ψευδομαρτυρία, ας, ἡ, [2] false testimony, false witness.   ³²θανατόω, [11] I put to death, subdue; pass: I am in danger of death, am dead to, am rid of, am parted from.

οὐχ εὗρον· καὶ πολλῶν ψευδομαρτύρων¹ προσελθόντων, οὐχ εὗρον. **61** Ὕστερον² δὲ προσελθόντες δύο ψευδομάρτυρες¹ εἶπον, Οὗτος ἔφη, Δύναμαι καταλῦσαι³ τὸν ναὸν⁴ τοῦ θεοῦ, καὶ διὰ τριῶν ἡμερῶν οἰκοδομῆσαι⁵ αὐτόν. **62** Καὶ ἀναστὰς ὁ ἀρχιερεὺς εἶπεν αὐτῷ, Οὐδὲν ἀποκρίνῃ; Τί οὗτοί σου καταμαρτυροῦσιν;⁶ **63** Ὁ δὲ Ἰησοῦς ἐσιώπα.⁷ Καὶ ἀποκριθεὶς ὁ ἀρχιερεὺς εἶπεν αὐτῷ, Ἐξορκίζω⁸ σε κατὰ τοῦ θεοῦ τοῦ ζῶντος, ἵνα ἡμῖν εἴπῃς εἰ σὺ εἶ ὁ χριστός, ὁ υἱὸς τοῦ θεοῦ. **64** Λέγει αὐτῷ ὁ Ἰησοῦς, Σὺ εἶπας. Πλὴν⁹ λέγω ὑμῖν, ἀπ᾽ ἄρτι¹⁰ ὄψεσθε τὸν υἱὸν τοῦ ἀνθρώπου καθήμενον ἐκ δεξιῶν τῆς δυνάμεως καὶ ἐρχόμενον ἐπὶ τῶν νεφελῶν¹¹ τοῦ οὐρανοῦ. **65** Τότε ὁ ἀρχιερεὺς διέρρηξεν¹² τὰ ἱμάτια αὐτοῦ, λέγων ὅτι Ἐβλασφήμησεν·¹³ τί ἔτι χρείαν¹⁴ ἔχομεν μαρτύρων;¹⁵ Ἴδε,¹⁶ νῦν ἠκούσατε τὴν βλασφημίαν¹⁷ αὐτοῦ. **66** Τί ὑμῖν δοκεῖ; Οἱ δὲ ἀποκριθέντες εἶπον, Ἔνοχος¹⁸ θανάτου ἐστίν. **67** Τότε ἐνέπτυσαν¹⁹ εἰς τὸ πρόσωπον αὐτοῦ καὶ ἐκολάφισαν²⁰ αὐτόν· οἱ δὲ ἐρράπισαν,²¹ **68** λέγοντες, Προφήτευσον²² ἡμῖν, χριστέ, τίς ἐστιν ὁ παίσας²³ σε;

69 Ὁ δὲ Πέτρος ἔξω ἐκάθητο ἐν τῇ αὐλῇ·²⁴ καὶ προσῆλθεν αὐτῷ μία παιδίσκη,²⁵ λέγουσα, Καὶ σὺ ἦσθα μετὰ Ἰησοῦ τοῦ Γαλιλαίου.²⁶ **70** Ὁ δὲ ἠρνήσατο²⁷ ἔμπροσθεν²⁸ αὐτῶν πάντων, λέγων, Οὐκ οἶδα τί λέγεις. **71** Ἐξελθόντα δὲ αὐτὸν εἰς τὸν πυλῶνα,²⁹ εἶδεν αὐτὸν ἄλλη, καὶ λέγει αὐτοῖς ἐκεῖ, Καὶ οὗτος ἦν μετὰ Ἰησοῦ τοῦ Ναζωραίου.³⁰ **72** Καὶ πάλιν ἠρνήσατο³¹ μεθ᾽ ὅρκου³² ὅτι Οὐκ οἶδα τὸν ἄνθρωπον. **73** Μετὰ μικρὸν³³ δὲ προσελθόντες οἱ ἑστῶτες εἶπον τῷ Πέτρῳ, Ἀληθῶς³⁴ καὶ σὺ ἐξ αὐτῶν εἶ· καὶ γὰρ ἡ λαλιά³⁵ σου δῆλόν³⁶ σε ποιεῖ. **74** Τότε ἤρξατο καταθεματίζειν³⁷ καὶ ὀμνύειν³⁸ ὅτι Οὐκ

³καταλῦσαι: AAN ⁵οἰκοδομῆσαι: AAN ⁶καταμαρτυροῦσιν: PAI-3P ⁷ἐσιώπα: IAI-3S ⁸Ἐξορκίζω: PAI-1S ¹²διέρρηξεν: AAI-3S ¹³Ἐβλασφήμησεν: AAI-3S ¹⁶Ἴδε: 2AAM-2S ¹⁹ἐνέπτυσαν: AAI-3P ²⁰ἐκολάφισαν: AAI-3P ²¹ἐρράπισαν: AAI-3P ²²Προφήτευσον: AAM-2S ²³παίσας: AAP-NSM ²⁷ἠρνήσατο: ADI-3S ³¹ἠρνήσατο: ADI-3S ³⁷καταθεματίζειν: PAN ³⁸ὀμνύειν: PAN

¹ψευδόμαρτυς, υρος, ὁ, [3] a false witness. ²ὕστερον, [12] lastly, afterward, later. ³καταλύω, [17] (lit: I loosen thoroughly), (a) trans: I break up, overthrow, destroy, both lit. and met., (b) I unyoke, unharness a carriage horse or pack animal; hence: I put up, lodge, find a lodging. ⁴ναός, οῦ, ὁ, [46] a temple, a shrine, that part of the temple where God himself resides. ⁵οἰκοδομέω, [39] I erect a building, build; fig. of the building up of character: I build up, edify, encourage. ⁶καταμαρτυρέω, [4] I give evidence (bear witness) against. ⁷σιωπάω, [11] I keep silence, am silent, either voluntarily or involuntarily. ⁸ἐξορκίζω, [1] I adjure, put to oath; I exorcise. ⁹πλήν, [31] however, nevertheless, but, except that, yet. ¹⁰ἄρτι, [37] now, just now, at this moment. ¹¹νεφέλη, ης, ἡ, [26] a cloud. ¹²διαρρήσσω, [5] I tear asunder, burst, rend. ¹³βλασφημέω, [35] I speak evil against, blaspheme, use abusive or scurrilous language about (God or men). ¹⁴χρεία, ας, ἡ, [49] need, necessity, business. ¹⁵μάρτυς, υρος, ὁ, [34] a witness; an eye- or ear-witness. ¹⁶ἴδε, [35] See! Lo! Behold! Look! ¹⁷βλασφημία, ας, ἡ, [19] abusive or scurrilous language, blasphemy. ¹⁸ἔνοχος, ον, [10] involved in, held in, hence: liable, generally with dat. (or gen.) of the punishment. ¹⁹ἐμπτύω, [6] I spit upon. ²⁰κολαφίζω, [5] I strike with the fist, buffet; hence: I mistreat violently. ²¹ῥαπίζω, [2] I slap, strike, smite with the hand. ²²προφητεύω, [28] I foretell, prophesy; I set forth matter of divine teaching by special faculty. ²³παίω, [5] I strike, smite, sting. ²⁴αὐλή, ῆς, ἡ, [12] court-yard, fore-court, sheep-fold; but it may be understood as: palace, house. ²⁵παιδίσκη, ης, ἡ, [13] a female slave, maidservant, maid, young girl. ²⁶Γαλιλαῖος, αία, αῖον, [11] a Galilean, an inhabitant of Galilee. ²⁷ἀρνέομαι, [31] (a) I deny (a statement), (b) I repudiate (a person, or belief). ²⁸ἔμπροσθεν, [48] in front, before the face; sometimes made a subst. by the addition of the article: in front of, before the face of. ²⁹πυλών, ῶνος, ὁ, [18] a large gate; a gateway, porch, vestibule. ³⁰Ναζωραῖος, ου, ὁ, [15] a Nazarene, an inhabitant of Nazareth. ³¹ἀρνέομαι, [31] I deny (a statement), (b) I repudiate (a person, or belief). ³²ὅρκος, ου, ὁ, [10] an oath. ³³μικρός, ά, όν, [45] little, small. ³⁴ἀληθῶς, [21] truly, really, certainly, surely. ³⁵λαλιά, ας, ἡ, [4] (in classical Greek: babble, chattering) speech, talk; manner of speech, dialect. ³⁶δῆλος, η, ον, [4] clear, manifest, evident. ³⁷καταθεματίζω, [1] I curse, devote to destruction. ³⁸ὀμνύω, [27] I swear, take an oath, promise with an oath.

οἶδα τὸν ἄνθρωπον. Καὶ εὐθέως ἀλέκτωρ[1] ἐφώνησεν.[2] 75 Καὶ ἐμνήσθη[3] ὁ Πέτρος τοῦ ῥήματος τοῦ Ἰησοῦ εἰρηκότος αὐτῷ ὅτι Πρὶν[4] ἀλέκτορα[1] φωνῆσαι,[5] τρὶς[6] ἀπαρνήσῃ[7] με. Καὶ ἐξελθὼν ἔξω ἔκλαυσεν[8] πικρῶς.[9]

The End of Judas

27 Πρωΐας[10] δὲ γενομένης, συμβούλιον[11] ἔλαβον πάντες οἱ ἀρχιερεῖς καὶ οἱ πρεσβύτεροι τοῦ λαοῦ κατὰ τοῦ Ἰησοῦ, ὥστε θανατῶσαι[12] αὐτόν· 2 καὶ δήσαντες[13] αὐτὸν ἀπήγαγον[14] καὶ παρέδωκαν αὐτὸν Ποντίῳ Πιλάτῳ τῷ ἡγεμόνι.[15]

3 Τότε ἰδὼν Ἰούδας ὁ παραδιδοὺς αὐτὸν ὅτι κατεκρίθη,[16] μεταμεληθεὶς[17] ἀπέστρεψεν[18] τὰ τριάκοντα[19] ἀργύρια[20] τοῖς ἀρχιερεῦσιν καὶ τοῖς πρεσβυτέροις, 4 λέγων, Ἥμαρτον[21] παραδοὺς αἷμα ἀθῷον.[22] Οἱ δὲ εἶπον, Τί πρὸς ἡμᾶς; Σὺ ὄψει. 5 Καὶ ῥίψας[23] τὰ ἀργύρια[20] ἐν τῷ ναῷ,[24] ἀνεχώρησεν·[25] καὶ ἀπελθὼν ἀπήγξατο.[26] 6 Οἱ δὲ ἀρχιερεῖς λαβόντες τὰ ἀργύρια[20] εἶπον, Οὐκ ἔξεστιν[27] βαλεῖν αὐτὰ εἰς τὸν κορβανᾶν,[28] ἐπεὶ[29] τιμὴ[30] αἵματός ἐστιν. 7 Συμβούλιον[11] δὲ λαβόντες ἠγόρασαν[31] ἐξ αὐτῶν τὸν ἀγρὸν[32] τοῦ κεραμέως,[33] εἰς ταφὴν[34] τοῖς ξένοις.[35] 8 Διὸ ἐκλήθη ὁ ἀγρὸς[32] ἐκεῖνος Ἀγρὸς[32] Αἵματος, ἕως τῆς σήμερον.[36] 9 Τότε ἐπληρώθη τὸ ῥηθὲν διὰ Ἰερεμίου τοῦ προφήτου, λέγοντος, Καὶ ἔλαβον τὰ τριάκοντα[19] ἀργύρια,[20] τὴν τιμὴν[30] τοῦ τετιμημένου,[37] ὃν

---

[2]ἐφώνησεν: AAI-3S   [3]ἐμνήσθη: API-3S   [5]φωνῆσαι: AAN   [7]ἀπαρνήσῃ: FDI-2S   [8]ἔκλαυσεν: AAI-3S   [12]θανατῶσαι: AAN   [13]δήσαντες: AAP-NPM   [14]ἀπήγαγον: 2AAI-3P   [16]κατεκρίθη: API-3S   [17]μεταμεληθεὶς: AOP-NSM   [18]ἀπέστρεψεν: AAI-3S   [21]Ἥμαρτον: 2AAI-1S   [23]ῥίψας: AAP-NSM   [25]ἀνεχώρησεν: AAI-3S   [26]ἀπήγξατο: AMI-3S   [27]ἔξεστιν: PAI-3S   [31]ἠγόρασαν: AAI-3P   [37]τετιμημένου: RPP-GSM

---

[1]ἀλέκτωρ, ορος, ὁ, [12] a cock, rooster.   [2]φωνέω, [42] I give forth a sound, hence: (a) of a cock: I crow, (b) of men: I shout, (c) trans: I call (to myself), summon; I invite, address.   [3]μιμνήσκομαι, [23] I remember, call to mind, recall, mention.   [4]πρίν, [14] formerly, before.   [5]φωνέω, [42] I give forth a sound, hence: (a) of a cock: I crow, (b) of men: I shout, (c) trans: I call (to myself), summon; I invite, address.   [6]τρίς, [12] three times.   [7]ἀπαρνέομαι, [13] I deny, disown, repudiate (either another person or myself), disregard.   [8]κλαίω, [40] I weep, weep for, mourn, lament.   [9]πικρῶς, [2] bitterly.   [10]πρωΐα, ας, ἡ, [3] early morning.   [11]συμβούλιον, ου, τό, [8] (a) a body of advisers (assessors) in a court, a council, (b) abstr: consultation, counsel, advice; resolution, decree.   [12]θανατόω, [11] I put to death, subdue; pass: I am in danger of death, am dead to, am rid of, am parted from.   [13]δέω, [44] I bind, tie, fasten; I impel, compel; I declare to be prohibited and unlawful.   [14]ἀπάγω, [14] I lead, carry, take away; met: I am led astray, seduced.   [15]ἡγεμών, όνος, ὁ, [22] a leader, guide; a commander; a governor (of a province); plur: leaders.   [16]κατακρίνω, [17] I condemn, judge worthy of punishment.   [17]μεταμέλομαι, [6] (lit: I change one care or interest for another), I change my mind (generally for the better), repent, regret.   [18]ἀποστρέφω, [10] I turn away, pervert, remove; I restore, replace; mid: I desert, reject.   [19]τριάκοντα, οἱ, αἱ, τά, [11] thirty.   [20]ἀργύριον, ου, τό, [20] silver, a piece of silver, a shekel, money in general.   [21]ἁμαρτάνω, [43] originally: I miss the mark, hence (a) I make a mistake, (b) I sin, commit a sin (against God); sometimes the idea of sinning against a fellow-creature is present.   [22]ἀθῷος, ον, [2] (sometimes: unpunished), guiltless, innocent.   [23]ῥίπτω, [7] I throw, cast, toss, set down; pass: I am dispersed.   [24]ναός, οῦ, ὁ, [46] a temple, a shrine, that part of the temple where God himself resides.   [25]ἀναχωρέω, [14] I return, retire, withdraw, depart (underlying idea perhaps of taking refuge from danger or of going into retirement).   [26]ἀπάγχω, [1] I choke, strangle; mid: I strangle or hang myself.   [27]ἔξεστιν, [31] it is permitted, lawful, possible.   [28]κορβᾶν, [2] a gift, offering, anything consecrated to God.   [29]ἐπεί, [27] of time: when, after; of cause: since, because; otherwise: else.   [30]τιμή, ῆς, ἡ, [42] a price, honor.   [31]ἀγοράζω, [31] I buy.   [32]ἀγρός, οῦ, ὁ, [35] a field, especially as bearing a crop; the country, lands, property in land, a country estate.   [33]κεραμεύς, έως, ὁ, [3] a potter.   [34]ταφή, ῆς, ἡ, [1] a burial, burial place.   [35]ξένος, η, ον, [14] alien, new, novel; noun: a guest, stranger, foreigner.   [36]σήμερον, [41] today, now.   [37]τιμάω, [21] (a) I value at a price, estimate, (b) I honor, reverence.

ἐτιμήσαντο¹ ἀπὸ υἱῶν Ἰσραήλ· 10 καὶ ἔδωκαν αὐτὰ εἰς τὸν ἀγρὸν² τοῦ κεραμέως,³ καθὰ⁴ συνέταξέν⁵ μοι κύριος.

The Trial before Pilate

11 Ὁ δὲ Ἰησοῦς ἔστη ἔμπροσθεν⁶ τοῦ ἡγεμόνος·⁷ καὶ ἐπηρώτησεν αὐτὸν ὁ ἡγεμών,⁷ λέγων, Σὺ εἶ ὁ βασιλεὺς τῶν Ἰουδαίων; Ὁ δὲ Ἰησοῦς ἔφη αὐτῷ, Σὺ λέγεις. 12 Καὶ ἐν τῷ κατηγορεῖσθαι⁸ αὐτὸν ὑπὸ τῶν ἀρχιερέων καὶ τῶν πρεσβυτέρων, οὐδὲν ἀπεκρίνατο. 13 Τότε λέγει αὐτῷ ὁ Πιλάτος, Οὐκ ἀκούεις πόσα⁹ σοῦ καταμαρτυροῦσιν;¹⁰ 14 Καὶ οὐκ ἀπεκρίθη αὐτῷ πρὸς οὐδὲ ἓν ῥῆμα, ὥστε θαυμάζειν¹¹ τὸν ἡγεμόνα⁷ λίαν.¹² 15 Κατὰ δὲ ἑορτὴν¹³ εἰώθει¹⁴ ὁ ἡγεμών⁷ ἀπολύειν ἕνα τῷ ὄχλῳ δέσμιον,¹⁵ ὃν ἤθελον. 16 Εἶχον δὲ τότε δέσμιον¹⁵ ἐπίσημον,¹⁶ λεγόμενον Βαραββᾶν. 17 Συνηγμένων οὖν αὐτῶν, εἶπεν αὐτοῖς ὁ Πιλάτος, Τίνα θέλετε ἀπολύσω ὑμῖν; Βαραββᾶν, ἢ Ἰησοῦν τὸν λεγόμενον χριστόν; 18 Ἤδει γὰρ ὅτι διὰ φθόνον¹⁷ παρέδωκαν αὐτόν. 19 Καθημένου δὲ αὐτοῦ ἐπὶ τοῦ βήματος,¹⁸ ἀπέστειλεν πρὸς αὐτὸν ἡ γυνὴ αὐτοῦ, λέγουσα, Μηδέν σοι καὶ τῷ δικαίῳ ἐκείνῳ· πολλὰ γὰρ ἔπαθον¹⁹ σήμερον²⁰ κατ' ὄναρ²¹ δι' αὐτόν. 20 Οἱ δὲ ἀρχιερεῖς καὶ οἱ πρεσβύτεροι ἔπεισαν τοὺς ὄχλους ἵνα αἰτήσωνται τὸν Βαραββᾶν, τὸν δὲ Ἰησοῦν ἀπολέσωσιν. 21 Ἀποκριθεὶς δὲ ὁ ἡγεμὼν⁷ εἶπεν αὐτοῖς, Τίνα θέλετε ἀπὸ τῶν δύο ἀπολύσω ὑμῖν; Οἱ δὲ εἶπον, Βαραββᾶν. 22 Λέγει αὐτοῖς ὁ Πιλάτος, Τί οὖν ποιήσω Ἰησοῦν τὸν λεγόμενον χριστόν; Λέγουσιν αὐτῷ πάντες, Σταυρωθήτω.²² 23 Ὁ δὲ ἡγεμὼν⁷ ἔφη, Τί γὰρ κακὸν ἐποίησεν; Οἱ δὲ περισσῶς²³ ἔκραζον, λέγοντες, Σταυρωθήτω.²⁴ 24 Ἰδὼν δὲ ὁ Πιλάτος ὅτι οὐδὲν ὠφελεῖ,²⁵ ἀλλὰ μᾶλλον θόρυβος²⁶ γίνεται, λαβὼν ὕδωρ, ἀπενίψατο²⁷ τὰς χεῖρας ἀπέναντι²⁸ τοῦ ὄχλου, λέγων, Ἀθῷός²⁹ εἰμι ἀπὸ τοῦ αἵματος τοῦ δικαίου τούτου· ὑμεῖς ὄψεσθε. 25 Καὶ ἀποκριθεὶς πᾶς ὁ λαὸς εἶπεν, Τὸ αἷμα αὐτοῦ ἐφ' ἡμᾶς καὶ ἐπὶ τὰ τέκνα ἡμῶν. 26 Τότε ἀπέλυσεν αὐτοῖς τὸν Βαραββᾶν· τὸν δὲ Ἰησοῦν φραγελλώσας³⁰ παρέδωκεν ἵνα σταυρωθῇ.³¹

---

¹ἐτιμήσαντο: AMI-3P   ⁵συνέταξέν: AAI-3S   ⁸κατηγορεῖσθαι: PPN   ¹⁰καταμαρτυροῦσιν: PAI-3P   ¹¹θαυμάζειν: PAN   ¹⁴εἰώθει: LAI-3S   ¹⁹ἔπαθον: 2AAI-1S   ²²Σταυρωθήτω: APM-3S   ²⁴Σταυρωθήτω: APM-3S   ²⁵ὠφελεῖ: PAI-3S   ²⁷ἀπενίψατο: AMI-3S   ³⁰φραγελλώσας: AAP-NSM   ³¹σταυρωθῇ: APS-3S

---

¹τιμάω, [21] (a) I value at a price, estimate, (b) I honor, reverence.   ²ἀγρός, οῦ, ὁ, [35] a field, especially as bearing a crop; the country, lands, property in land, a country estate.   ³κεραμεύς, έως, ὁ, [3] a potter.   ⁴καθά, [1] just as.   ⁵συντάσσω, [2] I arrange with, direct, appoint, prescribe, ordain.   ⁶ἔμπροσθεν, [48] in front, before the face; sometimes made a subst. by the addition of the article: in front of, before the face of.   ⁷ἡγεμών, όνος, ὁ, [22] a leader; guide; a commander; a governor (of a province); plur: leaders.   ⁸κατηγορέω, [22] I accuse, charge, prosecute.   ⁹πόσος, η, ον, [27] how much, how great, how many.   ¹⁰καταμαρτυρέω, [4] I give evidence (bear witness) against.   ¹¹θαυμάζω, [46] (a) intrans: I wonder, marvel, (b) trans: I wonder at, admire.   ¹²λίαν, [14] very; very much, exceedingly, greatly.   ¹³ἑορτή, ῆς, ἡ, [27] a festival, feast, periodically recurring.   ¹⁴εἴωθα, [4] I am accustomed, custom, what was customary.   ¹⁵δέσμιος, ου, ὁ, [16] one bound, a prisoner.   ¹⁶ἐπίσημος, ον, [2] notable, conspicuous.   ¹⁷φθόνος, ου, ὁ, [9] envy, a grudge, spite.   ¹⁸βῆμα, ατος, τό, [12] an elevated place ascended by steps, a throne, tribunal.   ¹⁹πάσχω, [42] I am acted upon in a certain way, either good or bad; I experience ill treatment, suffer.   ²⁰σήμερον, [41] today, now.   ²¹ὄναρ, ατος, τό, [6] a dream.   ²²σταυρόω, [46] I fix to the cross, crucify; fig: I destroy, mortify.   ²³περισσῶς, [16] greatly, exceedingly, abundantly, vehemently.   ²⁴σταυρόω, [46] I fix to the cross, crucify; fig: I destroy, mortify.   ²⁵ὠφελέω, [15] I help, benefit, do good, am useful (to), profit.   ²⁶θόρυβος, ου, ὁ, [7] (a) din, hubbub, confused noise, outcry, (b) riot, disturbance.   ²⁷ἀπονίπτω, [1] I wash dirt off.   ²⁸ἀπέναντι, [6] against, over against, opposite, in view of, in the presence of.   ²⁹ἀθῷος, ον, [2] (sometimes: unpunished), guiltless, innocent.   ³⁰φραγελλόω, [2] I flagellate, scourge.   ³¹σταυρόω, [46] I fix to the cross, crucify; fig: I destroy, mortify.

27 Τότε οἱ στρατιῶται¹ τοῦ ἡγεμόνος,² παραλαβόντες³ τὸν Ἰησοῦν εἰς τὸ πραιτώριον,⁴ συνήγαγον ἐπ᾽ αὐτὸν ὅλην τὴν σπεῖραν·⁵ **28** καὶ ἐκδύσαντες⁶ αὐτόν, περιέθηκαν⁷ αὐτῷ χλαμύδα⁸ κοκκίνην.⁹ **29** Καὶ πλέξαντες¹⁰ στέφανον¹¹ ἐξ ἀκανθῶν,¹² ἐπέθηκαν¹³ ἐπὶ τὴν κεφαλὴν αὐτοῦ, καὶ κάλαμον¹⁴ ἐπὶ τὴν δεξιὰν αὐτοῦ· καὶ γονυπετήσαντες¹⁵ ἔμπροσθεν¹⁶ αὐτοῦ ἐνέπαιζον¹⁷ αὐτῷ, λέγοντες, Χαῖρε, ὁ βασιλεὺς τῶν Ἰουδαίων· **30** καὶ ἐμπτύσαντες¹⁸ εἰς αὐτόν, ἔλαβον τὸν κάλαμον,¹⁴ καὶ ἔτυπτον¹⁹ εἰς τὴν κεφαλὴν αὐτοῦ.

The Crucifixion and Death of Christ

31 Καὶ ὅτε ἐνέπαιξαν²⁰ αὐτῷ, ἐξέδυσαν²¹ αὐτὸν τὴν χλαμύδα,⁸ καὶ ἐνέδυσαν²² αὐτὸν τὰ ἱμάτια αὐτοῦ, καὶ ἀπήγαγον²³ αὐτὸν εἰς τὸ σταυρῶσαι.²⁴

32 Ἐξερχόμενοι δὲ εὗρον ἄνθρωπον Κυρηναῖον,²⁵ ὀνόματι Σίμωνα· τοῦτον ἠγγάρευσαν²⁶ ἵνα ἄρῃ τὸν σταυρὸν²⁷ αὐτοῦ. **33** Καὶ ἐλθόντες εἰς τόπον λεγόμενον Γολγοθᾶ,²⁸ ὅ ἐστιν λεγόμενος Κρανίου²⁹ Τόπος, **34** ἔδωκαν αὐτῷ πιεῖν ὄξος³⁰ μετὰ χολῆς³¹ μεμιγμένον·³² καὶ γευσάμενος³³ οὐκ ἤθελεν πιεῖν. **35** Σταυρώσαντες³⁴ δὲ αὐτόν, διεμερίσαντο³⁵ τὰ ἱμάτια αὐτοῦ, βάλλοντες κλῆρον.³⁶ **36** Καὶ καθήμενοι ἐτήρουν αὐτὸν ἐκεῖ. **37** Καὶ ἐπέθηκαν³⁷ ἐπάνω³⁸ τῆς κεφαλῆς αὐτοῦ τὴν αἰτίαν³⁹ αὐτοῦ γεγραμμένην, Οὗτός ἐστιν Ἰησοῦς ὁ βασιλεὺς τῶν Ἰουδαίων. **38** Τότε σταυροῦνται⁴⁰ σὺν αὐτῷ

---

³παραλαβόντες: 2AAP-NPM   ⁶ἐκδύσαντες: AAP-NPM   ⁷περιέθηκαν: AAI-3P   ¹⁰πλέξαντες: AAP-NPM ¹³ἐπέθηκαν: AAI-3P   ¹⁵γονυπετήσαντες: AAP-NPM   ¹⁷ἐνέπαιζον: IAI-3P   ¹⁸ἐμπτύσαντες: AAP-NPM   ¹⁹ἔτυπτον: IAI-3P   ²⁰ἐνέπαιξαν: AAI-3P   ²¹ἐξέδυσαν: AAI-3P   ²²ἐνέδυσαν: AAI-3P   ²³ἀπήγαγον: 2AAI-3P   ²⁴σταυρῶσαι: AAN   ²⁶ἠγγάρευσαν: AAI-3P   ³²μεμιγμένον: RPP-ASN   ³³γευσάμενος: ADP-NSM   ³⁴Σταυρώσαντες: AAP-NPM ³⁵διεμερίσαντο: AMI-3P   ³⁷ἐπέθηκαν: AAI-3P   ⁴⁰σταυροῦνται: PPI-3P

---

¹στρατιώτης, ου, ὁ, [26] a soldier.   ²ἡγεμών, όνος, ὁ, [22] a leader, guide; a commander; a governor (of a province); plur: leaders.   ³παραλαμβάνω, [49] I take from, receive from, or: I take to, receive (apparently not used of money), admit, acknowledge; I take with me.   ⁴πραιτώριον, ου, τό, [8] the palace at Jerusalem occupied by the Roman governor, or the quarters of the praetorian guard in Rome.   ⁵σπεῖρα, ης, ἡ, [7] a cohort, the tenth part of a legion; a military guard.   ⁶ἐκδύω, [5] I put off, take off, strip off, with acc. of person or garment or both.   ⁷περιτίθημι, [8] I place or put around, clothe; fig: I bestow, confer.   ⁸χλαμύς, ύδος, ἡ, [2] a short cloak, worn by military officers and soldiers.   ⁹κόκκινος, η, ον, [6] crimson, scarlet, dyed with Kermes (coccum), the female coccus of the Kermes oak.   ¹⁰πλέκω, [3] I weave together, plait, twist, braid.   ¹¹στέφανος, ου, ὁ, [18] a crown, garland, honor, glory.   ¹²ἄκανθα, ης, ἡ, [14] a thorn-bush, prickly plant; a thorn.   ¹³ἐπιτίθημι, [41] I put, place upon, lay on; I add, give in addition.   ¹⁴κάλαμος, ου, ὁ, [12] a reed; a reed-pen, reed-staff, measuring rod.   ¹⁵γονυπετέω, [4] I fall on my knees before (in supplication), supplicate, entreat.   ¹⁶ἔμπροσθεν, [48] in front, before the face; sometimes made a subst. by the addition of the article: in front of, before the face of.   ¹⁷ἐμπαίζω, [13] I mock, ridicule.   ¹⁸ἐμπτύω, [6] I spit upon.   ¹⁹τύπτω, [14] I beat, strike, wound, inflict punishment.   ²⁰ἐμπαίζω, [13] I mock, ridicule.   ²¹ἐκδύω, [5] I put off, take off, strip off, with acc. of person or garment or both.   ²²ἐνδύω, [28] I put on, clothe (another).   ²³ἀπάγω, [14] I lead, carry, take away; met: I am led astray, seduced.   ²⁴σταυρόω, [46] I fix to the cross, crucify; fig: I destroy, mortify.   ²⁵Κυρηναῖος, ου, ὁ, [6] belonging to Cyrene, a Cyrenaean.   ²⁶ἀγγαρεύω, [3] I impress (into my service), send (on an errand).   ²⁷σταυρός, οῦ, ὁ, [28] a cross.   ²⁸Γολγοθᾶ, ἡ, [3] Golgotha, a knoll outside the wall of Jerusalem.   ²⁹κρανίον, ου, τό, [4] a skull.   ³⁰ὄξος, ους, τό, [7] vinegar, sour wine mixed with water, a common drink of Roman soldiers.   ³¹χολή, ῆς, ἡ, [2] gall, bitter herbs.   ³²μίγνυμι, [4] I mix, mingle.   ³³γεύομαι, [15] (a) I taste, (b) I experience.   ³⁴σταυρόω, [46] I fix to the cross, crucify; fig: I destroy, mortify.   ³⁵διαμερίζω, [11] I divide up into parts, break up; I distribute.   ³⁶κλῆρος, ου, ὁ, [12] (a) a lot, (b) a portion assigned; hence: a portion of the people of God assigned to one's care, a congregation.   ³⁷ἐπιτίθημι, [41] I put, place upon; lay on; I add, give in addition.   ³⁸ἐπάνω, [20] (a) adv: on the top, above, (b) prep: on the top of, above, over, on, above, more than, superior to.   ³⁹αἰτία, ας, ἡ, [20] a cause, reason, excuse; a charge, accusation; guilt; circumstances, case.   ⁴⁰σταυρόω, [46] I fix to the cross, crucify; fig: I destroy, mortify.

δύο λῃσταί,[1] εἷς ἐκ δεξιῶν καὶ εἷς ἐξ εὐωνύμων.[2] **39** Οἱ δὲ παραπορευόμενοι[3] ἐβλασφήμουν[4] αὐτόν, κινοῦντες[5] τὰς κεφαλὰς αὐτῶν, **40** καὶ λέγοντες, Ὁ καταλύων[6] τὸν ναὸν[7] καὶ ἐν τρισὶν ἡμέραις οἰκοδομῶν,[8] σῶσον σεαυτόν·[9] εἰ υἱὸς εἶ τοῦ θεοῦ, κατάβηθι ἀπὸ τοῦ σταυροῦ.[10] **41** Ὁμοίως[11] δὲ καὶ οἱ ἀρχιερεῖς ἐμπαίζοντες[12] μετὰ τῶν γραμματέων καὶ πρεσβυτέρων καὶ Φαρισαίων ἔλεγον, **42** Ἄλλους ἔσωσεν, ἑαυτὸν οὐ δύναται σῶσαι. Εἰ βασιλεὺς Ἰσραήλ ἐστιν, καταβάτω νῦν ἀπὸ τοῦ σταυροῦ,[10] καὶ πιστεύσομεν ἐπ᾽ αὐτῷ. **43** Πέποιθεν ἐπὶ τὸν θεόν· ῥυσάσθω[13] νῦν αὐτόν, εἰ θέλει αὐτόν. Εἶπεν γὰρ ὅτι θεοῦ εἰμι υἱός. **44** Τὸ δ᾽ αὐτὸ καὶ οἱ λῃσταὶ[1] οἱ συσταυρωθέντες[14] αὐτῷ ὠνείδιζον[15] αὐτόν.

45 Ἀπὸ δὲ ἕκτης[16] ὥρας σκότος[17] ἐγένετο ἐπὶ πᾶσαν τὴν γῆν ἕως ὥρας ἐνάτης·[18] **46** περὶ δὲ τὴν ἐνάτην[18] ὥραν ἀνεβόησεν[19] ὁ Ἰησοῦς φωνῇ μεγάλῃ, λέγων, Ἠλί, Ἠλί, λιμὰ[20] σαβαχθανί;[21] Τοῦτ᾽ ἔστιν, Θεέ μου, Θεέ μου, ἵνα τί με ἐγκατέλιπες;[22] **47** Τινὲς δὲ τῶν ἐκεῖ ἑστώτων ἀκούσαντες ἔλεγον ὅτι Ἠλίαν φωνεῖ[23] οὗτος. **48** Καὶ εὐθέως δραμὼν[24] εἷς ἐξ αὐτῶν, καὶ λαβὼν σπόγγον,[25] πλήσας[26] τε ὄξους,[27] καὶ περιθεὶς[28] καλάμῳ,[29] ἐπότιζεν[30] αὐτόν. **49** Οἱ δὲ λοιποὶ[31] ἔλεγον, Ἄφες, ἴδωμεν εἰ ἔρχεται Ἠλίας σώσων αὐτόν. **50** Ὁ δὲ Ἰησοῦς πάλιν κράξας φωνῇ μεγάλῃ ἀφῆκεν τὸ πνεῦμα. **51** Καὶ ἰδού, τὸ καταπέτασμα[32] τοῦ ναοῦ[7] ἐσχίσθη[33] εἰς δύο ἀπὸ ἄνωθεν[34] ἕως κάτω·[35] καὶ ἡ γῆ

---

[3] παραπορευόμενοι: PNP-NPM   [4] ἐβλασφήμουν: IAI-3P   [5] κινοῦντες: PAP-NPM   [6] καταλύων: PAP-NSM
[8] οἰκοδομῶν: PAP-NSM   [12] ἐμπαίζοντες: PAP-NPM   [13] ῥυσάσθω: ADM-3S   [14] συσταυρωθέντες: APP-NPM
[15] ὠνείδιζον: IAI-3P   [19] ἀνεβόησεν: AAI-3S   [22] ἐγκατέλιπες: 2AAI-2S   [23] φωνεῖ: PAI-3S   [24] δραμὼν: 2AAP-NSM
[26] πλήσας: AAP-NSM   [28] περιθεὶς: 2AAP-NSM   [30] ἐπότιζεν: IAI-3S   [33] ἐσχίσθη: API-3S

---

[1] λῃστής, οῦ, ὁ, [15] a robber, brigand, bandit.   [2] εὐώνυμος, ον, [10] (lit: well-named, to avoid the evil omen attaching to the left), on the left-hand side, left.   [3] παραπορεύομαι, [5] I go past, pass by, pass along by. [4] βλασφημέω, [35] I speak evil against, blaspheme, use abusive or scurrilous language about (God or men). [5] κινέω, [8] I set in motion, move, remove, excite, stir up.   [6] καταλύω, [17] (lit: I loosen thoroughly), (a) trans: I break up, overthrow, destroy, both lit. and met., (b) I unyoke, unharness a carriage horse or pack animal; hence: I put up, lodge, find a lodging.   [7] ναός, οῦ, ὁ, [46] a temple, a shrine, that part of the temple where God himself resides.   [8] οἰκοδομέω, [39] I erect a building, build; fig. of the building up of character: I build up, edify, encourage.   [9] σεαυτοῦ, ῆς, οῦ, [41] of yourself.   [10] σταυρός, οῦ, ὁ, [28] a cross.   [11] ὁμοίως, [32] in like manner, similarly, in the same way, equally.   [12] ἐμπαίζω, [13] I mock, ridicule.   [13] ῥύομαι, [18] I rescue, deliver (from danger or destruction).   [14] συσταυρόω, [5] I crucify together with.   [15] ὀνειδίζω, [10] I reproach, revile, upbraid. [16] ἕκτος, η, ον, [14] sixth.   [17] σκότος, ους, τό, [32] darkness, either physical or moral.   [18] ἔνατος, η, ον, [10] ninth.   [19] ἀναβοάω, [3] I shout upwards, cry out, raise my voice.   [20] λιμά, [2] (Hebrew), why.   [21] σαβαχθανί, [2] thou hast forsaken me.   [22] ἐγκαταλείπω, [9] I leave in the lurch, abandon (one who is in straits), desert. [23] φωνέω, [42] I give forth a sound, hence: (a) of a cock: I crow, (b) of men: I shout, (c) trans: I call (to myself), summon; I invite, address.   [24] τρέχω, [20] I run, exercise myself, make progress.   [25] σπόγγος, ου, ὁ, [3] a sponge. [26] πλήθω, [25] I fill, fulfill, complete.   [27] ὄξος, ους, τό, [7] vinegar, sour wine mixed with water, a common drink of Roman soldiers.   [28] περιτίθημι, [8] I place or put around, clothe; fig: I bestow, confer.   [29] κάλαμος, ου, ὁ, [12] a reed; a reed-pen, reed-staff, measuring rod.   [30] ποτίζω, [15] I cause to drink, give to drink; irrigate, water. [31] λοιπός, ή, όν, [42] left, left behind, the remainder, the rest, the others.   [32] καταπέτασμα, ατος, τό, [6] (lit: that which is spread out downwards, that which hangs down), a curtain, veil, of that which separated the Holy of Holies from the outer parts of the temple at Jerusalem, also of an outer curtain at the entrance to the Holy Place in the same temple.   [33] σχίζω, [10] I rend, divide asunder, cleave.   [34] ἄνωθεν, [13] (a) from above, from heaven, (b) from the beginning, from their origin (source), from of old, (c) again, anew.   [35] κάτω, [11] (a) down, below, also: downwards, (b) lower, under, less, of a length of time.

ἐσείσθη·¹ καὶ αἱ πέτραι² ἐσχίσθησαν·³ 52 καὶ τὰ μνημεῖα⁴ ἀνεῴχθησαν· καὶ πολλὰ σώματα τῶν κεκοιμημένων⁵ ἁγίων ἠγέρθη· 53 καὶ ἐξελθόντες ἐκ τῶν μνημείων⁴ μετὰ τὴν ἔγερσιν⁶ αὐτοῦ εἰσῆλθον εἰς τὴν ἁγίαν πόλιν, καὶ ἐνεφανίσθησαν⁷ πολλοῖς. 54 Ὁ δὲ ἑκατόνταρχος⁸ καὶ οἱ μετ' αὐτοῦ τηροῦντες τὸν Ἰησοῦν, ἰδόντες τὸν σεισμὸν⁹ καὶ τὰ γενόμενα, ἐφοβήθησαν σφόδρα,¹⁰ λέγοντες, Ἀληθῶς¹¹ θεοῦ υἱὸς ἦν οὗτος. 55 Ἦσαν δὲ ἐκεῖ γυναῖκες πολλαὶ ἀπὸ μακρόθεν¹² θεωροῦσαι, αἵτινες ἠκολούθησαν τῷ Ἰησοῦ ἀπὸ τῆς Γαλιλαίας, διακονοῦσαι¹³ αὐτῷ· 56 ἐν αἷς ἦν Μαρία ἡ Μαγδαληνή, καὶ Μαρία ἡ τοῦ Ἰακώβου καὶ Ἰωσῆ μήτηρ, καὶ ἡ μήτηρ τῶν υἱῶν Ζεβεδαίου.

The Burial of Christ

57 Ὀψίας¹⁴ δὲ γενομένης, ἦλθεν ἄνθρωπος πλούσιος¹⁵ ἀπὸ Ἀριμαθαίας,¹⁶ τοὔνομα¹⁷ Ἰωσήφ, ὃς καὶ αὐτὸς ἐμαθήτευσεν¹⁸ τῷ Ἰησοῦ· 58 οὗτος προσελθὼν τῷ Πιλάτῳ, ᾐτήσατο τὸ σῶμα τοῦ Ἰησοῦ. Τότε ὁ Πιλάτος ἐκέλευσεν¹⁹ ἀποδοθῆναι²⁰ τὸ σῶμα. 59 Καὶ λαβὼν τὸ σῶμα ὁ Ἰωσὴφ ἐνετύλιξεν²¹ αὐτὸ σινδόνι²² καθαρᾷ,²³ 60 καὶ ἔθηκεν αὐτὸ ἐν τῷ καινῷ²⁴ αὐτοῦ μνημείῳ,⁴ ὃ ἐλατόμησεν²⁵ ἐν τῇ πέτρᾳ·² καὶ προσκυλίσας²⁶ λίθον μέγαν τῇ θύρᾳ²⁷ τοῦ μνημείου,⁴ ἀπῆλθεν. 61 Ἦν δὲ ἐκεῖ Μαρία ἡ Μαγδαληνή, καὶ ἡ ἄλλη Μαρία, καθήμεναι ἀπέναντι²⁸ τοῦ τάφου.²⁹

62 Τῇ δὲ ἐπαύριον,³⁰ ἥτις ἐστὶν μετὰ τὴν Παρασκευήν,³¹ συνήχθησαν οἱ ἀρχιερεῖς καὶ οἱ Φαρισαῖοι πρὸς Πιλάτον, 63 λέγοντες, Κύριε, ἐμνήσθημεν³² ὅτι ἐκεῖνος ὁ πλάνος³³ εἶπεν ἔτι ζῶν, Μετὰ τρεῖς ἡμέρας ἐγείρομαι. 64 Κέλευσον³⁴ οὖν ἀσφαλισθῆναι³⁵ τὸν τάφον²⁹ ἕως τῆς τρίτης ἡμέρας· μήποτε³⁶ ἐλθόντες οἱ μαθηταὶ αὐτοῦ νυκτὸς κλέψωσιν³⁷ αὐτόν, καὶ εἴπωσιν τῷ λαῷ, Ἠγέρθη ἀπὸ τῶν νεκρῶν· καὶ ἔσται ἡ ἐσχάτη

---

¹ἐσείσθη: API-3S   ³ἐσχίσθησαν: API-3P   ⁵κεκοιμημένων: RPP-GPM   ⁷ἐνεφανίσθησαν: API-3P   ¹³διακονοῦσαι: PAP-NPF   ¹⁸ἐμαθήτευσεν: AAI-3S   ¹⁹ἐκέλευσεν: AAI-3S   ²⁰ἀποδοθῆναι: APN   ²¹ἐνετύλιξεν: AAI-3S   ²⁵ἐλατόμησεν: AAI-3S   ²⁶προσκυλίσας: AAP-NSM   ³²ἐμνήσθημεν: API-1P   ³⁴Κέλευσον: AAM-2S   ³⁵ἀσφαλισθῆναι: APN   ³⁷κλέψωσιν: AAS-3P

---

¹σείω, [5] I shake; fig: I agitate, stir up.   ²πέτρα, ας, ἡ, [16] a rock, ledge, cliff, cave, stony ground.   ³σχίζω, [10] I rend, divide asunder, cleave.   ⁴μνημεῖον, ου, τό, [41] a tomb, sepulcher, monument.   ⁵κοιμάομαι, [18] I fall asleep, am asleep, sometimes of the sleep of death.   ⁶ἔγερσις, εως, ἡ, [1] a waking up, resurrection.   ⁷ἐμφανίζω, [10] I make visible (manifest); hence: I report (inform) against; pass: I appear before.   ⁸ἑκατοντάρχης, ου, ὁ, [21] a centurion of the Roman army.   ⁹σεισμός, οῦ, ὁ, [13] a shaking (as an earthquake); a storm.   ¹⁰σφόδρα, [11] exceedingly, greatly, very much.   ¹¹ἀληθῶς, [21] truly, really, certainly, surely.   ¹²μακρόθεν, [14] from a (long) distance, afar.   ¹³διακονέω, [37] I wait at table (particularly of a slave who waits on guests); I serve (generally).   ¹⁴ὄψιος, α, ον, [15] late, evening.   ¹⁵πλούσιος, α, ον, [28] rich, abounding in, wealthy; subst: a rich man.   ¹⁶Ἀριμαθαία, ας, ἡ, [4] Arimathea, a place in Palestine.   ¹⁷τοὔνομα, [1] by name.   ¹⁸μαθητεύω, [4] I make a disciple of, train in discipleship; pass: I am trained, discipled, instructed.   ¹⁹κελεύω, [26] I command, order, direct, bid.   ²⁰ἀποδίδωμι, [47] (a) I give back, return, restore, (b) I give, render, as due, (c) mid: I sell.   ²¹ἐντυλίσσω, [3] I wrap up, roll round, envelop.   ²²σινδών, όνος, ἡ, [6] fine linen, a linen cloth.   ²³καθαρός, ά, όν, [28] clean, pure, unstained, either literally or ceremonially or spiritually; guiltless, innocent, upright.   ²⁴καινός, ή, όν, [44] fresh, new, unused, novel.   ²⁵λατομέω, [2] I hew stones, cut stones.   ²⁶προσκυλίω, [2] I roll to, roll up against.   ²⁷θύρα, ας, ἡ, [39] (a) a door, (b) met: an opportunity.   ²⁸ἀπέναντι, [6] against, over against, opposite, in view of, in the presence of.   ²⁹τάφος, ου, ὁ, [7] a burial-place, sepulcher, tomb, grave.   ³⁰ἐπαύριον, [17] tomorrow.   ³¹παρασκευή, ῆς, ἡ, [6] the day of preparation, the day before the Sabbath, Friday.   ³²μιμνήσκομαι, [23] I remember, call to mind, recall, mention.   ³³πλάνος, ον, [5] adj: misleading, deceiving, wandering; as subst: a deceiver, imposter.   ³⁴κελεύω, [26] I command, order, direct, bid.   ³⁵ἀσφαλίζω, [4] I make safe (secure, fast).   ³⁶μήποτε, [25] lest at any time, lest; then weakened: whether perhaps, whether at all; in a principal clause: perhaps.   ³⁷κλέπτω, [13] I steal.

πλάνη¹ χείρων² τῆς πρώτης. 65 Ἔφη δὲ αὐτοῖς ὁ Πιλάτος, Ἔχετε κουστωδίαν·³ ὑπάγετε, ἀσφαλίσασθε⁴ ὡς οἴδατε. 66 Οἱ δὲ πορευθέντες ἠσφαλίσαντο⁵ τὸν τάφον,⁶ σφραγίσαντες⁷ τὸν λίθον, μετὰ τῆς κουστωδίας.³

The Resurrection of Christ

28 Ὀψὲ⁸ δὲ σαββάτων, τῇ ἐπιφωσκούσῃ⁹ εἰς μίαν σαββάτων, ἦλθεν Μαρία ἡ Μαγδαληνή, καὶ ἡ ἄλλη Μαρία, θεωρῆσαι τὸν τάφον.⁶ 2 Καὶ ἰδού, σεισμὸς¹⁰ ἐγένετο μέγας· ἄγγελος γὰρ κυρίου καταβὰς ἐξ οὐρανοῦ, προσελθὼν ἀπεκύλισεν¹¹ τὸν λίθον ἀπὸ τῆς θύρας,¹² καὶ ἐκάθητο ἐπάνω¹³ αὐτοῦ. 3 Ἦν δὲ ἡ ἰδέα¹⁴ αὐτοῦ ὡς ἀστραπή,¹⁵ καὶ τὸ ἔνδυμα¹⁶ αὐτοῦ λευκὸν¹⁷ ὡσεὶ¹⁸ χιών.¹⁹ 4 Ἀπὸ δὲ τοῦ φόβου²⁰ αὐτοῦ ἐσείσθησαν²¹ οἱ τηροῦντες καὶ ἐγένοντο ὡσεὶ¹⁸ νεκροί. 5 Ἀποκριθεὶς δὲ ὁ ἄγγελος εἶπεν ταῖς γυναιξίν, Μὴ φοβεῖσθε ὑμεῖς· οἶδα γὰρ ὅτι Ἰησοῦν τὸν ἐσταυρωμένον²² ζητεῖτε. 6 Οὐκ ἔστιν ὧδε· ἠγέρθη γάρ, καθὼς εἶπεν. Δεῦτε,²³ ἴδετε τὸν τόπον ὅπου ἔκειτο²⁴ ὁ κύριος. 7 Καὶ ταχὺ²⁵ πορευθεῖσαι εἴπατε τοῖς μαθηταῖς αὐτοῦ ὅτι Ἠγέρθη ἀπὸ τῶν νεκρῶν· καὶ ἰδού, προάγει²⁶ ὑμᾶς εἰς τὴν Γαλιλαίαν· ἐκεῖ αὐτὸν ὄψεσθε· ἰδού, εἶπον ὑμῖν. 8 Καὶ ἐξελθοῦσαι ταχὺ²⁵ ἀπὸ τοῦ μνημείου²⁷ μετὰ φόβου²⁰ καὶ χαρᾶς μεγάλης, ἔδραμον²⁸ ἀπαγγεῖλαι²⁹ τοῖς μαθηταῖς αὐτοῦ. 9 Ὡς δὲ ἐπορεύοντο ἀπαγγεῖλαι³⁰ τοῖς μαθηταῖς αὐτοῦ, καὶ ἰδού, Ἰησοῦς ἀπήντησεν³¹ αὐταῖς, λέγων, Χαίρετε. Αἱ δὲ προσελθοῦσαι ἐκράτησαν³² αὐτοῦ τοὺς πόδας, καὶ προσεκύνησαν αὐτῷ. 10 Τότε λέγει αὐταῖς ὁ Ἰησοῦς· Μὴ φοβεῖσθε· ὑπάγετε, ἀπαγγείλατε³³ τοῖς ἀδελφοῖς μου ἵνα ἀπέλθωσιν εἰς τὴν Γαλιλαίαν, καὶ ἐκεῖ με ὄψονται.

11 Πορευομένων δὲ αὐτῶν, ἰδού, τινὲς τῆς κουστωδίας³ ἐλθόντες εἰς τὴν πόλιν ἀπήγγειλαν³⁴ τοῖς ἀρχιερεῦσιν ἅπαντα³⁵ τὰ γενόμενα. 12 Καὶ συναχθέντες μετὰ τῶν

---

⁴ἀσφαλίσασθε: ADM-2P   ⁵ἠσφαλίσαντο: ADI-3P   ⁷σφραγίσαντες: AAP-NPM   ⁹ἐπιφωσκούσῃ: PAP-DSF ¹¹ἀπεκύλισεν: AAI-3S   ²¹ἐσείσθησαν: API-3P   ²²ἐσταυρωμένον: RPP-ASM   ²³Δεῦτε: PAM-2P   ²⁴ἔκειτο: INI-3S   ²⁶προάγει: PAI-3S   ²⁸ἔδραμον: 2AAI-3P   ²⁹ἀπαγγεῖλαι: AAN   ³⁰ἀπαγγεῖλαι: AAN   ³¹ἀπήντησεν: AAI-3S ³²ἐκράτησαν: AAI-3P   ³³ἀπαγγείλατε: AAM-2P   ³⁴ἀπήγγειλαν: AAI-3P

---

¹πλάνη, ης, ἡ, [10] a wandering; fig: deceit, delusion, error, sin.   ²χείρων, ον, [11] worse, more severe. ³κουστωδία, ας, ἡ, [3] a guard, watch.   ⁴ἀσφαλίζω, [4] I make safe (secure, fast).   ⁵ἀσφαλίζω, [4] I make safe (secure, fast).   ⁶τάφος, ου, ὁ, [7] a burial-place, sepulcher, tomb, grave.   ⁷σφραγίζω, [15] I seal, set a seal upon.   ⁸ὀψέ, [3] late, in the evening.   ⁹ἐπιφώσκω, [2] I dawn, am near commencing.   ¹⁰σεισμός, οῦ, ὁ, [13] a shaking (as an earthquake); a storm.   ¹¹ἀποκυλίω, [4] I roll away.   ¹²θύρα, ας, ἡ, [39] (a) a door, (b) met: an opportunity.   ¹³ἐπάνω, [20] (a) adv: on the top, above, (b) prep: on the top of, above, over, on, above, more than, superior to.   ¹⁴ἰδέα, ας, ἡ, [1] form, outward appearance.   ¹⁵ἀστραπή, ῆς, ἡ, [9] a flash of lightning, brightness, luster.   ¹⁶ἔνδυμα, ατος, τό, [8] a garment, raiment, clothing.   ¹⁷λευκός, ή, όν, [25] white, bright, brilliant.   ¹⁸ὡσεί, [31] as if, as it were, like; with numbers: about.   ¹⁹χιών, όνος, ἡ, [3] snow.   ²⁰φόβος, ου, ὁ, [47] (a) fear, terror, alarm, (b) the object or cause of fear, (c) reverence, respect.   ²¹σείω, [5] I shake; fig: I agitate, stir up.   ²²σταυρόω, [46] I fix to the cross, crucify; fig: I destroy, mortify.   ²³δεῦτε, [13] come hither, come, hither, an exclamatory word.   ²⁴κεῖμαι, [26] I lie, recline, am placed, am laid, set, specially appointed, destined.   ²⁵ταχύ, [12] quickly, speedily.   ²⁶προάγω, [18] (a) trans: I lead forth; in the judicial sense, into court, (b) intrans. and trans: I precede, go before, (c) intrans: I go too far.   ²⁷μνημεῖον, ου, τό, [41] a tomb, sepulcher, monument.   ²⁸τρέχω, [20] I run, exercise myself, make progress.   ²⁹ἀπαγγέλλω, [44] I report (from one place to another), bring a report, announce, declare.   ³⁰ἀπαγγέλλω, [44] I report (from one place to another), bring a report, announce, declare.   ³¹ἀπαντάω, [7] I go to meet, meet, encounter.   ³²κρατέω, [47] I am strong, mighty, hence: I rule, am master, prevail; I obtain, take hold of; I hold, hold fast.   ³³ἀπαγγέλλω, [44] I report (from one place to another), bring a report, announce, declare.   ³⁴ἀπαγγέλλω, [44] I report (from one place to another), bring a report, announce, declare.   ³⁵ἅπας, ασα, αν, [39] all, the whole, altogether.

πρεσβυτέρων, συμβούλιόν¹ τε λαβόντες, ἀργύρια² ἱκανὰ³ ἔδωκαν τοῖς στρατιώταις,⁴ **13** λέγοντες, Εἴπατε ὅτι Οἱ μαθηταὶ αὐτοῦ νυκτὸς ἐλθόντες ἔκλεψαν⁵ αὐτὸν ἡμῶν κοιμωμένων.⁶ **14** Καὶ ἐὰν ἀκουσθῇ τοῦτο ἐπὶ τοῦ ἡγεμόνος,⁷ ἡμεῖς πείσομεν αὐτόν, καὶ ὑμᾶς ἀμερίμνους⁸ ποιήσομεν. **15** Οἱ δὲ λαβόντες τὰ ἀργύρια² ἐποίησαν ὡς ἐδιδάχθησαν. Καὶ διεφημίσθη⁹ ὁ λόγος οὗτος παρὰ Ἰουδαίοις μέχρι¹⁰ τῆς σήμερον.¹¹

The Great Missionary Command

16 Οἱ δὲ ἕνδεκα¹² μαθηταὶ ἐπορεύθησαν εἰς τὴν Γαλιλαίαν, εἰς τὸ ὄρος οὗ¹³ ἐτάξατο¹⁴ αὐτοῖς ὁ Ἰησοῦς. **17** Καὶ ἰδόντες αὐτὸν προσεκύνησαν αὐτῷ· οἱ δὲ ἐδίστασαν.¹⁵ **18** Καὶ προσελθὼν ὁ Ἰησοῦς ἐλάλησεν αὐτοῖς, λέγων, Ἐδόθη μοι πᾶσα ἐξουσία ἐν οὐρανῷ καὶ ἐπὶ γῆς. **19** Πορευθέντες μαθητεύσατε¹⁶ πάντα τὰ ἔθνη, βαπτίζοντες αὐτοὺς εἰς τὸ ὄνομα τοῦ Πατρὸς καὶ τοῦ Υἱοῦ καὶ τοῦ Ἁγίου Πνεύματος· **20** διδάσκοντες αὐτοὺς τηρεῖν πάντα ὅσα ἐνετειλάμην¹⁷ ὑμῖν· καὶ ἰδού, ἐγὼ μεθ᾽ ὑμῶν εἰμι πάσας τὰς ἡμέρας ἕως τῆς συντελείας¹⁸ τοῦ αἰῶνος. Ἀμήν.

---

⁵ἔκλεψαν: AAI-3P   ⁶κοιμωμένων: PPP-GPM   ⁹διεφημίσθη: API-3S   ¹⁴ἐτάξατο: AMI-3S   ¹⁵ἐδίστασαν: AAI-3P
¹⁶μαθητεύσατε: AAM-2P   ¹⁷ἐνετειλάμην: ADI-1S

---

¹συμβούλιον, ου, τό, [8] (a) a body of advisers (assessors) in a court, a council, (b) abstr: consultation, counsel, advice; resolution, decree.   ²ἀργύριον, ου, τό, [20] silver, a piece of silver, a shekel, money in general.   ³ἱκανός, ή, όν, [41] (a) considerable, sufficient, of number, quantity, time, (b) of persons: sufficiently strong (good, etc.), worthy, suitable, with various constructions, (c) many, much.   ⁴στρατιώτης, ου, ὁ, [26] a soldier.   ⁵κλέπτω, [13] I steal.   ⁶κοιμάομαι, [18] I fall asleep, am asleep, sometimes of the sleep of death.   ⁷ἡγεμών, όνος, ὁ, [22] a leader, guide; a commander; a governor (of a province); plur: leaders.   ⁸ἀμέριμνος, ον, [2] free from anxiety (though anxiety is rather too strong a word) or care.   ⁹διαφημίζω, [3] I report, publish abroad.   ¹⁰μέχρι, [17] as far as, until, even to.   ¹¹σήμερον, [41] today, now.   ¹²ἕνδεκα, οἱ, αἱ, τά, [6] eleven.   ¹³οὗ, [23] where, whither, when, in what place.   ¹⁴τάσσω, [9] (a) I assign, arrange, (b) I determine; mid: I appoint.   ¹⁵διστάζω, [2] I waver, doubt, hesitate.   ¹⁶μαθητεύω, [4] I make a disciple of, train in discipleship; pass: I am trained, discipled, instructed.   ¹⁷ἐντέλλομαι, [17] I give orders (injunctions, instructions, commands).   ¹⁸συντέλεια, ας, ἡ, [6] a completion, consummation, end.

ΚΑΤΑ ΜΑΡΚΟΝ
According to Mark

The Ministry of John the Baptist

Ἀρχὴ τοῦ εὐαγγελίου Ἰησοῦ χριστοῦ, υἱοῦ τοῦ θεοῦ. 2 Ὡς γέγραπται ἐν τοῖς προφήταις, Ἰδού, ἐγὼ ἀποστέλλω τὸν ἄγγελόν μου πρὸ¹ προσώπου σου, ὃς κατασκευάσει² τὴν ὁδόν σου ἔμπροσθέν³ σου. 3 Φωνὴ βοῶντος⁴ ἐν τῇ ἐρήμῳ, Ἐτοιμάσατε⁵ τὴν ὁδὸν κυρίου· εὐθείας⁶ ποιεῖτε τὰς τρίβους⁷ αὐτοῦ. 4 Ἐγένετο Ἰωάννης βαπτίζων ἐν τῇ ἐρήμῳ, καὶ κηρύσσων βάπτισμα⁸ μετανοίας⁹ εἰς ἄφεσιν¹⁰ ἁμαρτιῶν. 5 Καὶ ἐξεπορεύετο¹¹ πρὸς αὐτὸν πᾶσα ἡ Ἰουδαία¹² χώρα,¹³ καὶ οἱ Ἱεροσολυμῖται,¹⁴ καὶ ἐβαπτίζοντο πάντες ἐν τῷ Ἰορδάνῃ¹⁵ ποταμῷ¹⁶ ὑπ' αὐτοῦ, ἐξομολογούμενοι¹⁷ τὰς ἁμαρτίας αὐτῶν. 6 Ἦν δὲ ὁ Ἰωάννης ἐνδεδυμένος¹⁸ τρίχας¹⁹ καμήλου,²⁰ καὶ ζώνην²¹ δερματίνην²² περὶ τὴν ὀσφὺν²³ αὐτοῦ, καὶ ἐσθίων ἀκρίδας²⁴ καὶ μέλι²⁵ ἄγριον.²⁶ 7 Καὶ ἐκήρυσσεν, λέγων, Ἔρχεται ὁ ἰσχυρότερός²⁷ μου ὀπίσω²⁸ μου, οὗ

---

²κατασκευάσει: FAI-3S ⁴βοῶντος: PAP-GSM ⁵Ἐτοιμάσατε: AAM-2P ¹¹ἐξεπορεύετο: INI-3S
¹⁷ἐξομολογούμενοι: PMP-NPM ¹⁸ἐνδεδυμένος: RMP-NSM

---

¹πρό, [47] (a) of place: before, in front of, (b) of time: before, earlier than. ²κατασκευάζω, [11] I build, construct, prepare, make ready. ³ἔμπροσθεν, [48] in front, before the face; sometimes made a subst. by the addition of the article: in front of, before the face of. ⁴βοάω, [11] I shout, call aloud, proclaim. ⁵ἑτοιμάζω, [40] I make ready, prepare. ⁶εὐθύς, εῖα, ύ, [8] adj: (a) straight of direction, as opposed to crooked, (b) upright; adv: immediately. ⁷τρίβος, ου, ἡ, [3] a worn path, beaten way, road, highway. ⁸βάπτισμα, ατος, τό, [22] the rite or ceremony of baptism. ⁹μετάνοια, ας, ἡ, [24] repentance, a change of mind, change in the inner man. ¹⁰ἄφεσις, εως, ἡ, [17] a sending away, a letting go, a release, pardon, complete forgiveness. ¹¹ἐκπορεύομαι, [32] I depart from; I am voided, cast out; I proceed from, am spoken; I burst forth, flow out, am spread abroad. ¹²Ἰουδαία, ας, ἡ, [43] Judea, a Roman province, capital Jerusalem. ¹³χώρα, ας, ἡ, [27] (a) a country or region, (b) the land, as opposed to the sea, (c) the country, distinct from town, (d) plur: fields. ¹⁴Ἱεροσολυμίτης, ου, ὁ, [2] an inhabitant of Jerusalem. ¹⁵Ἰορδάνης, ου, ὁ, [15] the Jordan, a great river flowing due south and bounding Galilee, Samaria, and Judea on the east. ¹⁶ποταμός, οῦ, ὁ, [16] a river, torrent, stream. ¹⁷ἐξομολογέω, [10] (a) I consent fully, agree out and out, (b) I confess, admit, acknowledge (cf. the early Hellenistic sense of the middle: I acknowledge a debt), (c) I give thanks, praise. ¹⁸ἐνδύω, [28] I put on, clothe (another). ¹⁹θρίξ, τριχός, ἡ, [15] hair (of the head or of animals). ²⁰κάμηλος, ου, ὁ, ἡ, [6] a camel or dromedary. ²¹ζώνη, ῆς, ἡ, [8] a girdle, belt, waistband; because the purse was kept there, also: a purse. ²²δερμάτινος, η, ον, [2] made of hide, leathern. ²³ὀσφύς, ύος, ἡ, [8] the loins. ²⁴ἀκρίς, ίδος, ἡ, [4] a locust. ²⁵μέλι, ιτος, τό, [4] honey. ²⁶ἄγριος, ία, ιον, [3] wild, fierce. ²⁷ἰσχυρός, ά, όν, [29] strong (originally and generally of physical strength); mighty, powerful, vehement, sure. ²⁸ὀπίσω, [37] behind, after; back, backwards.

οὐκ εἰμὶ ἱκανὸς¹ κύψας² λῦσαι³ τὸν ἱμάντα⁴ τῶν ὑποδημάτων⁵ αὐτοῦ. **8** Ἐγὼ μὲν ἐβάπτισα ὑμᾶς ἐν ὕδατι· αὐτὸς δὲ βαπτίσει ὑμᾶς ἐν πνεύματι ἁγίῳ.

The Baptism of Christ and the Beginning of His Ministry

9 Καὶ ἐγένετο ἐν ἐκείναις ταῖς ἡμέραις, ἦλθεν Ἰησοῦς ἀπὸ Ναζαρὲτ⁶ τῆς Γαλιλαίας, καὶ ἐβαπτίσθη ὑπὸ Ἰωάννου εἰς τὸν Ἰορδάνην.⁷ **10** Καὶ εὐθέως ἀναβαίνων ἀπὸ τοῦ ὕδατος, εἶδεν σχιζομένους⁸ τοὺς οὐρανούς, καὶ τὸ πνεῦμα ὡσεὶ⁹ περιστερὰν¹⁰ καταβαῖνον ἐπ᾽ αὐτόν· **11** καὶ φωνὴ ἐγένετο ἐκ τῶν οὐρανῶν, Σὺ εἶ ὁ υἱός μου ὁ ἀγαπητός, ἐν ᾧ εὐδόκησα.¹¹

12 Καὶ εὐθὺς τὸ πνεῦμα αὐτὸν ἐκβάλλει εἰς τὴν ἔρημον. **13** Καὶ ἦν ἐκεῖ ἐν τῇ ἐρήμῳ ἡμέρας τεσσαράκοντα¹² πειραζόμενος¹³ ὑπὸ τοῦ Σατανᾶ,¹⁴ καὶ ἦν μετὰ τῶν θηρίων,¹⁵ καὶ οἱ ἄγγελοι διηκόνουν¹⁶ αὐτῷ.

14 Μετὰ δὲ τὸ παραδοθῆναι τὸν Ἰωάννην, ἦλθεν ὁ Ἰησοῦς εἰς τὴν Γαλιλαίαν, κηρύσσων τὸ εὐαγγέλιον τῆς βασιλείας τοῦ θεοῦ, **15** καὶ λέγων ὅτι Πεπλήρωται ὁ καιρός, καὶ ἤγγικεν¹⁷ ἡ βασιλεία τοῦ θεοῦ· μετανοεῖτε,¹⁸ καὶ πιστεύετε ἐν τῷ εὐαγγελίῳ.

16 Περιπατῶν δὲ παρὰ τὴν θάλασσαν τῆς Γαλιλαίας εἶδεν Σίμωνα καὶ Ἀνδρέαν τὸν ἀδελφὸν αὐτοῦ τοῦ Σίμωνος βάλλοντας ἀμφίβληστρον¹⁹ ἐν τῇ θαλάσσῃ· ἦσαν γὰρ ἁλιεῖς.²⁰ **17** Καὶ εἶπεν αὐτοῖς ὁ Ἰησοῦς, Δεῦτε²¹ ὀπίσω²² μου, καὶ ποιήσω ὑμᾶς γενέσθαι ἁλιεῖς²⁰ ἀνθρώπων. **18** Καὶ εὐθέως ἀφέντες τὰ δίκτυα²³ αὐτῶν, ἠκολούθησαν αὐτῷ. **19** Καὶ προβὰς²⁴ ἐκεῖθεν²⁵ ὀλίγον,²⁶ εἶδεν Ἰάκωβον τὸν τοῦ Ζεβεδαίου, καὶ Ἰωάννην τὸν ἀδελφὸν αὐτοῦ, καὶ αὐτοὺς ἐν τῷ πλοίῳ καταρτίζοντας²⁷ τὰ δίκτυα.²³ **20** Καὶ εὐθέως ἐκάλεσεν αὐτούς· καὶ ἀφέντες τὸν πατέρα αὐτῶν Ζεβεδαῖον ἐν τῷ πλοίῳ μετὰ τῶν μισθωτῶν²⁸ ἀπῆλθον ὀπίσω²² αὐτοῦ.

---

²κύψας: AAP-NSM ³λῦσαι: AAN ⁸σχιζομένους: PPP-APM ¹¹εὐδόκησα: AAI-1S ¹³πειραζόμενος: PPP-NSM ¹⁶διηκόνουν: IAI-3P ¹⁷ἤγγικεν: RAI-3S ¹⁸μετανοεῖτε: PAM-2P ²¹Δεῦτε: PAM-2P ²⁴προβὰς: 2AAP-NSM ²⁷καταρτίζοντας: PAP-APM

---

¹ἱκανός, ή, όν, [41] (a) considerable, sufficient, of number, quantity, time, (b) of persons: sufficiently strong (good, etc.), worthy, suitable, with various constructions, (c) many, much. ²κύπτω, [3] I bend, stoop down, bow the head. ³λύω, [42] (a) I loose, untie, release, (b) met: I break, destroy, set at naught, contravene; I break up a meeting, annul. ⁴ἱμάς, άντος, ὁ, [4] a thong, strap, (a) for binding a man who is to be flogged, (b) for fastening a sandal or shoe. ⁵ὑπόδημα, ατος, τό, [10] a sandal; anything bound under. ⁶Ναζαρέτ, ἡ, [12] Nazareth, a city of Galilee, where Jesus lived before His ministry. ⁷Ἰορδάνης, ου, ὁ, [15] the Jordan, a great river flowing due south and bounding Galilee, Samaria, and Judea on the east. ⁸σχίζω, [10] I rend, divide asunder, cleave. ⁹ὡσεί, [31] as if, as it were, like; with numbers: about. ¹⁰περιστερά, άς, ἡ, [10] a dove, pigeon. ¹¹εὐδοκέω, [21] I am well-pleased, think it good, am resolved. ¹²τεσσαράκοντα, [22] forty. ¹³πειράζω, [39] I try, tempt, test. ¹⁴Σατανᾶς, ᾶ, ὁ, [36] an adversary, Satan. ¹⁵θηρίον, ου, τό, [46] properly: a wild beast, hence: any animal; met: a brute. ¹⁶διακονέω, [37] I wait at table (particularly of a slave who waits on guests); I serve (generally). ¹⁷ἐγγίζω, [43] trans: I bring near; intrans: I come near, approach. ¹⁸μετανοέω, [34] I repent, change my mind, change the inner man (particularly with reference to acceptance of the will of God), repent. ¹⁹ἀμφίβληστρον, ου, τό, [2] prop: something thrown around; a fishing-net, drag-net. ²⁰ἁλιεύς, έως, ὁ, [5] a fisherman. ²¹δεῦτε, [13] come hither, come, hither, an exclamatory word. ²²ὀπίσω, [37] behind, after; back, backwards. ²³δίκτυον, ου, τό, [12] a fishing-net. ²⁴προβαίνω, [5] I go forward, advance. ²⁵ἐκεῖθεν, [28] thence, from that place. ²⁶ὀλίγος, η, ον, [43] (a) especially in plur: few, (b) in sing: small; hence, of time: short, of degree: light, slight, little. ²⁷καταρτίζω, [13] (a) I fit (join) together; met: I compact together, (b) act. and mid: I prepare, perfect, for his (its) full destination or use, bring into its proper condition (whether for the first time, or after a lapse). ²⁸μισθωτός, οῦ, ὁ, [4] a hired servant, hireling.

Preaching and Healing in Capernaum

21 Καὶ εἰσπορεύονται¹ εἰς Καπερναούμ·² καὶ εὐθέως τοῖς σάββασιν εἰσελθὼν εἰς τὴν συναγωγήν, ἐδίδασκεν. 22 Καὶ ἐξεπλήσσοντο³ ἐπὶ τῇ διδαχῇ⁴ αὐτοῦ· ἦν γὰρ διδάσκων αὐτοὺς ὡς ἐξουσίαν ἔχων, καὶ οὐχ ὡς οἱ γραμματεῖς. 23 Καὶ ἦν ἐν τῇ συναγωγῇ αὐτῶν ἄνθρωπος ἐν πνεύματι ἀκαθάρτῳ,⁵ καὶ ἀνέκραξεν,⁶ 24 λέγων, Ἔα,⁷ τί ἡμῖν καὶ σοί, Ἰησοῦ Ναζαρηνέ;⁸ Ἦλθες ἀπολέσαι ἡμᾶς; Οἶδά σε τίς εἶ, ὁ ἅγιος τοῦ θεοῦ. 25 Καὶ ἐπετίμησεν⁹ αὐτῷ ὁ Ἰησοῦς, λέγων, Φιμώθητι,¹⁰ καὶ ἔξελθε ἐξ αὐτοῦ. 26 Καὶ σπαράξαν¹¹ αὐτὸν τὸ πνεῦμα τὸ ἀκάθαρτον⁵ καὶ κράξαν φωνῇ μεγάλῃ, ἐξῆλθεν ἐξ αὐτοῦ. 27 Καὶ ἐθαμβήθησαν¹² πάντες, ὥστε συζητεῖν¹³ πρὸς ἑαυτούς, λέγοντας, Τί ἐστιν τοῦτο; Τίς ἡ διδαχὴ⁴ ἡ καινὴ¹⁴ αὕτη, ὅτι κατ᾽ ἐξουσίαν καὶ τοῖς πνεύμασιν τοῖς ἀκαθάρτοις⁵ ἐπιτάσσει,¹⁵ καὶ ὑπακούουσιν¹⁶ αὐτῷ; 28 Ἐξῆλθεν δὲ ἡ ἀκοὴ¹⁷ αὐτοῦ εὐθὺς εἰς ὅλην τὴν περίχωρον¹⁸ τῆς Γαλιλαίας.

29 Καὶ εὐθέως ἐκ τῆς συναγωγῆς ἐξελθόντες, ἦλθον εἰς τὴν οἰκίαν Σίμωνος καὶ Ἀνδρέου, μετὰ Ἰακώβου καὶ Ἰωάννου. 30 Ἡ δὲ πενθερὰ¹⁹ Σίμωνος κατέκειτο²⁰ πυρέσσουσα,²¹ καὶ εὐθέως λέγουσιν αὐτῷ περὶ αὐτῆς· 31 καὶ προσελθὼν ἤγειρεν αὐτήν, κρατήσας²² τῆς χειρὸς αὐτῆς· καὶ ἀφῆκεν αὐτὴν ὁ πυρετὸς²³ εὐθέως, καὶ διηκόνει²⁴ αὐτοῖς.

32 Ὀψίας²⁵ δὲ γενομένης, ὅτε ἔδυ²⁶ ὁ ἥλιος,²⁷ ἔφερον πρὸς αὐτὸν πάντας τοὺς κακῶς²⁸ ἔχοντας καὶ τοὺς δαιμονιζομένους·²⁹ 33 καὶ ἡ πόλις ὅλη ἐπισυνηγμένη³⁰ ἦν πρὸς τὴν θύραν.³¹ 34 Καὶ ἐθεράπευσεν³² πολλοὺς κακῶς²⁸ ἔχοντας ποικίλαις³³ νόσοις,³⁴ καὶ δαιμόνια πολλὰ ἐξέβαλεν, καὶ οὐκ ἤφιεν λαλεῖν τὰ δαιμόνια, ὅτι ᾔδεισαν αὐτόν.

35 Καὶ πρωῒ³⁵ ἔννυχον³⁶ λίαν³⁷ ἀναστὰς ἐξῆλθεν, καὶ ἀπῆλθεν εἰς ἔρημον τόπον,

¹εἰσπορεύονται: PNI-3P ³ἐξεπλήσσοντο: IPI-3P ⁶ἀνέκραξεν: AAI-3S ⁹ἐπετίμησεν: AAI-3S ¹⁰Φιμώθητι: APM-2S ¹¹σπαράξαν: AAP-NSN ¹²ἐθαμβήθησαν: API-3P ¹³συζητεῖν: PAN ¹⁵ἐπιτάσσει: PAI-3S ¹⁶ὑπακούουσιν: PAI-3P ²⁰κατέκειτο: INI-3S ²¹πυρέσσουσα: PAP-NSF ²²κρατήσας: AAP-NSM ²⁴διηκόνει: IAI-3S ²⁶ἔδυ: 2AAI-3S ²⁹δαιμονιζομένους: PNP-APM ³⁰ἐπισυνηγμένη: RPP-NSF ³²ἐθεράπευσεν: AAI-3S

¹εἰσπορεύομαι, [17] I journey in(to), I go in(to), enter, intervene. ²Καπερναούμ, ἡ, [16] Capernaum, a town of Galilee. ³ἐκπλήσσω, [13] I strike with panic or shock; I amaze, astonish. ⁴διδαχή, ῆς, ἡ, [30] teaching, doctrine, what is taught. ⁵ἀκάθαρτος, ον, [31] unclean, impure. ⁶ἀνακράζω, [5] I shout aloud, cry out. ⁷ἔα, [2] an interjection, Ho! Ah! Ha! It is supposed to imply surprise, fear and indignation. ⁸Ναζαρηνός, ή, όν, [4] of Nazareth, a Nazarene. ⁹ἐπιτιμάω, [29] (a) I rebuke, chide, admonish, (b) I warn. ¹⁰φιμόω, [8] I muzzle, silence. ¹¹σπαράσσω, [4] I convulse, throw into spasms. ¹²θαμβέω, [3] I amaze; pass: I am amazed (almost terrified). ¹³συζητέω, [10] I seek together, discuss, dispute. ¹⁴καινός, ή, όν, [44] fresh, new, unused, novel. ¹⁵ἐπιτάσσω, [10] I give order, command, charge. ¹⁶ὑπακούω, [21] I listen, hearken to, obey, answer. ¹⁷ἀκοή, ῆς, ἡ, [24] hearing, faculty of hearing, ear; report, rumor. ¹⁸περίχωρος, ον, [10] neighboring; subst: the neighboring country, neighboring inhabitants. ¹⁹πενθερά, ᾶς, ἡ, [6] a mother-in-law. ²⁰κατάκειμαι, [11] I recline (at table); more often: I keep my bed, am lying ill (in bed). ²¹πυρέσσω, [2] I am sick with a fever. ²²κρατέω, [47] I am strong, mighty, hence: I rule, am master, prevail; I obtain, take hold of; I hold, hold fast. ²³πυρετός, οῦ, ὁ, [6] a fever, scorching heat. ²⁴διακονέω, [37] I wait at table (particularly of a slave who waits on guests); I serve (generally). ²⁵ὄψιος, α, ον, [15] late, evening. ²⁶δύνω, [2] I sink, set (as the sun). ²⁷ἥλιος, ου, ὁ, [32] the sun, sunlight. ²⁸κακῶς, [16] badly, evilly, wrongly. ²⁹δαιμονίζομαι, [13] I am possessed, am under the power of an evil-spirit or demon. ³⁰ἐπισυνάγω, [7] I collect, gather together, assemble. ³¹θύρα, ας, ἡ, [39] (a) a door, (b) met: an opportunity. ³²θεραπεύω, [44] I care for, attend, serve, treat, especially of a physician; hence: I heal. ³³ποικίλος, η, ον, [10] various, of different colors, diverse, various. ³⁴νόσος, ου, ἡ, [12] a disease, malady, sickness. ³⁵πρωΐ, [11] early in the morning, at dawn. ³⁶ἔννυχος, ον, [1] in the night. ³⁷λίαν, [14] very; very much, exceedingly, greatly.

κἀκεῖ¹ προσηύχετο. **36** Καὶ κατεδίωξαν² αὐτὸν ὁ Σίμων καὶ οἱ μετ᾽ αὐτοῦ· **37** καὶ εὑρόντες αὐτὸν λέγουσιν αὐτῷ ὅτι Πάντες σε ζητοῦσιν. **38** Καὶ λέγει αὐτοῖς, Ἄγωμεν εἰς τὰς ἐχομένας κωμοπόλεις,³ ἵνα καὶ ἐκεῖ κηρύξω· εἰς τοῦτο γὰρ ἐξελήλυθα.

The Healing of a Leper

39 Καὶ ἦν κηρύσσων ἐν ταῖς συναγωγαῖς αὐτῶν εἰς ὅλην τὴν Γαλιλαίαν, καὶ τὰ δαιμόνια ἐκβάλλων.

40 Καὶ ἔρχεται πρὸς αὐτὸν λεπρός,⁴ παρακαλῶν αὐτὸν καὶ γονυπετῶν⁵ αὐτόν, καὶ λέγων αὐτῷ ὅτι Ἐὰν θέλῃς, δύνασαί με καθαρίσαι.⁶ **41** Ὁ δὲ Ἰησοῦς σπλαγχνισθείς,⁷ ἐκτείνας⁸ τὴν χεῖρα, ἥψατο⁹ αὐτοῦ, καὶ λέγει αὐτῷ, Θέλω, καθαρίσθητι.¹⁰ **42** Καὶ εἰπόντος αὐτοῦ εὐθέως ἀπῆλθεν ἀπ᾽ αὐτοῦ ἡ λέπρα,¹¹ καὶ ἐκαθαρίσθη.¹² **43** Καὶ ἐμβριμησάμενος¹³ αὐτῷ, εὐθέως ἐξέβαλεν αὐτόν, **44** καὶ λέγει αὐτῷ, Ὅρα, μηδενὶ μηδὲν εἴπῃς· ἀλλ᾽ ὕπαγε, σεαυτὸν¹⁴ δεῖξον¹⁵ τῷ ἱερεῖ,¹⁶ καὶ προσένεγκε¹⁷ περὶ τοῦ καθαρισμοῦ¹⁸ σου ἃ προσέταξεν¹⁹ Μωσῆς, εἰς μαρτύριον²⁰ αὐτοῖς. **45** Ὁ δὲ ἐξελθὼν ἤρξατο κηρύσσειν πολλὰ καὶ διαφημίζειν²¹ τὸν λόγον, ὥστε μηκέτι²² αὐτὸν δύνασθαι φανερῶς²³ εἰς πόλιν εἰσελθεῖν, ἀλλ᾽ ἔξω ἐν ἐρήμοις τόποις ἦν· καὶ ἤρχοντο πρὸς αὐτὸν πανταχόθεν.²⁴

Healing the Palsied Man

2 Καὶ εἰσῆλθεν πάλιν εἰς Καπερναοὺμ²⁵ δι᾽ ἡμερῶν· καὶ ἠκούσθη ὅτι εἰς οἶκόν ἐστιν. **2** Καὶ εὐθέως συνήχθησαν πολλοί, ὥστε μηκέτι²² χωρεῖν²⁶ μηδὲ τὰ πρὸς τὴν θύραν·²⁷ καὶ ἐλάλει αὐτοῖς τὸν λόγον. **3** Καὶ ἔρχονται πρὸς αὐτόν, παραλυτικὸν²⁸ φέροντες, αἰρόμενον ὑπὸ τεσσάρων.²⁹ **4** Καὶ μὴ δυνάμενοι προσεγγίσαι³⁰ αὐτῷ διὰ

---

²*κατεδίωξαν: AAI-3P* ⁵*γονυπετῶν: PAP-NSM* ⁶*καθαρίσαι: AAN* ⁷*σπλαγχνισθείς: AOP-NSM* ⁸*ἐκτείνας: AAP-NSM* ⁹*ἥψατο: ADI-3S* ¹⁰*καθαρίσθητι: APM-2S* ¹²*ἐκαθαρίσθη: API-3S* ¹³*ἐμβριμησάμενος: ADP-NSM* ¹⁵*δεῖξον: AAM-2S* ¹⁷*προσένεγκε: 2AAM-2S* ¹⁹*προσέταξεν: AAI-3S* ²¹*διαφημίζειν: PAN* ²⁶*χωρεῖν: PAN* ³⁰*προσεγγίσαι: AAN*

---

¹*κἀκεῖ, [8] and there, and yonder, there also.* ²*καταδιώκω, [1] I hunt down, follow closely.* ³*κωμόπολις, εως, ἡ, [1] a large village, a city which in constitution has only the status of a village; a country town.* ⁴*λεπρός, οῦ, ὁ, [9] a leprous person, a leper.* ⁵*γονυπετέω, [4] I fall on my knees before (in supplication), supplicate, entreat.* ⁶*καθαρίζω, [30] I cleanse, make clean, literally, ceremonially, or spiritually, according to context.* ⁷*σπλαγχνίζομαι, [12] I feel compassion, have pity on, am moved.* ⁸*ἐκτείνω, [16] I stretch out (forth), cast forth (as of an anchor), lay hands on.* ⁹*ἅπτομαι, [36] prop: I fasten to; I lay hold of, touch, know carnally.* ¹⁰*καθαρίζω, [30] I cleanse, make clean, literally, ceremonially, or spiritually, according to context.* ¹¹*λέπρα, ας, ἡ, [4] leprosy.* ¹²*καθαρίζω, [30] I cleanse, make clean, literally, ceremonially, or spiritually, according to context.* ¹³*ἐμβριμάομαι, [5] I snort (with the notion of coercion springing out of displeasure, anger, indignation, antagonism), express indignant displeasure with some one; I charge sternly.* ¹⁴*σεαυτοῦ, ῆς, οῦ, [41] of yourself.* ¹⁵*δείκνυμι, [31] I point out, show, exhibit; met: I teach, demonstrate, make known.* ¹⁶*ἱερεύς, έως, ὁ, [33] a priest, one who offers sacrifice to a god (in Jewish and pagan religions; of Christians only met.).* ¹⁷*προσφέρω, [48] (a) I bring to, (b) characteristically: I offer (of gifts, sacrifices, etc).* ¹⁸*καθαρισμός, οῦ, ὁ, [7] cleansing, purifying, purification, literal, ceremonial, or moral; met: expiation.* ¹⁹*προστάσσω, [8] (a) I instruct, command, (b) I appoint, assign.* ²⁰*μαρτύριον, ου, τό, [20] witness, evidence, testimony, proof.* ²¹*διαφημίζω, [3] I report, publish abroad.* ²²*μηκέτι, [21] no longer, no more.* ²³*φανερῶς, [3] clearly, openly, manifestly.* ²⁴*πανταχόθεν, [1] from all sides, from all parts.* ²⁵*Καπερναούμ, ἡ, [16] Capernaum, a town of Galilee.* ²⁶*χωρέω, [10] (lit: I make room, hence) (a) I have room for, receive, contain, (b) I make room for by departing, go, make progress, turn myself.* ²⁷*θύρα, ας, ἡ, [39] (a) a door, (b) met: an opportunity.* ²⁸*παραλυτικός, ή, όν, [10] afflicted with paralysis.* ²⁹*τέσσαρες, τέσσαρα, [41] four.* ³⁰*προσεγγίζω, [1] I approach, come near to.*

τὸν ὄχλον, ἀπεστέγασαν¹ τὴν στέγην² ὅπου ἦν, καὶ ἐξορύξαντες³ χαλῶσιν⁴ τὸν κράββατον⁵ ἐφ' ᾧ ὁ παραλυτικὸς⁶ κατέκειτο.⁷ **5** Ἰδὼν δὲ ὁ Ἰησοῦς τὴν πίστιν αὐτῶν λέγει τῷ παραλυτικῷ,⁶ Τέκνον, ἀφέωνταί σοι αἱ ἁμαρτίαι σου. **6** Ἦσαν δέ τινες τῶν γραμματέων ἐκεῖ καθήμενοι, καὶ διαλογιζόμενοι⁸ ἐν ταῖς καρδίαις αὐτῶν, **7** Τί οὗτος οὕτως λαλεῖ βλασφημίας;⁹ Τίς δύναται ἀφιέναι ἁμαρτίας εἰ μὴ εἷς, ὁ θεός; **8** Καὶ εὐθέως ἐπιγνοὺς¹⁰ ὁ Ἰησοῦς τῷ πνεύματι αὐτοῦ ὅτι οὕτως αὐτοὶ διαλογίζονται¹¹ ἐν ἑαυτοῖς, εἶπεν αὐτοῖς, Τί ταῦτα διαλογίζεσθε¹² ἐν ταῖς καρδίαις ὑμῶν; **9** Τί ἐστιν εὐκοπώτερον,¹³ εἰπεῖν τῷ παραλυτικῷ,⁶ Ἀφέωνταί σου αἱ ἁμαρτίαι, ἢ εἰπεῖν, Ἔγειραι, καὶ ἆρόν σου τὸν κράββατον,⁵ καὶ περιπάτει; **10** Ἵνα δὲ εἰδῆτε ὅτι ἐξουσίαν ἔχει ὁ υἱὸς τοῦ ἀνθρώπου ἀφιέναι ἐπὶ τῆς γῆς ἁμαρτίας–λέγει τῷ παραλυτικῷ⁶ – **11** Σοὶ λέγω, ἔγειραι καὶ ἆρον τὸν κράββατόν⁵ σου, καὶ ὕπαγε εἰς τὸν οἶκόν σου. **12** Καὶ ἠγέρθη εὐθέως, καὶ ἄρας τὸν κράββατον,⁵ ἐξῆλθεν ἐναντίον¹⁴ πάντων· ὥστε ἐξίστασθαι¹⁵ πάντας, καὶ δοξάζειν τὸν θεόν, λέγοντας ὅτι Οὐδέποτε¹⁶ οὕτως εἴδομεν.

The Calling of Levi and the Dinner at His House

13 Καὶ ἐξῆλθεν πάλιν παρὰ τὴν θάλασσαν· καὶ πᾶς ὁ ὄχλος ἤρχετο πρὸς αὐτόν, καὶ ἐδίδασκεν αὐτούς. **14** Καὶ παράγων¹⁷ εἶδεν Λευῒ τὸν τοῦ Ἀλφαίου καθήμενον ἐπὶ τὸ τελώνιον,¹⁸ καὶ λέγει αὐτῷ, Ἀκολούθει μοι. Καὶ ἀναστὰς ἠκολούθησεν αὐτῷ. **15** Καὶ ἐγένετο ἐν τῷ κατακεῖσθαι¹⁹ αὐτὸν ἐν τῇ οἰκίᾳ αὐτοῦ, καὶ πολλοὶ τελῶναι²⁰ καὶ ἁμαρτωλοὶ²¹ συνανέκειντο²² τῷ Ἰησοῦ καὶ τοῖς μαθηταῖς αὐτοῦ· ἦσαν γὰρ πολλοί, καὶ ἠκολούθησαν αὐτῷ. **16** Καὶ οἱ γραμματεῖς καὶ οἱ Φαρισαῖοι, ἰδόντες αὐτὸν ἐσθίοντα μετὰ τῶν τελωνῶν²⁰ καὶ ἁμαρτωλῶν,²¹ ἔλεγον τοῖς μαθηταῖς αὐτοῦ, Τί ὅτι μετὰ τῶν τελωνῶν²⁰ καὶ ἁμαρτωλῶν²¹ ἐσθίει καὶ πίνει; **17** Καὶ ἀκούσας ὁ Ἰησοῦς λέγει αὐτοῖς, Οὐ χρείαν²³ ἔχουσιν οἱ ἰσχύοντες²⁴ ἰατροῦ,²⁵ ἀλλ' οἱ κακῶς²⁶ ἔχοντες. Οὐκ ἦλθον καλέσαι δικαίους, ἀλλὰ ἁμαρτωλοὺς²¹ εἰς μετάνοιαν.²⁷

---

¹ἀπεστέγασαν: AAI-3P   ³ἐξορύξαντες: AAP-NPM   ⁴χαλῶσιν: PAI-3P   ⁷κατέκειτο: INI-3S   ⁸διαλογιζόμενοι: PNP-NPM   ¹⁰ἐπιγνοὺς: 2AAP-NSM   ¹¹διαλογίζονται: PNI-3P   ¹²διαλογίζεσθε: PNI-2P   ¹⁵ἐξίστασθαι: PMN   ¹⁷παράγων: PAP-NSM   ¹⁹κατακεῖσθαι: PNN   ²²συνανέκειντο: INI-3P   ²⁴ἰσχύοντες: PAP-NPM

---

¹ἀποστεγάζω, [1] I unroof, take the roof off.   ²στέγη, ης, ἡ, [3] a flat roof of a house.   ³ἐξορύσσω, [2] (a) I dig out, hence: I open up, (b) I gouge.   ⁴χαλάω, [7] I let down, lower, slacken, loosen.   ⁵κράββατος, ου, ὁ, [12] a bed, mattress, mat of a poor man.   ⁶παραλυτικός, ή, όν, [10] afflicted with paralysis.   ⁷κατάκειμαι, [11] I recline (at table); more often: I keep my bed, am lying ill (in bed).   ⁸διαλογίζομαι, [16] I reason (with), debate (with), consider.   ⁹βλασφημία, ας, ἡ, [19] abusive or scurrilous language, blasphemy.   ¹⁰ἐπιγινώσκω, [42] I come to know by directing my attention to him or it, I perceive, discern, recognize; aor: I found out.   ¹¹διαλογίζομαι, [16] I reason (with), debate (with), consider.   ¹²διαλογίζομαι, [16] I reason (with), debate (with), consider.   ¹³εὐκοπώτερον, [7] easier.   ¹⁴ἐναντίον, [5] before, in the presence of, in the eyes of.   ¹⁵ἐξίστημι, [17] (lit: I remove from a standing position), (a) in trans. tenses: I astonish, amaze, (b) in intrans. tenses: I am astonished, amazed; I am out of my mind, am mad.   ¹⁶οὐδέποτε, [16] never.   ¹⁷παράγω, [10] I pass by, depart, pass away.   ¹⁸τελώνιον, ου, τό, [3] a tax-collector's office, toll-house.   ¹⁹κατάκειμαι, [11] I recline (at table); more often: I keep my bed, am lying ill (in bed).   ²⁰τελώνης, ου, ὁ, [22] a publican, collector of taxes.   ²¹ἁμαρτωλός, ον, [48] sinning, sinful, depraved, detestable.   ²²συνανάκειμαι, [8] I recline at table with.   ²³χρεία, ας, ἡ, [49] need, necessity, business.   ²⁴ἰσχύω, [29] I have strength, am strong, am in full health and vigor, am able; meton: I prevail.   ²⁵ἰατρός, οῦ, ὁ, [7] a physician.   ²⁶κακῶς, [16] badly, evilly, wrongly.   ²⁷μετάνοια, ας, ἡ, [24] repentance, a change of mind, change in the inner man.

18 Καὶ ἦσαν οἱ μαθηταὶ Ἰωάννου καὶ οἱ τῶν Φαρισαίων νηστεύοντες· ¹ καὶ ἔρχονται καὶ λέγουσιν αὐτῷ, Διὰ τί οἱ μαθηταὶ Ἰωάννου καὶ οἱ τῶν Φαρισαίων νηστεύουσιν, ² οἱ δὲ σοὶ³ μαθηταὶ οὐ νηστεύουσιν; ⁴ **19** Καὶ εἶπεν αὐτοῖς ὁ Ἰησοῦς, Μὴ δύνανται οἱ υἱοὶ τοῦ νυμφῶνος, ⁵ ἐν ᾧ ὁ νυμφίος⁶ μετ᾽ αὐτῶν ἐστιν, νηστεύειν; ⁷ Ὅσον χρόνον μεθ᾽ ἑαυτῶν ἔχουσιν τὸν νυμφίον, ⁶ οὐ δύνανται νηστεύειν· ⁸ **20** ἐλεύσονται δὲ ἡμέραι ὅταν ἀπαρθῇ⁹ ἀπ᾽ αὐτῶν ὁ νυμφίος, ⁶ καὶ τότε νηστεύσουσιν¹⁰ ἐν ἐκείναις ταῖς ἡμέραις. **21** Καὶ οὐδεὶς ἐπίβλημα¹¹ ῥάκους¹² ἀγνάφου¹³ ἐπιρράπτει¹⁴ ἐπὶ ἱματίῳ παλαιῷ· ¹⁵ εἰ δὲ μή, αἴρει τὸ πλήρωμα¹⁶ αὐτοῦ τὸ καινὸν¹⁷ τοῦ παλαιοῦ, ¹⁵ καὶ χεῖρον¹⁸ σχίσμα¹⁹ γίνεται. **22** Καὶ οὐδεὶς βάλλει οἶνον²⁰ νέον²¹ εἰς ἀσκοὺς²² παλαιούς· ¹⁵ εἰ δὲ μή, ῥήσσει²³ ὁ οἶνος²⁰ ὁ νέος²¹ τοὺς ἀσκούς, ²² καὶ ὁ οἶνος²⁰ ἐκχεῖται²⁴ καὶ οἱ ἀσκοὶ²² ἀπολοῦνται· ἀλλὰ οἶνον²⁰ νέον²¹ εἰς ἀσκοὺς²² καινοὺς¹⁷ βλητέον.²⁵

The Lord of the Sabbath

23 Καὶ ἐγένετο παραπορεύεσθαι²⁶ αὐτὸν ἐν τοῖς σάββασιν διὰ τῶν σπορίμων, ²⁷ καὶ ἤρξαντο οἱ μαθηταὶ αὐτοῦ ὁδὸν ποιεῖν τίλλοντες²⁸ τοὺς στάχυας.²⁹ **24** Καὶ οἱ Φαρισαῖοι ἔλεγον αὐτῷ, Ἴδε, ³⁰ τί ποιοῦσιν ἐν τοῖς σάββασιν ὃ οὐκ ἔξεστιν; ³¹ **25** Καὶ αὐτὸς ἔλεγεν αὐτοῖς, Οὐδέποτε³² ἀνέγνωτε³³ τί ἐποίησεν Δαυίδ, ὅτε χρείαν³⁴ ἔσχεν καὶ ἐπείνασεν³⁵ αὐτὸς καὶ οἱ μετ᾽ αὐτοῦ; **26** Πῶς εἰσῆλθεν εἰς τὸν οἶκον τοῦ θεοῦ ἐπὶ Ἀβιάθαρ ἀρχιερέως, καὶ τοὺς ἄρτους τῆς προθέσεως³⁶ ἔφαγεν, οὓς οὐκ ἔξεστιν³⁷ φαγεῖν εἰ μὴ τοῖς ἱερεῦσιν, ³⁸ καὶ ἔδωκεν καὶ τοῖς σὺν αὐτῷ οὖσιν; **27** Καὶ ἔλεγεν αὐτοῖς, Τὸ σάββατον διὰ τὸν ἄνθρωπον ἐγένετο, οὐχ ὁ ἄνθρωπος διὰ τὸ σάββατον· **28** ὥστε κύριός ἐστιν ὁ υἱὸς τοῦ ἀνθρώπου καὶ τοῦ σαββάτου.

---

¹νηστεύοντες: PAP-NPM ²νηστεύουσιν: PAI-3P ⁴νηστεύουσιν: PAI-3P ⁷νηστεύειν: PAN ⁸νηστεύειν: PAN ⁹ἀπαρθῇ: APS-3S ¹⁰νηστεύσουσιν: FAI-3P ¹⁴ἐπιρράπτει: PAI-3S ²³ῥήσσει: PAI-3S ²⁴ἐκχεῖται: PPI-3S ²⁶παραπορεύεσθαι: PNN ²⁸τίλλοντες: PAP-NPM ³⁰Ἴδε: 2AAM-2S ³¹ἔξεστιν: PAI-3S ³³ἀνέγνωτε: 2AAI-2P ³⁵ἐπείνασεν: AAI-3S ³⁷ἔξεστιν: PAI-3S

---

¹νηστεύω, [21] I fast, abstain from food. ²νηστεύω, [21] I fast, abstain from food. ³σός, σή, σόν, [27] yours, thy, thine. ⁴νηστεύω, [21] I fast, abstain from food. ⁵νυμφών, ῶνος, ὁ, [3] a bridal chamber. ⁶νυμφίος, ου, ὁ, [16] a bridegroom. ⁷νηστεύω, [21] I fast, abstain from food. ⁸νηστεύω, [21] I fast, abstain from food. ⁹ἀπαίρω, [3] I take away, remove; pass: I am taken away, withdrawn. ¹⁰νηστεύω, [21] I fast, abstain from food. ¹¹ἐπίβλημα, ατος, τό, [3] a patch on a garment. ¹²ῥάκος, ους, τό, [2] a piece of cloth, a remnant torn off. ¹³ἄγναφος, ον, [2] unshrunken, new. ¹⁴ἐπιρράπτω, [1] I sew (on). ¹⁵παλαιός, ά, όν, [19] old, ancient, not new or recent. ¹⁶πλήρωμα, ατος, τό, [17] (a) a fill, fullness; full complement; supply, patch, supplement, (b) fullness, filling, fulfillment, completion. ¹⁷καινός, ή, όν, [44] fresh, new, unused, novel. ¹⁸χείρων, ον, [11] worse, more severe. ¹⁹σχίσμα, ατος, τό, [8] a rent, as in a garment; a division, dissention. ²⁰οἶνος, ου, ὁ, [33] wine. ²¹νέος, α, ον, [24] (a) young, youthful, (b) new, fresh. ²²ἀσκός, οῦ, ὁ, [12] a wine-skin, leather bottle. ²³ῥήγνυμι, ῥήσσω, [7] I rend, break asunder; I break forth (into speech); I throw or dash down. ²⁴ἐκχέω, [28] I pour out (liquid or solid); I shed, bestow liberally. ²⁵βλητέος, α, ον, [2] a verbal adj: one must put, that ought to be put. ²⁶παραπορεύομαι, [5] I go past, pass by, pass along by. ²⁷σπόριμος, ον, [3] sown; neut. plur: sown fields. ²⁸τίλλω, [3] I pluck, pluck off. ²⁹στάχυς, υος, ὁ, [5] a head of grain. ³⁰ἴδε, [35] See! Lo! Behold! Look! ³¹ἔξεστιν, [31] it is permitted, lawful, possible. ³²οὐδέποτε, [16] never. ³³ἀναγινώσκω, [32] I read, know again, know certainly, recognize, discern. ³⁴χρεία, ας, ἡ, [49] need, necessity, business. ³⁵πεινάω, [23] I am hungry, needy, desire earnestly. ³⁶πρόθεσις, εως, ἡ, [12] a setting forth, the show-bread; predetermination, purpose. ³⁷ἔξεστιν, [31] it is permitted, lawful, possible. ³⁸ἱερεύς, έως, ὁ, [33] a priest, one who offers sacrifice to a god (in Jewish and pagan religions; of Christians only met.).

Healing the Withered Hand

3 Καὶ εἰσῆλθεν πάλιν εἰς τὴν συναγωγήν, καὶ ἦν ἐκεῖ ἄνθρωπος ἐξηραμμένην¹ ἔχων τὴν χεῖρα. 2 Καὶ παρετήρουν² αὐτὸν εἰ τοῖς σάββασιν θεραπεύσει³ αὐτόν, ἵνα κατηγορήσωσιν⁴ αὐτοῦ. 3 Καὶ λέγει τῷ ἀνθρώπῳ τῷ ἐξηραμμένην⁵ ἔχοντι τὴν χεῖρα, Ἔγειραι εἰς τὸ μέσον. 4 Καὶ λέγει αὐτοῖς, Ἔξεστιν⁶ τοῖς σάββασιν ἀγαθοποιῆσαι,⁷ ἢ κακοποιῆσαι;⁸ Ψυχὴν σῶσαι, ἢ ἀποκτεῖναι; Οἱ δὲ ἐσιώπων.⁹ 5 Καὶ περιβλεψάμενος¹⁰ αὐτοὺς μετ' ὀργῆς,¹¹ συλλυπούμενος¹² ἐπὶ τῇ πωρώσει¹³ τῆς καρδίας αὐτῶν, λέγει τῷ ἀνθρώπῳ, Ἔκτεινον¹⁴ τὴν χεῖρά σου. Καὶ ἐξέτεινεν,¹⁵ καὶ ἀποκατεστάθη¹⁶ ἡ χεὶρ αὐτοῦ ὑγιὴς¹⁷ ὡς ἡ ἄλλη. 6 Καὶ ἐξελθόντες οἱ Φαρισαῖοι εὐθέως μετὰ τῶν Ἡρῳδιανῶν¹⁸ συμβούλιον¹⁹ ἐποίουν κατ' αὐτοῦ, ὅπως αὐτὸν ἀπολέσωσιν.

Miracles by the Seaside

7 Καὶ ὁ Ἰησοῦς ἀνεχώρησεν²⁰ μετὰ τῶν μαθητῶν αὐτοῦ πρὸς τὴν θάλασσαν· καὶ πολὺ πλῆθος²¹ ἀπὸ τῆς Γαλιλαίας ἠκολούθησαν αὐτῷ, καὶ ἀπὸ τῆς Ἰουδαίας,²² 8 καὶ ἀπὸ Ἱεροσολύμων, καὶ ἀπὸ τῆς Ἰδουμαίας,²³ καὶ πέραν²⁴ τοῦ Ἰορδάνου,²⁵ καὶ οἱ περὶ Τύρον²⁶ καὶ Σιδῶνα,²⁷ πλῆθος²¹ πολύ, ἀκούσαντες ὅσα ἐποίει, ἦλθον πρὸς αὐτόν. 9 Καὶ εἶπεν τοῖς μαθηταῖς αὐτοῦ ἵνα πλοιάριον²⁸ προσκαρτερῇ²⁹ αὐτῷ διὰ τὸν ὄχλον, ἵνα μὴ θλίβωσιν³⁰ αὐτόν. 10 Πολλοὺς γὰρ ἐθεράπευσεν,³¹ ὥστε ἐπιπίπτειν³² αὐτῷ, ἵνα αὐτοῦ ἅψωνται,³³ ὅσοι εἶχον μάστιγας.³⁴ 11 Καὶ τὰ πνεύματα τὰ ἀκάθαρτα,³⁵ ὅταν αὐτὸν

---

¹ἐξηραμμένην: RPP-ASF   ²παρετήρουν: IAI-3P   ³θεραπεύσει: FAI-3S   ⁴κατηγορήσωσιν: AAS-3P
⁵ἐξηραμμένην: RPP-ASF   ⁶Ἔξεστιν: PAI-3S   ⁷ἀγαθοποιῆσαι: AAN   ⁸κακοποιῆσαι: AAN   ⁹ἐσιώπων:
IAI-3P   ¹⁰περιβλεψάμενος: AMP-NSM   ¹²συλλυπούμενος: PNP-NSM   ¹⁴Ἔκτεινον: AAM-2S   ¹⁵ἐξέτεινεν: AAI-3S
¹⁶ἀποκατεστάθη: API-3S   ²⁰ἀνεχώρησεν: AAI-3S   ²⁹προσκαρτερῇ: PAS-3S   ³⁰θλίβωσιν: PAS-3P   ³¹ἐθεράπευσεν:
AAI-3S   ³²ἐπιπίπτειν: PAN   ³³ἅψωνται: AMS-3P

---

¹ξηραίνω, [16] I dry up, parch, am ripened, wither, waste away.   ²παρατηρέω, [6] I watch, observe scrupulously.
³θεραπεύω, [44] I care for, attend, serve, treat, especially of a physician; hence: I heal.   ⁴κατηγορέω, [22] I
accuse, charge, prosecute.   ⁵ξηραίνω, [16] I dry up, parch, am ripened, wither, waste away.   ⁶ἔξεστιν, [31]
it is permitted, lawful, possible.   ⁷ἀγαθοποιέω, [11] I do that which is good.   ⁸κακοποιέω, [4] I do harm,
do wrong, do evil, commit sin.   ⁹σιωπάω, [11] I keep silence, am silent, either voluntarily or involuntarily.
¹⁰περιβλέπομαι, [7] I look around on, survey.   ¹¹ὀργή, ῆς, ἡ, [36] anger, wrath, passion; punishment, vengeance.
¹²συλλυπέομαι, [1] I am moved to grief by sympathy.   ¹³πώρωσις, εως, ἡ, [3] hardness of heart, obtuseness.
¹⁴ἐκτείνω, [16] I stretch out (forth), cast forth (as of an anchor), lay hands on.   ¹⁵ἐκτείνω, [16] I stretch out (forth),
cast forth (as of an anchor), lay hands on.   ¹⁶ἀποκαθίστημι, [8] I set up again, restore to its original position
or condition; hence: I restore, give back.   ¹⁷ὑγιής, ές, [14] (a) sound, healthy, pure, whole, (b) wholesome.
¹⁸Ἡρῳδιανοί, ῶν, οἱ, [3] the Herodians, the partisans of Herod (Antipas).   ¹⁹συμβούλιον, ου, τό, [8] (a) a
body of advisers (assessors) in a court, a council, (b) abstr: consultation, counsel, advice; resolution, decree.
²⁰ἀναχωρέω, [14] I return, retire, withdraw, depart (underlying idea perhaps of taking refuge from danger or
of going into retirement).   ²¹πλῆθος, ους, τό, [32] a multitude, crowd, great number, assemblage.   ²²Ἰουδαία,
ας, ἡ, [43] Judea, a Roman province, capital Jerusalem.   ²³Ἰδουμαία, ας, ἡ, [1] Idumea, Edom, a district of
Arabia, immediately south of Judea.   ²⁴πέραν, [23] over, on the other side, beyond.   ²⁵Ἰορδάνης, ου, ὁ, [15]
the Jordan, a great river flowing due south and bounding Galilee, Samaria, and Judea on the east.   ²⁶Τύρος,
ου, ἡ, [11] Tyre, an ancient city, the capital of Phoenicia.   ²⁷Σιδών, ῶνος, ἡ, [11] Sidon, a great coast city of
Phoenicia.   ²⁸πλοιάριον, ου, τό, [6] (a little boat, hence) a boat.   ²⁹προσκαρτερέω, [10] I persist, persevere
in, continue steadfast in; I wait upon.   ³⁰θλίβω, [10] (a) I make narrow (strictly: by pressure); I press upon,
(b) I persecute, press hard.   ³¹θεραπεύω, [44] I care for, attend, serve, treat, especially of a physician; hence: I
heal.   ³²ἐπιπίπτω, [13] I fall upon, press upon, light upon, come over.   ³³ἅπτομαι, [36] prop: I fasten to; I lay
hold of, touch, know carnally.   ³⁴μάστιξ, ιγος, ἡ, [6] (a) a scourge, lash, of leathern thongs with pieces of metal
sewn up in them, (b) met: severe pains (sufferings), disease.   ³⁵ἀκάθαρτος, ον, [31] unclean, impure.

ἐθεώρει, προσέπιπτεν[1] αὐτῷ, καὶ ἔκραζεν, λέγοντα ὅτι Σὺ εἶ ὁ υἱὸς τοῦ θεοῦ. 12 Καὶ πολλὰ ἐπετίμα[2] αὐτοῖς ἵνα μὴ φανερὸν[3] αὐτὸν ποιήσωσιν.

13 Καὶ ἀναβαίνει εἰς τὸ ὄρος, καὶ προσκαλεῖται[4] οὓς ἤθελεν αὐτός· καὶ ἀπῆλθον πρὸς αὐτόν. 14 Καὶ ἐποίησεν δώδεκα, ἵνα ὦσιν μετ' αὐτοῦ, καὶ ἵνα ἀποστέλλῃ αὐτοὺς κηρύσσειν, 15 καὶ ἔχειν ἐξουσίαν θεραπεύειν[5] τὰς νόσους,[6] καὶ ἐκβάλλειν τὰ δαιμόνια· 16 καὶ ἐπέθηκεν[7] τῷ Σίμωνι ὄνομα Πέτρον· 17 καὶ Ἰάκωβον τὸν τοῦ Ζεβεδαίου, καὶ Ἰωάννην τὸν ἀδελφὸν τοῦ Ἰακώβου· καὶ ἐπέθηκεν[8] αὐτοῖς ὀνόματα Βοανεργές,[9] ὅ ἐστιν, Υἱοὶ Βροντῆς·[10] 18 καὶ Ἀνδρέαν, καὶ Φίλιππον, καὶ Βαρθολομαῖον, καὶ Ματθαῖον, καὶ Θωμᾶν, καὶ Ἰάκωβον τὸν τοῦ Ἀλφαίου, καὶ Θαδδαῖον, καὶ Σίμωνα τὸν Κανανίτην,[11] 19 καὶ Ἰούδαν Ἰσκαριώτην, ὃς καὶ παρέδωκεν αὐτόν.

Καὶ ἔρχονται εἰς οἶκον· 20 καὶ συνέρχεται[12] πάλιν ὄχλος, ὥστε μὴ δύνασθαι αὐτοὺς μήτε[13] ἄρτον φαγεῖν. 21 Καὶ ἀκούσαντες οἱ παρ' αὐτοῦ ἐξῆλθον κρατῆσαι[14] αὐτόν· ἔλεγον γὰρ ὅτι Ἐξέστη.[15]

Discourse on the Casting Out of Demons

22 Καὶ οἱ γραμματεῖς οἱ ἀπὸ Ἱεροσολύμων καταβάντες ἔλεγον ὅτι Βεελζεβοὺλ[16] ἔχει, καὶ ὅτι Ἐν τῷ ἄρχοντι[17] τῶν δαιμονίων ἐκβάλλει τὰ δαιμόνια. 23 Καὶ προσκαλεσάμενος[18] αὐτούς, ἐν παραβολαῖς ἔλεγεν αὐτοῖς, Πῶς δύναται Σατανᾶς[19] Σατανᾶν[19] ἐκβάλλειν; 24 Καὶ ἐὰν βασιλεία ἐφ' ἑαυτὴν μερισθῇ,[20] οὐ δύναται σταθῆναι ἡ βασιλεία ἐκείνη. 25 Καὶ ἐὰν οἰκία ἐφ' ἑαυτὴν μερισθῇ,[21] οὐ δύναται σταθῆναι ἡ οἰκία ἐκείνη. 26 Καὶ εἰ ὁ Σατανᾶς[19] ἀνέστη ἐφ' ἑαυτὸν καὶ μεμέρισται,[22] οὐ δύναται σταθῆναι, ἀλλὰ τέλος[23] ἔχει. 27 Οὐδεὶς δύναται τὰ σκεύη[24] τοῦ ἰσχυροῦ,[25] εἰσελθὼν εἰς τὴν οἰκίαν αὐτοῦ, διαρπάσαι,[26] ἐὰν μὴ πρῶτον τὸν ἰσχυρὸν[25] δήσῃ,[27] καὶ τότε τὴν

---

[1]προσέπιπτεν: IAI-3S   [2]ἐπετίμα: IAI-3S   [4]προσκαλεῖται: PNI-3S   [5]θεραπεύειν: PAN   [7]ἐπέθηκεν: AAI-3S   [8]ἐπέθηκεν: AAI-3S   [12]συνέρχεται: PNI-3S   [14]κρατῆσαι: AAN   [15]Ἐξέστη: 2AAI-3S   [18]προσκαλεσάμενος: ADP-NSM   [20]μερισθῇ: APS-3S   [21]μερισθῇ: APS-3S   [22]μεμέρισται: RPI-3S   [26]διαρπάσαι: AAN   [27]δήσῃ: AAS-3S

---

[1]προσπίπτω, [8] (a) I fall down before, (b) I beat against, rush violently upon.   [2]ἐπιτιμάω, [29] (a) I rebuke, chide, admonish, (b) I warn.   [3]φανερός, ά, όν, [20] apparent, clear, visible, manifest; adv: clearly.   [4]προσκαλέω, [31] I call to myself, summon.   [5]θεραπεύω, [44] I care for, attend, serve, treat, especially of a physician; hence: I heal.   [6]νόσος, ου, ἡ, [12] a disease, malady, sickness.   [7]ἐπιτίθημι, [41] I put, place upon, lay on; I add, give in addition.   [8]ἐπιτίθημι, [41] I put, place upon, lay on; I add, give in addition.   [9]Βοανεργές, [1] Boanerges, "sons of thunder".   [10]βροντή, ῆς, ἡ, [12] thunder.   [11]Κανανίτης, ου, ὁ, [2] a Canaanite.   [12]συνέρχομαι, [32] I come or go with, accompany; I come together, assemble.   [13]μήτε, [36] nor, neither, not even, neither ... nor.   [14]κρατέω, [47] I am strong, mighty, hence: I rule, am master, prevail; I obtain, take hold of; I hold, hold fast.   [15]ἐξίστημι, [17] (lit: I remove from a standing position), (a) in trans. tenses: I astonish, amaze, (b) in intrans. tenses: I am astonished, amazed; I am out of my mind, am mad.   [16]Βεελζεβούλ, ὁ, [7] Beelzebul, a name of Satan, the chief of evil spirits.   [17]ἄρχων, οντος, ὁ, [37] a ruler, governor, leader, leading man; with the Jews, an official member (a member of the executive) of the assembly of elders.   [18]προσκαλέω, [31] I call to myself, summon.   [19]Σατανᾶς, ᾶ, ὁ, [36] an adversary, Satan.   [20]μερίζω, [14] I divide into parts, divide, part, share, distribute; mid: I share, take part in a partitioning; I distract.   [21]μερίζω, [14] I divide into parts, divide, part, share, distribute; mid: I share, take part in a partitioning; I distract.   [22]μερίζω, [14] I divide into parts, divide, part, share, distribute; mid: I share, take part in a partitioning; I distract.   [23]τέλος, ους, τό, [41] (a) an end, (b) event or issue, (c) the principal end, aim, purpose, (d) a tax.   [24]σκεῦος, ους, τό, [23] a vessel to contain liquid; a vessel of mercy or wrath; any instrument by which anything is done; a household utensil; of ships: tackle.   [25]ἰσχυρός, ά, όν, [29] strong (originally and generally of physical strength); mighty, powerful, vehement, sure.   [26]διαρπάζω, [4] I plunder, rob thoroughly.   [27]δέω, [44] I bind, tie, fasten; I impel, compel; I declare to be prohibited and unlawful.

οἰκίαν αὐτοῦ διαρπάσῃ. ¹ **28** Ἀμὴν λέγω ὑμῖν, ὅτι πάντα ἀφεθήσεται τὰ ἁμαρτήματα²
τοῖς υἱοῖς τῶν ἀνθρώπων, καὶ βλασφημίαι³ ὅσας ἂν βλασφημήσωσιν·⁴ **29** ὃς δ' ἂν
βλασφημήσῃ⁵ εἰς τὸ πνεῦμα τὸ ἅγιον, οὐκ ἔχει ἄφεσιν⁶ εἰς τὸν αἰῶνα, ἀλλ' ἔνοχός⁷
ἐστιν αἰωνίου κρίσεως.⁸ **30** Ὅτι ἔλεγον, Πνεῦμα ἀκάθαρτον⁹ ἔχει.

31 Ἔρχονται οὖν οἱ ἀδελφοὶ καὶ ἡ μήτηρ αὐτοῦ, καὶ ἔξω ἑστῶτες ἀπέστειλαν πρὸς
αὐτόν, φωνοῦντες¹⁰ αὐτόν. **32** Καὶ ἐκάθητο ὄχλος περὶ αὐτόν· εἶπον δὲ αὐτῷ, Ἰδού, ἡ
μήτηρ σου καὶ οἱ ἀδελφοί σου καὶ αἱ ἀδελφαί¹¹ σου ἔξω ζητοῦσίν σε. **33** Καὶ ἀπεκρίθη
αὐτοῖς λέγων, Τίς ἐστιν ἡ μήτηρ μου ἢ οἱ ἀδελφοί μου; **34** Καὶ περιβλεψάμενος¹² κύκλῳ¹³
τοὺς περὶ αὐτὸν καθημένους, λέγει, Ἴδε,¹⁴ ἡ μήτηρ μου καὶ οἱ ἀδελφοί μου. **35** Ὃς γὰρ
ἂν ποιήσῃ τὸ θέλημα τοῦ θεοῦ, οὗτος ἀδελφός μου καὶ ἀδελφή¹¹ μου καὶ μήτηρ ἐστίν.

Teaching by Means of Parables

4 Καὶ πάλιν ἤρξατο διδάσκειν παρὰ τὴν θάλασσαν. Καὶ συνήχθη πρὸς αὐτὸν ὄχλος
πολύς, ὥστε αὐτὸν ἐμβάντα¹⁵ εἰς τὸ πλοῖον καθῆσθαι ἐν τῇ θαλάσσῃ· καὶ πᾶς
ὁ ὄχλος πρὸς τὴν θάλασσαν ἐπὶ τῆς γῆς ἦν. **2** Καὶ ἐδίδασκεν αὐτοὺς ἐν παραβολαῖς
πολλά, καὶ ἔλεγεν αὐτοῖς ἐν τῇ διδαχῇ¹⁶ αὐτοῦ, **3** Ἀκούετε· ἰδού, ἐξῆλθεν ὁ σπείρων
τοῦ σπεῖραι· **4** καὶ ἐγένετο ἐν τῷ σπείρειν, ὃ μὲν ἔπεσεν παρὰ τὴν ὁδόν, καὶ ἦλθεν
τὰ πετεινὰ¹⁷ καὶ κατέφαγεν¹⁸ αὐτό. **5** Ἄλλο δὲ ἔπεσεν ἐπὶ τὸ πετρῶδες,¹⁹ ὅπου οὐκ
εἶχεν γῆν πολλήν· καὶ εὐθέως ἐξανέτειλεν,²⁰ διὰ τὸ μὴ ἔχειν βάθος²¹ γῆς· **6** ἡλίου²² δὲ
ἀνατείλαντος²³ ἐκαυματίσθη,²⁴ καὶ διὰ τὸ μὴ ἔχειν ρίζαν²⁵ ἐξηράνθη.²⁶ **7** Καὶ ἄλλο
ἔπεσεν εἰς τὰς ἀκάνθας,²⁷ καὶ ἀνέβησαν αἱ ἄκανθαι,²⁷ καὶ συνέπνιξαν²⁸ αὐτό, καὶ
καρπὸν οὐκ ἔδωκεν. **8** Καὶ ἄλλο ἔπεσεν εἰς τὴν γῆν τὴν καλήν· καὶ ἐδίδου καρπὸν

---

¹διαρπάσῃ: *AAS-3S*   ⁴βλασφημήσωσιν: *AAS-3P*   ⁵βλασφημήσῃ: *AAS-3S*   ¹⁰φωνοῦντες: *PAP-NPM*
¹²περιβλεψάμενος: *AMP-NSM*   ¹⁴Ἴδε: *2AAM-2S*   ¹⁵ἐμβάντα: *2AAP-ASM*   ¹⁸κατέφαγεν: *2AAI-3S*   ²⁰ἐξανέτειλεν:
AAI-3S   ²³ἀνατείλαντος: *AAP-GSM*   ²⁴ἐκαυματίσθη: *API-3S*   ²⁶ἐξηράνθη: *API-3S*   ²⁸συνέπνιξαν: *AAI-3P*

---

¹διαρπάζω, *[4] I plunder, rob thoroughly.*   ²ἁμάρτημα, ατος, τό, *[4] a fault, sin, evil deed.*   ³βλασφημία, ας,
ἡ, *[19] abusive or scurrilous language, blasphemy.*   ⁴βλασφημέω, *[35] I speak evil against, blaspheme, use
abusive or scurrilous language about (God or men).*   ⁵βλασφημέω, *[35] I speak evil against, blaspheme, use
abusive or scurrilous language about (God or men).*   ⁶ἄφεσις, εως, ἡ, *[17] a sending away, a letting go, a
release, pardon, complete forgiveness.*   ⁷ἔνοχος, ον, *[10] involved in, held in, hence: liable, generally with
dat. (or gen.) of the punishment.*   ⁸κρίσις, εως, ἡ, *[48] judging, judgment, decision, sentence; generally: divine
judgment; accusation.*   ⁹ἀκάθαρτος, ον, *[31] unclean, impure.*   ¹⁰φωνέω, *[42] I give forth a sound, hence:
(a) of a cock: I crow, (b) of men: I shout, (c) trans: I call (to myself), summon; I invite, address.*   ¹¹ἀδελφή, ῆς,
ἡ, *[25] a sister; a woman (fellow-)member of a church, a Christian woman.*   ¹²περιβλέπομαι, *[7] I look around
on, survey.*   ¹³κύκλος, ου, ὁ, *[8] a circle, ring.*   ¹⁴Ἴδε, *[35] See! Lo! Behold! Look!*   ¹⁵ἐμβαίνω, *[19] I step in; I
go onboard a ship, embark.*   ¹⁶διδαχή, ῆς, ἡ, *[30] teaching, doctrine, what is taught.*   ¹⁷πετεινόν, οῦ, τό, [14]
a bird, fowl.*   ¹⁸κατεσθίω, *[15] I eat up, eat till it is finished, devour, squander, annoy, injure.*   ¹⁹πετρώδης, ες,
[4] rocky, stony.*   ²⁰ἐξανατέλλω, *[2] I rise (spring) up out (of the ground).*   ²¹βάθος, ους, τό, [8] depth; deep
water; met: fullness, immensity; an extreme degree; profundities, deep-laid plans.*   ²²ἥλιος, ου, ὁ, [32] the sun,
sunlight.*   ²³ἀνατέλλω, *[9] I make to rise, I rise, shine (generally of the sun, and hence met.).*   ²⁴καυματίζω,
[4] I burn, scorch.*   ²⁵ρίζα, ης, ἡ, *[17] a root, shoot, source; that which comes from the root, a descendent.*
²⁶ξηραίνω, *[16] I dry up, parch, am ripened, wither, waste away.*   ²⁷ἄκανθα, ης, ἡ, *[14] a thorn-bush, prickly
plant; a thorn.*   ²⁸συμπνίγω, *[5] I choke utterly, as weeds do plants; I crowd upon.*

ἀναβαίνοντα καὶ αὐξάνοντα,¹ καὶ ἔφερεν ἐν τριάκοντα,² καὶ ἐν ἑξήκοντα,³ καὶ ἐν ἑκατόν.⁴ **9** Καὶ ἔλεγεν, Ὁ ἔχων ὦτα⁵ ἀκούειν ἀκουέτω.

10 Ὅτε δὲ ἐγένετο καταμόνας,⁶ ἠρώτησαν αὐτὸν οἱ περὶ αὐτὸν σὺν τοῖς δώδεκα τὴν παραβολήν. **11** Καὶ ἔλεγεν αὐτοῖς, Ὑμῖν δέδοται γνῶναι τὸ μυστήριον⁷ τῆς βασιλείας τοῦ θεοῦ· ἐκείνοις δὲ τοῖς ἔξω, ἐν παραβολαῖς τὰ πάντα γίνεται· **12** ἵνα βλέποντες βλέπωσιν, καὶ μὴ ἴδωσιν· καὶ ἀκούοντες ἀκούωσιν, καὶ μὴ συνιῶσιν·⁸ μήποτε⁹ ἐπιστρέψωσιν,¹⁰ καὶ ἀφεθῇ αὐτοῖς τὰ ἁμαρτήματα.¹¹ **13** Καὶ λέγει αὐτοῖς, Οὐκ οἴδατε τὴν παραβολὴν ταύτην; Καὶ πῶς πάσας τὰς παραβολὰς γνώσεσθε; **14** Ὁ σπείρων τὸν λόγον σπείρει. **15** Οὗτοι δέ εἰσιν οἱ παρὰ τὴν ὁδόν, ὅπου σπείρεται ὁ λόγος, καὶ ὅταν ἀκούσωσιν, εὐθέως ἔρχεται ὁ Σατανᾶς¹² καὶ αἴρει τὸν λόγον τὸν ἐσπαρμένον ἐν ταῖς καρδίαις αὐτῶν. **16** Καὶ οὗτοί εἰσιν ὁμοίως¹³ οἱ ἐπὶ τὰ πετρώδη¹⁴ σπειρόμενοι, οἵ, ὅταν ἀκούσωσιν τὸν λόγον, εὐθέως μετὰ χαρᾶς λαμβάνουσιν αὐτόν, **17** καὶ οὐκ ἔχουσιν ῥίζαν¹⁵ ἐν ἑαυτοῖς, ἀλλὰ πρόσκαιροί¹⁶ εἰσιν· εἶτα¹⁷ γενομένης θλίψεως¹⁸ ἢ διωγμοῦ¹⁹ διὰ τὸν λόγον, εὐθέως σκανδαλίζονται.²⁰ **18** Καὶ οὗτοί εἰσιν οἱ εἰς τὰς ἀκάνθας²¹ σπειρόμενοι, οἱ τὸν λόγον ἀκούοντες, **19** καὶ αἱ μέριμναι²² τοῦ αἰῶνος τούτου, καὶ ἡ ἀπάτη²³ τοῦ πλούτου,²⁴ καὶ αἱ περὶ τὰ λοιπὰ²⁵ ἐπιθυμίαι²⁶ εἰσπορευόμεναι²⁷ συμπνίγουσιν²⁸ τὸν λόγον, καὶ ἄκαρπος²⁹ γίνεται. **20** Καὶ οὗτοί εἰσιν οἱ ἐπὶ τὴν γῆν τὴν καλὴν σπαρέντες, οἵτινες ἀκούουσιν τὸν λόγον, καὶ παραδέχονται,³⁰ καὶ καρποφοροῦσιν,³¹ ἐν τριάκοντα,² καὶ ἐν ἑξήκοντα,³ καὶ ἐν ἑκατόν.⁴

21 Καὶ ἔλεγεν αὐτοῖς, Μήτι³² ὁ λύχνος³³ ἔρχεται ἵνα ὑπὸ τὸν μόδιον³⁴ τεθῇ ἢ ὑπὸ τὴν κλίνην;³⁵ Οὐχ ἵνα ἐπὶ τὴν λυχνίαν³⁶ ἐπιτεθῇ;³⁷ **22** Οὐ γάρ ἐστίν τι κρυπτόν,³⁸ ὃ

---

¹ αὐξάνοντα: PAP-ASM   ⁸ συνιῶσιν: PAS-3P   ¹⁰ ἐπιστρέψωσιν: AAS-3P   ²⁰ σκανδαλίζονται: PPI-3P   ²⁷ εἰσπορευόμεναι: PNP-NPF   ²⁸ συμπνίγουσιν: PAI-3P   ³⁰ παραδέχονται: PNI-3P   ³¹ καρποφοροῦσιν: PAI-3P   ³⁷ ἐπιτεθῇ: APS-3S

---

¹ αὐξάνω, [23] (a) I cause to increase, become greater (b) I increase, grow.   ² τριάκοντα, οἱ, αἱ, τά, [11] thirty.   ³ ἑξήκοντα, οἱ, αἱ, τά, [9] sixty.   ⁴ ἑκατόν, [17] one hundred.   ⁵ οὖς, ὠτός, τό, [37] (a) the ear, (b) met: the faculty of perception.   ⁶ καταμόνας, [2] along, apart, in private.   ⁷ μυστήριον, ου, τό, [27] a mystery, secret, of which initiation is necessary; in the NT: the counsels of God, once hidden but now revealed in the Gospel or some fact thereof; the Christian revelation generally; particular truths or details of the Christian revelation.   ⁸ συνίημι, [26] I consider, understand, perceive.   ⁹ μήποτε, [25] lest at any time, lest; then weakened: whether perhaps, whether at all; in a principal clause: perhaps.   ¹⁰ ἐπιστρέφω, [37] (a) trans: I turn (back) to (towards), (b) intrans: I turn (back) (to [towards]); I come to myself.   ¹¹ ἁμάρτημα, ατος, τό, [4] a fault, sin, evil deed.   ¹² Σατανᾶς, ᾶ, ὁ, [36] an adversary, Satan.   ¹³ ὁμοίως, [32] in like manner, similarly, in the same way, equally.   ¹⁴ πετρώδης, ες, [4] rocky, stony.   ¹⁵ ῥίζα, ης, ἡ, [17] a root, shoot, source; that which comes from the root, a descendent.   ¹⁶ πρόσκαιρος, ον, [4] for a season, temporary.   ¹⁷ εἶτα, [16] then, thereafter, next (marking a fresh stage); therefore, then, furthermore.   ¹⁸ θλῖψις, εως, ἡ, [45] persecution, affliction, distress, tribulation.   ¹⁹ διωγμός, οῦ, ὁ, [10] chase, pursuit; persecution.   ²⁰ σκανδαλίζω, [30] I cause to stumble, cause to sin, cause to become indignant, shock, offend.   ²¹ ἄκανθα, ης, ἡ, [14] a thorn-bush, prickly plant; a thorn.   ²² μέριμνα, ης, ἡ, [6] care, worry, anxiety.   ²³ ἀπάτη, ης, ἡ, [7] deceit, deception, deceitfulness, delusion.   ²⁴ πλοῦτος, ου, ὁ, [22] riches, wealth, abundance, materially or spiritually.   ²⁵ λοιπός, ή, όν, [42] left, left behind, the remainder, the rest, the others.   ²⁶ ἐπιθυμία, ας, ἡ, [38] desire, eagerness for, inordinate desire, lust.   ²⁷ εἰσπορεύομαι, [17] I journey in(to), I go in(to), enter, intervene.   ²⁸ συμπνίγω, [5] I choke utterly, as weeds do plants; I crowd upon.   ²⁹ ἄκαρπος, ον, [7] unfruitful, barren, profitless.   ³⁰ παραδέχομαι, [5] I receive, accept, acknowledge.   ³¹ καρποφορέω, [8] I bear fruit.   ³² μήτι, [16] if not, unless, whether at all.   ³³ λύχνος, ου, ὁ, [14] a lamp.   ³⁴ μόδιος, ου, ὁ, [3] a dry measure, nearly two English gallons.   ³⁵ κλίνη, ης, ἡ, [10] a couch, bed, portable bed or mat, a couch for reclining at meals, possibly also a bier.   ³⁶ λυχνία, ας, ἡ, [12] a lamp-stand.   ³⁷ ἐπιτίθημι, [41] I put, place upon, lay on; I add, give in addition.   ³⁸ κρυπτός, ή, όν, [19] hidden, secret; as subst: the hidden (secret) things (parts), the inward nature (character).

ἐὰν μὴ φανερωθῇ·[1] οὐδὲ ἐγένετο ἀπόκρυφον,[2] ἀλλ᾽ ἵνα εἰς φανερὸν[3] ἔλθῃ. 23 Εἴ τις ἔχει ὦτα[4] ἀκούειν ἀκουέτω. 24 Καὶ ἔλεγεν αὐτοῖς, Βλέπετε τί ἀκούετε. Ἐν ᾧ μέτρῳ[5] μετρεῖτε[6] μετρηθήσεται[7] ὑμῖν, καὶ προστεθήσεται[8] ὑμῖν τοῖς ἀκούουσιν. 25 Ὃς γὰρ ἂν ἔχῃ, δοθήσεται αὐτῷ· καὶ ὃς οὐκ ἔχει, καὶ ὃ ἔχει ἀρθήσεται ἀπ᾽ αὐτοῦ.

26 Καὶ ἔλεγεν, Οὕτως ἐστὶν ἡ βασιλεία τοῦ θεοῦ, ὡς ἐὰν ἄνθρωπος βάλῃ τὸν σπόρον[9] ἐπὶ τῆς γῆς, 27 καὶ καθεύδῃ[10] καὶ ἐγείρηται νύκτα καὶ ἡμέραν, καὶ ὁ σπόρος[9] βλαστάνῃ[11] καὶ μηκύνηται[12] ὡς οὐκ οἶδεν αὐτός. 28 Αὐτομάτη[13] γὰρ ἡ γῆ καρποφορεῖ,[14] πρῶτον χόρτον,[15] εἶτα[16] στάχυν,[17] εἶτα[16] πλήρη[18] σῖτον[19] ἐν τῷ στάχυϊ.[17] 29 Ὅταν δὲ παραδῷ ὁ καρπός, εὐθέως ἀποστέλλει τὸ δρέπανον,[20] ὅτι παρέστηκεν[21] ὁ θερισμός.[22]

30 Καὶ ἔλεγεν, Τίνι ὁμοιώσωμεν[23] τὴν βασιλείαν τοῦ θεοῦ; Ἢ ἐν ποίᾳ[24] παραβολῇ παραβάλωμεν[25] αὐτήν; 31 Ὡς κόκκον[26] σινάπεως,[27] ὅς, ὅταν σπαρῇ ἐπὶ τῆς γῆς, μικρότερος[28] πάντων τῶν σπερμάτων[29] ἐστὶν τῶν ἐπὶ τῆς γῆς· 32 καὶ ὅταν σπαρῇ, ἀναβαίνει, καὶ γίνεται πάντων τῶν λαχάνων[30] μείζων, καὶ ποιεῖ κλάδους[31] μεγάλους, ὥστε δύνασθαι ὑπὸ τὴν σκιὰν[32] αὐτοῦ τὰ πετεινὰ[33] τοῦ οὐρανοῦ κατασκηνοῦν.[34] 33 Καὶ τοιαύταις παραβολαῖς πολλαῖς ἐλάλει αὐτοῖς τὸν λόγον, καθὼς ἐδύναντο ἀκούειν· 34 χωρὶς[35] δὲ παραβολῆς οὐκ ἐλάλει αὐτοῖς· κατ᾽ ἰδίαν δὲ τοῖς μαθηταῖς αὐτοῦ ἐπέλυεν[36] πάντα.

Christ Stilling the Tempest

35 Καὶ λέγει αὐτοῖς ἐν ἐκείνῃ τῇ ἡμέρᾳ, ὀψίας[37] γενομένης, Διέλθωμεν[38] εἰς τὸ πέραν.[39] 36 Καὶ ἀφέντες τὸν ὄχλον, παραλαμβάνουσιν[40] αὐτὸν ὡς ἦν ἐν τῷ πλοίῳ.

---

[1]φανερωθῇ: APS-3S   [6]μετρεῖτε: PAI-2P   [7]μετρηθήσεται: FPI-3S   [8]προστεθήσεται: FPI-3S   [10]καθεύδῃ: PAS-3S [11]βλαστάνῃ: PAS-3S   [12]μηκύνηται: PPS-3S   [14]καρποφορεῖ: PAI-3S   [21]παρέστηκεν: RAI-3S   [23]ὁμοιώσωμεν: AAS-1P [25]παραβάλωμεν: 2AAS-1P   [34]κατασκηνοῦν: PAN   [36]ἐπέλυεν: IAI-3S   [38]Διέλθωμεν: 2AAS-1P   [40]παραλαμβάνουσιν: PAI-3P

---

[1]φανερόω, [49] I make clear (visible, manifest), make known.   [2]ἀπόκρυφος, ον, [3] hidden away, secret, stored up.   [3]φανερός, ά, όν, [20] apparent, clear, visible, manifest; adv: clearly.   [4]οὖς, ὠτός, τό, [37] (a) the ear, (b) met: the faculty of perception.   [5]μέτρον, ου, τό, [14] a measure, whether lineal or cubic; a measuring rod.   [6]μετρέω, [11] I measure (out), estimate.   [7]μετρέω, [11] I measure (out), estimate.   [8]προστίθημι, [18] I place (put) to, add; I do again.   [9]σπόρος, ου, ὁ, [5] seed for sowing.   [10]καθεύδω, [22] I sleep, am sleeping. [11]βλαστάνω, [4] intrans: I sprout; trans: I cause to sprout, make to grow up.   [12]μηκύνω, [1] I lengthen, extend, grow.   [13]αὐτόματος, η, ον, [2] of its own accord.   [14]καρποφορέω, [8] I bear fruit.   [15]χόρτος, ου, ὁ, [15] grass, herbage, growing grain, hay.   [16]εἶτα, [16] then, thereafter, next (marking a fresh stage); therefore, then, furthermore.   [17]στάχυς, υος, ὁ, [5] a head of grain.   [18]πλήρης, ες, [17] full, abounding in, complete, completely occupied with.   [19]σῖτος, ου, ὁ, [14] wheat, grain.   [20]δρέπανον, ου, τό, [8] a sickle, pruning-hook. [21]παρίστημι, [41] I bring, present, prove, come up to and stand by, am present.   [22]θερισμός, οῦ, ὁ, [13] reaping, harvest; met: the harvest, crop.   [23]ὁμοιόω, [15] I make like, liken; I compare.   [24]ποῖος, α, ον, [34] of what sort.   [25]παραβάλλω, [2] I compare, arrive, land.   [26]κόκκος, ου, ὁ, [7] a kernel, grain, seed.   [27]σίναπι, εως, ἡ, [5] mustard (probably the shrub, not the herb).   [28]μικρός, ά, όν, [45] little, small.   [29]σπέρμα, ατος, τό, [44] (a) seed, commonly of cereals, (b) offspring, descendents.   [30]λάχανον, ου, τό, [4] an herb, garden plant, vegetable. [31]κλάδος, ου, ὁ, [11] a young tender shoot, then: a branch; met: of descendants.   [32]σκιά, ᾶς, ἡ, [7] a shadow, shade, thick darkness, an outline.   [33]πετεινόν, οῦ, τό, [14] a bird, fowl.   [34]κατασκηνόω, [4] I encamp, take up my quarters, tabernacle, pitch my tent, dwell.   [35]χωρίς, [39] apart from, separately from; without.   [36]ἐπιλύω, [2] I loose, release; I solve, settle, explain, interpret, decide.   [37]ὄψιος, α, ον, [15] late, evening.   [38]διέρχομαι, [42] I pass through, spread (as a report).   [39]πέραν, [23] over, on the other side, beyond.   [40]παραλαμβάνω, [49] I take from, receive from, or: I take to, receive (apparently not used of money), admit, acknowledge; I take with me.

Καὶ ἄλλα δὲ πλοιάρια¹ ἦν μετ' αὐτοῦ. **37** Καὶ γίνεται λαῖλαψ² ἀνέμου³ μεγάλη· τὰ δὲ κύματα⁴ ἐπέβαλλεν⁵ εἰς τὸ πλοῖον, ὥστε αὐτὸ ἤδη γεμίζεσθαι.⁶ **38** Καὶ ἦν αὐτὸς ἐπὶ τῇ πρύμνῃ⁷ ἐπὶ τὸ προσκεφάλαιον⁸ καθεύδων·⁹ καὶ διεγείρουσιν¹⁰ αὐτόν, καὶ λέγουσιν αὐτῷ, Διδάσκαλε, οὐ μέλει¹¹ σοι ὅτι ἀπολλύμεθα; **39** Καὶ διεγερθεὶς¹² ἐπετίμησεν¹³ τῷ ἀνέμῳ,³ καὶ εἶπεν τῇ θαλάσσῃ, Σιώπα,¹⁴ πεφίμωσο.¹⁵ Καὶ ἐκόπασεν¹⁶ ὁ ἄνεμος,³ καὶ ἐγένετο γαλήνη¹⁷ μεγάλη. **40** Καὶ εἶπεν αὐτοῖς, Τί δειλοί¹⁸ ἐστε οὕτως; Πῶς οὐκ ἔχετε πίστιν; **41** Καὶ ἐφοβήθησαν φόβον¹⁹ μέγαν, καὶ ἔλεγον πρὸς ἀλλήλους, Τίς ἄρα²⁰ οὗτός ἐστιν, ὅτι καὶ ὁ ἄνεμος³ καὶ ἡ θάλασσα ὑπακούουσιν²¹ αὐτῷ;

The Healing of a Demon-Possessed Man

5 Καὶ ἦλθον εἰς τὸ πέραν²² τῆς θαλάσσης, εἰς τὴν χώραν²³ τῶν Γαδαρηνῶν.²⁴ **2** Καὶ ἐξελθόντι αὐτῷ ἐκ τοῦ πλοίου, εὐθέως ἀπήντησεν²⁵ αὐτῷ ἐκ τῶν μνημείων²⁶ ἄνθρωπος ἐν πνεύματι ἀκαθάρτῳ,²⁷ **3** ὃς τὴν κατοίκησιν²⁸ εἶχεν ἐν τοῖς μνήμασιν·²⁹ καὶ οὔτε ἁλύσεσιν³⁰ οὐδεὶς ἐδύνατο αὐτὸν δῆσαι,³¹ **4** διὰ τὸ αὐτὸν πολλάκις³² πέδαις³³ καὶ ἁλύσεσιν³⁰ δεδέσθαι,³⁴ καὶ διεσπᾶσθαι³⁵ ὑπ' αὐτοῦ τὰς ἁλύσεις,³⁰ καὶ τὰς πέδας³³ συντετρίφθαι·³⁶ καὶ οὐδεὶς αὐτὸν ἴσχυεν³⁷ δαμάσαι·³⁸ **5** καὶ διὰ παντός, νυκτὸς καὶ ἡμέρας, ἐν τοῖς ὄρεσιν καὶ ἐν τοῖς μνήμασιν²⁹ ἦν κράζων καὶ κατακόπτων³⁹ ἑαυτὸν λίθοις. **6** Ἰδὼν δὲ τὸν Ἰησοῦν ἀπὸ μακρόθεν,⁴⁰ ἔδραμεν⁴¹ καὶ προσεκύνησεν αὐτῷ, **7** καὶ κράξας φωνῇ μεγάλῃ εἶπεν, Τί ἐμοὶ καὶ σοί, Ἰησοῦ, υἱὲ τοῦ θεοῦ τοῦ ὑψίστου;⁴²

---

⁵ἐπέβαλλεν: IAI-3S   ⁶γεμίζεσθαι: PPN   ⁹καθεύδων: PAP-NSM   ¹⁰διεγείρουσιν: PAI-3P   ¹¹μέλει: PAI-3S   ¹²διεγερθεὶς: APP-NSM   ¹³ἐπετίμησεν: AAI-3S   ¹⁴Σιώπα: PAM-2S   ¹⁵πεφίμωσο: RPM-2S   ¹⁶ἐκόπασεν: AAI-3S   ²¹ὑπακούουσιν: PAI-3P   ²⁵ἀπήντησεν: AAI-3S   ³¹δῆσαι: AAN   ³⁴δεδέσθαι: RPN   ³⁵διεσπᾶσθαι: RPN   ³⁶συντετρίφθαι: RPN   ³⁷ἴσχυεν: IAI-3S   ³⁸δαμάσαι: AAN   ³⁹κατακόπτων: PAP-NSM   ⁴¹ἔδραμεν: 2AAI-3S

---

¹πλοιάριον, ου, τό, [6] (a little boat, hence) a boat.   ²λαῖλαψ, απος, ἡ, [3] a sudden storm, squall, whirlwind, hurricane.   ³ἄνεμος, ου, ὁ, [31] the wind; fig: applied to empty doctrines.   ⁴κῦμα, ατος, τό, [5] a wave, surge, billow.   ⁵ἐπιβάλλω, [18] (a) I throw upon, cast over, (b) I place upon, (c) I lay, (d) intrans: I strike upon, rush.   ⁶γεμίζω, [9] I fill, load.   ⁷πρύμνα, ης, ἡ, [3] the stern of a ship.   ⁸προσκεφάλαιον, ου, τό, [1] a pillow or cushion.   ⁹καθεύδω, [22] I sleep, am sleeping.   ¹⁰διεγείρω, [7] I wake out of sleep, arouse in general, stir up.   ¹¹μέλει, [9] it is a care, it is an object of anxiety, it concerns.   ¹²διεγείρω, [7] I wake out of sleep, arouse in general, stir up.   ¹³ἐπιτιμάω, [29] (a) I rebuke, chide, admonish, (b) I warn.   ¹⁴σιωπάω, [11] I keep silence, am silent, either voluntarily or involuntarily.   ¹⁵φιμόω, [8] I muzzle, silence.   ¹⁶κοπάζω, [3] I abate, cease raging, am stilled.   ¹⁷γαλήνη, ης, ἡ, [3] a calm.   ¹⁸δειλός, ή, όν, [3] cowardly, timid, fearful.   ¹⁹φόβος, ου, ὁ, [47] (a) fear, terror, alarm, (b) the object or cause of fear, (c) reverence, respect.   ²⁰ἆρα, [19] a particle asking a question, to which a negative answer is expected.   ²¹ὑπακούω, [21] I listen, hearken to, obey, answer.   ²²πέραν, [23] over, on the other side, beyond.   ²³χώρα, ας, ἡ, [27] (a) a country or region, (b) the land, as opposed to the sea, (c) the country, distinct from town, (d) plur: fields.   ²⁴Γαδαρηνός, ή, όν, [3] Gadarene, belonging to Gadara (an important Hellenized town, one of the Decapolis, and south-east of the Sea of Galilee).   ²⁵ἀπαντάω, [7] I go to meet, meet, encounter.   ²⁶μνημεῖον, ου, τό, [41] a tomb, sepulcher, monument.   ²⁷ἀκάθαρτος, ον, [31] unclean, impure.   ²⁸κατοίκησις, εως, ἡ, [1] a dwelling, abode, habitation.   ²⁹μνῆμα, ατος, τό, [8] a tomb, monument, memorial.   ³⁰ἅλυσις, εως, ἡ, [11] a (light) chain, bond.   ³¹δέω, [44] I bind, tie, fasten; I impel, compel; I declare to be prohibited and unlawful.   ³²πολλάκις, [18] many times, often, frequently.   ³³πέδη, ης, ἡ, [3] a shackle, fetter for the feet.   ³⁴δέω, [44] I bind, tie, fasten; I impel, compel; I declare to be prohibited and unlawful.   ³⁵διασπάω, [2] I tear apart, burst.   ³⁶συντρίβω, [8] I break by crushing, break in pieces, shatter, crush, bruise.   ³⁷ἰσχύω, [29] I have strength, am strong, am in full health and vigor, am able; meton: I prevail.   ³⁸δαμάζω, [4] I tame, subdue, involving obedience and restraint.   ³⁹κατακόπτω, [1] I cut up, cut in pieces, mangle, wound.   ⁴⁰μακρόθεν, [14] from a (long) distance, afar.   ⁴¹τρέχω, [20] I run, exercise myself, make progress.   ⁴²ὕψιστος, η, ον, [13] highest, most high, the heights.

Όρκίζω¹ σε τὸν θεόν, μή με βασανίσῃς.² **8** Ἔλεγεν γὰρ αὐτῷ, Ἔξελθε, τὸ πνεῦμα τὸ ἀκάθαρτον,³ ἐκ τοῦ ἀνθρώπου. **9** Καὶ ἐπηρώτα αὐτόν, Τί σοι ὄνομα; Καὶ ἀπεκρίθη, λέγων, Λεγεὼν⁴ ὄνομά μοι, ὅτι πολλοί ἐσμεν. **10** Καὶ παρεκάλει αὐτὸν πολλά, ἵνα μὴ αὐτοὺς ἀποστείλῃ ἔξω τῆς χώρας.⁵ **11** Ἦν δὲ ἐκεῖ πρὸς τῷ ὄρει ἀγέλη⁶ χοίρων⁷ μεγάλη βοσκομένη·⁸ **12** καὶ παρεκάλεσαν αὐτὸν πάντες οἱ δαίμονες,⁹ λέγοντες, Πέμψον ἡμᾶς εἰς τοὺς χοίρους,⁷ ἵνα εἰς αὐτοὺς εἰσέλθωμεν. **13** Καὶ ἐπέτρεψεν¹⁰ αὐτοῖς εὐθέως ὁ Ἰησοῦς. Καὶ ἐξελθόντα τὰ πνεύματα τὰ ἀκάθαρτα³ εἰσῆλθον εἰς τοὺς χοίρους·⁷ καὶ ὥρμησεν¹¹ ἡ ἀγέλη⁶ κατὰ τοῦ κρημνοῦ¹² εἰς τὴν θάλασσαν· ἦσαν δὲ ὡς δισχίλιοι·¹³ καὶ ἐπνίγοντο¹⁴ ἐν τῇ θαλάσσῃ. **14** Οἱ δὲ βόσκοντες¹⁵ τοὺς χοίρους⁷ ἔφυγον,¹⁶ καὶ ἀνήγγειλαν¹⁷ εἰς τὴν πόλιν καὶ εἰς τοὺς ἀγρούς.¹⁸ Καὶ ἐξῆλθον ἰδεῖν τί ἐστιν τὸ γεγονός· **15** καὶ ἔρχονται πρὸς τὸν Ἰησοῦν, καὶ θεωροῦσιν τὸν δαιμονιζόμενον¹⁹ καθήμενον καὶ ἱματισμένον²⁰ καὶ σωφρονοῦντα,²¹ τὸν ἐσχηκότα τὸν Λεγεῶνα·⁴ καὶ ἐφοβήθησαν. **16** Διηγήσαντο²² δὲ αὐτοῖς οἱ ἰδόντες πῶς ἐγένετο τῷ δαιμονιζομένῳ,²³ καὶ περὶ τῶν χοίρων.⁷ **17** Καὶ ἤρξαντο παρακαλεῖν αὐτὸν ἀπελθεῖν ἀπὸ τῶν ὁρίων²⁴ αὐτῶν. **18** Καὶ ἐμβάντος²⁵ αὐτοῦ εἰς τὸ πλοῖον, παρεκάλει αὐτὸν ὁ δαιμονισθείς,²⁶ ἵνα ᾖ μετ' αὐτοῦ. **19** Ὁ δὲ Ἰησοῦς οὐκ ἀφῆκεν αὐτόν, ἀλλὰ λέγει αὐτῷ, Ὕπαγε εἰς τὸν οἶκόν σου πρὸς τοὺς σούς,²⁷ καὶ ἀνάγγειλον²⁸ αὐτοῖς ὅσα σοι ὁ κύριος πεποίηκεν, καὶ ἠλέησέν²⁹ σε. **20** Καὶ ἀπῆλθεν καὶ ἤρξατο κηρύσσειν ἐν τῇ Δεκαπόλει³⁰ ὅσα ἐποίησεν αὐτῷ ὁ Ἰησοῦς· καὶ πάντες ἐθαύμαζον.³¹

---

¹Ὀρκίζω: *PAI-1S*   ²βασανίσῃς: *AAS-2S*   ⁸βοσκομένη: *PPP-NSF*   ¹⁰ἐπέτρεψεν: *AAI-3S*   ¹¹ὥρμησεν: *AAI-3S*   ¹⁴ἐπνίγοντο: *IPI-3P*   ¹⁵βόσκοντες: *PAP-NPM*   ¹⁶ἔφυγον: *2AAI-3P*   ¹⁷ἀνήγγειλαν: *AAI-3P*   ¹⁹δαιμονιζόμενον: *PNP-ASM*   ²⁰ἱματισμένον: *RPP-ASM*   ²¹σωφρονοῦντα: *PAP-ASM*   ²²Διηγήσαντο: *ADI-3P*   ²³δαιμονιζομένῳ: *PNP-DSM*   ²⁵ἐμβάντος: *2AAP-GSM*   ²⁶δαιμονισθείς: *AOP-NSM*   ²⁸ἀνάγγειλον: *AAM-2S*   ²⁹ἠλέησέν: *AAI-3S*   ³¹ἐθαύμαζον: *IAI-3P*

---

¹ὁρκίζω, *[3]* I adjure by, charge solemnly by.   ²βασανίζω, *[12]* I examine, as by torture; I torment; I buffet, as of waves.   ³ἀκάθαρτος, ον, *[31]* unclean, impure.   ⁴λεγεών, ῶνος, ἡ, *[4]* properly: a division of the Roman army, numbering about 6,000 infantry with additional cavalry; hence: a very large number; a legion.   ⁵χώρα, ας, ἡ, *[27]* (a) a country or region, (b) the land, as opposed to the sea, (c) the country, distinct from town, (d) plur: fields.   ⁶ἀγέλη, ης, ἡ, *[8]* a flock, herd.   ⁷χοῖρος, ου, ὁ, *[14]* a swine, hog, sow.   ⁸βόσκω, *[9]* I feed, pasture.   ⁹δαίμων, ονος, ὁ, *[4]* an evil-spirit, demon.   ¹⁰ἐπιτρέπω, *[19]* I turn to, commit, entrust; I allow, yield, permit.   ¹¹ὁρμάω, *[5]* I rush, hasten on.   ¹²κρημνός, οῦ, ὁ, *[3]* a crag, precipice, steep bank.   ¹³δισχίλιοι, αι, α, *[1]* two thousand.   ¹⁴πνίγω, *[2]* I choke, throttle, strangle; hence: I drown.   ¹⁵βόσκω, *[9]* I feed, pasture.   ¹⁶φεύγω, *[31]* I flee, escape, shun.   ¹⁷ἀναγγέλλω, *[18]* I bring back word, report; I announce, declare.   ¹⁸ἀγρός, οῦ, ὁ, *[35]* a field, especially as bearing a crop; the country, lands, property in land, a country estate.   ¹⁹δαιμονίζομαι, *[13]* I am possessed, am under the power of an evil-spirit or demon.   ²⁰ἱματίζω, *[2]* I clothe, provide clothing for; pass: I am clothed.   ²¹σωφρονέω, *[6]* I am of sound mind, am sober-minded, exercise self-control.   ²²διηγέομαι, *[8]* I relate in full, describe, narrate.   ²³δαιμονίζομαι, *[13]* I am possessed, am under the power of an evil-spirit or demon.   ²⁴ὅριον, ου, τό, *[11]* the boundaries of a place, hence: districts, territory.   ²⁵ἐμβαίνω, *[19]* I step in; I go onboard a ship, embark.   ²⁶δαιμονίζομαι, *[13]* I am possessed, am under the power of an evil-spirit or demon.   ²⁷σός, σή, σόν, *[27]* yours, thy, thine.   ²⁸ἀναγγέλλω, *[18]* I bring back word, report; I announce, declare.   ²⁹ἐλεέω, *[31]* I pity, have mercy on.   ³⁰Δεκάπολις, εως, ἡ, *[3]* Decapolis, meaning a group or district of ten cities (of the Greek type) in Palestine, mostly south-east of the Lake of Tiberias; the names and number vary in ancient authorities.   ³¹θαυμάζω, *[46]* (a) intrans: I wonder, marvel, (b) trans: I wonder at, admire.

Raising of the Daughter of Jairus

21 Καὶ διαπεράσαντος¹ τοῦ Ἰησοῦ ἐν τῷ πλοίῳ πάλιν εἰς τὸ πέραν,² συνήχθη ὄχλος πολὺς ἐπ' αὐτόν, καὶ ἦν παρὰ τὴν θάλασσαν. 22 Καὶ ἰδού, ἔρχεται εἷς τῶν ἀρχισυναγώγων,³ ὀνόματι Ἰάειρος, καὶ ἰδὼν αὐτόν, πίπτει πρὸς τοὺς πόδας αὐτοῦ, 23 καὶ παρεκάλει αὐτὸν πολλά, λέγων ὅτι Τὸ θυγάτριόν⁴ μου ἐσχάτως⁵ ἔχει· ἵνα ἐλθὼν ἐπιθῇς⁶ αὐτῇ τὰς χεῖρας, ὅπως σωθῇ καὶ ζήσεται. 24 Καὶ ἀπῆλθεν μετ' αὐτοῦ· καὶ ἠκολούθει αὐτῷ ὄχλος πολύς, καὶ συνέθλιβον⁷ αὐτόν.

25 Καὶ γυνή τις οὖσα ἐν ῥύσει⁸ αἵματος ἔτη⁹ δώδεκα, 26 καὶ πολλὰ παθοῦσα¹⁰ ὑπὸ πολλῶν ἰατρῶν,¹¹ καὶ δαπανήσασα¹² τὰ παρ' αὐτῆς πάντα, καὶ μηδὲν ὠφεληθεῖσα,¹³ ἀλλὰ μᾶλλον εἰς τὸ χεῖρον¹⁴ ἐλθοῦσα, 27 ἀκούσασα περὶ τοῦ Ἰησοῦ, ἐλθοῦσα ἐν τῷ ὄχλῳ ὄπισθεν,¹⁵ ἥψατο¹⁶ τοῦ ἱματίου αὐτοῦ· 28 ἔλεγεν γὰρ ὅτι Κἂν¹⁷ τῶν ἱματίων αὐτοῦ ἅψωμαι,¹⁸ σωθήσομαι. 29 Καὶ εὐθέως ἐξηράνθη¹⁹ ἡ πηγὴ²⁰ τοῦ αἵματος αὐτῆς, καὶ ἔγνω τῷ σώματι ὅτι ἴαται²¹ ἀπὸ τῆς μάστιγος.²² 30 Καὶ εὐθέως ὁ Ἰησοῦς ἐπιγνοὺς²³ ἐν ἑαυτῷ τὴν ἐξ αὐτοῦ δύναμιν ἐξελθοῦσαν, ἐπιστραφεὶς²⁴ ἐν τῷ ὄχλῳ, ἔλεγεν, Τίς μου ἥψατο²⁵ τῶν ἱματίων; 31 Καὶ ἔλεγον αὐτῷ οἱ μαθηταὶ αὐτοῦ, Βλέπεις τὸν ὄχλον συνθλίβοντά²⁶ σε, καὶ λέγεις, Τίς μου ἥψατο;²⁷ 32 Καὶ περιεβλέπετο²⁸ ἰδεῖν τὴν τοῦτο ποιήσασαν. 33 Ἡ δὲ γυνὴ φοβηθεῖσα καὶ τρέμουσα,²⁹ εἰδυῖα ὃ γέγονεν ἐπ' αὐτῇ, ἦλθεν καὶ προσέπεσεν³⁰ αὐτῷ, καὶ εἶπεν αὐτῷ πᾶσαν τὴν ἀλήθειαν. 34 Ὁ δὲ εἶπεν αὐτῇ, Θύγατερ,³¹ ἡ πίστις σου σέσωκέν σε· ὕπαγε εἰς εἰρήνην, καὶ ἴσθι ὑγιὴς³² ἀπὸ τῆς μάστιγός²² σου.

---

¹διαπεράσαντος: AAP-GSM   ⁶ἐπιθῇς: 2AAS-2S   ⁷συνέθλιβον: IAI-3P   ¹⁰παθοῦσα: 2AAP-NSF   ¹²δαπανήσασα: AAP-NSF   ¹³ὠφεληθεῖσα: APP-NSF   ¹⁶ἥψατο: ADI-3S   ¹⁸ἅψωμαι: AMS-1S   ¹⁹ἐξηράνθη: API-3S   ²¹ἴαται: RPI-3S   ²³ἐπιγνοὺς: 2AAP-NSM   ²⁴ἐπιστραφεὶς: 2APP-NSM   ²⁵ἥψατο: ADI-3S   ²⁶συνθλίβοντά: PAP-ASM   ²⁷ἥψατο: ADI-3S   ²⁸περιεβλέπετο: IMI-3S   ²⁹τρέμουσα: PAP-NSF   ³⁰προσέπεσεν: 2AAI-3S

---

¹διαπεράω, [6] I cross over, pass over.   ²πέραν, [23] over, on the other side, beyond.   ³ἀρχισυνάγωγος, ου, ὁ, [9] a leader of the synagogue, a leader connected with the synagogue: sometimes there was only one, and the name was in some cases merely honorary.   ⁴θυγάτριον, ου, τό, [2] a little (young) daughter.   ⁵ἐσχάτως, [1] extremely, utterly; to be at the extremity, to be "in extremis," to be at the last grasp.   ⁶ἐπιτίθημι, [41] I put, place upon, lay on; I add, give in addition.   ⁷συνθλίβω, [2] I press on all sides, crowd upon.   ⁸ῥύσις, εως, ἡ, [3] a flowing, an issue.   ⁹ἔτος, ους, τό, [49] a year.   ¹⁰πάσχω, [42] I am acted upon in a certain way, either good or bad; I experience ill treatment, suffer.   ¹¹ἰατρός, οῦ, ὁ, [7] a physician.   ¹²δαπανάω, [5] I spend, bear expense, waste, squander.   ¹³ὠφελέω, [15] I help, benefit, do good, am useful (to), profit.   ¹⁴χείρων, ον, [11] worse, more severe.   ¹⁵ὄπισθεν, [6] from behind, after.   ¹⁶ἅπτομαι, [36] prop: I fasten to; I lay hold of, touch, know carnally.   ¹⁷κἄν, [13] and if, even if, even, at least.   ¹⁸ἅπτομαι, [36] prop: I fasten to; I lay hold of, touch, know carnally.   ¹⁹ξηραίνω, [16] I dry up, parch, am ripened, wither, waste away.   ²⁰πηγή, ῆς, ἡ, [12] a fountain, spring, well, issue, flow.   ²¹ἰάομαι, [28] I heal, generally of the physical, sometimes of spiritual, disease.   ²²μάστιξ, ιγος, ἡ, [6] (a) a scourge, lash, of leathern thongs with pieces of metal sewn up in them, (b) met: severe pains (sufferings), disease.   ²³ἐπιγνώσκω, [42] I come to know by directing my attention to him or it, I perceive, discern, recognize; aor: I found out.   ²⁴ἐπιστρέφω, [37] (a) trans: I turn (back) to (towards), (b) intrans: I turn (back) (to [towards]); I come to myself.   ²⁵ἅπτομαι, [36] prop: I fasten to; I lay hold of, touch, know carnally.   ²⁶συνθλίβω, [2] I press on all sides, crowd upon.   ²⁷ἅπτομαι, [36] prop: I fasten to; I lay hold of, touch, know carnally.   ²⁸περιβλέπομαι, [7] I look around on, survey.   ²⁹τρέμω, [3] I tremble, am afraid.   ³⁰προσπίπτω, [8] (a) I fall down before, (b) I beat against, rush violently upon.   ³¹θυγάτηρ, τρός, ἡ, [29] a daughter; hence (Hebraistic?), of any female descendent, however far removed; even of one unrelated: my young lady.   ³²ὑγιής, ές, [14] (a) sound, healthy, pure, whole, (b) wholesome.

35 Ἔτι αὐτοῦ λαλοῦντος, ἔρχονται ἀπὸ τοῦ ἀρχισυναγώγου,¹ λέγοντες ὅτι Ἡ θυγάτηρ² σου ἀπέθανεν· τί ἔτι σκύλλεις³ τὸν διδάσκαλον; **36** Ὁ δὲ Ἰησοῦς εὐθέως ἀκούσας τὸν λόγον λαλούμενον λέγει τῷ ἀρχισυναγώγῳ,¹ Μὴ φοβοῦ, μόνον πίστευε. **37** Καὶ οὐκ ἀφῆκεν οὐδένα αὐτῷ συνακολουθῆσαι,⁴ εἰ μὴ Πέτρον καὶ Ἰάκωβον καὶ Ἰωάννην τὸν ἀδελφὸν Ἰακώβου. **38** Καὶ ἔρχεται εἰς τὸν οἶκον τοῦ ἀρχισυναγώγου,¹ καὶ θεωρεῖ θόρυβον,⁵ κλαίοντας⁶ καὶ ἀλαλάζοντας⁷ πολλά. **39** Καὶ εἰσελθὼν λέγει αὐτοῖς, Τί θορυβεῖσθε⁸ καὶ κλαίετε;⁹ Τὸ παιδίον οὐκ ἀπέθανεν, ἀλλὰ καθεύδει.¹⁰ **40** Καὶ κατεγέλων¹¹ αὐτοῦ. Ὁ δέ, ἐκβαλὼν πάντας, παραλαμβάνει¹² τὸν πατέρα τοῦ παιδίου καὶ τὴν μητέρα καὶ τοὺς μετ' αὐτοῦ, καὶ εἰσπορεύεται¹³ ὅπου ἦν τὸ παιδίον ἀνακείμενον.¹⁴ **41** Καὶ κρατήσας¹⁵ τῆς χειρὸς τοῦ παιδίου, λέγει αὐτῇ, Ταλιθά,¹⁶ κοῦμι·¹⁷ ὅ ἐστιν μεθερμηνευόμενον,¹⁸ Τὸ κοράσιον,¹⁹ σοὶ λέγω, ἔγειραι. **42** Καὶ εὐθέως ἀνέστη τὸ κοράσιον¹⁹ καὶ περιεπάτει, ἦν γὰρ ἐτῶν²⁰ δώδεκα· καὶ ἐξέστησαν²¹ ἐκστάσει²² μεγάλῃ. **43** Καὶ διεστείλατο²³ αὐτοῖς πολλὰ ἵνα μηδεὶς γνῷ τοῦτο· καὶ εἶπεν δοθῆναι αὐτῇ φαγεῖν.

Jesus at Nazareth

6 Καὶ ἐξῆλθεν ἐκεῖθεν,²⁴ καὶ ἦλθεν εἰς τὴν πατρίδα²⁵ αὐτοῦ· καὶ ἀκολουθοῦσιν αὐτῷ οἱ μαθηταὶ αὐτοῦ. **2** Καὶ γενομένου σαββάτου, ἤρξατο ἐν τῇ συναγωγῇ διδάσκειν· καὶ πολλοὶ ἀκούοντες ἐξεπλήσσοντο,²⁶ λέγοντες, Πόθεν²⁷ τούτῳ ταῦτα; Καὶ τίς ἡ σοφία ἡ δοθεῖσα αὐτῷ, καὶ δυνάμεις τοιαῦται διὰ τῶν χειρῶν αὐτοῦ γίνονται; **3** Οὐχ οὗτός ἐστιν ὁ τέκτων,²⁸ ὁ υἱὸς Μαρίας, ἀδελφὸς δὲ Ἰακώβου καὶ Ἰωσῆ καὶ Ἰούδα καὶ Σίμωνος; Καὶ οὐκ εἰσὶν αἱ ἀδελφαὶ²⁹ αὐτοῦ ὧδε πρὸς ἡμᾶς; Καὶ ἐσκανδαλίζοντο³⁰

---

³σκύλλεις: PAI-2S   ⁴συνακολουθῆσαι: AAN   ⁶κλαίοντας: PAP-APM   ⁷ἀλαλάζοντας: PAP-APM   ⁸θορυβεῖσθε: PPI-2P   ⁹κλαίετε: PAI-2P   ¹⁰καθεύδει: PAI-3S   ¹¹κατεγέλων: IAI-3P   ¹²παραλαμβάνει: PAI-3S   ¹³εἰσπορεύεται: PNI-3S   ¹⁴ἀνακείμενον: PNP-NSN   ¹⁵κρατήσας: AAP-NSM   ¹⁸μεθερμηνευόμενον: PPP-NSN   ²¹ἐξέστησαν: 2AAI-3P   ²³διεστείλατο: AMI-3S   ²⁶ἐξεπλήσσοντο: IPI-3P   ³⁰ἐσκανδαλίζοντο: IPI-3P

---

¹ἀρχισυνάγωγος, ου, ὁ, [9] a leader of the synagogue, a leader connected with the synagogue: sometimes there was only one, and the name was in some cases merely honorary.   ²θυγάτηρ, τρός, ἡ, [29] a daughter; hence (Hebraistic?), of any female descendent, however far removed; even of one unrelated: my young lady.   ³σκύλλω, [4] I flay, trouble, annoy, vex.   ⁴συνακολουθέω, [2] I accompany, follow together with.   ⁵θόρυβος, ου, ὁ, [7] (a) din, hubbub, confused noise, outcry, (b) riot, disturbance.   ⁶κλαίω, [40] I weep, weep for, mourn, lament.   ⁷ἀλαλάζω, [2] I cry aloud, raise a war-cry; a clanging or clashing cymbal.   ⁸θορυβέω, [4] I disturb greatly, terrify, strike with panic; mid: I show agitation of mind.   ⁹κλαίω, [40] I weep, weep for, mourn, lament.   ¹⁰καθεύδω, [22] I sleep, am sleeping.   ¹¹καταγελάω, [3] I laugh at, ridicule.   ¹²παραλαμβάνω, [49] I take from, receive from, or: I take to, receive (apparently not used of money), admit, acknowledge; I take with me.   ¹³εἰσπορεύομαι, [17] I journey in(to), I go in(to), enter, intervene.   ¹⁴ἀνάκειμαι, [15] I recline, especially at a dinner-table.   ¹⁵κρατέω, [47] I am strong, mighty, hence: I rule, am master, prevail; I obtain, take hold of; I hold, hold fast.   ¹⁶ταλιθά, [1] (Aramaic), girl, little girl.   ¹⁷κοῦμι, [1] (Aramaic) arise, stand up.   ¹⁸μεθερμηνεύω, [7] I translate (from one language into another), interpret.   ¹⁹κοράσιον, ου, τό, [8] a little girl, a young girl; a girl, maiden.   ²⁰ἔτος, ους, τό, [49] a year.   ²¹ἐξίστημι, [17] (lit: I remove from a standing position), (a) in trans. tenses: I astonish, amaze, (b) in intrans. tenses: I am astonished, amazed; I am out of my mind, am mad.   ²²ἔκστασις, εως, ἡ, [7] (properly: distraction or disturbance of mind caused by shock), bewilderment, amazement; a trance.   ²³διαστέλλομαι, [8] I give a commission (instructions), order; I admonish, prohibit.   ²⁴ἐκεῖθεν, [28] thence, from that place.   ²⁵πατρίς, ίδος, ἡ, [8] fatherland, one's native place.   ²⁶ἐκπλήσσω, [13] I strike with panic or shock; I amaze, astonish.   ²⁷πόθεν, [28] whence, from what place.   ²⁸τέκτων, ονος, ὁ, [2] a carpenter, an artisan.   ²⁹ἀδελφή, ῆς, ἡ, [25] a sister, a woman (fellow-)member of a church, a Christian woman.   ³⁰σκανδαλίζω, [30] I cause to stumble, cause to sin, cause to become indignant, shock, offend.

ἐν αὐτῷ. **4** Ἔλεγεν δὲ αὐτοῖς ὁ Ἰησοῦς ὅτι Οὐκ ἔστιν προφήτης ἄτιμος, *1* εἰ μὴ ἐν τῇ πατρίδι *2* αὐτοῦ, καὶ ἐν τοῖς συγγενέσιν *3* καὶ ἐν τῇ οἰκίᾳ αὐτοῦ. **5** Καὶ οὐκ ἠδύνατο ἐκεῖ οὐδεμίαν δύναμιν ποιῆσαι, εἰ μὴ ὀλίγοις *4* ἀρρώστοις *5* ἐπιθεὶς *6* τὰς χεῖρας, ἐθεράπευσεν. *7*

The Mission of the Twelve

6 Καὶ ἐθαύμαζεν *8* διὰ τὴν ἀπιστίαν *9* αὐτῶν. Καὶ περιῆγεν *10* τὰς κώμας *11* κύκλῳ *12* διδάσκων.

7 Καὶ προσκαλεῖται *13* τοὺς δώδεκα, καὶ ἤρξατο αὐτοὺς ἀποστέλλειν δύο δύο, καὶ ἐδίδου αὐτοῖς ἐξουσίαν τῶν πνευμάτων τῶν ἀκαθάρτων. *14* **8** Καὶ παρήγγειλεν *15* αὐτοῖς ἵνα μηδὲν αἴρωσιν εἰς ὁδόν, εἰ μὴ ῥάβδον *16* μόνον· μὴ πήραν, *17* μὴ ἄρτον, μὴ εἰς τὴν ζώνην *18* χαλκόν· *19* **9** ἀλλ᾽ ὑποδεδεμένους *20* σανδάλια· *21* καὶ μὴ ἐνδύσησθε *22* δύο χιτῶνας. *23* **10** Καὶ ἔλεγεν αὐτοῖς, Ὅπου ἐὰν εἰσέλθητε εἰς οἰκίαν, ἐκεῖ μένετε ἕως ἂν ἐξέλθητε ἐκεῖθεν. *24* **11** Καὶ ὅσοι ἂν μὴ δέξωνται ὑμᾶς, μηδὲ ἀκούσωσιν ὑμῶν, ἐκπορευόμενοι *25* ἐκεῖθεν, *24* ἐκτινάξατε *26* τὸν χοῦν *27* τὸν ὑποκάτω *28* τῶν ποδῶν ὑμῶν εἰς μαρτύριον *29* αὐτοῖς. Ἀμὴν λέγω ὑμῖν, ἀνεκτότερον *30* ἔσται Σοδόμοις *31* ἢ Γομόρροις *32* ἐν ἡμέρᾳ κρίσεως, *33* ἢ τῇ πόλει ἐκείνῃ. **12** Καὶ ἐξελθόντες ἐκήρυσσον ἵνα μετανοήσωσιν· *34* **13** καὶ δαιμόνια πολλὰ ἐξέβαλλον, καὶ ἤλειφον *35* ἐλαίῳ *36* πολλοὺς ἀρρώστους *5* καὶ ἐθεράπευον. *37*

---

6 ἐπιθείς: 2AAP-NSM   *7* ἐθεράπευσεν: AAI-3S   *8* ἐθαύμαζεν: IAI-3S   *10* περιῆγεν: IAI-3S   *13* προσκαλεῖται: PNI-3S   *15* παρήγγειλεν: AAI-3S   *20* ὑποδεδεμένους: RPP-APM   *22* ἐνδύσησθε: AMS-2P   *25* ἐκπορευόμενοι: PNP-NPM   *26* ἐκτινάξατε: AAM-2P   *34* μετανοήσωσιν: AAS-3P   *35* ἤλειφον: IAI-3P   *37* ἐθεράπευον: IAI-3P

---

1 ἄτιμος, ον, [4] without honor, despised.   *2* πατρίς, ίδος, ἡ, [8] fatherland, one's native place.   *3* συγγενής, ές, [12] akin to, related; subst: fellow countryman, kinsman.   *4* ὀλίγος, η, ον, [43] (a) especially in plur: few, (b) in sing: small; hence, of time: short, of degree: light, slight, little.   *5* ἄρρωστος, ον, [5] infirm, sick, ill, feeble, sickly.   *6* ἐπιτίθημι, [41] I put, place upon, lay on; I add, give in addition.   *7* θεραπεύω, [44] I care for, attend, serve, treat, especially of a physician; hence: I heal.   *8* θαυμάζω, [46] (a) intrans: I wonder, marvel, (b) trans: I wonder at, admire.   *9* ἀπιστία, ας, ἡ, [12] unbelief, unfaithfulness, distrust.   *10* περιάγω, [6] I lead or carry about (or around), go about, traverse.   *11* κώμη, ης, ἡ, [28] a village, country town.   *12* κύκλος, ου, ὁ, [8] a circle, ring.   *13* προσκαλέω, [31] I call to myself, summon.   *14* ἀκάθαρτος, ον, [31] unclean, impure.   *15* παραγγέλλω, [30] I notify, command, charge, entreat solemnly.   *16* ῥάβδος, ου, ἡ, [12] a rod, staff, staff of authority, scepter.   *17* πήρα, ας, ἡ, [6] a sack, wallet for carrying provisions.   *18* ζώνη, ῆς, ἡ, [8] a girdle, belt, waistband; because the purse was kept there, also: a purse.   *19* χαλκός, οῦ, ὁ, [5] copper, brass, money; a brazen musical instrument.   *20* ὑποδέω, [3] (lit: I bind under), mid: I put on my feet, pass: I am shod.   *21* σανδάλιον, ου, τό, [2] a sandal.   *22* ἐνδύω, [28] I put on, clothe (another).   *23* χιτών, ῶνος, ὁ, [11] a tunic, garment, undergarment.   *24* ἐκεῖθεν, [28] thence, from that place.   *25* ἐκπορεύομαι, [32] I depart from; I am voided, cast out; I proceed from, am spoken; I burst forth, flow out, am spread abroad.   *26* ἐκτινάσσω, [4] I shake off; mid: I shake off from myself.   *27* χοῦς, χοός, ὁ, [2] earth, soil, dust.   *28* ὑποκάτω, [9] underneath, below, under.   *29* μαρτύριον, ου, τό, [20] witness, evidence, testimony, proof.   *30* ἀνεκτός, ή, όν, [6] endurable, tolerable.   *31* Σόδομα, ων, τά, [10] Sodom.   *32* Γόμορρα, ας, ἡ, [5] Gomorrah, one of the destroyed cities on the Dead Sea.   *33* κρίσις, εως, ἡ, [48] judging, judgment, decision, sentence; generally: divine judgment; accusation.   *34* μετανοέω, [34] I repent, change my mind, change the inner man (particularly with reference to acceptance of the will of God), repent.   *35* ἀλείφω, [9] I anoint: festivally, in homage, medicinally, or in anointing the dead.   *36* ἔλαιον, ου, τό, [11] olive oil, oil.   *37* θεραπεύω, [44] I care for, attend, serve, treat, especially of a physician; hence: I heal.

Death of John the Baptist

14 Καὶ ἤκουσεν ὁ βασιλεὺς Ἡρῴδης, φανερὸν¹ γὰρ ἐγένετο τὸ ὄνομα αὐτοῦ, καὶ ἔλεγεν ὅτι Ἰωάννης ὁ βαπτίζων ἐκ νεκρῶν ἠγέρθη, καὶ διὰ τοῦτο ἐνεργοῦσιν² αἱ δυνάμεις ἐν αὐτῷ. 15 Ἄλλοι ἔλεγον ὅτι Ἡλίας ἐστίν· ἄλλοι δὲ ἔλεγον ὅτι Προφήτης ἐστίν, ὡς εἷς τῶν προφητῶν. 16 Ἀκούσας δὲ Ἡρῴδης εἶπεν ὅτι Ὃν ἐγὼ ἀπεκεφάλισα³ Ἰωάννην, οὗτός ἐστιν· αὐτὸς ἠγέρθη ἐκ νεκρῶν. 17 Αὐτὸς γὰρ ὁ Ἡρῴδης ἀποστείλας ἐκράτησεν⁴ τὸν Ἰωάννην, καὶ ἔδησεν⁵ αὐτὸν ἐν φυλακῇ,⁶ διὰ Ἡρῳδιάδα τὴν γυναῖκα Φιλίππου τοῦ ἀδελφοῦ αὐτοῦ, ὅτι αὐτὴν ἐγάμησεν.⁷ 18 Ἔλεγεν γὰρ ὁ Ἰωάννης τῷ Ἡρῴδῃ ὅτι Οὐκ ἔξεστίν⁸ σοι ἔχειν τὴν γυναῖκα τοῦ ἀδελφοῦ σου. 19 Ἡ δὲ Ἡρῳδιὰς ἐνεῖχεν⁹ αὐτῷ, καὶ ἤθελεν αὐτὸν ἀποκτεῖναι· καὶ οὐκ ἠδύνατο· 20 ὁ γὰρ Ἡρῴδης ἐφοβεῖτο τὸν Ἰωάννην, εἰδὼς αὐτὸν ἄνδρα δίκαιον καὶ ἅγιον, καὶ συνετήρει¹⁰ αὐτόν· καὶ ἀκούσας αὐτοῦ, πολλὰ ἐποίει, καὶ ἡδέως¹¹ αὐτοῦ ἤκουεν. 21 Καὶ γενομένης ἡμέρας εὐκαίρου,¹² ὅτε Ἡρῴδης τοῖς γενεσίοις¹³ αὐτοῦ δεῖπνον¹⁴ ἐποίει τοῖς μεγιστᾶσιν¹⁵ αὐτοῦ καὶ τοῖς χιλιάρχοις¹⁶ καὶ τοῖς πρώτοις τῆς Γαλιλαίας, 22 καὶ εἰσελθούσης τῆς θυγατρὸς¹⁷ αὐτῆς τῆς Ἡρῳδιάδος καὶ ὀρχησαμένης,¹⁸ καὶ ἀρεσάσης¹⁹ τῷ Ἡρῴδῃ καὶ τοῖς συνανακειμένοις,²⁰ εἶπεν ὁ βασιλεὺς τῷ κορασίῳ,²¹ Αἴτησόν με ὃ ἐὰν θέλῃς, καὶ δώσω σοί· 23 καὶ ὤμοσεν²² αὐτῇ ὅτι Ὃ ἐάν με αἰτήσῃς, δώσω σοί, ἕως ἡμίσους²³ τῆς βασιλείας μου. 24 Ἡ δὲ ἐξελθοῦσα εἶπεν τῇ μητρὶ αὐτῆς, Τί αἰτήσομαι; Ἡ δὲ εἶπεν, Τὴν κεφαλὴν Ἰωάννου τοῦ βαπτιστοῦ.²⁴ 25 Καὶ εἰσελθοῦσα εὐθέως μετὰ σπουδῆς²⁵ πρὸς τὸν βασιλέα, ᾐτήσατο, λέγουσα, Θέλω ἵνα μοι δῷς ἐξαυτῆς²⁶ ἐπὶ πίνακι²⁷ τὴν κεφαλὴν Ἰωάννου τοῦ βαπτιστοῦ.²⁴ 26 Καὶ περίλυπος²⁸ γενόμενος ὁ βασιλεύς, διὰ τοὺς ὅρκους²⁹ καὶ τοὺς συνανακειμένους³⁰ οὐκ ἠθέλησεν αὐτὴν ἀθετῆσαι.³¹ 27 Καὶ εὐθέως

---

²ἐνεργοῦσιν: PAI-3P   ³ἀπεκεφάλισα: AAI-1S   ⁴ἐκράτησεν: AAI-3S   ⁵ἔδησεν: AAI-3S   ⁷ἐγάμησεν: AAI-3S
⁸ἔξεστίν: PAI-3S   ⁹ἐνεῖχεν: IAI-3S   ¹⁰συνετήρει: IAI-3S   ¹⁸ὀρχησαμένης: ADP-GSF   ¹⁹ἀρεσάσης: AAP-GSF
²⁰συνανακειμένοις: PNP-DPM   ²²ὤμοσεν: AAI-3S   ³⁰συνανακειμένους: PNP-APM   ³¹ἀθετῆσαι: AAN

---

¹φανερός, ά, όν, [20] *apparent, clear, visible, manifest; adv: clearly.*   ²ἐνεργέω, [21] *I work, am operative, am at work, am made to work, accomplish; mid: I work, display activity.*   ³ἀποκεφαλίζω, [4] *I behead.*   ⁴κρατέω, [47] *I am strong, mighty, hence: I rule, am master, prevail; I obtain, take hold of; I hold, hold fast.*   ⁵δέω, [44] *I bind, tie, fasten; I impel, compel; I declare to be prohibited and unlawful.*   ⁶φυλακή, ῆς, ἡ, [47] *a watching, keeping guard; a guard, prison; imprisonment.*   ⁷γαμέω, [29] *I marry, used of either sex.*   ⁸ἔξεστιν, [31] *it is permitted, lawful, possible.*   ⁹ἐνέχω, [3] (a) *I have a grudge against, am angry (with),* (b) *pass. or mid: I am entangled, entangle myself.*   ¹⁰συντηρέω, [4] *I preserve, keep safe, keep in mind, keep close.*   ¹¹ἡδέως, [3] *gladly, pleasantly, with pleasure.*   ¹²εὔκαιρος, ον, [2] *opportune, timely, suitable; perhaps sometimes: holiday, festival.*   ¹³γενέσια, ίων, τά, [2] *a birthday celebration.*   ¹⁴δεῖπνον, ου, τό, [16] *a dinner, an afternoon or evening meal.*   ¹⁵μεγιστάν, ᾶνος, ὁ, [3] *a great one, a lord; a courtier, satrap, nobleman.*   ¹⁶χιλίαρχος, ου, ὁ, [21] *a commander of a thousand men, a military tribune.*   ¹⁷θυγάτηρ, τρός, ἡ, [29] *a daughter; hence (Hebraistic?), of any female descendent, however far removed; even of one unrelated: my young lady.*   ¹⁸ὀρχέομαι, [4] *I dance.*   ¹⁹ἀρέσκω, [17] *I please, with the idea of willing service rendered to others; hence almost: I serve.*   ²⁰συνανάκειμαι, [8] *I recline at table with.*   ²¹κοράσιον, ου, τό, [8] *a little girl, a young girl; a girl, maiden.*   ²²ὀμνύω, [27] *I swear, take an oath, promise with an oath.*   ²³ἥμισυς, εια, υ, [5] *half.*   ²⁴βαπτιστής, οῦ, ὁ, [14] *the baptizer, the Baptist, epithet used only of John, the son of Zechariah and Elizabeth, forerunner of Jesus.*   ²⁵σπουδή, ῆς, ἡ, [12] (a) *speed, haste,* (b) *diligence, earnestness, enthusiasm.*   ²⁶ἐξαυτῆς, [6] *immediately, instantly, at once.*   ²⁷πίναξ, ακος, ἡ, [5] *a plate, platter, disc, dish.*   ²⁸περίλυπος, ον, [5] *very sorrowful, greatly grieved.*   ²⁹ὅρκος, ου, ὁ, [10] *an oath.*   ³⁰συνανάκειμαι, [8] *I recline at table with.*   ³¹ἀθετέω, [16] *I annul, make of no effect, set aside, ignore, slight; I break faith with.*

ἀποστείλας ὁ βασιλεὺς σπεκουλάτορα¹ ἐπέταξεν² ἐνεχθῆναι τὴν κεφαλὴν αὐτοῦ.
28 Ὁ δὲ ἀπελθὼν ἀπεκεφάλισεν³ αὐτὸν ἐν τῇ φυλακῇ,⁴ καὶ ἤνεγκεν τὴν κεφαλὴν
αὐτοῦ ἐπὶ πίνακι,⁵ καὶ ἔδωκεν αὐτὴν τῷ κορασίῳ·⁶ καὶ τὸ κοράσιον⁶ ἔδωκεν αὐτὴν
τῇ μητρὶ αὐτῆς. 29 Καὶ ἀκούσαντες οἱ μαθηταὶ αὐτοῦ ἦλθον, καὶ ἦραν τὸ πτῶμα⁷
αὐτοῦ, καὶ ἔθηκαν αὐτὸ ἐν μνημείῳ.⁸

30 Καὶ συνάγονται οἱ ἀπόστολοι πρὸς τὸν Ἰησοῦν, καὶ ἀπήγγειλαν⁹ αὐτῷ πάντα,
καὶ ὅσα ἐποίησαν καὶ ὅσα ἐδίδαξαν. 31 Καὶ εἶπεν αὐτοῖς, Δεῦτε¹⁰ ὑμεῖς αὐτοὶ κατ᾽ ἰδίαν
εἰς ἔρημον τόπον, καὶ ἀναπαύεσθε¹¹ ὀλίγον.¹² Ἦσαν γὰρ οἱ ἐρχόμενοι καὶ οἱ ὑπάγοντες
πολλοί, καὶ οὐδὲ φαγεῖν εὐκαίρουν.¹³ 32 Καὶ ἀπῆλθον εἰς ἔρημον τόπον τῷ πλοίῳ κατ᾽
ἰδίαν.

The Feeding of the Five Thousand

33 Καὶ εἶδον αὐτοὺς ὑπάγοντας καὶ ἐπέγνωσαν¹⁴ αὐτὸν πολλοί, καὶ πεζῇ¹⁵ ἀπὸ πασῶν
τῶν πόλεων συνέδραμον¹⁶ ἐκεῖ, καὶ προῆλθον¹⁷ αὐτούς, καὶ συνῆλθον¹⁸ πρὸς αὐτόν.
34 Καὶ ἐξελθὼν εἶδεν ὁ Ἰησοῦς πολὺν ὄχλον, καὶ ἐσπλαγχνίσθη¹⁹ ἐπ᾽ αὐτοῖς, ὅτι ἦσαν ὡς
πρόβατα²⁰ μὴ ἔχοντα ποιμένα·²¹ καὶ ἤρξατο διδάσκειν αὐτοὺς πολλά. 35 Καὶ ἤδη ὥρας
πολλῆς γενομένης, προσελθόντες αὐτῷ οἱ μαθηταὶ αὐτοῦ λέγουσιν ὅτι Ἔρημός ἐστιν
ὁ τόπος, καὶ ἤδη ὥρα πολλή· 36 ἀπόλυσον αὐτούς, ἵνα ἀπελθόντες εἰς τοὺς κύκλῳ²²
ἀγροὺς²³ καὶ κώμας²⁴ ἀγοράσωσιν²⁵ ἑαυτοῖς ἄρτους. Τί γὰρ φάγωσιν οὐκ ἔχουσιν. 37 Ὁ
δὲ ἀποκριθεὶς εἶπεν αὐτοῖς, Δότε αὐτοῖς ὑμεῖς φαγεῖν. Καὶ λέγουσιν αὐτῷ, Ἀπελθόντες
ἀγοράσωμεν²⁶ δηναρίων²⁷ διακοσίων²⁸ ἄρτους, καὶ δῶμεν αὐτοῖς φαγεῖν; 38 Ὁ δὲ λέγει
αὐτοῖς, Πόσους²⁹ ἄρτους ἔχετε; Ὑπάγετε καὶ ἴδετε. Καὶ γνόντες λέγουσιν, Πέντε,³⁰ καὶ
δύο ἰχθύας.³¹ 39 Καὶ ἐπέταξεν³² αὐτοῖς ἀνακλῖναι³³ πάντας συμπόσια³⁴ συμπόσια³⁴ ἐπὶ

---

²ἐπέταξεν: AAI-3S ³ἀπεκεφάλισεν: AAI-3S ⁹ἀπήγγειλαν: AAI-3P ¹⁰Δεῦτε: PAM-2P ¹¹ἀναπαύεσθε: PMM-2P
¹³εὐκαίρουν: IAI-3P ¹⁴ἐπέγνωσαν: 2AAI-3P ¹⁶συνέδραμον: 2AAI-3P ¹⁷προῆλθον: 2AAI-3P ¹⁸συνῆλθον: 2AAI-3P
¹⁹ἐσπλαγχνίσθη: AOI-3S ²⁵ἀγοράσωσιν: AAS-3P ²⁶ἀγοράσωμεν: AAS-1P ³²ἐπέταξεν: AAI-3S ³³ἀνακλῖναι:
AAN

---

¹σπεκουλάτωρ, ορος, ὁ, [1] a body-guardsman; an executioner. ²ἐπιτάσσω, [10] I give order, command, charge.
³ἀποκεφαλίζω, [4] I behead. ⁴φυλακή, ῆς, ἡ, [47] a watching, keeping guard; a guard, prison; imprisonment.
⁵πίναξ, ακος, ἡ, [5] a plate, platter, disc, dish. ⁶κοράσιον, ου, τό, [8] a little girl, a young girl; a girl, maiden.
⁷πτῶμα, ατος, τό, [5] a fall; a carcass, corpse, dead body. ⁸μνημεῖον, ου, τό, [41] a tomb, sepulcher, monument.
⁹ἀπαγγέλλω, [44] I report (from one place to another), bring a report, announce, declare. ¹⁰δεῦτε, [13] come
hither, come, hither, an exclamatory word. ¹¹ἀναπαύω, [12] I make to rest, give rest to; mid. and pass: I rest,
take my ease. ¹²ὀλίγος, η, ον, [43] (a) especially in plur: few, (b) in sing: small; hence, of time: short, of degree:
light, slight, little. ¹³εὐκαιρέω, [3] I have a good (favorable) opportunity, have leisure; I devote my leisure
to. ¹⁴ἐπιγινώσκω, [42] I come to know by directing my attention to him or it, I perceive, discern, recognize;
aor: I found out. ¹⁵πεζῇ, [2] on foot, by land. ¹⁶συντρέχω, [3] I run (rush) together, run with. ¹⁷προέρχομαι,
[5] I go forward, go on, advance; I go before, precede. ¹⁸συνέρχομαι, [32] I come or go with, accompany; I
come together, assemble. ¹⁹σπλαγχνίζομαι, [12] I feel compassion, have pity on, am moved. ²⁰πρόβατον, ου,
τό, [41] a sheep. ²¹ποιμήν, ένος, ὁ, [18] a shepherd; hence met: of the feeder, protector, and ruler of a flock of
men. ²²κύκλος, ου, ὁ, [8] a circle, ring. ²³ἀγρός, οῦ, ὁ, [35] a field, especially as bearing a crop; the country,
lands, property in land, a country estate. ²⁴κώμη, ης, ἡ, [28] a village, country town. ²⁵ἀγοράζω, [31] I buy.
²⁶ἀγοράζω, [31] I buy. ²⁷δηνάριον, ου, τό, [16] a denarius, a small Roman silver coin. ²⁸διακόσιοι, αι, α, [8]
two hundred. ²⁹πόσος, η, ον, [27] how much, how great, how many. ³⁰πέντε, οἱ, αἱ, τά, [38] five. ³¹ἰχθύς,
ύος, ὁ, [20] a fish. ³²ἐπιτάσσω, [10] I give order, command, charge. ³³ἀνακλίνω, [8] I lay upon, lean against,
lay down, make to recline; pass: I lie back, recline. ³⁴συμπόσιον, ου, τό, [2] a drinking party, festive company.

τῷ χλωρῷ¹ χόρτῳ.² **40** Καὶ ἀνέπεσον³ πρασιαὶ⁴ πρασιαί,⁴ ἀνὰ⁵ ἑκατὸν⁶ καὶ ἀνὰ⁵ πεντήκοντα.⁷ **41** Καὶ λαβὼν τοὺς πέντε⁸ ἄρτους καὶ τοὺς δύο ἰχθύας,⁹ ἀναβλέψας¹⁰ εἰς τὸν οὐρανόν, εὐλόγησεν,¹¹ καὶ κατέκλασεν¹² τοὺς ἄρτους, καὶ ἐδίδου τοῖς μαθηταῖς αὐτοῦ ἵνα παραθῶσιν¹³ αὐτοῖς· καὶ τοὺς δύο ἰχθύας⁹ ἐμέρισεν¹⁴ πᾶσιν. **42** Καὶ ἔφαγον πάντες, καὶ ἐχορτάσθησαν·¹⁵ **43** καὶ ἦραν κλασμάτων¹⁶ δώδεκα κοφίνους¹⁷ πλήρεις,¹⁸ καὶ ἀπὸ τῶν ἰχθύων.⁹ **44** Καὶ ἦσαν οἱ φαγόντες τοὺς ἄρτους πεντακισχίλιοι¹⁹ ἄνδρες.

Christ Walking on the Sea and His Return to Galilee

45 Καὶ εὐθέως ἠνάγκασεν²⁰ τοὺς μαθητὰς αὐτοῦ ἐμβῆναι²¹ εἰς τὸ πλοῖον, καὶ προάγειν²² εἰς τὸ πέραν²³ πρὸς Βηθσαϊδάν,²⁴ ἕως αὐτὸς ἀπολύσῃ τὸν ὄχλον. **46** Καὶ ἀποταξάμενος²⁵ αὐτοῖς, ἀπῆλθεν εἰς τὸ ὄρος προσεύξασθαι. **47** Καὶ ὀψίας²⁶ γενομένης, ἦν τὸ πλοῖον ἐν μέσῳ τῆς θαλάσσης, καὶ αὐτὸς μόνος²⁷ ἐπὶ τῆς γῆς. **48** Καὶ εἶδεν αὐτοὺς βασανιζομένους²⁸ ἐν τῷ ἐλαύνειν,²⁹ ἦν γὰρ ὁ ἄνεμος³⁰ ἐναντίος³¹ αὐτοῖς, καὶ περὶ τετάρτην³² φυλακὴν³³ τῆς νυκτὸς ἔρχεται πρὸς αὐτούς, περιπατῶν ἐπὶ τῆς θαλάσσης· καὶ ἤθελεν παρελθεῖν³⁴ αὐτούς. **49** Οἱ δέ, ἰδόντες αὐτὸν περιπατοῦντα ἐπὶ τῆς θαλάσσης, ἔδοξαν φάντασμα³⁵ εἶναι, καὶ ἀνέκραξαν·³⁶ **50** πάντες γὰρ αὐτὸν εἶδον, καὶ ἐταράχθησαν.³⁷ Καὶ εὐθέως ἐλάλησεν μετ' αὐτῶν, καὶ λέγει αὐτοῖς, Θαρσεῖτε·³⁸ ἐγώ εἰμι, μὴ φοβεῖσθε. **51** Καὶ ἀνέβη πρὸς αὐτοὺς εἰς τὸ πλοῖον, καὶ ἐκόπασεν³⁹ ὁ

---

³ἀνέπεσον: 2AAI-3P   ¹⁰ἀναβλέψας: AAP-NSM   ¹¹εὐλόγησεν: AAI-3S   ¹²κατέκλασεν: AAI-3S   ¹³παραθῶσιν: 2AAS-3P   ¹⁴ἐμέρισεν: AAI-3S   ¹⁵ἐχορτάσθησαν: API-3P   ²⁰ἠνάγκασεν: AAI-3S   ²¹ἐμβῆναι: 2AAN   ²²προάγειν: PAN   ²⁵ἀποταξάμενος: AMP-NSM   ²⁸βασανιζομένους: PPP-APM   ²⁹ἐλαύνειν: PAN   ³⁴παρελθεῖν: 2AAN   ³⁶ἀνέκραξαν: AAI-3P   ³⁷ἐταράχθησαν: API-3P   ³⁸Θαρσεῖτε: PAM-2P   ³⁹ἐκόπασεν: AAI-3S

---

¹χλωρός, ά, όν, [4] green, pale green.   ²χόρτος, ου, ὁ, [15] grass, herbage, growing grain, hay.   ³ἀναπίπτω, [11] I lie down, recline (at a dinner-table), fall back upon (the breast of another person reclining at dinner).   ⁴πρασιά, ᾶς, ἡ, [2] a company formed into divisions (like garden-beds).   ⁵ἀνά, [15] prep. Rare in NT; prop: upwards, up; among, between; in turn; apiece, by; as a prefix: up, to, anew, back.   ⁶ἑκατόν, [17] one hundred.   ⁷πεντήκοντα, οἱ, αἱ, τά, [7] fifty.   ⁸πέντε, οἱ, αἱ, τά, [38] five.   ⁹ἰχθύς, ύος, ὁ, [20] a fish.   ¹⁰ἀναβλέπω, [26] I look up, recover my sight.   ¹¹εὐλογέω, [43] (lit: I speak well of) I bless; pass: I am blessed.   ¹²κατακλάω, [2] I break in pieces, break up.   ¹³παρατίθημι, [19] (a) I set (especially a meal) before, serve, (b) act. and mid: I deposit with, entrust to, (c) I bring forward, quote as evidence.   ¹⁴μερίζω, [14] I divide into parts, divide, part, share, distribute; mid: I share, take part in a partitioning; I distract.   ¹⁵χορτάζω, [15] I feed, satisfy, fatten.   ¹⁶κλάσμα, ατος, τό, [9] a fragment, broken piece.   ¹⁷κόφινος, ου, ὁ, [6] a large basket.   ¹⁸πλήρης, ες, [17] full, abounding in, complete, completely occupied with.   ¹⁹πεντακισχίλιοι, αι, α, [6] five thousand.   ²⁰ἀναγκάζω, [9] I force, compel, constrain, urge.   ²¹ἐμβαίνω, [19] I step in; I go onboard a ship, embark.   ²²προάγω, [18] (a) trans: I lead forth; in the judicial sense, into court, (b) intrans. and trans: I precede, go before, (c) intrans: I go too far.   ²³πέραν, [23] over, on the other side, beyond.   ²⁴Βηθσαϊδά, ἡ, [7] Bethsaida, (a) a city of Galilee, (b) a city east of the Jordan.   ²⁵ἀποτάσσομαι, [6] I withdraw from, take leave of, renounce, send away.   ²⁶ὄψιος, α, ον, [15] late, evening.   ²⁷μόνος, η, ον, [45] only, solitary, desolate.   ²⁸βασανίζω, [12] I examine, as by torture; I torment; I buffet, as of waves.   ²⁹ἐλαύνω, [5] (a) trans: I drive (on), propel, (b) intrans: I row.   ³⁰ἄνεμος, ου, ὁ, [31] the wind; fig: applied to empty doctrines.   ³¹ἐναντίος, α, ον, [8] opposite, opposed, contrary; the adversary.   ³²τέταρτος, η, ον, [10] fourth.   ³³φυλακή, ῆς, ἡ, [47] a watching, keeping guard; a guard, prison; imprisonment.   ³⁴παρέρχομαι, [29] I pass by, pass away, pass out of sight; I am rendered void, become vain, neglect, disregard.   ³⁵φάντασμα, ατος, τό, [2] an apparition, ghost, spirit, phantom.   ³⁶ἀνακράζω, [5] I shout aloud, cry out.   ³⁷ταράσσω, [17] I disturb, agitate, stir up, trouble.   ³⁸θαρσέω, [8] I am of good courage, good cheer, am bold.   ³⁹κοπάζω, [3] I abate, cease raging, am stilled.

ἄνεμος·¹ καὶ λίαν² ἐκπερισσοῦ³ ἐν ἑαυτοῖς ἐξίσταντο,⁴ καὶ ἐθαύμαζον.⁵ 52 Οὐ γὰρ συνῆκαν⁶ ἐπὶ τοῖς ἄρτοις· ἦν γὰρ αὐτῶν ἡ καρδία πεπωρωμένη.⁷

53 Καὶ διαπεράσαντες⁸ ἦλθον ἐπὶ τὴν γῆν Γεννησαρέτ,⁹ καὶ προσωρμίσθησαν.¹⁰ 54 Καὶ ἐξελθόντων αὐτῶν ἐκ τοῦ πλοίου, εὐθέως ἐπιγνόντες¹¹ αὐτόν, 55 περιδραμόντες¹² ὅλην τὴν περίχωρον¹³ ἐκείνην, ἤρξαντο ἐπὶ τοῖς κραββάτοις¹⁴ τοὺς κακῶς¹⁵ ἔχοντας περιφέρειν,¹⁶ ὅπου ἤκουον ὅτι ἐκεῖ ἐστιν. 56 Καὶ ὅπου ἂν εἰσεπορεύετο¹⁷ εἰς κώμας¹⁸ ἢ πόλεις ἢ ἀγρούς,¹⁹ ἐν ταῖς ἀγοραῖς²⁰ ἐτίθουν τοὺς ἀσθενοῦντας,²¹ καὶ παρεκάλουν αὐτὸν ἵνα κἂν²² τοῦ κρασπέδου²³ τοῦ ἱματίου αὐτοῦ ἅψωνται·²⁴ καὶ ὅσοι ἂν ἥπτοντο²⁵ αὐτοῦ ἐσῴζοντο.

Concerning Ceremonial Washings

7 Καὶ συνάγονται πρὸς αὐτὸν οἱ Φαρισαῖοι, καί τινες τῶν γραμματέων, ἐλθόντες ἀπὸ Ἱεροσολύμων· 2 καὶ ἰδόντες τινὰς τῶν μαθητῶν αὐτοῦ κοιναῖς²⁶ χερσίν, τοῦτ' ἔστιν ἀνίπτοις,²⁷ ἐσθίοντας ἄρτους ἐμέμψαντο.²⁸ 3 Οἱ γὰρ Φαρισαῖοι καὶ πάντες οἱ Ἰουδαῖοι, ἐὰν μὴ πυγμῇ²⁹ νίψωνται³⁰ τὰς χεῖρας, οὐκ ἐσθίουσιν, κρατοῦντες³¹ τὴν παράδοσιν³² τῶν πρεσβυτέρων· 4 καὶ ἀπὸ ἀγορᾶς,²⁰ ἐὰν μὴ βαπτίσωνται, οὐκ ἐσθίουσιν· καὶ ἄλλα πολλά ἐστιν ἃ παρέλαβον³³ κρατεῖν,³⁴ βαπτισμοὺς³⁵ ποτηρίων³⁶

---

⁴ἐξίσταντο: IMI-3P   ⁵ἐθαύμαζον: IAI-3P   ⁶συνῆκαν: AAI-3P   ⁷πεπωρωμένη: RPP-NSF   ⁸διαπεράσαντες: AAP-NPM   ¹⁰προσωρμίσθησαν: API-3P   ¹¹ἐπιγνόντες: 2AAP-NPM   ¹²περιδραμόντες: 2AAP-NPM   ¹⁶περιφέρειν: PAN   ¹⁷εἰσεπορεύετο: INI-3S   ²¹ἀσθενοῦντας: PAP-APM   ²⁴ἅψωνται: AMS-3P   ²⁵ἥπτοντο: INI-3P   ²⁸ἐμέμψαντο: ADI-3P   ³⁰νίψωνται: AMS-3P   ³¹κρατοῦντες: PAP-NPM   ³³παρέλαβον: 2AAI-3P   ³⁴κρατεῖν: PAN

---

¹ἄνεμος, ου, ὁ, [31] the wind; fig: applied to empty doctrines.   ²λίαν, [14] very; very much, exceedingly, greatly.   ³περισσός, ή, όν, [26] more, greater, excessive, abundant, exceedingly, vehemently; noun: preeminence, advantage.   ⁴ἐξίστημι, [17] (lit: I remove from a standing position), (a) in trans. tenses: I astonish, amaze, (b) in intrans. tenses: I am astonished, amazed; I am out of my mind, am mad.   ⁵θαυμάζω, [46] (a) intrans: I wonder, marvel, (b) trans: I wonder at, admire.   ⁶συνίημι, [26] I consider, understand, perceive.   ⁷πωρόω, [5] I harden, render callous, petrify.   ⁸διαπεράω, [6] I cross over, pass over.   ⁹Γεννησαρέτ, ή, [3] Gennesaret, a fertile district by the lake of Tiberias, which was in consequence sometimes called the Lake of Gennesaret.   ¹⁰προσορμίζω, [1] I anchor at a place.   ¹¹ἐπιγινώσκω, [42] I come to know by directing my attention to him or it, I perceive, discern, recognize; aor: I found out.   ¹²περιτρέχω, [1] I run around.   ¹³περίχωρος, ον, [10] neighboring; subst: the neighboring country, neighboring inhabitants.   ¹⁴κράββατος, ου, ὁ, [12] a bed, mattress, mat of a poor man.   ¹⁵κακῶς, [16] badly, evilly, wrongly.   ¹⁶περιφέρω, [3] I carry around; pass: I am driven to and fro.   ¹⁷εἰσπορεύομαι, [17] I journey in(to), I go in(to), enter, intervene.   ¹⁸κώμη, ης, ἡ, [28] a village, country town.   ¹⁹ἀγρός, οῦ, ὁ, [35] a field, especially as bearing a crop; the country, lands, property in land, a country estate.   ²⁰ἀγορά, ᾶς, ἡ, [11] market-place, forum, public place of assembly.   ²¹ἀσθενέω, [36] I am weak (physically: then morally), I am sick.   ²²κἄν, [13] and if, even if, even, at least.   ²³κράσπεδον, ου, τό, [5] the fringe, edge, corner, tassel.   ²⁴ἅπτομαι, [36] prop: I fasten to; I lay hold of, touch, know carnally.   ²⁵ἅπτομαι, [36] prop: I fasten to; I lay hold of, touch, know carnally.   ²⁶κοινός, ή, όν, [13] (a) common, shared, (b) Hebraistic use: profane; dirty, unclean, unwashed.   ²⁷ἄνιπτος, ον, [3] unwashed, ceremonially unclean.   ²⁸μέμφομαι, [3] I blame, censure, find fault.   ²⁹πυγμή, ῆς, ἡ, [1] the fist.   ³⁰νίπτω, [17] I wash; mid. I wash my own (hands, etc.).   ³¹κρατέω, [47] I am strong, mighty, hence: I rule, am master, prevail; I obtain, take hold of; I hold, hold fast.   ³²παράδοσις, εως, ἡ, [13] an instruction, tradition.   ³³παραλαμβάνω, [49] I take from, receive from, or: I take to, receive (apparently not used of money), admit, acknowledge; I take with me.   ³⁴κρατέω, [47] I am strong, mighty, hence: I rule, am master, prevail; I obtain, take hold of; I hold, hold fast.   ³⁵βαπτισμός, οῦ, ὁ, [4] dipping, washing (of a ceremonial character).   ³⁶ποτήριον, ου, τό, [33] a drinking cup, the contents of the cup; fig: the portion which God allots.

καὶ ξεστῶν¹ καὶ χαλκίων² καὶ κλινῶν.³ 5 Ἔπειτα⁴ ἐπερωτῶσιν αὐτὸν οἱ Φαρισαῖοι καὶ οἱ γραμματεῖς, Διὰ τί οἱ μαθηταί σου οὐ περιπατοῦσιν κατὰ τὴν παράδοσιν⁵ τῶν πρεσβυτέρων, ἀλλὰ ἀνίπτοις⁶ χερσὶν ἐσθίουσιν τὸν ἄρτον; 6 Ὁ δὲ ἀποκριθεὶς εἶπεν αὐτοῖς ὅτι Καλῶς⁷ προεφήτευσεν⁸ Ἡσαΐας περὶ ὑμῶν τῶν ὑποκριτῶν,⁹ ὡς γέγραπται, Οὗτος ὁ λαὸς τοῖς χείλεσίν¹⁰ με τιμᾷ,¹¹ ἡ δὲ καρδία αὐτῶν πόρρω¹² ἀπέχει¹³ ἀπ’ ἐμοῦ. 7 Μάτην¹⁴ δὲ σέβονταί¹⁵ με, διδάσκοντες διδασκαλίας¹⁶ ἐντάλματα¹⁷ ἀνθρώπων. 8 Ἀφέντες γὰρ τὴν ἐντολὴν τοῦ θεοῦ, κρατεῖτε¹⁸ τὴν παράδοσιν⁵ τῶν ἀνθρώπων, βαπτισμοὺς¹⁹ ξεστῶν¹ καὶ ποτηρίων·²⁰ καὶ ἄλλα παρόμοια²¹ τοιαῦτα πολλὰ ποιεῖτε. 9 Καὶ ἔλεγεν αὐτοῖς, Καλῶς⁷ ἀθετεῖτε²² τὴν ἐντολὴν τοῦ θεοῦ, ἵνα τὴν παράδοσιν⁵ ὑμῶν τηρήσητε. 10 Μωσῆς γὰρ εἶπεν, Τίμα²³ τὸν πατέρα σου καὶ τὴν μητέρα σου· καί, Ὁ κακολογῶν²⁴ πατέρα ἢ μητέρα θανάτῳ τελευτάτω·²⁵ 11 ὑμεῖς δὲ λέγετε, Ἐὰν εἴπῃ ἄνθρωπος τῷ πατρὶ ἢ τῇ μητρί, Κορβᾶν,²⁶ ὅ ἐστιν, δῶρον,²⁷ ὃ ἐὰν ἐξ ἐμοῦ ὠφεληθῇς·²⁸ 12 καὶ οὐκέτι²⁹ ἀφίετε αὐτὸν οὐδὲν ποιῆσαι τῷ πατρὶ αὐτοῦ ἢ τῇ μητρὶ αὐτοῦ, 13 ἀκυροῦντες³⁰ τὸν λόγον τοῦ θεοῦ τῇ παραδόσει⁵ ὑμῶν ᾗ παρεδώκατε· καὶ παρόμοια²¹ τοιαῦτα πολλὰ ποιεῖτε.

Christ's Denunciation of the Pharisees

14 Καὶ προσκαλεσάμενος³¹ πάντα τὸν ὄχλον, ἔλεγεν αὐτοῖς, Ἀκούετέ μου πάντες, καὶ συνίετε.³² 15 Οὐδέν ἐστιν ἔξωθεν³³ τοῦ ἀνθρώπου εἰσπορευόμενον³⁴ εἰς αὐτόν, ὃ δύναται αὐτὸν κοινῶσαι·³⁵ ἀλλὰ τὰ ἐκπορευόμενα³⁶ ἀπ’ αὐτοῦ, ἐκεῖνά ἐστιν τὰ κοινοῦντα³⁷ τὸν ἄνθρωπον. 16 Εἴ τις ἔχει ὦτα³⁸ ἀκούειν ἀκουέτω. 17 Καὶ ὅτε

---

⁸προεφήτευσεν: AAI-3S ¹¹τιμᾷ: PAI-3S ¹³ἀπέχει: PAI-3S ¹⁵σέβονταί: PNI-3P ¹⁸κρατεῖτε: PAI-2P ²²ἀθετεῖτε: PAI-2P ²³Τίμα: PAM-2S ²⁴κακολογῶν: PAP-NSM ²⁵τελευτάτω: PAM-3S ²⁸ὠφεληθῇς: APS-2S ³⁰ἀκυροῦντες: PAP-NPM ³¹προσκαλεσάμενος: ADP-NSM ³²συνίετε: PAM-2P ³⁴εἰσπορευόμενον: PNP-NSN ³⁵κοινῶσαι: AAN ³⁶ἐκπορευόμενα: PNP-NPN ³⁷κοινοῦντα: PAP-NPN

---

¹ξέστης, ου, ὁ, [2] a Roman measure, a pitcher or cup of any size. ²χαλκίον, ου, τό, [1] a bronze vessel, brazen utensil. ³κλίνη, ης, ἡ, [10] a couch, bed, portable bed or mat, a couch for reclining at meals, possibly also a bier. ⁴ἔπειτα, [16] then, thereafter, afterwards. ⁵παράδοσις, εως, ἡ, [13] an instruction, tradition. ⁶ἄνιπτος, ον, [3] unwashed, ceremonially unclean. ⁷καλῶς, [36] well, nobly, honorably, rightly. ⁸προφητεύω, [28] I foretell, prophesy; I set forth matter of divine teaching by special faculty. ⁹ὑποκριτής, οῦ, ὁ, [20] (lit: a stage-player), a hypocrite, dissembler, pretender. ¹⁰χεῖλος, ους, τό, [7] a lip, mouth, shore, edge, brink; meton: language, dialect. ¹¹τιμάω, [21] (a) I value at a price, estimate, (b) I honor, reverence. ¹²πόρρω, [4] far, far off, at a distance. ¹³ἀπέχω, [18] I have in full, am far, it is enough. ¹⁴μάτην, [2] in vain, in an unreal way, to no purpose. ¹⁵σέβομαι, [10] I reverence, worship, adore. ¹⁶διδασκαλία, ας, ἡ, [21] instruction, teaching. ¹⁷ἔνταλμα, ατος, τό, [3] an injunction, ordinance, precept. ¹⁸κρατέω, [47] I am strong, mighty, hence: I rule, am master, prevail; I obtain, take hold of; I hold, hold fast. ¹⁹βαπτισμός, οῦ, ὁ, [4] dipping, washing (of a ceremonial character). ²⁰ποτήριον, ου, τό, [33] a drinking cup, the contents of the cup; fig: the portion which God allots. ²¹παρόμοιος, α, ον, [2] like, similar. ²²ἀθετέω, [16] I annul, make of no effect, set aside, ignore, slight; I break faith with. ²³τιμάω, [21] (a) I value at a price, estimate, (b) I honor, reverence. ²⁴κακολογέω, [4] I speak evil of, curse, revile, abuse. ²⁵τελευτάω, [12] I end, finish, die, complete. ²⁶κορβᾶν, [2] a gift, offering, anything consecrated to God. ²⁷δῶρον, ου, τό, [19] a gift, present. ²⁸ὠφελέω, [15] I help, benefit, do good, am useful (to), profit. ²⁹οὐκέτι, [48] no longer, no more. ³⁰ἀκυρόω, [3] I annul, make of no effect, cancel. ³¹προσκαλέω, [31] I call to myself, summon. ³²συνίημι, [26] I consider, understand, perceive. ³³ἔξωθεν, [13] (a) from outside, from without, (b) outside, both as adj. and prep; with article: the outside. ³⁴εἰσπορεύομαι, [17] I journey in(to), I go in(to), enter, intervene. ³⁵κοινόω, [14] I make unclean, pollute, desecrate, mid: I regard (treat) as unclean. ³⁶ἐκπορεύομαι, [32] I depart from; I am voided, cast out; I proceed from, am spoken; I burst forth, flow out, am spread abroad. ³⁷κοινόω, [14] I make unclean, pollute, desecrate, mid: I regard (treat) as unclean. ³⁸οὖς, ὠτός, τό, [37] (a) the ear, (b) met: the faculty of perception.

εἰσῆλθεν εἰς οἶκον ἀπὸ τοῦ ὄχλου, ἐπηρώτων αὐτὸν οἱ μαθηταὶ αὐτοῦ περὶ τῆς παραβολῆς. **18** Καὶ λέγει αὐτοῖς, Οὕτως καὶ ὑμεῖς ἀσύνετοί¹ ἐστε; Οὐ νοεῖτε² ὅτι πᾶν τὸ ἔξωθεν³ εἰσπορευόμενον⁴ εἰς τὸν ἄνθρωπον οὐ δύναται αὐτὸν κοινῶσαι,⁵ **19** ὅτι οὐκ εἰσπορεύεται⁶ αὐτοῦ εἰς τὴν καρδίαν, ἀλλ᾽ εἰς τὴν κοιλίαν·⁷ καὶ εἰς τὸν ἀφεδρῶνα⁸ ἐκπορεύεται,⁹ καθαρίζον¹⁰ πάντα τὰ βρώματα.¹¹ **20** Ἔλεγεν δὲ ὅτι Τὸ ἐκ τοῦ ἀνθρώπου ἐκπορευόμενον,¹² ἐκεῖνο κοινοῖ¹³ τὸν ἄνθρωπον. **21** Ἔσωθεν¹⁴ γάρ, ἐκ τῆς καρδίας τῶν ἀνθρώπων οἱ διαλογισμοὶ¹⁵ οἱ κακοὶ ἐκπορεύονται,¹⁶ μοιχεῖαι,¹⁷ πορνεῖαι,¹⁸ φόνοι,¹⁹ **22** κλοπαί,²⁰ πλεονεξίαι,²¹ πονηρίαι,²² δόλος,²³ ἀσέλγεια,²⁴ ὀφθαλμὸς πονηρός, βλασφημία,²⁵ ὑπερηφανία,²⁶ ἀφροσύνη·²⁷ **23** πάντα ταῦτα τὰ πονηρὰ ἔσωθεν¹⁴ ἐκπορεύεται,²⁸ καὶ κοινοῖ²⁹ τὸν ἄνθρωπον.

The Syrophoenician Woman

24 Καὶ ἐκεῖθεν³⁰ ἀναστὰς ἀπῆλθεν εἰς τὰ μεθόρια³¹ Τύρου³² καὶ Σιδῶνος.³³ Καὶ εἰσελθὼν εἰς οἰκίαν, οὐδένα ἤθελεν γνῶναι, καὶ οὐκ ἠδυνήθη λαθεῖν.³⁴ **25** Ἀκούσασα γὰρ γυνὴ περὶ αὐτοῦ, ἧς εἶχεν τὸ θυγάτριον³⁵ αὐτῆς πνεῦμα ἀκάθαρτον,³⁶ ἐλθοῦσα προσέπεσεν³⁷ πρὸς τοὺς πόδας αὐτοῦ· **26** ἦν δὲ ἡ γυνὴ Ἑλληνίς,³⁸ Συραφοινίκισσα³⁹ τῷ

---

²νοεῖτε: PAI-2P ⁴εἰσπορευόμενον: PNP-NSN ⁵κοινῶσαι: AAN ⁶εἰσπορεύεται: PNI-3S ⁹ἐκπορεύεται: PNI-3S ¹⁰καθαρίζον: PAP-NSN ¹²ἐκπορευόμενον: PNP-NSN ¹³κοινοῖ: PAI-3S ¹⁶ἐκπορεύονται: PNI-3P ²⁸ἐκπορεύεται: PNI-3S ²⁹κοινοῖ: PAI-3S ³⁴λαθεῖν: 2AAN ³⁷προσέπεσεν: 2AAI-3S

---

¹ἀσύνετος, ον, [5] unintelligent, without wisdom, unwise, undiscerning (implying probably moral defect). ²νοέω, [14] I understand, think, consider, conceive, apprehend; aor. possibly: realize. ³ἔξωθεν, [13] (a) from outside, from without, (b) outside, both as adj. and prep; with article: the outside. ⁴εἰσπορεύομαι, [17] I journey in(to), I go in(to), enter, intervene. ⁵κοινόω, [14] I make unclean, pollute, desecrate, mid: I regard (treat) as unclean. ⁶εἰσπορεύομαι, [17] I journey in(to), I go in(to), enter, intervene. ⁷κοιλία, ας, ἡ, [23] belly, abdomen, heart, a general term covering any organ in the abdomen, e.g. stomach, womb; met: the inner man. ⁸ἀφεδρών, ῶνος, ὁ, [2] a drain, latrine. ⁹ἐκπορεύομαι, [32] I depart from; I am voided, cast out; I proceed from, am spoken; I burst forth, flow out, am spread abroad. ¹⁰καθαρίζω, [30] I cleanse, make clean, literally, ceremonially, or spiritually, according to context. ¹¹βρῶμα, ατος, τό, [17] food of any kind. ¹²ἐκπορεύομαι, [32] I depart from; I am voided, cast out; I proceed from, am spoken; I burst forth, flow out, am spread abroad. ¹³κοινόω, [14] I make unclean, pollute, desecrate, mid: I regard (treat) as unclean. ¹⁴ἔσωθεν, [13] (a) from within, from inside, (b) within, inside; with the article: the inner part, the inner element, (c) the mind, soul. ¹⁵διαλογισμός, οῦ, ὁ, [14] a calculation, reasoning, thought, movement of thought, deliberation, plotting. ¹⁶ἐκπορεύομαι, [32] I depart from; I am voided, cast out; I proceed from, am spoken; I burst forth, flow out, am spread abroad. ¹⁷μοιχεία, ας, ἡ, [4] adultery. ¹⁸πορνεία, ας, ἡ, [26] fornication, whoredom; met: idolatry. ¹⁹φόνος, ου, ὁ, [10] murder, slaughter, killing. ²⁰κλοπή, ῆς, ἡ, [2] thieving, theft. ²¹πλεονεξία, ας, ἡ, [10] covetousness, avarice, aggression, desire for advantage. ²²πονηρία, ας, ἡ, [7] wickedness, iniquities. ²³δόλος, ου, ὁ, [11] deceit, guile, treachery. ²⁴ἀσέλγεια, ας, ἡ, [10] (outrageous conduct, conduct shocking to public decency, a wanton violence), wantonness, lewdness. ²⁵βλασφημία, ας, ἡ, [19] abusive or scurrilous language, blasphemy. ²⁶ὑπερηφανία, ας, ἡ, [1] pride, arrogance, disdain. ²⁷ἀφροσύνη, ῆς, ἡ, [4] want of sense, foolishness, impiety, wickedness. ²⁸ἐκπορεύομαι, [32] I depart from; I am voided, cast out; I proceed from, am spoken; I burst forth, flow out, am spread abroad. ²⁹κοινόω, [14] I make unclean, pollute, desecrate, mid: I regard (treat) as unclean. ³⁰ἐκεῖθεν, [28] thence, from that place. ³¹μεθόριον, ου, τό, [1] confine, border, boundary. ³²Τύρος, ου, ἡ, [11] Tyre, an ancient city, the capital of Phoenicia. ³³Σιδών, ῶνος, ἡ, [11] Sidon, a great coast city of Phoenicia. ³⁴λανθάνω, [6] I am hidden (concealed), lie hid, escape notice, sometimes with acc. of person from whom concealment takes place; I do so and so unconsciously, unknown to myself, I shut my eyes to so and so. ³⁵θυγάτριον, ου, τό, [2] a little (young) daughter. ³⁶ἀκάθαρτος, ον, [31] unclean, impure. ³⁷προσπίπτω, [8] (a) I fall down before, (b) I beat against, rush violently upon. ³⁸Ἑλληνίς, ίδος, ἡ, [2] a female Greek. ³⁹Συροφοινίκισσα, ης, ἡ, [1] Syrophoenician, i.e. Phoenician (of Syria, in contrast to Carthage and its territory in North Africa).

γένει·¹ καὶ ἠρώτα αὐτὸν ἵνα τὸ δαιμόνιον ἐκβάλῃ ἐκ τῆς θυγατρὸς² αὐτῆς. **27** Ὁ δὲ Ἰησοῦς εἶπεν αὐτῇ, Ἄφες πρῶτον χορτασθῆναι³ τὰ τέκνα· οὐ γὰρ καλόν ἐστιν λαβεῖν τὸν ἄρτον τῶν τέκνων καὶ βαλεῖν τοῖς κυναρίοις.⁴ **28** Ἡ δὲ ἀπεκρίθη καὶ λέγει αὐτῷ, Ναί,⁵ κύριε· καὶ γὰρ τὰ κυνάρια⁴ ὑποκάτω⁶ τῆς τραπέζης⁷ ἐσθίει ἀπὸ τῶν ψιχίων⁸ τῶν παιδίων. **29** Καὶ εἶπεν αὐτῇ, Διὰ τοῦτον τὸν λόγον ὕπαγε· ἐξελήλυθεν τὸ δαιμόνιον ἐκ τῆς θυγατρός² σου. **30** Καὶ ἀπελθοῦσα εἰς τὸν οἶκον αὐτῆς, εὗρεν τὸ δαιμόνιον ἐξεληλυθός, καὶ τὴν θυγατέρα² βεβλημένην ἐπὶ τῆς κλίνης.⁹

Healing of the Deaf Man

31 Καὶ πάλιν ἐξελθὼν ἐκ τῶν ὁρίων¹⁰ Τύρου¹¹ καὶ Σιδῶνος,¹² ἦλθεν πρὸς τὴν θάλασσαν τῆς Γαλιλαίας, ἀνὰ¹³ μέσον τῶν ὁρίων¹⁰ Δεκαπόλεως.¹⁴ **32** Καὶ φέρουσιν αὐτῷ κωφὸν¹⁵ μογγιλάλον,¹⁶ καὶ παρακαλοῦσιν αὐτὸν ἵνα ἐπιθῇ¹⁷ αὐτῷ τὴν χεῖρα. **33** Καὶ ἀπολαβόμενος¹⁸ αὐτὸν ἀπὸ τοῦ ὄχλου κατ᾽ ἰδίαν, ἔβαλεν τοὺς δακτύλους¹⁹ αὐτοῦ εἰς τὰ ὦτα²⁰ αὐτοῦ, καὶ πτύσας²¹ ἥψατο²² τῆς γλώσσης αὐτοῦ, **34** καὶ ἀναβλέψας²³ εἰς τὸν οὐρανόν, ἐστέναξεν,²⁴ καὶ λέγει αὐτῷ, Ἐφφαθά,²⁵ ὅ ἐστιν, Διανοίχθητι.²⁶ **35** Καὶ εὐθέως διηνοίχθησαν²⁷ αὐτοῦ αἱ ἀκοαί·²⁸ καὶ ἐλύθη²⁹ ὁ δεσμὸς³⁰ τῆς γλώσσης αὐτοῦ, καὶ ἐλάλει ὀρθῶς.³¹ **36** Καὶ διεστείλατο³² αὐτοῖς ἵνα μηδενὶ εἴπωσιν· ὅσον δὲ αὐτὸς αὐτοῖς διεστέλλετο,³³ μᾶλλον περισσότερον³⁴ ἐκήρυσσον. **37** Καὶ ὑπερπερισσῶς³⁵ ἐξεπλήσσοντο,³⁶ λέγοντες, Καλῶς³⁷ πάντα πεποίηκεν· καὶ τοὺς κωφοὺς¹⁵ ποιεῖ ἀκούειν, καὶ τοὺς ἀλάλους³⁸ λαλεῖν.

---

³χορτασθῆναι: APN   ¹⁷ἐπιθῇ: 2AAS-3S   ¹⁸ἀπολαβόμενος: 2AMP-NSM   ²¹πτύσας: AAP-NSM   ²²ἥψατο: ADI-3S ²³ἀναβλέψας: AAP-NSM   ²⁴ἐστέναξεν: AAI-3S   ²⁶Διανοίχθητι: APM-2S   ²⁷διηνοίχθησαν: API-3P   ²⁹ἐλύθη: API-3S ³²διεστείλατο: AMI-3S   ³³διεστέλλετο: IMI-3S   ³⁶ἐξεπλήσσοντο: IPI-3P

---

¹γένος, ους, τό, [21] offspring, family, race, nation, kind.   ²θυγάτηρ, τρός, ἡ, [29] a daughter; hence (Hebraistic?), of any female descendent, however far removed; even of one unrelated: my young lady.   ³χορτάζω, [15] I feed, satisfy, fatten.   ⁴κυνάριον, ου, τό, [4] a little dog, a house dog.   ⁵ναί, [35] yes, certainly, even so. ⁶ὑποκάτω, [9] underneath, below, under.   ⁷τράπεζα, ης, ἡ, [15] a table, (a) for food or banqueting, (b) for money-changing or business.   ⁸ψιχίον, ου, τό, [3] a crumb.   ⁹κλίνη, ης, ἡ, [10] a couch, bed, portable bed or mat, a couch for reclining at meals, possibly also a bier.   ¹⁰ὅριον, ου, τό, [11] the boundaries of a place, hence: districts, territory.   ¹¹Τύρος, ου, ἡ, [11] Tyre, an ancient city, the capital of Phoenicia.   ¹²Σιδών, ῶνος, ἡ, [11] Sidon, a great coast city of Phoenicia.   ¹³ἀνά, [15] prep. Rare in NT; prop: upwards, up; among, between; in turn; apiece, by; as a prefix: up, to, anew, back.   ¹⁴Δεκάπολις, εως, ἡ, [3] Decapolis, meaning a group or district of ten cities (of the Greek type) in Palestine, mostly south-east of the Lake of Tiberias; the names and number vary in ancient authorities.   ¹⁵κωφός, ή, όν, [14] (lit: blunted) dumb, dull, deaf.   ¹⁶μογγιλάλος, ου, ὁ, [1] one speaking with difficulty, a stammerer.   ¹⁷ἐπιτίθημι, [41] I put, place upon, lay on; I add, give in addition. ¹⁸ἀπολαμβάνω, [11] (a) I get back, receive back, (b) I get (receive) as due (deserved), (c) mid: I draw aside, separate.   ¹⁹δάκτυλος, ου, ὁ, [8] a finger.   ²⁰οὖς, ὠτός, τό, [37] (a) the ear, (b) met: the faculty of perception. ²¹πτύω, [3] I spit.   ²²ἅπτομαι, [36] prop: I fasten to; I lay hold of, touch, know carnally.   ²³ἀναβλέπω, [26] I look up, recover my sight.   ²⁴στενάζω, [6] I groan, expressing grief, anger, or desire.   ²⁵ἐφφαθά, [1] (Aramaic, meaning) be opened up.   ²⁶διανοίγω, [8] I open fully.   ²⁷διανοίγω, [8] I open fully.   ²⁸ἀκοή, ῆς, ἡ, [24] hearing, faculty of hearing, ear; report, rumor.   ²⁹λύω, [42] (a) I loose, untie, release, (b) met: I break, destroy, set at naught, contravene; I break up a meeting, annul.   ³⁰δεσμός, οῦ, ὁ, [20] a bond, chain, imprisonment; a string or ligament, an impediment, infirmity.   ³¹ὀρθῶς, [5] rightly.   ³²διαστέλλομαι, [8] I give a commission (instructions), order; I admonish, prohibit.   ³³διαστέλλομαι, [8] I give a commission (instructions), order; I admonish, prohibit.   ³⁴περισσός, ή, όν, [26] more, greater, excessive, abundant, exceedingly, vehemently; noun: preeminence, advantage.   ³⁵ὑπερπερισσῶς, [1] superabundantly, beyond measure.   ³⁶ἐκπλήσσω, [13] I strike with panic or shock; I amaze, astonish.   ³⁷καλῶς, [36] well, nobly, honorably, rightly.   ³⁸ἄλαλος, ον, [3] unable to speak or articulate; speechless.

The Feeding of the Four Thousand

8 Ἐν ἐκείναις ταῖς ἡμέραις, παμπόλλου ¹ ὄχλου ὄντος, καὶ μὴ ἐχόντων τί φάγωσιν, προσκαλεσάμενος ² ὁ Ἰησοῦς τοὺς μαθητὰς αὐτοῦ λέγει αὐτοῖς, 2 Σπλαγχνίζομαι ³ ἐπὶ τὸν ὄχλον· ὅτι ἤδη ἡμέραι τρεῖς προσμένουσίν ⁴ μοι, καὶ οὐκ ἔχουσιν τί φάγωσιν· 3 καὶ ἐὰν ἀπολύσω αὐτοὺς νήστεις ⁵ εἰς οἶκον αὐτῶν, ἐκλυθήσονται ⁶ ἐν τῇ ὁδῷ· τινὲς γὰρ αὐτῶν μακρόθεν ⁷ ἥκουσιν. ⁸ 4 Καὶ ἀπεκρίθησαν αὐτῷ οἱ μαθηταὶ αὐτοῦ, Πόθεν ⁹ τούτους δυνήσεταί τις ὧδε χορτάσαι ¹⁰ ἄρτων ἐπ᾽ ἐρημίας; ¹¹ 5 Καὶ ἐπηρώτα αὐτούς, Πόσους ¹² ἔχετε ἄρτους; Οἱ δὲ εἶπον, Ἑπτά. 6 Καὶ παρήγγειλεν ¹³ τῷ ὄχλῳ ἀναπεσεῖν ¹⁴ ἐπὶ τῆς γῆς· καὶ λαβὼν τοὺς ἑπτὰ ἄρτους, εὐχαριστήσας ¹⁵ ἔκλασεν ¹⁶ καὶ ἐδίδου τοῖς μαθηταῖς αὐτοῦ, ἵνα παραθῶσιν· ¹⁷ καὶ παρέθηκαν ¹⁸ τῷ ὄχλῳ. 7 Καὶ εἶχον ἰχθύδια ¹⁹ ὀλίγα· ²⁰ καὶ εὐλογήσας ²¹ εἶπεν παραθεῖναι ²² καὶ αὐτά. 8 Ἔφαγον δέ, καὶ ἐχορτάσθησαν· ²³ καὶ ἦραν περισσεύματα ²⁴ κλασμάτων ²⁵ ἑπτὰ σπυρίδας. ²⁶ 9 Ἦσαν δὲ οἱ φαγόντες ὡς τετρακισχίλιοι· ²⁷ καὶ ἀπέλυσεν αὐτούς.

The Leaven of the Pharisees

10 Καὶ εὐθέως ἐμβὰς ²⁸ εἰς τὸ πλοῖον μετὰ τῶν μαθητῶν αὐτοῦ, ἦλθεν εἰς τὰ μέρη ²⁹ Δαλμανουθά. ³⁰

11 Καὶ ἐξῆλθον οἱ Φαρισαῖοι, καὶ ἤρξαντο συζητεῖν ³¹ αὐτῷ, ζητοῦντες παρ᾽ αὐτοῦ σημεῖον ἀπὸ τοῦ οὐρανοῦ, πειράζοντες ³² αὐτόν. 12 Καὶ ἀναστενάξας ³³ τῷ πνεύματι αὐτοῦ λέγει, Τί ἡ γενεὰ ³⁴ αὕτη σημεῖον ἐπιζητεῖ; ³⁵ Ἀμὴν λέγω ὑμῖν, εἰ δοθήσεται τῇ

---

²προσκαλεσάμενος: ADP-NSM   ³Σπλαγχνίζομαι: PNI-1S   ⁴προσμένουσίν: PAI-3P   ⁶ἐκλυθήσονται: FPI-3P
⁸ἥκουσιν: PAI-3P   ¹⁰χορτάσαι: AAN   ¹³παρήγγειλεν: AAI-3S   ¹⁴ἀναπεσεῖν: 2AAN   ¹⁵εὐχαριστήσας: AAP-NSM
¹⁶ἔκλασεν: AAI-3S   ¹⁷παραθῶσιν: 2AAS-3P   ¹⁸παρέθηκαν: AAI-3P   ²¹εὐλογήσας: AAP-NSM   ²²παραθεῖναι: 2AAN
²³ἐχορτάσθησαν: API-3P   ²⁸ἐμβὰς: 2AAP-NSM   ³¹συζητεῖν: PAN   ³²πειράζοντες: PAP-NPM   ³³ἀναστενάξας:
AAP-NSM   ³⁵ἐπιζητεῖ: PAI-3S

---

¹πάμπολυς, παμπόλλη, πάμπολυ, [1] very great, very much.   ²προσκαλέω, [31] I call to myself, summon.
³σπλαγχνίζομαι, [12] I feel compassion, have pity on, am moved.   ⁴προσμένω, [6] I remain; I abide in, re-
main in, persist in, adhere to.   ⁵νῆστις, ιος, ὁ, ἡ, [2] fasting, not eating.   ⁶ἐκλύω, [5] I loose, release, unloose
(as a bow-string), relax, enfeeble; pass: I am faint, grow weary.   ⁷μακρόθεν, [14] from a (long) distance, afar.
⁸ἥκω, [27] I have come, am present, have arrived.   ⁹πόθεν, [28] whence, from what place.   ¹⁰χορτάζω, [15] I
feed, satisfy, fatten.   ¹¹ἐρημία, ας, ἡ, [4] a desert place, desert, uninhabited region.   ¹²πόσος, η, ον, [27] how
much, how great, how many.   ¹³παραγγέλλω, [30] I notify, command, charge, entreat solemnly.   ¹⁴ἀναπίπτω,
[11] I lie down, recline (at a dinner-table), fall back upon (the breast of another person reclining at dinner).
¹⁵εὐχαριστέω, [40] I thank, give thanks; pass. 3 sing: is received with thanks.   ¹⁶κλάω, [15] I break (in pieces),
break bread.   ¹⁷παρατίθημι, [19] (a) I set (especially a meal) before, serve, (b) act. and mid: I deposit with,
entrust to, (c) I bring forward, quote as evidence.   ¹⁸παρατίθημι, [19] (a) I set (especially a meal) before, serve,
(b) act. and mid: I deposit with, entrust to, (c) I bring forward, quote as evidence.   ¹⁹ἰχθύδιον, ου, τό, [2] a
small fish.   ²⁰ὀλίγος, η, ον, [43] (a) especially in plur: few, (b) in sing: small; hence, of time: short, of degree:
light, slight, little.   ²¹εὐλογέω, [43] (lit: I speak well of) I bless; pass: I am blessed.   ²²παρατίθημι, [19] (a) I
set (especially a meal) before, serve, (b) act. and mid: I deposit with, entrust to, (c) I bring forward, quote as
evidence.   ²³χορτάζω, [15] I feed, satisfy, fatten.   ²⁴περίσσευμα, ατος, τό, [5] abundance, overflow.   ²⁵κλάσμα,
ατος, τό, [9] a fragment, broken piece.   ²⁶σπυρίς, ίδος, ἡ, [5] a plaited basket.   ²⁷τετρακισχίλιοι, αι, α, [5] four
thousand.   ²⁸ἐμβαίνω, [19] I step in; I go onboard a ship, embark.   ²⁹μέρος, ους, τό, [43] a part, portion, share.
³⁰Δαλμανουθά, ἡ, [1] Dalmanutha, a town or village near Magdala.   ³¹συζητέω, [10] I seek together, discuss,
dispute.   ³²πειράζω, [39] I try, tempt, test.   ³³ἀναστενάζω, [1] I groan or sigh deeply.   ³⁴γενεά, ᾶς, ἡ, [42] a
generation; if repeated twice or with another time word, practically indicates infinity of time.   ³⁵ἐπιζητέω, [15]
I seek after, desire, search for, make inquiries about.

γενεᾷ¹ ταύτῃ σημεῖον. 13 Καὶ ἀφεὶς αὐτούς, ἐμβὰς² πάλιν εἰς πλοῖον, ἀπῆλθεν εἰς τὸ πέραν.³

14 Καὶ ἐπελάθοντο⁴ λαβεῖν ἄρτους, καὶ εἰ μὴ ἕνα ἄρτον οὐκ εἶχον μεθ' ἑαυτῶν ἐν τῷ πλοίῳ. 15 Καὶ διεστέλλετο⁵ αὐτοῖς, λέγων, Ὁρᾶτε, βλέπετε ἀπὸ τῆς ζύμης⁶ τῶν Φαρισαίων καὶ τῆς ζύμης⁶ Ἡρῴδου. 16 Καὶ διελογίζοντο⁷ πρὸς ἀλλήλους, λέγοντες ὅτι Ἄρτους οὐκ ἔχομεν. 17 Καὶ γνοὺς ὁ Ἰησοῦς λέγει αὐτοῖς, Τί διαλογίζεσθε⁸ ὅτι ἄρτους οὐκ ἔχετε; Οὔπω⁹ νοεῖτε,¹⁰ οὐδὲ συνίετε;¹¹ Ἔτι πεπωρωμένην¹² ἔχετε τὴν καρδίαν ὑμῶν; 18 Ὀφθαλμοὺς ἔχοντες οὐ βλέπετε; Καὶ ὦτα¹³ ἔχοντες οὐκ ἀκούετε; Καὶ οὐ μνημονεύετε;¹⁴ 19 Ὅτε τοὺς πέντε¹⁵ ἄρτους ἔκλασα¹⁶ εἰς τοὺς πεντακισχιλίους,¹⁷ πόσους¹⁸ κοφίνους¹⁹ πλήρεις²⁰ κλασμάτων²¹ ἤρατε; Λέγουσιν αὐτῷ, Δώδεκα. 20 Ὅτε δὲ τοὺς ἑπτὰ εἰς τοὺς τετρακισχιλίους,²² πόσων¹⁸ σπυρίδων²³ πληρώματα²⁴ κλασμάτων²¹ ἤρατε; Οἱ δὲ εἶπον, Ἑπτά. 21 Καὶ ἔλεγεν αὐτοῖς, Πῶς οὐ συνίετε;²⁵

The Blind Man of Bethsaida

22 Καὶ ἔρχεται εἰς Βηθσαϊδάν.²⁶ Καὶ φέρουσιν αὐτῷ τυφλόν, καὶ παρακαλοῦσιν αὐτὸν ἵνα αὐτοῦ ἅψηται.²⁷ 23 Καὶ ἐπιλαβόμενος²⁸ τῆς χειρὸς τοῦ τυφλοῦ, ἐξήγαγεν²⁹ αὐτὸν ἔξω τῆς κώμης ·³⁰ καὶ πτύσας³¹ εἰς τὰ ὄμματα³² αὐτοῦ, ἐπιθεὶς³³ τὰς χεῖρας αὐτῷ, ἐπηρώτα αὐτὸν εἴ τι βλέπει. 24 Καὶ ἀναβλέψας³⁴ ἔλεγεν, Βλέπω τοὺς ἀνθρώπους ὅτι ὡς δένδρα³⁵ ὁρῶ περιπατοῦντας. 25 Εἶτα³⁶ πάλιν ἐπέθηκεν³⁷ τὰς χεῖρας ἐπὶ τοὺς ὀφθαλμοὺς αὐτοῦ, καὶ ἐποίησεν αὐτὸν ἀναβλέψαι.³⁸ Καὶ ἀποκατεστάθη,³⁹ καὶ

---

²ἐμβὰς: 2AAP-NSM   ⁴ἐπελάθοντο: 2ADI-3P   ⁵διεστέλλετο: IMI-3S   ⁷διελογίζοντο: INI-3P   ⁸διαλογίζεσθε: PNI-2P   ¹⁰νοεῖτε: PAI-2P   ¹¹συνίετε: PAI-2P   ¹²πεπωρωμένην: RPP-ASF   ¹⁴μνημονεύετε: PAI-2P   ¹⁶ἔκλασα: AAI-1S   ²⁵συνίετε: PAI-2P   ²⁷ἅψηται: AMS-3S   ²⁸ἐπιλαβόμενος: 2ADP-NSM   ²⁹ἐξήγαγεν: 2AAI-3S   ³¹πτύσας: AAP-NSM   ³³ἐπιθεὶς: 2AAP-NSM   ³⁴ἀναβλέψας: AAP-NSM   ³⁷ἐπέθηκεν: AAI-3S   ³⁸ἀναβλέψαι: AAN   ³⁹ἀποκατεστάθη: API-3S

---

¹γενεά, ᾶς, ἡ, [42] a generation; if repeated twice or with another time word, practically indicates infinity of time.   ²ἐμβαίνω, [19] I step in; I go onboard a ship, embark.   ³πέραν, [23] over, on the other side, beyond.   ⁴ἐπιλανθάνομαι, [8] I forget, neglect.   ⁵διαστέλλομαι, [8] I give a commission (instructions), order; I admonish, prohibit.   ⁶ζύμη, ης, ἡ, [13] leaven, ferment, both lit. and met.   ⁷διαλογίζομαι, [16] I reason (with), debate (with), consider.   ⁸διαλογίζομαι, [16] I reason (with), debate (with), consider.   ⁹οὔπω, [23] not yet.   ¹⁰νοέω, [14] I understand, think, consider, conceive, apprehend; aor. possibly: realize.   ¹¹συνίημι, [26] I consider, understand, perceive.   ¹²πωρόω, [5] I harden, render callous, petrify.   ¹³οὖς, ὠτός, τό, [37] (a) the ear, (b) met: the faculty of perception.   ¹⁴μνημονεύω, [21] I remember, hold in remembrance, make mention of.   ¹⁵πέντε, οἱ, αἱ, τά, [38] five.   ¹⁶κλάω, [15] I break (in pieces), break bread.   ¹⁷πεντακισχίλιοι, αι, α, [6] five thousand.   ¹⁸πόσος, η, ον, [27] how much, how great, how many.   ¹⁹κόφινος, ου, ὁ, [6] a large basket.   ²⁰πλήρης, ες, [17] full, abounding in, complete, completely occupied with.   ²¹κλάσμα, ατος, τό, [9] a fragment, broken piece.   ²²τετρακισχίλιοι, αι, α, [5] four thousand.   ²³σπυρίς, ίδος, ἡ, [5] a plaited basket.   ²⁴πλήρωμα, ατος, τό, [17] (a) a fill, fullness; full complement; supply, patch, supplement, (b) fullness, filling, fulfillment, completion.   ²⁵συνίημι, [26] I consider, understand, perceive.   ²⁶Βηθσαϊδά, ἡ, [7] Bethsaida, (a) a city of Galilee, (b) a city east of the Jordan.   ²⁷ἅπτομαι, [36] prop: I fasten to; I lay hold of, touch, know carnally.   ²⁸ἐπιλαμβάνομαι, [19] I lay hold of, take hold of, seize (sometimes with beneficent, sometimes with hostile, intent).   ²⁹ἐξάγω, [13] I lead out, sometimes to death, execution.   ³⁰κώμη, ης, ἡ, [28] a village, country town.   ³¹πτύω, [3] I spit.   ³²ὄμμα, ατος, τό, [1] an eye.   ³³ἐπιτίθημι, [41] I put, place upon, lay on; I add, give in addition.   ³⁴ἀναβλέπω, [26] I look up, recover my sight.   ³⁵δένδρον, ου, τό, [26] a tree.   ³⁶εἶτα, [16] then, thereafter, next (marking a fresh stage); therefore, then, furthermore.   ³⁷ἐπιτίθημι, [41] I put, place upon, lay on; I add, give in addition.   ³⁸ἀναβλέπω, [26] I look up, recover my sight.   ³⁹ἀποκαθίστημι, [8] I set up again, restore to its original position or condition; hence: I restore, give back.

ἐνέβλεψεν¹ τηλαυγῶς² ἅπαντας.³ 26 Καὶ ἀπέστειλεν αὐτὸν εἰς τὸν οἶκον αὐτοῦ, λέγων, Μηδὲ εἰς τὴν κώμην⁴ εἰσέλθῃς, μηδὲ εἴπῃς τινὶ ἐν τῇ κώμῃ.⁴

Jesus the Christ and His Service

27 Καὶ ἐξῆλθεν ὁ Ἰησοῦς καὶ οἱ μαθηταὶ αὐτοῦ εἰς τὰς κώμας⁴ Καισαρείας⁵ τῆς Φιλίππου· καὶ ἐν τῇ ὁδῷ ἐπηρώτα τοὺς μαθητὰς αὐτοῦ, λέγων αὐτοῖς, Τίνα με λέγουσιν οἱ ἄνθρωποι εἶναι; 28 Οἱ δὲ ἀπεκρίθησαν, Ἰωάννην τὸν βαπτιστήν·⁶ καὶ ἄλλοι Ἠλίαν, ἄλλοι δὲ ἕνα τῶν προφητῶν. 29 Καὶ αὐτὸς λέγει αὐτοῖς, Ὑμεῖς δὲ τίνα με λέγετε εἶναι; Ἀποκριθεὶς δὲ ὁ Πέτρος λέγει αὐτῷ, Σὺ εἶ ὁ χριστός. 30 Καὶ ἐπετίμησεν⁷ αὐτοῖς, ἵνα μηδενὶ λέγωσιν περὶ αὐτοῦ. 31 Καὶ ἤρξατο διδάσκειν αὐτούς, ὅτι δεῖ τὸν υἱὸν τοῦ ἀνθρώπου πολλὰ παθεῖν,⁸ καὶ ἀποδοκιμασθῆναι⁹ ἀπὸ τῶν πρεσβυτέρων καὶ τῶν ἀρχιερέων καὶ τῶν γραμματέων, καὶ ἀποκτανθῆναι, καὶ μετὰ τρεῖς ἡμέρας ἀναστῆναι· 32 καὶ παρρησίᾳ¹⁰ τὸν λόγον ἐλάλει. Καὶ προσλαβόμενος¹¹ αὐτὸν ὁ Πέτρος ἤρξατο ἐπιτιμᾶν¹² αὐτῷ. 33 Ὁ δὲ ἐπιστραφείς,¹³ καὶ ἰδὼν τοὺς μαθητὰς αὐτοῦ, ἐπετίμησεν¹⁴ τῷ Πέτρῳ, λέγων, Ὕπαγε ὀπίσω¹⁵ μου, Σατανᾶ·¹⁶ ὅτι οὐ φρονεῖς¹⁷ τὰ τοῦ θεοῦ, ἀλλὰ τὰ τῶν ἀνθρώπων. 34 Καὶ προσκαλεσάμενος¹⁸ τὸν ὄχλον σὺν τοῖς μαθηταῖς αὐτοῦ, εἶπεν αὐτοῖς, Ὅστις θέλει ὀπίσω¹⁵ μου ἀκολουθεῖν, ἀπαρνησάσθω¹⁹ ἑαυτόν, καὶ ἀράτω τὸν σταυρὸν²⁰ αὐτοῦ, καὶ ἀκολουθείτω μοι. 35 Ὃς γὰρ ἂν θέλῃ τὴν ψυχὴν αὐτοῦ σῶσαι, ἀπολέσει αὐτήν· ὃς δ᾽ ἂν ἀπολέσῃ τὴν ἑαυτοῦ ψυχὴν ἕνεκεν²¹ ἐμοῦ καὶ τοῦ εὐαγγελίου, οὗτος σώσει αὐτήν. 36 Τί γὰρ ὠφελήσει²² ἄνθρωπον, ἐὰν κερδήσῃ²³ τὸν κόσμον ὅλον, καὶ ζημιωθῇ²⁴ τὴν ψυχὴν αὐτοῦ; 37 Ἢ τί δώσει ἄνθρωπος ἀντάλλαγμα²⁵ τῆς ψυχῆς αὐτοῦ; 38 Ὃς γὰρ ἐὰν ἐπαισχυνθῇ²⁶ με καὶ τοὺς ἐμοὺς λόγους ἐν τῇ γενεᾷ²⁷

---

¹ἐνέβλεψεν: AAI-3S　⁷ἐπετίμησεν: AAI-3S　⁸παθεῖν: 2AAN　⁹ἀποδοκιμασθῆναι: APN　¹¹προσλαβόμενος: 2AMP-NSM　¹²ἐπιτιμᾶν: PAN　¹³ἐπιστραφείς: 2APP-NSM　¹⁴ἐπετίμησεν: AAI-3S　¹⁷φρονεῖς: PAI-2S　¹⁸προσκαλεσάμενος: ADP-NSM　¹⁹ἀπαρνησάσθω: ADM-3S　²²ὠφελήσει: FAI-3S　²³κερδήσῃ: AAS-3S　²⁴ζημιωθῇ: APS-3S　²⁶ἐπαισχυνθῇ: AOS-3S

---

¹ἐμβλέπω, [12] I look into (upon); met: I consider; I see clearly.　²τηλαυγῶς, [1] clearly, distinctly, plainly.　³ἅπας, ασα, αν, [39] all, the whole, altogether.　⁴κώμη, ης, ἡ, [28] a village, country town.　⁵Καισάρεια, ας, ἡ, [17] Two cities of Palestine: one in Galilee (Caesarea Philippi), the other on the coast of the Mediterranean.　⁶βαπτιστής, οῦ, ὁ, [14] the baptizer, the Baptist, epithet used only of John, the son of Zechariah and Elizabeth, forerunner of Jesus.　⁷ἐπιτιμάω, [29] (a) I rebuke, chide, admonish, (b) I warn.　⁸πάσχω, [42] I am acted upon in a certain way, either good or bad; I experience ill treatment, suffer.　⁹ἀποδοκιμάζω, [9] I reject after testing (examination), disqualify.　¹⁰παρρησία, ας, ἡ, [31] freedom, openness, especially in speech; boldness, confidence.　¹¹προσλαμβάνω, [14] (a) I take to myself, (b) I take aside, (c) I welcome.　¹²ἐπιτιμάω, [29] (a) I rebuke, chide, admonish, (b) I warn.　¹³ἐπιστρέφω, [37] (a) trans: I turn (back) to (towards), (b) intrans: I turn (back) (to [towards]); I come to myself.　¹⁴ἐπιτιμάω, [29] (a) I rebuke, chide, admonish, (b) I warn.　¹⁵ὀπίσω, [37] behind, after; back, backwards.　¹⁶Σατανᾶς, ᾶ, ὁ, [36] an adversary, Satan.　¹⁷φρονέω, [29] (a) I think, (b) I think, judge, (c) I direct the mind to, seek for, (d) I observe, (e) I care for.　¹⁸προσκαλέω, [31] I call to myself, summon.　¹⁹ἀπαρνέομαι, [13] I deny, disown, repudiate (either another person or myself), disregard.　²⁰σταυρός, οῦ, ὁ, [28] a cross.　²¹ἕνεκεν, [26] for the sake of, on account of, on account of which, wherefore, on account of what, why.　²²ὠφελέω, [15] I help, benefit, do good, am useful (to), profit.　²³κερδαίνω, [16] I gain, acquire, win (over), avoid loss.　²⁴ζημιόω, [6] I inflict loss (damage) upon, fine, punish, sometimes with the acc. of the penalty, even when the verb is passive.　²⁵ἀντάλλαγμα, ατος, τό, [2] an exchange, purchasing price.　²⁶ἐπαισχύνομαι, [11] I am ashamed, am ashamed of.　²⁷γενεά, ᾶς, ἡ, [42] a generation; if repeated twice or with another time word, practically indicates infinity of time.

ταύτῃ τῇ μοιχαλίδι¹ καὶ ἁμαρτωλῷ,² καὶ ὁ υἱὸς τοῦ ἀνθρώπου ἐπαισχυνθήσεται³ αὐτόν, ὅταν ἔλθῃ ἐν τῇ δόξῃ τοῦ πατρὸς αὐτοῦ μετὰ τῶν ἀγγέλων τῶν ἁγίων.

The Transfiguration of Jesus

9 Καὶ ἔλεγεν αὐτοῖς, Ἀμὴν λέγω ὑμῖν, ὅτι εἰσίν τινες τῶν ὧδε ἑστηκότων, οἵτινες οὐ μὴ γεύσωνται⁴ θανάτου, ἕως ἂν ἴδωσιν τὴν βασιλείαν τοῦ θεοῦ ἐληλυθυῖαν ἐν δυνάμει.

2 Καὶ μεθ' ἡμέρας ἓξ⁵ παραλαμβάνει⁶ ὁ Ἰησοῦς τὸν Πέτρον καὶ τὸν Ἰάκωβον καὶ Ἰωάννην, καὶ ἀναφέρει⁷ αὐτοὺς εἰς ὄρος ὑψηλὸν⁸ κατ' ἰδίαν μόνους· ⁹ καὶ μετεμορφώθη¹⁰ ἔμπροσθεν¹¹ αὐτῶν· **3** καὶ τὰ ἱμάτια αὐτοῦ ἐγένοντο στίλβοντα,¹² λευκὰ¹³ λίαν¹⁴ ὡς χιών,¹⁵ οἷα¹⁶ γναφεὺς¹⁷ ἐπὶ τῆς γῆς οὐ δύναται λευκᾶναι.¹⁸ **4** Καὶ ὤφθη αὐτοῖς Ἡλίας σὺν Μωσῇ, καὶ ἦσαν συλλαλοῦντες¹⁹ τῷ Ἰησοῦ. **5** Καὶ ἀποκριθεὶς ὁ Πέτρος λέγει τῷ Ἰησοῦ, Ῥαββί,²⁰ καλόν ἐστιν ἡμᾶς ὧδε εἶναι· καὶ ποιήσωμεν σκηνὰς²¹ τρεῖς, σοὶ μίαν, καὶ Μωσῇ μίαν, καὶ Ἡλίᾳ μίαν. **6** Οὐ γὰρ ᾔδει τί λαλήσει· ἦσαν γὰρ ἔκφοβοι.²² **7** Καὶ ἐγένετο νεφέλη²³ ἐπισκιάζουσα²⁴ αὐτοῖς· καὶ ἦλθεν φωνὴ ἐκ τῆς νεφέλης,²³ Οὗτός ἐστιν ὁ υἱός μου ὁ ἀγαπητός· αὐτοῦ ἀκούετε. **8** Καὶ ἐξάπινα²⁵ περιβλεψάμενοι,²⁶ οὐκέτι²⁷ οὐδένα εἶδον, ἀλλὰ τὸν Ἰησοῦν μόνον μεθ' ἑαυτῶν.

9 Καταβαινόντων δὲ αὐτῶν ἀπὸ τοῦ ὄρους, διεστείλατο²⁸ αὐτοῖς ἵνα μηδενὶ διηγήσωνται²⁹ ἃ εἶδον, εἰ μὴ ὅταν ὁ υἱὸς τοῦ ἀνθρώπου ἐκ νεκρῶν ἀναστῇ. **10** Καὶ τὸν λόγον ἐκράτησαν³⁰ πρὸς ἑαυτούς, συζητοῦντες³¹ τί ἐστιν τὸ ἐκ νεκρῶν ἀναστῆναι. **11** Καὶ ἐπηρώτων αὐτόν, λέγοντες ὅτι Λέγουσιν οἱ γραμματεῖς ὅτι Ἡλίαν δεῖ ἐλθεῖν πρῶτον; **12** Ὁ δὲ ἀποκριθείς, εἶπεν αὐτοῖς, Ἡλίας μὲν ἐλθὼν πρῶτον, ἀποκαθιστᾷ³² πάντα· καὶ πῶς γέγραπται ἐπὶ τὸν υἱὸν τοῦ ἀνθρώπου, ἵνα πολλὰ πάθῃ³³ καὶ

---

³ἐπαισχυνθήσεται: FOI-3S   ⁴γεύσωνται: ADS-3P   ⁶παραλαμβάνει: PAI-3S   ⁷ἀναφέρει: PAI-3S   ¹⁰μετεμορφώθη: API-3S   ¹²στίλβοντα: PAP-NPN   ¹⁸λευκᾶναι: AAN   ¹⁹συλλαλοῦντες: PAP-NPM   ²⁴ἐπισκιάζουσα: PAP-NSF ²⁶περιβλεψάμενοι: AMP-NPM   ²⁸διεστείλατο: AMI-3S   ²⁹διηγήσωνται: ADS-3P   ³⁰ἐκράτησαν: AAI-3P ³¹συζητοῦντες: PAP-NPM   ³²ἀποκαθιστᾷ: PAI-3S   ³³πάθῃ: 2AAS-3S

---

¹μοιχαλίς, ίδος, ἡ, [7] (a) an adulteress (that is, a married woman who commits adultery), (b) Hebraistically: extended to those who worship any other than the true God.   ²ἁμαρτωλός, ον, [48] sinning, sinful, depraved, detestable.   ³ἐπαισχύνομαι, [11] I am ashamed, am ashamed of.   ⁴γεύομαι, [15] (a) I taste, (b) I experience. ⁵ἕξ, οἱ, αἱ, τά, [13] six.   ⁶παραλαμβάνω, [49] I take from, receive from, or: I take to, receive (apparently not used of money), admit, acknowledge; I take with me.   ⁷ἀναφέρω, [10] (a) I carry up, lead up, (b) I offer up (on a high altar) as a sacrifice, offer up to God on high.   ⁸ὑψηλός, ή, όν, [11] high, lofty.   ⁹μόνος, η, ον, [45] only, solitary, desolate.   ¹⁰μεταμορφόω, [4] I transform, transfigure.   ¹¹ἔμπροσθεν, [48] in front, before the face; sometimes made a subst. by the addition of the article: in front of, before the face of.   ¹²στίλβω, [1] I shine, glisten, flash, am radiant.   ¹³λευκός, ή, όν, [25] white, bright, brilliant.   ¹⁴λίαν, [14] very; very much, exceedingly, greatly. ¹⁵χιών, όνος, ἡ, [3] snow.   ¹⁶οἷος, α, ον, [15] of what kind, such as.   ¹⁷γναφεύς, έως, ὁ, [1] a fuller, cloth-dresser.   ¹⁸λευκαίνω, [2] I whiten, make white.   ¹⁹συλλαλέω, [6] I talk with, discuss.   ²⁰ῥαββί, [17] Rabbi, my master, teacher; a title of respect often applied to Christ.   ²¹σκηνή, ῆς, ἡ, [20] a tent, booth, tabernacle, abode, dwelling, mansion, habitation.   ²²ἔκφοβος, ον, [2] greatly terrified, horrified.   ²³νεφέλη, ης, ἡ, [26] a cloud.   ²⁴ἐπισκιάζω, [5] I overshadow, envelop.   ²⁵ἐξάπινα, [1] suddenly, unexpectedly.   ²⁶περιβλέπομαι, [7] I look around on, survey.   ²⁷οὐκέτι, [48] no longer, no more.   ²⁸διαστέλλομαι, [8] I give a commission (instructions), order; I admonish, prohibit.   ²⁹διηγέομαι, [8] I relate in full, describe, narrate.   ³⁰κρατέω, [47] I am strong, mighty, hence: I rule, am master, prevail; I obtain, take hold of; I hold, hold fast.   ³¹συζητέω, [10] I seek together, discuss, dispute.   ³²ἀποκαθίστημι, [8] I set up again, restore to its original position or condition; hence: I restore, give back.   ³³πάσχω, [42] I am acted upon in a certain way, either good or bad; I experience ill treatment, suffer.

ἐξουδενωθῇ.¹ 13 Ἀλλὰ λέγω ὑμῖν ὅτι καὶ Ἠλίας ἐλήλυθεν, καὶ ἐποίησαν αὐτῷ ὅσα ἠθέλησαν, καθὼς γέγραπται ἐπ' αὐτόν.

Casting Out an Unclean Spirit

14 Καὶ ἐλθὼν πρὸς τοὺς μαθητάς, εἶδεν ὄχλον πολὺν περὶ αὐτούς, καὶ γραμματεῖς συζητοῦντας² αὐτοῖς. 15 Καὶ εὐθέως πᾶς ὁ ὄχλος ἰδὼν αὐτὸν ἐξεθαμβήθη,³ καὶ προστρέχοντες⁴ ἠσπάζοντο αὐτόν. 16 Καὶ ἐπηρώτησεν τοὺς γραμματεῖς, Τί συζητεῖτε⁵ πρὸς αὐτούς; 17 Καὶ ἀποκριθεὶς εἷς ἐκ τοῦ ὄχλου εἶπεν, Διδάσκαλε, ἤνεγκα τὸν υἱόν μου πρός σε, ἔχοντα πνεῦμα ἄλαλον.⁶ 18 Καὶ ὅπου ἂν αὐτὸν καταλάβη,⁷ ῥήσσει⁸ αὐτόν· καὶ ἀφρίζει,⁹ καὶ τρίζει¹⁰ τοὺς ὀδόντας¹¹ αὐτοῦ, καὶ ξηραίνεται·¹² καὶ εἶπον τοῖς μαθηταῖς σου ἵνα αὐτὸ ἐκβάλωσιν, καὶ οὐκ ἴσχυσαν.¹³ 19 Ὁ δὲ ἀποκριθεὶς αὐτῷ λέγει, Ὦ¹⁴ γενεὰ¹⁵ ἄπιστος,¹⁶ ἕως πότε¹⁷ πρὸς ὑμᾶς ἔσομαι; Ἕως πότε¹⁷ ἀνέξομαι¹⁸ ὑμῶν; Φέρετε αὐτὸν πρός με. 20 Καὶ ἤνεγκαν αὐτὸν πρὸς αὐτόν· καὶ ἰδὼν αὐτόν, εὐθέως τὸ πνεῦμα ἐσπάραξεν¹⁹ αὐτόν· καὶ πεσὼν ἐπὶ τῆς γῆς, ἐκυλίετο²⁰ ἀφρίζων.²¹ 21 Καὶ ἐπηρώτησεν τὸν πατέρα αὐτοῦ, Πόσος²² χρόνος ἐστίν, ὡς τοῦτο γέγονεν αὐτῷ; Ὁ δὲ εἶπεν, Παιδιόθεν.²³ 22 Καὶ πολλάκις²⁴ αὐτὸν καὶ εἰς τὸ πῦρ ἔβαλεν καὶ εἰς ὕδατα, ἵνα ἀπολέσῃ αὐτόν· ἀλλ' εἴ τι δύνασαι, βοήθησον²⁵ ἡμῖν, σπλαγχνισθεὶς²⁶ ἐφ' ἡμᾶς. 23 Ὁ δὲ Ἰησοῦς εἶπεν αὐτῷ, Τὸ εἰ δύνασαι πιστεῦσαι, πάντα δυνατὰ²⁷ τῷ πιστεύοντι. 24 Καὶ εὐθέως κράξας ὁ πατὴρ τοῦ παιδίου, μετὰ δακρύων²⁸ ἔλεγεν, Πιστεύω, κύριε, βοήθει²⁹ μου τῇ ἀπιστίᾳ.³⁰ 25 Ἰδὼν δὲ ὁ Ἰησοῦς ὅτι ἐπισυντρέχει³¹ ὄχλος, ἐπετίμησεν³² τῷ πνεύματι τῷ ἀκαθάρτῳ,³³ λέγων αὐτῷ, Τὸ πνεῦμα τὸ ἄλαλον⁶ καὶ κωφόν,³⁴ ἐγώ σοι ἐπιτάσσω,³⁵ ἔξελθε ἐξ αὐτοῦ, καὶ μηκέτι³⁶ εἰσέλθῃς εἰς αὐτόν. 26 Καὶ κράξαν, καὶ

---

¹ἐξουδενωθῇ: APS-3S ²συζητοῦντας: PAP-APM ³ἐξεθαμβήθη: API-3S ⁴προστρέχοντες: PAP-NPM ⁵συζητεῖτε: PAI-2P ⁷καταλάβη: 2AAS-3S ⁸ῥήσσει: PAI-3S ⁹ἀφρίζει: PAI-3S ¹⁰τρίζει: PAI-3S ¹²ξηραίνεται: PPI-3S ¹³ἴσχυσαν: AAI-3P ¹⁸ἀνέξομαι: FDI-1S ¹⁹ἐσπάραξεν: AAI-3S ²⁰ἐκυλίετο: IEI-3S ²¹ἀφρίζων: PAP-NSM ²⁵βοήθησον: AAM-2S ²⁶σπλαγχνισθεὶς: AOP-NSM ²⁹βοήθει: PAM-2S ³¹ἐπισυντρέχει: PAI-3S ³²ἐπετίμησεν: AAI-3S ³⁵ἐπιτάσσω: PAI-1S

---

¹ἐξουδενόω, [1] I set at naught, ignore, despise. ²συζητέω, [10] I seek together, discuss, dispute. ³ἐκθαμβέομαι, [4] I am greatly astonished, am awe-struck. ⁴προστρέχω, [3] I run to. ⁵συζητέω, [10] I seek together, discuss, dispute. ⁶ἄλαλος, ον, [3] unable to speak or articulate; speechless. ⁷καταλαμβάνω, [15] (a) I seize tight hold of, arrest, catch, capture, appropriate, (b) I overtake, (c) mid. aor: I perceived, comprehended. ⁸ῥήγνυμι, ῥήσσω, [7] I rend, break asunder; I break forth (into speech); I throw or dash down. ⁹ἀφρίζω, [2] I foam (at the mouth), froth. ¹⁰τρίζω, [1] I grate, gnash (as the teeth). ¹¹ὀδούς, όντος, ὁ, [12] a tooth. ¹²ξηραίνω, [16] I dry up, parch, am ripened, wither, waste away. ¹³ἰσχύω, [29] I have strength, am strong, am in full health and vigor, am able; meton: I prevail. ¹⁴ὦ, [17] O, an exclamation, used in addressing someone. ¹⁵γενεά, ᾶς, ἡ, [42] a generation; if repeated twice or with another time word, practically indicates infinity of time. ¹⁶ἄπιστος, ον, [23] unbelieving, incredulous, unchristian; sometimes subst: unbeliever. ¹⁷πότε, [19] when, at what time. ¹⁸ἀνέχομαι, [15] I endure, bear with, have patience with, suffer, admit, persist. ¹⁹σπαράσσω, [4] I convulse, throw into spasms. ²⁰κυλίω, [1] I roll, roll along, wallow. ²¹ἀφρίζω, [2] I foam (at the mouth), froth. ²²πόσος, η, ον, [27] how much, how great, how many. ²³παιδιόθεν, [1] from childhood, from early boyhood. ²⁴πολλάκις, [18] many times, often, frequently. ²⁵βοηθέω, [8] I come to the rescue of, come to help, help. ²⁶σπλαγχνίζομαι, [12] I feel compassion, have pity on, am moved. ²⁷δυνατός, ή, όν, [36] (a) of persons: powerful, able, (b) of things: possible. ²⁸δάκρυον, ου, τό, [11] a tear. ²⁹βοηθέω, [8] I come to the rescue of, come to help, help. ³⁰ἀπιστία, ας, ἡ, [12] unbelief, unfaithfulness, distrust. ³¹ἐπισυντρέχω, [1] I run together again. ³²ἐπιτιμάω, [29] (a) I rebuke, chide, admonish, (b) I warn. ³³ἀκάθαρτος, ον, [31] unclean, impure. ³⁴κωφός, ή, όν, [14] (lit: blunted) dumb, dull, deaf. ³⁵ἐπιτάσσω, [10] I give order, command, charge. ³⁶μηκέτι, [21] no longer, no more.

πολλὰ σπαράξαν¹ αὐτόν, ἐξῆλθεν· καὶ ἐγένετο ὡσεὶ² νεκρός, ὥστε πολλοὺς λέγειν ὅτι ἀπέθανεν. 27 Ὁ δὲ Ἰησοῦς κρατήσας³ αὐτὸν τῆς χειρός, ἤγειρεν αὐτόν· καὶ ἀνέστη. 28 Καὶ εἰσελθόντα αὐτὸν εἰς οἶκον, οἱ μαθηταὶ αὐτοῦ ἐπηρώτων αὐτὸν κατ᾽ ἰδίαν ὅτι Ἡμεῖς οὐκ ἠδυνήθημεν ἐκβαλεῖν αὐτό; 29 Καὶ εἶπεν αὐτοῖς, Τοῦτο τὸ γένος⁴ ἐν οὐδενὶ δύναται ἐξελθεῖν, εἰ μὴ ἐν προσευχῇ⁵ καὶ νηστείᾳ.⁶

The Last Discourses of Christ in Galilee

30 Καὶ ἐκεῖθεν⁷ ἐξελθόντες παρεπορεύοντο⁸ διὰ τῆς Γαλιλαίας· καὶ οὐκ ἤθελεν ἵνα τις γνῷ. 31 Ἐδίδασκεν γὰρ τοὺς μαθητὰς αὐτοῦ, καὶ ἔλεγεν αὐτοῖς ὅτι Ὁ υἱὸς τοῦ ἀνθρώπου παραδίδοται εἰς χεῖρας ἀνθρώπων, καὶ ἀποκτενοῦσιν αὐτόν· καὶ ἀποκτανθείς, τῇ τρίτῃ ἡμέρᾳ ἀναστήσεται. 32 Οἱ δὲ ἠγνόουν⁹ τὸ ῥῆμα, καὶ ἐφοβοῦντο αὐτὸν ἐπερωτῆσαι.

33 Καὶ ἦλθεν εἰς Καπερναούμ·¹⁰ καὶ ἐν τῇ οἰκίᾳ γενόμενος ἐπηρώτα αὐτούς, Τί ἐν τῇ ὁδῷ πρὸς ἑαυτοὺς διελογίζεσθε;¹¹ 34 Οἱ δὲ ἐσιώπων·¹² πρὸς ἀλλήλους γὰρ διελέχθησαν¹³ ἐν τῇ ὁδῷ, τίς μείζων. 35 Καὶ καθίσας¹⁴ ἐφώνησεν¹⁵ τοὺς δώδεκα, καὶ λέγει αὐτοῖς, Εἴ τις θέλει πρῶτος εἶναι, ἔσται πάντων ἔσχατος, καὶ πάντων διάκονος.¹⁶ 36 Καὶ λαβὼν παιδίον, ἔστησεν αὐτὸ ἐν μέσῳ αὐτῶν· καὶ ἐναγκαλισάμενος¹⁷ αὐτό, εἶπεν αὐτοῖς· 37 Ὃς ἐὰν ἓν τῶν τοιούτων παιδίων δέξηται ἐπὶ τῷ ὀνόματί μου, ἐμὲ δέχεται· καὶ ὃς ἐὰν ἐμὲ δέξηται, οὐκ ἐμὲ δέχεται, ἀλλὰ τὸν ἀποστείλαντά με.

38 Ἀπεκρίθη δὲ αὐτῷ Ἰωάννης, λέγων, Διδάσκαλε, εἴδομέν τινα τῷ ὀνόματί σου ἐκβάλλοντα δαιμόνια, ὃς οὐκ ἀκολουθεῖ ἡμῖν· καὶ ἐκωλύσαμεν¹⁸ αὐτόν, ὅτι οὐκ ἀκολουθεῖ ἡμῖν. 39 Ὁ δὲ Ἰησοῦς εἶπεν, Μὴ κωλύετε¹⁹ αὐτόν· οὐδεὶς γάρ ἐστιν ὃς ποιήσει δύναμιν ἐπὶ τῷ ὀνόματί μου, καὶ δυνήσεται ταχὺ²⁰ κακολογῆσαί²¹ με. 40 Ὃς γὰρ οὐκ ἔστιν καθ᾽ ὑμῶν, ὑπὲρ ὑμῶν ἐστιν. 41 Ὃς γὰρ ἂν ποτίσῃ²² ὑμᾶς ποτήριον²³ ὕδατος ἐν ὀνόματί μου, ὅτι χριστοῦ ἐστέ, ἀμὴν λέγω ὑμῖν, οὐ μὴ ἀπολέσῃ τὸν μισθὸν²⁴

---

¹σπαράξαν: AAP-NSN ³κρατήσας: AAP-NSM ⁸παρεπορεύοντο: INI-3P ⁹ἠγνόουν: IAI-3P ¹¹διελογίζεσθε: INI-2P ¹²ἐσιώπων: IAI-3P ¹³διελέχθησαν: AOI-3P ¹⁴καθίσας: AAP-NSM ¹⁵ἐφώνησεν: AAI-3S ¹⁷ἐναγκαλισάμενος: ADP-NSM ¹⁸ἐκωλύσαμεν: AAI-1P ¹⁹κωλύετε: PAM-2P ²¹κακολογῆσαί: AAN ²²ποτίσῃ: AAS-3S

---

¹σπαράσσω, [4] I convulse, throw into spasms. ²ὡσεί, [31] as if, as it were, like; with numbers: about. ³κρατέω, [47] I am strong, mighty, hence: I rule, am master, prevail; I obtain, take hold of; I hold, hold fast. ⁴γένος, ους, τό, [21] offspring, family, race, nation, kind. ⁵προσευχή, ῆς, ἡ, [37] (a) prayer (to God), (b) a place for prayer (used by Jews, perhaps where there was no synagogue). ⁶νηστεία, ας, ἡ, [8] fasting, the day of atonement. ⁷ἐκεῖθεν, [28] thence, from that place. ⁸παραπορεύομαι, [5] I go past, pass by, pass along by. ⁹ἀγνοέω, [22] I do not know, am ignorant of (a person, thing, or fact), sometimes with the idea of willful ignorance. ¹⁰Καπερναούμ, ἡ, [16] Capernaum, a town of Galilee. ¹¹διαλογίζομαι, [16] I reason (with), debate (with), consider. ¹²σιωπάω, [11] I keep silence, am silent, either voluntarily or involuntarily. ¹³διαλέγομαι, [13] I converse, address, preach, lecture; I argue, reason. ¹⁴καθίζω, [48] (a) trans: I make to sit; I set, appoint, (b) intrans: I sit down, am seated, stay. ¹⁵φωνέω, [42] I give forth a sound, hence: (a) of a cock: I crow, (b) of men: I shout, (c) trans: I call (to myself), summon; I invite, address. ¹⁶διάκονος, οῦ, ὁ, ἡ, [30] a waiter, servant; then of any one who performs any service, an administrator. ¹⁷ἐναγκαλίζομαι, [2] I take (fold) in my arms. ¹⁸κωλύω, [23] I prevent, debar, hinder; with infin: from doing so and so. ¹⁹κωλύω, [23] I prevent, debar, hinder; with infin: from doing so and so. ²⁰ταχύ, [12] quickly, speedily. ²¹κακολογέω, [4] I speak evil of, curse, revile, abuse. ²²ποτίζω, [15] I cause to drink, give to drink; irrigate, water. ²³ποτήριον, ου, τό, [33] a drinking cup, the contents of the cup; fig: the portion which God allots. ²⁴μισθός, οῦ, ὁ, [29] (a) pay, wages, salary, (b) reward, recompense, punishment.

αὐτοῦ. **42** Καὶ ὃς ἐὰν σκανδαλίσῃ¹ ἕνα τῶν μικρῶν² τῶν πιστευόντων εἰς ἐμέ, καλόν ἐστιν αὐτῷ μᾶλλον εἰ περίκειται³ λίθος μυλικὸς⁴ περὶ τὸν τράχηλον⁵ αὐτοῦ, καὶ βέβληται εἰς τὴν θάλασσαν. **43** Καὶ ἐὰν σκανδαλίζῃ⁶ σε ἡ χείρ σου, ἀπόκοψον⁷ αὐτήν· καλόν σοι ἐστὶν κυλλὸν⁸ εἰς τὴν ζωὴν εἰσελθεῖν, ἢ τὰς δύο χεῖρας ἔχοντα ἀπελθεῖν εἰς τὴν γέενναν,⁹ εἰς τὸ πῦρ τὸ ἄσβεστον,¹⁰ **44** ὅπου ὁ σκώληξ¹¹ αὐτῶν οὐ τελευτᾷ,¹² καὶ τὸ πῦρ οὐ σβέννυται.¹³ **45** Καὶ ἐὰν ὁ πούς σου σκανδαλίζῃ¹⁴ σε, ἀπόκοψον¹⁵ αὐτόν· καλόν ἐστίν σοι εἰσελθεῖν εἰς τὴν ζωὴν χωλόν,¹⁶ ἢ τοὺς δύο πόδας ἔχοντα βληθῆναι εἰς τὴν γέενναν,⁹ εἰς τὸ πῦρ τὸ ἄσβεστον,¹⁰ **46** ὅπου ὁ σκώληξ¹¹ αὐτῶν οὐ τελευτᾷ,¹⁷ καὶ τὸ πῦρ οὐ σβέννυται.¹⁸ **47** Καὶ ἐὰν ὁ ὀφθαλμός σου σκανδαλίζῃ¹⁹ σε, ἔκβαλε αὐτόν· καλόν σοι ἐστὶν μονόφθαλμον²⁰ εἰσελθεῖν εἰς τὴν βασιλείαν τοῦ θεοῦ, ἢ δύο ὀφθαλμοὺς ἔχοντα βληθῆναι εἰς τὴν γέενναν⁹ τοῦ πυρός, **48** ὅπου ὁ σκώληξ¹¹ αὐτῶν οὐ τελευτᾷ,²¹ καὶ τὸ πῦρ οὐ σβέννυται.²² **49** Πᾶς γὰρ πυρὶ ἁλισθήσεται,²³ καὶ πᾶσα θυσία²⁴ ἁλὶ²⁵ ἁλισθήσεται.²⁶ **50** Καλὸν τὸ ἅλας·²⁷ ἐὰν δὲ τὸ ἅλας²⁷ ἄναλον²⁸ γένηται, ἐν τίνι αὐτὸ ἀρτύσετε;²⁹ Ἔχετε ἐν ἑαυτοῖς ἅλας,²⁷ καὶ εἰρηνεύετε³⁰ ἐν ἀλλήλοις.

A Question concerning Divorce

10 Κἀκεῖθεν³¹ ἀναστὰς ἔρχεται εἰς τὰ ὅρια³² τῆς Ἰουδαίας³³ διὰ τοῦ πέραν³⁴ τοῦ Ἰορδάνου·³⁵ καὶ συμπορεύονται³⁶ πάλιν ὄχλοι πρὸς αὐτόν· καί, ὡς εἰώθει,³⁷ πάλιν ἐδίδασκεν αὐτούς. **2** Καὶ προσελθόντες Φαρισαῖοι ἐπηρώτησαν αὐτόν, Εἰ

---

¹σκανδαλίσῃ: AAS-3S　³περίκειται: PNI-3S　⁶σκανδαλίζῃ: PAS-3S　⁷ἀπόκοψον: AAM-2S　¹²τελευτᾷ: PAI-3S　¹³σβέννυται: PPI-3S　¹⁴σκανδαλίζῃ: PAS-3S　¹⁵ἀπόκοψον: AAM-2S　¹⁷τελευτᾷ: PAI-3S　¹⁸σβέννυται: PPI-3S　¹⁹σκανδαλίζῃ: PAS-3S　²¹τελευτᾷ: PAI-3S　²²σβέννυται: PPI-3S　²³ἁλισθήσεται: FPI-3S　²⁶ἁλισθήσεται: FPI-3S　²⁹ἀρτύσετε: FAI-2P　³⁰εἰρηνεύετε: PAM-2P　³⁶συμπορεύονται: PNI-3P　³⁷εἰώθει: LAI-3S

---

¹σκανδαλίζω, [30] I cause to stumble, cause to sin, cause to become indignant, shock, offend.　²μικρός, ά, όν, [45] little, small.　³περίκειμαι, [5] I lie about, surround; I am encompassed, surrounded, or clothed with, am in submission to.　⁴μυλικός, ή, όν, [1] belonging to a mill.　⁵τράχηλος, ου, ὁ, [7] the neck.　⁶σκανδαλίζω, [30] I cause to stumble, cause to sin, cause to become indignant, shock, offend.　⁷ἀποκόπτω, [6] I smite, cut off, cut loose; mid: I emasculate, castrate, mutilate myself.　⁸κυλλός, ή, όν, [4] crippled, lame, especially in the hands.　⁹γέεννα, ης, ἡ, [12] Gehenna, and originally the name of a valley or cavity near Jerusalem, a place underneath the earth, a place of punishment for evil.　¹⁰ἄσβεστος, ον, [4] inextinguishable, unquenchable.　¹¹σκώληξ, ηκος, ὁ, [3] a gnawing worm; gnawing anguish.　¹²τελευτάω, [12] I end, finish, die, complete.　¹³σβέννυμι, [8] (a) I extinguish, quench, (b) I suppress, thwart.　¹⁴σκανδαλίζω, [30] I cause to stumble, cause to sin, cause to become indignant, shock, offend.　¹⁵ἀποκόπτω, [6] I smite, cut off, cut loose; mid: I emasculate, castrate, mutilate myself.　¹⁶χωλός, ή, όν, [15] lame, deprived of a foot, limping.　¹⁷τελευτάω, [12] I end, finish, die, complete.　¹⁸σβέννυμι, [8] (a) I extinguish, quench, (b) I suppress, thwart.　¹⁹σκανδαλίζω, [30] I cause to stumble, cause to sin, cause to become indignant, shock, offend.　²⁰μονόφθαλμος, ον, [2] one-eyed, with one eye only.　²¹τελευτάω, [12] I end, finish, die, complete.　²²σβέννυμι, [8] (a) I extinguish, quench, (b) I suppress, thwart.　²³ἁλίζω, [3] I salt, sprinkle with salt (of sacrifices or of those who offer sacrifice), keep fresh and sound, and so acceptable to God.　²⁴θυσία, ας, ἡ, [29] abstr. and concr: sacrifice; a sacrifice, offering.　²⁵ἅλς, ἁλός, ὁ, [1] salt.　²⁶ἁλίζω, [3] I salt, sprinkle with salt (of sacrifices or of those who offer sacrifice), keep fresh and sound, and so acceptable to God.　²⁷ἅλας, ατος, τό, [8] salt.　²⁸ἄναλος, ον, [1] saltless, tasteless, flat.　²⁹ἀρτύω, [3] prop: I arrange, make ready; I season, flavor.　³⁰εἰρηνεύω, [4] I am peaceful, keep the peace, am at peace.　³¹κἀκεῖθεν, [9] and thence, and from there; and then afterwards.　³²ὅριον, ου, τό, [11] the boundaries of a place, hence: districts, territory.　³³Ἰουδαία, ας, ἡ, [43] Judea, a Roman province, capital Jerusalem.　³⁴πέραν, [23] over, on the other side, beyond.　³⁵Ἰορδάνης, ου, ὁ, [15] the Jordan, a great river flowing due south and bounding Galilee, Samaria, and Judea on the east.　³⁶συμπορεύομαι, [4] I journey together with; I come together, assemble.　³⁷εἴωθα, [4] I am accustomed, custom, what was customary.

ἔξεστιν[1] ἀνδρὶ γυναῖκα ἀπολῦσαι, πειράζοντες[2] αὐτόν. 3 Ὁ δὲ ἀποκριθεὶς εἶπεν αὐτοῖς, Τί ὑμῖν ἐνετείλατο[3] Μωσῆς; 4 Οἱ δὲ εἶπον, Μωσῆς ἐπέτρεψεν[4] βιβλίον[5] ἀποστασίου[6] γράψαι, καὶ ἀπολῦσαι. 5 Καὶ ἀποκριθεὶς ὁ Ἰησοῦς εἶπεν αὐτοῖς, Πρὸς τὴν σκληροκαρδίαν[7] ὑμῶν ἔγραψεν ὑμῖν τὴν ἐντολὴν ταύτην· 6 ἀπὸ δὲ ἀρχῆς κτίσεως,[8] ἄρσεν[9] καὶ θῆλυ[10] ἐποίησεν αὐτοὺς ὁ θεός. 7 Ἕνεκεν[11] τούτου καταλείψει[12] ἄνθρωπος τὸν πατέρα αὐτοῦ καὶ τὴν μητέρα· καὶ προσκολληθήσεται[13] πρὸς τὴν γυναῖκα αὐτοῦ, 8 καὶ ἔσονται οἱ δύο εἰς σάρκα μίαν. Ὥστε οὐκέτι[14] εἰσὶν δύο, ἀλλὰ μία σάρξ. 9 Ὃ οὖν ὁ θεὸς συνέζευξεν,[15] ἄνθρωπος μὴ χωριζέτω.[16] 10 Καὶ ἐν τῇ οἰκίᾳ πάλιν οἱ μαθηταὶ αὐτοῦ περὶ τοῦ αὐτοῦ ἐπηρώτησαν αὐτόν. 11 Καὶ λέγει αὐτοῖς, Ὃς ἐὰν ἀπολύσῃ τὴν γυναῖκα αὐτοῦ καὶ γαμήσῃ[17] ἄλλην, μοιχᾶται[18] ἐπ᾽ αὐτήν· 12 καὶ ἐὰν γυνὴ ἀπολύσῃ τὸν ἄνδρα αὐτῆς καὶ γαμηθῇ[19] ἄλλῳ, μοιχᾶται.[20]

Jesus Blesses Little Children

13 Καὶ προσέφερον[21] αὐτῷ παιδία ἵνα ἅψηται[22] αὐτῶν· οἱ δὲ μαθηταὶ ἐπετίμων[23] τοῖς προσφέρουσιν.[24] 14 Ἰδὼν δὲ ὁ Ἰησοῦς ἠγανάκτησεν,[25] καὶ εἶπεν αὐτοῖς, Ἄφετε τὰ παιδία ἔρχεσθαι πρός με· μὴ κωλύετε[26] αὐτά· τῶν γὰρ τοιούτων ἐστὶν ἡ βασιλεία τοῦ θεοῦ. 15 Ἀμὴν λέγω ὑμῖν, ὃς ἐὰν μὴ δέξηται τὴν βασιλείαν τοῦ θεοῦ ὡς παιδίον, οὐ μὴ εἰσέλθῃ εἰς αὐτήν. 16 Καὶ ἐναγκαλισάμενος[27] αὐτά, τιθεὶς τὰς χεῖρας ἐπ᾽ αὐτά, εὐλόγει[28] αὐτά.

The Rich Young Man

17 Καὶ ἐκπορευομένου[29] αὐτοῦ εἰς ὁδόν, προσδραμὼν[30] εἷς καὶ γονυπετήσας[31] αὐτὸν ἐπηρώτα αὐτόν, Διδάσκαλε ἀγαθέ, τί ποιήσω ἵνα ζωὴν αἰώνιον κληρονομήσω;[32] 18 Ὁ

---

[1]ἔξεστιν: PAI-3S [2]πειράζοντες: PAP-NPM [3]ἐνετείλατο: ADI-3S [4]ἐπέτρεψεν: AAI-3S [12]καταλείψει: FAI-3S [13]προσκολληθήσεται: FPI-3S [15]συνέζευξεν: AAI-3S [16]χωριζέτω: PAM-3S [17]γαμήσῃ: AAS-3S [18]μοιχᾶται: PNI-3S [19]γαμηθῇ: APS-3S [20]μοιχᾶται: PNI-3S [21]προσέφερον: IAI-3P [22]ἅψηται: AMS-3S [23]ἐπετίμων: IAI-3P [24]προσφέρουσιν: PAP-DPM [25]ἠγανάκτησεν: AAI-3S [26]κωλύετε: PAM-2P [27]ἐναγκαλισάμενος: ADP-NSM [28]εὐλόγει: IAI-3S [29]ἐκπορευομένου: PNP-GSM [30]προσδραμὼν: 2AAP-NSM [31]γονυπετήσας: AAP-NSM [32]κληρονομήσω: AAS-1S

---

[1]ἔξεστιν, [31] it is permitted, lawful, possible. [2]πειράζω, [39] I try, tempt, test. [3]ἐντέλλομαι, [17] I give orders (injunctions, instructions, commands). [4]ἐπιτρέπω, [19] I turn to, commit, entrust; I allow, yield, permit. [5]βιβλίον, ου, τό, [36] a papyrus roll. [6]ἀποστάσιον, ου, τό, [3] repudiation, divorce; met: bill of divorce. [7]σκληροκαρδία, ας, ἡ, [3] hardness of heart, perverseness, obstinacy. [8]κτίσις, εως, ἡ, [19] (often of the founding of a city), (a) abstr: creation, (b) concr: creation, creature, institution; always of Divine work, (c) an institution, ordinance. [9]ἄρσην, ενος, εν, [9] male. [10]θῆλυς, εια, υ, [5] female. [11]ἕνεκεν, [26] for the sake of, on account of, on account of which, wherefore, on account of what, why. [12]καταλείπω, [25] I leave behind, desert, abandon, forsake; I leave remaining, reserve. [13]προσκολλάω, [3] (lit: I glue one thing to another), I join (unite) closely, cleave (to), follow as an adherent. [14]οὐκέτι, [48] no longer, no more. [15]συζεύγνυμι, [2] I yoke together, unite (as man and wife). [16]χωρίζω, [13] (a) I separate, put apart, (b) mid. or pass: I separate myself, depart, withdraw. [17]γαμέω, [29] I marry, used of either sex. [18]μοιχάομαι, [6] I commit adultery, not only of a married woman but of a married man. [19]γαμέω, [29] I marry, used of either sex. [20]μοιχάομαι, [6] I commit adultery, not only of a married woman but of a married man. [21]προσφέρω, [48] (a) I bring to, (b) characteristically: I offer (of gifts, sacrifices, etc). [22]ἅπτομαι, [36] prop: I fasten to; I lay hold of, touch, know carnally. [23]ἐπιτιμάω, [29] (a) I rebuke, chide, admonish, (b) I warn. [24]προσφέρω, [48] (a) I bring to, (b) characteristically: I offer (of gifts, sacrifices, etc). [25]ἀγανακτέω, [7] I am angry, incensed. [26]κωλύω, [23] I prevent, debar, hinder; with infin: from doing so and so. [27]ἐναγκαλίζομαι, [2] I take (fold) in my arms. [28]εὐλογέω, [43] (lit: I speak well of) I bless; pass: I am blessed. [29]ἐκπορεύομαι, [32] I depart from; I am voided, cast out; I proceed from, am spoken; I burst forth, flow out, am spread abroad. [30]προστρέχω, [3] I run to. [31]γονυπετέω, [4] I fall on my knees before (in supplication), supplicate, entreat. [32]κληρονομέω, [18] I inherit, obtain (possess) by inheritance, acquire.

δὲ Ἰησοῦς εἶπεν αὐτῷ, Τί με λέγεις ἀγαθόν; Οὐδεὶς ἀγαθός, εἰ μὴ εἷς, ὁ θεός. **19** Τὰς ἐντολὰς οἶδας, Μὴ μοιχεύσῃς,¹ μὴ φονεύσῃς,² μὴ κλέψῃς,³ μὴ ψευδομαρτυρήσῃς,⁴ μὴ ἀποστερήσῃς,⁵ τίμα⁶ τὸν πατέρα σου καὶ τὴν μητέρα. **20** Ὁ δὲ ἀποκριθεὶς εἶπεν αὐτῷ, Διδάσκαλε, ταῦτα πάντα ἐφυλαξάμην⁷ ἐκ νεότητός⁸ μου. **21** Ὁ δὲ Ἰησοῦς ἐμβλέψας⁹ αὐτῷ ἠγάπησεν αὐτόν, καὶ εἶπεν αὐτῷ, Ἕν σοι ὑστερεῖ·¹⁰ ὕπαγε, ὅσα ἔχεις πώλησον,¹¹ καὶ δὸς πτωχοῖς,¹² καὶ ἕξεις θησαυρὸν¹³ ἐν οὐρανῷ· καὶ δεῦρο,¹⁴ ἀκολούθει μοι, ἄρας τὸν σταυρόν.¹⁵ **22** Ὁ δὲ στυγνάσας¹⁶ ἐπὶ τῷ λόγῳ ἀπῆλθεν λυπούμενος·¹⁷ ἦν γὰρ ἔχων κτήματα¹⁸ πολλά.

23 Καὶ περιβλεψάμενος¹⁹ ὁ Ἰησοῦς λέγει τοῖς μαθηταῖς αὐτοῦ, Πῶς δυσκόλως²⁰ οἱ τὰ χρήματα²¹ ἔχοντες εἰς τὴν βασιλείαν τοῦ θεοῦ εἰσελεύσονται. **24** Οἱ δὲ μαθηταὶ ἐθαμβοῦντο²² ἐπὶ τοῖς λόγοις αὐτοῦ. Ὁ δὲ Ἰησοῦς πάλιν ἀποκριθεὶς λέγει αὐτοῖς, Τέκνα, πῶς δύσκολόν²³ ἐστιν τοὺς πεποιθότας ἐπὶ χρήμασιν²¹ εἰς τὴν βασιλείαν τοῦ θεοῦ εἰσελθεῖν. **25** Εὐκοπώτερόν²⁴ ἐστιν κάμηλον²⁵ διὰ τῆς τρυμαλιᾶς²⁶ τῆς ῥαφίδος²⁷ εἰσελθεῖν, ἢ πλούσιον²⁸ εἰς τὴν βασιλείαν τοῦ θεοῦ εἰσελθεῖν. **26** Οἱ δὲ περισσῶς²⁹ ἐξεπλήσσοντο,³⁰ λέγοντες πρὸς ἑαυτούς, Καὶ τίς δύναται σωθῆναι; **27** Ἐμβλέψας³¹ δὲ αὐτοῖς ὁ Ἰησοῦς λέγει, Παρὰ ἀνθρώποις ἀδύνατον,³² ἀλλ' οὐ παρὰ θεῷ· πάντα γὰρ δυνατά³³ ἐστιν παρὰ τῷ θεῷ. **28** Ἤρξατο ὁ Πέτρος λέγειν αὐτῷ, Ἰδού, ἡμεῖς ἀφήκαμεν πάντα, καὶ ἠκολουθήσαμέν σοι. **29** Ἀποκριθεὶς ὁ Ἰησοῦς εἶπεν, Ἀμὴν λέγω ὑμῖν, οὐδείς ἐστιν ὃς ἀφῆκεν οἰκίαν, ἢ ἀδελφούς, ἢ ἀδελφάς,³⁴ ἢ πατέρα, ἢ μητέρα, ἢ γυναῖκα, ἢ τέκνα, ἢ ἀγρούς,³⁵ ἕνεκεν³⁶ ἐμοῦ καὶ ἕνεκεν³⁶ τοῦ εὐαγγελίου, **30** ἐὰν μὴ λάβῃ

---

¹μοιχεύσῃς: AAS-2S ²φονεύσῃς: AAS-2S ³κλέψῃς: AAS-2S ⁴ψευδομαρτυρήσῃς: AAS-2S ⁵ἀποστερήσῃς: AAS-2S ⁶τίμα: PAM-2S ⁷ἐφυλαξάμην: AMI-1S ⁹ἐμβλέψας: AAP-NSM ¹⁰ὑστερεῖ: PAI-3S ¹¹πώλησον: AAM-2S ¹⁴δεῦρο: PAM-2S ¹⁶στυγνάσας: AAP-NSM ¹⁷λυπούμενος: PPP-NSM ¹⁹περιβλεψάμενος: AMP-NSM ²²ἐθαμβοῦντο: IPI-3P ³⁰ἐξεπλήσσοντο: IPI-3P ³¹Ἐμβλέψας: AAP-NSM

---

¹μοιχεύω, [14] I commit adultery (of a man with a married woman, but also of a married man). ²φονεύω, [12] I murder, kill. ³κλέπτω, [13] I steal. ⁴ψευδομαρτυρέω, [5] I testify falsely, bear false witness. ⁵ἀποστερέω, [6] I defraud, deprive of, despoil; mid: I endure deprivation; pass: I am bereft of. ⁶τιμάω, [21] (a) I value at a price, estimate, (b) I honor, reverence. ⁷φυλάσσω, [30] (a) I guard, protect; mid: I am on my guard, (b) act. and mid. of customs and regulations: I keep, observe. ⁸νεότης, τητος, ἡ, [5] youth, youthfulness. ⁹ἐμβλέπω, [12] I look into (upon); met: I consider; I see clearly. ¹⁰ὑστερέω, [16] I fall behind, am lacking, fall short, suffer need, am inferior to. ¹¹πωλέω, [22] I sell, exchange, barter. ¹²πτωχός, ή, όν, [34] poor, destitute, spiritually poor, either in a good sense (humble devout persons) or bad. ¹³θησαυρός, οῦ, ὁ, [18] a store-house for precious things; hence: a treasure, a store. ¹⁴δεῦρο, [9] (originally: hither, hence) (a) exclamatory: come, (b) temporal: now, the present. ¹⁵σταυρός, οῦ, ὁ, [28] a cross. ¹⁶στυγνάζω, [2] I am gloomy, have a somber countenance, am shocked. ¹⁷λυπέω, [26] I pain, grieve, vex. ¹⁸κτῆμα, ατος, τό, [4] a piece of landed property, a field; plur: possessions, property, possibly landed property, property in land. ¹⁹περιβλέπομαι, [7] I look around on, survey. ²⁰δυσκόλως, [3] with difficulty, hardly. ²¹χρῆμα, ατος, τό, [7] money, riches, possessions. ²²θαμβέω, [3] I amaze; pass: I am amazed (almost terrified). ²³δύσκολος, ον, [1] difficult, hard; of persons: hard to please. ²⁴εὐκοπώτερον, [7] easier. ²⁵κάμηλος, ου, ὁ, ἡ, [6] a camel or dromedary. ²⁶τρυμαλιά, ᾶς, ἡ, [2] the eye of a needle. ²⁷ῥαφίς, ίδος, ἡ, [3] a needle. ²⁸πλούσιος, α, ον, [28] rich, abounding in, wealthy; subst: a rich man. ²⁹περισσῶς, [16] greatly, exceedingly, abundantly, vehemently. ³⁰ἐκπλήσσω, [13] I strike with panic or shock; I amaze, astonish. ³¹ἐμβλέπω, [12] I look into (upon); met: I consider; I see clearly. ³²ἀδύνατος, ον, [10] of persons: incapable; of things: impossible; either the inability, or that which is impossible. ³³δυνατός, ή, όν, [36] (a) of persons: powerful, able, (b) of things: possible. ³⁴ἀδελφή, ῆς, ἡ, [25] a sister, a woman (fellow-)member of a church, a Christian woman. ³⁵ἀγρός, οῦ, ὁ, [35] a field, especially as bearing a crop; the country, lands, property in land, a country estate. ³⁶ἕνεκεν, [26] for the sake of, on account of, on account of which, wherefore, on account of what, why.

ἑκατονταπλασίονα¹ νῦν ἐν τῷ καιρῷ τούτῳ, οἰκίας καὶ ἀδελφοὺς καὶ ἀδελφὰς² καὶ μητέρας καὶ τέκνα καὶ ἀγρούς,³ μετὰ διωγμῶν,⁴ καὶ ἐν τῷ αἰῶνι τῷ ἐρχομένῳ ζωὴν αἰώνιον. 31 Πολλοὶ δὲ ἔσονται πρῶτοι ἔσχατοι, καὶ ἔσχατοι πρῶτοι.

Priority in Christ's Kingdom

32 ῏Ησαν δὲ ἐν τῇ ὁδῷ ἀναβαίνοντες εἰς Ἱεροσόλυμα· καὶ ἦν προάγων⁵ αὐτοὺς ὁ Ἰησοῦς, καὶ ἐθαμβοῦντο,⁶ καὶ ἀκολουθοῦντες ἐφοβοῦντο. Καὶ παραλαβὼν⁷ πάλιν τοὺς δώδεκα, ἤρξατο αὐτοῖς λέγειν τὰ μέλλοντα αὐτῷ συμβαίνειν·⁸ 33 ὅτι Ἰδού, ἀναβαίνομεν εἰς Ἱεροσόλυμα, καὶ ὁ υἱὸς τοῦ ἀνθρώπου παραδοθήσεται τοῖς ἀρχιερεῦσιν καὶ γραμματεῦσιν, καὶ κατακρινοῦσιν⁹ αὐτὸν θανάτῳ, καὶ παραδώσουσιν αὐτὸν τοῖς ἔθνεσιν, 34 καὶ ἐμπαίξουσιν¹⁰ αὐτῷ, καὶ μαστιγώσουσιν¹¹ αὐτόν, καὶ ἐμπτύσουσιν¹² αὐτῷ, καὶ ἀποκτενοῦσιν αὐτόν· καὶ τῇ τρίτῃ ἡμέρᾳ ἀναστήσεται.

35 Καὶ προσπορεύονται¹³ αὐτῷ Ἰάκωβος καὶ Ἰωάννης οἱ υἱοὶ Ζεβεδαίου, λέγοντες, Διδάσκαλε, θέλομεν ἵνα ὃ ἐὰν αἰτήσωμεν, ποιήσῃς ἡμῖν. 36 Ὁ δὲ εἶπεν αὐτοῖς, Τί θέλετε ποιῆσαί με ὑμῖν; 37 Οἱ δὲ εἶπον αὐτῷ, Δὸς ἡμῖν, ἵνα εἷς ἐκ δεξιῶν σου καὶ εἷς ἐξ εὐωνύμων¹⁴ σου καθίσωμεν¹⁵ ἐν τῇ δόξῃ σου. 38 Ὁ δὲ Ἰησοῦς εἶπεν αὐτοῖς, Οὐκ οἴδατε τί αἰτεῖσθε. Δύνασθε πιεῖν τὸ ποτήριον¹⁶ ὃ ἐγὼ πίνω, καὶ τὸ βάπτισμα¹⁷ ὃ ἐγὼ βαπτίζομαι βαπτισθῆναι; 39 Οἱ δὲ εἶπον αὐτῷ, Δυνάμεθα. Ὁ δὲ Ἰησοῦς εἶπεν αὐτοῖς, Τὸ μὲν ποτήριον¹⁶ ὃ ἐγὼ πίνω πίεσθε· καὶ τὸ βάπτισμα¹⁷ ὃ ἐγὼ βαπτίζομαι βαπτισθήσεσθε· 40 τὸ δὲ καθίσαι¹⁸ ἐκ δεξιῶν μου καὶ ἐξ εὐωνύμων¹⁴ οὐκ ἔστιν ἐμὸν δοῦναι, ἀλλ᾽ οἷς ἡτοίμασται.¹⁹ 41 Καὶ ἀκούσαντες οἱ δέκα²⁰ ἤρξαντο ἀγανακτεῖν²¹ περὶ Ἰακώβου καὶ Ἰωάννου. 42 Ὁ δὲ Ἰησοῦς προσκαλεσάμενος²² αὐτοὺς λέγει αὐτοῖς, Οἴδατε ὅτι οἱ δοκοῦντες ἄρχειν²³ τῶν ἐθνῶν κατακυριεύουσιν²⁴ αὐτῶν· καὶ οἱ μεγάλοι αὐτῶν κατεξουσιάζουσιν²⁵ αὐτῶν. 43 Οὐχ οὕτως δὲ ἔσται ἐν ὑμῖν· ἀλλ᾽ ὃς ἐὰν θέλῃ γενέσθαι μέγας ἐν ὑμῖν, ἔσται ὑμῶν διάκονος·²⁶ 44 καὶ ὃς ἐὰν θέλῃ ὑμῶν

---

⁵προάγων: PAP-NSM ⁶ἐθαμβοῦντο: IPI-3P ⁷παραλαβὼν: 2AAP-NSM ⁸συμβαίνειν: PAN ⁹κατακρινοῦσιν: FAI-3P ¹⁰ἐμπαίξουσιν: FAI-3P ¹¹μαστιγώσουσιν: FAI-3P ¹²ἐμπτύσουσιν: FAI-3P ¹³προσπορεύονται: PNI-3P ¹⁵καθίσωμεν: AAS-1P ¹⁸καθίσαι: AAN ¹⁹ἡτοίμασται: RPI-3S ²¹ἀγανακτεῖν: PAN ²²προσκαλεσάμενος: ADP-NSM ²³ἄρχειν: PAN ²⁴κατακυριεύουσιν: PAI-3P ²⁵κατεξουσιάζουσιν: PAI-3P

---

¹ἑκατονταπλασίων, ον, [3] a hundredfold. ²ἀδελφή, ῆς, ἡ, [25] a sister, a woman (fellow-)member of a church, a Christian woman. ³ἀγρός, οῦ, ὁ, [35] a field, especially as bearing a crop; the country, lands, property in land, a country estate. ⁴διωγμός, οῦ, ὁ, [10] chase, pursuit; persecution. ⁵προάγω, [18] (a) trans: I lead forth; in the judicial sense, into court, (b) intrans. and trans: I precede, go before, (c) intrans: I go too far. ⁶θαμβέω, [3] I amaze; pass: I am amazed (almost terrified). ⁷παραλαμβάνω, [49] I take from, receive from, or: I take to, receive (apparently not used of money), admit, acknowledge; I take with me. ⁸συμβαίνω, [8] I happen, occur, meet. ⁹κατακρίνω, [17] I condemn, judge worthy of punishment. ¹⁰ἐμπαίζω, [13] I mock, ridicule. ¹¹μαστιγόω, [7] I flog, scourge, the victim being strapped to a pole or frame; met: I chastise. ¹²ἐμπτύω, [6] I spit upon. ¹³προσπορεύομαι, [1] I come to, approach. ¹⁴εὐώνυμος, ον, [10] (lit: well-named, to avoid the evil omen attaching to the left), on the left-hand side, left. ¹⁵καθίζω, [48] (a) trans: I make to sit; I set, appoint, (b) intrans: I sit down, am seated, stay. ¹⁶ποτήριον, ου, τό, [33] a drinking cup, the contents of the cup; fig: the portion which God allots. ¹⁷βάπτισμα, ατος, τό, [22] the rite or ceremony of baptism. ¹⁸καθίζω, [48] (a) trans: I make to sit; I set, appoint, (b) intrans: I sit down, am seated, stay. ¹⁹ἑτοιμάζω, [40] I make ready, prepare. ²⁰δέκα, [27] ten. ²¹ἀγανακτέω, [7] I am angry, incensed. ²²προσκαλέω, [31] I call to myself, summon. ²³ἄρχω, [2] I reign, rule. ²⁴κατακυριεύω, [4] I exercise authority over, overpower, master. ²⁵κατεξουσιάζω, [2] I have (exercise) power (authority) over. ²⁶διάκονος, οῦ, ὁ, ἡ, [30] a waiter, servant; then of any one who performs any service, an administrator.

γενέσθαι πρῶτος, ἔσται πάντων δοῦλος. 45 Καὶ γὰρ ὁ υἱὸς τοῦ ἀνθρώπου οὐκ ἦλθεν διακονηθῆναι,[1] ἀλλὰ διακονῆσαι,[2] καὶ δοῦναι τὴν ψυχὴν αὐτοῦ λύτρον[3] ἀντὶ[4] πολλῶν.

The Healing of Bartimaeus

46 Καὶ ἔρχονται εἰς Ἰεριχώ·[5] καὶ ἐκπορευομένου[6] αὐτοῦ ἀπὸ Ἰεριχώ,[5] καὶ τῶν μαθητῶν αὐτοῦ, καὶ ὄχλου ἱκανοῦ,[7] υἱὸς Τιμαίου Βαρτίμαιος ὁ τυφλὸς ἐκάθητο παρὰ τὴν ὁδὸν προσαιτῶν.[8] 47 Καὶ ἀκούσας ὅτι Ἰησοῦς ὁ Ναζωραῖός[9] ἐστιν, ἤρξατο κράζειν καὶ λέγειν, Ὁ υἱὸς Δαυίδ, Ἰησοῦ, ἐλέησόν[10] με. 48 Καὶ ἐπετίμων[11] αὐτῷ πολλοί, ἵνα σιωπήσῃ·[12] ὁ δὲ πολλῷ μᾶλλον ἔκραζεν, Υἱὲ Δαυίδ, ἐλέησόν[13] με. 49 Καὶ στὰς ὁ Ἰησοῦς εἶπεν αὐτὸν φωνηθῆναι·[14] καὶ φωνοῦσιν[15] τὸν τυφλόν, λέγοντες αὐτῷ, Θάρσει·[16] ἔγειραι, φωνεῖ[17] σε. 50 Ὁ δὲ ἀποβαλὼν[18] τὸ ἱμάτιον αὐτοῦ ἀναστὰς ἦλθεν πρὸς τὸν Ἰησοῦν. 51 Καὶ ἀποκριθεὶς λέγει αὐτῷ ὁ Ἰησοῦς, Τί θέλεις ποιήσω σοί; Ὁ δὲ τυφλὸς εἶπεν αὐτῷ, Ῥαββουνί,[19] ἵνα ἀναβλέψω.[20] 52 Ὁ δὲ Ἰησοῦς εἶπεν αὐτῷ, Ὕπαγε· ἡ πίστις σου σέσωκέν σε. Καὶ εὐθέως ἀνέβλεψεν,[21] καὶ ἠκολούθει τῷ Ἰησοῦ ἐν τῇ ὁδῷ.

Christ's Entry into Jerusalem

11 Καὶ ὅτε ἐγγίζουσιν[22] εἰς Ἰερουσαλήμ, εἰς Βηθσφαγὴ[23] καὶ Βηθανίαν,[24] πρὸς τὸ ὄρος τῶν Ἐλαιῶν,[25] ἀποστέλλει δύο τῶν μαθητῶν αὐτοῦ, 2 καὶ λέγει αὐτοῖς, Ὑπάγετε εἰς τὴν κώμην[26] τὴν κατέναντι[27] ὑμῶν· καὶ εὐθέως εἰσπορευόμενοι[28] εἰς αὐτὴν

---

[1] διακονηθῆναι: APN　[2] διακονῆσαι: AAN　[6] ἐκπορευομένου: PNP-GSM　[8] προσαιτῶν: PAP-NSM　[10] ἐλέησόν: AAM-2S　[11] ἐπετίμων: IAI-3P　[12] σιωπήσῃ: AAS-3S　[13] ἐλέησόν: AAM-2S　[14] φωνηθῆναι: APN　[15] φωνοῦσιν: PAI-3P　[16] Θάρσει: PAM-2S　[17] φωνεῖ: PAI-3S　[18] ἀποβαλὼν: 2AAP-NSM　[20] ἀναβλέψω: AAS-1S　[21] ἀνέβλεψεν: AAI-3S　[22] ἐγγίζουσιν: PAI-3P　[28] εἰσπορευόμενοι: PNP-NPM

---

[1] διακονέω, [37] I wait at table (particularly of a slave who waits on guests); I serve (generally).　[2] διακονέω, [37] I wait at table (particularly of a slave who waits on guests); I serve (generally).　[3] λύτρον, ου, τό, [2] the purchasing money for manumitting slaves, a ransom, the price of ransoming; especially the sacrifice by which expiation is effected, an offering of expiation.　[4] ἀντί, [22] (a) instead of, in return for, over against, opposite, in exchange for, as a substitute for, (b) on my behalf, (c) wherefore, because.　[5] Ἰεριχώ, ἡ, [7] Jericho, a city a little north of the Dead Sea.　[6] ἐκπορεύομαι, [32] I depart from; I am voided, cast out; I proceed from, am spoken; I burst forth, flow out, am spread abroad.　[7] ἱκανός, ἡ, όν, [41] (a) considerable, sufficient, of number, quantity, time, (b) of persons: sufficiently strong (good, etc.), worthy, suitable, with various constructions, (c) many, much.　[8] προσαιτέω, [3] I beg, ask earnestly, ask for in addition.　[9] Ναζωραῖος, ου, ὁ, [15] a Nazarene, an inhabitant of Nazareth.　[10] ἐλεέω, [31] I pity, have mercy on.　[11] ἐπιτιμάω, [29] (a) I rebuke, chide, admonish, (b) I warn.　[12] σιωπάω, [11] I keep silence, am silent, either voluntarily or involuntarily.　[13] ἐλεέω, [31] I pity, have mercy on.　[14] φωνέω, [42] I give forth a sound, hence: (a) of a cock: I crow, (b) of men: I shout, (c) trans: I call (to myself), summon; I invite, address.　[15] φωνέω, [42] I give forth a sound, hence: (a) of a cock: I crow, (b) of men: I shout, (c) trans: I call (to myself), summon; I invite, address.　[16] θαρσέω, [8] I am of good courage, good cheer, am bold.　[17] φωνέω, [42] I give forth a sound, hence: (a) of a cock: I crow, (b) of men: I shout, (c) trans: I call (to myself), summon; I invite, address.　[18] ἀποβάλλω, [3] I throw away from, throw overboard, cast aside.　[19] ῥαββουνί, [2] Rabbi, my master, teacher; a title of respect often applied to Christ.　[20] ἀναβλέπω, [26] I look up, recover my sight.　[21] ἀναβλέπω, [26] I look up, recover my sight.　[22] ἐγγίζω, [43] trans: I bring near; intrans: I come near, approach.　[23] Βηθφαγή, ἡ, [3] Bethphage, a village in the neighborhood of Jerusalem, on the Mt. of Olives.　[24] Βηθανία, ας, ἡ, [12] (a) Bethany, the home of Lazarus, Martha, and Mary, near Jerusalem, (b) Bethany, beyond Jordan.　[25] ἐλαία, ας, ἡ, [15] an olive tree; the Mount of Olives.　[26] κώμη, ης, ἡ, [28] a village, country town.　[27] κατέναντι, [5] opposite, in front (of), over against.　[28] εἰσπορεύομαι, [17] I journey in(to), I go in(to), enter, intervene.

εὑρήσετε πῶλον¹ δεδεμένον,² ἐφ᾽ ὃν οὐδεὶς ἀνθρώπων κεκάθικεν·³ λύσαντες⁴ αὐτὸν ἀγάγετε. 3 Καὶ ἐάν τις ὑμῖν εἴπῃ, Τί ποιεῖτε τοῦτο; εἴπατε, ὅτι Ὁ κύριος αὐτοῦ χρείαν⁵ ἔχει· καὶ εὐθέως αὐτὸν ἀποστέλλει ὧδε. 4 Ἀπῆλθον δὲ καὶ εὖρον πῶλον¹ δεδεμένον⁶ πρὸς τὴν θύραν⁷ ἔξω ἐπὶ τοῦ ἀμφόδου,⁸ καὶ λύουσιν⁹ αὐτόν. 5 Καί τινες τῶν ἐκεῖ ἑστηκότων ἔλεγον αὐτοῖς, Τί ποιεῖτε λύοντες¹⁰ τὸν πῶλον; 6 Οἱ δὲ εἶπον αὐτοῖς καθὼς ἐνετείλατο¹¹ ὁ Ἰησοῦς· καὶ ἀφῆκαν αὐτούς. 7 Καὶ ἤγαγον τὸν πῶλον¹ πρὸς τὸν Ἰησοῦν, καὶ ἐπέβαλον¹² αὐτῷ τὰ ἱμάτια αὐτῶν, καὶ ἐκάθισεν¹³ ἐπ᾽ αὐτῷ. 8 Πολλοὶ δὲ τὰ ἱμάτια αὐτῶν ἔστρωσαν¹⁴ εἰς τὴν ὁδόν· ἄλλοι δὲ στοιβάδας¹⁵ ἔκοπτον¹⁶ ἐκ τῶν δένδρων,¹⁷ καὶ ἐστρώννυον¹⁸ εἰς τὴν ὁδόν. 9 Καὶ οἱ προάγοντες¹⁹ καὶ οἱ ἀκολουθοῦντες ἔκραζον, λέγοντες, Ὡσαννά.²⁰ Εὐλογημένος²¹ ὁ ἐρχόμενος ἐν ὀνόματι κυρίου. 10 Εὐλογημένη²² ἡ ἐρχομένη βασιλεία ἐν ὀνόματι κυρίου τοῦ πατρὸς ἡμῶν Δαυίδ. Ὡσαννὰ²⁰ ἐν τοῖς ὑψίστοις.²³

11 Καὶ εἰσῆλθεν εἰς Ἱεροσόλυμα ὁ Ἰησοῦς, καὶ εἰς τὸ ἱερόν· καὶ περιβλεψάμενος²⁴ πάντα, ὀψίας²⁵ ἤδη οὔσης τῆς ὥρας, ἐξῆλθεν εἰς Βηθανίαν²⁶ μετὰ τῶν δώδεκα.

The Miracle of the Fig-Tree

12 Καὶ τῇ ἐπαύριον²⁷ ἐξελθόντων αὐτῶν ἀπὸ Βηθανίας,²⁶ ἐπείνασεν.²⁸ 13 Καὶ ἰδὼν συκῆν²⁹ μακρόθεν,³⁰ ἔχουσαν φύλλα,³¹ ἦλθεν εἰ ἄρα³² εὑρήσει τι ἐν αὐτῇ· καὶ ἐλθὼν ἐπ᾽ αὐτήν, οὐδὲν εὖρεν εἰ μὴ φύλλα·³¹ οὐ γὰρ ἦν καιρὸς σύκων.³³ 14 Καὶ ἀποκριθεὶς ὁ Ἰησοῦς εἶπεν αὐτῇ, Μηκέτι³⁴ ἐκ σοῦ εἰς τὸν αἰῶνα μηδεὶς καρπὸν φάγοι. Καὶ ἤκουον οἱ μαθηταὶ αὐτοῦ.

---

²δεδεμένον: RPP-ASM   ³κεκάθικεν: RAI-3S   ⁴λύσαντες: AAP-NPM   ⁶δεδεμένον: RPP-ASM   ⁹λύουσιν: PAI-3P ¹⁰λύοντες: PAP-NPM   ¹¹ἐνετείλατο: ADI-3S   ¹²ἐπέβαλον: 2AAI-3P   ¹³ἐκάθισεν: AAI-3S   ¹⁴ἔστρωσαν: AAI-3P ¹⁶ἔκοπτον: IAI-3P   ¹⁸ἐστρώννυον: IAI-3P   ¹⁹προάγοντες: PAP-NPM   ²¹Εὐλογημένος: RPP-NSM   ²²Εὐλογημένη: RPP-NSF   ²⁴περιβλεψάμενος: AMP-NSM   ²⁸ἐπείνασεν: AAI-3S

---

¹πῶλος, ου, ὁ, [12] a colt, young ass, foal.   ²δέω, [44] I bind, tie, fasten; I impel, compel; I declare to be prohibited and unlawful.   ³καθίζω, [48] (a) trans: I make to sit; I set, appoint, (b) intrans: I sit down, am seated, stay.   ⁴λύω, [42] (a) I loose, untie, release, (b) met: I break, destroy, set at naught, contravene; I break up a meeting, annul.   ⁵χρεία, ας, ἡ, [49] need, necessity, business.   ⁶δέω, [44] I bind, tie, fasten; I impel, compel; I declare to be prohibited and unlawful.   ⁷θύρα, ας, ἡ, [39] (a) a door, (b) met: an opportunity. ⁸ἄμφοδον, ου, τό, [1] prop: a road around anything; the street of a village.   ⁹λύω, [42] (a) I loose, untie, release, (b) met: I break, destroy, set at naught, contravene; I break up a meeting, annul.   ¹⁰λύω, [42] (a) I loose, untie, release, (b) met: I break, destroy, set at naught, contravene; I break up a meeting, annul.   ¹¹ἐντέλλομαι, [17] I give orders (injunctions, instructions, commands).   ¹²ἐπιβάλλω, [18] (a) I throw upon, cast over, (b) I place upon, (c) I lay, (d) intrans: I strike upon, rush.   ¹³καθίζω, [48] (a) trans: I make to sit; I set, appoint, (b) intrans: I sit down, am seated, stay.   ¹⁴στρωννύω, [7] I spread, make a bed.   ¹⁵στοιβάς, άδος, ἡ, [1] a bough, branch of a tree.   ¹⁶κόπτω, [8] (a) I cut, cut off, strike, smite, (b) mid: I beat my breast or head in lamentation, lament, mourn, sometimes with acc. of person whose loss is mourned.   ¹⁷δένδρον, ου, τό, [26] a tree.   ¹⁸στρωννύω, [7] I spread, make a bed.   ¹⁹προάγω, [18] (a) trans: I lead forth; in the judicial sense, into court, (b) intrans. and trans: I precede, go before, (c) intrans: I go too far.   ²⁰ὡσαννά, [6] (Aramaic and Hebrew, originally a cry for help), hosanna!, a cry of happiness.   ²¹εὐλογέω, [43] (lit: I speak well of) I bless; pass: I am blessed. ²²εὐλογέω, [43] (lit: I speak well of) I bless; pass: I am blessed.   ²³ὕψιστος, η, ον, [13] highest, most high, the heights.   ²⁴περιβλέπομαι, [7] I look around on, survey.   ²⁵ὄψιος, α, ον, [15] late, evening.   ²⁶Βηθανία, ας, ἡ, [12] (a) Bethany, the home of Lazarus, Martha, and Mary, near Jerusalem, (b) Bethany, beyond Jordan. ²⁷ἐπαύριον, [17] tomorrow.   ²⁸πεινάω, [23] I am hungry, needy, desire earnestly.   ²⁹συκῆ, ῆς, ἡ, [16] a fig-tree. ³⁰μακρόθεν, [14] from a (long) distance, afar.   ³¹φύλλον, ου, τό, [6] a leaf.   ³²ἆρα, [19] a particle asking a question, to which a negative answer is expected.   ³³σῦκον, ου, τό, [4] a (ripe) fig.   ³⁴μηκέτι, [21] no longer, no more.

15 Καὶ ἔρχονται εἰς Ἱεροσόλυμα· καὶ εἰσελθὼν ὁ Ἰησοῦς εἰς τὸ ἱερὸν ἤρξατο ἐκβάλλειν τοὺς πωλοῦντας¹ καὶ ἀγοράζοντας² ἐν τῷ ἱερῷ· καὶ τὰς τραπέζας³ τῶν κολλυβιστῶν,⁴ καὶ τὰς καθέδρας⁵ τῶν πωλούντων⁶ τὰς περιστερὰς⁷ κατέστρεψεν·⁸ **16** καὶ οὐκ ἤφιεν ἵνα τις διενέγκῃ⁹ σκεῦος¹⁰ διὰ τοῦ ἱεροῦ. **17** Καὶ ἐδίδασκεν, λέγων αὐτοῖς, Οὐ γέγραπται ὅτι Ὁ οἶκός μου οἶκος προσευχῆς¹¹ κληθήσεται πᾶσιν τοῖς ἔθνεσιν; Ὑμεῖς δὲ ἐποιήσατε αὐτὸν σπήλαιον¹² λῃστῶν.¹³ **18** Καὶ ἤκουσαν οἱ γραμματεῖς καὶ οἱ ἀρχιερεῖς, καὶ ἐζήτουν πῶς αὐτὸν ἀπολέσωσιν· ἐφοβοῦντο γὰρ αὐτόν, ὅτι πᾶς ὁ ὄχλος ἐξεπλήσσετο¹⁴ ἐπὶ τῇ διδαχῇ¹⁵ αὐτοῦ.

19 Καὶ ὅτε ὀψὲ¹⁶ ἐγένετο, ἐξεπορεύετο¹⁷ ἔξω τῆς πόλεως.

20 Καὶ πρωὶ¹⁸ παραπορευόμενοι,¹⁹ εἶδον τὴν συκῆν²⁰ ἐξηραμμένην²¹ ἐκ ῥιζῶν.²² **21** Καὶ ἀναμνησθεὶς²³ ὁ Πέτρος λέγει αὐτῷ, Ῥαββί,²⁴ ἴδε,²⁵ ἡ συκῆ²⁰ ἣν κατηράσω²⁶ ἐξήρανται.²⁷ **22** Καὶ ἀποκριθεὶς ὁ Ἰησοῦς λέγει αὐτοῖς, Ἔχετε πίστιν θεοῦ. **23** Ἀμὴν γὰρ λέγω ὑμῖν ὅτι ὃς ἂν εἴπῃ τῷ ὄρει τούτῳ, Ἄρθητι, καὶ βλήθητι εἰς τὴν θάλασσαν, καὶ μὴ διακριθῇ²⁸ ἐν τῇ καρδίᾳ αὐτοῦ, ἀλλὰ πιστεύσῃ ὅτι ἃ λέγει γίνεται· ἔσται αὐτῷ ὃ ἐὰν εἴπῃ. **24** Διὰ τοῦτο λέγω ὑμῖν, Πάντα ὅσα ἂν προσευχόμενοι αἰτῆσθε, πιστεύετε ὅτι λαμβάνετε, καὶ ἔσται ὑμῖν. **25** Καὶ ὅταν στήκητε²⁹ προσευχόμενοι, ἀφίετε εἴ τι ἔχετε κατά τινος· ἵνα καὶ ὁ πατὴρ ὑμῶν ὁ ἐν τοῖς οὐρανοῖς ἀφῇ ὑμῖν τὰ παραπτώματα³⁰ ὑμῶν. **26** Εἰ δὲ ὑμεῖς οὐκ ἀφίετε, οὐδὲ ὁ πατὴρ ὑμῶν ὁ ἐν τοῖς οὐρανοῖς ἀφήσει τὰ παραπτώματα³⁰ ὑμῶν.

The Question concerning Christ's Authority

27 Καὶ ἔρχονται πάλιν εἰς Ἱεροσόλυμα· καὶ ἐν τῷ ἱερῷ περιπατοῦντος αὐτοῦ, ἔρχονται πρὸς αὐτὸν οἱ ἀρχιερεῖς καὶ οἱ γραμματεῖς καὶ οἱ πρεσβύτεροι, **28** καὶ λέγουσιν αὐτῷ, Ἐν ποίᾳ³¹ ἐξουσίᾳ ταῦτα ποιεῖς; Καὶ τίς σοι τὴν ἐξουσίαν ταύτην

---

¹πωλοῦντας: PAP-APM   ²ἀγοράζοντας: PAP-APM   ⁶πωλούντων: PAP-GPM   ⁸κατέστρεψεν: AAI-3S   ⁹διενέγκῃ: 2AAS-3S   ¹⁴ἐξεπλήσσετο: IPI-3S   ¹⁷ἐξεπορεύετο: INI-3S   ¹⁹παραπορευόμενοι: PNP-NPM   ²¹ἐξηραμμένην: RPP-ASF   ²³ἀναμνησθεὶς: AOP-NSM   ²⁵ἴδε: 2AAM-2S   ²⁶κατηράσω: ADI-2S   ²⁷ἐξήρανται: RPI-3S   ²⁸διακριθῇ: APS-3S   ²⁹στήκητε: PAS-2P

---

¹πωλέω, [22] I sell, exchange, barter.   ²ἀγοράζω, [31] I buy.   ³τράπεζα, ης, ἡ, [15] a table, (a) for food or banqueting, (b) for money-changing or business.   ⁴κολλυβιστής, ου, ὁ, [3] a money-changer, who changed heathen into Jewish money, for payment into the Temple treasury.   ⁵καθέδρα, ας, ἡ, [3] a seat, chair.   ⁶πωλέω, [22] I sell, exchange, barter.   ⁷περιστερά, άς, ἡ, [10] a dove, pigeon.   ⁸καταστρέφω, [2] I overturn, overthrow.   ⁹διαφέρω, [13] (a) trans: I carry through, hither and thither, (b) intrans: I am different, differ, and sometimes: I surpass, excel.   ¹⁰σκεῦος, ους, τό, [23] a vessel to contain liquid; a vessel of mercy or wrath; any instrument by which anything is done; a household utensil; of ships: tackle.   ¹¹προσευχή, ῆς, ἡ, [37] (a) prayer (to God), (b) a place for prayer (used by Jews, perhaps where there was no synagogue).   ¹²σπήλαιον, ου, τό, [6] a cave, den, hideout.   ¹³λῃστής, οῦ, ὁ, [15] a robber, brigand, bandit.   ¹⁴ἐκπλήσσω, [13] I strike with panic or shock; I amaze, astonish.   ¹⁵διδαχή, ῆς, ἡ, [30] teaching, doctrine, what is taught.   ¹⁶ὀψέ, [3] late, in the evening.   ¹⁷ἐκπορεύομαι, [32] I depart from; I am voided, cast out; I proceed from, am spoken; I burst forth, flow out, am spread abroad.   ¹⁸πρωΐ, [11] early in the morning, at dawn.   ¹⁹παραπορεύομαι, [5] I go past, pass by, pass along by.   ²⁰συκῆ, ῆς, ἡ, [16] a fig-tree.   ²¹ξηραίνω, [16] I dry up, parch, am ripened, wither, waste away.   ²²ῥίζα, ης, ἡ, [17] a root, shoot, source; that which comes from the root, a descendent.   ²³ἀναμιμνήσκω, [6] I remind, admonish, am reminded, remind myself; pass: I remember, recall.   ²⁴ῥαββί, [17] Rabbi, my master, teacher; a title of respect often applied to Christ.   ²⁵ἴδε, [35] See! Lo! Behold! Look!   ²⁶καταράομαι, [6] I curse.   ²⁷ξηραίνω, [16] I dry up, parch, am ripened, wither, waste away.   ²⁸διακρίνω, [19] I separate, distinguish, discern one thing from another; I doubt, hesitate, waver.   ²⁹στήκω, [8] I stand fast, stand firm, persevere.   ³⁰παράπτωμα, ατος, τό, [23] a falling away, lapse, slip, false step, trespass, sin.   ³¹ποῖος, α, ον, [34] of what sort.

ἔδωκεν ἵνα ταῦτα ποιῇς; **29** Ὁ δὲ Ἰησοῦς ἀποκριθεὶς εἶπεν αὐτοῖς, Ἐπερωτήσω ὑμᾶς καὶ ἐγὼ ἕνα λόγον, καὶ ἀποκρίθητέ μοι, καὶ ἐρῶ ὑμῖν ἐν ποίᾳ¹ ἐξουσίᾳ ταῦτα ποιῶ. **30** Τὸ βάπτισμα² Ἰωάννου ἐξ οὐρανοῦ ἦν, ἢ ἐξ ἀνθρώπων; Ἀποκρίθητέ μοι. **31** Καὶ ἐλογίζοντο³ πρὸς ἑαυτούς, λέγοντες, Ἐὰν εἴπωμεν, Ἐξ οὐρανοῦ, ἐρεῖ, Διὰ τί οὖν οὐκ ἐπιστεύσατε αὐτῷ; **32** Ἀλλ᾽ εἴπωμεν, Ἐξ ἀνθρώπων, ἐφοβοῦντο τὸν λαόν· ἅπαντες⁴ γὰρ εἶχον τὸν Ἰωάννην, ὅτι ὄντως⁵ προφήτης ἦν. **33** Καὶ ἀποκριθέντες λέγουσιν τῷ Ἰησοῦ, Οὐκ οἴδαμεν. Καὶ ὁ Ἰησοῦς ἀποκριθεὶς λέγει αὐτοῖς, Οὐδὲ ἐγὼ λέγω ὑμῖν ἐν ποίᾳ¹ ἐξουσίᾳ ταῦτα ποιῶ.

The Parable of the Vineyard

12 Καὶ ἤρξατο αὐτοῖς ἐν παραβολαῖς λέγειν, Ἀμπελῶνα⁶ ἐφύτευσεν⁷ ἄνθρωπος, καὶ περιέθηκεν⁸ φραγμόν,⁹ καὶ ὤρυξεν¹⁰ ὑπολήνιον,¹¹ καὶ ᾠκοδόμησεν¹² πύργον,¹³ καὶ ἐξέδοτο¹⁴ αὐτὸν γεωργοῖς,¹⁵ καὶ ἀπεδήμησεν.¹⁶ **2** Καὶ ἀπέστειλεν πρὸς τοὺς γεωργοὺς¹⁵ τῷ καιρῷ δοῦλον, ἵνα παρὰ τῶν γεωργῶν¹⁵ λάβῃ ἀπὸ τοῦ καρποῦ τοῦ ἀμπελῶνος.⁶ **3** Οἱ δὲ λαβόντες αὐτὸν ἔδειραν,¹⁷ καὶ ἀπέστειλαν κενόν.¹⁸ **4** Καὶ πάλιν ἀπέστειλεν πρὸς αὐτοὺς ἄλλον δοῦλον· κἀκεῖνον¹⁹ λιθοβολήσαντες²⁰ ἐκεφαλαίωσαν,²¹ καὶ ἀπέστειλαν ἠτιμωμένον.²² **5** Καὶ πάλιν ἄλλον ἀπέστειλεν· κἀκεῖνον¹⁹ ἀπέκτειναν· καὶ πολλοὺς ἄλλους, τοὺς μὲν δέροντες,²³ τοὺς δὲ ἀποκτένοντες. **6** Ἔτι οὖν ἕνα υἱὸν ἔχων ἀγαπητὸν αὐτοῦ, ἀπέστειλεν καὶ αὐτὸν πρὸς αὐτοὺς ἔσχατον, λέγων ὅτι Ἐντραπήσονται²⁴ τὸν υἱόν μου. **7** Ἐκεῖνοι δὲ οἱ γεωργοὶ¹⁵ εἶπον πρὸς ἑαυτοὺς ὅτι Οὗτός ἐστιν ὁ κληρονόμος·²⁵ δεῦτε,²⁶ ἀποκτείνωμεν αὐτόν, καὶ ἡμῶν ἔσται ἡ κληρονομία.²⁷ **8** Καὶ λαβόντες αὐτὸν ἀπέκτειναν, καὶ ἐξέβαλον ἔξω τοῦ ἀμπελῶνος.⁶ **9** Τί οὖν ποιήσει ὁ κύριος τοῦ ἀμπελῶνος;⁶ Ἐλεύσεται καὶ ἀπολέσει τοὺς γεωργούς,¹⁵ καὶ δώσει τὸν ἀμπελῶνα⁶ ἄλλοις. **10** Οὐδὲ τὴν γραφὴν ταύτην ἀνέγνωτε,²⁸ Λίθον ὃν ἀπεδοκίμασαν²⁹

---

³*ἐλογίζοντο*: INI-3P ⁷*ἐφύτευσεν*: AAI-3S ⁸*περιέθηκεν*: AAI-3S ¹⁰*ὤρυξεν*: AAI-3S ¹²*ᾠκοδόμησεν*: AAI-3S ¹⁴*ἐξέδοτο*: 2AMI-3S ¹⁶*ἀπεδήμησεν*: AAI-3S ¹⁷*ἔδειραν*: AAI-3P ²⁰*λιθοβολήσαντες*: AAP-NPM ²¹*ἐκεφαλαίωσαν*: AAI-3P ²²*ἠτιμωμένον*: RPP-ASM ²³*δέροντες*: PAP-NPM ²⁴*Ἐντραπήσονται*: 2FPI-3P ²⁶*δεῦτε*: PAM-2P ²⁸*ἀνέγνωτε*: 2AAI-2P ²⁹*ἀπεδοκίμασαν*: AAI-3P

---

¹*ποῖος, α, ον,* [34] *of what sort.* ²*βάπτισμα, ατος, τό,* [22] *the rite or ceremony of baptism.* ³*λογίζομαι,* [41] *I reckon, count, charge with; reason, decide, conclude; think, suppose.* ⁴*ἅπας, ασα, αν,* [39] *all, the whole, altogether.* ⁵*ὄντως,* [10] *really, truly, actually.* ⁶*ἀμπελών, ῶνος, ὁ,* [23] *a vineyard.* ⁷*φυτεύω,* [11] *I plant, set.* ⁸*περιτίθημι,* [8] *I place or put around, clothe; fig: I bestow, confer.* ⁹*φραγμός, οῦ, ὁ,* [4] *a hedge, fence, partition.* ¹⁰*ὀρύσσω,* [3] *I dig, dig out, excavate.* ¹¹*ὑπολήνιον, ου, τό,* [1] *a wine-vat, pit under the wine-press dug in the ground.* ¹²*οἰκοδομέω,* [39] *I erect a building, build; fig. of the building up of character: I build up, edify, encourage.* ¹³*πύργος, ου, ὁ,* [4] *a tower, fortified structure.* ¹⁴*ἐκδίδωμι,* [4] *I give out, let; middle: I let out for my own advantage.* ¹⁵*γεωργός, οῦ, ὁ,* [19] *a worker of the soil, husbandman, farmer, farm-laborer, vine-dresser.* ¹⁶*ἀποδημέω,* [6] *I am away from home, go into another country, am away, am abroad.* ¹⁷*δέρω,* [15] *I flay, flog, scourge, beat.* ¹⁸*κενός, ή, όν,* [18] *(a) empty, (b) met: empty (in moral content), vain, ineffective, foolish, worthless, (c) false, unreal, pretentious, hollow.* ¹⁹*κἀκεῖνος, η, ο,* [21] *and he, she, it, and that.* ²⁰*λιθοβολέω,* [9] *I stone, cast stones (at), kill by stoning.* ²¹*κεφαλαιόω,* [1] *I wound in the head.* ²²*ἀτιμόω,* [1] *I dishonor, treat shamefully.* ²³*δέρω,* [15] *I flay, flog, scourge, beat.* ²⁴*ἐντρέπω,* [9] *(a) I turn to confusion, put to shame, (b) mid: I reverence, regard.* ²⁵*κληρονόμος, ου, ὁ,* [15] *an heir, an inheritor.* ²⁶*δεῦτε,* [13] *come hither, come, hither, an exclamatory word.* ²⁷*κληρονομία, ας, ἡ,* [14] *an inheritance, an heritage, regularly the gift of God to His chosen people, in the Old Testament: the Promised Land, in NT a possession viewed in one sense as present, in another as future; a share, participation.* ²⁸*ἀναγινώσκω,* [32] *I read, know again, know certainly, recognize, discern.* ²⁹*ἀποδοκιμάζω,* [9] *I reject after testing (examination), disqualify.*

οἱ οἰκοδομοῦντες,[1] οὗτος ἐγενήθη εἰς κεφαλὴν γωνίας·[2] 11 παρὰ κυρίου ἐγένετο αὕτη, καὶ ἔστιν θαυμαστὴ[3] ἐν ὀφθαλμοῖς ἡμῶν; 12 Καὶ ἐζήτουν αὐτὸν κρατῆσαι,[4] καὶ ἐφοβήθησαν τὸν ὄχλον· ἔγνωσαν γὰρ ὅτι πρὸς αὐτοὺς τὴν παραβολὴν εἶπεν· καὶ ἀφέντες αὐτὸν ἀπῆλθον.

Various Questions Proposed to Jesus

13 Καὶ ἀποστέλλουσιν πρὸς αὐτόν τινας τῶν Φαρισαίων καὶ τῶν Ἡρῳδιανῶν,[5] ἵνα αὐτὸν ἀγρεύσωσιν[6] λόγῳ. 14 Οἱ δὲ ἐλθόντες λέγουσιν αὐτῷ, Διδάσκαλε, οἴδαμεν ὅτι ἀληθὴς[7] εἶ, καὶ οὐ μέλει[8] σοι περὶ οὐδενός· οὐ γὰρ βλέπεις εἰς πρόσωπον ἀνθρώπων, ἀλλ᾽ ἐπ᾽ ἀληθείας τὴν ὁδὸν τοῦ θεοῦ διδάσκεις· ἔξεστιν[9] κῆνσον[10] Καίσαρι[11] δοῦναι ἢ οὔ; 15 Δῶμεν, ἢ μὴ δῶμεν; Ὁ δὲ εἰδὼς αὐτῶν τὴν ὑπόκρισιν[12] εἶπεν αὐτοῖς, Τί με πειράζετε;[13] Φέρετέ μοι δηνάριον,[14] ἵνα ἴδω. 16 Οἱ δὲ ἤνεγκαν. Καὶ λέγει αὐτοῖς, Τίνος ἡ εἰκὼν[15] αὕτη καὶ ἡ ἐπιγραφή;[16] Οἱ δὲ εἶπον αὐτῷ, Καίσαρος.[11] 17 Καὶ ἀποκριθεὶς ὁ Ἰησοῦς εἶπεν αὐτοῖς, Ἀπόδοτε[17] τὰ Καίσαρος[11] Καίσαρι,[11] καὶ τὰ τοῦ θεοῦ τῷ θεῷ. Καὶ ἐθαύμασαν[18] ἐπ᾽ αὐτῷ.

18 Καὶ ἔρχονται Σαδδουκαῖοι[19] πρὸς αὐτόν, οἵτινες λέγουσιν ἀνάστασιν[20] μὴ εἶναι· καὶ ἐπηρώτησαν αὐτόν, λέγοντες, 19 Διδάσκαλε, Μωσῆς ἔγραψεν ἡμῖν, ὅτι ἐάν τινος ἀδελφὸς ἀποθάνῃ, καὶ καταλίπῃ[21] γυναῖκα, καὶ τέκνα μὴ ἀφῇ, ἵνα λάβῃ ὁ ἀδελφὸς αὐτοῦ τὴν γυναῖκα αὐτοῦ, καὶ ἐξαναστήσῃ[22] σπέρμα[23] τῷ ἀδελφῷ αὐτοῦ· 20 ἑπτὰ ἀδελφοὶ ἦσαν· καὶ ὁ πρῶτος ἔλαβεν γυναῖκα, καὶ ἀποθνήσκων οὐκ ἀφῆκεν σπέρμα·[23] 21 καὶ ὁ δεύτερος[24] ἔλαβεν αὐτήν, καὶ ἀπέθανεν, καὶ οὐδὲ αὐτὸς ἀφῆκεν σπέρμα·[23] καὶ ὁ τρίτος ὡσαύτως.[25] 22 Καὶ ἔλαβον αὐτὴν οἱ ἑπτά, καὶ οὐκ ἀφῆκαν σπέρμα.[23] Ἐσχάτη πάντων ἀπέθανεν καὶ ἡ γυνή. 23 Ἐν τῇ ἀναστάσει,[20] ὅταν ἀναστῶσιν, τίνος αὐτῶν ἔσται γυνή; Οἱ γὰρ ἑπτὰ ἔσχον αὐτὴν γυναῖκα. 24 Καὶ ἀποκριθεὶς ὁ Ἰησοῦς εἶπεν αὐτοῖς, Οὐ διὰ τοῦτο πλανᾶσθε,[26] μὴ εἰδότες τὰς γραφάς, μηδὲ τὴν δύναμιν τοῦ θεοῦ;

---

[1]οἰκοδομοῦντες: PAP-NPM [4]κρατῆσαι: AAN [6]ἀγρεύσωσιν: AAS-3P [8]μέλει: PAI-3S [9]ἔξεστιν: PAI-3S [13]πειράζετε: PAI-2P [17]Ἀπόδοτε: 2AAM-2P [18]ἐθαύμασαν: AAI-3P [21]καταλίπῃ: 2AAS-3S [22]ἐξαναστήσῃ: AAS-3S [26]πλανᾶσθε: PPI-2P

---

[1]οἰκοδομέω, [39] I erect a building, build; fig. of the building up of character: I build up, edify, encourage. [2]γωνία, ας, ἡ, [9] a corner; met: a secret place. [3]θαυμαστός, ή, όν, [7] to be wondered at, wonderful, marvelous. [4]κρατέω, [47] I am strong, mighty, hence: I rule, am master, prevail; I obtain, take hold of; I hold, hold fast. [5]Ἡρῳδιανοί, ῶν, οἱ, [3] the Herodians, the partisans of Herod (Antipas). [6]ἀγρεύω, [1] I catch, capture. [7]ἀληθής, ές, [25] unconcealed, true, true in fact, worthy of credit, truthful. [8]μέλει, [9] it is a care, it is an object of anxiety, it concerns. [9]ἔξεστιν, [31] it is permitted, lawful, possible. [10]κῆνσος, ου, ὁ, [4] a poll-tax. [11]Καῖσαρ, αρος, ὁ, [30] Caesar, a surname of the gens Iulia, which became practically synonymous with the Emperor for the time being; in the Gospels it always refers to Tiberias. [12]ὑπόκρισις, εως, ἡ, [7] (lit: stage-playing), a response, answer, hypocrisy, dissembling. [13]πειράζω, [39] I try, tempt, test. [14]δηνάριον, ου, τό, [16] a denarius, a small Roman silver coin. [15]εἰκών, όνος, ἡ, [23] an image, likeness, bust. [16]ἐπιγραφή, ῆς, ἡ, [5] an inscription, title, label. [17]ἀποδίδωμι, [47] (a) I give back, return, restore, (b) I give, render, as due, (c) mid: I sell. [18]θαυμάζω, [46] (a) intrans: I wonder, marvel, (b) trans: I wonder at, admire. [19]Σαδδουκαῖος, ου, ὁ, [13] a Sadducee, a member of the aristocratic party among the Jews, from whom the high-priests were almost invariably chosen. [20]ἀνάστασις, εως, ἡ, [42] a rising again, resurrection. [21]καταλείπω, [25] I leave behind, desert, abandon, forsake; I leave remaining, reserve. [22]ἐξανίστημι, [3] (a) in trans. tenses: I raise up, cause to grow, (b) in intrans. tenses: I rise up from. [23]σπέρμα, ατος, τό, [44] (a) seed, commonly of cereals, (b) offspring, descendents. [24]δεύτερος, α, ον, [44] second; with the article: in the second place, for the second time. [25]ὡσαύτως, [18] in like manner, likewise, just so. [26]πλανάω, [40] I lead astray, deceive, cause to wander.

25 Ὅταν γὰρ ἐκ νεκρῶν ἀναστῶσιν, οὔτε γαμοῦσιν,[1] οὔτε γαμίσκονται,[2] ἀλλ᾽ εἰσὶν ὡς ἄγγελοι οἱ ἐν τοῖς οὐρανοῖς. **26** Περὶ δὲ τῶν νεκρῶν, ὅτι ἐγείρονται, οὐκ ἀνέγνωτε[3] ἐν τῇ βίβλῳ[4] Μωσέως, ἐπὶ τοῦ βάτου,[5] ὡς εἶπεν αὐτῷ ὁ θεός, λέγων, Ἐγὼ ὁ θεὸς Ἀβραάμ, καὶ ὁ θεὸς Ἰσαάκ, καὶ ὁ θεὸς Ἰακώβ; **27** Οὐκ ἔστιν ὁ θεὸς νεκρῶν, ἀλλὰ θεὸς ζώντων· ὑμεῖς οὖν πολὺ πλανᾶσθε.[6]

28 Καὶ προσελθὼν εἷς τῶν γραμματέων, ἀκούσας αὐτῶν συζητούντων,[7] εἰδὼς ὅτι καλῶς[8] αὐτοῖς ἀπεκρίθη, ἐπηρώτησεν αὐτόν, Ποία[9] ἐστὶν πρώτη πάντων ἐντολή; **29** Ὁ δὲ Ἰησοῦς ἀπεκρίθη αὐτῷ ὅτι Πρώτη πάντων τῶν ἐντολῶν, Ἄκουε, Ἰσραήλ· κύριος ὁ θεὸς ἡμῶν, κύριος εἷς ἐστίν· **30** καὶ ἀγαπήσεις κύριον τὸν θεόν σου ἐξ ὅλης τῆς καρδίας σου, καὶ ἐξ ὅλης τῆς ψυχῆς σου, καὶ ἐξ ὅλης τῆς διανοίας[10] σου, καὶ ἐξ ὅλης τῆς ἰσχύος[11] σου. Αὕτη πρώτη ἐντολή. **31** Καὶ δευτέρα[12] ὁμοία[13] αὕτη, Ἀγαπήσεις τὸν πλησίον[14] σου ὡς σεαυτόν.[15] Μείζων τούτων ἄλλη ἐντολὴ οὐκ ἔστιν. **32** Καὶ εἶπεν αὐτῷ ὁ γραμματεύς, Καλῶς,[8] διδάσκαλε, ἐπ᾽ ἀληθείας εἶπας ὅτι εἷς ἐστιν, καὶ οὐκ ἔστιν ἄλλος πλὴν[16] αὐτοῦ· **33** καὶ τὸ ἀγαπᾶν αὐτὸν ἐξ ὅλης τῆς καρδίας, καὶ ἐξ ὅλης τῆς συνέσεως,[17] καὶ ἐξ ὅλης τῆς ψυχῆς, καὶ ἐξ ὅλης τῆς ἰσχύος,[11] καὶ τὸ ἀγαπᾶν τὸν πλησίον[14] ὡς ἑαυτόν, πλεῖόν ἐστιν πάντων τῶν ὁλοκαυτωμάτων[18] καὶ θυσιῶν.[19] **34** Καὶ ὁ Ἰησοῦς ἰδὼν αὐτὸν ὅτι νουνεχῶς[20] ἀπεκρίθη, εἶπεν αὐτῷ, Οὐ μακρὰν[21] εἶ ἀπὸ τῆς βασιλείας τοῦ θεοῦ. Καὶ οὐδεὶς οὐκέτι[22] ἐτόλμα[23] αὐτὸν ἐπερωτῆσαι.

David's Son and Lord

35 Καὶ ἀποκριθεὶς ὁ Ἰησοῦς ἔλεγεν, διδάσκων ἐν τῷ ἱερῷ, Πῶς λέγουσιν οἱ γραμματεῖς ὅτι ὁ χριστὸς υἱός ἐστιν Δαυίδ; **36** Αὐτὸς γὰρ Δαυὶδ εἶπεν ἐν πνεύματι ἁγίῳ, Λέγει ὁ κύριος τῷ κυρίῳ μου, Κάθου ἐκ δεξιῶν μου, ἕως ἂν θῶ τοὺς ἐχθρούς[24] σου ὑποπόδιον[25] τῶν ποδῶν σου. **37** Αὐτὸς οὖν Δαυὶδ λέγει αὐτὸν κύριον· καὶ πόθεν[26] υἱὸς αὐτοῦ ἐστιν; Καὶ ὁ πολὺς ὄχλος ἤκουεν αὐτοῦ ἡδέως.[27]

38 Καὶ ἔλεγεν αὐτοῖς ἐν τῇ διδαχῇ[28] αὐτοῦ, Βλέπετε ἀπὸ τῶν γραμματέων, τῶν θελόντων ἐν στολαῖς[29] περιπατεῖν, καὶ ἀσπασμοὺς[30] ἐν ταῖς ἀγοραῖς,[31] **39** καὶ

---

[1]γαμοῦσιν: PAI-3P   [2]γαμίσκονται: PPI-3P   [3]ἀνέγνωτε: 2AAI-2P   [6]πλανᾶσθε: PPI-2P   [7]συζητούντων: PAP-GPM
[23]ἐτόλμα: IAI-3S

---

[1]γαμέω, [29] I marry, used of either sex.   [2]γαμίσκω, [1] I give in marriage.   [3]ἀναγινώσκω, [32] I read, know again, know certainly, recognize, discern.   [4]βίβλος, ου, ἡ, [9] a written book, roll, or volume, sometimes with a sacred connotation.   [5]βάτος, ου, ὁ, ἡ, [5] a thorn bush or bramble.   [6]πλανάω, [40] I lead astray, deceive, cause to wander.   [7]συζητέω, [10] I seek together, discuss, dispute.   [8]καλῶς, [36] well, nobly, honorably, rightly.   [9]ποῖος, α, ον, [34] of what sort.   [10]διάνοια, ας, ἡ, [12] understanding, intellect, mind, insight.   [11]ἰσχύς, ύος, ἡ, [10] strength (absolutely), power, might, force, ability.   [12]δεύτερος, α, ον, [44] second; with the article: in the second place, for the second time.   [13]ὅμοιος, οία, οιον, [44] like, similar to, resembling, of equal rank.   [14]πλησίον, [16] near, nearby, a neighbor.   [15]σεαυτοῦ, ῆς, οῦ, [41] of yourself.   [16]πλήν, [31] however, nevertheless, but, except that, yet.   [17]σύνεσις, εως, ἡ, [7] a putting together in the mind, hence: understanding, practical discernment, intellect.   [18]ὁλοκαύτωμα, ατος, τό, [3] a whole burnt offering.   [19]θυσία, ας, ἡ, [29] abstr. and concr: sacrifice; a sacrifice, offering.   [20]νουνεχῶς, [1] wisely, discreetly, reasonably, sensibly.   [21]μακράν, [9] at a distance, far away, remote, alien.   [22]οὐκέτι, [48] no longer, no more.   [23]τολμάω, [16] I dare, endure, am bold, have courage, make up the mind.   [24]ἐχθρός, ά, όν, [32] hated, hostile; subst: an enemy.   [25]ὑποπόδιον, ου, τό, [9] a footstool.   [26]πόθεν, [28] whence, from what place.   [27]ἡδέως, [3] gladly, pleasantly, with pleasure.   [28]διδαχή, ῆς, ἡ, [30] teaching, doctrine, what is taught.   [29]στολή, ῆς, ἡ, [8] a long robe, worn by the upper classes in the East.   [30]ἀσπασμός, οῦ, ὁ, [10] a greeting, salutation.   [31]ἀγορά, ᾶς, ἡ, [11] market-place, forum, public place of assembly.

πρωτοκαθεδρίας¹ ἐν ταῖς συναγωγαῖς, καὶ πρωτοκλισίας² ἐν τοῖς δείπνοις·³ 40 οἱ κατεσθίοντες⁴ τὰς οἰκίας τῶν χηρῶν,⁵ καὶ προφάσει⁶ μακρὰ⁷ προσευχόμενοι· οὗτοι λήψονται περισσότερον⁸ κρίμα.⁹

41 Καὶ καθίσας¹⁰ ὁ Ἰησοῦς κατέναντι¹¹ τοῦ γαζοφυλακίου¹² ἐθεώρει πῶς ὁ ὄχλος βάλλει χαλκὸν¹³ εἰς τὸ γαζοφυλάκιον·¹² καὶ πολλοὶ πλούσιοι¹⁴ ἔβαλλον πολλά. 42 Καὶ ἐλθοῦσα μία χήρα⁵ πτωχὴ¹⁵ ἔβαλεν λεπτὰ¹⁶ δύο, ὅ ἐστιν κοδράντης.¹⁷ 43 Καὶ προσκαλεσάμενος¹⁸ τοὺς μαθητὰς αὐτοῦ, λέγει αὐτοῖς, Ἀμὴν λέγω ὑμῖν ὅτι ἡ χήρα⁵ αὕτη ἡ πτωχὴ¹⁵ πλεῖον πάντων βέβληκεν τῶν βαλλόντων εἰς τὸ γαζοφυλάκιον·¹² 44 πάντες γὰρ ἐκ τοῦ περισσεύοντος¹⁹ αὐτοῖς ἔβαλον· αὕτη δὲ ἐκ τῆς ὑστερήσεως²⁰ αὐτῆς πάντα ὅσα εἶχεν ἔβαλεν, ὅλον τὸν βίον²¹ αὐτῆς.

Christ Foretells the Destruction of Jerusalem and the End of the World

13 Καὶ ἐκπορευομένου²² αὐτοῦ ἐκ τοῦ ἱεροῦ, λέγει αὐτῷ εἷς τῶν μαθητῶν αὐτοῦ, Διδάσκαλε, ἴδε,²³ ποταποὶ²⁴ λίθοι καὶ ποταπαὶ²⁴ οἰκοδομαί.²⁵ 2 Καὶ ὁ Ἰησοῦς ἀποκριθεὶς εἶπεν αὐτῷ, Βλέπεις ταύτας τὰς μεγάλας οἰκοδομάς;²⁵ Οὐ μὴ ἀφεθῇ λίθος ἐπὶ λίθῳ, ὃς οὐ μὴ καταλυθῇ.²⁶

3 Καὶ καθημένου αὐτοῦ εἰς τὸ ὄρος τῶν ἐλαιῶν²⁷ κατέναντι¹¹ τοῦ ἱεροῦ, ἐπηρώτων αὐτὸν κατ' ἰδίαν Πέτρος καὶ Ἰάκωβος καὶ Ἰωάννης καὶ Ἀνδρέας, 4 Εἰπὲ ἡμῖν, πότε²⁸ ταῦτα ἔσται; Καὶ τί τὸ σημεῖον ὅταν μέλλῃ πάντα ταῦτα συντελεῖσθαι;²⁹ 5 Ὁ δὲ Ἰησοῦς ἀποκριθεὶς αὐτοῖς ἤρξατο λέγειν, Βλέπετε μή τις ὑμᾶς πλανήσῃ.³⁰ 6 Πολλοὶ γὰρ ἐλεύσονται ἐπὶ τῷ ὀνόματί μου, λέγοντες ὅτι Ἐγώ εἰμι· καὶ πολλοὺς πλανήσουσιν.³¹

---

⁴κατεσθίοντες: PAP-NPM   ¹⁰καθίσας: AAP-NSM   ¹⁸προσκαλεσάμενος: ADP-NSM   ¹⁹περισσεύοντος: PAP-GSN   ²²ἐκπορευομένου: PNP-GSM   ²³ἴδε: 2AAM-2S   ²⁶καταλυθῇ: APS-3S   ²⁹συντελεῖσθαι: PPN   ³⁰πλανήσῃ: AAS-3S   ³¹πλανήσουσιν: FAI-3P

---

¹πρωτοκαθεδρία, ας, ἡ, [4] a chief (most honorable) seat.   ²πρωτοκλισία, ας, ἡ, [5] the chief place at a banquet or table.   ³δεῖπνον, ου, τό, [16] a dinner, an afternoon or evening meal.   ⁴κατεσθίω, [15] I eat up, eat till it is finished, devour, squander, annoy, injure.   ⁵χήρα, ας, ἡ, [27] a widow.   ⁶πρόφασις, εως, ἡ, [7] a pretext, an excuse.   ⁷μακρός, ά, όν, [6] long, distant, far; of long duration.   ⁸περισσός, ή, όν, [26] more, greater, excessive, abundant, exceedingly, vehemently; noun: preeminence, advantage.   ⁹κρίμα, ατος, τό, [28] (a) a judgment, a verdict; sometimes implying an adverse verdict, a condemnation, (b) a case at law, a lawsuit.   ¹⁰καθίζω, [48] (a) trans: I make to sit; I set, appoint, (b) intrans: I sit down, am seated, stay.   ¹¹κατέναντι, [5] opposite, in front (of), over against.   ¹²γαζοφυλάκιον, ου, τό, [5] a treasury.   ¹³χαλκός, οῦ, ὁ, [5] copper, brass, money; a brazen musical instrument.   ¹⁴πλούσιος, α, ον, [28] rich, abounding in, wealthy; subst: a rich man.   ¹⁵πτωχός, ή, όν, [34] poor, destitute, spiritually poor, either in a good sense (humble devout persons) or bad.   ¹⁶λεπτόν, οῦ, τό, [3] a small piece of money, probably the smallest piece of money.   ¹⁷κοδράντης, ου, ὁ, [2] a "quadrans," the smallest Roman copper coin, a quarter of an "as," the sixteenth part of a "sesterius".   ¹⁸προσκαλέω, [31] I call to myself, summon.   ¹⁹περισσεύω, [39] (a) intrans: I exceed the ordinary (the necessary), abound, overflow; am left over, (b) trans: I cause to abound.   ²⁰ὑστέρησις, εως, ἡ, [2] poverty, want, need.   ²¹βίος, ου, ὁ, [11] (a) life, (b) manner of life; livelihood.   ²²ἐκπορεύομαι, [32] I depart from; I am voided, cast out; I proceed from, am spoken; I burst forth, flow out, am spread abroad.   ²³ἴδε, [35] See! Lo! Behold! Look!   ²⁴ποταπός, ή, όν, [7] of what kind, of what manner.   ²⁵οἰκοδομή, ῆς, ἡ, [18] (a) the act of building, (b) a building, (c) met: spiritual advancement, edification.   ²⁶καταλύω, [17] (lit: I loosen thoroughly), (a) trans: I break up, overthrow, destroy, both lit. and met., (b) I unyoke, unharness a carriage horse or pack animal; hence: I put up, lodge, find a lodging.   ²⁷ἐλαία, ας, ἡ, [15] an olive tree; the Mount of Olives.   ²⁸πότε, [19] when, at what time.   ²⁹συντελέω, [7] I bring to an end, fulfill, accomplish.   ³⁰πλανάω, [40] I lead astray, deceive, cause to wander.   ³¹πλανάω, [40] I lead astray, deceive, cause to wander.

7 Ὅταν δὲ ἀκούσητε πολέμους¹ καὶ ἀκοὰς² πολέμων,¹ μὴ θροεῖσθε·³ δεῖ γὰρ γενέσθαι· ἀλλ' οὔπω⁴ τὸ τέλος.⁵ 8 Ἐγερθήσεται γὰρ ἔθνος ἐπὶ ἔθνος, καὶ βασιλεία ἐπὶ βασιλείαν· καὶ ἔσονται σεισμοὶ⁶ κατὰ τόπους, καὶ ἔσονται λιμοὶ⁷ καὶ ταραχαί·⁸ ἀρχαὶ ὠδίνων⁹ ταῦτα.

9 Βλέπετε δὲ ὑμεῖς ἑαυτούς· παραδώσουσιν γὰρ ὑμᾶς εἰς συνέδρια,¹⁰ καὶ εἰς συναγωγὰς δαρήσεσθε,¹¹ καὶ ἐπὶ ἡγεμόνων¹² καὶ βασιλέων σταθήσεσθε ἕνεκεν¹³ ἐμοῦ, εἰς μαρτύριον¹⁴ αὐτοῖς. 10 Καὶ εἰς πάντα τὰ ἔθνη δεῖ πρῶτον κηρυχθῆναι τὸ εὐαγγέλιον. 11 Ὅταν δὲ ἀγάγωσιν ὑμᾶς παραδιδόντες, μὴ προμεριμνᾶτε¹⁵ τί λαλήσητε, μηδὲ μελετᾶτε·¹⁶ ἀλλ' ὃ ἐὰν δοθῇ ὑμῖν ἐν ἐκείνῃ τῇ ὥρᾳ, τοῦτο λαλεῖτε· οὐ γάρ ἐστε ὑμεῖς οἱ λαλοῦντες, ἀλλὰ τὸ πνεῦμα τὸ ἅγιον. 12 Παραδώσει δὲ ἀδελφὸς ἀδελφὸν εἰς θάνατον, καὶ πατὴρ τέκνον· καὶ ἐπαναστήσονται¹⁷ τέκνα ἐπὶ γονεῖς,¹⁸ καὶ θανατώσουσιν¹⁹ αὐτούς· 13 καὶ ἔσεσθε μισούμενοι²⁰ ὑπὸ πάντων διὰ τὸ ὄνομά μου· ὁ δὲ ὑπομείνας²¹ εἰς τέλος,⁵ οὗτος σωθήσεται.

14 Ὅταν δὲ ἴδητε τὸ βδέλυγμα²² τῆς ἐρημώσεως,²³ τὸ ῥηθὲν ὑπὸ Δανιὴλ τοῦ προφήτου, ἑστὼς ὅπου οὐ δεῖ–ὁ ἀναγινώσκων²⁴ νοείτω²⁵–τότε οἱ ἐν τῇ Ἰουδαίᾳ²⁶ φευγέτωσαν²⁷ εἰς τὰ ὄρη· 15 ὁ δὲ ἐπὶ τοῦ δώματος²⁸ μὴ καταβάτω εἰς τὴν οἰκίαν, μηδὲ εἰσελθέτω ἆραί τι ἐκ τῆς οἰκίας αὐτοῦ· 16 καὶ ὁ εἰς τὸν ἀγρὸν²⁹ ὢν μὴ ἐπιστρεψάτω³⁰ εἰς τὰ ὀπίσω,³¹ ἆραι τὸ ἱμάτιον αὐτοῦ. 17 Οὐαὶ³² δὲ ταῖς ἐν γαστρὶ³³ ἐχούσαις καὶ ταῖς θηλαζούσαις³⁴ ἐν ἐκείναις ταῖς ἡμέραις. 18 Προσεύχεσθε δὲ ἵνα μὴ γένηται ἡ φυγὴ³⁵ ὑμῶν χειμῶνος.³⁶ 19 Ἔσονται γὰρ αἱ ἡμέραι ἐκεῖναι θλίψις,³⁷ οἵα³⁸ οὐ γέγονεν

---

³θροεῖσθε: PPM-2P   ¹¹δαρήσεσθε: 2FPI-2P   ¹⁵προμεριμνᾶτε: PAM-2P   ¹⁶μελετᾶτε: PAM-2P   ¹⁷ἐπαναστήσονται: FDI-3P   ¹⁹θανατώσουσιν: FAI-3P   ²⁰μισούμενοι: PPP-NPM   ²¹ὑπομείνας: AAP-NSM   ²⁴ἀναγινώσκων: PAP-NSM   ²⁵νοείτω: PAM-3S   ²⁷φευγέτωσαν: PAM-3P   ³⁰ἐπιστρεψάτω: AAM-3S   ³⁴θηλαζούσαις: PAP-DPF

---

¹πόλεμος, ου, ὁ, [19] a war, battle, strife.   ²ἀκοή, ῆς, ἡ, [24] hearing, faculty of hearing, ear; report, rumor. ³θροέω, [3] I disturb, agitate; pass: I am troubled, alarmed.   ⁴οὔπω, [23] not yet.   ⁵τέλος, ους, τό, [41] (a) an end, (b) event or issue, (c) the principal end, aim, purpose, (d) a tax.   ⁶σεισμός, οῦ, ὁ, [13] a shaking (as an earthquake); a storm.   ⁷λιμός, οῦ, ὁ, ἡ, [12] a famine, hunger.   ⁸ταραχή, ῆς, ἡ, [2] a disturbance, tumult, sedition, trouble.   ⁹ὠδίν, ῖνος, ἡ, [4] the pain of childbirth, acute pain, severe agony, a snare.   ¹⁰συνέδριον, ου, τό, [22] a council, tribunal; the Sanhedrin, the meeting place of the Sanhedrin.   ¹¹δέρω, [15] I flay, flog, scourge, beat. ¹²ἡγεμών, όνος, ὁ, [22] a leader, guide; a commander; a governor (of a province); plur: leaders.   ¹³ἕνεκεν, [26] for the sake of, on account of, on account of which, wherefore, on account of what, why.   ¹⁴μαρτύριον, ου, τό, [20] witness, evidence, testimony, proof.   ¹⁵προμεριμνάω, [1] I am anxious beforehand, ponder beforehand. ¹⁶μελετάω, [3] I devise, plan; practice, exercise myself in, study, ponder.   ¹⁷ἐπανίστημι, [2] intrans. tenses: I rise up against.   ¹⁸γονεύς, έως, ὁ, [19] a begetter, father; plur: parents.   ¹⁹θανατόω, [11] I put to death, subdue; pass: I am in danger of death, am dead to, am rid of, am parted from.   ²⁰μισέω, [41] I hate, detest, love less, esteem less.   ²¹ὑπομένω, [17] (a) I remain behind, (b) I stand my ground, show endurance, (c) I endure, bear up against, persevere.   ²²βδέλυγμα, ατος, τό, [6] an abominable thing, an accursed thing.   ²³ἐρήμωσις, εως, ἡ, [3] a desolation, devastation.   ²⁴ἀναγινώσκω, [32] I read, know again, know certainly, recognize, discern. ²⁵νοέω, [14] I understand, think, consider, conceive, apprehend; aor. possibly: realize.   ²⁶Ἰουδαία, ας, ἡ, [43] Judea, a Roman province, capital Jerusalem.   ²⁷φεύγω, [31] I flee, escape, shun.   ²⁸δῶμα, ατος, τό, [7] the roof (of a house), the top of the house.   ²⁹ἀγρός, οῦ, ὁ, [35] a field, especially as bearing a crop; the country, lands, property in land, a country estate.   ³⁰ἐπιστρέφω, [37] (a) trans: I turn (back) to (towards), (b) intrans: I turn (back) (to [towards]) I come to myself.   ³¹ὀπίσω, [37] behind, after; back, backwards.   ³²οὐαί, [47] woe!, alas!, uttered in grief or denunciation.   ³³γαστήρ, γαστρός, ἡ, [9] the womb, stomach; of a woman: to be with child (lit: to have [a child] in the belly).   ³⁴θηλάζω, [6] (a) I give suck, (b) I suck.   ³⁵φυγή, ῆς, ἡ, [2] flight, fleeing.   ³⁶χειμών, ῶνος, ὁ, [6] a storm, tempest; winter, the rainy season.   ³⁷θλῖψις, εως, ἡ, [45] persecution, affliction, distress, tribulation.   ³⁸οἷος, α, ον, [15] of what kind, such as.

τοιαύτη ἀπ᾽ ἀρχῆς κτίσεως¹ ἧς ἔκτισεν² ὁ θεὸς ἕως τοῦ νῦν, καὶ οὐ μὴ γένηται. **20** Καὶ εἰ μὴ κύριος ἐκολόβωσεν³ τὰς ἡμέρας, οὐκ ἂν ἐσώθη πᾶσα σάρξ· ἀλλὰ διὰ τοὺς ἐκλεκτούς,⁴ οὓς ἐξελέξατο,⁵ ἐκολόβωσεν⁶ τὰς ἡμέρας. **21** Τότε ἐάν τις ὑμῖν εἴπῃ, Ἰδού, ὧδε ὁ χριστός, ἢ Ἰδού, ἐκεῖ, μὴ πιστεύετε. **22** Ἐγερθήσονται γὰρ ψευδόχριστοι⁷ καὶ ψευδοπροφῆται,⁸ καὶ δώσουσιν σημεῖα καὶ τέρατα,⁹ πρὸς τὸ ἀποπλανᾶν,¹⁰ εἰ δυνατόν,¹¹ καὶ τοὺς ἐκλεκτούς.⁴ **23** Ὑμεῖς δὲ βλέπετε· ἰδού, προείρηκα¹² ὑμῖν πάντα.

24 Ἀλλ᾽ ἐν ἐκείναις ταῖς ἡμέραις, μετὰ τὴν θλίψιν¹³ ἐκείνην, ὁ ἥλιος¹⁴ σκοτισθήσεται,¹⁵ καὶ ἡ σελήνη¹⁶ οὐ δώσει τὸ φέγγος¹⁷ αὐτῆς, **25** καὶ οἱ ἀστέρες¹⁸ τοῦ οὐρανοῦ ἔσονται ἐκπίπτοντες,¹⁹ καὶ αἱ δυνάμεις αἱ ἐν τοῖς οὐρανοῖς σαλευθήσονται.²⁰ **26** Καὶ τότε ὄψονται τὸν υἱὸν τοῦ ἀνθρώπου ἐρχόμενον ἐν νεφέλαις²¹ μετὰ δυνάμεως πολλῆς καὶ δόξης. **27** Καὶ τότε ἀποστελεῖ τοὺς ἀγγέλους αὐτοῦ, καὶ ἐπισυνάξει²² τοὺς ἐκλεκτοὺς⁴ αὐτοῦ ἐκ τῶν τεσσάρων²³ ἀνέμων,²⁴ ἀπ᾽ ἄκρου²⁵ γῆς ἕως ἄκρου²⁵ οὐρανοῦ.

28 Ἀπὸ δὲ τῆς συκῆς²⁶ μάθετε²⁷ τὴν παραβολήν· ὅταν αὐτῆς ἤδη ὁ κλάδος²⁸ ἁπαλὸς²⁹ γένηται καὶ ἐκφύῃ³⁰ τὰ φύλλα,³¹ γινώσκετε ὅτι ἐγγὺς³² τὸ θέρος³³ ἐστίν· **29** οὕτως καὶ ὑμεῖς, ὅταν ταῦτα ἴδητε γινόμενα, γινώσκετε ὅτι ἐγγύς³² ἐστιν ἐπὶ θύραις.³⁴ **30** Ἀμὴν λέγω ὑμῖν ὅτι οὐ μὴ παρέλθῃ³⁵ ἡ γενεὰ³⁶ αὕτη, μέχρι³⁷ οὗ πάντα ταῦτα γένηται. **31** Ὁ οὐρανὸς καὶ ἡ γῆ παρελεύσεται·³⁸ οἱ δὲ λόγοι μου οὐ μὴ παρέλθωσιν.³⁹ **32** Περὶ δὲ τῆς ἡμέρας ἐκείνης ἢ ὥρας οὐδεὶς οἶδεν, οὐδὲ οἱ ἄγγελοι οἱ ἐν οὐρανῷ, οὐδὲ ὁ υἱός, εἰ μὴ

---

²ἔκτισεν: AAI-3S   ³ἐκολόβωσεν: AAI-3S   ⁵ἐξελέξατο: AMI-3S   ⁶ἐκολόβωσεν: AAI-3S   ¹⁰ἀποπλανᾶν: PAN   ¹²προείρηκα: RAI-1S   ¹⁵σκοτισθήσεται: FPI-3S   ¹⁹ἐκπίπτοντες: PAP-NPM   ²⁰σαλευθήσονται: FPI-3P   ²²ἐπισυνάξει: FAI-3S   ²⁷μάθετε: 2AAM-2P   ³⁰ἐκφύῃ: PAS-3S   ³⁵παρέλθῃ: 2AAS-3S   ³⁸παρελεύσεται: FDI-3S   ³⁹παρέλθωσιν: 2AAS-3P

---

¹κτίσις, εως, ἡ, [19] (often of the founding of a city), (a) abstr: creation, (b) concr: creation, creature, institution; always of Divine work, (c) an institution, ordinance.   ²κτίζω, [14] I create, form, shape, make, always of God.   ³κολοβόω, [4] (lit: I maim, mutilate), I cut short, shorten, abbreviate.   ⁴ἐκλεκτός, ή, όν, [24] chosen out, elect, choice, select, sometimes as subst: of those chosen out by God for the rendering of special service to Him (of the Hebrew race, particular Hebrews, the Messiah, and the Christians).   ⁵ἐκλέγομαι, [21] I pick out for myself, choose, elect, select.   ⁶κολοβόω, [4] (lit: I maim, mutilate), I cut short, shorten, abbreviate.   ⁷ψευδόχριστος, ου, ὁ, [2] a false Christ, pretended Messiah.   ⁸ψευδοπροφήτης, ου, ὁ, [11] a false prophet; one who in God's name teaches what is false.   ⁹τέρας, ατος, τό, [16] a wonder, portent, marvel.   ¹⁰ἀποπλανάω, [2] I cause to go astray; pass: I am led astray.   ¹¹δυνατός, ή, όν, [36] (a) of persons: powerful, able, (b) of things: possible.   ¹²προερέω, [9] I say already, predict, foretell.   ¹³θλῖψις, εως, ἡ, [45] persecution, affliction, distress, tribulation.   ¹⁴ἥλιος, ου, ὁ, [32] the sun, sunlight.   ¹⁵σκοτίζω, [8] I darken.   ¹⁶σελήνη, ης, ἡ, [9] the moon.   ¹⁷φέγγος, ους, τό, [3] brightness, light, splendor, radiance.   ¹⁸ἀστήρ, έρος, ὁ, [24] a star.   ¹⁹ἐκπίπτω, [12] I fall out, fall off, fall away; hence in nautical language: I fall off from the straight course; of flowers: I fade away, wither away; I fall from, lose, forfeit; I am cast ashore; I am fruitless.   ²⁰σαλεύω, [15] I shake, excite, disturb in mind, stir up, drive away.   ²¹νεφέλη, ης, ἡ, [26] a cloud.   ²²ἐπισυνάγω, [7] I collect, gather together, assemble.   ²³τέσσαρες, τέσσαρα, [41] four.   ²⁴ἄνεμος, ου, ὁ, [31] the wind; fig: applied to empty doctrines.   ²⁵ἄκρον, ου, τό, [6] the end, extremity.   ²⁶συκῆ, ῆς, ἡ, [16] a fig-tree.   ²⁷μανθάνω, [25] I learn; with adj. or nouns: I learn to be so and so; with acc. of person who is the object of knowledge; aor. sometimes: to ascertain.   ²⁸κλάδος, ου, ὁ, [11] a young tender shoot, then: a branch; met: of descendants.   ²⁹ἁπαλός, ή, όν, [2] soft, tender, as a shoot of a tree.   ³⁰ἐκφύω, [2] I put forth, cause to sprout.   ³¹φύλλον, ου, τό, [6] a leaf.   ³²ἐγγύς, [30] near.   ³³θέρος, ους, τό, [3] summer.   ³⁴θύρα, ας, ἡ, [39] (a) a door, (b) met: an opportunity.   ³⁵παρέρχομαι, [29] I pass by, pass away, pass out of sight; I am rendered void, become vain, neglect, disregard.   ³⁶γενεά, ᾶς, ἡ, [42] a generation; if repeated twice or with another time word, practically indicates infinity of time.   ³⁷μέχρι, [17] as far as, until, even to.   ³⁸παρέρχομαι, [29] I pass by, pass away, pass out of sight; I am rendered void, become vain, neglect, disregard.   ³⁹παρέρχομαι, [29] I pass by, pass away, pass out of sight; I am rendered void, become vain, neglect, disregard.

ὁ πατήρ. **33** Βλέπετε, ἀγρυπνεῖτε¹ καὶ προσεύχεσθε· οὐκ οἴδατε γὰρ πότε² ὁ καιρός ἐστιν. **34** Ὡς ἄνθρωπος ἀπόδημος³ ἀφεὶς τὴν οἰκίαν αὐτοῦ, καὶ δοὺς τοῖς δούλοις αὐτοῦ τὴν ἐξουσίαν, καὶ ἑκάστῳ τὸ ἔργον αὐτοῦ, καὶ τῷ θυρωρῷ⁴ ἐνετείλατο⁵ ἵνα γρηγορῇ.⁶ **35** Γρηγορεῖτε⁷ οὖν· οὐκ οἴδατε γὰρ πότε² ὁ κύριος τῆς οἰκίας ἔρχεται, ὀψέ,⁸ ἢ μεσονυκτίου,⁹ ἢ ἀλεκτοροφωνίας,¹⁰ ἢ πρωΐ·¹¹ **36** μὴ ἐλθὼν ἐξαίφνης¹² εὕρῃ ὑμᾶς καθεύδοντας.¹³ **37** Ἃ δὲ ὑμῖν λέγω πᾶσιν λέγω, Γρηγορεῖτε.¹⁴

The Anointing of Jesus

14 ᾿Ην δὲ τὸ Πάσχα¹⁵ καὶ τὰ ἄζυμα¹⁶ μετὰ δύο ἡμέρας· καὶ ἐζήτουν οἱ ἀρχιερεῖς καὶ οἱ γραμματεῖς πῶς αὐτὸν ἐν δόλῳ¹⁷ κρατήσαντες¹⁸ ἀποκτείνωσιν· **2** ἔλεγον δέ, Μὴ ἐν τῇ ἑορτῇ,¹⁹ μήποτε²⁰ θόρυβος²¹ ἔσται τοῦ λαοῦ.

3 Καὶ ὄντος αὐτοῦ ἐν Βηθανίᾳ,²² ἐν τῇ οἰκίᾳ Σίμωνος τοῦ λεπροῦ,²³ κατακειμένου²⁴ αὐτοῦ, ἦλθεν γυνὴ ἔχουσα ἀλάβαστρον²⁵ μύρου²⁶ νάρδου²⁷ πιστικῆς²⁸ πολυτελοῦς·²⁹ καὶ συντρίψασα³⁰ τὸ ἀλάβαστρον,²⁵ κατέχεεν³¹ αὐτοῦ κατὰ τῆς κεφαλῆς. **4** Ἦσαν δέ τινες ἀγανακτοῦντες³² πρὸς ἑαυτούς, καὶ λέγοντες, Εἰς τί ἡ ἀπώλεια³³ αὕτη τοῦ μύρου²⁶ γέγονεν; **5** Ἠδύνατο γὰρ τοῦτο πραθῆναι³⁴ ἐπάνω³⁵ τριακοσίων³⁶ δηναρίων,³⁷ καὶ δοθῆναι τοῖς πτωχοῖς.³⁸ Καὶ ἐνεβριμῶντο³⁹ αὐτῇ. **6** Ὁ δὲ Ἰησοῦς εἶπεν, Ἄφετε

---

¹ἀγρυπνεῖτε: *PAM-2P*   ⁵ἐνετείλατο: *ADI-3S*   ⁶γρηγορῇ: *PAS-3S*   ⁷Γρηγορεῖτε: *PAM-2P*   ¹³καθεύδοντας: *PAP-APM*   ¹⁴Γρηγορεῖτε: *PAM-2P*   ¹⁸κρατήσαντες: *AAP-NPM*   ²⁴κατακειμένου: *PNP-GSM*   ³⁰συντρίψασα: *AAP-NSF*   ³¹κατέχεεν: *AAI-3S*   ³²ἀγανακτοῦντες: *PAP-NPM*   ³⁴πραθῆναι: *APN*   ³⁹ἐνεβριμῶντο: *INI-3P*

---

¹ἀγρυπνέω, [4] *I am not asleep, am awake; especially: I am watchful, careful.*   ²πότε, [19] *when, at what time.*   ³ἀπόδημος, ον, [1] *away from home, sojourning in another country.*   ⁴θυρωρός, οῦ, ὁ, ἡ, [4] *a door-keeper, porter.*   ⁵ἐντέλλομαι, [17] *I give orders (injunctions, instructions, commands).*   ⁶γρηγορέω, [23] *(a) I am awake (in the night), watch, (b) I am watchful, on the alert, vigilant.*   ⁷γρηγορέω, [23] *(a) I am awake (in the night), watch, (b) I am watchful, on the alert, vigilant.*   ⁸ὀψέ, [3] *late, in the evening.*   ⁹μεσονύκτιον, ου, τό, [4] *midnight, the middle of the period between sunset and sunrise.*   ¹⁰ἀλεκτοροφωνία, ας, ἡ, [1] *the cockcrow, as a period of time, between midnight and 3 a.m.*   ¹¹πρωΐ, [11] *early in the morning, at dawn.*   ¹²ἐξαίφνης, [5] *suddenly, unexpectedly.*   ¹³καθεύδω, [22] *I sleep, am sleeping.*   ¹⁴γρηγορέω, [23] *(a) I am awake (in the night), watch, (b) I am watchful, on the alert, vigilant.*   ¹⁵πάσχα, τό, [29] *the feast of Passover, the Passover lamb.*   ¹⁶ἄζυμος, ον, [9] *unleavened, the paschal feast (a feast of the Hebrews); fig: uncorrupted, sincere.*   ¹⁷δόλος, ου, ὁ, [11] *deceit, guile, treachery.*   ¹⁸κρατέω, [47] *I am strong, mighty, hence: I rule, am master, prevail; I obtain, take hold of; I hold, hold fast.*   ¹⁹ἑορτή, ῆς, ἡ, [27] *a festival, feast, periodically recurring.*   ²⁰μήποτε, [25] *lest at any time, lest; then weakened: whether perhaps, whether at all; in a principal clause: perhaps.*   ²¹θόρυβος, ου, ὁ, [7] *(a) din, hubbub, confused noise, outcry, (b) riot, disturbance.*   ²²Βηθανία, ας, ἡ, [12] *(a) Bethany, the home of Lazarus, Martha, and Mary, near Jerusalem, (b) Bethany, beyond Jordan.*   ²³λεπρός, οῦ, ὁ, [9] *a leprous person, a leper.*   ²⁴κατάκειμαι, [11] *I recline (at table); more often: I keep my bed, am lying ill (in bed).*   ²⁵ἀλάβαστρον, ου, τό, [4] *a phial or bottle of perfumed ointment, usually of alabaster.*   ²⁶μύρον, ου, τό, [14] *anointing-oil, ointment.*   ²⁷νάρδος, ου, ἡ, [2] *spikenard, a perfume made originally from a plant growing on the Himalayas.*   ²⁸πιστικός, ή, όν, [2] *genuine, pure (of ointment), trustworthy.*   ²⁹πολυτελής, ές, [3] *very costly, very precious, of great value.*   ³⁰συντρίβω, [8] *I break by crushing, break in pieces, shatter, crush, bruise.*   ³¹καταχέω, [2] *I pour (down) upon.*   ³²ἀγανακτέω, [7] *I am angry, incensed.*   ³³ἀπώλεια, ας, ἡ, [19] *destruction, ruin, loss, perishing; eternal ruin.*   ³⁴πιπράσκω, [9] *I sell; pass: I am a slave to, am devoted to.*   ³⁵ἐπάνω, [20] *(a) adv: on the top, above, (b) prep: on the top of, above, over, on, above, more than, superior to.*   ³⁶τριακόσιοι, αι, α, [2] *three hundred.*   ³⁷δηνάριον, ου, τό, [16] *a denarius, a small Roman silver coin.*   ³⁸πτωχός, ή, όν, [34] *poor, destitute, spiritually poor, either in a good sense (humble devout persons) or bad.*   ³⁹ἐμβριμάομαι, [5] *I snort (with the notion of coercion springing out of displeasure, anger, indignation, antagonism), express indignant displeasure with some one; I charge sternly.*

αὐτήν· τί αὐτῇ κόπους¹ παρέχετε;² Καλὸν ἔργον εἰργάσατο³ ἐν ἐμοί. 7 Πάντοτε⁴ γὰρ τοὺς πτωχοὺς⁵ ἔχετε μεθ' ἑαυτῶν, καὶ ὅταν θέλητε δύνασθε αὐτοὺς εὖ⁶ ποιῆσαι· ἐμὲ δὲ οὐ πάντοτε⁴ ἔχετε. 8 Ὃ ἔσχεν αὕτη ἐποίησεν· προέλαβεν⁷ μυρίσαι⁸ μου τὸ σῶμα εἰς τὸν ἐνταφιασμόν.⁹ 9 Ἀμὴν λέγω ὑμῖν, ὅπου ἐὰν κηρυχθῇ τὸ εὐαγγέλιον τοῦτο εἰς ὅλον τὸν κόσμον, καὶ ὃ ἐποίησεν αὕτη λαληθήσεται εἰς μνημόσυνον¹⁰ αὐτῆς.

The Preparation for, and the Celebration of, the Passover

10 Καὶ ὁ Ἰούδας ὁ Ἰσκαριώτης, εἷς τῶν δώδεκα, ἀπῆλθεν πρὸς τοὺς ἀρχιερεῖς, ἵνα παραδῷ αὐτὸν αὐτοῖς. 11 Οἱ δὲ ἀκούσαντες ἐχάρησαν, καὶ ἐπηγγείλαντο¹¹ αὐτῷ ἀργύριον¹² δοῦναι· καὶ ἐζήτει πῶς εὐκαίρως¹³ αὐτὸν παραδῷ.

12 Καὶ τῇ πρώτῃ ἡμέρᾳ τῶν ἀζύμων,¹⁴ ὅτε τὸ Πάσχα¹⁵ ἔθυον,¹⁶ λέγουσιν αὐτῷ οἱ μαθηταὶ αὐτοῦ, Ποῦ¹⁷ θέλεις ἀπελθόντες ἑτοιμάσωμεν¹⁸ ἵνα φάγῃς τὸ Πάσχα;¹⁵ 13 Καὶ ἀποστέλλει δύο τῶν μαθητῶν αὐτοῦ, καὶ λέγει αὐτοῖς, Ὑπάγετε εἰς τὴν πόλιν, καὶ ἀπαντήσει¹⁹ ὑμῖν ἄνθρωπος κεράμιον²⁰ ὕδατος βαστάζων·²¹ ἀκολουθήσατε αὐτῷ, 14 καὶ ὅπου ἐὰν εἰσέλθῃ, εἴπατε τῷ οἰκοδεσπότῃ²² ὅτι Ὁ διδάσκαλος λέγει, Ποῦ¹⁷ ἐστιν τὸ κατάλυμα,²³ ὅπου τὸ Πάσχα¹⁵ μετὰ τῶν μαθητῶν μου φάγω; 15 Καὶ αὐτὸς ὑμῖν δείξει²⁴ ἀνώγεον²⁵ μέγα ἐστρωμένον²⁶ ἕτοιμον·²⁷ ἐκεῖ ἑτοιμάσατε²⁸ ἡμῖν. 16 Καὶ ἐξῆλθον οἱ μαθηταὶ αὐτοῦ, καὶ ἦλθον εἰς τὴν πόλιν, καὶ εὗρον καθὼς εἶπεν αὐτοῖς, καὶ ἡτοίμασαν²⁹ τὸ Πάσχα.¹⁵

17 Καὶ ὀψίας³⁰ γενομένης ἔρχεται μετὰ τῶν δώδεκα. 18 Καὶ ἀνακειμένων³¹ αὐτῶν καὶ ἐσθιόντων, εἶπεν ὁ Ἰησοῦς, Ἀμὴν λέγω ὑμῖν, ὅτι εἷς ἐξ ὑμῶν παραδώσει με, ὁ ἐσθίων μετ' ἐμοῦ. 19 Οἱ δὲ ἤρξαντο λυπεῖσθαι,³² καὶ λέγειν αὐτῷ εἷς καθ' εἷς, Μήτι³³ ἐγώ; Καὶ ἄλλος, Μήτι³³ ἐγώ; 20 Ὁ δὲ ἀποκριθεὶς εἶπεν αὐτοῖς, Εἷς ἐκ τῶν δώδεκα, ὁ ἐμβαπτόμενος³⁴ μετ' ἐμοῦ εἰς τὸ τρυβλίον.³⁵ 21 Ὁ μὲν υἱὸς τοῦ ἀνθρώπου ὑπάγει, καθὼς γέγραπται περὶ

---

²παρέχετε: PAI-2P   ³εἰργάσατο: ADI-3S   ⁷προέλαβεν: 2AAI-3S   ⁸μυρίσαι: AAN   ¹¹ἐπηγγείλαντο: ANI-3P   ¹⁶ἔθυον: IAI-3P   ¹⁸ἑτοιμάσωμεν: AAS-1P   ¹⁹ἀπαντήσει: FAI-3S   ²¹βαστάζων: PAP-NSM   ²⁴δείξει: FAI-3S   ²⁶ἐστρωμένον: RPP-ASN   ²⁸ἑτοιμάσατε: AAM-2P   ²⁹ἡτοίμασαν: AAI-3P   ³¹ἀνακειμένων: PNP-GPM   ³²λυπεῖσθαι: PPN   ³⁴ἐμβαπτόμενος: PMP-NSM

---

¹κόπος, ου, ὁ, [19] (a) trouble, (b) toil, labor, laborious toil, involving weariness and fatigue.   ²παρέχω, [16] act. and mid: I offer, provide, confer, afford, give, bring, show, cause.   ³ἐργάζομαι, [39] I work, trade, perform, do, practice, commit, acquire by labor.   ⁴πάντοτε, [42] always, at all times, ever.   ⁵πτωχός, ή, όν, [34] poor, destitute, spiritually poor, either in a good sense (humble devout persons) or bad.   ⁶εὖ, [6] well, well done, good, rightly; also used as an exclamation.   ⁷προλαμβάνω, [3] I take before, anticipate; pass: I am caught or overtaken, taken by surprise.   ⁸μυρίζω, [1] I anoint.   ⁹ἐνταφιασμός, οῦ, ὁ, [2] embalming, preparation of a body for burial.   ¹⁰μνημόσυνον, ου, τό, [3] reminder, memorial; a remembrance offering.   ¹¹ἐπαγγέλλομαι, [15] I promise, profess.   ¹²ἀργύριον, ου, τό, [20] silver, a piece of silver, a shekel, money in general.   ¹³εὐκαίρως, [2] opportunely, in season, conveniently.   ¹⁴ἄζυμος, ον, [9] unleavened, the paschal feast (a feast of the Hebrews); fig: uncorrupted, sincere.   ¹⁵πάσχα, τό, [29] the feast of Passover, the Passover lamb.   ¹⁶θύω, [14] I sacrifice, generally an animal; hence: I kill.   ¹⁷ποῦ, [44] where, in what place.   ¹⁸ἑτοιμάζω, [40] I make ready, prepare.   ¹⁹ἀπαντάω, [7] I go to meet, meet, encounter.   ²⁰κεράμιον, ου, τό, [2] a pitcher, earthen vessel, jar.   ²¹βαστάζω, [27] (a) I carry, bear, (b) I carry (take) away.   ²²οἰκοδεσπότης, ατος, τό, [3] an inn, lodging-place.   ²³κατάλυμα, ατος, τό, [12] a head of a household.   ²⁴δείκνυμι, [31] I point out, show, exhibit; met: I teach, demonstrate, make known.   ²⁵ἀνώγεον, ου, τό, [2] an upper room.   ²⁶στρωννύω, [7] I spread, make a bed.   ²⁷ἕτοιμος, η, ον, [17] ready, prepared.   ²⁸ἑτοιμάζω, [40] I make ready, prepare.   ²⁹ἑτοιμάζω, [40] I make ready, prepare.   ³⁰ὄψιος, α, ον, [15] late, evening.   ³¹ἀνάκειμαι, [15] I recline, especially at a dinner-table.   ³²λυπέω, [26] I pain, grieve, vex.   ³³μήτι, [16] if not, unless, whether at all.   ³⁴ἐμβάπτω, [3] I dip into.   ³⁵τρύβλιον, ου, τό, [2] a deep dish, platter, bowl.

αὐτοῦ· οὐαὶ¹ δὲ τῷ ἀνθρώπῳ ἐκείνῳ δι᾽ οὗ ὁ υἱὸς τοῦ ἀνθρώπου παραδίδοται· καλὸν ἦν αὐτῷ εἰ οὐκ ἐγεννήθη ὁ ἄνθρωπος ἐκεῖνος.

22 Καὶ ἐσθιόντων αὐτῶν, λαβὼν ὁ Ἰησοῦς ἄρτον εὐλογήσας² ἔκλασεν,³ καὶ ἔδωκεν αὐτοῖς, καὶ εἶπεν, Λάβετε, φάγετε· τοῦτό ἐστιν τὸ σῶμά μου. **23** Καὶ λαβὼν τὸ ποτήριον⁴ εὐχαριστήσας⁵ ἔδωκεν αὐτοῖς· καὶ ἔπιον ἐξ αὐτοῦ πάντες. **24** Καὶ εἶπεν αὐτοῖς, Τοῦτό ἐστιν τὸ αἷμά μου, τὸ τῆς καινῆς⁶ διαθήκης,⁷ τὸ περὶ πολλῶν ἐκχυνόμενον.⁸ **25** Ἀμὴν λέγω ὑμῖν ὅτι οὐκέτι⁹ οὐ μὴ πίω ἐκ τοῦ γενήματος¹⁰ τῆς ἀμπέλου,¹¹ ἕως τῆς ἡμέρας ἐκείνης ὅταν αὐτὸ πίνω καινὸν⁶ ἐν τῇ βασιλείᾳ τοῦ θεοῦ.

The Passion in Gethsemane

26 Καὶ ὑμνήσαντες¹² ἐξῆλθον εἰς τὸ ὄρος τῶν Ἐλαιῶν.¹³

27 Καὶ λέγει αὐτοῖς ὁ Ἰησοῦς ὅτι Πάντες σκανδαλισθήσεσθε¹⁴ ἐν ἐμοὶ ἐν τῇ νυκτὶ ταύτῃ· ὅτι γέγραπται, Πατάξω¹⁵ τὸν ποιμένα,¹⁶ καὶ διασκορπισθήσεται¹⁷ τὰ πρόβατα.¹⁸ **28** Ἀλλὰ μετὰ τὸ ἐγερθῆναί με, προάξω¹⁹ ὑμᾶς εἰς τὴν Γαλιλαίαν. **29** Ὁ δὲ Πέτρος ἔφη αὐτῷ, Καὶ εἰ πάντες σκανδαλισθήσονται,²⁰ ἀλλ᾽ οὐκ ἐγώ. **30** Καὶ λέγει αὐτῷ ὁ Ἰησοῦς, Ἀμὴν λέγω σοι, ὅτι σὺ σήμερον²¹ ἐν τῇ νυκτὶ ταύτῃ, πρὶν²² ἢ δὶς²³ ἀλέκτορα²⁴ φωνῆσαι,²⁵ τρὶς²⁶ ἀπαρνήσῃ²⁷ με. **31** Ὁ δὲ ἐκπερισσοῦ²⁸ ἔλεγεν μᾶλλον, Ἐάν με δέῃ συναποθανεῖν²⁹ σοι, οὐ μή σε ἀπαρνήσωμαι.³⁰ Ὡσαύτως³¹ δὲ καὶ πάντες ἔλεγον.

32 Καὶ ἔρχονται εἰς χωρίον³² οὗ τὸ ὄνομα Γεθσημανῆ·³³ καὶ λέγει τοῖς μαθηταῖς αὐτοῦ, Καθίσατε³⁴ ὧδε, ἕως προσεύξωμαι. **33** Καὶ παραλαμβάνει³⁵ τὸν Πέτρον καὶ

---

²εὐλογήσας: AAP-NSM   ³ἔκλασεν: AAI-3S   ⁵εὐχαριστήσας: AAP-NSM   ⁸ἐκχυνόμενον: PPP-NSN   ¹²ὑμνήσαντες: AAP-NPM   ¹⁴σκανδαλισθήσεσθε: FPI-2P   ¹⁵Πατάξω: FAI-1S   ¹⁷διασκορπισθήσεται: FPI-3S   ¹⁹προάξω: FAI-1S   ²⁰σκανδαλισθήσονται: FPI-3P   ²⁵φωνῆσαι: AAN   ²⁷ἀπαρνήσῃ: FDI-2S   ²⁹συναποθανεῖν: 2AAN   ³⁰ἀπαρνήσωμαι: ADS-1S   ³⁴Καθίσατε: AAM-2P   ³⁵παραλαμβάνει: PAI-3S

---

¹οὐαί, [47] woe!, alas!, uttered in grief or denunciation.   ²εὐλογέω, [43] (lit: I speak well of) I bless; pass: I am blessed.   ³κλάω, [15] I break (in pieces), break bread.   ⁴ποτήριον, ου, τό, [33] a drinking cup, the contents of the cup; fig: the portion which God allots.   ⁵εὐχαριστέω, [40] I thank, give thanks; pass. 3 sing: is received with thanks.   ⁶καινός, ή, όν, [44] fresh, new, unused, novel.   ⁷διαθήκη, ης, ἡ, [33] (a) a covenant between two parties, (b) (the ordinary, everyday sense [found a countless number of times in papyri]) a will, testament.   ⁸ἐκχέω, [28] I pour out (liquid or solid); I shed, bestow liberally.   ⁹οὐκέτι, [48] no longer, no more.   ¹⁰γέννημα, ατος, τό, [9] offspring, child, fruit.   ¹¹ἄμπελος, ου, ἡ, [9] a vine, grape-vine.   ¹²ὑμνέω, [4] I sing, sing hymns to, praise.   ¹³ἐλαία, ας, ἡ, [15] an olive tree; the Mount of Olives.   ¹⁴σκανδαλίζω, [30] I cause to stumble, cause to sin, cause to become indignant, shock, offend.   ¹⁵πατάσσω, [10] I smite, strike (as with a sword), smite to death, afflict.   ¹⁶ποιμήν, ένος, ὁ, [18] a shepherd; hence met: of the feeder, protector, and ruler of a flock of men.   ¹⁷διασκορπίζω, [9] I scatter, winnow, disperse, waste.   ¹⁸πρόβατον, ου, τό, [41] a sheep.   ¹⁹προάγω, [18] (a) trans: I lead forth; in the judicial sense, into court, (b) intrans. and trans: I precede, go before, (c) intrans: I go too far.   ²⁰σκανδαλίζω, [30] I cause to stumble, cause to sin, cause to become indignant, shock, offend.   ²¹σήμερον, [41] today, now.   ²²πρίν, [14] formerly, before.   ²³δίς, [6] twice, entirely, utterly.   ²⁴ἀλέκτωρ, ορος, ὁ, [12] a cock, rooster.   ²⁵φωνέω, [42] I give forth a sound, hence: (a) of a cock: I crow, (b) of men: I shout, (c) trans: I call (to myself), summon; I invite, address.   ²⁶τρίς, [12] three times.   ²⁷ἀπαρνέομαι, [13] I deny, disown, repudiate (either another person or myself), disregard.   ²⁸περισσός, ή, όν, [26] more, greater, excessive, abundant, exceedingly, vehemently; noun: preeminence, advantage.   ²⁹συναποθνήσκω, [3] I die together with.   ³⁰ἀπαρνέομαι, [13] I deny, disown, repudiate (either another person or myself), disregard.   ³¹ὡσαύτως, [18] in like manner, likewise, just so.   ³²χωρίον, ου, τό, [10] a place, piece of land, field, property, estate.   ³³Γεθσημανῆ, ἡ, [2] Gethsemane, a small place between the brook Kidron and the Mount of Olives near Jerusalem.   ³⁴καθίζω, [48] (a) trans: I make to sit; I set, appoint, (b) intrans: I sit down, am seated, stay.   ³⁵παραλαμβάνω, [49] I take from, receive from, or: I take to, receive (apparently not used of money), admit, acknowledge; I take with me.

Ἰάκωβον καὶ Ἰωάννην μεθ' ἑαυτοῦ, καὶ ἤρξατο ἐκθαμβεῖσθαι¹ καὶ ἀδημονεῖν.² 34 Καὶ λέγει αὐτοῖς, Περίλυπός³ ἐστιν ἡ ψυχή μου ἕως θανάτου· μείνατε ὧδε καὶ γρηγορεῖτε.⁴ 35 Καὶ προσελθὼν μικρόν,⁵ ἔπεσεν ἐπὶ τῆς γῆς, καὶ προσηύχετο ἵνα, εἰ δυνατόν⁶ ἐστιν, παρέλθῃ⁷ ἀπ' αὐτοῦ ἡ ὥρα. 36 Καὶ ἔλεγεν, Ἀββᾶ,⁸ ὁ πατήρ, πάντα δυνατά⁶ σοι. Παρένεγκε⁹ τὸ ποτήριον¹⁰ ἀπ' ἐμοῦ τοῦτο· ἀλλ' οὐ τί ἐγὼ θέλω, ἀλλὰ τί σύ. 37 Καὶ ἔρχεται καὶ εὑρίσκει αὐτοὺς καθεύδοντας,¹¹ καὶ λέγει τῷ Πέτρῳ, Σίμων, καθεύδεις;¹² Οὐκ ἴσχυσας¹³ μίαν ὥραν γρηγορῆσαι;¹⁴ 38 Γρηγορεῖτε¹⁵ καὶ προσεύχεσθε, ἵνα μὴ εἰσέλθητε εἰς πειρασμόν.¹⁶ Τὸ μὲν πνεῦμα πρόθυμον,¹⁷ ἡ δὲ σὰρξ ἀσθενής.¹⁸ 39 Καὶ πάλιν ἀπελθὼν προσηύξατο, τὸν αὐτὸν λόγον εἰπών. 40 Καὶ ὑποστρέψας¹⁹ εὗρεν αὐτοὺς πάλιν καθεύδοντας·²⁰ ἦσαν γὰρ οἱ ὀφθαλμοὶ αὐτῶν βεβαρημένοι,²¹ καὶ οὐκ ᾔδεισαν τί αὐτῷ ἀποκριθῶσιν. 41 Καὶ ἔρχεται τὸ τρίτον, καὶ λέγει αὐτοῖς, Καθεύδετε²² λοιπὸν²³ καὶ ἀναπαύεσθε.²⁴ Ἀπέχει·²⁵ ἦλθεν ἡ ὥρα· ἰδού, παραδίδοται ὁ υἱὸς τοῦ ἀνθρώπου εἰς τὰς χεῖρας τῶν ἁμαρτωλῶν.²⁶ 42 Ἐγείρεσθε, ἄγωμεν· ἰδού, ὁ παραδιδούς με ἤγγικεν.²⁷

The Capture of Jesus

43 Καὶ εὐθέως, ἔτι αὐτοῦ λαλοῦντος, παραγίνεται²⁸ Ἰούδας, εἷς ὢν τῶν δώδεκα, καὶ μετ' αὐτοῦ ὄχλος πολὺς μετὰ μαχαιρῶν²⁹ καὶ ξύλων,³⁰ παρὰ τῶν ἀρχιερέων καὶ τῶν γραμματέων καὶ τῶν πρεσβυτέρων. 44 Δεδώκει δὲ ὁ παραδιδοὺς αὐτὸν σύσσημον³¹ αὐτοῖς, λέγων, Ὃν ἂν φιλήσω,³² αὐτός ἐστιν· κρατήσατε³³ αὐτόν, καὶ ἀπαγάγετε³⁴

---

¹ἐκθαμβεῖσθαι: PPN ²ἀδημονεῖν: PAN ⁴γρηγορεῖτε: PAM-2P ⁷παρέλθῃ: 2AAS-3S ⁹Παρένεγκε: 2AAM-2S ¹¹καθεύδοντας: PAP-APM ¹²καθεύδεις: PAI-2S ¹³ἴσχυσας: AAI-2S ¹⁴γρηγορῆσαι: AAN ¹⁵Γρηγορεῖτε: PAM-2P ¹⁹ὑποστρέψας: AAP-NSM ²⁰καθεύδοντας: PAP-APM ²¹βεβαρημένοι: RPP-NPM ²²Καθεύδετε: PAI-2P or PAM-2P ²⁴ἀναπαύεσθε: PMI-2P or PMM-2P ²⁵Ἀπέχει: PAI-3S ²⁷ἤγγικεν: RAI-3S ²⁸παραγίνεται: PNI-3S ³²φιλήσω: AAS-1S ³³κρατήσατε: AAM-2P ³⁴ἀπαγάγετε: 2AAM-2P

---

¹ἐκθαμβέομαι, [4] I am greatly astonished, am awe-struck. ²ἀδημονέω, [3] I feel fear, lack courage, am distressed, troubled. ³περίλυπος, ον, [5] very sorrowful, greatly grieved. ⁴γρηγορέω, [23] (a) I am awake (in the night), watch, (b) I am watchful, on the alert, vigilant. ⁵μικρός, ά, όν, [45] little, small. ⁶δυνατός, ή, όν, [36] (a) of persons: powerful, able, (b) of things: possible. ⁷παρέρχομαι, [29] I pass by, pass away, pass out of sight; I am rendered void, become vain, neglect, disregard. ⁸Ἀββᾶ, [3] Abba, Father. ⁹παραφέρω, [4] I turn aside, carry away, remove, cause to pass away; pass: I am misled, seduced. ¹⁰ποτήριον, ου, τό, [33] a drinking cup, the contents of the cup; fig: the portion which God allots. ¹¹καθεύδω, [22] I sleep, am sleeping. ¹²καθεύδω, [22] I sleep, am sleeping. ¹³ἰσχύω, [29] I have strength, am strong, am in full health and vigor, am able; meton: I prevail. ¹⁴γρηγορέω, [23] (a) I am awake (in the night), watch, (b) I am watchful, on the alert, vigilant. ¹⁵γρηγορέω, [23] (a) I am awake (in the night), watch, (b) I am watchful, on the alert, vigilant. ¹⁶πειρασμός, οῦ, ὁ, [21] (a) trial, probation, testing, being tried, (b) temptation, (c) calamity, affliction. ¹⁷πρόθυμος, ον, [3] eager, ready, willing, prompt. ¹⁸ἀσθενής, ές, [25] (lit: not strong), (a) weak (physically, or morally), (b) infirm, sick. ¹⁹ὑποστρέφω, [37] I turn back, return. ²⁰καθεύδω, [22] I sleep, am sleeping. ²¹βαρέω, [7] I weight, load, burden, lit. and met. ²²καθεύδω, [22] I sleep, am sleeping. ²³λοιπόν, [14] finally, from now on, henceforth, beyond that. ²⁴ἀναπαύω, [12] I make to rest, give rest to; mid. and pass: I rest, take my ease. ²⁵ἀπέχω, [18] I have in full, am far, it is enough. ²⁶ἁμαρτωλός, ον, [48] sinning, sinful, depraved, detestable. ²⁷ἐγγίζω, [43] trans: I bring near; intrans: I come near, approach. ²⁸παραγίνομαι, [37] (a) I come on the scene, appear, come, (b) with words expressing destination: I present myself at, arrive at, reach. ²⁹μάχαιρα, ας, ἡ, [29] a sword. ³⁰ξύλον, ου, τό, [20] anything made of wood, a piece of wood, a club, staff; the trunk of a tree, used to support the cross-bar of a cross in crucifixion. ³¹σύσσημον, ου, τό, [1] a signal agreed upon. ³²φιλέω, [25] I love (of friendship), regard with affection, cherish; I kiss. ³³κρατέω, [47] I am strong, mighty, hence: I rule, am master, prevail; I obtain, take hold of; I hold, hold fast. ³⁴ἀπάγω, [14] I lead, carry, take away; met: I am led astray, seduced.

ἀσφαλῶς.¹ **45** Καὶ ἐλθών, εὐθέως προσελθὼν αὐτῷ λέγει αὐτῷ, Ῥαββί,² ῥαββί·² καὶ κατεφίλησεν³ αὐτόν. **46** Οἱ δὲ ἐπέβαλον⁴ ἐπ᾽ αὐτὸν τὰς χεῖρας αὐτῶν, καὶ ἐκράτησαν⁵ αὐτόν. **47** Εἷς δέ τις τῶν παρεστηκότων⁶ σπασάμενος⁷ τὴν μάχαιραν⁸ ἔπαισεν⁹ τὸν δοῦλον τοῦ ἀρχιερέως, καὶ ἀφεῖλεν¹⁰ αὐτοῦ τὸ ὠτίον.¹¹ **48** Καὶ ἀποκριθεὶς ὁ Ἰησοῦς εἶπεν αὐτοῖς, Ὡς ἐπὶ λῃστὴν¹² ἐξήλθετε μετὰ μαχαιρῶν⁸ καὶ ξύλων¹³ συλλαβεῖν¹⁴ με; **49** Καθ᾽ ἡμέραν ἤμην πρὸς ὑμᾶς ἐν τῷ ἱερῷ διδάσκων, καὶ οὐκ ἐκρατήσατέ¹⁵ με· ἀλλ᾽ ἵνα πληρωθῶσιν αἱ γραφαί. **50** Καὶ ἀφέντες αὐτὸν πάντες ἔφυγον.¹⁶

51 Καὶ εἷς τις νεανίσκος¹⁷ ἠκολούθησεν αὐτῷ, περιβεβλημένος¹⁸ σινδόνα¹⁹ ἐπὶ γυμνοῦ.²⁰ Καὶ κρατοῦσιν²¹ αὐτὸν οἱ νεανίσκοι·¹⁷ **52** ὁ δὲ καταλιπὼν²² τὴν σινδόνα¹⁹ γυμνὸς²⁰ ἔφυγεν²³ ἀπ᾽ αὐτῶν.

The Trial before the High Priest

53 Καὶ ἀπήγαγον²⁴ τὸν Ἰησοῦν πρὸς τὸν ἀρχιερέα· καὶ συνέρχονται²⁵ αὐτῷ πάντες οἱ ἀρχιερεῖς καὶ οἱ πρεσβύτεροι καὶ οἱ γραμματεῖς. **54** Καὶ ὁ Πέτρος ἀπὸ μακρόθεν²⁶ ἠκολούθησεν αὐτῷ ἕως ἔσω²⁷ εἰς τὴν αὐλὴν²⁸ τοῦ ἀρχιερέως· καὶ ἦν συγκαθήμενος²⁹ μετὰ τῶν ὑπηρετῶν,³⁰ καὶ θερμαινόμενος³¹ πρὸς τὸ φῶς. **55** Οἱ δὲ ἀρχιερεῖς καὶ ὅλον τὸ συνέδριον³² ἐζήτουν κατὰ τοῦ Ἰησοῦ μαρτυρίαν,³³ εἰς τὸ θανατῶσαι³⁴ αὐτόν· καὶ οὐχ εὕρισκον. **56** Πολλοὶ γὰρ ἐψευδομαρτύρουν³⁵ κατ᾽ αὐτοῦ, καὶ ἴσαι³⁶ αἱ μαρτυρίαι³³ οὐκ

---

³κατεφίλησεν: AAI-3S   ⁴ἐπέβαλον: 2AAI-3P   ⁵ἐκράτησαν: AAI-3P   ⁶παρεστηκότων: RAP-GPM   ⁷σπασάμενος: AMP-NSM   ⁹ἔπαισεν: AAI-3S   ¹⁰ἀφεῖλεν: 2AAI-3S   ¹⁴συλλαβεῖν: 2AAN   ¹⁵ἐκρατήσατέ: AAI-2P   ¹⁶ἔφυγον: 2AAI-3P   ¹⁸περιβεβλημένος: RPP-NSM   ²¹κρατοῦσιν: PAI-3P   ²²καταλιπὼν: 2AAP-NSM   ²³ἔφυγεν: 2AAI-3S   ²⁴ἀπήγαγον: 2AAI-3P   ²⁵συνέρχονται: PNI-3P   ²⁹συγκαθήμενος: PNP-NSM   ³¹θερμαινόμενος: PMP-NSM   ³⁴θανατῶσαι: AAN   ³⁵ἐψευδομαρτύρουν: IAI-3P

---

¹ἀσφαλῶς, [3] safely, securely, assuredly, certainly.   ²ῥαββί, [17] Rabbi, my master, teacher; a title of respect often applied to Christ.   ³καταφιλέω, [6] I kiss affectionately.   ⁴ἐπιβάλλω, [18] (a) I throw upon, cast over, (b) I place upon, (c) I lay, (d) intrans: I strike upon, rush.   ⁵κρατέω, [47] I am strong, mighty, hence: I rule, am master, prevail; I obtain, take hold of; I hold, hold fast.   ⁶παρίστημι, [41] I bring, present, prove, come up to and stand by, am present.   ⁷σπάω, [2] I draw (as a sword), pull.   ⁸μάχαιρα, ας, ἡ, [29] a sword.   ⁹παίω, [5] I strike, smite, sting.   ¹⁰ἀφαιρέω, [10] I take away, smite off.   ¹¹ὠτίον, ου, τό, [5] an ear.   ¹²λῃστής, οῦ, ὁ, [15] a robber, brigand, bandit.   ¹³ξύλον, ου, τό, [20] anything made of wood, a piece of wood, a club, staff; the trunk of a tree, used to support the cross-bar of a cross in crucifixion.   ¹⁴συλλαμβάνω, [16] I seize, apprehend, assist, conceive, become pregnant.   ¹⁵κρατέω, [47] I am strong, mighty, hence: I rule, am master, prevail; I obtain, take hold of; I hold, hold fast.   ¹⁶φεύγω, [31] I flee, escape, shun.   ¹⁷νεανίσκος, ου, ὁ, [10] a young man, youth, an attendant.   ¹⁸περιβάλλω, [24] I cast around, wrap a garment about, put on; hence mid: I put on to myself, clothe myself, dress; I draw (a line).   ¹⁹σινδών, όνος, ἡ, [6] fine linen, a linen cloth.   ²⁰γυμνός, ή, όν, [15] rarely: stark-naked; generally: wearing only the under-garment; bare, open, manifest; mere.   ²¹κρατέω, [47] I am strong, mighty, hence: I rule, am master, prevail; I obtain, take hold of; I hold, hold fast.   ²²καταλείπω, [25] I leave behind, desert, abandon, forsake; I leave remaining, reserve.   ²³φεύγω, [31] I flee, escape, shun.   ²⁴ἀπάγω, [14] I lead, carry, take away; met: I am led astray, seduced.   ²⁵συνέρχομαι, [32] I come or go with, accompany; I come together, assemble.   ²⁶μακρόθεν, [14] from a (long) distance, afar.   ²⁷ἔσω, [8] within, inside, with verbs either of rest or of motion; prep: within, to within, inside.   ²⁸αὐλή, ῆς, ἡ, [12] court-yard, fore-court, sheep-fold; but it may be understood as: palace, house.   ²⁹συγκάθημαι, [2] I sit with.   ³⁰ὑπηρέτης, ου, ὁ, [20] a servant, an attendant, (a) an officer, lictor, (b) an attendant in a synagogue, (c) a minister of the gospel.   ³¹θερμαίνω, [6] I warm; mid: I warm myself.   ³²συνέδριον, ου, τό, [22] a council, tribunal; the Sanhedrin, the meeting place of the Sanhedrin.   ³³μαρτυρία, ας, ἡ, [37] witness, evidence, testimony, reputation.   ³⁴θανατόω, [11] I put to death, subdue; pass: I am in danger of death, am dead to, am rid of, am parted from.   ³⁵ψευδομαρτυρέω, [5] I testify falsely, bear false witness.   ³⁶ἴσος, η, ον, [8] equal, equivalent, identical.

ἦσαν. **57** Καί τινες ἀναστάντες ἐψευδομαρτύρουν¹ κατ᾽ αὐτοῦ, λέγοντες **58** ὅτι Ἡμεῖς ἠκούσαμεν αὐτοῦ λέγοντος ὅτι Ἐγὼ καταλύσω² τὸν ναὸν³ τοῦτον τὸν χειροποίητον,⁴ καὶ διὰ τριῶν ἡμερῶν ἄλλον ἀχειροποίητον⁵ οἰκοδομήσω.⁶ **59** Καὶ οὐδὲ οὕτως ἴση⁷ ἦν ἡ μαρτυρία⁸ αὐτῶν. **60** Καὶ ἀναστὰς ὁ ἀρχιερεὺς εἰς μέσον ἐπηρώτησεν τὸν Ἰησοῦν, λέγων, Οὐκ ἀποκρίνῃ οὐδέν; Τί οὗτοί σου καταμαρτυροῦσιν;⁹ **61** Ὁ δὲ ἐσιώπα,¹⁰ καὶ οὐδὲν ἀπεκρίνατο. Πάλιν ὁ ἀρχιερεὺς ἐπηρώτα αὐτόν, καὶ λέγει αὐτῷ, Σὺ εἶ ὁ χριστός, ὁ υἱὸς τοῦ εὐλογητοῦ;¹¹ **62** Ὁ δὲ Ἰησοῦς εἶπεν, Ἐγώ εἰμι. Καὶ ὄψεσθε τὸν υἱὸν τοῦ ἀνθρώπου ἐκ δεξιῶν καθήμενον τῆς δυνάμεως, καὶ ἐρχόμενον μετὰ τῶν νεφελῶν¹² τοῦ οὐρανοῦ. **63** Ὁ δὲ ἀρχιερεὺς διαρρήξας¹³ τοὺς χιτῶνας¹⁴ αὐτοῦ λέγει, Τί ἔτι χρείαν¹⁵ ἔχομεν μαρτύρων;¹⁶ **64** Ἠκούσατε τῆς βλασφημίας·¹⁷ τί ὑμῖν φαίνεται;¹⁸ Οἱ δὲ πάντες κατέκριναν¹⁹ αὐτὸν εἶναι ἔνοχον²⁰ θανάτου. **65** Καὶ ἤρξαντό τινες ἐμπτύειν²¹ αὐτῷ, καὶ περικαλύπτειν²² τὸ πρόσωπον αὐτοῦ, καὶ κολαφίζειν²³ αὐτόν, καὶ λέγειν αὐτῷ, Προφήτευσον·²⁴ καὶ οἱ ὑπηρέται²⁵ ῥαπίσμασιν²⁶ αὐτὸν ἔβαλλον.

The Denial of Peter

66 Καὶ ὄντος τοῦ Πέτρου ἐν τῇ αὐλῇ²⁷ κάτω,²⁸ ἔρχεται μία τῶν παιδισκῶν²⁹ τοῦ ἀρχιερέως, **67** καὶ ἰδοῦσα τὸν Πέτρον θερμαινόμενον,³⁰ ἐμβλέψασα³¹ αὐτῷ λέγει, Καὶ σὺ μετὰ τοῦ Ναζαρηνοῦ³² Ἰησοῦ ἦσθα. **68** Ὁ δὲ ἠρνήσατο,³³ λέγων, Οὐκ οἶδα, οὐδὲ

---

¹ἐψευδομαρτύρουν: IAI-3P ²καταλύσω: FAI-1S ⁶οἰκοδομήσω: FAI-1S ⁹καταμαρτυροῦσιν: PAI-3P ¹⁰ἐσιώπα: IAI-3S ¹³διαρρήξας: AAP-NSM ¹⁸φαίνεται: PEI-3S ¹⁹κατέκριναν: AAI-3P ²¹ἐμπτύειν: PAN ²²περικαλύπτειν: PAN ²³κολαφίζειν: PAN ²⁴Προφήτευσον: AAM-2S ³⁰θερμαινόμενον: PMP-ASM ³¹ἐμβλέψασα: AAP-NSF ³³ἠρνήσατο: ADI-3S

---

¹ψευδομαρτυρέω, [5] I testify falsely, bear false witness. ²καταλύω, [17] (lit: I loosen thoroughly), (a) trans: I break up, overthrow, destroy, both lit. and met., (b) I unyoke, unharness a carriage horse or pack animal; hence: I put up, lodge, find a lodging. ³ναός, οῦ, ὁ, [46] a temple, a shrine, that part of the temple where God himself resides. ⁴χειροποίητος, ον, [6] done or made with hands, artificial. ⁵ἀχειροποίητος, ον, [3] not made with hands. ⁶οἰκοδομέω, [39] I erect a building, build; fig. of the building up of character: I build up, edify, encourage. ⁷ἴσος, η, ον, [8] equal, equivalent, identical. ⁸μαρτυρία, ας, ἡ, [37] witness, evidence, testimony, reputation. ⁹καταμαρτυρέω, [4] I give evidence (bear witness) against. ¹⁰σιωπάω, [11] I keep silence, am silent, either voluntarily or involuntarily. ¹¹εὐλογητός, ή, όν, [8] (used only of God), blessed (as entitled to receive blessing from man), worthy of praise. ¹²νεφέλη, ης, ἡ, [26] a cloud. ¹³διαρρήσσω, [5] I tear asunder, burst, rend. ¹⁴χιτών, ῶνος, ὁ, [11] a tunic, garment, undergarment. ¹⁵χρεία, ας, ἡ, [49] need, necessity, business. ¹⁶μάρτυς, υρος, ὁ, [34] a witness; an eye- or ear-witness. ¹⁷βλασφημία, ας, ἡ, [19] abusive or scurrilous language, blasphemy. ¹⁸φαίνω, [31] (a) act: I shine, shed light, (b) pass: I shine, become visible, appear, (c) I become clear, appear, seem, show myself as. ¹⁹κατακρίνω, [17] I condemn, judge worthy of punishment. ²⁰ἔνοχος, ον, [10] involved in, held in, hence: liable, generally with dat. (or gen.) of the punishment. ²¹ἐμπτύω, [6] I spit upon. ²²περικαλύπτω, [3] I cover up, cover round about, veil round, blindfold. ²³κολαφίζω, [5] I strike with the fist, buffet; hence: I mistreat violently. ²⁴προφητεύω, [28] I foretell, prophesy; I set forth matter of divine teaching by special faculty. ²⁵ὑπηρέτης, ου, ὁ, [20] a servant, an attendant, (a) an officer, lictor, (b) an attendant in a synagogue, (c) a minister of the gospel. ²⁶ῥάπισμα, ατος, τό, [3] a slap, blow on the cheek with the open hand. ²⁷αὐλή, ῆς, ἡ, [12] court-yard, fore-court, sheep-fold; but it may be understood as: palace, house. ²⁸κάτω, [11] (a) down, below, also: downwards, (b) lower, under, less, of a length of time. ²⁹παιδίσκη, ης, ἡ, [13] a female slave, maidservant, maid, young girl. ³⁰θερμαίνω, [6] I warm; mid: I warm myself. ³¹ἐμβλέπω, [12] I look into (upon); met: I consider; I see clearly. ³²Ναζαρηνός, ή, όν, [4] of Nazareth, a Nazarene. ³³ἀρνέομαι, [31] (a) I deny (a statement), (b) I repudiate (a person, or belief).

ἐπίσταμαι¹ τί σὺ λέγεις. Καὶ ἐξῆλθεν ἔξω εἰς τὸ προαύλιον·² καὶ ἀλέκτωρ³ ἐφώνησεν.⁴ **69** Καὶ ἡ παιδίσκη⁵ ἰδοῦσα αὐτὸν πάλιν ἤρξατο λέγειν τοῖς παρεστηκόσιν⁶ ὅτι Οὗτος ἐξ αὐτῶν ἐστίν. **70** Ὁ δὲ πάλιν ἠρνεῖτο.⁷ Καὶ μετὰ μικρὸν⁸ πάλιν οἱ παρεστῶτες⁹ ἔλεγον τῷ Πέτρῳ, Ἀληθῶς¹⁰ ἐξ αὐτῶν εἶ· καὶ γὰρ Γαλιλαῖος¹¹ εἶ, καὶ ἡ λαλιά¹² σου ὁμοιάζει.¹³ **71** Ὁ δὲ ἤρξατο ἀναθεματίζειν¹⁴ καὶ ὀμνύναι¹⁵ ὅτι Οὐκ οἶδα τὸν ἄνθρωπον τοῦτον ὃν λέγετε. **72** Καὶ ἐκ δευτέρου¹⁶ ἀλέκτωρ³ ἐφώνησεν.¹⁷ Καὶ ἀνεμνήσθη¹⁸ ὁ Πέτρος τὸ ῥῆμα ὃ εἶπεν αὐτῷ ὁ Ἰησοῦς ὅτι Πρὶν¹⁹ ἀλέκτορα³ φωνῆσαι²⁰ δίς,²¹ ἀπαρνήσῃ²² με τρίς.²³ Καὶ ἐπιβαλὼν²⁴ ἔκλαιεν.²⁵

The Trial before Pilate

15 Καὶ εὐθέως ἐπὶ τὸ πρωΐ²⁶ συμβούλιον²⁷ ποιήσαντες οἱ ἀρχιερεῖς μετὰ τῶν πρεσβυτέρων καὶ γραμματέων, καὶ ὅλον τὸ συνέδριον,²⁸ δήσαντες²⁹ τὸν Ἰησοῦν ἀπήνεγκαν³⁰ καὶ παρέδωκαν τῷ Πιλάτῳ. **2** Καὶ ἐπηρώτησεν αὐτὸν ὁ Πιλάτος, Σὺ εἶ ὁ βασιλεὺς τῶν Ἰουδαίων; Ὁ δὲ ἀποκριθεὶς εἶπεν αὐτῷ, Σὺ λέγεις. **3** Καὶ κατηγόρουν³¹ αὐτοῦ οἱ ἀρχιερεῖς πολλά· **4** ὁ δὲ Πιλάτος πάλιν ἐπηρώτησεν αὐτόν, λέγων, Οὐκ ἀποκρίνῃ οὐδέν; Ἴδε,³² πόσα³³ σου καταμαρτυροῦσιν.³⁴ **5** Ὁ δὲ Ἰησοῦς οὐκέτι³⁵ οὐδὲν ἀπεκρίθη, ὥστε θαυμάζειν³⁶ τὸν Πιλάτον.

---

¹ἐπίσταμαι: *PNI-1S*   ⁴ἐφώνησεν: *AAI-3S*   ⁶παρεστηκόσιν: *RAP-DPM*   ⁷ἠρνεῖτο: *INI-3S*   ⁹παρεστῶτες: *RAP-NPM*   ¹³ὁμοιάζει: *PAI-3S*   ¹⁴ἀναθεματίζειν: *PAN*   ¹⁵ὀμνύναι: *PAN*   ¹⁷ἐφώνησεν: *AAI-3S*   ¹⁸ἀνεμνήσθη: *API-3S*   ²⁰φωνῆσαι: *AAN*   ²²ἀπαρνήσῃ: *FDI-2S*   ²⁴ἐπιβαλὼν: *2AAP-NSM*   ²⁵ἔκλαιεν: *IAI-3S*   ²⁹δήσαντες: *AAP-NPM*   ³⁰ἀπήνεγκαν: *AAI-3P*   ³¹κατηγόρουν: *IAI-3P*   ³²Ἴδε: *2AAM-2S*   ³⁴καταμαρτυροῦσιν: *PAI-3P*   ³⁶θαυμάζειν: *PAN*

---

¹ἐπίσταμαι, *[14]* I know, know of, understand.   ²προαύλιον, ου, τό, *[1]* a porch, court before a building, vestibule. ³ἀλέκτωρ, ορος, ὁ, *[12]* a cock, rooster.   ⁴φωνέω, *[42]* I give forth a sound, hence: (a) of a cock: I crow, (b) of men: I shout, (c) trans: I call (to myself), summon; I invite, address.   ⁵παιδίσκη, ης, ἡ, *[13]* a female slave, maidservant, maid, young girl.   ⁶παρίστημι, *[41]* I bring, present, prove, come up to and stand by, am present.   ⁷ἀρνέομαι, *[31]* (a) I deny (a statement), (b) I repudiate (a person, or belief).   ⁸μικρός, ά, όν, *[45]* little, small.   ⁹παρίστημι, *[41]* I bring, present, prove, come up to and stand by, am present.   ¹⁰ἀληθῶς, *[21]* truly, really, certainly, surely.   ¹¹Γαλιλαῖος, αία, αῖον, *[11]* a Galilean, an inhabitant of Galilee.   ¹²λαλιά, ας, ἡ, *[4]* (in classical Greek: babble, chattering) speech, talk; manner of speech, dialect.   ¹³ὁμοιάζω, *[1]* I am like, resemble.   ¹⁴ἀναθεματίζω, *[4]* I curse, invoke curses, devote to destruction.   ¹⁵ὀμνύω, *[27]* I swear, take an oath, promise with an oath.   ¹⁶δεύτερος, α, ον, *[44]* second; with the article: in the second place, for the second time.   ¹⁷φωνέω, *[42]* I give forth a sound, hence: (a) of a cock: I crow, (b) of men: I shout, (c) trans: I call (to myself), summon; I invite, address.   ¹⁸ἀναμιμνήσκω, *[6]* I remind, admonish, am reminded, remind myself; pass: I remember, recall.   ¹⁹πρίν, *[14]* formerly, before.   ²⁰φωνέω, *[42]* I give forth a sound, hence: (a) of a cock: I crow, (b) of men: I shout, (c) trans: I call (to myself), summon; I invite, address.   ²¹δίς, *[6]* twice, entirely, utterly.   ²²ἀπαρνέομαι, *[13]* I deny, disown, repudiate (either another person or myself), disregard.   ²³τρίς, *[12]* three times.   ²⁴ἐπιβάλλω, *[18]* (a) I throw upon, cast over, (b) I place upon, (c) I lay (d) intrans: I strike upon, rush.   ²⁵κλαίω, *[40]* I weep, weep for, mourn, lament.   ²⁶πρωΐ, *[11]* early in the morning, at dawn.   ²⁷συμβούλιον, ου, τό, *[8]* (a) a body of advisers (assessors) in a court, a council, (b) abstr: consultation, counsel, advice; resolution, decree.   ²⁸συνέδριον, ου, τό, *[22]* a council, tribunal; the Sanhedrin, the meeting place of the Sanhedrin.   ²⁹δέω, *[44]* I bind, tie, fasten; I impel, compel; I declare to be prohibited and unlawful.   ³⁰ἀποφέρω, *[5]* I carry, bear away (sometimes with violence).   ³¹κατηγορέω, *[22]* I accuse, charge, prosecute.   ³²ἴδε, *[35]* See! Lo! Behold! Look!   ³³πόσος, η, ον, *[27]* how much, how great, how many.   ³⁴καταμαρτυρέω, *[4]* I give evidence (bear witness) against.   ³⁵οὐκέτι, *[48]* no longer, no more.   ³⁶θαυμάζω, *[46]* (a) intrans: I wonder, marvel, (b) trans: I wonder at, admire.

6 Κατὰ δὲ ἑορτὴν¹ ἀπέλυεν αὐτοῖς ἕνα δέσμιον,² ὅνπερ³ ᾐτοῦντο. 7 Ἦν δὲ ὁ λεγόμενος Βαραββᾶς μετὰ τῶν συστασιαστῶν⁴ δεδεμένος,⁵ οἵτινες ἐν τῇ στάσει⁶ φόνον⁷ πεποιήκεισαν. 8 Καὶ ἀναβοήσας⁸ ὁ ὄχλος ἤρξατο αἰτεῖσθαι καθὼς ἀεὶ⁹ ἐποίει αὐτοῖς. 9 Ὁ δὲ Πιλᾶτος ἀπεκρίθη αὐτοῖς, λέγων, Θέλετε ἀπολύσω ὑμῖν τὸν βασιλέα τῶν Ἰουδαίων; 10 Ἐγίνωσκεν γὰρ ὅτι διὰ φθόνον¹⁰ παραδεδώκεισαν αὐτὸν οἱ ἀρχιερεῖς. 11 Οἱ δὲ ἀρχιερεῖς ἀνέσεισαν¹¹ τὸν ὄχλον, ἵνα μᾶλλον τὸν Βαραββᾶν ἀπολύσῃ αὐτοῖς. 12 Ὁ δὲ Πιλᾶτος ἀποκριθεὶς πάλιν εἶπεν αὐτοῖς, Τί οὖν θέλετε ποιήσω ὃν λέγετε βασιλέα τῶν Ἰουδαίων; 13 Οἱ δὲ πάλιν ἔκραξαν, Σταύρωσον¹² αὐτόν. 14 Ὁ δὲ Πιλᾶτος ἔλεγεν αὐτοῖς, Τί γὰρ κακὸν ἐποίησεν; Οἱ δὲ περισσοτέρως¹³ ἔκραξαν, Σταύρωσον¹⁴ αὐτόν.

Condemnation, Crucifixion, and Death of Jesus

15 Ὁ δὲ Πιλᾶτος βουλόμενος¹⁵ τῷ ὄχλῳ τὸ ἱκανὸν¹⁶ ποιῆσαι, ἀπέλυσεν αὐτοῖς τὸν Βαραββᾶν· καὶ παρέδωκεν τὸν Ἰησοῦν, φραγελλώσας,¹⁷ ἵνα σταυρωθῇ.¹⁸

16 Οἱ δὲ στρατιῶται¹⁹ ἀπήγαγον²⁰ αὐτὸν ἔσω²¹ τῆς αὐλῆς,²² ὅ ἐστιν πραιτώριον,²³ καὶ συγκαλοῦσιν²⁴ ὅλην τὴν σπεῖραν.²⁵ 17 Καὶ ἐνδύουσιν²⁶ αὐτὸν πορφύραν,²⁷ καὶ περιτιθέασιν²⁸ αὐτῷ πλέξαντες²⁹ ἀκάνθινον³⁰ στέφανον,³¹ 18 καὶ ἤρξαντο ἀσπάζεσθαι αὐτόν, Χαῖρε, ὁ βασιλεὺς τῶν Ἰουδαίων· 19 καὶ ἔτυπτον³² αὐτοῦ τὴν κεφαλὴν καλάμῳ,³³ καὶ ἐνέπτυον³⁴ αὐτῷ, καὶ τιθέντες τὰ γόνατα³⁵ προσεκύνουν αὐτῷ. 20 Καὶ ὅτε ἐνέπαιξαν³⁶ αὐτῷ, ἐξέδυσαν³⁷ αὐτὸν τὴν πορφύραν,²⁷ καὶ ἐνέδυσαν³⁸ αὐτὸν τὰ ἱμάτια τὰ ἴδια.

---

⁵δεδεμένος: RPP-NSM　⁸ἀναβοήσας: AAP-NSM　¹¹ἀνέσεισαν: AAI-3P　¹²Σταύρωσον: AAM-2S　¹⁴Σταύρωσον: AAM-2S　¹⁵βουλόμενος: PNP-NSM　¹⁷φραγελλώσας: AAP-NSM　¹⁸σταυρωθῇ: APS-3S　²⁰ἀπήγαγον: 2AAI-3P　²⁴συγκαλοῦσιν: PAI-3P　²⁶ἐνδύουσιν: PAI-3P　²⁸περιτιθέασιν: PAI-3P　²⁹πλέξαντες: AAP-NPM　³²ἔτυπτον: IAI-3P　³⁴ἐνέπτυον: IAI-3P　³⁶ἐνέπαιξαν: AAI-3P　³⁷ἐξέδυσαν: AAI-3P　³⁸ἐνέδυσαν: AAI-3P

---

¹ἑορτή, ῆς, ἡ, [27] a festival, feast, periodically recurring.　²δέσμιος, ου, ὁ, [16] one bound, a prisoner.　³ὅσπερ, ἥπερ, ὅπερ, [1] the very one who.　⁴συστασιαστής, οῦ, ὁ, [1] a fellow insurgent.　⁵δέω, [44] I bind, tie, fasten; I impel, compel; I declare to be prohibited and unlawful.　⁶στάσις, εως, ἡ, [9] an insurrection, dissension; originally: standing, position, place.　⁷φόνος, ου, ὁ, [10] murder, slaughter, killing.　⁸ἀναβοάω, [3] I shout upwards, cry out, raise my voice.　⁹ἀεί, [8] always, unceasingly, perpetually; on every occasion.　¹⁰φθόνος, ου, ὁ, [9] envy, a grudge, spite.　¹¹ἀνασείω, [2] I shake up, stir up, excite.　¹²σταυρόω, [46] I fix to the cross, crucify; fig: I destroy, mortify.　¹³περισσῶς, [16] greatly, exceedingly, abundantly, vehemently.　¹⁴σταυρόω, [46] I fix to the cross, crucify; fig: I destroy, mortify.　¹⁵βούλομαι, [34] I will, intend, desire, wish.　¹⁶ἱκανός, ή, όν, [41] (a) considerable, sufficient, of number, quantity, time, (b) of persons: sufficiently strong (good, etc.), worthy, suitable, with various constructions, (c) many, much.　¹⁷φραγελλόω, [2] I flagellate, scourge.　¹⁸σταυρόω, [46] I fix to the cross, crucify; fig: I destroy, mortify.　¹⁹στρατιώτης, ου, ὁ, [26] a soldier.　²⁰ἀπάγω, [14] I lead, carry, take away; met: I am led astray, seduced.　²¹ἔσω, [8] within, inside, with verbs either of rest or of motion; prep: within, to within, inside.　²²αὐλή, ῆς, ἡ, [12] court-yard, fore-court, sheep-fold; but it may be understood as: palace, house.　²³πραιτώριον, ου, τό, [8] the palace at Jerusalem occupied by the Roman governor, or the quarters of the praetorian guard in Rome.　²⁴συγκαλέω, [8] I call together.　²⁵σπεῖρα, ης, ἡ, [7] a cohort, the tenth part of a legion; a military guard.　²⁶ἐνδύω, [28] I put on, clothe (another).　²⁷πορφύρα, ας, ἡ, [3] a purple garment, indicating power or wealth.　²⁸περιτίθημι, [8] I place or put around, clothe; fig: I bestow, confer.　²⁹πλέκω, [3] I weave together, plait, twist, braid.　³⁰ἀκάνθινος, η, ον, [2] made of thorns.　³¹στέφανος, ου, ὁ, [18] a crown, garland, honor, glory.　³²τύπτω, [14] I beat, strike, wound, inflict punishment.　³³κάλαμος, ου, ὁ, [12] a reed; a reed-pen, reed-staff, measuring rod.　³⁴ἐμπτύω, [6] I spit upon.　³⁵γόνυ, ατος, τό, [12] the knee.　³⁶ἐμπαίζω, [13] I mock, ridicule.　³⁷ἐκδύω, [5] I put off, take off, strip off, with acc. of person or garment or both.　³⁸ἐνδύω, [28] I put on, clothe (another).

Καὶ ἐξάγουσιν¹ αὐτὸν ἵνα σταυρώσωσιν² αὐτόν. 21 Καὶ ἀγγαρεύουσιν³ παράγοντά⁴ τινα Σίμωνα Κυρηναῖον,⁵ ἐρχόμενον ἀπ᾿ ἀγροῦ,⁶ τὸν πατέρα Ἀλεξάνδρου καὶ Ῥούφου, ἵνα ἄρῃ τὸν σταυρὸν⁷ αὐτοῦ. 22 Καὶ φέρουσιν αὐτὸν ἐπὶ Γολγοθᾶ⁸ τόπον, ὅ ἐστιν μεθερμηνευόμενον,⁹ Κρανίου¹⁰ Τόπος. 23 Καὶ ἐδίδουν αὐτῷ πιεῖν ἐσμυρνισμένον¹¹ οἶνον·¹² ὁ δὲ οὐκ ἔλαβεν. 24 Καὶ σταυρώσαντες¹³ αὐτόν, διαμερίζονται¹⁴ τὰ ἱμάτια αὐτοῦ, βάλλοντες κλῆρον¹⁵ ἐπ᾿ αὐτά, τίς τί ἄρῃ. 25 Ἦν δὲ ὥρα τρίτη, καὶ ἐσταύρωσαν¹⁶ αὐτόν. 26 Καὶ ἦν ἡ ἐπιγραφὴ¹⁷ τῆς αἰτίας¹⁸ αὐτοῦ ἐπιγεγραμμένη,¹⁹ Ὁ βασιλεὺς τῶν Ἰουδαίων. 27 Καὶ σὺν αὐτῷ σταυροῦσιν²⁰ δύο λῃστάς,²¹ ἕνα ἐκ δεξιῶν καὶ ἕνα ἐξ εὐωνύμων²² αὐτοῦ. 28 Καὶ ἐπληρώθη ἡ γραφὴ ἡ λέγουσα, Καὶ μετὰ ἀνόμων²³ ἐλογίσθη.²⁴ 29 Καὶ οἱ παραπορευόμενοι²⁵ ἐβλασφήμουν²⁶ αὐτόν, κινοῦντες²⁷ τὰς κεφαλὰς αὐτῶν, καὶ λέγοντες, Οὐά,²⁸ ὁ καταλύων²⁹ τὸν ναόν,³⁰ καὶ ἐν τρισὶν ἡμέραις οἰκοδομῶν,³¹ 30 σῶσον σεαυτόν,³² καὶ κατάβα ἀπὸ τοῦ σταυροῦ.⁷ 31 Ὁμοίως³³ καὶ οἱ ἀρχιερεῖς ἐμπαίζοντες³⁴ πρὸς ἀλλήλους μετὰ τῶν γραμματέων ἔλεγον, Ἄλλους ἔσωσεν, ἑαυτὸν οὐ δύναται σῶσαι. 32 Ὁ χριστὸς ὁ βασιλεὺς τοῦ Ἰσραὴλ καταβάτω νῦν ἀπὸ τοῦ σταυροῦ,⁷ ἵνα ἴδωμεν καὶ πιστεύσωμεν αὐτῷ. Καὶ οἱ συνεσταυρωμένοι³⁵ αὐτῷ ὠνείδιζον³⁶ αὐτόν.

33 Γενομένης δὲ ὥρας ἕκτης,³⁷ σκότος³⁸ ἐγένετο ἐφ᾿ ὅλην τὴν γῆν ἕως ὥρας ἐνάτης.³⁹ 34 Καὶ τῇ ὥρᾳ τῇ ἐνάτῃ³⁹ ἐβόησεν⁴⁰ ὁ Ἰησοῦς φωνῇ μεγάλῃ, λέγων, Ἐλωΐ,⁴¹ Ἐλωΐ,⁴¹

---

¹ἐξάγουσιν: PAI-3P   ²σταυρώσωσιν: AAS-3P   ³ἀγγαρεύουσιν: PAI-3P   ⁴παράγοντά: PAP-ASM
⁹μεθερμηνευόμενον: PPP-NSN   ¹¹ἐσμυρνισμένον: RPP-ASM   ¹³σταυρώσαντες: AAP-NPM   ¹⁴διαμερίζονται:
PMI-3P   ¹⁶ἐσταύρωσαν: AAI-3P   ¹⁹ἐπιγεγραμμένη: RPP-NSF   ²⁰σταυροῦσιν: PAI-3P   ²⁴ἐλογίσθη: API-3S
²⁵παραπορευόμενοι: PNP-NPM   ²⁶ἐβλασφήμουν: IAI-3P   ²⁷κινοῦντες: PAP-NPM   ²⁹καταλύων: PAP-NSM
³¹οἰκοδομῶν: PAP-NSM   ³⁴ἐμπαίζοντες: PAP-NPM   ³⁵συνεσταυρωμένοι: RPP-NPM   ³⁶ὠνείδιζον: IAI-3P
⁴⁰ἐβόησεν: AAI-3S

---

¹ἐξάγω, [13] I lead out, sometimes to death, execution.   ²σταυρόω, [46] I fix to the cross, crucify; fig: I destroy, mortify.   ³ἀγγαρεύω, [3] I impress (into my service), send (on an errand).   ⁴παράγω, [10] I pass by, depart, pass away.   ⁵Κυρηναῖος, ου, ὁ, [6] belonging to Cyrene, a Cyrenaean.   ⁶ἀγρός, οῦ, ὁ, [35] a field, especially as bearing a crop; the country, lands, property in land, a country estate.   ⁷σταυρός, οῦ, ὁ, [28] a cross.   ⁸Γολγοθᾶ, ή, [3] Golgotha, a knoll outside the wall of Jerusalem.   ⁹μεθερμηνεύω, [7] I translate (from one language into another), interpret.   ¹⁰κρανίον, ου, τό, [4] a skull.   ¹¹σμυρνίζω, [1] I mingle with myrrh.   ¹²οἶνος, ου, ὁ, [33] wine.   ¹³σταυρόω, [46] I fix to the cross, crucify; fig: I destroy, mortify.   ¹⁴διαμερίζω, [11] I divide up into parts, break up; I distribute.   ¹⁵κλῆρος, ου, ὁ, [12] (a) a lot, (b) a portion assigned; hence: a portion of the people of God assigned to one's care, a congregation.   ¹⁶σταυρόω, [46] I fix to the cross, crucify; fig: I destroy, mortify.   ¹⁷ἐπιγραφή, ῆς, ἡ, [5] an inscription, title, label.   ¹⁸αἰτία, ας, ἡ, [20] a cause, reason, excuse; a charge, accusation; guilt; circumstances, case.   ¹⁹ἐπιγράφω, [5] I write upon, inscribe, imprint a mark on.   ²⁰σταυρόω, [46] I fix to the cross, crucify; fig: I destroy, mortify.   ²¹λῃστής, οῦ, ὁ, [15] a robber, brigand, bandit.   ²²εὐώνυμος, ον, [10] (lit: well-named, to avoid the evil omen attaching to the left), on the left-hand side, left.   ²³ἄνομος, ον, [10] lawless, wicked, without law.   ²⁴λογίζομαι, [41] I reckon, count, charge with; reason, decide, conclude; think, suppose.   ²⁵παραπορεύομαι, [5] I go past, pass by, pass along by.   ²⁶βλασφημέω, [35] I speak evil against, blaspheme, use abusive or scurrilous language about (God or men).   ²⁷κινέω, [8] I set in motion, move, remove, excite, stir up.   ²⁸οὐά, [1] ah!, aha!, derisive.   ²⁹καταλύω, [17] (lit: I loosen thoroughly), (a) trans: I break up, overthrow, destroy, both lit. and met., (b) I unyoke, unharness a carriage horse or pack animal; hence: I put up, lodge, find a lodging.   ³⁰ναός, οῦ, ὁ, [46] a temple, a shrine, that part of the temple where God himself resides.   ³¹οἰκοδομέω, [39] I erect a building, build; fig. of the building up of character: I build up, edify, encourage.   ³²σεαυτοῦ, ῆς, οῦ, [41] of yourself.   ³³ὁμοίως, [32] in like manner, similarly, in the same way, equally.   ³⁴ἐμπαίζω, [13] I mock, ridicule.   ³⁵συσταυρόω, [5] I crucify together with.   ³⁶ὀνειδίζω, [10] I reproach, revile, upbraid.   ³⁷ἕκτος, η, ον, [14] sixth.   ³⁸σκότος, ους, τό, [32] darkness, either physical or moral.   ³⁹ἔνατος, η, ον, [10] ninth.   ⁴⁰βοάω, [11] I shout, call aloud, proclaim.   ⁴¹ἐλωΐ, [2] (Aramaic), my God.

λιμὰ¹ σαβαχθανί;² Ὅ ἐστιν μεθερμηνευόμενον,³ Ὁ θεός μου, ὁ θεός μου, εἰς τί με ἐγκατέλιπες;⁴ 35 Καί τινες τῶν παρεστηκότων⁵ ἀκούσαντες ἔλεγον, Ἰδού, Ἡλίαν φωνεῖ.⁶ 36 Δραμὼν⁷ δὲ εἷς, καὶ γεμίσας⁸ σπόγγον⁹ ὄξους,¹⁰ περιθεὶς¹¹ τε καλάμῳ,¹² ἐπότιζεν¹³ αὐτόν, λέγων, Ἄφετε, ἴδωμεν εἰ ἔρχεται Ἡλίας καθελεῖν¹⁴ αὐτόν. 37 Ὁ δὲ Ἰησοῦς ἀφεὶς φωνὴν μεγάλην ἐξέπνευσεν.¹⁵

The Burial of Jesus

38 Καὶ τὸ καταπέτασμα¹⁶ τοῦ ναοῦ¹⁷ ἐσχίσθη¹⁸ εἰς δύο ἀπὸ ἄνωθεν¹⁹ ἕως κάτω.²⁰ 39 Ἰδὼν δὲ ὁ κεντυρίων²¹ ὁ παρεστηκὼς²² ἐξ ἐναντίας²³ αὐτοῦ ὅτι οὕτως κράξας ἐξέπνευσεν,²⁴ εἶπεν, Ἀληθῶς²⁵ ὁ ἄνθρωπος οὗτος υἱὸς ἦν θεοῦ. 40 Ἦσαν δὲ καὶ γυναῖκες ἀπὸ μακρόθεν²⁶ θεωροῦσαι, ἐν αἷς ἦν καὶ Μαρία ἡ Μαγδαληνή, καὶ Μαρία ἡ τοῦ Ἰακώβου τοῦ μικροῦ²⁷ καὶ Ἰωσῆ μήτηρ, καὶ Σαλώμη, 41 αἳ καί, ὅτε ἦν ἐν τῇ Γαλιλαίᾳ, ἠκολούθουν αὐτῷ, καὶ διηκόνουν²⁸ αὐτῷ, καὶ ἄλλαι πολλαὶ αἱ συναναβᾶσαι²⁹ αὐτῷ εἰς Ἱεροσόλυμα.

42 Καὶ ἤδη ὀψίας³⁰ γενομένης, ἐπεὶ³¹ ἦν Παρασκευή,³² ὅ ἐστιν προσάββατον,³³ 43 ἦλθεν Ἰωσὴφ ὁ ἀπὸ Ἀριμαθαίας,³⁴ εὐσχήμων³⁵ βουλευτής,³⁶ ὃς καὶ αὐτὸς ἦν προσδεχόμενος³⁷ τὴν βασιλείαν τοῦ θεοῦ· τολμήσας³⁸ εἰσῆλθεν πρὸς Πιλάτον, καὶ

---

³μεθερμηνευόμενον: PPP-NSN   ⁴ἐγκατέλιπες: 2AAI-2S   ⁵παρεστηκότων: RAP-GPM   ⁶φωνεῖ: PAI-3S   ⁷Δραμὼν: 2AAP-NSM   ⁸γεμίσας: AAP-NSM   ¹¹περιθεὶς: 2AAP-NSM   ¹³ἐπότιζεν: IAI-3S   ¹⁴καθελεῖν: 2AAN   ¹⁵ἐξέπνευσεν: AAI-3S   ¹⁸ἐσχίσθη: API-3S   ²²παρεστηκὼς: RAP-NSM   ²⁴ἐξέπνευσεν: AAI-3S   ²⁸διηκόνουν: IAI-3P   ²⁹συναναβᾶσαι: 2AAP-NPF   ³⁷προσδεχόμενος: PNP-NSM   ³⁸τολμήσας: AAP-NSM

---

¹λιμά, [2] (Hebrew), why.   ²σαβαχθανί, [2] thou hast forsaken me.   ³μεθερμηνεύω, [7] I translate (from one language into another), interpret.   ⁴ἐγκαταλείπω, [9] I leave in the lurch, abandon (one who is in straits), desert.   ⁵παρίστημι, [41] I bring, present, prove, come up to and stand by, am present.   ⁶φωνέω, [42] I give forth a sound, hence: (a) of a cock: I crow, (b) of men: I shout, (c) trans: I call (to myself), summon; I invite, address.   ⁷τρέχω, [20] I run, exercise myself, make progress.   ⁸γεμίζω, [9] I fill, load.   ⁹σπόγγος, ου, ὁ, [3] a sponge.   ¹⁰ὄξος, ους, τό, [7] vinegar, sour wine mixed with water, a common drink of Roman soldiers.   ¹¹περιτίθημι, [8] I place or put around, clothe; fig: I bestow, confer.   ¹²κάλαμος, ου, ὁ, [12] a reed; a reed-pen, reed-staff, measuring rod.   ¹³ποτίζω, [15] I cause to drink, give to drink; irrigate, water.   ¹⁴καθαιρέω, [9] (a) I take down, pull down, depose, destroy.   ¹⁵ἐκπνέω, [3] (lit: I breathe out), I breathe my last, expire.   ¹⁶καταπέτασμα, ατος, τό, [6] (lit: that which is spread out downwards, that which hangs down), a curtain, veil, of that which separated the Holy of Holies from the outer parts of the temple at Jerusalem, also of an outer curtain at the entrance to the Holy Place in the same temple.   ¹⁷ναός, οῦ, ὁ, [46] a temple, a shrine, that part of the temple where God himself resides.   ¹⁸σχίζω, [10] I rend, divide asunder, cleave.   ¹⁹ἄνωθεν, [13] (a) from above, from heaven, (b) from the beginning, from their origin (source), from of old, (c) again, anew.   ²⁰κάτω, [11] (a) down, below, also: downwards, (b) lower, under, less, of a length of time.   ²¹κεντυρίων, ῶνος, ὁ, [3] a centurion, an officer commanding about a hundred infantry in the Roman army.   ²²παρίστημι, [41] I bring, present, prove, come up to and stand by, am present.   ²³ἐναντίος, α, ον, [8] opposite, opposed, contrary; the adversary.   ²⁴ἐκπνέω, [3] (lit: I breathe out), I breathe my last, expire.   ²⁵ἀληθῶς, [21] truly, really, certainly, surely.   ²⁶μακρόθεν, [14] from a (long) distance, afar.   ²⁷μικρός, ά, όν, [45] little, small.   ²⁸διακονέω, [37] I wait at table (particularly of a slave who waits on guests); I serve (generally).   ²⁹συναναβαίνω, [2] I go up with.   ³⁰ὄψιος, α, ον, [15] late, evening.   ³¹ἐπεί, [27] of time: when, after; of cause: since, because; otherwise else.   ³²παρασκευή, ῆς, ἡ, [6] the day of preparation, the day before the Sabbath, Friday.   ³³προσάββατον, ου, τό, [1] the day before the Sabbath.   ³⁴Ἀριμαθαία, ας, ἡ, [4] Arimathea, a place in Palestine.   ³⁵εὐσχήμων, ον, [5] (a) comely, seemly, decorous, (b) of honorable position (in society), wealthy, influential.   ³⁶βουλευτής, οῦ, ὁ, [2] a member of a city council, in NT of the Sanhedrin at Jerusalem.   ³⁷προσδέχομαι, [14] (a) I await, expect, (b) I receive, welcome (originally: to my house), (c) I accept.   ³⁸τολμάω, [16] I dare, endure, am bold, have courage, make up the mind.

ἠτήσατο τὸ σῶμα τοῦ Ἰησοῦ. **44** Ὁ δὲ Πιλάτος ἐθαύμασεν¹ εἰ ἤδη τέθνηκεν·² καὶ προσκαλεσάμενος³ τὸν κεντυρίωνα,⁴ ἐπηρώτησεν αὐτὸν εἰ πάλαι⁵ ἀπέθανεν. **45** Καὶ γνοὺς ἀπὸ τοῦ κεντυρίωνος,⁴ ἐδωρήσατο⁶ τὸ σῶμα τῷ Ἰωσήφ. **46** Καὶ ἀγοράσας⁷ σινδόνα,⁸ καὶ καθελὼν⁹ αὐτόν, ἐνείλησεν¹⁰ τῇ σινδόνι,⁸ καὶ κατέθηκεν¹¹ αὐτὸν ἐν μνημείῳ,¹² ὃ ἦν λελατομημένον¹³ ἐκ πέτρας·¹⁴ καὶ προσεκύλισεν¹⁵ λίθον ἐπὶ τὴν θύραν¹⁶ τοῦ μνημείου.¹² **47** Ἡ δὲ Μαρία ἡ Μαγδαληνὴ καὶ Μαρία Ἰωσῆ ἐθεώρουν ποῦ¹⁷ τίθεται.

The Resurrection of Jesus

16 Καὶ διαγενομένου¹⁸ τοῦ σαββάτου, Μαρία ἡ Μαγδαληνὴ καὶ Μαρία Ἰακώβου καὶ Σαλώμη ἠγόρασαν¹⁹ ἀρώματα,²⁰ ἵνα ἐλθοῦσαι ἀλείψωσιν²¹ αὐτόν. **2** Καὶ λίαν²² πρωῒ²³ τῆς μιᾶς σαββάτων ἔρχονται ἐπὶ τὸ μνημεῖον,¹² ἀνατείλαντος²⁴ τοῦ ἡλίου.²⁵ **3** Καὶ ἔλεγον πρὸς ἑαυτάς, Τίς ἀποκυλίσει²⁶ ἡμῖν τὸν λίθον ἐκ τῆς θύρας¹⁶ τοῦ μνημείου;¹² **4** Καὶ ἀναβλέψασαι²⁷ θεωροῦσιν ὅτι ἀποκεκύλισται²⁸ ὁ λίθος· ἦν γὰρ μέγας σφόδρα.²⁹ **5** Καὶ εἰσελθοῦσαι εἰς τὸ μνημεῖον,¹² εἶδον νεανίσκον³⁰ καθήμενον ἐν τοῖς δεξιοῖς, περιβεβλημένον³¹ στολὴν³² λευκήν·³³ καὶ ἐξεθαμβήθησαν.³⁴ **6** Ὁ δὲ λέγει αὐταῖς, Μὴ ἐκθαμβεῖσθε·³⁵ Ἰησοῦν ζητεῖτε τὸν Ναζαρηνὸν³⁶ τὸν ἐσταυρωμένον·³⁷ ἠγέρθη, οὐκ ἔστιν ὧδε· ἴδε,³⁸ ὁ τόπος ὅπου ἔθηκαν αὐτόν. **7** Ἀλλ᾽ ὑπάγετε, εἴπατε τοῖς μαθηταῖς αὐτοῦ καὶ τῷ Πέτρῳ ὅτι Προάγει³⁹ ὑμᾶς εἰς τὴν Γαλιλαίαν· ἐκεῖ αὐτὸν

---

¹ἐθαύμασεν: AAI-3S   ²τέθνηκεν: RAI-3S   ³προσκαλεσάμενος: ADP-NSM   ⁶ἐδωρήσατο: ADI-3S   ⁷ἀγοράσας: AAP-NSM   ⁹καθελὼν: 2AAP-NSM   ¹⁰ἐνείλησεν: AAI-3S   ¹¹κατέθηκεν: AAI-3S   ¹³λελατομημένον: RPP-NSN   ¹⁵προσεκύλισεν: AAI-3S   ¹⁸διαγενομένου: 2ADP-GSN   ¹⁹ἠγόρασαν: AAI-3P   ²¹ἀλείψωσιν: AAS-3P   ²⁴ἀνατείλαντος: AAP-GSM   ²⁶ἀποκυλίσει: FAI-3S   ²⁷ἀναβλέψασαι: AAP-NPF   ²⁸ἀποκεκύλισται: RPI-3S   ³¹περιβεβλημένον: RPP-ASM   ³⁴ἐξεθαμβήθησαν: API-3P   ³⁵ἐκθαμβεῖσθε: PPM-2P   ³⁷ἐσταυρωμένον: RPP-ASM   ³⁸ἴδε: 2AAM-2S   ³⁹Προάγει: PAI-3S

---

¹θαυμάζω, [46] (a) intrans: I wonder, marvel, (b) trans: I wonder at, admire.   ²θνήσκω, [13] I die, am dying, am dead.   ³προσκαλέω, [31] I call to myself, summon.   ⁴κεντυρίων, ῶνος, ὁ, [3] a centurion, an officer commanding about a hundred infantry in the Roman army.   ⁵πάλαι, [6] of old, long ago, in times past, former.   ⁶δωρέομαι, [3] I give, grant, donate.   ⁷ἀγοράζω, [31] I buy.   ⁸σινδών, όνος, ἡ, [6] fine linen, a linen cloth.   ⁹καθαιρέω, [9] (a) I take down, pull down, depose, destroy.   ¹⁰ἐνειλέω, [1] I wrap up, roll up in (something), wind in.   ¹¹κατατίθημι, [3] (a) I lay down, deposit, (b) mid: I lay down or deposit a favor, with the view of receiving one in return, seek favor.   ¹²μνημεῖον, ου, τό, [41] a tomb, sepulcher, monument.   ¹³λατομέω, [2] I hew stones, cut stones.   ¹⁴πέτρα, ας, ἡ, [16] a rock, ledge, cliff, cave, stony ground.   ¹⁵προσκυλίω, [2] I roll to, roll up against.   ¹⁶θύρα, ας, ἡ, [39] (a) a door, (b) met: an opportunity.   ¹⁷ποῦ, [6] somewhere, anywhere, in a certain place.   ¹⁸διαγίνομαι, [3] I pass (of time); I continue through, intervene.   ¹⁹ἀγοράζω, [31] I buy.   ²⁰ἄρωμα, ατος, τό, [4] spice, perfume.   ²¹ἀλείφω, [9] I anoint: festivally, in homage, medicinally, or in anointing the dead.   ²²λίαν, [14] very; very much, exceedingly, greatly.   ²³πρωΐ, [11] early in the morning, at dawn.   ²⁴ἀνατέλλω, [9] I make to rise, I rise, shine (generally of the sun, and hence met.).   ²⁵ἥλιος, ου, ὁ, [32] the sun, sunlight.   ²⁶ἀποκυλίω, [4] I roll away.   ²⁷ἀναβλέπω, [26] I look up, recover my sight.   ²⁸ἀποκυλίω, [4] I roll away.   ²⁹σφόδρα, [11] exceedingly, greatly, very much.   ³⁰νεανίσκος, ου, ὁ, [10] a young man, youth, an attendant.   ³¹περιβάλλω, [24] I cast around, wrap a garment about, put on; hence mid: I put on to myself, clothe myself, dress; I draw (a line).   ³²στολή, ῆς, ἡ, [8] a long robe, worn by the upper classes in the East.   ³³λευκός, ή, όν, [25] white, bright, brilliant.   ³⁴ἐκθαμβέομαι, [4] I am greatly astonished, am awe-struck.   ³⁵ἐκθαμβέομαι, [4] I am greatly astonished, am awe-struck.   ³⁶Ναζαρηνός, ή, όν, [4] of Nazareth, a Nazarene.   ³⁷σταυρόω, [46] I fix to the cross, crucify; fig: I destroy, mortify.   ³⁸ἴδε, [35] See! Lo! Behold! Look!   ³⁹προάγω, [18] (a) trans: I lead forth; in the judicial sense, into court, (b) intrans. and trans: I precede, go before, (c) intrans: I go too far.

ὄψεσθε, καθὼς εἶπεν ὑμῖν. 8 Καὶ ἐξελθοῦσαι ἔφυγον¹ ἀπὸ τοῦ μνημείου·² εἶχεν δὲ αὐτὰς τρόμος³ καὶ ἔκστασις·⁴ καὶ οὐδενὶ οὐδὲν εἶπον, ἐφοβοῦντο γάρ.

The Appearances and the Ascension of Jesus

9 Ἀναστὰς δὲ πρωῒ⁵ πρώτῃ σαββάτου ἐφάνη⁶ πρῶτον Μαρίᾳ τῇ Μαγδαληνῇ, ἀφ᾿ ἧς ἐκβεβλήκει ἑπτὰ δαιμόνια. 10 Ἐκείνη πορευθεῖσα ἀπήγγειλεν⁷ τοῖς μετ᾿ αὐτοῦ γενομένοις, πενθοῦσιν⁸ καὶ κλαίουσιν.⁹ 11 Κἀκεῖνοι¹⁰ ἀκούσαντες ὅτι ζῇ καὶ ἐθεάθη¹¹ ὑπ᾿ αὐτῆς ἠπίστησαν.¹²

12 Μετὰ δὲ ταῦτα δυσὶν ἐξ αὐτῶν περιπατοῦσιν ἐφανερώθη¹³ ἐν ἑτέρᾳ μορφῇ,¹⁴ πορευομένοις εἰς ἀγρόν.¹⁵ 13 Κἀκεῖνοι¹⁰ ἀπελθόντες ἀπήγγειλαν¹⁶ τοῖς λοιποῖς·¹⁷ οὐδὲ ἐκείνοις ἐπίστευσαν.

14 Ὕστερον¹⁸ ἀνακειμένοις¹⁹ αὐτοῖς τοῖς ἕνδεκα²⁰ ἐφανερώθη,²¹ καὶ ὠνείδισεν²² τὴν ἀπιστίαν²³ αὐτῶν καὶ σκληροκαρδίαν,²⁴ ὅτι τοῖς θεασαμένοις²⁵ αὐτὸν ἐγηγερμένον οὐκ ἐπίστευσαν. 15 Καὶ εἶπεν αὐτοῖς, Πορευθέντες εἰς τὸν κόσμον ἅπαντα,²⁶ κηρύξατε τὸ εὐαγγέλιον πάσῃ τῇ κτίσει.²⁷ 16 Ὁ πιστεύσας καὶ βαπτισθεὶς σωθήσεται· ὁ δὲ ἀπιστήσας²⁸ κατακριθήσεται.²⁹ 17 Σημεῖα δὲ τοῖς πιστεύσασιν ταῦτα παρακολουθήσει·³⁰ ἐν τῷ ὀνόματί μου δαιμόνια ἐκβαλοῦσιν· γλώσσαις λαλήσουσιν καιναῖς·³¹ 18 ὄφεις³² ἀροῦσιν· κἂν³³ θανάσιμόν³⁴ τι πίωσιν, οὐ μὴ αὐτοὺς βλάψῃ·³⁵ ἐπὶ ἀρρώστους³⁶ χεῖρας ἐπιθήσουσιν,³⁷ καὶ καλῶς³⁸ ἕξουσιν.

---

¹ἔφυγον: 2AAI-3P   ⁶ἐφάνη: 2API-3S   ⁷ἀπήγγειλεν: AAI-3S   ⁸πενθοῦσιν: PAP-DPM   ⁹κλαίουσιν: PAP-DPM   ¹¹ἐθεάθη: API-3S   ¹²ἠπίστησαν: AAI-3P   ¹³ἐφανερώθη: API-3S   ¹⁶ἀπήγγειλαν: AAI-3P   ¹⁹ἀνακειμένοις: PNP-DPM   ²¹ἐφανερώθη: API-3S   ²²ὠνείδισεν: AAI-3S   ²⁵θεασαμένοις: ADP-DPM   ²⁸ἀπιστήσας: AAP-NSM   ²⁹κατακριθήσεται: FPI-3S   ³⁰παρακολουθήσει: FAI-3S   ³⁵βλάψῃ: AAS-3S   ³⁷ἐπιθήσουσιν: FAI-3P

---

¹φεύγω, [31] I flee, escape, shun.   ²μνημεῖον, ου, τό, [41] a tomb, sepulcher, monument.   ³τρόμος, ου, ὁ, [5] a trembling, quaking, fear.   ⁴ἔκστασις, εως, ἡ, [7] (properly: distraction or disturbance of mind caused by shock), bewilderment, amazement; a trance.   ⁵πρωΐ, [11] early in the morning, at dawn.   ⁶φαίνω, [31] (a) act: I shine, shed light, (b) pass: I shine, become visible, appear, (c) I become clear, appear, seem, show myself as.   ⁷ἀπαγγέλλω, [44] I report (from one place to another), bring a report, announce, declare.   ⁸πενθέω, [10] I mourn, lament, feel guilt.   ⁹κλαίω, [40] I weep, weep for, mourn, lament.   ¹⁰κἀκεῖνος, η, ο, [21] and he, she, it, and that.   ¹¹θεάομαι, [24] I see, behold, contemplate, look upon, view; I see, visit.   ¹²ἀπιστέω, [7] I am unfaithful, disbelieve, refuse belief, prove false.   ¹³φανερόω, [49] I make clear (visible, manifest), make known.   ¹⁴μορφή, ῆς, ἡ, [3] form, shape, outward appearance.   ¹⁵ἀγρός, οῦ, ὁ, [35] a field, especially as bearing a crop; the country, lands, property in land, a country estate.   ¹⁶ἀπαγγέλλω, [44] I report (from one place to another), bring a report, announce, declare.   ¹⁷λοιπός, ή, όν, [42] left, left behind, the remainder, the rest, the others.   ¹⁸ὕστερον, [12] lastly, afterward, later.   ¹⁹ἀνάκειμαι, [15] I recline, especially at a dinner-table.   ²⁰ἕνδεκα, οἱ, αἱ, τά, [6] eleven.   ²¹φανερόω, [49] I make clear (visible, manifest), make known.   ²²ὀνειδίζω, [10] I reproach, revile, upbraid.   ²³ἀπιστία, ας, ἡ, [12] unbelief, unfaithfulness, distrust.   ²⁴σκληροκαρδία, ας, ἡ, [3] hardness of heart, perverseness, obstinacy.   ²⁵θεάομαι, [24] I see, behold, contemplate, look upon, view; I see, visit.   ²⁶ἅπας, ασα, αν, [39] all, the whole, altogether.   ²⁷κτίσις, εως, ἡ, [19] (often of the founding of a city), (a) abstr: creation, (b) concr: creation, creature, institution; always of Divine work, (c) an institution, ordinance.   ²⁸ἀπιστέω, [7] I am unfaithful, disbelieve, refuse belief, prove false.   ²⁹κατακρίνω, [17] I condemn, judge worthy of punishment.   ³⁰παρακολουθέω, [4] I accompany, follow closely, characterize, both lit. and met.; I investigate.   ³¹καινός, ή, όν, [44] fresh, new, unused, novel.   ³²ὄφις, εως, ὁ, [14] a serpent, snake; used of the devil or Satan.   ³³κἄν, [13] and if, even if, even, at least.   ³⁴θανάσιμος, ον, [1] deadly, mortal, fatal.   ³⁵βλάπτω, [2] I hurt, injure.   ³⁶ἄρρωστος, ον, [5] infirm, sick, ill, feeble, sickly.   ³⁷ἐπιτίθημι, [41] I put, place upon, lay on; I add, give in addition.   ³⁸καλῶς, [36] well, nobly, honorably, rightly.

19 Ὁ μὲν οὖν κύριος, μετὰ τὸ λαλῆσαι αὐτοῖς, ἀνελήφθη¹ εἰς τὸν οὐρανόν, καὶ ἐκάθισεν² ἐκ δεξιῶν τοῦ θεοῦ. **20** Ἐκεῖνοι δὲ ἐξελθόντες ἐκήρυξαν πανταχοῦ,³ τοῦ κυρίου συνεργοῦντος,⁴ καὶ τὸν λόγον βεβαιοῦντος⁵ διὰ τῶν ἐπακολουθούντων⁶ σημείων. Ἀμήν.

---

¹ἀνελήφθη: *API-3S*   ²ἐκάθισεν: *AAI-3S*   ⁴συνεργοῦντος: *PAP-GSM*   ⁵βεβαιοῦντος: *PAP-GSM*
⁶ἐπακολουθούντων: *PAP-GPN*

---

¹ἀναλαμβάνω, *[13] I take up, raise; I pick up, take on board; I carry off, lead away.*   ²καθίζω, *[48] (a) trans: I make to sit; I set, appoint, (b) intrans: I sit down, am seated, stay.*   ³πανταχοῦ, *[7] everywhere, in all places.* ⁴συνεργέω, *[5] I cooperate with, work together.*   ⁵βεβαιόω, *[8] I confirm, ratify, secure, establish; pass: I guarantee.*   ⁶ἐπακολουθέω, *[4] I follow close after, accompany, dog; I imitate, pursue, am studious of.*

ΚΑΤΑ ΛΟΥΚΑΝ
According to Luke

The Preface to the Gospel

Ἐπειδήπερ[1] πολλοὶ ἐπεχείρησαν[2] ἀνατάξασθαι[3] διήγησιν[4] περὶ τῶν πεπληροφορημένων[5] ἐν ἡμῖν πραγμάτων,[6] **2** καθὼς παρέδοσαν ἡμῖν οἱ ἀπ᾽ ἀρχῆς αὐτόπται[7] καὶ ὑπηρέται[8] γενόμενοι τοῦ λόγου, **3** ἔδοξεν κἀμοί, παρηκολουθηκότι[9] ἄνωθεν[10] πᾶσιν ἀκριβῶς,[11] καθεξῆς[12] σοι γράψαι, κράτιστε[13] Θεόφιλε, **4** ἵνα ἐπιγνῷς[14] περὶ ὧν κατηχήθης[15] λόγων τὴν ἀσφάλειαν.[16]

The Announcement of John the Baptist's Birth

5 Ἐγένετο ἐν ταῖς ἡμέραις Ἡρῴδου τοῦ βασιλέως τῆς Ἰουδαίας[17] ἱερεύς[18] τις ὀνόματι Ζαχαρίας, ἐξ ἐφημερίας[19] Ἀβιά· καὶ ἡ γυνὴ αὐτοῦ ἐκ τῶν θυγατέρων[20] Ἀαρών, καὶ τὸ ὄνομα αὐτῆς Ἐλισάβετ. **6** Ἦσαν δὲ δίκαιοι ἀμφότεροι[21] ἐνώπιον τοῦ θεοῦ, πορευόμενοι ἐν πάσαις ταῖς ἐντολαῖς καὶ δικαιώμασιν[22] τοῦ κυρίου ἄμεμπτοι.[23] **7** Καὶ

---

[2]ἐπεχείρησαν: *AAI-3P* [3]ἀνατάξασθαι: *ADN* [5]πεπληροφορημένων: *RPP-GPN* [9]παρηκολουθηκότι: *RAP-DSM*
[14]ἐπιγνῷς: *2AAS-2S* [15]κατηχήθης: *API-2S*

---

[1]ἐπειδήπερ, *[1] since, forasmuch as.* [2]ἐπιχειρέω, *[3] I take in hand, attempt.* [3]ἀνατάσσομαι, *[1] I arrange, draw up, compose, but perhaps: I set down from memory, restore from memory.* [4]διήγησις, εως, ἡ, *[1] a narrative.* [5]πληροφορέω, *[5] (lit: I carry full), (a) I complete, carry out fully, (b) I fully convince, satisfy fully, (c) I fully believe.* [6]πρᾶγμα, ατος, τό, *[11] a thing done, a deed, action; a matter, an affair.* [7]αὐτόπτης, ου, ὁ, [1] an eye-witness.* [8]ὑπηρέτης, ου, ὁ, *[20] a servant, an attendant, (a) an officer, lictor, (b) an attendant in a synagogue, (c) a minister of the gospel.* [9]παρακολουθέω, *[4] I accompany, follow closely, characterize, both lit. and met.; I investigate.* [10]ἄνωθεν, *[13] (a) from above, from heaven, (b) from the beginning, from their origin (source), from of old, (c) again, anew.* [11]ἀκριβῶς, *[9] carefully, exactly, strictly, distinctly.* [12]καθεξῆς, [5] in order, in succession, in the time immediately after, just after.* [13]κράτιστος, η, ον, *[4] most excellent, an official epithet, used in addressing a Roman of high rank, and in the second century one of equestrian (as distinguished from senatorial) rank.* [14]ἐπιγινώσκω, *[42] I come to know by directing my attention to him or it, I perceive, discern, recognize; aor: I found out.* [15]κατηχέω, *[8] I instruct orally, teach, inform.* [16]ἀσφάλεια, ας, ἡ, *[3] safety, security, reliability, firmness.* [17]Ἰουδαία, ας, ἡ, *[43] Judea, a Roman province, capital Jerusalem.* [18]ἱερεύς, έως, ὁ, *[33] a priest, one who offers sacrifice to a god (in Jewish and pagan religions; of Christians only met.).* [19]ἐφημερία, ας, ἡ, *[2] a class of priests who served for a stated number of days.* [20]θυγάτηρ, τρός, ἡ, *[29] a daughter; hence (Hebraistic?), of any female descendent, however far removed; even of one unrelated: my young lady.* [21]ἀμφότεροι, αι, α, *[14] both (of two).* [22]δικαίωμα, ατος, τό, *[10] a thing pronounced (by God) to be righteous (just, the right); or the restoration of a criminal, a fresh chance given him; a righteous deed, an instance of perfect righteousness.* [23]ἄμεμπτος, ον, *[5] blameless, free from fault or defect.*

οὐκ ἦν αὐτοῖς τέκνον, καθότι¹ ἡ Ἐλισάβετ ἦν στεῖρα,² καὶ ἀμφότεροι³ προβεβηκότες⁴ ἐν ταῖς ἡμέραις αὐτῶν ἦσαν.

8 Ἐγένετο δὲ ἐν τῷ ἱερατεύειν⁵ αὐτὸν ἐν τῇ τάξει⁶ τῆς ἐφημερίας⁷ αὐτοῦ ἔναντι⁸ τοῦ θεοῦ, **9** κατὰ τὸ ἔθος⁹ τῆς ἱερατείας,¹⁰ ἔλαχεν¹¹ τοῦ θυμιᾶσαι¹² εἰσελθὼν εἰς τὸν ναὸν¹³ τοῦ κυρίου. **10** Καὶ πᾶν τὸ πλῆθος¹⁴ ἦν τοῦ λαοῦ προσευχόμενον ἔξω τῇ ὥρᾳ τοῦ θυμιάματος.¹⁵ **11** Ὤφθη δὲ αὐτῷ ἄγγελος κυρίου, ἑστὼς ἐκ δεξιῶν τοῦ θυσιαστηρίου¹⁶ τοῦ θυμιάματος.¹⁵ **12** Καὶ ἐταράχθη¹⁷ Ζαχαρίας ἰδών, καὶ φόβος¹⁸ ἐπέπεσεν¹⁹ ἐπ' αὐτόν. **13** Εἶπεν δὲ πρὸς αὐτὸν ὁ ἄγγελος, Μὴ φοβοῦ, Ζαχαρία· διότι²⁰ εἰσηκούσθη²¹ ἡ δέησίς²² σου, καὶ ἡ γυνή σου Ἐλισάβετ γεννήσει υἱόν σοι, καὶ καλέσεις τὸ ὄνομα αὐτοῦ Ἰωάννην. **14** Καὶ ἔσται χαρά σοι καὶ ἀγαλλίασις,²³ καὶ πολλοὶ ἐπὶ τῇ γεννήσει²⁴ αὐτοῦ χαρήσονται. **15** Ἔσται γὰρ μέγας ἐνώπιον τοῦ κυρίου, καὶ οἶνον²⁵ καὶ σίκερα²⁶ οὐ μὴ πίῃ, καὶ πνεύματος ἁγίου πλησθήσεται²⁷ ἔτι ἐκ κοιλίας²⁸ μητρὸς αὐτοῦ. **16** Καὶ πολλοὺς τῶν υἱῶν Ἰσραὴλ ἐπιστρέψει²⁹ ἐπὶ κύριον τὸν θεὸν αὐτῶν· **17** καὶ αὐτὸς προελεύσεται³⁰ ἐνώπιον αὐτοῦ ἐν πνεύματι καὶ δυνάμει Ἡλίου, ἐπιστρέψαι³¹ καρδίας πατέρων ἐπὶ τέκνα, καὶ ἀπειθεῖς³² ἐν φρονήσει³³ δικαίων, ἑτοιμάσαι³⁴ κυρίῳ λαὸν κατεσκευασμένον.³⁵ **18** Καὶ εἶπεν Ζαχαρίας πρὸς τὸν ἄγγελον, Κατὰ τί γνώσομαι τοῦτο; Ἐγὼ γάρ εἰμι πρεσβύτης,³⁶ καὶ ἡ γυνή μου προβεβηκυῖα³⁷ ἐν ταῖς ἡμέραις αὐτῆς. **19** Καὶ ἀποκριθεὶς ὁ ἄγγελος εἶπεν αὐτῷ, Ἐγὼ εἰμι Γαβριὴλ ὁ παρεστηκὼς³⁸ ἐνώπιον τοῦ θεοῦ· καὶ ἀπεστάλην λαλῆσαι πρός σε, καὶ εὐαγγελίσασθαί σοι ταῦτα. **20** Καὶ ἰδού, ἔσῃ σιωπῶν³⁹ καὶ μὴ δυνάμενος λαλῆσαι, ἄχρι ἧς ἡμέρας γένηται ταῦτα, ἀνθ'⁴⁰ ὧν οὐκ

---

⁴προβεβηκότες: *RAP-NPM*　　⁵ἱερατεύειν: *PAN*　　¹¹ἔλαχεν: *2AAI-3S*　　¹²θυμιᾶσαι: *AAN*　　¹⁷ἐταράχθη: *API-3S* ¹⁹ἐπέπεσεν: *2AAI-3S*　　²¹εἰσηκούσθη: *API-3S*　　²⁷πλησθήσεται: *FPI-3S*　　²⁹ἐπιστρέψει: *FAI-3S*　　³⁰προελεύσεται: *FDI-3S* ³¹ἐπιστρέψαι: *AAN*　　³⁴ἑτοιμάσαι: *AAN*　　³⁵κατεσκευασμένον: *RPP-ASM*　　³⁷προβεβηκυῖα: *RAP-NSF*　　³⁸παρεστηκὼς: *RAP-NSM*　　³⁹σιωπῶν: *PAP-NSM*

---

¹καθότι, *[5] (a) in proportion as, according as, (b) because.*　　²στεῖρος, α, ον, *[4] barren.*　　³ἀμφότεροι, αι, α, *[14] both (of two).*　　⁴προβαίνω, *[5] I go forward, advance.*　　⁵ἱερατεύω, *[1] I serve as priest.*　　⁶τάξις, εως, ἡ, *[10] order, (a) regular arrangement, (b) appointed succession, (c) position, rank.*　　⁷ἐφημερία, ας, ἡ, *[2] a class of priests who served for a stated number of days.*　　⁸ἔναντι, *[1] before, in the presence of.*　　⁹ἔθος, ους, τό, *[11] a custom, habit; an institute, rite.*　　¹⁰ἱερατεία, ας, ἡ, *[2] the duty (office) of a priest, priesthood.*　　¹¹λαγχάνω, *[4] (a) I obtain (receive) by lot, my lot (turn) is, (b) I draw lots.*　　¹²θυμιάω, *[1] I burn incense.*　　¹³ναός, οῦ, ὁ, *[46] a temple, a shrine, that part of the temple where God himself resides.*　　¹⁴πλῆθος, ους, τό, *[32] a multitude, crowd, great number, assemblage.*　　¹⁵θυμίαμα, ατος, τό, *[6] incense.*　　¹⁶θυσιαστήριον, ου, τό, *[23] an altar (for sacrifice).*　　¹⁷ταράσσω, *[17] I disturb, agitate, stir up, trouble.*　　¹⁸φόβος, ου, ὁ, *[47] (a) fear, terror, alarm, (b) the object or cause of fear, (c) reverence, respect.*　　¹⁹ἐπιπίπτω, *[13] I fall upon, press upon, light upon, come over.*　　²⁰διότι, *[24] on this account, because, for.*　　²¹εἰσακούω, *[5] I hear, listen to, heed.*　　²²δέησις, εως, ἡ, *[19] supplication, prayer, entreaty.*　　²³ἀγαλλίασις, εως, ἡ, *[5] wild joy, ecstatic delight, exultation, exhilaration.*　　²⁴γέννησις, εως, ἡ, *[2] nativity, birth.*　　²⁵οἶνος, ου, ὁ, *[33] wine.*　　²⁶σίκερα, τό, *[1] intoxicating drink.*　　²⁷πλήθω, *[25] I fill, fulfill, complete.*　　²⁸κοιλία, ας, ἡ, *[23] belly, abdomen, heart, a general term covering any organ in the abdomen, e.g. stomach, womb; met: the inner man.*　　²⁹ἐπιστρέφω, *[37] (a) trans: I turn (back) to (towards), (b) intrans: I turn (back) (to [towards]); I come to myself.*　　³⁰προέρχομαι, *[5] I go forward, go on, advance; I go before, precede.*　　³¹ἐπιστρέφω, *[37] (a) trans: I turn (back) to (towards), (b) intrans: I turn (back) (to [towards]); I come to myself.*　　³²ἀπειθής, ές, *[6] unbelieving, disobedient, who will not be persuaded.*　　³³φρόνησις, εως, ἡ, *[2] understanding (which leads to right action), practical wisdom, prudence.*　　³⁴ἑτοιμάζω, *[40] I make ready, prepare.*　　³⁵κατασκευάζω, *[11] I build, construct, prepare, make ready.*　　³⁶πρεσβύτης, ου, ὁ, *[3] an old man, an ambassador.*　　³⁷προβαίνω, *[5] I go forward, advance.*　　³⁸παρίστημι, *[41] I bring, present, prove, come up to and stand by, am present.*　　³⁹σιωπάω, *[11] I keep silence, am silent, either voluntarily or involuntarily.*　　⁴⁰ἀντί, *[22] (a) instead of, in return for, over against, opposite, in exchange for, as a substitute for, (b) on my behalf, (c) wherefore, because.*

ἐπίστευσας τοῖς λόγοις μου, οἵτινες πληρωθήσονται εἰς τὸν καιρὸν αὐτῶν. **21** Καὶ ἦν ὁ λαὸς προσδοκῶν¹ τὸν Ζαχαρίαν· καὶ ἐθαύμαζον² ἐν τῷ χρονίζειν³ αὐτὸν ἐν τῷ ναῷ.⁴ **22** Ἐξελθὼν δὲ οὐκ ἠδύνατο λαλῆσαι αὐτοῖς· καὶ ἐπέγνωσαν⁵ ὅτι ὀπτασίαν⁶ ἑώρακεν ἐν τῷ ναῷ·⁴ καὶ αὐτὸς ἦν διανεύων⁷ αὐτοῖς, καὶ διέμενεν⁸ κωφός.⁹ **23** Καὶ ἐγένετο, ὡς ἐπλήσθησαν¹⁰ αἱ ἡμέραι τῆς λειτουργίας¹¹ αὐτοῦ, ἀπῆλθεν εἰς τὸν οἶκον αὐτοῦ.

24 Μετὰ δὲ ταύτας τὰς ἡμέρας συνέλαβεν¹² Ἐλισάβετ ἡ γυνὴ αὐτοῦ, καὶ περιέκρυβεν¹³ ἑαυτὴν μῆνας¹⁴ πέντε,¹⁵ λέγουσα **25** ὅτι Οὕτως μοι πεποίηκεν ὁ κύριος ἐν ἡμέραις αἷς ἐπεῖδεν¹⁶ ἀφελεῖν¹⁷ τὸ ὄνειδός¹⁸ μου ἐν ἀνθρώποις.

The Annunciation to Mary

26 Ἐν δὲ τῷ μηνὶ¹⁴ τῷ ἕκτῳ¹⁹ ἀπεστάλη ὁ ἄγγελος Γαβριὴλ ὑπὸ τοῦ θεοῦ εἰς πόλιν τῆς Γαλιλαίας, ᾗ ὄνομα Ναζαρέτ,²⁰ **27** πρὸς παρθένον²¹ μεμνηστευμένην²² ἀνδρί, ᾧ ὄνομα Ἰωσήφ, ἐξ οἴκου Δαυίδ· καὶ τὸ ὄνομα τῆς παρθένου²¹ Μαριάμ. **28** Καὶ εἰσελθὼν ὁ ἄγγελος πρὸς αὐτὴν εἶπεν, Χαῖρε, κεχαριτωμένη·²³ ὁ κύριος μετὰ σοῦ, εὐλογημένη²⁴ σὺ ἐν γυναιξίν. **29** Ἡ δὲ ἰδοῦσα διεταράχθη²⁵ ἐπὶ τῷ λόγῳ αὐτοῦ, καὶ διελογίζετο²⁶ ποταπὸς²⁷ εἴη ὁ ἀσπασμὸς²⁸ οὗτος. **30** Καὶ εἶπεν ὁ ἄγγελος αὐτῇ, Μὴ φοβοῦ, Μαριάμ· εὖρες γὰρ χάριν παρὰ τῷ θεῷ. **31** Καὶ ἰδού, συλλήψῃ²⁹ ἐν γαστρί,³⁰ καὶ τέξῃ³¹ υἱόν, καὶ καλέσεις τὸ ὄνομα αὐτοῦ Ἰησοῦν. **32** Οὗτος ἔσται μέγας, καὶ υἱὸς ὑψίστου³² κληθήσεται· καὶ δώσει αὐτῷ κύριος ὁ θεὸς τὸν θρόνον Δαυὶδ τοῦ πατρὸς αὐτοῦ, **33** καὶ βασιλεύσει³³ ἐπὶ τὸν οἶκον Ἰακὼβ εἰς τοὺς αἰῶνας, καὶ τῆς βασιλείας αὐτοῦ οὐκ ἔσται τέλος.³⁴ **34** Εἶπεν δὲ Μαριὰμ πρὸς τὸν ἄγγελον, Πῶς ἔσται τοῦτο, ἐπεὶ³⁵ ἄνδρα οὐ γινώσκω; **35** Καὶ ἀποκριθεὶς ὁ ἄγγελος εἶπεν αὐτῇ, Πνεῦμα ἅγιον ἐπελεύσεται³⁶ ἐπὶ

---

¹προσδοκῶν: PAP-NSM   ²ἐθαύμαζον: IAI-3P   ³χρονίζειν: PAN   ⁵ἐπέγνωσαν: 2AAI-3P   ⁷διανεύων: PAP-NSM   ⁸διέμενεν: IAI-3S   ¹⁰ἐπλήσθησαν: API-3P   ¹²συνέλαβεν: 2AAI-3S   ¹³περιέκρυβεν: IAI-3S   ¹⁶ἐπεῖδεν: 2AAI-3S   ¹⁷ἀφελεῖν: 2AAN   ²²μεμνηστευμένην: RPP-ASF   ²³κεχαριτωμένη: RPP-NSF   ²⁴εὐλογημένη: RPP-NSF   ²⁵διεταράχθη: API-3S   ²⁶διελογίζετο: INI-3S   ²⁹συλλήψῃ: FDI-2S   ³¹τέξῃ: FDI-2S   ³³βασιλεύσει: FAI-3S   ³⁶ἐπελεύσεται: FDI-3S

---

¹προσδοκάω, [16] I expect, wait for, await, think, anticipate.   ²θαυμάζω, [46] (a) intrans: I wonder, marvel, (b) trans: I wonder at, admire.   ³χρονίζω, [5] I delay, tarry, linger, spend time.   ⁴ναός, οῦ, ὁ, [46] a temple, a shrine, that part of the temple where God himself resides.   ⁵ἐπιγινώσκω, [42] I come to know by directing my attention to him or it, I perceive, discern, recognize; aor: I found out.   ⁶ὀπτασία, ας, ἡ, [4] a vision, supernatural appearance.   ⁷διανεύω, [1] I nod continually, beckon.   ⁸διαμένω, [5] I remain, continue.   ⁹κωφός, ή, όν, [14] (lit: blunted) dumb, dull, deaf.   ¹⁰πλήθω, [25] I fill, fulfill, complete.   ¹¹λειτουργία, ας, ἡ, [6] a charitable gift, public service in the widest sense; service as of priest or Levite ritual.   ¹²συλλαμβάνω, [16] I seize, apprehend, assist, conceive, become pregnant.   ¹³περικρύπτω, [1] I conceal, hide (by putting something around it).   ¹⁴μήν, μηνός, ὁ, [18] a (lunar) month.   ¹⁵πέντε, οἱ, αἱ, τά, [38] five.   ¹⁶ἐπεῖδεν, [2] I looked upon, regarded.   ¹⁷ἀφαιρέω, [10] I take away, smite off.   ¹⁸ὄνειδος, ους, τό, [1] reproach, disgrace.   ¹⁹ἕκτος, η, ον, [14] sixth.   ²⁰Ναζαρέτ, ἡ, [12] Nazareth, a city of Galilee, where Jesus lived before His ministry.   ²¹παρθένος, ου, ὁ, ἡ, [14] a maiden, virgin; extended to men who have not known women.   ²²μνηστεύω, [3] I ask in marriage; pass: I am betrothed.   ²³χαριτόω, [2] I favor, bestow freely on.   ²⁴εὐλογέω, [43] (lit: I speak well of) I bless; pass: I am blessed.   ²⁵διαταράσσω, [1] I trouble greatly, agitate.   ²⁶διαλογίζομαι, [16] I reason (with), debate (with), consider.   ²⁷ποταπός, ή, όν, [7] of what kind, of what manner.   ²⁸ἀσπασμός, οῦ, ὁ, [10] a greeting, salutation.   ²⁹συλλαμβάνω, [16] I seize, apprehend, assist, conceive, become pregnant.   ³⁰γαστήρ, γαστρός, ἡ, [9] the womb, stomach; of a woman: to be with child (lit: to have [a child] in the belly).   ³¹τίκτω, [19] I bear, bring forth, produce, beget, yield.   ³²ὕψιστος, η, ον, [13] highest, most high, the heights.   ³³βασιλεύω, [21] (a) I rule, reign, (b) I reign over.   ³⁴τέλος, ους, τό, [41] (a) an end, (b) event or issue, (c) the principal end, aim, purpose, (d) a tax.   ³⁵ἐπεί, [27] of time: when, after; of cause: since, because; otherwise: else.   ³⁶ἐπέρχομαι, [10] I come to, arrive, come on, come upon, attack.

σέ, καὶ δύναμις ὑψίστου¹ ἐπισκιάσει² σοι· διὸ καὶ τὸ γεννώμενον ἅγιον κληθήσεται υἱὸς θεοῦ. **36** Καὶ ἰδού, Ἐλισάβετ ἡ συγγενής³ σου, καὶ αὐτὴ συνειληφυῖα⁴ υἱὸν ἐν γήρει⁵ αὐτῆς· καὶ οὗτος μὴν⁶ ἕκτος⁷ ἐστὶν αὐτῇ τῇ καλουμένῃ στείρᾳ.⁸ **37** Ὅτι οὐκ ἀδυνατήσει⁹ παρὰ τῷ θεῷ πᾶν ῥῆμα. **38** Εἶπεν δὲ Μαριάμ, Ἰδού, ἡ δούλη¹⁰ κυρίου· γένοιτό μοι κατὰ τὸ ῥῆμά σου. Καὶ ἀπῆλθεν ἀπ' αὐτῆς ὁ ἄγγελος.

Mary's Visit to Elizabeth

39 Ἀναστᾶσα δὲ Μαριὰμ ἐν ταῖς ἡμέραις ταύταις ἐπορεύθη εἰς τὴν ὀρεινὴν¹¹ μετὰ σπουδῆς,¹² εἰς πόλιν Ἰούδα, **40** καὶ εἰσῆλθεν εἰς τὸν οἶκον Ζαχαρίου, καὶ ἠσπάσατο τὴν Ἐλισάβετ. **41** Καὶ ἐγένετο ὡς ἤκουσεν ἡ Ἐλισάβετ τὸν ἀσπασμὸν¹³ τῆς Μαρίας, ἐσκίρτησεν¹⁴ τὸ βρέφος¹⁵ ἐν τῇ κοιλίᾳ¹⁶ αὐτῆς· καὶ ἐπλήσθη¹⁷ πνεύματος ἁγίου ἡ Ἐλισάβετ, **42** καὶ ἀνεφώνησεν¹⁸ φωνῇ μεγάλῃ, καὶ εἶπεν, Εὐλογημένη¹⁹ σὺ ἐν γυναιξίν, καὶ εὐλογημένος²⁰ ὁ καρπὸς τῆς κοιλίας¹⁶ σου. **43** Καὶ πόθεν²¹ μοι τοῦτο, ἵνα ἔλθῃ ἡ μήτηρ τοῦ κυρίου μου πρός με; **44** Ἰδοὺ γάρ, ὡς ἐγένετο ἡ φωνὴ τοῦ ἀσπασμοῦ¹³ σου εἰς τὰ ὦτά²² μου, ἐσκίρτησεν²³ τὸ βρέφος¹⁵ ἐν ἀγαλλιάσει²⁴ ἐν τῇ κοιλίᾳ¹⁶ μου. **45** Καὶ μακαρία ἡ πιστεύσασα, ὅτι ἔσται τελείωσις²⁵ τοῖς λελαλημένοις αὐτῇ παρὰ κυρίου. **46** Καὶ εἶπεν Μαριάμ, Μεγαλύνει²⁶ ἡ ψυχή μου τὸν κύριον, **47** καὶ ἠγαλλίασεν²⁷ τὸ πνεῦμά μου ἐπὶ τῷ θεῷ τῷ σωτῆρί²⁸ μου. **48** Ὅτι ἐπέβλεψεν²⁹ ἐπὶ τὴν ταπείνωσιν³⁰ τῆς δούλης¹⁰ αὐτοῦ. Ἰδοὺ γάρ, ἀπὸ τοῦ νῦν μακαριοῦσίν³¹ με πᾶσαι αἱ γενεαί.³² **49** Ὅτι ἐποίησέν μοι μεγαλεῖα³³ ὁ δυνατός,³⁴ καὶ ἅγιον τὸ ὄνομα αὐτοῦ. **50** Καὶ τὸ ἔλεος³⁵ αὐτοῦ εἰς γενεὰς³² γενεῶν³² τοῖς φοβουμένοις αὐτόν. **51** Ἐποίησεν κράτος³⁶ ἐν βραχίονι³⁷ αὐτοῦ· διεσκόρπισεν³⁸ ὑπερηφάνους³⁹ διανοίᾳ⁴⁰ καρδίας αὐτῶν. **52** Καθεῖλεν⁴¹

---

²ἐπισκιάσει: FAI-3S ⁴συνειληφυῖα: RAP-NSF ⁹ἀδυνατήσει: FAI-3S ¹⁴ἐσκίρτησεν: AAI-3S ¹⁷ἐπλήσθη: API-3S ¹⁸ἀνεφώνησεν: AAI-3S ¹⁹Εὐλογημένη: RPP-NSF ²⁰εὐλογημένος: RPP-NSM ²³ἐσκίρτησεν: AAI-3S ²⁶Μεγαλύνει: PAI-3S ²⁷ἠγαλλίασεν: AAI-3S ²⁹ἐπέβλεψεν: AAI-3S ³¹μακαριοῦσίν: FAI-3P-ATT ³⁸διεσκόρπισεν: AAI-3S ⁴¹Καθεῖλεν: 2AAI-3S

---

¹ὕψιστος, η, ον, [13] highest, most high, the heights. ²ἐπισκιάζω, [5] I overshadow, envelop. ³συγγενής, ές, [12] akin to, related; subst: fellow countryman, kinsman. ⁴συλλαμβάνω, [16] I seize, apprehend, assist, conceive, become pregnant. ⁵γῆρας, ρως, τό, [1] old age. ⁶μήν, μηνός, ὁ, [18] a (lunar) month. ⁷ἕκτος, η, ον, [14] sixth. ⁸στεῖρος, α, ον, [4] barren. ⁹ἀδυνατέω, [2] to be impossible; I am unable. ¹⁰δούλη, ης, ἡ, [3] a female slave, bonds-maid. ¹¹ὀρεινός, ή, όν, [2] mountainous, hilly, the hill-country. ¹²σπουδή, ῆς, ἡ, [12] (a) speed, haste, (b) diligence, earnestness, enthusiasm. ¹³ἀσπασμός, οῦ, ὁ, [10] a greeting, salutation. ¹⁴σκιρτάω, [3] I leap (for joy), skip, bound. ¹⁵βρέφος, ους, τό, [8] infant, babe, child in arms. ¹⁶κοιλία, ας, ἡ, [23] belly, abdomen, heart, a general term covering any organ in the abdomen, e.g. stomach, womb; met: the inner man. ¹⁷πλήθω, [25] I fill, fulfill, complete. ¹⁸ἀναφωνέω, [1] I call out, shout, exclaim. ¹⁹εὐλογέω, [43] (lit: I speak well of) I bless; pass: I am blessed. ²⁰εὐλογέω, [43] (lit: I speak well of) I bless; pass: I am blessed. ²¹πόθεν, [28] whence, from what place. ²²οὖς, ὠτός, τό, [37] (a) the ear, (b) met: the faculty of perception. ²³σκιρτάω, [3] I leap (for joy), skip, bound. ²⁴ἀγαλλίασις, εως, ἡ, [5] wild joy, ecstatic delight, exultation, exhilaration. ²⁵τελείωσις, εως, ἡ, [2] completion, fulfillment, perfection. ²⁶μεγαλύνω, [8] (a) I enlarge, lengthen, (b) I increase, magnify, extol. ²⁷ἀγαλλιάω, [11] I exult, am full of joy. ²⁸σωτήρ, ῆρος, ὁ, [23] a savior, deliverer, preserver. ²⁹ἐπιβλέπω, [3] I look with favor on, regard. ³⁰ταπείνωσις, εως, ἡ, [4] abasement (in spirit), low condition (in circumstances). ³¹μακαρίζω, [2] I bless, pronounce blessed or happy. ³²γενεά, ᾶς, ἡ, [42] a generation; if repeated twice or with another time word, practically indicates infinity of time. ³³μεγαλεῖος, εία, εῖον, [2] grand, magnificent, splendid. ³⁴δυνατός, ή, όν, [36] (a) of persons: powerful, able, (b) of things: possible. ³⁵ἔλεος, ους, τό, [28] pity, mercy, compassion. ³⁶κράτος, ους, τό, [12] dominion, strength, power; a mighty deed. ³⁷βραχίων, ονος, ὁ, [3] the arm, strength. ³⁸διασκορπίζω, [9] I scatter, winnow, disperse, waste. ³⁹ὑπερήφανος, ον, [5] proud, arrogant, disdainful. ⁴⁰διάνοια, ας, ἡ, [12] understanding, intellect, mind, insight. ⁴¹καθαιρέω, [9] (a) I take down, pull down, depose, destroy.

δυνάστας¹ ἀπὸ θρόνων, καὶ ὕψωσεν² ταπεινούς.³ **53** Πεινῶντας⁴ ἐνέπλησεν⁵ ἀγαθῶν, καὶ πλουτοῦντας⁶ ἐξαπέστειλεν⁷ κενούς.⁸ **54** Ἀντελάβετο⁹ Ἰσραὴλ παιδὸς¹⁰ αὐτοῦ, μνησθῆναι¹¹ ἐλέους,¹² **55** καθὼς ἐλάλησεν πρὸς τοὺς πατέρας ἡμῶν, τῷ Ἀβραὰμ καὶ τῷ σπέρματι¹³ αὐτοῦ εἰς τὸν αἰῶνα.

56 Ἔμεινεν δὲ Μαριὰμ σὺν αὐτῇ ὡσεὶ¹⁴ μῆνας¹⁵ τρεῖς, καὶ ὑπέστρεψεν¹⁶ εἰς τὸν οἶκον αὐτῆς.

The Birth of John the Baptist

57 Τῇ δὲ Ἐλισάβετ ἐπλήσθη¹⁷ ὁ χρόνος τοῦ τεκεῖν¹⁸ αὐτήν, καὶ ἐγέννησεν υἱόν. **58** Καὶ ἤκουσαν οἱ περίοικοι¹⁹ καὶ οἱ συγγενεῖς²⁰ αὐτῆς ὅτι ἐμεγάλυνεν²¹ κύριος τὸ ἔλεος¹² αὐτοῦ μετ’ αὐτῆς, καὶ συνέχαιρον²² αὐτῇ. **59** Καὶ ἐγένετο ἐν τῇ ὀγδόῃ²³ ἡμέρᾳ, ἦλθον περιτεμεῖν²⁴ τὸ παιδίον· καὶ ἐκάλουν αὐτὸ ἐπὶ τῷ ὀνόματι τοῦ πατρὸς αὐτοῦ Ζαχαρίαν. **60** Καὶ ἀποκριθεῖσα ἡ μήτηρ αὐτοῦ εἶπεν, Οὐχί, ἀλλὰ κληθήσεται Ἰωάννης. **61** Καὶ εἶπον πρὸς αὐτὴν ὅτι Οὐδείς ἐστιν ἐν τῇ συγγενείᾳ²⁵ σου ὃς καλεῖται τῷ ὀνόματι τούτῳ. **62** Ἐνένευον²⁶ δὲ τῷ πατρὶ αὐτοῦ, τὸ τί ἂν θέλοι καλεῖσθαι αὐτόν. **63** Καὶ αἰτήσας πινακίδιον²⁷ ἔγραψεν, λέγων, Ἰωάννης ἐστὶν τὸ ὄνομα αὐτοῦ· καὶ ἐθαύμασαν²⁸ πάντες. **64** Ἀνεῴχθη δὲ τὸ στόμα αὐτοῦ παραχρῆμα²⁹ καὶ ἡ γλῶσσα αὐτοῦ, καὶ ἐλάλει εὐλογῶν³⁰ τὸν θεόν. **65** Καὶ ἐγένετο ἐπὶ πάντας φόβος³¹ τοὺς περιοικοῦντας³² αὐτούς· καὶ ἐν ὅλῃ τῇ ὀρεινῇ³³ τῆς Ἰουδαίας³⁴ διελαλεῖτο³⁵ πάντα τὰ ῥήματα ταῦτα. **66** Καὶ ἔθεντο πάντες οἱ ἀκούσαντες ἐν τῇ καρδίᾳ αὐτῶν, λέγοντες, Τί ἄρα³⁶ τὸ παιδίον τοῦτο ἔσται; Καὶ χεὶρ κυρίου ἦν μετ’ αὐτοῦ.

---

²ὕψωσεν: AAI-3S ⁴Πεινῶντας: PAP-APM ⁵ἐνέπλησεν: AAI-3S ⁶πλουτοῦντας: PAP-APM ⁷ἐξαπέστειλεν: AAI-3S ⁹Ἀντελάβετο: 2ADI-3S ¹¹μνησθῆναι: APN ¹⁶ὑπέστρεψεν: AAI-3S ¹⁷ἐπλήσθη: API-3S ¹⁸τεκεῖν: 2AAN ²¹ἐμεγάλυνεν: IAI-3S ²²συνέχαιρον: IAI-3P ²⁴περιτεμεῖν: 2AAN ²⁶Ἐνένευον: IAI-3P ²⁸ἐθαύμασαν: AAI-3P ³⁰εὐλογῶν: PAP-NSM ³²περιοικοῦντας: PAP-APM ³⁵διελαλεῖτο: IPI-3S

---

¹δυνάστης, ου, ὁ, [3] (lit: a man who rules by force), a ruler, potentate; also: courtier, member of the court. ²ὑψόω, [20] (a) I raise on high, lift up, (b) I exalt, set on high. ³ταπεινός, ή, όν, [8] humble, lowly, in position or spirit (in a good sense). ⁴πεινάω, [23] I am hungry, needy, desire earnestly. ⁵ἐμπίπλημι, [5] I fill up, satisfy. ⁶πλουτέω, [12] I become rich, am rich, abound in. ⁷ἐξαποστέλλω, [11] I send away, send forth (a person qualified for a task). ⁸κενός, ή, όν, [18] (a) empty, (b) met: empty (in moral content), vain, ineffective, foolish, worthless, (c) false, unreal, pretentious, hollow. ⁹ἀντιλαμβάνομαι, [3] I take hold of, help, share in, partake of, enjoy. ¹⁰παῖς, παιδός, ὁ, ἡ, [24] (a) a male child, boy, (b) a male slave, servant; thus: a servant of God, especially as a title of the Messiah, (c) a female child, girl. ¹¹μιμνήσκομαι, [23] I remember, call to mind, recall, mention. ¹²ἔλεος, ους, τό, [28] pity, mercy, compassion. ¹³σπέρμα, ατος, τό, [44] (a) seed, commonly of cereals, (b) offspring, descendents. ¹⁴ὡσεί, [31] as if, as it were, like; with numbers: about. ¹⁵μήν, μηνός, ὁ, [18] a (lunar) month. ¹⁶ὑποστρέφω, [37] I turn back, return. ¹⁷πλήθω, [25] I fill, fulfill, complete. ¹⁸τίκτω, [19] I bear, bring forth, produce, beget, yield. ¹⁹περίοικος, ον, [1] dwelling around; subst: a neighbor. ²⁰συγγενής, ές, [12] akin to, related; subst: fellow countryman, kinsman. ²¹μεγαλύνω, [8] (a) I enlarge, lengthen, (b) I increase, magnify, extol. ²²συγχαίρω, [7] I rejoice with, congratulate. ²³ὄγδοος, η, ον, [5] the eighth, one of eight, with seven others. ²⁴περιτέμνω, [18] I cut around, circumcise. ²⁵συγγένεια, ας, ἡ, [3] kindred, family. ²⁶ἐννεύω, [1] I make a sign to by nodding. ²⁷πινακίδιον, ου, τό, [1] a tablet for writing. ²⁸θαυμάζω, [46] (a) intrans: I wonder, marvel, (b) trans: I wonder at, admire. ²⁹παραχρῆμα, [18] instantly, immediately, on the spot. ³⁰εὐλογέω, [43] (lit: I speak well of) I bless; pass: I am blessed. ³¹φόβος, ου, ὁ, [47] (a) fear, terror, alarm, (b) the object or cause of fear, (c) reverence, respect. ³²περιοικέω, [1] I dwell around, am neighboring to. ³³ὀρεινός, ή, όν, [2] mountainous, hilly, the hill-country. ³⁴Ἰουδαία, ας, ἡ, [43] Judea, a Roman province, capital Jerusalem. ³⁵διαλαλέω, [2] I converse together, talk of; of conversation passing from mouth to mouth. ³⁶ἄρα, [19] a particle asking a question, to which a negative answer is expected.

67 Καὶ Ζαχαρίας ὁ πατὴρ αὐτοῦ ἐπλήσθη¹ πνεύματος ἁγίου, καὶ προεφήτευσεν,² λέγων, **68** Εὐλογητὸς³ κύριος ὁ θεὸς τοῦ Ἰσραήλ, ὅτι ἐπεσκέψατο⁴ καὶ ἐποίησεν λύτρωσιν⁵ τῷ λαῷ αὐτοῦ, **69** καὶ ἤγειρεν κέρας⁶ σωτηρίας⁷ ἡμῖν ἐν τῷ οἴκῳ Δαυὶδ τοῦ παιδὸς⁸ αὐτοῦ– **70** καθὼς ἐλάλησεν διὰ στόματος τῶν ἁγίων τῶν ἀπ᾽ αἰῶνος προφητῶν αὐτοῦ– **71** σωτηρίαν⁷ ἐξ ἐχθρῶν⁹ ἡμῶν, καὶ ἐκ χειρὸς πάντων τῶν μισούντων¹⁰ ἡμᾶς· **72** ποιῆσαι ἔλεος¹¹ μετὰ τῶν πατέρων ἡμῶν, καὶ μνησθῆναι¹² διαθήκης¹³ ἁγίας αὐτοῦ, **73** ὅρκον¹⁴ ὃν ὤμοσεν¹⁵ πρὸς Ἀβραὰμ τὸν πατέρα ἡμῶν, τοῦ δοῦναι ἡμῖν, **74** ἀφόβως,¹⁶ ἐκ χειρὸς τῶν ἐχθρῶν⁹ ἡμῶν ῥυσθέντας,¹⁷ λατρεύειν¹⁸ αὐτῷ **75** ἐν ὁσιότητι¹⁹ καὶ δικαιοσύνῃ ἐνώπιον αὐτοῦ πάσας τὰς ἡμέρας τῆς ζωῆς ἡμῶν. **76** Καὶ σύ, παιδίον, προφήτης ὑψίστου²⁰ κληθήσῃ· προπορεύσῃ²¹ γὰρ πρὸ²² προσώπου κυρίου ἑτοιμάσαι²³ ὁδοὺς αὐτοῦ· **77** τοῦ δοῦναι γνῶσιν²⁴ σωτηρίας⁷ τῷ λαῷ αὐτοῦ ἐν ἀφέσει²⁵ ἁμαρτιῶν αὐτῶν, **78** διὰ σπλάγχνα²⁶ ἐλέους¹¹ θεοῦ ἡμῶν, ἐν οἷς ἐπεσκέψατο²⁷ ἡμᾶς ἀνατολὴ²⁸ ἐξ ὕψους,²⁹ **79** ἐπιφᾶναι³⁰ τοῖς ἐν σκότει³¹ καὶ σκιᾷ³² θανάτου καθημένοις, τοῦ κατευθῦναι³³ τοὺς πόδας ἡμῶν εἰς ὁδὸν εἰρήνης.

80 Τὸ δὲ παιδίον ηὔξανεν³⁴ καὶ ἐκραταιοῦτο³⁵ πνεύματι, καὶ ἦν ἐν ταῖς ἐρήμοις ἕως ἡμέρας ἀναδείξεως³⁶ αὐτοῦ πρὸς τὸν Ἰσραήλ.

---

¹ἐπλήσθη: API-3S ²προεφήτευσεν: AAI-3S ⁴ἐπεσκέψατο: ADI-3S ¹⁰μισούντων: PAP-GPM ¹²μνησθῆναι: APN ¹⁵ὤμοσεν: AAI-3S ¹⁷ῥυσθέντας: APP-APM ¹⁸λατρεύειν: PAN ²¹προπορεύσῃ: FDI-2S ²³ἑτοιμάσαι: AAN ²⁷ἐπεσκέψατο: ADI-3S ³⁰ἐπιφᾶναι: AAN ³³κατευθῦναι: AAN ³⁴ηὔξανεν: IAI-3S ³⁵ἐκραταιοῦτο: IPI-3S

---

¹πλήθω, [25] I fill, fulfill, complete. ²προφητεύω, [28] I foretell, prophesy; I set forth matter of divine teaching by special faculty. ³εὐλογητός, ή, όν, [8] (used only of God), blessed (as entitled to receive blessing from man), worthy of praise. ⁴ἐπισκέπτομαι, [11] I look upon, visit, look out, select. ⁵λύτρωσις, εως, ἡ, [3] (in the Old Testament: ransoming from imprisonment for debt, or from slavery, release from national misfortune, etc.), liberation, deliverance, release. ⁶κέρας, ατος, τό, [11] (a) a horn, (b) a horn-like projection at the corner of an altar, (c) a horn as a symbol of power. ⁷σωτηρία, ας, ἡ, [46] welfare, prosperity, deliverance, preservation, salvation, safety. ⁸παῖς, παιδός, ὁ, ἡ, [24] (a) a male child, boy, (b) a male slave, servant; thus: a servant of God, especially as a title of the Messiah, (c) a female child, girl. ⁹ἐχθρός, ά, όν, [32] hated, hostile; subst: an enemy. ¹⁰μισέω, [41] I hate, detest, love less, esteem less. ¹¹ἔλεος, ους, τό, [28] pity, mercy, compassion. ¹²μιμνήσκομαι, [23] I remember, call to mind, recall, mention. ¹³διαθήκη, ης, ἡ, [33] (a) a covenant between two parties, (b) (the ordinary, everyday sense [found a countless number of times in papyri]) a will, testament. ¹⁴ὅρκος, ου, ὁ, [10] an oath. ¹⁵ὀμνύω, [27] I swear, take an oath, promise with an oath. ¹⁶ἀφόβως, [4] fearlessly, shamelessly, securely, tranquilly. ¹⁷ῥύομαι, [18] I rescue, deliver (from danger or destruction). ¹⁸λατρεύω, [21] I serve, especially God, perhaps simply: I worship. ¹⁹ὁσιότης, τητος, ἡ, [2] holiness, godliness, piety. ²⁰ὕψιστος, η, ον, [13] highest, most high, the heights. ²¹προπορεύομαι, [2] I precede, pass on before, go before. ²²πρό, [47] (a) of place: before, in front of, (b) of time: before, earlier than. ²³ἑτοιμάζω, [40] I make ready, prepare. ²⁴γνῶσις, εως, ἡ, [29] knowledge, doctrine, wisdom. ²⁵ἄφεσις, εως, ἡ, [17] a sending away, a letting go, a release, pardon, complete forgiveness. ²⁶σπλάγχνα, ων, τά, [11] the inward parts; the heart, affections, seat of the feelings. ²⁷ἐπισκέπτομαι, [11] I look upon, visit, look out, select. ²⁸ἀνατολή, ῆς, ἡ, [10] (a) rising of the sun, hence (b) (sing. and plur.) the quarter whence the sun rises, the East. ²⁹ὕψος, ους, τό, [6] height, heaven; dignity, eminence. ³⁰ἐπιφαίνω, [4] I appear (as of a light in the heavens or from the heavens), shine upon. ³¹σκότος, ους, τό, [32] darkness, either physical or moral. ³²σκιά, ᾶς, ἡ, [7] a shadow, shade, thick darkness, an outline. ³³κατευθύνω, [3] (a) I make straight, (b) met: I put in the right way, direct. ³⁴αὐξάνω, [23] (a) I cause to increase, become greater (b) I increase, grow. ³⁵κραταιόω, [4] I strengthen, confirm; pass: I grow strong, become strong. ³⁶ἀνάδειξις, εως, ἡ, [1] the proclamation of an appointment (to an office); perhaps rather admission to membership of a society.

The Birth of Jesus and the Adoration of the Shepherds

2 Ἐγένετο δὲ ἐν ταῖς ἡμέραις ἐκείναις, ἐξῆλθεν δόγμα¹ παρὰ Καίσαρος² Αὐγούστου,³ ἀπογράφεσθαι⁴ πᾶσαν τὴν οἰκουμένην.⁵ **2** Αὕτη ἡ ἀπογραφὴ⁶ πρώτη ἐγένετο ἡγεμονεύοντος⁷ τῆς Συρίας⁸ Κυρηνίου. **3** Καὶ ἐπορεύοντο πάντες ἀπογράφεσθαι,⁹ ἕκαστος εἰς τὴν ἰδίαν πόλιν. **4** Ἀνέβη δὲ καὶ Ἰωσὴφ ἀπὸ τῆς Γαλιλαίας, ἐκ πόλεως Ναζαρέτ,¹⁰ εἰς τὴν Ἰουδαίαν,¹¹ εἰς πόλιν Δαυίδ, ἥτις καλεῖται Βηθλέεμ,¹² διὰ τὸ εἶναι αὐτὸν ἐξ οἴκου καὶ πατριᾶς¹³ Δαυίδ, **5** ἀπογράψασθαι¹⁴ σὺν Μαριὰμ τῇ μεμνηστευμένῃ¹⁵ αὐτῷ γυναικί, οὔσῃ ἐγκύῳ.¹⁶ **6** Ἐγένετο δὲ ἐν τῷ εἶναι αὐτοὺς ἐκεῖ, ἐπλήσθησαν¹⁷ αἱ ἡμέραι τοῦ τεκεῖν¹⁸ αὐτήν. **7** Καὶ ἔτεκεν¹⁹ τὸν υἱὸν αὐτῆς τὸν πρωτότοκον,²⁰ καὶ ἐσπαργάνωσεν²¹ αὐτόν, καὶ ἀνέκλινεν²² αὐτὸν ἐν τῇ φάτνῃ,²³ διότι²⁴ οὐκ ἦν αὐτοῖς τόπος ἐν τῷ καταλύματι.²⁵

8 Καὶ ποιμένες²⁶ ἦσαν ἐν τῇ χώρᾳ²⁷ τῇ αὐτῇ ἀγραυλοῦντες²⁸ καὶ φυλάσσοντες²⁹ φυλακὰς³⁰ τῆς νυκτὸς ἐπὶ τὴν ποίμνην³¹ αὐτῶν. **9** Καὶ ἰδού, ἄγγελος κυρίου ἐπέστη³² αὐτοῖς, καὶ δόξα κυρίου περιέλαμψεν³³ αὐτούς· καὶ ἐφοβήθησαν φόβον³⁴ μέγαν. **10** Καὶ εἶπεν αὐτοῖς ὁ ἄγγελος, Μὴ φοβεῖσθε· ἰδοὺ γάρ, εὐαγγελίζομαι ὑμῖν χαρὰν μεγάλην, ἥτις ἔσται παντὶ τῷ λαῷ· **11** ὅτι ἐτέχθη³⁵ ὑμῖν σήμερον³⁶ σωτήρ,³⁷ ὅς ἐστιν χριστὸς κύριος, ἐν πόλει Δαυίδ. **12** Καὶ τοῦτο ὑμῖν τὸ σημεῖον· εὑρήσετε βρέφος³⁸

---

⁴ἀπογράφεσθαι: PEN   ⁷ἡγεμονεύοντος: PAP-GSM   ⁹ἀπογράφεσθαι: PPN   ¹⁴ἀπογράψασθαι: AMN ¹⁵μεμνηστευμένῃ: RPP-DSF   ¹⁷ἐπλήσθησαν: API-3P   ¹⁸τεκεῖν: 2AAN   ¹⁹ἔτεκεν: 2AAI-3S   ²¹ἐσπαργάνωσεν: AAI-3S ²²ἀνέκλινεν: AAI-3S   ²⁸ἀγραυλοῦντες: PAP-NPM   ²⁹φυλάσσοντες: PAP-NPM   ³²ἐπέστη: 2AAI-3S   ³³περιέλαμψεν: AAI-3S   ³⁵ἐτέχθη: API-3S

---

¹δόγμα, ατος, τό, [5] a decree, edict, ordinance.   ²Καῖσαρ, αρος, ὁ, [30] Caesar, a surname of the gens Iulia, which became practically synonymous with the Emperor for the time being; in the Gospels it always refers to Tiberias.   ³Αὐγούστος, ου, ὁ, [1] Augustus, a title conferred on the first Roman Emperor, C. Iulius Octauianus, denoting sanctity (almost divinity).   ⁴ἀπογράφω, [4] I enroll, inscribe in a register; mid: I give my name for registration (or census-taking).   ⁵οἰκουμένη, ης, ἡ, [16] (properly: the land that is being inhabited, the land in a state of habitation), the inhabited world, that is, the Roman world, for all outside it was regarded as of no account.   ⁶ἀπογραφή, ῆς, ἡ, [2] an enrollment, census-taking, record.   ⁷ἡγεμονεύω, [2] I govern.   ⁸Συρία, ας, ἡ, [8] Syria, a great Roman imperial province, united with Cilicia.   ⁹ἀπογράφω, [4] I enroll, inscribe in a register; mid: I give my name for registration (or census-taking).   ¹⁰Ναζαρέτ, ἡ, [12] Nazareth, a city of Galilee, where Jesus lived before His ministry.   ¹¹Ἰουδαία, ας, ἡ, [43] Judea, a Roman province, capital Jerusalem.   ¹²Βηθλεέμ, ἡ, [8] Bethlehem, a town of Judea.   ¹³πατριά, ᾶς, ἡ, [3] lineage, ancestry; a family, tribe.   ¹⁴ἀπογράφω, [4] I enroll, inscribe in a register; mid: I give my name for registration (or census-taking).   ¹⁵μνηστεύω, [3] I ask in marriage; pass: I am betrothed.   ¹⁶ἔγκυος, ον, [1] with child, pregnant.   ¹⁷πλήθω, [25] I fill, fulfill, complete.   ¹⁸τίκτω, [19] I bear, bring forth, produce, beget, yield.   ¹⁹τίκτω, [19] I bear, bring forth, produce, beget, yield.   ²⁰πρωτότοκος, ον, [9] first-born, eldest.   ²¹σπαργανόω, [2] I swathe, wrap in swaddling clothes.   ²²ἀνακλίνω, [8] I lay upon, lean against, lay down; make to recline; pass: I lie back, recline.   ²³φάτνη, ης, ἡ, [4] a manger, feeding-trough, stall.   ²⁴διότι, [24] on this account, because, for.   ²⁵κατάλυμα, ατος, τό, [3] an inn, lodging-place.   ²⁶ποιμήν, ένος, ὁ, [18] a shepherd; hence met: of the feeder, protector, and ruler of a flock of men.   ²⁷χώρα, ας, ἡ, [27] (a) a country or region, (b) the land, as opposed to the sea, (c) the country, distinct from town, (d) plur: fields.   ²⁸ἀγραυλέω, [1] I spend the night in the open, bivouac.   ²⁹φυλάσσω, [30] (a) I guard, protect; mid: I am on my guard; (b) act. and mid. of customs and regulations: I keep, observe.   ³⁰φυλακή, ῆς, ἡ, [47] a watching, keeping guard; a guard, prison; imprisonment.   ³¹ποίμνη, ης, ἡ, [5] a flock (of sheep or goats).   ³²ἐφίστημι, [21] I stand by, am urgent, befall one (as of evil), am at hand, impend.   ³³περιλάμπω, [2] I shine around.   ³⁴φόβος, ου, ὁ, [47] (a) fear, terror, alarm, (b) the object or cause of fear, (c) reverence, respect.   ³⁵τίκτω, [19] I bear, bring forth, produce, beget, yield.   ³⁶σήμερον, [41] today, now.   ³⁷σωτήρ, ῆρος, ὁ, [23] a savior, deliverer, preserver.   ³⁸βρέφος, ους, τό, [8] infant, babe, child in arms.

ἐσπαργανωμένον,¹ κείμενον² ἐν φάτνῃ.³ 13 Καὶ ἐξαίφνης⁴ ἐγένετο σὺν τῷ ἀγγέλῳ πλῆθος⁵ στρατιᾶς⁶ οὐρανίου,⁷ αἰνούντων⁸ τὸν θεόν, καὶ λεγόντων, 14 Δόξα ἐν ὑψίστοις⁹ θεῷ, καὶ ἐπὶ γῆς εἰρήνη· ἐν ἀνθρώποις εὐδοκία.¹⁰

15 Καὶ ἐγένετο, ὡς ἀπῆλθον ἀπ' αὐτῶν εἰς τὸν οὐρανὸν οἱ ἄγγελοι, καὶ οἱ ἄνθρωποι οἱ ποιμένες¹¹ εἶπον πρὸς ἀλλήλους, Διέλθωμεν¹² δὴ¹³ ἕως Βηθλέεμ,¹⁴ καὶ ἴδωμεν τὸ ῥῆμα τοῦτο τὸ γεγονός, ὃ ὁ κύριος ἐγνώρισεν¹⁵ ἡμῖν. 16 Καὶ ἦλθον σπεύσαντες,¹⁶ καὶ ἀνεῦρον¹⁷ τήν τε Μαριὰμ καὶ τὸν Ἰωσήφ, καὶ τὸ βρέφος¹⁸ κείμενον¹⁹ ἐν τῇ φάτνῃ.³ 17 Ἰδόντες δὲ διεγνώρισαν²⁰ περὶ τοῦ ῥήματος τοῦ λαληθέντος αὐτοῖς περὶ τοῦ παιδίου τούτου. 18 Καὶ πάντες οἱ ἀκούσαντες ἐθαύμασαν²¹ περὶ τῶν λαληθέντων ὑπὸ τῶν ποιμένων¹¹ πρὸς αὐτούς. 19 Ἡ δὲ Μαριὰμ πάντα συνετήρει²² τὰ ῥήματα ταῦτα, συμβάλλουσα²³ ἐν τῇ καρδίᾳ αὐτῆς. 20 Καὶ ὑπέστρεψαν²⁴ οἱ ποιμένες,¹¹ δοξάζοντες καὶ αἰνοῦντες²⁵ τὸν θεὸν ἐπὶ πᾶσιν οἷς ἤκουσαν καὶ εἶδον, καθὼς ἐλαλήθη πρὸς αὐτούς.

The Circumcision and Presentation of Christ

21 Καὶ ὅτε ἐπλήσθησαν²⁶ ἡμέραι ὀκτὼ²⁷ τοῦ περιτεμεῖν²⁸ αὐτόν, καὶ ἐκλήθη τὸ ὄνομα αὐτοῦ Ἰησοῦς, τὸ κληθὲν ὑπὸ τοῦ ἀγγέλου πρὸ²⁹ τοῦ συλληφθῆναι³⁰ αὐτὸν ἐν τῇ κοιλίᾳ.³¹

22 Καὶ ὅτε ἐπλήσθησαν³² αἱ ἡμέραι τοῦ καθαρισμοῦ³³ αὐτῶν κατὰ τὸν νόμον Μωσέως, ἀνήγαγον³⁴ αὐτὸν εἰς Ἱεροσόλυμα, παραστῆσαι³⁵ τῷ κυρίῳ– 23 καθὼς γέγραπται ἐν νόμῳ κυρίου ὅτι Πᾶν ἄρσεν³⁶ διανοῖγον³⁷ μήτραν³⁸ ἅγιον τῷ κυρίῳ

---

¹ἐσπαργανωμένον: RPP-ASN   ²κείμενον: PNP-ASN   ⁸αἰνούντων: PAP-GPM   ¹²Διέλθωμεν: 2AAS-1P   ¹⁵ἐγνώρισεν: AAI-3S   ¹⁶σπεύσαντες: AAP-NPM   ¹⁷ἀνεῦρον: 2AAI-3P   ¹⁹κείμενον: PNP-ASN   ²⁰διεγνώρισαν: AAI-3P   ²¹ἐθαύμασαν: AAI-3P   ²²συνετήρει: IAI-3S   ²³συμβάλλουσα: PAP-NSF   ²⁴ὑπέστρεψαν: AAI-3P   ²⁵αἰνοῦντες: PAP-NPM   ²⁶ἐπλήσθησαν: API-3P   ²⁸περιτεμεῖν: 2AAN   ³⁰συλληφθῆναι: APN   ³²ἐπλήσθησαν: API-3P   ³⁴ἀνήγαγον: 2AAI-3P-ATT   ³⁵παραστῆσαι: AAN   ³⁷διανοῖγον: PAP-NSN

---

¹σπαργανόω, [2] I swathe, wrap in swaddling clothes.   ²κεῖμαι, [26] I lie, recline, am placed, am laid, set, specially appointed, destined.   ³φάτνη, ης, ἡ, [4] a manger, feeding-trough, stall.   ⁴ἐξαίφνης, [5] suddenly, unexpectedly.   ⁵πλῆθος, ους, τό, [32] a multitude, crowd, great number, assemblage.   ⁶στρατιά, ᾶς, ἡ, [2] an army; met: a host of angels, the hosts of heaven (i.e. the stars).   ⁷οὐράνιος, ον, [6] in heaven, belonging to heaven, heavenly, from heaven.   ⁸αἰνέω, [9] I praise.   ⁹ὕψιστος, η, ον, [13] highest, most high, the heights.   ¹⁰εὐδοκία, ας, ἡ, [9] (a) good-will (good-pleasure), favor, feeling of complacency of God to man, (b) good-pleasure, satisfaction, happiness, delight of men.   ¹¹ποιμήν, ένος, ὁ, [18] a shepherd; hence met: of the feeder, protector, and ruler of a flock of men.   ¹²διέρχομαι, [42] I pass through, spread (as a report).   ¹³δή, [7] (a) in a clause expressing demand: so, then, (b) indeed, (c) truly.   ¹⁴Βηθλεέμ, ἡ, [8] Bethlehem, a town of Judea.   ¹⁵γνωρίζω, [24] I make known, declare, know, discover.   ¹⁶σπεύδω, [6] I hasten, urge on, desire earnestly.   ¹⁷ἀνευρίσκω, [2] I find by seeking out, discover.   ¹⁸βρέφος, ους, τό, [8] infant, babe, child in arms.   ¹⁹κεῖμαι, [26] I lie, recline, am placed, am laid, set, specially appointed, destined.   ²⁰διαγνωρίζω, [1] I tell abroad, make known.   ²¹θαυμάζω, [46] (a) intrans: I wonder, marvel, (b) trans: I wonder at, admire.   ²²συντηρέω, [4] I preserve, keep safe, keep in mind, keep close.   ²³συμβάλλω, [6] properly: I throw together, hence: I ponder, come up with, encounter, with or without hostile intent; I dispute with; mid: I confer, consult with, contribute.   ²⁴ὑποστρέφω, [37] I turn back, return.   ²⁵αἰνέω, [9] I praise.   ²⁶πλήθω, [25] I fill, fulfill, complete.   ²⁷ὀκτώ, [9] eight.   ²⁸περιτέμνω, [18] I cut around, circumcise.   ²⁹πρό, [47] (a) of place: before, in front of, (b) of time: before, earlier than.   ³⁰συλλαμβάνω, [16] I seize, apprehend, assist, conceive, become pregnant.   ³¹κοιλία, ας, ἡ, [23] belly, abdomen, heart, a general term covering any organ in the abdomen, e.g. stomach, womb; met: the inner man.   ³²πλήθω, [25] I fill, fulfill, complete.   ³³καθαρισμός, οῦ, ὁ, [7] cleansing, purifying, purification, literal, ceremonial, or moral; met: expiation.   ³⁴ἀνάγω, [23] I lead up, bring up, offer, product, put to sea, set sail.   ³⁵παρίστημι, [41] I bring, present, prove, come up to and stand by, am present.   ³⁶ἄρσην, ενος, εν, [9] male.   ³⁷διανοίγω, [8] I open fully.   ³⁸μήτρα, ας, ἡ, [2] the womb.

κληθήσεται– **24** καὶ τοῦ δοῦναι θυσίαν¹ κατὰ τὸ εἰρημένον ἐν νόμῳ κυρίου, Ζεῦγος² τρυγόνων³ ἢ δύο νεοσσοὺς⁴ περιστερῶν. **⁵ 25** Καὶ ἰδού, ἦν ἄνθρωπος ἐν Ἱερουσαλήμ, ᾧ ὄνομα Συμεών, καὶ ὁ ἄνθρωπος οὗτος δίκαιος καὶ εὐλαβής,⁶ προσδεχόμενος⁷ παράκλησιν⁸ τοῦ Ἰσραήλ, καὶ πνεῦμα ἦν ἅγιον ἐπ᾽ αὐτόν. **26** Καὶ ἦν αὐτῷ κεχρηματισμένον⁹ ὑπὸ τοῦ πνεύματος τοῦ ἁγίου, μὴ ἰδεῖν θάνατον πρὶν¹⁰ ἢ ἴδῃ τὸν χριστὸν κυρίου. **27** Καὶ ἦλθεν ἐν τῷ πνεύματι εἰς τὸ ἱερόν· καὶ ἐν τῷ εἰσαγαγεῖν¹¹ τοὺς γονεῖς¹² τὸ παιδίον Ἰησοῦν, τοῦ ποιῆσαι αὐτοὺς κατὰ τὸ εἰθισμένον¹³ τοῦ νόμου περὶ αὐτοῦ, **28** καὶ αὐτὸς ἐδέξατο αὐτὸ εἰς τὰς ἀγκάλας¹⁴ αὐτοῦ, καὶ εὐλόγησεν¹⁵ τὸν θεόν, καὶ εἶπεν, **29** Νῦν ἀπολύεις τὸν δοῦλόν σου, δέσποτα,¹⁶ κατὰ τὸ ῥῆμά σου, ἐν εἰρήνῃ· **30** ὅτι εἶδον οἱ ὀφθαλμοί μου τὸ σωτήριόν¹⁷ σου, **31** ὃ ἡτοίμασας¹⁸ κατὰ πρόσωπον πάντων τῶν λαῶν· **32** φῶς εἰς ἀποκάλυψιν¹⁹ ἐθνῶν, καὶ δόξαν λαοῦ σου Ἰσραήλ. **33** Καὶ ἦν Ἰωσὴφ καὶ ἡ μήτηρ αὐτοῦ θαυμάζοντες²⁰ ἐπὶ τοῖς λαλουμένοις περὶ αὐτοῦ. **34** Καὶ εὐλόγησεν²¹ αὐτοὺς Συμεών, καὶ εἶπεν πρὸς Μαριὰμ τὴν μητέρα αὐτοῦ, Ἰδού, οὗτος κεῖται²² εἰς πτῶσιν²³ καὶ ἀνάστασιν²⁴ πολλῶν ἐν τῷ Ἰσραήλ, καὶ εἰς σημεῖον ἀντιλεγόμενον·²⁵ **35** καὶ σοῦ δὲ αὐτῆς τὴν ψυχὴν διελεύσεται²⁶ ῥομφαία·²⁷ ὅπως ἂν ἀποκαλυφθῶσιν²⁸ ἐκ πολλῶν καρδιῶν διαλογισμοί.²⁹ **36** Καὶ ἦν Ἄννα προφῆτις,³⁰ θυγάτηρ³¹ Φανουήλ, ἐκ φυλῆς³² Ἀσήρ–αὕτη προβεβηκυῖα³³ ἐν ἡμέραις πολλαῖς, ζήσασα ἔτη³⁴ μετὰ ἀνδρὸς ἑπτὰ ἀπὸ τῆς παρθενίας³⁵ αὐτῆς, **37** καὶ αὕτη χήρα³⁶ ὡς ἐτῶν³⁴ ὀγδοήκοντα³⁷ τεσσάρων³⁸–ἢ οὐκ ἀφίστατο³⁹ ἀπὸ τοῦ ἱεροῦ, νηστείαις⁴⁰

---

⁷προσδεχόμενος: PNP-NSM   ⁹κεχρηματισμένον: RPP-NSN   ¹¹εἰσαγαγεῖν: 2AAN   ¹³εἰθισμένον: RPP-ASN   ¹⁵εὐλόγησεν: AAI-3S   ¹⁸ἡτοίμασας: AAI-2S   ²⁰θαυμάζοντες: PAP-NPM   ²¹εὐλόγησεν: AAI-3S   ²²κεῖται: PNI-3S   ²⁵ἀντιλεγόμενον: PPP-ASN   ²⁶διελεύσεται: FDI-3S   ²⁸ἀποκαλυφθῶσιν: APS-3P   ³³προβεβηκυῖα: RAP-NSF   ³⁹ἀφίστατο: INI-3S

---

¹θυσία, ας, ἡ, [29] abstr. and concr: sacrifice; a sacrifice, offering.   ²ζεῦγος, ους, τό, [2] a yoke, team; hence: a pair.   ³τρυγών, όνος, ἡ, [1] a turtle-dove.   ⁴νεοσσός, οῦ, ὁ, [1] a young bird, nestling; a young one.   ⁵περιστερά, άς, ἡ, [10] a dove, pigeon.   ⁶εὐλαβής, ές, [3] (lit: handling well, hence) cautious, circumspect; hence: God-fearing, pious.   ⁷προσδέχομαι, [14] (a) I await, expect, (b) I receive, welcome (originally: to my house), (c) I accept.   ⁸παράκλησις, εως, ἡ, [29] a calling for, summons, hence: (a) exhortation, (b) entreaty, (c) encouragement, joy, gladness, (d) consolation, comfort.   ⁹χρηματίζω, [9] (originally: I transact business), (a) act. of God: I warn; pass: I am warned by God (probably in response to an inquiry as to one's duty), (b) (I take a name from my public business, hence) I receive a name, am publicly called.   ¹⁰πρίν, [14] formerly, before.   ¹¹εἰσάγω, [10] I lead in, bring in, introduce.   ¹²γονεύς, έως, ὁ, [19] a begetter, father; plur: parents.   ¹³ἐθίζω, [1] I accustom.   ¹⁴ἀγκάλη, ης, ἡ, [1] an arm, especially as bent to receive a burden.   ¹⁵εὐλογέω, [43] (lit: I speak well of) I bless; pass: I am blessed.   ¹⁶δεσπότης, ου, ὁ, [10] a lord, master, or prince.   ¹⁷σωτήριος, ον, [5] saving, bringing salvation; subst: salvation.   ¹⁸ἑτοιμάζω, [40] I make ready, prepare.   ¹⁹ἀποκάλυψις, εως, ἡ, [18] an unveiling, uncovering, revealing, revelation.   ²⁰θαυμάζω, [46] (a) intrans: I wonder, marvel, (b) trans: I wonder at, admire.   ²¹εὐλογέω, [43] (lit: I speak well of) I bless; pass: I am blessed.   ²²κεῖμαι, [26] I lie, recline, am placed, am laid, set, specially appointed, destined.   ²³πτῶσις, εως, ἡ, [2] a falling, a fall, ruin.   ²⁴ἀνάστασις, εως, ἡ, [42] a rising again, resurrection.   ²⁵ἀντιλέγω, [12] I speak or say in opposition, contradict (oppose, resist).   ²⁶διέρχομαι, [42] I pass through, spread (as a report).   ²⁷ῥομφαία, ας, ἡ, [7] a sword, scimitar; fig: war, piercing grief.   ²⁸ἀποκαλύπτω, [26] I uncover, bring to light, reveal.   ²⁹διαλογισμός, οῦ, ὁ, [14] a calculation, reasoning, thought, movement of thought, deliberation, plotting.   ³⁰προφῆτις, ιδος, ἡ, [2] a prophetess.   ³¹θυγάτηρ, τρός, ἡ, [29] a daughter; hence (Hebraistic?), of any female descendent, however far removed; one of one unrelated: my young lady.   ³²φυλή, ῆς, ἡ, [31] a tribe or race of people.   ³³προβαίνω, [5] I go forward, advance.   ³⁴ἔτος, ους, τό, [49] a year.   ³⁵παρθενία, ας, ἡ, [1] virginity.   ³⁶χήρα, ας, ἡ, [27] a widow.   ³⁷ὀγδοήκοντα, [2] eighty.   ³⁸τέσσαρες, τέσσαρα, [41] four.   ³⁹ἀφίστημι, [15] I make to stand away, draw away, repel, take up a position away from, withdraw from, leave, abstain from.   ⁴⁰νηστεία, ας, ἡ, [8] fasting, the day of atonement.

καὶ δεήσεσιν¹ λατρεύουσα² νύκτα καὶ ἡμέραν. 38 Καὶ αὕτη αὐτῇ τῇ ὥρᾳ ἐπιστᾶσα³ ἀνθωμολογεῖτο⁴ τῷ κυρίῳ, καὶ ἐλάλει περὶ αὐτοῦ πᾶσιν τοῖς προσδεχομένοις⁵ λύτρωσιν⁶ ἐν Ἰερουσαλήμ. 39 Καὶ ὡς ἐτέλεσαν⁷ ἅπαντα⁸ τὰ κατὰ τὸν νόμον κυρίου, ὑπέστρεψαν⁹ εἰς τὴν Γαλιλαίαν, εἰς τὴν πόλιν ἑαυτῶν Ναζαρέτ.¹⁰

40 Τὸ δὲ παιδίον ηὔξανεν,¹¹ καὶ ἐκραταιοῦτο¹² πνεύματι, πληρούμενον σοφίας· καὶ χάρις θεοῦ ἦν ἐπ' αὐτό.

The Christ-Child in the Temple

41 Καὶ ἐπορεύοντο οἱ γονεῖς¹³ αὐτοῦ κατ' ἔτος¹⁴ εἰς Ἰερουσαλὴμ τῇ ἑορτῇ¹⁵ τοῦ Πάσχα.¹⁶ 42 Καὶ ὅτε ἐγένετο ἐτῶν¹⁴ δώδεκα, ἀναβάντων αὐτῶν εἰς Ἰεροσόλυμα κατὰ τὸ ἔθος¹⁷ τῆς ἑορτῆς,¹⁵ 43 καὶ τελειωσάντων¹⁸ τὰς ἡμέρας, ἐν τῷ ὑποστρέφειν¹⁹ αὐτούς, ὑπέμεινεν²⁰ Ἰησοῦς ὁ παῖς²¹ ἐν Ἰερουσαλήμ· καὶ οὐκ ἔγνω Ἰωσὴφ καὶ ἡ μήτηρ αὐτοῦ· 44 νομίσαντες²² δὲ αὐτὸν ἐν τῇ συνοδίᾳ²³ εἶναι, ἦλθον ἡμέρας ὁδόν, καὶ ἀνεζήτουν²⁴ αὐτὸν ἐν τοῖς συγγενέσιν²⁵ καὶ ἐν τοῖς γνωστοῖς·²⁶ 45 καὶ μὴ εὑρόντες αὐτόν, ὑπέστρεψαν²⁷ εἰς Ἰερουσαλήμ, ζητοῦντες αὐτόν. 46 Καὶ ἐγένετο, μεθ' ἡμέρας τρεῖς εὗρον αὐτὸν ἐν τῷ ἱερῷ, καθεζόμενον²⁸ ἐν μέσῳ τῶν διδασκάλων, καὶ ἀκούοντα αὐτῶν, καὶ ἐπερωτῶντα αὐτούς. 47 Ἐξίσταντο²⁹ δὲ πάντες οἱ ἀκούοντες αὐτοῦ ἐπὶ τῇ συνέσει³⁰ καὶ ταῖς ἀποκρίσεσιν³¹ αὐτοῦ. 48 Καὶ ἰδόντες αὐτὸν ἐξεπλάγησαν·³² καὶ πρὸς αὐτὸν ἡ μήτηρ αὐτοῦ εἶπεν, Τέκνον, τί ἐποίησας ἡμῖν οὕτως; Ἰδού, ὁ πατήρ σου κἀγὼ

---

²λατρεύουσα: PAP-NSF   ³ἐπιστᾶσα: 2AAP-NSF   ⁴ἀνθωμολογεῖτο: INI-3S   ⁵προσδεχομένοις: PNP-DPM   ⁷ἐτέλεσαν: AAI-3P   ⁹ὑπέστρεψαν: AAI-3P   ¹¹ηὔξανεν: IAI-3S   ¹²ἐκραταιοῦτο: IPI-3S   ¹⁸τελειωσάντων: AAP-GPM   ¹⁹ὑποστρέφειν: PAN   ²⁰ὑπέμεινεν: AAI-3S   ²²νομίσαντες: AAP-NPM   ²⁴ἀνεζήτουν: IAI-3P   ²⁷ὑπέστρεψαν: AAI-3P   ²⁸καθεζόμενον: PNP-ASM   ²⁹Ἐξίσταντο: IMI-3P   ³²ἐξεπλάγησαν: 2API-3P

---

¹δέησις, εως, ἡ, [19] supplication, prayer, entreaty.   ²λατρεύω, [21] I serve, especially God, perhaps simply: I worship.   ³ἐφίστημι, [21] I stand by, am urgent, befall one (as of evil), am at hand, impend.   ⁴ἀνθομολογέομαι, [1] I make a mutual agreement; I confess, acknowledge, formally admit, give thanks to.   ⁵προσδέχομαι, [14] (a) I await, expect, (b) I receive, welcome (originally: to my house), (c) I accept.   ⁶λύτρωσις, εως, ἡ, [3] (in the Old Testament: ransoming from imprisonment for debt, or from slavery, release from national misfortune, etc.), liberation, deliverance, release.   ⁷τελέω, [26] (a) I end, finish, (b) I fulfill, accomplish, (c) I pay.   ⁸ἅπας, ασα, αν, [39] all, the whole, altogether.   ⁹ὑποστρέφω, [37] I turn back, return.   ¹⁰Ναζαρέτ, ἡ, [12] Nazareth, a city of Galilee, where Jesus lived before His ministry.   ¹¹αὐξάνω, [23] (a) I cause to increase, become greater (b) I increase, grow.   ¹²κραταιόω, [4] I strengthen, confirm; pass: I grow strong, become strong.   ¹³γονεύς, έως, ὁ, [19] a begetter, father; plur: parents.   ¹⁴ἔτος, ους, τό, [49] a year.   ¹⁵ἑορτή, ῆς, ἡ, [27] a festival, feast, periodically recurring.   ¹⁶πάσχα, τό, [29] the feast of Passover, the Passover lamb.   ¹⁷ἔθος, ους, τό, [11] a custom, habit; an institute, rite.   ¹⁸τελειόω, [24] (a) as a course, a race, or the like: I complete, finish (b) as of time or prediction: I accomplish, (c) I make perfect; pass: I am perfected.   ¹⁹ὑποστρέφω, [37] I turn back, return.   ²⁰ὑπομένω, [17] (a) I remain behind, (b) I stand my ground, show endurance, (c) I endure, bear up against, persevere.   ²¹παῖς, παιδός, ὁ, ἡ, [24] (a) a male child, boy, (b) a male slave, servant; thus: a servant of God, especially as a title of the Messiah, (c) a female child, girl.   ²²νομίζω, [15] I practice, hold by custom; I deem, think, consider, suppose.   ²³συνοδία, ας, ἡ, [1] a company traveling together, a caravan.   ²⁴ἀναζητέω, [2] I seek out, search for (implying the difficulty of the task).   ²⁵συγγενής, ές, [12] akin to, related; subst: fellow countryman, kinsman.   ²⁶γνωστός, ή, όν, [15] known, an acquaintance.   ²⁷ὑποστρέφω, [37] I turn back, return.   ²⁸καθέζομαι, [6] I am sitting, sit down, am seated.   ²⁹ἐξίστημι, [17] (lit: I remove from a standing position), (a) in trans. tenses: I astonish, amaze, (b) in intrans. tenses: I am astonished, amazed; I am out of my mind, am mad.   ³⁰σύνεσις, εως, ἡ, [7] a putting together in the mind, hence: understanding, practical discernment, intellect.   ³¹ἀπόκρισις, εως, ἡ, [4] an answer, reply.   ³²ἐκπλήσσω, [13] I strike with panic or shock; I amaze, astonish.

ὀδυνώμενοι¹ ἐζητοῦμέν σε. **49** Καὶ εἶπεν πρὸς αὐτούς, Τί ὅτι ἐζητεῖτέ με; Οὐκ ἤδειτε ὅτι ἐν τοῖς τοῦ πατρός μου δεῖ εἶναί με; **50** Καὶ αὐτοὶ οὐ συνῆκαν² τὸ ῥῆμα ὃ ἐλάλησεν αὐτοῖς. **51** Καὶ κατέβη μετ' αὐτῶν, καὶ ἦλθεν εἰς Ναζαρέτ·³ καὶ ἦν ὑποτασσόμενος⁴ αὐτοῖς. Καὶ ἡ μήτηρ αὐτοῦ διετήρει⁵ πάντα τὰ ῥήματα ταῦτα ἐν τῇ καρδίᾳ αὐτῆς.

52 Καὶ Ἰησοῦς προέκοπτεν⁶ σοφίᾳ καὶ ἡλικίᾳ,⁷ καὶ χάριτι παρὰ θεῷ καὶ ἀνθρώποις.

The Ministry of John the Baptist

3 Ἐν ἔτει⁸ δὲ πεντεκαιδεκάτῳ⁹ τῆς ἡγεμονίας¹⁰ Τιβερίου Καίσαρος,¹¹ ἡγεμονεύοντος¹² Ποντίου Πιλάτου τῆς Ἰουδαίας,¹³ καὶ τετραρχοῦντος¹⁴ τῆς Γαλιλαίας Ἡρώδου, Φιλίππου δὲ τοῦ ἀδελφοῦ αὐτοῦ τετραρχοῦντος¹⁵ τῆς Ἰτουραίας¹⁶ καὶ Τραχωνίτιδος¹⁷ χώρας,¹⁸ καὶ Λυσανίου τῆς Ἀβιληνῆς¹⁹ τετραρχοῦντος,²⁰ **2** ἐπὶ ἀρχιερέως Ἅννα καὶ Καϊάφα, ἐγένετο ῥῆμα θεοῦ ἐπὶ Ἰωάννην τὸν Ζαχαρίου υἱὸν ἐν τῇ ἐρήμῳ. **3** Καὶ ἦλθεν εἰς πᾶσαν τὴν περίχωρον²¹ τοῦ Ἰορδάνου,²² κηρύσσων βάπτισμα²³ μετανοίας²⁴ εἰς ἄφεσιν²⁵ ἁμαρτιῶν· **4** ὡς γέγραπται ἐν βίβλῳ²⁶ λόγων Ἡσαΐου τοῦ προφήτου, λέγοντος, Φωνὴ βοῶντος²⁷ ἐν τῇ ἐρήμῳ, Ἑτοιμάσατε²⁸ τὴν ὁδὸν κυρίου· εὐθείας²⁹ ποιεῖτε τὰς τρίβους³⁰ αὐτοῦ. **5** Πᾶσα φάραγξ³¹ πληρωθήσεται, καὶ πᾶν ὄρος καὶ βουνὸς³² ταπεινωθήσεται·³³ καὶ ἔσται τὰ σκολιὰ³⁴ εἰς εὐθείαν,²⁹ καὶ αἱ τραχεῖαι³⁵ εἰς ὁδοὺς λείας.·³⁶ **6** καὶ ὄψεται πᾶσα σὰρξ τὸ σωτήριον³⁷ τοῦ θεοῦ.

---

¹ὀδυνώμενοι: *PPP-NPM*   ²συνῆκαν: *AAI-3P*   ⁴ὑποτασσόμενος: *PPP-NSM*   ⁵διετήρει: *IAI-3S*   ⁶προέκοπτεν: *IAI-3S*   ¹²ἡγεμονεύοντος: *PAP-GSM*   ¹⁴τετραρχοῦντος: *PAP-GSM*   ¹⁵τετραρχοῦντος: *PAP-GSM*   ²⁰τετραρχοῦντος: *PAP-GSM*   ²⁷βοῶντος: *PAP-GSM*   ²⁸Ἑτοιμάσατε: *AAM-2P*   ³³ταπεινωθήσεται: *FPI-3S*

---

¹ὀδυνάω, [4] I torment, pain; mid. and pass: I am tormented, pained; I suffer acute pain, physical or mental. ²συνίημι, [26] I consider, understand, perceive. ³Ναζαρέτ, ἡ, [12] Nazareth, a city of Galilee, where Jesus lived before His ministry. ⁴ὑποτάσσω, [40] I place under, subject to; mid. pass: I submit, put myself into subjection. ⁵διατηρέω, [2] I keep safe, hold fast. ⁶προκόπτω, [6] (originally of the pioneer cutting his way through brushwood), I advance, progress, make progress. ⁷ἡλικία, ας, ἡ, [8] age, term of life; full age, maturity; stature. ⁸ἔτος, ους, τό, [49] a year. ⁹πεντεκαιδέκατος, η, ον, [1] the fifteenth. ¹⁰ἡγεμονία, ας, ἡ, [1] rule, authority, sovereignty; a reign. ¹¹Καῖσαρ, αρος, ὁ, [30] Caesar, a surname of the gens Iulia, which became practically synonymous with the Emperor for the time being; in the Gospels it always refers to Tiberias. ¹²ἡγεμονεύω, [2] I govern. ¹³Ἰουδαία, ας, ἡ, [43] Judea, a Roman province, capital Jerusalem. ¹⁴τετραρχέω, [3] I rule over as a tetrarch. ¹⁵τετραρχέω, [3] I rule over as a tetrarch. ¹⁶Ἰτουραῖος, α, ον, [1] Ituraean, an adjective applied to a district also called Trachonitis, about 60 miles east of the Sea of Galilee, and partly inhabited by the nomad tribe called Ituraeans. ¹⁷Τραχωνῖτις, ιδος, ἡ, [1] Trachonitis, the north-east of the territory beyond Jordan. ¹⁸χώρα, ας, ἡ, [27] (a) a country or region, (b) the land, as opposed to the sea, (c) the country, distinct from town, (d) plur: fields. ¹⁹Ἀβιληνή, ῆς, ἡ, [1] the Abilenian territory, the territory of Abila (in Syria), a small principality in the mountains of Damascus. ²⁰τετραρχέω, [3] I rule over as a tetrarch. ²¹περίχωρος, ον, [10] neighboring; subst: the neighboring country, neighboring inhabitants. ²²Ἰορδάνης, ου, ὁ, [15] the Jordan, a great river flowing due south and bounding Galilee, Samaria, and Judea on the east. ²³βάπτισμα, ατος, τό, [22] the rite or ceremony of baptism. ²⁴μετάνοια, ας, ἡ, [24] repentance, a change of mind, change in the inner man. ²⁵ἄφεσις, εως, ἡ, [17] a sending away, a letting go, a release, pardon, complete forgiveness. ²⁶βίβλος, ου, ἡ, [9] a written book, roll, or volume, sometimes with a sacred connotation. ²⁷βοάω, [11] I shout, call aloud, proclaim. ²⁸ἑτοιμάζω, [40] I make ready, prepare. ²⁹εὐθύς, εῖα, ύ, [8] adj: (a) straight of direction, as opposed to crooked, (b) upright; adv: immediately. ³⁰τρίβος, ου, ἡ, [3] a worn path, beaten way, road, highway. ³¹φάραγξ, αγγος, ἡ, [1] a valley, ravine, chasm, cleft. ³²βουνός, οῦ, ὁ, [2] a hillock, hill. ³³ταπεινόω, [14] I make or bring low, humble, humiliate; pass: I am humbled. ³⁴σκολιός, ά, όν, [4] crooked, perverse, unfair, curved, tortuous. ³⁵τραχύς, εῖα, ύ, [2] rough, rugged, uneven. ³⁶λεῖος, α, ον, [1] smooth, level, plain. ³⁷σωτήριος, ον, [5] saving, bringing salvation; subst: salvation.

7 Ἔλεγεν οὖν τοῖς ἐκπορευομένοις¹ ὄχλοις βαπτισθῆναι ὑπ' αὐτοῦ, Γεννήματα² ἐχιδνῶν,³ τίς ὑπέδειξεν⁴ ὑμῖν φυγεῖν⁵ ἀπὸ τῆς μελλούσης ὀργῆς;⁶ 8 Ποιήσατε οὖν καρποὺς ἀξίους⁷ τῆς μετανοίας·⁸ καὶ μὴ ἄρξησθε λέγειν ἐν ἑαυτοῖς, Πατέρα ἔχομεν τὸν Ἀβραάμ· λέγω γὰρ ὑμῖν ὅτι δύναται ὁ θεὸς ἐκ τῶν λίθων τούτων ἐγεῖραι τέκνα τῷ Ἀβραάμ. 9 Ἤδη δὲ καὶ ἡ ἀξίνη⁹ πρὸς τὴν ῥίζαν¹⁰ τῶν δένδρων¹¹ κεῖται·¹² πᾶν οὖν δένδρον¹¹ μὴ ποιοῦν καρπὸν καλὸν ἐκκόπτεται¹³ καὶ εἰς πῦρ βάλλεται. 10 Καὶ ἐπηρώτων αὐτὸν οἱ ὄχλοι λέγοντες, Τί οὖν ποιήσομεν; 11 Ἀποκριθεὶς δὲ λέγει αὐτοῖς, Ὁ ἔχων δύο χιτῶνας¹⁴ μεταδότω¹⁵ τῷ μὴ ἔχοντι· καὶ ὁ ἔχων βρώματα¹⁶ ὁμοίως¹⁷ ποιείτω. 12 Ἦλθον δὲ καὶ τελῶναι¹⁸ βαπτισθῆναι, καὶ εἶπον πρὸς αὐτόν, Διδάσκαλε, τί ποιήσομεν; 13 Ὁ δὲ εἶπεν πρὸς αὐτούς, Μηδὲν πλέον παρὰ τὸ διατεταγμένον¹⁹ ὑμῖν πράσσετε.²⁰ 14 Ἐπηρώτων δὲ αὐτὸν καὶ στρατευόμενοι,²¹ λέγοντες, Καὶ ἡμεῖς τί ποιήσομεν; Καὶ εἶπεν πρὸς αὐτούς, Μηδένα διασείσητε,²² μηδὲ συκοφαντήσητε·²³ καὶ ἀρκεῖσθε²⁴ τοῖς ὀψωνίοις²⁵ ὑμῶν.

15 Προσδοκῶντος²⁶ δὲ τοῦ λαοῦ, καὶ διαλογιζομένων²⁷ πάντων ἐν ταῖς καρδίαις αὐτῶν περὶ τοῦ Ἰωάννου, μήποτε²⁸ αὐτὸς εἴη ὁ χριστός, 16 ἀπεκρίνατο ὁ Ἰωάννης, ἅπασιν²⁹ λέγων, Ἐγὼ μὲν ὕδατι βαπτίζω ὑμᾶς· ἔρχεται δὲ ὁ ἰσχυρότερός³⁰ μου, οὗ οὐκ εἰμὶ ἱκανὸς³¹ λῦσαι³² τὸν ἱμάντα³³ τῶν ὑποδημάτων³⁴ αὐτοῦ· αὐτὸς ὑμᾶς βαπτίσει ἐν πνεύματι ἁγίῳ καὶ πυρί· 17 οὗ τὸ πτύον³⁵ ἐν τῇ χειρὶ αὐτοῦ, καὶ διακαθαριεῖ³⁶ τὴν

---

¹ἐκπορευομένοις: PNP-DPM ⁴ὑπέδειξεν: AAI-3S ⁵φυγεῖν: 2AAN ¹²κεῖται: PNI-3S ¹³ἐκκόπτεται: PPI-3S ¹⁵μεταδότω: 2AAM-3S ¹⁹διατεταγμένον: RPP-ASN ²⁰πράσσετε: PAM-2P ²¹στρατευόμενοι: PMP-NPM ²²διασείσητε: AAS-2P ²³συκοφαντήσητε: AAS-2P ²⁴ἀρκεῖσθε: PPM-2P ²⁶Προσδοκῶντος: PAP-GSM ²⁷διαλογιζομένων: PNP-GPM ³²λῦσαι: AAN ³⁶διακαθαριεῖ: FAI-3S-ATT

---

¹ἐκπορεύομαι, [32] I depart from; I am voided, cast out; I proceed from, am spoken; I burst forth, flow out, am spread abroad. ²γέννημα, ατος, τό, [9] offspring, child, fruit. ³ἔχιδνα, ης, ἡ, [5] a serpent, snake, viper. ⁴ὑποδείκνυμι, [6] I indicate, intimate, suggest, show, prove. ⁵φεύγω, [31] I flee, escape, shun. ⁶ὀργή, ῆς, ἡ, [36] anger, wrath, passion; punishment, vengeance. ⁷ἄξιος, ία, ιον, [41] worthy, worthy of, deserving, comparable, suitable. ⁸μετάνοια, ας, ἡ, [24] repentance, a change of mind, change in the inner man. ⁹ἀξίνη, ης, ἡ, [2] an axe. ¹⁰ῥίζα, ης, ἡ, [17] a root, shoot, source; that which comes from the root, a descendent. ¹¹δένδρον, ου, τό, [26] a tree. ¹²κεῖμαι, [26] I lie, recline, am placed, am laid, set, specially appointed, destined. ¹³ἐκκόπτω, [10] I cut out (off, away), remove, prevent. ¹⁴χιτών, ῶνος, ὁ, [11] a tunic, garment, undergarment. ¹⁵μεταδίδωμι, [5] (lit: I offer by way of change, offer so that a change of owner is produced), I share; sometimes merely: I impart, bestow. ¹⁶βρῶμα, ατος, τό, [17] food of any kind. ¹⁷ὁμοίως, [32] in like manner, similarly, in the same way, equally. ¹⁸τελώνης, ου, ὁ, [22] a publican, collector of taxes. ¹⁹διατάσσω, [15] I give orders to, prescribe, arrange. ²⁰πράσσω, [38] I do, perform, accomplish; be in any condition, i.e. I fare; I exact, require. ²¹στρατεύομαι, [7] I wage war, fight, serve as a soldier; fig: of the warring lusts against the soul. ²²διασείω, [1] I blackmail, extort from, intimidate. ²³συκοφαντέω, [2] I accuse falsely, defraud. ²⁴ἀρκέω, [8] I keep off, assist; I suffice; pass: I am satisfied. ²⁵ὀψώνιον, ου, τό, [4] pay, wages, salary, reward. ²⁶προσδοκάω, [16] I expect, wait for, await, think, anticipate. ²⁷διαλογίζομαι, [16] I reason (with), debate (with), consider. ²⁸μήποτε, [25] lest at any time, lest; then weakened: whether perhaps, whether at all; in a principal clause: perhaps. ²⁹ἅπας, ασα, αν, [39] all, the whole, altogether. ³⁰ἰσχυρός, ά, όν, [29] strong (originally and generally of physical strength); mighty, powerful, vehement, sure. ³¹ἱκανός, ή, όν, [41] (a) considerable, sufficient, of number, quantity, time, (b) of persons: sufficiently strong (good, etc.), worthy, suitable, with various constructions, (c) many, much. ³²λύω, [42] (a) I loose, untie, release, (b) met: I break, destroy, set at naught, contravene; I break up a meeting, annul. ³³ἱμάς, άντος, ὁ, [4] a thong, strap, (a) for binding a man who is to be flogged, (b) for fastening a sandal or shoe. ³⁴ὑπόδημα, ατος, τό, [10] a sandal; anything bound under. ³⁵πτύον, ου, τό, [2] a simple wooden pitchfork; a winnowing-shovel or fan. ³⁶διακαθαρίζω, [2] I cleanse thoroughly.

ἅλωνα¹ αὐτοῦ, καὶ συνάξει τὸν σῖτον² εἰς τὴν ἀποθήκην³ αὐτοῦ, τὸ δὲ ἄχυρον⁴ κατακαύσει⁵ πυρὶ ἀσβέστῳ.⁶

18 Πολλὰ μὲν οὖν καὶ ἕτερα παρακαλῶν εὐηγγελίζετο τὸν λαόν· 19 ὁ δὲ Ἡρῴδης ὁ τετράρχης,⁷ ἐλεγχόμενος⁸ ὑπ' αὐτοῦ περὶ Ἡρῳδιάδος τῆς γυναικὸς τοῦ ἀδελφοῦ αὐτοῦ, καὶ περὶ πάντων ὧν ἐποίησεν πονηρῶν ὁ Ἡρῴδης, 20 προσέθηκεν⁹ καὶ τοῦτο ἐπὶ πᾶσιν, καὶ κατέκλεισεν¹⁰ τὸν Ἰωάννην ἐν τῇ φυλακῇ.¹¹

The Baptism and Genealogy of Christ

21 Ἐγένετο δὲ ἐν τῷ βαπτισθῆναι ἅπαντα¹² τὸν λαόν, καὶ Ἰησοῦ βαπτισθέντος καὶ προσευχομένου, ἀνεῳχθῆναι τὸν οὐρανόν, 22 καὶ καταβῆναι τὸ πνεῦμα τὸ ἅγιον σωματικῷ¹³ εἴδει¹⁴ ὡσεὶ¹⁵ περιστερὰν¹⁶ ἐπ' αὐτόν, καὶ φωνὴν ἐξ οὐρανοῦ γενέσθαι, λέγουσαν, Σὺ εἶ ὁ υἱός μου ὁ ἀγαπητός, ἐν σοὶ εὐδόκησα.¹⁷

23 Καὶ αὐτὸς ἦν ὁ Ἰησοῦς ὡσεὶ¹⁵ ἐτῶν¹⁸ τριάκοντα¹⁹ ἀρχόμενος, ὤν–ὡς ἐνομίζετο²⁰–υἱὸς Ἰωσήφ, τοῦ Ἡλί, 24 τοῦ Ματθάτ, τοῦ Λευί, τοῦ Μελχί, τοῦ Ἰαννά, τοῦ Ἰωσήφ, 25 τοῦ Ματταθίου, τοῦ Ἀμώς, τοῦ Ναούμ, τοῦ Ἐσλί, τοῦ Ναγγαί, 26 τοῦ Μαάθ, τοῦ Ματταθίου, τοῦ Σεμεΐ, τοῦ Ἰωσήφ, τοῦ Ἰούδα, 27 τοῦ Ἰωανάν, τοῦ Ῥησά, τοῦ Ζοροβάβελ, τοῦ Σαλαθιήλ, τοῦ Νηρί, 28 τοῦ Μελχί, τοῦ Ἀδδί, τοῦ Κωσάμ, τοῦ Ἐλμωδάμ, τοῦ Ἢρ, 29 τοῦ Ἰωσή, τοῦ Ἐλιέζερ, τοῦ Ἰωρείμ, τοῦ Ματθάτ, τοῦ Λευί, 30 τοῦ Συμεών, τοῦ Ἰούδα, τοῦ Ἰωσήφ, τοῦ Ἰωνάν, τοῦ Ἐλιακείμ, 31 τοῦ Μελεᾶ, τοῦ Μαϊνάν, τοῦ Ματταθά, τοῦ Ναθάν, τοῦ Δαυίδ, 32 τοῦ Ἰεσσαί, τοῦ Ὠβήδ, τοῦ Βοόζ, τοῦ Σαλμών, τοῦ Ναασσών, 33 τοῦ Ἀμιναδάβ, τοῦ Ἀράμ, τοῦ Ἐσρώμ, τοῦ Φαρές, τοῦ Ἰούδα, 34 τοῦ Ἰακώβ, τοῦ Ἰσαάκ, τοῦ Ἀβραάμ, τοῦ Θάρα, τοῦ Ναχώρ, 35 τοῦ Σερούχ, τοῦ Ῥαγαῦ, τοῦ Φάλεγ, τοῦ Ἐβέρ, τοῦ Σαλά, 36 τοῦ Καϊνάν, τοῦ Ἀρφαξάδ, τοῦ Σήμ, τοῦ Νῶε, τοῦ Λάμεχ, 37 τοῦ Μαθουσάλα, τοῦ Ἐνώχ, τοῦ Ἰαρέδ, τοῦ Μαλελεήλ, τοῦ Καϊνάν, 38 τοῦ Ἐνώς,²¹ τοῦ Σήθ, τοῦ Ἀδάμ, τοῦ θεοῦ.

The Temptation of Christ

4 Ἰησοῦς δὲ πνεύματος ἁγίου πλήρης²² ὑπέστρεψεν²³ ἀπὸ τοῦ Ἰορδάνου,²⁴ καὶ ἤγετο ἐν τῷ πνεύματι εἰς τὴν ἔρημον, 2 ἡμέρας τεσσαράκοντα²⁵ πειραζόμενος²⁶ ὑπὸ τοῦ

---

⁵κατακαύσει: FAI-3S   ⁸ἐλεγχόμενος: PPP-NSM   ⁹προσέθηκεν: AAI-3S   ¹⁰κατέκλεισεν: AAI-3S   ¹⁷εὐδόκησα: AAI-1S   ²⁰ἐνομίζετο: IPI-3S   ²³ὑπέστρεψεν: AAI-3S   ²⁶πειραζόμενος: PPP-NSM

---

¹ἅλων, ωνος, ἡ, [2] a threshing-floor.   ²σῖτος, ου, ὁ, [14] wheat, grain.   ³ἀποθήκη, ης, ἡ, [6] a repository, granary, barn, storehouse.   ⁴ἄχυρον, ου, τό, [2] chaff.   ⁵κατακαίω, [12] I burn up, consume entirely.   ⁶ἄσβεστος, ον, [4] inextinguishable, unquenchable.   ⁷τετράρχης, ου, ὁ, [4] a tetrarch, ruler over a fourth part of a region.   ⁸ἐλέγχω, [18] (a) I reprove, rebuke, discipline, (b) I expose, show to be guilty.   ⁹προστίθημι, [18] I place (put) to, add; I do again.   ¹⁰κατακλείω, [2] I shut up, confine.   ¹¹φυλακή, ῆς, ἡ, [47] a watching, keeping guard; a guard, prison; imprisonment.   ¹²ἅπας, ασα, αν, [39] all, the whole, altogether.   ¹³σωματικός, ή, όν, [2] bodily, corporeal.   ¹⁴εἶδος, ους, τό, [5] visible form, shape, appearance, outward show, kind, species, class.   ¹⁵ὡσεί, [31] as if, as it were, like; with numbers: about.   ¹⁶περιστερά, ᾶς, ἡ, [10] a dove, pigeon.   ¹⁷εὐδοκέω, [21] I am well-pleased, think it good, am resolved.   ¹⁸ἔτος, ους, τό, [49] a year.   ¹⁹τριάκοντα, οἱ, αἱ, τά, [11] thirty.   ²⁰νομίζω, [15] I practice, hold by custom; I deem, think, consider, suppose.   ²¹Ἐνώς, ὁ, [1] Enosh (also Enos), son of Seth, and father of Cainan.   ²²πλήρης, ες, [17] full, abounding in, complete, completely occupied with.   ²³ὑποστρέφω, [37] I turn back, return.   ²⁴Ἰορδάνης, ου, ὁ, [15] the Jordan, a great river flowing due south and bounding Galilee, Samaria, and Judea on the east.   ²⁵τεσσαράκοντα, [22] forty.   ²⁶πειράζω, [39] I try, tempt, test.

διαβόλου.¹ Καὶ οὐκ ἔφαγεν οὐδὲν ἐν ταῖς ἡμέραις ἐκείναις· καὶ συντελεσθεισῶν² αὐτῶν, ὕστερον³ ἐπείνασεν.⁴ 3 Καὶ εἶπεν αὐτῷ ὁ διάβολος,¹ Εἰ υἱὸς εἶ τοῦ θεοῦ, εἰπὲ τῷ λίθῳ τούτῳ ἵνα γένηται ἄρτος. 4 Καὶ ἀπεκρίθη Ἰησοῦς πρὸς αὐτόν, λέγων, Γέγραπται ὅτι Οὐκ ἐπ' ἄρτῳ μόνῳ⁵ ζήσεται ἄνθρωπος, ἀλλ' ἐπὶ παντὶ ῥήματι θεοῦ. 5 Καὶ ἀναγαγὼν⁶ αὐτὸν ὁ διάβολος¹ εἰς ὄρος ὑψηλὸν⁷ ἔδειξεν⁸ αὐτῷ πάσας τὰς βασιλείας τῆς οἰκουμένης⁹ ἐν στιγμῇ¹⁰ χρόνου. 6 Καὶ εἶπεν αὐτῷ ὁ διάβολος,¹ Σοὶ δώσω τὴν ἐξουσίαν ταύτην ἅπασαν¹¹ καὶ τὴν δόξαν αὐτῶν· ὅτι ἐμοὶ παραδέδοται, καὶ ᾧ ἐὰν θέλω δίδωμι αὐτήν. 7 Σὺ οὖν ἐὰν προσκυνήσῃς ἐνώπιον ἐμοῦ, ἔσται σοῦ πᾶσα. 8 Καὶ ἀποκριθεὶς αὐτῷ εἶπεν ὁ Ἰησοῦς, Ὕπαγε ὀπίσω¹² μου, Σατανᾶ·¹³ γέγραπται, Προσκυνήσεις κύριον τὸν θεόν σου, καὶ αὐτῷ μόνῳ⁵ λατρεύσεις.¹⁴ 9 Καὶ ἤγαγεν αὐτὸν εἰς Ἰερουσαλήμ, καὶ ἔστησεν αὐτὸν ἐπὶ τὸ πτερύγιον¹⁵ τοῦ ἱεροῦ, καὶ εἶπεν αὐτῷ, Εἰ υἱὸς εἶ τοῦ θεοῦ, βάλε σεαυτὸν¹⁶ ἐντεῦθεν¹⁷ κάτω·¹⁸ 10 γέγραπται γὰρ ὅτι Τοῖς ἀγγέλοις αὐτοῦ ἐντελεῖται¹⁹ περὶ σοῦ, τοῦ διαφυλάξαι²⁰ σε· 11 καί, Ἐπὶ χειρῶν ἀροῦσίν σε, μήποτε²¹ προσκόψῃς²² πρὸς λίθον τὸν πόδα σου. 12 Καὶ ἀποκριθεὶς εἶπεν αὐτῷ ὁ Ἰησοῦς ὅτι Εἴρηται, Οὐκ ἐκπειράσεις²³ κύριον τὸν θεόν σου. 13 Καὶ συντελέσας²⁴ πάντα πειρασμὸν²⁵ ὁ διάβολος¹ ἀπέστη²⁶ ἀπ' αὐτοῦ ἄχρι καιροῦ.

The Beginning of Christ's Ministry and His Teaching in Nazareth

14 Καὶ ὑπέστρεψεν²⁷ ὁ Ἰησοῦς ἐν τῇ δυνάμει τοῦ πνεύματος εἰς τὴν Γαλιλαίαν· καὶ φήμη²⁸ ἐξῆλθεν καθ' ὅλης τῆς περιχώρου²⁹ περὶ αὐτοῦ. 15 Καὶ αὐτὸς ἐδίδασκεν ἐν ταῖς συναγωγαῖς αὐτῶν, δοξαζόμενος ὑπὸ πάντων.

---

²συντελεσθεισῶν: APP-GPF ⁴ἐπείνασεν: AAI-3S ⁶ἀναγαγὼν: 2AAP-NSM ⁸ἔδειξεν: AAI-3S ¹⁴λατρεύσεις: FAI-2S ¹⁹ἐντελεῖται: FNI-3S ²⁰διαφυλάξαι: AAN ²²προσκόψῃς: AAS-2S ²³ἐκπειράσεις: FAI-2S ²⁴συντελέσας: AAP-NSM ²⁶ἀπέστη: 2AAI-3S ²⁷ὑπέστρεψεν: AAI-3S

---

¹διάβολος, ον, [38] (adj. used often as a noun), slanderous; with the article: the Slanderer (par excellence), the Devil. ²συντελέω, [7] I bring to an end, fulfill, accomplish. ³ὕστερον, [12] lastly, afterward, later. ⁴πεινάω, [23] I am hungry, needy, desire earnestly. ⁵μόνος, η, ον, [45] only, solitary, desolate. ⁶ἀνάγω, [23] I lead up, bring up, offer, product, put to sea, set sail. ⁷ὑψηλός, ή, όν, [11] high, lofty. ⁸δείκνυμι, [31] I point out, show, exhibit; met: I teach, demonstrate, make known. ⁹οἰκουμένη, ης, ἡ, [16] (properly: the land that is being inhabited, the land in a state of habitation), the inhabited world, that is, the Roman world, for all outside it was regarded as of no account. ¹⁰στιγμή, ῆς, ἡ, [1] a moment, point of time, an instant. ¹¹ἅπας, ασα, αν, [39] all, the whole, altogether. ¹²ὀπίσω, [37] behind, after; back, backwards. ¹³Σατανᾶς, ᾶ, ὁ, [36] an adversary, Satan. ¹⁴λατρεύω, [21] I serve, especially God, perhaps simply: I worship. ¹⁵πτερύγιον, ου, τό, [2] an extremity, battlement, parapet, apex. ¹⁶σεαυτοῦ, ῆς, οῦ, [41] of yourself. ¹⁷ἐντεῦθεν, [11] hence, from this place, on this side and on that. ¹⁸κάτω, [11] (a) down, below, also: downwards, (b) lower, under, less, of a length of time. ¹⁹ἐντέλλομαι, [17] I give orders (injunctions, instructions, commands). ²⁰διαφυλάσσω, [1] I guard carefully, protect, defend. ²¹μήποτε, [25] lest at any time, lest; then weakened: whether perhaps, whether at all; in a principal clause: perhaps. ²²προσκόπτω, [8] I stumble, strike the foot against, beat upon, take offense at. ²³ἐκπειράζω, [4] I put to the test, make trial of, tempt, try. ²⁴συντελέω, [7] I bring to an end, fulfill, accomplish. ²⁵πειρασμός, οῦ, ὁ, [21] (a) trial, probation, testing, being tried, (b) temptation, (c) calamity, affliction. ²⁶ἀφίστημι, [15] I make to stand away, draw away, repel, take up a position away from, withdraw from, leave, abstain from. ²⁷ὑποστρέφω, [37] I turn back, return. ²⁸φήμη, ης, ἡ, [2] a report, fame, saying. ²⁹περίχωρος, ον, [10] neighboring; subst: the neighboring country, neighboring inhabitants.

16 Καὶ ἦλθεν εἰς τὴν Ναζαρέτ,¹ οὗ² ἦν τεθραμμένος·³ καὶ εἰσῆλθεν, κατὰ τὸ εἰωθὸς⁴ αὐτῷ, ἐν τῇ ἡμέρᾳ τῶν σαββάτων εἰς τὴν συναγωγήν, καὶ ἀνέστη ἀναγνῶναι.⁵ **17** Καὶ ἐπεδόθη⁶ αὐτῷ βιβλίον⁷ Ἡσαΐου τοῦ προφήτου. Καὶ ἀναπτύξας⁸ τὸ βιβλίον,⁷ εὗρεν τὸν τόπον οὗ ἦν γεγραμμένον, **18** Πνεῦμα κυρίου ἐπ᾽ ἐμέ, οὗ εἵνεκεν⁹ ἔχρισέν¹⁰ με εὐαγγελίσασθαι πτωχοῖς·¹¹ ἀπέσταλκέν με ἰάσασθαι¹² τοὺς συντετριμμένους¹³ τὴν καρδίαν· κηρύξαι αἰχμαλώτοις¹⁴ ἄφεσιν,¹⁵ καὶ τυφλοῖς ἀνάβλεψιν,¹⁶ ἀποστεῖλαι τεθραυσμένους¹⁷ ἐν ἀφέσει,¹⁵ **19** κηρύξαι ἐνιαυτὸν¹⁸ κυρίου δεκτόν.¹⁹ **20** Καὶ πτύξας²⁰ τὸ βιβλίον,⁷ ἀποδοὺς²¹ τῷ ὑπηρέτῃ,²² ἐκάθισεν·²³ καὶ πάντων ἐν τῇ συναγωγῇ οἱ ὀφθαλμοὶ ἦσαν ἀτενίζοντες²⁴ αὐτῷ. **21** Ἤρξατο δὲ λέγειν πρὸς αὐτοὺς ὅτι Σήμερον²⁵ πεπλήρωται ἡ γραφὴ αὕτη ἐν τοῖς ὠσὶν²⁶ ὑμῶν. **22** Καὶ πάντες ἐμαρτύρουν αὐτῷ, καὶ ἐθαύμαζον²⁷ ἐπὶ τοῖς λόγοις τῆς χάριτος τοῖς ἐκπορευομένοις²⁸ ἐκ τοῦ στόματος αὐτοῦ, καὶ ἔλεγον, Οὐχ οὗτός ἐστιν ὁ υἱὸς Ἰωσήφ; **23** Καὶ εἶπεν πρὸς αὐτούς, Πάντως²⁹ ἐρεῖτέ μοι τὴν παραβολὴν ταύτην, Ἰατρέ,³⁰ θεράπευσον³¹ σεαυτόν·³² ὅσα ἠκούσαμεν γενόμενα ἐν τῇ Καπερναούμ,³³ ποίησον καὶ ὧδε ἐν τῇ πατρίδι³⁴ σου. **24** Εἶπεν δέ, Ἀμὴν λέγω ὑμῖν ὅτι οὐδεὶς προφήτης δεκτός¹⁹ ἐστιν ἐν τῇ πατρίδι³⁴ αὐτοῦ. **25** Ἐπ᾽ ἀληθείας δὲ λέγω ὑμῖν, πολλαὶ χῆραι³⁵ ἦσαν ἐν ταῖς ἡμέραις Ἠλίου ἐν τῷ Ἰσραήλ, ὅτε ἐκλείσθη³⁶ ὁ οὐρανὸς ἐπὶ ἔτη³⁷ τρία καὶ μῆνας³⁸ ἕξ,³⁹ ὡς ἐγένετο λιμὸς⁴⁰ μέγας ἐπὶ πᾶσαν τὴν γῆν· **26** καὶ πρὸς οὐδεμίαν αὐτῶν ἐπέμφθη Ἠλίας, εἰ μὴ εἰς Σάρεπτα⁴¹ τῆς Σιδῶνος⁴² πρὸς γυναῖκα χήραν.³⁵ **27** Καὶ πολλοὶ λεπροὶ⁴³ ἦσαν ἐπὶ Ἐλισσαίου τοῦ προφήτου ἐν τῷ Ἰσραήλ·

---

³τεθραμμένος: RPP-NSM   ⁴εἰωθὸς: 2RAP-ASN   ⁵ἀναγνῶναι: 2AAN   ⁶ἐπεδόθη: API-3S   ⁸ἀναπτύξας: AAP-NSM   ¹⁰ἔχρισέν: AAI-3S   ¹²ἰάσασθαι: ADN   ¹³συντετριμμένους: RPP-APM   ¹⁷τεθραυσμένους: RPP-APM ²⁰πτύξας: AAP-NSM   ²¹ἀποδοὺς: 2AAP-NSM   ²³ἐκάθισεν: AAI-3S   ²⁴ἀτενίζοντες: PAP-NPM   ²⁷ἐθαύμαζον: IAI-3P ²⁸ἐκπορευομένοις: PNP-DPM   ³¹θεράπευσον: AAM-2S   ³⁶ἐκλείσθη: API-3S

---

¹Ναζαρέτ, ἡ, [12] Nazareth, a city of Galilee, where Jesus lived before His ministry.   ²οὗ, [23] where, whither, when, in what place.   ³τρέφω, [7] I feed, nourish; I bring up, rear, provide for.   ⁴εἴωθα, [4] I am accustomed, custom, what was customary.   ⁵ἀναγινώσκω, [32] I read, know again, know certainly, recognize, discern. ⁶ἐπιδίδωμι, [11] (a) trans: I hand in, give up, (b) intrans: I give way (to the wind).   ⁷βιβλίον, ου, τό, [36] a papyrus roll.   ⁸ἀναπτύσσω, [1] I unroll, roll back, unfold.   ⁹ἕνεκεν, [26] for the sake of, on account of, on account of which, wherefore, on account of what, why.   ¹⁰χρίω, [5] I anoint, consecrate by anointing.   ¹¹πτωχός, ή, όν, [34] poor, destitute, spiritually poor, either in a good sense (humble devout persons) or bad.   ¹²ἰάομαι, [28] I heal, generally of the physical, sometimes of spiritual, disease.   ¹³συντρίβω, [8] I break by crushing, break in pieces, shatter, crush, bruise.   ¹⁴αἰχμάλωτος, ου, ὁ, [1] a captive (in war), a prisoner.   ¹⁵ἄφεσις, εως, ἡ, [17] a sending away, a letting go, a release, pardon, complete forgiveness.   ¹⁶ἀνάβλεψις, εως, ἡ, [1] recovery of sight.   ¹⁷θραύω, [1] I crush, break, shatter; met: I break down.   ¹⁸ἐνιαυτός, οῦ, ὁ, [14] a year, cycle of time.   ¹⁹δεκτός, ή, όν, [5] acceptable, accepted.   ²⁰πτύσσω, [1] I fold, roll up (as a scroll).   ²¹ἀποδίδωμι, [47] (a) I give back, return, restore, (b) I give, render, as due, (c) mid: I sell.   ²²ὑπηρέτης, ου, ὁ, [20] a servant, an attendant, (a) an officer, lictor, (b) an attendant in a synagogue, (c) a minister of the gospel.   ²³καθίζω, [48] (a) trans: I make to sit; I set, appoint, (b) intrans: I sit down, am seated, stay.   ²⁴ἀτενίζω, [14] I direct my gaze, look steadily.   ²⁵σήμερον, [41] today, now.   ²⁶οὖς, ὠτός, τό, [37] (a) the ear, (b) met: the faculty of perception.   ²⁷θαυμάζω, [46] (a) intrans: I wonder, marvel, (b) trans: I wonder at, admire.   ²⁸ἐκπορεύομαι, [32] I depart from; I am voided, cast out; I proceed from, am spoken; I burst forth, flow out, am spread abroad.   ²⁹πάντως, [9] wholly, entirely, in every way, by all means, certainly.   ³⁰ἰατρός, οῦ, ὁ, [7] a physician.   ³¹θεραπεύω, [44] I care for, attend, serve, treat, especially of a physician; hence: I heal.   ³²σεαυτοῦ, ῆς, οῦ, [41] of yourself. ³³Καπερναούμ, ἡ, [16] Capernaum, a town of Galilee.   ³⁴πατρίς, ίδος, ἡ, [8] fatherland, one's native place. ³⁵χήρα, ας, ἡ, [27] a widow.   ³⁶κλείω, [15] I shut, shut up.   ³⁷ἔτος, ους, τό, [49] a year.   ³⁸μήν, μηνός, ὁ, [18] a (lunar) month.   ³⁹ἕξ, οἱ, αἱ, τά, [13] six.   ⁴⁰λιμός, οῦ, ὁ, ἡ, [12] a famine, hunger.   ⁴¹Σάρεπτα, ων, τά, [1] Zarephath, a town in the district of Sidon in Phoenicia.   ⁴²Σιδών, ῶνος, ἡ, [11] Sidon, a great coast city of Phoenicia.   ⁴³λεπρός, οῦ, ὁ, [9] a leprous person, a leper.

καὶ οὐδεὶς αὐτῶν ἐκαθαρίσθη, ¹ εἰ μὴ Νεεμὰν ὁ Σύρος. ² 28 Καὶ ἐπλήσθησαν ³ πάντες θυμοῦ ⁴ ἐν τῇ συναγωγῇ, ἀκούοντες ταῦτα, 29 καὶ ἀναστάντες ἐξέβαλον αὐτὸν ἔξω τῆς πόλεως, καὶ ἤγαγον αὐτὸν ἕως ὀφρύος ⁵ τοῦ ὄρους ἐφ᾽ οὗ ἡ πόλις αὐτῶν ᾠκοδόμητο, ⁶ εἰς τὸ κατακρημνίσαι ⁷ αὐτόν. 30 Αὐτὸς δὲ διελθὼν ⁸ διὰ μέσου αὐτῶν ἐπορεύετο.

31 Καὶ κατῆλθεν ⁹ εἰς Καπερναοὺμ ¹⁰ πόλιν τῆς Γαλιλαίας· καὶ ἦν διδάσκων αὐτοὺς ἐν τοῖς σάββασιν. 32 Καὶ ἐξεπλήσσοντο ¹¹ ἐπὶ τῇ διδαχῇ ¹² αὐτοῦ, ὅτι ἐν ἐξουσίᾳ ἦν ὁ λόγος αὐτοῦ.

Healing of a Demoniac and Other Miracles

33 Καὶ ἐν τῇ συναγωγῇ ἦν ἄνθρωπος ἔχων πνεῦμα δαιμονίου ἀκαθάρτου, ¹³ καὶ ἀνέκραξεν ¹⁴ φωνῇ μεγάλῃ, 34 λέγων, Ἔα, ¹⁵ τί ἡμῖν καὶ σοί, Ἰησοῦ Ναζαρηνέ; ¹⁶ Ἦλθες ἀπολέσαι ἡμᾶς; Οἶδά σε τίς εἶ, ὁ ἅγιος τοῦ θεοῦ. 35 Καὶ ἐπετίμησεν ¹⁷ αὐτῷ ὁ Ἰησοῦς, λέγων, Φιμώθητι, ¹⁸ καὶ ἔξελθε ἐξ αὐτοῦ. Καὶ ῥίψαν ¹⁹ αὐτὸν τὸ δαιμόνιον εἰς μέσον ἐξῆλθεν ἀπ᾽ αὐτοῦ, μηδὲν βλάψαν ²⁰ αὐτόν. 36 Καὶ ἐγένετο θάμβος ²¹ ἐπὶ πάντας, καὶ συνελάλουν ²² πρὸς ἀλλήλους, λέγοντες, Τίς ὁ λόγος οὗτος, ὅτι ἐν ἐξουσίᾳ καὶ δυνάμει ἐπιτάσσει ²³ τοῖς ἀκαθάρτοις ¹³ πνεύμασιν, καὶ ἐξέρχονται; 37 Καὶ ἐξεπορεύετο ²⁴ ἦχος ²⁵ περὶ αὐτοῦ εἰς πάντα τόπον τῆς περιχώρου. ²⁶

38 Ἀναστὰς δὲ ἐκ τῆς συναγωγῆς, εἰσῆλθεν εἰς τὴν οἰκίαν Σίμωνος· πενθερὰ ²⁷ δὲ τοῦ Σίμωνος ἦν συνεχομένη ²⁸ πυρετῷ ²⁹ μεγάλῳ· καὶ ἠρώτησαν αὐτὸν περὶ αὐτῆς. 39 Καὶ ἐπιστὰς ³⁰ ἐπάνω ³¹ αὐτῆς, ἐπετίμησεν ³² τῷ πυρετῷ, ²⁹ καὶ ἀφῆκεν αὐτήν· παραχρῆμα ³³ δὲ ἀναστᾶσα διηκόνει ³⁴ αὐτοῖς.

---

¹ἐκαθαρίσθη: API-3S   ³ἐπλήσθησαν: API-3P   ⁶ᾠκοδόμητο: LPI-3S   ⁷κατακρημνίσαι: AAN   ⁸διελθὼν: 2AAP-NSM   ⁹κατῆλθεν: 2AAI-3S   ¹¹ἐξεπλήσσοντο: IPI-3P   ¹⁴ἀνέκραξεν: AAI-3S   ¹⁷ἐπετίμησεν: AAI-3S   ¹⁸Φιμώθητι: APM-2S   ¹⁹ῥίψαν: AAP-NSN   ²⁰βλάψαν: AAP-NSN   ²²συνελάλουν: IAI-3P   ²³ἐπιτάσσει: PAI-3S   ²⁴ἐξεπορεύετο: INI-3S   ²⁸συνεχομένη: PPP-NSF   ³⁰ἐπιστὰς: 2AAP-NSM   ³²ἐπετίμησεν: AAI-3S   ³⁴διηκόνει: IAI-3S

---

¹καθαρίζω, [30] I cleanse, make clean, literally, ceremonially, or spiritually, according to context.   ²Σύρος, ου, ὁ, [1] Syrian, belonging to Syria.   ³πλήθω, [25] I fill, fulfill, complete.   ⁴θυμός, οῦ, ὁ, [18] an outburst of passion, wrath.   ⁵ὀφρῦς, ύος, ἡ, [1] the brow, a ridge (of a mountain).   ⁶οἰκοδομέω, [39] I erect a building, build; fig. of the building up of character: I build up, edify, encourage.   ⁷κατακρημνίζω, [1] I cast down headlong, throw over a precipice.   ⁸διέρχομαι, [42] I pass through, spread (as a report).   ⁹κατέρχομαι, [13] I come down from sky to earth, or from high land to lower land (or to the coast), or from the high seas to the shore.   ¹⁰Καπερναούμ, ἡ, [16] Capernaum, a town of Galilee.   ¹¹ἐκπλήσσω, [13] I strike with panic or shock; I amaze, astonish.   ¹²διδαχή, ῆς, ἡ, [30] teaching, doctrine, what is taught.   ¹³ἀκάθαρτος, ον, [31] unclean, impure.   ¹⁴ἀνακράζω, [5] I shout aloud, cry out.   ¹⁵ἔα, [2] an interjection, Ho! Ah! Ha! It is supposed to imply surprise, fear and indignation.   ¹⁶Ναζαρηνός, ή, όν, [4] of Nazareth, a Nazarene.   ¹⁷ἐπιτιμάω, [29] (a) I rebuke, chide, admonish, (b) I warn.   ¹⁸φιμόω, [8] I muzzle, silence.   ¹⁹ῥίπτω, [7] I throw, cast, toss, set down; pass: I am dispersed.   ²⁰βλάπτω, [2] I hurt, injure.   ²¹θάμβος, ους, τό, [3] astonishment, amazement (allied to terror or awe).   ²²συλλαλέω, [6] I talk with, discuss.   ²³ἐπιτάσσω, [10] I give order, command, charge.   ²⁴ἐκπορεύομαι, [32] I depart from; I am voided, cast out; I proceed from, am spoken; I burst forth, flow out, am spread abroad.   ²⁵ἦχος, ου, ὁ, [3] (a) a sound, noise, (b) a rumor, report.   ²⁶περίχωρος, ον, [10] neighboring; subst: the neighboring country, neighboring inhabitants.   ²⁷πενθερά, ᾶς, ἡ, [6] a mother-in-law.   ²⁸συνέχω, [12] (a) I press together, close, (b) I press on every side, confine, (c) I hold fast, (d) I urge, impel, (e) pass: I am afflicted with (sickness).   ²⁹πυρετός, οῦ, ὁ, [6] a fever, scorching heat.   ³⁰ἐφίστημι, [21] I stand by, am urgent, befall one (as of evil), am at hand, impend.   ³¹ἐπάνω, [20] (a) adv: on the top, above, (b) prep: on the top of, above, over, on, above, more than, superior to.   ³²ἐπιτιμάω, [29] (a) I rebuke, chide, admonish, (b) I warn.   ³³παραχρῆμα, [18] instantly, immediately, on the spot.   ³⁴διακονέω, [37] I wait at table (particularly of a slave who waits on guests); I serve (generally).

40 Δύνοντος¹ δὲ τοῦ ἡλίου,² πάντες ὅσοι εἶχον ἀσθενοῦντας³ νόσοις⁴ ποικίλαις⁵ ἤγαγον αὐτοὺς πρὸς αὐτόν· ὁ δὲ ἑνὶ ἑκάστῳ αὐτῶν τὰς χεῖρας ἐπιθεὶς⁶ ἐθεράπευσεν⁷ αὐτούς. **41** Ἐξήρχετο δὲ καὶ δαιμόνια ἀπὸ πολλῶν, κράζοντα καὶ λέγοντα ὅτι Σὺ εἶ ὁ χριστὸς ὁ υἱὸς τοῦ θεοῦ. Καὶ ἐπιτιμῶν⁸ οὐκ εἴα⁹ αὐτὰ λαλεῖν, ὅτι ᾔδεισαν τὸν χριστὸν αὐτὸν εἶναι.

42 Γενομένης δὲ ἡμέρας, ἐξελθὼν ἐπορεύθη εἰς ἔρημον τόπον, καὶ οἱ ὄχλοι ἐπεζήτουν¹⁰ αὐτόν, καὶ ἦλθον ἕως αὐτοῦ, καὶ κατεῖχον¹¹ αὐτὸν τοῦ μὴ πορεύεσθαι ἀπ' αὐτῶν. **43** Ὁ δὲ εἶπεν πρὸς αὐτοὺς ὅτι Καὶ ταῖς ἑτέραις πόλεσιν εὐαγγελίσασθαί με δεῖ τὴν βασιλείαν τοῦ θεοῦ· ὅτι εἰς τοῦτο ἀπέσταλμαι.

44 Καὶ ἦν κηρύσσων ἐν ταῖς συναγωγαῖς τῆς Γαλιλαίας.

The Miraculous Draught of Fishes and the Call of the First Disciples

5 Ἐγένετο δὲ ἐν τῷ τὸν ὄχλον ἐπικεῖσθαι¹² αὐτῷ τοῦ ἀκούειν τὸν λόγον τοῦ θεοῦ, καὶ αὐτὸς ἦν ἑστὼς παρὰ τὴν λίμνην¹³ Γεννησαρέτ·¹⁴ **2** καὶ εἶδεν δύο πλοῖα ἑστῶτα παρὰ τὴν λίμνην·¹³ οἱ δὲ ἁλιεῖς¹⁵ ἀποβάντες¹⁶ ἀπ' αὐτῶν ἀπέπλυναν¹⁷ τὰ δίκτυα.¹⁸ **3** Ἐμβὰς¹⁹ δὲ εἰς ἓν τῶν πλοίων, ὃ ἦν τοῦ Σίμωνος, ἠρώτησεν αὐτὸν ἀπὸ τῆς γῆς ἐπαναγαγεῖν²⁰ ὀλίγον.²¹ Καὶ καθίσας²² ἐδίδασκεν ἐκ τοῦ πλοίου τοὺς ὄχλους. **4** Ὡς δὲ ἐπαύσατο²³ λαλῶν, εἶπεν πρὸς τὸν Σίμωνα, Ἐπανάγαγε²⁴ εἰς τὸ βάθος,²⁵ καὶ χαλάσατε²⁶ τὰ δίκτυα¹⁸ ὑμῶν εἰς ἄγραν.²⁷ **5** Καὶ ἀποκριθεὶς ὁ Σίμων εἶπεν αὐτῷ, Ἐπιστάτα,²⁸ δι' ὅλης τῆς νυκτὸς κοπιάσαντες²⁹ οὐδὲν ἐλάβομεν· ἐπὶ δὲ τῷ ῥήματί

---

¹Δύνοντος: PAP-GSM   ³ἀσθενοῦντας: PAP-APM   ⁶ἐπιθείς: 2AAP-NSM   ⁷ἐθεράπευσεν: AAI-3S   ⁸ἐπιτιμῶν: PAP-NSM   ⁹εἴα: IAI-3S   ¹⁰ἐπεζήτουν: IAI-3P   ¹¹κατεῖχον: IAI-3P   ¹²ἐπικεῖσθαι: PNN   ¹⁶ἀποβάντες: 2AAP-NPM   ¹⁷ἀπέπλυναν: AAI-3P   ¹⁹Ἐμβὰς: 2AAP-NSM   ²⁰ἐπαναγαγεῖν: 2AAN   ²²καθίσας: AAP-NSM   ²³ἐπαύσατο: AMI-3S   ²⁴Ἐπανάγαγε: 2AAM-2S   ²⁶χαλάσατε: AAM-2P   ²⁹κοπιάσαντες: AAP-NPM

---

¹δύνω, [2] I sink, set (as the sun).   ²ἥλιος, ου, ὁ, [32] the sun, sunlight.   ³ἀσθενέω, [36] I am weak (physically: then morally), I am sick.   ⁴νόσος, ου, ἡ, [12] a disease, malady, sickness.   ⁵ποικίλος, η, ον, [10] various, of different colors, diverse, various.   ⁶ἐπιτίθημι, [41] I put, place upon, lay on; I add, give in addition.   ⁷θεραπεύω, [44] I care for, attend, serve, treat, especially of a physician; hence: I heal.   ⁸ἐπιτιμάω, [29] (a) I rebuke, chide, admonish, (b) I warn.   ⁹ἐάω, [12] I allow, permit, let alone, leave.   ¹⁰ἐπιζητέω, [15] I seek after, desire, search for, make inquiries about.   ¹¹κατέχω, [19] (a) I hold fast, bind, arrest, (b) I take possession of, lay hold of, (c) I hold back, detain, restrain, (d) I hold a ship, keep its head.   ¹²ἐπίκειμαι, [7] (a) dat: I am placed upon, am laid upon, lie upon, am imposed; I press upon, (b) absol: I press hard, am insistent, insist.   ¹³λίμνη, ης, ἡ, [11] a lake.   ¹⁴Γεννησαρέτ, ἡ, [3] Gennesaret, a fertile district by the lake of Tiberias, which was in consequence sometimes called the Lake of Gennesaret.   ¹⁵ἁλιεύς, έως, ὁ, [5] a fisherman.   ¹⁶ἀποβαίνω, [4] I go or come out of, disembark, turn out, result, become, happen.   ¹⁷ἀποπλύνω, [1] I wash, rinse.   ¹⁸δίκτυον, ου, τό, [12] a fishing-net.   ¹⁹ἐμβαίνω, [19] I step in; I go onboard a ship, embark.   ²⁰ἐπανάγω, [3] (a) nautical: I put out (from the shore), (lit: I take up a ship on to the high seas), (b) I go up, possibly: I go up again, return.   ²¹ὀλίγος, η, ον, [43] (a) especially in plur: few, (b) in sing: small; hence, of time: short, of degree: light, slight, little.   ²²καθίζω, [48] (a) trans: I make to sit; I set, appoint, (b) intrans: I sit down, am seated, stay.   ²³παύω, [15] (a) act: I cause to cease, restrain, hinder, (b) mid: I cease, stop, leave off.   ²⁴ἐπανάγω, [3] (a) nautical: I put out (from the shore), (lit: I take up a ship on to the high seas), (b) I go up, possibly: I go up again, return.   ²⁵βάθος, ους, τό, [8] depth; deep water; met: fullness, immensity; an extreme degree; profundities, deep-laid plans.   ²⁶χαλάω, [7] I let down, lower, slacken, loosen.   ²⁷ἄγρα, ας, ἡ, [2] catching, a catch.   ²⁸ἐπιστάτης, ου, ὁ, [7] master, teacher, chief, commander.   ²⁹κοπιάω, [23] (a) I grow weary, (b) I toil, work with effort (of bodily and mental labor alike).

σου χαλάσω¹ τὸ δίκτυον.² 6 Καὶ τοῦτο ποιήσαντες, συνέκλεισαν³ πλῆθος⁴ ἰχθύων⁵
πολύ· διερρήγνυτο⁶ δὲ τὸ δίκτυον² αὐτῶν· 7 καὶ κατένευσαν⁷ τοῖς μετόχοις⁸ τοῖς
ἐν τῷ ἑτέρῳ πλοίῳ, τοῦ ἐλθόντας συλλαβέσθαι⁹ αὐτοῖς· καὶ ἦλθον καὶ ἔπλησαν¹⁰
ἀμφότερα¹¹ τὰ πλοῖα, ὥστε βυθίζεσθαι¹² αὐτά. 8 Ἰδὼν δὲ Σίμων Πέτρος προσέπεσεν¹³
τοῖς γόνασιν¹⁴ Ἰησοῦ, λέγων, Ἔξελθε ἀπ᾽ ἐμοῦ, ὅτι ἀνὴρ ἁμαρτωλός¹⁵ εἰμι, κύριε.
9 Θάμβος¹⁶ γὰρ περιέσχεν¹⁷ αὐτὸν καὶ πάντας τοὺς σὺν αὐτῷ, ἐπὶ τῇ ἄγρᾳ¹⁸ τῶν
ἰχθύων⁵ ᾗ συνέλαβον·¹⁹ 10 ὁμοίως²⁰ δὲ καὶ Ἰάκωβον καὶ Ἰωάννην, υἱοὺς Ζεβεδαίου, οἳ
ἦσαν κοινωνοὶ²¹ τῷ Σίμωνι. Καὶ εἶπεν πρὸς τὸν Σίμωνα ὁ Ἰησοῦς, Μὴ φοβοῦ· ἀπὸ τοῦ
νῦν ἀνθρώπους ἔσῃ ζωγρῶν.²² 11 Καὶ καταγαγόντες²³ τὰ πλοῖα ἐπὶ τὴν γῆν, ἀφέντες
ἄπαντα,²⁴ ἠκολούθησαν αὐτῷ.

The Healing of a Leper and of a Paralytic

12 Καὶ ἐγένετο, ἐν τῷ εἶναι αὐτὸν ἐν μιᾷ τῶν πόλεων, καὶ ἰδού, ἀνὴρ πλήρης²⁵
λέπρας·²⁶ καὶ ἰδὼν τὸν Ἰησοῦν, πεσὼν ἐπὶ πρόσωπον, ἐδεήθη²⁷ αὐτοῦ, λέγων, Κύριε,
ἐὰν θέλῃς, δύνασαί με καθαρίσαι.²⁸ 13 Καὶ ἐκτείνας²⁹ τὴν χεῖρα ἥψατο³⁰ αὐτοῦ,
εἰπών, Θέλω, καθαρίσθητι.³¹ Καὶ εὐθέως ἡ λέπρα²⁶ ἀπῆλθεν ἀπ᾽ αὐτοῦ. 14 Καὶ αὐτὸς
παρήγγειλεν³² αὐτῷ μηδενὶ εἰπεῖν· ἀλλὰ ἀπελθὼν δεῖξον³³ σεαυτὸν³⁴ τῷ ἱερεῖ,³⁵ καὶ
προσένεγκε³⁶ περὶ τοῦ καθαρισμοῦ³⁷ σου, καθὼς προσέταξεν³⁸ Μωσῆς, εἰς μαρτύριον³⁹

---

¹χαλάσω: FAI-1S   ³συνέκλεισαν: AAI-3P   ⁶διερρήγνυτο: IPI-3S   ⁷κατένευσαν: AAI-3P   ⁹συλλαβέσθαι: 2AMN
¹⁰ἔπλησαν: AAI-3P   ¹²βυθίζεσθαι: PPN   ¹³προσέπεσεν: 2AAI-3S   ¹⁷περιέσχεν: 2AAI-3S   ¹⁹συνέλαβον: 2AAI-3P
²²ζωγρῶν: PAP-NSM   ²³καταγαγόντες: 2AAP-NPM   ²⁷ἐδεήθη: API-3S   ²⁸καθαρίσαι: AAN   ²⁹ἐκτείνας: AAP-NSM
³⁰ἥψατο: ADI-3S   ³¹καθαρίσθητι: APM-2S   ³²παρήγγειλεν: AAI-3S   ³³δεῖξον: AAM-2S   ³⁶προσένεγκε: 2AAM-2S
³⁸προσέταξεν: AAI-3S

---

¹χαλάω, [7] I let down, lower, slacken, loosen.   ²δίκτυον, ου, τό, [12] a fishing-net.   ³συγκλείω, [4] I enclose,
shut in, make subject to.   ⁴πλῆθος, ους, τό, [32] a multitude, crowd, great number, assemblage.   ⁵ἰχθύς,
ύος, ὁ, [20] a fish.   ⁶διαρρήσσω, [5] I tear asunder, burst, rend.   ⁷κατανεύω, [1] I nod, make a sign, beckon.
⁸μέτοχος, ου, ὁ, [6] a sharer, partner, associate.   ⁹συλλαμβάνω, [16] I seize, apprehend, assist, conceive, become
pregnant.   ¹⁰πλήθω, [25] I fill, fulfill, complete.   ¹¹ἀμφότεροι, αι, α, [14] both (of two).   ¹²βυθίζω, [2] I cause
to sink; mid: I sink, submerge, drown.   ¹³προσπίπτω, [8] (a) I fall down before, (b) I beat against, rush violently
upon.   ¹⁴γόνυ, ατος, τό, [12] the knee.   ¹⁵ἁμαρτωλός, ον, [48] sinning, sinful, depraved, detestable.   ¹⁶θάμβος,
ους, τό, [3] astonishment, amazement (allied to terror or awe).   ¹⁷περιέχω, [3] (a) I contain (of a book containing
subject matter); hence: it stands (has its content) thus, (b) I encompass, surround, get hold of, seize.   ¹⁸ἄγρα, ας,
ἡ, [2] catching, a catch.   ¹⁹συλλαμβάνω, [16] I seize, apprehend, assist, conceive, become pregnant.   ²⁰ὁμοίως,
[32] in like manner, similarly, in the same way, equally.   ²¹κοινωνός, οῦ, ὁ, ἡ, [11] a sharer, partner, companion.
²²ζωγρέω, [2] I capture alive, capture for life, enthrall.   ²³κατάγω, [10] I lead down, bring down, either from
a high place on land or to a lower (or actually to the sea-coast), or from the high seas to land.   ²⁴ἄπας,
ασα, αν, [39] all, the whole, altogether.   ²⁵πλήρης, ες, [17] full, abounding in, complete, completely occupied
with.   ²⁶λέπρα, ας, ἡ, [4] leprosy.   ²⁷δέομαι, [22] I want for myself; I want, need; I beg, request, beseech, pray.
²⁸καθαρίζω, [30] I cleanse, make clean, literally, ceremonially, or spiritually, according to context.   ²⁹ἐκτείνω,
[16] I stretch out (forth), cast forth (as of an anchor), lay hands on.   ³⁰ἅπτομαι, [36] prop: I fasten to; I lay
hold of, touch, know carnally.   ³¹καθαρίζω, [30] I cleanse, make clean, literally, ceremonially, or spiritually,
according to context.   ³²παραγγέλλω, [30] I notify, command, charge, entreat solemnly.   ³³δείκνυμι, [31] I point
out, show, exhibit; met: I teach, demonstrate, make known.   ³⁴σεαυτοῦ, ῆς, οῦ, [41] of yourself.   ³⁵ἱερεύς,
έως, ὁ, [33] a priest, one who offers sacrifice to a god (in Jewish and pagan religions; of Christians only met.).
³⁶προσφέρω, [48] (a) I bring to, (b) characteristically: I offer (of gifts, sacrifices, etc).   ³⁷καθαρισμός, οῦ, ὁ,
[7] cleansing, purifying, purification, literal, ceremonial, or moral; met: expiation.   ³⁸προστάσσω, [8] (a) I
instruct, command, (b) I appoint, assign.   ³⁹μαρτύριον, ου, τό, [20] witness, evidence, testimony, proof.

αὐτοῖς. 15 Διήρχετο¹ δὲ μᾶλλον ὁ λόγος περὶ αὐτοῦ· καὶ συνήρχοντο² ὄχλοι πολλοὶ ἀκούειν, καὶ θεραπεύεσθαι³ ὑπ᾽ αὐτοῦ ἀπὸ τῶν ἀσθενειῶν⁴ αὐτῶν. 16 Αὐτὸς δὲ ἦν ὑποχωρῶν⁵ ἐν ταῖς ἐρήμοις καὶ προσευχόμενος.

17 Καὶ ἐγένετο ἐν μιᾷ τῶν ἡμερῶν, καὶ αὐτὸς ἦν διδάσκων· καὶ ἦσαν καθήμενοι Φαρισαῖοι καὶ νομοδιδάσκαλοι,⁶ οἳ ἦσαν ἐληλυθότες ἐκ πάσης κώμης⁷ τῆς Γαλιλαίας καὶ Ἰουδαίας⁸ καὶ Ἰερουσαλήμ· καὶ δύναμις κυρίου ἦν εἰς τὸ ἰᾶσθαι⁹ αὐτούς. 18 Καὶ ἰδού, ἄνδρες φέροντες ἐπὶ κλίνης¹⁰ ἄνθρωπον ὃς ἦν παραλελυμένος,¹¹ καὶ ἐζήτουν αὐτὸν εἰσενεγκεῖν¹² καὶ θεῖναι ἐνώπιον αὐτοῦ· 19 καὶ μὴ εὑρόντες ποίας¹³ εἰσενέγκωσιν¹⁴ αὐτὸν διὰ τὸν ὄχλον, ἀναβάντες ἐπὶ τὸ δῶμα,¹⁵ διὰ τῶν κεράμων¹⁶ καθῆκαν¹⁷ αὐτὸν σὺν τῷ κλινιδίῳ¹⁸ εἰς τὸ μέσον ἔμπροσθεν¹⁹ τοῦ Ἰησοῦ. 20 Καὶ ἰδὼν τὴν πίστιν αὐτῶν, εἶπεν αὐτῷ, Ἄνθρωπε, ἀφέωνταί σοι αἱ ἁμαρτίαι σου. 21 Καὶ ἤρξαντο διαλογίζεσθαι²⁰ οἱ γραμματεῖς καὶ οἱ Φαρισαῖοι, λέγοντες, Τίς ἐστιν οὗτος ὃς λαλεῖ βλασφημίας;²¹ Τίς δύναται ἀφιέναι ἁμαρτίας, εἰ μὴ μόνος²² ὁ θεός; 22 Ἐπιγνοὺς²³ δὲ ὁ Ἰησοῦς τοὺς διαλογισμοὺς²⁴ αὐτῶν ἀποκριθεὶς εἶπεν πρὸς αὐτούς, Τί διαλογίζεσθε²⁵ ἐν ταῖς καρδίαις ὑμῶν; 23 Τί ἐστιν εὐκοπώτερον,²⁶ εἰπεῖν, Ἀφέωνταί σοι αἱ ἁμαρτίαι σου, ἢ εἰπεῖν, Ἔγειραι καὶ περιπάτει; 24 Ἵνα δὲ εἰδῆτε ὅτι ἐξουσίαν ἔχει ὁ υἱὸς τοῦ ἀνθρώπου ἐπὶ τῆς γῆς ἀφιέναι ἁμαρτίας–εἶπεν τῷ παραλελυμένῳ²⁷–Σοὶ λέγω, ἔγειραι, καὶ ἄρας τὸ κλινίδιόν¹⁸ σου, πορεύου εἰς τὸν οἶκόν σου. 25 Καὶ παραχρῆμα²⁸ ἀναστὰς ἐνώπιον αὐτῶν, ἄρας ἐφ᾽ ὃ κατέκειτο,²⁹ ἀπῆλθεν εἰς τὸν οἶκον αὐτοῦ, δοξάζων τὸν θεόν. 26 Καὶ ἔκστασις³⁰ ἔλαβεν ἅπαντας,³¹ καὶ ἐδόξαζον τὸν θεόν, καὶ ἐπλήσθησαν³² φόβου,³³ λέγοντες ὅτι Εἴδομεν παράδοξα³⁴ σήμερον.³⁵

---

¹Διήρχετο: INI-3S   ²συνήρχοντο: INI-3P   ³θεραπεύεσθαι: PPN   ⁵ὑποχωρῶν: PAP-NSM   ⁹ἰᾶσθαι: PNN   ¹¹παραλελυμένος: RPP-NSM   ¹²εἰσενεγκεῖν: 2AAN   ¹⁴εἰσενέγκωσιν: 2AAS-3P   ¹⁷καθῆκαν: AAI-3P   ²⁰διαλογίζεσθαι: PNN   ²³Ἐπιγνοὺς: 2AAP-NSM   ²⁵διαλογίζεσθε: PNI-2P   ²⁷παραλελυμένῳ: RPP-DSM   ²⁹κατέκειτο: INI-3S   ³²ἐπλήσθησαν: API-3P

---

¹διέρχομαι, [42] I pass through, spread (as a report).   ²συνέρχομαι, [32] I come or go with, accompany; I come together, assemble.   ³θεραπεύω, [44] I care for, attend, serve, treat, especially of a physician; hence: I heal.   ⁴ἀσθένεια, ας, ἡ, [24] want of strength, weakness, illness, suffering, calamity, frailty.   ⁵ὑποχωρέω, [2] I withdraw, retire, go back, retreat.   ⁶νομοδιδάσκαλος, ου, ὁ, [3] a teacher and interpreter of the Mosaic Law.   ⁷κώμη, ης, ἡ, [28] a village, country town.   ⁸Ἰουδαία, ας, ἡ, [43] Judea, a Roman province, capital Jerusalem.   ⁹ἰάομαι, [28] I heal, generally of the physical, sometimes of spiritual, disease.   ¹⁰κλίνη, ης, ἡ, [10] a couch, bed, portable bed or mat, a couch for reclining at meals, possibly also a bier.   ¹¹παραλύω, [5] I relax, enfeeble, weaken.   ¹²εἰσφέρω, [7] I lead into, bring in, announce.   ¹³ποῖος, α, ον, [34] of what sort.   ¹⁴εἰσφέρω, [7] I lead into, bring in, announce.   ¹⁵δῶμα, ατος, τό, [7] the roof (of a house), the top of the house.   ¹⁶κέραμος, ου, ὁ, [1] a tile; practically: the roof.   ¹⁷καθίημι, [4] I send, let down, lower.   ¹⁸κλινίδιον, ου, τό, [2] a couch or litter of a sick person.   ¹⁹ἔμπροσθεν, [48] in front, before the face; sometimes made a subst. by the addition of the article: in front of, before the face of.   ²⁰διαλογίζομαι, [16] I reason (with), debate (with), consider.   ²¹βλασφημία, ας, ἡ, [19] abusive or scurrilous language, blasphemy.   ²²μόνος, η, ον, [45] only, solitary, desolate.   ²³ἐπιγινώσκω, [42] I come to know by directing my attention to him or it, I perceive, discern, recognize; aor: I found out.   ²⁴διαλογισμός, οῦ, ὁ, [14] a calculation, reasoning, thought, movement of thought, deliberation, plotting.   ²⁵διαλογίζομαι, [16] I reason (with), debate (with), consider.   ²⁶εὐκοπώτερον, [7] easier.   ²⁷παραλύω, [5] I relax, enfeeble, weaken.   ²⁸παραχρῆμα, [18] instantly, immediately, on the spot.   ²⁹κατάκειμαι, [11] I recline (at table); more often: I keep my bed, am lying ill (in bed).   ³⁰ἔκστασις, εως, ἡ, [7] (properly: distraction or disturbance of mind caused by shock), bewilderment, amazement; a trance.   ³¹ἅπας, ασα, αν, [39] all, the whole, altogether.   ³²πλήθω, [25] I fill, fulfill, complete.   ³³φόβος, ου, ὁ, [47] (a) fear, terror, alarm, (b) the object or cause of fear, (c) reverence, respect.   ³⁴παράδοξος, ον, [1] unexpected, strange, wonderful, astonishing.   ³⁵σήμερον, [41] today, now.

The Call of Levi and the Discourse Concerning Christ's Ministry

27 Καὶ μετὰ ταῦτα ἐξῆλθεν, καὶ ἐθεάσατο¹ τελώνην,² ὀνόματι Λευίν, καθήμενον ἐπὶ τὸ τελώνιον,³ καὶ εἶπεν αὐτῷ, Ἀκολούθει μοι. **28** Καὶ καταλιπὼν⁴ ἅπαντα,⁵ ἀναστὰς ἠκολούθησεν αὐτῷ. **29** Καὶ ἐποίησεν δοχὴν⁶ μεγάλην Λευῒς αὐτῷ ἐν τῇ οἰκίᾳ αὐτοῦ· καὶ ἦν ὄχλος τελωνῶν² πολύς, καὶ ἄλλων οἳ ἦσαν μετ᾽ αὐτῶν κατακείμενοι.⁷ **30** Καὶ ἐγόγγυζον⁸ οἱ γραμματεῖς αὐτῶν καὶ οἱ Φαρισαῖοι πρὸς τοὺς μαθητὰς αὐτοῦ, λέγοντες, Διὰ τί μετὰ τῶν τελωνῶν² καὶ ἁμαρτωλῶν⁹ ἐσθίετε καὶ πίνετε; **31** Καὶ ἀποκριθεὶς ὁ Ἰησοῦς εἶπεν πρὸς αὐτούς, Οὐ χρείαν¹⁰ ἔχουσιν οἱ ὑγιαίνοντες¹¹ ἰατροῦ,¹² ἀλλ᾽ οἱ κακῶς¹³ ἔχοντες. **32** Οὐκ ἐλήλυθα καλέσαι δικαίους, ἀλλὰ ἁμαρτωλοὺς⁹ εἰς μετάνοιαν.¹⁴ **33** Οἱ δὲ εἶπον πρὸς αὐτόν, Διὰ τί οἱ μαθηταὶ Ἰωάννου νηστεύουσιν¹⁵ πυκνά,¹⁶ καὶ δεήσεις¹⁷ ποιοῦνται, ὁμοίως¹⁸ καὶ οἱ τῶν Φαρισαίων· οἱ δὲ σοὶ¹⁹ ἐσθίουσιν καὶ πίνουσιν; **34** Ὁ δὲ εἶπεν πρὸς αὐτούς, Μὴ δύνασθε τοὺς υἱοὺς τοῦ νυμφῶνος,²⁰ ἐν ᾧ ὁ νυμφίος²¹ μετ᾽ αὐτῶν ἐστιν, ποιῆσαι νηστεύειν;²² **35** Ἐλεύσονται δὲ ἡμέραι, καὶ ὅταν ἀπαρθῇ²³ ἀπ᾽ αὐτῶν ὁ νυμφίος,²¹ τότε νηστεύσουσιν²⁴ ἐν ἐκείναις ταῖς ἡμέραις. **36** Ἔλεγεν δὲ καὶ παραβολὴν πρὸς αὐτοὺς ὅτι Οὐδεὶς ἐπίβλημα²⁵ ἱματίου καινοῦ²⁶ ἐπιβάλλει²⁷ ἐπὶ ἱμάτιον παλαιόν·²⁸ εἰ δὲ μήγε,²⁹ καὶ τὸ καινὸν²⁶ σχίζει,³⁰ καὶ τῷ παλαιῷ²⁸ οὐ συμφωνεῖ³¹ τὸ ἀπὸ τοῦ καινοῦ.²⁶ **37** Καὶ οὐδεὶς βάλλει οἶνον³² νέον³³ εἰς ἀσκοὺς³⁴ παλαιούς·²⁸ εἰ δὲ μήγε,²⁹ ῥήξει³⁵ ὁ νέος³³ οἶνος³² τοὺς ἀσκούς,³⁴ καὶ αὐτὸς ἐκχυθήσεται,³⁶ καὶ οἱ ἀσκοὶ³⁴ ἀπολοῦνται. **38** Ἀλλὰ οἶνον³² νέον³³ εἰς ἀσκοὺς³⁴ καινοὺς²⁶ βλητέον,³⁷ καὶ ἀμφότεροι³⁸ συντηροῦνται.³⁹ **39** Καὶ οὐδεὶς πιὼν παλαιὸν²⁸ εὐθέως θέλει νέον·³³ λέγει γάρ, Ὁ παλαιὸς²⁸ χρηστότερός⁴⁰ ἐστιν.

---

¹ἐθεάσατο: ADI-3S ⁴καταλιπών: 2AAP-NSM ⁷κατακείμενοι: PNP-NPM ⁸ἐγόγγυζον: IAI-3P ¹¹ὑγιαίνοντες: PAP-NPM ¹⁵νηστεύουσιν: PAI-3P ²²νηστεύειν: PAN ²³ἀπαρθῇ: APS-3S ²⁴νηστεύσουσιν: FAI-3P ²⁷ἐπιβάλλει: PAI-3S ³⁰σχίζει: PAI-3S ³¹συμφωνεῖ: PAI-3S ³⁵ῥήξει: FAI-3S ³⁶ἐκχυθήσεται: FPI-3S ³⁹συντηροῦνται: PPI-3P

---

¹θεάομαι, [24] I see, behold, contemplate, look upon, view; I see, visit. ²τελώνης, ου, ὁ, [22] a publican, collector of taxes. ³τελώνιον, ου, τό, [3] a tax-collector's office, toll-house. ⁴καταλείπω, [25] I leave behind, desert, abandon, forsake; I leave remaining, reserve. ⁵ἅπας, ασα, αν, [39] all, the whole, altogether. ⁶δοχή, ῆς, ἡ, [2] a feast, banquet, reception. ⁷κατάκειμαι, [11] I recline (at table); more often: I keep my bed, am lying ill (in bed). ⁸γογγύζω, [8] I whisper, murmur, grumble (generally of smoldering discontent). ⁹ἁμαρτωλός, ον, [48] sinning, sinful, depraved, detestable. ¹⁰χρεία, ας, ἡ, [49] need, necessity, business. ¹¹ὑγιαίνω, [12] I am well, am in good health; I am right, reasonable, sound, pure, uncorrupted. ¹²ἰατρός, οῦ, ὁ, [7] a physician. ¹³κακῶς, [16] badly, evilly, wrongly. ¹⁴μετάνοια, ας, ἡ, [24] repentance, a change of mind, change in the inner man. ¹⁵νηστεύω, [21] I fast, abstain from food. ¹⁶πυκνός, ή, όν, [3] frequent, often, much. ¹⁷δέησις, εως, ἡ, [19] supplication, prayer, entreaty. ¹⁸ὁμοίως, [32] in like manner, similarly, in the same way, equally. ¹⁹σός, σή, σόν, [27] yours, thy, thine. ²⁰νυμφών, ῶνος, ὁ, [3] a bridal chamber. ²¹νυμφίος, ου, ὁ, [16] a bridegroom. ²²νηστεύω, [21] I fast, abstain from food. ²³ἀπαίρω, [3] I take away, remove; pass: I am taken away, withdrawn. ²⁴νηστεύω, [21] I fast, abstain from food. ²⁵ἐπίβλημα, ατος, τό, [3] a patch on a garment. ²⁶καινός, ή, όν, [44] fresh, new, unused, novel. ²⁷ἐπιβάλλω, [18] (a) I throw upon, cast over, (b) I place upon, (c) I lay, (d) intrans: I strike upon, rush. ²⁸παλαιός, ά, όν, [19] old, ancient, not new or recent. ²⁹εἰ δὲ μήγε, [8] but if not, else, otherwise. ³⁰σχίζω, [10] I rend, divide asunder, cleave. ³¹συμφωνέω, [6] I agree with, harmonize with, agree together. ³²οἶνος, ου, ὁ, [33] wine. ³³νέος, α, ον, [24] (a) young, youthful, (b) new, fresh. ³⁴ἀσκός, οῦ, ὁ, [12] a wine-skin, leather bottle. ³⁵ῥήγνυμι, ῥήσσω, [7] I rend, break asunder; I break forth (into speech); I throw or dash down. ³⁶ἐκχέω, [28] I pour out (liquid or solid); I shed, bestow liberally. ³⁷βλητέος, α, ον, [2] a verbal adj: one must put, that ought to be put. ³⁸ἀμφότεροι, αι, α, [14] both (of two). ³⁹συντηρέω, [4] I preserve, keep safe, keep in mind, keep close. ⁴⁰χρηστός, ή, όν, [7] useful, gentle, pleasant, kind.

Disputes Concerning Sabbath Observance

6 Ἐγένετο δὲ ἐν σαββάτῳ δευτεροπρώτῳ¹ διαπορεύεσθαι² αὐτὸν διὰ τῶν σπορίμων·³ καὶ ἔτιλλον⁴ οἱ μαθηταὶ αὐτοῦ τοὺς στάχυας,⁵ καὶ ἤσθιον, ψώχοντες⁶ ταῖς χερσίν. **2** Τινὲς δὲ τῶν Φαρισαίων εἶπον αὐτοῖς, Τί ποιεῖτε ὃ οὐκ ἔξεστιν⁷ ποιεῖν ἐν τοῖς σάββασιν; **3** Καὶ ἀποκριθεὶς πρὸς αὐτοὺς εἶπεν ὁ Ἰησοῦς, Οὐδὲ τοῦτο ἀνέγνωτε,⁸ ὃ ἐποίησεν Δαυίδ, ὁπότε⁹ ἐπείνασεν¹⁰ αὐτὸς καὶ οἱ μετ' αὐτοῦ ὄντες; **4** Ὡς εἰσῆλθεν εἰς τὸν οἶκον τοῦ θεοῦ, καὶ τοὺς ἄρτους τῆς προθέσεως¹¹ ἔλαβεν, καὶ ἔφαγεν, καὶ ἔδωκεν καὶ τοῖς μετ' αὐτοῦ, οὓς οὐκ ἔξεστιν¹² φαγεῖν εἰ μὴ μόνους¹³ τοὺς ἱερεῖς;¹⁴ **5** Καὶ ἔλεγεν αὐτοῖς ὅτι Κύριός ἐστιν ὁ υἱὸς τοῦ ἀνθρώπου καὶ τοῦ σαββάτου.

6 Ἐγένετο δὲ καὶ ἐν ἑτέρῳ σαββάτῳ εἰσελθεῖν αὐτὸν εἰς τὴν συναγωγὴν καὶ διδάσκειν· καὶ ἦν ἐκεῖ ἄνθρωπος, καὶ ἡ χεὶρ αὐτοῦ ἡ δεξιὰ ἦν ξηρά.¹⁵ **7** Παρετήρουν¹⁶ δὲ οἱ γραμματεῖς καὶ οἱ Φαρισαῖοι, εἰ ἐν τῷ σαββάτῳ θεραπεύσει·¹⁷ ἵνα εὕρωσιν κατηγορίαν¹⁸ αὐτοῦ. **8** Αὐτὸς δὲ ᾔδει τοὺς διαλογισμοὺς¹⁹ αὐτῶν, καὶ εἶπεν τῷ ἀνθρώπῳ τῷ ξηρὰν¹⁵ ἔχοντι τὴν χεῖρα, Ἔγειραι, καὶ στῆθι εἰς τὸ μέσον. Ὁ δὲ ἀναστὰς ἔστη. **9** Εἶπεν οὖν ὁ Ἰησοῦς πρὸς αὐτούς, Ἐπερωτήσω ὑμᾶς τί, Ἔξεστιν²⁰ τοῖς σάββασιν, ἀγαθοποιῆσαι²¹ ἢ κακοποιῆσαι;²² Ψυχὴν σῶσαι ἢ ἀποκτεῖναι; **10** Καὶ περιβλεψάμενος²³ πάντας αὐτούς, εἶπεν αὐτῷ, Ἔκτεινον²⁴ τὴν χεῖρά σου. Ὁ δὲ ἐποίησεν καὶ ἀποκατεστάθη²⁵ ἡ χεὶρ αὐτοῦ ὑγιὴς²⁶ ὡς ἡ ἄλλη. **11** Αὐτοὶ δὲ ἐπλήσθησαν²⁷ ἀνοίας·²⁸ καὶ διελάλουν²⁹ πρὸς ἀλλήλους, τί ἂν ποιήσειαν τῷ Ἰησοῦ.

12 Ἐγένετο δὲ ἐν ταῖς ἡμέραις ταύταις ἐξῆλθεν εἰς τὸ ὄρος προσεύξασθαι· καὶ ἦν διανυκτερεύων³⁰ ἐν τῇ προσευχῇ³¹ τοῦ θεοῦ.

---

²διαπορεύεσθαι: PNN   ⁴ἔτιλλον: IAI-3P   ⁶ψώχοντες: PAP-NPM   ⁷ἔξεστιν: PAI-3S   ⁸ἀνέγνωτε: 2AAI-2P   ¹⁰ἐπείνασεν: AAI-3S   ¹²ἔξεστιν: PAI-3S   ¹⁶Παρετήρουν: IAI-3P   ¹⁷θεραπεύσει: FAI-3S   ²⁰Ἔξεστιν: PAI-3S   ²¹ἀγαθοποιῆσαι: AAN   ²²κακοποιῆσαι: AAN   ²³περιβλεψάμενος: AMP-NSM   ²⁴Ἔκτεινον: AAM-2S   ²⁵ἀποκατεστάθη: API-3S   ²⁷ἐπλήσθησαν: API-3P   ²⁹διελάλουν: IAI-3P   ³⁰διανυκτερεύων: PAP-NSM

---

¹δευτερόπρωτος, ον, [1] second-first, a word of uncertain meaning.   ²διαπορεύομαι, [5] I journey through (past).   ³σπόριμος, ον, [3] sown; neut. plur: sown fields.   ⁴τίλλω, [3] I pluck, pluck off.   ⁵στάχυς, υος, ὁ, [5] a head of grain.   ⁶ψώχω, [1] I rub, rub to pieces.   ⁷ἔξεστιν, [31] it is permitted, lawful, possible.   ⁸ἀναγινώσκω, [32] I read, know again, know certainly, recognize, discern.   ⁹ὁπότε, [1] when.   ¹⁰πεινάω, [23] I am hungry, needy, desire earnestly.   ¹¹πρόθεσις, εως, ἡ, [12] a setting forth, the show-bread; predetermination, purpose.   ¹²ἔξεστιν, [31] it is permitted, lawful, possible.   ¹³μόνος, η, ον, [45] only, solitary, desolate.   ¹⁴ἱερεύς, έως, ὁ, [33] a priest, one who offers sacrifice to a god (in Jewish and pagan religions; of Christians only met.).   ¹⁵ξηρός, ά, όν, [7] dry, withered; noun: dry land.   ¹⁶παρατηρέω, [6] I watch, observe scrupulously.   ¹⁷θεραπεύω, [44] I care for, attend, serve, treat, especially of a physician; hence: I heal.   ¹⁸κατηγορία, ας, ἡ, [4] an accusation, charge.   ¹⁹διαλογισμός, οῦ, ὁ, [14] a calculation, reasoning, thought, movement of thought, deliberation, plotting.   ²⁰ἔξεστιν, [31] it is permitted, lawful, possible.   ²¹ἀγαθοποιέω, [11] I do that which is good.   ²²κακοποιέω, [4] I do harm, do wrong, do evil, commit sin.   ²³περιβλέπομαι, [7] I look around on, survey.   ²⁴ἐκτείνω, [16] I stretch out (forth), cast forth (as of an anchor), lay hands on.   ²⁵ἀποκαθίστημι, [8] I set up again, restore to its original position or condition; hence: I restore, give back.   ²⁶ὑγιής, ές, [14] (a) sound, healthy, pure, whole, (b) wholesome.   ²⁷πλήθω, [25] I fill, fulfill, complete.   ²⁸ἄνοια, ας, ἡ, [2] folly, madness, foolishness.   ²⁹διαλαλέω, [2] I converse together, talk of; of conversation passing from mouth to mouth.   ³⁰διανυκτερεύω, [1] I spend the whole night.   ³¹προσευχή, ῆς, ἡ, [37] (a) prayer (to God), (b) a place for prayer (used by Jews, perhaps where there was no synagogue).

The Twelve Apostles

13 Καὶ ὅτε ἐγένετο ἡμέρα, προσεφώνησεν¹ τοὺς μαθητὰς αὐτοῦ· καὶ ἐκλεξάμενος² ἀπ᾽ αὐτῶν δώδεκα, οὓς καὶ ἀποστόλους ὠνόμασεν,³ 14 Σίμωνα ὃν καὶ ὠνόμασεν⁴ Πέτρον, καὶ Ἀνδρέαν τὸν ἀδελφὸν αὐτοῦ, Ἰάκωβον καὶ Ἰωάννην, Φίλιππον καὶ Βαρθολομαῖον, 15 Ματθαῖον καὶ Θωμᾶν, Ἰάκωβον τὸν τοῦ Ἁλφαίου, καὶ Σίμωνα τὸν καλούμενον Ζηλωτήν,⁵ 16 Ἰούδαν Ἰακώβου, καὶ Ἰούδαν Ἰσκαριώτην, ὃς καὶ ἐγένετο προδότης,⁶

Miracles of Healing and Preaching

17 Καὶ καταβὰς μετ᾽ αὐτῶν, ἔστη ἐπὶ τόπου πεδινοῦ,⁷ καὶ ὄχλος μαθητῶν αὐτοῦ, καὶ πλῆθος⁸ πολὺ τοῦ λαοῦ ἀπὸ πάσης τῆς Ἰουδαίας⁹ καὶ Ἰερουσαλήμ, καὶ τῆς παραλίου¹⁰ Τύρου¹¹ καὶ Σιδῶνος,¹² οἳ ἦλθον ἀκοῦσαι αὐτοῦ, καὶ ἰαθῆναι¹³ ἀπὸ τῶν νόσων¹⁴ αὐτῶν· 18 καὶ οἱ ὀχλούμενοι¹⁵ ὑπὸ πνευμάτων ἀκαθάρτων,¹⁶ καὶ ἐθεραπεύοντο.¹⁷ 19 Καὶ πᾶς ὁ ὄχλος ἐζήτει ἅπτεσθαι¹⁸ αὐτοῦ· ὅτι δύναμις παρ᾽ αὐτοῦ ἐξήρχετο καὶ ἰᾶτο¹⁹ πάντας.

20 Καὶ αὐτὸς ἐπάρας²⁰ τοὺς ὀφθαλμοὺς αὐτοῦ εἰς τοὺς μαθητὰς αὐτοῦ ἔλεγεν, Μακάριοι οἱ πτωχοί,²¹ ὅτι ὑμετέρα²² ἐστὶν ἡ βασιλεία τοῦ θεοῦ.

21 Μακάριοι οἱ πεινῶντες²³ νῦν, ὅτι χορτασθήσεσθε.²⁴

Μακάριοι οἱ κλαίοντες²⁵ νῦν, ὅτι γελάσετε.²⁶

22 Μακάριοί ἐστε, ὅταν μισήσωσιν²⁷ ὑμᾶς οἱ ἄνθρωποι, καὶ ὅταν ἀφορίσωσιν²⁸ ὑμᾶς, καὶ ὀνειδίσωσιν,²⁹ καὶ ἐκβάλωσιν τὸ ὄνομα ὑμῶν ὡς πονηρόν, ἕνεκα³⁰ τοῦ υἱοῦ τοῦ ἀνθρώπου. 23 Χάρητε ἐν ἐκείνῃ τῇ ἡμέρᾳ καὶ σκιρτήσατε·³¹ ἰδοὺ γάρ, ὁ μισθὸς³² ὑμῶν πολὺς ἐν τῷ οὐρανῷ· κατὰ ταῦτα γὰρ ἐποίουν τοῖς προφήταις οἱ πατέρες αὐτῶν.

---

¹προσεφώνησεν: AAI-3S   ²ἐκλεξάμενος: AMP-NSM   ³ὠνόμασεν: AAI-3S   ⁴ὠνόμασεν: AAI-3S   ¹³ἰαθῆναι: APN   ¹⁵ὀχλούμενοι: PPP-NPM   ¹⁷ἐθεραπεύοντο: IPI-3P   ¹⁸ἅπτεσθαι: PMN   ¹⁹ἰᾶτο: INI-3S   ²⁰ἐπάρας: AAP-NSM   ²³πεινῶντες: PAP-NPM   ²⁴χορτασθήσεσθε: FPI-2P   ²⁵κλαίοντες: PAP-NPM   ²⁶γελάσετε: FAI-2P   ²⁷μισήσωσιν: AAS-3P   ²⁸ἀφορίσωσιν: AAS-3P   ²⁹ὀνειδίσωσιν: AAS-3P   ³¹σκιρτήσατε: AAM-2P

---

¹προσφωνέω, [7] I call to, summon; I call (out) to, address, give a speech to, harangue.   ²ἐκλέγομαι, [21] I pick out for myself, choose, elect, select.   ³ὀνομάζω, [10] I give a name to, mention, call upon the name of.   ⁴ὀνομάζω, [10] I give a name to, mention, call upon the name of.   ⁵ζηλωτής, οῦ, ὁ, [7] one who is eagerly devoted to a person or a thing, a zealot.   ⁶προδότης, ου, ὁ, [3] a betrayer, traitor.   ⁷πεδινός, ή, όν, [1] level, low-lying, flat.   ⁸πλῆθος, ους, τό, [32] a multitude, crowd, great number, assemblage.   ⁹Ἰουδαία, ας, ἡ, [43] Judea, a Roman province, capital Jerusalem.   ¹⁰παράλιος, ον, [1] adjacent to the sea, on the coast.   ¹¹Τύρος, ου, ἡ, [11] Tyre, an ancient city, the capital of Phoenicia.   ¹²Σιδών, ῶνος, ἡ, [11] Sidon, a great coast city of Phoenicia.   ¹³ἰάομαι, [28] I heal, generally of the physical, sometimes of spiritual, disease.   ¹⁴νόσος, ου, ἡ, [12] a disease, malady, sickness.   ¹⁵ὀχλέω, [2] I trouble, torment, worry, vex.   ¹⁶ἀκάθαρτος, ον, [31] unclean, impure.   ¹⁷θεραπεύω, [44] I care for, attend, serve, treat, especially of a physician; hence: I heal.   ¹⁸ἅπτομαι, [36] prop: I fasten to; I lay hold of, touch, know carnally.   ¹⁹ἰάομαι, [28] I heal, generally of the physical, sometimes of spiritual, disease.   ²⁰ἐπαίρω, [19] I raise, lift up.   ²¹πτωχός, ή, όν, [34] poor, destitute, spiritually poor, either in a good sense (humble devout persons) or bad.   ²²ὑμέτερος, α, ον, [10] your, yours.   ²³πεινάω, [23] I am hungry, needy, desire earnestly.   ²⁴χορτάζω, [15] I feed, satisfy, fatten.   ²⁵κλαίω, [40] I weep, weep for, mourn, lament.   ²⁶γελάω, [2] I laugh, smile.   ²⁷μισέω, [41] I hate, detest, love less, esteem less.   ²⁸ἀφορίζω, [10] I rail off, separate, place apart.   ²⁹ὀνειδίζω, [10] I reproach, revile, upbraid.   ³⁰ἕνεκεν, [26] for the sake of, on account of, on account of which, wherefore, on account of what, why.   ³¹σκιρτάω, [3] I leap (for joy), skip, bound.   ³²μισθός, οῦ, ὁ, [29] (a) pay, wages, salary, (b) reward, recompense, punishment.

24 Πλὴν¹ οὐαὶ² ὑμῖν τοῖς πλουσίοις,³ ὅτι ἀπέχετε⁴ τὴν παράκλησιν⁵ ὑμῶν. **25** Οὐαὶ² ὑμῖν, οἱ ἐμπεπλησμένοι,⁶ ὅτι πεινάσετε.⁷ Οὐαὶ² ὑμῖν, οἱ γελῶντες⁸ νῦν, ὅτι πενθήσετε⁹ καὶ κλαύσετε.¹⁰ **26** Οὐαὶ² ὅταν καλῶς¹¹ ὑμᾶς εἴπωσιν οἱ ἄνθρωποι· κατὰ ταῦτα γὰρ ἐποίουν τοῖς ψευδοπροφήταις¹² οἱ πατέρες αὐτῶν.

27 Ἀλλ᾽ ὑμῖν λέγω τοῖς ἀκούουσιν, Ἀγαπᾶτε τοὺς ἐχθροὺς¹³ ὑμῶν, καλῶς¹¹ ποιεῖτε τοῖς μισοῦσιν¹⁴ ὑμᾶς, **28** εὐλογεῖτε¹⁵ τοὺς καταρωμένους¹⁶ ὑμῖν, προσεύχεσθε ὑπὲρ τῶν ἐπηρεαζόντων¹⁷ ὑμᾶς. **29** Τῷ τύπτοντί¹⁸ σε ἐπὶ τὴν σιαγόνα,¹⁹ πάρεχε²⁰ καὶ τὴν ἄλλην· καὶ ἀπὸ τοῦ αἴροντός σου τὸ ἱμάτιον, καὶ τὸν χιτῶνα²¹ μὴ κωλύσῃς.²² **30** Παντὶ δὲ τῷ αἰτοῦντί σε δίδου· καὶ ἀπὸ τοῦ αἴροντος τὰ σὰ²³ μὴ ἀπαίτει.²⁴ **31** Καὶ καθὼς θέλετε ἵνα ποιῶσιν ὑμῖν οἱ ἄνθρωποι, καὶ ὑμεῖς ποιεῖτε αὐτοῖς ὁμοίως.²⁵ **32** Καὶ εἰ ἀγαπᾶτε τοὺς ἀγαπῶντας ὑμᾶς, ποία²⁶ ὑμῖν χάρις ἐστίν; Καὶ γὰρ οἱ ἁμαρτωλοὶ²⁷ τοὺς ἀγαπῶντας αὐτοὺς ἀγαπῶσιν. **33** Καὶ ἐὰν ἀγαθοποιῆτε²⁸ τοὺς ἀγαθοποιοῦντας²⁹ ὑμᾶς, ποία²⁶ ὑμῖν χάρις ἐστίν; Καὶ γὰρ οἱ ἁμαρτωλοὶ²⁷ τὸ αὐτὸ ποιοῦσιν. **34** Καὶ ἐὰν δανείζητε³⁰ παρ᾽ ὧν ἐλπίζετε³¹ ἀπολαβεῖν,³² ποία²⁶ ὑμῖν χάρις ἐστίν; Καὶ γὰρ ἁμαρτωλοὶ²⁷ ἁμαρτωλοῖς²⁷ δανείζουσιν,³³ ἵνα ἀπολάβωσιν³⁴ τὰ ἴσα.³⁵ **35** Πλὴν¹ ἀγαπᾶτε τοὺς ἐχθροὺς¹³ ὑμῶν, καὶ ἀγαθοποιεῖτε,³⁶ καὶ δανείζετε,³⁷ μηδὲν ἀπελπίζοντες·³⁸ καὶ ἔσται ὁ μισθὸς³⁹ ὑμῶν πολύς, καὶ ἔσεσθε υἱοὶ ὑψίστου·⁴⁰ ὅτι αὐτὸς χρηστός⁴¹ ἐστιν ἐπὶ τοὺς ἀχαρίστους⁴² καὶ πονηρούς. **36** Γίνεσθε οὖν οἰκτίρμονες,⁴³ καθὼς καὶ ὁ πατὴρ ὑμῶν οἰκτίρμων⁴³ ἐστίν.

---

⁴ἀπέχετε: *PAI-2P* ⁶ἐμπεπλησμένοι: *RPP-NPM* ⁷πεινάσετε: *FAI-2P* ⁸γελῶντες: *PAP-NPM* ⁹πενθήσετε: *FAI-2P* ¹⁰κλαύσετε: *FAI-2P* ¹⁴μισοῦσιν: *PAP-DPM* ¹⁵εὐλογεῖτε: *PAM-2P* ¹⁶καταρωμένους: *PNP-APM* ¹⁷ἐπηρεαζόντων: *PAP-GPM* ¹⁸τύπτοντί: *PAP-DSM* ²⁰πάρεχε: *PAM-2S* ²²κωλύσῃς: *AAS-2S* ²⁴ἀπαίτει: *PAM-2S* ²⁸ἀγαθοποιῆτε: *PAS-2P* ²⁹ἀγαθοποιοῦντας: *PAP-APM* ³⁰δανείζητε: *PAS-2P* ³¹ἐλπίζετε: *PAI-2P* ³²ἀπολαβεῖν: *2AAN* ³³δανείζουσιν: *PAI-3P* ³⁴ἀπολάβωσιν: *2AAS-3P* ³⁶ἀγαθοποιεῖτε: *PAM-2P* ³⁷δανείζετε: *PAM-2P* ³⁸ἀπελπίζοντες: *PAP-NPM*

---

¹πλήν, *[31] however, nevertheless, but, except that, yet.* ²οὐαί, *[47] woe!, alas!, uttered in grief or denunciation.* ³πλούσιος, α, ον, *[28] rich, abounding in, wealthy; subst: a rich man.* ⁴ἀπέχω, *[18] I have in full, am far, it is enough.* ⁵παράκλησις, εως, ἡ, *[29] a calling for, summons, hence: (a) exhortation, (b) entreaty, (c) encouragement, joy, gladness, (d) consolation, comfort.* ⁶ἐμπίπλημι, *[5] I fill up, satisfy.* ⁷πεινάω, *[23] I am hungry, needy, desire earnestly.* ⁸γελάω, *[2] I laugh, smile.* ⁹πενθέω, *[10] I mourn, lament, feel guilt.* ¹⁰κλαίω, *[40] I weep, weep for, mourn, lament.* ¹¹καλῶς, *[36] well, nobly, honorably, rightly.* ¹²ψευδοπροφήτης, ου, ὁ, *[11] a false prophet; one who in God's name teaches what is false.* ¹³ἐχθρός, ά, όν, *[32] hated, hostile; subst: an enemy.* ¹⁴μισέω, *[41] I hate, detest, love less, esteem less.* ¹⁵εὐλογέω, *[43] (lit: I speak well of) I bless; pass: I am blessed.* ¹⁶καταράομαι, *[6] I curse.* ¹⁷ἐπηρεάζω, *[3] I insult, treat wrongfully, molest, revile.* ¹⁸τύπτω, *[14] I beat, strike, wound, inflict punishment.* ¹⁹σιαγών, όνος, ἡ, *[2] the jawbone, cheek, jaw.* ²⁰παρέχω, *[16] act. and mid: I offer, provide, confer, afford, give, bring, show, cause.* ²¹χιτών, ῶνος, ὁ, *[11] a tunic, garment, undergarment.* ²²κωλύω, *[23] I prevent, debar, hinder; with infin: from doing so and so.* ²³σός, σή, σόν, *[27] yours, thy, thine.* ²⁴ἀπαιτέω, *[2] I ask back, ask what is my due, demand back.* ²⁵ὁμοίως, *[32] in like manner, similarly, in the same way, equally.* ²⁶ποῖος, α, ον, *[34] of what sort.* ²⁷ἁμαρτωλός, ον, *[48] sinning, sinful, depraved, detestable.* ²⁸ἀγαθοποιέω, *[11] I do that which is good.* ²⁹ἀγαθοποιέω, *[11] I do that which is good.* ³⁰δανείζω, *[4] I lend; mid: I borrow.* ³¹ἐλπίζω, *[31] I hope, hope for, expect, trust.* ³²ἀπολαμβάνω, *[11] (a) I get back, receive back, (b) I get (receive) as due (deserved), (c) mid: I draw aside, separate.* ³³δανείζω, *[4] I lend; mid: I borrow.* ³⁴ἀπολαμβάνω, *[11] (a) I get back, receive back, (b) I get (receive) as due (deserved), (c) mid: I draw aside, separate.* ³⁵ἴσος, η, ον, *[8] equal, equivalent, identical.* ³⁶ἀγαθοποιέω, *[11] I do that which is good.* ³⁷δανείζω, *[4] I lend; mid: I borrow.* ³⁸ἀπελπίζω, *[1] I give up in despair, despair of; I hope to receive from or in return.* ³⁹μισθός, οῦ, ὁ, *[29] (a) pay, wages, salary, (b) reward, recompense, punishment.* ⁴⁰ὕψιστος, η, ον, *[13] highest, most high, the heights.* ⁴¹χρηστός, ή, όν, *[7] useful, gentle, pleasant, kind.* ⁴²ἀχάριστος, ον, *[2] ungrateful, ungracious, unpleasing.* ⁴³οἰκτίρμων, ον, *[3] compassionate, merciful.*

37 Καὶ μὴ κρίνετε, καὶ οὐ μὴ κριθῆτε. Μὴ καταδικάζετε, ¹ καὶ οὐ μὴ καταδικασθῆτε· ² ἀπολύετε, καὶ ἀπολυθήσεσθε· **38** δίδοτε, καὶ δοθήσεται ὑμῖν· μέτρον³ καλόν, πεπιεσμένον⁴ καὶ σεσαλευμένον⁵ καὶ ὑπερεκχυνόμενον⁶ δώσουσιν εἰς τὸν κόλπον⁷ ὑμῶν. Τῷ γὰρ αὐτῷ μέτρῳ³ ᾧ μετρεῖτε⁸ ἀντιμετρηθήσεται⁹ ὑμῖν.

39 Εἶπεν δὲ παραβολὴν αὐτοῖς, Μήτι¹⁰ δύναται τυφλὸς τυφλὸν ὁδηγεῖν;¹¹ Οὐχὶ ἀμφότεροι¹² εἰς βόθυνον¹³ πεσοῦνται; **40** Οὐκ ἔστιν μαθητὴς ὑπὲρ τὸν διδάσκαλον αὐτοῦ· κατηρτισμένος¹⁴ δὲ πᾶς ἔσται ὡς ὁ διδάσκαλος αὐτοῦ. **41** Τί δὲ βλέπεις τὸ κάρφος¹⁵ τὸ ἐν τῷ ὀφθαλμῷ τοῦ ἀδελφοῦ σου, τὴν δὲ δοκὸν¹⁶ τὴν ἐν τῷ ἰδίῳ ὀφθαλμῷ οὐ κατανοεῖς;¹⁷ **42** Ἢ πῶς δύνασαι λέγειν τῷ ἀδελφῷ σου, Ἀδελφέ, ἄφες ἐκβάλω τὸ κάρφος¹⁵ τὸ ἐν τῷ ὀφθαλμῷ σου, αὐτὸς τὴν ἐν τῷ ὀφθαλμῷ σου δοκὸν¹⁶ οὐ βλέπων; Ὑποκριτά,¹⁸ ἔκβαλε πρῶτον τὴν δοκὸν¹⁶ ἐκ τοῦ ὀφθαλμοῦ σου, καὶ τότε διαβλέψεις¹⁹ ἐκβαλεῖν τὸ κάρφος¹⁵ τὸ ἐν τῷ ὀφθαλμῷ τοῦ ἀδελφοῦ σου. **43** Οὐ γάρ ἐστιν δένδρον²⁰ καλὸν ποιοῦν καρπὸν σαπρόν·²¹ οὐδὲ δένδρον²⁰ σαπρὸν²¹ ποιοῦν καρπὸν καλόν. **44** Ἕκαστον γὰρ δένδρον²⁰ ἐκ τοῦ ἰδίου καρποῦ γινώσκεται. Οὐ γὰρ ἐξ ἀκανθῶν²² συλλέγουσιν²³ σῦκα,²⁴ οὐδὲ ἐκ βάτου²⁵ τρυγῶσιν²⁶ σταφυλήν.²⁷ **45** Ὁ ἀγαθὸς ἄνθρωπος ἐκ τοῦ ἀγαθοῦ θησαυροῦ²⁸ τῆς καρδίας αὐτοῦ προφέρει²⁹ τὸ ἀγαθόν, καὶ ὁ πονηρὸς ἄνθρωπος ἐκ τοῦ πονηροῦ θησαυροῦ²⁸ τῆς καρδίας αὐτοῦ προφέρει³⁰ τὸ πονηρόν· ἐκ γὰρ τοῦ περισσεύματος³¹ τῆς καρδίας λαλεῖ τὸ στόμα αὐτοῦ.

46 Τί δέ με καλεῖτε, Κύριε, κύριε, καὶ οὐ ποιεῖτε ἃ λέγω; **47** Πᾶς ὁ ἐρχόμενος πρός με καὶ ἀκούων μου τῶν λόγων καὶ ποιῶν αὐτούς, ὑποδείξω³² ὑμῖν τίνι ἐστὶν ὅμοιος·³³ **48** ὅμοιός³³ ἐστιν ἀνθρώπῳ οἰκοδομοῦντι³⁴ οἰκίαν, ὃς ἔσκαψεν³⁵ καὶ ἐβάθυνεν,³⁶ καὶ

¹καταδικάζετε: PAM-2P　²καταδικασθῆτε: APS-2P　⁴πεπιεσμένον: RPP-ASN　⁵σεσαλευμένον: RPP-ASN　⁶ὑπερεκχυνόμενον: PPP-ASN　⁸μετρεῖτε: PAI-2P　⁹ἀντιμετρηθήσεται: FPI-3S　¹¹ὁδηγεῖν: PAN　¹⁴κατηρτισμένος: RPP-NSM　¹⁷κατανοεῖς: PAI-2S　¹⁹διαβλέψεις: FAI-2S　²³συλλέγουσιν: PAI-3P　²⁶τρυγῶσιν: PAI-3P　²⁹προφέρει: PAI-3S　³⁰προφέρει: PAI-3S　³²ὑποδείξω: FAI-1S　³⁴οἰκοδομοῦντι: PAP-DSM　³⁵ἔσκαψεν: AAI-3S　³⁶ἐβάθυνεν: AAI-3S

¹καταδικάζω, [5] I condemn, pass sentence upon.　²καταδικάζω, [5] I condemn, pass sentence upon.　³μέτρον, ου, τό, [14] a measure, whether lineal or cubic; a measuring rod.　⁴πιέζω, [1] I press down, press together, as in a measure.　⁵σαλεύω, [15] I shake, excite, disturb in mind, stir up, drive away.　⁶ὑπερεκχύνω, [1] I pour out so that it overflows.　⁷κόλπος, ου, ὁ, [6] (a) sing. and plur: bosom; (sinus) the overhanging fold of the garment used as a pocket, (b) a bay, gulf.　⁸μετρέω, [11] I measure (out), estimate.　⁹ἀντιμετρέω, [1] I measure in return, give equivalent measure.　¹⁰μήτι, [16] if not, unless, whether at all.　¹¹ὁδηγέω, [5] I lead, guide; met: I instruct, teach.　¹²ἀμφότεροι, αι, α, [14] both (of two).　¹³βόθυνος, ου, ὁ, [3] a pit, ditch.　¹⁴καταρτίζω, [13] (a) I fit (join) together; met: I compact together, (b) act. and mid: I prepare, perfect, for his (its) full destination or use, bring into its proper condition (whether for the first time, or after a lapse).　¹⁵κάρφος, ους, τό, [6] a dry stalk, chip of wood, twig, splinter, chaff.　¹⁶δοκός, οῦ, ἡ, [6] a beam or spar of timber.　¹⁷κατανοέω, [14] I take note of, perceive, consider carefully, discern, detect, make account of.　¹⁸ὑποκριτής, οῦ, ὁ, [20] (lit: a stage-player), a hypocrite, dissembler, pretender.　¹⁹διαβλέπω, [2] I see through, see clearly.　²⁰δένδρον, ου, τό, [26] a tree.　²¹σαπρός, ά, όν, [8] rotten, useless, corrupt, depraved.　²²ἄκανθα, ης, ἡ, [14] a thorn-bush, prickly plant; a thorn.　²³συλλέγω, [8] I collect, gather.　²⁴σῦκον, ου, τό, [4] a (ripe) fig.　²⁵βάτος, ου, ὁ, ἡ, [5] a thorn bush or bramble.　²⁶τρυγάω, [3] I gather (as of grapes), harvest.　²⁷σταφυλή, ῆς, ἡ, [3] a grape, cluster of grapes.　²⁸θησαυρός, οῦ, ὁ, [18] a store-house for precious things; hence: a treasure, a store.　²⁹προφέρω, [2] I bring forth, produce.　³⁰προφέρω, [2] I bring forth, produce.　³¹περίσσευμα, ατος, τό, [5] abundance, overflow.　³²ὑποδείκνυμι, [6] I indicate, intimate, suggest, show, prove.　³³ὅμοιος, οία, οιον, [44] like, similar to, resembling, of equal rank.　³⁴οἰκοδομέω, [39] I erect a building, build; fig. of the building up of character: I build up, edify, encourage.　³⁵σκάπτω, [3] I dig, excavate.　³⁶βαθύνω, [1] I deepen, excavate.

ἔθηκεν θεμέλιον¹ ἐπὶ τὴν πέτραν·² πλημμύρας³ δὲ γενομένης, προσέρρηξεν⁴ ὁ ποταμὸς⁵ τῇ οἰκίᾳ ἐκείνῃ, καὶ οὐκ ἴσχυσεν⁶ σαλεῦσαι⁷ αὐτήν· τεθεμελίωτο⁸ γὰρ ἐπὶ τὴν πέτραν.² **49** Ὁ δὲ ἀκούσας καὶ μὴ ποιήσας ὅμοιός⁹ ἐστιν ἀνθρώπῳ οἰκοδομήσαντι¹⁰ οἰκίαν ἐπὶ τὴν γῆν χωρὶς¹¹ θεμελίου·¹ ᾗ προσέρρηξεν¹² ὁ ποταμός,⁵ καὶ εὐθέως ἔπεσεν, καὶ ἐγένετο τὸ ῥῆγμα¹³ τῆς οἰκίας ἐκείνης μέγα.

The Centurion of Capernaum

7 Ἐπεὶ¹⁴ δὲ ἐπλήρωσεν πάντα τὰ ῥήματα αὐτοῦ εἰς τὰς ἀκοὰς¹⁵ τοῦ λαοῦ, εἰσῆλθεν εἰς Καπερναούμ.¹⁶

2 Ἑκατοντάρχου¹⁷ δέ τινος δοῦλος κακῶς¹⁸ ἔχων ἔμελλεν τελευτᾶν,¹⁹ ὃς ἦν αὐτῷ ἔντιμος.²⁰ **3** Ἀκούσας δὲ περὶ τοῦ Ἰησοῦ, ἀπέστειλεν πρὸς αὐτὸν πρεσβυτέρους τῶν Ἰουδαίων, ἐρωτῶν αὐτόν, ὅπως ἐλθὼν διασώσῃ²¹ τὸν δοῦλον αὐτοῦ. **4** Οἱ δέ, παραγενόμενοι²² πρὸς τὸν Ἰησοῦν, παρεκάλουν αὐτὸν σπουδαίως,²³ λέγοντες ὅτι Ἄξιός²⁴ ἐστιν ᾧ παρέξει²⁵ τοῦτο· **5** ἀγαπᾷ γὰρ τὸ ἔθνος ἡμῶν, καὶ τὴν συναγωγὴν αὐτὸς ᾠκοδόμησεν²⁶ ἡμῖν. **6** Ὁ δὲ Ἰησοῦς ἐπορεύετο σὺν αὐτοῖς. Ἤδη δὲ αὐτοῦ οὐ μακρὰν²⁷ ἀπέχοντος²⁸ ἀπὸ τῆς οἰκίας, ἔπεμψεν πρὸς αὐτὸν ὁ ἑκατόνταρχος¹⁷ φίλους,²⁹ λέγων αὐτῷ, Κύριε, μὴ σκύλλου·³⁰ οὐ γάρ εἰμι ἱκανὸς³¹ ἵνα ὑπὸ τὴν στέγην³² μου εἰσέλθῃς· **7** διὸ οὐδὲ ἐμαυτὸν³³ ἠξίωσα³⁴ πρός σε ἐλθεῖν· ἀλλ' εἰπὲ λόγῳ, καὶ ἰαθήσεται³⁵ ὁ παῖς³⁶ μου. **8** Καὶ γὰρ ἐγὼ ἄνθρωπός εἰμι ὑπὸ ἐξουσίαν τασσόμενος,³⁷ ἔχων ὑπ' ἐμαυτὸν³³ στρατιώτας,³⁸ καὶ λέγω τούτῳ, Πορεύθητι, καὶ πορεύεται· καὶ ἄλλῳ, Ἔρχου, καὶ

---

⁴προσέρρηξεν: AAI-3S ⁶ἴσχυσεν: AAI-3S ⁷σαλεῦσαι: AAN ⁸τεθεμελίωτο: LPI-3S ¹⁰οἰκοδομήσαντι: AAP-DSM ¹²προσέρρηξεν: AAI-3S ¹⁹τελευτᾶν: PAN ²¹διασώσῃ: AAS-3S ²²παραγενόμενοι: 2ADP-NPM ²⁵παρέξει: FAI-3S ²⁶ᾠκοδόμησεν: AAI-3S ²⁸ἀπέχοντος: PAP-GSM ³⁰σκύλλου: PPM-2S ³⁴ἠξίωσα: AAI-1S ³⁵ἰαθήσεται: FPI-3S ³⁷τασσόμενος: PPP-NSM

---

¹θεμέλιος, ον, [16] (properly, an adj: belonging to the foundation), a foundation stone. ²πέτρα, ας, ἡ, [16] a rock, ledge, cliff, cave, stony ground. ³πλημμύρα, ας, ἡ, [1] a flood. ⁴προσρήγνυμι, [2] I dash against, as waves. ⁵ποταμός, οῦ, ὁ, [16] a river, torrent, stream. ⁶ἰσχύω, [29] I have strength, am strong, am in full health and vigor, am able; meton: I prevail. ⁷σαλεύω, [15] I shake, excite, disturb in mind, stir up, drive away. ⁸θεμελιόω, [6] I found, lay the foundation (lit. and met.). ⁹ὅμοιος, οία, οιον, [44] like, similar to, resembling, of equal rank. ¹⁰οἰκοδομέω, [39] I erect a building, build; fig. of the building up of character: I build up, edify, encourage. ¹¹χωρίς, [39] apart from, separately from; without. ¹²προσρήγνυμι, [2] I dash against, as waves. ¹³ῥῆγμα, ατος, τό, [1] what is broken, a ruin. ¹⁴ἐπεί, [27] of time: when, after; of cause: since, because; otherwise: else. ¹⁵ἀκοή, ῆς, ἡ, [24] hearing, faculty of hearing, ear; report, rumor. ¹⁶Καπερναούμ, ἡ, [16] Capernaum, a town of Galilee. ¹⁷ἑκατοντάρχης, ου, ὁ, [21] a centurion of the Roman army. ¹⁸κακῶς, [16] badly, evilly, wrongly. ¹⁹τελευτάω, [12] I end, finish, die, complete. ²⁰ἔντιμος, ον, [5] (held precious, hence) precious, honored, honorable in rank. ²¹διασώζω, [8] I save (rescue) through (some danger), bring safely to, escaped to. ²²παραγίνομαι, [37] (a) I come on the scene, appear, come, (b) with words expressing destination: I present myself at, arrive at, reach. ²³σπουδαίως, [2] diligently, earnestly, zealously. ²⁴ἄξιος, ία, ιον, [41] worthy, worthy of, deserving, comparable, suitable. ²⁵παρέχω, [16] act. and mid: I offer, provide, confer, afford, give, bring, show, cause. ²⁶οἰκοδομέω, [39] I erect a building, build; fig. of the building up of character: I build up, edify, encourage. ²⁷μακράν, [9] at a distance, far away, remote, alien. ²⁸ἀπέχω, [18] I have in full, am far, it is enough. ²⁹φίλος, η, ον, [30] friendly; subst: a friend, an associate. ³⁰σκύλλω, [4] I flay, trouble, annoy, vex. ³¹ἱκανός, ή, όν, [41] (a) considerable, sufficient, of number, quantity, time, (b) of persons: sufficiently strong (good, etc.), worthy, suitable, with various constructions, (c) many, much. ³²στέγη, ης, ἡ, [3] a flat roof of a house. ³³ἐμαυτοῦ, ῆς, οῦ, [37] of myself. ³⁴ἀξιόω, [7] I account or treat as worthy. ³⁵ἰάομαι, [28] I heal, generally of the physical, sometimes of spiritual, disease. ³⁶παῖς, παιδός, ὁ, ἡ, [24] (a) a male child, boy, (b) a male slave, servant; thus: a servant of God, especially as a title of the Messiah, (c) a female child, girl. ³⁷τάσσω, [9] (a) I assign, arrange, (b) I determine; mid: I appoint. ³⁸στρατιώτης, ου, ὁ, [26] a soldier.

ἔρχεται· καὶ τῷ δούλῳ μου, Ποίησον τοῦτο, καὶ ποιεῖ. 9 Ἀκούσας δὲ ταῦτα ὁ Ἰησοῦς ἐθαύμασεν[1] αὐτόν, καὶ στραφεὶς[2] τῷ ἀκολουθοῦντι αὐτῷ ὄχλῳ εἶπεν, Λέγω ὑμῖν, οὔτε ἐν τῷ Ἰσραὴλ τοσαύτην[3] πίστιν εὗρον. 10 Καὶ ὑποστρέψαντες[4] οἱ πεμφθέντες εἰς τὸν οἶκον εὗρον τὸν ἀσθενοῦντα[5] δοῦλον ὑγιαίνοντα.[6]

Raising of the Widow's Son

11 Καὶ ἐγένετο ἐν τῷ ἑξῆς,[7] ἐπορεύετο εἰς πόλιν καλουμένην Ναΐν·[8] καὶ συνεπορεύοντο[9] αὐτῷ οἱ μαθηταὶ αὐτοῦ ἱκανοί,[10] καὶ ὄχλος πολύς. 12 Ὡς δὲ ἤγγισεν[11] τῇ πύλῃ[12] τῆς πόλεως, καὶ ἰδού, ἐξεκομίζετο[13] τεθνηκώς,[14] υἱὸς μονογενὴς[15] τῇ μητρὶ αὐτοῦ, καὶ αὐτὴ χήρα·[16] καὶ ὄχλος τῆς πόλεως ἱκανὸς[10] σὺν αὐτῇ. 13 Καὶ ἰδὼν αὐτὴν ὁ κύριος ἐσπλαγχνίσθη[17] ἐπ᾽ αὐτῇ, καὶ εἶπεν αὐτῇ, Μὴ κλαῖε.[18] 14 Καὶ προσελθὼν ἥψατο[19] τῆς σοροῦ·[20] οἱ δὲ βαστάζοντες[21] ἔστησαν. Καὶ εἶπεν, Νεανίσκε,[22] σοὶ λέγω, ἐγέρθητι. 15 Καὶ ἀνεκάθισεν[23] ὁ νεκρός, καὶ ἤρξατο λαλεῖν. Καὶ ἔδωκεν αὐτὸν τῇ μητρὶ αὐτοῦ. 16 Ἔλαβεν δὲ φόβος[24] πάντας, καὶ ἐδόξαζον τὸν θεόν, λέγοντες ὅτι Προφήτης μέγας ἐγήγερται ἐν ἡμῖν, καὶ ὅτι Ἐπεσκέψατο[25] ὁ θεὸς τὸν λαὸν αὐτοῦ. 17 Καὶ ἐξῆλθεν ὁ λόγος οὗτος ἐν ὅλῃ τῇ Ἰουδαίᾳ[26] περὶ αὐτοῦ, καὶ ἐν πάσῃ τῇ περιχώρῳ.[27]

The Embassy of John the Baptist

18 Καὶ ἀπήγγειλαν[28] Ἰωάννῃ οἱ μαθηταὶ αὐτοῦ περὶ πάντων τούτων. 19 Καὶ προσκαλεσάμενος[29] δύο τινὰς τῶν μαθητῶν αὐτοῦ ὁ Ἰωάννης ἔπεμψεν πρὸς τὸν Ἰησοῦν, λέγων, Σὺ εἶ ὁ ἐρχόμενος, ἢ ἄλλον προσδοκῶμεν;[30] 20 Παραγενόμενοι[31] δὲ πρὸς αὐτὸν οἱ ἄνδρες εἶπον, Ἰωάννης ὁ βαπτιστὴς[32] ἀπέσταλκεν ἡμᾶς πρός σε, λέγων, Σὺ εἶ ὁ

---

[1]ἐθαύμασεν: AAI-3S   [2]στραφεὶς: 2APP-NSM   [4]ὑποστρέψαντες: AAP-NPM   [5]ἀσθενοῦντα: PAP-ASM [6]ὑγιαίνοντα: PAP-ASM   [9]συνεπορεύοντο: INI-3P   [11]ἤγγισεν: AAI-3S   [13]ἐξεκομίζετο: IPI-3S   [14]τεθνηκώς: RAP-NSM   [17]ἐσπλαγχνίσθη: AOI-3S   [18]κλαῖε: PAM-2S   [19]ἥψατο: ADI-3S   [21]βαστάζοντες: PAP-NPM   [23]ἀνεκάθισεν: AAI-3S   [25]Ἐπεσκέψατο: ADI-3S   [28]ἀπήγγειλαν: AAI-3P   [29]προσκαλεσάμενος: ADP-NSM   [30]προσδοκῶμεν: PAI-1P [31]Παραγενόμενοι: 2ADP-NPM

---

[1]θαυμάζω, [46] (a) intrans: I wonder, marvel, (b) trans: I wonder at, admire.   [2]στρέφω, [19] I turn, am converted, change, change my direction.   [3]τοσοῦτος, τοσαύτη, τοσοῦτο, [20] so great, so large, so long, so many.   [4]ὑποστρέφω, [37] I turn back, return.   [5]ἀσθενέω, [36] I am weak (physically: then morally), I am sick.   [6]ὑγιαίνω, [12] I am well, am in good health; I am right, reasonable, sound, pure, uncorrupted.   [7]ἑξῆς, [5] next in order, the next day, the following day, at the period immediately following.   [8]Ναΐν, ἡ, [1] Nain, a city south-west of the Sea of Galilee.   [9]συμπορεύομαι, [4] I journey together with; I come together, assemble. [10]ἱκανός, ή, όν, [41] (a) considerable, sufficient, of number, quantity, time, (b) of persons: sufficiently strong (good, etc.), worthy, suitable, with various constructions, (c) many, much.   [11]ἐγγίζω, [43] trans: I bring near; intrans: I come near, approach.   [12]πύλη, ης, ἡ, [10] a gate.   [13]ἐκκομίζω, [1] I carry out (of the city gate for burial).   [14]θνήσκω, [13] I die, am dying, am dead.   [15]μονογενής, ές, [9] only, only-begotten; unique.   [16]χήρα, ας, ἡ, [27] a widow.   [17]σπλαγχνίζομαι, [12] I feel compassion, have pity on, am moved.   [18]κλαίω, [40] I weep, weep for, mourn, lament.   [19]ἅπτομαι, [36] prop: I fasten to; I lay hold of, touch, know carnally.   [20]σορός, οῦ, ἡ, [1] a bier, an open coffin.   [21]βαστάζω, [27] (a) I carry, bear, (b) I carry (take) away.   [22]νεανίσκος, ου, ὁ, [10] a young man, youth, an attendant.   [23]ἀνακαθίζω, [2] I sit up.   [24]φόβος, ου, ὁ, [47] (a) fear, terror, alarm, (b) the object or cause of fear, (c) reverence, respect.   [25]ἐπισκέπτομαι, [11] I look upon, visit, look out, select. [26]Ἰουδαία, ας, ἡ, [43] Judea, a Roman province, capital Jerusalem.   [27]περίχωρος, ον, [10] neighboring; subst: the neighboring country, neighboring inhabitants.   [28]ἀπαγγέλλω, [44] I report (from one place to another), bring a report, announce, declare.   [29]προσκαλέω, [31] I call to myself, summon.   [30]προσδοκάω, [16] I expect, wait for, await, think, anticipate.   [31]παραγίνομαι, [37] (a) I come on the scene, appear, come, (b) with words expressing destination: I present myself at, arrive at, reach.   [32]βαπτιστής, οῦ, ὁ, [14] the baptizer, the Baptist, epithet used only of John, the son of Zechariah and Elizabeth, forerunner of Jesus.

ἐρχόμενος, ἢ ἄλλον προσδοκῶμεν;¹ 21 Ἐν αὐτῇ δὲ τῇ ὥρᾳ ἐθεράπευσεν² πολλοὺς ἀπὸ νόσων³ καὶ μαστίγων⁴ καὶ πνευμάτων πονηρῶν, καὶ τυφλοῖς πολλοῖς ἐχαρίσατο⁵ τὸ βλέπειν. 22 Καὶ ἀποκριθεὶς ὁ Ἰησοῦς εἶπεν αὐτοῖς, Πορευθέντες ἀπαγγείλατε⁶ Ἰωάννῃ ἃ εἴδετε καὶ ἠκούσατε· ὅτι τυφλοὶ ἀναβλέπουσιν,⁷ χωλοὶ⁸ περιπατοῦσιν, λεπροὶ⁹ καθαρίζονται,¹⁰ κωφοὶ¹¹ ἀκούουσιν, νεκροὶ ἐγείρονται, πτωχοὶ¹² εὐαγγελίζονται· 23 καὶ μακάριός ἐστιν, ὃς ἐὰν μὴ σκανδαλισθῇ¹³ ἐν ἐμοί.

24 Ἀπελθόντων δὲ τῶν ἀγγέλων Ἰωάννου, ἤρξατο λέγειν τοῖς ὄχλοις περὶ Ἰωάννου, Τί ἐξεληλύθατε εἰς τὴν ἔρημον θεάσασθαι;¹⁴ Κάλαμον¹⁵ ὑπὸ ἀνέμου¹⁶ σαλευόμενον;¹⁷ 25 Ἀλλὰ τί ἐξεληλύθατε ἰδεῖν; Ἄνθρωπον ἐν μαλακοῖς¹⁸ ἱματίοις ἠμφιεσμένον;¹⁹ Ἰδού, οἱ ἐν ἱματισμῷ²⁰ ἐνδόξῳ²¹ καὶ τρυφῇ²² ὑπάρχοντες ἐν τοῖς βασιλείοις²³ εἰσίν. 26 Ἀλλὰ τί ἐξεληλύθατε ἰδεῖν; Προφήτην; Ναί,²⁴ λέγω ὑμῖν, καὶ περισσότερον²⁵ προφήτου. 27 Οὗτός ἐστιν περὶ οὗ γέγραπται, Ἰδού, ἐγὼ ἀποστέλλω τὸν ἄγγελόν μου πρὸ²⁶ προσώπου σου, ὃς κατασκευάσει²⁷ τὴν ὁδόν σου ἔμπροσθέν²⁸ σου. 28 Λέγω γὰρ ὑμῖν, μείζων ἐν γεννητοῖς²⁹ γυναικῶν προφήτης Ἰωάννου τοῦ βαπτιστοῦ³⁰ οὐδείς ἐστιν· ὁ δὲ μικρότερος³¹ ἐν τῇ βασιλείᾳ τοῦ θεοῦ μείζων αὐτοῦ ἐστιν. 29 Καὶ πᾶς ὁ λαὸς ἀκούσας καὶ οἱ τελῶναι³² ἐδικαίωσαν³³ τὸν θεόν, βαπτισθέντες τὸ βάπτισμα³⁴ Ἰωάννου· 30 οἱ δὲ Φαρισαῖοι καὶ οἱ νομικοὶ³⁵ τὴν βουλὴν³⁶ τοῦ θεοῦ ἠθέτησαν³⁷ εἰς ἑαυτούς, μὴ

---

¹προσδοκῶμεν: PAI-1P ²ἐθεράπευσεν: AAI-3S ⁵ἐχαρίσατο: ADI-3S ⁶ἀπαγγείλατε: AAM-2P ⁷ἀναβλέπουσιν: PAI-3P ¹⁰καθαρίζονται: PPI-3P ¹³σκανδαλισθῇ: APS-3S ¹⁴θεάσασθαι: ADN ¹⁷σαλευόμενον: PPP-ASM ¹⁹ἠμφιεσμένον: RPP-ASM ²⁷κατασκευάσει: FAI-3S ³³ἐδικαίωσαν: AAI-3P ³⁷ἠθέτησαν: AAI-3P

---

¹προσδοκάω, [16] I expect, wait for, await, think, anticipate. ²θεραπεύω, [44] I care for, attend, serve, treat, especially of a physician; hence: I heal. ³νόσος, ου, ἡ, [12] a disease, malady, sickness. ⁴μάστιξ, ιγος, ἡ, [6] (a) a scourge, lash, of leathern thongs with pieces of metal sewn up in them, (b) met: severe pains (sufferings), disease. ⁵χαρίζομαι, [23] (a) I show favor to, (b) I pardon, forgive, (c) I show kindness. ⁶ἀπαγγέλλω, [44] I report (from one place to another), bring a report, announce, declare. ⁷ἀναβλέπω, [26] I look up, recover my sight. ⁸χωλός, ή, όν, [15] lame, deprived of a foot, limping. ⁹λεπρός, οῦ, ὁ, [9] a leprous person, a leper. ¹⁰καθαρίζω, [30] I cleanse, make clean, literally, ceremonially, or spiritually, according to context. ¹¹κωφός, ή, όν, [14] (lit: blunted) dumb, dull, deaf. ¹²πτωχός, ή, όν, [34] poor, destitute, spiritually poor, either in a good sense (humble devout persons) or bad. ¹³σκανδαλίζω, [30] I cause to stumble, cause to sin, cause to become indignant, shock, offend. ¹⁴θεάομαι, [24] I see, behold, contemplate, look upon, view; I see, visit. ¹⁵κάλαμος, ου, ὁ, [12] a reed; a reed-pen, reed-staff, measuring rod. ¹⁶ἄνεμος, ου, ὁ, [31] the wind; fig: applied to empty doctrines. ¹⁷σαλεύω, [15] I shake, excite, disturb in mind, stir up, drive away. ¹⁸μαλακός, ή, όν, [4] (a) soft, (b) of persons: soft, delicate, effeminate. ¹⁹ἀμφιέννυμι, [4] I put on, clothe. ²⁰ἱματισμός, οῦ, ὁ, [5] a collective word: raiment, clothing. ²¹ἔνδοξος, ον, [4] highly esteemed, splendid, glorious. ²²τρυφή, ῆς, ἡ, [2] effeminate luxury, softness, indulgent living. ²³βασίλειος, ον, [3] courtiers, palaces, a body of kings, royal. ²⁴ναί, [35] yes, certainly, even so. ²⁵περισσός, ή, όν, [26] more, greater, excessive, abundant, exceedingly, vehemently; noun: preeminence, advantage. ²⁶πρό, [47] (a) of place: before, in front of, (b) of time: before, earlier than. ²⁷κατασκευάζω, [11] I build, construct, prepare, make ready. ²⁸ἔμπροσθεν, [48] in front, before the face; sometimes made a subst. by the addition of the article: in front of, before the face of. ²⁹γεννητός, ή, όν, [2] begotten, born. ³⁰βαπτιστής, οῦ, ὁ, [14] the baptizer, the Baptist, epithet used only of John, the son of Zechariah and Elizabeth, forerunner of Jesus. ³¹μικρός, ά, όν, [45] little, small. ³²τελώνης, ου, ὁ, [22] a publican, collector of taxes. ³³δικαιόω, [39] I make righteous, defend the cause of, plead for the righteousness (innocence) of, acquit, justify; hence: I regard as righteous. ³⁴βάπτισμα, ατος, τό, [22] the rite or ceremony of baptism. ³⁵νομικός, ή, όν, [9] (a) adj: connected with law, about law, (b) noun: a lawyer, one learned in the Law, one learned in the Old Testament. ³⁶βουλή, ῆς, ἡ, [12] counsel, deliberate wisdom, decree. ³⁷ἀθετέω, [16] I annul, make of no effect, set aside, ignore, slight; I break faith with.

βαπτισθέντες ὑπ' αὐτοῦ. **31** Τίνι οὖν ὁμοιώσω¹ τοὺς ἀνθρώπους τῆς γενεᾶς² ταύτης, καὶ τίνι εἰσὶν ὅμοιοι;³ **32** Ὅμοιοί³ εἰσιν παιδίοις τοῖς ἐν ἀγορᾷ⁴ καθημένοις, καὶ προσφωνοῦσιν⁵ ἀλλήλοις, καὶ λέγουσιν, Ηὐλήσαμεν⁶ ὑμῖν, καὶ οὐκ ὠρχήσασθε·⁷ ἐθρηνήσαμεν⁸ ὑμῖν, καὶ οὐκ ἐκλαύσατε.⁹ **33** Ἐλήλυθεν γὰρ Ἰωάννης ὁ βαπτιστὴς¹⁰ μήτε¹¹ ἄρτον ἐσθίων μήτε¹¹ οἶνον¹² πίνων, καὶ λέγετε, Δαιμόνιον ἔχει· **34** ἐλήλυθεν ὁ υἱὸς τοῦ ἀνθρώπου ἐσθίων καὶ πίνων, καὶ λέγετε, Ἰδού, ἄνθρωπος φάγος¹³ καὶ οἰνοπότης,¹⁴ φίλος¹⁵ τελωνῶν¹⁶ καὶ ἁμαρτωλῶν.¹⁷ **35** Καὶ ἐδικαιώθη¹⁸ ἡ σοφία ἀπὸ τῶν τέκνων αὐτῆς πάντων.

The First Anointing of Jesus

36 Ἠρώτα δέ τις αὐτὸν τῶν Φαρισαίων ἵνα φάγῃ μετ' αὐτοῦ· καὶ εἰσελθὼν εἰς τὴν οἰκίαν τοῦ Φαρισαίου ἀνεκλίθη.¹⁹ **37** Καὶ ἰδού, γυνὴ ἐν τῇ πόλει, ἥτις ἦν ἁμαρτωλός,¹⁷ ἐπιγνοῦσα²⁰ ὅτι ἀνάκειται²¹ ἐν τῇ οἰκίᾳ τοῦ Φαρισαίου, κομίσασα²² ἀλάβαστρον²³ μύρου,²⁴ **38** καὶ στᾶσα παρὰ τοὺς πόδας αὐτοῦ ὀπίσω²⁵ κλαίουσα,²⁶ ἤρξατο βρέχειν²⁷ τοὺς πόδας αὐτοῦ τοῖς δάκρυσιν,²⁸ καὶ ταῖς θριξὶν²⁹ τῆς κεφαλῆς αὐτῆς ἐξέμασσεν,³⁰ καὶ κατεφίλει³¹ τοὺς πόδας αὐτοῦ, καὶ ἤλειφεν³² τῷ μύρῳ.²⁴ **39** Ἰδὼν δὲ ὁ Φαρισαῖος ὁ καλέσας αὐτὸν εἶπεν ἐν ἑαυτῷ λέγων, Οὗτος, εἰ ἦν προφήτης, ἐγίνωσκεν ἂν τίς καὶ ποταπὴ³³ ἡ γυνὴ ἥτις ἅπτεται³⁴ αὐτοῦ, ὅτι ἁμαρτωλός¹⁷ ἐστιν. **40** Καὶ ἀποκριθεὶς ὁ Ἰησοῦς εἶπεν πρὸς αὐτόν, Σίμων, ἔχω σοί τι εἰπεῖν. Ὁ δέ φησιν, Διδάσκαλε, εἰπέ. **41** Δύο χρεωφειλέται³⁵ ἦσαν δανειστῇ³⁶ τινί· ὁ εἷς ὤφειλεν³⁷ δηνάρια³⁸ πεντακόσια,³⁹ ὁ δὲ

---

¹ὁμοιώσω: FAI-1S ⁵προσφωνοῦσιν: PAP-DPN ⁶Ηὐλήσαμεν: AAI-1P ⁷ὠρχήσασθε: ADI-2P ⁸ἐθρηνήσαμεν: AAI-1P ⁹ἐκλαύσατε: AAI-2P ¹⁸ἐδικαιώθη: API-3S ¹⁹ἀνεκλίθη: API-3S ²⁰ἐπιγνοῦσα: 2AAP-NSF ²¹ἀνάκειται: PNI-3S ²²κομίσασα: AAP-NSF ²⁶κλαίουσα: PAP-NSF ²⁷βρέχειν: PAN ³⁰ἐξέμασσεν: IAI-3S ³¹κατεφίλει: IAI-3S ³²ἤλειφεν: IAI-3S ³⁴ἅπτεται: PMI-3S ³⁷ὤφειλεν: IAI-3S

---

¹ὁμοιόω, [15] I make like, liken; I compare. ²γενεά, ᾶς, ἡ, [42] a generation; if repeated twice or with another time word, practically indicates infinity of time. ³ὅμοιος, οία, οιον, [44] like, similar to, resembling, of equal rank. ⁴ἀγορά, ᾶς, ἡ, [11] market-place, forum, public place of assembly. ⁵προσφωνέω, [7] I call to, summon; I call (out) to, address, give a speech to, harangue. ⁶αὐλέω, [3] I play the flute, pipe. ⁷ὀρχέομαι, [4] I dance. ⁸θρηνέω, [4] intrans: I lament, wail; trans: I bewail. ⁹κλαίω, [40] I weep, weep for, mourn, lament. ¹⁰βαπτιστής, οῦ, ὁ, [14] the baptizer, the Baptist, epithet used only of John, the son of Zechariah and Elizabeth, forerunner of Jesus. ¹¹μήτε, [36] nor, neither, not even, neither... nor. ¹²οἶνος, ου, ὁ, [33] wine. ¹³φάγος, ου, ὁ, [2] a glutton. ¹⁴οἰνοπότης, ου, ὁ, [2] an excessive wine-drinker. ¹⁵φίλος, η, ον, [30] friendly; subst: a friend, an associate. ¹⁶τελώνης, ου, ὁ, [22] a publican, collector of taxes. ¹⁷ἁμαρτωλός, ον, [48] sinning, sinful, depraved, detestable. ¹⁸δικαιόω, [39] I make righteous, defend the cause of, plead for the righteousness (innocence) of, acquit, justify; hence: I regard as righteous. ¹⁹ἀνακλίνω, [8] I lay upon, lean against, lay down, make to recline; pass: I lie back, recline. ²⁰ἐπιγινώσκω, [42] I come to know by directing my attention to him or it, I perceive, discern, recognize; aor: I found out. ²¹ἀνάκειμαι, [15] I recline, especially at a dinner-table. ²²κομίζω, [11] (a) act: I convey, bring, carry, (b) mid: I receive back, receive what has belonged to myself but has been lost, or else promised but kept back, or: I get what has come to be my own by earning, recover. ²³ἀλάβαστρον, ου, τό, [4] a phial or bottle of perfumed ointment, usually of alabaster. ²⁴μύρον, ου, τό, [14] anointing-oil, ointment. ²⁵ὀπίσω, [37] behind, after; back, backwards. ²⁶κλαίω, [40] I weep, weep for, mourn, lament. ²⁷βρέχω, [7] I moisten, rain, send rain. ²⁸δάκρυον, ου, τό, [11] a tear. ²⁹θρίξ, τριχός, ἡ, [15] hair (of the head or of animals). ³⁰ἐκμάσσω, [5] I wipe, wipe (off) thoroughly. ³¹καταφιλέω, [6] I kiss affectionately. ³²ἀλείφω, [9] I anoint: festivally, in homage, medicinally, or in anointing the dead. ³³ποταπός, ή, όν, [7] of what kind, of what manner. ³⁴ἅπτομαι, [36] prop: I fasten to; I lay hold of, touch, know carnally. ³⁵χρεωφειλέτης, ου, ὁ, [2] a debtor. ³⁶δανειστής, οῦ, ὁ, [1] a money-lender, creditor. ³⁷ὀφείλω, [36] I owe, ought. ³⁸δηνάριον, ου, τό, [16] a denarius, a small Roman silver coin. ³⁹πεντακόσιοι, αι, α, [2] five hundred.

ἕτερος πεντήκοντα.¹ 42 Μὴ ἐχόντων δὲ αὐτῶν ἀποδοῦναι,² ἀμφοτέροις³ ἐχαρίσατο.⁴ Τίς οὖν αὐτῶν, εἰπέ, πλεῖον αὐτὸν ἀγαπήσει; 43 Ἀποκριθεὶς δὲ ὁ Σίμων εἶπεν, Ὑπολαμβάνω⁵ ὅτι ᾧ τὸ πλεῖον ἐχαρίσατο.⁶ Ὁ δὲ εἶπεν αὐτῷ, Ὀρθῶς⁷ ἔκρινας. 44 Καὶ στραφεὶς⁸ πρὸς τὴν γυναῖκα, τῷ Σίμωνι ἔφη, Βλέπεις ταύτην τὴν γυναῖκα; Εἰσῆλθόν σου εἰς τὴν οἰκίαν, ὕδωρ ἐπὶ τοὺς πόδας μου οὐκ ἔδωκας· αὕτη δὲ τοῖς δάκρυσιν⁹ ἔβρεξέν¹⁰ μου τοὺς πόδας, καὶ ταῖς θριξὶν¹¹ τῆς κεφαλῆς αὐτῆς ἐξέμαξεν.¹² 45 Φίλημά¹³ μοι οὐκ ἔδωκας· αὕτη δέ, ἀφ᾽ ἧς εἰσῆλθον, οὐ διέλιπεν¹⁴ καταφιλοῦσά¹⁵ μου τοὺς πόδας. 46 Ἐλαίῳ¹⁶ τὴν κεφαλήν μου οὐκ ἤλειψας·¹⁷ αὕτη δὲ μύρῳ¹⁸ ἤλειψέν¹⁹ μου τοὺς πόδας. 47 Οὗ χάριν,²⁰ λέγω σοι, ἀφέωνται αἱ ἁμαρτίαι αὐτῆς αἱ πολλαί, ὅτι ἠγάπησεν πολύ· ᾧ δὲ ὀλίγον²¹ ἀφίεται, ὀλίγον²¹ ἀγαπᾷ. 48 Εἶπεν δὲ αὐτῇ, Ἀφέωνταί σου αἱ ἁμαρτίαι. 49 Καὶ ἤρξαντο οἱ συνανακείμενοι²² λέγειν ἐν ἑαυτοῖς, Τίς οὗτός ἐστιν ὃς καὶ ἁμαρτίας ἀφίησιν; 50 Εἶπεν δὲ πρὸς τὴν γυναῖκα, Ἡ πίστις σου σέσωκέν σε· πορεύου εἰς εἰρήνην.

Teaching in Parables

8 Καὶ ἐγένετο ἐν τῷ καθεξῆς,²³ καὶ αὐτὸς διώδευεν²⁴ κατὰ πόλιν καὶ κώμην,²⁵ κηρύσσων καὶ εὐαγγελιζόμενος τὴν βασιλείαν τοῦ θεοῦ· καὶ οἱ δώδεκα σὺν αὐτῷ, 2 καὶ γυναῖκές τινες αἳ ἦσαν τεθεραπευμέναι²⁶ ἀπὸ πνευμάτων πονηρῶν καὶ ἀσθενειῶν,²⁷ Μαρία ἡ καλουμένη Μαγδαληνή, ἀφ᾽ ἧς δαιμόνια ἑπτὰ ἐξεληλύθει, 3 καὶ Ἰωάννα γυνὴ Χουζᾶ ἐπιτρόπου²⁸ Ἡρῴδου, καὶ Σουσάννα, καὶ ἕτεραι πολλαί, αἵτινες διηκόνουν²⁹ αὐτοῖς ἀπὸ τῶν ὑπαρχόντων αὐταῖς.

---

²ἀποδοῦναι: 2AAN   ⁴ἐχαρίσατο: ADI-3S   ⁵Ὑπολαμβάνω: PAI-1S   ⁶ἐχαρίσατο: ADI-3S   ⁸στραφεὶς: 2APP-NSM   ¹⁰ἔβρεξέν: AAI-3S   ¹²ἐξέμαξεν: AAI-3S   ¹⁴διέλιπεν: 2AAI-3S   ¹⁵καταφιλοῦσά: PAP-NSF   ¹⁷ἤλειψας: AAI-2S   ¹⁹ἤλειψέν: AAI-3S   ²²συνανακείμενοι: PNP-NPM   ²⁴διώδευεν: IAI-3S   ²⁶τεθεραπευμέναι: RPP-NPF   ²⁹διηκόνουν: IAI-3P

---

¹πεντήκοντα, οἱ, αἱ, τά, [7] fifty.   ²ἀποδίδωμι, [47] (a) I give back, return, restore, (b) I give, render, as due, (c) mid: I sell.   ³ἀμφότεροι, αι, α, [14] both (of two).   ⁴χαρίζομαι, [23] (a) I show favor to, (b) I pardon, forgive, (c) I show kindness.   ⁵ὑπολαμβάνω, [4] (a) I take up, (b) I welcome, entertain, (c) I answer, (d) I suppose, imagine.   ⁶χαρίζομαι, [23] (a) I show favor to, (b) I pardon, forgive, (c) I show kindness.   ⁷ὀρθῶς, [5] rightly.   ⁸στρέφω, [19] I turn, am converted, change, change my direction.   ⁹δάκρυον, ου, τό, [11] a tear.   ¹⁰βρέχω, [7] I moisten, rain, send rain.   ¹¹θρίξ, τριχός, ἡ, [15] hair (of the head or of animals).   ¹²ἐκμάσσω, [5] I wipe, wipe (off) thoroughly.   ¹³φίλημα, ατος, τό, [7] a kiss.   ¹⁴διαλείπω, [1] I cease, give over, give up.   ¹⁵καταφιλέω, [6] I kiss affectionately.   ¹⁶Ἔλαιον, ου, τό, [11] olive oil, oil.   ¹⁷ἀλείφω, [9] I anoint: festivally, in homage, medicinally, or in anointing the dead.   ¹⁸μύρον, ου, τό, [14] anointing-oil, ointment.   ¹⁹ἀλείφω, [9] I anoint: festivally, in homage, medicinally, or in anointing the dead.   ²⁰χάριν, [9] for the sake of, by reason of, on account of.   ²¹ὀλίγος, η, ον, [43] (a) especially in plur: few, (b) in sing: small; hence, of time: short, of degree: light, slight, little.   ²²συνανάκειμαι, [8] I recline at table with.   ²³καθεξῆς, [5] in order, in succession, in the time immediately after, just after.   ²⁴διοδεύω, [2] I journey through, go about.   ²⁵κώμη, ης, ἡ, [28] a village, country town.   ²⁶θεραπεύω, [44] I care for, attend, serve, treat, especially of a physician; hence: I heal.   ²⁷ἀσθένεια, ας, ἡ, [24] want of strength, weakness, illness, suffering, calamity, frailty.   ²⁸ἐπίτροπος, ου, ὁ, [3] (a) (procurator) a steward, (b) (tutor) a guardian (appointed for an "infant" [under 14 perhaps] by the father or by a magistrate).   ²⁹διακονέω, [37] I wait at table (particularly of a slave who waits on guests); I serve (generally).

4 Συνιόντος¹ δὲ ὄχλου πολλοῦ, καὶ τῶν κατὰ πόλιν ἐπιπορευομένων² πρὸς αὐτόν, εἶπεν διὰ παραβολῆς, 5 Ἐξῆλθεν ὁ σπείρων τοῦ σπεῖραι τὸν σπόρον³ αὐτοῦ· καὶ ἐν τῷ σπείρειν αὐτόν, ὃ μὲν ἔπεσεν παρὰ τὴν ὁδόν, καὶ κατεπατήθη,⁴ καὶ τὰ πετεινὰ⁵ τοῦ οὐρανοῦ κατέφαγεν⁶ αὐτό. 6 Καὶ ἕτερον ἔπεσεν ἐπὶ τὴν πέτραν,⁷ καὶ φυὲν⁸ ἐξηράνθη,⁹ διὰ τὸ μὴ ἔχειν ἰκμάδα.¹⁰ 7 Καὶ ἕτερον ἔπεσεν ἐν μέσῳ τῶν ἀκανθῶν,¹¹ καὶ συμφυεῖσαι¹² αἱ ἄκανθαι¹¹ ἀπέπνιξαν¹³ αὐτό. 8 Καὶ ἕτερον ἔπεσεν εἰς τὴν γῆν τὴν ἀγαθήν, καὶ φυὲν¹⁴ ἐποίησεν καρπὸν ἑκατονταπλασίονα.¹⁵ Ταῦτα λέγων ἐφώνει,¹⁶ Ὁ ἔχων ὦτα¹⁷ ἀκούειν ἀκουέτω.

9 Ἐπηρώτων δὲ αὐτὸν οἱ μαθηταὶ αὐτοῦ, λέγοντες, Τίς εἴη ἡ παραβολὴ αὕτη; 10 Ὁ δὲ εἶπεν, Ὑμῖν δέδοται γνῶναι τὰ μυστήρια¹⁸ τῆς βασιλείας τοῦ θεοῦ· τοῖς δὲ λοιποῖς¹⁹ ἐν παραβολαῖς, ἵνα βλέποντες μὴ βλέπωσιν, καὶ ἀκούοντες μὴ συνιῶσιν.²⁰ 11 Ἔστιν δὲ αὕτη ἡ παραβολή· Ὁ σπόρος³ ἐστὶν ὁ λόγος τοῦ θεοῦ. 12 Οἱ δὲ παρὰ τὴν ὁδὸν εἰσὶν οἱ ἀκούοντες, εἶτα²¹ ἔρχεται ὁ διάβολος²² καὶ αἴρει τὸν λόγον ἀπὸ τῆς καρδίας αὐτῶν, ἵνα μὴ πιστεύσαντες σωθῶσιν. 13 Οἱ δὲ ἐπὶ τῆς πέτρας⁷ οἵ, ὅταν ἀκούσωσιν, μετὰ χαρᾶς δέχονται τὸν λόγον, καὶ οὗτοι ῥίζαν²³ οὐκ ἔχουσιν, οἳ πρὸς καιρὸν πιστεύουσιν, καὶ ἐν καιρῷ πειρασμοῦ²⁴ ἀφίστανται.²⁵ 14 Τὸ δὲ εἰς τὰς ἀκάνθας¹¹ πεσόν, οὗτοί εἰσιν οἱ ἀκούσαντες, καὶ ὑπὸ μεριμνῶν²⁶ καὶ πλούτου²⁷ καὶ ἡδονῶν²⁸ τοῦ βίου²⁹ πορευόμενοι συμπνίγονται,³⁰ καὶ οὐ τελεσφοροῦσιν.³¹ 15 Τὸ δὲ ἐν τῇ καλῇ γῇ, οὗτοί εἰσιν οἵτινες ἐν καρδίᾳ καλῇ καὶ ἀγαθῇ, ἀκούσαντες τὸν λόγον κατέχουσιν,³² καὶ καρποφοροῦσιν³³ ἐν ὑπομονῇ.³⁴

---

¹Συνιόντος: PAP-GSM   ²ἐπιπορευομένων: PNP-GPM   ⁴κατεπατήθη: API-3S   ⁶κατέφαγεν: 2AAI-3S   ⁸φυὲν: 2APP-NSN   ⁹ἐξηράνθη: API-3S   ¹²συμφυεῖσαι: 2APP-NPF   ¹³ἀπέπνιξαν: AAI-3P   ¹⁴φυὲν: 2APP-NSN   ¹⁶ἐφώνει: IAI-3S   ²⁰συνιῶσιν: PAS-3P   ²⁵ἀφίστανται: PNI-3P   ³⁰συμπνίγονται: PPI-3P   ³¹τελεσφοροῦσιν: PAI-3P   ³²κατέχουσιν: PAI-3P   ³³καρποφοροῦσιν: PAI-3P

---

¹σύν εἶμι, [1] I come together.   ²ἐπιπορεύομαι, [1] I travel, journey (to).   ³σπόρος, ου, ὁ, [5] seed for sowing.   ⁴καταπατέω, [5] I trample down, trample under foot (lit. and met.), spurn.   ⁵πετεινόν, οῦ, τό, [14] a bird, fowl.   ⁶κατεσθίω, [15] I eat up, eat till it is finished, devour, squander, annoy, injure.   ⁷πέτρα, ας, ἡ, [16] a rock, ledge, cliff, cave, stony ground.   ⁸φύω, [3] I grow, grow up, spring up.   ⁹ξηραίνω, [16] I dry up, parch, am ripened, wither, waste away.   ¹⁰ἰκμάς, άδος, ἡ, [1] moisture.   ¹¹ἄκανθα, ης, ἡ, [14] a thorn-bush, prickly plant; a thorn.   ¹²συμφύω, [1] I grow at the same time.   ¹³ἀποπνίγω, [3] (a) I suffocate, choke, drown, (b) I stop the growth of.   ¹⁴φύω, [3] I grow, grow up, spring up.   ¹⁵ἑκατονταπλασίων, ον, [3] a hundredfold.   ¹⁶φωνέω, [42] I give forth a sound, hence: (a) of a cock: I crow, (b) of men: I shout, (c) trans: I call (to myself), summon; I invite, address.   ¹⁷οὗς, ὠτός, τό, [37] (a) the ear, (b) met: the faculty of perception.   ¹⁸μυστήριον, ου, τό, [27] a mystery, secret, of which initiation is necessary; in the NT: the counsels of God, once hidden but now revealed in the Gospel or some fact thereof; the Christian revelation generally; particular truths or details of the Christian revelation.   ¹⁹λοιπός, ή, όν, [42] left, left behind, the remainder, the rest, the others.   ²⁰συνίημι, [26] I consider, understand, perceive.   ²¹εἶτα, [16] then, thereafter, next (marking a fresh stage); therefore, then, furthermore.   ²²διάβολος, ον, [38] (adj. used often as a noun), slanderous; with the article: the Slanderer (par excellence), the Devil.   ²³ῥίζα, ης, ἡ, [17] a root, shoot, source; that which comes from the root, a descendent.   ²⁴πειρασμός, οῦ, ὁ, [21] (a) trial, probation, testing, being tried, (b) temptation, (c) calamity, affliction.   ²⁵ἀφίστημι, [15] I make to stand away, draw away, repel, take up a position away from, withdraw from, leave, abstain from.   ²⁶μέριμνα, ης, ἡ, [6] care, worry, anxiety.   ²⁷πλοῦτος, ου, ὁ, [22] riches, wealth, abundance, materially or spiritually.   ²⁸ἡδονή, ῆς, ἡ, [5] pleasure, a pleasure, especially sensuous pleasure; a strong desire, passion.   ²⁹βίος, ου, ὁ, [11] (a) life, (b) manner of life; livelihood.   ³⁰συμπνίγω, [5] I choke utterly, as weeds do plants; I crowd upon.   ³¹τελεσφορέω, [1] I bring to maturity.   ³²κατέχω, [19] (a) I hold fast, bind, arrest, (b) I take possession of, lay hold of, (c) I hold back, detain, restrain, (d) I hold a ship, keep its head.   ³³καρποφορέω, [8] I bear fruit.   ³⁴ὑπομονή, ῆς, ἡ, [32] endurance, steadfastness, patient waiting for.

16 Οὐδεὶς δὲ λύχνον¹ ἅψας² καλύπτει³ αὐτὸν σκεύει,⁴ ἢ ὑποκάτω⁵ κλίνης⁶ τίθησιν, ἀλλ' ἐπὶ λυχνίας⁷ ἐπιτίθησιν,⁸ ἵνα οἱ εἰσπορευόμενοι⁹ βλέπωσιν τὸ φῶς. 17 Οὐ γάρ ἐστιν κρυπτόν,¹⁰ ὃ οὐ φανερὸν¹¹ γενήσεται· οὐδὲ ἀπόκρυφον,¹² ὃ οὐ γνωσθήσεται καὶ εἰς φανερὸν¹¹ ἔλθῃ. 18 Βλέπετε οὖν πῶς ἀκούετε· ὃς γὰρ ἐὰν ἔχῃ, δοθήσεται αὐτῷ· καὶ ὃς ἐὰν μὴ ἔχῃ, καὶ ὃ δοκεῖ ἔχειν ἀρθήσεται ἀπ' αὐτοῦ.

19 Παρεγένοντο¹³ δὲ πρὸς αὐτὸν ἡ μήτηρ καὶ οἱ ἀδελφοὶ αὐτοῦ, καὶ οὐκ ἠδύναντο συντυχεῖν¹⁴ αὐτῷ διὰ τὸν ὄχλον. 20 Καὶ ἀπηγγέλη¹⁵ αὐτῷ, λεγόντων, Ἡ μήτηρ σου καὶ οἱ ἀδελφοί σου ἑστήκασιν ἔξω, ἰδεῖν σε θέλοντες. 21 Ὁ δὲ ἀποκριθεὶς εἶπεν πρὸς αὐτούς, Μήτηρ μου καὶ ἀδελφοί μου οὗτοί εἰσιν, οἱ τὸν λόγον τοῦ θεοῦ ἀκούοντες καὶ ποιοῦντες αὐτόν.

The Storm on the Sea

22 Καὶ ἐγένετο ἐν μιᾷ τῶν ἡμερῶν, καὶ αὐτὸς ἐνέβη¹⁶ εἰς πλοῖον καὶ οἱ μαθηταὶ αὐτοῦ, καὶ εἶπεν πρὸς αὐτούς, Διέλθωμεν¹⁷ εἰς τὸ πέραν¹⁸ τῆς λίμνης.¹⁹ Καὶ ἀνήχθησαν.²⁰ 23 Πλεόντων²¹ δὲ αὐτῶν ἀφύπνωσεν·²² καὶ κατέβη λαῖλαψ²³ ἀνέμου²⁴ εἰς τὴν λίμνην,¹⁹ καὶ συνεπληροῦντο,²⁵ καὶ ἐκινδύνευον.²⁶ 24 Προσελθόντες δὲ διήγειραν²⁷ αὐτόν, λέγοντες, Ἐπιστάτα,²⁸ ἐπιστάτα,²⁸ ἀπολλύμεθα. Ὁ δὲ ἐγερθεὶς ἐπετίμησεν²⁹ τῷ ἀνέμῳ²⁴ καὶ τῷ κλύδωνι³⁰ τοῦ ὕδατος· καὶ ἐπαύσαντο,³¹ καὶ ἐγένετο γαλήνη.³² 25 Εἶπεν δὲ αὐτοῖς, Ποῦ³³ ἐστιν ἡ πίστις ὑμῶν; Φοβηθέντες δὲ ἐθαύμασαν,³⁴ λέγοντες πρὸς ἀλλήλους, Τίς ἄρα³⁵ οὗτός ἐστιν, ὅτι καὶ τοῖς ἀνέμοις²⁴ ἐπιτάσσει³⁶ καὶ τῷ ὕδατι, καὶ ὑπακούουσιν³⁷ αὐτῷ;

---

²ἅψας: AAP-NSM ³καλύπτει: PAI-3S ⁸ἐπιτίθησιν: PAI-3S ⁹εἰσπορευόμενοι: PNP-NPM ¹³Παρεγένοντο: 2ADI-3P ¹⁴συντυχεῖν: 2AAN ¹⁵ἀπηγγέλη: 2API-3S ¹⁶ἐνέβη: 2AAI-3S ¹⁷Διέλθωμεν: 2AAS-1P ²⁰ἀνήχθησαν: API-3P ²¹Πλεόντων: PAP-GPM ²²ἀφύπνωσεν: AAI-3S ²⁵συνεπληροῦντο: IPI-3P ²⁶ἐκινδύνευον: IAI-3P ²⁷διήγειραν: AAI-3P ²⁹ἐπετίμησεν: AAI-3S ³¹ἐπαύσαντο: AMI-3P ³⁴ἐθαύμασαν: AAI-3P ³⁶ἐπιτάσσει: PAI-3S ³⁷ὑπακούουσιν: PAI-3P

---

¹λύχνος, ου, ὁ, [14] a lamp. ²ἅπτω, [4] I kindle, light. ³καλύπτω, [8] I veil, hide, conceal, envelop. ⁴σκεῦος, ους, τό, [23] a vessel to contain liquid; a vessel of mercy or wrath; any instrument by which anything is done; a household utensil; of ships: tackle. ⁵ὑποκάτω, [9] underneath, below, under. ⁶κλίνη, ης, ἡ, [10] a couch, bed, portable bed or mat, a couch for reclining at meals, possibly also a bier. ⁷λυχνία, ας, ἡ, [12] a lamp-stand. ⁸ἐπιτίθημι, [41] I put, place upon, lay on; I add, give in addition. ⁹εἰσπορεύομαι, [17] I journey in(to), I go in(to), enter, intervene. ¹⁰κρυπτός, ή, όν, [19] hidden, secret; as subst: the hidden (secret) things (parts), the inward nature (character). ¹¹φανερός, ά, όν, [20] apparent, clear, visible, manifest; adv: clearly. ¹²ἀπόκρυφος, ον, [3] hidden away, secret, stored up. ¹³παραγίνομαι, [37] (a) I come on the scene, appear, come, (b) with words expressing destination: I present myself at, arrive at, reach. ¹⁴συντυγχάνω, [1] I meet with, come to, fall in with. ¹⁵ἀπαγγέλλω, [44] I report (from one place to another), bring a report, announce, declare. ¹⁶ἐμβαίνω, [19] I step in; I go onboard a ship, embark. ¹⁷διέρχομαι, [42] I pass through, spread (as a report). ¹⁸πέραν, [23] over, on the other side, beyond. ¹⁹λίμνη, ης, ἡ, [11] a lake. ²⁰ἀνάγω, [23] I lead up, bring up, offer, product, put to sea, set sail. ²¹πλέω, [6] I sail, travel by sea, voyage. ²²ἀφυπνόω, [1] I fall asleep. ²³λαῖλαψ, απος, ἡ, [3] a sudden storm, squall, whirlwind, hurricane. ²⁴ἄνεμος, ου, ὁ, [31] the wind; fig: applied to empty doctrines. ²⁵συμπληρόω, [3] I fill completely; pass: I am completed. ²⁶κινδυνεύω, [4] I am in danger or peril. ²⁷διεγείρω, [7] I wake out of sleep, arouse in general, stir up. ²⁸ἐπιστάτης, ου, ὁ, [7] master, teacher, chief, commander. ²⁹ἐπιτιμάω, [29] (a) I rebuke, chide, admonish, (b) I warn. ³⁰κλύδων, ῶνος, ὁ, [2] rough water, a wave, billow, surge. ³¹παύω, [15] (a) act: I cause to cease, restrain, hinder, (b) mid: I cease, stop, leave off. ³²γαλήνη, ης, ἡ, [3] a calm. ³³ποῦ, [44] where, in what place. ³⁴θαυμάζω, [46] (a) intrans: I wonder, marvel, (b) trans: I wonder at, admire. ³⁵ἄρα, [19] a particle asking a question, to which a negative answer is expected. ³⁶ἐπιτάσσω, [10] I give order, command, charge. ³⁷ὑπακούω, [21] I listen, hearken to, obey, answer.

In the Country of the Gadarenes

26 Καὶ κατέπλευσαν¹ εἰς τὴν χώραν² τῶν Γαδαρηνῶν,³ ἥτις ἐστὶν ἀντιπέραν⁴ τῆς Γαλιλαίας. 27 Ἐξελθόντι δὲ αὐτῷ ἐπὶ τὴν γῆν, ὑπήντησεν⁵ αὐτῷ ἀνήρ τις ἐκ τῆς πόλεως, ὃς εἶχεν δαιμόνια ἐκ χρόνων ἱκανῶν,⁶ καὶ ἱμάτιον οὐκ ἐνεδιδύσκετο,⁷ καὶ ἐν οἰκίᾳ οὐκ ἔμενεν, ἀλλ' ἐν τοῖς μνήμασιν.⁸ 28 Ἰδὼν δὲ τὸν Ἰησοῦν, καὶ ἀνακράξας,⁹ προσέπεσεν¹⁰ αὐτῷ, καὶ φωνῇ μεγάλῃ εἶπεν, Τί ἐμοὶ καὶ σοί, Ἰησοῦ, υἱὲ τοῦ θεοῦ τοῦ ὑψίστου;¹¹ Δέομαί¹² σου, μή με βασανίσῃς.¹³ 29 Παρήγγειλεν¹⁴ γὰρ τῷ πνεύματι τῷ ἀκαθάρτῳ¹⁵ ἐξελθεῖν ἀπὸ τοῦ ἀνθρώπου· πολλοῖς γὰρ χρόνοις συνηρπάκει¹⁶ αὐτόν, καὶ ἐδεσμεῖτο¹⁷ ἁλύσεσιν¹⁸ καὶ πέδαις¹⁹ φυλασσόμενος,²⁰ καὶ διαρρήσσων²¹ τὰ δεσμὰ²² ἠλαύνετο²³ ὑπὸ τοῦ δαίμονος²⁴ εἰς τὰς ἐρήμους. 30 Ἐπηρώτησεν δὲ αὐτὸν ὁ Ἰησοῦς, λέγων, Τί σοι ἐστὶν ὄνομα; Ὁ δὲ εἶπεν, Λεγεών·²⁵ ὅτι δαιμόνια πολλὰ εἰσῆλθεν εἰς αὐτόν. 31 Καὶ παρεκάλει αὐτὸν ἵνα μὴ ἐπιτάξῃ²⁶ αὐτοῖς εἰς τὴν ἄβυσσον²⁷ ἀπελθεῖν. 32 Ἦν δὲ ἐκεῖ ἀγέλη²⁸ χοίρων²⁹ ἱκανῶν⁶ βοσκομένων³⁰ ἐν τῷ ὄρει· καὶ παρεκάλουν αὐτὸν ἵνα ἐπιτρέψῃ³¹ αὐτοῖς εἰς ἐκείνους εἰσελθεῖν. Καὶ ἐπέτρεψεν³² αὐτοῖς. 33 Ἐξελθόντα δὲ τὰ δαιμόνια ἀπὸ τοῦ ἀνθρώπου εἰσῆλθον εἰς τοὺς χοίρους·²⁹ καὶ ὥρμησεν³³ ἡ ἀγέλη²⁸ κατὰ τοῦ κρημνοῦ³⁴ εἰς τὴν λίμνην,³⁵ καὶ ἀπεπνίγη.³⁶ 34 Ἰδόντες δὲ οἱ βόσκοντες³⁷ τὸ γεγενημένον ἔφυγον,³⁸ καὶ ἀπήγγειλαν³⁹ εἰς τὴν πόλιν καὶ εἰς

---

¹κατέπλευσαν: AAI-3P ⁵ὑπήντησεν: AAI-3S ⁷ἐνεδιδύσκετο: IMI-3S ⁹ἀνακράξας: AAP-NSM ¹⁰προσέπεσεν: 2AAI-3S ¹²Δέομαί: PNI-1S ¹³βασανίσῃς: AAS-2S ¹⁴Παρήγγειλεν: AAI-3S ¹⁶συνηρπάκει: LAI-3S ¹⁷ἐδεσμεῖτο: IPI-3S ²⁰φυλασσόμενος: PPP-NSM ²¹διαρρήσσων: PAP-NSM ²³ἠλαύνετο: IPI-3S ²⁶ἐπιτάξῃ: AAS-3S ³⁰βοσκομένων: PPP-GPM ³¹ἐπιτρέψῃ: AAS-3S ³²ἐπέτρεψεν: AAI-3S ³³ὥρμησεν: AAI-3S ³⁶ἀπεπνίγη: 2API-3S ³⁷βόσκοντες: PAP-NPM ³⁸ἔφυγον: 2AAI-3P ³⁹ἀπήγγειλαν: AAI-3P

---

¹καταπλέω, [1] I sail down (from the high seas to the shore). ²χώρα, ας, ἡ, [27] (a) a country or region, (b) the land, as opposed to the sea, (c) the country, distinct from town, (d) plur: fields. ³Γαδαρηνός, ή, όν, [3] Gadarene, belonging to Gadara (an important Hellenized town, one of the Decapolis, and south-east of the Sea of Galilee). ⁴ἀντιπέραν, [1] on the opposite side or shore. ⁵ὑπαντάω, [5] I meet, go to meet. ⁶ἱκανός, ή, όν, [41] (a) considerable, sufficient, of number, quantity, time, (b) of persons: sufficiently strong (good, etc.), worthy, suitable, with various constructions, (c) many, much. ⁷ἐνδιδύσκω, [2] (somewhat rare) (of clothing: I put on another); mid: I put on (myself). ⁸μνῆμα, ατος, τό, [8] a tomb, monument, memorial. ⁹ἀνακράζω, [5] I shout aloud, cry out. ¹⁰προσπίπτω, [8] (a) I fall down before, (b) I beat against, rush violently upon. ¹¹ὕψιστος, η, ον, [13] highest, most high, the heights. ¹²δέομαι, [22] I want for myself; I want, need; I beg, request, beseech, pray. ¹³βασανίζω, [12] I examine, as by torture; I torment; I buffet, as of waves. ¹⁴παραγγέλλω, [30] I notify, command, charge, entreat solemnly. ¹⁵ἀκάθαρτος, ον, [31] unclean, impure. ¹⁶συναρπάζω, [4] I seize, drag by force. ¹⁷δεσμέω, [1] I bind, confine. ¹⁸ἅλυσις, εως, ἡ, [11] a (light) chain, bond. ¹⁹πέδη, ης, ἡ, [3] a shackle, fetter for the feet. ²⁰φυλάσσω, [30] (a) I guard, protect; mid: I am on my guard, (b) act. and mid. of customs and regulations: I keep, observe. ²¹διαρρήσσω, [5] I tear asunder, burst, rend. ²²δεσμός, οῦ, ὁ, [20] a bond, chain, imprisonment; a string or ligament, an impediment, infirmity. ²³ἐλαύνω, [5] (a) trans: I drive (on), propel, (b) intrans: I row. ²⁴δαίμων, ονος, ὁ, [4] an evil-spirit, demon. ²⁵λεγεών, ῶνος, ἡ, [4] properly: a division of the Roman army, numbering about 6,000 infantry with additional cavalry; hence: a very large number; a legion. ²⁶ἐπιτάσσω, [10] I give order, command, charge. ²⁷ἄβυσσος, ου, ἡ, [9] the abyss, unfathomable depth, an especially Jewish conception, the home of the dead and of evil spirits. ²⁸ἀγέλη, ης, ἡ, [8] a flock, herd. ²⁹χοῖρος, ου, ὁ, [14] a swine, hog, sow. ³⁰βόσκω, [9] I feed, pasture. ³¹ἐπιτρέπω, [19] I turn to, commit, entrust; I allow, yield, permit. ³²ἐπιτρέπω, [19] I turn to, commit, entrust; I allow, yield, permit. ³³ὁρμάω, [5] I rush, hasten on. ³⁴κρημνός, οῦ, ὁ, [3] a crag, precipice, steep bank. ³⁵λίμνη, ης, ἡ, [11] a lake. ³⁶ἀποπνίγω, [3] (a) I suffocate, choke, drown, (b) I stop the growth of. ³⁷βόσκω, [9] I feed, pasture. ³⁸φεύγω, [31] I flee, escape, shun. ³⁹ἀπαγγέλλω, [44] I report (from one place to another), bring a report, announce, declare.

τοὺς ἀγρούς.¹ **35** Ἐξῆλθον δὲ ἰδεῖν τὸ γεγονός· καὶ ἦλθον πρὸς τὸν Ἰησοῦν, καὶ εὗρον καθήμενον τὸν ἄνθρωπον ἀφ' οὗ τὰ δαιμόνια ἐξεληλύθει, ἱματισμένον² καὶ σωφρονοῦντα,³ παρὰ τοὺς πόδας τοῦ Ἰησοῦ· καὶ ἐφοβήθησαν. **36** Ἀπήγγειλαν⁴ δὲ αὐτοῖς καὶ οἱ ἰδόντες πῶς ἐσώθη ὁ δαιμονισθείς.⁵ **37** Καὶ ἠρώτησαν αὐτὸν ἅπαν⁶ τὸ πλῆθος⁷ τῆς περιχώρου⁸ τῶν Γαδαρηνῶν⁹ ἀπελθεῖν ἀπ' αὐτῶν, ὅτι φόβῳ¹⁰ μεγάλῳ συνείχοντο·¹¹ αὐτὸς δὲ ἐμβὰς¹² εἰς τὸ πλοῖον ὑπέστρεψεν.¹³ **38** Ἐδέετο¹⁴ δὲ αὐτοῦ ὁ ἀνὴρ ἀφ' οὗ ἐξεληλύθει τὰ δαιμόνια εἶναι σὺν αὐτῷ. Ἀπέλυσεν δὲ αὐτὸν ὁ Ἰησοῦς λέγων, **39** Ὑπόστρεφε¹⁵ εἰς τὸν οἶκόν σου, καὶ διηγοῦ¹⁶ ὅσα ἐποίησέν σοι ὁ θεός. Καὶ ἀπῆλθεν, καθ' ὅλην τὴν πόλιν κηρύσσων ὅσα ἐποίησεν αὐτῷ ὁ Ἰησοῦς.

The Woman with an Issue and the Daughter of Jairus

40 Ἐγένετο δὲ ἐν τῷ ὑποστρέψαι¹⁷ τὸν Ἰησοῦν, ἀπεδέξατο¹⁸ αὐτὸν ὁ ὄχλος· ἦσαν γὰρ πάντες προσδοκῶντες¹⁹ αὐτόν. **41** Καὶ ἰδού, ἦλθεν ἀνὴρ ᾧ ὄνομα Ἰάειρος, καὶ αὐτὸς ἄρχων²⁰ τῆς συναγωγῆς ὑπῆρχεν, καὶ πεσὼν παρὰ τοὺς πόδας τοῦ Ἰησοῦ παρεκάλει αὐτὸν εἰσελθεῖν εἰς τὸν οἶκον αὐτοῦ· **42** ὅτι θυγάτηρ²¹ μονογενὴς²² ἦν αὐτῷ ὡς ἐτῶν²³ δώδεκα, καὶ αὕτη ἀπέθνησκεν. Ἐν δὲ τῷ ὑπάγειν αὐτὸν οἱ ὄχλοι συνέπνιγον²⁴ αὐτόν.

43 Καὶ γυνὴ οὖσα ἐν ῥύσει²⁵ αἵματος ἀπὸ ἐτῶν²³ δώδεκα, ἥτις ἰατροῖς²⁶ προσαναλώσασα²⁷ ὅλον τὸν βίον²⁸ οὐκ ἴσχυσεν²⁹ ὑπ' οὐδενὸς θεραπευθῆναι,³⁰ **44** προσελθοῦσα ὄπισθεν,³¹ ἥψατο³² τοῦ κρασπέδου³³ τοῦ ἱματίου αὐτοῦ· καὶ παραχρῆμα³⁴ ἔστη ἡ ῥύσις²⁵ τοῦ αἵματος αὐτῆς. **45** Καὶ εἶπεν ὁ Ἰησοῦς, Τίς ὁ

---

²ἱματισμένον: *RPP-ASM*   ³σωφρονοῦντα: *PAP-ASM*   ⁴Ἀπήγγειλαν: *AAI-3P*   ⁵δαιμονισθείς: *AOP-NSM*
¹¹συνείχοντο: *IPI-3P*   ¹²ἐμβὰς: *2AAP-NSM*   ¹³ὑπέστρεψεν: *AAI-3S*   ¹⁴Ἐδέετο: *INI-3S*   ¹⁵Ὑπόστρεφε: *PAM-2S*
¹⁶διηγοῦ: *PNM-2S*   ¹⁷ὑποστρέψαι: *AAN*   ¹⁸ἀπεδέξατο: *ADI-3S*   ¹⁹προσδοκῶντες: *PAP-NPM*   ²⁴συνέπνιγον: *IAI-3P*
²⁷προσαναλώσασα: *AAP-NSF*   ²⁹ἴσχυσεν: *AAI-3S*   ³⁰θεραπευθῆναι: *APN*   ³²ἥψατο: *ADI-3S*

---

¹ἀγρός, οῦ, ὁ, [35] *a field, especially as bearing a crop; the country, lands, property in land, a country estate.*
²ἱματίζω, [2] *I clothe, provide clothing for; pass: I am clothed.* ³σωφρονέω, [6] *I am of sound mind, am sober-minded, exercise self-control.* ⁴ἀπαγγέλλω, [44] *I report (from one place to another), bring a report, announce, declare.* ⁵δαιμονίζομαι, [13] *I am possessed, am under the power of an evil-spirit or demon.* ⁶ἅπας, ασα, αν, [39] *all, the whole, altogether.* ⁷πλῆθος, ους, τό, [32] *a multitude, crowd, great number, assemblage.* ⁸περίχωρος, ον, [10] *neighboring; subst: the neighboring country, neighboring inhabitants.* ⁹Γαδαρηνός, ή, όν, [3] *Gadarene, belonging to Gadara (an important Hellenized town, one of the Decapolis, and south-east of the Sea of Galilee).* ¹⁰φόβος, ου, ὁ, [47] (a) *fear, terror, alarm,* (b) *the object or cause of fear,* (c) *reverence, respect.* ¹¹συνέχω, [12] (a) *I press together, close,* (b) *I press on every side, confine,* (c) *I hold fast,* (d) *I urge, impel,* (e) *pass: I am afflicted with (sickness).* ¹²ἐμβαίνω, [19] *I step in; I go onboard a ship, embark.* ¹³ὑποστρέφω, [37] *I turn back, return.* ¹⁴δέομαι, [22] *I want for myself; I want, need; I beg, request, beseech, pray.* ¹⁵ὑποστρέφω, [37] *I turn back, return.* ¹⁶διηγέομαι, [8] *I relate in full, describe, narrate.* ¹⁷ὑποστρέφω, [37] *I turn back, return.* ¹⁸ἀποδέχομαι, [6] *I receive, welcome, entertain (with hospitality), embrace.* ¹⁹προσδοκάω, [16] *I expect, wait for, await, think, anticipate.* ²⁰ἄρχων, οντος, ὁ, [37] *a ruler, governor, leader, leading man; with the Jews, an official member (a member of the executive) of the assembly of elders.* ²¹θυγάτηρ, τρός, ἡ, [29] *a daughter; hence (Hebraistic?), of any female descendent, however far removed; even of one unrelated: my young lady.* ²²μονογενής, ές, [9] *only, only-begotten; unique.* ²³ἔτος, ους, τό, [49] *a year.* ²⁴συμπνίγω, [5] *I choke utterly, as weeds do plants; I crowd upon.* ²⁵ῥύσις, εως, ἡ, [3] *a flowing, an issue.* ²⁶ἰατρός, οῦ, ὁ, [7] *a physician.* ²⁷προσαναλίσκω, [1] *I spend in addition.* ²⁸βίος, ου, ὁ, [11] (a) *life,* (b) *manner of life; livelihood.* ²⁹ἰσχύω, [29] *I have strength, am strong, am in full health and vigor, am able; meton: I prevail.* ³⁰θεραπεύω, [44] *I care for, attend, serve, treat, especially of a physician; hence: I heal.* ³¹ὄπισθεν, [6] *from behind, after.* ³²ἅπτομαι, [36] *prop: I fasten to; I lay hold of, touch, know carnally.* ³³κράσπεδον, ου, τό, [5] *the fringe, edge, corner, tassel.* ³⁴παραχρῆμα, [18] *instantly, immediately, on the spot.*

ἁψάμενός[1] μου; Ἀρνουμένων[2] δὲ πάντων, εἶπεν ὁ Πέτρος καὶ οἱ μετ' αὐτοῦ, Ἐπιστάτα,[3] οἱ ὄχλοι συνέχουσίν[4] σε καὶ ἀποθλίβουσιν,[5] καὶ λέγεις, Τίς ὁ ἁψάμενός[6] μου; 46 Ὁ δὲ Ἰησοῦς εἶπεν, Ἥψατό[7] μού τις· ἐγὼ γὰρ ἔγνων δύναμιν ἐξελθοῦσαν ἀπ' ἐμοῦ. 47 Ἰδοῦσα δὲ ἡ γυνὴ ὅτι οὐκ ἔλαθεν,[8] τρέμουσα[9] ἦλθεν, καὶ προσπεσοῦσα[10] αὐτῷ, δι' ἣν αἰτίαν[11] ἥψατο[12] αὐτοῦ ἀπήγγειλεν[13] αὐτῷ ἐνώπιον παντὸς τοῦ λαοῦ, καὶ ὡς ἰάθη[14] παραχρῆμα.[15] 48 Ὁ δὲ εἶπεν αὐτῇ, Θάρσει,[16] θύγατερ,[17] ἡ πίστις σου σέσωκέν σε· πορεύου εἰς εἰρήνην.

49 Ἔτι αὐτοῦ λαλοῦντος, ἔρχεταί τις παρὰ τοῦ ἀρχισυναγώγου,[18] λέγων αὐτῷ ὅτι Τέθνηκεν[19] ἡ θυγάτηρ[17] σου· μὴ σκύλλε[20] τὸν διδάσκαλον. 50 Ὁ δὲ Ἰησοῦς ἀκούσας ἀπεκρίθη αὐτῷ, λέγων, Μὴ φοβοῦ. Μόνον πίστευε, καὶ σωθήσεται. 51 Ἐλθὼν δὲ εἰς τὴν οἰκίαν, οὐκ ἀφῆκεν εἰσελθεῖν οὐδένα, εἰ μὴ Πέτρον καὶ Ἰωάννην καὶ Ἰάκωβον, καὶ τὸν πατέρα τῆς παιδὸς[21] καὶ τὴν μητέρα. 52 Ἔκλαιον[22] δὲ πάντες, καὶ ἐκόπτοντο[23] αὐτήν. Ὁ δὲ εἶπεν, Μὴ κλαίετε·[24] οὐκ ἀπέθανεν, ἀλλὰ καθεύδει.[25] 53 Καὶ κατεγέλων[26] αὐτοῦ, εἰδότες ὅτι ἀπέθανεν. 54 Αὐτὸς δὲ ἐκβαλὼν ἔξω πάντας, καὶ κρατήσας[27] τῆς χειρὸς αὐτῆς, ἐφώνησεν[28] λέγων, Ἡ παῖς,[21] ἐγείρου. 55 Καὶ ἐπέστρεψεν[29] τὸ πνεῦμα αὐτῆς,

---

[1]ἁψάμενός: AMP-NSM   [2]Ἀρνουμένων: PNP-GPM   [4]συνέχουσίν: PAI-3P   [5]ἀποθλίβουσιν: PAI-3P   [6]ἁψάμενός: AMP-NSM   [7]Ἥψατό: ADI-3S   [8]ἔλαθεν: 2AAI-3S   [9]τρέμουσα: PAP-NSF   [10]προσπεσοῦσα: 2AAP-NSF   [12]ἥψατο: ADI-3S   [13]ἀπήγγειλεν: AAI-3S   [14]ἰάθη: API-3S   [16]Θάρσει: PAM-2S   [19]Τέθνηκεν: RAI-3S   [20]σκύλλε: PAM-2S   [22]Ἔκλαιον: IAI-3P   [23]ἐκόπτοντο: IMI-3P   [24]κλαίετε: PAM-2P   [25]καθεύδει: PAI-3S   [26]κατεγέλων: IAI-3P   [27]κρατήσας: AAP-NSM   [28]ἐφώνησεν: AAI-3S   [29]ἐπέστρεψεν: AAI-3S

---

[1]ἅπτομαι, [36] prop: I fasten to; I lay hold of, touch, know carnally.   [2]ἀρνέομαι, [31] (a) I deny (a statement), (b) I repudiate (a person, or belief).   [3]ἐπιστάτης, ου, ὁ, [7] master, teacher, chief, commander.   [4]συνέχω, [12] (a) I press together, close, (b) I press on every side, confine, (c) I hold fast, (d) I urge, impel, (e) pass: I am afflicted with (sickness).   [5]ἀποθλίβω, [1] (lit: I rub), jostle, press hard, crowd.   [6]ἅπτομαι, [36] prop: I fasten to; I lay hold of, touch, know carnally.   [7]ἅπτομαι, [36] prop: I fasten to; I lay hold of, touch, know carnally.   [8]λανθάνω, [6] I am hidden (concealed), lie hid, escape notice, sometimes with acc. of person from whom concealment takes place; I do so and so unconsciously, unknown to myself, I shut my eyes to so and so.   [9]τρέμω, [3] I tremble, am afraid.   [10]προσπίπτω, [8] (a) I fall down before, (b) I beat against, rush violently upon.   [11]αἰτία, ας, ἡ, [20] a cause, reason, excuse; a charge, accusation; guilt; circumstances, case.   [12]ἅπτομαι, [36] prop: I fasten to; I lay hold of, touch, know carnally.   [13]ἀπαγγέλλω, [44] I report (from one place to another), bring a report, announce, declare.   [14]ἰάομαι, [28] I heal, generally of the physical, sometimes of spiritual, disease.   [15]παραχρῆμα, [18] instantly, immediately, on the spot.   [16]θαρσέω, [8] I am of good courage, good cheer, am bold.   [17]θυγάτηρ, τρός, ἡ, [29] a daughter; hence (Hebraistic?), of any female descendent, however far removed; even of one unrelated: my young lady.   [18]ἀρχισυνάγωγος, ου, ὁ, [9] a leader of the synagogue, a leader connected with the synagogue: sometimes there was only one, and the name was in some cases merely honorary.   [19]θνήσκω, [13] I die, am dying, am dead.   [20]σκύλλω, [4] I flay, trouble, annoy, vex.   [21]παῖς, παιδός, ὁ, ἡ, [24] (a) a male child, boy, (b) a male slave, servant; thus: a servant of God, especially as a title of the Messiah, (c) a female child, girl.   [22]κλαίω, [40] I weep, weep for, mourn, lament.   [23]κόπτω, [8] (a) I cut, cut off, strike, smite, (b) mid: I beat my breast or head in lamentation, lament, mourn, sometimes with acc. of person whose loss is mourned.   [24]κλαίω, [40] I weep, weep for, mourn, lament.   [25]καθεύδω, [22] I sleep, am sleeping.   [26]καταγελάω, [3] I laugh at, ridicule.   [27]κρατέω, [47] I am strong, mighty, hence: I rule, am master, prevail; I obtain, take hold of; I hold, hold fast.   [28]φωνέω, [42] I give forth a sound, hence: (a) of a cock: I crow, (b) of men: I shout, (c) trans: I call (to myself), summon; I invite, address.   [29]ἐπιστρέφω, [37] (a) trans: I turn (back) to (towards), (b) intrans: I turn (back) (to [towards]); I come to myself.

καὶ ἀνέστη παραχρῆμα·¹ καὶ διέταξεν² αὐτῇ δοθῆναι φαγεῖν. 56 Καὶ ἐξέστησαν³ οἱ γονεῖς⁴ αὐτῆς· ὁ δὲ παρήγγειλεν⁵ αὐτοῖς μηδενὶ εἰπεῖν τὸ γεγονός.

The Mission of the Twelve

9 Συγκαλεσάμενος⁶ δὲ τοὺς δώδεκα, ἔδωκεν αὐτοῖς δύναμιν καὶ ἐξουσίαν ἐπὶ πάντα τὰ δαιμόνια, καὶ νόσους⁷ θεραπεύειν.⁸ 2 Καὶ ἀπέστειλεν αὐτοὺς κηρύσσειν τὴν βασιλείαν τοῦ θεοῦ, καὶ ἰᾶσθαι⁹ τοὺς ἀσθενοῦντας.¹⁰ 3 Καὶ εἶπεν πρὸς αὐτούς, Μηδὲν αἴρετε εἰς τὴν ὁδόν· μήτε¹¹ ῥάβδους,¹² μήτε¹¹ πήραν,¹³ μήτε¹¹ ἄρτον, μήτε¹¹ ἀργύριον,¹⁴ μήτε¹¹ ἀνὰ¹⁵ δύο χιτῶνας¹⁶ ἔχειν. 4 Καὶ εἰς ἣν ἂν οἰκίαν εἰσέλθητε, ἐκεῖ μένετε, καὶ ἐκεῖθεν¹⁷ ἐξέρχεσθε. 5 Καὶ ὅσοι ἐὰν μὴ δέξωνται ὑμᾶς, ἐξερχόμενοι ἀπὸ τῆς πόλεως ἐκείνης καὶ τὸν κονιορτὸν¹⁸ ἀπὸ τῶν ποδῶν ὑμῶν ἀποτινάξατε¹⁹ εἰς μαρτύριον²⁰ ἐπ’ αὐτούς. 6 Ἐξερχόμενοι δὲ διήρχοντο²¹ κατὰ τὰς κώμας,²² εὐαγγελιζόμενοι καὶ θεραπεύοντες²³ πανταχοῦ.²⁴

7 Ἤκουσεν δὲ Ἡρῴδης ὁ τετράρχης²⁵ τὰ γινόμενα ὑπ’ αὐτοῦ πάντα· καὶ διηπόρει,²⁶ διὰ τὸ λέγεσθαι ὑπό τινων ὅτι Ἰωάννης ἐγήγερται ἐκ νεκρῶν· 8 ὑπό τινων δὲ ὅτι Ἡλίας ἐφάνη·²⁷ ἄλλων δὲ ὅτι Προφήτης εἷς τῶν ἀρχαίων²⁸ ἀνέστη. 9 Καὶ εἶπεν Ἡρῴδης, Ἰωάννην ἐγὼ ἀπεκεφάλισα·²⁹ τίς δέ ἐστιν οὗτος, περὶ οὗ ἐγὼ ἀκούω τοιαῦτα; Καὶ ἐζήτει ἰδεῖν αὐτόν.

The Feeding of the Five Thousand

10 Καὶ ὑποστρέψαντες³⁰ οἱ ἀπόστολοι διηγήσαντο³¹ αὐτῷ ὅσα ἐποίησαν. Καὶ παραλαβὼν³² αὐτούς, ὑπεχώρησεν³³ κατ’ ἰδίαν εἰς τόπον ἔρημον πόλεως καλουμένης Βηθσαϊδάν.³⁴ 11 Οἱ δὲ ὄχλοι γνόντες ἠκολούθησαν αὐτῷ· καὶ δεξάμενος αὐτούς,

---

²διέταξεν: AAI-3S   ³ἐξέστησαν: 2AAI-3P   ⁵παρήγγειλεν: AAI-3S   ⁶Συγκαλεσάμενος: AMP-NSM   ⁸θεραπεύειν: PAN   ⁹ἰᾶσθαι: PNN   ¹⁰ἀσθενοῦντας: PAP-APM   ¹⁹ἀποτινάξατε: AAM-2P   ²¹διήρχοντο: INI-3P   ²³θεραπεύοντες: PAP-NPM   ²⁶διηπόρει: IAI-3S   ²⁷ἐφάνη: 2API-3S   ²⁹ἀπεκεφάλισα: AAI-1S   ³⁰ὑποστρέψαντες: AAP-NPM   ³¹διηγήσαντο: ADI-3P   ³²παραλαβὼν: 2AAP-NSM   ³³ὑπεχώρησεν: AAI-3S

---

¹παραχρῆμα, [18] instantly, immediately, on the spot.   ²διατάσσω, [15] I give orders to, prescribe, arrange. ³ἐξίστημι, [17] (lit: I remove from a standing position), (a) in trans. tenses: I astonish, amaze, (b) in intrans. tenses: I am astonished, amazed; I am out of my mind, am mad.   ⁴γονεύς, έως, ὁ, [19] a begetter, father; plur: parents.   ⁵παραγγέλλω, [30] I notify, command, charge, entreat solemnly.   ⁶συγκαλέω, [8] I call together. ⁷νόσος, ου, ἡ, [12] a disease, malady, sickness.   ⁸θεραπεύω, [44] I care for, attend, serve, treat, especially of a physician; hence: I heal.   ⁹ἰάομαι, [28] I heal, generally of the physical, sometimes of spiritual, disease. ¹⁰ἀσθενέω, [36] I am weak (physically: then morally), I am sick.   ¹¹μήτε, [36] nor, neither, not even, neither … nor. ¹²ῥάβδος, ου, ἡ, [12] a rod, staff, staff of authority, scepter.   ¹³πήρα, ας, ἡ, [6] a sack, wallet for carrying provisions.   ¹⁴ἀργύριον, ου, τό, [20] silver, a piece of silver, a shekel, money in general.   ¹⁵ἀνά, [15] prep. Rare in NT; prop: upwards, up; among, between; in turn; apiece, by; as a prefix: up, to, anew, back.   ¹⁶χιτών, ῶνος, ὁ, [11] a tunic, garment, undergarment.   ¹⁷ἐκεῖθεν, [28] thence, from that place.   ¹⁸κονιορτός, ου, ὁ, [5] dust.   ¹⁹ἀποτινάσσω, [2] I shake off.   ²⁰μαρτύριον, ου, τό, [20] witness, evidence, testimony, proof. ²¹διέρχομαι, [42] I pass through, spread (as a report).   ²²κώμη, ης, ἡ, [28] a village, country town.   ²³θεραπεύω, [44] I care for, attend, serve, treat, especially of a physician; hence: I heal.   ²⁴πανταχοῦ, [7] everywhere, in all places.   ²⁵τετράρχης, ου, ὁ, [4] a tetrarch, ruler over a fourth part of a region.   ²⁶διαπορέω, [5] I am in trouble, doubt, difficulty; I am at a loss.   ²⁷φαίνω, [31] (a) act: I shine, shed light, (b) pass: I shine, become visible, appear, (c) I become clear, appear, seem, show myself as.   ²⁸ἀρχαῖος, αία, αῖον, [11] original, primitive, ancient. ²⁹ἀποκεφαλίζω, [4] I behead.   ³⁰ὑποστρέφω, [37] I turn back, return.   ³¹διηγέομαι, [8] I relate in full, describe, narrate.   ³²παραλαμβάνω, [49] I take from, receive from, or: I take to, receive (apparently not used of money), admit, acknowledge; I take with me.   ³³ὑποχωρέω, [2] I withdraw, retire, go back, retreat.   ³⁴Βηθσαϊδά, ἡ, [7] Bethsaida, (a) a city of Galilee, (b) a city east of the Jordan.

ἐλάλει αὐτοῖς περὶ τῆς βασιλείας τοῦ θεοῦ, καὶ τοὺς χρείαν¹ ἔχοντας θεραπείας² ἰᾶτο.³ **12** Ἡ δὲ ἡμέρα ἤρξατο κλίνειν·⁴ προσελθόντες δὲ οἱ δώδεκα εἶπον αὐτῷ, Ἀπόλυσον τὸν ὄχλον, ἵνα ἀπελθόντες εἰς τὰς κύκλῳ⁵ κώμας⁶ καὶ τοὺς ἀγροὺς⁷ καταλύσωσιν,⁸ καὶ εὕρωσιν ἐπισιτισμόν·⁹ ὅτι ὧδε ἐν ἐρήμῳ τόπῳ ἐσμέν. **13** Εἶπεν δὲ πρὸς αὐτούς, Δότε αὐτοῖς ὑμεῖς φαγεῖν. Οἱ δὲ εἶπον, Οὐκ εἰσὶν ἡμῖν πλεῖον ἢ πέντε¹⁰ ἄρτοι καὶ ἰχθύες¹¹ δύο, εἰ μήτι¹² πορευθέντες ἡμεῖς ἀγοράσωμεν¹³ εἰς πάντα τὸν λαὸν τοῦτον βρώματα.¹⁴ **14** Ἦσαν γὰρ ὡσεὶ¹⁵ ἄνδρες πεντακισχίλιοι.¹⁶ Εἶπεν δὲ πρὸς τοὺς μαθητὰς αὐτοῦ, Κατακλίνατε¹⁷ αὐτοὺς κλισίας¹⁸ ἀνὰ¹⁹ πεντήκοντα.²⁰ **15** Καὶ ἐποίησαν οὕτως, καὶ ἀνέκλιναν²¹ ἅπαντας.²² **16** Λαβὼν δὲ τοὺς πέντε¹⁰ ἄρτους καὶ τοὺς δύο ἰχθύας,¹¹ ἀναβλέψας²³ εἰς τὸν οὐρανόν, εὐλόγησεν²⁴ αὐτούς, καὶ κατέκλασεν,²⁵ καὶ ἐδίδου τοῖς μαθηταῖς παρατιθέναι²⁶ τῷ ὄχλῳ. **17** Καὶ ἔφαγον καὶ ἐχορτάσθησαν²⁷ πάντες· καὶ ἤρθη τὸ περισσεῦσαν²⁸ αὐτοῖς κλασμάτων,²⁹ κόφινοι³⁰ δώδεκα.

Peter's Confession and Christ's Answer

18 Καὶ ἐγένετο ἐν τῷ εἶναι αὐτὸν προσευχόμενον καταμόνας,³¹ συνῆσαν³² αὐτῷ οἱ μαθηταί· καὶ ἐπηρώτησεν αὐτούς, λέγων, Τίνα με λέγουσιν οἱ ὄχλοι εἶναι; **19** Οἱ δὲ ἀποκριθέντες εἶπον, Ἰωάννην τὸν βαπτιστήν·³³ ἄλλοι δὲ Ἠλίαν· ἄλλοι δέ, ὅτι Προφήτης τις τῶν ἀρχαίων³⁴ ἀνέστη. **20** Εἶπεν δὲ αὐτοῖς, Ὑμεῖς δὲ τίνα με λέγετε εἶναι; Ἀποκριθεὶς δὲ ὁ Πέτρος εἶπεν, Τὸν χριστὸν τοῦ θεοῦ. **21** Ὁ δὲ ἐπιτιμήσας³⁵ αὐτοῖς παρήγγειλεν³⁶ μηδενὶ εἰπεῖν τοῦτο, **22** εἰπὼν ὅτι Δεῖ τὸν υἱὸν τοῦ ἀνθρώπου

---

³ἰᾶτο: INI-3S   ⁴κλίνειν: PAN   ⁸καταλύσωσιν: AAS-3P   ¹³ἀγοράσωμεν: AAS-1P   ¹⁷Κατακλίνατε: AAM-2P   ²¹ἀνέκλιναν: AAI-3P   ²³ἀναβλέψας: AAP-NSM   ²⁴εὐλόγησεν: AAI-3S   ²⁵κατέκλασεν: AAI-3S   ²⁶παρατιθέναι: PAN   ²⁷ἐχορτάσθησαν: API-3P   ²⁸περισσεῦσαν: AAP-NSN   ³²συνῆσαν: IAI-3P   ³⁵ἐπιτιμήσας: AAP-NSM   ³⁶παρήγγειλεν: AAI-3S

---

¹χρεία, ας, ἡ, [49] need, necessity, business.   ²θεραπεία, ας, ἡ, [4] care, attention, especially medical attention (treatment); hence almost: healing; meton: those who render service.   ³ἰάομαι, [28] I heal, generally of the physical, sometimes of spiritual, disease.   ⁴κλίνω, [7] trans: I rest, recline; I bend, incline; I cause to give ground, make to yield; intrans: I decline, approach my end.   ⁵κύκλος, ου, ὁ, [8] a circle, ring.   ⁶κώμη, ης, ἡ, [28] a village, country town.   ⁷ἀγρός, οῦ, ὁ, [35] a field, especially as bearing a crop; the country, lands, property in land, a country estate.   ⁸καταλύω, [17] (lit: I loosen thoroughly), (a) trans: I break up, overthrow, destroy, both lit. and met., (b) I unyoke, unharness a carriage horse or pack animal; hence: I put up, lodge, find a lodging.   ⁹ἐπισιτισμός, οῦ, ὁ, [1] provision, nourishment, food.   ¹⁰πέντε, οἱ, αἱ, τά, [38] five.   ¹¹ἰχθύς, ύος, ὁ, [20] a fish.   ¹²μήτι, [16] if not, unless, whether at all.   ¹³ἀγοράζω, [31] I buy.   ¹⁴βρῶμα, ατος, τό, [17] food of any kind.   ¹⁵ὡσεί, [31] as if, as it were, like; with numbers: about.   ¹⁶πεντακισχίλιοι, αι, α, [6] five thousand.   ¹⁷κατακλίνω, [3] I cause to recline at table; mid. and pass: I recline at table.   ¹⁸κλισία, ας, ἡ, [1] properly: a dining couch; hence: a group of diners.   ¹⁹ἀνά, [15] prep. Rare in NT; prop: upwards, up; among, between; in turn; apiece, by; as a prefix: up, to, anew, back.   ²⁰πεντήκοντα, οἱ, αἱ, τά, [7] fifty.   ²¹ἀνακλίνω, [8] I lay upon, lean against, lay down, make to recline; pass: I lie back, recline.   ²²ἅπας, ασα, αν, [39] all, the whole, altogether.   ²³ἀναβλέπω, [26] I look up, recover my sight.   ²⁴εὐλογέω, [43] (lit: I speak well of) I bless; pass: I am blessed.   ²⁵κατακλάω, [2] I break in pieces, break up.   ²⁶παρατίθημι, [19] (a) I set (especially a meal) before, serve, (b) act. and mid: I deposit with, entrust to, (c) I bring forward, quote as evidence.   ²⁷χορτάζω, [15] I feed, satisfy, fatten.   ²⁸περισσεύω, [39] (a) intrans: I exceed the ordinary (the necessary), abound, overflow; am left over, (b) trans: I cause to abound.   ²⁹κλάσμα, ατος, τό, [9] a fragment, broken piece.   ³⁰κόφινος, ου, ὁ, [6] a large basket.   ³¹καταμόνας, [2] along, apart, in private.   ³²σύνειμι, [2] I am with, come together with.   ³³βαπτιστής, οῦ, ὁ, [14] the baptizer, the Baptist, epithet used only of John, the son of Zechariah and Elizabeth, forerunner of Jesus.   ³⁴ἀρχαῖος, αία, αῖον, [11] original, primitive, ancient.   ³⁵ἐπιτιμάω, [29] (a) I rebuke, chide, admonish, (b) I warn.   ³⁶παραγγέλλω, [30] I notify, command, charge, entreat solemnly.

πολλὰ παθεῖν,[1] καὶ ἀποδοκιμασθῆναι[2] ἀπὸ τῶν πρεσβυτέρων καὶ ἀρχιερέων καὶ γραμματέων, καὶ ἀποκτανθῆναι, καὶ τῇ τρίτῃ ἡμέρᾳ ἀναστῆναι. 23 Ἔλεγεν δὲ πρὸς πάντας, Εἴ τις θέλει ὀπίσω[3] μου ἐλθεῖν, ἀπαρνησάσθω[4] ἑαυτόν, καὶ ἀράτω τὸν σταυρὸν[5] αὐτοῦ, καὶ ἀκολουθείτω μοι. 24 Ὃς γὰρ ἐὰν θέλῃ τὴν ψυχὴν αὐτοῦ σῶσαι, ἀπολέσει αὐτήν· ὃς δ᾽ ἂν ἀπολέσῃ τὴν ψυχὴν αὐτοῦ ἕνεκεν[6] ἐμοῦ, οὗτος σώσει αὐτήν. 25 Τί γὰρ ὠφελεῖται[7] ἄνθρωπος, κερδήσας[8] τὸν κόσμον ὅλον, ἑαυτὸν δὲ ἀπολέσας ἢ ζημιωθείς;[9] 26 Ὃς γὰρ ἂν ἐπαισχυνθῇ[10] με καὶ τοὺς ἐμοὺς λόγους, τοῦτον ὁ υἱὸς τοῦ ἀνθρώπου ἐπαισχυνθήσεται,[11] ὅταν ἔλθῃ ἐν τῇ δόξῃ αὐτοῦ καὶ τοῦ πατρὸς καὶ τῶν ἁγίων ἀγγέλων. 27 Λέγω δὲ ὑμῖν ἀληθῶς,[12] εἰσίν τινες τῶν ὧδε ἑστώτων, οἳ οὐ μὴ γεύσωνται[13] θανάτου, ἕως ἂν ἴδωσιν τὴν βασιλείαν τοῦ θεοῦ.

The Transfiguration

28 Ἐγένετο δὲ μετὰ τοὺς λόγους τούτους ὡσεὶ[14] ἡμέραι ὀκτώ,[15] καὶ παραλαβὼν[16] Πέτρον καὶ Ἰωάννην καὶ Ἰάκωβον, ἀνέβη εἰς τὸ ὄρος προσεύξασθαι. 29 Καὶ ἐγένετο, ἐν τῷ προσεύχεσθαι αὐτόν, τὸ εἶδος[17] τοῦ προσώπου αὐτοῦ ἕτερον, καὶ ὁ ἱματισμὸς[18] αὐτοῦ λευκὸς[19] ἐξαστράπτων.[20] 30 Καὶ ἰδού, ἄνδρες δύο συνελάλουν[21] αὐτῷ, οἵτινες ἦσαν Μωσῆς καὶ Ἠλίας, 31 οἳ ὀφθέντες ἐν δόξῃ ἔλεγον τὴν ἔξοδον[22] αὐτοῦ ἣν ἔμελλεν πληροῦν ἐν Ἰερουσαλήμ. 32 Ὁ δὲ Πέτρος καὶ οἱ σὺν αὐτῷ ἦσαν βεβαρημένοι[23] ὕπνῳ·[24] διαγρηγορήσαντες[25] δὲ εἶδον τὴν δόξαν αὐτοῦ, καὶ τοὺς δύο ἄνδρας τοὺς συνεστῶτας[26] αὐτῷ. 33 Καὶ ἐγένετο, ἐν τῷ διαχωρίζεσθαι[27] αὐτοὺς ἀπ᾽ αὐτοῦ, εἶπεν Πέτρος πρὸς τὸν Ἰησοῦν, Ἐπιστάτα,[28] καλόν ἐστιν ἡμᾶς ὧδε εἶναι· καὶ ποιήσωμεν σκηνὰς[29] τρεῖς, μίαν σοί, καὶ μίαν Μωσῇ, καὶ μίαν Ἠλίᾳ· μὴ εἰδὼς ὃ λέγει. 34 Ταῦτα δὲ αὐτοῦ λέγοντος, ἐγένετο νεφέλη[30] καὶ ἐπεσκίασεν[31] αὐτούς· ἐφοβήθησαν δὲ ἐν τῷ ἐκείνους εἰσελθεῖν

---

[1]παθεῖν: 2AAN   [2]ἀποδοκιμασθῆναι: APN   [4]ἀπαρνησάσθω: ADM-3S   [7]ὠφελεῖται: PPI-3S   [8]κερδήσας: AAP-NSM   [9]ζημιωθείς: APP-NSM   [10]ἐπαισχυνθῇ: AOS-3S   [11]ἐπαισχυνθήσεται: FOI-3S   [13]γεύσωνται: ADS-3P   [16]παραλαβὼν: 2AAP-NSM   [20]ἐξαστράπτων: PAP-NSM   [21]συνελάλουν: IAI-3P   [23]βεβαρημένοι: RPP-NPM   [25]διαγρηγορήσαντες: AAP-NPM   [26]συνεστῶτας: RAP-APM   [27]διαχωρίζεσθαι: PNN   [31]ἐπεσκίασεν: AAI-3S

---

[1]πάσχω, [42] I am acted upon in a certain way, either good or bad; I experience ill treatment, suffer.   [2]ἀποδοκιμάζω, [9] I reject after testing (examination), disqualify.   [3]ὀπίσω, [37] behind, after; back, backwards.   [4]ἀπαρνέομαι, [13] I deny, disown, repudiate (either another person or myself), disregard.   [5]σταυρός, οῦ, ὁ, [28] a cross.   [6]ἕνεκεν, [26] for the sake of, on account of, on account of which, wherefore, on account of what, why.   [7]ὠφελέω, [15] I help, benefit, do good, am useful (to), profit.   [8]κερδαίνω, [16] I gain, acquire, win (over), avoid loss.   [9]ζημιόω, [6] I inflict loss (damage) upon, fine, punish, sometimes with the acc. of the penalty, even when the verb is passive.   [10]ἐπαισχύνομαι, [11] I am ashamed, am ashamed of.   [11]ἐπαισχύνομαι, [11] I am ashamed, am ashamed of.   [12]ἀληθῶς, [21] truly, really, certainly, surely.   [13]γεύομαι, [15] (a) I taste, (b) I experience.   [14]ὡσεί, [31] as if, as it were, like; with numbers: about.   [15]ὀκτώ, [9] eight.   [16]παραλαμβάνω, [49] I take from, receive from, or: I take to, receive (apparently not used of money), admit, acknowledge; I take with me.   [17]εἶδος, ους, τό, [5] visible form, shape, appearance, outward show, kind, species, class.   [18]ἱματισμός, οῦ, ὁ, [5] a collective word: raiment, clothing.   [19]λευκός, ή, όν, [25] white, bright, brilliant.   [20]ἐξαστράπτω, [1] I flash forth like lightning, gleam, am radiant.   [21]συλλαλέω, [6] I talk with, discuss.   [22]ἔξοδος, ου, ἡ, [3] (a) an exit, going out, departure from a place; the exodus, (b) death.   [23]βαρέω, [7] I weight, load, burden, lit. and met.   [24]ὕπνος, ου, ὁ, [6] sleep; fig: spiritual sleep.   [25]διαγρηγορέω, [1] I awake out of sleep, am thoroughly awake.   [26]συνίστημι, συνιστάνω, [16] I place together, commend, prove, exhibit; instrans: I stand with; I am composed of, cohere.   [27]διαχωρίζομαι, [1] I separate myself from, part from, go away.   [28]ἐπιστάτης, ου, ὁ, [7] master, teacher, chief, commander.   [29]σκηνή, ῆς, ἡ, [20] a tent, booth, tabernacle, abode, dwelling, mansion, habitation.   [30]νεφέλη, ης, ἡ, [26] a cloud.   [31]ἐπισκιάζω, [5] I overshadow, envelop.

εἰς τὴν νεφέλην.[1] **35** Καὶ φωνὴ ἐγένετο ἐκ τῆς νεφέλης,[1] λέγουσα, Οὗτός ἐστιν ὁ υἱός μου ὁ ἀγαπητός· αὐτοῦ ἀκούετε. **36** Καὶ ἐν τῷ γενέσθαι τὴν φωνήν, εὑρέθη ὁ Ἰησοῦς μόνος.[2] Καὶ αὐτοὶ ἐσίγησαν,[3] καὶ οὐδενὶ ἀπήγγειλαν[4] ἐν ἐκείναις ταῖς ἡμέραις οὐδὲν ὧν ἑωράκασιν.

The Healing of the Epileptic Boy

37 Ἐγένετο δὲ ἐν τῇ ἑξῆς[5] ἡμέρᾳ, κατελθόντων[6] αὐτῶν ἀπὸ τοῦ ὄρους, συνήντησεν[7] αὐτῷ ὄχλος πολύς. **38** Καὶ ἰδού, ἀνὴρ ἀπὸ τοῦ ὄχλου ἀνεβόησεν,[8] λέγων, Διδάσκαλε, δέομαί[9] σου, ἐπιβλέψαι[10] ἐπὶ τὸν υἱόν μου, ὅτι μονογενής[11] ἐστίν μοι· **39** καὶ ἰδού, πνεῦμα λαμβάνει αὐτόν, καὶ ἐξαίφνης[12] κράζει, καὶ σπαράσσει[13] αὐτὸν μετὰ ἀφροῦ,[14] καὶ μόγις[15] ἀποχωρεῖ[16] ἀπ' αὐτοῦ, συντρῖβον[17] αὐτόν. **40** Καὶ ἐδεήθην[18] τῶν μαθητῶν σου ἵνα ἐκβάλωσιν αὐτό, καὶ οὐκ ἠδυνήθησαν. **41** Ἀποκριθεὶς δὲ ὁ Ἰησοῦς εἶπεν, Ὦ[19] γενεὰ[20] ἄπιστος[21] καὶ διεστραμμένη,[22] ἕως πότε[23] ἔσομαι πρὸς ὑμᾶς, καὶ ἀνέξομαι[24] ὑμῶν; Προσάγαγε[25] τὸν υἱόν σου ὧδε. **42** Ἔτι δὲ προσερχομένου αὐτοῦ, ἔρρηξεν[26] αὐτὸν τὸ δαιμόνιον καὶ συνεσπάραξεν·[27] ἐπετίμησεν[28] δὲ ὁ Ἰησοῦς τῷ πνεύματι τῷ ἀκαθάρτῳ,[29] καὶ ἰάσατο[30] τὸν παῖδα,[31] καὶ ἀπέδωκεν[32] αὐτὸν τῷ πατρὶ αὐτοῦ. **43** Ἐξεπλήσσοντο[33] δὲ πάντες ἐπὶ τῇ μεγαλειότητι[34] τοῦ θεοῦ.

Πάντων δὲ θαυμαζόντων[35] ἐπὶ πᾶσιν οἷς ἐποίησεν ὁ Ἰησοῦς, εἶπεν πρὸς τοὺς μαθητὰς αὐτοῦ, **44** Θέσθε ὑμεῖς εἰς τὰ ὦτα[36] ὑμῶν τοὺς λόγους τούτους· ὁ γὰρ υἱὸς τοῦ ἀνθρώπου

---

[3]ἐσίγησαν: AAI-3P   [4]ἀπήγγειλαν: AAI-3P   [6]κατελθόντων: 2AAP-GPM   [7]συνήντησεν: AAI-3S   [8]ἀνεβόησεν: AAI-3S   [9]δέομαι: PNI-1S   [10]ἐπιβλέψαι: AAN   [13]σπαράσσει: PAI-3S   [16]ἀποχωρεῖ: PAI-3S   [17]συντρῖβον: PAP-NSN   [18]ἐδεήθην: API-1S   [22]διεστραμμένη: RPP-NSF   [24]ἀνέξομαι: FDI-1S   [25]Προσάγαγε: 2AAM-2S   [26]ἔρρηξεν: AAI-3S   [27]συνεσπάραξεν: AAI-3S   [28]ἐπετίμησεν: AAI-3S   [30]ἰάσατο: ADI-3S   [32]ἀπέδωκεν: AAI-3S   [33]Ἐξεπλήσσοντο: IPI-3P   [35]θαυμαζόντων: PAP-GPM

---

[1]νεφέλη, ης, ἡ, [26] a cloud.   [2]μόνος, η, ον, [45] only, solitary, desolate.   [3]σιγάω, [9] intrans: I am silent, keep silence; trans: I keep secret; pass: I am kept secret.   [4]ἀπαγγέλλω, [44] I report (from one place to another), bring a report, announce, declare.   [5]ἑξῆς, [5] next in order, the next day, the following day, at the period immediately following.   [6]κατέρχομαι, [13] I come down from sky to earth, or from high land to lower land (or to the coast), or from the high seas to the shore.   [7]συναντάω, [6] I meet, encounter, fall in with.   [8]ἀναβοάω, [3] I shout upwards, cry out, raise my voice.   [9]δέομαι, [22] I want for myself; I want, need; I beg, request, beseech, pray.   [10]ἐπιβλέπω, [3] I look with favor on, regard.   [11]μονογενής, ές, [9] only, only-begotten; unique.   [12]ἐξαίφνης, [5] suddenly, unexpectedly.   [13]σπαράσσω, [4] I convulse, throw into spasms.   [14]ἀφρός, οῦ, ὁ, [1] foam, froth.   [15]μόγις, [1] with difficulty; scarcely, hardly.   [16]ἀποχωρέω, [3] I go away, depart, withdraw.   [17]συντρίβω, [8] I break by crushing, break in pieces, shatter, crush, bruise.   [18]δέομαι, [22] I want for myself; I want, need; I beg, request, beseech, pray.   [19]ὦ, [17] O, an exclamation, used in addressing someone.   [20]γενεά, ᾶς, ἡ, [42] a generation; if repeated twice or with another time word, practically indicates infinity of time.   [21]ἄπιστος, ον, [23] unbelieving, incredulous, unchristian; sometimes subst: unbeliever.   [22]διαστρέφω, [7] I pervert, corrupt, oppose, distort.   [23]πότε, [19] when, at what time.   [24]ἀνέχομαι, [15] I endure, bear with, have patience with, suffer, admit, persist.   [25]προσάγω, [4] I bring to, bring near; I come to or towards, approach.   [26]ῥήγνυμι, ῥήσσω, [7] I rend, break asunder; I break forth (into speech); I throw or dash down.   [27]συσπαράσσω, [1] I throw violently on the ground.   [28]ἐπιτιμάω, [29] (a) I rebuke, chide, admonish, (b) I warn.   [29]ἀκάθαρτος, ον, [31] unclean, impure.   [30]ἰάομαι, [28] I heal, generally of the physical, sometimes of spiritual, disease.   [31]παῖς, παιδός, ὁ, ἡ, [24] (a) a male child, boy, (b) a male slave, servant; thus: a servant of God, especially as a title of the Messiah, (c) a female child, girl.   [32]ἀποδίδωμι, [47] (a) I give back, return, restore, (b) I give, render, as due, (c) mid: I sell.   [33]ἐκπλήσσω, [13] I strike with panic or shock; I amaze, astonish.   [34]μεγαλειότης, τητος, ἡ, [3] (divine) majesty or magnificence, glory.   [35]θαυμάζω, [46] (a) intrans: I wonder, marvel, (b) trans: I wonder at, admire.   [36]οὖς, ὠτός, τό, [37] (a) the ear, (b) met: the faculty of perception.

μέλλει παραδίδοσθαι εἰς χεῖρας ἀνθρώπων. **45** Οἱ δὲ ἠγνόουν¹ τὸ ῥῆμα τοῦτο, καὶ ἦν παρακεκαλυμμένον² ἀπ᾽ αὐτῶν, ἵνα μὴ αἴσθωνται³ αὐτό· καὶ ἐφοβοῦντο ἐρωτῆσαι αὐτὸν περὶ τοῦ ῥήματος τούτου.

Lessons in Humility

46 Εἰσῆλθεν δὲ διαλογισμὸς⁴ ἐν αὐτοῖς, τὸ τίς ἂν εἴη μείζων αὐτῶν. **47** Ὁ δὲ Ἰησοῦς ἰδὼν τὸν διαλογισμὸν⁴ τῆς καρδίας αὐτῶν, ἐπιλαβόμενος⁵ παιδίου, ἔστησεν αὐτὸ παρ᾽ ἑαυτῷ, **48** καὶ εἶπεν αὐτοῖς, Ὃς ἐὰν δέξηται τοῦτο τὸ παιδίον ἐπὶ τῷ ὀνόματί μου ἐμὲ δέχεται· καὶ ὃς ἐὰν ἐμὲ δέξηται δέχεται τὸν ἀποστείλαντά με· ὁ γὰρ μικρότερος⁶ ἐν πᾶσιν ὑμῖν ὑπάρχων οὗτος ἔσται μέγας.

49 Ἀποκριθεὶς δὲ ὁ Ἰωάννης εἶπεν, Ἐπιστάτα,⁷ εἴδομέν τινα ἐπὶ τῷ ὀνόματί σου ἐκβάλλοντα δαιμόνια· καὶ ἐκωλύσαμεν⁸ αὐτόν, ὅτι οὐκ ἀκολουθεῖ μεθ᾽ ἡμῶν. **50** Καὶ εἶπεν πρὸς αὐτὸν ὁ Ἰησοῦς, Μὴ κωλύετε·⁹ ὃς γὰρ οὐκ ἔστιν καθ᾽ ἡμῶν ὑπὲρ ἡμῶν ἐστιν.

51 Ἐγένετο δὲ ἐν τῷ συμπληροῦσθαι¹⁰ τὰς ἡμέρας τῆς ἀναλήψεως¹¹ αὐτοῦ, καὶ αὐτὸς τὸ πρόσωπον αὐτοῦ ἐστήριξεν¹² τοῦ πορεύεσθαι εἰς Ἱερουσαλήμ, **52** καὶ ἀπέστειλεν ἀγγέλους πρὸ¹³ προσώπου αὐτοῦ· καὶ πορευθέντες εἰσῆλθον εἰς κώμην¹⁴ Σαμαρειτῶν,¹⁵ ὥστε ἑτοιμάσαι¹⁶ αὐτῷ. **53** Καὶ οὐκ ἐδέξαντο αὐτόν, ὅτι τὸ πρόσωπον αὐτοῦ ἦν πορευόμενον εἰς Ἱερουσαλήμ. **54** Ἰδόντες δὲ οἱ μαθηταὶ αὐτοῦ Ἰάκωβος καὶ Ἰωάννης εἶπον, Κύριε, θέλεις εἴπωμεν πῦρ καταβῆναι ἀπὸ τοῦ οὐρανοῦ, καὶ ἀναλῶσαι¹⁷ αὐτούς, ὡς καὶ Ἡλίας ἐποίησεν; **55** Στραφεὶς¹⁸ δὲ ἐπετίμησεν¹⁹ αὐτοῖς, καὶ εἶπεν, Οὐκ οἴδατε οἵου²⁰ πνεύματός ἐστε ὑμεῖς· **56** ὁ γὰρ υἱὸς τοῦ ἀνθρώπου οὐκ ἦλθεν ψυχὰς ἀνθρώπων ἀπολέσαι, ἀλλὰ σῶσαι. Καὶ ἐπορεύθησαν εἰς ἑτέραν κώμην.¹⁴

True Discipleship of Christ

57 Ἐγένετο δὲ πορευομένων αὐτῶν ἐν τῇ ὁδῷ, εἶπέν τις πρὸς αὐτόν, Ἀκολουθήσω σοι ὅπου ἂν ἀπέρχῃ, κύριε. **58** Καὶ εἶπεν αὐτῷ ὁ Ἰησοῦς, Αἱ ἀλώπεκες²¹ φωλεοὺς²² ἔχουσιν, καὶ τὰ πετεινὰ²³ τοῦ οὐρανοῦ κατασκηνώσεις·²⁴ ὁ δὲ υἱὸς τοῦ ἀνθρώπου οὐκ ἔχει ποῦ²⁵ τὴν κεφαλὴν κλίνῃ.²⁶ **59** Εἶπεν δὲ πρὸς ἕτερον, Ἀκολούθει μοι. Ὁ δὲ εἶπεν,

---

¹ἠγνόουν: IAI-3P   ²παρακεκαλυμμένον: RPP-NSN   ³αἴσθωνται: 2ADS-3P   ⁵ἐπιλαβόμενος: 2ADP-NSM
⁸ἐκωλύσαμεν: AAI-1P   ⁹κωλύετε: PAM-2P   ¹⁰συμπληροῦσθαι: PPN   ¹²ἐστήριξεν: AAI-3S   ¹⁶ἑτοιμάσαι: AAN
¹⁷ἀναλῶσαι: AAN   ¹⁸Στραφεὶς: 2APP-NSM   ¹⁹ἐπετίμησεν: AAI-3S   ²⁶κλίνῃ: PAS-3S

---

¹ἀγνοέω, [22] I do not know, am ignorant of (a person, thing, or fact), sometimes with the idea of willful ignorance.   ²παρακαλύπτω, [1] I hide, conceal, veil.   ³αἰσθάνομαι, [1] I perceive, understand.   ⁴διαλογισμός, οῦ, ὁ, [14] a calculation, reasoning, thought, movement of thought, deliberation, plotting.   ⁵ἐπιλαμβάνομαι, [19] I lay hold of, take hold of, seize (sometimes with beneficent, sometimes with hostile, intent).   ⁶μικρός, ά, όν, [45] little, small.   ⁷ἐπιστάτης, ου, ὁ, [7] master, teacher, chief, commander.   ⁸κωλύω, [23] I prevent, debar, hinder; with infin: from doing so and so.   ⁹κωλύω, [23] I prevent, debar, hinder; with infin: from doing so and so.   ¹⁰συμπληρόω, [3] I fill completely; pass: I am completed.   ¹¹ἀνάληψις, εως, ἡ, [1] a taking up, lifting up.   ¹²στηρίζω, [13] (a) I fix firmly, direct myself towards, (b) generally met: I buttress, prop, support; I strengthen, establish.   ¹³πρό, [47] (a) of place: before, in front of, (b) of time: before, earlier than.   ¹⁴κώμη, ης, ἡ, [28] a village, country town.   ¹⁵Σαμαρείτης, ου, ὁ, [9] a Samaritan.   ¹⁶ἑτοιμάζω, [40] I make ready, prepare.   ¹⁷ἀναλίσκω, [3] I destroy, annihilate, expend, consume.   ¹⁸στρέφω, [19] I turn, am converted, change, change my direction.   ¹⁹ἐπιτιμάω, [29] (a) I rebuke, chide, admonish, (b) I warn.   ²⁰οἷος, α, ον, [15] of what kind, such as.   ²¹ἀλώπηξ, εκος, ἡ, [3] a fox; a fox-like, crafty person.   ²²φωλεός, οῦ, ὁ, [2] a burrow, hole, den, lair.   ²³πετεινόν, οῦ, τό, [14] a bird, fowl.   ²⁴κατασκήνωσις, εως, ἡ, [2] a dwelling-place.   ²⁵ποῦ, [44] where, in what place.   ²⁶κλίνω, [7] trans: I rest, recline; I bend, incline; I cause to give ground, make to yield; intrans: I decline, approach my end.

Κύριε, ἐπίτρεψόν¹ μοι ἀπελθόντι πρῶτον θάψαι² τὸν πατέρα μου. **60** Εἶπεν δὲ αὐτῷ ὁ Ἰησοῦς, Ἄφες τοὺς νεκροὺς θάψαι³ τοὺς ἑαυτῶν νεκρούς· σὺ δὲ ἀπελθὼν διάγγελλε⁴ τὴν βασιλείαν τοῦ θεοῦ. **61** Εἶπεν δὲ καὶ ἕτερος, Ἀκολουθήσω σοι, κύριε· πρῶτον δὲ ἐπίτρεψόν⁵ μοι ἀποτάξασθαι⁶ τοῖς εἰς τὸν οἶκόν μου. **62** Εἶπεν δὲ ὁ Ἰησοῦς πρὸς αὐτόν, Οὐδείς, ἐπιβαλὼν⁷ τὴν χεῖρα αὐτοῦ ἐπ' ἄροτρον,⁸ καὶ βλέπων εἰς τὰ ὀπίσω,⁹ εὔθετός¹⁰ ἐστιν εἰς τὴν βασιλείαν τοῦ θεοῦ.

The Mission of the Seventy

10 Μετὰ δὲ ταῦτα ἀνέδειξεν¹¹ ὁ κύριος καὶ ἑτέρους ἑβδομήκοντα,¹² καὶ ἀπέστειλεν αὐτοὺς ἀνὰ¹³ δύο πρὸ¹⁴ προσώπου αὐτοῦ εἰς πᾶσαν πόλιν καὶ τόπον οὗ ἔμελλεν αὐτὸς ἔρχεσθαι. **2** Ἔλεγεν οὖν πρὸς αὐτούς, Ὁ μὲν θερισμὸς¹⁵ πολύς, οἱ δὲ ἐργάται¹⁶ ὀλίγοι.¹⁷ Δεήθητε¹⁸ οὖν τοῦ κυρίου τοῦ θερισμοῦ,¹⁵ ὅπως ἐκβάλῃ ἐργάτας¹⁶ εἰς τὸν θερισμὸν¹⁵ αὐτοῦ. **3** Ὑπάγετε· ἰδού, ἐγὼ ἀποστέλλω ὑμᾶς ὡς ἄρνας¹⁹ ἐν μέσῳ λύκων.²⁰ **4** Μὴ βαστάζετε²¹ βαλάντιον,²² μὴ πήραν,²³ μηδὲ ὑποδήματα·²⁴ καὶ μηδένα κατὰ τὴν ὁδὸν ἀσπάσησθε. **5** Εἰς ἣν δ' ἂν οἰκίαν εἰσέρχησθε, πρῶτον λέγετε, Εἰρήνη τῷ οἴκῳ τούτῳ. **6** Καὶ ἐὰν ᾖ ἐκεῖ υἱὸς εἰρήνης, ἐπαναπαύσεται²⁵ ἐπ' αὐτὸν ἡ εἰρήνη ὑμῶν· εἰ δὲ μήγε,²⁶ ἐφ' ὑμᾶς ἀνακάμψει.²⁷ **7** Ἐν αὐτῇ δὲ τῇ οἰκίᾳ μένετε, ἐσθίοντες καὶ πίνοντες τὰ παρ' αὐτῶν· ἄξιος²⁸ γὰρ ὁ ἐργάτης¹⁶ τοῦ μισθοῦ²⁹ αὐτοῦ ἐστιν. Μὴ μεταβαίνετε³⁰ ἐξ οἰκίας εἰς οἰκίαν. **8** Καὶ εἰς ἣν ἂν πόλιν εἰσέρχησθε, καὶ δέχωνται ὑμᾶς, ἐσθίετε τὰ παρατιθέμενα³¹ ὑμῖν, **9** καὶ θεραπεύετε³² τοὺς ἐν αὐτῇ ἀσθενεῖς,³³ καὶ λέγετε αὐτοῖς, Ἤγγικεν³⁴ ἐφ' ὑμᾶς ἡ βασιλεία τοῦ θεοῦ. **10** Εἰς ἣν δ' ἂν πόλιν εἰσέρχησθε, καὶ μὴ

---

¹ἐπίτρεψόν: AAM-2S　　²θάψαι: AAN　　³θάψαι: AAN　　⁴διάγγελλε: PAM-2S　　⁵ἐπίτρεψόν: AAM-2S　　⁶ἀποτάξασθαι: AMN　　⁷ἐπιβαλὼν: 2AAP-NSM　　¹¹ἀνέδειξεν: AAI-3S　　¹⁸Δεήθητε: AOM-2P　　²¹βαστάζετε: PAM-2P　　²⁵ἐπαναπαύσεται: FDI-3S　　²⁷ἀνακάμψει: FAI-3S　　³⁰μεταβαίνετε: PAM-2P　　³¹παρατιθέμενα: PPP-APN　　³²θεραπεύετε: PAM-2P　　³⁴Ἤγγικεν: RAI-3S

---

¹ἐπιτρέπω, [19] I turn to, commit, entrust; I allow, yield, permit.　　²θάπτω, [11] I bury.　　³θάπτω, [11] I bury.　　⁴διαγγέλλω, [3] I announce throughout (the world), spread the news of, give notice of, teach.　　⁵ἐπιτρέπω, [19] I turn to, commit, entrust; I allow, yield, permit.　　⁶ἀποτάσσομαι, [6] I withdraw from, take leave of, renounce, send away.　　⁷ἐπιβάλλω, [18] (a) I throw upon, cast over, (b) I place upon, (c) I lay, (d) intrans: I strike upon, rush.　　⁸ἄροτρον, ου, τό, [1] a plow.　　⁹ὀπίσω, [37] behind, after; back, backwards.　　¹⁰εὔθετος, ον, [3] suitable, fit, useful.　　¹¹ἀναδείκνυμι, [2] I show forth, show clearly; hence: I proclaim (a person's appointment to an office), appoint.　　¹²ἑβδομήκοντα, [5] seventy.　　¹³ἀνά, [15] prep. Rare in NT; prop: upwards, up; among, between; in turn; apiece, by; as a prefix: up, to, anew, back.　　¹⁴πρό, [47] (a) of place: before, in front of, (b) of time: before, earlier than.　　¹⁵θερισμός, οῦ, ὁ, [13] reaping, harvest; met: the harvest, crop.　　¹⁶ἐργάτης, ου, ὁ, [16] a field-laborer; then: a laborer, workman in general.　　¹⁷ὀλίγος, η, ον, [43] (a) especially in plur: few, (b) in sing: small; hence, of time: short, of degree: light, slight, little.　　¹⁸δέομαι, [22] I want for myself; I want, need; I beg, request, beseech, pray.　　¹⁹ἀρήν, ἀρνός, ὁ, [1] a lamb, sheep.　　²⁰λύκος, ου, ὁ, [6] a wolf, of perhaps a jackal; often applied to persons of wolfish proclivities.　　²¹βαστάζω, [27] (a) I carry, bear, (b) I carry (take) away.　　²²βαλάντιον, ου, τό, [4] a purse, money-bag.　　²³πήρα, ας, ἡ, [6] a sack, wallet for carrying provisions.　　²⁴ὑπόδημα, ατος, τό, [10] a sandal; anything bound under.　　²⁵ἐπαναπαύομαι, [2] I rest upon, rely on, trust in.　　²⁶εἰ δὲ μήγε, [8] but if not, else, otherwise.　　²⁷ἀνακάμπτω, [4] I bend or turn back; I return.　　²⁸ἄξιος, ία, ιον, [41] worthy, worthy of, deserving, comparable, suitable.　　²⁹μισθός, οῦ, ὁ, [29] (a) pay, wages, salary, (b) reward, recompense, punishment.　　³⁰μεταβαίνω, [12] I change my place (abode), leave, depart, remove, pass over.　　³¹παρατίθημι, [19] (a) I set (especially a meal) before, serve, (b) act. and mid: I deposit with, entrust to, (c) I bring forward, quote as evidence.　　³²θεραπεύω, [44] I care for, attend, serve, treat, especially of a physician; hence: I heal.　　³³ἀσθενής, ές, [25] (lit: not strong), (a) weak (physically, or morally), (b) infirm, sick.　　³⁴ἐγγίζω, [43] trans: I bring near; intrans: I come near, approach.

δέχωνται ὑμᾶς, ἐξελθόντες εἰς τὰς πλατείας[1] αὐτῆς εἴπατε, **11** Καὶ τὸν κονιορτὸν[2] τὸν κολληθέντα[3] ἡμῖν ἐκ τῆς πόλεως ὑμῶν ἀπομασσόμεθα[4] ὑμῖν· πλὴν[5] τοῦτο γινώσκετε, ὅτι ἤγγικεν[6] ἐφ' ὑμᾶς ἡ βασιλεία τοῦ θεοῦ. **12** Λέγω ὑμῖν, ὅτι Σοδόμοις[7] ἐν τῇ ἡμέρᾳ ἐκείνῃ ἀνεκτότερον[8] ἔσται, ἢ τῇ πόλει ἐκείνῃ. **13** Οὐαί[9] σοι, Χοραζίν,[10] οὐαί[9] σοι, Βηθσαϊδά·[11] ὅτι εἰ ἐν Τύρῳ[12] καὶ Σιδῶνι[13] ἐγένοντο αἱ δυνάμεις αἱ γενόμεναι ἐν ὑμῖν, πάλαι[14] ἂν ἐν σάκκῳ[15] καὶ σποδῷ[16] καθήμεναι μετενόησαν.[17] **14** Πλὴν[5] Τύρῳ[12] καὶ Σιδῶνι[13] ἀνεκτότερον[8] ἔσται ἐν τῇ κρίσει,[18] ἢ ὑμῖν. **15** Καὶ σύ, Καπερναούμ,[19] ἡ ἕως τοῦ οὐρανοῦ ὑψωθεῖσα,[20] ἕως Ἅδου[21] καταβιβασθήσῃ.[22] **16** Ὁ ἀκούων ὑμῶν ἐμοῦ ἀκούει· καὶ ὁ ἀθετῶν[23] ὑμᾶς ἐμὲ ἀθετεῖ·[24] ὁ δὲ ἐμὲ ἀθετῶν[25] ἀθετεῖ[26] τὸν ἀποστείλαντά με.

17 Ὑπέστρεψαν[27] δὲ οἱ ἑβδομήκοντα[28] μετὰ χαρᾶς, λέγοντες, Κύριε, καὶ τὰ δαιμόνια ὑποτάσσεται[29] ἡμῖν ἐν τῷ ὀνόματί σου. **18** Εἶπεν δὲ αὐτοῖς, Ἐθεώρουν τὸν Σατανᾶν[30] ὡς ἀστραπὴν[31] ἐκ τοῦ οὐρανοῦ πεσόντα. **19** Ἰδού, δίδωμι ὑμῖν τὴν ἐξουσίαν τοῦ πατεῖν[32] ἐπάνω[33] ὄφεων[34] καὶ σκορπίων,[35] καὶ ἐπὶ πᾶσαν τὴν δύναμιν τοῦ ἐχθροῦ·[36] καὶ οὐδὲν ὑμᾶς οὐ μὴ ἀδικήσῃ.[37] **20** Πλὴν[5] ἐν τούτῳ μὴ χαίρετε ὅτι τὰ πνεύματα ὑμῖν ὑποτάσσεται·[38] χαίρετε δὲ ὅτι τὰ ὀνόματα ὑμῶν ἐγράφη ἐν τοῖς οὐρανοῖς.

21 Ἐν αὐτῇ τῇ ὥρᾳ ἠγαλλιάσατο[39] τῷ πνεύματι ὁ Ἰησοῦς, καὶ εἶπεν, Ἐξομολογοῦμαί[40] σοι, πάτερ, κύριε τοῦ οὐρανοῦ καὶ τῆς γῆς, ὅτι ἀπέκρυψας[41] ταῦτα

---

[3]κολληθέντα: APP-ASM   [4]ἀπομασσόμεθα: PMI-1P   [6]ἤγγικεν: RAI-3S   [17]μετενόησαν: AAI-3P   [20]ὑψωθεῖσα: APP-NSF   [22]καταβιβασθήσῃ: FPI-2S   [23]ἀθετῶν: PAP-NSM   [24]ἀθετεῖ: PAI-3S   [25]ἀθετῶν: PAP-NSM   [26]ἀθετεῖ: PAI-3S   [27]Ὑπέστρεψαν: AAI-3P   [29]ὑποτάσσεται: PPI-3S   [32]πατεῖν: PAN   [37]ἀδικήσῃ: AAS-3S   [38]ὑποτάσσεται: PPI-3S   [39]ἠγαλλιάσατο: ADI-3S   [40]Ἐξομολογοῦμαί: PMI-1S   [41]ἀπέκρυψας: AAI-2S

---

[1]πλατεῖα, ας, ἡ, [9] a street, public square, broad way.   [2]κονιορτός, ου, ὁ, [5] dust.   [3]κολλάω, [11] (lit: I glue); hence: mid. and pass: I join myself closely, cleave, adhere (to), I keep company (with), of friendly intercourse.   [4]ἀπομάσσω, [1] I wipe off, wipe clean; mid: I wipe myself off.   [5]πλήν, [31] however, nevertheless, but, except that, yet.   [6]ἐγγίζω, [43] trans: I bring near; intrans: I come near, approach.   [7]Σόδομα, ων, τά, [10] Sodom.   [8]ἀνεκτός, ή, όν, [6] endurable, tolerable.   [9]οὐαί, [47] woe!, alas!, uttered in grief or denunciation.   [10]Χοραζίν, ἡ, [2] Chorazin, a town of Galilee.   [11]Βηθσαϊδά, ἡ, [7] Bethsaida, (a) a city of Galilee, (b) a city east of the Jordan.   [12]Τύρος, ου, ἡ, [11] Tyre, an ancient city, the capital of Phoenicia.   [13]Σιδών, ῶνος, ἡ, [11] Sidon, a great coast city of Phoenicia.   [14]πάλαι, [6] of old, long ago, in times past, former.   [15]σάκκος, ου, ὁ, [4] sackcloth, a sign of mourning.   [16]σποδός, οῦ, ἡ, [3] ashes.   [17]μετανοέω, [34] I repent, change my mind, change the inner man (particularly with reference to acceptance of the will of God), repent.   [18]κρίσις, εως, ἡ, [48] judging, judgment, decision, sentence; generally: divine judgment; accusation.   [19]Καπερναούμ, ἡ, [16] Capernaum, a town of Galilee.   [20]ὑψόω, [20] (a) I raise on high, lift up, (b) I exalt, set on high.   [21]Ἅιδης, ου, ὁ, [11] Hades, the unseen world.   [22]καταβιβάζω, [2] I bring down, cast down, cause to go down.   [23]ἀθετέω, [16] I annul, make of no effect, set aside, ignore, slight; I break faith with.   [24]ἀθετέω, [16] I annul, make of no effect, set aside, ignore, slight; I break faith with.   [25]ἀθετέω, [16] I annul, make of no effect, set aside, ignore, slight; I break faith with.   [26]ἀθετέω, [16] I annul, make of no effect, set aside, ignore, slight; I break faith with.   [27]ὑποστρέφω, [37] I turn back, return.   [28]ἑβδομήκοντα, [5] seventy.   [29]ὑποτάσσω, [40] I place under, subject to; mid, pass: I submit, put myself into subjection.   [30]Σατανᾶς, ᾶ, ὁ, [36] an adversary, Satan.   [31]ἀστραπή, ῆς, ἡ, [9] a flash of lightning, brightness, luster.   [32]πατέω, [5] I tread, trample upon.   [33]ἐπάνω, [20] (a) adv: on the top, above, (b) prep: on the top of, above, over, on, above, more than, superior to.   [34]ὄφις, εως, ὁ, [14] a serpent, snake; used of the devil or Satan.   [35]σκορπίος, ου, ὁ, [5] a scorpion.   [36]ἐχθρός, ά, όν, [32] hated, hostile; subst: an enemy.   [37]ἀδικέω, [27] I act unjustly towards, injure, harm.   [38]ὑποτάσσω, [40] I place under, subject to; mid, pass: I submit, put myself into subjection.   [39]ἀγαλλιάω, [11] I exult, am full of joy.   [40]ἐξομολογέω, [10] (a) I consent fully, agree out and out, (b) I confess, admit, acknowledge (cf. the early Hellenistic sense of the middle: I acknowledge a debt), (c) I give thanks, praise.   [41]ἀποκρύπτω, [6] I hide away, conceal, keep secret.

ἀπὸ σοφῶν¹ καὶ συνετῶν,² καὶ ἀπεκάλυψας³ αὐτὰ νηπίοις·⁴ ναί,⁵ ὁ πατήρ, ὅτι οὕτως ἐγένετο εὐδοκία⁶ ἔμπροσθέν⁷ σου. **22** Καὶ στραφεὶς⁸ πρὸς τοὺς μαθητὰς εἶπεν, Πάντα μοι παρεδόθη ὑπὸ τοῦ πατρός μου· καὶ οὐδεὶς γινώσκει τίς ἐστιν ὁ υἱός, εἰ μὴ ὁ πατήρ, καὶ τίς ἐστιν ὁ πατήρ, εἰ μὴ ὁ υἱός, καὶ ᾧ ἐὰν βούληται⁹ ὁ υἱὸς ἀποκαλύψαι.¹⁰

The Good Samaritan

23 Καὶ στραφεὶς¹¹ πρὸς τοὺς μαθητὰς κατ᾽ ἰδίαν εἶπεν, Μακάριοι οἱ ὀφθαλμοὶ οἱ βλέποντες ἃ βλέπετε. **24** Λέγω γὰρ ὑμῖν, ὅτι πολλοὶ προφῆται καὶ βασιλεῖς ἠθέλησαν ἰδεῖν ἃ ὑμεῖς βλέπετε, καὶ οὐκ εἶδον· καὶ ἀκοῦσαι ἃ ἀκούετε, καὶ οὐκ ἤκουσαν.

25 Καὶ ἰδού, νομικός¹² τις ἀνέστη, ἐκπειράζων¹³ αὐτόν, καὶ λέγων, Διδάσκαλε, τί ποιήσας ζωὴν αἰώνιον κληρονομήσω;¹⁴ **26** Ὁ δὲ εἶπεν πρὸς αὐτόν, Ἐν τῷ νόμῳ τί γέγραπται; Πῶς ἀναγινώσκεις;¹⁵ **27** Ὁ δὲ ἀποκριθεὶς εἶπεν, Ἀγαπήσεις κύριον τὸν θεόν σου, ἐξ ὅλης τῆς καρδίας σου, καὶ ἐξ ὅλης τῆς ψυχῆς σου, καὶ ἐξ ὅλης τῆς ἰσχύος¹⁶ σου, καὶ ἐξ ὅλης τῆς διανοίας¹⁷ σου· καὶ τὸν πλησίον¹⁸ σου ὡς σεαυτόν.¹⁹ **28** Εἶπεν δὲ αὐτῷ, Ὀρθῶς²⁰ ἀπεκρίθης· τοῦτο ποίει, καὶ ζήσῃ. **29** Ὁ δὲ θέλων δικαιοῦν²¹ ἑαυτὸν εἶπεν πρὸς τὸν Ἰησοῦν, Καὶ τίς ἐστίν μου πλησίον;¹⁸ **30** Ὑπολαβὼν²² δὲ ὁ Ἰησοῦς εἶπεν, Ἄνθρωπός τις κατέβαινεν ἀπὸ Ἰερουσαλὴμ εἰς Ἰεριχώ,²³ καὶ λησταῖς²⁴ περιέπεσεν,²⁵ οἳ καὶ ἐκδύσαντες²⁶ αὐτὸν καὶ πληγὰς²⁷ ἐπιθέντες²⁸ ἀπῆλθον, ἀφέντες ἡμιθανῆ²⁹ τυγχάνοντα.³⁰ **31** Κατὰ συγκυρίαν³¹ δὲ ἱερεύς³² τις κατέβαινεν ἐν τῇ ὁδῷ ἐκείνῃ· καὶ ἰδὼν αὐτὸν ἀντιπαρῆλθεν.³³ **32** Ὁμοίως³⁴ δὲ καὶ Λευΐτης³⁵ γενόμενος κατὰ τὸν τόπον

---

³ἀπεκάλυψας: *AAI-2S* ⁸στραφεὶς: *2APP-NSM* ⁹βούληται: *PNS-3S* ¹⁰ἀποκαλύψαι: *AAN* ¹¹στραφεὶς: *2APP-NSM* ¹³ἐκπειράζων: *PAP-NSM* ¹⁴κληρονομήσω: *FAI-1S* ¹⁵ἀναγινώσκεις: *PAI-2S* ²¹δικαιοῦν: *PAN* ²²Ὑπολαβὼν: *2AAP-NSM* ²⁵περιέπεσεν: *2AAI-3S* ²⁶ἐκδύσαντες: *AAP-NPM* ²⁸ἐπιθέντες: *2AAP-NPM* ³⁰τυγχάνοντα: *PAP-ASM* ³³ἀντιπαρῆλθεν: *2AAI-3S*

---

¹σοφός, ή, όν, [22] wise, learned, cultivated, skilled, clever. ²συνετός, ή, όν, [4] intelligent, prudent, wise, understanding, discerning. ³ἀποκαλύπτω, [26] I uncover, bring to light, reveal. ⁴νήπιος, α, ον, [14] unlearned, unenlightened; noun: an infant, child. ⁵ναί, [35] yes, certainly, even so. ⁶εὐδοκία, ας, ἡ, [9] (a) good-will (good-pleasure), favor, feeling of complacency of God to man, (b) good-pleasure, satisfaction, happiness, delight of men. ⁷ἔμπροσθεν, [48] in front, before the face; sometimes made a subst. by the addition of the article: in front of, before the face of. ⁸στρέφω, [19] I turn, am converted, change, change my direction. ⁹βούλομαι, [34] I will, intend, desire, wish. ¹⁰ἀποκαλύπτω, [26] I uncover, bring to light, reveal. ¹¹στρέφω, [19] I turn, am converted, change, change my direction. ¹²νομικός, ή, όν, [9] (a) adj: connected with law, about law, (b) noun: a lawyer, one learned in the Law, one learned in the Old Testament. ¹³ἐκπειράζω, [4] I put to the test, make trial of, tempt, try. ¹⁴κληρονομέω, [18] I inherit, obtain (possess) by inheritance, acquire. ¹⁵ἀναγινώσκω, [32] I read, know again, know certainly, recognize, discern. ¹⁶ἰσχύς, ύος, ἡ, [10] strength (absolutely), power, might, force, ability. ¹⁷διάνοια, ας, ἡ, [12] understanding, intellect, mind, insight. ¹⁸πλησίον, [16] near, nearby, a neighbor. ¹⁹σεαυτοῦ, ῆς, οῦ, [41] of yourself. ²⁰ὀρθῶς, [5] rightly. ²¹δικαιόω, [39] I make righteous, defend the cause of, plead for the righteousness (innocence) of, acquit, justify; hence: I regard as righteous. ²²ὑπολαμβάνω, [4] (a) I take up, (b) I welcome, entertain, (c) I answer, (d) I suppose, imagine. ²³Ἰεριχώ, ἡ, [7] Jericho, a city a little north of the Dead Sea. ²⁴λῃστής, οῦ, ὁ, [15] a robber, brigand, bandit. ²⁵περιπίπτω, [3] I fall into the midst of, am involved in, happen upon a place. ²⁶ἐκδύω, [5] I put off, take off, strip off, with acc. of person or garment or both. ²⁷πληγή, ῆς, ἡ, [22] a blow, stripe, wound; an affliction, plague. ²⁸ἐπιτίθημι, [41] I put, place upon, lay on; I add, give in addition. ²⁹ἡμιθανής, ές, [1] half-dead. ³⁰τυγχάνω, [13] (a) gen: I obtain, (b) absol: I chance, happen; ordinary, everyday, it may chance, perhaps. ³¹συγκυρία, ας, ἡ, [1] a coincidence, accident, chance. ³²ἱερεύς, έως, ὁ, [33] a priest, one who offers sacrifice to a god (in Jewish and pagan religions; of Christians only met.). ³³ἀντιπαρέρχομαι, [2] I pass opposite, on the opposite side of the road. ³⁴ὁμοίως, [32] in like manner, similarly, in the same way, equally. ³⁵Λευΐτης, ου, ὁ, [3] a Levite, properly a man of the tribe of Levi; hence: a priest's assistant, an under priest, as the members of that tribe were charged with this duty.

ἐλθὼν καὶ ἰδὼν ἀντιπαρῆλθεν.[1] **33** Σαμαρείτης[2] δέ τις ὁδεύων[3] ἦλθεν κατ᾽ αὐτόν, καὶ ἰδὼν αὐτὸν ἐσπλαγχνίσθη,[4] **34** καὶ προσελθὼν κατέδησεν[5] τὰ τραύματα[6] αὐτοῦ, ἐπιχέων[7] ἔλαιον[8] καὶ οἶνον·[9] ἐπιβιβάσας[10] δὲ αὐτὸν ἐπὶ τὸ ἴδιον κτῆνος,[11] ἤγαγεν αὐτὸν εἰς πανδοχεῖον,[12] καὶ ἐπεμελήθη[13] αὐτοῦ. **35** Καὶ ἐπὶ τὴν αὔριον[14] ἐξελθών, ἐκβαλὼν δύο δηνάρια[15] ἔδωκεν τῷ πανδοχεῖ,[16] καὶ εἶπεν αὐτῷ, Ἐπιμελήθητι[17] αὐτοῦ· καὶ ὅ τι ἂν προσδαπανήσῃς,[18] ἐγὼ ἐν τῷ ἐπανέρχεσθαί[19] με ἀποδώσω[20] σοι. **36** Τίς οὖν τούτων τῶν τριῶν πλησίον[21] δοκεῖ σοι γεγονέναι τοῦ ἐμπεσόντος[22] εἰς τοὺς λῃστάς;[23] **37** Ὁ δὲ εἶπεν, Ὁ ποιήσας τὸ ἔλεος[24] μετ᾽ αὐτοῦ. Εἶπεν οὖν αὐτῷ ὁ Ἰησοῦς, Πορεύου, καὶ σὺ ποίει ὁμοίως.[25]

Mary and Martha

38 Ἐγένετο δὲ ἐν τῷ πορεύεσθαι αὐτούς, καὶ αὐτὸς εἰσῆλθεν εἰς κώμην[26] τινά· γυνὴ δέ τις ὀνόματι Μάρθα ὑπεδέξατο[27] αὐτὸν εἰς τὸν οἶκον αὐτῆς. **39** Καὶ τῇδε[28] ἦν ἀδελφὴ[29] καλουμένη Μαρία, ἣ καὶ παρακαθίσασα[30] παρὰ τοὺς πόδας τοῦ Ἰησοῦ ἤκουεν τὸν λόγον αὐτοῦ. **40** Ἡ δὲ Μάρθα περιεσπᾶτο[31] περὶ πολλὴν διακονίαν·[32] ἐπιστᾶσα[33] δὲ εἶπεν, Κύριε, οὐ μέλει[34] σοι ὅτι ἡ ἀδελφή[29] μου μόνην[35] με κατέλειπεν[36] διακονεῖν;[37] Εἰπὲ οὖν αὐτῇ ἵνα μοι συναντιλάβηται.[38] **41** Ἀποκριθεὶς δὲ εἶπεν αὐτῇ ὁ Ἰησοῦς, Μάρθα,

---

[1] ἀντιπαρῆλθεν: 2AAI-3S   [3] ὁδεύων: PAP-NSM   [4] ἐσπλαγχνίσθη: AOI-3S   [5] κατέδησεν: AAI-3S   [7] ἐπιχέων: PAP-NSM   [10] ἐπιβιβάσας: AAP-NSM   [13] ἐπεμελήθη: AOI-3S   [17] Ἐπιμελήθητι: APM-2S   [18] προσδαπανήσῃς: AAS-2S [19] ἐπανέρχεσθαί: PNN   [20] ἀποδώσω: FAI-1S   [22] ἐμπεσόντος: 2AAP-GSM   [27] ὑπεδέξατο: ADI-3S   [30] παρακαθίσασα: AAP-NSF   [31] περιεσπᾶτο: IPI-3S   [33] ἐπιστᾶσα: 2AAP-NSF   [34] μέλει: PAI-3S   [36] κατέλειπεν: IAI-3S   [37] διακονεῖν: PAN [38] συναντιλάβηται: 2ADS-3S

---

[1] ἀντιπαρέρχομαι, [2] I pass opposite, on the opposite side of the road.   [2] Σαμαρείτης, ου, ὁ, [9] a Samaritan. [3] ὁδεύω, [1] I journey, travel.   [4] σπλαγχνίζομαι, [12] I feel compassion, have pity on, am moved.   [5] καταδέω, [1] I bind up, bandage.   [6] τραῦμα, ατος, τό, [1] a wound.   [7] ἐπιχέω, [1] I pour upon.   [8] ἔλαιον, ου, τό, [11] olive oil, oil.   [9] οἶνος, ου, ὁ, [33] wine.   [10] ἐπιβιβάζω, [3] I place upon (a horse, mule).   [11] κτῆνος, ους, τό, [4] a beast of burden (generally, a horse or mule) either for riding or for carrying loads on its back, or for yoking to a cart or carriage.   [12] πανδοχεῖον, ου, τό, [1] an inn, khan, hotel.   [13] ἐπιμελέομαι, [3] I take care of, attend to.   [14] αὔριον, [15] tomorrow.   [15] δηνάριον, ου, τό, [16] a denarius, a small Roman silver coin.   [16] πανδοχεύς, έως, ὁ, [1] an innkeeper, landlord, host.   [17] ἐπιμελέομαι, [3] I take care of, attend to.   [18] προσδαπανάω, [1] I spend in addition.   [19] ἐπανέρχομαι, [2] I return, come back again.   [20] ἀποδίδωμι, [47] (a) I give back, return, restore, (b) I give, render, as due, (c) mid: I sell.   [21] πλησίον, [16] near, nearby, a neighbor.   [22] ἐμπίπτω, [7] I fall in, am cast in, am involved in.   [23] λῃστής, οῦ, ὁ, [15] a robber, brigand, bandit.   [24] ἔλεος, ους, τό, [28] pity, mercy, compassion.   [25] ὁμοίως, [32] in like manner, similarly, in the same way, equally.   [26] κώμη, ης, ἡ, [28] a village, country town.   [27] ὑποδέχομαι, [4] I receive as a guest, entertain hospitably, welcome.   [28] ὅδε, ἥδε, τόδε, [11] this here, this, that, he, she, it.   [29] ἀδελφή, ῆς, ἡ, [25] a sister, a woman (fellow-)member of a church, a Christian woman.   [30] παρακαθίζω, [1] I sit down beside, set beside.   [31] περισπάω, [1] I distract, trouble greatly.   [32] διακονία, ας, ἡ, [34] waiting at table; in a wider sense: service, ministration.   [33] ἐφίστημι, [21] I stand by, am urgent, befall one (as of evil), am at hand, impend.   [34] μέλει, [9] it is a care, it is an object of anxiety, it concerns.   [35] μόνος, η, ον, [45] only, solitary, desolate.   [36] καταλείπω, [25] I leave behind, desert, abandon, forsake; I leave remaining, reserve.   [37] διακονέω, [37] I wait at table (particularly of a slave who waits on guests); I serve (generally).   [38] συναντιλαμβάνομαι, [2] I lend a hand along with, take interest in (a thing) along with (others), assist jointly to perform some task, cooperate with, take my share in, help, aid.

Μάρθα, μεριμνᾷς¹ καὶ τυρβάζῃ² περὶ πολλά· **42** ἑνὸς δέ ἐστιν χρεία·³ Μαρία δὲ τὴν ἀγαθὴν μερίδα⁴ ἐξελέξατο,⁵ ἥτις οὐκ ἀφαιρεθήσεται⁶ ἀπ' αὐτῆς.

A Lesson in Prayer

11 Καὶ ἐγένετο ἐν τῷ εἶναι αὐτὸν ἐν τόπῳ τινὶ προσευχόμενον, ὡς ἐπαύσατο,⁷ εἶπέν τις τῶν μαθητῶν αὐτοῦ πρὸς αὐτόν, Κύριε, δίδαξον ἡμᾶς προσεύχεσθαι, καθὼς καὶ Ἰωάννης ἐδίδαξεν τοὺς μαθητὰς αὐτοῦ. **2** Εἶπεν δὲ αὐτοῖς, Ὅταν προσεύχησθε, λέγετε, Πάτερ ἡμῶν ὁ ἐν τοῖς οὐρανοῖς, ἁγιασθήτω⁸ τὸ ὄνομά σου. Ἐλθέτω ἡ βασιλεία σου. Γενηθήτω τὸ θέλημά σου, ὡς ἐν οὐρανῷ, καὶ ἐπὶ τῆς γῆς. **3** Τὸν ἄρτον ἡμῶν τὸν ἐπιούσιον⁹ δίδου ἡμῖν τὸ καθ' ἡμέραν. **4** Καὶ ἄφες ἡμῖν τὰς ἁμαρτίας ἡμῶν, καὶ γὰρ αὐτοὶ ἀφίεμεν παντὶ ὀφείλοντι¹⁰ ἡμῖν. Καὶ μὴ εἰσενέγκῃς¹¹ ἡμᾶς εἰς πειρασμόν,¹² ἀλλὰ ῥῦσαι¹³ ἡμᾶς ἀπὸ τοῦ πονηροῦ.

5 Καὶ εἶπεν πρὸς αὐτούς, Τίς ἐξ ὑμῶν ἕξει φίλον,¹⁴ καὶ πορεύσεται πρὸς αὐτὸν μεσονυκτίου,¹⁵ καὶ εἴπῃ αὐτῷ, Φίλε,¹⁴ χρῆσόν¹⁶ μοι τρεῖς ἄρτους, **6** ἐπειδὴ¹⁷ φίλος¹⁴ παρεγένετο¹⁸ ἐξ ὁδοῦ πρός με, καὶ οὐκ ἔχω ὃ παραθήσω¹⁹ αὐτῷ· **7** κἀκεῖνος²⁰ ἔσωθεν²¹ ἀποκριθεὶς εἴπῃ, Μή μοι κόπους²² πάρεχε·²³ ἤδη ἡ θύρα²⁴ κέκλεισται,²⁵ καὶ τὰ παιδία μου μετ' ἐμοῦ εἰς τὴν κοίτην²⁶ εἰσίν· οὐ δύναμαι ἀναστὰς δοῦναί σοι. **8** Λέγω ὑμῖν, εἰ καὶ οὐ δώσει αὐτῷ ἀναστάς, διὰ τὸ εἶναι αὐτοῦ φίλον,¹⁴ διά γε²⁷ τὴν ἀναίδειαν²⁸ αὐτοῦ ἐγερθεὶς δώσει αὐτῷ ὅσον χρῄζει.²⁹ **9** Κἀγὼ ὑμῖν λέγω, αἰτεῖτε, καὶ δοθήσεται ὑμῖν· ζητεῖτε, καὶ εὑρήσετε· κρούετε,³⁰ καὶ ἀνοιγήσεται ὑμῖν. **10** Πᾶς γὰρ ὁ αἰτῶν λαμβάνει· καὶ ὁ ζητῶν εὑρίσκει· καὶ τῷ κρούοντι³¹ ἀνοιγήσεται. **11** Τίνα δὲ ὑμῶν τὸν πατέρα

---

¹μεριμνᾷς: PAI-2S　　²τυρβάζῃ: PPI-2S　　⁵ἐξελέξατο: AMI-3S　　⁶ἀφαιρεθήσεται: FPI-3S　　⁷ἐπαύσατο: AMI-3S　　⁸ἁγιασθήτω: APM-3S　　¹⁰ὀφείλοντι: PAP-DSM　　¹¹εἰσενέγκῃς: AAS-2S　　¹³ῥῦσαι: ADM-2S　　¹⁶χρῆσόν: AAM-2S　　¹⁸παρεγένετο: 2ADI-3S　　¹⁹παραθήσω: FAI-1S　　²³πάρεχε: PAM-2S　　²⁵κέκλεισται: RPI-3S　　²⁹χρῄζει: PAI-3S　　³⁰κρούετε: PAM-2P　　³¹κρούοντι: PAP-DSM

---

¹μεριμνάω, [19] I am over-anxious; with acc: I am anxious about, distracted; I care for.　　²τυρβάζω, [1] I agitate or disturb in mind, trouble.　　³χρεία, ας, ἡ, [49] need, necessity, business.　　⁴μερίς, ίδος, ἡ, [5] (a) a part, division of a country, (b) a share, portion.　　⁵ἐκλέγομαι, [21] I pick out for myself, choose, elect, select.　　⁶ἀφαιρέω, [10] I take away, smite off.　　⁷παύω, [15] (a) act: I cause to cease, restrain, hinder, (b) mid: I cease, stop, leave off.　　⁸ἁγιάζω, [29] I make holy, treat as holy, set apart as holy, sanctify, hallow, purify.　　⁹ἐπιούσιος, ον, [2] for the morrow, necessary, sufficient.　　¹⁰ὀφείλω, [36] I owe, ought.　　¹¹εἰσφέρω, [7] I lead into, bring in, announce.　　¹²πειρασμός, οῦ, ὁ, [21] (a) trial, probation, testing, being tried, (b) temptation, (c) calamity, affliction.　　¹³ῥύομαι, [18] I rescue, deliver (from danger or destruction).　　¹⁴φίλος, η, ον, [30] friendly; subst: a friend, an associate.　　¹⁵μεσονύκτιον, ου, τό, [4] midnight, the middle of the period between sunset and sunrise.　　¹⁶χράω, [1] I lend.　　¹⁷ἐπειδή, [10] of time: when, now, after that; of cause: seeing that, forasmuch as.　　¹⁸παραγίνομαι, [37] (a) I come on the scene, appear, come, (b) with words expressing destination: I present myself at, arrive at, reach.　　¹⁹παρατίθημι, [19] (a) I set (especially a meal) before, serve, (b) act. and mid: I deposit with, entrust to, (c) I bring forward, quote as evidence.　　²⁰κἀκεῖνος, η, ο, [21] and he, she, it, and that.　　²¹ἔσωθεν, [13] (a) from within, from inside, (b) within, inside; with the article: the inner part, the inner element, (c) the mind, soul.　　²²κόπος, ου, ὁ, [19] (a) trouble, (b) toil, labor, laborious toil, involving weariness and fatigue.　　²³παρέχω, [16] act. and mid: I offer, provide, confer, afford, give, bring, show, cause.　　²⁴θύρα, ας, ἡ, [39] (a) a door, (b) met: an opportunity.　　²⁵κλείω, [15] I shut, shut up.　　²⁶κοίτη, ης, ἡ, [4] (a) a bed, (b) a marriage bed; plur: repeated (immoral) sexual intercourse.　　²⁷γε, [15] an enclitic, emphasizing particle: at least, indeed, really, but generally too subtle to be represented in English.　　²⁸ἀναίδεια, ας, ἡ, [1] shamelessness, shameless persistence (e.g. in greed).　　²⁹χρῄζω, [5] I need, have need of, want, desire.　　³⁰κρούω, [9] I knock, beat a door with a stick, to gain admittance.　　³¹κρούω, [9] I knock, beat a door with a stick, to gain admittance.

αἰτήσει ὁ υἱὸς ἄρτον, μὴ λίθον ἐπιδώσει¹ αὐτῷ; Ἢ καὶ ἰχθύν,² μὴ ἀντὶ³ ἰχθύος² ὄφιν⁴ ἐπιδώσει⁵ αὐτῷ; **12** Ἢ καὶ ἐὰν αἰτήσῃ ᾠόν,⁶ μὴ ἐπιδώσει⁷ αὐτῷ σκορπίον;⁸ **13** Εἰ οὖν ὑμεῖς πονηροὶ ὑπάρχοντες οἴδατε δόματα⁹ ἀγαθὰ διδόναι τοῖς τέκνοις ὑμῶν, πόσῳ¹⁰ μᾶλλον ὁ πατὴρ ὁ ἐξ οὐρανοῦ δώσει πνεῦμα ἅγιον τοῖς αἰτοῦσιν αὐτόν;

Christ Casts Out a Demon and Rebukes the Pharisees

14 Καὶ ἦν ἐκβάλλων δαιμόνιον, καὶ αὐτὸ ἦν κωφόν.¹¹ Ἐγένετο δέ, τοῦ δαιμονίου ἐξελθόντος, ἐλάλησεν ὁ κωφός·¹¹ καὶ ἐθαύμασαν¹² οἱ ὄχλοι. **15** Τινὲς δὲ ἐξ αὐτῶν εἶπον, Ἐν Βεελζεβοὺλ¹³ ἄρχοντι¹⁴ τῶν δαιμονίων ἐκβάλλει τὰ δαιμόνια. **16** Ἕτεροι δὲ πειράζοντες¹⁵ σημεῖον παρ' αὐτοῦ ἐζήτουν ἐξ οὐρανοῦ. **17** Αὐτὸς δὲ εἰδὼς αὐτῶν τὰ διανοήματα¹⁶ εἶπεν αὐτοῖς, Πᾶσα βασιλεία ἐφ' ἑαυτὴν διαμερισθεῖσα¹⁷ ἐρημοῦται·¹⁸ καὶ οἶκος ἐπὶ οἶκον, πίπτει. **18** Εἰ δὲ καὶ ὁ Σατανᾶς¹⁹ ἐφ' ἑαυτὸν διεμερίσθη,²⁰ πῶς σταθήσεται ἡ βασιλεία αὐτοῦ; Ὅτι λέγετε, Ἐν Βεελζεβοὺλ¹³ ἐκβάλλειν με τὰ δαιμόνια. **19** Εἰ δὲ ἐγὼ ἐν Βεελζεβοὺλ¹³ ἐκβάλλω τὰ δαιμόνια, οἱ υἱοὶ ὑμῶν ἐν τίνι ἐκβάλλουσιν; Διὰ τοῦτο κριταὶ²¹ ὑμῶν αὐτοὶ ἔσονται. **20** Εἰ δὲ ἐν δακτύλῳ²² θεοῦ ἐκβάλλω τὰ δαιμόνια, ἄρα²³ ἔφθασεν²⁴ ἐφ' ὑμᾶς ἡ βασιλεία τοῦ θεοῦ. **21** Ὅταν ὁ ἰσχυρὸς²⁵ καθωπλισμένος²⁶ φυλάσσῃ²⁷ τὴν ἑαυτοῦ αὐλήν,²⁸ ἐν εἰρήνῃ ἐστὶν τὰ ὑπάρχοντα αὐτοῦ· **22** ἐπὰν²⁹ δὲ ὁ ἰσχυρότερος²⁵ αὐτοῦ ἐπελθὼν³⁰ νικήσῃ³¹ αὐτόν, τὴν πανοπλίαν³² αὐτοῦ αἴρει ἐφ' ᾗ ἐπεποίθει, καὶ τὰ σκῦλα³³ αὐτοῦ διαδίδωσιν.³⁴ **23** Ὁ μὴ ὢν μετ' ἐμοῦ κατ' ἐμοῦ ἐστιν· καὶ ὁ μὴ συνάγων μετ' ἐμοῦ σκορπίζει.³⁵ **24** Ὅταν τὸ ἀκάθαρτον³⁶ πνεῦμα ἐξέλθῃ ἀπὸ τοῦ ἀνθρώπου, διέρχεται³⁷ δι' ἀνύδρων³⁸ τόπων,

---

¹ἐπιδώσει: FAI-3S   ⁵ἐπιδώσει: FAI-3S   ⁷ἐπιδώσει: FAI-3S   ¹²ἐθαύμασαν: AAI-3P   ¹⁵πειράζοντες: PAP-NPM   ¹⁷διαμερισθεῖσα: APP-NSF   ¹⁸ἐρημοῦται: PPI-3S   ²⁰διεμερίσθη: API-3S   ²⁴ἔφθασεν: AAI-3S   ²⁶καθωπλισμένος: RPP-NSM   ²⁷φυλάσσῃ: PAS-3S   ³⁰ἐπελθὼν: 2AAP-NSM   ³¹νικήσῃ: AAS-3S   ³⁴διαδίδωσιν: PAI-3S   ³⁵σκορπίζει: PAI-3S   ³⁷διέρχεται: PNI-3S

---

¹ἐπιδίδωμι, [11] (a) trans: I hand in, give up, (b) intrans: I give way (to the wind).   ²ἰχθύς, ύος, ὁ, [20] a fish.   ³ἀντί, [22] (a) instead of, in return for, over against, opposite, in exchange for, as a substitute for, (b) on my behalf, (c) wherefore, because.   ⁴ὄφις, εως, ὁ, [14] a serpent, snake; used of the devil or Satan.   ⁵ἐπιδίδωμι, [11] (a) trans: I hand in, give up, (b) intrans: I give way (to the wind).   ⁶ᾠόν, οῦ, τό, [1] an egg.   ⁷ἐπιδίδωμι, [11] (a) trans: I hand in, give up, (b) intrans: I give way (to the wind).   ⁸σκορπίος, ου, ὁ, [5] a scorpion.   ⁹δόμα, ατος, τό, [4] a gift, present.   ¹⁰πόσος, η, ον, [27] how much, how great, how many.   ¹¹κωφός, ή, όν, [14] (lit: blunted) dumb, dull, deaf.   ¹²θαυμάζω, [46] (a) intrans: I wonder, marvel, (b) trans: I wonder at, admire.   ¹³Βεελζεβούλ, ὁ, [7] Beelzebul, a name of Satan, the chief of evil spirits.   ¹⁴ἄρχων, οντος, ὁ, [37] a ruler, governor, leader, leading man; with the Jews, an official member (a member of the executive) of the assembly of elders.   ¹⁵πειράζω, [39] I try, tempt, test.   ¹⁶διανόημα, ατος, τό, [1] a reasoning, thought, cogitation.   ¹⁷διαμερίζω, [11] I divide up into parts, break up; I distribute.   ¹⁸ἐρημόω, [5] (a) I make desolate, bring to desolation, destroy, waste, (b) of a person: I strip, rob.   ¹⁹Σατανᾶς, ᾶ, ὁ, [36] an adversary, Satan.   ²⁰διαμερίζω, [11] I divide up into parts, break up; I distribute.   ²¹κριτής, ου, ὁ, [17] a judge, magistrate, ruler.   ²²δάκτυλος, ου, ὁ, [8] a finger.   ²³ἄρα, [35] then, therefore, since.   ²⁴φθάνω, [7] (a) I anticipate, precede, (b) I come, arrive.   ²⁵ἰσχυρός, ά, όν, [29] strong (originally and generally of physical strength); mighty, powerful, vehement, sure.   ²⁶καθοπλίζω, [1] I arm completely.   ²⁷φυλάσσω, [30] (a) I guard, protect; mid: I am on my guard, (b) act. and mid. of customs and regulations: I keep, observe.   ²⁸αὐλή, ῆς, ἡ, [12] court-yard, fore-court, sheep-fold; but it may be understood as: palace, house.   ²⁹ἐπάν, [3] after, when, as soon as.   ³⁰ἐπέρχομαι, [10] I come to, arrive, come on, come upon, attack.   ³¹νικάω, [28] I conquer, am victorious, overcome, prevail, subdue.   ³²πανοπλία, ας, ἡ, [3] complete armor, panoply.   ³³σκῦλον, ου, τό, [1] spoil taken from a foe.   ³⁴διαδίδωμι, [4] I offer here and there, distribute, divide, hand over.   ³⁵σκορπίζω, [5] I disperse, scatter abroad (as of sheep); I dissipate, waste; I distribute alms.   ³⁶ἀκάθαρτος, ον, [31] unclean, impure.   ³⁷διέρχομαι, [42] I pass through, spread (as a report).   ³⁸ἄνυδρος, ον, [4] without water, dry; subst: dry places, desert.

ζητοῦν ἀνάπαυσιν·¹ καὶ μὴ εὑρίσκον λέγει, Ὑποστρέψω² εἰς τὸν οἶκόν μου ὅθεν³ ἐξῆλθον. 25 Καὶ ἐλθὸν εὑρίσκει σεσαρωμένον⁴ καὶ κεκοσμημένον.⁵ 26 Τότε πορεύεται καὶ παραλαμβάνει⁶ ἑπτὰ ἕτερα πνεύματα πονηρότερα ἑαυτοῦ, καὶ ἐλθόντα κατοικεῖ⁷ ἐκεῖ· καὶ γίνεται τὰ ἔσχατα τοῦ ἀνθρώπου ἐκείνου χείρονα⁸ τῶν πρώτων.

27 Ἐγένετο δὲ ἐν τῷ λέγειν αὐτὸν ταῦτα, ἐπάρασά⁹ τις γυνὴ φωνὴν ἐκ τοῦ ὄχλου εἶπεν αὐτῷ, Μακαρία ἡ κοιλία¹⁰ ἡ βαστάσασά¹¹ σε, καὶ μαστοὶ¹² οὓς ἐθήλασας.¹³ 28 Αὐτὸς δὲ εἶπεν, Μενοῦνγε¹⁴ μακάριοι οἱ ἀκούοντες τὸν λόγον τοῦ θεοῦ καὶ φυλάσσοντες¹⁵ αὐτόν.

The Sign of Jonah

29 Τῶν δὲ ὄχλων ἐπαθροιζομένων¹⁶ ἤρξατο λέγειν, Ἡ γενεὰ¹⁷ αὕτη πονηρά ἐστιν· σημεῖον ἐπιζητεῖ,¹⁸ καὶ σημεῖον οὐ δοθήσεται αὐτῇ, εἰ μὴ τὸ σημεῖον Ἰωνᾶ τοῦ προφήτου. 30 Καθὼς γὰρ ἐγένετο Ἰωνᾶς σημεῖον τοῖς Νινευίταις,¹⁹ οὕτως ἔσται καὶ ὁ υἱὸς τοῦ ἀνθρώπου τῇ γενεᾷ¹⁷ ταύτῃ. 31 Βασίλισσα²⁰ νότου²¹ ἐγερθήσεται ἐν τῇ κρίσει²² μετὰ τῶν ἀνδρῶν τῆς γενεᾶς¹⁷ ταύτης, καὶ κατακρινεῖ²³ αὐτούς· ὅτι ἦλθεν ἐκ τῶν περάτων²⁴ τῆς γῆς ἀκοῦσαι τὴν σοφίαν Σολομῶνος, καὶ ἰδού, πλεῖον Σολομῶνος ὧδε. 32 Ἄνδρες Νινευῒ²⁵ ἀναστήσονται ἐν τῇ κρίσει²² μετὰ τῆς γενεᾶς¹⁷ ταύτης, καὶ κατακρινοῦσιν²⁶ αὐτήν· ὅτι μετενόησαν²⁷ εἰς τὸ κήρυγμα²⁸ Ἰωνᾶ, καὶ ἰδού, πλεῖον Ἰωνᾶ ὧδε.

33 Οὐδεὶς δὲ λύχνον²⁹ ἅψας³⁰ εἰς κρύπτην³¹ τίθησιν, οὐδὲ ὑπὸ τὸν μόδιον,³² ἀλλ’ ἐπὶ τὴν λυχνίαν,³³ ἵνα οἱ εἰσπορευόμενοι³⁴ τὸ φέγγος³⁵ βλέπωσιν. 34 Ὁ λύχνος²⁹ τοῦ

---

²Ὑποστρέψω: FAI-1S　⁴σεσαρωμένον: RPP-ASM　⁵κεκοσμημένον: RPP-ASM　⁶παραλαμβάνει: PAI-3S ⁷κατοικεῖ: PAI-3S　⁹ἐπάρασά: AAP-NSF　¹¹βαστάσασά: AAP-NSF　¹³ἐθήλασας: AAI-2S　¹⁵φυλάσσοντες: PAP-NPM ¹⁶ἐπαθροιζομένων: PPP-GPM　¹⁸ἐπιζητεῖ: PAI-3S　²³κατακρινεῖ: FAI-3S　²⁶κατακρινοῦσιν: FAI-3P　²⁷μετενόησαν: AAI-3P　³⁰ἅψας: AAP-NSM　³⁴εἰσπορευόμενοι: PNP-NPM

---

¹ἀνάπαυσις, εως, ἡ, [5] rest, cessation from labor, refreshment.　²ὑποστρέφω, [37] I turn back, return.　³ὅθεν, [15] (a) whence, from which place, (b) wherefore.　⁴σαρόω, [3] I sweep, cleanse by sweeping.　⁵κοσμέω, [10] I put into order; I decorate, deck, adorn.　⁶παραλαμβάνω, [49] I take from, receive from, or: I take to, receive (apparently not used of money), admit, acknowledge; I take with me.　⁷κατοικέω, [45] I dwell in, settle in, am established in (permanently), inhabit.　⁸χείρων, ον, [11] worse, more severe.　⁹ἐπαίρω, [19] I raise, lift up.　¹⁰κοιλία, ας, ἡ, [23] belly, abdomen, heart, a general term covering any organ in the abdomen, e.g. stomach, womb; met: the inner man.　¹¹βαστάζω, [27] (a) I carry, bear, (b) I carry (take) away.　¹²μαστός, οῦ, ὁ, [3] the breast, pap.　¹³θηλάζω, [6] (a) I give suck, (b) I suck.　¹⁴μενοῦνγε, [3] nay rather; indeed, truly, really.　¹⁵φυλάσσω, [30] (a) I guard, protect; mid: I am on my guard, (b) act. and mid. of customs and regulations: I keep, observe.　¹⁶ἐπαθροίζω, [1] I gather together, pass: I crowd upon (some one), press around.　¹⁷γενεά, ᾶς, ἡ, [42] a generation; if repeated twice or with another time word, practically indicates infinity of time.　¹⁸ἐπιζητέω, [15] I seek after, desire, search for, make inquiries about.　¹⁹Νινευίτης, ου, ὁ, [2] a Ninevite, an inhabitant of Nineveh, a city on the Tigris in Assyria.　²⁰βασίλισσα, ης, ἡ, [4] a queen.　²¹νότος, ου, ὁ, [7] the south wind, the South.　²²κρίσις, εως, ἡ, [48] judging, judgment, decision, sentence; generally: divine judgment; accusation.　²³κατακρίνω, [17] I condemn, judge worthy of punishment.　²⁴πέρας, ατος, τό, [4] (a) a boundary, limit, extremity, (b) an end, conclusion.　²⁵Νινευΐ, ἡ, [1] Nineveh, a city on the Tigris in Assyria.　²⁶κατακρίνω, [17] I condemn, judge worthy of punishment.　²⁷μετανοέω, [34] I repent, change my mind, change the inner man (particularly with reference to acceptance of the will of God), repent.　²⁸κήρυγμα, ατος, τό, [8] a proclamation, preaching.　²⁹λύχνος, ου, ὁ, [14] a lamp.　³⁰ἅπτω, [4] I kindle, light.　³¹κρύπτη, ης, ἡ, [1] a cellar, vault, hidden place, crypt.　³²μόδιος, ου, ὁ, [3] a dry measure, nearly two English gallons.　³³λυχνία, ας, ἡ, [12] a lamp-stand.　³⁴εἰσπορεύομαι, [17] I journey in(to), I go in(to), enter, intervene.　³⁵φέγγος, ους, τό, [3] brightness, light, splendor, radiance.

σώματός ἐστιν ὁ ὀφθαλμός· ὅταν οὖν ὁ ὀφθαλμός σου ἁπλοῦς¹ ᾖ, καὶ ὅλον τὸ σῶμά σου φωτεινόν² ἐστιν· ἐπὰν³ δὲ πονηρὸς ᾖ, καὶ τὸ σῶμά σου σκοτεινόν.⁴ **35** Σκόπει⁵ οὖν μὴ τὸ φῶς τὸ ἐν σοὶ σκότος⁶ ἐστίν. **36** Εἰ οὖν τὸ σῶμά σου ὅλον φωτεινόν,² μὴ ἔχον τι μέρος⁷ σκοτεινόν,⁴ ἔσται φωτεινὸν² ὅλον, ὡς ὅταν ὁ λύχνος⁸ τῇ ἀστραπῇ⁹ φωτίζῃ¹⁰ σε.

Woes upon the Pharisees and Lawyers

37 Ἐν δὲ τῷ λαλῆσαι, ἠρώτα αὐτὸν Φαρισαῖός τις ὅπως ἀριστήσῃ¹¹ παρ' αὐτῷ· εἰσελθὼν δὲ ἀνέπεσεν.¹² **38** Ὁ δὲ Φαρισαῖος ἰδὼν ἐθαύμασεν¹³ ὅτι οὐ πρῶτον ἐβαπτίσθη πρὸ¹⁴ τοῦ ἀρίστου.¹⁵ **39** Εἶπεν δὲ ὁ κύριος πρὸς αὐτόν, Νῦν ὑμεῖς οἱ Φαρισαῖοι τὸ ἔξωθεν¹⁶ τοῦ ποτηρίου¹⁷ καὶ τοῦ πίνακος¹⁸ καθαρίζετε,¹⁹ τὸ δὲ ἔσωθεν²⁰ ὑμῶν γέμει²¹ ἁρπαγῆς²² καὶ πονηρίας.²³ **40** Ἄφρονες,²⁴ οὐχ ὁ ποιήσας τὸ ἔξωθεν¹⁶ καὶ τὸ ἔσωθεν²⁰ ἐποίησεν; **41** Πλὴν²⁵ τὰ ἐνόντα²⁶ δότε ἐλεημοσύνην·²⁷ καὶ ἰδού, πάντα καθαρὰ²⁸ ὑμῖν ἐστιν.

42 Ἀλλ' οὐαὶ²⁹ ὑμῖν τοῖς Φαρισαίοις, ὅτι ἀποδεκατοῦτε³⁰ τὸ ἡδύοσμον³¹ καὶ τὸ πήγανον³² καὶ πᾶν λάχανον,³³ καὶ παρέρχεσθε³⁴ τὴν κρίσιν³⁵ καὶ τὴν ἀγάπην τοῦ θεοῦ· ταῦτα ἔδει ποιῆσαι, κἀκεῖνα³⁶ μὴ ἀφιέναι. **43** Οὐαὶ²⁹ ὑμῖν τοῖς Φαρισαίοις, ὅτι ἀγαπᾶτε τὴν πρωτοκαθεδρίαν³⁷ ἐν ταῖς συναγωγαῖς, καὶ τοὺς ἀσπασμοὺς³⁸ ἐν ταῖς ἀγοραῖς.³⁹

---

⁵Σκόπει: PAM-2S   ¹⁰φωτίζῃ: PAS-3S   ¹¹ἀριστήσῃ: AAS-3S   ¹²ἀνέπεσεν: 2AAI-3S   ¹³ἐθαύμασεν: AAI-3S   ¹⁹καθαρίζετε: PAI-2P   ²¹γέμει: PAI-3S   ²⁶ἐνόντα: PAP-APN   ³⁰ἀποδεκατοῦτε: PAI-2P   ³⁴παρέρχεσθε: PNI-2P

---

¹ἁπλοῦς, ῆ, οῦν, [2] single, simple, sound, perfect.   ²φωτεινός, ή, όν, [5] bright, luminous, full of light.   ³ἐπάν, [3] after, when, as soon as.   ⁴σκοτεινός, ή, όν, [3] full of darkness, dark.   ⁵σκοπέω, [6] I look at, regard attentively, take heed, beware, consider.   ⁶σκότος, ους, τό, [32] darkness, either physical or moral.   ⁷μέρος, ους, τό, [43] a part, portion, share.   ⁸λύχνος, ου, ὁ, [14] a lamp.   ⁹ἀστραπή, ῆς, ἡ, [9] a flash of lightning, brightness, luster.   ¹⁰φωτίζω, [11] (a) I light up, illumine, (b) I bring to light, make evident, reveal.   ¹¹ἀριστάω, [3] I breakfast, dine.   ¹²ἀναπίπτω, [11] I lie down, recline (at a dinner-table), fall back upon (the breast of another person reclining at dinner).   ¹³θαυμάζω, [46] (a) intrans: I wonder, marvel, (b) trans: I wonder at, admire.   ¹⁴πρό, [47] (a) of place: before, in front of, (b) of time: before, earlier than.   ¹⁵ἄριστον, ου, τό, [4] breakfast or a mid-day meal.   ¹⁶ἔξωθεν, [13] (a) from outside, from without, (b) outside, both as adj. and prep; with article: the outside.   ¹⁷ποτήριον, ου, τό, [33] a drinking cup, the contents of the cup; fig: the portion which God allots.   ¹⁸πίναξ, ακος, ἡ, [5] a plate, platter, disc, dish.   ¹⁹καθαρίζω, [30] I cleanse, make clean, literally, ceremonially, or spiritually, according to context.   ²⁰ἔσωθεν, [13] (a) from within, from inside, (b) within, inside; with the article: the inner part, the inner element, (c) the mind, soul.   ²¹γέμω, [11] I am full of.   ²²ἁρπαγή, ῆς, ἡ, [3] the act of plundering; plunder, spoil, robbery.   ²³πονηρία, ας, ἡ, [7] wickedness, iniquities.   ²⁴ἄφρων, ονος, ον, [11] senseless, foolish, inconsiderate.   ²⁵πλήν, [31] however, nevertheless, but, except that, yet.   ²⁶ἔνειμι, [1] I am in, within.   ²⁷ἐλεημοσύνη, ῆς, ἡ, [14] abstr: alms-giving, charity; concr: alms, charity.   ²⁸καθαρός, ά, όν, [28] clean, pure, unstained, either literally or ceremonially or spiritually; guiltless, innocent, upright.   ²⁹οὐαί, [47] woe!, alas!, uttered in grief or denunciation.   ³⁰ἀποδεκατόω, [4] I take off (deduct) a tenth part (of my property) (and give it away), pay tithe.   ³¹ἡδύοσμον, ου, τό, [2] mint, peppermint.   ³²πήγανον, ου, τό, [1] rue, a plant used for flavoring or garnishing food.   ³³λάχανον, ου, τό, [4] an herb, garden plant, vegetable.   ³⁴παρέρχομαι, [29] I pass by, pass away, pass out of sight; I am rendered void, become vain, neglect, disregard.   ³⁵κρίσις, εως, ἡ, [48] judging, judgment, decision, sentence; generally: divine judgment; accusation.   ³⁶κἀκεῖνος, η, ο, [21] and he, she, it, and that.   ³⁷πρωτοκαθεδρία, ας, ἡ, [4] a chief (most honorable) seat.   ³⁸ἀσπασμός, οῦ, ὁ, [10] a greeting, salutation.   ³⁹ἀγορά, ᾶς, ἡ, [11] marketplace, forum, public place of assembly.

44 Οὐαὶ¹ ὑμῖν, γραμματεῖς καὶ Φαρισαῖοι, ὑποκριταί,² ὅτι ἐστὲ ὡς τὰ μνημεῖα³ τὰ ἄδηλα,⁴ καὶ οἱ ἄνθρωποι περιπατοῦντες ἐπάνω⁵ οὐκ οἴδασιν.

45 Ἀποκριθεὶς δέ τις τῶν νομικῶν⁶ λέγει αὐτῷ, Διδάσκαλε, ταῦτα λέγων καὶ ἡμᾶς ὑβρίζεις.⁷ **46** Ὁ δὲ εἶπεν, Καὶ ὑμῖν τοῖς νομικοῖς⁶ οὐαί,¹ ὅτι φορτίζετε⁸ τοὺς ἀνθρώπους φορτία⁹ δυσβάστακτα,¹⁰ καὶ αὐτοὶ ἑνὶ τῶν δακτύλων¹¹ ὑμῶν οὐ προσψαύετε¹² τοῖς φορτίοις.⁹ **47** Οὐαὶ¹ ὑμῖν, ὅτι οἰκοδομεῖτε¹³ τὰ μνημεῖα³ τῶν προφητῶν, οἱ δὲ πατέρες ὑμῶν ἀπέκτειναν αὐτούς. **48** Ἄρα¹⁴ μαρτυρεῖτε καὶ συνευδοκεῖτε¹⁵ τοῖς ἔργοις τῶν πατέρων ὑμῶν· ὅτι αὐτοὶ μὲν ἀπέκτειναν αὐτούς, ὑμεῖς δὲ οἰκοδομεῖτε¹⁶ αὐτῶν τὰ μνημεῖα.³ **49** Διὰ τοῦτο καὶ ἡ σοφία τοῦ θεοῦ εἶπεν, Ἀποστελῶ εἰς αὐτοὺς προφήτας καὶ ἀποστόλους, καὶ ἐξ αὐτῶν ἀποκτενοῦσιν καὶ ἐκδιώξουσιν·¹⁷ **50** ἵνα ἐκζητηθῇ¹⁸ τὸ αἷμα πάντων τῶν προφητῶν τὸ ἐκχυνόμενον¹⁹ ἀπὸ καταβολῆς²⁰ κόσμου ἀπὸ τῆς γενεᾶς²¹ ταύτης, **51** ἀπὸ τοῦ αἵματος Ἄβελ ἕως τοῦ αἵματος Ζαχαρίου τοῦ ἀπολομένου μεταξὺ²² τοῦ θυσιαστηρίου²³ καὶ τοῦ οἴκου· ναί,²⁴ λέγω ὑμῖν, ἐκζητηθήσεται²⁵ ἀπὸ τῆς γενεᾶς²¹ ταύτης. **52** Οὐαὶ¹ ὑμῖν τοῖς νομικοῖς,⁶ ὅτι ἤρατε τὴν κλεῖδα²⁶ τῆς γνώσεως·²⁷ αὐτοὶ οὐκ εἰσήλθετε, καὶ τοὺς εἰσερχομένους ἐκωλύσατε.²⁸

53 Λέγοντος δὲ αὐτοῦ ταῦτα πρὸς αὐτούς, ἤρξαντο οἱ γραμματεῖς καὶ οἱ Φαρισαῖοι δεινῶς²⁹ ἐνέχειν,³⁰ καὶ ἀποστοματίζειν³¹ αὐτὸν περὶ πλειόνων, **54** ἐνεδρεύοντες³² αὐτόν, ζητοῦντες θηρεῦσαί³³ τι ἐκ τοῦ στόματος αὐτοῦ, ἵνα κατηγορήσωσιν³⁴ αὐτοῦ.

---

⁷ὑβρίζεις: PAI-2S　⁸φορτίζετε: PAI-2P　¹²προσψαύετε: PAI-2P　¹³οἰκοδομεῖτε: PAI-2P　¹⁵συνευδοκεῖτε: PAI-2P　¹⁶οἰκοδομεῖτε: PAI-2P　¹⁷ἐκδιώξουσιν: FAI-3P　¹⁸ἐκζητηθῇ: APS-3S　¹⁹ἐκχυνόμενον: PPP-NSN　²⁵ἐκζητηθήσεται: FPI-3S　²⁸ἐκωλύσατε: AAI-2P　³⁰ἐνέχειν: PAN　³¹ἀποστοματίζειν: PAN　³²ἐνεδρεύοντες: PAP-NPM　³³θηρεῦσαί: AAN　³⁴κατηγορήσωσιν: AAS-3P

---

¹οὐαί, [47] woe!, alas!, uttered in grief or denunciation.　²ὑποκριτής, οῦ, ὁ, [20] (lit: a stage-player), a hypocrite, dissembler, pretender.　³μνημεῖον, ου, τό, [41] a tomb, sepulcher, monument.　⁴ἄδηλος, ον, [2] unseen, not obvious, inconspicuous, indistinct.　⁵ἐπάνω, [20] (a) adv: on the top, above, (b) prep: on the top of, above, over, on, above, more than, superior to.　⁶νομικός, ή, όν, [9] (a) adj: connected with law, about law, (b) noun: a lawyer, one learned in the Law, one learned in the Old Testament.　⁷ὑβρίζω, [5] I insult, treat with insolence.　⁸φορτίζω, [2] I load, burden; pass: I am laden.　⁹φορτίον, ου, τό, [6] a burden; the freight of a ship.　¹⁰δυσβάστακτος, ον, [2] difficult to carry, oppressive.　¹¹δάκτυλος, ου, ὁ, [8] a finger.　¹²προσψαύω, [1] I touch lightly.　¹³οἰκοδομέω, [39] I erect a building, build; fig. of the building up of character: I build up, edify, encourage.　¹⁴ἄρα, [35] then, therefore, since.　¹⁵συνευδοκέω, [6] I consent, agree, am of one mind with, am willing.　¹⁶οἰκοδομέω, [39] I erect a building, build; fig. of the building up of character: I build up, edify, encourage.　¹⁷ἐκδιώκω, [2] I persecute, expel by persecuting, drive out, vex, harass.　¹⁸ἐκζητέω, [7] I seek out, seek out after, require.　¹⁹ἐκχέω, [28] I pour out (liquid or solid); I shed, bestow liberally.　²⁰καταβολή, ῆς, ἡ, [11] (a) foundation, (b) depositing, sowing, deposit, technically used of the act of conception.　²¹γενεά, ᾶς, ἡ, [42] a generation; if repeated twice or with another time word, practically indicates infinity of time.　²²μεταξύ, [9] meanwhile, afterwards, between.　²³θυσιαστήριον, ου, τό, [23] an altar (for sacrifice).　²⁴ναί, [35] yes, certainly, even so.　²⁵ἐκζητέω, [7] I seek out, seek out after, require.　²⁶κλείς, κλειδός, ἡ, [6] a key.　²⁷γνῶσις, εως, ἡ, [29] knowledge, doctrine, wisdom.　²⁸κωλύω, [23] I prevent, debar, hinder; with infin: from doing and so.　²⁹δεινῶς, [2] vehemently, terribly, grievously.　³⁰ἐνέχω, [3] (a) I have a grudge against, am angry (with), (b) pass. or mid: I am entangled, entangle myself.　³¹ἀποστοματίζω, [1] I draw out by questioning.　³²ἐνεδρεύω, [2] I lie in wait (ambush) for, seek to entrap (hence: I defraud, deceive).　³³θηρεύω, [1] I hunt, seek to catch or entrap; met: I lay hold of.　³⁴κατηγορέω, [22] I accuse, charge, prosecute.

Warning against Hypocrisy and Covetousness

12 Ἐν οἷς ἐπισυναχθεισῶν¹ τῶν μυριάδων² τοῦ ὄχλου, ὥστε καταπατεῖν³ ἀλλήλους, ἤρξατο λέγειν πρὸς τοὺς μαθητὰς αὐτοῦ πρῶτον, Προσέχετε⁴ ἑαυτοῖς ἀπὸ τῆς ζύμης⁵ τῶν Φαρισαίων, ἥτις ἐστὶν ὑπόκρισις.⁶ 2 Οὐδὲν δὲ συγκεκαλυμμένον⁷ ἐστίν, ὃ οὐκ ἀποκαλυφθήσεται,⁸ καὶ κρυπτόν,⁹ ὃ οὐ γνωσθήσεται. 3 Ἀνθ᾽¹⁰ ὧν ὅσα ἐν τῇ σκοτίᾳ¹¹ εἴπατε, ἐν τῷ φωτὶ ἀκουσθήσεται· καὶ ὃ πρὸς τὸ οὖς¹² ἐλαλήσατε ἐν τοῖς ταμείοις,¹³ κηρυχθήσεται ἐπὶ τῶν δωμάτων.¹⁴ 4 Λέγω δὲ ὑμῖν τοῖς φίλοις¹⁵ μου, Μὴ φοβηθῆτε ἀπὸ τῶν ἀποκτενόντων τὸ σῶμα, καὶ μετὰ ταῦτα μὴ ἐχόντων περισσότερόν¹⁶ τι ποιῆσαι. 5 Ὑποδείξω¹⁷ δὲ ὑμῖν τίνα φοβηθῆτε· φοβήθητε τὸν μετὰ τὸ ἀποκτεῖναι ἐξουσίαν ἔχοντα ἐμβαλεῖν¹⁸ εἰς τὴν γέενναν·¹⁹ ναί,²⁰ λέγω ὑμῖν, τοῦτον φοβήθητε. 6 Οὐχὶ πέντε²¹ στρουθία²² πωλεῖται²³ ἀσσαρίων²⁴ δύο; Καὶ ἓν ἐξ αὐτῶν οὐκ ἔστιν ἐπιλελησμένον²⁵ ἐνώπιον τοῦ θεοῦ. 7 Ἀλλὰ καὶ αἱ τρίχες²⁶ τῆς κεφαλῆς ὑμῶν πᾶσαι ἠρίθμηνται.²⁷ Μὴ οὖν φοβεῖσθε· πολλῶν στρουθίων²² διαφέρετε.²⁸ 8 Λέγω δὲ ὑμῖν, Πᾶς ὃς ἂν ὁμολογήσῃ²⁹ ἐν ἐμοὶ ἔμπροσθεν³⁰ τῶν ἀνθρώπων, καὶ ὁ υἱὸς τοῦ ἀνθρώπου ὁμολογήσει³¹ ἐν αὐτῷ ἔμπροσθεν³⁰ τῶν ἀγγέλων τοῦ θεοῦ· 9 ὁ δὲ ἀρνησάμενός³² με ἐνώπιον τῶν ἀνθρώπων ἀπαρνηθήσεται³³ ἐνώπιον τῶν ἀγγέλων τοῦ θεοῦ. 10 Καὶ πᾶς ὃς ἐρεῖ λόγον εἰς τὸν υἱὸν τοῦ ἀνθρώπου, ἀφεθήσεται αὐτῷ· τῷ δὲ εἰς τὸ ἅγιον πνεῦμα βλασφημήσαντι³⁴ οὐκ ἀφεθήσεται. 11 Ὅταν δὲ προσφέρωσιν³⁵

---

¹ἐπισυναχθεισῶν: APP-GPF　　³καταπατεῖν: PAN　　⁴Προσέχετε: PAM-2P　　⁷συγκεκαλυμμένον: RPP-NSN
⁸ἀποκαλυφθήσεται: FPI-3S　　¹⁷Ὑποδείξω: FAI-1S　　¹⁸ἐμβαλεῖν: 2AAN　　²³πωλεῖται: PPI-3S　　²⁵ἐπιλελησμένον:
RPP-NSN　　²⁷ἠρίθμηνται: RPI-3P　　²⁸διαφέρετε: PAI-2P　　²⁹ὁμολογήσῃ: AAS-3S　　³¹ὁμολογήσει: FAI-3S
³²ἀρνησάμενός: ADP-NSM　　³³ἀπαρνηθήσεται: FPI-3S　　³⁴βλασφημήσαντι: AAP-DSM　　³⁵προσφέρωσιν: PAS-3P

---

¹ἐπισυνάγω, [7] I collect, gather together, assemble.　　²μυριάς, άδος, ἡ, [9] a myriad, group of ten thousand, a ten thousand.　　³καταπατέω, [5] I trample down, trample under foot (lit. and met.), spurn.　　⁴προσέχω, [24] (a) I attend to, pay attention to, (b) I beware, am cautious, (c) I join, devote myself to.　　⁵ζύμη, ης, ἡ, [13] leaven, ferment, both lit. and met.　　⁶ὑπόκρισις, εως, ἡ, [7] (lit: stage-playing), a response, answer, hypocrisy, dissembling.　　⁷συγκαλύπτω, [1] I conceal closely, cover up wholly.　　⁸ἀποκαλύπτω, [26] I uncover, bring to light, reveal.　　⁹κρυπτός, ή, όν, [19] hidden, secret; as subst: the hidden (secret) things (parts), the inward nature (character).　　¹⁰ἀντί, [22] (a) instead of, in return for, over against, opposite, in exchange for, as a substitute for, (b) on my behalf, (c) wherefore, because.　　¹¹σκοτία, ας, ἡ, [16] darkness; fig: spiritual darkness.　　¹²οὖς, ὠτός, τό, [37] (a) the ear, (b) met: the faculty of perception.　　¹³ταμεῖον, ου, τό, [4] a store-chamber, secret chamber, closet; a granary, barn.　　¹⁴δῶμα, ατος, τό, [7] the roof (of a house), the top of the house.　　¹⁵φίλος, η, ον, [30] friendly; subst: a friend, an associate.　　¹⁶περισσός, ή, όν, [26] more, greater, excessive, abundant, exceedingly, vehemently; noun: preeminence, advantage.　　¹⁷ὑποδείκνυμι, [6] I indicate, intimate, suggest, show, prove.　　¹⁸ἐμβάλλω, [1] I cast in, throw in.　　¹⁹γέεννα, ης, ἡ, [12] Gehenna, and originally the name of a valley or cavity near Jerusalem, a place underneath the earth, a place of punishment for evil.　　²⁰ναί, [35] yes, certainly, even so.　　²¹πέντε, οἱ, αἱ, τά, [38] five.　　²²στρουθίον, ου, τό, [4] a small bird, sparrow.　　²³πωλέω, [22] I sell, exchange, barter.　　²⁴ἀσσάριον, ίου, τό, [2] a small coin equal to the tenth part of a drachma.　　²⁵ἐπιλανθάνομαι, [8] I forget, neglect.　　²⁶θρίξ, τριχός, ἡ, [15] hair (of the head or of animals).　　²⁷ἀριθμέω, [3] I number, count.　　²⁸διαφέρω, [13] (a) trans: I carry through, hither and thither, (b) intrans: I am different, differ, and sometimes: I surpass, excel.　　²⁹ὁμολογέω, [24] (a) I promise, agree, (b) I confess, (c) I publicly declare, (d) a Hebraism, I praise, celebrate.　　³⁰ἔμπροσθεν, [48] in front, before the face; sometimes made a subst. by the addition of the article: in front of, before the face of.　　³¹ὁμολογέω, [24] (a) I promise, agree, (b) I confess, (c) I publicly declare, (d) a Hebraism, I praise, celebrate.　　³²ἀρνέομαι, [31] (a) I deny (a statement), (b) I repudiate (a person, or belief).　　³³ἀπαρνέομαι, [13] I deny, disown, repudiate (either another person or myself), disregard.　　³⁴βλασφημέω, [35] I speak evil against, blaspheme, use abusive or scurrilous language about (God or men).　　³⁵προσφέρω, [48] (a) I bring to, (b) characteristically: I offer (of gifts, sacrifices, etc).

ὑμᾶς ἐπὶ τὰς συναγωγὰς καὶ τὰς ἀρχὰς καὶ τὰς ἐξουσίας, μὴ μεριμνᾶτε¹ πῶς ἢ τί ἀπολογήσησθε,² ἢ τί εἴπητε· 12 τὸ γὰρ ἅγιον πνεῦμα διδάξει ὑμᾶς ἐν αὐτῇ τῇ ὥρᾳ, ἃ δεῖ εἰπεῖν.

13 Εἶπεν δέ τις αὐτῷ ἐκ τοῦ ὄχλου, Διδάσκαλε, εἰπὲ τῷ ἀδελφῷ μου μερίσασθαι³ μετ᾽ ἐμοῦ τὴν κληρονομίαν.⁴ 14 Ὁ δὲ εἶπεν αὐτῷ, Ἄνθρωπε, τίς με κατέστησεν⁵ δικαστὴν⁶ ἢ μεριστὴν⁷ ἐφ᾽ ὑμᾶς; 15 Εἶπεν δὲ πρὸς αὐτούς, Ὁρᾶτε καὶ φυλάσσεσθε⁸ ἀπὸ τῆς πλεονεξίας·⁹ ὅτι οὐκ ἐν τῷ περισσεύειν¹⁰ τινὶ ἡ ζωὴ αὐτῷ ἐστιν ἐκ τῶν ὑπαρχόντων αὐτοῦ. 16 Εἶπεν δὲ παραβολὴν πρὸς αὐτούς, λέγων, Ἀνθρώπου τινὸς πλουσίου¹¹ εὐφόρησεν¹² ἡ χώρα·¹³ 17 καὶ διελογίζετο¹⁴ ἐν ἑαυτῷ λέγων, Τί ποιήσω, ὅτι οὐκ ἔχω ποῦ¹⁵ συνάξω τοὺς καρπούς μου; 18 Καὶ εἶπεν, Τοῦτο ποιήσω· καθελῶ¹⁶ μου τὰς ἀποθήκας,¹⁷ καὶ μείζονας οἰκοδομήσω,¹⁸ καὶ συνάξω ἐκεῖ πάντα τὰ γενήματά¹⁹ μου καὶ τὰ ἀγαθά μου. 19 Καὶ ἐρῶ τῇ ψυχῇ μου, Ψυχή, ἔχεις πολλὰ ἀγαθὰ κείμενα²⁰ εἰς ἔτη²¹ πολλά· ἀναπαύου,²² φάγε, πίε, εὐφραίνου.²³ 20 Εἶπεν δὲ αὐτῷ ὁ θεός, Ἄφρον,²⁴ ταύτῃ τῇ νυκτὶ τὴν ψυχήν σου ἀπαιτοῦσιν²⁵ ἀπὸ σοῦ· ἃ δὲ ἡτοίμασας,²⁶ τίνι ἔσται; 21 Οὕτως ὁ θησαυρίζων²⁷ ἑαυτῷ, καὶ μὴ εἰς θεὸν πλουτῶν.²⁸

Of Trust in God and Preparation for Christ's Coming

22 Εἶπεν δὲ πρὸς τοὺς μαθητὰς αὐτοῦ, Διὰ τοῦτο ὑμῖν λέγω, μὴ μεριμνᾶτε²⁹ τῇ ψυχῇ ὑμῶν, τί φάγητε· μηδὲ τῷ σώματι, τί ἐνδύσησθε.³⁰ 23 Ἡ ψυχὴ πλεῖόν ἐστιν

---

¹μεριμνᾶτε: PAM-2P ²ἀπολογήσησθε: ADS-2P ³μερίσασθαι: AMN ⁵κατέστησεν: AAI-3S ⁸φυλάσσεσθε: PMM-2P ¹⁰περισσεύειν: PAN ¹²εὐφόρησεν: AAI-3S ¹⁴διελογίζετο: INI-3S ¹⁶καθελῶ: FAI-1S ¹⁸οἰκοδομήσω: FAI-1S ²⁰κείμενα: PNP-APN ²²ἀναπαύου: PMM-2S ²³εὐφραίνου: PPM-2S ²⁵ἀπαιτοῦσιν: PAI-3P ²⁶ἡτοίμασας: AAI-2S ²⁷θησαυρίζων: PAP-NSM ²⁸πλουτῶν: PAP-NSM ²⁹μεριμνᾶτε: PAM-2P ³⁰ἐνδύσησθε: AMS-2P

---

¹μεριμνάω, [19] I am over-anxious; with acc: I am anxious about, distracted; I care for. ²ἀπολογέομαι, [10] I give a defense, defend myself (especially in a law court): it can take an object of what is said in defense. ³μερίζω, [14] I divide into parts, divide, part, share, distribute; mid: I share, take part in a partitioning; I distract. ⁴κληρονομία, ας, ἡ, [14] an inheritance, an heritage, regularly the gift of God to His chosen people, in the Old Testament: the Promised Land, in NT a possession viewed in one sense as present, in another as future; a share, participation. ⁵καθίστημι, [21] I set down, bring down to a place; I set in order, appoint, make, constitute. ⁶δικαστής, οῦ, ὁ, [3] a judge. ⁷μεριστής, οῦ, ὁ, [1] a divider, partitioner, distributor. ⁸φυλάσσω, [30] (a) I guard, protect; mid: I am on my guard, (b) act. and mid. of customs and regulations: I keep, observe. ⁹πλεονεξία, ας, ἡ, [10] covetousness, avarice, aggression, desire for advantage. ¹⁰περισσεύω, [39] (a) intrans: I exceed the ordinary (the necessary), abound, overflow; am left over, (b) trans: I cause to abound. ¹¹πλούσιος, α, ον, [28] rich, abounding in, wealthy; subst: a rich man. ¹²εὐφορέω, [1] I bear well, bring a good harvest, yield abundantly. ¹³χώρα, ας, ἡ, [27] (a) a country or region, (b) the land, as opposed to the sea, (c) the country, distinct from town, (d) plur: fields. ¹⁴διαλογίζομαι, [16] I reason (with), debate (with), consider. ¹⁵ποῦ, [44] where, in what place. ¹⁶καθαιρέω, [9] (a) I take down, pull down, depose, destroy. ¹⁷ἀποθήκη, ης, ἡ, [6] a repository, granary, barn, storehouse. ¹⁸οἰκοδομέω, [39] I erect a building, build; fig. of the building up of character: I build up, edify, encourage. ¹⁹γέννημα, ατος, τό, [9] offspring, child, fruit. ²⁰κεῖμαι, [26] I lie, recline, am placed, am laid, set, specially appointed, destined. ²¹ἔτος, ους, τό, [49] a year. ²²ἀναπαύω, [12] I make to rest, give rest to; mid. and pass: I rest, take my ease. ²³εὐφραίνω, [14] I cheer, make glad; generally mid. or pass: I am glad, make merry, revel, feast. ²⁴ἄφρων, ονος, ον, [11] senseless, foolish, inconsiderate. ²⁵ἀπαιτέω, [2] I ask back, ask what is my due, demand back. ²⁶ἑτοιμάζω, [40] I make ready, prepare. ²⁷θησαυρίζω, [8] I store up, treasure up, save, lay up. ²⁸πλουτέω, [12] I become rich, am rich, abound in. ²⁹μεριμνάω, [19] I am over-anxious; with acc: I am anxious about, distracted; I care for. ³⁰ἐνδύω, [28] I put on, clothe (another).

τῆς τροφῆς,[1] καὶ τὸ σῶμα τοῦ ἐνδύματος.[2] 24 Κατανοήσατε[3] τοὺς κόρακας,[4] ὅτι οὐ σπείρουσιν, οὐδὲ θερίζουσιν,[5] οἷς οὐκ ἔστιν ταμεῖον[6] οὐδὲ ἀποθήκη,[7] καὶ ὁ θεὸς τρέφει[8] αὐτούς· πόσῳ[9] μᾶλλον ὑμεῖς διαφέρετε[10] τῶν πετεινῶν;[11] 25 Τίς δὲ ἐξ ὑμῶν μεριμνῶν[12] δύναται προσθεῖναι[13] ἐπὶ τὴν ἡλικίαν[14] αὐτοῦ πῆχυν[15] ἕνα; 26 Εἰ οὖν οὔτε ἐλάχιστον[16] δύνασθε, τί περὶ τῶν λοιπῶν[17] μεριμνᾶτε;[18] 27 Κατανοήσατε[19] τὰ κρίνα[20] πῶς αὐξάνει·[21] οὐ κοπιᾷ,[22] οὐδὲ νήθει·[23] λέγω δὲ ὑμῖν, οὐδὲ Σολομὼν ἐν πάσῃ τῇ δόξῃ αὐτοῦ περιεβάλετο[24] ὡς ἓν τούτων. 28 Εἰ δὲ τὸν χόρτον[25] ἐν τῷ ἀγρῷ[26] σήμερον[27] ὄντα, καὶ αὔριον[28] εἰς κλίβανον[29] βαλλόμενον, ὁ θεὸς οὕτως ἀμφιέννυσιν,[30] πόσῳ[9] μᾶλλον ὑμᾶς, ὀλιγόπιστοι;[31] 29 Καὶ ὑμεῖς μὴ ζητεῖτε τί φάγητε, ἢ τί πίητε· καὶ μὴ μετεωρίζεσθε.[32] 30 Ταῦτα γὰρ πάντα τὰ ἔθνη τοῦ κόσμου ἐπιζητεῖ·[33] ὑμῶν δὲ ὁ πατὴρ οἶδεν ὅτι χρῄζετε[34] τούτων. 31 Πλὴν[35] ζητεῖτε τὴν βασιλείαν τοῦ θεοῦ, καὶ ταῦτα πάντα προστεθήσεται[36] ὑμῖν. 32 Μὴ φοβοῦ, τὸ μικρὸν[37] ποίμνιον·[38] ὅτι εὐδόκησεν[39] ὁ πατὴρ ὑμῶν δοῦναι ὑμῖν τὴν βασιλείαν. 33 Πωλήσατε[40] τὰ ὑπάρχοντα ὑμῶν καὶ δότε ἐλεημοσύνην.[41] Ποιήσατε ἑαυτοῖς βαλάντια[42] μὴ παλαιούμενα,[43] θησαυρὸν[44]

---

[3]Κατανοήσατε: AAM-2P   [5]θερίζουσιν: PAI-3P   [8]τρέφει: PAI-3S   [10]διαφέρετε: PAI-2P   [12]μεριμνῶν: PAP-NSM
[13]προσθεῖναι: 2AAN   [18]μεριμνᾶτε: PAI-2P   [19]Κατανοήσατε: AAM-2P   [21]αὐξάνει: PAI-3S   [22]κοπιᾷ: PAI-3S   [23]νήθει:
PAI-3S   [24]περιεβάλετο: 2AMI-3S   [30]ἀμφιέννυσιν: PAI-3S   [32]μετεωρίζεσθε: PPM-2P   [33]ἐπιζητεῖ: PAI-3S   [34]χρῄζετε:
PAI-2P   [36]προστεθήσεται: FPI-3S   [39]εὐδόκησεν: AAI-3S   [40]Πωλήσατε: AAM-2P   [43]παλαιούμενα: PPP-APN

---

[1]τροφή, ῆς, ἡ, [16] food, nourishment, maintenance.   [2]ἔνδυμα, ατος, τό, [8] a garment, raiment, clothing.
[3]κατανοέω, [14] I take note of, perceive, consider carefully, discern, detect, make account of.   [4]κόραξ, ός, ὁ,
[1] a raven, crow.   [5]θερίζω, [21] I reap, gather, harvest.   [6]ταμεῖον, ου, τό, [4] a store-chamber, secret chamber,
closet; a granary, barn.   [7]ἀποθήκη, ης, ἡ, [6] a repository, granary, barn, storehouse.   [8]τρέφω, [7] I feed,
nourish; I bring up, rear, provide for.   [9]πόσος, η, ον, [27] how much, how great, how many.   [10]διαφέρω,
[13] (a) trans: I carry through, hither and thither, (b) intrans: I am different, differ, and sometimes: I surpass,
excel.   [11]πετεινόν, οῦ, τό, [14] a bird, fowl.   [12]μεριμνάω, [19] I am over-anxious; with acc: I am anxious
about, distracted; I care for.   [13]προστίθημι, [18] I place (put) to, add; I do again.   [14]ἡλικία, ας, ἡ, [8] age,
term of life; full age, maturity; stature.   [15]πῆχυς, εως, ὁ, [4] a cubit, about a foot and a half.   [16]ἐλάχιστος,
ίστη, ιστον, [13] least, smallest, but perhaps oftener in the weaker sense: very little, very small.   [17]λοιπός, ή,
όν, [42] left, left behind, the remainder, the rest, the others.   [18]μεριμνάω, [19] I am over-anxious; with acc: I
am anxious about, distracted; I care for.   [19]κατανοέω, [14] I take note of, perceive, consider carefully, discern,
detect, make account of.   [20]κρίνον, ου, τό, [2] a lily growing wild, variously identified with the red anemone,
the whole lily, the sword lily.   [21]αὐξάνω, [23] (a) I cause to increase, become greater (b) I increase, grow.
[22]κοπιάω, [23] (a) I grow weary, (b) I toil, work with effort (of bodily and mental labor alike).   [23]νήθω, [2] I
spin.   [24]περιβάλλω, [24] I cast around, wrap a garment about, put on; hence mid: I put on to myself, clothe
myself, dress; I draw (a line).   [25]χόρτος, ου, ὁ, [15] grass, herbage, growing grain, hay.   [26]ἀγρός, οῦ, ὁ, [35]
a field, especially as bearing a crop; the country, lands, property in land, a country estate.   [27]σήμερον, [41]
today, now.   [28]αὔριον, [15] tomorrow.   [29]κλίβανος, ου, ὁ, [2] an oven, furnace.   [30]ἀμφιέννυμι, [4] I put on,
clothe.   [31]ὀλιγόπιστος, ον, [5] of little faith.   [32]μετεωρίζομαι, [1] I am suspended, anxious.   [33]ἐπιζητέω, [15] I
seek after, desire, search for, make inquiries about.   [34]χρῄζω, [5] I need, have need of, want, desire.   [35]πλήν, [31]
however, nevertheless, but, except that, yet.   [36]προστίθημι, [18] I place (put) to, add; I do again.   [37]μικρός, ά,
όν, [45] little, small.   [38]ποίμνιον, ου, τό, [5] a little flock.   [39]εὐδοκέω, [21] I am well-pleased, think it good, am
resolved.   [40]πωλέω, [22] I sell, exchange, barter.   [41]ἐλεημοσύνη, ῆς, ἡ, [14] abstr: alms-giving, charity; concr:
alms, charity.   [42]βαλάντιον, ου, τό, [4] a purse, money-bag.   [43]παλαιόω, [4] I make old, declare obsolete;
pass: I grow old, become obsolete.   [44]θησαυρός, οῦ, ὁ, [18] a store-house for precious things; hence: a treasure,
a store.

ἀνέκλειπτον¹ ἐν τοῖς οὐρανοῖς, ὅπου κλέπτης² οὐκ ἐγγίζει,³ οὐδὲ σὴς⁴ διαφθείρει·⁵ **34** ὅπου γάρ ἐστιν ὁ θησαυρὸς⁶ ὑμῶν, ἐκεῖ καὶ ἡ καρδία ὑμῶν ἔσται.

35 Ἔστωσαν ὑμῶν αἱ ὀσφύες⁷ περιεζωσμέναι,⁸ καὶ οἱ λύχνοι⁹ καιόμενοι·¹⁰ **36** καὶ ὑμεῖς ὅμοιοι¹¹ ἀνθρώποις προσδεχομένοις¹² τὸν κύριον ἑαυτῶν, πότε¹³ ἀναλύσῃ¹⁴ ἐκ τῶν γάμων,¹⁵ ἵνα, ἐλθόντος καὶ κρούσαντος,¹⁶ εὐθέως ἀνοίξωσιν αὐτῷ. **37** Μακάριοι οἱ δοῦλοι ἐκεῖνοι, οὓς ἐλθὼν ὁ κύριος εὑρήσει γρηγοροῦντας·¹⁷ ἀμὴν λέγω ὑμῖν ὅτι περιζώσεται¹⁸ καὶ ἀνακλινεῖ¹⁹ αὐτούς, καὶ παρελθὼν²⁰ διακονήσει²¹ αὐτοῖς. **38** Καὶ ἐὰν ἔλθῃ ἐν τῇ δευτέρᾳ²² φυλακῇ,²³ καὶ ἐν τῇ τρίτῃ φυλακῇ²³ ἔλθῃ, καὶ εὕρῃ οὕτως, μακάριοί εἰσιν οἱ δοῦλοι ἐκεῖνοι. **39** Τοῦτο δὲ γινώσκετε, ὅτι εἰ ᾔδει ὁ οἰκοδεσπότης²⁴ ποίᾳ²⁵ ὥρᾳ ὁ κλέπτης² ἔρχεται, ἐγρηγόρησεν²⁶ ἄν, καὶ οὐκ ἂν ἀφῆκεν διορυγῆναι²⁷ τὸν οἶκον αὐτοῦ. **40** Καὶ ὑμεῖς οὖν γίνεσθε ἕτοιμοι·²⁸ ὅτι ᾗ ὥρᾳ οὐ δοκεῖτε ὁ υἱὸς τοῦ ἀνθρώπου ἔρχεται.

41 Εἶπεν δὲ αὐτῷ ὁ Πέτρος, Κύριε, πρὸς ἡμᾶς τὴν παραβολὴν ταύτην λέγεις, ἢ καὶ πρὸς πάντας; **42** Εἶπεν δὲ ὁ κύριος, Τίς ἄρα²⁹ ἐστὶν ὁ πιστὸς οἰκονόμος³⁰ καὶ φρόνιμος,³¹ ὃν καταστήσει³² ὁ κύριος ἐπὶ τῆς θεραπείας³³ αὐτοῦ, τοῦ διδόναι ἐν καιρῷ τὸ σιτομέτριον;³⁴ **43** Μακάριος ὁ δοῦλος ἐκεῖνος, ὃν ἐλθὼν ὁ κύριος αὐτοῦ εὑρήσει ποιοῦντα οὕτως. **44** Ἀληθῶς³⁵ λέγω ὑμῖν ὅτι ἐπὶ πᾶσιν τοῖς ὑπάρχουσιν αὐτοῦ καταστήσει³⁶ αὐτόν. **45** Ἐὰν δὲ εἴπῃ ὁ δοῦλος ἐκεῖνος ἐν τῇ καρδίᾳ αὐτοῦ, Χρονίζει³⁷ ὁ

---

³ἐγγίζει: PAI-3S　⁵διαφθείρει: PAI-3S　⁸περιεζωσμέναι: RPP-NPF　¹⁰καιόμενοι: PPP-NPM　¹²προσδεχομένοις: PNP-DPM　¹⁴ἀναλύσῃ: AAS-3S　¹⁶κρούσαντος: AAP-GSM　¹⁷γρηγοροῦντας: PAP-APM　¹⁸περιζώσεται: FMI-3S　¹⁹ἀνακλινεῖ: FAI-3S　²⁰παρελθὼν: 2AAP-NSM　²¹διακονήσει: FAI-3S　²⁶ἐγρηγόρησεν: AAI-3S　²⁷διορυγῆναι: 2APN　³²καταστήσει: FAI-3S　³⁶καταστήσει: FAI-3S　³⁷Χρονίζει: PAI-3S

---

¹ἀνέκλειπτος, ον, [1] unfailing.　²κλέπτης, ου, ὁ, [16] a thief.　³ἐγγίζω, [43] trans: I bring near; intrans: I come near, approach.　⁴σής, σητός, ὁ, [3] a moth.　⁵διαφθείρω, [7] I destroy, waste; hence met: I corrupt.　⁶θησαυρός, οῦ, ὁ, [18] a store-house for precious things; hence: a treasure, a store.　⁷ὀσφύς, ύος, ἡ, [8] the loins.　⁸περιζώννυμι, [7] I gird round; mid: I gird myself, generally for active work or travel.　⁹λύχνος, ου, ὁ, [14] a lamp.　¹⁰καίω, [14] I ignite, light, burn, lit. and met; I consume with fire.　¹¹ὅμοιος, οία, οιον, [44] like, similar to, resembling, of equal rank.　¹²προσδέχομαι, [14] (a) I await, expect, (b) I receive, welcome (originally: to my house), (c) I accept.　¹³πότε, [19] when, at what time.　¹⁴ἀναλύω, [2] I unloose, unloose for departure, depart, return.　¹⁵γάμος, ου, ὁ, [16] a marriage, wedding, wedding-ceremony; plur: a wedding-feast.　¹⁶κρούω, [9] I knock, beat a door with a stick, to gain admittance.　¹⁷γρηγορέω, [23] (a) I am awake (in the night), watch, (b) I am watchful, on the alert, vigilant.　¹⁸περιζώννυμι, [7] I gird round; mid: I gird myself, generally for active work or travel.　¹⁹ἀνακλίνω, [8] I lay upon, lean against, lay down, make to recline; pass: I lie back, recline.　²⁰παρέρχομαι, [29] I pass by, pass away, pass out of sight; I am rendered void, become vain, neglect, disregard.　²¹διακονέω, [37] I wait at table (particularly of a slave who waits on guests); I serve (generally).　²²δεύτερος, α, ον, [44] second; with the article: in the second place, for the second time.　²³φυλακή, ῆς, ἡ, [47] a watching, keeping guard; a guard, prison; imprisonment.　²⁴οἰκοδεσπότης, ου, ὁ, [12] a head of a household.　²⁵ποῖος, α, ον, [34] of what sort.　²⁶γρηγορέω, [23] (a) I am awake (in the night), watch, (b) I am watchful, on the alert, vigilant.　²⁷διορύσσω, [4] I dig through, break through.　²⁸ἕτοιμος, η, ον, [17] ready, prepared.　²⁹ἄρα, [19] a particle asking a question, to which a negative answer is expected.　³⁰οἰκονόμος, ου, ὁ, [10] a household manager, a steward, guardian.　³¹φρόνιμος, ον, [14] intelligent, prudent, sensible, wise.　³²καθίστημι, [21] I set down, bring down to a place; I set in order, appoint, make, constitute.　³³θεραπεία, ας, ἡ, [4] care, attention, especially medical attention (treatment); hence almost: healing; meton: those who render service.　³⁴σιτομέτριον, ου, τό, [1] a measured portion of grain or food.　³⁵ἀληθῶς, [21] truly, really, certainly, surely.　³⁶καθίστημι, [21] I set down, bring down to a place; I set in order, appoint, make, constitute.　³⁷χρονίζω, [5] I delay, tarry, linger, spend time.

κύριός μου ἔρχεσθαι, καὶ ἄρξηται τύπτειν¹ τοὺς παῖδας² καὶ τὰς παιδίσκας,³ ἐσθίειν τε καὶ πίνειν καὶ μεθύσκεσθαι·⁴ **46** ἥξει⁵ ὁ κύριος τοῦ δούλου ἐκείνου ἐν ἡμέρᾳ ᾗ οὐ προσδοκᾷ,⁶ καὶ ἐν ὥρᾳ ᾗ οὐ γινώσκει· καὶ διχοτομήσει⁷ αὐτόν, καὶ τὸ μέρος⁸ αὐτοῦ μετὰ τῶν ἀπίστων⁹ θήσει. **47** Ἐκεῖνος δὲ ὁ δοῦλος ὁ γνοὺς τὸ θέλημα τοῦ κυρίου ἑαυτοῦ, καὶ μὴ ἑτοιμάσας¹⁰ μηδὲ ποιήσας πρὸς τὸ θέλημα αὐτοῦ, δαρήσεται¹¹ πολλάς· **48** ὁ δὲ μὴ γνούς, ποιήσας δὲ ἄξια¹² πληγῶν,¹³ δαρήσεται¹⁴ ὀλίγας.¹⁵ Παντὶ δὲ ᾧ ἐδόθη πολύ, πολὺ ζητηθήσεται παρ' αὐτοῦ· καὶ ᾧ παρέθεντο¹⁶ πολύ, περισσότερον¹⁷ αἰτήσουσιν αὐτόν.

49 Πῦρ ἦλθον βαλεῖν εἰς τὴν γῆν, καὶ τί θέλω εἰ ἤδη ἀνήφθη;¹⁸ **50** Βάπτισμα¹⁹ δὲ ἔχω βαπτισθῆναι, καὶ πῶς συνέχομαι²⁰ ἕως οὗ τελεσθῇ.²¹ **51** Δοκεῖτε ὅτι εἰρήνην παρεγενόμην²² δοῦναι ἐν τῇ γῇ; Οὐχί, λέγω ὑμῖν, ἀλλ' ἢ διαμερισμόν.²³ **52** Ἔσονται γὰρ ἀπὸ τοῦ νῦν πέντε²⁴ ἐν οἴκῳ ἑνὶ διαμεμερισμένοι,²⁵ τρεῖς ἐπὶ δυσίν, καὶ δύο ἐπὶ τρισίν. **53** Διαμερισθήσεται²⁶ πατὴρ ἐπὶ υἱῷ, καὶ υἱὸς ἐπὶ πατρί· μήτηρ ἐπὶ θυγατρί,²⁷ καὶ θυγάτηρ²⁷ ἐπὶ μητρί· πενθερὰ²⁸ ἐπὶ τὴν νύμφην²⁹ αὐτῆς, καὶ νύμφη²⁹ ἐπὶ τὴν πενθερὰν²⁸ αὐτῆς. **54** Ἔλεγεν δὲ καὶ τοῖς ὄχλοις, Ὅταν ἴδητε τὴν νεφέλην³⁰ ἀνατέλλουσαν³¹ ἀπὸ δυσμῶν,³² εὐθέως λέγετε, Ὄμβρος³³ ἔρχεται· καὶ γίνεται οὕτως. **55** Καὶ ὅταν νότον³⁴ πνέοντα,³⁵ λέγετε ὅτι Καύσων³⁶ ἔσται· καὶ γίνεται. **56** Ὑποκριταί,³⁷ τὸ πρόσωπον τῆς γῆς

---

¹τύπτειν: PAN ⁴μεθύσκεσθαι: PPN ⁵ἥξει: FAI-3S ⁶προσδοκᾷ: PAI-3S ⁷διχοτομήσει: FAI-3S ¹⁰ἑτοιμάσας: AAP-NSM ¹¹δαρήσεται: 2FPI-3S ¹⁴δαρήσεται: 2FPI-3S ¹⁶παρέθεντο: 2AMI-3P ¹⁸ἀνήφθη: API-3S ²⁰συνέχομαι: PPI-1S ²¹τελεσθῇ: APS-3S ²²παρεγενόμην: 2ADI-1S ²⁵διαμεμερισμένοι: RPP-NPM ²⁶Διαμερισθήσεται: FPI-3S ³¹ἀνατέλλουσαν: PAP-ASF ³⁵πνέοντα: PAP-ASM

---

¹τύπτω, [14] I beat, strike, wound, inflict punishment. ²παῖς, παιδός, ὁ, ἡ, [24] (a) a male child, boy, (b) a male slave, servant; thus: a servant of God, especially as a title of the Messiah, (c) a female child, girl. ³παιδίσκη, ης, ἡ, [13] a female slave, maidservant, maid, young girl. ⁴μεθύσκω, [4] I make drunk; pass: I become drunk. ⁵ἥκω, [27] I have come, am present, have arrived. ⁶προσδοκάω, [16] I expect, wait for, await, think, anticipate. ⁷διχοτομέω, [2] I cut in two, perhaps: scourge severely. ⁸μέρος, ους, τό, [43] a part, portion, share. ⁹ἄπιστος, ον, [23] unbelieving, incredulous, unchristian; sometimes subst: unbeliever. ¹⁰ἑτοιμάζω, [40] I make ready, prepare. ¹¹δέρω, [15] I flay, flog, scourge, beat. ¹²ἄξιος, ία, ιον, [41] worthy, worthy of, deserving, comparable, suitable. ¹³πληγή, ῆς, ἡ, [22] a blow, stripe, wound; an affliction, plague. ¹⁴δέρω, [15] I flay, flog, scourge, beat. ¹⁵ὀλίγος, η, ον, [43] (a) especially in plur: few, (b) in sing: small; hence, of time: short, of degree: light, slight, little. ¹⁶παρατίθημι, [19] (a) I set (especially a meal) before, serve, (b) act. and mid: I deposit with, entrust to, (c) I bring forward, quote as evidence. ¹⁷περισσός, ή, όν, [26] more, greater, excessive, abundant, exceedingly, vehemently; noun: preeminence, advantage. ¹⁸ἀνάπτω, [3] I kindle, set on fire, light. ¹⁹βάπτισμα, ατος, τό, [22] the rite or ceremony of baptism. ²⁰συνέχω, [12] (a) I press together, close, (b) I press on every side, confine, (c) I hold fast, (d) I urge, impel, (e) pass: I am afflicted with (sickness). ²¹τελέω, [26] (a) I end, finish, (b) I fulfill, accomplish, (c) I pay. ²²παραγίνομαι, [37] (a) I come on the scene, appear, come, (b) with words expressing destination: I present myself at, arrive at, reach. ²³διαμερισμός, οῦ, ὁ, [1] breaking up; discord, hostility. ²⁴πέντε, οἱ, αἱ, τά, [38] five. ²⁵διαμερίζω, [11] I divide up into parts, break up; I distribute. ²⁶διαμερίζω, [11] I divide up into parts, break up; I distribute. ²⁷θυγάτηρ, τρός, ἡ, [29] a daughter; hence (Hebraistic?), of any female descendent, however far removed; even of one unrelated: my young lady. ²⁸πενθερά, ᾶς, ἡ, [6] a mother-in-law. ²⁹νύμφη, ης, ἡ, [8] (a) a bride, young wife, young woman, (b) a daughter-in-law. ³⁰νεφέλη, ης, ἡ, [26] a cloud. ³¹ἀνατέλλω, [9] I make to rise, I rise, shine (generally of the sun, and hence met.). ³²δυσμή, ῆς, ἡ, [5] a setting (of the sun), hence: the West. ³³ὄμβρος, ου, ὁ, [1] a violent rain, a shower. ³⁴νότος, ου, ὁ, [7] the south wind, the South. ³⁵πνέω, [7] I blow, breathe, as the wind. ³⁶καύσων, ῶνος, ὁ, [3] a scorching heat, hot wind. ³⁷ὑποκριτής, οῦ, ὁ, [20] (lit: a stage-player), a hypocrite, dissembler, pretender.

καὶ τοῦ οὐρανοῦ οἴδατε δοκιμάζειν·¹ τὸν δὲ καιρὸν τοῦτον πῶς οὐ δοκιμάζετε;² **57** Τί δὲ καὶ ἀφ' ἑαυτῶν οὐ κρίνετε τὸ δίκαιον; **58** Ὡς γὰρ ὑπάγεις μετὰ τοῦ ἀντιδίκου³ σου ἐπ' ἄρχοντα,⁴ ἐν τῇ ὁδῷ δὸς ἐργασίαν⁵ ἀπηλλάχθαι⁶ ἀπ' αὐτοῦ· μήποτε⁷ κατασύρῃ⁸ σε πρὸς τὸν κριτήν,⁹ καὶ ὁ κριτής⁹ σε παραδῷ τῷ πράκτορι,¹⁰ καὶ ὁ πράκτωρ¹⁰ σε βάλῃ εἰς φυλακήν.¹¹ **59** Λέγω σοι, οὐ μὴ ἐξέλθῃς ἐκεῖθεν,¹² ἕως οὗ καὶ τὸν ἔσχατον λεπτὸν¹³ ἀποδῷς.¹⁴

Last Admonitions to Repentance

13 Παρῆσαν¹⁵ δέ τινες ἐν αὐτῷ τῷ καιρῷ ἀπαγγέλλοντες¹⁶ αὐτῷ περὶ τῶν Γαλιλαίων,¹⁷ ὧν τὸ αἷμα Πιλᾶτος ἔμιξεν¹⁸ μετὰ τῶν θυσιῶν¹⁹ αὐτῶν. **2** Καὶ ἀποκριθεὶς ὁ Ἰησοῦς εἶπεν αὐτοῖς, Δοκεῖτε ὅτι οἱ Γαλιλαῖοι¹⁷ οὗτοι ἁμαρτωλοὶ²⁰ παρὰ πάντας τοὺς Γαλιλαίους¹⁷ ἐγένοντο, ὅτι τοιαῦτα πεπόνθασιν;²¹ **3** Οὐχί, λέγω ὑμῖν· ἀλλ' ἐὰν μὴ μετανοῆτε,²² πάντες ὡσαύτως²³ ἀπολεῖσθε. **4** Ἢ ἐκεῖνοι οἱ δέκα²⁴ καὶ ὀκτώ,²⁵ ἐφ' οὓς ἔπεσεν ὁ πύργος²⁶ ἐν τῷ Σιλωὰμ²⁷ καὶ ἀπέκτεινεν αὐτούς, δοκεῖτε ὅτι οὗτοι ὀφειλέται²⁸ ἐγένοντο παρὰ πάντας ἀνθρώπους τοὺς κατοικοῦντας²⁹ ἐν Ἰερουσαλήμ; **5** Οὐχί, λέγω ὑμῖν· ἀλλ' ἐὰν μὴ μετανοῆτε,³⁰ πάντες ὁμοίως³¹ ἀπολεῖσθε. **6** Ἔλεγεν δὲ ταύτην τὴν παραβολήν· Συκῆν³² εἶχέν τις ἐν τῷ ἀμπελῶνι³³ αὐτοῦ πεφυτευμένην·³⁴ καὶ ἦλθεν ζητῶν καρπὸν ἐν αὐτῇ, καὶ οὐχ εὗρεν. **7** Εἶπεν δὲ πρὸς τὸν ἀμπελουργόν,³⁵ Ἰδού, τρία ἔτη³⁶ ἔρχομαι ζητῶν καρπὸν ἐν τῇ συκῇ³² ταύτῃ, καὶ οὐχ εὑρίσκω· ἔκκοψον³⁷

---

¹δοκιμάζειν: *PAN*   ²δοκιμάζετε: *PAI-2P*   ⁶ἀπηλλάχθαι: *RPN*   ⁸κατασύρῃ: *AAS-3S*   ¹⁴ἀποδῷς: *2AAS-2S*
¹⁵Παρῆσαν: *IAI-3P*   ¹⁶ἀπαγγέλλοντες: *PAP-NPM*   ¹⁸ἔμιξεν: *AAI-3S*   ²¹πεπόνθασιν: *2RAI-3P*   ²²μετανοῆτε: *PAS-2P*
²⁹κατοικοῦντας: *PAP-APM*   ³⁰μετανοῆτε: *PAS-2P*   ³⁴πεφυτευμένην: *RPP-ASF*   ³⁷ἔκκοψον: *AAM-2S*

---

¹δοκιμάζω, *[23] I put to the test, prove, examine; I distinguish by testing, approve after testing; I am fit.* ²δοκιμάζω, *[23] I put to the test, prove, examine; I distinguish by testing, approve after testing; I am fit.* ³ἀντίδικος, ου, ὁ, *[5] an opponent (at law), an adversary.* ⁴ἄρχων, οντος, ὁ, *[37] a ruler, governor, leader, leading man; with the Jews, an official member (a member of the executive) of the assembly of elders.* ⁵ἐργασία, ας, ἡ, *[6] working, activity, work, service, trade, business, gains of business, performance, practice.* ⁶ἀπαλλάσσω, [3] I free (a person) from (anything), oftener in the middle voice: I am released from, am rid of (a person or thing), depart.* ⁷μήποτε, *[25] lest at any time, lest; then weakened: whether perhaps, whether at all; in a principal clause: perhaps.* ⁸κατασύρω, *[1] I pull down, drag away.* ⁹κριτής, ου, ὁ, *[17] a judge, magistrate, ruler.* ¹⁰πράκτωρ, ορος, ὁ, *[2] an officer employed to execute judicial sentences.* ¹¹φυλακή, ῆς, ἡ, *[47] a watching, keeping guard; a guard, prison; imprisonment.* ¹²ἐκεῖθεν, *[28] thence, from that place.* ¹³λεπτόν, οῦ, τό, *[3] a small piece of money, probably the smallest piece of money.* ¹⁴ἀποδίδωμι, *[47] (a) I give back, return, restore, (b) I give, render, as due, (c) mid: I sell.* ¹⁵πάρειμι, *[24] I am present, am near; I have come, arrived.* ¹⁶ἀπαγγέλλω, *[44] I report (from one place to another), bring a report, announce, declare.* ¹⁷Γαλιλαῖος, αία, αῖον, *[11] a Galilean, an inhabitant of Galilee.* ¹⁸μίγνυμι, *[4] I mix, mingle.* ¹⁹θυσία, ας, ἡ, *[29] abstr. and concr: sacrifice; a sacrifice, offering.* ²⁰ἁμαρτωλός, ον, *[48] sinning, sinful, depraved, detestable.* ²¹πάσχω, *[42] I am acted upon in a certain way, either good or bad; I experience ill treatment, suffer.* ²²μετανοέω, *[34] I repent, change my mind, change the inner man (particularly with reference to acceptance of the will of God), repent.* ²³ὡσαύτως, *[18] in like manner, likewise, just so.* ²⁴δέκα, *[27] ten.* ²⁵ὀκτώ, *[9] eight.* ²⁶πύργος, ου, ὁ, *[4] a tower, fortified structure.* ²⁷Σιλωάμ, ὁ, *[3] Siloam, a spring within the walls, in the south-east corner of Jerusalem.* ²⁸ὀφειλέτης, ου, ὁ, *[7] (a) a debtor, one who owes, one who is indebted, (b) one who has sinned against another (an Aramaism), a sinner.* ²⁹κατοικέω, *[45] I dwell in, settle in, am established in (permanently), inhabit.* ³⁰μετανοέω, *[34] I repent, change my mind, change the inner man (particularly with reference to acceptance of the will of God), repent.* ³¹ὁμοίως, *[32] in like manner, similarly, in the same way, equally.* ³²συκῆ, ῆς, ἡ, *[16] a fig-tree.* ³³ἀμπελών, ῶνος, ὁ, *[23] a vineyard.* ³⁴φυτεύω, *[11] I plant, set.* ³⁵ἀμπελουργός, οῦ, ὁ, *[1] a vine-dresser, gardener.* ³⁶ἔτος, ους, τό, *[49] a year.* ³⁷ἐκκόπτω, *[10] I cut out (off, away), remove, prevent.*

αὐτήν· ἵνα τί καὶ τὴν γῆν καταργεῖ;[1] 8 Ὁ δὲ ἀποκριθεὶς λέγει αὐτῷ, Κύριε, ἄφες αὐτὴν καὶ τοῦτο τὸ ἔτος,[2] ἕως ὅτου[3] σκάψω[4] περὶ αὐτήν, καὶ βάλω κόπρια·[5] 9 κἂν[6] μὲν ποιήσῃ καρπόν· εἰ δὲ μήγε,[7] εἰς τὸ μέλλον ἐκκόψεις[8] αὐτήν.

The Crippled Woman Healed

10 Ἦν δὲ διδάσκων ἐν μιᾷ τῶν συναγωγῶν ἐν τοῖς σάββασιν· 11 καὶ ἰδού, γυνὴ ἦν πνεῦμα ἔχουσα ἀσθενείας[9] ἔτη[2] δέκα[10] καὶ ὀκτώ,[11] καὶ ἦν συγκύπτουσα,[12] καὶ μὴ δυναμένη ἀνακύψαι[13] εἰς τὸ παντελές.[14] 12 Ἰδὼν δὲ αὐτὴν ὁ Ἰησοῦς προσεφώνησεν,[15] καὶ εἶπεν αὐτῇ, Γύναι, ἀπολέλυσαι τῆς ἀσθενείας[9] σου. 13 Καὶ ἐπέθηκεν[16] αὐτῇ τὰς χεῖρας· καὶ παραχρῆμα[17] ἀνωρθώθη,[18] καὶ ἐδόξαζεν τὸν θεόν. 14 Ἀποκριθεὶς δὲ ὁ ἀρχισυνάγωγος,[19] ἀγανακτῶν[20] ὅτι τῷ σαββάτῳ ἐθεράπευσεν[21] ὁ Ἰησοῦς, ἔλεγεν τῷ ὄχλῳ, Ἓξ[22] ἡμέραι εἰσὶν ἐν αἷς δεῖ ἐργάζεσθαι·[23] ἐν ταύταις οὖν ἐρχόμενοι θεραπεύεσθε,[24] καὶ μὴ τῇ ἡμέρᾳ τοῦ σαββάτου. 15 Ἀπεκρίθη οὖν αὐτῷ ὁ κύριος, καὶ εἶπεν, Ὑποκριταί,[25] ἕκαστος ὑμῶν τῷ σαββάτῳ οὐ λύει[26] τὸν βοῦν[27] αὐτοῦ ἢ τὸν ὄνον[28] ἀπὸ τῆς φάτνης,[29] καὶ ἀπαγαγὼν[30] ποτίζει;[31] 16 Ταύτην δέ, θυγατέρα[32] Ἀβραὰμ οὖσαν, ἣν ἔδησεν[33] ὁ Σατανᾶς,[34] ἰδού, δέκα[10] καὶ ὀκτὼ[11] ἔτη,[2] οὐκ ἔδει λυθῆναι[35] ἀπὸ τοῦ δεσμοῦ[36] τούτου τῇ ἡμέρᾳ τοῦ σαββάτου; 17 Καὶ ταῦτα λέγοντος αὐτοῦ, κατῃσχύνοντο[37] πάντες οἱ ἀντικείμενοι[38] αὐτῷ· καὶ πᾶς ὁ ὄχλος ἔχαιρεν ἐπὶ πᾶσιν τοῖς ἐνδόξοις[39] τοῖς γινομένοις ὑπ' αὐτοῦ.

---

[1]καταργεῖ: PAI-3S   [4]σκάψω: AAS-1S   [8]ἐκκόψεις: FAI-2S   [12]συγκύπτουσα: PAP-NSF   [13]ἀνακύψαι: AAN [15]προσεφώνησεν: AAI-3S   [16]ἐπέθηκεν: AAI-3S   [18]ἀνωρθώθη: API-3S   [20]ἀγανακτῶν: PAP-NSM   [21]ἐθεράπευσεν: AAI-3S   [23]ἐργάζεσθαι: PNN   [24]θεραπεύεσθε: PPM-2P   [26]λύει: PAI-3S   [30]ἀπαγαγὼν: 2AAP-NSM   [31]ποτίζει: PAI-3S [33]ἔδησεν: AAI-3S   [35]λυθῆναι: APN   [37]κατῃσχύνοντο: IPI-3P   [38]ἀντικείμενοι: PNP-NPM

---

[1]καταργέω, [27] (a) I make idle (inactive), make of no effect, annul, abolish, bring to naught, (b) I discharge, sever, separate from.   [2]ἔτος, ους, τό, [49] a year.   [3]ὅτου, [6] until.   [4]σκάπτω, [3] I dig, excavate.   [5]κοπρία, ας, ἡ, [2] manure; a dung-hill.   [6]κἄν, [13] and if, even if, even, at least.   [7]εἰ δὲ μήγε, [8] but if not, else, otherwise. [8]ἐκκόπτω, [10] I cut out (off, away), remove, prevent.   [9]ἀσθένεια, ας, ἡ, [24] want of strength, weakness, illness, suffering, calamity, frailty.   [10]δέκα, [27] ten.   [11]ὀκτώ, [9] eight.   [12]συγκύπτω, [1] I am bowed together, bent double.   [13]ἀνακύπτω, [4] I raise myself, look up, am elated.   [14]παντελής, ές, [2] complete, entire, perfect, through all time.   [15]προσφωνέω, [7] I call to, summon; I call (out) to, address, give a speech to, harangue.   [16]ἐπιτίθημι, [41] I put, place upon, lay on; I add, give in addition.   [17]παραχρῆμα, [18] instantly, immediately, on the spot. [18]ἀνορθόω, [3] I make upright (straight) again, rear again, restore.   [19]ἀρχισυνάγωγος, ου, ὁ, [9] a leader of the synagogue, a leader connected with the synagogue: sometimes there was only one, and the name was in some cases merely honorary.   [20]ἀγανακτέω, [7] I am angry, incensed.   [21]θεραπεύω, [44] I care for, attend, serve, treat, especially of a physician; hence: I heal.   [22]ἕξ, οἱ, αἱ, τά, [13] six.   [23]ἐργάζομαι, [39] I work, trade, perform, do, practice, commit, acquire by labor.   [24]θεραπεύω, [44] I care for, attend, serve, treat, especially of a physician; hence: I heal.   [25]ὑποκριτής, οῦ, ὁ, [20] (lit: a stage-player), a hypocrite, dissembler, pretender.   [26]λύω, [42] (a) I loose, untie, release, (b) met: I break, destroy, set at naught, contravene; I break up a meeting, annul.   [27]βοῦς, βοός, ὁ, [8] an ox, cow, bull.   [28]ὄνος, ου, ὁ, ἡ, [5] a donkey, an ass.   [29]φάτνη, ης, ἡ, [4] a manger, feeding-trough, stall.   [30]ἀπάγω, [14] I lead, carry, take away; met: I am led astray, seduced.   [31]ποτίζω, [15] I cause to drink, give to drink; irrigate, water.   [32]θυγάτηρ, τρός, ἡ, [29] a daughter; hence (Hebraistic?), of any female descendent, however far removed; even of one unrelated: my young lady.   [33]δέω, [44] I bind, tie, fasten; I impel, compel; I declare to be prohibited and unlawful.   [34]Σατανᾶς, ᾶ, ὁ, [36] an adversary, Satan.   [35]λύω, [42] (a) I loose, untie, release, (b) met: I break, destroy, set at naught, contravene; I break up a meeting, annul.   [36]δεσμός, οῦ, ὁ, [20] a bond, chain, imprisonment; a string or ligament, an impediment, infirmity.   [37]καταισχύνω, [13] I shame, disgrace, bring to shame, put to utter confusion, frustrate.   [38]ἀντίκειμαι, [8] I resist, oppose, withstand, lie opposite to.   [39]ἔνδοξος, ον, [4] highly esteemed, splendid, glorious.

Parables and Teachings

18 Ἔλεγεν δέ, Τίνι ὁμοία¹ ἐστὶν ἡ βασιλεία τοῦ θεοῦ; Καὶ τίνι ὁμοιώσω² αὐτήν; **19** Ὁμοία¹ ἐστὶν κόκκῳ³ σινάπεως,⁴ ὃν λαβὼν ἄνθρωπος ἔβαλεν εἰς κῆπον⁵ ἑαυτοῦ· καὶ ηὔξησεν,⁶ καὶ ἐγένετο εἰς δένδρον⁷ μέγα, καὶ τὰ πετεινὰ⁸ τοῦ οὐρανοῦ κατεσκήνωσεν⁹ ἐν τοῖς κλάδοις¹⁰ αὐτοῦ. **20** Πάλιν εἶπεν, Τίνι ὁμοιώσω¹¹ τὴν βασιλείαν τοῦ θεοῦ; **21** Ὁμοία¹ ἐστὶν ζύμῃ,¹² ἣν λαβοῦσα γυνὴ ἐνέκρυψεν¹³ εἰς ἀλεύρου¹⁴ σάτα¹⁵ τρία, ἕως οὗ ἐζυμώθη¹⁶ ὅλον. **22** Καὶ διεπορεύετο¹⁷ κατὰ πόλεις καὶ κώμας¹⁸ διδάσκων, καὶ πορείαν¹⁹ ποιούμενος εἰς Ἰερουσαλήμ. **23** Εἶπεν δέ τις αὐτῷ, Κύριε, εἰ ὀλίγοι²⁰ οἱ σῳζόμενοι; Ὁ δὲ εἶπεν πρὸς αὐτούς, **24** Ἀγωνίζεσθε²¹ εἰσελθεῖν διὰ τῆς στενῆς²² πύλης·²³ ὅτι πολλοί, λέγω ὑμῖν, ζητήσουσιν εἰσελθεῖν, καὶ οὐκ ἰσχύσουσιν.²⁴ **25** Ἀφ᾽ οὗ ἂν ἐγερθῇ ὁ οἰκοδεσπότης²⁵ καὶ ἀποκλείσῃ²⁶ τὴν θύραν,²⁷ καὶ ἄρξησθε ἔξω ἑστάναι καὶ κρούειν²⁸ τὴν θύραν,²⁷ λέγοντες, Κύριε, κύριε, ἄνοιξον ἡμῖν· καὶ ἀποκριθεὶς ἐρεῖ ὑμῖν, Οὐκ οἶδα ὑμᾶς, πόθεν²⁹ ἐστέ· **26** τότε ἄρξεσθε λέγειν, Ἐφάγομεν ἐνώπιόν σου καὶ ἐπίομεν, καὶ ἐν ταῖς πλατείαις³⁰ ἡμῶν ἐδίδαξας. **27** Καὶ ἐρεῖ, Λέγω ὑμῖν, οὐκ οἶδα ὑμᾶς πόθεν²⁹ ἐστέ· ἀπόστητε³¹ ἀπ᾽ ἐμοῦ πάντες οἱ ἐργάται³² τῆς ἀδικίας.³³ **28** Ἐκεῖ ἔσται ὁ κλαυθμὸς³⁴ καὶ ὁ βρυγμὸς³⁵ τῶν ὀδόντων,³⁶ ὅταν ὄψησθε Ἀβραὰμ καὶ Ἰσαὰκ καὶ Ἰακὼβ καὶ πάντας τοὺς προφήτας ἐν τῇ βασιλείᾳ τοῦ θεοῦ, ὑμᾶς δὲ ἐκβαλλομένους ἔξω. **29** Καὶ ἥξουσιν³⁷ ἀπὸ ἀνατολῶν³⁸ καὶ δυσμῶν,³⁹ καὶ βορρᾶ⁴⁰ καὶ νότου,⁴¹ καὶ ἀνακλιθήσονται⁴² ἐν τῇ βασιλείᾳ τοῦ θεοῦ. **30** Καὶ ἰδού, εἰσὶν ἔσχατοι οἳ ἔσονται πρῶτοι, καὶ εἰσὶν πρῶτοι οἳ ἔσονται ἔσχατοι.

---

²ὁμοιώσω: FAI-1S   ⁶ηὔξησεν: AAI-3S   ⁹κατεσκήνωσεν: AAI-3S   ¹¹ὁμοιώσω: FAI-1S   ¹³ἐνέκρυψεν: AAI-3S   ¹⁶ἐζυμώθη: API-3S   ¹⁷διεπορεύετο: INI-3S   ²¹Ἀγωνίζεσθε: PNM-2P   ²⁴ἰσχύσουσιν: FAI-3P   ²⁶ἀποκλείσῃ: AAS-3S   ²⁸κρούειν: PAN   ³¹ἀπόστητε: 2AAM-2P   ³⁷ἥξουσιν: FAI-3P   ⁴²ἀνακλιθήσονται: FPI-3P

---

¹ὅμοιος, οία, οιον, [44] like, similar to, resembling, of equal rank.   ²ὁμοιόω, [15] I make like, liken; I compare.   ³κόκκος, ου, ὁ, [7] a kernel, grain, seed.   ⁴σίναπι, εως, ἡ, [5] mustard (probably the shrub, not the herb).   ⁵κῆπος, ου, ὁ, [5] a garden, any place planted with trees and herbs.   ⁶αὐξάνω, [23] (a) I cause to increase, become greater (b) I increase, grow.   ⁷δένδρον, ου, τό, [26] a tree.   ⁸πετεινόν, οῦ, τό, [14] a bird, fowl.   ⁹κατασκηνόω, [4] I encamp, take up my quarters, tabernacle, pitch my tent, dwell.   ¹⁰κλάδος, ου, ὁ, [11] a young tender shoot, then: a branch; met: of descendants.   ¹¹ὁμοιόω, [15] I make like, liken; I compare.   ¹²ζύμη, ης, ἡ, [13] leaven, ferment, both lit. and met.   ¹³ἐγκρύπτω, [1] I hide in, mix with.   ¹⁴ἄλευρον, ου, τό, [2] meal, flour.   ¹⁵σάτον, ου, τό, [2] a large measure equal to nearly three English gallons.   ¹⁶ζυμόω, [4] I leaven, ferment.   ¹⁷διαπορεύομαι, [5] I journey through (past).   ¹⁸κώμη, ης, ἡ, [28] a village, country town.   ¹⁹πορεία, ας, ἡ, [2] a journey, pursuit, undertaking, progress.   ²⁰ὀλίγος, η, ον, [43] (a) especially in plur: few, (b) in sing: small; hence, of time: short, of degree: light, slight, little.   ²¹ἀγωνίζομαι, [7] I am struggling, striving (as in an athletic contest or warfare); I contend, as with an adversary.   ²²στενός, ή, όν, [3] narrow, strait.   ²³πύλη, ης, ἡ, [10] a gate.   ²⁴ἰσχύω, [29] I have strength, am strong, am in full health and vigor, am able; meton: I prevail.   ²⁵οἰκοδεσπότης, ου, ὁ, [12] a head of a household.   ²⁶ἀποκλείω, [1] I shut fast, close, shut up.   ²⁷θύρα, ας, ἡ, [39] (a) a door, (b) met: an opportunity.   ²⁸κρούω, [9] I knock, beat a door with a stick, to gain admittance.   ²⁹πόθεν, [28] whence, from what place.   ³⁰πλατεῖα, ας, ἡ, [9] a street, public square, broad way.   ³¹ἀφίστημι, [15] I make to stand away, draw away, repel, take up a position away from, withdraw from, leave, abstain from.   ³²ἐργάτης, ου, ὁ, [16] a field-laborer; then: a laborer, workman in general.   ³³ἀδικία, ας, ἡ, [26] injustice, unrighteousness, hurt.   ³⁴κλαυθμός, οῦ, ὁ, [9] weeping, lamentation, crying.   ³⁵βρυγμός, οῦ, ὁ, [7] a grinding or gnashing.   ³⁶ὀδούς, όντος, ὁ, [12] a tooth.   ³⁷ἥκω, [27] I have come, am present, have arrived.   ³⁸ἀνατολή, ῆς, ἡ, [10] (a) rising of the sun, hence (b) (sing. and plur.) the quarter whence the sun rises, the East.   ³⁹δυσμή, ῆς, ἡ, [5] a setting (of the sun), hence: the West.   ⁴⁰βορρᾶς, ᾶ, ὁ, [2] the north wind, hence: the North.   ⁴¹νότος, ου, ὁ, [7] the south wind, the South.   ⁴²ἀνακλίνω, [8] I lay upon, lean against, lay down, make to recline; pass: I lie back, recline.

31 Ἐν αὐτῇ τῇ ἡμέρᾳ προσῆλθόν τινες Φαρισαῖοι, λέγοντες αὐτῷ, Ἔξελθε καὶ πορεύου ἐντεῦθεν,[1] ὅτι Ἡρῴδης θέλει σε ἀποκτεῖναι. **32** Καὶ εἶπεν αὐτοῖς, Πορευθέντες εἴπατε τῇ ἀλώπεκι[2] ταύτῃ, Ἰδού, ἐκβάλλω δαιμόνια καὶ ἰάσεις[3] ἐπιτελῶ[4] σήμερον[5] καὶ αὔριον,[6] καὶ τῇ τρίτῃ τελειοῦμαι.[7] **33** Πλὴν[8] δεῖ με σήμερον[5] καὶ αὔριον[6] καὶ τῇ ἐχομένῃ πορεύεσθαι· ὅτι οὐκ ἐνδέχεται[9] προφήτην ἀπολέσθαι ἔξω Ἰερουσαλήμ. **34** Ἰερουσαλήμ, Ἰερουσαλήμ, ἡ ἀποκτένουσα τοὺς προφήτας, καὶ λιθοβολοῦσα[10] τοὺς ἀπεσταλμένους πρὸς αὐτήν, ποσάκις[11] ἠθέλησα ἐπισυνάξαι[12] τὰ τέκνα σου, ὃν τρόπον[13] ὄρνις[14] τὴν ἑαυτῆς νοσσιὰν[15] ὑπὸ τὰς πτέρυγας,[16] καὶ οὐκ ἠθελήσατε. **35** Ἰδού, ἀφίεται ὑμῖν ὁ οἶκος ὑμῶν ἔρημος· λέγω δὲ ὑμῖν ὅτι οὐ μή με ἴδητε ἕως ἂν ἥξει,[17] ὅτε εἴπητε, Εὐλογημένος[18] ὁ ἐρχόμενος ἐν ὀνόματι κυρίου.

Christ the Guest of a Pharisee

14 Καὶ ἐγένετο ἐν τῷ ἐλθεῖν αὐτὸν εἰς οἶκόν τινος τῶν ἀρχόντων[19] τῶν Φαρισαίων σαββάτῳ φαγεῖν ἄρτον, καὶ αὐτοὶ ἦσαν παρατηρούμενοι[20] αὐτόν. **2** Καὶ ἰδού, ἄνθρωπός τις ἦν ὑδρωπικὸς[21] ἔμπροσθεν[22] αὐτοῦ. **3** Καὶ ἀποκριθεὶς ὁ Ἰησοῦς εἶπεν πρὸς τοὺς νομικοὺς[23] καὶ Φαρισαίους, λέγων, Εἰ ἔξεστιν[24] τῷ σαββάτῳ θεραπεύειν;[25] **4** Οἱ δὲ ἡσύχασαν.[26] Καὶ ἐπιλαβόμενος[27] ἰάσατο[28] αὐτόν, καὶ ἀπέλυσεν. **5** Καὶ ἀποκριθεὶς πρὸς αὐτοὺς εἶπεν, Τίνος ὑμῶν υἱὸς ἢ βοῦς[29] εἰς φρέαρ[30] ἐμπεσεῖται,[31] καὶ οὐκ εὐθέως ἀνασπάσει[32] αὐτὸν ἐν τῇ ἡμέρᾳ τοῦ σαββάτου; **6** Καὶ οὐκ ἴσχυσαν[33] ἀνταποκριθῆναι[34] αὐτῷ πρὸς ταῦτα.

---

[4]ἐπιτελῶ: PAI-1S   [7]τελειοῦμαι: PPI-1S   [9]ἐνδέχεται: PNI-3S   [10]λιθοβολοῦσα: PAP-NSF   [12]ἐπισυνάξαι: AAN [17]ἥξει: FAI-3S   [18]Εὐλογημένος: RPP-NSM   [20]παρατηρούμενοι: PMP-NPM   [24]ἔξεστιν: PAI-3S   [25]θεραπεύειν: PAN [26]ἡσύχασαν: AAI-3P   [27]ἐπιλαβόμενος: 2ADP-NSM   [28]ἰάσατο: ADI-3S   [31]ἐμπεσεῖται: FDI-3S   [32]ἀνασπάσει: FAI-3S [33]ἴσχυσαν: AAI-3P   [34]ἀνταποκριθῆναι: AON

---

[1]ἐντεῦθεν, [11] hence, from this place, on this side and on that.   [2]ἀλώπηξ, εκος, ἡ, [3] a fox; a fox-like, crafty person.   [3]ἴασις, εως, ἡ, [3] a cure, healing.   [4]ἐπιτελέω, [11] I complete, accomplish, perfect.   [5]σήμερον, [41] today, now.   [6]αὔριον, [15] tomorrow.   [7]τελειόω, [24] (a) as a course, a race, or the like: I complete, finish (b) as of time or prediction: I accomplish, (c) I make perfect; pass: I am perfected.   [8]πλήν, [31] however, nevertheless, but, except that, yet.   [9]ἐνδέχομαι, [1] I allow, it is possible.   [10]λιθοβολέω, [9] I stone, cast stones (at), kill by stoning.   [11]ποσάκις, [3] how often, how many times.   [12]ἐπισυνάγω, [7] I collect, gather together, assemble.   [13]τρόπος, ου, ὁ, [13] (a) way, manner, (b) manner of life, character.   [14]ὄρνις, ιθος, ὁ, ἡ, [2] a bird, fowl, hen.   [15]νοσσιά, ᾶς, ἡ, [1] a brood of young birds.   [16]πτέρυξ, υγος, ἡ, [5] a wing, pinion.   [17]ἥκω, [27] I have come, am present, have arrived.   [18]εὐλογέω, [43] (lit: I speak well of) I bless; pass: I am blessed.   [19]ἄρχων, οντος, ὁ, [37] a ruler, governor, leader, leading man; with the Jews, an official member (a member of the executive) of the assembly of elders.   [20]παρατηρέω, [6] I watch, observe scrupulously.   [21]ὑδρωπικός, ή, όν, [1] afflicted with dropsy.   [22]ἔμπροσθεν, [48] in front, before the face; sometimes made a subst. by the addition of the article: in front of, before the face of.   [23]νομικός, ή, όν, [9] (a) adj: connected with law, about law, (b) noun: a lawyer, one learned in the Law, one learned in the Old Testament.   [24]ἔξεστιν, [31] it is permitted, lawful, possible.   [25]θεραπεύω, [44] I care for, attend, serve, treat, especially of a physician; hence: I heal.   [26]ἡσυχάζω, [5] I rest from work, cease from altercation, am silent, live quietly.   [27]ἐπιλαμβάνομαι, [19] I lay hold of, take hold of, seize (sometimes with beneficent, sometimes with hostile, intent).   [28]ἰάομαι, [28] I heal, generally of the physical, sometimes of spiritual, disease.   [29]βοῦς, βοός, ὁ, [8] an ox, cow, bull.   [30]φρέαρ, φρέατος, τό, [7] a pit, well, cistern.   [31]ἐμπίπτω, [7] I fall in, am cast in, am involved in.   [32]ἀνασπάω, [2] I drag up, pull up, draw up, draw out.   [33]ἰσχύω, [29] I have strength, am strong, am in full health and vigor, am able; meton: I prevail.   [34]ἀνταποκρίνομαι, [2] I contradict, reply against, give a hostile answer.

7 Ἔλεγεν δὲ πρὸς τοὺς κεκλημένους παραβολήν, ἐπέχων¹ πῶς τὰς πρωτοκλισίας² ἐξελέγοντο,³ λέγων πρὸς αὐτούς, 8 Ὅταν κληθῇς ὑπό τινος εἰς γάμους,⁴ μὴ κατακλιθῇς⁵ εἰς τὴν πρωτοκλισίαν·² μήποτε⁶ ἐντιμότερός⁷ σου ᾖ κεκλημένος ὑπ' αὐτοῦ, 9 καὶ ἐλθὼν ὁ σὲ καὶ αὐτὸν καλέσας ἐρεῖ σοι, Δὸς τούτῳ τόπον· καὶ τότε ἄρξῃ μετ' αἰσχύνης⁸ τὸν ἔσχατον τόπον κατέχειν.⁹ 10 Ἀλλ' ὅταν κληθῇς, πορευθεὶς ἀνάπεσε¹⁰ εἰς τὸν ἔσχατον τόπον· ἵνα, ὅταν ἔλθῃ ὁ κεκληκώς σε, εἴπῃ σοι, Φίλε,¹¹ προσανάβηθι¹² ἀνώτερον·¹³ τότε ἔσται σοι δόξα ἐνώπιον τῶν συνανακειμένων¹⁴ σοι. 11 Ὅτι πᾶς ὁ ὑψῶν¹⁵ ἑαυτὸν ταπεινωθήσεται,¹⁶ καὶ ὁ ταπεινῶν¹⁷ ἑαυτὸν ὑψωθήσεται.¹⁸

12 Ἔλεγεν δὲ καὶ τῷ κεκληκότι αὐτόν, Ὅταν ποιῇς ἄριστον¹⁹ ἢ δεῖπνον,²⁰ μὴ φώνει²¹ τοὺς φίλους¹¹ σου, μηδὲ τοὺς ἀδελφούς σου, μηδὲ τοὺς συγγενεῖς²² σου, μηδὲ γείτονας²³ πλουσίους·²⁴ μήποτε⁶ καὶ αὐτοί σε ἀντικαλέσωσιν,²⁵ καὶ γένηταί σοι ἀνταπόδομα.²⁶ 13 Ἀλλ' ὅταν ποιῇς δοχήν,²⁷ κάλει πτωχούς,²⁸ ἀναπήρους,²⁹ χωλούς,³⁰ τυφλούς· 14 καὶ μακάριος ἔσῃ, ὅτι οὐκ ἔχουσιν ἀνταποδοῦναί³¹ σοι· ἀνταποδοθήσεται³² γάρ σοι ἐν τῇ ἀναστάσει³³ τῶν δικαίων.

The Great Supper

15 Ἀκούσας δέ τις τῶν συνανακειμένων³⁴ ταῦτα εἶπεν αὐτῷ, Μακάριος, ὃς φάγεται ἄριστον¹⁹ ἐν τῇ βασιλείᾳ τοῦ θεοῦ. 16 Ὁ δὲ εἶπεν αὐτῷ, Ἄνθρωπός τις ἐποίησεν δεῖπνον²⁰ μέγα, καὶ ἐκάλεσεν πολλούς· 17 καὶ ἀπέστειλεν τὸν δοῦλον αὐτοῦ τῇ ὥρᾳ τοῦ δείπνου²⁰ εἰπεῖν τοῖς κεκλημένοις, Ἔρχεσθε, ὅτι ἤδη ἕτοιμά³⁵ ἐστιν πάντα. 18 Καὶ

---

¹ἐπέχων: PAP-NSM   ³ἐξελέγοντο: IMI-3P   ⁵κατακλιθῇς: APS-2S   ⁹κατέχειν: PAN   ¹⁰ἀνάπεσε: 2AAM-2S
¹²προσανάβηθι: 2AAM-2S   ¹⁴συνανακειμένων: PNP-GPM   ¹⁵ὑψῶν: PAP-NSM   ¹⁶ταπεινωθήσεται: FPI-3S
¹⁷ταπεινῶν: PAP-NSM   ¹⁸ὑψωθήσεται: FPI-3S   ²¹φώνει: PAM-2S   ²⁵ἀντικαλέσωσιν: AAS-3P   ³¹ἀνταποδοῦναί:
2AAN   ³²ἀνταποδοθήσεται: FPI-3S   ³⁴συνανακειμένων: PNP-GPM

---

¹ἐπέχω, [5] (a) trans: I hold forth, (b) intrans: I mark, pay attention (heed), note; I delay, stay, wait.
²πρωτοκλισία, ας, ἡ, [5] the chief place at a banquet or table.   ³ἐκλέγομαι, [21] I pick out for myself, choose, elect, select.   ⁴γάμος, ου, ὁ, [16] a marriage, wedding, wedding-ceremony; plur: a wedding-feast.
⁵κατακλίνω, [3] I cause to recline at table; mid. and pass: I recline at table.   ⁶μήποτε, [25] lest at any time, lest; then weakened: whether perhaps, whether at all; in a principal clause: perhaps.   ⁷ἔντιμος, ον, [5] (held precious, hence) precious, honored, honorable in rank.   ⁸αἰσχύνη, ης, ἡ, [6] shame, shamefacedness, shameful deeds.   ⁹κατέχω, [19] (a) I hold fast, bind, arrest, (b) I take possession of, lay hold of, (c) I hold back, detain, restrain, (d) I hold a ship, keep its head.   ¹⁰ἀναπίπτω, [11] I lie down, recline (at a dinner-table), fall back upon (the breast of another person reclining at dinner).   ¹¹φίλος, η, ον, [30] friendly; subst: a friend, an associate.
¹²προσαναβαίνω, [1] I go up to, come up to, go up further.   ¹³ἀνώτερον, [2] higher, to a more honorable place (at the dinner table); previously, in an earlier passage (or a book), above.   ¹⁴συνανάκειμαι, [8] I recline at table with.   ¹⁵ὑψόω, [20] (a) I raise on high, lift up, (b) I exalt, set on high.   ¹⁶ταπεινόω, [14] I make or bring low, humble, humiliate; pass: I am humbled.   ¹⁷ταπεινόω, [14] I make or bring low, humble, humiliate; pass: I am humbled.   ¹⁸ὑψόω, [20] (a) I raise on high, lift up, (b) I exalt, set on high.   ¹⁹ἄριστον, ου, τό, [4] breakfast or a mid-day meal.   ²⁰δεῖπνον, ου, τό, [16] a dinner, an afternoon or evening meal.   ²¹φωνέω, [42] I give forth a sound, hence: (a) of a cock: I crow, (b) of men: I shout, (c) trans: I call (to myself), summon; I invite, address.   ²²συγγενής, ές, [12] akin to, related; subst: fellow countryman, kinsman.   ²³γείτων, ονος, ὁ, ἡ, [4] a neighbor.   ²⁴πλούσιος, α, ον, [28] rich, abounding in wealth; subst: a rich man.   ²⁵ἀντικαλέω, [1] I invite in return.   ²⁶ἀνταπόδομα, ατος, τό, [2] a gift in return (for another), a return, recompense, requital.   ²⁷δοχή, ῆς, ἡ, [2] a feast, banquet, reception.   ²⁸πτωχός, ή, όν, [34] poor, destitute, spiritually poor, either in a good sense (humble devout persons) or bad.   ²⁹ἀνάπηρος, ον, [2] crippled, maimed.   ³⁰χωλός, ή, όν, [15] lame, deprived of a foot, limping.   ³¹ἀνταποδίδωμι, [7] I give in return, recompense.   ³²ἀνταποδίδωμι, [7] I give in return, recompense.   ³³ἀνάστασις, εως, ἡ, [42] a rising again, resurrection.   ³⁴συνανάκειμαι, [8] I recline at table with.   ³⁵ἕτοιμος, η, ον, [17] ready, prepared.

ἤρξαντο ἀπὸ μιᾶς παραιτεῖσθαι¹ πάντες. Ὁ πρῶτος εἶπεν αὐτῷ, Ἀγρὸν² ἠγόρασα,³ καὶ ἔχω ἀνάγκην⁴ ἐξελθεῖν καὶ ἰδεῖν αὐτόν· ἐρωτῶ σε, ἔχε με παρῃτημένον.⁵ **19** Καὶ ἕτερος εἶπεν, Ζεύγη⁶ βοῶν⁷ ἠγόρασα⁸ πέντε,⁹ καὶ πορεύομαι δοκιμάσαι¹⁰ αὐτά· ἐρωτῶ σε, ἔχε με παρῃτημένον.¹¹ **20** Καὶ ἕτερος εἶπεν, Γυναῖκα ἔγημα,¹² καὶ διὰ τοῦτο οὐ δύναμαι ἐλθεῖν. **21** Καὶ παραγενόμενος¹³ ὁ δοῦλος ἐκεῖνος ἀπήγγειλεν¹⁴ τῷ κυρίῳ αὐτοῦ ταῦτα. Τότε ὀργισθεὶς¹⁵ ὁ οἰκοδεσπότης¹⁶ εἶπεν τῷ δούλῳ αὐτοῦ, Ἔξελθε ταχέως¹⁷ εἰς τὰς πλατείας¹⁸ καὶ ῥύμας¹⁹ τῆς πόλεως, καὶ τοὺς πτωχοὺς²⁰ καὶ ἀναπήρους²¹ καὶ χωλοὺς²² καὶ τυφλοὺς εἰσάγαγε²³ ὧδε. **22** Καὶ εἶπεν ὁ δοῦλος, Κύριε, γέγονεν ὡς ἐπέταξας,²⁴ καὶ ἔτι τόπος ἐστίν. **23** Καὶ εἶπεν ὁ κύριος πρὸς τὸν δοῦλον, Ἔξελθε εἰς τὰς ὁδοὺς καὶ φραγμούς,²⁵ καὶ ἀνάγκασον²⁶ εἰσελθεῖν, ἵνα γεμισθῇ²⁷ ὁ οἶκός μου. **24** Λέγω γὰρ ὑμῖν ὅτι οὐδεὶς τῶν ἀνδρῶν ἐκείνων τῶν κεκλημένων γεύσεταί²⁸ μου τοῦ δείπνου.²⁹ Πολλοὶ γάρ εἰσιν κλητοί,³⁰ ὀλίγοι³¹ δὲ ἐκλεκτοί.³²

The Obligations of Christ's Discipleship

25 Συνεπορεύοντο³³ δὲ αὐτῷ ὄχλοι πολλοί· καὶ στραφεὶς³⁴ εἶπεν πρὸς αὐτούς, **26** Εἴ τις ἔρχεται πρός με, καὶ οὐ μισεῖ³⁵ τὸν πατέρα αὐτοῦ, καὶ τὴν μητέρα, καὶ τὴν γυναῖκα, καὶ τὰ τέκνα, καὶ τοὺς ἀδελφούς, καὶ τὰς ἀδελφάς,³⁶ ἔτι δὲ καὶ τὴν ἑαυτοῦ ψυχήν, οὐ δύναταί μου μαθητὴς εἶναι. **27** Καὶ ὅστις οὐ βαστάζει³⁷ τὸν σταυρὸν³⁸ αὐτοῦ καὶ ἔρχεται ὀπίσω³⁹ μου, οὐ δύναται εἶναί μου μαθητής. **28** Τίς γὰρ ἐξ ὑμῶν, ὁ θέλων

---

¹παραιτεῖσθαι: *PNN*   ³ἠγόρασα: *AAI-1S*   ⁵παρῃτημένον: *RPP-ASM*   ⁸ἠγόρασα: *AAI-1S*   ¹⁰δοκιμάσαι: *AAN*   ¹¹παρῃτημένον: *RPP-ASM*   ¹²ἔγημα: *AAI-1S*   ¹³παραγενόμενος: *2ADP-NSM*   ¹⁴ἀπήγγειλεν: *AAI-3S*   ¹⁵ὀργισθεὶς: *APP-NSM*   ²³εἰσάγαγε: *2AAM-2S*   ²⁴ἐπέταξας: *AAI-2S*   ²⁶ἀνάγκασον: *AAM-2S*   ²⁷γεμισθῇ: *APS-3S*   ²⁸γεύσεταί: *FDI-3S*   ³³Συνεπορεύοντο: *INI-3P*   ³⁴στραφεὶς: *2APP-NSM*   ³⁵μισεῖ: *PAI-3S*   ³⁷βαστάζει: *PAI-3S*

---

¹παραιτέομαι, [11] I beg off, make excuse, deprecate, refuse, reject, decline, shun, avoid.   ²ἀγρός, οῦ, ὁ, [35] a field, especially as bearing a crop; the country, lands, property in land, a country estate.   ³ἀγοράζω, [31] I buy.   ⁴ἀνάγκη, ης, ἡ, [18] necessity, constraint, compulsion; there is need to; force, violence.   ⁵παραιτέομαι, [11] I beg off, make excuse, deprecate, refuse, reject, decline, shun, avoid.   ⁶ζεῦγος, ους, τό, [2] a yoke, team; hence: a pair.   ⁷βοῦς, βοός, ὁ, [8] an ox, cow, bull.   ⁸ἀγοράζω, [31] I buy.   ⁹πέντε, οἱ, αἱ, τά, [38] five.   ¹⁰δοκιμάζω, [23] I put to the test, prove, examine; I distinguish by testing, approve after testing; I am fit.   ¹¹παραιτέομαι, [11] I beg off, make excuse, deprecate, refuse, reject, decline, shun, avoid.   ¹²γαμέω, [29] I marry, used of either sex.   ¹³παραγίνομαι, [37] (a) I come on the scene, appear, come, (b) with words expressing destination: I present myself at, arrive at, reach.   ¹⁴ἀπαγγέλλω, [44] I report (from one place to another), bring a report, announce, declare.   ¹⁵ὀργίζω, [8] I irritate, provoke, am angry.   ¹⁶οἰκοδεσπότης, ου, ὁ, [12] a head of a household.   ¹⁷ταχέως, [10] soon, quickly, hastily.   ¹⁸πλατεῖα, ας, ἡ, [9] a street, public square, broad way.   ¹⁹ῥύμη, ης, ἡ, [4] a narrow street or lane in a town or city.   ²⁰πτωχός, ή, όν, [34] poor, destitute, spiritually poor, either in a good sense (humble devout persons) or bad.   ²¹ἀνάπηρος, ον, [2] crippled, maimed.   ²²χωλός, ή, όν, [15] lame, deprived of a foot, limping.   ²³εἰσάγω, [10] I lead in, bring in, introduce.   ²⁴ἐπιτάσσω, [10] I give order, command, charge.   ²⁵φραγμός, οῦ, ὁ, [4] a hedge, fence, partition.   ²⁶ἀναγκάζω, [9] I force, compel, constrain, urge.   ²⁷γεμίζω, [9] I fill, load.   ²⁸γεύομαι, [15] (a) I taste, (b) I experience.   ²⁹δεῖπνον, ου, τό, [16] a dinner, an afternoon or evening meal.   ³⁰κλητός, ή, όν, [12] called, invited, summoned by God to an office or to salvation.   ³¹ὀλίγος, η, ον, [43] (a) especially in plur: few, (b) in sing: small; hence, of time: short, of degree: light, slight, little.   ³²ἐκλεκτός, ή, όν, [24] chosen out, elect, choice, select, sometimes as subst: of those chosen out by God for the rendering of special service to Him (of the Hebrew race, particular Hebrews, the Messiah, and the Christians).   ³³συμπορεύομαι, [4] I journey together with; I come together, assemble.   ³⁴στρέφω, [19] I turn, am converted, change, change my direction.   ³⁵μισέω, [41] I hate, detest, love less, esteem less.   ³⁶ἀδελφή, ῆς, ἡ, [25] a sister, a woman (fellow-)member of a church, a Christian woman.   ³⁷βαστάζω, [27] (a) I carry, bear, (b) I carry (take) away.   ³⁸σταυρός, οῦ, ὁ, [28] a cross.   ³⁹ὀπίσω, [37] behind, after; back, backwards.

πύργον¹ οἰκοδομῆσαι,² οὐχὶ πρῶτον καθίσας³ ψηφίζει⁴ τὴν δαπάνην,⁵ εἰ ἔχει τὰ εἰς ἀπαρτισμόν;⁶ 29 Ἵνα μήποτε,⁷ θέντος αὐτοῦ θεμέλιον⁸ καὶ μὴ ἰσχύοντος⁹ ἐκτελέσαι,¹⁰ πάντες οἱ θεωροῦντες ἄρξωνται ἐμπαίζειν¹¹ αὐτῷ, 30 λέγοντες, ὅτι Οὗτος ὁ ἄνθρωπος ἤρξατο οἰκοδομεῖν,¹² καὶ οὐκ ἴσχυσεν¹³ ἐκτελέσαι.¹⁴ 31 Ἢ τίς βασιλεὺς πορευόμενος συμβαλεῖν¹⁵ ἑτέρῳ βασιλεῖ εἰς πόλεμον¹⁶ οὐχὶ καθίσας¹⁷ πρῶτον βουλεύεται¹⁸ εἰ δυνατός¹⁹ ἐστιν ἐν δέκα²⁰ χιλιάσιν²¹ ἀπαντῆσαι²² τῷ μετὰ εἴκοσι²³ χιλιάδων²¹ ἐρχομένῳ ἐπ᾽ αὐτόν; 32 Εἰ δὲ μήγε,²⁴ ἔτι πόρρω²⁵ αὐτοῦ ὄντος, πρεσβείαν²⁶ ἀποστείλας ἐρωτᾷ τὰ πρὸς εἰρήνην. 33 Οὕτως οὖν πᾶς ἐξ ὑμῶν ὃς οὐκ ἀποτάσσεται²⁷ πᾶσιν τοῖς ἑαυτοῦ ὑπάρχουσιν, οὐ δύναταί μου εἶναι μαθητής. 34 Καλὸν τὸ ἅλας·²⁸ ἐὰν δὲ τὸ ἅλας²⁸ μωρανθῇ,²⁹ ἐν τίνι ἀρτυθήσεται;³⁰ 35 Οὔτε εἰς γῆν οὔτε εἰς κοπρίαν³¹ εὔθετόν³² ἐστιν· ἔξω βάλλουσιν αὐτό. Ὁ ἔχων ὦτα³³ ἀκούειν ἀκουέτω.

Parables of the Love of Christ to the Lost

15 Ἦσαν δὲ ἐγγίζοντες³⁴ αὐτῷ πάντες οἱ τελῶναι³⁵ καὶ οἱ ἁμαρτωλοί,³⁶ ἀκούειν αὐτοῦ. 2 Καὶ διεγόγγυζον³⁷ οἱ Φαρισαῖοι καὶ οἱ γραμματεῖς λέγοντες ὅτι Οὗτος ἁμαρτωλοὺς³⁶ προσδέχεται,³⁸ καὶ συνεσθίει³⁹ αὐτοῖς.

3 Εἶπεν δὲ πρὸς αὐτοὺς τὴν παραβολὴν ταύτην, λέγων, 4 Τίς ἄνθρωπος ἐξ ὑμῶν ἔχων ἑκατὸν⁴⁰ πρόβατα,⁴¹ καὶ ἀπολέσας ἓν ἐξ αὐτῶν, οὐ καταλείπει⁴² τὰ ἐνενήκοντα⁴³

---

²οἰκοδομῆσαι: AAN   ³καθίσας: AAP-NSM   ⁴ψηφίζει: PAI-3S   ⁹ἰσχύοντος: PAP-GSM   ¹⁰ἐκτελέσαι: AAN   ¹¹ἐμπαίζειν: PAN   ¹²οἰκοδομεῖν: PAN   ¹³ἴσχυσεν: AAI-3S   ¹⁴ἐκτελέσαι: AAN   ¹⁵συμβαλεῖν: 2AAN   ¹⁷καθίσας: AAP-NSM   ¹⁸βουλεύεται: PNI-3S   ²²ἀπαντῆσαι: AAN   ²⁷ἀποτάσσεται: PMI-3S   ²⁹μωρανθῇ: APS-3S   ³⁰ἀρτυθήσεται: FPI-3S   ³⁴ἐγγίζοντες: PAP-NPM   ³⁷διεγόγγυζον: IAI-3P   ³⁸προσδέχεται: PNI-3S   ³⁹συνεσθίει: PAI-3S   ⁴²καταλείπει: PAI-3S

---

¹πύργος, ου, ὁ, [4] a tower, fortified structure.   ²οἰκοδομέω, [39] I erect a building, build; fig. of the building up of character: I build up, edify, encourage.   ³καθίζω, [48] (a) trans: I make to sit; I set, appoint, (b) intrans: I sit down, am seated, stay.   ⁴ψηφίζω, [2] I reckon, compute, calculate.   ⁵δαπάνη, ης, ἡ, [1] cost, expense.   ⁶ἀπαρτισμός, οῦ, ὁ, [1] completion, perfection.   ⁷μήποτε, [25] lest at any time, lest; then weakened: whether perhaps, whether at all; in a principal clause: perhaps.   ⁸θεμέλιος, ον, [16] (properly, an adj: belonging to the foundation), a foundation stone.   ⁹ἰσχύω, [29] I have strength, am strong, am in full health and vigor, am able; meton: I prevail.   ¹⁰ἐκτελέω, [2] I complete, bring to completion, carry out, perform.   ¹¹ἐμπαίζω, [13] I mock, ridicule.   ¹²οἰκοδομέω, [39] I erect a building, build; fig. of the building up of character: I build up, edify, encourage.   ¹³ἰσχύω, [29] I have strength, am strong, am in full health and vigor, am able; meton: I prevail.   ¹⁴ἐκτελέω, [2] I complete, bring to completion, carry out, perform.   ¹⁵συμβάλλω, [6] properly: I throw together, hence: I ponder, come up with, encounter, with or without hostile intent; I dispute with; mid: I confer, consult with, contribute.   ¹⁶πόλεμος, ου, ὁ, [19] a war, battle, strife.   ¹⁷καθίζω, [48] (a) trans: I make to sit; I set, appoint, (b) intrans: I sit down, am seated, stay.   ¹⁸βουλεύω, [8] I deliberate, take counsel, determine.   ¹⁹δυνατός, ή, όν, [36] (a) of persons: powerful, able, (b) of things: possible.   ²⁰δέκα, [27] ten.   ²¹χιλιάς, άδος, ἡ, [23] a thousand, the number one thousand.   ²²ἀπαντάω, [7] I go to meet, meet, encounter.   ²³εἴκοσι, [11] twenty.   ²⁴εἰ δὲ μήγε, [8] but if not, else, otherwise.   ²⁵πόρρω, [4] far, far off, at a distance.   ²⁶πρεσβεία, ας, ἡ, [2] an embassy, delegation, eldership.   ²⁷ἀποτάσσομαι, [6] I withdraw from, take leave of, renounce, send away.   ²⁸ἅλας, ατος, τό, [8] salt.   ²⁹μωραίνω, [4] (a) I make foolish, turn to foolishness, (b) I taint, and thus: I am tasteless, make useless.   ³⁰ἀρτύω, [3] prop: I arrange, make ready; I season, flavor.   ³¹κοπρία, ας, ἡ, [2] manure; a dung-hill.   ³²εὔθετος, ον, [3] suitable, fit, useful.   ³³οὖς, ὠτός, τό, [37] (a) the ear, (b) met: the faculty of perception.   ³⁴ἐγγίζω, [43] trans: I bring near; intrans: I come near, approach.   ³⁵τελώνης, ου, ὁ, [22] a publican, collector of taxes.   ³⁶ἁμαρτωλός, ον, [48] sinning, sinful, depraved, detestable.   ³⁷διαγογγύζω, [2] I murmur greatly, continue murmuring.   ³⁸προσδέχομαι, [14] (a) I await, expect, (b) I receive, welcome (originally: to my house), (c) I accept.   ³⁹συνεσθίω, [5] I eat with.   ⁴⁰ἑκατόν, [17] one hundred.   ⁴¹πρόβατον, ου, τό, [41] a sheep.   ⁴²καταλείπω, [25] I leave behind, desert, abandon, forsake; I leave remaining, reserve.   ⁴³ἐνενήκοντα, [4] ninety.

ἐννέα¹ ἐν τῇ ἐρήμῳ, καὶ πορεύεται ἐπὶ τὸ ἀπολωλός, ἕως εὕρῃ αὐτό; **5** Καὶ εὑρὼν ἐπιτίθησιν² ἐπὶ τοὺς ὤμους³ ἑαυτοῦ χαίρων. **6** Καὶ ἐλθὼν εἰς τὸν οἶκον, συγκαλεῖ⁴ τοὺς φίλους⁵ καὶ τοὺς γείτονας,⁶ λέγων αὐτοῖς, Συγχάρητέ⁷ μοι, ὅτι εὗρον τὸ πρόβατόν⁸ μου τὸ ἀπολωλός. **7** Λέγω ὑμῖν ὅτι οὕτως χαρὰ ἔσται ἐν τῷ οὐρανῷ ἐπὶ ἑνὶ ἁμαρτωλῷ⁹ μετανοοῦντι,¹⁰ ἢ ἐπὶ ἐνενήκοντα¹¹ ἐννέα¹ δικαίοις, οἵτινες οὐ χρείαν¹² ἔχουσιν μετανοίας.¹³

8 Ἢ τίς γυνὴ δραχμὰς¹⁴ ἔχουσα δέκα,¹⁵ ἐὰν ἀπολέσῃ δραχμὴν¹⁴ μίαν, οὐχὶ ἅπτει¹⁶ λύχνον,¹⁷ καὶ σαροῖ¹⁸ τὴν οἰκίαν, καὶ ζητεῖ ἐπιμελῶς¹⁹ ἕως ὅτου²⁰ εὕρῃ; **9** Καὶ εὑροῦσα συγκαλεῖται²¹ τὰς φίλας⁵ καὶ τὰς γείτονας,⁶ λέγουσα, Συγχάρητέ²² μοι, ὅτι εὗρον τὴν δραχμὴν¹⁴ ἣν ἀπώλεσα. **10** Οὕτως, λέγω ὑμῖν, χαρὰ γίνεται ἐνώπιον τῶν ἀγγέλων τοῦ θεοῦ ἐπὶ ἑνὶ ἁμαρτωλῷ⁹ μετανοοῦντι.²³

The Prodigal Son

11 Εἶπεν δέ, Ἄνθρωπός τις εἶχεν δύο υἱούς· **12** καὶ εἶπεν ὁ νεώτερος²⁴ αὐτῶν τῷ πατρί, Πάτερ, δός μοι τὸ ἐπιβάλλον²⁵ μέρος²⁶ τῆς οὐσίας.²⁷ Καὶ διεῖλεν²⁸ αὐτοῖς τὸν βίον.²⁹ **13** Καὶ μετ' οὐ πολλὰς ἡμέρας συναγαγὼν ἅπαντα³⁰ ὁ νεώτερος²⁴ υἱὸς ἀπεδήμησεν³¹ εἰς χώραν³² μακράν,³³ καὶ ἐκεῖ διεσκόρπισεν³⁴ τὴν οὐσίαν²⁷ αὐτοῦ, ζῶν ἀσώτως.³⁵ **14** Δαπανήσαντος³⁶ δὲ αὐτοῦ πάντα, ἐγένετο λιμὸς³⁷ ἰσχυρὸς³⁸ κατὰ τὴν χώραν³² ἐκείνην, καὶ αὐτὸς ἤρξατο ὑστερεῖσθαι.³⁹ **15** Καὶ πορευθεὶς ἐκολλήθη⁴⁰ ἑνὶ τῶν πολιτῶν⁴¹ τῆς χώρας³² ἐκείνης· καὶ ἔπεμψεν αὐτὸν εἰς τοὺς ἀγροὺς⁴² αὐτοῦ βόσκειν⁴³

---

²ἐπιτίθησιν: PAI-3S   ⁴συγκαλεῖ: PAI-3S   ⁷Συγχάρητέ: 2AOM-2P   ¹⁰μετανοοῦντι: PAP-DSM   ¹⁶ἅπτει: PAI-3S ¹⁸σαροῖ: PAI-3S   ²¹συγκαλεῖται: PMI-3S   ²²Συγχάρητέ: 2AOM-2P   ²³μετανοοῦντι: PAP-DSM   ²⁵ἐπιβάλλον: PAP-ASN ²⁸διεῖλεν: 2AAI-3S   ³¹ἀπεδήμησεν: AAI-3S   ³⁴διεσκόρπισεν: AAI-3S   ³⁶Δαπανήσαντος: AAP-GSM   ³⁹ὑστερεῖσθαι: PPN   ⁴⁰ἐκολλήθη: API-3S   ⁴³βόσκειν: PAN

---

¹ἐννέα, [5] nine.   ²ἐπιτίθημι, [41] I put, place upon, lay on; I add, give in addition.   ³ὦμος, ου, ὁ, [2] the shoulder.   ⁴συγκαλέω, [8] I call together.   ⁵φίλος, η, ον, [30] friendly; subst: a friend, an associate.   ⁶γείτων, ονος, ὁ, ἡ, [4] a neighbor.   ⁷συγχαίρω, [7] I rejoice with, congratulate.   ⁸πρόβατον, ου, τό, [41] a sheep. ⁹ἁμαρτωλός, ον, [48] sinning, sinful, depraved, detestable.   ¹⁰μετανοέω, [34] I repent, change my mind, change the inner man (particularly with reference to acceptance of the will of God), repent.   ¹¹ἐνενήκοντα, [4] ninety. ¹²χρεία, ας, ἡ, [49] need, necessity, business.   ¹³μετάνοια, ας, ἡ, [24] repentance, a change of mind, change in the inner man.   ¹⁴δραχμή, ῆς, ἡ, [3] a drachma, a Greek silver coin.   ¹⁵δέκα, [27] ten.   ¹⁶ἅπτω, [4] I kindle, light.   ¹⁷λύχνος, ου, ὁ, [14] a lamp.   ¹⁸σαρόω, [3] I sweep, cleanse by sweeping.   ¹⁹ἐπιμελῶς, [1] carefully, diligently.   ²⁰ὅτου, [6] until.   ²¹συγκαλέω, [8] I call together.   ²²συγχαίρω, [7] I rejoice with, congratulate.   ²³μετανοέω, [34] I repent, change my mind, change the inner man (particularly with reference to acceptance of the will of God), repent.   ²⁴νέος, α, ον, [24] (a) young, youthful, (b) new, fresh.   ²⁵ἐπιβάλλω, [18] (a) I throw upon, cast over, (b) I place upon, (c) I lay, (d) intrans: I strike upon, rush.   ²⁶μέρος, ους, τό, [43] a part, portion, share.   ²⁷οὐσία, ας, ἡ, [2] property, wealth, substance.   ²⁸διαιρέω, [2] I divide into parts, cut asunder, distribute.   ²⁹βίος, ου, ὁ, [11] (a) life, (b) manner of life; livelihood.   ³⁰ἅπας, ασα, αν, [39] all, the whole, altogether.   ³¹ἀποδημέω, [6] I am away from home, go into another country, am away, am abroad.   ³²χώρα, ας, ἡ, [27] (a) a country or region, (b) the land, as opposed to the sea, (c) the country, distinct from town, (d) plur: fields.   ³³μακρός, ά, όν, [6] long, distant, far; of long duration.   ³⁴διασκορπίζω, [9] I scatter, winnow, disperse, waste.   ³⁵ἀσώτως, [1] prodigally, with prodigal living, wastefully.   ³⁶δαπανάω, [5] I spend, bear expense, waste, squander.   ³⁷λιμός, οῦ, ὁ, ἡ, [12] a famine, hunger.   ³⁸ἰσχυρός, ά, όν, [29] strong (originally and generally of physical strength); mighty, powerful, vehement, sure.   ³⁹ὑστερέω, [16] I fall behind, am lacking, fall short, suffer need, am inferior to.   ⁴⁰κολλάω, [11] (lit: I glue); hence: mid. and pass: I join myself closely, cleave, adhere (to), I keep company (with), of friendly intercourse.   ⁴¹πολίτης, ου, ὁ, [4] a citizen, fellow-citizen.   ⁴²ἀγρός, οῦ, ὁ, [35] a field, especially as bearing a crop; the country, lands, property in land, a country estate.   ⁴³βόσκω, [9] I feed, pasture.

χοίρους. ¹ 16 Καὶ ἐπεθύμει² γεμίσαι³ τὴν κοιλίαν⁴ αὐτοῦ ἀπὸ τῶν κερατίων⁵ ὧν ἤσθιον οἱ χοῖροι·¹ καὶ οὐδεὶς ἐδίδου αὐτῷ. 17 Εἰς ἑαυτὸν δὲ ἐλθὼν εἶπεν, Πόσοι⁶ μίσθιοι⁷ τοῦ πατρός μου περισσεύουσιν⁸ ἄρτων, ἐγὼ δὲ λιμῷ⁹ ἀπόλλυμαι· 18 ἀναστὰς πορεύσομαι πρὸς τὸν πατέρα μου, καὶ ἐρῶ αὐτῷ, Πάτερ, ἥμαρτον¹⁰ εἰς τὸν οὐρανὸν καὶ ἐνώπιόν σου· 19 καὶ οὐκέτι¹¹ εἰμὶ ἄξιος¹² κληθῆναι υἱός σου· ποίησόν με ὡς ἕνα τῶν μισθίων⁷ σου. 20 Καὶ ἀναστὰς ἦλθεν πρὸς τὸν πατέρα αὐτοῦ. Ἔτι δὲ αὐτοῦ μακρὰν¹³ ἀπέχοντος,¹⁴ εἶδεν αὐτὸν ὁ πατὴρ αὐτοῦ, καὶ ἐσπλαγχνίσθη,¹⁵ καὶ δραμὼν¹⁶ ἐπέπεσεν¹⁷ ἐπὶ τὸν τράχηλον¹⁸ αὐτοῦ, καὶ κατεφίλησεν¹⁹ αὐτόν. 21 Εἶπεν δὲ αὐτῷ ὁ υἱός, Πάτερ, ἥμαρτον²⁰ εἰς τὸν οὐρανὸν καὶ ἐνώπιόν σου, καὶ οὐκέτι¹¹ εἰμὶ ἄξιος¹² κληθῆναι υἱός σου. 22 Εἶπεν δὲ ὁ πατὴρ πρὸς τοὺς δούλους αὐτοῦ, Ἐξενέγκατε²¹ τὴν στολὴν²² τὴν πρώτην καὶ ἐνδύσατε²³ αὐτόν, καὶ δότε δακτύλιον²⁴ εἰς τὴν χεῖρα αὐτοῦ, καὶ ὑποδήματα²⁵ εἰς τοὺς πόδας· 23 καὶ ἐνέγκαντες τὸν μόσχον²⁶ τὸν σιτευτὸν²⁷ θύσατε,²⁸ καὶ φαγόντες εὐφρανθῶμεν·²⁹ 24 ὅτι οὗτος ὁ υἱός μου νεκρὸς ἦν, καὶ ἀνέζησεν·³⁰ καὶ ἀπολωλὼς ἦν, καὶ εὑρέθη. Καὶ ἤρξαντο εὐφραίνεσθαι.³¹ 25 Ἦν δὲ ὁ υἱὸς αὐτοῦ ὁ πρεσβύτερος ἐν ἀγρῷ·³² καὶ ὡς ἐρχόμενος ἤγγισεν³³ τῇ οἰκίᾳ, ἤκουσεν συμφωνίας³⁴ καὶ χορῶν.³⁵ 26 Καὶ προσκαλεσάμενος³⁶ ἕνα τῶν παίδων,³⁷ ἐπυνθάνετο³⁸ τί εἴη ταῦτα. 27 Ὁ δὲ εἶπεν αὐτῷ ὅτι Ὁ ἀδελφός σου ἥκει·³⁹ καὶ ἔθυσεν⁴⁰ ὁ πατήρ σου τὸν μόσχον²⁶

---

²ἐπεθύμει: IAI-3S   ³γεμίσαι: AAN   ⁸περισσεύουσιν: PAI-3P   ¹⁰ἥμαρτον: 2AAI-1S   ¹⁴ἀπέχοντος: PAP-GSM   ¹⁵ἐσπλαγχνίσθη: AOI-3S   ¹⁶δραμὼν: 2AAP-NSM   ¹⁷ἐπέπεσεν: 2AAI-3S   ¹⁹κατεφίλησεν: AAI-3S   ²⁰ἥμαρτον: 2AAI-1S   ²¹Ἐξενέγκατε: AAM-2P   ²³ἐνδύσατε: AAM-2P   ²⁸θύσατε: AAM-2P   ²⁹εὐφρανθῶμεν: APS-1P   ³⁰ἀνέζησεν: AAI-3S   ³¹εὐφραίνεσθαι: PPN   ³³ἤγγισεν: AAI-3S   ³⁶προσκαλεσάμενος: ADP-NSM   ³⁸ἐπυνθάνετο: INI-3S   ³⁹ἥκει: PAI-3S   ⁴⁰ἔθυσεν: AAI-3S

---

¹χοῖρος, ου, ὁ, [14] a swine, hog, sow.   ²ἐπιθυμέω, [16] I long for, covet, lust after, set the heart upon.   ³γεμίζω, [9] I fill, load.   ⁴κοιλία, ας, ἡ, [23] belly, abdomen, heart, a general term covering any organ in the abdomen, e.g. stomach, womb; met: the inner man.   ⁵κεράτιον, ου, τό, [1] a husk (pod) of the carob.   ⁶πόσος, η, ον, [27] how much, how great, how many.   ⁷μίσθιος, ου, ὁ, [2] a paid worker, hired servant, hireling (contrasted with a slave).   ⁸περισσεύω, [39] (a) intrans: I exceed the ordinary (the necessary), abound, overflow; am left over, (b) trans: I cause to abound.   ⁹λιμός, οῦ, ὁ, ἡ, [12] a famine, hunger.   ¹⁰ἁμαρτάνω, [43] originally: I miss the mark, hence (a) I make a mistake, (b) I sin, commit a sin (against God); sometimes the idea of sinning against a fellow-creature is present.   ¹¹οὐκέτι, [48] no longer, no more.   ¹²ἄξιος, ία, ιον, [41] worthy, worthy of, deserving, comparable, suitable.   ¹³μακράν, [9] at a distance, far away, remote, alien.   ¹⁴ἀπέχω, [18] I have in full, am far, it is enough.   ¹⁵σπλαγχνίζομαι, [12] I feel compassion, have pity on, am moved.   ¹⁶τρέχω, [20] I run, exercise myself, make progress.   ¹⁷ἐπιπίπτω, [13] I fall upon, press upon, light upon, come over.   ¹⁸τράχηλος, ου, ὁ, [7] the neck.   ¹⁹καταφιλέω, [6] I kiss affectionately.   ²⁰ἁμαρτάνω, [43] originally: I miss the mark, hence (a) I make a mistake, (b) I sin, commit a sin (against God); sometimes the idea of sinning against a fellow-creature is present.   ²¹ἐκφέρω, [7] I bring out, carry out, sometimes out of the city for burial; I bring forth, bear, produce.   ²²στολή, ῆς, ἡ, [8] a long robe, worn by the upper classes in the East.   ²³ἐνδύω, [28] I put on, clothe (another).   ²⁴δακτύλιος, ου, ὁ, [1] a finger-ring.   ²⁵ὑπόδημα, ατος, τό, [10] a sandal; anything bound under.   ²⁶μόσχος, ου, ὁ, ἡ, [6] a calf, heifer, young bull.   ²⁷σιτευτός, ή, όν, [3] fattened, fatted.   ²⁸θύω, [14] I sacrifice, generally an animal; hence: I kill.   ²⁹εὐφραίνω, [14] I cheer, make glad; generally mid. or pass: I am glad, make merry, revel, feast.   ³⁰ἀναζάω, [3] I come to life again, revive, regain life.   ³¹εὐφραίνω, [14] I cheer, make glad; generally mid. or pass: I am glad, make merry, revel, feast.   ³²ἀγρός, οῦ, ὁ, [35] a field, especially as bearing a crop; the country, lands, property in land, a country estate.   ³³ἐγγίζω, [43] trans: I bring near; intrans: I come near, approach.   ³⁴συμφωνία, ας, ἡ, [1] harmony of instruments, music.   ³⁵χορός, οῦ, ὁ, [1] a dance, dancing.   ³⁶προσκαλέω, [31] I call to myself, summon.   ³⁷παῖς, παιδός, ὁ, ἡ, [24] (a) a male child, boy, (b) a male slave, servant; thus: a servant of God, especially as a title of the Messiah, (c) a female child, girl.   ³⁸πυνθάνομαι, [12] I ask, inquire, ascertain by inquiry, understand.   ³⁹ἥκω, [27] I have come, am present, have arrived.   ⁴⁰θύω, [14] I sacrifice, generally an animal; hence: I kill.

τὸν σιτευτόν,¹ ὅτι ὑγιαίνοντα² αὐτὸν ἀπέλαβεν.³ **28** Ὠργίσθη⁴ δέ, καὶ οὐκ ἤθελεν εἰσελθεῖν· ὁ οὖν πατὴρ αὐτοῦ ἐξελθὼν παρεκάλει αὐτόν. **29** Ὁ δὲ ἀποκριθεὶς εἶπεν τῷ πατρί, Ἰδού, τοσαῦτα⁵ ἔτη⁶ δουλεύω⁷ σοι, καὶ οὐδέποτε⁸ ἐντολήν σου παρῆλθον,⁹ καὶ ἐμοὶ οὐδέποτε⁸ ἔδωκας ἔριφον,¹⁰ ἵνα μετὰ τῶν φίλων¹¹ μου εὐφρανθῶ.¹² **30** Ὅτε δὲ ὁ υἱός σου οὗτος ὁ καταφαγών¹³ σου τὸν βίον¹⁴ μετὰ πορνῶν¹⁵ ἦλθεν, ἔθυσας¹⁶ αὐτῷ τὸν μόσχον¹⁷ τὸν σιτευτόν.¹ **31** Ὁ δὲ εἶπεν αὐτῷ, Τέκνον, σὺ πάντοτε¹⁸ μετ᾽ ἐμοῦ εἶ, καὶ πάντα τὰ ἐμὰ σά¹⁹ ἐστιν. **32** Εὐφρανθῆναι²⁰ δὲ καὶ χαρῆναι ἔδει· ὅτι ὁ ἀδελφός σου οὗτος νεκρὸς ἦν, καὶ ἀνέζησεν·²¹ καὶ ἀπολωλὼς ἦν, καὶ εὑρέθη.

The Parable of the Unjust Steward and Its Lessons

16 Ἔλεγεν δὲ καὶ πρὸς τοὺς μαθητὰς αὐτοῦ, Ἄνθρωπός τις ἦν πλούσιος,²² ὃς εἶχεν οἰκονόμον·²³ καὶ οὗτος διεβλήθη²⁴ αὐτῷ ὡς διασκορπίζων²⁵ τὰ ὑπάρχοντα αὐτοῦ. **2** Καὶ φωνήσας²⁶ αὐτὸν εἶπεν αὐτῷ, Τί τοῦτο ἀκούω περὶ σοῦ; Ἀπόδος²⁷ τὸν λόγον τῆς οἰκονομίας²⁸ σου· οὐ γὰρ δυνήσῃ ἔτι οἰκονομεῖν.²⁹ **3** Εἶπεν δὲ ἐν ἑαυτῷ ὁ οἰκονόμος,²³ Τί ποιήσω, ὅτι ὁ κύριός μου ἀφαιρεῖται³⁰ τὴν οἰκονομίαν²⁸ ἀπ᾽ ἐμοῦ; Σκάπτειν³¹ οὐκ ἰσχύω,³² ἐπαιτεῖν³³ αἰσχύνομαι.³⁴ **4** Ἔγνων τί ποιήσω, ἵνα, ὅταν μετασταθῶ³⁵ τῆς οἰκονομίας,²⁸ δέξωνταί με εἰς τοὺς οἴκους αὐτῶν. **5** Καὶ προσκαλεσάμενος³⁶ ἕνα ἕκαστον τῶν χρεωφειλετῶν³⁷ τοῦ κυρίου ἑαυτοῦ, ἔλεγεν τῷ

---

²ὑγιαίνοντα: PAP-ASM   ³ἀπέλαβεν: 2AAI-3S   ⁴Ὠργίσθη: API-3S   ⁷δουλεύω: PAI-1S   ⁹παρῆλθον: 2AAI-1S
¹²εὐφρανθῶ: APS-1S   ¹³καταφαγών: 2AAP-NSM   ¹⁶ἔθυσας: AAI-2S   ²⁰Εὐφρανθῆναι: APN   ²¹ἀνέζησεν: AAI-3S
²⁴διεβλήθη: API-3S   ²⁵διασκορπίζων: PAP-NSM   ²⁶φωνήσας: AAP-NSM   ²⁷Ἀπόδος: 2AAM-2S   ²⁹οἰκονομεῖν: PAN
³⁰ἀφαιρεῖται: PMI-3S   ³¹Σκάπτειν: PAN   ³²ἰσχύω: PAI-1S   ³³ἐπαιτεῖν: PAN   ³⁴αἰσχύνομαι: PMI-1S   ³⁵μετασταθῶ:
APS-1S   ³⁶προσκαλεσάμενος: ADP-NSM

---

¹σιτευτός, ή, όν, [3] fattened, fatted.   ²ὑγιαίνω, [12] I am well, am in good health; I am right, reasonable, sound, pure, uncorrupted.   ³ἀπολαμβάνω, [11] (a) I get back, receive back, (b) I get (receive) as due (deserved), (c) mid: I draw aside, separate.   ⁴ὀργίζω, [8] I irritate, provoke, am angry.   ⁵τοσοῦτος, τοσαύτη, τοσοῦτο, [20] so great, so large, so long, so many.   ⁶ἔτος, ους, τό, [49] a year.   ⁷δουλεύω, [25] I am a slave, am subject to, obey, am devoted.   ⁸οὐδέποτε, [16] never.   ⁹παρέρχομαι, [29] I pass by, pass away, pass out of sight; I am rendered void, become vain, neglect, disregard.   ¹⁰ἔριφος, ου, ὁ, [2] a goat.   ¹¹φίλος, η, ον, [30] friendly; subst: a friend, an associate.   ¹²εὐφραίνω, [14] I cheer, make glad; generally mid. or pass: I am glad, make merry, revel, feast.   ¹³κατεσθίω, [15] I eat up, eat till it is finished, devour, squander, annoy, injure.   ¹⁴βίος, ου, ὁ, [11] (a) life, (b) manner of life; livelihood.   ¹⁵πόρνη, ης, ἡ, [12] a prostitute; met: an idolatrous community.   ¹⁶θύω, [14] I sacrifice, generally an animal; hence: I kill.   ¹⁷μόσχος, ου, ὁ, ἡ, [6] a calf, heifer, young bull.   ¹⁸πάντοτε, [42] always, at all times, ever.   ¹⁹σός, σή, σόν, [27] yours, thy, thine.   ²⁰εὐφραίνω, [14] I cheer, make glad; generally mid. or pass: I am glad, make merry, revel, feast.   ²¹ἀναζάω, [3] I come to life again, revive, regain life.   ²²πλούσιος, α, ον, [28] rich, abounding in, wealthy; subst: a rich man.   ²³οἰκονόμος, ου, ὁ, [10] a household manager, a steward, guardian.   ²⁴διαβάλλω, [1] I thrust through, slander, complain of, accuse.   ²⁵διασκορπίζω, [9] I scatter, winnow, disperse, waste.   ²⁶φωνέω, [42] I give forth a sound, hence: (a) of a cock: I crow, (b) of men: I shout, (c) trans: I call (to myself), summon; I invite, address.   ²⁷ἀποδίδωμι, [47] (a) I give back, return, restore, (b) I give, render, as due, (c) mid: I sell.   ²⁸οἰκονομία, ας, ἡ, [9] management of household affairs, stewardship, administration.   ²⁹οἰκονομέω, [1] I am a steward, manage a household.   ³⁰ἀφαιρέω, [10] I take away, smite off.   ³¹σκάπτω, [3] I dig, excavate.   ³²ἰσχύω, [29] I have strength, am strong, am in full health and vigor, am able; meton: I prevail.   ³³ἐπαιτέω, [1] I beg, am a beggar, ask alms.   ³⁴αἰσχύνομαι, [5] I am ashamed, am put to shame.   ³⁵μεθίστημι, [5] I cause to change its place, move out of its place; I translate, transfer, remove.   ³⁶προσκαλέω, [31] I call to myself, summon.   ³⁷χρεωφειλέτης, ου, ὁ, [2] a debtor.

πρώτῳ, Πόσον¹ ὀφείλεις² τῷ κυρίῳ μου; 6 Ὁ δὲ εἶπεν, Ἑκατὸν³ βάτους⁴ ἐλαίου.⁵ Καὶ εἶπεν αὐτῷ, Δέξαι σου τὸ γράμμα,⁶ καὶ καθίσας⁷ ταχέως⁸ γράψον πεντήκοντα.⁹ 7 Ἔπειτα¹⁰ ἑτέρῳ εἶπεν, Σὺ δὲ πόσον¹ ὀφείλεις;¹¹ Ὁ δὲ εἶπεν, Ἑκατὸν³ κόρους¹² σίτου.¹³ Καὶ λέγει αὐτῷ, Δέξαι σου τὸ γράμμα,⁶ καὶ γράψον ὀγδοήκοντα.¹⁴ 8 Καὶ ἐπήνεσεν¹⁵ ὁ κύριος τὸν οἰκονόμον¹⁶ τῆς ἀδικίας¹⁷ ὅτι φρονίμως¹⁸ ἐποίησεν· ὅτι οἱ υἱοὶ τοῦ αἰῶνος τούτου φρονιμώτεροι¹⁹ ὑπὲρ τοὺς υἱοὺς τοῦ φωτὸς εἰς τὴν γενεὰν²⁰ τὴν ἑαυτῶν εἰσίν. 9 Κἀγὼ ὑμῖν λέγω, Ποιήσατε ἑαυτοῖς φίλους²¹ ἐκ τοῦ μαμωνᾶ²² τῆς ἀδικίας,¹⁷ ἵνα, ὅταν ἐκλίπητε,²³ δέξωνται ὑμᾶς εἰς τὰς αἰωνίους σκηνάς.²⁴ 10 Ὁ πιστὸς ἐν ἐλαχίστῳ²⁵ καὶ ἐν πολλῷ πιστός ἐστιν, καὶ ὁ ἐν ἐλαχίστῳ²⁵ ἄδικος²⁶ καὶ ἐν πολλῷ ἄδικός²⁶ ἐστιν. 11 Εἰ οὖν ἐν τῷ ἀδίκῳ²⁶ μαμωνᾷ²² πιστοὶ οὐκ ἐγένεσθε, τὸ ἀληθινὸν²⁷ τίς ὑμῖν πιστεύσει; 12 Καὶ εἰ ἐν τῷ ἀλλοτρίῳ²⁸ πιστοὶ οὐκ ἐγένεσθε, τὸ ὑμέτερον²⁹ τίς ὑμῖν δώσει; 13 Οὐδεὶς οἰκέτης³⁰ δύναται δυσὶν κυρίοις δουλεύειν·³¹ ἢ γὰρ τὸν ἕνα μισήσει,³² καὶ τὸν ἕτερον ἀγαπήσει· ἢ ἑνὸς ἀνθέξεται,³³ καὶ τοῦ ἑτέρου καταφρονήσει.³⁴ Οὐ δύνασθε θεῷ δουλεύειν³⁵ καὶ μαμωνᾷ.²²

14 Ἤκουον δὲ ταῦτα πάντα καὶ οἱ Φαρισαῖοι φιλάργυροι³⁶ ὑπάρχοντες, καὶ ἐξεμυκτήριζον³⁷ αὐτόν. 15 Καὶ εἶπεν αὐτοῖς, Ὑμεῖς ἐστε οἱ δικαιοῦντες³⁸ ἑαυτοὺς ἐνώπιον τῶν ἀνθρώπων, ὁ δὲ θεὸς γινώσκει τὰς καρδίας ὑμῶν· ὅτι τὸ ἐν ἀνθρώποις ὑψηλὸν³⁹ βδέλυγμα⁴⁰ ἐνώπιον τοῦ θεοῦ. 16 Ὁ νόμος καὶ οἱ προφῆται ἕως Ἰωάννου· ἀπὸ τότε ἡ βασιλεία τοῦ θεοῦ εὐαγγελίζεται, καὶ πᾶς εἰς αὐτὴν βιάζεται.⁴¹

---

²ὀφείλεις: PAI-2S　⁷καθίσας: AAP-NSM　¹¹ὀφείλεις: PAI-2S　¹⁵ἐπήνεσεν: AAI-3S　²³ἐκλίπητε: 2AAS-2P　³¹δουλεύειν: PAN　³²μισήσει: FAI-3S　³³ἀνθέξεται: FDI-3S　³⁴καταφρονήσει: FAI-3S　³⁵δουλεύειν: PAN　³⁷ἐξεμυκτήριζον: IAI-3P　³⁸δικαιοῦντες: PAP-NPM　⁴¹βιάζεται: PMI-3S

---

¹πόσος, η, ον, [27] how much, how great, how many.　²ὀφείλω, [36] I owe, ought.　³ἑκατόν, [17] one hundred.　⁴βάτος, ου, ὁ, [1] a "bath," a liquid measure among the Jews, containing 72 sextarii, that is, between eight and nine gallons.　⁵ἔλαιον, ου, τό, [11] olive oil, oil.　⁶γράμμα, ατος, τό, [15] a letter of the alphabet; collectively: written (revelation); (a) a written document, a letter, an epistle, (b) writings, literature, learning.　⁷καθίζω, [48] (a) trans: I make to sit; I set, appoint, (b) intrans: I sit down, am seated, stay.　⁸ταχέως, [10] soon, quickly, hastily.　⁹πεντήκοντα, οἱ, αἱ, τά, [7] fifty.　¹⁰ἔπειτα, [16] then, thereafter, afterwards.　¹¹ὀφείλω, [36] I owe, ought.　¹²κόρος, ου, ὁ, [1] (Hebrew) a (dry) measure, equivalent to 120 gallons.　¹³σῖτος, ου, ὁ, [14] wheat, grain.　¹⁴ὀγδοήκοντα, [2] eighty.　¹⁵ἐπαινέω, [6] I praise, commend, applaud.　¹⁶οἰκονόμος, ου, ὁ, [10] a household manager, a steward, guardian.　¹⁷ἀδικία, ας, ἡ, [26] injustice, unrighteousness, hurt.　¹⁸φρονίμως, [1] wisely, sensibly, prudently.　¹⁹φρόνιμος, ον, [14] intelligent, prudent, sensible, wise.　²⁰γενεά, ᾶς, ἡ, [42] a generation; if repeated twice or with another time word, practically indicates infinity of time.　²¹φίλος, η, ον, [30] friendly; subst: a friend, an associate.　²²μαμωνᾶς, ᾶ, ὁ, [4] (Aramaic), riches, money, possessions, property.　²³ἐκλείπω, [3] I fail, die out, come to an end, am defunct.　²⁴σκηνή, ῆς, ἡ, [20] a tent, booth, tabernacle, abode, dwelling, mansion, habitation.　²⁵ἐλάχιστος, ίστη, ιστον, [13] least, smallest, but perhaps oftener in the weaker sense: very little, very small.　²⁶ἄδικος, ον, [12] unjust, unrighteous, wicked.　²⁷ἀληθινός, η, ον, [27] true (lit: made of truth), real, genuine.　²⁸ἀλλότριος, ία, ιον, [14] belonging to another person, belonging to others, foreign, strange.　²⁹ὑμέτερος, α, ον, [10] your, yours.　³⁰οἰκέτης, ου, ὁ, [4] a household servant.　³¹δουλεύω, [25] I am a slave, am subject to, obey, am devoted.　³²μισέω, [41] I hate, detest, love less, esteem less.　³³ἀντέχομαι, [4] trans: I hold against; intrans: I withstand; mid: I hold out against, hold firmly to, cleave to.　³⁴καταφρονέω, [9] I despise, scorn, and show it by active insult, disregard.　³⁵δουλεύω, [25] I am a slave, am subject to, obey, am devoted.　³⁶φιλάργυρος, ον, [2] money-loving, avaricious, covetous.　³⁷ἐκμυκτηρίζω, [2] I deride, scoff at, mock greatly.　³⁸δικαιόω, [39] I make righteous, defend the cause of, plead for the righteousness (innocence) of, acquit, justify; hence: I regard as righteous.　³⁹ὑψηλός, ή, όν, [11] high, lofty.　⁴⁰βδέλυγμα, ατος, τό, [6] an abominable thing, an accursed thing.　⁴¹βιάζομαι, [2] (a) mid: I use force, force my way, come forward violently, (b) pass: I am forcibly treated, suffer violence.

17 Εὐκοπώτερον¹ δέ ἐστιν τὸν οὐρανὸν καὶ τὴν γῆν παρελθεῖν,² ἢ τοῦ νόμου μίαν κεραίαν³ πεσεῖν. **18** Πᾶς ὁ ἀπολύων τὴν γυναῖκα αὐτοῦ καὶ γαμῶν⁴ ἑτέραν μοιχεύει·⁵ καὶ πᾶς ὁ ἀπολελυμένην ἀπὸ ἀνδρὸς γαμῶν⁶ μοιχεύει.⁷

The Rich Man and Lazarus, the Beggar

19 Ἄνθρωπος δέ τις ἦν πλούσιος,⁸ καὶ ἐνεδιδύσκετο⁹ πορφύραν¹⁰ καὶ βύσσον,¹¹ εὐφραινόμενος¹² καθ᾽ ἡμέραν λαμπρῶς.¹³ **20** Πτωχὸς¹⁴ δέ τις ἦν ὀνόματι Λάζαρος, ὃς ἐβέβλητο πρὸς τὸν πυλῶνα¹⁵ αὐτοῦ ἡλκωμένος¹⁶ **21** καὶ ἐπιθυμῶν¹⁷ χορτασθῆναι¹⁸ ἀπὸ τῶν ψιχίων¹⁹ τῶν πιπτόντων ἀπὸ τῆς τραπέζης²⁰ τοῦ πλουσίου·⁸ ἀλλὰ καὶ οἱ κύνες²¹ ἐρχόμενοι ἀπέλειχον²² τὰ ἕλκη²³ αὐτοῦ. **22** Ἐγένετο δὲ ἀποθανεῖν τὸν πτωχόν,¹⁴ καὶ ἀπενεχθῆναι²⁴ αὐτὸν ὑπὸ τῶν ἀγγέλων εἰς τὸν κόλπον²⁵ Ἀβραάμ· ἀπέθανεν δὲ καὶ ὁ πλούσιος,⁸ καὶ ἐτάφη.²⁶ **23** Καὶ ἐν τῷ Ἅδῃ²⁷ ἐπάρας²⁸ τοὺς ὀφθαλμοὺς αὐτοῦ, ὑπάρχων ἐν βασάνοις,²⁹ ὁρᾷ τὸν Ἀβραὰμ ἀπὸ μακρόθεν,³⁰ καὶ Λάζαρον ἐν τοῖς κόλποις²⁵ αὐτοῦ. **24** Καὶ αὐτὸς φωνήσας³¹ εἶπεν, Πάτερ Ἀβραάμ, ἐλέησόν³² με, καὶ πέμψον Λάζαρον, ἵνα βάψῃ³³ τὸ ἄκρον³⁴ τοῦ δακτύλου³⁵ αὐτοῦ ὕδατος, καὶ καταψύξῃ³⁶ τὴν γλῶσσάν μου· ὅτι ὀδυνῶμαι³⁷ ἐν τῇ φλογὶ³⁸ ταύτῃ. **25** Εἶπεν δὲ Ἀβραάμ, Τέκνον, μνήσθητι³⁹ ὅτι ἀπέλαβες⁴⁰ σὺ τὰ ἀγαθά σου ἐν τῇ ζωῇ σου, καὶ Λάζαρος ὁμοίως⁴¹ τὰ κακά· νῦν δὲ

---

²παρελθεῖν: 2AAN   ⁴γαμῶν: PAP-NSM   ⁵μοιχεύει: PAI-3S   ⁶γαμῶν: PAP-NSM   ⁷μοιχεύει: PAI-3S
⁹ἐνεδιδύσκετο: IMI-3S   ¹²εὐφραινόμενος: PPP-NSM   ¹⁶ἡλκωμένος: RPP-NSM   ¹⁷ἐπιθυμῶν: PAP-NSM
¹⁸χορτασθῆναι: APN   ²²ἀπέλειχον: IAI-3P   ²⁴ἀπενεχθῆναι: APN   ²⁶ἐτάφη: 2API-3S   ²⁸ἐπάρας: AAP-NSM
³¹φωνήσας: AAP-NSM   ³²ἐλέησόν: AAM-2S   ³³βάψῃ: AAS-3S   ³⁶καταψύξῃ: AAS-3S   ³⁷ὀδυνῶμαι: PPI-1S
³⁹μνήσθητι: APM-2S   ⁴⁰ἀπέλαβες: 2AAI-2S

---

¹εὐκοπώτερον, [7] easier.   ²παρέρχομαι, [29] I pass by, pass away, pass out of sight; I am rendered void, become vain, neglect, disregard.   ³κεραία, ας, ἡ, [2] a little hook, an apostrophe on letters of the alphabet, distinguishing them from other little letters, or a separation stroke between letters.   ⁴γαμέω, [29] I marry, used of either sex.   ⁵μοιχεύω, [14] I commit adultery (of a man with a married woman, but also of a married man).   ⁶γαμέω, [29] I marry, used of either sex.   ⁷μοιχεύω, [14] I commit adultery (of a man with a married woman, but also of a married man).   ⁸πλούσιος, α, ον, [28] rich, abounding in, wealthy; subst: a rich man.   ⁹ἐνδιδύσκω, [2] (somewhat rare) (of clothing: I put on another); mid: I put on (myself).   ¹⁰πορφύρα, ας, ἡ, [3] a purple garment, indicating power or wealth.   ¹¹βύσσος, ου, ἡ, [1] fine linen, cotton.   ¹²εὐφραίνω, [14] I cheer, make glad; generally mid. or pass: I am glad, make merry, revel, feast.   ¹³λαμπρῶς, [1] magnificently, sumptuously, splendidly.   ¹⁴πτωχός, ή, όν, [34] poor, destitute, spiritually poor, either in a good sense (humble devout persons) or bad.   ¹⁵πυλών, ῶνος, ὁ, [18] a large gate; a gateway, porch, vestibule.   ¹⁶ἑλκόω, [1] I afflict with sores; pass: I am afflicted with sores.   ¹⁷ἐπιθυμέω, [16] I long for, covet, lust after, set the heart upon.   ¹⁸χορτάζω, [15] I feed, satisfy, fatten.   ¹⁹ψιχίον, ου, τό, [3] a crumb.   ²⁰τράπεζα, ης, ἡ, [15] a table, (a) for food or banqueting, (b) for money-changing or business.   ²¹κύων, κυνός, ὁ, ἡ, [5] a dog, universally despised in the East.   ²²ἀπολείχω, [1] I lick off, lick clean, lick up.   ²³ἕλκος, ους, τό, [3] a (festering) sore, a wound.   ²⁴ἀποφέρω, [5] I carry, bear away (sometimes with violence).   ²⁵κόλπος, ου, ὁ, [6] (a) sing. and plur: bosom; (sinus) the overhanging fold of the garment used as a pocket, (b) a bay, gulf.   ²⁶θάπτω, [11] I bury.   ²⁷Ἅιδης, ου, ὁ, [11] Hades, the unseen world.   ²⁸ἐπαίρω, [19] I raise, lift up.   ²⁹βάσανος, ου, ἡ, [3] torture, torment, examination by torture.   ³⁰μακρόθεν, [14] from a (long) distance, afar.   ³¹φωνέω, [42] I give forth a sound, hence: (a) of a cock: I crow; (b) of men: I shout, I call (to myself), summon; I invite, address.   ³²ἐλεέω, [31] I pity, have mercy on.   ³³βάπτω, [3] (a) I dip, (b) I dye.   ³⁴ἄκρον, ου, τό, [6] the end, extremity.   ³⁵δάκτυλος, ου, ὁ, [8] a finger.   ³⁶καταψύχω, [1] I cool, refresh.   ³⁷ὀδυνάω, [4] I torment, pain; mid. and pass: I am tormented, pained; I suffer acute pain, physical or mental.   ³⁸φλόξ, φλογός, ἡ, [7] a flame.   ³⁹μιμνήσκομαι, [23] I remember, call to mind, recall, mention.   ⁴⁰ἀπολαμβάνω, [11] (a) I get back, receive back, (b) I get (receive) as due (deserved), (c) mid: I draw aside, separate.   ⁴¹ὁμοίως, [32] in like manner, similarly, in the same way, equally.

ὧδε παρακαλεῖται, σὺ δὲ ὀδυνᾶσαι.¹ 26 Καὶ ἐπὶ πᾶσιν τούτοις, μεταξὺ² ἡμῶν καὶ ὑμῶν χάσμα³ μέγα ἐστήρικται,⁴ ὅπως οἱ θέλοντες διαβῆναι⁵ ἔνθεν⁶ πρὸς ὑμᾶς μὴ δύνωνται, μηδὲ οἱ ἐκεῖθεν⁷ πρὸς ἡμᾶς διαπερῶσιν.⁸ 27 Εἶπεν δέ, Ἐρωτῶ οὖν σε, πάτερ, ἵνα πέμψῃς αὐτὸν εἰς τὸν οἶκον τοῦ πατρός μου, 28 ἔχω γὰρ πέντε⁹ ἀδελφούς, ὅπως διαμαρτύρηται¹⁰ αὐτοῖς, ἵνα μὴ καὶ αὐτοὶ ἔλθωσιν εἰς τὸν τόπον τοῦτον τῆς βασάνου.¹¹ 29 Λέγει αὐτῷ Ἀβραάμ, Ἔχουσιν Μωσέα καὶ τοὺς προφήτας· ἀκουσάτωσαν αὐτῶν. 30 Ὁ δὲ εἶπεν, Οὐχί, πάτερ Ἀβραάμ· ἀλλ' ἐάν τις ἀπὸ νεκρῶν πορευθῇ πρὸς αὐτούς, μετανοήσουσιν.¹² 31 Εἶπεν δὲ αὐτῷ, Εἰ Μωσέως καὶ τῶν προφητῶν οὐκ ἀκούουσιν, οὐδέ, ἐάν τις ἐκ νεκρῶν ἀναστῇ, πεισθήσονται.

A Lesson on Offenses and Forgiveness

17 Εἶπεν δὲ πρὸς τοὺς μαθητάς, Ἀνένδεκτόν¹³ ἐστιν τοῦ μὴ ἐλθεῖν τὰ σκάνδαλα·¹⁴ οὐαὶ¹⁵ δὲ δι' οὗ ἔρχεται. 2 Λυσιτελεῖ¹⁶ αὐτῷ εἰ μύλος¹⁷ ὀνικὸς¹⁸ περίκειται¹⁹ περὶ τὸν τράχηλον²⁰ αὐτοῦ, καὶ ἔρριπται²¹ εἰς τὴν θάλασσαν, ἢ ἵνα σκανδαλίσῃ²² ἕνα τῶν μικρῶν²³ τούτων. 3 Προσέχετε²⁴ ἑαυτοῖς. Ἐὰν δὲ ἁμάρτῃ²⁵ εἰς σὲ ὁ ἀδελφός σου, ἐπιτίμησον²⁶ αὐτῷ· καὶ ἐὰν μετανοήσῃ,²⁷ ἄφες αὐτῷ. 4 Καὶ ἐὰν ἑπτάκις²⁸ τῆς ἡμέρας ἁμάρτῃ²⁹ εἰς σέ, καὶ ἑπτάκις²⁸ τῆς ἡμέρας ἐπιστρέψῃ,³⁰ λέγων, Μετανοῶ,³¹ ἀφήσεις αὐτῷ.

5 Καὶ εἶπον οἱ ἀπόστολοι τῷ κυρίῳ, Πρόσθες³² ἡμῖν πίστιν. 6 Εἶπεν δὲ ὁ κύριος, Εἰ ἔχετε πίστιν ὡς κόκκον³³ σινάπεως,³⁴ ἐλέγετε ἂν τῇ συκαμίνῳ³⁵ ταύτῃ, Ἐκριζώθητι,³⁶

---

¹ὀδυνᾶσαι: PPI-2S   ⁴ἐστήρικται: RPI-3S   ⁵διαβῆναι: 2AAN   ⁸διαπερῶσιν: PAS-3P   ¹⁰διαμαρτύρηται: PNS-3S   ¹²μετανοήσουσιν: FAI-3P   ¹⁶Λυσιτελεῖ: PAI-3S   ¹⁹περίκειται: PNI-3S   ²¹ἔρριπται: RPI-3S   ²²σκανδαλίσῃ: AAS-3S   ²⁴Προσέχετε: PAM-2P   ²⁵ἁμάρτῃ: 2AAS-3S   ²⁶ἐπιτίμησον: AAM-2S   ²⁷μετανοήσῃ: AAS-3S   ²⁹ἁμάρτῃ: 2AAS-3S   ³⁰ἐπιστρέψῃ: AAS-3S   ³¹Μετανοῶ: PAI-1S   ³²Πρόσθες: 2AAM-2S   ³⁶Ἐκριζώθητι: APM-2S

---

¹ὀδυνάω, [4] I torment, pain; mid. and pass: I am tormented, pained; I suffer acute pain, physical or mental.   ²μεταξύ, [9] meanwhile, afterwards, between.   ³χάσμα, ατος, τό, [1] a gap, gulf, chasm.   ⁴στηρίζω, [13] (a) I fix firmly, direct myself towards, (b) generally met: I buttress, prop, support; I strengthen, establish.   ⁵διαβαίνω, [3] I cross, pass through, step across.   ⁶ἐνθάδε, [9] here, in this place.   ⁷ἐκεῖθεν, [28] thence, from that place.   ⁸διαπεράω, [6] I cross over, pass over.   ⁹πέντε, οἱ, αἱ, τά, [38] five.   ¹⁰διαμαρτύρομαι, [15] I give solemn evidence, testify (declare) solemnly.   ¹¹βάσανος, ου, ἡ, [3] torture, torment, examination by torture.   ¹²μετανοέω, [34] I repent, change my mind, change the inner man (particularly with reference to acceptance of the will of God), repent.   ¹³ἀνένδεκτος, ον, [1] impossible, inadmissible.   ¹⁴σκάνδαλον, ου, τό, [15] a snare, stumbling-block, cause for error.   ¹⁵οὐαί, [47] woe!, alas!, uttered in grief or denunciation.   ¹⁶λυσιτελέω, [1] it is advantageous to, it profits.   ¹⁷μύλος, ου, ὁ, [4] a millstone, mill.   ¹⁸ὀνικός, ή, όν, [2] pertaining to an ass.   ¹⁹περίκειμαι, [5] I lie about, surround; I am encompassed, surrounded, or clothed with, am in submission to.   ²⁰τράχηλος, ου, ὁ, [7] the neck.   ²¹ῥίπτω, [7] I throw, cast, toss, set down; pass: I am dispersed.   ²²σκανδαλίζω, [30] I cause to stumble, cause to sin, cause to become indignant, shock, offend.   ²³μικρός, ά, όν, [45] little, small.   ²⁴προσέχω, [24] (a) I attend to, pay attention to, (b) I beware, am cautious, (c) I join, devote myself to.   ²⁵ἁμαρτάνω, [43] originally: I miss the mark, hence (a) I make a mistake, (b) I sin, commit a sin (against God); sometimes the idea of sinning against a fellow-creature is present.   ²⁶ἐπιτιμάω, [29] (a) I rebuke, chide, admonish, (b) I warn.   ²⁷μετανοέω, [34] I repent, change my mind, change the inner man (particularly with reference to acceptance of the will of God), repent.   ²⁸ἑπτάκις, [4] seven times.   ²⁹ἁμαρτάνω, [43] originally: I miss the mark, hence (a) I make a mistake, (b) I sin, commit a sin (against God); sometimes the idea of sinning against a fellow-creature is present.   ³⁰ἐπιστρέφω, [37] (a) trans: I turn (back) to (towards), (b) intrans: I turn (back) (to [towards]); I come to myself.   ³¹μετανοέω, [34] I repent, change my mind, change the inner man (particularly with reference to acceptance of the will of God), repent.   ³²προστίθημι, [18] I place (put) to, add; I do again.   ³³κόκκος, ου, ὁ, [7] a kernel, grain, seed.   ³⁴σίναπι, εως, ἡ, [5] mustard (probably the shrub, not the herb).   ³⁵συκάμινος, ου, ἡ, [1] a sycamore tree, black mulberry tree.   ³⁶ἐκριζόω, [4] I root out, pluck up by the roots.

καὶ φυτεύθητι¹ ἐν τῇ θαλάσσῃ· καὶ ὑπήκουσεν² ἂν ὑμῖν. 7 Τίς δὲ ἐξ ὑμῶν δοῦλον ἔχων ἀροτριῶντα³ ἢ ποιμαίνοντα,⁴ ὃς εἰσελθόντι ἐκ τοῦ ἀγροῦ⁵ ἐρεῖ εὐθέως, Παρελθὼν⁶ ἀνάπεσε·⁷ 8 ἀλλ᾽ οὐχὶ ἐρεῖ αὐτῷ, Ἑτοίμασον⁸ τί δειπνήσω,⁹ καὶ περιζωσάμενος¹⁰ διακόνει¹¹ μοι, ἕως φάγω καὶ πίω· καὶ μετὰ ταῦτα φάγεσαι καὶ πίεσαι σύ; 9 Μὴ χάριν ἔχει τῷ δούλῳ ἐκείνῳ ὅτι ἐποίησεν τὰ διαταχθέντα;¹² Οὐ δοκῶ. 10 Οὕτως καὶ ὑμεῖς, ὅταν ποιήσητε πάντα τὰ διαταχθέντα¹³ ὑμῖν, λέγετε ὅτι Δοῦλοι ἀχρεῖοί¹⁴ ἐσμεν· ὅτι ὃ ὀφείλομεν¹⁵ ποιῆσαι πεποιήκαμεν.

The Ten Lepers

11 Καὶ ἐγένετο ἐν τῷ πορεύεσθαι αὐτὸν εἰς Ἱερουσαλήμ, καὶ αὐτὸς διήρχετο¹⁶ διὰ μέσου Σαμαρείας¹⁷ καὶ Γαλιλαίας. 12 Καὶ εἰσερχομένου αὐτοῦ εἴς τινα κώμην,¹⁸ ἀπήντησαν¹⁹ αὐτῷ δέκα²⁰ λεπροὶ²¹ ἄνδρες, οἳ ἔστησαν πόρρωθεν·²² 13 καὶ αὐτοὶ ἦραν φωνήν, λέγοντες, Ἰησοῦ, ἐπιστάτα,²³ ἐλέησον²⁴ ἡμᾶς. 14 Καὶ ἰδὼν εἶπεν αὐτοῖς, Πορευθέντες ἐπιδείξατε²⁵ ἑαυτοὺς τοῖς ἱερεῦσιν.²⁶ Καὶ ἐγένετο ἐν τῷ ὑπάγειν αὐτούς, ἐκαθαρίσθησαν.²⁷ 15 Εἷς δὲ ἐξ αὐτῶν, ἰδὼν ὅτι ἰάθη,²⁸ ὑπέστρεψεν,²⁹ μετὰ φωνῆς μεγάλης δοξάζων τὸν θεόν· 16 καὶ ἔπεσεν ἐπὶ πρόσωπον παρὰ τοὺς πόδας αὐτοῦ, εὐχαριστῶν³⁰ αὐτῷ· καὶ αὐτὸς ἦν Σαμαρείτης.³¹ 17 Ἀποκριθεὶς δὲ ὁ Ἰησοῦς εἶπεν, Οὐχὶ οἱ δέκα²⁰ ἐκαθαρίσθησαν;³² Οἱ δὲ ἐννέα³³ ποῦ;³⁴ 18 Οὐχ εὑρέθησαν ὑποστρέψαντες³⁵ δοῦναι δόξαν τῷ θεῷ, εἰ μὴ ὁ ἀλλογενὴς³⁶ οὗτος; 19 Καὶ εἶπεν αὐτῷ, Ἀναστὰς πορεύου· ἡ πίστις σου σέσωκέν σε.

---

¹φυτεύθητι: APM-2S ²ὑπήκουσεν: AAI-3S ³ἀροτριῶντα: PAP-ASM ⁴ποιμαίνοντα: PAP-ASM ⁶Παρελθὼν: 2AAP-NSM ⁷ἀνάπεσε: 2AAM-2S ⁸Ἑτοίμασον: AAM-2S ⁹δειπνήσω: AAS-1S ¹⁰περιζωσάμενος: AMP-NSM ¹¹διακόνει: PAM-2S ¹²διαταχθέντα: APP-APN ¹³διαταχθέντα: APP-APN ¹⁵ὀφείλομεν: PAI-1P ¹⁶διήρχετο: INI-3S ¹⁹ἀπήντησαν: AAI-3P ²⁴ἐλέησον: AAM-2S ²⁵ἐπιδείξατε: AAM-2P ²⁷ἐκαθαρίσθησαν: API-3P ²⁸ἰάθη: API-3S ²⁹ὑπέστρεψεν: AAI-3S ³⁰εὐχαριστῶν: PAP-NSM ³²ἐκαθαρίσθησαν: API-3P ³⁵ὑποστρέψαντες: AAP-NPM

---

¹φυτεύω, [11] I plant, set. ²ὑπακούω, [21] I listen, hearken to, obey, answer. ³ἀροτριάω, [3] I plow. ⁴ποιμαίνω, [11] I shepherd, tend, herd; hence: I rule, govern. ⁵ἀγρός, οῦ, ὁ, [35] a field, especially as bearing a crop; the country, lands, property in land, a country estate. ⁶παρέρχομαι, [29] I pass by, pass away, pass out of sight; I am rendered void, become vain, neglect, disregard. ⁷ἀναπίπτω, [11] I lie down, recline (at a dinner-table), fall back upon (the breast of another person reclining at dinner). ⁸ἑτοιμάζω, [40] I make ready, prepare. ⁹δειπνέω, [4] I dine, sup, eat. ¹⁰περιζώννυμι, [7] I gird round; mid: I gird myself, generally for active work or travel. ¹¹διακονέω, [37] I wait at table (particularly of a slave who waits on guests); I serve (generally). ¹²διατάσσω, [15] I give orders to, prescribe, arrange. ¹³διατάσσω, [15] I give orders to, prescribe, arrange. ¹⁴ἀχρεῖος, ον, [2] unprofitable, useless, unworthy. ¹⁵ὀφείλω, [36] I owe, ought. ¹⁶διέρχομαι, [42] I pass through, spread (as a report). ¹⁷Σαμάρεια, ας, ἡ, [11] Samaria, a small district of Palestine, bounded by Galilee on the north, and by Judaea on the south, and taking its name from the city of Samaria, the ancient capital of the kingdom of (northern) Israel. ¹⁸κώμη, ης, ἡ, [28] a village, country town. ¹⁹ἀπαντάω, [7] I go to meet, meet, encounter. ²⁰δέκα, [27] ten. ²¹λεπρός, οῦ, ὁ, [9] a leprous person, a leper. ²²πόρρωθεν, [2] from afar, far off, from a distance. ²³ἐπιστάτης, ου, ὁ, [7] master, teacher, chief, commander. ²⁴ἐλεέω, [31] I pity, have mercy on. ²⁵ἐπιδείκνυμι, [9] I show, display, point out, indicate; I prove, demonstrate. ²⁶ἱερεύς, έως, ὁ, [33] a priest, one who offers sacrifice to a god (in Jewish and pagan religions; of Christians only met.). ²⁷καθαρίζω, [30] I cleanse, make clean, literally, ceremonially, or spiritually, according to context. ²⁸ἰάομαι, [28] I heal, generally of the physical, sometimes of spiritual, disease. ²⁹ὑποστρέφω, [37] I turn back, return. ³⁰εὐχαριστέω, [40] I thank, give thanks; pass. 3 sing: is received with thanks. ³¹Σαμαρείτης, ου, ὁ, [9] a Samaritan. ³²καθαρίζω, [30] I cleanse, make clean, literally, ceremonially, or spiritually, according to context. ³³ἐννέα, [5] nine. ³⁴ποῦ, [44] where, in what place. ³⁵ὑποστρέφω, [37] I turn back, return. ³⁶ἀλλογενής, ες, [1] of another nation, a foreigner.

Concerning the Kingdom of God and the Coming of Christ

20 Ἐπερωτηθεὶς δὲ ὑπὸ τῶν Φαρισαίων, πότε[1] ἔρχεται ἡ βασιλεία τοῦ θεοῦ, ἀπεκρίθη αὐτοῖς καὶ εἶπεν, Οὐκ ἔρχεται ἡ βασιλεία τοῦ θεοῦ μετὰ παρατηρήσεως·[2] **21** οὐδὲ ἐροῦσιν, Ἰδοὺ ὧδε, ἤ, Ἰδοὺ ἐκεῖ. Ἰδοὺ γάρ, ἡ βασιλεία τοῦ θεοῦ ἐντὸς[3] ὑμῶν ἐστίν.

22 Εἶπεν δὲ πρὸς τοὺς μαθητάς, Ἐλεύσονται ἡμέραι ὅτε ἐπιθυμήσετε[4] μίαν τῶν ἡμερῶν τοῦ υἱοῦ τοῦ ἀνθρώπου ἰδεῖν, καὶ οὐκ ὄψεσθε. **23** Καὶ ἐροῦσιν ὑμῖν, Ἰδοὺ ὧδε, ἤ, Ἰδοὺ ἐκεῖ· μὴ ἀπέλθητε, μηδὲ διώξητε.[5] **24** Ὥσπερ[6] γὰρ ἡ ἀστραπὴ[7] ἡ ἀστράπτουσα[8] ἐκ τῆς ὑπ᾽ οὐρανὸν εἰς τὴν ὑπ᾽ οὐρανὸν λάμπει,[9] οὕτως ἔσται ὁ υἱὸς τοῦ ἀνθρώπου ἐν τῇ ἡμέρᾳ αὐτοῦ. **25** Πρῶτον δὲ δεῖ αὐτὸν πολλὰ παθεῖν[10] καὶ ἀποδοκιμασθῆναι[11] ἀπὸ τῆς γενεᾶς[12] ταύτης. **26** Καὶ καθὼς ἐγένετο ἐν ταῖς ἡμέραις Νῶε, οὕτως ἔσται καὶ ἐν ταῖς ἡμέραις τοῦ υἱοῦ τοῦ ἀνθρώπου. **27** Ἤσθιον, ἔπινον, ἐγάμουν,[13] ἐξεγαμίζοντο,[14] ἄχρι ἧς ἡμέρας εἰσῆλθεν Νῶε εἰς τὴν κιβωτόν,[15] καὶ ἦλθεν ὁ κατακλυσμός,[16] καὶ ἀπώλεσεν ἅπαντας.[17] **28** Ὁμοίως[18] καὶ ὡς ἐγένετο ἐν ταῖς ἡμέραις Λώτ· ἤσθιον, ἔπινον, ἠγόραζον,[19] ἐπώλουν,[20] ἐφύτευον,[21] ᾠκοδόμουν·[22] **29** ᾗ δὲ ἡμέρᾳ ἐξῆλθεν Λὼτ ἀπὸ Σοδόμων,[23] ἔβρεξεν[24] πῦρ καὶ θεῖον[25] ἀπ᾽ οὐρανοῦ, καὶ ἀπώλεσεν ἅπαντας·[17] **30** κατὰ ταῦτα ἔσται ᾗ ἡμέρᾳ ὁ υἱὸς τοῦ ἀνθρώπου ἀποκαλύπτεται.[26] **31** Ἐν ἐκείνῃ τῇ ἡμέρᾳ, ὃς ἔσται ἐπὶ τοῦ δώματος,[27] καὶ τὰ σκεύη[28] αὐτοῦ ἐν τῇ οἰκίᾳ, μὴ καταβάτω ἆραι αὐτά· καὶ ὁ ἐν τῷ ἀγρῷ[29] ὁμοίως[18] μὴ ἐπιστρεψάτω[30] εἰς τὰ ὀπίσω.[31] **32** Μνημονεύετε[32] τῆς γυναικὸς Λώτ. **33** Ὃς ἐὰν ζητήσῃ τὴν ψυχὴν αὐτοῦ σῶσαι ἀπολέσει αὐτήν· καὶ ὃς ἐὰν ἀπολέσῃ αὐτὴν ζῳογονήσει[33] αὐτήν. **34** Λέγω ὑμῖν,

---

[4] ἐπιθυμήσετε: FAI-2P   [5] διώξητε: AAS-2P   [8] ἀστράπτουσα: PAP-NSF   [9] λάμπει: PAI-3S   [10] παθεῖν: 2AAN   [11] ἀποδοκιμασθῆναι: APN   [13] ἐγάμουν: IAI-3P   [14] ἐξεγαμίζοντο: IPI-3P   [19] ἠγόραζον: IAI-3P   [20] ἐπώλουν: IAI-3P   [21] ἐφύτευον: IAI-3P   [22] ᾠκοδόμουν: IAI-3P   [24] ἔβρεξεν: AAI-3S   [26] ἀποκαλύπτεται: PPI-3S   [30] ἐπιστρεψάτω: AAM-3S   [32] Μνημονεύετε: PAM-2P   [33] ζῳογονήσει: FAI-3S

---

[1] πότε, [19] when, at what time.   [2] παρατήρησις, εως, ἡ, [1] observation, careful watching.   [3] ἐντός, [2] within, inside, the inside.   [4] ἐπιθυμέω, [16] I long for, covet, lust after, set the heart upon.   [5] διώκω, [44] I pursue, hence: I persecute.   [6] ὥσπερ, [42] just as, as, even as.   [7] ἀστραπή, ῆς, ἡ, [9] a flash of lightning, brightness, luster.   [8] ἀστράπτω, [2] I flash (with, then like, lightning), am lustrous.   [9] λάμπω, [7] I shine, give light.   [10] πάσχω, [42] I am acted upon in a certain way, either good or bad; I experience ill treatment, suffer.   [11] ἀποδοκιμάζω, [9] I reject after testing (examination), disqualify.   [12] γενεά, ᾶς, ἡ, [42] a generation; if repeated twice or with another time word, practically indicates infinity of time.   [13] γαμέω, [29] I marry, used of either sex.   [14] ἐκγαμίζω, [6] I give in marriage, marry.   [15] κιβωτός, οῦ, ἡ, [6] (properly: a wooden box, hence) the Ark, in which Noah sailed; the Ark of the Covenant.   [16] κατακλυσμός, οῦ, ὁ, [4] a deluge, flood.   [17] ἅπας, ασα, αν, [39] all, the whole, altogether.   [18] ὁμοίως, [32] in like manner, similarly, in the same way, equally.   [19] ἀγοράζω, [31] I buy.   [20] πωλέω, [22] I sell, exchange, barter.   [21] φυτεύω, [11] I plant, set.   [22] οἰκοδομέω, [39] I erect a building, build; fig. of the building up of character: I build up, edify, encourage.   [23] Σόδομα, ων, τά, [10] Sodom.   [24] βρέχω, [7] I moisten, rain, send rain.   [25] θεῖον, ου, τό, [7] brimstone, sulfur.   [26] ἀποκαλύπτω, [26] I uncover, bring to light, reveal.   [27] δῶμα, ατος, τό, [7] the roof (of a house), the top of the house.   [28] σκεῦος, ους, τό, [23] a vessel to contain liquid; a vessel of mercy or wrath; any instrument by which anything is done; a household utensil; of ships: tackle.   [29] ἀγρός, οῦ, ὁ, [35] a field, especially as bearing a crop; the country, lands, property in land, a country estate.   [30] ἐπιστρέφω, [37] (a) trans: I turn (back) to (towards), (b) intrans: I turn (back) (to [towards]); I come to myself.   [31] ὀπίσω, [37] behind, after; back, backwards.   [32] μνημονεύω, [21] I remember, hold in remembrance, make mention of.   [33] ζῳογονέω, [2] I preserve alive (lit: bring to birth), save.

ταύτῃ τῇ νυκτὶ ἔσονται δύο ἐπὶ κλίνης¹ μιᾶς· εἷς παραληφθήσεται,² καὶ ὁ ἕτερος ἀφεθήσεται. 35 Δύο ἔσονται ἀλήθουσαι³ ἐπὶ τὸ αὐτό· μία παραληφθήσεται,⁴ καὶ ἡ ἑτέρα ἀφεθήσεται. 37 Καὶ ἀποκριθέντες λέγουσιν αὐτῷ, Ποῦ,⁵ κύριε; Ὁ δὲ εἶπεν αὐτοῖς, Ὅπου τὸ σῶμα, ἐκεῖ συναχθήσονται οἱ ἀετοί.⁶

The Unjust Judge

18 Ἔλεγεν δὲ καὶ παραβολὴν αὐτοῖς πρὸς τὸ δεῖν πάντοτε⁷ προσεύχεσθαι, καὶ μὴ ἐκκακεῖν,⁸ 2 λέγων, Κριτής⁹ τις ἦν ἔν τινι πόλει, τὸν θεὸν μὴ φοβούμενος, καὶ ἄνθρωπον μὴ ἐντρεπόμενος·¹⁰ 3 χήρα¹¹ δὲ ἦν ἐν τῇ πόλει ἐκείνῃ, καὶ ἤρχετο πρὸς αὐτόν, λέγουσα, Ἐκδίκησόν¹² με ἀπὸ τοῦ ἀντιδίκου¹³ μου. 4 Καὶ οὐκ ἠθέλησεν ἐπὶ χρόνον· μετὰ δὲ ταῦτα εἶπεν ἐν ἑαυτῷ, Εἰ καὶ τὸν θεὸν οὐ φοβοῦμαι, καὶ ἄνθρωπον οὐκ ἐντρέπομαι·¹⁴ 5 διά γε¹⁵ τὸ παρέχειν¹⁶ μοι κόπον¹⁷ τὴν χήραν¹¹ ταύτην, ἐκδικήσω¹⁸ αὐτήν, ἵνα μὴ εἰς τέλος¹⁹ ἐρχομένη ὑποπιάζῃ²⁰ με. 6 Εἶπεν δὲ ὁ κύριος, Ἀκούσατε τί ὁ κριτὴς⁹ τῆς ἀδικίας²¹ λέγει. 7 Ὁ δὲ θεὸς οὐ μὴ ποιήσῃ τὴν ἐκδίκησιν²² τῶν ἐκλεκτῶν²³ αὐτοῦ τῶν βοώντων²⁴ πρὸς αὐτὸν ἡμέρας καὶ νυκτός, καὶ μακροθυμῶν²⁵ ἐπ’ αὐτοῖς; 8 Λέγω ὑμῖν ὅτι ποιήσει τὴν ἐκδίκησιν²² αὐτῶν ἐν τάχει.²⁶ Πλὴν²⁷ ὁ υἱὸς τοῦ ἀνθρώπου ἐλθὼν ἆρα²⁸ εὑρήσει τὴν πίστιν ἐπὶ τῆς γῆς;

The Pharisee and the Publican

9 Εἶπεν δὲ πρός τινας τοὺς πεποιθότας ἐφ’ ἑαυτοῖς ὅτι εἰσὶν δίκαιοι, καὶ ἐξουθενοῦντας²⁹ τοὺς λοιπούς,³⁰ τὴν παραβολὴν ταύτην· 10 Ἄνθρωποι δύο ἀνέβησαν εἰς τὸ ἱερὸν προσεύξασθαι· ὁ εἷς Φαρισαῖος, καὶ ὁ ἕτερος τελώνης.³¹ 11 Ὁ Φαρισαῖος

---

²παραληφθήσεται: FPI-3S   ³ἀλήθουσαι: PAP-NPF   ⁴παραληφθήσεται: FPI-3S   ⁸ἐκκακεῖν: PAN
¹⁰ἐντρεπόμενος: PPP-NSM   ¹²Ἐκδίκησόν: AAM-2S   ¹⁴ἐντρέπομαι: PPI-1S   ¹⁶παρέχειν: PAN   ¹⁸ἐκδικήσω: FAI-1S
²⁰ὑποπιάζῃ: PAS-3S   ²⁴βοώντων: PAP-GPM   ²⁵μακροθυμῶν: PAP-NSM   ²⁹ἐξουθενοῦντας: PAP-APM

---

¹κλίνη, ης, ἡ, [10] a couch, bed, portable bed or mat, a couch for reclining at meals, possibly also a bier. ²παραλαμβάνω, [49] I take from, receive from, or: I take to, receive (apparently not used of money), admit, acknowledge; I take with me. ³ἀλήθω, [2] I grind. ⁴παραλαμβάνω, [49] I take from, receive from, or: I take to, receive (apparently not used of money), admit, acknowledge; I take with me. ⁵ποῦ, [44] where, in what place. ⁶ἀετός, οῦ, ὁ, [5] an eagle, bird of prey. ⁷πάντοτε, [42] always, at all times, ever. ⁸ἐκκακέω, [6] I am faint, am weary. ⁹κριτής, ου, ὁ, [17] a judge, magistrate, ruler. ¹⁰ἐντρέπω, [9] (a) I turn to confusion, put to shame, (b) mid: I reverence, regard. ¹¹χήρα, ας, ἡ, [27] a widow. ¹²ἐκδικέω, [6] I give justice over, defend, avenge, vindicate. ¹³ἀντίδικος, ου, ὁ, [5] an opponent (at law), an adversary. ¹⁴ἐντρέπω, [9] (a) I turn to confusion, put to shame, (b) mid: I reverence, regard. ¹⁵γε, [15] an enclitic, emphasizing particle: at least, indeed, really, but generally too subtle to be represented in English. ¹⁶παρέχω, [16] act. and mid: I offer, provide, confer, afford, give, bring, show, cause. ¹⁷κόπος, ου, ὁ, [19] (a) trouble, (b) toil, labor, laborious toil, involving weariness and fatigue. ¹⁸ἐκδικέω, [6] I give justice over, defend, avenge, vindicate. ¹⁹τέλος, ους, τό, [41] (a) an end, (b) event or issue, (c) the principal end, aim, purpose, (d) a tax. ²⁰ὑπωπιάζω, [2] I strike under the eye, hence: I bruise, treat severely, discipline by hardship, molest, annoy, harass, worry, exhaust. ²¹ἀδικία, ας, ἡ, [26] injustice, unrighteousness, hurt. ²²ἐκδίκησις, εως, ἡ, [9] (a) a defense, avenging, vindication, vengeance, (b) full (complete) punishment. ²³ἐκλεκτός, ή, όν, [24] chosen out, elect, choice, select, sometimes as subst: of those chosen out by God for the rendering of special service to Him (of the Hebrew race, particular Hebrews, the Messiah, and the Christians). ²⁴βοάω, [11] I shout, call aloud, proclaim. ²⁵μακροθυμέω, [10] I suffer long, have patience, am forbearing, persevere. ²⁶τάχος, ους, τό, [7] quickness, speed; hastily, immediately. ²⁷πλήν, [31] however, nevertheless, but, except that, yet. ²⁸ἆρα, [19] a particle asking a question, to which a negative answer is expected. ²⁹ἐξουθενέω, [11] I set at naught, ignore, despise. ³⁰λοιπός, ή, όν, [42] left, left behind, the remainder, the rest, the others. ³¹τελώνης, ου, ὁ, [22] a publican, collector of taxes.

σταθεὶς πρὸς ἑαυτὸν ταῦτα προσηύχετο, Ὁ θεός, εὐχαριστῶ¹ σοι ὅτι οὐκ εἰμὶ ὥσπερ² οἱ λοιποὶ³ τῶν ἀνθρώπων, ἅρπαγες,⁴ ἄδικοι,⁵ μοιχοί,⁶ ἢ καὶ ὡς οὗτος ὁ τελώνης.⁷ **12** Νηστεύω⁸ δὶς⁹ τοῦ σαββάτου, ἀποδεκατῶ¹⁰ πάντα ὅσα κτῶμαι.¹¹ **13** Καὶ ὁ τελώνης⁷ μακρόθεν¹² ἑστὼς οὐκ ἤθελεν οὐδὲ τοὺς ὀφθαλμοὺς εἰς τὸν οὐρανὸν ἐπᾶραι,¹³ ἀλλ' ἔτυπτεν¹⁴ εἰς τὸ στῆθος¹⁵ αὐτοῦ, λέγων, Ὁ θεός, ἱλάσθητί¹⁶ μοι τῷ ἁμαρτωλῷ.¹⁷ **14** Λέγω ὑμῖν, κατέβη οὗτος δεδικαιωμένος¹⁸ εἰς τὸν οἶκον αὐτοῦ ἢ γὰρ ἐκεῖνος· ὅτι πᾶς ὁ ὑψῶν¹⁹ ἑαυτὸν ταπεινωθήσεται,²⁰ ὁ δὲ ταπεινῶν²¹ ἑαυτὸν ὑψωθήσεται.²²

Christ Blesses Little Children

15 Προσέφερον²³ δὲ αὐτῷ καὶ τὰ βρέφη,²⁴ ἵνα αὐτῶν ἅπτηται·²⁵ ἰδόντες δὲ οἱ μαθηταὶ ἐπετίμησαν²⁶ αὐτοῖς. **16** Ὁ δὲ Ἰησοῦς προσκαλεσάμενος²⁷ αὐτὰ εἶπεν, Ἄφετε τὰ παιδία ἔρχεσθαι πρός με, καὶ μὴ κωλύετε²⁸ αὐτά· τῶν γὰρ τοιούτων ἐστὶν ἡ βασιλεία τοῦ θεοῦ. **17** Ἀμὴν λέγω ὑμῖν, ὃς ἐὰν μὴ δέξηται τὴν βασιλείαν τοῦ θεοῦ ὡς παιδίον, οὐ μὴ εἰσέλθῃ εἰς αὐτήν.

Denying All for Christ's Sake

18 Καὶ ἐπηρώτησέν τις αὐτὸν ἄρχων,²⁹ λέγων, Διδάσκαλε ἀγαθέ, τί ποιήσας ζωὴν αἰώνιον κληρονομήσω;³⁰ **19** Εἶπεν δὲ αὐτῷ ὁ Ἰησοῦς, Τί με λέγεις ἀγαθόν; Οὐδεὶς ἀγαθός, εἰ μὴ εἷς, ὁ θεός. **20** Τὰς ἐντολὰς οἶδας, Μὴ μοιχεύσῃς,³¹ μὴ φονεύσῃς,³² μὴ κλέψῃς,³³ μὴ ψευδομαρτυρήσῃς,³⁴ τίμα³⁵ τὸν πατέρα σου καὶ τὴν μητέρα σου. **21** Ὁ δὲ

---

¹εὐχαριστῶ: PAI-1S   ⁸Νηστεύω: PAI-1S   ¹⁰ἀποδεκατῶ: PAI-1S   ¹¹κτῶμαι: PNI-1S   ¹³ἐπᾶραι: AAN   ¹⁴ἔτυπτεν: IAI-3S   ¹⁶ἱλάσθητί: APM-2S   ¹⁸δεδικαιωμένος: RPP-NSM   ¹⁹ὑψῶν: PAP-NSM   ²⁰ταπεινωθήσεται: FPI-3S   ²¹ταπεινῶν: PAP-NSM   ²²ὑψωθήσεται: FPI-3S   ²³Προσέφερον: IAI-3P   ²⁵ἅπτηται: PMS-3S   ²⁶ἐπετίμησαν: AAI-3P   ²⁷προσκαλεσάμενος: ADP-NSM   ²⁸κωλύετε: PAM-2P   ³⁰κληρονομήσω: FAI-1S   ³¹μοιχεύσῃς: AAS-2S   ³²φονεύσῃς: AAS-2S   ³³κλέψῃς: AAS-2S   ³⁴ψευδομαρτυρήσῃς: AAS-2S   ³⁵τίμα: PAM-2S

---

¹εὐχαριστέω, [40] I thank, give thanks; pass. 3 sing: is received with thanks.   ²ὥσπερ, [42] just as, as, even as. ³λοιπός, ή, όν, [42] left, left behind, the remainder, the rest, the others.   ⁴ἅρπαξ, αγος, ὁ, [5] rapacious, ravenous; a robber, an extortioner.   ⁵ἄδικος, ον, [12] unjust, unrighteous, wicked.   ⁶μοιχός, οῦ, ὁ, [4] an adulterer, that is, a man who is guilty with a married woman.   ⁷τελώνης, ου, ὁ, [22] a publican, collector of taxes.   ⁸νηστεύω, [21] I fast, abstain from food.   ⁹δίς, [6] twice, entirely, utterly.   ¹⁰ἀποδεκατόω, [4] I take off (deduct) a tenth part (of my property) (and give it away), pay tithe.   ¹¹κτάομαι, [7] (a) I acquire, win, get, purchase, buy, (b) I possess, win mastery over.   ¹²μακρόθεν, [14] from a (long) distance, afar.   ¹³ἐπαίρω, [19] I raise, lift up. ¹⁴τύπτω, [14] I beat, strike, wound, inflict punishment.   ¹⁵στῆθος, ους, τό, [5] the breast, chest.   ¹⁶ἱλάσκομαι, [2] (a) I have mercy on, show favor to, (b) trans. with object of sins: I forgive, pardon.   ¹⁷ἁμαρτωλός, ον, [48] sinning, sinful, depraved, detestable.   ¹⁸δικαιόω, [39] I make righteous, defend the cause of, plead for the righteousness (innocence) of, acquit, justify; hence: I regard as righteous.   ¹⁹ὑψόω, [20] (a) I raise on high, lift up, (b) I exalt, set on high.   ²⁰ταπεινόω, [14] I make or bring low, humble, humiliate; pass: I am humbled. ²¹ταπεινόω, [14] I make or bring low, humble, humiliate; pass: I am humbled.   ²²ὑψόω, [20] (a) I raise on high, lift up, (b) I exalt, set on high.   ²³προσφέρω, [48] (a) I bring to, (b) characteristically: I offer (of gifts, sacrifices, etc).   ²⁴βρέφος, ους, τό, [8] infant, babe, child in arms.   ²⁵ἅπτομαι, [36] prop: I fasten to; I lay hold of, touch, know carnally.   ²⁶ἐπιτιμάω, [29] (a) I rebuke, chide, admonish, (b) I warn.   ²⁷προσκαλέω, [31] I call to myself, summon.   ²⁸κωλύω, [23] I prevent, debar, hinder; with infin: from doing so and so.   ²⁹ἄρχων, οντος, ὁ, [37] a ruler, governor, leader, leading man; with the Jews, an official member (a member of the executive) of the assembly of elders.   ³⁰κληρονομέω, [18] I inherit, obtain (possess) by inheritance, acquire.   ³¹μοιχεύω, [14] I commit adultery (of a man with a married woman, but also of a married man).   ³²φονεύω, [12] I murder, kill. ³³κλέπτω, [13] I steal.   ³⁴ψευδομαρτυρέω, [5] I testify falsely, bear false witness.   ³⁵τιμάω, [21] (a) I value at a price, estimate, (b) I honor, reverence.

εἶπεν, Ταῦτα πάντα ἐφυλαξάμην¹ ἐκ νεότητός² μου. 22 Ἀκούσας δὲ ταῦτα ὁ Ἰησοῦς εἶπεν αὐτῷ, Ἔτι ἕν σοι λείπει·³ πάντα ὅσα ἔχεις πώλησον,⁴ καὶ διάδος⁵ πτωχοῖς,⁶ καὶ ἕξεις θησαυρὸν⁷ ἐν οὐρανῷ· καὶ δεῦρο,⁸ ἀκολούθει μοι. 23 Ὁ δὲ ἀκούσας ταῦτα περίλυπος⁹ ἐγένετο· ἦν γὰρ πλούσιος¹⁰ σφόδρα.¹¹ 24 Ἰδὼν δὲ αὐτὸν ὁ Ἰησοῦς περίλυπον⁹ γενόμενον εἶπεν, Πῶς δυσκόλως¹² οἱ τὰ χρήματα¹³ ἔχοντες εἰσελεύσονται εἰς τὴν βασιλείαν τοῦ θεοῦ. 25 Εὐκοπώτερον¹⁴ γάρ ἐστιν κάμηλον¹⁵ διὰ τρυμαλιᾶς¹⁶ ῥαφίδος¹⁷ εἰσελθεῖν, ἢ πλούσιον¹⁰ εἰς τὴν βασιλείαν τοῦ θεοῦ εἰσελθεῖν. 26 Εἶπον δὲ οἱ ἀκούσαντες, Καὶ τίς δύναται σωθῆναι; 27 Ὁ δὲ εἶπεν, Τὰ ἀδύνατα¹⁸ παρὰ ἀνθρώποις δυνατά¹⁹ ἐστιν παρὰ τῷ θεῷ. 28 Εἶπεν δὲ Πέτρος, Ἰδού, ἡμεῖς ἀφήκαμεν πάντα, καὶ ἠκολουθήσαμέν σοι. 29 Ὁ δὲ εἶπεν αὐτοῖς, Ἀμὴν λέγω ὑμῖν ὅτι οὐδείς ἐστιν ὃς ἀφῆκεν οἰκίαν, ἢ γονεῖς,²⁰ ἢ ἀδελφούς, ἢ γυναῖκα, ἢ τέκνα, ἕνεκεν²¹ τῆς βασιλείας τοῦ θεοῦ, 30 ὃς οὐ μὴ ἀπολάβῃ²² πολλαπλασίονα²³ ἐν τῷ καιρῷ τούτῳ, καὶ ἐν τῷ αἰῶνι τῷ ἐρχομένῳ ζωὴν αἰώνιον.

The Lord's Third Prediction of His Passion

31 Παραλαβὼν²⁴ δὲ τοὺς δώδεκα, εἶπεν πρὸς αὐτούς, Ἰδού, ἀναβαίνομεν εἰς Ἱεροσόλυμα, καὶ τελεσθήσεται²⁵ πάντα τὰ γεγραμμένα διὰ τῶν προφητῶν τῷ υἱῷ τοῦ ἀνθρώπου. 32 Παραδοθήσεται γὰρ τοῖς ἔθνεσιν, καὶ ἐμπαιχθήσεται,²⁶ καὶ ὑβρισθήσεται,²⁷ καὶ ἐμπτυσθήσεται,²⁸ 33 καὶ μαστιγώσαντες²⁹ ἀποκτενοῦσιν αὐτόν· καὶ τῇ ἡμέρᾳ τῇ τρίτῃ ἀναστήσεται. 34 Καὶ αὐτοὶ οὐδὲν τούτων συνῆκαν,³⁰ καὶ ἦν τὸ ῥῆμα τοῦτο κεκρυμμένον³¹ ἀπ᾽ αὐτῶν, καὶ οὐκ ἐγίνωσκον τὰ λεγόμενα.

---

¹ἐφυλαξάμην: AMI-1S   ³λείπει: PAI-3S   ⁴πώλησον: AAM-2S   ⁵διάδος: 2AAM-2S   ⁸δεῦρο: PAM-2S   ²²ἀπολάβῃ: 2AAS-3S   ²⁴Παραλαβὼν: 2AAP-NSM   ²⁵τελεσθήσεται: FPI-3S   ²⁶ἐμπαιχθήσεται: FPI-3S   ²⁷ὑβρισθήσεται: FPI-3S   ²⁸ἐμπτυσθήσεται: FPI-3S   ²⁹μαστιγώσαντες: AAP-NPM   ³⁰συνῆκαν: AAI-3P   ³¹κεκρυμμένον: RPP-NSN

---

¹φυλάσσω, [30] (a) I guard, protect; mid: I am on my guard, (b) act. and mid. of customs and regulations: I keep, observe.   ²νεότης, τητος, ἡ, [5] youth, youthfulness.   ³λείπω, [6] (earlier: I leave behind, abandon), (a) I am wanting, (b) mid: e.g. with gen: I come behind (in a race), am left behind in, fall short of (some standard), am wanting in.   ⁴πωλέω, [22] I sell, exchange, barter.   ⁵διαδίδωμι, [4] I offer here and there, distribute, divide, hand over.   ⁶πτωχός, ή, όν, [34] poor, destitute, spiritually poor, either in a good sense (humble devout persons) or bad.   ⁷θησαυρός, οῦ, ὁ, [18] a store-house for precious things; hence: a treasure, a store.   ⁸δεῦρο, [9] (originally: hither, hence) (a) exclamatory: come, (b) temporal: now, the present.   ⁹περίλυπος, ον, [5] very sorrowful, greatly grieved.   ¹⁰πλούσιος, α, ον, [28] rich, abounding in, wealthy; subst: a rich man.   ¹¹σφόδρα, [11] exceedingly, greatly, very much.   ¹²δυσκόλως, [3] with difficulty, hardly.   ¹³χρῆμα, ατος, τό, [7] money, riches, possessions.   ¹⁴εὐκοπώτερον, [7] easier.   ¹⁵κάμηλος, ου, ὁ, ἡ, [6] a camel or dromedary.   ¹⁶τρυμαλιά, ᾶς, ἡ, [2] the eye of a needle.   ¹⁷ῥαφίς, ίδος, ἡ, [3] a needle.   ¹⁸ἀδύνατος, ον, [10] of persons: incapable; of things: impossible; either the inability, or that which is impossible.   ¹⁹δυνατός, ή, όν, [36] (a) of persons: powerful, able, (b) of things: possible.   ²⁰γονεύς, έως, ὁ, [19] a begetter, father; plur: parents.   ²¹ἕνεκεν, [26] for the sake of, on account of, on account of which, wherefore, on account of what, why.   ²²ἀπολαμβάνω, [11] (a) I get back, receive back, (b) I get (receive) as due (deserved), (c) mid: I draw aside, separate.   ²³πολλαπλασίων, ον, [1] many times more, manifold.   ²⁴παραλαμβάνω, [49] I take from, receive from, or: I take to, receive (apparently not used of money), admit, acknowledge; I take with me.   ²⁵τελέω, [26] (a) I end, finish, (b) I fulfill, accomplish, (c) I pay.   ²⁶ἐμπαίζω, [13] I mock, ridicule.   ²⁷ὑβρίζω, [5] I insult, treat with insolence.   ²⁸ἐμπτύω, [6] I spit upon.   ²⁹μαστιγόω, [7] I flog, scourge, the victim being strapped to a pole or frame; met: I chastise.   ³⁰συνίημι, [26] I consider, understand, perceive.   ³¹κρύπτω, [17] I hide, conceal, lay up.

The Blind Man of Jericho

35 Ἐγένετο δὲ ἐν τῷ ἐγγίζειν¹ αὐτὸν εἰς Ἰεριχώ,² τυφλός τις ἐκάθητο παρὰ τὴν ὁδὸν προσαιτῶν·³ 36 ἀκούσας δὲ ὄχλου διαπορευομένου,⁴ ἐπυνθάνετο⁵ τί εἴη τοῦτο. 37 Ἀπήγγειλαν⁶ δὲ αὐτῷ ὅτι Ἰησοῦς ὁ Ναζωραῖος⁷ παρέρχεται.⁸ 38 Καὶ ἐβόησεν,⁹ λέγων, Ἰησοῦ, υἱὲ Δαυίδ, ἐλέησόν¹⁰ με. 39 Καὶ οἱ προάγοντες¹¹ ἐπετίμων¹² αὐτῷ ἵνα σιωπήσῃ·¹³ αὐτὸς δὲ πολλῷ μᾶλλον ἔκραζεν, Υἱὲ Δαυίδ, ἐλέησόν¹⁴ με. 40 Σταθεὶς δὲ ὁ Ἰησοῦς ἐκέλευσεν¹⁵ αὐτὸν ἀχθῆναι πρὸς αὐτόν· ἐγγίσαντος¹⁶ δὲ αὐτοῦ ἐπηρώτησεν αὐτόν, 41 λέγων, Τί σοι θέλεις ποιήσω; Ὁ δὲ εἶπεν, Κύριε, ἵνα ἀναβλέψω.¹⁷ 42 Καὶ ὁ Ἰησοῦς εἶπεν αὐτῷ, Ἀνάβλεψον·¹⁸ ἡ πίστις σου σέσωκέν σε. 43 Καὶ παραχρῆμα¹⁹ ἀνέβλεψεν,²⁰ καὶ ἠκολούθει αὐτῷ, δοξάζων τὸν θεόν· καὶ πᾶς ὁ λαὸς ἰδὼν ἔδωκεν αἶνον²¹ τῷ θεῷ.

Zacchaeus the Publican

19 Καὶ εἰσελθὼν διήρχετο²² τὴν Ἰεριχώ.² 2 Καὶ ἰδού, ἀνὴρ ὀνόματι καλούμενος Ζακχαῖος, καὶ αὐτὸς ἦν ἀρχιτελώνης,²³ καὶ οὗτος ἦν πλούσιος.²⁴ 3 Καὶ ἐζήτει ἰδεῖν τὸν Ἰησοῦν τίς ἐστιν, καὶ οὐκ ἠδύνατο ἀπὸ τοῦ ὄχλου, ὅτι τῇ ἡλικίᾳ²⁵ μικρὸς²⁶ ἦν. 4 Καὶ προδραμὼν²⁷ ἔμπροσθεν²⁸ ἀνέβη ἐπὶ συκομωραίαν²⁹ ἵνα ἴδῃ αὐτόν· ὅτι ἐκείνης ἔμελλεν διέρχεσθαι.³⁰ 5 Καὶ ὡς ἦλθεν ἐπὶ τὸν τόπον, ἀναβλέψας³¹ ὁ Ἰησοῦς εἶδεν αὐτόν, καὶ εἶπεν πρὸς αὐτόν, Ζακχαῖε, σπεύσας³² κατάβηθι· σήμερον³³ γὰρ ἐν τῷ οἴκῳ σου δεῖ με μεῖναι. 6 Καὶ σπεύσας³⁴ κατέβη, καὶ ὑπεδέξατο³⁵ αὐτὸν χαίρων. 7 Καὶ ἰδόντες πάντες διεγόγγυζον,³⁶ λέγοντες ὅτι Παρὰ ἁμαρτωλῷ³⁷ ἀνδρὶ εἰσῆλθεν

---

¹ἐγγίζειν: PAN   ³προσαιτῶν: PAP-NSM   ⁴διαπορευομένου: PNP-GSM   ⁵ἐπυνθάνετο: INI-3S   ⁶Ἀπήγγειλαν: AAI-3P   ⁸παρέρχεται: PNI-3S   ⁹ἐβόησεν: AAI-3S   ¹⁰ἐλέησόν: AAM-2S   ¹¹προάγοντες: PAP-NPM   ¹²ἐπετίμων: IAI-3P   ¹³σιωπήσῃ: AAS-3S   ¹⁴ἐλέησόν: AAM-2S   ¹⁵ἐκέλευσεν: AAI-3S   ¹⁶ἐγγίσαντος: AAP-GSM   ¹⁷ἀναβλέψω: AAS-1S   ¹⁸Ἀνάβλεψον: AAM-2S   ²⁰ἀνέβλεψεν: AAI-3S   ²²διήρχετο: INI-3S   ²⁷προδραμὼν: 2AAP-NSM   ³⁰διέρχεσθαι: PNN   ³¹ἀναβλέψας: AAP-NSM   ³²σπεύσας: AAP-NSM   ³⁴σπεύσας: AAP-NSM   ³⁵ὑπεδέξατο: ADI-3S   ³⁶διεγόγγυζον: IAI-3P

---

¹ἐγγίζω, [43] trans: I bring near; intrans: I come near, approach.   ²Ἰεριχώ, ἡ, [7] Jericho, a city a little north of the Dead Sea.   ³προσαιτέω, [3] I beg, ask earnestly, ask for in addition.   ⁴διαπορεύομαι, [5] I journey through (past).   ⁵πυνθάνομαι, [12] I ask, inquire, ascertain by inquiry, understand.   ⁶ἀπαγγέλλω, [44] I report (from one place to another), bring a report, announce, declare.   ⁷Ναζωραῖος, ου, ὁ, [15] a Nazarene, an inhabitant of Nazareth.   ⁸παρέρχομαι, [29] I pass by, pass away, pass out of sight; I am rendered void, become vain, neglect, disregard.   ⁹βοάω, [11] I shout, call aloud, proclaim.   ¹⁰ἐλεέω, [31] I pity, have mercy on.   ¹¹προάγω, [18] (a) trans: I lead forth; in the judicial sense, into court, (b) intrans. and trans: I precede, go before, (c) intrans: I go too far.   ¹²ἐπιτιμάω, [29] (a) I rebuke, chide, admonish, (b) I warn.   ¹³σιωπάω, [11] I keep silence, am silent, either voluntarily or involuntarily.   ¹⁴ἐλεέω, [31] I pity, have mercy on.   ¹⁵κελεύω, [26] I command, order, direct, bid.   ¹⁶ἐγγίζω, [43] trans: I bring near; intrans: I come near, approach.   ¹⁷ἀναβλέπω, [26] I look up, recover my sight.   ¹⁸ἀναβλέπω, [26] I look up, recover my sight.   ¹⁹παραχρῆμα, [18] instantly, immediately, on the spot.   ²⁰ἀναβλέπω, [26] I look up, recover my sight.   ²¹αἶνος, ου, ὁ, [2] praise.   ²²διέρχομαι, [42] I pass through, spread (as a report).   ²³ἀρχιτελώνης, ου, ὁ, [1] head of a custom-house, chief tax-gatherer or publican.   ²⁴πλούσιος, α, ον, [28] rich, abounding in, wealthy; subst: a rich man.   ²⁵ἡλικία, ας, ἡ, [8] age, term of life; full age, maturity; stature.   ²⁶μικρός, ά, όν, [45] little, small.   ²⁷προτρέχω, [2] I run before, outrun, run in advance.   ²⁸ἔμπροσθεν, [48] in front, before the face; sometimes made a subst. by the addition of the article: in front of, before the face of.   ²⁹συκομωραία, ας, ἡ, [1] a sycamore tree.   ³⁰διέρχομαι, [42] I pass through, spread (as a report).   ³¹ἀναβλέπω, [26] I look up, recover my sight.   ³²σπεύδω, [6] I hasten, urge on, desire earnestly.   ³³σήμερον, [41] today, now.   ³⁴σπεύδω, [6] I hasten, urge on, desire earnestly.   ³⁵ὑποδέχομαι, [4] I receive as a guest, entertain hospitably, welcome.   ³⁶διαγογγύζω, [2] I murmur greatly, continue murmuring.   ³⁷ἁμαρτωλός, ον, [48] sinning, sinful, depraved, detestable.

καταλῦσαι.¹ **8** Σταθεὶς δὲ Ζακχαῖος εἶπεν πρὸς τὸν κύριον, Ἰδού, τὰ ἡμίση² τῶν ὑπαρχόντων μου, κύριε, δίδωμι τοῖς πτωχοῖς·³ καὶ εἴ τινός τι ἐσυκοφάντησα,⁴ ἀποδίδωμι⁵ τετραπλοῦν.⁶ **9** Εἶπεν δὲ πρὸς αὐτὸν ὁ Ἰησοῦς ὅτι Σήμερον⁷ σωτηρία⁸ τῷ οἴκῳ τούτῳ ἐγένετο, καθότι⁹ καὶ αὐτὸς υἱὸς Ἀβραάμ ἐστιν. **10** Ἦλθεν γὰρ ὁ υἱὸς τοῦ ἀνθρώπου ζητῆσαι καὶ σῶσαι τὸ ἀπολωλός.

The Parable of the Talents

11 Ἀκουόντων δὲ αὐτῶν ταῦτα, προσθεὶς¹⁰ εἶπεν παραβολήν, διὰ τὸ ἐγγὺς¹¹ αὐτὸν εἶναι Ἰερουσαλήμ, καὶ δοκεῖν αὐτοὺς ὅτι παραχρῆμα¹² μέλλει ἡ βασιλεία τοῦ θεοῦ ἀναφαίνεσθαι.¹³ **12** Εἶπεν οὖν, Ἄνθρωπός τις εὐγενὴς¹⁴ ἐπορεύθη εἰς χώραν¹⁵ μακράν,¹⁶ λαβεῖν ἑαυτῷ βασιλείαν, καὶ ὑποστρέψαι.¹⁷ **13** Καλέσας δὲ δέκα¹⁸ δούλους ἑαυτοῦ, ἔδωκεν αὐτοῖς δέκα¹⁸ μνᾶς,¹⁹ καὶ εἶπεν πρὸς αὐτούς, Πραγματεύσασθε²⁰ ἕως ἔρχομαι. **14** Οἱ δὲ πολῖται²¹ αὐτοῦ ἐμίσουν²² αὐτόν, καὶ ἀπέστειλαν πρεσβείαν²³ ὀπίσω²⁴ αὐτοῦ, λέγοντες, Οὐ θέλομεν τοῦτον βασιλεῦσαι²⁵ ἐφ' ἡμᾶς. **15** Καὶ ἐγένετο ἐν τῷ ἐπανελθεῖν²⁶ αὐτὸν λαβόντα τὴν βασιλείαν, καὶ εἶπεν φωνηθῆναι²⁷ αὐτῷ τοὺς δούλους τούτους, οἷς ἔδωκεν τὸ ἀργύριον,²⁸ ἵνα γνῷ τίς τί διεπραγματεύσατο.²⁹ **16** Παρεγένετο³⁰ δὲ ὁ πρῶτος, λέγων, Κύριε, ἡ μνᾶ¹⁹ σου προσειργάσατο³¹ δέκα¹⁸ μνᾶς.¹⁹ **17** Καὶ εἶπεν αὐτῷ, Εὖ,³² ἀγαθὲ δοῦλε· ὅτι ἐν ἐλαχίστῳ³³ πιστὸς ἐγένου, ἴσθι ἐξουσίαν ἔχων ἐπάνω³⁴ δέκα¹⁸ πόλεων. **18** Καὶ ἦλθεν ὁ δεύτερος,³⁵ λέγων, Κύριε, ἡ μνᾶ¹⁹ σου ἐποίησεν πέντε³⁶ μνᾶς.¹⁹ **19** Εἶπεν δὲ καὶ τούτῳ, Καὶ σὺ γίνου ἐπάνω³⁴ πέντε³⁶ πόλεων. **20** Καὶ ἕτερος ἦλθεν,

---

¹καταλῦσαι: AAN ⁴ἐσυκοφάντησα: AAI-1S ⁵ἀποδίδωμι: PAI-1S ¹⁰προσθεὶς: 2AAP-NSM ¹³ἀναφαίνεσθαι: PPN ¹⁷ὑποστρέψαι: AAN ²⁰Πραγματεύσασθε: ADM-2P ²²ἐμίσουν: IAI-3P ²⁵βασιλεῦσαι: AAN ²⁶ἐπανελθεῖν: 2AAN ²⁷φωνηθῆναι: APN ²⁹διεπραγματεύσατο: ADI-3S ³⁰Παρεγένετο: 2ADI-3S ³¹προσειργάσατο: ADI-3S

---

¹καταλύω, [17] (lit: I loosen thoroughly), (a) trans: I break up, overthrow, destroy, both lit. and met., (b) I unyoke, unharness a carriage horse or pack animal; hence: I put up, lodge, find a lodging. ²ἥμισυς, εια, υ, [5] half. ³πτωχός, ή, όν, [34] poor, destitute, spiritually poor, either in a good sense (humble devout persons) or bad. ⁴συκοφαντέω, [2] I accuse falsely, defraud. ⁵ἀποδίδωμι, [47] (a) I give back, return, restore, (b) I give, render, as due, (c) mid: I sell. ⁶τετραπλοῦς, ῆ, οῦν, [1] four-fold, four times as much. ⁷σήμερον, [41] today, now. ⁸σωτηρία, ας, ἡ, [46] welfare, prosperity, deliverance, preservation, salvation, safety. ⁹καθότι, [5] (a) in proportion as, according as, (b) because. ¹⁰προστίθημι, [18] I place (put) to, add; I do again. ¹¹ἐγγύς, [30] near. ¹²παραχρῆμα, [18] instantly, immediately, on the spot. ¹³ἀναφαίνω, [2] (a) a nautical term: I sight (a place), (b) mid: I appear (as it were, out of the unseen), (c) I bring to light, make to appear. ¹⁴εὐγενής, ές, [3] (a) of noble birth, of high birth, (b) noble in nature. ¹⁵χώρα, ας, ἡ, [27] (a) a country or region, (b) the land, as opposed to the sea, (c) the country, distinct from town, (d) plur: fields. ¹⁶μακρός, ά, όν, [6] long, distant, far; of long duration. ¹⁷ὑποστρέφω, [37] I turn back, return. ¹⁸δέκα, [27] ten. ¹⁹μνᾶ, ᾶς, ἡ, [9] a mina, a Greek monetary unit equal to 100 drachma. ²⁰πραγματεύομαι, [1] I transact business, trade. ²¹πολίτης, ου, ὁ, [4] a citizen, fellow-citizen. ²²μισέω, [41] I hate, detest, love less, esteem less. ²³πρεσβεία, ας, ἡ, [2] an embassy, delegation, eldership. ²⁴ὀπίσω, [37] behind, after; back, backwards. ²⁵βασιλεύω, [21] (a) I rule, reign, (b) I reign over. ²⁶ἐπανέρχομαι, [2] I return, come back again. ²⁷φωνέω, [42] I give forth a sound, hence: (a) of a cock: I crow, (b) of men: I shout, (c) trans: I call (to myself), summon; I invite, address. ²⁸ἀργύριον, ου, τό, [20] silver, a piece of silver, a shekel, money in general. ²⁹διαπραγματεύομαι, [1] I gain by business (trading). ³⁰παραγίνομαι, [37] (a) I come on the scene, appear, come, (b) with words expressing destination: I present myself at, arrive at, reach. ³¹προσεργάζομαι, [1] I gain, produce in addition. ³²εὖ, [6] well, well done, good, rightly; also used as an exclamation. ³³ἐλάχιστος, ίστη, ιστον, [13] least, smallest, but perhaps oftener in the weaker sense: very little, very small. ³⁴ἐπάνω, [20] (a) adv: on the top, above, (b) prep: on the top of, above, over, on, above, more than, superior to. ³⁵δεύτερος, α, ον, [44] second; with the article: in the second place, for the second time. ³⁶πέντε, οἱ, αἱ, τά, [38] five.

λέγων, Κύριε, ἰδού, ἡ μνᾶ¹ σου, ἥν εἶχον ἀποκειμένην² ἐν σουδαρίῳ·³ 21 ἐφοβούμην γάρ σε, ὅτι ἄνθρωπος αὐστηρὸς⁴ εἶ· αἴρεις ὃ οὐκ ἔθηκας, καὶ θερίζεις⁵ ὃ οὐκ ἔσπειρας. 22 Λέγει δὲ αὐτῷ, Ἐκ τοῦ στόματός σου κρινῶ σε, πονηρὲ δοῦλε. Ἤδεις ὅτι ἐγὼ ἄνθρωπος αὐστηρός⁴ εἰμι, αἴρων ὃ οὐκ ἔθηκα, καὶ θερίζων⁶ ὃ οὐκ ἔσπειρα· 23 καὶ διὰ τί οὐκ ἔδωκας τὸ ἀργύριόν⁷ μου ἐπὶ τράπεζαν,⁸ καὶ ἐγὼ ἐλθὼν σὺν τόκῳ⁹ ἂν ἔπραξα¹⁰ αὐτό; 24 Καὶ τοῖς παρεστῶσιν¹¹ εἶπεν, Ἄρατε ἀπ᾽ αὐτοῦ τὴν μνᾶν,¹ καὶ δότε τῷ τὰς δέκα¹² μνᾶς¹ ἔχοντι. 25 Καὶ εἶπον αὐτῷ, Κύριε, ἔχει δέκα¹² μνᾶς.¹ 26 Λέγω γὰρ ὑμῖν, ὅτι παντὶ τῷ ἔχοντι δοθήσεται· ἀπὸ δὲ τοῦ μὴ ἔχοντος, καὶ ὃ ἔχει ἀρθήσεται ἀπ᾽ αὐτοῦ. 27 Πλὴν¹³ τοὺς ἐχθρούς¹⁴ μου ἐκείνους, τοὺς μὴ θελήσαντάς με βασιλεῦσαι¹⁵ ἐπ᾽ αὐτούς, ἀγάγετε ὧδε, καὶ κατασφάξατε¹⁶ ἔμπροσθέν¹⁷ μου.

Christ's Entry into Jerusalem

28 Καὶ εἰπὼν ταῦτα, ἐπορεύετο ἔμπροσθεν,¹⁷ ἀναβαίνων εἰς Ἱεροσόλυμα.

29 Καὶ ἐγένετο ὡς ἤγγισεν¹⁸ εἰς Βηθσφαγὴ¹⁹ καὶ Βηθανίαν²⁰ πρὸς τὸ ὄρος τὸ καλούμενον Ἐλαιῶν,²¹ ἀπέστειλεν δύο τῶν μαθητῶν αὐτοῦ, 30 εἰπών, Ὑπάγετε εἰς τὴν κατέναντι²² κώμην·²³ ἐν ᾗ εἰσπορευόμενοι²⁴ εὑρήσετε πῶλον²⁵ δεδεμένον,²⁶ ἐφ᾽ ὃν οὐδεὶς πώποτε²⁷ ἀνθρώπων ἐκάθισεν·²⁸ λύσαντες²⁹ αὐτὸν ἀγάγετε. 31 Καὶ ἐάν τις ὑμᾶς ἐρωτᾷ, Διὰ τί λύετε;³⁰ οὕτως ἐρεῖτε αὐτῷ ὅτι Ὁ κύριος αὐτοῦ χρείαν³¹ ἔχει. 32 Ἀπελθόντες δὲ οἱ ἀπεσταλμένοι εὗρον καθὼς εἶπεν αὐτοῖς. 33 Λυόντων³² δὲ αὐτῶν τὸν πῶλον,²⁵ εἶπον οἱ κύριοι αὐτοῦ πρὸς αὐτούς, Τί λύετε³³ τὸν πῶλον;²⁵ 34 Οἱ δὲ εἶπον, Ὁ κύριος αὐτοῦ χρείαν³¹ ἔχει. 35 Καὶ ἤγαγον αὐτὸν πρὸς τὸν Ἰησοῦν· καὶ ἐπιρρίψαντες³⁴ ἑαυτῶν

---

²ἀποκειμένην: PNP-ASF   ⁵θερίζεις: PAI-2S   ⁶θερίζων: PAP-NSM   ¹⁰ἔπραξα: AAI-1S   ¹¹παρεστῶσιν: RAP-DPM   ¹⁵βασιλεῦσαι: AAN   ¹⁶κατασφάξατε: AAM-2P   ¹⁸ἤγγισεν: AAI-3S   ²⁴εἰσπορευόμενοι: PNP-NPM   ²⁶δεδεμένον: RPP-ASM   ²⁸ἐκάθισεν: AAI-3S   ²⁹λύσαντες: AAP-NPM   ³⁰λύετε: PAI-2P   ³²Λυόντων: PAP-GPM   ³³λύετε: PAI-2P   ³⁴ἐπιρρίψαντες: AAP-NPM

---

¹μνᾶ, ᾶς, ἡ, [9] a mina, a Greek monetary unit equal to 100 drachma.   ²ἀπόκειμαι, [4] I have been put away, am stored, am reserved for.   ³σουδάριον, ου, τό, [4] a handkerchief, napkin.   ⁴αὐστηρός, ά, όν, [2] grim, severe, strict, exacting, harsh, rigid.   ⁵θερίζω, [21] I reap, gather, harvest.   ⁶θερίζω, [21] I reap, gather, harvest.   ⁷ἀργύριον, ου, τό, [20] silver, a piece of silver, a shekel, money in general.   ⁸τράπεζα, ης, ἡ, [15] a table, (a) for food or banqueting, (b) for money-changing or business.   ⁹τόκος, ου, ὁ, [2] interest, usury.   ¹⁰πράσσω, [38] I do, perform, accomplish; be in any condition, i.e. I fare; I exact, require.   ¹¹παρίστημι, [41] I bring, present, prove, come up to and stand by, am present.   ¹²δέκα, [27] ten.   ¹³πλήν, [31] however, nevertheless, but, except that, yet.   ¹⁴ἐχθρός, ά, όν, [32] hated, hostile; subst: an enemy.   ¹⁵βασιλεύω, [21] (a) I rule, reign, (b) I reign over.   ¹⁶κατασφάζω, [1] I slaughter, kill off, slay.   ¹⁷ἔμπροσθεν, [48] in front, before the face; sometimes made a subst. by the addition of the article: in front of, before the face of.   ¹⁸ἐγγίζω, [43] trans: I bring near; intrans: I come near, approach.   ¹⁹Βηθφαγή, ἡ, [3] Bethphage, a village in the neighborhood of Jerusalem, on the Mt. of Olives.   ²⁰Βηθανία, ας, ἡ, [12] (a) Bethany, the home of Lazarus, Martha, and Mary, near Jerusalem, (b) Bethany, beyond Jordan.   ²¹ἐλαία, ας, ἡ, [15] an olive tree; the Mount of Olives.   ²²κατέναντι, [5] opposite, in front (of), over against.   ²³κώμη, ης, ἡ, [28] a village, country town.   ²⁴εἰσπορεύομαι, [17] I journey in(to), I go in(to), enter, intervene.   ²⁵πῶλος, ου, ὁ, [12] a colt, young ass, foal.   ²⁶δέω, [44] I bind, tie, fasten; I impel, compel; I declare to be prohibited and unlawful.   ²⁷πώποτε, [6] at any time, ever.   ²⁸καθίζω, [48] (a) trans: I make to sit; I set, appoint, (b) intrans: I sit down, am seated, stay.   ²⁹λύω, [42] (a) I loose, untie, release, (b) met: I break, destroy, set at naught, contravene; I break up a meeting, annul.   ³⁰λύω, [42] (a) I loose, untie, release, (b) met: I break, destroy, set at naught, contravene; I break up a meeting, annul.   ³¹χρεία, ας, ἡ, [49] need, necessity, business.   ³²λύω, [42] (a) I loose, untie, release, (b) met: I break, destroy, set at naught, contravene; I break up a meeting, annul.   ³³λύω, [42] (a) I loose, untie, release, (b) met: I break, destroy, set at naught, contravene; I break up a meeting, annul.   ³⁴ἐπιρρίπτω, [2] I throw (cast) (upon), as of cares.

τὰ ἱμάτια ἐπὶ τὸν πῶλον,¹ ἐπεβίβασαν² τὸν Ἰησοῦν. 36 Πορευομένου δὲ αὐτοῦ, ὑπεστρώννυον³ τὰ ἱμάτια αὐτῶν ἐν τῇ ὁδῷ. 37 Ἐγγίζοντος⁴ δὲ αὐτοῦ ἤδη πρὸς τῇ καταβάσει⁵ τοῦ ὄρους τῶν Ἐλαιῶν,⁶ ἤρξαντο ἅπαν⁷ τὸ πλῆθος⁸ τῶν μαθητῶν χαίροντες αἰνεῖν⁹ τὸν θεὸν φωνῇ μεγάλῃ περὶ πασῶν ὧν εἶδον δυνάμεων, 38 λέγοντες,

Εὐλογημένος¹⁰ ὁ ἐρχόμενος βασιλεὺς ἐν ὀνόματι κυρίου· εἰρήνη ἐν οὐρανῷ, καὶ δόξα ἐν ὑψίστοις.¹¹

39 Καί τινες τῶν Φαρισαίων ἀπὸ τοῦ ὄχλου εἶπον πρὸς αὐτόν, Διδάσκαλε, ἐπιτίμησον¹² τοῖς μαθηταῖς σου. 40 Καὶ ἀποκριθεὶς εἶπεν αὐτοῖς, Λέγω ὑμῖν ὅτι, ἐὰν οὗτοι σιωπήσωσιν,¹³ οἱ λίθοι κεκράξονται.

41 Καὶ ὡς ἤγγισεν,¹⁴ ἰδὼν τὴν πόλιν, ἔκλαυσεν¹⁵ ἐπ᾿ αὐτῇ, 42 λέγων ὅτι Εἰ ἔγνως καὶ σύ, καί γε¹⁶ ἐν τῇ ἡμέρᾳ σου ταύτῃ, τὰ πρὸς εἰρήνην σου· νῦν δὲ ἐκρύβη¹⁷ ἀπὸ ὀφθαλμῶν σου. 43 Ὅτι ἥξουσιν¹⁸ ἡμέραι ἐπὶ σέ, καὶ περιβαλοῦσιν¹⁹ οἱ ἐχθροί²⁰ σου χάρακά²¹ σοι, καὶ περικυκλώσουσίν²² σε, καὶ συνέξουσίν²³ σε πάντοθεν,²⁴ 44 καὶ ἐδαφιοῦσίν²⁵ σε καὶ τὰ τέκνα σου ἐν σοί, καὶ οὐκ ἀφήσουσιν ἐν σοὶ λίθον ἐπὶ λίθῳ· ἀνθ᾿²⁶ ὧν οὐκ ἔγνως τὸν καιρὸν τῆς ἐπισκοπῆς²⁷ σου.

45 Καὶ εἰσελθὼν εἰς τὸ ἱερόν, ἤρξατο ἐκβάλλειν τοὺς πωλοῦντας²⁸ ἐν αὐτῷ καὶ ἀγοράζοντας,²⁹ 46 λέγων αὐτοῖς, Γέγραπται, Ὁ οἶκός μου οἶκος προσευχῆς³⁰ ἐστίν· ὑμεῖς δὲ αὐτὸν ἐποιήσατε σπήλαιον³¹ λῃστῶν.³² 47 Καὶ ἦν διδάσκων τὸ καθ᾿ ἡμέραν ἐν τῷ ἱερῷ· οἱ δὲ ἀρχιερεῖς καὶ οἱ γραμματεῖς ἐζήτουν αὐτὸν ἀπολέσαι, καὶ οἱ πρῶτοι τοῦ λαοῦ· 48 καὶ οὐχ εὕρισκον τὸ τί ποιήσωσιν, ὁ λαὸς γὰρ ἅπας⁷ ἐξεκρέματο³³ αὐτοῦ ἀκούων.

---

²ἐπεβίβασαν: AAI-3P   ³ὑπεστρώννυον: IAI-3P   ⁴Ἐγγίζοντος: PAP-GSM   ⁹αἰνεῖν: PAN   ¹⁰Εὐλογημένος: RPP-NSM   ¹²ἐπιτίμησον: AAM-2S   ¹³σιωπήσωσιν: AAS-3P   ¹⁴ἤγγισεν: AAI-3S   ¹⁵ἔκλαυσεν: AAI-3S   ¹⁷ἐκρύβη: 2API-3S   ¹⁸ἥξουσιν: FAI-3P   ¹⁹περιβαλοῦσιν: FAI-3P   ²²περικυκλώσουσιν: FAI-3P   ²³συνέξουσίν: FAI-3P   ²⁵ἐδαφιοῦσίν: FAI-3P-ATT   ²⁸πωλοῦντας: PAP-APM   ²⁹ἀγοράζοντας: PAP-APM   ³³ἐξεκρέματο: IMI-3S

---

¹πῶλος, ου, ὁ, [12] a colt, young ass, foal.   ²ἐπιβιβάζω, [3] I place upon (a horse, mule).   ³ὑποστρωννύω, [1] I spread under, strew under.   ⁴ἐγγίζω, [43] trans: I bring near; intrans: I come near, approach.   ⁵κατάβασις, εως, ἡ, [1] descent.   ⁶ἐλαία, ας, ἡ, [15] an olive tree; the Mount of Olives.   ⁷ἅπας, ασα, αν, [39] all, the whole, altogether.   ⁸πλῆθος, ους, τό, [32] a multitude, crowd, great number, assemblage.   ⁹αἰνέω, [9] I praise.   ¹⁰εὐλογέω, [43] (lit: I speak well of) I bless; pass: I am blessed.   ¹¹ὕψιστος, η, ον, [13] highest, most high, the heights.   ¹²ἐπιτιμάω, [29] (a) I rebuke, chide, admonish, (b) I warn.   ¹³σιωπάω, [11] I keep silence, am silent, either voluntarily or involuntarily.   ¹⁴ἐγγίζω, [43] trans: I bring near; intrans: I come near, approach.   ¹⁵κλαίω, [40] I weep, weep for, mourn, lament.   ¹⁶γε, [15] an enclitic, emphasizing particle: at least, indeed, really, but generally too subtle to be represented in English.   ¹⁷κρύπτω, [17] I hide, conceal, lay up.   ¹⁸ἥκω, [27] I have come, am present, have arrived.   ¹⁹περιβάλλω, [24] I cast around, wrap a garment about, put on; hence mid: I put on to myself, clothe myself, dress; I draw (a line).   ²⁰ἐχθρός, ά, όν, [32] hated, hostile; subst: an enemy.   ²¹χάραξ, ακος, ὁ, [1] a palisade, mound for besieging.   ²²περικυκλόω, [1] I encircle, surround, encompass.   ²³συνέχω, [12] (a) I press together, close, (b) I press on every side, confine, (c) I hold fast, (d) I urge, impel, (e) pass: I am afflicted with (sickness).   ²⁴πάντοθεν, [2] from all sides, on all sides.   ²⁵ἐδαφίζω, [1] I dash to the ground, level with the ground.   ²⁶ἀντί, [22] (a) instead of, in return for, over against, opposite, in exchange for, as a substitute for, (b) on my behalf, (c) wherefore, because.   ²⁷ἐπισκοπή, ῆς, ἡ, [4] (a) visitation (of judgment), (b) oversight, supervision, overseership.   ²⁸πωλέω, [22] I sell, exchange, barter.   ²⁹ἀγοράζω, [31] I buy.   ³⁰προσευχή, ῆς, ἡ, [37] (a) prayer (to God), (b) a place for prayer (used by Jews, perhaps where there was no synagogue).   ³¹σπήλαιον, ου, τό, [6] a cave, den, hideout.   ³²λῃστής, οῦ, ὁ, [15] a robber, brigand, bandit.   ³³ἐκκρεμάννυμι, [1] I hang out, mid: I hang upon.

The Authority of Jesus

20 Καὶ ἐγένετο ἐν μιᾷ τῶν ἡμερῶν ἐκείνων, διδάσκοντος αὐτοῦ τὸν λαὸν ἐν τῷ ἱερῷ καὶ εὐαγγελιζομένου, ἐπέστησαν¹ οἱ ἱερεῖς² καὶ οἱ γραμματεῖς σὺν τοῖς πρεσβυτέροις, 2 καὶ εἶπον πρὸς αὐτόν, λέγοντες, Εἰπὲ ἡμῖν, ἐν ποίᾳ³ ἐξουσίᾳ ταῦτα ποιεῖς, ἢ τίς ἐστιν ὁ δούς σοι τὴν ἐξουσίαν ταύτην; 3 Ἀποκριθεὶς δὲ εἶπεν πρὸς αὐτούς, Ἐρωτήσω ὑμᾶς κἀγὼ ἕνα λόγον, καὶ εἴπατέ μοι· 4 Τὸ βάπτισμα⁴ Ἰωάννου ἐξ οὐρανοῦ ἦν, ἢ ἐξ ἀνθρώπων; 5 Οἱ δὲ συνελογίσαντο⁵ πρὸς ἑαυτούς, λέγοντες ὅτι Ἐὰν εἴπωμεν, Ἐξ οὐρανοῦ, ἐρεῖ, Διὰ τί οὐκ ἐπιστεύσατε αὐτῷ; 6 Ἐὰν δὲ εἴπωμεν, Ἐξ ἀνθρώπων, πᾶς ὁ λαὸς καταλιθάσει⁶ ἡμᾶς· πεπεισμένος γάρ ἐστιν Ἰωάννην προφήτην εἶναι. 7 Καὶ ἀπεκρίθησαν μὴ εἰδέναι πόθεν.⁷ 8 Καὶ ὁ Ἰησοῦς εἶπεν αὐτοῖς, Οὐδὲ ἐγὼ λέγω ὑμῖν ἐν ποίᾳ³ ἐξουσίᾳ ταῦτα ποιῶ.

9 Ἤρξατο δὲ πρὸς τὸν λαὸν λέγειν τὴν παραβολὴν ταύτην· Ἄνθρωπος ἐφύτευσεν⁸ ἀμπελῶνα,⁹ καὶ ἐξέδοτο¹⁰ αὐτὸν γεωργοῖς,¹¹ καὶ ἀπεδήμησεν¹² χρόνους ἱκανούς·¹³ 10 καὶ ἐν καιρῷ ἀπέστειλεν πρὸς τοὺς γεωργοὺς¹¹ δοῦλον, ἵνα ἀπὸ τοῦ καρποῦ τοῦ ἀμπελῶνος⁹ δῶσιν αὐτῷ· οἱ δὲ γεωργοὶ¹¹ δείραντες¹⁴ αὐτὸν ἐξαπέστειλαν¹⁵ κενόν.¹⁶ 11 Καὶ προσέθετο¹⁷ πέμψαι ἕτερον δοῦλον· οἱ δὲ κἀκεῖνον¹⁸ δείραντες¹⁹ καὶ ἀτιμάσαντες²⁰ ἐξαπέστειλαν²¹ κενόν.¹⁶ 12 Καὶ προσέθετο²² πέμψαι τρίτον· οἱ δὲ καὶ τοῦτον τραυματίσαντες²³ ἐξέβαλον. 13 Εἶπεν δὲ ὁ κύριος τοῦ ἀμπελῶνος,⁹ Τί ποιήσω; Πέμψω τὸν υἱόν μου τὸν ἀγαπητόν· ἴσως²⁴ τοῦτον ἰδόντες ἐντραπήσονται.²⁵ 14 Ἰδόντες δὲ αὐτὸν οἱ γεωργοὶ¹¹ διελογίζοντο²⁶ πρὸς ἑαυτούς, λέγοντες, Οὗτός ἐστιν ὁ κληρονόμος·²⁷ δεῦτε,²⁸ ἀποκτείνωμεν αὐτόν, ἵνα ἡμῶν γένηται ἡ κληρονομία.²⁹ 15 Καὶ ἐκβαλόντες αὐτὸν ἔξω τοῦ ἀμπελῶνος,⁹ ἀπέκτειναν. Τί οὖν ποιήσει αὐτοῖς

---

¹ἐπέστησαν: 2AAI-3P ⁵συνελογίσαντο: ADI-3P ⁶καταλιθάσει: FAI-3S ⁸ἐφύτευσεν: AAI-3S ¹⁰ἐξέδοτο: 2AMI-3S ¹²ἀπεδήμησεν: AAI-3S ¹⁴δείραντες: AAP-NPM ¹⁵ἐξαπέστειλαν: AAI-3P ¹⁷προσέθετο: 2AMI-3S ¹⁹δείραντες: AAP-NPM ²⁰ἀτιμάσαντες: AAP-NPM ²¹ἐξαπέστειλαν: AAI-3P ²²προσέθετο: 2AMI-3S ²³τραυματίσαντες: AAP-NPM ²⁵ἐντραπήσονται: 2FPI-3P ²⁶διελογίζοντο: INI-3P ²⁸δεῦτε: PAM-2P

---

¹ἐφίστημι, [21] I stand by, am urgent, befall one (as of evil), am at hand, impend. ²ἱερεύς, έως, ὁ, [33] a priest, one who offers sacrifice to a god (in Jewish and pagan religions; of Christians only met.). ³ποῖος, α, ον, [34] of what sort. ⁴βάπτισμα, ατος, τό, [22] the rite or ceremony of baptism. ⁵συλλογίζομαι, [1] I reason, reckon with myself, consider. ⁶καταλιθάζω, [1] I stone down, stone to death, overwhelm with stones. ⁷πόθεν, [28] whence, from what place. ⁸φυτεύω, [11] I plant, set. ⁹ἀμπελών, ῶνος, ὁ, [23] a vineyard. ¹⁰ἐκδίδωμι, [4] I give out, let; middle: I let out for my own advantage. ¹¹γεωργός, οῦ, ὁ, [19] a worker of the soil, husbandman, farmer, farm-laborer, vine-dresser. ¹²ἀποδημέω, [6] I am away from home, go into another country, am away, am abroad. ¹³ἱκανός, ή, όν, [41] (a) considerable, sufficient, of number, quantity, time, (b) of persons: sufficiently strong (good, etc.), worthy, suitable, with various constructions, (c) many, much. ¹⁴δέρω, [15] I flay, flog, scourge, beat. ¹⁵ἐξαποστέλλω, [11] I send away, send forth (a person qualified for a task). ¹⁶κενός, ή, όν, [18] (a) empty, (b) met: empty (in moral content), vain, ineffective, foolish, worthless, (c) false, unreal, pretentious, hollow. ¹⁷προστίθημι, [18] I place (put) to, add; I do again. ¹⁸κἀκεῖνος, η, ο, [21] and he, she, it, and that. ¹⁹δέρω, [15] I flay, flog, scourge, beat. ²⁰ἀτιμάζω, [6] I disgrace, treat disgracefully, dishonor, insult; I despise. ²¹ἐξαποστέλλω, [11] I send away, send forth (a person qualified for a task). ²²προστίθημι, [18] I place (put) to, add; I do again. ²³τραυματίζω, [2] I wound. ²⁴ἴσως, [1] perhaps, equally; it may be that. ²⁵ἐντρέπω, [9] (a) I turn to confusion, put to shame, (b) mid: I reverence, regard. ²⁶διαλογίζομαι, [16] I reason (with), debate (with), consider. ²⁷κληρονόμος, ου, ὁ, [15] an heir, an inheritor. ²⁸δεῦτε, [13] come hither, come, hither, an exclamatory word. ²⁹κληρονομία, ας, ἡ, [14] an inheritance, an heritage, regularly the gift of God to His chosen people, in the Old Testament: the Promised Land, in NT a possession viewed in one sense as present, in another as future; a share, participation.

ὁ κύριος τοῦ ἀμπελῶνος; ¹ 16 Ἐλεύσεται καὶ ἀπολέσει τοὺς γεωργοὺς ² τούτους, καὶ δώσει τὸν ἀμπελῶνα ¹ ἄλλοις. Ἀκούσαντες δὲ εἶπον, Μὴ γένοιτο. 17 Ὁ δὲ ἐμβλέψας ³ αὐτοῖς εἶπεν, Τί οὖν ἐστιν τὸ γεγραμμένον τοῦτο, Λίθον ὃν ἀπεδοκίμασαν ⁴ οἱ οἰκοδομοῦντες, ⁵ οὗτος ἐγενήθη εἰς κεφαλὴν γωνίας; ⁶ 18 Πᾶς ὁ πεσὼν ἐπ᾽ ἐκεῖνον τὸν λίθον, συνθλασθήσεται· ⁷ ἐφ᾽ ὃν δ᾽ ἂν πέσῃ, λικμήσει ⁸ αὐτόν.

The Pharisees and Sadducees Confounded

19 Καὶ ἐζήτησαν οἱ ἀρχιερεῖς καὶ οἱ γραμματεῖς ἐπιβαλεῖν ⁹ ἐπ᾽ αὐτὸν τὰς χεῖρας ἐν αὐτῇ τῇ ὥρᾳ, καὶ ἐφοβήθησαν· ἔγνωσαν γὰρ ὅτι πρὸς αὐτοὺς τὴν παραβολὴν ταύτην εἶπεν. 20 Καὶ παρατηρήσαντες ¹⁰ ἀπέστειλαν ἐγκαθέτους, ¹¹ ὑποκρινομένους ¹² ἑαυτοὺς δικαίους εἶναι, ἵνα ἐπιλάβωνται ¹³ αὐτοῦ λόγου, εἰς τὸ παραδοῦναι αὐτὸν τῇ ἀρχῇ καὶ τῇ ἐξουσίᾳ τοῦ ἡγεμόνος. ¹⁴ 21 Καὶ ἐπηρώτησαν αὐτόν, λέγοντες, Διδάσκαλε, οἴδαμεν ὅτι ὀρθῶς ¹⁵ λέγεις καὶ διδάσκεις, καὶ οὐ λαμβάνεις πρόσωπον, ἀλλ᾽ ἐπ᾽ ἀληθείας τὴν ὁδὸν τοῦ θεοῦ διδάσκεις. 22 Ἔξεστιν ¹⁶ ἡμῖν Καίσαρι ¹⁷ φόρον ¹⁸ δοῦναι, ἢ οὔ; 23 Κατανοήσας ¹⁹ δὲ αὐτῶν τὴν πανουργίαν, ²⁰ εἶπεν πρὸς αὐτούς, Τί με πειράζετε; ²¹ 24 Ἐπιδείξατέ ²² μοι δηνάριον· ²³ τίνος ἔχει εἰκόνα ²⁴ καὶ ἐπιγραφήν; ²⁵ Ἀποκριθέντες δὲ εἶπον, Καίσαρος. ¹⁷ 25 Ὁ δὲ εἶπεν αὐτοῖς, Ἀπόδοτε ²⁶ τοίνυν ²⁷ τὰ Καίσαρος ¹⁷ Καίσαρι, ¹⁷ καὶ τὰ τοῦ θεοῦ τῷ θεῷ. 26 Καὶ οὐκ ἴσχυσαν ²⁸ ἐπιλαβέσθαι ²⁹ αὐτοῦ ῥήματος ἐναντίον ³⁰ τοῦ λαοῦ· καὶ θαυμάσαντες ³¹ ἐπὶ τῇ ἀποκρίσει ³² αὐτοῦ, ἐσίγησαν. ³³

---

³ἐμβλέψας: AAP-NSM ⁴ἀπεδοκίμασαν: AAI-3P ⁵οἰκοδομοῦντες: PAP-NPM ⁷συνθλασθήσεται: FPI-3S ⁸λικμήσει: FAI-3S ⁹ἐπιβαλεῖν: 2AAN ¹⁰παρατηρήσαντες: AAP-NPM ¹²ὑποκρινομένους: PNP-APM ¹³ἐπιλάβωνται: 2ADS-3P ¹⁶Ἔξεστιν: PAI-3S ¹⁹Κατανοήσας: AAP-NSM ²¹πειράζετε: PAI-2P ²²Ἐπιδείξατέ: AAM-2P ²⁶Ἀπόδοτε: 2AAM-2P ²⁸ἴσχυσαν: AAI-3P ²⁹ἐπιλαβέσθαι: 2ADN ³¹θαυμάσαντες: AAP-NPM ³³ἐσίγησαν: AAI-3P

---

¹ἀμπελών, ῶνος, ὁ, [23] a vineyard. ²γεωργός, οῦ, ὁ, [19] a worker of the soil, husbandman, farmer, farm-laborer, vine-dresser. ³ἐμβλέπω, [12] I look into (upon); met: I consider; I see clearly. ⁴ἀποδοκιμάζω, [9] I reject after testing (examination), disqualify. ⁵οἰκοδομέω, [39] I erect a building, build; fig. of the building up of character: I build up, edify, encourage. ⁶γωνία, ας, ἡ, [9] a corner; met: a secret place. ⁷συνθλάω, [2] I break, break in pieces, crush, shatter. ⁸λικμάω, [2] I crush to powder, scatter like chaff. ⁹ἐπιβάλλω, [18] (a) I throw upon, cast over, (b) I place upon, (c) I lay, (d) intrans: I strike upon, rush. ¹⁰παρατηρέω, [6] I watch, observe scrupulously. ¹¹ἐγκάθετος, ου, ὁ, ἡ, [1] a spy. ¹²ὑποκρίνομαι, [1] I act the part, pretend; I answer, respond. ¹³ἐπιλαμβάνομαι, [19] I lay hold of, take hold of, seize (sometimes with beneficent, sometimes with hostile, intent). ¹⁴ἡγεμών, όνος, ὁ, [22] a leader, guide; a commander; a governor (of a province); plur: leaders. ¹⁵ὀρθῶς, [5] rightly. ¹⁶ἔξεστιν, [31] it is permitted, lawful, possible. ¹⁷Καῖσαρ, αρος, ὁ, [30] Caesar, a surname of the gens Iulia, which became practically synonymous with the Emperor for the time being; in the Gospels it always refers to Tiberias. ¹⁸φόρος, ου, ὁ, [5] a tax, tribute, especially on persons. ¹⁹κατανοέω, [14] I take note of, perceive, consider carefully, discern, detect, make account of. ²⁰πανουργία, ας, ἡ, [5] shrewdness, skill; hence: cunning, craftiness. ²¹πειράζω, [39] I try, tempt, test. ²²ἐπιδείκνυμι, [9] I show, display, point out, indicate; I prove, demonstrate. ²³δηνάριον, ου, τό, [16] a denarius, a small Roman silver coin. ²⁴εἰκών, όνος, ἡ, [23] an image, likeness, bust. ²⁵ἐπιγραφή, ῆς, ἡ, [5] an inscription, title, label. ²⁶ἀποδίδωμι, [47] (a) I give back, return, restore, (b) I give, render, as due, (c) mid: I sell. ²⁷τοίνυν, [4] indeed now, therefore, accordingly, well then. ²⁸ἰσχύω, [29] I have strength, am strong, am in full health and vigor, am able; meton: I prevail. ²⁹ἐπιλαμβάνομαι, [19] I lay hold of, take hold of, seize (sometimes with beneficent, sometimes with hostile, intent). ³⁰ἐναντίον, [5] before, in the presence of, in the eyes of. ³¹θαυμάζω, [46] (a) intrans: I wonder, marvel, (b) trans: I wonder at, admire. ³²ἀπόκρισις, εως, ἡ, [4] an answer, reply. ³³σιγάω, [9] intrans: I am silent, keep silence; trans: I keep secret; pass: I am kept secret.

27 Προσελθόντες δέ τινες τῶν Σαδδουκαίων,¹ οἱ ἀντιλέγοντες² ἀνάστασιν³ μὴ εἶναι, ἐπηρώτησαν αὐτόν, 28 λέγοντες, Διδάσκαλε, Μωσῆς ἔγραψεν ἡμῖν, ἐάν τινος ἀδελφὸς ἀποθάνῃ ἔχων γυναῖκα, καὶ οὗτος ἄτεκνος⁴ ἀποθάνῃ, ἵνα λάβῃ ὁ ἀδελφὸς αὐτοῦ τὴν γυναῖκα, καὶ ἐξαναστήσῃ⁵ σπέρμα⁶ τῷ ἀδελφῷ αὐτοῦ. 29 Ἑπτὰ οὖν ἀδελφοὶ ἦσαν· καὶ ὁ πρῶτος λαβὼν γυναῖκα, ἀπέθανεν ἄτεκνος·⁴ 30 καὶ ἔλαβεν ὁ δεύτερος⁷ τὴν γυναῖκα, καὶ οὗτος ἀπέθανεν ἄτεκνος.⁴ 31 Καὶ ὁ τρίτος ἔλαβεν αὐτὴν ὡσαύτως.⁸ Ὡσαύτως⁸ δὲ καὶ οἱ ἑπτά· οὐ κατέλιπον⁹ τέκνα, καὶ ἀπέθανον. 32 Ὕστερον¹⁰ δὲ πάντων ἀπέθανεν καὶ ἡ γυνή. 33 Ἐν τῇ οὖν ἀναστάσει,³ τίνος αὐτῶν γίνεται γυνή; Οἱ γὰρ ἑπτὰ ἔσχον αὐτὴν γυναῖκα. 34 Καὶ ἀποκριθεὶς εἶπεν αὐτοῖς ὁ Ἰησοῦς, Οἱ υἱοὶ τοῦ αἰῶνος τούτου γαμοῦσιν¹¹ καὶ ἐκγαμίσκονται·¹² 35 οἱ δὲ καταξιωθέντες¹³ τοῦ αἰῶνος ἐκείνου τυχεῖν¹⁴ καὶ τῆς ἀναστάσεως³ τῆς ἐκ νεκρῶν οὔτε γαμοῦσιν¹⁵ οὔτε ἐκγαμίζονται·¹⁶ 36 οὔτε γὰρ ἀποθανεῖν ἔτι δύνανται· ἰσάγγελοι¹⁷ γάρ εἰσιν, καὶ υἱοί εἰσιν τοῦ θεοῦ, τῆς ἀναστάσεως³ υἱοὶ ὄντες. 37 Ὅτι δὲ ἐγείρονται οἱ νεκροί, καὶ Μωσῆς ἐμήνυσεν¹⁸ ἐπὶ τῆς βάτου,¹⁹ ὡς λέγει, Κύριον τὸν θεὸν Ἀβραὰμ καὶ τὸν θεὸν Ἰσαὰκ καὶ τὸν θεὸν Ἰακώβ. 38 Θεὸς δὲ οὐκ ἔστιν νεκρῶν, ἀλλὰ ζώντων· πάντες γὰρ αὐτῷ ζῶσιν. 39 Ἀποκριθέντες δέ τινες τῶν γραμματέων εἶπον, Διδάσκαλε, καλῶς²⁰ εἶπας. 40 Οὐκέτι²¹ δὲ ἐτόλμων²² ἐπερωτᾶν αὐτὸν οὐδέν.

41 Εἶπεν δὲ πρὸς αὐτούς, Πῶς λέγουσιν τὸν χριστὸν υἱὸν Δαυὶδ εἶναι; 42 Καὶ αὐτὸς Δαυὶδ λέγει ἐν βίβλῳ²³ ψαλμῶν,²⁴ Εἶπεν ὁ κύριος τῷ κυρίῳ μου, Κάθου ἐκ δεξιῶν μου, 43 ἕως ἂν θῶ τοὺς ἐχθρούς²⁵ σου ὑποπόδιον²⁶ τῶν ποδῶν σου. 44 Δαυὶδ οὖν κύριον αὐτὸν καλεῖ, καὶ πῶς υἱὸς αὐτοῦ ἐστιν;

45 Ἀκούοντος δὲ παντὸς τοῦ λαοῦ, εἶπεν τοῖς μαθηταῖς αὐτοῦ, 46 Προσέχετε²⁷ ἀπὸ τῶν γραμματέων τῶν θελόντων περιπατεῖν ἐν στολαῖς,²⁸ καὶ φιλούντων²⁹ ἀσπασμοὺς³⁰

---

²ἀντιλέγοντες: PAP-NPM ⁵ἐξαναστήσῃ: AAS-3S ⁹κατέλιπον: 2AAI-3P ¹¹γαμοῦσιν: PAI-3P ¹²ἐκγαμίσκονται: PPI-3P ¹³καταξιωθέντες: APP-NPM ¹⁴τυχεῖν: 2AAN ¹⁵γαμοῦσιν: PAI-3P ¹⁶ἐκγαμίζονται: PPI-3P ¹⁸ἐμήνυσεν: AAI-3S ²²ἐτόλμων: IAI-3P ²⁷Προσέχετε: PAM-2P ²⁹φιλούντων: PAP-GPM

---

¹Σαδδουκαῖος, ου, ὁ, [13] a Sadducee, a member of the aristocratic party among the Jews, from whom the high-priests were almost invariably chosen. ²ἀντιλέγω, [12] I speak or say in opposition, contradict (oppose, resist). ³ἀνάστασις, εως, ἡ, [42] a rising again, resurrection. ⁴ἄτεκνος, ον, [3] childless. ⁵ἐξανίστημι, [3] (a) in trans. tenses: I raise up, cause to grow, (b) in intrans. tenses: I rise up from. ⁶σπέρμα, ατος, τό, [44] (a) seed, commonly of cereals, (b) offspring, descendents. ⁷δεύτερος, α, ον, [44] second; with the article: in the second place, for the second time. ⁸ὡσαύτως, [18] in like manner, likewise, just so. ⁹καταλείπω, [25] I leave behind, desert, abandon, forsake; I leave remaining, reserve. ¹⁰ὕστερον, [12] lastly, afterward, later. ¹¹γαμέω, [29] I marry, used of either sex. ¹²ἐκγαμίσκω, [1] I give in marriage. ¹³καταξιόω, [4] I deem (count) worthy. ¹⁴τυγχάνω, [13] (a) gen: I obtain, (b) absol: I chance, happen; ordinary, everyday, it may chance, perhaps. ¹⁵γαμέω, [29] I marry, used of either sex. ¹⁶ἐκγαμίζω, [6] I give in marriage, marry. ¹⁷ἰσάγγελος, ον, [1] equal to or like the angels. ¹⁸μηνύω, [4] (a) I reveal, make known (in a law court), I lay information, inform, (b) I make known, point out. ¹⁹βάτος, ου, ὁ, ἡ, [5] a thorn bush or bramble. ²⁰καλῶς, [36] well, nobly, honorably, rightly. ²¹οὐκέτι, [48] no longer, no more. ²²τολμάω, [16] I dare, endure, am bold, have courage, make up the mind. ²³βίβλος, ου, ἡ, [9] a written book, roll, or volume, sometimes with a sacred connotation. ²⁴ψαλμός, οῦ, ὁ, [7] a psalm, song of praise, the Hebrew book of Psalms. ²⁵ἐχθρός, ά, όν, [32] hated, hostile; subst: an enemy. ²⁶ὑποπόδιον, ου, τό, [9] a footstool. ²⁷προσέχω, [24] (a) I attend to, pay attention to, (b) I beware, am cautious, (c) I join, devote myself to. ²⁸στολή, ῆς, ἡ, [8] a long robe, worn by the upper classes in the East. ²⁹φιλέω, [25] I love (of friendship), regard with affection, cherish; I kiss. ³⁰ἀσπασμός, οῦ, ὁ, [10] a greeting, salutation.

ἐν ταῖς ἀγοραῖς,¹ καὶ πρωτοκαθεδρίας² ἐν ταῖς συναγωγαῖς, καὶ πρωτοκλισίας³ ἐν τοῖς δείπνοις·⁴ **47** οἳ κατεσθίουσιν⁵ τὰς οἰκίας τῶν χηρῶν,⁶ καὶ προφάσει⁷ μακρὰ⁸ προσεύχονται. Οὗτοι λήψονται περισσότερον⁹ κρίμα.¹⁰

The Widow's Gift

21 Ἀναβλέψας¹¹ δὲ εἶδεν τοὺς βάλλοντας τὰ δῶρα¹² αὐτῶν εἰς τὸ γαζοφυλάκιον¹³ πλουσίους·¹⁴ **2** εἶδεν δέ τινα καὶ χήραν⁶ πενιχρὰν¹⁵ βάλλουσαν ἐκεῖ δύο λεπτά,¹⁶ **3** καὶ εἶπεν, Ἀληθῶς¹⁷ λέγω ὑμῖν, ὅτι ἡ χήρα⁶ ἡ πτωχὴ¹⁸ αὕτη πλεῖον πάντων ἔβαλεν· **4** ἅπαντες¹⁹ γὰρ οὗτοι ἐκ τοῦ περισσεύοντος²⁰ αὐτοῖς ἔβαλον εἰς τὰ δῶρα¹² τοῦ θεοῦ, αὕτη δὲ ἐκ τοῦ ὑστερήματος²¹ αὐτῆς ἅπαντα¹⁹ τὸν βίον²² ὃν εἶχεν ἔβαλεν.

The Destruction of Jerusalem and the End of the World

5 Καί τινων λεγόντων περὶ τοῦ ἱεροῦ, ὅτι λίθοις καλοῖς καὶ ἀναθήμασιν²³ κεκόσμηται,²⁴ εἶπεν, **6** Ταῦτα ἃ θεωρεῖτε, ἐλεύσονται ἡμέραι ἐν αἷς οὐκ ἀφεθήσεται λίθος ἐπὶ λίθῳ, ὃς οὐ καταλυθήσεται.²⁵ **7** Ἐπηρώτησαν δὲ αὐτόν, λέγοντες, Διδάσκαλε, πότε²⁶ οὖν ταῦτα ἔσται; Καὶ τί τὸ σημεῖον, ὅταν μέλλῃ ταῦτα γίνεσθαι; **8** Ὁ δὲ εἶπεν, Βλέπετε μὴ πλανηθῆτε·²⁷ πολλοὶ γὰρ ἐλεύσονται ἐπὶ τῷ ὀνόματί μου, λέγοντες ὅτι Ἐγώ εἰμι· καί, Ὁ καιρὸς ἤγγικεν,²⁸ μὴ οὖν πορευθῆτε ὀπίσω²⁹ αὐτῶν. **9** Ὅταν δὲ ἀκούσητε πολέμους³⁰ καὶ ἀκαταστασίας,³¹ μὴ πτοηθῆτε·³² δεῖ γὰρ ταῦτα γενέσθαι πρῶτον, ἀλλ' οὐκ εὐθέως τὸ τέλος.³³

---

⁵κατεσθίουσιν: *PAI-3P*   ¹¹Ἀναβλέψας: *AAP-NSM*   ²⁰περισσεύοντος: *PAP-GSN*   ²⁴κεκόσμηται: *RPI-3S*
²⁵καταλυθήσεται: *FPI-3S*   ²⁷πλανηθῆτε: *APS-2P*   ²⁸ἤγγικεν: *RAI-3S*   ³²πτοηθῆτε: *APS-2P*

---

¹ἀγορά, ᾶς, ἡ, [11] market-place, forum, public place of assembly.   ²πρωτοκαθεδρία, ας, ἡ, [4] a chief (most honorable) seat.   ³πρωτοκλισία, ας, ἡ, [5] the chief place at a banquet or table.   ⁴δεῖπνον, ου, τό, [16] a dinner, an afternoon or evening meal.   ⁵κατεσθίω, [15] I eat up, eat till it is finished, devour, squander, annoy, injure.   ⁶χήρα, ας, ἡ, [27] a widow.   ⁷πρόφασις, εως, ἡ, [7] a pretext, an excuse.   ⁸μακρός, ά, όν, [6] long, distant, far; of long duration.   ⁹περισσός, ή, όν, [26] more, greater, excessive, abundant, exceedingly, vehemently; noun: preeminence, advantage.   ¹⁰κρίμα, ατος, τό, [28] (a) a judgment, a verdict; sometimes implying an adverse verdict, a condemnation, (b) a case at law, a lawsuit.   ¹¹ἀναβλέπω, [26] I look up, recover my sight.   ¹²δῶρον, ου, τό, [19] a gift, present.   ¹³γαζοφυλάκιον, ου, τό, [5] a treasury.   ¹⁴πλούσιος, α, ον, [28] rich, abounding in, wealthy; subst: a rich man.   ¹⁵πενιχρός, ά, όν, [1] poor, needy.   ¹⁶λεπτόν, οῦ, τό, [3] a small piece of money, probably the smallest piece of money.   ¹⁷ἀληθῶς, [21] truly, really, certainly, surely.   ¹⁸πτωχός, ή, όν, [34] poor, destitute, spiritually poor, either in a good sense (humble devout persons) or bad.   ¹⁹ἅπας, ασα, αν, [39] all, the whole, altogether.   ²⁰περισσεύω, [39] (a) intrans: I exceed the ordinary (the necessary), abound, overflow; am left over, (b) trans: I cause to abound.   ²¹ὑστέρημα, ατος, τό, [9] (a) of things or persons: that which is lacking, a defect or shortcoming, (b) want, poverty.   ²²βίος, ου, ὁ, [11] (a) life, (b) manner of life; livelihood.   ²³ἀνάθημα, ατος, τό, [1] an offering dedicated (hung up in a temple) by a worshipper; a gift or offering consecrated to God.   ²⁴κοσμέω, [10] I put into order; I decorate, deck, adorn.   ²⁵καταλύω, [17] (lit: I loosen thoroughly), (a) trans: I break up, overthrow, destroy, both lit. and met., (b) I unyoke, unharness a carriage horse or pack animal; hence: I put up, lodge, find a lodging.   ²⁶πότε, [19] when, at what time.   ²⁷πλανάω, [40] I lead astray, deceive, cause to wander.   ²⁸ἐγγίζω, [43] trans: I bring near; intrans: I come near, approach.   ²⁹ὀπίσω, [37] behind, after; back, backwards.   ³⁰πόλεμος, ου, ὁ, [19] a war, battle, strife.   ³¹ἀκαταστασία, ας, ἡ, [5] disturbance, upheaval, revolution, almost anarchy, first in the political, and thence in the moral sphere.   ³²πτοέω, [2] I terrify, scare, strike with panic.   ³³τέλος, ους, τό, [41] (a) an end, (b) event or issue, (c) the principal end, aim, purpose, (d) a tax.

10 Τότε ἔλεγεν αὐτοῖς, Ἐγερθήσεται ἔθνος ἐπὶ ἔθνος, καὶ βασιλεία ἐπὶ βασιλείαν· **11** σεισμοί¹ τε μεγάλοι κατὰ τόπους καὶ λιμοὶ² καὶ λοιμοὶ³ ἔσονται, φόβητρά⁴ τε καὶ σημεῖα ἀπ᾽ οὐρανοῦ μεγάλα ἔσται. **12** Πρὸ⁵ δὲ τούτων πάντων ἐπιβαλοῦσιν⁶ ἐφ᾽ ὑμᾶς τὰς χεῖρας αὐτῶν, καὶ διώξουσιν,⁷ παραδιδόντες εἰς συναγωγὰς καὶ φυλακάς,⁸ ἀγομένους ἐπὶ βασιλεῖς καὶ ἡγεμόνας,⁹ ἕνεκεν¹⁰ τοῦ ὀνόματός μου. **13** Ἀποβήσεται¹¹ δὲ ὑμῖν εἰς μαρτύριον.¹² **14** Θέσθε οὖν εἰς τὰς καρδίας ὑμῶν μὴ προμελετᾶν¹³ ἀπολογηθῆναι·¹⁴ **15** ἐγὼ γὰρ δώσω ὑμῖν στόμα καὶ σοφίαν, ᾗ οὐ δυνήσονται ἀντειπεῖν¹⁵ οὐδὲ ἀντιστῆναι¹⁶ πάντες οἱ ἀντικείμενοι¹⁷ ὑμῖν. **16** Παραδοθήσεσθε δὲ καὶ ὑπὸ γονέων¹⁸ καὶ συγγενῶν¹⁹ καὶ φίλων²⁰ καὶ ἀδελφῶν, καὶ θανατώσουσιν²¹ ἐξ ὑμῶν. **17** Καὶ ἔσεσθε μισούμενοι²² ὑπὸ πάντων διὰ τὸ ὄνομά μου. **18** Καὶ θρὶξ²³ ἐκ τῆς κεφαλῆς ὑμῶν οὐ μὴ ἀπόληται. **19** Ἐν τῇ ὑπομονῇ²⁴ ὑμῶν κτήσασθε²⁵ τὰς ψυχὰς ὑμῶν.

20 Ὅταν δὲ ἴδητε κυκλουμένην²⁶ ὑπὸ στρατοπέδων²⁷ τὴν Ἰερουσαλήμ, τότε γνῶτε ὅτι ἤγγικεν²⁸ ἡ ἐρήμωσις²⁹ αὐτῆς. **21** Τότε οἱ ἐν τῇ Ἰουδαίᾳ³⁰ φευγέτωσαν³¹ εἰς τὰ ὄρη· καὶ οἱ ἐν μέσῳ αὐτῆς ἐκχωρείτωσαν·³² καὶ οἱ ἐν ταῖς χώραις³³ μὴ εἰσερχέσθωσαν εἰς αὐτήν. **22** Ὅτι ἡμέραι ἐκδικήσεως³⁴ αὗταί εἰσιν, τοῦ πλησθῆναι³⁵ πάντα τὰ γεγραμμένα. **23** Οὐαὶ³⁶ δὲ ταῖς ἐν γαστρὶ³⁷ ἐχούσαις καὶ ταῖς θηλαζούσαις³⁸ ἐν ἐκείναις ταῖς ἡμέραις· ἔσται γὰρ ἀνάγκη³⁹ μεγάλη ἐπὶ τῆς γῆς, καὶ ὀργὴ⁴⁰ ἐν τῷ λαῷ τούτῳ. **24** Καὶ πεσοῦνται

---

⁶ἐπιβαλοῦσιν: FAI-3P ⁷διώξουσιν: FAI-3P ¹¹Ἀποβήσεται: FDI-3S ¹³προμελετᾶν: PAN ¹⁴ἀπολογηθῆναι: AON ¹⁵ἀντειπεῖν: 2AAN ¹⁶ἀντιστῆναι: 2AAN ¹⁷ἀντικείμενοι: PNP-NPM ²¹θανατώσουσιν: FAI-3P ²²μισούμενοι: PPP-NPM ²⁵κτήσασθε: ADM-2P ²⁶κυκλουμένην: PPP-ASF ²⁸ἤγγικεν: RAI-3S ³¹φευγέτωσαν: PAM-3P ³²ἐκχωρείτωσαν: PAM-3P ³⁵πλησθῆναι: APN ³⁸θηλαζούσαις: PAP-DPF

---

¹σεισμός, οῦ, ὁ, [13] a shaking (as an earthquake); a storm. ²λιμός, οῦ, ὁ, ἡ, [12] a famine, hunger. ³λοιμός, οῦ, ὁ, [3] (a) a pestilence, (b) a pestilent fellow. ⁴φόβητρον, ου, τό, [1] a terrible sight, cause of terror, an object of fear. ⁵πρό, [47] (a) of place: before, in front of, (b) of time: before, earlier than. ⁶ἐπιβάλλω, [18] (a) I throw upon, cast over, (b) I place upon, (c) I lay, (d) intrans: I strike upon, rush. ⁷διώκω, [44] I pursue, hence: I persecute. ⁸φυλακή, ῆς, ἡ, [47] a watching, keeping guard; a guard, prison; imprisonment. ⁹ἡγεμών, όνος, ὁ, [22] a leader, guide; a commander; a governor (of a province); plur: leaders. ¹⁰ἕνεκεν, [26] for the sake of, on account of, on account of which, wherefore, on account of what, why. ¹¹ἀποβαίνω, [4] I go or come out of, disembark, turn out, result, become, happen. ¹²μαρτύριον, ου, τό, [20] witness, evidence, testimony, proof. ¹³προμελετάω, [1] I meditate beforehand, prepare, get up, premeditate. ¹⁴ἀπολογέομαι, [10] I give a defense, defend myself (especially in a law court): it can take an object of what is said in defense. ¹⁵ἀντιλέγω, [12] I speak or say in opposition, contradict (oppose, resist). ¹⁶ἀνθίστημι, [14] I set against; I withstand, resist, oppose. ¹⁷ἀντίκειμαι, [8] I resist, oppose, withstand, lie opposite to. ¹⁸γονεύς, έως, ὁ, [19] a begetter, father; plur: parents. ¹⁹συγγενής, ές, [12] akin to, related; subst: fellow countryman, kinsman. ²⁰φίλος, η, ον, [30] friendly; subst: a friend, an associate. ²¹θανατόω, [11] I put to death, subdue; pass: I am in danger of death, am dead to, am rid of, am parted from. ²²μισέω, [41] I hate, detest, love less, esteem less. ²³θρίξ, τριχός, ἡ, [15] hair (of the head or of animals). ²⁴ὑπομονή, ῆς, ἡ, [32] endurance, steadfastness, patient waiting for. ²⁵κτάομαι, [7] (a) I acquire, win, get, purchase, buy, (b) I possess, win mastery over. ²⁶κυκλόω, [5] I encircle, besiege, surround. ²⁷στρατόπεδον, ου, τό, [1] an encamped army. ²⁸ἐγγίζω, [43] trans: I bring near; intrans: I come near, approach. ²⁹ἐρήμωσις, εως, ἡ, [3] a desolation, devastation. ³⁰Ἰουδαία, ας, ἡ, [43] Judea, a Roman province, capital Jerusalem. ³¹φεύγω, [31] I flee, escape, shun. ³²ἐκχωρέω, [1] I go out, depart from, withdraw, flee. ³³χώρα, ας, ἡ, [27] (a) a country or region, (b) the land, as opposed to the sea, (c) the country, distinct from town, (d) plur: fields. ³⁴ἐκδίκησις, εως, ἡ, [9] (a) a defense, avenging, vindication, vengeance, (b) full (complete) punishment. ³⁵πλήθω, [25] I fill, fulfill, complete. ³⁶οὐαί, [47] woe!, alas!, uttered in grief or denunciation. ³⁷γαστήρ, γαστρός, ἡ, [9] the womb, stomach; of a woman: to be with child (lit: to have [a child] in the belly). ³⁸θηλάζω, [6] (a) I give suck, (b) I suck. ³⁹ἀνάγκη, ης, ἡ, [18] necessity, constraint, compulsion; there is need to; force, violence. ⁴⁰ὀργή, ῆς, ἡ, [36] anger, wrath, passion; punishment, vengeance.

στόματι μαχαίρας,¹ καὶ αἰχμαλωτισθήσονται² εἰς πάντα τὰ ἔθνη· καὶ Ἱερουσαλὴμ ἔσται πατουμένη³ ὑπὸ ἐθνῶν, ἄχρι πληρωθῶσιν καιροὶ ἐθνῶν. **25** Καὶ ἔσται σημεῖα ἐν ἡλίῳ⁴ καὶ σελήνη⁵ καὶ ἄστροις,⁶ καὶ ἐπὶ τῆς γῆς συνοχὴ⁷ ἐθνῶν ἐν ἀπορίᾳ,⁸ ἠχούσης⁹ θαλάσσης καὶ σάλου,¹⁰ **26** ἀποψυχόντων¹¹ ἀνθρώπων ἀπὸ φόβου¹² καὶ προσδοκίας¹³ τῶν ἐπερχομένων¹⁴ τῇ οἰκουμένῃ·¹⁵ αἱ γὰρ δυνάμεις τῶν οὐρανῶν σαλευθήσονται.¹⁶ **27** Καὶ τότε ὄψονται τὸν υἱὸν τοῦ ἀνθρώπου ἐρχόμενον ἐν νεφέλῃ¹⁷ μετὰ δυνάμεως καὶ δόξης πολλῆς. **28** Ἀρχομένων δὲ τούτων γίνεσθαι, ἀνακύψατε¹⁸ καὶ ἐπάρατε¹⁹ τὰς κεφαλὰς ὑμῶν· διότι²⁰ ἐγγίζει²¹ ἡ ἀπολύτρωσις²² ὑμῶν.

29 Καὶ εἶπεν παραβολὴν αὐτοῖς, Ἴδετε τὴν συκῆν²³ καὶ πάντα τὰ δένδρα·²⁴ **30** ὅταν προβάλωσιν²⁵ ἤδη, βλέποντες ἀφ' ἑαυτῶν γινώσκετε ὅτι ἤδη ἐγγὺς²⁶ τὸ θέρος²⁷ ἐστίν. **31** Οὕτως καὶ ὑμεῖς, ὅταν ἴδητε ταῦτα γινόμενα, γινώσκετε ὅτι ἐγγύς²⁶ ἐστιν ἡ βασιλεία τοῦ θεοῦ. **32** Ἀμὴν λέγω ὑμῖν ὅτι οὐ μὴ παρέλθῃ²⁸ ἡ γενεὰ²⁹ αὕτη, ἕως ἂν πάντα γένηται. **33** Ὁ οὐρανὸς καὶ ἡ γῆ παρελεύσονται,³⁰ οἱ δὲ λόγοι μου οὐ μὴ παρέλθωσιν.³¹

34 Προσέχετε³² δὲ ἑαυτοῖς, μήποτε³³ βαρηθῶσιν³⁴ ὑμῶν αἱ καρδίαι ἐν κραιπάλῃ³⁵ καὶ μέθῃ³⁶ καὶ μερίμναις³⁷ βιωτικαῖς,³⁸ καὶ αἰφνίδιος³⁹ ἐφ' ὑμᾶς ἐπιστῇ⁴⁰ ἡ ἡμέρα ἐκείνη· **35** ὡς παγὶς⁴¹ γὰρ ἐπελεύσεται⁴² ἐπὶ πάντας τοὺς καθημένους ἐπὶ πρόσωπον πάσης τῆς

---

²αἰχμαλωτισθήσονται: FPI-3P   ³πατουμένη: PPP-NSF   ⁹ἠχούσης: PAP-GSF   ¹¹ἀποψυχόντων: PAP-GPM
¹⁴ἐπερχομένων: PNP-GPM   ¹⁶σαλευθήσονται: FPI-3P   ¹⁸ἀνακύψατε: AAM-2P   ¹⁹ἐπάρατε: AAM-2P   ²¹ἐγγίζει: PAI-3S   ²⁵προβάλωσιν: 2AAS-3P   ²⁸παρέλθῃ: 2AAS-3S   ³⁰παρελεύσονται: FDI-3P   ³¹παρέλθωσιν: 2AAS-3P
³²Προσέχετε: PAM-2P   ³⁴βαρηθῶσιν: APS-3P   ⁴⁰ἐπιστῇ: 2AAS-3S   ⁴²ἐπελεύσεται: FDI-3S

---

¹μάχαιρα, ας, ἡ, [29] a sword.   ²αἰχμαλωτίζω, [3] I take captive (in war); I subdue, ensnare.   ³πατέω, [5] I tread, trample upon.   ⁴ἥλιος, ου, ὁ, [32] the sun, sunlight.   ⁵σελήνη, ης, ἡ, [9] the moon.   ⁶ἄστρον, ου, τό, [4] a star.   ⁷συνοχή, ῆς, ἡ, [2] distress, anguish, anxiety.   ⁸ἀπορία, ας, ἡ, [1] perplexity, anxiety, doubt.
⁹ἠχέω, [2] I make a sound, give forth a sound, sound (when struck); I roar (as the sea).   ¹⁰σάλος, ου, ὁ, [1] the tossing of the sea in a tempest; agitation, rolling.   ¹¹ἀποψύχω, [1] I faint, breathe out life, die, am dismayed.
¹²φόβος, ου, ὁ. [47] (a) fear, terror, alarm, (b) the object or cause of fear, (c) reverence, respect.   ¹³προσδοκία, ας, ἡ, [2] expectation, waiting.   ¹⁴ἐπέρχομαι, [10] I come to, arrive, come on, come upon, attack.   ¹⁵οἰκουμένη, ης, ἡ, [16] (properly: the land that is being inhabited, the land in a state of habitation), the inhabited world, that is, the Roman world, for all outside it was regarded as of no account.   ¹⁶σαλεύω, [15] I shake, excite, disturb in mind, stir up, drive away.   ¹⁷νεφέλη, ης, ἡ, [26] a cloud.   ¹⁸ἀνακύπτω, [4] I raise myself, look up, am elated.
¹⁹ἐπαίρω, [19] I raise, lift up.   ²⁰διότι, [24] on this account, because, for.   ²¹ἐγγίζω, [43] trans: I bring near; intrans: I come near, approach.   ²²ἀπολύτρωσις, εως, ἡ, [10] release effected by payment of ransom; redemption, deliverance.   ²³συκῆ, ῆς, ἡ, [16] a fig-tree.   ²⁴δένδρον, ου, τό, [26] a tree.   ²⁵προβάλλω, [2] I thrust forward, put forth (as of branches), produce.   ²⁶ἐγγύς, [30] near.   ²⁷θέρος, ους, τό, [3] summer.   ²⁸παρέρχομαι, [29] I pass by, pass away, pass out of sight; I am rendered void, become vain, neglect, disregard.   ²⁹γενεά, ᾶς, ἡ, [42] a generation; if repeated twice or with another time word, practically indicates infinity of time.   ³⁰παρέρχομαι, [29] I pass by, pass away, pass out of sight; I am rendered void, become vain, neglect, disregard.   ³¹παρέρχομαι, [29] I pass by, pass away, pass out of sight; I am rendered void, become vain, neglect, disregard.   ³²προσέχω, [24] (a) I attend to, pay attention to, (b) I beware, am cautious, (c) I join, devote myself to.   ³³μήποτε, [25] lest at any time, lest; then weakened: whether perhaps, whether at all; in a principal clause: perhaps.   ³⁴βαρέω, [7] I weight, load, burden, lit. and met.   ³⁵κραιπάλη, ης, ἡ, [1] drunken dissipation, surfeiting.   ³⁶μέθη, ης, ἡ, [3] deep drinking, drunkenness.   ³⁷μέριμνα, ης, ἡ, [6] care, worry, anxiety.   ³⁸βιωτικός, ή, όν, [3] belonging to ordinary life, worldly.   ³⁹αἰφνίδιος, ον, [2] unexpected, sudden.   ⁴⁰ἐφίστημι, [21] I stand by, am urgent, befall one (as of evil), am at hand, impend.   ⁴¹παγίς, ίδος, ἡ, [5] a snare, trap (especially for catching birds) hence, met: stratagem, device, wile.   ⁴²ἐπέρχομαι, [10] I come to, arrive, come on, come upon, attack.

γῆς. 36 Ἀγρυπνεῖτε¹ οὖν ἐν παντὶ καιρῷ δεόμενοι,² ἵνα καταξιωθῆτε³ ἐκφυγεῖν⁴ πάντα τὰ μέλλοντα γίνεσθαι, καὶ σταθῆναι ἔμπροσθεν⁵ τοῦ υἱοῦ τοῦ ἀνθρώπου.
37 Ἦν δὲ τὰς ἡμέρας ἐν τῷ ἱερῷ διδάσκων· τὰς δὲ νύκτας ἐξερχόμενος ηὐλίζετο⁶ εἰς τὸ ὄρος τὸ καλούμενον Ἐλαιῶν.⁷ 38 Καὶ πᾶς ὁ λαὸς ὤρθριζεν⁸ πρὸς αὐτὸν ἐν τῷ ἱερῷ ἀκούειν αὐτοῦ.

The Preparation for, and the Celebration of, the Passover

22 Ἤγγιζεν⁹ δὲ ἡ ἑορτὴ¹⁰ τῶν ἀζύμων,¹¹ ἡ λεγομένη Πάσχα.¹² 2 Καὶ ἐζήτουν οἱ ἀρχιερεῖς καὶ οἱ γραμματεῖς τὸ πῶς ἀνέλωσιν¹³ αὐτόν· ἐφοβοῦντο γὰρ τὸν λαόν.
3 Εἰσῆλθεν δὲ Σατανᾶς¹⁴ εἰς Ἰούδαν τὸν ἐπικαλούμενον¹⁵ Ἰσκαριώτην, ὄντα ἐκ τοῦ ἀριθμοῦ¹⁶ τῶν δώδεκα. 4 Καὶ ἀπελθὼν συνελάλησεν¹⁷ τοῖς ἀρχιερεῦσιν καὶ στρατηγοῖς¹⁸ τὸ πῶς αὐτὸν παραδῷ αὐτοῖς. 5 Καὶ ἐχάρησαν, καὶ συνέθεντο¹⁹ αὐτῷ ἀργύριον²⁰ δοῦναι. 6 Καὶ ἐξωμολόγησεν,²¹ καὶ ἐζήτει εὐκαιρίαν²² τοῦ παραδοῦναι αὐτὸν αὐτοῖς ἄτερ²³ ὄχλου.
7 Ἦλθεν δὲ ἡ ἡμέρα τῶν ἀζύμων,¹¹ ἐν ᾗ ἔδει θύεσθαι²⁴ τὸ Πάσχα.¹² 8 Καὶ ἀπέστειλεν Πέτρον καὶ Ἰωάννην, εἰπών, Πορευθέντες ἑτοιμάσατε²⁵ ἡμῖν τὸ Πάσχα,¹² ἵνα φάγωμεν. 9 Οἱ δὲ εἶπον αὐτῷ, Ποῦ²⁶ θέλεις ἑτοιμάσωμεν;²⁷ 10 Ὁ δὲ εἶπεν αὐτοῖς, Ἰδού, εἰσελθόντων ὑμῶν εἰς τὴν πόλιν, συναντήσει²⁸ ὑμῖν ἄνθρωπος κεράμιον²⁹ ὕδατος βαστάζων·³⁰ ἀκολουθήσατε αὐτῷ εἰς τὴν οἰκίαν οὗ³¹ εἰσπορεύεται.³² 11 Καὶ ἐρεῖτε τῷ οἰκοδεσπότῃ³³ τῆς οἰκίας, Λέγει σοι ὁ διδάσκαλος, Ποῦ²⁶ ἐστιν τὸ κατάλυμα,³⁴ ὅπου

---

¹Ἀγρυπνεῖτε: PAM-2P　²δεόμενοι: PNP-NPM　³καταξιωθῆτε: APS-2P　⁴ἐκφυγεῖν: 2AAN　⁶ηὐλίζετο: INI-3S ⁸ὤρθριζεν: IAI-3S　⁹Ἤγγιζεν: IAI-3S　¹³ἀνέλωσιν: 2AAS-3P　¹⁵ἐπικαλούμενον: PPP-ASM　¹⁷συνελάλησεν: AAI-3S ¹⁹συνέθεντο: 2AMI-3P　²¹ἐξωμολόγησεν: AAI-3S　²⁴θύεσθαι: PPN　²⁵ἑτοιμάσατε: AAM-2P　²⁷ἑτοιμάσομεν: FAI-1P ²⁸συναντήσει: FAI-3S　³⁰βαστάζων: PAP-NSM　³²εἰσπορεύεται: PNI-3S

---

¹ἀγρυπνέω, [4] I am not asleep, am awake; especially: I am watchful, careful.　²δέομαι, [22] I want for myself; I want, need; I beg, request, beseech, pray.　³καταξιόω, [4] I deem (count) worthy.　⁴ἐκφεύγω, [7] I flee out, away, escape; with an acc: I escape something.　⁵ἔμπροσθεν, [48] in front, before the face; sometimes made a subst. by the addition of the article: in front of, before the face of.　⁶αὐλίζομαι, [2] I lodge in the open, lodge, pass the night.　⁷ἐλαία, ας, ἡ, [15] an olive tree; the Mount of Olives.　⁸ὀρθρίζω, [1] I rise early, come in the morning.　⁹ἐγγίζω, [43] trans: I bring near; intrans: I come near, approach.　¹⁰ἑορτή, ῆς, ἡ, [27] a festival, feast, periodically recurring.　¹¹ἄζυμος, ον, [9] unleavened, the paschal feast (a feast of the Hebrews); fig: uncorrupted, sincere.　¹²πάσχα, τό, [29] the feast of Passover, the Passover lamb.　¹³ἀναιρέω, [23] I take up, take away the life of, make an end of, murder.　¹⁴Σατανᾶς, ᾶ, ὁ, [36] an adversary, Satan.　¹⁵ἐπικαλέω, [32] (a) I call (name) by a supplementary (additional, alternative) name, (b) mid: I call upon, appeal to, address.　¹⁶ἀριθμός, οῦ, ὁ, [19] a number, total.　¹⁷συλλαλέω, [6] I talk with, discuss.　¹⁸στρατηγός, οῦ, ὁ, [10] (a) a general or leader of the army, (b) a magistrate or governor, (c) captain of the temple.　¹⁹συντίθημι, [4] mid. and pass: I make a compact (agreement) with (together), covenant with, agree.　²⁰ἀργύριον, ου, τό, [20] silver, a piece of silver, a shekel, money in general.　²¹ἐξομολογέω, [10] (a) I consent fully, agree out and out, (b) I confess, admit, acknowledge (cf. the early Hellenistic sense of the middle: I acknowledge a debt), (c) I give thanks, praise.　²²εὐκαιρία, ας, ἡ, [2] a convenient time, opportunity.　²³ἄτερ, [2] apart from, without.　²⁴θύω, [14] I sacrifice, generally an animal; hence: I kill.　²⁵ἑτοιμάζω, [40] I make ready, prepare.　²⁶ποῦ, [44] where, in what place.　²⁷ἑτοιμάζω, [40] I make ready, prepare.　²⁸συναντάω, [6] I meet, encounter, fall in with.　²⁹κεράμιον, ου, τό, [2] a pitcher, earthen vessel, jar.　³⁰βαστάζω, [27] (a) I carry, bear, (b) I carry (take) away.　³¹οὗ, [23] where, whither, when, in what place.　³²εἰσπορεύομαι, [17] I journey in(to), I go in(to), enter, intervene.　³³οἰκοδεσπότης, ου, ὁ, [12] a head of a household.　³⁴κατάλυμα, ατος, τό, [3] an inn, lodging-place.

τὸ Πάσχα¹ μετὰ τῶν μαθητῶν μου φάγω; 12 Κἀκεῖνος² ὑμῖν δείξει³ ἀνώγεον⁴ μέγα ἐστρωμένον·⁵ ἐκεῖ ἑτοιμάσατε.⁶ 13 Ἀπελθόντες δὲ εὗρον καθὼς εἴρηκεν αὐτοῖς· καὶ ἡτοίμασαν⁷ τὸ Πάσχα.¹

14 Καὶ ὅτε ἐγένετο ἡ ὥρα, ἀνέπεσεν,⁸ καὶ οἱ δώδεκα ἀπόστολοι σὺν αὐτῷ. 15 Καὶ εἶπεν πρὸς αὐτούς, Ἐπιθυμίᾳ⁹ ἐπεθύμησα¹⁰ τοῦτο τὸ Πάσχα¹ φαγεῖν μεθ' ὑμῶν πρὸ¹¹ τοῦ με παθεῖν·¹² 16 λέγω γὰρ ὑμῖν ὅτι οὐκέτι¹³ οὐ μὴ φάγω ἐξ αὐτοῦ, ἕως ὅτου¹⁴ πληρωθῇ ἐν τῇ βασιλείᾳ τοῦ θεοῦ. 17 Καὶ δεξάμενος ποτήριον,¹⁵ εὐχαριστήσας¹⁶ εἶπεν, Λάβετε τοῦτο, καὶ διαμερίσατε¹⁷ ἑαυτοῖς· 18 λέγω γὰρ ὑμῖν ὅτι οὐ μὴ πίω ἀπὸ τοῦ γενήματος¹⁸ τῆς ἀμπέλου,¹⁹ ἕως ὅτου¹⁴ ἡ βασιλεία τοῦ θεοῦ ἔλθῃ. 19 Καὶ λαβὼν ἄρτον, εὐχαριστήσας²⁰ ἔκλασεν,²¹ καὶ ἔδωκεν αὐτοῖς, λέγων, Τοῦτό ἐστιν τὸ σῶμά μου, τὸ ὑπὲρ ὑμῶν διδόμενον· τοῦτο ποιεῖτε εἰς τὴν ἐμὴν ἀνάμνησιν.²² 20 Ὡσαύτως²³ καὶ τὸ ποτήριον¹⁵ μετὰ τὸ δειπνῆσαι,²⁴ λέγων, Τοῦτο τὸ ποτήριον¹⁵ ἡ καινὴ²⁵ διαθήκη²⁶ ἐν τῷ αἵματί μου, τὸ ὑπὲρ ὑμῶν ἐκχυνόμενον.²⁷ 21 Πλὴν²⁸ ἰδού, ἡ χεὶρ τοῦ παραδιδόντος με μετ' ἐμοῦ ἐπὶ τῆς τραπέζης.²⁹ 22 Καὶ ὁ μὲν υἱὸς τοῦ ἀνθρώπου πορεύεται κατὰ τὸ ὡρισμένον·³⁰ πλὴν²⁸ οὐαὶ³¹ τῷ ἀνθρώπῳ ἐκείνῳ δι' οὗ παραδίδοται. 23 Καὶ αὐτοὶ ἤρξαντο συζητεῖν³² πρὸς ἑαυτοὺς τὸ τίς ἄρα³³ εἴη ἐξ αὐτῶν ὁ τοῦτο μέλλων πράσσειν.³⁴

A Lesson on Humility

24 Ἐγένετο δὲ καὶ φιλονεικία³⁵ ἐν αὐτοῖς τὸ τίς αὐτῶν δοκεῖ εἶναι μείζων. 25 Ὁ δὲ εἶπεν αὐτοῖς, Οἱ βασιλεῖς τῶν ἐθνῶν κυριεύουσιν³⁶ αὐτῶν, καὶ οἱ ἐξουσιάζοντες³⁷ αὐτῶν εὐεργέται³⁸ καλοῦνται. 26 Ὑμεῖς δὲ οὐχ οὕτως· ἀλλ' ὁ μείζων ἐν ὑμῖν γενέσθω ὡς ὁ

---

³δείξει: FAI-3S   ⁵ἐστρωμένον: RPP-ASN   ⁶ἑτοιμάσατε: AAM-2P   ⁷ἡτοίμασαν: AAI-3P   ⁸ἀνέπεσεν: 2AAI-3S   ¹⁰ἐπεθύμησα: AAI-1S   ¹²παθεῖν: 2AAN   ¹⁶εὐχαριστήσας: AAP-NSM   ¹⁷διαμερίσατε: AAM-2P   ²⁰εὐχαριστήσας: AAP-NSM   ²¹ἔκλασεν: AAI-3S   ²⁴δειπνῆσαι: AAN   ²⁷ἐκχυνόμενον: PPP-NSN   ³⁰ὡρισμένον: RPP-ASN   ³²συζητεῖν: PAN   ³⁴πράσσειν: PAN   ³⁶κυριεύουσιν: PAI-3P   ³⁷ἐξουσιάζοντες: PAP-NPM

---

¹πάσχα, τό, [29] the feast of Passover, the Passover lamb.   ²κἀκεῖνος, η, ο, [21] and he, she, it, and that. ³δείκνυμι, [31] I point out, show, exhibit; met: I teach, demonstrate, make known.   ⁴ἀνώγεον, ου, τό, [2] an upper room.   ⁵στρωννύω, [7] I spread, make a bed.   ⁶ἑτοιμάζω, [40] I make ready, prepare.   ⁷ἑτοιμάζω, [40] I make ready, prepare.   ⁸ἀναπίπτω, [11] I lie down, recline (at a dinner-table), fall back upon (the breast of another person reclining at dinner).   ⁹ἐπιθυμία, ας, ἡ, [38] desire, eagerness for, inordinate desire, lust. ¹⁰ἐπιθυμέω, [16] I long for, covet, lust after, set the heart upon.   ¹¹πρό, [47] (a) of place: before, in front of, (b) of time: before, earlier than.   ¹²πάσχω, [42] I am acted upon in a certain way, either good or bad; I experience ill treatment, suffer.   ¹³οὐκέτι, [48] no longer, no more.   ¹⁴ὅτου, [6] until.   ¹⁵ποτήριον, ου, τό, [33] a drinking cup, the contents of the cup; fig: the portion which God allots.   ¹⁶εὐχαριστέω, [40] I thank, give thanks; pass. 3 sing: is received with thanks.   ¹⁷διαμερίζω, [11] I divide up into parts, break up; I distribute.   ¹⁸γέννημα, ατος, τό, [9] offspring, child, fruit.   ¹⁹ἄμπελος, ου, ἡ, [9] a vine, grape-vine.   ²⁰εὐχαριστέω, [40] I thank, give thanks; pass. 3 sing: is received with thanks.   ²¹κλάω, [15] I break (in pieces), break bread.   ²²ἀνάμνησις, εως, ἡ, [4] a recalling, remembrance, memory.   ²³ὡσαύτως, [18] in like manner, likewise, just so.   ²⁴δειπνέω, [4] I dine, sup, eat.   ²⁵καινός, ή, όν, [44] fresh, new, unused, novel.   ²⁶διαθήκη, ης, ἡ, [33] (a) a covenant between two parties, (b) (the ordinary, everyday sense [found a countless number of times in papyri]) a will, testament.   ²⁷ἐκχέω, [28] I pour out (liquid or solid); I shed, bestow liberally.   ²⁸πλήν, [31] however, nevertheless, but, except that, yet.   ²⁹τράπεζα, ης, ἡ, [15] a table, (a) for food or banqueting, (b) for money-changing or business.   ³⁰ὁρίζω, [8] I separate, mark off by boundaries; I determine, appoint, designate.   ³¹οὐαί, [47] woe!, alas!, uttered in grief or denunciation.   ³²συζητέω, [10] I seek together, discuss, dispute.   ³³ἆρα, [19] a particle asking a question, to which a negative answer is expected.   ³⁴πράσσω, [38] I do, perform, accomplish; be in any condition, i.e. I fare; I exact, require.   ³⁵φιλονεικία, ας, ἡ, [1] love of dispute, contention.   ³⁶κυριεύω, [7] I have authority, rule over.   ³⁷ἐξουσιάζω, [4] I exercise (wield) power (authority), pass: I am ruled, am held under authority. ³⁸εὐεργέτης, ου, ὁ, [1] a benefactor, well-doer.

νεώτερος·¹ καὶ ὁ ἡγούμενος² ὡς ὁ διακονῶν.³ 27 Τίς γὰρ μείζων, ὁ ἀνακείμενος⁴ ἢ ὁ διακονῶν;⁵ Οὐχὶ ὁ ἀνακείμενος;⁶ Ἐγὼ δέ εἰμι ἐν μέσῳ ὑμῶν ὡς ὁ διακονῶν.⁷ 28 Ὑμεῖς δέ ἐστε οἱ διαμεμενηκότες⁸ μετ᾽ ἐμοῦ ἐν τοῖς πειρασμοῖς⁹ μου· 29 κἀγὼ διατίθεμαι¹⁰ ὑμῖν, καθὼς διέθετό¹¹ μοι ὁ πατήρ μου, βασιλείαν, 30 ἵνα ἐσθίητε καὶ πίνητε ἐπὶ τῆς τραπέζης¹² μου καὶ καθίσεσθε¹³ ἐπὶ θρόνων, κρίνοντες τὰς δώδεκα φυλὰς¹⁴ τοῦ Ἰσραήλ.

The Walk to Gethsemane and the Agony

31 Εἶπεν δὲ ὁ κύριος, Σίμων, Σίμων, ἰδού, ὁ Σατανᾶς¹⁵ ἐξῃτήσατο¹⁶ ὑμᾶς, τοῦ σινιάσαι¹⁷ ὡς τὸν σῖτον·¹⁸ 32 ἐγὼ δὲ ἐδεήθην¹⁹ περὶ σοῦ, ἵνα μὴ ἐκλίπῃ²⁰ ἡ πίστις σου· καὶ σύ ποτε²¹ ἐπιστρέψας²² στήριξον²³ τοὺς ἀδελφούς σου. 33 Ὁ δὲ εἶπεν αὐτῷ, Κύριε, μετὰ σοῦ ἕτοιμός²⁴ εἰμι καὶ εἰς φυλακὴν²⁵ καὶ εἰς θάνατον πορεύεσθαι. 34 Ὁ δὲ εἶπεν, Λέγω σοι, Πέτρε, οὐ μὴ φωνήσῃ²⁶ σήμερον²⁷ ἀλέκτωρ,²⁸ πρὶν²⁹ ἢ τρὶς³⁰ ἀπαρνήσῃ³¹ μὴ εἰδέναι με.

35 Καὶ εἶπεν αὐτοῖς, Ὅτε ἀπέστειλα ὑμᾶς ἄτερ³² βαλαντίου³³ καὶ πήρας³⁴ καὶ ὑποδημάτων,³⁵ μή τινος ὑστερήσατε;³⁶ Οἱ δὲ εἶπον, Οὐθενός. 36 Εἶπεν οὖν αὐτοῖς, Ἀλλὰ νῦν ὁ ἔχων βαλάντιον³³ ἀράτω, ὁμοίως³⁷ καὶ πήραν·³⁴ καὶ ὁ μὴ ἔχων, πωλήσει³⁸ τὸ ἱμάτιον αὐτοῦ, καὶ ἀγοράσει³⁹ μάχαιραν.⁴⁰ 37 Λέγω γὰρ ὑμῖν ὅτι ἔτι τοῦτο τὸ γεγραμμένον δεῖ τελεσθῆναι⁴¹ ἐν ἐμοί, τὸ Καὶ μετὰ ἀνόμων⁴² ἐλογίσθη·⁴³ καὶ γὰρ τὰ

---

²ἡγούμενος: PNP-NSM   ³διακονῶν: PAP-NSM   ⁴ἀνακείμενος: PNP-NSM   ⁵διακονῶν: PAP-NSM   ⁶ἀνακείμενος: PNP-NSM   ⁷διακονῶν: PAP-NSM   ⁸διαμεμενηκότες: RAP-NPM   ¹⁰διατίθεμαι: PMI-1S   ¹¹διέθετό: 2AMI-3S   ¹³καθίσεσθε: FDI-2P   ¹⁶ἐξῃτήσατο: AMI-3S   ¹⁷σινιάσαι: AAN   ¹⁹ἐδεήθην: API-1S   ²⁰ἐκλίπῃ: 2AAS-3S   ²²ἐπιστρέψας: AAP-NSM   ²³στήριξον: AAM-2S   ²⁶φωνήσῃ: AAS-3S   ³¹ἀπαρνήσῃ: FDI-2S   ³⁶ὑστερήσατε: AAI-2P   ³⁸πωλήσει: FAI-3S   ³⁹ἀγοράσει: FAI-3S   ⁴¹τελεσθῆναι: APN   ⁴³ἐλογίσθη: API-3S

---

¹νέος, α, ον, [24] (a) young, youthful, (b) new, fresh.   ²ἡγέομαι, [28] (a) I lead, (b) I think, am of opinion, suppose, consider.   ³διακονέω, [37] I wait at table (particularly of a slave who waits on guests); I serve (generally).   ⁴ἀνάκειμαι, [15] I recline, especially at a dinner-table.   ⁵διακονέω, [37] I wait at table (particularly of a slave who waits on guests); I serve (generally).   ⁶ἀνάκειμαι, [15] I recline, especially at a dinner-table.   ⁷διακονέω, [37] I wait at table (particularly of a slave who waits on guests); I serve (generally).   ⁸διαμένω, [5] I remain, continue.   ⁹πειρασμός, οῦ, ὁ, [21] (a) trial, probation, testing, being tried, (b) temptation, (c) calamity, affliction.   ¹⁰διατίθεμαι, [7] (a) I appoint, make (of a covenant), (b) I make (a will).   ¹¹διατίθεμαι, [7] (a) I appoint, make (of a covenant), (b) I make (a will).   ¹²τράπεζα, ης, ἡ, [15] a table, (a) for food or banqueting, (b) for money-changing or business.   ¹³καθίζω, [48] (a) trans: I make to sit; I set, appoint, (b) intrans: I sit down, am seated, stay.   ¹⁴φυλή, ῆς, ἡ, [31] a tribe or race of people.   ¹⁵Σατανᾶς, ᾶ, ὁ, [36] an adversary, Satan.   ¹⁶ἐξαιτέω, [1] I demand of, ask for, beg earnestly for.   ¹⁷σινιάζω, [1] I sift, prove by trials, winnow.   ¹⁸σῖτος, ου, ὁ, [14] wheat, grain.   ¹⁹δέομαι, [22] I want for myself; I want, need; I beg, request, beseech, pray.   ²⁰ἐκλείπω, [3] I fail, die out, come to an end, am defunct.   ²¹ποτέ, [29] at one time or other, at some time, formerly.   ²²ἐπιστρέφω, [37] (a) trans: I turn (back) to (towards), (b) intrans: I turn (back) (to [towards]); I come to myself.   ²³στηρίζω, [13] (a) I fix firmly, direct myself towards, (b) generally met: I buttress, prop, support; I strengthen, establish.   ²⁴ἕτοιμος, η, ον, [17] ready, prepared.   ²⁵φυλακή, ῆς, ἡ, [47] a watching, keeping guard; a guard, prison; imprisonment.   ²⁶φωνέω, [42] I give forth a sound, hence: (a) of a cock: I crow, (b) of men: I shout, (c) trans: I call (to myself), summon; I invite, address.   ²⁷σήμερον, [41] today, now.   ²⁸ἀλέκτωρ, ορος, ὁ, [12] a cock, rooster.   ²⁹πρίν, [14] formerly, before.   ³⁰τρίς, [12] three times.   ³¹ἀπαρνέομαι, [13] I deny, disown, repudiate (either another person or myself), disregard.   ³²ἄτερ, [2] apart from, without.   ³³βαλάντιον, ου, τό, [4] a purse, money-bag.   ³⁴πήρα, ας, ἡ, [6] a sack, wallet for carrying provisions.   ³⁵ὑπόδημα, ατος, τό, [10] a sandal; anything bound under.   ³⁶ὑστερέω, [16] I fall behind, am lacking, fall short, suffer need, am inferior to.   ³⁷ὁμοίως, [32] in like manner, similarly, in the same way, equally.   ³⁸πωλέω, [22] I sell, exchange, barter.   ³⁹ἀγοράζω, [31] I buy.   ⁴⁰μάχαιρα, ας, ἡ, [29] a sword.   ⁴¹τελέω, [26] (a) I end, finish, (b) I fulfill, accomplish, (c) I pay.   ⁴²ἄνομος, ον, [10] lawless, wicked, without law.   ⁴³λογίζομαι, [41] I reckon, count, charge with; reason, decide, conclude; think, suppose.

περὶ ἐμοῦ τέλος¹ ἔχει. 38 Οἱ δὲ εἶπον, Κύριε, ἰδού, μάχαιραι² ὧδε δύο. Ὁ δὲ εἶπεν αὐτοῖς, Ἱκανόν³ ἐστιν.

39 Καὶ ἐξελθὼν ἐπορεύθη κατὰ τὸ ἔθος⁴ εἰς τὸ ὄρος τῶν Ἐλαιῶν·⁵ ἠκολούθησαν δὲ αὐτῷ καὶ οἱ μαθηταὶ αὐτοῦ. 40 Γενόμενος δὲ ἐπὶ τοῦ τόπου, εἶπεν αὐτοῖς, Προσεύχεσθε μὴ εἰσελθεῖν εἰς πειρασμόν.⁶ 41 Καὶ αὐτὸς ἀπεσπάσθη⁷ ἀπ' αὐτῶν ὡσεὶ⁸ λίθου βολήν,⁹ καὶ θεὶς τὰ γόνατα¹⁰ προσηύχετο, 42 λέγων, Πάτερ, εἰ βούλει,¹¹ παρενεγκεῖν¹² τὸ ποτήριον¹³ τοῦτο ἀπ' ἐμοῦ· πλὴν¹⁴ μὴ τὸ θέλημά μου, ἀλλὰ τὸ σὸν¹⁵ γενέσθω. 43 Ὤφθη δὲ αὐτῷ ἄγγελος ἀπ' οὐρανοῦ ἐνισχύων¹⁶ αὐτόν. 44 Καὶ γενόμενος ἐν ἀγωνίᾳ,¹⁷ ἐκτενέστερον¹⁸ προσηύχετο. Ἐγένετο δὲ ὁ ἱδρὼς¹⁹ αὐτοῦ ὡσεὶ⁸ θρόμβοι²⁰ αἵματος καταβαίνοντες ἐπὶ τὴν γῆν. 45 Καὶ ἀναστὰς ἀπὸ τῆς προσευχῆς,²¹ ἐλθὼν πρὸς τοὺς μαθητὰς εὗρεν αὐτοὺς κοιμωμένους²² ἀπὸ τῆς λύπης,²³ 46 καὶ εἶπεν αὐτοῖς, Τί καθεύδετε;²⁴ Ἀναστάντες προσεύχεσθε, ἵνα μὴ εἰσέλθητε εἰς πειρασμόν.⁶

47 Ἔτι δὲ αὐτοῦ λαλοῦντος, ἰδού, ὄχλος, καὶ ὁ λεγόμενος Ἰούδας, εἷς τῶν δώδεκα, προήρχετο²⁵ αὐτούς, καὶ ἤγγισεν²⁶ τῷ Ἰησοῦ φιλῆσαι²⁷ αὐτόν. 48 Ὁ δὲ Ἰησοῦς εἶπεν αὐτῷ, Ἰούδα, φιλήματι²⁸ τὸν υἱὸν τοῦ ἀνθρώπου παραδίδως; 49 Ἰδόντες δὲ οἱ περὶ αὐτὸν τὸ ἐσόμενον εἶπον αὐτῷ, Κύριε, εἰ πατάξομεν²⁹ ἐν μαχαίρᾳ;² 50 Καὶ ἐπάταξεν³⁰ εἷς τις ἐξ αὐτῶν τὸν δοῦλον τοῦ ἀρχιερέως, καὶ ἀφεῖλεν³¹ αὐτοῦ τὸ οὖς³² τὸ δεξιόν. 51 Ἀποκριθεὶς δὲ ὁ Ἰησοῦς εἶπεν, Ἐᾶτε³³ ἕως τούτου. Καὶ ἁψάμενος³⁴ τοῦ ὠτίου³⁵ αὐτοῦ, ἰάσατο³⁶ αὐτόν. 52 Εἶπεν δὲ ὁ Ἰησοῦς πρὸς τοὺς παραγενομένους³⁷ ἐπ' αὐτὸν

---

⁷ἀπεσπάσθη: API-3S   ¹¹βούλει: PNI-2S   ¹²παρενεγκεῖν: 2AAN   ¹⁶ἐνισχύων: PAP-NSM   ²²κοιμωμένους: PPP-APM   ²⁴καθεύδετε: PAI-2P   ²⁵προήρχετο: INI-3S   ²⁶ἤγγισεν: AAI-3S   ²⁷φιλῆσαι: AAN   ²⁹πατάξομεν: FAI-1P   ³⁰ἐπάταξεν: AAI-3S   ³¹ἀφεῖλεν: 2AAI-3S   ³³Ἐᾶτε: PAM-2P   ³⁴ἁψάμενος: AMP-NSM   ³⁶ἰάσατο: ADI-3S   ³⁷παραγενομένους: 2ADP-APM

---

¹τέλος, ους, τό, [41] (a) an end, (b) event or issue, (c) the principal end, aim, purpose, (d) a tax.   ²μάχαιρα, ας, ἡ, [29] a sword.   ³ἱκανός, ή, όν, [41] (a) considerable, sufficient, of number, quantity, time, (b) of persons: sufficiently strong (good, etc.), worthy, suitable, with various constructions, (c) many, much.   ⁴ἔθος, ους, τό, [11] a custom, habit; an institute, rite.   ⁵ἐλαία, ας, ἡ, [15] an olive tree; the Mount of Olives.   ⁶πειρασμός, οῦ, ὁ, [21] (a) trial, probation, testing, being tried, (b) temptation, (c) calamity, affliction.   ⁷ἀποσπάω, [4] lit: I wrench away from, drag away, but perhaps sometimes in the well-attested weakened sense: I am parted or withdrawn.   ⁸ὡσεί, [31] as if, as it were, like; with numbers: about.   ⁹βολή, ῆς, ἡ, [1] a casting, throw; in acc: as measure of distance.   ¹⁰γόνυ, ατος, τό, [12] the knee.   ¹¹βούλομαι, [34] I will, intend, desire, wish.   ¹²παραφέρω, [4] I turn aside, carry away, remove, cause to pass away; pass: I am misled, seduced.   ¹³ποτήριον, ου, τό, [33] a drinking cup, the contents of the cup; fig: the portion which God allots.   ¹⁴πλήν, [31] however, nevertheless, but, except that, yet.   ¹⁵σός, σή, σόν, [27] yours, thy, thine.   ¹⁶ἐνισχύω, [2] I invigorate, strengthen.   ¹⁷ἀγωνία, ας, ἡ, [1] (properly the feeling of the athlete before a contest), great fear, terror, of death; anxiety, agony.   ¹⁸ἐκτενέστερον, [1] more earnestly.   ¹⁹ἱδρώς, ῶτος, ὁ, [1] sweat, perspiration.   ²⁰θρόμβος, ου, ὁ, [1] a clot, large drop (of blood).   ²¹προσευχή, ῆς, ἡ, [37] (a) prayer (to God), (b) a place for prayer (used by Jews, perhaps where there was no synagogue).   ²²κοιμάομαι, [18] I fall asleep, am asleep, sometimes of the sleep of death.   ²³λύπη, ης, ἡ, [16] pain, grief, sorrow, affliction.   ²⁴καθεύδω, [22] I sleep, am sleeping.   ²⁵προέρχομαι, [5] I go forward, go on, advance; I go before, precede.   ²⁶ἐγγίζω, [43] trans: I bring near; intrans: I come near, approach.   ²⁷φιλέω, [25] I love (of friendship), regard with affection, cherish; I kiss.   ²⁸φίλημα, ατος, τό, [7] a kiss.   ²⁹πατάσσω, [10] I smite, strike (as with a sword), smite to death, afflict.   ³⁰πατάσσω, [10] I smite, strike (as with a sword), smite to death, afflict.   ³¹ἀφαιρέω, [10] I take away, take off.   ³²οὖς, ὠτός, τό, [37] (a) the ear, (b) met: the faculty of perception.   ³³ἐάω, [12] I allow, permit, let alone, leave.   ³⁴ἅπτομαι, [36] prop: I fasten to; I lay hold of, touch, know carnally.   ³⁵ὠτίον, ου, τό, [5] an ear.   ³⁶ἰάομαι, [28] I heal, generally of the physical, sometimes of spiritual, disease.   ³⁷παραγίνομαι, [37] (a) I come on the scene, appear, come, (b) with words expressing destination: I present myself at, arrive at, reach.

ἀρχιερεῖς καὶ στρατηγοὺς¹ τοῦ ἱεροῦ καὶ πρεσβυτέρους, Ὡς ἐπὶ λῃστὴν² ἐξεληλύθατε μετὰ μαχαιρῶν³ καὶ ξύλων;⁴ 53 Καθ᾽ ἡμέραν ὄντος μου μεθ᾽ ὑμῶν ἐν τῷ ἱερῷ, οὐκ ἐξετείνατε⁵ τὰς χεῖρας ἐπ᾽ ἐμέ. Ἀλλ᾽ αὕτη ὑμῶν ἐστιν ἡ ὥρα, καὶ ἡ ἐξουσία τοῦ σκότους.⁶

Christ before Caiaphas and The Denial of Peter

54 Συλλαβόντες⁷ δὲ αὐτὸν ἤγαγον, καὶ εἰσήγαγον⁸ αὐτὸν εἰς τὸν οἶκον τοῦ ἀρχιερέως. Ὁ δὲ Πέτρος ἠκολούθει μακρόθεν.⁹ 55 Ἀψάντων¹⁰ δὲ πῦρ ἐν μέσῳ τῆς αὐλῆς,¹¹ καὶ συγκαθισάντων¹² αὐτῶν, ἐκάθητο ὁ Πέτρος ἐν μέσῳ αὐτῶν. 56 Ἰδοῦσα δὲ αὐτὸν παιδίσκη¹³ τις καθήμενον πρὸς τὸ φῶς, καὶ ἀτενίσασα¹⁴ αὐτῷ, εἶπεν, Καὶ οὗτος σὺν αὐτῷ ἦν. 57 Ὁ δὲ ἠρνήσατο¹⁵ αὐτόν, λέγων, Γύναι, οὐκ οἶδα αὐτόν. 58 Καὶ μετὰ βραχὺ¹⁶ ἕτερος ἰδὼν αὐτὸν ἔφη, Καὶ σὺ ἐξ αὐτῶν εἶ. Ὁ δὲ Πέτρος εἶπεν, Ἄνθρωπε, οὐκ εἰμί. 59 Καὶ διαστάσης¹⁷ ὡσεὶ¹⁸ ὥρας μιᾶς, ἄλλος τις διϊσχυρίζετο,¹⁹ λέγων, Ἐπ᾽ ἀληθείας καὶ οὗτος μετ᾽ αὐτοῦ ἦν· καὶ γὰρ Γαλιλαῖός²⁰ ἐστιν. 60 Εἶπεν δὲ ὁ Πέτρος, Ἄνθρωπε, οὐκ οἶδα ὃ λέγεις. Καὶ παραχρῆμα,²¹ ἔτι λαλοῦντος αὐτοῦ, ἐφώνησεν²² ἀλέκτωρ.²³ 61 Καὶ στραφεὶς²⁴ ὁ κύριος ἐνέβλεψεν²⁵ τῷ Πέτρῳ. Καὶ ὑπεμνήσθη²⁶ ὁ Πέτρος τοῦ λόγου τοῦ κυρίου, ὡς εἶπεν αὐτῷ ὅτι Πρὶν²⁷ ἀλέκτορα²³ φωνῆσαι,²⁸ ἀπαρνήσῃ²⁹ με τρίς.³⁰ 62 Καὶ ἐξελθὼν ἔξω ὁ Πέτρος ἔκλαυσεν³¹ πικρῶς.³²

63 Καὶ οἱ ἄνδρες οἱ συνέχοντες³³ τὸν Ἰησοῦν ἐνέπαιζον³⁴ αὐτῷ, δέροντες.³⁵ 64 Καὶ περικαλύψαντες³⁶ αὐτόν, ἔτυπτον³⁷ αὐτοῦ τὸ πρόσωπον, καὶ ἐπηρώτων αὐτόν, λέγοντες,

---

⁵ἐξετείνατε: AAI-2P ⁷Συλλαβόντες: 2AAP-NPM ⁸εἰσήγαγον: 2AAI-3P ¹⁰Ἀψάντων: AAP-GPM ¹²συγκαθισάντων: AAP-GPM ¹⁴ἀτενίσασα: AAP-NSF ¹⁵ἠρνήσατο: ADI-3S ¹⁷διαστάσης: 2AAP-GSF ¹⁹διϊσχυρίζετο: INI-3S ²²ἐφώνησεν: AAI-3S ²⁴στραφεὶς: 2APP-NSM ²⁵ἐνέβλεψεν: AAI-3S ²⁶ὑπεμνήσθη: API-3S ²⁸φωνῆσαι: AAN ²⁹ἀπαρνήσῃ: FDI-2S ³¹ἔκλαυσεν: AAI-3S ³³συνέχοντες: PAP-NPM ³⁴ἐνέπαιζον: IAI-3P ³⁵δέροντες: PAP-NPM ³⁶περικαλύψαντες: AAP-NPM ³⁷ἔτυπτον: IAI-3P

---

¹στρατηγός, οῦ, ὁ, [10] (a) a general or leader of the army, (b) a magistrate or governor, (c) captain of the temple. ²λῃστής, οῦ, ὁ, [15] a robber, brigand, bandit. ³μάχαιρα, ας, ἡ, [29] a sword. ⁴ξύλον, ου, τό, [20] anything made of wood, a piece of wood, a club, staff; the trunk of a tree, used to support the cross-bar of a cross in crucifixion. ⁵ἐκτείνω, [16] I stretch out (forth), cast forth (as of an anchor), lay hands on. ⁶σκότος, ους, τό, [32] darkness, either physical or moral. ⁷συλλαμβάνω, [16] I seize, apprehend, assist, conceive, become pregnant. ⁸εἰσάγω, [10] I lead in, bring in, introduce. ⁹μακρόθεν, [14] from a (long) distance, afar. ¹⁰ἅπτω, [4] I kindle, light. ¹¹αὐλή, ῆς, ἡ, [12] court-yard, fore-court, sheep-fold; but it may be understood as: palace, house. ¹²συγκαθίζω, [2] I cause to sit down with, sit down together. ¹³παιδίσκη, ης, ἡ, [13] a female slave, maidservant, maid, young girl. ¹⁴ἀτενίζω, [14] I direct my gaze, look steadily. ¹⁵ἀρνέομαι, [31] (a) I deny (a statement), (b) I repudiate (a person, or belief). ¹⁶βραχύς, εῖα, ύ, [7] short, little, few. ¹⁷διΐστημι, [3] I put apart, separate, put some distance between. ¹⁸ὡσεί, [31] as if, as it were, like; with numbers: about. ¹⁹διϊσχυρίζομαι, [2] I assert emphatically, lean upon. ²⁰Γαλιλαῖος, αία, αῖον, [11] a Galilean, an inhabitant of Galilee. ²¹παραχρῆμα, [18] instantly, immediately, on the spot. ²²φωνέω, [42] I give forth a sound, hence: (a) of a cock: I crow, (b) of men: I shout, (c) trans: I call (to myself), summon; I invite, address. ²³ἀλέκτωρ, ορος, ὁ, [12] a cock, rooster. ²⁴στρέφω, [19] I turn, am converted, change, change my direction. ²⁵ἐμβλέπω, [12] I look into (upon); met: I consider; I see clearly. ²⁶ὑπομιμνήσκω, [7] I remind; pass: I remember, call to mind. ²⁷πρίν, [14] formerly, before. ²⁸φωνέω, [42] I give forth a sound, hence: (a) of a cock: I crow, (b) of men: I shout, (c) trans: I call (to myself); I invite, address. ²⁹ἀπαρνέομαι, [13] I deny, disown, repudiate (either another person or myself), disregard. ³⁰τρίς, [12] three times. ³¹κλαίω, [40] I weep, weep for, mourn, lament. ³²πικρῶς, [2] bitterly. ³³συνέχω, [12] (a) I press together, close, (b) I press on every side, confine, (c) I hold fast, (d) I urge, impel, (e) pass: I am afflicted with (sickness). ³⁴ἐμπαίζω, [13] I mock, ridicule. ³⁵δέρω, [15] I flay, flog, scourge, beat. ³⁶περικαλύπτω, [3] I cover up, cover round about, veil round, blindfold. ³⁷τύπτω, [14] I beat, strike, wound, inflict punishment.

Προφήτευσον·¹ τίς ἐστιν ὁ παίσας² σε; 65 Καὶ ἕτερα πολλὰ βλασφημοῦντες³ ἔλεγον εἰς αὐτόν.

66 Καὶ ὡς ἐγένετο ἡμέρα, συνήχθη τὸ πρεσβυτέριον⁴ τοῦ λαοῦ, ἀρχιερεῖς καὶ γραμματεῖς, καὶ ἀνήγαγον⁵ αὐτὸν εἰς τὸ συνέδριον⁶ αὐτῶν, λέγοντες, 67 Εἰ σὺ εἶ ὁ χριστός, εἰπὲ ἡμῖν. Εἶπεν δὲ αὐτοῖς, Ἐὰν ὑμῖν εἴπω, οὐ μὴ πιστεύσητε· 68 ἐὰν δὲ καὶ ἐρωτήσω, οὐ μὴ ἀποκριθῆτέ μοι, ἢ ἀπολύσητε. 69 Ἀπὸ τοῦ νῦν ἔσται ὁ υἱὸς τοῦ ἀνθρώπου καθήμενος ἐκ δεξιῶν τῆς δυνάμεως τοῦ θεοῦ. 70 Εἶπον δὲ πάντες, Σὺ οὖν εἶ ὁ υἱὸς τοῦ θεοῦ; Ὁ δὲ πρὸς αὐτοὺς ἔφη, Ὑμεῖς λέγετε ὅτι ἐγώ εἰμι. 71 Οἱ δὲ εἶπον, Τί ἔτι χρείαν⁷ ἔχομεν μαρτυρίας;⁸ Αὐτοὶ γὰρ ἠκούσαμεν ἀπὸ τοῦ στόματος αὐτοῦ.

The Trial before Pilate

23 Καὶ ἀναστὰν ἅπαν⁹ τὸ πλῆθος¹⁰ αὐτῶν, ἤγαγον αὐτὸν ἐπὶ τὸν Πιλάτον. 2 Ἤρξαντο δὲ κατηγορεῖν¹¹ αὐτοῦ, λέγοντες, Τοῦτον εὕρομεν διαστρέφοντα¹² τὸ ἔθνος, καὶ κωλύοντα¹³ Καίσαρι¹⁴ φόρους¹⁵ διδόναι, λέγοντα ἑαυτὸν χριστὸν βασιλέα εἶναι. 3 Ὁ δὲ Πιλάτος ἐπηρώτησεν αὐτόν, λέγων, Σὺ εἶ ὁ βασιλεὺς τῶν Ἰουδαίων; Ὁ δὲ ἀποκριθεὶς αὐτῷ ἔφη, Σὺ λέγεις. 4 Ὁ δὲ Πιλάτος εἶπεν πρὸς τοὺς ἀρχιερεῖς καὶ τοὺς ὄχλους, Οὐδὲν εὑρίσκω αἴτιον¹⁶ ἐν τῷ ἀνθρώπῳ τούτῳ. 5 Οἱ δὲ ἐπίσχυον,¹⁷ λέγοντες ὅτι Ἀνασείει¹⁸ τὸν λαόν, διδάσκων καθ' ὅλης τῆς Ἰουδαίας,¹⁹ ἀρξάμενος ἀπὸ τῆς Γαλιλαίας ἕως ὧδε. 6 Πιλάτος δὲ ἀκούσας Γαλιλαίαν ἐπηρώτησεν εἰ ὁ ἄνθρωπος Γαλιλαῖός²⁰ ἐστιν. 7 Καὶ ἐπιγνοὺς²¹ ὅτι ἐκ τῆς ἐξουσίας Ἡρῴδου ἐστίν, ἀνέπεμψεν²² αὐτὸν πρὸς Ἡρῴδην, ὄντα καὶ αὐτὸν ἐν Ἰεροσολύμοις ἐν ταύταις ταῖς ἡμέραις.

8 Ὁ δὲ Ἡρῴδης ἰδὼν τὸν Ἰησοῦν ἐχάρη λίαν·²³ ἦν γὰρ θέλων ἐξ ἱκανοῦ²⁴ ἰδεῖν αὐτόν, διὰ τὸ ἀκούειν πολλὰ περὶ αὐτοῦ· καὶ ἤλπιζέν²⁵ τι σημεῖον ἰδεῖν ὑπ' αὐτοῦ γινόμενον. 9 Ἐπηρώτα δὲ αὐτὸν ἐν λόγοις ἱκανοῖς·²⁴ αὐτὸς δὲ οὐδὲν ἀπεκρίνατο αὐτῷ. 10 Εἱστήκεισαν δὲ οἱ ἀρχιερεῖς καὶ οἱ γραμματεῖς, εὐτόνως²⁶ κατηγοροῦντες²⁷ αὐτοῦ.

---

¹Προφήτευσον: AAM-2S   ²παίσας: AAP-NSM   ³βλασφημοῦντες: PAP-NPM   ⁵ἀνήγαγον: 2AAI-3P-ATT
¹¹κατηγορεῖν: PAN   ¹²διαστρέφοντα: PAP-ASM   ¹³κωλύοντα: PAP-ASM   ¹⁷ἐπίσχυον: IAI-3P   ¹⁸Ἀνασείει: PAI-3S
²¹ἐπιγνοὺς: 2AAP-NSM   ²²ἀνέπεμψεν: AAI-3S   ²⁵ἤλπιζέν: IAI-3S   ²⁷κατηγοροῦντες: PAP-NPM

---

¹προφητεύω, [28] I foretell, prophesy; I set forth matter of divine teaching by special faculty.   ²παίω, [5] I strike, smite, sting.   ³βλασφημέω, [35] I speak evil against, blaspheme, use abusive or scurrilous language about (God or men).   ⁴πρεσβυτέριον, ου, τό, [3] an assembly of elders, the Sanhedrin, officers of the church assembly, presbytery.   ⁵ἀνάγω, [23] I lead up, bring up, offer, product, put to sea, set sail.   ⁶συνέδριον, ου, τό, [22] a council, tribunal; the Sanhedrin, the meeting place of the Sanhedrin.   ⁷χρεία, ας, ἡ, [49] need, necessity, business.   ⁸μαρτυρία, ας, ἡ, [37] witness, evidence, testimony, reputation.   ⁹ἅπας, ασα, αν, [39] all, the whole, altogether.   ¹⁰πλῆθος, ους, τό, [32] a multitude, crowd, great number, assemblage.   ¹¹κατηγορέω, [22] I accuse, charge, prosecute.   ¹²διαστρέφω, [7] I pervert, corrupt, oppose, distort.   ¹³κωλύω, [23] I prevent, debar, hinder; with infin: from doing so and so.   ¹⁴Καῖσαρ, αρος, ὁ, [30] Caesar, a surname of the gens Iulia, which became practically synonymous with the Emperor for the time being; in the Gospels it always refers to Tiberias.   ¹⁵φόρος, ου, ὁ, [5] a tax, tribute, especially on persons.   ¹⁶αἴτιος, ου, ὁ, [5] the cause, author; the culprit, the accused; the crime.   ¹⁷ἐπισχύω, [1] I persist, insist, am more urgent.   ¹⁸ἀνασείω, [2] I shake up, stir up, excite.   ¹⁹Ἰουδαία, ας, ἡ, [43] Judea, a Roman province, capital Jerusalem.   ²⁰Γαλιλαῖος, αία, αῖον, [11] a Galilean, an inhabitant of Galilee.   ²¹ἐπιγινώσκω, [42] I come to know by directing my attention to him or it, I perceive, discern, recognize; aor: I found out.   ²²ἀναπέμπω, [4] I send up (to a higher tribunal), send back.   ²³λίαν, [14] very; very much, exceedingly, greatly.   ²⁴ικανός, ή, όν, [41] (a) considerable, sufficient, of number, quantity, time, (b) of persons: sufficiently strong (good, etc.), worthy, suitable, with various constructions, (c) many, much.   ²⁵ἐλπίζω, [31] I hope, hope for, expect, trust.   ²⁶εὐτόνως, [2] vehemently, powerfully, vigorously.   ²⁷κατηγορέω, [22] I accuse, charge, prosecute.

11 Ἐξουθενήσας¹ δὲ αὐτὸν ὁ Ἡρῴδης σὺν τοῖς στρατεύμασιν² αὐτοῦ, καὶ ἐμπαίξας,³ περιβαλὼν⁴ αὐτὸν ἐσθῆτα⁵ λαμπράν,⁶ ἀνέπεμψεν⁷ αὐτὸν τῷ Πιλάτῳ. **12** Ἐγένοντο δὲ φίλοι⁸ ὅ τε Πιλάτος καὶ ὁ Ἡρῴδης ἐν αὐτῇ τῇ ἡμέρᾳ μετ' ἀλλήλων· προϋπῆρχον⁹ γὰρ ἐν ἔχθρᾳ¹⁰ ὄντες πρὸς ἑαυτούς.

13 Πιλάτος δὲ συγκαλεσάμενος¹¹ τοὺς ἀρχιερεῖς καὶ τοὺς ἄρχοντας¹² καὶ τὸν λαόν, **14** εἶπεν πρὸς αὐτούς, Προσηνέγκατέ¹³ μοι τὸν ἄνθρωπον τοῦτον, ὡς ἀποστρέφοντα¹⁴ τὸν λαόν· καὶ ἰδού, ἐγὼ ἐνώπιον ὑμῶν ἀνακρίνας¹⁵ οὐδὲν εὗρον ἐν τῷ ἀνθρώπῳ τούτῳ αἴτιον¹⁶ ὧν κατηγορεῖτε¹⁷ κατ' αὐτοῦ· **15** ἀλλ' οὐδὲ Ἡρῴδης· ἀνέπεμψα¹⁸ γὰρ ὑμᾶς πρὸς αὐτόν, καὶ ἰδού, οὐδὲν ἄξιον¹⁹ θανάτου ἐστὶν πεπραγμένον²⁰ αὐτῷ. **16** Παιδεύσας²¹ οὖν αὐτὸν ἀπολύσω. **17** Ἀνάγκην²² δὲ εἶχεν ἀπολύειν αὐτοῖς κατὰ ἑορτὴν²³ ἕνα. **18** Ἀνέκραξαν²⁴ δὲ παμπληθεί,²⁵ λέγοντες, Αἶρε τοῦτον, ἀπόλυσον δὲ ἡμῖν Βαραββᾶν· **19** ὅστις ἦν διὰ στάσιν²⁶ τινὰ γενομένην ἐν τῇ πόλει καὶ φόνον²⁷ βεβλημένος εἰς φυλακήν.²⁸ **20** Πάλιν οὖν ὁ Πιλάτος προσεφώνησεν,²⁹ θέλων ἀπολῦσαι τὸν Ἰησοῦν. **21** Οἱ δὲ ἐπεφώνουν,³⁰ λέγοντες, Σταύρωσον,³¹ σταύρωσον³² αὐτόν. **22** Ὁ δὲ τρίτον εἶπεν πρὸς αὐτούς, Τί γὰρ κακὸν ἐποίησεν οὗτος; Οὐδὲν αἴτιον¹⁶ θανάτου εὗρον ἐν αὐτῷ· παιδεύσας³³ οὖν αὐτὸν ἀπολύσω. **23** Οἱ δὲ ἐπέκειντο³⁴ φωναῖς μεγάλαις, αἰτούμενοι αὐτὸν σταυρωθῆναι·³⁵ καὶ κατίσχυον³⁶ αἱ φωναὶ αὐτῶν καὶ τῶν ἀρχιερέων. **24** Ὁ δὲ

---

¹Ἐξουθενήσας: AAP-NSM   ³ἐμπαίξας: AAP-NSM   ⁴περιβαλὼν: 2AAP-NSM   ⁷ἀνέπεμψεν: AAI-3S   ⁹προϋπῆρχον: IAI-3P   ¹¹συγκαλεσάμενος: AMP-NSM   ¹³Προσηνέγκατέ: AAI-2P   ¹⁴ἀποστρέφοντα: PAP-ASM   ¹⁵ἀνακρίνας: AAP-NSM   ¹⁷κατηγορεῖτε: PAI-2P   ¹⁸ἀνέπεμψα: AAI-1S   ²⁰πεπραγμένον: RPP-NSN   ²¹Παιδεύσας: AAP-NSM   ²⁴Ἀνέκραξαν: AAI-3P   ²⁹προσεφώνησεν: AAI-3S   ³⁰ἐπεφώνουν: IAI-3P   ³¹Σταύρωσον: AAM-2S   ³²σταύρωσον: AAM-2S   ³³παιδεύσας: AAP-NSM   ³⁴ἐπέκειντο: INI-3P   ³⁵σταυρωθῆναι: APN   ³⁶κατίσχυον: IAI-3P

---

¹ἐξουθενέω, [11] I set at naught, ignore, despise.   ²στράτευμα, ατος, τό, [8] an army, detachment of troops.   ³ἐμπαίζω, [13] I mock, ridicule.   ⁴περιβάλλω, [24] I cast around, wrap a garment about, put on; hence mid: I put on to myself, clothe myself, dress; I draw (a line).   ⁵ἐσθής, ῆτος, ἡ, [8] clothing, raiment, vestment, robe.   ⁶λαμπρός, ά, όν, [9] shining, magnificent, bright, splendid.   ⁷ἀναπέμπω, [4] I send up (to a higher tribunal), send back.   ⁸φίλος, η, ον, [30] friendly; subst: a friend, an associate.   ⁹προϋπάρχω, [2] I have been already, have been previously.   ¹⁰ἔχθρα, ας, ἡ, [6] enmity, hostility, alienation.   ¹¹συγκαλέω, [8] I call together.   ¹²ἄρχων, οντος, ὁ, [37] a ruler, governor, leader, leading man; with the Jews, an official member (a member of the executive) of the assembly of elders.   ¹³προσφέρω, [48] (a) I bring to, (b) characteristically: I offer (of gifts, sacrifices, etc).   ¹⁴ἀποστρέφω, [10] I turn away, pervert, remove; I restore, replace; mid: I desert, reject.   ¹⁵ἀνακρίνω, [16] I examine, inquire into, investigate, question.   ¹⁶αἴτιος, ου, ὁ, [5] the cause, author; the culprit, the accused; the crime.   ¹⁷κατηγορέω, [22] I accuse, charge, prosecute.   ¹⁸ἀναπέμπω, [4] I send up (to a higher tribunal), send back.   ¹⁹ἄξιος, ία, ιον, [41] worthy, worthy of, deserving, comparable, suitable.   ²⁰πράσσω, [38] I do, perform, accomplish; be in any condition, i.e. I fare; I exact, require.   ²¹παιδεύω, [13] (a) I discipline, educate, train, (b) more severely: I chastise.   ²²ἀνάγκη, ης, ἡ, [18] necessity, constraint, compulsion; there is need to; force, violence.   ²³ἑορτή, ῆς, ἡ, [27] a festival, feast, periodically recurring.   ²⁴ἀνακράζω, [5] I shout aloud, cry out.   ²⁵παμπληθεί, [1] all at once, all together.   ²⁶στάσις, εως, ἡ, [9] an insurrection, dissension; originally: standing, position, place.   ²⁷φόνος, ου, ὁ, [10] murder, slaughter, killing.   ²⁸φυλακή, ῆς, ἡ, [47] a watching, keeping guard; a guard, prison; imprisonment.   ²⁹προσφωνέω, [7] I call to, summon; I call (out) to, address, give a speech to, harangue.   ³⁰ἐπιφωνέω, [3] I call out, shout, clamor at.   ³¹σταυρόω, [46] I fix to the cross, crucify; fig: I destroy, mortify.   ³²σταυρόω, [46] I fix to the cross, crucify; fig: I destroy, mortify.   ³³παιδεύω, [13] (a) I discipline, educate, train, (b) more severely: I chastise.   ³⁴ἐπίκειμαι, [7] (a) dat: I am placed upon, am laid upon, lie upon, am imposed; I press upon, (b) absol: I press hard, am insistent, insist.   ³⁵σταυρόω, [46] I fix to the cross, crucify; fig: I destroy, mortify.   ³⁶κατισχύω, [2] I prevail against, overpower, get the upper hand.

Πιλάτος ἐπέκρινεν¹ γενέσθαι τὸ αἴτημα² αὐτῶν. **25** Ἀπέλυσεν δὲ τὸν διὰ στάσιν³ καὶ φόνον⁴ βεβλημένον εἰς τὴν φυλακήν,⁵ ὃν ᾐτοῦντο· τὸν δὲ Ἰησοῦν παρέδωκεν τῷ θελήματι αὐτῶν.

The Crucifixion, Death, and Burial of Christ

26 Καὶ ὡς ἀπήγαγον⁶ αὐτόν, ἐπιλαβόμενοι⁷ Σίμωνός τινος Κυρηναίου⁸ ἐρχομένου ἀπ᾽ ἀγροῦ,⁹ ἐπέθηκαν¹⁰ αὐτῷ τὸν σταυρόν,¹¹ φέρειν ὄπισθεν¹² τοῦ Ἰησοῦ.

27 Ἠκολούθει δὲ αὐτῷ πολὺ πλῆθος¹³ τοῦ λαοῦ, καὶ γυναικῶν αἳ καὶ ἐκόπτοντο¹⁴ καὶ ἐθρήνουν¹⁵ αὐτόν. **28** Στραφεὶς¹⁶ δὲ πρὸς αὐτὰς ὁ Ἰησοῦς εἶπεν, Θυγατέρες¹⁷ Ἰερουσαλήμ, μὴ κλαίετε¹⁸ ἐπ᾽ ἐμέ, πλὴν¹⁹ ἐφ᾽ ἑαυτὰς κλαίετε²⁰ καὶ ἐπὶ τὰ τέκνα ὑμῶν. **29** Ὅτι ἰδού, ἔρχονται ἡμέραι ἐν αἷς ἐροῦσιν, Μακάριαι αἱ στεῖραι,²¹ καὶ κοιλίαι²² αἳ οὐκ ἐγέννησαν, καὶ μαστοὶ²³ οἳ οὐκ ἐθήλασαν.²⁴ **30** Τότε ἄρξονται λέγειν τοῖς ὄρεσιν, Πέσετε ἐφ᾽ ἡμᾶς· καὶ τοῖς βουνοῖς,²⁵ Καλύψατε²⁶ ἡμᾶς. **31** Ὅτι εἰ ἐν τῷ ὑγρῷ²⁷ ξύλῳ²⁸ ταῦτα ποιοῦσιν, ἐν τῷ ξηρῷ²⁹ τί γένηται;

32 Ἤγοντο δὲ καὶ ἕτεροι δύο κακούργοι³⁰ σὺν αὐτῷ ἀναιρεθῆναι.³¹

33 Καὶ ὅτε ἀπῆλθον ἐπὶ τὸν τόπον τὸν καλούμενον Κρανίον,³² ἐκεῖ ἐσταύρωσαν³³ αὐτόν, καὶ τοὺς κακούργους,³⁰ ὃν μὲν ἐκ δεξιῶν, ὃν δὲ ἐξ ἀριστερῶν.³⁴ **34** Ὁ δὲ Ἰησοῦς ἔλεγεν, Πάτερ, ἄφες αὐτοῖς· οὐ γὰρ οἴδασιν τί ποιοῦσιν. Διαμεριζόμενοι³⁵ δὲ τὰ ἱμάτια αὐτοῦ, ἔβαλον κλῆρον.³⁶ **35** Καὶ εἱστήκει ὁ λαὸς θεωρῶν. Ἐξεμυκτήριζον³⁷ δὲ

---

¹ἐπέκρινεν: *AAI-3S*   ⁶ἀπήγαγον: *2AAI-3P*   ⁷ἐπιλαβόμενοι: *2ADP-NPM*   ¹⁰ἐπέθηκαν: *AAI-3P*   ¹⁴ἐκόπτοντο: *IMI-3P*   ¹⁵ἐθρήνουν: *IAI-3P*   ¹⁶Στραφεὶς: *2APP-NSM*   ¹⁸κλαίετε: *PAM-2P*   ²⁰κλαίετε: *PAM-2P*   ²⁴ἐθήλασαν: *AAI-3P*   ²⁶Καλύψατε: *AAM-2P*   ³¹ἀναιρεθῆναι: *APN*   ³³ἐσταύρωσαν: *AAI-3P*   ³⁵Διαμεριζόμενοι: *PMP-NPM*   ³⁷Ἐξεμυκτήριζον: *IAI-3P*

---

¹ἐπικρίνω, *[1] I decree, give sentence, decide.*   ²αἴτημα, ατος, τό, *[3] a petition, request.*   ³στάσις, εως, ἡ, *[9] an insurrection, dissension; originally: standing, position, place.*   ⁴φόνος, ου, ὁ, *[10] murder, slaughter, killing.*   ⁵φυλακή, ῆς, ἡ, *[47] a watching, keeping guard; a guard, prison; imprisonment.*   ⁶ἀπάγω, *[14] I lead, carry, take away; met: I am led astray, seduced.*   ⁷ἐπιλαμβάνομαι, *[19] I lay hold of, take hold of, seize (sometimes with beneficent, sometimes with hostile, intent).*   ⁸Κυρηναῖος, ου, ὁ, *[6] belonging to Cyrene, a Cyrenaean.*   ⁹ἀγρός, οῦ, ὁ, *[35] a field, especially as bearing a crop; the country, lands, property in land, a country estate.*   ¹⁰ἐπιτίθημι, *[41] I put, place upon, lay on; I add, give in addition.*   ¹¹σταυρός, οῦ, ὁ, *[28] a cross.*   ¹²ὄπισθεν, *[6] from behind, after.*   ¹³πλῆθος, ους, τό, *[32] a multitude, crowd, great number, assemblage.*   ¹⁴κόπτω, *[8] (a) I cut, cut off, strike, smite, (b) mid: I beat my breast or head in lamentation, lament, mourn, sometimes with acc. of person whose loss is mourned.*   ¹⁵θρηνέω, *[4] intrans: I lament, wail; trans: I bewail.*   ¹⁶στρέφω, *[19] I turn, am converted, change, change my direction.*   ¹⁷θυγάτηρ, τρός, ἡ, *[29] a daughter; hence (Hebraistic?), of any female descendent, however far removed; even of one unrelated: my young lady.*   ¹⁸κλαίω, *[40] I weep, weep for, mourn, lament.*   ¹⁹πλήν, *[31] however, nevertheless, but, except that, yet.*   ²⁰κλαίω, *[40] I weep, weep for, mourn, lament.*   ²¹στεῖρος, α, ον, *[4] barren.*   ²²κοιλία, ας, ἡ, *[23] belly, abdomen, heart, a general term covering any organ in the abdomen, e.g. stomach, womb; met: the inner man.*   ²³μαστός, οῦ, ὁ, *[3] the breast, pap.*   ²⁴θηλάζω, *[6] (a) I give suck, (b) I suck.*   ²⁵βουνός, οῦ, ὁ, *[2] a hillock, hill.*   ²⁶καλύπτω, *[8] I veil, hide, conceal, envelop.*   ²⁷ὑγρός, ά, όν, *[1] moist, green, full of sap.*   ²⁸ξύλον, ου, τό, *[20] anything made of wood, a piece of wood, a club, staff; the trunk of a tree, used to support the cross-bar of a cross in crucifixion.*   ²⁹ξηρός, ά, όν, *[7] dry, withered; noun: dry land.*   ³⁰κακοῦργος, ον, *[4] (lit: an evil-worker), a criminal.*   ³¹ἀναιρέω, *[23] I take up, take away the life of, make an end of, murder.*   ³²κρανίον, ου, τό, *[4] a skull.*   ³³σταυρόω, *[46] I fix to the cross, crucify; fig: I destroy, mortify.*   ³⁴ἀριστερός, ά, όν, *[3] on the left hand.*   ³⁵διαμερίζω, *[11] I divide up into parts, break up; I distribute.*   ³⁶κλῆρος, ου, ὁ, *[12] (a) a lot, (b) a portion assigned; hence: a portion of the people of God assigned to one's care, a congregation.*   ³⁷ἐκμυκτηρίζω, *[2] I deride, scoff at, mock greatly.*

καὶ οἱ ἄρχοντες[1] σὺν αὐτοῖς, λέγοντες, Ἄλλους ἔσωσεν, σωσάτω ἑαυτόν, εἰ οὗτός ἐστιν ὁ χριστός, ὁ τοῦ θεοῦ ἐκλεκτός.[2] 36 Ἐνέπαιζον[3] δὲ αὐτῷ καὶ οἱ στρατιῶται,[4] προσερχόμενοι καὶ ὄξος[5] προσφέροντες[6] αὐτῷ, 37 καὶ λέγοντες, Εἰ σὺ εἶ ὁ βασιλεὺς τῶν Ἰουδαίων, σῶσον σεαυτόν.[7] 38 Ἦν δὲ καὶ ἐπιγραφὴ[8] γεγραμμένη ἐπ’ αὐτῷ γράμμασιν[9] Ἑλληνικοῖς[10] καὶ Ῥωμαϊκοῖς[11] καὶ Ἑβραϊκοῖς,[12] Οὗτός ἐστιν ὁ βασιλεὺς τῶν Ἰουδαίων.

39 Εἷς δὲ τῶν κρεμασθέντων[13] κακούργων[14] ἐβλασφήμει[15] αὐτόν, λέγων, Εἰ σὺ εἶ ὁ χριστός, σῶσον σεαυτὸν[7] καὶ ἡμᾶς. 40 Ἀποκριθεὶς δὲ ὁ ἕτερος ἐπετίμα[16] αὐτῷ, λέγων, Οὐδὲ φοβῇ σὺ τὸν θεόν, ὅτι ἐν τῷ αὐτῷ κρίματι[17] εἶ; 41 Καὶ ἡμεῖς μὲν δικαίως,[18] ἄξια[19] γὰρ ὧν ἐπράξαμεν[20] ἀπολαμβάνομεν·[21] οὗτος δὲ οὐδὲν ἄτοπον[22] ἔπραξεν.[23] 42 Καὶ ἔλεγεν τῷ Ἰησοῦ, Μνήσθητί[24] μου, κύριε, ὅταν ἔλθῃς ἐν τῇ βασιλείᾳ σου. 43 Καὶ εἶπεν αὐτῷ ὁ Ἰησοῦς, Ἀμὴν λέγω σοι, σήμερον[25] μετ’ ἐμοῦ ἔσῃ ἐν τῷ παραδείσῳ.[26]

44 Ἦν δὲ ὡσεὶ[27] ὥρα ἕκτη,[28] καὶ σκότος[29] ἐγένετο ἐφ’ ὅλην τὴν γῆν ἕως ὥρας ἐνάτης.[30] 45 Καὶ ἐσκοτίσθη[31] ὁ ἥλιος,[32] καὶ ἐσχίσθη[33] τὸ καταπέτασμα[34] τοῦ ναοῦ[35] μέσον. 46 Καὶ φωνήσας[36] φωνῇ μεγάλῃ ὁ Ἰησοῦς εἶπεν, Πάτερ, εἰς χεῖράς σου παραθήσομαι[37] τὸ πνεῦμά μου· καὶ ταῦτα εἰπὼν ἐξέπνευσεν.[38] 47 Ἰδὼν δὲ ὁ ἑκατόνταρχος[39] τὸ γενόμενον,

---

[3]Ἐνέπαιζον: IAI-3P [6]προσφέροντες: PAP-NPM [13]κρεμασθέντων: APP-GPM [15]ἐβλασφήμει: IAI-3S [16]ἐπετίμα: IAI-3S [20]ἐπράξαμεν: AAI-1P [21]ἀπολαμβάνομεν: PAI-1P [23]ἔπραξεν: AAI-3S [24]Μνήσθητί: APM-2S [31]ἐσκοτίσθη: API-3S [33]ἐσχίσθη: API-3S [36]φωνήσας: AAP-NSM [37]παραθήσομαι: FDI-1S [38]ἐξέπνευσεν: AAI-3S

---

[1]ἄρχων, οντος, ὁ, [37] a ruler, governor, leader, leading man; with the Jews, an official member (a member of the executive) of the assembly of elders. [2]ἐκλεκτός, ή, όν, [24] chosen out, elect, choice, select, sometimes as subst: of those chosen out by God for the rendering of special service to Him (of the Hebrew race, particular Hebrews, the Messiah, and the Christians). [3]ἐμπαίζω, [13] I mock, ridicule. [4]στρατιώτης, ου, ὁ, [26] a soldier. [5]ὄξος, ους, τό, [7] vinegar, sour wine mixed with water, a common drink of Roman soldiers. [6]προσφέρω, [48] (a) I bring to, (b) characteristically: I offer (of gifts, sacrifices, etc). [7]σεαυτοῦ, ῆς, οῦ, [41] of yourself. [8]ἐπιγραφή, ῆς, ἡ, [5] an inscription, title, label. [9]γράμμα, ατος, τό, [15] a letter of the alphabet; collectively: written (revelation); (a) a written document, a letter, an epistle, (b) writings, literature, learning. [10]Ἑλληνικός, ή, όν, [2] Greek, the Greek language. [11]Ῥωμαϊκός, ή, όν, [1] Roman, Latin. [12]Ἑβραϊκός, ή, όν, [1] Hebrew. [13]κρεμάννυμι, [7] I hang, hang up, suspend; mid: I am hanging, hang. [14]κακοῦργος, ον, [4] (lit: an evil-worker), a criminal. [15]βλασφημέω, [35] I speak evil against, blaspheme, use abusive or scurrilous language about (God or men). [16]ἐπιτιμάω, [29] (a) I rebuke, chide, admonish, (b) I warn. [17]κρίμα, ατος, τό, [28] (a) a judgment, a verdict; sometimes implying an adverse verdict, a condemnation, (b) a case at law, a lawsuit. [18]δικαίως, [5] justly, righteously. [19]ἄξιος, ία, ιον, [41] worthy, worthy of, deserving, comparable, suitable. [20]πράσσω, [38] I do, perform, accomplish; be in any condition, i.e. I fare; I exact, require. [21]ἀπολαμβάνω, [11] (a) I get back, receive back, (b) I get (receive) as due (deserved), (c) mid: I draw aside, separate. [22]ἄτοπος, ον, [3] (lit: out of place, unusual, unbecoming), improper, unrighteous, perverse. [23]πράσσω, [38] I do, perform, accomplish; be in any condition, i.e. I fare; I exact, require. [24]μιμνήσκομαι, [23] I remember, call to mind, recall, mention. [25]σήμερον, [41] today, now. [26]παράδεισος, ου, ὁ, [3] Paradise. [27]ὡσεί, [31] as if, as it were, like; with numbers: about. [28]ἕκτος, η, ον, [14] sixth. [29]σκότος, ους, τό, [32] darkness, either physical or moral. [30]ἔνατος, η, ον, [10] ninth. [31]σκοτίζω, [8] I darken. [32]ἥλιος, ου, ὁ, [32] the sun, sunlight. [33]σχίζω, [10] I rend, divide asunder, cleave. [34]καταπέτασμα, ατος, τό, [6] (lit: that which is spread out downwards, that which hangs down), a curtain, veil, of that which separated the Holy of Holies from the outer parts of the temple at Jerusalem, also of an outer curtain at the entrance to the Holy Place in the same temple. [35]ναός, οῦ, ὁ, [46] a temple, a shrine, that part of the temple where God himself resides. [36]φωνέω, [42] I give forth a sound, hence: (a) of a cock: I crow, (b) of men: I shout, (c) trans: I call (to myself), summon; I invite, address. [37]παρατίθημι, [19] (a) I set (especially a meal) before, serve, (b) act. and mid: I deposit with, entrust to, (c) I bring forward, quote as evidence. [38]ἐκπνέω, [3] (lit: I breathe out), I breathe my last, expire. [39]ἑκατοντάρχης, ου, ὁ, [21] a centurion of the Roman army.

ἐδόξασεν τὸν θεόν, λέγων, Ὄντως¹ ὁ ἄνθρωπος οὗτος δίκαιος ἦν. **48** Καὶ πάντες οἱ συμπαραγενόμενοι² ὄχλοι ἐπὶ τὴν θεωρίαν³ ταύτην, θεωροῦντες τὰ γενόμενα, τύπτοντες⁴ ἑαυτῶν τὰ στήθη⁵ ὑπέστρεφον.⁶ **49** Εἱστήκεισαν δὲ πάντες οἱ γνωστοὶ⁷ αὐτοῦ μακρόθεν,⁸ καὶ γυναῖκες αἱ συνακολουθήσασαι⁹ αὐτῷ ἀπὸ τῆς Γαλιλαίας, ὁρῶσαι ταῦτα.

50 Καὶ ἰδού, ἀνὴρ ὀνόματι Ἰωσήφ, βουλευτὴς¹⁰ ὑπάρχων, ἀνὴρ ἀγαθὸς καὶ δίκαιος– **51** οὗτος οὐκ ἦν συγκατατεθειμένος¹¹ τῇ βουλῇ¹² καὶ τῇ πράξει¹³ αὐτῶν–ἀπὸ Ἀριμαθαίας¹⁴ πόλεως τῶν Ἰουδαίων, ὃς καὶ προσεδέχετο¹⁵ καὶ αὐτὸς τὴν βασιλείαν τοῦ θεοῦ· **52** οὗτος προσελθὼν τῷ Πιλάτῳ ᾐτήσατο τὸ σῶμα τοῦ Ἰησοῦ. **53** Καὶ καθελὼν¹⁶ αὐτὸ ἐνετύλιξεν¹⁷ αὐτὸ σινδόνι,¹⁸ καὶ ἔθηκεν αὐτὸ ἐν μνήματι¹⁹ λαξευτῷ,²⁰ οὗ οὐκ ἦν οὐδέπω²¹ οὐδεὶς κείμενος.²² **54** Καὶ ἡμέρα ἦν Παρασκευή,²³ σάββατον ἐπέφωσκεν.²⁴ **55** Κατακολουθήσασαι²⁵ δὲ γυναῖκες, αἵτινες ἦσαν συνεληλυθυῖαι²⁶ αὐτῷ ἐκ τῆς Γαλιλαίας, ἐθεάσαντο²⁷ τὸ μνημεῖον,²⁸ καὶ ὡς ἐτέθη τὸ σῶμα αὐτοῦ. **56** Ὑποστρέψασαι²⁹ δὲ ἡτοίμασαν³⁰ ἀρώματα³¹ καὶ μύρα.³² Καὶ τὸ μὲν σάββατον ἡσύχασαν³³ κατὰ τὴν ἐντολήν.

The Resurrection of Christ

24 Τῇ δὲ μιᾷ τῶν σαββάτων, ὄρθρου³⁴ βαθέος,³⁵ ἦλθον ἐπὶ τὸ μνῆμα,¹⁹ φέρουσαι ἃ ἡτοίμασαν³⁶ ἀρώματα,³¹ καί τινες σὺν αὐταῖς. **2** Εὗρον δὲ τὸν λίθον ἀποκεκυλισμένον³⁷ ἀπὸ τοῦ μνημείου.²⁸ **3** Καὶ εἰσελθοῦσαι οὐχ εὗρον τὸ σῶμα τοῦ κυρίου Ἰησοῦ. **4** Καὶ ἐγένετο ἐν τῷ διαπορεῖσθαι³⁸ αὐτὰς περὶ τούτου, καὶ ἰδού, ἄνδρες

---

²συμπαραγενόμενοι: 2ADP-NPM   ⁴τύπτοντες: PAP-NPM   ⁶ὑπέστρεφον: IAI-3P   ⁹συνακολουθήσασαι: AAP-NPF   ¹¹συγκατατεθειμένος: RNP-NSM   ¹⁵προσεδέχετο: INI-3S   ¹⁶καθελὼν: 2AAP-NSM   ¹⁷ἐνετύλιξεν: AAI-3S   ²²κείμενος: PNP-NSM   ²⁴ἐπέφωσκεν: IAI-3S   ²⁵Κατακολουθήσασαι: AAP-NPF   ²⁶συνεληλυθυῖαι: RAP-NPF   ²⁷ἐθεάσαντο: ADI-3P   ²⁹Ὑποστρέψασαι: AAP-NPF   ³⁰ἡτοίμασαν: AAI-3P   ³³ἡσύχασαν: AAI-3P   ³⁶ἡτοίμασαν: AAI-3P   ³⁷ἀποκεκυλισμένον: RPP-ASM   ³⁸διαπορεῖσθαι: PPN

---

¹ὄντως, [10] really, truly, actually.   ²συμπαραγίνομαι, [2] I come together with, stand by one, help.   ³θεωρία, ας, ἡ, [1] a sight, spectacle.   ⁴τύπτω, [14] I beat, strike, wound, inflict punishment.   ⁵στῆθος, ους, τό, [5] the breast, chest.   ⁶ὑποστρέφω, [37] I turn back, return.   ⁷γνωστός, ή, όν, [15] known, an acquaintance.   ⁸μακρόθεν, [14] from a (long) distance, afar.   ⁹συνακολουθέω, [2] I accompany, follow together with.   ¹⁰βουλευτής, οῦ, ὁ, [2] a member of a city council, in NT of the Sanhedrin at Jerusalem.   ¹¹συγκατατίθημι, [1] I give a vote with, assent to.   ¹²βουλή, ῆς, ἡ, [12] counsel, deliberate wisdom, decree.   ¹³πρᾶξις, εως, ἡ, [6] (a) a doing, action, mode of action; plur: deeds, acts, (b) function, business.   ¹⁴Ἀριμαθαία, ας, ἡ, [4] Arimathea, a place in Palestine.   ¹⁵προσδέχομαι, [14] (a) I await, expect, (b) I receive, welcome (originally: to my house), (c) I accept.   ¹⁶καθαιρέω, [9] (a) I take down, pull down, depose, destroy.   ¹⁷ἐντυλίσσω, [3] I wrap up, roll round, envelop.   ¹⁸σινδών, όνος, ἡ, [6] fine linen, a linen cloth.   ¹⁹μνῆμα, ατος, τό, [8] a tomb, monument, memorial.   ²⁰λαξευτός, ή, όν, [1] hewn out of the rock.   ²¹οὐδέπω, [5] not yet, never before.   ²²κεῖμαι, [26] I lie, recline, am placed, am laid, set, specially appointed, destined.   ²³παρασκευή, ῆς, ἡ, [6] the day of preparation, the day before the Sabbath, Friday.   ²⁴ἐπιφώσκω, [2] I dawn, am near commencing.   ²⁵κατακολουθέω, [2] I follow after.   ²⁶συνέρχομαι, [32] I come or go with, accompany; I come together, assemble.   ²⁷θεάομαι, [24] I see, behold, contemplate, look upon, view; I see, visit.   ²⁸μνημεῖον, ου, τό, [41] a tomb, sepulcher, monument.   ²⁹ὑποστρέφω, [37] I turn back, return.   ³⁰ἑτοιμάζω, [40] I make ready, prepare.   ³¹ἄρωμα, ατος, τό, [4] spice, perfume.   ³²μύρον, ου, τό, [14] anointing-oil, ointment.   ³³ἡσυχάζω, [5] I rest from work, cease from altercation, am silent, live quietly.   ³⁴ὄρθρος, ου, ὁ, [3] early dawn, day-break.   ³⁵βαθύς, εῖα, ύ, [4] deep (lit. and met.); in the depths of the early morning, while still very early; profound.   ³⁶ἑτοιμάζω, [40] I make ready, prepare.   ³⁷ἀποκυλίω, [4] I roll away.   ³⁸διαπορέω, [5] I am in trouble, doubt, difficulty; I am at a loss.

δύο ἐπέστησαν[1] αὐταῖς ἐν ἐσθήσεσιν[2] ἀστραπτούσαις·[3] 5 ἐμφόβων[4] δὲ γενομένων αὐτῶν, καὶ κλινουσῶν[5] τὸ πρόσωπον εἰς τὴν γῆν, εἶπον πρὸς αὐτάς, Τί ζητεῖτε τὸν ζῶντα μετὰ τῶν νεκρῶν; 6 Οὐκ ἔστιν ὧδε, ἀλλ' ἠγέρθη· μνήσθητε[6] ὡς ἐλάλησεν ὑμῖν, ἔτι ὢν ἐν τῇ Γαλιλαίᾳ, 7 λέγων ὅτι δεῖ τὸν υἱὸν τοῦ ἀνθρώπου παραδοθῆναι εἰς χεῖρας ἀνθρώπων ἁμαρτωλῶν,[7] καὶ σταυρωθῆναι,[8] καὶ τῇ τρίτῃ ἡμέρᾳ ἀναστῆναι. 8 Καὶ ἐμνήσθησαν[9] τῶν ῥημάτων αὐτοῦ, 9 καὶ ὑποστρέψασαι[10] ἀπὸ τοῦ μνημείου,[11] ἀπήγγειλαν[12] ταῦτα πάντα τοῖς ἕνδεκα[13] καὶ πᾶσιν τοῖς λοιποῖς.[14] 10 Ἦσαν δὲ ἡ Μαγδαληνὴ Μαρία καὶ Ἰωάννα καὶ Μαρία Ἰακώβου, καὶ αἱ λοιπαὶ[14] σὺν αὐταῖς, αἳ ἔλεγον πρὸς τοὺς ἀποστόλους ταῦτα. 11 Καὶ ἐφάνησαν[15] ἐνώπιον αὐτῶν ὡσεὶ[16] λῆρος[17] τὰ ῥήματα αὐτῶν, καὶ ἠπίστουν[18] αὐταῖς. 12 Ὁ δὲ Πέτρος ἀναστὰς ἔδραμεν[19] ἐπὶ τὸ μνημεῖον,[11] καὶ παρακύψας[20] βλέπει τὰ ὀθόνια[21] κείμενα[22] μόνα·[23] καὶ ἀπῆλθεν πρὸς ἑαυτὸν θαυμάζων[24] τὸ γεγονός.

The Emmaus Disciples

13 Καὶ ἰδού, δύο ἐξ αὐτῶν ἦσαν πορευόμενοι ἐν αὐτῇ τῇ ἡμέρᾳ εἰς κώμην[25] ἀπέχουσαν[26] σταδίους[27] ἑξήκοντα[28] ἀπὸ Ἰερουσαλήμ, ᾗ ὄνομα Ἐμμαούς.[29] 14 Καὶ αὐτοὶ ὡμίλουν[30] πρὸς ἀλλήλους περὶ πάντων τῶν συμβεβηκότων[31] τούτων. 15 Καὶ ἐγένετο ἐν τῷ ὁμιλεῖν[32] αὐτοὺς καὶ συζητεῖν,[33] καὶ αὐτὸς ὁ Ἰησοῦς ἐγγίσας[34] συνεπορεύετο[35] αὐτοῖς. 16 Οἱ δὲ ὀφθαλμοὶ αὐτῶν ἐκρατοῦντο[36] τοῦ μὴ ἐπιγνῶναι[37] αὐτόν. 17 Εἶπεν δὲ

---

[1]ἐπέστησαν: 2AAI-3P   [3]ἀστραπτούσαις: PAP-DPF   [5]κλινουσῶν: PAP-GPF   [6]μνήσθητε: APM-2P   [8]σταυρωθῆναι: APN   [9]ἐμνήσθησαν: API-3P   [10]ὑποστρέψασαι: AAP-NPF   [12]ἀπήγγειλαν: AAI-3P   [15]ἐφάνησαν: 2API-3P   [18]ἠπίστουν: IAI-3P   [19]ἔδραμεν: 2AAI-3S   [20]παρακύψας: AAP-NSM   [22]κείμενα: PNP-APN   [24]θαυμάζων: PAP-NSM   [26]ἀπέχουσαν: PAP-ASF   [30]ὡμίλουν: IAI-3P   [31]συμβεβηκότων: RAP-GPN   [32]ὁμιλεῖν: PAN   [33]συζητεῖν: PAN   [34]ἐγγίσας: AAP-NSM   [35]συνεπορεύετο: INI-3S   [36]ἐκρατοῦντο: IPI-3P   [37]ἐπιγνῶναι: 2AAN

---

[1]ἐφίστημι, [21] I stand by, am urgent, befall one (as of evil), am at hand, impend.   [2]ἐσθής, ῆτος, ἡ, [8] clothing, raiment, vestment, robe.   [3]ἀστράπτω, [2] I flash (with, then like, lightning), am lustrous.   [4]ἔμφοβος, ον, [6] full of fear, terrified.   [5]κλίνω, [7] trans: I rest, recline; I bend, incline; I cause to give ground, make to yield; intrans: I decline, approach my end.   [6]μιμνήσκομαι, [23] I remember, call to mind, recall, mention.   [7]ἁμαρτωλός, ον, [48] sinning, sinful, depraved, detestable.   [8]σταυρόω, [46] I fix to the cross, crucify; fig: I destroy, mortify.   [9]μιμνήσκομαι, [23] I remember, call to mind, recall, mention.   [10]ὑποστρέφω, [37] I turn back, return.   [11]μνημεῖον, ου, τό, [41] a tomb, sepulcher, monument.   [12]ἀπαγγέλλω, [44] I report (from one place to another), bring a report, announce, declare.   [13]ἕνδεκα, οἱ, αἱ, τά, [6] eleven.   [14]λοιπός, ή, όν, [42] left, left behind, the remainder, the rest, the others.   [15]φαίνω, [31] (a) act: I shine, shed light, (b) pass: I shine, become visible, appear, (c) I become clear, appear, seem, show myself as.   [16]ὡσεί, [31] as if, as it were, like; with numbers: about.   [17]λῆρος, ου, ὁ, [1] folly, nonsense, idle talk.   [18]ἀπιστέω, [7] I am unfaithful, disbelieve, refuse belief, prove false.   [19]τρέχω, [20] I run, exercise myself, make progress.   [20]παρακύπτω, [5] I stoop, peer in, look down, look intently.   [21]ὀθόνιον, ου, τό, [5] a linen bandage, a wrapping.   [22]κεῖμαι, [26] I lie, recline, am placed, am laid, set, specially appointed, destined.   [23]μόνος, η, ον, [45] only, solitary, desolate.   [24]θαυμάζω, [46] (a) intrans: I wonder, marvel, (b) trans: I wonder at, admire.   [25]κώμη, ης, ἡ, [28] a village, country town.   [26]ἀπέχω, [18] I have in full, am far, it is enough.   [27]στάδιον, ου, τό, [6] (a) a stadium, one eighth of a Roman mile, (b) a race-course for public games.   [28]ἑξήκοντα, οἱ, αἱ, τά, [9] sixty.   [29]Ἐμμαούς, ἡ, [1] Emmaus, a village not far from Jerusalem.   [30]ὁμιλέω, [4] I consort with, associate with, commune with; particularly, I talk (converse) with.   [31]συμβαίνω, [8] I happen, occur, meet.   [32]ὁμιλέω, [4] I consort with, associate with, commune with; particularly, I talk (converse) with.   [33]συζητέω, [10] I seek together, discuss, dispute.   [34]ἐγγίζω, [43] trans: I bring near; intrans: I come near, approach.   [35]συμπορεύομαι, [4] I journey together with; I come together, assemble.   [36]κρατέω, [47] I am strong, mighty, hence: I rule, am master, prevail; I obtain, take hold of; I hold, hold fast.   [37]ἐπιγινώσκω, [42] I come to know by directing my attention to him or it, I perceive, discern, recognize; aor: I found out.

πρὸς αὐτούς, Τίνες οἱ λόγοι οὗτοι οὓς ἀντιβάλλετε¹ πρὸς ἀλλήλους περιπατοῦντες, καί ἐστε σκυθρωποί;² **18** Ἀποκριθεὶς δὲ ὁ εἷς, ᾧ ὄνομα Κλεοπᾶς, εἶπεν πρὸς αὐτόν, Σὺ μόνος³ παροικεῖς⁴ Ἰερουσαλήμ, καὶ οὐκ ἔγνως τὰ γενόμενα ἐν αὐτῇ ἐν ταῖς ἡμέραις ταύταις; **19** Καὶ εἶπεν αὐτοῖς, Ποῖα;⁵ Οἱ δὲ εἶπον αὐτῷ, Τὰ περὶ Ἰησοῦ τοῦ Ναζωραίου,⁶ ὃς ἐγένετο ἀνὴρ προφήτης δυνατὸς⁷ ἐν ἔργῳ καὶ λόγῳ ἐναντίον⁸ τοῦ θεοῦ καὶ παντὸς τοῦ λαοῦ· **20** ὅπως τε παρέδωκαν αὐτὸν οἱ ἀρχιερεῖς καὶ οἱ ἄρχοντες⁹ ἡμῶν εἰς κρίμα¹⁰ θανάτου, καὶ ἐσταύρωσαν¹¹ αὐτόν. **21** Ἡμεῖς δὲ ἠλπίζομεν¹² ὅτι αὐτός ἐστιν ὁ μέλλων λυτροῦσθαι¹³ τὸν Ἰσραήλ. Ἀλλά γε¹⁴ σὺν πᾶσιν τούτοις τρίτην ταύτην ἡμέραν ἄγει σήμερον¹⁵ ἀφ' οὗ ταῦτα ἐγένετο. **22** Ἀλλὰ καὶ γυναῖκές τινες ἐξ ἡμῶν ἐξέστησαν¹⁶ ἡμᾶς, γενόμεναι ὄρθριαι¹⁷ ἐπὶ τὸ μνημεῖον· ¹⁸ **23** καὶ μὴ εὑροῦσαι τὸ σῶμα αὐτοῦ, ἦλθον λέγουσαι καὶ ὀπτασίαν¹⁹ ἀγγέλων ἑωρακέναι, οἳ λέγουσιν αὐτὸν ζῆν. **24** Καὶ ἀπῆλθόν τινες τῶν σὺν ἡμῖν ἐπὶ τὸ μνημεῖον,¹⁸ καὶ εὗρον οὕτως καθὼς καὶ αἱ γυναῖκες εἶπον· αὐτὸν δὲ οὐκ εἶδον. **25** Καὶ αὐτὸς εἶπεν πρὸς αὐτούς, Ὦ²⁰ ἀνόητοι²¹ καὶ βραδεῖς²² τῇ καρδίᾳ τοῦ πιστεύειν ἐπὶ πᾶσιν οἷς ἐλάλησαν οἱ προφῆται· **26** οὐχὶ ταῦτα ἔδει παθεῖν²³ τὸν χριστόν, καὶ εἰσελθεῖν εἰς τὴν δόξαν αὐτοῦ; **27** Καὶ ἀρξάμενος ἀπὸ Μωσέως καὶ ἀπὸ πάντων τῶν προφητῶν, διηρμήνευεν²⁴ αὐτοῖς ἐν πάσαις ταῖς γραφαῖς τὰ περὶ ἑαυτοῦ. **28** Καὶ ἤγγισαν²⁵ εἰς τὴν κώμην²⁶ οὗ²⁷ ἐπορεύοντο· καὶ αὐτὸς προσεποιεῖτο²⁸ πορρωτέρω²⁹ πορεύεσθαι. **29** Καὶ παρεβιάσαντο³⁰ αὐτόν, λέγοντες, Μεῖνον μεθ' ἡμῶν, ὅτι πρὸς ἑσπέραν³¹ ἐστίν, καὶ κέκλικεν³² ἡ ἡμέρα. Καὶ εἰσῆλθεν τοῦ μεῖναι σὺν αὐτοῖς. **30** Καὶ ἐγένετο ἐν τῷ κατακλιθῆναι³³ αὐτὸν μετ' αὐτῶν, λαβὼν

---

¹ἀντιβάλλετε: PAI-2P ⁴παροικεῖς: PAI-2S ¹¹ἐσταύρωσαν: AAI-3P ¹²ἠλπίζομεν: IAI-1P ¹³λυτροῦσθαι: PMN
¹⁶ἐξέστησαν: 2AAI-3P ²³παθεῖν: 2AAN ²⁴διηρμήνευεν: IAI-3S ²⁵ἤγγισαν: AAI-3P ²⁸προσεποιεῖτο: IMI-3S
³⁰παρεβιάσαντο: ADI-3P ³²κέκλικεν: RAI-3S ³³κατακλιθῆναι: APN

---

¹ἀντιβάλλω, [1] I throw at in opposition, exchange (words) with, perhaps: I compare. ²σκυθρωπός, ή, όν, [2] gloomy, sad-countenanced. ³μόνος, η, ον, [45] only, solitary, desolate. ⁴παροικέω, [2] I sojourn, dwell in as a stranger. ⁵ποῖος, α, ον, [34] of what sort. ⁶Ναζωραῖος, ου, ὁ, [15] a Nazarene, an inhabitant of Nazareth. ⁷δυνατός, ή, όν, [36] (a) of persons: powerful, able, (b) of things: possible. ⁸ἐναντίον, [5] before, in the presence of, in the eyes of. ⁹ἄρχων, οντος, ὁ, [37] a ruler, governor, leader, leading man; with the Jews, an official member (a member of the executive) of the assembly of elders. ¹⁰κρίμα, ατος, τό, [28] (a) a judgment, a verdict; sometimes implying an adverse verdict, a condemnation, (b) a case at law, a lawsuit. ¹¹σταυρόω, [46] I fix to the cross, crucify; fig: I destroy, mortify. ¹²ἐλπίζω, [31] I hope, hope for, expect, trust. ¹³λυτρόω, [3] I release on receipt of ransom; mid: I redeem, release by paying ransom, liberate. ¹⁴γε, [15] an enclitic, emphasizing particle: at least, indeed, really, but generally too subtle to be represented in English. ¹⁵σήμερον, [41] today, now. ¹⁶ἐξίστημι, [17] (lit: I remove from a standing position), (a) in trans. tenses: I astonish, amaze, (b) in intrans. tenses: I am astonished, amazed; I am out of my mind, am mad. ¹⁷ὄρθριος, ία, ιον, [1] early in the morning. ¹⁸μνημεῖον, ου, τό, [41] a tomb, sepulcher, monument. ¹⁹ὀπτασία, ας, ἡ, [4] a vision, supernatural appearance. ²⁰ὦ, [17] O, an exclamation, used in addressing someone. ²¹ἀνόητος, ον, [6] foolish, thoughtless. ²²βραδύς, εῖα, ύ, [3] slow, slow of understanding. ²³πάσχω, [42] I am acted upon in a certain way, either good or bad; I experience ill treatment, suffer. ²⁴διερμηνεύω, [6] I translate, interpret, explain. ²⁵ἐγγίζω, [43] trans: I bring near; intrans: I come near, approach. ²⁶κώμη, ης, ἡ, [28] a village, country town. ²⁷οὗ, [23] where, whither, when, in what place. ²⁸προσποιέω, [2] I pretend, regard, make a show of. ²⁹πόρρω, [4] far, far off, at a distance. ³⁰παραβιάζομαι, [2] I urge, press, constrain by entreaties. ³¹ἑσπέρα, ας, ἡ, [3] evening. ³²κλίνω, [7] trans: I rest, recline; I bend, incline; I cause to give ground, make to yield; intrans: I decline, approach my end. ³³κατακλίνω, [3] I cause to recline at table; mid. and pass: I recline at table.

τὸν ἄρτον εὐλόγησεν,[1] καὶ κλάσας[2] ἐπεδίδου[3] αὐτοῖς. **31** Αὐτῶν δὲ διηνοίχθησαν[4] οἱ ὀφθαλμοί, καὶ ἐπέγνωσαν[5] αὐτόν· καὶ αὐτὸς ἄφαντος[6] ἐγένετο ἀπ' αὐτῶν. **32** Καὶ εἶπον πρὸς ἀλλήλους, Οὐχὶ ἡ καρδία ἡμῶν καιομένη[7] ἦν ἐν ἡμῖν, ὡς ἐλάλει ἡμῖν ἐν τῇ ὁδῷ, καὶ ὡς διήνοιγεν[8] ἡμῖν τὰς γραφάς; **33** Καὶ ἀναστάντες αὐτῇ τῇ ὥρᾳ ὑπέστρεψαν[9] εἰς Ἰερουσαλήμ, καὶ εὗρον συνηθροισμένους[10] τοὺς ἕνδεκα[11] καὶ τοὺς σὺν αὐτοῖς, **34** λέγοντας ὅτι Ἠγέρθη ὁ κύριος ὄντως,[12] καὶ ὤφθη Σίμωνι. **35** Καὶ αὐτοὶ ἐξηγοῦντο[13] τὰ ἐν τῇ ὁδῷ, καὶ ὡς ἐγνώσθη αὐτοῖς ἐν τῇ κλάσει[14] τοῦ ἄρτου.

The Last Appearances of Christ

36 Ταῦτα δὲ αὐτῶν λαλούντων, αὐτὸς ὁ Ἰησοῦς ἔστη ἐν μέσῳ αὐτῶν, καὶ λέγει αὐτοῖς, Εἰρήνη ὑμῖν. **37** Πτοηθέντες[15] δὲ καὶ ἔμφοβοι[16] γενόμενοι ἐδόκουν πνεῦμα θεωρεῖν. **38** Καὶ εἶπεν αὐτοῖς, Τί τεταραγμένοι[17] ἐστέ, καὶ διὰ τί διαλογισμοὶ[18] ἀναβαίνουσιν ἐν ταῖς καρδίαις ὑμῶν; **39** Ἴδετε τὰς χεῖράς μου καὶ τοὺς πόδας μου, ὅτι αὐτὸς ἐγώ εἰμι· ψηλαφήσατέ[19] με καὶ ἴδετε, ὅτι πνεῦμα σάρκα καὶ ὀστέα[20] οὐκ ἔχει, καθὼς ἐμὲ θεωρεῖτε ἔχοντα. **40** Καὶ τοῦτο εἰπὼν ἐπέδειξεν[21] αὐτοῖς τὰς χεῖρας καὶ τοὺς πόδας. **41** Ἔτι δὲ ἀπιστούντων[22] αὐτῶν ἀπὸ τῆς χαρᾶς καὶ θαυμαζόντων,[23] εἶπεν αὐτοῖς, Ἔχετέ τι βρώσιμον[24] ἐνθάδε;[25] **42** Οἱ δὲ ἐπέδωκαν[26] αὐτῷ ἰχθύος[27] ὀπτοῦ[28] μέρος,[29] καὶ ἀπὸ μελισσίου[30] κηρίου.[31] **43** Καὶ λαβὼν ἐνώπιον αὐτῶν ἔφαγεν.

44 Εἶπεν δὲ αὐτοῖς, Οὗτοι οἱ λόγοι, οὓς ἐλάλησα πρὸς ὑμᾶς ἔτι ὢν σὺν ὑμῖν, ὅτι δεῖ πληρωθῆναι πάντα τὰ γεγραμμένα ἐν τῷ νόμῳ Μωσέως καὶ προφήταις καὶ ψαλμοῖς[32] περὶ ἐμοῦ. **45** Τότε διήνοιξεν[33] αὐτῶν τὸν νοῦν,[34] τοῦ συνιέναι[35] τὰς γραφάς· **46** καὶ εἶπεν αὐτοῖς ὅτι Οὕτως γέγραπται, καὶ οὕτως ἔδει παθεῖν[36] τὸν χριστόν, καὶ ἀναστῆναι ἐκ νεκρῶν τῇ τρίτῃ ἡμέρᾳ, **47** καὶ κηρυχθῆναι ἐπὶ τῷ ὀνόματι αὐτοῦ μετάνοιαν[37] καὶ

---

[1]εὐλόγησεν: AAI-3S   [2]κλάσας: AAP-NSM   [3]ἐπεδίδου: IAI-3S   [4]διηνοίχθησαν: API-3P   [5]ἐπέγνωσαν: 2AAI-3P   [7]καιομένη: PPP-NSF   [8]διήνοιγεν: IAI-3S   [9]ὑπέστρεψαν: AAI-3P   [10]συνηθροισμένους: RPP-APM   [13]ἐξηγοῦντο: INI-3P   [15]Πτοηθέντες: APP-NPM   [17]τεταραγμένοι: RPP-NPM   [19]ψηλαφήσατέ: AAM-2P   [21]ἐπέδειξεν: AAI-3S   [22]ἀπιστούντων: PAP-GPM   [23]θαυμαζόντων: PAP-GPM   [26]ἐπέδωκαν: AAI-3P   [33]διήνοιξεν: AAI-3S   [35]συνιέναι: PAN   [36]παθεῖν: 2AAN

---

[1]εὐλογέω, [43] (lit: I speak well of) I bless; pass: I am blessed.   [2]κλάω, [15] I break (in pieces), break bread.   [3]ἐπιδίδωμι, [11] (a) trans: I hand in, give up, (b) intrans: I give way (to the wind).   [4]διανοίγω, [8] I open fully.   [5]ἐπιγινώσκω, [42] I come to know by directing my attention to him or it, I perceive, discern, recognize; aor: I found out.   [6]ἄφαντος, ον, [1] disappearing, invisible, hidden.   [7]καίω, [14] I ignite, light, burn, lit. and met: I consume with fire.   [8]διανοίγω, [8] I open fully.   [9]ὑποστρέφω, [37] I turn back, return.   [10]συναθροίζω, [3] I gather together, assemble.   [11]ἕνδεκα, οἱ, αἱ, τά, [6] eleven.   [12]ὄντως, [10] really, truly, actually.   [13]ἐξηγέομαι, [6] I lead, show the way; met: I unfold, narrate, declare.   [14]κλάσις, εως, ἡ, [2] a breaking.   [15]πτοέω, [2] I terrify, scare, strike with panic.   [16]ἔμφοβος, ον, [6] full of fear, terrified.   [17]ταράσσω, [17] I disturb, agitate, stir up, trouble.   [18]διαλογισμός, οῦ, ὁ, [14] a calculation, reasoning, thought, movement of thought, deliberation, plotting.   [19]ψηλαφάω, [4] I feel, touch, handle; I feel after, grope for.   [20]ὀστέον, ου, τό, [5] a bone.   [21]ἐπιδείκνυμι, [9] I show, display, point out, indicate; I prove, demonstrate.   [22]ἀπιστέω, [7] I am unfaithful, disbelieve, refuse belief, prove false.   [23]θαυμάζω, [46] (a) intrans: I wonder, marvel, (b) trans: I wonder at, admire.   [24]βρώσιμος, ον, [1] eatable, suitable for food.   [25]ἐνθάδε, [9] here, in this place.   [26]ἐπιδίδωμι, [11] (a) trans: I hand in, give up, (b) intrans: I give way (to the wind).   [27]ἰχθύς, ύος, ὁ, [20] a fish.   [28]ὀπτός, ή, όν, [1] roasted, broiled.   [29]μέρος, ους, τό, [43] a part, portion, share.   [30]μελίσσιος, α, ον, [1] belonging to bees, coming from bees.   [31]κηρίον, ου, τό, [1] a honeycomb.   [32]ψαλμός, οῦ, ὁ, [7] a psalm, song of praise, the Hebrew book of Psalms.   [33]διανοίγω, [8] I open fully.   [34]νοῦς, νοός, νοΐ, νοῦν, ὁ, [24] the mind, the reason, the reasoning faculty, intellect.   [35]συνίημι, [26] I consider, understand, perceive.   [36]πάσχω, [42] I am acted upon in a certain way, either good or bad; I experience ill treatment, suffer.   [37]μετάνοια, ας, ἡ, [24] repentance, a change of mind, change in the inner man.

ἄφεσιν¹ ἁμαρτιῶν εἰς πάντα τὰ ἔθνη, ἀρξάμενον ἀπὸ Ἰερουσαλήμ. **48** Ὑμεῖς δέ ἐστε μάρτυρες² τούτων. **49** Καὶ ἰδού, ἐγὼ ἀποστέλλω τὴν ἐπαγγελίαν τοῦ πατρός μου ἐφ' ὑμᾶς· ὑμεῖς δὲ καθίσατε³ ἐν τῇ πόλει Ἰερουσαλήμ, ἕως οὗ ἐνδύσησθε⁴ δύναμιν ἐξ ὕψους.⁵

50 Ἐξήγαγεν⁶ δὲ αὐτοὺς ἔξω ἕως εἰς Βηθανίαν·⁷ καὶ ἐπάρας⁸ τὰς χεῖρας αὐτοῦ εὐλόγησεν⁹ αὐτούς. **51** Καὶ ἐγένετο ἐν τῷ εὐλογεῖν¹⁰ αὐτὸν αὐτούς, διέστη¹¹ ἀπ' αὐτῶν, καὶ ἀνεφέρετο¹² εἰς τὸν οὐρανόν. **52** Καὶ αὐτοὶ προσκυνήσαντες αὐτόν, ὑπέστρεψαν¹³ εἰς Ἰερουσαλὴμ μετὰ χαρᾶς μεγάλης· **53** καὶ ἦσαν διὰ παντὸς ἐν τῷ ἱερῷ, αἰνοῦντες¹⁴ καὶ εὐλογοῦντες¹⁵ τὸν θεόν. Ἀμήν.

---

³καθίσατε: AAM-2P   ⁴ἐνδύσησθε: AMS-2P   ⁶Ἐξήγαγεν: 2AAI-3S   ⁸ἐπάρας: AAP-NSM   ⁹εὐλόγησεν: AAI-3S
¹⁰εὐλογεῖν: PAN   ¹¹διέστη: 2AAI-3S   ¹²ἀνεφέρετο: IPI-3S   ¹³ὑπέστρεψαν: AAI-3P   ¹⁴αἰνοῦντες: PAP-NPM
¹⁵εὐλογοῦντες: PAP-NPM

---

¹ἄφεσις, εως, ἡ, [17] a sending away, a letting go, a release, pardon, complete forgiveness.   ²μάρτυς, υρος, ὁ, [34] a witness; an eye- or ear-witness.   ³καθίζω, [48] (a) trans: I make to sit; I set, appoint, (b) intrans: I sit down, am seated, stay.   ⁴ἐνδύω, [28] I put on, clothe (another).   ⁵ὕψος, ους, τό, [6] height, heaven; dignity, eminence.   ⁶ἐξάγω, [13] I lead out, sometimes to death, execution.   ⁷Βηθανία, ας, ἡ, [12] (a) Bethany, the home of Lazarus, Martha, and Mary, near Jerusalem, (b) Bethany, beyond Jordan.   ⁸ἐπαίρω, [19] I raise, lift up.   ⁹εὐλογέω, [43] (lit: I speak well of) I bless; pass: I am blessed.   ¹⁰εὐλογέω, [43] (lit: I speak well of) I bless; pass: I am blessed.   ¹¹διΐστημι, [3] I put apart, separate, put some distance between.   ¹²ἀναφέρω, [10] (a) I carry up, lead up, (b) I offer up (on a high altar) as a sacrifice, offer up to God on high.   ¹³ὑποστρέφω, [37] I turn back, return.   ¹⁴αἰνέω, [9] I praise.   ¹⁵εὐλογέω, [43] (lit: I speak well of) I bless; pass: I am blessed.

ΚΑΤΑ ΙΩΑΝΝΗΝ
According to John

The Word Became Flesh

Ἐν ἀρχῇ ἦν ὁ λόγος, καὶ ὁ λόγος ἦν πρὸς τὸν θεόν, καὶ θεὸς ἦν ὁ λόγος. **2** Οὗτος ἦν ἐν ἀρχῇ πρὸς τὸν θεόν. **3** Πάντα δι᾽ αὐτοῦ ἐγένετο, καὶ χωρὶς¹ αὐτοῦ ἐγένετο οὐδὲ ἓν ὃ γέγονεν. **4** Ἐν αὐτῷ ζωὴ ἦν, καὶ ἡ ζωὴ ἦν τὸ φῶς τῶν ἀνθρώπων, **5** καὶ τὸ φῶς ἐν τῇ σκοτίᾳ² φαίνει,³ καὶ ἡ σκοτία² αὐτὸ οὐ κατέλαβεν.⁴ **6** Ἐγένετο ἄνθρωπος ἀπεσταλμένος παρὰ θεοῦ, ὄνομα αὐτῷ Ἰωάννης. **7** Οὗτος ἦλθεν εἰς μαρτυρίαν,⁵ ἵνα μαρτυρήσῃ περὶ τοῦ φωτός, ἵνα πάντες πιστεύσωσιν δι᾽ αὐτοῦ. **8** Οὐκ ἦν ἐκεῖνος τὸ φῶς, ἀλλ᾽ ἵνα μαρτυρήσῃ περὶ τοῦ φωτός. **9** Ἦν τὸ φῶς τὸ ἀληθινόν,⁶ ὃ φωτίζει⁷ πάντα ἄνθρωπον ἐρχόμενον εἰς τὸν κόσμον.

Jesus at the Feast of Tabernacles

10 Ἐν τῷ κόσμῳ ἦν, καὶ ὁ κόσμος δι᾽ αὐτοῦ ἐγένετο, καὶ ὁ κόσμος αὐτὸν οὐκ ἔγνω. **11** Εἰς τὰ ἴδια ἦλθεν, καὶ οἱ ἴδιοι αὐτὸν οὐ παρέλαβον.⁸ **12** Ὅσοι δὲ ἔλαβον αὐτόν, ἔδωκεν αὐτοῖς ἐξουσίαν τέκνα θεοῦ γενέσθαι, τοῖς πιστεύουσιν εἰς τὸ ὄνομα αὐτοῦ· **13** οἳ οὐκ ἐξ αἱμάτων, οὐδὲ ἐκ θελήματος σαρκός, οὐδὲ ἐκ θελήματος ἀνδρός, ἀλλ᾽ ἐκ θεοῦ ἐγεννήθησαν. **14** Καὶ ὁ λόγος σὰρξ ἐγένετο, καὶ ἐσκήνωσεν⁹ ἐν ἡμῖν–καὶ ἐθεασάμεθα¹⁰ τὴν δόξαν αὐτοῦ, δόξαν ὡς μονογενοῦς¹¹ παρὰ πατρός–πλήρης¹² χάριτος καὶ ἀληθείας. **15** Ἰωάννης μαρτυρεῖ περὶ αὐτοῦ, καὶ κέκραγεν λέγων, Οὗτος ἦν ὃν εἶπον, Ὁ ὀπίσω¹³ μου ἐρχόμενος ἔμπροσθέν¹⁴ μου γέγονεν· ὅτι πρῶτός μου ἦν. **16** Καὶ ἐκ

---

³φαίνει: PAI-3S ⁴κατέλαβεν: 2AAI-3S ⁷φωτίζει: PAI-3S ⁸παρέλαβον: 2AAI-3P ⁹ἐσκήνωσεν: AAI-3S ¹⁰ἐθεασάμεθα: ADI-1P

---

¹χωρίς, [39] apart from, separately from; without. ²σκοτία, ας, ἡ, [16] darkness; fig: spiritual darkness. ³φαίνω, [31] (a) act: I shine, shed light, (b) pass: I shine, become visible, appear, (c) I become clear, appear, seem, show myself as. ⁴καταλαμβάνω, [15] (a) I seize tight hold of, arrest, catch, capture, appropriate, (b) I overtake, (c) mid. aor: I perceived, comprehended. ⁵μαρτυρία, ας, ἡ, [37] witness, evidence, testimony, reputation. ⁶ἀληθινός, η, ον, [27] true (lit: made of truth), real, genuine. ⁷φωτίζω, [11] (a) I light up, illumine, (b) I bring to light, make evident, reveal. ⁸παραλαμβάνω, [49] I take from, receive from, or: I take to, receive (apparently not used of money), admit, acknowledge; I take with me. ⁹σκηνόω, [5] I dwell as in a tent, encamp, have my tabernacle. ¹⁰θεάομαι, [24] I see, behold, contemplate, look upon, view; I see, visit. ¹¹μονογενής, ές, [9] only, only-begotten; unique. ¹²πλήρης, ες, [17] full, abounding in, complete, completely occupied with. ¹³ὀπίσω, [37] behind, after; back, backwards. ¹⁴ἔμπροσθεν, [48] in front, before the face; sometimes made a subst. by the addition of the article: in front of, before the face of.

τοῦ πληρώματος¹ αὐτοῦ ἡμεῖς πάντες ἐλάβομεν, καὶ χάριν ἀντὶ² χάριτος. 17 Ὅτι ὁ νόμος διὰ Μωσέως ἐδόθη, ἡ χάρις καὶ ἡ ἀλήθεια διὰ Ἰησοῦ χριστοῦ ἐγένετο. 18 Θεὸν οὐδεὶς ἑώρακεν πώποτε·³ ὁ μονογενὴς⁴ υἱός, ὁ ὢν εἰς τὸν κόλπον⁵ τοῦ πατρός, ἐκεῖνος ἐξηγήσατο.⁶

The Testimony of John the Baptist

19 Καὶ αὕτη ἐστὶν ἡ μαρτυρία⁷ τοῦ Ἰωάννου, ὅτε ἀπέστειλαν οἱ Ἰουδαῖοι ἐξ Ἱεροσολύμων ἱερεῖς⁸ καὶ Λευίτας⁹ ἵνα ἐρωτήσωσιν αὐτόν, Σὺ τίς εἶ; 20 Καὶ ὡμολόγησεν,¹⁰ καὶ οὐκ ἠρνήσατο·¹¹ καὶ ὡμολόγησεν¹² ὅτι Οὐκ εἰμὶ ἐγὼ ὁ χριστός. 21 Καὶ ἠρώτησαν αὐτόν, Τί οὖν; Ἡλίας εἶ σύ; Καὶ λέγει, Οὐκ εἰμί. Ὁ προφήτης εἶ σύ; Καὶ ἀπεκρίθη, Οὔ. 22 Εἶπον οὖν αὐτῷ, Τίς εἶ; Ἵνα ἀπόκρισιν¹³ δῶμεν τοῖς πέμψασιν ἡμᾶς. Τί λέγεις περὶ σεαυτοῦ;¹⁴ 23 Ἔφη, Ἐγὼ φωνὴ βοῶντος¹⁵ ἐν τῇ ἐρήμῳ, Εὐθύνατε¹⁶ τὴν ὁδὸν κυρίου, καθὼς εἶπεν Ἠσαΐας ὁ προφήτης. 24 Καὶ οἱ ἀπεσταλμένοι ἦσαν ἐκ τῶν Φαρισαίων. 25 Καὶ ἠρώτησαν αὐτόν, καὶ εἶπον αὐτῷ, Τί οὖν βαπτίζεις, εἰ σὺ οὐκ εἶ ὁ χριστός, οὔτε Ἡλίας, οὔτε ὁ προφήτης; 26 Ἀπεκρίθη αὐτοῖς ὁ Ἰωάννης λέγων, Ἐγὼ βαπτίζω ἐν ὕδατι· μέσος δὲ ὑμῶν ἕστηκεν ὃν ὑμεῖς οὐκ οἴδατε. 27 Αὐτός ἐστιν ὁ ὀπίσω¹⁷ μου ἐρχόμενος, ὃς ἔμπροσθέν¹⁸ μου γέγονεν· οὗ ἐγὼ οὐκ εἰμὶ ἄξιος¹⁹ ἵνα λύσω²⁰ αὐτοῦ τὸν ἱμάντα²¹ τοῦ ὑποδήματος.²² 28 Ταῦτα ἐν Βηθανίᾳ²³ ἐγένετο πέραν²⁴ τοῦ Ἰορδάνου,²⁵ ὅπου ἦν Ἰωάννης βαπτίζων.

29 Τῇ ἐπαύριον²⁶ βλέπει τὸν Ἰησοῦν ἐρχόμενον πρὸς αὐτόν, καὶ λέγει, Ἴδε²⁷ ὁ ἀμνὸς²⁸ τοῦ θεοῦ, ὁ αἴρων τὴν ἁμαρτίαν τοῦ κόσμου. 30 Οὗτός ἐστιν περὶ οὗ ἐγὼ εἶπον,

---

⁶ἐξηγήσατο: ADI-3S ¹⁰ὡμολόγησεν: AAI-3S ¹¹ἠρνήσατο: ADI-3S ¹²ὡμολόγησεν: AAI-3S ¹⁵βοῶντος: PAP-GSM ¹⁶Εὐθύνατε: AAM-2P ²⁰λύσω: AAS-1S ²⁷Ἴδε: 2AAM-2S

---

¹πλήρωμα, ατος, τό, [17] (a) a fill, fullness; full complement; supply, patch, supplement, (b) fullness, filling, fulfillment, completion. ²ἀντί, [22] (a) instead of, in return for, over against, opposite, in exchange for, as a substitute for, (b) on my behalf, (c) wherefore, because. ³πώποτε, [6] at any time, ever. ⁴μονογενής, ές, [9] only, only-begotten; unique. ⁵κόλπος, ου, ὁ, [6] (a) sing. and plur: bosom; (sinus) the overhanging fold of the garment used as a pocket, (b) a bay, gulf. ⁶ἐξηγέομαι, [6] I lead, show the way; met: I unfold, narrate, declare. ⁷μαρτυρία, ας, ἡ, [37] witness, evidence, testimony, reputation. ⁸ἱερεύς, έως, ὁ, [33] a priest, one who offers sacrifice to a god (in Jewish and pagan religions; of Christians only met.). ⁹Λευίτης, ου, ὁ, [3] a Levite, properly a man of the tribe of Levi; hence: a priest's assistant, an under priest, as the members of that tribe were charged with this duty. ¹⁰ὁμολογέω, [24] (a) I promise, agree, (b) I confess, (c) I publicly declare, (d) a Hebraism, I praise, celebrate. ¹¹ἀρνέομαι, [31] (a) I deny (a statement), (b) I repudiate (a person, or belief). ¹²ὁμολογέω, [24] (a) I promise, agree, (b) I confess, (c) I publicly declare, (d) a Hebraism, I praise, celebrate. ¹³ἀπόκρισις, εως, ἡ, [4] an answer, reply. ¹⁴σεαυτοῦ, ῆς, οῦ, [41] of yourself. ¹⁵βοάω, [11] I shout, call aloud, proclaim. ¹⁶εὐθύνω, [2] (a) I make straight (of the direction, not the surface, of a road), (b) I guide, steer. ¹⁷ὀπίσω, [37] behind, after; back, backwards. ¹⁸ἔμπροσθεν, [48] in front, before the face; sometimes made a subst. by the addition of the article: in front of, before the face of. ¹⁹ἄξιος, ία, ιον, [41] worthy, worthy of, deserving, comparable, suitable. ²⁰λύω, [42] (a) I loose, untie, release, (b) met: I break, destroy, set at naught, contravene; I break up a meeting, annul. ²¹ἱμάς, άντος, ὁ, [4] a thong, strap, (a) for binding a man who is to be flogged, (b) for fastening a sandal or shoe. ²²ὑπόδημα, ατος, τό, [10] a sandal; anything bound under. ²³Βηθανία, ας, ἡ, [12] (a) Bethany, the home of Lazarus, Martha, and Mary, near Jerusalem, (b) Bethany, beyond Jordan. ²⁴πέραν, [23] over, on the other side, beyond. ²⁵Ἰορδάνης, ου, ὁ, [15] the Jordan, a great river flowing due south and bounding Galilee, Samaria, and Judea on the east. ²⁶ἐπαύριον, [17] tomorrow. ²⁷ἴδε, [35] See! Lo! Behold! Look! ²⁸ἀμνός, οῦ, ὁ, [4] a lamb (as a type of innocence, and with sacrificial connotation).

Ὀπίσω¹ μου ἔρχεται ἀνὴρ ὃς ἔμπροσθέν² μου γέγονεν, ὅτι πρῶτός μου ἦν. **31** Κἀγὼ οὐκ ᾔδειν αὐτόν· ἀλλ᾽ ἵνα φανερωθῇ³ τῷ Ἰσραήλ, διὰ τοῦτο ἦλθον ἐγὼ ἐν τῷ ὕδατι βαπτίζων. **32** Καὶ ἐμαρτύρησεν Ἰωάννης λέγων ὅτι Τεθέαμαι⁴ τὸ πνεῦμα καταβαῖνον ὡσεὶ⁵ περιστερὰν⁶ ἐξ οὐρανοῦ, καὶ ἔμεινεν ἐπ᾽ αὐτόν. **33** Κἀγὼ οὐκ ᾔδειν αὐτόν· ἀλλ᾽ ὁ πέμψας με βαπτίζειν ἐν ὕδατι, ἐκεῖνός μοι εἶπεν, Ἐφ᾽ ὃν ἂν ἴδῃς τὸ πνεῦμα καταβαῖνον καὶ μένον ἐπ᾽ αὐτόν, οὗτός ἐστιν ὁ βαπτίζων ἐν πνεύματι ἁγίῳ. **34** Κἀγὼ ἑώρακα, καὶ μεμαρτύρηκα ὅτι οὗτός ἐστιν ὁ υἱὸς τοῦ θεοῦ.

The First Disciples of Jesus

35 Τῇ ἐπαύριον⁷ πάλιν εἱστήκει ὁ Ἰωάννης, καὶ ἐκ τῶν μαθητῶν αὐτοῦ δύο· **36** καὶ ἐμβλέψας⁸ τῷ Ἰησοῦ περιπατοῦντι, λέγει, Ἴδε⁹ ὁ ἀμνὸς¹⁰ τοῦ θεοῦ. **37** Καὶ ἤκουσαν αὐτοῦ οἱ δύο μαθηταὶ λαλοῦντος, καὶ ἠκολούθησαν τῷ Ἰησοῦ. **38** Στραφεὶς¹¹ δὲ ὁ Ἰησοῦς καὶ θεασάμενος¹² αὐτοὺς ἀκολουθοῦντας, λέγει αὐτοῖς, Τί ζητεῖτε; Οἱ δὲ εἶπον αὐτῷ, Ῥαββί¹³–ὃ λέγεται ἑρμηνευόμενον,¹⁴ Διδάσκαλε–ποῦ¹⁵ μένεις; **39** Λέγει αὐτοῖς, Ἔρχεσθε καὶ ἴδετε. Ἦλθον καὶ εἶδον ποῦ¹⁶ μένει· καὶ παρ᾽ αὐτῷ ἔμειναν τὴν ἡμέραν ἐκείνην· ὥρα ἦν ὡς δεκάτη.¹⁷ **40** Ἦν Ἀνδρέας ὁ ἀδελφὸς Σίμωνος Πέτρου εἷς ἐκ τῶν δύο τῶν ἀκουσάντων παρὰ Ἰωάννου καὶ ἀκολουθησάντων αὐτῷ. **41** Εὑρίσκει οὗτος πρῶτος τὸν ἀδελφὸν τὸν ἴδιον Σίμωνα, καὶ λέγει αὐτῷ, Εὑρήκαμεν τὸν Μεσίαν¹⁸–ὅ ἐστιν μεθερμηνευόμενον,¹⁹ χριστός. **42** Καὶ ἤγαγεν αὐτὸν πρὸς τὸν Ἰησοῦν. Ἐμβλέψας²⁰ αὐτῷ ὁ Ἰησοῦς εἶπεν, Σὺ εἶ Σίμων ὁ υἱὸς Ἰωνᾶ· σὺ κληθήσῃ Κηφᾶς–ὃ ἑρμηνεύεται²¹ Πέτρος.

43 Τῇ ἐπαύριον⁷ ἠθέλησεν ἐξελθεῖν εἰς τὴν Γαλιλαίαν, καὶ εὑρίσκει Φίλιππον, καὶ λέγει αὐτῷ ὁ Ἰησοῦς, Ἀκολούθει μοι. **44** Ἦν δὲ ὁ Φίλιππος ἀπὸ Βηθσαϊδά,²² ἐκ τῆς πόλεως Ἀνδρέου καὶ Πέτρου. **45** Εὑρίσκει Φίλιππος τὸν Ναθαναήλ, καὶ λέγει αὐτῷ, Ὃν ἔγραψεν Μωσῆς ἐν τῷ νόμῳ καὶ οἱ προφῆται εὑρήκαμεν, Ἰησοῦν τὸν υἱὸν τοῦ Ἰωσὴφ τὸν ἀπὸ Ναζαρέτ.²³ **46** Καὶ εἶπεν αὐτῷ Ναθαναήλ, Ἐκ Ναζαρὲτ²³ δύναταί τι ἀγαθὸν εἶναι; Λέγει αὐτῷ Φίλιππος, Ἔρχου καὶ ἴδε.²⁴ **47** Εἶδεν ὁ Ἰησοῦς τὸν Ναθαναὴλ ἐρχόμενον

---

³φανερωθῇ: APS-3S   ⁴Τεθέαμαι: RNI-1S   ⁸ἐμβλέψας: AAP-NSM   ⁹Ἴδε: 2AAM-2S   ¹¹Στραφεὶς: 2APP-NSM
¹²θεασάμενος: ADP-NSM   ¹⁴ἑρμηνευόμενον: PPP-NSN   ¹⁹μεθερμηνευόμενον: PPP-NSN   ²⁰Ἐμβλέψας: AAP-NSM
²¹ἑρμηνεύεται: PPI-3S   ²⁴ἴδε: 2AAM-2S

---

¹ὀπίσω, [37] behind, after; back, backwards.   ²ἔμπροσθεν, [48] in front, before the face; sometimes made a subst. by the addition of the article: in front of, before the face of.   ³φανερόω, [49] I make clear (visible, manifest), make known.   ⁴θεάομαι, [24] I see, behold, contemplate, look upon, view; I see, visit.   ⁵ὡσεί, [31] as if, as it were, like; with numbers: about.   ⁶περιστερά, άς, ἡ, [10] a dove, pigeon.   ⁷ἐπαύριον, [17] tomorrow.   ⁸ἐμβλέπω, [12] I look into (upon); met: I consider; I see clearly.   ⁹ἴδε, [35] See! Lo! Behold! Look!   ¹⁰ἀμνός, οῦ, ὁ, [4] a lamb (as a type of innocence, and with sacrificial connotation).   ¹¹στρέφω, [19] I turn, am converted, change, change my direction.   ¹²θεάομαι, [24] I see, behold, contemplate, look upon, view; I see, visit.   ¹³ῥαββί, [17] Rabbi, my master, teacher; a title of respect often applied to Christ.   ¹⁴ἑρμηνεύω, [4] (a) I translate, explain, (b) I interpret the meaning of.   ¹⁵ποῦ, [44] where, in what place.   ¹⁶πού, [6] somewhere, anywhere, in a certain place.   ¹⁷δέκατος, η, ον, [3] tenth.   ¹⁸Μεσσίας, ου, ὁ, [2] Messiah, the Anointed One.   ¹⁹μεθερμηνεύω, [7] I translate (from one language into another), interpret.   ²⁰ἐμβλέπω, [12] I look into (upon); met: I consider; I see clearly.   ²¹ἑρμηνεύω, [4] (a) I translate, explain, (b) I interpret the meaning of.   ²²Βηθσαϊδά, ἡ, [7] Bethsaida, (a) a city of Galilee, (b) a city east of the Jordan.   ²³Ναζαρέτ, ἡ, [12] Nazareth, a city of Galilee, where Jesus lived before His ministry.   ²⁴ἴδε, [35] See! Lo! Behold! Look!

πρὸς αὐτόν, καὶ λέγει περὶ αὐτοῦ, Ἴδε¹ ἀληθῶς² Ἰσραηλίτης,³ ἐν ᾧ δόλος⁴ οὐκ ἔστιν. 48 Λέγει αὐτῷ Ναθαναήλ, Πόθεν⁵ με γινώσκεις; Ἀπεκρίθη Ἰησοῦς καὶ εἶπεν αὐτῷ, Πρὸ⁶ τοῦ σε Φίλιππον φωνῆσαι,⁷ ὄντα ὑπὸ τὴν συκῆν,⁸ εἶδόν σε. 49 Ἀπεκρίθη Ναθαναήλ καὶ λέγει αὐτῷ, Ῥαββί,⁹ σὺ εἶ ὁ υἱὸς τοῦ θεοῦ, σὺ εἶ ὁ βασιλεὺς τοῦ Ἰσραήλ. 50 Ἀπεκρίθη Ἰησοῦς καὶ εἶπεν αὐτῷ, Ὅτι εἶπόν σοι, Εἶδόν σε ὑποκάτω¹⁰ τῆς συκῆς,⁸ πιστεύεις; Μείζω τούτων ὄψει. 51 Καὶ λέγει αὐτῷ, Ἀμὴν ἀμὴν λέγω ὑμῖν, ἀπ' ἄρτι¹¹ ὄψεσθε τὸν οὐρανὸν ἀνεῳγότα, καὶ τοὺς ἀγγέλους τοῦ θεοῦ ἀναβαίνοντας καὶ καταβαίνοντας ἐπὶ τὸν υἱὸν τοῦ ἀνθρώπου.

The Marriage at Cana

2 Καὶ τῇ ἡμέρᾳ τῇ τρίτῃ γάμος¹² ἐγένετο ἐν Κανᾷ¹³ τῆς Γαλιλαίας, καὶ ἦν ἡ μήτηρ τοῦ Ἰησοῦ ἐκεῖ· 2 ἐκλήθη δὲ καὶ ὁ Ἰησοῦς καὶ οἱ μαθηταὶ αὐτοῦ εἰς τὸν γάμον.¹² 3 Καὶ ὑστερήσαντος¹⁴ οἴνου,¹⁵ λέγει ἡ μήτηρ τοῦ Ἰησοῦ πρὸς αὐτόν, Οἶνον¹⁵ οὐκ ἔχουσιν. 4 Λέγει αὐτῇ ὁ Ἰησοῦς, Τί ἐμοὶ καὶ σοί, γύναι; Οὔπω¹⁶ ἥκει¹⁷ ἡ ὥρα μου. 5 Λέγει ἡ μήτηρ αὐτοῦ τοῖς διακόνοις,¹⁸ Ὅ τι ἂν λέγῃ ὑμῖν, ποιήσατε. 6 Ἦσαν δὲ ἐκεῖ ὑδρίαι¹⁹ λίθιναι²⁰ ἓξ²¹ κείμεναι²² κατὰ τὸν καθαρισμὸν²³ τῶν Ἰουδαίων, χωροῦσαι²⁴ ἀνὰ²⁵ μετρητὰς²⁶ δύο ἢ τρεῖς. 7 Λέγει αὐτοῖς ὁ Ἰησοῦς, Γεμίσατε²⁷ τὰς ὑδρίας¹⁹ ὕδατος. Καὶ ἐγέμισαν²⁸ αὐτὰς ἕως ἄνω.²⁹ 8 Καὶ λέγει αὐτοῖς, Ἀντλήσατε³⁰ νῦν, καὶ φέρετε τῷ ἀρχιτρικλίνῳ.³¹ Καὶ ἤνεγκαν. 9 Ὡς δὲ ἐγεύσατο³² ὁ ἀρχιτρίκλινος³¹ τὸ ὕδωρ οἶνον¹⁵ γεγενημένον, καὶ οὐκ ᾔδει πόθεν⁵ ἐστίν–οἱ δὲ διάκονοι¹⁸ ᾔδεισαν οἱ ἠντληκότες³³ τὸ ὕδωρ–φωνεῖ³⁴ τὸν νυμφίον³⁵ ὁ ἀρχιτρίκλινος,³¹ 10 καὶ λέγει αὐτῷ, Πᾶς ἄνθρωπος πρῶτον τὸν καλὸν

---

¹Ἴδε: 2AAM-2S   ⁷φωνῆσαι: AAN   ¹⁴ὑστερήσαντος: AAP-GSM   ¹⁷ἥκει: PAI-3S   ²²κείμεναι: PNP-NPF   ²⁴χωροῦσαι: PAP-NPF   ²⁷Γεμίσατε: AAM-2P   ²⁸ἐγέμισαν: AAI-3P   ³⁰Ἀντλήσατε: AAM-2P   ³²ἐγεύσατο: ADI-3S   ³³ἠντληκότες: RAP-NPM   ³⁴φωνεῖ: PAI-3S

---

¹ἴδε, [35] See! Lo! Behold! Look!   ²ἀληθῶς, [21] truly, really, certainly, surely.   ³Ἰσραηλίτης, ου, ὁ, [9] an Israelite, one of the chosen people of Israel, a Jew.   ⁴δόλος, ου, ὁ, [11] deceit, guile, treachery.   ⁵πόθεν, [28] whence, from what place.   ⁶πρό, [47] (a) of place: before, in front of, (b) of time: before, earlier than.   ⁷φωνέω, [42] I give forth a sound, hence: (a) of a cock: I crow, (b) of men: I shout, (c) trans: I call (to myself), summon; I invite, address.   ⁸συκῆ, ῆς, ἡ, [16] a fig-tree.   ⁹ῥαββί, [17] Rabbi, my master, teacher; a title of respect often applied to Christ.   ¹⁰ὑποκάτω, [9] underneath, below, under.   ¹¹ἄρτι, [37] now, just now, at this moment.   ¹²γάμος, ου, ὁ, [16] a marriage, wedding, wedding-ceremony; plur: a wedding-feast.   ¹³Κανᾶ, ἡ, [4] Cana, a town in Galilee.   ¹⁴ὑστερέω, [16] I fall behind, am lacking, fall short, suffer need, am inferior to.   ¹⁵οἶνος, ου, ὁ, [33] wine.   ¹⁶οὔπω, [23] not yet.   ¹⁷ἥκω, [27] I have come, am present, have arrived.   ¹⁸διάκονος, οῦ, ὁ, ἡ, [30] a waiter, servant; then of any one who performs any service, an administrator.   ¹⁹ὑδρία, ας, ἡ, [3] a water pot, jar, pitcher.   ²⁰λίθινος, η, ον, [3] made of stone.   ²¹ἕξ, οἱ, αἱ, τά, [13] six.   ²²κεῖμαι, [26] I lie, recline, am placed, am laid, set, specially appointed, destined.   ²³καθαρισμός, οῦ, ὁ, [7] cleansing, purifying, purification, literal, ceremonial, or moral; met: expiation.   ²⁴χωρέω, [10] (lit: I make room, hence) (a) I have room for, receive, contain, (b) I make room for by departing, go, make progress, turn myself.   ²⁵ἀνά, [15] prep. Rare in NT; prop: upwards, up; among, between; in turn; apiece, by; as a prefix: up, to, anew, back.   ²⁶μετρητής, οῦ, ὁ, [1] a measure, amphora, about 39.39 liters or 8.75 gallons.   ²⁷γεμίζω, [9] I fill, load.   ²⁸γεμίζω, [9] I fill, load.   ²⁹ἄνω, [10] up, above, up to the top, up to the brim, things above, heaven, the heavenly region.   ³⁰ἀντλέω, [4] I draw (generally water from a deep well in the ground); perhaps: I draw out.   ³¹ἀρχιτρίκλινος, ου, ὁ, [3] master of ceremonies at a dinner, master of the feast.   ³²γεύομαι, [15] (a) I taste, (b) I experience.   ³³ἀντλέω, [4] I draw (generally water from a deep well in the ground); perhaps: I draw out.   ³⁴φωνέω, [42] I give forth a sound, hence: (a) of a cock: I crow, (b) of men: I shout, (c) trans: I call (to myself), summon; I invite, address.   ³⁵νυμφίος, ου, ὁ, [16] a bridegroom.

οἶνον¹ τίθησιν, καὶ ὅταν μεθυσθῶσιν,² τότε τὸν ἐλάσσω·³ σὺ τετήρηκας τὸν καλὸν οἶνον¹ ἕως ἄρτι.⁴ **11** Ταύτην ἐποίησεν τὴν ἀρχὴν τῶν σημείων ὁ Ἰησοῦς ἐν Κανᾷ⁵ τῆς Γαλιλαίας, καὶ ἐφανέρωσεν⁶ τὴν δόξαν αὐτοῦ· καὶ ἐπίστευσαν εἰς αὐτὸν οἱ μαθηταὶ αὐτοῦ.

The Purging of the Temple and Its Results

12 Μετὰ τοῦτο κατέβη εἰς Καπερναούμ,⁷ αὐτὸς καὶ ἡ μήτηρ αὐτοῦ, καὶ οἱ ἀδελφοὶ αὐτοῦ, καὶ οἱ μαθηταὶ αὐτοῦ· καὶ ἐκεῖ ἔμειναν οὐ πολλὰς ἡμέρας.

13 Καὶ ἐγγὺς⁸ ἦν τὸ Πάσχα⁹ τῶν Ἰουδαίων, καὶ ἀνέβη εἰς Ἱεροσόλυμα ὁ Ἰησοῦς. **14** Καὶ εὗρεν ἐν τῷ ἱερῷ τοὺς πωλοῦντας¹⁰ βόας¹¹ καὶ πρόβατα¹² καὶ περιστεράς,¹³ καὶ τοὺς κερματιστὰς¹⁴ καθημένους. **15** Καὶ ποιήσας φραγέλλιον¹⁵ ἐκ σχοινίων¹⁶ πάντας ἐξέβαλεν ἐκ τοῦ ἱεροῦ, τά τε πρόβατα¹² καὶ τοὺς βόας·¹¹ καὶ τῶν κολλυβιστῶν¹⁷ ἐξέχεεν¹⁸ τὸ κέρμα,¹⁹ καὶ τὰς τραπέζας²⁰ ἀνέστρεψεν·²¹ **16** καὶ τοῖς τὰς περιστερὰς¹³ πωλοῦσιν²² εἶπεν, Ἄρατε ταῦτα ἐντεῦθεν·²³ μὴ ποιεῖτε τὸν οἶκον τοῦ πατρός μου οἶκον ἐμπορίου.²⁴ **17** Ἐμνήσθησαν²⁵ δὲ οἱ μαθηταὶ αὐτοῦ ὅτι γεγραμμένον ἐστίν, Ὁ ζῆλος²⁶ τοῦ οἴκου σου καταφάγεταί²⁷ με. **18** Ἀπεκρίθησαν οὖν οἱ Ἰουδαῖοι καὶ εἶπον αὐτῷ, Τί σημεῖον δεικνύεις²⁸ ἡμῖν, ὅτι ταῦτα ποιεῖς; **19** Ἀπεκρίθη Ἰησοῦς καὶ εἶπεν αὐτοῖς, Λύσατε²⁹ τὸν ναὸν³⁰ τοῦτον, καὶ ἐν τρισὶν ἡμέραις ἐγερῶ αὐτόν. **20** Εἶπον οὖν οἱ Ἰουδαῖοι, Τεσσαράκοντα³¹ καὶ ἓξ³² ἔτεσιν³³ ᾠκοδομήθη³⁴ ὁ ναὸς³⁰ οὗτος, καὶ σὺ ἐν τρισὶν ἡμέραις ἐγερεῖς αὐτόν; **21** Ἐκεῖνος δὲ ἔλεγεν περὶ τοῦ ναοῦ³⁰ τοῦ σώματος αὐτοῦ. **22** Ὅτε οὖν ἠγέρθη ἐκ νεκρῶν, ἐμνήσθησαν³⁵ οἱ μαθηταὶ αὐτοῦ ὅτι τοῦτο ἔλεγεν· καὶ ἐπίστευσαν τῇ γραφῇ, καὶ τῷ λόγῳ ᾧ εἶπεν ὁ Ἰησοῦς.

---

²μεθυσθῶσιν: APS-3P   ⁶ἐφανέρωσεν: AAI-3S   ¹⁰πωλοῦντας: PAP-APM   ¹⁸ἐξέχεεν: AAI-3S   ²¹ἀνέστρεψεν: AAI-3S
²²πωλοῦσιν: PAP-DPM   ²⁵Ἐμνήσθησαν: API-3P   ²⁷καταφάγεταί: FDI-3S   ²⁸δεικνύεις: PAI-2S   ²⁹Λύσατε: AAM-2P
³⁴ᾠκοδομήθη: API-3S   ³⁵ἐμνήσθησαν: API-3P

---

¹οἶνος, ου, ὁ, [33] wine.   ²μεθύω, [6] I am intoxicated with wine, am drunk.   ³ἐλάσσων, ον, [4] less, smaller; poorer, inferior.   ⁴ἄρτι, [37] now, just now, at this moment.   ⁵Κανᾶ, ἡ, [4] Cana, a town in Galilee.   ⁶φανερόω, [49] I make clear (visible, manifest), make known.   ⁷Καπερναούμ, ἡ, [16] Capernaum, a town of Galilee.   ⁸ἐγγύς, [30] near.   ⁹πάσχα, τό, [29] the feast of Passover, the Passover lamb.   ¹⁰πωλέω, [22] I sell, exchange, barter.   ¹¹βοῦς, βοός, ὁ, [8] an ox, cow, bull.   ¹²πρόβατον, ου, τό, [41] a sheep.   ¹³περιστερά, άς, ἡ, [10] a dove, pigeon.   ¹⁴κερματιστής, οῦ, ὁ, [1] properly: a changer of large into smaller coins, a money-changer.   ¹⁵φραγέλλιον, ου, τό, [1] a scourge, lash, whip.   ¹⁶σχοινίον, ου, τό, [2] a cord, rope.   ¹⁷κολλυβιστής, ου, ὁ, [3] a money-changer, who changed heathen into Jewish money, for payment into the Temple treasury.   ¹⁸ἐκχέω, [28] I pour out (liquid or solid); I shed, bestow liberally.   ¹⁹κέρμα, ατος, τό, [1] a small coin; plur: small change.   ²⁰τράπεζα, ης, ἡ, [15] a table, (a) for food or banqueting, (b) for money-changing or business.   ²¹ἀναστρέφω, [11] I overturn; I turn back, return; I turn hither and thither; pass: I turn myself about; I sojourn, dwell; I conduct myself, behave, live.   ²²πωλέω, [22] I sell, exchange, barter.   ²³ἐντεῦθεν, [11] hence, from this place, on this side and on that.   ²⁴ἐμπόριον, ου, τό, [1] a place of traffic, mart, market, market-house.   ²⁵μιμνήσκομαι, [23] I remember, call to mind, recall, mention.   ²⁶ζῆλος, ου, ὁ, [17] (a) eagerness, zeal, enthusiasm, (b) jealousy, rivalry.   ²⁷κατεσθίω, [15] I eat up, eat till it is finished, devour, squander, annoy, injure.   ²⁸δείκνυμι, [31] I point out, show, exhibit; met: I teach, demonstrate, make known.   ²⁹λύω, [42] (a) I loose, untie, release, (b) met: I break, destroy, set at naught, contravene; I break up a meeting, annul.   ³⁰ναός, οῦ, ὁ, [46] a temple, a shrine, that part of the temple where God himself resides.   ³¹τεσσαράκοντα, [22] forty.   ³²ἕξ, οἱ, αἱ, τά, [13] six.   ³³ἔτος, ους, τό, [49] a year.   ³⁴οἰκοδομέω, [39] I erect a building, build; fig. of the building up of character: I build up, edify, encourage.   ³⁵μιμνήσκομαι, [23] I remember, call to mind, recall, mention.

23 Ὡς δὲ ἦν ἐν τοῖς Ἱεροσολύμοις ἐν τῷ Πάσχα, ¹ ἐν τῇ ἑορτῇ, ² πολλοὶ ἐπίστευσαν εἰς τὸ ὄνομα αὐτοῦ, θεωροῦντες αὐτοῦ τὰ σημεῖα ἃ ἐποίει. 24 Αὐτὸς δὲ ὁ Ἰησοῦς οὐκ ἐπίστευεν ἑαυτὸν αὐτοῖς, διὰ τὸ αὐτὸν γινώσκειν πάντας, 25 καὶ ὅτι οὐ χρείαν ³ εἶχεν ἵνα τις μαρτυρήσῃ περὶ τοῦ ἀνθρώπου· αὐτὸς γὰρ ἐγίνωσκεν τί ἦν ἐν τῷ ἀνθρώπῳ.

The Visit of Nicodemus

3 Ἦν δὲ ἄνθρωπος ἐκ τῶν Φαρισαίων, Νικόδημος ὄνομα αὐτῷ, ἄρχων⁴ τῶν Ἰουδαίων· 2 οὗτος ἦλθεν πρὸς αὐτὸν νυκτός, καὶ εἶπεν αὐτῷ, Ῥαββί, ⁵ οἴδαμεν ὅτι ἀπὸ θεοῦ ἐλήλυθας διδάσκαλος· οὐδεὶς γὰρ ταῦτα τὰ σημεῖα δύναται ποιεῖν ἃ σὺ ποιεῖς, ἐὰν μὴ ᾖ ὁ θεὸς μετ᾽ αὐτοῦ. 3 Ἀπεκρίθη ὁ Ἰησοῦς καὶ εἶπεν αὐτῷ, Ἀμὴν ἀμὴν λέγω σοι, ἐὰν μή τις γεννηθῇ ἄνωθεν, ⁶ οὐ δύναται ἰδεῖν τὴν βασιλείαν τοῦ θεοῦ. 4 Λέγει πρὸς αὐτὸν ὁ Νικόδημος, Πῶς δύναται ἄνθρωπος γεννηθῆναι γέρων⁷ ὤν; Μὴ δύναται εἰς τὴν κοιλίαν⁸ τῆς μητρὸς αὐτοῦ δεύτερον⁹ εἰσελθεῖν καὶ γεννηθῆναι; 5 Ἀπεκρίθη Ἰησοῦς, Ἀμὴν ἀμὴν λέγω σοι, ἐὰν μή τις γεννηθῇ ἐξ ὕδατος καὶ πνεύματος, οὐ δύναται εἰσελθεῖν εἰς τὴν βασιλείαν τοῦ θεοῦ. 6 Τὸ γεγεννημένον ἐκ τῆς σαρκὸς σάρξ ἐστιν· καὶ τὸ γεγεννημένον ἐκ τοῦ πνεύματος πνεῦμά ἐστιν. 7 Μὴ θαυμάσῃς¹⁰ ὅτι εἶπόν σοι, Δεῖ ὑμᾶς γεννηθῆναι ἄνωθεν. ⁶ 8 Τὸ πνεῦμα ὅπου θέλει πνεῖ, ¹¹ καὶ τὴν φωνὴν αὐτοῦ ἀκούεις, ἀλλ᾽ οὐκ οἶδας πόθεν¹² ἔρχεται καὶ ποῦ¹³ ὑπάγει· οὕτως ἐστὶν πᾶς ὁ γεγεννημένος ἐκ τοῦ πνεύματος. 9 Ἀπεκρίθη Νικόδημος καὶ εἶπεν αὐτῷ, Πῶς δύναται ταῦτα γενέσθαι; 10 Ἀπεκρίθη Ἰησοῦς καὶ εἶπεν αὐτῷ, Σὺ εἶ ὁ διδάσκαλος τοῦ Ἰσραήλ, καὶ ταῦτα οὐ γινώσκεις; 11 Ἀμὴν ἀμὴν λέγω σοι ὅτι ὃ οἴδαμεν λαλοῦμεν, καὶ ὃ ἑωράκαμεν μαρτυροῦμεν· καὶ τὴν μαρτυρίαν¹⁴ ἡμῶν οὐ λαμβάνετε. 12 Εἰ τὰ ἐπίγεια¹⁵ εἶπον ὑμῖν καὶ οὐ πιστεύετε, πῶς, ἐὰν εἴπω ὑμῖν τὰ ἐπουράνια, ¹⁶ πιστεύσετε; 13 Καὶ οὐδεὶς ἀναβέβηκεν εἰς τὸν οὐρανόν, εἰ μὴ ὁ ἐκ τοῦ οὐρανοῦ καταβάς, ὁ υἱὸς τοῦ ἀνθρώπου ὁ ὢν ἐν τῷ οὐρανῷ. 14 Καὶ καθὼς Μωσῆς ὕψωσεν¹⁷ τὸν ὄφιν¹⁸ ἐν τῇ ἐρήμῳ, οὕτως ὑψωθῆναι¹⁹ δεῖ τὸν υἱὸν τοῦ ἀνθρώπου· 15 ἵνα πᾶς ὁ πιστεύων εἰς αὐτὸν μὴ ἀπόληται, ἀλλ᾽ ἔχῃ ζωὴν αἰώνιον.

16 Οὕτως γὰρ ἠγάπησεν ὁ θεὸς τὸν κόσμον, ὥστε τὸν υἱὸν αὐτοῦ τὸν μονογενῆ²⁰ ἔδωκεν, ἵνα πᾶς ὁ πιστεύων εἰς αὐτὸν μὴ ἀπόληται, ἀλλ᾽ ἔχῃ ζωὴν αἰώνιον. 17 Οὐ γὰρ

---

¹⁰θαυμάσῃς: AAS-2S ¹¹πνεῖ: PAI-3S ¹⁷ὕψωσεν: AAI-3S ¹⁹ὑψωθῆναι: APN

---

¹πάσχα, τό, [29] the feast of Passover, the Passover lamb. ²ἑορτή, ῆς, ἡ, [27] a festival, feast, periodically recurring. ³χρεία, ας, ἡ, [49] need, necessity, business. ⁴ἄρχων, οντος, ὁ, [37] a ruler, governor, leader, leading man; with the Jews, an official member (a member of the executive) of the assembly of elders. ⁵ῥαββί, [17] Rabbi, my master, teacher; a title of respect often applied to Christ. ⁶ἄνωθεν, [13] (a) from above, from heaven, (b) from the beginning, from their origin (source), from of old, (c) again, anew. ⁷γέρων, οντος, ὁ, [1] an old man. ⁸κοιλία, ας, ἡ, [23] belly, abdomen, heart, a general term covering any organ in the abdomen, e.g. stomach, womb; met: the inner man. ⁹δεύτερος, α, ον, [44] second; with the article: in the second place, for the second time. ¹⁰θαυμάζω, [46] (a) intrans: I wonder, marvel, (b) trans: I wonder at, admire. ¹¹πνέω, [7] I blow, breathe, as the wind. ¹²πόθεν, [28] whence, from what place. ¹³ποῦ, [44] where, in what place. ¹⁴μαρτυρία, ας, ἡ, [37] witness, evidence, testimony, reputation. ¹⁵ἐπίγειος, ον, [7] (a) on the earth, belonging to the earth (as opposed to the sky), (b) in a spiritual sense, belonging to the earthly sphere, earthly (as opposed to heavenly). ¹⁶ἐπουράνιος, ον, [20] heavenly, celestial, in the heavenly sphere, the sphere of spiritual activities; met: divine, spiritual. ¹⁷ὑψόω, [20] (a) I raise on high, lift up, (b) I exalt, set on high. ¹⁸ὄφις, εως, ὁ, [14] a serpent, snake; used of the devil or Satan. ¹⁹ὑψόω, [20] (a) I raise on high, lift up, (b) I exalt, set on high. ²⁰μονογενής, ές, [9] only, only-begotten; unique.

ἀπέστειλεν ὁ θεὸς τὸν υἱὸν αὐτοῦ εἰς τὸν κόσμον ἵνα κρίνῃ τὸν κόσμον, ἀλλ' ἵνα σωθῇ ὁ κόσμος δι' αὐτοῦ. **18** Ὁ πιστεύων εἰς αὐτὸν οὐ κρίνεται· ὁ δὲ μὴ πιστεύων ἤδη κέκριται, ὅτι μὴ πεπίστευκεν εἰς τὸ ὄνομα τοῦ μονογενοῦς¹ υἱοῦ τοῦ θεοῦ. **19** Αὕτη δέ ἐστιν ἡ κρίσις,² ὅτι τὸ φῶς ἐλήλυθεν εἰς τὸν κόσμον, καὶ ἠγάπησαν οἱ ἄνθρωποι μᾶλλον τὸ σκότος³ ἢ τὸ φῶς· ἦν γὰρ πονηρὰ αὐτῶν τὰ ἔργα. **20** Πᾶς γὰρ ὁ φαῦλα⁴ πράσσων⁵ μισεῖ⁶ τὸ φῶς, καὶ οὐκ ἔρχεται πρὸς τὸ φῶς, ἵνα μὴ ἐλεγχθῇ⁷ τὰ ἔργα αὐτοῦ. **21** Ὁ δὲ ποιῶν τὴν ἀλήθειαν ἔρχεται πρὸς τὸ φῶς, ἵνα φανερωθῇ⁸ αὐτοῦ τὰ ἔργα, ὅτι ἐν θεῷ ἐστιν εἰργασμένα.⁹

John's Second Testimony of Christ

22 Μετὰ ταῦτα ἦλθεν ὁ Ἰησοῦς καὶ οἱ μαθηταὶ αὐτοῦ εἰς τὴν Ἰουδαίαν γῆν· καὶ ἐκεῖ διέτριβεν¹⁰ μετ' αὐτῶν καὶ ἐβάπτιζεν. **23** Ἦν δὲ καὶ Ἰωάννης βαπτίζων ἐν Αἰνὼν¹¹ ἐγγὺς¹² τοῦ Σαλήμ,¹³ ὅτι ὕδατα πολλὰ ἦν ἐκεῖ· καὶ παρεγίνοντο¹⁴ καὶ ἐβαπτίζοντο. **24** Οὔπω¹⁵ γὰρ ἦν βεβλημένος εἰς τὴν φυλακὴν¹⁶ ὁ Ἰωάννης. **25** Ἐγένετο οὖν ζήτησις¹⁷ ἐκ τῶν μαθητῶν Ἰωάννου μετὰ Ἰουδαίου περὶ καθαρισμοῦ.¹⁸ **26** Καὶ ἦλθον πρὸς τὸν Ἰωάννην καὶ εἶπον αὐτῷ, Ῥαββί,¹⁹ ὃς ἦν μετὰ σοῦ πέραν²⁰ τοῦ Ἰορδάνου,²¹ ᾧ σὺ μεμαρτύρηκας, ἴδε²² οὗτος βαπτίζει, καὶ πάντες ἔρχονται πρὸς αὐτόν. **27** Ἀπεκρίθη Ἰωάννης καὶ εἶπεν, Οὐ δύναται ἄνθρωπος λαμβάνειν οὐδέν, ἐὰν μὴ ᾖ δεδομένον αὐτῷ ἐκ τοῦ οὐρανοῦ. **28** Αὐτοὶ ὑμεῖς μαρτυρεῖτε ὅτι εἶπον, Οὐκ εἰμὶ ἐγὼ ὁ χριστός, ἀλλ' ὅτι Ἀπεσταλμένος εἰμὶ ἔμπροσθεν²³ ἐκείνου. **29** Ὁ ἔχων τὴν νύμφην,²⁴ νυμφίος²⁵ ἐστίν· ὁ δὲ φίλος²⁶ τοῦ νυμφίου,²⁵ ὁ ἑστηκὼς καὶ ἀκούων αὐτοῦ, χαρᾷ χαίρει διὰ τὴν φωνὴν τοῦ νυμφίου·²⁵ αὕτη οὖν ἡ χαρὰ ἡ ἐμὴ πεπλήρωται. **30** Ἐκεῖνον δεῖ αὐξάνειν,²⁷ ἐμὲ δὲ ἐλαττοῦσθαι.²⁸

---

⁵πράσσων: PAP-NSM   ⁶μισεῖ: PAI-3S   ⁷ἐλεγχθῇ: APS-3S   ⁸φανερωθῇ: APS-3S   ⁹εἰργασμένα: RPP-NPN   ¹⁰διέτριβεν: IAI-3S   ¹⁴παρεγίνοντο: IDI-3P   ²²ἴδε: 2AAM-2S   ²⁷αὐξάνειν: PAN   ²⁸ἐλαττοῦσθαι: PPN

---

¹μονογενής, ές, [9] only, only-begotten; unique. ²κρίσις, εως, ἡ, [48] judging, judgment, decision, sentence; generally: divine judgment; accusation. ³σκότος, ους, τό, [32] darkness, either physical or moral. ⁴φαῦλος, η, ον, [4] worthless, wicked, base. ⁵πράσσω, [38] I do, perform, accomplish; be in any condition, i.e. I fare; I exact, require. ⁶μισέω, [41] I hate, detest, love less, esteem less. ⁷ἐλέγχω, [18] (a) I reprove, rebuke, discipline, (b) I expose, show to be guilty. ⁸φανερόω, [49] I make clear (visible, manifest), make known. ⁹ἐργάζομαι, [39] I work, trade, perform, do, practice, commit, acquire by labor. ¹⁰διατρίβω, [10] I tarry, continue, stay in a place. ¹¹Αἰνών, ἡ, [1] Aenon; Eusebius and Jerome place this site 8 (Roman) miles south of Scythopolis near the Jordan. ¹²ἐγγύς, [30] near. ¹³Σαλήμ, ἡ, [3] Salem, doubtless identical with Jerusalem. ¹⁴παραγίνομαι, [37] (a) I come on the scene, appear, come, (b) with words expressing destination: I present myself at, arrive at, reach. ¹⁵οὔπω, [23] not yet. ¹⁶φυλακή, ῆς, ἡ, [47] a watching, keeping guard; a guard, prison; imprisonment. ¹⁷ζήτησις, εως, ἡ, [7] a question, debate, controversy; a seeking, search. ¹⁸καθαρισμός, οῦ, ὁ, [7] cleansing, purifying, purification, literal, ceremonial, or moral; met: expiation. ¹⁹ῥαββί, [17] Rabbi, my master, teacher; a title of respect often applied to Christ. ²⁰πέραν, [23] over, on the other side, beyond. ²¹Ἰορδάνης, ου, ὁ, [15] the Jordan, a great river flowing due south and bounding Galilee, Samaria, and Judea on the east. ²²ἴδε, [35] See! Lo! Behold! Look! ²³ἔμπροσθεν, [48] in front, before the face; sometimes made a subst. by the addition of the article: in front of, before the face of. ²⁴νύμφη, ης, ἡ, [8] (a) a bride, young wife, young woman, (b) a daughter-in-law. ²⁵νυμφίος, ου, ὁ, [16] a bridegroom. ²⁶φίλος, η, ον, [30] friendly; subst: a friend, an associate. ²⁷αὐξάνω, [23] (a) I cause to increase, become greater (b) I increase, grow. ²⁸ἐλαττόω, [3] I make less (inferior).

31 Ὁ ἄνωθεν¹ ἐρχόμενος ἐπάνω² πάντων ἐστίν. Ὁ ὢν ἐκ τῆς γῆς, ἐκ τῆς γῆς ἐστιν, καὶ ἐκ τῆς γῆς λαλεῖ· ὁ ἐκ τοῦ οὐρανοῦ ἐρχόμενος ἐπάνω² πάντων ἐστίν. **32** Καὶ ὃ ἑώρακεν καὶ ἤκουσεν, τοῦτο μαρτυρεῖ· καὶ τὴν μαρτυρίαν³ αὐτοῦ οὐδεὶς λαμβάνει. **33** Ὁ λαβὼν αὐτοῦ τὴν μαρτυρίαν³ ἐσφράγισεν⁴ ὅτι ὁ θεὸς ἀληθής⁵ ἐστιν. **34** Ὃν γὰρ ἀπέστειλεν ὁ θεός, τὰ ῥήματα τοῦ θεοῦ λαλεῖ· οὐ γὰρ ἐκ μέτρου⁶ δίδωσιν ὁ θεὸς τὸ πνεῦμα. **35** Ὁ πατὴρ ἀγαπᾷ τὸν υἱόν, καὶ πάντα δέδωκεν ἐν τῇ χειρὶ αὐτοῦ. **36** Ὁ πιστεύων εἰς τὸν υἱὸν ἔχει ζωὴν αἰώνιον· ὁ δὲ ἀπειθῶν⁷ τῷ υἱῷ, οὐκ ὄψεται ζωήν, ἀλλ᾽ ἡ ὀργὴ⁸ τοῦ θεοῦ μένει ἐπ᾽ αὐτόν.

Christ and the Woman of Samaria

4 Ὡς οὖν ἔγνω ὁ κύριος ὅτι ἤκουσαν οἱ Φαρισαῖοι ὅτι Ἰησοῦς πλείονας μαθητὰς ποιεῖ καὶ βαπτίζει ἢ Ἰωάννης– **2** καίτοιγε⁹ Ἰησοῦς αὐτὸς οὐκ ἐβάπτιζεν, ἀλλ᾽ οἱ μαθηταὶ αὐτοῦ– **3** ἀφῆκεν τὴν Ἰουδαίαν,¹⁰ καὶ ἀπῆλθεν εἰς τὴν Γαλιλαίαν. **4** Ἔδει δὲ αὐτὸν διέρχεσθαι¹¹ διὰ τῆς Σαμαρείας.¹² **5** Ἔρχεται οὖν εἰς πόλιν τῆς Σαμαρείας¹² λεγομένην Συχάρ,¹³ πλησίον¹⁴ τοῦ χωρίου¹⁵ ὃ ἔδωκεν Ἰακὼβ Ἰωσὴφ τῷ υἱῷ αὐτοῦ· **6** ἦν δὲ ἐκεῖ πηγὴ¹⁶ τοῦ Ἰακώβ. Ὁ οὖν Ἰησοῦς κεκοπιακὼς¹⁷ ἐκ τῆς ὁδοιπορίας¹⁸ ἐκαθέζετο¹⁹ οὕτως ἐπὶ τῇ πηγῇ.¹⁶ Ὥρα ἦν ὡσεὶ²⁰ ἕκτη.²¹ **7** Ἔρχεται γυνὴ ἐκ τῆς Σαμαρείας¹² ἀντλῆσαι²² ὕδωρ· λέγει αὐτῇ ὁ Ἰησοῦς, Δός μοι πιεῖν. **8** Οἱ γὰρ μαθηταὶ αὐτοῦ ἀπεληλύθεισαν εἰς τὴν πόλιν, ἵνα τροφὰς²³ ἀγοράσωσιν.²⁴ **9** Λέγει οὖν αὐτῷ ἡ γυνὴ ἡ Σαμαρεῖτις,²⁵ Πῶς σὺ Ἰουδαῖος ὢν παρ᾽ ἐμοῦ πιεῖν αἰτεῖς, οὔσης γυναικὸς Σαμαρείτιδος;²⁵–Οὐ γὰρ συγχρῶνται²⁶ Ἰουδαῖοι Σαμαρείταις.²⁷ **10** Ἀπεκρίθη Ἰησοῦς καὶ εἶπεν αὐτῇ, Εἰ ᾔδεις τὴν δωρεὰν²⁸ τοῦ θεοῦ, καὶ τίς ἐστιν ὁ λέγων σοι, Δός μοι πιεῖν, σὺ ἂν ᾔτησας αὐτόν, καὶ ἔδωκεν ἄν σοι ὕδωρ ζῶν. **11** Λέγει αὐτῷ ἡ γυνή, Κύριε, οὔτε ἄντλημα²⁹ ἔχεις, καὶ τὸ φρέαρ³⁰ ἐστὶν βαθύ·³¹ πόθεν³² οὖν ἔχεις τὸ ὕδωρ τὸ ζῶν; **12** Μὴ σὺ μείζων εἶ τοῦ πατρὸς ἡμῶν Ἰακώβ, ὃς ἔδωκεν ἡμῖν τὸ φρέαρ,³⁰ καὶ αὐτὸς ἐξ αὐτοῦ

---

⁴ἐσφράγισεν: AAI-3S　⁷ἀπειθῶν: PAP-NSM　¹¹διέρχεσθαι: PNN　¹⁷κεκοπιακὼς: RAP-NSM　¹⁹ἐκαθέζετο: INI-3S
²²ἀντλῆσαι: AAN　²⁴ἀγοράσωσιν: AAS-3P　²⁶συγχρῶνται: PNI-3P

---

¹ἄνωθεν, [13] (a) from above, from heaven, (b) from the beginning, from their origin (source), from of old, (c) again, anew.　²ἐπάνω, [20] (a) adv: on the top, above, (b) prep: on the top of, above, over, on, above, more than, superior to.　³μαρτυρία, ας, ἡ, [37] witness, evidence, testimony, reputation.　⁴σφραγίζω, [15] I seal, set a seal upon.　⁵ἀληθής, ές, [25] unconcealed, true, true in fact, worthy of credit, truthful.　⁶μέτρον, ου, τό, [14] a measure, whether lineal or cubic; a measuring rod.　⁷ἀπειθέω, [16] I disobey, rebel, am disloyal, refuse conformity.　⁸ὀργή, ῆς, ἡ, [36] anger, wrath, passion; punishment, vengeance.　⁹καίτοιγε, [2] and yet, although, indeed.　¹⁰Ἰουδαία, ας, ἡ, [43] Judea, a Roman province, capital Jerusalem.　¹¹διέρχομαι, [42] I pass through, spread (as a report).　¹²Σαμάρεια, ας, ἡ, [11] Samaria, a small district of Palestine, bounded by Galilee on the north, and by Judaea on the south, and taking its name from the city of Samaria, the ancient capital of the kingdom of (northern) Israel.　¹³Συχάρ, ἡ, [1] Sychar, a city of Samaria.　¹⁴πλησίον, [16] near, nearby, a neighbor.　¹⁵χωρίον, ου, τό, [10] a place, piece of land, field, property, estate.　¹⁶πηγή, ῆς, ἡ, [12] a fountain, spring, well, issue, flow.　¹⁷κοπιάω, [23] (a) I grow weary, (b) I toil, work with effort (of bodily and mental labor alike).　¹⁸ὁδοιπορία, ας, ἡ, [2] a journey, journeying, travel.　¹⁹καθέζομαι, [6] I am sitting, sit down, am seated.　²⁰ὡσεί, [31] as if, as it were, like; with numbers: about.　²¹ἕκτος, η, ον, [14] sixth.　²²ἀντλέω, [4] I draw (generally water from a deep well in the ground); perhaps: I draw out.　²³τροφή, ῆς, ἡ, [16] food, nourishment, maintenance.　²⁴ἀγοράζω, [31] I buy.　²⁵Σαμαρεῖτις, ιδος, ἡ, [2] a Samaritan woman.　²⁶συγχράομαι, [1] I have dealings with.　²⁷Σαμαρείτης, ου, ὁ, [9] a Samaritan.　²⁸δωρεά, ᾶς, ἡ, [11] a (free) gift, a gift (without repayment).　²⁹ἄντλημα, ατος, τό, [1] what is drawn; a vessel or bucket to draw with.　³⁰φρέαρ, φρέατος, τό, [7] a pit, well, cistern.　³¹βαθύς, εῖα, ύ, [4] deep (lit. and met.); in the depths of the early morning, while still very early; profound.　³²πόθεν, [28] whence, from what place.

ἔπιεν, καὶ οἱ υἱοὶ αὐτοῦ, καὶ τὰ θρέμματα ¹ αὐτοῦ; 13 Ἀπεκρίθη Ἰησοῦς καὶ εἶπεν αὐτῇ, Πᾶς ὁ πίνων ἐκ τοῦ ὕδατος τούτου, διψήσει ² πάλιν· 14 ὃς δ' ἂν πίῃ ἐκ τοῦ ὕδατος οὗ ἐγὼ δώσω αὐτῷ, οὐ μὴ διψήσῃ ³ εἰς τὸν αἰῶνα· ἀλλὰ τὸ ὕδωρ ὃ δώσω αὐτῷ γενήσεται ἐν αὐτῷ πηγὴ ⁴ ὕδατος ἁλλομένου ⁵ εἰς ζωὴν αἰώνιον. 15 Λέγει πρὸς αὐτὸν ἡ γυνή, Κύριε, δός μοι τοῦτο τὸ ὕδωρ, ἵνα μὴ διψῶ, ⁶ μηδὲ ἔρχομαι ἐνθάδε ⁷ ἀντλεῖν. ⁸ 16 Λέγει αὐτῇ ὁ Ἰησοῦς, Ὕπαγε, φώνησον ⁹ τὸν ἄνδρα σοῦ, καὶ ἐλθὲ ἐνθάδε. ⁷ 17 Ἀπεκρίθη ἡ γυνὴ καὶ εἶπεν, Οὐκ ἔχω ἄνδρα. Λέγει αὐτῇ ὁ Ἰησοῦς, Καλῶς ¹⁰ εἶπας ὅτι Ἄνδρα οὐκ ἔχω· 18 πέντε ¹¹ γὰρ ἄνδρας ἔσχες, καὶ νῦν ὃν ἔχεις οὐκ ἔστιν σου ἀνήρ· τοῦτο ἀληθὲς ¹² εἴρηκας. 19 Λέγει αὐτῷ ἡ γυνή, Κύριε, θεωρῶ ὅτι προφήτης εἶ σύ. 20 Οἱ πατέρες ἡμῶν ἐν τῷ ὄρει τούτῳ προσεκύνησαν· καὶ ὑμεῖς λέγετε ὅτι ἐν Ἱεροσολύμοις ἐστὶν ὁ τόπος ὅπου δεῖ προσκυνεῖν. 21 Λέγει αὐτῇ ὁ Ἰησοῦς, Γύναι, πίστευσόν μοι, ὅτι ἔρχεται ὥρα, ὅτε οὔτε ἐν τῷ ὄρει τούτῳ οὔτε ἐν Ἱεροσολύμοις προσκυνήσετε τῷ πατρί. 22 Ὑμεῖς προσκυνεῖτε ὃ οὐκ οἴδατε· ἡμεῖς προσκυνοῦμεν ὃ οἴδαμεν· ὅτι ἡ σωτηρία ¹³ ἐκ τῶν Ἰουδαίων ἐστίν. 23 Ἀλλ' ἔρχεται ὥρα καὶ νῦν ἐστιν, ὅτε οἱ ἀληθινοὶ ¹⁴ προσκυνηταὶ ¹⁵ προσκυνήσουσιν τῷ πατρὶ ἐν πνεύματι καὶ ἀληθείᾳ· καὶ γὰρ ὁ πατὴρ τοιούτους ζητεῖ τοὺς προσκυνοῦντας αὐτόν. 24 Πνεῦμα ὁ θεός· καὶ τοὺς προσκυνοῦντας αὐτόν, ἐν πνεύματι καὶ ἀληθείᾳ δεῖ προσκυνεῖν. 25 Λέγει αὐτῷ ἡ γυνή, Οἶδα ὅτι Μεσσίας ¹⁶ ἔρχεται–ὁ λεγόμενος χριστός· ὅταν ἔλθῃ ἐκεῖνος, ἀναγγελεῖ ¹⁷ ἡμῖν πάντα. 26 Λέγει αὐτῇ ὁ Ἰησοῦς, Ἐγώ εἰμι, ὁ λαλῶν σοι.

27 Καὶ ἐπὶ τούτῳ ἦλθον οἱ μαθηταὶ αὐτοῦ, καὶ ἐθαύμασαν ¹⁸ ὅτι μετὰ γυναικὸς ἐλάλει· οὐδεὶς μέντοι ¹⁹ εἶπεν, Τί ζητεῖς; ἤ, Τί λαλεῖς μετ' αὐτῆς; 28 Ἀφῆκεν οὖν τὴν ὑδρίαν ²⁰ αὐτῆς ἡ γυνή, καὶ ἀπῆλθεν εἰς τὴν πόλιν, καὶ λέγει τοῖς ἀνθρώποις, 29 Δεῦτε, ²¹ ἴδετε ἄνθρωπον, ὃς εἶπέν μοι πάντα ὅσα ἐποίησα· μήτι ²² οὗτός ἐστιν ὁ χριστός; 30 Ἐξῆλθον ἐκ τῆς πόλεως, καὶ ἤρχοντο πρὸς αὐτόν. 31 Ἐν δὲ τῷ μεταξὺ ²³ ἠρώτων αὐτὸν οἱ μαθηταί, λέγοντες, Ῥαββί, ²⁴ φάγε. 32 Ὁ δὲ εἶπεν αὐτοῖς, Ἐγὼ βρῶσιν ²⁵ ἔχω φαγεῖν ἣν ὑμεῖς οὐκ οἴδατε. 33 Ἔλεγον οὖν οἱ μαθηταὶ πρὸς ἀλλήλους, Μή τις ἤνεγκεν αὐτῷ φαγεῖν; 34 Λέγει αὐτοῖς ὁ Ἰησοῦς, Ἐμὸν βρῶμά ²⁶ ἐστιν, ἵνα ποιῶ τὸ

---

² διψήσει: FAI-3S   ³ διψήσῃ: AAS-3S   ⁵ ἁλλομένου: PNP-GSN   ⁶ διψῶ: PAS-1S   ⁸ ἀντλεῖν: PAN   ⁹ φώνησον: AAM-2S   ¹⁷ ἀναγγελεῖ: FAI-3S   ¹⁸ ἐθαύμασαν: AAI-3P   ²¹ Δεῦτε: PAM-2P

---

¹ θρέμμα, ατος, τό, [1] (lit: a nursling, hence probably) plur: cattle.   ² διψάω, [16] I thirst for, desire earnestly. ³ διψάω, [16] I thirst for, desire earnestly.   ⁴ πηγή, ῆς, ἡ, [12] a fountain, spring, well, issue, flow.   ⁵ ἅλλομαι, [3] I leap, leap up; of water: I spring up, bubble up.   ⁶ διψάω, [16] I thirst for, desire earnestly.   ⁷ ἐνθάδε, [9] here, in this place.   ⁸ ἀντλέω, [4] I draw (generally water from a deep well in the ground); perhaps: I draw out.   ⁹ φωνέω, [42] I give forth a sound, hence: (a) of a cock: I crow, (b) of men: I shout, (c) trans: I call (to myself), summon; I invite, address.   ¹⁰ καλῶς, [36] well, nobly, honorably, rightly.   ¹¹ πέντε, οἱ, αἱ, τά, [38] five.   ¹² ἀληθής, ές, [25] unconcealed, true, true in fact, worthy of credit, truthful.   ¹³ σωτηρία, ας, ἡ, [46] welfare, prosperity, deliverance, preservation, salvation, safety.   ¹⁴ ἀληθινός, η, ον, [27] true (lit: made of truth), real, genuine.   ¹⁵ προσκυνητής, οῦ, ὁ, [1] a worshipper.   ¹⁶ Μεσσίας, ου, ὁ, [2] Messiah, the Anointed One.   ¹⁷ ἀναγγέλλω, [18] I bring back word, report; I announce, declare.   ¹⁸ θαυμάζω, [46] (a) intrans: I wonder, marvel, (b) trans: I wonder at, admire.   ¹⁹ μέντοι, [8] (a) indeed, really, (b) yet, however, nevertheless.   ²⁰ ὑδρία, ας, ἡ, [3] a water pot, jar, pitcher.   ²¹ δεῦτε, [13] come hither, come, hither, an exclamatory word.   ²² μήτι, [16] if not, unless, whether at all.   ²³ μεταξύ, [9] meanwhile, afterwards, between.   ²⁴ ῥαββί, [17] Rabbi, my master, teacher; a title of respect often applied to Christ.   ²⁵ βρῶσις, εως, ἡ, [11] (a) abstr: eating, (b) food, a meal, (c) rust.   ²⁶ βρῶμα, ατος, τό, [17] food of any kind.

θέλημα τοῦ πέμψαντός με, καὶ τελειώσω¹ αὐτοῦ τὸ ἔργον. 35 Οὐχ ὑμεῖς λέγετε ὅτι
Ἔτι τετράμηνός² ἐστιν, καὶ ὁ θερισμὸς³ ἔρχεται; Ἰδού, λέγω ὑμῖν, ἐπάρατε⁴ τοὺς
ὀφθαλμοὺς ὑμῶν, καὶ θεάσασθε⁵ τὰς χώρας,⁶ ὅτι λευκαί⁷ εἰσιν πρὸς θερισμὸν³ ἤδη.
36 Καὶ ὁ θερίζων⁸ μισθὸν⁹ λαμβάνει, καὶ συνάγει καρπὸν εἰς ζωὴν αἰώνιον· ἵνα καὶ
ὁ σπείρων ὁμοῦ¹⁰ χαίρῃ καὶ ὁ θερίζων.¹¹ 37 Ἐν γὰρ τούτῳ ὁ λόγος ἐστὶν ὁ ἀληθινός,¹²
ὅτι Ἄλλος ἐστὶν ὁ σπείρων, καὶ ἄλλος ὁ θερίζων.¹³ 38 Ἐγὼ ἀπέστειλα ὑμᾶς θερίζειν¹⁴
ὃ οὐχ ὑμεῖς κεκοπιάκατε·¹⁵ ἄλλοι κεκοπιάκασιν,¹⁶ καὶ ὑμεῖς εἰς τὸν κόπον¹⁷ αὐτῶν
εἰσεληλύθατε.

39 Ἐκ δὲ τῆς πόλεως ἐκείνης πολλοὶ ἐπίστευσαν εἰς αὐτὸν τῶν Σαμαρειτῶν¹⁸ διὰ τὸν
λόγον τῆς γυναικὸς μαρτυρούσης ὅτι Εἶπέν μοι πάντα ὅσα ἐποίησα. 40 Ὡς οὖν ἦλθον
πρὸς αὐτὸν οἱ Σαμαρεῖται,¹⁸ ἠρώτων αὐτὸν μεῖναι παρ' αὐτοῖς· καὶ ἔμεινεν ἐκεῖ δύο
ἡμέρας. 41 Καὶ πολλῷ πλείους ἐπίστευσαν διὰ τὸν λόγον αὐτοῦ, 42 τῇ τε γυναικὶ ἔλεγον
ὅτι Οὐκέτι¹⁹ διὰ τὴν σὴν²⁰ λαλιὰν²¹ πιστεύομεν· αὐτοὶ γὰρ ἀκηκόαμεν, καὶ οἴδαμεν ὅτι
οὗτός ἐστιν ἀληθῶς²² ὁ σωτὴρ²³ τοῦ κόσμου, ὁ χριστός.

The Healing of the Nobleman's Son

43 Μετὰ δὲ τὰς δύο ἡμέρας ἐξῆλθεν ἐκεῖθεν,²⁴ καὶ ἀπῆλθεν εἰς τὴν Γαλιλαίαν.
44 Αὐτὸς γὰρ ὁ Ἰησοῦς ἐμαρτύρησεν ὅτι προφήτης ἐν τῇ ἰδίᾳ πατρίδι²⁵ τιμὴν²⁶ οὐκ ἔχει.
45 Ὅτε οὖν ἦλθεν εἰς τὴν Γαλιλαίαν, ἐδέξαντο αὐτὸν οἱ Γαλιλαῖοι,²⁷ πάντα ἑωρακότες
ἃ ἐποίησεν ἐν Ἱεροσολύμοις ἐν τῇ ἑορτῇ·²⁸ καὶ αὐτοὶ γὰρ ἦλθον εἰς τὴν ἑορτήν.²⁸

46 Ἦλθεν οὖν πάλιν ὁ Ἰησοῦς εἰς τὴν Κανᾶ²⁹ τῆς Γαλιλαίας, ὅπου ἐποίησεν τὸ
ὕδωρ οἶνον.³⁰ Καὶ ἦν τις βασιλικός,³¹ οὗ ὁ υἱὸς ἠσθένει³² ἐν Καπερναούμ.³³ 47 Οὗτος
ἀκούσας ὅτι Ἰησοῦς ἥκει³⁴ ἐκ τῆς Ἰουδαίας³⁵ εἰς τὴν Γαλιλαίαν, ἀπῆλθεν πρὸς αὐτόν,

---

¹τελειώσω: AAS-1S   ⁴ἐπάρατε: AAM-2P   ⁵θεάσασθε: ADM-2P   ⁸θερίζων: PAP-NSM   ¹¹θερίζων: PAP-NSM
¹³θερίζων: PAP-NSM   ¹⁴θερίζειν: PAN   ¹⁵κεκοπιάκατε: RAI-2P   ¹⁶κεκοπιάκασιν: RAI-3P   ³²ἠσθένει: IAI-3S
³⁴ἥκει: PAI-3S

---

¹τελειόω, [24] (a) as a course, a race, or the like: I complete, finish (b) as of time or prediction: I accomplish, (c) I
make perfect; pass: I am perfected.   ²τετράμηνος, ον, [1] of four months, a period of four months.   ³θερισμός,
οῦ, ὁ, [13] reaping, harvest; met: the harvest, crop.   ⁴ἐπαίρω, [19] I raise, lift up.   ⁵θεάομαι, [24] I see,
behold, contemplate, look upon, view; I see, visit.   ⁶χώρα, ας, ἡ, [27] (a) a country or region, (b) the land,
as opposed to the sea, (c) the country, distinct from town, (d) plur: fields.   ⁷λευκός, ή, όν, [25] white, bright,
brilliant.   ⁸θερίζω, [21] I reap, gather, harvest.   ⁹μισθός, οῦ, ὁ, [29] (a) pay, wages, salary, (b) reward,
recompense, punishment.   ¹⁰ὁμοῦ, [3] together, at the same place and time.   ¹¹θερίζω, [21] I reap, gather,
harvest.   ¹²ἀληθινός, η, ον, [27] true (lit: made of truth), real, genuine.   ¹³θερίζω, [21] I reap, gather, harvest.
¹⁴θερίζω, [21] I reap, gather, harvest.   ¹⁵κοπιάω, [23] (a) I grow weary, (b) I toil, work with effort (of bodily
and mental labor alike).   ¹⁶κοπιάω, [23] (a) I grow weary, (b) I toil, work with effort (of bodily and mental
labor alike).   ¹⁷κόπος, ου, ὁ, [19] (a) trouble, (b) toil, labor, laborious toil, involving weariness and fatigue.
¹⁸Σαμαρείτης, ου, ὁ, [9] a Samaritan.   ¹⁹οὐκέτι, [48] no longer, no more.   ²⁰σός, σή, σόν, [27] yours, thy,
thine.   ²¹λαλιά, ας, ἡ, [4] (in classical Greek: babble, chattering) speech, talk; manner of speech, dialect.
²²ἀληθῶς, [21] truly, really, certainly, surely.   ²³σωτήρ, ῆρος, ὁ, [23] a savior, deliverer, preserver.   ²⁴ἐκεῖθεν,
[28] thence, from that place.   ²⁵πατρίς, ίδος, ἡ, [8] fatherland, one's native place.   ²⁶τιμή, ῆς, ἡ, [42] a price,
honor.   ²⁷Γαλιλαῖος, αία, αῖον, [11] a Galilean, an inhabitant of Galilee.   ²⁸ἑορτή, ῆς, ἡ, [27] a festival, feast,
periodically recurring.   ²⁹Κανᾶ, ἡ, [4] Cana, a town in Galilee.   ³⁰οἶνος, ου, ὁ, [33] wine.   ³¹βασιλικός,
ή, όν, [5] connected with a king, royal, regal, (a) an officer in the service of the king, (b) the king's country.
³²ἀσθενέω, [36] I am weak (physically: then morally), I am sick.   ³³Καπερναούμ, ἡ, [16] Capernaum, a town of
Galilee.   ³⁴ἥκω, [27] I have come, am present, have arrived.   ³⁵Ἰουδαία, ας, ἡ, [43] Judea, a Roman province,
capital Jerusalem.

καὶ ἠρώτα αὐτὸν ἵνα καταβῇ καὶ ἰάσηται¹ αὐτοῦ τὸν υἱόν· ἔμελλεν γὰρ ἀποθνῄσκειν. **48** Εἶπεν οὖν ὁ Ἰησοῦς πρὸς αὐτόν, Ἐὰν μὴ σημεῖα καὶ τέρατα² ἴδητε, οὐ μὴ πιστεύσητε. **49** Λέγει πρὸς αὐτὸν ὁ βασιλικός,³ Κύριε, κατάβηθι πρὶν⁴ ἀποθανεῖν τὸ παιδίον μου. **50** Λέγει αὐτῷ ὁ Ἰησοῦς, Πορεύου· ὁ υἱός σου ζῇ. Καὶ ἐπίστευσεν ὁ ἄνθρωπος τῷ λόγῳ ᾧ εἶπεν αὐτῷ ὁ Ἰησοῦς, καὶ ἐπορεύετο. **51** Ἤδη δὲ αὐτοῦ καταβαίνοντος, οἱ δοῦλοι αὐτοῦ ἀπήντησαν⁵ αὐτῷ, καὶ ἀπήγγειλαν⁶ λέγοντες ὅτι Ὁ παῖς⁷ σου ζῇ. **52** Ἐπύθετο⁸ οὖν παρ' αὐτῶν τὴν ὥραν ἐν ᾗ κομψότερον⁹ ἔσχεν. Καὶ εἶπον αὐτῷ ὅτι Χθὲς¹⁰ ὥραν ἑβδόμην¹¹ ἀφῆκεν αὐτὸν ὁ πυρετός.¹² **53** Ἔγνω οὖν ὁ πατὴρ ὅτι ἐν ἐκείνῃ τῇ ὥρᾳ, ἐν ᾗ εἶπεν αὐτῷ ὁ Ἰησοῦς ὅτι Ὁ υἱός σου ζῇ· καὶ ἐπίστευσεν αὐτὸς καὶ ἡ οἰκία αὐτοῦ ὅλη. **54** Τοῦτο πάλιν δεύτερον¹³ σημεῖον ἐποίησεν ὁ Ἰησοῦς, ἐλθὼν ἐκ τῆς Ἰουδαίας¹⁴ εἰς τὴν Γαλιλαίαν.

The Sick Man of Bethesda

5 Μετὰ ταῦτα ἦν ἡ ἑορτὴ¹⁵ τῶν Ἰουδαίων, καὶ ἀνέβη ὁ Ἰησοῦς εἰς Ἱεροσόλυμα. **2** Ἔστιν δὲ ἐν τοῖς Ἱεροσολύμοις ἐπὶ τῇ προβατικῇ¹⁶ κολυμβήθρα,¹⁷ ἡ ἐπιλεγομένη¹⁸ Ἑβραϊστὶ¹⁹ Βηθεσδά,²⁰ πέντε²¹ στοὰς²² ἔχουσα. **3** Ἐν ταύταις κατέκειτο²³ πλῆθος²⁴ πολὺ τῶν ἀσθενούντων,²⁵ τυφλῶν, χωλῶν,²⁶ ξηρῶν,²⁷ ἐκδεχομένων²⁸ τὴν τοῦ ὕδατος κίνησιν.²⁹ **4** Ἄγγελος γὰρ κατὰ καιρὸν κατέβαινεν ἐν τῇ κολυμβήθρᾳ,¹⁷ καὶ ἐτάρασσεν³⁰ τὸ ὕδωρ· ὁ οὖν πρῶτος ἐμβὰς³¹ μετὰ τὴν ταραχὴν³² τοῦ ὕδατος, ὑγιὴς³³ ἐγίνετο, ᾧ δήποτε³⁴ κατείχετο³⁵ νοσήματι.³⁶ **5** Ἦν δέ τις ἄνθρωπος ἐκεῖ τριάκοντα³⁷ ὀκτὼ³⁸ ἔτη³⁹ ἔχων ἐν τῇ ἀσθενείᾳ.⁴⁰ **6** Τοῦτον ἰδὼν ὁ Ἰησοῦς κατακείμενον,⁴¹ καὶ γνοὺς ὅτι πολὺν ἤδη χρόνον

---

¹ἰάσηται: ADS-3S   ⁵ἀπήντησαν: AAI-3P   ⁶ἀπήγγειλαν: AAI-3P   ⁸Ἐπύθετο: 2ADI-3S   ¹⁸ἐπιλεγομένη: PPP-NSF   ²³κατέκειτο: INI-3S   ²⁵ἀσθενούντων: PAP-GPM   ²⁸ἐκδεχομένων: PNP-GPM   ³⁰ἐτάρασσεν: IAI-3S   ³¹ἐμβὰς: 2AAP-NSM   ³⁵κατείχετο: IPI-3S   ⁴¹κατακείμενον: PNP-ASM

---

¹ἰάομαι, [28] I heal, generally of the physical, sometimes of spiritual, disease.   ²τέρας, ατος, τό, [16] a wonder, portent, marvel.   ³βασιλικός, ή, όν, [5] connected with a king, royal, regal, (a) an officer in the service of the king, (b) the king's country.   ⁴πρίν, [14] formerly, before.   ⁵ἀπαντάω, [7] I go to meet, meet, encounter.   ⁶ἀπαγγέλλω, [44] I report (from one place to another), bring a report, announce, declare.   ⁷παῖς, παιδός, ὁ, ἡ, [24] (a) a male child, boy, (b) a male slave, servant; thus: a servant of God, especially as a title of the Messiah, (c) a female child, girl.   ⁸πυνθάνομαι, [12] I ask, inquire, ascertain by inquiry, understand.   ⁹κομψότερον, [1] in better health.   ¹⁰χθές, [3] yesterday.   ¹¹ἕβδομος, η, ον, [9] seventh.   ¹²πυρετός, οῦ, ὁ, [6] a fever, scorching heat.   ¹³δεύτερος, α, ον, [44] second; with the article: in the second place, for the second time.   ¹⁴Ἰουδαία, ας, ἡ, [43] Judea, a Roman province, capital Jerusalem.   ¹⁵ἑορτή, ῆς, ἡ, [27] a festival, feast, periodically recurring.   ¹⁶προβατικός, ή, όν, [1] pertaining to sheep.   ¹⁷κολυμβήθρα, ας, ἡ, [5] (lit: a diving or swimming place), a pool.   ¹⁸ἐπιλέγω, [2] I call; mid: I choose for myself; pass: I am named.   ¹⁹Ἑβραϊστί, [6] in the Hebrew, or rather, in the Aramaic dialect.   ²⁰Βηθεσδά, ἡ, [1] Bethesda, name of a pool in Jerusalem.   ²¹πέντε, οἱ, αἱ, τά, [38] five.   ²²στοά, ᾶς, ἡ, [4] a colonnade, portico.   ²³κατάκειμαι, [11] I recline (at table); more often: I keep my bed, am lying ill (in bed).   ²⁴πλῆθος, ους, τό, [32] a multitude, crowd, great number, assemblage.   ²⁵ἀσθενέω, [36] I am weak (physically: then morally), I am sick.   ²⁶χωλός, ή, όν, [15] lame, deprived of a foot, limping.   ²⁷ξηρός, ά, όν, [7] dry, withered; noun: dry land.   ²⁸ἐκδέχομαι, [7] I wait for, expect.   ²⁹κίνησις, εως, ἡ, [1] a moving, stirring.   ³⁰ταράσσω, [17] I disturb, agitate, stir up, trouble.   ³¹ἐμβαίνω, [19] I step in; I go onboard a ship, embark.   ³²ταραχή, ῆς, ἡ, [2] a disturbance, tumult, sedition, trouble.   ³³ὑγιής, ές, [14] (a) sound, healthy, pure, whole, (b) wholesome.   ³⁴δήποτε, [1] even at that time, whenever.   ³⁵κατέχω, [19] (a) I hold fast, bind, arrest, (b) I take possession of, lay hold of, (c) I hold back, detain, restrain, (d) I hold a ship, keep its head.   ³⁶νόσημα, ατος, τό, [1] a trouble, disease, sickness.   ³⁷τριάκοντα, οἱ, αἱ, τά, [11] thirty.   ³⁸ὀκτώ, [9] eight.   ³⁹ἔτος, ους, τό, [49] a year.   ⁴⁰ἀσθένεια, ας, ἡ, [24] want of strength, weakness, illness, suffering, calamity, frailty.   ⁴¹κατάκειμαι, [11] I recline (at table); more often: I keep my bed, am lying ill (in bed).

ἔχει, λέγει αὐτῷ, Θέλεις ὑγιὴς¹ γενέσθαι; 7 Ἀπεκρίθη αὐτῷ ὁ ἀσθενῶν,² Κύριε, ἄνθρωπον οὐκ ἔχω ἵνα, ὅταν ταραχθῇ³ τὸ ὕδωρ, βάλῃ με εἰς τὴν κολυμβήθραν·⁴ ἐν ᾧ δὲ ἔρχομαι ἐγώ, ἄλλος πρὸ⁵ ἐμοῦ καταβαίνει. 8 Λέγει αὐτῷ ὁ Ἰησοῦς, Ἔγειραι, ἆρον τὸν κράββατόν⁶ σου, καὶ περιπάτει. 9 Καὶ εὐθέως ἐγένετο ὑγιὴς¹ ὁ ἄνθρωπος, καὶ ἦρεν τὸν κράββατον⁶ αὐτοῦ καὶ περιεπάτει. Ἦν δὲ σάββατον ἐν ἐκείνῃ τῇ ἡμέρᾳ.

10 Ἔλεγον οὖν οἱ Ἰουδαῖοι τῷ τεθεραπευμένῳ,⁷ Σάββατόν ἐστιν· οὐκ ἔξεστίν⁸ σοι ἆραι τὸν κράββατον.⁶ 11 Ἀπεκρίθη αὐτοῖς, Ὁ ποιήσας με ὑγιῆ,¹ ἐκεῖνός μοι εἶπεν, Ἆρον τὸν κράββατόν⁶ σου καὶ περιπάτει. 12 Ἠρώτησαν οὖν αὐτόν, Τίς ἐστιν ὁ ἄνθρωπος ὁ εἰπών σοι, Ἆρον τὸν κράββατόν⁶ σου καὶ περιπάτει; 13 Ὁ δὲ ἰαθεὶς⁹ οὐκ ᾔδει τίς ἐστιν· ὁ γὰρ Ἰησοῦς ἐξένευσεν,¹⁰ ὄχλου ὄντος ἐν τῷ τόπῳ. 14 Μετὰ ταῦτα εὑρίσκει αὐτὸν ὁ Ἰησοῦς ἐν τῷ ἱερῷ, καὶ εἶπεν αὐτῷ, Ἴδε¹¹ ὑγιὴς¹ γέγονας· μηκέτι¹² ἁμάρτανε,¹³ ἵνα μὴ χεῖρόν¹⁴ τί σοι γένηται. 15 Ἀπῆλθεν ὁ ἄνθρωπος, καὶ ἀνήγγειλεν¹⁵ τοῖς Ἰουδαίοις ὅτι Ἰησοῦς ἐστιν ὁ ποιήσας αὐτὸν ὑγιῆ.¹ 16 Καὶ διὰ τοῦτο ἐδίωκον¹⁶ τὸν Ἰησοῦν οἱ Ἰουδαῖοι, καὶ ἐζήτουν αὐτὸν ἀποκτεῖναι, ὅτι ταῦτα ἐποίει ἐν σαββάτῳ.

The Relation between the Father and the Son

17 Ὁ δὲ Ἰησοῦς ἀπεκρίνατο αὐτοῖς, Ὁ πατήρ μου ἕως ἄρτι¹⁷ ἐργάζεται,¹⁸ κἀγὼ ἐργάζομαι.¹⁹ 18 Διὰ τοῦτο οὖν μᾶλλον ἐζήτουν αὐτὸν οἱ Ἰουδαῖοι ἀποκτεῖναι, ὅτι οὐ μόνον ἔλυεν²⁰ τὸ σάββατον, ἀλλὰ καὶ πατέρα ἴδιον ἔλεγεν τὸν θεόν, ἴσον²¹ ἑαυτὸν ποιῶν τῷ θεῷ.

19 Ἀπεκρίνατο οὖν ὁ Ἰησοῦς καὶ εἶπεν αὐτοῖς, Ἀμὴν ἀμὴν λέγω ὑμῖν, οὐ δύναται ὁ υἱὸς ποιεῖν ἀφ' ἑαυτοῦ οὐδέν, ἐὰν μή τι βλέπῃ τὸν πατέρα ποιοῦντα· ἃ γὰρ ἂν ἐκεῖνος ποιῇ, ταῦτα καὶ ὁ υἱὸς ὁμοίως²² ποιεῖ. 20 Ὁ γὰρ πατὴρ φιλεῖ²³ τὸν υἱόν, καὶ πάντα δείκνυσιν²⁴ αὐτῷ ἃ αὐτὸς ποιεῖ· καὶ μείζονα τούτων δείξει²⁵ αὐτῷ ἔργα, ἵνα ὑμεῖς θαυμάζητε.²⁶ 21 Ὥσπερ²⁷ γὰρ ὁ πατὴρ ἐγείρει τοὺς νεκροὺς καὶ ζῳοποιεῖ,²⁸ οὕτως καὶ ὁ

---

²ἀσθενῶν: PAP-NSM ³ταραχθῇ: APS-3S ⁷τεθεραπευμένῳ: RPP-DSM ⁸ἔξεστίν: PAI-3S ⁹ἰαθεὶς: APP-NSM
¹⁰ἐξένευσεν: AAI-3S ¹¹Ἴδε: 2AAM-2S ¹³ἁμάρτανε: PAM-2S ¹⁵ἀνήγγειλεν: AAI-3S ¹⁶ἐδίωκον: IAI-3P
¹⁸ἐργάζεται: PNI-3S ¹⁹ἐργάζομαι: PNI-1S ²⁰ἔλυεν: IAI-3S ²³φιλεῖ: PAI-3S ²⁴δείκνυσιν: PAI-3S ²⁵δείξει:
FAI-3S ²⁶θαυμάζητε: PAS-2P ²⁸ζῳοποιεῖ: PAI-3S

---

¹ὑγιής, ές, [14] (a) sound, healthy, pure, whole, (b) wholesome. ²ἀσθενέω, [36] I am weak (physically: then morally), I am sick. ³ταράσσω, [17] I disturb, agitate, stir up, trouble. ⁴κολυμβήθρα, ας, ἡ, [5] (lit: a diving or swimming place), a pool. ⁵πρό, [47] (a) of place: before, in front of, (b) of time: before, earlier than. ⁶κράβαττος, ου, ὁ, [12] a bed, mattress, mat of a poor man. ⁷θεραπεύω, [44] I care for, attend, serve, treat, especially of a physician; hence: I heal. ⁸ἔξεστιν, [31] it is permitted, lawful, possible. ⁹ἰάομαι, [28] I heal, generally of the physical, sometimes of spiritual, disease. ¹⁰ἐκνεύω, [1] I escape, get clear of, deviate, withdraw. ¹¹ἴδε, [35] See! Lo! Behold! Look! ¹²μηκέτι, [21] no longer, no more. ¹³ἁμαρτάνω, [43] originally: I miss the mark, hence (a) I make a mistake, (b) I sin, commit a sin (against God); sometimes the idea of sinning against a fellow-creature is present. ¹⁴χείρων, ον, [11] worse, more severe. ¹⁵ἀναγγέλλω, [18] I bring back word, report; I announce, declare. ¹⁶διώκω, [44] I pursue, hence: I persecute. ¹⁷ἄρτι, [37] now, just now, at this moment. ¹⁸ἐργάζομαι, [39] I work, trade, perform, do, practice, commit, acquire by labor. ¹⁹ἐργάζομαι, [39] I work, trade, perform, do, practice, commit, acquire by labor. ²⁰λύω, [42] (a) I loose, untie, release, (b) met: I break, destroy, set at naught, contravene; I break up a meeting, annul. ²¹ἴσος, η, ον, [8] equal, equivalent, identical. ²²ὁμοίως, [32] in like manner, similarly, in the same way, equally. ²³φιλέω, [25] I love (of friendship), regard with affection, cherish; I kiss. ²⁴δείκνυμι, [31] I point out, show, exhibit; met: I teach, demonstrate, make known. ²⁵δείκνυμι, [31] I point out, show, exhibit; met: I teach, demonstrate, make known. ²⁶θαυμάζω, [46] (a) intrans: I wonder, marvel, (b) trans: I wonder at, admire. ²⁷ὥσπερ, [42] just as, as, even as. ²⁸ζῳοποιέω, [12] I make that which was dead to live, cause to live, quicken.

υἱὸς οὓς θέλει ζῳοποιεῖ.[1] **22** Οὐδὲ γὰρ ὁ πατὴρ κρίνει οὐδένα, ἀλλὰ τὴν κρίσιν[2] πᾶσαν δέδωκεν τῷ υἱῷ· **23** ἵνα πάντες τιμῶσιν[3] τὸν υἱόν, καθὼς τιμῶσιν[4] τὸν πατέρα. Ὁ μὴ τιμῶν[5] τὸν υἱόν, οὐ τιμᾷ[6] τὸν πατέρα τὸν πέμψαντα αὐτόν. **24** Ἀμὴν ἀμὴν λέγω ὑμῖν ὅτι ὁ τὸν λόγον μου ἀκούων, καὶ πιστεύων τῷ πέμψαντί με, ἔχει ζωὴν αἰώνιον· καὶ εἰς κρίσιν[2] οὐκ ἔρχεται, ἀλλὰ μεταβέβηκεν[7] ἐκ τοῦ θανάτου εἰς τὴν ζωήν. **25** Ἀμὴν ἀμὴν λέγω ὑμῖν ὅτι ἔρχεται ὥρα καὶ νῦν ἐστιν, ὅτε οἱ νεκροὶ ἀκούσονται τῆς φωνῆς τοῦ υἱοῦ τοῦ θεοῦ, καὶ οἱ ἀκούσαντες ζήσονται. **26** Ὥσπερ[8] γὰρ ὁ πατὴρ ἔχει ζωὴν ἐν ἑαυτῷ, οὕτως ἔδωκεν καὶ τῷ υἱῷ ζωὴν ἔχειν ἐν ἑαυτῷ· **27** καὶ ἐξουσίαν ἔδωκεν αὐτῷ καὶ κρίσιν[2] ποιεῖν, ὅτι υἱὸς ἀνθρώπου ἐστίν. **28** Μὴ θαυμάζετε[9] τοῦτο· ὅτι ἔρχεται ὥρα, ἐν ᾗ πάντες οἱ ἐν τοῖς μνημείοις[10] ἀκούσονται τῆς φωνῆς αὐτοῦ, **29** καὶ ἐκπορεύσονται,[11] οἱ τὰ ἀγαθὰ ποιήσαντες, εἰς ἀνάστασιν[12] ζωῆς· οἱ δὲ τὰ φαῦλα[13] πράξαντες,[14] εἰς ἀνάστασιν[12] κρίσεως.[2]

30 Οὐ δύναμαι ἐγὼ ποιεῖν ἀπ᾽ ἐμαυτοῦ[15] οὐδέν· καθὼς ἀκούω, κρίνω· καὶ ἡ κρίσις[2] ἡ ἐμὴ δικαία ἐστίν· ὅτι οὐ ζητῶ τὸ θέλημα τὸ ἐμόν, ἀλλὰ τὸ θέλημα τοῦ πέμψαντός με πατρός.

The Witness of John, of the Father, and of Scriptures

31 Ἐὰν ἐγὼ μαρτυρῶ περὶ ἐμαυτοῦ,[15] ἡ μαρτυρία[16] μου οὐκ ἔστιν ἀληθής.[17] **32** Ἄλλος ἐστὶν ὁ μαρτυρῶν περὶ ἐμοῦ, καὶ οἶδα ὅτι ἀληθής[17] ἐστιν ἡ μαρτυρία[16] ἣν μαρτυρεῖ περὶ ἐμοῦ. **33** Ὑμεῖς ἀπεστάλκατε πρὸς Ἰωάννην, καὶ μεμαρτύρηκεν τῇ ἀληθείᾳ. **34** Ἐγὼ δὲ οὐ παρὰ ἀνθρώπου τὴν μαρτυρίαν[16] λαμβάνω, ἀλλὰ ταῦτα λέγω ἵνα ὑμεῖς σωθῆτε. **35** Ἐκεῖνος ἦν ὁ λύχνος[18] ὁ καιόμενος[19] καὶ φαίνων,[20] ὑμεῖς δὲ ἠθελήσατε ἀγαλλιαθῆναι[21] πρὸς ὥραν ἐν τῷ φωτὶ αὐτοῦ. **36** Ἐγὼ δὲ ἔχω τὴν μαρτυρίαν[16] μείζω τοῦ Ἰωάννου· τὰ γὰρ ἔργα ἃ ἔδωκέν μοι ὁ πατὴρ ἵνα τελειώσω[22] αὐτά, αὐτὰ τὰ ἔργα ἃ ἐγὼ ποιῶ, μαρτυρεῖ περὶ ἐμοῦ ὅτι ὁ πατήρ με ἀπέσταλκεν. **37** Καὶ ὁ πέμψας με πατήρ, αὐτὸς μεμαρτύρηκεν περὶ ἐμοῦ. Οὔτε φωνὴν αὐτοῦ ἀκηκόατε πώποτε,[23] οὔτε εἶδος[24] αὐτοῦ ἑωράκατε. **38** Καὶ τὸν λόγον αὐτοῦ οὐκ ἔχετε μένοντα ἐν ὑμῖν, ὅτι ὃν ἀπέστειλεν

---

[1]ζῳοποιεῖ: PAI-3S   [3]τιμῶσιν: PAS-3P   [4]τιμῶσιν: PAI-3P   [5]τιμῶν: PAP-NSM   [6]τιμᾷ: PAI-3S   [7]μεταβέβηκεν: RAI-3S   [9]θαυμάζετε: PAM-2P   [11]ἐκπορεύσονται: FDI-3P   [14]πράξαντες: AAP-NPM   [19]καιόμενος: PPP-NSM [20]φαίνων: PAP-NSM   [21]ἀγαλλιαθῆναι: AON   [22]τελειώσω: AAS-1S

---

[1]ζῳοποιέω, [12] I make that which was dead to live, cause to live, quicken.   [2]κρίσις, εως, ἡ, [48] judging, judgment, decision, sentence; generally: divine judgment; accusation.   [3]τιμάω, [21] (a) I value at a price, estimate, (b) I honor, reverence.   [4]τιμάω, [21] (a) I value at a price, estimate, (b) I honor, reverence.   [5]τιμάω, [21] (a) I value at a price, estimate, (b) I honor, reverence.   [6]τιμάω, [21] (a) I value at a price, estimate, (b) I honor, reverence.   [7]μεταβαίνω, [12] I change my place (abode), leave, depart, remove, pass over.   [8]ὥσπερ, [42] just as, as, even as.   [9]θαυμάζω, [46] (a) intrans: I wonder, marvel, (b) trans: I wonder at, admire.   [10]μνημεῖον, ου, τό, [41] a tomb, sepulcher, monument.   [11]ἐκπορεύομαι, [32] I depart from; I am voided, cast out; I proceed from, am spoken; I burst forth, flow out, am spread abroad.   [12]ἀνάστασις, εως, ἡ, [42] a rising again, resurrection.   [13]φαῦλος, η, ον, [4] worthless, wicked, base.   [14]πράσσω, [38] I do, perform, accomplish; be in any condition, i.e. I fare; I exact, require.   [15]ἐμαυτοῦ, ῆς, οῦ, [37] of myself.   [16]μαρτυρία, ας, ἡ, [37] witness, evidence, testimony, reputation.   [17]ἀληθής, ές, [25] unconcealed, true, true in fact, worthy of credit, truthful.   [18]λύχνος, ου, ὁ, [14] a lamp.   [19]καίω, [14] I ignite, light, burn, lit. and met; I consume with fire.   [20]φαίνω, [31] (a) act: I shine, shed light, (b) pass: I shine, become visible, appear, (c) I become clear, appear, seem, show myself as.   [21]ἀγαλλιάω, [11] I exult, am full of joy.   [22]τελειόω, [24] (a) as a course, a race, or the like: I complete, finish (b) as of time or prediction: I accomplish, (c) I make perfect; pass: I am perfected.   [23]πώποτε, [6] at any time, ever.   [24]εἶδος, ους, τό, [5] visible form, shape, appearance, outward show, kind, species, class.

ἐκεῖνος, τούτῳ ὑμεῖς οὐ πιστεύετε. **39** Ἐρευνᾶτε¹ τὰς γραφάς, ὅτι ὑμεῖς δοκεῖτε ἐν αὐταῖς ζωὴν αἰώνιον ἔχειν, καὶ ἐκεῖναί εἰσιν αἱ μαρτυροῦσαι περὶ ἐμοῦ· **40** καὶ οὐ θέλετε ἐλθεῖν πρός με, ἵνα ζωὴν ἔχητε. **41** Δόξαν παρὰ ἀνθρώπων οὐ λαμβάνω· **42** ἀλλ' ἔγνωκα ὑμᾶς, ὅτι τὴν ἀγάπην τοῦ θεοῦ οὐκ ἔχετε ἐν ἑαυτοῖς. **43** Ἐγὼ ἐλήλυθα ἐν τῷ ὀνόματι τοῦ πατρός μου, καὶ οὐ λαμβάνετέ με· ἐὰν ἄλλος ἔλθῃ ἐν τῷ ὀνόματι τῷ ἰδίῳ, ἐκεῖνον λήψεσθε. **44** Πῶς δύνασθε ὑμεῖς πιστεῦσαι, δόξαν παρὰ ἀλλήλων λαμβάνοντες, καὶ τὴν δόξαν τὴν παρὰ τοῦ μόνου² θεοῦ οὐ ζητεῖτε; **45** Μὴ δοκεῖτε ὅτι ἐγὼ κατηγορήσω³ ὑμῶν πρὸς τὸν πατέρα· ἔστιν ὁ κατηγορῶν⁴ ὑμῶν, Μωσῆς, εἰς ὃν ὑμεῖς ἠλπίκατε.⁵ **46** Εἰ γὰρ ἐπιστεύετε Μωσῇ, ἐπιστεύετε ἂν ἐμοί· περὶ γὰρ ἐμοῦ ἐκεῖνος ἔγραψεν. **47** Εἰ δὲ τοῖς ἐκείνου γράμμασιν⁶ οὐ πιστεύετε, πῶς τοῖς ἐμοῖς ῥήμασιν πιστεύσετε;

The Feeding of the Five Thousand

6 Μετὰ ταῦτα ἀπῆλθεν ὁ Ἰησοῦς πέραν⁷ τῆς θαλάσσης τῆς Γαλιλαίας, τῆς Τιβεριάδος.⁸ **2** Καὶ ἠκολούθει αὐτῷ ὄχλος πολύς, ὅτι ἑώρων αὐτοῦ τὰ σημεῖα ἃ ἐποίει ἐπὶ τῶν ἀσθενούντων.⁹ **3** Ἀνῆλθεν¹⁰ δὲ εἰς τὸ ὄρος ὁ Ἰησοῦς, καὶ ἐκεῖ ἐκάθητο μετὰ τῶν μαθητῶν αὐτοῦ. **4** Ἦν δὲ ἐγγὺς¹¹ τὸ Πάσχα,¹² ἡ ἑορτὴ¹³ τῶν Ἰουδαίων. **5** Ἐπάρας¹⁴ οὖν ὁ Ἰησοῦς τοὺς ὀφθαλμούς, καὶ θεασάμενος¹⁵ ὅτι πολὺς ὄχλος ἔρχεται πρὸς αὐτόν, λέγει πρὸς τὸν Φίλιππον, Πόθεν¹⁶ ἀγοράσομεν¹⁷ ἄρτους, ἵνα φάγωσιν οὗτοι; **6** Τοῦτο δὲ ἔλεγεν πειράζων¹⁸ αὐτόν· αὐτὸς γὰρ ᾔδει τί ἔμελλεν ποιεῖν. **7** Ἀπεκρίθη αὐτῷ Φίλιππος, Διακοσίων¹⁹ δηναρίων²⁰ ἄρτοι οὐκ ἀρκοῦσιν²¹ αὐτοῖς, ἵνα ἕκαστος αὐτῶν βραχύ²² τι λάβῃ. **8** Λέγει αὐτῷ εἷς ἐκ τῶν μαθητῶν αὐτοῦ, Ἀνδρέας ὁ ἀδελφὸς Σίμωνος Πέτρου, **9** Ἔστιν παιδάριον²³ ἓν ὧδε, ὃ ἔχει πέντε²⁴ ἄρτους κριθίνους²⁵ καὶ δύο ὀψάρια·²⁶ ἀλλὰ ταῦτα τί ἐστιν εἰς τοσούτους;²⁷ **10** Εἶπεν δὲ ὁ Ἰησοῦς, Ποιήσατε τοὺς ἀνθρώπους ἀναπεσεῖν.²⁸ Ἦν δὲ χόρτος²⁹ πολὺς ἐν τῷ τόπῳ. Ἀνέπεσον³⁰ οὖν οἱ ἄνδρες τὸν ἀριθμὸν³¹ ὡσεὶ³² πεντακισχίλιοι.³³ **11** Ἔλαβεν δὲ τοὺς ἄρτους ὁ Ἰησοῦς,

---

¹Ἐρευνᾶτε: PAI-2P or PAM-2P　　³κατηγορήσω: FAI-1S　　⁴κατηγορῶν: PAP-NSM　　⁵ἠλπίκατε: RAI-2P　　⁹ἀσθενούντων: PAP-GPM　　¹⁰Ἀνῆλθεν: 2AAI-3S　　¹⁴Ἐπάρας: AAP-NSM　　¹⁵θεασάμενος: ADP-NSM　　¹⁷ἀγοράσομεν: FAI-1P　　¹⁸πειράζων: PAP-NSM　　²¹ἀρκοῦσιν: PAI-3P　　²⁸ἀναπεσεῖν: 2AAN　　³⁰Ἀνέπεσον: 2AAI-3P

---

¹ἐρευνάω, [6] I search diligently, examine.　　²μόνος, η, ον, [45] only, solitary, desolate.　　³κατηγορέω, [22] I accuse, charge, prosecute.　　⁴κατηγορέω, [22] I accuse, charge, prosecute.　　⁵ἐλπίζω, [31] I hope, hope for, expect, trust.　　⁶γράμμα, ατος, τό, [15] a letter of the alphabet; collectively: written (revelation); (a) a written document, a letter, an epistle, (b) writings, literature, learning.　　⁷πέραν, [23] over, on the other side, beyond.　　⁸Τιβεριάς, άδος, ἡ, [3] Tiberias, a town in Galilee on the western border of the sea called after it.　　⁹ἀσθενέω, [36] I am weak (physically: then morally), I am sick.　　¹⁰ἀνέρχομαι, [3] I come up, go up, ascend.　　¹¹ἐγγύς, [30] near.　　¹²πάσχα, τό, [29] the feast of Passover, the Passover lamb.　　¹³ἑορτή, ῆς, ἡ, [27] a festival, feast, periodically recurring.　　¹⁴ἐπαίρω, [19] I raise, lift up.　　¹⁵θεάομαι, [24] I see, behold, contemplate, look upon, view; I see, visit.　　¹⁶πόθεν, [28] whence, from what place.　　¹⁷ἀγοράζω, [31] I buy.　　¹⁸πειράζω, [39] I try, tempt, test.　　¹⁹διακόσιοι, αι, α, [8] two hundred.　　²⁰δηνάριον, ου, τό, [16] a denarius, a small Roman silver coin.　　²¹ἀρκέω, [8] I keep off, assist; I suffice; pass: I am satisfied.　　²²βραχύς, εῖα, ύ, [7] short, little, few.　　²³παιδάριον, ου, τό, [1] a little boy, lad.　　²⁴πέντε, οἱ, αἱ, τά, [38] five.　　²⁵κρίθινος, η, ον, [2] made of barley.　　²⁶ὀψάριον, ου, τό, [5] a little fish.　　²⁷τοσοῦτος, τοσαύτη, τοσοῦτο, [20] so great, so large, so long, so many.　　²⁸ἀναπίπτω, [11] I lie down, recline (at a dinner-table), fall back upon (the breast of another person reclining at dinner).　　²⁹χόρτος, ου, ὁ, [15] grass, herbage, growing grain, hay.　　³⁰ἀναπίπτω, [11] I lie down, recline (at a dinner-table), fall back upon (the breast of another person reclining at dinner).　　³¹ἀριθμός, οῦ, ὁ, [19] a number, total.　　³²ὡσεί, [31] as if, as it were, like; with numbers: about.　　³³πεντακισχίλιοι, αι, α, [6] five thousand.

καὶ εὐχαριστήσας¹ διέδωκεν² τοῖς μαθηταῖς, οἱ δὲ μαθηταὶ τοῖς ἀνακειμένοις·³ ὁμοίως⁴ καὶ ἐκ τῶν ὀψαρίων⁵ ὅσον ἤθελον. 12 Ὡς δὲ ἐνεπλήσθησαν,⁶ λέγει τοῖς μαθηταῖς αὐτοῦ, Συναγάγετε τὰ περισσεύσαντα⁷ κλάσματα,⁸ ἵνα μή τι ἀπόληται. 13 Συνήγαγον οὖν, καὶ ἐγέμισαν⁹ δώδεκα κοφίνους¹⁰ κλασμάτων⁸ ἐκ τῶν πέντε¹¹ ἄρτων τῶν κριθίνων,¹² ἃ ἐπερίσσευσεν¹³ τοῖς βεβρωκόσιν.¹⁴ 14 Οἱ οὖν ἄνθρωποι ἰδόντες ὃ ἐποίησεν σημεῖον ὁ Ἰησοῦς, ἔλεγον ὅτι Οὗτός ἐστιν ἀληθῶς¹⁵ ὁ προφήτης ὁ ἐρχόμενος εἰς τὸν κόσμον.

Christ Walks on the Sea

15 Ἰησοῦς οὖν γνοὺς ὅτι μέλλουσιν ἔρχεσθαι καὶ ἁρπάζειν¹⁶ αὐτόν, ἵνα ποιήσωσιν αὐτὸν βασιλέα, ἀνεχώρησεν¹⁷ εἰς τὸ ὄρος αὐτὸς μόνος.¹⁸

16 Ὡς δὲ ὀψία¹⁹ ἐγένετο, κατέβησαν οἱ μαθηταὶ αὐτοῦ ἐπὶ τὴν θάλασσαν, 17 καὶ ἐμβάντες²⁰ εἰς τὸ πλοῖον, ἤρχοντο πέραν²¹ τῆς θαλάσσης εἰς Καπερναούμ.²² Καὶ σκοτία²³ ἤδη ἐγεγόνει, καὶ οὐκ ἐληλύθει πρὸς αὐτοὺς ὁ Ἰησοῦς. 18 Ἥ τε θάλασσα ἀνέμου²⁴ μεγάλου πνέοντος²⁵ διηγείρετο.²⁶ 19 Ἐληλακότες²⁷ οὖν ὡς σταδίους²⁸ εἴκοσι²⁹ πέντε¹¹ ἢ τριάκοντα,³⁰ θεωροῦσιν τὸν Ἰησοῦν περιπατοῦντα ἐπὶ τῆς θαλάσσης, καὶ ἐγγὺς³¹ τοῦ πλοίου γινόμενον· καὶ ἐφοβήθησαν. 20 Ὁ δὲ λέγει αὐτοῖς, Ἐγώ εἰμι· μὴ φοβεῖσθε. 21 Ἤθελον οὖν λαβεῖν αὐτὸν εἰς τὸ πλοῖον· καὶ εὐθέως τὸ πλοῖον ἐγένετο ἐπὶ τῆς γῆς εἰς ἣν ὑπῆγον.

Christ the Bread of Life

22 Τῇ ἐπαύριον³² ὁ ὄχλος ὁ ἑστηκὼς πέραν²¹ τῆς θαλάσσης, ἰδὼν ὅτι πλοιάριον³³ ἄλλο οὐκ ἦν ἐκεῖ εἰ μὴ ἓν ἐκεῖνο εἰς ὃ ἐνέβησαν³⁴ οἱ μαθηταὶ αὐτοῦ, καὶ ὅτι οὐ συνεισῆλθεν³⁵ τοῖς μαθηταῖς αὐτοῦ ὁ Ἰησοῦς εἰς τὸ πλοιάριον,³³ ἀλλὰ μόνοι¹⁸ οἱ

---

¹εὐχαριστήσας: AAP-NSM   ²διέδωκεν: AAI-3S   ³ἀνακειμένοις: PNP-DPM   ⁶ἐνεπλήσθησαν: API-3P ⁷περισσεύσαντα: AAP-APN   ⁹ἐγέμισαν: AAI-3P   ¹³ἐπερίσσευσεν: AAI-3S   ¹⁴βεβρωκόσιν: RAP-DPM   ¹⁶ἁρπάζειν: PAN   ¹⁷ἀνεχώρησεν: AAI-3S   ²⁰ἐμβάντες: 2AAP-NPM   ²⁵πνέοντος: PAP-GSM   ²⁶διηγείρετο: IPI-3S   ²⁷Ἐληλακότες: RAP-NPM   ³⁴ἐνέβησαν: 2AAI-3P   ³⁵συνεισῆλθεν: 2AAI-3S

---

¹εὐχαριστέω, [40] I thank, give thanks; pass. 3 sing: is received with thanks.   ²διαδίδωμι, [4] I offer here and there, distribute, divide, hand over.   ³ἀνάκειμαι, [15] I recline, especially at a dinner-table.   ⁴ὁμοίως, [32] in like manner, similarly, in the same way, equally.   ⁵ὀψάριον, ου, τό, [5] a little fish.   ⁶ἐμπίπλημι, [5] I fill up, satisfy.   ⁷περισσεύω, [39] (a) intrans: I exceed the ordinary (the necessary), abound, overflow; am left over, (b) trans: I cause to abound.   ⁸κλάσμα, ατος, τό, [9] a fragment, broken piece.   ⁹γεμίζω, [9] I fill, load. ¹⁰κόφινος, ου, ὁ, [6] a large basket.   ¹¹πέντε, οἱ, αἱ, τά, [38] five.   ¹²κρίθινος, η, ον, [2] made of barley. ¹³περισσεύω, [39] (a) intrans: I exceed the ordinary (the necessary), abound, overflow; am left over, (b) trans: I cause to abound.   ¹⁴βιβρώσκω, [1] I eat.   ¹⁵ἀληθῶς, [21] truly, really, certainly, surely.   ¹⁶ἁρπάζω, [13] I seize, snatch, obtain by robbery.   ¹⁷ἀναχωρέω, [14] I return, retire, withdraw, depart (underlying idea perhaps of taking refuge from danger or of going into retirement).   ¹⁸μόνος, η, ον, [45] only, solitary, desolate.   ¹⁹ὄψιος, α, ον, [15] late, evening.   ²⁰ἐμβαίνω, [19] I step in; I go onboard a ship, embark.   ²¹πέραν, [23] over, on the other side, beyond.   ²²Καπερναούμ, ἡ, [16] Capernaum, a town of Galilee.   ²³σκοτία, ας, ἡ, [16] darkness; fig: spiritual darkness.   ²⁴ἄνεμος, ου, ὁ, [31] the wind; fig: applied to empty doctrines.   ²⁵πνέω, [7] I blow, breathe, as the wind.   ²⁶διεγείρω, [7] I wake out of sleep, arouse in general, stir up.   ²⁷ἐλαύνω, [5] (a) trans: I drive (on), propel, (b) intrans: I row.   ²⁸στάδιον, ου, τό, [6] (a) a stadium, one eighth of a Roman mile, (b) a race-course for public games.   ²⁹εἴκοσι, [11] twenty.   ³⁰τριάκοντα, οἱ, αἱ, τά, [11] thirty.   ³¹ἐγγύς, [30] near. ³²ἐπαύριον, [17] tomorrow.   ³³πλοιάριον, ου, τό, [6] (a little boat, hence) a boat.   ³⁴ἐμβαίνω, [19] I step in; I go onboard a ship, embark.   ³⁵συνεισέρχομαι, [2] I enter together with, embark with.

μαθηταὶ αὐτοῦ ἀπῆλθον– 23 ἄλλα δὲ ἦλθεν πλοιάρια¹ ἐκ Τιβεριάδος² ἐγγὺς³ τοῦ τόπου ὅπου ἔφαγον τὸν ἄρτον, εὐχαριστήσαντος⁴ τοῦ κυρίου– 24 ὅτε οὖν εἶδεν ὁ ὄχλος ὅτι Ἰησοῦς οὐκ ἔστιν ἐκεῖ οὐδὲ οἱ μαθηταὶ αὐτοῦ, ἐνέβησαν⁵ αὐτοὶ εἰς τὰ πλοῖα, καὶ ἦλθον εἰς Καπερναούμ,⁶ ζητοῦντες τὸν Ἰησοῦν. 25 Καὶ εὑρόντες αὐτὸν πέραν⁷ τῆς θαλάσσης, εἶπον αὐτῷ, Ῥαββί,⁸ πότε⁹ ὧδε γέγονας; 26 Ἀπεκρίθη αὐτοῖς ὁ Ἰησοῦς καὶ εἶπεν, Ἀμὴν ἀμὴν λέγω ὑμῖν, ζητεῖτέ με, οὐχ ὅτι εἴδετε σημεῖα, ἀλλ᾽ ὅτι ἐφάγετε ἐκ τῶν ἄρτων καὶ ἐχορτάσθητε.¹⁰ 27 Ἐργάζεσθε¹¹ μὴ τὴν βρῶσιν¹² τὴν ἀπολλυμένην, ἀλλὰ τὴν βρῶσιν¹² τὴν μένουσαν εἰς ζωὴν αἰώνιον, ἣν ὁ υἱὸς τοῦ ἀνθρώπου ὑμῖν δώσει· τοῦτον γὰρ ὁ πατὴρ ἐσφράγισεν,¹³ ὁ θεός. 28 Εἶπον οὖν πρὸς αὐτόν, Τί ποιῶμεν, ἵνα ἐργαζώμεθα¹⁴ τὰ ἔργα τοῦ θεοῦ; 29 Ἀπεκρίθη Ἰησοῦς καὶ εἶπεν αὐτοῖς, Τοῦτό ἐστιν τὸ ἔργον τοῦ θεοῦ, ἵνα πιστεύσητε εἰς ὃν ἀπέστειλεν ἐκεῖνος. 30 Εἶπον οὖν αὐτῷ, Τί οὖν ποιεῖς σὺ σημεῖον, ἵνα ἴδωμεν καὶ πιστεύσωμέν σοι; Τί ἐργάζῃ;¹⁵ 31 Οἱ πατέρες ἡμῶν τὸ μάννα¹⁶ ἔφαγον ἐν τῇ ἐρήμῳ, καθώς ἐστιν γεγραμμένον, Ἄρτον ἐκ τοῦ οὐρανοῦ ἔδωκεν αὐτοῖς φαγεῖν. 32 Εἶπεν οὖν αὐτοῖς ὁ Ἰησοῦς, Ἀμὴν ἀμὴν λέγω ὑμῖν, οὐ Μωσῆς δέδωκεν ὑμῖν τὸν ἄρτον ἐκ τοῦ οὐρανοῦ· ἀλλ᾽ ὁ πατήρ μου δίδωσιν ὑμῖν τὸν ἄρτον ἐκ τοῦ οὐρανοῦ τὸν ἀληθινόν.¹⁷ 33 Ὁ γὰρ ἄρτος τοῦ θεοῦ ἐστιν ὁ καταβαίνων ἐκ τοῦ οὐρανοῦ καὶ ζωὴν διδοὺς τῷ κόσμῳ. 34 Εἶπον οὖν πρὸς αὐτόν, Κύριε, πάντοτε¹⁸ δὸς ἡμῖν τὸν ἄρτον τοῦτον. 35 Εἶπεν δὲ αὐτοῖς ὁ Ἰησοῦς, Ἐγώ εἰμι ὁ ἄρτος τῆς ζωῆς· ὁ ἐρχόμενος πρός με οὐ μὴ πεινάσῃ·¹⁹ καὶ ὁ πιστεύων εἰς ἐμὲ οὐ μὴ διψήσῃ²⁰ πώποτε.²¹ 36 Ἀλλ᾽ εἶπον ὑμῖν ὅτι καὶ ἑωράκατέ με, καὶ οὐ πιστεύετε. 37 Πᾶν ὃ δίδωσίν μοι ὁ πατὴρ πρὸς ἐμὲ ἥξει·²² καὶ τὸν ἐρχόμενον πρός με οὐ μὴ ἐκβάλω ἔξω. 38 Ὅτι καταβέβηκα ἐκ τοῦ οὐρανοῦ, οὐχ ἵνα ποιῶ τὸ θέλημα τὸ ἐμόν, ἀλλὰ τὸ θέλημα τοῦ πέμψαντός με. 39 Τοῦτο δέ ἐστιν τὸ θέλημα τοῦ πέμψαντός με πατρός, ἵνα πᾶν ὃ δέδωκέν μοι, μὴ ἀπολέσω ἐξ αὐτοῦ, ἀλλὰ ἀναστήσω αὐτὸ τῇ ἐσχάτῃ ἡμέρᾳ. 40 Τοῦτο δέ ἐστιν τὸ θέλημα τοῦ πέμψαντός με, ἵνα πᾶς ὁ θεωρῶν τὸν υἱὸν καὶ πιστεύων εἰς αὐτόν, ἔχῃ ζωὴν αἰώνιον, καὶ ἀναστήσω αὐτὸν ἐγὼ τῇ ἐσχάτῃ ἡμέρᾳ.

41 Ἐγόγγυζον²³ οὖν οἱ Ἰουδαῖοι περὶ αὐτοῦ, ὅτι εἶπεν, Ἐγώ εἰμι ὁ ἄρτος ὁ καταβὰς ἐκ τοῦ οὐρανοῦ. 42 Καὶ ἔλεγον, Οὐχ οὗτός ἐστιν Ἰησοῦς ὁ υἱὸς Ἰωσήφ, οὗ ἡμεῖς οἴδαμεν τὸν πατέρα καὶ τὴν μητέρα; Πῶς οὖν λέγει οὗτος ὅτι Ἐκ τοῦ οὐρανοῦ καταβέβηκα;

---

⁴εὐχαριστήσαντος: *AAP-GSM* ⁵ἐνέβησαν: *2AAI-3P* ¹⁰ἐχορτάσθητε: *API-2P* ¹¹Ἐργάζεσθε: *PNM-2P*
¹³ἐσφράγισεν: *AAI-3S* ¹⁴ἐργαζώμεθα: *PNS-1P* ¹⁵ἐργάζῃ: *PNI-2S* ¹⁹πεινάσῃ: *AAS-3S* ²⁰διψήσῃ: *AAS-3S* ²²ἥξει: *FAI-3S* ²³Ἐγόγγυζον: *IAI-3P*

---

¹πλοιάριον, ου, τό, [6] (a little boat, hence) a boat. ²Τιβεριάς, άδος, ἡ, [3] Tiberias, a town in Galilee on the western border of the sea called after it. ³ἐγγύς, [30] near. ⁴εὐχαριστέω, [40] I thank, give thanks; pass. 3 sing: is received with thanks. ⁵ἐμβαίνω, [19] I step in; I go onboard a ship, embark. ⁶Καπερναούμ, ἡ, [16] Capernaum, a town of Galilee. ⁷πέραν, [23] over, on the other side, beyond. ⁸ῥαββί, [17] Rabbi, my master, teacher; a title of respect often applied to Christ. ⁹πότε, [19] when, at what time. ¹⁰χορτάζω, [15] I feed, satisfy, fatten. ¹¹ἐργάζομαι, [39] I work, trade, perform, do, practice, commit, acquire by labor. ¹²βρῶσις, εως, ἡ, [11] (a) abstr: eating, (b) food, a meal, (c) rust. ¹³σφραγίζω, [15] I seal, set a seal upon. ¹⁴ἐργάζομαι, [39] I work, trade, perform, do, practice, commit, acquire by labor. ¹⁵ἐργάζομαι, [39] I work, trade, perform, do, practice, commit, acquire by labor. ¹⁶μάννα, τό, [5] (Hebrew), manna, the supernatural food eaten by the Israelites in the desert: of spiritual food. ¹⁷ἀληθινός, η, ον, [27] true (lit: made of truth), real, genuine. ¹⁸πάντοτε, [42] always, at all times, ever. ¹⁹πεινάω, [23] I am hungry, needy, desire earnestly. ²⁰διψάω, [16] I thirst for, desire earnestly. ²¹πώποτε, [6] at any time, ever. ²²ἥκω, [27] I have come, am present, have arrived. ²³γογγύζω, [8] I whisper, murmur, grumble (generally of smoldering discontent).

43 Ἀπεκρίθη οὖν ὁ Ἰησοῦς καὶ εἶπεν αὐτοῖς, Μὴ γογγύζετε[1] μετ' ἀλλήλων. **44** Οὐδεὶς δύναται ἐλθεῖν πρός με, ἐὰν μὴ ὁ πατὴρ ὁ πέμψας με ἑλκύσῃ[2] αὐτόν, καὶ ἐγὼ ἀναστήσω αὐτὸν ἐν τῇ ἐσχάτῃ ἡμέρᾳ. **45** Ἔστιν γεγραμμένον ἐν τοῖς προφήταις, Καὶ ἔσονται πάντες διδακτοὶ[3] θεοῦ. Πᾶς οὖν ὁ ἀκούων παρὰ τοῦ πατρὸς καὶ μαθών,[4] ἔρχεται πρός με. **46** Οὐχ ὅτι τὸν πατέρα τις ἑώρακεν, εἰ μὴ ὁ ὢν παρὰ τοῦ θεοῦ, οὗτος ἑώρακεν τὸν πατέρα. **47** Ἀμὴν ἀμὴν λέγω ὑμῖν, ὁ πιστεύων εἰς ἐμέ, ἔχει ζωὴν αἰώνιον. **48** Ἐγώ εἰμι ὁ ἄρτος τῆς ζωῆς. **49** Οἱ πατέρες ὑμῶν ἔφαγον τὸ μάννα[5] ἐν τῇ ἐρήμῳ, καὶ ἀπέθανον. **50** Οὗτός ἐστιν ὁ ἄρτος ὁ ἐκ τοῦ οὐρανοῦ καταβαίνων, ἵνα τις ἐξ αὐτοῦ φάγῃ καὶ μὴ ἀποθάνῃ. **51** Ἐγώ εἰμι ὁ ἄρτος ὁ ζῶν, ὁ ἐκ τοῦ οὐρανοῦ καταβάς· ἐάν τις φάγῃ ἐκ τούτου τοῦ ἄρτου, ζήσεται εἰς τὸν αἰῶνα. Καὶ ὁ ἄρτος δὲ ὃν ἐγὼ δώσω, ἡ σάρξ μου ἐστίν, ἣν ἐγὼ δώσω ὑπὲρ τῆς τοῦ κόσμου ζωῆς.

52 Ἐμάχοντο[6] οὖν πρὸς ἀλλήλους οἱ Ἰουδαῖοι λέγοντες, Πῶς δύναται οὗτος ἡμῖν δοῦναι τὴν σάρκα φαγεῖν; **53** Εἶπεν οὖν αὐτοῖς ὁ Ἰησοῦς, Ἀμὴν ἀμὴν λέγω ὑμῖν, ἐὰν μὴ φάγητε τὴν σάρκα τοῦ υἱοῦ τοῦ ἀνθρώπου καὶ πίητε αὐτοῦ τὸ αἷμα, οὐκ ἔχετε ζωὴν ἐν ἑαυτοῖς. **54** Ὁ τρώγων[7] μου τὴν σάρκα καὶ πίνων μου τὸ αἷμα, ἔχει ζωὴν αἰώνιον, καὶ ἐγὼ ἀναστήσω αὐτὸν τῇ ἐσχάτῃ ἡμέρᾳ. **55** Ἡ γὰρ σάρξ μου ἀληθῶς[8] ἐστιν βρῶσις,[9] καὶ τὸ αἷμά μου ἀληθῶς[8] ἐστιν πόσις.[10] **56** Ὁ τρώγων[11] μου τὴν σάρκα καὶ πίνων μου τὸ αἷμα, ἐν ἐμοὶ μένει, κἀγὼ ἐν αὐτῷ. **57** Καθὼς ἀπέστειλέν με ὁ ζῶν πατήρ, κἀγὼ ζῶ διὰ τὸν πατέρα· καὶ ὁ τρώγων[12] με, κἀκεῖνος[13] ζήσεται δι' ἐμέ. **58** Οὗτός ἐστιν ὁ ἄρτος ὁ ἐκ τοῦ οὐρανοῦ καταβάς· οὐ καθὼς ἔφαγον οἱ πατέρες ὑμῶν τὸ μάννα,[5] καὶ ἀπέθανον· ὁ τρώγων[14] τοῦτον τὸν ἄρτον, ζήσεται εἰς τὸν αἰῶνα. **59** Ταῦτα εἶπεν ἐν συναγωγῇ διδάσκων ἐν Καπερναούμ.[15]

The Offense of Many Disciples

60 Πολλοὶ οὖν ἀκούσαντες ἐκ τῶν μαθητῶν αὐτοῦ εἶπον, Σκληρός[16] ἐστιν οὗτος ὁ λόγος· τίς δύναται αὐτοῦ ἀκούειν; **61** Εἰδὼς δὲ ὁ Ἰησοῦς ἐν ἑαυτῷ ὅτι γογγύζουσιν[17] περὶ τούτου οἱ μαθηταὶ αὐτοῦ, εἶπεν αὐτοῖς, Τοῦτο ὑμᾶς σκανδαλίζει;[18] **62** Ἐὰν οὖν θεωρῆτε τὸν υἱὸν τοῦ ἀνθρώπου ἀναβαίνοντα ὅπου ἦν τὸ πρότερον;[19] **63** Τὸ πνεῦμά ἐστιν τὸ ζωοποιοῦν,[20] ἡ σὰρξ οὐκ ὠφελεῖ[21] οὐδέν· τὰ ῥήματα ἃ ἐγὼ λαλῶ ὑμῖν, πνεῦμά ἐστιν καὶ ζωή ἐστιν. **64** Ἀλλ' εἰσὶν ἐξ ὑμῶν τινες οἳ οὐ πιστεύουσιν. Ἤδει γὰρ ἐξ ἀρχῆς ὁ

---

[1]γογγύζετε: PAM-2P   [2]ἑλκύσῃ: AAS-3S   [4]μαθών: 2AAP-NSM   [6]Ἐμάχοντο: INI-3P   [7]τρώγων: PAP-NSM   [11]τρώγων: PAP-NSM   [12]τρώγων: PAP-NSM   [14]τρώγων: PAP-NSM   [17]γογγύζουσιν: PAI-3P   [18]σκανδαλίζει: PAI-3S   [20]ζωοποιοῦν: PAP-NSN   [21]ὠφελεῖ: PAI-3S

---

[1]γογγύζω, [8] I whisper, murmur, grumble (generally of smoldering discontent).   [2]ἑλκύω, [8] I drag, draw, pull, persuade, unsheathe.   [3]διδακτός, ή, όν, [3] taught, instructed.   [4]μανθάνω, [25] I learn; with adj. or nouns: I learn to be so and so; with acc. of person who is the object of knowledge; aor. sometimes: to ascertain.   [5]μάννα, τό, [5] (Hebrew) manna, the supernatural food eaten by the Israelites in the desert: of spiritual food.   [6]μάχομαι, [4] I engage in battle, fight; hence: I strive, contend, dispute.   [7]τρώγω, [6] I eat, partake of a meal.   [8]ἀληθῶς, [21] truly, really, certainly, surely.   [9]βρῶσις, εως, ή, [11] (a) abstr: eating, (b) food, a meal, (c) rust.   [10]πόσις, εως, ή, [3] drinking, drink, beverage.   [11]τρώγω, [6] I eat, partake of a meal.   [12]τρώγω, [6] I eat, partake of a meal.   [13]κάκεῖνος, η, ο, [21] and he, she, it, and that.   [14]τρώγω, [6] I eat, partake of a meal.   [15]Καπερναούμ, ή, [16] Capernaum, a town of Galilee.   [16]σκληρός, ά, όν, [5] hard, violent, harsh, stern.   [17]γογγύζω, [8] I whisper, murmur, grumble (generally of smoldering discontent).   [18]σκανδαλίζω, [30] I cause to stumble, cause to sin, cause to become indignant, shock, offend.   [19]πρότερον, [11] formerly, before.   [20]ζωοποιέω, [12] I make that which was dead to live, cause to live, quicken.   [21]ὠφελέω, [15] I help, benefit, do good, am useful (to), profit.

Ἰησοῦς, τίνες εἰσὶν οἱ μὴ πιστεύοντες, καὶ τίς ἐστιν ὁ παραδώσων αὐτόν. 65 Καὶ ἔλεγεν, Διὰ τοῦτο εἴρηκα ὑμῖν, ὅτι οὐδεὶς δύναται ἐλθεῖν πρός με, ἐὰν μὴ ᾖ δεδομένον αὐτῷ ἐκ τοῦ πατρός μου.

66 Ἐκ τούτου πολλοὶ ἀπῆλθον τῶν μαθητῶν αὐτοῦ εἰς τὰ ὀπίσω,¹ καὶ οὐκέτι² μετ' αὐτοῦ περιεπάτουν. 67 Εἶπεν οὖν ὁ Ἰησοῦς τοῖς δώδεκα, Μὴ καὶ ὑμεῖς θέλετε ὑπάγειν; 68 Ἀπεκρίθη οὖν αὐτῷ Σίμων Πέτρος, Κύριε, πρὸς τίνα ἀπελευσόμεθα; Ῥήματα ζωῆς αἰωνίου ἔχεις. 69 Καὶ ἡμεῖς πεπιστεύκαμεν καὶ ἐγνώκαμεν ὅτι σὺ εἶ ὁ χριστὸς ὁ υἱὸς τοῦ θεοῦ τοῦ ζῶντος. 70 Ἀπεκρίθη αὐτοῖς ὁ Ἰησοῦς, Οὐκ ἐγὼ ὑμᾶς τοὺς δώδεκα ἐξελεξάμην,³ καὶ ἐξ ὑμῶν εἷς διάβολός⁴ ἐστιν; 71 Ἔλεγεν δὲ τὸν Ἰούδαν Σίμωνος Ἰσκαριώτην· οὗτος γὰρ ἔμελλεν αὐτὸν παραδιδόναι, εἷς ὢν ἐκ τῶν δώδεκα.

The Unbelief of Christ's Relatives

7 Καὶ περιεπάτει ὁ Ἰησοῦς μετὰ ταῦτα ἐν τῇ Γαλιλαίᾳ· οὐ γὰρ ἤθελεν ἐν τῇ Ἰουδαίᾳ⁵ περιπατεῖν, ὅτι ἐζήτουν αὐτὸν οἱ Ἰουδαῖοι ἀποκτεῖναι. 2 Ἦν δὲ ἐγγὺς⁶ ἡ ἑορτὴ⁷ τῶν Ἰουδαίων ἡ Σκηνοπηγία.⁸ 3 Εἶπον οὖν πρὸς αὐτὸν οἱ ἀδελφοὶ αὐτοῦ, Μετάβηθι⁹ ἐντεῦθεν,¹⁰ καὶ ὕπαγε εἰς τὴν Ἰουδαίαν,⁵ ἵνα καὶ οἱ μαθηταί σου θεωρήσωσιν τὰ ἔργα σου ἃ ποιεῖς. 4 Οὐδεὶς γὰρ ἐν κρυπτῷ¹¹ τι ποιεῖ, καὶ ζητεῖ αὐτὸς ἐν παρρησίᾳ¹² εἶναι. Εἰ ταῦτα ποιεῖς, φανέρωσον¹³ σεαυτὸν¹⁴ τῷ κόσμῳ. 5 Οὐδὲ γὰρ οἱ ἀδελφοὶ αὐτοῦ ἐπίστευον εἰς αὐτόν. 6 Λέγει οὖν αὐτοῖς ὁ Ἰησοῦς, Ὁ καιρὸς ὁ ἐμὸς οὔπω¹⁵ πάρεστιν,¹⁶ ὁ δὲ καιρὸς ὁ ὑμέτερος¹⁷ πάντοτέ¹⁸ ἐστιν ἕτοιμος.¹⁹ 7 Οὐ δύναται ὁ κόσμος μισεῖν²⁰ ὑμᾶς· ἐμὲ δὲ μισεῖ,²¹ ὅτι ἐγὼ μαρτυρῶ περὶ αὐτοῦ, ὅτι τὰ ἔργα αὐτοῦ πονηρά ἐστιν. 8 Ὑμεῖς ἀνάβητε εἰς τὴν ἑορτὴν⁷ ταύτην· ἐγὼ οὔπω¹⁵ ἀναβαίνω εἰς τὴν ἑορτὴν⁷ ταύτην, ὅτι ὁ καιρὸς ὁ ἐμὸς οὔπω¹⁵ πεπλήρωται. 9 Ταῦτα δὲ εἰπὼν αὐτοῖς, ἔμεινεν ἐν τῇ Γαλιλαίᾳ.

10 Ὡς δὲ ἀνέβησαν οἱ ἀδελφοὶ αὐτοῦ, τότε καὶ αὐτὸς ἀνέβη εἰς τὴν ἑορτήν,⁷ οὐ φανερῶς,²² ἀλλ' ὡς ἐν κρυπτῷ.¹¹ 11 Οἱ οὖν Ἰουδαῖοι ἐζήτουν αὐτὸν ἐν τῇ ἑορτῇ,⁷ καὶ ἔλεγον, Ποῦ²³ ἐστιν ἐκεῖνος; 12 Καὶ γογγυσμὸς²⁴ πολὺς περὶ αὐτοῦ ἦν ἐν τοῖς ὄχλοις· οἱ μὲν ἔλεγον ὅτι Ἀγαθός ἐστιν· ἄλλοι ἔλεγον, Οὔ, ἀλλὰ πλανᾷ²⁵ τὸν ὄχλον. 13 Οὐδεὶς μέντοι²⁶ παρρησίᾳ¹² ἐλάλει περὶ αὐτοῦ διὰ τὸν φόβον²⁷ τῶν Ἰουδαίων.

---

³ἐξελεξάμην: AMI-1S ⁹Μετάβηθι: 2AAM-2S ¹³φανέρωσον: AAM-2S ¹⁶πάρεστιν: PAI-3S ²⁰μισεῖν: PAN ²¹μισεῖ: PAI-3S ²⁵πλανᾷ: PAI-3S

---

¹ὀπίσω, [37] behind, after; back, backwards. ²οὐκέτι, [48] no longer, no more. ³ἐκλέγομαι, [21] I pick out for myself, choose, elect, select. ⁴διάβολος, ον, [38] (adj. used often as a noun), slanderous; with the article: the Slanderer (par excellence), the Devil. ⁵Ἰουδαία, ας, ἡ, [43] Judea, a Roman province, capital Jerusalem. ⁶ἐγγύς, [30] near. ⁷ἑορτή, ῆς, ἡ, [27] a festival, feast, periodically recurring. ⁸σκηνοπηγία, ας, ἡ, [1] the feast of tabernacles, the great festival of the Jews, held in October. ⁹μεταβαίνω, [12] I change my place (abode), leave, depart, remove, pass over. ¹⁰ἐντεῦθεν, [11] hence, from this place, on this side and on that. ¹¹κρυπτός, ή, όν, [19] hidden, secret; as subst: the hidden (secret) things (parts), the inward nature (character). ¹²παρρησία, ας, ἡ, [31] freedom, openness, especially in speech; boldness, confidence. ¹³φανερόω, [49] I make clear (visible, manifest), make known. ¹⁴σεαυτοῦ, ῆς, οῦ, [41] of yourself. ¹⁵οὔπω, [23] not yet. ¹⁶πάρειμι, [24] I am present, am near; I have come, arrived. ¹⁷ὑμέτερος, α, ον, [10] your, yours. ¹⁸πάντοτε, [42] always, at all times, ever. ¹⁹ἕτοιμος, η, ον, [17] ready, prepared. ²⁰μισέω, [41] I hate, detest, love less, esteem less. ²¹μισέω, [41] I hate, detest, love less, esteem less. ²²φανερῶς, [3] clearly, openly, manifestly. ²³ποῦ, [44] where, in what place. ²⁴γογγυσμός, οῦ, ὁ, [4] murmuring, grumbling. ²⁵πλανάω, [40] I lead astray, deceive, cause to wander. ²⁶μέντοι, [8] (a) indeed, really, (b) yet, however, nevertheless. ²⁷φόβος, ου, ὁ, [47] (a) fear, terror, alarm, (b) the object or cause of fear, (c) reverence, respect.

14 Ἤδη δὲ τῆς ἑορτῆς¹ μεσούσης,² ἀνέβη ὁ Ἰησοῦς εἰς τὸ ἱερόν, καὶ ἐδίδασκεν. **15** Καὶ ἐθαύμαζον³ οἱ Ἰουδαῖοι λέγοντες, Πῶς οὗτος γράμματα⁴ οἶδεν, μὴ μεμαθηκώς;⁵ **16** Ἀπεκρίθη οὖν αὐτοῖς ὁ Ἰησοῦς καὶ εἶπεν, Ἡ ἐμὴ διδαχὴ⁶ οὐκ ἔστιν ἐμή, ἀλλὰ τοῦ πέμψαντός με. **17** Ἐάν τις θέλῃ τὸ θέλημα αὐτοῦ ποιεῖν, γνώσεται περὶ τῆς διδαχῆς,⁶ πότερον⁷ ἐκ τοῦ θεοῦ ἐστιν, ἢ ἐγὼ ἀπ' ἐμαυτοῦ⁸ λαλῶ. **18** Ὁ ἀφ' ἑαυτοῦ λαλῶν, τὴν δόξαν τὴν ἰδίαν ζητεῖ· ὁ δὲ ζητῶν τὴν δόξαν τοῦ πέμψαντος αὐτόν, οὗτος ἀληθής⁹ ἐστιν, καὶ ἀδικία¹⁰ ἐν αὐτῷ οὐκ ἔστιν. **19** Οὐ Μωσῆς δέδωκεν ὑμῖν τὸν νόμον, καὶ οὐδεὶς ἐξ ὑμῶν ποιεῖ τὸν νόμον; Τί με ζητεῖτε ἀποκτεῖναι; **20** Ἀπεκρίθη ὁ ὄχλος καὶ εἶπεν, Δαιμόνιον ἔχεις· τίς σε ζητεῖ ἀποκτεῖναι; **21** Ἀπεκρίθη Ἰησοῦς καὶ εἶπεν αὐτοῖς, Ἕν ἔργον ἐποίησα, καὶ πάντες θαυμάζετε.¹¹ **22** Διὰ τοῦτο Μωσῆς δέδωκεν ὑμῖν τὴν περιτομήν¹²–οὐχ ὅτι ἐκ τοῦ Μωσέως ἐστίν, ἀλλ' ἐκ τῶν πατέρων–καὶ ἐν σαββάτῳ περιτέμνετε¹³ ἄνθρωπον. **23** Εἰ περιτομὴν¹² λαμβάνει ἄνθρωπος ἐν σαββάτῳ, ἵνα μὴ λυθῇ¹⁴ ὁ νόμος Μωσέως, ἐμοὶ χολᾶτε¹⁵ ὅτι ὅλον ἄνθρωπον ὑγιῆ¹⁶ ἐποίησα ἐν σαββάτῳ; **24** Μὴ κρίνετε κατ' ὄψιν,¹⁷ ἀλλὰ τὴν δικαίαν κρίσιν¹⁸ κρίνατε.

25 Ἔλεγον οὖν τινες ἐκ τῶν Ἱεροσολυμιτῶν,¹⁹ Οὐχ οὗτός ἐστιν ὃν ζητοῦσιν ἀποκτεῖναι; **26** Καὶ ἴδε²⁰ παρρησίᾳ²¹ λαλεῖ, καὶ οὐδὲν αὐτῷ λέγουσιν. Μήποτε²² ἀληθῶς²³ ἔγνωσαν οἱ ἄρχοντες²⁴ ὅτι οὗτός ἐστιν ἀληθῶς²³ ὁ χριστός; **27** Ἀλλὰ τοῦτον οἴδαμεν πόθεν²⁵ ἐστίν· ὁ δὲ χριστὸς ὅταν ἔρχηται, οὐδεὶς γινώσκει πόθεν²⁵ ἐστίν. **28** Ἔκραξεν οὖν ἐν τῷ ἱερῷ διδάσκων ὁ Ἰησοῦς καὶ λέγων, Κἀμὲ οἴδατε, καὶ οἴδατε πόθεν²⁵ εἰμί· καὶ ἀπ' ἐμαυτοῦ⁸ οὐκ ἐλήλυθα, ἀλλ' ἔστιν ἀληθινὸς²⁶ ὁ πέμψας με, ὃν ὑμεῖς οὐκ οἴδατε. **29** Ἐγὼ οἶδα αὐτόν, ὅτι παρ' αὐτοῦ εἰμι, κἀκεῖνός²⁷ με ἀπέστειλεν. **30** Ἐζήτουν οὖν αὐτὸν πιάσαι.²⁸ Καὶ οὐδεὶς ἐπέβαλεν²⁹ ἐπ' αὐτὸν τὴν χεῖρα, ὅτι οὔπω³⁰ ἐληλύθει ἡ ὥρα αὐτοῦ. **31** Πολλοὶ δὲ ἐκ τοῦ ὄχλου ἐπίστευσαν εἰς αὐτόν, καὶ ἔλεγον

---

²μεσούσης: PAP-GSF   ³ἐθαύμαζον: IAI-3P   ⁵μεμαθηκώς: RAP-NSM   ¹¹θαυμάζετε: PAI-2P   ¹³περιτέμνετε: PAI-2P   ¹⁴λυθῇ: APS-3S   ¹⁵χολᾶτε: PAI-2P   ²⁰ἴδε: 2AAM-2S   ²⁸πιάσαι: AAN   ²⁹ἐπέβαλεν: 2AAI-3S

---

¹ἑορτή, ῆς, ἡ, [27] a festival, feast, periodically recurring.   ²μεσόω, [1] I am in the middle, am advanced midway.   ³θαυμάζω, [46] (a) intrans: I wonder, marvel, (b) trans: I wonder at, admire.   ⁴γράμμα, ατος, τό, [15] a letter of the alphabet; collectively: written (revelation); (a) a written document, a letter, an epistle, (b) writings, literature, learning.   ⁵μανθάνω, [25] I learn; with adj. or nouns: I learn to be so and so; with acc. of person who is the object of knowledge; aor. sometimes: to ascertain.   ⁶διδαχή, ῆς, ἡ, [30] teaching, doctrine, what is taught.   ⁷πότερος, α, ον, [1] which of two, whether.   ⁸ἐμαυτοῦ, ῆς, οῦ, [37] of myself.   ⁹ἀληθής, ές, [25] unconcealed, true, true in fact, worthy of credit, truthful.   ¹⁰ἀδικία, ας, ἡ, [26] injustice, unrighteousness, hurt.   ¹¹θαυμάζω, [46] (a) intrans: I wonder, marvel, (b) trans: I wonder at, admire.   ¹²περιτομή, ῆς, ἡ, [36] circumcision.   ¹³περιτέμνω, [18] I cut around, circumcise.   ¹⁴λύω, [42] (a) I loose, untie, release, (b) met: I break, destroy, set at naught, contravene; I break up a meeting, annul.   ¹⁵χολάω, [1] I am angry with.   ¹⁶ὑγιής, ές, [14] (a) sound, healthy, pure, whole, (b) wholesome.   ¹⁷ὄψις, εως, ἡ, [3] (a) the face, countenance, (b) the features, outward appearance.   ¹⁸κρίσις, εως, ἡ, [48] judging, judgment, decision, sentence; generally: divine judgment; accusation.   ¹⁹Ἱεροσολυμίτης, ου, ὁ, [2] an inhabitant of Jerusalem.   ²⁰ἴδε, [35] See! Lo! Behold! Look!   ²¹παρρησία, ας, ἡ, [31] freedom, openness, especially in speech; boldness, confidence.   ²²μήποτε, [25] lest at any time, lest; then weakened: whether perhaps, whether at all; in a principal clause: perhaps.   ²³ἀληθῶς, [21] truly, really, certainly, surely.   ²⁴ἄρχων, οντος, ὁ, [37] a ruler, governor, leader, leading man; with the Jews, an official member (a member of the executive) of the assembly of elders.   ²⁵πόθεν, [28] whence, from what place.   ²⁶ἀληθινός, η, ον, [27] true (lit: made of truth), real, genuine.   ²⁷κἀκεῖνος, η, ο, [21] and he, she, it, and that.   ²⁸πιάζω, [12] I lay hold of, apprehend, catch, arrest.   ²⁹ἐπιβάλλω, [18] (a) I throw upon, cast over, (b) I place upon, (c) I lay, (d) intrans: I strike upon, rush.   ³⁰οὔπω, [23] not yet.

ὅτι Ὁ χριστὸς ὅταν ἔλθῃ, μήτι¹ πλείονα σημεῖα τούτων ποιήσει ὧν οὗτος ἐποίησεν; 32 Ἤκουσαν οἱ Φαρισαῖοι τοῦ ὄχλου γογγύζοντος² περὶ αὐτοῦ ταῦτα· καὶ ἀπέστειλαν ὑπηρέτας³ οἱ Φαρισαῖοι καὶ οἱ ἀρχιερεῖς ἵνα πιάσωσιν⁴ αὐτόν. 33 Εἶπεν οὖν ὁ Ἰησοῦς, Ἔτι μικρὸν⁵ χρόνον μεθ' ὑμῶν εἰμι, καὶ ὑπάγω πρὸς τὸν πέμψαντά με. 34 Ζητήσετέ με, καὶ οὐχ εὑρήσετε· καὶ ὅπου εἰμὶ ἐγώ, ὑμεῖς οὐ δύνασθε ἐλθεῖν. 35 Εἶπον οὖν οἱ Ἰουδαῖοι πρὸς ἑαυτούς, Ποῦ⁶ οὗτος μέλλει πορεύεσθαι ὅτι ἡμεῖς οὐχ εὑρήσομεν αὐτόν; Μὴ εἰς τὴν διασπορὰν⁷ τῶν Ἑλλήνων⁸ μέλλει πορεύεσθαι, καὶ διδάσκειν τοὺς Ἕλληνας;⁸ 36 Τίς ἐστιν οὗτος ὁ λόγος ὃν εἶπεν, Ζητήσετέ με, καὶ οὐχ εὑρήσετε· καὶ ὅπου εἰμὶ ἐγώ, ὑμεῖς οὐ δύνασθε ἐλθεῖν;

37 Ἐν δὲ τῇ ἐσχάτῃ ἡμέρᾳ τῇ μεγάλῃ τῆς ἑορτῆς⁹ εἱστήκει ὁ Ἰησοῦς καὶ ἔκραξεν, λέγων, Ἐάν τις διψᾷ,¹⁰ ἐρχέσθω πρός με καὶ πινέτω. 38 Ὁ πιστεύων εἰς ἐμέ, καθὼς εἶπεν ἡ γραφή, ποταμοὶ¹¹ ἐκ τῆς κοιλίας¹² αὐτοῦ ῥεύσουσιν¹³ ὕδατος ζῶντος. 39 Τοῦτο δὲ εἶπεν περὶ τοῦ πνεύματος οὗ ἔμελλον λαμβάνειν οἱ πιστεύοντες εἰς αὐτόν· οὔπω¹⁴ γὰρ ἦν πνεῦμα ἅγιον, ὅτι Ἰησοῦς οὐδέπω¹⁵ ἐδοξάσθη. 40 Πολλοὶ οὖν ἐκ τοῦ ὄχλου ἀκούσαντες τὸν λόγον ἔλεγον, Οὗτός ἐστιν ἀληθῶς¹⁶ ὁ προφήτης. 41 Ἄλλοι ἔλεγον, Οὗτός ἐστιν ὁ χριστός. Ἄλλοι ἔλεγον, Μὴ γὰρ ἐκ τῆς Γαλιλαίας ὁ χριστὸς ἔρχεται; 42 Οὐχὶ ἡ γραφὴ εἶπεν ὅτι ἐκ τοῦ σπέρματος¹⁷ Δαυίδ, καὶ ἀπὸ Βηθλεέμ,¹⁸ τῆς κώμης¹⁹ ὅπου ἦν Δαυίδ, ὁ χριστὸς ἔρχεται; 43 Σχίσμα²⁰ οὖν ἐν τῷ ὄχλῳ ἐγένετο δι' αὐτόν. 44 Τινὲς δὲ ἤθελον ἐξ αὐτῶν πιάσαι²¹ αὐτόν, ἀλλ' οὐδεὶς ἐπέβαλεν²² ἐπ' αὐτὸν τὰς χεῖρας.

45 Ἦλθον οὖν οἱ ὑπηρέται³ πρὸς τοὺς ἀρχιερεῖς καὶ Φαρισαίους· καὶ εἶπον αὐτοῖς ἐκεῖνοι, Διὰ τί οὐκ ἠγάγετε αὐτόν; 46 Ἀπεκρίθησαν οἱ ὑπηρέται,³ Οὐδέποτε²³ οὕτως ἐλάλησεν ἄνθρωπος, ὡς οὗτος ὁ ἄνθρωπος. 47 Ἀπεκρίθησαν οὖν αὐτοῖς οἱ Φαρισαῖοι, Μὴ καὶ ὑμεῖς πεπλάνησθε;²⁴ 48 Μή τις ἐκ τῶν ἀρχόντων²⁵ ἐπίστευσεν εἰς αὐτόν, ἢ ἐκ τῶν Φαρισαίων; 49 Ἀλλ' ὁ ὄχλος οὗτος ὁ μὴ γινώσκων τὸν νόμον ἐπικατάρατοί²⁶ εἰσιν. 50 Λέγει Νικόδημος πρὸς αὐτούς–ὁ ἐλθὼν νυκτὸς πρὸς αὐτόν, εἷς ὢν ἐξ αὐτῶν– 51 Μὴ ὁ νόμος ἡμῶν κρίνει τὸν ἄνθρωπον, ἐὰν μὴ ἀκούσῃ παρ' αὐτοῦ πρότερον²⁷ καὶ γνῷ τί

---

²γογγύζοντος: PAP-GSM ⁴πιάσωσιν: AAS-3P ¹⁰διψᾷ: PAS-3S ¹³ρεύσουσιν: FAI-3P ²¹πιάσαι: AAN ²²ἐπέβαλεν: 2AAI-3S ²⁴πεπλάνησθε: RPI-2P

---

¹μήτι, [16] if not, unless, whether at all. ²γογγύζω, [8] I whisper, murmur, grumble (generally of smoldering discontent). ³ὑπηρέτης, ου, ὁ, [20] a servant, an attendant, (a) an officer, lictor, (b) an attendant in a synagogue, (c) a minister of the gospel. ⁴πιάζω, [12] I lay hold of, apprehend, catch, arrest. ⁵μικρός, ά, όν, [45] little, small. ⁶ποῦ, [44] where, in what place. ⁷διασπορά, ᾶς, ἡ, [3] lit: scattering abroad of seed by the sower, hence: dispersion, used especially of the Jews who had migrated and were scattered over the ancient world. ⁸Ἕλλην, ηνος, ὁ, [27] a Hellene, the native word for a Greek; it is, however, a term wide enough to include all Greek-speaking (i.e. educated) non-Jews. ⁹ἑορτή, ῆς, ἡ, [27] a festival, feast, periodically recurring. ¹⁰διψάω, [16] I thirst for, desire earnestly. ¹¹ποταμός, οῦ, ὁ, [16] a river, torrent, stream. ¹²κοιλία, ας, ἡ, [23] belly, abdomen, heart, a general term covering any organ in the abdomen, e.g. stomach, womb; met: the inner man. ¹³ρέω, [1] I flow, overflow with. ¹⁴οὔπω, [23] not yet. ¹⁵οὐδέπω, [5] not yet, never before. ¹⁶ἀληθῶς, [21] truly, really, certainly, surely. ¹⁷σπέρμα, ατος, τό, [44] (a) seed, commonly of cereals, (b) offspring, descendents. ¹⁸Βηθλεέμ, ἡ, [8] Bethlehem, a town of Judea. ¹⁹κώμη, ης, ἡ, [28] a village, country town. ²⁰σχίσμα, ατος, τό, [8] a rent, as in a garment; a division, dissention. ²¹πιάζω, [12] I lay hold of, apprehend, catch, arrest. ²²ἐπιβάλλω, [18] (a) I throw upon, cast over, (b) I place upon, (c) I lay, (d) intrans: I strike upon, rush. ²³οὐδέποτε, [16] never. ²⁴πλανάω, [40] I lead astray, deceive, cause to wander. ²⁵ἄρχων, οντος, ὁ, [37] a ruler, governor, leader, leading man; with the Jews, an official member (a member of the executive) of the assembly of elders. ²⁶ἐπικατάρατος, ον, [3] on whom a curse has been invoked, accursed, doomed to destruction. ²⁷πρότερον, [11] formerly, before.

ποιεῖ; 52 Ἀπεκρίθησαν καὶ εἶπον αὐτῷ, Μὴ καὶ σὺ ἐκ τῆς Γαλιλαίας εἶ; Ἐρεύνησον¹ καὶ ἴδε² ὅτι προφήτης ἐκ τῆς Γαλιλαίας οὐκ ἐγήγερται. 53 Καὶ ἐπορεύθη ἕκαστος εἰς τὸν οἶκον αὐτοῦ·

The Woman Taken in Adultery

8 Ἰησοῦς δὲ ἐπορεύθη εἰς τὸ ὄρος τῶν Ἐλαιῶν.³

2 Ὄρθρου⁴ δὲ πάλιν παρεγένετο⁵ εἰς τὸ ἱερόν, καὶ πᾶς ὁ λαὸς ἤρχετο· καὶ καθίσας⁶ ἐδίδασκεν αὐτούς. 3 Ἄγουσιν δὲ οἱ γραμματεῖς καὶ οἱ Φαρισαῖοι πρὸς αὐτὸν γυναῖκα ἐν μοιχείᾳ⁷ καταληφθεῖσαν·⁸ καὶ στήσαντες αὐτὴν ἐν μέσῳ, 4 λέγουσιν αὐτῷ, πειράζοντες,⁹ Διδάσκαλε, αὕτη ἡ γυνὴ κατελήφθη¹⁰ ἐπ᾽ αὐτοφώρῳ¹¹ μοιχευομένη.¹² 5 Ἐν δὲ τῷ νόμῳ Μωσῆς ἡμῖν ἐνετείλατο¹³ τὰς τοιαύτας λιθοβολεῖσθαι·¹⁴ σὺ οὖν τί λέγεις; 6 Τοῦτο δὲ ἔλεγον πειράζοντες¹⁵ αὐτόν, ἵνα ἔχωσιν κατηγορεῖν¹⁶ αὐτοῦ. Ὁ δὲ Ἰησοῦς κάτω¹⁷ κύψας,¹⁸ τῷ δακτύλῳ¹⁹ ἔγραφεν εἰς τὴν γῆν, μὴ προσποιούμενος.²⁰ 7 Ὡς δὲ ἐπέμενον²¹ ἐρωτῶντες αὐτόν, ἀνακύψας²² εἶπεν πρὸς αὐτούς, Ὁ ἀναμάρτητος²³ ὑμῶν, πρῶτον ἐπ᾽ αὐτὴν τὸν λίθον βαλέτω. 8 Καὶ πάλιν κάτω¹⁷ κύψας²⁴ ἔγραφεν εἰς τὴν γῆν. 9 Οἱ δέ, ἀκούσαντες, καὶ ὑπὸ τῆς συνειδήσεως²⁵ ἐλεγχόμενοι,²⁶ ἐξήρχοντο εἷς καθ᾽ εἷς, ἀρξάμενοι ἀπὸ τῶν πρεσβυτέρων· καὶ κατελείφθη²⁷ μόνος²⁸ ὁ Ἰησοῦς, καὶ ἡ γυνὴ ἐν μέσῳ οὖσα. 10 Ἀνακύψας²⁹ δὲ ὁ Ἰησοῦς, καὶ μηδένα θεασάμενος³⁰ πλὴν³¹ τῆς γυναικός, εἶπεν αὐτῇ, Ποῦ³² εἰσιν ἐκεῖνοι οἱ κατήγοροί³³ σου; Οὐδείς σε κατέκρινεν;³⁴ 11 Ἡ δὲ

---

¹Ἐρεύνησον: AAM-2S   ²ἴδε: 2AAM-2S   ⁵παρεγένετο: 2ADI-3S   ⁶καθίσας: AAP-NSM   ⁸καταληφθεῖσαν: APP-ASF   ⁹πειράζοντες: PAP-NPM   ¹⁰κατελήφθη: API-3S   ¹²μοιχευομένη: PPP-NSF   ¹³ἐνετείλατο: ADI-3S   ¹⁴λιθοβολεῖσθαι: PPN   ¹⁵πειράζοντες: PAP-NPM   ¹⁶κατηγορεῖν: PAN   ¹⁸κύψας: AAP-NSM   ²⁰προσποιούμενος: PNP-NSM   ²¹ἐπέμενον: IAI-3P   ²²ἀνακύψας: AAP-NSM   ²⁴κύψας: AAP-NSM   ²⁶ἐλεγχόμενοι: PPP-NPM   ²⁷κατελείφθη: API-3S   ²⁹Ἀνακύψας: AAP-NSM   ³⁰θεασάμενος: ADP-NSM   ³⁴κατέκρινεν: AAI-3S

---

¹ἐρευνάω, [6] I search diligently, examine.   ²ἴδε, [35] See! Lo! Behold! Look!   ³ἐλαία, ας, ἡ, [15] an olive tree; the Mount of Olives.   ⁴ὄρθρος, ου, ὁ, [3] early dawn, day-break.   ⁵παραγίνομαι, [37] (a) I come on the scene, appear, come, (b) with words expressing destination: I present myself at, arrive at, reach.   ⁶καθίζω, [48] (a) trans: I make to sit; I set, appoint, (b) intrans: I sit down, am seated, stay.   ⁷μοιχεία, ας, ἡ, [4] adultery.   ⁸καταλαμβάνω, [15] (a) I seize tight hold of, arrest, catch, capture, appropriate, (b) I overtake, (c) mid. aor: I perceived, comprehended.   ⁹πειράζω, [39] I try, tempt, test.   ¹⁰καταλαμβάνω, [15] (a) I seize tight hold of, arrest, catch, capture, appropriate, (b) I overtake, (c) mid. aor: I perceived, comprehended.   ¹¹αὐτόφωρος, ον, [1] in the very act.   ¹²μοιχεύω, [14] I commit adultery (of a man with a married woman, but also of a married man).   ¹³ἐντέλλομαι, [17] I give orders (injunctions, instructions, commands).   ¹⁴λιθοβολέω, [9] I stone, cast stones (at), kill by stoning.   ¹⁵πειράζω, [39] I try, tempt, test.   ¹⁶κατηγορέω, [22] I accuse, charge, prosecute.   ¹⁷κάτω, [11] (a) down, below, also: downwards, (b) lower, under, less, of a length of time.   ¹⁸κύπτω, [3] I bend, stoop down, bow the head.   ¹⁹δάκτυλος, ου, ὁ, [8] a finger.   ²⁰προσποιέω, [2] I pretend, regard, make a show of.   ²¹ἐπιμένω, [17] (a) I remain, tarry, (b) I remain in, persist in.   ²²ἀνακύπτω, [4] I raise myself, look up, am elated.   ²³ἀναμάρτητος, ον, [1] without blame, faultless, unerring.   ²⁴κύπτω, [3] I bend, stoop down, bow the head.   ²⁵συνείδησις, εως, ἡ, [32] the conscience, a persisting notion.   ²⁶ἐλέγχω, [18] (a) I reprove, rebuke, discipline, (b) I expose, show to be guilty.   ²⁷καταλείπω, [25] I leave behind, desert, abandon, forsake; I leave remaining, reserve.   ²⁸μόνος, η, ον, [45] only, solitary, desolate.   ²⁹ἀνακύπτω, [4] I raise myself, look up, am elated.   ³⁰θεάομαι, [24] I see, behold, contemplate, look upon, view; I see, visit.   ³¹πλήν, [31] however, nevertheless, but, except that, yet.   ³²ποῦ, [44] where, in what place.   ³³κατήγορος, ου, ὁ, [6] an accuser, prosecutor.   ³⁴κατακρίνω, [17] I condemn, judge worthy of punishment.

εἶπεν, Οὐδείς, κύριε. Εἶπεν δὲ ὁ Ἰησοῦς, Οὐδὲ ἐγώ σε κρίνω· πορεύου καὶ μηκέτι¹ ἁμάρτανε.²

Jesus the Light of the World

12 Πάλιν οὖν αὐτοῖς ὁ Ἰησοῦς ἐλάλησεν λέγων, Ἐγώ εἰμι τὸ φῶς τοῦ κόσμου· ὁ ἀκολουθῶν ἐμοὶ οὐ μὴ περιπατήσῃ ἐν τῇ σκοτίᾳ,³ ἀλλ᾿ ἕξει τὸ φῶς τῆς ζωῆς. **13** Εἶπον οὖν αὐτῷ οἱ Φαρισαῖοι, Σὺ περὶ σεαυτοῦ⁴ μαρτυρεῖς· ἡ μαρτυρία⁵ σου οὐκ ἔστιν ἀληθής.⁶ **14** Ἀπεκρίθη Ἰησοῦς καὶ εἶπεν αὐτοῖς, Κἂν⁷ ἐγὼ μαρτυρῶ περὶ ἐμαυτοῦ,⁸ ἀληθής⁶ ἐστιν ἡ μαρτυρία⁵ μου· ὅτι οἶδα πόθεν⁹ ἦλθον, καὶ ποῦ¹⁰ ὑπάγω· ὑμεῖς δὲ οὐκ οἴδατε πόθεν⁹ ἔρχομαι, καὶ ποῦ¹⁰ ὑπάγω. **15** Ὑμεῖς κατὰ τὴν σάρκα κρίνετε· ἐγὼ οὐ κρίνω οὐδένα. **16** Καὶ ἐὰν κρίνω δὲ ἐγώ, ἡ κρίσις¹¹ ἡ ἐμὴ ἀληθής⁶ ἐστιν· ὅτι μόνος¹² οὐκ εἰμί, ἀλλ᾿ ἐγὼ καὶ ὁ πέμψας με πατήρ. **17** Καὶ ἐν τῷ νόμῳ δὲ τῷ ὑμετέρῳ¹³ γέγραπται ὅτι δύο ἀνθρώπων ἡ μαρτυρία⁵ ἀληθής⁶ ἐστιν. **18** Ἐγώ εἰμι ὁ μαρτυρῶν περὶ ἐμαυτοῦ,⁸ καὶ μαρτυρεῖ περὶ ἐμοῦ ὁ πέμψας με πατήρ. **19** Ἔλεγον οὖν αὐτῷ, Ποῦ¹⁰ ἐστιν ὁ πατήρ σου; Ἀπεκρίθη Ἰησοῦς, Οὔτε ἐμὲ οἴδατε, οὔτε τὸν πατέρα μου· εἰ ἐμὲ ᾔδειτε, καὶ τὸν πατέρα μου ᾔδειτε ἄν. **20** Ταῦτα τὰ ῥήματα ἐλάλησεν ὁ Ἰησοῦς ἐν τῷ γαζοφυλακίῳ,¹⁴ διδάσκων ἐν τῷ ἱερῷ· καὶ οὐδεὶς ἐπίασεν¹⁵ αὐτόν, ὅτι οὔπω¹⁶ ἐληλύθει ἡ ὥρα αὐτοῦ.

21 Εἶπεν οὖν πάλιν αὐτοῖς ὁ Ἰησοῦς, Ἐγὼ ὑπάγω, καὶ ζητήσετέ με, καὶ ἐν τῇ ἁμαρτίᾳ ὑμῶν ἀποθανεῖσθε· ὅπου ἐγὼ ὑπάγω, ὑμεῖς οὐ δύνασθε ἐλθεῖν. **22** Ἔλεγον οὖν οἱ Ἰουδαῖοι, Μήτι¹⁷ ἀποκτενεῖ ἑαυτόν, ὅτι λέγει, Ὅπου ἐγὼ ὑπάγω, ὑμεῖς οὐ δύνασθε ἐλθεῖν; **23** Καὶ εἶπεν αὐτοῖς, Ὑμεῖς ἐκ τῶν κάτω¹⁸ ἐστέ, ἐγὼ ἐκ τῶν ἄνω¹⁹ εἰμί· ὑμεῖς ἐκ τοῦ κόσμου τούτου ἐστέ, ἐγὼ οὐκ εἰμὶ ἐκ τοῦ κόσμου τούτου. **24** Εἶπον οὖν ὑμῖν ὅτι ἀποθανεῖσθε ἐν ταῖς ἁμαρτίαις ὑμῶν· ἐὰν γὰρ μὴ πιστεύσητε ὅτι ἐγώ εἰμι, ἀποθανεῖσθε ἐν ταῖς ἁμαρτίαις ὑμῶν. **25** Ἔλεγον οὖν αὐτῷ, Σὺ τίς εἶ; Καὶ εἶπεν αὐτοῖς ὁ Ἰησοῦς, Τὴν ἀρχὴν ὅ τι καὶ λαλῶ ὑμῖν. **26** Πολλὰ ἔχω περὶ ὑμῶν λαλεῖν καὶ κρίνειν· ἀλλ᾿ ὁ πέμψας με ἀληθής⁶ ἐστιν, κἀγὼ ἃ ἤκουσα παρ᾿ αὐτοῦ, ταῦτα λέγω εἰς τὸν κόσμον. **27** Οὐκ ἔγνωσαν ὅτι τὸν πατέρα αὐτοῖς ἔλεγεν. **28** Εἶπεν οὖν αὐτοῖς ὁ Ἰησοῦς, Ὅταν ὑψώσητε²⁰ τὸν υἱὸν τοῦ ἀνθρώπου, τότε γνώσεσθε ὅτι ἐγώ εἰμι, καὶ ἀπ᾿ ἐμαυτοῦ⁸ ποιῶ οὐδέν, ἀλλὰ καθὼς ἐδίδαξέν με ὁ πατήρ μου, ταῦτα λαλῶ· **29** καὶ ὁ πέμψας με μετ᾿ ἐμοῦ ἐστιν· οὐκ ἀφῆκέν με μόνον¹² ὁ πατήρ, ὅτι ἐγὼ τὰ ἀρεστὰ²¹ αὐτῷ ποιῶ πάντοτε.²² **30** Ταῦτα αὐτοῦ λαλοῦντος πολλοὶ ἐπίστευσαν εἰς αὐτόν.

---

²ἁμάρτανε: PAM-2S   ¹⁵ἐπίασεν: AAI-3S   ²⁰ὑψώσητε: AAS-2P

---

¹μηκέτι, [21] no longer, no more.   ²ἁμαρτάνω, [43] originally: I miss the mark, hence (a) I make a mistake, (b) I sin, commit a sin (against God); sometimes the idea of sinning against a fellow-creature is present.   ³σκοτία, ας, ἡ, [16] darkness; fig: spiritual darkness.   ⁴σεαυτοῦ, ῆς, οῦ, [41] of yourself.   ⁵μαρτυρία, ας, ἡ, [37] witness, evidence, testimony, reputation.   ⁶ἀληθής, ές, [25] unconcealed, true, true in fact, worthy of credit, truthful.   ⁷κἄν, [13] and if, even if, even, at least.   ⁸ἐμαυτοῦ, ῆς, οῦ, [37] of myself.   ⁹πόθεν, [28] whence, from what place.   ¹⁰ποῦ, [44] where, in what place.   ¹¹κρίσις, εως, ἡ, [48] judging, judgment, decision, sentence; generally: divine judgment; accusation.   ¹²μόνος, η, ον, [45] only, solitary, desolate.   ¹³ὑμέτερος, α, ον, [10] your, yours.   ¹⁴γαζοφυλάκιον, ου, τό, [5] a treasury.   ¹⁵πιάζω, [12] I lay hold of, apprehend, catch, arrest.   ¹⁶οὔπω, [23] not yet.   ¹⁷μήτι, [16] if not, unless, whether at all.   ¹⁸κάτω, [11] (a) down, below, also: downwards, (b) lower, under, less, of a length of time.   ¹⁹ἄνω, [10] up, above, up to the top, up to the brim, things above, heaven, the heavenly region.   ²⁰ὑψόω, [20] (a) I raise on high, lift up, (b) I exalt, set on high.   ²¹ἀρεστός, ή, όν, [4] pleasing, satisfactory, acceptable.   ²²πάντοτε, [42] always, at all times, ever.

The True Liberty of the Gospel

31 Ἔλεγεν οὖν ὁ Ἰησοῦς πρὸς τοὺς πεπιστευκότας αὐτῷ Ἰουδαίους, Ἐὰν ὑμεῖς μείνητε ἐν τῷ λόγῳ τῷ ἐμῷ, ἀληθῶς ¹ μαθηταί μου ἐστέ· **32** καὶ γνώσεσθε τὴν ἀλήθειαν, καὶ ἡ ἀλήθεια ἐλευθερώσει ² ὑμᾶς. **33** Ἀπεκρίθησαν αὐτῷ, Σπέρμα ³ Ἀβραάμ ἐσμεν, καὶ οὐδενὶ δεδουλεύκαμεν ⁴ πώποτε· ⁵ πῶς σὺ λέγεις ὅτι Ἐλεύθεροι ⁶ γενήσεσθε; **34** Ἀπεκρίθη αὐτοῖς ὁ Ἰησοῦς, Ἀμὴν ἀμὴν λέγω ὑμῖν, ὅτι πᾶς ὁ ποιῶν τὴν ἁμαρτίαν δοῦλός ἐστιν τῆς ἁμαρτίας. **35** Ὁ δὲ δοῦλος οὐ μένει ἐν τῇ οἰκίᾳ εἰς τὸν αἰῶνα· ὁ υἱὸς μένει εἰς τὸν αἰῶνα. **36** Ἐὰν οὖν ὁ υἱὸς ὑμᾶς ἐλευθερώσῃ, ⁷ ὄντως ⁸ ἐλεύθεροι ⁶ ἔσεσθε. **37** Οἶδα ὅτι σπέρμα ³ Ἀβραάμ ἐστε· ἀλλὰ ζητεῖτέ με ἀποκτεῖναι, ὅτι ὁ λόγος ὁ ἐμὸς οὐ χωρεῖ ⁹ ἐν ὑμῖν. **38** Ἐγὼ ὃ ἑώρακα παρὰ τῷ πατρί μου, λαλῶ· καὶ ὑμεῖς οὖν ὃ ἑωράκατε παρὰ τῷ πατρὶ ὑμῶν, ποιεῖτε. **39** Ἀπεκρίθησαν καὶ εἶπον αὐτῷ, Ὁ πατὴρ ἡμῶν Ἀβραάμ ἐστιν. Λέγει αὐτοῖς ὁ Ἰησοῦς, Εἰ τέκνα τοῦ Ἀβραὰμ ἦτε, τὰ ἔργα τοῦ Ἀβραὰμ ἐποιεῖτε. **40** Νῦν δὲ ζητεῖτέ με ἀποκτεῖναι, ἄνθρωπον ὃς τὴν ἀλήθειαν ὑμῖν λελάληκα, ἣν ἤκουσα παρὰ τοῦ θεοῦ· τοῦτο Ἀβραὰμ οὐκ ἐποίησεν. **41** Ὑμεῖς ποιεῖτε τὰ ἔργα τοῦ πατρὸς ὑμῶν. Εἶπον οὖν αὐτῷ, Ἡμεῖς ἐκ πορνείας ¹⁰ οὐ γεγεννήμεθα· ἕνα πατέρα ἔχομεν, τὸν θεόν. **42** Εἶπεν οὖν αὐτοῖς ὁ Ἰησοῦς, Εἰ ὁ θεὸς πατὴρ ὑμῶν ἦν, ἠγαπᾶτε ἂν ἐμέ· ἐγὼ γὰρ ἐκ τοῦ θεοῦ ἐξῆλθον καὶ ἥκω· ¹¹ οὐδὲ γὰρ ἀπ᾽ ἐμαυτοῦ ¹² ἐλήλυθα, ἀλλ᾽ ἐκεῖνός με ἀπέστειλεν. **43** Διὰ τί τὴν λαλιὰν ¹³ τὴν ἐμὴν οὐ γινώσκετε; Ὅτι οὐ δύνασθε ἀκούειν τὸν λόγον τὸν ἐμόν. **44** Ὑμεῖς ἐκ τοῦ πατρὸς τοῦ διαβόλου ¹⁴ ἐστέ, καὶ τὰς ἐπιθυμίας ¹⁵ τοῦ πατρὸς ὑμῶν θέλετε ποιεῖν. Ἐκεῖνος ἀνθρωποκτόνος ¹⁶ ἦν ἀπ᾽ ἀρχῆς, καὶ ἐν τῇ ἀληθείᾳ οὐχ ἔστηκεν, ὅτι οὐκ ἔστιν ἀλήθεια ἐν αὐτῷ. Ὅταν λαλῇ τὸ ψεῦδος, ¹⁷ ἐκ τῶν ἰδίων λαλεῖ· ὅτι ψεύστης ¹⁸ ἐστὶν καὶ ὁ πατὴρ αὐτοῦ. **45** Ἐγὼ δὲ ὅτι τὴν ἀλήθειαν λέγω, οὐ πιστεύετέ μοι. **46** Τίς ἐξ ὑμῶν ἐλέγχει ¹⁹ με περὶ ἁμαρτίας; Εἰ δὲ ἀλήθειαν λέγω, διὰ τί ὑμεῖς οὐ πιστεύετέ μοι; **47** Ὁ ὢν ἐκ τοῦ θεοῦ τὰ ῥήματα τοῦ θεοῦ ἀκούει· διὰ τοῦτο ὑμεῖς οὐκ ἀκούετε, ὅτι ἐκ τοῦ θεοῦ οὐκ ἐστέ. **48** Ἀπεκρίθησαν οὖν οἱ Ἰουδαῖοι καὶ εἶπον αὐτῷ, Οὐ καλῶς ²⁰ λέγομεν ἡμεῖς ὅτι Σαμαρείτης ²¹ εἶ σύ, καὶ δαιμόνιον ἔχεις; **49** Ἀπεκρίθη Ἰησοῦς, Ἐγὼ δαιμόνιον οὐκ ἔχω, ἀλλὰ τιμῶ ²² τὸν πατέρα μου, καὶ ὑμεῖς ἀτιμάζετέ ²³ με. **50** Ἐγὼ δὲ οὐ ζητῶ τὴν δόξαν μου· ἔστιν ὁ ζητῶν καὶ κρίνων. **51** Ἀμὴν ἀμὴν λέγω ὑμῖν, ἐάν τις τὸν λόγον τὸν ἐμὸν τηρήσῃ, θάνατον

---

²ἐλευθερώσει: FAI-3S   ⁴δεδουλεύκαμεν: RAI-1P   ⁷ἐλευθερώσῃ: AAS-3S   ⁹χωρεῖ: PAI-3S   ¹¹ἥκω: PAI-1S
¹⁹ἐλέγχει: PAI-3S   ²²τιμῶ: PAI-1S   ²³ἀτιμάζετέ: PAI-2P

---

¹ἀληθῶς, [21] truly, really, certainly, surely.   ²ἐλευθερόω, [7] I free, set free, liberate.   ³σπέρμα, ατος, τό, [44] (a) seed, commonly of cereals, (b) offspring, descendents.   ⁴δουλεύω, [25] I am a slave, am subject to, obey, am devoted.   ⁵πώποτε, [6] at any time, ever.   ⁶ἐλεύθερος, έρα, ερον, [23] free, delivered from obligation.   ⁷ἐλευθερόω, [7] I free, set free, liberate.   ⁸ὄντως, [10] really, truly, actually.   ⁹χωρέω, [10] (lit: I make room, hence) (a) I have room for, receive, contain, (b) I make room for by departing, go, make progress, turn myself.   ¹⁰πορνεία, ας, ἡ, [26] fornication, whoredom; met: idolatry.   ¹¹ἥκω, [27] I have come, am present, have arrived.   ¹²ἐμαυτοῦ, ῆς, οῦ, [37] of myself.   ¹³λαλιά, ας, ἡ, [4] (in classical Greek: babble, chattering) speech, talk; manner of speech, dialect.   ¹⁴διάβολος, ον, [38] (adj. used often as a noun), slanderous; with the article: the Slanderer (par excellence), the Devil.   ¹⁵ἐπιθυμία, ας, ἡ, [38] desire, eagerness for, inordinate desire, lust.   ¹⁶ἀνθρωποκτόνος, ου, ὁ, [3] a murderer, man-slayer.   ¹⁷ψεῦδος, ους, τό, [10] a lie, falsehood, untruth; false religion.   ¹⁸ψεύστης, ου, ὁ, [10] a liar, deceiver.   ¹⁹ἐλέγχω, [18] (a) I reprove, rebuke, discipline, (b) I expose, show to be guilty.   ²⁰καλῶς, [36] well, nobly, honorably, rightly.   ²¹Σαμαρείτης, ου, ὁ, [9] a Samaritan.   ²²τιμάω, [21] (a) I value at a price, estimate, (b) I honor, reverence.   ²³ἀτιμάζω, [6] I disgrace, treat disgracefully, dishonor, insult; I despise.

οὐ μὴ θεωρήσῃ εἰς τὸν αἰῶνα. 52 Εἶπον οὖν αὐτῷ οἱ Ἰουδαῖοι, Νῦν ἐγνώκαμεν ὅτι δαιμόνιον ἔχεις. Ἀβραὰμ ἀπέθανεν καὶ οἱ προφῆται, καὶ σὺ λέγεις, Ἐάν τις τὸν λόγον μου τηρήσῃ, οὐ μὴ γεύσηται¹ θανάτου εἰς τὸν αἰῶνα. 53 Μὴ σὺ μείζων εἶ τοῦ πατρὸς ἡμῶν Ἀβραάμ, ὅστις ἀπέθανεν; Καὶ οἱ προφῆται ἀπέθανον· τίνα σεαυτὸν² σὺ ποιεῖς; 54 Ἀπεκρίθη Ἰησοῦς, Ἐὰν ἐγὼ δοξάζω ἐμαυτόν,³ ἡ δόξα μου οὐδέν ἐστιν· ἔστιν ὁ πατήρ μου ὁ δοξάζων με, ὃν ὑμεῖς λέγετε ὅτι θεὸς ἡμῶν ἐστιν, 55 καὶ οὐκ ἐγνώκατε αὐτόν· ἐγὼ δὲ οἶδα αὐτόν, καὶ ἐὰν εἴπω ὅτι οὐκ οἶδα αὐτόν, ἔσομαι ὅμοιος⁴ ὑμῶν, ψεύστης·⁵ ἀλλ' οἶδα αὐτόν, καὶ τὸν λόγον αὐτοῦ τηρῶ. 56 Ἀβραὰμ ὁ πατὴρ ὑμῶν ἠγαλλιάσατο⁶ ἵνα ἴδῃ τὴν ἡμέραν τὴν ἐμήν, καὶ εἶδεν καὶ ἐχάρη. 57 Εἶπον οὖν οἱ Ἰουδαῖοι πρὸς αὐτόν, Πεντήκοντα⁷ ἔτη⁸ οὔπω⁹ ἔχεις, καὶ Ἀβραὰμ ἑώρακας; 58 Εἶπεν αὐτοῖς ὁ Ἰησοῦς, Ἀμὴν ἀμὴν λέγω ὑμῖν, πρὶν¹⁰ Ἀβραὰμ γενέσθαι, ἐγώ εἰμι. 59 Ἦραν οὖν λίθους ἵνα βάλωσιν ἐπ' αὐτόν· Ἰησοῦς δὲ ἐκρύβη,¹¹ καὶ ἐξῆλθεν ἐκ τοῦ ἱεροῦ, διελθὼν¹² διὰ μέσου αὐτῶν· καὶ παρῆγεν¹³ οὕτως.

Healing of the Man That was Born Blind

9 Καὶ παράγων¹⁴ εἶδεν ἄνθρωπον τυφλὸν ἐκ γενετῆς.¹⁵ 2 Καὶ ἠρώτησαν αὐτὸν οἱ μαθηταὶ αὐτοῦ λέγοντες, Ῥαββί,¹⁶ τίς ἥμαρτεν,¹⁷ οὗτος ἢ οἱ γονεῖς¹⁸ αὐτοῦ, ἵνα τυφλὸς γεννηθῇ; 3 Ἀπεκρίθη Ἰησοῦς, Οὔτε οὗτος ἥμαρτεν¹⁹ οὔτε οἱ γονεῖς¹⁸ αὐτοῦ· ἀλλ' ἵνα φανερωθῇ²⁰ τὰ ἔργα τοῦ θεοῦ ἐν αὐτῷ. 4 Ἐμὲ δεῖ ἐργάζεσθαι²¹ τὰ ἔργα τοῦ πέμψαντός με ἕως ἡμέρα ἐστίν· ἔρχεται νύξ, ὅτε οὐδεὶς δύναται ἐργάζεσθαι.²² 5 Ὅταν ἐν τῷ κόσμῳ ὦ, φῶς εἰμι τοῦ κόσμου. 6 Ταῦτα εἰπών, ἔπτυσεν²³ χαμαί,²⁴ καὶ ἐποίησεν πηλὸν²⁵ ἐκ τοῦ πτύσματος,²⁶ καὶ ἐπέχρισεν²⁷ τὸν πηλὸν²⁵ ἐπὶ τοὺς ὀφθαλμοὺς τοῦ τυφλοῦ, 7 καὶ εἶπεν αὐτῷ, Ὕπαγε νίψαι²⁸ εἰς τὴν κολυμβήθραν²⁹ τοῦ Σιλωάμ³⁰—ὃ ἑρμηνεύεται,³¹ Ἀπεσταλμένος. Ἀπῆλθεν οὖν καὶ ἐνίψατο,³² καὶ ἦλθεν βλέπων. 8 Οἱ οὖν γείτονες³³ καὶ οἱ θεωροῦντες αὐτὸν τὸ πρότερον³⁴ ὅτι τυφλὸς ἦν, ἔλεγον, Οὐχ

---

¹γεύσηται: ADS-3S　⁶ἠγαλλιάσατο: ADI-3S　¹¹ἐκρύβη: 2API-3S　¹²διελθὼν: 2AAP-NSM　¹³παρῆγεν: IAI-3S
¹⁴παράγων: PAP-NSM　¹⁷ἥμαρτεν: 2AAI-3S　¹⁹ἥμαρτεν: 2AAI-3S　²⁰φανερωθῇ: APS-3S　²¹ἐργάζεσθαι: PNN
²²ἐργάζεσθαι: PNN　²³ἔπτυσεν: AAI-3S　²⁷ἐπέχρισεν: AAI-3S　²⁸νίψαι: AMM-2S　³¹ἑρμηνεύεται: PPI-3S　³²ἐνίψατο: AMI-3S

---

¹γεύομαι, [15] (a) I taste, (b) I experience.　²σεαυτοῦ, ῆς, οῦ, [41] of yourself.　³ἐμαυτοῦ, ῆς, οῦ, [37] of myself.　⁴ὅμοιος, οία, οιον, [44] like, similar to, resembling, of equal rank.　⁵ψεύστης, ου, ὁ, [10] a liar, deceiver.　⁶ἀγαλλιάω, [11] I exult, am full of joy.　⁷πεντήκοντα, οἱ, αἱ, τά, [7] fifty.　⁸ἔτος, ους, τό, [49] a year.　⁹οὔπω, [23] not yet.　¹⁰πρίν, [14] formerly, before.　¹¹κρύπτω, [17] I hide, conceal, lay up.　¹²διέρχομαι, [42] I pass through, spread (as a report).　¹³παράγω, [10] I pass by, depart, pass away.　¹⁴παράγω, [10] I pass by, depart, pass away.　¹⁵γενετή, ῆς, ἡ, [1] birth.　¹⁶ῥαββί, [17] Rabbi, my master, teacher; a title of respect often applied to Christ.　¹⁷ἁμαρτάνω, [43] originally: I miss the mark, hence (a) I make a mistake, (b) I sin, commit a sin (against God); sometimes the idea of sinning against a fellow-creature is present.　¹⁸γονεύς, έως, ὁ, [19] a begetter, father; plur: parents.　¹⁹ἁμαρτάνω, [43] originally: I miss the mark, hence (a) I make a mistake, (b) I sin, commit a sin (against God); sometimes the idea of sinning against a fellow-creature is present.　²⁰φανερόω, [49] I make clear (visible, manifest), make known.　²¹ἐργάζομαι, [39] I work, trade, perform, do, practice, commit, acquire by labor.　²²ἐργάζομαι, [39] I work, trade, perform, do, practice, commit, acquire by labor.　²³πτύω, [3] I spit.　²⁴χαμαί, [2] on or to the ground.　²⁵πηλός, οῦ, ὁ, [6] clay, mud.　²⁶πτύσμα, ατος, τό, [1] spittle, saliva.　²⁷ἐπιχρίω, [2] I spread on, anoint.　²⁸νίπτω, [17] I wash; mid. I wash my own (hands, etc.).　²⁹κολυμβήθρα, ας, ἡ, [5] (lit: a diving or swimming place), a pool.　³⁰Σιλωάμ, ὁ, [3] Siloam, a spring within the walls, in the south-east corner of Jerusalem.　³¹ἑρμηνεύω, [4] (a) I translate, explain, (b) I interpret the meaning of.　³²νίπτω, [17] I wash; mid. I wash my own (hands, etc.).　³³γείτων, ονος, ὁ, ἡ, [4] a neighbor.　³⁴πρότερον, [11] formerly, before.

οὗτός ἐστιν ὁ καθήμενος καὶ προσαιτῶν;¹ 9 Ἄλλοι ἔλεγον ὅτι Οὗτός ἐστιν· ἄλλοι
δὲ ὅτι Ὅμοιος² αὐτῷ ἐστιν. Ἐκεῖνος ἔλεγεν ὅτι Ἐγώ εἰμι. 10 Ἔλεγον οὖν αὐτῷ, Πῶς
ἀνεῴχθησάν σου οἱ ὀφθαλμοί; 11 Ἀπεκρίθη ἐκεῖνος καὶ εἶπεν, Ἄνθρωπος λεγόμενος
Ἰησοῦς πηλὸν³ ἐποίησεν, καὶ ἐπέχρισέν⁴ μου τοὺς ὀφθαλμούς, καὶ εἶπέν μοι, Ὕπαγε
εἰς τὴν κολυμβήθραν⁵ τοῦ Σιλωάμ,⁶ καὶ νίψαι.⁷ Ἀπελθὼν δὲ καὶ νιψάμενος,⁸
ἀνέβλεψα.⁹ 12 Εἶπον οὖν αὐτῷ, Ποῦ¹⁰ ἐστιν ἐκεῖνος; Λέγει, Οὐκ οἶδα.

13 Ἄγουσιν αὐτὸν πρὸς τοὺς Φαρισαίους, τόν ποτε¹¹ τυφλόν. 14 ῏Ην δὲ σάββατον
ὅτε τὸν πηλὸν³ ἐποίησεν ὁ Ἰησοῦς, καὶ ἀνέῳξεν αὐτοῦ τοὺς ὀφθαλμούς. 15 Πάλιν
οὖν ἠρώτων αὐτὸν καὶ οἱ Φαρισαῖοι, πῶς ἀνέβλεψεν.¹² Ὁ δὲ εἶπεν αὐτοῖς, Πηλὸν³
ἐπέθηκέν¹³ μου ἐπὶ τοὺς ὀφθαλμούς, καὶ ἐνιψάμην,¹⁴ καὶ βλέπω. 16 Ἔλεγον οὖν ἐκ
τῶν Φαρισαίων τινές, Οὗτος ὁ ἄνθρωπος οὐκ ἔστιν παρὰ τοῦ θεοῦ, ὅτι τὸ σάββατον
οὐ τηρεῖ. Ἄλλοι ἔλεγον, Πῶς δύναται ἄνθρωπος ἁμαρτωλὸς¹⁵ τοιαῦτα σημεῖα ποιεῖν;
Καὶ σχίσμα¹⁶ ἦν ἐν αὐτοῖς. 17 Λέγουσιν τῷ τυφλῷ πάλιν, Σὺ τί λέγεις περὶ αὐτοῦ,
ὅτι ἤνοιξέν σου τοὺς ὀφθαλμούς; Ὁ δὲ εἶπεν ὅτι Προφήτης ἐστίν. 18 Οὐκ ἐπίστευσαν
οὖν οἱ Ἰουδαῖοι περὶ αὐτοῦ, ὅτι τυφλὸς ἦν καὶ ἀνέβλεψεν,¹⁷ ἕως ὅτου¹⁸ ἐφώνησαν¹⁹
τοὺς γονεῖς²⁰ αὐτοῦ τοῦ ἀναβλέψαντος,²¹ 19 καὶ ἠρώτησαν αὐτοὺς λέγοντες, Οὗτός
ἐστιν ὁ υἱὸς ὑμῶν, ὃν ὑμεῖς λέγετε ὅτι τυφλὸς ἐγεννήθη; Πῶς οὖν ἄρτι²² βλέπει;
20 Ἀπεκρίθησαν δὲ αὐτοῖς οἱ γονεῖς²⁰ αὐτοῦ καὶ εἶπον, Οἴδαμεν ὅτι οὗτός ἐστιν ὁ υἱὸς
ἡμῶν, καὶ ὅτι τυφλὸς ἐγεννήθη· 21 πῶς δὲ νῦν βλέπει, οὐκ οἴδαμεν· ἢ τίς ἤνοιξεν
αὐτοῦ τοὺς ὀφθαλμούς, ἡμεῖς οὐκ οἴδαμεν· αὐτὸς ἡλικίαν²³ ἔχει· αὐτὸν ἐρωτήσατε,
αὐτὸς περὶ ἑαυτοῦ λαλήσει. 22 Ταῦτα εἶπον οἱ γονεῖς²⁰ αὐτοῦ, ὅτι ἐφοβοῦντο τοὺς
Ἰουδαίους· ἤδη γὰρ συνετέθειντο²⁴ οἱ Ἰουδαῖοι, ἵνα ἐάν τις αὐτὸν ὁμολογήσῃ²⁵ χριστόν,
ἀποσυνάγωγος²⁶ γένηται. 23 Διὰ τοῦτο οἱ γονεῖς²⁰ αὐτοῦ εἶπον ὅτι Ἡλικίαν²³ ἔχει,
αὐτὸν ἐρωτήσατε. 24 Ἐφώνησαν²⁷ οὖν ἐκ δευτέρου²⁸ τὸν ἄνθρωπον ὃς ἦν τυφλός, καὶ
εἶπον αὐτῷ, Δὸς δόξαν τῷ θεῷ· ἡμεῖς οἴδαμεν ὅτι ὁ ἄνθρωπος οὗτος ἁμαρτωλός¹⁵ ἐστιν.

---

¹προσαιτῶν: PAP-NSM   ⁴ἐπέχρισέν: AAI-3S   ⁷νίψαι: AMM-2S   ⁸νιψάμενος: AMP-NSM   ⁹ἀνέβλεψα: AAI-1S
¹²ἀνέβλεψεν: AAI-3S   ¹³ἐπέθηκέν: AAI-3S   ¹⁴ἐνιψάμην: AMI-1S   ¹⁷ἀνέβλεψεν: AAI-3S   ¹⁹ἐφώνησαν: AAI-3P
²¹ἀναβλέψαντος: AAP-GSM   ²⁴συνετέθειντο: LMI-3P   ²⁵ὁμολογήσῃ: AAS-3S   ²⁷Ἐφώνησαν: AAI-3P

---

¹προσαιτέω, [3] I beg, ask earnestly, ask for in addition.   ²ὅμοιος, οία, οιον, [44] like, similar to, resembling, of
equal rank.   ³πηλός, οῦ, ὁ, [6] clay, mud.   ⁴ἐπιχρίω, [2] I spread on, anoint.   ⁵κολυμβήθρα, ας, ἡ, [5] (lit: a
diving or swimming place), a pool.   ⁶Σιλωάμ, ὁ, [3] Siloam, a spring within the walls, in the south-east corner
of Jerusalem.   ⁷νίπτω, [17] I wash; mid. I wash my own (hands, etc.).   ⁸νίπτω, [17] I wash; mid. I wash my
own (hands, etc.).   ⁹ἀναβλέπω, [26] I look up, recover my sight.   ¹⁰ποῦ, [44] where, in what place.   ¹¹ποτέ,
[29] at one time or other, at some time, formerly.   ¹²ἀναβλέπω, [26] I look up, recover my sight.   ¹³ἐπιτίθημι,
[41] I put, place upon, lay on; I add, give in addition.   ¹⁴νίπτω, [17] I wash; mid. I wash my own (hands, etc.).
¹⁵ἁμαρτωλός, ον, [48] sinning, sinful, depraved, detestable.   ¹⁶σχίσμα, ατος, τό, [8] a rent, as in a garment;
a division, dissention.   ¹⁷ἀναβλέπω, [26] I look up, recover my sight.   ¹⁸ὅτου, [6] until.   ¹⁹φωνέω, [42] I
give forth a sound, hence: (a) of a cock: I crow, (b) of men: I shout, (c) trans: I call (to myself), summon; I
invite, address.   ²⁰γονεύς, έως, ὁ, [19] a begetter, father; plur: parents.   ²¹ἀναβλέπω, [26] I look up, recover
my sight.   ²²ἄρτι, [37] now, just now, at this moment.   ²³ἡλικία, ας, ἡ, [8] age, term of life; full age, maturity;
stature.   ²⁴συντίθημι, [4] mid. and pass: I make a compact (agreement) with (together), covenant with, agree.
²⁵ὁμολογέω, [24] (a) I promise, agree, (b) I confess, (c) I publicly declare, (d) a Hebraism, I praise, celebrate.
²⁶ἀποσυνάγωγος, ον, [3] away from the synagogue, expelled from the synagogue, excommunicated.   ²⁷φωνέω,
[42] I give forth a sound, hence: (a) of a cock: I crow, (b) of men: I shout, (c) trans: I call (to myself), summon;
I invite, address.   ²⁸δεύτερος, α, ον, [44] second; with the article: in the second place, for the second time.

25 Ἀπεκρίθη οὖν ἐκεῖνος καὶ εἶπεν, Εἰ ἁμαρτωλός¹ ἐστιν, οὐκ οἶδα· ἓν οἶδα, ὅτι τυφλὸς ὤν, ἄρτι² βλέπω. 26 Εἶπον δὲ αὐτῷ πάλιν, Τί ἐποίησέν σοι; Πῶς ἤνοιξέν σου τοὺς ὀφθαλμούς; 27 Ἀπεκρίθη αὐτοῖς, Εἶπον ὑμῖν ἤδη, καὶ οὐκ ἠκούσατε. Τί πάλιν θέλετε ἀκούειν; Μὴ καὶ ὑμεῖς θέλετε αὐτοῦ μαθηταὶ γενέσθαι; 28 Ἐλοιδόρησαν³ αὐτόν, καὶ εἶπον, Σὺ εἶ μαθητὴς ἐκείνου· ἡμεῖς δὲ τοῦ Μωσέως ἐσμὲν μαθηταί. 29 Ἡμεῖς οἴδαμεν ὅτι Μωσῇ λελάληκεν ὁ θεός· τοῦτον δὲ οὐκ οἴδαμεν πόθεν⁴ ἐστίν. 30 Ἀπεκρίθη ὁ ἄνθρωπος καὶ εἶπεν αὐτοῖς, Ἐν γὰρ τούτῳ θαυμαστόν⁵ ἐστιν, ὅτι ὑμεῖς οὐκ οἴδατε πόθεν⁴ ἐστίν, καὶ ἀνέῳξέν μου τοὺς ὀφθαλμούς. 31 Οἴδαμεν δὲ ὅτι ἁμαρτωλῶν¹ ὁ θεὸς οὐκ ἀκούει· ἀλλ᾽ ἐάν τις θεοσεβὴς⁶ ᾖ, καὶ τὸ θέλημα αὐτοῦ ποιῇ, τούτου ἀκούει. 32 Ἐκ τοῦ αἰῶνος οὐκ ἠκούσθη ὅτι ἤνοιξέν τις ὀφθαλμοὺς τυφλοῦ γεγεννημένου. 33 Εἰ μὴ ἦν οὗτος παρὰ θεοῦ, οὐκ ἠδύνατο ποιεῖν οὐδέν. 34 Ἀπεκρίθησαν καὶ εἶπον αὐτῷ, Ἐν ἁμαρτίαις σὺ ἐγεννήθης ὅλος, καὶ σὺ διδάσκεις ἡμᾶς; Καὶ ἐξέβαλον αὐτὸν ἔξω.

35 Ἤκουσεν ὁ Ἰησοῦς ὅτι ἐξέβαλον αὐτὸν ἔξω· καὶ εὑρὼν αὐτόν, εἶπεν αὐτῷ, Σὺ πιστεύεις εἰς τὸν υἱὸν τοῦ θεοῦ; 36 Ἀπεκρίθη ἐκεῖνος καὶ εἶπεν, Καὶ τίς ἐστιν, κύριε, ἵνα πιστεύσω εἰς αὐτόν; 37 Εἶπεν δὲ αὐτῷ ὁ Ἰησοῦς, Καὶ ἑώρακας αὐτόν, καὶ ὁ λαλῶν μετὰ σοῦ ἐκεῖνός ἐστιν. 38 Ὁ δὲ ἔφη, Πιστεύω, κύριε· καὶ προσεκύνησεν αὐτῷ. 39 Καὶ εἶπεν ὁ Ἰησοῦς, Εἰς κρίμα⁷ ἐγὼ εἰς τὸν κόσμον τοῦτον ἦλθον, ἵνα οἱ μὴ βλέποντες βλέπωσιν, καὶ οἱ βλέποντες τυφλοὶ γένωνται. 40 Καὶ ἤκουσαν ἐκ τῶν Φαρισαίων ταῦτα οἱ ὄντες μετ᾽ αὐτοῦ, καὶ εἶπον αὐτῷ, Μὴ καὶ ἡμεῖς τυφλοί ἐσμεν; 41 Εἶπεν αὐτοῖς ὁ Ἰησοῦς, Εἰ τυφλοὶ ἦτε, οὐκ ἂν εἴχετε ἁμαρτίαν· νῦν δὲ λέγετε ὅτι Βλέπομεν· ἡ οὖν ἁμαρτία ὑμῶν μένει.

Jesus the Good Shepherd

10 Ἀμὴν ἀμὴν λέγω ὑμῖν, ὁ μὴ εἰσερχόμενος διὰ τῆς θύρας⁸ εἰς τὴν αὐλὴν⁹ τῶν προβάτων,¹⁰ ἀλλὰ ἀναβαίνων ἀλλαχόθεν,¹¹ ἐκεῖνος κλέπτης¹² ἐστὶν καὶ λῃστής.¹³ 2 Ὁ δὲ εἰσερχόμενος διὰ τῆς θύρας⁸ ποιμήν¹⁴ ἐστιν τῶν προβάτων.¹⁰ 3 Τούτῳ ὁ θυρωρὸς¹⁵ ἀνοίγει, καὶ τὰ πρόβατα¹⁰ τῆς φωνῆς αὐτοῦ ἀκούει, καὶ τὰ ἴδια πρόβατα¹⁰ καλεῖ κατ᾽ ὄνομα, καὶ ἐξάγει¹⁶ αὐτά. 4 Καὶ ὅταν τὰ ἴδια πρόβατα¹⁰ ἐκβάλῃ, ἔμπροσθεν¹⁷ αὐτῶν πορεύεται· καὶ τὰ πρόβατα¹⁰ αὐτῷ ἀκολουθεῖ, ὅτι οἴδασιν τὴν φωνὴν αὐτοῦ. 5 Ἀλλοτρίῳ¹⁸ δὲ οὐ μὴ ἀκολουθήσωσιν, ἀλλὰ φεύξονται¹⁹ ἀπ᾽ αὐτοῦ·

---

³Ἐλοιδόρησαν: AAI-3P   ¹⁶ἐξάγει: PAI-3S   ¹⁹φεύξονται: FDI-3P

---

¹ἁμαρτωλός, όν, [48] sinning, sinful, depraved, detestable.   ²ἄρτι, [37] now, just now, at this moment.
³λοιδορέω, [4] I revile a person to his face, abuse insultingly.   ⁴πόθεν, [28] whence, from what place.
⁵θαυμαστός, ή, όν, [7] to be wondered at, wonderful, marvelous.   ⁶θεοσεβής, ές, [1] devout, pious, God-fearing.
⁷κρίμα, ατος, τό, [28] (a) a judgment, a verdict; sometimes implying an adverse verdict, a condemnation, (b) a case at law, a lawsuit.   ⁸θύρα, ας, ἡ, [39] (a) a door, (b) met: an opportunity.   ⁹αὐλή, ῆς, ἡ, [12] court-yard, fore-court, sheep-fold; but it may be understood as: palace, house.   ¹⁰πρόβατον, ου, τό, [41] a sheep.
¹¹ἀλλαχόθεν, [1] from another place, by another way.   ¹²κλέπτης, ου, ὁ, [16] a thief.   ¹³λῃστής, οῦ, ὁ, [15] a robber, brigand, bandit.   ¹⁴ποιμήν, ένος, ὁ, [18] a shepherd; hence met: of the feeder, protector, and ruler of a flock of men.   ¹⁵θυρωρός, οῦ, ὁ, ἡ, [4] a door-keeper, porter.   ¹⁶ἐξάγω, [13] I lead out, sometimes to death, execution.   ¹⁷ἔμπροσθεν, [48] in front, before the face; sometimes made a subst. by the addition of the article: in front of, before the face of.   ¹⁸ἀλλότριος, ία, ιον, [14] belonging to another person, belonging to others, foreign, strange.   ¹⁹φεύγω, [31] I flee, escape, shun.

ὅτι οὐκ οἴδασιν τῶν ἀλλοτρίων¹ τὴν φωνήν. 6 Ταύτην τὴν παροιμίαν² εἶπεν αὐτοῖς ὁ Ἰησοῦς· ἐκεῖνοι δὲ οὐκ ἔγνωσαν τίνα ἦν ἃ ἐλάλει αὐτοῖς.

7 Εἶπεν οὖν πάλιν αὐτοῖς ὁ Ἰησοῦς, Ἀμὴν ἀμὴν λέγω ὑμῖν ὅτι ἐγώ εἰμι ἡ θύρα³ τῶν προβάτων.⁴ 8 Πάντες ὅσοι ἦλθον κλέπται⁵ εἰσὶν καὶ λησταί·⁶ ἀλλ' οὐκ ἤκουσαν αὐτῶν τὰ πρόβατα.⁴ 9 Ἐγώ εἰμι ἡ θύρα·³ δι' ἐμοῦ ἐάν τις εἰσέλθῃ, σωθήσεται, καὶ εἰσελεύσεται καὶ ἐξελεύσεται, καὶ νομὴν⁷ εὑρήσει. 10 Ὁ κλέπτης⁵ οὐκ ἔρχεται εἰ μὴ ἵνα κλέψῃ⁸ καὶ θύσῃ⁹ καὶ ἀπολέσῃ· ἐγὼ ἦλθον ἵνα ζωὴν ἔχωσιν, καὶ περισσὸν¹⁰ ἔχωσιν. 11 Ἐγώ εἰμι ὁ ποιμὴν¹¹ ὁ καλός· ὁ ποιμὴν¹¹ ὁ καλὸς τὴν ψυχὴν αὐτοῦ τίθησιν ὑπὲρ τῶν προβάτων.⁴ 12 Ὁ μισθωτὸς¹² δέ, καὶ οὐκ ὢν ποιμήν,¹¹ οὗ οὐκ εἰσὶν τὰ πρόβατα⁴ ἴδια, θεωρεῖ τὸν λύκον¹³ ἐρχόμενον, καὶ ἀφίησιν τὰ πρόβατα,⁴ καὶ φεύγει·¹⁴ καὶ ὁ λύκος¹³ ἁρπάζει¹⁵ αὐτά, καὶ σκορπίζει¹⁶ τὰ πρόβατα.⁴ 13 Ὁ δὲ μισθωτὸς¹² φεύγει,¹⁷ ὅτι μισθωτός¹² ἐστιν, καὶ οὐ μέλει¹⁸ αὐτῷ περὶ τῶν προβάτων.⁴ 14 Ἐγώ εἰμι ὁ ποιμὴν¹¹ ὁ καλός, καὶ γινώσκω τὰ ἐμά, καὶ γινώσκομαι ὑπὸ τῶν ἐμῶν. 15 Καθὼς γινώσκει με ὁ πατήρ, κἀγὼ γινώσκω τὸν πατέρα· καὶ τὴν ψυχήν μου τίθημι ὑπὲρ τῶν προβάτων.⁴ 16 Καὶ ἄλλα πρόβατα⁴ ἔχω, ἃ οὐκ ἔστιν ἐκ τῆς αὐλῆς¹⁹ ταύτης· κἀκεῖνά²⁰ με δεῖ ἀγαγεῖν, καὶ τῆς φωνῆς μου ἀκούσουσιν· καὶ γενήσεται μία ποίμνη,²¹ εἷς ποιμήν.¹¹ 17 Διὰ τοῦτο ὁ πατήρ με ἀγαπᾷ, ὅτι ἐγὼ τίθημι τὴν ψυχήν μου, ἵνα πάλιν λάβω αὐτήν. 18 Οὐδεὶς αἴρει αὐτὴν ἀπ' ἐμοῦ, ἀλλ' ἐγὼ τίθημι αὐτὴν ἀπ' ἐμαυτοῦ.²² Ἐξουσίαν ἔχω θεῖναι αὐτήν, καὶ ἐξουσίαν ἔχω πάλιν λαβεῖν αὐτήν. Ταύτην τὴν ἐντολὴν ἔλαβον παρὰ τοῦ πατρός μου.

19 Σχίσμα²³ οὖν πάλιν ἐγένετο ἐν τοῖς Ἰουδαίοις διὰ τοὺς λόγους τούτους. 20 Ἔλεγον δὲ πολλοὶ ἐξ αὐτῶν, Δαιμόνιον ἔχει καὶ μαίνεται·²⁴ τί αὐτοῦ ἀκούετε; 21 Ἄλλοι ἔλεγον, Ταῦτα τὰ ῥήματα οὐκ ἔστιν δαιμονιζομένου·²⁵ μὴ δαιμόνιον δύναται τυφλῶν ὀφθαλμοὺς ἀνοίγειν;

---

⁸κλέψῃ: AAS-3S　⁹θύσῃ: AAS-3S　¹⁴φεύγει: PAI-3S　¹⁵ἁρπάζει: PAI-3S　¹⁶σκορπίζει: PAI-3S　¹⁷φεύγει: PAI-3S　¹⁸μέλει: PAI-3S　²⁴μαίνεται: PNI-3S　²⁵δαιμονιζομένου: PNP-GSM

---

¹ἀλλότριος, ία, ιον, [14] belonging to another person, belonging to others, foreign, strange.　²παροιμία, ας, ἡ, [5] a cryptic saying, an allegory; a proverb, figurative discourse.　³θύρα, ας, ἡ, [39] (a) a door, (b) met: an opportunity.　⁴πρόβατον, ου, τό, [41] a sheep.　⁵κλέπτης, ου, ὁ, [16] a thief.　⁶λῃστής, οῦ, ὁ, [15] a robber, brigand, bandit.　⁷νομή, ῆς, ἡ, [2] (a) pasture, pasturage, (b) met: growth, increase.　⁸κλέπτω, [13] I steal.　⁹θύω, [14] I sacrifice, generally an animal; hence: I kill.　¹⁰περισσός, ή, όν, [26] more, greater, excessive, abundant, exceedingly, vehemently; noun: preeminence, advantage.　¹¹ποιμήν, ένος, ὁ, [18] a shepherd; hence met: of the feeder, protector, and ruler of a flock of men.　¹²μισθωτός, οῦ, ὁ, [4] a hired servant, hireling.　¹³λύκος, ου, ὁ, [6] a wolf, of perhaps a jackal; often applied to persons of wolfish proclivities.　¹⁴φεύγω, [31] I flee, escape, shun.　¹⁵ἁρπάζω, [13] I seize, snatch, obtain by robbery.　¹⁶σκορπίζω, [5] I disperse, scatter abroad (as of sheep); I dissipate, waste; I distribute alms.　¹⁷φεύγω, [31] I flee, escape, shun.　¹⁸μέλει, [9] it is a care, it is an object of anxiety, it concerns.　¹⁹αὐλή, ῆς, ἡ, [12] court-yard, fore-court, sheep-fold; but it may be understood as: palace, house.　²⁰κἀκεῖνος, η, ο, [21] and he, she, it, and that.　²¹ποίμνη, ης, ἡ, [5] a flock (of sheep or goats).　²²ἐμαυτοῦ, ῆς, οῦ, [37] of myself.　²³σχίσμα, ατος, τό, [8] a rent, as in a garment; a division, dissention.　²⁴μαίνομαι, [5] I am raving mad, speak as a madman.　²⁵δαιμονίζομαι, [13] I am possessed, am under the power of an evil-spirit or demon.

Christ's Sermon at the Feast of Dedication

22 Ἐγένετο δὲ τὰ Ἐγκαίνια¹ ἐν Ἱεροσολύμοις, καὶ χειμὼν² ἦν· **23** καὶ περιεπάτει ὁ Ἰησοῦς ἐν τῷ ἱερῷ ἐν τῇ στοᾷ³ Σολομῶνος. **24** Ἐκύκλωσαν⁴ οὖν αὐτὸν οἱ Ἰουδαῖοι, καὶ ἔλεγον αὐτῷ, Ἕως πότε⁵ τὴν ψυχὴν ἡμῶν αἴρεις; Εἰ σὺ εἶ ὁ χριστός, εἰπὲ ἡμῖν παρρησίᾳ.⁶ **25** Ἀπεκρίθη αὐτοῖς ὁ Ἰησοῦς, Εἶπον ὑμῖν, καὶ οὐ πιστεύετε· τὰ ἔργα ἃ ἐγὼ ποιῶ ἐν τῷ ὀνόματι τοῦ πατρός μου, ταῦτα μαρτυρεῖ περὶ ἐμοῦ· **26** ἀλλ' ὑμεῖς οὐ πιστεύετε· οὐ γάρ ἐστε ἐκ τῶν προβάτων⁷ τῶν ἐμῶν, καθὼς εἶπον ὑμῖν. **27** Τὰ πρόβατα⁷ τὰ ἐμὰ τῆς φωνῆς μου ἀκούει, κἀγὼ γινώσκω αὐτά, καὶ ἀκολουθοῦσίν μοι· **28** κἀγὼ ζωὴν αἰώνιον δίδωμι αὐτοῖς· καὶ οὐ μὴ ἀπόλωνται εἰς τὸν αἰῶνα, καὶ οὐχ ἁρπάσει⁸ τις αὐτὰ ἐκ τῆς χειρός μου. **29** Ὁ πατήρ μου ὃς δέδωκέν μοι, μείζων πάντων ἐστίν· καὶ οὐδεὶς δύναται ἁρπάζειν⁹ ἐκ τῆς χειρὸς τοῦ πατρός μου. **30** Ἐγὼ καὶ ὁ πατὴρ ἕν ἐσμεν. **31** Ἐβάστασαν¹⁰ οὖν πάλιν λίθους οἱ Ἰουδαῖοι ἵνα λιθάσωσιν¹¹ αὐτόν. **32** Ἀπεκρίθη αὐτοῖς ὁ Ἰησοῦς, Πολλὰ καλὰ ἔργα ἔδειξα¹² ὑμῖν ἐκ τοῦ πατρός μου· διὰ ποῖον¹³ αὐτῶν ἔργον λιθάζετέ¹⁴ με; **33** Ἀπεκρίθησαν αὐτῷ οἱ Ἰουδαῖοι λέγοντες, Περὶ καλοῦ ἔργου οὐ λιθάζομέν¹⁵ σε, ἀλλὰ περὶ βλασφημίας,¹⁶ καὶ ὅτι σὺ ἄνθρωπος ὢν ποιεῖς σεαυτὸν¹⁷ θεόν. **34** Ἀπεκρίθη αὐτοῖς ὁ Ἰησοῦς, Οὐκ ἔστιν γεγραμμένον ἐν τῷ νόμῳ ὑμῶν, Ἐγὼ εἶπα, Θεοί ἐστε; **35** Εἰ ἐκείνους εἶπεν θεούς, πρὸς οὓς ὁ λόγος τοῦ θεοῦ ἐγένετο–καὶ οὐ δύναται λυθῆναι¹⁸ ἡ γραφή– **36** ὃν ὁ πατὴρ ἡγίασεν¹⁹ καὶ ἀπέστειλεν εἰς τὸν κόσμον, ὑμεῖς λέγετε ὅτι Βλασφημεῖς,²⁰ ὅτι εἶπον, Υἱὸς τοῦ θεοῦ εἰμι; **37** Εἰ οὐ ποιῶ τὰ ἔργα τοῦ πατρός μου, μὴ πιστεύετέ μοι· **38** εἰ δὲ ποιῶ, κἂν²¹ ἐμοὶ μὴ πιστεύητε, τοῖς ἔργοις πιστεύσατε· ἵνα γνῶτε καὶ πιστεύσητε ὅτι ἐν ἐμοὶ ὁ πατήρ, κἀγὼ ἐν αὐτῷ. **39** Ἐζήτουν οὖν πάλιν αὐτὸν πιάσαι·²² καὶ ἐξῆλθεν ἐκ τῆς χειρὸς αὐτῶν.

40 Καὶ ἀπῆλθεν πάλιν πέραν²³ τοῦ Ἰορδάνου²⁴ εἰς τὸν τόπον ὅπου ἦν Ἰωάννης τὸ πρῶτον βαπτίζων· καὶ ἔμεινεν ἐκεῖ. **41** Καὶ πολλοὶ ἦλθον πρὸς αὐτόν, καὶ ἔλεγον ὅτι Ἰωάννης μὲν σημεῖον ἐποίησεν οὐδέν· πάντα δὲ ὅσα εἶπεν Ἰωάννης περὶ τούτου, ἀληθῆ²⁵ ἦν. **42** Καὶ ἐπίστευσαν πολλοὶ ἐκεῖ εἰς αὐτόν.

---

⁴Ἐκύκλωσαν: AAI-3P   ⁸ἁρπάσει: FAI-3S   ⁹ἁρπάζειν: PAN   ¹⁰Ἐβάστασαν: AAI-3P   ¹¹λιθάσωσιν: AAS-3P ¹²ἔδειξα: AAI-1S   ¹⁴λιθάζετέ: PAI-2P   ¹⁵λιθάζομέν: PAI-1P   ¹⁸λυθῆναι: APN   ¹⁹ἡγίασεν: AAI-3S   ²⁰Βλασφημεῖς: PAI-2S   ²²πιάσαι: AAN

---

¹ἐγκαίνια, ίων, τά, [1] a renewal, dedication; the feast of rededication.   ²χειμών, ῶνος, ὁ, [6] a storm, tempest; winter, the rainy season.   ³στοά, ᾶς, ἡ, [4] a colonnade, portico.   ⁴κυκλόω, [5] I encircle, besiege, surround.   ⁵πότε, [19] when, at what time.   ⁶παρρησία, ας, ἡ, [31] freedom, openness, especially in speech; boldness, confidence.   ⁷πρόβατον, ου, τό, [41] a sheep.   ⁸ἁρπάζω, [13] I seize, snatch, obtain by robbery. ⁹ἁρπάζω, [13] I seize, snatch, obtain by robbery.   ¹⁰βαστάζω, [27] (a) I carry, bear, (b) I carry (take) away. ¹¹λιθάζω, [8] I stone, pelt with stones.   ¹²δείκνυμι, [31] I point out, show, exhibit; met: I teach, demonstrate, make known.   ¹³ποῖος, α, ον, [34] of what sort.   ¹⁴λιθάζω, [8] I stone, pelt with stones.   ¹⁵λιθάζω, [8] I stone, pelt with stones.   ¹⁶βλασφημία, ας, ἡ, [19] abusive or scurrilous language, blasphemy.   ¹⁷σεαυτοῦ, ῆς, οῦ, [41] of yourself.   ¹⁸λύω, [42] (a) I loose, untie, release, (b) met: I break, destroy, set at naught, contravene; I break up a meeting, annul.   ¹⁹ἁγιάζω, [29] I make holy, treat as holy, set apart as holy, sanctify, hallow, purify.   ²⁰βλασφημέω, [35] I speak evil against, blaspheme, use abusive or scurrilous language about (God or men).   ²¹κἄν, [13] and if, even if, even, at least.   ²²πιάζω, [12] I lay hold of, apprehend, catch, arrest.   ²³πέραν, [23] over, on the other side, beyond.   ²⁴Ἰορδάνης, ου, ὁ, [15] the Jordan, a great river flowing due south and bounding Galilee, Samaria, and Judea on the east.   ²⁵ἀληθής, ές, [25] unconcealed, true, true in fact, worthy of credit, truthful.

The Raising of Lazarus

11 Ἦν δέ τις ἀσθενῶν¹ Λάζαρος ἀπὸ Βηθανίας,² ἐκ τῆς κώμης³ Μαρίας καὶ Μάρθας τῆς ἀδελφῆς⁴ αὐτῆς. **2** Ἦν δὲ Μαρία ἡ ἀλείψασα⁵ τὸν κύριον μύρῳ,⁶ καὶ ἐκμάξασα⁷ τοὺς πόδας αὐτοῦ ταῖς θριξὶν⁸ αὐτῆς, ἧς ὁ ἀδελφὸς Λάζαρος ἠσθένει.⁹ **3** Ἀπέστειλαν οὖν αἱ ἀδελφαὶ⁴ πρὸς αὐτὸν λέγουσαι, Κύριε, ἴδε¹⁰ ὃν φιλεῖς¹¹ ἀσθενεῖ.¹² **4** Ἀκούσας δὲ ὁ Ἰησοῦς εἶπεν, Αὕτη ἡ ἀσθένεια¹³ οὐκ ἔστιν πρὸς θάνατον, ἀλλ' ὑπὲρ τῆς δόξης τοῦ θεοῦ, ἵνα δοξασθῇ ὁ υἱὸς τοῦ θεοῦ δι' αὐτῆς. **5** Ἠγάπα δὲ ὁ Ἰησοῦς τὴν Μάρθαν καὶ τὴν ἀδελφὴν⁴ αὐτῆς καὶ τὸν Λάζαρον. **6** Ὡς οὖν ἤκουσεν ὅτι ἀσθενεῖ,¹⁴ τότε μὲν ἔμεινεν ἐν ᾧ ἦν τόπῳ δύο ἡμέρας. **7** Ἔπειτα¹⁵ μετὰ τοῦτο λέγει τοῖς μαθηταῖς, Ἄγωμεν εἰς τὴν Ἰουδαίαν¹⁶ πάλιν. **8** Λέγουσιν αὐτῷ οἱ μαθηταί, Ῥαββί,¹⁷ νῦν ἐζήτουν σε λιθάσαι¹⁸ οἱ Ἰουδαῖοι, καὶ πάλιν ὑπάγεις ἐκεῖ; **9** Ἀπεκρίθη Ἰησοῦς, Οὐχὶ δώδεκά εἰσιν ὧραι τῆς ἡμέρας; Ἐάν τις περιπατῇ ἐν τῇ ἡμέρᾳ, οὐ προσκόπτει,¹⁹ ὅτι τὸ φῶς τοῦ κόσμου τούτου βλέπει. **10** Ἐὰν δέ τις περιπατῇ ἐν τῇ νυκτί, προσκόπτει,²⁰ ὅτι τὸ φῶς οὐκ ἔστιν ἐν αὐτῷ. **11** Ταῦτα εἶπεν, καὶ μετὰ τοῦτο λέγει αὐτοῖς, Λάζαρος ὁ φίλος²¹ ἡμῶν κεκοίμηται·²² ἀλλὰ πορεύομαι ἵνα ἐξυπνίσω²³ αὐτόν. **12** Εἶπον οὖν οἱ μαθηταὶ αὐτοῦ, Κύριε, εἰ κεκοίμηται,²⁴ σωθήσεται. **13** Εἰρήκει δὲ ὁ Ἰησοῦς περὶ τοῦ θανάτου αὐτοῦ· ἐκεῖνοι δὲ ἔδοξαν ὅτι περὶ τῆς κοιμήσεως²⁵ τοῦ ὕπνου²⁶ λέγει. **14** Τότε οὖν εἶπεν αὐτοῖς ὁ Ἰησοῦς παρρησίᾳ,²⁷ Λάζαρος ἀπέθανεν. **15** Καὶ χαίρω δι' ὑμᾶς, ἵνα πιστεύσητε, ὅτι οὐκ ἤμην ἐκεῖ· ἀλλὰ ἄγωμεν πρὸς αὐτόν. **16** Εἶπεν οὖν Θωμᾶς, ὁ λεγόμενος Δίδυμος, τοῖς συμμαθηταῖς,²⁸ Ἄγωμεν καὶ ἡμεῖς, ἵνα ἀποθάνωμεν μετ' αὐτοῦ.

17 Ἐλθὼν οὖν ὁ Ἰησοῦς εὗρεν αὐτὸν τέσσαρας²⁹ ἡμέρας ἤδη ἔχοντα ἐν τῷ μνημείῳ.³⁰ **18** Ἦν δὲ ἡ Βηθανία² ἐγγὺς³¹ τῶν Ἱεροσολύμων, ὡς ἀπὸ σταδίων³² δεκαπέντε·³³ **19** καὶ πολλοὶ ἐκ τῶν Ἰουδαίων ἐληλύθεισαν πρὸς τὰς περὶ Μάρθαν καὶ Μαρίαν, ἵνα

---

¹ἀσθενῶν: PAP-NSM   ⁵ἀλείψασα: AAP-NSF   ⁷ἐκμάξασα: AAP-NSF   ⁹ἠσθένει: IAI-3S   ¹⁰ἴδε: 2AAM-2S   ¹¹φιλεῖς: PAI-2S   ¹²ἀσθενεῖ: PAI-3S   ¹⁴ἀσθενεῖ: PAI-3S   ¹⁸λιθάσαι: AAN   ¹⁹προσκόπτει: PAI-3S   ²⁰προσκόπτει: PAI-3S   ²²κεκοίμηται: RPI-3S   ²³ἐξυπνίσω: AAS-1S   ²⁴κεκοίμηται: RPI-3S

---

¹ἀσθενέω, [36] I am weak (physically: then morally), I am sick.   ²Βηθανία, ας, ἡ, [12] (a) Bethany, the home of Lazarus, Martha, and Mary, near Jerusalem, (b) Bethany, beyond Jordan.   ³κώμη, ης, ἡ, [28] a village, country town.   ⁴ἀδελφή, ῆς, ἡ, [25] a sister, a woman (fellow-)member of a church, a Christian woman.   ⁵ἀλείφω, [9] I anoint: festivally, in homage, medicinally, or in anointing the dead.   ⁶μύρον, ου, τό, [14] anointing-oil, ointment.   ⁷ἐκμάσσω, [5] I wipe, wipe (off) thoroughly.   ⁸θρίξ, τριχός, ἡ, [15] hair (of the head or of animals).   ⁹ἀσθενέω, [36] I am weak (physically: then morally), I am sick.   ¹⁰ἴδε, [35] See! Lo! Behold! Look!   ¹¹φιλέω, [25] I love (of friendship), regard with affection, cherish; I kiss.   ¹²ἀσθενέω, [36] I am weak (physically: then morally), I am sick.   ¹³ἀσθένεια, ας, ἡ, [24] want of strength, weakness, illness, suffering, calamity, frailty.   ¹⁴ἀσθενέω, [36] I am weak (physically: then morally), I am sick.   ¹⁵ἔπειτα, [16] then, thereafter, afterwards.   ¹⁶Ἰουδαία, ας, ἡ, [43] Judea, a Roman province, capital Jerusalem.   ¹⁷ῥαββί, [17] Rabbi, my master, teacher; a title of respect often applied to Christ.   ¹⁸λιθάζω, [8] I stone, pelt with stones.   ¹⁹προσκόπτω, [8] I stumble, strike the foot against, beat upon, take offense at.   ²⁰προσκόπτω, [8] I stumble, strike the foot against, beat upon, take offense at.   ²¹φίλος, η, ον, [30] friendly; subst: a friend, an associate.   ²²κοιμάομαι, [18] I fall asleep, am asleep, sometimes the sleep of death.   ²³ἐξυπνίζω, [1] I wake out of sleep.   ²⁴κοιμάομαι, [18] I fall asleep, am asleep, sometimes the sleep of death.   ²⁵κοίμησις, εως, ἡ, [1] repose, taking rest, sleep.   ²⁶ὕπνος, ου, ὁ, [6] sleep; fig: spiritual sleep.   ²⁷παρρησία, ας, ἡ, [31] freedom, openness, especially in speech; boldness, confidence.   ²⁸συμμαθητής, οῦ, ὁ, [1] a fellow disciple.   ²⁹τέσσαρες, τέσσαρα, [41] four.   ³⁰μνημεῖον, ου, τό, [41] a tomb, sepulcher, monument.   ³¹ἐγγύς, [30] near.   ³²στάδιον, ου, τό, [6] (a) a stadium, one eighth of a Roman mile, (b) a race-course for public games.   ³³δεκαπέντε, [3] fifteen.

παραμυθήσωνται¹ αὐτὰς περὶ τοῦ ἀδελφοῦ αὐτῶν. **20** Ἡ οὖν Μάρθα, ὡς ἤκουσεν ὅτι Ἰησοῦς ἔρχεται, ὑπήντησεν² αὐτῷ· Μαρία δὲ ἐν τῷ οἴκῳ ἐκαθέζετο.³ **21** Εἶπεν οὖν Μάρθα πρὸς τὸν Ἰησοῦν, Κύριε, εἰ ἧς ὧδε, ὁ ἀδελφός μου οὐκ ἂν ἐτεθνήκει.⁴ **22** Ἀλλὰ καὶ νῦν οἶδα ὅτι ὅσα ἂν αἰτήσῃ τὸν θεόν, δώσει σοι ὁ θεός. **23** Λέγει αὐτῇ ὁ Ἰησοῦς, Ἀναστήσεται ὁ ἀδελφός σου. **24** Λέγει αὐτῷ Μάρθα, Οἶδα ὅτι ἀναστήσεται ἐν τῇ ἀναστάσει⁵ ἐν τῇ ἐσχάτῃ ἡμέρᾳ. **25** Εἶπεν αὐτῇ ὁ Ἰησοῦς, Ἐγώ εἰμι ἡ ἀνάστασις⁵ καὶ ἡ ζωή· ὁ πιστεύων εἰς ἐμέ, κἂν⁶ ἀποθάνῃ, ζήσεται· **26** καὶ πᾶς ὁ ζῶν καὶ πιστεύων εἰς ἐμέ, οὐ μὴ ἀποθάνῃ εἰς τὸν αἰῶνα. Πιστεύεις τοῦτο; **27** Λέγει αὐτῷ, Ναί,⁷ κύριε· ἐγὼ πεπίστευκα, ὅτι σὺ εἶ ὁ χριστός, ὁ υἱὸς τοῦ θεοῦ, ὁ εἰς τὸν κόσμον ἐρχόμενος. **28** Καὶ ταῦτα εἰποῦσα ἀπῆλθεν, καὶ ἐφώνησεν⁸ Μαρίαν τὴν ἀδελφὴν⁹ αὐτῆς λάθρα,¹⁰ εἰποῦσα, Ὁ διδάσκαλος πάρεστιν¹¹ καὶ φωνεῖ¹² σε. **29** Ἐκείνη ὡς ἤκουσεν, ἐγείρεται ταχὺ¹³ καὶ ἔρχεται πρὸς αὐτόν. **30** Οὔπω¹⁴ δὲ ἐληλύθει ὁ Ἰησοῦς εἰς τὴν κώμην,¹⁵ ἀλλ᾽ ἦν ἐν τῷ τόπῳ ὅπου ὑπήντησεν¹⁶ αὐτῷ ἡ Μάρθα. **31** Οἱ οὖν Ἰουδαῖοι οἱ ὄντες μετ᾽ αὐτῆς ἐν τῇ οἰκίᾳ καὶ παραμυθούμενοι¹⁷ αὐτήν, ἰδόντες τὴν Μαρίαν ὅτι ταχέως¹⁸ ἀνέστη καὶ ἐξῆλθεν, ἠκολούθησαν αὐτῇ, λέγοντες ὅτι Ὑπάγει εἰς τὸ μνημεῖον,¹⁹ ἵνα κλαύσῃ²⁰ ἐκεῖ. **32** Ἡ οὖν Μαρία, ὡς ἦλθεν ὅπου ἦν ὁ Ἰησοῦς, ἰδοῦσα αὐτόν, ἔπεσεν αὐτοῦ²¹ εἰς τοὺς πόδας λέγουσα αὐτῷ, Κύριε, εἰ ἧς ὧδε, οὐκ ἂν ἀπέθανέν μου ὁ ἀδελφός. **33** Ἰησοῦς οὖν ὡς εἶδεν αὐτὴν κλαίουσαν,²² καὶ τοὺς συνελθόντας²³ αὐτῇ Ἰουδαίους κλαίοντας,²⁴ ἐνεβριμήσατο²⁵ τῷ πνεύματι, καὶ ἐτάραξεν²⁶ ἑαυτόν, **34** καὶ εἶπεν, Ποῦ²⁷ τεθείκατε αὐτόν; Λέγουσιν αὐτῷ, Κύριε, ἔρχου καὶ ἴδε.²⁸ **35** Ἐδάκρυσεν²⁹ ὁ Ἰησοῦς. **36** Ἔλεγον οὖν οἱ Ἰουδαῖοι, Ἴδε³⁰ πῶς ἐφίλει³¹ αὐτόν. **37** Τινὲς δὲ ἐξ αὐτῶν εἶπον, Οὐκ ἠδύνατο οὗτος, ὁ ἀνοίξας τοὺς ὀφθαλμοὺς τοῦ τυφλοῦ, ποιῆσαι ἵνα καὶ οὗτος μὴ ἀποθάνῃ; **38** Ἰησοῦς οὖν πάλιν ἐμβριμώμενος³² ἐν ἑαυτῷ ἔρχεται εἰς τὸ μνημεῖον.¹⁹

---

¹παραμυθήσωνται: ADS-3P   ²ὑπήντησεν: AAI-3S   ³ἐκαθέζετο: INI-3S   ⁴ἐτεθνήκει: LAI-3S   ⁸ἐφώνησεν: AAI-3S   ¹¹πάρεστιν: PAI-3S   ¹²φωνεῖ: PAI-3S   ¹⁶ὑπήντησεν: AAI-3S   ¹⁷παραμυθούμενοι: PNP-NPM   ²⁰κλαύσῃ: AAS-3S   ²²κλαίουσαν: PAP-ASF   ²³συνελθόντας: 2AAP-APM   ²⁴κλαίοντας: PAP-APM   ²⁵ἐνεβριμήσατο: ADI-3S   ²⁶ἐτάραξεν: AAI-3S   ²⁸ἴδε: 2AAM-2S   ²⁹Ἐδάκρυσεν: AAI-3S   ³⁰Ἴδε: 2AAM-2S   ³¹ἐφίλει: IAI-3S   ³²ἐμβριμώμενος: PNP-NSM

---

¹παραμυθέομαι, [4] I encourage, comfort, console, exhort.   ²ὑπαντάω, [5] I meet, go to meet.   ³καθέζομαι, [6] I am sitting, sit down, am seated.   ⁴θνήσκω, [13] I die, am dying, am dead.   ⁵ἀνάστασις, εως, ἡ, [42] a rising again, resurrection.   ⁶κἄν, [13] and if, even if, even, at least.   ⁷ναί, [35] yes, certainly, even so.   ⁸φωνέω, [42] I give forth a sound, hence: (a) of a cock: I crow, (b) of men: I shout, (c) trans: I call (to myself), summon; I invite, address.   ⁹ἀδελφή, ῆς, ἡ, [25] a sister, a woman (fellow-)member of a church, a Christian woman.   ¹⁰λάθρα, [4] secretly, privately.   ¹¹πάρειμι, [24] I am present, am near; I have come, arrived.   ¹²φωνέω, [42] I give forth a sound, hence: (a) of a cock: I crow, (b) of men: I shout, (c) trans: I call (to myself), summon; I invite, address.   ¹³ταχύ, [12] quickly, speedily.   ¹⁴οὔπω, [23] not yet.   ¹⁵κώμη, ης, ἡ, [28] a village, country town.   ¹⁶ὑπαντάω, [5] I meet, go to meet.   ¹⁷παραμυθέομαι, [4] I encourage, comfort, console, exhort.   ¹⁸ταχέως, [10] soon, quickly, hastily.   ¹⁹μνημεῖον, ου, τό, [41] a tomb, sepulcher, monument.   ²⁰κλαίω, [40] I weep, weep for, mourn, lament.   ²¹αὐτοῦ, [4] here, there.   ²²κλαίω, [40] I weep, weep for, mourn, lament.   ²³συνέρχομαι, [32] I come or go with, accompany; I come together, assemble.   ²⁴κλαίω, [40] I weep, weep for, mourn, lament.   ²⁵ἐμβριμάομαι, [5] I snort (with the notion of coercion springing out of displeasure, anger, indignation, antagonism), express indignant displeasure with some one; I charge sternly.   ²⁶ταράσσω, [17] I disturb, agitate, stir up, trouble.   ²⁷ποῦ, [44] where, in what place.   ²⁸ἴδε, [35] See! Lo! Behold! Look!   ²⁹δακρύω, [1] I shed tears, weep.   ³⁰ἴδε, [35] See! Lo! Behold! Look!   ³¹φιλέω, [25] I love (of friendship), regard with affection, cherish; I kiss.   ³²ἐμβριμάομαι, [5] I snort (with the notion of coercion springing out of displeasure, anger, indignation, antagonism), express indignant displeasure with some one; I charge sternly.

῏Ην δὲ σπήλαιον,¹ καὶ λίθος ἐπέκειτο² ἐπ᾽ αὐτῷ. 39 Λέγει ὁ Ἰησοῦς, Ἄρατε τὸν λίθον. Λέγει αὐτῷ ἡ ἀδελφὴ³ τοῦ τεθνηκότος⁴ Μάρθα, Κύριε, ἤδη ὄζει·⁵ τεταρταῖος⁶ γάρ ἐστιν. 40 Λέγει αὐτῇ ὁ Ἰησοῦς, Οὐκ εἶπόν σοι, ὅτι ἐὰν πιστεύσῃς, ὄψει τὴν δόξαν τοῦ θεοῦ; 41 ῏Ηραν οὖν τὸν λίθον, οὗ⁷ ἦν ὁ τεθνηκὼς⁸ κείμενος.⁹ Ὁ δὲ Ἰησοῦς ἦρεν τοὺς ὀφθαλμοὺς ἄνω,¹⁰ καὶ εἶπεν, Πάτερ, εὐχαριστῶ¹¹ σοι ὅτι ἤκουσάς μου. 42 Ἐγὼ δὲ ᾔδειν ὅτι πάντοτέ¹² μου ἀκούεις· ἀλλὰ διὰ τὸν ὄχλον τὸν περιεστῶτα¹³ εἶπον, ἵνα πιστεύσωσιν ὅτι σύ με ἀπέστειλας. 43 Καὶ ταῦτα εἰπών, φωνῇ μεγάλῃ ἐκραύγασεν,¹⁴ Λάζαρε, δεῦρο¹⁵ ἔξω. 44 Καὶ ἐξῆλθεν ὁ τεθνηκώς,¹⁶ δεδεμένος¹⁷ τοὺς πόδας καὶ τὰς χεῖρας κειρίαις,¹⁸ καὶ ἡ ὄψις¹⁹ αὐτοῦ σουδαρίῳ²⁰ περιεδέδετο.²¹ Λέγει αὐτοῖς ὁ Ἰησοῦς, Λύσατε²² αὐτόν, καὶ ἄφετε ὑπάγειν.

45 Πολλοὶ οὖν ἐκ τῶν Ἰουδαίων, οἱ ἐλθόντες πρὸς τὴν Μαρίαν καὶ θεασάμενοι²³ ἃ ἐποίησεν ὁ Ἰησοῦς, ἐπίστευσαν εἰς αὐτόν. 46 Τινὲς δὲ ἐξ αὐτῶν ἀπῆλθον πρὸς τοὺς Φαρισαίους, καὶ εἶπον αὐτοῖς ἃ ἐποίησεν ὁ Ἰησοῦς.

The Council concerning Christ's Removal

47 Συνήγαγον οὖν οἱ ἀρχιερεῖς καὶ οἱ Φαρισαῖοι συνέδριον,²⁴ καὶ ἔλεγον, Τί ποιοῦμεν; Ὅτι οὗτος ὁ ἄνθρωπος πολλὰ σημεῖα ποιεῖ. 48 Ἐὰν ἀφῶμεν αὐτὸν οὕτως, πάντες πιστεύσουσιν εἰς αὐτόν· καὶ ἐλεύσονται οἱ Ῥωμαῖοι²⁵ καὶ ἀροῦσιν ἡμῶν καὶ τὸν τόπον καὶ τὸ ἔθνος. 49 Εἷς δέ τις ἐξ αὐτῶν Καϊάφας, ἀρχιερεὺς ὢν τοῦ ἐνιαυτοῦ²⁶ ἐκείνου, εἶπεν αὐτοῖς, Ὑμεῖς οὐκ οἴδατε οὐδέν, 50 οὐδὲ διαλογίζεσθε²⁷ ὅτι συμφέρει²⁸ ἡμῖν ἵνα εἷς ἄνθρωπος ἀποθάνῃ ὑπὲρ τοῦ λαοῦ, καὶ μὴ ὅλον τὸ ἔθνος ἀπόληται. 51 Τοῦτο δὲ ἀφ᾽ ἑαυτοῦ οὐκ εἶπεν, ἀλλὰ ἀρχιερεὺς ὢν τοῦ ἐνιαυτοῦ²⁶ ἐκείνου, προεφήτευσεν²⁹ ὅτι ἔμελλεν Ἰησοῦς ἀποθνήσκειν ὑπὲρ τοῦ ἔθνους, 52 καὶ οὐχ ὑπὲρ τοῦ

---

²ἐπέκειτο: INI-3S   ⁴τεθνηκότος: RAP-GSM   ⁵ὄζει: PAI-3S   ⁸τεθνηκὼς: RAP-NSM   ⁹κείμενος: PNP-NSM ¹¹εὐχαριστῶ: PAI-1S   ¹³περιεστῶτα: RAP-ASM   ¹⁴ἐκραύγασεν: AAI-3S   ¹⁵δεῦρο: PAM-2S   ¹⁶τεθνηκώς: RAP-NSM ¹⁷δεδεμένος: RPP-NSM   ²¹περιεδέδετο: LPI-3S   ²²Λύσατε: AAM-2P   ²³θεασάμενοι: ADP-NPM   ²⁷διαλογίζεσθε: PNI-2P   ²⁸συμφέρει: PAI-3S   ²⁹προεφήτευσεν: AAI-3S

---

¹σπήλαιον, ου, τό, [6] a cave, den, hideout.   ²ἐπίκειμαι, [7] (a) dat: I am placed upon, am laid upon, lie upon, am imposed; I press upon, (b) absol: I press hard, am insistent, insist.   ³ἀδελφή, ῆς, ἡ, [25] a sister, a woman (fellow-)member of a church, a Christian woman.   ⁴θνήσκω, [13] I die, am dying, am dead.   ⁵ὄζω, [1] I stink, am offensive.   ⁶τεταρταῖος, αία, αῖον, [1] of the fourth day, four days since.   ⁷οὗ, [23] where, whither, when, in what place.   ⁸θνήσκω, [13] I die, am dying, am dead.   ⁹κεῖμαι, [26] I lie, recline, am placed, am laid, set, specially appointed, destined.   ¹⁰ἄνω, [10] up, above, up to the top, up to the brim, things above, heaven, the heavenly region.   ¹¹εὐχαριστέω, [40] I thank, give thanks; pass. 3 sing: is received with thanks.   ¹²πάντοτε, [42] always, at all times, ever.   ¹³περιΐστημι, [4] in intrans. act. tenses: I stand around; mid: I avoid, shun. ¹⁴κραυγάζω, [6] I cry aloud, shout, exclaim.   ¹⁵δεῦρο, [9] (originally: hither, hence) (a) exclamatory: come, (b) temporal: now, the present.   ¹⁶θνήσκω, [13] I die, am dying, am dead.   ¹⁷δέω, [44] I bind, tie, fasten; I impel, compel; I declare to be prohibited and unlawful.   ¹⁸κειρία, ας, ἡ, [1] a kind of girdle made of cords; a bandage, grave clothes.   ¹⁹ὄψις, εως, ἡ, [3] (a) the face, countenance, (b) the features, outward appearance. ²⁰σουδάριον, ου, τό, [4] a handkerchief, napkin.   ²¹περιδέω, [1] I bind (tie) around.   ²²λύω, [42] (a) I loose, untie, release, (b) met: I break, destroy, set at naught, contravene; I break up a meeting, annul.   ²³θεάομαι, [24] I see, behold, contemplate, look upon, view; I see, visit.   ²⁴συνέδριον, ου, τό, [22] a council, tribunal, the Sanhedrin, the meeting place of the Sanhedrin.   ²⁵Ῥωμαῖος, α, ον, [12] Roman; subst: a Roman citizen.   ²⁶ἐνιαυτός, οῦ, ὁ, [14] a year, cycle of time.   ²⁷διαλογίζομαι, [16] I reason (with), debate (with), consider.   ²⁸συμφέρω, [17] I bring together, collect; I am profitable to.   ²⁹προφητεύω, [28] I foretell, prophesy; I set forth matter of divine teaching by special faculty.

ἔθνους μόνον, ἀλλ᾿ ἵνα καὶ τὰ τέκνα τοῦ θεοῦ τὰ διεσκορπισμένα¹ συναγάγῃ εἰς ἕν. 53 Ἀπ᾿ ἐκείνης οὖν τῆς ἡμέρας συνεβουλεύσαντο² ἵνα ἀποκτείνωσιν αὐτόν.

54 Ἰησοῦς οὖν οὐκέτι³ παρρησίᾳ⁴ περιεπάτει ἐν τοῖς Ἰουδαίοις, ἀλλὰ ἀπῆλθεν ἐκεῖθεν⁵ εἰς τὴν χώραν⁶ ἐγγὺς⁷ τῆς ἐρήμου, εἰς Ἐφραὶμ⁸ λεγομένην πόλιν, κἀκεῖ⁹ διέτριβεν¹⁰ μετὰ τῶν μαθητῶν αὐτοῦ. 55 Ἦν δὲ ἐγγὺς⁷ τὸ Πάσχα¹¹ τῶν Ἰουδαίων· καὶ ἀνέβησαν πολλοὶ εἰς Ἱεροσόλυμα ἐκ τῆς χώρας⁶ πρὸ¹² τοῦ Πάσχα,¹¹ ἵνα ἁγνίσωσιν¹³ ἑαυτούς. 56 Ἐζήτουν οὖν τὸν Ἰησοῦν, καὶ ἔλεγον μετ᾿ ἀλλήλων ἐν τῷ ἱερῷ ἑστηκότες, Τί δοκεῖ ὑμῖν; Ὅτι οὐ μὴ ἔλθῃ εἰς τὴν ἑορτήν;¹⁴ 57 Δεδώκεισαν δὲ καὶ οἱ ἀρχιερεῖς καὶ οἱ Φαρισαῖοι ἐντολήν, ἵνα ἐάν τις γνῷ ποῦ¹⁵ ἐστιν, μηνύσῃ,¹⁶ ὅπως πιάσωσιν¹⁷ αὐτόν.

The Anointing of Jesus

12 Ὁ οὖν Ἰησοῦς πρὸ¹² ἓξ¹⁸ ἡμερῶν τοῦ Πάσχα¹¹ ἦλθεν εἰς Βηθανίαν,¹⁹ ὅπου ἦν Λάζαρος ὁ τεθνηκώς,²⁰ ὃν ἤγειρεν ἐκ νεκρῶν. 2 Ἐποίησαν οὖν αὐτῷ δεῖπνον²¹ ἐκεῖ, καὶ ἡ Μάρθα διηκόνει·²² ὁ δὲ Λάζαρος εἷς ἦν τῶν ἀνακειμένων²³ σὺν αὐτῷ. 3 Ἡ οὖν Μαρία λαβοῦσα λίτραν²⁴ μύρου²⁵ νάρδου²⁶ πιστικῆς²⁷ πολυτίμου,²⁸ ἤλειψεν²⁹ τοὺς πόδας τοῦ Ἰησοῦ, καὶ ἐξέμαξεν³⁰ ταῖς θριξὶν³¹ αὐτῆς τοὺς πόδας αὐτοῦ· ἡ δὲ οἰκία ἐπληρώθη ἐκ τῆς ὀσμῆς³² τοῦ μύρου.²⁵ 4 Λέγει οὖν εἷς ἐκ τῶν μαθητῶν αὐτοῦ, Ἰούδας Σίμωνος Ἰσκαριώτης, ὁ μέλλων αὐτὸν παραδιδόναι, 5 Διὰ τί τοῦτο τὸ μύρον²⁵ οὐκ ἐπράθη³³ τριακοσίων³⁴ δηναρίων,³⁵ καὶ ἐδόθη πτωχοῖς;³⁶ 6 Εἶπεν δὲ τοῦτο, οὐχ ὅτι περὶ τῶν πτωχῶν³⁶ ἔμελεν³⁷ αὐτῷ, ἀλλ᾿ ὅτι κλέπτης³⁸ ἦν, καὶ τὸ γλωσσόκομον³⁹ εἶχεν, καὶ τὰ βαλλόμενα ἐβάσταζεν.⁴⁰ 7 Εἶπεν οὖν ὁ Ἰησοῦς, Ἄφες αὐτήν· εἰς τὴν ἡμέραν τοῦ

---

¹διεσκορπισμένα: RPP-APN ²συνεβουλεύσαντο: AMI-3P ¹⁰διέτριβεν: IAI-3S ¹³ἁγνίσωσιν: AAS-3P ¹⁶μηνύσῃ: AAS-3S ¹⁷πιάσωσιν: AAS-3P ²⁰τεθνηκώς: RAP-NSM ²²διηκόνει: IAI-3S ²³ἀνακειμένων: PNP-GPM ²⁹ἤλειψεν: AAI-3S ³⁰ἐξέμαξεν: AAI-3S ³³ἐπράθη: API-3S ³⁷ἔμελεν: IAI-3S ⁴⁰ἐβάσταζεν: IAI-3S

---

¹διασκορπίζω, [9] I scatter, winnow, disperse, waste. ²συμβουλεύω, [5] I give advice, exhort; mid: I take counsel together, consult. ³οὐκέτι, [48] no longer, no more. ⁴παρρησία, ας, ἡ, [31] freedom, openness, especially in speech; boldness, confidence. ⁵ἐκεῖθεν, [28] thence, from that place. ⁶χώρα, ας, ἡ, [27] (a) a country or region, (b) the land, as opposed to the sea, (c) the country, distinct from town, (d) plur: fields. ⁷ἐγγύς, [30] near. ⁸Ἐφραΐμ, ὁ, [1] Ephraim, a city. ⁹κἀκεῖ, [8] and there, and yonder, there also. ¹⁰διατρίβω, [10] I tarry, continue, stay in a place. ¹¹πάσχα, τό, [29] the feast of Passover, the Passover lamb. ¹²πρό, [47] (a) of place: before, in front of, (b) of time: before, earlier than. ¹³ἁγνίζω, [7] I cleanse, purify, either ceremonially, actually, or morally. ¹⁴ἑορτή, ῆς, ἡ, [27] a festival, feast, periodically recurring. ¹⁵ποῦ, [44] where, in what place. ¹⁶μηνύω, [4] (a) I reveal, make known (in a law court), I lay information, inform, (b) I make known, point out. ¹⁷πιάζω, [12] I lay hold of, apprehend, catch, arrest. ¹⁸ἕξ, οἱ, αἱ, τά, [13] six. ¹⁹Βηθανία, ας, ἡ, [12] (a) Bethany, the home of Lazarus, Martha, and Mary, near Jerusalem, (b) Bethany, beyond Jordan. ²⁰θνήσκω, [13] I die, am dying, am dead. ²¹δεῖπνον, ου, τό, [16] a dinner, an afternoon or evening meal. ²²διακονέω, [37] I wait at table (particularly of a slave who waits on guests); I serve (generally). ²³ἀνάκειμαι, [15] I recline, especially at a dinner-table. ²⁴λίτρα, ας, ἡ, [2] a Roman pound, of about twelve ounces. ²⁵μύρον, ου, τό, [14] anointing-oil, ointment. ²⁶νάρδος, ου, ἡ, [2] spikenard, a perfume made originally from a plant growing on the Himalayas. ²⁷πιστικός, ή, όν, [2] genuine, pure (of ointment), trustworthy. ²⁸πολύτιμος, ον, [2] of great value, very costly, very precious. ²⁹ἀλείφω, [9] I anoint: festivally, in homage, medicinally, or in anointing the dead. ³⁰ἐκμάσσω, [5] I wipe, wipe (off) thoroughly. ³¹θρίξ, τριχός, ἡ, [15] hair (of the head or of animals). ³²ὀσμή, ῆς, ἡ, [6] a smell, odor, savor. ³³πιπράσκω, [9] I sell; pass: I am a slave to, am devoted to. ³⁴τριακόσιοι, αι, α, [2] three hundred. ³⁵δηνάριον, ου, τό, [16] a denarius, a small Roman silver coin. ³⁶πτωχός, ή, όν, [34] poor, destitute, spiritually poor, either in a good sense (humble devout persons) or bad. ³⁷μέλει, [9] it is a care, it is an object of anxiety, it concerns. ³⁸κλέπτης, ου, ὁ, [16] a thief. ³⁹γλωσσόκομον, ου, τό, [2] (a vernacular word), bag, purse; some prefer to take as: box, chest. ⁴⁰βαστάζω, [27] (a) I carry, bear, (b) I carry (take) away.

ἐνταφιασμοῦ¹ μου τετήρηκεν αὐτό. 8 Τοὺς πτωχοὺς² γὰρ πάντοτε³ ἔχετε μεθ᾽ ἑαυτῶν, ἐμὲ δὲ οὐ πάντοτε³ ἔχετε.

9 Ἔγνω οὖν ὄχλος πολὺς ἐκ τῶν Ἰουδαίων ὅτι ἐκεῖ ἐστιν· καὶ ἦλθον οὐ διὰ τὸν Ἰησοῦν μόνον, ἀλλ᾽ ἵνα καὶ τὸν Λάζαρον ἴδωσιν, ὃν ἤγειρεν ἐκ νεκρῶν. 10 Ἐβουλεύσαντο⁴ δὲ οἱ ἀρχιερεῖς ἵνα καὶ τὸν Λάζαρον ἀποκτείνωσιν· 11 ὅτι πολλοὶ δι᾽ αὐτὸν ὑπῆγον τῶν Ἰουδαίων, καὶ ἐπίστευον εἰς τὸν Ἰησοῦν.

Christ's Entry into Jerusalem

12 Τῇ ἐπαύριον⁵ ὄχλος πολὺς ὁ ἐλθὼν εἰς τὴν ἑορτήν,⁶ ἀκούσαντες ὅτι ἔρχεται Ἰησοῦς εἰς Ἱεροσόλυμα, 13 ἔλαβον τὰ βαΐα⁷ τῶν φοινίκων,⁸ καὶ ἐξῆλθον εἰς ὑπάντησιν⁹ αὐτῷ, καὶ ἔκραζον, Ὡσαννά·¹⁰ εὐλογημένος¹¹ ὁ ἐρχόμενος ἐν ὀνόματι κυρίου, βασιλεὺς τοῦ Ἰσραήλ. 14 Εὑρὼν δὲ ὁ Ἰησοῦς ὀνάριον,¹² ἐκάθισεν¹³ ἐπ᾽ αὐτό, καθώς ἐστιν γεγραμμένον, 15 Μὴ φοβοῦ, θύγατερ¹⁴ Σιών·¹⁵ ἰδού, ὁ βασιλεύς σου ἔρχεται, καθήμενος ἐπὶ πῶλον¹⁶ ὄνου.¹⁷ 16 Ταῦτα δὲ οὐκ ἔγνωσαν οἱ μαθηταὶ αὐτοῦ τὸ πρῶτον· ἀλλ᾽ ὅτε ἐδοξάσθη Ἰησοῦς, τότε ἐμνήσθησαν¹⁸ ὅτι ταῦτα ἦν ἐπ᾽ αὐτῷ γεγραμμένα, καὶ ταῦτα ἐποίησαν αὐτῷ. 17 Ἐμαρτύρει οὖν ὁ ὄχλος ὁ ὢν μετ᾽ αὐτοῦ ὅτε τὸν Λάζαρον ἐφώνησεν¹⁹ ἐκ τοῦ μνημείου,²⁰ καὶ ἤγειρεν αὐτὸν ἐκ νεκρῶν. 18 Διὰ τοῦτο καὶ ὑπήντησεν²¹ αὐτῷ ὁ ὄχλος, ὅτι ἤκουσεν τοῦτο αὐτὸν πεποιηκέναι τὸ σημεῖον. 19 Οἱ οὖν Φαρισαῖοι εἶπον πρὸς ἑαυτούς, Θεωρεῖτε ὅτι οὐκ ὠφελεῖτε²² οὐδέν· ἴδε²³ ὁ κόσμος ὀπίσω²⁴ αὐτοῦ ἀπῆλθεν.

Some Greeks Seek Jesus

20 Ἦσαν δέ τινες Ἕλληνες²⁵ ἐκ τῶν ἀναβαινόντων ἵνα προσκυνήσωσιν ἐν τῇ ἑορτῇ·⁶ 21 οὗτοι οὖν προσῆλθον Φιλίππῳ τῷ ἀπὸ Βηθσαϊδὰ²⁶ τῆς Γαλιλαίας, καὶ ἠρώτων αὐτὸν λέγοντες, Κύριε, θέλομεν τὸν Ἰησοῦν ἰδεῖν. 22 Ἔρχεται Φίλιππος καὶ λέγει τῷ Ἀνδρέᾳ· καὶ πάλιν Ἀνδρέας καὶ Φίλιππος λέγουσιν τῷ Ἰησοῦ. 23 Ὁ δὲ Ἰησοῦς ἀπεκρίνατο αὐτοῖς λέγων, Ἐλήλυθεν ἡ ὥρα ἵνα δοξασθῇ ὁ υἱὸς τοῦ ἀνθρώπου. 24 Ἀμὴν

---

⁴Ἐβουλεύσαντο: ADI-3P   ¹¹εὐλογημένος: RPP-NSM   ¹³ἐκάθισεν: AAI-3S   ¹⁸ἐμνήσθησαν: API-3P   ¹⁹ἐφώνησεν: AAI-3S   ²¹ὑπήντησεν: AAI-3S   ²²ὠφελεῖτε: PAI-2P   ²³ἴδε: 2AAM-2S

---

¹ἐνταφιασμός, οῦ, ὁ, [2] embalming, preparation of a body for burial.   ²πτωχός, ή, όν, [34] poor, destitute, spiritually poor, either in a good sense (humble devout persons) or bad.   ³πάντοτε, [42] always, at all times, ever.   ⁴βουλεύω, [8] I deliberate, take counsel, determine.   ⁵ἐπαύριον, [17] tomorrow.   ⁶ἑορτή, ῆς, ἡ, [27] a festival, feast, periodically recurring.   ⁷βαΐον, ου, τό, [1] a palm branch.   ⁸φοίνιξ, ικος, ὁ, [2] a palm tree, the date-palm.   ⁹ὑπάντησις, εως, ἡ, [1] a meeting.   ¹⁰ὡσαννά, [6] (Aramaic and Hebrew, originally a cry for help), hosanna!, a cry of happiness.   ¹¹εὐλογέω, [43] (lit: I speak well of) I bless; pass: I am blessed.   ¹²ὀνάριον, ου, τό, [1] a young ass.   ¹³καθίζω, [48] (a) trans: I make to sit; I set, appoint, (b) intrans: I sit down, am seated, stay.   ¹⁴θυγάτηρ, τρός, ἡ, [29] a daughter; hence (Hebraistic?), of any female descendent, however far removed; even of one unrelated: my young lady.   ¹⁵Σιών, ἡ, [7] Zion, the hill; used for Jerusalem or heaven.   ¹⁶πῶλος, ου, ὁ, [12] a colt, young ass, foal.   ¹⁷ὄνος, ου, ὁ, ἡ, [5] a donkey, an ass.   ¹⁸μιμνήσκομαι, [23] I remember, call to mind, recall, mention.   ¹⁹φωνέω, [42] I give forth a sound, hence: (a) of a cock: I crow, (b) of men: I shout, (c) trans: I call (to myself); summon; I invite, address.   ²⁰μνημεῖον, ου, τό, [41] a tomb, sepulcher, monument.   ²¹ὑπαντάω, [5] I meet, go to meet.   ²²ὠφελέω, [15] I help, benefit, do good, am useful (to), profit.   ²³ἴδε, [35] See! Lo! Behold! Look!   ²⁴ὀπίσω, [37] behind, after; back, backwards.   ²⁵Ἕλλην, ηνος, ὁ, [27] a Hellene, the native word for a Greek; it is, however, a term wide enough to include all Greek-speaking (i.e. educated) non-Jews.   ²⁶Βηθσαϊδά, ἡ, [7] Bethsaida, (a) a city of Galilee, (b) a city east of the Jordan.

ἀμὴν λέγω ὑμῖν, ἐὰν μὴ ὁ κόκκος[1] τοῦ σίτου[2] πεσὼν εἰς τὴν γῆν ἀποθάνῃ, αὐτὸς μόνος[3] μένει· ἐὰν δὲ ἀποθάνῃ, πολὺν καρπὸν φέρει. **25** Ὁ φιλῶν[4] τὴν ψυχὴν αὐτοῦ ἀπολέσει αὐτήν· καὶ ὁ μισῶν[5] τὴν ψυχὴν αὐτοῦ ἐν τῷ κόσμῳ τούτῳ εἰς ζωὴν αἰώνιον φυλάξει[6] αὐτήν. **26** Ἐὰν ἐμοὶ διακονῇ[7] τις, ἐμοὶ ἀκολουθείτω· καὶ ὅπου εἰμὶ ἐγώ, ἐκεῖ καὶ ὁ διάκονος[8] ὁ ἐμὸς ἔσται· καὶ ἐάν τις ἐμοὶ διακονῇ,[9] τιμήσει[10] αὐτὸν ὁ πατήρ. **27** Νῦν ἡ ψυχή μου τετάρακται·[11] καὶ τί εἴπω; Πάτερ, σῶσόν με ἐκ τῆς ὥρας ταύτης. Ἀλλὰ διὰ τοῦτο ἦλθον εἰς τὴν ὥραν ταύτην. **28** Πάτερ, δόξασόν σου τὸ ὄνομα. Ἦλθεν οὖν φωνὴ ἐκ τοῦ οὐρανοῦ, Καὶ ἐδόξασα, καὶ πάλιν δοξάσω. **29** Ὁ οὖν ὄχλος ὁ ἑστὼς καὶ ἀκούσας ἔλεγεν βροντὴν[12] γεγονέναι· ἄλλοι ἔλεγον, Ἄγγελος αὐτῷ λελάληκεν. **30** Ἀπεκρίθη Ἰησοῦς καὶ εἶπεν, Οὐ δι᾽ ἐμὲ αὕτη ἡ φωνὴ γέγονεν, ἀλλὰ δι᾽ ὑμᾶς. **31** Νῦν κρίσις[13] ἐστὶν τοῦ κόσμου τούτου· νῦν ὁ ἄρχων[14] τοῦ κόσμου τούτου ἐκβληθήσεται ἔξω. **32** Κἀγὼ ἐὰν ὑψωθῶ[15] ἐκ τῆς γῆς, πάντας ἑλκύσω[16] πρὸς ἐμαυτόν.[17] **33** Τοῦτο δὲ ἔλεγεν, σημαίνων[18] ποίῳ[19] θανάτῳ ἔμελλεν ἀποθνήσκειν.

Walking in the Light

34 Ἀπεκρίθη αὐτῷ ὁ ὄχλος, Ἡμεῖς ἠκούσαμεν ἐκ τοῦ νόμου ὅτι ὁ χριστὸς μένει εἰς τὸν αἰῶνα· καὶ πῶς σὺ λέγεις, Δεῖ ὑψωθῆναι[20] τὸν υἱὸν τοῦ ἀνθρώπου; Τίς ἐστιν οὗτος ὁ υἱὸς τοῦ ἀνθρώπου; **35** Εἶπεν οὖν αὐτοῖς ὁ Ἰησοῦς, Ἔτι μικρὸν[21] χρόνον τὸ φῶς μεθ᾽ ὑμῶν ἐστιν. Περιπατεῖτε ἕως τὸ φῶς ἔχετε, ἵνα μὴ σκοτία[22] ὑμᾶς καταλάβῃ·[23] καὶ ὁ περιπατῶν ἐν τῇ σκοτίᾳ[22] οὐκ οἶδεν ποῦ[24] ὑπάγει. **36** Ἕως τὸ φῶς ἔχετε, πιστεύετε εἰς τὸ φῶς, ἵνα υἱοὶ φωτὸς γένησθε.

Ταῦτα ἐλάλησεν ὁ Ἰησοῦς, καὶ ἀπελθὼν ἐκρύβη[25] ἀπ᾽ αὐτῶν. **37** Τοσαῦτα[26] δὲ αὐτοῦ σημεῖα πεποιηκότος ἔμπροσθεν[27] αὐτῶν, οὐκ ἐπίστευον εἰς αὐτόν· **38** ἵνα ὁ λόγος Ἠσαΐου τοῦ προφήτου πληρωθῇ, ὃν εἶπεν, Κύριε, τίς ἐπίστευσεν τῇ ἀκοῇ[28] ἡμῶν;

---

[4]*φιλῶν: PAP-NSM*   [5]*μισῶν: PAP-NSM*   [6]*φυλάξει: FAI-3S*   [7]*διακονῇ: PAS-3S*   [9]*διακονῇ: PAS-3S*   [10]*τιμήσει: FAI-3S*   [11]*τετάρακται: RPI-3S*   [15]*ὑψωθῶ: APS-1S*   [16]*ἑλκύσω: FAI-1S*   [18]*σημαίνων: PAP-NSM*   [20]*ὑψωθῆναι: APN* [23]*καταλάβῃ: 2AAS-3S*   [25]*ἐκρύβη: 2API-3S*

---

[1]*κόκκος, ου, ὁ, [7] a kernel, grain, seed.*   [2]*σῖτος, ου, ὁ, [14] wheat, grain.*   [3]*μόνος, η, ον, [45] only, solitary, desolate.*   [4]*φιλέω, [25] I love (of friendship), regard with affection, cherish; I kiss.*   [5]*μισέω, [41] I hate, detest, love less, esteem less.*   [6]*φυλάσσω, [30] (a) I guard, protect; mid: I am on my guard, (b) act. and mid. of customs and regulations: I keep, observe.*   [7]*διακονέω, [37] I wait at table (particularly of a slave who waits on guests); I serve (generally).*   [8]*διάκονος, οῦ, ὁ, ἡ, [30] a waiter, servant; then of any one who performs any service, an administrator.*   [9]*διακονέω, [37] I wait at table (particularly of a slave who waits on guests); I serve (generally).* [10]*τιμάω, [21] (a) I value at a price, estimate, (b) I honor, reverence.*   [11]*ταράσσω, [17] I disturb, agitate, stir up, trouble.*   [12]*βροντή, ῆς, ἡ, [12] thunder.*   [13]*κρίσις, εως, ἡ, [48] judging, judgment, decision, sentence; generally: divine judgment; accusation.*   [14]*ἄρχων, οντος, ὁ, [37] a ruler, governor, leader, leading man; with the Jews, an official member (a member of the executive) of the assembly of elders.*   [15]*ὑψόω, [20] (a) I raise on high, lift up, (b) I exalt, set on high.*   [16]*ἑλκύω, [8] I drag, draw, pull, persuade, unsheathe.*   [17]*ἐμαυτοῦ, ῆς, οῦ, [37] of myself.* [18]*σημαίνω, [6] I signify, indicate, give a sign, make known.*   [19]*ποῖος, α, ον, [34] of what sort.*   [20]*ὑψόω, [20] (a) I raise on high, lift up, (b) I exalt, set on high.*   [21]*μικρός, ά, όν, [45] little, small.*   [22]*σκοτία, ας, ἡ, [16] darkness; fig: spiritual darkness.*   [23]*καταλαμβάνω, [15] (a) I seize tight hold of, arrest, catch, capture, appropriate, (b) I overtake, (c) mid. aor: I perceived, comprehended.*   [24]*ποῦ, [44] where, in what place.*   [25]*κρύπτω, [17] I hide, conceal, lay up.*   [26]*τοσοῦτος, τοσαύτη, τοσοῦτο, [20] so great, so large, so long, so many.*   [27]*ἔμπροσθεν, [48] in front, before, before the face; sometimes made a subst. by the addition of the article: in front of, before the face of.* [28]*ἀκοή, ῆς, ἡ, [24] hearing, faculty of hearing, ear; report, rumor.*

Καὶ ὁ βραχίων[1] κυρίου τίνι ἀπεκαλύφθη;[2] **39** Διὰ τοῦτο οὐκ ἠδύναντο πιστεύειν, ὅτι πάλιν εἶπεν Ἡσαΐας, **40** Τετύφλωκεν[3] αὐτῶν τοὺς ὀφθαλμούς, καὶ πεπώρωκεν[4] αὐτῶν τὴν καρδίαν· ἵνα μὴ ἴδωσιν τοῖς ὀφθαλμοῖς, καὶ νοήσωσιν[5] τῇ καρδίᾳ, καὶ ἐπιστραφῶσιν,[6] καὶ ἰάσωμαι[7] αὐτούς. **41** Ταῦτα εἶπεν Ἡσαΐας, ὅτε εἶδεν τὴν δόξαν αὐτοῦ, καὶ ἐλάλησεν περὶ αὐτοῦ.

Of Faith in Christ and God

42 Ὅμως[8] μέντοι[9] καὶ ἐκ τῶν ἀρχόντων[10] πολλοὶ ἐπίστευσαν εἰς αὐτόν· ἀλλὰ διὰ τοὺς Φαρισαίους οὐχ ὡμολόγουν,[11] ἵνα μὴ ἀποσυνάγωγοι[12] γένωνται. **43** Ἠγάπησαν γὰρ τὴν δόξαν τῶν ἀνθρώπων μᾶλλον ἤπερ[13] τὴν δόξαν τοῦ θεοῦ.

44 Ἰησοῦς δὲ ἔκραξεν καὶ εἶπεν, Ὁ πιστεύων εἰς ἐμέ, οὐ πιστεύει εἰς ἐμέ, ἀλλ᾽ εἰς τὸν πέμψαντά με· **45** καὶ ὁ θεωρῶν ἐμέ, θεωρεῖ τὸν πέμψαντά με. **46** Ἐγὼ φῶς εἰς τὸν κόσμον ἐλήλυθα, ἵνα πᾶς ὁ πιστεύων εἰς ἐμέ, ἐν τῇ σκοτίᾳ[14] μὴ μείνῃ. **47** Καὶ ἐάν τίς μου ἀκούσῃ τῶν ῥημάτων καὶ μὴ πιστεύσῃ, ἐγὼ οὐ κρίνω αὐτόν· οὐ γὰρ ἦλθον ἵνα κρίνω τὸν κόσμον, ἀλλ᾽ ἵνα σώσω τὸν κόσμον. **48** Ὁ ἀθετῶν[15] ἐμὲ καὶ μὴ λαμβάνων τὰ ῥήματά μου, ἔχει τὸν κρίνοντα αὐτόν· ὁ λόγος ὃν ἐλάλησα, ἐκεῖνος κρινεῖ αὐτὸν ἐν τῇ ἐσχάτῃ ἡμέρᾳ. **49** Ὅτι ἐγὼ ἐξ ἐμαυτοῦ[16] οὐκ ἐλάλησα· ἀλλ᾽ ὁ πέμψας με πατήρ, αὐτός μοι ἐντολὴν ἔδωκεν, τί εἴπω καὶ τί λαλήσω. **50** Καὶ οἶδα ὅτι ἡ ἐντολὴ αὐτοῦ ζωὴ αἰώνιός ἐστιν· ἃ οὖν λαλῶ ἐγώ, καθὼς εἴρηκέν μοι ὁ πατήρ, οὕτως λαλῶ.

Jesus Washing the Disciples' Feet

13 Πρὸ[17] δὲ τῆς ἑορτῆς[18] τοῦ Πάσχα,[19] εἰδὼς ὁ Ἰησοῦς ὅτι ἐλήλυθεν αὐτοῦ ἡ ὥρα ἵνα μεταβῇ[20] ἐκ τοῦ κόσμου τούτου πρὸς τὸν πατέρα, ἀγαπήσας τοὺς ἰδίους τοὺς ἐν τῷ κόσμῳ, εἰς τέλος[21] ἠγάπησεν αὐτούς. **2** Καὶ δείπνου[22] γενομένου, τοῦ διαβόλου[23] ἤδη βεβληκότος εἰς τὴν καρδίαν Ἰούδα Σίμωνος Ἰσκαριώτου ἵνα αὐτὸν παραδῷ, **3** εἰδὼς ὁ Ἰησοῦς ὅτι πάντα δέδωκεν αὐτῷ ὁ πατὴρ εἰς τὰς χεῖρας, καὶ ὅτι ἀπὸ θεοῦ ἐξῆλθεν καὶ πρὸς τὸν θεὸν ὑπάγει, **4** ἐγείρεται ἐκ τοῦ δείπνου,[22] καὶ τίθησιν τὰ ἱμάτια, καὶ

---

[2] ἀπεκαλύφθη: API-3S   [3] Τετύφλωκεν: RAI-3S   [4] πεπώρωκεν: RAI-3S   [5] νοήσωσιν: AAS-3P   [6] ἐπιστραφῶσιν: 2APS-3P   [7] ἰάσωμαι: ADS-1S   [11] ὡμολόγουν: IAI-3P   [15] ἀθετῶν: PAP-NSM   [20] μεταβῇ: 2AAS-3S

---

[1] βραχίων, ονος, ὁ, [3] the arm, strength.   [2] ἀποκαλύπτω, [26] I uncover, bring to light, reveal.   [3] τυφλόω, [3] I make blind, physically or mentally.   [4] πωρόω, [5] I harden, render callous, petrify.   [5] νοέω, [14] I understand, think, consider, conceive, apprehend; aor. possibly: realize.   [6] ἐπιστρέφω, [37] (a) trans: I turn (back) to (towards), (b) intrans: I turn (back) (to [towards]); I come to myself.   [7] ἰάομαι, [28] I heal, generally of the physical, sometimes of spiritual, disease.   [8] ὅμως, [3] yet, nevertheless, even.   [9] μέντοι, [8] (a) indeed, really, (b) yet, however, nevertheless. ·   [10] ἄρχων, οντος, ὁ, [37] a ruler, governor, leader, leading man; with the Jews, an official member (a member of the executive) of the assembly of elders.   [11] ὁμολογέω, [24] (a) I promise, agree, (b) I confess, (c) I publicly declare, (d) a Hebraism, I praise, celebrate.   [12] ἀποσυνάγωγος, ον, [3] away from the synagogue, expelled from the synagogue, excommunicated.   [13] ἤπερ, [1] than.   [14] σκοτία, ας, ἡ, [16] darkness; fig: spiritual darkness; I break faith with.   [15] ἀθετέω, [16] I annul, make of no effect, set aside, ignore, slight;   [16] ἐμαυτοῦ, ῆς, οῦ, [37] of myself.   [17] πρό, [47] (a) of place: before, in front of, (b) of time: before, earlier than.   [18] ἑορτή, ῆς, ἡ, [27] a festival, feast, periodically recurring.   [19] πάσχα, τό, [29] the feast of Passover, the Passover lamb.   [20] μεταβαίνω, [12] I change my place (abode), leave, depart, remove, pass over.   [21] τέλος, ους, τό, [41] (a) an end, (b) event or issue, (c) the principal end, aim, purpose, (d) a tax.   [22] δεῖπνον, ου, τό, [16] a dinner, an afternoon or evening meal.   [23] διάβολος, ον, [38] (adj. used often as a noun), slanderous; with the article: the Slanderer (par excellence), the Devil.

λαβὼν λέντιον¹ διέζωσεν² ἑαυτόν. 5 Εἶτα³ βάλλει ὕδωρ εἰς τὸν νιπτῆρα,⁴ καὶ ἤρξατο νίπτειν⁵ τοὺς πόδας τῶν μαθητῶν, καὶ ἐκμάσσειν⁶ τῷ λεντίῳ¹ ᾧ ἦν διεζωσμένος.⁷ 6 Ἔρχεται οὖν πρὸς Σίμωνα Πέτρον· καὶ λέγει αὐτῷ ἐκεῖνος, Κύριε, σύ μου νίπτεις⁸ τοὺς πόδας; 7 Ἀπεκρίθη Ἰησοῦς καὶ εἶπεν αὐτῷ, Ὃ ἐγὼ ποιῶ, σὺ οὐκ οἶδας ἄρτι,⁹ γνώσῃ δὲ μετὰ ταῦτα. 8 Λέγει αὐτῷ Πέτρος, Οὐ μὴ νίψῃς¹⁰ τοὺς πόδας μου εἰς τὸν αἰῶνα. Ἀπεκρίθη αὐτῷ ὁ Ἰησοῦς, Ἐὰν μὴ νίψω¹¹ σε, οὐκ ἔχεις μέρος¹² μετ᾽ ἐμοῦ. 9 Λέγει αὐτῷ Σίμων Πέτρος, Κύριε, μὴ τοὺς πόδας μου μόνον, ἀλλὰ καὶ τὰς χεῖρας καὶ τὴν κεφαλήν. 10 Λέγει αὐτῷ ὁ Ἰησοῦς, Ὁ λελουμένος¹³ οὐ χρείαν¹⁴ ἔχει ἢ τοὺς πόδας νίψασθαι,¹⁵ ἀλλ᾽ ἔστιν καθαρὸς¹⁶ ὅλος· καὶ ὑμεῖς καθαροί¹⁶ ἐστε, ἀλλ᾽ οὐχὶ πάντες. 11 Ἤδει γὰρ τὸν παραδιδόντα αὐτόν· διὰ τοῦτο εἶπεν, Οὐχὶ πάντες καθαροί¹⁶ ἐστε.

12 Ὅτε οὖν ἔνιψεν¹⁷ τοὺς πόδας αὐτῶν, καὶ ἔλαβεν τὰ ἱμάτια αὐτοῦ, ἀναπεσὼν¹⁸ πάλιν, εἶπεν αὐτοῖς, Γινώσκετε τί πεποίηκα ὑμῖν; 13 Ὑμεῖς φωνεῖτέ¹⁹ με, Ὁ διδάσκαλος, καὶ Ὁ κύριος· καὶ καλῶς²⁰ λέγετε, εἰμὶ γάρ. 14 Εἰ οὖν ἐγὼ ἔνιψα²¹ ὑμῶν τοὺς πόδας, ὁ κύριος καὶ ὁ διδάσκαλος, καὶ ὑμεῖς ὀφείλετε²² ἀλλήλων νίπτειν²³ τοὺς πόδας. 15 Ὑπόδειγμα²⁴ γὰρ ἔδωκα ὑμῖν, ἵνα καθὼς ἐγὼ ἐποίησα ὑμῖν, καὶ ὑμεῖς ποιῆτε. 16 Ἀμὴν ἀμὴν λέγω ὑμῖν, Οὐκ ἔστιν δοῦλος μείζων τοῦ κυρίου αὐτοῦ, οὐδὲ ἀπόστολος μείζων τοῦ πέμψαντος αὐτόν. 17 Εἰ ταῦτα οἴδατε, μακάριοί ἐστε ἐὰν ποιῆτε αὐτά. 18 Οὐ περὶ πάντων ὑμῶν λέγω· ἐγὼ οἶδα οὓς ἐξελεξάμην·²⁵ ἀλλ᾽ ἵνα ἡ γραφὴ πληρωθῇ, Ὁ τρώγων²⁶ μετ᾽ ἐμοῦ τὸν ἄρτον ἐπῆρεν²⁷ ἐπ᾽ ἐμὲ τὴν πτέρναν²⁸ αὐτοῦ. 19 Ἀπ᾽ ἄρτι⁹ λέγω ὑμῖν πρὸ²⁹ τοῦ γενέσθαι, ἵνα, ὅταν γένηται, πιστεύσητε ὅτι ἐγώ εἰμι. 20 Ἀμὴν ἀμὴν λέγω ὑμῖν, Ὁ λαμβάνων ἐάν τινα πέμψω, ἐμὲ λαμβάνει· ὁ δὲ ἐμὲ λαμβάνων, λαμβάνει τὸν πέμψαντά με.

---

² διέζωσεν: AAI-3S   ⁵ νίπτειν: PAN   ⁶ ἐκμάσσειν: PAN   ⁷ διεζωσμένος: RPP-NSM   ⁸ νίπτεις: PAI-2S   ¹⁰ νίψῃς: AAS-2S   ¹¹ νίψω: AAS-1S   ¹³ λελουμένος: RPP-NSM   ¹⁵ νίψασθαι: AMN   ¹⁷ ἔνιψεν: AAI-3S   ¹⁸ ἀναπεσὼν: 2AAP-NSM   ¹⁹ φωνεῖτέ: PAI-2P   ²¹ ἔνιψα: AAI-1S   ²² ὀφείλετε: PAI-2P   ²³ νίπτειν: PAN   ²⁵ ἐξελεξάμην: AMI-1S   ²⁶ τρώγων: PAP-NSM   ²⁷ ἐπῆρεν: AAI-3S

---

¹ λέντιον, ου, τό, [2] a towel, apron, coarse cloth.   ² διαζώννυμι, [3] I gird, tie around; mid: I gird round myself.   ³ εἶτα, [16] then, thereafter, next (marking a fresh stage); therefore, then, furthermore.   ⁴ νιπτήρ, ῆρος, ὁ, [1] a basin for washing hands or feet.   ⁵ νίπτω, [17] I wash; mid. I wash my own (hands, etc.).   ⁶ ἐκμάσσω, [5] I wipe, wipe (off) thoroughly.   ⁷ διαζώννυμι, [3] I gird, tie around; mid: I gird round myself.   ⁸ νίπτω, [17] I wash; mid. I wash my own (hands, etc.).   ⁹ ἄρτι, [37] now, just now, at this moment.   ¹⁰ νίπτω, [17] I wash; mid. I wash my own (hands, etc.).   ¹¹ νίπτω, [17] I wash; mid. I wash my own (hands, etc.).   ¹² μέρος, ους, τό, [43] a part, portion, share.   ¹³ λούω, [6] (lit. or merely ceremonially), I wash, bathe (the body); mid: of washing, bathing one's self; met: I cleanse from sin.   ¹⁴ χρεία, ας, ἡ, [49] need, necessity, business.   ¹⁵ νίπτω, [17] I wash; mid. I wash my own (hands, etc.).   ¹⁶ καθαρός, ά, όν, [28] clean, pure, unstained, either literally or ceremonially or spiritually; guiltless, innocent, upright.   ¹⁷ νίπτω, [17] I wash; mid. I wash my own (hands, etc.).   ¹⁸ ἀναπίπτω, [11] I lie down, recline (at a dinner-table), fall back upon (the breast of another person reclining at dinner).   ¹⁹ φωνέω, [42] I give forth a sound, hence: (a) of a cock: I crow, (b) of men: I shout, (c) trans: I call (to myself), summon; I invite, address.   ²⁰ καλῶς, [36] well, nobly, honorably, rightly.   ²¹ νίπτω, [17] I wash; mid. I wash my own (hands, etc.).   ²² ὀφείλω, [36] I owe, ought.   ²³ νίπτω, [17] I wash; mid. I wash my own (hands, etc.).   ²⁴ ὑπόδειγμα, ατος, τό, [6] (a) a figure, copy, (b) an example, model.   ²⁵ ἐκλέγομαι, [21] I pick out for myself, choose, elect, select.   ²⁶ τρώγω, [6] I eat, partake of a meal.   ²⁷ ἐπαίρω, [19] I raise, lift up.   ²⁸ πτέρνα, ης, ἡ, [1] the heel.   ²⁹ πρό, [47] (a) of place: before, in front of, (b) of time: before, earlier than.

The Traitor at the Table

21 Ταῦτα εἰπὼν ὁ Ἰησοῦς ἐταράχθη [1] τῷ πνεύματι, καὶ ἐμαρτύρησεν καὶ εἶπεν, Ἀμὴν ἀμὴν λέγω ὑμῖν ὅτι εἷς ἐξ ὑμῶν παραδώσει με. **22** Ἔβλεπον οὖν εἰς ἀλλήλους οἱ μαθηταί, ἀπορούμενοι [2] περὶ τίνος λέγει. **23** Ἦν δὲ ἀνακείμενος [3] εἷς τῶν μαθητῶν αὐτοῦ ἐν τῷ κόλπῳ [4] τοῦ Ἰησοῦ, ὃν ἠγάπα ὁ Ἰησοῦς· **24** νεύει [5] οὖν τούτῳ Σίμων Πέτρος πυθέσθαι [6] τίς ἂν εἴη περὶ οὗ λέγει. **25** Ἐπιπεσὼν [7] δὲ ἐκεῖνος οὕτως ἐπὶ τὸ στῆθος [8] τοῦ Ἰησοῦ, λέγει αὐτῷ, Κύριε, τίς ἐστιν; **26** Ἀποκρίνεται ὁ Ἰησοῦς, Ἐκεῖνός ἐστιν ᾧ ἐγὼ βάψας [9] τὸ ψωμίον [10] ἐπιδώσω. [11] Καὶ ἐμβάψας [12] τὸ ψωμίον, [10] δίδωσιν Ἰούδᾳ Σίμωνος Ἰσκαριώτῃ. **27** Καὶ μετὰ τὸ ψωμίον, [10] τότε εἰσῆλθεν εἰς ἐκεῖνον ὁ Σατανᾶς. [13] Λέγει οὖν αὐτῷ ὁ Ἰησοῦς, Ὃ ποιεῖς, ποίησον τάχιον. [14] **28** Τοῦτο δὲ οὐδεὶς ἔγνω τῶν ἀνακειμένων [15] πρὸς τί εἶπεν αὐτῷ. **29** Τινὲς γὰρ ἐδόκουν, ἐπεὶ [16] τὸ γλωσσόκομον [17] εἶχεν ὁ Ἰούδας, ὅτι λέγει αὐτῷ ὁ Ἰησοῦς, Ἀγόρασον [18] ὧν χρείαν [19] ἔχομεν εἰς τὴν ἑορτήν· [20] ἢ τοῖς πτωχοῖς [21] ἵνα τι δῷ. **30** Λαβὼν οὖν τὸ ψωμίον [10] ἐκεῖνος, εὐθέως ἐξῆλθεν· ἦν δὲ νύξ.

Concerning Christ's Glorification

31 Ὅτε ἐξῆλθεν, λέγει ὁ Ἰησοῦς, Νῦν ἐδοξάσθη ὁ υἱὸς τοῦ ἀνθρώπου, καὶ ὁ θεὸς ἐδοξάσθη ἐν αὐτῷ. **32** Εἰ ὁ θεὸς ἐδοξάσθη ἐν αὐτῷ, καὶ ὁ θεὸς δοξάσει αὐτὸν ἐν ἑαυτῷ, καὶ εὐθὺς δοξάσει αὐτόν. **33** Τεκνία, [22] ἔτι μικρὸν [23] μεθ᾽ ὑμῶν εἰμι. Ζητήσετέ με, καὶ καθὼς εἶπον τοῖς Ἰουδαίοις ὅτι Ὅπου ὑπάγω ἐγώ, ὑμεῖς οὐ δύνασθε ἐλθεῖν, καὶ ὑμῖν λέγω ἄρτι. [24] **34** Ἐντολὴν καινὴν [25] δίδωμι ὑμῖν, ἵνα ἀγαπᾶτε ἀλλήλους· καθὼς ἠγάπησα ὑμᾶς, ἵνα καὶ ὑμεῖς ἀγαπᾶτε ἀλλήλους. **35** Ἐν τούτῳ γνώσονται πάντες ὅτι ἐμοὶ μαθηταί ἐστε, ἐὰν ἀγάπην ἔχητε ἐν ἀλλήλοις.

36 Λέγει αὐτῷ Σίμων Πέτρος, Κύριε, ποῦ [26] ὑπάγεις; Ἀπεκρίθη αὐτῷ ὁ Ἰησοῦς, Ὅπου ὑπάγω, οὐ δύνασαί μοι νῦν ἀκολουθῆσαι, ὕστερον [27] δὲ ἀκολουθήσεις μοι. **37** Λέγει αὐτῷ Πέτρος, Κύριε, διὰ τί οὐ δύναμαί σοι ἀκολουθῆσαι ἄρτι; [24] Τὴν ψυχήν μου ὑπὲρ

---

[1]ἐταράχθη: *API-3S*   [2]ἀπορούμενοι: *PMP-NPM*   [3]ἀνακείμενος: *PNP-NSM*   [5]νεύει: *PAI-3S*   [6]πυθέσθαι: *2ADN* [7]Ἐπιπεσὼν: *2AAP-NSM*   [9]βάψας: *AAP-NSM*   [11]ἐπιδώσω: *FAI-1S*   [12]ἐμβάψας: *AAP-NSM*   [15]ἀνακειμένων: *PNP-GPM*   [18]Ἀγόρασον: *AAM-2S*

---

[1]ταράσσω, *[17] I disturb, agitate, stir up, trouble.*   [2]ἀπορέω, *[4] I am at a loss, am perplexed; mid: I am in doubt.*   [3]ἀνάκειμαι, *[15] I recline, especially at a dinner-table.*   [4]κόλπος, ου, ὁ, *[6] (a) sing. and plur: bosom; (sinus) the overhanging fold of the garment used as a pocket, (b) a bay, gulf.*   [5]νεύω, *[2] I nod, make a sign, beckon.*   [6]πυνθάνομαι, *[12] I ask, inquire, ascertain by inquiry, understand.*   [7]ἐπιπίπτω, *[13] I fall upon, press upon, light upon, come over.*   [8]στῆθος, ους, τό, *[5] the breast, chest.*   [9]βάπτω, *[3] (a) I dip, (b) I dye.* [10]ψωμίον, ου, τό, *[4] a bit, morsel.*   [11]ἐπιδίδωμι, *[11] (a) trans: I hand in, give up, (b) intrans: I give way (to the wind).*   [12]ἐμβάπτω, *[3] I dip into.*   [13]Σατανᾶς, ᾶ, ὁ, *[36] an adversary, Satan.*   [14]τάχιον, *[5] more swiftly, more quickly.*   [15]ἀνάκειμαι, *[15] I recline, especially at a dinner-table.*   [16]ἐπεί, *[27] of time: when, after; of cause: since, because; otherwise: else.*   [17]γλωσσόκομον, ου, τό, *[2] (a vernacular word), bag, purse; some prefer to take as: box, chest.*   [18]ἀγοράζω, *[31] I buy.*   [19]χρεία, ας, ἡ, *[49] need, necessity, business.*   [20]ἑορτή, ῆς, ἡ, *[27] a festival, feast, periodically recurring.*   [21]πτωχός, ή, όν, *[34] poor, destitute, spiritually poor, either in a good sense (humble devout persons) or bad.*   [22]τεκνίον, ου, τό, *[9] a little child.*   [23]μικρός, ά, όν, *[45] little, small.* [24]ἄρτι, *[37] now, just now, at this moment.*   [25]καινός, ή, όν, *[44] fresh, new, unused, novel.*   [26]ποῦ, *[44] where, in what place.*   [27]ὕστερον, *[12] lastly, afterward, later.*

σοῦ θήσω. 38 Ἀπεκρίθη αὐτῷ ὁ Ἰησοῦς, Τὴν ψυχήν σου ὑπὲρ ἐμοῦ θήσεις; Ἀμὴν ἀμὴν λέγω σοι, οὐ μὴ ἀλέκτωρ¹ φωνήσῃ² ἕως οὗ ἀπαρνήσῃ³ με τρίς.⁴

Of Christ's Going to the Father

14 Μὴ ταρασσέσθω⁵ ὑμῶν ἡ καρδία· πιστεύετε εἰς τὸν θεόν, καὶ εἰς ἐμὲ πιστεύετε. **2** Ἐν τῇ οἰκίᾳ τοῦ πατρός μου μοναὶ⁶ πολλαί εἰσιν· εἰ δὲ μή, εἶπον ἂν ὑμῖν· Πορεύομαι ἑτοιμάσαι⁷ τόπον ὑμῖν. **3** Καὶ ἐὰν πορευθῶ, ἑτοιμάσω⁸ ὑμῖν τόπον· πάλιν ἔρχομαι καὶ παραλήψομαι⁹ ὑμᾶς πρὸς ἐμαυτόν,¹⁰ ἵνα ὅπου εἰμὶ ἐγώ, καὶ ὑμεῖς ἦτε. **4** Καὶ ὅπου ἐγὼ ὑπάγω οἴδατε, καὶ τὴν ὁδὸν οἴδατε. **5** Λέγει αὐτῷ Θωμᾶς, Κύριε, οὐκ οἴδαμεν ποῦ¹¹ ὑπάγεις· καὶ πῶς δυνάμεθα τὴν ὁδὸν εἰδέναι; **6** Λέγει αὐτῷ ὁ Ἰησοῦς, Ἐγώ εἰμι ἡ ὁδὸς καὶ ἡ ἀλήθεια καὶ ἡ ζωή· οὐδεὶς ἔρχεται πρὸς τὸν πατέρα, εἰ μὴ δι' ἐμοῦ. **7** Εἰ ἐγνώκειτέ με, καὶ τὸν πατέρα μου ἐγνώκειτε ἄν· καὶ ἀπ' ἄρτι¹² γινώσκετε αὐτόν, καὶ ἑωράκατε αὐτόν. **8** Λέγει αὐτῷ Φίλιππος, Κύριε, δεῖξον¹³ ἡμῖν τὸν πατέρα, καὶ ἀρκεῖ¹⁴ ἡμῖν. **9** Λέγει αὐτῷ ὁ Ἰησοῦς, Τοσοῦτον¹⁵ χρόνον μεθ' ὑμῶν εἰμι, καὶ οὐκ ἔγνωκάς με, Φίλιππε; Ὁ ἑωρακὼς ἐμέ, ἑώρακεν τὸν πατέρα· καὶ πῶς σὺ λέγεις, Δεῖξον¹⁶ ἡμῖν τὸν πατέρα; **10** Οὐ πιστεύεις ὅτι ἐγὼ ἐν τῷ πατρί, καὶ ὁ πατὴρ ἐν ἐμοί ἐστιν; Τὰ ῥήματα ἃ ἐγὼ λαλῶ ὑμῖν, ἀπ' ἐμαυτοῦ¹⁰ οὐ λαλῶ· ὁ δὲ πατὴρ ὁ ἐν ἐμοὶ μένων, αὐτὸς ποιεῖ τὰ ἔργα. **11** Πιστεύετέ μοι ὅτι ἐγὼ ἐν τῷ πατρί, καὶ ὁ πατὴρ ἐν ἐμοί· εἰ δὲ μή, διὰ τὰ ἔργα αὐτὰ πιστεύετέ μοι. **12** Ἀμὴν ἀμὴν λέγω ὑμῖν, ὁ πιστεύων εἰς ἐμέ, τὰ ἔργα ἃ ἐγὼ ποιῶ κἀκεῖνος¹⁷ ποιήσει, καὶ μείζονα τούτων ποιήσει· ὅτι ἐγὼ πρὸς τὸν πατέρα μου πορεύομαι. **13** Καὶ ὅ τι ἂν αἰτήσητε ἐν τῷ ὀνόματί μου, τοῦτο ποιήσω, ἵνα δοξασθῇ ὁ πατὴρ ἐν τῷ υἱῷ. **14** Ἐάν τι αἰτήσητέ με ἐν τῷ ὀνόματί μου, ἐγὼ ποιήσω.

Of Love and Life

15 Ἐὰν ἀγαπᾶτέ με, τὰς ἐντολὰς τὰς ἐμὰς τηρήσατε. **16** Καὶ ἐγὼ ἐρωτήσω τὸν πατέρα, καὶ ἄλλον παράκλητον¹⁸ δώσει ὑμῖν, ἵνα μένῃ μεθ' ὑμῶν εἰς τὸν αἰῶνα, **17** τὸ πνεῦμα τῆς ἀληθείας, ὃ ὁ κόσμος οὐ δύναται λαβεῖν, ὅτι οὐ θεωρεῖ αὐτό, οὐδὲ γινώσκει αὐτό. Ὑμεῖς δὲ γινώσκετε αὐτό, ὅτι παρ' ὑμῖν μένει, καὶ ἐν ὑμῖν ἔσται. **18** Οὐκ ἀφήσω ὑμᾶς ὀρφανούς·¹⁹ ἔρχομαι πρὸς ὑμᾶς. **19** Ἔτι μικρὸν²⁰ καὶ ὁ κόσμος με οὐκέτι²¹ θεωρεῖ, ὑμεῖς δὲ θεωρεῖτέ με· ὅτι ἐγὼ ζῶ, καὶ ὑμεῖς ζήσεσθε. **20** Ἐν ἐκείνῃ τῇ ἡμέρᾳ γνώσεσθε ὑμεῖς ὅτι ἐγὼ ἐν τῷ πατρί μου, καὶ ὑμεῖς ἐν ἐμοί, καὶ ἐγὼ ἐν ὑμῖν. **21** Ὁ ἔχων τὰς ἐντολάς μου καὶ

---

²φωνήσῃ: AAS-3S   ³ἀπαρνήσῃ: FDI-2S   ⁵ταρασσέσθω: PPM-3S   ⁷ἑτοιμάσαι: AAN   ⁸ἑτοιμάσω: FAI-1S   ⁹παραλήψομαι: FDI-1S   ¹³δεῖξον: AAM-2S   ¹⁴ἀρκεῖ: PAI-3S   ¹⁶Δεῖξον: AAM-2S

---

¹ἀλέκτωρ, ορος, ὁ, [12] a cock, rooster.   ²φωνέω, [42] I give forth a sound, hence: (a) of a cock: I crow, (b) of men: I shout, (c) trans: I call (to myself), summon; I invite, address.   ³ἀπαρνέομαι, [13] I deny, disown, repudiate (either another person or myself), disregard.   ⁴τρίς, [12] three times.   ⁵ταράσσω, [17] I disturb, agitate, stir up, trouble.   ⁶μονή, ῆς, ἡ, [2] lodging, dwelling-place, room, abode, mansion.   ⁷ἑτοιμάζω, [40] I make ready, prepare.   ⁸ἑτοιμάζω, [40] I make ready, prepare.   ⁹παραλαμβάνω, [49] I take from, receive from, or: I take to, receive (apparently not used of money), admit, acknowledge; I take with me.   ¹⁰ἐμαυτοῦ, ῆς, οῦ, [37] of myself.   ¹¹ποῦ, [44] where, in what place.   ¹²ἄρτι, [37] now, just now, at this moment.   ¹³δείκνυμι, [31] I point out, show, exhibit; met: I teach, demonstrate, make known.   ¹⁴ἀρκέω, [8] I keep off, assist; I suffice; pass: I am satisfied.   ¹⁵τοσοῦτος, τοσαύτη, τοσοῦτο, [20] so great, so large, so long, so many.   ¹⁶δείκνυμι, [31] I point out, show, exhibit; met: I teach, demonstrate, make known.   ¹⁷κἀκεῖνος, η, ο, [21] and he, she, it, and that.   ¹⁸παράκλητος, ου, ὁ, [5] (a) an advocate, intercessor, (b) a consoler, comforter, helper, (c) Paraclete.   ¹⁹ὀρφανός, ή, όν, [2] bereaved, an orphan, fatherless, desolate.   ²⁰μικρός, ά, όν, [45] little, small.   ²¹οὐκέτι, [48] no longer, no more.

τηρῶν αὐτάς, ἐκεῖνός ἐστιν ὁ ἀγαπῶν με· ὁ δὲ ἀγαπῶν με, ἀγαπηθήσεται ὑπὸ τοῦ πατρός μου· καὶ ἐγὼ ἀγαπήσω αὐτόν, καὶ ἐμφανίσω[1] αὐτῷ ἐμαυτόν.[2] 22 Λέγει αὐτῷ Ἰούδας, οὐχ ὁ Ἰσκαριώτης, Κύριε, καὶ τί γέγονεν ὅτι ἡμῖν μέλλεις ἐμφανίζειν[3] σεαυτόν,[4] καὶ οὐχὶ τῷ κόσμῳ; 23 Ἀπεκρίθη Ἰησοῦς καὶ εἶπεν αὐτῷ, Ἐάν τις ἀγαπᾷ με, τὸν λόγον μου τηρήσει, καὶ ὁ πατήρ μου ἀγαπήσει αὐτόν, καὶ πρὸς αὐτὸν ἐλευσόμεθα, καὶ μονὴν[5] παρ' αὐτῷ ποιήσομεν.

Of the Work of the Spirit

24 Ὁ μὴ ἀγαπῶν με, τοὺς λόγους μου οὐ τηρεῖ· καὶ ὁ λόγος ὃν ἀκούετε οὐκ ἔστιν ἐμός, ἀλλὰ τοῦ πέμψαντός με πατρός.

25 Ταῦτα λελάληκα ὑμῖν παρ' ὑμῖν μένων. 26 Ὁ δὲ παράκλητος,[6] τὸ πνεῦμα τὸ ἅγιον, ὃ πέμψει ὁ πατὴρ ἐν τῷ ὀνόματί μου, ἐκεῖνος ὑμᾶς διδάξει πάντα, καὶ ὑπομνήσει[7] ὑμᾶς πάντα ἃ εἶπον ὑμῖν. 27 Εἰρήνην ἀφίημι ὑμῖν, εἰρήνην τὴν ἐμὴν δίδωμι ὑμῖν· οὐ καθὼς ὁ κόσμος δίδωσιν, ἐγὼ δίδωμι ὑμῖν. Μὴ ταρασσέσθω[8] ὑμῶν ἡ καρδία, μηδὲ δειλιάτω.[9] 28 Ἠκούσατε ὅτι ἐγὼ εἶπον ὑμῖν, Ὑπάγω καὶ ἔρχομαι πρὸς ὑμᾶς. Εἰ ἠγαπᾶτέ με, ἐχάρητε ἂν ὅτι εἶπον, Πορεύομαι πρὸς τὸν πατέρα· ὅτι ὁ πατήρ μου μείζων μού ἐστιν. 29 Καὶ νῦν εἴρηκα ὑμῖν πρὶν[10] γενέσθαι· ἵνα, ὅταν γένηται, πιστεύσητε. 30 Οὐκέτι[11] πολλὰ λαλήσω μεθ' ὑμῶν· ἔρχεται γὰρ ὁ τοῦ κόσμου ἄρχων,[12] καὶ ἐν ἐμοὶ οὐκ ἔχει οὐδέν· 31 ἀλλ' ἵνα γνῷ ὁ κόσμος ὅτι ἀγαπῶ τὸν πατέρα, καὶ καθὼς ἐνετείλατό[13] μοι ὁ πατήρ, οὕτως ποιῶ. Ἐγείρεσθε, ἄγωμεν ἐντεῦθεν.[14]

Christt the True Vine

15 Ἐγώ εἰμι ἡ ἄμπελος[15] ἡ ἀληθινή,[16] καὶ ὁ πατήρ μου ὁ γεωργός[17] ἐστιν. 2 Πᾶν κλῆμα[18] ἐν ἐμοὶ μὴ φέρον καρπόν, αἴρει αὐτό· καὶ πᾶν τὸ καρπὸν φέρον, καθαίρει[19] αὐτό, ἵνα πλείονα καρπὸν φέρῃ. 3 Ἤδη ὑμεῖς καθαροί[20] ἐστε διὰ τὸν λόγον ὃν λελάληκα ὑμῖν. 4 Μείνατε ἐν ἐμοί, κἀγὼ ἐν ὑμῖν. Καθὼς τὸ κλῆμα[18] οὐ δύναται καρπὸν φέρειν ἀφ' ἑαυτοῦ, ἐὰν μὴ μείνῃ ἐν τῇ ἀμπέλῳ,[15] οὕτως οὐδὲ ὑμεῖς, ἐὰν μὴ ἐν ἐμοὶ μείνητε. 5 Ἐγώ εἰμι ἡ ἄμπελος,[15] ὑμεῖς τὰ κλήματα.[18] Ὁ μένων ἐν ἐμοί, κἀγὼ ἐν αὐτῷ, οὗτος φέρει καρπὸν πολύν· ὅτι χωρὶς[21] ἐμοῦ οὐ δύνασθε ποιεῖν οὐδέν. 6 Ἐὰν μή τις μείνῃ ἐν ἐμοί, ἐβλήθη ἔξω ὡς τὸ κλῆμα,[18] καὶ ἐξηράνθη,[22] καὶ συνάγουσιν αὐτὰ

---

[1]ἐμφανίσω: FAI-1S   [3]ἐμφανίζειν: PAN   [7]ὑπομνήσει: FAI-3S   [8]ταρασσέσθω: PPM-3S   [9]δειλιάτω: PAM-3S
[13]ἐνετείλατό: ADI-3S   [19]καθαίρει: PAI-3S   [22]ἐξηράνθη: API-3S

---

[1]ἐμφανίζω, [10] I make visible (manifest); hence: I report (inform) against; pass: I appear before.   [2]ἐμαυτοῦ, ῆς, οῦ, [37] of myself.   [3]ἐμφανίζω, [10] I make visible (manifest); hence: I report (inform) against; pass: I appear before.   [4]σεαυτοῦ, ῆς, οῦ, [41] of yourself.   [5]μονή, ῆς, ἡ, [2] lodging, dwelling-place, room, abode, mansion.   [6]παράκλητος, ου, ὁ, [5] (a) an advocate, intercessor, (b) a consoler, comforter, helper, (c) Paraclete.   [7]ὑπομιμνήσκω, [7] I remind; pass: I remember, call to mind.   [8]ταράσσω, [17] I disturb, agitate, stir up, trouble.   [9]δειλιάω, [1] I shrink, am fearful, timid, cowardly.   [10]πρίν, [14] formerly, before.   [11]οὐκέτι, [48] no longer, no more.   [12]ἄρχων, οντος, ὁ, [37] a ruler, governor, leader, leading man; with the Jews, an official member (a member of the executive) of the assembly of elders.   [13]ἐντέλλομαι, [17] I give orders (injunctions, instructions, commands).   [14]ἐντεῦθεν, [11] hence, from this place, on this side and on that.   [15]ἄμπελος, ου, ἡ, [9] a vine, grape-vine.   [16]ἀληθινός, η, ον, [27] true (lit: made of truth), real, genuine.   [17]γεωργός, οῦ, ὁ, [19] a worker of the soil, husbandman, farmer, farm-laborer, vine-dresser.   [18]κλῆμα, ατος, τό, [4] a branch, shoot, twig.   [19]καθαίρω, [2] I cleanse, purify, prune.   [20]καθαρός, ά, όν, [28] clean, pure, unstained, either literally or ceremonially or spiritually; guiltless, innocent, upright.   [21]χωρίς, [39] apart from, separately from; without.   [22]ξηραίνω, [16] I dry up, parch, am ripened, wither, waste away.

καὶ εἰς τὸ πῦρ βάλλουσιν, καὶ καίεται. [1] 7 Ἐὰν μείνητε ἐν ἐμοί, καὶ τὰ ῥήματά μου ἐν ὑμῖν μείνῃ, ὃ ἐὰν θέλητε αἰτήσεσθε, καὶ γενήσεται ὑμῖν. 8 Ἐν τούτῳ ἐδοξάσθη ὁ πατήρ μου, ἵνα καρπὸν πολὺν φέρητε· καὶ γενήσεσθε ἐμοὶ μαθηταί. 9 Καθὼς ἠγάπησέν με ὁ πατήρ, κἀγὼ ἠγάπησα ὑμᾶς· μείνατε ἐν τῇ ἀγάπῃ τῇ ἐμῇ. 10 Ἐὰν τὰς ἐντολάς μου τηρήσητε, μενεῖτε ἐν τῇ ἀγάπῃ μου· καθὼς ἐγὼ τὰς ἐντολὰς τοῦ πατρός μου τετήρηκα, καὶ μένω αὐτοῦ ἐν τῇ ἀγάπῃ.

The New Status of Christ's Disciples

11 Ταῦτα λελάληκα ὑμῖν, ἵνα ἡ χαρὰ ἡ ἐμὴ ἐν ὑμῖν μείνῃ, καὶ ἡ χαρὰ ὑμῶν πληρωθῇ. 12 Αὕτη ἐστὶν ἡ ἐντολὴ ἡ ἐμή, ἵνα ἀγαπᾶτε ἀλλήλους, καθὼς ἠγάπησα ὑμᾶς. 13 Μείζονα ταύτης ἀγάπην οὐδεὶς ἔχει, ἵνα τις τὴν ψυχὴν αὐτοῦ θῇ ὑπὲρ τῶν φίλων [2] αὐτοῦ. 14 Ὑμεῖς φίλοι [2] μου ἐστέ, ἐὰν ποιῆτε ὅσα ἐγὼ ἐντέλλομαι [3] ὑμῖν. 15 Οὐκέτι [4] ὑμᾶς λέγω δούλους, ὅτι ὁ δοῦλος οὐκ οἶδεν τί ποιεῖ αὐτοῦ ὁ κύριος· ὑμᾶς δὲ εἴρηκα φίλους, [2] ὅτι πάντα ἃ ἤκουσα παρὰ τοῦ πατρός μου ἐγνώρισα [5] ὑμῖν. 16 Οὐχ ὑμεῖς με ἐξελέξασθε, [6] ἀλλ᾽ ἐγὼ ἐξελεξάμην [7] ὑμᾶς, καὶ ἔθηκα ὑμᾶς, ἵνα ὑμεῖς ὑπάγητε καὶ καρπὸν φέρητε, καὶ ὁ καρπὸς ὑμῶν μένῃ· ἵνα ὅ τι ἂν αἰτήσητε τὸν πατέρα ἐν τῷ ὀνόματί μου, δῷ ὑμῖν. 17 Ταῦτα ἐντέλλομαι [8] ὑμῖν, ἵνα ἀγαπᾶτε ἀλλήλους. 18 Εἰ ὁ κόσμος ὑμᾶς μισεῖ, [9] γινώσκετε ὅτι ἐμὲ πρῶτον ὑμῶν μεμίσηκεν. [10] 19 Εἰ ἐκ τοῦ κόσμου ἦτε, ὁ κόσμος ἂν τὸ ἴδιον ἐφίλει· [11] ὅτι δὲ ἐκ τοῦ κόσμου οὐκ ἐστέ, ἀλλ᾽ ἐγὼ ἐξελεξάμην [12] ὑμᾶς ἐκ τοῦ κόσμου, διὰ τοῦτο μισεῖ [13] ὑμᾶς ὁ κόσμος. 20 Μνημονεύετε [14] τοῦ λόγου οὗ ἐγὼ εἶπον ὑμῖν, Οὐκ ἔστιν δοῦλος μείζων τοῦ κυρίου αὐτοῦ. Εἰ ἐμὲ ἐδίωξαν, [15] καὶ ὑμᾶς διώξουσιν· [16] εἰ τὸν λόγον μου ἐτήρησαν, καὶ τὸν ὑμέτερον [17] τηρήσουσιν. 21 Ἀλλὰ ταῦτα πάντα ποιήσουσιν ὑμῖν διὰ τὸ ὄνομά μου, ὅτι οὐκ οἴδασιν τὸν πέμψαντά με. 22 Εἰ μὴ ἦλθον καὶ ἐλάλησα αὐτοῖς, ἁμαρτίαν οὐκ εἶχον· νῦν δὲ πρόφασιν [18] οὐκ ἔχουσιν περὶ τῆς ἁμαρτίας αὐτῶν. 23 Ὁ ἐμὲ μισῶν, [19] καὶ τὸν πατέρα μου μισεῖ. [20] 24 Εἰ τὰ ἔργα μὴ ἐποίησα ἐν αὐτοῖς ἃ οὐδεὶς ἄλλος πεποίηκεν, ἁμαρτίαν οὐκ εἶχον· νῦν δὲ καὶ ἑωράκασιν καὶ μεμισήκασιν [21] καὶ ἐμὲ καὶ τὸν πατέρα μου. 25 Ἀλλ᾽ ἵνα πληρωθῇ ὁ λόγος ὁ γεγραμμένος ἐν τῷ νόμῳ αὐτῶν ὅτι Ἐμίσησάν [22] με δωρεάν. [23]

---

[1] καίεται: PPI-3S   [3] ἐντέλλομαι: PNI-1S   [5] ἐγνώρισα: AAI-1S   [6] ἐξελέξασθε: AMI-2P   [7] ἐξελεξάμην: AMI-1S [8] ἐντέλλομαι: PNI-1S   [9] μισεῖ: PAI-3S   [10] μεμίσηκεν: RAI-3S   [11] ἐφίλει: IAI-3S   [12] ἐξελεξάμην: AMI-1S   [13] μισεῖ: PAI-3S   [14] Μνημονεύετε: PAM-2P   [15] ἐδίωξαν: AAI-3P   [16] διώξουσιν: FAI-3P   [19] μισῶν: PAP-NSM   [20] μισεῖ: PAI-3S [21] μεμισήκασιν: RAI-3P   [22] Ἐμίσησάν: AAI-3P

---

[1] καίω, [14] I ignite, light, burn, lit. and met; I consume with fire.   [2] φίλος, η, ον, [30] friendly; subst: a friend, an associate.   [3] ἐντέλλομαι, [17] I give orders (injunctions, instructions, commands).   [4] οὐκέτι, [48] no longer, no more.   [5] γνωρίζω, [24] I make known, declare, know, discover.   [6] ἐκλέγομαι, [21] I pick out for myself, choose, elect, select.   [7] ἐκλέγομαι, [21] I pick out for myself, choose, elect, select.   [8] ἐντέλλομαι, [17] I give orders (injunctions, instructions, commands).   [9] μισέω, [41] I hate, detest, love less, esteem less.   [10] μισέω, [41] I hate, detest, love less, esteem less.   [11] φιλέω, [25] I love (of friendship), regard with affection, cherish; I kiss.   [12] ἐκλέγομαι, [21] I pick out for myself, choose, elect, select.   [13] μισέω, [41] I hate, detest, love less, esteem less.   [14] μνημονεύω, [21] I remember, hold in remembrance, make mention of.   [15] διώκω, [44] I pursue, hence: I persecute.   [16] διώκω, [44] I pursue, hence: I persecute.   [17] ὑμέτερος, α, ον, [10] your, yours.   [18] πρόφασις, εως, ἡ, [7] a pretext, an excuse.   [19] μισέω, [41] I hate, detest, love less, esteem less.   [20] μισέω, [41] I hate, detest, love less, esteem less.   [21] μισέω, [41] I hate, detest, love less, esteem less.   [22] μισέω, [41] I hate, detest, love less, esteem less.   [23] δωρεάν, [9] as a free gift, without payment, freely.

26 Ὅταν δὲ ἔλθῃ ὁ παράκλητος, [1] ὃν ἐγὼ πέμψω ὑμῖν παρὰ τοῦ πατρός, τὸ πνεῦμα τῆς ἀληθείας, ὃ παρὰ τοῦ πατρὸς ἐκπορεύεται, [2] ἐκεῖνος μαρτυρήσει περὶ ἐμοῦ· **27** καὶ ὑμεῖς δὲ μαρτυρεῖτε, ὅτι ἀπ᾽ ἀρχῆς μετ᾽ ἐμοῦ ἐστε.

Comfort against the World's Hatred

16 Ταῦτα λελάληκα ὑμῖν, ἵνα μὴ σκανδαλισθῆτε. [3] **2** Ἀποσυναγώγους [4] ποιήσουσιν ὑμᾶς· ἀλλ᾽ ἔρχεται ὥρα, ἵνα πᾶς ὁ ἀποκτείνας ὑμᾶς δόξῃ λατρείαν [5] προσφέρειν [6] τῷ θεῷ. **3** Καὶ ταῦτα ποιήσουσιν, ὅτι οὐκ ἔγνωσαν τὸν πατέρα οὐδὲ ἐμέ. **4** Ἀλλὰ ταῦτα λελάληκα ὑμῖν, ἵνα ὅταν ἔλθῃ ἡ ὥρα, μνημονεύητε [7] αὐτῶν, ὅτι ἐγὼ εἶπον ὑμῖν. Ταῦτα δὲ ὑμῖν ἐξ ἀρχῆς οὐκ εἶπον, ὅτι μεθ᾽ ὑμῶν ἤμην. **5** Νῦν δὲ ὑπάγω πρὸς τὸν πέμψαντά με, καὶ οὐδεὶς ἐξ ὑμῶν ἐρωτᾷ με, Ποῦ [8] ὑπάγεις; **6** Ἀλλ᾽ ὅτι ταῦτα λελάληκα ὑμῖν, ἡ λύπη [9] πεπλήρωκεν ὑμῶν τὴν καρδίαν. **7** Ἀλλ᾽ ἐγὼ τὴν ἀλήθειαν λέγω ὑμῖν· συμφέρει [10] ὑμῖν ἵνα ἐγὼ ἀπέλθω· ἐὰν γὰρ ἐγὼ μὴ ἀπέλθω, ὁ παράκλητος [1] οὐκ ἐλεύσεται πρὸς ὑμᾶς· ἐὰν δὲ πορευθῶ, πέμψω αὐτὸν πρὸς ὑμᾶς. **8** Καὶ ἐλθὼν ἐκεῖνος ἐλέγξει [11] τὸν κόσμον περὶ ἁμαρτίας καὶ περὶ δικαιοσύνης καὶ περὶ κρίσεως· [12] **9** περὶ ἁμαρτίας μέν, ὅτι οὐ πιστεύουσιν εἰς ἐμέ· **10** περὶ δικαιοσύνης δέ, ὅτι πρὸς τὸν πατέρα μου ὑπάγω, καὶ οὐκέτι [13] θεωρεῖτέ με· **11** περὶ δὲ κρίσεως, [12] ὅτι ὁ ἄρχων [14] τοῦ κόσμου τούτου κέκριται. **12** Ἔτι πολλὰ ἔχω λέγειν ὑμῖν, ἀλλ᾽ οὐ δύνασθε βαστάζειν [15] ἄρτι. [16] **13** Ὅταν δὲ ἔλθῃ ἐκεῖνος, τὸ πνεῦμα τῆς ἀληθείας, ὁδηγήσει [17] ὑμᾶς εἰς πᾶσαν τὴν ἀλήθειαν· οὐ γὰρ λαλήσει ἀφ᾽ ἑαυτοῦ, ἀλλ᾽ ὅσα ἂν ἀκούσῃ λαλήσει, καὶ τὰ ἐρχόμενα ἀναγγελεῖ [18] ὑμῖν. **14** Ἐκεῖνος ἐμὲ δοξάσει, ὅτι ἐκ τοῦ ἐμοῦ λήψεται, καὶ ἀναγγελεῖ [19] ὑμῖν. **15** Πάντα ὅσα ἔχει ὁ πατὴρ ἐμά ἐστιν· διὰ τοῦτο εἶπον, ὅτι ἐκ τοῦ ἐμοῦ λαμβάνει, καὶ ἀναγγελεῖ [20] ὑμῖν.

The Comfort of Christ's Second Advent

16 Μικρὸν [21] καὶ οὐ θεωρεῖτέ με, καὶ πάλιν μικρὸν [21] καὶ ὄψεσθέ με, ὅτι ὑπάγω πρὸς τὸν πατέρα. **17** Εἶπον οὖν ἐκ τῶν μαθητῶν αὐτοῦ πρὸς ἀλλήλους, Τί ἐστιν τοῦτο ὃ λέγει ἡμῖν, Μικρὸν [21] καὶ οὐ θεωρεῖτέ με, καὶ πάλιν μικρὸν [21] καὶ ὄψεσθέ με; Καὶ ὅτι Ἐγὼ ὑπάγω πρὸς τὸν πατέρα; **18** Ἔλεγον οὖν, Τοῦτο τί ἐστιν ὃ λέγει, τὸ μικρόν; [21] Οὐκ

---

[2] ἐκπορεύεται: PNI-3S　[3] σκανδαλισθῆτε: APS-2P　[6] προσφέρειν: PAN　[7] μνημονεύητε: PAS-2P　[10] συμφέρει: PAI-3S　[11] ἐλέγξει: FAI-3S　[15] βαστάζειν: PAN　[17] ὁδηγήσει: FAI-3S　[18] ἀναγγελεῖ: FAI-3S　[19] ἀναγγελεῖ: FAI-3S　[20] ἀναγγελεῖ: FAI-3S

---

[1] παράκλητος, ου, ὁ, [5] (a) an advocate, intercessor, (b) a consoler, comforter, helper, (c) Paraclete. [2] ἐκπορεύομαι, [32] I depart from; I am voided, cast out; I proceed from, am spoken; I burst forth, flow out, am spread abroad. [3] σκανδαλίζω, [30] I cause to stumble, cause to sin, cause to become indignant, shock, offend. [4] ἀποσυνάγωγος, ον, [3] away from the synagogue, expelled from the synagogue, excommunicated. [5] λατρεία, ας, ἡ, [5] service rendered to God, perhaps simply: worship. [6] προσφέρω, [48] (a) I bring to, (b) characteristically: I offer (of gifts, sacrifices, etc). [7] μνημονεύω, [21] I remember, hold in remembrance, make mention of. [8] ποῦ, [44] where, in what place. [9] λύπη, ης, ἡ, [16] pain, grief, sorrow, affliction. [10] συμφέρω, [17] I bring together, collect; I am profitable to. [11] ἐλέγχω, [18] (a) I reprove, rebuke, discipline, (b) I expose, show to be guilty. [12] κρίσις, εως, ἡ, [48] judging, judgment, decision, sentence; generally: divine judgment; accusation. [13] οὐκέτι, [48] no longer, no more. [14] ἄρχων, οντος, ὁ, [37] a ruler, governor, leader, leading man; with the Jews, an official member (a member of the executive) of the assembly of elders. [15] βαστάζω, [27] (a) I carry, bear, (b) I carry (take) away. [16] ἄρτι, [37] now, just now, at this moment. [17] ὁδηγέω, [5] I lead, guide; met: I instruct, teach. [18] ἀναγγέλλω, [18] I bring back word, report; I announce, declare. [19] ἀναγγέλλω, [18] I bring back word, report; I announce, declare. [20] ἀναγγέλλω, [18] I bring back word, report; I announce, declare. [21] μικρός, ά, όν, [45] little, small.

οἴδαμεν τί λαλεῖ. **19** Ἔγνω οὖν ὁ Ἰησοῦς ὅτι ἤθελον αὐτὸν ἐρωτᾶν, καὶ εἶπεν αὐτοῖς, Περὶ τούτου ζητεῖτε μετ' ἀλλήλων, ὅτι εἶπον, Μικρὸν¹ καὶ οὐ θεωρεῖτέ με, καὶ πάλιν μικρὸν¹ καὶ ὄψεσθέ με; **20** Ἀμὴν ἀμὴν λέγω ὑμῖν ὅτι κλαύσετε² καὶ θρηνήσετε³ ὑμεῖς, ὁ δὲ κόσμος χαρήσεται· ὑμεῖς δὲ λυπηθήσεσθε,⁴ ἀλλ' ἡ λύπη⁵ ὑμῶν εἰς χαρὰν γενήσεται. **21** Ἡ γυνὴ ὅταν τίκτῃ⁶ λύπην⁵ ἔχει, ὅτι ἦλθεν ἡ ὥρα αὐτῆς· ὅταν δὲ γεννήσῃ τὸ παιδίον, οὐκέτι⁷ μνημονεύει⁸ τῆς θλίψεως,⁹ διὰ τὴν χαρὰν ὅτι ἐγεννήθη ἄνθρωπος εἰς τὸν κόσμον. **22** Καὶ ὑμεῖς οὖν λύπην⁵ μὲν νῦν ἔχετε· πάλιν δὲ ὄψομαι ὑμᾶς, καὶ χαρήσεται ὑμῶν ἡ καρδία, καὶ τὴν χαρὰν ὑμῶν οὐδεὶς αἴρει ἀφ' ὑμῶν. **23** Καὶ ἐν ἐκείνῃ τῇ ἡμέρᾳ ἐμὲ οὐκ ἐρωτήσετε οὐδέν. Ἀμὴν ἀμὴν λέγω ὑμῖν ὅτι ὅσα ἂν αἰτήσητε τὸν πατέρα ἐν τῷ ὀνόματί μου, δώσει ὑμῖν. **24** Ἕως ἄρτι¹⁰ οὐκ ᾐτήσατε οὐδὲν ἐν τῷ ὀνόματί μου· αἰτεῖτε, καὶ λήψεσθε, ἵνα ἡ χαρὰ ὑμῶν ᾖ πεπληρωμένη.

25 Ταῦτα ἐν παροιμίαις¹¹ λελάληκα ὑμῖν· ἀλλ' ἔρχεται ὥρα ὅτε οὐκέτι⁷ ἐν παροιμίαις¹¹ λαλήσω ὑμῖν, ἀλλὰ παρρησίᾳ¹² περὶ τοῦ πατρὸς ἀναγγελῶ¹³ ὑμῖν. **26** Ἐν ἐκείνῃ τῇ ἡμέρᾳ ἐν τῷ ὀνόματί μου αἰτήσεσθε· καὶ οὐ λέγω ὑμῖν ὅτι ἐγὼ ἐρωτήσω τὸν πατέρα περὶ ὑμῶν· **27** αὐτὸς γὰρ ὁ πατὴρ φιλεῖ¹⁴ ὑμᾶς, ὅτι ὑμεῖς ἐμὲ πεφιλήκατε,¹⁵ καὶ πεπιστεύκατε ὅτι ἐγὼ παρὰ τοῦ θεοῦ ἐξῆλθον. **28** Ἐξῆλθον παρὰ τοῦ πατρός, καὶ ἐλήλυθα εἰς τὸν κόσμον· πάλιν ἀφίημι τὸν κόσμον, καὶ πορεύομαι πρὸς τὸν πατέρα. **29** Λέγουσιν αὐτῷ οἱ μαθηταὶ αὐτοῦ, Ἴδε,¹⁶ νῦν παρρησίᾳ¹² λαλεῖς, καὶ παροιμίαν¹¹ οὐδεμίαν λέγεις. **30** Νῦν οἴδαμεν ὅτι οἶδας πάντα, καὶ οὐ χρείαν¹⁷ ἔχεις ἵνα τίς σε ἐρωτᾷ· ἐν τούτῳ πιστεύομεν ὅτι ἀπὸ θεοῦ ἐξῆλθες. **31** Ἀπεκρίθη αὐτοῖς ὁ Ἰησοῦς, Ἄρτι¹⁰ πιστεύετε; **32** Ἰδού, ἔρχεται ὥρα καὶ νῦν ἐλήλυθεν, ἵνα σκορπισθῆτε¹⁸ ἕκαστος εἰς τὰ ἴδια, καὶ ἐμὲ μόνον¹⁹ ἀφῆτε· καὶ οὐκ εἰμὶ μόνος,¹⁹ ὅτι ὁ πατὴρ μετ' ἐμοῦ ἐστιν. **33** Ταῦτα λελάληκα ὑμῖν, ἵνα ἐν ἐμοὶ εἰρήνην ἔχητε. Ἐν τῷ κόσμῳ θλίψιν⁹ ἔχετε· ἀλλὰ θαρσεῖτε,²⁰ ἐγὼ νενίκηκα²¹ τὸν κόσμον.

Christ's Great Sacerdotal Prayer

17 Ταῦτα ἐλάλησεν ὁ Ἰησοῦς, καὶ ἐπῆρεν²² τοὺς ὀφθαλμοὺς αὐτοῦ εἰς τὸν οὐρανόν, καὶ εἶπεν, Πάτερ, ἐλήλυθεν ἡ ὥρα· δόξασόν σου τὸν υἱόν, ἵνα καὶ ὁ υἱός σου δοξάσῃ σε· **2** καθὼς ἔδωκας αὐτῷ ἐξουσίαν πάσης σαρκός, ἵνα πᾶν ὃ δέδωκας αὐτῷ, δώσει αὐτοῖς ζωὴν αἰώνιον. **3** Αὕτη δέ ἐστιν ἡ αἰώνιος ζωή, ἵνα γινώσκωσίν σε τὸν

---

²κλαύσετε: *FAI-2P* ³θρηνήσετε: *FAI-2P* ⁴λυπηθήσεσθε: *FPI-2P* ⁶τίκτῃ: *PAS-3S* ⁸μνημονεύει: *PAI-3S*
¹³ἀναγγελῶ: *FAI-1S* ¹⁴φιλεῖ: *PAI-3S* ¹⁵πεφιλήκατε: *RAI-2P* ¹⁶Ἴδε: *2AAM-2S* ¹⁸σκορπισθῆτε: *APS-2P* ²⁰θαρσεῖτε:
PAM-2P ²¹νενίκηκα: *RAI-1S* ²²ἐπῆρεν: *AAI-3S*

---

¹μικρός, ά, όν, [45] little, small. ²κλαίω, [40] I weep, weep for, mourn, lament. ³θρηνέω, [4] intrans: I lament, wail; trans: I bewail. ⁴λυπέω, [26] I pain, grieve, vex. ⁵λύπη, ης, ἡ, [16] pain, grief, sorrow, affliction. ⁶τίκτω, [19] I bear, bring forth, produce, beget, yield. ⁷οὐκέτι, [48] no longer, no more. ⁸μνημονεύω, [21] I remember, hold in remembrance, make mention of. ⁹θλῖψις, εως, ἡ, [45] persecution, affliction, distress, tribulation. ¹⁰ἄρτι, [37] now, just now, at this moment. ¹¹παροιμία, ας, ἡ, [5] a cryptic saying, an allegory; a proverb, figurative discourse. ¹²παρρησία, ας, ἡ, [31] freedom, openness, especially in speech; boldness, confidence. ¹³ἀναγγέλλω, [18] I bring back word, report; I announce, declare. ¹⁴φιλέω, [25] I love (of friend-ship), regard with affection, cherish; I kiss. ¹⁵φιλέω, [25] I love (of friendship), regard with affection, cherish; I kiss. ¹⁶ἴδε, [35] See! Lo! Behold! Look! ¹⁷χρεία, ας, ἡ, [49] need, necessity, business. ¹⁸σκορπίζω, [5] I disperse, scatter abroad (as of sheep); I dissipate, waste; I distribute alms. ¹⁹μόνος, η, ον, [45] only, solitary, desolate. ²⁰θαρσέω, [8] I am of good courage, good cheer, am bold. ²¹νικάω, [28] I conquer, am victorious, overcome, prevail, subdue. ²²ἐπαίρω, [19] I raise, lift up.

μόνον[1] ἀληθινὸν[2] θεόν, καὶ ὃν ἀπέστειλας Ἰησοῦν χριστόν. 4 Ἐγώ σε ἐδόξασα ἐπὶ τῆς γῆς· τὸ ἔργον ἐτελείωσα[3] ὃ δέδωκάς μοι ἵνα ποιήσω. 5 Καὶ νῦν δόξασόν με σύ, πάτερ, παρὰ σεαυτῷ[4] τῇ δόξῃ ᾗ εἶχον πρὸ[5] τοῦ τὸν κόσμον εἶναι παρὰ σοί. 6 Ἐφανέρωσά[6] σου τὸ ὄνομα τοῖς ἀνθρώποις οὓς δέδωκάς μοι ἐκ τοῦ κόσμου· σοὶ[7] ἦσαν, καὶ ἐμοὶ αὐτοὺς δέδωκας· καὶ τὸν λόγον σου τετηρήκασιν. 7 Νῦν ἔγνωκαν ὅτι πάντα ὅσα δέδωκάς μοι, παρὰ σοῦ ἐστιν· 8 ὅτι τὰ ῥήματα ἃ δέδωκάς μοι, δέδωκα αὐτοῖς· καὶ αὐτοὶ ἔλαβον, καὶ ἔγνωσαν ἀληθῶς[8] ὅτι παρὰ σοῦ ἐξῆλθον, καὶ ἐπίστευσαν ὅτι σύ με ἀπέστειλας. 9 Ἐγὼ περὶ αὐτῶν ἐρωτῶ· οὐ περὶ τοῦ κόσμου ἐρωτῶ, ἀλλὰ περὶ ὧν δέδωκάς μοι, ὅτι σοί[7] εἰσιν· 10 καὶ τὰ ἐμὰ πάντα σά[7] ἐστιν, καὶ τὰ σὰ[7] ἐμά· καὶ δεδόξασμαι ἐν αὐτοῖς. 11 Καὶ οὐκέτι[9] εἰμὶ ἐν τῷ κόσμῳ, καὶ οὗτοι ἐν τῷ κόσμῳ εἰσίν, καὶ ἐγὼ πρός σε ἔρχομαι. Πάτερ ἅγιε, τήρησον αὐτοὺς ἐν τῷ ὀνόματί σου, ᾧ δέδωκάς μοι, ἵνα ὦσιν ἕν, καθὼς ἡμεῖς. 12 Ὅτε ἤμην μετ' αὐτῶν ἐν τῷ κόσμῳ, ἐγὼ ἐτήρουν αὐτοὺς ἐν τῷ ὀνόματί σου· οὓς δέδωκάς μοι, ἐφύλαξα,[10] καὶ οὐδεὶς ἐξ αὐτῶν ἀπώλετο, εἰ μὴ ὁ υἱὸς τῆς ἀπωλείας,[11] ἵνα ἡ γραφὴ πληρωθῇ. 13 Νῦν δὲ πρός σε ἔρχομαι, καὶ ταῦτα λαλῶ ἐν τῷ κόσμῳ, ἵνα ἔχωσιν τὴν χαρὰν τὴν ἐμὴν πεπληρωμένην ἐν αὐτοῖς. 14 Ἐγὼ δέδωκα αὐτοῖς τὸν λόγον σου, καὶ ὁ κόσμος ἐμίσησεν[12] αὐτούς, ὅτι οὐκ εἰσὶν ἐκ τοῦ κόσμου, καθὼς ἐγὼ οὐκ εἰμὶ ἐκ τοῦ κόσμου. 15 Οὐκ ἐρωτῶ ἵνα ἄρῃς αὐτοὺς ἐκ τοῦ κόσμου, ἀλλ' ἵνα τηρήσῃς αὐτοὺς ἐκ τοῦ πονηροῦ. 16 Ἐκ τοῦ κόσμου οὐκ εἰσίν, καθὼς ἐγὼ ἐκ τοῦ κόσμου οὐκ εἰμί. 17 Ἁγίασον[13] αὐτοὺς ἐν τῇ ἀληθείᾳ σου· ὁ λόγος ὁ σὸς[7] ἀλήθειά ἐστιν. 18 Καθὼς ἐμὲ ἀπέστειλας εἰς τὸν κόσμον, κἀγὼ ἀπέστειλα αὐτοὺς εἰς τὸν κόσμον. 19 Καὶ ὑπὲρ αὐτῶν ἐγὼ ἁγιάζω[14] ἐμαυτόν,[15] ἵνα καὶ αὐτοὶ ὦσιν ἡγιασμένοι[16] ἐν ἀληθείᾳ. 20 Οὐ περὶ τούτων δὲ ἐρωτῶ μόνον, ἀλλὰ καὶ περὶ τῶν πιστευόντων διὰ τοῦ λόγου αὐτῶν εἰς ἐμέ· 21 ἵνα πάντες ἓν ὦσιν· καθὼς σύ, πάτερ, ἐν ἐμοί, κἀγὼ ἐν σοί, ἵνα καὶ αὐτοὶ ἐν ἡμῖν ἓν ὦσιν· ἵνα ὁ κόσμος πιστεύσῃ ὅτι σύ με ἀπέστειλας. 22 Καὶ ἐγὼ τὴν δόξαν ἣν δέδωκάς μοι, δέδωκα αὐτοῖς, ἵνα ὦσιν ἕν, καθὼς ἡμεῖς ἕν ἐσμεν. 23 Ἐγὼ ἐν αὐτοῖς, καὶ σὺ ἐν ἐμοί, ἵνα ὦσιν τετελειωμένοι[17] εἰς ἕν, καὶ ἵνα γινώσκῃ ὁ κόσμος ὅτι σύ με ἀπέστειλας, καὶ ἠγάπησας αὐτούς, καθὼς ἐμὲ ἠγάπησας. 24 Πάτερ, οὓς δέδωκάς μοι, θέλω ἵνα ὅπου εἰμὶ ἐγώ, κἀκεῖνοι[18] ὦσιν μετ' ἐμοῦ· ἵνα θεωρῶσιν τὴν δόξαν τὴν ἐμήν, ἣν ἔδωκάς μοι, ὅτι ἠγάπησάς με πρὸ[5] καταβολῆς[19] κόσμου. 25 Πάτερ δίκαιε, καὶ ὁ κόσμος σε οὐκ ἔγνω,

---

[3]ἐτελείωσα: AAI-1S   [6]Ἐφανέρωσά: AAI-1S   [10]ἐφύλαξα: AAI-1S   [12]ἐμίσησεν: AAI-3S   [13]Ἁγίασον: AAM-2S
[14]ἁγιάζω: PAI-1S   [16]ἡγιασμένοι: RPP-NPM   [17]τετελειωμένοι: RPP-NPM

---

[1]μόνος, η, ον, [45] only, solitary, desolate.   [2]ἀληθινός, η, ον, [27] true (lit: made of truth), real, genuine.
[3]τελειόω, [24] (a) as a course, a race, or the like: I complete, finish (b) as of time or prediction: I accomplish, (c) I make perfect; pass: I am perfected.   [4]σεαυτοῦ, ῆς, οῦ, [41] of yourself.   [5]πρό, [47] (a) of place: before, in front of, (b) of time: before, earlier than.   [6]φανερόω, [49] I make clear (visible, manifest), make known.   [7]σός, σή, σόν, [27] yours, thy, thine.   [8]ἀληθῶς, [21] truly, really, certainly, surely.   [9]οὐκέτι, [48] no longer, no more.
[10]φυλάσσω, [30] (a) I guard, protect; mid: I am on my guard, (b) act. and mid. of customs and regulations: I keep, observe.   [11]ἀπώλεια, ας, ἡ, [19] destruction, ruin, loss, perishing; eternal ruin.   [12]μισέω, [41] I hate, detest, love less, esteem less.   [13]ἁγιάζω, [29] I make holy, treat as holy, set apart as holy, sanctify, hallow, purify.   [14]ἁγιάζω, [29] I make holy, treat as holy, set apart as holy, sanctify, hallow, purify.   [15]ἐμαυτοῦ, ῆς, οῦ, [37] of myself.   [16]ἁγιάζω, [29] I make holy, treat as holy, set apart as holy, sanctify, hallow, purify.   [17]τελειόω, [24] (a) as a course, a race, or the like: I complete, finish (b) as of time or prediction: I accomplish, (c) I make perfect; pass: I am perfected.   [18]κἀκεῖνος, η, o, [21] and he, she, it, and that.   [19]καταβολή, ῆς, ἡ, [11] (a) foundation, (b) depositing, sowing, deposit, technically used of the act of conception.

ἐγὼ δέ σε ἔγνων, καὶ οὗτοι ἔγνωσαν ὅτι σύ με ἀπέστειλας· **26** καὶ ἐγνώρισα¹ αὐτοῖς τὸ ὄνομά σου, καὶ γνωρίσω·² ἵνα ἡ ἀγάπη, ἣν ἠγάπησάς με, ἐν αὐτοῖς ᾖ, κἀγὼ ἐν αὐτοῖς.

The Arrest of Jesus

18 Ταῦτα εἰπὼν ὁ Ἰησοῦς ἐξῆλθεν σὺν τοῖς μαθηταῖς αὐτοῦ πέραν³ τοῦ χειμάρρου⁴ τῶν Κέδρων,⁵ ὅπου ἦν κῆπος,⁶ εἰς ὃν εἰσῆλθεν αὐτὸς καὶ οἱ μαθηταὶ αὐτοῦ. **2** Ἤδει δὲ καὶ Ἰούδας, ὁ παραδιδοὺς αὐτόν, τὸν τόπον· ὅτι πολλάκις⁷ συνήχθη ὁ Ἰησοῦς ἐκεῖ μετὰ τῶν μαθητῶν αὐτοῦ. **3** Ὁ οὖν Ἰούδας, λαβὼν τὴν σπεῖραν,⁸ καὶ ἐκ τῶν ἀρχιερέων καὶ Φαρισαίων ὑπηρέτας,⁹ ἔρχεται ἐκεῖ μετὰ φανῶν¹⁰ καὶ λαμπάδων¹¹ καὶ ὅπλων.¹² **4** Ἰησοῦς οὖν, εἰδὼς πάντα τὰ ἐρχόμενα ἐπ' αὐτόν, ἐξελθὼν εἶπεν αὐτοῖς, Τίνα ζητεῖτε; **5** Ἀπεκρίθησαν αὐτῷ, Ἰησοῦν τὸν Ναζωραῖον.¹³ Λέγει αὐτοῖς ὁ Ἰησοῦς, Ἐγώ εἰμι. Εἱστήκει δὲ καὶ Ἰούδας ὁ παραδιδοὺς αὐτὸν μετ' αὐτῶν. **6** Ὡς οὖν εἶπεν αὐτοῖς ὅτι Ἐγώ εἰμι, ἀπῆλθον εἰς τὰ ὀπίσω,¹⁴ καὶ ἔπεσον χαμαί.¹⁵ **7** Πάλιν οὖν αὐτοὺς ἐπηρώτησεν, Τίνα ζητεῖτε; Οἱ δὲ εἶπον, Ἰησοῦν τὸν Ναζωραῖον.¹³ **8** Ἀπεκρίθη Ἰησοῦς, Εἶπον ὑμῖν ὅτι ἐγώ εἰμι· εἰ οὖν ἐμὲ ζητεῖτε, ἄφετε τούτους ὑπάγειν· **9** ἵνα πληρωθῇ ὁ λόγος ὃν εἶπεν ὅτι Οὓς δέδωκάς μοι, οὐκ ἀπώλεσα ἐξ αὐτῶν οὐδένα. **10** Σίμων οὖν Πέτρος ἔχων μάχαιραν¹⁶ εἵλκυσεν¹⁷ αὐτήν, καὶ ἔπαισεν¹⁸ τὸν τοῦ ἀρχιερέως δοῦλον, καὶ ἀπέκοψεν¹⁹ αὐτοῦ τὸ ὠτίον²⁰ τὸ δεξιόν. Ἦν δὲ ὄνομα τῷ δούλῳ Μάλχος. **11** Εἶπεν οὖν ὁ Ἰησοῦς τῷ Πέτρῳ, Βάλε τὴν μάχαιράν¹⁶ σου εἰς τὴν θήκην·²¹ τὸ ποτήριον²² ὃ δέδωκέν μοι ὁ πατήρ, οὐ μὴ πίω αὐτό;

12 Ἡ οὖν σπεῖρα⁸ καὶ ὁ χιλίαρχος²³ καὶ οἱ ὑπηρέται⁹ τῶν Ἰουδαίων συνέλαβον²⁴ τὸν Ἰησοῦν, καὶ ἔδησαν²⁵ αὐτόν, **13** καὶ ἀπήγαγον²⁶ αὐτὸν πρὸς Ἄνναν πρῶτον· ἦν γὰρ πενθερὸς²⁷ τοῦ Καϊάφα, ὃς ἦν ἀρχιερεὺς τοῦ ἐνιαυτοῦ²⁸ ἐκείνου. **14** Ἦν δὲ Καϊάφας ὁ συμβουλεύσας²⁹ τοῖς Ἰουδαίοις, ὅτι συμφέρει³⁰ ἕνα ἄνθρωπον ἀπολέσθαι ὑπὲρ τοῦ λαοῦ.

---

¹ἐγνώρισα: AAI-1S ²γνωρίσω: FAI-1S ¹⁷εἵλκυσεν: AAI-3S ¹⁸ἔπαισεν: AAI-3S ¹⁹ἀπέκοψεν: AAI-3S ²⁴συνέλαβον: 2AAI-3P ²⁵ἔδησαν: AAI-3P ²⁶ἀπήγαγον: 2AAI-3P ²⁹συμβουλεύσας: AAP-NSM ³⁰συμφέρει: PAI-3S

---

¹γνωρίζω, [24] I make known, declare, know, discover. ²γνωρίζω, [24] I make known, declare, know, discover. ³πέραν, [23] over, on the other side, beyond. ⁴χείμαρρος, ου, ὁ, [1] a storm-brook, a winter torrent. ⁵Κεδρών, ὁ, [1] Kidron, a valley near Jerusalem. ⁶κῆπος, ου, ὁ, [5] a garden, any place planted with trees and herbs. ⁷πολλάκις, [18] many times, often, frequently. ⁸σπεῖρα, ης, ἡ, [7] a cohort, the tenth part of a legion; a military guard. ⁹ὑπηρέτης, ου, ὁ, [20] a servant, an attendant, (a) an officer, lictor, (b) an attendant in a synagogue, (c) a minister of the gospel. ¹⁰φανός, οῦ, ὁ, [1] a torch, lantern, light. ¹¹λαμπάς, άδος, ἡ, [9] a torch, lamp, lantern. ¹²ὅπλον, ου, τό, [6] an instrument; plur: arms, weapons. ¹³Ναζωραῖος, ου, ὁ, [15] a Nazarene, an inhabitant of Nazareth. ¹⁴ὀπίσω, [37] behind, after; back, backwards. ¹⁵χαμαί, [2] on or to the ground. ¹⁶μάχαιρα, ας, ἡ, [29] a sword. ¹⁷ἑλκύω, [8] I drag, draw, pull, persuade, unsheathe. ¹⁸παίω, [5] I strike, smite, sting. ¹⁹ἀποκόπτω, [6] I smite, cut off, cut loose; mid: I emasculate, castrate, mutilate myself. ²⁰ὠτίον, ου, τό, [5] an ear. ²¹θήκη, ης, ἡ, [1] a repository, receptacle; a case, sheath, scabbard. ²²ποτήριον, ου, τό, [33] a drinking cup, the contents of the cup; fig: the portion which God allots. ²³χιλίαρχος, ου, ὁ, [21] a commander of a thousand men, a military tribune. ²⁴συλλαμβάνω, [16] I seize, apprehend, assist, conceive, become pregnant. ²⁵δέω, [44] I bind, tie, fasten; I impel, compel; I declare to be prohibited and unlawful. ²⁶ἀπάγω, [14] I lead, carry, take away; met: I am led astray, seduced. ²⁷πενθερός, οῦ, ὁ, [1] a father-in-law. ²⁸ἐνιαυτός, οῦ, ὁ, [14] a year, cycle of time. ²⁹συμβουλεύω, [5] I give advice, exhort; mid: I take counsel together, consult. ³⁰συμφέρω, [17] I bring together, collect; I am profitable to.

Jesus Arraigned, and the Denial of Peter

15 Ἠκολούθει δὲ τῷ Ἰησοῦ Σίμων Πέτρος, καὶ ὁ ἄλλος μαθητής. Ὁ δὲ μαθητὴς ἐκεῖνος ἦν γνωστὸς¹ τῷ ἀρχιερεῖ, καὶ συνεισῆλθεν² τῷ Ἰησοῦ εἰς τὴν αὐλὴν³ τοῦ ἀρχιερέως· 16 ὁ δὲ Πέτρος εἱστήκει πρὸς τῇ θύρᾳ⁴ ἔξω. Ἐξῆλθεν οὖν ὁ μαθητὴς ὁ ἄλλος ὃς ἦν γνωστὸς¹ τῷ ἀρχιερεῖ, καὶ εἶπεν τῇ θυρωρῷ,⁵ καὶ εἰσήγαγεν⁶ τὸν Πέτρον. 17 Λέγει οὖν ἡ παιδίσκη⁷ ἡ θυρωρὸς⁵ τῷ Πέτρῳ, Μὴ καὶ σὺ ἐκ τῶν μαθητῶν εἶ τοῦ ἀνθρώπου τούτου; Λέγει ἐκεῖνος, Οὐκ εἰμί. 18 Εἱστήκεισαν δὲ οἱ δοῦλοι καὶ οἱ ὑπηρέται⁸ ἀνθρακιὰν⁹ πεποιηκότες, ὅτι ψῦχος¹⁰ ἦν, καὶ ἐθερμαίνοντο·¹¹ ἦν δὲ μετ' αὐτῶν ὁ Πέτρος ἑστὼς καὶ θερμαινόμενος.¹²

19 Ὁ οὖν ἀρχιερεὺς ἠρώτησεν τὸν Ἰησοῦν περὶ τῶν μαθητῶν αὐτοῦ, καὶ περὶ τῆς διδαχῆς¹³ αὐτοῦ. 20 Ἀπεκρίθη αὐτῷ ὁ Ἰησοῦς, Ἐγὼ παρρησίᾳ¹⁴ ἐλάλησα τῷ κόσμῳ· ἐγὼ πάντοτε¹⁵ ἐδίδαξα ἐν συναγωγῇ καὶ ἐν τῷ ἱερῷ, ὅπου πάντοτε¹⁵ οἱ Ἰουδαῖοι συνέρχονται,¹⁶ καὶ ἐν κρυπτῷ¹⁷ ἐλάλησα οὐδέν. 21 Τί με ἐπερωτᾷς; Ἐπερώτησον τοὺς ἀκηκοότας, τί ἐλάλησα αὐτοῖς· ἴδε,¹⁸ οὗτοι οἴδασιν ἃ εἶπον ἐγώ. 22 Ταῦτα δὲ αὐτοῦ εἰπόντος, εἷς τῶν ὑπηρετῶν⁸ παρεστηκὼς¹⁹ ἔδωκεν ῥάπισμα²⁰ τῷ Ἰησοῦ, εἰπών, Οὕτως ἀποκρίνῃ τῷ ἀρχιερεῖ; 23 Ἀπεκρίθη αὐτῷ ὁ Ἰησοῦς, Εἰ κακῶς²¹ ἐλάλησα, μαρτύρησον περὶ τοῦ κακοῦ· εἰ δὲ καλῶς,²² τί με δέρεις;²³ 24 Ἀπέστειλεν αὐτὸν ὁ Ἄννας δεδεμένον²⁴ πρὸς Καϊάφαν τὸν ἀρχιερέα.

25 Ἦν δὲ Σίμων Πέτρος ἑστὼς καὶ θερμαινόμενος·²⁵ εἶπον οὖν αὐτῷ, Μὴ καὶ σὺ ἐκ τῶν μαθητῶν αὐτοῦ εἶ; Ἠρνήσατο²⁶ οὖν ἐκεῖνος, καὶ εἶπεν, Οὐκ εἰμί. 26 Λέγει εἷς ἐκ τῶν δούλων τοῦ ἀρχιερέως, συγγενὴς²⁷ ὢν οὗ ἀπέκοψεν²⁸ Πέτρος τὸ ὠτίον,²⁹ Οὐκ ἐγώ σε εἶδον ἐν τῷ κήπῳ³⁰ μετ' αὐτοῦ; 27 Πάλιν οὖν ἠρνήσατο³¹ ὁ Πέτρος, καὶ εὐθέως ἀλέκτωρ³² ἐφώνησεν.³³

---

²συνεισῆλθεν: 2AAI-3S   ⁶εἰσήγαγεν: 2AAI-3S   ¹¹ἐθερμαίνοντο: INI-3P   ¹²θερμαινόμενος: PMP-NSM   ¹⁶συνέρχονται: PNI-3P   ¹⁸ἴδε: 2AAM-2S   ¹⁹παρεστηκὼς: RAP-NSM   ²³δέρεις: PAI-2S   ²⁴δεδεμένον: RPP-ASM   ²⁵θερμαινόμενος: PMP-NSM   ²⁶Ἠρνήσατο: ADI-3S   ²⁸ἀπέκοψεν: AAI-3S   ³¹ἠρνήσατο: ADI-3S   ³³ἐφώνησεν: AAI-3S

---

¹γνωστός, ή, όν, [15] known, an acquaintance.   ²συνεισέρχομαι, [2] I enter together with, embark with.   ³αὐλή, ῆς, ἡ, [12] court-yard, fore-court, sheep-fold; but it may be understood as: palace, house.   ⁴θύρα, ας, ἡ, [39] (a) a door, (b) met: an opportunity.   ⁵θυρωρός, οῦ, ὁ, ἡ, [4] a door-keeper, porter.   ⁶εἰσάγω, [10] I lead in, bring in, introduce.   ⁷παιδίσκη, ης, ἡ, [13] a female slave, maidservant, maid, young girl.   ⁸ὑπηρέτης, ου, ὁ, [20] a servant, an attendant, (a) an officer, lictor, (b) an attendant in a synagogue, (c) a minister of the gospel.   ⁹ἀνθρακιά, ᾶς, ἡ, [2] a coal-fire, a heap of burning coals.   ¹⁰ψῦχος, ους, τό, [3] cold.   ¹¹θερμαίνω, [6] I warm; mid: I warm myself.   ¹²θερμαίνω, [6] I warm; mid: I warm myself.   ¹³διδαχή, ῆς, ἡ, [30] teaching, doctrine, what is taught.   ¹⁴παρρησία, ας, ἡ, [31] freedom, openness, especially in speech; boldness, confidence.   ¹⁵πάντοτε, [42] always, at all times, ever.   ¹⁶συνέρχομαι, [32] I come or go with, accompany; I come together, assemble.   ¹⁷κρυπτός, ή, όν, [19] hidden, secret; as subst: the hidden (secret) things (parts), the inward nature (character).   ¹⁸ἴδε, [35] See! Lo! Behold! Look!   ¹⁹παρίστημι, [41] I bring, present, prove, come up to and stand by, am present.   ²⁰ῥάπισμα, ατος, τό, [3] a slap, blow on the cheek with the open hand.   ²¹κακῶς, [16] badly, evilly, wrongly.   ²²καλῶς, [36] well, nobly, honorably, rightly.   ²³δέρω, [15] I flay, flog, scourge, beat.   ²⁴δέω, [44] I bind, tie, fasten; I impel, compel; I declare to be prohibited and unlawful.   ²⁵θερμαίνω, [6] I warm; mid: I warm myself.   ²⁶ἀρνέομαι, [31] (a) I deny (a statement), (b) I repudiate (a person, or belief).   ²⁷συγγενής, ές, [12] akin to, related; subst: fellow countryman, kinsman.   ²⁸ἀποκόπτω, [6] I smite, cut off, cut loose; mid: I emasculate, castrate, mutilate myself.   ²⁹ὠτίον, ου, τό, [5] an ear.   ³⁰κῆπος, ου, ὁ, [5] a garden, any place planted with trees and herbs.   ³¹ἀρνέομαι, [31] (a) I deny (a statement), (b) I repudiate (a person, or belief).   ³²ἀλέκτωρ, ορος, ὁ, [12] a cock, rooster.   ³³φωνέω, [42] I give forth a sound, hence: (a) of a cock: I crow, (b) of men: I shout, (c) trans: I call (to myself), summon, I invite, address.

The Trial before Pilate

28 Ἄγουσιν οὖν τὸν Ἰησοῦν ἀπὸ τοῦ Καϊάφα εἰς τὸ πραιτώριον·¹ ἦν δὲ πρωΐ,² καὶ αὐτοὶ οὐκ εἰσῆλθον εἰς τὸ πραιτώριον,¹ ἵνα μὴ μιανθῶσιν,³ ἀλλ' ἵνα φάγωσιν τὸ Πάσχα.⁴ 29 Ἐξῆλθεν οὖν ὁ Πιλάτος πρὸς αὐτούς, καὶ εἶπεν, Τίνα κατηγορίαν⁵ φέρετε κατὰ τοῦ ἀνθρώπου τούτου; 30 Ἀπεκρίθησαν καὶ εἶπον αὐτῷ, Εἰ μὴ ἦν οὗτος κακοποιός,⁶ οὐκ ἄν σοι παρεδώκαμεν αὐτόν. 31 Εἶπεν οὖν αὐτοῖς ὁ Πιλάτος, Λάβετε αὐτὸν ὑμεῖς, καὶ κατὰ τὸν νόμον ὑμῶν κρίνατε αὐτόν. Εἶπον οὖν αὐτῷ οἱ Ἰουδαῖοι, Ἡμῖν οὐκ ἔξεστιν⁷ ἀποκτεῖναι οὐδένα· 32 ἵνα ὁ λόγος τοῦ Ἰησοῦ πληρωθῇ, ὃν εἶπεν, σημαίνων⁸ ποίῳ⁹ θανάτῳ ἤμελλεν ἀποθνήσκειν.

33 Εἰσῆλθεν οὖν εἰς τὸ πραιτώριον¹ πάλιν ὁ Πιλάτος, καὶ ἐφώνησεν¹⁰ τὸν Ἰησοῦν, καὶ εἶπεν αὐτῷ, Σὺ εἶ ὁ βασιλεὺς τῶν Ἰουδαίων; 34 Ἀπεκρίθη αὐτῷ ὁ Ἰησοῦς, Ἀφ' ἑαυτοῦ σὺ τοῦτο λέγεις, ἢ ἄλλοι σοι εἶπον περὶ ἐμοῦ; 35 Ἀπεκρίθη ὁ Πιλάτος, Μήτι¹¹ ἐγὼ Ἰουδαῖός εἰμι; Τὸ ἔθνος τὸ σὸν¹² καὶ οἱ ἀρχιερεῖς παρέδωκάν σε ἐμοί· τί ἐποίησας; 36 Ἀπεκρίθη Ἰησοῦς, Ἡ βασιλεία ἡ ἐμὴ οὐκ ἔστιν ἐκ τοῦ κόσμου τούτου· εἰ ἐκ τοῦ κόσμου τούτου ἦν ἡ βασιλεία ἡ ἐμή, οἱ ὑπηρέται¹³ ἂν οἱ ἐμοὶ ἠγωνίζοντο,¹⁴ ἵνα μὴ παραδοθῶ τοῖς Ἰουδαίοις· νῦν δὲ ἡ βασιλεία ἡ ἐμὴ οὐκ ἔστιν ἐντεῦθεν.¹⁵ 37 Εἶπεν οὖν αὐτῷ ὁ Πιλάτος, Οὐκοῦν¹⁶ βασιλεὺς εἶ σύ; Ἀπεκρίθη Ἰησοῦς, Σὺ λέγεις, ὅτι βασιλεύς εἰμι ἐγώ. Ἐγὼ εἰς τοῦτο γεγέννημαι, καὶ εἰς τοῦτο ἐλήλυθα εἰς τὸν κόσμον, ἵνα μαρτυρήσω τῇ ἀληθείᾳ. Πᾶς ὁ ὢν ἐκ τῆς ἀληθείας ἀκούει μου τῆς φωνῆς. 38 Λέγει αὐτῷ ὁ Πιλάτος, Τί ἐστιν ἀλήθεια;

Καὶ τοῦτο εἰπών, πάλιν ἐξῆλθεν πρὸς τοὺς Ἰουδαίους, καὶ λέγει αὐτοῖς, Ἐγὼ οὐδεμίαν αἰτίαν¹⁷ εὑρίσκω ἐν αὐτῷ. 39 Ἔστιν δὲ συνήθεια¹⁸ ὑμῖν, ἵνα ἕνα ὑμῖν ἀπολύσω ἐν τῷ Πάσχα·⁴ βούλεσθε¹⁹ οὖν ὑμῖν ἀπολύσω τὸν βασιλέα τῶν Ἰουδαίων; 40 Ἐκραύγασαν²⁰ οὖν πάλιν πάντες, λέγοντες, Μὴ τοῦτον, ἀλλὰ τὸν Βαραββᾶν· ἦν δὲ ὁ Βαραββᾶς λῃστής.²¹

---

³μιανθῶσιν: *APS-3P* ⁷ἔξεστιν: *PAI-3S* ⁸σημαίνων: *PAP-NSM* ¹⁰ἐφώνησεν: *AAI-3S* ¹⁴ἠγωνίζοντο: *INI-3P* ¹⁹βούλεσθε: *PNI-2P* ²⁰Ἐκραύγασαν: *AAI-3P*

---

¹πραιτώριον, ου, τό, [8] the palace at Jerusalem occupied by the Roman governor, or the quarters of the praetorian guard in Rome. ²πρωΐ, [11] early in the morning, at dawn. ³μιαίνω, [5] I stain, pollute, defile, corrupt. ⁴πάσχα, τό, [29] the feast of Passover, the Passover lamb. ⁵κατηγορία, ας, ἡ, [4] an accusation, charge. ⁶κακοποιός, όν, [5] doing evil; subst: an evil-doer. ⁷ἔξεστιν, [31] it is permitted, lawful, possible. ⁸σημαίνω, [6] I signify, indicate, give a sign, make known. ⁹ποῖος, α, ον, [34] of what sort. ¹⁰φωνέω, [42] I give forth a sound, hence: (a) of a cock: I crow, (b) of men: I shout, (c) trans: I call (to myself), summon; I invite, address. ¹¹μήτι, [16] if not, unless, whether at all. ¹²σός, σή, σόν, [27] yours, thy, thine. ¹³ὑπηρέτης, ου, ὁ, [20] a servant, an attendant, (a) an officer, lictor, (b) an attendant in a synagogue, (c) a minister of the gospel. ¹⁴ἀγωνίζομαι, [7] I am struggling, striving (as in an athletic contest or warfare); I contend, as with an adversary. ¹⁵ἐντεῦθεν, [11] hence, from this place, on this side and on that. ¹⁶οὐκοῦν, [1] therefore, so then. ¹⁷αἰτία, ας, ἡ, [20] a cause, reason, excuse; a charge, accusation; guilt; circumstances, case. ¹⁸συνήθεια, ας, ἡ, [2] a custom, habit, practice. ¹⁹βούλομαι, [34] I will, intend, desire, wish. ²⁰κραυγάζω, [6] I cry aloud, shout, exclaim. ²¹λῃστής, οῦ, ὁ, [15] a robber, brigand, bandit.

The Condemnation of Jesus

19 Τότε οὖν ἔλαβεν ὁ Πιλᾶτος τὸν Ἰησοῦν, καὶ ἐμαστίγωσεν.¹ 2 Καὶ οἱ στρατιῶται² πλέξαντες³ στέφανον⁴ ἐξ ἀκανθῶν⁵ ἐπέθηκαν⁶ αὐτοῦ τῇ κεφαλῇ, καὶ ἱμάτιον πορφυροῦν⁷ περιέβαλον⁸ αὐτόν, 3 καὶ ἔλεγον, Χαῖρε, ὁ βασιλεὺς τῶν Ἰουδαίων· καὶ ἐδίδουν αὐτῷ ῥαπίσματα.⁹ 4 Ἐξῆλθεν οὖν πάλιν ἔξω ὁ Πιλᾶτος, καὶ λέγει αὐτοῖς, Ἴδε,¹⁰ ἄγω ὑμῖν αὐτὸν ἔξω, ἵνα γνῶτε ὅτι ἐν αὐτῷ οὐδεμίαν αἰτίαν¹¹ εὑρίσκω. 5 Ἐξῆλθεν οὖν ὁ Ἰησοῦς ἔξω, φορῶν¹² τὸν ἀκάνθινον¹³ στέφανον⁴ καὶ τὸ πορφυροῦν⁷ ἱμάτιον. Καὶ λέγει αὐτοῖς, Ἴδε,¹⁴ ὁ ἄνθρωπος. 6 Ὅτε οὖν εἶδον αὐτὸν οἱ ἀρχιερεῖς καὶ οἱ ὑπηρέται,¹⁵ ἐκραύγασαν¹⁶ λέγοντες, Σταύρωσον,¹⁷ σταύρωσον¹⁸ αὐτόν. Λέγει αὐτοῖς ὁ Πιλᾶτος, Λάβετε αὐτὸν ὑμεῖς καὶ σταυρώσατε·¹⁹ ἐγὼ γὰρ οὐχ εὑρίσκω ἐν αὐτῷ αἰτίαν.¹¹ 7 Ἀπεκρίθησαν αὐτῷ οἱ Ἰουδαῖοι, Ἡμεῖς νόμον ἔχομεν, καὶ κατὰ τὸν νόμον ἡμῶν ὀφείλει²⁰ ἀποθανεῖν, ὅτι ἑαυτὸν υἱὸν θεοῦ ἐποίησεν. 8 Ὅτε οὖν ἤκουσεν ὁ Πιλᾶτος τοῦτον τὸν λόγον, μᾶλλον ἐφοβήθη, 9 καὶ εἰσῆλθεν εἰς τὸ πραιτώριον²¹ πάλιν, καὶ λέγει τῷ Ἰησοῦ, Πόθεν²² εἶ σύ; Ὁ δὲ Ἰησοῦς ἀπόκρισιν²³ οὐκ ἔδωκεν αὐτῷ. 10 Λέγει οὖν αὐτῷ ὁ Πιλᾶτος, Ἐμοὶ οὐ λαλεῖς; Οὐκ οἶδας ὅτι ἐξουσίαν ἔχω σταυρῶσαί²⁴ σε, καὶ ἐξουσίαν ἔχω ἀπολῦσαί σε; 11 Ἀπεκρίθη Ἰησοῦς, Οὐκ εἶχες ἐξουσίαν οὐδεμίαν κατ' ἐμοῦ, εἰ μὴ ἦν σοι δεδομένον ἄνωθεν·²⁵ διὰ τοῦτο ὁ παραδιδούς μέ σοι μείζονα ἁμαρτίαν ἔχει. 12 Ἐκ τούτου ἐζήτει ὁ Πιλᾶτος ἀπολῦσαι αὐτόν. Οἱ δὲ Ἰουδαῖοι ἔκραζον λέγοντες, Ἐὰν τοῦτον ἀπολύσῃς, οὐκ εἶ φίλος²⁶ τοῦ Καίσαρος·²⁷ πᾶς ὁ βασιλέα ἑαυτὸν ποιῶν, ἀντιλέγει²⁸ τῷ Καίσαρι.²⁷ 13 Ὁ οὖν Πιλᾶτος ἀκούσας τοῦτον τὸν λόγον ἤγαγεν ἔξω τὸν Ἰησοῦν, καὶ ἐκάθισεν²⁹ ἐπὶ τοῦ βήματος,³⁰

---

¹ἐμαστίγωσεν: AAI-3S   ³πλέξαντες: AAP-NPM   ⁶ἐπέθηκαν: AAI-3P   ⁸περιέβαλον: 2AAI-3P   ¹⁰Ἴδε: 2AAM-2S   ¹²φορῶν: PAP-NSM   ¹⁴Ἴδε: 2AAM-2S   ¹⁶ἐκραύγασαν: AAI-3P   ¹⁷Σταύρωσον: AAM-2S   ¹⁸σταύρωσον: AAM-2S   ¹⁹σταυρώσατε: AAM-2P   ²⁰ὀφείλει: PAI-3S   ²⁴σταυρῶσαί: AAN   ²⁸ἀντιλέγει: PAI-3S   ²⁹ἐκάθισεν: AAI-3S

---

¹μαστιγόω, [7] I flog, scourge, the victim being strapped to a pole or frame; met: I chastise.   ²στρατιώτης, ου, ὁ, [26] a soldier.   ³πλέκω, [3] I weave together, plait, twist, braid.   ⁴στέφανος, ου, ὁ, [18] a crown, garland, honor, glory.   ⁵ἄκανθα, ης, ἡ, [14] a thorn-bush, prickly plant; a thorn.   ⁶ἐπιτίθημι, [41] I put, place upon, lay on; I add, give in addition.   ⁷πορφυροῦς, ᾶ, οῦν, [5] purple.   ⁸περιβάλλω, [24] I cast around, wrap a garment about, put on; hence mid: I put on to myself, clothe myself, dress; I draw (a line).   ⁹ῥάπισμα, ατος, τό, [3] a slap, blow on the cheek with the open hand.   ¹⁰ἴδε, [35] See! Lo! Behold! Look!   ¹¹αἰτία, ας, ἡ, [20] a cause, reason, excuse; a charge, accusation; guilt; circumstances, case.   ¹²φορέω, [6] I carry, wear, bear constantly.   ¹³ἀκάνθινος, η, ον, [2] made of thorns.   ¹⁴ἴδε, [35] See! Lo! Behold! Look!   ¹⁵ὑπηρέτης, ου, ὁ, [20] a servant, an attendant, (a) an officer, lictor, (b) an attendant in a synagogue, (c) a minister of the gospel.   ¹⁶κραυγάζω, [6] I cry aloud, shout, exclaim.   ¹⁷σταυρόω, [46] I fix to the cross, crucify; fig: I destroy, mortify.   ¹⁸σταυρόω, [46] I fix to the cross, crucify; fig: I destroy, mortify.   ¹⁹σταυρόω, [46] I fix to the cross, crucify; fig: I destroy, mortify.   ²⁰ὀφείλω, [36] I owe, ought.   ²¹πραιτώριον, ου, τό, [8] the palace at Jerusalem occupied by the Roman governor, or the quarters of the praetorian guard in Rome.   ²²πόθεν, [28] whence, from what place.   ²³ἀπόκρισις, εως, ἡ, [4] an answer, reply.   ²⁴σταυρόω, [46] I fix to the cross, crucify; fig: I destroy, mortify.   ²⁵ἄνωθεν, [13] (a) from above, from heaven, (b) from the beginning, from their origin (source), from of old, (c) again, anew.   ²⁶φίλος, η, ον, [30] friendly; subst: a friend, an associate.   ²⁷Καῖσαρ, αρος, ὁ, [30] Caesar, a surname of the gens Iulia, which became practically synonymous with the Emperor for the time being; in the Gospels it always refers to Tiberias.   ²⁸ἀντιλέγω, [12] I speak or say in opposition, contradict (oppose, resist).   ²⁹καθίζω, [48] (a) trans: I make to sit; I set, appoint, (b) intrans: I sit down, am seated, stay.   ³⁰βῆμα, ατος, τό, [12] an elevated place ascended by steps, a throne, tribunal.

εἰς τόπον λεγόμενον Λιθόστρωτον,¹ Ἑβραϊστὶ² δὲ Γαββαθα·³ **14** ἦν δὲ Παρασκευὴ⁴ τοῦ Πάσχα,⁵ ὥρα δὲ ὡσεὶ⁶ ἕκτη·⁷ καὶ λέγει τοῖς Ἰουδαίοις, Ἴδε,⁸ ὁ βασιλεὺς ὑμῶν. **15** Οἱ δὲ ἐκραύγασαν,⁹ Ἆρον, ἆρον, σταύρωσον¹⁰ αὐτόν. Λέγει αὐτοῖς ὁ Πιλάτος, Τὸν βασιλέα ὑμῶν σταυρώσω;¹¹ Ἀπεκρίθησαν οἱ ἀρχιερεῖς, Οὐκ ἔχομεν βασιλέα εἰ μὴ Καίσαρα.¹²

The Crucifixion

16 Τότε οὖν παρέδωκεν αὐτὸν αὐτοῖς, ἵνα σταυρωθῇ.¹³ Παρέλαβον¹⁴ δὲ τὸν Ἰησοῦν καὶ ἤγαγον· **17** καὶ βαστάζων¹⁵ τὸν σταυρὸν¹⁶ αὐτοῦ ἐξῆλθεν εἰς τόπον λεγόμενον Κρανίου¹⁷ Τόπον, ὃς λέγεται Ἑβραϊστὶ² Γολγοθα·¹⁸ **18** ὅπου αὐτὸν ἐσταύρωσαν,¹⁹ καὶ μετ᾽ αὐτοῦ ἄλλους δύο, ἐντεῦθεν²⁰ καὶ ἐντεῦθεν,²⁰ μέσον δὲ τὸν Ἰησοῦν. **19** Ἔγραψεν δὲ καὶ τίτλον²¹ ὁ Πιλάτος, καὶ ἔθηκεν ἐπὶ τοῦ σταυροῦ·¹⁶ ἦν δὲ γεγραμμένον, Ἰησοῦς ὁ Ναζωραῖος²² ὁ βασιλεὺς τῶν Ἰουδαίων. **20** Τοῦτον οὖν τὸν τίτλον²¹ πολλοὶ ἀνέγνωσαν²³ τῶν Ἰουδαίων, ὅτι ἐγγὺς²⁴ ἦν ὁ τόπος τῆς πόλεως ὅπου ἐσταυρώθη²⁵ ὁ Ἰησοῦς· καὶ ἦν γεγραμμένον Ἑβραϊστί,² Ἑλληνιστί,²⁶ Ῥωμαϊστί.²⁷ **21** Ἔλεγον οὖν τῷ Πιλάτῳ οἱ ἀρχιερεῖς τῶν Ἰουδαίων, Μὴ γράφε, Ὁ βασιλεὺς τῶν Ἰουδαίων· ἀλλ᾽ ὅτι Ἐκεῖνος εἶπεν, Βασιλεύς εἰμι τῶν Ἰουδαίων. **22** Ἀπεκρίθη ὁ Πιλάτος, Ὃ γέγραφα, γέγραφα.

23 Οἱ οὖν στρατιῶται,²⁸ ὅτε ἐσταύρωσαν²⁹ τὸν Ἰησοῦν, ἔλαβον τὰ ἱμάτια αὐτοῦ, καὶ ἐποίησαν τέσσαρα³⁰ μέρη,³¹ ἑκάστῳ στρατιώτῃ²⁸ μέρος,³¹ καὶ τὸν χιτῶνα.³² Ἦν δὲ ὁ χιτὼν³² ἄραφος,³³ ἐκ τῶν ἄνωθεν³⁴ ὑφαντὸς³⁵ δι᾽ ὅλου. **24** Εἶπον οὖν πρὸς ἀλλήλους, Μὴ σχίσωμεν³⁶ αὐτόν, ἀλλὰ λάχωμεν³⁷ περὶ αὐτοῦ, τίνος ἔσται· ἵνα ἡ γραφὴ πληρωθῇ ἡ λέγουσα, Διεμερίσαντο³⁸ τὰ ἱμάτιά μου ἑαυτοῖς, καὶ ἐπὶ τὸν ἱματισμὸν³⁹ μου ἔβαλον

---

⁸Ἴδε: 2AAM-2S ⁹ἐκραύγασαν: AAI-3P ¹⁰σταύρωσον: AAM-2S ¹¹σταυρώσω: FAI-1S ¹³σταυρωθῇ: APS-3S ¹⁴Παρέλαβον: 2AAI-3P ¹⁵βαστάζων: PAP-NSM ¹⁹ἐσταύρωσαν: AAI-3P ²³ἀνέγνωσαν: 2AAI-3P ²⁵ἐσταυρώθη: API-3S ²⁹ἐσταύρωσαν: AAI-3P ³⁶σχίσωμεν: AAS-1P ³⁷λάχωμεν: 2AAS-1P ³⁸Διεμερίσαντο: AMI-3P

---

¹λιθόστρωτον, ου, τό, [1] (adj: paved with stone), a mosaic pavement. ²Ἑβραϊστί, [6] in the Hebrew, or rather, in the Aramaic dialect. ³Γαββαθα, ἡ, [1] Gabbatha, a sort of paved square, on which the procurator had his judgment seat. ⁴παρασκευή, ῆς, ἡ, [6] the day of preparation, the day before the Sabbath, Friday. ⁵πάσχα, τό, [29] the feast of Passover, the Passover lamb. ⁶ὡσεί, [31] as if, as it were, like; with numbers: about. ⁷ἕκτος, η, ον, [14] sixth. ⁸ἴδε, [35] See! Lo! Behold! Look! ⁹κραυγάζω, [6] I cry aloud, shout, exclaim. ¹⁰σταυρόω, [46] I fix to the cross, crucify; fig: I destroy, mortify. ¹¹σταυρόω, [46] I fix to the cross, crucify; fig: I destroy, mortify. ¹²Καῖσαρ, αρος, ὁ, [30] Caesar, a surname of the gens Iulia, which became practically synonymous with the Emperor for the time being; in the Gospels it always refers to Tiberias. ¹³σταυρόω, [46] I fix to the cross, crucify; fig: I destroy, mortify. ¹⁴παραλαμβάνω, [49] I take from, receive from, or: I take to, receive (apparently not used of money), admit, acknowledge; I take with me. ¹⁵βαστάζω, [27] (a) I carry, bear, (b) I carry (take) away. ¹⁶σταυρός, οῦ, ὁ, [28] a cross. ¹⁷κρανίον, ου, τό, [4] a skull. ¹⁸Γολγοθα, ἡ, [3] Golgotha, a knoll outside the wall of Jerusalem. ¹⁹σταυρόω, [46] I fix to the cross, crucify; fig: I destroy, mortify. ²⁰ἐντεῦθεν, [11] hence, from this place, on this side and on that. ²¹τίτλος, ου, ὁ, [2] a title, inscription. ²²Ναζωραῖος, ου, ὁ, [15] a Nazarene, an inhabitant of Nazareth. ²³ἀναγινώσκω, [32] I read, know again, know certainly, recognize, discern. ²⁴ἐγγύς, [30] near. ²⁵σταυρόω, [46] I fix to the cross, crucify; fig: I destroy, mortify. ²⁶Ἑλληνιστί, [2] in the Greek language. ²⁷Ῥωμαϊστί, [1] in the Latin language. ²⁸στρατιώτης, ου, ὁ, [26] a soldier. ²⁹σταυρόω, [46] I fix to the cross, crucify; fig: I destroy, mortify. ³⁰τέσσαρες, τέσσαρα, [41] four. ³¹μέρος, ους, τό, [43] a part, portion, share. ³²χιτών, ῶνος, ὁ, [11] a tunic, garment, undergarment. ³³ἄραφος, ον, [1] not sewed, seamless. ³⁴ἄνωθεν, [13] (a) from above, from heaven, (b) from the beginning, from their origin (source), from of old, (c) again, anew. ³⁵ὑφαντός, ή, όν, [1] woven. ³⁶σχίζω, [10] I rend, divide asunder, cleave. ³⁷λαγχάνω, [4] (a) I obtain (receive) by lot, my lot (turn) is, (b) I draw lots. ³⁸διαμερίζω, [11] I divide up into parts, break up; I distribute. ³⁹ἱματισμός, οῦ, ὁ, [5] a collective word: raiment, clothing.

κλῆρον. ¹ Οἱ μὲν οὖν στρατιῶται ² ταῦτα ἐποίησαν. 25 Εἱστήκεισαν δὲ παρὰ τῷ σταυρῷ ³ τοῦ Ἰησοῦ ἡ μήτηρ αὐτοῦ, καὶ ἡ ἀδελφὴ ⁴ τῆς μητρὸς αὐτοῦ, Μαρία ἡ τοῦ Κλωπᾶ, καὶ Μαρία ἡ Μαγδαληνή. 26 Ἰησοῦς οὖν ἰδὼν τὴν μητέρα, καὶ τὸν μαθητὴν παρεστῶτα ⁵ ὃν ἠγάπα, λέγει τῇ μητρὶ αὐτοῦ, Γύναι, ἰδοὺ ὁ υἱός σου. 27 Εἶτα ⁶ λέγει τῷ μαθητῇ, Ἰδοὺ ἡ μήτηρ σου. Καὶ ἀπ᾽ ἐκείνης τῆς ὥρας ἔλαβεν ὁ μαθητὴς αὐτὴν εἰς τὰ ἴδια.

28 Μετὰ τοῦτο ἰδὼν ὁ Ἰησοῦς ὅτι πάντα ἤδη τετέλεσται, ⁷ ἵνα τελειωθῇ ⁸ ἡ γραφή, λέγει, Διψῶ. ⁹ 29 Σκεῦος ¹⁰ οὖν ἔκειτο ¹¹ ὄξους ¹² μεστόν· ¹³ οἱ δέ, πλήσαντες ¹⁴ σπόγγον ¹⁵ ὄξους, ¹² καὶ ὑσσώπῳ ¹⁶ περιθέντες, ¹⁷ προσήνεγκαν ¹⁸ αὐτοῦ τῷ στόματι. 30 Ὅτε οὖν ἔλαβεν τὸ ὄξος ¹² ὁ Ἰησοῦς, εἶπεν, Τετέλεσται· ¹⁹ καὶ κλίνας ²⁰ τὴν κεφαλήν, παρέδωκεν τὸ πνεῦμα.

The Burial of Jesus

31 Οἱ οὖν Ἰουδαῖοι, ἵνα μὴ μείνῃ ἐπὶ τοῦ σταυροῦ ³ τὰ σώματα ἐν τῷ σαββάτῳ ἐπεὶ ²¹ Παρασκευὴ ²² ἦν–ἦν γὰρ μεγάλη ἡ ἡμέρα ἐκείνου τοῦ σαββάτου–ἠρώτησαν τὸν Πιλᾶτον ἵνα κατεαγῶσιν ²³ αὐτῶν τὰ σκέλη, ²⁴ καὶ ἀρθῶσιν. 32 Ἦλθον οὖν οἱ στρατιῶται, ² καὶ τοῦ μὲν πρώτου κατέαξαν ²⁵ τὰ σκέλη ²⁴ καὶ τοῦ ἄλλου τοῦ συσταυρωθέντος ²⁶ αὐτῷ· 33 ἐπὶ δὲ τὸν Ἰησοῦν ἐλθόντες, ὡς εἶδον αὐτὸν ἤδη τεθνηκότα, ²⁷ οὐ κατέαξαν ²⁸ αὐτοῦ τὰ σκέλη· ²⁴ 34 ἀλλ᾽ εἷς τῶν στρατιωτῶν ² λόγχῃ ²⁹ αὐτοῦ τὴν πλευρὰν ³⁰ ἔνυξεν, ³¹ καὶ εὐθέως ἐξῆλθεν αἷμα καὶ ὕδωρ. 35 Καὶ ὁ ἑωρακὼς μεμαρτύρηκεν, καὶ ἀληθινὴ ³² ἐστιν αὐτοῦ ἡ μαρτυρία, ³³ κἀκεῖνος ³⁴ οἶδεν ὅτι ἀληθῆ ³⁵ λέγει, ἵνα ὑμεῖς πιστεύσητε. 36 Ἐγένετο γὰρ

---

⁵παρεστῶτα: RAP-ASM ⁷τετέλεσται: RPI-3S ⁸τελειωθῇ: APS-3S ⁹Διψῶ: PAI-1S ¹¹ἔκειτο: INI-3S ¹⁴πλήσαντες: AAP-NPM ¹⁷περιθέντες: 2AAP-NPM ¹⁸προσήνεγκαν: AAI-3P ¹⁹Τετέλεσται: RPI-3S ²⁰κλίνας: AAP-NSM ²³κατεαγῶσιν: 2APS-3P ²⁵κατέαξαν: AAI-3P ²⁶συσταυρωθέντος: APP-GSM ²⁷τεθνηκότα: RAP-ASM ²⁸κατέαξαν: AAI-3P ³¹ἔνυξεν: AAI-3S

---

¹κλῆρος, ου, ὁ, [12] (a) a lot, (b) a portion assigned; hence: a portion of the people of God assigned to one's care, a congregation. ²στρατιώτης, ου, ὁ, [26] a soldier. ³σταυρός, οῦ, ὁ, [28] a cross. ⁴ἀδελφή, ῆς, ἡ, [25] a sister, a woman (fellow-)member of a church, a Christian woman. ⁵παρίστημι, [41] I bring, present, prove, come up to and stand by, am present. ⁶εἶτα, [16] then, thereafter, next (marking a fresh stage); therefore, then, furthermore. ⁷τελέω, [26] (a) I end, finish, (b) I fulfill, accomplish, (c) I pay. ⁸τελειόω, [24] (a) as a course, a race, or the like: I complete, finish (b) as of time or prediction: I accomplish, (c) I make perfect; pass: I am perfected. ⁹διψάω, [16] I thirst for, desire earnestly. ¹⁰σκεῦος, ους, τό, [23] a vessel to contain liquid; a vessel of mercy or wrath; any instrument by which anything is done; a household utensil; of ships: tackle. ¹¹κεῖμαι, [26] I lie, recline, am placed, am laid, set, specially appointed, destined. ¹²ὄξος, ους, τό, [7] vinegar, sour wine mixed with water, a common drink of Roman soldiers. ¹³μεστός, ή, όν, [8] full, filled with. ¹⁴πλήθω, [25] I fill, fulfill, complete. ¹⁵σπόγγος, ου, ὁ, [3] a sponge. ¹⁶ὕσσωπος, ου, ἡ, [2] hyssop, a stalk or stem of hyssop. ¹⁷περιτίθημι, [8] I place or put around, clothe; fig: I bestow, confer. ¹⁸προσφέρω, [48] (a) I bring to, (b) characteristically: I offer (of gifts, sacrifices, etc). ¹⁹τελέω, [26] (a) I end, finish, (b) I fulfill, accomplish, (c) I pay. ²⁰κλίνω, [7] trans: I rest, recline; I bend, incline; I cause to give ground, make to yield; intrans: I decline, approach my end. ²¹ἐπεί, [27] of time: when, after; of cause: since, because; otherwise: else. ²²παρασκευή, ῆς, ἡ, [6] the day of preparation, the day before the Sabbath, Friday. ²³κατάγνυμι, [4] I break down (in pieces), crush, break into. ²⁴σκέλος, ους, τό, [3] the leg (from the hip downwards). ²⁵κατάγνυμι, [4] I break down (in pieces), crush, break into. ²⁶συσταυρόω, [5] I crucify together with. ²⁷θνήσκω, [13] I die, am dying, am dead. ²⁸κατάγνυμι, [4] I break down (in pieces), crush, break into. ²⁹λόγχη, ης, ἡ, [1] a lance, spear. ³⁰πλευρά, ᾶς, ἡ, [5] the side of the body. ³¹νύσσω, [1] I prick, pierce. ³²ἀληθινός, η, ον, [27] true (lit: made of truth), real, genuine. ³³μαρτυρία, ας, ἡ, [37] witness, evidence, testimony, reputation. ³⁴κἀκεῖνος, η, ο, [21] and he, she, it, and that. ³⁵ἀληθής, ές, [25] unconcealed, true, true in fact, worthy of credit, truthful.

ταῦτα ἵνα ἡ γραφὴ πληρωθῇ, Ὀστοῦν¹ οὐ συντριβήσεται² ἀπ' αὐτοῦ. 37 Καὶ πάλιν ἑτέρα γραφὴ λέγει, Ὄψονται εἰς ὃν ἐξεκέντησαν.³

38 Μετὰ ταῦτα ἠρώτησεν τὸν Πιλᾶτον Ἰωσὴφ ὁ ἀπὸ Ἀριμαθαίας,⁴ ὢν μαθητὴς τοῦ Ἰησοῦ, κεκρυμμένος⁵ δὲ διὰ τὸν φόβον⁶ τῶν Ἰουδαίων, ἵνα ἄρῃ τὸ σῶμα τοῦ Ἰησοῦ· καὶ ἐπέτρεψεν⁷ ὁ Πιλᾶτος. ᾿Ηλθεν οὖν καὶ ἦρεν τὸ σῶμα τοῦ Ἰησοῦ. 39 ᾿Ηλθεν δὲ καὶ Νικόδημος, ὁ ἐλθὼν πρὸς τὸν Ἰησοῦν νυκτὸς τὸ πρῶτον, φέρων μίγμα⁸ σμύρνης⁹ καὶ ἀλόης¹⁰ ὡς λίτρας¹¹ ἑκατόν.¹² 40 Ἔλαβον οὖν τὸ σῶμα τοῦ Ἰησοῦ, καὶ ἔδησαν¹³ αὐτὸ ἐν ὀθονίοις¹⁴ μετὰ τῶν ἀρωμάτων,¹⁵ καθὼς ἔθος¹⁶ ἐστὶν τοῖς Ἰουδαίοις ἐνταφιάζειν.¹⁷ 41 ῏Ην δὲ ἐν τῷ τόπῳ ὅπου ἐσταυρώθη¹⁸ κῆπος,¹⁹ καὶ ἐν τῷ κήπῳ¹⁹ μνημεῖον²⁰ καινόν,²¹ ἐν ᾧ οὐδέπω²² οὐδεὶς ἐτέθη. 42 Ἐκεῖ οὖν διὰ τὴν Παρασκευὴν²³ τῶν Ἰουδαίων, ὅτι ἐγγὺς²⁴ ἦν τὸ μνημεῖον,²⁰ ἔθηκαν τὸν Ἰησοῦν.

Easter Morning

20 Τῇ δὲ μιᾷ τῶν σαββάτων Μαρία ἡ Μαγδαληνὴ ἔρχεται πρωί,²⁵ σκοτίας²⁶ ἔτι οὔσης, εἰς τὸ μνημεῖον,²⁰ καὶ βλέπει τὸν λίθον ἠρμένον ἐκ τοῦ μνημείου.²⁰ 2 Τρέχει²⁷ οὖν καὶ ἔρχεται πρὸς Σίμωνα Πέτρον καὶ πρὸς τὸν ἄλλον μαθητὴν ὃν ἐφίλει²⁸ ὁ Ἰησοῦς, καὶ λέγει αὐτοῖς, ῏Ηραν τὸν κύριον ἐκ τοῦ μνημείου,²⁰ καὶ οὐκ οἴδαμεν ποῦ²⁹ ἔθηκαν αὐτόν. 3 Ἐξῆλθεν οὖν ὁ Πέτρος καὶ ὁ ἄλλος μαθητής, καὶ ἤρχοντο εἰς τὸ μνημεῖον.²⁰ 4 Ἔτρεχον³⁰ δὲ οἱ δύο ὁμοῦ·³¹ καὶ ὁ ἄλλος μαθητὴς προέδραμεν³² τάχιον³³ τοῦ Πέτρου, καὶ ἦλθεν πρῶτος εἰς τὸ μνημεῖον.²⁰ 5 καὶ παρακύψας³⁴ βλέπει κείμενα³⁵ τὰ ὀθόνια,¹⁴ οὐ μέντοι³⁶ εἰσῆλθεν. 6 Ἔρχεται οὖν Σίμων Πέτρος ἀκολουθῶν αὐτῷ, καὶ εἰσῆλθεν εἰς τὸ μνημεῖον,²⁰ καὶ θεωρεῖ τὰ ὀθόνια¹⁴ κείμενα,³⁷ 7 καὶ τὸ σουδάριον³⁸ ὃ ἦν ἐπὶ τῆς κεφαλῆς αὐτοῦ, οὐ μετὰ τῶν ὀθονίων¹⁴ κείμενον,³⁹ ἀλλὰ

---

²συντριβήσεται: 2FPI-3S   ³ἐξεκέντησαν: AAI-3P   ⁵κεκρυμμένος: RPP-NSM   ⁷ἐπέτρεψεν: AAI-3S   ¹³ἔδησαν: AAI-3P   ¹⁷ἐνταφιάζειν: PAN   ¹⁸ἐσταυρώθη: API-3S   ²⁷Τρέχει: PAI-3S   ²⁸ἐφίλει: IAI-3S   ³⁰Ἔτρεχον: IAI-3P   ³²προέδραμεν: 2AAI-3S   ³⁴παρακύψας: AAP-NSM   ³⁵κείμενα: PNP-APN   ³⁷κείμενα: PNP-APN   ³⁹κείμενον: PNP-ASN

---

¹ὀστέον, ου, τό, [5] a bone.   ²συντρίβω, [8] I break by crushing, break in pieces, shatter, crush, bruise.   ³ἐκκεντέω, [2] I pierce through (or deeply), transfix.   ⁴Ἀριμαθαία, ας, ἡ, [4] Arimathea, a place in Palestine.   ⁵κρύπτω, [17] I hide, conceal, lay up.   ⁶φόβος, ου, ὁ, [47] (a) fear, terror, alarm, (b) the object or cause of fear, (c) reverence, respect.   ⁷ἐπιτρέπω, [19] I turn to, commit, entrust; I allow, yield, permit.   ⁸μίγμα, ατος, τό, [1] a mixture.   ⁹σμύρνα, ης, ἡ, [2] myrrh.   ¹⁰ἀλόη, ης, ἡ, [1] aloes, the powdered fragrant aloe wood.   ¹¹λίτρα, ας, ἡ, [2] a Roman pound, of about twelve ounces.   ¹²ἑκατόν, [17] one hundred.   ¹³δέω, [44] I bind, tie, fasten; I impel, compel; I declare to be prohibited and unlawful.   ¹⁴ὀθόνιον, ου, τό, [5] a linen bandage, a wrapping.   ¹⁵ἄρωμα, ατος, τό, [4] spice, perfume.   ¹⁶ἔθος, ους, τό, [11] a custom, habit; an institute, rite.   ¹⁷ἐνταφιάζω, [2] I embalm, prepare for burial.   ¹⁸σταυρόω, [46] I fix to the cross, crucify; fig: I destroy, mortify.   ¹⁹κῆπος, ου, ὁ, [5] a garden, any place planted with trees and herbs.   ²⁰μνημεῖον, ου, τό, [41] a tomb, sepulcher, monument.   ²¹καινός, ή, όν, [44] fresh, new, unused, novel.   ²²οὐδέπω, [5] not yet, never before.   ²³παρασκευή, ῆς, ἡ, [6] the day of preparation, the day before the Sabbath, Friday.   ²⁴ἐγγύς, [30] near.   ²⁵πρωΐ, [11] early in the morning, at dawn.   ²⁶σκοτία, ας, ἡ, [16] darkness; fig: spiritual darkness.   ²⁷τρέχω, [20] I run, exercise myself, make progress.   ²⁸φιλέω, [25] I love (of friendship), regard with affection, cherish; I kiss.   ²⁹ποῦ, [44] where, in what place.   ³⁰τρέχω, [20] I run, exercise myself, make progress.   ³¹ὁμοῦ, [3] together, at the same place and time.   ³²προτρέχω, [2] I run before, outrun, run in advance.   ³³τάχιον, [5] more swiftly, more quickly.   ³⁴παρακύπτω, [5] I stoop, peer in, look down, look intently.   ³⁵κεῖμαι, [26] I lie, recline, am placed, am laid, set, specially appointed, destined.   ³⁶μέντοι, [8] (a) indeed, really, (b) yet, however, nevertheless.   ³⁷κεῖμαι, [26] I lie, recline, am placed, am laid, set, specially appointed, destined.   ³⁸σουδάριον, ου, τό, [4] a handkerchief, napkin.   ³⁹κεῖμαι, [26] I lie, recline, am placed, am laid, set, specially appointed, destined.

χωρὶς[1] ἐντετυλιγμένον[2] εἰς ἕνα τόπον. 8 Τότε οὖν εἰσῆλθεν καὶ ὁ ἄλλος μαθητὴς ὁ ἐλθὼν πρῶτος εἰς τὸ μνημεῖον,[3] καὶ εἶδεν, καὶ ἐπίστευσεν· 9 οὐδέπω[4] γὰρ ᾔδεισαν τὴν γραφήν, ὅτι δεῖ αὐτὸν ἐκ νεκρῶν ἀναστῆναι. 10 Ἀπῆλθον οὖν πάλιν πρὸς ἑαυτοὺς οἱ μαθηταί.

11 Μαρία δὲ εἱστήκει πρὸς τὸ μνημεῖον[3] κλαίουσα[5] ἔξω· ὡς οὖν ἔκλαιεν,[6] παρέκυψεν[7] εἰς τὸ μνημεῖον,[3] 12 καὶ θεωρεῖ δύο ἀγγέλους ἐν λευκοῖς[8] καθεζομένους,[9] ἕνα πρὸς τῇ κεφαλῇ, καὶ ἕνα πρὸς τοῖς ποσίν, ὅπου ἔκειτο[10] τὸ σῶμα τοῦ Ἰησοῦ. 13 Καὶ λέγουσιν αὐτῇ ἐκεῖνοι, Γύναι, τί κλαίεις;[11] Λέγει αὐτοῖς, ὅτι ῏Ηραν τὸν κύριόν μου, καὶ οὐκ οἶδα ποῦ[12] ἔθηκαν αὐτόν. 14 Καὶ ταῦτα εἰποῦσα ἐστράφη[13] εἰς τὰ ὀπίσω,[14] καὶ θεωρεῖ τὸν Ἰησοῦν ἑστῶτα, καὶ οὐκ ᾔδει ὅτι Ἰησοῦς ἐστιν. 15 Λέγει αὐτῇ ὁ Ἰησοῦς, Γύναι, τί κλαίεις;[15] Τίνα ζητεῖς; Ἐκείνη, δοκοῦσα ὅτι ὁ κηπουρός[16] ἐστιν, λέγει αὐτῷ, Κύριε, εἰ σὺ ἐβάστασας[17] αὐτόν, εἰπέ μοι ποῦ[12] ἔθηκας αὐτόν, κἀγὼ αὐτὸν ἀρῶ. 16 Λέγει αὐτῇ ὁ Ἰησοῦς, Μαρία. Στραφεῖσα[18] ἐκείνη λέγει αὐτῷ, Ῥαββουνί[19]–ὃ λέγεται, Διδάσκαλε. 17 Λέγει αὐτῇ ὁ Ἰησοῦς, Μή μου ἅπτου,[20] οὔπω[21] γὰρ ἀναβέβηκα πρὸς τὸν πατέρα μου· πορεύου δὲ πρὸς τοὺς ἀδελφούς μου, καὶ εἰπὲ αὐτοῖς, Ἀναβαίνω πρὸς τὸν πατέρα μου καὶ πατέρα ὑμῶν, καὶ θεόν μου καὶ θεὸν ὑμῶν. 18 Ἔρχεται Μαρία ἡ Μαγδαληνὴ ἀπαγγέλλουσα[22] τοῖς μαθηταῖς ὅτι ἑώρακεν τὸν κύριον, καὶ ταῦτα εἶπεν αὐτῇ.

Two Appearances to the Assembled Disciples

19 Οὔσης οὖν ὀψίας,[23] τῇ ἡμέρᾳ ἐκείνῃ τῇ μιᾷ τῶν σαββάτων, καὶ τῶν θυρῶν[24] κεκλεισμένων[25] ὅπου ἦσαν οἱ μαθηταὶ συνηγμένοι, διὰ τὸν φόβον[26] τῶν Ἰουδαίων, ἦλθεν ὁ Ἰησοῦς καὶ ἔστη εἰς τὸ μέσον, καὶ λέγει αὐτοῖς, Εἰρήνη ὑμῖν. 20 Καὶ τοῦτο εἰπὼν ἔδειξεν[27] αὐτοῖς τὰς χεῖρας καὶ τὴν πλευρὰν[28] αὐτοῦ. Ἐχάρησαν οὖν οἱ μαθηταὶ ἰδόντες τὸν κύριον. 21 Εἶπεν οὖν αὐτοῖς ὁ Ἰησοῦς πάλιν, Εἰρήνη ὑμῖν· καθὼς ἀπέσταλκέν με ὁ πατήρ, κἀγὼ πέμπω ὑμᾶς. 22 Καὶ τοῦτο εἰπὼν ἐνεφύσησεν[29] καὶ λέγει

---

[2]ἐντετυλιγμένον: RPP-ASN   [5]κλαίουσα: PAP-NSF   [6]ἔκλαιεν: IAI-3S   [7]παρέκυψεν: AAI-3S   [9]καθεζομένους: PNP-APM   [10]ἔκειτο: INI-3S   [11]κλαίεις: PAI-2S   [13]ἐστράφη: 2API-3S   [15]κλαίεις: PAI-2S   [17]ἐβάστασας: AAI-2S   [18]Στραφεῖσα: 2APP-NSF   [20]ἅπτου: PMM-2S   [22]ἀπαγγέλλουσα: PAP-NSF   [25]κεκλεισμένων: RPP-GPF   [27]ἔδειξεν: AAI-3S   [29]ἐνεφύσησεν: AAI-3S

---

[1]χωρίς, [39] apart from, separately from; without.   [2]ἐντυλίσσω, [3] I wrap up, roll round, envelop.   [3]μνημεῖον, ου, τό, [41] a tomb, sepulcher, monument.   [4]οὐδέπω, [5] not yet, never before.   [5]κλαίω, [40] I weep, weep for, mourn, lament.   [6]κλαίω, [40] I weep, weep for, mourn, lament.   [7]παρακύπτω, [5] I stoop, peer in, look down, look intently.   [8]λευκός, ή, όν, [25] white, bright, brilliant.   [9]καθέζομαι, [6] I am sitting, sit down, am seated.   [10]κεῖμαι, [26] I lie, recline, am placed, am laid, set, specially appointed, destined.   [11]κλαίω, [40] I weep, weep for, mourn, lament.   [12]ποῦ, [44] where, in what place.   [13]στρέφω, [19] I turn, am converted, change, change my direction.   [14]ὀπίσω, [37] behind, after; back, backwards.   [15]κλαίω, [40] I weep, weep for, mourn, lament.   [16]κηπουρός, οῦ, ὁ, [1] a gardener, garden-keeper.   [17]βαστάζω, [27] (a) I carry, bear, (b) I carry (take) away.   [18]στρέφω, [19] I turn, am converted, change, change my direction.   [19]ῥαββουνί, [2] Rabbi, my master, teacher; a title of respect often applied to Christ.   [20]ἅπτομαι, [36] prop: I fasten to; I lay hold of, touch, know carnally.   [21]οὔπω, [23] not yet.   [22]ἀπαγγέλλω, [44] I report (from one place to another), bring a report, announce, declare.   [23]ὄψιος, α, ον, [15] late, evening.   [24]θύρα, ας, ἡ, [39] (a) a door, (b) met: an opportunity.   [25]κλείω, [15] I shut, shut up.   [26]φόβος, ου, ὁ, [47] (a) fear, terror, alarm, (b) the object or cause of fear, (c) reverence, respect.   [27]δείκνυμι, [31] I point out, show, exhibit; met: I teach, demonstrate, make known.   [28]πλευρά, ᾶς, ἡ, [5] the side of the body.   [29]ἐμφυσάω, [1] I breathe into, breathe upon.

αὐτοῖς, Λάβετε πνεῦμα ἅγιον. **23** Ἄν τινων ἀφῆτε τὰς ἁμαρτίας, ἀφίενται αὐτοῖς· ἄν τινων κρατῆτε,¹ κεκράτηνται.²

24 Θωμᾶς δέ, εἷς ἐκ τῶν δώδεκα, ὁ λεγόμενος Δίδυμος, οὐκ ἦν μετ' αὐτῶν ὅτε ἦλθεν ὁ Ἰησοῦς. **25** Ἔλεγον οὖν αὐτῷ οἱ ἄλλοι μαθηταί, Ἑωράκαμεν τὸν κύριον. Ὁ δὲ εἶπεν αὐτοῖς, Ἐὰν μὴ ἴδω ἐν ταῖς χερσὶν αὐτοῦ τὸν τύπον³ τῶν ἥλων,⁴ καὶ βάλω τὸν δάκτυλόν⁵ μου εἰς τὸν τύπον³ τῶν ἥλων,⁴ καὶ βάλω τὴν χεῖρά μου εἰς τὴν πλευρὰν⁶ αὐτοῦ, οὐ μὴ πιστεύσω.

26 Καὶ μεθ' ἡμέρας ὀκτὼ⁷ πάλιν ἦσαν ἔσω⁸ οἱ μαθηταὶ αὐτοῦ, καὶ Θωμᾶς μετ' αὐτῶν. Ἔρχεται ὁ Ἰησοῦς, τῶν θυρῶν⁹ κεκλεισμένων,¹⁰ καὶ ἔστη εἰς τὸ μέσον καὶ εἶπεν, Εἰρήνη ὑμῖν. **27** Εἶτα¹¹ λέγει τῷ Θωμᾷ, Φέρε τὸν δάκτυλόν⁵ σου ὧδε, καὶ ἴδε¹² τὰς χεῖράς μου· καὶ φέρε τὴν χεῖρά σου, καὶ βάλε εἰς τὴν πλευράν⁶ μου· καὶ μὴ γίνου ἄπιστος,¹³ ἀλλὰ πιστός. **28** Καὶ ἀπεκρίθη Θωμᾶς, καὶ εἶπεν αὐτῷ, Ὁ κύριός μου καὶ ὁ θεός μου. **29** Λέγει αὐτῷ ὁ Ἰησοῦς, Ὅτι ἑώρακάς με, πεπίστευκας; Μακάριοι οἱ μὴ ἰδόντες, καὶ πιστεύσαντες.

30 Πολλὰ μὲν οὖν καὶ ἄλλα σημεῖα ἐποίησεν ὁ Ἰησοῦς ἐνώπιον τῶν μαθητῶν αὐτοῦ, ἃ οὐκ ἔστιν γεγραμμένα ἐν τῷ βιβλίῳ¹⁴ τούτῳ. **31** Ταῦτα δὲ γέγραπται, ἵνα πιστεύσητε ὅτι Ἰησοῦς ἐστιν ὁ χριστὸς ὁ υἱὸς τοῦ θεοῦ, καὶ ἵνα πιστεύοντες ζωὴν ἔχητε ἐν τῷ ὀνόματι αὐτοῦ.

The Appearance of Christ at the Sea of Tiberias

21 Μετὰ ταῦτα ἐφανέρωσεν¹⁵ ἑαυτὸν πάλιν ὁ Ἰησοῦς τοῖς μαθηταῖς ἐπὶ τῆς θαλάσσης τῆς Τιβεριάδος·¹⁶ ἐφανέρωσεν¹⁷ δὲ οὕτως. **2** Ἦσαν ὁμοῦ¹⁸ Σίμων Πέτρος, καὶ Θωμᾶς ὁ λεγόμενος Δίδυμος, καὶ Ναθαναὴλ ὁ ἀπὸ Κανᾶ¹⁹ τῆς Γαλιλαίας, καὶ οἱ τοῦ Ζεβεδαίου, καὶ ἄλλοι ἐκ τῶν μαθητῶν αὐτοῦ δύο. **3** Λέγει αὐτοῖς Σίμων Πέτρος, Ὑπάγω ἁλιεύειν.²⁰ Λέγουσιν αὐτῷ, Ἐρχόμεθα καὶ ἡμεῖς σὺν σοί. Ἐξῆλθον καὶ ἐνέβησαν²¹ εἰς τὸ πλοῖον εὐθύς, καὶ ἐν ἐκείνῃ τῇ νυκτὶ ἐπίασαν²² οὐδέν. **4** Πρωΐας²³ δὲ ἤδη γενομένης ἔστη ὁ Ἰησοῦς εἰς τὸν αἰγιαλόν·²⁴ οὐ μέντοι²⁵ ᾔδεισαν οἱ μαθηταὶ ὅτι Ἰησοῦς ἐστιν. **5** Λέγει οὖν αὐτοῖς ὁ Ἰησοῦς, Παιδία, μή τι προσφάγιον²⁶ ἔχετε;

---

¹κρατῆτε: PAS-2P   ²κεκράτηνται: RPI-3P   ¹⁰κεκλεισμένων: RPP-GPF   ¹²ἴδε: 2AAM-2S   ¹⁵ἐφανέρωσεν: AAI-3S
¹⁷ἐφανέρωσεν: AAI-3S   ²⁰ἁλιεύειν: PAN   ²¹ἐνέβησαν: 2AAI-3P   ²²ἐπίασαν: AAI-3P

---

¹κρατέω, [47] I am strong, mighty, hence: I rule, am master, prevail; I obtain, take hold of; I hold, hold fast.
²κρατέω, [47] I am strong, mighty, hence: I rule, am master, prevail; I obtain, take hold of; I hold, hold fast.
³τύπος, ου, ὁ, [16] (originally: the mark of a blow, then a stamp struck by a die), (a) a figure; a copy, image,
(b) a pattern, model, (c) a type, prefiguring something or somebody.   ⁴ἧλος, ου, ὁ, [2] a nail.   ⁵δάκτυλος,
ου, ὁ, [8] a finger.   ⁶πλευρά, ᾶς, ἡ, [5] the side of the body.   ⁷ὀκτώ, [9] eight.   ⁸ἔσω, [8] within, inside,
with verbs either of rest or of motion; prep: within, to within, inside.   ⁹θύρα, ας, ἡ, [39] (a) a door, (b) met:
an opportunity.   ¹⁰κλείω, [15] I shut, shut up.   ¹¹εἶτα, [16] then, thereafter, next (marking a fresh stage);
therefore, then, furthermore.   ¹²ἴδε, [35] See! Lo! Behold! Look!   ¹³ἄπιστος, ον, [23] unbelieving, incredulous,
unchristian; sometimes subst: unbeliever.   ¹⁴βιβλίον, ου, τό, [36] a papyrus roll.   ¹⁵φανερόω, [49] I make clear
(visible, manifest), make known.   ¹⁶Τιβεριάς, άδος, ἡ, [3] Tiberias, a town in Galilee on the western border of
the sea called after it.   ¹⁷φανερόω, [49] I make clear (visible, manifest), make known.   ¹⁸ὁμοῦ, [3] together,
at the same place and time.   ¹⁹Κανᾶ, ἡ, [4] Cana, a town in Galilee.   ²⁰ἁλιεύω, [1] I fish.   ²¹ἐμβαίνω, [19] I
step in; I go onboard a ship, embark.   ²²πιάζω, [12] I lay hold of, apprehend, catch, arrest.   ²³πρωΐα, ας, ἡ, [3]
early morning.   ²⁴αἰγιαλός, οῦ, ὁ, [6] sea-coast, (sandy) beach; shore (of sea or lake), land.   ²⁵μέντοι, [8] (a)
indeed, really, (b) yet, however, nevertheless.   ²⁶προσφάγιον, ου, τό, [1] anything eaten with bread, especially
fish or meat.

Ἀπεκρίθησαν αὐτῷ, Οὔ. 6 Ὁ δὲ εἶπεν αὐτοῖς, Βάλετε εἰς τὰ δεξιὰ μέρη¹ τοῦ πλοίου τὸ δίκτυον,² καὶ εὑρήσετε. Ἔβαλον οὖν, καὶ οὐκέτι³ αὐτὸ ἑλκύσαι⁴ ἴσχυσαν⁵ ἀπὸ τοῦ πλήθους⁶ τῶν ἰχθύων.⁷ 7 Λέγει οὖν ὁ μαθητὴς ἐκεῖνος ὃν ἠγάπα ὁ Ἰησοῦς τῷ Πέτρῳ, Ὁ κύριός ἐστιν. Σίμων οὖν Πέτρος, ἀκούσας ὅτι ὁ κύριός ἐστιν, τὸν ἐπενδύτην⁸ διεζώσατο⁹–ἦν γὰρ γυμνός¹⁰–καὶ ἔβαλεν ἑαυτὸν εἰς τὴν θάλασσαν. 8 Οἱ δὲ ἄλλοι μαθηταὶ τῷ πλοιαρίῳ¹¹ ἦλθον–οὐ γὰρ ἦσαν μακρὰν¹² ἀπὸ τῆς γῆς, ἀλλ᾽ ὡς ἀπὸ πηχῶν¹³ διακοσίων¹⁴–σύροντες¹⁵ τὸ δίκτυον² τῶν ἰχθύων.⁷ 9 Ὡς οὖν ἀπέβησαν¹⁶ εἰς τὴν γῆν, βλέπουσιν ἀνθρακιὰν¹⁷ κειμένην¹⁸ καὶ ὀψάριον¹⁹ ἐπικείμενον,²⁰ καὶ ἄρτον. 10 Λέγει αὐτοῖς ὁ Ἰησοῦς, Ἐνέγκατε ἀπὸ τῶν ὀψαρίων¹⁹ ὧν ἐπιάσατε²¹ νῦν. 11 Ἀνέβη Σίμων Πέτρος, καὶ εἵλκυσεν²² τὸ δίκτυον² ἐπὶ τῆς γῆς, μεστὸν²³ ἰχθύων⁷ μεγάλων ἑκατὸν²⁴ πεντήκοντα²⁵ τριῶν· καὶ τοσούτων²⁶ ὄντων, οὐκ ἐσχίσθη²⁷ τὸ δίκτυον.² 12 Λέγει αὐτοῖς ὁ Ἰησοῦς, Δεῦτε²⁸ ἀριστήσατε.²⁹ Οὐδεὶς δὲ ἐτόλμα³⁰ τῶν μαθητῶν ἐξετάσαι³¹ αὐτόν, Σὺ τίς εἶ; εἰδότες ὅτι ὁ κύριός ἐστιν. 13 Ἔρχεται οὖν ὁ Ἰησοῦς, καὶ λαμβάνει τὸν ἄρτον, καὶ δίδωσιν αὐτοῖς, καὶ τὸ ὀψάριον¹⁹ ὁμοίως.³² 14 Τοῦτο ἤδη τρίτον ἐφανερώθη³³ ὁ Ἰησοῦς τοῖς μαθηταῖς αὐτοῦ, ἐγερθεὶς ἐκ νεκρῶν.

The Test of Peter's Love

15 Ὅτε οὖν ἠρίστησαν,³⁴ λέγει τῷ Σίμωνι Πέτρῳ ὁ Ἰησοῦς, Σίμων Ἰωνᾶ, ἀγαπᾷς με πλεῖον τούτων; Λέγει αὐτῷ, Ναὶ³⁵ κύριε· σὺ οἶδας ὅτι φιλῶ³⁶ σε. Λέγει αὐτῷ, Βόσκε³⁷ τὰ ἀρνία³⁸ μου. 16 Λέγει αὐτῷ πάλιν δεύτερον,³⁹ Σίμων Ἰωνᾶ, ἀγαπᾷς με; Λέγει αὐτῷ, Ναὶ³⁵ κύριε· σὺ οἶδας ὅτι φιλῶ⁴⁰ σε. Λέγει αὐτῷ, Ποίμαινε⁴¹ τὰ πρόβατά⁴² μου. 17 Λέγει αὐτῷ

---

⁴ἑλκύσαι: AAN   ⁵ἴσχυσαν: AAI-3P   ⁹διεζώσατο: AMI-3S   ¹⁵σύροντες: PAP-NPM   ¹⁶ἀπέβησαν: 2AAI-3P ¹⁸κειμένην: PNP-ASF   ²⁰ἐπικείμενον: PNP-ASN   ²¹ἐπιάσατε: AAI-2P   ²²εἵλκυσεν: AAI-3S   ²⁷ἐσχίσθη: API-3S ²⁸Δεῦτε: PAM-2P   ²⁹ἀριστήσατε: AAM-2P   ³⁰ἐτόλμα: IAI-3S   ³¹ἐξετάσαι: AAN   ³³ἐφανερώθη: API-3S   ³⁴ἠρίστησαν: AAI-3P   ³⁶φιλῶ: PAI-1S   ³⁷Βόσκε: PAM-2S   ⁴⁰φιλῶ: PAI-1S   ⁴¹Ποίμαινε: PAM-2S

---

¹μέρος, ους, τό, [43] a part, portion, share.   ²δίκτυον, ου, τό, [12] a fishing-net.   ³οὐκέτι, [48] no longer, no more.   ⁴ἑλκύω, [8] I drag, draw, pull, persuade, unsheathe.   ⁵ἰσχύω, [29] I have strength, am strong, am in full health and vigor, am able; meton: I prevail.   ⁶πλῆθος, ους, τό, [32] a multitude, crowd, great number, assemblage.   ⁷ἰχθύς, ύος, ὁ, [20] a fish.   ⁸ἐπενδύτης, ου, ὁ, [1] a coat, outer wrap or tunic.   ⁹διαζώννυμι, [3] I gird, tie around; mid: I gird round myself.   ¹⁰γυμνός, ή, όν, [15] rarely: stark-naked; generally: wearing only the under-garment; bare, open, manifest; mere.   ¹¹πλοιάριον, ου, τό, [6] (a little boat, hence) a boat. ¹²μακράν, [9] at a distance, far away, remote, alien.   ¹³πῆχυς, εως, ὁ, [4] a cubit, about a foot and a half. ¹⁴διακόσιοι, αι, α, [8] two hundred.   ¹⁵σύρω, [5] I draw, drag, force away.   ¹⁶ἀποβαίνω, [4] I go or come out of, disembark, turn out, result, become, happen.   ¹⁷ἀνθρακιά, ᾶς, ἡ, [2] a coal-fire, a heap of burning coals. ¹⁸κεῖμαι, [26] I lie, recline, am placed, am laid, set, specially appointed, destined.   ¹⁹ὀψάριον, ου, τό, [5] a little fish.   ²⁰ἐπίκειμαι, [7] (a) dat: I am placed upon, am laid upon, lie upon, am imposed; I press upon, (b) absol: I press hard, am insistent, insist.   ²¹πιάζω, [12] I lay hold of, apprehend, catch, arrest.   ²²ἑλκύω, [8] I drag, draw, pull, persuade, unsheathe.   ²³μεστός, ή, όν, [8] full, filled with.   ²⁴ἑκατόν, [17] one hundred.   ²⁵πεντήκοντα, οι, αι, τά, [7] fifty.   ²⁶τοσοῦτος, τοσαύτη, τοσοῦτο, [20] so great, so large, so long, so many.   ²⁷σχίζω, [10] I rend, divide asunder, cleave.   ²⁸δεῦτε, [13] come hither, come, hither, an exclamatory word.   ²⁹ἀριστάω, [3] I breakfast, dine.   ³⁰τολμάω, [16] I dare, endure, am bold, have courage, make up the mind.   ³¹ἐξετάζω, [3] I examine, question, inquire at, search out.   ³²ὁμοίως, [32] in like manner, similarly, in the same way, equally. ³³φανερόω, [49] I make clear (visible, manifest), make known.   ³⁴ἀριστάω, [3] I breakfast, dine.   ³⁵ναί, [35] yes, certainly, even so.   ³⁶φιλέω, [25] I love (of friendship), regard with affection, cherish; I kiss.   ³⁷βόσκω, [9] I feed, pasture.   ³⁸ἀρνίον, ου, τό, [31] (originally: a little lamb, but diminutive force was lost), a lamb. ³⁹δεύτερος, α, ον, [44] second; with the article: in the second place, for the second time.   ⁴⁰φιλέω, [25] I love (of friendship), regard with affection, cherish; I kiss.   ⁴¹ποιμαίνω, [11] I shepherd, tend, herd; hence: I rule, govern.   ⁴²πρόβατον, ου, τό, [41] a sheep.

τὸ τρίτον, Σίμων Ἰωνᾶ, φιλεῖς [1] με; Ἐλυπήθη [2] ὁ Πέτρος ὅτι εἶπεν αὐτῷ τὸ τρίτον, Φιλεῖς [3] με; Καὶ εἶπεν αὐτῷ, Κύριε, σὺ πάντα οἶδας· σὺ γινώσκεις ὅτι φιλῶ [4] σε. Λέγει αὐτῷ ὁ Ἰησοῦς, Βόσκε [5] τὰ πρόβατά [6] μου. **18** Ἀμὴν ἀμὴν λέγω σοι, ὅτε ἦς νεώτερος, [7] ἐζώννυες [8] σεαυτόν, [9] καὶ περιεπάτεις ὅπου ἤθελες· ὅταν δὲ γηράσῃς, [10] ἐκτενεῖς [11] τὰς χεῖράς σου, καὶ ἄλλος σε ζώσει, [12] καὶ οἴσει ὅπου οὐ θέλεις. **19** Τοῦτο δὲ εἶπεν, σημαίνων [13] ποίῳ [14] θανάτῳ δοξάσει τὸν θεόν. Καὶ τοῦτο εἰπὼν λέγει αὐτῷ, Ἀκολούθει μοι. **20** Ἐπιστραφεὶς [15] δὲ ὁ Πέτρος βλέπει τὸν μαθητὴν ὃν ἠγάπα ὁ Ἰησοῦς ἀκολουθοῦντα, ὃς καὶ ἀνέπεσεν [16] ἐν τῷ δείπνῳ [17] ἐπὶ τὸ στῆθος [18] αὐτοῦ καὶ εἶπεν, Κύριε, τίς ἐστιν ὁ παραδιδούς σε; **21** Τοῦτον ἰδὼν ὁ Πέτρος λέγει τῷ Ἰησοῦ, Κύριε, οὗτος δὲ τί; **22** Λέγει αὐτῷ ὁ Ἰησοῦς, Ἐὰν αὐτὸν θέλω μένειν ἕως ἔρχομαι, τί πρός σε; Σὺ ἀκολούθει μοι. **23** Ἐξῆλθεν οὖν ὁ λόγος οὗτος εἰς τοὺς ἀδελφούς, ὅτι ὁ μαθητὴς ἐκεῖνος οὐκ ἀποθνήσκει· καὶ οὐκ εἶπεν αὐτῷ ὁ Ἰησοῦς, ὅτι οὐκ ἀποθνήσκει· ἀλλ', Ἐὰν αὐτὸν θέλω μένειν ἕως ἔρχομαι, τί πρός σε;

24 Οὗτός ἐστιν ὁ μαθητὴς ὁ μαρτυρῶν περὶ τούτων, καὶ γράψας ταῦτα· καὶ οἴδαμεν ὅτι ἀληθής [19] ἐστιν ἡ μαρτυρία [20] αὐτοῦ.

25 Ἔστιν δὲ καὶ ἄλλα πολλὰ ὅσα ἐποίησεν ὁ Ἰησοῦς, ἅτινα ἐὰν γράφηται καθ' ἕν, οὐδὲ αὐτὸν οἶμαι [21] τὸν κόσμον χωρῆσαι [22] τὰ γραφόμενα βιβλία. [23] Ἀμήν.

---

[1] φιλεῖς: *PAI-2S*   [2] Ἐλυπήθη: *API-3S*   [3] Φιλεῖς: *PAI-2S*   [4] φιλῶ: *PAI-1S*   [5] Βόσκε: *PAM-2S*   [8] ἐζώννυες: *IAI-2S*
[10] γηράσῃς: *AAS-2S*   [11] ἐκτενεῖς: *FAI-2S*   [12] ζώσει: *FAI-3S*   [13] σημαίνων: *PAP-NSM*   [15] Ἐπιστραφεὶς: *2APP-NSM*
[16] ἀνέπεσεν: *2AAI-3S*   [21] οἶμαι: *PNI-1S*   [22] χωρῆσαι: *AAN*

---

[1] φιλέω, [25] *I love (of friendship), regard with affection, cherish; I kiss.*   [2] λυπέω, [26] *I pain, grieve, vex.*
[3] φιλέω, [25] *I love (of friendship), regard with affection, cherish; I kiss.*   [4] φιλέω, [25] *I love (of friendship), regard with affection, cherish; I kiss.*   [5] βόσκω, [9] *I feed, pasture.*   [6] πρόβατον, ου, τό, [41] *a sheep.*   [7] νέος, α, ον, [24] *(a) young, youthful, (b) new, fresh.*   [8] ζώννυμι, [2] *I gird, put on the girdle, especially as preparatory to active work.*   [9] σεαυτοῦ, ῆς, οῦ, [41] *of yourself.*   [10] γηράσκω, [2] *I become old, grow old.*   [11] ἐκτείνω, [16] *I stretch out (forth), cast forth (as of an anchor), lay hands on.*   [12] ζώννυμι, [2] *I gird, put on the girdle, especially as preparatory to active work.*   [13] σημαίνω, [6] *I signify, indicate, give a sign, make known.*   [14] ποῖος, α, ον, [34] *of what sort.*   [15] ἐπιστρέφω, [37] *(a) trans: I turn (back) to (towards), (b) intrans: I turn (back) (to [towards]); I come to myself.*   [16] ἀναπίπτω, [11] *I lie down, recline (at a dinner-table), fall back upon (the breast of another person reclining at dinner).*   [17] δεῖπνον, ου, τό, [16] *a dinner, an afternoon or evening meal.*   [18] στῆθος, ους, τό, [5] *the breast, chest.*   [19] ἀληθής, ές, [25] *unconcealed, true, true in fact, worthy of credit, truthful.*   [20] μαρτυρία, ας, ἡ, [37] *witness, evidence, testimony, reputation.*   [21] οἶμαι, [3] *I think, suppose, expect, imagine.*   [22] χωρέω, [10] *(lit: I make room, hence) (a) I have room for, receive, contain, (b) I make room for by departing, go, make progress, turn myself.*   [23] βιβλίον, ου, τό, [36] *a papyrus roll.*

ΠΡΑΞΕΙΣ ΑΠΟΣΤΟΛΩΝ
Acts of the Apostles

The Ascension of Jesus

Τὸν μὲν πρῶτον λόγον ἐποιησάμην περὶ πάντων, ὦ¹ Θεόφιλε, ὧν ἤρξατο ὁ Ἰησοῦς ποιεῖν τε καὶ διδάσκειν, **2** ἄχρι ἧς ἡμέρας, ἐντειλάμενος² τοῖς ἀποστόλοις διὰ πνεύματος ἁγίου οὓς ἐξελέξατο,³ ἀνελήφθη·⁴ **3** οἷς καὶ παρέστησεν⁵ ἑαυτὸν ζῶντα μετὰ τὸ παθεῖν⁶ αὐτὸν ἐν πολλοῖς τεκμηρίοις,⁷ δι᾽ ἡμερῶν τεσσαράκοντα⁸ ὀπτανόμενος⁹ αὐτοῖς, καὶ λέγων τὰ περὶ τῆς βασιλείας τοῦ θεοῦ. **4** Καὶ συναλιζόμενος¹⁰ παρήγγειλεν¹¹ αὐτοῖς ἀπὸ Ἱεροσολύμων μὴ χωρίζεσθαι,¹² ἀλλὰ περιμένειν¹³ τὴν ἐπαγγελίαν τοῦ πατρός, Ἣν ἠκούσατέ μου· **5** ὅτι Ἰωάννης μὲν ἐβάπτισεν ὕδατι, ὑμεῖς δὲ βαπτισθήσεσθε ἐν πνεύματι ἁγίῳ οὐ μετὰ πολλὰς ταύτας ἡμέρας.

6 Οἱ μὲν οὖν συνελθόντες¹⁴ ἐπηρώτων αὐτὸν λέγοντες, Κύριε, εἰ ἐν τῷ χρόνῳ τούτῳ ἀποκαθιστάνεις¹⁵ τὴν βασιλείαν τῷ Ἰσραήλ; **7** Εἶπεν δὲ πρὸς αὐτούς, Οὐχ ὑμῶν ἐστιν γνῶναι χρόνους ἢ καιροὺς οὓς ὁ πατὴρ ἔθετο ἐν τῇ ἰδίᾳ ἐξουσίᾳ. **8** Ἀλλὰ λήψεσθε δύναμιν, ἐπελθόντος¹⁶ τοῦ ἁγίου πνεύματος ἐφ᾽ ὑμᾶς· καὶ ἔσεσθέ μοι μάρτυρες¹⁷ ἔν τε Ἰερουσαλήμ, καὶ ἐν πάσῃ τῇ Ἰουδαίᾳ¹⁸ καὶ Σαμαρείᾳ,¹⁹ καὶ ἕως ἐσχάτου τῆς γῆς.

---

²*ἐντειλάμενος:* ANP-NSM ³*ἐξελέξατο:* AMI-3S ⁴*ἀνελήφθη:* API-3S ⁵*παρέστησεν:* AAI-3S ⁶*παθεῖν:* 2AAN ⁹*ὀπτανόμενος:* PNP-NSM ¹⁰*συναλιζόμενος:* PNP-NSM ¹¹*παρήγγειλεν:* AAI-3S ¹²*χωρίζεσθαι:* PPN ¹³*περιμένειν:* PAN ¹⁴*συνελθόντες:* 2AAP-NPM ¹⁵*ἀποκαθιστάνεις:* PAI-2S ¹⁶*ἐπελθόντος:* 2AAP-GSN

---

¹*ὦ, [17] O, an exclamation, used in addressing someone.* ²*ἐντέλλομαι, [17] I give orders (injunctions, instructions, commands).* ³*ἐκλέγομαι, [21] I pick out for myself, choose, elect, select.* ⁴*ἀναλαμβάνω, [13] I take up, raise; I pick up, take on board; I carry off, lead away.* ⁵*παρίστημι, [41] I bring, present, prove, come up to and stand by, am present.* ⁶*πάσχω, [42] I am acted upon in a certain way, either good or bad; I experience ill treatment, suffer.* ⁷*τεκμήριον, ου, τό, [1] a sign, certain proof.* ⁸*τεσσαράκοντα, [22] forty.* ⁹*ὀπτάνομαι, [1] I appear, am seen (by), let myself be seen (by).* ¹⁰*συναλίζομαι, [1] I am assembled together with.* ¹¹*παραγγέλλω, [30] I notify, command, charge, entreat solemnly.* ¹²*χωρίζω, [13] (a) I separate, put apart, (b) mid. or pass: I separate myself, depart, withdraw.* ¹³*περιμένω, [1] I wait for, await.* ¹⁴*συνέρχομαι, [32] I come or go with, accompany; I come together, assemble.* ¹⁵*ἀποκαθίστημι, [8] I set up again, restore to its original position or condition; hence: I restore, give back.* ¹⁶*ἐπέρχομαι, [10] I come to, arrive, come on, come upon, attack.* ¹⁷*μάρτυς, υρος, ὁ, [34] a witness; an eye- or ear-witness.* ¹⁸*Ἰουδαία, ας, ἡ, [43] Judea, a Roman province, capital Jerusalem.* ¹⁹*Σαμάρεια, ας, ἡ, [11] Samaria, a small district of Palestine, bounded by Galilee on the north, and by Judaea on the south, and taking its name from the city of Samaria, the ancient capital of the kingdom of (northern) Israel.*

9 Καὶ ταῦτα εἰπών, βλεπόντων αὐτῶν ἐπήρθη,[1] καὶ νεφέλη[2] ὑπέλαβεν[3] αὐτὸν ἀπὸ τῶν ὀφθαλμῶν αὐτῶν. **10** Καὶ ὡς ἀτενίζοντες[4] ἦσαν εἰς τὸν οὐρανόν, πορευομένου αὐτοῦ, καὶ ἰδοὺ ἄνδρες δύο παρειστήκεισαν[5] αὐτοῖς ἐν ἐσθῆτι[6] λευκῇ,[7] **11** οἳ καὶ εἶπον, Ἄνδρες Γαλιλαῖοι,[8] τί ἑστήκατε ἐμβλέποντες[9] εἰς τὸν οὐρανόν; Οὗτος ὁ Ἰησοῦς, ὁ ἀναληφθεὶς[10] ἀφ' ὑμῶν εἰς τὸν οὐρανόν, οὕτως ἐλεύσεται ὃν τρόπον[11] ἐθεάσασθε[12] αὐτὸν πορευόμενον εἰς τὸν οὐρανόν.

The Election of Matthias

12 Τότε ὑπέστρεψαν[13] εἰς Ἰερουσαλὴμ ἀπὸ ὄρους τοῦ καλουμένου Ἐλαιῶνος,[14] ὅ ἐστιν ἐγγὺς[15] Ἰερουσαλήμ, σαββάτου ἔχον ὁδόν. **13** Καὶ ὅτε εἰσῆλθον, ἀνέβησαν εἰς τὸ ὑπερῷον[16] οὗ[17] ἦσαν καταμένοντες,[18] ὅ τε Πέτρος καὶ Ἰάκωβος καὶ Ἰωάννης καὶ Ἀνδρέας, Φίλιππος καὶ Θωμᾶς, Βαρθολομαῖος καὶ Ματθαῖος, Ἰάκωβος Ἀλφαίου καὶ Σίμων ὁ Ζηλωτής,[19] καὶ Ἰούδας Ἰακώβου. **14** Οὗτοι πάντες ἦσαν προσκαρτεροῦντες[20] ὁμοθυμαδὸν[21] τῇ προσευχῇ[22] καὶ τῇ δεήσει,[23] σὺν γυναιξὶν καὶ Μαρίᾳ τῇ μητρὶ τοῦ Ἰησοῦ, καὶ σὺν τοῖς ἀδελφοῖς αὐτοῦ.

15 Καὶ ἐν ταῖς ἡμέραις ταύταις ἀναστὰς Πέτρος ἐν μέσῳ τῶν μαθητῶν εἶπεν–ἦν τε ὄχλος ὀνομάτων ἐπὶ τὸ αὐτὸ ὡς ἑκατὸν[24] εἴκοσι[25]– **16** Ἄνδρες ἀδελφοί, ἔδει πληρωθῆναι τὴν γραφὴν ταύτην, ἣν προεῖπεν[26] τὸ πνεῦμα τὸ ἅγιον διὰ στόματος Δαυὶδ περὶ Ἰούδα, τοῦ γενομένου ὁδηγοῦ[27] τοῖς συλλαβοῦσιν[28] τὸν Ἰησοῦν. **17** Ὅτι κατηριθμημένος[29] ἦν σὺν ἡμῖν, καὶ ἔλαχεν[30] τὸν κλῆρον[31] τῆς διακονίας[32] ταύτης– **18** Οὗτος μὲν οὖν ἐκτήσατο[33] χωρίον[34] ἐκ μισθοῦ[35] τῆς ἀδικίας,[36] καὶ πρηνὴς[37] γενόμενος ἐλάκησεν[38]

---

[1]ἐπήρθη: API-3S   [3]ὑπέλαβεν: 2AAI-3S   [4]ἀτενίζοντες: PAP-NPM   [5]παρειστήκεισαν: LAI-3P   [9]ἐμβλέποντες: PAP-NPM   [10]ἀναληφθεὶς: APP-NSM   [12]ἐθεάσασθε: ADI-2P   [13]ὑπέστρεψαν: AAI-3P   [18]καταμένοντες: PAP-NPM   [20]προσκαρτεροῦντες: PAP-NPM   [26]προεῖπεν: 2AAI-3S   [28]συλλαβοῦσιν: 2AAP-DPM   [29]κατηριθμημένος: RPP-NSM   [30]ἔλαχεν: 2AAI-3S   [33]ἐκτήσατο: ADI-3S   [38]ἐλάκησεν: AAI-3S

---

[1]ἐπαίρω, [19] I raise, lift up.   [2]νεφέλη, ης, ἡ, [26] a cloud.   [3]ὑπολαμβάνω, [4] (a) I take up, (b) I welcome, entertain, (c) I answer, (d) I suppose, imagine.   [4]ἀτενίζω, [14] I direct my gaze, look steadily.   [5]παρίστημι, [41] I bring, present, prove, come up to and stand by, am present.   [6]ἐσθής, ῆτος, ἡ, [8] clothing, raiment, vestment, robe.   [7]λευκός, ή, όν, [25] white, bright, brilliant.   [8]Γαλιλαῖος, αία, αῖον, [11] a Galilean, an inhabitant of Galilee.   [9]ἐμβλέπω, [12] I look into (upon); met: I consider; I see clearly.   [10]ἀναλαμβάνω, [13] I take up, raise; I pick up, take on board; I carry off, lead away.   [11]τρόπος, ου, ὁ, [13] (a) way, manner, (b) manner of life, character.   [12]θεάομαι, [24] I see, behold, contemplate, look upon, view; I see, visit.   [13]ὑποστρέφω, [37] I turn back, return.   [14]Ἐλαιών, ῶνος, ὁ, [1] Olive-grove, Olive-yard, the mount Olivet.   [15]ἐγγύς, [30] near.   [16]ὑπερῷον, ου, τό, [4] an upper room, the upper part of a house.   [17]οὗ, [23] where, whither, when, in what place.   [18]καταμένω, [1] I wait, stay (with), remain, abide, dwell.   [19]ζηλωτής, οῦ, ὁ, [7] one who is eagerly devoted to a person or a thing, a zealot.   [20]προσκαρτερέω, [10] I persist, persevere in, continue steadfast in; I wait upon.   [21]ὁμοθυμαδόν, [12] with one mind, unanimously, with one accord, at the same time.   [22]προσευχή, ῆς, ἡ, [37] (a) prayer (to God), (b) a place for prayer (used by Jews, perhaps where there was no synagogue).   [23]δέησις, εως, ἡ, [19] supplication, prayer, entreaty.   [24]ἑκατόν, [17] one hundred.   [25]εἴκοσι, [11] twenty.   [26]προλέγω, [6] I tell (say) beforehand, forewarn, declare, tell plainly.   [27]ὁδηγός, οῦ, ὁ, [5] a leader, guide; met: an instructor, teacher.   [28]συλλαμβάνω, [16] I seize, apprehend, assist, conceive, become pregnant.   [29]καταριθμέω, [1] I number among, count with.   [30]λαγχάνω, [4] (a) I obtain (receive) by lot, my lot (turn) is, (b) I draw lots.   [31]κλῆρος, ου, ὁ, [12] (a) a lot, (b) a portion assigned; hence: a portion of the people of God assigned to one's care, a congregation.   [32]διακονία, ας, ἡ, [34] waiting at table; in a wider sense: service, ministration.   [33]κτάομαι, [7] (a) I acquire, win, get, purchase, buy, (b) I possess, win mastery over.   [34]χωρίον, ου, τό, [10] a place, piece of land, field, property, estate.   [35]μισθός, οῦ, ὁ, [29] (a) pay, wages, salary, (b) reward, recompense, punishment.   [36]ἀδικία, ας, ἡ, [26] injustice, unrighteousness, hurt.   [37]πρηνής, ές, [1] falling headlong, prone.   [38]λάσκω, [1] I burst asunder with a loud noise.

μέσος, καὶ ἐξεχύθη¹ πάντα τὰ σπλάγχνα² αὐτοῦ. 19 Καὶ γνωστὸν³ ἐγένετο πᾶσιν τοῖς κατοικοῦσιν⁴ Ἰερουσαλήμ, ὥστε κληθῆναι τὸ χωρίον⁵ ἐκεῖνο τῇ ἰδίᾳ διαλέκτῳ⁶ αὐτῶν Ἀκελδαμά,⁷ τοῦτ' ἔστιν, χωρίον⁵ αἵματος– 20 Γέγραπται γὰρ ἐν βίβλῳ⁸ Ψαλμῶν,⁹ Γενηθήτω ἡ ἔπαυλις¹⁰ αὐτοῦ ἔρημος, καὶ μὴ ἔστω ὁ κατοικῶν¹¹ ἐν αὐτῇ· καί, Τὴν ἐπισκοπὴν¹² αὐτοῦ λάβοι ἕτερος. 21 Δεῖ οὖν τῶν συνελθόντων¹³ ἡμῖν ἀνδρῶν ἐν παντὶ χρόνῳ ἐν ᾧ εἰσῆλθεν καὶ ἐξῆλθεν ἐφ' ἡμᾶς ὁ κύριος Ἰησοῦς, 22 ἀρξάμενος ἀπὸ τοῦ βαπτίσματος¹⁴ Ἰωάννου, ἕως τῆς ἡμέρας ἧς ἀνελήφθη¹⁵ ἀφ' ἡμῶν, μάρτυρα¹⁶ τῆς ἀναστάσεως¹⁷ αὐτοῦ γενέσθαι σὺν ἡμῖν ἕνα τούτων. 23 Καὶ ἔστησαν δύο, Ἰωσὴφ τὸν καλούμενον Βαρσαβᾶν, ὃς ἐπεκλήθη¹⁸ Ἰοῦστος, καὶ Ματθίαν. 24 Καὶ προσευξάμενοι εἶπον, Σὺ κύριε καρδιογνῶστα¹⁹ πάντων, ἀνάδειξον²⁰ ὃν ἐξελέξω,²¹ ἐκ τούτων τῶν δύο ἕνα 25 λαβεῖν τὸν κλῆρον²² τῆς διακονίας²³ ταύτης καὶ ἀποστολῆς,²⁴ ἐξ ἧς παρέβη²⁵ Ἰούδας, πορευθῆναι εἰς τὸν τόπον τὸν ἴδιον. 26 Καὶ ἔδωκαν κλήρους²² αὐτῶν, καὶ ἔπεσεν ὁ κλῆρος²² ἐπὶ Ματθίαν, καὶ συγκατεψηφίσθη²⁶ μετὰ τῶν ἕνδεκα²⁷ ἀποστόλων.

The Pentecost Miracle

2 Καὶ ἐν τῷ συμπληροῦσθαι²⁸ τὴν ἡμέραν τῆς Πεντηκοστῆς,²⁹ ἦσαν ἅπαντες³⁰ ὁμοθυμαδὸν³¹ ἐπὶ τὸ αὐτό. 2 Καὶ ἐγένετο ἄφνω³² ἐκ τοῦ οὐρανοῦ ἦχος³³ ὥσπερ³⁴ φερομένης πνοῆς³⁵ βιαίας,³⁶ καὶ ἐπλήρωσεν ὅλον τὸν οἶκον οὗ³⁷ ἦσαν καθήμενοι. 3 Καὶ ὤφθησαν αὐτοῖς διαμεριζόμεναι³⁸ γλῶσσαι ὡσεὶ³⁹ πυρός, ἐκάθισέν⁴⁰ τε ἐφ' ἕνα

---

¹ἐξεχύθη: API-3S ⁴κατοικοῦσιν: PAP-DPM ¹¹κατοικῶν: PAP-NSM ¹³συνελθόντων: 2AAP-GPM ¹⁵ἀνελήφθη: API-3S ¹⁸ἐπεκλήθη: API-3S ²⁰ἀνάδειξον: AAM-2S ²¹ἐξελέξω: AMI-2S ²⁵παρέβη: 2AAI-3S ²⁶συγκατεψηφίσθη: API-3S ²⁸συμπληροῦσθαι: PPN ³⁸διαμεριζόμεναι: PEP-NPF ⁴⁰ἐκάθισέν: AAI-3S

---

¹ἐκχέω, [28] I pour out (liquid or solid); I shed, bestow liberally. ²σπλάγχνα, ων, τά, [11] the inward parts; the heart, affections, seat of the feelings. ³γνωστός, ή, όν, [15] known, an acquaintance. ⁴κατοικέω, [45] I dwell in, settle in, am established in (permanently), inhabit. ⁵χωρίον, ου, τό, [10] a place, piece of land, field, property, estate. ⁶διάλεκτος, ου, ἡ, [6] language, speech, conversation, manner of speaking. ⁷Ἀκελδαμά, [1] Akeldama (in Aramaic: field of blood). ⁸βίβλος, ου, ἡ, [9] a written book, roll, or volume, sometimes with a sacred connotation. ⁹ψαλμός, οῦ, ὁ, [7] a psalm, song of praise, the Hebrew book of Psalms. ¹⁰ἔπαυλις, εως, ἡ, [1] a farm, estate, dwelling, habitation. ¹¹κατοικέω, [45] I dwell in, settle in, am established in (permanently), inhabit. ¹²ἐπισκοπή, ῆς, ἡ, [4] (a) visitation (of judgment), (b) oversight, supervision, overseership. ¹³συνέρχομαι, [32] I come or go with, accompany; I come together, assemble. ¹⁴βάπτισμα, ατος, τό, [22] the rite or ceremony of baptism. ¹⁵ἀναλαμβάνω, [13] I take up, raise; I pick up, take on board; I carry off, lead away. ¹⁶μάρτυς, υρος, ὁ, [34] a witness; an eye- or ear-witness. ¹⁷ἀνάστασις, εως, ἡ, [42] a rising again, resurrection. ¹⁸ἐπικαλέω, [32] (a) I call (name) by a supplementary (additional, alternative) name, (b) mid: I call upon, appeal to, address. ¹⁹καρδιογνώστης, ου, ὁ, [2] a knower of the inner life (character, hearts). ²⁰ἀναδείκνυμι, [2] I show forth, show clearly; hence: I proclaim (a person's appointment to an office), appoint. ²¹ἐκλέγομαι, [21] I pick out for myself, choose, elect, select. ²²κλῆρος, ου, ὁ, [12] (a) a lot, (b) a portion assigned; hence: a portion of the people of God assigned to one's care, a congregation. ²³διακονία, ας, ἡ, [34] waiting at table; in a wider sense: service, ministration. ²⁴ἀποστολή, ῆς, ἡ, [4] commission, duty of apostle, apostleship. ²⁵παραβαίνω, [4] I transgress, violate, depart, desert. ²⁶συγκαταψηφίζω, [1] I am voted or classed with. ²⁷ἕνδεκα, οἱ, αἱ, τά, [6] eleven. ²⁸συμπληρόω, [3] I fill completely; pass: I am completed. ²⁹πεντηκοστή, ῆς, ἡ, [3] Pentecost, a feast of the Jews, the fiftieth day after Passover. ³⁰ἅπας, ασα, αν, [39] all, the whole, altogether. ³¹ὁμοθυμαδόν, [12] with one mind, unanimously, with one accord, at the same time. ³²ἄφνω, [3] suddenly. ³³ἦχος, ου, ὁ, [3] (a) a sound, noise, (b) a rumor, report. ³⁴ὥσπερ, [42] just as, as, even as. ³⁵πνοή, ῆς, ἡ, [2] (a) breath, (b) gust, breeze, wind. ³⁶βίαιος, α, ον, [1] strong, violent. ³⁷οὗ, [23] where, whither, when, in what place. ³⁸διαμερίζω, [11] I divide up into parts, break up; I distribute. ³⁹ὡσεί, [31] as if, as it were, like; with numbers: about. ⁴⁰καθίζω, [48] (a) trans: I make to sit; I set, appoint, (b) intrans: I sit down, am seated, stay.

ἕκαστον αὐτῶν. 4 Καὶ ἐπλήσθησαν¹ ἅπαντες² πνεύματος ἁγίου, καὶ ἤρξαντο λαλεῖν ἑτέραις γλώσσαις, καθὼς τὸ πνεῦμα ἐδίδου αὐτοῖς ἀποφθέγγεσθαι.³

5 Ἦσαν δὲ ἐν Ἰερουσαλὴμ κατοικοῦντες⁴ Ἰουδαῖοι, ἄνδρες εὐλαβεῖς,⁵ ἀπὸ παντὸς ἔθνους τῶν ὑπὸ τὸν οὐρανόν. 6 Γενομένης δὲ τῆς φωνῆς ταύτης, συνῆλθεν⁶ τὸ πλῆθος⁷ καὶ συνεχύθη,⁸ ὅτι ἤκουον εἷς ἕκαστος τῇ ἰδίᾳ διαλέκτῳ⁹ λαλούντων αὐτῶν. 7 Ἐξίσταντο¹⁰ δὲ πάντες καὶ ἐθαύμαζον,¹¹ λέγοντες πρὸς ἀλλήλους, Οὐκ ἰδοὺ πάντες οὗτοί εἰσιν οἱ λαλοῦντες Γαλιλαῖοι;¹² 8 Καὶ πῶς ἡμεῖς ἀκούομεν ἕκαστος τῇ ἰδίᾳ διαλέκτῳ⁹ ἡμῶν ἐν ᾗ ἐγεννήθημεν; 9 Πάρθοι¹³ καὶ Μῆδοι¹⁴ καὶ Ἐλαμῖται,¹⁵ καὶ οἱ κατοικοῦντες¹⁶ τὴν Μεσοποταμίαν,¹⁷ Ἰουδαίαν¹⁸ τε καὶ Καππαδοκίαν,¹⁹ Πόντον²⁰ καὶ τὴν Ἀσίαν,²¹ 10 Φρυγίαν²² τε καὶ Παμφυλίαν,²³ Αἴγυπτον²⁴ καὶ τὰ μέρη²⁵ τῆς Λιβύης²⁶ τῆς κατὰ Κυρήνην,²⁷ καὶ οἱ ἐπιδημοῦντες²⁸ Ῥωμαῖοι,²⁹ Ἰουδαῖοί τε καὶ προσήλυτοι,³⁰ 11 Κρῆτες³¹ καὶ Ἄραβες,³² ἀκούομεν λαλούντων αὐτῶν ταῖς ἡμετέραις³³ γλώσσαις τὰ μεγαλεῖα³⁴ τοῦ θεοῦ. 12 Ἐξίσταντο³⁵ δὲ πάντες καὶ διηπόρουν,³⁶ ἄλλος πρὸς ἄλλον λέγοντες, Τί ἂν θέλοι τοῦτο εἶναι; 13 Ἕτεροι δὲ χλευάζοντες³⁷ ἔλεγον ὅτι Γλεύκους³⁸ μεμεστωμένοι³⁹ εἰσίν.

---

¹ἐπλήσθησαν: API-3P   ³ἀποφθέγγεσθαι: PNN   ⁴κατοικοῦντες: PAP-NPM   ⁶συνῆλθεν: 2AAI-3S   ⁸συνεχύθη: API-3S   ¹⁰Ἐξίσταντο: IMI-3P   ¹¹ἐθαύμαζον: IAI-3P   ¹⁶κατοικοῦντες: PAP-NPM   ²⁸ἐπιδημοῦντες: PAP-NPM   ³⁵Ἐξίσταντο: IMI-3P   ³⁶διηπόρουν: IAI-3P   ³⁷χλευάζοντες: PAP-NPM   ³⁹μεμεστωμένοι: RPP-NPM

---

¹πλήθω, [25] I fill, fulfill, complete.   ²ἅπας, ασα, αν, [39] all, the whole, altogether.   ³ἀποφθέγγομαι, [3] I speak out, declare.   ⁴κατοικέω, [45] I dwell in, settle in, am established in (permanently), inhabit.   ⁵εὐλαβής, ές, [3] (lit: handling well, hence) cautious, circumspect; hence: God-fearing, pious.   ⁶συνέρχομαι, [32] I come or go with, accompany; I come together, assemble.   ⁷πλῆθος, ους, τό, [32] a multitude, crowd, great number, assemblage.   ⁸συγχέω, [5] I bewilder, stir up, throw into confusion.   ⁹διάλεκτος, ου, ἡ, [6] language, speech, conversation, manner of speaking.   ¹⁰ἐξίστημι, [17] (lit: I remove from a standing position), (a) in trans. tenses: I astonish, amaze, (b) in intrans. tenses: I am astonished, amazed; I am out of my mind, am mad.   ¹¹θαυμάζω, [46] (a) intrans: I wonder, marvel, (b) trans: I wonder at, admire.   ¹²Γαλιλαῖος, αία, αῖον, [11] a Galilean, an inhabitant of Galilee.   ¹³Πάρθος, ου, ὁ, [1] a Parthian, an inhabitant of the country beyond the eastern boundary of the Roman Empire between the Caspian Sea and the Persian Gulf.   ¹⁴Μῆδος, ου, ὁ, [1] a Mede, a Median, from east of Assyria.   ¹⁵Ἐλαμίτης, ου, ὁ, [1] an Elamite, one of a people living to the north of the Persian Gulf in the southern part of Persia.   ¹⁶κατοικέω, [45] I dwell in, settle in, am established in (permanently), inhabit.   ¹⁷Μεσοποταμία, ας, ἡ, [2] Mesopotamia, the Country between the (two) Rivers, i.e. the Euphrates and the Tigris.   ¹⁸Ἰουδαία, ας, ἡ, [43] Judea, a Roman province, capital Jerusalem.   ¹⁹Καππαδοκία, ας, ἡ, [2] Cappadocia, a large Roman province in the central eastern part of Asia Minor.   ²⁰Πόντος, ου, ὁ, [2] Pontus, a Roman province in the north of Asia Minor, bordering on the Black Sea, governed along with Bithynia.   ²¹Ἀσία, ας, ἡ, [18] the Roman province of Asia, roughly the western third of Asia Minor.   ²²Φρυγία, ας, ἡ, [3] Phrygia, an ethnic district in Asia Minor, the north-western part of which was in the Roman province Asia and the south-eastern part in the Roman province Galatia.   ²³Παμφυλία, ας, ἡ, [5] Pamphylia, a Roman province on the south coast of Asia Minor.   ²⁴Αἴγυπτος, ου, ἡ, [24] Egypt.   ²⁵μέρος, ους, τό, [43] a part, portion, share.   ²⁶Λιβύη, ης, ἡ, [1] Libya, Africa (in the modern sense).   ²⁷Κυρήνη, ης, ἡ, [1] Cyrene, a district west of Egypt on the Mediterranean coast, forming with Crete a Roman province.   ²⁸ἐπιδημέω, [2] I sojourn, am resident (temporarily), in a foreign city).   ²⁹Ῥωμαῖος, α, ον, [12] Roman; subst: a Roman citizen.   ³⁰προσήλυτος, ου, ὁ, [4] (lit: that has come to), a proselyte, that is a non-Jew, who has been circumcised and has adopted the Jews' religion.   ³¹Κρής, ητός, ὁ, [2] a Cretan, an inhabitant of Crete.   ³²Ἄραψ, Ἄραβος, ὁ, [1] an Arabian.   ³³ἡμέτερος, α, ον, [7] our, our own.   ³⁴μεγαλεῖος, εία, εῖον, [2] grand, magnificent, splendid.   ³⁵ἐξίστημι, [17] (lit: I remove from a standing position), (a) in trans. tenses: I astonish, amaze, (b) in intrans. tenses: I am astonished, amazed; I am out of my mind, am mad.   ³⁶διαπορέω, [5] I am in trouble, doubt, difficulty; I am at a loss.   ³⁷χλευάζω, [2] I mock, scoff, jest, jeer.   ³⁸γλεῦκος, ους, τό, [1] the unfermented juice of grapes; hence: sweet new wine.   ³⁹μεστόω, [1] I fill.

The Sermon of Peter and Its Effect

14 Σταθεὶς δὲ Πέτρος σὺν τοῖς ἕνδεκα,¹ ἐπῆρεν² τὴν φωνὴν αὐτοῦ, καὶ ἀπεφθέγξατο³ αὐτοῖς, Ἄνδρες Ἰουδαῖοι, καὶ οἱ κατοικοῦντες⁴ Ἰερουσαλὴμ ἅπαντες,⁵ τοῦτο ὑμῖν γνωστὸν⁶ ἔστω, καὶ ἐνωτίσασθε⁷ τὰ ῥήματά μου. **15** Οὐ γάρ, ὡς ὑμεῖς ὑπολαμβάνετε,⁸ οὗτοι μεθύουσιν·⁹ ἔστιν γὰρ ὥρα τρίτη τῆς ἡμέρας· **16** ἀλλὰ τοῦτό ἐστιν τὸ εἰρημένον διὰ τοῦ προφήτου Ἰωήλ, **17** Καὶ ἔσται ἐν ταῖς ἐσχάταις ἡμέραις, λέγει ὁ θεός, ἐκχεῶ¹⁰ ἀπὸ τοῦ πνεύματός μου ἐπὶ πᾶσαν σάρκα· καὶ προφητεύσουσιν¹¹ οἱ υἱοὶ ὑμῶν καὶ αἱ θυγατέρες¹² ὑμῶν, καὶ οἱ νεανίσκοι¹³ ὑμῶν ὁράσεις¹⁴ ὄψονται, καὶ οἱ πρεσβύτεροι ὑμῶν ἐνύπνια¹⁵ ἐνυπνιασθήσονται·¹⁶ **18** καί γε¹⁷ ἐπὶ τοὺς δούλους μου καὶ ἐπὶ τὰς δούλας¹⁸ μου ἐν ταῖς ἡμέραις ἐκείναις ἐκχεῶ¹⁹ ἀπὸ τοῦ πνεύματός μου, καὶ προφητεύσουσιν.²⁰ **19** Καὶ δώσω τέρατα²¹ ἐν τῷ οὐρανῷ ἄνω,²² καὶ σημεῖα ἐπὶ τῆς γῆς κάτω,²³ αἷμα καὶ πῦρ καὶ ἀτμίδα²⁴ καπνοῦ·²⁵ **20** ὁ ἥλιος²⁶ μεταστραφήσεται²⁷ εἰς σκότος,²⁸ καὶ ἡ σελήνη²⁹ εἰς αἷμα, πρὶν³⁰ ἢ ἐλθεῖν τὴν ἡμέραν κυρίου τὴν μεγάλην καὶ ἐπιφανῆ·³¹ **21** καὶ ἔσται, πᾶς ὃς ἂν ἐπικαλέσηται³² τὸ ὄνομα κυρίου σωθήσεται. **22** Ἄνδρες Ἰσραηλῖται,³³ ἀκούσατε τοὺς λόγους τούτους· Ἰησοῦν τὸν Ναζωραῖον,³⁴ ἄνδρα ἀπὸ τοῦ θεοῦ ἀποδεδειγμένον³⁵ εἰς ὑμᾶς δυνάμεσιν καὶ τέρασιν²¹ καὶ σημείοις, οἷς ἐποίησεν δι' αὐτοῦ ὁ θεὸς ἐν μέσῳ ὑμῶν, καθὼς καὶ αὐτοὶ οἴδατε, **23** τοῦτον τῇ ὡρισμένῃ³⁶ βουλῇ³⁷ καὶ προγνώσει³⁸ τοῦ θεοῦ ἔκδοτον³⁹ λαβόντες, διὰ χειρῶν ἀνόμων⁴⁰

---

²ἐπῆρεν: AAI-3S   ³ἀπεφθέγξατο: ADI-3S   ⁴κατοικοῦντες: PAP-NPM   ⁷ἐνωτίσασθε: ADM-2P   ⁸ὑπολαμβάνετε: PAI-2P   ⁹μεθύουσιν: PAI-3P   ¹⁰ἐκχεῶ: FAI-1S   ¹¹προφητεύσουσιν: FAI-3P   ¹⁶ἐνυπνιασθήσονται: FPI-3P   ¹⁹ἐκχεῶ: FAI-1S   ²⁰προφητεύσουσιν: FAI-3P   ²⁷μεταστραφήσεται: 2FPI-3S   ³²ἐπικαλέσηται: AMS-3S   ³⁵ἀποδεδειγμένον: RPP-ASM   ³⁶ὡρισμένῃ: RPP-DSF

---

¹ἕνδεκα, οἱ, αἱ, τά, [6] eleven.   ²ἐπαίρω, [19] I raise, lift up.   ³ἀποφθέγγομαι, [3] I speak out, declare.   ⁴κατοικέω, [45] I dwell in, settle in, am established in (permanently), inhabit.   ⁵ἅπας, ασα, αν, [39] all, the whole, altogether.   ⁶γνωστός, ή, όν, [15] known, an acquaintance.   ⁷ἐνωτίζομαι, [1] I take into my ear, give ear to, listen to.   ⁸ὑπολαμβάνω, [4] (a) I take up, (b) I welcome, entertain, (c) I answer, (d) I suppose, imagine.   ⁹μεθύω, [6] I am intoxicated with wine, am drunk.   ¹⁰ἐκχέω, [28] I pour out (liquid or solid); I shed, bestow liberally.   ¹¹προφητεύω, [28] I foretell, prophesy; I set forth matter of divine teaching by special faculty.   ¹²θυγάτηρ, τρός, ἡ, [29] a daughter; hence (Hebraistic?), of any female descendent, however far removed; even of one unrelated: my young lady.   ¹³νεανίσκος, ου, ὁ, [10] a young man, youth, an attendant.   ¹⁴ὅρασις, εως, ἡ, [4] a sight, vision, appearance.   ¹⁵ἐνύπνιον, ου, τό, [1] a dream, vision.   ¹⁶ἐνυπνιάζομαι, [2] I dream (see visions) in my sleep.   ¹⁷γε, [15] an enclitic, emphasizing particle: at least, indeed, really, but generally too subtle to be represented in English.   ¹⁸δούλη, ης, ἡ, [3] a female slave, bonds-maid.   ¹⁹ἐκχέω, [28] I pour out (liquid or solid); I shed, bestow liberally.   ²⁰προφητεύω, [28] I foretell, prophesy; I set forth matter of divine teaching by special faculty.   ²¹τέρας, ατος, τό, [16] a wonder, portent, marvel.   ²²ἄνω, [10] up, above, up to the top, up to the brim, things above, heaven, the heavenly region.   ²³κάτω, [11] (a) down, below, also: downwards, (b) lower, under, less, of a length of time.   ²⁴ἀτμίς, ίδος, ἡ, [2] breath, steam, vapor.   ²⁵καπνός, οῦ, ὁ, [13] smoke.   ²⁶ἥλιος, ου, ὁ, [32] the sun, sunlight.   ²⁷μεταστρέφω, [3] I turn, change, corrupt, pervert.   ²⁸σκότος, ους, τό, [32] darkness, either physical or moral.   ²⁹σελήνη, ης, ἡ, [9] the moon.   ³⁰πρίν, [14] formerly, before.   ³¹ἐπιφανής, ές, [1] manifest, glorious, illustrious.   ³²ἐπικαλέω, [32] (a) I call (name) by a supplementary (additional, alternative) name, (b) mid: I call upon, appeal to, address.   ³³Ἰσραηλίτης, ου, ὁ, [9] an Israelite, one of the chosen people of Israel, a Jew.   ³⁴Ναζωραῖος, ου, ὁ, [15] a Nazarene, an inhabitant of Nazareth.   ³⁵ἀποδείκνυμι, [4] I show by proof, demonstrate, set forth, proclaim to an officer.   ³⁶ὁρίζω, [8] I separate, mark off by boundaries; I determine, appoint, designate.   ³⁷βουλή, ῆς, ἡ, [12] counsel, deliberate wisdom, decree.   ³⁸πρόγνωσις, εως, ἡ, [2] foreknowledge, previous determination.   ³⁹ἔκδοτος, ον, [1] given up, delivered up.   ⁴⁰ἄνομος, ον, [10] lawless, wicked, without law.

προσπήξαντες¹ ἀνείλετε·² 24 ὃν ὁ θεὸς ἀνέστησεν, λύσας³ τὰς ὠδῖνας⁴ τοῦ θανάτου, καθότι⁵ οὐκ ἦν δυνατὸν⁶ κρατεῖσθαι⁷ αὐτὸν ὑπ' αὐτοῦ. 25 Δαυὶδ γὰρ λέγει εἰς αὐτόν, Προωρώμην⁸ τὸν κύριον ἐνώπιόν μου διὰ παντός· ὅτι ἐκ δεξιῶν μου ἐστίν, ἵνα μὴ σαλευθῶ·⁹ 26 διὰ τοῦτο εὐφράνθη¹⁰ ἡ καρδία μου, καὶ ἠγαλλιάσατο¹¹ ἡ γλῶσσά μου· ἔτι δὲ καὶ ἡ σάρξ μου κατασκηνώσει¹² ἐπ' ἐλπίδι· 27 ὅτι οὐκ ἐγκαταλείψεις¹³ τὴν ψυχήν μου εἰς Ἅδου,¹⁴ οὐδὲ δώσεις τὸν ὅσιόν¹⁵ σου ἰδεῖν διαφθοράν.¹⁶ 28 Ἐγνώρισάς¹⁷ μοι ὁδοὺς ζωῆς· πληρώσεις με εὐφροσύνης¹⁸ μετὰ τοῦ προσώπου σου. 29 Ἄνδρες ἀδελφοί, ἐξὸν¹⁹ εἰπεῖν μετὰ παρρησίας²⁰ πρὸς ὑμᾶς περὶ τοῦ πατριάρχου²¹ Δαυίδ, ὅτι καὶ ἐτελεύτησεν²² καὶ ἐτάφη,²³ καὶ τὸ μνῆμα²⁴ αὐτοῦ ἐστιν ἐν ἡμῖν ἄχρι τῆς ἡμέρας ταύτης. 30 Προφήτης οὖν ὑπάρχων, καὶ εἰδὼς ὅτι ὅρκῳ²⁵ ὤμοσεν²⁶ αὐτῷ ὁ θεός, ἐκ καρποῦ τῆς ὀσφύος²⁷ αὐτοῦ τὸ κατὰ σάρκα ἀναστήσειν τὸν χριστόν, καθίσαι²⁸ ἐπὶ τοῦ θρόνου αὐτοῦ, 31 προϊδὼν²⁹ ἐλάλησεν περὶ τῆς ἀναστάσεως³⁰ τοῦ χριστοῦ, ὅτι οὐ κατελείφθη³¹ ἡ ψυχὴ αὐτοῦ εἰς Ἅδου,¹⁴ οὐδὲ ἡ σὰρξ αὐτοῦ εἶδεν διαφθοράν.¹⁶ 32 Τοῦτον τὸν Ἰησοῦν ἀνέστησεν ὁ θεός, οὗ πάντες ἡμεῖς ἐσμεν μάρτυρες.³² 33 Τῇ δεξιᾷ οὖν τοῦ θεοῦ ὑψωθείς,³³ τήν τε ἐπαγγελίαν τοῦ ἁγίου πνεύματος λαβὼν παρὰ τοῦ πατρός, ἐξέχεεν³⁴ τοῦτο ὃ νῦν ὑμεῖς βλέπετε καὶ ἀκούετε. 34 Οὐ γὰρ Δαυὶδ ἀνέβη εἰς τοὺς οὐρανούς, λέγει δὲ αὐτός, Εἶπεν ὁ κύριος τῷ κυρίῳ μου, Κάθου ἐκ δεξιῶν μου, 35 ἕως ἂν θῶ τοὺς ἐχθρούς³⁵ σου ὑποπόδιον³⁶ τῶν ποδῶν σου. 36 Ἀσφαλῶς³⁷ οὖν γινωσκέτω πᾶς οἶκος Ἰσραήλ, ὅτι καὶ κύριον καὶ χριστὸν αὐτὸν ὁ θεὸς ἐποίησεν, τοῦτον τὸν Ἰησοῦν ὃν ὑμεῖς ἐσταυρώσατε.³⁸

---

¹προσπήξαντες: AAP-NPM   ²ἀνείλετε: 2AAI-2P   ³λύσας: AAP-NSM   ⁷κρατεῖσθαι: PPN   ⁸Προωρώμην: IMI-1S   ⁹σαλευθῶ: APS-1S   ¹⁰εὐφράνθη: API-3S   ¹¹ἠγαλλιάσατο: ADI-3S   ¹²κατασκηνώσει: FAI-3S   ¹³ἐγκαταλείψεις: FAI-2S   ¹⁷Ἐγνώρισάς: AAI-2S   ¹⁹ἐξὸν: PAP-NSN   ²²ἐτελεύτησεν: AAI-3S   ²³ἐτάφη: 2API-3S   ²⁶ὤμοσεν: AAI-3S   ²⁸καθίσαι: AAN   ²⁹προϊδὼν: 2AAP-NSM   ³¹κατελείφθη: API-3S   ³³ὑψωθείς: APP-NSM   ³⁴ἐξέχεεν: AAI-3S   ³⁸ἐσταυρώσατε: AAI-2P

---

¹προσπήγνυμι, [1] I fasten to, applied to Christ's being fastened to the cross.   ²ἀναιρέω, [23] I take up, take away the life of, make an end of, murder.   ³λύω, [42] (a) I loose, untie, release, (b) met: I break, destroy, set at naught, contravene; I break up a meeting, annul.   ⁴ὠδίν, ῖνος, ἡ, [4] the pain of childbirth, acute pain, severe agony, a snare.   ⁵καθότι, [5] (a) in proportion as, according as, (b) because.   ⁶δυνατός, ή, όν, [36] (a) of persons: powerful, able, (b) of things: possible.   ⁷κρατέω, [47] I am strong, mighty, hence: I rule, am master, prevail; I obtain, take hold of; I hold, hold fast.   ⁸προοράω, [1] I see beforehand, foresee, see previously, am mindful of; mid: I pay regard to, set before me.   ⁹σαλεύω, [15] I shake, excite, disturb in mind, stir up, drive away.   ¹⁰εὐφραίνω, [14] I cheer, make glad; generally mid. or pass: I am glad, make merry, revel, feast.   ¹¹ἀγαλλιάω, [11] I exult, am full of joy.   ¹²κατασκηνόω, [4] I encamp, take up my quarters, tabernacle, pitch my tent, dwell.   ¹³ἐγκαταλείπω, [9] I leave in the lurch, abandon (one who is in straits), desert.   ¹⁴Ἁιδης, ου, ὁ, [11] Hades, the unseen world.   ¹⁵ὅσιος, ία, ιον, [7] holy, pious, godly, beloved of God.   ¹⁶διαφθορά, ᾶς, ἡ, [6] destruction, decay, corruption.   ¹⁷γνωρίζω, [24] I make known, declare, know, discover.   ¹⁸εὐφροσύνη, ης, ἡ, [2] joy, gladness, rejoicing.   ¹⁹ἔξεστιν, [31] it is permitted, lawful, possible.   ²⁰παρρησία, ας, ἡ, [31] freedom, openness, especially in speech; boldness, confidence.   ²¹πατριάρχης, ου, ὁ, [4] a patriarch, head or founder of a family.   ²²τελευτάω, [12] I end, finish, die, complete.   ²³θάπτω, [11] I bury.   ²⁴μνῆμα, ατος, τό, [8] a tomb, monument, memorial.   ²⁵ὅρκος, ου, ὁ, [10] an oath.   ²⁶ὀμνύω, [27] I swear, take an oath, promise with an oath.   ²⁷ὀσφύς, ύος, ἡ, [8] the loins.   ²⁸καθίζω, [48] (a) trans: I make to sit; I set, appoint, (b) intrans: I sit down, am seated, stay.   ²⁹προείδω, [2] I see beforehand, am mindful.   ³⁰ἀνάστασις, εως, ἡ, [42] a rising again, resurrection.   ³¹καταλείπω, [25] I leave behind, desert, abandon, forsake; I leave remaining, reserve.   ³²μάρτυς, υρος, ὁ, [34] a witness; an eye- or ear-witness.   ³³ὑψόω, [20] (a) I raise on high, lift up, (b) I exalt, set on high.   ³⁴ἐκχέω, [28] I pour out (liquid or solid); I shed, bestow liberally.   ³⁵ἐχθρός, ά, όν, [32] hated, hostile; subst: an enemy.   ³⁶ὑποπόδιον, ου, τό, [9] a footstool.   ³⁷ἀσφαλῶς, [3] safely, securely, assuredly, certainly.   ³⁸σταυρόω, [46] I fix to the cross, crucify; fig: I destroy, mortify.

37 Ἀκούσαντες δὲ κατενύγησαν¹ τῇ καρδίᾳ, εἶπόν τε πρὸς τὸν Πέτρον καὶ τοὺς λοιποὺς² ἀποστόλους, Τί ποιήσομεν, ἄνδρες ἀδελφοί; **38** Πέτρος δὲ ἔφη πρὸς αὐτούς, Μετανοήσατε,³ καὶ βαπτισθήτω ἕκαστος ὑμῶν ἐπὶ τῷ ὀνόματι Ἰησοῦ χριστοῦ εἰς ἄφεσιν⁴ ἁμαρτιῶν, καὶ λήψεσθε τὴν δωρεὰν⁵ τοῦ ἁγίου πνεύματος. **39** Ὑμῖν γάρ ἐστιν ἡ ἐπαγγελία, καὶ τοῖς τέκνοις ὑμῶν, καὶ πᾶσιν τοῖς εἰς μακράν,⁶ ὅσους ἂν προσκαλέσηται⁷ κύριος ὁ θεὸς ἡμῶν. **40** Ἑτέροις τε λόγοις πλείοσιν διεμαρτύρετο⁸ καὶ παρεκάλει λέγων, Σώθητε ἀπὸ τῆς γενεᾶς⁹ τῆς σκολιᾶς¹⁰ ταύτης. **41** Οἱ μὲν οὖν ἀσμένως¹¹ ἀποδεξάμενοι¹² τὸν λόγον αὐτοῦ ἐβαπτίσθησαν· καὶ προσετέθησαν¹³ τῇ ἡμέρᾳ ἐκείνῃ ψυχαὶ ὡσεὶ¹⁴ τρισχίλιαι.¹⁵ **42** Ἦσαν δὲ προσκαρτεροῦντες¹⁶ τῇ διδαχῇ¹⁷ τῶν ἀποστόλων καὶ τῇ κοινωνίᾳ,¹⁸ καὶ τῇ κλάσει¹⁹ τοῦ ἄρτου καὶ ταῖς προσευχαῖς.²⁰

43 Ἐγένετο δὲ πάσῃ ψυχῇ φόβος,²¹ πολλά τε τέρατα²² καὶ σημεῖα διὰ τῶν ἀποστόλων ἐγίνετο. **44** Πάντες δὲ οἱ πιστεύοντες ἦσαν ἐπὶ τὸ αὐτό, καὶ εἶχον ἅπαντα²³ κοινά,²⁴ **45** καὶ τὰ κτήματα²⁵ καὶ τὰς ὑπάρξεις²⁶ ἐπίπρασκον,²⁷ καὶ διεμέριζον²⁸ αὐτὰ πᾶσιν, καθότι²⁹ ἄν τις χρείαν³⁰ εἶχεν. **46** Καθ' ἡμέραν τε προσκαρτεροῦντες³¹ ὁμοθυμαδὸν³² ἐν τῷ ἱερῷ, κλῶντές³³ τε κατ' οἶκον ἄρτον, μετελάμβανον³⁴ τροφῆς³⁵ ἐν ἀγαλλιάσει³⁶ καὶ ἀφελότητι³⁷ καρδίας, **47** αἰνοῦντες³⁸ τὸν θεόν, καὶ ἔχοντες χάριν πρὸς ὅλον τὸν λαόν. Ὁ δὲ κύριος προσετίθει³⁹ τοὺς σῳζομένους καθ' ἡμέραν τῇ ἐκκλησίᾳ.

---

¹κατενύγησαν: 2API-3P   ³Μετανοήσατε: AAM-2P   ⁷προσκαλέσηται: ADS-3S   ⁸διεμαρτύρετο: INI-3S
¹²ἀποδεξάμενοι: ADP-NPM   ¹³προσετέθησαν: API-3P   ¹⁶προσκαρτεροῦντες: PAP-NPM   ²⁷ἐπίπρασκον: IAI-3P   ²⁸διεμέριζον: IAI-3P   ³¹προσκαρτεροῦντες: PAP-NPM   ³³κλῶντές: PAP-NPM   ³⁴μετελάμβανον: IAI-3P
³⁸αἰνοῦντες: PAP-NPM   ³⁹προσετίθει: IAI-3S

---

¹κατανύσσομαι, [1] met: I am pierced, stung, smitten.   ²λοιπός, ή, όν, [42] left, left behind, the remainder, the rest, the others.   ³μετανοέω, [34] I repent, change my mind, change the inner man (particularly with reference to acceptance of the will of God), repent.   ⁴ἄφεσις, εως, ἡ, [17] a sending away, a letting go, a release, pardon, complete forgiveness.   ⁵δωρεά, ᾶς, ἡ, [11] a (free) gift, a gift (without repayment).   ⁶μακρός, ά, όν, [6] long, distant, far; of long duration.   ⁷προσκαλέω, [31] I call to myself, summon.   ⁸διαμαρτύρομαι, [15] I give solemn evidence, testify (declare) solemnly.   ⁹γενεά, ᾶς, ἡ, [42] a generation; if repeated twice or with another time word, practically indicates infinity of time.   ¹⁰σκολιός, ά, όν, [4] crooked, perverse, unfair, curved, tortuous.   ¹¹ἀσμένως, [2] joyfully, with delight, gladly.   ¹²ἀποδέχομαι, [6] I receive, welcome, entertain (with hospitality), embrace.   ¹³προστίθημι, [18] I place (put) to, add; I do again.   ¹⁴ὡσεί, [31] as if, as it were, like; with numbers: about.   ¹⁵τρισχίλιοι, αι, α, [1] three thousand.   ¹⁶προσκαρτερέω, [10] I persist, persevere in, continue steadfast in; I wait upon.   ¹⁷διδαχή, ῆς, ἡ, [30] teaching, doctrine, what is taught.   ¹⁸κοινωνία, ας, ἡ, [19] (lit: partnership) (a) contributory help, participation, (b) sharing in, communion, (c) spiritual fellowship, a fellowship in the spirit.   ¹⁹κλάσις, εως, ἡ, [2] a breaking.   ²⁰προσευχή, ῆς, ἡ, [37] (a) prayer (to God), (b) a place for prayer (used by Jews, perhaps where there was no synagogue).   ²¹φόβος, ου, ὁ, [47] (a) fear, terror, alarm, (b) the object or cause of fear, (c) reverence, respect.   ²²τέρας, ατος, τό, [16] a wonder, portent, marvel.   ²³ἅπας, ασα, αν, [39] all, the whole, altogether.   ²⁴κοινός, ή, όν, [13] (a) common, shared, (b) Hebraistic use: profane; dirty, unclean, unwashed.   ²⁵κτῆμα, ατος, τό, [4] a piece of landed property, a field; plur: possessions, property, possibly landed property, property in land.   ²⁶ὕπαρξις, εως, ἡ, [2] goods, substance, property, possessions.   ²⁷πιπράσκω, [9] I sell; pass: I am a slave to, am devoted to.   ²⁸διαμερίζω, [11] I divide up into parts, break up; I distribute.   ²⁹καθότι, [5] (a) in proportion as, according as, (b) because.   ³⁰χρεία, ας, ἡ, [49] need, necessity, business.   ³¹προσκαρτερέω, [10] I persist, persevere in, continue steadfast in; I wait upon.   ³²ὁμοθυμαδόν, [12] with one mind, unanimously, with one accord, at the same time.   ³³κλάω, [15] I break (in pieces), break bread.   ³⁴μεταλαμβάνω, [6] (a) with gen: I take a share (part) of, share in, partake of, (b) with acc: I take after (later) or take instead.   ³⁵τροφή, ῆς, ἡ, [16] food, nourishment, maintenance.   ³⁶ἀγαλλίασις, εως, ἡ, [5] wild joy, ecstatic delight, exultation, exhilaration.   ³⁷ἀφελότης, τητος, ἡ, [1] simplicity, sincerity.   ³⁸αἰνέω, [9] I praise.   ³⁹προστίθημι, [18] I place (put) to, add; I do again.

The Healing of the Lame Man

3 Ἐπὶ τὸ αὐτὸ δὲ Πέτρος καὶ Ἰωάννης ἀνέβαινον εἰς τὸ ἱερὸν ἐπὶ τὴν ὥραν τῆς προσευχῆς[1] τὴν ἐνάτην.[2] 2 Καί τις ἀνὴρ χωλὸς[3] ἐκ κοιλίας[4] μητρὸς αὐτοῦ ὑπάρχων ἐβαστάζετο·[5] ὃν ἐτίθουν καθ' ἡμέραν πρὸς τὴν θύραν[6] τοῦ ἱεροῦ τὴν λεγομένην Ὡραίαν,[7] τοῦ αἰτεῖν ἐλεημοσύνην[8] παρὰ τῶν εἰσπορευομένων[9] εἰς τὸ ἱερόν. 3 Ὃς ἰδὼν Πέτρον καὶ Ἰωάννην μέλλοντας εἰσιέναι[10] εἰς τὸ ἱερόν, ἠρώτα ἐλεημοσύνην.[8] 4 Ἀτενίσας[11] δὲ Πέτρος εἰς αὐτὸν σὺν τῷ Ἰωάννῃ, εἶπεν, Βλέψον εἰς ἡμᾶς. 5 Ὁ δὲ ἐπεῖχεν[12] αὐτοῖς, προσδοκῶν[13] τι παρ' αὐτῶν λαβεῖν. 6 Εἶπεν δὲ Πέτρος, Ἀργύριον[14] καὶ χρυσίον[15] οὐχ ὑπάρχει μοι· ὃ δὲ ἔχω, τοῦτό σοι δίδωμι. Ἐν τῷ ὀνόματι Ἰησοῦ χριστοῦ τοῦ Ναζωραίου,[16] ἔγειραι καὶ περιπάτει. 7 Καὶ πιάσας[17] αὐτὸν τῆς δεξιᾶς χειρὸς ἤγειρεν· παραχρῆμα[18] δὲ ἐστερεώθησαν[19] αὐτοῦ αἱ βάσεις[20] καὶ τὰ σφυρά.[21] 8 Καὶ ἐξαλλόμενος[22] ἔστη καὶ περιεπάτει, καὶ εἰσῆλθεν σὺν αὐτοῖς εἰς τὸ ἱερόν, περιπατῶν καὶ ἁλλόμενος[23] καὶ αἰνῶν[24] τὸν θεόν. 9 Καὶ εἶδεν αὐτὸν πᾶς ὁ λαὸς περιπατοῦντα καὶ αἰνοῦντα[25] τὸν θεόν· 10 ἐπεγίνωσκόν[26] τε αὐτὸν ὅτι οὗτος ἦν ὁ πρὸς τὴν ἐλεημοσύνην[8] καθήμενος ἐπὶ τῇ Ὡραίᾳ[7] πύλῃ[27] τοῦ ἱεροῦ· καὶ ἐπλήσθησαν[28] θάμβους[29] καὶ ἐκστάσεως[30] ἐπὶ τῷ συμβεβηκότι[31] αὐτῷ.

11 Κρατοῦντος[32] δὲ τοῦ ἰαθέντος[33] χωλοῦ[3] τὸν Πέτρον καὶ Ἰωάννην, συνέδραμεν[34] πρὸς αὐτοὺς πᾶς ὁ λαὸς ἐπὶ τῇ στοᾷ[35] τῇ καλουμένῃ Σολομῶντος, ἔκθαμβοι.[36]

---

[5]ἐβαστάζετο: IPI-3S [9]εἰσπορευομένων: PNP-GPM [10]εἰσιέναι: PAN [11]Ἀτενίσας: AAP-NSM [12]ἐπεῖχεν: IAI-3S [13]προσδοκῶν: PAP-NSM [17]πιάσας: AAP-NSM [19]ἐστερεώθησαν: API-3P [22]ἐξαλλόμενος: PNP-NSM [23]ἁλλόμενος: PNP-NSM [24]αἰνῶν: PAP-NSM [25]αἰνοῦντα: PAP-ASM [26]ἐπεγίνωσκόν: IAI-3P [28]ἐπλήσθησαν: API-3P [31]συμβεβηκότι: RAP-DSN [32]Κρατοῦντος: PAP-GSM [33]ἰαθέντος: APP-GSM [34]συνέδραμεν: 2AAI-3S

---

[1]προσευχή, ῆς, ἡ, [37] (a) prayer (to God), (b) a place for prayer (used by Jews, perhaps where there was no synagogue). [2]ἔνατος, η, ον, [10] ninth. [3]χωλός, ή, όν, [15] lame, deprived of a foot, limping. [4]κοιλία, ας, ἡ, [23] belly, abdomen, heart, a general term covering any organ in the abdomen, e.g. stomach, womb; met: the inner man. [5]βαστάζω, [27] (a) I carry, bear, (b) I carry (take) away. [6]θύρα, ας, ἡ, [39] (a) a door, (b) met: an opportunity. [7]ὡραῖος, αία, αῖον, [4] fair, beautiful, blooming. [8]ἐλεημοσύνη, ῆς, ἡ, [14] abstr: alms-giving, charity; concr: alms, charity. [9]εἰσπορεύομαι, [17] I journey in(to), I go in(to), enter, intervene. [10]εἴσειμι, [4] I go in, enter (originally: I shall go in). [11]ἀτενίζω, [14] I direct my gaze, look steadily. [12]ἐπέχω, [5] (a) trans: I hold forth, (b) intrans: I mark, pay attention (heed), note; I delay, stay, wait. [13]προσδοκάω, [16] I expect, wait for, await, think, anticipate. [14]ἀργύριον, ου, τό, [20] silver, a piece of silver, a shekel, money in general. [15]χρυσίον, ου, τό, [11] a piece of gold, golden ornament. [16]Ναζωραῖος, ου, ὁ, [15] a Nazarene, an inhabitant of Nazareth. [17]πιάζω, [12] I lay hold of, apprehend, catch, arrest. [18]παραχρῆμα, [18] instantly, immediately, on the spot. [19]στερεόω, [3] I strengthen, confirm, establish, settle. [20]βάσις, εως, ἡ, [1] a step; hence: a foot. [21]σφυρόν, οῦ, τό, [1] the ankle bone. [22]ἐξάλλομαι, [1] I leap up (for joy). [23]ἅλλομαι, [3] I leap, leap up; of water: I spring up, bubble up. [24]αἰνέω, [9] I praise. [25]αἰνέω, [9] I praise. [26]ἐπιγινώσκω, [42] I come to know by directing my attention to him or it, I perceive, discern, recognize; aor: I found out. [27]πύλη, ης, ἡ, [10] a gate. [28]πλήθω, [25] I fill, fulfill, complete. [29]θάμβος, ους, τό, [3] astonishment, amazement (allied to terror or awe). [30]ἔκστασις, εως, ἡ, [7] (properly: distraction or disturbance of mind caused by shock), bewilderment, amazement; a trance. [31]συμβαίνω, [8] I happen, occur, meet. [32]κρατέω, [47] I am strong, mighty, hence: I rule, am master, prevail; I obtain, take hold of; I hold, hold fast. [33]ἰάομαι, [28] I heal, generally of the physical, sometimes of spiritual, disease. [34]συντρέχω, [3] I run (rush) together, run with. [35]στοά, ᾶς, ἡ, [4] a colonnade, portico. [36]ἔκθαμβος, ον, [1] full of astonishment, amazed.

The Address of Peter in the Temple

12 Ἰδὼν δὲ Πέτρος ἀπεκρίνατο πρὸς τὸν λαόν, Ἄνδρες Ἰσραηλῖται, ¹ τί θαυμάζετε² ἐπὶ τούτῳ, ἢ ἡμῖν τί ἀτενίζετε,³ ὡς ἰδίᾳ δυνάμει ἢ εὐσεβείᾳ⁴ πεποιηκόσιν τοῦ περιπατεῖν αὐτόν; **13** Ὁ θεὸς Ἀβραὰμ καὶ Ἰσαὰκ καὶ Ἰακώβ, ὁ θεὸς τῶν πατέρων ἡμῶν, ἐδόξασεν τὸν παῖδα⁵ αὐτοῦ Ἰησοῦν· ὃν ὑμεῖς μὲν παρεδώκατε, καὶ ἠρνήσασθε⁶ αὐτὸν κατὰ πρόσωπον Πιλάτου, κρίναντος ἐκείνου ἀπολύειν. **14** Ὑμεῖς δὲ τὸν ἅγιον καὶ δίκαιον ἠρνήσασθε,⁷ καὶ ᾐτήσασθε ἄνδρα φονέα⁸ χαρισθῆναι⁹ ὑμῖν, **15** τὸν δὲ ἀρχηγὸν¹⁰ τῆς ζωῆς ἀπεκτείνατε· ὃν ὁ θεὸς ἤγειρεν ἐκ νεκρῶν, οὗ ἡμεῖς μάρτυρές¹¹ ἐσμεν. **16** Καὶ ἐπὶ τῇ πίστει τοῦ ὀνόματος αὐτοῦ, τοῦτον ὃν θεωρεῖτε καὶ οἴδατε ἐστερέωσεν¹² τὸ ὄνομα αὐτοῦ· καὶ ἡ πίστις ἡ δι᾽ αὐτοῦ ἔδωκεν αὐτῷ τὴν ὁλοκληρίαν¹³ ταύτην ἀπέναντι¹⁴ πάντων ὑμῶν. **17** Καὶ νῦν, ἀδελφοί, οἶδα ὅτι κατὰ ἄγνοιαν¹⁵ ἐπράξατε,¹⁶ ὥσπερ¹⁷ καὶ οἱ ἄρχοντες¹⁸ ὑμῶν. **18** Ὁ δὲ θεὸς ἃ προκατήγγειλεν¹⁹ διὰ στόματος πάντων τῶν προφητῶν αὐτοῦ, παθεῖν²⁰ τὸν χριστόν, ἐπλήρωσεν οὕτως. **19** Μετανοήσατε²¹ οὖν καὶ ἐπιστρέψατε,²² εἰς τὸ ἐξαλειφθῆναι²³ ὑμῶν τὰς ἁμαρτίας, ὅπως ἂν ἔλθωσιν καιροὶ ἀναψύξεως²⁴ ἀπὸ προσώπου τοῦ κυρίου, **20** καὶ ἀποστείλῃ τὸν προκεχειρισμένον²⁵ ὑμῖν χριστὸν Ἰησοῦν· **21** ὃν δεῖ οὐρανὸν μὲν δέξασθαι ἄχρι χρόνων ἀποκαταστάσεως²⁶ πάντων, ὧν ἐλάλησεν ὁ θεὸς διὰ στόματος πάντων τῶν ἁγίων αὐτοῦ προφητῶν ἀπ᾽ αἰῶνος. **22** Μωσῆς μὲν γὰρ πρὸς τοὺς πατέρας εἶπεν ὅτι Προφήτην ὑμῖν ἀναστήσει κύριος ὁ θεὸς ἡμῶν ἐκ τῶν ἀδελφῶν ὑμῶν ὡς ἐμέ· αὐτοῦ ἀκούσεσθε κατὰ πάντα ὅσα ἂν λαλήσῃ πρὸς ὑμᾶς. **23** Ἔσται δέ, πᾶσα ψυχή, ἥτις ἐὰν μὴ ἀκούσῃ τοῦ προφήτου ἐκείνου, ἐξολοθρευθήσεται²⁷ ἐκ τοῦ λαοῦ. **24** Καὶ πάντες δὲ οἱ προφῆται ἀπὸ Σαμουὴλ καὶ τῶν καθεξῆς,²⁸ ὅσοι ἐλάλησαν, καὶ κατήγγειλαν²⁹ τὰς ἡμέρας ταύτας. **25** Ὑμεῖς

---

²θαυμάζετε: PAI-2P ³ἀτενίζετε: PAI-2P ⁶ἠρνήσασθε: ADI-2P ⁷ἠρνήσασθε: ADI-2P ⁹χαρισθῆναι: APN
¹²ἐστερέωσεν: AAI-3S ¹⁶ἐπράξατε: AAI-2P ¹⁹προκατήγγειλεν: AAI-3S ²⁰παθεῖν: 2AAN ²¹Μετανοήσατε: AAM-2P
²²ἐπιστρέψατε: AAM-2P ²³ἐξαλειφθῆναι: APN ²⁵προκεχειρισμένον: RPP-ASM ²⁷ἐξολοθρευθήσεται: FPI-3S
²⁹κατήγγειλαν: AAI-3P

---

¹Ἰσραηλίτης, ου, ὁ, [9] an Israelite, one of the chosen people of Israel, a Jew. ²θαυμάζω, [46] (a) intrans: I wonder, marvel, (b) trans: I wonder at, admire. ³ἀτενίζω, [14] I direct my gaze, look steadily. ⁴εὐσέβεια, ας, ἡ, [15] piety (towards God), godliness, devotion, godliness. ⁵παῖς, παιδός, ὁ, ἡ, [24] (a) a male child, boy, (b) a male slave, servant; thus: a servant of God, especially as a title of the Messiah, (c) a female child, girl. ⁶ἀρνέομαι, [31] (a) I deny (a statement), (b) I repudiate (a person, or belief). ⁷ἀρνέομαι, [31] (a) I deny (a statement), (b) I repudiate (a person, or belief). ⁸φονεύς, έως, ὁ, [7] a murderer. ⁹χαρίζομαι, [23] (a) I show favor to, (b) I pardon, forgive, (c) I show kindness. ¹⁰ἀρχηγός, οῦ, ὁ, [4] originator, author, founder, prince, leader. ¹¹μάρτυς, υρος, ὁ, [34] a witness; an eye- or ear-witness. ¹²στερεόω, [3] I strengthen, confirm, establish, settle. ¹³ὁλοκληρία, ας, ἡ, [1] perfect soundness, completeness. ¹⁴ἀπέναντι, [6] against, over against, opposite, in view of, in the presence of. ¹⁵ἄγνοια, ας, ἡ, [4] ignorance, inadvertence, sometimes with the idea of willful blindness. ¹⁶πράσσω, [38] I do, perform, accomplish; be in any condition, i.e. I fare; I exact, require. ¹⁷ὥσπερ, [42] just as, as, even as. ¹⁸ἄρχων, οντος, ὁ, [37] a ruler, governor, leader, leading man; with the Jews, an official member (a member of the executive) of the assembly of elders. ¹⁹προκαταγγέλλω, [3] I announce beforehand, promise, predict. ²⁰πάσχω, [42] I am acted upon in a certain way, either good or bad; I experience ill treatment, suffer. ²¹μετανοέω, [34] I repent, change my mind, change the inner man (particularly with reference to acceptance of the will of God), repent. ²²ἐπιστρέφω, [37] (a) trans: I turn (back) to (towards), (b) intrans: I turn (back) (to [towards]; I come to myself. ²³ἐξαλείφω, [5] I plaster, wash over; I wipe off, wipe out, obliterate. ²⁴ἀνάψυξις, εως, ἡ, [1] a refreshing, refreshment. ²⁵προχειρίζομαι, [3] I appoint, choose, elect, take into hand. ²⁶ἀποκατάστασις, εως, ἡ, [1] restitution, reestablishment, restoration. ²⁷ἐξολοθρεύω, [1] I destroy utterly, annihilate, exterminate, root out. ²⁸καθεξῆς, [5] in order, in succession, in the time immediately after, just after. ²⁹καταγγέλλω, [18] I declare openly, proclaim, preach, laud, celebrate.

ἐστε υἱοὶ τῶν προφητῶν, καὶ τῆς διαθήκης¹ ἧς διέθετο² ὁ θεὸς πρὸς τοὺς πατέρας ἡμῶν, λέγων πρὸς Ἀβραάμ, Καὶ ἐν τῷ σπέρματί³ σου ἐνευλογηθήσονται⁴ πᾶσαι αἱ πατριαὶ⁵ τῆς γῆς. 26 Ὑμῖν πρῶτον ὁ θεός, ἀναστήσας τὸν παῖδα⁶ αὐτοῦ Ἰησοῦν, ἀπέστειλεν αὐτὸν εὐλογοῦντα⁷ ὑμᾶς, ἐν τῷ ἀποστρέφειν⁸ ἕκαστον ἀπὸ τῶν πονηριῶν⁹ ὑμῶν.

Peter and John before the Council

4 Λαλούντων δὲ αὐτῶν πρὸς τὸν λαόν, ἐπέστησαν¹⁰ αὐτοῖς οἱ ἱερεῖς¹¹ καὶ ὁ στρατηγὸς¹² τοῦ ἱεροῦ καὶ οἱ Σαδδουκαῖοι,¹³ 2 διαπονούμενοι¹⁴ διὰ τὸ διδάσκειν αὐτοὺς τὸν λαόν, καὶ καταγγέλλειν¹⁵ ἐν τῷ Ἰησοῦ τὴν ἀνάστασιν¹⁶ τῶν νεκρῶν. 3 Καὶ ἐπέβαλον¹⁷ αὐτοῖς τὰς χεῖρας, καὶ ἔθεντο εἰς τήρησιν¹⁸ εἰς τὴν αὔριον·¹⁹ ἦν γὰρ ἑσπέρα²⁰ ἤδη. 4 Πολλοὶ δὲ τῶν ἀκουσάντων τὸν λόγον ἐπίστευσαν· καὶ ἐγενήθη ὁ ἀριθμὸς²¹ τῶν ἀνδρῶν ὡσεὶ²² χιλιάδες²³ πέντε.²⁴

5 Ἐγένετο δὲ ἐπὶ τὴν αὔριον¹⁹ συναχθῆναι αὐτῶν τοὺς ἄρχοντας²⁵ καὶ πρεσβυτέρους καὶ γραμματεῖς εἰς Ἰερουσαλήμ, 6 καὶ Ἄνναν τὸν ἀρχιερέα, καὶ Καϊάφαν, καὶ Ἰωάννην, καὶ Ἀλέξανδρον, καὶ ὅσοι ἦσαν ἐκ γένους²⁶ ἀρχιερατικοῦ.²⁷ 7 Καὶ στήσαντες αὐτοὺς ἐν μέσῳ ἐπυνθάνοντο,²⁸ Ἐν ποίᾳ²⁹ δυνάμει ἢ ἐν ποίῳ²⁹ ὀνόματι ἐποιήσατε τοῦτο ὑμεῖς; 8 Τότε Πέτρος πλησθεὶς³⁰ πνεύματος ἁγίου εἶπεν πρὸς αὐτούς, Ἄρχοντες²⁵ τοῦ λαοῦ καὶ πρεσβύτεροι τοῦ Ἰσραήλ, 9 εἰ ἡμεῖς σήμερον³¹ ἀνακρινόμεθα³² ἐπὶ εὐεργεσίᾳ³³ ἀνθρώπου ἀσθενοῦς,³⁴ ἐν τίνι οὗτος σέσωσται· 10 γνωστὸν³⁵ ἔστω πᾶσιν ὑμῖν καὶ παντὶ τῷ λαῷ Ἰσραήλ, ὅτι ἐν τῷ ὀνόματι Ἰησοῦ χριστοῦ τοῦ Ναζωραίου,³⁶ ὃν ὑμεῖς

---

²διέθετο: 2AMI-3S ⁴ἐνευλογηθήσονται: FPI-3P ⁷εὐλογοῦντα: PAP-ASM ⁸ἀποστρέφειν: PAN ¹⁰ἐπέστησαν: 2AAI-3P ¹⁴διαπονούμενοι: PNP-NPM ¹⁵καταγγέλλειν: PAN ¹⁷ἐπέβαλον: 2AAI-3P ²⁸ἐπυνθάνοντο: INI-3P ³⁰πλησθεὶς: APP-NSM ³²ἀνακρινόμεθα: PPI-1P

---

¹διαθήκη, ης, ἡ, [33] (a) a covenant between two parties, (b) (the ordinary, everyday sense [found a countless number of times in papyri]) a will, testament. ²διατίθεμαι, [7] (a) I appoint, make (of a covenant), (b) I make (a will). ³σπέρμα, ατος, τό, [44] (a) seed, commonly of cereals, (b) offspring, descendents. ⁴ἐνευλογέω, [2] I bless (of God). ⁵πατριά, ᾶς, ἡ, [3] lineage, ancestry; a family, tribe. ⁶παῖς, παιδός, ὁ, ἡ, [24] (a) a male child, boy, (b) a male slave, servant; thus: a servant of God, especially as a title of the Messiah, (c) a female child, girl. ⁷εὐλογέω, [43] (lit: I speak well of) I bless; pass: I am blessed. ⁸ἀποστρέφω, [10] I turn away, pervert, remove; I restore, replace; mid: I desert, reject. ⁹πονηρία, ας, ἡ, [7] wickedness, iniquities. ¹⁰ἐφίστημι, [21] I stand by, am urgent, befall one (as of evil), am at hand, impend. ¹¹ἱερεύς, έως, ὁ, [33] a priest, one who offers sacrifice to a god (in Jewish and pagan religions; of Christians only met.). ¹²στρατηγός, οῦ, ὁ, [10] (a) a general or leader of the army, (b) a magistrate or governor, (c) captain of the temple. ¹³Σαδδουκαῖος, ου, ὁ, [13] a Sadducee, a member of the aristocratic party among the Jews, from whom the high-priests were almost invariably chosen. ¹⁴διαπονέομαι, [2] I am greatly troubled. ¹⁵καταγγέλλω, [18] I declare openly, proclaim, preach, laud, celebrate. ¹⁶ἀνάστασις, εως, ἡ, [42] a rising again, resurrection. ¹⁷ἐπιβάλλω, [18] (a) I throw upon, cast over, (b) I place upon, (c) I lay, (d) intrans: I strike upon, rush. ¹⁸τήρησις, εως, ἡ, [3] a prison; observance (as of precepts). ¹⁹αὔριον, [15] tomorrow. ²⁰ἑσπέρα, ας, ἡ, [3] evening. ²¹ἀριθμός, οῦ, ὁ, [19] a number, total. ²²ὡσεί, [31] as if, as it were, like; with numbers: about. ²³χιλιάς, άδος, ἡ, [23] a thousand, the number one thousand. ²⁴πέντε, οἱ, αἱ, τά, [38] five. ²⁵ἄρχων, οντος, ὁ, [37] a ruler, governor, leader, leading man; with the Jews, an official member (a member of the executive) of the assembly of elders. ²⁶γένος, ους, τό, [21] offspring, family, race, nation, kind. ²⁷ἀρχιερατικός, ή, όν, [1] high priestly, to which the chief priest belongs. ²⁸πυνθάνομαι, [12] I ask, inquire, ascertain by inquiry, understand. ²⁹ποῖος, α, ον, [34] of what sort. ³⁰πλήθω, [25] I fill, fulfill, complete. ³¹σήμερον, [41] today, now. ³²ἀνακρίνω, [16] I examine, inquire into, investigate, question. ³³εὐεργεσία, ας, ἡ, [2] good action, well-doing, benefiting, kind service. ³⁴ἀσθενής, ές, [25] (lit: not strong), (a) weak (physically, or morally), (b) infirm, sick. ³⁵γνωστός, ή, όν, [15] known, an acquaintance. ³⁶Ναζωραῖος, ου, ὁ, [15] a Nazarene, an inhabitant of Nazareth.

ἐσταυρώσατε,¹ ὃν ὁ θεὸς ἤγειρεν ἐκ νεκρῶν, ἐν τούτῳ οὗτος παρέστηκεν² ἐνώπιον ὑμῶν ὑγιής.³ 11 Οὗτός ἐστιν ὁ λίθος ὁ ἐξουθενηθεὶς⁴ ὑφ' ὑμῶν τῶν οἰκοδομούντων,⁵ ὁ γενόμενος εἰς κεφαλὴν γωνίας.⁶ 12 Καὶ οὐκ ἔστιν ἐν ἄλλῳ οὐδενὶ ἡ σωτηρία·⁷ οὔτε γὰρ ὄνομά ἐστιν ἕτερον τὸ δεδομένον ἐν ἀνθρώποις, ἐν ᾧ δεῖ σωθῆναι ἡμᾶς.

13 Θεωροῦντες δὲ τὴν τοῦ Πέτρου παρρησίαν⁸ καὶ Ἰωάννου, καὶ καταλαβόμενοι⁹ ὅτι ἄνθρωποι ἀγράμματοί¹⁰ εἰσιν καὶ ἰδιῶται,¹¹ ἐθαύμαζον,¹² ἐπεγίνωσκόν¹³ τε αὐτοὺς ὅτι σὺν τῷ Ἰησοῦ ἦσαν. 14 Τὸν δὲ ἄνθρωπον βλέποντες σὺν αὐτοῖς ἑστῶτα τὸν τεθεραπευμένον,¹⁴ οὐδὲν εἶχον ἀντειπεῖν.¹⁵ 15 Κελεύσαντες¹⁶ δὲ αὐτοὺς ἔξω τοῦ συνεδρίου¹⁷ ἀπελθεῖν, συνέβαλλον¹⁸ πρὸς ἀλλήλους, 16 λέγοντες, Τί ποιήσομεν τοῖς ἀνθρώποις τούτοις; Ὅτι μὲν γὰρ γνωστὸν¹⁹ σημεῖον γέγονεν δι' αὐτῶν, πᾶσιν τοῖς κατοικοῦσιν²⁰ Ἰερουσαλὴμ φανερόν,²¹ καὶ οὐ δυνάμεθα ἀρνήσασθαι.²² 17 Ἀλλ' ἵνα μὴ ἐπὶ πλεῖον διανεμηθῇ²³ εἰς τὸν λαόν, ἀπειλῇ²⁴ ἀπειλησόμεθα²⁵ αὐτοῖς μηκέτι²⁶ λαλεῖν ἐπὶ τῷ ὀνόματι τούτῳ μηδενὶ ἀνθρώπων. 18 Καὶ καλέσαντες αὐτούς, παρήγγειλαν²⁷ αὐτοῖς τὸ καθόλου²⁸ μὴ φθέγγεσθαι²⁹ μηδὲ διδάσκειν ἐπὶ τῷ ὀνόματι τοῦ Ἰησοῦ. 19 Ὁ δὲ Πέτρος καὶ Ἰωάννης ἀποκριθέντες πρὸς αὐτοὺς εἶπον, Εἰ δίκαιόν ἐστιν ἐνώπιον τοῦ θεοῦ ὑμῶν ἀκούειν μᾶλλον ἢ τοῦ θεοῦ, κρίνατε. 20 Οὐ δυνάμεθα γὰρ ἡμεῖς, ἃ εἴδομεν καὶ ἠκούσαμεν, μὴ λαλεῖν. 21 Οἱ δὲ προσαπειλησάμενοι³⁰ ἀπέλυσαν αὐτούς, μηδὲν εὑρίσκοντες τὸ πῶς κολάσονται³¹ αὐτούς, διὰ τὸν λαόν, ὅτι πάντες ἐδόξαζον τὸν θεὸν

---

¹ἐσταυρώσατε: AAI-2P　²παρέστηκεν: RAI-3S　⁴ἐξουθενηθεὶς: APP-NSM　⁵οἰκοδομούντων: PAP-GPM ⁹καταλαβόμενοι: 2AMP-NPM　¹²ἐθαύμαζον: IAI-3P　¹³ἐπεγίνωσκόν: IAI-3P　¹⁴τεθεραπευμένον: RPP-ASM ¹⁵ἀντειπεῖν: 2AAN　¹⁶Κελεύσαντες: AAP-NPM　¹⁸συνέβαλλον: IAI-3P　²⁰κατοικοῦσιν: PAP-DPM　²²ἀρνήσασθαι: ADN　²³διανεμηθῇ: APS-3S　²⁵ἀπειλησόμεθα: FMI-1P　²⁷παρήγγειλαν: AAI-3P　²⁹φθέγγεσθαι: PNN ³⁰προσαπειλησάμενοι: AMP-NPM　³¹κολάσονται: FMI-3P

---

¹σταυρόω, [46] I fix to the cross, crucify; fig: I destroy, mortify.　²παρίστημι, [41] I bring, present, prove, come up to and stand by, am present.　³ὑγιής, ές, [14] (a) sound, healthy, pure, whole, (b) wholesome.　⁴ἐξουθενέω, [11] I set at naught, ignore, despise.　⁵οἰκοδομέω, [39] I erect a building, build; fig. of the building up of character: I build up, edify, encourage.　⁶γωνία, ας, ἡ, [9] a corner; met: a secret place.　⁷σωτηρία, ας, ἡ, [46] welfare, prosperity, deliverance, preservation, salvation, safety.　⁸παρρησία, ας, ἡ, [31] freedom, openness, especially in speech; boldness, confidence.　⁹καταλαμβάνω, [15] (a) I seize tight hold of, arrest, catch, capture, appropriate, (b) I overtake, (c) mid. aor: I perceived, comprehended.　¹⁰ἀγράμματος, ον, [1] unlettered, illiterate, uneducated, perhaps with the narrower idea: unacquainted with Rabbinic teaching.　¹¹ἰδιώτης, ου, ὁ, [5] (unofficial, hence) an amateur, an unprofessional man, a layman; an ungifted person.　¹²θαυμάζω, [46] (a) intrans: I wonder, marvel, (b) trans: I wonder at, admire.　¹³ἐπιγινώσκω, [42] I come to know by directing my attention to him or it, I perceive, discern, recognize; aor: I found out.　¹⁴θεραπεύω, [44] I care for, attend, serve, treat, especially of a physician; hence: I heal.　¹⁵ἀντιλέγω, [12] I speak or say in opposition, contradict (oppose, resist).　¹⁶κελεύω, [26] I command, order, direct, bid.　¹⁷συνέδριον, ου, τό, [22] a council, tribunal; the Sanhedrin, the meeting place of the Sanhedrin.　¹⁸συμβάλλω, [6] properly: I throw together, hence: I ponder, come up with, encounter, with or without hostile intent; I dispute with; mid: I confer, consult with, contribute.　¹⁹γνωστός, ή, όν, [15] known, an acquaintance.　²⁰κατοικέω, [45] I dwell in, settle in, am established in (permanently), inhabit.　²¹φανερός, ά, όν, [20] apparent, clear, visible, manifest; adv: clearly.　²²ἀρνέομαι, [31] (a) I deny (a statement), (b) I repudiate (a person, or belief).　²³διανέμω, [1] I divide into portions, distribute; pass: I am spread about.　²⁴ἀπειλή, ῆς, ἡ, [4] a threatening, threat.　²⁵ἀπειλέω, [2] I threaten, forbid by threatening.　²⁶μηκέτι, [21] no longer, no more.　²⁷παραγγέλλω, [30] I notify, command, charge, entreat solemnly.　²⁸καθόλου, [1] one the whole, in general, altogether.　²⁹φθέγγομαι, [3] I speak aloud, utter.　³⁰προσαπειλέω, [1] I utter additional threats.　³¹κολάζω, [2] I chastise, curtail, punish; mid: I cause to be punished.

ἐπὶ τῷ γεγονότι. 22 Ἐτῶν¹ γὰρ ἦν πλειόνων τεσσαράκοντα² ὁ ἄνθρωπος ἐφ᾽ ὃν ἐγεγόνει τὸ σημεῖον τοῦτο τῆς ἰάσεως.³

The Prayer and the Further Establishment of the Congregation

23 Ἀπολυθέντες δὲ ἦλθον πρὸς τοὺς ἰδίους, καὶ ἀπήγγειλαν⁴ ὅσα πρὸς αὐτοὺς οἱ ἀρχιερεῖς καὶ οἱ πρεσβύτεροι εἶπον. 24 Οἱ δὲ ἀκούσαντες ὁμοθυμαδὸν⁵ ἦραν φωνὴν πρὸς τὸν θεόν, καὶ εἶπον, Δέσποτα,⁶ σὺ ὁ θεὸς ὁ ποιήσας τὸν οὐρανὸν καὶ τὴν γῆν καὶ τὴν θάλασσαν καὶ πάντα τὰ ἐν αὐτοῖς· 25 ὁ διὰ στόματος Δαυὶδ παιδός⁷ σου εἰπών, Ἵνα τί ἐφρύαξαν⁸ ἔθνη, καὶ λαοὶ ἐμελέτησαν⁹ κενά;¹⁰ 26 Παρέστησαν¹¹ οἱ βασιλεῖς τῆς γῆς, καὶ οἱ ἄρχοντες¹² συνήχθησαν ἐπὶ τὸ αὐτὸ κατὰ τοῦ κυρίου, καὶ κατὰ τοῦ χριστοῦ αὐτοῦ· 27 συνήχθησαν γὰρ ἐπ᾽ ἀληθείας ἐπὶ τὸν ἅγιον παῖδά⁷ σου Ἰησοῦν, ὃν ἔχρισας,¹³ Ἡρῴδης τε καὶ Πόντιος Πιλάτος, σὺν ἔθνεσιν καὶ λαοῖς Ἰσραήλ, 28 ποιῆσαι ὅσα ἡ χείρ σου καὶ ἡ βουλή¹⁴ σου προώρισεν¹⁵ γενέσθαι. 29 Καὶ τὰ νῦν, κύριε, ἔπιδε¹⁶ ἐπὶ τὰς ἀπειλὰς¹⁷ αὐτῶν, καὶ δὸς τοῖς δούλοις σου μετὰ παρρησίας¹⁸ πάσης λαλεῖν τὸν λόγον σου, 30 ἐν τῷ τὴν χεῖρά σου ἐκτείνειν¹⁹ σε εἰς ἴασιν,³ καὶ σημεῖα καὶ τέρατα²⁰ γίνεσθαι διὰ τοῦ ὀνόματος τοῦ ἁγίου παιδός⁷ σου Ἰησοῦ. 31 Καὶ δεηθέντων²¹ αὐτῶν ἐσαλεύθη²² ὁ τόπος ἐν ᾧ ἦσαν συνηγμένοι, καὶ ἐπλήσθησαν²³ ἅπαντες²⁴ πνεύματος ἁγίου, καὶ ἐλάλουν τὸν λόγον τοῦ θεοῦ μετὰ παρρησίας.¹⁸

32 Τοῦ δὲ πλήθους²⁵ τῶν πιστευσάντων ἦν ἡ καρδία καὶ ἡ ψυχὴ μία· καὶ οὐδὲ εἷς τι τῶν ὑπαρχόντων αὐτῶν ἔλεγεν ἴδιον εἶναι, ἀλλ᾽ ἦν αὐτοῖς ἅπαντα²⁴ κοινά.²⁶ 33 Καὶ μεγάλῃ δυνάμει ἀπεδίδουν²⁷ τὸ μαρτύριον²⁸ οἱ ἀπόστολοι τῆς ἀναστάσεως²⁹ τοῦ κυρίου Ἰησοῦ, χάρις τε μεγάλη ἦν ἐπὶ πάντας αὐτούς. 34 Οὐδὲ γὰρ ἐνδεής³⁰ τις ὑπῆρχεν ἐν αὐτοῖς· ὅσοι γὰρ κτήτορες³¹ χωρίων³² ἢ οἰκιῶν ὑπῆρχον, πωλοῦντες³³ ἔφερον τὰς τιμὰς³⁴

---

⁴ἀπήγγειλαν: AAI-3P   ⁸ἐφρύαξαν: AAI-3P   ⁹ἐμελέτησαν: AAI-3P   ¹¹Παρέστησαν: AAI-3P   ¹³ἔχρισας: AAI-2S   ¹⁵προώρισεν: AAI-3S   ¹⁶ἔπιδε: 2AAM-2S   ¹⁹ἐκτείνειν: PAN   ²¹δεηθέντων: AOP-GPM   ²²ἐσαλεύθη: API-3S   ²³ἐπλήσθησαν: API-3P   ²⁷ἀπεδίδουν: IAI-3P   ³³πωλοῦντες: PAP-NPM

---

¹ἔτος, ους, τό, [49] a year.   ²τεσσαράκοντα, [22] forty.   ³ἴασις, εως, ἡ, [3] a cure, healing.   ⁴ἀπαγγέλλω, [44] I report (from one place to another), bring a report, announce, declare.   ⁵ὁμοθυμαδόν, [12] with one mind, unanimously, with one accord, at the same time.   ⁶δεσπότης, ου, ὁ, [10] a lord, master, or prince.   ⁷παῖς, παιδός, ὁ, ἡ, [24] (a) a male child, boy, (b) a male slave, servant; thus: a servant of God, especially as a title of the Messiah, (c) a female child, girl.   ⁸φρυάσσω, [1] I am wanton, insolent; I roar, rage.   ⁹μελετάω, [3] I devise, plan; practice, exercise myself in, study, ponder.   ¹⁰κενός, ή, όν, [18] (a) empty, (b) met: empty (in moral content), vain, ineffective, foolish, worthless, (c) false, unreal, pretentious, hollow.   ¹¹παρίστημι, [41] I bring, present, prove, come up to and stand by, am present.   ¹²ἄρχων, οντος, ὁ, [37] a ruler, governor, leader, leading man; with the Jews, an official member (a member of the executive) of the assembly of elders.   ¹³χρίω, [5] I anoint, consecrate by anointing.   ¹⁴βουλή, ῆς, ἡ, [12] counsel, deliberate wisdom, decree.   ¹⁵προορίζω, [6] I foreordain, predetermine, mark out beforehand.   ¹⁶ἐπεῖδεν, [2] I looked upon, regarded.   ¹⁷ἀπειλή, ῆς, ἡ, [4] a threatening, threat.   ¹⁸παρρησία, ας, ἡ, [31] freedom, openness, especially in speech; boldness, confidence.   ¹⁹ἐκτείνω, [16] I stretch out (forth), cast forth (as of an anchor), lay hands on.   ²⁰τέρας, ατος, τό, [16] a wonder, portent, marvel.   ²¹δέομαι, [22] I want for myself; I want, need; I beg, request, beseech, pray.   ²²σαλεύω, [15] I shake, excite, disturb in mind, stir up, drive away.   ²³πλήθω, [25] I fill, fulfill, complete.   ²⁴ἅπας, ασα, αν, [39] all, the whole, altogether.   ²⁵πλῆθος, ους, τό, [32] a multitude, crowd, great number, assemblage.   ²⁶κοινός, ή, όν, [13] (a) common, shared, (b) Hebraistic use: profane; dirty, unclean, unwashed.   ²⁷ἀποδίδωμι, [47] (a) I give back, return, restore, (b) I give, render, as due, (c) mid: I sell.   ²⁸μαρτύριον, ου, τό, [20] witness, evidence, testimony, proof.   ²⁹ἀνάστασις, εως, ἡ, [42] a rising again, resurrection.   ³⁰ἐνδεής, ές, [1] in need, needy, poor.   ³¹κτήτωρ, ορος, ὁ, [1] a possessor, owner.   ³²χωρίον, ου, τό, [10] a place, piece of land, field, property, estate.   ³³πωλέω, [22] I sell, exchange, barter.   ³⁴τιμή, ῆς, ἡ, [42] a price, honor.

τῶν πιπρασκομένων,[1] 35 καὶ ἐτίθουν παρὰ τοὺς πόδας τῶν ἀποστόλων· διεδίδοτο[2] δὲ ἑκάστῳ καθότι[3] ἄν τις χρείαν[4] εἶχεν.

36 Ἰωσῆς δέ, ὁ ἐπικληθεὶς[5] Βαρνάβας ἀπὸ τῶν ἀποστόλων–ὅ ἐστιν, μεθερμηνευόμενον,[6] υἱὸς παρακλήσεως[7]–Λευΐτης,[8] Κύπριος[9] τῷ γένει,[10] 37 ὑπάρχοντος αὐτῷ ἀγροῦ,[11] πωλήσας[12] ἤνεγκεν τὸ χρῆμα,[13] καὶ ἔθηκεν παρὰ τοὺς πόδας τῶν ἀποστόλων.

Ananias and Sapphira

5 Ἀνὴρ δέ τις Ἀνανίας ὀνόματι, σὺν Σαπφείρῃ τῇ γυναικὶ αὐτοῦ, ἐπώλησεν[14] κτῆμα,[15] 2 καὶ ἐνοσφίσατο[16] ἀπὸ τῆς τιμῆς,[17] συνειδυίας[18] καὶ τῆς γυναικὸς αὐτοῦ, καὶ ἐνέγκας μέρος[19] τι παρὰ τοὺς πόδας τῶν ἀποστόλων ἔθηκεν. 3 Εἶπεν δὲ Πέτρος, Ἀνανία, διὰ τί ἐπλήρωσεν ὁ Σατανᾶς[20] τὴν καρδίαν σου, ψεύσασθαί[21] σε τὸ πνεῦμα τὸ ἅγιον, καὶ νοσφίσασθαί[22] σε ἀπὸ τῆς τιμῆς[17] τοῦ χωρίου;[23] 4 Οὐχὶ μένον σοὶ ἔμενεν, καὶ πραθὲν[24] ἐν τῇ σῇ[25] ἐξουσίᾳ ὑπῆρχεν; Τί ὅτι ἔθου ἐν τῇ καρδίᾳ σου τὸ πρᾶγμα[26] τοῦτο; Οὐκ ἐψεύσω[27] ἀνθρώποις, ἀλλὰ τῷ θεῷ. 5 Ἀκούων δὲ ὁ Ἀνανίας τοὺς λόγους τούτους, πεσὼν ἐξέψυξεν·[28] καὶ ἐγένετο φόβος[29] μέγας ἐπὶ πάντας τοὺς ἀκούοντας ταῦτα. 6 Ἀναστάντες δὲ οἱ νεώτεροι[30] συνέστειλαν[31] αὐτόν, καὶ ἐξενέγκαντες[32] ἔθαψαν.[33]

7 Ἐγένετο δὲ ὡς ὡρῶν τριῶν διάστημα,[34] καὶ ἡ γυνὴ αὐτοῦ μὴ εἰδυῖα τὸ γεγονὸς εἰσῆλθεν. 8 Ἀπεκρίθη δὲ αὐτῇ ὁ Πέτρος, Εἰπέ μοι, εἰ τοσούτου[35] τὸ χωρίον[23] ἀπέδοσθε;[36]

---

[1]πιπρασκομένων: PPP-GPN [2]διεδίδοτο: IPI-3S [5]ἐπικληθεὶς: APP-NSM [6]μεθερμηνευόμενον: PPP-NSN [12]πωλήσας: AAP-NSM [14]ἐπώλησεν: AAI-3S [16]ἐνοσφίσατο: AMI-3S [18]συνειδυίας: RAP-GSF [21]ψεύσασθαί: ADN [22]νοσφίσασθαί: AMN [24]πραθὲν: APP-NSN [27]ἐψεύσω: ADI-2S [28]ἐξέψυξεν: AAI-3S [31]συνέστειλαν: AAI-3P [32]ἐξενέγκαντες: AAP-NPM [33]ἔθαψαν: AAI-3P [36]ἀπέδοσθε: 2AMI-2P

---

[1]πιπράσκω, [9] I sell; pass: I am a slave to, am devoted to. [2]διαδίδωμι, [4] I offer here and there, distribute, divide, hand over. [3]καθότι, [5] (a) in proportion as, according as, (b) because. [4]χρεία, ας, ἡ, [49] need, necessity, business. [5]ἐπικαλέω, [32] (a) I call (name) by a supplementary (additional, alternative) name, (b) mid: I call upon, appeal to, address. [6]μεθερμηνεύω, [7] I translate (from one language into another), interpret. [7]παράκλησις, εως, ἡ, [29] a calling for, summons, hence: (a) exhortation, (b) entreaty, (c) encouragement, joy, gladness, (d) consolation, comfort. [8]Λευΐτης, ου, ὁ, [3] a Levite, properly a man of the tribe of Levi; hence: a priest's assistant, an under priest, as the members of that tribe were charged with this duty. [9]Κύπριος, ου, ὁ, [3] a Cypriote, belonging to Cyprus. [10]γένος, ους, τό, [21] offspring, family, race, nation, kind. [11]ἀγρός, οῦ, ὁ, [35] a field, especially as bearing a crop; the country, lands, property in land, a country estate. [12]πωλέω, [22] I sell, exchange, barter. [13]χρῆμα, ατος, τό, [7] money, riches, possessions. [14]πωλέω, [22] I sell, exchange, barter. [15]κτῆμα, ατος, τό, [4] a piece of landed property, a field; plur: possessions, property, possibly landed property, property in land. [16]νοσφίζω, [3] I rob; mid: I set apart for myself, appropriate for my own benefit, purloin. [17]τιμή, ῆς, ἡ, [42] a price, honor. [18]σύνοιδα, [4] I know, consider, am privy to. [19]μέρος, ους, τό, [43] a part, portion, share. [20]Σατανᾶς, ᾶ, ὁ, [36] an adversary, Satan. [21]ψεύδομαι, [12] I deceive, lie, speak falsely. [22]νοσφίζω, [3] I rob; mid: I set apart for myself, appropriate for my own benefit, purloin. [23]χωρίον, ου, τό, [10] a place, piece of land, field, property, estate. [24]πιπράσκω, [9] I sell; pass: I am a slave to, am devoted to. [25]σός, σή, σόν, [27] yours, thy, thine. [26]πρᾶγμα, ατος, τό, [11] a thing done, a deed, action; a matter, an affair. [27]ψεύδομαι, [12] I deceive, lie, speak falsely. [28]ἐκψύχω, [3] I breathe my last, die, expire. [29]φόβος, ου, ὁ, [47] (a) fear, terror, alarm, (b) the object or cause of fear, (c) reverence, respect. [30]νέος, α, ον, [24] (a) young, youthful, (b) new, fresh. [31]συστέλλω, [2] I contract, shorten, wrap around, swathe. [32]ἐκφέρω, [7] I bring out, carry out, sometimes out of the city for burial; I bring forth, bear, produce. [33]θάπτω, [11] I bury. [34]διάστημα, ατος, τό, [1] an interval of time, distance. [35]τοσοῦτος, τοσαύτη, τοσοῦτο, [20] so great, so large, so long, so many. [36]ἀποδίδωμι, [47] (a) I give back, return, restore, (b) I give, render, as due, (c) mid: I sell.

Ἡ δὲ εἶπεν, Ναί,¹ τοσούτου.² 9 Ὁ δὲ Πέτρος εἶπεν πρὸς αὐτήν, Τί ὅτι συνεφωνήθη³ ὑμῖν πειράσαι⁴ τὸ πνεῦμα κυρίου; Ἰδού, οἱ πόδες τῶν θαψάντων⁵ τὸν ἄνδρα σου ἐπὶ τῇ θύρᾳ,⁶ καὶ ἐξοίσουσίν⁷ σε. 10 Ἔπεσεν δὲ παραχρῆμα⁸ παρὰ τοὺς πόδας αὐτοῦ, καὶ ἐξέψυξεν·⁹ εἰσελθόντες δὲ οἱ νεανίσκοι¹⁰ εὗρον αὐτὴν νεκράν, καὶ ἐξενέγκαντες¹¹ ἔθαψαν¹² πρὸς τὸν ἄνδρα αὐτῆς. 11 Καὶ ἐγένετο φόβος¹³ μέγας ἐφ᾽ ὅλην τὴν ἐκκλησίαν, καὶ ἐπὶ πάντας τοὺς ἀκούοντας ταῦτα.

The Prosperity of the Church

12 Διὰ δὲ τῶν χειρῶν τῶν ἀποστόλων ἐγίνετο σημεῖα καὶ τέρατα¹⁴ ἐν τῷ λαῷ πολλά· καὶ ἦσαν ὁμοθυμαδὸν¹⁵ ἅπαντες¹⁶ ἐν τῇ στοᾷ¹⁷ Σολομῶντος. 13 Τῶν δὲ λοιπῶν¹⁸ οὐδεὶς ἐτόλμα¹⁹ κολλᾶσθαι²⁰ αὐτοῖς, ἀλλ᾽ ἐμεγάλυνεν²¹ αὐτοὺς ὁ λαός· 14 μᾶλλον δὲ προσετίθεντο²² πιστεύοντες τῷ κυρίῳ, πλήθη²³ ἀνδρῶν τε καὶ γυναικῶν· 15 ὥστε κατὰ τὰς πλατείας²⁴ ἐκφέρειν²⁵ τοὺς ἀσθενεῖς,²⁶ καὶ τιθέναι ἐπὶ κλινῶν²⁷ καὶ κραββάτων,²⁸ ἵνα ἐρχομένου Πέτρου κἂν²⁹ ἡ σκιὰ³⁰ ἐπισκιάσῃ³¹ τινὶ αὐτῶν. 16 Συνήρχετο³² δὲ καὶ τὸ πλῆθος²³ τῶν πέριξ³³ πόλεων εἰς Ἰερουσαλήμ, φέροντες ἀσθενεῖς²⁶ καὶ ὀχλουμένους³⁴ ὑπὸ πνευμάτων ἀκαθάρτων,³⁵ οἵτινες ἐθεραπεύοντο³⁶ ἅπαντες.¹⁶

---

³συνεφωνήθη: API-3S ⁴πειράσαι: AAN ⁵θαψάντων: AAP-GPM ⁷ἐξοίσουσίν: FAI-3P ⁹ἐξέψυξεν: AAI-3S ¹¹ἐξενέγκαντες: AAP-NPM ¹²ἔθαψαν: AAI-3P ¹⁹ἐτόλμα: IAI-3S ²⁰κολλᾶσθαι: PPN ²¹ἐμεγάλυνεν: IAI-3S ²²προσετίθεντο: IPI-3P ²⁵ἐκφέρειν: PAN ³¹ἐπισκιάσῃ: AAS-3S ³²Συνήρχετο: INI-3S ³⁴ὀχλουμένους: PPP-APM ³⁶ἐθεραπεύοντο: IPI-3P

---

¹ναί, [35] yes, certainly, even so.   ²τοσοῦτος, τοσαύτη, τοσοῦτο, [20] so great, so large, so long, so many. ³συμφωνέω, [6] I agree with, harmonize with, agree together.   ⁴πειράζω, [39] I try, tempt, test.   ⁵θάπτω, [11] I bury.   ⁶θύρα, ας, ἡ, [39] (a) a door, (b) met: an opportunity.   ⁷ἐκφέρω, [7] I bring out, carry out, sometimes out of the city for burial; I bring forth, bear, produce.   ⁸παραχρῆμα, [18] instantly, immediately, on the spot.   ⁹ἐκψύχω, [3] I breathe my last, die, expire.   ¹⁰νεανίσκος, ου, ὁ, [10] a young man, youth, an attendant.   ¹¹ἐκφέρω, [7] I bring out, carry out, sometimes out of the city for burial; I bring forth, bear, produce. ¹²θάπτω, [11] I bury.   ¹³φόβος, ου, ὁ, [47] (a) fear, terror, alarm, (b) the object or cause of fear, (c) reverence, respect.   ¹⁴τέρας, ατος, τό, [16] a wonder, portent, marvel.   ¹⁵ὁμοθυμαδόν, [12] with one mind, unanimously, with one accord, at the same time.   ¹⁶ἅπας, ασα, αν, [39] all, the whole, altogether.   ¹⁷στοά, ᾶς, ἡ, [4] a colonnade, portico.   ¹⁸λοιπός, ή, όν, [42] left, left behind, the remainder, the rest, the others.   ¹⁹τολμάω, [16] I dare, endure, am bold, have courage, make up the mind.   ²⁰κολλάω, [11] (lit: I glue); hence: mid. and pass: I join myself closely, cleave, adhere (to), I keep company (with), of friendly intercourse.   ²¹μεγαλύνω, [8] (a) I enlarge, lengthen, (b) I increase, magnify, extol.   ²²προστίθημι, [18] I place (put) to, add; I do again.   ²³πλῆθος, ους, τό, [32] a multitude, crowd, great number, assemblage.   ²⁴πλατεῖα, ας, ἡ, [9] a street, public square, broad way.   ²⁵ἐκφέρω, [7] I bring out, carry out, sometimes out of the city for burial; I bring forth, bear, produce. ²⁶ἀσθενής, ές, [25] (lit: not strong), (a) weak (physically, or morally), (b) infirm, sick.   ²⁷κλίνη, ης, ἡ, [10] a couch, bed, portable bed or mat, a couch for reclining at meals, possibly also a bier.   ²⁸κράββατος, ου, ὁ, [12] a bed, mattress, mat of a poor man.   ²⁹κἄν, [13] and if, even if, even, at least.   ³⁰σκιά, ᾶς, ἡ, [7] a shadow, shade, thick darkness, an outline.   ³¹ἐπισκιάζω, [5] I overshadow, envelop.   ³²συνέρχομαι, [32] I come or go with, accompany; I come together, assemble.   ³³πέριξ, [1] round about, neighboring.   ³⁴ὀχλέω, [2] I trouble, torment, worry, vex.   ³⁵ἀκάθαρτος, ον, [31] unclean, impure.   ³⁶θεραπεύω, [44] I care for, attend, serve, treat, especially of a physician; hence: I heal.

The Imprisonment, Deliverance, and Defense of the Apostles

17 Ἀναστὰς δὲ ὁ ἀρχιερεὺς καὶ πάντες οἱ σὺν αὐτῷ–ἡ οὖσα αἵρεσις¹ τῶν Σαδδουκαίων²–ἐπλήσθησαν³ ζήλου,⁴ **18** καὶ ἐπέβαλον⁵ τὰς χεῖρας αὐτῶν ἐπὶ τοὺς ἀποστόλους, καὶ ἔθεντο αὐτοὺς ἐν τηρήσει⁶ δημοσίᾳ.⁷ **19** Ἄγγελος δὲ κυρίου διὰ τῆς νυκτὸς ἤνοιξεν τὰς θύρας⁸ τῆς φυλακῆς,⁹ ἐξαγαγών¹⁰ τε αὐτοὺς εἶπεν, **20** Πορεύεσθε, καὶ σταθέντες λαλεῖτε ἐν τῷ ἱερῷ τῷ λαῷ πάντα τὰ ῥήματα τῆς ζωῆς ταύτης. **21** Ἀκούσαντες δὲ εἰσῆλθον ὑπὸ τὸν ὄρθρον¹¹ εἰς τὸ ἱερόν, καὶ ἐδίδασκον. Παραγενόμενος¹² δὲ ὁ ἀρχιερεὺς καὶ οἱ σὺν αὐτῷ, συνεκάλεσαν¹³ τὸ συνέδριον¹⁴ καὶ πᾶσαν τὴν γερουσίαν¹⁵ τῶν υἱῶν Ἰσραήλ, καὶ ἀπέστειλαν εἰς τὸ δεσμωτήριον,¹⁶ ἀχθῆναι αὐτούς. **22** Οἱ δὲ ὑπηρέται¹⁷ παραγενόμενοι¹⁸ οὐχ εὗρον αὐτοὺς ἐν τῇ φυλακῇ.⁹ ἀναστρέψαντες¹⁹ δὲ ἀπήγγειλαν,²⁰ **23** λέγοντες ὅτι Τὸ μὲν δεσμωτήριον¹⁶ εὕρομεν κεκλεισμένον²¹ ἐν πάσῃ ἀσφαλείᾳ,²² καὶ τοὺς φύλακας²³ ἑστῶτας πρὸ²⁴ τῶν θυρῶν·⁸ ἀνοίξαντες δέ, ἔσω²⁵ οὐδένα εὕρομεν. **24** Ὡς δὲ ἤκουσαν τοὺς λόγους τούτους ὅ τε ἱερεὺς²⁶ καὶ ὁ στρατηγὸς²⁷ τοῦ ἱεροῦ καὶ οἱ ἀρχιερεῖς, διηπόρουν²⁸ περὶ αὐτῶν, τί ἂν γένοιτο τοῦτο. **25** Παραγενόμενος²⁹ δέ τις ἀπήγγειλεν³⁰ αὐτοῖς ὅτι Ἰδού, οἱ ἄνδρες οὓς ἔθεσθε ἐν τῇ φυλακῇ⁹ εἰσὶν ἐν τῷ ἱερῷ ἑστῶτες καὶ διδάσκοντες τὸν λαόν. **26** Τότε ἀπελθὼν ὁ στρατηγὸς²⁷ σὺν τοῖς ὑπηρέταις¹⁷ ἤγαγεν αὐτούς, οὐ μετὰ βίας,³¹ ἐφοβοῦντο γὰρ τὸν λαόν, ἵνα μὴ λιθασθῶσιν.³² **27** Ἀγαγόντες δὲ αὐτοὺς ἔστησαν ἐν τῷ συνεδρίῳ.¹⁴

---

³ἐπλήσθησαν: API-3P   ⁵ἐπέβαλον: 2AAI-3P   ¹⁰ἐξαγαγών: 2AAP-NSM   ¹²Παραγενόμενος: 2ADP-NSM
¹³συνεκάλεσαν: AAI-3P   ¹⁸παραγενόμενοι: 2ADP-NPM   ¹⁹ἀναστρέψαντες: AAP-NPM   ²⁰ἀπήγγειλαν: AAI-3P
²¹κεκλεισμένον: RPP-ASN   ²⁸διηπόρουν: IAI-3P   ²⁹Παραγενόμενος: 2ADP-NSM   ³⁰ἀπήγγειλεν: AAI-3S
³²λιθασθῶσιν: APS-3P

---

¹αἵρεσις, εως, ἡ, [9] a self-chosen opinion, a religious or philosophical sect, discord or contention. ²Σαδδουκαῖος, ου, ὁ, [13] a Sadducee, a member of the aristocratic party among the Jews, from whom the high-priests were almost invariably chosen. ³πλήθω, [25] I fill, fulfill, complete. ⁴ζῆλος, ου, ὁ, [17] (a) eagerness, zeal, enthusiasm, (b) jealousy, rivalry. ⁵ἐπιβάλλω, [18] (a) I throw upon, cast over, (b) I place upon, (c) I lay, (d) intrans: I strike upon, rush. ⁶τήρησις, εως, ἡ, [3] a prison; observance (as of precepts). ⁷δημόσιος, α, ον, [4] public, publicly. ⁸θύρα, ας, ἡ, [39] (a) a door, (b) met: an opportunity. ⁹φυλακή, ῆς, ἡ, [47] a watching, keeping guard; a guard, prison; imprisonment. ¹⁰ἐξάγω, [13] I lead out, sometimes to death, execution. ¹¹ὄρθρος, ου, ὁ, [3] early dawn, day-break. ¹²παραγίνομαι, [37] (a) I come on the scene, appear, come, (b) with words expressing destination: I present myself at, arrive at, reach. ¹³συγκαλέω, [8] I call together. ¹⁴συνέδριον, ου, τό, [22] a council, tribunal; the Sanhedrin, the meeting place of the Sanhedrin. ¹⁵γερουσία, ας, ἡ, [1] the assembly or body of elders. ¹⁶δεσμωτήριον, ου, τό, [4] a prison. ¹⁷ὑπηρέτης, ου, ὁ, [20] a servant, an attendant, (a) an officer, lictor, (b) an attendant in a synagogue, (c) a minister of the gospel. ¹⁸παραγίνομαι, [37] (a) I come on the scene, appear, come, (b) with words expressing destination: I present myself at, arrive at, reach. ¹⁹ἀναστρέφω, [11] I overturn; I turn back, return; I turn hither and thither; pass: I turn myself about; I sojourn, dwell; I conduct myself, behave, live. ²⁰ἀπαγγέλλω, [44] I report (from one place to another), bring a report, announce, declare. ²¹κλείω, [15] I shut, shut up. ²²ἀσφάλεια, ας, ἡ, [3] safety, security, reliability, firmness. ²³φύλαξ, ακος, ὁ, [3] a guard, keeper, sentinel. ²⁴πρό, [47] (a) of place: before, in front of, (b) of time: before, earlier than. ²⁵ἔσω, [8] within, inside, with verbs either of rest or of motion; prep: within, to within, inside. ²⁶ἱερεύς, εως, ὁ, [33] a priest, one who offers sacrifice to a god (in Jewish and pagan religions; of Christians only met.). ²⁷στρατηγός, οῦ, ὁ, [10] (a) a general or leader of the army, (b) a magistrate or governor, (c) captain of the temple. ²⁸διαπορέω, [5] I am in trouble, doubt, difficulty; I am at a loss. ²⁹παραγίνομαι, [37] (a) I come on the scene, appear, come, (b) with words expressing destination: I present myself at, arrive at, reach. ³⁰ἀπαγγέλλω, [44] I report (from one place to another), bring a report, announce, declare. ³¹βία, ας, ἡ, [3] force, violence, strength. ³²λιθάζω, [8] I stone, pelt with stones.

Καὶ ἐπηρώτησεν αὐτοὺς ὁ ἀρχιερεύς, **28** λέγων, Οὐ παραγγελίᾳ¹ παρηγγείλαμεν² ὑμῖν μὴ διδάσκειν ἐπὶ τῷ ὀνόματι τούτῳ; Καὶ ἰδοὺ πεπληρώκατε τὴν Ἰερουσαλὴμ τῆς διδαχῆς³ ὑμῶν, καὶ βούλεσθε⁴ ἐπαγαγεῖν⁵ ἐφ᾽ ἡμᾶς τὸ αἷμα τοῦ ἀνθρώπου τούτου. **29** Ἀποκριθεὶς δὲ Πέτρος καὶ οἱ ἀπόστολοι εἶπον, Πειθαρχεῖν⁶ δεῖ θεῷ μᾶλλον ἢ ἀνθρώποις. **30** Ὁ θεὸς τῶν πατέρων ἡμῶν ἤγειρεν Ἰησοῦν, ὃν ὑμεῖς διεχειρίσασθε,⁷ κρεμάσαντες⁸ ἐπὶ ξύλου.⁹ **31** Τοῦτον ὁ θεὸς ἀρχηγὸν¹⁰ καὶ σωτῆρα¹¹ ὕψωσεν¹² τῇ δεξιᾷ αὐτοῦ, δοῦναι μετάνοιαν¹³ τῷ Ἰσραὴλ καὶ ἄφεσιν¹⁴ ἁμαρτιῶν. **32** Καὶ ἡμεῖς ἐσμεν αὐτοῦ μάρτυρες¹⁵ τῶν ῥημάτων τούτων, καὶ τὸ πνεῦμα δὲ τὸ ἅγιον, ὃ ἔδωκεν ὁ θεὸς τοῖς πειθαρχοῦσιν¹⁶ αὐτῷ.

33 Οἱ δὲ ἀκούοντες διεπρίοντο,¹⁷ καὶ ἐβουλεύοντο¹⁸ ἀνελεῖν¹⁹ αὐτούς. **34** Ἀναστὰς δέ τις ἐν τῷ συνεδρίῳ²⁰ Φαρισαῖος, ὀνόματι Γαμαλιήλ, νομοδιδάσκαλος,²¹ τίμιος²² παντὶ τῷ λαῷ, ἐκέλευσεν²³ ἔξω βραχύ²⁴ τι τοὺς ἀποστόλους ποιῆσαι. **35** Εἶπέν τε πρὸς αὐτούς, Ἄνδρες Ἰσραηλῖται,²⁵ προσέχετε²⁶ ἑαυτοῖς ἐπὶ τοῖς ἀνθρώποις τούτοις, τί μέλλετε πράσσειν.²⁷ **36** Πρὸ²⁸ γὰρ τούτων τῶν ἡμερῶν ἀνέστη Θευδᾶς, λέγων εἶναί τινα ἑαυτόν, ᾧ προσεκλήθη²⁹ ἀριθμὸς³⁰ ἀνδρῶν ὡσεὶ³¹ τετρακοσίων·³² ὃς ἀνῃρέθη,³³ καὶ πάντες ὅσοι ἐπείθοντο αὐτῷ διελύθησαν³⁴ καὶ ἐγένοντο εἰς οὐδέν. **37** Μετὰ τοῦτον ἀνέστη Ἰούδας ὁ Γαλιλαῖος³⁵ ἐν ταῖς ἡμέραις τῆς ἀπογραφῆς,³⁶ καὶ ἀπέστησεν³⁷

---

²παρηγγείλαμεν: AAI-1P   ⁴βούλεσθε: PNI-2P   ⁵ἐπαγαγεῖν: 2AAN   ⁶Πειθαρχεῖν: PAN   ⁷διεχειρίσασθε: AMI-2P
⁸κρεμάσαντες: AAP-NPM   ¹²ὕψωσεν: AAI-3S   ¹⁶πειθαρχοῦσιν: PAP-DPM   ¹⁷διεπρίοντο: IPI-3P   ¹⁸ἐβουλεύοντο:
INI-3P   ¹⁹ἀνελεῖν: 2AAN   ²³ἐκέλευσεν: AAI-3S   ²⁶προσέχετε: PAM-2P   ²⁷πράσσειν: PAN   ²⁹προσεκλήθη: API-3S
³³ἀνῃρέθη: API-3S   ³⁴διελύθησαν: API-3P   ³⁷ἀπέστησεν: AAI-3S

---

¹παραγγελία, ας, ἡ, [5] a command, charge, injunction; a precept, rule of living.   ²παραγγέλλω, [30] I notify, command, charge, entreat solemnly.   ³διδαχή, ῆς, ἡ, [30] teaching, doctrine, what is taught.   ⁴βούλομαι, [34] I will, intend, desire, wish.   ⁵ἐπάγω, [3] I bring upon; met: I cause to be imputed to.   ⁶πειθαρχέω, [4] I obey one in authority, conform to advice, obey, follow.   ⁷διαχειρίζομαι, [2] I lay my hands upon, and so: I slay, kill.   ⁸κρεμάννυμι, [7] I hang, hang up, suspend; mid: I am hanging, hang.   ⁹ξύλον, ου, τό, [20] anything made of wood, a piece of wood, a club, staff; the trunk of a tree, used to support the cross-bar of a cross in crucifixion.   ¹⁰ἀρχηγός, οῦ, ὁ, [4] originator, author, founder, prince, leader.   ¹¹σωτήρ, ῆρος, ὁ, [23] a savior, deliverer, preserver.   ¹²ὑψόω, [20] (a) I raise on high, lift up, (b) I exalt, set on high.   ¹³μετάνοια, ας, ἡ, [24] repentance, a change of mind, change in the inner man.   ¹⁴ἄφεσις, εως, ἡ, [17] a sending away, a letting go, a release, pardon, complete forgiveness.   ¹⁵μάρτυς, υρος, ὁ, [34] a witness; an eye- or ear-witness.   ¹⁶πειθαρχέω, [4] I obey one in authority, conform to advice, obey, follow.   ¹⁷διαπρίω, [2] (lit: I saw through), I cut to the quick (with indignation and envy).   ¹⁸βουλεύω, [8] I deliberate, take counsel, determine.   ¹⁹ἀναιρέω, [23] I take up, take away the life of, make an end of, murder.   ²⁰συνέδριον, ου, τό, [22] a council, tribunal; the Sanhedrin, the meeting place of the Sanhedrin.   ²¹νομοδιδάσκαλος, ου, ὁ, [3] a teacher and interpreter of the Mosaic Law.   ²²τίμιος, α, ον, [14] of great price, precious, honored.   ²³κελεύω, [26] I command, order, direct, bid.   ²⁴βραχύς, εῖα, ύ, [7] short, little, few.   ²⁵Ἰσραηλίτης, ου, ὁ, [9] an Israelite, one of the chosen people of Israel, a Jew.   ²⁶προσέχω, [24] (a) I attend to, pay attention to, (b) I beware, am cautious, (c) I join, devote myself to.   ²⁷πράσσω, [38] I do, perform, accomplish; be in any condition, i.e. I fare; I exact, require.   ²⁸πρό, [47] (a) of place: before, in front of, (b) of time: before, earlier than.   ²⁹προσκαλέω, [31] I call to myself, summon.   ³⁰ἀριθμός, οῦ, ὁ, [19] a number, total.   ³¹ὡσεί, [31] as if, as it were, like; with numbers: about.   ³²τετρακόσιοι, αι, α, [4] four hundred.   ³³ἀναιρέω, [23] I take up, take away the life of, make an end of, murder.   ³⁴διαλύω, [1] I break up, disperse, dissolve.   ³⁵Γαλιλαῖος, αία, αῖον, [11] a Galilean, an inhabitant of Galilee.   ³⁶ἀπογραφή, ῆς, ἡ, [2] an enrollment, census-taking, record.   ³⁷ἀφίστημι, [15] I make to stand away, draw away, repel, take up a position away from, withdraw from, leave, abstain from.

λαὸν ἱκανὸν¹ ὀπίσω² αὐτοῦ· κἀκεῖνος³ ἀπώλετο, καὶ πάντες ὅσοι ἐπείθοντο αὐτῷ διεσκορπίσθησαν. ⁴ **38** Καὶ τὰ νῦν λέγω ὑμῖν, ἀπόστητε⁵ ἀπὸ τῶν ἀνθρώπων τούτων, καὶ ἐάσατε⁶ αὐτούς· ὅτι ἐὰν ᾖ ἐξ ἀνθρώπων ἡ βουλὴ⁷ ἢ τὸ ἔργον τοῦτο, καταλυθήσεται· ⁸ **39** εἰ δὲ ἐκ θεοῦ ἐστιν, οὐ δύνασθε καταλῦσαι⁹ αὐτό, μήποτε¹⁰ καὶ θεομάχοι¹¹ εὑρεθῆτε. **40** Ἐπείσθησαν δὲ αὐτῷ· καὶ προσκαλεσάμενοι¹² τοὺς ἀποστόλους, δείραντες¹³ παρήγγειλαν¹⁴ μὴ λαλεῖν ἐπὶ τῷ ὀνόματι τοῦ Ἰησοῦ, καὶ ἀπέλυσαν αὐτούς. **41** Οἱ μὲν οὖν ἐπορεύοντο χαίροντες ἀπὸ προσώπου τοῦ συνεδρίου,¹⁵ ὅτι ὑπὲρ τοῦ ὀνόματος τοῦ Ἰησοῦ κατηξιώθησαν¹⁶ ἀτιμασθῆναι.¹⁷ **42** Πᾶσάν τε ἡμέραν, ἐν τῷ ἱερῷ καὶ κατ' οἶκον, οὐκ ἐπαύοντο¹⁸ διδάσκοντες καὶ εὐαγγελιζόμενοι Ἰησοῦν τὸν χριστόν.

The Choosing of the First Deacons

6 Ἐν δὲ ταῖς ἡμέραις ταύταις, πληθυνόντων¹⁹ τῶν μαθητῶν, ἐγένετο γογγυσμὸς²⁰ τῶν Ἑλληνιστῶν²¹ πρὸς τοὺς Ἑβραίους,²² ὅτι παρεθεωροῦντο²³ ἐν τῇ διακονίᾳ²⁴ τῇ καθημερινῇ²⁵ αἱ χῆραι²⁶ αὐτῶν. **2** Προσκαλεσάμενοι²⁷ δὲ οἱ δώδεκα τὸ πλῆθος²⁸ τῶν μαθητῶν, εἶπον, Οὐκ ἀρεστόν²⁹ ἐστιν ἡμᾶς, καταλείψαντας³⁰ τὸν λόγον τοῦ θεοῦ, διακονεῖν³¹ τραπέζαις.³² **3** Ἐπισκέψασθε³³ οὖν, ἀδελφοί, ἄνδρας ἐξ ὑμῶν μαρτυρουμένους ἑπτά, πλήρεις³⁴ πνεύματος ἁγίου καὶ σοφίας, οὓς καταστήσωμεν³⁵

---

⁴διεσκορπίσθησαν: API-3P ⁵ἀπόστητε: 2AAM-2P ⁶ἐάσατε: AAM-2P ⁸καταλυθήσεται: FPI-3S ⁹καταλῦσαι: AAN ¹²προσκαλεσάμενοι: ADP-NPM ¹³δείραντες: AAP-NPM ¹⁴παρήγγειλαν: AAI-3P ¹⁶κατηξιώθησαν: API-3P ¹⁷ἀτιμασθῆναι: APN ¹⁸ἐπαύοντο: IMI-3P ¹⁹πληθυνόντων: PAP-GPM ²³παρεθεωροῦντο: IPI-3P ²⁷Προσκαλεσάμενοι: ADP-NPM ³⁰καταλείψαντας: AAP-APM ³¹διακονεῖν: PAN ³³Ἐπισκέψασθε: ADM-2P ³⁵καταστήσωμεν: AAS-1P

---

¹ἱκανός, ή, όν, [41] (a) considerable, sufficient, of number, quantity, time, (b) of persons: sufficiently strong (good, etc.), worthy, suitable, with various constructions, (c) many, much. ²ὀπίσω, [37] behind, after; back, backwards. ³κἀκεῖνος, η, ο, [21] and he, she, it, and that. ⁴διασκορπίζω, [9] I scatter, winnow, disperse, waste. ⁵ἀφίστημι, [15] I make to stand away, draw away, repel, take up a position away from, withdraw from, leave, abstain from. ⁶ἐάω, [12] I allow, permit, let alone, leave. ⁷βουλή, ῆς, ἡ, [12] counsel, deliberate wisdom, decree. ⁸καταλύω, [17] (lit: I loosen thoroughly), (a) trans: I break up, overthrow, destroy, both lit. and met., (b) I unyoke, unharness a carriage horse or pack animal; hence: I put up, lodge, find a lodging. ⁹καταλύω, [17] (lit: I loosen thoroughly), (a) trans: I break up, overthrow, destroy, both lit. and met., (b) I unyoke, unharness a carriage horse or pack animal; hence: I put up, lodge, find a lodging. ¹⁰μήποτε, [25] lest at any time, lest; then weakened: whether perhaps, whether at all; in a principal clause: perhaps. ¹¹θεομάχος, ον, [1] fighting against God. ¹²προσκαλέω, [31] I call to myself, summon. ¹³δέρω, [15] I flay, flog, scourge, beat. ¹⁴παραγγέλλω, [30] I notify, command, charge, entreat solemnly. ¹⁵συνέδριον, ου, τό, [22] a council, tribunal; the Sanhedrin, the meeting place of the Sanhedrin. ¹⁶καταξιόω, [4] I deem (count) worthy. ¹⁷ἀτιμάζω, [6] I disgrace, treat disgracefully, dishonor, insult; I despise. ¹⁸παύω, [15] (a) act: I cause to cease, restrain, hinder, (b) mid: I cease, stop, leave off. ¹⁹πληθύνω, [12] I increase, multiply. ²⁰γογγυσμός, οῦ, ὁ, [4] murmuring, grumbling. ²¹Ἑλληνιστής, οῦ, ὁ, [3] a Hellenist, Grecian Jew, a Greek-speaking Jew, that is one who can speak Greek only and not Hebrew (or Aramaic). ²²Ἑβραῖος, ου, ὁ, [4] a Hebrew, particularly one who speaks Hebrew (Aramaic). ²³παραθεωρέω, [1] I look past, overlook, neglect. ²⁴διακονία, ας, ἡ, [34] waiting at table; in a wider sense: service, ministration. ²⁵καθημερινός, ή, όν, [1] daily, day-by-day. ²⁶χήρα, ας, ἡ, [27] a widow. ²⁷προσκαλέω, [31] I call to myself, summon. ²⁸πλῆθος, ους, τό, [32] a multitude, crowd, great number, assemblage. ²⁹ἀρεστός, ή, όν, [4] pleasing, satisfactory, acceptable. ³⁰καταλείπω, [25] I leave behind, desert, abandon, forsake; I leave remaining, reserve. ³¹διακονέω, [37] I wait at table (particularly of a slave who waits on guests); I serve (generally). ³²τράπεζα, ης, ἡ, [15] a table, (a) for food or banqueting, (b) for money-changing or business. ³³ἐπισκέπτομαι, [11] I look upon, visit, look out, select. ³⁴πλήρης, ες, [17] full, abounding in, complete, completely occupied with. ³⁵καθίστημι, [21] I set down, bring down to a place; I set in order, appoint, make, constitute.

ἐπὶ τῆς χρείας¹ ταύτης. 4 Ἡμεῖς δὲ τῇ προσευχῇ² καὶ τῇ διακονίᾳ³ τοῦ λόγου προσκαρτερήσομεν.⁴ 5 Καὶ ἤρεσεν⁵ ὁ λόγος ἐνώπιον παντὸς τοῦ πλήθους·⁶ καὶ ἐξελέξαντο⁷ Στέφανον, ἄνδρα πλήρης⁸ πίστεως καὶ πνεύματος ἁγίου, καὶ Φίλιππον, καὶ Πρόχορον, καὶ Νικάνορα, καὶ Τίμωνα, καὶ Παρμενᾶν, καὶ Νικόλαον προσήλυτον⁹ Ἀντιοχέα,¹⁰ 6 οὓς ἔστησαν ἐνώπιον τῶν ἀποστόλων· καὶ προσευξάμενοι ἐπέθηκαν¹¹ αὐτοῖς τὰς χεῖρας.

7 Καὶ ὁ λόγος τοῦ θεοῦ ηὔξανεν,¹² καὶ ἐπληθύνετο¹³ ὁ ἀριθμὸς¹⁴ τῶν μαθητῶν ἐν Ἱερουσαλὴμ σφόδρα,¹⁵ πολύς τε ὄχλος τῶν ἱερέων¹⁶ ὑπήκουον¹⁷ τῇ πίστει.

8 Στέφανος δὲ πλήρης⁸ πίστεως καὶ δυνάμεως ἐποίει τέρατα¹⁸ καὶ σημεῖα μεγάλα ἐν τῷ λαῷ.

The Testimony of Stephen

9 Ἀνέστησαν δέ τινες τῶν ἐκ τῆς συναγωγῆς τῆς λεγομένης Λιβερτίνων,¹⁹ καὶ Κυρηναίων,²⁰ καὶ Ἀλεξανδρέων,²¹ καὶ τῶν ἀπὸ Κιλικίας²² καὶ Ἀσίας,²³ συζητοῦντες²⁴ τῷ Στεφάνῳ. 10 Καὶ οὐκ ἴσχυον²⁵ ἀντιστῆναι²⁶ τῇ σοφίᾳ καὶ τῷ πνεύματι ᾧ ἐλάλει. 11 Τότε ὑπέβαλον²⁷ ἄνδρας λέγοντας ὅτι Ἀκηκόαμεν αὐτοῦ λαλοῦντος ῥήματα βλάσφημα²⁸ εἰς Μωσῆν καὶ τὸν θεόν. 12 Συνεκίνησάν²⁹ τε τὸν λαὸν καὶ τοὺς πρεσβυτέρους καὶ τοὺς γραμματεῖς, καὶ ἐπιστάντες³⁰ συνήρπασαν³¹ αὐτόν, καὶ ἤγαγον εἰς τὸ συνέδριον,³² 13 ἔστησάν τε μάρτυρας³³ ψευδεῖς³⁴ λέγοντας, Ὁ ἄνθρωπος οὗτος

---

⁴προσκαρτερήσομεν: FAI-1P ⁵ἤρεσεν: AAI-3S ⁷ἐξελέξαντο: AMI-3P ¹¹ἐπέθηκαν: AAI-3P ¹²ηὔξανεν: IAI-3S ¹³ἐπληθύνετο: IPI-3S ¹⁷ὑπήκουον: IAI-3P ²⁴συζητοῦντες: PAP-NPM ²⁵ἴσχυον: IAI-3P ²⁶ἀντιστῆναι: 2AAN ²⁷ὑπέβαλον: 2AAI-3P ²⁹Συνεκίνησάν: AAI-3P ³⁰ἐπιστάντες: 2AAP-NPM ³¹συνήρπασαν: AAI-3P

---

¹χρεία, ας, ἡ, [49] need, necessity, business. ²προσευχή, ῆς, ἡ, [37] (a) prayer (to God), (b) a place for prayer (used by Jews, perhaps where there was no synagogue). ³διακονία, ας, ἡ, [34] waiting at table; in a wider sense: service, ministration. ⁴προσκαρτερέω, [10] I persist, persevere in, continue steadfast in; I wait upon. ⁵ἀρέσκω, [17] I please, with the idea of willing service rendered to others; hence almost: I serve. ⁶πλῆθος, ους, τό, [32] a multitude, crowd, great number, assemblage. ⁷ἐκλέγομαι, [21] I pick out for myself, choose, elect, select. ⁸πλήρης, ες, [17] full, abounding in, complete, completely occupied with. ⁹προσήλυτος, ου, ὁ, [4] (lit: that has come to), a proselyte, that is a non-Jew, who has been circumcised and has adopted the Jews' religion. ¹⁰Ἀντιοχεύς, έως, ὁ, [1] an Antiochian, an inhabitant of Antioch. ¹¹ἐπιτίθημι, [41] I put, place upon, lay on; I add, give in addition. ¹²αὐξάνω, [23] (a) I cause to increase, become greater (b) I increase, grow. ¹³πληθύνω, [12] I increase, multiply. ¹⁴ἀριθμός, οῦ, ὁ, [19] a number, total. ¹⁵σφόδρα, [11] exceedingly, greatly, very much. ¹⁶ἱερεύς, έως, ὁ, [33] a priest, one who offers sacrifice to a god (in Jewish and pagan religions; of Christians only met.). ¹⁷ὑπακούω, [21] I listen, hearken to, obey, answer. ¹⁸τέρας, ατος, τό, [16] a wonder, portent, marvel. ¹⁹Λιβερτῖνος, ου, ὁ, [1] a freedman, one of the class of manumitted slaves; a synagogue at Jerusalem appears to have been reserved for them. ²⁰Κυρηναῖος, ου, ὁ, [6] belonging to Cyrene, a Cyrenaean. ²¹Ἀλεξανδρεύς, έως, ὁ, [2] an Alexandrian, a native (or resident) of Alexandria in Egypt. ²²Κιλικία, ας, ἡ, [8] Cilicia, a Roman province between the Taurus range of mountains and the coast in the south-east corner of Asia Minor, linked up with the province of Syria. ²³Ἀσία, ας, ἡ, [18] the Roman province of Asia, roughly the western third of Asia Minor. ²⁴συζητέω, [10] I seek together, discuss, dispute. ²⁵ἰσχύω, [29] I have strength, am strong, am in full health and vigor, am able; meton: I prevail. ²⁶ἀνθίστημι, [14] I set against; I withstand, resist, oppose. ²⁷ὑποβάλλω, [1] I throw or put under; met: I subject, submit, suggest, whisper, prompt, suborn, instigate. ²⁸βλάσφημος, ον, [5] slanderous; subst: a blasphemer. ²⁹συγκινέω, [1] I move together, stir up, excite. ³⁰ἐφίστημι, [21] I stand by, am urgent, befall one (as of evil), am at hand, impend. ³¹συναρπάζω, [4] I seize, drag by force. ³²συνέδριον, ου, τό, [22] a council, tribunal; the Sanhedrin, the meeting place of the Sanhedrin. ³³μάρτυς, υρος, ὁ, [34] a witness; an eye- or ear-witness. ³⁴ψευδής, ές, [3] false, deceitful, lying, untrue.

οὐ παύεται¹ ῥήματα βλάσφημα² λαλῶν κατὰ τοῦ τόπου τοῦ ἁγίου καὶ τοῦ νόμου· 14 ἀκηκόαμεν γὰρ αὐτοῦ λέγοντος ὅτι Ἰησοῦς ὁ Ναζωραῖος³ οὗτος καταλύσει⁴ τὸν τόπον τοῦτον, καὶ ἀλλάξει⁵ τὰ ἔθη⁶ ἃ παρέδωκεν ἡμῖν Μωσῆς. 15 Καὶ ἀτενίσαντες⁷ εἰς αὐτὸν ἅπαντες⁸ οἱ καθεζόμενοι⁹ ἐν τῷ συνεδρίῳ,¹⁰ εἶδον τὸ πρόσωπον αὐτοῦ ὡσεὶ¹¹ πρόσωπον ἀγγέλου.

The Defense of Stephen and His Death

7 Εἶπεν δὲ ὁ ἀρχιερεύς, Εἰ ἄρα¹² ταῦτα οὕτως ἔχει; 2 Ὁ δὲ ἔφη, Ἄνδρες ἀδελφοὶ καὶ πατέρες, ἀκούσατε. Ὁ θεὸς τῆς δόξης ὤφθη τῷ πατρὶ ἡμῶν Ἀβραὰμ ὄντι ἐν τῇ Μεσοποταμίᾳ,¹³ πρὶν¹⁴ ἢ κατοικῆσαι¹⁵ αὐτὸν ἐν Χαρράν,¹⁶ 3 καὶ εἶπεν πρὸς αὐτόν, Ἔξελθε ἐκ τῆς γῆς σου καὶ ἐκ τῆς συγγενείας¹⁷ σου, καὶ δεῦρο¹⁸ εἰς γῆν ἣν ἄν σοι δείξω.¹⁹ 4 Τότε ἐξελθὼν ἐκ γῆς Χαλδαίων²⁰ κατῴκησεν²¹ ἐν Χαρράν·¹⁶ κἀκεῖθεν,²² μετὰ τὸ ἀποθανεῖν τὸν πατέρα αὐτοῦ, μετῴκισεν²³ αὐτὸν εἰς τὴν γῆν ταύτην εἰς ἣν ὑμεῖς νῦν κατοικεῖτε·²⁴ 5 καὶ οὐκ ἔδωκεν αὐτῷ κληρονομίαν²⁵ ἐν αὐτῇ, οὐδὲ βῆμα²⁶ ποδός· καὶ ἐπηγγείλατο²⁷ δοῦναι αὐτῷ εἰς κατάσχεσιν²⁸ αὐτήν, καὶ τῷ σπέρματι²⁹ αὐτοῦ μετ' αὐτόν, οὐκ ὄντος αὐτῷ τέκνου. 6 Ἐλάλησεν δὲ οὕτως ὁ θεός, ὅτι ἔσται τὸ σπέρμα²⁹ αὐτοῦ πάροικον³⁰ ἐν γῇ ἀλλοτρίᾳ,³¹ καὶ δουλώσουσιν³² αὐτὸ καὶ κακώσουσιν,³³ ἔτη³⁴ τετρακόσια.³⁵ 7 Καὶ τὸ ἔθνος, ᾧ ἐὰν δουλεύσωσιν,³⁶ κρινῶ ἐγώ, εἶπεν ὁ θεός· καὶ μετὰ ταῦτα ἐξελεύσονται, καὶ λατρεύσουσίν³⁷ μοι ἐν τῷ τόπῳ

---

¹παύεται: PMI-3S ⁴καταλύσει: FAI-3S ⁵ἀλλάξει: FAI-3S ⁷ἀτενίσαντες: AAP-NPM ⁹καθεζόμενοι: PNP-NPM ¹⁵κατοικῆσαι: AAN ¹⁸δεῦρο: PAM-2S ¹⁹δείξω: FAI-1S ²¹κατῴκησεν: AAI-3S ²³μετῴκισεν: AAI-3S ²⁴κατοικεῖτε: PAI-2P ²⁷ἐπηγγείλατο: ADI-3S ³²δουλώσουσιν: FAI-3P ³³κακώσουσιν: FAI-3P ³⁶δουλεύσωσιν: AAS-3P ³⁷λατρεύσουσίν: FAI-3P

---

¹παύω, [15] (a) act: I cause to cease, restrain, hinder, (b) mid: I cease, stop, leave off. ²βλάσφημος, ον, [5] slanderous; subst: a blasphemer. ³Ναζωραῖος, ου, ὁ, [15] a Nazarene, an inhabitant of Nazareth. ⁴καταλύω, [17] (lit: I loosen thoroughly), (a) trans: I break up, overthrow, destroy, both lit. and met., (b) I unyoke, unharness a carriage horse or pack animal; hence: I put up, lodge, find a lodging. ⁵ἀλλάσσω, [6] I change, alter, exchange, transform. ⁶ἔθος, ους, τό, [11] a custom, habit; an institute, rite. ⁷ἀτενίζω, [14] I direct my gaze, look steadily. ⁸ἅπας, ασα, αν, [39] all, the whole, altogether. ⁹καθέζομαι, [6] I am sitting, sit down, am seated. ¹⁰συνέδριον, ου, τό, [22] a council, tribunal; the Sanhedrin, the meeting place of the Sanhedrin. ¹¹ὡσεί, [31] as if, as it were, like; with numbers: about. ¹²ἄρα, [19] a particle asking a question, to which a negative answer is expected. ¹³Μεσοποταμία, ας, ἡ, [2] Mesopotamia, the Country between the (two) Rivers, i.e. the Euphrates and the Tigris. ¹⁴πρίν, [14] formerly, before. ¹⁵κατοικέω, [45] I dwell in, settle in, am established in (permanently), inhabit. ¹⁶Χαρράν, ἡ, [2] Haran. ¹⁷συγγένεια, ας, ἡ, [3] kindred, family. ¹⁸δεῦρο, [9] (originally: hither, hence) (a) exclamatory: come, (b) temporal: now, the present. ¹⁹δείκνυμι, [31] I point out, show, exhibit; met: I teach, demonstrate, make known. ²⁰Χαλδαῖος, ου, ὁ, [1] a Chaldean. ²¹κατοικέω, [45] I dwell in, settle in, am established in (permanently), inhabit. ²²κἀκεῖθεν, [9] and thence, and from there; and then afterwards. ²³μετοικίζω, [2] I transport, cause to migrate, remove. ²⁴κατοικέω, [45] I dwell in, settle in, am established in (permanently), inhabit. ²⁵κληρονομία, ας, ἡ, [14] an inheritance, an heritage, regularly the gift of God to His chosen people, in the Old Testament: the Promised Land, in NT a possession viewed in one sense as present, in another as future; a share, participation. ²⁶βῆμα, ατος, τό, [12] an elevated place ascended by steps, a throne, tribunal. ²⁷ἐπαγγέλλομαι, [15] I promise, profess. ²⁸κατάσχεσις, εως, ἡ, [2] a possession, holding fast. ²⁹σπέρμα, ατος, τό, [44] (a) seed, commonly of cereals, (b) offspring, descendents. ³⁰πάροικος, ον, [4] foreign, alien, subst: a foreigner, sojourner. ³¹ἀλλότριος, ία, ιον, [14] belonging to another person, belonging to others, foreign, strange. ³²δουλόω, [8] I enslave. ³³κακόω, [6] I treat badly, afflict, embitter, make angry. ³⁴ἔτος, ους, τό, [49] a year. ³⁵τετρακόσιοι, αι, α, [4] four hundred. ³⁶δουλεύω, [25] I am a slave, am subject to, obey, am devoted. ³⁷λατρεύω, [21] I serve, especially God, perhaps simply: I worship.

τούτῳ. **8** Καὶ ἔδωκεν αὐτῷ διαθήκην¹ περιτομῆς·² καὶ οὕτως ἐγέννησεν τὸν Ἰσαάκ, καὶ περιέτεμεν³ αὐτὸν τῇ ἡμέρᾳ τῇ ὀγδόῃ·⁴ καὶ ὁ Ἰσαὰκ τὸν Ἰακώβ, καὶ ὁ Ἰακὼβ τοὺς δώδεκα πατριάρχας.⁵ **9** Καὶ οἱ πατριάρχαι⁵ ζηλώσαντες⁶ τὸν Ἰωσὴφ ἀπέδοντο⁷ εἰς Αἴγυπτον·⁸ καὶ ἦν ὁ θεὸς μετ' αὐτοῦ, **10** καὶ ἐξείλετο⁹ αὐτὸν ἐκ πασῶν τῶν θλίψεων¹⁰ αὐτοῦ, καὶ ἔδωκεν αὐτῷ χάριν καὶ σοφίαν ἐναντίον¹¹ Φαραὼ¹² βασιλέως Αἰγύπτου,⁸ καὶ κατέστησεν¹³ αὐτὸν ἡγούμενον¹⁴ ἐπ' Αἴγυπτον⁸ καὶ ὅλον τὸν οἶκον αὐτοῦ. **11** ⁵Ἦλθεν δὲ λιμὸς¹⁵ ἐφ' ὅλην τὴν γῆν Αἰγύπτου⁸ καὶ Χαναάν,¹⁶ καὶ θλίψις¹⁰ μεγάλη· καὶ οὐχ εὕρισκον χορτάσματα¹⁷ οἱ πατέρες ἡμῶν. **12** Ἀκούσας δὲ Ἰακὼβ ὄντα σῖτα¹⁸ ἐν Αἰγύπτῳ,⁸ ἐξαπέστειλεν¹⁹ τοὺς πατέρας ἡμῶν πρῶτον. **13** Καὶ ἐν τῷ δευτέρῳ²⁰ ἀνεγνωρίσθη²¹ Ἰωσὴφ τοῖς ἀδελφοῖς αὐτοῦ, καὶ φανερὸν²² ἐγένετο τῷ Φαραὼ¹² τὸ γένος²³ τοῦ Ἰωσήφ. **14** Ἀποστείλας δὲ Ἰωσὴφ μετεκαλέσατο²⁴ τὸν πατέρα αὐτοῦ Ἰακώβ, καὶ πᾶσαν τὴν συγγένειαν,²⁵ ἐν ψυχαῖς ἑβδομήκοντα²⁶ πέντε.²⁷ **15** Κατέβη δὲ Ἰακὼβ εἰς Αἴγυπτον,⁸ καὶ ἐτελεύτησεν²⁸ αὐτὸς καὶ οἱ πατέρες ἡμῶν· **16** καὶ μετετέθησαν²⁹ εἰς Συχέμ,³⁰ καὶ ἐτέθησαν ἐν τῷ μνήματι³¹ ὃ ὠνήσατο³² Ἀβραὰμ τιμῆς³³ ἀργυρίου³⁴ παρὰ τῶν υἱῶν Ἑμμὸρ τοῦ Συχέμ.³⁰ **17** Καθὼς δὲ ἤγγιζεν³⁵ ὁ χρόνος τῆς ἐπαγγελίας ἧς ὤμοσεν³⁶ ὁ θεὸς τῷ Ἀβραάμ, ηὔξησεν³⁷ ὁ λαὸς καὶ ἐπληθύνθη³⁸ ἐν Αἰγύπτῳ,⁸ **18** ἄχρι οὗ ἀνέστη βασιλεὺς ἕτερος, ὃς οὐκ ᾔδει τὸν Ἰωσήφ. **19** Οὗτος κατασοφισάμενος³⁹ τὸ γένος²³ ἡμῶν, ἐκάκωσεν⁴⁰ τοὺς πατέρας ἡμῶν, τοῦ ποιεῖν ἔκθετα⁴¹ τὰ βρέφη⁴² αὐτῶν,

---

³*περιέτεμεν: 2AAI-3S* ⁶*ζηλώσαντες: AAP-NPM* ⁷*ἀπέδοντο: 2AMI-3P* ⁹*ἐξείλετο: 2AMI-3S* ¹³*κατέστησεν: AAI-3S* ¹⁴*ἡγούμενον: PNP-ASM* ¹⁹*ἐξαπέστειλεν: AAI-3S* ²¹*ἀνεγνωρίσθη: API-3S* ²⁴*μετεκαλέσατο: AMI-3S* ²⁸*ἐτελεύτησεν: AAI-3S* ²⁹*μετετέθησαν: API-3P* ³²*ὠνήσατο: ADI-3S* ³⁵*ἤγγιζεν: IAI-3S* ³⁶*ὤμοσεν: AAI-3S* ³⁷*ηὔξησεν: AAI-3S* ³⁸*ἐπληθύνθη: API-3S* ³⁹*κατασοφισάμενος: ADP-NSM* ⁴⁰*ἐκάκωσεν: AAI-3S*

---

¹*διαθήκη, ης, ἡ, [33] (a) a covenant between two parties, (b) (the ordinary, everyday sense [found a countless number of times in papyri]) a will, testament.* ²*περιτομή, ῆς, ἡ, [36] circumcision.* ³*περιτέμνω, [18] I cut around, circumcise.* ⁴*ὄγδοος, η, ον, [5] the eighth, one of eight, with seven others.* ⁵*πατριάρχης, ου, ὁ, [4] a patriarch, head or founder of a family.* ⁶*ζηλόω, [11] (a) intrans: I am jealous, (b) trans: I am jealous of, with acc. of a person; I am eager for, am eager to possess, with acc. of a thing.* ⁷*ἀποδίδωμι, [47] (a) I give back, return, restore, (b) I give, render, as due, (c) mid: I sell.* ⁸*Αἴγυπτος, ου, ἡ, [24] Egypt.* ⁹*ἐξαιρέω, [8] I take out, remove; sometimes (mid): I choose, sometimes: I rescue.* ¹⁰*θλῖψις, εως, ἡ, [45] persecution, affliction, distress, tribulation.* ¹¹*ἐναντίον, [5] before, in the presence of, in the eyes of.* ¹²*Φαραώ, ὁ, [5] Pharaoh, the title of ancient Egyptian kings.* ¹³*καθίστημι, [21] I set down, bring down to a place; I set in order, appoint, make, constitute.* ¹⁴*ἡγέομαι, [28] (a) I lead, (b) I think, am of opinion, suppose, consider.* ¹⁵*λιμός, οῦ, ὁ, ἡ, [12] a famine, hunger.* ¹⁶*Χαναάν, ἡ, [2] Canaan, the whole of Palestine or Palestine west of the river Jordan.* ¹⁷*χόρτασμα, ατος, τό, [1] food, sustenance, provision.* ¹⁸*σῖτος, ου, ὁ, [14] wheat, grain.* ¹⁹*ἐξαποστέλλω, [11] I send away, send forth (a person qualified for a task).* ²⁰*δεύτερος, α, ον, [44] second; with the article: in the second place, for the second time.* ²¹*ἀναγνωρίζω, [1] I recognize; pass: I am made known, cause myself to be recognized.* ²²*φανερός, ά, όν, [20] apparent, clear, visible, manifest; adv: clearly.* ²³*γένος, ους, τό, [21] offspring, family, race, nation, kind.* ²⁴*μετακαλέω, [4] mid: I summon to myself, send for.* ²⁵*συγγένεια, ας, ἡ, [3] kindred, family.* ²⁶*ἑβδομήκοντα, [5] seventy.* ²⁷*πέντε, οἱ, αἱ, τά, [38] five.* ²⁸*τελευτάω, [12] I end, finish, die, complete.* ²⁹*μετατίθημι, [6] (a) I transfer, mid: I go over to another party, desert, (b) I change.* ³⁰*Συχέμ, ἡ, [2] Shechem.* ³¹*μνῆμα, ατος, τό, [8] a tomb, monument, memorial.* ³²*ὠνέομαι, [1] I buy, purchase.* ³³*τιμή, ῆς, ἡ, [42] a price, honor.* ³⁴*ἀργύριον, ου, τό, [20] silver, a piece of silver, a shekel, money in general.* ³⁵*ἐγγίζω, [43] trans: I bring near; intrans: I come near, approach.* ³⁶*ὀμνύω, [27] I swear, take an oath, promise with an oath.* ³⁷*αὐξάνω, [23] (a) I cause to increase, become greater (b) I increase, grow.* ³⁸*πληθύνω, [12] I increase, multiply.* ³⁹*κατασοφίζομαι, [1] I deal craftily with, outwit.* ⁴⁰*κακόω, [6] I treat badly, afflict, embitter, make angry.* ⁴¹*ἔκθετος, ον, [1] cast out, exposed (to the elements), abandoned.* ⁴²*βρέφος, ους, τό, [8] infant, babe, child in arms.*

εἰς τὸ μὴ ζῳογονεῖσθαι. ¹ **20** Ἐν ᾧ καιρῷ ἐγεννήθη Μωσῆς, καὶ ἦν ἀστεῖος² τῷ θεῷ· ὃς ἀνετράφη³ μῆνας⁴ τρεῖς ἐν τῷ οἴκῳ τοῦ πατρός. **21** Ἐκτεθέντα⁵ δὲ αὐτόν, ἀνείλετο⁶ ἡ θυγάτηρ⁷ Φαραώ,⁸ καὶ ἀνεθρέψατο⁹ αὐτὸν ἑαυτῇ εἰς υἱόν. **22** Καὶ ἐπαιδεύθη¹⁰ Μωσῆς πάσῃ σοφίᾳ Αἰγυπτίων·¹¹ ἦν δὲ δυνατὸς¹² ἐν λόγοις καὶ ἔργοις. **23** Ὡς δὲ ἐπληροῦτο αὐτῷ τεσσαρακονταετὴς¹³ χρόνος, ἀνέβη ἐπὶ τὴν καρδίαν αὐτοῦ ἐπισκέψασθαι¹⁴ τοὺς ἀδελφοὺς αὐτοῦ τοὺς υἱοὺς Ἰσραήλ. **24** Καὶ ἰδών τινα ἀδικούμενον,¹⁵ ἠμύνατο¹⁶ καὶ ἐποίησεν ἐκδίκησιν¹⁷ τῷ καταπονουμένῳ,¹⁸ πατάξας¹⁹ τὸν Αἰγύπτιον·¹¹ **25** ἐνόμιζεν²⁰ δὲ συνιέναι²¹ τοὺς ἀδελφοὺς αὐτοῦ ὅτι ὁ θεὸς διὰ χειρὸς αὐτοῦ δίδωσιν αὐτοῖς σωτηρίαν·²² οἱ δὲ οὐ συνῆκαν.²³ **26** Τῇ τε ἐπιούσῃ²⁴ ἡμέρᾳ ὤφθη αὐτοῖς μαχομένοις,²⁵ καὶ συνήλασεν²⁶ αὐτοὺς εἰς εἰρήνην, εἰπών, Ἄνδρες, ἀδελφοί ἐστε ὑμεῖς· ἵνα τί ἀδικεῖτε²⁷ ἀλλήλους; **27** Ὁ δὲ ἀδικῶν²⁸ τὸν πλησίον²⁹ ἀπώσατο³⁰ αὐτόν, εἰπών, Τίς σε κατέστησεν³¹ ἄρχοντα³² καὶ δικαστὴν³³ ἐφ' ἡμᾶς; **28** Μὴ ἀνελεῖν³⁴ με σὺ θέλεις, ὃν τρόπον³⁵ ἀνεῖλες³⁶ χθὲς³⁷ τὸν Αἰγύπτιον;¹¹ **29** Ἔφυγεν³⁸ δὲ Μωσῆς ἐν τῷ λόγῳ τούτῳ, καὶ ἐγένετο πάροικος³⁹ ἐν γῇ Μαδιάμ,⁴⁰ οὗ⁴¹ ἐγέννησεν υἱοὺς δύο. **30** Καὶ πληρωθέντων ἐτῶν⁴² τεσσαράκοντα,⁴³ ὤφθη αὐτῷ ἐν τῇ ἐρήμῳ τοῦ ὄρους Σινᾶ⁴⁴ ἄγγελος κυρίου ἐν

---

¹ζῳογονεῖσθαι: PPN ³ἀνετράφη: 2API-3S ⁵Ἐκτεθέντα: APP-ASM ⁶ἀνείλετο: 2AMI-3S ⁹ἀνεθρέψατο: AMI-3S ¹⁰ἐπαιδεύθη: API-3S ¹⁴ἐπισκέψασθαι: ADN ¹⁵ἀδικούμενον: PPP-ASM ¹⁶ἠμύνατο: ADI-3S ¹⁸καταπονουμένῳ: PPP-DSM ¹⁹πατάξας: AAP-NSM ²⁰ἐνόμιζεν: IAI-3S ²¹συνιέναι: PAN ²³συνῆκαν: AAI-3P ²⁴ἐπιούσῃ: PAP-DSF ²⁵μαχομένοις: PNP-DPM ²⁶συνήλασεν: AAI-3S ²⁷ἀδικεῖτε: PAI-2P ²⁸ἀδικῶν: PAP-NSM ³⁰ἀπώσατο: ADI-3S ³¹κατέστησεν: AAI-3S ³⁴ἀνελεῖν: 2AAN ³⁶ἀνεῖλες: 2AAI-2S ³⁸Ἔφυγεν: 2AAI-3S

---

¹ζωογονέω, [2] I preserve alive (lit: bring to birth), save. ²ἀστεῖος, α, ον, [2] (lit: belonging to the city; then: witty, clever), elegant, pretty, fair, fine, beautiful. ³ἀνατρέφω, [3] I rear, bring up, nourish, educate. ⁴μήν, μηνός, ὁ, [18] a (lunar) month. ⁵ἐκτίθημι, [4] (a) I put out or expose a child, (b) mid: I set forth, expound, explain. ⁶ἀναιρέω, [23] I take up, take away the life of, make an end of, murder. ⁷θυγάτηρ, τρός, ἡ, [29] a daughter; hence (Hebraistic?), of any female descendent, however far removed; even of one unrelated: my young lady. ⁸Φαραώ, ὁ, [5] Pharaoh, the title of ancient Egyptian kings. ⁹ἀνατρέφω, [3] I rear, bring up, nourish, educate. ¹⁰παιδεύω, [13] (a) I discipline, educate, train, (b) more severely: I chastise. ¹¹Αἰγύπτιος, α, ον, [5] Egyptian. ¹²δυνατός, ή, όν, [36] (a) of persons: powerful, able, (b) of things: possible. ¹³τεσσαρακονταετής, ές, [2] forty years of age. ¹⁴ἐπισκέπτομαι, [11] I look upon, visit, look out, select. ¹⁵ἀδικέω, [27] I act unjustly towards, injure, harm. ¹⁶ἀμύνομαι, [1] I ward off, defend myself against, resist, defend, assist. ¹⁷ἐκδίκησις, εως, ἡ, [9] (a) a defense, avenging, vindication, vengeance, (b) full (complete) punishment. ¹⁸καταπονέω, [2] I exhaust by labor or suffering, wear out, overpower, oppress. ¹⁹πατάσσω, [10] I smite, strike (as with a sword), smite to death, afflict. ²⁰νομίζω, [15] I practice, hold by custom; I deem, think, consider, suppose. ²¹συνίημι, [26] I consider, understand, perceive. ²²σωτηρία, ας, ἡ, [46] welfare, prosperity, deliverance, preservation, salvation, safety. ²³συνίημι, [26] I consider, understand, perceive. ²⁴ἐπιοῦσα, ης, ἡ, [5] the next day. ²⁵μάχομαι, [4] I engage in battle, fight; hence: I strive, contend, dispute. ²⁶συνελαύνω, [1] I compel, urge, force together. ²⁷ἀδικέω, [27] I act unjustly towards, injure, harm. ²⁸ἀδικέω, [27] I act unjustly towards, injure, harm. ²⁹πλησίον, [16] near, nearby, a neighbor. ³⁰ἀπωθέω, [6] I push (thrust) away, repulse, reject, refuse. ³¹καθίστημι, [21] I set down, bring down to a place; I set in order, appoint, make, constitute. ³²ἄρχων, οντος, ὁ, [37] a ruler, governor, leader, leading man; with the Jews, an official member (a member of the executive) of the assembly of elders. ³³δικαστής, οῦ, ὁ, [3] a judge. ³⁴ἀναιρέω, [23] I take up, take away the life of, make an end of, murder. ³⁵τρόπος, ου, ὁ, [13] (a) way, manner, (b) manner of life, character. ³⁶ἀναιρέω, [23] I take up, take away the life of, make an end of, murder. ³⁷χθές, [3] yesterday. ³⁸φεύγω, [31] I flee, escape, shun. ³⁹πάροικος, ον, [4] foreign, alien, subst: a foreigner, sojourner. ⁴⁰Μαδιάμ, ἡ, [1] (Hebrew), Midian, generally taken to mean or to include the peninsula of Sinai. ⁴¹οὗ, [23] where, whither, when, in what place. ⁴²ἔτος, ους, τό, [49] a year. ⁴³τεσσαράκοντα, [22] forty. ⁴⁴Σινᾶ, τό, [4] Sinai, a mountain in Arabia.

φλογὶ¹ πυρὸς βάτου.² **31** Ὁ δὲ Μωσῆς ἰδὼν ἐθαύμαζεν³ τὸ ὅραμα·⁴ προσερχομένου δὲ αὐτοῦ κατανοῆσαι,⁵ ἐγένετο φωνὴ κυρίου πρὸς αὐτόν, **32** Ἐγὼ ὁ θεὸς τῶν πατέρων σου, ὁ θεὸς Ἀβραὰμ καὶ ὁ θεὸς Ἰσαὰκ καὶ ὁ θεὸς Ἰακώβ. Ἔντρομος⁶ δὲ γενόμενος Μωσῆς οὐκ ἐτόλμα⁷ κατανοῆσαι.⁸ **33** Εἶπεν δὲ αὐτῷ ὁ κύριος, Λῦσον⁹ τὸ ὑπόδημα¹⁰ τῶν ποδῶν σου· ὁ γὰρ τόπος ἐν ᾧ ἕστηκας γῆ ἁγία ἐστίν. **34** Ἰδὼν εἶδον τὴν κάκωσιν¹¹ τοῦ λαοῦ μου τοῦ ἐν Αἰγύπτῳ,¹² καὶ τοῦ στεναγμοῦ¹³ αὐτῶν ἤκουσα· καὶ κατέβην ἐξελέσθαι¹⁴ αὐτούς· καὶ νῦν δεῦρο,¹⁵ ἀποστελῶ σε εἰς Αἴγυπτον.¹² **35** Τοῦτον τὸν Μωσῆν ὃν ἠρνήσαντο¹⁶ εἰπόντες, Τίς σε κατέστησεν¹⁷ ἄρχοντα¹⁸ καὶ δικαστήν;¹⁹ τοῦτον ὁ θεὸς ἄρχοντα¹⁸ καὶ λυτρωτὴν²⁰ ἀπέστειλεν ἐν χειρὶ ἀγγέλου τοῦ ὀφθέντος αὐτῷ ἐν τῇ βάτῳ.² **36** Οὗτος ἐξήγαγεν²¹ αὐτούς, ποιήσας τέρατα²² καὶ σημεῖα ἐν γῇ Αἰγύπτῳ¹² καὶ ἐν Ἐρυθρᾷ²³ θαλάσσῃ, καὶ ἐν τῇ ἐρήμῳ ἔτη²⁴ τεσσαράκοντα.²⁵ **37** Οὗτός ἐστιν ὁ Μωσῆς ὁ εἰπὼν τοῖς υἱοῖς Ἰσραήλ, Προφήτην ὑμῖν ἀναστήσει κύριος ὁ θεὸς ἡμῶν ἐκ τῶν ἀδελφῶν ὑμῶν ὡς ἐμέ. **38** Οὗτός ἐστιν ὁ γενόμενος ἐν τῇ ἐκκλησίᾳ ἐν τῇ ἐρήμῳ μετὰ τοῦ ἀγγέλου τοῦ λαλοῦντος αὐτῷ ἐν τῷ ὄρει Σινᾶ²⁶ καὶ τῶν πατέρων ἡμῶν· ὃς ἐδέξατο λόγον ζῶντα δοῦναι ἡμῖν· **39** ᾧ οὐκ ἠθέλησαν ὑπήκοοι²⁷ γενέσθαι οἱ πατέρες ἡμῶν, ἀλλ᾽ ἀπώσαντο,²⁸ καὶ ἐστράφησαν²⁹ τῇ καρδίᾳ αὐτῶν εἰς Αἴγυπτον,¹² **40** εἰπόντες τῷ Ἀαρών, Ποίησον ἡμῖν θεοὺς οἳ προπορεύσονται³⁰ ἡμῶν· ὁ γὰρ Μωσῆς οὗτος, ὃς ἐξήγαγεν³¹ ἡμᾶς ἐκ γῆς Αἰγύπτου,¹² οὐκ οἴδαμεν τί γέγονεν αὐτῷ. **41** Καὶ ἐμοσχοποίησαν³² ἐν ταῖς ἡμέραις ἐκείναις, καὶ ἀνήγαγον³³ θυσίαν³⁴ τῷ εἰδώλῳ,³⁵ καὶ εὐφραίνοντο³⁶ ἐν τοῖς ἔργοις τῶν χειρῶν αὐτῶν. **42** Ἔστρεψεν³⁷ δὲ ὁ θεός, καὶ

---

³ἐθαύμαζεν: IAI-3S   ⁵κατανοῆσαι: AAN   ⁷ἐτόλμα: IAI-3S   ⁸κατανοῆσαι: AAN   ⁹Λῦσον: AAM-2S   ¹⁴ἐξελέσθαι: 2AMN   ¹⁵δεῦρο: PAM-2S   ¹⁶ἠρνήσαντο: ADI-3P   ¹⁷κατέστησεν: AAI-3S   ²¹ἐξήγαγεν: 2AAI-3S   ²⁸ἀπώσαντο: ADI-3P   ²⁹ἐστράφησαν: 2API-3P   ³⁰προπορεύσονται: FDI-3P   ³¹ἐξήγαγεν: 2AAI-3S   ³²ἐμοσχοποίησαν: AAI-3P   ³³ἀνήγαγον: 2AAI-3P-ATT   ³⁶εὐφραίνοντο: IPI-3P   ³⁷Ἔστρεψεν: AAI-3S

---

¹φλόξ, φλογός, ἡ, [7] a flame.   ²βάτος, ου, ὁ, ἡ, [5] a thorn bush or bramble.   ³θαυμάζω, [46] (a) intrans: I wonder, marvel, (b) trans: I wonder at, admire.   ⁴ὅραμα, ατος, τό, [12] a spectacle, vision, that which is seen. ⁵κατανοέω, [14] I take note of, perceive, consider carefully, discern, detect, make account of.   ⁶ἔντρομος, ον, [3] trembling with fear, terrified.   ⁷τολμάω, [16] I dare, endure, am bold, have courage, make up the mind. ⁸κατανοέω, [14] I take note of, perceive, consider carefully, discern, detect, make account of.   ⁹λύω, [42] (a) I loose, untie, release, (b) met: I break, destroy, set at naught, contravene; I break up a meeting, annul. ¹⁰ὑπόδημα, ατος, τό, [10] a sandal; anything bound under.   ¹¹κάκωσις, εως, ἡ, [1] affliction, ill-treatment, oppression, misery.   ¹²Αἴγυπτος, ου, ἡ, [24] Egypt.   ¹³στεναγμός, οῦ, ὁ, [2] a groaning, sighing.   ¹⁴ἐξαιρέω, [8] I take out, remove; sometimes (mid): I choose, sometimes: I rescue.   ¹⁵δεῦρο, [9] (originally: hither, hence) (a) exclamatory: come, (b) temporal: now, the present.   ¹⁶ἀρνέομαι, [31] (a) I deny (a statement), (b) I repudiate (a person, or belief).   ¹⁷καθίστημι, [21] I set down, bring down to a place; I set in order, appoint, make, constitute. ¹⁸ἄρχων, οντος, ὁ, [37] a ruler, governor, leader, leading man; with the Jews, an official member (a member of the executive) of the assembly of elders.   ¹⁹δικαστής, οῦ, ὁ, [3] a judge.   ²⁰λυτρωτής, οῦ, ὁ, [1] a redeemer, liberator, deliverer.   ²¹ἐξάγω, [13] I lead out, sometimes to death, execution.   ²²τέρας, ατος, τό, [16] a wonder, portent, marvel.   ²³ἐρυθρός, ά, όν, [2] red.   ²⁴ἔτος, ους, τό, [49] a year.   ²⁵τεσσαράκοντα, [22] forty.   ²⁶Σινᾶ, τό, [4] Sinai, a mountain in Arabia.   ²⁷ὑπήκοος, ον, [3] listening to, obedient, submissive.   ²⁸ἀπωθέω, [6] I push (thrust) away, repulse, reject, refuse.   ²⁹στρέφω, [19] I turn, am converted, change, change my direction. ³⁰προπορεύομαι, [2] I precede, pass on before, go before.   ³¹ἐξάγω, [13] I lead out, sometimes to death, execution. ³²μοσχοποιέω, [1] I make an image of a calf.   ³³ἀνάγω, [23] I lead up, bring up, offer, product, put to sea, set sail.   ³⁴θυσία, ας, ἡ, [29] abstr. and concr: sacrifice; a sacrifice, offering.   ³⁵εἴδωλον, ου, τό, [11] an idol, false god.   ³⁶εὐφραίνω, [14] I cheer, make glad; generally mid. or pass: I am glad, make merry, revel, feast. ³⁷στρέφω, [19] I turn, am converted, change, change my direction.

παρέδωκεν αὐτοὺς λατρεύειν¹ τῇ στρατιᾷ² τοῦ οὐρανοῦ· καθὼς γέγραπται ἐν βίβλῳ³ τῶν προφητῶν, Μὴ σφάγια⁴ καὶ θυσίας⁵ προσηνέγκατέ⁶ μοι ἔτη⁷ τεσσαράκοντα⁸ ἐν τῇ ἐρήμῳ, οἶκος Ἰσραήλ; **43** Καὶ ἀνελάβετε⁹ τὴν σκηνὴν¹⁰ τοῦ Μολόχ, καὶ τὸ ἄστρον¹¹ τοῦ θεοῦ ὑμῶν Ῥεμφάν, τοὺς τύπους¹² οὓς ἐποιήσατε προσκυνεῖν αὐτοῖς· καὶ μετοικιῶ¹³ ὑμᾶς ἐπέκεινα¹⁴ Βαβυλῶνος.¹⁵ **44** Ἡ σκηνὴ¹⁰ τοῦ μαρτυρίου¹⁶ ἦν τοῖς πατράσιν ἡμῶν ἐν τῇ ἐρήμῳ, καθὼς διετάξατο¹⁷ ὁ λαλῶν τῷ Μωσῇ, ποιῆσαι αὐτὴν κατὰ τὸν τύπον¹² ὃν ἑωράκει. **45** Ἣν καὶ εἰσήγαγον¹⁸ διαδεξάμενοι¹⁹ οἱ πατέρες ἡμῶν μετὰ Ἰησοῦ ἐν τῇ κατασχέσει²⁰ τῶν ἐθνῶν, ὧν ἐξῶσεν²¹ ὁ θεὸς ἀπὸ προσώπου τῶν πατέρων ἡμῶν, ἕως τῶν ἡμερῶν Δαυίδ· **46** ὃς εὗρεν χάριν ἐνώπιον τοῦ θεοῦ, καὶ ᾐτήσατο εὑρεῖν σκήνωμα²² τῷ θεῷ Ἰακώβ. **47** Σολομῶν δὲ ᾠκοδόμησεν²³ αὐτῷ οἶκον. **48** Ἀλλ᾽ οὐχ ὁ ὕψιστος²⁴ ἐν χειροποιήτοις²⁵ ναοῖς²⁶ κατοικεῖ,²⁷ καθὼς ὁ προφήτης λέγει, **49** Ὁ οὐρανός μοι θρόνος, ἡ δὲ γῆ ὑποπόδιον²⁸ τῶν ποδῶν μου· ποῖον²⁹ οἶκον οἰκοδομήσετέ³⁰ μοι; λέγει κύριος· ἢ τίς τόπος τῆς καταπαύσεώς³¹ μου; **50** Οὐχὶ ἡ χείρ μου ἐποίησεν ταῦτα πάντα;

51 Σκληροτράχηλοι³² καὶ ἀπερίτμητοι³³ τῇ καρδίᾳ καὶ τοῖς ὠσίν,³⁴ ὑμεῖς ἀεὶ³⁵ τῷ πνεύματι τῷ ἁγίῳ ἀντιπίπτετε·³⁶ ὡς οἱ πατέρες ὑμῶν, καὶ ὑμεῖς. **52** Τίνα τῶν προφητῶν οὐκ ἐδίωξαν³⁷ οἱ πατέρες ὑμῶν; Καὶ ἀπέκτειναν τοὺς προκαταγγείλαντας³⁸ περὶ τῆς

---

¹λατρεύειν: PAN   ⁶προσηνέγκατέ: AAI-2P   ⁹ἀνελάβετε: 2AAI-2P   ¹³μετοικιῶ: FAI-1S-ATT   ¹⁷διετάξατο: AMI-3S
¹⁸εἰσήγαγον: 2AAI-3P   ¹⁹διαδεξάμενοι: ADP-NPM   ²¹ἐξῶσεν: AAI-3S   ²³ᾠκοδόμησεν: AAI-3S   ²⁷κατοικεῖ: PAI-3S
³⁰οἰκοδομήσετέ: FAI-2P   ³⁶ἀντιπίπτετε: PAI-2P   ³⁷ἐδίωξαν: AAI-3P   ³⁸προκαταγγείλαντας: AAP-APM

---

¹λατρεύω, [21] I serve, especially God, perhaps simply: I worship.   ²στρατιά, ᾶς, ἡ, [2] an army; met: a host of angels, the hosts of heaven (i.e. the stars).   ³βίβλος, ου, ἡ, [9] a written book, roll, or volume, sometimes with a sacred connotation.   ⁴σφάγιον, ου, τό, [1] a slaughtered victim.   ⁵θυσία, ας, ἡ, [29] abstr. and concr: sacrifice; a sacrifice, offering.   ⁶προσφέρω, [48] (a) I bring to, (b) characteristically: I offer (of gifts, sacrifices, etc).   ⁷ἔτος, ους, τό, [49] a year.   ⁸τεσσαράκοντα, [22] forty.   ⁹ἀναλαμβάνω, [13] I take up, raise; I pick up, take on board; I carry off, lead away.   ¹⁰σκηνή, ῆς, ἡ, [20] a tent, booth, tabernacle, abode, dwelling, mansion, habitation.   ¹¹ἄστρον, ου, τό, [4] a star.   ¹²τύπος, ου, ὁ, [16] (originally: the mark of a blow, then a stamp struck by a die), (a) a figure; a copy, image, (b) a pattern, model, (c) a type, prefiguring something or somebody.   ¹³μετοικίζω, [2] I transport, cause to migrate, remove.   ¹⁴ἐπέκεινα, [1] beyond, on yonder side.   ¹⁵Βαβυλών, ῶνος, ἡ, [12] (a) Babylon, the ancient city on the Euphrates, to which the people of Jerusalem, etc., were transported, (b) hence allegorically of Rome, from the point of view of the Christian people.   ¹⁶μαρτύριον, ου, τό, [20] witness, evidence, testimony, proof.   ¹⁷διατάσσω, [15] I give orders to, prescribe, arrange.   ¹⁸εἰσάγω, [10] I lead in, bring in, introduce.   ¹⁹διαδέχομαι, [1] I receive in my turn, receive through another.   ²⁰κατάσχεσις, εως, ἡ, [2] a possession, holding fast.   ²¹ἐξωθέω, [2] I drive out, expel, propel, thrust out; I drive out of the sea, drive on shore.   ²²σκήνωμα, ατος, τό, [3] a tent pitched, a dwelling, tabernacle.   ²³οἰκοδομέω, [39] I erect a building, build; fig. of the building up of character: I build up, edify, encourage.   ²⁴ὕψιστος, η, ον, [13] highest, most high, the heights.   ²⁵χειροποίητος, ον, [6] done or made with hands, artificial.   ²⁶ναός, οῦ, ὁ, [46] a temple, a shrine, that part of the temple where God himself resides.   ²⁷κατοικέω, [45] I dwell in, settle in, am established in (permanently), inhabit.   ²⁸ὑποπόδιον, ου, τό, [9] a footstool.   ²⁹ποῖος, α, ον, [34] of what sort.   ³⁰οἰκοδομέω, [39] I erect a building, build; fig. of the building up of character: I build up, edify, encourage.   ³¹κατάπαυσις, εως, ἡ, [9] (in the Old Testament of the rest attained by the settlement in Canaan), resting, rest, dwelling, habitation.   ³²σκληροτράχηλος, ον, [1] stiff-necked, stubborn, obstinate.   ³³ἀπερίτμητος, ον, [1] uncircumcised.   ³⁴οὖς, ὠτός, τό, [37] (a) the ear, (b) met: the faculty of perception.   ³⁵ἀεί, [8] always, unceasingly, perpetually; on every occasion.   ³⁶ἀντιπίπτω, [1] I resist, oppose, fall against or upon.   ³⁷διώκω, [44] I pursue, hence: I persecute.   ³⁸προκαταγγέλλω, [3] I announce beforehand, promise, predict.

ἐλεύσεως¹ τοῦ δικαίου, οὗ νῦν ὑμεῖς προδόται² καὶ φονεῖς³ γεγένησθε· **53** οἵτινες ἐλάβετε τὸν νόμον εἰς διαταγὰς⁴ ἀγγέλων, καὶ οὐκ ἐφυλάξατε.⁵

54 Ἀκούοντες δὲ ταῦτα, διεπρίοντο⁶ ταῖς καρδίαις αὐτῶν, καὶ ἔβρυχον⁷ τοὺς ὀδόντας⁸ ἐπ᾽ αὐτόν. **55** Ὑπάρχων δὲ πλήρης⁹ πνεύματος ἁγίου, ἀτενίσας¹⁰ εἰς τὸν οὐρανόν, εἶδεν δόξαν θεοῦ, καὶ Ἰησοῦν ἑστῶτα ἐκ δεξιῶν τοῦ θεοῦ, **56** καὶ εἶπεν, Ἰδού, θεωρῶ τοὺς οὐρανοὺς ἀνεῳγμένους, καὶ τὸν υἱὸν τοῦ ἀνθρώπου ἐκ δεξιῶν ἑστῶτα τοῦ θεοῦ. **57** Κράξαντες δὲ φωνῇ μεγάλῃ, συνέσχον¹¹ τὰ ὦτα¹² αὐτῶν, καὶ ὥρμησαν¹³ ὁμοθυμαδὸν¹⁴ ἐπ᾽ αὐτόν· **58** καὶ ἐκβαλόντες ἔξω τῆς πόλεως, ἐλιθοβόλουν·¹⁵ καὶ οἱ μάρτυρες¹⁶ ἀπέθεντο¹⁷ τὰ ἱμάτια παρὰ τοὺς πόδας νεανίου¹⁸ καλουμένου Σαύλου. **59** Καὶ ἐλιθοβόλουν¹⁹ τὸν Στέφανον, ἐπικαλούμενον²⁰ καὶ λέγοντα, Κύριε Ἰησοῦ, δέξαι τὸ πνεῦμά μου. **60** Θεὶς δὲ τὰ γόνατα,²¹ ἔκραξεν φωνῇ μεγάλῃ, Κύριε, μὴ στήσῃς αὐτοῖς τὴν ἁμαρτίαν ταύτην. Καὶ τοῦτο εἰπὼν ἐκοιμήθη.²²

The Gospel Planted in Samaria

8 Σαῦλος δὲ ἦν συνευδοκῶν²³ τῇ ἀναιρέσει²⁴ αὐτοῦ. Ἐγένετο δὲ ἐν ἐκείνῃ τῇ ἡμέρᾳ διωγμὸς²⁵ μέγας ἐπὶ τὴν ἐκκλησίαν τὴν ἐν Ἱεροσολύμοις· πάντες δὲ διεσπάρησαν²⁶ κατὰ τὰς χώρας²⁷ τῆς Ἰουδαίας²⁸ καὶ Σαμαρείας,²⁹ πλὴν³⁰ τῶν ἀποστόλων. **2** Συνεκόμισαν³¹ δὲ τὸν Στέφανον ἄνδρες εὐλαβεῖς,³² καὶ ἐποιήσαντο

---

⁵ἐφυλάξατε: AAI-2P   ⁶διεπρίοντο: IPI-3P   ⁷ἔβρυχον: IAI-3P   ¹⁰ἀτενίσας: AAP-NSM   ¹¹συνέσχον: 2AAI-3P   ¹³ὥρμησαν: AAI-3P   ¹⁵ἐλιθοβόλουν: IAI-3P   ¹⁷ἀπέθεντο: 2AMI-3P   ¹⁹ἐλιθοβόλουν: IAI-3P   ²⁰ἐπικαλούμενον: PMP-ASM   ²²ἐκοιμήθη: API-3S   ²³συνευδοκῶν: PAP-NSM   ²⁶διεσπάρησαν: API-3P   ³¹Συνεκόμισαν: AAI-3P

---

¹ἔλευσις, εως, ἡ, [1] a coming, arrival, advent.   ²προδότης, ου, ὁ, [3] a betrayer, traitor.   ³φονεύς, έως, ὁ, [7] a murderer.   ⁴διαταγή, ῆς, ἡ, [2] ordaining, ordinance, disposition.   ⁵φυλάσσω, [30] (a) I guard, protect; mid: I am on my guard, (b) act. and mid. of customs and regulations: I keep, observe.   ⁶διαπρίω, [2] (lit: I saw through), I cut to the quick (with indignation and envy).   ⁷βρύχω, [1] I grind or gnash, as with the teeth for rage or pain.   ⁸ὀδούς, όντος, ὁ, [12] a tooth.   ⁹πλήρης, ες, [17] full, abounding in, complete, completely occupied with.   ¹⁰ἀτενίζω, [14] I direct my gaze, look steadily.   ¹¹συνέχω, [12] (a) I press together, close, (b) I press on every side, confine, (c) I hold fast, (d) I urge, impel, (e) pass: I am afflicted with (sickness).   ¹²οὖς, ὠτός, τό, [37] (a) the ear, (b) met: the faculty of perception.   ¹³ὁρμάω, [5] I rush, hasten on.   ¹⁴ὁμοθυμαδόν, [12] with one mind, unanimously, with one accord, at the same time.   ¹⁵λιθοβολέω, [9] I stone, cast stones (at), kill by stoning.   ¹⁶μάρτυς, υρος, ὁ, [34] a witness; an eye- or ear-witness.   ¹⁷ἀποτίθημι, [8] I lay off or aside, renounce, stow away, put.   ¹⁸νεανίας, ου, ὁ, [5] a young man, youth; a man in his prime (used even of a man of 40).   ¹⁹λιθοβολέω, [9] I stone, cast stones (at), kill by stoning.   ²⁰ἐπικαλέω, [32] (a) I call (name) by a supplementary (additional, alternative) name, (b) mid: I call upon, appeal to, address.   ²¹γόνυ, ατος, τό, [12] the knee.   ²²κοιμάομαι, [18] I fall asleep, am asleep, sometimes of the sleep of death.   ²³συνευδοκέω, [6] I consent, agree, am of one mind with, am willing.   ²⁴ἀναίρεσις, εως, ἡ, [2] taking away (of life), killing, slaying, murder.   ²⁵διωγμός, οῦ, ὁ, [10] chase, pursuit; persecution.   ²⁶διασπείρω, [3] I scatter (like seed), disperse.   ²⁷χώρα, ας, ἡ, [27] (a) a country or region, (b) the land, as opposed to the sea, (c) the country, distinct from town, (d) plur: fields.   ²⁸Ἰουδαία, ας, ἡ, [43] Judea, a Roman province, capital Jerusalem.   ²⁹Σαμάρεια, ας, ἡ, [11] Samaria, a small district of Palestine, bounded by Galilee on the north, and by Judaea on the south, and taking its name from the city of Samaria, the ancient capital of the kingdom of (northern) Israel.   ³⁰πλήν, [31] however, nevertheless, but, except that, yet.   ³¹συγκομίζω, [1] I bear away together with, as in carrying away a corpse.   ³²εὐλαβής, ές, [3] (lit: handling well, hence) cautious, circumspect; hence: God-fearing, pious.

κοπετὸν¹ μέγαν ἐπ᾽ αὐτῷ. 3 Σαῦλος δὲ ἐλυμαίνετο² τὴν ἐκκλησίαν, κατὰ τοὺς οἴκους εἰσπορευόμενος,³ σύρων⁴ τε ἄνδρας καὶ γυναῖκας παρεδίδου εἰς φυλακήν.⁵ 4 Οἱ μὲν οὖν διασπαρέντες⁶ διῆλθον,⁷ εὐαγγελιζόμενοι τὸν λόγον. 5 Φίλιππος δὲ κατελθὼν⁸ εἰς πόλιν τῆς Σαμαρείας,⁹ ἐκήρυσσεν αὐτοῖς τὸν χριστόν. 6 Προσεῖχόν¹⁰ τε οἱ ὄχλοι τοῖς λεγομένοις ὑπὸ τοῦ Φιλίππου ὁμοθυμαδόν,¹¹ ἐν τῷ ἀκούειν αὐτοὺς καὶ βλέπειν τὰ σημεῖα ἃ ἐποίει. 7 Πολλῶν γὰρ τῶν ἐχόντων πνεύματα ἀκάθαρτα,¹² βοῶντα¹³ φωνῇ μεγάλῃ ἐξήρχετο· πολλοὶ δὲ παραλελυμένοι¹⁴ καὶ χωλοὶ¹⁵ ἐθεραπεύθησαν.¹⁶ 8 Καὶ ἐγένετο χαρὰ μεγάλη ἐν τῇ πόλει ἐκείνῃ.

9 Ἀνὴρ δέ τις ὀνόματι Σίμων προϋπῆρχεν¹⁷ ἐν τῇ πόλει μαγεύων¹⁸ καὶ ἐξιστῶν¹⁹ τὸ ἔθνος τῆς Σαμαρείας,⁹ λέγων εἶναί τινα ἑαυτὸν μέγαν· 10 ᾧ προσεῖχον²⁰ ἀπὸ μικροῦ²¹ ἕως μεγάλου, λέγοντες, Οὗτός ἐστιν ἡ δύναμις τοῦ θεοῦ ἡ μεγάλη. 11 Προσεῖχον²² δὲ αὐτῷ, διὰ τὸ ἱκανῷ²³ χρόνῳ ταῖς μαγείαις²⁴ ἐξεστακέναι²⁵ αὐτούς. 12 Ὅτε δὲ ἐπίστευσαν τῷ Φιλίππῳ εὐαγγελιζομένῳ τὰ περὶ τῆς βασιλείας τοῦ θεοῦ καὶ τοῦ ὀνόματος Ἰησοῦ χριστοῦ, ἐβαπτίζοντο ἄνδρες τε καὶ γυναῖκες. 13 Ὁ δὲ Σίμων καὶ αὐτὸς ἐπίστευσεν, καὶ βαπτισθεὶς ἦν προσκαρτερῶν²⁶ τῷ Φιλίππῳ· θεωρῶν τε δυνάμεις καὶ σημεῖα γινόμενα, ἐξίστατο.²⁷

14 Ἀκούσαντες δὲ οἱ ἐν Ἱεροσολύμοις ἀπόστολοι ὅτι δέδεκται ἡ Σαμάρεια⁹ τὸν λόγον τοῦ θεοῦ, ἀπέστειλαν πρὸς αὐτοὺς τὸν Πέτρον καὶ Ἰωάννην· 15 οἵτινες καταβάντες προσηύξαντο περὶ αὐτῶν, ὅπως λάβωσιν πνεῦμα ἅγιον· 16 οὔπω²⁸ γὰρ ἦν ἐπ᾽ οὐδενὶ αὐτῶν ἐπιπεπτωκός,²⁹ μόνον δὲ βεβαπτισμένοι ὑπῆρχον εἰς τὸ ὄνομα τοῦ

---

²ἐλυμαίνετο: INI-3S   ³εἰσπορευόμενος: PNP-NSM   ⁴σύρων: PAP-NSM   ⁶διασπαρέντες: 2APP-NPM   ⁷διῆλθον: 2AAI-3P   ⁸κατελθὼν: 2AAP-NSM   ¹⁰Προσεῖχόν: IAI-3P   ¹³βοῶντα: PAP-NPN   ¹⁴παραλελυμένοι: RPP-NPM   ¹⁶ἐθεραπεύθησαν: API-3P   ¹⁷προϋπῆρχεν: IAI-3S   ¹⁸μαγεύων: PAP-NSM   ¹⁹ἐξιστῶν: PAP-NSM   ²⁰προσεῖχον: IAI-3P   ²²Προσεῖχον: IAI-3P   ²⁵ἐξεστακέναι: RAN   ²⁶προσκαρτερῶν: PAP-NSM   ²⁷ἐξίστατο: IMI-3S   ²⁹ἐπιπεπτωκός: RAP-NSN

---

¹κοπετός, οῦ, ὁ, [1] beating of the breast or head in lamentation, lamentation.   ²λυμαίνομαι, [1] I outrage, maltreat, corrupt, defile.   ³εἰσπορεύομαι, [17] I journey in(to), I go in(to), enter, intervene.   ⁴σύρω, [5] I draw, drag, force away.   ⁵φυλακή, ῆς, ἡ, [47] a watching, keeping guard; a guard, prison; imprisonment.   ⁶διασπείρω, [3] I scatter (like seed), disperse.   ⁷διέρχομαι, [42] I pass through, spread (as a report).   ⁸κατέρχομαι, [13] I come down from sky to earth, or from high land to lower land (or to the coast), or from the high seas to the shore.   ⁹Σαμάρεια, ας, ἡ, [11] Samaria, a small district of Palestine, bounded by Galilee on the north, and by Judaea on the south, and taking its name from the city of Samaria, the ancient capital of the kingdom of (northern) Israel.   ¹⁰προσέχω, [24] (a) I attend to, pay attention to, (b) I beware, am cautious, (c) I join, devote myself to.   ¹¹ὁμοθυμαδόν, [12] with one mind, unanimously, with one accord, at the same time.   ¹²ἀκάθαρτος, ον, [31] unclean, impure.   ¹³βοάω, [11] I shout, call aloud, proclaim.   ¹⁴παραλύω, [5] I relax, enfeeble, weaken.   ¹⁵χωλός, ή, όν, [15] lame, deprived of a foot, limping.   ¹⁶θεραπεύω, [44] I care for, attend, serve, treat, especially of a physician; hence: I heal.   ¹⁷προϋπάρχω, [2] I have been already, have been previously.   ¹⁸μαγεύω, [1] I practice sorcery or magic.   ¹⁹ἐξίστημι, [17] (lit: I remove from a standing position), (a) in trans. tenses: I astonish, amaze, (b) in intrans. tenses: I am astonished, amazed; I am out of my mind, am mad.   ²⁰προσέχω, [24] (a) I attend to, pay attention to, (b) I beware, am cautious, (c) I join, devote myself to.   ²¹μικρός, ά, όν, [45] little, small.   ²²προσέχω, [24] (a) I attend to, pay attention to, (b) I beware, am cautious, (c) I join, devote myself to.   ²³ἱκανός, ή, όν, [41] (a) considerable, sufficient, of number, quantity, time, (b) of persons: sufficiently strong (good, etc.), worthy, suitable, with various constructions, (c) many, much.   ²⁴μαγεία, ας, ἡ, [1] magic.   ²⁵ἐξίστημι, [17] (lit: I remove from a standing position), (a) in trans. tenses: I astonish, amaze, (b) in intrans. tenses: I am astonished, amazed; I am out of my mind, am mad.   ²⁶προσκαρτερέω, [10] I persist, persevere in, continue steadfast in; I wait upon.   ²⁷ἐξίστημι, [17] (lit: I remove from a standing position), (a) in trans. tenses: I astonish, amaze, (b) in intrans. tenses: I am astonished, amazed; I am out of my mind, am mad.   ²⁸οὔπω, [23] not yet.   ²⁹ἐπιπίπτω, [13] I fall upon, press upon, light upon, come over.

χριστοῦ Ἰησοῦ. 17 Τότε ἐπετίθουν¹ τὰς χεῖρας ἐπ' αὐτούς, καὶ ἐλάμβανον πνεῦμα ἅγιον. 18 Θεασάμενος² δὲ ὁ Σίμων ὅτι διὰ τῆς ἐπιθέσεως³ τῶν χειρῶν τῶν ἀποστόλων δίδοται τὸ πνεῦμα τὸ ἅγιον, προσήνεγκεν⁴ αὐτοῖς χρήματα,⁵ 19 λέγων, Δότε κἀμοὶ τὴν ἐξουσίαν ταύτην, ἵνα ᾧ ἐὰν ἐπιθῶ⁶ τὰς χεῖρας, λαμβάνῃ πνεῦμα ἅγιον. 20 Πέτρος δὲ εἶπεν πρὸς αὐτόν, Τὸ ἀργύριόν⁷ σου σὺν σοὶ εἴη εἰς ἀπώλειαν,⁸ ὅτι τὴν δωρεὰν⁹ τοῦ θεοῦ ἐνόμισας¹⁰ διὰ χρημάτων⁵ κτᾶσθαι.¹¹ 21 Οὐκ ἔστιν σοι μερὶς¹² οὐδὲ κλῆρος¹³ ἐν τῷ λόγῳ τούτῳ. Ἡ γὰρ καρδία σου οὐκ ἔστιν εὐθεῖα¹⁴ ἐνώπιον τοῦ θεοῦ. 22 Μετανόησον¹⁵ οὖν ἀπὸ τῆς κακίας¹⁶ σου ταύτης, καὶ δεήθητι¹⁷ τοῦ θεοῦ, εἰ ἄρα¹⁸ ἀφεθήσεταί σοι ἡ ἐπίνοια¹⁹ τῆς καρδίας σου. 23 Εἰς γὰρ χολὴν²⁰ πικρίας²¹ καὶ σύνδεσμον²² ἀδικίας²³ ὁρῶ σε ὄντα. 24 Ἀποκριθεὶς δὲ ὁ Σίμων εἶπεν, Δεήθητε²⁴ ὑμεῖς ὑπὲρ ἐμοῦ πρὸς τὸν κύριον, ὅπως μηδὲν ἐπέλθῃ²⁵ ἐπ' ἐμὲ ὧν εἰρήκατε.

25 Οἱ μὲν οὖν διαμαρτυράμενοι²⁶ καὶ λαλήσαντες τὸν λόγον τοῦ κυρίου, ὑπέστρεψαν²⁷ εἰς Ἰερουσαλήμ, πολλάς τε κώμας²⁸ τῶν Σαμαρειτῶν²⁹ εὐηγγελίσαντο.

The Ethiopian Eunuch

26 Ἄγγελος δὲ κυρίου ἐλάλησεν πρὸς Φίλιππον, λέγων, Ἀνάστηθι καὶ πορεύου κατὰ μεσημβρίαν³⁰ ἐπὶ τὴν ὁδὸν τὴν καταβαίνουσαν ἀπὸ Ἰερουσαλὴμ εἰς Γάζαν·³¹ αὕτη ἐστὶν ἔρημος. 27 Καὶ ἀναστὰς ἐπορεύθη· καὶ ἰδού, ἀνὴρ Αἰθίοψ³² εὐνοῦχος³³ δυνάστης³⁴ Κανδάκης τῆς βασιλίσσης³⁵ Αἰθιόπων,³² ὃς ἦν ἐπὶ πάσης τῆς γάζης³⁶ αὐτῆς,

---

¹ἐπετίθουν: 1AI-3P   ²Θεασάμενος: ADP-NSM   ⁴προσήνεγκεν: AAI-3S   ⁶ἐπιθῶ: 2AAS-1S   ¹⁰ἐνόμισας: AAI-2S   ¹¹κτᾶσθαι: PNN   ¹⁵Μετανόησον: AAM-2S   ¹⁷δεήθητι: AOM-2S   ²⁴Δεήθητε: AOM-2P   ²⁵ἐπέλθῃ: 2AAS-3S   ²⁶διαμαρτυράμενοι: ADP-NPM   ²⁷ὑπέστρεψαν: AAI-3P

---

¹ἐπιτίθημι, [41] I put, place upon, lay on; I add, give in addition.   ²θεάομαι, [24] I see, behold, contemplate, look upon, view; I see, visit.   ³ἐπίθεσις, εως, ἡ, [4] a laying on; an attack, assault.   ⁴προσφέρω, [48] (a) I bring to, (b) characteristically: I offer (of gifts, sacrifices, etc).   ⁵χρῆμα, ατος, τό, [7] money, riches, possessions.   ⁶ἐπιτίθημι, [41] I put, place upon, lay on; I add, give in addition.   ⁷ἀργύριον, ου, τό, [20] silver, a piece of silver, a shekel, money in general.   ⁸ἀπώλεια, ας, ἡ, [19] destruction, ruin, loss, perishing; eternal ruin.   ⁹δωρεά, ᾶς, ἡ, [11] a (free) gift, a gift (without repayment).   ¹⁰νομίζω, [15] I practice, hold by custom; I deem, think, consider, suppose.   ¹¹κτάομαι, [7] (a) I acquire, win, get, purchase, buy, (b) I possess, win mastery over.   ¹²μερίς, ίδος, ἡ, [5] (a) a part, division of a country, (b) a share, portion.   ¹³κλῆρος, ου, ὁ, [12] (a) a lot, (b) a portion assigned; hence: a portion of the people of God assigned to one's care, a congregation.   ¹⁴εὐθύς, εῖα, ύ, [8] adj: (a) straight of direction, as opposed to crooked, (b) upright; adv: immediately.   ¹⁵μετανοέω, [34] I repent, change my mind, change the inner man (particularly with reference to acceptance of the will of God), repent.   ¹⁶κακία, ας, ἡ, [11] (a) evil (i.e. trouble, labor, misfortune), (b) wickedness, (c) vicious disposition, malice, spite.   ¹⁷δέομαι, [22] I want for myself; I want, need; I beg, request, beseech, pray.   ¹⁸ἄρα, [19] a particle asking a question, to which a negative answer is expected.   ¹⁹ἐπίνοια, ας, ἡ, [1] thought, purpose, design, intent.   ²⁰χολή, ῆς, ἡ, [2] gall, bitter herbs.   ²¹πικρία, ας, ἡ, [4] bitterness, harshness, hence met: an embittered (resentful) spirit.   ²²σύνδεσμος, ου, ὁ, [4] that which binds together; a band, bond.   ²³ἀδικία, ας, ἡ, [26] injustice, unrighteousness, hurt.   ²⁴δέομαι, [22] I want for myself; I want, need; I beg, request, beseech, pray.   ²⁵ἐπέρχομαι, [10] I come to, arrive, come on, come upon, attack.   ²⁶διαμαρτύρομαι, [15] I give solemn evidence, testify (declare) solemnly.   ²⁷ὑποστρέφω, [37] I turn back, return.   ²⁸κώμη, ης, ἡ, [28] a village, country town.   ²⁹Σαμαρείτης, ου, ὁ, [9] a Samaritan.   ³⁰μεσημβρία, ας, ἡ, [2] (lit: midday, hence, the position of the sun at midday), the South.   ³¹Γάζα, ης, ἡ, [1] Gaza, an old town in the south of Palestine, on the sea-coast.   ³²Αἰθίοψ, οπος, ὁ, [2] an Ethiopian, Abyssinian.   ³³εὐνοῦχος, ου, ὁ, [8] (a) a chamberlain, keeper of the bed-chamber of an eastern potentate, eunuch, (b) a eunuch, castrated person, or one who voluntarily abstains from marriage.   ³⁴δυνάστης, ου, ὁ, [3] (lit: a man who rules by force), a ruler, potentate; also: courtier, member of the court.   ³⁵βασίλισσα, ης, ἡ, [4] a queen.   ³⁶γάζα, ης, ἡ, [1] treasure, treasury.

ὃς ἐληλύθει προσκυνήσων εἰς Ἰερουσαλήμ, **28** ἦν τε ὑποστρέφων¹ καὶ καθήμενος ἐπὶ τοῦ ἅρματος² αὐτοῦ, καὶ ἀνεγίνωσκεν³ τὸν προφήτην Ἠσαΐαν. **29** Εἶπεν δὲ τὸ πνεῦμα τῷ Φιλίππῳ, Πρόσελθε καὶ κολλήθητι⁴ τῷ ἅρματι² τούτῳ. **30** Προσδραμὼν⁵ δὲ ὁ Φίλιππος ἤκουσεν αὐτοῦ ἀναγινώσκοντος⁶ τὸν προφήτην Ἠσαΐαν, καὶ εἶπεν, Ἆρά⁷ γε⁸ γινώσκεις ἃ ἀναγινώσκεις;⁹ **31** Ὁ δὲ εἶπεν, Πῶς γὰρ ἂν δυναίμην, ἐὰν μή τις ὁδηγήσῃ¹⁰ με; Παρεκάλεσέν τε τὸν Φίλιππον ἀναβάντα καθίσαι¹¹ σὺν αὐτῷ. **32** Ἡ δὲ περιοχὴ¹² τῆς γραφῆς ἣν ἀνεγίνωσκεν¹³ ἦν αὕτη, Ὡς πρόβατον¹⁴ ἐπὶ σφαγὴν¹⁵ ἤχθη, καὶ ὡς ἀμνὸς¹⁶ ἐναντίον¹⁷ τοῦ κείροντος¹⁸ αὐτὸν ἄφωνος,¹⁹ οὕτως οὐκ ἀνοίγει τὸ στόμα αὐτοῦ. **33** Ἐν τῇ ταπεινώσει²⁰ αὐτοῦ ἡ κρίσις²¹ αὐτοῦ ἤρθη, τὴν δὲ γενεὰν²² αὐτοῦ τίς διηγήσεται;²³ Ὅτι αἴρεται ἀπὸ τῆς γῆς ἡ ζωὴ αὐτοῦ. **34** Ἀποκριθεὶς δὲ ὁ εὐνοῦχος²⁴ τῷ Φιλίππῳ εἶπεν, Δέομαί²⁵ σου, περὶ τίνος ὁ προφήτης λέγει τοῦτο; Περὶ ἑαυτοῦ, ἢ περὶ ἑτέρου τινός; **35** Ἀνοίξας δὲ ὁ Φίλιππος τὸ στόμα αὐτοῦ, καὶ ἀρξάμενος ἀπὸ τῆς γραφῆς ταύτης, εὐηγγελίσατο αὐτῷ τὸν Ἰησοῦν. **36** Ὡς δὲ ἐπορεύοντο κατὰ τὴν ὁδόν, ἦλθον ἐπί τι ὕδωρ· καί φησιν ὁ εὐνοῦχος,²⁴ Ἰδού, ὕδωρ· τί κωλύει²⁶ με βαπτισθῆναι; **38** Καὶ ἐκέλευσεν²⁷ στῆναι τὸ ἅρμα·² καὶ κατέβησαν ἀμφότεροι²⁸ εἰς τὸ ὕδωρ, ὅ τε Φίλιππος καὶ ὁ εὐνοῦχος·²⁴ καὶ ἐβάπτισεν αὐτόν. **39** Ὅτε δὲ ἀνέβησαν ἐκ τοῦ ὕδατος, πνεῦμα κυρίου ἥρπασεν²⁹ τὸν Φίλιππον· καὶ οὐκ εἶδεν αὐτὸν οὐκέτι³⁰ ὁ εὐνοῦχος,²⁴ ἐπορεύετο γὰρ τὴν ὁδὸν αὐτοῦ χαίρων. **40** Φίλιππος δὲ εὑρέθη εἰς Ἄζωτον·³¹ καὶ διερχόμενος³² εὐηγγελίζετο τὰς πόλεις πάσας, ἕως τοῦ ἐλθεῖν αὐτὸν εἰς Καισάρειαν.³³

---

¹ὑποστρέφων: PAP-NSM ³ἀνεγίνωσκεν: IAI-3S ⁴κολλήθητι: APM-2S ⁵Προσδραμὼν: 2AAP-NSM ⁶ἀναγινώσκοντος: PAP-GSM ⁹ἀναγινώσκεις: PAI-2S ¹⁰ὁδηγήσῃ: AAS-3S ¹¹καθίσαι: AAN ¹³ἀνεγίνωσκεν: IAI-3S ¹⁸κείροντος: PAP-GSM ²³διηγήσεται: FDI-3S ²⁵Δέομαί: PNI-1S ²⁶κωλύει: PAI-3S ²⁷ἐκέλευσεν: AAI-3S ²⁹ἥρπασεν: AAI-3S ³²διερχόμενος: PNP-NSM

---

¹ὑποστρέφω, [37] I turn back, return. ²ἅρμα, ατος, τό, [4] a chariot, vehicle. ³ἀναγινώσκω, [32] I read, know again, know certainly, recognize, discern. ⁴κολλάω, [11] (lit: I glue); hence: mid. and pass: I join myself closely, cleave, adhere (to), I keep company (with), of friendly intercourse. ⁵προστρέχω, [3] I run to. ⁶ἀναγινώσκω, [32] I read, know again, know certainly, recognize, discern. ⁷ἆρα, [19] a particle asking a question, to which a negative answer is expected. ⁸γε, [15] an enclitic, emphasizing particle: at least, indeed, really, but generally too subtle to be represented in English. ⁹ἀναγινώσκω, [32] I read, know again, know certainly, recognize, discern. ¹⁰ὁδηγέω, [5] I lead, guide; met: I instruct, teach. ¹¹καθίζω, [48] (a) trans: I make to sit; I set, appoint, (b) intrans: I sit down, am seated, stay. ¹²περιοχή, ῆς, ἡ, [1] a section or passage of Scripture. ¹³ἀναγινώσκω, [32] I read, know again, know certainly, recognize, discern. ¹⁴πρόβατον, ου, τό, [41] a sheep. ¹⁵σφαγή, ῆς, ἡ, [3] slaughter, sacrifice. ¹⁶ἀμνός, οῦ, ὁ, [4] a lamb (as a type of innocence, and with sacrificial connotation). ¹⁷ἐναντίον, [5] before, in the presence of, in the eyes of. ¹⁸κείρω, [4] I shear, cut the hair of; mid: I cut my own hair, have my hair cut. ¹⁹ἄφωνος, ον, [4] soundless, voiceless, speechless, dumb. ²⁰ταπείνωσις, εως, ἡ, [4] abasement (in spirit), low condition (in circumstances). ²¹κρίσις, εως, ἡ, [48] judging, judgment, decision, sentence; generally: divine judgment; accusation. ²²γενεά, ᾶς, ἡ, [42] a generation; if repeated twice or with another time word, practically indicates infinity of time. ²³διηγέομαι, [8] I relate in full, describe, narrate. ²⁴εὐνοῦχος, ου, ὁ, [8] (a) a chamberlain, keeper of the bed-chamber of an eastern potentate, eunuch, (b) a eunuch, castrated person, or one who voluntarily abstains from marriage. ²⁵δέομαι, [22] I want for myself; I want, need; I beg, request, beseech, pray. ²⁶κωλύω, [23] I prevent, debar, hinder; with infin: from doing so and so. ²⁷κελεύω, [26] I command, order, direct, bid. ²⁸ἀμφότεροι, αι, α, [14] both (of two). ²⁹ἁρπάζω, [13] I seize, snatch, obtain by robbery. ³⁰οὐκέτι, [48] no longer, no more. ³¹Ἄζωτος, ου, ἡ, [1] Azotus, Ashdod, a coast town of Palestine belonging to the ancient Philistia, and part of Herod's kingdom. ³²διέρχομαι, [42] I pass through, spread (as a report). ³³Καισάρεια, ας, ἡ, [17] Two cities of Palestine: one in Galilee (Caesarea Philippi), the other on the coast of the Mediterranean.

The Conversion and Early Labors of Paul

9 Ὁ δὲ Σαῦλος ἔτι ἐμπνέων¹ ἀπειλῆς² καὶ φόνου³ εἰς τοὺς μαθητὰς τοῦ κυρίου, προσελθὼν τῷ ἀρχιερεῖ, **2** ᾐτήσατο παρ᾽ αὐτοῦ ἐπιστολὰς⁴ εἰς Δαμασκὸν⁵ πρὸς τὰς συναγωγάς, ὅπως ἐάν τινας εὕρῃ τῆς ὁδοῦ ὄντας ἄνδρας τε καὶ γυναῖκας, δεδεμένους⁶ ἀγάγῃ εἰς Ἰερουσαλήμ. **3** Ἐν δὲ τῷ πορεύεσθαι, ἐγένετο αὐτὸν ἐγγίζειν⁷ τῇ Δαμασκῷ·⁵ καὶ ἐξαίφνης⁸ περιήστραψεν⁹ αὐτὸν φῶς ἀπὸ τοῦ οὐρανοῦ· **4** καὶ πεσὼν ἐπὶ τὴν γῆν, ἤκουσεν φωνὴν λέγουσαν αὐτῷ, Σαούλ, Σαούλ, τί με διώκεις;¹⁰ **5** Εἶπεν δέ, Τίς εἶ, κύριε; Ὁ δὲ κύριος εἶπεν, Ἐγώ εἰμι Ἰησοῦς ὃν σὺ διώκεις·¹¹ **6** ἀλλὰ ἀνάστηθι καὶ εἴσελθε εἰς τὴν πόλιν, καὶ λαληθήσεταί σοι τί σε δεῖ ποιεῖν. **7** Οἱ δὲ ἄνδρες οἱ συνοδεύοντες¹² αὐτῷ εἱστήκεισαν ἐνεοί,¹³ ἀκούοντες μὲν τῆς φωνῆς, μηδένα δὲ θεωροῦντες. **8** Ἠγέρθη δὲ ὁ Σαῦλος ἀπὸ τῆς γῆς· ἀνεῳγμένων τε τῶν ὀφθαλμῶν αὐτοῦ, οὐδένα ἔβλεπεν, χειραγωγοῦντες¹⁴ δὲ αὐτὸν εἰσήγαγον¹⁵ εἰς Δαμασκόν.⁵ **9** Καὶ ἦν ἡμέρας τρεῖς μὴ βλέπων, καὶ οὐκ ἔφαγεν οὐδὲ ἔπιεν.

10 Ἦν δέ τις μαθητὴς ἐν Δαμασκῷ⁵ ὀνόματι Ἀνανίας, καὶ εἶπεν πρὸς αὐτὸν ὁ κύριος ἐν ὁράματι,¹⁶ Ἀνανία. Ὁ δὲ εἶπεν, Ἰδοὺ ἐγώ, κύριε. **11** Ὁ δὲ κύριος πρὸς αὐτόν, Ἀναστὰς πορεύθητι ἐπὶ τὴν ῥύμην¹⁷ τὴν καλουμένην Εὐθεῖαν,¹⁸ καὶ ζήτησον ἐν οἰκίᾳ Ἰούδα Σαῦλον ὀνόματι, Ταρσέα·¹⁹ ἰδοὺ γὰρ προσεύχεται, **12** καὶ εἶδεν ἐν ὁράματι¹⁶ ἄνδρα ὀνόματι Ἀνανίαν εἰσελθόντα καὶ ἐπιθέντα²⁰ αὐτῷ χεῖρα, ὅπως ἀναβλέψῃ.²¹ **13** Ἀπεκρίθη δὲ Ἀνανίας, Κύριε, ἀκήκοα ἀπὸ πολλῶν περὶ τοῦ ἀνδρὸς τούτου, ὅσα κακὰ ἐποίησεν τοῖς ἁγίοις σου ἐν Ἰερουσαλήμ· **14** καὶ ὧδε ἔχει ἐξουσίαν παρὰ τῶν ἀρχιερέων, δῆσαι²² πάντας τοὺς ἐπικαλουμένους²³ τὸ ὄνομά σου. **15** Εἶπεν δὲ πρὸς αὐτὸν ὁ κύριος, Πορεύου, ὅτι σκεῦος²⁴ ἐκλογῆς²⁵ μοι ἐστὶν οὗτος, τοῦ βαστάσαι²⁶ τὸ ὄνομά μου ἐνώπιον ἐθνῶν καὶ βασιλέων, υἱῶν τε Ἰσραήλ· **16** ἐγὼ γὰρ ὑποδείξω²⁷ αὐτῷ ὅσα δεῖ αὐτὸν ὑπὲρ τοῦ ὀνόματός μου παθεῖν.²⁸ **17** Ἀπῆλθεν δὲ Ἀνανίας καὶ εἰσῆλθεν εἰς τὴν οἰκίαν, καὶ ἐπιθεὶς²⁹ ἐπ᾽ αὐτὸν τὰς χεῖρας εἶπεν, Σαοὺλ ἀδελφέ, ὁ κύριος

---

¹ἐμπνέων: PAP-NSM   ⁶δεδεμένους: RPP-APM   ⁷ἐγγίζειν: PAN   ⁹περιήστραψεν: AAI-3S   ¹⁰διώκεις: PAI-2S   ¹¹διώκεις: PAI-2S   ¹²συνοδεύοντες: PAP-NPM   ¹⁴χειραγωγοῦντες: PAP-NPM   ¹⁵εἰσήγαγον: 2AAI-3P   ²⁰ἐπιθέντα: 2AAP-ASM   ²¹ἀναβλέψῃ: AAS-3S   ²²δῆσαι: AAN   ²³ἐπικαλουμένους: PMP-APM   ²⁶βαστάσαι: AAN   ²⁷ὑποδείξω: FAI-1S   ²⁸παθεῖν: 2AAN   ²⁹ἐπιθεὶς: 2AAP-NSM

---

¹ἐμπνέω, [1] I breathe, breathe into, inhale.   ²ἀπειλή, ῆς, ἡ, [4] a threatening, threat.   ³φόνος, ου, ὁ, [10] murder, slaughter, killing.   ⁴ἐπιστολή, ῆς, ἡ, [24] a letter, dispatch, epistle, message.   ⁵Δαμασκός, οῦ, ἡ, [15] Damascus.   ⁶δέω, [44] I bind, tie, fasten; I impel, compel; I declare to be prohibited and unlawful.   ⁷ἐγγίζω, [43] trans: I bring near; intrans: I come near, approach.   ⁸ἐξαίφνης, [5] suddenly, unexpectedly.   ⁹περιαστράπτω, [2] I flash (gleam) around like lightning.   ¹⁰διώκω, [44] I pursue, hence: I persecute.   ¹¹διώκω, [44] I pursue, hence: I persecute.   ¹²συνοδεύω, [1] I journey with, accompany.   ¹³ἐνεός, ά, όν, [1] dumb, speechless (as with amazement).   ¹⁴χειραγωγέω, [2] I lead by the hand.   ¹⁵εἰσάγω, [10] I lead in, bring in, introduce.   ¹⁶ὅραμα, ατος, τό, [12] a spectacle, vision, that which is seen.   ¹⁷ῥύμη, ης, ἡ, [4] a narrow street or lane in a town or city.   ¹⁸εὐθύς, εῖα, ύ, [8] adj: (a) straight of direction, as opposed to crooked, (b) upright; adv: immediately.   ¹⁹Ταρσεύς, έως, ὁ, [2] belonging to Tarsus, a Tarsian.   ²⁰ἐπιτίθημι, [41] I put, place upon, lay on; I add, give in addition.   ²¹ἀναβλέπω, [26] I look up, recover my sight.   ²²δέω, [44] I bind, tie, fasten; I impel, compel; I declare to be prohibited and unlawful.   ²³ἐπικαλέω, [32] (a) I call (name) by a supplementary (additional, alternative) name, (b) mid: I call upon, appeal to, address.   ²⁴σκεῦος, ους, τό, [23] a vessel to contain liquid; a vessel of mercy or wrath; any instrument by which anything is done; a household utensil; of ships: tackle.   ²⁵ἐκλογή, ῆς, ἡ, [7] a choosing out, selecting, choice (by God).   ²⁶βαστάζω, [27] (a) I carry, bear, (b) I carry (take) away.   ²⁷ὑποδείκνυμι, [6] I indicate, intimate, suggest, show, prove.   ²⁸πάσχω, [42] I am acted upon in a certain way, either good or bad; I experience ill treatment, suffer.   ²⁹ἐπιτίθημι, [41] I put, place upon, lay on; I add, give in addition.

ἀπέσταλκέν με, ὁ ὀφθείς σοι ἐν τῇ ὁδῷ ᾗ ἤρχου, ὅπως ἀναβλέψῃς¹ καὶ πλησθῇς² πνεύματος ἁγίου. 18 Καὶ εὐθέως ἀπέπεσον³ ἀπὸ τῶν ὀφθαλμῶν αὐτοῦ ὡσεὶ⁴ λεπίδες,⁵ ἀνέβλεψέν⁶ τε καὶ ἀναστὰς ἐβαπτίσθη, 19 καὶ λαβὼν τροφὴν⁷ ἐνίσχυσεν.⁸

Ἐγένετο δὲ ὁ Σαῦλος μετὰ τῶν ἐν Δαμασκῷ⁹ μαθητῶν ἡμέρας τινάς. 20 Καὶ εὐθέως ἐν ταῖς συναγωγαῖς ἐκήρυσσεν τὸν χριστόν, ὅτι οὗτός ἐστιν ὁ υἱὸς τοῦ θεοῦ. 21 Ἐξίσταντο¹⁰ δὲ πάντες οἱ ἀκούοντες καὶ ἔλεγον, Οὐχ οὗτός ἐστιν ὁ πορθήσας¹¹ ἐν Ἰερουσαλὴμ τοὺς ἐπικαλουμένους¹² τὸ ὄνομα τοῦτο, καὶ ὧδε εἰς τοῦτο ἐλήλυθεν ἵνα δεδεμένους¹³ αὐτοὺς ἀγάγῃ ἐπὶ τοὺς ἀρχιερεῖς; 22 Σαῦλος δὲ μᾶλλον ἐνεδυναμοῦτο,¹⁴ καὶ συνέχυνεν¹⁵ τοὺς Ἰουδαίους τοὺς κατοικοῦντας¹⁶ ἐν Δαμασκῷ,⁹ συμβιβάζων¹⁷ ὅτι οὗτός ἐστιν ὁ χριστός.

23 Ὡς δὲ ἐπληροῦντο ἡμέραι ἱκαναί,¹⁸ συνεβουλεύσαντο¹⁹ οἱ Ἰουδαῖοι ἀνελεῖν²⁰ αὐτόν· 24 ἐγνώσθη δὲ τῷ Σαύλῳ ἡ ἐπιβουλὴ²¹ αὐτῶν. Παρετήρουν²² τε τὰς πύλας²³ ἡμέρας τε καὶ νυκτός, ὅπως αὐτὸν ἀνέλωσιν·²⁴ 25 λαβόντες δὲ αὐτὸν οἱ μαθηταὶ νυκτός, καθῆκαν²⁵ διὰ τοῦ τείχους,²⁶ χαλάσαντες²⁷ ἐν σπυρίδι.²⁸

26 Παραγενόμενος²⁹ δὲ ὁ Σαῦλος ἐν Ἰερουσαλήμ, ἐπειρᾶτο³⁰ κολλᾶσθαι³¹ τοῖς μαθηταῖς· καὶ πάντες ἐφοβοῦντο αὐτόν, μὴ πιστεύοντες ὅτι ἐστὶν μαθητής. 27 Βαρνάβας δὲ ἐπιλαβόμενος³² αὐτὸν ἤγαγεν πρὸς τοὺς ἀποστόλους, καὶ διηγήσατο³³ αὐτοῖς πῶς ἐν τῇ ὁδῷ εἶδεν τὸν κύριον, καὶ ὅτι ἐλάλησεν αὐτῷ, καὶ πῶς ἐν Δαμασκῷ⁹

---

¹ἀναβλέψῃς: AAS-2S ²πλησθῇς: APS-2S ³ἀπέπεσον: 2AAI-3P ⁶ἀνέβλεψέν: AAI-3S ⁸ἐνίσχυσεν: AAI-3S ¹⁰Ἐξίσταντο: IMI-3P ¹¹πορθήσας: AAP-NSM ¹²ἐπικαλουμένους: PMP-APM ¹³δεδεμένους: RPP-APM ¹⁴ἐνεδυναμοῦτο: IPI-3S ¹⁵συνέχυνεν: IAI-3S ¹⁶κατοικοῦντας: PAP-APM ¹⁷συμβιβάζων: PAP-NSM ¹⁹συνεβουλεύσαντο: AMI-3P ²⁰ἀνελεῖν: 2AAN ²²Παρετήρουν: IAI-3P ²⁴ἀνέλωσιν: 2AAS-3P ²⁵καθῆκαν: AAI-3P ²⁷χαλάσαντες: AAP-NPM ²⁹Παραγενόμενος: 2ADP-NSM ³⁰ἐπειρᾶτο: INI-3S ³¹κολλᾶσθαι: PPN ³²ἐπιλαβόμενος: 2ADP-NSM ³³διηγήσατο: ADI-3S

---

¹ἀναβλέπω, [26] I look up, recover my sight. ²πλήθω, [25] I fill, fulfill, complete. ³ἀποπίπτω, [1] I fall away (from), fall off. ⁴ὡσεί, [31] as if, as it were, like; with numbers: about. ⁵λεπίς, ίδος, ἡ, [1] a scale, a scaly substance thrown off from the body. ⁶ἀναβλέπω, [26] I look up, recover my sight. ⁷τροφή, ῆς, ἡ, [16] food, nourishment, maintenance. ⁸ἐνισχύω, [2] I invigorate, strengthen. ⁹Δαμασκός, οῦ, ἡ, [15] Damascus. ¹⁰ἐξίστημι, [17] (lit: I remove from a standing position), (a) in trans. tenses: I astonish, amaze, (b) in intrans. tenses: I am astonished, amazed; I am out of my mind, am mad. ¹¹πορθέω, [3] I lay waste, destroy, ravage, harass. ¹²ἐπικαλέω, [32] (a) I call (name) by a supplementary (additional, alternative) name, (b) mid: I call upon, appeal to, address. ¹³δέω, [44] I bind, tie, fasten; I impel, compel; I declare to be prohibited and unlawful. ¹⁴ἐνδυναμόω, [8] I fill with power, strengthen, make strong. ¹⁵συγχέω, [5] I bewilder, stir up, throw into confusion. ¹⁶κατοικέω, [45] I dwell in, settle in, am established in (permanently), inhabit. ¹⁷συμβιβάζω, [6] (a) I unite or knit together, (b) I put together in reasoning, and so: I conclude, prove, (c) I teach, instruct. ¹⁸ἱκανός, ή, όν, [41] (a) considerable, sufficient, of number, quantity, time, (b) of persons: sufficiently strong (good, etc.), worthy, suitable, with various constructions, (c) many, much. ¹⁹συμβουλεύω, [5] I give advice, exhort; mid: I take counsel together, consult. ²⁰ἀναιρέω, [23] I take up, take away the life of, make an end of, murder. ²¹ἐπιβουλή, ῆς, ἡ, [4] a plot, design against. ²²παρατηρέω, [6] I watch, observe scrupulously. ²³πύλη, ης, ἡ, [10] a gate. ²⁴ἀναιρέω, [23] I take up, take away the life of, make an end of, murder. ²⁵καθίημι, [4] I send, let down, lower. ²⁶τεῖχος, ους, τό, [9] a wall, especially of a city. ²⁷χαλάω, [7] I let down, lower, slacken, loosen. ²⁸σπυρίς, ίδος, ἡ, [5] a plaited basket. ²⁹παραγίνομαι, [37] (a) I come on the scene, appear, come, (b) with words expressing destination: I present myself at, arrive at, reach. ³⁰πειράω, [3] mid: I try, attempt, endeavor. ³¹κολλάω, [11] (lit: I glue); hence: mid. and pass: I join myself closely, cleave, adhere (to), I keep company (with), of friendly intercourse. ³²ἐπιλαμβάνομαι, [19] I lay hold of, take hold of, seize (sometimes with beneficent, sometimes with hostile, intent). ³³διηγέομαι, [8] I relate in full, describe, narrate.

ἐπαρρησιάσατο¹ ἐν τῷ ὀνόματι τοῦ Ἰησοῦ. 28 Καὶ ἦν μετ' αὐτῶν εἰσπορευόμενος² εἰς Ἰερουσαλήμ, καὶ παρρησιαζόμενος³ ἐν τῷ ὀνόματι τοῦ κυρίου Ἰησοῦ, 29 ἐλάλει τε καὶ συνεζήτει⁴ πρὸς τοὺς Ἑλληνιστάς·⁵ οἱ δὲ ἐπεχείρουν⁶ αὐτὸν ἀνελεῖν.⁷ 30 Ἐπιγνόντες⁸ δὲ οἱ ἀδελφοὶ κατήγαγον⁹ αὐτὸν εἰς Καισάρειαν,¹⁰ καὶ ἐξαπέστειλαν¹¹ αὐτὸν εἰς Ταρσόν.¹² 31 Αἱ μὲν οὖν ἐκκλησίαι καθ' ὅλης τῆς Ἰουδαίας¹³ καὶ Γαλιλαίας καὶ Σαμαρείας¹⁴ εἶχον εἰρήνην οἰκοδομούμεναι,¹⁵ καὶ πορευόμεναι τῷ φόβῳ¹⁶ τοῦ κυρίου καὶ τῇ παρακλήσει¹⁷ τοῦ ἁγίου πνεύματος ἐπληθύνοντο.¹⁸

Two Miracles Performed by Peter

32 Ἐγένετο δὲ Πέτρον διερχόμενον¹⁹ διὰ πάντων κατελθεῖν²⁰ καὶ πρὸς τοὺς ἁγίους τοὺς κατοικοῦντας²¹ Λύδδαν.²² 33 Εὗρεν δὲ ἐκεῖ ἄνθρωπόν τινα Αἰνέαν ὀνόματι, ἐξ ἐτῶν²³ ὀκτὼ²⁴ κατακείμενον²⁵ ἐπὶ κραββάτῳ,²⁶ ὃς ἦν παραλελυμένος.²⁷ 34 Καὶ εἶπεν αὐτῷ ὁ Πέτρος, Αἰνέα, ἰαταί²⁸ σε Ἰησοῦς ὁ χριστός· ἀνάστηθι καὶ στρῶσον²⁹ σεαυτῷ.³⁰ Καὶ εὐθέως ἀνέστη. 35 Καὶ εἶδον αὐτὸν πάντες οἱ κατοικοῦντες³¹ Λύδδαν²² καὶ τὸν Ἀσσάρωνα,³² οἵτινες ἐπέστρεψαν³³ ἐπὶ τὸν κύριον.

---

¹ἐπαρρησιάσατο: ADI-3S ²εἰσπορευόμενος: PNP-NSM ³παρρησιαζόμενος: PNP-NSM ⁴συνεζήτει: IAI-3S ⁶ἐπεχείρουν: IAI-3P ⁷ἀνελεῖν: 2AAN ⁸Ἐπιγνόντες: 2AAP-NPM ⁹κατήγαγον: 2AAI-3P ¹¹ἐξαπέστειλαν: AAI-3P ¹⁵οἰκοδομούμεναι: PPP-NPF ¹⁸ἐπληθύνοντο: IPI-3P ¹⁹διερχόμενον: PNP-ASM ²⁰κατελθεῖν: 2AAN ²¹κατοικοῦντας: PAP-APM ²⁵κατακείμενον: PNP-ASM ²⁷παραλελυμένος: RPP-NSM ²⁸ἰαταί: PNI-3S ²⁹στρῶσον: AAM-2S ³¹κατοικοῦντες: PAP-NPM ³³ἐπέστρεψαν: AAI-3P

---

¹παρρησιάζομαι, [9] I speak freely, boldly; I am confident. ²εἰσπορεύομαι, [17] I journey in(to), I go in(to), enter, intervene. ³παρρησιάζομαι, [9] I speak freely, boldly; I am confident. ⁴συζητέω, [10] I seek together, discuss, dispute. ⁵Ἑλληνιστής, ου, ὁ, [3] a Hellenist, Grecian Jew, a Greek-speaking Jew, that is one who can speak Greek only and not Hebrew (or Aramaic). ⁶ἐπιχειρέω, [3] I take in hand, attempt. ⁷ἀναιρέω, [23] I take up, take away the life of, make an end of, murder. ⁸ἐπιγινώσκω, [42] I come to know by directing my attention to him or it, I perceive, discern, recognize; aor: I found out. ⁹κατάγω, [10] I lead down, bring down, either from a high place on land or to a lower (or actually to the sea-coast), or from the high seas to land. ¹⁰Καισάρεια, ας, ἡ, [17] Two cities of Palestine: one in Galilee (Caesarea Philippi), the other on the coast of the Mediterranean. ¹¹ἐξαποστέλλω, [11] I send away, send forth (a person qualified for a task). ¹²Ταρσός, οῦ, ἡ, [3] Tarsus, the capital of the Roman province Cilicia. ¹³Ἰουδαία, ας, ἡ, [43] Judea, a Roman province, capital Jerusalem. ¹⁴Σαμάρεια, ας, ἡ, [11] Samaria, a small district of Palestine, bounded by Galilee on the north, and by Judaea on the south, and taking its name from the city of Samaria, the ancient capital of the kingdom of (northern) Israel. ¹⁵οἰκοδομέω, [39] I erect a building, build; fig. of the building up of character: I build up, edify, encourage. ¹⁶φόβος, ου, ὁ, [47] (a) fear, terror, alarm, (b) the object or cause of fear, (c) reverence, respect. ¹⁷παράκλησις, εως, ἡ, [29] a calling for, summons, hence: (a) exhortation, (b) entreaty, (c) encouragement, joy, gladness, (d) consolation, comfort. ¹⁸πληθύνω, [12] I increase, multiply. ¹⁹διέρχομαι, [42] I pass through, spread (as a report). ²⁰κατέρχομαι, [13] I come down from sky to earth, or from high land to lower land (or to the coast), or from the high seas to the shore. ²¹κατοικέω, [45] I dwell in, settle in, am established in (permanently), inhabit. ²²Λύδδα, Λύδδης, ἡ, [3] Lydda, Diospolis, Lod (modern Ludd), a city on the way to Joppa within a day's journey of Jerusalem. ²³ἔτος, ους, τό, [49] a year. ²⁴ὀκτώ, [9] eight. ²⁵κατάκειμαι, [11] I recline (at table); more often: I keep my bed, am lying ill (in bed). ²⁶κράββατος, ου, ὁ, [12] a bed, mattress, mat of a poor man. ²⁷παραλύω, [5] I relax, enfeeble, weaken. ²⁸ἰάομαι, [28] I heal, generally of the physical, sometimes of spiritual, disease. ²⁹στρωννύω, [7] I spread, make a bed. ³⁰σεαυτοῦ, ῆς, οῦ, [41] of yourself. ³¹κατοικέω, [45] I dwell in, settle in, am established in (permanently), inhabit. ³²Ἀσσαρών, ῶνος, ὁ, [1] Sharon, the maritime plain between Carmel and Joppa. ³³ἐπιστρέφω, [37] (a) trans: I turn (back) to (towards), (b) intrans: I turn (back) (to [towards]); I come to myself.

36 Ἐν Ἰόππῃ¹ δέ τις ἦν μαθήτρια² ὀνόματι Ταβηθά, ἣ διερμηνευομένη³ λέγεται Δορκάς· αὕτη ἦν πλήρης⁴ ἀγαθῶν ἔργων καὶ ἐλεημοσυνῶν⁵ ὧν ἐποίει. **37** Ἐγένετο δὲ ἐν ταῖς ἡμέραις ἐκείναις ἀσθενήσασαν⁶ αὐτὴν ἀποθανεῖν· λούσαντες⁷ δὲ αὐτὴν ἔθηκαν ἐν ὑπερῴῳ.⁸ **38** Ἐγγὺς⁹ δὲ οὔσης Λύδδης¹⁰ τῇ Ἰόππῃ,¹ οἱ μαθηταὶ ἀκούσαντες ὅτι Πέτρος ἐστὶν ἐν αὐτῇ, ἀπέστειλαν πρὸς αὐτόν, παρακαλοῦντες μὴ ὀκνῆσαι¹¹ διελθεῖν¹² ἕως αὐτῶν. **39** Ἀναστὰς δὲ Πέτρος συνῆλθεν¹³ αὐτοῖς· ὃν παραγενόμενον¹⁴ ἀνήγαγον¹⁵ εἰς τὸ ὑπερῷον,⁸ καὶ παρέστησαν¹⁶ αὐτῷ πᾶσαι αἱ χῆραι¹⁷ κλαίουσαι¹⁸ καὶ ἐπιδεικνύμεναι¹⁹ χιτῶνας²⁰ καὶ ἱμάτια ὅσα ἐποίει μετ' αὐτῶν οὖσα ἡ Δορκάς. **40** Ἐκβαλὼν δὲ ἔξω πάντας ὁ Πέτρος θεὶς τὰ γόνατα²¹ προσηύξατο· καὶ ἐπιστρέψας²² πρὸς τὸ σῶμα, εἶπεν, Ταβηθά, ἀνάστηθι. Ἡ δὲ ἤνοιξεν τοὺς ὀφθαλμοὺς αὐτῆς· καὶ ἰδοῦσα τὸν Πέτρον, ἀνεκάθισεν.²³ **41** Δοὺς δὲ αὐτῇ χεῖρα, ἀνέστησεν αὐτήν· φωνήσας²⁴ δὲ τοὺς ἁγίους καὶ τὰς χήρας,¹⁷ παρέστησεν²⁵ αὐτὴν ζῶσαν. **42** Γνωστὸν²⁶ δὲ ἐγένετο καθ' ὅλης τῆς Ἰόππης,¹ καὶ πολλοὶ ἐπίστευσαν ἐπὶ τὸν κύριον. **43** Ἐγένετο δὲ ἡμέρας ἱκανὰς²⁷ μεῖναι αὐτὸν ἐν Ἰόππῃ¹ παρά τινι Σίμωνι βυρσεῖ.²⁸

Cornelius the Centurion

10 Ἀνὴρ δέ τις ἦν ἐν Καισαρείᾳ²⁹ ὀνόματι Κορνήλιος, ἑκατοντάρχης³⁰ ἐκ σπείρης³¹ τῆς καλουμένης Ἰταλικῆς,³² **2** εὐσεβὴς³³ καὶ φοβούμενος τὸν θεὸν σὺν παντὶ τῷ οἴκῳ αὐτοῦ, ποιῶν τε ἐλεημοσύνας⁵ πολλὰς τῷ λαῷ, καὶ δεόμενος³⁴ τοῦ θεοῦ διὰ

---

³διερμηνευομένη: PPP-NSF   ⁶ἀσθενήσασαν: AAP-ASF   ⁷λούσαντες: AAP-NPM   ¹¹ὀκνῆσαι: AAN   ¹²διελθεῖν: 2AAN   ¹³συνῆλθεν: 2AAI-3S   ¹⁴παραγενόμενον: 2ADP-ASM   ¹⁵ἀνήγαγον: 2AAI-3P-ATT   ¹⁶παρέστησαν: AAI-3P   ¹⁸κλαίουσαι: PAP-NPF   ¹⁹ἐπιδεικνύμεναι: PMP-NPF   ²²ἐπιστρέψας: AAP-NSM   ²³ἀνεκάθισεν: AAI-3S   ²⁴φωνήσας: AAP-NSM   ²⁵παρέστησεν: AAI-3S   ³⁴δεόμενος: PNP-NSM

---

¹Ἰόππη, ης, ἡ, [10] Joppa, a coast town of Judea, west-north-west of Jerusalem.   ²μαθήτρια, ας, ἡ, [1] a female disciple, female Christian.   ³διερμηνεύω, [6] I translate, interpret, explain.   ⁴πλήρης, ες, [17] full, abounding in, complete, completely occupied with.   ⁵ἐλεημοσύνη, ῆς, ἡ, [14] abstr: alms-giving, charity; concr: alms, charity.   ⁶ἀσθενέω, [36] I am weak (physically: then morally), I am sick.   ⁷λούω, [6] (lit. or merely ceremonially), I wash, bathe (the body); mid: of washing, bathing one's self; met: I cleanse from sin.   ⁸ὑπερῷον, ου, τό, [4] an upper room, the upper part of a house.   ⁹ἐγγύς, [30] near.   ¹⁰Λύδδα, Λύδδης, ἡ, [3] Lydda, Diospolis, Lod (modern Ludd), a city on the way to Joppa within a day's journey of Jerusalem.   ¹¹ὀκνέω, [1] I delay, hesitate, am slow.   ¹²διέρχομαι, [42] I pass through, spread (as a report).   ¹³συνέρχομαι, [32] I come or go with, accompany; I come together, assemble.   ¹⁴παραγίνομαι, [37] (a) I come on the scene, appear, come, (b) with words expressing destination: I present myself at, arrive at, reach.   ¹⁵ἀνάγω, [23] I lead up, bring up, offer, product, put to sea, set sail.   ¹⁶παρίστημι, [41] I bring, present, prove, come up to and stand by, am present.   ¹⁷χήρα, ας, ἡ, [27] a widow.   ¹⁸κλαίω, [40] I weep, weep for, mourn, lament.   ¹⁹ἐπιδείκνυμι, [9] I show, display, point out, indicate; I prove, demonstrate.   ²⁰χιτών, ῶνος, ὁ, [11] a tunic, garment, undergarment.   ²¹γόνυ, ατος, τό, [12] the knee.   ²²ἐπιστρέφω, [37] (a) trans: I turn (back) to (towards), (b) intrans: I turn (back) (to [towards]); I come to myself.   ²³ἀνακαθίζω, [2] I sit up.   ²⁴φωνέω, [42] I give forth a sound, hence: (a) of a cock: I crow, (b) of men: I shout, (c) trans: I call (to myself), summon; I invite, address.   ²⁵παρίστημι, [41] I bring, present, prove, come up to and stand by, am present.   ²⁶γνωστός, ή, όν, [15] known, an acquaintance.   ²⁷ἱκανός, ή, όν, [41] (a) considerable, sufficient, of number, quantity, time, (b) of persons: sufficiently strong (good, etc.), worthy, suitable, with various constructions, (c) many, much.   ²⁸βυρσεύς, έως, ὁ, [3] a tanner.   ²⁹Καισάρεια, ας, ἡ, [17] Two cities of Palestine: one in Galilee (Caesarea Philippi), the other on the coast of the Mediterranean.   ³⁰ἑκατοντάρχης, ου, ὁ, [21] a centurion of the Roman army.   ³¹σπεῖρα, ης, ἡ, [7] a cohort, the tenth part of a legion; a military guard.   ³²Ἰταλικός, ή, όν, [1] Italian.   ³³εὐσεβής, ές, [4] pious, God-fearing, devout.   ³⁴δέομαι, [22] I want for myself; I want, need; I beg, request, beseech, pray.

παντός. **3** Εἶδεν ἐν ὁράματι¹ φανερῶς,² ὡσεὶ³ ὥραν ἐνάτην⁴ τῆς ἡμέρας, ἄγγελον τοῦ θεοῦ εἰσελθόντα πρὸς αὐτόν, καὶ εἰπόντα αὐτῷ, Κορνήλιε. **4** Ὁ δὲ ἀτενίσας⁵ αὐτῷ καὶ ἔμφοβος⁶ γενόμενος εἶπεν, Τί ἐστιν, κύριε; Εἶπεν δὲ αὐτῷ, Αἱ προσευχαί⁷ σου καὶ αἱ ἐλεημοσύναι⁸ σου ἀνέβησαν εἰς μνημόσυνον⁹ ἐνώπιον τοῦ θεοῦ. **5** Καὶ νῦν πέμψον εἰς Ἰόππην¹⁰ ἄνδρας, καὶ μετάπεμψαι¹¹ Σίμωνα τὸν ἐπικαλούμενον¹² Πέτρον· **6** οὗτος ξενίζεται¹³ παρά τινι Σίμωνι βυρσεῖ,¹⁴ ᾧ ἐστιν οἰκία παρὰ θάλασσαν· **7** ὡς δὲ ἀπῆλθεν ὁ ἄγγελος ὁ λαλῶν τῷ Κορνηλίῳ, φωνήσας¹⁵ δύο τῶν οἰκετῶν¹⁶ αὐτοῦ, καὶ στρατιώτην¹⁷ εὐσεβῆ¹⁸ τῶν προσκαρτερούντων¹⁹ αὐτῷ, **8** καὶ ἐξηγησάμενος²⁰ αὐτοῖς ἅπαντα,²¹ ἀπέστειλεν αὐτοὺς εἰς τὴν Ἰόππην.¹⁰

9 Τῇ δὲ ἐπαύριον,²² ὁδοιπορούντων²³ ἐκείνων καὶ τῇ πόλει ἐγγιζόντων,²⁴ ἀνέβη Πέτρος ἐπὶ τὸ δῶμα²⁵ προσεύξασθαι, περὶ ὥραν ἕκτην·²⁶ **10** ἐγένετο δὲ πρόσπεινος,²⁷ καὶ ἤθελεν γεύσασθαι·²⁸ παρασκευαζόντων²⁹ δὲ ἐκείνων, ἐπέπεσεν³⁰ ἐπ' αὐτὸν ἔκστασις,³¹ **11** καὶ θεωρεῖ τὸν οὐρανὸν ἀνεῳγμένον, καὶ καταβαῖνον ἐπ' αὐτὸν σκεῦός³² τι ὡς ὀθόνην³³ μεγάλην, τέσσαρσιν³⁴ ἀρχαῖς δεδεμένον,³⁵ καὶ καθιέμενον³⁶ ἐπὶ τῆς γῆς· **12** ἐν ᾧ ὑπῆρχεν πάντα τὰ τετράποδα³⁷ τῆς γῆς καὶ τὰ θηρία³⁸ καὶ τὰ ἑρπετὰ³⁹ καὶ τὰ πετεινὰ⁴⁰ τοῦ οὐρανοῦ. **13** Καὶ ἐγένετο φωνὴ πρὸς αὐτόν, Ἀναστάς, Πέτρε, θῦσον⁴¹ καὶ φάγε. **14** Ὁ δὲ Πέτρος εἶπεν, Μηδαμῶς,⁴² κύριε· ὅτι οὐδέποτε⁴³ ἔφαγον πᾶν κοινὸν⁴⁴ ἢ

---

⁵ἀτενίσας: AAP-NSM ¹¹μετάπεμψαι: ADM-2S ¹²ἐπικαλούμενον: PPP-ASM ¹³ξενίζεται: PPI-3S ¹⁵φωνήσας: AAP-NSM ¹⁹προσκαρτερούντων: PAP-GPM ²⁰ἐξηγησάμενος: ADP-NSM ²³ὁδοιπορούντων: PAP-GPM ²⁴ἐγγιζόντων: PAP-GPM ²⁸γεύσασθαι: ADN ²⁹παρασκευαζόντων: PAP-GPM ³⁰ἐπέπεσεν: 2AAI-3S ³⁵δεδεμένον: RPP-ASN ³⁶καθιέμενον: PPP-ASN ⁴¹θῦσον: AAM-2S

---

¹ὅραμα, ατος, τό, [12] a spectacle, vision, that which is seen. ²φανερῶς, [3] clearly, openly, manifestly. ³ὡσεί, [31] as if, as it were, like; with numbers: about. ⁴ἔνατος, η, ον, [10] ninth. ⁵ἀτενίζω, [14] I direct my gaze, look steadily. ⁶ἔμφοβος, ον, [6] full of fear, terrified. ⁷προσευχή, ῆς, ἡ, [37] (a) prayer (to God), (b) a place for prayer (used by Jews, perhaps where there was no synagogue). ⁸ἐλεημοσύνη, ῆς, ἡ, [14] abstr: almsgiving, charity; concr: alms, charity. ⁹μνημόσυνον, ου, τό, [3] reminder, memorial; a remembrance offering. ¹⁰Ἰόππη, ης, ἡ, [10] Joppa, a coast town of Judea, west-north-west of Jerusalem. ¹¹μεταπέμπω, [8] I send for, summon. ¹²ἐπικαλέω, [32] (a) I call (name) by a supplementary (additional, alternative) name, (b) mid: I call upon, appeal to, address. ¹³ξενίζω, [10] (a) I entertain a stranger, (b) I startle, bewilder. ¹⁴βυρσεύς, έως, ὁ, [3] a tanner. ¹⁵φωνέω, [42] I give forth a sound, hence: (a) of a cock: I crow, (b) of men: I shout, (c) trans: I call (to myself), summon; I invite, address. ¹⁶οἰκέτης, ου, ὁ, [4] a household servant. ¹⁷στρατιώτης, ου, ὁ, [26] a soldier. ¹⁸εὐσεβής, ές, [4] pious, God-fearing, devout. ¹⁹προσκαρτερέω, [10] I persist, persevere in, continue steadfast in; I wait upon. ²⁰ἐξηγέομαι, [6] I lead, show the way; met: I unfold, narrate, declare. ²¹ἅπας, ασα, αν, [39] all, the whole, altogether. ²²ἐπαύριον, [17] tomorrow. ²³ὁδοιπορέω, [1] I travel, pursue a way, journey. ²⁴ἐγγίζω, [43] trans: I bring near; intrans: I come near, approach. ²⁵δῶμα, ατος, τό, [7] the roof (of a house), the top of the house. ²⁶ἕκτος, η, ον, [14] sixth. ²⁷πρόσπεινος, ον, [1] very hungry. ²⁸γεύομαι, [15] (a) I taste, (b) I experience. ²⁹παρασκευάζω, [4] I prepare; mid: I prepare, make preparations. ³⁰ἐπιπίπτω, [13] I fall upon, press upon, light upon, come over. ³¹ἔκστασις, εως, ἡ, [7] (properly: distraction or disturbance of mind caused by shock), bewilderment, amazement; a trance. ³²σκεῦος, ους, τό, [23] a vessel to contain liquid; a vessel of mercy or wrath; any instrument by which anything is done; a household utensil; of ships: tackle. ³³ὀθόνη, ης, ἡ, [2] a linen cloth, a sheet, sail. ³⁴τέσσαρες, τέσσαρα, [41] four. ³⁵δέω, [44] I bind, tie, fasten; I impel, compel; I declare to be prohibited and unlawful. ³⁶καθίημι, [4] I send, let down, lower. ³⁷τετράπους, ουν, [3] four-footed. ³⁸θηρίον, ου, τό, [46] properly: a wild beast, hence: any animal; met: a brute. ³⁹ἑρπετόν, οῦ, τό, [4] a creeping creature, reptile, especially a serpent. ⁴⁰πετεινόν, οῦ, τό, [14] a bird, fowl. ⁴¹θύω, [14] I sacrifice, generally an animal; hence: I kill. ⁴²μηδαμῶς, [2] by no means, not at all. ⁴³οὐδέποτε, [16] never. ⁴⁴κοινός, ή, όν, [13] (a) common, shared, (b) Hebraistic use: profane; dirty, unclean, unwashed.

ἀκάθαρτον.¹ 15 Καὶ φωνὴ πάλιν ἐκ δευτέρου² πρὸς αὐτόν, Ἃ ὁ θεὸς ἐκαθάρισεν,³ σὺ μὴ κοίνου.⁴ 16 Τοῦτο δὲ ἐγένετο ἐπὶ τρίς·⁵ καὶ πάλιν ἀνελήφθη⁶ τὸ σκεῦος⁷ εἰς τὸν οὐρανόν.

17 Ὡς δὲ ἐν ἑαυτῷ διηπόρει⁸ ὁ Πέτρος τί ἂν εἴη τὸ ὅραμα⁹ ὃ εἶδεν, καὶ ἰδού, οἱ ἄνδρες οἱ ἀπεσταλμένοι ἀπὸ τοῦ Κορνηλίου, διερωτήσαντες¹⁰ τὴν οἰκίαν Σίμωνος, ἐπέστησαν¹¹ ἐπὶ τὸν πυλῶνα,¹² 18 καὶ φωνήσαντες¹³ ἐπυνθάνοντο¹⁴ εἰ Σίμων, ὁ ἐπικαλούμενος¹⁵ Πέτρος, ἐνθάδε¹⁶ ξενίζεται.¹⁷ 19 Τοῦ δὲ Πέτρου διενθυμουμένου¹⁸ περὶ τοῦ ὁράματος,⁹ εἶπεν αὐτῷ τὸ πνεῦμα, Ἰδού, ἄνδρες ζητοῦσίν σε. 20 Ἀλλὰ ἀναστὰς κατάβηθι, καὶ πορεύου σὺν αὐτοῖς, μηδὲν διακρινόμενος·¹⁹ διότι²⁰ ἐγὼ ἀπέσταλκα αὐτούς. 21 Καταβὰς δὲ Πέτρος πρὸς τοὺς ἄνδρας εἶπεν, Ἰδού, ἐγώ εἰμι ὃν ζητεῖτε· τίς ἡ αἰτία²¹ δι' ἣν πάρεστε;²² 22 Οἱ δὲ εἶπον, Κορνήλιος ἑκατοντάρχης,²³ ἀνὴρ δίκαιος καὶ φοβούμενος τὸν θεόν, μαρτυρούμενός τε ὑπὸ ὅλου τοῦ ἔθνους τῶν Ἰουδαίων, ἐχρηματίσθη²⁴ ὑπὸ ἀγγέλου ἁγίου μεταπέμψασθαί²⁵ σε εἰς τὸν οἶκον αὐτοῦ, καὶ ἀκοῦσαι ῥήματα παρὰ σοῦ. 23 Εἰσκαλεσάμενος²⁶ οὖν αὐτοὺς ἐξένισεν.²⁷

Τῇ δὲ ἐπαύριον²⁸ ὁ Πέτρος ἐξῆλθεν σὺν αὐτοῖς, καί τινες τῶν ἀδελφῶν τῶν ἀπὸ Ἰόππης²⁹ συνῆλθον³⁰ αὐτῷ. 24 Καὶ τῇ ἐπαύριον²⁸ εἰσῆλθον εἰς τὴν Καισάρειαν.³¹ Ὁ δὲ Κορνήλιος ἦν προσδοκῶν³² αὐτούς, συγκαλεσάμενος³³ τοὺς συγγενεῖς³⁴ αὐτοῦ καὶ τοὺς

---

³ἐκαθάρισεν: AAI-3S   ⁴κοίνου: PAM-2S   ⁶ἀνελήφθη: API-3S   ⁸διηπόρει: IAI-3S   ¹⁰διερωτήσαντες: AAP-NPM   ¹¹ἐπέστησαν: 2AAI-3P   ¹³φωνήσαντες: AAP-NPM   ¹⁴ἐπυνθάνοντο: INI-3P   ¹⁵ἐπικαλούμενος: PPP-NSM   ¹⁷ξενίζεται: PPI-3S   ¹⁸διενθυμουμένου: PNP-GSM   ¹⁹διακρινόμενος: PMP-NSM   ²²πάρεστε: PAI-2P   ²⁴ἐχρηματίσθη: API-3S   ²⁵μεταπέμψασθαί: ADN   ²⁶Εἰσκαλεσάμενος: ADP-NSM   ²⁷ἐξένισεν: AAI-3S   ³⁰συνῆλθον: 2AAI-3P   ³²προσδοκῶν: PAP-NSM   ³³συγκαλεσάμενος: AMP-NSM

---

¹ἀκάθαρτος, ον, [31] unclean, impure.   ²δεύτερος, α, ον, [44] second; with the article: in the second place, for the second time.   ³καθαρίζω, [30] I cleanse, make clean, literally, ceremonially, or spiritually, according to context.   ⁴κοινόω, [14] I make unclean, pollute, desecrate, mid: I regard (treat) as unclean.   ⁵τρίς, [12] three times.   ⁶ἀναλαμβάνω, [13] I take up, raise; I pick up, take on board; I carry off, lead away.   ⁷σκεῦος, ους, τό, [23] a vessel to contain liquid; a vessel of mercy or wrath; any instrument by which anything is done; a household utensil; of ships: tackle.   ⁸διαπορέω, [5] I am in trouble, doubt, difficulty; I am at a loss.   ⁹ὅραμα, ατος, τό, [12] a spectacle, vision, that which is seen.   ¹⁰διερωτάω, [1] I find by inquiry.   ¹¹ἐφίστημι, [21] I stand by, am urgent, befall one (as of evil), am at hand, impend.   ¹²πυλών, ῶνος, ὁ, [18] a large gate; a gateway, porch, vestibule.   ¹³φωνέω, [42] I give forth a sound, hence: (a) of a cock: I crow, (b) of men: I shout, (c) trans: I call (to myself), summon; I invite, address.   ¹⁴πυνθάνομαι, [12] I ask, inquire, ascertain by inquiry, understand.   ¹⁵ἐπικαλέω, [32] (a) I call (name) by a supplementary (additional, alternative) name, (b) mid: I call upon, appeal to, address.   ¹⁶ἐνθάδε, [9] here, in this place.   ¹⁷ξενίζω, [10] (a) I entertain a stranger, (b) I startle, bewilder.   ¹⁸ἐνθυμέομαι, [3] I meditate upon, reflect upon, ponder.   ¹⁹διακρίνω, [19] I separate, distinguish, discern one thing from another; I doubt, hesitate, waver.   ²⁰διότι, [24] on this account, because, for.   ²¹αἰτία, ας, ἡ, [20] a cause, reason, excuse; a charge, accusation; guilt; circumstances, case.   ²²πάρειμι, [24] I am present, am near; I have come, arrived.   ²³ἑκατοντάρχης, ου, ὁ, [21] a centurion of the Roman army.   ²⁴χρηματίζω, [9] (originally: I transact business), (a) act. of God: I warn; pass: I am warned by God (probably in response to an inquiry as to one's duty), (b) (I take a name from my public business, hence) I receive a name, am publicly called.   ²⁵μεταπέμπω, [8] I send for, summon.   ²⁶εἰσκαλέομαι, [1] I call in (to my house), invite.   ²⁷ξενίζω, [10] (a) I entertain a stranger, (b) I startle, bewilder.   ²⁸ἐπαύριον, [17] tomorrow.   ²⁹Ἰόππη, ης, ἡ, [10] Joppa, a coast town of Judea, west-north-west of Jerusalem.   ³⁰συνέρχομαι, [32] I come or go with, accompany; I come together, assemble.   ³¹Καισάρεια, ας, ἡ, [17] Two cities of Palestine: one in Galilee (Caesarea Philippi), the other on the coast of the Mediterranean.   ³²προσδοκάω, [16] I expect, wait for, await, think, anticipate.   ³³συγκαλέω, [8] I call together.   ³⁴συγγενής, ές, [12] akin to, related; subst: fellow countryman, kinsman.

ἀναγκαίους¹ φίλους.² **25** Ὡς δὲ ἐγένετο τοῦ εἰσελθεῖν τὸν Πέτρον, συναντήσας³ αὐτῷ ὁ Κορνήλιος, πεσὼν ἐπὶ τοὺς πόδας, προσεκύνησεν. **26** Ὁ δὲ Πέτρος αὐτὸν ἤγειρεν λέγων, Ἀνάστηθι· κἀγὼ αὐτὸς ἄνθρωπός εἰμι. **27** Καὶ συνομιλῶν⁴ αὐτῷ εἰσῆλθεν, καὶ εὑρίσκει συνεληλυθότας⁵ πολλούς, **28** ἔφη τε πρὸς αὐτούς, Ὑμεῖς ἐπίστασθε⁶ ὡς ἀθέμιτόν⁷ ἐστιν ἀνδρὶ Ἰουδαίῳ κολλᾶσθαι⁸ ἢ προσέρχεσθαι ἀλλοφύλῳ·⁹ καὶ ἐμοὶ ὁ θεὸς ἔδειξεν¹⁰ μηδένα κοινὸν¹¹ ἢ ἀκάθαρτον¹² λέγειν ἄνθρωπον· **29** διὸ καὶ ἀναντιρρήτως¹³ ἦλθον μεταπεμφθείς.¹⁴ Πυνθάνομαι¹⁵ οὖν, τίνι λόγῳ μετεπέμψασθέ¹⁶ με. **30** Καὶ ὁ Κορνήλιος ἔφη, Ἀπὸ τετάρτης¹⁷ ἡμέρας μέχρι¹⁸ ταύτης τῆς ὥρας ἤμην νηστεύων,¹⁹ καὶ τὴν ἐνάτην²⁰ ὥραν προσευχόμενος ἐν τῷ οἴκῳ μου· καὶ ἰδού, ἀνὴρ ἔστη ἐνώπιόν μου ἐν ἐσθῆτι²¹ λαμπρᾷ,²² **31** καί φησιν, Κορνήλιε, εἰσηκούσθη²³ σου ἡ προσευχή,²⁴ καὶ αἱ ἐλεημοσύναι²⁵ σου ἐμνήσθησαν²⁶ ἐνώπιον τοῦ θεοῦ. **32** Πέμψον οὖν εἰς Ἰόππην,²⁷ καὶ μετακάλεσαι²⁸ Σίμωνα ὃς ἐπικαλεῖται²⁹ Πέτρος· οὗτος ξενίζεται³⁰ ἐν οἰκίᾳ Σίμωνος βυρσέως³¹ παρὰ θάλασσαν· ὃς παραγενόμενος³² λαλήσει σοι. **33** Ἐξαυτῆς³³ οὖν ἔπεμψα πρός σε· σύ τε καλῶς³⁴ ἐποίησας παραγενόμενος.³⁵ Νῦν οὖν πάντες ἡμεῖς ἐνώπιον τοῦ θεοῦ πάρεσμεν³⁶ ἀκοῦσαι πάντα τὰ προστεταγμένα³⁷ σοι ὑπὸ τοῦ θεοῦ. **34** Ἀνοίξας δὲ Πέτρος τὸ στόμα εἶπεν,

---

³συναντήσας: AAP-NSM   ⁴συνομιλῶν: PAP-NSM   ⁵συνεληλυθότας: RAP-APM   ⁶ἐπίστασθε: PNI-2P ⁸κολλᾶσθαι: PPN   ¹⁰ἔδειξεν: AAI-3S   ¹⁴μεταπεμφθείς: APP-NSM   ¹⁵Πυνθάνομαι: PNI-1S   ¹⁶μετεπέμψασθέ: ADI-2P   ¹⁹νηστεύων: PAP-NSM   ²³εἰσηκούσθη: API-3S   ²⁶ἐμνήσθησαν: API-3P   ²⁸μετακάλεσαι: AMM-2S ²⁹ἐπικαλεῖται: PPI-3S   ³⁰ξενίζεται: PPI-3S   ³²παραγενόμενος: 2ADP-NSM   ³⁵παραγενόμενος: 2ADP-NSM ³⁶πάρεσμεν: PAI-1P   ³⁷προστεταγμένα: RPP-APN

---

¹ἀναγκαῖος, α, ον, [8] necessary, essential, intimate, right, proper.   ²φίλος, η, ον, [30] friendly; subst: a friend, an associate.   ³συναντάω, [6] I meet, encounter, fall in with.   ⁴συνομιλέω, [1] I talk with, live with. ⁵συνέρχομαι, [32] I come or go with, accompany; I come together, assemble.   ⁶ἐπίσταμαι, [14] I know, know of, understand.   ⁷ἀθέμιτος, ον, [2] illegal, unlawful, criminal, lawless.   ⁸κολλάω, [11] (lit: I glue); hence: mid. and pass: I join myself closely, cleave, adhere (to), I keep company (with), of friendly intercourse.   ⁹ἀλλόφυλος, ον, [1] foreign, of another tribe or race.   ¹⁰δείκνυμι, [31] I point out, show, exhibit; met: I teach, demonstrate, make known.   ¹¹κοινός, ή, όν, [13] (a) common, shared, (b) Hebraistic use: profane; dirty, unclean, unwashed.   ¹²ἀκάθαρτος, ον, [31] unclean, impure.   ¹³ἀναντιρρήτως, [1] without contradiction, without hesitation, promptly.   ¹⁴μεταπέμπω, [8] I send for, summon.   ¹⁵πυνθάνομαι, [12] I ask, inquire, ascertain by inquiry, understand.   ¹⁶μεταπέμπω, [8] I send for, summon.   ¹⁷τέταρτος, η, ον, [10] fourth.   ¹⁸μέχρι, [17] as far as, until, even to.   ¹⁹νηστεύω, [21] I fast, abstain from food.   ²⁰ἔνατος, η, ον, [10] ninth.   ²¹ἐσθής, ῆτος, ἡ, [8] clothing, raiment, vestment, robe.   ²²λαμπρός, ά, όν, [9] shining, magnificent, bright, splendid.   ²³εἰσακούω, [5] I hear, listen to, heed.   ²⁴προσευχή, ῆς, ἡ, [37] (a) prayer (to God), (b) a place for prayer (used by Jews, perhaps where there was no synagogue).   ²⁵ἐλεημοσύνη, ῆς, ἡ, [14] abstr: alms-giving, charity; concr: alms, charity. ²⁶μιμνήσκομαι, [23] I remember, call to mind, recall, mention.   ²⁷Ἰόππη, ης, ἡ, [10] Joppa, a coast town of Judea, west-north-west of Jerusalem.   ²⁸μετακαλέω, [4] mid: I summon to myself, send for.   ²⁹ἐπικαλέω, [32] (a) I call (name) by a supplementary (additional, alternative) name, (b) mid: I call upon, appeal to, address.   ³⁰ξενίζω, [10] (a) I entertain a stranger, (b) I startle, bewilder.   ³¹βυρσεύς, έως, ὁ, [3] a tanner.   ³²παραγίνομαι, [37] (a) I come on the scene, appear, come, (b) with words expressing destination: I present myself at, arrive at, reach. ³³ἐξαυτῆς, [6] immediately, instantly, at once.   ³⁴καλῶς, [36] well, nobly, honorably, rightly.   ³⁵παραγίνομαι, [37] (a) I come on the scene, appear, come, (b) with words expressing destination: I present myself at, arrive at, reach.   ³⁶πάρειμι, [24] I am present, am near; I have come, arrived.   ³⁷προστάσσω, [8] (a) I instruct, command, (b) I appoint, assign.

Ἐπ᾽ ἀληθείας καταλαμβάνομαι¹ ὅτι οὐκ ἔστιν προσωπολήπτης² ὁ θεός· 35 ἀλλ᾽ ἐν παντὶ ἔθνει ὁ φοβούμενος αὐτὸν καὶ ἐργαζόμενος³ δικαιοσύνην, δεκτὸς⁴ αὐτῷ ἐστιν. 36 Τὸν λόγον ὃν ἀπέστειλεν τοῖς υἱοῖς Ἰσραήλ, εὐαγγελιζόμενος εἰρήνην διὰ Ἰησοῦ χριστοῦ–οὗτός ἐστιν πάντων κύριος– 37 ὑμεῖς οἴδατε, τὸ γενόμενον ῥῆμα καθ᾽ ὅλης τῆς Ἰουδαίας,⁵ ἀρξάμενον ἀπὸ τῆς Γαλιλαίας, μετὰ τὸ βάπτισμα⁶ ὃ ἐκήρυξεν Ἰωάννης· 38 Ἰησοῦν τὸν ἀπὸ Ναζαρέτ,⁷ ὡς ἔχρισεν⁸ αὐτὸν ὁ θεὸς πνεύματι ἁγίῳ καὶ δυνάμει, ὃς διῆλθεν⁹ εὐεργετῶν¹⁰ καὶ ἰώμενος¹¹ πάντας τοὺς καταδυναστευομένους¹² ὑπὸ τοῦ διαβόλου,¹³ ὅτι ὁ θεὸς ἦν μετ᾽ αὐτοῦ. 39 Καὶ ἡμεῖς ἐσμεν μάρτυρες¹⁴ πάντων ὧν ἐποίησεν ἔν τε τῇ χώρᾳ¹⁵ τῶν Ἰουδαίων καὶ ἐν Ἰερουσαλήμ· ὃν καὶ ἀνεῖλον¹⁶ κρεμάσαντες¹⁷ ἐπὶ ξύλου.¹⁸ 40 Τοῦτον ὁ θεὸς ἤγειρεν τῇ τρίτῃ ἡμέρᾳ, καὶ ἔδωκεν αὐτὸν ἐμφανῆ¹⁹ γενέσθαι, 41 οὐ παντὶ τῷ λαῷ, ἀλλὰ μάρτυσιν¹⁴ τοῖς προκεχειροτονημένοις²⁰ ὑπὸ τοῦ θεοῦ, ἡμῖν, οἵτινες συνεφάγομεν²¹ καὶ συνεπίομεν²² αὐτῷ μετὰ τὸ ἀναστῆναι αὐτὸν ἐκ νεκρῶν. 42 Καὶ παρήγγειλεν²³ ἡμῖν κηρύξαι τῷ λαῷ, καὶ διαμαρτύρασθαι²⁴ ὅτι αὐτός ἐστιν ὁ ὡρισμένος²⁵ ὑπὸ τοῦ θεοῦ κριτὴς²⁶ ζώντων καὶ νεκρῶν. 43 Τούτῳ πάντες οἱ προφῆται μαρτυροῦσιν, ἄφεσιν²⁷ ἁμαρτιῶν λαβεῖν διὰ τοῦ ὀνόματος αὐτοῦ πάντα τὸν πιστεύοντα εἰς αὐτόν.

44 Ἔτι λαλοῦντος τοῦ Πέτρου τὰ ῥήματα ταῦτα, ἐπέπεσεν²⁸ τὸ πνεῦμα τὸ ἅγιον ἐπὶ πάντας τοὺς ἀκούοντας τὸν λόγον. 45 Καὶ ἐξέστησαν²⁹ οἱ ἐκ περιτομῆς³⁰ πιστοί, ὅσοι συνῆλθον³¹ τῷ Πέτρῳ, ὅτι καὶ ἐπὶ τὰ ἔθνη ἡ δωρεὰ³² τοῦ ἁγίου πνεύματος ἐκκέχυται.³³

---

¹καταλαμβάνομαι: PMI-1S ³ἐργαζόμενος: PNP-NSM ⁸ἔχρισεν: AAI-3S ⁹διῆλθεν: 2AAI-3S ¹⁰εὐεργετῶν: PAP-NSM ¹¹ἰώμενος: PNP-NSM ¹²καταδυναστευομένους: PPP-APM ¹⁶ἀνεῖλον: 2AAI-3P ¹⁷κρεμάσαντες: AAP-NPM ²⁰προκεχειροτονημένοις: RPP-DPM ²¹συνεφάγομεν: 2AAI-1P ²²συνεπίομεν: 2AAI-1P ²³παρήγγειλεν: AAI-3S ²⁴διαμαρτύρασθαι: ADN ²⁵ὡρισμένος: RPP-NSM ²⁸ἐπέπεσεν: 2AAI-3S ²⁹ἐξέστησαν: 2AAI-3P ³¹συνῆλθον: 2AAI-3P ³³ἐκκέχυται: RPI-3S

---

¹καταλαμβάνω, [15] (a) I seize tight hold of, arrest, catch, capture, appropriate, (b) I overtake, (c) mid. aor: I perceived, comprehended. ²προσωπολήπτης, ου, ὁ, [1] one who shows partiality. ³ἐργάζομαι, [39] I work, trade, perform, do, practice, commit, acquire by labor. ⁴δεκτός, ή, όν, [5] acceptable, accepted. ⁵Ἰουδαία, ας, ἡ, [43] Judea, a Roman province, capital Jerusalem. ⁶βάπτισμα, ατος, τό, [22] the rite or ceremony of baptism. ⁷Ναζαρέτ, ἡ, [12] Nazareth, a city of Galilee, where Jesus lived before His ministry. ⁸χρίω, [5] I anoint, consecrate by anointing. ⁹διέρχομαι, [42] I pass through, spread (as a report). ¹⁰εὐεργετέω, [1] I do good deeds, perform kind service, benefit. ¹¹ἰάομαι, [28] I heal, generally of the physical, sometimes of spiritual, disease. ¹²καταδυναστεύω, [2] I overpower, quell, treat harshly. ¹³διάβολος, ον, [38] (adj. used often as a noun), slanderous; with the article: the Slanderer (par excellence), the Devil. ¹⁴μάρτυς, υρος, ὁ, [34] a witness; an eye- or ear-witness. ¹⁵χώρα, ας, ἡ, [27] (a) a country or region, (b) the land, as opposed to the sea, (c) the country, distinct from town, (d) plur: fields. ¹⁶ἀναιρέω, [23] I take up, take away the life of, make an end of, murder. ¹⁷κρεμάννυμι, [7] I hang, hang up, suspend; mid: I am hanging, hang. ¹⁸ξύλον, ου, τό, [20] anything made of wood, a piece of wood, a club, staff; the trunk of a tree, used to support the cross-bar of a cross in crucifixion. ¹⁹ἐμφανής, ές, [2] manifest, visible, comprehended. ²⁰προχειροτονέω, [1] I choose or appoint beforehand. ²¹συνεσθίω, [5] I eat with. ²²συμπίνω, [1] I drink together with. ²³παραγγέλλω, [30] I notify, command, charge, entreat solemnly. ²⁴διαμαρτύρομαι, [15] I give solemn evidence, testify (declare) solemnly. ²⁵ὁρίζω, [8] I separate, mark off by boundaries; I determine, appoint, designate. ²⁶κριτής, ου, ὁ, [17] a judge, magistrate, ruler. ²⁷ἄφεσις, εως, ἡ, [17] a sending away, a letting go, a release, pardon, complete forgiveness. ²⁸ἐπιπίπτω, [13] I fall upon, press upon, light upon, come over. ²⁹ἐξίστημι, [17] (lit: I remove from a standing position), (a) in trans. tenses: I astonish, amaze, (b) in intrans. tenses: I am astonished, amazed; I am out of my mind, am mad. ³⁰περιτομή, ῆς, ἡ, [36] circumcision. ³¹συνέρχομαι, [32] I come or go with, accompany; I come together, assemble. ³²δωρεά, ᾶς, ἡ, [11] a (free) gift, a gift (without repayment). ³³ἐκχέω, [28] I pour out (liquid or solid); I shed, bestow liberally.

46 Ἤκουον γὰρ αὐτῶν λαλούντων γλώσσαις, καὶ μεγαλυνόντων[1] τὸν θεόν. Τότε ἀπεκρίθη ὁ Πέτρος, **47** Μήτι[2] τὸ ὕδωρ κωλῦσαι[3] δύναταί τις, τοῦ μὴ βαπτισθῆναι τούτους, οἵτινες τὸ πνεῦμα τὸ ἅγιον ἔλαβον καθὼς καὶ ἡμεῖς; **48** Προσέταξέν[4] τε αὐτοὺς βαπτισθῆναι ἐν τῷ ὀνόματι τοῦ κυρίου. Τότε ἠρώτησαν αὐτὸν ἐπιμεῖναι[5] ἡμέρας τινάς.

Jewish Brethren Rejoice that Gentiles Granted Repentance

11 Ἤκουσαν δὲ οἱ ἀπόστολοι καὶ οἱ ἀδελφοὶ οἱ ὄντες κατὰ τὴν Ἰουδαίαν[6] ὅτι καὶ τὰ ἔθνη ἐδέξαντο τὸν λόγον τοῦ θεοῦ. **2** Καὶ ὅτε ἀνέβη Πέτρος εἰς Ἱεροσόλυμα, διεκρίνοντο[7] πρὸς αὐτὸν οἱ ἐκ περιτομῆς,[8] **3** λέγοντες ὅτι Πρὸς ἄνδρας ἀκροβυστίαν[9] ἔχοντας εἰσῆλθες, καὶ συνέφαγες[10] αὐτοῖς. **4** Ἀρξάμενος δὲ ὁ Πέτρος ἐξετίθετο[11] αὐτοῖς καθεξῆς[12] λέγων, **5** Ἐγὼ ἤμην ἐν πόλει Ἰόππῃ[13] προσευχόμενος, καὶ εἶδον ἐν ἐκστάσει[14] ὅραμα,[15] καταβαῖνον σκεῦός[16] τι, ὡς ὀθόνην[17] μεγάλην τέσσαρσιν[18] ἀρχαῖς καθιεμένην[19] ἐκ τοῦ οὐρανοῦ, καὶ ἦλθεν ἄχρι ἐμοῦ· **6** εἰς ἣν ἀτενίσας[20] κατενόουν,[21] καὶ εἶδον τὰ τετράποδα[22] τῆς γῆς καὶ τὰ θηρία[23] καὶ τὰ ἑρπετὰ[24] καὶ τὰ πετεινὰ[25] τοῦ οὐρανοῦ. **7** Ἤκουσα δὲ φωνῆς λεγούσης μοι, Ἀναστάς, Πέτρε, θῦσον[26] καὶ φάγε. **8** Εἶπον δέ, Μηδαμῶς,[27] κύριε· ὅτι πᾶν κοινὸν[28] ἢ ἀκάθαρτον[29] οὐδέποτε[30] εἰσῆλθεν εἰς τὸ στόμα μου. **9** Ἀπεκρίθη δέ μοι φωνὴ ἐκ δευτέρου[31] ἐκ τοῦ οὐρανοῦ, Ἃ ὁ θεὸς ἐκαθάρισεν,[32] σὺ μὴ κοίνου.[33] **10** Τοῦτο δὲ ἐγένετο ἐπὶ τρίς,[34] καὶ πάλιν ἀνεσπάσθη[35] ἅπαντα[36] εἰς τὸν οὐρανόν. **11** Καὶ ἰδού, ἐξαυτῆς[37] τρεῖς ἄνδρες ἐπέστησαν[38] ἐπὶ τὴν οἰκίαν ἐν ᾗ

---

[1]μεγαλυνόντων: PAP-GPM   [3]κωλῦσαι: AAN   [4]Προσέταξέν: AAI-3S   [5]ἐπιμεῖναι: AAN   [7]διεκρίνοντο: IMI-3P   [10]συνέφαγες: 2AAI-2S   [11]ἐξετίθετο: IMI-3S   [19]καθιεμένην: PPP-ASF   [20]ἀτενίσας: AAP-NSM   [21]κατενόουν: IAI-1S   [26]θῦσον: AAM-2S   [32]ἐκαθάρισεν: AAI-3S   [33]κοίνου: PAM-2S   [35]ἀνεσπάσθη: API-3S   [38]ἐπέστησαν: 2AAI-3P

---

[1]μεγαλύνω, [8] (a) I enlarge, lengthen, (b) I increase, magnify, extol.   [2]μήτι, [16] if not, unless, whether at all.   [3]κωλύω, [23] I prevent, debar, hinder; with infin: from doing so and so.   [4]προστάσσω, [8] (a) I instruct, command, (b) I appoint, assign.   [5]ἐπιμένω, [17] (a) I remain, tarry, (b) I remain in, persist in.   [6]Ἰουδαία, ας, ἡ, [43] Judea, a Roman province, capital Jerusalem.   [7]διακρίνω, [19] I separate, distinguish, discern one thing from another; I doubt, hesitate, waver.   [8]περιτομή, ῆς, ἡ, [36] circumcision.   [9]ἀκροβυστία, ας, ἡ, [20] (a technical word of Jewish use) foreskin, prepuce: used sometimes as a slang term by Jews, of Gentiles.   [10]συνεσθίω, [5] I eat with.   [11]ἐκτίθημι, [4] (a) I put out or expose a child, (b) mid: I set forth, expound, explain.   [12]καθεξῆς, [5] in order, in succession, in the time immediately after, just after.   [13]Ἰόππη, ης, ἡ, [10] Joppa, a coast town of Judea, west-north-west of Jerusalem.   [14]ἔκστασις, εως, ἡ, [7] (properly: distraction or disturbance of mind caused by shock), bewilderment, amazement; a trance.   [15]ὅραμα, ατος, τό, [12] a spectacle, vision, that which is seen.   [16]σκεῦος, ους, τό, [23] a vessel to contain liquid; a vessel of mercy or wrath; any instrument by which anything is done; a household utensil; of ships: tackle.   [17]ὀθόνη, ης, ἡ, [2] a linen cloth, a sheet, sail.   [18]τέσσαρες, τέσσαρα, [41] four.   [19]καθίημι, [4] I send, let down, lower.   [20]ἀτενίζω, [14] I direct my gaze, look steadily.   [21]κατανοέω, [14] I take note of, perceive, consider carefully, discern, detect, make account of.   [22]τετράπους, ουν, [3] four-footed.   [23]θηρίον, ου, τό, [46] properly: a wild beast, hence: any animal; met: a brute.   [24]ἑρπετόν, οῦ, τό, [4] a creeping creature, reptile, especially a serpent.   [25]πετεινόν, οῦ, τό, [14] a bird, fowl.   [26]θύω, [14] I sacrifice, generally an animal; hence: I kill.   [27]μηδαμῶς, [2] by no means, not at all.   [28]κοινός, ή, όν, [13] (a) common, shared, (b) Hebraistic use: profane; dirty, unclean, unwashed.   [29]ἀκάθαρτος, ον, [31] unclean, impure.   [30]οὐδέποτε, [16] never.   [31]δεύτερος, α, ον, [44] second; with the article: in the second place, for the second time.   [32]καθαρίζω, [30] I cleanse, make clean, literally, ceremonially, or spiritually, according to context.   [33]κοινόω, [14] I make unclean, pollute, desecrate, mid: I regard (treat) as unclean.   [34]τρίς, [12] three times.   [35]ἀνασπάω, [2] I drag up, pull up, draw up, draw out.   [36]ἅπας, ασα, αν, [39] all, the whole, altogether.   [37]ἐξαυτῆς, [6] immediately, instantly, at once.   [38]ἐφίστημι, [21] I stand by, am urgent, befall one (as of evil), am at hand, impend.

ἤμην, ἀπεσταλμένοι ἀπὸ Καισαρείας¹ πρός με. 12 Εἶπεν δέ μοι τὸ πνεῦμα συνελθεῖν²
αὐτοῖς, μηδὲν διακρινόμενον.³ ῏Ηλθον δὲ σὺν ἐμοὶ καὶ οἱ ἓξ⁴ ἀδελφοὶ οὗτοι, καὶ
εἰσήλθομεν εἰς τὸν οἶκον τοῦ ἀνδρός· 13 ἀπήγγειλέν⁵ τε ἡμῖν πῶς εἶδεν τὸν ἄγγελον
ἐν τῷ οἴκῳ αὐτοῦ σταθέντα, καὶ εἰπόντα αὐτῷ, Ἀπόστειλον εἰς Ἰόππην⁶ ἄνδρας, καὶ
μετάπεμψαι⁷ Σίμωνα, τὸν ἐπικαλούμενον⁸ Πέτρον, 14 ὃς λαλήσει ῥήματα πρός σε,
ἐν οἷς σωθήσῃ σὺ καὶ πᾶς ὁ οἶκός σου. 15 Ἐν δὲ τῷ ἄρξασθαί με λαλεῖν, ἐπέπεσεν⁹
τὸ πνεῦμα τὸ ἅγιον ἐπ᾽ αὐτούς, ὥσπερ¹⁰ καὶ ἐφ᾽ ἡμᾶς ἐν ἀρχῇ. 16 Ἐμνήσθην¹¹ δὲ τοῦ
ῥήματος κυρίου, ὡς ἔλεγεν, Ἰωάννης μὲν ἐβάπτισεν ὕδατι, ὑμεῖς δὲ βαπτισθήσεσθε
ἐν πνεύματι ἁγίῳ. 17 Εἰ οὖν τὴν ἴσην¹² δωρεὰν¹³ ἔδωκεν αὐτοῖς ὁ θεὸς ὡς καὶ ἡμῖν,
πιστεύσασιν ἐπὶ τὸν κύριον Ἰησοῦν χριστόν, ἐγὼ δὲ τίς ἤμην δυνατὸς¹⁴ κωλῦσαι¹⁵ τὸν
θεόν; 18 Ἀκούσαντες δὲ ταῦτα ἡσύχασαν,¹⁶ καὶ ἐδόξαζον τὸν θεόν, λέγοντες, Ἄρα¹⁷ γε¹⁸
καὶ τοῖς ἔθνεσιν ὁ θεὸς τὴν μετάνοιαν¹⁹ ἔδωκεν εἰς ζωήν.

The Establishment of the Congregation at Antioch

19 Οἱ μὲν οὖν διασπαρέντες²⁰ ἀπὸ τῆς θλίψεως²¹ τῆς γενομένης ἐπὶ Στεφάνῳ
διῆλθον²² ἕως Φοινίκης²³ καὶ Κύπρου²⁴ καὶ Ἀντιοχείας,²⁵ μηδενὶ λαλοῦντες τὸν
λόγον εἰ μὴ μόνον Ἰουδαίοις. 20 ῏Ησαν δέ τινες ἐξ αὐτῶν ἄνδρες Κύπριοι²⁶ καὶ
Κυρηναῖοι,²⁷ οἵτινες εἰσελθόντες εἰς Ἀντιόχειαν,²⁵ ἐλάλουν πρὸς τοὺς Ἑλληνιστάς,²⁸
εὐαγγελιζόμενοι τὸν κύριον Ἰησοῦν. 21 Καὶ ἦν χεὶρ κυρίου μετ᾽ αὐτῶν· πολύς τε
ἀριθμὸς²⁹ πιστεύσας ἐπέστρεψεν³⁰ ἐπὶ τὸν κύριον. 22 Ἠκούσθη δὲ ὁ λόγος εἰς τὰ
ὦτα³¹ τῆς ἐκκλησίας τῆς ἐν Ἰεροσολύμοις περὶ αὐτῶν· καὶ ἐξαπέστειλαν³² Βαρνάβαν

---

²συνελθεῖν: 2AAN   ³διακρινόμενον: PMP-ASM   ⁵ἀπήγγειλέν: AAI-3S   ⁷μετάπεμψαι: ADM-2S   ⁸ἐπικαλούμενον:
PPP-ASM   ⁹ἐπέπεσεν: 2AAI-3S   ¹¹Ἐμνήσθην: API-1S   ¹⁵κωλῦσαι: AAN   ¹⁶ἡσύχασαν: AAI-3P   ²⁰διασπαρέντες:
2APP-NPM   ²²διῆλθον: 2AAI-3P   ³⁰ἐπέστρεψεν: AAI-3S   ³²ἐξαπέστειλαν: AAI-3P

---

¹Καισάρεια, ας, ἡ, [17] Two cities of Palestine: one in Galilee (Caesarea Philippi), the other on the coast of the
Mediterranean.   ²συνέρχομαι, [32] I come or go with, accompany; I come together, assemble.   ³διακρίνω,
[19] I separate, distinguish, discern one thing from another; I doubt, hesitate, waver.   ⁴ἕξ, οἱ, αἱ, τά, [13]
six.   ⁵ἀπαγγέλλω, [44] I report (from one place to another), bring a report, announce, declare.   ⁶Ἰόππη, ης,
ἡ, [10] Joppa, a coast town of Judea, west-north-west of Jerusalem.   ⁷μεταπέμπω, [8] I send for, summon.
⁸ἐπικαλέω, [32] (a) I call (name) by a supplementary (additional, alternative) name, (b) mid: I call upon, appeal
to, address.   ⁹ἐπιπίπτω, [13] I fall upon, press upon, light upon, come over.   ¹⁰ὥσπερ, [42] just as, as, even as.
¹¹μιμνήσκομαι, [23] I remember, call to mind, recall, mention.   ¹²ἴσος, η, ον, [8] equal, equivalent, identical.
¹³δωρεά, ᾶς, ἡ, [11] a (free) gift, a gift (without repayment).   ¹⁴δυνατός, ή, όν, [36] (a) of persons: powerful, able,
(b) of things: possible.   ¹⁵κωλύω, [23] I prevent, debar, hinder; with infin: from doing so and so.   ¹⁶ἡσυχάζω,
[5] I rest from work, cease from altercation, am silent, live quietly.   ¹⁷ἄρα, [35] then, therefore, since.   ¹⁸γε, [15]
an enclitic, emphasizing particle: at least, indeed, really, but generally too subtle to be represented in English.
¹⁹μετάνοια, ας, ἡ, [24] repentance, a change of mind, change in the inner man.   ²⁰διασπείρω, [3] I scatter (like
seed), disperse.   ²¹θλῖψις, εως, ἡ, [45] persecution, affliction, distress, tribulation.   ²²διέρχομαι, [42] I pass
through, spread (as a report).   ²³Φοινίκη, ης, ἡ, [3] Phoenicia, a northern coast strip of the Roman province
Syria.   ²⁴Κύπρος, ου, ἡ, [5] Cyprus.   ²⁵Ἀντιόχεια, ας, ἡ, [18] Antioch, (a) Antioch on the river Orontes,
capital of the Province Syria, (b) "Pisidian" Antioch, not in Pisidia, but near Pisidia, in the Roman Province
Galatia.   ²⁶Κύπριος, ου, ὁ, [3] a Cypriote, belonging to Cyprus.   ²⁷Κυρηναῖος, ου, ὁ, [6] belonging to Cyrene,
a Cyrenaean.   ²⁸Ἑλληνιστής, ου, ὁ, [3] a Hellenist, Grecian Jew, a Greek-speaking Jew, that is one who can
speak Greek only and not Hebrew (or Aramaic).   ²⁹ἀριθμός, οῦ, ὁ, [19] a number, total.   ³⁰ἐπιστρέφω, [37]
(a) trans: I turn (back) to (towards), (b) intrans: I turn (back) (to [towards]); I come to myself.   ³¹οὖς, ὠτός,
τό, [37] (a) the ear, (b) met: the faculty of perception.   ³²ἐξαποστέλλω, [11] I send away, send forth (a person
qualified for a task).

διελθεῖν¹ ἕως Ἀντιοχείας· ² 23 ὃς παραγενόμενος³ καὶ ἰδὼν τὴν χάριν τοῦ θεοῦ ἐχάρη, καὶ παρεκάλει πάντας τῇ προθέσει⁴ τῆς καρδίας προσμένειν⁵ τῷ κυρίῳ· 24 ὅτι ἦν ἀνὴρ ἀγαθὸς καὶ πλήρης⁶ πνεύματος ἁγίου καὶ πίστεως· καὶ προσετέθη⁷ ὄχλος ἱκανὸς⁸ τῷ κυρίῳ. 25 Ἐξῆλθεν δὲ εἰς Ταρσὸν⁹ ὁ Βαρνάβας ἀναζητῆσαι¹⁰ Σαῦλον, 26 καὶ εὑρὼν ἤγαγεν αὐτὸν εἰς Ἀντιόχειαν.² Ἐγένετο δὲ αὐτοὺς ἐνιαυτὸν¹¹ ὅλον συναχθῆναι τῇ ἐκκλησίᾳ καὶ διδάξαι ὄχλον ἱκανόν,⁸ χρηματίσαι¹² τε πρῶτον ἐν Ἀντιοχείᾳ² τοὺς μαθητὰς Χριστιανούς.¹³

27 Ἐν ταύταις δὲ ταῖς ἡμέραις κατῆλθον¹⁴ ἀπὸ Ἱεροσολύμων προφῆται εἰς Ἀντιόχειαν.² 28 Ἀναστὰς δὲ εἷς ἐξ αὐτῶν ὀνόματι Ἄγαβος, ἐσήμανεν¹⁵ διὰ τοῦ πνεύματος λιμὸν¹⁶ μέγαν μέλλειν ἔσεσθαι ἐφ' ὅλην τὴν οἰκουμένην·¹⁷ ὅστις καὶ ἐγένετο ἐπὶ Κλαυδίου Καίσαρος.¹⁸ 29 Τῶν δὲ μαθητῶν καθὼς εὐπορεῖτό¹⁹ τις, ὥρισαν²⁰ ἕκαστος αὐτῶν εἰς διακονίαν²¹ πέμψαι τοῖς κατοικοῦσιν²² ἐν τῇ Ἰουδαίᾳ²³ ἀδελφοῖς· 30 ὃ καὶ ἐποίησαν, ἀποστείλαντες πρὸς τοὺς πρεσβυτέρους διὰ χειρὸς Βαρνάβα καὶ Σαύλου.

Herod Persecutes the Church at Jerusalem and is Punished by God

12 Κατ' ἐκεῖνον δὲ τὸν καιρὸν ἐπέβαλεν²⁴ Ἡρῴδης ὁ βασιλεὺς τὰς χεῖρας κακῶσαί²⁵ τινας τῶν ἀπὸ τῆς ἐκκλησίας. 2 Ἀνεῖλεν²⁶ δὲ Ἰάκωβον τὸν ἀδελφὸν Ἰωάννου μαχαίρᾳ.²⁷ 3 Καὶ ἰδὼν ὅτι ἀρεστόν²⁸ ἐστιν τοῖς Ἰουδαίοις, προσέθετο²⁹

---

¹διελθεῖν: 2AAN ³παραγενόμενος: 2ADP-NSM ⁵προσμένειν: PAN ⁷προσετέθη: API-3S ¹⁰ἀναζητῆσαι: AAN ¹²χρηματίσαι: AAN ¹⁴κατῆλθον: 2AAI-3P ¹⁵ἐσήμανεν: AAI-3S ¹⁹εὐπορεῖτό: IMI-3S ²⁰ὥρισαν: AAI-3P ²²κατοικοῦσιν: PAP-DPM ²⁴ἐπέβαλεν: 2AAI-3S ²⁵κακῶσαί: AAN ²⁶Ἀνεῖλεν: 2AAI-3S ²⁹προσέθετο: 2AMI-3S

---

¹διέρχομαι, [42] I pass through, spread (as a report). ²Ἀντιόχεια, ας, ἡ, [18] Antioch, (a) Antioch on the river Orontes, capital of the Province Syria, (b) "Pisidian" Antioch, not in Pisidia, but near Pisidia, in the Roman Province Galatia. ³παραγίνομαι, [37] (a) I come on the scene, appear, come, (b) with words expressing destination: I present myself at, arrive at, reach. ⁴πρόθεσις, εως, ἡ, [12] a setting forth, the show-bread; predetermination, purpose. ⁵προσμένω, [6] I remain; I abide in, remain in, persist in, adhere to. ⁶πλήρης, ες, [17] full, abounding in, complete, completely occupied with. ⁷προστίθημι, [18] I place (put) to, add; I do again. ⁸ἱκανός, ή, όν, [41] (a) considerable, sufficient, of number, quantity, time, (b) of persons: sufficiently strong (good, etc.), worthy, suitable, with various constructions, (c) many, much. ⁹Ταρσός, οῦ, ἡ, [3] Tarsus, the capital of the Roman province Cilicia. ¹⁰ἀναζητέω, [2] I seek out, search for (implying the difficulty of the task). ¹¹ἐνιαυτός, οῦ, ὁ, [14] a year, cycle of time. ¹²χρηματίζω, [9] (originally: I transact business), (a) act. of God: I warn; pass: I am warned by God (probably in response to an inquiry as to one's duty), (b) (I take a name from my public business, hence) I receive a name, am publicly called. ¹³Χριστιανός, οῦ, ὁ, [3] a Christian. ¹⁴κατέρχομαι, [13] I come down from sky to earth, or from high land to lower land (or to the coast), or from the high seas to the shore. ¹⁵σημαίνω, [6] I signify, indicate, give a sign, make known. ¹⁶λιμός, οῦ, ὁ, ἡ, [12] a famine, hunger. ¹⁷οἰκουμένη, ης, ἡ, [16] (properly: the land that is being inhabited, the land in a state of habitation), the inhabited world, that is, the Roman world, for all outside it was regarded as of no account. ¹⁸Καῖσαρ, αρος, ὁ, [30] Caesar, a surname of the gens Iulia, which became practically synonymous with the Emperor for the time being; in the Gospels it always refers to Tiberias. ¹⁹εὐπορέω, [1] I have means, am prosperous, enjoy plenty. ²⁰ὁρίζω, [8] I separate, mark off by boundaries; I determine, appoint, designate. ²¹διακονία, ας, ἡ, [34] waiting at table; in a wider sense: service, ministration. ²²κατοικέω, [45] I dwell in, settle in, am established in (permanently), inhabit. ²³Ἰουδαία, ας, ἡ, [43] Judea, a Roman province, capital Jerusalem. ²⁴ἐπιβάλλω, [18] (a) I throw upon, cast over, (b) I place upon, (c) I lay, (d) intrans: I strike upon, rush. ²⁵κακόω, [6] I treat badly, afflict, embitter, make angry. ²⁶ἀναιρέω, [23] I take up, take away the life of, make an end of, murder. ²⁷μάχαιρα, ας, ἡ, [29] a sword. ²⁸ἀρεστός, ή, όν, [4] pleasing, satisfactory, acceptable. ²⁹προστίθημι, [18] I place (put) to, add; I do again.

συλλαβεῖν¹ καὶ Πέτρον–ἦσαν δὲ αἱ ἡμέραι τῶν ἀζύμων² – 4 ὃν καὶ πιάσας³ ἔθετο εἰς φυλακήν,⁴ παραδοὺς τέσσαρσιν⁵ τετραδίοις⁶ στρατιωτῶν⁷ φυλάσσειν⁸ αὐτόν, βουλόμενος⁹ μετὰ τὸ Πάσχα¹⁰ ἀναγαγεῖν¹¹ αὐτὸν τῷ λαῷ. 5 Ὁ μὲν οὖν Πέτρος ἐτηρεῖτο ἐν τῇ φυλακῇ· ⁴ προσευχὴ¹² δὲ ἦν ἐκτενὴς¹³ γινομένη ὑπὸ τῆς ἐκκλησίας πρὸς τὸν θεὸν ὑπὲρ αὐτοῦ. 6 Ὅτε δὲ ἔμελλεν αὐτὸν προάγειν¹⁴ ὁ Ἡρῴδης, τῇ νυκτὶ ἐκείνῃ ἦν ὁ Πέτρος κοιμώμενος¹⁵ μεταξὺ¹⁶ δύο στρατιωτῶν,⁷ δεδεμένος¹⁷ ἁλύσεσιν¹⁸ δυσίν· φύλακές¹⁹ τε πρὸ²⁰ τῆς θύρας²¹ ἐτήρουν τὴν φυλακήν.⁴ 7 Καὶ ἰδού, ἄγγελος κυρίου ἐπέστη,²² καὶ φῶς ἔλαμψεν²³ ἐν τῷ οἰκήματι·²⁴ πατάξας²⁵ δὲ τὴν πλευρὰν²⁶ τοῦ Πέτρου, ἤγειρεν αὐτὸν λέγων, Ἀνάστα ἐν τάχει.²⁷ Καὶ ἐξέπεσον²⁸ αὐτοῦ αἱ ἁλύσεις¹⁸ ἐκ τῶν χειρῶν. 8 Εἶπέν τε ὁ ἄγγελος πρὸς αὐτόν, Περίζωσαι²⁹ καὶ ὑπόδησαι³⁰ τὰ σανδάλιά³¹ σου. Ἐποίησεν δὲ οὕτως. Καὶ λέγει αὐτῷ, Περιβαλοῦ³² τὸ ἱμάτιόν σου, καὶ ἀκολούθει μοι. 9 Καὶ ἐξελθὼν ἠκολούθει αὐτῷ· καὶ οὐκ ᾔδει ὅτι ἀληθές³³ ἐστιν τὸ γινόμενον διὰ τοῦ ἀγγέλου, ἐδόκει δὲ ὅραμα³⁴ βλέπειν. 10 Διελθόντες³⁵ δὲ πρώτην φυλακὴν⁴ καὶ δευτέραν,³⁶ ἦλθον ἐπὶ τὴν πύλην³⁷ τὴν σιδηρᾶν,³⁸ τὴν φέρουσαν εἰς τὴν πόλιν, ἥτις αὐτομάτη³⁹ ἠνοίχθη αὐτοῖς· καὶ ἐξελθόντες προῆλθον⁴⁰ ῥύμην⁴¹ μίαν, καὶ εὐθέως ἀπέστη⁴² ὁ ἄγγελος ἀπ᾽ αὐτοῦ.

---

¹συλλαβεῖν: 2AAN ³πιάσας: AAP-NSM ⁸φυλάσσειν: PAN ⁹βουλόμενος: PNP-NSM ¹¹ἀναγαγεῖν: 2AAN ¹⁴προάγειν: PAN ¹⁵κοιμώμενος: PPP-NSM ¹⁷δεδεμένος: RPP-NSM ²²ἐπέστη: 2AAI-3S ²³ἔλαμψεν: AAI-3S ²⁵πατάξας: AAP-NSM ²⁸ἐξέπεσον: 2AAI-3P ²⁹Περίζωσαι: AMM-2S ³⁰ὑπόδησαι: AMM-2S ³²Περιβαλοῦ: 2AMM-2S ³⁵Διελθόντες: 2AAP-NPM ⁴⁰προῆλθον: 2AAI-3P ⁴²ἀπέστη: 2AAI-3S

---

¹συλλαμβάνω, [16] I seize, apprehend, assist, conceive, become pregnant. ²ἄζυμος, ον, [9] unleavened, the paschal feast (a feast of the Hebrews); fig: uncorrupted, sincere. ³πιάζω, [12] I lay hold of, apprehend, catch, arrest. ⁴φυλακή, ῆς, ἡ, [47] a watching, keeping guard; a guard, prison; imprisonment. ⁵τέσσαρες, τέσσαρα, [41] four. ⁶τετράδιον, ου, τό, [1] a quaternion, a group of four soldiers. ⁷στρατιώτης, ου, ὁ, [26] a soldier. ⁸φυλάσσω, [30] (a) I guard, protect; mid: I am on my guard, (b) act. and mid. of customs and regulations: I keep, observe. ⁹βούλομαι, [34] I will, intend, desire, wish. ¹⁰πάσχα, τό, [29] the feast of Passover, the Passover lamb. ¹¹ἀνάγω, [23] I lead up, bring up, offer, product, put to sea, set sail. ¹²προσευχή, ῆς, ἡ, [37] (a) prayer (to God), (b) a place for prayer (used by Jews, perhaps where there was no synagogue). ¹³ἐκτενής, ές, [2] intent, constant, strenuous, intense; met: earnest, zealous. ¹⁴προάγω, [18] (a) trans: I lead forth; in the judicial sense, into court, (b) intrans. and trans: I precede, go before, (c) intrans: I go too far. ¹⁵κοιμάομαι, [18] I fall asleep, am asleep, sometimes of the sleep of death. ¹⁶μεταξύ, [9] meanwhile, afterwards, between. ¹⁷δέω, [44] I bind, tie, fasten; I impel, compel; I declare to be prohibited and unlawful. ¹⁸ἅλυσις, εως, ἡ, [11] a (light) chain, bond. ¹⁹φύλαξ, ακός, ὁ, [3] a guard, keeper, sentinel. ²⁰πρό, [47] (a) of place: before, in front of, (b) of time: before, earlier than. ²¹θύρα, ας, ἡ, [39] (a) a door, (b) met: an opportunity. ²²ἐφίστημι, [21] I stand by, am urgent, befall one (as of evil), am at hand, impend. ²³λάμπω, [7] I shine, give light. ²⁴οἴκημα, ατος, τό, [1] a prison cell. ²⁵πατάσσω, [10] I smite, strike (as with a sword), smite to death, afflict. ²⁶πλευρά, ᾶς, ἡ, [5] the side of the body. ²⁷τάχος, ους, τό, [7] quickness, speed; hastily, immediately. ²⁸ἐκπίπτω, [12] I fall out, fall off, fall away; hence in nautical language: I fall off from the straight course; of flowers: I fade away, wither away; I fall from, lose, forfeit; I am cast ashore; I am fruitless. ²⁹περιζώννυμι, [7] I gird round; mid: I gird myself, generally for active work or travel. ³⁰ὑποδέω, [3] (lit: I bind under), mid: I put on my feet, pass: I am shod. ³¹σανδάλιον, ου, τό, [2] a sandal. ³²περιβάλλω, [24] I cast around, wrap a garment about, put on; hence mid: I put on to myself, clothe myself, dress; I draw (a line). ³³ἀληθής, ές, [25] unconcealed, true, true in fact, worthy of credit, truthful. ³⁴ὅραμα, ατος, τό, [12] a spectacle, vision, that which is seen. ³⁵διέρχομαι, [42] I pass through, spread (as a report). ³⁶δεύτερος, α, ον, [44] second; with the article: in the second place, for the second time. ³⁷πύλη, ης, ἡ, [10] a gate. ³⁸σιδήρεος, έα, εον, [5] made of iron. ³⁹αὐτόματος, η, ον, [2] of its own accord. ⁴⁰προέρχομαι, [5] I go forward, go on, advance; I go before, precede. ⁴¹ῥύμη, ης, ἡ, [4] a narrow street or lane in a town or city. ⁴²ἀφίστημι, [15] I make to stand away, draw away, repel, take up a position away from, withdraw from, leave, abstain from.

11 Καὶ ὁ Πέτρος, γενόμενος ἐν ἑαυτῷ, εἶπεν, Νῦν οἶδα ἀληθῶς¹ ὅτι ἐξαπέστειλεν² κύριος τὸν ἄγγελον αὐτοῦ, καὶ ἐξείλετό³ με ἐκ χειρὸς Ἡρῴδου καὶ πάσης τῆς προσδοκίας⁴ τοῦ λαοῦ τῶν Ἰουδαίων. 12 Συνιδών⁵ τε ἦλθεν ἐπὶ τὴν οἰκίαν Μαρίας τῆς μητρὸς Ἰωάννου τοῦ ἐπικαλουμένου⁶ Μάρκου, οὗ⁷ ἦσαν ἱκανοὶ⁸ συνηθροισμένοι⁹ καὶ προσευχόμενοι. 13 Κρούσαντος¹⁰ δὲ τοῦ Πέτρου τὴν θύραν¹¹ τοῦ πυλῶνος,¹² προσῆλθεν παιδίσκη¹³ ὑπακοῦσαι,¹⁴ ὀνόματι Ῥόδη. 14 Καὶ ἐπιγνοῦσα¹⁵ τὴν φωνὴν τοῦ Πέτρου, ἀπὸ τῆς χαρᾶς οὐκ ἤνοιξεν τὸν πυλῶνα,¹² εἰσδραμοῦσα¹⁶ δὲ ἀπήγγειλεν¹⁷ ἑστάναι τὸν Πέτρον πρὸ¹⁸ τοῦ πυλῶνος.¹² 15 Οἱ δὲ πρὸς αὐτὴν εἶπον, Μαίνῃ.¹⁹ Ἡ δὲ διϊσχυρίζετο²⁰ οὕτως ἔχειν. Οἱ δὲ ἔλεγον, Ὁ ἄγγελος αὐτοῦ ἐστιν. 16 Ὁ δὲ Πέτρος ἐπέμενεν²¹ κρούων·²² ἀνοίξαντες δὲ εἶδον αὐτόν, καὶ ἐξέστησαν.²³ 17 Κατασείσας²⁴ δὲ αὐτοῖς τῇ χειρὶ σιγᾶν,²⁵ διηγήσατο²⁶ αὐτοῖς πῶς ὁ κύριος αὐτὸν ἐξήγαγεν²⁷ ἐκ τῆς φυλακῆς.²⁸ Εἶπεν δέ, Ἀπαγγείλατε²⁹ Ἰακώβῳ καὶ τοῖς ἀδελφοῖς ταῦτα. Καὶ ἐξελθὼν ἐπορεύθη εἰς ἕτερον τόπον. 18 Γενομένης δὲ ἡμέρας, ἦν τάραχος³⁰ οὐκ ὀλίγος³¹ ἐν τοῖς στρατιώταις,³² τί ἄρα³³ ὁ Πέτρος ἐγένετο. 19 Ἡρῴδης δὲ ἐπιζητήσας³⁴ αὐτὸν καὶ μὴ

---

²ἐξαπέστειλεν: AAI-3S   ³ἐξείλετό: 2AMI-3S   ⁵Συνιδών: 2AAP-NSM   ⁶ἐπικαλουμένου: PPP-GSM   ⁹συνηθροισμένοι: RPP-NPM   ¹⁰Κρούσαντος: AAP-GSM   ¹⁴ὑπακοῦσαι: AAN   ¹⁵ἐπιγνοῦσα: 2AAP-NSF   ¹⁶εἰσδραμοῦσα: 2AAP-NSF   ¹⁷ἀπήγγειλεν: AAI-3S   ¹⁹Μαίνῃ: PNI-2S   ²⁰διϊσχυρίζετο: INI-3S   ²¹ἐπέμενεν: IAI-3S   ²²κρούων: PAP-NSM   ²³ἐξέστησαν: 2AAI-3P   ²⁴Κατασείσας: AAP-NSM   ²⁵σιγᾶν: PAN   ²⁶διηγήσατο: ADI-3S   ²⁷ἐξήγαγεν: 2AAI-3S   ²⁹Ἀπαγγείλατε: AAM-2P   ³⁴ἐπιζητήσας: AAP-NSM

---

¹ἀληθῶς, [21] truly, really, certainly, surely.   ²ἐξαποστέλλω, [11] I send away, send forth (a person qualified for a task).   ³ἐξαιρέω, [8] I take out, remove; sometimes (mid): I choose, sometimes: I rescue.   ⁴προσδοκία, ας, ἡ, [2] expectation, waiting.   ⁵σύνοιδα, [4] I know, consider, am privy to.   ⁶ἐπικαλέω, [32] (a) I call (name) by a supplementary (additional, alternative) name, (b) mid: I call upon, appeal to, address.   ⁷οὗ, [23] where, whither, when, in what place.   ⁸ἱκανός, ή, όν, [41] (a) considerable, sufficient, of number, quantity, time, (b) of persons: sufficiently strong (good, etc.), worthy, suitable, with various constructions, (c) many, much.   ⁹συναθροίζω, [3] I gather together, assemble.   ¹⁰κρούω, [9] I knock, beat a door with a stick, to gain admittance.   ¹¹θύρα, ας, ἡ, [39] (a) a door, (b) met: an opportunity.   ¹²πυλών, ῶνος, ὁ, [18] a large gate; a gateway, porch, vestibule.   ¹³παιδίσκη, ης, ἡ, [13] a female slave, maidservant, maid, young girl.   ¹⁴ὑπακούω, [21] I listen, hearken to, obey, answer.   ¹⁵ἐπιγινώσκω, [42] I come to know by directing my attention to him or it, I perceive, discern, recognize; aor: I found out.   ¹⁶εἰστρέχω, [1] I run in, run into.   ¹⁷ἀπαγγέλλω, [44] I report (from one place to another), bring a report, announce, declare.   ¹⁸πρό, [47] (a) of place: before, in front of, (b) of time: before, earlier than.   ¹⁹μαίνομαι, [5] I am raving mad, speak as a madman.   ²⁰διϊσχυρίζομαι, [2] I assert emphatically, lean upon.   ²¹ἐπιμένω, [17] (a) I remain, tarry, (b) I remain in, persist in.   ²²κρούω, [9] I knock, beat a door with a stick, to gain admittance.   ²³ἐξίστημι, [17] (lit: I remove from a standing position), (a) in trans. tenses: I astonish, amaze, (b) in intrans. tenses: I am astonished, amazed; I am out of my mind, am mad.   ²⁴κατασείω, [4] I shake (the hand) up and down, wave; intrans: I beckon for silence.   ²⁵σιγάω, [9] intrans: I am silent, keep silence; trans: I keep secret; pass: I am kept secret.   ²⁶διηγέομαι, [8] I relate in full, describe, narrate.   ²⁷ἐξάγω, [13] I lead out, sometimes to death, execution.   ²⁸φυλακή, ῆς, ἡ, [47] a watching, keeping guard; a guard, prison; imprisonment.   ²⁹ἀπαγγέλλω, [44] I report (from one place to another), bring a report, announce, declare.   ³⁰τάραχος, ου, ὁ, [2] a disturbance, commotion, trouble.   ³¹ὀλίγος, η, ον, [43] (a) especially in plur: few, (b) in sing: small; hence, of time: short, of degree: light, slight, little.   ³²στρατιώτης, ου, ὁ, [26] a soldier.   ³³ἄρα, [19] a particle asking a question, to which a negative answer is expected.   ³⁴ἐπιζητέω, [15] I seek after, desire, search for, make inquiries about.

εὑρών, ἀνακρίνας¹ τοὺς φύλακας,² ἐκέλευσεν³ ἀπαχθῆναι.⁴ Καὶ κατελθὼν⁵ ἀπὸ τῆς Ἰουδαίας⁶ εἰς τὴν Καισάρειαν⁷ διέτριβεν.⁸

20 Ἦν δὲ ὁ Ἡρῴδης θυμομαχῶν⁹ Τυρίοις¹⁰ καὶ Σιδωνίοις·¹¹ ὁμοθυμαδὸν¹² δὲ παρῆσαν¹³ πρὸς αὐτόν, καὶ πείσαντες Βλάστον τὸν ἐπὶ τοῦ κοιτῶνος¹⁴ τοῦ βασιλέως, ᾐτοῦντο εἰρήνην, διὰ τὸ τρέφεσθαι¹⁵ αὐτῶν τὴν χώραν¹⁶ ἀπὸ τῆς βασιλικῆς.¹⁷ **21** Τακτῇ¹⁸ δὲ ἡμέρᾳ ὁ Ἡρῴδης ἐνδυσάμενος¹⁹ ἐσθῆτα²⁰ βασιλικήν,¹⁷ καὶ καθίσας²¹ ἐπὶ τοῦ βήματος,²² ἐδημηγόρει²³ πρὸς αὐτούς. **22** Ὁ δὲ δῆμος²⁴ ἐπεφώνει,²⁵ Φωνὴ θεοῦ καὶ οὐκ ἀνθρώπου. **23** Παραχρῆμα²⁶ δὲ ἐπάταξεν²⁷ αὐτὸν ἄγγελος κυρίου, ἀνθ᾽²⁸ ὧν οὐκ ἔδωκεν δόξαν τῷ θεῷ· καὶ γενόμενος σκωληκόβρωτος,²⁹ ἐξέψυξεν.³⁰

24 Ὁ δὲ λόγος τοῦ θεοῦ ηὔξανεν³¹ καὶ ἐπληθύνετο.³²

25 Βαρνάβας δὲ καὶ Σαῦλος ὑπέστρεψαν³³ εἰς Ἰερουσαλήμ, πληρώσαντες τὴν διακονίαν,³⁴ συμπαραλαβόντες³⁵ καὶ Ἰωάννην τὸν ἐπικληθέντα³⁶ Μάρκον.

Paul and Barnabas on the Island of Cyprus

13 Ἦσαν δέ τινες ἐν Ἀντιοχείᾳ³⁷ κατὰ τὴν οὖσαν ἐκκλησίαν προφῆται καὶ διδάσκαλοι, ὅ τε Βαρνάβας καὶ Συμεὼν ὁ καλούμενος Νίγερ, καὶ Λούκιος

---

¹ἀνακρίνας: AAP-NSM ³ἐκέλευσεν: AAI-3S ⁴ἀπαχθῆναι: APN ⁵κατελθὼν: 2AAP-NSM ⁸διέτριβεν: IAI-3S ⁹θυμομαχῶν: PAP-NSM ¹³παρῆσαν: IAI-3P ¹⁵τρέφεσθαι: PPN ¹⁹ἐνδυσάμενος: AMP-NSM ²¹καθίσας: AAP-NSM ²³ἐδημηγόρει: IAI-3S ²⁵ἐπεφώνει: IAI-3S ²⁷ἐπάταξεν: AAI-3S ³⁰ἐξέψυξεν: AAI-3S ³¹ηὔξανεν: IAI-3S ³²ἐπληθύνετο: IPI-3S ³³ὑπέστρεψαν: AAI-3P ³⁵συμπαραλαβόντες: 2AAP-NPM ³⁶ἐπικληθέντα: APP-ASM

---

¹ἀνακρίνω, [16] I examine, inquire into, investigate, question. ²φύλαξ, ακός, ὁ, [3] a guard, keeper, sentinel. ³κελεύω, [26] I command, order, direct, bid. ⁴ἀπάγω, [14] I lead, carry, take away; met: I am led astray, seduced. ⁵κατέρχομαι, [13] I come down from sky to earth, or from high land to lower land (or to the coast), or from the high seas to the shore. ⁶Ἰουδαία, ας, ἡ, [43] Judea, a Roman province, capital Jerusalem. ⁷Καισάρεια, ας, ἡ, [17] Two cities of Palestine: one in Galilee (Caesarea Philippi), the other on the coast of the Mediterranean. ⁸διατρίβω, [10] I tarry, continue, stay in a place. ⁹θυμομαχέω, [1] (lit: I fight desperately, hence) I am furiously angry with. ¹⁰Τύριος, ου, ὁ, ἡ, [1] a Tyrian, an inhabitant of Tyre. ¹¹Σιδώνιος, ία, ιον, [1] Sidonian, inhabitant of Sidon. ¹²ὁμοθυμαδόν, [12] with one mind, unanimously, with one accord, at the same time. ¹³πάρειμι, [24] I am present, am near; I have come, arrived. ¹⁴κοιτών, ῶνος, ὁ, [1] a bed-chamber. ¹⁵τρέφω, [7] I feed, nourish; I bring up, rear, provide for. ¹⁶χώρα, ας, ἡ, [27] (a) a country or region, (b) the land, as opposed to the sea, (c) the country, distinct from town, (d) plur: fields. ¹⁷βασιλικός, ή, όν, [5] connected with a king, royal, regal, (a) an officer in the service of the king, (b) the king's country. ¹⁸τακτός, ή, όν, [1] appointed, arranged, fixed. ¹⁹ἐνδύω, [28] I put on, clothe (another). ²⁰ἐσθής, ῆτος, ἡ, [8] clothing, raiment, vestment, robe. ²¹καθίζω, [48] (a) trans: I make to sit; I set, appoint, (b) intrans: I sit down, am seated, stay. ²²βῆμα, ατος, τό, [12] an elevated place ascended by steps, a throne, tribunal. ²³δημηγορέω, [1] I make a public speech, address a multitude. ²⁴δῆμος, οῦ, ὁ, [4] properly: the people, especially citizens of a Greek city in popular assembly, but in NT, multitude, rabble. ²⁵ἐπιφωνέω, [3] I call out, shout, clamor at. ²⁶παραχρῆμα, [18] instantly, immediately, on the spot. ²⁷πατάσσω, [10] I smite, strike (as with a sword), smite to death, afflict. ²⁸ἀντί, [22] (a) instead of, in return for, over against, opposite, in exchange for, as a substitute for, (b) on my behalf, (c) wherefore, because. ²⁹σκωληκόβρωτος, ον, [1] eaten by worms. ³⁰ἐκψύχω, [3] I breathe my last, die, expire. ³¹αὐξάνω, [23] (a) I cause to increase, become greater (b) I increase, grow. ³²πληθύνω, [12] I increase, multiply. ³³ὑποστρέφω, [37] I turn back, return. ³⁴διακονία, ας, ἡ, [34] waiting at table; in a wider sense: service, ministration. ³⁵συμπαραλαμβάνω, [4] I take along as a companion. ³⁶ἐπικαλέω, [32] (a) I call (name) by a supplementary (additional, alternative) name, (b) mid: I call upon, appeal to, address. ³⁷Ἀντιόχεια, ας, ἡ, [18] Antioch, (a) Antioch on the river Orontes, capital of the Province Syria, (b) "Pisidian" Antioch, not in Pisidia, but near Pisidia, in the Roman Province Galatia.

ὁ Κυρηναῖος,[1] Μαναήν τε Ἡρῴδου τοῦ τετράρχου[2] σύντροφος,[3] καὶ Σαῦλος. 2 Λειτουργούντων[4] δὲ αὐτῶν τῷ κυρίῳ καὶ νηστευόντων,[5] εἶπεν τὸ πνεῦμα τὸ ἅγιον, Ἀφορίσατε[6] δή[7] μοι τὸν Βαρνάβαν καὶ τὸν Σαῦλον εἰς τὸ ἔργον ὃ προσκέκλημαι[8] αὐτούς. 3 Τότε νηστεύσαντες[9] καὶ προσευξάμενοι καὶ ἐπιθέντες[10] τὰς χεῖρας αὐτοῖς, ἀπέλυσαν.

4 Οὗτοι μὲν οὖν, ἐκπεμφθέντες[11] ὑπὸ τοῦ πνεύματος τοῦ ἁγίου, κατῆλθον[12] εἰς τὴν Σελεύκειαν·[13] ἐκεῖθεν[14] δὲ ἀπέπλευσαν[15] εἰς τὴν Κύπρον.[16] 5 Καὶ γενόμενοι ἐν Σαλαμῖνι,[17] κατήγγελλον[18] τὸν λόγον τοῦ θεοῦ ἐν ταῖς συναγωγαῖς τῶν Ἰουδαίων· εἶχον δὲ καὶ Ἰωάννην ὑπηρέτην.[19] 6 Διελθόντες[20] δὲ τὴν νῆσον[21] ἄχρι Πάφου,[22] εὑρόν τινα μάγον[23] ψευδοπροφήτην[24] Ἰουδαῖον, ᾧ ὄνομα Βαριησοῦς, 7 ὃς ἦν σὺν τῷ ἀνθυπάτῳ[25] Σεργίῳ Παύλῳ, ἀνδρὶ συνετῷ.[26] Οὗτος προσκαλεσάμενος[27] Βαρνάβαν καὶ Σαῦλον ἐπεζήτησεν[28] ἀκοῦσαι τὸν λόγον τοῦ θεοῦ. 8 Ἀνθίστατο[29] δὲ αὐτοῖς Ἐλύμας, ὁ μάγος[23]–οὕτως γὰρ μεθερμηνεύεται[30] τὸ ὄνομα αὐτοῦ–ζητῶν διαστρέψαι[31] τὸν ἀνθύπατον[25] ἀπὸ τῆς πίστεως. 9 Σαῦλος δέ, ὁ καὶ Παῦλος, πλησθεὶς[32] πνεύματος ἁγίου, καὶ ἀτενίσας[33] εἰς αὐτὸν 10 εἶπεν, Ὦ[34] πλήρης[35] παντὸς δόλου[36] καὶ πάσης ῥᾳδιουργίας,[37] υἱὲ διαβόλου,[38] ἐχθρὲ[39] πάσης δικαιοσύνης, οὐ παύσῃ[40] διαστρέφων[41] τὰς ὁδοὺς κυρίου τὰς εὐθείας;[42] 11 Καὶ νῦν ἰδού, χεὶρ κυρίου ἐπὶ σέ, καὶ ἔσῃ τυφλός,

---

[4]Λειτουργούντων: PAP-GPM   [5]νηστευόντων: PAP-GPM   [6]Ἀφορίσατε: AAM-2P   [8]προσκέκλημαι: RNI-1S
[9]νηστεύσαντες: AAP-NPM   [10]ἐπιθέντες: 2AAP-NPM   [11]ἐκπεμφθέντες: APP-NPM   [12]κατῆλθον: 2AAI-3P
[15]ἀπέπλευσαν: AAI-3P   [18]κατήγγελλον: IAI-3P   [20]Διελθόντες: 2AAP-NPM   [27]προσκαλεσάμενος: ADP-NSM
[28]ἐπεζήτησεν: AAI-3S   [29]Ἀνθίστατο: IMI-3S   [30]μεθερμηνεύεται: PPI-3S   [31]διαστρέψαι: AAN   [32]πλησθεὶς: APP-NSM
[33]ἀτενίσας: AAP-NSM   [40]παύσῃ: FDI-2S   [41]διαστρέφων: PAP-NSM

---

[1]Κυρηναῖος, ου, ὁ, [6] belonging to Cyrene, a Cyrenaean.   [2]τετράρχης, ου, ὁ, [4] a tetrarch, ruler over a fourth part of a region.   [3]σύντροφος, ου, ὁ, [1] one brought up with, a foster brother, an intimate friend.   [4]λειτουργέω, [3] I act in the public service, render service, minister, in the widest sense, of some special public religious service, but also of the service of priests and Levites.   [5]νηστεύω, [21] I fast, abstain from food.   [6]ἀφορίζω, [10] I rail off, separate, place apart.   [7]δή, [7] (a) in a clause expressing demand: so, then, (b) indeed, (c) truly.   [8]προσκαλέω, [31] I call to myself, summon.   [9]νηστεύω, [21] I fast, abstain from food.   [10]ἐπιτίθημι, [41] I put, place upon, lay on; I add, give in addition.   [11]ἐκπέμπω, [2] I send out, send forth.   [12]κατέρχομαι, [13] I come down from sky to earth, or from high land to lower land (or to the coast), or from the high seas to the shore.   [13]Σελεύκεια, ας, ἡ, [1] Seleucia, on the Syrian coast, the harbor of Syrian Antioch.   [14]ἐκεῖθεν, [28] thence, from that place.   [15]ἀποπλέω, [4] I sail away.   [16]Κύπρος, ου, ἡ, [5] Cyprus.   [17]Σαλαμίς, ῖνος, ἡ, [1] Salamis, a city at the eastern end of Cyprus.   [18]καταγγέλλω, [18] I declare openly, proclaim, preach, laud, celebrate.   [19]ὑπηρέτης, ου, ὁ, [20] a servant, an attendant, (a) an officer, lictor, (b) an attendant in a synagogue, (c) a minister of the gospel.   [20]διέρχομαι, [42] I pass through, spread (as a report).   [21]νῆσος, ου, ἡ, [9] an island.   [22]Πάφος, ου, ἡ, [2] Paphos, a city at the western end of Cyprus.   [23]μάγος, ου, ὁ, [6] a sorcerer, a magician, a wizard.   [24]ψευδοπροφήτης, ου, ὁ, [11] a false prophet; one who in God's name teaches what is false.   [25]ἀνθύπατος, ου, ὁ, [4] a proconsul.   [26]συνετός, ή, όν, [4] intelligent, prudent, wise, understanding, discerning.   [27]προσκαλέω, [31] I call to myself, summon.   [28]ἐπιζητέω, [15] I seek after, desire, search for, make inquiries about.   [29]ἀνθίστημι, [14] I set against; I withstand, resist, oppose.   [30]μεθερμηνεύω, [7] I translate (from one language into another), interpret.   [31]διαστρέφω, [7] I pervert, corrupt, oppose, distort.   [32]πλήθω, [25] I fill, fulfill, complete.   [33]ἀτενίζω, [14] I direct my gaze, look steadily.   [34]ὦ, [17] O, an exclamation, used in addressing someone.   [35]πλήρης, ες, [17] full, abounding in, complete, completely occupied with.   [36]δόλος, ου, ὁ, [11] deceit, guile, treachery.   [37]ῥᾳδιουργία, ας, ἡ, [1] craftiness, villainy, recklessness, wickedness.   [38]διάβολος, ον, [38] (adj. used often as a noun), slanderous; with the article: the Slanderer (par excellence), the Devil.   [39]ἐχθρός, ά, όν, [32] hated, hostile; subst: an enemy.   [40]παύω, [15] (a) act: I cause to cease, restrain, hinder, (b) mid: I cease, stop, leave off.   [41]διαστρέφω, [7] I pervert, corrupt, oppose, distort.   [42]εὐθύς, εῖα, ύ, [8] adj: (a) straight of direction, as opposed to crooked, (b) upright; adv: immediately.

μὴ βλέπων τὸν ἥλιον¹ ἄχρι καιροῦ. Παραχρῆμα² δὲ ἐπέπεσεν³ ἐπ᾽ αὐτὸν ἀχλὺς⁴ καὶ σκότος,⁵ καὶ περιάγων⁶ ἐζήτει χειραγωγούς.⁷ **12** Τότε ἰδὼν ὁ ἀνθύπατος⁸ τὸ γεγονὸς ἐπίστευσεν, ἐκπλησσόμενος⁹ ἐπὶ τῇ διδαχῇ¹⁰ τοῦ κυρίου.

At Antioch, in Pisidia

13 Ἀναχθέντες¹¹ δὲ ἀπὸ τῆς Πάφου¹² οἱ περὶ τὸν Παῦλον ἦλθον εἰς Πέργην¹³ τῆς Παμφυλίας.¹⁴ Ἰωάννης δὲ ἀποχωρήσας¹⁵ ἀπ᾽ αὐτῶν ὑπέστρεψεν¹⁶ εἰς Ἱεροσόλυμα. **14** Αὐτοὶ δὲ διελθόντες¹⁷ ἀπὸ τῆς Πέργης,¹³ παρεγένοντο¹⁸ εἰς Ἀντιόχειαν¹⁹ τῆς Πισιδίας,²⁰ καὶ εἰσελθόντες εἰς τὴν συναγωγὴν τῇ ἡμέρᾳ τῶν σαββάτων, ἐκάθισαν.²¹ **15** Μετὰ δὲ τὴν ἀνάγνωσιν²² τοῦ νόμου καὶ τῶν προφητῶν, ἀπέστειλαν οἱ ἀρχισυνάγωγοι²³ πρὸς αὐτούς, λέγοντες, Ἄνδρες ἀδελφοί, εἰ ἔστιν λόγος ἐν ὑμῖν παρακλήσεως²⁴ πρὸς τὸν λαόν, λέγετε. **16** Ἀναστὰς δὲ Παῦλος, καὶ κατασείσας²⁵ τῇ χειρί, εἶπεν,

Ἄνδρες Ἰσραηλῖται,²⁶ καὶ οἱ φοβούμενοι τὸν θεόν, ἀκούσατε. **17** Ὁ θεὸς τοῦ λαοῦ τούτου ἐξελέξατο²⁷ τοὺς πατέρας ἡμῶν, καὶ τὸν λαὸν ὕψωσεν²⁸ ἐν τῇ παροικίᾳ²⁹ ἐν γῇ Αἰγύπτῳ,³⁰ καὶ μετὰ βραχίονος³¹ ὑψηλοῦ³² ἐξήγαγεν³³ αὐτοὺς ἐξ αὐτῆς. **18** Καὶ ὡς τεσσαρακονταετῆ³⁴ χρόνον ἐτροποφόρησεν³⁵ αὐτοὺς ἐν τῇ ἐρήμῳ. **19** Καὶ καθελὼν³⁶ ἔθνη ἑπτὰ ἐν γῇ Χαναάν,³⁷ κατεκληρονόμησεν³⁸ αὐτοῖς τὴν γῆν αὐτῶν. **20** Καὶ μετὰ ταῦτα, ὡς

---

³ἐπέπεσεν: 2AAI-3S   ⁶περιάγων: PAP-NSM   ⁹ἐκπλησσόμενος: PPP-NSM   ¹¹Ἀναχθέντες: APP-NPM
¹⁵ἀποχωρήσας: AAP-NSM   ¹⁶ὑπέστρεψεν: AAI-3S   ¹⁷διελθόντες: 2AAP-NPM   ¹⁸παρεγένοντο: 2ADI-3P
²¹ἐκάθισαν: AAI-3P   ²⁵κατασείσας: AAP-NSM   ²⁷ἐξελέξατο: AMI-3S   ²⁸ὕψωσεν: AAI-3S   ³³ἐξήγαγεν: 2AAI-3S
³⁵ἐτροποφόρησεν: AAI-3S   ³⁶καθελὼν: 2AAP-NSM   ³⁸κατεκληρονόμησεν: AAI-3S

---

¹ἥλιος, ου, ὁ, [32] the sun, sunlight.   ²παραχρῆμα, [18] instantly, immediately, on the spot.   ³ἐπιπίπτω, [13] I fall upon, press upon, light upon, come over.   ⁴ἀχλύς, ύος, ἡ, [1] a mist, dimness, darkening.   ⁵σκότος, ους, τό, [32] darkness, either physical or moral.   ⁶περιάγω, [6] I lead or carry about (or around), go about, traverse.   ⁷χειραγωγός, οῦ, ὁ, [1] one who leads a helpless person by the hand.   ⁸ἀνθύπατος, ου, ὁ, [4] a proconsul.   ⁹ἐκπλήσσω, [13] I strike with panic or shock; I amaze, astonish.   ¹⁰διδαχή, ῆς, ἡ, [30] teaching, doctrine, what is taught.   ¹¹ἀνάγω, [23] I lead up, bring up, offer, product, put to sea, set sail.   ¹²Πάφος, ου, ἡ, [2] Paphos, a city at the western end of Cyprus.   ¹³Πέργη, ης, ἡ, [3] Perga, a city on the river Cestrus in the Roman province Pamphylia.   ¹⁴Παμφυλία, ας, ἡ, [5] Pamphylia, a Roman province on the south coast of Asia Minor.   ¹⁵ἀποχωρέω, [3] I go away, depart, withdraw.   ¹⁶ὑποστρέφω, [37] I turn back, return.   ¹⁷διέρχομαι, [42] I pass through, spread (as a report).   ¹⁸παραγίνομαι, [37] (a) I come on the scene, appear, come, (b) with words expressing destination: I present myself at, arrive at, reach.   ¹⁹Ἀντιόχεια, ας, ἡ, [18] Antioch, (a) Antioch on the river Orontes, capital of the Province Syria, (b) "Pisidian" Antioch, not in Pisidia, but near Pisidia, in the Roman Province Galatia.   ²⁰Πισιδία, ας, ἡ, [2] Pisidia, a country of Asia Minor, being the south-western part of the Roman province Galatia.   ²¹καθίζω, [48] (a) trans: I make to sit; I set, appoint, (b) intrans: I sit down, am seated, stay.   ²²ἀνάγνωσις, εως, ἡ, [3] recognition, reading; public reading (of the law and prophets in synagogue or church).   ²³ἀρχισυνάγωγος, ου, ὁ, [9] a leader of the synagogue, a leader connected with the synagogue: sometimes there was only one, and the name was in some cases merely honorary.   ²⁴παράκλησις, εως, ἡ, [29] a calling for, summons, hence: (a) exhortation, (b) entreaty, (c) encouragement, joy, gladness, (d) consolation, comfort.   ²⁵κατασείω, [4] I shake (the hand) up and down, wave; intrans: I beckon for silence.   ²⁶Ἰσραηλίτης, ου, ὁ, [9] an Israelite, one of the chosen people of Israel, a Jew.   ²⁷ἐκλέγομαι, [21] I pick out for myself, choose, elect, select.   ²⁸ὑψόω, [20] (a) I raise on high, lift up, (b) I exalt, set on high.   ²⁹παροικία, ας, ἡ, [2] a sojourning, a dwelling in a strange land.   ³⁰Αἴγυπτος, ου, ἡ, [24] Egypt.   ³¹βραχίων, ονος, ὁ, [3] the arm, strength.   ³²ὑψηλός, ή, όν, [11] high, lofty.   ³³ἐξάγω, [13] I lead out, sometimes to death, execution.   ³⁴τεσσαρακονταετής, ές, [2] forty years of age.   ³⁵τροποφορέω, [1] I endure the ways of, put up with.   ³⁶καθαιρέω, [9] (a) I take down, pull down, depose, destroy.   ³⁷Χαναάν, ἡ, [2] Canaan, the whole of Palestine or Palestine west of the river Jordan.   ³⁸κατακληρονομέω, [1] I give as an inheritance, distribute by lot.

ἔτεσιν¹ τετρακοσίοις² καὶ πεντήκοντα,³ ἔδωκεν κριτὰς⁴ ἕως Σαμουὴλ τοῦ προφήτου. 21 Κἀκεῖθεν⁵ ἠτήσαντο βασιλέα, καὶ ἔδωκεν αὐτοῖς ὁ θεὸς τὸν Σαοὺλ υἱὸν Κίς, ἄνδρα ἐκ φυλῆς⁶ Βενιαμίν, ἔτη¹ τεσσαράκοντα. ⁷ 22 Καὶ μεταστήσας⁸ αὐτόν, ἤγειρεν αὐτοῖς τὸν Δαυὶδ εἰς βασιλέα, ᾧ καὶ εἶπεν μαρτυρήσας, Εὗρον Δαυὶδ τὸν τοῦ Ἰεσσαί, ἄνδρα κατὰ τὴν καρδίαν μου, ὃς ποιήσει πάντα τὰ θελήματά μου. 23 Τούτου ὁ θεὸς ἀπὸ τοῦ σπέρματος⁹ κατ' ἐπαγγελίαν ἤγαγεν τῷ Ἰσραὴλ σωτηρίαν,¹⁰ 24 προκηρύξαντος¹¹ Ἰωάννου πρὸ¹² προσώπου τῆς εἰσόδου¹³ αὐτοῦ βάπτισμα¹⁴ μετανοίας¹⁵ τῷ Ἰσραήλ. 25 Ὡς δὲ ἐπλήρου ὁ Ἰωάννης τὸν δρόμον,¹⁶ ἔλεγεν, Τίνα με ὑπονοεῖτε¹⁷ εἶναι; Οὐκ εἰμὶ ἐγώ. Ἀλλ' ἰδού, ἔρχεται μετ' ἐμέ, οὗ οὐκ εἰμὶ ἄξιος¹⁸ τὸ ὑπόδημα¹⁹ τῶν ποδῶν λῦσαι.²⁰ 26 Ἄνδρες ἀδελφοί, υἱοὶ γένους²¹ Ἀβραάμ, καὶ οἱ ἐν ὑμῖν φοβούμενοι τὸν θεόν, ὑμῖν ὁ λόγος τῆς σωτηρίας¹⁰ ταύτης ἀπεστάλη. 27 Οἱ γὰρ κατοικοῦντες²² ἐν Ἱερουσαλὴμ καὶ οἱ ἄρχοντες²³ αὐτῶν, τοῦτον ἀγνοήσαντες,²⁴ καὶ τὰς φωνὰς τῶν προφητῶν τὰς κατὰ πᾶν σάββατον ἀναγινωσκομένας,²⁵ κρίναντες ἐπλήρωσαν. 28 Καὶ μηδεμίαν αἰτίαν²⁶ θανάτου εὑρόντες, ἠτήσαντο Πιλάτον ἀναιρεθῆναι²⁷ αὐτόν. 29 Ὡς δὲ ἐτέλεσαν²⁸ πάντα τὰ περὶ αὐτοῦ γεγραμμένα, καθελόντες²⁹ ἀπὸ τοῦ ξύλου,³⁰ ἔθηκαν εἰς μνημεῖον.³¹ 30 Ὁ δὲ θεὸς ἤγειρεν αὐτὸν ἐκ νεκρῶν· 31 ὃς ὤφθη ἐπὶ ἡμέρας πλείους τοῖς συναναβᾶσιν³² αὐτῷ ἀπὸ τῆς Γαλιλαίας εἰς Ἱερουσαλήμ, οἵτινές εἰσιν μάρτυρες³³ αὐτοῦ πρὸς τὸν λαόν. 32 Καὶ ἡμεῖς ὑμᾶς εὐαγγελιζόμεθα τὴν πρὸς τοὺς πατέρας ἐπαγγελίαν γενομένην, ὅτι ταύτην ὁ θεὸς ἐκπεπλήρωκεν³⁴ τοῖς τέκνοις αὐτῶν ἡμῖν, ἀναστήσας Ἰησοῦν· 33 ὡς καὶ ἐν τῷ ψαλμῷ³⁵ τῷ δευτέρῳ³⁶ γέγραπται, Υἱός μου εἶ

---

⁸μεταστήσας: AAP-NSM   ¹¹προκηρύξαντος: AAP-GSM   ¹⁷ὑπονοεῖτε: PAI-2P   ²⁰λῦσαι: AAN   ²²κατοικοῦντες: PAP-NPM   ²⁴ἀγνοήσαντες: AAP-NPM   ²⁵ἀναγινωσκομένας: PPP-APF   ²⁷ἀναιρεθῆναι: APN   ²⁸ἐτέλεσαν: AAI-3P   ²⁹καθελόντες: 2AAP-NPM   ³²συναναβᾶσιν: 2AAP-DPM   ³⁴ἐκπεπλήρωκεν: RAI-3S

---

¹ἔτος, ους, τό, [49] a year.   ²τετρακόσιοι, αι, α, [4] four hundred.   ³πεντήκοντα, οἱ, αἱ, τά, [7] fifty.   ⁴κριτής, οῦ, ὁ, [17] a judge, magistrate, ruler.   ⁵κἀκεῖθεν, [9] and thence, and from there; and then afterwards.   ⁶φυλή, ῆς, ἡ, [31] a tribe or race of people.   ⁷τεσσαράκοντα, [22] forty.   ⁸μεθίστημι, [5] I cause to change its place, move out of its place; I translate, transfer, remove.   ⁹σπέρμα, ατος, τό, [44] (a) seed, commonly of cereals, (b) offspring, descendents.   ¹⁰σωτηρία, ας, ἡ, [46] welfare, prosperity, deliverance, preservation, salvation, safety.   ¹¹προκηρύσσω, [1] I announce or preach beforehand, announce by herald.   ¹²πρό, [47] (a) of place: before, in front of, (b) of time: before, earlier than.   ¹³εἴσοδος, ου, ἡ, [5] (act of) entering, an entrance, entry.   ¹⁴βάπτισμα, ατος, τό, [22] the rite or ceremony of baptism.   ¹⁵μετάνοια, ας, ἡ, [24] repentance, a change of mind, change in the inner man.   ¹⁶δρόμος, ου, ὁ, [3] a running, course, career, race.   ¹⁷ὑπονοέω, [3] I conjecture, suppose, suspect, deem.   ¹⁸ἄξιος, ία, ιον, [41] worthy, worthy of, deserving, comparable, suitable.   ¹⁹ὑπόδημα, ατος, τό, [10] a sandal; anything bound under.   ²⁰λύω, [42] (a) I loose, untie, release, (b) met: I break, destroy, set at naught, contravene; I break up a meeting, annul.   ²¹γένος, ους, τό, [21] offspring, family, race, nation, kind.   ²²κατοικέω, [45] I dwell in, settle in, am established in (permanently), inhabit.   ²³ἄρχων, οντος, ὁ, [37] a ruler, governor, leader, leading man; with the Jews, an official member (a member of the executive) of the assembly of elders.   ²⁴ἀγνοέω, [22] I do not know, am ignorant of (a person, thing, or fact), sometimes with the idea of willful ignorance.   ²⁵ἀναγινώσκω, [32] I read, know again, know certainly, recognize, discern.   ²⁶αἰτία, ας, ἡ, [20] a cause, reason, excuse; a charge, accusation; guilt; circumstances, case.   ²⁷ἀναιρέω, [23] I take up, take away the life of, make an end of, murder.   ²⁸τελέω, [26] (a) I end, finish, (b) I fulfill, accomplish, (c) I pay.   ²⁹καθαιρέω, [9] (a) I take down, pull down, depose, destroy.   ³⁰ξύλον, ου, τό, [20] anything made of wood, a piece of wood, a club, staff; the trunk of a tree, used to support the cross-bar of a cross in crucifixion.   ³¹μνημεῖον, ου, τό, [41] a tomb, sepulcher, monument.   ³²συναναβαίνω, [2] I go up with.   ³³μάρτυς, υρος, ὁ, [34] a witness; an eye- or ear-witness.   ³⁴ἐκπληρόω, [1] I fill completely, fulfill in every particular (to the utmost), make good.   ³⁵ψαλμός, οῦ, ὁ, [7] a psalm, song of praise, the Hebrew book of Psalms.   ³⁶δεύτερος, α, ον, [44] second; with the article: in the second place, for the second time.

σύ, ἐγὼ σήμερον¹ γεγέννηκά σε. 34 Ὅτι δὲ ἀνέστησεν αὐτὸν ἐκ νεκρῶν, μηκέτι² μέλλοντα ὑποστρέφειν³ εἰς διαφθοράν,⁴ οὕτως εἴρηκεν ὅτι Δώσω ὑμῖν τὰ ὅσια⁵ Δαυὶδ τὰ πιστά. 35 Διὸ καὶ ἐν ἑτέρῳ λέγει, Οὐ δώσεις τὸν ὅσιόν⁵ σου ἰδεῖν διαφθοράν·⁴ 36 Δαυὶδ μὲν γὰρ ἰδίᾳ γενεᾷ⁶ ὑπηρετήσας⁷ τῇ τοῦ θεοῦ βουλῇ⁸ ἐκοιμήθη,⁹ καὶ προσετέθη¹⁰ πρὸς τοὺς πατέρας αὐτοῦ, καὶ εἶδεν διαφθοράν·⁴ 37 ὃν δὲ ὁ θεὸς ἤγειρεν, οὐκ εἶδεν διαφθοράν.⁴ 38 Γνωστὸν¹¹ οὖν ἔστω ὑμῖν, ἄνδρες ἀδελφοί, ὅτι διὰ τούτου ὑμῖν ἄφεσις¹² ἁμαρτιῶν καταγγέλλεται·¹³ 39 καὶ ἀπὸ πάντων ὧν οὐκ ἠδυνήθητε ἐν τῷ νόμῳ Μωϋσέως δικαιωθῆναι,¹⁴ ἐν τούτῳ πᾶς ὁ πιστεύων δικαιοῦται.¹⁵ 40 Βλέπετε οὖν μὴ ἐπέλθῃ¹⁶ ἐφ' ὑμᾶς τὸ εἰρημένον ἐν τοῖς προφήταις, 41 Ἴδετε, οἱ καταφρονηταί,¹⁷ καὶ θαυμάσατε,¹⁸ καὶ ἀφανίσθητε·¹⁹ ὅτι ἔργον ἐγὼ ἐργάζομαι²⁰ ἐν ταῖς ἡμέραις ὑμῶν, ὃ οὐ μὴ πιστεύσητε, ἐάν τις ἐκδιηγῆται²¹ ὑμῖν.

42 Ἐξιόντων²² δὲ ἐκ τῆς συναγωγῆς τῶν Ἰουδαίων, παρεκάλουν τὰ ἔθνη εἰς τὸ μεταξὺ²³ σάββατον λαληθῆναι αὐτοῖς τὰ ῥήματα. 43 Λυθείσης²⁴ δὲ τῆς συναγωγῆς, ἠκολούθησαν πολλοὶ τῶν Ἰουδαίων καὶ τῶν σεβομένων²⁵ προσηλύτων²⁶ τῷ Παύλῳ καὶ τῷ Βαρνάβᾳ· οἵτινες προσλαλοῦντες,²⁷ ἔπειθον αὐτοὺς ἐπιμένειν²⁸ τῇ χάριτι τοῦ θεοῦ.

44 Τῷ τε ἐρχομένῳ σαββάτῳ σχεδὸν²⁹ πᾶσα ἡ πόλις συνήχθη ἀκοῦσαι τὸν λόγον τοῦ θεοῦ. 45 Ἰδόντες δὲ οἱ Ἰουδαῖοι τοὺς ὄχλους ἐπλήσθησαν³⁰ ζήλου,³¹ καὶ ἀντέλεγον³² τοῖς ὑπὸ τοῦ Παύλου λεγομένοις, ἀντιλέγοντες³³ καὶ βλασφημοῦντες.³⁴ 46 Παρρησιασάμενοι³⁵ δὲ ὁ Παῦλος καὶ ὁ Βαρνάβας εἶπον, Ὑμῖν ἦν ἀναγκαῖον³⁶

---

³ὑποστρέφειν: PAN ⁷ὑπηρετήσας: AAP-NSM ⁹ἐκοιμήθη: API-3S ¹⁰προσετέθη: API-3S ¹³καταγγέλλεται: PPI-3S ¹⁴δικαιωθῆναι: APN ¹⁵δικαιοῦται: PPI-3S ¹⁶ἐπέλθῃ: 2AAS-3S ¹⁸θαυμάσατε: AAM-2P ¹⁹ἀφανίσθητε: APM-2P ²⁰ἐργάζομαι: PNI-1S ²¹ἐκδιηγῆται: PNS-3S ²²Ἐξιόντων: PAP-GPM ²⁴Λυθείσης: APP-GSF ²⁵σεβομένων: PNP-GPM ²⁷προσλαλοῦντες: PAP-NPM ²⁸ἐπιμένειν: PAN ³⁰ἐπλήσθησαν: API-3P ³²ἀντέλεγον: IAI-3P ³³ἀντιλέγοντες: PAP-NPM ³⁴βλασφημοῦντες: PAP-NPM ³⁵Παρρησιασάμενοι: ADP-NPM

---

¹σήμερον, [41] today, now. ²μηκέτι, [21] no longer, no more. ³ὑποστρέφω, [37] I turn back, return. ⁴διαφθορά, ας, ἡ, [6] destruction, decay, corruption. ⁵ὅσιος, ία, ιον, [7] holy, pious, godly, beloved of God. ⁶γενεά, ᾶς, ἡ, [42] a generation; if repeated twice or with another time word, practically indicates infinity of time. ⁷ὑπηρετέω, [3] I minister to, serve. ⁸βουλή, ῆς, ἡ, [12] counsel, deliberate wisdom, decree. ⁹κοιμάομαι, [18] I fall asleep, am asleep, sometimes of the sleep of death. ¹⁰προστίθημι, [18] I place (put) to, add; I do again. ¹¹γνωστός, ή, όν, [15] known, an acquaintance. ¹²ἄφεσις, εως, ἡ, [17] a sending away, a letting go, a release, pardon, complete forgiveness. ¹³καταγγέλλω, [18] I declare openly, proclaim, preach, laud, celebrate. ¹⁴δικαιόω, [39] I make righteous, defend the cause of, plead for the righteousness (innocence) of, acquit, justify; hence: I regard as righteous. ¹⁵δικαιόω, [39] I make righteous, defend the cause of, plead for the righteousness (innocence) of, acquit, justify; hence: I regard as righteous. ¹⁶ἐπέρχομαι, [10] I come to, arrive, come on, come upon, attack. ¹⁷καταφρονητής, οῦ, ὁ, [1] a despiser, scorner. ¹⁸θαυμάζω, [46] (a) intrans: I wonder, marvel, (b) trans: I wonder at, admire. ¹⁹ἀφανίζω, [5] I cause to disappear, hide, remove; I disfigure (probably by leaving unwashed for a long period), destroy. ²⁰ἐργάζομαι, [39] I work, trade, perform, do, practice, commit, acquire by labor. ²¹ἐκδιηγέομαι, [2] I narrate at length, declare. ²²ἔξειμι, [4] (originally: I shall go out), I go out (away), depart. ²³μεταξύ, [9] meanwhile, afterwards, between. ²⁴λύω, [42] (a) I loose, untie, release, (b) met: I break, destroy, set at naught, contravene; I break up a meeting, annul. ²⁵σέβομαι, [10] I reverence, worship, adore. ²⁶προσήλυτος, ου, ὁ, [4] (lit: that has come to), a proselyte, that is a non-Jew, who has been circumcised and has adopted the Jews' religion. ²⁷προσλαλέω, [2] I speak to, converse with. ²⁸ἐπιμένω, [17] (a) I remain, tarry, (b) I remain in, persist in. ²⁹σχεδόν, [3] nearly, almost. ³⁰πλήθω, [25] I fill, fulfill, complete. ³¹ζῆλος, ου, ὁ, [17] (a) eagerness, zeal, enthusiasm, (b) jealousy, rivalry. ³²ἀντιλέγω, [12] I speak or say in opposition, contradict (oppose, resist). ³³ἀντιλέγω, [12] I speak or say in opposition, contradict (oppose, resist). ³⁴βλασφημέω, [35] I speak evil against, blaspheme, use abusive or scurrilous language about (God or men). ³⁵παρρησιάζομαι, [9] I speak freely, boldly; I am confident. ³⁶ἀναγκαῖος, α, ον, [8] necessary, essential, intimate, right, proper.

πρῶτον λαληθῆναι τὸν λόγον τοῦ θεοῦ. Ἐπειδὴ¹ δὲ ἀπωθεῖσθε² αὐτόν, καὶ οὐκ ἀξίους³ κρίνετε ἑαυτοὺς τῆς αἰωνίου ζωῆς, ἰδοὺ στρεφόμεθα⁴ εἰς τὰ ἔθνη. **47** Οὕτως γὰρ ἐντέταλται⁵ ἡμῖν ὁ κύριος, Τέθεικά σε εἰς φῶς ἐθνῶν, τοῦ εἶναί σε εἰς σωτηρίαν⁶ ἕως ἐσχάτου τῆς γῆς. **48** Ἀκούοντα δὲ τὰ ἔθνη ἔχαιρεν, καὶ ἐδόξαζον τὸν λόγον τοῦ κυρίου, καὶ ἐπίστευσαν ὅσοι ἦσαν τεταγμένοι⁷ εἰς ζωὴν αἰώνιον. **49** Διεφέρετο⁸ δὲ ὁ λόγος τοῦ κυρίου δι' ὅλης τῆς χώρας.⁹ **50** Οἱ δὲ Ἰουδαῖοι παρώτρυναν¹⁰ τὰς σεβομένας¹¹ γυναῖκας καὶ τὰς εὐσχήμονας¹² καὶ τοὺς πρώτους τῆς πόλεως, καὶ ἐπήγειραν¹³ διωγμὸν¹⁴ ἐπὶ τὸν Παῦλον καὶ τὸν Βαρνάβαν, καὶ ἐξέβαλον αὐτοὺς ἀπὸ τῶν ὁρίων¹⁵ αὐτῶν. **51** Οἱ δὲ ἐκτιναξάμενοι¹⁶ τὸν κονιορτὸν¹⁷ τῶν ποδῶν αὐτῶν ἐπ' αὐτούς, ἦλθον εἰς Ἰκόνιον.¹⁸ **52** Οἱ δὲ μαθηταὶ ἐπληροῦντο χαρᾶς καὶ πνεύματος ἁγίου.

Paul and Barnabas at Iconium and Lystra

14 Ἐγένετο δὲ ἐν Ἰκονίῳ,¹⁸ κατὰ τὸ αὐτὸ εἰσελθεῖν αὐτοὺς εἰς τὴν συναγωγὴν τῶν Ἰουδαίων, καὶ λαλῆσαι οὕτως ὥστε πιστεῦσαι Ἰουδαίων τε καὶ Ἑλλήνων¹⁹ πολὺ πλῆθος.²⁰ **2** Οἱ δὲ ἀπειθοῦντες²¹ Ἰουδαῖοι ἐπήγειραν²² καὶ ἐκάκωσαν²³ τὰς ψυχὰς τῶν ἐθνῶν κατὰ τῶν ἀδελφῶν. **3** Ἱκανὸν²⁴ μὲν οὖν χρόνον διέτριψαν²⁵ παρρησιαζόμενοι²⁶ ἐπὶ τῷ κυρίῳ τῷ μαρτυροῦντι τῷ λόγῳ τῆς χάριτος αὐτοῦ, διδόντι σημεῖα καὶ τέρατα²⁷ γίνεσθαι διὰ τῶν χειρῶν αὐτῶν. **4** Ἐσχίσθη²⁸ δὲ τὸ πλῆθος²⁰ τῆς πόλεως· καὶ οἱ μὲν ἦσαν σὺν τοῖς Ἰουδαίοις, οἱ δὲ σὺν τοῖς ἀποστόλοις. **5** Ὡς δὲ ἐγένετο ὁρμὴ²⁹ τῶν ἐθνῶν τε καὶ Ἰουδαίων σὺν τοῖς ἄρχουσιν³⁰ αὐτῶν, ὑβρίσαι³¹ καὶ

---

²ἀπωθεῖσθε: PNI-2P   ⁴στρεφόμεθα: PPI-1P   ⁵ἐντέταλται: RNI-3S   ⁷τεταγμένοι: RPP-NPM   ⁸Διεφέρετο: IPI-3S   ¹⁰παρώτρυναν: AAI-3P   ¹¹σεβομένας: PNP-APF   ¹³ἐπήγειραν: AAI-3P   ¹⁶ἐκτιναξάμενοι: AMP-NPM   ²¹ἀπειθοῦντες: PAP-NPM   ²²ἐπήγειραν: AAI-3P   ²³ἐκάκωσαν: AAI-3P   ²⁵διέτριψαν: AAI-3P   ²⁶παρρησιαζόμενοι: PNP-NPM   ²⁸Ἐσχίσθη: API-3S   ³¹ὑβρίσαι: AAN

---

¹ἐπειδή, [10] of time: when, now, after that; of cause: seeing that, forasmuch as.   ²ἀπωθέω, [6] I push (thrust) away, repulse, reject, refuse.   ³ἄξιος, ία, ιον, [41] worthy, worthy of, deserving, comparable, suitable.   ⁴στρέφω, [19] I turn, am converted, change, change my direction.   ⁵ἐντέλλομαι, [17] I give orders (injunctions, instructions, commands).   ⁶σωτηρία, ας, ἡ, [46] welfare, prosperity, deliverance, preservation, salvation, safety.   ⁷τάσσω, [9] (a) I assign, arrange, (b) I determine; mid: I appoint.   ⁸διαφέρω, [13] (a) trans: I carry through, hither and thither, (b) intrans: I am different, differ, and sometimes: I surpass, excel.   ⁹χώρα, ας, ἡ, [27] (a) a country or region, (b) the land, as opposed to the sea, (c) the country, distinct from town, (d) plur: fields.   ¹⁰παροτρύνω, [1] I stir up, incite, urge on.   ¹¹σέβομαι, [10] I reverence, worship, adore.   ¹²εὐσχήμων, ον, [5] (a) comely, seemly, decorous, (b) of honorable position (in society), wealthy, influential.   ¹³ἐπεγείρω, [2] I arouse, stimulate, excite against.   ¹⁴διωγμός, οῦ, ὁ, [10] chase, pursuit; persecution.   ¹⁵ὅριον, ου, τό, [11] the boundaries of a place, hence: districts, territory.   ¹⁶ἐκτινάσσω, [4] I shake off; mid: I shake off from myself.   ¹⁷κονιορτός, οῦ, ὁ, [5] dust.   ¹⁸Ἰκόνιον, ου, τό, [6] Iconium, a Phrygian city of the Roman province Galatia (modern Konia).   ¹⁹Ἕλλην, ηνος, ὁ, [27] a Hellene, the native word for a Greek; it is, however, a term wide enough to include all Greek-speaking (i.e. educated) non-Jews.   ²⁰πλῆθος, ους, τό, [32] a multitude, crowd, great number, assemblage.   ²¹ἀπειθέω, [16] I disobey, rebel, am disloyal, refuse conformity.   ²²ἐπεγείρω, [2] I arouse, stimulate, excite against.   ²³κακόω, [6] I treat badly, afflict, embitter, make angry.   ²⁴ἱκανός, ή, όν, [41] (a) considerable, sufficient, of number, quantity, time, (b) of persons: sufficiently strong (good, etc.), worthy, suitable, with various constructions, (c) many, much.   ²⁵διατρίβω, [10] I tarry, continue, stay in a place.   ²⁶παρρησιάζομαι, [9] I speak freely, boldly; I am confident.   ²⁷τέρας, ατος, τό, [16] a wonder, portent, marvel.   ²⁸σχίζω, [10] I rend, divide asunder, cleave.   ²⁹ὁρμή, ῆς, ἡ, [2] a rush, violent assault, impulse.   ³⁰ἄρχων, οντος, ὁ, [37] a ruler, governor, leader, leading man; with the Jews, an official member (a member of the executive) of the assembly of elders.   ³¹ὑβρίζω, [5] I insult, treat with insolence.

λιθοβολῆσαι¹ αὐτούς, 6 συνιδόντες² κατέφυγον³ εἰς τὰς πόλεις τῆς Λυκαονίας,⁴ Λύστραν⁵ καὶ Δέρβην,⁶ καὶ τὴν περίχωρον·⁷ 7 κἀκεῖ⁸ ἦσαν εὐαγγελιζόμενοι.

8 Καί τις ἀνὴρ ἐν Λύστροις⁵ ἀδύνατος⁹ τοῖς ποσὶν ἐκάθητο, χωλὸς¹⁰ ἐκ κοιλίας¹¹ μητρὸς αὐτοῦ ὑπάρχων, ὃς οὐδέποτε¹² περιπεπατήκει. 9 Οὗτος ἤκουσεν τοῦ Παύλου λαλοῦντος· ὃς ἀτενίσας¹³ αὐτῷ, καὶ ἰδὼν ὅτι πίστιν ἔχει τοῦ σωθῆναι, 10 εἶπεν μεγάλῃ τῇ φωνῇ, Ἀνάστηθι ἐπὶ τοὺς πόδας σου ὀρθῶς.¹⁴ Καὶ ἥλλετο¹⁵ καὶ περιεπάτει. 11 Οἱ δὲ ὄχλοι, ἰδόντες ὃ ἐποίησεν ὁ Παῦλος, ἐπῆραν¹⁶ τὴν φωνὴν αὐτῶν Λυκαονιστὶ¹⁷ λέγοντες, Οἱ θεοὶ ὁμοιωθέντες¹⁸ ἀνθρώποις κατέβησαν πρὸς ἡμᾶς. 12 Ἐκάλουν τε τὸν μὲν Βαρνάβαν, Δία· τὸν δὲ Παῦλον, Ἑρμῆν, ἐπειδὴ¹⁹ αὐτὸς ἦν ὁ ἡγούμενος²⁰ τοῦ λόγου. 13 Ὁ δὲ ἱερεὺς²¹ τοῦ Διὸς τοῦ ὄντος πρὸ²² τῆς πόλεως αὐτῶν, ταύρους²³ καὶ στέμματα²⁴ ἐπὶ τοὺς πυλῶνας²⁵ ἐνέγκας, σὺν τοῖς ὄχλοις ἤθελεν θύειν.²⁶ 14 Ἀκούσαντες δὲ οἱ ἀπόστολοι Βαρνάβας καὶ Παῦλος, διαρρήξαντες²⁷ τὰ ἱμάτια αὐτῶν, εἰσεπήδησαν²⁸ εἰς τὸν ὄχλον, κράζοντες 15 καὶ λέγοντες, Ἄνδρες, τί ταῦτα ποιεῖτε; Καὶ ἡμεῖς ὁμοιοπαθεῖς²⁹ ἐσμεν ὑμῖν ἄνθρωποι, εὐαγγελιζόμενοι ὑμᾶς ἀπὸ τούτων τῶν ματαίων³⁰ ἐπιστρέφειν³¹ ἐπὶ τὸν θεὸν τὸν ζῶντα, ὃς ἐποίησεν τὸν οὐρανὸν καὶ τὴν γῆν καὶ τὴν θάλασσαν καὶ πάντα τὰ ἐν αὐτοῖς· 16 ὃς ἐν ταῖς παρῳχημέναις³² γενεαῖς³³ εἴασεν³⁴ πάντα τὰ ἔθνη πορεύεσθαι ταῖς ὁδοῖς αὐτῶν. 17 Καίτοιγε³⁵ οὐκ ἀμάρτυρον³⁶ ἑαυτὸν ἀφῆκεν ἀγαθοποιῶν,³⁷ οὐρανόθεν³⁸ ὑμῖν ὑετοὺς³⁹ διδοὺς καὶ καιροὺς καρποφόρους,⁴⁰

¹λιθοβολῆσαι: AAN   ²συνιδόντες: 2AAP-NPM   ³κατέφυγον: 2AAI-3P   ¹³ἀτενίσας: AAP-NSM   ¹⁵ἥλλετο: INI-3S ¹⁶ἐπῆραν: AAI-3P   ¹⁸ὁμοιωθέντες: APP-NPM   ²⁰ἡγούμενος: PNP-NSM   ²⁶θύειν: PAN   ²⁷διαρρήξαντες: AAP-NPM ²⁸εἰσεπήδησαν: AAI-3P   ³¹ἐπιστρέφειν: PAN   ³²παρῳχημέναις: RNP-DPF   ³⁴εἴασεν: AAI-3S   ³⁷ἀγαθοποιῶν: PAP-NSM

¹λιθοβολέω, [9] I stone, cast stones (at), kill by stoning.   ²σύνοιδα, [4] I know, consider, am privy to. ³καταφεύγω, [2] I flee for refuge (implying that the refuge is reached); aor. indicates moment of arrival. ⁴Λυκαονία, ας, ἡ, [1] Lycaonia, the country of the Lykaones, a district of Asia Minor, comprised within the Roman province Galatia and including the cities of Derbe and Lystra.   ⁵Λύστρα, ας, ἡ, ων, τά, [6] Lystra, a Lycaonian city in the southern part of the Roman province Galatia.   ⁶Δέρβη, ης, ἡ, [3] Derbe, a town in Ly-caonia and in the southern part of the Roman province Galatia.   ⁷περίχωρος, ον, [10] neighboring; subst: the neighboring country, neighboring inhabitants.   ⁸κἀκεῖ, [8] and there, and yonder, there also.   ⁹ἀδύνατος, ον, [10] of persons: incapable; of things: impossible; either the inability, or that which is impossible.   ¹⁰χωλός, ή, όν, [15] lame, deprived of a foot, limping.   ¹¹κοιλία, ας, ἡ, [23] belly, abdomen, heart, a general term covering any organ in the abdomen, e.g. stomach, womb; met: the inner man.   ¹²οὐδέποτε, [16] never.   ¹³ἀτενίζω, [14] I direct my gaze, look steadily.   ¹⁴ὀρθῶς, [5] rightly.   ¹⁵ἅλλομαι, [3] I leap, leap up; of water: I spring up, bubble up.   ¹⁶ἐπαίρω, [19] I raise, lift up.   ¹⁷Λυκαονιστί, [1] in the Lycaonian language.   ¹⁸ὁμοιόω, [15] I make like, liken; I compare.   ¹⁹ἐπειδή, [10] of time: when, now, after that; of cause: seeing that, forasmuch as. ²⁰ἡγέομαι, [28] (a) I lead, (b) I think, am of opinion, suppose, consider.   ²¹ἱερεύς, έως, ὁ, [33] a priest, one who offers sacrifice to a god (in Jewish and pagan religions; of Christians only met.).   ²²πρό, [47] (a) of place: before, in front of, (b) of time: before, earlier than.   ²³ταῦρος, ου, ὁ, [4] a bull, an ox.   ²⁴στέμμα, ατος, τό, [1] a garland, wreath, crown.   ²⁵πυλών, ῶνος, ὁ, [18] a large gate; a gateway, porch, vestibule.   ²⁶θύω, [14] I sac-rifice, generally an animal; hence: I kill.   ²⁷διαρρήσσω, [5] I tear asunder, burst, rend.   ²⁸εἰσπηδάω, [2] I leap into, rush into.   ²⁹ὁμοιοπαθής, ές, [2] of like feelings, having similar passions and feelings, of like infirmities. ³⁰μάταιος, αία, αιον, [6] vain, unreal, ineffectual, unproductive; practically: godless.   ³¹ἐπιστρέφω, [37] (a) trans: I turn (back) to (towards), (b) intrans: I turn (back) (to [towards]); I come to myself.   ³²παροίχομαι, [1] I pass away time.   ³³γενεά, ᾶς, ἡ, [42] a generation; if repeated twice or with another time word, practically indicates infinity of time.   ³⁴ἐάω, [12] I allow, permit, let alone, leave.   ³⁵καίτοιγε, [2] and yet, although, indeed.   ³⁶ἀμάρτυρος, ον, [1] without witness, untestified to.   ³⁷ἀγαθοποιέω, [11] I do that which is good. ³⁸οὐρανόθεν, [2] from heaven, from the sky.   ³⁹ὑετός, οῦ, ὁ, [6] rain.   ⁴⁰καρποφόρος, ον, [1] fruitful.

ἐμπιπλῶν¹ τροφῆς² καὶ εὐφροσύνης³ τὰς καρδίας ἡμῶν. 18 Καὶ ταῦτα λέγοντες, μόλις⁴ κατέπαυσαν⁵ τοὺς ὄχλους τοῦ μὴ θύειν⁶ αὐτοῖς.

The Return Journey to Syria

19 Ἐπῆλθον⁷ δὲ ἀπὸ Ἀντιοχείας⁸ καὶ Ἰκονίου⁹ Ἰουδαῖοι, καὶ πείσαντες τοὺς ὄχλους, καὶ λιθάσαντες¹⁰ τὸν Παῦλον, ἔσυρον¹¹ ἔξω τῆς πόλεως, νομίσαντες¹² αὐτὸν τεθνάναι.¹³ 20 Κυκλωσάντων¹⁴ δὲ αὐτὸν τῶν μαθητῶν, ἀναστὰς εἰσῆλθεν εἰς τὴν πόλιν· καὶ τῇ ἐπαύριον¹⁵ ἐξῆλθεν σὺν τῷ Βαρνάβᾳ εἰς Δέρβην.¹⁶ 21 Εὐαγγελισάμενοί τε τὴν πόλιν ἐκείνην, καὶ μαθητεύσαντες¹⁷ ἱκανούς,¹⁸ ὑπέστρεψαν¹⁹ εἰς τὴν Λύστραν²⁰ καὶ Ἰκόνιον⁹ καὶ Ἀντιόχειαν,⁸ 22 ἐπιστηρίζοντες²¹ τὰς ψυχὰς τῶν μαθητῶν, παρακαλοῦντες ἐμμένειν²² τῇ πίστει, καὶ ὅτι διὰ πολλῶν θλίψεων²³ δεῖ ἡμᾶς εἰσελθεῖν εἰς τὴν βασιλείαν τοῦ θεοῦ. 23 Χειροτονήσαντες²⁴ δὲ αὐτοῖς πρεσβυτέρους κατ᾽ ἐκκλησίαν, προσευξάμενοι μετὰ νηστειῶν,²⁵ παρέθεντο²⁶ αὐτοὺς τῷ κυρίῳ εἰς ὃν πεπιστεύκεισαν. 24 Καὶ διελθόντες²⁷ τὴν Πισιδίαν²⁸ ἦλθον εἰς Παμφυλίαν.²⁹ 25 Καὶ λαλήσαντες ἐν Πέργῃ³⁰ τὸν λόγον, κατέβησαν εἰς Ἀττάλειαν· ³¹ 26 κἀκεῖθεν³² ἀπέπλευσαν³³ εἰς Ἀντιόχειαν,⁸ ὅθεν³⁴ ἦσαν παραδεδομένοι τῇ χάριτι τοῦ θεοῦ εἰς τὸ ἔργον ὃ ἐπλήρωσαν. 27 Παραγενόμενοι³⁵ δὲ καὶ συναγαγόντες τὴν ἐκκλησίαν,

---

¹ἐμπιπλῶν: PAP-NSM   ⁵κατέπαυσαν: AAI-3P   ⁶θύειν: PAN   ⁷Ἐπῆλθον: 2AAI-3P   ¹⁰λιθάσαντες: AAP-NPM ¹¹ἔσυρον: IAI-3P   ¹²νομίσαντες: AAP-NPM   ¹³τεθνάναι: 2RAN   ¹⁴Κυκλωσάντων: AAP-GPM   ¹⁷μαθητεύσαντες: AAP-NPM   ¹⁹ὑπέστρεψαν: AAI-3P   ²¹ἐπιστηρίζοντες: PAP-NPM   ²²ἐμμένειν: PAN   ²⁴Χειροτονήσαντες: AAP-NPM ²⁶παρέθεντο: 2AMI-3P   ²⁷διελθόντες: 2AAP-NPM   ³³ἀπέπλευσαν: AAI-3P   ³⁵Παραγενόμενοι: 2ADP-NPM

---

¹ἐμπίπλημι, [5] I fill up, satisfy.   ²τροφή, ῆς, ἡ, [16] food, nourishment, maintenance.   ³εὐφροσύνη, ης, ἡ, [2] joy, gladness, rejoicing.   ⁴μόλις, [6] with difficulty, hardly, scarcely.   ⁵καταπαύω, [4] (a) trans: I cause to rest, bring to rest; I cause to refrain, (b) intrans: I rest.   ⁶θύω, [14] I sacrifice, generally an animal; hence: I kill.   ⁷ἐπέρχομαι, [10] I come to, arrive, come on, come upon, attack.   ⁸Ἀντιόχεια, ας, ἡ, [18] Antioch, (a) Antioch on the river Orontes, capital of the Province Syria, (b) "Pisidian" Antioch, not in Pisidia, but near Pisidia, in the Roman Province Galatia.   ⁹Ἰκόνιον, ου, τό, [6] Iconium, a Phrygian city of the Roman province Galatia (modern Konia).   ¹⁰λιθάζω, [8] I stone, pelt with stones.   ¹¹σύρω, [5] I draw, drag, force away.   ¹²νομίζω, [15] I practice, hold by custom; I deem, think, consider, suppose.   ¹³θνήσκω, [13] I die, am dying, am dead.   ¹⁴κυκλόω, [5] I encircle, besiege, surround.   ¹⁵ἐπαύριον, [17] tomorrow.   ¹⁶Δέρβη, ης, ἡ, [3] Derbe, a town in Lycaonia and in the southern part of the Roman province Galatia.   ¹⁷μαθητεύω, [4] I make a disciple of, train in discipleship; pass: I am trained, discipled, instructed.   ¹⁸ἱκανός, ή, όν, [41] (a) considerable, sufficient, of number, quantity, time, (b) of persons: sufficiently strong (good, etc.), worthy, suitable, with various constructions, (c) many, much.   ¹⁹ὑποστρέφω, [37] I turn back, return.   ²⁰Λύστρα, ας, ἡ, ων, τά, [6] Lystra, a Lycaonian city in the southern part of the Roman province Galatia.   ²¹ἐπιστηρίζω, [4] I prop up, uphold, support, confirm, make stronger.   ²²ἐμμένω, [3] I remain (abide) in, abide by, maintain, persevere in.   ²³θλῖψις, εως, ἡ, [45] persecution, affliction, distress, tribulation.   ²⁴χειροτονέω, [2] I elect by show of hands, choose by vote, appoint.   ²⁵νηστεία, ας, ἡ, [8] fasting, the day of atonement.   ²⁶παρατίθημι, [19] (a) I set (especially a meal) before, serve, (b) act. and mid: I deposit with, entrust to, (c) I bring forward, quote as evidence.   ²⁷διέρχομαι, [42] I pass through, spread (as a report).   ²⁸Πισιδία, ας, ἡ, [2] Pisidia, a country of Asia Minor, being the south-western part of the Roman province Galatia.   ²⁹Παμφυλία, ας, ἡ, [5] Pamphylia, a Roman province on the south coast of Asia Minor.   ³⁰Πέργη, ης, ἡ, [3] Perga, a city on the river Cestrus in the Roman province Pamphylia.   ³¹Ἀττάλεια, ας, ἡ, [1] Attalia, the port of Perga in Pamphylia.   ³²κἀκεῖθεν, [9] and thence, and from there; and then afterwards.   ³³ἀποπλέω, [4] I sail away.   ³⁴ὅθεν, [15] (a) whence, from which place, (b) wherefore.   ³⁵παραγίνομαι, [37] (a) I come on the scene, appear, come, (b) with words expressing destination: I present myself at, arrive at, reach.

ἀνήγγειλαν¹ ὅσα ἐποίησεν ὁ θεὸς μετ' αὐτῶν, καὶ ὅτι ἤνοιξεν τοῖς ἔθνεσιν θύραν² πίστεως. 28 Διέτριβον³ δὲ ἐκεῖ χρόνον οὐκ ὀλίγον⁴ σὺν τοῖς μαθηταῖς.

The Convention at Jerusalem

15 Καί τινες κατελθόντες⁵ ἀπὸ τῆς Ἰουδαίας,⁶ ἐδίδασκον τοὺς ἀδελφοὺς ὅτι Ἐὰν μὴ περιτέμνησθε⁷ τῷ ἔθει⁸ Μωϋσέως, οὐ δύνασθε σωθῆναι. 2 Γενομένης οὖν στάσεως⁹ καὶ ζητήσεως¹⁰ οὐκ ὀλίγης⁴ τῷ Παύλῳ καὶ τῷ Βαρνάβᾳ πρὸς αὐτούς, ἔταξαν¹¹ ἀναβαίνειν Παῦλον καὶ Βαρνάβαν καί τινας ἄλλους ἐξ αὐτῶν πρὸς τοὺς ἀποστόλους καὶ πρεσβυτέρους εἰς Ἰερουσαλὴμ περὶ τοῦ ζητήματος¹² τούτου. 3 Οἱ μὲν οὖν, προπεμφθέντες¹³ ὑπὸ τῆς ἐκκλησίας, διήρχοντο¹⁴ τὴν Φοινίκην¹⁵ καὶ Σαμάρειαν,¹⁶ ἐκδιηγούμενοι¹⁷ τὴν ἐπιστροφὴν¹⁸ τῶν ἐθνῶν· καὶ ἐποίουν χαρὰν μεγάλην πᾶσιν τοῖς ἀδελφοῖς. 4 Παραγενόμενοι¹⁹ δὲ εἰς Ἰερουσαλήμ, ἀπεδέχθησαν²⁰ ὑπὸ τῆς ἐκκλησίας καὶ τῶν ἀποστόλων καὶ τῶν πρεσβυτέρων, ἀνήγγειλάν²¹ τε ὅσα ὁ θεὸς ἐποίησεν μετ' αὐτῶν. 5 Ἐξανέστησαν²² δέ τινες τῶν ἀπὸ τῆς αἱρέσεως²³ τῶν Φαρισαίων πεπιστευκότες, λέγοντες ὅτι Δεῖ περιτέμνειν²⁴ αὐτούς, παραγγέλλειν²⁵ τε τηρεῖν τὸν νόμον Μωϋσέως.

6 Συνήχθησαν δὲ οἱ ἀπόστολοι καὶ οἱ πρεσβύτεροι ἰδεῖν περὶ τοῦ λόγου τούτου. 7 Πολλῆς δὲ συζητήσεως²⁶ γενομένης, ἀναστὰς Πέτρος εἶπεν πρὸς αὐτούς,

Ἄνδρες ἀδελφοί, ὑμεῖς ἐπίστασθε²⁷ ὅτι ἀφ' ἡμερῶν ἀρχαίων²⁸ ὁ θεὸς ἐν ἡμῖν ἐξελέξατο,²⁹ διὰ τοῦ στόματός μου ἀκοῦσαι τὰ ἔθνη τὸν λόγον τοῦ εὐαγγελίου, καὶ πιστεῦσαι. 8 Καὶ ὁ καρδιογνώστης³⁰ θεὸς ἐμαρτύρησεν αὐτοῖς, δοὺς αὐτοῖς τὸ

---

¹ἀνήγγειλαν: AAI-3P   ³Διέτριβον: IAI-3P   ⁵κατελθόντες: 2AAP-NPM   ⁷περιτέμνησθε: PPS-2P   ¹¹ἔταξαν: AAI-3P
¹³προπεμφθέντες: APP-NPM   ¹⁴διήρχοντο: INI-3P   ¹⁷ἐκδιηγούμενοι: PNP-NPM   ¹⁹Παραγενόμενοι: 2ADP-NPM
²⁰ἀπεδέχθησαν: API-3P   ²¹ἀνήγγειλάν: AAI-3P   ²²Ἐξανέστησαν: 2AAI-3P   ²⁴περιτέμνειν: PAN   ²⁵παραγγέλλειν:
PAN   ²⁷ἐπίστασθε: PNI-2P   ²⁹ἐξελέξατο: AMI-3S

---

¹ἀναγγέλλω, [18] I bring back word, report; I announce, declare.   ²θύρα, ας, ἡ, [39] (a) a door, (b) met: an opportunity.   ³διατρίβω, [10] I tarry, continue, stay in a place.   ⁴ὀλίγος, η, ον, [43] (a) especially in plur: few, (b) in sing: small; hence, of time: short, of degree: light, slight, little.   ⁵κατέρχομαι, [13] I come down from sky to earth, or from high land to lower land (or to the coast), or from the high seas to the shore.   ⁶Ἰουδαία, ας, ἡ, [43] Judea, a Roman province, capital Jerusalem.   ⁷περιτέμνω, [18] I cut around, circumcise.   ⁸ἔθος, ους, τό, [11] a custom, habit; an institute, rite.   ⁹στάσις, εως, ἡ, [9] an insurrection, dissension; originally: standing, position, place.   ¹⁰ζήτησις, εως, ἡ, [7] a question, debate, controversy; a seeking, search.   ¹¹τάσσω, [9] (a) I assign, arrange, (b) I determine; mid: I appoint.   ¹²ζήτημα, ατος, τό, [5] a question, subject of inquiry, dispute.   ¹³προπέμπω, [9] I send forward, accompany, equip for a journey.   ¹⁴διέρχομαι, [42] I pass through, spread (as a report).   ¹⁵Φοινίκη, ης, ἡ, [3] Phoenicia, a northern coast strip of the Roman province Syria.   ¹⁶Σαμάρεια, ας, ἡ, [11] Samaria, a small district of Palestine, bounded by Galilee on the north, and by Judaea on the south, and taking its name from the city of Samaria, the ancient capital of the kingdom of (northern) Israel.   ¹⁷ἐκδιηγέομαι, [2] I narrate at length, declare.   ¹⁸ἐπιστροφή, ῆς, ἡ, [1] a turning (to God), conversion.   ¹⁹παραγίνομαι, [37] (a) I come on the scene, appear, come, (b) with words expressing destination: I present myself at, arrive at, reach.   ²⁰ἀποδέχομαι, [6] I receive, welcome, entertain (with hospitality), embrace.   ²¹ἀναγγέλλω, [18] I bring back word, report; I announce, declare.   ²²ἐξανίστημι, [3] (a) in trans. tenses: I raise up, cause to grow, (b) in intrans. tenses: I rise up from.   ²³αἵρεσις, εως, ἡ, [9] a self-chosen opinion, a religious or philosophical sect, discord or contention.   ²⁴περιτέμνω, [18] I cut around, circumcise.   ²⁵παραγγέλλω, [30] I notify, command, charge, entreat solemnly.   ²⁶συζήτησις, εως, ἡ, [2] mutual questioning, disputation.   ²⁷ἐπίσταμαι, [14] I know, know of, understand.   ²⁸ἀρχαῖος, αία, αῖον, [11] original, primitive, ancient.   ²⁹ἐκλέγομαι, [21] I pick out for myself, choose, elect, select.   ³⁰καρδιογνώστης, ου, ὁ, [2] a knower of the inner life (character, hearts).

πνεῦμα τὸ ἅγιον, καθὼς καὶ ἡμῖν· 9 καὶ οὐδὲν διέκρινεν¹ μεταξὺ² ἡμῶν τε καὶ αὐτῶν, τῇ πίστει καθαρίσας³ τὰς καρδίας αὐτῶν. 10 Νῦν οὖν τί πειράζετε⁴ τὸν θεόν, ἐπιθεῖναι⁵ ζυγὸν⁶ ἐπὶ τὸν τράχηλον⁷ τῶν μαθητῶν, ὃν οὔτε οἱ πατέρες ἡμῶν οὔτε ἡμεῖς ἰσχύσαμεν⁸ βαστάσαι;⁹ 11 Ἀλλὰ διὰ τῆς χάριτος τοῦ κυρίου Ἰησοῦ πιστεύομεν σωθῆναι, καθ᾽ ὃν τρόπον¹⁰ κἀκεῖνοι.¹¹

12 Ἐσίγησεν¹² δὲ πᾶν τὸ πλῆθος,¹³ καὶ ἤκουον Βαρνάβα καὶ Παύλου ἐξηγουμένων¹⁴ ὅσα ἐποίησεν ὁ θεὸς σημεῖα καὶ τέρατα¹⁵ ἐν τοῖς ἔθνεσιν δι᾽ αὐτῶν. 13 Μετὰ δὲ τὸ σιγῆσαι¹⁶ αὐτούς, ἀπεκρίθη Ἰάκωβος λέγων,

Ἄνδρες ἀδελφοί, ἀκούσατέ μου· 14 Συμεὼν ἐξηγήσατο¹⁷ καθὼς πρῶτον ὁ θεὸς ἐπεσκέψατο¹⁸ λαβεῖν ἐξ ἐθνῶν λαὸν ἐπὶ τῷ ὀνόματι αὐτοῦ. 15 Καὶ τούτῳ συμφωνοῦσιν¹⁹ οἱ λόγοι τῶν προφητῶν, καθὼς γέγραπται, 16 Μετὰ ταῦτα ἀναστρέψω,²⁰ καὶ ἀνοικοδομήσω²¹ τὴν σκηνὴν²² Δαυὶδ τὴν πεπτωκυῖαν· καὶ τὰ κατεσκαμμένα²³ αὐτῆς ἀνοικοδομήσω,²⁴ καὶ ἀνορθώσω²⁵ αὐτήν· 17 ὅπως ἂν ἐκζητήσωσιν²⁶ οἱ κατάλοιποι²⁷ τῶν ἀνθρώπων τὸν κύριον, καὶ πάντα τὰ ἔθνη, ἐφ᾽ οὓς ἐπικέκληται²⁸ τὸ ὄνομά μου ἐπ᾽ αὐτούς, λέγει κύριος ὁ ποιῶν ταῦτα πάντα. 18 Γνωστὰ²⁹ ἀπ᾽ αἰῶνός ἐστιν τῷ θεῷ πάντα τὰ ἔργα αὐτοῦ. 19 Διὸ ἐγὼ κρίνω μὴ παρενοχλεῖν³⁰ τοῖς ἀπὸ τῶν ἐθνῶν ἐπιστρέφουσιν³¹ ἐπὶ τὸν θεόν· 20 ἀλλὰ ἐπιστεῖλαι³² αὐτοῖς τοῦ ἀπέχεσθαι³³ ἀπὸ τῶν ἀλισγημάτων³⁴

---

¹διέκρινεν: AAI-3S   ³καθαρίσας: AAP-NSM   ⁴πειράζετε: PAI-2P   ⁵ἐπιθεῖναι: 2AAN   ⁸ἰσχύσαμεν: AAI-1P   ⁹βαστάσαι: AAN   ¹²Ἐσίγησεν: AAI-3S   ¹⁴ἐξηγουμένων: PNP-GPM   ¹⁶σιγῆσαι: AAN   ¹⁷ἐξηγήσατο: ADI-3S   ¹⁸ἐπεσκέψατο: ADI-3S   ¹⁹συμφωνοῦσιν: PAI-3P   ²⁰ἀναστρέψω: FAI-1S   ²¹ἀνοικοδομήσω: FAI-1S   ²³κατεσκαμμένα: RPP-APN   ²⁴ἀνοικοδομήσω: FAI-1S   ²⁵ἀνορθώσω: FAI-1S   ²⁶ἐκζητήσωσιν: AAS-3P   ²⁸ἐπικέκληται: RPI-3S   ³⁰παρενοχλεῖν: PAN   ³¹ἐπιστρέφουσιν: PAP-DPM   ³²ἐπιστεῖλαι: AAN   ³³ἀπέχεσθαι: PMN

---

¹διακρίνω, [19] I separate, distinguish, discern one thing from another; I doubt, hesitate, waver.   ²μεταξύ, [9] meanwhile, afterwards, between.   ³καθαρίζω, [30] I cleanse, make clean, literally, ceremonially, or spiritually, according to context.   ⁴πειράζω, [39] I try, tempt, test.   ⁵ἐπιτίθημι, [41] I put, place upon, lay on; I add, give in addition.   ⁶ζυγός, οῦ, ὁ, [6] a yoke; hence met: (a Jewish idea) of a heavy burden, comparable to the heavy yokes resting on the bullocks' necks; a balance, pair of scales.   ⁷τράχηλος, ου, ὁ, [7] the neck.   ⁸ἰσχύω, [29] I have strength, am strong, am in full health and vigor, am able; meton: I prevail.   ⁹βαστάζω, [27] (a) I carry, bear, (b) I carry (take) away.   ¹⁰τρόπος, ου, ὁ, [13] (a) way, manner, (b) manner of life, character.   ¹¹κἀκεῖνος, η, ο, [21] and he, she, it, and that.   ¹²σιγάω, [9] intrans: I am silent, keep silence; trans: I keep secret; pass: I am kept secret.   ¹³πλῆθος, ους, τό, [32] a multitude, crowd, great number, assemblage.   ¹⁴ἐξηγέομαι, [6] I lead, show the way; met: I unfold, narrate, declare.   ¹⁵τέρας, ατος, τό, [16] a wonder, portent, marvel.   ¹⁶σιγάω, [9] intrans: I am silent, keep silence; trans: I keep secret; pass: I am kept secret.   ¹⁷ἐξηγέομαι, [6] I lead, show the way; met: I unfold, narrate, declare.   ¹⁸ἐπισκέπτομαι, [11] I look upon, visit, look out, select.   ¹⁹συμφωνέω, [6] I agree with, harmonize with, agree together.   ²⁰ἀναστρέφω, [11] I overturn; I turn back, return; I turn hither and thither; pass: I turn myself about; I sojourn, dwell; I conduct myself, behave, live.   ²¹ἀνοικοδομέω, [2] I rebuild, build up (what has fallen or been razed to the ground), sometimes merely: I build.   ²²σκηνή, ῆς, ἡ, [20] a tent, booth, tabernacle, abode, dwelling, mansion, habitation.   ²³κατασκάπτω, [2] I dig down under, demolish, undermine.   ²⁴ἀνοικοδομέω, [2] I rebuild, build up (what has fallen or been razed to the ground), sometimes merely: I build.   ²⁵ἀνορθόω, [3] I make upright (straight) again, rear again, restore.   ²⁶ἐκζητέω, [7] I seek out, seek out after, require.   ²⁷κατάλοιπος, ον, [1] left behind; the rest, the remainder.   ²⁸ἐπικαλέω, [32] (a) I call (name) by a supplementary (additional, alternative) name, (b) mid: I call upon, appeal to, address.   ²⁹γνωστός, ή, όν, [15] known, an acquaintance.   ³⁰παρενοχλέω, [1] I trouble, cause disturbance to, annoy, harass.   ³¹ἐπιστρέφω, [37] (a) trans: I turn (back) to (towards), (b) intrans: I turn (back) (to [towards]); I come to myself.   ³²ἐπιστέλλω, [3] I write, send by letter to.   ³³ἀπέχω, [18] I have in full, am far, it is enough.   ³⁴ἀλίσγημα, ατος, τό, [1] pollution, perhaps a polluted thing (especially of food).

τῶν εἰδώλων¹ καὶ τῆς πορνείας² καὶ τοῦ πνικτοῦ³ καὶ τοῦ αἵματος. 21 Μωϋσῆς γὰρ ἐκ γενεῶν⁴ ἀρχαίων⁵ κατὰ πόλιν τοὺς κηρύσσοντας αὐτὸν ἔχει, ἐν ταῖς συναγωγαῖς κατὰ πᾶν σάββατον ἀναγινωσκόμενος.⁶

22 Τότε ἔδοξεν τοῖς ἀποστόλοις καὶ τοῖς πρεσβυτέροις σὺν ὅλῃ τῇ ἐκκλησίᾳ, ἐκλεξαμένους⁷ ἄνδρας ἐξ αὐτῶν πέμψαι εἰς Ἀντιόχειαν⁸ σὺν Παύλῳ καὶ Βαρνάβᾳ, Ἰούδαν τὸν ἐπικαλούμενον⁹ Βαρσαββᾶν, καὶ Σίλαν, ἄνδρας ἡγουμένους¹⁰ ἐν τοῖς ἀδελφοῖς, 23 γράψαντες διὰ χειρὸς αὐτῶν τάδε,¹¹ Οἱ ἀπόστολοι καὶ οἱ πρεσβύτεροι καὶ οἱ ἀδελφοὶ τοῖς κατὰ τὴν Ἀντιόχειαν⁸ καὶ Συρίαν¹² καὶ Κιλικίαν¹³ ἀδελφοῖς τοῖς ἐξ ἐθνῶν, χαίρειν· 24 ἐπειδὴ¹⁴ ἠκούσαμεν ὅτι τινὲς ἐξ ἡμῶν ἐξελθόντες ἐτάραξαν¹⁵ ὑμᾶς λόγοις, ἀνασκευάζοντες¹⁶ τὰς ψυχὰς ὑμῶν, λέγοντες περιτέμνεσθαι¹⁷ καὶ τηρεῖν τὸν νόμον, οἷς οὐ διεστειλάμεθα·¹⁸ 25 ἔδοξεν ἡμῖν γενομένοις ὁμοθυμαδόν,¹⁹ ἐκλεξαμένους²⁰ ἄνδρας πέμψαι πρὸς ὑμᾶς, σὺν τοῖς ἀγαπητοῖς ἡμῶν Βαρνάβᾳ καὶ Παύλῳ, 26 ἀνθρώποις παραδεδωκόσιν τὰς ψυχὰς αὐτῶν ὑπὲρ τοῦ ὀνόματος τοῦ κυρίου ἡμῶν Ἰησοῦ χριστοῦ. 27 Ἀπεστάλκαμεν οὖν Ἰούδαν καὶ Σίλαν, καὶ αὐτοὺς διὰ λόγου ἀπαγγέλλοντας²¹ τὰ αὐτά. 28 Ἔδοξεν γὰρ τῷ ἁγίῳ πνεύματι, καὶ ἡμῖν, μηδὲν πλέον ἐπιτίθεσθαι²² ὑμῖν βάρος,²³ πλὴν²⁴ τῶν ἐπάναγκες²⁵ τούτων, 29 ἀπέχεσθαι²⁶ εἰδωλοθύτων²⁷ καὶ αἵματος καὶ πνικτοῦ³ καὶ πορνείας·² ἐξ ὧν διατηροῦντες²⁸ ἑαυτούς, εὖ²⁹ πράξετε.³⁰ Ἔρρωσθε.³¹

---

⁶ἀναγινωσκόμενος: PPP-NSM   ⁷ἐκλεξαμένους: AMP-APM   ⁹ἐπικαλούμενον: PPP-ASM   ¹⁰ἡγουμένους: PNP-APM   ¹⁵ἐτάραξαν: AAI-3P   ¹⁶ἀνασκευάζοντες: PAP-NPM   ¹⁷περιτέμνεσθαι: PPN   ¹⁸διεστειλάμεθα: AMI-1P   ²⁰ἐκλεξαμένους: AMP-APM   ²¹ἀπαγγέλλοντας: PAP-APM   ²²ἐπιτίθεσθαι: PMN   ²⁶ἀπέχεσθαι: PMN   ²⁸διατηροῦντες: PAP-NPM   ³⁰πράξετε: FAI-2P   ³¹Ἔρρωσθε: RPM-2P

---

¹εἴδωλον, ου, τό, [11] an idol, false god.   ²πορνεία, ας, ἡ, [26] fornication, whoredom; met: idolatry.   ³πνικτός, ή, όν, [3] strangled (i.e. killed without letting out the blood).   ⁴γενεά, ᾶς, ἡ, [42] a generation; if repeated twice or with another time word, practically indicates infinity of time.   ⁵ἀρχαῖος, αία, αῖον, [11] original, primitive, ancient.   ⁶ἀναγινώσκω, [32] I read, know again, know certainly, recognize, discern.   ⁷ἐκλέγομαι, [21] I pick out for myself, choose, elect, select.   ⁸Ἀντιόχεια, ας, ἡ, [18] Antioch, (a) Antioch on the river Orontes, capital of the Province Syria, (b) "Pisidian" Antioch, not in Pisidia, but near Pisidia, in the Roman Province Galatia.   ⁹ἐπικαλέω, [32] (a) I call (name) by a supplementary (additional, alternative) name, (b) mid: I call upon, appeal to, address.   ¹⁰ἡγέομαι, [28] (a) I lead, (b) I think, am of opinion, suppose, consider.   ¹¹ὅδε, ἥδε, τόδε, [11] this here, this, that, he, she, it.   ¹²Συρία, ας, ἡ, [8] Syria, a great Roman imperial province, united with Cilicia.   ¹³Κιλικία, ας, ἡ, [8] Cilicia, a Roman province between the Taurus range of mountains and the coast in the south-east corner of Asia Minor, linked up with the province of Syria.   ¹⁴ἐπειδή, [10] of time: when, now, after that; of cause: seeing that, forasmuch as.   ¹⁵ταράσσω, [17] I disturb, agitate, stir up, trouble.   ¹⁶ἀνασκευάζω, [1] I pervert, subvert, dismantle, unsettle, overthrow, destroy.   ¹⁷περιτέμνω, [18] I cut around, circumcise.   ¹⁸διαστέλλομαι, [8] I give a commission (instructions), order; I admonish, prohibit.   ¹⁹ὁμοθυμαδόν, [12] with one mind, unanimously, with one accord, at the same time.   ²⁰ἐκλέγομαι, [21] I pick out for myself, choose, elect, select.   ²¹ἀπαγγέλλω, [44] I report (from one place to another), bring a report, announce, declare.   ²²ἐπιτίθημι, [41] I put, place upon, lay on; I add, give in addition.   ²³βάρος, ους, τό, [6] a weight, burden, lit. or met.   ²⁴πλήν, [31] however, nevertheless, but, except that, yet.   ²⁵ἐπάναγκες, [1] necessarily; as subst: necessary things.   ²⁶ἀπέχω, [18] I have in full, am far, it is enough.   ²⁷εἰδωλόθυτος, ον, [10] (of meat), sacrificed to an image (or an idol).   ²⁸διατηρέω, [2] I keep safe, hold fast.   ²⁹εὖ, [6] well, well done, good, rightly; also used as an exclamation.   ³⁰πράσσω, [38] I do, perform, accomplish; be in any condition, i.e. I fare; I exact, require.   ³¹ῥώννυμι, [2] I strengthen, render firm; imperative at the end of letters: farewell.

30 Οἱ μὲν οὖν ἀπολυθέντες ἦλθον εἰς Ἀντιόχειαν· [1] καὶ συναγαγόντες τὸ πλῆθος, [2] ἐπέδωκαν [3] τὴν ἐπιστολήν. [4] **31** Ἀναγνόντες [5] δέ, ἐχάρησαν ἐπὶ τῇ παρακλήσει. [6] **32** Ἰούδας τε καὶ Σίλας, καὶ αὐτοὶ προφῆται ὄντες, διὰ λόγου πολλοῦ παρεκάλεσαν τοὺς ἀδελφούς, καὶ ἐπεστήριξαν. [7] **33** Ποιήσαντες δὲ χρόνον, ἀπελύθησαν μετ' εἰρήνης ἀπὸ τῶν ἀδελφῶν πρὸς τοὺς ἀποστόλους. **35** Παῦλος δὲ καὶ Βαρνάβας διέτριβον [8] ἐν Ἀντιοχείᾳ, [1] διδάσκοντες καὶ εὐαγγελιζόμενοι, μετὰ καὶ ἑτέρων πολλῶν, τὸν λόγον τοῦ κυρίου.

The Beginning of Paul's Second Missionary Journey

36 Μετὰ δέ τινας ἡμέρας εἶπεν Παῦλος πρὸς Βαρνάβαν, Ἐπιστρέψαντες [9] δὴ [10] ἐπισκεψώμεθα [11] τοὺς ἀδελφοὺς ἡμῶν κατὰ πᾶσαν πόλιν, ἐν αἷς κατηγγείλαμεν [12] τὸν λόγον τοῦ κυρίου, πῶς ἔχουσιν. **37** Βαρνάβας δὲ ἐβουλεύσατο [13] συμπαραλαβεῖν [14] τὸν Ἰωάννην, τὸν καλούμενον Μάρκον. **38** Παῦλος δὲ ἠξίου, [15] τὸν ἀποστάντα [16] ἀπ' αὐτῶν ἀπὸ Παμφυλίας, [17] καὶ μὴ συνελθόντα [18] αὐτοῖς εἰς τὸ ἔργον, μὴ συμπαραλαβεῖν [19] τοῦτον. **39** Ἐγένετο οὖν παροξυσμός, [20] ὥστε ἀποχωρισθῆναι [21] αὐτοὺς ἀπ' ἀλλήλων, τόν τε Βαρνάβαν παραλαβόντα [22] τὸν Μάρκον ἐκπλεῦσαι [23] εἰς Κύπρον· [24] **40** Παῦλος δὲ ἐπιλεξάμενος [25] Σίλαν ἐξῆλθεν, παραδοθεὶς τῇ χάριτι τοῦ θεοῦ ὑπὸ τῶν ἀδελφῶν. **41** Διήρχετο [26] δὲ τὴν Συρίαν [27] καὶ Κιλικίαν, [28] ἐπιστηρίζων [29] τὰς ἐκκλησίας.

---

[3] ἐπέδωκαν: AAI-3P   [5] Ἀναγνόντες: 2AAP-NPM   [7] ἐπεστήριξαν: AAI-3P   [8] διέτριβον: IAI-3P   [9] Ἐπιστρέψαντες: AAP-NPM   [11] ἐπισκεψώμεθα: ADS-1P   [12] κατηγγείλαμεν: AAI-1P   [13] ἐβουλεύσατο: ADI-3S   [14] συμπαραλαβεῖν: 2AAN   [15] ἠξίου: IAI-3S   [16] ἀποστάντα: 2AAP-ASM   [18] συνελθόντα: 2AAP-ASM   [19] συμπαραλαβεῖν: 2AAN   [21] ἀποχωρισθῆναι: APN   [22] παραλαβόντα: 2AAP-ASM   [23] ἐκπλεῦσαι: AAN   [25] ἐπιλεξάμενος: AMP-NSM   [26] Διήρχετο: INI-3S   [29] ἐπιστηρίζων: PAP-NSM

---

[1] Ἀντιόχεια, ας, ἡ, [18] Antioch, (a) Antioch on the river Orontes, capital of the Province Syria, (b) "Pisidian" Antioch, not in Pisidia, but near Pisidia, in the Roman Province Galatia.   [2] πλῆθος, ους, τό, [32] a multitude, crowd, great number, assemblage.   [3] ἐπιδίδωμι, [11] (a) trans: I hand in, give up, (b) intrans: I give way (to the wind).   [4] ἐπιστολή, ῆς, ἡ, [24] a letter, dispatch, epistle, message.   [5] ἀναγινώσκω, [32] I read, know again, know certainly, recognize, discern.   [6] παράκλησις, εως, ἡ, [29] a calling for, summons, hence: (a) exhortation, (b) entreaty, (c) encouragement, joy, gladness, (d) consolation, comfort.   [7] ἐπιστηρίζω, [4] I prop up, uphold, support, confirm, make stronger.   [8] διατρίβω, [10] I tarry, continue, stay in a place.   [9] ἐπιστρέφω, [37] (a) trans: I turn (back) to (towards), (b) intrans: I turn (back) (to [towards]); I come to myself.   [10] δή, [7] (a) in a clause expressing demand: so, then, (b) indeed, (c) truly.   [11] ἐπισκέπτομαι, [11] I look upon, visit, look out, select.   [12] καταγγέλλω, [18] I declare openly, proclaim, preach, laud, celebrate.   [13] βουλεύω, [8] I deliberate, take counsel, determine.   [14] συμπαραλαμβάνω, [4] I take along as a companion.   [15] ἀξιόω, [7] I account or treat as worthy.   [16] ἀφίστημι, [15] I make to stand away, draw away, repel, take up a position away from, withdraw from, leave, abstain from.   [17] Παμφυλία, ας, ἡ, [5] Pamphylia, a Roman province on the south coast of Asia Minor.   [18] συνέρχομαι, [32] I come or go with, accompany; I come together, assemble.   [19] συμπαραλαμβάνω, [4] I take along as a companion.   [20] παροξυσμός, οῦ, ὁ, [2] stimulation, provocation, irritation, angry dispute.   [21] ἀποχωρίζω, [2] I separate from; mid: I part; pass: I am swept aside.   [22] παραλαμβάνω, [49] I take from, receive from, or: I take to, receive (apparently not used of money), admit, acknowledge; I take with me.   [23] ἐκπλέω, [3] I sail out (of harbor), sail away.   [24] Κύπρος, ου, ἡ, [5] Cyprus.   [25] ἐπιλέγω, [2] I call; mid: I choose for myself; pass: I am named.   [26] διέρχομαι, [42] I pass through, spread (as a report).   [27] Συρία, ας, ἡ, [8] Syria, a great Roman imperial province, united with Cilicia.   [28] Κιλικία, ας, ἡ, [8] Cilicia, a Roman province between the Taurus range of mountains and the coast in the south-east corner of Asia Minor, linked up with the province of Syria.   [29] ἐπιστηρίζω, [4] I prop up, uphold, support, confirm, make stronger.

Paul and Silas in Asia Minor

16 Κατήντησεν¹ δὲ εἰς Δέρβην² καὶ Λύστραν·³ καὶ ἰδού, μαθητής τις ἦν ἐκεῖ, ὀνόματι Τιμόθεος, υἱὸς γυναικός τινος Ἰουδαίας πιστῆς, πατρὸς δὲ Ἕλληνος·⁴ **2** ὃς ἐμαρτυρεῖτο ὑπὸ τῶν ἐν Λύστροις³ καὶ Ἰκονίῳ⁵ ἀδελφῶν. **3** Τοῦτον ἠθέλησεν ὁ Παῦλος σὺν αὐτῷ ἐξελθεῖν, καὶ λαβὼν περιέτεμεν⁶ αὐτόν, διὰ τοὺς Ἰουδαίους τοὺς ὄντας ἐν τοῖς τόποις ἐκείνοις· ᾔδεισαν γὰρ ἅπαντες⁷ τὸν πατέρα αὐτοῦ, ὅτι Ἕλλην⁴ ὑπῆρχεν. **4** Ὡς δὲ διεπορεύοντο⁸ τὰς πόλεις, παρεδίδουν αὐτοῖς φυλάσσειν⁹ τὰ δόγματα¹⁰ τὰ κεκριμένα ὑπὸ τῶν ἀποστόλων καὶ τῶν πρεσβυτέρων τῶν ἐν Ἰερουσαλήμ. **5** Αἱ μὲν οὖν ἐκκλησίαι ἐστερεοῦντο¹¹ τῇ πίστει, καὶ ἐπερίσσευον¹² τῷ ἀριθμῷ¹³ καθ᾽ ἡμέραν.

6 Διελθόντες¹⁴ δὲ τὴν Φρυγίαν¹⁵ καὶ τὴν Γαλατικὴν¹⁶ χώραν,¹⁷ κωλυθέντες¹⁸ ὑπὸ τοῦ ἁγίου πνεύματος λαλῆσαι τὸν λόγον ἐν τῇ Ἀσίᾳ,¹⁹ **7** ἐλθόντες κατὰ τὴν Μυσίαν²⁰ ἐπείραζον²¹ κατὰ τὴν Βιθυνίαν²² πορεύεσθαι· καὶ οὐκ εἴασεν²³ αὐτοὺς τὸ πνεῦμα· **8** παρελθόντες²⁴ δὲ τὴν Μυσίαν²⁰ κατέβησαν εἰς Τρῳάδα.²⁵ **9** Καὶ ὅραμα²⁶ διὰ τῆς νυκτὸς ὤφθη τῷ Παύλῳ· ἀνήρ τις ἦν Μακεδὼν²⁷ ἑστώς, παρακαλῶν αὐτὸν καὶ λέγων, Διαβὰς²⁸ εἰς Μακεδονίαν,²⁹ βοήθησον³⁰ ἡμῖν. **10** Ὡς δὲ τὸ ὅραμα²⁶ εἶδεν, εὐθέως

---

¹Κατήντησεν: AAI-3S   ⁶περιέτεμεν: 2AAI-3S   ⁸διεπορεύοντο: INI-3P   ⁹φυλάσσειν: PAN   ¹¹ἐστερεοῦντο: IPI-3P   ¹²ἐπερίσσευον: IAI-3P   ¹⁴Διελθόντες: 2AAP-NPM   ¹⁸κωλυθέντες: APP-NPM   ²¹ἐπείραζον: IAI-3P   ²³εἴασεν: AAI-3S   ²⁴παρελθόντες: 2AAP-NPM   ²⁸Διαβὰς: 2AAP-NSM   ³⁰βοήθησον: AAM-2S

---

¹κατανντάω, [13] (a) I come down, either from high land to lower (or actually to the sea-coast), or from the high seas to the coast; hence met: I arrive at, reach (my destination), (b) of property: I come down (descend) by inheritance to an heir.   ²Δέρβη, ης, ἡ, [3] Derbe, a town in Lycaonia and in the southern part of the Roman province Galatia.   ³Λύστρα, ας, ἡ, ων, τά, [6] Lystra, a Lycaonian city in the southern part of the Roman province Galatia.   ⁴Ἕλλην, ηνος, ὁ, [27] a Hellene, the native word for a Greek; it is, however, a term wide enough to include all Greek-speaking (i.e. educated) non-Jews.   ⁵Ἰκόνιον, ου, τό, [6] Iconium, a Phrygian city of the Roman province Galatia (modern Konia).   ⁶περιτέμνω, [18] I cut around, circumcise.   ⁷ἅπας, ασα, αν, [39] all, the whole, altogether.   ⁸διαπορεύομαι, [5] I journey through (past).   ⁹φυλάσσω, [30] (a) I guard, protect; mid: I am on my guard, (b) act. and mid. of customs and regulations: I keep, observe.   ¹⁰δόγμα, ατος, τό, [5] a decree, edict, ordinance.   ¹¹στερεόω, [3] I strengthen, confirm, establish, settle.   ¹²περισσεύω, [39] (a) intrans: I exceed the ordinary (the necessary), abound, overflow; am left over, (b) trans: I cause to abound.   ¹³ἀριθμός, οῦ, ὁ, [19] a number, total.   ¹⁴διέρχομαι, [42] I pass through, spread (as a report).   ¹⁵Φρυγία, ας, ἡ, [3] Phrygia, an ethnic district in Asia Minor, the north-western part of which was in the Roman province Asia and the south-eastern part in the Roman province Galatia.   ¹⁶Γαλατικός, ή, όν, [2] Galatic, belonging to the province Galatia.   ¹⁷χώρα, ας, ἡ, [27] (a) a country or region, (b) the land, as opposed to the sea, (c) the country, distinct from town, (d) plur: fields.   ¹⁸κωλύω, [23] I prevent, debar, hinder; with infin: from doing so and so.   ¹⁹Ἀσία, ας, ἡ, [18] the Roman province of Asia, roughly the western third of Asia Minor.   ²⁰Μυσία, ας, ἡ, [2] Mysia, a country in the north-west of the Roman province Asia (and of Asia Minor).   ²¹πειράζω, [39] I try, tempt, test.   ²²βιθυνία, ας, ἡ, [2] Bithynia, a Roman province, north-west of Asia Minor and south-west of the Black Sea.   ²³ἐάω, [12] I allow, permit, let alone, leave.   ²⁴παρέρχομαι, [29] I pass by, pass away, pass out of sight; I am rendered void, become vain, neglect, disregard.   ²⁵Τρῳάς, άδος, ἡ, [6] Troas, a harbor city of Mysia.   ²⁶ὅραμα, ατος, τό, [12] a spectacle, vision, that which is seen.   ²⁷Μακεδών, όνος, ὁ, [5] a Macedonian, an inhabitant of the Roman province Macedonia.   ²⁸διαβαίνω, [3] I cross, pass through, step across.   ²⁹Μακεδονία, ας, ἡ, [22] (Hebrew), Macedonia, a Roman province north of Achaia (Greece).   ³⁰βοηθέω, [8] I come to the rescue of, come to help, help.

ἐζητήσαμεν ἐξελθεῖν εἰς τὴν Μακεδονίαν,¹ συμβιβάζοντες² ὅτι προσκέκληται³ ἡμᾶς ὁ κύριος εὐαγγελίσασθαι αὐτούς.

Paul and His Companions at Philippi

11 Ἀναχθέντες⁴ οὖν ἀπὸ τῆς Τρῳάδος,⁵ εὐθυδρομήσαμεν⁶ εἰς Σαμοθράκην,⁷ τῇ τε ἐπιούσῃ⁸ εἰς Νεάπολιν,⁹ **12** ἐκεῖθέν¹⁰ τε εἰς Φιλίππους,¹¹ ἥτις ἐστὶν πρώτη τῆς μερίδος¹² τῆς Μακεδονίας¹ πόλις, κολωνεία·¹³ ἦμεν δὲ ἐν αὐτῇ τῇ πόλει διατρίβοντες¹⁴ ἡμέρας τινάς. **13** Τῇ τε ἡμέρᾳ τῶν σαββάτων ἐξήλθομεν ἔξω τῆς πόλεως παρὰ ποταμόν,¹⁵ οὗ¹⁶ ἐνομίζετο¹⁷ προσευχὴ¹⁸ εἶναι, καὶ καθίσαντες¹⁹ ἐλαλοῦμεν ταῖς συνελθούσαις²⁰ γυναιξίν. **14** Καί τις γυνὴ ὀνόματι Λυδία, πορφυρόπωλις²¹ πόλεως Θυατείρων,²² σεβομένη²³ τὸν θεόν, ἤκουεν· ἧς ὁ κύριος διήνοιξεν²⁴ τὴν καρδίαν, προσέχειν²⁵ τοῖς λαλουμένοις ὑπὸ τοῦ Παύλου. **15** Ὡς δὲ ἐβαπτίσθη, καὶ ὁ οἶκος αὐτῆς, παρεκάλεσεν λέγουσα, Εἰ κεκρίκατέ με πιστὴν τῷ κυρίῳ εἶναι, εἰσελθόντες εἰς τὸν οἶκόν μου, μείνατε. Καὶ παρεβιάσατο²⁶ ἡμᾶς.

16 Ἐγένετο δὲ πορευομένων ἡμῶν εἰς προσευχήν,¹⁸ παιδίσκην²⁷ τινὰ ἔχουσαν πνεῦμα Πύθωνος²⁸ ἀπαντῆσαι²⁹ ἡμῖν, ἥτις ἐργασίαν³⁰ πολλὴν παρεῖχεν³¹ τοῖς κυρίοις αὐτῆς, μαντευομένη.³² **17** Αὕτη κατακολουθήσασα³³ τῷ Παύλῳ καὶ ἡμῖν, ἔκραζεν λέγουσα, Οὗτοι οἱ ἄνθρωποι δοῦλοι τοῦ θεοῦ τοῦ ὑψίστου³⁴ εἰσίν, οἵτινες καταγγέλλουσιν³⁵ ἡμῖν ὁδὸν σωτηρίας.³⁶ **18** Τοῦτο δὲ ἐποίει ἐπὶ πολλὰς ἡμέρας. Διαπονηθεὶς³⁷ δὲ ὁ Παῦλος,

---

²συμβιβάζοντες: PAP-NPM ³προσκέκληται: RNI-3S ⁴Ἀναχθέντες: APP-NPM ⁶εὐθυδρομήσαμεν: AAI-1P ⁸ἐπιούσῃ: PAP-DSF ¹⁴διατρίβοντες: PAP-NPM ¹⁷ἐνομίζετο: IPI-3S ¹⁹καθίσαντες: AAP-NPM ²⁰συνελθούσαις: 2AAP-DPF ²³σεβομένη: PNP-NSF ²⁴διήνοιξεν: AAI-3S ²⁵προσέχειν: PAN ²⁶παρεβιάσατο: ADI-3S ²⁹ἀπαντῆσαι: AAN ³¹παρεῖχεν: IAI-3S ³²μαντευομένη: PNP-NSF ³³κατακολουθήσασα: AAP-NSF ³⁵καταγγέλλουσιν: PAI-3P ³⁷Διαπονηθεὶς: AOP-NSM

---

¹Μακεδονία, ας, ἡ, [22] (Hebrew), Macedonia, a Roman province north of Achaia (Greece). ²συμβιβάζω, [6] (a) I unite or knit together, (b) I put together in reasoning, and so: I conclude, prove, (c) I teach, instruct. ³προσκαλέω, [31] I call to myself, summon. ⁴ἀνάγω, [23] I lead up, bring up, offer, product, put to sea, set sail. ⁵Τρῳάς, άδος, ἡ, [6] Troas, a harbor city of Mysia. ⁶εὐθυδρομέω, [2] I run a straight course. ⁷Σαμοθράκη, ης, ἡ, [1] Samothrace, an island south of the province of Thrace. ⁸ἐπιοῦσα, ης, ἡ, [5] the next day. ⁹Νεάπολις, εως, ἡ, [1] Neapolis, a city of Thrace. ¹⁰ἐκεῖθεν, [28] thence, from that place. ¹¹Φίλιπποι, ων, οἱ, [4] Philippi, a great city of the Roman province Macedonia. ¹²μερίς, ίδος, ἡ, [5] (a) a part, division of a country, (b) a share, portion. ¹³κολωνία, ας, ἡ, [1] a colony, a city settlement of Roman (soldier) citizens; a garrison city. ¹⁴διατρίβω, [10] I tarry, continue, stay in a place. ¹⁵ποταμός, οῦ, ὁ, [16] a river, torrent, stream. ¹⁶οὗ, [23] where, whither, when, in what place. ¹⁷νομίζω, [15] I practice, hold by custom; I deem, think, consider, suppose. ¹⁸προσευχή, ῆς, ἡ, [37] (a) prayer (to God), (b) a place for prayer (used by Jews, perhaps where there was no synagogue). ¹⁹καθίζω, [48] (a) trans: I make to sit; I set, appoint, (b) intrans: I sit down, am seated, stay. ²⁰συνέρχομαι, [32] I come or go with, accompany; I come together, assemble. ²¹πορφυρόπωλις, ιδος, ἡ, [1] a female seller of purple cloth. ²²Θυάτειρα, ων, τά, [4] Thyatira, a city of the old district Lydia, in the Roman province Asia. ²³σέβομαι, [10] I reverence, worship, adore. ²⁴διανοίγω, [8] I open fully. ²⁵προσέχω, [24] (a) I attend to, pay attention to, (b) I beware, am cautious, (c) I join, devote myself to. ²⁶παραβιάζομαι, [2] I urge, press, constrain by entreaties. ²⁷παιδίσκη, ης, ἡ, [13] a female slave, maidservant, maid, young girl. ²⁸Πύθων, ωνος, ὁ, [1] a divining spirit, Python, called after the Pythian serpent said to have guarded the oracle at Delphi and been slain by Apollo. ²⁹ἀπαντάω, [7] I go to meet, meet, encounter. ³⁰ἐργασία, ας, ἡ, [6] working, activity, work, service, trade, business, gains of business, performance, practice. ³¹παρέχω, [16] act. and mid: I offer, provide, confer, afford, give, bring, show, cause. ³²μαντεύομαι, [1] I divine, practice soothsaying, suggesting the fraud involved in the practice. ³³κατακολουθέω, [2] I follow after. ³⁴ὕψιστος, η, ον, [13] highest, most high, the heights. ³⁵καταγγέλλω, [18] I declare openly, proclaim, preach, laud, celebrate. ³⁶σωτηρία, ας, ἡ, [46] welfare, prosperity, deliverance, preservation, salvation, safety. ³⁷διαπονέομαι, [2] I am greatly troubled.

καὶ ἐπιστρέψας,[1] τῷ πνεύματι εἶπεν, Παραγγέλλω[2] σοι ἐν τῷ ὀνόματι Ἰησοῦ χριστοῦ, ἐξελθεῖν ἀπ' αὐτῆς. Καὶ ἐξῆλθεν αὐτῇ τῇ ὥρᾳ.

19 Ἰδόντες δὲ οἱ κύριοι αὐτῆς ὅτι ἐξῆλθεν ἡ ἐλπὶς τῆς ἐργασίας[3] αὐτῶν, ἐπιλαβόμενοι[4] τὸν Παῦλον καὶ τὸν Σίλαν, εἵλκυσαν[5] εἰς τὴν ἀγορὰν[6] ἐπὶ τοὺς ἄρχοντας,[7] **20** καὶ προσαγαγόντες[8] αὐτοὺς τοῖς στρατηγοῖς[9] εἶπον, Οὗτοι οἱ ἄνθρωποι ἐκταράσσουσιν[10] ἡμῶν τὴν πόλιν, Ἰουδαῖοι ὑπάρχοντες, **21** καὶ καταγγέλλουσιν[11] ἔθη[12] ἃ οὐκ ἔξεστιν[13] ἡμῖν παραδέχεσθαι[14] οὐδὲ ποιεῖν, Ῥωμαίοις[15] οὖσιν. **22** Καὶ συνεπέστη[16] ὁ ὄχλος κατ' αὐτῶν, καὶ οἱ στρατηγοὶ[9] περιρρήξαντες[17] αὐτῶν τὰ ἱμάτια ἐκέλευον[18] ῥαβδίζειν.[19] **23** Πολλάς τε ἐπιθέντες[20] αὐτοῖς πληγὰς[21] ἔβαλον εἰς φυλακήν,[22] παραγγείλαντες[23] τῷ δεσμοφύλακι[24] ἀσφαλῶς[25] τηρεῖν αὐτούς· **24** ὅς, παραγγελίαν[26] τοιαύτην εἰληφώς, ἔβαλεν αὐτοὺς εἰς τὴν ἐσωτέραν[27] φυλακήν,[22] καὶ τοὺς πόδας αὐτῶν ἠσφαλίσατο[28] εἰς τὸ ξύλον.[29] **25** Κατὰ δὲ τὸ μεσονύκτιον[30] Παῦλος καὶ Σίλας προσευχόμενοι ὕμνουν[31] τὸν θεόν, ἐπηκροῶντο[32] δὲ αὐτῶν οἱ δέσμιοι·[33] **26** ἄφνω[34] δὲ σεισμὸς[35] ἐγένετο μέγας, ὥστε σαλευθῆναι[36] τὰ θεμέλια[37] τοῦ δεσμωτηρίου·[38] ἀνεῴχθησάν τε παραχρῆμα[39] αἱ θύραι[40] πᾶσαι, καὶ πάντων τὰ

---

[1]ἐπιστρέψας: AAP-NSM   [2]Παραγγέλλω: PAI-1S   [4]ἐπιλαβόμενοι: 2ADP-NPM   [5]εἵλκυσαν: AAI-3P
[8]προσαγαγόντες: 2AAP-NPM   [10]ἐκταράσσουσιν: PAI-3P   [11]καταγγέλλουσιν: PAI-3P   [13]ἔξεστιν: PAI-3S
[14]παραδέχεσθαι: PNN   [16]συνεπέστη: 2AAI-3S   [17]περιρρήξαντες: AAP-NPM   [18]ἐκέλευον: IAI-3P   [19]ῥαβδίζειν: PAN
[20]ἐπιθέντες: 2AAP-NPM   [23]παραγγείλαντες: AAP-NPM   [28]ἠσφαλίσατο: ADI-3S   [31]ὕμνουν: IAI-3P   [32]ἐπηκροῶντο:
INI-3P   [36]σαλευθῆναι: APN

---

[1]ἐπιστρέφω, [37] (a) trans: I turn (back) to (towards), (b) intrans: I turn (back) (to [towards]); I come to myself.
[2]παραγγέλλω, [30] I notify, command, charge, entreat solemnly.   [3]ἐργασία, ας, ἡ, [6] working, activity, work, service, trade, business, gains of business, performance, practice.   [4]ἐπιλαμβάνομαι, [19] I lay hold of, take hold of, seize (sometimes with beneficent, sometimes with hostile, intent).   [5]ἑλκύω, [8] I drag, draw, pull, persuade, unsheathe.   [6]ἀγορά, ᾶς, ἡ, [11] market-place, forum, public place of assembly.   [7]ἄρχων, οντος, ὁ, [37] a ruler, governor, leader, leading man; with the Jews, an official member (a member of the executive) of the assembly of elders.   [8]προσάγω, [4] I bring to, bring near; I come to or towards, approach.   [9]στρατηγός, οῦ, ὁ, [10] (a) a general or leader of the army, (b) a magistrate or governor, (c) captain of the temple.   [10]ἐκταράσσω, [1] I disturb (trouble) greatly (exceedingly).   [11]καταγγέλλω, [18] I declare openly, proclaim, preach, laud, celebrate.   [12]ἔθος, ους, τό, [11] a custom, habit; an institute, rite.   [13]ἔξεστιν, [31] it is permitted, lawful, possible.   [14]παραδέχομαι, [5] I receive, accept, acknowledge.   [15]Ῥωμαῖος, α, ον, [12] Roman; subst: a Roman citizen.   [16]συνεπίστημι, [1] I rise up together against.   [17]περιρρήγνυμι, [1] I tear off, as of garments.   [18]κελεύω, [26] I command, order, direct, bid.   [19]ῥαβδίζω, [2] I beat with rods, scourge.   [20]ἐπιτίθημι, [41] I put, place upon, lay on; I add, give in addition.   [21]πληγή, ῆς, ἡ, [22] a blow, stripe, wound; an affliction, plague.   [22]φυλακή, ῆς, ἡ, [47] a watching, keeping guard; a guard, prison; imprisonment.   [23]παραγγέλλω, [30] I notify, command, charge, entreat solemnly.   [24]δεσμοφύλαξ, ακος, ὁ, [3] a keeper of a prison, a jailer.   [25]ἀσφαλῶς, [3] safely, securely, assuredly, certainly.   [26]παραγγελία, ας, ἡ, [5] a command, charge, injunction; a precept, rule of living.   [27]ἐσώτερος, α, ον, [2] inner; with the article: the part that is within.   [28]ἀσφαλίζω, [4] I make safe (secure, fast).   [29]ξύλον, ου, τό, [20] anything made of wood, a piece of wood, a club, staff; the trunk of a tree, used to support the cross-bar of a cross in crucifixion.   [30]μεσονύκτιον, ου, τό, [4] midnight, the middle of the period between sunset and sunrise.   [31]ὑμνέω, [4] I sing, sing hymns to, praise.   [32]ἐπακροάομαι, [1] I listen to, hear, hearken to.   [33]δέσμιος, ου, ὁ, [16] one bound, a prisoner.   [34]ἄφνω, [3] suddenly.   [35]σεισμός, οῦ, ὁ, [13] a shaking (as an earthquake); a storm.   [36]σαλεύω, [15] I shake, excite, disturb in mind, stir up, drive away.   [37]θεμέλιος, ον, [16] (properly, an adj: belonging to the foundation), a foundation stone.   [38]δεσμωτήριον, ου, τό, [4] a prison.   [39]παραχρῆμα, [18] instantly, immediately, on the spot.   [40]θύρα, ας, ἡ, [39] (a) a door, (b) met: an opportunity.

δεσμὰ¹ ἀνέθη.² **27** Ἔξυπνος³ δὲ γενόμενος ὁ δεσμοφύλαξ,⁴ καὶ ἰδὼν ἀνεῳγμένας τὰς θύρας⁵ τῆς φυλακῆς,⁶ σπασάμενος⁷ μάχαιραν,⁸ ἔμελλεν ἑαυτὸν ἀναιρεῖν,⁹ νομίζων¹⁰ ἐκπεφευγέναι¹¹ τοὺς δεσμίους.¹² **28** Ἐφώνησεν¹³ δὲ φωνῇ μεγάλῃ ὁ Παῦλος λέγων, Μηδὲν πράξῃς¹⁴ σεαυτῷ¹⁵ κακόν· ἅπαντες¹⁶ γάρ ἐσμεν ἐνθάδε.¹⁷ **29** Αἰτήσας δὲ φῶτα εἰσεπήδησεν,¹⁸ καὶ ἔντρομος¹⁹ γενόμενος προσέπεσεν²⁰ τῷ Παύλῳ καὶ τῷ Σίλᾳ, **30** καὶ προαγαγὼν²¹ αὐτοὺς ἔξω ἔφη, Κύριοι, τί με δεῖ ποιεῖν ἵνα σωθῶ; **31** Οἱ δὲ εἶπον, Πίστευσον ἐπὶ τὸν κύριον Ἰησοῦν χριστόν, καὶ σωθήσῃ σὺ καὶ ὁ οἶκός σου. **32** Καὶ ἐλάλησαν αὐτῷ τὸν λόγον τοῦ κυρίου, καὶ πᾶσιν τοῖς ἐν τῇ οἰκίᾳ αὐτοῦ. **33** Καὶ παραλαβὼν²² αὐτοὺς ἐν ἐκείνῃ τῇ ὥρᾳ τῆς νυκτὸς ἔλουσεν²³ ἀπὸ τῶν πληγῶν,²⁴ καὶ ἐβαπτίσθη αὐτὸς καὶ οἱ αὐτοῦ πάντες παραχρῆμα.²⁵ **34** Ἀναγαγών²⁶ τε αὐτοὺς εἰς τὸν οἶκον αὐτοῦ παρέθηκεν²⁷ τράπεζαν,²⁸ καὶ ἠγαλλιᾶτο²⁹ πανοικὶ³⁰ πεπιστευκὼς τῷ θεῷ.

35 Ἡμέρας δὲ γενομένης, ἀπέστειλαν οἱ στρατηγοὶ³¹ τοὺς ῥαβδούχους³² λέγοντες, Ἀπόλυσον τοὺς ἀνθρώπους ἐκείνους. **36** Ἀπήγγειλεν³³ δὲ ὁ δεσμοφύλαξ⁴ τοὺς λόγους τούτους πρὸς τὸν Παῦλον ὅτι Ἀπεστάλκασιν οἱ στρατηγοί,³¹ ἵνα ἀπολυθῆτε· νῦν οὖν ἐξελθόντες πορεύεσθε ἐν εἰρήνῃ. **37** Ὁ δὲ Παῦλος ἔφη πρὸς αὐτούς, Δείραντες³⁴ ἡμᾶς δημοσίᾳ,³⁵ ἀκατακρίτους,³⁶ ἀνθρώπους Ῥωμαίους³⁷ ὑπάρχοντας, ἔβαλον εἰς φυλακήν,⁶ καὶ νῦν λάθρᾳ³⁸ ἡμᾶς ἐκβάλλουσιν; Οὐ γάρ· ἀλλὰ ἐλθόντες αὐτοὶ

---

²ἀνέθη: API-3S ⁷σπασάμενος: AMP-NSM ⁹ἀναιρεῖν: PAN ¹⁰νομίζων: PAP-NSM ¹¹ἐκπεφευγέναι: 2RAN ¹³Ἐφώνησεν: AAI-3S ¹⁴πράξῃς: AAS-2S ¹⁸εἰσεπήδησεν: AAI-3S ²⁰προσέπεσεν: 2AAI-3S ²¹προαγαγὼν: 2AAP-NSM ²²παραλαβὼν: 2AAP-NSM ²³ἔλουσεν: AAI-3S ²⁶Ἀναγαγών: 2AAP-NSM ²⁷παρέθηκεν: AAI-3S ²⁹ἠγαλλιᾶτο: INI-3S ³³Ἀπήγγειλεν: AAI-3S ³⁴Δείραντες: AAP-NPM

---

¹δεσμός, οῦ, ὁ, [20] a bond, chain, imprisonment; a string or ligament, an impediment, infirmity. ²ἀνίημι, [4] I send up, produce, send back; I let go; I relax, loosen, hence met: I give up, desist from. ³ἔξυπνος, ον, [1] roused out of sleep. ⁴δεσμοφύλαξ, ακος, ὁ, [3] a keeper of a prison, a jailer. ⁵θύρα, ας, ἡ, [39] (a) a door, (b) met: an opportunity. ⁶φυλακή, ῆς, ἡ, [47] a watching, keeping guard; a guard, prison; imprisonment. ⁷σπάω, [2] I draw (as a sword), pull. ⁸μάχαιρα, ας, ἡ, [29] a sword. ⁹ἀναιρέω, [23] I take up, take away the life of, make an end of, murder. ¹⁰νομίζω, [15] I practice, hold by custom; I deem, think, consider, suppose. ¹¹ἐκφεύγω, [7] I flee out, away, escape; with an acc: I escape something. ¹²δέσμιος, ου, ὁ, [16] one bound, a prisoner. ¹³φωνέω, [42] I give forth a sound, hence: (a) of a cock: I crow, (b) of men: I shout, (c) trans: I call (to myself), summon; I invite, address. ¹⁴πράσσω, [38] I do, perform, accomplish; be in any condition, i.e. I fare; I exact, require. ¹⁵σεαυτοῦ, ῆς, οῦ, [41] of yourself. ¹⁶ἅπας, ασα, αν, [39] all, the whole, altogether. ¹⁷ἐνθάδε, [9] here, in this place. ¹⁸εἰσπηδάω, [2] I leap into, rush into. ¹⁹ἔντρομος, ον, [3] trembling with fear, terrified. ²⁰προσπίπτω, [8] (a) I fall down before, (b) I beat against, rush violently upon. ²¹προάγω, [18] (a) trans: I lead forth; in the judicial sense, into court, (b) intrans. and trans: I precede, go before, (c) intrans: I go too far. ²²παραλαμβάνω, [49] I take from, receive from, or: I take to, receive (apparently not used of money), admit, acknowledge; I take with me. ²³λούω, [6] (lit. or merely ceremonially), I wash, bathe (the body); mid: of washing, bathing one's self; met: I cleanse from sin. ²⁴πληγή, ῆς, ἡ, [22] a blow, stripe, wound; an affliction, plague. ²⁵παραχρῆμα, [18] instantly, immediately, on the spot. ²⁶ἀνάγω, [23] I lead up, bring up, offer, product, put to sea, set sail. ²⁷παρατίθημι, [19] (a) I set (especially a meal) before, serve, (b) act. and mid: I deposit with, entrust to, (c) I bring forward, quote as evidence. ²⁸τράπεζα, ης, ἡ, [15] a table, (a) for food or banqueting, (b) for money-changing or business. ²⁹ἀγαλλιάω, [11] I exult, am full of joy. ³⁰πανοικί, [1] with one's whole household or family. ³¹στρατηγός, οῦ, ὁ, [10] (a) a general or leader of the army, (b) a magistrate or governor, (c) captain of the temple. ³²ῥαβδοῦχος, ου, ὁ, [2] a holder of the rods, a lictor, Roman officer, judge. ³³ἀπαγγέλλω, [44] I report (from one place to another), bring a report, announce, declare. ³⁴δέρω, [15] I flay, flog, scourge, beat. ³⁵δημόσιος, α, ον, [4] public, publicly. ³⁶ἀκατάκριτος, ον, [2] uncondemned, not yet tried. ³⁷Ῥωμαῖος, α, ον, [12] Roman; subst: a Roman citizen. ³⁸λάθρᾳ, [4] secretly, privately.

ἐξαγαγέτωσαν.¹ 38 Ἀνήγγειλαν² δὲ τοῖς στρατηγοῖς³ οἱ ῥαβδοῦχοι⁴ τὰ ῥήματα ταῦτα· καὶ ἐφοβήθησαν ἀκούσαντες ὅτι Ῥωμαῖοί⁵ εἰσιν, 39 καὶ ἐλθόντες παρεκάλεσαν αὐτούς, καὶ ἐξαγαγόντες⁶ ἠρώτων ἐξελθεῖν τῆς πόλεως. 40 Ἐξελθόντες δὲ ἐκ τῆς φυλακῆς⁷ εἰσῆλθον πρὸς τὴν Λυδίαν· καὶ ἰδόντες τοὺς ἀδελφούς, παρεκάλεσαν αὐτούς, καὶ ἐξῆλθον.

Paul and Silas in Thessalonica and Berea

17 Διοδεύσαντες⁸ δὲ τὴν Ἀμφίπολιν⁹ καὶ Ἀπολλωνίαν,¹⁰ ἦλθον εἰς Θεσσαλονίκην,¹¹ ὅπου ἦν ἡ συναγωγὴ τῶν Ἰουδαίων· 2 κατὰ δὲ τὸ εἰωθὸς¹² τῷ Παύλῳ εἰσῆλθεν πρὸς αὐτούς, καὶ ἐπὶ σάββατα τρία διελέξατο¹³ αὐτοῖς ἀπὸ τῶν γραφῶν, 3 διανοίγων¹⁴ καὶ παρατιθέμενος,¹⁵ ὅτι Τὸν χριστὸν ἔδει παθεῖν¹⁶ καὶ ἀναστῆναι ἐκ νεκρῶν, καὶ ὅτι Οὗτός ἐστιν ὁ χριστὸς Ἰησοῦς, ὃν ἐγὼ καταγγέλλω¹⁷ ὑμῖν. 4 Καί τινες ἐξ αὐτῶν ἐπείσθησαν, καὶ προσεκληρώθησαν¹⁸ τῷ Παύλῳ καὶ τῷ Σίλᾳ, τῶν τε σεβομένων¹⁹ Ἑλλήνων²⁰ πολὺ πλῆθος,²¹ γυναικῶν τε τῶν πρώτων οὐκ ὀλίγαι.²² 5 Προσλαβόμενοι²³ δὲ οἱ Ἰουδαῖοι οἱ ἀπειθοῦντες,²⁴ τῶν ἀγοραίων²⁵ τινὰς ἄνδρας πονηρούς, καὶ ὀχλοποιήσαντες,²⁶ ἐθορύβουν²⁷ τὴν πόλιν· ἐπιστάντες²⁸ τε τῇ οἰκίᾳ Ἰάσονος, ἐζήτουν αὐτοὺς ἀγαγεῖν εἰς τὸν δῆμον.²⁹ 6 Μὴ εὑρόντες δὲ αὐτούς, ἔσυρον³⁰ τὸν Ἰάσονα καί τινας ἀδελφοὺς ἐπὶ τοὺς πολιτάρχας,³¹ βοῶντες³² ὅτι Οἱ τὴν

---

¹ἐξαγαγέτωσαν: 2AAM-3P   ²Ἀνήγγειλαν: AAI-3P   ⁶ἐξαγαγόντες: 2AAP-NPM   ⁸Διοδεύσαντες: AAP-NPM   ¹²εἰωθὸς: 2RAP-ASN   ¹³διελέξατο: ADI-3S   ¹⁴διανοίγων: PAP-NSM   ¹⁵παρατιθέμενος: PMP-NSM   ¹⁶παθεῖν: 2AAN   ¹⁷καταγγέλλω: PAI-1S   ¹⁸προσεκληρώθησαν: API-3P   ¹⁹σεβομένων: PNP-GPM   ²³Προσλαβόμενοι: 2AMP-NPM   ²⁴ἀπειθοῦντες: PAP-NPM   ²⁶ὀχλοποιήσαντες: AAP-NPM   ²⁷ἐθορύβουν: IAI-3P   ²⁸ἐπιστάντες: 2AAP-NPM   ³⁰ἔσυρον: IAI-3P   ³²βοῶντες: PAP-NPM

---

¹ἐξάγω, [13] I lead out, sometimes to death, execution.   ²ἀναγγέλλω, [18] I bring back word, report; I announce, declare.   ³στρατηγός, οῦ, ὁ, [10] (a) a general or leader of the army, (b) a magistrate or governor, (c) captain of the temple.   ⁴ῥαβδοῦχος, ου, ὁ, [2] a holder of the rods, a lictor, Roman officer, judge.   ⁵Ῥωμαῖος, α, ον, [12] Roman; subst: a Roman citizen.   ⁶ἐξάγω, [13] I lead out, sometimes to death, execution.   ⁷φυλακή, ῆς, ἡ, [47] a watching, keeping guard; a guard, prison; imprisonment.   ⁸διοδεύω, [2] I journey through, go about.   ⁹Ἀμφίπολις, εως, ἡ, [1] Amphipolis, a leading city of Macedonia.   ¹⁰Ἀπολλωνία, ας, ἡ, [1] Apollonia, a city of Macedonia.   ¹¹Θεσσαλονίκη, ης, ἡ, [5] Thessalonica (modern Saloniki), an important city of the Roman province Macedonia.   ¹²εἴωθα, [4] I am accustomed, custom, what was customary.   ¹³διαλέγομαι, [13] I converse, address, preach, lecture; I argue, reason.   ¹⁴διανοίγω, [8] I open fully.   ¹⁵παρατίθημι, [19] (a) I set (especially a meal) before, serve, (b) act. and mid: I deposit with, entrust to, (c) I bring forward, quote as evidence.   ¹⁶πάσχω, [42] I am acted upon in a certain way, either good or bad; I experience ill treatment, suffer.   ¹⁷καταγγέλλω, [18] I declare openly, proclaim, preach, laud, celebrate.   ¹⁸προσκληρόω, [1] I assign by lot, allot, associate with, follow as a disciple.   ¹⁹σέβομαι, [10] I reverence, worship, adore.   ²⁰Ἕλλην, ηνος, ὁ, [27] a Hellene, the native word for a Greek; it is, however, a term wide enough to include all Greek-speaking (i.e. educated) non-Jews.   ²¹πλῆθος, ους, τό, [32] a multitude, crowd, great number, assemblage.   ²²ὀλίγος, η, ον, [43] (a) especially in plur: few, (b) in sing: small; hence, of time: short, of degree: light, slight, little.   ²³προσλαμβάνω, [14] (a) I take to myself, (b) I take aside, (c) I welcome.   ²⁴ἀπειθέω, [16] I disobey, rebel, am disloyal, refuse conformity.   ²⁵ἀγοραῖος, ον, [2] a lounger in the market-place, perhaps with the idea of agitator.   ²⁶ὀχλοποιέω, [1] I gather a crowd, make a riot.   ²⁷θορυβέω, [4] I disturb greatly, terrify, strike with panic; mid: I show agitation of mind.   ²⁸ἐφίστημι, [21] I stand by, am urgent, befall one (as of evil), am at hand, impend.   ²⁹δῆμος, ου, ὁ, [4] properly: the people, especially citizens of a Greek city in popular assembly, but in NT, multitude, rabble.   ³⁰σύρω, [5] I draw, drag, force away.   ³¹πολιτάρχης, ου, ὁ, [2] a ruler of a city, city magistrate.   ³²βοάω, [11] I shout, call aloud, proclaim.

οἰκουμένην¹ ἀναστατώσαντες,² οὗτοι καὶ ἐνθάδε³ πάρεισιν,⁴ 7 οὓς ὑποδέδεκται⁵ Ἰάσων· καὶ οὗτοι πάντες ἀπέναντι⁶ τῶν δογμάτων⁷ Καίσαρος⁸ πράσσουσιν,⁹ βασιλέα λέγοντες ἕτερον εἶναι, Ἰησοῦν. 8 Ἐτάραξαν¹⁰ δὲ τὸν ὄχλον καὶ τοὺς πολιτάρχας¹¹ ἀκούοντας ταῦτα. 9 Καὶ λαβόντες τὸ ἱκανὸν¹² παρὰ τοῦ Ἰάσονος καὶ τῶν λοιπῶν,¹³ ἀπέλυσαν αὐτούς.

10 Οἱ δὲ ἀδελφοὶ εὐθέως διὰ τῆς νυκτὸς ἐξέπεμψαν¹⁴ τόν τε Παῦλον καὶ τὸν Σίλαν εἰς Βέροιαν·¹⁵ οἵτινες παραγενόμενοι¹⁶ εἰς τὴν συναγωγὴν ἀπῄεσαν¹⁷ τῶν Ἰουδαίων. 11 Οὗτοι δὲ ἦσαν εὐγενέστεροι¹⁸ τῶν ἐν Θεσσαλονίκῃ,¹⁹ οἵτινες ἐδέξαντο τὸν λόγον μετὰ πάσης προθυμίας,²⁰ τὸ καθ᾽ ἡμέραν ἀνακρίνοντες²¹ τὰς γραφάς, εἰ ἔχοι ταῦτα οὕτως. 12 Πολλοὶ μὲν οὖν ἐξ αὐτῶν ἐπίστευσαν, καὶ τῶν Ἑλληνίδων²² γυναικῶν τῶν εὐσχημόνων²³ καὶ ἀνδρῶν οὐκ ὀλίγοι.²⁴ 13 Ὡς δὲ ἔγνωσαν οἱ ἀπὸ τῆς Θεσσαλονίκης¹⁹ Ἰουδαῖοι ὅτι καὶ ἐν τῇ Βεροίᾳ¹⁵ κατηγγέλη²⁵ ὑπὸ τοῦ Παύλου ὁ λόγος τοῦ θεοῦ, ἦλθον κἀκεῖ²⁶ σαλεύοντες²⁷ τοὺς ὄχλους. 14 Εὐθέως δὲ τότε τὸν Παῦλον ἐξαπέστειλαν²⁸ οἱ ἀδελφοὶ πορεύεσθαι ὡς ἐπὶ τὴν θάλασσαν· ὑπέμενον²⁹ δὲ ὅ τε Σίλας καὶ ὁ Τιμόθεος ἐκεῖ.

Paul in Athens

15 Οἱ δὲ καθιστῶντες³⁰ τὸν Παῦλον, ἤγαγον αὐτὸν ἕως Ἀθηνῶν·³¹ καὶ λαβόντες ἐντολὴν πρὸς τὸν Σίλαν καὶ Τιμόθεον, ἵνα ὡς τάχιστα³² ἔλθωσιν πρὸς αὐτόν, ἐξῄεσαν.³³

---

²ἀναστατώσαντες: AAP-NPM   ⁴πάρεισιν: PAI-3P   ⁵ὑποδέδεκται: RNI-3S   ⁹πράσσουσιν: PAI-3P   ¹⁰Ἐτάραξαν: AAI-3P   ¹⁴ἐξέπεμψαν: AAI-3P   ¹⁶παραγενόμενοι: 2ADP-NPM   ¹⁷ἀπῄεσαν: IAI-3P   ²¹ἀνακρίνοντες: PAP-NPM   ²⁵κατηγγέλη: 2API-3S   ²⁷σαλεύοντες: PAP-NPM   ²⁸ἐξαπέστειλαν: AAI-3P   ²⁹ὑπέμενον: IAI-3P   ³⁰καθιστῶντες: PAP-NPM   ³³ἐξῄεσαν: IAI-3P

---

¹οἰκουμένη, ης, ἡ, [16] (properly: the land that is being inhabited, the land in a state of habitation), the inhabited world, that is, the Roman world, for all outside it was regarded as of no account.   ²ἀναστατόω, [3] (perhaps a political metaphor), I turn upside down, upset, unsettle.   ³ἐνθάδε, [9] here, in this place.   ⁴πάρειμι, [24] I am present, am near; I have come, arrived.   ⁵ὑποδέχομαι, [4] I receive as a guest, entertain hospitably, welcome.   ⁶ἀπέναντι, [6] against, over against, opposite, in view of, in the presence of.   ⁷δόγμα, ατος, τό, [5] a decree, edict, ordinance.   ⁸Καῖσαρ, αρος, ὁ, [30] Caesar, a surname of the gens Iulia, which became practically synonymous with the Emperor for the time being; in the Gospels it always refers to Tiberias.   ⁹πράσσω, [38] I do, perform, accomplish; be in any condition, i.e. I fare; I exact, require.   ¹⁰ταράσσω, [17] I disturb, agitate, stir up, trouble.   ¹¹πολιτάρχης, ου, ὁ, [2] a ruler of a city, city magistrate.   ¹²ἱκανός, ή, όν, [41] (a) considerable, sufficient, of number, quantity, time, (b) of persons: sufficiently strong (good, etc.), worthy, suitable, with various constructions, (c) many, much.   ¹³λοιπός, ή, όν, [42] left, left behind, the remainder, the rest, the others.   ¹⁴ἐκπέμπω, [2] I send out, send forth.   ¹⁵Βέροια, ας, ἡ, [2] Berea, a town of the province Macedonia.   ¹⁶παραγίνομαι, [37] (a) I come on the scene, appear, come, (b) with words expressing destination: I present myself at, arrive at, reach.   ¹⁷ἄπειμι, [1] I go away, depart.   ¹⁸εὐγενής, ές, [3] (a) of noble birth, of high birth, (b) noble in nature.   ¹⁹Θεσσαλονίκη, ης, ἡ, [5] Thessalonica (modern Saloniki), an important city of the Roman province Macedonia.   ²⁰προθυμία, ας, ἡ, [5] inclination, readiness, eagerness, willingness, promptness.   ²¹ἀνακρίνω, [16] I examine, inquire into, investigate, question.   ²²Ἑλληνίς, ίδος, ἡ, [2] a female Greek.   ²³εὐσχήμων, ον, [5] (a) comely, seemly, decorous, (b) of honorable position (in society), wealthy, influential.   ²⁴ὀλίγος, η, ον, [43] (a) especially in plur: few, (b) in sing: small; hence, of time: short, of degree: light, slight, little.   ²⁵καταγγέλλω, [18] I declare openly, proclaim, preach, laud, celebrate.   ²⁶κἀκεῖ, [8] and there, and yonder, there also.   ²⁷σαλεύω, [15] I shake, excite, disturb in mind, stir up, drive away.   ²⁸ἐξαποστέλλω, [11] I send away, send forth (a person qualified for a task).   ²⁹ὑπομένω, [17] (a) I remain behind, (b) I stand my ground, show endurance, (c) I endure, bear up against, persevere.   ³⁰καθίστημι, [21] I set down, bring down to a place; I set in order, appoint, make, constitute.   ³¹Ἀθῆναι, ῶν, αἱ, [4] Athens, the intellectual capital of Greece.   ³²τάχιστα, [1] most swiftly, most quickly, as quickly as possible.   ³³ἔξειμι, [4] (originally: I shall go out), I go out (away), depart.

16 Ἐν δὲ ταῖς Ἀθήναις¹ ἐκδεχομένου² αὐτοὺς τοῦ Παύλου, παρωξύνετο³ τὸ πνεῦμα αὐτοῦ ἐν αὐτῷ, θεωροῦντι κατείδωλον⁴ οὖσαν τὴν πόλιν. **17** Διελέγετο⁵ μὲν οὖν ἐν τῇ συναγωγῇ τοῖς Ἰουδαίοις καὶ τοῖς σεβομένοις,⁶ καὶ ἐν τῇ ἀγορᾷ⁷ κατὰ πᾶσαν ἡμέραν πρὸς τοὺς παρατυγχάνοντας.⁸ **18** Τινὲς δὲ καὶ τῶν Ἐπικουρείων⁹ καὶ τῶν Στοϊκῶν¹⁰ φιλοσόφων¹¹ συνέβαλλον¹² αὐτῷ. Καί τινες ἔλεγον, Τί ἂν θέλοι ὁ σπερμολόγος¹³ οὗτος λέγειν; Οἱ δέ, Ξένων¹⁴ δαιμονίων δοκεῖ καταγγελεὺς¹⁵ εἶναι· ὅτι τὸν Ἰησοῦν καὶ τὴν ἀνάστασιν¹⁶ εὐηγγελίζετο. **19** Ἐπιλαβόμενοί¹⁷ τε αὐτοῦ, ἐπὶ τὸν Ἄρειον πάγον¹⁸ ἤγαγον λέγοντες, Δυνάμεθα γνῶναι, τίς ἡ καινὴ¹⁹ αὕτη ἡ ὑπὸ σοῦ λαλουμένη διδαχή;²⁰ **20** Ξενίζοντα²¹ γάρ τινα εἰσφέρεις²² εἰς τὰς ἀκοὰς²³ ἡμῶν· βουλόμεθα²⁴ οὖν γνῶναι, τί ἂν θέλοι ταῦτα εἶναι– **21** Ἀθηναῖοι²⁵ δὲ πάντες καὶ οἱ ἐπιδημοῦντες²⁶ ξένοι¹⁴ εἰς οὐδὲν ἕτερον εὐκαίρουν,²⁷ ἢ λέγειν τι καὶ ἀκούειν καινότερον.¹⁹

22 Σταθεὶς δὲ ὁ Παῦλος ἐν μέσῳ τοῦ Ἀρείου πάγου¹⁸ ἔφη, Ἄνδρες Ἀθηναῖοι,²⁵ κατὰ πάντα ὡς δεισιδαιμονεστέρους²⁸ ὑμᾶς θεωρῶ. **23** Διερχόμενος²⁹ γὰρ καὶ ἀναθεωρῶν³⁰ τὰ σεβάσματα³¹ ὑμῶν, εὗρον καὶ βωμὸν³² ἐν ᾧ ἐπεγέγραπτο,³³ Ἀγνώστῳ³⁴ θεῷ. Ὃν οὖν ἀγνοοῦντες³⁵ εὐσεβεῖτε,³⁶ τοῦτον ἐγὼ καταγγέλλω³⁷ ὑμῖν. **24** Ὁ θεὸς ὁ ποιήσας τὸν κόσμον καὶ πάντα τὰ ἐν αὐτῷ, οὗτος, οὐρανοῦ καὶ γῆς κύριος ὑπάρχων, οὐκ

---

²ἐκδεχομένου: PNP-GSM   ³παρωξύνετο: IPI-3S   ⁵Διελέγετο: INI-3S   ⁶σεβομένοις: PNP-DPM
⁸παρατυγχάνοντας: PAP-APM   ¹²συνέβαλλον: IAI-3P   ¹⁷Ἐπιλαβόμενοί: 2ADP-NPM   ²¹Ξενίζοντα: PAP-APN
²²εἰσφέρεις: PAI-2S   ²⁴βουλόμεθα: PNI-1P   ²⁶ἐπιδημοῦντες: PAP-NPM   ²⁷εὐκαίρουν: IAI-3P   ²⁹Διερχόμενος:
PNP-NSM   ³⁰ἀναθεωρῶν: PAP-NSM   ³³ἐπεγέγραπτο: LPI-3S   ³⁵ἀγνοοῦντες: PAP-NPM   ³⁶εὐσεβεῖτε: PAI-2P
³⁷καταγγέλλω: PAI-1S

---

¹Ἀθῆναι, ῶν, αἱ, [4] Athens, the intellectual capital of Greece.   ²ἐκδέχομαι, [7] I wait for, expect.   ³παροξύνω, [2] I arouse anger, provoke, irritate.   ⁴κατείδωλος, ον, [1] full of images of idols, grossly idolatrous.   ⁵διαλέγομαι, [13] I converse, address, preach, lecture; I argue, reason.   ⁶σέβομαι, [10] I reverence, worship, adore.   ⁷ἀγορά, ᾶς, ἡ, [11] market-place, forum, public place of assembly.   ⁸παρατυγχάνω, [1] I come by chance, chance to meet.   ⁹Ἐπικούρειος, ου, ὁ, [1] an Epicurean, one who holds the tenets of Epicurus.   ¹⁰Στωϊκός, ή, όν, [1] Stoic.   ¹¹φιλόσοφος, ου, ὁ, [1] a philosopher.   ¹²συμβάλλω, [6] properly: I throw together, hence: I ponder, come up with, encounter, with or without hostile intent; I dispute with; mid: I confer, consult with, contribute.   ¹³σπερμολόγος, ου, ὁ, [1] a babbler, gossiper, one who picks up seeds and trifles as does a bird.   ¹⁴ξένος, η, ον, [14] alien, new, novel; noun: a guest, stranger, foreigner.   ¹⁵καταγγελεύς, έως, ὁ, [1] a reporter, announcer, proclaimer, herald.   ¹⁶ἀνάστασις, εως, ἡ, [42] a rising again, resurrection.   ¹⁷ἐπιλαμβάνομαι, [19] I lay hold of, take hold of, seize (sometimes with beneficent, sometimes with hostile, intent).   ¹⁸Ἄρειος πάγος, ου, ὁ, [2] Areopagus, or Mar's Hill, an open space on a hill in Athens where the supreme court was held.   ¹⁹καινός, ή, όν, [44] fresh, new, unused, novel.   ²⁰διδαχή, ῆς, ἡ, [30] teaching, doctrine, what is taught.   ²¹ξενίζω, [10] (a) I entertain a stranger, (b) I startle, bewilder.   ²²εἰσφέρω, [7] I lead into, bring in, announce.   ²³ἀκοή, ῆς, ἡ, [24] hearing, faculty of hearing, ear; report, rumor.   ²⁴βούλομαι, [34] I will, intend, desire, wish.   ²⁵Ἀθηναῖος, α, ον, [2] Athenian, belonging to Athens.   ²⁶ἐπιδημέω, [2] I sojourn, am resident (temporarily, in a foreign city).   ²⁷εὐκαιρέω, [3] I have a good (favorable) opportunity, have leisure; I devote my leisure to.   ²⁸δεισιδαίμων, ον, [1] respectful of what is divine; religious, perhaps, rather than superstitious (the usual meaning).   ²⁹διέρχομαι, [42] I pass through, spread (as a report).   ³⁰ἀναθεωρέω, [2] I look at attentively, gaze at, consider.   ³¹σέβασμα, ατος, τό, [2] an object of worship or veneration.   ³²βωμός, οῦ, ὁ, [1] an altar, platform; a slightly-elevated spot.   ³³ἐπιγράφω, [5] I write upon, inscribe, imprint a mark on.   ³⁴ἄγνωστος, ον, [1] unknown, unknowable.   ³⁵ἀγνοέω, [22] I do not know, am ignorant of (a person, thing, or fact), sometimes with the idea of willful ignorance.   ³⁶εὐσεβέω, [2] I am dutiful, pious, show piety towards, worship.   ³⁷καταγγέλλω, [18] I declare openly, proclaim, preach, laud, celebrate.

ἐν χειροποιήτοις¹ ναοῖς² κατοικεῖ,³ 25 οὐδὲ ὑπὸ χειρῶν ἀνθρώπων θεραπεύεται,⁴ προσδεόμενός⁵ τινος, αὐτὸς διδοὺς πᾶσιν ζωὴν καὶ πνοὴν⁶ κατὰ πάντα· 26 ἐποίησέν τε ἐξ ἑνὸς αἵματος πᾶν ἔθνος ἀνθρώπων, κατοικεῖν⁷ ἐπὶ πᾶν τὸ πρόσωπον τῆς γῆς, ὁρίσας⁸ προστεταγμένους⁹ καιροὺς καὶ τὰς ὁροθεσίας¹⁰ τῆς κατοικίας¹¹ αὐτῶν· 27 ζητεῖν τὸν κύριον, εἰ ἄρα¹² γε¹³ ψηλαφήσειαν¹⁴ αὐτὸν καὶ εὕροιεν, καί γε¹³ οὐ μακρὰν¹⁵ ἀπὸ ἑνὸς ἑκάστου ἡμῶν ὑπάρχοντα. 28 Ἐν αὐτῷ γὰρ ζῶμεν καὶ κινούμεθα¹⁶ καί ἐσμεν· ὡς καί τινες τῶν καθ᾽ ὑμᾶς ποιητῶν¹⁷ εἰρήκασιν, Τοῦ γὰρ καὶ γένος¹⁸ ἐσμέν. 29 Γένος¹⁸ οὖν ὑπάρχοντες τοῦ θεοῦ, οὐκ ὀφείλομεν¹⁹ νομίζειν²⁰ χρυσῷ²¹ ἢ ἀργύρῳ²² ἢ λίθῳ, χαράγματι²³ τέχνης²⁴ καὶ ἐνθυμήσεως²⁵ ἀνθρώπου, τὸ θεῖον²⁶ εἶναι ὅμοιον.²⁷ 30 Τοὺς μὲν οὖν χρόνους τῆς ἀγνοίας²⁸ ὑπεριδὼν²⁹ ὁ θεός, τὰ νῦν παραγγέλλει³⁰ τοῖς ἀνθρώποις πᾶσιν πανταχοῦ³¹ μετανοεῖν·³² 31 διότι³³ ἔστησεν ἡμέραν, ἐν ᾗ μέλλει κρίνειν τὴν οἰκουμένην³⁴ ἐν δικαιοσύνῃ, ἐν ἀνδρὶ ᾧ ὥρισεν,³⁵ πίστιν παρασχὼν³⁶ πᾶσιν, ἀναστήσας αὐτὸν ἐκ νεκρῶν.

32 Ἀκούσαντες δὲ ἀνάστασιν³⁷ νεκρῶν, οἱ μὲν ἐχλεύαζον·³⁸ οἱ δὲ εἶπον, Ἀκουσόμεθά σου πάλιν περὶ τούτου. 33 Καὶ οὕτως ὁ Παῦλος ἐξῆλθεν ἐκ μέσου αὐτῶν. 34 Τινὲς δὲ ἄνδρες κολληθέντες³⁹ αὐτῷ, ἐπίστευσαν· ἐν οἷς καὶ Διονύσιος ὁ Ἀρεοπαγίτης,⁴⁰ καὶ γυνὴ ὀνόματι Δάμαρις, καὶ ἕτεροι σὺν αὐτοῖς.

---

³κατοικεῖ: PAI-3S　　⁴θεραπεύεται: PPI-3S　　⁵προσδεόμενός: PNP-NSM　　⁷κατοικεῖν: PAN　　⁸ὁρίσας: AAP-NSM ⁹προστεταγμένους: RPP-APM　　¹⁴ψηλαφήσειαν: AAO-3P　　¹⁶κινούμεθα: PPI-1P　　¹⁹ὀφείλομεν: PAI-1P　　²⁰νομίζειν: PAN　　²⁹ὑπεριδὼν: 2AAP-NSM　　³⁰παραγγέλλει: PAI-3S　　³²μετανοεῖν: PAN　　³⁵ὥρισεν: AAI-3S　　³⁶παρασχὼν: 2AAP-NSM　　³⁸ἐχλεύαζον: IAI-3P　　³⁹κολληθέντες: APP-NPM

---

¹χειροποίητος, ον, [6] done or made with hands, artificial.　　²ναός, οῦ, ὁ, [46] a temple, a shrine, that part of the temple where God himself resides.　　³κατοικέω, [45] I dwell in, settle in, am established in (permanently), inhabit.　　⁴θεραπεύω, [44] I care for, attend, serve, treat, especially of a physician; hence: I heal.　　⁵προσδέομαι, [1] I want more, need in addition.　　⁶πνοή, ῆς, ἡ, [2] (a) breath, (b) gust, breeze, wind.　　⁷κατοικέω, [45] I dwell in, settle in, am established in (permanently), inhabit.　　⁸ὁρίζω, [8] I separate, mark off by boundaries; I determine, appoint, designate.　　⁹προστάσσω, [8] (a) I instruct, command, (b) I appoint, assign.　　¹⁰ὁροθεσία, ας, ἡ, [1] a setting of boundaries, definite limit; plur: bounds.　　¹¹κατοικία, ας, ἡ, [1] a dwelling, habitation, settlement.　　¹²ἆρα, [19] a particle asking a question, to which a negative answer is expected.　　¹³γε, [15] an enclitic, emphasizing particle: at least, indeed, really, but generally too subtle to be represented in English.　　¹⁴ψηλαφάω, [4] I feel, touch, handle; I feel after, grope for.　　¹⁵μακράν, [9] at a distance, far away, remote, alien.　　¹⁶κινέω, [8] I set in motion, move, remove, excite, stir up.　　¹⁷ποιητής, οῦ, ὁ, [6] (a) a "maker," poet, (b) a doer, carrier out, performer.　　¹⁸γένος, ους, τό, [21] offspring, family, race, nation, kind.　　¹⁹ὀφείλω, [36] I owe, ought.　　²⁰νομίζω, [15] I practice, hold by custom; I deem, think, consider, suppose.　　²¹χρυσός, οῦ, ὁ, [10] gold, anything made of gold, a gold coin.　　²²ἄργυρος, ου, ὁ, [5] silver as a metal.　　²³χάραγμα, ατος, τό, [8] sculpture; engraving, a stamp, sign.　　²⁴τέχνη, ης, ἡ, [3] art, skill, trade, craft.　　²⁵ἐνθύμησις, εως, ἡ, [4] inward thought, reflection, plur: thoughts.　　²⁶θεῖος, α, ον, [3] divine; subst: the Deity.　　²⁷ὅμοιος, οία, οιον, [44] like, similar to, resembling, of equal rank.　　²⁸ἄγνοια, ας, ἡ, [4] ignorance, inadvertence, sometimes with the idea of willful blindness.　　²⁹ὑπερεῖδον, [1] I overlook, take no notice of, disregard.　　³⁰παραγγέλλω, [30] I notify, command, charge, entreat solemnly.　　³¹πανταχοῦ, [7] everywhere, in all places.　　³²μετανοέω, [34] I repent, change my mind, change the inner man (particularly with reference to acceptance of the will of God), repent.　　³³διότι, [24] on this account, because, for.　　³⁴οἰκουμένη, ης, ἡ, [16] (properly: the land that is being inhabited, the land in a state of habitation), the inhabited world, that is, the Roman world, for all outside it was regarded as of no account.　　³⁵ὁρίζω, [8] I separate, mark off by boundaries; I determine, appoint, designate.　　³⁶παρέχω, [16] act. and mid: I offer, provide, confer, afford, give, bring, show, cause.　　³⁷ἀνάστασις, εως, ἡ, [42] a rising again, resurrection.　　³⁸χλευάζω, [2] I mock, scoff, jest, jeer.　　³⁹κολλάω, [11] (lit: I glue); hence: mid. and pass: I join myself closely, cleave, adhere (to), I keep company (with), of friendly intercourse.　　⁴⁰Ἀρεοπαγίτης, ου, ὁ, [1] member of the Council of the Areopagus, an Areopagite.

Paul at Corinth

18 Μετὰ δὲ ταῦτα χωρισθεὶς¹ ὁ Παῦλος ἐκ τῶν Ἀθηνῶν² ἦλθεν εἰς Κόρινθον.³ 2 Καὶ εὑρών τινα Ἰουδαῖον ὀνόματι Ἀκύλαν, Ποντικὸν⁴ τῷ γένει,⁵ προσφάτως⁶ ἐληλυθότα ἀπὸ τῆς Ἰταλίας,⁷ καὶ Πρίσκιλλαν γυναῖκα αὐτοῦ, διὰ τὸ τεταχέναι⁸ Κλαύδιον χωρίζεσθαι⁹ πάντας τοὺς Ἰουδαίους ἐκ τῆς Ῥώμης,¹⁰ προσῆλθεν αὐτοῖς· 3 καὶ διὰ τὸ ὁμότεχνον¹¹ εἶναι, ἔμενεν παρ' αὐτοῖς καὶ εἰργάζετο·¹² ἦσαν γὰρ σκηνοποιοὶ¹³ τὴν τέχνην.¹⁴ 4 Διελέγετο¹⁵ δὲ ἐν τῇ συναγωγῇ κατὰ πᾶν σάββατον, ἔπειθέν τε Ἰουδαίους καὶ Ἕλληνας.¹⁶

5 Ὡς δὲ κατῆλθον¹⁷ ἀπὸ τῆς Μακεδονίας¹⁸ ὅ τε Σίλας καὶ ὁ Τιμόθεος, συνείχετο¹⁹ τῷ πνεύματι ὁ Παῦλος, διαμαρτυρόμενος²⁰ τοῖς Ἰουδαίοις τὸν χριστὸν Ἰησοῦν. 6 Ἀντιτασσομένων²¹ δὲ αὐτῶν καὶ βλασφημούντων,²² ἐκτιναξάμενος²³ τὰ ἱμάτια, εἶπεν πρὸς αὐτούς, Τὸ αἷμα ὑμῶν ἐπὶ τὴν κεφαλὴν ὑμῶν· καθαρὸς²⁴ ἐγώ· ἀπὸ τοῦ νῦν εἰς τὰ ἔθνη πορεύσομαι. 7 Καὶ μεταβὰς²⁵ ἐκεῖθεν²⁶ ἦλθεν εἰς οἰκίαν τινὸς ὀνόματι Ἰούστου, σεβομένου²⁷ τὸν θεόν, οὗ ἡ οἰκία ἦν συνομοροῦσα²⁸ τῇ συναγωγῇ. 8 Κρίσπος δὲ ὁ ἀρχισυνάγωγος²⁹ ἐπίστευσεν τῷ κυρίῳ σὺν ὅλῳ τῷ οἴκῳ αὐτοῦ· καὶ πολλοὶ τῶν Κορινθίων³⁰ ἀκούοντες ἐπίστευον καὶ ἐβαπτίζοντο. 9 Εἶπεν δὲ ὁ κύριος δι' ὁράματος³¹ ἐν νυκτὶ τῷ Παύλῳ, Μὴ φοβοῦ, ἀλλὰ λάλει καὶ μὴ σιωπήσῃς·³² 10 διότι³³ ἐγώ εἰμι μετὰ σοῦ, καὶ οὐδεὶς ἐπιθήσεταί³⁴ σοι τοῦ κακῶσαί³⁵ σε· διότι³³ λαός ἐστίν μοι πολὺς ἐν

---

¹χωρισθεὶς: APP-NSM ⁸τεταχέναι: RAN ⁹χωρίζεσθαι: PPN ¹²εἰργάζετο: INI-3S ¹⁵Διελέγετο: INI-3S ¹⁷κατῆλθον: 2AAI-3P ¹⁹συνείχετο: IPI-3S ²⁰διαμαρτυρόμενος: PNP-NSM ²¹Ἀντιτασσομένων: PMP-GPM ²²βλασφημούντων: PAP-GPM ²³ἐκτιναξάμενος: AMP-NSM ²⁵μεταβὰς: 2AAP-NSM ²⁷σεβομένου: PNP-GSM ²⁸συνομοροῦσα: PAP-NSF ³²σιωπήσῃς: AAS-2S ³⁴ἐπιθήσεταί: FMI-3S ³⁵κακῶσαί: AAN

¹χωρίζω, [13] (a) I separate, put apart, (b) mid. or pass: I separate myself, depart, withdraw. ²Ἀθῆναι, ῶν, αἱ, [4] Athens, the intellectual capital of Greece. ³Κόρινθος, ου, ἡ, [6] Corinth, in north-east Peloponnese, the capital of the Roman province Achaia. ⁴Ποντικός, ή, όν, [1] belonging to Pontus. ⁵γένος, ους, τό, [21] offspring, family, race, nation, kind. ⁶προσφάτως, [1] recently, lately, newly. ⁷Ἰταλία, ας, ἡ, [4] Italy. ⁸τάσσω, [9] (a) I assign, arrange, (b) I determine; mid: I appoint. ⁹χωρίζω, [13] (a) I separate, put apart, (b) mid. or pass: I separate myself, depart, withdraw. ¹⁰Ῥώμη, ης, ἡ, [8] Rome, the famous city on the Tiber, the capital of the Roman Empire. ¹¹ὁμότεχνος, ον, [1] of the same trade or craft. ¹²ἐργάζομαι, [39] I work, trade, perform, do, practice, commit, acquire by labor. ¹³σκηνοποιός, οῦ, ὁ, [1] a tent-maker. ¹⁴τέχνη, ης, ἡ, [3] art, skill, trade, craft. ¹⁵διαλέγομαι, [13] I converse, address, preach, lecture; I argue, reason. ¹⁶Ἕλλην, ηνος, ὁ, [27] a Hellene, the native word for a Greek; it is, however, a term wide enough to include all Greek-speaking (i.e. educated) non-Jews. ¹⁷κατέρχομαι, [13] I come down from sky to earth, or from high land to lower land (or to the coast), or from the high seas to the shore. ¹⁸Μακεδονία, ας, ἡ, [22] (Hebrew), Macedonia, a Roman province north of Achaia (Greece). ¹⁹συνέχω, [12] (a) I press together, close, (b) I press on every side, confine, (c) I hold fast, (d) I urge, impel, (e) pass: I am afflicted with (sickness). ²⁰διαμαρτύρομαι, [15] I give solemn evidence, testify (declare) solemnly. ²¹ἀντιτάσσομαι, [5] I set myself against, resist (the attack of). ²²βλασφημέω, [35] I speak evil against, blaspheme, use abusive or scurrilous language about (God or men). ²³ἐκτινάσσω, [4] I shake off; mid: I shake off from myself. ²⁴καθαρός, ά, όν, [28] clean, pure, unstained, either literally or ceremonially or spiritually; guiltless, innocent, upright. ²⁵μεταβαίνω, [12] I change my place (abode), leave, depart, remove, pass over. ²⁶ἐκεῖθεν, [28] thence, from that place. ²⁷σέβομαι, [10] I reverence, worship, adore. ²⁸συνομορέω, [1] I am contiguous with, am next door to. ²⁹ἀρχισυνάγωγος, ου, ὁ, [9] a leader of the synagogue, a leader connected with the synagogue: sometimes there was only one, and the name was in some cases merely honorary. ³⁰Κορίνθιος, ου, ὁ, [2] Corinthian, of Corinth. ³¹ὅραμα, ατος, τό, [12] a spectacle, vision, that which is seen. ³²σιωπάω, [11] I keep silence, am silent, either voluntarily or involuntarily. ³³διότι, [24] on this account, because, for. ³⁴ἐπιτίθημι, [41] I put, place upon, lay on; I add, give in addition. ³⁵κακόω, [6] I treat badly, afflict, embitter, make angry.

τῇ πόλει ταύτῃ. 11 Ἐκάθισέν¹ τε ἐνιαυτὸν² καὶ μῆνας³ ἕξ,⁴ διδάσκων ἐν αὐτοῖς τὸν λόγον τοῦ θεοῦ.

12 Γαλλίωνος δὲ ἀνθυπατεύοντος⁵ τῆς Ἀχαΐας,⁶ κατεπέστησαν⁷ ὁμοθυμαδὸν⁸ οἱ Ἰουδαῖοι τῷ Παύλῳ, καὶ ἤγαγον αὐτὸν ἐπὶ τὸ βῆμα,⁹ 13 λέγοντες ὅτι Παρὰ τὸν νόμον οὗτος ἀναπείθει¹⁰ τοὺς ἀνθρώπους σέβεσθαι¹¹ τὸν θεόν. 14 Μέλλοντος δὲ τοῦ Παύλου ἀνοίγειν τὸ στόμα, εἶπεν ὁ Γαλλίων πρὸς τοὺς Ἰουδαίους, Εἰ μὲν οὖν ἦν ἀδίκημά¹² τι ἢ ῥᾳδιούργημα¹³ πονηρόν, ὦ¹⁴ Ἰουδαῖοι, κατὰ λόγον ἂν ἠνεσχόμην¹⁵ ὑμῶν· 15 εἰ δὲ ζήτημά¹⁶ ἐστιν περὶ λόγου καὶ ὀνομάτων καὶ νόμου τοῦ καθ᾽ ὑμᾶς, ὄψεσθε αὐτοί· κριτὴς¹⁷ γὰρ ἐγὼ τούτων οὐ βούλομαι¹⁸ εἶναι. 16 Καὶ ἀπήλασεν¹⁹ αὐτοὺς ἀπὸ τοῦ βήματος.⁹ 17 Ἐπιλαβόμενοι²⁰ δὲ πάντες οἱ Ἕλληνες²¹ Σωσθένην τὸν ἀρχισυνάγωγον²² ἔτυπτον²³ ἔμπροσθεν²⁴ τοῦ βήματος.⁹ Καὶ οὐδὲν τούτων τῷ Γαλλίωνι ἔμελλεν.

The Return Trip to Antioch and the Beginning of the Third Journey

18 Ὁ δὲ Παῦλος ἔτι προσμείνας²⁵ ἡμέρας ἱκανάς,²⁶ τοῖς ἀδελφοῖς ἀποταξάμενος,²⁷ ἐξέπλει²⁸ εἰς τὴν Συρίαν,²⁹ καὶ σὺν αὐτῷ Πρίσκιλλα καὶ Ἀκύλας, κειράμενος³⁰ τὴν κεφαλὴν ἐν Κεγχρεαῖς·³¹ εἶχεν γὰρ εὐχήν.³² 19 Κατήντησεν³³ δὲ εἰς Ἔφεσον,³⁴ καὶ ἐκείνους κατέλιπεν³⁵ αὐτοῦ·³⁶ αὐτὸς δὲ εἰσελθὼν εἰς τὴν συναγωγὴν διελέχθη³⁷

---

¹Ἐκάθισέν: AAI-3S ⁵ἀνθυπατεύοντος: PAP-GSM ⁷κατεπέστησαν: 2AAI-3P ¹⁰ἀναπείθει: PAI-3S ¹¹σέβεσθαι: PNN ¹⁵ἠνεσχόμην: 2ADI-1S ¹⁸βούλομαι: PNI-1S ¹⁹ἀπήλασεν: AAI-3S ²⁰Ἐπιλαβόμενοι: 2ADP-NPM ²³ἔτυπτον: IAI-3P ²⁵προσμείνας: AAP-NSM ²⁷ἀποταξάμενος: AMP-NSM ²⁸ἐξέπλει: IAI-3S ³⁰κειράμενος: AMP-NSM ³³Κατήντησεν: AAI-3S ³⁵κατέλιπεν: 2AAI-3S ³⁷διελέχθη: AOI-3S

---

¹καθίζω, [48] (a) trans: I make to sit; I set, appoint, (b) intrans: I sit down, am seated, stay. ²ἐνιαυτός, οῦ, ὁ, [14] a year, cycle of time. ³μήν, μηνός, ὁ, [18] a (lunar) month. ⁴ἕξ, οἱ, αἱ, τά, [13] six. ⁵ἀνθυπατεύω, [1] to act as proconsul, be a deputy. ⁶Ἀχαΐα, ας, ἡ, [11] the Roman Province Achaia, governed by a proconsul, and practically conterminous with modern Greece before 1912. ⁷κατεφίστημι, [1] I rush, assault, rise up against. ⁸ὁμοθυμαδόν, [12] with one mind, unanimously, with one accord, at the same time. ⁹βῆμα, ατος, τό, [12] an elevated place ascended by steps, a throne, tribunal. ¹⁰ἀναπείθω, [1] I persuade, incite, seduce, tempt. ¹¹σέβομαι, [10] I reverence, worship, adore. ¹²ἀδίκημα, ατος, τό, [3] a legal wrong, crime (with which one is charged), misdeed, crime against God, a sin. ¹³ῥᾳδιούργημα, ατος, τό, [1] a careless action, an act of villainy. ¹⁴ὦ, [17] O, an exclamation, used in addressing someone. ¹⁵ἀνέχομαι, [15] I endure, bear with, have patience with, suffer, admit, persist. ¹⁶ζήτημα, ατος, τό, [5] a question, subject of inquiry, dispute. ¹⁷κριτής, ου, ὁ, [17] a judge, magistrate, ruler. ¹⁸βούλομαι, [34] I will, intend, desire, wish. ¹⁹ἀπελαύνω, [1] I drive away. ²⁰ἐπιλαμβάνομαι, [19] I lay hold of, take hold of, seize (sometimes with beneficent, sometimes with hostile, intent). ²¹Ἕλλην, ηνος, ὁ, [27] a Hellene, the native word for a Greek; it is, however, a term wide enough to include all Greek-speaking (i.e. educated) non-Jews. ²²ἀρχισυνάγωγος, ου, ὁ, [9] a leader of the synagogue, a leader connected with the synagogue: sometimes there was only one, and the name was in some cases merely honorary. ²³τύπτω, [14] I beat, strike, wound, inflict punishment. ²⁴ἔμπροσθεν, [48] in front, before the face; sometimes made a subst. by the addition of the article: in front of, before the face of. ²⁵προσμένω, [6] I remain; I abide in, remain in, persist in, adhere to. ²⁶ἱκανός, ή, όν, [41] (a) considerable, sufficient, of number, quantity, time, (b) of persons: sufficiently strong (good, etc.), worthy, suitable, with various constructions, (c) many, much. ²⁷ἀποτάσσομαι, [6] I withdraw from, take leave of, renounce, send away. ²⁸ἐκπλέω, [3] I sail out (of harbor), sail away. ²⁹Συρία, ας, ἡ, [8] Syria, a great Roman imperial province, united with Cilicia. ³⁰κείρω, [4] I shear, cut the hair of; mid: I cut my own hair, have my hair cut. ³¹Κεγχρεαί, ας, ἡ, [2] Cenchreae, the port of Corinth on the Saronic Gulf. ³²εὐχή, ῆς, ἡ, [3] a prayer comprising a vow; a prayer, vow. ³³καταντάω, [13] (a) I come down, either from high land to lower (or actually to the sea-coast), or from the high seas to the coast; hence met: I arrive at, reach (my destination), (b) of property: I come down (descend) by inheritance to an heir. ³⁴Ἔφεσος, ου, ἡ, [16] Ephesus, a coast city, capital of the Roman province Asia. ³⁵καταλείπω, [25] I leave behind, desert, abandon, forsake; I leave remaining, reserve. ³⁶αὐτοῦ, [4] here, there. ³⁷διαλέγομαι, [13] I converse, address, preach, lecture; I argue, reason.

τοῖς Ἰουδαίοις. **20** Ἐρωτώντων δὲ αὐτῶν ἐπὶ πλείονα χρόνον μεῖναι παρ' αὐτοῖς, οὐκ ἐπένευσεν·[1] **21** ἀλλ' ἀπετάξατο[2] αὐτοῖς εἰπών, Δεῖ με πάντως[3] τὴν ἑορτὴν[4] τὴν ἐρχομένην ποιῆσαι εἰς Ἱεροσόλυμα· πάλιν δὲ ἀνακάμψω[5] πρὸς ὑμᾶς, τοῦ θεοῦ θέλοντος. Ἀνήχθη[6] ἀπὸ τῆς Ἐφέσου,[7] **22** καὶ κατελθὼν[8] εἰς Καισάρειαν,[9] ἀναβὰς καὶ ἀσπασάμενος τὴν ἐκκλησίαν, κατέβη εἰς Ἀντιόχειαν.[10] **23** Καὶ ποιήσας χρόνον τινὰ ἐξῆλθεν, διερχόμενος[11] καθεξῆς[12] τὴν Γαλατικὴν[13] χώραν[14] καὶ Φρυγίαν,[15] ἐπιστηρίζων[16] πάντας τοὺς μαθητάς.

24 Ἰουδαῖος δέ τις Ἀπολλὼς ὀνόματι, Ἀλεξανδρεὺς[17] τῷ γένει,[18] ἀνὴρ λόγιος,[19] κατήντησεν[20] εἰς Ἔφεσον,[7] δυνατὸς[21] ὢν ἐν ταῖς γραφαῖς. **25** Οὗτος ἦν κατηχημένος[22] τὴν ὁδὸν τοῦ κυρίου, καὶ ζέων[23] τῷ πνεύματι ἐλάλει καὶ ἐδίδασκεν ἀκριβῶς[24] τὰ περὶ τοῦ κυρίου, ἐπιστάμενος[25] μόνον τὸ βάπτισμα[26] Ἰωάννου· **26** οὗτός τε ἤρξατο παρρησιάζεσθαι[27] ἐν τῇ συναγωγῇ. Ἀκούσαντες δὲ αὐτοῦ Ἀκύλας καὶ Πρίσκιλλα, προσελάβοντο[28] αὐτόν, καὶ ἀκριβέστερον[24] αὐτῷ ἐξέθεντο[29] τὴν τοῦ θεοῦ ὁδόν. **27** Βουλομένου[30] δὲ αὐτοῦ διελθεῖν[31] εἰς τὴν Ἀχαΐαν,[32] προτρεψάμενοι[33] οἱ ἀδελφοὶ

---

[1] ἐπένευσεν: AAI-3S [2] ἀπετάξατο: ADI-3S [5] ἀνακάμψω: FAI-1S [6] Ἀνήχθη: API-3S [8] κατελθὼν: 2AAP-NSM [11] διερχόμενος: PNP-NSM [16] ἐπιστηρίζων: PAP-NSM [20] κατήντησεν: AAI-3S [22] κατηχημένος: RPP-NSM [23] ζέων: PAP-NSM [25] ἐπιστάμενος: PNP-NSM [27] παρρησιάζεσθαι: PNN [28] προσελάβοντο: 2AMI-3P [29] ἐξέθεντο: 2AMI-3P [30] Βουλομένου: PNP-GSM [31] διελθεῖν: 2AAN [33] προτρεψάμενοι: AMP-NPM

---

[1] ἐπινεύω, [1] I nod to, assent to, consent. [2] ἀποτάσσομαι, [6] I withdraw from, take leave of, renounce, send away. [3] πάντως, [9] wholly, entirely, in every way, by all means, certainly. [4] ἑορτή, ῆς, ἡ, [27] a festival, feast, periodically recurring. [5] ἀνακάμπτω, [4] I bend or turn back; I return. [6] ἀνάγω, [23] I lead up, bring up, offer, product, put to sea, set sail. [7] Ἔφεσος, ου, ἡ, [16] Ephesus, a coast city, capital of the Roman province Asia. [8] κατέρχομαι, [13] I come down from sky to earth, or from high land to lower land (or to the coast), or from the high seas to the shore. [9] Καισάρεια, ας, ἡ, [17] Two cities of Palestine: one in Galilee (Caesarea Philippi), the other on the coast of the Mediterranean. [10] Ἀντιόχεια, ας, ἡ, [18] Antioch, (a) Antioch on the river Orontes, capital of the Province Syria, (b) "Pisidian" Antioch, not in Pisidia, but near Pisidia, in the Roman Province Galatia. [11] διέρχομαι, [42] I pass through, spread (as a report). [12] καθεξῆς, [5] in order, in succession, in the time immediately after, just after. [13] Γαλατικός, ή, όν, [2] Galatic, belonging to the province Galatia. [14] χώρα, ας, ἡ, [27] (a) a country or region, (b) the land, as opposed to the sea, (c) the country, distinct from town, (d) plur: fields. [15] Φρυγία, ας, ἡ, [3] Phrygia, an ethnic district in Asia Minor, the north-western part of which was in the Roman province Asia and the south-eastern part in the Roman province Galatia. [16] ἐπιστηρίζω, [4] I prop up, uphold, support, confirm, make stronger. [17] Ἀλεξανδρεύς, έως, ὁ, [2] an Alexandrian, a native (or resident) of Alexandria in Egypt. [18] γένος, ους, τό, [21] offspring, family, race, nation, kind. [19] λόγιος, α, ον, [1] eloquent, gifted with learning. [20] καταντάω, [13] (a) I come down, either from high land to lower (or actually to the sea-coast), or from the high seas to the coast; hence met: I arrive at, reach (my destination), (b) of property: I come down (descend) by inheritance to an heir. [21] δυνατός, ή, όν, [36] (a) of persons: powerful, able, (b) of things: possible. [22] κατηχέω, [8] I instruct orally, teach, inform. [23] ζέω, [2] (lit: I boil, am boiling), I burn (in spirit), am fervent. [24] ἀκριβῶς, [9] carefully, exactly, strictly, distinctly. [25] ἐπίσταμαι, [14] I know, know of, understand. [26] βάπτισμα, ατος, τό, [22] the rite or ceremony of baptism. [27] παρρησιάζομαι, [9] I speak freely, boldly; I am confident. [28] προσλαμβάνω, [14] (a) I take to myself, (b) I take aside, (c) I welcome. [29] ἐκτίθημι, [4] (a) I put out or expose a child, (b) mid: I set forth, expound, explain. [30] βούλομαι, [34] I will, intend, desire, wish. [31] διέρχομαι, [42] I pass through, spread (as a report). [32] Ἀχαΐα, ας, ἡ, [11] the Roman Province Achaia, governed by a proconsul, and practically conterminous with modern Greece before 1912. [33] προτρέπω, [1] I encourage, exhort, persuade.

ἔγραψαν τοῖς μαθηταῖς ἀποδέξασθαι¹ αὐτόν· ὃς παραγενόμενος² συνεβάλετο³ πολὺ τοῖς πεπιστευκόσιν διὰ τῆς χάριτος· **28** εὐτόνως⁴ γὰρ τοῖς Ἰουδαίοις διακατηλέγχετο⁵ δημοσίᾳ,⁶ ἐπιδεικνὺς⁷ διὰ τῶν γραφῶν εἶναι τὸν χριστὸν Ἰησοῦν.

Paul's Work at Ephesus

19 Ἐγένετο δέ, ἐν τῷ τὸν Ἀπολλὼ εἶναι ἐν Κορίνθῳ,⁸ Παῦλον διελθόντα⁹ τὰ ἀνωτερικὰ¹⁰ μέρη¹¹ ἐλθεῖν εἰς Ἔφεσον·¹² καὶ εὑρών τινας μαθητὰς **2** εἶπεν πρὸς αὐτούς, Εἰ πνεῦμα ἅγιον ἐλάβετε πιστεύσαντες; Οἱ δὲ εἶπον πρὸς αὐτόν, Ἀλλ' οὐδὲ εἰ πνεῦμα ἅγιόν ἐστιν, ἠκούσαμεν. **3** Εἶπέν τε πρὸς αὐτούς, Εἰς τί οὖν ἐβαπτίσθητε; Οἱ δὲ εἶπον, Εἰς τὸ Ἰωάννου βάπτισμα.¹³ **4** Εἶπεν δὲ Παῦλος, Ἰωάννης μὲν ἐβάπτισεν βάπτισμα¹³ μετανοίας,¹⁴ τῷ λαῷ λέγων εἰς τὸν ἐρχόμενον μετ' αὐτὸν ἵνα πιστεύσωσιν, τοῦτ' ἔστιν, εἰς τὸν χριστὸν Ἰησοῦν. **5** Ἀκούσαντες δὲ ἐβαπτίσθησαν εἰς τὸ ὄνομα τοῦ κυρίου Ἰησοῦ. **6** Καὶ ἐπιθέντος¹⁵ αὐτοῖς τοῦ Παύλου τὰς χεῖρας, ἦλθεν τὸ πνεῦμα τὸ ἅγιον ἐπ' αὐτούς, ἐλάλουν τε γλώσσαις καὶ προεφήτευον.¹⁶ **7** Ἦσαν δὲ οἱ πάντες ἄνδρες ὡσεὶ¹⁷ δεκαδύο.¹⁸

8 Εἰσελθὼν δὲ εἰς τὴν συναγωγὴν ἐπαρρησιάζετο,¹⁹ ἐπὶ μῆνας²⁰ τρεῖς διαλεγόμενος²¹ καὶ πείθων τὰ περὶ τῆς βασιλείας τοῦ θεοῦ. **9** Ὡς δέ τινες ἐσκληρύνοντο²² καὶ ἠπείθουν,²³ κακολογοῦντες²⁴ τὴν ὁδὸν ἐνώπιον τοῦ πλήθους,²⁵ ἀποστὰς²⁶ ἀπ' αὐτῶν ἀφώρισεν²⁷ τοὺς μαθητάς, καθ' ἡμέραν διαλεγόμενος²⁸ ἐν τῇ σχολῇ²⁹ Τυράννου τινός. **10** Τοῦτο δὲ ἐγένετο ἐπὶ ἔτη³⁰ δύο, ὥστε πάντας τοὺς κατοικοῦντας³¹ τὴν Ἀσίαν³² ἀκοῦσαι τὸν λόγον

---

¹ἀποδέξασθαι: ADN   ²παραγενόμενος: 2ADP-NSM   ³συνεβάλετο: 2AMI-3S   ⁵διακατηλέγχετο: INI-3S
⁷ἐπιδεικνὺς: PAP-NSM   ⁹διελθόντα: 2AAP-ASM   ¹⁵ἐπιθέντος: 2AAP-GSM   ¹⁶προεφήτευον: IAI-3P
¹⁹ἐπαρρησιάζετο: INI-3S   ²¹διαλεγόμενος: PNP-NSM   ²²ἐσκληρύνοντο: IPI-3P   ²³ἠπείθουν: IAI-3P
²⁴κακολογοῦντες: PAP-NPM   ²⁶ἀποστὰς: 2AAP-NSM   ²⁷ἀφώρισεν: AAI-3S   ²⁸διαλεγόμενος: PNP-NSM
³¹κατοικοῦντας: PAP-APM

---

¹ἀποδέχομαι, [6] I receive, welcome, entertain (with hospitality), embrace.   ²παραγίνομαι, [37] (a) I come on the scene, appear, come, (b) with words expressing destination: I present myself at, arrive at, reach.   ³συμβάλλω, [6] properly: I throw together, hence: I ponder, come up with, encounter, with or without hostile intent; I dispute with; mid: I confer, consult with, contribute.   ⁴εὐτόνως, [2] vehemently, powerfully, vigorously.   ⁵διακατελέγχομαι, [1] I effectively (utterly) refute.   ⁶δημόσιος, α, ον, [4] public, publicly.   ⁷ἐπιδείκνυμι, [9] I show, display, point out, indicate; I prove, demonstrate.   ⁸Κόρινθος, ου, ἡ, [6] Corinth, in north-east Peloponnese, the capital of the Roman province Achaia.   ⁹διέρχομαι, [42] I pass through, spread (as a report).   ¹⁰ἀνωτερικός, ή, όν, [1] upper, higher-lying, inland.   ¹¹μέρος, ους, τό, [43] a part, portion, share.   ¹²Ἔφεσος, ου, ἡ, [16] Ephesus, a coast city, capital of the Roman province Asia.   ¹³βάπτισμα, ατος, τό, [22] the rite or ceremony of baptism.   ¹⁴μετάνοια, ας, ἡ, [24] repentance, a change of mind, change in the inner man.   ¹⁵ἐπιτίθημι, [41] I put, place upon, lay on; I add, give in addition.   ¹⁶προφητεύω, [28] I foretell, prophesy; I set forth matter of divine teaching by special faculty.   ¹⁷ὡσεί, [31] as if, as it were, like; with numbers: about.   ¹⁸δεκαδύο, [2] twelve.   ¹⁹παρρησιάζομαι, [9] I speak freely, boldly; I am confident.   ²⁰μήν, μηνός, ὁ, [18] a (lunar) month.   ²¹διαλέγομαι, [13] I converse, address, preach, lecture; I argue, reason.   ²²σκληρύνω, [6] I harden, make hard, make stubborn.   ²³ἀπειθέω, [16] I disobey, rebel, am disloyal, refuse conformity.   ²⁴κακολογέω, [4] I speak evil of, curse, revile, abuse.   ²⁵πλῆθος, ους, τό, [32] a multitude, crowd, great number, assemblage.   ²⁶ἀφίστημι, [15] I make to stand away, draw away, repel, take up a position away from, withdraw from, leave, abstain from.   ²⁷ἀφορίζω, [10] I rail off, separate, place apart.   ²⁸διαλέγομαι, [13] I converse, address, preach, lecture; I argue, reason.   ²⁹σχολή, ῆς, ἡ, [1] leisure, a school, place where there is leisure.   ³⁰ἔτος, ους, τό, [49] a year.   ³¹κατοικέω, [45] I dwell in, settle in, am established in (permanently), inhabit.   ³²Ἀσία, ας, ἡ, [18] the Roman province of Asia, roughly the western third of Asia Minor.

τοῦ κυρίου Ἰησοῦ, Ἰουδαίους τε καὶ Ἕλληνας.¹ 11 Δυνάμεις τε οὐ τὰς τυχούσας² ἐποίει ὁ θεὸς διὰ τῶν χειρῶν Παύλου, 12 ὥστε καὶ ἐπὶ τοὺς ἀσθενοῦντας³ ἐπιφέρεσθαι⁴ ἀπὸ τοῦ χρωτὸς⁵ αὐτοῦ σουδάρια⁶ ἢ σιμικίνθια,⁷ καὶ ἀπαλλάσσεσθαι⁸ ἀπ' αὐτῶν τὰς νόσους,⁹ τά τε πνεύματα τὰ πονηρὰ ἐξέρχεσθαι ἀπ' αὐτῶν. 13 Ἐπεχείρησαν¹⁰ δέ τινες ἀπὸ τῶν περιερχομένων¹¹ Ἰουδαίων ἐξορκιστῶν¹² ὀνομάζειν¹³ ἐπὶ τοὺς ἔχοντας τὰ πνεύματα τὰ πονηρὰ τὸ ὄνομα τοῦ κυρίου Ἰησοῦ, λέγοντες, Ὁρκίζομεν¹⁴ ὑμᾶς τὸν Ἰησοῦν ὃν ὁ Παῦλος κηρύσσει. 14 Ἦσαν δέ τινες υἱοὶ Σκευᾶ Ἰουδαίου ἀρχιερέως ἑπτὰ οἱ τοῦτο ποιοῦντες. 15 Ἀποκριθὲν δὲ τὸ πνεῦμα τὸ πονηρὸν εἶπεν, Τὸν Ἰησοῦν γινώσκω, καὶ τὸν Παῦλον ἐπίσταμαι·¹⁵ ὑμεῖς δὲ τίνες ἐστέ; 16 Καὶ ἐφαλλόμενος¹⁶ ἐπ' αὐτοὺς ὁ ἄνθρωπος ἐν ᾧ ἦν τὸ πνεῦμα τὸ πονηρόν, καὶ κατακυριεύσαν¹⁷ αὐτῶν, ἴσχυσεν¹⁸ κατ' αὐτῶν, ὥστε γυμνοὺς¹⁹ καὶ τετραυματισμένους²⁰ ἐκφυγεῖν²¹ ἐκ τοῦ οἴκου ἐκείνου. 17 Τοῦτο δὲ ἐγένετο γνωστὸν²² πᾶσιν Ἰουδαίοις τε καὶ Ἕλλησιν¹ τοῖς κατοικοῦσιν²³ τὴν Ἔφεσον,²⁴ καὶ ἐπέπεσεν²⁵ φόβος²⁶ ἐπὶ πάντας αὐτούς, καὶ ἐμεγαλύνετο²⁷ τὸ ὄνομα τοῦ κυρίου Ἰησοῦ. 18 Πολλοί τε τῶν πεπιστευκότων ἤρχοντο, ἐξομολογούμενοι,²⁸ καὶ ἀναγγέλλοντες²⁹ τὰς πράξεις³⁰ αὐτῶν. 19 Ἱκανοὶ³¹ δὲ τῶν τὰ περίεργα³² πραξάντων³³

---

²τυχούσας: 2AAP-APF ³ἀσθενοῦντας: PAP-APM ⁴ἐπιφέρεσθαι: PPN ⁸ἀπαλλάσσεσθαι: PPN ¹⁰Ἐπεχείρησαν: AAI-3P ¹¹περιερχομένων: PNP-GPM ¹³ὀνομάζειν: PAN ¹⁴Ὁρκίζομεν: PAI-1P ¹⁵ἐπίσταμαι: PNI-1S ¹⁶ἐφαλλόμενος: PNP-NSM ¹⁷κατακυριεύσαν: AAP-NSN ¹⁸ἴσχυσεν: AAI-3S ²⁰τετραυματισμένους: RPP-APM ²¹ἐκφυγεῖν: 2AAN ²³κατοικοῦσιν: PAP-DPM ²⁵ἐπέπεσεν: 2AAI-3S ²⁷ἐμεγαλύνετο: IPI-3S ²⁸ἐξομολογούμενοι: PMP-NPM ²⁹ἀναγγέλλοντες: PAP-NPM ³³πραξάντων: AAP-GPM

---

¹Ἕλλην, ηνος, ὁ, [27] a Hellene, the native word for a Greek; it is, however, a term wide enough to include all Greek-speaking (i.e. educated) non-Jews. ²τυγχάνω, [13] (a) gen: I obtain, (b) absol: I chance, happen; ordinary, everyday, it may chance, perhaps. ³ἀσθενέω, [36] I am weak (physically: then morally), I am sick. ⁴ἐπιφέρω, [5] I bring forward (against), impose, inflict. ⁵χρώς, ωτός, ὁ, [1] the skin, surface of the body. ⁶σουδάριον, ου, τό, [4] a handkerchief, napkin. ⁷σιμικίνθιον, ου, τό, [1] an apron worn by artisans. ⁸ἀπαλλάσσω, [3] I free (a person) from (anything), oftener in the middle voice: I am released from, am rid of (a person or thing), depart. ⁹νόσος, ου, ἡ, [12] a disease, malady, sickness. ¹⁰ἐπιχειρέω, [3] I take in hand, attempt. ¹¹περιέρχομαι, [4] I go around, move about, visit; I make a circuit, tack (as a ship). ¹²ἐξορκιστής, οῦ, ὁ, [1] an exorcist, a caster out of evil spirits by the use of names or spells. ¹³ὀνομάζω, [10] I give a name to, mention, call upon the name of. ¹⁴ὁρκίζω, [3] I adjure by, charge solemnly by. ¹⁵ἐπίσταμαι, [14] I know, know of, understand. ¹⁶ἐφάλλομαι, [1] I leap upon, assault. ¹⁷κατακυριεύω, [4] I exercise authority over, overpower, master. ¹⁸ἰσχύω, [29] I have strength, am strong, am in full health and vigor, am able; meton: I prevail. ¹⁹γυμνός, ή, όν, [15] rarely: stark-naked; generally: wearing only the under-garment; bare, open, manifest; mere. ²⁰τραυματίζω, [2] I wound. ²¹ἐκφεύγω, [7] I flee out, away, escape; with an acc: I escape something. ²²γνωστός, ή, όν, [15] known, an acquaintance. ²³κατοικέω, [45] I dwell in, settle in, am established in (permanently), inhabit. ²⁴Ἔφεσος, ου, ἡ, [16] Ephesus, a coast city, capital of the Roman province Asia. ²⁵ἐπιπίπτω, [13] I fall upon, press upon, light upon, come over. ²⁶φόβος, ου, ὁ, [47] (a) fear, terror, alarm, (b) the object or cause of fear, (c) reverence, respect. ²⁷μεγαλύνω, [8] (a) I enlarge, lengthen, (b) I increase, magnify, extol. ²⁸ἐξομολογέω, [10] (a) I consent fully, agree out and out, (b) I confess, admit, acknowledge (cf. the early Hellenistic sense of the middle: I acknowledge a debt), (c) I give thanks, praise. ²⁹ἀναγγέλλω, [18] I bring back word, report; I announce, declare. ³⁰πρᾶξις, εως, ἡ, [6] (a) a doing, action, mode of action; plur: deeds, acts, (b) function, business. ³¹ἱκανός, ή, όν, [41] (a) considerable, sufficient, of number, quantity, time, (b) of persons: sufficiently strong (good, etc.), worthy, suitable, with various constructions, (c) many, much. ³²περίεργος, ον, [2] of persons: over-careful; curious, meddling, a busy-body; of things: over-wrought; superfluous; curious, uncanny; subst: curious arts, magic. ³³πράσσω, [38] I do, perform, accomplish; be in any condition, i.e. I fare; I exact, require.

συνενέγκαντες¹ τὰς βίβλους² κατέκαιον³ ἐνώπιον πάντων· καὶ συνεψήφισαν⁴ τὰς τιμὰς⁵ αὐτῶν, καὶ εὗρον ἀργυρίου⁶ μυριάδας⁷ πέντε.⁸ 20 Οὕτως κατὰ κράτος⁹ ὁ λόγος τοῦ κυρίου ηὔξανεν¹⁰ καὶ ἴσχυεν.¹¹

The Tumult of Demetrius

21 Ὡς δὲ ἐπληρώθη ταῦτα, ἔθετο ὁ Παῦλος ἐν τῷ πνεύματι, διελθὼν¹² τὴν Μακεδονίαν¹³ καὶ Ἀχαΐαν,¹⁴ πορεύεσθαι εἰς Ἰερουσαλήμ, εἰπὼν ὅτι Μετὰ τὸ γενέσθαι με ἐκεῖ, δεῖ με καὶ Ῥώμην¹⁵ ἰδεῖν. 22 Ἀποστείλας δὲ εἰς τὴν Μακεδονίαν¹³ δύο τῶν διακονούντων¹⁶ αὐτῷ, Τιμόθεον καὶ Ἔραστον, αὐτὸς ἐπέσχεν¹⁷ χρόνον εἰς τὴν Ἀσίαν.¹⁸ 23 Ἐγένετο δὲ κατὰ τὸν καιρὸν ἐκεῖνον τάραχος¹⁹ οὐκ ὀλίγος²⁰ περὶ τῆς ὁδοῦ. 24 Δημήτριος γάρ τις ὀνόματι, ἀργυροκόπος,²¹ ποιῶν ναοὺς²² ἀργυροῦς²³ Ἀρτέμιδος,²⁴ παρείχετο²⁵ τοῖς τεχνίταις²⁶ ἐργασίαν²⁷ οὐκ ὀλίγην.²⁰ 25 οὓς συναθροίσας,²⁸ καὶ τοὺς περὶ τὰ τοιαῦτα ἐργάτας,²⁹ εἶπεν, Ἄνδρες, ἐπίστασθε³⁰ ὅτι ἐκ ταύτης τῆς ἐργασίας²⁷ ἡ εὐπορία³¹ ἡμῶν ἐστιν. 26 Καὶ θεωρεῖτε καὶ ἀκούετε ὅτι οὐ μόνον Ἐφέσου,³² ἀλλὰ σχεδὸν³³ πάσης τῆς Ἀσίας,¹⁸ ὁ Παῦλος οὗτος πείσας μετέστησεν³⁴ ἱκανὸν³⁵ ὄχλον, λέγων ὅτι οὐκ εἰσὶν θεοὶ οἱ διὰ χειρῶν γινόμενοι. 27 Οὐ μόνον δὲ τοῦτο κινδυνεύει³⁶ ἡμῖν τὸ μέρος³⁷ εἰς ἀπελεγμὸν³⁸ ἐλθεῖν, ἀλλὰ καὶ τὸ τῆς μεγάλης θεᾶς³⁹ ἱερὸν Ἀρτέμιδος²⁴

---

¹συνενέγκαντες: 2AAP-NPM   ³κατέκαιον: IAI-3P   ⁴συνεψήφισαν: AAI-3P   ¹⁰ηὔξανεν: IAI-3S   ¹¹ἴσχυεν: IAI-3S ¹²διελθὼν: 2AAP-NSM   ¹⁶διακονούντων: PAP-GPM   ¹⁷ἐπέσχεν: 2AAI-3S   ²⁵παρείχετο: IMI-3S   ²⁸συναθροίσας: AAP-NSM   ³⁰ἐπίστασθε: PNI-2P   ³⁴μετέστησεν: AAI-3S   ³⁶κινδυνεύει: PAI-3S

---

¹συμφέρω, [17] I bring together, collect; I am profitable to.   ²βίβλος, ου, ἡ, [9] a written book, roll, or volume, sometimes with a sacred connotation.   ³κατακαίω, [12] I burn up, consume entirely.   ⁴συμψηφίζω, [1] I compute, reckon up, count together.   ⁵τιμή, ῆς, ἡ, [42] a price, honor.   ⁶ἀργύριον, ου, τό, [20] silver, a piece of silver, a shekel, money in general.   ⁷μυριάς, άδος, ἡ, [9] a myriad, group of ten thousand, a ten thousand.   ⁸πέντε, οἱ, αἱ, τά, [38] five.   ⁹κράτος, ους, τό, [12] dominion, strength, power; a mighty deed.   ¹⁰αὐξάνω, [23] (a) I cause to increase, become greater (b) I increase, grow.   ¹¹ἰσχύω, [29] I have strength, am strong, am in full health and vigor, am able; meton: I prevail.   ¹²διέρχομαι, [42] I pass through, spread (as a report).   ¹³Μακεδονία, ας, ἡ, [22] (Hebrew), Macedonia, a Roman province north of Achaia (Greece).   ¹⁴Ἀχαΐα, ας, ἡ, [11] the Roman Province Achaia, governed by a proconsul, and practically conterminous with modern Greece before 1912.   ¹⁵Ῥώμη, ης, ἡ, [8] Rome, the famous city on the Tiber, the capital of the Roman Empire.   ¹⁶διακονέω, [37] I wait at table (particularly of a slave who waits on guests); I serve (generally).   ¹⁷ἐπέχω, [5] (a) trans: I hold forth, (b) intrans: I mark, pay attention (heed), note; I delay, stay, wait.   ¹⁸Ἀσία, ας, ἡ, [18] the Roman province of Asia, roughly the western third of Asia Minor.   ¹⁹τάραχος, ου, ὁ, [2] a disturbance, commotion, trouble.   ²⁰ὀλίγος, η, ον, [43] (a) especially in plur: few, (b) in sing: small; hence, of time: short, of degree: light, slight, little.   ²¹ἀργυροκόπος, ου, ὁ, [1] (lit: silver-cutter), a silversmith.   ²²ναός, οῦ, ὁ, [46] a temple, a shrine, that part of the temple where God himself resides.   ²³ἀργυροῦς, ᾶ, οῦν, [3] made of silver.   ²⁴Ἄρτεμις, ιδος, ἡ, [5] Artemis, a goddess, worshipped principally at Ephesus, typifying fertility (she had no relation with the other Artemis, the maiden huntress, to whom corresponded the Latin Diana).   ²⁵παρέχω, [16] act. and mid: I offer, provide, confer, afford, give, bring, show, cause.   ²⁶τεχνίτης, ου, ὁ, [4] a craftsman, artisan, architect, builder. ²⁷ἐργασία, ας, ἡ, [6] working, activity, work, service, trade, business, gains of business, performance, practice. ²⁸συναθροίζω, [3] I gather together, assemble.   ²⁹ἐργάτης, ου, ὁ, [16] a field-laborer; then: a laborer, workman in general.   ³⁰ἐπίσταμαι, [14] I know, know of, understand.   ³¹εὐπορία, ας, ἡ, [1] wealth, gain, plenty. ³²Ἔφεσος, ου, ἡ, [16] Ephesus, a coast city, capital of the Roman province Asia.   ³³σχεδόν, [3] nearly, almost. ³⁴μεθίστημι, [5] I cause to change its place, move out of its place; I translate, transfer, remove.   ³⁵ἱκανός, ή, όν, [41] (a) considerable, sufficient, of number, quantity, time, (b) of persons: sufficiently strong (good, etc.), worthy, suitable, with various constructions, (c) many, much.   ³⁶κινδυνεύω, [4] I am in danger or peril.   ³⁷μέρος, ους, τό, [43] a part, portion, share.   ³⁸ἀπελεγμός, οῦ, ὁ, [1] refutation, rejection, hence: disrepute, contempt. ³⁹θεά, ᾶς, ἡ, [2] a goddess.

εἰς οὐθὲν λογισθῆναι,¹ μέλλειν δὲ καὶ καθαιρεῖσθαι² τὴν μεγαλειότητα³ αὐτῆς, ἣν ὅλη ἡ Ἀσία⁴ καὶ ἡ οἰκουμένη⁵ σέβεται.⁶ 28 Ἀκούσαντες δὲ καὶ γενόμενοι πλήρεις⁷ θυμοῦ,⁸ ἔκραζον λέγοντες, Μεγάλη ἡ Ἄρτεμις⁹ Ἐφεσίων.¹⁰ 29 Καὶ ἐπλήσθη¹¹ ἡ πόλις ὅλη τῆς συγχύσεως·¹² ὥρμησάν¹³ τε ὁμοθυμαδὸν¹⁴ εἰς τὸ θέατρον,¹⁵ συναρπάσαντες¹⁶ Γάϊον καὶ Ἀρίσταρχον Μακεδόνας,¹⁷ συνεκδήμους¹⁸ Παύλου. 30 Τοῦ δὲ Παύλου βουλομένου¹⁹ εἰσελθεῖν εἰς τὸν δῆμον,²⁰ οὐκ εἴων²¹ αὐτὸν οἱ μαθηταί. 31 Τινὲς δὲ καὶ τῶν Ἀσιαρχῶν,²² ὄντες αὐτῷ φίλοι,²³ πέμψαντες πρὸς αὐτόν, παρεκάλουν μὴ δοῦναι ἑαυτὸν εἰς τὸ θέατρον.¹⁵ 32 Ἄλλοι μὲν οὖν ἄλλο τι ἔκραζον· ἦν γὰρ ἡ ἐκκλησία συγκεχυμένη,²⁴ καὶ οἱ πλείους οὐκ ᾔδεισαν τίνος ἕνεκεν²⁵ συνεληλύθεισαν.²⁶ 33 Ἐκ δὲ τοῦ ὄχλου προεβίβασαν²⁷ Ἀλέξανδρον, προβαλόντων²⁸ αὐτὸν τῶν Ἰουδαίων. Ὁ δὲ Ἀλέξανδρος, κατασείσας²⁹ τὴν χεῖρα, ἤθελεν ἀπολογεῖσθαι³⁰ τῷ δήμῳ.²⁰ 34 Ἐπιγνόντες³¹ δὲ ὅτι Ἰουδαῖός ἐστιν, φωνὴ ἐγένετο μία ἐκ πάντων ὡς ἐπὶ ὥρας δύο κραζόντων, Μεγάλη ἡ Ἄρτεμις⁹ Ἐφεσίων.¹⁰ 35 Καταστείλας³² δὲ ὁ γραμματεὺς τὸν ὄχλον φησίν, Ἄνδρες Ἐφέσιοι,¹⁰ τίς γάρ ἐστιν ἄνθρωπος ὃς οὐ γινώσκει τὴν Ἐφεσίων¹⁰ πόλιν νεωκόρον³³ οὖσαν τῆς μεγάλης θεᾶς³⁴ Ἀρτέμιδος⁹ καὶ τοῦ Διοπετοῦς;³⁵ 36 Ἀναντιρρήτων³⁶ οὖν ὄντων τούτων, δέον ἐστὶν ὑμᾶς κατεσταλμένους³⁷ ὑπάρχειν, καὶ

---

¹λογισθῆναι: APN   ²καθαιρεῖσθαι: PPN   ⁶σέβεται: PNI-3S   ¹¹ἐπλήσθη: API-3S   ¹³ὥρμησάν: AAI-3P   ¹⁶συναρπάσαντες: AAP-NPM   ¹⁹βουλομένου: PNP-GSM   ²¹εἴων: IAI-3P   ²⁴συγκεχυμένη: RPP-NSF   ²⁶συνεληλύθεισαν: LAI-3P   ²⁷προεβίβασαν: AAI-3P   ²⁸προβαλόντων: AAP-GPM   ²⁹κατασείσας: AAP-NSM   ³⁰ἀπολογεῖσθαι: PNN   ³¹Ἐπιγνόντες: 2AAP-NPM   ³²Καταστείλας: AAP-NSM   ³⁷κατεσταλμένους: RPP-APM

---

¹λογίζομαι, [41] I reckon, count, charge with; reason, decide, conclude; think, suppose.   ²καθαιρέω, [9] (a) I take down, pull down, depose, destroy.   ³μεγαλειότης, τητος, ἡ, [3] (divine) majesty or magnificence, glory.   ⁴Ἀσία, ας, ἡ, [18] the Roman province of Asia, roughly the western third of Asia Minor.   ⁵οἰκουμένη, ης, ἡ, [16] (properly: the land that is being inhabited, the land in a state of habitation), the inhabited world, that is, the Roman world, for all outside it was regarded as of no account.   ⁶σέβομαι, [10] I reverence, worship, adore.   ⁷πλήρης, ες, [17] full, abounding in, complete, completely occupied with.   ⁸θυμός, οῦ, ὁ, [18] an outburst of passion, wrath.   ⁹Ἄρτεμις, ιδος, ἡ, [5] Artemis, a goddess, worshipped principally at Ephesus, typifying fertility (she had no relation with the other Artemis, the maiden huntress, to whom corresponded the Latin Diana).   ¹⁰Ἐφέσιος, α, ον, [5] Ephesian, of Ephesus.   ¹¹πλήθω, [25] I fill, fulfill, complete.   ¹²σύγχυσις, εως, ἡ, [1] confusion, disturbance.   ¹³ὁρμάω, [5] I rush, hasten on.   ¹⁴ὁμοθυμαδόν, [12] with one mind, unanimously, with one accord, at the same time.   ¹⁵θέατρον, ου, τό, [3] (a) a theatre, a semi-circular stone building, generally open to the sky, (b) a spectacle, show.   ¹⁶συναρπάζω, [4] I seize, drag by force.   ¹⁷Μακεδών, όνος, ὁ, [5] a Macedonian, an inhabitant of the Roman province Macedonia.   ¹⁸συνέκδημος, ου, ὁ, ἡ, [2] a fellow traveler.   ¹⁹βούλομαι, [34] I will, intend, desire, wish.   ²⁰δῆμος, οῦ, ὁ, [4] properly: the people, especially citizens of a Greek city in popular assembly, but in NT, multitude, rabble.   ²¹ἐάω, [12] I allow, permit, let alone, leave.   ²²Ἀσιάρχης, ου, ὁ, [1] an Asiarch, an official connected with the worship of Rome and the Emperor in the Roman province Asia.   ²³φίλος, η, ον, [30] friendly; subst: a friend, an associate.   ²⁴συγχέω, [5] I bewilder, stir up, throw into confusion.   ²⁵ἕνεκεν, [26] for the sake of, on account of, on account of which, wherefore, on account of what, why.   ²⁶συνέρχομαι, [32] I come or go with, accompany; I come together, assemble.   ²⁷προβιβάζω, [2] I lead forward, lead on; met: I induce, incite, urge.   ²⁸προβάλλω, [2] I thrust forward, put forth (as of branches), produce.   ²⁹κατασείω, [4] I shake (the hand) up and down, wave; intrans: I beckon for silence.   ³⁰ἀπολογέομαι, [10] I give a defense, defend myself (especially in a law court): it can take an object of what is said in defense.   ³¹ἐπιγινώσκω, [42] I come to know by directing my attention to him or it, I perceive, discern, recognize; aor: I found out.   ³²καταστέλλω, [2] I let down, lower; I keep down, restrain, pacify.   ³³νεωκόρος, ου, ὁ, ἡ, [1] (lit: temple-sweeper), temple-warden; an honorary title.   ³⁴θεά, ᾶς, ἡ, [2] a goddess.   ³⁵διοπετής, ές, [1] fallen from the sky.   ³⁶ἀναντίρρητος, ον, [1] indisputable, undeniable, not to be contradicted.   ³⁷καταστέλλω, [2] I let down, lower; I keep down, restrain, pacify.

μηδὲν προπετὲς¹ πράσσειν.² 37 Ἠγάγετε γὰρ τοὺς ἄνδρας τούτους, οὔτε ἱεροσύλους³ οὔτε βλασφημοῦντας⁴ τὴν θεὸν ὑμῶν. 38 Εἰ μὲν οὖν Δημήτριος καὶ οἱ σὺν αὐτῷ τεχνῖται⁵ ἔχουσιν πρός τινα λόγον, ἀγοραῖοι⁶ ἄγονται, καὶ ἀνθύπατοί⁷ εἰσιν· ἐγκαλείτωσαν⁸ ἀλλήλοις. 39 Εἰ δέ τι περὶ ἑτέρων ἐπιζητεῖτε,⁹ ἐν τῇ ἐννόμῳ¹⁰ ἐκκλησίᾳ ἐπιλυθήσεται.¹¹ 40 Καὶ γὰρ κινδυνεύομεν¹² ἐγκαλεῖσθαι¹³ στάσεως¹⁴ περὶ τῆς σήμερον,¹⁵ μηδενὸς αἰτίου¹⁶ ὑπάρχοντος περὶ οὗ οὐ δυνησόμεθα δοῦναι λόγον τῆς συστροφῆς¹⁷ ταύτης. 41 Καὶ ταῦτα εἰπών, ἀπέλυσεν τὴν ἐκκλησίαν.

The Journey to Macedonia and Back to Miletus

20 Μετὰ δὲ τὸ παύσασθαι¹⁸ τὸν θόρυβον,¹⁹ προσκαλεσάμενος²⁰ ὁ Παῦλος τοὺς μαθητάς, καὶ ἀσπασάμενος, ἐξῆλθεν πορευθῆναι εἰς τὴν Μακεδονίαν.²¹ 2 Διελθὼν²² δὲ τὰ μέρη²³ ἐκεῖνα, καὶ παρακαλέσας αὐτοὺς λόγῳ πολλῷ, ἦλθεν εἰς τὴν Ἑλλάδα.²⁴ 3 Ποιήσας τε μῆνας²⁵ τρεῖς, γενομένης αὐτῷ ἐπιβουλῆς²⁶ ὑπὸ τῶν Ἰουδαίων μέλλοντι ἀνάγεσθαι²⁷ εἰς τὴν Συρίαν,²⁸ ἐγένετο γνώμη²⁹ τοῦ ὑποστρέφειν³⁰ διὰ Μακεδονίας.²¹ 4 Συνείπετο³¹ δὲ αὐτῷ ἄχρι τῆς Ἀσίας³² Σώπατρος Βεροιαῖος·³³ Θεσσαλονικέων³⁴ δέ, Ἀρίσταρχος καὶ Σεκοῦνδος, καὶ Γάϊος Δερβαῖος,³⁵ καὶ Τιμόθεος· Ἀσιανοὶ³⁶ δέ, Τυχικὸς καὶ Τρόφιμος. 5 Οὗτοι προσελθόντες ἔμενον ἡμᾶς ἐν Τρῳάδι.³⁷ 6 Ἡμεῖς δὲ ἐξεπλεύσαμεν³⁸ μετὰ τὰς ἡμέρας τῶν ἀζύμων³⁹ ἀπὸ Φιλίππων,⁴⁰ καὶ ἤλθομεν πρὸς αὐτοὺς εἰς τὴν Τρῳάδα³⁷ ἄχρι ἡμερῶν πέντε,⁴¹ οὗ⁴² διετρίψαμεν⁴³ ἡμέρας ἑπτά.

---

²πράσσειν: PAN ⁴βλασφημοῦντας: PAP-APM ⁸ἐγκαλείτωσαν: PAM-3P ⁹ἐπιζητεῖτε: PAI-2P ¹¹ἐπιλυθήσεται: FPI-3S ¹²κινδυνεύομεν: PAI-1P ¹³ἐγκαλεῖσθαι: PPN ¹⁸παύσασθαι: AMN ²⁰προσκαλεσάμενος: ADP-NSM ²²Διελθών: 2AAP-NSM ²⁷ἀνάγεσθαι: PPN ³⁰ὑποστρέφειν: PAN ³¹Συνείπετο: INI-3S ³⁸ἐξεπλεύσαμεν: AAI-1P ⁴³διετρίψαμεν: AAI-1P

---

¹προπετής, ές, [2] impulsive, rash, reckless. ²πράσσω, [38] I do, perform, accomplish; be in any condition, i.e. I fare; I exact, require. ³ἱερόσυλος, ον, [1] robbing temples, but possibly simply: sacrilegious. ⁴βλασφημέω, [35] I speak evil against, blaspheme, use abusive or scurrilous language about (God or men). ⁵τεχνίτης, ου, ὁ, [4] a craftsman, artisan, architect, builder. ⁶ἀγοραῖος, ον, [2] a lounger in the market-place, perhaps with the idea of agitator. ⁷ἀνθύπατος, ου, ὁ, [4] a proconsul. ⁸ἐγκαλέω, [7] I bring a charge against, accuse. ⁹ἐπιζητέω, [15] I seek after, desire, search for, make inquiries about. ¹⁰ἔννομος, ον, [2] (a) legal, statutory, duly constituted, (b) under the law, obedient to the law. ¹¹ἐπιλύω, [2] I loose, release; I solve, settle, explain, interpret, decide. ¹²κινδυνεύω, [4] I am in danger or peril. ¹³ἐγκαλέω, [7] I bring a charge against, accuse. ¹⁴στάσις, εως, ἡ, [9] an insurrection, dissension; originally: standing, position, place. ¹⁵σήμερον, [41] today, now. ¹⁶αἴτιος, ου, ὁ, [5] the cause, author; the culprit, the accused; the crime. ¹⁷συστροφή, ῆς, ἡ, [2] a gathering together, riotous concourse, conspiracy. ¹⁸παύω, [15] (a) act: I cause to cease, restrain, hinder, (b) mid: I cease, stop, leave off. ¹⁹θόρυβος, ου, ὁ, [7] (a) din, hubbub, confused noise, outcry, (b) riot, disturbance. ²⁰προσκαλέω, [31] I call to myself, summon. ²¹Μακεδονία, ας, ἡ, [22] (Hebrew), Macedonia, a Roman province north of Achaia (Greece). ²²διέρχομαι, [42] I pass through, spread (as a report). ²³μέρος, ους, τό, [43] a part, portion, share. ²⁴Ἑλλάς, άδος, ἡ, [1] Hellas, the native name for Greece. ²⁵μήν, μηνός, ὁ, [18] a (lunar) month. ²⁶ἐπιβουλή, ῆς, ἡ, [4] a plot, design against. ²⁷ἀνάγω, [23] I lead up, bring up, offer, product, put to sea, set sail. ²⁸Συρία, ας, ἡ, [8] Syria, a great Roman imperial province, united with Cilicia. ²⁹γνώμη, ης, ἡ, [9] opinion, counsel, judgment, intention, decree. ³⁰ὑποστρέφω, [37] I turn back, return. ³¹συνέπομαι, [1] I accompany, follow with. ³²Ἀσία, ας, ἡ, [18] the Roman province of Asia, roughly the western third of Asia Minor. ³³Βεροιαῖος, α, ον, [1] belonging to Berea, Berean. ³⁴Θεσσαλονικεύς, έως, ὁ, [4] a Thessalonian. ³⁵Δερβαῖος, α, ον, [1] Derbean, belonging to Derbe. ³⁶Ἀσιανός, οῦ, ὁ, [1] belonging to the Roman province Asia. ³⁷Τρῳάς, άδος, ἡ, [6] Troas, a harbor city of Mysia. ³⁸ἐκπλέω, [3] I sail out (of harbor), sail away. ³⁹ἄζυμος, ον, [9] unleavened, the paschal feast (a feast of the Hebrews); fig: uncorrupted, sincere. ⁴⁰Φίλιπποι, ων, οἱ, [4] Philippi, a great city of the Roman province Macedonia. ⁴¹πέντε, οἱ, αἱ, τά, [38] five. ⁴²οὗ, [23] where, whither, when, in what place. ⁴³διατρίβω, [10] I tarry, continue, stay in a place.

7 Ἐν δὲ τῇ μιᾷ τῶν σαββάτων, συνηγμένων τῶν μαθητῶν κλάσαι¹ ἄρτον, ὁ Παῦλος διελέγετο² αὐτοῖς, μέλλων ἐξιέναι³ τῇ ἐπαύριον,⁴ παρέτεινέν⁵ τε τὸν λόγον μέχρι⁶ μεσονυκτίου.⁷ 8 Ἦσαν δὲ λαμπάδες⁸ ἱκαναὶ⁹ ἐν τῷ ὑπερῴῳ¹⁰ οὗ¹¹ ἦμεν συνηγμένοι. 9 Καθήμενος δέ τις νεανίας¹² ὀνόματι Εὔτυχος ἐπὶ τῆς θυρίδος,¹³ καταφερόμενος¹⁴ ὕπνῳ¹⁵ βαθεῖ,¹⁶ διαλεγομένου¹⁷ τοῦ Παύλου ἐπὶ πλεῖον, κατενεχθεὶς¹⁸ ἀπὸ τοῦ ὕπνου¹⁵ ἔπεσεν ἀπὸ τοῦ τριστέγου¹⁹ κάτω,²⁰ καὶ ἤρθη νεκρός. 10 Καταβὰς δὲ ὁ Παῦλος ἐπέπεσεν²¹ αὐτῷ, καὶ συμπεριλαβὼν²² εἶπεν, Μὴ θορυβεῖσθε·²³ ἡ γὰρ ψυχὴ αὐτοῦ ἐν αὐτῷ ἐστιν. 11 Ἀναβὰς δὲ καὶ κλάσας²⁴ ἄρτον καὶ γευσάμενος,²⁵ ἐφ' ἱκανόν⁹ τε ὁμιλήσας²⁶ ἄχρι αὐγῆς,²⁷ οὕτως ἐξῆλθεν. 12 Ἤγαγον δὲ τὸν παῖδα²⁸ ζῶντα, καὶ παρεκλήθησαν οὐ μετρίως.²⁹

13 Ἡμεῖς δέ, προσελθόντες ἐπὶ τὸ πλοῖον, ἀνήχθημεν³⁰ εἰς τὴν Ἄσσον,³¹ ἐκεῖθεν³² μέλλοντες ἀναλαμβάνειν³³ τὸν Παῦλον· οὕτως γὰρ ἦν διατεταγμένος,³⁴ μέλλων αὐτὸς πεζεύειν.³⁵ 14 Ὡς δὲ συνέβαλεν³⁶ ἡμῖν εἰς τὴν Ἄσσον,³¹ ἀναλαβόντες³⁷ αὐτὸν ἤλθομεν εἰς Μιτυλήνην.³⁸ 15 Κἀκεῖθεν³⁹ ἀποπλεύσαντες,⁴⁰ τῇ ἐπιούσῃ⁴¹ κατηντήσαμεν⁴²

---

¹κλάσαι: AAN ²διελέγετο: INI-3S ³ἐξιέναι: PAN ⁵παρέτεινέν: IAI-3S ¹⁴καταφερόμενος: PPP-NSM ¹⁷διαλεγομένου: PNP-GSM ¹⁸κατενεχθεὶς: APP-NSM ²¹ἐπέπεσεν: 2AAI-3S ²²συμπεριλαβὼν: 2AAP-NSM ²³θορυβεῖσθε: PPM-2P ²⁴κλάσας: AAP-NSM ²⁵γευσάμενος: ADP-NSM ²⁶ὁμιλήσας: AAP-NSM ³⁰ἀνήχθημεν: API-1P ³³ἀναλαμβάνειν: PAN ³⁴διατεταγμένος: RPP-NSM ³⁵πεζεύειν: PAN ³⁶συνέβαλεν: 2AAI-3S ³⁷ἀναλαβόντες: 2AAP-NPM ⁴⁰ἀποπλεύσαντες: AAP-NPM ⁴¹ἐπιούσῃ: PAP-DSF ⁴²κατηντήσαμεν: AAI-1P

---

¹κλάω, [15] I break (in pieces), break bread. ²διαλέγομαι, [13] I converse, address, preach, lecture; I argue, reason. ³ἔξειμι, [4] (originally: I shall go out), I go out (away), depart. ⁴ἐπαύριον, [17] tomorrow. ⁵παρατείνω, [1] I extend, prolong, continue. ⁶μέχρι, [17] as far as, until, even to. ⁷μεσονύκτιον, ου, τό, [4] midnight, the middle of the period between sunset and sunrise. ⁸λαμπάς, άδος, ἡ, [9] a torch, lamp, lantern. ⁹ἱκανός, ή, όν, [41] (a) considerable, sufficient, of number, quantity, time, (b) of persons: sufficiently strong (good, etc.), worthy, suitable, with various constructions, (c) many, much. ¹⁰ὑπερῷον, ου, τό, [4] an upper room, the upper part of a house. ¹¹οὗ, [23] where, whither, when, in what place. ¹²νεανίας, ου, ὁ, [5] a young man, youth; a man in his prime (used even of a man of 40). ¹³θυρίς, ίδος, ἡ, [2] a small opening, window. ¹⁴καταφέρω, [3] I bear down, overpower; I give a vote or verdict, bring charges. ¹⁵ὕπνος, ου, ὁ, [6] sleep; fig: spiritual sleep. ¹⁶βαθύς, εῖα, ύ, [4] deep (lit. and met.); in the depths of the early morning, while still very early; profound. ¹⁷διαλέγομαι, [13] I converse, address, preach, lecture; I argue, reason. ¹⁸καταφέρω, [3] I bear down, overpower; I give a vote or verdict, bring charges. ¹⁹τρίστεγος, ον, [1] having three stories; subst: the third story. ²⁰κάτω, [11] (a) down, below, also: downwards, (b) lower, under, less, of a length of time. ²¹ἐπιπίπτω, [13] I fall upon, press upon, light upon, come over. ²²συμπεριλαμβάνω, [1] I embrace completely. ²³θορυβέω, [4] I disturb greatly, terrify, strike with panic; mid: I show agitation of mind. ²⁴κλάω, [15] I break (in pieces), break bread. ²⁵γεύομαι, [15] (a) I taste, (b) I experience. ²⁶ὁμιλέω, [4] I consort with, associate with, commune with; particularly, I talk (converse) with. ²⁷αὐγή, ῆς, ἡ, [1] brightness, daylight, dawn. ²⁸παῖς, παιδός, ὁ, ἡ, [24] (a) a male child, boy, (b) a male slave, servant; thus: a servant of God, especially as a title of the Messiah, (c) a female child, girl. ²⁹μετρίως, [1] moderately, greatly, exceedingly. ³⁰ἀνάγω, [23] I lead up, bring up, offer, product, put to sea, set sail. ³¹Ἄσσος, ου, ἡ, [2] Assos, a port of Mysia, in the Roman province Asia. ³²ἐκεῖθεν, [28] thence, from that place. ³³ἀναλαμβάνω, [13] I take up, raise; I pick up, take on board; I carry off, lead away. ³⁴διατάσσω, [15] I give orders to, prescribe, arrange. ³⁵πεζεύω, [1] I travel on foot, by land. ³⁶συμβάλλω, [6] properly: I throw together, hence: I ponder, come up with, encounter, with or without hostile intent; I dispute with; mid: I confer, consult with, contribute. ³⁷ἀναλαμβάνω, [13] I take up, raise; I pick up, take on board; I carry off, lead away. ³⁸Μιτυλήνη, ης, ἡ, [1] Mitylene, the capital of the island of Lesbos in the northern Aegean sea. ³⁹κἀκεῖθεν, [9] and thence, and from there; and then afterwards. ⁴⁰ἀποπλέω, [4] I sail away. ⁴¹ἐπιοῦσα, ης, ἡ, [5] the next day. ⁴²καταντάω, [13] (a) I come down, either from high land to lower (or actually to the sea-coast), or from the high seas to the coast; hence met: I arrive at, reach (my destination), (b) of property: I come down (descend) by inheritance to an heir.

ἀντικρὺ¹ Χίου·² τῇ δὲ ἑτέρᾳ παρεβάλομεν³ εἰς Σάμον·⁴ καὶ μείναντες ἐν Τρωγυλλίῳ,⁵ τῇ ἐχομένῃ ἤλθομεν εἰς Μίλητον.⁶ 16 Ἔκρινεν γὰρ ὁ Παῦλος παραπλεῦσαι⁷ τὴν Ἔφεσον,⁸ ὅπως μὴ γένηται αὐτῷ χρονοτριβῆσαι⁹ ἐν τῇ Ἀσίᾳ·¹⁰ ἔσπευδεν¹¹ γάρ, εἰ δυνατὸν¹² ἦν αὐτῷ, τὴν ἡμέραν τῆς Πεντηκοστῆς¹³ γενέσθαι εἰς Ἱεροσόλυμα.

Paul and the Elders of Ephesus

17 Ἀπὸ δὲ τῆς Μιλήτου⁶ πέμψας εἰς Ἔφεσον⁸ μετεκαλέσατο¹⁴ τοὺς πρεσβυτέρους τῆς ἐκκλησίας. 18 Ὡς δὲ παρεγένοντο¹⁵ πρὸς αὐτόν, εἶπεν αὐτοῖς,

Ὑμεῖς ἐπίστασθε,¹⁶ ἀπὸ πρώτης ἡμέρας ἀφ' ἧς ἐπέβην¹⁷ εἰς τὴν Ἀσίαν,¹⁰ πῶς μεθ' ὑμῶν τὸν πάντα χρόνον ἐγενόμην, 19 δουλεύων¹⁸ τῷ κυρίῳ μετὰ πάσης ταπεινοφροσύνης¹⁹ καὶ πολλῶν δακρύων²⁰ καὶ πειρασμῶν²¹ τῶν συμβάντων²² μοι ἐν ταῖς ἐπιβουλαῖς²³ τῶν Ἰουδαίων· 20 ὡς οὐδὲν ὑπεστειλάμην²⁴ τῶν συμφερόντων,²⁵ τοῦ μὴ ἀναγγεῖλαι²⁶ ὑμῖν καὶ διδάξαι ὑμᾶς δημοσίᾳ²⁷ καὶ κατ' οἴκους, 21 διαμαρτυρόμενος²⁸ Ἰουδαίοις τε καὶ Ἕλλησιν²⁹ τὴν εἰς τὸν θεὸν μετάνοιαν,³⁰ καὶ πίστιν τὴν εἰς τὸν κύριον ἡμῶν Ἰησοῦν. 22 Καὶ νῦν ἰδού, ἐγὼ δεδεμένος³¹ τῷ πνεύματι πορεύομαι εἰς Ἱερουσαλήμ, τὰ ἐν αὐτῇ συναντήσοντά³² μοι μὴ εἰδώς, 23 πλὴν³³ ὅτι τὸ πνεῦμα τὸ ἅγιον κατὰ πόλιν διαμαρτύρεται³⁴ λέγον ὅτι δεσμά³⁵ με καὶ θλίψεις³⁶ μένουσιν. 24 Ἀλλ'

---

³παρεβάλομεν: 2AAI-1P ⁷παραπλεῦσαι: AAN ⁹χρονοτριβῆσαι: AAN ¹¹ἔσπευδεν: IAI-3S ¹⁴μετεκαλέσατο: AMI-3S ¹⁵παρεγένοντο: 2ADI-3P ¹⁶ἐπίστασθε: PNI-2P ¹⁷ἐπέβην: 2AAI-1S ¹⁸δουλεύων: PAP-NSM ²²συμβάντων: 2AAP-GPM ²⁴ὑπεστειλάμην: AMI-1S ²⁵συμφερόντων: PAP-GPN ²⁶ἀναγγεῖλαι: AAN ²⁸διαμαρτυρόμενος: PNP-NSM ³¹δεδεμένος: RPP-NSM ³²συναντήσοντά: FAP-APN ³⁴διαμαρτύρεται: PNI-3S

---

¹ἀντικρύ, [1] right opposite, off (nautical sense), over against. ²Χίος, ου, ἡ, [1] Chios (modern Scio), an important island in the Aegean Sea, off the west central coast of Asia Minor. ³παραβάλλω, [2] I compare, arrive, land. ⁴Σάμος, ου, ἡ, [1] Samos, an island in the Aegean sea off the coast of Asia Minor, near Ephesus and Miletus. ⁵Τρωγύλλιον, ου, τό, [1] Trogyllium, a promontory somewhat to the south of Ephesus. ⁶Μίλητος, ου, ἡ, [3] Miletus, a city on the coast of the Roman province Asia. ⁷παραπλέω, [1] I sail past (without stopping there). ⁸Ἔφεσος, ου, ἡ, [16] Ephesus, a coast city, capital of the Roman province Asia. ⁹χρονοτριβέω, [1] I waste time, spend time, delay. ¹⁰Ἀσία, ας, ἡ, [18] the Roman province of Asia, roughly the western third of Asia Minor. ¹¹σπεύδω, [6] I hasten, urge on, desire earnestly. ¹²δυνατός, ή, όν, [36] (a) of persons: powerful, able, (b) of things: possible. ¹³πεντηκοστή, ῆς, ἡ, [3] Pentecost, a feast of the Jews, the fiftieth day after Passover. ¹⁴μετακαλέω, [4] mid: I summon to myself, send for. ¹⁵παραγίνομαι, [37] (a) I come on the scene, appear, come, (b) with words expressing destination: I present myself at, arrive at, reach. ¹⁶ἐπίσταμαι, [14] I know, know of, understand. ¹⁷ἐπιβαίνω, [6] (a) I set foot on, step on, (b) I mount (a horse), board (a vessel). ¹⁸δουλεύω, [25] I am a slave, am subject to, obey, am devoted. ¹⁹ταπεινοφροσύνη, ης, ἡ, [7] humility, lowliness of mind, modesty. ²⁰δάκρυον, ου, τό, [11] a tear. ²¹πειρασμός, οῦ, ὁ, [21] (a) trial, probation, testing, being tried, (b) temptation, (c) calamity, affliction. ²²συμβαίνω, [8] I happen, occur, meet. ²³ἐπιβουλή, ῆς, ἡ, [4] a plot, design against. ²⁴ὑποστέλλω, [4] I withdraw, draw back, keep back, shun, conceal. ²⁵συμφέρω, [17] I bring together, collect; I am profitable to. ²⁶ἀναγγέλλω, [18] I bring back word, report; I announce, declare. ²⁷δημόσιος, α, ον, [4] public, publicly. ²⁸διαμαρτύρομαι, [15] I give solemn evidence, testify (declare) solemnly. ²⁹Ἕλλην, ηνος, ὁ, [27] a Hellene, the native word for a Greek; it is, however, a term wide enough to include all Greek-speaking (i.e. educated) non-Jews. ³⁰μετάνοια, ας, ἡ, [24] repentance, a change of mind, change in the inner man. ³¹δέω, [44] I bind, tie, fasten; I impel, compel; I declare to be prohibited and unlawful. ³²συναντάω, [6] I meet, encounter, fall in with. ³³πλήν, [31] however, nevertheless, but, except that, yet. ³⁴διαμαρτύρομαι, [15] I give solemn evidence, testify (declare) solemnly. ³⁵δεσμός, οῦ, ὁ, [20] a bond, chain, imprisonment; a string or ligament, an impediment, infirmity. ³⁶θλῖψις, εως, ἡ, [45] persecution, affliction, distress, tribulation.

οὐδενὸς λόγον ποιοῦμαι, οὐδὲ ἔχω τὴν ψυχήν μου τιμίαν¹ ἐμαυτῷ,² ὡς τελειῶσαι³ τὸν δρόμον⁴ μου μετὰ χαρᾶς, καὶ τὴν διακονίαν⁵ ἣν ἔλαβον παρὰ τοῦ κυρίου Ἰησοῦ, διαμαρτύρασθαι⁶ τὸ εὐαγγέλιον τῆς χάριτος τοῦ θεοῦ. 25 Καὶ νῦν ἰδού, ἐγὼ οἶδα ὅτι οὐκέτι⁷ ὄψεσθε τὸ πρόσωπόν μου ὑμεῖς πάντες, ἐν οἷς διῆλθον⁸ κηρύσσων τὴν βασιλείαν τοῦ θεοῦ. 26 Διότι⁹ μαρτύρομαι¹⁰ ὑμῖν ἐν τῇ σήμερον¹¹ ἡμέρᾳ, ὅτι καθαρὸς¹² ἐγὼ ἀπὸ τοῦ αἵματος πάντων. 27 Οὐ γὰρ ὑπεστειλάμην¹³ τοῦ μὴ ἀναγγεῖλαι¹⁴ ὑμῖν πᾶσαν τὴν βουλὴν¹⁵ τοῦ θεοῦ. 28 Προσέχετε¹⁶ οὖν ἑαυτοῖς καὶ παντὶ τῷ ποιμνίῳ,¹⁷ ἐν ᾧ ὑμᾶς τὸ πνεῦμα τὸ ἅγιον ἔθετο ἐπισκόπους,¹⁸ ποιμαίνειν¹⁹ τὴν ἐκκλησίαν τοῦ κυρίου καὶ θεοῦ, ἣν περιεποιήσατο²⁰ διὰ τοῦ ἰδίου αἵματος. 29 Ἐγὼ γὰρ οἶδα τοῦτο, ὅτι εἰσελεύσονται μετὰ τὴν ἄφιξίν²¹ μου λύκοι²² βαρεῖς²³ εἰς ὑμᾶς, μὴ φειδόμενοι²⁴ τοῦ ποιμνίου·¹⁷ 30 καὶ ἐξ ὑμῶν αὐτῶν ἀναστήσονται ἄνδρες λαλοῦντες διεστραμμένα,²⁵ τοῦ ἀποσπᾶν²⁶ τοὺς μαθητὰς ὀπίσω²⁷ αὐτῶν. 31 Διὸ γρηγορεῖτε,²⁸ μνημονεύοντες²⁹ ὅτι τριετίαν³⁰ νύκτα καὶ ἡμέραν οὐκ ἐπαυσάμην³¹ μετὰ δακρύων³² νουθετῶν³³ ἕνα ἕκαστον. 32 Καὶ τὰ νῦν παρατίθεμαι³⁴ ὑμᾶς, ἀδελφοί, τῷ θεῷ καὶ τῷ λόγῳ τῆς χάριτος αὐτοῦ, τῷ δυναμένῳ ἐποικοδομῆσαι,³⁵ καὶ δοῦναι ὑμῖν κληρονομίαν³⁶ ἐν τοῖς

---

³τελειῶσαι: AAN ⁶διαμαρτύρασθαι: ADN ⁸διῆλθον: 2AAI-1S ¹⁰μαρτύρομαι: PNI-1S ¹³ὑπεστειλάμην: AMI-1S ¹⁴ἀναγγεῖλαι: AAN ¹⁶Προσέχετε: PAM-2P ¹⁹ποιμαίνειν: PAN ²⁰περιεποιήσατο: AMI-3S ²⁴φειδόμενοι: PNP-NPM ²⁵διεστραμμένα: RPP-APN ²⁶ἀποσπᾶν: PAN ²⁸γρηγορεῖτε: PAM-2P ²⁹μνημονεύοντες: PAP-NPM ³¹ἐπαυσάμην: AMI-1S ³³νουθετῶν: PAP-NSM ³⁴παρατίθεμαι: PMI-1S ³⁵ἐποικοδομῆσαι: AAN

---

¹τίμιος, α, ον, [14] of great price, precious, honored. ²ἐμαυτοῦ, ῆς, οῦ, [37] of myself. ³τελειόω, [24] (a) as a course, a race, or the like: I complete, finish (b) as of time or prediction: I accomplish, (c) I make perfect; pass: I am perfected. ⁴δρόμος, ου, ὁ, [3] a running, course, career, race. ⁵διακονία, ας, ἡ, [34] waiting at table; in a wider sense: service, ministration. ⁶διαμαρτύρομαι, [15] I give solemn evidence, testify (declare) solemnly. ⁷οὐκέτι, [48] no longer, no more. ⁸διέρχομαι, [42] I pass through, spread (as a report). ⁹διότι, [24] on this account, because, for. ¹⁰μαρτύρομαι, [5] (properly: I call (summon) to witness, and then absolutely) I testify, protest, asseverate; I conjure, solemnly charge. ¹¹σήμερον, [41] today, now. ¹²καθαρός, ά, όν, [28] clean, pure, unstained, either literally or ceremonially or spiritually; guiltless, innocent, upright. ¹³ὑποστέλλω, [4] I withdraw, draw back, keep back, shun, conceal. ¹⁴ἀναγγέλλω, [18] I bring back word, report; I announce, declare. ¹⁵βουλή, ῆς, ἡ, [12] counsel, deliberate wisdom, decree. ¹⁶προσέχω, [24] (a) I attend to, pay attention to, (b) I beware, am cautious, (c) I join, devote myself to. ¹⁷ποίμνιον, ου, τό, [5] a little flock. ¹⁸ἐπίσκοπος, ου, ὁ, [5] (used as an official title in civil life), overseer, supervisor, ruler, especially used with reference to the supervising function exercised by an elder or presbyter of a church or congregation. ¹⁹ποιμαίνω, [11] I shepherd, tend, herd; hence: I rule, govern. ²⁰περιποιέω, [2] I acquire, earn, purchase, make my own, preserve alive. ²¹ἄφιξις, εως, ἡ, [1] arrival, departure. ²²λύκος, ου, ὁ, [6] a wolf, of perhaps a jackal; often applied to persons of wolfish proclivities. ²³βαρύς, εῖα, ύ, [6] heavy, weighty, burdensome, lit. and met; violent, oppressive. ²⁴φείδομαι, [10] I spare, abstain, forbear. ²⁵διαστρέφω, [7] I pervert, corrupt, oppose, distort. ²⁶ἀποσπάω, [4] lit: I wrench away from, drag away, but perhaps sometimes in the well-attested weakened sense: I am parted or withdrawn. ²⁷ὀπίσω, [37] behind, after; back, backwards. ²⁸γρηγορέω, [23] (a) I am awake (in the night), watch, (b) I am watchful, on the alert, vigilant. ²⁹μνημονεύω, [21] I remember, hold in remembrance, make mention of. ³⁰τριετία, ας, ἡ, [1] a space of three years. ³¹παύω, [15] (a) act: I cause to cease, restrain, hinder, (b) mid: I cease, stop, leave off. ³²δάκρυον, ου, τό, [11] a tear. ³³νουθετέω, [8] I admonish, warn, counsel, exhort. ³⁴παρατίθημι, [19] (a) I set (especially a meal) before, serve, (b) act. and mid: I deposit with, entrust to, (c) I bring forward, quote as evidence. ³⁵ἐποικοδομέω, [8] I build upon (above) a foundation. ³⁶κληρονομία, ας, ἡ, [14] an inheritance, an heritage, regularly the gift of God to His chosen people, in the Old Testament: the Promised Land, in NT a possession viewed in one sense as present, in another as future; a share, participation.

ἡγιασμένοις¹ πᾶσιν. 33 Ἀργυρίου² ἢ χρυσίου³ ἢ ἱματισμοῦ⁴ οὐδενὸς ἐπεθύμησα.⁵ 34 Αὐτοὶ γινώσκετε ὅτι ταῖς χρείαις⁶ μου καὶ τοῖς οὖσιν μετ' ἐμοῦ ὑπηρέτησαν⁷ αἱ χεῖρες αὗται. 35 Πάντα ὑπέδειξα⁸ ὑμῖν, ὅτι οὕτως κοπιῶντας⁹ δεῖ ἀντιλαμβάνεσθαι¹⁰ τῶν ἀσθενούντων,¹¹ μνημονεύειν¹² τε τῶν λόγων τοῦ κυρίου Ἰησοῦ, ὅτι αὐτὸς εἶπεν, Μακάριόν ἐστιν μᾶλλον διδόναι ἢ λαμβάνειν.

36 Καὶ ταῦτα εἰπών, θεὶς τὰ γόνατα¹³ αὐτοῦ, σὺν πᾶσιν αὐτοῖς προσηύξατο. 37 Ἱκανὸς¹⁴ δὲ ἐγένετο κλαυθμὸς¹⁵ πάντων· καὶ ἐπιπεσόντες¹⁶ ἐπὶ τὸν τράχηλον¹⁷ τοῦ Παύλου κατεφίλουν¹⁸ αὐτόν, 38 ὀδυνώμενοι¹⁹ μάλιστα²⁰ ἐπὶ τῷ λόγῳ ᾧ εἰρήκει, ὅτι οὐκέτι²¹ μέλλουσιν τὸ πρόσωπον αὐτοῦ θεωρεῖν. Προέπεμπον²² δὲ αὐτὸν εἰς τὸ πλοῖον.

The Trip to Jerusalem

21 Ὡς δὲ ἐγένετο ἀναχθῆναι²³ ἡμᾶς ἀποσπασθέντας²⁴ ἀπ' αὐτῶν, εὐθυδρομήσαντες²⁵ ἤλθομεν εἰς τὴν Κῶν,²⁶ τῇ δὲ ἑξῆς²⁷ εἰς τὴν Ῥόδον,²⁸ κἀκεῖθεν²⁹ εἰς Πάταρα·³⁰ 2 καὶ εὑρόντες πλοῖον διαπερῶν³¹ εἰς Φοινίκην,³² ἐπιβάντες³³ ἀνήχθημεν.³⁴ 3 Ἀναφανέντες³⁵ δὲ τὴν Κύπρον,³⁶ καὶ καταλιπόντες³⁷ αὐτὴν εὐώνυμον,³⁸

---

¹ἡγιασμένοις: RPP-DPM ⁵ἐπεθύμησα: AAI-1S ⁷ὑπηρέτησαν: AAI-3P ⁸ὑπέδειξα: AAI-1S ⁹κοπιῶντας: PAP-APM ¹⁰ἀντιλαμβάνεσθαι: PNN ¹¹ἀσθενούντων: PAP-GPM ¹²μνημονεύειν: PAN ¹⁶ἐπιπεσόντες: 2AAP-NPM ¹⁸κατεφίλουν: IAI-3P ¹⁹ὀδυνώμενοι: PPP-NPM ²²Προέπεμπον: IAI-3P ²³ἀναχθῆναι: APN ²⁴ἀποσπασθέντας: APP-APM ²⁵εὐθυδρομήσαντες: AAP-NPM ³¹διαπερῶν: PAP-ASN ³³ἐπιβάντες: 2AAP-NPM ³⁴ἀνήχθημεν: API-1P ³⁵Ἀναφανέντες: 2APP-NPM ³⁷καταλιπόντες: 2AAP-NPM

---

¹ἁγιάζω, [29] I make holy, treat as holy, set apart as holy, sanctify, hallow, purify. ²ἀργύριον, ου, τό, [20] silver, a piece of silver, a shekel, money in general. ³χρυσίον, ου, τό, [11] a piece of gold, golden ornament. ⁴ἱματισμός, οῦ, ὁ, [5] a collective word: raiment, clothing. ⁵ἐπιθυμέω, [16] I long for, covet, lust after, set the heart upon. ⁶χρεία, ας, ἡ, [49] need, necessity, business. ⁷ὑπηρετέω, [3] I minister to, serve. ⁸ὑποδείκνυμι, [6] I indicate, intimate, suggest, show, prove. ⁹κοπιάω, [23] (a) I grow weary, (b) I toil, work with effort (of bodily and mental labor alike). ¹⁰ἀντιλαμβάνομαι, [3] I take hold of, help, share in, partake of, enjoy. ¹¹ἀσθενέω, [36] I am weak (physically: then morally), I am sick. ¹²μνημονεύω, [21] I remember, hold in remembrance, make mention of. ¹³γόνυ, ατος, τό, [12] the knee. ¹⁴ἱκανός, ή, όν, [41] (a) considerable, sufficient, of number, quantity, time, (b) of persons: sufficiently strong (good, etc.), worthy, suitable, with various constructions, (c) many, much. ¹⁵κλαυθμός, οῦ, ὁ, [9] weeping, lamentation, crying. ¹⁶ἐπιπίπτω, [13] I fall upon, press upon, light upon, come over. ¹⁷τράχηλος, ου, ὁ, [7] the neck. ¹⁸καταφιλέω, [6] I kiss affectionately. ¹⁹ὀδυνάω, [4] I torment, pain; mid. and pass: I am tormented, pained; I suffer acute pain, physical or mental. ²⁰μάλιστα, [12] most of all, especially. ²¹οὐκέτι, [48] no longer, no more. ²²προπέμπω, [9] I send forward, accompany, equip for a journey. ²³ἀνάγω, [23] I lead up, bring up, offer, product, put to sea, set sail. ²⁴ἀποσπάω, [4] lit: I wrench away from, drag away, but perhaps sometimes in the well-attested weakened sense: I am parted or withdrawn. ²⁵εὐθυδρομέω, [2] I run a straight course. ²⁶Κῶς, ῶ, ἡ, [1] Cos, an island in the Aegean Sea, south-west of Asia Minor. ²⁷ἑξῆς, [5] next in order, the next day, the following day, at the period immediately following. ²⁸Ῥόδος, ου, ἡ, [1] Rhodes, an island in the Aegean sea, south-west of Asia Minor. ²⁹κἀκεῖθεν, [9] and thence, and from there; and then afterwards. ³⁰Πάταρα, ων, τά, [1] Patara, a town on the coast of the Roman province Lycia. ³¹διαπεράω, [6] I cross over, pass over. ³²Φοινίκη, ης, ἡ, [3] Phoenicia, a northern coast strip of the Roman province Syria. ³³ἐπιβαίνω, [6] (a) I set foot on, step on, (b) I mount (a horse), board (a vessel). ³⁴ἀνάγω, [23] I lead up, bring up, offer, product, put to sea, set sail. ³⁵ἀναφαίνω, [2] (a) a nautical term: I sight (a place), (b) mid: I appear (as it were, out of the unseen), (c) I bring to light, make to appear. ³⁶Κύπρος, ου, ἡ, [5] Cyprus. ³⁷καταλείπω, [25] I leave behind, desert, abandon, forsake; I leave remaining, reserve. ³⁸εὐώνυμος, ον, [10] (lit: well-named, to avoid the evil omen attaching to the left), on the left-hand side, left.

ἐπλέομεν¹ εἰς Συρίαν,² καὶ κατήχθημεν³ εἰς Τύρον·⁴ ἐκεῖσε⁵ γὰρ ἦν τὸ πλοῖον ἀποφορτιζόμενον⁶ τὸν γόμον.⁷ 4 Καὶ ἀνευρόντες⁸ μαθητάς, ἐπεμείναμεν⁹ αὐτοῦ¹⁰ ἡμέρας ἑπτά· οἵτινες τῷ Παύλῳ ἔλεγον διὰ τοῦ πνεύματος, μὴ ἀναβαίνειν εἰς Ἰερουσαλήμ. 5 Ὅτε δὲ ἐγένετο ἡμᾶς ἐξαρτίσαι¹¹ τὰς ἡμέρας, ἐξελθόντες ἐπορευόμεθα, προπεμπόντων¹² ἡμᾶς πάντων σὺν γυναιξὶν καὶ τέκνοις ἕως ἔξω τῆς πόλεως· καὶ θέντες τὰ γόνατα¹³ ἐπὶ τὸν αἰγιαλὸν¹⁴ προσηυξάμεθα. 6 Καὶ ἀσπασάμενοι ἀλλήλους, ἐπέβημεν¹⁵ εἰς τὸ πλοῖον, ἐκεῖνοι δὲ ὑπέστρεψαν¹⁶ εἰς τὰ ἴδια.

7 Ἡμεῖς δέ, τὸν πλοῦν¹⁷ διανύσαντες¹⁸ ἀπὸ Τύρου,⁴ κατηντήσαμεν¹⁹ εἰς Πτολεμαΐδα,²⁰ καὶ ἀσπασάμενοι τοὺς ἀδελφοὺς ἐμείναμεν ἡμέραν μίαν παρ' αὐτοῖς. 8 Τῇ δὲ ἐπαύριον²¹ ἐξελθόντες οἱ περὶ τὸν Παῦλον ἦλθον εἰς Καισάρειαν·²² καὶ εἰσελθόντες εἰς τὸν οἶκον Φιλίππου τοῦ εὐαγγελιστοῦ,²³ ὄντος ἐκ τῶν ἑπτά, ἐμείναμεν παρ' αὐτῷ. 9 Τούτῳ δὲ ἦσαν θυγατέρες²⁴ παρθένοι²⁵ τέσσαρες²⁶ προφητεύουσαι.²⁷ 10 Ἐπιμενόντων²⁸ δὲ ἡμῶν ἡμέρας πλείους, κατῆλθέν²⁹ τις ἀπὸ τῆς Ἰουδαίας³⁰ προφήτης ὀνόματι Ἄγαβος. 11 Καὶ ἐλθὼν πρὸς ἡμᾶς, καὶ ἄρας τὴν ζώνην³¹ τοῦ Παύλου, δήσας³² τε αὐτοῦ τοὺς πόδας καὶ τὰς χεῖρας εἶπεν, Τάδε³³ λέγει τὸ πνεῦμα τὸ ἅγιον, Τὸν ἄνδρα οὗ ἐστιν ἡ ζώνη³¹ αὕτη, οὕτως δήσουσιν³⁴ ἐν Ἰερουσαλὴμ οἱ Ἰουδαῖοι, καὶ παραδώσουσιν εἰς χεῖρας ἐθνῶν. 12 Ὡς δὲ ἠκούσαμεν ταῦτα, παρεκαλοῦμεν ἡμεῖς τε καὶ οἱ ἐντόπιοι,³⁵ τοῦ μὴ ἀναβαίνειν αὐτὸν εἰς Ἰερουσαλήμ. 13 Ἀπεκρίθη τε ὁ Παῦλος,

---

¹ἐπλέομεν: 1AI-1P   ³κατήχθημεν: 2API-1P   ⁶ἀποφορτιζόμενον: PNP-NSN   ⁸ἀνευρόντες: 2AAP-NPM   ⁹ἐπεμείναμεν: AAI-1P   ¹¹ἐξαρτίσαι: AAN   ¹²προπεμπόντων: PAP-GPM   ¹⁵ἐπέβημεν: 2AAI-1P   ¹⁶ὑπέστρεψαν: AAI-3P   ¹⁸διανύσαντες: AAP-NPM   ¹⁹κατηντήσαμεν: AAI-1P   ²⁷προφητεύουσαι: PAP-NPF   ²⁸Ἐπιμενόντων: PAP-GPM   ²⁹κατῆλθέν: 2AAI-3S   ³²δήσας: AAP-NSM   ³⁴δήσουσιν: FAI-3P

---

¹πλέω, [6] I sail, travel by sea, voyage.   ²Συρία, ας, ἡ, [8] Syria, a great Roman imperial province, united with Cilicia.   ³κατάγω, [10] I lead down, bring down, either from a high place on land or to a lower (or actually to the sea-coast), or from the high seas to land.   ⁴Τύρος, ου, ἡ, [11] Tyre, an ancient city, the capital of Phoenicia.   ⁵ἐκεῖσε, [2] thither, there, at that place.   ⁶ἀποφορτίζομαι, [1] I unload, discharge.   ⁷γόμος, ου, ὁ, [3] a cargo, freight.   ⁸ἀνευρίσκω, [2] I find by seeking out, discover.   ⁹ἐπιμένω, [17] (a) I remain, tarry, (b) I remain in, persist in.   ¹⁰αὐτοῦ, [4] here, there.   ¹¹ἐξαρτίζω, [2] (a) I fit up, completely furnish, equip, furnish, supply, (b) I accomplish, finish.   ¹²προπέμπω, [9] I send forward, accompany, equip for a journey.   ¹³γόνυ, ατος, τό, [12] the knee.   ¹⁴αἰγιαλός, οῦ, ὁ, [6] sea-coast, (sandy) beach; shore (of sea or lake), land.   ¹⁵ἐπιβαίνω, [6] (a) I set foot on, step on, (b) I mount (a horse), board (a vessel).   ¹⁶ὑποστρέφω, [37] I turn back, return.   ¹⁷πλόος, οῦς, [3] a voyage, sailing.   ¹⁸διανύω, [1] I finish, complete, accomplish fully.   ¹⁹κατανάω, [13] (a) I come down, either from high land to lower (or actually to the sea-coast), or from the high seas to the coast; hence met: I arrive at, reach (my destination), (b) of property: I come down (descend) by inheritance to an heir.   ²⁰Πτολεμαΐς, ΐδος, ἡ, [1] Ptolemais, a coast city of Phoenicia, midway between Tyre and Caesarea.   ²¹ἐπαύριον, [17] tomorrow.   ²²Καισάρεια, ας, ἡ, [17] Two cities of Palestine: one in Galilee (Caesarea Philippi), the other on the coast of the Mediterranean.   ²³εὐαγγελιστής, οῦ, ὁ, [3] an evangelist, a missionary, bearer of good tidings.   ²⁴θυγάτηρ, τρός, ἡ, [29] a daughter; hence (Hebraistic?), of any female descendent, however far removed; even of one unrelated: my young lady.   ²⁵παρθένος, ου, ὁ, ἡ, [14] a maiden, virgin; extended to men who have not known women.   ²⁶τέσσαρες, τέσσαρα, [41] four.   ²⁷προφητεύω, [28] I foretell, prophesy; I set forth matter of divine teaching by special faculty.   ²⁸ἐπιμένω, [17] (a) I remain, tarry, (b) I remain in, persist in.   ²⁹κατέρχομαι, [13] I come down from sky to earth, or from high land to lower land (or to the coast), or from the high seas to the shore.   ³⁰Ἰουδαία, ας, ἡ, [43] Judea, a Roman province, capital Jerusalem.   ³¹ζώνη, ῆς, ἡ, [8] a girdle, belt, waistband; because the purse was kept there, also: a purse.   ³²δέω, [44] I bind, tie, fasten; I impel, compel; I declare to be prohibited and unlawful.   ³³ὅδε, ἥδε, τόδε, [11] this here, this, that, he, she, it.   ³⁴δέω, [44] I bind, tie, fasten; I impel, compel; I declare to be prohibited and unlawful.   ³⁵ἐντόπιος, ία, ιον, [1] belonging to the place, native, resident; subst: a citizen.

Τί ποιεῖτε κλαίοντες¹ καὶ συνθρύπτοντές² μου τὴν καρδίαν; Ἐγὼ γὰρ οὐ μόνον δεθῆναι,³ ἀλλὰ καὶ ἀποθανεῖν εἰς Ἰερουσαλὴμ ἑτοίμως⁴ ἔχω ὑπὲρ τοῦ ὀνόματος τοῦ κυρίου Ἰησοῦ. **14** Μὴ πειθομένου δὲ αὐτοῦ, ἡσυχάσαμεν⁵ εἰπόντες, Τὸ θέλημα τοῦ κυρίου γενέσθω.

15 Μετὰ δὲ τὰς ἡμέρας ταύτας ἐπισκευασάμενοι⁶ ἀνεβαίνομεν εἰς Ἰερουσαλήμ. **16** Συνῆλθον⁷ δὲ καὶ τῶν μαθητῶν ἀπὸ Καισαρείας⁸ σὺν ἡμῖν, ἄγοντες παρ' ᾧ ξενισθῶμεν,⁹ Μνάσωνί τινι Κυπρίῳ,¹⁰ ἀρχαίῳ¹¹ μαθητῇ.

The Uprising against Paul

17 Γενομένων δὲ ἡμῶν εἰς Ἱεροσόλυμα, ἀσμένως¹² ἐδέξαντο ἡμᾶς οἱ ἀδελφοί. **18** Τῇ δὲ ἐπιούσῃ¹³ εἰσῄει¹⁴ ὁ Παῦλος σὺν ἡμῖν πρὸς Ἰάκωβον, πάντες τε παρεγένοντο¹⁵ οἱ πρεσβύτεροι. **19** Καὶ ἀσπασάμενος αὐτούς, ἐξηγεῖτο¹⁶ καθ' ἓν ἕκαστον ὧν ἐποίησεν ὁ θεὸς ἐν τοῖς ἔθνεσιν διὰ τῆς διακονίας¹⁷ αὐτοῦ. **20** Οἱ δὲ ἀκούσαντες ἐδόξαζον τὸν κύριον, εἰπόντες αὐτῷ, Θεωρεῖς, ἀδελφέ, πόσαι¹⁸ μυριάδες¹⁹ εἰσὶν Ἰουδαίων τῶν πεπιστευκότων· καὶ πάντες ζηλωταὶ²⁰ τοῦ νόμου ὑπάρχουσιν· **21** κατηχήθησαν²¹ δὲ περὶ σοῦ, ὅτι ἀποστασίαν²² διδάσκεις ἀπὸ Μωϋσέως τοὺς κατὰ τὰ ἔθνη πάντας Ἰουδαίους, λέγων μὴ περιτέμνειν²³ αὐτοὺς τὰ τέκνα, μηδὲ τοῖς ἔθεσιν²⁴ περιπατεῖν. **22** Τί οὖν ἐστιν; Πάντως²⁵ δεῖ πλῆθος²⁶ συνελθεῖν·²⁷ ἀκούσονται γὰρ ὅτι ἐλήλυθας. **23** Τοῦτο οὖν ποίησον ὅ σοι λέγομεν· εἰσὶν ἡμῖν ἄνδρες τέσσαρες²⁸ εὐχὴν²⁹ ἔχοντες ἐφ' ἑαυτῶν· **24** τούτους παραλαβὼν³⁰ ἁγνίσθητι³¹ σὺν αὐτοῖς, καὶ δαπάνησον³² ἐπ' αὐτοῖς, ἵνα ξυρήσωνται³³ τὴν κεφαλήν, καὶ γνῶσιν πάντες ὅτι ὧν κατήχηνται³⁴ περὶ

---

¹κλαίοντες: *PAP-NPM* ²συνθρύπτοντές: *PAP-NPM* ³δεθῆναι: *APN* ⁵ἡσυχάσαμεν: *AAI-1P* ⁶ἐπισκευασάμενοι: *ADP-NPM* ⁷Συνῆλθον: *2AAI-3P* ⁹ξενισθῶμεν: *APS-1P* ¹³ἐπιούσῃ: *PAP-DSF* ¹⁴εἰσῄει: *IAI-3S* ¹⁵παρεγένοντο: *2ADI-3P* ¹⁶ἐξηγεῖτο: *INI-3S* ²¹κατηχήθησαν: *API-3P* ²³περιτέμνειν: *PAN* ²⁷συνελθεῖν: *2AAN* ³⁰παραλαβὼν: *2AAP-NSM* ³¹ἁγνίσθητι: *APM-2S* ³²δαπάνησον: *AAM-2S* ³³ξυρήσωνται: *ADS-3P* ³⁴κατήχηνται: *RPI-3P*

---

¹κλαίω, *[40] I weep, weep for, mourn, lament.* ²συνθρύπτω, *[1] I break in pieces, crush, thoroughly weaken.* ³δέω, *[44] I bind, tie, fasten; I impel, compel; I declare to be prohibited and unlawful.* ⁴ἑτοίμως, *[3] readily.* ⁵ἡσυχάζω, *[5] I rest from work, cease from altercation, am silent, live quietly.* ⁶ἀποσκευάζομαι, *[1] I prepare for a journey, depart.* ⁷συνέρχομαι, *[32] I come or go with, accompany; I come together, assemble.* ⁸Καισάρεια, *ας, ἡ, [17] Two cities of Palestine: one in Galilee (Caesarea Philippi), the other on the coast of the Mediterranean.* ⁹ξενίζω, *[10] (a) I entertain a stranger, (b) I startle, bewilder.* ¹⁰Κύπριος, *ου, ὁ, [3] a Cypriote, belonging to Cyprus.* ¹¹ἀρχαῖος, *αία, αῖον, [11] original, primitive, ancient.* ¹²ἀσμένως, *[2] joyfully, with delight, gladly.* ¹³ἐπιοῦσα, *ης, ἡ, [5] the next day.* ¹⁴εἴσειμι, *[4] I go in, enter (originally: I shall go in).* ¹⁵παραγίνομαι, *[37] (a) I come on the scene, appear, come, (b) with words expressing destination: I present myself at, arrive at, reach.* ¹⁶ἐξηγέομαι, *[6] I lead, show the way; met: I unfold, narrate, declare.* ¹⁷διακονία, ας, ἡ, *[34] waiting at table; in a wider sense: service, ministration.* ¹⁸πόσος, η, ον, *[27] how much, how great, how many.* ¹⁹μυριάς, άδος, ἡ, *[9] a myriad, group of ten thousand, a ten thousand.* ²⁰ζηλωτής, οῦ, ὁ, *[7] one who is eagerly devoted to a person or a thing, a zealot.* ²¹κατηχέω, *[8] I instruct orally, teach, inform.* ²²ἀποστασία, ας, ἡ, *[2] defection, apostasy, revolt.* ²³περιτέμνω, *[18] I cut around, circumcise.* ²⁴ἔθος, ους, τό, *[11] a custom, habit; an institute, rite.* ²⁵πάντως, *[9] wholly, entirely, in every way, by all means, certainly.* ²⁶πλῆθος, ους, τό, *[32] a multitude, crowd, great number, assemblage.* ²⁷συνέρχομαι, *[32] I come or go with, accompany; I come together, assemble.* ²⁸τέσσαρες, τέσσαρα, *[41] four.* ²⁹εὐχή, ῆς, ἡ, *[3] a prayer comprising a vow; a prayer, vow.* ³⁰παραλαμβάνω, *[49] I take from, receive from, or: I take to, receive (apparently not used of money), admit, acknowledge; I take with me.* ³¹ἁγνίζω, *[7] I cleanse, purify, either ceremonially, actually, or morally.* ³²δαπανάω, *[5] I spend, bear expense, waste, squander.* ³³ξυράω, *[3] I shave, shear, cut off the hair.* ³⁴κατηχέω, *[8] I instruct orally, teach, inform.*

σοῦ οὐδέν ἐστιν, ἀλλὰ στοιχεῖς[1] καὶ αὐτὸς τὸν νόμον φυλάσσων.[2] **25** Περὶ δὲ τῶν πεπιστευκότων ἐθνῶν ἡμεῖς ἐπεστείλαμεν,[3] κρίναντες μηδὲν τοιοῦτον τηρεῖν αὐτούς, εἰ μὴ φυλάσσεσθαι[4] αὐτοὺς τό τε εἰδωλόθυτον[5] καὶ τὸ αἷμα καὶ πνικτὸν[6] καὶ πορνείαν.[7] **26** Τότε ὁ Παῦλος παραλαβὼν[8] τοὺς ἄνδρας, τῇ ἐχομένῃ ἡμέρᾳ σὺν αὐτοῖς ἁγνισθεὶς[9] εἰσῄει[10] εἰς τὸ ἱερόν, διαγγέλλων[11] τὴν ἐκπλήρωσιν[12] τῶν ἡμερῶν τοῦ ἁγνισμοῦ,[13] ἕως οὗ προσηνέχθη[14] ὑπὲρ ἑνὸς ἑκάστου αὐτῶν ἡ προσφορά.[15]

27 Ὡς δὲ ἔμελλον αἱ ἑπτὰ ἡμέραι συντελεῖσθαι,[16] οἱ ἀπὸ τῆς Ἀσίας[17] Ἰουδαῖοι, θεασάμενοι[18] αὐτὸν ἐν τῷ ἱερῷ, συνέχεον[19] πάντα τὸν ὄχλον, καὶ ἐπέβαλον[20] τὰς χεῖρας ἐπ᾽ αὐτόν, **28** κράζοντες, Ἄνδρες Ἰσραηλῖται,[21] βοηθεῖτε.[22] Οὗτός ἐστιν ὁ ἄνθρωπος ὁ κατὰ τοῦ λαοῦ καὶ τοῦ νόμου καὶ τοῦ τόπου τούτου πάντας πανταχοῦ[23] διδάσκων· ἔτι τε καὶ Ἕλληνας[24] εἰσήγαγεν[25] εἰς τὸ ἱερόν, καὶ κεκοίνωκεν[26] τὸν ἅγιον τόπον τοῦτον. **29** Ἦσαν γὰρ ἑωρακότες Τρόφιμον τὸν Ἐφέσιον[27] ἐν τῇ πόλει σὺν αὐτῷ, ὃν ἐνόμιζον[28] ὅτι εἰς τὸ ἱερὸν εἰσήγαγεν[29] ὁ Παῦλος. **30** Ἐκινήθη[30] τε ἡ πόλις ὅλη, καὶ ἐγένετο συνδρομὴ[31] τοῦ λαοῦ· καὶ ἐπιλαβόμενοι[32] τοῦ Παύλου εἷλκον[33] αὐτὸν ἔξω τοῦ ἱεροῦ· καὶ εὐθέως ἐκλείσθησαν[34] αἱ θύραι.[35] **31** Ζητούντων δὲ αὐτὸν ἀποκτεῖναι, ἀνέβη φάσις[36] τῷ χιλιάρχῳ[37] τῆς σπείρης,[38] ὅτι ὅλη συγκέχυται[39] Ἱερουσαλήμ· **32** ὃς

---

[1]στοιχεῖς: PAI-2S   [2]φυλάσσων: PAP-NSM   [3]ἐπεστείλαμεν: AAI-1P   [4]φυλάσσεσθαι: PMN   [8]παραλαβὼν: 2AAP-NSM   [9]ἁγνισθεὶς: APP-NSM   [10]εἰσῄει: IAI-3S   [11]διαγγέλλων: PAP-NSM   [14]προσηνέχθη: API-3S   [16]συντελεῖσθαι: PPN   [18]θεασάμενοι: ADP-NPM   [19]συνέχεον: IAI-3P   [20]ἐπέβαλον: 2AAI-3P   [22]βοηθεῖτε: PAM-2P   [25]εἰσήγαγεν: 2AAI-3S   [26]κεκοίνωκεν: RAI-3S   [28]ἐνόμιζον: IAI-3P   [29]εἰσήγαγεν: 2AAI-3S   [30]Ἐκινήθη: API-3S   [32]ἐπιλαβόμενοι: 2ADP-NPM   [33]εἷλκον: IAI-3P   [34]ἐκλείσθησαν: API-3P   [39]συγκέχυται: RPI-3S

---

[1]στοιχέω, [5] I walk in, walk by.   [2]φυλάσσω, [30] (a) I guard, protect; mid: I am on my guard, (b) act. and mid. of customs and regulations: I keep, observe.   [3]ἐπιστέλλω, [3] I write, send by letter to.   [4]φυλάσσω, [30] (a) I guard, protect; mid: I am on my guard, (b) act. and mid. of customs and regulations: I keep, observe.   [5]εἰδωλόθυτος, ον, [10] (of meat), sacrificed to an image (or an idol).   [6]πνικτός, ή, όν, [3] strangled (i.e. killed without letting out the blood).   [7]πορνεία, ας, ἡ, [26] fornication, whoredom; met: idolatry.   [8]παραλαμβάνω, [49] I take from, receive from, or: I take to, receive (apparently not used of money), admit, acknowledge; I take with me.   [9]ἁγνίζω, [7] I cleanse, purify, either ceremonially, actually, or morally.   [10]εἴσειμι, [4] I go in, enter (originally: I shall go in).   [11]διαγγέλλω, [3] I announce throughout (the world), spread the news of, give notice of, teach.   [12]ἐκπλήρωσις, εως, ἡ, [1] a completion, fulfillment, accomplishment.   [13]ἁγνισμός, οῦ, ὁ, [1] (ceremonial) purification.   [14]προσφέρω, [48] (a) I bring to, (b) characteristically: I offer (of gifts, sacrifices, etc).   [15]προσφορά, άς, ἡ, [9] an offering, sacrifice.   [16]συντελέω, [7] I bring to an end, fulfill, accomplish.   [17]Ἀσία, ας, ἡ, [18] the Roman province of Asia, roughly the western third of Asia Minor.   [18]θεάομαι, [24] I see, behold, contemplate, look upon, view; I see, visit.   [19]συγχέω, [5] I bewilder, stir up, throw into confusion.   [20]ἐπιβάλλω, [18] (a) I throw upon, cast over, (b) I place upon, (c) I lay, (d) intrans: I strike upon, rush.   [21]Ἰσραηλίτης, ου, ὁ, [9] an Israelite, one of the chosen people of Israel, a Jew.   [22]βοηθέω, [8] I come to the rescue of, come to help, help.   [23]πανταχοῦ, [7] everywhere, in all places.   [24]Ἕλλην, ηνος, ὁ, [27] a Hellene, the native word for a Greek; it is, however, a term wide enough to include all Greek-speaking (i.e. educated) non-Jews.   [25]εἰσάγω, [10] I lead in, bring in, introduce.   [26]κοινόω, [14] I make unclean, pollute, desecrate, mid: I regard (treat) as unclean.   [27]Ἐφέσιος, α, ον, [5] Ephesian, of Ephesus.   [28]νομίζω, [15] I practice, hold by custom; I deem, think, consider, suppose.   [29]εἰσάγω, [10] I lead in, bring in, introduce.   [30]κινέω, [8] I set in motion, move, remove, excite, stir up.   [31]συνδρομή, ῆς, ἡ, [1] a running together, concourse, mob.   [32]ἐπιλαμβάνομαι, [19] I lay hold of, take hold of, seize (sometimes with beneficent, sometimes with hostile, intent).   [33]ἑλκύω, [8] I drag, draw, pull, persuade, unsheathe.   [34]κλείω, [15] I shut, shut up.   [35]θύρα, ας, ἡ, [39] (a) a door, (b) met: an opportunity.   [36]φάσις, εως, ἡ, [1] report, tidings, information.   [37]χιλίαρχος, ου, ὁ, [21] a commander of a thousand men, a military tribune.   [38]σπεῖρα, ης, ἡ, [7] a cohort, the tenth part of a legion; a military guard.   [39]συγχέω, [5] I bewilder, stir up, throw into confusion.

ἐξαυτῆς[1] παραλαβὼν[2] στρατιώτας[3] καὶ ἑκατοντάρχους,[4] κατέδραμεν[5] ἐπ᾽ αὐτούς· οἱ δέ, ἰδόντες τὸν χιλίαρχον[6] καὶ τοὺς στρατιώτας,[3] ἐπαύσαντο[7] τύπτοντες[8] τὸν Παῦλον. 33 Ἐγγίσας[9] δὲ ὁ χιλίαρχος[6] ἐπελάβετο[10] αὐτοῦ, καὶ ἐκέλευσεν[11] δεθῆναι[12] ἁλύσεσιν[13] δυσίν· καὶ ἐπυνθάνετο[14] τίς ἂν εἴη, καὶ τί ἐστιν πεποιηκώς. 34 Ἄλλοι δὲ ἄλλο τι ἐβόων[15] ἐν τῷ ὄχλῳ· μὴ δυνάμενος δὲ γνῶναι τὸ ἀσφαλὲς[16] διὰ τὸν θόρυβον,[17] ἐκέλευσεν[18] ἄγεσθαι αὐτὸν εἰς τὴν παρεμβολήν.[19] 35 Ὅτε δὲ ἐγένετο ἐπὶ τοὺς ἀναβαθμούς,[20] συνέβη[21] βαστάζεσθαι[22] αὐτὸν ὑπὸ τῶν στρατιωτῶν[3] διὰ τὴν βίαν[23] τοῦ ὄχλου. 36 Ἠκολούθει γὰρ τὸ πλῆθος[24] τοῦ λαοῦ κρᾶζον, Αἶρε αὐτόν.

37 Μέλλων τε εἰσάγεσθαι[25] εἰς τὴν παρεμβολὴν[19] ὁ Παῦλος λέγει τῷ χιλιάρχῳ,[6] Εἰ ἔξεστίν[26] μοι εἰπεῖν πρός σε; Ὁ δὲ ἔφη, Ἑλληνιστὶ[27] γινώσκεις; 38 Οὐκ ἄρα[28] σὺ εἶ ὁ Αἰγύπτιος[29] ὁ πρὸ[30] τούτων τῶν ἡμερῶν ἀναστατώσας[31] καὶ ἐξαγαγὼν[32] εἰς τὴν ἔρημον τοὺς τετρακισχιλίους[33] ἄνδρας τῶν σικαρίων;[34] 39 Εἶπεν δὲ ὁ Παῦλος, Ἐγὼ ἄνθρωπος μέν εἰμι Ἰουδαῖος, Ταρσεὺς[35] τῆς Κιλικίας,[36] οὐκ ἀσήμου[37] πόλεως πολίτης·[38] δέομαι[39] δέ σου, ἐπίτρεψόν[40] μοι λαλῆσαι πρὸς τὸν λαόν.

---

[2]παραλαβὼν: 2AAP-NSM   [5]κατέδραμεν: 2AAI-3S   [7]ἐπαύσαντο: AMI-3P   [8]τύπτοντες: PAP-NPM   [9]Ἐγγίσας: AAP-NSM   [10]ἐπελάβετο: 2ADI-3S   [11]ἐκέλευσεν: AAI-3S   [12]δεθῆναι: APN   [14]ἐπυνθάνετο: INI-3S   [15]ἐβόων: IAI-3P   [18]ἐκέλευσεν: AAI-3S   [21]συνέβη: 2AAI-3S   [22]βαστάζεσθαι: PPN   [25]εἰσάγεσθαι: PPN   [26]ἔξεστίν: PAI-3S   [31]ἀναστατώσας: AAP-NSM   [32]ἐξαγαγὼν: 2AAP-NSM   [39]δέομαι: PNI-1S   [40]ἐπίτρεψόν: AAM-2S

---

[1]ἐξαυτῆς, [6] immediately, instantly, at once.   [2]παραλαμβάνω, [49] I take from, receive from, or: I take to, receive (apparently not used of money), admit, acknowledge; I take with me.   [3]στρατιώτης, ου, ὁ, [26] a soldier.   [4]ἑκατοντάρχης, ου, ὁ, [21] a centurion of the Roman army.   [5]κατατρέχω, [1] I run down.   [6]χιλίαρχος, ου, ὁ, [21] a commander of a thousand men, a military tribune.   [7]παύω, [15] (a) act: I cause to cease, restrain, hinder, (b) mid: I cease, stop, leave off.   [8]τύπτω, [14] I beat, strike, wound, inflict punishment.   [9]ἐγγίζω, [43] trans: I bring near; intrans: I come near, approach.   [10]ἐπιλαμβάνομαι, [19] I lay hold of, take hold of, seize (sometimes with beneficent, sometimes with hostile, intent).   [11]κελεύω, [26] I command, order, direct, bid.   [12]δέω, [44] I bind, tie, fasten; I impel, compel; I declare to be prohibited and unlawful.   [13]ἄλυσις, εως, ἡ, [11] a (light) chain, bond.   [14]πυνθάνομαι, [12] I ask, inquire, ascertain by inquiry, understand.   [15]βοάω, [11] I shout, call aloud, proclaim.   [16]ἀσφαλής, ές, [5] (lit: unfailing), safe, reliable, trustworthy, certain, sure.   [17]θόρυβος, ου, ὁ, [7] (a) din, hubbub, confused noise, outcry, (b) riot, disturbance.   [18]κελεύω, [26] I command, order, direct, bid.   [19]παρεμβολή, ῆς, ἡ, [10] a camp, fort, castle, barracks, army in battle array.   [20]ἀναβαθμός, οῦ, ὁ, [2] a step, a flight of steps; the well-known "stairs" leading up from the temple to the tower of Antonia at Jerusalem.   [21]συμβαίνω, [8] I happen, occur, meet.   [22]βαστάζω, [27] (a) I carry, bear, (b) I carry (take) away.   [23]βία, ας, ἡ, [3] force, violence, strength.   [24]πλῆθος, ους, τό, [32] a multitude, crowd, great number, assemblage.   [25]εἰσάγω, [10] I lead in, bring in, introduce.   [26]ἔξεστιν, [31] it is permitted, lawful, possible.   [27]Ἑλληνιστί, [2] in the Greek language.   [28]ἄρα, [19] a particle asking a question, to which a negative answer is expected.   [29]Αἰγύπτιος, α, ον, [5] Egyptian.   [30]πρό, [47] (a) of place: before, in front of, (b) of time: before, earlier than.   [31]ἀναστατόω, [3] (perhaps a political metaphor), I turn upside down, upset, unsettle.   [32]ἐξάγω, [13] I lead out, sometimes to death, execution.   [33]τετρακισχίλιοι, αι, α, [5] four thousand.   [34]σικάριος, ου, ὁ, [1] an assassin, murderer, bandit; one of the Sicarii.   [35]Ταρσεύς, έως, ὁ, [2] belonging to Tarsus, a Tarsian.   [36]Κιλικία, ας, ἡ, [8] Cilicia, a Roman province between the Taurus range of mountains and the coast in the south-east corner of Asia Minor, linked up with the province of Syria.   [37]ἄσημος, ον, [1] (lit: unmarked, unstamped), undistinguished, obscure, unknown.   [38]πολίτης, ου, ὁ, [4] a citizen, fellow-citizen.   [39]δέομαι, [22] I want for myself; I want, need; I beg, request, beseech, pray.   [40]ἐπιτρέπω, [19] I turn to, commit, entrust; I allow, yield, permit.

Paul Address in Hebrew

40 Ἐπιτρέψαντος¹ δὲ αὐτοῦ, ὁ Παῦλος ἑστὼς ἐπὶ τῶν ἀναβαθμῶν² κατέσεισεν³ τῇ χειρὶ τῷ λαῷ· πολλῆς δὲ σιγῆς⁴ γενομένης, προσεφώνει⁵ τῇ Ἑβραΐδι⁶ διαλέκτῳ⁷ λέγων,

22 Ἄνδρες ἀδελφοὶ καὶ πατέρες, ἀκούσατέ μου τῆς πρὸς ὑμᾶς νυνὶ⁸ ἀπολογίας.⁹ **2** Ἀκούσαντες δὲ ὅτι τῇ Ἑβραΐδι⁶ διαλέκτῳ⁷ προσεφώνει¹⁰ αὐτοῖς, μᾶλλον παρέσχον¹¹ ἡσυχίαν.¹² Καί φησιν,

3 Ἐγὼ μέν εἰμι ἀνὴρ Ἰουδαῖος, γεγεννημένος ἐν Ταρσῷ¹³ τῆς Κιλικίας,¹⁴ ἀνατεθραμμένος¹⁵ δὲ ἐν τῇ πόλει ταύτῃ παρὰ τοὺς πόδας Γαμαλιήλ, πεπαιδευμένος¹⁶ κατὰ ἀκρίβειαν¹⁷ τοῦ πατρῴου¹⁸ νόμου, ζηλωτὴς¹⁹ ὑπάρχων τοῦ θεοῦ, καθὼς πάντες ὑμεῖς ἐστε σήμερον·²⁰ **4** ὃς ταύτην τὴν ὁδὸν ἐδίωξα²¹ ἄχρι θανάτου, δεσμεύων²² καὶ παραδιδοὺς εἰς φυλακὰς²³ ἄνδρας τε καὶ γυναῖκας. **5** Ὡς καὶ ὁ ἀρχιερεὺς μαρτυρεῖ μοι, καὶ πᾶν τὸ πρεσβυτέριον·²⁴ παρ' ὧν καὶ ἐπιστολὰς²⁵ δεξάμενος πρὸς τοὺς ἀδελφούς, εἰς Δαμασκὸν²⁶ ἐπορευόμην, ἄξων καὶ τοὺς ἐκεῖσε²⁷ ὄντας δεδεμένους²⁸ εἰς Ἱερουσαλήμ, ἵνα τιμωρηθῶσιν.²⁹ **6** Ἐγένετο δέ μοι πορευομένῳ καὶ ἐγγίζοντι³⁰ τῇ Δαμασκῷ,²⁶ περὶ μεσημβρίαν,³¹ ἐξαίφνης³² ἐκ τοῦ οὐρανοῦ περιαστράψαι³³ φῶς ἱκανὸν³⁴ περὶ ἐμέ. **7** Ἔπεσά τε εἰς τὸ ἔδαφος,³⁵ καὶ ἤκουσα φωνῆς λεγούσης μοι, Σαούλ, Σαούλ, τί με διώκεις;³⁶ **8** Ἐγὼ δὲ ἀπεκρίθην, Τίς εἶ, κύριε; Εἶπέν τε πρός με, Ἐγώ εἰμι Ἰησοῦς ὁ

---

¹Ἐπιτρέψαντος: AAP-GSM   ³κατέσεισεν: AAI-3S   ⁵προσεφώνει: IAI-3S   ¹⁰προσεφώνει: IAI-3S   ¹¹παρέσχον: 2AAI-3P   ¹⁵ἀνατεθραμμένος: RPP-NSM   ¹⁶πεπαιδευμένος: RPP-NSM   ²¹ἐδίωξα: AAI-1S   ²²δεσμεύων: PAP-NSM ²⁸δεδεμένους: RPP-APM   ²⁹τιμωρηθῶσιν: APS-3P   ³⁰ἐγγίζοντι: PAP-DSM   ³³περιαστράψαι: AAN   ³⁶διώκεις: PAI-2S

---

¹ἐπιτρέπω, [19] I turn to, commit, entrust; I allow, yield, permit.   ²ἀναβαθμός, οῦ, ὁ, [2] a step, a flight of steps; the well-known "stairs" leading up from the temple to the tower of Antonia at Jerusalem.   ³κατασείω, [4] I shake (the hand) up and down, wave; intrans: I beckon for silence.   ⁴σιγή, ῆς, ἡ, [2] silence.   ⁵προσφωνέω, [7] I call to, summon; I call (out) to, address, give a speech to, harangue.   ⁶Ἑβραΐς, ΐδος, ἡ, [3] the Hebrew language, or rather: Aramaic.   ⁷διάλεκτος, ου, ἡ, [6] language, speech, conversation, manner of speaking. ⁸νυνί, [20] adv. (a) of time: just now, even now; just at hand, immediately, (b) of logical connection: now then, (c) in commands and appeals: at this instant.   ⁹ἀπολογία, ας, ἡ, [8] a verbal defense (particularly in a law court).   ¹⁰προσφωνέω, [7] I call to, summon; I call (out) to, address, give a speech to, harangue.   ¹¹παρέχω, [16] act. and mid: I offer, provide, confer, afford, give, bring, show, cause.   ¹²ἡσυχία, ας, ἡ, [4] quietness, stillness, silence.   ¹³Ταρσός, οῦ, ἡ, [3] Tarsus, the capital of the Roman province Cilicia.   ¹⁴Κιλικία, ας, ἡ, [8] Cilicia, a Roman province between the Taurus range of mountains and the coast in the south-east corner of Asia Minor, linked up with the province of Syria.   ¹⁵ἀνατρέφω, [3] I rear, bring up, nourish, educate.   ¹⁶παιδεύω, [13] (a) I discipline, educate, train, (b) more severely: I chastise.   ¹⁷ἀκρίβεια, ας, ἡ, [1] strictness, accuracy, exactness, attention to detail, scrupulousness.   ¹⁸πατρῷος, α, ον, [3] hereditary, received from fathers.   ¹⁹ζηλωτής, οῦ, ὁ, [7] one who is eagerly devoted to a person or a thing, a zealot.   ²⁰σήμερον, [41] today, now.   ²¹διώκω, [44] I pursue, hence: I persecute.   ²²δεσμεύω, [2] I bind, put in chains, tie together.   ²³φυλακή, ῆς, ἡ, [47] a watching, keeping guard; a guard, prison; imprisonment.   ²⁴πρεσβυτέριον, ου, τό, [3] an assembly of elders, the Sanhedrin, officers of the church assembly, presbytery.   ²⁵ἐπιστολή, ῆς, ἡ, [24] a letter, dispatch, epistle, message.   ²⁶Δαμασκός, οῦ, ἡ, [15] Damascus.   ²⁷ἐκεῖσε, [2] thither, there, at that place.   ²⁸δέω, [44] I bind, tie, fasten; I impel, compel; I declare to be prohibited and unlawful.   ²⁹τιμωρέω, [2] I punish, avenge myself on. ³⁰ἐγγίζω, [43] trans: I bring near; intrans: I come near, approach.   ³¹μεσημβρία, ας, ἡ, [2] (lit: midday, hence, the position of the sun at midday), the South.   ³²ἐξαίφνης, [5] suddenly, unexpectedly.   ³³περιαστράπτω, [2] I flash (gleam) around like lightning.   ³⁴ἱκανός, ή, όν, [41] (a) considerable, sufficient, of number, quantity, time, (b) of persons: sufficiently strong (good, etc.), worthy, suitable, with various constructions, (c) many, much. ³⁵ἔδαφος, ους, τό, [1] the base, ground, bottom.   ³⁶διώκω, [44] I pursue, hence: I persecute.

Ναζωραῖος¹ ὃν σὺ διώκεις.² 9 Οἱ δὲ σὺν ἐμοὶ ὄντες τὸ μὲν φῶς ἐθεάσαντο,³ καὶ ἔμφοβοι⁴ ἐγένοντο· τὴν δὲ φωνὴν οὐκ ἤκουσαν τοῦ λαλοῦντός μοι. 10 Εἶπον δέ, Τί ποιήσω, κύριε; Ὁ δὲ κύριος εἶπεν πρός με, Ἀναστὰς πορεύου εἰς Δαμασκόν·⁵ κἀκεῖ⁶ σοι λαληθήσεται περὶ πάντων ὧν τέτακταί⁷ σοι ποιῆσαι. 11 Ὡς δὲ οὐκ ἐνέβλεπον⁸ ἀπὸ τῆς δόξης τοῦ φωτὸς ἐκείνου, χειραγωγούμενος⁹ ὑπὸ τῶν συνόντων¹⁰ μοι, ἦλθον εἰς Δαμασκόν.⁵ 12 Ἀνανίας δέ τις, ἀνὴρ εὐσεβὴς¹¹ κατὰ τὸν νόμον, μαρτυρούμενος ὑπὸ πάντων τῶν κατοικούντων¹² Ἰουδαίων, 13 ἐλθὼν πρός με καὶ ἐπιστὰς¹³ εἶπέν μοι, Σαοὺλ ἀδελφέ, ἀνάβλεψον.¹⁴ Κἀγὼ αὐτῇ τῇ ὥρᾳ ἀνέβλεψα¹⁵ εἰς αὐτόν. 14 Ὁ δὲ εἶπεν, Ὁ θεὸς τῶν πατέρων ἡμῶν προεχειρίσατό¹⁶ σε γνῶναι τὸ θέλημα αὐτοῦ, καὶ ἰδεῖν τὸν δίκαιον, καὶ ἀκοῦσαι φωνὴν ἐκ τοῦ στόματος αὐτοῦ. 15 Ὅτι ἔσῃ μάρτυς¹⁷ αὐτῷ πρὸς πάντας ἀνθρώπους ὧν ἑώρακας καὶ ἤκουσας. 16 Καὶ νῦν τί μέλλεις; Ἀναστὰς βάπτισαι καὶ ἀπόλουσαι¹⁸ τὰς ἁμαρτίας σου, ἐπικαλεσάμενος¹⁹ τὸ ὄνομα τοῦ κυρίου. 17 Ἐγένετο δέ μοι ὑποστρέψαντι²⁰ εἰς Ἰερουσαλήμ, καὶ προσευχομένου μου ἐν τῷ ἱερῷ, γενέσθαι με ἐν ἐκστάσει,²¹ 18 καὶ ἰδεῖν αὐτὸν λέγοντά μοι, Σπεῦσον²² καὶ ἔξελθε ἐν τάχει²³ ἐξ Ἰερουσαλήμ· διότι²⁴ οὐ παραδέξονταί²⁵ σου τὴν μαρτυρίαν²⁶ περὶ ἐμοῦ. 19 Κἀγὼ εἶπον, Κύριε, αὐτοὶ ἐπίστανται²⁷ ὅτι ἐγὼ ἤμην φυλακίζων²⁸ καὶ δέρων²⁹ κατὰ τὰς συναγωγὰς τοὺς πιστεύοντας ἐπὶ σέ· 20 καὶ ὅτε ἐξεχεῖτο³⁰ τὸ αἷμα Στεφάνου τοῦ μάρτυρός¹⁷ σου, καὶ αὐτὸς ἤμην ἐφεστὼς³¹ καὶ συνευδοκῶν³² τῇ ἀναιρέσει³³ αὐτοῦ, φυλάσσων³⁴ τὰ ἱμάτια τῶν ἀναιρούντων³⁵ αὐτόν. 21 Καὶ εἶπεν πρός με, Πορεύου, ὅτι ἐγὼ εἰς ἔθνη μακρὰν³⁶ ἐξαποστελῶ³⁷ σε.

---

²διώκεις: PAI-2S   ³ἐθεάσαντο: ADI-3P   ⁷τέτακταί: RPI-3S   ⁸ἐνέβλεπον: IAI-1S   ⁹χειραγωγούμενος: PPP-NSM ¹⁰συνόντων: PAP-GPM   ¹²κατοικούντων: PAP-GPM   ¹³ἐπιστὰς: 2AAP-NSM   ¹⁴ἀνάβλεψον: AAM-2S   ¹⁵ἀνέβλεψα: AAI-1S   ¹⁶προεχειρίσατό: ADI-3S   ¹⁸ἀπόλουσαι: AMM-2S   ¹⁹ἐπικαλεσάμενος: AMP-NSM   ²⁰ὑποστρέψαντι: AAP-DSM   ²²Σπεῦσον: AAM-2S   ²⁵παραδέξονταί: FNI-3P   ²⁷ἐπίστανται: PNI-3P   ²⁸φυλακίζων: PAP-NSM ²⁹δέρων: PAP-NSM   ³⁰ἐξεχεῖτο: IPI-3S   ³¹ἐφεστὼς: RAP-NSM   ³²συνευδοκῶν: PAP-NSM   ³⁴φυλάσσων: PAP-NSM ³⁵ἀναιρούντων: PAP-GPM   ³⁷ἐξαποστελῶ: FAI-1S

---

¹Ναζωραῖος, ου, ὁ, [15] a Nazarene, an inhabitant of Nazareth.   ²διώκω, [44] I pursue, hence: I persecute. ³θεάομαι, [24] I see, behold, contemplate, look upon, view; I see, visit.   ⁴ἔμφοβος, ον, [6] full of fear, terrified. ⁵Δαμασκός, οῦ, ἡ, [15] Damascus.   ⁶κἀκεῖ, [8] and there, and yonder, there also.   ⁷τάσσω, [9] (a) I assign, arrange, (b) I determine; mid: I appoint.   ⁸ἐμβλέπω, [12] I look into (upon); met: I consider; I see clearly. ⁹χειραγωγέω, [2] I lead by the hand.   ¹⁰σύνειμι, [2] I am with, come together with.   ¹¹εὐσεβής, ές, [4] pious, God-fearing, devout.   ¹²κατοικέω, [45] I dwell in, settle in, am established in (permanently), inhabit.   ¹³ἐφίστημι, [21] I stand by, am urgent, befall one (as of evil), am at hand, impend.   ¹⁴ἀναβλέπω, [26] I look up, recover my sight.   ¹⁵ἀναβλέπω, [26] I look up, recover my sight.   ¹⁶προχειρίζομαι, [3] I appoint, choose, elect, take into hand.   ¹⁷μάρτυς, υρος, ὁ, [34] a witness; an eye- or ear-witness.   ¹⁸ἀπολούω, [2] I wash off, mid: I wash away (my sins, in baptism).   ¹⁹ἐπικαλέω, [32] (a) I call (name) by a supplementary (additional, alternative) name, (b) mid: I call upon, appeal to, address.   ²⁰ὑποστρέφω, [37] I turn back, return.   ²¹ἔκστασις, εως, ἡ, [7] (properly: distraction or disturbance of mind caused by shock), bewilderment, amazement; a trance.   ²²σπεύδω, [6] I hasten, urge on, desire earnestly.   ²³τάχος, ους, τό, [7] quickness, speed; hastily, immediately.   ²⁴διότι, [24] on this account, because, for.   ²⁵παραδέχομαι, [5] I receive, accept, acknowledge.   ²⁶μαρτυρία, ας, ἡ, [37] witness, evidence, testimony, reputation.   ²⁷ἐπίσταμαι, [14] I know, know of, understand.   ²⁸φυλακίζω, [1] I imprison, deliver into custody.   ²⁹δέρω, [15] I flay, flog, scourge, beat.   ³⁰ἐκχέω, [28] I pour out (liquid or solid); I shed, bestow liberally.   ³¹ἐφίστημι, [21] I stand by, am urgent, befall one (as of evil), am at hand, impend.   ³²συνευδοκέω, [6] I consent, agree, am of one mind with, am willing.   ³³ἀναίρεσις, εως, ἡ, [2] taking away (of life), killing, slaying, murder.   ³⁴φυλάσσω, [30] (a) I guard, protect; mid: I am on my guard, (b) act. and mid. of customs and regulations: I keep, observe.   ³⁵ἀναιρέω, [23] I take up, take away the life of, make an end of, murder.   ³⁶μακράν, [9] at a distance, far away, remote, alien.   ³⁷ἐξαποστέλλω, [11] I send away, send forth (a person qualified for a task).

Paul and the Chief Captain

22 Ἤκουον δὲ αὐτοῦ ἄχρι τούτου τοῦ λόγου, καὶ ἐπῆραν[1] τὴν φωνὴν αὐτῶν λέγοντες, Αἶρε ἀπὸ τῆς γῆς τὸν τοιοῦτον· οὐ γὰρ καθῆκεν[2] αὐτὸν ζῆν. **23** Κραζόντων δὲ αὐτῶν, καὶ ῥιπτούντων[3] τὰ ἱμάτια, καὶ κονιορτὸν[4] βαλλόντων εἰς τὸν ἀέρα,[5] **24** ἐκέλευσεν[6] αὐτὸν ὁ χιλίαρχος[7] ἄγεσθαι εἰς τὴν παρεμβολήν,[8] εἰπὼν μάστιξιν[9] ἀνετάζεσθαι[10] αὐτόν, ἵνα ἐπιγνῷ[11] δι᾽ ἣν αἰτίαν[12] οὕτως ἐπεφώνουν[13] αὐτῷ. **25** Ὡς δὲ προέτεινεν[14] αὐτὸν τοῖς ἱμᾶσιν,[15] εἶπεν πρὸς τὸν ἑστῶτα ἑκατόνταρχον[16] ὁ Παῦλος, Εἰ ἄνθρωπον Ῥωμαῖον[17] καὶ ἀκατάκριτον[18] ἔξεστιν[19] ὑμῖν μαστίζειν;[20] **26** Ἀκούσας δὲ ὁ ἑκατόνταρχος,[16] προσελθὼν ἀπήγγειλεν[21] τῷ χιλιάρχῳ[7] λέγων, Ὅρα τί μέλλεις ποιεῖν· ὁ γὰρ ἄνθρωπος οὗτος Ῥωμαῖός[17] ἐστιν. **27** Προσελθὼν δὲ ὁ χιλίαρχος[7] εἶπεν αὐτῷ, Λέγε μοι, εἰ σὺ Ῥωμαῖος[17] εἶ; Ὁ δὲ ἔφη, Ναί.[22] **28** Ἀπεκρίθη τε ὁ χιλίαρχος,[7] Ἐγὼ πολλοῦ κεφαλαίου[23] τὴν πολιτείαν[24] ταύτην ἐκτησάμην.[25] Ὁ δὲ Παῦλος ἔφη, Ἐγὼ δὲ καὶ γεγέννημαι. **29** Εὐθέως οὖν ἀπέστησαν[26] ἀπ᾽ αὐτοῦ οἱ μέλλοντες αὐτὸν ἀνετάζειν.[27] Καὶ ὁ χιλίαρχος[7] δὲ ἐφοβήθη, ἐπιγνοὺς[28] ὅτι Ῥωμαῖός[17] ἐστιν, καὶ ὅτι ἦν αὐτὸν δεδεκώς.[29]

30 Τῇ δὲ ἐπαύριον[30] βουλόμενος[31] γνῶναι τὸ ἀσφαλές,[32] τὸ τί κατηγορεῖται[33] παρὰ

---

[1] ἐπῆραν: AAI-3P [2] καθῆκεν: IAI-3S [3] ῥιπτούντων: PAP-GPM [6] ἐκέλευσεν: AAI-3S [10] ἀνετάζεσθαι: PPN [11] ἐπιγνῷ: 2AAS-3S [13] ἐπεφώνουν: IAI-3P [14] προέτεινεν: AAI-3S [19] ἔξεστιν: PAI-3S [20] μαστίζειν: PAN [21] ἀπήγγειλεν: AAI-3S [25] ἐκτησάμην: ADI-1S [26] ἀπέστησαν: 2AAI-3P [27] ἀνετάζειν: PAN [28] ἐπιγνοὺς: 2AAP-NSM [29] δεδεκώς: RAP-NSM [31] βουλόμενος: PNP-NSM [33] κατηγορεῖται: PPI-3S

---

[1] ἐπαίρω, [19] I raise, lift up. [2] καθήκω, [2] I come down, come to; I am unfit, proper. [3] ῥιπτέω, [1] I throw off or away, cast, hurl. [4] κονιορτός, ου, ὁ, [5] dust. [5] ἀήρ, ἀέρος, ὁ, [7] air, the lower air we breathe. [6] κελεύω, [26] I command, order, direct, bid. [7] χιλίαρχος, ου, ὁ, [21] a commander of a thousand men, a military tribune. [8] παρεμβολή, ῆς, ἡ, [10] a camp, fort, castle, barracks, army in battle array. [9] μάστιξ, ιγος, ἡ, [6] (a) a scourge, lash, of leathern thongs with pieces of metal sewn up in them, (b) met: severe pains (sufferings), disease. [10] ἀνετάζω, [2] I examine (a person on trial, a witness) judicially (frequently by the aid of torture). [11] ἐπιγινώσκω, [42] I come to know by directing my attention to him or it, I perceive, discern, recognize; aor: I found out. [12] αἰτία, ας, ἡ, [20] a cause, reason, excuse; a charge, accusation; guilt; circumstances, case. [13] ἐπιφωνέω, [3] I call out, shout, clamor at. [14] προτείνω, [1] I stretch out, tie up (for scourging), extend before. [15] ἱμάς, άντος, ὁ, [4] a thong, strap, (a) for binding a man who is to be flogged, (b) for fastening a sandal or shoe. [16] ἑκατοντάρχης, ου, ὁ, [21] a centurion of the Roman army. [17] Ῥωμαῖος, α, ον, [12] Roman; subst: a Roman citizen. [18] ἀκατάκριτος, ον, [2] uncondemned, not yet tried. [19] ἔξεστιν, [31] it is permitted, lawful, possible. [20] μαστίζω, [1] I flog, scourge, whip. [21] ἀπαγγέλλω, [44] I report (from one place to another), bring a report, announce, declare. [22] ναί, [35] yes, certainly, even so. [23] κεφάλαιον, ου, τό, [2] (a) the chief matter, the main point, (b) a sum of money. [24] πολιτεία, ας, ἡ, [2] (a) commonwealth, polity; citizen body, (b) (the Roman) citizenship, citizen-rights, franchise. [25] κτάομαι, [7] (a) I acquire, win, get, purchase, buy, (b) I possess, win mastery over. [26] ἀφίστημι, [15] I make to stand away, draw away, repel, take up a position away from, withdraw from, leave, abstain from. [27] ἀνετάζω, [2] I examine (a person on trial, a witness) judicially (frequently by the aid of torture). [28] ἐπιγινώσκω, [42] I come to know by directing my attention to him or it, I perceive, discern, recognize; aor: I found out. [29] δέω, [44] I bind, tie, fasten; I impel, compel; I declare to be prohibited and unlawful. [30] ἐπαύριον, [17] tomorrow. [31] βούλομαι, [34] I will, intend, desire, wish. [32] ἀσφαλής, ές, [5] (lit: unfailing), safe, reliable, trustworthy, certain, sure. [33] κατηγορέω, [22] I accuse, charge, prosecute.

τῶν Ἰουδαίων, ἔλυσεν¹ αὐτὸν ἀπὸ τῶν δεσμῶν,² καὶ ἐκέλευσεν³ ἐλθεῖν τοὺς ἀρχιερεῖς καὶ ὅλον τὸ συνέδριον⁴ αὐτῶν, καὶ καταγαγὼν⁵ τὸν Παῦλον ἔστησεν εἰς αὐτούς.

The Hearing in the Presence of the Sanhedrin

23 Ἀτενίσας⁶ δὲ ὁ Παῦλος τῷ συνεδρίῳ⁴ εἶπεν, Ἄνδρες ἀδελφοί, ἐγὼ πάσῃ συνειδήσει⁷ ἀγαθῇ πεπολίτευμαι⁸ τῷ θεῷ ἄχρι ταύτης τῆς ἡμέρας. 2 Ὁ δὲ ἀρχιερεὺς Ἀνανίας ἐπέταξεν⁹ τοῖς παρεστῶσιν¹⁰ αὐτῷ τύπτειν¹¹ αὐτοῦ τὸ στόμα. 3 Τότε ὁ Παῦλος πρὸς αὐτὸν εἶπεν, Τύπτειν¹² σε μέλλει ὁ θεός, τοῖχε¹³ κεκονιαμένε·¹⁴ καὶ σὺ κάθῃ κρίνων με κατὰ τὸν νόμον, καὶ παρανομῶν¹⁵ κελεύεις¹⁶ με τύπτεσθαι;¹⁷ 4 Οἱ δὲ παρεστῶτες¹⁸ εἶπον, Τὸν ἀρχιερέα τοῦ θεοῦ λοιδορεῖς;¹⁹ 5 Ἔφη τε ὁ Παῦλος, Οὐκ ᾔδειν, ἀδελφοί, ὅτι ἐστὶν ἀρχιερεύς· γέγραπται γάρ, Ἄρχοντα²⁰ τοῦ λαοῦ σου οὐκ ἐρεῖς κακῶς.²¹ 6 Γνοὺς δὲ ὁ Παῦλος ὅτι τὸ ἓν μέρος²² ἐστὶν Σαδδουκαίων,²³ τὸ δὲ ἕτερον Φαρισαίων, ἔκραξεν ἐν τῷ συνεδρίῳ,⁴ Ἄνδρες ἀδελφοί, ἐγὼ Φαρισαῖός εἰμι, υἱὸς Φαρισαίου· περὶ ἐλπίδος καὶ ἀναστάσεως²⁴ νεκρῶν ἐγὼ κρίνομαι. 7 Τοῦτο δὲ αὐτοῦ λαλήσαντος, ἐγένετο στάσις²⁵ τῶν Φαρισαίων, καὶ ἐσχίσθη²⁶ τὸ πλῆθος.²⁷ 8 Σαδδουκαῖοι²³ μὲν γὰρ λέγουσιν μὴ εἶναι ἀνάστασιν,²⁴ μηδὲ ἄγγελον, μήτε²⁸ πνεῦμα· Φαρισαῖοι δὲ ὁμολογοῦσιν²⁹ τὰ ἀμφότερα.³⁰ 9 Ἐγένετο δὲ κραυγὴ³¹ μεγάλη· καὶ ἀναστάντες οἱ γραμματεῖς τοῦ μέρους²² τῶν Φαρισαίων διεμάχοντο³² λέγοντες, Οὐδὲν κακὸν εὑρίσκομεν ἐν τῷ ἀνθρώπῳ τούτῳ· εἰ δὲ πνεῦμα ἐλάλησεν αὐτῷ ἢ ἄγγελος, μὴ θεομαχῶμεν.³³ 10 Πολλῆς δὲ γενομένης στάσεως,²⁵ εὐλαβηθεὶς³⁴ ὁ χιλίαρχος³⁵

---

¹ἔλυσεν: AAI-3S   ³ἐκέλευσεν: AAI-3S   ⁵καταγαγὼν: 2AAP-NSM   ⁶Ἀτενίσας: AAP-NSM   ⁸πεπολίτευμαι: RPI-1S   ⁹ἐπέταξεν: AAI-3S   ¹⁰παρεστῶσιν: RAP-DPM   ¹¹τύπτειν: PAN   ¹²Τύπτειν: PAN   ¹⁴κεκονιαμένε: RPP-VSM   ¹⁵παρανομῶν: PAP-NSM   ¹⁶κελεύεις: PAI-2S   ¹⁷τύπτεσθαι: PPN   ¹⁸παρεστῶτες: RAP-NPM   ¹⁹λοιδορεῖς: PAI-2S   ²⁶ἐσχίσθη: API-3S   ²⁹ὁμολογοῦσιν: PAI-3P   ³²διεμάχοντο: INI-3P   ³³θεομαχῶμεν: PAS-1P   ³⁴εὐλαβηθεὶς: AOP-NSM

---

¹λύω, [42] (a) I loose, untie, release, (b) met: I break, destroy, set at naught, contravene; I break up a meeting, annul.   ²δεσμός, οῦ, ὁ, [20] a bond, chain, imprisonment; a string or ligament, an impediment, infirmity.   ³κελεύω, [26] I command, order, direct, bid.   ⁴συνέδριον, ου, τό, [22] a council, tribunal; the Sanhedrin, the meeting place of the Sanhedrin.   ⁵κατάγω, [10] I lead down, bring down, either from a high place on land or to a lower (or actually to the sea-coast), or from the high seas to land.   ⁶ἀτενίζω, [14] I direct my gaze, look steadily.   ⁷συνείδησις, εως, ἡ, [32] the conscience, a persisting notion.   ⁸πολιτεύομαι, [2] I live the life of a citizen, live.   ⁹ἐπιτάσσω, [10] I give order, command, charge.   ¹⁰παρίστημι, [41] I bring, present, prove, come up to and stand by, am present.   ¹¹τύπτω, [14] I beat, strike, wound, inflict punishment.   ¹²τύπτω, [14] I beat, strike, wound, inflict punishment.   ¹³τοῖχος, ου, ὁ, [1] a wall.   ¹⁴κονιάω, [2] I whitewash, plaster over.   ¹⁵παρανομέω, [1] I act contrary to law.   ¹⁶κελεύω, [26] I command, order, direct, bid.   ¹⁷τύπτω, [14] I beat, strike, wound, inflict punishment.   ¹⁸παρίστημι, [41] I bring, present, prove, come up to and stand by, am present.   ¹⁹λοιδορέω, [4] I revile a person to his face, abuse insultingly.   ²⁰ἄρχων, οντος, ὁ, [37] a ruler, governor, leader, leading man; with the Jews, an official member (a member of the executive) of the assembly of elders.   ²¹κακός, [16] badly, evilly, wrongly.   ²²μέρος, ους, τό, [43] a part, portion, share.   ²³Σαδδουκαῖος, ου, ὁ, [13] a Sadducee, a member of the aristocratic party among the Jews, from whom the high-priests were almost invariably chosen.   ²⁴ἀνάστασις, εως, ἡ, [42] a rising again, resurrection.   ²⁵στάσις, εως, ἡ, [9] an insurrection, dissension; originally: standing, position, place.   ²⁶σχίζω, [10] I rend, divide asunder, cleave.   ²⁷πλῆθος, ους, τό, [32] a multitude, crowd, great number, assemblage.   ²⁸μήτε, [36] nor, neither, not even, neither...nor.   ²⁹ὁμολογέω, [24] (a) I promise, agree, (b) I confess, (c) I publicly declare, (d) a Hebraism, I praise, celebrate.   ³⁰ἀμφότεροι, αι, α, [14] both (of two).   ³¹κραυγή, ῆς, ἡ, [6] (a) a shout, cry, clamor, (b) outcry, clamoring against another.   ³²διαμάχομαι, [1] I strive greatly, contend fiercely.   ³³θεομαχέω, [1] I fight against God.   ³⁴εὐλαβέομαι, [2] I fear, am anxious, am cautious; I reverence.   ³⁵χιλίαρχος, ου, ὁ, [21] a commander of a thousand men, a military tribune.

μὴ διασπασθῇ¹ ὁ Παῦλος ὑπ' αὐτῶν, ἐκέλευσεν² τὸ στράτευμα³ καταβῆναι καὶ ἁρπάσαι⁴ αὐτὸν ἐκ μέσου αὐτῶν, ἄγειν τε εἰς τὴν παρεμβολήν.⁵

11 Τῇ δὲ ἐπιούσῃ⁶ νυκτὶ ἐπιστὰς⁷ αὐτῷ ὁ κύριος εἶπεν, Θάρσει⁸ Παῦλε· ὡς γὰρ διεμαρτύρω⁹ τὰ περὶ ἐμοῦ εἰς Ἱερουσαλήμ, οὕτως σε δεῖ καὶ εἰς Ῥώμην¹⁰ μαρτυρῆσαι.

The Plot to Kill Paul

12 Γενομένης δὲ ἡμέρας, ποιήσαντές τινες τῶν Ἰουδαίων συστροφήν,¹¹ ἀνεθεμάτισαν¹² ἑαυτούς, λέγοντες μήτε¹³ φαγεῖν μήτε¹³ πιεῖν ἕως οὗ ἀποκτείνωσιν τὸν Παῦλον. **13** Ἦσαν δὲ πλείους τεσσαράκοντα¹⁴ οἱ ταύτην τὴν συνωμοσίαν¹⁵ πεποιηκότες· **14** οἵτινες προσελθόντες τοῖς ἀρχιερεῦσιν καὶ τοῖς πρεσβυτέροις εἶπον, Ἀναθέματι¹⁶ ἀνεθεματίσαμεν¹⁷ ἑαυτούς, μηδενὸς γεύσασθαι¹⁸ ἕως οὗ ἀποκτείνωμεν τὸν Παῦλον. **15** Νῦν οὖν ὑμεῖς ἐμφανίσατε¹⁹ τῷ χιλιάρχῳ²⁰ σὺν τῷ συνεδρίῳ,²¹ ὅπως αὔριον²² αὐτὸν καταγάγῃ²³ πρὸς ὑμᾶς, ὡς μέλλοντας διαγινώσκειν²⁴ ἀκριβέστερον²⁵ τὰ περὶ αὐτοῦ· ἡμεῖς δέ, πρὸ²⁶ τοῦ ἐγγίσαι²⁷ αὐτόν, ἕτοιμοί²⁸ ἐσμεν τοῦ ἀνελεῖν²⁹ αὐτόν. **16** Ἀκούσας δὲ ὁ υἱὸς τῆς ἀδελφῆς³⁰ Παύλου τὸ ἔνεδρον,³¹ παραγενόμενος³² καὶ εἰσελθὼν εἰς τὴν παρεμβολήν,⁵ ἀπήγγειλεν³³ τῷ Παύλῳ. **17** Προσκαλεσάμενος³⁴ δὲ ὁ Παῦλος ἕνα τῶν ἑκατοντάρχων³⁵ ἔφη, Τὸν νεανίαν³⁶ τοῦτον ἀπάγαγε³⁷ πρὸς τὸν χιλίαρχον·²⁰ ἔχει γάρ τι ἀπαγγεῖλαι³⁸ αὐτῷ. **18** Ὁ μὲν οὖν παραλαβὼν³⁹ αὐτὸν ἤγαγεν

---

¹διασπασθῇ: APS-3S ²ἐκέλευσεν: AAI-3S ⁴ἁρπάσαι: AAN ⁶ἐπιούσῃ: PAP-DSF ⁷ἐπιστὰς: 2AAP-NSM ⁸Θάρσει: PAM-2S ⁹διεμαρτύρω: ADI-2S ¹²ἀνεθεμάτισαν: AAI-3P ¹⁷ἀνεθεματίσαμεν: AAI-1P ¹⁸γεύσασθαι: ADN ¹⁹ἐμφανίσατε: AAM-2P ²³καταγάγῃ: 2AAS-3S ²⁴διαγινώσκειν: PAN ²⁷ἐγγίσαι: AAN ²⁹ἀνελεῖν: 2AAN ³²παραγενόμενος: 2ADP-NSM ³³ἀπήγγειλεν: AAI-3S ³⁴Προσκαλεσάμενος: ADP-NSM ³⁷ἀπάγαγε: 2AAM-2S ³⁸ἀπαγγεῖλαι: AAN ³⁹παραλαβὼν: 2AAP-NSM

---

¹διασπάω, [2] I tear apart, burst. ²κελεύω, [26] I command, order, direct, bid. ³στράτευμα, ατος, τό, [8] an army, detachment of troops. ⁴ἁρπάζω, [13] I seize, snatch, obtain by robbery. ⁵παρεμβολή, ῆς, ἡ, [10] a camp, fort, castle, barracks, army in battle array. ⁶ἐπιοῦσα, ης, ἡ, [5] the next day. ⁷ἐφίστημι, [21] I stand by, am urgent, befall one (as of evil), am at hand, impend. ⁸θαρσέω, [8] I am of good courage, good cheer, am bold. ⁹διαμαρτύρομαι, [15] I give solemn evidence, testify (declare) solemnly. ¹⁰Ῥώμη, ης, ἡ, [8] Rome, the famous city on the Tiber, the capital of the Roman Empire. ¹¹συστροφή, ῆς, ἡ, [2] a gathering together, riotous concourse, conspiracy. ¹²ἀναθεματίζω, [4] I curse, invoke curses, devote to destruction. ¹³μήτε, [36] nor, neither, not even, neither...nor. ¹⁴τεσσαράκοντα, [22] forty. ¹⁵συνωμοσία, ας, ἡ, [1] a conspiracy, plot. ¹⁶ἀνάθεμα, ατος, τό, [6] a votive offering, a thing devoted to God; a curse, the thing cursed. ¹⁷ἀναθεματίζω, [4] I curse, invoke curses, devote to destruction. ¹⁸γεύομαι, [15] (a) I taste, (b) I experience. ¹⁹ἐμφανίζω, [10] I make visible (manifest); hence: I report (inform) against; pass: I appear before. ²⁰χιλίαρχος, ου, ὁ, [21] a commander of a thousand men, a military tribune. ²¹συνέδριον, ου, τό, [22] a council, tribunal; the Sanhedrin, the meeting place of the Sanhedrin. ²²αὔριον, [15] tomorrow. ²³κατάγω, [10] I lead down, bring down, either from a high place on land or to a lower (or actually to the sea-coast), or from the high seas to land. ²⁴διαγινώσκω, [2] I know accurately, examine, decide. ²⁵ἀκριβῶς, [9] carefully, exactly, strictly, distinctly. ²⁶πρό, [47] (a) of place: before, in front of, (b) of time: before, earlier than. ²⁷ἐγγίζω, [43] trans: I bring near; intrans: I come near, approach. ²⁸ἕτοιμος, η, ον, [17] ready, prepared. ²⁹ἀναιρέω, [23] I take up, take away the life of, make an end of, murder. ³⁰ἀδελφή, ῆς, ἡ, [25] a sister, a woman (fellow-)member of a church, a Christian woman. ³¹ἔνεδρον, ου, τό, [1] ambush. ³²παραγίνομαι, [37] (a) I come on the scene, appear, come, (b) with words expressing destination: I present myself at, arrive at, reach. ³³ἀπαγγέλλω, [44] I report (from one place to another), bring a report, announce, declare. ³⁴προσκαλέω, [31] I call to myself, summon. ³⁵ἑκατοντάρχης, ου, ὁ, [21] a centurion of the Roman army. ³⁶νεανίας, ου, ὁ, [5] a young man, youth; a man in his prime (used even of a man of 40). ³⁷ἀπάγω, [14] I lead, carry, take away; met: I am led astray, seduced. ³⁸ἀπαγγέλλω, [44] I report (from one place to another), bring a report, announce, declare. ³⁹παραλαμβάνω, [49] I take from, receive from, or: I take to, receive (apparently not used of money), admit, acknowledge; I take with me.

πρὸς τὸν χιλίαρχον,[1] καί φησιν, Ὁ δέσμιος[2] Παῦλος προσκαλεσάμενός[3] με ἠρώτησεν τοῦτον τὸν νεανίαν[4] ἀγαγεῖν πρός σε, ἔχοντά τι λαλῆσαί σοι. **19** Ἐπιλαβόμενος[5] δὲ τῆς χειρὸς αὐτοῦ ὁ χιλίαρχος,[1] καὶ ἀναχωρήσας[6] κατ᾽ ἰδίαν ἐπυνθάνετο,[7] Τί ἐστιν ὃ ἔχεις ἀπαγγεῖλαί[8] μοι; **20** Εἶπεν δὲ ὅτι Οἱ Ἰουδαῖοι συνέθεντο[9] τοῦ ἐρωτῆσαί σε, ὅπως αὔριον[10] εἰς τὸ συνέδριον[11] καταγάγῃς[12] τὸν Παῦλον, ὡς μέλλοντά τι ἀκριβέστερον[13] πυνθάνεσθαι[14] περὶ αὐτοῦ. **21** Σὺ οὖν μὴ πεισθῇς αὐτοῖς· ἐνεδρεύουσιν[15] γὰρ αὐτὸν ἐξ αὐτῶν ἄνδρες πλείους τεσσαράκοντα,[16] οἵτινες ἀνεθεμάτισαν[17] ἑαυτοὺς μήτε[18] φαγεῖν μήτε[18] πιεῖν ἕως οὗ ἀνέλωσιν[19] αὐτόν· καὶ νῦν ἑτοιμοί[20] εἰσιν προσδεχόμενοι[21] τὴν ἀπὸ σοῦ ἐπαγγελίαν. **22** Ὁ μὲν οὖν χιλίαρχος[1] ἀπέλυσεν τὸν νεανίαν,[4] παραγγείλας[22] Μηδενὶ ἐκλαλῆσαι[23] ὅτι ταῦτα ἐνεφάνισας[24] πρός με.

Paul Brought to Caesarea

23 Καὶ προσκαλεσάμενος[25] δύο τινὰς τῶν ἑκατοντάρχων[26] εἶπεν, Ἑτοιμάσατε[27] στρατιώτας[28] διακοσίους[29] ὅπως πορευθῶσιν ἕως Καισαρείας,[30] καὶ ἱππεῖς[31] ἑβδομήκοντα,[32] καὶ δεξιολάβους[33] διακοσίους,[29] ἀπὸ τρίτης ὥρας τῆς νυκτός·

---

[3]προσκαλεσάμενός: ADP-NSM [5]Ἐπιλαβόμενος: 2ADP-NSM [6]ἀναχωρήσας: AAP-NSM [7]ἐπυνθάνετο: INI-3S [8]ἀπαγγεῖλαί: AAN [9]συνέθεντο: 2AMI-3P [12]καταγάγῃς: 2AAS-2S [14]πυνθάνεσθαι: PNN [15]ἐνεδρεύουσιν: PAI-3P [17]ἀνεθεμάτισαν: AAI-3P [19]ἀνέλωσιν: 2AAS-3P [21]προσδεχόμενοι: PNP-NPM [22]παραγγείλας: AAP-NSM [23]ἐκλαλῆσαι: AAN [24]ἐνεφάνισας: AAI-2S [25]προσκαλεσάμενος: ADP-NSM [27]Ἑτοιμάσατε: AAM-2P

---

[1]χιλίαρχος, ου, ὁ, [21] a commander of a thousand men, a military tribune. [2]δέσμιος, ου, ὁ, [16] one bound, a prisoner. [3]προσκαλέω, [31] I call to myself, summon. [4]νεανίας, ου, ὁ, [5] a young man, youth; a man in his prime (used even of a man of 40). [5]ἐπιλαμβάνομαι, [19] I lay hold of, take hold of, seize (sometimes with beneficent, sometimes with hostile, intent). [6]ἀναχωρέω, [14] I return, retire, withdraw, depart (underlying idea perhaps of taking refuge from danger or of going into retirement). [7]πυνθάνομαι, [12] I ask, inquire, ascertain by inquiry, understand. [8]ἀπαγγέλλω, [44] I report (from one place to another), bring a report, announce, declare. [9]συντίθημι, [4] mid. and pass: I make a compact (agreement) with (together), covenant with, agree. [10]αὔριον, [15] tomorrow. [11]συνέδριον, ου, τό, [22] a council, tribunal; the Sanhedrin, the meeting place of the Sanhedrin. [12]κατάγω, [10] I lead down, bring down, either from a high place on land or to a lower (or actually to the sea-coast), or from the high seas to land. [13]ἀκριβῶς, [9] carefully, exactly, strictly, distinctly. [14]πυνθάνομαι, [12] I ask, inquire, ascertain by inquiry, understand. [15]ἐνεδρεύω, [2] I lie in wait (ambush) for, seek to entrap (hence: I defraud, deceive). [16]τεσσαράκοντα, [22] forty. [17]ἀναθεματίζω, [4] I curse, invoke curses, devote to destruction. [18]μήτε, [36] nor, neither, not even, neither…nor. [19]ἀναιρέω, [23] I take up, take away the life of, make an end of, murder. [20]ἕτοιμος, η, ον, [17] ready, prepared. [21]προσδέχομαι, [14] (a) I await, expect, (b) I receive, welcome (originally: to my house), (c) I accept. [22]παραγγέλλω, [30] I notify, command, charge, entreat solemnly. [23]ἐκλαλέω, [1] I speak out, disclose, divulge. [24]ἐμφανίζω, [10] I make visible (manifest); hence: I report (inform) against; pass: I appear before. [25]προσκαλέω, [31] I call to myself, summon. [26]ἑκατοντάρχης, ου, ὁ, [21] a centurion of the Roman army. [27]ἑτοιμάζω, [40] I make ready, prepare. [28]στρατιώτης, ου, ὁ, [26] a soldier. [29]διακόσιοι, αι, α, [8] two hundred. [30]Καισάρεια, ας, ἡ, [17] Two cities of Palestine: one in Galilee (Caesarea Philippi), the other on the coast of the Mediterranean. [31]ἱππεύς, έως, ὁ, [2] a horse-soldier, a mounted soldier, a cavalryman. [32]ἑβδομήκοντα, [5] seventy. [33]δεξιόλαβος, ου, ὁ, [1] one posted on the right hand, a spear-man.

24 κτήνη¹ τε παραστῆσαι,² ἵνα ἐπιβιβάσαντες³ τὸν Παῦλον διασώσωσιν⁴ πρὸς Φήλικα τὸν ἡγεμόνα·⁵ **25** γράψας ἐπιστολὴν⁶ περιέχουσαν⁷ τὸν τύπον⁸ τοῦτον· **26** Κλαύδιος Λυσίας τῷ κρατίστῳ⁹ ἡγεμόνι⁵ Φήλικι χαίρειν. **27** Τὸν ἄνδρα τοῦτον συλληφθέντα¹⁰ ὑπὸ τῶν Ἰουδαίων, καὶ μέλλοντα ἀναιρεῖσθαι¹¹ ὑπ᾽ αὐτῶν, ἐπιστὰς¹² σὺν τῷ στρατεύματι¹³ ἐξειλόμην¹⁴ αὐτόν, μαθὼν¹⁵ ὅτι Ῥωμαῖός¹⁶ ἐστιν. **28** Βουλόμενος¹⁷ δὲ γνῶναι τὴν αἰτίαν¹⁸ δι᾽ ἣν ἐνεκάλουν¹⁹ αὐτῷ, κατήγαγον²⁰ αὐτὸν εἰς τὸ συνέδριον²¹ αὐτῶν· **29** ὃν εὗρον ἐγκαλούμενον²² περὶ ζητημάτων²³ τοῦ νόμου αὐτῶν, μηδὲν ἄξιον²⁴ θανάτου ἢ δεσμῶν²⁵ ἔγκλημα²⁶ ἔχοντα. **30** Μηνυθείσης²⁷ δέ μοι ἐπιβουλῆς²⁸ εἰς τὸν ἄνδρα μέλλειν ἔσεσθαι ὑπὸ τῶν Ἰουδαίων, ἐξαυτῆς²⁹ ἔπεμψα πρός σε, παραγγείλας³⁰ καὶ τοῖς κατηγόροις³¹ λέγειν τὰ πρὸς αὐτὸν ἐπὶ σοῦ. Ἔρρωσο.³²

31 Οἱ μὲν οὖν στρατιῶται,³³ κατὰ τὸ διατεταγμένον³⁴ αὐτοῖς, ἀναλαβόντες³⁵ τὸν Παῦλον, ἤγαγον διὰ τῆς νυκτὸς εἰς τὴν Ἀντιπατρίδα.³⁶ **32** Τῇ δὲ ἐπαύριον³⁷ ἐάσαντες³⁸ τοὺς ἱππεῖς³⁹ πορεύεσθαι σὺν αὐτῷ, ὑπέστρεψαν⁴⁰ εἰς τὴν παρεμβολήν·⁴¹ **33** οἵτινες

---

²παραστῆσαι: AAN   ³ἐπιβιβάσαντες: AAP-NPM   ⁴διασώσωσιν: AAS-3P   ⁷περιέχουσαν: PAP-ASF
¹⁰συλληφθέντα: APP-ASM   ¹¹ἀναιρεῖσθαι: PPN   ¹²ἐπιστὰς: 2AAP-NSM   ¹⁴ἐξειλόμην: 2AMI-1S   ¹⁵μαθὼν:
2AAP-NSM   ¹⁷Βουλόμενος: PNP-NSM   ¹⁹ἐνεκάλουν: IAI-3P   ²⁰κατήγαγον: 2AAI-1S   ²²ἐγκαλούμενον:
PPP-ASM   ²⁷Μηνυθείσης: APP-GSF   ³⁰παραγγείλας: AAP-NSM   ³²Ἔρρωσο: RPM-2S   ³⁴διατεταγμένον: RPP-ASN
³⁵ἀναλαβόντες: 2AAP-NPM   ³⁸ἐάσαντες: AAP-NPM   ⁴⁰ὑπέστρεψαν: AAI-3P

---

¹κτῆνος, ους, τό, [4] a beast of burden (generally, a horse or mule) either for riding or for loading loads on its back, or for yoking to a cart or carriage.   ²παρίστημι, [41] I bring, present, prove, come up to and stand by, am present.   ³ἐπιβιβάζω, [3] I place upon (a horse, mule).   ⁴διασώζω, [8] I save (rescue) through (some danger), bring safely to, escaped to.   ⁵ἡγεμών, όνος, ὁ, [22] a leader, guide; a commander; a governor (of a province); plur: leaders.   ⁶ἐπιστολή, ῆς, ἡ, [24] a letter, dispatch, epistle, message.   ⁷περιέχω, [3] (a) I contain (of a book containing subject matter); hence: it stands (has its content) thus, (b) I encompass, surround, get hold of, seize.   ⁸τύπος, ου, ὁ, [16] (originally: the mark of a blow, then a stamp struck by a die), (a) a figure; a copy, image, (b) a pattern, model, (c) a type, prefiguring something or somebody.   ⁹κράτιστος, η, ον, [4] most excellent, an official epithet, used in addressing a Roman of high rank, and in the second century one of equestrian (as distinguished from senatorial) rank.   ¹⁰συλλαμβάνω, [16] I seize, apprehend, assist, conceive, become pregnant.   ¹¹ἀναιρέω, [23] I take up, take away the life of, make an end of, murder.   ¹²ἐφίστημι, [21] I stand by, am urgent, befall one (as of evil), am at hand, impend.   ¹³στράτευμα, ατος, τό, [8] an army, detachment of troops.   ¹⁴ἐξαιρέω, [8] I take out, remove; sometimes (mid): I choose, sometimes: I rescue.   ¹⁵μανθάνω, [25] I learn; with adj. or nouns: I learn to be so and so; with acc. of person who is the object of knowledge; aor. sometimes: to ascertain.   ¹⁶Ῥωμαῖος, α, ον, [12] Roman; subst: a Roman citizen.   ¹⁷βούλομαι, [34] I will, intend, desire, wish.   ¹⁸αἰτία, ας, ἡ, [20] a cause, reason, excuse; a charge, accusation; guilt; circumstances, case.   ¹⁹ἐγκαλέω, [7] I bring a charge against, accuse.   ²⁰κατάγω, [10] I lead down, bring down, either from a high place on land or to a lower (or actually to the sea-coast), or from the high seas to land.   ²¹συνέδριον, ου, τό, [22] a council, tribunal; the Sanhedrin, the meeting place of the Sanhedrin.   ²²ἐγκαλέω, [7] I bring a charge against, accuse.   ²³ζήτημα, ατος, τό, [5] a question, subject of inquiry, dispute.   ²⁴ἄξιος, ία, ιον, [41] worthy, worthy of, deserving, comparable, suitable.   ²⁵δεσμός, οῦ, ὁ, [20] a bond, chain, imprisonment; a string or ligament, an impediment, infirmity.   ²⁶ἔγκλημα, ατος, τό, [2] an accusation, charge.   ²⁷μηνύω, [4] (a) I reveal, make known (in a law court), I lay information, inform, (b) I make known, point out.   ²⁸ἐπιβουλή, ῆς, ἡ, [4] a plot, design against.   ²⁹ἐξαυτῆς, [6] immediately, instantly, at once.   ³⁰παραγγέλλω, [30] I notify, command, charge, entreat solemnly.   ³¹κατήγορος, ου, ὁ, [6] an accuser, prosecutor.   ³²ῥώννυμι, [2] I strengthen, render firm; imperative at the end of letters: farewell.   ³³στρατιώτης, ου, ὁ, [26] a soldier.   ³⁴διατάσσω, [15] I give orders to, prescribe, arrange.   ³⁵ἀναλαμβάνω, [13] I take up, raise; I pick up, take on board; I carry off, lead away.   ³⁶Ἀντιπατρίς, ίδος, ἡ, [1] Antipatris, a town, where was a Roman colony, on the road between Caesarea and Jerusalem.   ³⁷ἐπαύριον, [17] tomorrow.   ³⁸ἐάω, [12] I allow, permit, let alone, leave.   ³⁹ἱππεύς, έως, ὁ, [2] a horse-soldier, a mounted soldier, a cavalryman.   ⁴⁰ὑποστρέφω, [37] I turn back, return.   ⁴¹παρεμβολή, ῆς, ἡ, [10] a camp, fort, castle, barracks, army in battle array.

εἰσελθόντες εἰς τὴν Καισάρειαν,¹ καὶ ἀναδόντες² τὴν ἐπιστολὴν³ τῷ ἡγεμόνι,⁴ παρέστησαν⁵ καὶ τὸν Παῦλον αὐτῷ. 34 Ἀναγνοὺς⁶ δὲ ὁ ἡγεμών,⁴ καὶ ἐπερωτήσας ἐκ ποίας⁷ ἐπαρχίας⁸ ἐστίν, καὶ πυθόμενος⁹ ὅτι ἀπὸ Κιλικίας,¹⁰ 35 Διακούσομαί¹¹ σου, ἔφη, ὅταν καὶ οἱ κατήγοροί¹² σου παραγένωνται.¹³ Ἐκέλευσέν¹⁴ τε αὐτὸν ἐν τῷ πραιτωρίῳ¹⁵ Ἡρῴδου φυλάσσεσθαι.¹⁶

Paul's Trial before Felix

24 Μετὰ δὲ πέντε¹⁷ ἡμέρας κατέβη ὁ ἀρχιερεὺς Ἀνανίας μετὰ τῶν πρεσβυτέρων καὶ ῥήτορος¹⁸ Τερτύλλου τινός, οἵτινες ἐνεφάνισαν¹⁹ τῷ ἡγεμόνι⁴ κατὰ τοῦ Παύλου. 2 Κληθέντος δὲ αὐτοῦ, ἤρξατο κατηγορεῖν²⁰ ὁ Τέρτυλλος λέγων,

Πολλῆς εἰρήνης τυγχάνοντες²¹ διὰ σοῦ, καὶ κατορθωμάτων²² γινομένων τῷ ἔθνει τούτῳ διὰ τῆς σῆς²³ προνοίας,²⁴ 3 πάντη²⁵ τε καὶ πανταχοῦ²⁶ ἀποδεχόμεθα,²⁷ κράτιστε²⁸ Φῆλιξ, μετὰ πάσης εὐχαριστίας.²⁹ 4 Ἵνα δὲ μὴ ἐπὶ πλεῖόν σε ἐγκόπτω,³⁰ παρακαλῶ ἀκοῦσαί σε ἡμῶν συντόμως³¹ τῇ σῇ²³ ἐπιεικείᾳ.³² 5 Εὑρόντες γὰρ τὸν ἄνδρα τοῦτον λοιμόν,³³ καὶ κινοῦντα³⁴ στάσιν³⁵ πᾶσιν τοῖς Ἰουδαίοις τοῖς κατὰ τὴν οἰκουμένην,³⁶ πρωτοστάτην³⁷ τε τῆς τῶν Ναζωραίων³⁸ αἱρέσεως·³⁹ 6 ὃς καὶ τὸ ἱερὸν ἐπείρασεν⁴⁰

---

²ἀναδόντες: 2AAP-NPM ⁵παρέστησαν: AAI-3P ⁶Ἀναγνοὺς: 2AAP-NSM ⁹πυθόμενος: 2ADP-NSM ¹¹Διακούσομαί: FDI-1S ¹³παραγένωνται: 2ADS-3P ¹⁴Ἐκέλευσέν: AAI-3S ¹⁶φυλάσσεσθαι: PMN ¹⁹ἐνεφάνισαν: AAI-3P ²⁰κατηγορεῖν: PAN ²¹τυγχάνοντες: PAP-NPM ²⁷ἀποδεχόμεθα: PNI-1P ³⁰ἐγκόπτω: PAS-1S ³⁴κινοῦντα: PAP-ASM ⁴⁰ἐπείρασεν: AAI-3S

---

¹Καισάρεια, ας, ἡ, [17] Two cities of Palestine: one in Galilee (Caesarea Philippi), the other on the coast of the Mediterranean. ²ἀναδίδωμι, [1] I send up, deliver, hand over, yield. ³ἐπιστολή, ῆς, ἡ, [24] a letter, dispatch, epistle, message. ⁴ἡγεμών, όνος, ὁ, [22] a leader, guide; a commander; a governor (of a province); plur: leaders. ⁵παρίστημι, [41] I bring, present, prove, come up to and stand by, am present. ⁶ἀναγινώσκω, [32] I read, know again, know certainly, recognize, discern. ⁷ποῖος, α, ον, [34] of what sort. ⁸ἐπαρχία, ας, ἡ, [2] sphere of duty, province. ⁹πυνθάνομαι, [12] I ask, inquire, ascertain by inquiry, understand. ¹⁰Κιλικία, ας, ἡ, [8] Cilicia, a Roman province between the Taurus range of mountains and the coast in the south-east corner of Asia Minor, linked up with the province of Syria. ¹¹διακούω, [1] I hear throughout, of a judicial hearing. ¹²κατήγορος, ου, ὁ, [6] an accuser, prosecutor. ¹³παραγίνομαι, [37] (a) I come on the scene, appear, come, (b) with words expressing destination: I present myself at, arrive at, reach. ¹⁴κελεύω, [26] I command, order, direct, bid. ¹⁵πραιτώριον, ου, τό, [8] the palace at Jerusalem occupied by the Roman governor, or the quarters of the praetorian guard in Rome. ¹⁶φυλάσσω, [30] (a) I guard, protect; mid: I am on my guard, (b) act. and mid. of customs and regulations: I keep, observe. ¹⁷πέντε, οἱ, αἱ, τά, [38] five. ¹⁸ῥήτωρ, ορος, ὁ, [1] an orator, public speaker, advocate. ¹⁹ἐμφανίζω, [10] I make visible (manifest); hence: I report (inform) against; pass: I appear before. ²⁰κατηγορέω, [22] I accuse, charge, prosecute. ²¹τυγχάνω, [13] (a) gen: I obtain, (b) absol: I chance, happen; ordinary, everyday, it may chance, perhaps. ²²κατόρθωμα, ατος, τό, [1] anything happily and successfully accomplished, a beneficial and worthy deed. ²³σός, σή, σόν, [27] yours, thy, thine. ²⁴πρόνοια, ας, ἡ, [2] forethought, foresight, provision for, providence. ²⁵πάντη, [1] in every way, entirely, everywhere. ²⁶πανταχοῦ, [7] everywhere, in all places. ²⁷ἀποδέχομαι, [6] I receive, welcome, entertain (with hospitality), embrace. ²⁸κράτιστος, η, ον, [4] most excellent, an official epithet, used in addressing a Roman of high rank, and in the second century one of equestrian (as distinguished from senatorial) rank. ²⁹εὐχαριστία, ας, ἡ, [15] thankfulness, gratitude; giving of thanks, thanksgiving. ³⁰ἐγκόπτω, [5] I interrupt, hinder. ³¹συντόμως, [1] concisely, briefly. ³²ἐπιείκεια, ας, ἡ, [2] considerateness, forbearance, fairness, gentleness, mildness. ³³λοιμός, οῦ, ὁ, [3] (a) a pestilence, (b) a pestilent fellow. ³⁴κινέω, [8] I set in motion, move, remove, excite, stir up. ³⁵στάσις, εως, ἡ, [9] an insurrection, dissension; originally: standing, position, place. ³⁶οἰκουμένη, ης, ἡ, [16] (properly: the land that is being inhabited, the land in a state of habitation), the inhabited world, that is, the Roman world, for all outside it was regarded as of no account. ³⁷πρωτοστάτης, ου, ὁ, [1] one who stands in the front rank, hence: a leader, ringleader, chief. ³⁸Ναζωραῖος, ου, ὁ, [15] a Nazarene, an inhabitant of Nazareth. ³⁹αἵρεσις, εως, ἡ, [9] a self-chosen opinion, a religious or philosophical sect, discord or contention. ⁴⁰πειράζω, [39] I try, tempt, test.

βεβηλῶσαι·¹ ὃν καὶ ἐκρατήσαμεν·² 8 παρ' οὗ δυνήσῃ, αὐτὸς ἀνακρίνας,³ περὶ πάντων τούτων ἐπιγνῶναι⁴ ὧν ἡμεῖς κατηγοροῦμεν⁵ αὐτοῦ. 9 Συνεπέθεντο⁶ δὲ καὶ οἱ Ἰουδαῖοι, φάσκοντες⁷ ταῦτα οὕτως ἔχειν.

10 Ἀπεκρίθη δὲ ὁ Παῦλος, νεύσαντος⁸ αὐτῷ τοῦ ἡγεμόνος⁹ λέγειν,

Ἐκ πολλῶν ἐτῶν¹⁰ ὄντα σε κριτὴν¹¹ τῷ ἔθνει τούτῳ ἐπιστάμενος,¹² εὐθυμότερον¹³ τὰ περὶ ἐμαυτοῦ¹⁴ ἀπολογοῦμαι,¹⁵ 11 δυναμένου σου γνῶναι ὅτι οὐ πλείους εἰσίν μοι ἡμέραι δεκαδύο,¹⁶ ἀφ' ἧς ἀνέβην προσκυνήσων ἐν Ἰερουσαλήμ· 12 καὶ οὔτε ἐν τῷ ἱερῷ εὗρόν με πρός τινα διαλεγόμενον¹⁷ ἢ ἐπισύστασιν¹⁸ ποιοῦντα ὄχλου, οὔτε ἐν ταῖς συναγωγαῖς, οὔτε κατὰ τὴν πόλιν. 13 Οὔτε παραστῆσαί¹⁹ με δύνανται περὶ ὧν νῦν κατηγοροῦσίν²⁰ μου. 14 Ὁμολογῶ²¹ δὲ τοῦτό σοι, ὅτι κατὰ τὴν ὁδὸν ἣν λέγουσιν αἵρεσιν,²² οὕτως λατρεύω²³ τῷ πατρῴῳ²⁴ θεῷ, πιστεύων πᾶσιν τοῖς κατὰ τὸν νόμον καὶ τοῖς προφήταις γεγραμμένοις· 15 ἐλπίδα ἔχων εἰς τὸν θεόν, ἣν καὶ αὐτοὶ οὗτοι προσδέχονται,²⁵ ἀνάστασιν²⁶ μέλλειν ἔσεσθαι νεκρῶν, δικαίων τε καὶ ἀδίκων.²⁷ 16 Ἐν τούτῳ δὲ αὐτὸς ἀσκῶ,²⁸ ἀπρόσκοπον²⁹ συνείδησιν³⁰ ἔχων πρὸς τὸν θεὸν καὶ τοὺς ἀνθρώπους διὰ παντός. 17 Δι' ἐτῶν¹⁰ δὲ πλειόνων παρεγενόμην³¹ ἐλεημοσύνας³² ποιήσων εἰς τὸ ἔθνος μου καὶ προσφοράς·³³ 18 ἐν οἷς εὗρόν με ἡγνισμένον³⁴ ἐν τῷ ἱερῷ, οὐ μετὰ ὄχλου οὐδὲ μετὰ θορύβου,³⁵ τινὲς ἀπὸ τῆς Ἀσίας³⁶ Ἰουδαῖοι· 19 οὓς δεῖ ἐπὶ σοῦ παρεῖναι³⁷ καὶ κατηγορεῖν³⁸ εἴ τι ἔχοιεν πρός με. 20 Ἢ αὐτοὶ οὗτοι εἰπάτωσαν, τί εὗρον

¹βεβηλῶσαι: AAN ²ἐκρατήσαμεν: AAI-1P ³ἀνακρίνας: AAP-NSM ⁴ἐπιγνῶναι: 2AAN ⁵κατηγοροῦμεν: PAI-1P ⁶Συνεπέθεντο: 2AMI-3P ⁷φάσκοντες: PAP-NPM ⁸νεύσαντος: AAP-GSM ¹²ἐπιστάμενος: PNP-NSM ¹⁵ἀπολογοῦμαι: PNI-1S ¹⁷διαλεγόμενον: PNP-ASM ¹⁹παραστῆσαί: AAN ²⁰κατηγοροῦσίν: PAI-3P ²¹Ὁμολογῶ: PAI-1S ²³λατρεύω: PAI-1S ²⁵προσδέχονται: PNI-3P ²⁸ἀσκῶ: PAI-1S ³¹παρεγενόμην: 2ADI-1S ³⁴ἡγνισμένον: RPP-ASM ³⁷παρεῖναι: PAN ³⁸κατηγορεῖν: PAN

¹βεβηλόω, [2] I profane, pollute, violate. ²κρατέω, [47] I am strong, mighty, hence: I rule, am master, prevail; I obtain; take hold of; I hold, hold fast. ³ἀνακρίνω, [16] I examine, inquire into, investigate, question. ⁴ἐπιγινώσκω, [42] I come to know by directing my attention to him or it, I perceive, discern, recognize; aor: I found out. ⁵κατηγορέω, [22] I accuse, charge, prosecute. ⁶συντίθημι, [4] mid. and pass: I make a compact (agreement) with (together), covenant with, agree. ⁷φάσκω, [3] I assert, affirm, profess. ⁸νεύω, [2] I nod, make a sign, beckon. ⁹ἡγεμών, όνος, ὁ, [22] a leader, guide; a commander; a governor (of a province); plur: leaders. ¹⁰ἔτος, ους, τό, [49] a year. ¹¹κριτής, ου, ὁ, [17] a judge, magistrate, ruler. ¹²ἐπίσταμαι, [14] I know, know of, understand. ¹³εὔθυμος, ον, [2] cheerful, having good courage. ¹⁴ἐμαυτοῦ, ῆς, οῦ, [37] of myself. ¹⁵ἀπολογέομαι, [10] I give a defense, defend myself (especially in a law court): it can take an object of what is said in defense. ¹⁶δεκαδύο, [2] twelve. ¹⁷διαλέγομαι, [13] I converse, address, preach, lecture; I argue, reason. ¹⁸ἐπισύστασις, εως, ἡ, [2] a gathering, concourse, tumult. ¹⁹παρίστημι, [41] I bring, present, prove, come up to and stand by, am present. ²⁰κατηγορέω, [22] I accuse, charge, prosecute. ²¹ὁμολογέω, [24] (a) I promise, agree, (b) I confess, (c) I publicly declare, (d) a Hebraism, I praise, celebrate. ²²αἵρεσις, εως, ἡ, [9] a self-chosen opinion, a religious or philosophical sect, discord or contention. ²³λατρεύω, [21] I serve, especially God, perhaps simply: I worship. ²⁴πατρῷος, α, ον, [3] hereditary, received from fathers. ²⁵προσδέχομαι, [14] (a) I await, expect, (b) I receive, welcome (originally: to my house), (c) I accept. ²⁶ἀνάστασις, εως, ἡ, [42] a rising again, resurrection. ²⁷ἄδικος, ον, [12] unjust, unrighteous, wicked. ²⁸ἀσκέω, [1] I train, practice, exercise. ²⁹ἀπρόσκοπος, ον, [3] free from hurt or harm, hence) not offending, not causing offence, blameless. ³⁰συνείδησις, εως, ἡ, [32] the conscience, a persisting notion. ³¹παραγίνομαι, [37] (a) I come on the scene, appear, come, (b) with words expressing destination: I present myself at, arrive at, reach. ³²ἐλεημοσύνη, ῆς, ἡ, [14] abstr: alms-giving, charity; concr: alms, charity. ³³προσφορά, ᾶς, ἡ, [9] an offering, sacrifice. ³⁴ἁγνίζω, [7] I cleanse, purify, either ceremonially, actually, or morally. ³⁵θόρυβος, ου, ὁ, [7] (a) din, hubbub, confused noise, outcry, (b) riot, disturbance. ³⁶Ἀσία, ας, ἡ, [18] the Roman province of Asia, roughly the western third of Asia Minor. ³⁷πάρειμι, [24] I am present, am near; I have come, arrived. ³⁸κατηγορέω, [22] I accuse, charge, prosecute.

ἐν ἐμοὶ ἀδίκημα,[1] στάντος μου ἐπὶ τοῦ συνεδρίου,[2] **21** ἢ περὶ μιᾶς ταύτης φωνῆς, ἧς ἔκραξα ἑστὼς ἐν αὐτοῖς, ὅτι Περὶ ἀναστάσεως[3] νεκρῶν ἐγὼ κρίνομαι σήμερον[4] ὑφ' ὑμῶν.

22 Ἀκούσας δὲ ταῦτα ὁ Φῆλιξ ἀνεβάλετο[5] αὐτούς, ἀκριβέστερον[6] εἰδὼς τὰ περὶ τῆς ὁδοῦ, εἰπών, Ὅταν Λυσίας ὁ χιλίαρχος[7] καταβῇ, διαγνώσομαι[8] τὰ καθ' ὑμᾶς·

Paul Retained a Prisoner

23 διαταξάμενός[9] τε τῷ ἑκατοντάρχῃ[10] τηρεῖσθαι τὸν Παῦλον, ἔχειν τε ἄνεσιν,[11] καὶ μηδένα κωλύειν[12] τῶν ἰδίων αὐτοῦ ὑπηρετεῖν[13] ἢ προσέρχεσθαι αὐτῷ.

24 Μετὰ δὲ ἡμέρας τινάς, παραγενόμενος[14] ὁ Φῆλιξ σὺν Δρουσίλλῃ τῇ γυναικὶ οὔσῃ Ἰουδαίᾳ, μετεπέμψατο[15] τὸν Παῦλον, καὶ ἤκουσεν αὐτοῦ περὶ τῆς εἰς χριστὸν πίστεως. **25** Διαλεγομένου[16] δὲ αὐτοῦ περὶ δικαιοσύνης καὶ ἐγκρατείας[17] καὶ τοῦ κρίματος[18] τοῦ μέλλοντος ἔσεσθαι, ἔμφοβος[19] γενόμενος ὁ Φῆλιξ ἀπεκρίθη, Τὸ νῦν ἔχον πορεύου· καιρὸν δὲ μεταλαβὼν[20] μετακαλέσομαί[21] σε· **26** ἅμα[22] καὶ ἐλπίζων[23] ὅτι χρήματα[24] δοθήσεται αὐτῷ ὑπὸ τοῦ Παύλου, ὅπως λύσῃ[25] αὐτόν· διὸ καὶ πυκνότερον[26] αὐτὸν μεταπεμπόμενος[27] ὡμίλει[28] αὐτῷ. **27** Διετίας[29] δὲ πληρωθείσης, ἔλαβεν διάδοχον[30] ὁ Φῆλιξ Πόρκιον Φῆστον· θέλων τε χάριτας καταθέσθαι[31] τοῖς Ἰουδαίοις ὁ Φῆλιξ κατέλιπεν[32] τὸν Παῦλον δεδεμένον.[33]

---

[5]ἀνεβάλετο: 2AMI-3S   [8]διαγνώσομαι: FDI-1S   [9]διαταξάμενός: AMP-NSM   [12]κωλύειν: PAN   [13]ὑπηρετεῖν: PAN   [14]παραγενόμενος: 2ADP-NSM   [15]μετεπέμψατο: ADI-3S   [16]Διαλεγομένου: PNP-GSM   [20]μεταλαβὼν: 2AAP-NSM   [21]μετακαλέσομαί: FMI-1S   [23]ἐλπίζων: PAP-NSM   [25]λύσῃ: AAS-3S   [27]μεταπεμπόμενος: PNP-NSM   [28]ὡμίλει: IAI-3S   [31]καταθέσθαι: 2AMN   [32]κατέλιπεν: 2AAI-3S   [33]δεδεμένον: RPP-ASM

---

[1]ἀδίκημα, ατος, τό, [3] a legal wrong, crime (with which one is charged), misdeed, crime against God, a sin.   [2]συνέδριον, ου, τό, [22] a council, tribunal; the Sanhedrin, the meeting place of the Sanhedrin.   [3]ἀνάστασις, εως, ἡ, [42] a rising again, resurrection.   [4]σήμερον, [41] today, now.   [5]ἀναβάλλω, [1] I postpone, defer, especially: I postpone the trial of.   [6]ἀκριβῶς, [9] carefully, exactly, strictly, distinctly.   [7]χιλίαρχος, ου, ὁ, [21] a commander of a thousand men, a military tribune.   [8]διαγινώσκω, [2] I know accurately, examine, decide.   [9]διατάσσω, [15] I give orders to, prescribe, arrange.   [10]ἑκατοντάρχης, ου, ὁ, [21] a centurion of the Roman army.   [11]ἄνεσις, εως, ἡ, [5] relief, remission, indulgence, freedom, rest.   [12]κωλύω, [23] I prevent, debar, hinder; with infin: from doing so and so.   [13]ὑπηρετέω, [3] I minister to, serve.   [14]παραγίνομαι, [37] (a) I come on the scene, appear, come, (b) with words expressing destination: I present myself at, arrive at, reach.   [15]μεταπέμπω, [8] I send for, summon.   [16]διαλέγομαι, [13] I converse, address, preach, lecture; I argue, reason.   [17]ἐγκράτεια, ας, ἡ, [4] self-mastery, self-restraint, self-control, continence.   [18]κρίμα, ατος, τό, [28] (a) a judgment, a verdict; sometimes implying an adverse verdict, a condemnation, (b) a case at law, a lawsuit.   [19]ἔμφοβος, ον, [6] full of fear, terrified.   [20]μεταλαμβάνω, [6] (a) with gen: I take a share (part) of, share in, partake of, (b) with acc: I take after (later) or take instead.   [21]μετακαλέω, [4] mid: I summon to myself, send for.   [22]ἅμα, [10] at the same time, therewith, along with, together with.   [23]ἐλπίζω, [31] I hope, hope for, expect, trust.   [24]χρῆμα, ατος, τό, [7] money, riches, possessions.   [25]λύω, [42] (a) I loose, untie, release, (b) met: I break, destroy, set at naught, contravene; I break up a meeting, annul.   [26]πυκνός, ή, όν, [3] frequent, often, much.   [27]μεταπέμπω, [8] I send for, summon.   [28]ὁμιλέω, [4] I consort with, associate with, commune with; particularly, I talk (converse) with.   [29]διετία, ας, ἡ, [2] a period of two years, two years; according to ancient practice this means any period between one and two years.   [30]διάδοχος, ου, ὁ, [1] a successor.   [31]κατατίθημι, [3] (a) I lay down, deposit, (b) mid: I lay down or deposit a favor, with the view of receiving one in return, seek favor.   [32]καταλείπω, [25] I leave behind, desert, abandon, forsake; I leave remaining, reserve.   [33]δέω, [44] I bind, tie, fasten; I impel, compel; I declare to be prohibited and unlawful.

Paul Appeals to Caesar

25 Φῆστος οὖν ἐπιβὰς¹ τῇ ἐπαρχίᾳ,² μετὰ τρεῖς ἡμέρας ἀνέβη εἰς Ἱεροσόλυμα ἀπὸ Καισαρείας.³ **2** Ἐνεφάνισαν⁴ δὲ αὐτῷ ὁ ἀρχιερεὺς καὶ οἱ πρῶτοι τῶν Ἰουδαίων κατὰ τοῦ Παύλου, καὶ παρεκάλουν αὐτόν, **3** αἰτούμενοι χάριν κατ' αὐτοῦ, ὅπως μεταπέμψηται⁵ αὐτὸν εἰς Ἱερουσαλήμ, ἐνέδραν⁶ ποιοῦντες ἀνελεῖν⁷ αὐτὸν κατὰ τὴν ὁδόν. **4** Ὁ μὲν οὖν Φῆστος ἀπεκρίθη, τηρεῖσθαι τὸν Παῦλον ἐν Καισαρείᾳ,³ ἑαυτὸν δὲ μέλλειν ἐν τάχει⁸ ἐκπορεύεσθαι.⁹ **5** Οἱ οὖν δυνατοὶ¹⁰ ἐν ὑμῖν, φησίν, συγκαταβάντες,¹¹ εἴ τι ἐστὶν ἐν τῷ ἀνδρὶ τούτῳ, κατηγορείτωσαν¹² αὐτοῦ.

6 Διατρίψας¹³ δὲ ἐν αὐτοῖς ἡμέρας πλείους ἢ δέκα,¹⁴ καταβὰς εἰς Καισάρειαν,³ τῇ ἐπαύριον¹⁵ καθίσας¹⁶ ἐπὶ τοῦ βήματος¹⁷ ἐκέλευσεν¹⁸ τὸν Παῦλον ἀχθῆναι. **7** Παραγενομένου¹⁹ δὲ αὐτοῦ, περιέστησαν²⁰ οἱ ἀπὸ Ἱεροσολύμων καταβεβηκότες Ἰουδαῖοι, πολλὰ καὶ βαρέα²¹ αἰτιώματα²² φέροντες κατὰ τοῦ Παύλου, ἃ οὐκ ἴσχυον²³ ἀποδεῖξαι,²⁴ **8** ἀπολογουμένου²⁵ αὐτοῦ ὅτι Οὔτε εἰς τὸν νόμον τῶν Ἰουδαίων, οὔτε εἰς τὸ ἱερόν, οὔτε εἰς Καίσαρά²⁶ τι ἥμαρτον.²⁷ **9** Ὁ Φῆστος δὲ τοῖς Ἰουδαίοις θέλων χάριν καταθέσθαι,²⁸ ἀποκριθεὶς τῷ Παύλῳ εἶπεν, Θέλεις εἰς Ἱεροσόλυμα ἀναβάς, ἐκεῖ περὶ τούτων κρίνεσθαι ἐπ' ἐμοῦ; **10** Εἶπεν δὲ ὁ Παῦλος, Ἐπὶ τοῦ βήματος¹⁷ Καίσαρος²⁶ ἑστώς εἰμι, οὗ²⁹ με δεῖ κρίνεσθαι· Ἰουδαίους οὐδὲν ἠδίκησα,³⁰ ὡς καὶ

---

¹ἐπιβὰς: 2AAP-NSM ⁴Ἐνεφάνισαν: AAI-3P ⁵μεταπέμψηται: ADS-3S ⁷ἀνελεῖν: 2AAN ⁹ἐκπορεύεσθαι: PNN ¹¹συγκαταβάντες: 2AAP-NPM ¹²κατηγορείτωσαν: PAM-3P ¹³Διατρίψας: AAP-NSM ¹⁶καθίσας: AAP-NSM ¹⁸ἐκέλευσεν: AAI-3S ¹⁹Παραγενομένου: 2ADP-GSM ²⁰περιέστησαν: 2AAI-3P ²³ἴσχυον: IAI-3P ²⁴ἀποδεῖξαι: AAN ²⁵ἀπολογουμένου: PNP-GSM ²⁷ἥμαρτον: 2AAI-1S ²⁸καταθέσθαι: 2AMN ³⁰ἠδίκησα: AAI-1S

---

¹ἐπιβαίνω, [6] (a) I set foot on, step on, (b) I mount (a horse), board (a vessel). ²ἐπαρχία, ας, ἡ, [2] sphere of duty, province. ³Καισάρεια, ας, ἡ, [17] Two cities of Palestine: one in Galilee (Caesarea Philippi), the other on the coast of the Mediterranean. ⁴ἐμφανίζω, [10] I make visible (manifest); hence: I report (inform) against; pass: I appear before. ⁵μεταπέμπω, [8] I send for, summon. ⁶ἐνέδρα, ας, ἡ, [1] an ambush, plot, treachery, fraud. ⁷ἀναιρέω, [23] I take up, take away the life of, make an end of, murder. ⁸τάχος, ους, τό, [7] quickness, speed; hastily, immediately. ⁹ἐκπορεύομαι, [32] I depart from; I am voided, cast out; I proceed from, am spoken; I burst forth, flow out, am spread abroad. ¹⁰δυνατός, ή, όν, [36] (a) of persons: powerful, able, (b) of things: possible. ¹¹συγκαταβαίνω, [1] I go down with. ¹²κατηγορέω, [22] I accuse, charge, prosecute. ¹³διατρίβω, [10] I tarry, continue, stay in a place. ¹⁴δέκα, [27] ten. ¹⁵ἐπαύριον, [17] tomorrow. ¹⁶καθίζω, [48] (a) trans: I make to sit; I set, appoint, (b) intrans: I sit down, am seated, stay. ¹⁷βῆμα, ατος, τό, [12] an elevated place ascended by steps, a throne, tribunal. ¹⁸κελεύω, [26] I command, order, direct, bid. ¹⁹παραγίνομαι, [37] (a) I come on the scene, appear, come, (b) with words expressing destination: I present myself at, arrive at, reach. ²⁰περιΐστημι, [4] in intrans. act. tenses: I stand around; mid: I avoid, shun. ²¹βαρύς, εῖα, ύ, [6] heavy, weighty, burdensome, lit. and met; violent, oppressive. ²²αἰτίωμα, ατος, τό, [1] a charge, accusation. ²³ἰσχύω, [29] I have strength, am strong, am in full health and vigor, am able; meton: I prevail, [4] I show by proof, demonstrate, set forth, proclaim to an officer. ²⁵ἀπολογέομαι, [10] I give a defense, defend myself (especially in a law court): it can take an object of what is said in defense. ²⁶Καῖσαρ, αρος, ὁ, [30] Caesar, a surname of the gens Iulia, which became practically synonymous with the Emperor for the time being; in the Gospels it always refers to Tiberias. ²⁷ἁμαρτάνω, [43] originally: I miss the mark, hence (a) I make a mistake, (b) I sin, commit a sin (against God); sometimes the idea of sinning against a fellow-creature is present. ²⁸κατατίθημι, [3] (a) I lay down, deposit, (b) mid: I lay down or deposit a favor, with the view of receiving one in return, seek favor. ²⁹οὗ, [23] where, whither, when, in what place. ³⁰ἀδικέω, [27] I act unjustly towards, injure, harm.

σὺ κάλλιον¹ ἐπιγινώσκεις.² 11 Εἰ μὲν γὰρ ἀδικῶ³ καὶ ἄξιον⁴ θανάτου πέπραχά⁵ τι, οὐ παραιτοῦμαι⁶ τὸ ἀποθανεῖν· εἰ δὲ οὐδέν ἐστιν ὧν οὗτοι κατηγοροῦσίν⁷ μου, οὐδείς με δύναται αὐτοῖς χαρίσασθαι.⁸ Καίσαρα⁹ ἐπικαλοῦμαι.¹⁰ 12 Τότε ὁ Φῆστος συλλαλήσας¹¹ μετὰ τοῦ συμβουλίου¹² ἀπεκρίθη, Καίσαρα⁹ ἐπικέκλησαι;¹³ Ἐπὶ Καίσαρα⁹ πορεύσῃ.

Agrippa and Bernice in Caesarea

13 Ἡμερῶν δὲ διαγενομένων¹⁴ τινῶν, Ἀγρίππας ὁ βασιλεὺς καὶ Βερνίκη κατήντησαν¹⁵ εἰς Καισάρειαν,¹⁶ ἀσπασάμενοι τὸν Φῆστον. 14 Ὡς δὲ πλείους ἡμέρας διέτριβεν¹⁷ ἐκεῖ, ὁ Φῆστος τῷ βασιλεῖ ἀνέθετο¹⁸ τὰ κατὰ τὸν Παῦλον, λέγων, Ἀνήρ τίς ἐστιν καταλελειμμένος¹⁹ ὑπὸ Φήλικος δέσμιος,²⁰ 15 περὶ οὗ, γενομένου μου εἰς Ἱεροσόλυμα, ἐνεφάνισαν²¹ οἱ ἀρχιερεῖς καὶ οἱ πρεσβύτεροι τῶν Ἰουδαίων, αἰτούμενοι κατ᾽ αὐτοῦ δίκην.²² 16 Πρὸς οὓς ἀπεκρίθην, ὅτι οὐκ ἔστιν ἔθος²³ Ῥωμαίοις²⁴ χαρίζεσθαί²⁵ τινα ἄνθρωπον εἰς ἀπώλειαν,²⁶ πρὶν²⁷ ἢ ὁ κατηγορούμενος²⁸ κατὰ πρόσωπον ἔχοι τοὺς κατηγόρους,²⁹ τόπον τε ἀπολογίας³⁰ λάβοι περὶ τοῦ ἐγκλήματος.³¹ 17 Συνελθόντων³² οὖν αὐτῶν ἐνθάδε,³³ ἀναβολὴν³⁴ μηδεμίαν ποιησάμενος, τῇ ἑξῆς³⁵

²ἐπιγινώσκεις: PAI-2S   ³ἀδικῶ: PAI-1S   ⁵πέπραχά: RAI-1S   ⁶παραιτοῦμαι: PNI-1S   ⁷κατηγοροῦσίν: PAI-3P   ⁸χαρίσασθαι: ADN   ¹⁰ἐπικαλοῦμαι: PMI-1S   ¹¹συλλαλήσας: AAP-NSM   ¹³ἐπικέκλησαι: RMI-2S   ¹⁴διαγενομένων: 2ADP-GPF   ¹⁵κατήντησαν: AAI-3P   ¹⁷διέτριβεν: IAI-3S   ¹⁸ἀνέθετο: 2AMI-3S   ¹⁹καταλελειμμένος: RPP-NSM   ²¹ἐνεφάνισαν: AAI-3P   ²⁵χαρίζεσθαί: PNN   ²⁸κατηγορούμενος: PPP-NSM   ³²Συνελθόντων: 2AAP-GPM

¹κάλλιον, [1] very well.   ²ἐπιγινώσκω, [42] I come to know by directing my attention to him or it, I perceive, discern, recognize; aor: I found out.   ³ἀδικέω, [27] I act unjustly towards, injure, harm.   ⁴ἄξιος, ία, ιον, [41] worthy, worthy of, deserving, comparable, suitable.   ⁵πράσσω, [38] I do, perform, accomplish; be in any condition, i.e. I fare; I exact, require.   ⁶παραιτέομαι, [11] I beg off, make excuse, deprecate, refuse, reject, decline, shun, avoid.   ⁷κατηγορέω, [22] I accuse, charge, prosecute.   ⁸χαρίζομαι, [23] (a) I show favor to, (b) I pardon, forgive, (c) I show kindness.   ⁹Καῖσαρ, αρος, ὁ, [30] Caesar, a surname of the gens Iulia, which became practically synonymous with the Emperor for the time being; in the Gospels it always refers to Tiberias.   ¹⁰ἐπικαλέω, [32] (a) I call (name) by a supplementary (additional, alternative) name, (b) mid: I call upon, appeal to, address.   ¹¹συλλαλέω, [6] I talk with, discuss.   ¹²συμβούλιον, ου, τό, [8] (a) a body of advisers (assessors) in a court, a council, (b) abstr: consultation, counsel, advice; resolution, decree.   ¹³ἐπικαλέω, [32] (a) I call (name) by a supplementary (additional, alternative) name, (b) mid: I call upon, appeal to, address.   ¹⁴διαγίνομαι, [3] I pass (of time), I continue through, intervene.   ¹⁵καταντάω, [13] (a) I come down, either from high land to lower (or actually to the sea-coast), or from the high seas to the coast; hence met: I arrive at, reach (my destination), (b) of property: I come down (descend) by inheritance to an heir.   ¹⁶Καισάρεια, ας, ἡ, [17] Two cities of Palestine: one in Galilee (Caesarea Philippi), the other on the coast of the Mediterranean.   ¹⁷διατρίβω, [10] I tarry, continue, stay in a place.   ¹⁸ἀνατίθημι, [2] I lay (a case) before, impart, communicate, declare, relate (with a view to consulting).   ¹⁹καταλείπω, [25] I leave behind, desert, abandon, forsake; I leave remaining, reserve.   ²⁰δέσμιος, ου, ὁ, [16] one bound, a prisoner.   ²¹ἐμφανίζω, [10] I make visible (manifest); hence: I report (inform) against; pass: I appear before.   ²²δίκη, ης, ἡ, [4] (a) (originally: custom, usage) right, justice, (b) process of law, judicial hearing, (c) execution of sentence, punishment, penalty, (d) justice, vengeance.   ²³ἔθος, ους, τό, [11] a custom, habit; an institute, rite.   ²⁴Ῥωμαῖος, α, ον, [12] Roman; subst: a Roman citizen.   ²⁵χαρίζομαι, [23] (a) I show favor to, (b) I pardon, forgive, (c) I show kindness.   ²⁶ἀπώλεια, ας, ἡ, [19] destruction, ruin, loss, perishing; eternal ruin.   ²⁷πρίν, [14] formerly, before.   ²⁸κατηγορέω, [22] I accuse, charge, prosecute.   ²⁹κατήγορος, ου, ὁ, [6] an accuser, prosecutor.   ³⁰ἀπολογία, ας, ἡ, [8] a verbal defense (particularly in a law court).   ³¹ἔγκλημα, ατος, τό, [2] an accusation, charge.   ³²συνέρχομαι, [32] I come or go with, accompany; I come together, assemble.   ³³ἐνθάδε, [9] here, in this place.   ³⁴ἀναβολή, ῆς, ἡ, [1] postponement, delay, putting off.   ³⁵ἑξῆς, [5] next in order, the next day, the following day, at the period immediately following.

καθίσας¹ ἐπὶ τοῦ βήματος,² ἐκέλευσα³ ἀχθῆναι τὸν ἄνδρα· **18** περὶ οὗ σταθέντες οἱ κατήγοροι⁴ οὐδεμίαν αἰτίαν⁵ ἐπέφερον⁶ ὧν ὑπενόουν⁷ ἐγώ, **19** ζητήματα⁸ δέ τινα περὶ τῆς ἰδίας δεισιδαιμονίας⁹ εἶχον πρὸς αὐτόν, καὶ περί τινος Ἰησοῦ τεθνηκότος,¹⁰ ὃν ἔφασκεν¹¹ ὁ Παῦλος ζῆν. **20** Ἀπορούμενος¹² δὲ ἐγὼ τὴν περὶ τούτου ζήτησιν,¹³ ἔλεγον, εἰ βούλοιτο¹⁴ πορεύεσθαι εἰς Ἱερουσαλήμ, κἀκεῖ¹⁵ κρίνεσθαι περὶ τούτων. **21** Τοῦ δὲ Παύλου ἐπικαλεσαμένου¹⁶ τηρηθῆναι αὐτὸν εἰς τὴν τοῦ Σεβαστοῦ¹⁷ διάγνωσιν,¹⁸ ἐκέλευσα¹⁹ τηρεῖσθαι αὐτόν, ἕως οὗ πέμψω αὐτὸν πρὸς Καίσαρα.²⁰ **22** Ἀγρίππας δὲ πρὸς τὸν Φῆστον ἔφη, Ἐβουλόμην²¹ καὶ αὐτὸς τοῦ ἀνθρώπου ἀκοῦσαι. Ὁ δέ, Αὔριον,²² φησίν, ἀκούσῃ αὐτοῦ.

23 Τῇ οὖν ἐπαύριον,²³ ἐλθόντος τοῦ Ἀγρίππα καὶ τῆς Βερνίκης μετὰ πολλῆς φαντασίας,²⁴ καὶ εἰσελθόντων εἰς τὸ ἀκροατήριον,²⁵ σύν τε τοῖς χιλιάρχοις²⁶ καὶ ἀνδράσιν τοῖς κατ' ἐξοχὴν²⁷ οὖσιν τῆς πόλεως, καὶ κελεύσαντος²⁸ τοῦ Φήστου, ἤχθη ὁ Παῦλος. **24** Καί φησιν ὁ Φῆστος, Ἀγρίππα βασιλεῦ, καὶ πάντες οἱ συμπαρόντες²⁹ ἡμῖν ἄνδρες, θεωρεῖτε τοῦτον περὶ οὗ πᾶν τὸ πλῆθος³⁰ τῶν Ἰουδαίων ἐνέτυχόν³¹ μοι ἔν τε Ἱεροσολύμοις καὶ ἐνθάδε,³² ἐπιβοῶντες³³ μὴ δεῖν ζῆν αὐτὸν μηκέτι.³⁴ **25** Ἐγὼ δὲ καταλαβόμενος³⁵ μηδὲν ἄξιον³⁶ θανάτου αὐτὸν πεπραχέναι,³⁷ καὶ αὐτοῦ δὲ τούτου ἐπικαλεσαμένου³⁸ τὸν Σεβαστόν,¹⁷ ἔκρινα πέμπειν αὐτόν. **26** Περὶ οὗ ἀσφαλές³⁹ τι

---

¹καθίσας: AAP-NSM   ³ἐκέλευσα: AAI-1S   ⁶ἐπέφερον: IAI-3P   ⁷ὑπενόουν: IAI-1S   ¹⁰τεθνηκότος: RAP-GSM
¹¹ἔφασκεν: IAI-3S   ¹²Ἀπορούμενος: PMP-NSM   ¹⁴βούλοιτο: PNO-3S   ¹⁶ἐπικαλεσαμένου: AMP-GSM   ¹⁹ἐκέλευσα:
AAI-1S   ²¹Ἐβουλόμην: INI-1S   ²⁸κελεύσαντος: AAP-GSM   ²⁹συμπαρόντες: PAP-NPM   ³¹ἐνέτυχόν: 2AAI-3P
³³ἐπιβοῶντες: PAP-NPM   ³⁵καταλαβόμενος: 2AMP-NSM   ³⁷πεπραχέναι: RAN   ³⁸ἐπικαλεσαμένου: AMP-GSM

---

¹καθίζω, [48] (a) trans: I make to sit; I set, appoint, (b) intrans: I sit down, am seated, stay.   ²βῆμα, ατος, τό, [12] an elevated place ascended by steps, a throne, tribunal.   ³κελεύω, [26] I command, order, direct, bid. ⁴κατήγορος, ου, ὁ, [6] an accuser, prosecutor.   ⁵αἰτία, ας, ἡ, [20] a cause, reason, excuse; a charge, accusation; guilt; circumstances, case.   ⁶ἐπιφέρω, [5] I bring forward (against), impose, inflict.   ⁷ὑπονοέω, [3] I conjecture, suppose, suspect, deem.   ⁸ζήτημα, ατος, τό, [5] a question, subject of inquiry, dispute.   ⁹δεισιδαιμονία, ας, ἡ, [1] religion in general; in a bad sense: superstition.   ¹⁰θνήσκω, [13] I die, am dying, am dead.   ¹¹φάσκω, [3] I assert, affirm, profess.   ¹²ἀπορέω, [4] I am at a loss, am perplexed; mid: I am in doubt.   ¹³ζήτησις, εως, ἡ, [7] a question, debate, controversy; a seeking, search.   ¹⁴βούλομαι, [34] I will, intend, desire, wish.   ¹⁵κἀκεῖ, [8] and there, and yonder, there also.   ¹⁶ἐπικαλέω, [32] (a) I call (name) by a supplementary (additional, alternative) name, (b) mid: I call upon, appeal to, address.   ¹⁷Σεβαστός, ή, όν, [3] (official Greek equivalent of Augustus), venerated, august, a title of the Roman emperors; hence secondarily: Augustan, imperial.   ¹⁸διάγνωσις, εως, ἡ, [1] judicial examination, decision; an act of discernment.   ¹⁹κελεύω, [26] I command, order, direct, bid.   ²⁰Καῖσαρ, αρος, ὁ, [30] Caesar, a surname of the gens Iulia, which became practically synonymous with the Emperor for the time being; in the Gospels it always refers to Tiberias.   ²¹βούλομαι, [34] I will, intend, desire, wish.   ²²αὔριον, [15] tomorrow.   ²³ἐπαύριον, [17] tomorrow.   ²⁴φαντασία, ας, ἡ, [1] show, display, pomp, imagination.   ²⁵ἀκροατήριον, ίου, τό, [1] auditorium, recitation hall, court room (for hearing cases). ²⁶χιλίαρχος, ου, ὁ, [21] a commander of a thousand men, a military tribune.   ²⁷ἐξοχή, ῆς, ἡ, [1] eminence, distinction, excellence.   ²⁸κελεύω, [26] I command, order, direct, bid.   ²⁹συμπάρειμι, [1] I am present together with.   ³⁰πλῆθος, ους, τό, [32] a multitude, crowd, great number, assemblage.   ³¹ἐντυγχάνω, [5] (a) I meet, encounter, hence: (b) I call (upon), make a petition, make suit, supplication.   ³²ἐνθάδε, [9] here, in this place. ³³ἐπιβοάω, [1] I cry out to or against.   ³⁴μηκέτι, [21] no longer, no more.   ³⁵καταλαμβάνω, [15] (a) I seize tight hold of, arrest, catch, capture, appropriate, (b) I overtake, (c) mid. aor: I perceived, comprehended.   ³⁶ἄξιος, ία, ιον, [41] worthy, worthy of, deserving, comparable, suitable.   ³⁷πράσσω, [38] I do, perform, accomplish; be in any condition, i.e. I fare; I exact, require.   ³⁸ἐπικαλέω, [32] (a) I call (name) by a supplementary (additional, alternative) name, (b) mid: I call upon, appeal to, address.   ³⁹ἀσφαλής, ές, [5] (lit: unfailing), safe, reliable, trustworthy, certain, sure.

γράψαι τῷ κυρίῳ οὐκ ἔχω. Διὸ προήγαγον¹ αὐτὸν ἐφ' ὑμῶν, καὶ μάλιστα² ἐπὶ σοῦ, βασιλεῦ Ἀγρίππα, ὅπως τῆς ἀνακρίσεως³ γενομένης σχῶ τι γράψαι. 27 Ἄλογον⁴ γάρ μοι δοκεῖ, πέμποντα δέσμιον,⁵ μὴ καὶ τὰς κατ' αὐτοῦ αἰτίας⁶ σημᾶναι.⁷

The Hearing before Agrippa

26 Ἀγρίππας δὲ πρὸς τὸν Παῦλον ἔφη, Ἐπιτρέπεταί⁸ σοι ὑπὲρ σεαυτοῦ⁹ λέγειν. Τότε ὁ Παῦλος ἀπελογεῖτο,¹⁰ ἐκτείνας¹¹ τὴν χεῖρα,

2 Περὶ πάντων ὧν ἐγκαλοῦμαι¹² ὑπὸ Ἰουδαίων, βασιλεῦ Ἀγρίππα, ἥγημαι¹³ ἐμαυτὸν¹⁴ μακάριον ἐπὶ σοῦ μέλλων ἀπολογεῖσθαι¹⁵ σήμερον·¹⁶ 3 μάλιστα² γνώστην¹⁷ ὄντα σὲ πάντων τῶν κατὰ Ἰουδαίους ἠθῶν¹⁸ τε καὶ ζητημάτων·¹⁹ διὸ δέομαί²⁰ σου, μακροθύμως²¹ ἀκοῦσαί μου. 4 Τὴν μὲν οὖν βίωσίν²² μου τὴν ἐκ νεότητος,²³ τὴν ἀπ' ἀρχῆς γενομένην ἐν τῷ ἔθνει μου ἐν Ἱεροσολύμοις, ἴσασιν πάντες οἱ Ἰουδαῖοι, 5 προγινώσκοντές²⁴ με ἄνωθεν,²⁵ ἐὰν θέλωσιν μαρτυρεῖν, ὅτι κατὰ τὴν ἀκριβεστάτην²⁶ αἵρεσιν²⁷ τῆς ἡμετέρας²⁸ θρησκείας²⁹ ἔζησα Φαρισαῖος. 6 Καὶ νῦν ἐπ' ἐλπίδι τῆς πρὸς τοὺς πατέρας ἐπαγγελίας γενομένης ὑπὸ τοῦ θεοῦ ἔστηκα κρινόμενος, 7 εἰς ἣν τὸ δωδεκάφυλον³⁰ ἡμῶν ἐν ἐκτενείᾳ³¹ νύκτα καὶ ἡμέραν λατρεῦον³² ἐλπίζει³³ καταντῆσαι·³⁴ περὶ ἧς ἐλπίδος ἐγκαλοῦμαι,³⁵ βασιλεῦ Ἀγρίππα, ὑπὸ Ἰουδαίων. 8 Τί ἄπιστον³⁶ κρίνεται παρ' ὑμῖν, εἰ ὁ θεὸς νεκροὺς ἐγείρει; 9 Ἐγὼ μὲν οὖν ἔδοξα ἐμαυτῷ¹⁴ πρὸς τὸ ὄνομα Ἰησοῦ τοῦ Ναζωραίου³⁷ δεῖν πολλὰ ἐναντία³⁸ πρᾶξαι·³⁹ 10 ὃ καὶ ἐποίησα

---

¹προήγαγον: 2AAI-1S   ⁷σημᾶναι: AAN   ⁸Ἐπιτρέπεταί: PPI-3S   ¹⁰ἀπελογεῖτο: INI-3S   ¹¹ἐκτείνας: AAP-NSM   ¹²ἐγκαλοῦμαι: PPI-1S   ¹³ἥγημαι: RNI-1S   ¹⁵ἀπολογεῖσθαι: PNN   ²⁰δέομαί: PNI-1S   ²⁴προγινώσκοντές: PAP-NPM   ³²λατρεῦον: PAP-NSN   ³³ἐλπίζει: PAI-3S   ³⁴καταντῆσαι: AAN   ³⁵ἐγκαλοῦμαι: PPI-1S   ³⁹πρᾶξαι: AAN

---

¹προάγω, [18] (a) trans: I lead forth; in the judicial sense, into court, (b) intrans. and trans: I precede, go before, (c) intrans: I go too far.   ²μάλιστα, [12] most of all, especially.   ³ἀνάκρισις, εως, ἡ, [1] judicial examination, preliminary inquiry.   ⁴ἄλογος, ον, [3] without reason, irrational; contrary to reason, absurd.   ⁵δέσμιος, ου, ὁ, [16] one bound, a prisoner.   ⁶αἰτία, ας, ἡ, [20] a cause, reason, excuse; a charge, accusation; guilt; circumstances, case.   ⁷σημαίνω, [6] I signify, indicate, give a sign, make known.   ⁸ἐπιτρέπω, [19] I turn to, commit, entrust; I allow, yield, permit.   ⁹σεαυτοῦ, ῆς, οῦ, [41] of yourself.   ¹⁰ἀπολογέομαι, [10] I give a defense, defend myself (especially in a law court): it can take an object of what is said in defense.   ¹¹ἐκτείνω, [16] I stretch out (forth), cast forth (as of an anchor), lay hands on.   ¹²ἐγκαλέω, [7] I bring a charge against, accuse.   ¹³ἡγέομαι, [28] (a) I lead, (b) I think, am of opinion, suppose, consider.   ¹⁴ἐμαυτοῦ, ῆς, οῦ, [37] of myself.   ¹⁵ἀπολογέομαι, [10] I give a defense, defend myself (especially in a law court): it can take an object of what is said in defense.   ¹⁶σήμερον, [41] today, now.   ¹⁷γνώστης, ου, ὁ, [1] one who knows, an expert.   ¹⁸ἦθος, ους, τό, [2] habit, manner, custom, morals.   ¹⁹ζήτημα, ατος, τό, [5] a question, subject of inquiry, dispute.   ²⁰δέομαι, [22] I want for myself; I want, need; I beg, request, beseech, pray.   ²¹μακροθύμως, [1] with longsuffering, patiently.   ²²βίωσις, εως, ἡ, [1] manner of life.   ²³νεότης, τητος, ἡ, [5] youth, youthfulness.   ²⁴προγινώσκω, [5] I know beforehand, foreknow.   ²⁵ἄνωθεν, [13] (a) from above, from heaven, (b) from the beginning, from their origin (source), from of old, (c) again, anew.   ²⁶ἀκριβέστατος, [1] most exact, strict.   ²⁷αἵρεσις, εως, ἡ, [9] a self-chosen opinion, a religious or philosophical sect, discord or contention.   ²⁸ἡμέτερος, α, ον, [7] our, our own.   ²⁹θρησκεία, ας, ἡ, [4] (underlying sense: reverence or worship of the gods), worship as expressed in ritual acts, religion.   ³⁰δωδεκάφυλον, ου, τό, [1] the Twelve Tribes (of Israel).   ³¹ἐκτένεια, ας, ἡ, [1] earnestness, strenuousness, intentness, zeal.   ³²λατρεύω, [21] I serve, especially God, perhaps simply: I worship.   ³³ἐλπίζω, [31] I hope, hope for, expect, trust.   ³⁴καταντάω, [13] (a) I come down, either from high land to lower (or actually to the sea-coast), or from the high seas to the coast; hence met: I arrive at, reach (my destination), (b) of property: I come down (descend) by inheritance to an heir.   ³⁵ἐγκαλέω, [7] I bring a charge against, accuse.   ³⁶ἄπιστος, ον, [23] unbelieving, incredulous, unchristian; sometimes subst: unbeliever.   ³⁷Ναζωραῖος, ου, ὁ, [15] a Nazarene, an inhabitant of Nazareth.   ³⁸ἐναντίος, α, ον, [8] opposite, opposed, contrary; the adversary.   ³⁹πράσσω, [38] I do, perform, accomplish; be in any condition, i.e. I fare; I exact, require.

ἐν Ἱεροσολύμοις, καὶ πολλοὺς τῶν ἁγίων ἐγὼ φυλακαῖς¹ κατέκλεισα,² τὴν παρὰ τῶν ἀρχιερέων ἐξουσίαν λαβών, ἀναιρουμένων³ τε αὐτῶν κατήνεγκα⁴ ψῆφον.⁵ **11** Καὶ κατὰ πάσας τὰς συναγωγὰς πολλάκις⁶ τιμωρῶν⁷ αὐτούς, ἠνάγκαζον⁸ βλασφημεῖν·⁹ περισσῶς¹⁰ τε ἐμμαινόμενος¹¹ αὐτοῖς, ἐδίωκον¹² ἕως καὶ εἰς τὰς ἔξω πόλεις. **12** Ἐν οἷς καὶ πορευόμενος εἰς τὴν Δαμασκὸν¹³ μετ' ἐξουσίας καὶ ἐπιτροπῆς¹⁴ τῆς παρὰ τῶν ἀρχιερέων, **13** ἡμέρας μέσης, κατὰ τὴν ὁδὸν εἶδον, βασιλεῦ, οὐρανόθεν¹⁵ ὑπὲρ τὴν λαμπρότητα¹⁶ τοῦ ἡλίου,¹⁷ περιλάμψαν¹⁸ με φῶς καὶ τοὺς σὺν ἐμοὶ πορευομένους. **14** Πάντων δὲ καταπεσόντων¹⁹ ἡμῶν εἰς τὴν γῆν, ἤκουσα φωνὴν λαλοῦσαν πρός με καὶ λέγουσαν τῇ Ἑβραΐδι²⁰ διαλέκτῳ,²¹ Σαούλ, Σαούλ, τί με διώκεις;²² Σκληρόν²³ σοι πρὸς κέντρα²⁴ λακτίζειν.²⁵ **15** Ἐγὼ δὲ εἶπον, Τίς εἶ, κύριε; Ὁ δὲ εἶπεν, Ἐγώ εἰμι Ἰησοῦς ὃν σὺ διώκεις.²⁶ **16** Ἀλλὰ ἀνάστηθι, καὶ στῆθι ἐπὶ τοὺς πόδας σου· εἰς τοῦτο γὰρ ὤφθην σοι, προχειρίσασθαί²⁷ σε ὑπηρέτην²⁸ καὶ μάρτυρα²⁹ ὧν τε εἶδες ὧν τε ὀφθήσομαί σοι, **17** ἐξαιρούμενός³⁰ σε ἐκ τοῦ λαοῦ καὶ τῶν ἐθνῶν, εἰς οὓς ἐγώ σε ἀποστέλλω, **18** ἀνοῖξαι ὀφθαλμοὺς αὐτῶν, τοῦ ὑποστρέψαι³¹ ἀπὸ σκότους³² εἰς φῶς καὶ τῆς ἐξουσίας τοῦ Σατανᾶ³³ ἐπὶ τὸν θεόν, τοῦ λαβεῖν αὐτοὺς ἄφεσιν³⁴ ἁμαρτιῶν, καὶ κλῆρον³⁵ ἐν τοῖς ἡγιασμένοις³⁶ πίστει τῇ εἰς ἐμέ. **19** Ὅθεν,³⁷ βασιλεῦ Ἀγρίππα, οὐκ ἐγενόμην ἀπειθὴς³⁸ τῇ οὐρανίῳ³⁹ ὀπτασίᾳ,⁴⁰ **20** ἀλλὰ τοῖς ἐν Δαμασκῷ¹³ πρῶτον καὶ Ἱεροσολύμοις, εἰς

---

²κατέκλεισα: AAI-1S ³ἀναιρουμένων: PPP-GPM ⁴κατήνεγκα: AAI-1S ⁷τιμωρῶν: PAP-NSM ⁸ἠνάγκαζον: IAI-1S ⁹βλασφημεῖν: PAN ¹¹ἐμμαινόμενος: PNP-NSM ¹²ἐδίωκον: IAI-1S ¹⁸περιλάμψαν: AAP-ASN ¹⁹καταπεσόντων: 2AAP-GPM ²²διώκεις: PAI-2S ²⁵λακτίζειν: PAN ²⁶διώκεις: PAI-2S ²⁷προχειρίσασθαί: ADN ³⁰ἐξαιρούμενός: PMP-NSM ³¹ὑποστρέψαι: AAN ³⁶ἡγιασμένοις: RPP-DPM

---

¹φυλακή, ῆς, ἡ, [47] a watching, keeping guard; a guard, prison; imprisonment. ²κατακλείω, [2] I shut up, confine. ³ἀναιρέω, [23] I take up, take away the life of, make an end of, murder. ⁴καταφέρω, [3] I bear down, overpower; I give a vote or verdict, bring charges. ⁵ψῆφος, ου, ἡ, [3] (a) a pebble, small stone, (b) hence, from their use in voting: a vote. ⁶πολλάκις, [18] many times, often, frequently. ⁷τιμωρέω, [2] I punish, avenge myself on. ⁸ἀναγκάζω, [9] I force, compel, constrain, urge. ⁹βλασφημέω, [35] I speak evil against, blaspheme, use abusive or scurrilous language about (God or men). ¹⁰περισσῶς, [16] greatly, exceedingly, abundantly, vehemently. ¹¹ἐμμαίνομαι, [1] I am madly enraged with. ¹²διώκω, [44] I pursue, hence: I persecute. ¹³Δαμασκός, οῦ, ἡ, [15] Damascus. ¹⁴ἐπιτροπή, ῆς, ἡ, [1] power to decide, authority, commission. ¹⁵οὐρανόθεν, [2] from heaven, from the sky. ¹⁶λαμπρότης, τητος, ἡ, [1] splendor, brightness, brilliancy. ¹⁷ἥλιος, ου, ὁ, [32] the sun, sunlight. ¹⁸περιλάμπω, [2] I shine around. ¹⁹καταπίπτω, [2] I fall down, fall prostrate. ²⁰Ἑβραΐς, ίδος, ἡ, [3] the Hebrew language, or rather: Aramaic. ²¹διάλεκτος, ου, ἡ, [6] language, speech, conversation, manner of speaking. ²²διώκω, [44] I pursue, hence: I persecute. ²³σκληρός, ά, όν, [5] hard, violent, harsh, stern. ²⁴κέντρον, ου, τό, [4] a sting, goad; met: of death. ²⁵λακτίζω, [1] I kick. ²⁶διώκω, [44] I pursue, hence: I persecute. ²⁷προχειρίζομαι, [3] I appoint, choose, elect, take into hand. ²⁸ὑπηρέτης, ου, ὁ, [20] a servant, an attendant, (a) an officer, lictor, (b) an attendant in a synagogue, (c) a minister of the gospel. ²⁹μάρτυς, υρος, ὁ, [34] a witness; an eye- or ear-witness. ³⁰ἐξαιρέω, [8] I take out, remove; sometimes (mid): I choose, sometimes: I rescue. ³¹ὑποστρέφω, [37] I turn back, return. ³²σκότος, ους, τό, [32] darkness, either physical or moral. ³³Σατανᾶς, ᾶ, ὁ, [36] an adversary, Satan. ³⁴ἄφεσις, εως, ἡ, [17] a sending away, a letting go, a release, pardon, complete forgiveness. ³⁵κλῆρος, ου, ὁ, [12] (a) a lot, (b) a portion assigned; hence: a portion of the people of God assigned to one's care, a congregation. ³⁶ἁγιάζω, [29] I make holy, treat as holy, set apart as holy, sanctify, hallow, purify. ³⁷ὅθεν, [15] (a) whence, from which place, (b) wherefore. ³⁸ἀπειθής, ές, [6] unbelieving, disobedient, who will not be persuaded. ³⁹οὐράνιος, ον, [6] in heaven, belonging to heaven, heavenly, from heaven. ⁴⁰ὀπτασία, ας, ἡ, [4] a vision, supernatural appearance.

πᾶσάν τε τὴν χώραν¹ τῆς Ἰουδαίας,² καὶ τοῖς ἔθνεσιν, ἀπαγγέλλων³ μετανοεῖν,⁴ καὶ ἐπιστρέφειν⁵ ἐπὶ τὸν θεόν, ἄξια⁶ τῆς μετανοίας⁷ ἔργα πράσσοντας.⁸ **21** Ἕνεκα⁹ τούτων οἱ Ἰουδαῖοί με συλλαβόμενοι¹⁰ ἐν τῷ ἱερῷ ἐπειρῶντο¹¹ διαχειρίσασθαι.¹² **22** Ἐπικουρίας¹³ οὖν τυχὼν¹⁴ τῆς παρὰ τοῦ θεοῦ, ἄχρι τῆς ἡμέρας ταύτης ἕστηκα μαρτυρόμενος¹⁵ μικρῷ¹⁶ τε καὶ μεγάλῳ, οὐδὲν ἐκτὸς¹⁷ λέγων ὧν τε οἱ προφῆται ἐλάλησαν μελλόντων γίνεσθαι καὶ Μωϋσῆς, **23** εἰ παθητὸς¹⁸ ὁ χριστός, εἰ πρῶτος ἐξ ἀναστάσεως¹⁹ νεκρῶν φῶς μέλλει καταγγέλλειν²⁰ τῷ λαῷ καὶ τοῖς ἔθνεσιν.

24 Ταῦτα δὲ αὐτοῦ ἀπολογουμένου,²¹ ὁ Φῆστος μεγάλῃ τῇ φωνῇ ἔφη, Μαίνῃ,²² Παῦλε· τὰ πολλά σε γράμματα²³ εἰς μανίαν²⁴ περιτρέπει.²⁵ **25** Ὁ δέ, Οὐ μαίνομαι,²⁶ φησίν, κράτιστε²⁷ Φῆστε, ἀλλὰ ἀληθείας καὶ σωφροσύνης²⁸ ῥήματα ἀποφθέγγομαι.²⁹ **26** Ἐπίσταται³⁰ γὰρ περὶ τούτων ὁ βασιλεύς, πρὸς ὃν καὶ παρρησιαζόμενος³¹ λαλῶ· λανθάνειν³² γὰρ αὐτόν τι τούτων οὐ πείθομαι οὐδέν· οὐ γὰρ ἐν γωνίᾳ³³ πεπραγμένον³⁴ τοῦτο. **27** Πιστεύεις, βασιλεῦ Ἀγρίππα, τοῖς προφήταις; Οἶδα ὅτι πιστεύεις. **28** Ὁ δὲ Ἀγρίππας πρὸς τὸν Παῦλον ἔφη, Ἐν ὀλίγῳ³⁵ με πείθεις Χριστιανὸν³⁶ γενέσθαι. **29** Ὁ δὲ Παῦλος εἶπεν, Εὐξαίμην³⁷ ἂν τῷ θεῷ, καὶ ἐν ὀλίγῳ³⁵ καὶ ἐν πολλῷ οὐ μόνον σε, ἀλλὰ

---

³ἀπαγγέλλων: PAP-NSM ⁴μετανοεῖν: PAN ⁵ἐπιστρέφειν: PAN ⁸πράσσοντας: PAP-APM ¹⁰συλλαβόμενοι: 2AMP-NPM ¹¹ἐπειρῶντο: INI-3P ¹²διαχειρίσασθαι: AMN ¹⁴τυχὼν: 2AAP-NSM ¹⁵μαρτυρόμενος: PNP-NSM ²⁰καταγγέλλειν: PAN ²¹ἀπολογουμένου: PNP-GSM ²²Μαίνῃ: PNI-2S ²⁵περιτρέπει: PAI-3S ²⁶μαίνομαι: PNI-1S ²⁹ἀποφθέγγομαι: PNI-1S ³⁰Ἐπίσταται: PNI-3S ³¹παρρησιαζόμενος: PNP-NSM ³²λανθάνειν: PAN ³⁴πεπραγμένον: RPP-NSN ³⁷Εὐξαίμην: ADO-1S

---

¹χώρα, ας, ἡ, [27] (a) a country or region, (b) the land, as opposed to the sea, (c) the country, distinct from town, (d) plur: fields. ²Ἰουδαία, ας, ἡ, [43] Judea, a Roman province, capital Jerusalem. ³ἀπαγγέλλω, [44] I report (from one place to another), bring a report, announce, declare. ⁴μετανοέω, [34] I repent, change my mind, change the inner man (particularly with reference to acceptance of the will of God), repent. ⁵ἐπιστρέφω, [37] (a) trans: I turn (back) to (towards), (b) intrans: I turn (back) (to [towards]); I come to myself. ⁶ἄξιος, ία, ιον, [41] worthy, worthy of, deserving, comparable, suitable. ⁷μετάνοια, ας, ἡ, [24] repentance, a change of mind, change in the inner man. ⁸πράσσω, [38] I do, perform, accomplish; be in any condition, i.e. I fare; I exact, require. ⁹ἕνεκεν, [26] for the sake of, on account of, on account of which, wherefore, on account of what, why. ¹⁰συλλαμβάνω, [16] I seize, apprehend, assist, conceive, become pregnant. ¹¹πειράω, [3] mid: I try, attempt, endeavor. ¹²διαχειρίζομαι, [2] I lay my hands upon, and so: I slay, kill. ¹³ἐπικουρία, ας, ἡ, [1] succor (against foes), help, aid, assistance. ¹⁴τυγχάνω, [13] (a) gen: I obtain, (b) absol: I chance, happen; ordinary, everyday, it may chance, perhaps. ¹⁵μαρτύρομαι, [5] (properly: I call (summon) to witness, and then absolutely) I testify, protest, asseverate; I conjure, solemnly charge. ¹⁶μικρός, ά, όν, [45] little, small. ¹⁷ἐκτός, [9] (a) adv: (1) without, outside, beyond, (2) except, (3) subst: the outside, (b) prep: outside, apart from. ¹⁸παθητός, ή, όν, [1] destined to suffer. ¹⁹ἀνάστασις, εως, ἡ, [42] a rising again, resurrection. ²⁰καταγγέλλω, [18] I declare openly, proclaim, preach, laud, celebrate. ²¹ἀπολογέομαι, [10] I give a defense, defend myself (especially in a law court): it can take an object of what is said in defense. ²²μαίνομαι, [5] I am raving mad, speak as a madman. ²³γράμμα, ατος, τό, [15] a letter of the alphabet; collectively: written (revelation); (a) a written document, a letter, an epistle, (b) writings, literature, learning. ²⁴μανία, ας, ἡ, [1] raving madness, frenzy, insanity. ²⁵περιτρέπω, [1] I turn round, turn, change. ²⁶μαίνομαι, [5] I am raving mad, speak as a madman. ²⁷κράτιστος, η, ον, [4] most excellent, an official epithet, used in addressing a Roman of high rank, and in the second century one of equestrian (as distinguished from senatorial) rank. ²⁸σωφροσύνη, ης, ἡ, [3] soundness of mind, sanity; self-control, sobriety. ²⁹ἀποφθέγγομαι, [3] I speak out, declare. ³⁰ἐπίσταμαι, [14] I know, know of, understand. ³¹παρρησιάζομαι, [9] I speak freely, boldly; I am confident. ³²λανθάνω, [6] I am hidden (concealed), lie hid, escape notice, sometimes with acc. of person from whom concealment takes place; I do so and so unconsciously, unknown to myself, I shut my eyes to so and so. ³³γωνία, ας, ἡ, [9] a corner; met: a secret place. ³⁴πράσσω, [38] I do, perform, accomplish; be in any condition, i.e. I fare; I exact, require. ³⁵ὀλίγος, η, ον, [43] (a) especially in plur: few, (b) in sing: small; hence, of time: short, of degree: light, slight, little. ³⁶Χριστιανός, οῦ, ὁ, [3] a Christian. ³⁷εὔχομαι, [7] I pray, wish.

καὶ πάντας τοὺς ἀκούοντάς μου σήμερον, [1] γενέσθαι τοιούτους ὁποῖος [2] κἀγώ εἰμι, παρεκτὸς [3] τῶν δεσμῶν [4] τούτων.

30 Καὶ ταῦτα εἰπόντος αὐτοῦ, ἀνέστη ὁ βασιλεὺς καὶ ὁ ἡγεμών, [5] ἥ τε Βερνίκη, καὶ οἱ συγκαθήμενοι [6] αὐτοῖς· **31** καὶ ἀναχωρήσαντες [7] ἐλάλουν πρὸς ἀλλήλους, λέγοντες ὅτι Οὐδὲν θανάτου ἄξιον [8] ἢ δεσμῶν [4] πράσσει [9] ὁ ἄνθρωπος οὗτος. **32** Ἀγρίππας δὲ τῷ Φήστῳ ἔφη, Ἀπολελύσθαι ἐδύνατο ὁ ἄνθρωπος οὗτος, εἰ μὴ ἐπεκέκλητο [10] Καίσαρα. [11]

The Voyage from Caesarea to Melita

27 Ὡς δὲ ἐκρίθη τοῦ ἀποπλεῖν [12] ἡμᾶς εἰς τὴν Ἰταλίαν, [13] παρεδίδουν τόν τε Παῦλον καί τινας ἑτέρους δεσμώτας [14] ἑκατοντάρχῃ, [15] ὀνόματι Ἰουλίῳ, σπείρης [16] Σεβαστῆς. [17] **2** Ἐπιβάντες [18] δὲ πλοίῳ Ἀδραμυττηνῷ, [19] μέλλοντες πλεῖν [20] τοὺς κατὰ τὴν Ἀσίαν [21] τόπους, ἀνήχθημεν, [22] ὄντος σὺν ἡμῖν Ἀριστάρχου Μακεδόνος [23] Θεσσαλονικέως. [24] **3** Τῇ τε ἑτέρᾳ κατήχθημεν [25] εἰς Σιδῶνα· [26] φιλανθρώπως [27] τε ὁ Ἰούλιος τῷ Παύλῳ χρησάμενος [28] ἐπέτρεψεν [29] πρὸς τοὺς φίλους [30] πορευθέντα ἐπιμελείας [31] τυχεῖν. [32] **4** Κἀκεῖθεν [33] ἀναχθέντες [34] ὑπεπλεύσαμεν [35] τὴν Κύπρον, [36] διὰ τὸ τοὺς ἀνέμους [37] εἶναι ἐναντίους. [38] **5** Τό τε πέλαγος [39] τὸ κατὰ τὴν Κιλικίαν [40] καὶ

---

[6] συγκαθήμενοι: PNP-NPM [7] ἀναχωρήσαντες: AAP-NPM [9] πράσσει: PAI-3S [10] ἐπεκέκλητο: LDI-3S [12] ἀποπλεῖν: PAN [18] Ἐπιβάντες: 2AAP-NPM [20] πλεῖν: PAN [22] ἀνήχθημεν: API-1P [25] κατήχθημεν: 2API-1P [28] χρησάμενος: ADP-NSM [29] ἐπέτρεψεν: AAI-3S [32] τυχεῖν: 2AAN [34] ἀναχθέντες: APP-NPM [35] ὑπεπλεύσαμεν: AAI-1P

---

[1] σήμερον, [41] today, now. [2] ὁποῖος, οἵα, οἷον, [5] of what kind or manner, of what sort. [3] παρεκτός, [3] (a) adv. used as adj: besides, outside, without, left over, in addition, (b) prep: apart from, except. [4] δεσμός, οῦ, ὁ, [20] a bond, chain, imprisonment; a string or ligament, an impediment, infirmity. [5] ἡγεμών, όνος, ὁ, [22] a leader, guide; a commander; a governor (of a province); plur: leaders. [6] συγκάθημαι, [2] I sit with. [7] ἀναχωρέω, [14] I return, retire, withdraw, depart (underlying idea perhaps of taking refuge from danger or of going into retirement). [8] ἄξιος, ία, ιον, [41] worthy, worthy of, deserving, comparable, suitable. [9] πράσσω, [38] I do, perform, accomplish; be in any condition, i.e. I fare; I exact, require. [10] ἐπικαλέω, [32] (a) I call (name) by a supplementary (additional, alternative) name, (b) mid: I call upon, appeal to, address. [11] Καῖσαρ, αρος, ὁ, [30] Caesar, a surname of the gens Iulia, which became practically synonymous with the Emperor for the time being; in the Gospels it always refers to Tiberias. [12] ἀποπλέω, [4] I sail away. [13] Ἰταλία, ας, ἡ, [4] Italy. [14] δεσμώτης, ου, ὁ, [2] a prisoner, captive. [15] ἑκατοντάρχης, ου, ὁ, [21] a centurion of the Roman army. [16] σπεῖρα, ης, ἡ, [7] a cohort, the tenth part of a legion; a military guard. [17] Σεβαστός, ή, όν, [3] (official Greek equivalent of Augustus), venerated, august, a title of the Roman emperors; hence secondarily: Augustan, imperial. [18] ἐπιβαίνω, [6] (a) I set foot on, step on, (b) I mount (a horse), board (a vessel). [19] Ἀδραμυττηνός, ή, όν, [1] belonging to Adramyttium, a port in Mysia, in Asia Minor. [20] πλέω, [6] I sail, travel by sea, voyage. [21] Ἀσία, ας, ἡ, [18] the Roman province of Asia, roughly the western third of Asia Minor. [22] ἀνάγω, [23] I lead up, bring up, offer, product, put to sea, set sail. [23] Μακεδών, όνος, ὁ, [5] a Macedonian, an inhabitant of the Roman province Macedonia. [24] Θεσσαλονικεύς, έως, ὁ, [4] a Thessalonian. [25] κατάγω, [10] I lead down, bring down, either from a high place on land or to a lower (or actually to the sea-coast), or from the high seas to land. [26] Σιδών, ῶνος, ἡ, [11] Sidon, a great coast city of Phoenicia. [27] φιλανθρώπως, [1] humanely, kindly. [28] χράομαι, [11] I use, make use of, deal with, take advantage of. [29] ἐπιτρέπω, [19] I turn to, commit, entrust; I allow, yield, permit. [30] φίλος, η, ον, [30] friendly; subst: a friend, an associate. [31] ἐπιμέλεια, ας, ἡ, [1] care, attention. [32] τυγχάνω, [13] (a) gen: I obtain, (b) absol: I chance, happen; ordinary, everyday, it may chance, perhaps. [33] κἀκεῖθεν, [9] and thence, and from there; and then afterwards. [34] ἀνάγω, [23] I lead up, bring up, offer, product, put to sea, set sail. [35] ὑποπλέω, [2] I sail under. [36] Κύπρος, ου, ἡ, [5] Cyprus. [37] ἄνεμος, ου, ὁ, [31] the wind; fig: applied to empty doctrines. [38] ἐναντίος, α, ον, [8] opposite, opposed, contrary; the adversary. [39] πέλαγος, ους, τό, [2] the sea, the deep. [40] Κιλικία, ας, ἡ, [8] Cilicia, a Roman province between the Taurus range of mountains and the coast in the south-east corner of Asia Minor, linked up with the province of Syria.

Παμφυλίαν¹ διαπλεύσαντες,² κατήλθομεν³ εἰς Μύρα⁴ τῆς Λυκίας.⁵ **6** Κἀκεῖ⁶ εὑρὼν ὁ ἑκατόνταρχος⁷ πλοῖον Ἀλεξανδρῖνον⁸ πλέον⁹ εἰς τὴν Ἰταλίαν,¹⁰ ἐνεβίβασεν¹¹ ἡμᾶς εἰς αὐτό. **7** Ἐν ἱκαναῖς¹² δὲ ἡμέραις βραδυπλοοῦντες,¹³ καὶ μόλις¹⁴ γενόμενοι κατὰ τὴν Κνίδον,¹⁵ μὴ προσεῶντος¹⁶ ἡμᾶς τοῦ ἀνέμου,¹⁷ ὑπεπλεύσαμεν¹⁸ τὴν Κρήτην¹⁹ κατὰ Σαλμώνην·²⁰ **8** μόλις¹⁴ τε παραλεγόμενοι²¹ αὐτὴν ἤλθομεν εἰς τόπον τινὰ καλούμενον Καλοὺς Λιμένας,²² ᾧ ἐγγὺς²³ ἦν πόλις Λασαία.²⁴

9 Ἱκανοῦ¹² δὲ χρόνου διαγενομένου,²⁵ καὶ ὄντος ἤδη ἐπισφαλοῦς²⁶ τοῦ πλοός,²⁷ διὰ τὸ καὶ τὴν νηστείαν²⁸ ἤδη παρεληλυθέναι,²⁹ παρήνει³⁰ ὁ Παῦλος **10** λέγων αὐτοῖς, Ἄνδρες, θεωρῶ ὅτι μετὰ ὕβρεως³¹ καὶ πολλῆς ζημίας,³² οὐ μόνον τοῦ φορτίου³³ καὶ τοῦ πλοίου ἀλλὰ καὶ τῶν ψυχῶν ἡμῶν, μέλλειν ἔσεσθαι τὸν πλοῦν.²⁷ **11** Ὁ δὲ ἑκατοντάρχης⁷ τῷ κυβερνήτῃ³⁴ καὶ τῷ ναυκλήρῳ³⁵ ἐπείθετο μᾶλλον ἢ τοῖς ὑπὸ τοῦ Παύλου λεγομένοις. **12** Ἀνευθέτου³⁶ δὲ τοῦ λιμένος²² ὑπάρχοντος πρὸς παραχειμασίαν,³⁷ οἱ πλείους ἔθεντο βουλὴν³⁸ ἀναχθῆναι³⁹ κἀκεῖθεν,⁴⁰ εἴ πως δύναιντο καταντήσαντες⁴¹ εἰς Φοίνικα⁴² παραχειμάσαι,⁴³ λιμένα²² τῆς Κρήτης¹⁹ βλέποντα κατὰ λίβα⁴⁴ καὶ κατὰ χῶρον.⁴⁵

---

²διαπλεύσαντες: *AAP-NPM* ³κατήλθομεν: *2AAI-1P* ⁹πλέον: *PAP-ASN* ¹¹ἐνεβίβασεν: *AAI-3S* ¹³βραδυπλοοῦντες: *PAP-NPM* ¹⁶προσεῶντος: *PAP-GSM* ¹⁸ὑπεπλεύσαμεν: *AAI-1P* ²¹παραλεγόμενοι: *PNP-NPM* ²⁵διαγενομένου: *2ADP-GSM* ²⁹παρεληλυθέναι: *2RAN* ³⁰παρήνει: *IAI-3S* ³⁹ἀναχθῆναι: *APN* ⁴¹καταντήσαντες: *AAP-NPM* ⁴³παραχειμάσαι: *AAN*

---

¹Παμφυλία, ας, ἡ, [5] Pamphylia, a Roman province on the south coast of Asia Minor. ²διαπλέω, [1] I sail over (across). ³κατέρχομαι, [13] I come down from sky to earth, or from high land to lower land (or to the coast), or from the high seas to the shore. ⁴Μύρα, ων, τά, [1] Myra, a port in Lycia, south-west Asia Minor. ⁵Λυκία, ας, ἡ, [1] Lycia, a small Roman province on the south coast of Asia Minor. ⁶κἀκεῖ, [8] and there, and yonder, there also. ⁷ἑκατοντάρχης, ου, ὁ, [21] a centurion of the Roman army. ⁸Ἀλεξανδρῖνος, η, ον, [2] Alexandrian, belonging to Alexandria in Egypt. ⁹πλέω, [6] I sail, travel by sea, voyage. ¹⁰Ἰταλία, ας, ἡ, [4] Italy. ¹¹ἐμβιβάζω, [1] trans: I embark, put on board, step into. ¹²ἱκανός, ἡ, όν, [41] (a) considerable, sufficient, of number, quantity, time, (b) of persons: sufficiently strong (good, etc.), worthy, suitable, with various constructions, (c) many, much. ¹³βραδυπλοέω, [1] I sail slowly. ¹⁴μόλις, [6] with difficulty, hardly, scarcely. ¹⁵Κνίδος, ου, ἡ, [1] Cnidus, a town on the coast of Caria (south-west Asia Minor) near the island of Cos. ¹⁶προσεάω, [1] I permit one to approach, permit further. ¹⁷ἄνεμος, ου, ὁ, [31] the wind; fig: applied to empty doctrines. ¹⁸ὑποπλέω, [2] I sail under. ¹⁹Κρήτη, ης, ἡ, [5] Crete. ²⁰Σαλμώνη, ης, ἡ, [1] Salmone, a promontory on the east of Crete. ²¹παραλέγομαι, [2] I coast along, sail along. ²²λιμήν, ένος, ὁ, [3] a harbor, port, haven. ²³ἐγγύς, [30] near. ²⁴Λασαία, ας, ἡ, [1] Lasea, a city in Crete, about the middle of the south coast. ²⁵διαγίνομαι, [3] I pass (of time); I continue through, intervene. ²⁶ἐπισφαλής, ές, [1] dangerous, likely to fall. ²⁷πλόος, οὖς, [3] a voyage, sailing. ²⁸νηστεία, ας, ἡ, [8] fasting, the day of atonement. ²⁹παρέρχομαι, [29] I pass by, pass away, pass out of sight; I am rendered void, become vain, neglect, disregard. ³⁰παραινέω, [2] I admonish, advise, exhort. ³¹ὕβρις, εως, ἡ, [3] (a) insult, injury, outrage, (b) damage, loss. ³²ζημία, ας, ἡ, [4] damage, loss, detriment. ³³φορτίον, ου, τό, [6] a burden; the freight of a ship. ³⁴κυβερνήτης, ου, ὁ, [2] a steersman, pilot; met: a guide, governor. ³⁵ναύκληρος, ου, ὁ, [1] a captain (master) of a ship, ship-owner. ³⁶ἀνεύθετος, ον, [1] unfitted, unsuitable, inconvenient, not well placed. ³⁷παραχειμασία, ας, ἡ, [1] wintering, spending the winter. ³⁸βουλή, ῆς, ἡ, [12] counsel, deliberate wisdom, decree. ³⁹ἀνάγω, [23] I lead up, bring up, offer, product, put to sea, set sail. ⁴⁰κἀκεῖθεν, [9] and thence, and from there; and then afterwards. ⁴¹καταντάω, [13] (a) I come down, either from high land to lower (or actually to the sea-coast), or from the high seas to the coast; hence met: I arrive at, reach (my destination), (b) of property: I come down (descend) by inheritance to an heir. ⁴²Φοῖνιξ, ικός, ἡ, [1] Phoenix, a bay on the south coast of Crete. ⁴³παραχειμάζω, [4] I pass the winter. ⁴⁴λίψ, λιβός, ὁ, [1] the south-west wind, and thus the quarter from which it comes. ⁴⁵χῶρος, ου, ὁ, [1] the north-west wind, and the quarter of the sky from which it comes.

13 Ὑποπνεύσαντος¹ δὲ νότου,² δόξαντες τῆς προθέσεως³ κεκρατηκέναι,⁴ ἄραντες ἆσσον⁵ παρελέγοντο⁶ τὴν Κρήτην.⁷ 14 Μετ' οὐ πολὺ δὲ ἔβαλεν κατ' αὐτῆς ἄνεμος⁸ τυφωνικός,⁹ ὁ καλούμενος Εὐροκλύδων·¹⁰ 15 συναρπασθέντος¹¹ δὲ τοῦ πλοίου, καὶ μὴ δυναμένου ἀντοφθαλμεῖν¹² τῷ ἀνέμῳ,⁸ ἐπιδόντες¹³ ἐφερόμεθα. 16 Νησίον¹⁴ δέ τι ὑποδραμόντες¹⁵ καλούμενον Κλαύδην¹⁶ μόλις¹⁷ ἰσχύσαμεν¹⁸ περικρατεῖς¹⁹ γενέσθαι τῆς σκάφης·²⁰ 17 ἣν ἄραντες, βοηθείαις²¹ ἐχρῶντο,²² ὑποζωννύντες²³ τὸ πλοῖον· φοβούμενοί τε μὴ εἰς τὴν Σύρτην²⁴ ἐκπέσωσιν,²⁵ χαλάσαντες²⁶ τὸ σκεῦος,²⁷ οὕτως ἐφέροντο. 18 Σφοδρῶς²⁸ δὲ χειμαζομένων²⁹ ἡμῶν, τῇ ἑξῆς³⁰ ἐκβολὴν³¹ ἐποιοῦντο· 19 καὶ τῇ τρίτῃ αὐτόχειρες³² τὴν σκευὴν³³ τοῦ πλοίου ἐρρίψαμεν.³⁴ 20 Μήτε³⁵ δὲ ἡλίου³⁶ μήτε³⁵ ἄστρων³⁷ ἐπιφαινόντων³⁸ ἐπὶ πλείονας ἡμέρας, χειμῶνός³⁹ τε οὐκ ὀλίγου⁴⁰ ἐπικειμένου,⁴¹ λοιπὸν⁴² περιῃρεῖτο⁴³ πᾶσα ἐλπὶς τοῦ σῴζεσθαι ἡμᾶς. 21 Πολλῆς δὲ ἀσιτίας⁴⁴ ὑπαρχούσης, τότε σταθεὶς ὁ Παῦλος ἐν μέσῳ αὐτῶν εἶπεν, Ἔδει μέν, ὦ⁴⁵ ἄνδρες, πειθαρχήσαντάς⁴⁶ μοι

¹Ὑποπνεύσαντος: AAP-GSM ⁴κεκρατηκέναι: RAN ⁶παρελέγοντο: INI-3P ¹¹συναρπασθέντος: APP-GSN ¹²ἀντοφθαλμεῖν: PAN ¹³ἐπιδόντες: 2AAP-NPM ¹⁵ὑποδραμόντες: 2AAP-NPM ¹⁸ἰσχύσαμεν: AAI-1P ²²ἐχρῶντο: INI-3P ²³ὑποζωννύντες: PAP-NPM ²⁵ἐκπέσωσιν: 2AAS-3P ²⁶χαλάσαντες: AAP-NPM ²⁹χειμαζομένων: PPP-GPM ³⁴ἐρρίψαμεν: AAI-1P ³⁸ἐπιφαινόντων: PAP-GPN ⁴¹ἐπικειμένου: PNP-GSM ⁴³περιῃρεῖτο: IPI-3S ⁴⁶πειθαρχήσαντάς: AAP-APM

¹ὑποπνέω, [1] I blow gently. ²νότος, ου, ὁ, [7] the south wind, the South. ³πρόθεσις, εως, ἡ, [12] a setting forth, the show-bread; predetermination, purpose. ⁴κρατέω, [47] I am strong, mighty, hence: I rule, am master, prevail; I obtain, take hold of; I hold, hold fast. ⁵ἆσσον, [1] nearer, close by. ⁶παραλέγομαι, [2] I coast along, sail along. ⁷Κρήτη, ης, ἡ, [5] Crete. ⁸ἄνεμος, ου, ὁ, [31] the wind; fig: applied to empty doctrines. ⁹τυφωνικός, ή, όν, [1] violent, tempestuous, stormy. ¹⁰Εὐροκλύδων, ωνος, ὁ, [1] an east-north-east wind. ¹¹συναρπάζω, [4] I seize, drag by force. ¹²ἀντοφθαλμέω, [1] I face (lit: "I present my eye to"), resist, withstand; as nautical term: I bear up against the wind. ¹³ἐπιδίδωμι, [11] (a) trans: I hand in, give up, (b) intrans: I give way (to the wind). ¹⁴νησίον, ου, τό, [1] a little island, an islet. ¹⁵ὑποτρέχω, [1] I run under shelter of. ¹⁶Κλαύδη, ης, ἡ, [1] Cauda, Clauda, an island twenty-three miles south of the western end of Crete. ¹⁷μόλις, [6] with difficulty, hardly, scarcely. ¹⁸ἰσχύω, [29] I have strength, am strong, am in full health and vigor, am able; meton: I prevail. ¹⁹περικρατής, ές, [1] having full power over, mastering, gaining control over. ²⁰σκάφη, ης, ἡ, [3] a boat; any hollow vessel. ²¹βοήθεια, ας, ἡ, [2] (a) abstr: assistance, (b) concr: (a technical term of nautical language), a help. ²²χράομαι, [11] I use, make use of, deal with, take advantage of. ²³ὑποζώννυμι, [1] I under-gird, as to strengthen a ship against the waves. ²⁴Σύρτις, εως, ἡ, [1] Syrtis, a quicksand off the coast of North Africa. ²⁵ἐκπίπτω, [12] I fall out, fall off, fall away; hence in nautical language: I fall off from the straight course; of flowers: I fade away, wither away; I fall from, lose, forfeit; I am cast ashore; I am fruitless. ²⁶χαλάω, [7] I let down, lower, slacken, loosen. ²⁷σκεῦος, ους, τό, [23] a vessel to contain liquid; a vessel of mercy or wrath; any instrument by which anything is done; a household utensil; of ships: tackle. ²⁸σφοδρῶς, [1] exceedingly, vehemently. ²⁹χειμάζομαι, [1] I am storm-tossed. ³⁰ἑξῆς, [5] next in order, the next day, the following day, at the period immediately following. ³¹ἐκβολή, ῆς, ἡ, [1] a throwing out, a jettisoning of cargo to lighten a ship. ³²αὐτόχειρ, ρος, ὁ, [1] with one's own hand. ³³σκευή, ῆς, ἡ, [1] tackle, fittings, equipment. ³⁴ῥίπτω, [7] I throw, cast, toss, set down; pass: I am dispersed. ³⁵μήτε, [36] nor, neither, not even, neither...nor. ³⁶ἥλιος, ου, ὁ, [32] the sun, sunlight. ³⁷ἄστρον, ου, τό, [4] a star. ³⁸ἐπιφαίνω, [4] I appear (as of a light in the heavens or from the heavens), shine upon. ³⁹χειμών, ῶνος, ὁ, [6] a storm, tempest; winter, the rainy season. ⁴⁰ὀλίγος, η, ον, [43] (a) especially in plur: few, (b) in sing: small; hence, of time: short, of degree: light, slight, little. ⁴¹ἐπίκειμαι, [7] (a) dat: I am placed upon, am laid upon, lie upon, am imposed; I press upon, (b) absol: I press hard, am insistent, insist. ⁴²λοιπόν, [14] finally, from now on, henceforth, beyond that. ⁴³περιαιρέω, [4] (a) I strip off, strip from, take away, (b) I cast off, cut adrift, cast loose. ⁴⁴ἀσιτία, ας, ἡ, [1] either: lack or wheat, lack of food (the literal meaning), or: abstinence from food, a fast, loss of appetite, sea-sickness (the extended meaning). ⁴⁵ὦ, [17] O, an exclamation, used in addressing someone. ⁴⁶πειθαρχέω, [4] I obey one in authority, conform to advice, obey, follow.

μὴ ἀνάγεσθαι¹ ἀπὸ τῆς Κρήτης,² κερδῆσαί³ τε τὴν ὕβριν⁴ ταύτην καὶ τὴν ζημίαν.⁵ **22** Καὶ τὰ νῦν παραινῶ⁶ ὑμᾶς εὐθυμεῖν·⁷ ἀποβολὴ⁸ γὰρ ψυχῆς οὐδεμία ἔσται ἐξ ὑμῶν, πλὴν⁹ τοῦ πλοίου. **23** Παρέστη¹⁰ γάρ μοι ταύτῃ τῇ νυκτὶ ἄγγελος τοῦ θεοῦ, οὗ εἰμι, ᾧ καὶ λατρεύω,¹¹ **24** λέγων, Μὴ φοβοῦ, Παῦλε· Καίσαρί¹² σε δεῖ παραστῆναι·¹³ καὶ ἰδού, κεχάρισταί¹⁴ σοι ὁ θεὸς πάντας τοὺς πλέοντας¹⁵ μετὰ σοῦ. **25** Διὸ εὐθυμεῖτε¹⁶ ἄνδρες· πιστεύω γὰρ τῷ θεῷ ὅτι οὕτως ἔσται καθ' ὃν τρόπον¹⁷ λελάληταί μοι. **26** Εἰς νῆσον¹⁸ δέ τινα δεῖ ἡμᾶς ἐκπεσεῖν.¹⁹

27 Ὡς δὲ τεσσαρεσκαιδεκάτη²⁰ νὺξ ἐγένετο, διαφερομένων²¹ ἡμῶν ἐν τῷ Ἀδρίᾳ,²² κατὰ μέσον τῆς νυκτὸς ὑπενόουν²³ οἱ ναῦται²⁴ προσάγειν²⁵ τινὰ αὐτοῖς χώραν·²⁶ **28** καὶ βολίσαντες²⁷ εὗρον ὀργυιὰς²⁸ εἴκοσι·²⁹ βραχὺ³⁰ δὲ διαστήσαντες,³¹ καὶ πάλιν βολίσαντες,³² εὗρον ὀργυιὰς²⁸ δεκαπέντε·³³ **29** φοβούμενοί τε μήπως³⁴ εἰς τραχεῖς³⁵ τόπους ἐκπέσωμεν,³⁶ ἐκ πρύμνης³⁷ ῥίψαντες³⁸ ἀγκύρας³⁹ τέσσαρας,⁴⁰ ηὔχοντο⁴¹ ἡμέραν γενέσθαι. **30** Τῶν δὲ ναυτῶν²⁴ ζητούντων φυγεῖν⁴² ἐκ τοῦ πλοίου, καὶ χαλασάντων⁴³ τὴν σκάφην⁴⁴ εἰς τὴν θάλασσαν, προφάσει⁴⁵ ὡς ἐκ πρῴρας⁴⁶ μελλόντων ἀγκύρας³⁹

---

¹ἀνάγεσθαι: PPN   ³κερδῆσαί: AAN   ⁶παραινῶ: PAI-1S   ⁷εὐθυμεῖν: PAN   ¹⁰Παρέστη: 2AAI-3S   ¹¹λατρεύω: PAI-1S   ¹³παραστῆναι: 2AAN   ¹⁴κεχάρισταί: RNI-3S   ¹⁵πλέοντας: PAP-APM   ¹⁶εὐθυμεῖτε: PAM-2P   ¹⁹ἐκπεσεῖν: 2AAN   ²¹διαφερομένων: PPP-GPM   ²³ὑπενόουν: IAI-3P   ²⁵προσάγειν: PAN   ²⁷βολίσαντες: AAP-NPM   ³¹διαστήσαντες: AAP-NPM   ³²βολίσαντες: AAP-NPM   ³⁶ἐκπέσωμεν: 2AAS-1P   ³⁸ῥίψαντες: AAP-NPM   ⁴¹ηὔχοντο: INI-3P   ⁴²φυγεῖν: 2AAN   ⁴³χαλασάντων: AAP-GPM

---

¹ἀνάγω, [23] I lead up, bring up, offer, product, put to sea, set sail.   ²Κρήτη, ης, ἡ, [5] Crete.   ³κερδαίνω, [16] I gain, acquire, win (over), avoid loss.   ⁴ὕβρις, εως, ἡ, [3] (a) insult, injury, outrage, (b) damage, loss.   ⁵ζημία, ας, ἡ, [4] damage, loss, detriment.   ⁶παραινέω, [2] I admonish, advise, exhort.   ⁷εὐθυμέω, [3] I keep up spirit, am cheerful, am of good courage.   ⁸ἀποβολή, ῆς, ἡ, [2] a casting away, rejection, a loss.   ⁹πλήν, [31] however, nevertheless, but, except that, yet.   ¹⁰παρίστημι, [41] I bring, present, prove, come up to and stand by, am present.   ¹¹λατρεύω, [21] I serve, especially God, perhaps simply: I worship.   ¹²Καῖσαρ, αρος, ὁ, [30] Caesar, a surname of the gens Iulia, which became practically synonymous with the Emperor for the time being; in the Gospels it always refers to Tiberias.   ¹³παρίστημι, [41] I bring, present, prove, come up to and stand by, am present.   ¹⁴χαρίζομαι, [23] (a) I show favor to, (b) I pardon, forgive, (c) I show kindness.   ¹⁵πλέω, [6] I sail, travel by sea, voyage.   ¹⁶εὐθυμέω, [3] I keep up spirit, am cheerful, am of good courage.   ¹⁷τρόπος, ου, ὁ, [13] (a) way, manner, (b) manner of life, character.   ¹⁸νῆσος, ου, ἡ, [9] an island.   ¹⁹ἐκπίπτω, [12] I fall out, fall off, fall away; hence in nautical language: I fall off from the straight course; of flowers: I fade away, wither away; I fall from, lose, forfeit; I am cast ashore; I am fruitless.   ²⁰τεσσαρεσκαιδέκατος, η, ον, [2] fourteenth.   ²¹διαφέρω, [13] (a) trans: I carry through, hither and thither, (b) intrans: I am different, differ, and sometimes: I surpass, excel.   ²²Ἀδρίας, ου, ὁ, [1] the Hadria, a name given by sailors not merely to the Adriatic Sea, to which it properly belonged, but also to the open Mediterranean to the south-east of Italy, to the sea that lay between Malta, Italy, Greece, and Crete.   ²³ὑπονοέω, [3] I conjecture, suppose, suspect, deem.   ²⁴ναύτης, ου, ὁ, [3] a sailor, seaman.   ²⁵προσάγω, [4] I bring to, bring near; I come to or towards, approach.   ²⁶χώρα, ας, ἡ, [27] (a) a country or region, (b) the land, as opposed to the sea, (c) the country, distinct from town, (d) plur: fields.   ²⁷βολίζω, [2] I cast the line (for sounding), I sound.   ²⁸ὀργυιά, ᾶς, ἡ, [2] a fathom, about five or six feet.   ²⁹εἴκοσι, [11] twenty.   ³⁰βραχύς, εῖα, ύ, [7] short, little, few.   ³¹διΐστημι, [3] I put apart, separate, put some distance between.   ³²βολίζω, [2] I cast the line (for sounding), I sound.   ³³δεκαπέντε, [3] fifteen.   ³⁴μήπως, [12] lest in any way, lest perhaps.   ³⁵τραχύς, εῖα, ύ, [2] rough, rugged, uneven.   ³⁶ἐκπίπτω, [12] I fall out, fall off, fall away; hence in nautical language: I fall off from the straight course; of flowers: I fade away, wither away; I fall from, lose, forfeit; I am cast ashore; I am fruitless.   ³⁷πρύμνα, ης, ἡ, [3] the stern of a ship.   ³⁸ῥίπτω, [7] I throw, cast, toss, set down; pass: I am dispersed.   ³⁹ἄγκυρα, ας, ἡ, [4] an anchor.   ⁴⁰τέσσαρες, τέσσαρα, [41] four.   ⁴¹εὔχομαι, [7] I pray, wish.   ⁴²φεύγω, [31] I flee, escape, shun.   ⁴³χαλάω, [7] I let down, lower, slacken, loosen.   ⁴⁴σκάφη, ης, ἡ, [3] a boat; any hollow vessel.   ⁴⁵πρόφασις, εως, ἡ, [7] a pretext, an excuse.   ⁴⁶πρῴρα, ας, ἡ, [2] the prow of a ship.

ἐκτείνειν,¹ **31** εἶπεν ὁ Παῦλος τῷ ἑκατοντάρχῃ² καὶ τοῖς στρατιώταις,³ Ἐὰν μὴ οὗτοι μείνωσιν ἐν τῷ πλοίῳ, ὑμεῖς σωθῆναι οὐ δύνασθε. **32** Τότε οἱ στρατιῶται³ ἀπέκοψαν⁴ τὰ σχοινία⁵ τῆς σκάφης,⁶ καὶ εἴασαν⁷ αὐτὴν ἐκπεσεῖν.⁸ **33** Ἄχρι δὲ οὗ ἤμελλεν ἡμέρα γίνεσθαι, παρεκάλει ὁ Παῦλος ἅπαντας⁹ μεταλαβεῖν¹⁰ τροφῆς,¹¹ λέγων, Τεσσαρεσκαιδεκάτην¹² σήμερον¹³ ἡμέραν προσδοκῶντες¹⁴ ἄσιτοι¹⁵ διατελεῖτε,¹⁶ μηδὲν προσλαβόμενοι.¹⁷ **34** Διὸ παρακαλῶ ὑμᾶς προσλαβεῖν¹⁸ τροφῆς·¹¹ τοῦτο γὰρ πρὸς τῆς ὑμετέρας¹⁹ σωτηρίας²⁰ ὑπάρχει· οὐδενὸς γὰρ ὑμῶν θρὶξ²¹ ἐκ τῆς κεφαλῆς πεσεῖται. **35** Εἰπὼν δὲ ταῦτα, καὶ λαβὼν ἄρτον, εὐχαρίστησεν²² τῷ θεῷ ἐνώπιον πάντων· καὶ κλάσας²³ ἤρξατο ἐσθίειν. **36** Εὔθυμοι²⁴ δὲ γενόμενοι πάντες καὶ αὐτοὶ προσελάβοντο²⁵ τροφῆς.¹¹ **37** Ἦμεν δὲ ἐν τῷ πλοίῳ αἱ πᾶσαι ψυχαί, διακόσιαι²⁶ ἑβδομήκοντα²⁷ ἕξ.²⁸ **38** Κορεσθέντες²⁹ δὲ τῆς τροφῆς¹¹ ἐκούφιζον³⁰ τὸ πλοῖον, ἐκβαλλόμενοι τὸν σῖτον³¹ εἰς τὴν θάλασσαν. **39** Ὅτε δὲ ἡμέρα ἐγένετο, τὴν γῆν οὐκ ἐπεγίνωσκον·³² κόλπον³³ δέ τινα κατενόουν³⁴ ἔχοντα αἰγιαλόν,³⁵ εἰς ὃν ἐβουλεύσαντο,³⁶ εἰ δυνατόν,³⁷ ἐξῶσαι³⁸ τὸ πλοῖον. **40** Καὶ τὰς ἀγκύρας³⁹ περιελόντες⁴⁰ εἴων⁴¹ εἰς τὴν θάλασσαν, ἅμα⁴² ἀνέντες⁴³ τὰς

---

¹ἐκτείνειν: PAN   ⁴ἀπέκοψαν: AAI-3P   ⁷εἴασαν: AAI-3P   ⁸ἐκπεσεῖν: 2AAN   ¹⁰μεταλαβεῖν: 2AAN   ¹⁴προσδοκῶντες: PAP-NPM   ¹⁶διατελεῖτε: PAI-2P   ¹⁷προσλαβόμενοι: 2AMP-NPM   ¹⁸προσλαβεῖν: 2AAN   ²²εὐχαρίστησεν: AAI-3S   ²³κλάσας: AAP-NSM   ²⁵προσελάβοντο: 2AMI-3P   ²⁹Κορεσθέντες: APP-NPM   ³⁰ἐκούφιζον: IAI-3P   ³²ἐπεγίνωσκον: IAI-3P   ³⁴κατενόουν: IAI-3P   ³⁶ἐβουλεύσαντο: ADI-3P   ³⁸ἐξῶσαι: AAN   ⁴⁰περιελόντες: 2AAP-NPM   ⁴¹εἴων: IAI-3P   ⁴³ἀνέντες: 2AAP-NPM

---

¹ἐκτείνω, [16] I stretch out (forth), cast forth (as of an anchor), lay hands on.   ²ἑκατοντάρχης, ου, ὁ, [21] a centurion of the Roman army.   ³στρατιώτης, ου, ὁ, [26] a soldier.   ⁴ἀποκόπτω, [6] I smite, cut off, cut loose; mid: I emasculate, castrate, mutilate myself.   ⁵σχοινίον, ου, τό, [2] a cord, rope.   ⁶σκάφη, ης, ἡ, [3] a boat; any hollow vessel.   ⁷ἐάω, [12] I allow, permit, let alone, leave.   ⁸ἐκπίπτω, [12] I fall out, fall off, fall away; hence in nautical language: I fall off from the straight course; of flowers: I fade away, wither away; I fall from, lose, forfeit; I am cast ashore; I am fruitless.   ⁹ἅπας, ασα, αν, [39] all, the whole, altogether.   ¹⁰μεταλαμβάνω, [6] (a) with gen: I take a share (part) of, share in, partake of, (b) with acc: I take after (later) or take instead.   ¹¹τροφή, ῆς, ἡ, [16] food, nourishment, maintenance.   ¹²τεσσαρεσκαιδέκατος, η, ον, [2] fourteenth.   ¹³σήμερον, [41] today, now.   ¹⁴προσδοκάω, [16] I expect, wait for, await, think, anticipate.   ¹⁵ἄσιτος, ον, [1] fasting, without eating.   ¹⁶διατελέω, [1] I continue, persevere, finish.   ¹⁷προσλαμβάνω, [14] (a) I take to myself, (b) I take aside, (c) I welcome.   ¹⁸προσλαμβάνω, [14] (a) I take to myself, (b) I take aside, (c) I welcome.   ¹⁹ὑμέτερος, α, ον, [10] your, yours.   ²⁰σωτηρία, ας, ἡ, [46] welfare, prosperity, deliverance, preservation, salvation, safety.   ²¹θρίξ, τριχός, ἡ, [15] hair (of the head or of animals).   ²²εὐχαριστέω, [40] I thank, give thanks; pass. 3 sing: is received with thanks.   ²³κλάω, [15] I break (in pieces), break bread.   ²⁴εὔθυμος, ον, [2] cheerful, having good courage.   ²⁵προσλαμβάνω, [14] (a) I take to myself, (b) I take aside, (c) I welcome.   ²⁶διακόσιοι, αι, α, [8] two hundred.   ²⁷ἑβδομήκοντα, [5] seventy.   ²⁸ἕξ, οἱ, αἱ, τά, [13] six.   ²⁹κορέννυμι, [2] I fill, sate, glut, feed full, satisfy.   ³⁰κουφίζω, [1] I lighten, make light.   ³¹σῖτος, ου, ὁ, [14] wheat, grain.   ³²ἐπιγινώσκω, [42] I come to know by directing my attention to him or it, I perceive, discern, recognize; aor: I found out.   ³³κόλπος, ου, ὁ, [6] (a) sing. and plur: bosom; (sinus) the overhanging fold of the garment used as a pocket, (b) a bay, gulf.   ³⁴κατανοέω, [14] I take note of, perceive, consider carefully, discern, detect, make account of.   ³⁵αἰγιαλός, οῦ, ὁ, [6] sea-coast, (sandy) beach; shore (of sea or lake), land.   ³⁶βουλεύω, [8] I deliberate, take counsel, determine.   ³⁷δυνατός, ή, όν, [36] (a) of persons: powerful, able, (b) of things: possible.   ³⁸ἐξωθέω, [2] I drive out, expel, propel, thrust out; I drive out of the sea, drive on shore.   ³⁹ἄγκυρα, ας, ἡ, [4] an anchor.   ⁴⁰περιαιρέω, [4] (a) I strip off, strip from, take away, (b) I cast off, cut adrift, cast loose.   ⁴¹ἐάω, [12] I allow, permit, let alone, leave.   ⁴²ἅμα, [10] at the same time, therewith, along with, together with.   ⁴³ἀνίημι, [4] I send up, produce, send back; I let go; I relax, loosen, hence met: I give up, desist from.

ζευκτηρίας¹ τῶν πηδαλίων·² καὶ ἐπάραντες³ τὸν ἀρτέμονα⁴ τῇ πνεούσῃ⁵ κατεῖχον⁶ εἰς τὸν αἰγιαλόν.⁷ **41** Περιπεσόντες⁸ δὲ εἰς τόπον διθάλασσον⁹ ἐπώκειλαν¹⁰ τὴν ναῦν·¹¹ καὶ ἡ μὲν πρῷρα¹² ἐρείσασα¹³ ἔμεινεν ἀσάλευτος,¹⁴ ἡ δὲ πρύμνα¹⁵ ἐλύετο¹⁶ ὑπὸ τῆς βίας¹⁷ τῶν κυμάτων.¹⁸ **42** Τῶν δὲ στρατιωτῶν¹⁹ βουλὴ²⁰ ἐγένετο ἵνα τοὺς δεσμώτας²¹ ἀποκτείνωσιν, μή τις ἐκκολυμβήσας²² διαφύγῃ.²³ **43** Ὁ δὲ ἑκατόνταρχος,²⁴ βουλόμενος²⁵ διασῶσαι²⁶ τὸν Παῦλον, ἐκώλυσεν²⁷ αὐτοὺς τοῦ βουλήματος,²⁸ ἐκέλευσέν²⁹ τε τοὺς δυναμένους κολυμβᾶν³⁰ ἀπορρίψαντας³¹ πρώτους ἐπὶ τὴν γῆν ἐξιέναι·³² **44** καὶ τοὺς λοιπούς,³³ οὓς μὲν ἐπὶ σανίσιν,³⁴ οὓς δὲ ἐπί τινων τῶν ἀπὸ τοῦ πλοίου. Καὶ οὕτως ἐγένετο πάντας διασωθῆναι³⁵ ἐπὶ τὴν γῆν.

The Journey from Melita to Rome

28 Καὶ διασωθέντες,³⁶ τότε ἐπέγνωσαν³⁷ ὅτι Μελίτη³⁸ ἡ νῆσος³⁹ καλεῖται. **2** Οἱ δὲ βάρβαροι⁴⁰ παρεῖχον⁴¹ οὐ τὴν τυχοῦσαν⁴² φιλανθρωπίαν⁴³ ἡμῖν· ἀνάψαντες⁴⁴ γὰρ πυράν,⁴⁵ προσελάβοντο⁴⁶ πάντας ἡμᾶς, διὰ τὸν ὑετὸν⁴⁷ τὸν ἐφεστῶτα,⁴⁸ καὶ διὰ τὸ

---

³ἐπάραντες: AAP-NPM   ⁵πνεούσῃ: PAP-DSF   ⁶κατεῖχον: IAI-3P   ⁸Περιπεσόντες: 2AAP-NPM   ¹⁰ἐπώκειλαν: AAI-3P   ¹³ἐρείσασα: AAP-NSF   ¹⁶ἐλύετο: IPI-3S   ²²ἐκκολυμβήσας: AAP-NSM   ²³διαφύγῃ: 2AAS-3S   ²⁵βουλόμενος: PNP-NSM   ²⁶διασῶσαι: AAN   ²⁷ἐκώλυσεν: AAI-3S   ²⁹ἐκέλευσέν: AAI-3S   ³⁰κολυμβᾶν: PAN   ³¹ἀπορρίψαντας: AAP-APM   ³²ἐξιέναι: PAN   ³⁵διασωθῆναι: APN   ³⁶διασωθέντες: APP-NPM   ³⁷ἐπέγνωσαν: 2AAI-3P   ⁴¹παρεῖχον: IAI-3P   ⁴²τυχοῦσαν: 2AAP-ASF   ⁴⁴ἀνάψαντες: AAP-NPM   ⁴⁶προσελάβοντο: 2AMI-3P   ⁴⁸ἐφεστῶτα: RAP-ASM

---

¹ζευκτηρία, ας, ἡ, [1] a band, fastening.   ²πηδάλιον, ου, τό, [2] the rudder of a ship.   ³ἐπαίρω, [19] I raise, lift up.   ⁴ἀρτέμων, ονος, ὁ, [1] a foresail, set on the bow.   ⁵πνέω, [7] I blow, breathe, as the wind.   ⁶κατέχω, [19] (a) I hold fast, bind, arrest, (b) I take possession of, lay hold of, (c) I hold back, detain, restrain, (d) I hold a ship, keep its head.   ⁷αἰγιαλός, οῦ, ὁ, [6] sea-coast, (sandy) beach; shore (of sea or lake), land.   ⁸περιπίπτω, [3] I fall into the midst of, am involved in, happen upon a place.   ⁹διθάλασσος, ον, [1] between two seas, which has sea on both sides.   ¹⁰ἐποκέλλω, [1] I force forward, run (a ship) aground.   ¹¹ναῦς, νεώς, ἡ, [1] a ship, vessel.   ¹²πρῷρα, ας, ἡ, [2] the prow of a ship.   ¹³ἐρείδω, [1] I stick fast, prop, fix firmly.   ¹⁴ἀσάλευτος, ον, [2] unshaken, immovable.   ¹⁵πρύμνα, ης, ἡ, [3] the stern of a ship.   ¹⁶λύω, [42] (a) I loose, untie, release, (b) met: I break, destroy, set at naught, contravene; I break up a meeting, annul.   ¹⁷βία, ας, ἡ, [3] force, violence, strength.   ¹⁸κῦμα, ατος, τό, [5] a wave, surge, billow.   ¹⁹στρατιώτης, ου, ὁ, [26] a soldier.   ²⁰βουλή, ῆς, ἡ, [12] counsel, deliberate wisdom, decree.   ²¹δεσμώτης, ου, ὁ, [2] a prisoner, captive.   ²²ἐκκολυμβάω, [1] I swim out (of the water).   ²³διαφεύγω, [1] I escape by flight.   ²⁴ἑκατοντάρχης, ου, ὁ, [21] a centurion of the Roman army.   ²⁵βούλομαι, [34] I will, intend, desire, wish.   ²⁶διασώζω, [8] I save (rescue) through (some danger), bring safely to, escaped to.   ²⁷κωλύω, [23] I prevent, debar, hinder; with infin: from doing so and so.   ²⁸βούλημα, ατος, τό, [2] will, counsel, purpose.   ²⁹κελεύω, [26] I command, order, direct, bid.   ³⁰κολυμβάω, [1] (properly: I dive, hence) I swim.   ³¹ἀπορρίπτω, [1] I throw away from, throw overboard.   ³²ἔξειμι, [4] (originally: I shall go out), I go out (away), depart.   ³³λοιπός, ή, όν, [42] left, left behind, the remainder, the rest, the others.   ³⁴σανίς, ίδος, ἡ, [1] a plank, board.   ³⁵διασώζω, [8] I save (rescue) through (some danger), bring safely to, escaped to.   ³⁶διασώζω, [8] I save (rescue) through (some danger), bring safely to, escaped to.   ³⁷ἐπιγινώσκω, [42] I come to know by directing my attention to him or it, I perceive, discern, recognize; aor: I found out.   ³⁸Μελίτη, ης, ἡ, [1] Melita, now Malta.   ³⁹νῆσος, ου, ἡ, [9] an island.   ⁴⁰βάρβαρος, ου, ὁ, [6] a foreigner, one who speaks neither Greek nor Latin; as adj: foreign.   ⁴¹παρέχω, [16] act. and mid: I offer, provide, confer, afford, give, bring, show, cause.   ⁴²τυγχάνω, [13] (a) gen: I obtain, (b) absol: I chance, happen; ordinary, everyday, it may chance, perhaps.   ⁴³φιλανθρωπία, ας, ἡ, [2] love of mankind, benevolence.   ⁴⁴ἀνάπτω, [3] I kindle, set on fire, light.   ⁴⁵πυρά, ᾶς, ἡ, [2] a fire, pile of burning fuel.   ⁴⁶προσλαμβάνω, [14] (a) I take to myself, (b) I take aside, (c) I welcome.   ⁴⁷ὑετός, οῦ, ὁ, [6] rain.   ⁴⁸ἐφίστημι, [21] I stand by, am urgent, befall one (as of evil), am at hand, impend.

ψῦχος. ¹ 3 Συστρέψαντος ² δὲ τοῦ Παύλου φρυγάνων ³ πλῆθος, ⁴ καὶ ἐπιθέντος ⁵ ἐπὶ τὴν πυράν, ⁶ ἔχιδνα ⁷ ἐκ τῆς θέρμης ⁸ διεξελθοῦσα καθῆψεν ⁹ τῆς χειρὸς αὐτοῦ. 4 Ὡς δὲ εἶδον οἱ βάρβαροι¹⁰ κρεμάμενον¹¹ τὸ θηρίον¹² ἐκ τῆς χειρὸς αὐτοῦ, ἔλεγον πρὸς ἀλλήλους, Πάντως¹³ φονεύς¹⁴ ἐστιν ὁ ἄνθρωπος οὗτος, ὃν διασωθέντα¹⁵ ἐκ τῆς θαλάσσης ἡ Δίκη¹⁶ ζῆν οὐκ εἴασεν.¹⁷ 5 Ὁ μὲν οὖν, ἀποτινάξας¹⁸ τὸ θηρίον¹² εἰς τὸ πῦρ, ἔπαθεν¹⁹ οὐδὲν κακόν. 6 Οἱ δὲ προσεδόκων²⁰ αὐτὸν μέλλειν πίμπρασθαι²¹ ἢ καταπίπτειν²² ἄφνω²³ νεκρόν· ἐπὶ πολὺ δὲ αὐτῶν προσδοκώντων,²⁴ καὶ θεωρούντων μηδὲν ἄτοπον²⁵ εἰς αὐτὸν γινόμενον, μεταβαλλόμενοι²⁶ ἔλεγον θεὸν αὐτὸν εἶναι.

7 Ἐν δὲ τοῖς περὶ τὸν τόπον ἐκεῖνον ὑπῆρχεν χωρία²⁷ τῷ πρώτῳ τῆς νήσου,²⁸ ὀνόματι Ποπλίῳ, ὃς ἀναδεξάμενος²⁹ ἡμᾶς τρεῖς ἡμέρας φιλοφρόνως³⁰ ἐξένισεν.³¹ 8 Ἐγένετο δὲ τὸν πατέρα τοῦ Ποπλίου πυρετοῖς³² καὶ δυσεντερίᾳ³³ συνεχόμενον³⁴ κατακεῖσθαι·³⁵ πρὸς ὃν ὁ Παῦλος εἰσελθών, καὶ προσευξάμενος, ἐπιθεὶς³⁶ τὰς χεῖρας αὐτῷ, ἰάσατο³⁷ αὐτόν. 9 Τούτου οὖν γενομένου, καὶ οἱ λοιποὶ³⁸ οἱ ἔχοντες ἀσθενείας³⁹ ἐν τῇ νήσῳ²⁸ προσήρχοντο καὶ ἐθεραπεύοντο·⁴⁰ 10 οἳ καὶ πολλαῖς τιμαῖς⁴¹ ἐτίμησαν⁴² ἡμᾶς, καὶ ἀναγομένοις⁴³ ἐπέθεντο⁴⁴ τὰ πρὸς τὴν χρείαν.⁴⁵

---

²Συστρέψαντος: AAP-GSM   ⁵ἐπιθέντος: 2AAP-GSM   ⁹καθῆψεν: AAI-3S   ¹¹κρεμάμενον: PMP-ASN ¹⁵διασωθέντα: APP-ASM   ¹⁷εἴασεν: AAI-3S   ¹⁸ἀποτινάξας: AAP-NSM   ¹⁹ἔπαθεν: 2AAI-3S   ²⁰προσεδόκων: 1AI-3P   ²¹πίμπρασθαι: PPN   ²²καταπίπτειν: PAN   ²⁴προσδοκώντων: PAP-GPM   ²⁶μεταβαλλόμενοι: PMP-NPM ²⁹ἀναδεξάμενος: ADP-NSM   ³¹ἐξένισεν: AAI-3S   ³⁴συνεχόμενον: PPP-ASM   ³⁵κατακεῖσθαι: PNN   ³⁶ἐπιθεὶς: 2AAP-NSM   ³⁷ἰάσατο: ADI-3S   ⁴⁰ἐθεραπεύοντο: IPI-3P   ⁴²ἐτίμησαν: AAI-3P   ⁴³ἀναγομένοις: PPP-DPM ⁴⁴ἐπέθεντο: 2AMI-3P

---

¹ψῦχος, ους, τό, [3] cold.   ²συστρέφω, [1] I roll or gather together.   ³φρύγανον, ου, τό, [1] a dry stick for burning.   ⁴πλῆθος, ους, τό, [32] a multitude, crowd, great number, assemblage.   ⁵ἐπιτίθημι, [41] I put, place upon, lay on; I add, give in addition.   ⁶πυρά, ᾶς, ἡ, [2] a fire, pile of burning fuel.   ⁷ἔχιδνα, ης, ἡ, [5] a serpent, snake, viper.   ⁸θέρμη, ης, ἡ, [1] heat.   ⁹καθάπτω, [1] I lay hold of, fasten on to, seize, attack.   ¹⁰βάρβαρος, ου, ὁ, [6] a foreigner, one who speaks neither Greek nor Latin; as adj: foreign.   ¹¹κρεμάννυμι, [7] I hang, hang up, suspend; mid: I am hanging, hang.   ¹²θηρίον, ου, τό, [46] properly: a wild beast, hence: any animal; met: a brute.   ¹³πάντως, [9] wholly, entirely, in every way, by all means, certainly.   ¹⁴φονεύς, έως, ὁ, [7] a murderer.   ¹⁵διασώζω, [8] I save (rescue) through (some danger), bring safely to, escaped to.   ¹⁶δίκη, ης, ἡ, [4] (a) (originally: custom, usage) right, justice, (b) process of law, judicial hearing, (c) execution of sentence, punishment, penalty, (d) justice, vengeance.   ¹⁷ἐάω, [12] I allow, permit, let alone, leave.   ¹⁸ἀποτινάσσω, [2] I shake off.   ¹⁹πάσχω, [42] I am acted upon in a certain way, either good or bad; I experience ill treatment, suffer.   ²⁰προσδοκάω, [16] I expect, wait for, await, think, anticipate.   ²¹πίμπρημι, [1] I swell, am inflamed.   ²²καταπίπτω, [2] I fall down, fall prostrate.   ²³ἄφνω, [3] suddenly.   ²⁴προσδοκάω, [16] I expect, wait for, await, think, anticipate.   ²⁵ἄτοπος, ον, [3] (lit: out of place, unusual, unbecoming), improper, unrighteous, perverse.   ²⁶μεταβάλλω, [1] I change; mid: I change my mind.   ²⁷χωρίον, ου, τό, [10] a place, piece of land, field, property, estate.   ²⁸νῆσος, ου, ἡ, [9] an island.   ²⁹ἀναδέχομαι, [2] I welcome, receive kindly; I undertake, assume the responsibility of.   ³⁰φιλοφρόνως, [1] kindly, in a friendly manner.   ³¹ξενίζω, [10] (a) I entertain a stranger, (b) I startle, bewilder.   ³²πυρετός, οῦ, ὁ, [6] a fever, scorching heat.   ³³δυσεντερία, ας, ἡ, [1] dysentery.   ³⁴συνέχω, [12] (a) I press together, close, (b) I press on every side, confine, (c) I hold fast, (d) I urge, impel, (e) pass: I am afflicted with (sickness).   ³⁵κατάκειμαι, [11] I recline (at table); more often: I keep my bed, am lying ill (in bed).   ³⁶ἐπιτίθημι, [41] I put, place upon, lay on; I add, give in addition.   ³⁷ἰάομαι, [28] I heal, generally of the physical, sometimes of spiritual, disease.   ³⁸λοιπός, ή, όν, [42] left, left behind, the remainder, the rest, the others.   ³⁹ἀσθένεια, ας, ἡ, [24] want of strength, weakness, illness, suffering, calamity, frailty.   ⁴⁰θεραπεύω, [44] I care for, attend, serve, treat, especially of a physician; hence: I heal.   ⁴¹τιμή, ῆς, ἡ, [42] a price, honor.   ⁴²τιμάω, [21] (a) I value at a price, estimate, (b) I honor, reverence.   ⁴³ἀνάγω, [23] I lead up, bring up, offer, product, put to sea, set sail.   ⁴⁴ἐπιτίθημι, [41] I put, place upon, lay on; I add, give in addition.   ⁴⁵χρεία, ας, ἡ, [49] need, necessity, business.

11 Μετὰ δὲ τρεῖς μῆνας¹ ἤχθημεν ἐν πλοίῳ παρακεχειμακότι² ἐν τῇ νήσῳ,³ Ἀλεξανδρίνῳ,⁴ παρασήμῳ⁵ Διοσκούροις.⁶ 12 Καὶ καταχθέντες⁷ εἰς Συρακούσας⁸ ἐπεμείναμεν⁹ ἡμέρας τρεῖς· 13 ὅθεν¹⁰ περιελθόντες¹¹ κατηντήσαμεν¹² εἰς Ῥήγιον,¹³ καὶ μετὰ μίαν ἡμέραν ἐπιγενομένου¹⁴ νότου,¹⁵ δευτεραῖοι¹⁶ ἤλθομεν εἰς Ποτιόλους·¹⁷ 14 οὗ¹⁸ εὑρόντες ἀδελφούς, παρεκλήθημεν ἐπ᾽ αὐτοῖς ἐπιμεῖναι¹⁹ ἡμέρας ἑπτά· καὶ οὕτως εἰς τὴν Ῥώμην²⁰ ἤλθομεν. 15 Κἀκεῖθεν²¹ οἱ ἀδελφοὶ ἀκούσαντες τὰ περὶ ἡμῶν, ἐξῆλθον εἰς ἀπάντησιν²² ἡμῖν ἄχρι Ἀππίου²³ Φόρου²⁴ καὶ Τριῶν Ταβερνῶν·²⁵ οὓς ἰδὼν ὁ Παῦλος, εὐχαριστήσας²⁶ τῷ θεῷ, ἔλαβεν θάρσος.²⁷

16 Ὅτε δὲ ἤλθομεν εἰς Ῥώμην,²⁰ ὁ ἑκατόνταρχος²⁸ παρέδωκεν τοὺς δεσμίους²⁹ τῷ στρατοπεδάρχῃ·³⁰ τῷ δὲ Παύλῳ ἐπετράπη³¹ μένειν καθ᾽ ἑαυτόν, σὺν τῷ φυλάσσοντι³² αὐτὸν στρατιώτῃ.³³

Two Years at Rome

17 Ἐγένετο δὲ μετὰ ἡμέρας τρεῖς συγκαλέσασθαι³⁴ τὸν Παῦλον τοὺς ὄντας τῶν Ἰουδαίων πρώτους· συνελθόντων³⁵ δὲ αὐτῶν, ἔλεγεν πρὸς αὐτούς, Ἄνδρες ἀδελφοί, ἐγὼ οὐδὲν ἐναντίον³⁶ ποιήσας τῷ λαῷ ἢ τοῖς ἔθεσιν³⁷ τοῖς πατρῴοις,³⁸ δέσμιος²⁹ ἐξ Ἱεροσολύμων παρεδόθην εἰς τὰς χεῖρας τῶν Ῥωμαίων·³⁹ 18 οἵτινες ἀνακρίναντές⁴⁰

---

²παρακεχειμακότι: RAP-DSN ⁷καταχθέντες: APP-NPM ⁹ἐπεμείναμεν: AAI-1P ¹¹περιελθόντες: 2AAP-NPM ¹²κατηντήσαμεν: AAI-1P ¹⁴ἐπιγενομένου: 2ADP-GSM ¹⁹ἐπιμεῖναι: AAN ²⁶εὐχαριστήσας: AAP-NSM ³¹ἐπετράπη: API-3S ³²φυλάσσοντι: PAP-DSM ³⁴συγκαλέσασθαι: AMN ³⁵συνελθόντων: 2AAP-GPM ⁴⁰ἀνακρίναντές: AAP-NPM

---

¹μήν, μηνός, ὁ, [18] a (lunar) month. ²παραχειμάζω, [4] I pass the winter. ³νῆσος, ου, ἡ, [9] an island. ⁴Ἀλεξανδρῖνος, η, ον, [2] Alexandrian, belonging to Alexandria in Egypt. ⁵παράσημος, ον, [1] marked with; a figure-head. ⁶Διόσκουροι, ων, οἱ, [1] the Dioscuri, Castor and Pollux, sons of Zeus and Leda, and patrons of sailors. ⁷κατάγω, [10] I lead down, bring down, either from a high place on land or to a lower (or actually to the sea-coast), or from the high seas to land. ⁸Συράκουσαι, ῶν, αἱ, [1] Syracuse. ⁹ἐπιμένω, [17] (a) I remain, tarry, (b) I remain in, persist in. ¹⁰ὅθεν, [15] (a) whence, from which place, (b) wherefore. ¹¹περιέρχομαι, [4] I go around, move about, visit; I make a circuit, tack (as a ship). ¹²καταντάω, [13] (a) I come down, either from high land to lower (or actually to the sea-coast), or from the high seas to the coast; hence met: I arrive at, reach (my destination), (b) of property: I come down (descend) by inheritance to an heir. ¹³Ῥήγιον, ου, τό, [1] Rhegium, a city in the south-west corner of Italy opposite Sicily (modern Reggio). ¹⁴ἐπιγίνομαι, [1] I arise, spring up, arrive, come on. ¹⁵νότος, ου, ὁ, [7] the south wind, the South. ¹⁶δευτεραῖος, αία, αῖον, [1] adj. where English requires an adv., on the second day, on the next day. ¹⁷Ποτίολοι, ων, οἱ, [1] Puteoli, the great harbor for traffic with Alexandria on the Bay of Naples. ¹⁸οὗ, [23] where, whither, when, in what place. ¹⁹ἐπιμένω, [17] (a) I remain, tarry, (b) I remain in, persist in. ²⁰Ῥώμη, ης, ἡ, [8] Rome, the famous city on the Tiber, the capital of the Roman Empire. ²¹κἀκεῖθεν, [9] and thence, and from there; and then afterwards. ²²ἀπάντησις, εως, ἡ, [4] the act of meeting, to meet (a phrase seemingly almost technical for the reception of a newly arrived official). ²³Ἄππιος, ου, ὁ, [1] the township Appi Forum on the Appian Way, 43 Roman miles from Rome, was named. ²⁴Φόρον, ου, τό, [1] (of Latin origin), Forum, Market, Market-Town. ²⁵ταβέρναι, ῶν, αἱ, [1] taverns; Three Taverns, the name of a village or town on the Appian Way, about thirty-three miles from Rome. ²⁶εὐχαριστέω, [40] I thank, give thanks; pass. 3 sing: is received with thanks. ²⁷θάρσος, ους, τό, [1] courage, confidence. ²⁸ἑκατοντάρχης, ου, ὁ, [21] a centurion of the Roman army. ²⁹δέσμιος, ου, ὁ, [16] one bound, a prisoner. ³⁰στρατοπεδάρχης, ου, ὁ, [1] commander of the Roman emperor's body-guard. ³¹ἐπιτρέπω, [19] I turn to, commit, entrust; I allow, yield, permit. ³²φυλάσσω, [30] (a) I guard, protect; mid: I am on my guard, (b) act. and mid. of customs and regulations: I keep, observe. ³³στρατιώτης, ου, ὁ, [26] a soldier. ³⁴συγκαλέω, [8] I call together. ³⁵συνέρχομαι, [32] I come or go with, accompany; I come together, assemble. ³⁶ἐναντίος, α, ον, [8] opposite, opposed, contrary; the adversary. ³⁷ἔθος, ους, τό, [11] a custom, habit; an institute, rite. ³⁸πατρῷος, α, ον, [3] hereditary, received from fathers. ³⁹Ῥωμαῖος, α, ον, [12] Roman; subst: a Roman citizen. ⁴⁰ἀνακρίνω, [16] I examine, inquire into, investigate, question.

με ἐβούλοντο¹ ἀπολῦσαι, διὰ τὸ μηδεμίαν αἰτίαν² θανάτου ὑπάρχειν ἐν ἐμοί. 19 Ἀντιλεγόντων³ δὲ τῶν Ἰουδαίων, ἠναγκάσθην⁴ ἐπικαλέσασθαι⁵ Καίσαρα,⁶ οὐχ ὡς τοῦ ἔθνους μου ἔχων τι κατηγορῆσαι.⁷ 20 Διὰ ταύτην οὖν τὴν αἰτίαν² παρεκάλεσα ὑμᾶς ἰδεῖν καὶ προσλαλῆσαι·⁸ ἕνεκεν⁹ γὰρ τῆς ἐλπίδος τοῦ Ἰσραὴλ τὴν ἅλυσιν¹⁰ ταύτην περίκειμαι.¹¹ 21 Οἱ δὲ πρὸς αὐτὸν εἶπον, Ἡμεῖς οὔτε γράμματα¹² περὶ σοῦ ἐδεξάμεθα ἀπὸ τῆς Ἰουδαίας,¹³ οὔτε παραγενόμενός¹⁴ τις τῶν ἀδελφῶν ἀπήγγειλεν¹⁵ ἢ ἐλάλησέν τι περὶ σοῦ πονηρόν. 22 Ἀξιοῦμεν¹⁶ δὲ παρὰ σοῦ ἀκοῦσαι ἃ φρονεῖς·¹⁷ περὶ μὲν γὰρ τῆς αἱρέσεως¹⁸ ταύτης γνωστόν¹⁹ ἐστιν ἡμῖν ὅτι πανταχοῦ²⁰ ἀντιλέγεται.²¹

23 Ταξάμενοι²² δὲ αὐτῷ ἡμέραν, ἧκον²³ πρὸς αὐτὸν εἰς τὴν ξενίαν²⁴ πλείονες· οἷς ἐξετίθετο²⁵ διαμαρτυρόμενος²⁶ τὴν βασιλείαν τοῦ θεοῦ, πείθων τε αὐτοὺς τὰ περὶ τοῦ Ἰησοῦ, ἀπό τε τοῦ νόμου Μωϋσέως καὶ τῶν προφητῶν, ἀπὸ πρωῒ²⁷ ἕως ἑσπέρας.²⁸ 24 Καὶ οἱ μὲν ἐπείθοντο τοῖς λεγομένοις, οἱ δὲ ἠπίστουν.²⁹ 25 Ἀσύμφωνοι³⁰ δὲ ὄντες πρὸς ἀλλήλους ἀπελύοντο, εἰπόντος τοῦ Παύλου ῥῆμα ἕν, ὅτι Καλῶς³¹ τὸ πνεῦμα τὸ ἅγιον ἐλάλησεν διὰ Ἡσαΐου τοῦ προφήτου πρὸς τοὺς πατέρας ἡμῶν, 26 λέγον, Πορεύθητι πρὸς τὸν λαὸν τοῦτον καὶ εἰπόν, Ἀκοῇ³² ἀκούσετε, καὶ οὐ μὴ συνῆτε·³³ καὶ βλέποντες βλέψετε, καὶ οὐ μὴ ἴδητε· 27 ἐπαχύνθη³⁴ γὰρ ἡ καρδία τοῦ λαοῦ τούτου, καὶ τοῖς ὠσὶν³⁵ βαρέως³⁶ ἤκουσαν, καὶ τοὺς ὀφθαλμοὺς αὐτῶν ἐκάμμυσαν·³⁷ μήποτε³⁸ ἴδωσιν τοῖς

---

¹ἐβούλοντο: INI-3P ³Ἀντιλεγόντων: PAP-GPM ⁴ἠναγκάσθην: API-1S ⁵ἐπικαλέσασθαι: AMN ⁷κατηγορῆσαι: AAN ⁸προσλαλῆσαι: AAN ¹¹περίκειμαι: PNI-1S ¹⁴παραγενόμενός: 2ADP-NSM ¹⁵ἀπήγγειλεν: AAI-3S ¹⁶Ἀξιοῦμεν: PAI-1P ¹⁷φρονεῖς: PAI-2S ²¹ἀντιλέγεται: PPI-3S ²²Ταξάμενοι: AMP-NPM ²³ἧκον: IAI-3P ²⁵ἐξετίθετο: IMI-3S ²⁶διαμαρτυρόμενος: PNP-NSM ²⁹ἠπίστουν: IAI-3P ³³συνῆτε: 2AAS-2P ³⁴ἐπαχύνθη: API-3S ³⁷ἐκάμμυσαν: AAI-3P

---

¹βούλομαι, [34] I will, intend, desire, wish. ²αἰτία, ας, ἡ, [20] a cause, reason, excuse; a charge, accusation; guilt; circumstances, case. ³ἀντιλέγω, [12] I speak or say in opposition, contradict (oppose, resist). ⁴ἀναγκάζω, [9] I force, compel, constrain, urge. ⁵ἐπικαλέω, [32] (a) I call (name) by a supplementary (additional, alternative) name, (b) mid: I call upon, appeal to, address. ⁶Καῖσαρ, αρος, ὁ, [30] Caesar, a surname of the gens Iulia, which became practically synonymous with the Emperor for the time being; in the Gospels it always refers to Tiberias. ⁷κατηγορέω, [22] I accuse, charge, prosecute. ⁸προσλαλέω, [2] I speak to, converse with. ⁹ἕνεκεν, [26] for the sake of, on account of, on account of which, wherefore, on account of what, why. ¹⁰ἅλυσις, εως, ἡ, [11] a (light) chain, bond. ¹¹περίκειμαι, [5] I lie about, surround; I am encompassed, surrounded, or clothed with, am in submission to. ¹²γράμμα, ατος, τό, [15] a letter of the alphabet; collectively: written (revelation); (a) a written document, a letter, an epistle, (b) writings, literature, learning. ¹³Ἰουδαία, ας, ἡ, [43] Judea, a Roman province, capital Jerusalem. ¹⁴παραγίνομαι, [37] (a) I come on the scene, appear, come, (b) with words expressing destination: I present myself at, arrive at, reach. ¹⁵ἀπαγγέλλω, [44] I report (from one place to another), bring a report, announce, declare. ¹⁶ἀξιόω, [7] I account or treat as worthy. ¹⁷φρονέω, [29] (a) I think, (b) I think, judge, (c) I direct the mind to, seek for, (d) I observe, (e) I care for. ¹⁸αἵρεσις, εως, ἡ, [9] a self-chosen opinion, a religious or philosophical sect, discord or contention. ¹⁹γνωστός, ή, όν, [15] known, an acquaintance. ²⁰πανταχοῦ, [7] everywhere, in all places. ²¹ἀντιλέγω, [12] I speak or say in opposition, contradict (oppose, resist). ²²τάσσω, [9] (a) I assign, arrange, (b) I determine; mid: I appoint. ²³ἥκω, [27] I have come, am present, have arrived. ²⁴ξενία, ας, ἡ, [2] lodging, hospitality. ²⁵ἐκτίθημι, [4] (a) I put out or expose a child, (b) mid: I set forth, expound, explain. ²⁶διαμαρτύρομαι, [15] I give solemn evidence, testify (declare) solemnly. ²⁷πρωΐ, [11] early in the morning, at dawn. ²⁸ἑσπέρα, ας, ἡ, [3] evening. ²⁹ἀπιστέω, [7] I am unfaithful, disbelieve, refuse belief, prove false. ³⁰ἀσύμφωνος, ον, [1] dissonant, discordant; met: at variance. ³¹καλῶς, [36] well, nobly, honorably, rightly. ³²ἀκοή, ῆς, ἡ, [24] hearing, faculty of hearing, ear; report, rumor. ³³συνίημι, [26] I consider, understand, perceive. ³⁴παχύνω, [2] I fatten, thicken; pass. fig: I become stupid, dull, unfeeling. ³⁵οὖς, ὠτός, τό, [37] (a) the ear, (b) met: the faculty of perception. ³⁶βαρέως, [2] heavily, with difficulty. ³⁷καμμύω, [2] I close, shut the eyes. ³⁸μήποτε, [25] lest at any time, lest; then weakened: whether perhaps, whether at all; in a principal clause: perhaps.

ὀφθαλμοῖς, καὶ τοῖς ὠσὶν¹ ἀκούσωσιν, καὶ τῇ καρδίᾳ συνῶσιν,² καὶ ἐπιστρέψωσιν,³ καὶ ἰάσομαι⁴ αὐτούς. **28** Γνωστὸν⁵ οὖν ἔστω ὑμῖν, ὅτι τοῖς ἔθνεσιν ἀπεστάλη τὸ σωτήριον⁶ τοῦ θεοῦ, αὐτοὶ καὶ ἀκούσονται. **29** Καὶ ταῦτα αὐτοῦ εἰπόντος, ἀπῆλθον οἱ Ἰουδαῖοι, πολλὴν ἔχοντες ἐν ἑαυτοῖς συζήτησιν.⁷

30 Ἔμεινεν δὲ ὁ Παῦλος διετίαν⁸ ὅλην ἐν ἰδίῳ μισθώματι,⁹ καὶ ἀπεδέχετο¹⁰ πάντας τοὺς εἰσπορευομένους¹¹ πρὸς αὐτόν, **31** κηρύσσων τὴν βασιλείαν τοῦ θεοῦ, καὶ διδάσκων τὰ περὶ τοῦ κυρίου Ἰησοῦ χριστοῦ, μετὰ πάσης παρρησίας,¹² ἀκωλύτως.¹³

---

²συνῶσιν: 2AAS-3P   ³ἐπιστρέψωσιν: AAS-3P   ⁴ἰάσομαι: FDI-1S   ¹⁰ἀπεδέχετο: INI-3S   ¹¹εἰσπορευομένους: PNP-APM

---

¹οὖς, ὠτός, τό, [37] (a) the ear, (b) met: the faculty of perception.   ²συνίημι, [26] I consider, understand, perceive.   ³ἐπιστρέφω, [37] (a) trans: I turn (back) to (towards), (b) intrans: I turn (back) (to [towards]); I come to myself.   ⁴ἰάομαι, [28] I heal, generally of the physical, sometimes of spiritual, disease.   ⁵γνωστός, ή, όν, [15] known, an acquaintance.   ⁶σωτήριος, ον, [5] saving, bringing salvation; subst: salvation.   ⁷συζήτησις, εως, ἡ, [2] mutual questioning, disputation.   ⁸διετία, ας, ἡ, [2] a period of two years, two years; according to ancient practice this means any period between one and two years.   ⁹μίσθωμα, ατος, τό, [1] a rented house, hired dwelling.   ¹⁰ἀποδέχομαι, [6] I receive, welcome, entertain (with hospitality), embrace.   ¹¹εἰσπορεύομαι, [17] I journey in(to), I go in(to), enter, intervene.   ¹²παρρησία, ας, ἡ, [31] freedom, openness, especially in speech; boldness, confidence.   ¹³ἀκωλύτως, [1] (characteristic of legal documents), without hindrance, freely.

Part II

The Pauline Epistles

ΠΡΟΣ ΡΩΜΑΙΟΥΣ
To the Romans

The Salutation of the Letter

Παῦλος, δοῦλος Ἰησοῦ χριστοῦ, κλητὸς [1] ἀπόστολος, ἀφωρισμένος [2] εἰς εὐαγγέλιον θεοῦ, **2** ὃ προεπηγγείλατο [3] διὰ τῶν προφητῶν αὐτοῦ ἐν γραφαῖς ἁγίαις, **3** περὶ τοῦ υἱοῦ αὐτοῦ, τοῦ γενομένου ἐκ σπέρματος [4] Δαυὶδ κατὰ σάρκα, **4** τοῦ ὁρισθέντος [5] υἱοῦ θεοῦ ἐν δυνάμει, κατὰ πνεῦμα ἁγιωσύνης, [6] ἐξ ἀναστάσεως [7] νεκρῶν, Ἰησοῦ χριστοῦ τοῦ κυρίου ἡμῶν, **5** δι' οὗ ἐλάβομεν χάριν καὶ ἀποστολὴν [8] εἰς ὑπακοὴν [9] πίστεως ἐν πᾶσιν τοῖς ἔθνεσιν, ὑπὲρ τοῦ ὀνόματος αὐτοῦ, **6** ἐν οἷς ἐστὲ καὶ ὑμεῖς, κλητοὶ [1] Ἰησοῦ χριστοῦ· **7** πᾶσιν τοῖς οὖσιν ἐν Ῥώμῃ [10] ἀγαπητοῖς θεοῦ, κλητοῖς [1] ἁγίοις· χάρις ὑμῖν καὶ εἰρήνη ἀπὸ θεοῦ πατρὸς ἡμῶν καὶ κυρίου Ἰησοῦ χριστοῦ.

The Introduction to the Letter

8 Πρῶτον μὲν εὐχαριστῶ [11] τῷ θεῷ μου διὰ Ἰησοῦ χριστοῦ ὑπὲρ πάντων ὑμῶν, ὅτι ἡ πίστις ὑμῶν καταγγέλλεται [12] ἐν ὅλῳ τῷ κόσμῳ. **9** Μάρτυς [13] γάρ μού ἐστιν ὁ θεός, ᾧ λατρεύω [14] ἐν τῷ πνεύματί μου ἐν τῷ εὐαγγελίῳ τοῦ υἱοῦ αὐτοῦ, ὡς ἀδιαλείπτως [15] μνείαν [16] ὑμῶν ποιοῦμαι, **10** πάντοτε [17] ἐπὶ τῶν προσευχῶν [18] μου δεόμενος, [19] εἴ πως ἤδη ποτὲ [20] εὐοδωθήσομαι [21] ἐν τῷ θελήματι τοῦ θεοῦ ἐλθεῖν πρὸς ὑμᾶς. **11** Ἐπιποθῶ [22]

---

[2]ἀφωρισμένος: RPP-NSM   [3]προεπηγγείλατο: ADI-3S   [5]ὁρισθέντος: APP-GSM   [11]εὐχαριστῶ: PAI-1S
[12]καταγγέλλεται: PPI-3S   [14]λατρεύω: PAI-1S   [19]δεόμενος: PNP-NSM   [21]εὐοδωθήσομαι: FPI-1S   [22]Ἐπιποθῶ: PAI-1S

---

[1]κλητός, ή, όν, [12] called, invited, summoned by God to an office or to salvation.   [2]ἀφορίζω, [10] I rail off, separate, place apart.   [3]προεπαγγέλλομαι, [1] I promise beforehand.   [4]σπέρμα, ατος, τό, [44] (a) seed, commonly of cereals, (b) offspring, descendents.   [5]ὁρίζω, [8] I separate, mark off by boundaries; I determine, appoint, designate.   [6]ἁγιωσύνη, ης, ἡ, [3] a holy or sanctified state.   [7]ἀνάστασις, εως, ἡ, [42] a rising again, resurrection.   [8]ἀποστολή, ῆς, ἡ, [4] commission, duty of apostle, apostleship.   [9]ὑπακοή, ῆς, ἡ, [15] obedience, submissiveness, compliance.   [10]Ῥώμη, ης, ἡ, [8] Rome, the famous city on the Tiber, the capital of the Roman Empire.   [11]εὐχαριστέω, [40] I thank, give thanks; pass. 3 sing: is received with thanks.   [12]καταγγέλλω, [18] I declare openly, proclaim, preach, laud, celebrate.   [13]μάρτυς, υρος, ὁ, [34] a witness; an eye- or ear-witness.   [14]λατρεύω, [21] I serve, especially God, perhaps simply: I worship.   [15]ἀδιαλείπτως, [4] unceasingly, without remission.   [16]μνεία, ας, ἡ, [7] remembrance, recollection, mention; commemoration.   [17]πάντοτε, [42] always, at all times, ever.   [18]προσευχή, ῆς, ἡ, [37] (a) prayer (to God), (b) a place for prayer (used by Jews, perhaps where there was no synagogue).   [19]δέομαι, [22] I want for myself; I want, need; I beg, request, beseech, pray.   [20]ποτέ, [29] at one time or other, at some time, formerly.   [21]εὐοδόω, [4] I cause to prosper, pass: I have a happy (successful) journey, hence: I prosper.   [22]ἐπιποθέω, [9] I long for, strain after, desire greatly, have affection for.

γὰρ ἰδεῖν ὑμᾶς, ἵνα τι μεταδῶ¹ χάρισμα² ὑμῖν πνευματικόν,³ εἰς τὸ στηριχθῆναι⁴ ὑμᾶς, **12** τοῦτο δέ ἐστιν, συμπαρακληθῆναι⁵ ἐν ὑμῖν διὰ τῆς ἐν ἀλλήλοις πίστεως ὑμῶν τε καὶ ἐμοῦ. **13** Οὐ θέλω δὲ ὑμᾶς ἀγνοεῖν,⁶ ἀδελφοί, ὅτι πολλάκις⁷ προεθέμην⁸ ἐλθεῖν πρὸς ὑμᾶς–καὶ ἐκωλύθην⁹ ἄχρι τοῦ δεῦρο¹⁰–ἵνα τινὰ καρπὸν σχῶ καὶ ἐν ὑμῖν, καθὼς καὶ ἐν τοῖς λοιποῖς¹¹ ἔθνεσιν. **14** Ἕλλησίν¹² τε καὶ βαρβάροις,¹³ σοφοῖς¹⁴ τε καὶ ἀνοήτοις¹⁵ ὀφειλέτης¹⁶ εἰμί· **15** οὕτως τὸ κατ᾽ ἐμὲ πρόθυμον¹⁷ καὶ ὑμῖν τοῖς ἐν Ῥώμῃ¹⁸ εὐαγγελίσασθαι.

The Theme of the Letter

16 Οὐ γὰρ ἐπαισχύνομαι¹⁹ τὸ εὐαγγέλιον τοῦ χριστοῦ· δύναμις γὰρ θεοῦ ἐστιν εἰς σωτηρίαν²⁰ παντὶ τῷ πιστεύοντι, Ἰουδαίῳ τε πρῶτον καὶ Ἕλληνι.¹² **17** Δικαιοσύνη γὰρ θεοῦ ἐν αὐτῷ ἀποκαλύπτεται²¹ ἐκ πίστεως εἰς πίστιν, καθὼς γέγραπται, Ὁ δὲ δίκαιος ἐκ πίστεως ζήσεται.

The Moral Decay of the Gentile World

18 Ἀποκαλύπτεται²² γὰρ ὀργὴ²³ θεοῦ ἀπ᾽ οὐρανοῦ ἐπὶ πᾶσαν ἀσέβειαν²⁴ καὶ ἀδικίαν²⁵ ἀνθρώπων τῶν τὴν ἀλήθειαν ἐν ἀδικίᾳ²⁵ κατεχόντων·²⁶ **19** διότι²⁷ τὸ γνωστὸν²⁸ τοῦ θεοῦ φανερόν²⁹ ἐστιν ἐν αὐτοῖς· ὁ γὰρ θεὸς αὐτοῖς ἐφανέρωσεν.³⁰ **20** Τὰ γὰρ ἀόρατα³¹ αὐτοῦ ἀπὸ κτίσεως³² κόσμου τοῖς ποιήμασιν³³ νοούμενα³⁴ καθορᾶται,³⁵ ἥ τε

---

¹μεταδῶ: 2AAS-1S   ⁴στηριχθῆναι: APN   ⁵συμπαρακληθῆναι: APN   ⁶ἀγνοεῖν: PAN   ⁸προεθέμην: 2AMI-1S   ⁹ἐκωλύθην: API-1S   ¹⁹ἐπαισχύνομαι: PNI-1S   ²¹ἀποκαλύπτεται: PPI-3S   ²²Ἀποκαλύπτεται: PPI-3S   ²⁶κατεχόντων: PAP-GPM   ³⁰ἐφανέρωσεν: AAI-3S   ³⁴νοούμενα: PPP-NPN   ³⁵καθορᾶται: PPI-3S

---

¹μεταδίδωμι, [5] (lit: I offer by way of change, offer so that a change of owner is produced), I share; sometimes merely: I impart, bestow.   ²χάρισμα, ατος, τό, [17] a gift of grace, an undeserved favor.   ³πνευματικός, ή, όν, [26] spiritual.   ⁴στηρίζω, [13] (a) I fix firmly, direct myself towards, (b) generally met: I buttress, prop, support; I strengthen, establish.   ⁵συμπαρακαλέω, [1] I invite, encourage along with others; pass: I share in encouragement with.   ⁶ἀγνοέω, [22] I do not know, am ignorant of (a person, thing, or fact), sometimes with the idea of willful ignorance.   ⁷πολλάκις, [18] many times, often, frequently.   ⁸προτίθεμαι, [3] I purpose, design beforehand, determine.   ⁹κωλύω, [23] I prevent, debar, hinder; with infin: from doing so and so.   ¹⁰δεῦρο, [9] (originally: hither, hence) (a) exclamatory: come, (b) temporal: now, the present.   ¹¹λοιπός, ή, όν, [42] left, left behind, the remainder, the rest, the others.   ¹²Ἕλλην, ηνος, ὁ, [27] a Hellene, the native word for a Greek; it is, however, a term wide enough to include all Greek-speaking (i.e. educated) non-Jews.   ¹³βάρβαρος, ου, ὁ, [6] a foreigner, one who speaks neither Greek nor Latin; as adj: foreign.   ¹⁴σοφός, ή, όν, [22] wise, learned, cultivated, skilled, clever.   ¹⁵ἀνόητος, ον, [6] foolish, thoughtless.   ¹⁶ὀφειλέτης, ου, ὁ, [7] (a) a debtor, one who owes, one who is indebted, (b) one who has sinned against another (an Aramaism), a sinner.   ¹⁷πρόθυμος, ον, [3] eager, ready, willing, prompt.   ¹⁸Ῥώμη, ης, ἡ, [8] Rome, the famous city on the Tiber, the capital of the Roman Empire.   ¹⁹ἐπαισχύνομαι, [11] I am ashamed, am ashamed of.   ²⁰σωτηρία, ας, ἡ, [46] welfare, prosperity, deliverance, preservation, salvation, safety.   ²¹ἀποκαλύπτω, [26] I uncover, bring to light, reveal.   ²²ἀποκαλύπτω, [26] I uncover, bring to light, reveal.   ²³ὀργή, ῆς, ἡ, [36] anger, wrath, passion; punishment, vengeance.   ²⁴ἀσέβεια, ας, ἡ, [6] impiety, irreverence, ungodliness, wickedness.   ²⁵ἀδικία, ας, ἡ, [26] injustice, unrighteousness, hurt.   ²⁶κατέχω, [19] (a) I hold fast, bind, arrest, (b) I take possession of, lay hold of, (c) I hold back, detain, restrain, (d) I hold a ship, keep its head.   ²⁷διότι, [24] on this account, because, for.   ²⁸γνωστός, ή, όν, [15] known, an acquaintance.   ²⁹φανερός, ά, όν, [20] apparent, clear, visible, manifest; adv: clearly.   ³⁰φανερόω, [49] I make clear (visible, manifest), make known.   ³¹ἀόρατος, ον, [5] unseen, invisible.   ³²κτίσις, εως, ἡ, [19] (often of the founding of a city), (a) abstr: creation, (b) concr: creation, creature, institution; always of Divine work, (c) an institution, ordinance.   ³³ποίημα, ατος, τό, [2] a thing made, a work, workmanship.   ³⁴νοέω, [14] I understand, think, consider, conceive, apprehend; aor. possibly: realize.   ³⁵καθοράω, [1] I see clearly, perceive, discern.

ἀΐδιος¹ αὐτοῦ δύναμις καὶ θειότης,² εἰς τὸ εἶναι αὐτοὺς ἀναπολογήτους·³ 21 διότι⁴ γνόντες τὸν θεόν, οὐχ ὡς θεὸν ἐδόξασαν ἢ εὐχαρίστησαν,⁵ ἀλλ᾽ ἐματαιώθησαν⁶ ἐν τοῖς διαλογισμοῖς⁷ αὐτῶν, καὶ ἐσκοτίσθη⁸ ἡ ἀσύνετος⁹ αὐτῶν καρδία. 22 Φάσκοντες¹⁰ εἶναι σοφοὶ¹¹ ἐμωράνθησαν,¹² 23 καὶ ἤλλαξαν¹³ τὴν δόξαν τοῦ ἀφθάρτου¹⁴ θεοῦ ἐν ὁμοιώματι¹⁵ εἰκόνος¹⁶ φθαρτοῦ¹⁷ ἀνθρώπου καὶ πετεινῶν¹⁸ καὶ τετραπόδων¹⁹ καὶ ἑρπετῶν.²⁰

24 Διὸ καὶ παρέδωκεν αὐτοὺς ὁ θεὸς ἐν ταῖς ἐπιθυμίαις²¹ τῶν καρδιῶν αὐτῶν εἰς ἀκαθαρσίαν,²² τοῦ ἀτιμάζεσθαι²³ τὰ σώματα αὐτῶν ἐν ἑαυτοῖς· 25 οἵτινες μετήλλαξαν²⁴ τὴν ἀλήθειαν τοῦ θεοῦ ἐν τῷ ψεύδει,²⁵ καὶ ἐσεβάσθησαν²⁶ καὶ ἐλάτρευσαν²⁷ τῇ κτίσει²⁸ παρὰ τὸν κτίσαντα,²⁹ ὅς ἐστιν εὐλογητὸς³⁰ εἰς τοὺς αἰῶνας. Ἀμήν.

26 Διὰ τοῦτο παρέδωκεν αὐτοὺς ὁ θεὸς εἰς πάθη³¹ ἀτιμίας·³² αἵ τε γὰρ θήλειαι³³ αὐτῶν μετήλλαξαν³⁴ τὴν φυσικὴν³⁵ χρῆσιν³⁶ εἰς τὴν παρὰ φύσιν·³⁷ 27 ὁμοίως³⁸ τε καὶ οἱ ἄρρενες,³⁹ ἀφέντες τὴν φυσικὴν³⁵ χρῆσιν³⁶ τῆς θηλείας,³³ ἐξεκαύθησαν⁴⁰ ἐν τῇ ὀρέξει⁴¹ αὐτῶν εἰς ἀλλήλους, ἄρσενες³⁹ ἐν ἄρσεσιν³⁹ τὴν ἀσχημοσύνην⁴² κατεργαζόμενοι,⁴³ καὶ τὴν ἀντιμισθίαν⁴⁴ ἣν ἔδει τῆς πλάνης⁴⁵ αὐτῶν ἐν ἑαυτοῖς ἀπολαμβάνοντες.⁴⁶

---

⁵εὐχαρίστησαν: AAI-3P ⁶ἐματαιώθησαν: API-3P ⁸ἐσκοτίσθη: API-3S ¹⁰Φάσκοντες: PAP-NPM ¹²ἐμωράνθησαν: API-3P ¹³ἤλλαξαν: AAI-3P ²³ἀτιμάζεσθαι: PEN ²⁴μετήλλαξαν: AAI-3P ²⁶ἐσεβάσθησαν: ADI-3P ²⁷ἐλάτρευσαν: AAI-3P ²⁹κτίσαντα: AAP-ASM ³⁴μετήλλαξαν: AAI-3P ⁴⁰ἐξεκαύθησαν: API-3P ⁴³κατεργαζόμενοι: PNP-NPM ⁴⁶ἀπολαμβάνοντες: PAP-NPM

---

¹ἀΐδιος, ον, [2] eternal, everlasting. ²θειότης, ητος, ἡ, [1] divinity, divine nature. ³ἀναπολόγητος, ον, [2] without (ground of) defense, indefensible, inexcusable. ⁴διότι, [24] on this account, because, for. ⁵εὐχαριστέω, [40] I thank, give thanks; pass. 3 sing: is received with thanks. ⁶ματαιόω, [1] I become vain or foolish, am perverted. ⁷διαλογισμός, οῦ, ὁ, [14] a calculation, reasoning, thought, movement of thought, deliberation, plotting. ⁸σκοτίζω, [8] I darken. ⁹ἀσύνετος, ον, [5] unintelligent, without wisdom, unwise, undiscerning (implying probably moral defect). ¹⁰φάσκω, [3] I assert, affirm, profess. ¹¹σοφός, ή, όν, [22] wise, learned, cultivated, skilled, clever. ¹²μωραίνω, [4] (a) I make foolish, turn to foolishness, (b) I taint, and thus: I am tasteless, make useless. ¹³ἀλλάσσω, [6] I change, alter, exchange, transform. ¹⁴ἄφθαρτος, ον, [7] indestructible, imperishable, incorruptible; hence: immortal. ¹⁵ὁμοίωμα, ατος, τό, [6] (originally: a thing made like something else), a likeness, or rather: form; a similitude. ¹⁶εἰκών, όνος, ἡ, [23] an image, likeness, bust. ¹⁷φθαρτός, ή, όν, [6] corruptible, perishable. ¹⁸πετεινόν, οῦ, τό, [14] a bird, fowl. ¹⁹τετράπους, ουν, [3] four-footed. ²⁰ἑρπετόν, οῦ, τό, [4] a creeping creature, reptile, especially a serpent. ²¹ἐπιθυμία, ας, ἡ, [38] desire, eagerness for, inordinate desire, lust. ²²ἀκαθαρσία, ας, ἡ, [10] uncleanness, impurity. ²³ἀτιμάζω, [6] I disgrace, treat disgracefully, dishonor, insult; I despise. ²⁴μεταλλάσσω, [2] I change, transform, alter, exchange. ²⁵ψεῦδος, ους, τό, [10] a lie, falsehood, untruth; false religion. ²⁶σεβάζομαι, [1] I worship, stand in awe of. ²⁷λατρεύω, [21] I serve, especially God, perhaps simply: I worship. ²⁸κτίσις, εως, ἡ, [19] (often of the founding of a city), (a) abstr: creation, (b) concr: creation, creature, institution; always of Divine work, (c) an institution, ordinance. ²⁹κτίζω, [14] I create, form, shape, make, always of God. ³⁰εὐλογητός, ή, όν, [8] (used only of God), blessed (as entitled to receive blessing from man), worthy of praise. ³¹πάθος, ους, τό, [3] suffering, emotion, depraved passion, lust. ³²ἀτιμία, ας, ἡ, [7] disgrace, dishonor; a dishonorable use. ³³θῆλυς, εια, υ, [5] female. ³⁴μεταλλάσσω, [2] I change, transform, alter, exchange. ³⁵φυσικός, ή, όν, [3] natural, (a) according to nature, (b) merely animal. ³⁶χρῆσις, εως, ἡ, [2] use, manner of use. ³⁷φύσις, εως, ἡ, [14] nature, inherent nature, origin, birth. ³⁸ὁμοίως, [32] in like manner, similarly, in the same way, equally. ³⁹ἄρσην, ενος, εν, [9] male. ⁴⁰ἐκκαίομαι, [1] I blaze out, am inflamed. ⁴¹ὄρεξις, εως, ἡ, [1] strong desire, lust, appetite. ⁴²ἀσχημοσύνη, ῆς, ἡ, [2] unseemly behavior, unseemliness, indecency, shame, nakedness, an indecent (lewd) act. ⁴³κατεργάζομαι, [24] I effect by labor, achieve, work out, bring about. ⁴⁴ἀντιμισθία, ας, ἡ, [2] a reward, recompense, retribution. ⁴⁵πλάνη, ης, ἡ, [10] a wandering; fig: deceit, delusion, error, sin. ⁴⁶ἀπολαμβάνω, [11] (a) I get back, receive back, (b) I get (receive) as due (deserved), (c) mid: I draw aside, separate.

28 Καὶ καθὼς οὐκ ἐδοκίμασαν¹ τὸν θεὸν ἔχειν ἐν ἐπιγνώσει,² παρέδωκεν αὐτοὺς ὁ θεὸς εἰς ἀδόκιμον³ νοῦν,⁴ ποιεῖν τὰ μὴ καθήκοντα,⁵ **29** πεπληρωμένους πάσῃ ἀδικίᾳ,⁶ πορνείᾳ,⁷ πονηρίᾳ,⁸ πλεονεξίᾳ,⁹ κακίᾳ·¹⁰ μεστοὺς¹¹ φθόνου,¹² φόνου,¹³ ἔριδος,¹⁴ δόλου,¹⁵ κακοηθείας·¹⁶ ψιθυριστάς,¹⁷ **30** καταλάλους,¹⁸ θεοστυγεῖς,¹⁹ ὑβριστάς,²⁰ ὑπερηφάνους,²¹ ἀλαζόνας,²² ἐφευρετὰς²³ κακῶν, γονεῦσιν²⁴ ἀπειθεῖς,²⁵ **31** ἀσυνέτους,²⁶ ἀσυνθέτους,²⁷ ἀστόργους,²⁸ ἀσπόνδους,²⁹ ἀνελεήμονας·³⁰ **32** οἵτινες τὸ δικαίωμα³¹ τοῦ θεοῦ ἐπιγνόντες,³² ὅτι οἱ τὰ τοιαῦτα πράσσοντες³³ ἄξιοι³⁴ θανάτου εἰσίν, οὐ μόνον αὐτὰ ποιοῦσιν, ἀλλὰ καὶ συνευδοκοῦσιν³⁵ τοῖς πράσσουσιν.³⁶

God's Righteous Judgment

2 Διὸ ἀναπολόγητος³⁷ εἶ, ὦ³⁸ ἄνθρωπε πᾶς ὁ κρίνων· ἐν ᾧ γὰρ κρίνεις τὸν ἕτερον, σεαυτὸν³⁹ κατακρίνεις,⁴⁰ τὰ γὰρ αὐτὰ πράσσεις⁴¹ ὁ κρίνων. **2** Οἴδαμεν δὲ ὅτι τὸ κρίμα⁴² τοῦ θεοῦ ἐστιν κατὰ ἀλήθειαν ἐπὶ τοὺς τὰ τοιαῦτα πράσσοντας.⁴³ **3** Λογίζῃ⁴⁴ δὲ τοῦτο, ὦ³⁸ ἄνθρωπε ὁ κρίνων τοὺς τὰ τοιαῦτα πράσσοντας⁴⁵ καὶ ποιῶν αὐτά, ὅτι

---

¹ἐδοκίμασαν: AAI-3P   ⁵καθήκοντα: PAP-APN   ³²ἐπιγνόντες: 2AAP-NPM   ³³πράσσοντες: PAP-NPM
³⁵συνευδοκοῦσιν: PAI-3P   ³⁶πράσσουσιν: PAP-DPM   ⁴⁰κατακρίνεις: PAI-2S   ⁴¹πράσσεις: PAI-2S   ⁴³πράσσοντας:
PAP-APM   ⁴⁴Λογίζῃ: PNI-2S   ⁴⁵πράσσοντας: PAP-APM

---

¹δοκιμάζω, [23] I put to the test, prove, examine; I distinguish by testing, approve after testing; I am fit.
²ἐπίγνωσις, εως, ἡ, [20] knowledge of a particular point (directed towards a particular object); perception, discernment, recognition, intuition.   ³ἀδόκιμος, ον, [8] failing to pass the test, unapproved, counterfeit.   ⁴νοῦς,
νοός, νοΐ, νοῦν, ὁ, [24] the mind, the reason, the reasoning faculty, intellect.   ⁵καθήκω, [2] I come down, come
to; I am unfit, proper.   ⁶ἀδικία, ας, ἡ, [26] injustice, unrighteousness, hurt.   ⁷πορνεία, ας, ἡ, [26] fornication,
whoredom; met: idolatry.   ⁸πονηρία, ας, ἡ, [7] wickedness, iniquities.   ⁹πλεονεξία, ας, ἡ, [10] covetousness,
avarice, aggression, desire for advantage.   ¹⁰κακία, ας, ἡ, [11] (a) evil (i.e. trouble, labor, misfortune), (b)
wickedness, (c) vicious disposition, malice, spite.   ¹¹μεστός, ή, όν, [8] full, filled with.   ¹²φθόνος, ου, ὁ, [9]
envy, a grudge, spite.   ¹³φόνος, ου, ὁ, [10] murder, slaughter, killing.   ¹⁴ἔρις, ιδος, ἡ, [9] contention, strife,
wrangling.   ¹⁵δόλος, ου, ὁ, [11] deceit, guile, treachery.   ¹⁶κακοήθεια, ας, ἡ, [1] evil-mindedness, malignity,
malevolence.   ¹⁷ψιθυριστής, οῦ, ὁ, [1] a whisperer, secret slanderer.   ¹⁸κατάλαλος, ον, [1] slanderous, back-
biting; subst: a railer, defamer.   ¹⁹θεοστυγής, ές, [1] hating God, hateful to God.   ²⁰ὑβριστής, οῦ, ὁ, [2] an in-
solent, insulting, or violent man.   ²¹ὑπερήφανος, ον, [5] proud, arrogant, disdainful.   ²²ἀλαζών, όνος, ὁ, [2] a
boaster, one who gives one's self airs in a loud and flaunting way.   ²³ἐφευρετής, οῦ, ὁ, [1] an inventor, contriver,
discoverer.   ²⁴γονεύς, έως, ὁ, [19] a begetter, father; plur: parents.   ²⁵ἀπειθής, ές, [6] unbelieving, disobe-
dient, who will not be persuaded.   ²⁶ἀσύνετος, ον, [5] unintelligent, without wisdom, unwise, undiscerning
(implying probably moral defect).   ²⁷ἀσύνθετος, ον, [1] not covenanting, untrue to an agreement, treacherous.
²⁸ἄστοργος, ον, [2] unloving, devoid of affection.   ²⁹ἄσπονδος, ον, [2] implacable, "not to be bound by truce".
³⁰ἀνελεήμων, ον, [1] unpitying, unmerciful, without compassion, cruel.   ³¹δικαίωμα, ατος, τό, [10] a thing pro-
nounced (by God) to be righteous (just, the right); or the restoration of a criminal, a fresh chance given him; a
righteous deed, an instance of perfect righteousness.   ³²ἐπιγινώσκω, [42] I come to know by directing my at-
tention to him or it, I perceive, discern, recognize; aor: I found out.   ³³πράσσω, [38] I do, perform, accomplish;
be in any condition, i.e. I fare; I exact, require.   ³⁴ἄξιος, ία, ιον, [41] worthy, worthy of, deserving, comparable,
suitable.   ³⁵συνευδοκέω, [6] I consent, agree, am of one mind with, am willing.   ³⁶πράσσω, [38] I do, perform,
accomplish; be in any condition, i.e. I fare; I exact, require.   ³⁷ἀναπολόγητος, ον, [2] without (ground of) de-
fense, indefensible, inexcusable.   ³⁸ὦ, [17] O, an exclamation, used in addressing someone.   ³⁹σεαυτοῦ, ῆς,
οῦ, [41] of yourself.   ⁴⁰κατακρίνω, [17] I condemn, judge worthy of punishment.   ⁴¹πράσσω, [38] I do, perform,
accomplish; be in any condition, i.e. I fare; I exact, require.   ⁴²κρίμα, ατος, τό, [28] (a) a judgment, a verdict;
sometimes implying an adverse verdict, a condemnation, (b) a case at law, a lawsuit.   ⁴³πράσσω, [38] I do,
perform, accomplish; be in any condition, i.e. I fare; I exact, require.   ⁴⁴λογίζομαι, [41] I reckon, count, charge
with; reason, decide, conclude; think, suppose.   ⁴⁵πράσσω, [38] I do, perform, accomplish; be in any condition,
i.e. I fare; I exact, require.

σὺ ἐκφεύξῃ¹ τὸ κρίμα² τοῦ θεοῦ; 4 Ἢ τοῦ πλούτου³ τῆς χρηστότητος⁴ αὐτοῦ καὶ τῆς ἀνοχῆς⁵ καὶ τῆς μακροθυμίας⁶ καταφρονεῖς,⁷ ἀγνοῶν⁸ ὅτι τὸ χρηστὸν⁹ τοῦ θεοῦ εἰς μετάνοιάν¹⁰ σε ἄγει; 5 Κατὰ δὲ τὴν σκληρότητά¹¹ σου καὶ ἀμετανόητον¹² καρδίαν θησαυρίζεις¹³ σεαυτῷ¹⁴ ὀργὴν¹⁵ ἐν ἡμέρᾳ ὀργῆς¹⁵ καὶ ἀποκαλύψεως¹⁶ καὶ δικαιοκρισίας¹⁷ τοῦ θεοῦ, 6 ὃς ἀποδώσει¹⁸ ἑκάστῳ κατὰ τὰ ἔργα αὐτοῦ· 7 τοῖς μὲν καθ᾽ ὑπομονὴν¹⁹ ἔργου ἀγαθοῦ δόξαν καὶ τιμὴν²⁰ καὶ ἀφθαρσίαν²¹ ζητοῦσιν, ζωὴν αἰώνιον· 8 τοῖς δὲ ἐξ ἐριθείας,²² καὶ ἀπειθοῦσιν²³ μὲν τῇ ἀληθείᾳ πειθομένοις δὲ τῇ ἀδικίᾳ,²⁴ θυμὸς²⁵ καὶ ὀργή,¹⁵ 9 θλῖψις²⁶ καὶ στενοχωρία,²⁷ ἐπὶ πᾶσαν ψυχὴν ἀνθρώπου τοῦ κατεργαζομένου²⁸ τὸ κακόν, Ἰουδαίου τε πρῶτον καὶ Ἕλληνος·²⁹ 10 δόξα δὲ καὶ τιμὴ²⁰ καὶ εἰρήνη παντὶ τῷ ἐργαζομένῳ³⁰ τὸ ἀγαθόν, Ἰουδαίῳ τε πρῶτον καὶ Ἕλληνι·²⁹

The Necessity of Keeping the Law Properly

11 οὐ γάρ ἐστιν προσωποληψία³¹ παρὰ τῷ θεῷ. 12 Ὅσοι γὰρ ἀνόμως³² ἥμαρτον,³³ ἀνόμως³² καὶ ἀπολοῦνται· καὶ ὅσοι ἐν νόμῳ ἥμαρτον,³⁴ διὰ νόμου κριθήσονται· 13 οὐ γὰρ οἱ ἀκροαταὶ³⁵ τοῦ νόμου δίκαιοι παρὰ τῷ θεῷ, ἀλλ᾽ οἱ ποιηταὶ³⁶ τοῦ νόμου δικαιωθήσονται.³⁷ 14 Ὅταν γὰρ ἔθνη τὰ μὴ νόμον ἔχοντα φύσει³⁸ τὰ τοῦ νόμου ποιῇ, οὗτοι, νόμον μὴ ἔχοντες, ἑαυτοῖς εἰσιν νόμος· 15 οἵτινες ἐνδείκνυνται³⁹ τὸ ἔργον τοῦ

---

¹ἐκφεύξῃ: FDI-2S ⁷καταφρονεῖς: PAI-2S ⁸ἀγνοῶν: PAP-NSM ¹³θησαυρίζεις: PAI-2S ¹⁸ἀποδώσει: FAI-3S ²³ἀπειθοῦσιν: PAP-DPM ²⁸κατεργαζομένου: PNP-GSM ³⁰ἐργαζομένῳ: PNP-DSM ³³ἥμαρτον: 2AAI-3P ³⁴ἥμαρτον: 2AAI-3P ³⁷δικαιωθήσονται: FPI-3P ³⁹ἐνδείκνυνται: PMI-3P

---

¹ἐκφεύγω, [7] I flee out, away, escape; with an acc: I escape something. ²κρίμα, ατος, τό, [28] (a) a judgment, a verdict; sometimes implying an adverse verdict, a condemnation, (b) a case at law, a lawsuit. ³πλοῦτος, ου, ὁ, [22] riches, wealth, abundance, materially or spiritually. ⁴χρηστότης, τητος, ἡ, [10] goodness, uprightness, kindness, gentleness. ⁵ἀνοχή, ῆς, ἡ, [2] forbearance, suspense or delay (of punishment), patience. ⁶μακροθυμία, ας, ἡ, [14] patience, forbearance, longsuffering. ⁷καταφρονέω, [9] I despise, scorn, and show it by active insult, disregard. ⁸ἀγνοέω, [22] I do not know, am ignorant of (a person, thing, or fact), sometimes with the idea of willful ignorance. ⁹χρηστός, ή, όν, [7] useful, gentle, pleasant, kind. ¹⁰μετάνοια, ας, ἡ, [24] repentance, a change of mind, change in the inner man. ¹¹σκληρότης, τητος, ἡ, [1] hardness, hardness of heart, obstinacy, perverseness. ¹²ἀμετανόητος, ον, [1] unrepentant, impenitent. ¹³θησαυρίζω, [8] I store up, treasure up, save, lay up. ¹⁴σεαυτοῦ, ῆς, οῦ, [41] of yourself. ¹⁵ὀργή, ῆς, ἡ, [36] anger, wrath, passion; punishment, vengeance. ¹⁶ἀποκάλυψις, εως, ἡ, [18] an unveiling, uncovering, revealing, revelation. ¹⁷δικαιοκρισία, ας, ἡ, [1] just judging, just judgment. ¹⁸ἀποδίδωμι, [47] (a) I give back, return, restore, (b) I give, render, as due, (c) mid: I sell. ¹⁹ὑπομονή, ῆς, ἡ, [32] endurance, steadfastness, patient waiting for. ²⁰τιμή, ῆς, ἡ, [42] a price, honor. ²¹ἀφθαρσία, ας, ἡ, [8] indestructibility, incorruptibility; hence: immortality. ²²ἐριθεία, ας, ἡ, [7] (the seeking of followers and adherents by means of gifts, the seeking of followers, hence) ambition, rivalry, self-seeking; a feud, faction. ²³ἀπειθέω, [16] I disobey, rebel, am disloyal, refuse conformity. ²⁴ἀδικία, ας, ἡ, [26] injustice, unrighteousness, hurt. ²⁵θυμός, οῦ, ὁ, [18] an outburst of passion, wrath. ²⁶θλῖψις, εως, ἡ, [45] persecution, affliction, distress, tribulation. ²⁷στενοχωρία, ας, ἡ, [4] a narrow space, great distress, anguish. ²⁸κατεργάζομαι, [24] I effect by labor, achieve, work out, bring about. ²⁹Ἕλλην, ηνος, ὁ, [27] a Hellene, the native word for a Greek; it is, however, a term wide enough to include all Greek-speaking (i.e. educated) non-Jews. ³⁰ἐργάζομαι, [39] I work, trade, perform, do, practice, commit, acquire by labor. ³¹προσωποληψία, ας, ἡ, [4] partiality, favoritism. ³²ἀνόμως, [2] without law, lawlessly. ³³ἁμαρτάνω, [43] originally: I miss the mark, hence (a) I make a mistake, (b) I sin, commit a sin (against God); sometimes the idea of sinning against a fellow-creature is present. ³⁴ἁμαρτάνω, [43] originally: I miss the mark, hence (a) I make a mistake, (b) I sin, commit a sin (against God); sometimes the idea of sinning against a fellow-creature is present. ³⁵ἀκροατής, οῦ, ὁ, [4] a hearer of, a listener to. ³⁶ποιητής, οῦ, ὁ, [6] (a) a "maker," poet, (b) a doer, carrier out, performer. ³⁷δικαιόω, [39] I make righteous, defend the cause of, plead for the righteousness (innocence) of, acquit, justify; hence: I regard as righteous. ³⁸φύσις, εως, ἡ, [14] nature, inherent nature, origin, birth. ³⁹ἐνδείκνυμι, [11] I show forth, prove.

νόμου γραπτὸν¹ ἐν ταῖς καρδίαις αὐτῶν, συμμαρτυρούσης² αὐτῶν τῆς συνειδήσεως,³ καὶ μεταξὺ⁴ ἀλλήλων τῶν λογισμῶν⁵ κατηγορούντων⁶ ἢ καὶ ἀπολογουμένων,⁷ **16** ἐν ἡμέρᾳ ὅτε κρινεῖ ὁ θεὸς τὰ κρυπτὰ⁸ τῶν ἀνθρώπων, κατὰ τὸ εὐαγγέλιόν μου, διὰ Ἰησοῦ χριστοῦ.

17 Ἴδε⁹ σὺ Ἰουδαῖος ἐπονομάζῃ,¹⁰ καὶ ἐπαναπαύῃ¹¹ τῷ νόμῳ, καὶ καυχᾶσαι¹² ἐν θεῷ, **18** καὶ γινώσκεις τὸ θέλημα, καὶ δοκιμάζεις¹³ τὰ διαφέροντα,¹⁴ κατηχούμενος¹⁵ ἐκ τοῦ νόμου, **19** πέποιθάς τε σεαυτὸν¹⁶ ὁδηγὸν¹⁷ εἶναι τυφλῶν, φῶς τῶν ἐν σκότει,¹⁸ **20** παιδευτὴν¹⁹ ἀφρόνων,²⁰ διδάσκαλον νηπίων,²¹ ἔχοντα τὴν μόρφωσιν²² τῆς γνώσεως²³ καὶ τῆς ἀληθείας ἐν τῷ νόμῳ· **21** ὁ οὖν διδάσκων ἕτερον, σεαυτὸν¹⁶ οὐ διδάσκεις; Ὁ κηρύσσων μὴ κλέπτειν,²⁴ κλέπτεις;²⁵ **22** Ὁ λέγων μὴ μοιχεύειν,²⁶ μοιχεύεις;²⁷ Ὁ βδελυσσόμενος²⁸ τὰ εἴδωλα,²⁹ ἱεροσυλεῖς;³⁰ **23** Ὃς ἐν νόμῳ καυχᾶσαι,³¹ διὰ τῆς παραβάσεως³² τοῦ νόμου τὸν θεὸν ἀτιμάζεις;³³ **24** Τὸ γὰρ ὄνομα τοῦ θεοῦ δι᾽ ὑμᾶς βλασφημεῖται³⁴ ἐν τοῖς ἔθνεσιν, καθὼς γέγραπται. **25** Περιτομὴ³⁵ μὲν γὰρ ὠφελεῖ,³⁶ ἐὰν νόμον πράσσῃς·³⁷ ἐὰν δὲ παραβάτης³⁸ νόμου ᾖς, ἡ περιτομή³⁵ σου ἀκροβυστία³⁹ γέγονεν. **26** Ἐὰν οὖν ἡ ἀκροβυστία³⁹ τὰ δικαιώματα⁴⁰ τοῦ νόμου φυλάσσῃ,⁴¹ οὐχὶ ἡ ἀκροβυστία³⁹

---

²συμμαρτυρούσης: PAP-GSF   ⁶κατηγορούντων: PAP-GPM   ⁷ἀπολογουμένων: PNP-GPM   ⁹Ἴδε: 2AAM-2S   ¹⁰ἐπονομάζῃ: PPI-2S   ¹¹ἐπαναπαύῃ: PNI-2S   ¹²καυχᾶσαι: PNI-2S   ¹³δοκιμάζεις: PAI-2S   ¹⁴διαφέροντα: PAP-APN   ¹⁵κατηχούμενος: PPP-NSM   ²⁴κλέπτειν: PAN   ²⁵κλέπτεις: PAI-2S   ²⁶μοιχεύειν: PAN   ²⁷μοιχεύεις: PAI-2S   ²⁸βδελυσσόμενος: PNP-NSM   ³⁰ἱεροσυλεῖς: PAI-2S   ³¹καυχᾶσαι: PNI-2S   ³³ἀτιμάζεις: PAI-2S   ³⁴βλασφημεῖται: PPI-3S   ³⁶ὠφελεῖ: PAI-3S   ³⁷πράσσῃς: PAS-2S   ⁴¹φυλάσσῃ: PAS-3S

---

¹γραπτός, ή, όν, [1] written.   ²συμμαρτυρέω, [3] I bear witness together with.   ³συνείδησις, εως, ἡ, [32] the conscience, a persisting notion.   ⁴μεταξύ, [9] meanwhile, afterwards, between.   ⁵λογισμός, οῦ, ὁ, [2] reasoning, thinking; a conception, device.   ⁶κατηγορέω, [22] I accuse, charge, prosecute.   ⁷ἀπολογέομαι, [10] I give a defense, defend myself (especially in a law court): it can take an object of what is said in defense.   ⁸κρυπτός, ή, όν, [19] hidden, secret; as subst: the hidden (secret) things (parts), the inward nature (character).   ⁹ἴδε, [35] See! Lo! Behold! Look!   ¹⁰ἐπονομάζω, [1] I name, impose a name on; pass: am named.   ¹¹ἐπαναπαύομαι, [2] I rest upon, rely on, trust in.   ¹²καυχάομαι, [38] I boast; I glory (exult) proudly.   ¹³δοκιμάζω, [23] I put to the test, prove, examine; I distinguish by testing, approve after testing; I am fit.   ¹⁴διαφέρω, [13] (a) trans: I carry through, hither and thither, (b) intrans: I am different, differ, and sometimes: I surpass, excel.   ¹⁵κατηχέω, [8] I instruct orally, teach, inform.   ¹⁶σεαυτοῦ, ῆς, οῦ, [41] of yourself.   ¹⁷ὁδηγός, οῦ, ὁ, [5] a leader, guide; met: an instructor, teacher.   ¹⁸σκότος, ους, τό, [32] darkness, either physical or moral.   ¹⁹παιδευτής, οῦ, ὁ, [2] an instructor, trainer; almost: a chastiser.   ²⁰ἄφρων, ονος, ον, [11] senseless, foolish, inconsiderate.   ²¹νήπιος, α, ον, [14] unlearned, unenlightened; noun: an infant, child.   ²²μόρφωσις, εως, ἡ, [2] form, outline, semblance.   ²³γνῶσις, εως, ἡ, [29] knowledge, doctrine, wisdom.   ²⁴κλέπτω, [13] I steal.   ²⁵κλέπτω, [13] I steal.   ²⁶μοιχεύω, [14] I commit adultery (of a man with a married woman, but also of a married man).   ²⁷μοιχεύω, [14] I commit adultery (of a man with a married woman, but also of a married man).   ²⁸βδελύσσομαι, [2] I abhor, detest, loathe.   ²⁹εἴδωλον, ου, τό, [11] an idol, false god.   ³⁰ἱεροσυλέω, [1] I commit sacrilege, rob a temple.   ³¹καυχάομαι, [38] I boast; I glory (exult) proudly.   ³²παράβασις, εως, ἡ, [7] a transgression, overstepping, deviation.   ³³ἀτιμάζω, [6] I disgrace, treat disgracefully, dishonor, insult; I despise.   ³⁴βλασφημέω, [35] I speak evil against, blaspheme, use abusive or scurrilous language about (God or men).   ³⁵περιτομή, ῆς, ἡ, [36] circumcision.   ³⁶ὠφελέω, [15] I help, benefit, do good, am useful (to), profit.   ³⁷πράσσω, [38] I do, perform, accomplish; be in any condition, i.e. I fare; I exact, require.   ³⁸παραβάτης, ου, ὁ, [5] a transgressor, law-breaker.   ³⁹ἀκροβυστία, ας, ἡ, [20] (a technical word of Jewish use) foreskin, prepuce: used sometimes as a slang term by Jews, of Gentiles.   ⁴⁰δικαίωμα, ατος, τό, [10] a thing pronounced (by God) to be righteous (just, the right); or the restoration of a criminal, a fresh chance given him; a righteous deed, an instance of perfect righteousness.   ⁴¹φυλάσσω, [30] (a) I guard, protect; mid: I am on my guard, (b) act. and mid. of customs and regulations: I keep, observe.

αὐτοῦ εἰς περιτομὴν¹ λογισθήσεται;² 27 Καὶ κρινεῖ ἡ ἐκ φύσεως³ ἀκροβυστία,⁴ τὸν νόμον τελοῦσα,⁵ σὲ τὸν διὰ γράμματος⁶ καὶ περιτομῆς¹ παραβάτην⁷ νόμου; 28 Οὐ γὰρ ὁ ἐν τῷ φανερῷ⁸ Ἰουδαῖός ἐστιν, οὐδὲ ἡ ἐν τῷ φανερῷ⁸ ἐν σαρκὶ περιτομή·¹ 29 ἀλλ᾽ ὁ ἐν τῷ κρυπτῷ⁹ Ἰουδαῖος, καὶ περιτομὴ¹ καρδίας ἐν πνεύματι, οὐ γράμματι·⁶ οὗ ὁ ἔπαινος¹⁰ οὐκ ἐξ ἀνθρώπων, ἀλλ᾽ ἐκ τοῦ θεοῦ.

Man's Guilt and God's Righteousness

3 Τί οὖν τὸ περισσὸν¹¹ τοῦ Ἰουδαίου, ἢ τίς ἡ ὠφέλεια¹² τῆς περιτομῆς;¹ 2 Πολὺ κατὰ πάντα τρόπον·¹³ πρῶτον μὲν γὰρ ὅτι ἐπιστεύθησαν τὰ λόγια¹⁴ τοῦ θεοῦ. 3 Τί γὰρ εἰ ἠπίστησάν¹⁵ τινες; Μὴ ἡ ἀπιστία¹⁶ αὐτῶν τὴν πίστιν τοῦ θεοῦ καταργήσει;¹⁷ 4 Μὴ γένοιτο· γινέσθω δὲ ὁ θεὸς ἀληθής,¹⁸ πᾶς δὲ ἄνθρωπος ψεύστης,¹⁹ καθὼς γέγραπται, Ὅπως ἂν δικαιωθῇς²⁰ ἐν τοῖς λόγοις σου, καὶ νικήσῃς²¹ ἐν τῷ κρίνεσθαί σε. 5 Εἰ δὲ ἡ ἀδικία²² ἡμῶν θεοῦ δικαιοσύνην συνίστησιν,²³ τί ἐροῦμεν; Μὴ ἄδικος²⁴ ὁ θεὸς ὁ ἐπιφέρων²⁵ τὴν ὀργήν;²⁶–κατὰ ἄνθρωπον λέγω– 6 Μὴ γένοιτο· ἐπεὶ²⁷ πῶς κρινεῖ ὁ θεὸς τὸν κόσμον; 7 Εἰ γὰρ ἡ ἀλήθεια τοῦ θεοῦ ἐν τῷ ἐμῷ ψεύσματι²⁸ ἐπερίσσευσεν²⁹ εἰς τὴν δόξαν αὐτοῦ, τί ἔτι κἀγὼ ὡς ἁμαρτωλὸς³⁰ κρίνομαι; 8 Καὶ μή–καθὼς βλασφημούμεθα,³¹ καὶ καθώς φασίν τινες ἡμᾶς λέγειν–ὅτι Ποιήσωμεν τὰ κακὰ ἵνα ἔλθῃ τὰ ἀγαθά; Ὧν τὸ κρίμα³² ἔνδικόν³³ ἐστιν.

---

²λογισθήσεται: FPI-3S   ⁵τελοῦσα: PAP-NSF   ¹⁵ἠπίστησάν: AAI-3P   ¹⁷καταργήσει: FAI-3S   ²⁰δικαιωθῇς: APS-2S   ²¹νικήσῃς: AAS-2S   ²³συνίστησιν: PAI-3S   ²⁵ἐπιφέρων: PAP-NSM   ²⁹ἐπερίσσευσεν: AAI-3S   ³¹βλασφημούμεθα: PPI-1P

---

¹περιτομή, ῆς, ἡ, [36] circumcision.   ²λογίζομαι, [41] I reckon, count, charge with; reason, decide, conclude; think, suppose.   ³φύσις, εως, ἡ, [14] nature, inherent nature, origin, birth.   ⁴ἀκροβυστία, ας, ἡ, [20] (a technical word of Jewish use) foreskin, prepuce: used sometimes as a slang term by Jews, of Gentiles.   ⁵τελέω, [26] (a) I end, finish, (b) I fulfill, accomplish, (c) I pay.   ⁶γράμμα, ατος, τό, [15] a letter of the alphabet; collectively: written (revelation); (a) a written document, a letter, an epistle, (b) writings, literature, learning.   ⁷παραβάτης, ου, ὁ, [5] a transgressor, law-breaker.   ⁸φανερός, ά, όν, [20] apparent, clear, visible, manifest; adv: clearly.   ⁹κρυπτός, ή, όν, [19] hidden, secret; as subst: the hidden (secret) things (parts), the inward nature (character).   ¹⁰ἔπαινος, ου, ὁ, [11] commendation, praise, approval.   ¹¹περισσός, ή, όν, [26] more, greater, excessive, abundant, exceedingly, vehemently; noun: preeminence, advantage.   ¹²ὠφέλεια, ας, ἡ, [2] usefulness, profit, advantage, benefit, gain.   ¹³τρόπος, ου, ὁ, [13] (a) way, manner, (b) manner of life, character.   ¹⁴λόγιον, ου, τό, [3] plur: oracles, divine responses or utterances (it can include the entire Old Testament).   ¹⁵ἀπιστέω, [7] I am unfaithful, disbelieve, refuse belief, prove false.   ¹⁶ἀπιστία, ας, ἡ, [12] unbelief, unfaithfulness, distrust.   ¹⁷καταργέω, [27] (a) I make idle (inactive), make of no effect, annul, abolish, bring to naught, (b) I discharge, sever, separate from.   ¹⁸ἀληθής, ές, [25] unconcealed, true, true in fact, worthy of credit, truthful.   ¹⁹ψεύστης, ου, ὁ, [10] a liar, deceiver.   ²⁰δικαιόω, [39] I make righteous, defend the cause of, plead for the righteousness (innocence) of, acquit, justify; hence: I regard as righteous.   ²¹νικάω, [28] I conquer, am victorious, overcome, prevail, subdue.   ²²ἀδικία, ας, ἡ, [26] injustice, unrighteousness, hurt.   ²³συνίστημι, συνιστάνω, [16] I place together, commend, prove, exhibit; intrans: I stand with; I am composed of, cohere.   ²⁴ἄδικος, ον, [12] unjust, unrighteous, wicked.   ²⁵ἐπιφέρω, [5] I bring forward (against), impose, inflict.   ²⁶ὀργή, ῆς, ἡ, [36] anger, wrath, passion; punishment, vengeance.   ²⁷ἐπεί, [27] of time: when, after; of cause: since, because; otherwise: else.   ²⁸ψεῦσμα, ατος, τό, [1] a falsehood, lie, untruthfulness.   ²⁹περισσεύω, [39] (a) intrans: I exceed the ordinary (the necessary), abound, overflow; am left over, (b) trans: I cause to abound.   ³⁰ἁμαρτωλός, ον, [48] sinning, sinful, depraved, detestable.   ³¹βλασφημέω, [35] I speak evil against, blaspheme, use abusive or scurrilous language about (God or men).   ³²κρίμα, ατος, τό, [28] (a) a judgment, a verdict; sometimes implying an adverse verdict, a condemnation, (b) a case at law, a lawsuit.   ³³ἔνδικος, ον, [2] righteous, just.

The Scriptural Proof for the Universal Guilt of Mankind

9 Τί οὖν; Προεχόμεθα;[1] Οὐ πάντως·[2] προῃτιασάμεθα[3] γὰρ Ἰουδαίους τε καὶ Ἕλληνας[4] πάντας ὑφ’ ἁμαρτίαν εἶναι, **10** καθὼς γέγραπται ὅτι Οὐκ ἔστιν δίκαιος οὐδὲ εἷς· **11** οὐκ ἔστιν ὁ συνιῶν,[5] οὐκ ἔστιν ὁ ἐκζητῶν[6] τὸν θεόν· **12** πάντες ἐξέκλιναν,[7] ἅμα[8] ἠχρειώθησαν·[9] οὐκ ἔστιν ποιῶν χρηστότητα,[10] οὐκ ἔστιν ἕως ἑνός· **13** τάφος[11] ἀνεῳγμένος ὁ λάρυγξ[12] αὐτῶν, ταῖς γλώσσαις αὐτῶν ἐδολιοῦσαν·[13] ἰὸς[14] ἀσπίδων[15] ὑπὸ τὰ χείλη[16] αὐτῶν· **14** ὧν τὸ στόμα ἀρᾶς[17] καὶ πικρίας[18] γέμει·[19] **15** ὀξεῖς[20] οἱ πόδες αὐτῶν ἐκχέαι[21] αἷμα· **16** σύντριμμα[22] καὶ ταλαιπωρία[23] ἐν ταῖς ὁδοῖς αὐτῶν, **17** καὶ ὁδὸν εἰρήνης οὐκ ἔγνωσαν· **18** οὐκ ἔστιν φόβος[24] θεοῦ ἀπέναντι[25] τῶν ὀφθαλμῶν αὐτῶν.

19 Οἴδαμεν δὲ ὅτι ὅσα ὁ νόμος λέγει, τοῖς ἐν τῷ νόμῳ λαλεῖ, ἵνα πᾶν στόμα φραγῇ,[26] καὶ ὑπόδικος[27] γένηται πᾶς ὁ κόσμος τῷ θεῷ· **20** διότι[28] ἐξ ἔργων νόμου οὐ δικαιωθήσεται[29] πᾶσα σὰρξ ἐνώπιον αὐτοῦ· διὰ γὰρ νόμου ἐπίγνωσις[30] ἁμαρτίας.

Justification by Faith

21 Νυνὶ[31] δὲ χωρὶς[32] νόμου δικαιοσύνη θεοῦ πεφανέρωται,[33] μαρτυρουμένη ὑπὸ τοῦ νόμου καὶ τῶν προφητῶν· **22** δικαιοσύνη δὲ θεοῦ διὰ πίστεως Ἰησοῦ χριστοῦ εἰς πάντας καὶ ἐπὶ πάντας τοὺς πιστεύοντας· οὐ γάρ ἐστιν διαστολή·[34] **23** πάντες γὰρ ἥμαρτον[35]

---

[1]*Προεχόμεθα: PNI-1P* [3]*προῃτιασάμεθα: ADI-1P* [5]*συνιῶν: PAP-NSM* [6]*ἐκζητῶν: PAP-NSM* [7]*ἐξέκλιναν: AAI-3P* [9]*ἠχρειώθησαν: API-3P* [13]*ἐδολιοῦσαν: IAI-3P* [19]*γέμει: PAI-3S* [21]*ἐκχέαι: AAN* [26]*φραγῇ: 2APS-3S* [29]*δικαιωθήσεται: FPI-3S* [33]*πεφανέρωται: RPI-3S* [35]*ἥμαρτον: 2AAI-3P*

---

[1]*προέχω, [1] trans: I hold before; mid: I excuse myself; intrans: I project, excel, surpass, have preeminence.* [2]*πάντως, [9] wholly, entirely, in every way, by all means, certainly.* [3]*προαιτιάομαι, [1] I make a prior accusation.* [4]*Ἕλλην, ηνος, ὁ, [27] a Hellene, the native word for a Greek; it is, however, a term wide enough to include all Greek-speaking (i.e. educated) non-Jews.* [5]*συνίημι, [26] I consider, understand, perceive.* [6]*ἐκζητέω, [7] I seek out, seek out after, require.* [7]*ἐκκλίνω, [3] (lit: I bend away from), I fall away from, turn away (from), deviate.* [8]*ἅμα, [10] at the same time, therewith, along with, together with.* [9]*ἀχρειόω, [1] (lit: I become sour, I turn, of milk), I am good for nothing, render useless; met: I become corrupt.* [10]*χρηστότης, τητος, ἡ, [10] goodness, uprightness, kindness, gentleness.* [11]*τάφος, ου, ὁ, [7] a burial-place, sepulcher, tomb, grave.* [12]*λάρυγξ, υγγος, ὁ, [1] the throat, gullet.* [13]*δολιόω, [1] I act deceitfully, deceive, use fraud.* [14]*ἰός, οῦ, ὁ, [3] poison, rust; an arrow.* [15]*ἀσπίς, ίδος, ἡ, [1] an asp (hooded-snake, cobra).* [16]*χεῖλος, ους, τό, [7] a lip, mouth, shore, edge, brink; meton: language, dialect.* [17]*ἀρά, ᾶς, ἡ, [1] a prayer; more commonly: a prayer for evil, a curse, imprecation.* [18]*πικρία, ας, ἡ, [4] bitterness, harshness, hence met: an embittered (resentful) spirit.* [19]*γέμω, [11] I am full of.* [20]*ὀξύς, εῖα, ύ, [8] (a) sharp, (b) swift, eager.* [21]*ἐκχέω, [28] I pour out (liquid or solid); I shed, bestow liberally.* [22]*σύντριμμα, ατος, τό, [1] crushing, destruction, calamity.* [23]*ταλαιπωρία, ας, ἡ, [2] hardship, misery, distress, toil.* [24]*φόβος, ου, ὁ, [47] (a) fear, terror, alarm, (b) the object or cause of fear, (c) reverence, respect.* [25]*ἀπέναντι, [6] against, over against, opposite, in view of, in the presence of.* [26]*φράσσω, [3] I stop, close up, obstruct.* [27]*ὑπόδικος, ον, [1] answerable to, liable to (brought under) the judgment of.* [28]*διότι, [24] on this account, because, for.* [29]*δικαιόω, [39] I make righteous, defend the cause of, plead for the righteousness (innocence) of, acquit, justify; hence: I regard as righteous.* [30]*ἐπίγνωσις, εως, ἡ, [20] knowledge of a particular point (directed towards a particular object); perception, discernment, recognition, intuition.* [31]*νυνί, [20] adv. (a) of time: just now, even now; just at hand, immediately, (b) of logical connection: now then, (c) in commands and appeals: at this instant.* [32]*χωρίς, [39] apart from, separately from; without.* [33]*φανερόω, [49] I make clear (visible, manifest), make known.* [34]*διαστολή, ῆς, ἡ, [3] distinction, difference, separation.* [35]*ἁμαρτάνω, [43] originally: I miss the mark, hence (a) I make a mistake, (b) I sin, commit a sin (against God); sometimes the idea of sinning against a fellow-creature is present.*

καὶ ὑστεροῦνται¹ τῆς δόξης τοῦ θεοῦ, 24 δικαιούμενοι² δωρεὰν³ τῇ αὐτοῦ χάριτι διὰ τῆς ἀπολυτρώσεως⁴ τῆς ἐν χριστῷ Ἰησοῦ· 25 ὃν προέθετο⁵ ὁ θεὸς ἱλαστήριον,⁶ διὰ τῆς πίστεως, ἐν τῷ αὐτοῦ αἵματι, εἰς ἔνδειξιν⁷ τῆς δικαιοσύνης αὐτοῦ, διὰ τὴν πάρεσιν⁸ τῶν προγεγονότων⁹ ἁμαρτημάτων,¹⁰ 26 ἐν τῇ ἀνοχῇ¹¹ τοῦ θεοῦ· πρὸς ἔνδειξιν⁷ τῆς δικαιοσύνης αὐτοῦ ἐν τῷ νῦν καιρῷ, εἰς τὸ εἶναι αὐτὸν δίκαιον καὶ δικαιοῦντα¹² τὸν ἐκ πίστεως Ἰησοῦ. 27 Ποῦ¹³ οὖν ἡ καύχησις;¹⁴ Ἐξεκλείσθη.¹⁵ Διὰ ποίου¹⁶ νόμου; Τῶν ἔργων; Οὐχί, ἀλλὰ διὰ νόμου πίστεως. 28 Λογιζόμεθα¹⁷ οὖν πίστει δικαιοῦσθαι¹⁸ ἄνθρωπον, χωρὶς¹⁹ ἔργων νόμου. 29 Ἢ Ἰουδαίων ὁ θεὸς μόνον; Οὐχὶ δὲ καὶ ἐθνῶν; Ναὶ²⁰ καὶ ἐθνῶν· 30 ἐπείπερ²¹ εἷς ὁ θεός, ὃς δικαιώσει²² περιτομὴν²³ ἐκ πίστεως, καὶ ἀκροβυστίαν²⁴ διὰ τῆς πίστεως. 31 Νόμον οὖν καταργοῦμεν²⁵ διὰ τῆς πίστεως; Μὴ γένοιτο· ἀλλὰ νόμον ἱστῶμεν.

The Righteousness of God Demonstrated from History

4 Τί οὖν ἐροῦμεν Ἀβραὰμ τὸν πατέρα ἡμῶν εὑρηκέναι κατὰ σάρκα; 2 Εἰ γὰρ Ἀβραὰμ ἐξ ἔργων ἐδικαιώθη,²⁶ ἔχει καύχημα,²⁷ ἀλλ' οὐ πρὸς τὸν θεόν. 3 Τί γὰρ ἡ γραφὴ λέγει; Ἐπίστευσεν δὲ Ἀβραὰμ τῷ θεῷ, καὶ ἐλογίσθη²⁸ αὐτῷ εἰς δικαιοσύνην. 4 Τῷ δὲ ἐργαζομένῳ²⁹ ὁ μισθὸς³⁰ οὐ λογίζεται³¹ κατὰ χάριν, ἀλλὰ κατὰ ὀφείλημα.³² 5 Τῷ

---

¹ὑστεροῦνται: PPI-3P   ²δικαιούμενοι: PPP-NPM   ⁵προέθετο: 2AMI-3S   ⁹προγεγονότων: RAP-GPN
¹²δικαιοῦντα: PAP-ASM   ¹⁵Ἐξεκλείσθη: API-3S   ¹⁷Λογιζόμεθα: PNI-1P   ¹⁸δικαιοῦσθαι: PPN   ²²δικαιώσει: FAI-3S
²⁵καταργοῦμεν: PAI-1P   ²⁶ἐδικαιώθη: API-3S   ²⁸ἐλογίσθη: API-3S   ²⁹ἐργαζομένῳ: PNP-DSM   ³¹λογίζεται: PNI-3S

---

¹ὑστερέω, [16] I fall behind, am lacking, fall short, suffer need, am inferior to.   ²δικαιόω, [39] I make righteous, defend the cause of, plead for the righteousness (innocence) of, acquit, justify; hence: I regard as righteous.   ³δωρεάν, [9] as a free gift, without payment, freely.   ⁴ἀπολύτρωσις, εως, ἡ, [10] release effected by payment of ransom; redemption, deliverance.   ⁵προτίθεμαι, [3] I purpose, design beforehand, determine.   ⁶ἱλαστήριον, ου, τό, [2] (a) a sin offering, by which the wrath of the deity shall be appeased; a means of propitiation, (b) the covering of the ark, which was sprinkled with the atoning blood on the Day of Atonement.   ⁷ἔνδειξις, εως, ἡ, [4] a showing, proof, demonstration, sign, token.   ⁸πάρεσις, εως, ἡ, [1] overlooking, suspension, remission of punishment for.   ⁹προγίνομαι, [1] I happen (come about) previously.   ¹⁰ἁμάρτημα, ατος, τό, [4] a fault, sin, evil deed.   ¹¹ἀνοχή, ῆς, ἡ, [2] forbearance, suspense or delay (of punishment), patience.   ¹²δικαιόω, [39] I make righteous, defend the cause of, plead for the righteousness (innocence) of, acquit, justify; hence: I regard as righteous.   ¹³ποῦ, [44] where, in what place.   ¹⁴καύχησις, εως, ἡ, [12] the act of boasting, glorying, exultation.   ¹⁵ἐκκλείω, [2] I shut out, exclude, separate.   ¹⁶ποῖος, α, ον, [34] of what sort.   ¹⁷λογίζομαι, [41] I reckon, count, charge with; reason, decide, conclude; think, suppose.   ¹⁸δικαιόω, [39] I make righteous, defend the cause of, plead for the righteousness (innocence) of, acquit, justify; hence: I regard as righteous.   ¹⁹χωρίς, [39] apart from, separately from; without.   ²⁰ναί, [35] yes, certainly, even so.   ²¹ἐπείπερ, [1] since indeed, seeing that.   ²²δικαιόω, [39] I make righteous, defend the cause of, plead for the righteousness (innocence) of, acquit, justify; hence: I regard as righteous.   ²³περιτομή, ῆς, ἡ, [36] circumcision.   ²⁴ἀκροβυστία, ας, ἡ, [20] (a technical word of Jewish use) foreskin, prepuce: used sometimes as a slang term by Jews, of Gentiles.   ²⁵καταργέω, [27] (a) I make idle (inactive), make of no effect, annul, abolish, bring to naught, (b) I discharge, sever, separate from.   ²⁶δικαιόω, [39] I make righteous, defend the cause of, plead for the righteousness (innocence) of, acquit, justify; hence: I regard as righteous.   ²⁷καύχημα, ατος, τό, [11] a boasting; a ground of boasting (glorying, exultation).   ²⁸λογίζομαι, [41] I reckon, count, charge with; reason, decide, conclude; think, suppose.   ²⁹ἐργάζομαι, [39] I work, trade, perform, do, practice, commit, acquire by labor.   ³⁰μισθός, οῦ, ὁ, [29] (a) pay, wages, salary, (b) reward, recompense, punishment.   ³¹λογίζομαι, [41] I reckon, count, charge with; reason, decide, conclude; think, suppose.   ³²ὀφείλημα, ατος, τό, [2] a debt, offense, sin.

δὲ μὴ ἐργαζομένῳ,[1] πιστεύοντι δὲ ἐπὶ τὸν δικαιοῦντα[2] τὸν ἀσεβῆ,[3] λογίζεται[4] ἡ πίστις αὐτοῦ εἰς δικαιοσύνην. 6 Καθάπερ[5] καὶ Δαυὶδ λέγει τὸν μακαρισμὸν[6] τοῦ ἀνθρώπου, ᾧ ὁ θεὸς λογίζεται[7] δικαιοσύνην χωρὶς[8] ἔργων, 7 Μακάριοι ὧν ἀφέθησαν αἱ ἀνομίαι,[9] καὶ ὧν ἐπεκαλύφθησαν[10] αἱ ἁμαρτίαι. 8 Μακάριος ἀνὴρ ᾧ οὐ μὴ λογίσηται[11] κύριος ἁμαρτίαν. 9 Ὁ μακαρισμὸς[6] οὖν οὗτος ἐπὶ τὴν περιτομήν,[12] ἢ καὶ ἐπὶ τὴν ἀκροβυστίαν;[13] Λέγομεν γὰρ ὅτι Ἐλογίσθη[14] τῷ Ἀβραὰμ ἡ πίστις εἰς δικαιοσύνην. 10 Πῶς οὖν ἐλογίσθη;[15] Ἐν περιτομῇ[12] ὄντι, ἢ ἐν ἀκροβυστίᾳ;[13] Οὐκ ἐν περιτομῇ,[12] ἀλλ' ἐν ἀκροβυστίᾳ·[13] 11 καὶ σημεῖον ἔλαβεν περιτομῆς,[12] σφραγῖδα[16] τῆς δικαιοσύνης τῆς πίστεως τῆς ἐν τῇ ἀκροβυστίᾳ·[13] εἰς τὸ εἶναι αὐτὸν πατέρα πάντων τῶν πιστευόντων δι' ἀκροβυστίας,[13] εἰς τὸ λογισθῆναι[17] καὶ αὐτοῖς τὴν δικαιοσύνην· 12 καὶ πατέρα περιτομῆς[12] τοῖς οὐκ ἐκ περιτομῆς[12] μόνον, ἀλλὰ καὶ τοῖς στοιχοῦσιν[18] τοῖς ἴχνεσιν[19] τῆς πίστεως τῆς ἐν τῇ ἀκροβυστίᾳ[13] τοῦ πατρὸς ἡμῶν Ἀβραάμ. 13 Οὐ γὰρ διὰ νόμου ἡ ἐπαγγελία τῷ Ἀβραὰμ ἢ τῷ σπέρματι[20] αὐτοῦ, τὸ κληρονόμον[21] αὐτὸν εἶναι τοῦ κόσμου, ἀλλὰ διὰ δικαιοσύνης πίστεως. 14 Εἰ γὰρ οἱ ἐκ νόμου κληρονόμοι,[21] κεκένωται[22] ἡ πίστις, καὶ κατήργηται[23] ἡ ἐπαγγελία· 15 ὁ γὰρ νόμος ὀργὴν[24] κατεργάζεται·[25] οὗ[26] γὰρ οὐκ ἔστιν νόμος, οὐδὲ παράβασις.[27] 16 Διὰ τοῦτο ἐκ πίστεως, ἵνα κατὰ χάριν, εἰς τὸ εἶναι βεβαίαν[28] τὴν ἐπαγγελίαν παντὶ τῷ σπέρματι,[20] οὐ τῷ ἐκ τοῦ νόμου μόνον, ἀλλὰ καὶ τῷ ἐκ πίστεως Ἀβραάμ, ὅς ἐστιν πατὴρ πάντων ἡμῶν– 17 καθὼς γέγραπται ὅτι Πατέρα πολλῶν ἐθνῶν τέθεικά σε–κατέναντι[29] οὗ ἐπίστευσεν θεοῦ, τοῦ ζῳοποιοῦντος[30] τοὺς νεκρούς, καὶ καλοῦντος τὰ μὴ ὄντα ὡς ὄντα. 18 Ὃς παρ' ἐλπίδα ἐπ' ἐλπίδι ἐπίστευσεν, εἰς τὸ γενέσθαι αὐτὸν πατέρα πολλῶν ἐθνῶν, κατὰ τὸ εἰρημένον, Οὕτως ἔσται τὸ σπέρμα[20] σου. 19 Καὶ μὴ ἀσθενήσας[31] τῇ

---

[1]ἐργαζομένῳ: PNP-DSM   [2]δικαιοῦντα: PAP-ASM   [4]λογίζεται: PNI-3S   [7]λογίζεται: PNI-3S   [10]ἐπεκαλύφθησαν: API-3P   [11]λογίσηται: ADS-3S   [14]Ἐλογίσθη: API-3S   [15]ἐλογίσθη: API-3S   [17]λογισθῆναι: APN   [18]στοιχοῦσιν: PAP-DPM   [22]κεκένωται: RPI-3S   [23]κατήργηται: RPI-3S   [25]κατεργάζεται: PNI-3S   [30]ζῳοποιοῦντος: PAP-GSM   [31]ἀσθενήσας: AAP-NSM

---

[1]ἐργάζομαι, [39] I work, trade, perform, do, practice, commit, acquire by labor.   [2]δικαιόω, [39] I make righteous, defend the cause of, plead for the righteousness (innocence) of, acquit, justify; hence: I regard as righteous.   [3]ἀσεβής, ές, [9] impious, ungodly, wicked.   [4]λογίζομαι, [41] I reckon, count, charge with; reason, decide, conclude; think, suppose.   [5]καθάπερ, [13] even as, just as.   [6]μακαρισμός, οῦ, ὁ, [3] regarding as happy, blessed, or enviable.   [7]λογίζομαι, [41] I reckon, count, charge with; reason, decide, conclude; think, suppose.   [8]χωρίς, [39] apart from, separately from; without.   [9]ἀνομία, ας, ἡ, [15] lawlessness, iniquity, disobedience, sin.   [10]ἐπικαλύπτω, [1] I put a cover on, cover up.   [11]λογίζομαι, [41] I reckon, count, charge with; reason, decide, conclude; think, suppose.   [12]περιτομή, ῆς, ἡ, [36] circumcision.   [13]ἀκροβυστία, ας, ἡ, [20] (a technical word of Jewish use) foreskin, prepuce: used sometimes as a slang term by Jews, of Gentiles.   [14]λογίζομαι, [41] I reckon, count, charge with; reason, decide, conclude; think, suppose.   [15]λογίζομαι, [41] I reckon, count, charge with; reason, decide, conclude; think, suppose.   [16]σφραγίς, ῖδος, ἡ, [16] a seal, signet ring, the impression of a seal, that which the seal attests, the proof.   [17]λογίζομαι, [41] I reckon, count, charge with; reason, decide, conclude; think, suppose.   [18]στοιχέω, [5] I walk in, walk by.   [19]ἴχνος, ους, τό, [3] a track, footstep.   [20]σπέρμα, ατος, τό, [44] (a) seed, commonly of cereals, (b) offspring, descendents.   [21]κληρονόμος, ου, ὁ, [15] an heir, an inheritor.   [22]κενόω, [5] (a) I empty, (b) I deprive of content, make unreal.   [23]καταργέω, [27] (a) I make idle (inactive), make of no effect, annul, abolish, bring to naught, (b) I discharge, sever, separate from.   [24]ὀργή, ῆς, ἡ, [36] anger, wrath, passion; punishment, vengeance.   [25]κατεργάζομαι, [24] I effect by labor, achieve, work out, bring about.   [26]οὗ, [23] where, whither, when, in what place.   [27]παράβασις, εως, ἡ, [7] a transgression, overstepping, deviation.   [28]βέβαιος, α, ον, [9] firm, steadfast, enduring, sure, certain.   [29]κατέναντι, [5] opposite, in front (of), over against.   [30]ζῳοποιέω, [12] I make that which was dead to live, cause to live, quicken.   [31]ἀσθενέω, [36] I am weak (physically: then morally), I am sick.

πίστει, οὐ κατενόησεν¹ τὸ ἑαυτοῦ σῶμα ἤδη νενεκρωμένον²–ἑκατονταέτης³ που⁴ ὑπάρχων–καὶ τὴν νέκρωσιν⁵ τῆς μήτρας⁶ Σάρρας· **20** εἰς δὲ τὴν ἐπαγγελίαν τοῦ θεοῦ οὐ διεκρίθη⁷ τῇ ἀπιστίᾳ,⁸ ἀλλ' ἐνεδυναμώθη⁹ τῇ πίστει, δοὺς δόξαν τῷ θεῷ, **21** καὶ πληροφορηθεὶς¹⁰ ὅτι ὃ ἐπήγγελται,¹¹ δυνατός¹² ἐστιν καὶ ποιῆσαι. **22** Διὸ καὶ ἐλογίσθη¹³ αὐτῷ εἰς δικαιοσύνην. **23** Οὐκ ἐγράφη δὲ δι' αὐτὸν μόνον, ὅτι ἐλογίσθη¹⁴ αὐτῷ· **24** ἀλλὰ καὶ δι' ἡμᾶς, οἷς μέλλει λογίζεσθαι,¹⁵ τοῖς πιστεύουσιν ἐπὶ τὸν ἐγείραντα Ἰησοῦν τὸν κύριον ἡμῶν ἐκ νεκρῶν, **25** ὃς παρεδόθη διὰ τὰ παραπτώματα¹⁶ ἡμῶν, καὶ ἠγέρθη διὰ τὴν δικαίωσιν¹⁷ ἡμῶν.

The Blessed Consequences of Justification

5 Δικαιωθέντες¹⁸ οὖν ἐκ πίστεως, εἰρήνην ἔχομεν πρὸς τὸν θεὸν διὰ τοῦ κυρίου ἡμῶν Ἰησοῦ χριστοῦ, **2** δι' οὗ καὶ τὴν προσαγωγὴν¹⁹ ἐσχήκαμεν τῇ πίστει εἰς τὴν χάριν ταύτην ἐν ᾗ ἑστήκαμεν, καὶ καυχώμεθα²⁰ ἐπ' ἐλπίδι τῆς δόξης τοῦ θεοῦ. **3** Οὐ μόνον δέ, ἀλλὰ καὶ καυχώμεθα²¹ ἐν ταῖς θλίψεσιν,²² εἰδότες ὅτι ἡ θλίψις²² ὑπομονὴν²³ κατεργάζεται,²⁴ **4** ἡ δὲ ὑπομονὴ²³ δοκιμήν,²⁵ ἡ δὲ δοκιμὴ²⁵ ἐλπίδα· **5** ἡ δὲ ἐλπὶς οὐ καταισχύνει,²⁶ ὅτι ἡ ἀγάπη τοῦ θεοῦ ἐκκέχυται²⁷ ἐν ταῖς καρδίαις ἡμῶν διὰ πνεύματος ἁγίου τοῦ δοθέντος ἡμῖν. **6** Ἔτι γὰρ χριστός, ὄντων ἡμῶν ἀσθενῶν,²⁸ κατὰ καιρὸν ὑπὲρ ἀσεβῶν²⁹ ἀπέθανεν. **7** Μόλις³⁰ γὰρ ὑπὲρ δικαίου τις ἀποθανεῖται· ὑπὲρ γὰρ τοῦ ἀγαθοῦ τάχα³¹ τις καὶ τολμᾷ³² ἀποθανεῖν. **8** Συνίστησιν³³ δὲ τὴν ἑαυτοῦ ἀγάπην εἰς ἡμᾶς ὁ θεός, ὅτι ἔτι ἁμαρτωλῶν³⁴ ὄντων ἡμῶν χριστὸς ὑπὲρ ἡμῶν ἀπέθανεν. **9** Πολλῷ

---

¹κατενόησεν: *AAI-3S* ²νενεκρωμένον: *RPP-ASN* ⁷διεκρίθη: *API-3S* ⁹ἐνεδυναμώθη: *API-3S* ¹⁰πληροφορηθεὶς: *APP-NSM* ¹¹ἐπήγγελται: *RNI-3S* ¹³ἐλογίσθη: *API-3S* ¹⁴ἐλογίσθη: *API-3S* ¹⁵λογίζεσθαι: *PPN* ¹⁸Δικαιωθέντες: *APP-NPM* ²⁰καυχώμεθα: *PNI-1P* ²¹καυχώμεθα: *PNI-1P* ²⁴κατεργάζεται: *PNI-3S* ²⁶καταισχύνει: *PAI-3S* ²⁷ἐκκέχυται: *RPI-3S* ³²τολμᾷ: *PAI-3S* ³³Συνίστησιν: *PAI-3S*

---

¹κατανοέω, [14] I take note of, perceive, consider carefully, discern, detect, make account of. ²νεκρόω, [3] lit. and met: I put to death, make as dead; I render weak, impotent. ³ἑκατονταέτης, ες, [1] a hundred years old. ⁴πού, [6] somewhere, anywhere, in a certain place. ⁵νέκρωσις, εως, ἡ, [2] (a) putting to death, (b) dead or lifeless condition. ⁶μήτρα, ας, ἡ, [2] the womb. ⁷διακρίνω, [19] I separate, distinguish, discern one thing from another; I doubt, hesitate, waver. ⁸ἀπιστία, ας, ἡ, [12] unbelief, unfaithfulness, distrust. ⁹ἐνδυναμόω, [8] I fill with power, strengthen, make strong. ¹⁰πληροφορέω, [5] (lit: I carry full), (a) I complete, carry out fully, (b) I fully convince, satisfy fully, (c) I fully believe. ¹¹ἐπαγγέλλομαι, [15] I promise, profess. ¹²δυνατός, ή, όν, [36] (a) of persons: powerful, able, (b) of things: possible. ¹³λογίζομαι, [41] I reckon, count, charge with; reason, decide, conclude; think, suppose. ¹⁴λογίζομαι, [41] I reckon, count, charge with; reason, decide, conclude; think, suppose. ¹⁵λογίζομαι, [41] I reckon, count, charge with; reason, decide, conclude; think, suppose. ¹⁶παράπτωμα, ατος, τό, [23] a falling away, lapse, slip, false step, trespass, sin. ¹⁷δικαίωσις, εως, ἡ, [2] acquittal, justifying, justification, a process of absolution. ¹⁸δικαιόω, [39] I make righteous, defend the cause of, plead for the righteousness (innocence) of, acquit, justify; hence: I regard as righteous. ¹⁹προσαγωγή, ῆς, ἡ, [3] approach, access, admission. ²⁰καυχάομαι, [38] I boast; I glory (exult) proudly. ²¹καυχάομαι, [38] I boast; I glory (exult) proudly. ²²θλῖψις, εως, ἡ, [45] persecution, affliction, distress, tribulation. ²³ὑπομονή, ῆς, ἡ, [32] endurance, steadfastness, patient waiting for. ²⁴κατεργάζομαι, [24] I effect by labor, achieve, work out, bring about. ²⁵δοκιμή, ῆς, ἡ, [7] a trial, proof; tried, approved character. ²⁶καταισχύνω, [13] I shame, disgrace, bring to shame, put to utter confusion, frustrate. ²⁷ἐκχέω, [28] I pour out (liquid or solid); I shed, bestow liberally. ²⁸ἀσθενής, ές, [25] (lit: not strong), (a) weak (physically, or morally), (b) infirm, sick. ²⁹ἀσεβής, ές, [9] impious, ungodly, wicked. ³⁰μόλις, [6] with difficulty, hardly, scarcely. ³¹τάχα, [2] quickly, presently, perhaps. ³²τολμάω, [16] I dare, endure, am bold, have courage, make up the mind. ³³συνίστημι, συνιστάνω, [16] I place together, commend, prove, exhibit; instrans: I stand with; I am composed of, cohere. ³⁴ἁμαρτωλός, ον, [48] sinning, sinful, depraved, detestable.

οὖν μᾶλλον, δικαιωθέντες[1] νῦν ἐν τῷ αἵματι αὐτοῦ, σωθησόμεθα δι' αὐτοῦ ἀπὸ τῆς ὀργῆς.[2] 10 Εἰ γὰρ ἐχθροὶ[3] ὄντες κατηλλάγημεν[4] τῷ θεῷ διὰ τοῦ θανάτου τοῦ υἱοῦ αὐτοῦ, πολλῷ μᾶλλον καταλλαγέντες[5] σωθησόμεθα ἐν τῇ ζωῇ αὐτοῦ· 11 οὐ μόνον δέ, ἀλλὰ καὶ καυχώμενοι[6] ἐν τῷ θεῷ διὰ τοῦ κυρίου ἡμῶν Ἰησοῦ χριστοῦ, δι' οὗ νῦν τὴν καταλλαγὴν[7] ἐλάβομεν.

The First and the Second Adam

12 Διὰ τοῦτο, ὥσπερ[8] δι' ἑνὸς ἀνθρώπου ἡ ἁμαρτία εἰς τὸν κόσμον εἰσῆλθεν, καὶ διὰ τῆς ἁμαρτίας ὁ θάνατος, καὶ οὕτως εἰς πάντας ἀνθρώπους ὁ θάνατος διῆλθεν,[9] ἐφ' ᾧ πάντες ἥμαρτον[10]– 13 ἄχρι γὰρ νόμου ἁμαρτία ἦν ἐν κόσμῳ· ἁμαρτία δὲ οὐκ ἐλλογεῖται,[11] μὴ ὄντος νόμου. 14 Ἀλλ' ἐβασίλευσεν[12] ὁ θάνατος ἀπὸ Ἀδὰμ μέχρι[13] Μωϋσέως καὶ ἐπὶ τοὺς μὴ ἁμαρτήσαντας[14] ἐπὶ τῷ ὁμοιώματι[15] τῆς παραβάσεως[16] Ἀδάμ, ὅς ἐστιν τύπος[17] τοῦ μέλλοντος. 15 Ἀλλ' οὐχ ὡς τὸ παράπτωμα,[18] οὕτως καὶ τὸ χάρισμα.[19] Εἰ γὰρ τῷ τοῦ ἑνὸς παραπτώματι[18] οἱ πολλοὶ ἀπέθανον, πολλῷ μᾶλλον ἡ χάρις τοῦ θεοῦ καὶ ἡ δωρεὰ[20] ἐν χάριτι τῇ τοῦ ἑνὸς ἀνθρώπου Ἰησοῦ χριστοῦ εἰς τοὺς πολλοὺς ἐπερίσσευσεν.[21] 16 Καὶ οὐχ ὡς δι' ἑνὸς ἁμαρτήσαντος,[22] τὸ δώρημα·[23] τὸ μὲν γὰρ κρίμα[24] ἐξ ἑνὸς εἰς κατάκριμα,[25] τὸ δὲ χάρισμα[19] ἐκ πολλῶν παραπτωμάτων[18] εἰς δικαίωμα.[26] 17 Εἰ γὰρ τῷ τοῦ ἑνὸς παραπτώματι[18] ὁ θάνατος ἐβασίλευσεν[27] διὰ τοῦ ἑνός, πολλῷ μᾶλλον οἱ τὴν περισσείαν[28] τῆς χάριτος καὶ τῆς δωρεᾶς[20] τῆς δικαιοσύνης λαμβάνοντες ἐν ζωῇ βασιλεύσουσιν[29] διὰ τοῦ ἑνὸς Ἰησοῦ χριστοῦ. 18 Ἄρα[30] οὖν

---

[1]δικαιωθέντες: APP-NPM   [4]κατηλλάγημεν: 2API-1P   [5]καταλλαγέντες: 2APP-NPM   [6]καυχώμενοι: PNP-NPM
[9]διῆλθεν: 2AAI-3S   [10]ἥμαρτον: 2AAI-3P   [11]ἐλλογεῖται: PPI-3S   [12]ἐβασίλευσεν: AAI-3S   [14]ἁμαρτήσαντας: AAP-APM
[21]ἐπερίσσευσεν: AAI-3S   [22]ἁμαρτήσαντος: AAP-GSM   [27]ἐβασίλευσεν: AAI-3S   [29]βασιλεύσουσιν: FAI-3P

---

[1]δικαιόω, [39] I make righteous, defend the cause of, plead for the righteousness (innocence) of, acquit, justify; hence: I regard as righteous.   [2]ὀργή, ῆς, ἡ, [36] anger, wrath, passion; punishment, vengeance.   [3]ἐχθρός, ά, όν, [32] hated, hostile; subst: an enemy.   [4]καταλλάσσω, [6] I change, exchange, reconcile.   [5]καταλλάσσω, [6] I change, exchange, reconcile.   [6]καυχάομαι, [38] I boast; I glory (exult) proudly.   [7]καταλλαγή, ῆς, ἡ, [4] reconciliation, restoration to favor.   [8]ὥσπερ, [42] just as, as, even as.   [9]διέρχομαι, [42] I pass through, spread (as a report).   [10]ἁμαρτάνω, [43] originally: I miss the mark, hence (a) I make a mistake, (b) I sin, commit a sin (against God); sometimes the idea of sinning against a fellow-creature is present.   [11]ἐλλογέω, [2] I charge to, put to one's account, impute.   [12]βασιλεύω, [21] (a) I rule, reign, (b) I reign over.   [13]μέχρι, [17] as far as, until, even to.   [14]ἁμαρτάνω, [43] originally: I miss the mark, hence (a) I make a mistake, (b) I sin, commit a sin (against God); sometimes the idea of sinning against a fellow-creature is present.   [15]ὁμοίωμα, ατος, τό, [6] (originally: a thing made like something else), a likeness, or rather: form; a similitude.   [16]παράβασις, εως, ἡ, [7] a transgression, overstepping, deviation.   [17]τύπος, ου, ὁ, [16] (originally: the mark of a blow, then a stamp struck by a die), (a) a figure; a copy, image, (b) a pattern, model, (c) a type, prefiguring something or somebody.   [18]παράπτωμα, ατος, τό, [23] a falling away, lapse, slip, false step, trespass, sin.   [19]χάρισμα, ατος, τό, [17] a gift of grace, an undeserved favor.   [20]δωρεά, ᾶς, ἡ, [11] a (free) gift, a gift (without repayment).   [21]περισσεύω, [39] (a) intrans: I exceed the ordinary (the necessary), abound, overflow; am left over, (b) trans: I cause to abound.   [22]ἁμαρτάνω, [43] originally: I miss the mark, hence (a) I make a mistake, (b) I sin, commit a sin (against God); sometimes the idea of sinning against a fellow-creature is present.   [23]δώρημα, ατος, τό, [2] a gift, bounty.   [24]κρίμα, ατος, τό, [28] (a) a judgment, a verdict; sometimes implying an adverse verdict, a condemnation, (b) a case at law, a lawsuit.   [25]κατάκριμα, ατος, τό, [3] punishment following condemnation, penal servitude, penalty.   [26]δικαίωμα, ατος, τό, [10] a thing pronounced (by God) to be righteous (just, the right); or the restoration of a criminal, a fresh chance given him; a righteous deed, an instance of perfect righteousness.   [27]βασιλεύω, [21] (a) I rule, reign, (b) I reign over.   [28]περισσεία, ας, ἡ, [4] abundance, superfluity.   [29]βασιλεύω, [21] (a) I rule, reign, (b) I reign over.   [30]ἄρα, [35] then, therefore, since.

ὡς δι᾽ ἑνὸς παραπτώματος¹ εἰς πάντας ἀνθρώπους εἰς κατάκριμα,² οὕτως καὶ δι᾽ ἑνὸς δικαιώματος³ εἰς πάντας ἀνθρώπους εἰς δικαίωσιν⁴ ζωῆς. 19 Ὥσπερ⁵ γὰρ διὰ τῆς παρακοῆς⁶ τοῦ ἑνὸς ἀνθρώπου ἁμαρτωλοὶ⁷ κατεστάθησαν⁸ οἱ πολλοί, οὕτως καὶ διὰ τῆς ὑπακοῆς⁹ τοῦ ἑνὸς δίκαιοι κατασταθήσονται¹⁰ οἱ πολλοί. 20 Νόμος δὲ παρεισῆλθεν,¹¹ ἵνα πλεονάσῃ¹² τὸ παράπτωμα· ¹ οὗ¹³ δὲ ἐπλεόνασεν¹⁴ ἡ ἁμαρτία, ὑπερεπερίσσευσεν¹⁵ ἡ χάρις· 21 ἵνα ὥσπερ⁵ ἐβασίλευσεν¹⁶ ἡ ἁμαρτία ἐν τῷ θανάτῳ, οὕτως καὶ ἡ χάρις βασιλεύσῃ¹⁷ διὰ δικαιοσύνης εἰς ζωὴν αἰώνιον, διὰ Ἰησοῦ χριστοῦ τοῦ κυρίου ἡμῶν.

Sanctification as a Fruit of Justification

6 Τί οὖν ἐροῦμεν; Ἐπιμένομεν¹⁸ τῇ ἁμαρτίᾳ, ἵνα ἡ χάρις πλεονάσῃ;¹⁹ 2 Μὴ γένοιτο. Οἵτινες ἀπεθάνομεν τῇ ἁμαρτίᾳ, πῶς ἔτι ζήσομεν ἐν αὐτῇ; 3 Ἢ ἀγνοεῖτε²⁰ ὅτι ὅσοι ἐβαπτίσθημεν εἰς χριστὸν Ἰησοῦν, εἰς τὸν θάνατον αὐτοῦ ἐβαπτίσθημεν; 4 Συνετάφημεν²¹ οὖν αὐτῷ διὰ τοῦ βαπτίσματος²² εἰς τὸν θάνατον· ἵνα ὥσπερ⁵ ἠγέρθη χριστὸς ἐκ νεκρῶν διὰ τῆς δόξης τοῦ πατρός, οὕτως καὶ ἡμεῖς ἐν καινότητι²³ ζωῆς περιπατήσωμεν. 5 Εἰ γὰρ σύμφυτοι²⁴ γεγόναμεν τῷ ὁμοιώματι²⁵ τοῦ θανάτου αὐτοῦ, ἀλλὰ καὶ τῆς ἀναστάσεως²⁶ ἐσόμεθα· 6 τοῦτο γινώσκοντες, ὅτι ὁ παλαιὸς²⁷ ἡμῶν ἄνθρωπος συνεσταυρώθη,²⁸ ἵνα καταργηθῇ²⁹ τὸ σῶμα τῆς ἁμαρτίας, τοῦ μηκέτι³⁰ δουλεύειν³¹ ἡμᾶς τῇ ἁμαρτίᾳ· 7 ὁ γὰρ ἀποθανὼν δεδικαίωται³² ἀπὸ τῆς ἁμαρτίας. 8 Εἰ δὲ ἀπεθάνομεν σὺν χριστῷ, πιστεύομεν ὅτι καὶ συζήσομεν³³ αὐτῷ· 9 εἰδότες ὅτι

---

⁸κατεστάθησαν: *API-3P* ¹⁰κατασταθήσονται: *FPI-3P* ¹¹παρεισῆλθεν: *2AAI-3S* ¹²πλεονάσῃ: *AAS-3S* ¹⁴ἐπλεόνασεν: *AAI-3S* ¹⁵ὑπερεπερίσσευσεν: *AAI-3S* ¹⁶ἐβασίλευσεν: *AAI-3S* ¹⁷βασιλεύσῃ: *AAS-3S* ¹⁸Ἐπιμένομεν: *PAI-1P* ¹⁹πλεονάσῃ: *AAS-3S* ²⁰ἀγνοεῖτε: *PAI-2P* ²¹Συνετάφημεν: *2API-1P* ²⁸συνεσταυρώθη: *API-3S* ²⁹καταργηθῇ: *APS-3S* ³¹δουλεύειν: *PAN* ³²δεδικαίωται: *RPI-3S* ³³συζήσομεν: *FAI-1P*

---

¹παράπτωμα, ατος, τό, [23] *a falling away, lapse, slip, false step, trespass, sin.* ²κατάκριμα, ατος, τό, [3] *punishment following condemnation, penal servitude, penalty.* ³δικαίωμα, ατος, τό, [10] *a thing pronounced (by God) to be righteous (just, the right); or the restoration of a criminal, a fresh chance given him; a righteous deed, an instance of perfect righteousness.* ⁴δικαίωσις, εως, ἡ, [2] *acquittal, justifying, justification, a process of absolution.* ⁵ὥσπερ, [42] *just as, as, even as.* ⁶παρακοή, ῆς, ἡ, [3] *disobedience, imperfect hearing.* ⁷ἁμαρτωλός, ον, [48] *sinning, sinful, depraved, detestable.* ⁸καθίστημι, [21] *I set down, bring down to a place; I set in order, appoint, make, constitute.* ⁹ὑπακοή, ῆς, ἡ, [15] *obedience, submissiveness, compliance.* ¹⁰καθίστημι, [21] *I set down, bring down to a place; I set in order, appoint, make, constitute.* ¹¹παρεισέρχομαι, [2] *I enter secretly, come in from the side.* ¹²πλεονάζω, [9] *I have more than enough; I abound, increase.* ¹³οὗ, [23] *where, whither, when, in what place.* ¹⁴πλεονάζω, [9] *I have more than enough; I abound, increase.* ¹⁵ὑπερπερισσεύω, [2] (a) *intrans: I abound exceedingly,* (b) *dep: I overflow.* ¹⁶βασιλεύω, [21] (a) *I rule, reign,* (b) *I reign over.* ¹⁷βασιλεύω, [21] (a) *I rule, reign,* (b) *I reign over.* ¹⁸ἐπιμένω, [17] (a) *I remain, tarry,* (b) *I remain in, persist in.* ¹⁹πλεονάζω, [9] *I have more than enough; I abound, increase.* ²⁰ἀγνοέω, [22] *I do not know, am ignorant of (a person, thing, or fact), sometimes with the idea of willful ignorance.* ²¹συνθάπτω, [2] *I bury along with.* ²²βάπτισμα, ατος, τό, [22] *the rite or ceremony of baptism.* ²³καινότης, ητος, ἡ, [2] *freshness, newness, novelty.* ²⁴σύμφυτος, ον, [1] *grown together, united with.* ²⁵ὁμοίωμα, ατος, τό, [6] (originally: *a thing made like something else), a likeness, or rather: form; a similitude.* ²⁶ἀνάστασις, εως, ἡ, [42] *a rising again, resurrection.* ²⁷παλαιός, ά, όν, [19] *old, ancient, not new or recent.* ²⁸συσταυρόω, [5] *I crucify together with.* ²⁹καταργέω, [27] (a) *I make idle (inactive), make of no effect, annul, abolish, bring to naught,* (b) *I discharge, sever, separate from.* ³⁰μηκέτι, [21] *no longer, no more.* ³¹δουλεύω, [25] *I am a slave, am subject to, obey, am devoted.* ³²δικαιόω, [39] *I make righteous, defend the cause of, plead for the righteousness (innocence) of, acquit, justify; hence: I regard as righteous.* ³³συζάω, [3] *I live together with.*

χριστὸς ἐγερθεὶς ἐκ νεκρῶν οὐκέτι¹ ἀποθνήσκει· θάνατος αὐτοῦ οὐκέτι¹ κυριεύει.²
10 Ὃ γὰρ ἀπέθανεν, τῇ ἁμαρτίᾳ ἀπέθανεν ἐφάπαξ·³ ὃ δὲ ζῇ, ζῇ τῷ θεῷ. 11 Οὕτως καὶ
ὑμεῖς λογίζεσθε⁴ ἑαυτοὺς νεκροὺς μὲν εἶναι τῇ ἁμαρτίᾳ, ζῶντας δὲ τῷ θεῷ ἐν χριστῷ
Ἰησοῦ τῷ κυρίῳ ἡμῶν.

12 Μὴ οὖν βασιλευέτω⁵ ἡ ἁμαρτία ἐν τῷ θνητῷ⁶ ὑμῶν σώματι, εἰς τὸ ὑπακούειν⁷
αὐτῇ ἐν ταῖς ἐπιθυμίαις⁸ αὐτοῦ· 13 μηδὲ παριστάνετε⁹ τὰ μέλη¹⁰ ὑμῶν ὅπλα¹¹ ἀδικίας¹²
τῇ ἁμαρτίᾳ· ἀλλὰ παραστήσατε¹³ ἑαυτοὺς τῷ θεῷ ὡς ἐκ νεκρῶν ζῶντας, καὶ τὰ μέλη¹⁰
ὑμῶν ὅπλα¹¹ δικαιοσύνης τῷ θεῷ. 14 Ἁμαρτία γὰρ ὑμῶν οὐ κυριεύσει·¹⁴ οὐ γάρ ἐστε ὑπὸ
νόμον, ἀλλ᾽ ὑπὸ χάριν.

The Service of Righteousness

15 Τί οὖν; Ἁμαρτήσομεν,¹⁵ ὅτι οὐκ ἐσμὲν ὑπὸ νόμον, ἀλλ᾽ ὑπὸ χάριν; Μὴ γένοιτο.
16 Οὐκ οἴδατε ὅτι ᾧ παριστάνετε¹⁶ ἑαυτοὺς δούλους εἰς ὑπακοήν,¹⁷ δοῦλοί ἐστε ᾧ
ὑπακούετε,¹⁸ ἤτοι¹⁹ ἁμαρτίας εἰς θάνατον, ἢ ὑπακοῆς¹⁷ εἰς δικαιοσύνην; 17 Χάρις δὲ
τῷ θεῷ, ὅτι ἦτε δοῦλοι τῆς ἁμαρτίας, ὑπηκούσατε²⁰ δὲ ἐκ καρδίας εἰς ὃν παρεδόθητε
τύπον²¹ διδαχῆς·²² 18 ἐλευθερωθέντες²³ δὲ ἀπὸ τῆς ἁμαρτίας, ἐδουλώθητε²⁴ τῇ
δικαιοσύνῃ. 19 Ἀνθρώπινον²⁵ λέγω διὰ τὴν ἀσθένειαν²⁶ τῆς σαρκὸς ὑμῶν· ὥσπερ²⁷ γὰρ
παρεστήσατε²⁸ τὰ μέλη¹⁰ ὑμῶν δοῦλα τῇ ἀκαθαρσίᾳ²⁹ καὶ τῇ ἀνομίᾳ³⁰ εἰς τὴν ἀνομίαν,³⁰
οὕτως νῦν παραστήσατε³¹ τὰ μέλη¹⁰ ὑμῶν δοῦλα τῇ δικαιοσύνῃ εἰς ἁγιασμόν.³² 20 Ὅτε
γὰρ δοῦλοι ἦτε τῆς ἁμαρτίας, ἐλεύθεροι³³ ἦτε τῇ δικαιοσύνῃ. 21 Τίνα οὖν καρπὸν

---

²κυριεύει: PAI-3S ⁴λογίζεσθε: PNM-2P ⁵βασιλευέτω: PAM-3S ⁷ὑπακούειν: PAN ⁹παριστάνετε: PAM-2P
¹³παραστήσατε: AAM-2P ¹⁴κυριεύσει: FAI-3S ¹⁵Ἁμαρτήσομεν: FAI-1P ¹⁶παριστάνετε: PAI-2P ¹⁸ὑπακούετε:
PAI-2P ²⁰ὑπηκούσατε: AAI-2P ²³ἐλευθερωθέντες: APP-NPM ²⁴ἐδουλώθητε: API-2P ²⁸παρεστήσατε: AAI-2P
³¹παραστήσατε: AAM-2P

---

¹οὐκέτι, [48] no longer, no more. ²κυριεύω, [7] I have authority, rule over. ³ἐφάπαξ, [5] once, once for all; at
once. ⁴λογίζομαι, [41] I reckon, count, charge with; reason, decide, conclude; think, suppose. ⁵βασιλεύω, [21]
(a) I rule, reign, (b) I reign over. ⁶θνητός, ή, όν, [6] mortal, subject to death. ⁷ὑπακούω, [21] I listen, hearken
to, obey, answer. ⁸ἐπιθυμία, ας, ἡ, [38] desire, eagerness for, inordinate desire, lust. ⁹παρίστημι, [41] I bring,
present, prove, come up to and stand by, am present. ¹⁰μέλος, ους, τό, [34] a bodily organ, limb, member.
¹¹ὅπλον, ου, τό, [6] an instrument; plur: arms, weapons. ¹²ἀδικία, ας, ἡ, [26] injustice, unrighteousness,
hurt. ¹³παρίστημι, [41] I bring, present, prove, come up to and stand by, am present. ¹⁴κυριεύω, [7] I have
authority, rule over. ¹⁵ἁμαρτάνω, [43] originally: I miss the mark, hence (a) I make a mistake, (b) I sin, commit
a sin (against God); sometimes the idea of sinning against a fellow-creature is present. ¹⁶παρίστημι, [41] I
bring, present, prove, come up to and stand by, am present. ¹⁷ὑπακοή, ῆς, ἡ, [15] obedience, submissiveness,
compliance. ¹⁸ὑπακούω, [21] I listen, hearken to, obey, answer. ¹⁹ἤτοι, [1] whether. ²⁰ὑπακούω, [21] I listen,
hearken to, obey, answer. ²¹τύπος, ου, ὁ, [16] (originally: the mark of a blow, then a stamp struck by a die),
(a) a figure; a copy, image, (b) a pattern, model, (c) a type, prefiguring something or somebody. ²²διδαχή,
ῆς, ἡ, [30] teaching, doctrine, what is taught. ²³ἐλευθερόω, [7] I free, set free, liberate. ²⁴δουλόω, [8] I
enslave. ²⁵ἀνθρώπινος, η, ον, [7] belonging to human beings (especially as contrasted with God), human (as
contrasted with divine). ²⁶ἀσθένεια, ας, ἡ, [24] want of strength, weakness, illness, suffering, calamity, frailty.
²⁷ὥσπερ, [42] just as, as, even as. ²⁸παρίστημι, [41] I bring, present, prove, come up to and stand by, am present.
²⁹ἀκαθαρσία, ας, ἡ, [10] uncleanness, impurity. ³⁰ἀνομία, ας, ἡ, [15] lawlessness, iniquity, disobedience, sin.
³¹παρίστημι, [41] I bring, present, prove, come up to and stand by, am present. ³²ἁγιασμός, οῦ, ὁ, [10] the
process of making or becoming holy, set apart, sanctification, holiness, consecration. ³³ἐλεύθερος, έρα, ερον,
[23] free, delivered from obligation.

εἴχετε τότε ἐφ᾽ οἷς νῦν ἐπαισχύνεσθε;¹ Τὸ γὰρ τέλος² ἐκείνων θάνατος. 22 Νυνὶ³ δὲ ἐλευθερωθέντες⁴ ἀπὸ τῆς ἁμαρτίας, δουλωθέντες⁵ δὲ τῷ θεῷ, ἔχετε τὸν καρπὸν ὑμῶν εἰς ἁγιασμόν,⁶ τὸ δὲ τέλος² ζωὴν αἰώνιον. 23 Τὰ γὰρ ὀψώνια⁷ τῆς ἁμαρτίας θάνατος, τὸ δὲ χάρισμα⁸ τοῦ θεοῦ ζωὴ αἰώνιος ἐν χριστῷ Ἰησοῦ τῷ κυρίῳ ἡμῶν.

Freedom from the Law

7 Ἢ ἀγνοεῖτε,⁹ ἀδελφοί–γινώσκουσιν γὰρ νόμον λαλῶ–ὅτι ὁ νόμος κυριεύει¹⁰ τοῦ ἀνθρώπου ἐφ᾽ ὅσον χρόνον ζῇ; 2 Ἡ γὰρ ὕπανδρος¹¹ γυνὴ τῷ ζῶντι ἀνδρὶ δέδεται¹² νόμῳ· ἐὰν δὲ ἀποθάνῃ ὁ ἀνήρ, κατήργηται¹³ ἀπὸ τοῦ νόμου τοῦ ἀνδρός. 3 Ἄρα¹⁴ οὖν ζῶντος τοῦ ἀνδρὸς μοιχαλὶς¹⁵ χρηματίσει,¹⁶ ἐὰν γένηται ἀνδρὶ ἑτέρῳ· ἐὰν δὲ ἀποθάνῃ ὁ ἀνήρ, ἐλευθέρα¹⁷ ἐστὶν ἀπὸ τοῦ νόμου, τοῦ μὴ εἶναι αὐτὴν μοιχαλίδα,¹⁵ γενομένην ἀνδρὶ ἑτέρῳ. 4 Ὥστε, ἀδελφοί μου, καὶ ὑμεῖς ἐθανατώθητε¹⁸ τῷ νόμῳ διὰ τοῦ σώματος τοῦ χριστοῦ, εἰς τὸ γενέσθαι ὑμᾶς ἑτέρῳ, τῷ ἐκ νεκρῶν ἐγερθέντι, ἵνα καρποφορήσωμεν¹⁹ τῷ θεῷ. 5 Ὅτε γὰρ ἦμεν ἐν τῇ σαρκί, τὰ παθήματα²⁰ τῶν ἁμαρτιῶν τὰ διὰ τοῦ νόμου ἐνηργεῖτο²¹ ἐν τοῖς μέλεσιν²² ἡμῶν εἰς τὸ καρποφορῆσαι²³ τῷ θανάτῳ. 6 Νυνὶ³ δὲ κατηργήθημεν²⁴ ἀπὸ τοῦ νόμου, ἀποθανόντες ἐν ᾧ κατειχόμεθα,²⁵ ὥστε δουλεύειν²⁶ ἡμᾶς ἐν καινότητι²⁷ πνεύματος, καὶ οὐ παλαιότητι²⁸ γράμματος.²⁹

---

¹ἐπαισχύνεσθε: PNI-2P   ⁴ἐλευθερωθέντες: APP-NPM   ⁵δουλωθέντες: APP-NPM   ⁹ἀγνοεῖτε: PAI-2P
¹⁰κυριεύει: PAI-3S   ¹²δέδεται: RPI-3S   ¹³κατήργηται: RPI-3S   ¹⁶χρηματίσει: FAI-3S   ¹⁸ἐθανατώθητε: API-2P   ¹⁹καρποφορήσωμεν: AAS-1P   ²¹ἐνηργεῖτο: IMI-3S   ²³καρποφορῆσαι: AAN   ²⁴κατηργήθημεν: API-1P ²⁵κατειχόμεθα: IPI-1P   ²⁶δουλεύειν: PAN

---

¹ἐπαισχύνομαι, [11] I am ashamed, am ashamed of.   ²τέλος, ους, τό, [41] (a) an end, (b) event or issue, (c) the principal end, aim, purpose, (d) a tax.   ³νυνί, [20] adv. (a) of time: just now, even now; just at hand, immediately, (b) of logical connection: now then, (c) in commands and appeals: at this instant.   ⁴ἐλευθερόω, [7] I free, set free, liberate.   ⁵δουλόω, [8] I enslave.   ⁶ἁγιασμός, οῦ, ὁ, [10] the process of making or becoming holy, set apart, sanctification, holiness, consecration.   ⁷ὀψώνιον, ου, τό, [4] pay, wages, salary, reward.   ⁸χάρισμα, ατος, τό, [17] a gift of grace, an undeserved favor.   ⁹ἀγνοέω, [22] I do not know, am ignorant of (a person, thing, or fact), sometimes with the idea of willful ignorance.   ¹⁰κυριεύω, [7] I have authority, rule over.   ¹¹ὕπανδρος, ον, [1] subject to a husband, married.   ¹²δέω, [44] I bind, tie, fasten; I impel, compel; I declare to be prohibited and unlawful.   ¹³καταργέω, [27] (a) I make idle (inactive), make of no effect, annul, abolish, bring to naught, (b) I discharge, sever, separate from.   ¹⁴ἄρα, [35] then, therefore, since.   ¹⁵μοιχαλίς, ίδος, ἡ, [7] (a) an adulteress (that is, a married woman who commits adultery), (b) Hebraistically: extended to those who worship any other than the true God.   ¹⁶χρηματίζω, [9] (originally: I transact business), (a) act. of God: I warn; pass: I am warned by God (probably in response to an inquiry as to one's duty), (b) (I take a name from my public business, hence) I receive a name, am publicly called.   ¹⁷ἐλεύθερος, έρα, ερον, [23] free, delivered from obligation.   ¹⁸θανατόω, [11] I put to death, subdue; pass: I am in danger of death, am dead to, am rid of, am parted from.   ¹⁹καρποφορέω, [8] I bear fruit.   ²⁰πάθημα, ατος, τό, [16] (a) suffering, affliction, (b) passion, emotion, (c) an undergoing, an enduring.   ²¹ἐνεργέω, [21] I work, am operative, am at work, am made to work, accomplish; mid: I work, display activity.   ²²μέλος, ους, τό, [34] a bodily organ, limb, member.   ²³καρποφορέω, [8] I bear fruit.   ²⁴καταργέω, [27] (a) I make idle (inactive), make of no effect, annul, abolish, bring to naught, (b) I discharge, sever, separate from.   ²⁵κατέχω, [19] (a) I hold fast, bind, arrest, (b) I take possession of, lay hold of, (c) I hold back, detain, restrain, (d) I hold a ship, keep its head.   ²⁶δουλεύω, [25] I am a slave, am subject to, obey, am devoted.   ²⁷καινότης, ητος, ἡ, [2] freshness, newness, novelty.   ²⁸παλαιότης, τητος, ἡ, [1] oldness, obsoleteness.   ²⁹γράμμα, ατος, τό, [15] a letter of the alphabet; collectively: written (revelation); (a) a written document, a letter, an epistle, (b) writings, literature, learning.

The Purpose of the Law and Its Effect

7 Τί οὖν ἐροῦμεν; Ὁ νόμος ἁμαρτία; Μὴ γένοιτο· ἀλλὰ τὴν ἁμαρτίαν οὐκ ἔγνων, εἰ μὴ διὰ νόμου· τήν τε γὰρ ἐπιθυμίαν¹ οὐκ ᾔδειν, εἰ μὴ ὁ νόμος ἔλεγεν, Οὐκ ἐπιθυμήσεις·² 8 ἀφορμὴν³ δὲ λαβοῦσα ἡ ἁμαρτία διὰ τῆς ἐντολῆς κατειργάσατο⁴ ἐν ἐμοὶ πᾶσαν ἐπιθυμίαν·¹ χωρὶς⁵ γὰρ νόμου ἁμαρτία νεκρά. 9 Ἐγὼ δὲ ἔζων χωρὶς⁵ νόμου ποτέ·⁶ ἐλθούσης δὲ τῆς ἐντολῆς, ἡ ἁμαρτία ἀνέζησεν,⁷ ἐγὼ δὲ ἀπέθανον· 10 καὶ εὑρέθη μοι ἡ ἐντολὴ ἡ εἰς ζωήν, αὕτη εἰς θάνατον· 11 ἡ γὰρ ἁμαρτία ἀφορμὴν³ λαβοῦσα διὰ τῆς ἐντολῆς ἐξηπάτησέν⁸ με, καὶ δι᾽ αὐτῆς ἀπέκτεινεν. 12 Ὥστε ὁ μὲν νόμος ἅγιος, καὶ ἡ ἐντολὴ ἁγία καὶ δικαία καὶ ἀγαθή. 13 Τὸ οὖν ἀγαθὸν ἐμοὶ γέγονεν θάνατος; Μὴ γένοιτο. Ἀλλὰ ἡ ἁμαρτία, ἵνα φανῇ⁹ ἁμαρτία, διὰ τοῦ ἀγαθοῦ μοι κατεργαζομένη¹⁰ θάνατον–ἵνα γένηται καθ᾽ ὑπερβολὴν¹¹ ἁμαρτωλὸς¹² ἡ ἁμαρτία διὰ τῆς ἐντολῆς. 14 Οἴδαμεν γὰρ ὅτι ὁ νόμος πνευματικός¹³ ἐστιν· ἐγὼ δὲ σαρκικός¹⁴ εἰμι, πεπραμένος¹⁵ ὑπὸ τὴν ἁμαρτίαν. 15 Ὃ γὰρ κατεργάζομαι,¹⁶ οὐ γινώσκω· οὐ γὰρ ὃ θέλω, τοῦτο πράσσω·¹⁷ ἀλλ᾽ ὃ μισῶ,¹⁸ τοῦτο ποιῶ. 16 Εἰ δὲ ὃ οὐ θέλω, τοῦτο ποιῶ, σύμφημι¹⁹ τῷ νόμῳ ὅτι καλός. 17 Νυνὶ²⁰ δὲ οὐκέτι²¹ ἐγὼ κατεργάζομαι²² αὐτό, ἀλλ᾽ ἡ οἰκοῦσα²³ ἐν ἐμοὶ ἁμαρτία. 18 Οἶδα γὰρ ὅτι οὐκ οἰκεῖ²⁴ ἐν ἐμοί, τοῦτ᾽ ἔστιν ἐν τῇ σαρκί μου, ἀγαθόν· τὸ γὰρ θέλειν παράκειταί²⁵ μοι, τὸ δὲ κατεργάζεσθαι²⁶ τὸ καλὸν οὐχ εὑρίσκω. 19 Οὐ γὰρ ὃ θέλω, ποιῶ ἀγαθόν· ἀλλ᾽ ὃ οὐ θέλω κακόν, τοῦτο πράσσω.²⁷ 20 Εἰ δὲ ὃ οὐ θέλω ἐγώ, τοῦτο ποιῶ, οὐκέτι²¹ ἐγὼ κατεργάζομαι²⁸ αὐτό, ἀλλ᾽ ἡ οἰκοῦσα²⁹ ἐν ἐμοὶ ἁμαρτία. 21 Εὑρίσκω ἄρα³⁰ τὸν νόμον τῷ θέλοντι ἐμοὶ ποιεῖν τὸ καλόν, ὅτι ἐμοὶ τὸ κακὸν παράκειται.³¹ 22 Συνήδομαι³² γὰρ τῷ νόμῳ τοῦ θεοῦ κατὰ τὸν ἔσω³³ ἄνθρωπον·

---

²ἐπιθυμήσεις: FAI-2S   ⁴κατειργάσατο: ADI-3S   ⁷ἀνέζησεν: AAI-3S   ⁸ἐξηπάτησέν: AAI-3S   ⁹φανῇ: 2APS-3S
¹⁰κατεργαζομένη: PNP-NSF   ¹⁵πεπραμένος: RPP-NSM   ¹⁶κατεργάζομαι: PNI-1S   ¹⁷πράσσω: PAI-1S   ¹⁸μισῶ: PAI-1S   ¹⁹σύμφημι: PAI-1S   ²²κατεργάζομαι: PNI-1S   ²³οἰκοῦσα: PAP-NSF   ²⁴οἰκεῖ: PAI-3S   ²⁵παράκειταί: PNI-3S
²⁶κατεργάζεσθαι: PNN   ²⁷πράσσω: PAI-1S   ²⁸κατεργάζομαι: PNI-1S   ²⁹οἰκοῦσα: PAP-NSF   ³¹παράκειται: PNI-3S
³²Συνήδομαι: PNI-1S

---

¹ἐπιθυμία, ας, ἡ, [38] desire, eagerness for, inordinate desire, lust.   ²ἐπιθυμέω, [16] I long for, covet, lust after, set the heart upon.   ³ἀφορμή, ῆς, ἡ, [7] (a) a starting, a start, (b) cause, occasion, opportunity.   ⁴κατεργάζομαι, [24] I effect by labor, achieve, work out, bring about.   ⁵χωρίς, [39] apart from, separately from; without.   ⁶ποτέ, [29] at one time or other, at some time, formerly.   ⁷ἀναζάω, [3] I come to life again, revive, regain life.   ⁸ἐξαπατάω, [5] I deceive thoroughly.   ⁹φαίνω, [31] (a) act: I shine, shed light, (b) pass: I shine, become visible, appear, (c) I become clear, appear, seem, show myself as.   ¹⁰κατεργάζομαι, [24] I effect by labor, achieve, work out, bring about.   ¹¹ὑπερβολή, ῆς, ἡ, [8] excess, surpassing excellence, preeminence; adv: exceedingly.   ¹²ἁμαρτωλός, ον, [48] sinning, sinful, depraved, detestable.   ¹³πνευματικός, ή, όν, [26] spiritual.   ¹⁴σαρκικός, ή, όν, [11] fleshly, carnal, earthly.   ¹⁵πιπράσκω, [9] I sell; pass: I am a slave to, am devoted to.   ¹⁶κατεργάζομαι, [24] I effect by labor, achieve, work out, bring about.   ¹⁷πράσσω, [38] I do, perform, accomplish; be in any condition, i.e. I fare; I exact, require.   ¹⁸μισέω, [41] I hate, detest, love less, esteem less.   ¹⁹σύμφημι, [1] I assent to, consent, confess, agree with.   ²⁰νυνί, [20] adv. (a) of time: just now, even now; just at hand, immediately, (b) of logical connection: now then, (c) in commands and appeals: at this instant.   ²¹οὐκέτι, [48] no longer, no more.   ²²κατεργάζομαι, [24] I effect by labor, achieve, work out, bring about.   ²³οἰκέω, [9] I inhabit, dwell, indwell.   ²⁴οἰκέω, [9] I inhabit, dwell, indwell.   ²⁵παράκειμαι, [2] I am at hand, am present with, rest with.   ²⁶κατεργάζομαι, [24] I effect by labor, achieve, work out, bring about.   ²⁷πράσσω, [38] I do, perform, accomplish; be in any condition, i.e. I fare; I exact, require.   ²⁸κατεργάζομαι, [24] I effect by labor, achieve, work out, bring about.   ²⁹οἰκέω, [9] I inhabit, dwell, indwell.   ³⁰ἄρα, [35] then, therefore, since.   ³¹παράκειμαι, [2] I am at hand, am present with, rest with.   ³²συνήδομαι, [1] I delight inwardly in, congratulate.   ³³ἔσω, [8] within, inside, with verbs either of rest or of motion; prep: within, to within, inside.

23 βλέπω δὲ ἕτερον νόμον ἐν τοῖς μέλεσίν[1] μου ἀντιστρατευόμενον[2] τῷ νόμῳ τοῦ νοός[3] μου, καὶ αἰχμαλωτίζοντά[4] με τῷ νόμῳ τῆς ἁμαρτίας τῷ ὄντι ἐν τοῖς μέλεσίν[1] μου. **24** Ταλαίπωρος[5] ἐγὼ ἄνθρωπος· τίς με ῥύσεται[6] ἐκ τοῦ σώματος τοῦ θανάτου τούτου; **25** Εὐχαριστῶ[7] τῷ θεῷ διὰ Ἰησοῦ χριστοῦ τοῦ κυρίου ἡμῶν. Ἄρα[8] οὖν αὐτὸς ἐγὼ τῷ μὲν νοῒ[3] δουλεύω[9] νόμῳ θεοῦ, τῇ δὲ σαρκὶ νόμῳ ἁμαρτίας.

The Life in the Spirit

8 Οὐδὲν ἄρα[8] νῦν κατάκριμα[10] τοῖς ἐν χριστῷ Ἰησοῦ, μὴ κατὰ σάρκα περιπατοῦσιν, ἀλλὰ κατὰ πνεῦμα. **2** Ὁ γὰρ νόμος τοῦ πνεύματος τῆς ζωῆς ἐν χριστῷ Ἰησοῦ ἠλευθέρωσέν[11] με ἀπὸ τοῦ νόμου τῆς ἁμαρτίας καὶ τοῦ θανάτου. **3** Τὸ γὰρ ἀδύνατον[12] τοῦ νόμου, ἐν ᾧ ἠσθένει[13] διὰ τῆς σαρκός, ὁ θεὸς τὸν ἑαυτοῦ υἱὸν πέμψας ἐν ὁμοιώματι[14] σαρκὸς ἁμαρτίας καὶ περὶ ἁμαρτίας κατέκρινεν[15] τὴν ἁμαρτίαν ἐν τῇ σαρκί· **4** ἵνα τὸ δικαίωμα[16] τοῦ νόμου πληρωθῇ ἐν ἡμῖν, τοῖς μὴ κατὰ σάρκα περιπατοῦσιν, ἀλλὰ κατὰ πνεῦμα. **5** Οἱ γὰρ κατὰ σάρκα ὄντες τὰ τῆς σαρκὸς φρονοῦσιν·[17] οἱ δὲ κατὰ πνεῦμα τὰ τοῦ πνεύματος. **6** Τὸ γὰρ φρόνημα[18] τῆς σαρκὸς θάνατος· τὸ δὲ φρόνημα[18] τοῦ πνεύματος ζωὴ καὶ εἰρήνη· **7** διότι[19] τὸ φρόνημα[18] τῆς σαρκὸς ἔχθρα[20] εἰς θεόν, τῷ γὰρ νόμῳ τοῦ θεοῦ οὐχ ὑποτάσσεται,[21] οὐδὲ γὰρ δύναται· **8** οἱ δὲ ἐν σαρκὶ ὄντες θεῷ ἀρέσαι[22] οὐ δύνανται. **9** Ὑμεῖς δὲ οὐκ ἐστὲ ἐν σαρκί, ἀλλ᾽ ἐν πνεύματι, εἴπερ[23] πνεῦμα θεοῦ οἰκεῖ[24] ἐν ὑμῖν. Εἰ δέ τις πνεῦμα χριστοῦ οὐκ ἔχει, οὗτος οὐκ ἔστιν αὐτοῦ. **10** Εἰ δὲ χριστὸς ἐν ὑμῖν, τὸ μὲν σῶμα νεκρὸν διὰ ἁμαρτίαν, τὸ δὲ πνεῦμα ζωὴ διὰ δικαιοσύνην. **11** Εἰ δὲ τὸ πνεῦμα τοῦ ἐγείραντος Ἰησοῦν ἐκ νεκρῶν οἰκεῖ[25] ἐν ὑμῖν, ὁ ἐγείρας τὸν χριστὸν ἐκ νεκρῶν ζωοποιήσει[26] καὶ τὰ θνητὰ[27] σώματα ὑμῶν, διὰ τὸ ἐνοικοῦν[28] αὐτοῦ πνεῦμα ἐν ὑμῖν.

---

[2] ἀντιστρατευόμενον: PNP-ASM   [4] αἰχμαλωτίζοντά: PAP-ASM   [6] ῥύσεται: FDI-3S   [7] Εὐχαριστῶ: PAI-1S
[9] δουλεύω: PAI-1S   [11] ἠλευθέρωσέν: AAI-3S   [13] ἠσθένει: IAI-3S   [15] κατέκρινεν: AAI-3S   [17] φρονοῦσιν: PAI-3P
[21] ὑποτάσσεται: PPI-3S   [22] ἀρέσαι: AAN   [24] οἰκεῖ: PAI-3S   [25] οἰκεῖ: PAI-3S   [26] ζωοποιήσει: FAI-3S   [28] ἐνοικοῦν: PAP-ASN

---

[1] μέλος, ους, τό, [34] a bodily organ, limb, member.   [2] ἀντιστρατεύομαι, [1] I campaign against, war against. [3] νοῦς, νοός, νοΐ, νοῦν, ὁ, [24] the mind, the reason, the reasoning faculty, intellect.   [4] αἰχμαλωτίζω, [3] I take captive (in war); I subdue, ensnare.   [5] ταλαίπωρος, ον, [2] wretched, afflicted, miserable.   [6] ῥύομαι, [18] I rescue, deliver (from danger or destruction).   [7] εὐχαριστέω, [40] I thank, give thanks; pass. 3 sing: is received with thanks.   [8] ἄρα, [35] then, therefore, since.   [9] δουλεύω, [25] I am a slave, am subject to, obey, am devoted. [10] κατάκριμα, ατος, τό, [3] punishment following condemnation, penal servitude, penalty.   [11] ἐλευθερόω, [7] I free, set free, liberate.   [12] ἀδύνατος, ον, [10] of persons: incapable; of things: impossible; either the inability, or that which is impossible.   [13] ἀσθενέω, [36] I am weak (physically: then morally), I am sick.   [14] ὁμοίωμα, ατος, τό, [6] (originally: a thing made like something else), a likeness, or rather: form; a similitude.   [15] κατακρίνω, [17] I condemn, judge worthy of punishment.   [16] δικαίωμα, ατος, τό, [10] a thing pronounced (by God) to be righteous (just, the right); or the restoration of a criminal, a fresh chance given him; a righteous deed, an instance of perfect righteousness.   [17] φρονέω, [29] (a) I think, (b) I think, judge, (c) I direct the mind to, seek for, (d) I observe, (e) I care for.   [18] φρόνημα, ατος, τό, [4] thought, purpose, aspirations.   [19] διότι, [24] on this account, because, for.   [20] ἔχθρα, ας, ἡ, [6] enmity, hostility, alienation.   [21] ὑποτάσσω, [40] I place under, subject to; mid, pass: I submit, put myself into subjection.   [22] ἀρέσκω, [17] I please, with the idea of willing service rendered to others; hence almost: I serve.   [23] εἴπερ, [6] if indeed, if so.   [24] οἰκέω, [9] I inhabit, dwell, indwell.   [25] οἰκέω, [9] I inhabit, dwell, indwell.   [26] ζῳοποιέω, [12] I make that which was dead to live, cause to live, quicken.   [27] θνητός, ή, όν, [6] mortal, subject to death.   [28] ἐνοικέω, [5] I dwell in, am settled (stationary) in; met: I am indwelling.

12 Ἄρα¹ οὖν, ἀδελφοί, ὀφειλέται² ἐσμέν, οὐ τῇ σαρκί, τοῦ κατὰ σάρκα ζῆν· 13 εἰ γὰρ κατὰ σάρκα ζῆτε, μέλλετε ἀποθνήσκειν· εἰ δὲ πνεύματι τὰς πράξεις³ τοῦ σώματος θανατοῦτε,⁴ ζήσεσθε. 14 Ὅσοι γὰρ πνεύματι θεοῦ ἄγονται, οὗτοί εἰσιν υἱοὶ θεοῦ. 15 Οὐ γὰρ ἐλάβετε πνεῦμα δουλείας⁵ πάλιν εἰς φόβον,⁶ ἀλλ᾽ ἐλάβετε πνεῦμα υἱοθεσίας,⁷ ἐν ᾧ κράζομεν, Ἀββᾶ,⁸ ὁ πατήρ. 16 Αὐτὸ τὸ πνεῦμα συμμαρτυρεῖ⁹ τῷ πνεύματι ἡμῶν, ὅτι ἐσμὲν τέκνα θεοῦ· 17 εἰ δὲ τέκνα, καὶ κληρονόμοι·¹⁰ κληρονόμοι¹⁰ μὲν θεοῦ, συγκληρονόμοι¹¹ δὲ χριστοῦ· εἴπερ¹² συμπάσχομεν,¹³ ἵνα καὶ συνδοξασθῶμεν.¹⁴

Comfort in the Manifold Afflictions of this Life

18 Λογίζομαι¹⁵ γὰρ ὅτι οὐκ ἄξια¹⁶ τὰ παθήματα¹⁷ τοῦ νῦν καιροῦ πρὸς τὴν μέλλουσαν δόξαν ἀποκαλυφθῆναι¹⁸ εἰς ἡμᾶς. 19 Ἡ γὰρ ἀποκαραδοκία¹⁹ τῆς κτίσεως²⁰ τὴν ἀποκάλυψιν²¹ τῶν υἱῶν τοῦ θεοῦ ἀπεκδέχεται.²² 20 Τῇ γὰρ ματαιότητι²³ ἡ κτίσις²⁰ ὑπετάγη,²⁴ οὐχ ἑκοῦσα,²⁵ ἀλλὰ διὰ τὸν ὑποτάξαντα,²⁶ ἐπ᾽ ἐλπίδι· 21 ὅτι καὶ αὐτὴ ἡ κτίσις²⁰ ἐλευθερωθήσεται²⁷ ἀπὸ τῆς δουλείας⁵ τῆς φθορᾶς²⁸ εἰς τὴν ἐλευθερίαν²⁹ τῆς δόξης τῶν τέκνων τοῦ θεοῦ. 22 Οἴδαμεν γὰρ ὅτι πᾶσα ἡ κτίσις²⁰ συστενάζει³⁰ καὶ συνωδίνει³¹ ἄχρι τοῦ νῦν. 23 Οὐ μόνον δέ, ἀλλὰ καὶ αὐτοὶ τὴν ἀπαρχὴν³² τοῦ πνεύματος ἔχοντες, καὶ ἡμεῖς αὐτοὶ ἐν ἑαυτοῖς στενάζομεν,³³ υἱοθεσίαν⁷ ἀπεκδεχόμενοι,³⁴ τὴν ἀπολύτρωσιν³⁵ τοῦ σώματος ἡμῶν. 24 Τῇ γὰρ ἐλπίδι ἐσώθημεν· ἐλπὶς δὲ βλεπομένη

---

⁴θανατοῦτε: PAI-2P ⁹συμμαρτυρεῖ: PAI-3S ¹³συμπάσχομεν: PAI-1P ¹⁴συνδοξασθῶμεν: APS-1P ¹⁵Λογίζομαι: PNI-1S ¹⁸ἀποκαλυφθῆναι: APN ²²ἀπεκδέχεται: PNI-3S ²⁴ὑπετάγη: 2API-3S ²⁶ὑποτάξαντα: AAP-ASM ²⁷ἐλευθερωθήσεται: FPI-3S ³⁰συστενάζει: PAI-3S ³¹συνωδίνει: PAI-3S ³³στενάζομεν: PAI-1P ³⁴ἀπεκδεχόμενοι: PNP-NPM

---

¹ἄρα, [35] then, therefore, since. ²ὀφειλέτης, ου, ὁ, [7] (a) a debtor, one who owes, one who is indebted, (b) one who has sinned against another (an Aramaism), a sinner. ³πρᾶξις, εως, ἡ, [6] (a) a doing, action, mode of action; plur: deeds, acts, (b) function, business. ⁴θανατόω, [11] I put to death, subdue; pass: I am in danger of death, am dead to, am rid of, am parted from. ⁵δουλεία, ας, ἡ, [5] slavery, bondage. ⁶φόβος, ου, ὁ, [47] (a) fear, terror, alarm, (b) the object or cause of fear, (c) reverence, respect. ⁷υἱοθεσία, ας, ἡ, [5] adoption, as a son into the divine family. ⁸Ἀββᾶ, [3] Abba, Father. ⁹συμμαρτυρέω, [3] I bear witness together with. ¹⁰κληρονόμος, ου, ὁ, [15] an heir, an inheritor. ¹¹συγκληρονόμος, ου, ὁ, ἡ, [4] a joint heir, participant. ¹²εἴπερ, [6] if indeed, if so. ¹³συμπάσχω, [2] I suffer together with, sympathize. ¹⁴συνδοξάζω, [1] I glorify together with. ¹⁵λογίζομαι, [41] I reckon, count, charge with; reason, decide, conclude; think, suppose. ¹⁶ἄξιος, ία, ιον, [41] worthy, worthy of, deserving, comparable, suitable. ¹⁷πάθημα, ατος, τό, [16] (a) suffering, affliction, (b) passion, emotion, (c) an undergoing, an enduring. ¹⁸ἀποκαλύπτω, [26] I uncover, bring to light, reveal. ¹⁹ἀποκαραδοκία, ας, ἡ, [2] eager expectation. ²⁰κτίσις, εως, ἡ, [19] (often of the founding of a city), (a) abstr: creation, (b) concr: creation, creature, institution; always of Divine work, (c) an institution, ordinance. ²¹ἀποκάλυψις, εως, ἡ, [18] an unveiling, uncovering, revealing, revelation. ²²ἀπεκδέχομαι, [8] I expect eagerly, wait for eagerly, look for. ²³ματαιότης, τητος, ἡ, [3] vanity, emptiness, unreality, purposelessness, ineffectiveness, instability, frailty; false religion. ²⁴ὑποτάσσω, [40] I place under, subject to; mid, pass: I submit, put myself into subjection. ²⁵ἑκών, ἑκοῦσα, ἑκόν, [2] willing, willingly, voluntarily. ²⁶ὑποτάσσω, [40] I place under, subject to; mid, pass: I submit, put myself into subjection. ²⁷ἐλευθερόω, [7] I free, set free, liberate. ²⁸φθορά, ᾶς, ἡ, [9] corruption, destruction, decay, rottenness, decomposition. ²⁹ἐλευθερία, ας, ἡ, [11] freedom, liberty, especially: a state of freedom from slavery. ³⁰συστενάζω, [1] I groan together. ³¹συνωδίνω, [1] I am in travail together. ³²ἀπαρχή, ῆς, ἡ, [8] the first-fruits, the earliest crop of the year, hence also met., for example, of the earliest converts in a district; there is evidence in favor of rendering in some passages merely by: sacrifice, gift. ³³στενάζω, [6] I groan, expressing grief, anger, or desire. ³⁴ἀπεκδέχομαι, [8] I expect eagerly, wait for eagerly, look for. ³⁵ἀπολύτρωσις, εως, ἡ, [10] release effected by payment of ransom; redemption, deliverance.

οὐκ ἔστιν ἐλπίς· ὃ γὰρ βλέπει τις, τί καὶ ἐλπίζει; ¹ 25 Εἰ δὲ ὃ οὐ βλέπομεν ἐλπίζομεν, ²
δι' ὑπομονῆς³ ἀπεκδεχόμεθα. ⁴

26 Ὡσαύτως⁵ δὲ καὶ τὸ πνεῦμα συναντιλαμβάνεται⁶ ταῖς ἀσθενείαις⁷ ἡμῶν· τὸ
γὰρ τί προσευξόμεθα καθὸ⁸ δεῖ, οὐκ οἴδαμεν, ἀλλ' αὐτὸ τὸ πνεῦμα ὑπερεντυγχάνει⁹
ὑπὲρ ἡμῶν στεναγμοῖς¹⁰ ἀλαλήτοις·¹¹ 27 ὁ δὲ ἐρευνῶν¹² τὰς καρδίας οἶδεν τί τὸ
φρόνημα¹³ τοῦ πνεύματος, ὅτι κατὰ θεὸν ἐντυγχάνει¹⁴ ὑπὲρ ἁγίων. 28 Οἴδαμεν δὲ
ὅτι τοῖς ἀγαπῶσιν τὸν θεὸν πάντα συνεργεῖ¹⁵ εἰς ἀγαθόν, τοῖς κατὰ πρόθεσιν¹⁶
κλητοῖς¹⁷ οὖσιν. 29 Ὅτι οὓς προέγνω,¹⁸ καὶ προώρισεν¹⁹ συμμόρφους²⁰ τῆς εἰκόνος²¹
τοῦ υἱοῦ αὐτοῦ, εἰς τὸ εἶναι αὐτὸν πρωτότοκον²² ἐν πολλοῖς ἀδελφοῖς· 30 οὓς δὲ
προώρισεν,²³ τούτους καὶ ἐκάλεσεν· καὶ οὓς ἐκάλεσεν, τούτους καὶ ἐδικαίωσεν·²⁴ οὓς
δὲ ἐδικαίωσεν,²⁵ τούτους καὶ ἐδόξασεν.

31 Τί οὖν ἐροῦμεν πρὸς ταῦτα; Εἰ ὁ θεὸς ὑπὲρ ἡμῶν, τίς καθ' ἡμῶν; 32 Ὃς γε²⁶ τοῦ
ἰδίου υἱοῦ οὐκ ἐφείσατο,²⁷ ἀλλ' ὑπὲρ ἡμῶν πάντων παρέδωκεν αὐτόν, πῶς οὐχὶ καὶ
σὺν αὐτῷ τὰ πάντα ἡμῖν χαρίσεται;²⁸ 33 Τίς ἐγκαλέσει²⁹ κατὰ ἐκλεκτῶν³⁰ θεοῦ; Θεὸς ὁ
δικαιῶν·³¹ 34 τίς ὁ κατακρίνων;³² Χριστὸς ὁ ἀποθανών, μᾶλλον δὲ καὶ ἐγερθείς, ὃς καὶ
ἔστιν ἐν δεξιᾷ τοῦ θεοῦ, ὃς καὶ ἐντυγχάνει³³ ὑπὲρ ἡμῶν. 35 Τίς ἡμᾶς χωρίσει³⁴ ἀπὸ τῆς

---

¹ἐλπίζει: PAI-3S ²ἐλπίζομεν: PAI-1P ⁴ἀπεκδεχόμεθα: PNI-1P ⁶συναντιλαμβάνεται: PNI-3S ⁹ὑπερεντυγχάνει:
PAI-3S ¹²ἐρευνῶν: PAP-NSM ¹⁴ἐντυγχάνει: PAI-3S ¹⁵συνεργεῖ: PAI-3S ¹⁸προέγνω: AAI-3S ¹⁹προώρισεν:
AAI-3S ²³προώρισεν: AAI-3S ²⁴ἐδικαίωσεν: AAI-3S ²⁵ἐδικαίωσεν: AAI-3S ²⁷ἐφείσατο: ADI-3S ²⁸χαρίσεται:
FDI-3S ²⁹ἐγκαλέσει: FAI-3S ³¹δικαιῶν: PAP-NSM ³²κατακρίνων: PAP-NSM ³³ἐντυγχάνει: PAI-3S ³⁴χωρίσει:
FAI-3S

---

¹ἐλπίζω, [31] I hope, hope for, expect, trust. ²ἐλπίζω, [31] I hope, hope for, expect, trust. ³ὑπομονή, ῆς, ἡ, [32]
endurance, steadfastness, patient waiting for. ⁴ἀπεκδέχομαι, [8] I expect eagerly, wait for eagerly, look for.
⁵ὡσαύτως, [18] in like manner, likewise, just so. ⁶συναντιλαμβάνομαι, [2] I lend a hand along with, take interest
in (a thing) along with (others), assist jointly to perform some task, cooperate with, take my share in, help, aid.
⁷ἀσθένεια, ας, ἡ, [24] want of strength, weakness, illness, suffering, calamity, frailty. ⁸καθό, [4] according to
which thing, as, according as. ⁹ὑπερεντυγχάνω, [1] I intercede for, make petition for. ¹⁰στεναγμός, οῦ, ὁ,
[2] a groaning, sighing. ¹¹ἀλάλητος, ον, [1] unutterable, that baffles words, unexpressed. ¹²ἐρευνάω, [6]
I search diligently, examine. ¹³φρόνημα, ατος, τό, [4] thought, purpose, aspirations. ¹⁴ἐντυγχάνω, [5] (a) I
meet, encounter, hence: (b) I call (upon), make a petition, make suit, supplication. ¹⁵συνεργέω, [5] I cooperate
with, work together. ¹⁶πρόθεσις, εως, ἡ, [12] a setting forth, the show-bread; predetermination, purpose.
¹⁷κλητός, ή, όν, [12] called, invited, summoned by God to an office or to salvation. ¹⁸προγινώσκω, [5] I know
beforehand, foreknow. ¹⁹προορίζω, [6] I foreordain, predetermine, mark out beforehand. ²⁰σύμμορφος, ον,
[2] similar, conformed to. ²¹εἰκών, όνος, ἡ, [23] an image, likeness, bust. ²²πρωτότοκος, ον, [9] first-born,
eldest. ²³προορίζω, [6] I foreordain, predetermine, mark out beforehand. ²⁴δικαιόω, [39] I make righteous,
defend the cause of, plead for the righteousness (innocence) of, acquit, justify; hence: I regard as righteous.
²⁵δικαιόω, [39] I make righteous, defend the cause of, plead for the righteousness (innocence) of, acquit, justify;
hence: I regard as righteous. ²⁶γε, [15] an enclitic, emphasizing particle: at least, indeed, really, but generally
too subtle to be represented in English. ²⁷φείδομαι, [10] I spare, abstain, forbear. ²⁸χαρίζομαι, [23] (a) I show
favor to, (b) I pardon, forgive, (c) I show kindness. ²⁹ἐγκαλέω, [7] I bring a charge against, accuse. ³⁰ἐκλεκτός,
ή, όν, [24] chosen out, elect, choice, select, sometimes as subst: of those chosen out by God for the rendering of
special service to Him (of the Hebrew race, particular Hebrews, the Messiah, and the Christians). ³¹δικαιόω,
[39] I make righteous, defend the cause of, plead for the righteousness (innocence) of, acquit, justify; hence: I
regard as righteous. ³²κατακρίνω, [17] I condemn, judge worthy of punishment. ³³ἐντυγχάνω, [5] (a) I meet,
encounter, hence: (b) I call (upon), make a petition, make suit, supplication. ³⁴χωρίζω, [13] (a) I separate, put
apart, (b) mid. or pass: I separate myself, depart, withdraw.

ἀγάπης τοῦ χριστοῦ; Θλίψις, ¹ ἢ στενοχωρία, ² ἢ διωγμός, ³ ἢ λιμός, ⁴ ἢ γυμνότης, ⁵ ἢ κίνδυνος, ⁶ ἢ μάχαιρα; ⁷ **36** Καθὼς γέγραπται ὅτι ῞Ενεκέν ⁸ σου θανατούμεθα ⁹ ὅλην τὴν ἡμέραν· ἐλογίσθημεν ¹⁰ ὡς πρόβατα ¹¹ σφαγῆς. ¹² **37** Ἀλλ᾽ ἐν τούτοις πᾶσιν ὑπερνικῶμεν ¹³ διὰ τοῦ ἀγαπήσαντος ἡμᾶς. **38** Πέπεισμαι γὰρ ὅτι οὔτε θάνατος οὔτε ζωὴ οὔτε ἄγγελοι οὔτε ἀρχαὶ οὔτε δυνάμεις οὔτε ἐνεστῶτα ¹⁴ οὔτε μέλλοντα **39** οὔτε ὕψωμα ¹⁵ οὔτε βάθος ¹⁶ οὔτε τις κτίσις ¹⁷ ἑτέρα δυνήσεται ἡμᾶς χωρίσαι ¹⁸ ἀπὸ τῆς ἀγάπης τοῦ θεοῦ τῆς ἐν χριστῷ Ἰησοῦ τῷ κυρίῳ ἡμῶν.

The Distinction between the True and the False Israel

9 Ἀλήθειαν λέγω ἐν χριστῷ, οὐ ψεύδομαι, ¹⁹ συμμαρτυρούσης ²⁰ μοι τῆς συνειδήσεώς ²¹ μου ἐν πνεύματι ἁγίῳ, **2** ὅτι λύπη ²² μοι ἐστὶν μεγάλη, καὶ ἀδιάλειπτος ²³ ὀδύνη ²⁴ τῇ καρδίᾳ μου. **3** Εὐχόμην ²⁵ γὰρ αὐτὸς ἐγὼ ἀνάθεμα ²⁶ εἶναι ἀπὸ τοῦ χριστοῦ ὑπὲρ τῶν ἀδελφῶν μου, τῶν συγγενῶν ²⁷ μου κατὰ σάρκα· **4** οἵτινές εἰσιν Ἰσραηλῖται, ²⁸ ὧν ἡ υἱοθεσία ²⁹ καὶ ἡ δόξα καὶ αἱ διαθῆκαι ³⁰ καὶ ἡ νομοθεσία ³¹ καὶ ἡ λατρεία ³² καὶ αἱ ἐπαγγελίαι, **5** ὧν οἱ πατέρες, καὶ ἐξ ὧν ὁ χριστὸς τὸ κατὰ σάρκα, ὁ ὢν ἐπὶ πάντων, θεὸς εὐλογητὸς ³³ εἰς τοὺς αἰῶνας. Ἀμήν. **6** Οὐχ οἷον ³⁴ δὲ ὅτι ἐκπέπτωκεν ³⁵ ὁ λόγος τοῦ θεοῦ. Οὐ γὰρ πάντες οἱ ἐξ Ἰσραήλ, οὗτοι Ἰσραήλ· **7** οὐδ᾽ ὅτι εἰσὶν σπέρμα ³⁶ Ἀβραάμ, πάντες τέκνα· ἀλλ᾽ Ἐν Ἰσαὰκ κληθήσεταί σοι σπέρμα. ³⁶ **8** Τοῦτ᾽ ἔστιν, οὐ τὰ τέκνα τῆς σαρκός, ταῦτα τέκνα τοῦ θεοῦ· ἀλλὰ τὰ τέκνα τῆς ἐπαγγελίας λογίζεται ³⁷ εἰς σπέρμα. ³⁶

---

⁹θανατούμεθα: *PPI-1P* ¹⁰ἐλογίσθημεν: *API-1P* ¹³ὑπερνικῶμεν: *PAI-1P* ¹⁴ἐνεστῶτα: *RAP-NPN* ¹⁸χωρίσαι: *AAN* ¹⁹ψεύδομαι: *PNI-1S* ²⁰συμμαρτυρούσης: *PAP-GSF* ²⁵Εὐχόμην: *INI-1S* ³⁵ἐκπέπτωκεν: *RAI-3S* ³⁷λογίζεται: *PNI-3S*

---

¹θλῖψις, εως, ἡ, [45] persecution, affliction, distress, tribulation. ²στενοχωρία, ας, ἡ, [4] a narrow space, great distress, anguish. ³διωγμός, οῦ, ὁ, [10] chase, pursuit; persecution. ⁴λιμός, οῦ, ὁ, ἡ, [12] a famine, hunger. ⁵γυμνότης, ητος, ἡ, [3] nakedness. ⁶κίνδυνος, ου, ὁ, [9] danger, peril, risk. ⁷μάχαιρα, ας, ἡ, [29] a sword. ⁸ἕνεκεν, [26] for the sake of, on account of, on account of which, wherefore, on account of what, why. ⁹θανατόω, [11] I put to death, subdue; pass: I am in danger of death, am dead to, am rid of, am parted from. ¹⁰λογίζομαι, [41] I reckon, count, charge with; reason, decide, conclude; think, suppose. ¹¹πρόβατον, ου, τό, [41] a sheep. ¹²σφαγή, ῆς, ἡ, [3] slaughter, sacrifice. ¹³ὑπερνικάω, [1] I am more than conqueror, prevail mightily. ¹⁴ἐνίστημι, [7] I place in or upon; only in the intrans. tenses: I impend, am at hand, am present, threaten; as adj: present. ¹⁵ὕψωμα, ατος, τό, [2] height, barrier, bulwark; presumption. ¹⁶βάθος, ους, τό, [8] depth; deep water; met: fullness, immensity; an extreme degree; profundities, deep-laid plans. ¹⁷κτίσις, εως, ἡ, [19] (often of the founding of a city), (a) abstr: creation, (b) concr: creation, creature, institution; always of Divine work, (c) an institution, ordinance. ¹⁸χωρίζω, [13] (a) I separate, put apart, (b) mid. or pass: I separate myself, depart, withdraw. ¹⁹ψεύδομαι, [12] I deceive, lie, speak falsely. ²⁰συμμαρτυρέω, [3] I bear witness together with. ²¹συνείδησις, εως, ἡ, [32] the conscience, a persisting notion. ²²λύπη, ης, ἡ, [16] pain, grief, sorrow, affliction. ²³ἀδιάλειπτος, ον, [2] unceasing, unremitting. ²⁴ὀδύνη, ης, ἡ, [2] pain, sorrow, distress, of body or mind. ²⁵εὔχομαι, [7] I pray, wish. ²⁶ἀνάθεμα, ατος, τό, [6] a votive offering, a thing devoted to God; a curse, the thing cursed. ²⁷συγγενής, ές, [12] akin to, related; subst: fellow countryman, kinsman. ²⁸Ἰσραηλίτης, ου, ὁ, [9] an Israelite, one of the chosen people of Israel, a Jew. ²⁹υἱοθεσία, ας, ἡ, [5] adoption, as a son into the divine family. ³⁰διαθήκη, ης, ἡ, [33] (a) a covenant between two parties, (b) (the ordinary, everyday sense [found a countless number of times in papyri]) a will, testament. ³¹νομοθεσία, ας, ἡ, [1] lawgiving, legislation. ³²λατρεία, ας, ἡ, [5] service rendered to God, perhaps simply: worship. ³³εὐλογητός, ή, όν, [8] (used only of God), blessed (as entitled to receive blessing from man), worthy of praise. ³⁴οἷος, α, ον, [15] of what kind, such as. ³⁵ἐκπίπτω, [12] I fall out, fall off, fall away; hence in nautical language: I fall off from the straight course; of flowers: I fade away, wither away; I fall from, lose, forfeit; I am cast ashore; I am fruitless. ³⁶σπέρμα, ατος, τό, [44] (a) seed, commonly of cereals, (b) offspring, descendents. ³⁷λογίζομαι, [41] I reckon, count, charge with; reason, decide, conclude; think, suppose.

9 Ἐπαγγελίας γὰρ ὁ λόγος οὗτος, Κατὰ τὸν καιρὸν τοῦτον ἐλεύσομαι, καὶ ἔσται τῇ Σάρρᾳ υἱός. 10 Οὐ μόνον δέ, ἀλλὰ καὶ Ῥεβέκκα ἐξ ἑνὸς κοίτην¹ ἔχουσα, Ἰσαὰκ τοῦ πατρὸς ἡμῶν– 11 μήπω² γὰρ γεννηθέντων, μηδὲ πραξάντων³ τι ἀγαθὸν ἢ κακόν, ἵνα ἡ κατ' ἐκλογὴν⁴ πρόθεσις⁵ τοῦ θεοῦ μένῃ, οὐκ ἐξ ἔργων, ἀλλ' ἐκ τοῦ καλοῦντος, 12 ἐρρήθη αὐτῇ ὅτι Ὁ μείζων δουλεύσει⁶ τῷ ἐλάσσονι.⁷ 13 Καθὼς γέγραπται, Τὸν Ἰακὼβ ἠγάπησα, τὸν δὲ Ἡσαῦ ἐμίσησα.⁸

The Divine Sovereignty and Its Result

14 Τί οὖν ἐροῦμεν; Μὴ ἀδικία⁹ παρὰ τῷ θεῷ; Μὴ γένοιτο. 15 Τῷ γὰρ Μωϋσῇ λέγει, Ἐλεήσω¹⁰ ὃν ἂν ἐλεῶ,¹¹ καὶ οἰκτειρήσω¹² ὃν ἂν οἰκτείρω.¹³ 16 Ἄρα¹⁴ οὖν οὐ τοῦ θέλοντος, οὐδὲ τοῦ τρέχοντος,¹⁵ ἀλλὰ τοῦ ἐλεοῦντος¹⁶ θεοῦ. 17 Λέγει γὰρ ἡ γραφὴ τῷ Φαραὼ¹⁷ ὅτι Εἰς αὐτὸ τοῦτο ἐξήγειρά¹⁸ σε, ὅπως ἐνδείξωμαι¹⁹ ἐν σοὶ τὴν δύναμίν μου, καὶ ὅπως διαγγελῇ²⁰ τὸ ὄνομά μου ἐν πάσῃ τῇ γῇ. 18 Ἄρα¹⁴ οὖν ὃν θέλει ἐλεεῖ·²¹ ὃν δὲ θέλει σκληρύνει.²²

19 Ἐρεῖς οὖν μοι, Τί ἔτι μέμφεται;²³ Τῷ γὰρ βουλήματι²⁴ αὐτοῦ τίς ἀνθέστηκεν;²⁵ 20 Μενοῦνγε,²⁶ ὦ²⁷ ἄνθρωπε, σὺ τίς εἶ ὁ ἀνταποκρινόμενος²⁸ τῷ θεῷ; Μὴ ἐρεῖ τὸ πλάσμα²⁹ τῷ πλάσαντι,³⁰ Τί με ἐποίησας οὕτως; 21 Ἢ οὐκ ἔχει ἐξουσίαν ὁ κεραμεὺς³¹ τοῦ πηλοῦ,³² ἐκ τοῦ αὐτοῦ φυράματος³³ ποιῆσαι ὃ μὲν εἰς τιμὴν³⁴ σκεῦος,³⁵ ὃ δὲ εἰς ἀτιμίαν;³⁶ 22 Εἰ δὲ θέλων ὁ θεὸς ἐνδείξασθαι³⁷ τὴν ὀργήν,³⁸ καὶ γνωρίσαι³⁹ τὸ δυνατὸν⁴⁰ αὐτοῦ, ἤνεγκεν ἐν πολλῇ μακροθυμίᾳ⁴¹ σκεύη³⁵ ὀργῆς³⁸ κατηρτισμένα⁴² εἰς

---

³πραξάντων: AAP-GPM   ⁶δουλεύσει: FAI-3S   ⁸ἐμίσησα: AAI-1S   ¹⁰Ἐλεήσω: FAI-1S   ¹¹ἐλεῶ: PAS-1S
¹²οἰκτειρήσω: FAI-1S   ¹³οἰκτείρω: PAS-1S   ¹⁵τρέχοντος: PAP-GSM   ¹⁶ἐλεοῦντος: PAP-GSM   ¹⁸ἐξήγειρά:
AAI-1S   ¹⁹ἐνδείξωμαι: AMS-1S   ²⁰διαγγελῇ: 2APS-3S   ²¹ἐλεεῖ: PAI-3S   ²²σκληρύνει: PAI-3S   ²³μέμφεται: PNI-3S
²⁵ἀνθέστηκεν: RAI-3S   ²⁸ἀνταποκρινόμενος: PNP-NSM   ³⁰πλάσαντι: AAP-DSM   ³⁷ἐνδείξασθαι: AMN   ³⁹γνωρίσαι:
AAN   ⁴²κατηρτισμένα: RPP-APN

---

¹κοίτη, ης, ἡ, [4] (a) a bed, (b) a marriage bed; plur: repeated (immoral) sexual intercourse.   ²μήπω, [2] not yet.   ³πράσσω, [38] I do, perform, accomplish; be in any condition, i.e. I fare; I exact, require.   ⁴ἐκλογή, ῆς, ἡ, [7] a choosing out, selecting, choice (by God).   ⁵πρόθεσις, εως, ἡ, [12] a setting forth, the show-bread; predetermination, purpose.   ⁶δουλεύω, [25] I am a slave, am subject to, obey, am devoted.   ⁷ἐλάσσων, ον, [4] less, smaller; poorer, inferior.   ⁸μισέω, [41] I hate, detest, love less, esteem less.   ⁹ἀδικία, ας, ἡ, [26] injustice, unrighteousness, hurt.   ¹⁰ἐλεέω, [31] I pity, have mercy on.   ¹¹ἐλεέω, [31] I pity, have mercy on.   ¹²οἰκτείρω, [2] I pity, have compassion on.   ¹³οἰκτείρω, [2] I pity, have compassion on.   ¹⁴ἄρα, [35] then, therefore, since.   ¹⁵τρέχω, [20] I run, exercise myself, make progress.   ¹⁶ἐλεέω, [31] I pity, have mercy on.   ¹⁷Φαραώ, ὁ, [5] Pharaoh, the title of ancient Egyptian kings.   ¹⁸ἐξεγείρω, [2] I raise up, arouse.   ¹⁹ἐνδείκνυμι, [11] I show forth, prove.   ²⁰διαγγέλλω, [3] I announce throughout (the world), spread the news of, give notice of, teach.   ²¹ἐλεέω, [31] I pity, have mercy on.   ²²σκληρύνω, [6] I harden, make hard, make stubborn.   ²³μέμφομαι, [3] I blame, censure, find fault.   ²⁴βούλημα, ατος, τό, [2] will, counsel, purpose.   ²⁵ἀνθίστημι, [14] I set against; I withstand, resist, oppose.   ²⁶μενοῦνγε, [3] nay rather; indeed, truly, really.   ²⁷ὦ, [17] O, an exclamation, used in addressing someone.   ²⁸ἀνταποκρίνομαι, [2] I contradict, reply against, give a hostile answer.   ²⁹πλάσμα, ατος, τό, [1] a thing formed or fashioned.   ³⁰πλάσσω, [2] I form, mould, as a potter his clay.   ³¹κεραμεύς, έως, ὁ, [3] a potter.   ³²πηλός, οῦ, ὁ, [6] clay, mud.   ³³φύραμα, ατος, τό, [5] a mass or lump, as of bread dough.   ³⁴τιμή, ῆς, ἡ, [42] a price, honor.   ³⁵σκεῦος, ους, τό, [23] a vessel to contain liquid; a vessel of mercy or wrath; any instrument by which anything is done; a household utensil; of ships: tackle.   ³⁶ἀτιμία, ας, ἡ, [7] disgrace, dishonor; a dishonorable use.   ³⁷ἐνδείκνυμι, [11] I show forth, prove.   ³⁸ὀργή, ῆς, ἡ, [36] anger, wrath, passion; punishment, vengeance.   ³⁹γνωρίζω, [24] I make known, declare, know, discover.   ⁴⁰δυνατός, ή, όν, [36] (a) of persons: powerful, able, (b) of things: possible.   ⁴¹μακροθυμία, ας, ἡ, [14] patience, forbearance, longsuffering.   ⁴²καταρτίζω, [13] (a) I fit (join) together; met: I compact together, (b) act. and mid: I prepare, perfect, for his (its) full destination or use, bring into its proper condition (whether for the first time, or after a lapse).

ἀπώλειαν·¹ 23 καὶ ἵνα γνωρίσῃ² τὸν πλοῦτον³ τῆς δόξης αὐτοῦ ἐπὶ σκεύη⁴ ἐλέους,⁵ ἃ προητοίμασεν⁶ εἰς δόξαν, 24 οὓς καὶ ἐκάλεσεν ἡμᾶς οὐ μόνον ἐξ Ἰουδαίων, ἀλλὰ καὶ ἐξ ἐθνῶν; 25 Ὡς καὶ ἐν τῷ Ὡσηὲ λέγει, Καλέσω τὸν οὐ λαόν μου λαόν μου· καὶ τὴν οὐκ ἠγαπημένην ἠγαπημένην. 26 Καὶ ἔσται, ἐν τῷ τόπῳ οὗ ἐρρήθη αὐτοῖς, Οὐ λαός μου ὑμεῖς, ἐκεῖ κληθήσονται υἱοὶ θεοῦ ζῶντος. 27 Ἡσαΐας δὲ κράζει ὑπὲρ τοῦ Ἰσραήλ, Ἐὰν ᾖ ὁ ἀριθμὸς⁷ τῶν υἱῶν Ἰσραὴλ ὡς ἡ ἄμμος⁸ τῆς θαλάσσης, τὸ κατάλειμμα⁹ σωθήσεται· 28 λόγον γὰρ συντελῶν¹⁰ καὶ συντέμνων¹¹ ἐν δικαιοσύνῃ· ὅτι λόγον συντετμημένον¹² ποιήσει κύριος ἐπὶ τῆς γῆς. 29 Καὶ καθὼς προείρηκεν¹³ Ἡσαΐας, Εἰ μὴ κύριος Σαβαὼθ¹⁴ ἐγκατέλιπεν¹⁵ ἡμῖν σπέρμα,¹⁶ ὡς Σόδομα¹⁷ ἂν ἐγενήθημεν, καὶ ὡς Γόμορρα¹⁸ ἂν ὡμοιώθημεν.¹⁹

Israel's Unbelief

30 Τί οὖν ἐροῦμεν; Ὅτι ἔθνη τὰ μὴ διώκοντα²⁰ δικαιοσύνην, κατέλαβεν²¹ δικαιοσύνην, δικαιοσύνην δὲ τὴν ἐκ πίστεως· 31 Ἰσραὴλ δέ, διώκων²² νόμον δικαιοσύνης, εἰς νόμον δικαιοσύνης οὐκ ἔφθασεν.²³ 32 Διὰ τί; Ὅτι οὐκ ἐκ πίστεως, ἀλλ᾽ ὡς ἐξ ἔργων νόμου· προσέκοψαν²⁴ γὰρ τῷ λίθῳ τοῦ προσκόμματος,²⁵ 33 καθὼς γέγραπται, Ἰδοὺ τίθημι ἐν Σιὼν²⁶ λίθον προσκόμματος²⁵ καὶ πέτραν²⁷ σκανδάλου·²⁸ καὶ πᾶς ὁ πιστεύων ἐπ᾽ αὐτῷ οὐ καταισχυνθήσεται.²⁹

10 Ἀδελφοί, ἡ μὲν εὐδοκία³⁰ τῆς ἐμῆς καρδίας καὶ ἡ δέησις³¹ ἡ πρὸς τὸν θεὸν ὑπὲρ τοῦ Ἰσραήλ ἐστιν εἰς σωτηρίαν.³² 2 Μαρτυρῶ γὰρ αὐτοῖς ὅτι ζῆλον³³ θεοῦ

---

²γνωρίσῃ: AAS-3S ⁶προητοίμασεν: AAI-3S ¹⁰συντελῶν: PAP-NSM ¹¹συντέμνων: PAP-NSM ¹²συντετμημένον: RPP-ASM ¹³προείρηκεν: RAI-3S ¹⁵ἐγκατέλιπεν: 2AAI-3S ¹⁹ὡμοιώθημεν: API-1P ²⁰διώκοντα: PAP-NPN ²¹κατέλαβεν: 2AAI-3S ²²διώκων: PAP-NSM ²³ἔφθασεν: AAI-3S ²⁴προσέκοψαν: AAI-3P ²⁹καταισχυνθήσεται: FPI-3S

---

¹ἀπώλεια, ας, ἡ, [19] destruction, ruin, loss, perishing; eternal ruin. ²γνωρίζω, [24] I make known, declare, know, discover. ³πλοῦτος, ου, ὁ, [22] riches, wealth, abundance, materially or spiritually. ⁴σκεῦος, ους, τό, [23] a vessel to contain liquid; a vessel of mercy or wrath; any instrument by which anything is done; a household utensil; of ships: tackle. ⁵ἔλεος, ους, τό, [28] pity, mercy, compassion. ⁶προετοιμάζω, [2] I prepare or appoint beforehand, predestine. ⁷ἀριθμός, οῦ, ὁ, [19] a number, total. ⁸ἄμμος, ου, ἡ, [5] sand, sandy ground. ⁹κατάλειμμα, ατος, τό, [1] a remnant, small residue. ¹⁰συντελέω, [7] I bring to an end, fulfill, accomplish. ¹¹συντέμνω, [2] I cut short, bring to swift accomplishment, determine, decide. ¹²συντέμνω, [2] I cut short, bring to swift accomplishment, determine, decide. ¹³προερέω, [9] I say already, predict, foretell. ¹⁴σαβαώθ, [2] hosts, armies. ¹⁵ἐγκαταλείπω, [9] I leave in the lurch, abandon (one who is in straits), desert. ¹⁶σπέρμα, ατος, τό, [44] (a) seed, commonly of cereals, (b) offspring, descendents. ¹⁷Σόδομα, ων, τά, [10] Sodom. ¹⁸Γόμορρα, ας, ἡ, [5] Gomorrah, one of the destroyed cities on the Dead Sea. ¹⁹ὁμοιόω, [15] I make like, liken; I compare. ²⁰διώκω, [44] I pursue, hence: I persecute. ²¹καταλαμβάνω, [15] (a) I seize tight hold of, arrest, catch, capture, appropriate, (b) I overtake, (c) mid. aor: I perceived, comprehended. ²²διώκω, [44] I pursue, hence: I persecute. ²³φθάνω, [7] (a) I anticipate, precede, (b) I come, arrive. ²⁴προσκόπτω, [8] I stumble, strike the foot against, beat upon, take offense at. ²⁵πρόσκομμα, ατος, τό, [6] a stumbling-block, an occasion for falling, a moral embarrassment. ²⁶Σιών, ἡ, [7] Zion, the hill; used for Jerusalem or heaven. ²⁷πέτρα, ας, ἡ, [16] a rock, ledge, cliff, cave, stony ground. ²⁸σκάνδαλον, ου, τό, [15] a snare, stumbling-block, cause for error. ²⁹καταισχύνω, [13] I shame, disgrace, bring to shame, put to utter confusion, frustrate. ³⁰εὐδοκία, ας, ἡ, [9] (a) good-will (good-pleasure), favor, feeling of complacency of God to man, (b) good-pleasure, satisfaction, happiness, delight of men. ³¹δέησις, εως, ἡ, [19] supplication, prayer, entreaty. ³²σωτηρία, ας, ἡ, [46] welfare, prosperity, deliverance, preservation, salvation, safety. ³³ζῆλος, ου, ὁ, [17] (a) eagerness, zeal, enthusiasm, (b) jealousy, rivalry.

ἔχουσιν, ἀλλ᾽ οὐ κατ᾽ ἐπίγνωσιν. ' 3 Ἀγνοοῦντες ² γὰρ τὴν τοῦ θεοῦ δικαιοσύνην, καὶ τὴν ἰδίαν δικαιοσύνην ζητοῦντες στῆσαι, τῇ δικαιοσύνῃ τοῦ θεοῦ οὐχ ὑπετάγησαν. ³ 4 Τέλος ⁴ γὰρ νόμου χριστὸς εἰς δικαιοσύνην παντὶ τῷ πιστεύοντι. 5 Μωϋσῆς γὰρ γράφει τὴν δικαιοσύνην τὴν ἐκ τοῦ νόμου, ὅτι ὁ ποιήσας αὐτὰ ἄνθρωπος ζήσεται ἐν αὐτοῖς. 6 Ἡ δὲ ἐκ πίστεως δικαιοσύνη οὕτως λέγει, Μὴ εἴπῃς ἐν τῇ καρδίᾳ σου, Τίς ἀναβήσεται εἰς τὸν οὐρανόν;–τοῦτ᾽ ἔστιν χριστὸν καταγαγεῖν ⁵ – 7 ἤ, Τίς καταβήσεται εἰς τὴν ἄβυσσον; ⁶ –τοῦτ᾽ ἔστιν χριστὸν ἐκ νεκρῶν ἀναγαγεῖν. ⁷ 8 Ἀλλὰ τί λέγει; Ἐγγύς ⁸ σου τὸ ῥῆμά ἐστιν, ἐν τῷ στόματί σου καὶ ἐν τῇ καρδίᾳ σου· τοῦτ᾽ ἔστιν τὸ ῥῆμα τῆς πίστεως ὃ κηρύσσομεν· 9 ὅτι ἐὰν ὁμολογήσῃς ⁹ ἐν τῷ στόματί σου κύριον Ἰησοῦν, καὶ πιστεύσῃς ἐν τῇ καρδίᾳ σου ὅτι ὁ θεὸς αὐτὸν ἤγειρεν ἐκ νεκρῶν, σωθήσῃ· 10 καρδίᾳ γὰρ πιστεύεται εἰς δικαιοσύνην, στόματι δὲ ὁμολογεῖται ¹⁰ εἰς σωτηρίαν. ¹¹ 11 Λέγει γὰρ ἡ γραφή, Πᾶς ὁ πιστεύων ἐπ᾽ αὐτῷ οὐ καταισχυνθήσεται. ¹² 12 Οὐ γάρ ἐστιν διαστολὴ ¹³ Ἰουδαίου τε καὶ Ἕλληνος· ¹⁴ ὁ γὰρ αὐτὸς κύριος πάντων, πλουτῶν ¹⁵ εἰς πάντας τοὺς ἐπικαλουμένους ¹⁶ αὐτόν. 13 Πᾶς γὰρ ὃς ἂν ἐπικαλέσηται ¹⁷ τὸ ὄνομα κυρίου σωθήσεται. 14 Πῶς οὖν ἐπικαλέσονται ¹⁸ εἰς ὃν οὐκ ἐπίστευσαν; Πῶς δὲ πιστεύσουσιν οὗ οὐκ ἤκουσαν; Πῶς δὲ ἀκούσουσιν χωρὶς ¹⁹ κηρύσσοντος; 15 Πῶς δὲ κηρύξουσιν ἐὰν μὴ ἀποσταλῶσιν; Καθὼς γέγραπται, Ὡς ὡραῖοι ²⁰ οἱ πόδες τῶν εὐαγγελιζομένων εἰρήνην, τῶν εὐαγγελιζομένων τὰ ἀγαθά.

16 Ἀλλ᾽ οὐ πάντες ὑπήκουσαν ²¹ τῷ εὐαγγελίῳ. Ἡσαΐας γὰρ λέγει, Κύριε, τίς ἐπίστευσεν τῇ ἀκοῇ ²² ἡμῶν; 17 Ἄρα ²³ ἡ πίστις ἐξ ἀκοῆς, ²² ἡ δὲ ἀκοὴ ²² διὰ ῥήματος θεοῦ. 18 Ἀλλὰ λέγω, μὴ οὐκ ἤκουσαν; Μενοῦνγε· ²⁴ Εἰς πᾶσαν τὴν γῆν ἐξῆλθεν ὁ φθόγγος ²⁵

---

²Ἀγνοοῦντες: PAP-NPM   ³ὑπετάγησαν: 2API-3P   ⁵καταγαγεῖν: 2AAN   ⁷ἀναγαγεῖν: 2AAN   ⁹ὁμολογήσῃς: AAS-2S   ¹⁰ὁμολογεῖται: PPI-3S   ¹²καταισχυνθήσεται: FPI-3S   ¹⁵πλουτῶν: PAP-NSM   ¹⁶ἐπικαλουμένους: PMP-APM   ¹⁷ἐπικαλέσηται: AMS-3S   ¹⁸ἐπικαλέσονται: FMI-3P   ²¹ὑπήκουσαν: AAI-3P

---

¹ἐπίγνωσις, εως, ἡ, [20] knowledge of a particular point (directed towards a particular object); perception, discernment, recognition, intuition.   ²ἀγνοέω, [22] I do not know, am ignorant of (a person, thing, or fact), sometimes with the idea of willful ignorance.   ³ὑποτάσσω, [40] I place under, subject to; mid, pass: I submit, put myself into subjection.   ⁴τέλος, ους, τό, [41] (a) an end, (b) event or issue, (c) the principal end, aim, purpose, (d) a tax.   ⁵κατάγω, [10] I lead down, bring down, either from a high place on land or to a lower (or actually to the sea-coast), or from the high seas to land.   ⁶ἄβυσσος, ου, ἡ, [9] the abyss, unfathomable depth, an especially Jewish conception, the home of the dead and of evil spirits.   ⁷ἀνάγω, [23] I lead up, bring up, offer, product, put to sea, set sail.   ⁸ἐγγύς, [30] near.   ⁹ὁμολογέω, [24] (a) I promise, agree, (b) I confess, (c) I publicly declare, (d) a Hebraism, I praise, celebrate.   ¹⁰ὁμολογέω, [24] (a) I promise, agree, (b) I confess, (c) I publicly declare, (d) a Hebraism, I praise, celebrate.   ¹¹σωτηρία, ας, ἡ, [46] welfare, prosperity, deliverance, preservation, salvation, safety.   ¹²καταισχύνω, [13] I shame, disgrace, bring to shame, put to utter confusion, frustrate.   ¹³διαστολή, ῆς, ἡ, [3] distinction, difference, separation.   ¹⁴Ἕλλην, ηνος, ὁ, [27] a Hellene, the native word for a Greek; it is, however, a term wide enough to include all Greek-speaking (i.e. educated) non-Jews.   ¹⁵πλουτέω, [12] I become rich, am rich, abound in.   ¹⁶ἐπικαλέω, [32] (a) I call (name) by a supplementary (additional, alternative) name, (b) mid: I call upon, appeal to, address.   ¹⁷ἐπικαλέω, [32] (a) I call (name) by a supplementary (additional, alternative) name, (b) mid: I call upon, appeal to, address.   ¹⁸ἐπικαλέω, [32] (a) I call (name) by a supplementary (additional, alternative) name, (b) mid: I call upon, appeal to, address.   ¹⁹χωρίς, [39] apart from, separately from; without.   ²⁰ὡραῖος, αία, αῖον, [4] fair, beautiful, blooming.   ²¹ὑπακούω, [21] I listen, hearken to, obey, answer.   ²²ἀκοή, ῆς, ἡ, [24] hearing, faculty of hearing, ear; report, rumor.   ²³ἄρα, [35] then, therefore, since.   ²⁴μενοῦνγε, [3] nay rather; indeed, truly, really.   ²⁵φθόγγος, ου, ὁ, [2] a sound.

αὐτῶν, καὶ εἰς τὰ πέρατα¹ τῆς οἰκουμένης² τὰ ῥήματα αὐτῶν. **19** Ἀλλὰ λέγω, μὴ οὐκ ἔγνω Ἰσραήλ; Πρῶτος Μωϋσῆς λέγει, Ἐγὼ παραζηλώσω³ ὑμᾶς ἐπ' οὐκ ἔθνει, ἐπὶ ἔθνει ἀσυνέτῳ⁴ παροργιῶ⁵ ὑμᾶς. **20** Ἡσαΐας δὲ ἀποτολμᾷ⁶ καὶ λέγει, Εὑρέθην τοῖς ἐμὲ μὴ ζητοῦσιν, ἐμφανὴς⁷ ἐγενόμην τοῖς ἐμὲ μὴ ἐπερωτῶσιν. **21** Πρὸς δὲ τὸν Ἰσραὴλ λέγει, Ὅλην τὴν ἡμέραν ἐξεπέτασα⁸ τὰς χεῖράς μου πρὸς λαὸν ἀπειθοῦντα⁹ καὶ ἀντιλέγοντα.¹⁰

A Remnant of Israel Saved

11 Λέγω οὖν, μὴ ἀπώσατο¹¹ ὁ θεὸς τὸν λαὸν αὐτοῦ; Μὴ γένοιτο. Καὶ γὰρ ἐγὼ Ἰσραηλίτης¹² εἰμί, ἐκ σπέρματος¹³ Ἀβραάμ, φυλῆς¹⁴ Βενιαμίν. **2** Οὐκ ἀπώσατο¹⁵ ὁ θεὸς τὸν λαὸν αὐτοῦ ὃν προέγνω.¹⁶ Ἢ οὐκ οἴδατε ἐν Ἠλίᾳ τί λέγει ἡ γραφή; Ὡς ἐντυγχάνει¹⁷ τῷ θεῷ κατὰ τοῦ Ἰσραήλ, λέγων, **3** Κύριε, τοὺς προφήτας σου ἀπέκτειναν, καὶ τὰ θυσιαστήριά¹⁸ σου κατέσκαψαν· ¹⁹ κἀγὼ ὑπελείφθην²⁰ μόνος,²¹ καὶ ζητοῦσιν τὴν ψυχήν μου. **4** Ἀλλὰ τί λέγει αὐτῷ ὁ χρηματισμός;²² Κατέλιπον²³ ἐμαυτῷ²⁴ ἑπτακισχιλίους²⁵ ἄνδρας, οἵτινες οὐκ ἔκαμψαν²⁶ γόνυ²⁷ τῇ Βάαλ.²⁸ **5** Οὕτως οὖν καὶ ἐν τῷ νῦν καιρῷ λεῖμμα²⁹ κατ' ἐκλογὴν³⁰ χάριτος γέγονεν. **6** Εἰ δὲ χάριτι, οὐκέτι³¹ ἐξ ἔργων· ἐπεὶ³² ἡ χάρις οὐκέτι³¹ γίνεται χάρις. Εἰ δὲ ἐξ ἔργων, οὐκέτι³¹ ἐστὶν χάρις· ἐπεὶ³² τὸ ἔργον οὐκέτι³¹ ἐστὶν ἔργον. **7** Τί οὖν; Ὃ ἐπιζητεῖ³³ Ἰσραήλ, τοῦτο οὐκ ἐπέτυχεν,³⁴ ἡ δὲ ἐκλογὴ³⁰ ἐπέτυχεν,³⁵ οἱ δὲ λοιποὶ³⁶ ἐπωρώθησαν· ³⁷ **8** καθὼς γέγραπται, Ἔδωκεν αὐτοῖς ὁ θεὸς πνεῦμα κατανύξεως,³⁸ ὀφθαλμοὺς τοῦ μὴ βλέπειν, καὶ ὦτα³⁹ τοῦ μὴ ἀκούειν, ἕως

---

³παραζηλώσω: FAI-1S ⁵παροργιῶ: FAI-1S ⁶ἀποτολμᾷ: PAI-3S ⁸ἐξεπέτασα: AAI-1S ⁹ἀπειθοῦντα: PAP-ASM ¹⁰ἀντιλέγοντα: PAP-ASM ¹¹ἀπώσατο: ADI-3S ¹⁵ἀπώσατο: ADI-3S ¹⁶προέγνω: AAI-3S ¹⁷ἐντυγχάνει: PAI-3S ¹⁹κατέσκαψαν: AAI-3P ²⁰ὑπελείφθην: API-1S ²³Κατέλιπον: 2AAI-1S ²⁶ἔκαμψαν: AAI-3P ³³ἐπιζητεῖ: PAI-3S ³⁴ἐπέτυχεν: 2AAI-3S ³⁵ἐπέτυχεν: 2AAI-3S ³⁷ἐπωρώθησαν: API-3P

---

¹πέρας, ατος, τό, [4] (a) a boundary, limit, extremity, (b) an end, conclusion. ²οἰκουμένη, ης, ἡ, [16] (properly: the land that is being inhabited, the land in a state of habitation), the inhabited world, that is, the Roman world, for all outside it was regarded as of no account. ³παραζηλόω, [4] I make jealous, provoke to jealously, provoke to anger. ⁴ἀσύνετος, ον, [5] unintelligent, without wisdom, unwise, undiscerning (implying probably moral defect). ⁵παροργίζω, [2] I provoke to anger, exasperate. ⁶ἀποτολμάω, [1] I assume boldness. ⁷ἐμφανής, ές, [2] manifest, visible, comprehended. ⁸ἐκπετάννυμι, [1] I spread (stretch) out, expand, extend. ⁹ἀπειθέω, [16] I disobey, rebel, am disloyal, refuse conformity. ¹⁰ἀντιλέγω, [12] I speak or say in opposition, contradict (oppose, resist). ¹¹ἀπωθέω, [6] I push (thrust) away, repulse, reject, refuse. ¹²Ἰσραηλίτης, ου, ὁ, [9] an Israelite, one of the chosen people of Israel, a Jew. ¹³σπέρμα, ατος, τό, [44] (a) seed, commonly of cereals, (b) offspring, descendents. ¹⁴φυλή, ῆς, ἡ, [31] a tribe or race of people. ¹⁵ἀπωθέω, [6] I push (thrust) away, repulse, reject, refuse. ¹⁶προγινώσκω, [5] I know beforehand, foreknow. ¹⁷ἐντυγχάνω, [5] (a) I meet, encounter, hence: (b) I call (upon), make a petition, make suit, supplication. ¹⁸θυσιαστήριον, ου, τό, [23] an altar (for sacrifice). ¹⁹κατασκάπτω, [2] I dig down under, demolish, undermine. ²⁰ὑπολείπω, [1] I leave behind; pass: I am left surviving. ²¹μόνα, η, ον, [x] only, solitary, desolate. ²²χρηματισμός, οῦ, ὁ, [1] an oracle, divine response. ²³καταλείπω, [25] I leave behind, desert, abandon, forsake; I leave remaining, reserve. ²⁴ἐμαυτοῦ, ῆς, οῦ, [37] of myself. ²⁵ἑπτακισχίλιοι, αι, α, [1] seven thousand. ²⁶κάμπτω, [4] I bend, bow. ²⁷γόνυ, ατος, τό, [12] the knee. ²⁸Βάαλ, ὁ, [1] Baal, chief deity of the Phoenicians and other Semitic nations. ²⁹λεῖμμα, ατος, τό, [1] a remnant, remainder. ³⁰ἐκλογή, ῆς, ἡ, [7] a choosing out, selecting, choice (by God). ³¹οὐκέτι, [48] no longer, no more. ³²ἐπεί, [27] of time: when, after; of cause: since, because; otherwise: else. ³³ἐπιζητέω, [15] I seek after, desire, search for, make inquiries about. ³⁴ἐπιτυγχάνω, [5] I attain, obtain, acquire. ³⁵ἐπιτυγχάνω, [5] I attain, obtain, acquire. ³⁶λοιπός, ή, όν, [42] left, left behind, the remainder, the rest, the others. ³⁷πωρόω, [5] I harden, render callous, petrify. ³⁸κατάνυξις, εως, ἡ, [1] deep sleep, torpor, insensibility, stupor. ³⁹οὖς, ὠτός, τό, [37] (a) the ear, (b) met: the faculty of perception.

τῆς σήμερον¹ ἡμέρας. 9 Καὶ Δαυὶδ λέγει, Γενηθήτω ἡ τράπεζα² αὐτῶν εἰς παγίδα³ καὶ εἰς θήραν,⁴ καὶ εἰς σκάνδαλον,⁵ καὶ εἰς ἀνταπόδομα⁶ αὐτοῖς· 10 σκοτισθήτωσαν⁷ οἱ ὀφθαλμοὶ αὐτῶν τοῦ μὴ βλέπειν, καὶ τὸν νῶτον⁸ αὐτῶν διὰ παντὸς σύγκαμψον.⁹

An Admonition and Encouragement to Gentiles and Jews

11 Λέγω οὖν, μὴ ἔπταισαν¹⁰ ἵνα πέσωσιν; Μὴ γένοιτο· ἀλλὰ τῷ αὐτῶν παραπτώματι¹¹ ἡ σωτηρία¹² τοῖς ἔθνεσιν, εἰς τὸ παραζηλῶσαι¹³ αὐτούς. 12 Εἰ δὲ τὸ παράπτωμα¹¹ αὐτῶν πλοῦτος¹⁴ κόσμου, καὶ τὸ ἥττημα¹⁵ αὐτῶν πλοῦτος¹⁴ ἐθνῶν, πόσῳ¹⁶ μᾶλλον τὸ πλήρωμα¹⁷ αὐτῶν;

13 Ὑμῖν γὰρ λέγω τοῖς ἔθνεσιν. Ἐφ᾽ ὅσον μέν εἰμι ἐγὼ ἐθνῶν ἀπόστολος, τὴν διακονίαν¹⁸ μου δοξάζω· 14 εἴ πως παραζηλώσω¹⁹ μου τὴν σάρκα, καὶ σώσω τινὰς ἐξ αὐτῶν. 15 Εἰ γὰρ ἡ ἀποβολὴ²⁰ αὐτῶν καταλλαγὴ²¹ κόσμου, τίς ἡ πρόσληψις,²² εἰ μὴ ζωὴ ἐκ νεκρῶν; 16 Εἰ δὲ ἡ ἀπαρχὴ²³ ἁγία, καὶ τὸ φύραμα·²⁴ καὶ εἰ ἡ ῥίζα²⁵ ἁγία, καὶ οἱ κλάδοι.²⁶ 17 Εἰ δέ τινες τῶν κλάδων²⁶ ἐξεκλάσθησαν,²⁷ σὺ δὲ ἀγριέλαιος²⁸ ὢν ἐνεκεντρίσθης²⁹ ἐν αὐτοῖς, καὶ συγκοινωνὸς³⁰ τῆς ῥίζης²⁵ καὶ τῆς πιότητος³¹ τῆς ἐλαίας³² ἐγένου, 18 μὴ κατακαυχῶ³³ τῶν κλάδων·²⁶ εἰ δὲ κατακαυχᾶσαι,³⁴ οὐ σὺ τὴν ῥίζαν²⁵ βαστάζεις,³⁵ ἀλλ᾽ ἡ ῥίζα²⁵ σέ. 19 Ἐρεῖς οὖν, Ἐξεκλάσθησαν³⁶ κλάδοι,²⁶ ἵνα ἐγὼ ἐγκεντρισθῶ.³⁷ 20 Καλῶς·³⁸ τῇ ἀπιστίᾳ³⁹ ἐξεκλάσθησαν,⁴⁰ σὺ δὲ τῇ πίστει ἕστηκας. Μὴ ὑψηλοφρόνει,⁴¹ ἀλλὰ φοβοῦ· 21 εἰ γὰρ ὁ θεὸς τῶν κατὰ φύσιν⁴² κλάδων²⁶ οὐκ

---

⁷σκοτισθήτωσαν: APM-3P ⁹σύγκαμψον: AAM-2S ¹⁰ἔπταισαν: AAI-3P ¹³παραζηλῶσαι: AAN ¹⁹παραζηλώσω: AAS-1S ²⁷ἐξεκλάσθησαν: API-3P ²⁹ἐνεκεντρίσθης: API-2S ³³κατακαυχῶ: PNM-2S ³⁴κατακαυχᾶσαι: PNI-2S ³⁵βαστάζεις: PAI-2S ³⁶Ἐξεκλάσθησαν: API-3P ³⁷ἐγκεντρισθῶ: APS-1S ⁴⁰ἐξεκλάσθησαν: API-3P ⁴¹ὑψηλοφρόνει: PAM-2S

---

¹σήμερον, [41] today, now. ²τράπεζα, ης, ἡ, [15] a table, (a) for food or banqueting, (b) for money-changing or business. ³παγίς, ίδος, ἡ, [5] a snare, trap (especially for catching birds) hence, met: stratagem, device, wile. ⁴θήρα, ας, ἡ, [1] hunting, entrapping; prey, game; a net, means of capture. ⁵σκάνδαλον, ου, τό, [15] a snare, stumbling-block, cause for error. ⁶ἀνταπόδομα, ατος, τό, [2] a gift in return (for another), a return, recompense, requital. ⁷σκοτίζω, [8] I darken. ⁸νῶτος, ου, ὁ, [1] the back (of men or animals). ⁹συγκάμπτω, [1] I oppress, bend together. ¹⁰πταίω, [5] I stumble, fall, sin, err, transgress. ¹¹παράπτωμα, ατος, τό, [23] a falling away, lapse, slip, false step, trespass, sin. ¹²σωτηρία, ας, ἡ, [46] welfare, prosperity, deliverance, preservation, salvation, safety. ¹³παραζηλόω, [4] I make jealous, provoke to jealously, provoke to anger. ¹⁴πλοῦτος, ου, ὁ, [22] riches, wealth, abundance, materially or spiritually. ¹⁵ἥττημα, ατος, τό, [2] defect, loss, defeat, failure, shortcoming. ¹⁶πόσος, η, ον, [27] how much, how great, how many. ¹⁷πλήρωμα, ατος, τό, [17] (a) a fill, fullness; full complement; supply, patch, supplement, (b) fullness, filling, fulfillment, completion. ¹⁸διακονία, ας, ἡ, [34] waiting at table; in a wider sense: service, ministration. ¹⁹παραζηλόω, [4] I make jealous, provoke to jealously, provoke to anger. ²⁰ἀποβολή, ῆς, ἡ, [2] a casting away, rejection, a loss. ²¹καταλλαγή, ῆς, ἡ, [4] reconciliation, restoration to favor. ²²πρόσληψις, εως, ἡ, [1] a receiving, a taking to one's self, acceptance. ²³ἀπαρχή, ῆς, ἡ, [8] the first-fruits, the earliest crop of the year, hence also met., for example, of the earliest converts in a district; there is evidence in favor of rendering in some passages merely by: sacrifice, gift. ²⁴φύραμα, ατος, τό, [5] a mass or lump, as of bread dough. ²⁵ῥίζα, ης, ἡ, [17] a root, shoot, source; that which comes from the root, a descendent. ²⁶κλάδος, ου, ὁ, [11] a young tender shoot, then: a branch; met: of descendants. ²⁷ἐκκλάω, [3] I break off. ²⁸ἀγριέλαιος, ου, ἡ, [2] a wild olive tree, oleaster. ²⁹ἐγκεντρίζω, [6] I graft in, ingraft. ³⁰συγκοινωνός, ου, ὁ, ἡ, [3] a partaker with, co-partner. ³¹πιότης, τητος, ἡ, [1] fatness, as of the olive; richness. ³²ἐλαία, ας, ἡ, [15] an olive tree; the Mount of Olives. ³³κατακαυχάομαι, [4] I boast against, exult over. ³⁴κατακαυχάομαι, [4] I boast against, exult over. ³⁵βαστάζω, [27] (a) I carry, bear, (b) I carry (take) away. ³⁶ἐκκλάω, [3] I break off. ³⁷ἐγκεντρίζω, [6] I graft in, ingraft. ³⁸καλῶς, [36] well, nobly, honorably, rightly. ³⁹ἀπιστία, ας, ἡ, [12] unbelief, unfaithfulness, distrust. ⁴⁰ἐκκλάω, [3] I break off. ⁴¹ὑψηλοφρονέω, [2] I am high-minded, proud. ⁴²φύσις, εως, ἡ, [14] nature, inherent nature, origin, birth.

ἐφείσατο,¹ μήπως² οὐδέ σου φείσεται.³ 22 Ἴδε⁴ οὖν χρηστότητα⁵ καὶ ἀποτομίαν⁶ θεοῦ· ἐπὶ μὲν τοὺς πεσόντας, ἀποτομίαν·⁶ ἐπὶ δέ σε, χρηστότητα,⁵ ἐὰν ἐπιμείνῃς⁷ τῇ χρηστότητι·⁵ ἐπεὶ⁸ καὶ σὺ ἐκκοπήσῃ.⁹ 23 Καὶ ἐκεῖνοι δέ, ἐὰν μὴ ἐπιμείνωσιν¹⁰ τῇ ἀπιστίᾳ,¹¹ ἐγκεντρισθήσονται·¹² δυνατὸς¹³ γὰρ ὁ θεός ἐστιν πάλιν ἐγκεντρίσαι¹⁴ αὐτούς. 24 Εἰ γὰρ σὺ ἐκ τῆς κατὰ φύσιν¹⁵ ἐξεκόπης¹⁶ ἀγριελαίου,¹⁷ καὶ παρὰ φύσιν¹⁵ ἐνεκεντρίσθης¹⁸ εἰς καλλιέλαιον,¹⁹ πόσῳ²⁰ μᾶλλον οὗτοι, οἱ κατὰ φύσιν,¹⁵ ἐγκεντρισθήσονται²¹ τῇ ἰδίᾳ ἐλαίᾳ;²²

25 Οὐ γὰρ θέλω ὑμᾶς ἀγνοεῖν,²³ ἀδελφοί, τὸ μυστήριον²⁴ τοῦτο, ἵνα μὴ ἦτε παρ' ἑαυτοῖς φρόνιμοι,²⁵ ὅτι πώρωσις²⁶ ἀπὸ μέρους²⁷ τῷ Ἰσραὴλ γέγονεν, ἄχρι οὗ τὸ πλήρωμα²⁸ τῶν ἐθνῶν εἰσέλθῃ· 26 καὶ οὕτως πᾶς Ἰσραὴλ σωθήσεται· καθὼς γέγραπται, Ἥξει²⁹ ἐκ Σιὼν³⁰ ὁ ῥυόμενος,³¹ καὶ ἀποστρέψει³² ἀσεβείας³³ ἀπὸ Ἰακώβ· 27 καὶ αὕτη αὐτοῖς ἡ παρ' ἐμοῦ διαθήκη,³⁴ ὅταν ἀφέλωμαι³⁵ τὰς ἁμαρτίας αὐτῶν. 28 Κατὰ μὲν τὸ εὐαγγέλιον, ἐχθροὶ³⁶ δι' ὑμᾶς· κατὰ δὲ τὴν ἐκλογήν,³⁷ ἀγαπητοὶ διὰ τοὺς πατέρας. 29 Ἀμεταμέλητα³⁸ γὰρ τὰ χαρίσματα³⁹ καὶ ἡ κλῆσις⁴⁰ τοῦ θεοῦ. 30 Ὥσπερ⁴¹ γὰρ καὶ ὑμεῖς ποτὲ⁴² ἠπειθήσατε⁴³ τῷ θεῷ, νῦν δὲ ἠλεήθητε⁴⁴ τῇ τούτων ἀπειθείᾳ.⁴⁵

---

¹ἐφείσατο: ADI-3S   ³φείσεται: FDI-3S   ⁴Ἴδε: 2AAM-2S   ⁷ἐπιμείνῃς: AAS-3S   ⁹ἐκκοπήσῃ: 2FPI-2S   ¹⁰ἐπιμείνωσιν: AAS-3P   ¹²ἐγκεντρισθήσονται: FPI-3P   ¹⁴ἐγκεντρίσαι: AAN   ¹⁶ἐξεκόπης: 2API-2S   ¹⁸ἐνεκεντρίσθης: API-2S   ²¹ἐγκεντρισθήσονται: FPI-3P   ²³ἀγνοεῖν: PAN   ²⁹Ἥξει: FAI-3S   ³¹ῥυόμενος: PNP-NSM   ³²ἀποστρέψει: FAI-3S   ³⁵ἀφέλωμαι: 2AMS-1S   ⁴³ἠπειθήσατε: AAI-2P   ⁴⁴ἠλεήθητε: API-2P

---

¹φείδομαι, [10] I spare, abstain, forbear.   ²μήπως, [12] lest in any way, lest perhaps.   ³φείδομαι, [10] I spare, abstain, forbear.   ⁴ἴδε, [35] See! Lo! Behold! Look!   ⁵χρηστότης, τητος, ἡ, [10] goodness, uprightness, kindness, gentleness.   ⁶ἀποτομία, ας, ἡ, [2] (lit: sheerness, of a rock), abruptness, harshness, severity, rigor.   ⁷ἐπιμένω, [17] (a) I remain, tarry, (b) I remain in, persist in.   ⁸ἐπεί, [27] of time: when, after; of cause: since, because; otherwise: else.   ⁹ἐκκόπτω, [10] I cut out (off, away), remove, prevent.   ¹⁰ἐπιμένω, [17] (a) I remain, tarry, (b) I remain in, persist in.   ¹¹ἀπιστία, ας, ἡ, [12] unbelief, unfaithfulness, distrust.   ¹²ἐγκεντρίζω, [6] I graft in, ingraft.   ¹³δυνατός, ή, όν, [36] (a) of persons: powerful, able, (b) of things: possible.   ¹⁴ἐγκεντρίζω, [6] I graft in, ingraft.   ¹⁵φύσις, εως, ἡ, [14] nature, inherent nature, origin, birth.   ¹⁶ἐκκόπτω, [10] I cut out (off, away), remove, prevent.   ¹⁷ἀγριέλαιος, ου, ἡ, [2] a wild olive tree, oleaster.   ¹⁸ἐγκεντρίζω, [6] I graft in, ingraft.   ¹⁹καλλιέλαιος, οῦ, ἡ, [1] a cultivated olive tree.   ²⁰πόσος, η, ον, [27] how much, how great, how many.   ²¹ἐγκεντρίζω, [6] I graft in, ingraft.   ²²ἐλαία, ας, ἡ, [15] an olive tree; the Mount of Olives.   ²³ἀγνοέω, [22] I do not know, am ignorant of (a person, thing, or fact), sometimes with the idea of willful ignorance.   ²⁴μυστήριον, ου, τό, [27] a mystery, secret, of which initiation is necessary; in the NT: the counsels of God, once hidden but now revealed in the Gospel or some fact thereof; the Christian revelation generally; particular truths or details of the Christian revelation.   ²⁵φρόνιμος, ον, [14] intelligent, prudent, sensible, wise.   ²⁶πώρωσις, εως, ἡ, [3] hardness of heart, obtuseness.   ²⁷μέρος, ους, τό, [43] a part, portion, share.   ²⁸πλήρωμα, ατος, τό, [17] (a) a fill, fullness; full complement; supply, patch, supplement, (b) fullness, filling, fulfillment, completion.   ²⁹ἥκω, [27] I have come, am present, have arrived.   ³⁰Σιών, ἡ, [7] Zion, the hill; used for Jerusalem or heaven.   ³¹ῥύομαι, [18] I rescue, deliver (from danger or destruction).   ³²ἀποστρέφω, [10] I turn away, pervert, remove; I restore, replace; mid: I desert, reject.   ³³ἀσέβεια, ας, ἡ, [6] impiety, irreverence, ungodliness, wickedness.   ³⁴διαθήκη, ης, ἡ, [33] (a) a covenant between two parties, (b) (the ordinary, everyday sense [found a countless number of times in papyri]) a will, testament.   ³⁵ἀφαιρέω, [10] I take away, smite off.   ³⁶ἐχθρός, ά, όν, [32] hated, hostile; subst: an enemy.   ³⁷ἐκλογή, ῆς, ἡ, [7] a choosing out, selecting, choice (by God).   ³⁸ἀμεταμέλητος, ον, [2] not to be repented of, about which no change of mind can take place, not affected by change of mind.   ³⁹χάρισμα, ατος, τό, [17] a gift of grace, an undeserved favor.   ⁴⁰κλῆσις, εως, ἡ, [11] a calling, invitation; in the NT, always of a divine call.   ⁴¹ὥσπερ, [42] just as, as, even as.   ⁴²ποτέ, [29] at one time or other, at some time, formerly.   ⁴³ἀπειθέω, [16] I disobey, rebel, am disloyal, refuse conformity.   ⁴⁴ἐλεέω, [31] I pity, have mercy on.   ⁴⁵ἀπείθεια, ας, ἡ, [7] willful unbelief, obstinacy, disobedience.

31 οὕτως καὶ οὗτοι νῦν ἠπείθησαν,[1] τῷ ὑμετέρῳ[2] ἐλέει[3] ἵνα καὶ αὐτοὶ ἐλεηθῶσιν·[4] **32** συνέκλεισεν[5] γὰρ ὁ θεὸς τοὺς πάντας εἰς ἀπείθειαν,[6] ἵνα τοὺς πάντας ἐλεήσῃ.[7]

33 Ὦ[8] βάθος[9] πλούτου[10] καὶ σοφίας καὶ γνώσεως[11] θεοῦ. Ὡς ἀνεξερεύνητα[12] τὰ κρίματα[13] αὐτοῦ, καὶ ἀνεξιχνίαστοι[14] αἱ ὁδοὶ αὐτοῦ. **34** Τίς γὰρ ἔγνω νοῦν[15] κυρίου; Ἢ τίς σύμβουλος[16] αὐτοῦ ἐγένετο; **35** Ἢ τίς προέδωκεν[17] αὐτῷ, καὶ ἀνταποδοθήσεται[18] αὐτῷ; **36** Ὅτι ἐξ αὐτοῦ καὶ δι' αὐτοῦ καὶ εἰς αὐτὸν τὰ πάντα· αὐτῷ ἡ δόξα εἰς τοὺς αἰῶνας. Ἀμήν.

The Christian's Life a Reasonable Service to God

12 Παρακαλῶ οὖν ὑμᾶς, ἀδελφοί, διὰ τῶν οἰκτιρμῶν[19] τοῦ θεοῦ, παραστῆσαι[20] τὰ σώματα ὑμῶν θυσίαν[21] ζῶσαν, ἁγίαν, εὐάρεστον[22] τῷ θεῷ, τὴν λογικὴν[23] λατρείαν[24] ὑμῶν, **2** καὶ μὴ συσχηματίζεσθαι[25] τῷ αἰῶνι τούτῳ, ἀλλὰ μεταμορφοῦσθαι[26] τῇ ἀνακαινώσει[27] τοῦ νοός[15] ὑμῶν, εἰς τὸ δοκιμάζειν[28] ὑμᾶς τί τὸ θέλημα τοῦ θεοῦ τὸ ἀγαθὸν καὶ εὐάρεστον[22] καὶ τέλειον.[29]

3 Λέγω γάρ, διὰ τῆς χάριτος τῆς δοθείσης μοι, παντὶ τῷ ὄντι ἐν ὑμῖν, μὴ ὑπερφρονεῖν[30] παρ' ὃ δεῖ φρονεῖν,[31] ἀλλὰ φρονεῖν[32] εἰς τὸ σωφρονεῖν,[33] ἑκάστῳ ὡς ὁ θεὸς ἐμέρισεν[34] μέτρον[35] πίστεως. **4** Καθάπερ[36] γὰρ ἐν ἑνὶ σώματι μέλη[37] πολλὰ ἔχομεν, τὰ δὲ μέλη[37] πάντα οὐ τὴν αὐτὴν ἔχει πρᾶξιν·[38] **5** οὕτως οἱ πολλοὶ ἓν σῶμά ἐσμεν ἐν

---

[1]*ἠπείθησαν:* AAI-3P [4]*ἐλεηθῶσιν:* APS-3P [5]*συνέκλεισεν:* AAI-3S [7]*ἐλεήσῃ:* AAS-3S [17]*προέδωκεν:* AAI-3S [18]*ἀνταποδοθήσεται:* FPI-3S [20]*παραστῆσαι:* AAN [25]*συσχηματίζεσθαι:* PMN [26]*μεταμορφοῦσθαι:* PPN [28]*δοκιμάζειν:* PAN [30]*ὑπερφρονεῖν:* PAN [31]*φρονεῖν:* PAN [32]*φρονεῖν:* PAN [33]*σωφρονεῖν:* PAN [34]*ἐμέρισεν:* AAI-3S

---

[1]*ἀπειθέω,* [16] I disobey, rebel, am disloyal, refuse conformity. [2]*ὑμέτερος, α, ον,* [10] your, yours. [3]*ἔλεος, ους, τό,* [28] pity, mercy, compassion. [4]*ἐλεέω,* [31] I pity, have mercy on. [5]*συγκλείω,* [4] I enclose, shut in, make subject to. [6]*ἀπείθεια, ας, ἡ,* [7] willful unbelief, obstinacy, disobedience. [7]*ἐλεέω,* [31] I pity, have mercy on. [8]*ὦ,* [17] O, an exclamation, used in addressing someone. [9]*βάθος, ους, τό,* [8] depth; deep water; met: fullness, immensity; an extreme degree; profundities, deep-laid plans. [10]*πλοῦτος, ου, ὁ,* [22] riches, wealth, abundance, materially or spiritually. [11]*γνῶσις, εως, ἡ,* [29] knowledge, doctrine, wisdom. [12]*ἀνεξερεύνητος, ον,* [1] that cannot be searched into, inscrutable, unfathomable. [13]*κρίμα, ατος, τό,* [28] (a) a judgment, a verdict; sometimes implying an adverse verdict, a condemnation, (b) a case at law, a lawsuit. [14]*ἀνεξιχνίαστος, ον,* [2] that cannot be explored, incomprehensible. [15]*νοῦς, νοός, νοΐ, νοῦν, ὁ,* [24] the mind, the reason, the reasoning faculty, intellect. [16]*σύμβουλος, ου, ὁ,* [1] an adviser, counselor. [17]*προδίδωμι,* [1] I give before, give forth, betray. [18]*ἀνταποδίδωμι,* [7] I give in return, recompense. [19]*οἰκτιρμός, οῦ, ὁ,* [5] pity, compassion, favor, grace, mercy. [20]*παρίστημι,* [41] I bring, present, prove, come up to and stand by, am present. [21]*θυσία, ας, ἡ,* [29] abstr. and concr: sacrifice; a sacrifice, offering. [22]*εὐάρεστος, ον,* [9] acceptable, well-pleasing (especially to God), grateful. [23]*λογικός, ή, όν,* [2] (a) reasonable, rational, (b) metaphorical, as contrasted with the literal. [24]*λατρεία, ας, ἡ,* [5] service rendered to God, perhaps simply: worship. [25]*συσχηματίζω,* [2] I conform to. [26]*μεταμορφόω,* [4] I transform, transfigure. [27]*ἀνακαίνωσις, εως, ἡ,* [2] renewing; a renewal or change of heart and life. [28]*δοκιμάζω,* [23] I put to the test, prove, examine; I distinguish by testing, approve after testing; I am fit. [29]*τέλειος, α, ον,* [19] perfect, (a) complete in all its parts, (b) full grown, of full age, (c) specially of the completeness of Christian character. [30]*ὑπερφρονέω,* [1] I have high notions, am over-proud. [31]*φρονέω,* [29] (a) I think, (b) I think, judge, (c) I direct the mind to, seek for, (d) I observe, (e) I care for. [32]*φρονέω,* [29] (a) I think, (b) I think, judge, (c) I direct the mind to, seek for, (d) I observe, (e) I care for. [33]*σωφρονέω,* [6] I am of sound mind, am sober-minded, exercise self-control. [34]*μερίζω,* [14] I divide into parts, divide, part, share, distribute; mid: I share, take part in a partitioning; I distract. [35]*μέτρον, ου, τό,* [14] a measure, whether lineal or cubic; a measuring rod. [36]*καθάπερ,* [13] even as, just as. [37]*μέλος, ους, τό,* [34] a bodily organ, limb, member. [38]*πρᾶξις, εως, ἡ,* [6] (a) a doing, action, mode of action; plur: deeds, acts, (b) function, business.

χριστῷ, ὁ δὲ καθ᾿ εἷς ἀλλήλων μέλη. *¹* 6 Ἔχοντες δὲ χαρίσματα *²* κατὰ τὴν χάριν τὴν δοθεῖσαν ἡμῖν διάφορα, *³* εἴτε προφητείαν, *⁴* κατὰ τὴν ἀναλογίαν *⁵* τῆς πίστεως· 7 εἴτε διακονίαν, *⁶* ἐν τῇ διακονίᾳ· *⁶* εἴτε ὁ διδάσκων, ἐν τῇ διδασκαλίᾳ· *⁷* 8 εἴτε ὁ παρακαλῶν, ἐν τῇ παρακλήσει· *⁸* ὁ μεταδιδούς, *⁹* ἐν ἁπλότητι· *¹⁰* ὁ προϊστάμενος, *¹¹* ἐν σπουδῇ· *¹²* ὁ ἐλεῶν, *¹³* ἐν ἱλαρότητι. *¹⁴* 9 Ἡ ἀγάπη ἀνυπόκριτος. *¹⁵* Ἀποστυγοῦντες *¹⁶* τὸ πονηρόν, κολλώμενοι *¹⁷* τῷ ἀγαθῷ. 10 Τῇ φιλαδελφίᾳ *¹⁸* εἰς ἀλλήλους φιλόστοργοι· *¹⁹* τῇ τιμῇ *²⁰* ἀλλήλους προηγούμενοι· *²¹* 11 τῇ σπουδῇ *¹²* μὴ ὀκνηροί· *²²* τῷ πνεύματι ζέοντες· *²³* τῷ κυρίῳ δουλεύοντες· *²⁴* 12 τῇ ἐλπίδι χαίροντες· τῇ θλίψει *²⁵* ὑπομένοντες· *²⁶* τῇ προσευχῇ *²⁷* προσκαρτεροῦντες· *²⁸* 13 ταῖς χρείαις *²⁹* τῶν ἁγίων κοινωνοῦντες· *³⁰* τὴν φιλοξενίαν *³¹* διώκοντες. *³²* 14 Εὐλογεῖτε *³³* τοὺς διώκοντας *³⁴* ὑμᾶς· εὐλογεῖτε, *³⁵* καὶ μὴ καταρᾶσθε. *³⁶* 15 Χαίρειν μετὰ χαιρόντων, καὶ κλαίειν *³⁷* μετὰ κλαιόντων. *³⁸* 16 Τὸ αὐτὸ εἰς ἀλλήλους φρονοῦντες. *³⁹* Μὴ τὰ ὑψηλὰ *⁴⁰* φρονοῦντες, *⁴¹* ἀλλὰ τοῖς ταπεινοῖς *⁴²* συναπαγόμενοι. *⁴³* Μὴ γίνεσθε φρόνιμοι *⁴⁴* παρ᾿ ἑαυτοῖς. 17 Μηδενὶ κακὸν ἀντὶ *⁴⁵* κακοῦ

---

⁹μεταδιδούς: PAP-NSM   *¹¹προϊστάμενος:* PMP-NSM   *¹³ἐλεῶν:* PAP-NSM   *¹⁶Ἀποστυγοῦντες:* PAP-NPM *¹⁷κολλώμενοι:* PPP-NPM   *²¹προηγούμενοι:* PNP-NPM   *²³ζέοντες:* PAP-NPM   *²⁴δουλεύοντες:* PAP-NPM *²⁶ὑπομένοντες:* PAP-NPM   *²⁸προσκαρτεροῦντες:* PAP-NPM   *³⁰κοινωνοῦντες:* PAP-NPM   *³²διώκοντες:* PAP-NPM *³³Εὐλογεῖτε:* PAM-2P   *³⁴διώκοντας:* PAP-APM   *³⁵εὐλογεῖτε:* PAM-2P   *³⁶καταρᾶσθε:* PNM-2P   *³⁷κλαίειν:* PAN *³⁸κλαιόντων:* PAP-GPM   *³⁹φρονοῦντες:* PAP-NPM   *⁴¹φρονοῦντες:* PAP-NPM   *⁴³συναπαγόμενοι:* PMP-NPM

---

¹μέλος, ους, τό, [34] a bodily organ, limb, member.   *²χάρισμα, ατος, τό, [17] a gift of grace, an undeserved favor.* *³διάφορος, ον, [4] differing, different; hence: excellent.*   *⁴προφητεία, ας, ἡ, [19] prophecy, prophesying; the gift of communicating and enforcing revealed truth.*   *⁵ἀναλογία, ας, ἡ, [1] proportion, measure, analogy.* *⁶διακονία, ας, ἡ, [34] waiting at table; in a wider sense: service, ministration.*   *⁷διδασκαλία, ας, ἡ, [21] instruction, teaching.*   *⁸παράκλησις, εως, ἡ, [29] a calling for, summons, hence: (a) exhortation, (b) entreaty, (c) encouragement, joy, gladness, (d) consolation, comfort.*   *⁹μεταδίδωμι, [5] (lit: I offer by way of change, offer so that a change of owner is produced), I share; sometimes merely: I impart, bestow.*   *¹⁰ἁπλότης, τητος, ἡ, [8] simplicity, sincerity, purity, graciousness.*   *¹¹προΐστημι, [8] I preside, rule over, give attention to, direct, maintain, practice diligently.*   *¹²σπουδή, ῆς, ἡ, [12] (a) speed, haste, (b) diligence, earnestness, enthusiasm.* *¹³ἐλεέω, [31] I pity, have mercy on.*   *¹⁴ἱλαρότης, ητος, ἡ, [1] cheerfulness, graciousness.*   *¹⁵ἀνυπόκριτος, ον, [6] unfeigned, without hypocrisy, sincere.*   *¹⁶ἀποστυγέω, [1] I detest, abhor.*   *¹⁷κολλάω, [11] (lit: I glue); hence: mid. and pass: I join myself closely, cleave, adhere (to), I keep company (with), of friendly intercourse.* *¹⁸φιλαδελφία, ας, ἡ, [6] brotherly love, love of Christian brethren.*   *¹⁹φιλόστοργος, ον, [1] tenderly loving, kindly affectionate to.*   *²⁰τιμή, ῆς, ἡ, [42] a price, honor.*   *²¹προηγέομαι, [1] I lead onward by example, go before, prefer.*   *²²ὀκνηρός, ά, όν, [3] slothful, backward, hesitating; of things: irksome.*   *²³ζέω, [2] (lit: I boil, am boiling), I burn (in spirit), am fervent.*   *²⁴δουλεύω, [25] I am a slave, am subject to, obey, am devoted.*   *²⁵θλῖψις, εως, ἡ, [45] persecution, affliction, distress, tribulation.*   *²⁶ὑπομένω, [17] (a) I remain behind, (b) I stand my ground, show endurance, (c) I endure, bear up against, persevere.*   *²⁷προσευχή, ῆς, ἡ, [37] (a) prayer (to God), (b) a place for prayer (used by Jews, perhaps where there was no synagogue).*   *²⁸προσκαρτερέω, [10] I persist, persevere in, continue steadfast in; I wait upon.*   *²⁹χρεία, ας, ἡ, [49] need, necessity, business.*   *³⁰κοινωνέω, [8] (a) I share, communicate, contribute, impart, (b) I share in, have a share of, have fellowship with.*   *³¹φιλοξενία, ας, ἡ, [2] love to strangers, hospitality.*   *³²διώκω, [44] I pursue, hence: I persecute.*   *³³εὐλογέω, [43] (lit: I speak well of) I bless; pass: I am blessed.*   *³⁴διώκω, [44] I pursue, hence: I persecute.*   *³⁵εὐλογέω, [43] (lit: I speak well of) I bless; pass: I am blessed.*   *³⁶καταράομαι, [6] I curse.*   *³⁷κλαίω, [40] I weep, weep for, mourn, lament.*   *³⁸κλαίω, [40] I weep, weep for, mourn, lament.*   *³⁹φρονέω, [29] (a) I think, (b) I think, judge, (c) I direct the mind to, seek for, (d) I observe, (e) I care for.*   *⁴⁰ὑψηλός, ή, όν, [11] high, lofty.*   *⁴¹φρονέω, [29] (a) I think, (b) I think, judge, (c) I direct the mind to, seek for, (d) I observe, (e) I care for.*   *⁴²ταπεινός, ή, όν, [8] humble, lowly, in position or spirit (in a good sense).*   *⁴³συναπάγω, [3] I lead away with, carry along with (in good or bad sense according to context); mid: I conform myself willingly to.*   *⁴⁴φρόνιμος, ον, [14] intelligent, prudent, sensible, wise.*   *⁴⁵ἀντί, [22] (a) instead of, in return for, over against, opposite, in exchange for, as a substitute for, (b) on my behalf, (c) wherefore, because.*

ἀποδιδόντες.¹ Προνοούμενοι² καλὰ ἐνώπιον πάντων ἀνθρώπων. 18 Εἰ δυνατόν,³ τὸ ἐξ ὑμῶν, μετὰ πάντων ἀνθρώπων εἰρηνεύοντες.⁴ 19 Μὴ ἑαυτοὺς ἐκδικοῦντες,⁵ ἀγαπητοί, ἀλλὰ δότε τόπον τῇ ὀργῇ· ⁶ γέγραπται γάρ, Ἐμοὶ ἐκδίκησις,⁷ ἐγὼ ἀνταποδώσω,⁸ λέγει κύριος. 20 Ἐὰν οὖν πεινᾷ⁹ ὁ ἐχθρός¹⁰ σου, ψώμιζε¹¹ αὐτόν· ἐὰν διψᾷ,¹² πότιζε¹³ αὐτόν· τοῦτο γὰρ ποιῶν, ἄνθρακας¹⁴ πυρὸς σωρεύσεις¹⁵ ἐπὶ τὴν κεφαλὴν αὐτοῦ. 21 Μὴ νικῶ¹⁶ ὑπὸ τοῦ κακοῦ, ἀλλὰ νίκα¹⁷ ἐν τῷ ἀγαθῷ τὸ κακόν.

Obedience to the Government

13 Πᾶσα ψυχὴ ἐξουσίαις ὑπερεχούσαις¹⁸ ὑποτασσέσθω· ¹⁹ οὐ γάρ ἐστιν ἐξουσία εἰ μὴ ὑπὸ θεοῦ, αἱ δὲ οὖσαι ἐξουσίαι ὑπὸ τοῦ θεοῦ τεταγμέναι²⁰ εἰσίν. 2 Ὥστε ὁ ἀντιτασσόμενος²¹ τῇ ἐξουσίᾳ, τῇ τοῦ θεοῦ διαταγῇ²² ἀνθέστηκεν· ²³ οἱ δὲ ἀνθεστηκότες²⁴ ἑαυτοῖς κρίμα²⁵ λήψονται. 3 Οἱ γὰρ ἄρχοντες²⁶ οὐκ εἰσὶν φόβος²⁷ τῶν ἀγαθῶν ἔργων, ἀλλὰ τῶν κακῶν. Θέλεις δὲ μὴ φοβεῖσθαι τὴν ἐξουσίαν; Τὸ ἀγαθὸν ποίει, καὶ ἕξεις ἔπαινον²⁸ ἐξ αὐτῆς· 4 θεοῦ γὰρ διάκονός²⁹ ἐστίν σοι εἰς τὸ ἀγαθόν. Ἐὰν δὲ τὸ κακὸν ποιῇς, φοβοῦ· οὐ γὰρ εἰκῇ³⁰ τὴν μάχαιραν³¹ φορεῖ·³² θεοῦ γὰρ διάκονός²⁹ ἐστιν, ἔκδικος³³ εἰς ὀργὴν ⁶ τῷ τὸ κακὸν πράσσοντι.³⁴ 5 Διὸ ἀνάγκη³⁵ ὑποτάσσεσθαι,³⁶ οὐ μόνον διὰ τὴν ὀργήν, ⁶ ἀλλὰ καὶ διὰ τὴν συνείδησιν.³⁷ 6 Διὰ τοῦτο γὰρ καὶ φόρους³⁸

---

¹ἀποδιδόντες: PAP-NPM   ²Προνοούμενοι: PMP-NPM   ⁴εἰρηνεύοντες: PAP-NPM   ⁵ἐκδικοῦντες: PAP-NPM
⁸ἀνταποδώσω: FAI-1S   ⁹πεινᾷ: PAS-3S   ¹¹ψώμιζε: PAM-2S   ¹²διψᾷ: PAS-3S   ¹³πότιζε: PAM-2S   ¹⁵σωρεύσεις:
FAI-2S   ¹⁶νικῶ: PPM-2S   ¹⁷νίκα: PAM-2S   ¹⁸ὑπερεχούσαις: PAP-DPF   ¹⁹ὑποτασσέσθω: PMM-3S   ²⁰τεταγμέναι:
RPP-NPF   ²¹ἀντιτασσόμενος: PMP-NSM   ²³ἀνθέστηκεν: RAI-3S   ²⁴ἀνθεστηκότες: RAP-NPM   ³²φορεῖ: PAI-3S
³⁴πράσσοντι: PAP-DSM   ³⁶ὑποτάσσεσθαι: PMN

---

¹ἀποδίδωμι, [47] (a) I give back, return, restore, (b) I give, render, as due, (c) mid: I sell.   ²προνοέω, [3] I take thought for beforehand, provide for, practice.   ³δυνατός, ή, όν, [36] (a) of persons: powerful, able, (b) of things: possible.   ⁴εἰρηνεύω, [4] I am peaceful, keep the peace, am at peace.   ⁵ἐκδικέω, [6] I give justice over, defend, avenge, vindicate.   ⁶ὀργή, ῆς, ἡ, [36] anger, wrath, passion; punishment, vengeance.   ⁷ἐκδίκησις, εως, ἡ, [9] (a) a defense, avenging, vindication, vengeance, (b) full (complete) punishment.   ⁸ἀνταποδίδωμι, [7] I give in return, recompense.   ⁹πεινάω, [23] I am hungry, needy, desire earnestly.   ¹⁰ἐχθρός, ά, όν, [32] hated, hostile; subst: an enemy.   ¹¹ψωμίζω, [2] I feed, dole out.   ¹²διψάω, [16] I thirst for, desire earnestly.   ¹³ποτίζω, [15] I cause to drink, give to drink; irrigate, water.   ¹⁴ἄνθραξ, ακος, ὁ, [1] coal, charcoal, a burning coal.   ¹⁵σωρεύω, [2] I heap up, load.   ¹⁶νικάω, [28] I conquer, am victorious, overcome, prevail, subdue.   ¹⁷νικάω, [28] I conquer, am victorious, overcome, prevail, subdue.   ¹⁸ὑπερέχω, [5] I excel, surpass, am superior.   ¹⁹ὑποτάσσω, [40] I place under, subject to; mid, pass: I submit, put myself into subjection.   ²⁰τάσσω, [9] (a) I assign, arrange, (b) I determine; mid: I appoint.   ²¹ἀντιτάσσομαι, [5] I set myself against, resist (the attack of).   ²²διαταγή, ῆς, ἡ, [2] ordaining, ordinance, disposition.   ²³ἀνθίστημι, [14] I set against; I withstand, resist, oppose.   ²⁴ἀνθίστημι, [14] I set against; I withstand, resist, oppose.   ²⁵κρίμα, ατος, τό, [28] (a) a judgment, a verdict; sometimes implying an adverse verdict, a condemnation, (b) a case at law, a lawsuit.   ²⁶ἄρχων, οντος, ὁ, [37] a ruler, governor, leader, leading man; with the Jews, an official member (a member of the executive) of the assembly of elders.   ²⁷φόβος, ου, ὁ, [47] (a) fear, terror, alarm, (b) the object or cause of fear, (c) reverence, respect.   ²⁸ἔπαινος, ου, ὁ, [11] commendation, praise, approval.   ²⁹διάκονος, οῦ, ὁ, ἡ, [30] a waiter, servant; then of any one who performs any service, an administrator.   ³⁰εἰκῇ, [7] without a cause, purpose; purposelessly, in vain, for nothing.   ³¹μάχαιρα, ας, ἡ, [29] a sword.   ³²φορέω, [6] I carry, wear, bear constantly.   ³³ἔκδικος, ος, ον, [2] avenging, subst: an avenger (the word occurs frequently in the sense of a special advocate [champion] of a city).   ³⁴πράσσω, [38] I do, perform, accomplish; be in any condition, i.e. I fare; I exact, require.   ³⁵ἀνάγκη, ης, ἡ, [18] necessity, constraint, compulsion; there is need to; force, violence.   ³⁶ὑποτάσσω, [40] I place under, subject to; mid, pass: I submit, put myself into subjection.   ³⁷συνείδησις, εως, ἡ, [32] the conscience, a persisting notion.   ³⁸φόρος, ου, ὁ, [5] a tax, tribute, especially on persons.

τελεῖτε·¹ λειτουργοὶ² γὰρ θεοῦ εἰσιν, εἰς αὐτὸ τοῦτο προσκαρτεροῦντες.³ 7 Ἀπόδοτε⁴ οὖν πᾶσιν τὰς ὀφειλάς·⁵ τῷ τὸν φόρον⁶ τὸν φόρον·⁶ τῷ τὸ τέλος⁷ τὸ τέλος·⁷ τῷ τὸν φόβον⁸ τὸν φόβον·⁸ τῷ τὴν τιμὴν⁹ τὴν τιμήν.⁹

Love toward One's Neighbor, the Walk in the Light

8 Μηδενὶ μηδὲν ὀφείλετε,¹⁰ εἰ μὴ τὸ ἀγαπᾶν ἀλλήλους· ὁ γὰρ ἀγαπῶν τὸν ἕτερον, νόμον πεπλήρωκεν. 9 Τὸ γάρ, Οὐ μοιχεύσεις,¹¹ οὐ φονεύσεις,¹² οὐ κλέψεις,¹³ οὐκ ἐπιθυμήσεις,¹⁴ καὶ εἴ τις ἑτέρα ἐντολή, ἐν τούτῳ τῷ λόγῳ ἀνακεφαλαιοῦται,¹⁵ ἐν τῷ, Ἀγαπήσεις τὸν πλησίον¹⁶ σου ὡς σεαυτόν.¹⁷ 10 Ἡ ἀγάπη τῷ πλησίον¹⁶ κακὸν οὐκ ἐργάζεται·¹⁸ πλήρωμα¹⁹ οὖν νόμου ἡ ἀγάπη.

11 Καὶ τοῦτο, εἰδότες τὸν καιρόν, ὅτι ὥρα ἡμᾶς ἤδη ἐξ ὕπνου²⁰ ἐγερθῆναι· νῦν γὰρ ἐγγύτερον²¹ ἡμῶν ἡ σωτηρία²² ἢ ὅτε ἐπιστεύσαμεν. 12 Ἡ νὺξ προέκοψεν,²³ ἡ δὲ ἡμέρα ἤγγικεν·²⁴ ἀποθώμεθα²⁵ οὖν τὰ ἔργα τοῦ σκότους,²⁶ καὶ ἐνδυσώμεθα²⁷ τὰ ὅπλα²⁸ τοῦ φωτός. 13 Ὡς ἐν ἡμέρᾳ, εὐσχημόνως²⁹ περιπατήσωμεν, μὴ κώμοις³⁰ καὶ μέθαις,³¹ μὴ κοίταις³² καὶ ἀσελγείαις,³³ μὴ ἔριδι³⁴ καὶ ζήλῳ.³⁵ 14 Ἀλλ᾽ ἐνδύσασθε³⁶ τὸν κύριον Ἰησοῦν χριστόν, καὶ τῆς σαρκὸς πρόνοιαν³⁷ μὴ ποιεῖσθε, εἰς ἐπιθυμίας.³⁸

---

¹τελεῖτε: PAI-2P ³προσκαρτεροῦντες: PAP-NPM ⁴Ἀπόδοτε: 2AAM-2P ¹⁰ὀφείλετε: PAM-2P ¹¹μοιχεύσεις: FAI-2S ¹²φονεύσεις: FAI-2S ¹³κλέψεις: FAI-2S ¹⁴ἐπιθυμήσεις: FAI-2S ¹⁵ἀνακεφαλαιοῦται: PPI-3S ¹⁸ἐργάζεται: PNI-3S ²³προέκοψεν: AAI-3S ²⁴ἤγγικεν: RAI-3S ²⁵ἀποθώμεθα: 2AMS-1P ²⁷ἐνδυσώμεθα: AMS-1P ³⁶ἐνδύσασθε: AMM-2P

---

¹τελέω, [26] (a) I end, finish, (b) I fulfill, accomplish, (c) I pay. ²λειτουργός, οῦ, ὁ, [5] a minister, servant, of an official character; of priests and Levites. ³προσκαρτερέω, [10] I persist, persevere in, continue steadfast in; I wait upon. ⁴ἀποδίδωμι, [47] (a) I give back, return, restore, (b) I give, render, as due, (c) mid: I sell. ⁵ὀφειλή, ῆς, ἡ, [2] a debt, a duty, what is due. ⁶φόρος, ου, ὁ, [5] a tax, tribute, especially on persons. ⁷τέλος, ους, τό, [41] (a) an end, (b) event or issue, (c) the principal end, aim, purpose, (d) a tax. ⁸φόβος, ου, ὁ, [47] (a) fear, terror, alarm, (b) the object or cause of fear, (c) reverence, respect. ⁹τιμή, ῆς, ἡ, [42] a price, honor. ¹⁰ὀφείλω, [36] I owe, ought. ¹¹μοιχεύω, [14] I commit adultery (of a man with a married woman, but also of a married man). ¹²φονεύω, [12] I murder, kill. ¹³κλέπτω, [13] I steal. ¹⁴ἐπιθυμέω, [16] I long for, covet, lust after, set the heart upon. ¹⁵ἀνακεφαλαιόω, [2] I sum up, summarize, recapitulate, gather up in one. ¹⁶πλησίον, [16] near, nearby, a neighbor. ¹⁷σεαυτοῦ, ῆς, οῦ, [41] of yourself. ¹⁸ἐργάζομαι, [39] I work, trade, perform, do, practice, commit, acquire by labor. ¹⁹πλήρωμα, ατος, τό, [17] (a) a fill, fullness; full complement; supply, patch, supplement, (b) fullness, filling, fulfillment, completion. ²⁰ὕπνος, ου, ὁ, [6] sleep; fig: spiritual sleep. ²¹ἐγγύτερον, [1] nearer. ²²σωτηρία, ας, ἡ, [46] welfare, prosperity, deliverance, preservation, salvation, safety. ²³προκόπτω, [6] (originally of the pioneer cutting his way through brushwood), I advance, progress, make progress. ²⁴ἐγγίζω, [43] trans: I bring near; intrans: I come near, approach. ²⁵ἀποτίθημι, [8] I lay off or aside, renounce, stow away, put. ²⁶σκότος, ους, τό, [32] darkness, either physical or moral. ²⁷ἐνδύω, [28] I put on, clothe (another). ²⁸ὅπλον, ου, τό, [6] an instrument; plur: arms, weapons. ²⁹εὐσχημόνως, [3] becomingly, decorously, decently. ³⁰κῶμος, ου, ὁ, [3] a feasting, reveling, carousal. ³¹μέθη, ης, ἡ, [3] deep drinking, drunkenness. ³²κοίτη, ης, ἡ, [4] (a) a bed, (b) a marriage bed; plur: repeated (immoral) sexual intercourse. ³³ἀσέλγεια, ας, ἡ, [10] (outrageous conduct, conduct shocking to public decency, a wanton violence), wantonness, lewdness. ³⁴ἔρις, ιδος, ἡ, [9] contention, strife, wrangling. ³⁵ζῆλος, ου, ὁ, [17] (a) eagerness, zeal, enthusiasm, (b) jealousy, rivalry. ³⁶ἐνδύω, [28] I put on, clothe (another). ³⁷πρόνοια, ας, ἡ, [2] forethought, foresight, provision for, providence. ³⁸ἐπιθυμία, ας, ἡ, [38] desire, eagerness for, inordinate desire, lust.

The Conduct of Christians toward Such as Are Weak in Faith

14 Τὸν δὲ ἀσθενοῦντα[1] τῇ πίστει προσλαμβάνεσθε,[2] μὴ εἰς διακρίσεις[3] διαλογισμῶν.[4] **2** Ὃς μὲν πιστεύει φαγεῖν πάντα, ὁ δὲ ἀσθενῶν[5] λάχανα[6] ἐσθίει. **3** Ὁ ἐσθίων τὸν μὴ ἐσθίοντα μὴ ἐξουθενείτω,[7] καὶ ὁ μὴ ἐσθίων τὸν ἐσθίοντα μὴ κρινέτω· ὁ θεὸς γὰρ αὐτὸν προσελάβετο.[8] **4** Σὺ τίς εἶ ὁ κρίνων ἀλλότριον[9] οἰκέτην;[10] Τῷ ἰδίῳ κυρίῳ στήκει[11] ἢ πίπτει. Σταθήσεται δέ· δυνατὸς[12] γάρ ἐστιν ὁ θεὸς στῆσαι αὐτόν. **5** Ὃς μὲν κρίνει ἡμέραν παρ᾽ ἡμέραν, ὃς δὲ κρίνει πᾶσαν ἡμέραν. Ἕκαστος ἐν τῷ ἰδίῳ νοΐ[13] πληροφορείσθω.[14] **6** Ὁ φρονῶν[15] τὴν ἡμέραν, κυρίῳ φρονεῖ·[16] καὶ ὁ μὴ φρονῶν[17] τὴν ἡμέραν, κυρίῳ οὐ φρονεῖ.[18] Καὶ ὁ ἐσθίων κυρίῳ ἐσθίει, εὐχαριστεῖ[19] γὰρ τῷ θεῷ· καὶ ὁ μὴ ἐσθίων κυρίῳ οὐκ ἐσθίει, καὶ εὐχαριστεῖ[20] τῷ θεῷ. **7** Οὐδεὶς γὰρ ἡμῶν ἑαυτῷ ζῇ, καὶ οὐδεὶς ἑαυτῷ ἀποθνῄσκει. **8** Ἐάν τε γὰρ ζῶμεν, τῷ κυρίῳ ζῶμεν· ἐάν τε ἀποθνῄσκωμεν, τῷ κυρίῳ ἀποθνῄσκομεν· ἐάν τε οὖν ζῶμεν, ἐάν τε ἀποθνῄσκωμεν, τοῦ κυρίου ἐσμέν. **9** Εἰς τοῦτο γὰρ χριστὸς καὶ ἀπέθανεν καὶ ἀνέστη καὶ ἔζησεν, ἵνα καὶ νεκρῶν καὶ ζώντων κυριεύσῃ.[21] **10** Σὺ δὲ τί κρίνεις τὸν ἀδελφόν σου; Ἢ καὶ σὺ τί ἐξουθενεῖς[22] τὸν ἀδελφόν σου; Πάντες γὰρ παραστησόμεθα[23] τῷ βήματι[24] τοῦ χριστοῦ. **11** Γέγραπται γάρ, Ζῶ ἐγώ, λέγει κύριος· ὅτι ἐμοὶ κάμψει[25] πᾶν γόνυ,[26] καὶ πᾶσα γλῶσσα ἐξομολογήσεται[27] τῷ θεῷ. **12** Ἄρα[28] οὖν ἕκαστος ἡμῶν περὶ ἑαυτοῦ λόγον δώσει τῷ θεῷ.

13 Μηκέτι[29] οὖν ἀλλήλους κρίνωμεν· ἀλλὰ τοῦτο κρίνατε μᾶλλον, τὸ μὴ τιθέναι πρόσκομμα[30] τῷ ἀδελφῷ ἢ σκάνδαλον.[31] **14** Οἶδα καὶ πέπεισμαι ἐν κυρίῳ Ἰησοῦ, ὅτι

---

[1] ἀσθενοῦντα: PAP-ASM [2] προσλαμβάνεσθε: PMM-2P [5] ἀσθενῶν: PAP-NSM [7] ἐξουθενείτω: PAM-3S [8] προσελάβετο: 2AMI-3S [11] στήκει: PAI-3S [14] πληροφορείσθω: PPM-3S [15] φρονῶν: PAP-NSM [16] φρονεῖ: PAI-3S [17] φρονῶν: PAP-NSM [18] φρονεῖ: PAI-3S [19] εὐχαριστεῖ: PAI-3S [20] εὐχαριστεῖ: PAI-3S [21] κυριεύσῃ: AAS-3S [22] ἐξουθενεῖς: PAI-2S [23] παραστησόμεθα: FDI-1P [25] κάμψει: FAI-3S [27] ἐξομολογήσεται: FMI-3S

---

[1] ἀσθενέω, [36] I am weak (physically: then morally), I am sick. [2] προσλαμβάνω, [14] (a) I take to myself, (b) I take aside, (c) I welcome. [3] διάκρισις, εως, ἡ, [3] distinguishing; hence: deciding, passing sentence on; the act of judgment, discernment. [4] διαλογισμός, οῦ, ὁ, [14] a calculation, reasoning, thought, movement of thought, deliberation, plotting. [5] ἀσθενέω, [36] I am weak (physically: then morally), I am sick. [6] λάχανον, ου, τό, [4] an herb, garden plant, vegetable. [7] ἐξουθενέω, [11] I set at naught, ignore, despise. [8] προσλαμβάνω, [14] (a) I take to myself, (b) I take aside, (c) I welcome. [9] ἀλλότριος, ία, ιον, [14] belonging to another person, belonging to others, foreign, strange. [10] οἰκέτης, ου, ὁ, [4] a household servant. [11] στήκω, [8] I stand fast, stand firm, persevere. [12] δυνατός, ή, όν, [36] (a) of persons: powerful, able, (b) of things: possible. [13] νοῦς, νοός, νοΐ, νοῦν, ὁ, [24] the mind, the reason, the reasoning faculty, intellect. [14] πληροφορέω, [5] (lit: I carry full), (a) I complete, carry out fully, (b) I fully convince, satisfy fully, (c) I fully believe. [15] φρονέω, [29] (a) I think, (b) I think, judge, (c) I direct the mind to, seek for, (d) I observe, (e) I care for. [16] φρονέω, [29] (a) I think, (b) I think, judge, (c) I direct the mind to, seek for, (d) I observe, (e) I care for. [17] φρονέω, [29] (a) I think, (b) I think, judge, (c) I direct the mind to, seek for, (d) I observe, (e) I care for. [18] φρονέω, [29] (a) I think, (b) I think, judge, (c) I direct the mind to, seek for, (d) I observe, (e) I care for. [19] εὐχαριστέω, [40] I thank, give thanks; pass. 3 sing: is received with thanks. [20] εὐχαριστέω, [40] I thank, give thanks; pass. 3 sing: is received with thanks. [21] κυριεύω, [7] I have authority, rule over. [22] ἐξουθενέω, [11] I set at naught, ignore, despise. [23] παρίστημι, [41] I bring, present, prove, come up to and stand by, am present. [24] βῆμα, ατος, τό, [12] an elevated place ascended by steps, a throne, tribunal. [25] κάμπτω, [4] I bend, bow. [26] γόνυ, ατος, τό, [12] the knee. [27] ἐξομολογέω, [10] (a) I consent fully, agree out and out, (b) I confess, admit, acknowledge (cf. the early Hellenistic sense of the middle: I acknowledge a debt), (c) I give thanks, praise. [28] ἄρα, [35] then, therefore, since. [29] μηκέτι, [21] no longer, no more. [30] πρόσκομμα, ατος, τό, [6] a stumbling-block, an occasion for falling, a moral embarrassment. [31] σκάνδαλον, ου, τό, [15] a snare, stumbling-block, cause for error.

οὐδὲν κοινὸν¹ δι᾽ αὐτοῦ· εἰ μὴ τῷ λογιζομένῳ² τι κοινὸν¹ εἶναι, ἐκείνῳ κοινόν.¹ **15** Εἰ δὲ διὰ βρῶμα³ ὁ ἀδελφός σου λυπεῖται,⁴ οὐκέτι⁵ κατὰ ἀγάπην περιπατεῖς. Μὴ τῷ βρώματί³ σου ἐκεῖνον ἀπόλλυε, ὑπὲρ οὗ χριστὸς ἀπέθανεν. **16** Μὴ βλασφημείσθω⁶ οὖν ὑμῶν τὸ ἀγαθόν· **17** οὐ γάρ ἐστιν ἡ βασιλεία τοῦ θεοῦ βρῶσις⁷ καὶ πόσις,⁸ ἀλλὰ δικαιοσύνη καὶ εἰρήνη καὶ χαρὰ ἐν πνεύματι ἁγίῳ. **18** Ὁ γὰρ ἐν τούτοις δουλεύων⁹ τῷ χριστῷ εὐάρεστος¹⁰ τῷ θεῷ, καὶ δόκιμος¹¹ τοῖς ἀνθρώποις. **19** Ἄρα¹² οὖν τὰ τῆς εἰρήνης διώκωμεν,¹³ καὶ τὰ τῆς οἰκοδομῆς¹⁴ τῆς εἰς ἀλλήλους. **20** Μὴ ἕνεκεν¹⁵ βρώματος³ κατάλυε¹⁶ τὸ ἔργον τοῦ θεοῦ. Πάντα μὲν καθαρά,¹⁷ ἀλλὰ κακὸν τῷ ἀνθρώπῳ τῷ διὰ προσκόμματος¹⁸ ἐσθίοντι. **21** Καλὸν τὸ μὴ φαγεῖν κρέα,¹⁹ μηδὲ πιεῖν οἶνον,²⁰ μηδὲ ἐν ᾧ ὁ ἀδελφός σου προσκόπτει²¹ ἢ σκανδαλίζεται²² ἢ ἀσθενεῖ.²³ **22** Σὺ πίστιν ἔχεις; Κατὰ σεαυτὸν²⁴ ἔχε ἐνώπιον τοῦ θεοῦ. Μακάριος ὁ μὴ κρίνων ἑαυτὸν ἐν ᾧ δοκιμάζει.²⁵ **23** Ὁ δὲ διακρινόμενος,²⁶ ἐὰν φάγῃ, κατακέκριται,²⁷ ὅτι οὐκ ἐκ πίστεως· πᾶν δὲ ὃ οὐκ ἐκ πίστεως, ἁμαρτία ἐστίν.

24 Τῷ δὲ δυναμένῳ ὑμᾶς στηρίξαι²⁸ κατὰ τὸ εὐαγγέλιόν μου καὶ τὸ κήρυγμα²⁹ Ἰησοῦ χριστοῦ, κατὰ ἀποκάλυψιν³⁰ μυστηρίου³¹ χρόνοις αἰωνίοις σεσιγημένου,³² **25** φανερωθέντος³³ δὲ νῦν, διά τε γραφῶν προφητικῶν,³⁴ κατ᾽ ἐπιταγὴν³⁵ τοῦ αἰωνίου

---

²λογιζομένῳ: PNP-DSM ⁴λυπεῖται: PPI-3S ⁶βλασφημείσθω: PPM-3S ⁹δουλεύων: PAP-NSM ¹³διώκωμεν: PAS-1P ¹⁶κατάλυε: PAM-2S ²¹προσκόπτει: PAI-3S ²²σκανδαλίζεται: PPI-3S ²³ἀσθενεῖ: PAI-3S ²⁵δοκιμάζει: PAI-3S ²⁶διακρινόμενος: PMP-NSM ²⁷κατακέκριται: RPI-3S ²⁸στηρίξαι: AAN ³²σεσιγημένου: RPP-GSN ³³φανερωθέντος: APP-GSM

---

¹κοινός, ή, όν, [13] (a) common, shared, (b) Hebraistic use: profane; dirty, unclean, unwashed. ²λογίζομαι, [41] I reckon, count, charge with; reason, decide, conclude; think, suppose. ³βρῶμα, ατος, τό, [17] food of any kind. ⁴λυπέω, [26] I pain, grieve, vex. ⁵οὐκέτι, [48] no longer, no more. ⁶βλασφημέω, [35] I speak evil against, blaspheme, use abusive or scurrilous language about (God or men). ⁷βρῶσις, εως, ἡ, [11] (a) abstr: eating, (b) food, a meal, (c) rust. ⁸πόσις, εως, ἡ, [3] drinking, drink, beverage. ⁹δουλεύω, [25] I am a slave, am subject to, obey, am devoted. ¹⁰εὐάρεστος, ον, [9] acceptable, well-pleasing (especially to God), grateful. ¹¹δόκιμος, ον, [7] approved, acceptable, tried. ¹²ἄρα, [35] then, therefore, since. ¹³διώκω, [44] I pursue, hence: I persecute. ¹⁴οἰκοδομή, ῆς, ἡ, [18] (a) the act of building, (b) a building, (c) met: spiritual advancement, edification. ¹⁵ἕνεκεν, [26] for the sake of, on account of, on account of which, wherefore, on account of what, why. ¹⁶καταλύω, [17] (lit: I loosen thoroughly), (a) trans: I break up, overthrow, destroy, both lit. and met., (b) I unyoke, unharness a carriage horse or pack animal; hence: I put up, lodge, find a lodging. ¹⁷καθαρός, ά, όν, [28] clean, pure, unstained, either literally or ceremonially or spiritually; guiltless, innocent, upright. ¹⁸πρόσκομμα, ατος, τό, [6] a stumbling-block, an occasion for falling, a moral embarrassment. ¹⁹κρέας, έως, τό, [2] flesh; plur: pieces of flesh, kinds of flesh. ²⁰οἶνος, ου, ὁ, [33] wine. ²¹προσκόπτω, [8] I stumble, strike the foot against, beat upon, take offense at. ²²σκανδαλίζω, [30] I cause to stumble, cause to sin, cause to become indignant, shock, offend. ²³ἀσθενέω, [36] I am weak (physically: then morally), I am sick. ²⁴σεαυτοῦ, ῆς, οῦ, [41] of yourself. ²⁵δοκιμάζω, [23] I put to the test, prove, examine; I distinguish by testing, approve after testing; I am fit. ²⁶διακρίνω, [19] I separate, distinguish, discern one thing from another; I doubt, hesitate, waver. ²⁷κατακρίνω, [17] I condemn, judge worthy of punishment. ²⁸στηρίζω, [13] (a) I fix firmly, direct myself towards, (b) generally met: I buttress, prop, support; I strengthen, establish. ²⁹κήρυγμα, ατος, τό, [8] a proclamation, preaching. ³⁰ἀποκάλυψις, εως, ἡ, [18] an unveiling, uncovering, revealing, revelation. ³¹μυστήριον, ου, τό, [27] a mystery, secret, of which initiation is necessary; in the NT: the counsels of God, once hidden but now revealed in the Gospel or some fact thereof; the Christian revelation generally; particular truths or details of the Christian revelation. ³²σιγάω, [9] intrans: I am silent, keep silence; trans: I keep secret; pass: I am kept secret. ³³φανερόω, [49] I make clear (visible, manifest), make known. ³⁴προφητικός, ή, όν, [2] prophetic, uttered by a prophet. ³⁵ἐπιταγή, ῆς, ἡ, [7] instruction, command, order, authority.

θεοῦ, εἰς ὑπακοὴν¹ πίστεως εἰς πάντα τὰ ἔθνη γνωρισθέντος,² **26** μόνῳ³ σοφῷ⁴ θεῷ, διὰ Ἰησοῦ χριστοῦ, ᾧ ἡ δόξα εἰς τοὺς αἰῶνας. Ἀμήν.

An Admonition to Patience and Harmony

15 Ὀφείλομεν⁵ δὲ ἡμεῖς οἱ δυνατοὶ⁶ τὰ ἀσθενήματα⁷ τῶν ἀδυνάτων⁸ βαστάζειν,⁹ καὶ μὴ ἑαυτοῖς ἀρέσκειν.¹⁰ **2** Ἕκαστος ἡμῶν τῷ πλησίον¹¹ ἀρεσκέτω¹² εἰς τὸ ἀγαθὸν πρὸς οἰκοδομήν.¹³ **3** Καὶ γὰρ ὁ χριστὸς οὐχ ἑαυτῷ ἤρεσεν,¹⁴ ἀλλά, καθὼς γέγραπται, Οἱ ὀνειδισμοὶ¹⁵ τῶν ὀνειδιζόντων¹⁶ σε ἐπέπεσον¹⁷ ἐπ᾽ ἐμέ. **4** Ὅσα γὰρ προεγράφη,¹⁸ εἰς τὴν ἡμετέραν¹⁹ διδασκαλίαν²⁰ προεγράφη,²¹ ἵνα διὰ τῆς ὑπομονῆς²² καὶ διὰ τῆς παρακλήσεως²³ τῶν γραφῶν τὴν ἐλπίδα ἔχωμεν. **5** Ὁ δὲ θεὸς τῆς ὑπομονῆς²² καὶ τῆς παρακλήσεως²³ δῴη ὑμῖν τὸ αὐτὸ φρονεῖν²⁴ ἐν ἀλλήλοις κατὰ χριστὸν Ἰησοῦν· **6** ἵνα ὁμοθυμαδὸν²⁵ ἐν ἑνὶ στόματι δοξάζητε τὸν θεὸν καὶ πατέρα τοῦ κυρίου ἡμῶν Ἰησοῦ χριστοῦ. **7** Διὸ προσλαμβάνεσθε²⁶ ἀλλήλους, καθὼς καὶ ὁ χριστὸς προσελάβετο²⁷ ὑμᾶς, εἰς δόξαν θεοῦ. **8** Λέγω δέ, χριστὸν Ἰησοῦν διάκονον²⁸ γεγενῆσθαι περιτομῆς²⁹ ὑπὲρ ἀληθείας θεοῦ, εἰς τὸ βεβαιῶσαι³⁰ τὰς ἐπαγγελίας τῶν πατέρων· **9** τὰ δὲ ἔθνη ὑπὲρ ἐλέους³¹ δοξάσαι τὸν θεόν, καθὼς γέγραπται, Διὰ τοῦτο ἐξομολογήσομαί³² σοι ἐν ἔθνεσιν, καὶ τῷ ὀνόματί σου ψαλῶ.³³ **10** Καὶ πάλιν λέγει, Εὐφράνθητε,³⁴ ἔθνη, μετὰ τοῦ λαοῦ αὐτοῦ. **11** Καὶ πάλιν, Αἰνεῖτε³⁵ τὸν κύριον πάντα τὰ ἔθνη, καὶ ἐπαινέσατε³⁶

---

²γνωρισθέντος: APP-GSN   ⁵Ὀφείλομεν: PAI-1P   ⁹βαστάζειν: PAN   ¹⁰ἀρέσκειν: PAN   ¹²ἀρεσκέτω: PAM-3S
¹⁴ἤρεσεν: AAI-3S   ¹⁶ὀνειδιζόντων: PAP-GPM   ¹⁷ἐπέπεσον: 2AAI-3P   ¹⁸προεγράφη: 2API-3S   ²¹προεγράφη: 2API-3S
²⁴φρονεῖν: PAN   ²⁶προσλαμβάνεσθε: PMM-2P   ²⁷προσελάβετο: 2AMI-3S   ³⁰βεβαιῶσαι: AAN   ³²ἐξομολογήσομαί:
FMI-1S   ³³ψαλῶ: FAI-1S   ³⁴Εὐφράνθητε: APM-2P   ³⁵Αἰνεῖτε: PAM-2P   ³⁶ἐπαινέσατε: AAM-2P

---

¹ὑπακοή, ῆς, ἡ, [15] obedience, submissiveness, compliance.   ²γνωρίζω, [24] I make known, declare, know, discover.   ³μόνος, η, ον, [45] only, solitary, desolate.   ⁴σοφός, ή, όν, [22] wise, learned, cultivated, skilled, clever.   ⁵ὀφείλω, [36] I owe, ought.   ⁶δυνατός, ή, όν, [36] (a) of persons: powerful, able, (b) of things: possible.   ⁷ἀσθένημα, ατος, τό, [1] weakness, infirmity, doubt, hesitation.   ⁸ἀδύνατος, ον, [10] of persons: incapable; of things: impossible; either the inability, or that which is impossible.   ⁹βαστάζω, [27] (a) I carry, bear, (b) I carry (take) away.   ¹⁰ἀρέσκω, [17] I please, with the idea of willing service rendered to others; hence almost: I serve.   ¹¹πλησίον, [16] near, nearby, a neighbor.   ¹²ἀρέσκω, [17] I please, with the idea of willing service rendered to others; hence almost: I serve.   ¹³οἰκοδομή, ῆς, ἡ, [18] (a) the act of building, (b) a building, (c) met: spiritual advancement, edification.   ¹⁴ἀρέσκω, [17] I please, with the idea of willing service rendered to others; hence almost: I serve.   ¹⁵ὀνειδισμός, οῦ, ὁ, [5] reproach, reviling.   ¹⁶ὀνειδίζω, [10] I reproach, revile, upbraid.   ¹⁷ἐπιπίπτω, [13] I fall upon, press upon, light upon, come over.   ¹⁸προγράφω, [5] (a) I write previously (aforetime); I write above (already), (b) I depict or portray openly, (c) I designate beforehand.   ¹⁹ἡμέτερος, α, ον, [7] our, our own.   ²⁰διδασκαλία, ας, ἡ, [21] instruction, teaching.   ²¹προγράφω, [5] (a) I write previously (aforetime); I write above (already), (b) I depict or portray openly, (c) I designate beforehand.   ²²ὑπομονή, ῆς, ἡ, [32] endurance, steadfastness, patient waiting for.   ²³παράκλησις, εως, ἡ, [29] a calling for, summons, hence: (a) exhortation, (b) entreaty, (c) encouragement, joy, gladness, (d) consolation, comfort.   ²⁴φρονέω, [29] (a) I think, (b) I think, judge, (c) I direct the mind to, seek for, (d) I observe, (e) I care for.   ²⁵ὁμοθυμαδόν, [12] with one mind, unanimously, with one accord, at the same time.   ²⁶προσλαμβάνω, [14] (a) I take to myself, (b) I take aside, (c) I welcome.   ²⁷προσλαμβάνω, [14] (a) I take to myself, (b) I take aside, (c) I welcome.   ²⁸διάκονος, οῦ, ὁ, ἡ, [30] a waiter, servant; then of any one who performs any service, an administrator.   ²⁹περιτομή, ῆς, ἡ, [36] circumcision.   ³⁰βεβαιόω, [8] I confirm, ratify, secure, establish; pass: I guarantee.   ³¹ἔλεος, ους, τό, [28] pity, mercy, compassion.   ³²ἐξομολογέω, [10] (a) I consent fully, agree out and out, (b) I confess, admit, acknowledge (cf. the early Hellenistic sense of the middle: I acknowledge a debt), (c) I give thanks, praise.   ³³ψάλλω, [5] I sing, sing psalms; earlier: I play on a stringed instrument.   ³⁴εὐφραίνω, [14] I cheer, make glad; generally mid. or pass: I am glad, make merry, revel, feast.   ³⁵αἰνέω, [9] I praise.   ³⁶ἐπαινέω, [6] I praise, commend, applaud.

αὐτὸν πάντες οἱ λαοί. 12 Καὶ πάλιν Ἡσαΐας λέγει, Ἔσται ἡ ῥίζα¹ τοῦ Ἰεσσαί, καὶ ὁ ἀνιστάμενος ἄρχειν² ἐθνῶν· ἐπ᾽ αὐτῷ ἔθνη ἐλπιοῦσιν.³ 13 Ὁ δὲ θεὸς τῆς ἐλπίδος πληρῶσαι ὑμᾶς πάσης χαρᾶς καὶ εἰρήνης ἐν τῷ πιστεύειν, εἰς τὸ περισσεύειν⁴ ὑμᾶς ἐν τῇ ἐλπίδι, ἐν δυνάμει πνεύματος ἁγίου.

The Epilog of the Letter

14 Πέπεισμαι δέ, ἀδελφοί μου, καὶ αὐτὸς ἐγὼ περὶ ὑμῶν, ὅτι καὶ αὐτοὶ μεστοί⁵ ἐστε ἀγαθωσύνης,⁶ πεπληρωμένοι πάσης γνώσεως,⁷ δυνάμενοι καὶ ἄλλους νουθετεῖν.⁸ 15 Τολμηρότερον⁹ δὲ ἔγραψα ὑμῖν, ἀδελφοί, ἀπὸ μέρους,¹⁰ ὡς ἐπαναμιμνήσκων¹¹ ὑμᾶς, διὰ τὴν χάριν τὴν δοθεῖσάν μοι ὑπὸ τοῦ θεοῦ, 16 εἰς τὸ εἶναί με λειτουργὸν¹² Ἰησοῦ χριστοῦ εἰς τὰ ἔθνη, ἱερουργοῦντα¹³ τὸ εὐαγγέλιον τοῦ θεοῦ, ἵνα γένηται ἡ προσφορὰ¹⁴ τῶν ἐθνῶν εὐπρόσδεκτος,¹⁵ ἡγιασμένη¹⁶ ἐν πνεύματι ἁγίῳ. 17 Ἔχω οὖν καύχησιν¹⁷ ἐν χριστῷ Ἰησοῦ τὰ πρὸς τὸν θεόν. 18 Οὐ γὰρ τολμήσω¹⁸ λαλεῖν τι ὧν οὐ κατειργάσατο¹⁹ χριστὸς δι᾽ ἐμοῦ, εἰς ὑπακοὴν²⁰ ἐθνῶν, λόγῳ καὶ ἔργῳ, 19 ἐν δυνάμει σημείων καὶ τεράτων,²¹ ἐν δυνάμει πνεύματος θεοῦ· ὥστε με ἀπὸ Ἰερουσαλὴμ καὶ κύκλῳ²² μέχρι²³ τοῦ Ἰλλυρικοῦ²⁴ πεπληρωκέναι τὸ εὐαγγέλιον τοῦ χριστοῦ· 20 οὕτως δὲ φιλοτιμούμενον²⁵ εὐαγγελίζεσθαι, οὐχ ὅπου ὠνομάσθη²⁶ χριστός, ἵνα μὴ ἐπ᾽ ἀλλότριον²⁷ θεμέλιον²⁸ οἰκοδομῶ·²⁹ 21 ἀλλά, καθὼς γέγραπται, Οἷς οὐκ ἀνηγγέλη³⁰ περὶ αὐτοῦ, ὄψονται· καὶ οἳ οὐκ ἀκηκόασιν συνήσουσιν.³¹

---

²ἄρχειν: PAN   ³ἐλπιοῦσιν: FAI-3P-ATT   ⁴περισσεύειν: PAN   ⁸νουθετεῖν: PAN   ¹¹ἐπαναμιμνήσκων: PAP-NSM   ¹³ἱερουργοῦντα: PAP-ASM   ¹⁶ἡγιασμένη: RPP-NSF   ¹⁸τολμήσω: FAI-1S   ¹⁹κατειργάσατο: ADI-3S   ²⁵φιλοτιμούμενον: PNP-ASM   ²⁶ὠνομάσθη: API-3S   ²⁹οἰκοδομῶ: PAS-1S   ³⁰ἀνηγγέλη: 2API-3S   ³¹συνήσουσιν: FAI-3P

---

¹ῥίζα, ης, ἡ, [17] a root, shoot, source; that which comes from the root, a descendent.   ²ἄρχω, [2] I reign, rule.   ³ἐλπίζω, [31] I hope, hope for, expect, trust.   ⁴περισσεύω, [39] (a) intrans: I exceed the ordinary (the necessary), abound, overflow; am left over, (b) trans: I cause to abound.   ⁵μεστός, ή, όν, [8] full, filled with.   ⁶ἀγαθωσύνη, ης, ἡ, [4] intrinsic goodness, especially as a personal quality, with stress on the kindly (rather than the righteous) side of goodness.   ⁷γνῶσις, εως, ἡ, [29] knowledge, doctrine, wisdom.   ⁸νουθετέω, [8] I admonish, warn, counsel, exhort.   ⁹τολμηρότερον, [1] more boldly, more freely, with more confidence.   ¹⁰μέρος, ους, τό, [43] a part, portion, share.   ¹¹ἐπαναμιμνήσκω, [1] I remind, possibly: I remind again.   ¹²λειτουργός, οῦ, ὁ, [5] a minister, servant, of an official character; of priests and Levites.   ¹³ἱερουργέω, [1] I minister in holy things.   ¹⁴προσφορά, ᾶς, ἡ, [9] an offering, sacrifice.   ¹⁵εὐπρόσδεκτος, ον, [5] well-received, acceptable, welcome, pleasing.   ¹⁶ἁγιάζω, [29] I make holy, treat as holy, set apart as holy, sanctify, hallow, purify.   ¹⁷καύχησις, εως, ἡ, [12] the act of boasting, glorying, exultation.   ¹⁸τολμάω, [16] I dare, endure, am bold, have courage, make up the mind.   ¹⁹κατεργάζομαι, [24] I effect by labor, achieve, work out, bring about.   ²⁰ὑπακοή, ῆς, ἡ, [15] obedience, submissiveness, compliance.   ²¹τέρας, ατος, τό, [16] a wonder, portent, marvel.   ²²κύκλος, ου, ὁ, [8] a circle, ring.   ²³μέχρι, [17] as far as, until, even to.   ²⁴Ἰλλυρικόν, οῦ, τό, [1] Illyricum, a Roman province, afterwards called Dalmatia, bounded by Pannonia on the north, Macedonia on the south, Moesia on the east, and the Adriatic Sea on the west.   ²⁵φιλοτιμέομαι, [3] I am zealous, strive eagerly, desire very strongly.   ²⁶ὀνομάζω, [10] I give a name to, mention, call upon the name of.   ²⁷ἀλλότριος, ία, ιον, [14] belonging to another person, belonging to others, foreign, strange.   ²⁸θεμέλιος, ον, [16] (properly, an adj: belonging to the foundation), a foundation stone.   ²⁹οἰκοδομέω, [39] I erect a building, build; fig. of the building up of character: I build up, edify, encourage.   ³⁰ἀναγγέλλω, [18] I bring back word, report; I announce, declare.   ³¹συνίημι, [26] I consider, understand, perceive.

22 Διὸ καὶ ἐνεκοπτόμην¹ τὰ πολλὰ τοῦ ἐλθεῖν πρὸς ὑμᾶς· **23** νυνὶ² δὲ μηκέτι³ τόπον ἔχων ἐν τοῖς κλίμασιν⁴ τούτοις, ἐπιποθίαν⁵ δὲ ἔχων τοῦ ἐλθεῖν πρὸς ὑμᾶς ἀπὸ πολλῶν ἐτῶν,⁶ **24** ὡς ἐὰν πορεύωμαι εἰς τὴν Σπανίαν,⁷ ἐλεύσομαι πρὸς ὑμᾶς· ἐλπίζω⁸ γὰρ διαπορευόμενος⁹ θεάσασθαι¹⁰ ὑμᾶς, καὶ ὑφ᾽ ὑμῶν προπεμφθῆναι¹¹ ἐκεῖ, ἐὰν ὑμῶν πρῶτον ἀπὸ μέρους¹² ἐμπλησθῶ.¹³ **25** Νυνὶ² δὲ πορεύομαι εἰς Ἱερουσαλήμ, διακονῶν¹⁴ τοῖς ἁγίοις. **26** Εὐδόκησαν¹⁵ γὰρ Μακεδονία¹⁶ καὶ Ἀχαΐα¹⁷ κοινωνίαν¹⁸ τινὰ ποιήσασθαι εἰς τοὺς πτωχοὺς¹⁹ τῶν ἁγίων τῶν ἐν Ἱερουσαλήμ. **27** Εὐδόκησαν²⁰ γάρ, καὶ ὀφειλέται²¹ αὐτῶν εἰσιν. Εἰ γὰρ τοῖς πνευματικοῖς²² αὐτῶν ἐκοινώνησαν²³ τὰ ἔθνη, ὀφείλουσιν²⁴ καὶ ἐν τοῖς σαρκικοῖς²⁵ λειτουργῆσαι²⁶ αὐτοῖς. **28** Τοῦτο οὖν ἐπιτελέσας,²⁷ καὶ σφραγισάμενος²⁸ αὐτοῖς τὸν καρπὸν τοῦτον, ἀπελεύσομαι δι᾽ ὑμῶν εἰς τὴν Σπανίαν.⁷ **29** Οἶδα δὲ ὅτι ἐρχόμενος πρὸς ὑμᾶς ἐν πληρώματι²⁹ εὐλογίας³⁰ τοῦ εὐαγγελίου τοῦ χριστοῦ ἐλεύσομαι.

30 Παρακαλῶ δὲ ὑμᾶς, ἀδελφοί, διὰ τοῦ κυρίου ἡμῶν Ἰησοῦ χριστοῦ, καὶ διὰ τῆς ἀγάπης τοῦ πνεύματος, συναγωνίσασθαί³¹ μοι ἐν ταῖς προσευχαῖς³² ὑπὲρ ἐμοῦ πρὸς τὸν θεόν· **31** ἵνα ῥυσθῶ³³ ἀπὸ τῶν ἀπειθούντων³⁴ ἐν τῇ Ἰουδαίᾳ,³⁵ καὶ ἵνα ἡ διακονία³⁶ μου ἡ εἰς Ἱερουσαλὴμ εὐπρόσδεκτος³⁷ γένηται τοῖς ἁγίοις· **32** ἵνα ἐν χαρᾷ ἔλθω πρὸς ὑμᾶς

---

¹ἐνεκοπτόμην: IPI-1S ⁸ἐλπίζω: PAI-1S ⁹διαπορευόμενος: PNP-NSM ¹⁰θεάσασθαι: ADN ¹¹προπεμφθῆναι: APN ¹³ἐμπλησθῶ: APS-1S ¹⁴διακονῶν: PAP-NSM ¹⁵Εὐδόκησαν: AAI-3P ²⁰Εὐδόκησαν: AAI-3P ²³ἐκοινώνησαν: AAI-3P ²⁴ὀφείλουσιν: PAI-3P ²⁶λειτουργῆσαι: AAN ²⁷ἐπιτελέσας: AAP-NSM ²⁸σφραγισάμενος: AMP-NSM ³¹συναγωνίσασθαί: ADN ³³ῥυσθῶ: APS-1S ³⁴ἀπειθούντων: PAP-GPM

---

¹ἐγκόπτω, [5] I interrupt, hinder. ²νυνί, [20] adv. (a) of time: just now, even now; just at hand, immediately; (b) of logical connection: now then, (c) in commands and appeals: at this instant. ³μηκέτι, [21] no longer, no more. ⁴κλίμα, ατος, τό, [3] a small geographical division, district, or territory. ⁵ἐπιποθία, ας, ἡ, [1] longing, eager desire. ⁶ἔτος, ους, τό, [49] a year. ⁷Σπανία, ας, ἡ, [2] Spain, roughly co-extensive with the modern country of the name. ⁸ἐλπίζω, [31] I hope, hope for, expect, trust. ⁹διαπορεύομαι, [5] I journey through (past). ¹⁰θεάομαι, [24] I see, behold, contemplate, look upon, view; I see, visit. ¹¹προπέμπω, [9] I send forward, accompany, equip for a journey. ¹²μέρος, ους, τό, [43] a part, portion, share. ¹³ἐμπίπλημι, [5] I fill up, satisfy. ¹⁴διακονέω, [37] I wait at table (particularly of a slave who waits on guests); I serve (generally). ¹⁵εὐδοκέω, [21] I am well-pleased, think it good, am resolved. ¹⁶Μακεδονία, ας, ἡ, [22] (Hebrew), Macedonia, a Roman province north of Achaia (Greece). ¹⁷Ἀχαΐα, ας, ἡ, [11] the Roman Province Achaia, governed by a proconsul, and practically conterminous with modern Greece before 1912. ¹⁸κοινωνία, ας, ἡ, [19] (lit: partnership) (a) contributory help, participation, (b) sharing in, communion, (c) spiritual fellowship, a fellowship in the spirit. ¹⁹πτωχός, ή, όν, [34] poor, destitute, spiritually poor, either in a good sense (humble devout persons) or bad. ²⁰εὐδοκέω, [21] I am well-pleased, think it good, am resolved. ²¹ὀφειλέτης, ου, ὁ, [7] (a) a debtor, one who owes, one who is indebted, (b) one who has sinned against another (an Aramaism), a sinner. ²²πνευματικός, ή, όν, [26] spiritual. ²³κοινωνέω, [8] (a) I share, communicate, contribute, impart, (b) I share in, have a share of, have fellowship with. ²⁴ὀφείλω, [36] I owe, ought. ²⁵σαρκικός, ή, όν, [11] fleshly, carnal, earthly. ²⁶λειτουργέω, [3] I act in the public service, render service, minister, in the widest sense, of some special public religious service, but also of the service of priests and Levites. ²⁷ἐπιτελέω, [11] I complete, accomplish, perfect. ²⁸σφραγίζω, [15] I seal, set a seal upon. ²⁹πλήρωμα, ατος, τό, [17] (a) a fill, fullness; full complement; supply, patch, supplement, (b) fullness, filling, fulfillment, completion. ³⁰εὐλογία, ας, ἡ, [16] adulation, praise, blessing, gift. ³¹συναγωνίζομαι, [1] I struggle in company with, aid. ³²προσευχή, ῆς, ἡ, [37] (a) prayer (to God), (b) a place for prayer (used by Jews, perhaps where there was no synagogue). ³³ῥύομαι, [18] I rescue, deliver (from danger or destruction). ³⁴ἀπειθέω, [16] I disobey, rebel, am disloyal, refuse conformity. ³⁵Ἰουδαία, ας, ἡ, [43] Judea, a Roman province, capital Jerusalem. ³⁶διακονία, ας, ἡ, [34] waiting at table; in a wider sense: service, ministration. ³⁷εὐπρόσδεκτος, ον, [5] well-received, acceptable, welcome, pleasing.

διὰ θελήματος θεοῦ, καὶ συναναπαύσωμαι¹ ὑμῖν. **33** Ὁ δὲ θεὸς τῆς εἰρήνης μετὰ πάντων ὑμῶν. Ἀμήν.

A Recommendation, Greetings, and a Final Admonition

16 Συνίστημι² δὲ ὑμῖν Φοίβην τὴν ἀδελφὴν³ ἡμῶν, οὖσαν διάκονον⁴ τῆς ἐκκλησίας τῆς ἐν Κεγχρεαῖς·⁵ **2** ἵνα αὐτὴν προσδέξησθε⁶ ἐν κυρίῳ ἀξίως⁷ τῶν ἁγίων, καὶ παραστῆτε⁸ αὐτῇ ἐν ᾧ ἂν ὑμῶν χρῄζῃ⁹ πράγματι·¹⁰ καὶ γὰρ αὐτὴ προστάτις¹¹ πολλῶν ἐγενήθη, καὶ αὐτοῦ ἐμοῦ.

3 Ἀσπάσασθε Πρίσκαν καὶ Ἀκύλαν τοὺς συνεργούς¹² μου ἐν χριστῷ Ἰησοῦ, **4** οἵτινες ὑπὲρ τῆς ψυχῆς μου τὸν ἑαυτῶν τράχηλον¹³ ὑπέθηκαν,¹⁴ οἷς οὐκ ἐγὼ μόνος¹⁵ εὐχαριστῶ,¹⁶ ἀλλὰ καὶ πᾶσαι αἱ ἐκκλησίαι τῶν ἐθνῶν· **5** καὶ τὴν κατ᾽ οἶκον αὐτῶν ἐκκλησίαν. Ἀσπάσασθε Ἐπαίνετον τὸν ἀγαπητόν μου, ὅς ἐστιν ἀπαρχὴ¹⁷ τῆς Ἀχαΐας¹⁸ εἰς χριστόν. **6** Ἀσπάσασθε Μαριάμ, ἥτις πολλὰ ἐκοπίασεν¹⁹ εἰς ἡμᾶς. **7** Ἀσπάσασθε Ἀνδρόνικον καὶ Ἰουνίαν τοὺς συγγενεῖς²⁰ μου καὶ συναιχμαλώτους²¹ μου, οἵτινές εἰσιν ἐπίσημοι²² ἐν τοῖς ἀποστόλοις, οἳ καὶ πρὸ²³ ἐμοῦ γεγόνασιν ἐν χριστῷ. **8** Ἀσπάσασθε Ἀμπλίαν τὸν ἀγαπητόν μου ἐν κυρίῳ. **9** Ἀσπάσασθε Οὐρβανὸν τὸν συνεργὸν¹² ἡμῶν ἐν χριστῷ, καὶ Στάχυν τὸν ἀγαπητόν μου. **10** Ἀσπάσασθε Ἀπελλῆν τὸν δόκιμον²⁴ ἐν χριστῷ. Ἀσπάσασθε τοὺς ἐκ τῶν Ἀριστοβούλου. **11** Ἀσπάσασθε Ἡρῳδίωνα τὸν συγγενῆ²⁰ μου. Ἀσπάσασθε τοὺς ἐκ τῶν Ναρκίσσου, τοὺς ὄντας ἐν κυρίῳ. **12** Ἀσπάσασθε Τρύφαιναν καὶ Τρυφῶσαν τὰς κοπιώσας²⁵ ἐν κυρίῳ. Ἀσπάσασθε Περσίδα τὴν ἀγαπητήν, ἥτις πολλὰ ἐκοπίασεν²⁶ ἐν κυρίῳ. **13** Ἀσπάσασθε Ῥοῦφον τὸν ἐκλεκτὸν²⁷ ἐν κυρίῳ, καὶ τὴν μητέρα αὐτοῦ καὶ ἐμοῦ. **14** Ἀσπάσασθε Ἀσύγκριτον, Φλέγοντα, Ἑρμᾶν, Πατρόβαν, Ἑρμῆν, καὶ τοὺς σὺν αὐτοῖς ἀδελφούς. **15** Ἀσπάσασθε Φιλόλογον καὶ Ἰουλίαν,

---

¹συναναπαύσωμαι: ADS-1S   ²Συνίστημι: PAI-1S   ⁶προσδέξησθε: ADS-2P   ⁸παραστῆτε: 2AAS-2P   ⁹χρῄζῃ: PAS-3S   ¹⁴ὑπέθηκαν: AAI-3P   ¹⁶εὐχαριστῶ: PAI-1S   ¹⁹ἐκοπίασεν: AAI-3S   ²⁵κοπιώσας: PAP-APF   ²⁶ἐκοπίασεν: AAI-3S

---

¹συναναπαύομαι, [1] I rest along with.   ²συνίστημι, συνιστάνω, [16] I place together, commend, prove, exhibit; instrans: I stand with; I am composed of, cohere.   ³ἀδελφή, ῆς, ἡ, [25] a sister, a woman (fellow-)member of a church, a Christian woman.   ⁴διάκονος, οῦ, ὁ, ἡ, [30] a waiter, servant; then of any one who performs any service, an administrator.   ⁵Κεγχρεαί, ᾶς, ἡ, [2] Cenchreae, the port of Corinth on the Saronic Gulf.   ⁶προσδέχομαι, [14] (a) I await, expect, (b) I receive, welcome (originally: to my house), (c) I accept.   ⁷ἀξίως, [6] worthily, in a manner worthy of.   ⁸παρίστημι, [41] I bring, present, prove, come up to and stand by, am present.   ⁹χρῄζω, [5] I need, have need of, want, desire.   ¹⁰πρᾶγμα, ατος, τό, [11] a thing done, a deed, action; a matter, an affair.   ¹¹προστάτις, ιδος, ἡ, [1] a female guardian, protector, patroness.   ¹²συνεργός, οῦ, ὁ, [13] a fellow worker, associate, helper.   ¹³τράχηλος, ου, ὁ, [7] the neck.   ¹⁴ὑποτίθημι, [2] I put under, lay down, suggest to, put in mind.   ¹⁵μόνος, η, ον, [45] only, solitary, desolate.   ¹⁶εὐχαριστέω, [40] I thank, give thanks; pass. 3 sing: is received with thanks.   ¹⁷ἀπαρχή, ῆς, ἡ, [8] the first-fruits, the earliest crop of the year, hence also met., for example, of the earliest converts in a district; there is evidence in favor of rendering in some passages merely by: sacrifice, gift.   ¹⁸Ἀχαΐα, ας, ἡ, [11] the Roman Province Achaia, governed by a proconsul, and practically conterminous with modern Greece before 1912.   ¹⁹κοπιάω, [23] (a) I grow weary, (b) I toil, work with effort (of bodily and mental labor alike).   ²⁰συγγενής, ές, [12] akin to, related; subst: fellow countryman, kinsman.   ²¹συναιχμάλωτος, ου, ὁ, [3] a fellow captive or prisoner.   ²²ἐπίσημος, ον, [2] notable, conspicuous.   ²³πρό, [47] (a) of place: before, in front of, (b) of time: before, earlier than.   ²⁴δόκιμος, ον, [7] approved, acceptable, tried.   ²⁵κοπιάω, [23] (a) I grow weary, (b) I toil, work with effort (of bodily and mental labor alike).   ²⁶κοπιάω, [23] (a) I grow weary, (b) I toil, work with effort (of bodily and mental labor alike).   ²⁷ἐκλεκτός, ή, όν, [24] chosen out, elect, choice, select, sometimes as subst: of those chosen out by God for the rendering of special service to Him (of the Hebrew race, particular Hebrews, the Messiah, the Christians).

Νηρέα καὶ τὴν ἀδελφὴν[1] αὐτοῦ, καὶ Ὀλυμπᾶν, καὶ τοὺς σὺν αὐτοῖς πάντας ἁγίους. 16 Ἀσπάσασθε ἀλλήλους ἐν φιλήματι[2] ἁγίῳ. Ἀσπάζονται ὑμᾶς αἱ ἐκκλησίαι τοῦ χριστοῦ.

17 Παρακαλῶ δὲ ὑμᾶς, ἀδελφοί, σκοπεῖν[3] τοὺς τὰς διχοστασίας[4] καὶ τὰ σκάνδαλα,[5] παρὰ τὴν διδαχὴν[6] ἣν ὑμεῖς ἐμάθετε,[7] ποιοῦντας· καὶ ἐκκλίνατε[8] ἀπ' αὐτῶν. 18 Οἱ γὰρ τοιοῦτοι τῷ κυρίῳ ἡμῶν Ἰησοῦ χριστῷ οὐ δουλεύουσιν,[9] ἀλλὰ τῇ ἑαυτῶν κοιλίᾳ·[10] καὶ διὰ τῆς χρηστολογίας[11] καὶ εὐλογίας[12] ἐξαπατῶσιν[13] τὰς καρδίας τῶν ἀκάκων.[14] 19 Ἡ γὰρ ὑμῶν ὑπακοὴ[15] εἰς πάντας ἀφίκετο.[16] Χαίρω οὖν τὸ ἐφ' ὑμῖν· θέλω δὲ ὑμᾶς σοφοὺς[17] μὲν εἶναι εἰς τὸ ἀγαθόν, ἀκεραίους[18] δὲ εἰς τὸ κακόν. 20 Ὁ δὲ θεὸς τῆς εἰρήνης συντρίψει[19] τὸν Σατανᾶν[20] ὑπὸ τοὺς πόδας ὑμῶν ἐν τάχει.[21]

Ἡ χάρις τοῦ κυρίου ἡμῶν Ἰησοῦ χριστοῦ μεθ' ὑμῶν.

21 Ἀσπάζονται ὑμᾶς Τιμόθεος ὁ συνεργός[22] μου, καὶ Λούκιος καὶ Ἰάσων καὶ Σωσίπατρος οἱ συγγενεῖς[23] μου. 22 Ἀσπάζομαι ὑμᾶς ἐγὼ Τέρτιος, ὁ γράψας τὴν ἐπιστολήν,[24] ἐν κυρίῳ. 23 Ἀσπάζεται ὑμᾶς Γάϊος ὁ ξένος[25] μου καὶ τῆς ἐκκλησίας ὅλης. Ἀσπάζεται ὑμᾶς Ἔραστος ὁ οἰκονόμος[26] τῆς πόλεως, καὶ Κούαρτος ὁ ἀδελφός. 24 Ἡ χάρις τοῦ κυρίου ἡμῶν Ἰησοῦ χριστοῦ μετὰ πάντων ὑμῶν. Ἀμήν.

---

[3]σκοπεῖν: PAN   [7]ἐμάθετε: 2AAI-2P   [8]ἐκκλίνατε: AAM-2P   [9]δουλεύουσιν: PAI-3P   [13]ἐξαπατῶσιν: PAI-3P
[16]ἀφίκετο: 2ADI-3S   [19]συντρίψει: FAI-3S

---

[1]ἀδελφή, ῆς, ἡ, [25] a sister, a woman (fellow-)member of a church, a Christian woman.   [2]φίλημα, ατος, τό, [7] a kiss.   [3]σκοπέω, [6] I look at, regard attentively, take heed, beware, consider.   [4]διχοστασία, ας, ἡ, [3] division, dissension, standing apart.   [5]σκάνδαλον, ου, τό, [15] a snare, stumbling-block, cause for error.   [6]διδαχή, ῆς, ἡ, [30] teaching, doctrine, what is taught.   [7]μανθάνω, [25] I learn; with adj. or nouns: I learn to be so and so; with acc. of person who is the object of knowledge; aor. sometimes: to ascertain.   [8]ἐκκλίνω, [3] (lit: I bend away from), I fall away from, turn away (from), deviate.   [9]δουλεύω, [25] I am a slave, am subject to, obey, am devoted.   [10]κοιλία, ας, ἡ, [23] belly, abdomen, heart, a general term covering any organ in the abdomen, e.g. stomach, womb; met: the inner man.   [11]χρηστολογία, ας, ἡ, [1] a kind address; in a bad sense: plausible speaking.   [12]εὐλογία, ας, ἡ, [16] adulation, praise, blessing, gift.   [13]ἐξαπατάω, [5] I deceive thoroughly.   [14]ἄκακος, ον, [2] innocent, guileless, simple.   [15]ὑπακοή, ῆς, ἡ, [15] obedience, submissiveness, compliance.   [16]ἀφικνέομαι, [1] I arrive at, reach, come to.   [17]σοφός, ή, όν, [22] wise, learned, cultivated, skilled, clever.   [18]ἀκέραιος, ον, [3] (lit: unmixed) simple, unsophisticated, sincere, blameless.   [19]συντρίβω, [8] I break by crushing, break in pieces, shatter, crush, bruise.   [20]Σατανᾶς, ᾶ, ὁ, [36] an adversary, Satan.   [21]τάχος, ους, τό, [7] quickness, speed; hastily, immediately.   [22]συνεργός, οῦ, ὁ, [13] a fellow worker, associate, helper.   [23]συγγενής, ές, [12] akin to, related; subst: fellow countryman, kinsman.   [24]ἐπιστολή, ῆς, ἡ, [24] a letter, dispatch, epistle, message.   [25]ξένος, η, ον, [14] alien, new, novel; noun: a guest, stranger, foreigner.   [26]οἰκονόμος, ου, ὁ, [10] a household manager, a steward, guardian.

ΠΡΟΣ ΚΟΡΙΝΘΙΟΥΣ Α
First to the Corinthians

Salutation and Thanksgiving

Παῦλος κλητὸς¹ ἀπόστολος Ἰησοῦ χριστοῦ διὰ θελήματος θεοῦ, καὶ Σωσθένης ὁ ἀδελφός, **2** τῇ ἐκκλησίᾳ τοῦ θεοῦ τῇ οὔσῃ ἐν Κορίνθῳ,² ἡγιασμένοις³ ἐν χριστῷ Ἰησοῦ, κλητοῖς¹ ἁγίοις, σὺν πᾶσιν τοῖς ἐπικαλουμένοις⁴ τὸ ὄνομα τοῦ κυρίου ἡμῶν Ἰησοῦ χριστοῦ ἐν παντὶ τόπῳ, αὐτῶν τε καὶ ἡμῶν· **3** χάρις ὑμῖν καὶ εἰρήνη ἀπὸ θεοῦ πατρὸς ἡμῶν καὶ κυρίου Ἰησοῦ χριστοῦ.

4 Εὐχαριστῶ⁵ τῷ θεῷ μου πάντοτε⁶ περὶ ὑμῶν, ἐπὶ τῇ χάριτι τοῦ θεοῦ τῇ δοθείσῃ ὑμῖν ἐν χριστῷ Ἰησοῦ· **5** ὅτι ἐν παντὶ ἐπλουτίσθητε⁷ ἐν αὐτῷ, ἐν παντὶ λόγῳ καὶ πάσῃ γνώσει,⁸ **6** καθὼς τὸ μαρτύριον⁹ τοῦ χριστοῦ ἐβεβαιώθη¹⁰ ἐν ὑμῖν· **7** ὥστε ὑμᾶς μὴ ὑστερεῖσθαι¹¹ ἐν μηδενὶ χαρίσματι,¹² ἀπεκδεχομένους¹³ τὴν ἀποκάλυψιν¹⁴ τοῦ κυρίου ἡμῶν Ἰησοῦ χριστοῦ, **8** ὃς καὶ βεβαιώσει¹⁵ ὑμᾶς ἕως τέλους,¹⁶ ἀνεγκλήτους¹⁷ ἐν τῇ ἡμέρᾳ τοῦ κυρίου ἡμῶν Ἰησοῦ χριστοῦ. **9** Πιστὸς ὁ θεός, δι' οὗ ἐκλήθητε εἰς κοινωνίαν¹⁸ τοῦ υἱοῦ αὐτοῦ Ἰησοῦ χριστοῦ τοῦ κυρίου ἡμῶν.

---

³*ἡγιασμένοις: RPP-DPM*   ⁴*ἐπικαλουμένοις: PMP-DPM*   ⁵*Εὐχαριστῶ: PAI-1S*   ⁷*ἐπλουτίσθητε: API-2P*   ¹⁰*ἐβεβαιώθη: API-3S*   ¹¹*ὑστερεῖσθαι: PPN*   ¹³*ἀπεκδεχομένους: PNP-APM*   ¹⁵*βεβαιώσει: FAI-3S*

---

¹*κλητός, ή, όν, [12] called, invited, summoned by God to an office or to salvation.*   ²*Κόρινθος, ου, ή, [6] Corinth, in north-east Peloponnese, the capital of the Roman province Achaia.*   ³*ἁγιάζω, [29] I make holy, treat as holy, set apart as holy, sanctify, hallow, purify.*   ⁴*ἐπικαλέω, [32] (a) I call (name) by a supplementary (additional, alternative) name, (b) mid: I call upon, appeal to, address.*   ⁵*εὐχαριστέω, [40] I thank, give thanks; pass. 3 sing: is received with thanks.*   ⁶*πάντοτε, [42] always, at all times, ever.*   ⁷*πλουτίζω, [3] I make rich, cause to abound in, enrich.*   ⁸*γνῶσις, εως, ή, [29] knowledge, doctrine, wisdom.*   ⁹*μαρτύριον, ου, τό, [20] witness, evidence, testimony, proof.*   ¹⁰*βεβαιόω, [8] I confirm, ratify, secure, establish; pass: I guarantee.*   ¹¹*ὑστερέω, [16] I fall behind, am lacking, fall short, suffer need, am inferior to.*   ¹²*χάρισμα, ατος, τό, [17] a gift of grace, an undeserved favor.*   ¹³*ἀπεκδέχομαι, [8] I expect eagerly, wait for eagerly, look for.*   ¹⁴*ἀποκάλυψις, εως, ή, [18] an unveiling, uncovering, revealing, revelation.*   ¹⁵*βεβαιόω, [8] I confirm, ratify, secure, establish; pass: I guarantee.*   ¹⁶*τέλος, ους, τό, [41] (a) an end, (b) event or issue, (c) the principal end, aim, purpose, (d) a tax.*   ¹⁷*ἀνέγκλητος, ον, [5] irreproachable, blameless.*   ¹⁸*κοινωνία, ας, ή, [19] (lit: partnership) (a) contributory help, participation, (b) sharing in, communion, (c) spiritual fellowship, a fellowship in the spirit.*

A Reproof of Disharmony

10 Παρακαλῶ δὲ ὑμᾶς, ἀδελφοί, διὰ τοῦ ὀνόματος τοῦ κυρίου ἡμῶν Ἰησοῦ χριστοῦ, ἵνα τὸ αὐτὸ λέγητε πάντες, καὶ μὴ ᾖ ἐν ὑμῖν σχίσματα,¹ ἦτε δὲ κατηρτισμένοι² ἐν τῷ αὐτῷ νοῒ³ καὶ ἐν τῇ αὐτῇ γνώμῃ.⁴ 11 Ἐδηλώθη⁵ γάρ μοι περὶ ὑμῶν, ἀδελφοί μου, ὑπὸ τῶν Χλόης, ὅτι ἔριδες⁶ ἐν ὑμῖν εἰσιν. 12 Λέγω δὲ τοῦτο, ὅτι ἕκαστος ὑμῶν λέγει, Ἐγὼ μέν εἰμι Παύλου, Ἐγὼ δὲ Ἀπολλῶ, Ἐγὼ δὲ Κηφᾶ, Ἐγὼ δὲ χριστοῦ. 13 Μεμέρισται⁷ ὁ χριστός; Μὴ Παῦλος ἐσταυρώθη⁸ ὑπὲρ ὑμῶν, ἢ εἰς τὸ ὄνομα Παύλου ἐβαπτίσθητε; 14 Εὐχαριστῶ⁹ τῷ θεῷ ὅτι οὐδένα ὑμῶν ἐβάπτισα, εἰ μὴ Κρίσπον καὶ Γάϊον· 15 ἵνα μή τις εἴπῃ ὅτι εἰς τὸ ἐμὸν ὄνομα ἐβάπτισα. 16 Ἐβάπτισα δὲ καὶ τὸν Στεφανᾶ οἶκον· λοιπὸν¹⁰ οὐκ οἶδα εἴ τινα ἄλλον ἐβάπτισα.

The Wisdom of God and the Foolishness of Men

17 Οὐ γὰρ ἀπέστειλέν με χριστὸς βαπτίζειν, ἀλλ᾽ εὐαγγελίζεσθαι· οὐκ ἐν σοφίᾳ λόγου, ἵνα μὴ κενωθῇ¹¹ ὁ σταυρὸς¹² τοῦ χριστοῦ.

18 Ὁ λόγος γὰρ ὁ τοῦ σταυροῦ¹² τοῖς μὲν ἀπολλυμένοις μωρία¹³ ἐστίν, τοῖς δὲ σῳζομένοις ἡμῖν δύναμις θεοῦ ἐστιν. 19 Γέγραπται γάρ, Ἀπολῶ τὴν σοφίαν τῶν σοφῶν,¹⁴ καὶ τὴν σύνεσιν¹⁵ τῶν συνετῶν¹⁶ ἀθετήσω.¹⁷ 20 Ποῦ¹⁸ σοφός;¹⁴ Ποῦ¹⁸ γραμματεύς; Ποῦ¹⁸ συζητητὴς¹⁹ τοῦ αἰῶνος τούτου; Οὐχὶ ἐμώρανεν²⁰ ὁ θεὸς τὴν σοφίαν τοῦ κόσμου τούτου; 21 Ἐπειδὴ²¹ γὰρ ἐν τῇ σοφίᾳ τοῦ θεοῦ οὐκ ἔγνω ὁ κόσμος διὰ τῆς σοφίας τὸν θεόν, εὐδόκησεν²² ὁ θεὸς διὰ τῆς μωρίας¹³ τοῦ κηρύγματος²³ σῶσαι τοὺς πιστεύοντας. 22 Ἐπειδὴ²¹ καὶ Ἰουδαῖοι σημεῖον αἰτοῦσιν, καὶ Ἕλληνες²⁴ σοφίαν ζητοῦσιν· 23 ἡμεῖς δὲ κηρύσσομεν χριστὸν ἐσταυρωμένον,²⁵ Ἰουδαίοις μὲν σκάνδαλον,²⁶ Ἕλλησιν²⁴ δὲ μωρίαν·¹³ 24 αὐτοῖς δὲ τοῖς κλητοῖς,²⁷ Ἰουδαίοις τε καὶ

---

²κατηρτισμένοι: RPP-NPM　⁵Ἐδηλώθη: API-3S　⁷Μεμέρισται: RPI-3S　⁸ἐσταυρώθη: API-3S　⁹Εὐχαριστῶ: PAI-1S　¹¹κενωθῇ: APS-3S　¹⁷ἀθετήσω: FAI-1S　²⁰ἐμώρανεν: AAI-3S　²²εὐδόκησεν: AAI-3S　²⁵ἐσταυρωμένον: RPP-ASM

---

¹σχίσμα, ατος, τό, [8] a rent, as in a garment; a division, dissention.　²καταρτίζω, [13] (a) I fit (join) together; met: I compact together, (b) act. and mid: I prepare, perfect, for his (its) full destination or use, bring into its proper condition (whether for the first time, or after a lapse).　³νοῦς, νοός, νοΐ, νοῦν, ὁ, [24] the mind, the reason, the reasoning faculty, intellect.　⁴γνώμη, ης, ἡ, [9] opinion, counsel, judgment, intention, decree.　⁵δηλόω, [7] I show, make clear, reveal.　⁶ἔρις, ιδος, ἡ, [9] contention, strife, wrangling.　⁷μερίζω, [14] I divide into parts, divide, part, share, distribute; mid: I share, take part in a partitioning; I distract.　⁸σταυρόω, [46] I fix to the cross, crucify; fig: I destroy, mortify.　⁹εὐχαριστέω, [40] I thank, give thanks; pass. 3 sing: is received with thanks.　¹⁰λοιπόν, [14] finally, from now on, henceforth, beyond that.　¹¹κενόω, [5] (a) I empty, (b) I deprive of content, make unreal.　¹²σταυρός, οῦ, ὁ, [28] a cross.　¹³μωρία, ας, ἡ, [5] folly, absurdity, foolishness.　¹⁴σοφός, ή, όν, [22] wise, learned, cultivated, skilled, clever.　¹⁵σύνεσις, εως, ἡ, [7] a putting together in the mind, hence: understanding, practical discernment, intellect.　¹⁶συνετός, ή, όν, [4] intelligent, prudent, wise, understanding, discerning.　¹⁷ἀθετέω, [16] I annul, make of no effect, set aside, ignore, slight; I break faith with.　¹⁸ποῦ, [44] where, in what place.　¹⁹συζητητής, οῦ, ὁ, [1] a disputer, as the Greek sophists.　²⁰μωραίνω, [4] (a) I make foolish, turn to foolishness, (b) I taint, and thus: I am tasteless, make useless.　²¹ἐπειδή, [10] of time: when, now, after that; of cause: seeing that, forasmuch as.　²²εὐδοκέω, [21] I am well-pleased, think it good, am resolved.　²³κήρυγμα, ατος, τό, [8] a proclamation, preaching.　²⁴Ἕλλην, ηνος, ὁ, [27] a Hellene, the native word for a Greek; it is, however, a term wide enough to include all Greek-speaking (i.e. educated) non-Jews.　²⁵σταυρόω, [46] I fix to the cross, crucify; fig: I destroy, mortify.　²⁶σκάνδαλον, ου, τό, [15] a snare, stumbling-block, cause for error.　²⁷κλητός, ή, όν, [12] called, invited, summoned by God to an office or to salvation.

Ἕλλησιν,[1] χριστὸν θεοῦ δύναμιν καὶ θεοῦ σοφίαν. **25** Ὅτι τὸ μωρὸν[2] τοῦ θεοῦ σοφώτερον[3] τῶν ἀνθρώπων ἐστίν, καὶ τὸ ἀσθενὲς[4] τοῦ θεοῦ ἰσχυρότερον[5] τῶν ἀνθρώπων ἐστίν.

26 Βλέπετε γὰρ τὴν κλῆσιν[6] ὑμῶν, ἀδελφοί, ὅτι οὐ πολλοὶ σοφοὶ[3] κατὰ σάρκα, οὐ πολλοὶ δυνατοί,[7] οὐ πολλοὶ εὐγενεῖς·[8] **27** ἀλλὰ τὰ μωρὰ[2] τοῦ κόσμου ἐξελέξατο[9] ὁ θεός, ἵνα τοὺς σοφοὺς[3] καταισχύνῃ·[10] καὶ τὰ ἀσθενῆ[4] τοῦ κόσμου ἐξελέξατο[11] ὁ θεός, ἵνα καταισχύνῃ[12] τὰ ἰσχυρά·[5] **28** καὶ τὰ ἀγενῆ[13] τοῦ κόσμου καὶ τὰ ἐξουθενημένα[14] ἐξελέξατο[15] ὁ θεός, καὶ τὰ μὴ ὄντα, ἵνα τὰ ὄντα καταργήσῃ·[16] **29** ὅπως μὴ καυχήσηται[17] πᾶσα σὰρξ ἐνώπιον τοῦ θεοῦ. **30** Ἐξ αὐτοῦ δὲ ὑμεῖς ἐστε ἐν χριστῷ Ἰησοῦ, ὃς ἐγενήθη ἡμῖν σοφία ἀπὸ θεοῦ, δικαιοσύνη τε καὶ ἁγιασμός,[18] καὶ ἀπολύτρωσις·[19] **31** ἵνα, καθὼς γέγραπται, Ὁ καυχώμενος,[20] ἐν κυρίῳ καυχάσθω.[21]

The Preaching of the Cross

2 Κἀγὼ ἐλθὼν πρὸς ὑμᾶς, ἀδελφοί, ἦλθον οὐ καθ' ὑπεροχὴν[22] λόγου ἢ σοφίας καταγγέλλων[23] ὑμῖν τὸ μαρτύριον[24] τοῦ θεοῦ. **2** Οὐ γὰρ ἔκρινα τοῦ εἰδέναι τι ἐν ὑμῖν, εἰ μὴ Ἰησοῦν χριστόν, καὶ τοῦτον ἐσταυρωμένον.[25] **3** Καὶ ἐγὼ ἐν ἀσθενείᾳ[26] καὶ ἐν φόβῳ[27] καὶ ἐν τρόμῳ[28] πολλῷ ἐγενόμην πρὸς ὑμᾶς. **4** Καὶ ὁ λόγος μου καὶ τὸ κήρυγμά[29] μου οὐκ ἐν πειθοῖς[30] ἀνθρωπίνης[31] σοφίας λόγοις, ἀλλ' ἐν ἀποδείξει[32] πνεύματος καὶ δυνάμεως· **5** ἵνα ἡ πίστις ὑμῶν μὴ ᾖ ἐν σοφίᾳ ἀνθρώπων, ἀλλ' ἐν δυνάμει θεοῦ.

---

[9]ἐξελέξατο: AMI-3S [10]καταισχύνῃ: PAS-3S [11]ἐξελέξατο: AMI-3S [12]καταισχύνῃ: PAS-3S [14]ἐξουθενημένα: RPP-APN [15]ἐξελέξατο: AMI-3S [16]καταργήσῃ: AAS-3S [17]καυχήσηται: ADS-3S [20]καυχώμενος: PNP-NSM [21]καυχάσθω: PNM-3S [23]καταγγέλλων: PAP-NSM [25]ἐσταυρωμένον: RPP-ASM

---

[1]Ἕλλην, ηνος, ὁ, [27] a Hellene, the native word for a Greek; it is, however, a term wide enough to include all Greek-speaking (i.e. educated) non-Jews. [2]μωρός, ά, όν, [13] (a) adj: stupid, foolish, (b) noun: a fool. [3]σοφός, ή, όν, [22] wise, learned, cultivated, skilled, clever. [4]ἀσθενής, ές, [25] (lit: not strong), (a) weak (physically, or morally), (b) infirm, sick. [5]ἰσχυρός, ά, όν, [29] strong (originally and generally of physical strength); mighty, powerful, vehement, sure. [6]κλῆσις, εως, ἡ, [11] a calling, invitation; in the NT, always of a divine call. [7]δυνατός, ή, όν, [36] (a) of persons: powerful, able, (b) of things: possible. [8]εὐγενής, ές, [3] (a) of noble birth, of high birth, (b) noble in nature. [9]ἐκλέγομαι, [21] I pick out for myself, choose, elect, select. [10]καταισχύνω, [13] I shame, disgrace, bring to shame, put to utter confusion, frustrate. [11]ἐκλέγομαι, [21] I pick out for myself, choose, elect, select. [12]καταισχύνω, [13] I shame, disgrace, bring to shame, put to utter confusion, frustrate. [13]ἀγενής, ές, [1] lit: without family, hence: ignoble, base. [14]ἐξουθενέω, [11] I set at naught, ignore, despise. [15]ἐκλέγομαι, [21] I pick out for myself, choose, elect, select. [16]καταργέω, [27] (a) I make idle (inactive), make of no effect, annul, abolish, bring to naught, (b) I discharge, sever, separate from. [17]καυχάομαι, [38] I boast; I glory (exult) proudly. [18]ἁγιασμός, οῦ, ὁ, [10] the process of making or becoming holy, set apart, sanctification, holiness, consecration. [19]ἀπολύτρωσις, εως, ἡ, [10] release effected by payment of ransom; redemption, deliverance. [20]καυχάομαι, [38] I boast; I glory (exult) proudly. [21]καυχάομαι, [38] I boast; I glory (exult) proudly. [22]ὑπεροχή, ῆς, ἡ, [2] superiority, excellence, preeminence, authority. [23]καταγγέλλω, [18] I declare openly, proclaim, preach, laud, celebrate. [24]μαρτύριον, ου, τό, [20] witness, evidence, testimony. [25]σταυρόω, [46] I fix to the cross, crucify; fig: I destroy, mortify. [26]ἀσθένεια, ας, ἡ, [24] want of strength, weakness, illness, suffering, calamity, frailty. [27]φόβος, ου, ὁ, [47] (a) fear, terror, alarm, (b) the object or cause of fear, (c) reverence, respect. [28]τρόμος, ου, ὁ, [5] a trembling, quaking, fear. [29]κήρυγμα, ατος, τό, [8] a proclamation, preaching. [30]πειθός, ή, όν, [1] persuasive, enticing, skilful. [31]ἀνθρώπινος, η, ον, [7] belonging to human beings (especially as contrasted with God), human (as contrasted with divine). [32]ἀπόδειξις, εως, ἡ, [1] demonstration, proof; a showing off.

6 Σοφίαν δὲ λαλοῦμεν ἐν τοῖς τελείοις·¹ σοφίαν δὲ οὐ τοῦ αἰῶνος τούτου, οὐδὲ τῶν ἀρχόντων² τοῦ αἰῶνος τούτου, τῶν καταργουμένων·³ 7 ἀλλὰ λαλοῦμεν σοφίαν θεοῦ ἐν μυστηρίῳ,⁴ τὴν ἀποκεκρυμμένην,⁵ ἣν προώρισεν⁶ ὁ θεὸς πρὸ⁷ τῶν αἰώνων εἰς δόξαν ἡμῶν· 8 ἣν οὐδεὶς τῶν ἀρχόντων² τοῦ αἰῶνος τούτου ἔγνωκεν· εἰ γὰρ ἔγνωσαν, οὐκ ἂν τὸν κύριον τῆς δόξης ἐσταύρωσαν·⁸ 9 ἀλλὰ καθὼς γέγραπται, Ἃ ὀφθαλμὸς οὐκ εἶδεν, καὶ οὓς⁹ οὐκ ἤκουσεν, καὶ ἐπὶ καρδίαν ἀνθρώπου οὐκ ἀνέβη, ἃ ἡτοίμασεν¹⁰ ὁ θεὸς τοῖς ἀγαπῶσιν αὐτόν. 10 Ἡμῖν δὲ ὁ θεὸς ἀπεκάλυψεν¹¹ διὰ τοῦ πνεύματος αὐτοῦ· τὸ γὰρ πνεῦμα πάντα ἐρευνᾷ,¹² καὶ τὰ βάθη¹³ τοῦ θεοῦ. 11 Τίς γὰρ οἶδεν ἀνθρώπων τὰ τοῦ ἀνθρώπου, εἰ μὴ τὸ πνεῦμα τοῦ ἀνθρώπου τὸ ἐν αὐτῷ; Οὕτως καὶ τὰ τοῦ θεοῦ οὐδεὶς οἶδεν, εἰ μὴ τὸ πνεῦμα τοῦ θεοῦ. 12 Ἡμεῖς δὲ οὐ τὸ πνεῦμα τοῦ κόσμου ἐλάβομεν, ἀλλὰ τὸ πνεῦμα τὸ ἐκ τοῦ θεοῦ, ἵνα εἰδῶμεν τὰ ὑπὸ τοῦ θεοῦ χαρισθέντα¹⁴ ἡμῖν. 13 Ἃ καὶ λαλοῦμεν, οὐκ ἐν διδακτοῖς¹⁵ ἀνθρωπίνης¹⁶ σοφίας λόγοις, ἀλλ' ἐν διδακτοῖς¹⁵ πνεύματος ἁγίου, πνευματικοῖς¹⁷ πνευματικὰ¹⁷ συγκρίνοντες.¹⁸ 14 Ψυχικὸς¹⁹ δὲ ἄνθρωπος οὐ δέχεται τὰ τοῦ πνεύματος τοῦ θεοῦ· μωρία²⁰ γὰρ αὐτῷ ἐστιν, καὶ οὐ δύναται γνῶναι, ὅτι πνευματικῶς²¹ ἀνακρίνεται.²² 15 Ὁ δὲ πνευματικὸς¹⁷ ἀνακρίνει²³ μὲν πάντα, αὐτὸς δὲ ὑπ' οὐδενὸς ἀνακρίνεται.²⁴ 16 Τίς γὰρ ἔγνω νοῦν²⁵ κυρίου, ὃς συμβιβάσει²⁶ αὐτόν; Ἡμεῖς δὲ νοῦν²⁵ χριστοῦ ἔχομεν.

A Reproof of Spiritual Pride

3 Καὶ ἐγώ, ἀδελφοί, οὐκ ἠδυνήθην ὑμῖν λαλῆσαι ὡς πνευματικοῖς,¹⁷ ἀλλ' ὡς σαρκικοῖς,²⁷ ὡς νηπίοις²⁸ ἐν χριστῷ. 2 Γάλα²⁹ ὑμᾶς ἐπότισα,³⁰ καὶ οὐ βρῶμα·³¹

---

³καταργουμένων: PPP-GPM   ⁵ἀποκεκρυμμένην: RPP-ASF   ⁶προώρισεν: AAI-3S   ⁸ἐσταύρωσαν: AAI-3P
¹⁰ἡτοίμασεν: AAI-3S   ¹¹ἀπεκάλυψεν: AAI-3S   ¹²ἐρευνᾷ: PAI-3S   ¹⁴χαρισθέντα: APP-APN   ¹⁸συγκρίνοντες:
PAP-NPM   ²²ἀνακρίνεται: PPI-3S   ²³ἀνακρίνει: PAI-3S   ²⁴ἀνακρίνεται: PPI-3S   ²⁶συμβιβάσει: FAI-3S   ³⁰ἐπότισα:
AAI-1S

---

¹τέλειος, α, ον, [19] perfect, (a) complete in all its parts, (b) full grown, of full age, (c) specially of the complete-ness of Christian character.   ²ἄρχων, οντος, ὁ, [37] a ruler, governor, leader, leading man; with the Jews, an official member (a member of the executive) of the assembly of elders.   ³καταργέω, [27] (a) I make idle (inac-tive), make of no effect, annul, abolish, bring to naught, (b) I discharge, sever, separate from.   ⁴μυστήριον, ου, τό, [27] a mystery, secret, of which initiation is necessary; in the NT: the counsels of God, once hidden but now revealed in the Gospel or some fact thereof; the Christian revelation generally; particular truths or details of the Christian revelation.   ⁵ἀποκρύπτω, [6] I hide away, conceal, keep secret.   ⁶προορίζω, [6] I foreordain, predetermine, mark out beforehand.   ⁷πρό, [47] (a) of place: before, in front of, (b) of time: before, earlier than.   ⁸σταυρόω, [46] I fix to the cross, crucify; fig: I destroy, mortify.   ⁹οὖς, ὠτός, τό, [37] (a) the ear, (b) met: the faculty of perception.   ¹⁰ἑτοιμάζω, [40] I make ready, prepare.   ¹¹ἀποκαλύπτω, [26] I uncover, bring to light, reveal.   ¹²ἐρευνάω, [6] I search diligently, examine.   ¹³βάθος, ους, τό, [8] depth; deep water; met: fullness, im-mensity; an extreme degree; profundities, deep-laid plans.   ¹⁴χαρίζομαι, [23] (a) I show favor to, (b) I pardon, forgive, (c) I show kindness.   ¹⁵διδακτός, ή, όν, [3] taught, instructed.   ¹⁶ἀνθρώπινος, η, ον, [7] belonging to human beings (especially as contrasted with God), human (as contrasted with divine).   ¹⁷πνευματικός, ή, όν, [26] spiritual.   ¹⁸συγκρίνω, [3] I join together, combine, compare, interpret, explain.   ¹⁹ψυχικός, ή, όν, [6] animal, natural, sensuous.   ²⁰μωρία, ας, ἡ, [5] folly, absurdity, foolishness.   ²¹πνευματικῶς, [2] spiritu-ally, in a spiritual way; from a spiritual point of view.   ²²ἀνακρίνω, [16] I examine, inquire into, investigate, question.   ²³ἀνακρίνω, [16] I examine, inquire into, investigate, question.   ²⁴ἀνακρίνω, [16] I examine, inquire into, investigate, question.   ²⁵νοῦς, νοός, νοΐ, νοῦν, ὁ, [24] the mind, the reason, the reasoning faculty, intellect.   ²⁶συμβιβάζω, [6] (a) I unite or knit together, (b) I put together in reasoning, and so: I conclude, prove, (c) I teach, instruct.   ²⁷σαρκικός, ή, όν, [11] fleshly, carnal, earthly.   ²⁸νήπιος, α, ον, [14] unlearned, unenlightened; noun: an infant, child.   ²⁹γάλα, ακτος, τό, [5] milk.   ³⁰ποτίζω, [15] I cause to drink, give to drink; irrigate, water.   ³¹βρῶμα, ατος, τό, [17] food of any kind.

οὔπω¹ γὰρ ἐδύνασθε, ἀλλ' οὔτε ἔτι νῦν δύνασθε· 3 ἔτι γὰρ σαρκικοί² ἐστε· ὅπου γὰρ ἐν ὑμῖν ζῆλος³ καὶ ἔρις⁴ καὶ διχοστασίαι,⁵ οὐχὶ σαρκικοί² ἐστε, καὶ κατὰ ἄνθρωπον περιπατεῖτε; 4 Ὅταν γὰρ λέγῃ τις, Ἐγὼ μέν εἰμι Παύλου, ἕτερος δέ, Ἐγὼ Ἀπολλώ, οὐχὶ σαρκικοί² ἐστε; 5 Τίς οὖν ἐστιν Παῦλος, τίς δὲ Ἀπολλώς, ἀλλ' ἢ διάκονοι⁶ δι' ὧν ἐπιστεύσατε, καὶ ἑκάστῳ ὡς ὁ κύριος ἔδωκεν; 6 Ἐγὼ ἐφύτευσα,⁷ Ἀπολλὼς ἐπότισεν,⁸ ἀλλ' ὁ θεὸς ηὔξανεν.⁹ 7 Ὥστε οὔτε ὁ φυτεύων¹⁰ ἐστίν τι, οὔτε ὁ ποτίζων,¹¹ ἀλλ' ὁ αὐξάνων¹² θεός. 8 Ὁ φυτεύων¹³ δὲ καὶ ὁ ποτίζων¹⁴ ἕν εἰσιν· ἕκαστος δὲ τὸν ἴδιον μισθὸν¹⁵ λήψεται κατὰ τὸν ἴδιον κόπον.¹⁶ 9 Θεοῦ γάρ ἐσμεν συνεργοί·¹⁷ θεοῦ γεώργιον,¹⁸ θεοῦ οἰκοδομή¹⁹ ἐστε.

10 Κατὰ τὴν χάριν τοῦ θεοῦ τὴν δοθεῖσάν μοι, ὡς σοφὸς²⁰ ἀρχιτέκτων²¹ θεμέλιον²² τέθεικα, ἄλλος δὲ ἐποικοδομεῖ.²³ Ἕκαστος δὲ βλεπέτω πῶς ἐποικοδομεῖ.²⁴ 11 Θεμέλιον²² γὰρ ἄλλον οὐδεὶς δύναται θεῖναι παρὰ τὸν κείμενον,²⁵ ὅς ἐστιν Ἰησοῦς χριστός. 12 Εἰ δέ τις ἐποικοδομεῖ²⁶ ἐπὶ τὸν θεμέλιον²² τοῦτον χρυσόν,²⁷ ἄργυρον,²⁸ λίθους τιμίους,²⁹ ξύλα,³⁰ χόρτον,³¹ καλάμην,³² 13 ἑκάστου τὸ ἔργον φανερὸν³³ γενήσεται· ἡ γὰρ ἡμέρα δηλώσει,³⁴ ὅτι ἐν πυρὶ ἀποκαλύπτεται·³⁵ καὶ ἑκάστου τὸ ἔργον ὁποῖόν³⁶ ἐστιν τὸ πῦρ δοκιμάσει.³⁷ 14 Εἴ τινος τὸ ἔργον μένει ὃ ἐποικοδόμησεν,³⁸ μισθὸν¹⁵ λήψεται. 15 Εἴ τινος τὸ ἔργον κατακαήσεται,³⁹ ζημιωθήσεται·⁴⁰ αὐτὸς δὲ σωθήσεται, οὕτως δὲ ὡς διὰ πυρός.

---

⁷ἐφύτευσα: AAI-1S   ⁸ἐπότισεν: AAI-3S   ⁹ηὔξανεν: IAI-3S   ¹⁰φυτεύων: PAP-NSM   ¹¹ποτίζων: PAP-NSM
¹²αὐξάνων: PAP-NSM   ¹³φυτεύων: PAP-NSM   ¹⁴ποτίζων: PAP-NSM   ²³ἐποικοδομεῖ: PAI-3S   ²⁴ἐποικοδομεῖ: PAI-3S
²⁵κείμενον: PNP-ASM   ²⁶ἐποικοδομεῖ: PAI-3S   ³⁴δηλώσει: FAI-3S   ³⁵ἀποκαλύπτεται: PPI-3S   ³⁷δοκιμάσει: FAI-3S
³⁸ἐποικοδόμησεν: AAI-3S   ³⁹κατακαήσεται: 2FPI-3S   ⁴⁰ζημιωθήσεται: FPI-3S

---

¹οὔπω, [23] not yet.   ²σαρκικός, ή, όν, [11] fleshly, carnal, earthly.   ³ζῆλος, ου, ὁ, [17] (a) eagerness, zeal, enthusiasm, (b) jealousy, rivalry.   ⁴ἔρις, ιδος, ἡ, [9] contention, strife, wrangling.   ⁵διχοστασία, ας, ἡ, [3] division, dissension, standing apart.   ⁶διάκονος, οῦ, ὁ, ἡ, [30] a waiter, servant; then of any one who performs any service, an administrator.   ⁷φυτεύω, [11] I plant, set.   ⁸ποτίζω, [15] I cause to drink, give to drink; irrigate, water.   ⁹αὐξάνω, [23] (a) I cause to increase, become greater (b) I increase, grow.   ¹⁰φυτεύω, [11] I plant, set.   ¹¹ποτίζω, [15] I cause to drink, give to drink; irrigate, water.   ¹²αὐξάνω, [23] (a) I cause to increase, become greater (b) I increase, grow.   ¹³φυτεύω, [11] I plant, set.   ¹⁴ποτίζω, [15] I cause to drink, give to drink; irrigate, water.   ¹⁵μισθός, οῦ, ὁ, [29] (a) pay, wages, salary, (b) reward, recompense, punishment.   ¹⁶κόπος, ου, ὁ, [19] (a) trouble, (b) toil, labor, laborious toil, involving weariness and fatigue.   ¹⁷συνεργός, οῦ, ὁ, [13] a fellow worker, associate, helper.   ¹⁸γεώργιον, ου, τό, [1] a tilled field, cultivation, husbandry.   ¹⁹οἰκοδομή, ῆς, ἡ, [18] (a) the act of building, (b) a building, (c) met: spiritual advancement, edification.   ²⁰σοφός, ή, όν, [22] wise, learned, cultivated, skilled, clever.   ²¹ἀρχιτέκτων, ονος, ὁ, [1] master-builder, architect.   ²²θεμέλιος, ον, [16] (properly, an adj: belonging to the foundation), a foundation stone.   ²³ἐποικοδομέω, [8] I build upon (above) a foundation.   ²⁴ἐποικοδομέω, [8] I build upon (above) a foundation.   ²⁵κεῖμαι, [26] I lie, recline, am placed, am laid, set, specially appointed, destined.   ²⁶ἐποικοδομέω, [8] I build upon (above) a foundation.   ²⁷χρυσός, οῦ, ὁ, [10] gold, anything made of gold, a gold coin.   ²⁸ἄργυρος, ου, ὁ, [5] silver as a metal.   ²⁹τίμιος, α, ον, [14] of great price, precious, honored.   ³⁰ξύλον, ου, τό, [20] anything made of wood, a piece of wood, a club, staff; the trunk of a tree, used to support the cross-bar of a cross in crucifixion.   ³¹χόρτος, ου, ὁ, [15] grass, herbage, growing grain, hay.   ³²καλάμη, ῆς, ἡ, [1] stubble, straw, the stalk.   ³³φανερός, ά, όν, [20] apparent, clear, visible, manifest; adv: clearly.   ³⁴δηλόω, [7] I show, make clear, reveal.   ³⁵ἀποκαλύπτω, [26] I uncover, bring to light, reveal.   ³⁶ὁποῖος, οία, οῖον, [5] of what kind or manner, of what sort.   ³⁷δοκιμάζω, [23] I put to the test, prove, examine; I distinguish by testing, approve after testing; I am fit.   ³⁸ἐποικοδομέω, [8] I build upon (above) a foundation.   ³⁹κατακαίω, [12] I burn up, consume entirely.   ⁴⁰ζημιόω, [6] I inflict loss (damage) upon, fine, punish, sometimes with the acc. of the penalty, even when the verb is passive.

16 Οὐκ οἴδατε ὅτι ναὸς¹ θεοῦ ἐστε, καὶ τὸ πνεῦμα τοῦ θεοῦ οἰκεῖ² ἐν ὑμῖν; **17** Εἴ τις τὸν ναὸν¹ τοῦ θεοῦ φθείρει,³ φθερεῖ⁴ τοῦτον ὁ θεός· ὁ γὰρ ναὸς¹ τοῦ θεοῦ ἅγιός ἐστιν, οἵτινές ἐστε ὑμεῖς.

18 Μηδεὶς ἑαυτὸν ἐξαπατάτω·⁵ εἴ τις δοκεῖ σοφὸς⁶ εἶναι ἐν ὑμῖν ἐν τῷ αἰῶνι τούτῳ, μωρὸς⁷ γενέσθω, ἵνα γένηται σοφός.⁶ **19** Ἡ γὰρ σοφία τοῦ κόσμου τούτου μωρία⁸ παρὰ τῷ θεῷ ἐστιν. Γέγραπται γάρ, Ὁ δρασσόμενος⁹ τοὺς σοφοὺς⁶ ἐν τῇ πανουργίᾳ¹⁰ αὐτῶν. **20** Καὶ πάλιν, Κύριος γινώσκει τοὺς διαλογισμοὺς¹¹ τῶν σοφῶν,⁶ ὅτι εἰσὶν μάταιοι.¹² **21** Ὥστε μηδεὶς καυχάσθω¹³ ἐν ἀνθρώποις· πάντα γὰρ ὑμῶν ἐστιν, **22** εἴτε Παῦλος, εἴτε Ἀπολλώς, εἴτε Κηφᾶς, εἴτε κόσμος, εἴτε ζωή, εἴτε θάνατος, εἴτε ἐνεστῶτα,¹⁴ εἴτε μέλλοντα· πάντα ὑμῶν ἐστιν, **23** ὑμεῖς δὲ χριστοῦ, χριστὸς δὲ θεοῦ.

The Work of the Ministers of Christ

4 Οὕτως ἡμᾶς λογιζέσθω¹⁵ ἄνθρωπος, ὡς ὑπηρέτας¹⁶ χριστοῦ καὶ οἰκονόμους¹⁷ μυστηρίων¹⁸ θεοῦ. **2** Ὁ δὲ λοιπόν,¹⁹ ζητεῖται ἐν τοῖς οἰκονόμοις,¹⁷ ἵνα πιστός τις εὑρεθῇ. **3** Ἐμοὶ δὲ εἰς ἐλάχιστόν²⁰ ἐστιν ἵνα ὑφ’ ὑμῶν ἀνακριθῶ,²¹ ἢ ὑπὸ ἀνθρωπίνης²² ἡμέρας· ἀλλ’ οὐδὲ ἐμαυτὸν²³ ἀνακρίνω.²⁴ **4** Οὐδὲν γὰρ ἐμαυτῷ²³ σύνοιδα,²⁵ ἀλλ’ οὐκ ἐν τούτῳ δεδικαίωμαι·²⁶ ὁ δὲ ἀνακρίνων²⁷ με κύριός ἐστιν. **5** Ὥστε μὴ πρὸ²⁸ καιροῦ τι κρίνετε, ἕως ἂν ἔλθῃ ὁ κύριος, ὃς καὶ φωτίσει²⁹ τὰ κρυπτὰ³⁰ τοῦ σκότους,³¹ καὶ φανερώσει³² τὰς βουλὰς³³ τῶν καρδιῶν· καὶ τότε ὁ ἔπαινος³⁴ γενήσεται ἑκάστῳ ἀπὸ τοῦ θεοῦ.

---

²οἰκεῖ: PAI-3S ³φθείρει: PAI-3S ⁴φθερεῖ: FAI-3S ⁵ἐξαπατάτω: PAM-3S ⁹δρασσόμενος: PNP-NSM ¹³καυχάσθω: PNM-3S ¹⁴ἐνεστῶτα: RAP-NPN ¹⁵λογιζέσθω: PNM-3S ²¹ἀνακριθῶ: APS-1S ²⁴ἀνακρίνω: PAI-1S ²⁵σύνοιδα: RAI-1S ²⁶δεδικαίωμαι: RPI-1S ²⁷ἀνακρίνων: PAP-NSM ²⁹φωτίσει: FAI-3S ³²φανερώσει: FAI-3S

---

¹ναός, οῦ, ὁ, [46] a temple, a shrine, that part of the temple where God himself resides. ²οἰκέω, [9] I inhabit, dwell, indwell. ³φθείρω, [7] I corrupt, spoil, destroy, ruin. ⁴φθείρω, [7] I corrupt, spoil, destroy, ruin. ⁵ἐξαπατάω, [5] I deceive thoroughly. ⁶σοφός, ή, όν, [22] wise, learned, cultivated, skilled, clever. ⁷μωρός, ά, όν, [13] (a) adj: stupid, foolish, (b) noun: a fool. ⁸μωρία, ας, ἡ, [5] folly, absurdity, foolishness. ⁹δράσσομαι, [1] I take hold of, grasp, catch. ¹⁰πανουργία, ας, ἡ, [5] shrewdness, skill; hence: cunning, craftiness. ¹¹διαλογισμός, οῦ, ὁ, [14] a calculation, reasoning, thought, movement of thought, deliberation, plotting. ¹²μάταιος, αία, αιον, [6] vain, unreal, ineffectual, unproductive; practically: godless. ¹³καυχάομαι, [38] I boast; I glory (exult) proudly. ¹⁴ἐνίστημι, [7] I place in or upon; only in the intrans. tenses: I impend, am at hand, am present, threaten; as adj: present. ¹⁵λογίζομαι, [41] I reckon, count, charge with; reason, decide, conclude; think, suppose. ¹⁶ὑπηρέτης, ου, ὁ, [20] a servant, an attendant, (a) an officer, lictor, (b) an attendant in a synagogue, (c) a minister of the gospel. ¹⁷οἰκονόμος, ου, ὁ, [10] a household manager, a steward, guardian. ¹⁸μυστήριον, ου, τό, [27] a mystery, secret, of which initiation is necessary; in the NT: the counsels of God, once hidden but now revealed in the Gospel or some fact thereof; the Christian revelation generally; particular truths or details of the Christian revelation. ¹⁹λοιπόν, [14] finally, from now on, henceforth, beyond that. ²⁰ἐλάχιστος, ίστη, ιστον, [13] least, smallest, but perhaps oftener in the weaker sense: very little, very small. ²¹ἀνακρίνω, [16] I examine, inquire into, investigate, question. ²²ἀνθρώπινος, η, ον, [7] belonging to human beings (especially as contrasted with God), human (as contrasted with divine). ²³ἐμαυτοῦ, ῆς, οῦ, [37] of myself. ²⁴ἀνακρίνω, [16] I examine, inquire into, investigate, question. ²⁵σύνοιδα, [4] I know, consider, am privy to. ²⁶δικαιόω, [39] I make righteous, defend the cause of, plead for the righteousness (innocence) of, acquit, justify; hence: I regard as righteous. ²⁷ἀνακρίνω, [16] I examine, inquire into, investigate, question. ²⁸πρό, [47] (a) of place: before, in front of, (b) of time: before, earlier than. ²⁹φωτίζω, [11] (a) I light up, illumine, (b) I bring to light, make evident, reveal. ³⁰κρυπτός, ή, όν, [19] hidden, secret; as subst: the hidden (secret) things (parts), the inward nature (character). ³¹σκότος, ους, τό, [32] darkness, either physical or moral. ³²φανερόω, [49] I make clear (visible, manifest), make known. ³³βουλή, ῆς, ἡ, [12] counsel, deliberate wisdom, decree. ³⁴ἔπαινος, ου, ὁ, [11] commendation, praise, approval.

6 Ταῦτα δέ, ἀδελφοί, μετεσχημάτισα¹ εἰς ἐμαυτὸν² καὶ Ἀπολλὼ δι᾽ ὑμᾶς, ἵνα ἐν ἡμῖν μάθητε³ τὸ μὴ ὑπὲρ ὃ γέγραπται φρονεῖν,⁴ ἵνα μὴ εἷς ὑπὲρ τοῦ ἑνὸς φυσιοῦσθε⁵ κατὰ τοῦ ἑτέρου. 7 Τίς γάρ σε διακρίνει;⁶ Τί δὲ ἔχεις ὃ οὐκ ἔλαβες; Εἰ δὲ καὶ ἔλαβες, τί καυχᾶσαι⁷ ὡς μὴ λαβών; 8 Ἤδη κεκορεσμένοι⁸ ἐστέ, ἤδη ἐπλουτήσατε,⁹ χωρὶς¹⁰ ἡμῶν ἐβασιλεύσατε·¹¹ καὶ ὄφελόν¹² γε¹³ ἐβασιλεύσατε,¹⁴ ἵνα καὶ ἡμεῖς ὑμῖν συμβασιλεύσωμεν.¹⁵ 9 Δοκῶ γὰρ ὅτι ὁ θεὸς ἡμᾶς τοὺς ἀποστόλους ἐσχάτους ἀπέδειξεν¹⁶ ὡς ἐπιθανατίους·¹⁷ ὅτι θέατρον¹⁸ ἐγενήθημεν τῷ κόσμῳ, καὶ ἀγγέλοις, καὶ ἀνθρώποις. 10 Ἡμεῖς μωροὶ¹⁹ διὰ χριστόν, ὑμεῖς δὲ φρόνιμοι²⁰ ἐν χριστῷ· ἡμεῖς ἀσθενεῖς,²¹ ὑμεῖς δὲ ἰσχυροί·²² ὑμεῖς ἔνδοξοι,²³ ἡμεῖς δὲ ἄτιμοι.²⁴ 11 Ἄχρι τῆς ἄρτι²⁵ ὥρας καὶ πεινῶμεν,²⁶ καὶ διψῶμεν,²⁷ καὶ γυμνητεύομεν,²⁸ καὶ κολαφιζόμεθα,²⁹ καὶ ἀστατοῦμεν,³⁰ 12 καὶ κοπιῶμεν³¹ ἐργαζόμενοι³² ταῖς ἰδίαις χερσίν· λοιδορούμενοι³³ εὐλογοῦμεν·³⁴ διωκόμενοι³⁵ ἀνεχόμεθα·³⁶ 13 βλασφημούμενοι³⁷ παρακαλοῦμεν· ὡς περικαθάρματα³⁸ τοῦ κόσμου ἐγενήθημεν, πάντων περίψημα³⁹ ἕως ἄρτι.²⁵

---

¹μετεσχημάτισα: AAI-1S ³μάθητε: 2AAS-2P ⁴φρονεῖν: PAN ⁵φυσιοῦσθε: PPS-2P ⁶διακρίνει: PAI-3S ⁷καυχᾶσαι: PNI-2S ⁸κεκορεσμένοι: RPP-NPM ⁹ἐπλουτήσατε: AAI-2P ¹¹ἐβασιλεύσατε: AAI-2P ¹²ὄφελόν: 2AAI-1S ¹⁴ἐβασιλεύσατε: AAI-2P ¹⁵συμβασιλεύσωμεν: AAS-1P ¹⁶ἀπέδειξεν: AAI-3S ²⁶πεινῶμεν: PAI-1P ²⁷διψῶμεν: PAI-1P ²⁸γυμνητεύομεν: PAI-1P ²⁹κολαφιζόμεθα: PPI-1P ³⁰ἀστατοῦμεν: PAI-1P ³¹κοπιῶμεν: PAI-1P ³²ἐργαζόμενοι: PNP-NPM ³³λοιδορούμενοι: PPP-NPM ³⁴εὐλογοῦμεν: PAI-1P ³⁵διωκόμενοι: PPP-NPM ³⁶ἀνεχόμεθα: PNI-1P ³⁷βλασφημούμενοι: PPP-NPM

---

¹μετασχηματίζω, [5] I change the outward appearance (the dress, the form of presentment) of something, transfigure; I adapt. ²ἐμαυτοῦ, ῆς, οῦ, [37] of myself. ³μανθάνω, [25] I learn; with adj. or nouns: I learn to be so and so; with acc. of person who is the object of knowledge; aor. sometimes: to ascertain. ⁴φρονέω, [29] (a) I think, (b) I think, judge, (c) I direct the mind to, seek for, (d) I observe, (e) I care for. ⁵φυσιόω, [7] I inflate, puff up; pass: I am puffed up, arrogant, proud. ⁶διακρίνω, [19] I separate, distinguish, discern one thing from another; I doubt, hesitate, waver. ⁷καυχάομαι, [38] I boast; I glory (exult) proudly. ⁸κορέννυμι, [2] I fill, sate, glut, feed full, satisfy. ⁹πλουτέω, [12] I become rich, am rich, abound in. ¹⁰χωρίς, [39] apart from, separately from; without. ¹¹βασιλεύω, [21] (a) I rule, reign, (b) I reign over. ¹²ὄφελον, [4] O that! I wish! Would that!, followed by indicative. ¹³γε, [15] an enclitic, emphasizing particle: at least, indeed, really, but generally too subtle to be represented in English. ¹⁴βασιλεύω, [21] (a) I rule, reign, (b) I reign over. ¹⁵συμβασιλεύω, [2] I reign together with. ¹⁶ἀποδείκνυμι, [4] I show by proof, demonstrate, set forth, proclaim to an officer. ¹⁷ἐπιθανάτιος, ον, [1] at the point of death, condemned to death. ¹⁸θέατρον, ου, τό, [3] (a) a theatre, a semicircular stone building, generally open to the sky, (b) a spectacle, show. ¹⁹μωρός, ά, όν, [13] (a) adj: stupid, foolish, (b) noun: a fool. ²⁰φρόνιμος, ον, [14] intelligent, prudent, sensible, wise. ²¹ἀσθενής, ές, [25] (lit: not strong), (a) weak (physically, or morally), (b) infirm, sick. ²²ἰσχυρός, ά, όν, [29] strong (originally and generally of physical strength); mighty, powerful, vehement, sure. ²³ἔνδοξος, ον, [4] highly esteemed, splendid, glorious. ²⁴ἄτιμος, ον, [4] without honor, despised. ²⁵ἄρτι, [37] now, just now, at this moment. ²⁶πεινάω, [23] I am hungry, needy, desire earnestly. ²⁷διψάω, [16] I thirst for, desire earnestly. ²⁸γυμνητεύω, [1] I am poorly clad; I am habitually wearing an under-garment only. ²⁹κολαφίζω, [5] I strike with the fist, buffet; hence: I mistreat violently. ³⁰ἀστατέω, [1] I am unsettled, have no fixed abode, lead a vagabond life. ³¹κοπιάω, [23] (a) I grow weary, (b) I toil, work with effort (of bodily and mental labor alike). ³²ἐργάζομαι, [39] I work, trade, perform, do, practice, commit, acquire by labor. ³³λοιδορέω, [4] I revile a person to his face, abuse insultingly. ³⁴εὐλογέω, [43] (lit: I speak well of) I bless; pass: I am blessed. ³⁵διώκω, [44] I pursue, hence: I persecute. ³⁶ἀνέχομαι, [15] I endure, bear with, have patience with, suffer, admit, persist. ³⁷βλασφημέω, [35] I speak evil against, blaspheme, use abusive or scurrilous language about (God or men). ³⁸περικάθαρμα, ατος, τό, [1] refuse, offscouring, filth. ³⁹περίψημα, ατος, τό, [1] scrapings, offscourings, wiped-off filth.

14 Οὐκ ἐντρέπων¹ ὑμᾶς γράφω ταῦτα, ἀλλ' ὡς τέκνα μου ἀγαπητὰ νουθετῶ.² **15** Ἐὰν γὰρ μυρίους³ παιδαγωγοὺς⁴ ἔχητε ἐν χριστῷ, ἀλλ' οὐ πολλοὺς πατέρας· ἐν γὰρ χριστῷ Ἰησοῦ διὰ τοῦ εὐαγγελίου ἐγὼ ὑμᾶς ἐγέννησα. **16** Παρακαλῶ οὖν ὑμᾶς, μιμηταί⁵ μου γίνεσθε. **17** Διὰ τοῦτο ἔπεμψα ὑμῖν Τιμόθεον, ὅς ἐστιν τέκνον μου ἀγαπητὸν καὶ πιστὸν ἐν κυρίῳ, ὃς ὑμᾶς ἀναμνήσει⁶ τὰς ὁδούς μου τὰς ἐν χριστῷ, καθὼς πανταχοῦ⁷ ἐν πάσῃ ἐκκλησίᾳ διδάσκω. **18** Ὡς μὴ ἐρχομένου δέ μου πρὸς ὑμᾶς ἐφυσιώθησάν⁸ τινες. **19** Ἐλεύσομαι δὲ ταχέως⁹ πρὸς ὑμᾶς, ἐὰν ὁ κύριος θελήσῃ, καὶ γνώσομαι οὐ τὸν λόγον τῶν πεφυσιωμένων,¹⁰ ἀλλὰ τὴν δύναμιν. **20** Οὐ γὰρ ἐν λόγῳ ἡ βασιλεία τοῦ θεοῦ, ἀλλ' ἐν δυνάμει. **21** Τί θέλετε; Ἐν ῥάβδῳ¹¹ ἔλθω πρὸς ὑμᾶς, ἢ ἐν ἀγάπῃ πνεύματί τε πραότητος;¹²

The Necessity of Church Discipline

5 Ὅλως¹³ ἀκούεται ἐν ὑμῖν πορνεία,¹⁴ καὶ τοιαύτη πορνεία,¹⁴ ἥτις οὐδὲ ἐν τοῖς ἔθνεσιν ὀνομάζεται,¹⁵ ὥστε γυναῖκά τινα τοῦ πατρὸς ἔχειν. **2** Καὶ ὑμεῖς πεφυσιωμένοι¹⁶ ἐστέ, καὶ οὐχὶ μᾶλλον ἐπενθήσατε,¹⁷ ἵνα ἐξαρθῇ¹⁸ ἐκ μέσου ὑμῶν ὁ τὸ ἔργον τοῦτο ποιήσας. **3** Ἐγὼ μὲν γὰρ ὡς ἀπὼν¹⁹ τῷ σώματι παρὼν²⁰ δὲ τῷ πνεύματι, ἤδη κέκρικα ὡς παρών,²¹ τὸν οὕτως τοῦτο κατεργασάμενον,²² **4** ἐν τῷ ὀνόματι τοῦ κυρίου ἡμῶν Ἰησοῦ χριστοῦ, συναχθέντων ὑμῶν καὶ τοῦ ἐμοῦ πνεύματος, σὺν τῇ δυνάμει τοῦ κυρίου ἡμῶν Ἰησοῦ χριστοῦ, **5** παραδοῦναι τὸν τοιοῦτον τῷ Σατανᾷ²³ εἰς ὄλεθρον²⁴ τῆς σαρκός, ἵνα τὸ πνεῦμα σωθῇ ἐν τῇ ἡμέρᾳ τοῦ κυρίου Ἰησοῦ. **6** Οὐ καλὸν τὸ καύχημα²⁵ ὑμῶν. Οὐκ οἴδατε ὅτι μικρὰ²⁶ ζύμη²⁷ ὅλον τὸ φύραμα²⁸ ζυμοῖ;²⁹ **7** Ἐκκαθάρατε³⁰ τὴν παλαιὰν³¹ ζύμην,²⁷ ἵνα ἦτε νέον³² φύραμα,²⁸ καθώς ἐστε ἄζυμοι.³³ Καὶ γὰρ τὸ Πάσχα³⁴ ἡμῶν ὑπὲρ ἡμῶν

---

¹ἐντρέπων: PAP-NSM   ²νουθετῶ: PAI-1S   ⁶ἀναμνήσει: FAI-3S   ⁸ἐφυσιώθησάν: API-3P   ¹⁰πεφυσιωμένων: RPP-GPM   ¹⁵ὀνομάζεται: PPI-3S   ¹⁶πεφυσιωμένοι: RPP-NPM   ¹⁷ἐπενθήσατε: AAI-2P   ¹⁸ἐξαρθῇ: APS-3S   ¹⁹ἀπὼν: PAP-NSM   ²⁰παρὼν: PAP-NSM   ²¹παρών: PAP-NSM   ²²κατεργασάμενον: ADP-ASM   ²⁹ζυμοῖ: PAI-3S   ³⁰Ἐκκαθάρατε: AAM-2P

---

¹ἐντρέπω, [9] (a) I turn to confusion, put to shame, (b) mid: I reverence, regard.   ²νουθετέω, [8] I admonish, warn, counsel, exhort.   ³μυρίοι, ίαι, ία, [3] ten thousand; also used for a very large number, innumerable.   ⁴παιδαγωγός, οῦ, ὁ, [3] a boy's guardian or tutor, a slave who had charge of the life and morals of the boys of a family, not strictly a teacher.   ⁵μιμητής, οῦ, ὁ, [7] an imitator, follower.   ⁶ἀναμιμνήσκω, [6] I remind, admonish, am reminded, remind myself; pass: I remember, recall.   ⁷πανταχοῦ, [7] everywhere, in all places.   ⁸φυσιόω, [7] I inflate, puff up; pass: I am puffed up, arrogant, proud.   ⁹ταχέως, [10] soon, quickly, hastily.   ¹⁰φυσιόω, [7] I inflate, puff up; pass: I am puffed up, arrogant, proud.   ¹¹ῥάβδος, ου, ἡ, [12] a rod, staff, staff of authority, scepter.   ¹²πραΰτης, τητος, ἡ, [12] mildness, gentleness.   ¹³ὅλως, [4] wholly, altogether, actually, really; with negative: not at all.   ¹⁴πορνεία, ας, ἡ, [26] fornication, whoredom; met: idolatry.   ¹⁵ὀνομάζω, [10] I give a name to, mention, call upon the name of.   ¹⁶φυσιόω, [7] I inflate, puff up; pass: I am puffed up, arrogant, proud.   ¹⁷πενθέω, [10] I mourn, lament, feel guilt.   ¹⁸ἐξαίρω, [2] I lift up, remove, eject.   ¹⁹ἄπειμι, [7] I am absent.   ²⁰πάρειμι, [24] I am present, am near; I have come, arrived.   ²¹πάρειμι, [24] I am present, am near; I have come, arrived.   ²²κατεργάζομαι, [24] I effect by labor, achieve, work out, bring about.   ²³Σατανᾶς, ᾶ, ὁ, [36] an adversary, Satan.   ²⁴ὄλεθρος, ου, ὁ, [4] ruin, doom, destruction, death.   ²⁵καύχημα, ατος, τό, [11] a boasting; a ground of boasting (glorying, exultation).   ²⁶μικρός, ά, όν, [45] little, small.   ²⁷ζύμη, ης, ἡ, [13] leaven, ferment, both lit. and met.   ²⁸φύραμα, ατος, τό, [5] a mass or lump, as of bread dough.   ²⁹ζυμόω, [4] I leaven, ferment.   ³⁰ἐκκαθαίρω, [2] I clean (cleanse) out, clean thoroughly.   ³¹παλαιός, ά, όν, [19] old, ancient, not new or recent.   ³²νέος, α, ον, [24] (a) young, youthful, (b) new, fresh.   ³³ἄζυμος, ον, [9] unleavened, the paschal feast (a feast of the Hebrews); fig: uncorrupted, sincere.   ³⁴πάσχα, τό, [29] the feast of Passover, the Passover lamb.

ἐτύθη¹ χριστός· **8** ὥστε ἑορτάζωμεν,² μὴ ἐν ζύμῃ³ παλαιᾷ,⁴ μηδὲ ἐν ζύμῃ³ κακίας⁵ καὶ πονηρίας,⁶ ἀλλ' ἐν ἀζύμοις⁷ εἰλικρινείας⁸ καὶ ἀληθείας.

9 Ἔγραψα ὑμῖν ἐν τῇ ἐπιστολῇ⁹ μὴ συναναμίγνυσθαι¹⁰ πόρνοις·¹¹ **10** καὶ οὐ πάντως¹² τοῖς πόρνοις¹¹ τοῦ κόσμου τούτου ἢ τοῖς πλεονέκταις,¹³ ἢ ἅρπαξιν,¹⁴ ἢ εἰδωλολάτραις·¹⁵ ἐπεὶ¹⁶ ὀφείλετε¹⁷ ἄρα¹⁸ ἐκ τοῦ κόσμου ἐξελθεῖν. **11** Νῦν δὲ ἔγραψα ὑμῖν μὴ συναναμίγνυσθαι,¹⁹ ἐάν τις ἀδελφὸς ὀνομαζόμενος²⁰ ᾖ πόρνος,¹¹ ἢ πλεονέκτης,¹³ ἢ εἰδωλολάτρης,¹⁵ ἢ λοίδορος,²¹ ἢ μέθυσος,²² ἢ ἅρπαξ·¹⁴ τῷ τοιούτῳ μηδὲ συνεσθίειν.²³ **12** Τί γάρ μοι καὶ τοὺς ἔξω κρίνειν; Οὐχὶ τοὺς ἔσω²⁴ ὑμεῖς κρίνετε; **13** Τοὺς δὲ ἔξω ὁ θεὸς κρινεῖ. Καὶ ἐξαρεῖτε²⁵ τὸν πονηρὸν ἐξ ὑμῶν αὐτῶν.

Lawsuits against Believers

6 Τολμᾷ²⁶ τις ὑμῶν, πρᾶγμα²⁷ ἔχων πρὸς τὸν ἕτερον, κρίνεσθαι ἐπὶ τῶν ἀδίκων,²⁸ καὶ οὐχὶ ἐπὶ τῶν ἁγίων; **2** Οὐκ οἴδατε ὅτι οἱ ἅγιοι τὸν κόσμον κρινοῦσιν; Καὶ εἰ ἐν ὑμῖν κρίνεται ὁ κόσμος, ἀνάξιοί²⁹ ἐστε κριτηρίων³⁰ ἐλαχίστων;³¹ **3** Οὐκ οἴδατε ὅτι ἀγγέλους κρινοῦμεν; Μήτι³² γε³³ βιωτικά;³⁴ **4** Βιωτικὰ³⁴ μὲν οὖν κριτήρια³⁰ ἐὰν ἔχητε, τοὺς ἐξουθενημένους³⁵ ἐν τῇ ἐκκλησίᾳ, τούτους καθίζετε.³⁶ **5** Πρὸς ἐντροπὴν³⁷ ὑμῖν λέγω. Οὕτως οὐκ ἔνι³⁸ ἐν ὑμῖν σοφὸς³⁹ οὐδὲ εἷς, ὃς δυνήσεται διακρῖναι⁴⁰ ἀνὰ⁴¹ μέσον τοῦ ἀδελφοῦ αὐτοῦ, **6** ἀλλὰ ἀδελφὸς μετὰ ἀδελφοῦ κρίνεται, καὶ τοῦτο ἐπὶ ἀπίστων;⁴²

---

¹ἐτύθη: API-3S ²ἑορτάζωμεν: PAS-1P ¹⁰συναναμίγνυσθαι: PMN ¹⁷ὀφείλετε: PAI-2P ¹⁹συναναμίγνυσθαι: PMN ²⁰ὀνομαζόμενος: PPP-NSM ²³συνεσθίειν: PAN ²⁵ἐξαρεῖτε: FAI-2P ²⁶Τολμᾷ: PAI-3S ³⁵ἐξουθενημένους: RPP-APM ³⁶καθίζετε: PAI-2P ³⁸ἔνι: PAI-3S ⁴⁰διακρῖναι: AAN

---

¹θύω, [14] I sacrifice, generally an animal; hence: I kill. ²ἑορτάζω, [1] I take part in a festival, keep a feast (allegorically). ³ζύμη, ης, ἡ, [13] leaven, ferment, both lit. and met. ⁴παλαιός, ά, όν, [19] old, ancient, not new or recent. ⁵κακία, ας, ἡ, [11] (a) evil (i.e. trouble, labor, misfortune), (b) wickedness, (c) vicious disposition, malice, spite. ⁶πονηρία, ας, ἡ, [7] wickedness, iniquities. ⁷ἄζυμος, ον, [9] unleavened, the paschal feast (a feast of the Hebrews); fig: uncorrupted, sincere. ⁸εἰλικρίνεια, ας, ἡ, [3] clearness, sincerity, purity. ⁹ἐπιστολή, ῆς, ἡ, [24] a letter, dispatch, epistle, message. ¹⁰συναναμίγνυμι, [3] I mingle together with, keep company with. ¹¹πόρνος, ου, ὁ, [10] a fornicator, man who prostitutes himself. ¹²πάντως, [9] wholly, entirely, in every way, by all means, certainly. ¹³πλεονέκτης, ου, ὁ, [4] a covetous or avaricious person; one desirous of having more. ¹⁴ἅρπαξ, αγος, ὁ, [5] rapacious, ravenous; a robber, an extortioner. ¹⁵εἰδωλολάτρης, ου, ὁ, [7] a server (worshipper) of an image (an idol). ¹⁶ἐπεί, [27] of time: when, after; of cause: since, because; otherwise: else. ¹⁷ὀφείλω, [36] I owe, ought. ¹⁸ἄρα, [35] then, therefore, since. ¹⁹συναναμίγνυμι, [3] I mingle together with, keep company with. ²⁰ὀνομάζω, [10] I give a name to, mention, call upon the name of. ²¹λοίδορος, ου, ὁ, [2] a railer, reviler, abuser. ²²μέθυσος, ου, ὁ, [2] a drunkard. ²³συνεσθίω, [5] I eat with. ²⁴ἔσω, [8] within, inside, with verbs either of rest or of motion; prep: within, to within, inside. ²⁵ἐξαίρω, [2] I lift up, remove, eject. ²⁶τολμάω, [16] I dare, endure, am bold, have courage, make up the mind. ²⁷πρᾶγμα, ατος, τό, [11] a thing done, a deed, action; a matter, an affair. ²⁸ἄδικος, ον, [12] unjust, unrighteous, wicked. ²⁹ἀνάξιος, ον, [1] unworthy, inadequate. ³⁰κριτήριον, ου, τό, [3] criterion; a law-court; a law-case before an arbiter; a cause, controversy. ³¹ἐλάχιστος, ίστη, ιστον, [13] least, smallest, but perhaps oftener in the weaker sense: very little, very small. ³²μήτι, [16] if not, unless, whether at all. ³³γε, [15] an enclitic, emphasizing particle: at least, indeed, really, but generally too subtle to be represented in English. ³⁴βιωτικός, ή, όν, [3] belonging to ordinary life, worldly. ³⁵ἐξουθενέω, [11] I set at naught, ignore, despise. ³⁶καθίζω, [48] (a) trans: I make to sit; I set, appoint, (b) intrans: I sit down, am seated, stay. ³⁷ἐντροπή, ῆς, ἡ, [2] shame. ³⁸ἔνι, [6] there is in, is present. ³⁹σοφός, ή, όν, [22] wise, learned, cultivated, skilled, clever. ⁴⁰διακρίνω, [19] I separate, distinguish, discern one thing from another; I doubt, hesitate, waver. ⁴¹ἀνά, [15] prep. Rare in NT; prop: upwards, up; among, between; in turn; apiece, by; as a prefix: up, to, anew, back. ⁴²ἄπιστος, ον, [23] unbelieving, incredulous, unchristian; sometimes subst: unbeliever.

7 Ἤδη μὲν οὖν ὅλως¹ ἥττημα² ὑμῖν ἐστιν, ὅτι κρίματα³ ἔχετε μεθ᾽ ἑαυτῶν. Διὰ τί οὐχὶ μᾶλλον ἀδικεῖσθε;⁴ Διὰ τί οὐχὶ μᾶλλον ἀποστερεῖσθε;⁵ 8 Ἀλλὰ ὑμεῖς ἀδικεῖτε⁶ καὶ ἀποστερεῖτε,⁷ καὶ ταῦτα ἀδελφούς. 9 Ἢ οὐκ οἴδατε ὅτι ἄδικοι⁸ βασιλείαν θεοῦ οὐ κληρονομήσουσιν;⁹ Μὴ πλανᾶσθε·¹⁰ οὔτε πόρνοι,¹¹ οὔτε εἰδωλολάτραι,¹² οὔτε μοιχοί,¹³ οὔτε μαλακοί,¹⁴ οὔτε ἀρσενοκοῖται,¹⁵ 10 οὔτε πλεονέκται,¹⁶ οὔτε κλέπται,¹⁷ οὔτε μέθυσοι,¹⁸ οὐ λοίδοροι,¹⁹ οὐχ ἅρπαγες,²⁰ βασιλείαν θεοῦ οὐ κληρονομήσουσιν.²¹ 11 Καὶ ταῦτά τινες ἦτε· ἀλλὰ ἀπελούσασθε,²² ἀλλὰ ἡγιάσθητε,²³ ἀλλ᾽ ἐδικαιώθητε²⁴ ἐν τῷ ὀνόματι τοῦ κυρίου Ἰησοῦ, καὶ ἐν τῷ πνεύματι τοῦ θεοῦ ἡμῶν.

The Necessity of Keeping the Body Undefiled

12 Πάντα μοι ἔξεστιν,²⁵ ἀλλ᾽ οὐ πάντα συμφέρει·²⁶ πάντα μοι ἔξεστιν,²⁷ ἀλλ᾽ οὐκ ἐγὼ ἐξουσιασθήσομαι²⁸ ὑπό τινος. 13 Τὰ βρώματα²⁹ τῇ κοιλίᾳ,³⁰ καὶ ἡ κοιλία³⁰ τοῖς βρώμασιν·²⁹ ὁ δὲ θεὸς καὶ ταύτην καὶ ταῦτα καταργήσει.³¹ Τὸ δὲ σῶμα οὐ τῇ πορνείᾳ,³² ἀλλὰ τῷ κυρίῳ, καὶ ὁ κύριος τῷ σώματι· 14 ὁ δὲ θεὸς καὶ τὸν κύριον ἤγειρεν καὶ ἡμᾶς ἐξεγερεῖ³³ διὰ τῆς δυνάμεως αὐτοῦ. 15 Οὐκ οἴδατε ὅτι τὰ σώματα ὑμῶν μέλη³⁴ χριστοῦ ἐστιν; Ἄρας οὖν τὰ μέλη³⁴ τοῦ χριστοῦ ποιήσω πόρνης³⁵ μέλη;³⁴ Μὴ γένοιτο. 16 Οὐκ οἴδατε ὅτι ὁ κολλώμενος³⁶ τῇ πόρνῃ³⁵ ἓν σῶμά ἐστιν; Ἔσονται γάρ, φησίν, οἱ

---

⁴ἀδικεῖσθε: PPI-2P ⁵ἀποστερεῖσθε: PPI-2P ⁶ἀδικεῖτε: PAI-2P ⁷ἀποστερεῖτε: PAI-2P ⁹κληρονομήσουσιν: FAI-3P ¹⁰πλανᾶσθε: PPM-2P ²¹κληρονομήσουσιν: FAI-3P ²²ἀπελούσασθε: AMI-2P ²³ἡγιάσθητε: API-2P ²⁴ἐδικαιώθητε: API-2P ²⁵ἔξεστιν: PAI-3S ²⁶συμφέρει: PAI-3S ²⁷ἔξεστιν: PAI-3S ²⁸ἐξουσιασθήσομαι: FPI-1S ³¹καταργήσει: FAI-3S ³³ἐξεγερεῖ: FAI-3S ³⁶κολλώμενος: PPP-NSM

---

¹ὅλως, [4] wholly, altogether, actually, really; with negative: not at all. ²ἥττημα, ατος, τό, [2] defect, loss, defeat, failure, shortcoming. ³κρίμα, ατος, τό, [28] (a) a judgment, a verdict; sometimes implying an adverse verdict, a condemnation, (b) a case at law, a lawsuit. ⁴ἀδικέω, [27] I act unjustly towards, injure, harm. ⁵ἀποστερέω, [6] I defraud, deprive of, despoil; mid: I endure deprivation; pass: I am bereft of. ⁶ἀδικέω, [27] I act unjustly towards, injure, harm. ⁷ἀποστερέω, [6] I defraud, deprive of, despoil; mid: I endure deprivation; pass: I am bereft of. ⁸ἄδικος, ον, [12] unjust, unrighteous, wicked. ⁹κληρονομέω, [18] I inherit, obtain (possess) by inheritance, acquire. ¹⁰πλανάω, [40] I lead astray, deceive, cause to wander. ¹¹πόρνος, ου, ὁ, [10] a fornicator, man who prostitutes himself. ¹²εἰδωλολάτρης, ου, ὁ, [7] a server (worshipper) of an image (an idol). ¹³μοιχός, οῦ, ὁ, [4] an adulterer, that is, a man who is guilty with a married woman. ¹⁴μαλακός, ή, όν, [4] (a) soft, (b) of persons: soft, delicate, effeminate. ¹⁵ἀρσενοκοίτης, ου, ὁ, [2] a male engaging in same-gender sexual activity; a sodomite, pederast. ¹⁶πλεονέκτης, ου, ὁ, [4] a covetous or avaricious person; one desirous of having more. ¹⁷κλέπτης, ου, ὁ, [16] a thief. ¹⁸μέθυσος, ου, ὁ, [2] a drunkard. ¹⁹λοίδορος, ου, ὁ, [2] a railer, reviler, abuser. ²⁰ἅρπαξ, αγος, ὁ, [5] rapacious, ravenous; a robber, an extortioner. ²¹κληρονομέω, [18] I inherit, obtain (possess) by inheritance, acquire. ²²ἀπολούω, [2] I wash off, mid: I wash away (my sins, in baptism). ²³ἁγιάζω, [29] I make holy, treat as holy, set apart as holy, sanctify, hallow, purify. ²⁴δικαιόω, [39] I make righteous, defend the cause of, plead for the righteousness (innocence) of, acquit, justify; hence: I regard as righteous. ²⁵ἔξεστιν, [31] it is permitted, lawful, possible. ²⁶συμφέρω, [17] I bring together, collect; I am profitable to. ²⁷ἔξεστιν, [31] it is permitted, lawful, possible. ²⁸ἐξουσιάζω, [4] I exercise (wield) power (authority), pass: I am ruled, am held under authority. ²⁹βρῶμα, ατος, τό, [17] food of any kind. ³⁰κοιλία, ας, ἡ, [23] belly, abdomen, heart, a general term covering any organ in the abdomen, e.g. stomach, womb; met: the inner man. ³¹καταργέω, [27] (a) I make idle (inactive), make of no effect, annul, abolish, bring to naught, (b) I discharge, sever, separate from. ³²πορνεία, ας, ἡ, [26] fornication, whoredom; met: idolatry. ³³ἐξεγείρω, [2] I raise up, arouse. ³⁴μέλος, ους, τό, [34] a bodily organ, limb, member. ³⁵πόρνη, ης, ἡ, [12] a prostitute; met: an idolatrous community. ³⁶κολλάω, [11] (lit: I glue); hence: mid. and pass: I join myself closely, cleave, adhere (to), I keep company (with), of friendly intercourse.

δύο εἰς σάρκα μίαν. 17 Ὁ δὲ κολλώμενος[1] τῷ κυρίῳ ἓν πνεῦμά ἐστιν. 18 Φεύγετε[2] τὴν πορνείαν.[3] Πᾶν ἁμάρτημα[4] ὃ ἐὰν ποιήσῃ ἄνθρωπος ἐκτὸς[5] τοῦ σώματός ἐστιν· ὁ δὲ πορνεύων[6] εἰς τὸ ἴδιον σῶμα ἁμαρτάνει.[7] 19 Ἤ οὐκ οἴδατε ὅτι τὸ σῶμα ὑμῶν ναός[8] τοῦ ἐν ὑμῖν ἁγίου πνεύματός ἐστιν, οὗ ἔχετε ἀπὸ θεοῦ; Καὶ οὐκ ἐστὲ ἑαυτῶν, 20 ἠγοράσθητε[9] γὰρ τιμῆς·[10] δοξάσατε δὴ[11] τὸν θεὸν ἐν τῷ σώματι ὑμῶν, καὶ ἐν τῷ πνεύματι ὑμῶν, ἅτινά ἐστιν τοῦ θεοῦ.

Instructions with Regard to Marriage

7 Περὶ δὲ ὧν ἐγράψατέ μοι, καλὸν ἀνθρώπῳ γυναικὸς μὴ ἅπτεσθαι.[12] 2 Διὰ δὲ τὰς πορνείας[3] ἕκαστος τὴν ἑαυτοῦ γυναῖκα ἐχέτω, καὶ ἑκάστη τὸν ἴδιον ἄνδρα ἐχέτω. 3 Τῇ γυναικὶ ὁ ἀνὴρ τὴν ὀφειλομένην[13] εὔνοιαν[14] ἀποδιδότω·[15] ὁμοίως[16] δὲ καὶ ἡ γυνὴ τῷ ἀνδρί. 4 Ἡ γυνὴ τοῦ ἰδίου σώματος οὐκ ἐξουσιάζει,[17] ἀλλ' ὁ ἀνήρ· ὁμοίως[16] δὲ καὶ ὁ ἀνὴρ τοῦ ἰδίου σώματος οὐκ ἐξουσιάζει,[18] ἀλλ' ἡ γυνή. 5 Μὴ ἀποστερεῖτε[19] ἀλλήλους, εἰ μή τι ἂν ἐκ συμφώνου[20] πρὸς καιρόν, ἵνα σχολάζητε[21] τῇ νηστείᾳ[22] καὶ τῇ προσευχῇ,[23] καὶ πάλιν ἐπὶ τὸ αὐτὸ συνέρχησθε,[24] ἵνα μὴ πειράζῃ[25] ὑμᾶς ὁ Σατανᾶς[26] διὰ τὴν ἀκρασίαν[27] ὑμῶν. 6 Τοῦτο δὲ λέγω κατὰ συγγνώμην,[28] οὐ κατ' ἐπιταγήν.[29] 7 Θέλω γὰρ πάντας ἀνθρώπους εἶναι ὡς καὶ ἐμαυτόν·[30] ἀλλ' ἕκαστος ἴδιον χάρισμα[31] ἔχει ἐκ θεοῦ, ὃς μὲν οὕτως, ὃς δὲ οὕτως.

8 Λέγω δὲ τοῖς ἀγάμοις[32] καὶ ταῖς χήραις,[33] καλὸν αὐτοῖς ἐστιν ἐὰν μείνωσιν ὡς κἀγώ. 9 Εἰ δὲ οὐκ ἐγκρατεύονται,[34] γαμησάτωσαν·[35] κρεῖσσον[36] γάρ ἐστιν γαμῆσαι[37]

---

[1]κολλώμενος: PPP-NSM   [2]Φεύγετε: PAM-2P   [6]πορνεύων: PAP-NSM   [7]ἁμαρτάνει: PAI-3S   [9]ἠγοράσθητε: API-2P   [12]ἅπτεσθαι: PMN   [13]ὀφειλομένην: PPP-ASF   [15]ἀποδιδότω: PAM-3S   [17]ἐξουσιάζει: PAI-3S [18]ἐξουσιάζει: PAI-3S   [19]ἀποστερεῖτε: PAM-2P   [21]σχολάζητε: PAS-2P   [24]συνέρχησθε: PNS-2P   [25]πειράζῃ: PAS-3S [34]ἐγκρατεύονται: PNI-3P   [35]γαμησάτωσαν: AAM-3P   [37]γαμῆσαι: AAN

---

[1]κολλάω, [11] (lit: I glue); hence: mid. and pass: I join myself closely, cleave, adhere (to), I keep company (with), of friendly intercourse.   [2]φεύγω, [31] I flee, escape, shun.   [3]πορνεία, ας, ἡ, [26] fornication, whoredom; met: idolatry.   [4]ἁμάρτημα, ατος, τό, [4] a fault, sin, evil deed.   [5]ἐκτός, [9] (a) adv: (1) without, outside, beyond, (2) except, (3) subst: the outside, (b) prep: outside, apart from.   [6]πορνεύω, [8] I fornicate; met: I practice idolatry.   [7]ἁμαρτάνω, [43] originally: I miss the mark, hence (a) I make a mistake, (b) I sin, commit a sin (against God); sometimes the idea of sinning against a fellow-creature is present.   [8]ναός, οῦ, ὁ, [46] a temple, a shrine, that part of the temple where God himself resides.   [9]ἀγοράζω, [31] I buy.   [10]τιμή, ῆς, ἡ, [42] a price, honor.   [11]δή, [7] (a) in a clause expressing demand: so, then, (b) indeed, (c) truly.   [12]ἅπτομαι, [36] prop: I fasten to; I lay hold of, touch, know carnally.   [13]ὀφείλω, [36] I owe, ought.   [14]εὔνοια, ας, ἡ, [2] goodwill, kindliness; enthusiasm.   [15]ἀποδίδωμι, [47] (a) I give back, return, restore, (b) I give, render, as due, (c) mid: I sell.   [16]ὁμοίως, [32] in like manner, similarly, in the same way, equally.   [17]ἐξουσιάζω, [4] I exercise (wield) power (authority), pass: I am ruled, am held under authority.   [18]ἐξουσιάζω, [4] I exercise (wield) power (authority), pass: I am ruled, am held under authority.   [19]ἀποστερέω, [6] I defraud, deprive of, despoil; mid: I endure deprivation; pass: I am bereft of.   [20]σύμφωνος, ον, [1] harmonious, agreeing with.   [21]σχολάζω, [2] (a) I have leisure, (b) I stand empty (of a house).   [22]νηστεία, ας, ἡ, [8] fasting, the day of atonement.   [23]προσευχή, ῆς, ἡ, [37] (a) prayer (to God), (b) a place for prayer (used by Jews, perhaps where there was no synagogue).   [24]συνέρχομαι, [32] I come or go with, accompany; I come together, assemble.   [25]πειράζω, [39] I try, tempt, test.   [26]Σατανᾶς, ᾶ, ὁ, [36] an adversary, Satan.   [27]ἀκρασία, ας, ἡ, [1] incontinence, intemperance (in wide sense), lack of restraint.   [28]συγγνώμη, ης, ἡ, [1] permission, indulgence, concession.   [29]ἐπιταγή, ῆς, ἡ, [7] instruction, command, order, authority.   [30]ἐμαυτοῦ, ῆς, οῦ, [37] of myself.   [31]χάρισμα, ατος, τό, [17] a gift of grace, an undeserved favor.   [32]ἄγαμος, οῦ, ὁ, ἡ, [4] unmarried, of a person not in a state of wedlock, whether he or she has formerly been married or not.   [33]χήρα, ας, ἡ, [27] a widow.   [34]ἐγκρατεύομαι, [2] I exercise self-control, am continent.   [35]γαμέω, [29] I marry, used of either sex.   [36]κρείσσων, ον, [4] stronger, more excellent.   [37]γαμέω, [29] I marry, used of either sex.

ἢ πυροῦσθαι.¹ 10 Τοῖς δὲ γεγαμηκόσιν² παραγγέλλω,³ οὐκ ἐγώ, ἀλλ᾽ ὁ κύριος, γυναῖκα ἀπὸ ἀνδρὸς μὴ χωρισθῆναι·⁴ 11 ἐὰν δὲ καὶ χωρισθῇ,⁵ μενέτω ἄγαμος,⁶ ἢ τῷ ἀνδρὶ καταλλαγήτω⁷ –καὶ ἄνδρα γυναῖκα μὴ ἀφιέναι. 12 Τοῖς δὲ λοιποῖς⁸ ἐγὼ λέγω, οὐχ ὁ κύριος· εἴ τις ἀδελφὸς γυναῖκα ἔχει ἄπιστον,⁹ καὶ αὐτὴ συνευδοκεῖ¹⁰ οἰκεῖν¹¹ μετ᾽ αὐτοῦ, μὴ ἀφιέτω αὐτήν. 13 Καὶ γυνὴ ἥτις ἔχει ἄνδρα ἄπιστον,⁹ καὶ αὐτὸς συνευδοκεῖ¹² οἰκεῖν¹³ μετ᾽ αὐτῆς, μὴ ἀφιέτω αὐτόν. 14 Ἡγίασται¹⁴ γὰρ ὁ ἀνὴρ ὁ ἄπιστος⁹ ἐν τῇ γυναικί, καὶ ἡγίασται¹⁵ ἡ γυνὴ ἡ ἄπιστος⁹ ἐν τῷ ἀνδρί· ἐπεὶ¹⁶ ἄρα¹⁷ τὰ τέκνα ὑμῶν ἀκάθαρτά¹⁸ ἐστιν, νῦν δὲ ἅγιά ἐστιν. 15 Εἰ δὲ ὁ ἄπιστος⁹ χωρίζεται,¹⁹ χωριζέσθω.²⁰ Οὐ δεδούλωται²¹ ὁ ἀδελφὸς ἢ ἡ ἀδελφὴ²² ἐν τοῖς τοιούτοις· ἐν δὲ εἰρήνῃ κέκληκεν ἡμᾶς ὁ θεός. 16 Τί γὰρ οἶδας, γύναι, εἰ τὸν ἄνδρα σώσεις; Ἢ τί οἶδας, ἄνερ, εἰ τὴν γυναῖκα σώσεις; 17 Εἰ μὴ ἑκάστῳ ὡς ἐμέρισεν²³ ὁ θεός, ἕκαστον ὡς κέκληκεν ὁ κύριος, οὕτως περιπατείτω. Καὶ οὕτως ἐν ταῖς ἐκκλησίαις πάσαις διατάσσομαι.²⁴ 18 Περιτετμημένος²⁵ τις ἐκλήθη; Μὴ ἐπισπάσθω.²⁶ Ἐν ἀκροβυστίᾳ²⁷ τις ἐκλήθη; Μὴ περιτεμνέσθω.²⁸ 19 Ἡ περιτομὴ²⁹ οὐδέν ἐστιν, καὶ ἡ ἀκροβυστία²⁷ οὐδέν ἐστιν, ἀλλὰ τήρησις³⁰ ἐντολῶν θεοῦ. 20 Ἕκαστος ἐν τῇ κλήσει³¹ ᾗ ἐκλήθη, ἐν ταύτῃ μενέτω. 21 Δοῦλος ἐκλήθης; Μή σοι μελέτω·³² ἀλλ᾽ εἰ καὶ δύνασαι ἐλεύθερος³³ γενέσθαι, μᾶλλον χρῆσαι.³⁴ 22 Ὁ γὰρ ἐν κυρίῳ κληθεὶς δοῦλος, ἀπελεύθερος³⁵ κυρίου ἐστίν· ὁμοίως³⁶ καὶ ὁ ἐλεύθερος³³ κληθείς, δοῦλός ἐστιν χριστοῦ. 23 Τιμῆς³⁷ ἠγοράσθητε·³⁸ μὴ

---

¹πυροῦσθαι: PPN   ²γεγαμηκόσιν: RAP-DPM   ³παραγγέλλω: PAI-1S   ⁴χωρισθῆναι: APN   ⁵χωρισθῇ: APS-3S   ⁷καταλλαγήτω: 2APM-3S   ¹⁰συνευδοκεῖ: PAI-3S   ¹¹οἰκεῖν: PAN   ¹²συνευδοκεῖ: PAI-3S   ¹³οἰκεῖν: PAN   ¹⁴Ἡγίασται: RPI-3S   ¹⁵ἡγίασται: RPI-3S   ¹⁹χωρίζεται: PMI-3S   ²⁰χωριζέσθω: PPM-3S   ²¹δεδούλωται: RPI-3S   ²³ἐμέρισεν: AAI-3S   ²⁴διατάσσομαι: PMI-1S   ²⁵Περιτετμημένος: RPP-NSM   ²⁶ἐπισπάσθω: PNM-3S   ²⁸περιτεμνέσθω: PPM-3S   ³²μελέτω: PAM-3S   ³⁴χρῆσαι: ADM-2S   ³⁸ἠγοράσθητε: API-2P

---

¹πυρόω, [6] pass: I burn, am set on fire, am inflamed; glow with heat, am purified by fire.   ²γαμέω, [29] I marry, used of either sex.   ³παραγγέλλω, [30] I notify, command, charge, entreat solemnly.   ⁴χωρίζω, [13] (a) I separate, put apart, (b) mid. or pass: I separate myself, depart, withdraw.   ⁵χωρίζω, [13] (a) I separate, put apart, (b) mid. or pass: I separate myself, depart, withdraw.   ⁶ἄγαμος, ου, ὁ, ἡ, [4] unmarried, of a person not in a state of wedlock, whether he or she has formerly been married or not.   ⁷καταλλάσσω, [6] I change, exchange, reconcile.   ⁸λοιπός, ή, όν, [42] left, left behind, the remainder, the rest, the others.   ⁹ἄπιστος, ον, [23] unbelieving, incredulous, unchristian; sometimes subst: unbeliever.   ¹⁰συνευδοκέω, [6] I consent, agree, am of one mind with, am willing.   ¹¹οἰκέω, [9] I inhabit, dwell, indwell.   ¹²συνευδοκέω, [6] I consent, agree, am of one mind with, am willing.   ¹³οἰκέω, [9] I inhabit, dwell, indwell.   ¹⁴ἁγιάζω, [29] I make holy, treat as holy, set apart as holy, sanctify, hallow, purify.   ¹⁵ἁγιάζω, [29] I make holy, treat as holy, set apart as holy, sanctify, hallow, purify.   ¹⁶ἐπεί, [27] of time: when, after; of cause: since, because; otherwise: else.   ¹⁷ἄρα, [35] then, therefore, since.   ¹⁸ἀκάθαρτος, ον, [31] unclean, impure.   ¹⁹χωρίζω, [13] (a) I separate, put apart, (b) mid. or pass: I separate myself, depart, withdraw.   ²⁰χωρίζω, [13] (a) I separate, put apart, (b) mid. or pass: I separate myself, depart, withdraw.   ²¹δουλόω, [8] I enslave.   ²²ἀδελφή, ῆς, ἡ, [25] a sister, a woman (fellow-)member of a church, a Christian woman.   ²³μερίζω, [14] I divide into parts, divide, part, share, distribute; mid: I share, take part in a partitioning; I distract.   ²⁴διατάσσω, [15] I give orders to, prescribe, arrange.   ²⁵περιτέμνω, [18] I cut around, circumcise.   ²⁶ἐπισπάομαι, [1] (lit: I draw over), mid: I become as uncircumcised.   ²⁷ἀκροβυστία, ας, ἡ, [20] (a technical word of Jewish use) foreskin, prepuce: used sometimes as a slang term by Jews, of Gentiles.   ²⁸περιτέμνω, [18] I cut around, circumcise.   ²⁹περιτομή, ῆς, ἡ, [36] circumcision.   ³⁰τήρησις, εως, ἡ, [3] a prison; observance (as of precepts).   ³¹κλῆσις, εως, ἡ, [11] a calling, invitation; in the NT, always of a divine call.   ³²μέλει, [9] it is a care, it is an object of anxiety, it concerns.   ³³ἐλεύθερος, έρα, ερον, [23] free, delivered from obligation.   ³⁴χράομαι, [11] I use, make use of, deal with, take advantage of.   ³⁵ἀπελεύθερος, ου, ὁ, [1] a freedman, one who has been a slave but has been manumitted by his master.   ³⁶ὁμοίως, [32] in like manner, similarly, in the same way, equally.   ³⁷τιμή, ῆς, ἡ, [42] a price, honor.   ³⁸ἀγοράζω, [31] I buy.

γίνεσθε δοῦλοι ἀνθρώπων. **24** Ἕκαστος ἐν ᾧ ἐκλήθη, ἀδελφοί, ἐν τούτῳ μενέτω παρὰ θεῷ.

25 Περὶ δὲ τῶν παρθένων¹ ἐπιταγὴν² κυρίου οὐκ ἔχω· γνώμην³ δὲ δίδωμι ὡς ἠλεημένος⁴ ὑπὸ κυρίου πιστὸς εἶναι. **26** Νομίζω⁵ οὖν τοῦτο καλὸν ὑπάρχειν διὰ τὴν ἐνεστῶσαν⁶ ἀνάγκην,⁷ ὅτι καλὸν ἀνθρώπῳ τὸ οὕτως εἶναι. **27** Δέδεσαι⁸ γυναικί; Μὴ ζήτει λύσιν.⁹ Λέλυσαι¹⁰ ἀπὸ γυναικός; Μὴ ζήτει γυναῖκα. **28** Ἐὰν δὲ καὶ γήμῃς,¹¹ οὐχ ἥμαρτες·¹² καὶ ἐὰν γήμῃ¹³ ἡ παρθένος,¹ οὐχ ἥμαρτεν.¹⁴ Θλῖψιν¹⁵ δὲ τῇ σαρκὶ ἕξουσιν οἱ τοιοῦτοι· ἐγὼ δὲ ὑμῶν φείδομαι.¹⁶ **29** Τοῦτο δέ φημι, ἀδελφοί, ὁ καιρὸς συνεσταλμένος·¹⁷ τὸ λοιπόν¹⁸ ἐστιν ἵνα καὶ οἱ ἔχοντες γυναῖκας ὡς μὴ ἔχοντες ὦσιν· **30** καὶ οἱ κλαίοντες,¹⁹ ὡς μὴ κλαίοντες·²⁰ καὶ οἱ χαίροντες, ὡς μὴ χαίροντες· καὶ οἱ ἀγοράζοντες,²¹ ὡς μὴ κατέχοντες·²² **31** καὶ οἱ χρώμενοι²³ τῷ κόσμῳ τούτῳ, ὡς μὴ καταχρώμενοι·²⁴ παράγει²⁵ γὰρ τὸ σχῆμα²⁶ τοῦ κόσμου τούτου. **32** Θέλω δὲ ὑμᾶς ἀμερίμνους²⁷ εἶναι. Ὁ ἄγαμος²⁸ μεριμνᾷ²⁹ τὰ τοῦ κυρίου, πῶς ἀρέσει³⁰ τῷ κυρίῳ· **33** ὁ δὲ γαμήσας³¹ μεριμνᾷ³² τὰ τοῦ κόσμου, πῶς ἀρέσει³³ τῇ γυναικί. **34** Μεμέρισται³⁴ καὶ ἡ γυνὴ καὶ ἡ παρθένος.¹ Ἡ ἄγαμος²⁸ μεριμνᾷ³⁵ τὰ τοῦ κυρίου, ἵνα ᾖ ἁγία καὶ σώματι καὶ

---

⁴ἠλεημένος: RPP-NSM ⁵Νομίζω: PAI-1S ⁶ἐνεστῶσαν: RAP-ASF ⁸Δέδεσαι: RPI-2S ¹⁰Λέλυσαι: RPI-2S ¹¹γήμῃς: AAS-2S ¹²ἥμαρτες: 2AAI-2S ¹³γήμῃ: AAS-3S ¹⁴ἥμαρτεν: 2AAI-3S ¹⁶φείδομαι: PNI-1S ¹⁷συνεσταλμένος: RPP-NSM ¹⁹κλαίοντες: PAP-NPM ²⁰κλαίοντες: PAP-NPM ²¹ἀγοράζοντες: PAP-NPM ²²κατέχοντες: PAP-NPM ²³χρώμενοι: PNP-NPM ²⁴καταχρώμενοι: PNP-NPM ²⁵παράγει: PAI-3S ²⁹μεριμνᾷ: PAI-3S ³⁰ἀρέσει: FAI-3S ³¹γαμήσας: AAP-NSM ³²μεριμνᾷ: PAI-3S ³³ἀρέσει: FAI-3S ³⁴Μεμέρισται: RPI-3S ³⁵μεριμνᾷ: PAI-3S

---

¹παρθένος, ου, ὁ, ἡ, [14] a maiden, virgin; extended to men who have not known women. ²ἐπιταγή, ῆς, ἡ, [7] instruction, command, order, authority. ³γνώμη, ης, ἡ, [9] opinion, counsel, judgment, intention, decree. ⁴ἐλεέω, [31] I pity, have mercy on. ⁵νομίζω, [15] I practice, hold by custom; I deem, think, consider, suppose. ⁶ἐνίστημι, [7] I place in or upon; only in the intrans. tenses: I impend, am at hand, am present, threaten; as adj: present. ⁷ἀνάγκη, ης, ἡ, [18] necessity, constraint, compulsion; there is need to; force, violence. ⁸δέω, [44] I bind, tie, fasten; I impel, compel; I declare to be prohibited and unlawful. ⁹λύσις, εως, ἡ, [1] dissolution, release; a loosing, divorce. ¹⁰λύω, [42] (a) I loose, untie, release, (b) met: I break, destroy, set at naught, contravene; I break up a meeting, annul. ¹¹γαμέω, [29] I marry, used of either sex. ¹²ἁμαρτάνω, [43] originally: I miss the mark, hence (a) I make a mistake, (b) I sin, commit a sin (against God); sometimes the idea of sinning against a fellow-creature is present. ¹³γαμέω, [29] I marry, used of either sex. ¹⁴ἁμαρτάνω, [43] originally: I miss the mark, hence (a) I make a mistake, (b) I sin, commit a sin (against God); sometimes the idea of sinning against a fellow-creature is present. ¹⁵θλῖψις, εως, ἡ, [45] persecution, affliction, distress, tribulation. ¹⁶φείδομαι, [10] I spare, abstain, forbear. ¹⁷συστέλλω, [2] I contract, shorten, wrap around, swathe. ¹⁸λοιπόν, [14] finally, from now on, henceforth, beyond that. ¹⁹κλαίω, [40] I weep, weep for, mourn, lament. ²⁰κλαίω, [40] I weep, weep for, mourn, lament. ²¹ἀγοράζω, [31] I buy. ²²κατέχω, [19] (a) I hold fast, bind, arrest, (b) I take possession of, lay hold of, (c) I hold back, detain, restrain, (d) I hold a ship, keep its head. ²³χράομαι, [11] I use, make use of, deal with, take advantage of. ²⁴καταχράομαι, [2] I use to the full, use up. ²⁵παράγω, [10] I pass by, depart, pass away. ²⁶σχῆμα, ατος, τό, [2] fashion, habit, form, appearance. ²⁷ἀμέριμνος, ον, [2] free from anxiety (though anxiety is rather too strong a word) or care. ²⁸ἄγαμος, ου, ὁ, ἡ, [4] unmarried, of a person not in a state of wedlock, whether he or she has formerly been married or not. ²⁹μεριμνάω, [19] I am over-anxious; with acc: I am anxious about, distracted; I care for. ³⁰ἀρέσκω, [17] I please, with the idea of willing service rendered to others; hence almost: I serve. ³¹γαμέω, [29] I marry, used of either sex. ³²μεριμνάω, [19] I am over-anxious; with acc: I am anxious about, distracted; I care for. ³³ἀρέσκω, [17] I please, with the idea of willing service rendered to others; hence almost: I serve. ³⁴μερίζω, [14] I divide into parts, divide, part, share, distribute; mid: I share, take part in a partitioning; I distract. ³⁵μεριμνάω, [19] I am over-anxious; with acc: I am anxious about, distracted; I care for.

πνεύματι· ἡ δὲ γαμήσασα¹ μεριμνᾷ² τὰ τοῦ κόσμου, πῶς ἀρέσει³ τῷ ἀνδρί. **35** Τοῦτο δὲ πρὸς τὸ ὑμῶν αὐτῶν συμφέρον⁴ λέγω· οὐχ ἵνα βρόχον⁵ ὑμῖν ἐπιβάλω,⁶ ἀλλὰ πρὸς τὸ εὔσχημον⁷ καὶ εὐπρόσεδρον⁸ τῷ κυρίῳ ἀπερισπάστως.⁹ **36** Εἰ δέ τις ἀσχημονεῖν¹⁰ ἐπὶ τὴν παρθένον¹¹ αὐτοῦ νομίζει,¹² ἐὰν ᾖ ὑπέρακμος,¹³ καὶ οὕτως ὀφείλει¹⁴ γίνεσθαι, ὃ θέλει ποιείτω· οὐχ ἁμαρτάνει·¹⁵ γαμείτωσαν.¹⁶ **37** Ὃς δὲ ἕστηκεν ἑδραῖος¹⁷ ἐν τῇ καρδίᾳ, μὴ ἔχων ἀνάγκην,¹⁸ ἐξουσίαν δὲ ἔχει περὶ τοῦ ἰδίου θελήματος, καὶ τοῦτο κέκρικεν ἐν τῇ καρδίᾳ αὐτοῦ, τοῦ τηρεῖν τὴν ἑαυτοῦ παρθένον,¹¹ καλῶς¹⁹ ποιεῖ. **38** Ὥστε καὶ ὁ ἐκγαμίζων²⁰ καλῶς¹⁹ ποιεῖ· ὁ δὲ μὴ ἐκγαμίζων²¹ κρεῖσσον²² ποιεῖ. **39** Γυνὴ δέδεται²³ νόμῳ ἐφ᾽ ὅσον χρόνον ζῇ ὁ ἀνὴρ αὐτῆς· ἐὰν δὲ καὶ κοιμηθῇ²⁴ ὁ ἀνήρ, ἐλευθέρα²⁵ ἐστὶν ᾧ θέλει γαμηθῆναι,²⁶ μόνον ἐν κυρίῳ. **40** Μακαριωτέρα δέ ἐστιν ἐὰν οὕτως μείνῃ, κατὰ τὴν ἐμὴν γνώμην·²⁷ δοκῶ δὲ κἀγὼ πνεῦμα θεοῦ ἔχειν.

Christian Liberty in the Matter of Eating Meat Offered to Idols

8 Περὶ δὲ τῶν εἰδωλοθύτων,²⁸ οἴδαμεν ὅτι πάντες γνῶσιν²⁹ ἔχομεν. Ἡ γνῶσις²⁹ φυσιοῖ,³⁰ ἡ δὲ ἀγάπη οἰκοδομεῖ.³¹ **2** Εἰ δέ τις δοκεῖ εἰδέναι τι, οὐδέπω³² οὐδὲν ἔγνωκεν καθὼς δεῖ γνῶναι· **3** εἰ δέ τις ἀγαπᾷ τὸν θεόν, οὗτος ἔγνωσται ὑπ᾽ αὐτοῦ. **4** Περὶ τῆς βρώσεως³³ οὖν τῶν εἰδωλοθύτων,²⁸ οἴδαμεν ὅτι οὐδὲν εἴδωλον³⁴ ἐν κόσμῳ, καὶ ὅτι οὐδεὶς θεὸς ἕτερος εἰ μὴ εἷς. **5** Καὶ γὰρ εἴπερ³⁵ εἰσὶν λεγόμενοι θεοί, εἴτε ἐν οὐρανῷ εἴτε ἐπὶ γῆς· ὥσπερ³⁶ εἰσὶν θεοὶ πολλοί, καὶ κύριοι πολλοί· **6** ἀλλ᾽ ἡμῖν εἷς θεὸς ὁ πατήρ, ἐξ οὗ τὰ πάντα, καὶ ἡμεῖς εἰς αὐτόν· καὶ εἷς κύριος Ἰησοῦς χριστός, δι᾽ οὗ τὰ πάντα, καὶ ἡμεῖς δι᾽

---

¹γαμήσασα: AAP-NSF   ²μεριμνᾷ: PAI-3S   ³ἀρέσει: FAI-3S   ⁴συμφέρον: PAP-ASN   ⁶ἐπιβάλω: 2AAS-1S
¹⁰ἀσχημονεῖν: PAN   ¹²νομίζει: PAI-3S   ¹⁴ὀφείλει: PAI-3S   ¹⁵ἁμαρτάνει: PAI-3S   ¹⁶γαμείτωσαν: PAM-3P
²⁰ἐκγαμίζων: PAP-NSM   ²¹ἐκγαμίζων: PAP-NSM   ²³δέδεται: RPI-3S   ²⁴κοιμηθῇ: APS-3S   ²⁶γαμηθῆναι: APN
³⁰φυσιοῖ: PAI-3S   ³¹οἰκοδομεῖ: PAI-3S

---

¹γαμέω, [29] I marry, used of either sex.   ²μεριμνάω, [19] I am over-anxious; with acc: I am anxious about, distracted; I care for.   ³ἀρέσκω, [17] I please, with the idea of willing service rendered to others; hence almost: I serve.   ⁴συμφέρω, [17] I bring together, collect; I am profitable to.   ⁵βρόχος, ου, ὁ, [1] a noose or snare; a cord.   ⁶ἐπιβάλλω, [18] (a) I throw upon, cast over, (b) I place upon, (c) I lay, (d) intrans: I strike upon, rush.   ⁷εὐσχήμων, ον, [5] (a) comely, seemly, decorous, (b) of honorable position (in society), wealthy, influential.   ⁸εὐπρόσεδρος, ον, [1] constantly attending to, devoted.   ⁹ἀπερισπάστως, [1] without distraction, without being distracted.   ¹⁰ἀσχημονέω, [2] I act improperly, am unseemly, behave unbecomingly (or even dishonorably); perhaps: I consider (something) unseemly.   ¹¹παρθένος, ου, ὁ, ἡ, [14] a maiden, virgin; extended to men who have not known women.   ¹²νομίζω, [15] I practice, hold by custom; I deem, think, consider, suppose.   ¹³ὑπέρακμος, ον, [1] past the bloom of youth, of full age.   ¹⁴ὀφείλω, [36] I owe, ought.   ¹⁵ἁμαρτάνω, [43] originally: I miss the mark, hence (a) I make a mistake, (b) I sin, commit a sin (against God); sometimes the idea of sinning against a fellow-creature is present.   ¹⁶γαμέω, [29] I marry, used of either sex.   ¹⁷ἑδραῖος, αία, αῖον, [3] sitting, seated; steadfast, firm.   ¹⁸ἀνάγκη, ης, ἡ, [18] necessity, constraint, compulsion; there is need to; force, violence.   ¹⁹καλῶς, [36] well, nobly, honorably, rightly.   ²⁰ἐκγαμίζω, [6] I give in marriage, marry.   ²¹ἐκγαμίζω, [6] I give in marriage, marry.   ²²κρείσσων, ον, [4] stronger, more excellent.   ²³δέω, [44] I bind, tie, fasten; I impel, compel; I declare to be prohibited and unlawful.   ²⁴κοιμάομαι, [18] I fall asleep, am asleep, sometimes of the sleep of death.   ²⁵ἐλεύθερος, έρα, ερον, [23] free, delivered from obligation.   ²⁶γαμέω, [29] I marry, used of either sex.   ²⁷γνώμη, ης, ἡ, [9] opinion, counsel, judgment, intention, decree.   ²⁸εἰδωλόθυτος, ον, [10] (of meat), sacrificed to an image (or an idol).   ²⁹γνῶσις, εως, ἡ, [29] knowledge, doctrine, wisdom.   ³⁰φυσιόω, [7] I inflate, puff up; pass: I am puffed up, arrogant, proud.   ³¹οἰκοδομέω, [39] I erect a building, build; fig. of the building up of character: I build up, edify, encourage.   ³²οὐδέπω, [5] not yet, never before.   ³³βρῶσις, εως, ἡ, [11] (a) abstr: eating, (b) food, a meal, (c) rust.   ³⁴εἴδωλον, ου, τό, [11] an idol, false god.   ³⁵εἴπερ, [6] if indeed, if so.   ³⁶ὥσπερ, [42] just as, as, even as.

αὐτοῦ. 7 Ἀλλ᾽ οὐκ ἐν πᾶσιν ἡ γνῶσις·¹ τινὲς δὲ τῇ συνειδήσει² τοῦ εἰδώλου³ ἕως ἄρτι⁴ ὡς εἰδωλόθυτον⁵ ἐσθίουσιν, καὶ ἡ συνείδησις² αὐτῶν ἀσθενὴς⁶ οὖσα μολύνεται.⁷ 8 Βρῶμα⁸ δὲ ἡμᾶς οὐ παρίστησιν⁹ τῷ θεῷ· οὔτε γὰρ ἐὰν φάγωμεν περισσεύομεν,¹⁰ οὔτε ἐὰν μὴ φάγωμεν ὑστερούμεθα.¹¹ 9 Βλέπετε δὲ μήπως¹² ἡ ἐξουσία ὑμῶν αὕτη πρόσκομμα¹³ γένηται τοῖς ἀσθενοῦσιν.¹⁴ 10 Ἐὰν γάρ τις ἴδῃ σε τὸν ἔχοντα γνῶσιν¹ ἐν εἰδωλείῳ¹⁵ κατακείμενον,¹⁶ οὐχὶ ἡ συνείδησις² αὐτοῦ ἀσθενοῦς⁶ ὄντος οἰκοδομηθήσεται¹⁷ εἰς τὸ τὰ εἰδωλόθυτα⁵ ἐσθίειν; 11 Καὶ ἀπολεῖται ὁ ἀσθενῶν¹⁸ ἀδελφὸς ἐπὶ τῇ σῇ¹⁹ γνώσει,¹ δι᾽ ὃν χριστὸς ἀπέθανεν; 12 Οὕτως δὲ ἁμαρτάνοντες²⁰ εἰς τοὺς ἀδελφούς, καὶ τύπτοντες²¹ αὐτῶν τὴν συνείδησιν² ἀσθενοῦσαν,²² εἰς χριστὸν ἁμαρτάνετε.²³ 13 Διόπερ²⁴ εἰ βρῶμα⁸ σκανδαλίζει²⁵ τὸν ἀδελφόν μου, οὐ μὴ φάγω κρέα²⁶ εἰς τὸν αἰῶνα, ἵνα μὴ τὸν ἀδελφόν μου σκανδαλίσω.²⁷

Paul the Free Servant of Christ

9 Οὐκ εἰμὶ ἀπόστολος; Οὐκ εἰμὶ ἐλεύθερος;²⁸ Οὐχὶ Ἰησοῦν χριστὸν τὸν κύριον ἡμῶν ἑώρακα; Οὐ τὸ ἔργον μου ὑμεῖς ἐστε ἐν κυρίῳ; 2 Εἰ ἄλλοις οὐκ εἰμὶ ἀπόστολος, ἀλλά γε²⁹ ὑμῖν εἰμι· ἡ γὰρ σφραγὶς³⁰ τῆς ἐμῆς ἀποστολῆς³¹ ὑμεῖς ἐστε ἐν κυρίῳ. 3 Ἡ ἐμὴ ἀπολογία³² τοῖς ἐμὲ ἀνακρίνουσιν³³ αὕτη ἐστίν. 4 Μὴ οὐκ ἔχομεν ἐξουσίαν φαγεῖν καὶ πιεῖν; 5 Μὴ οὐκ ἔχομεν ἐξουσίαν ἀδελφὴν³⁴ γυναῖκα περιάγειν,³⁵ ὡς καὶ οἱ λοιποὶ³⁶

---

⁷μολύνεται: PPI-3S ⁹παρίστησιν: PAI-3S ¹⁰περισσεύομεν: PAI-1P ¹¹ὑστερούμεθα: PPI-1P ¹⁴ἀσθενοῦσιν: PAP-DPM ¹⁶κατακείμενον: PNP-ASM ¹⁷οἰκοδομηθήσεται: FPI-3S ¹⁸ἀσθενῶν: PAP-NSM ²⁰ἁμαρτάνοντες: PAP-NPM ²¹τύπτοντες: PAP-NPM ²²ἀσθενοῦσαν: PAP-ASF ²³ἁμαρτάνετε: PAI-2P ²⁵σκανδαλίζει: PAI-3S ²⁷σκανδαλίσω: AAS-1S ³³ἀνακρίνουσιν: PAP-DPM ³⁵περιάγειν: PAN

---

¹γνῶσις, εως, ἡ, [29] knowledge, doctrine, wisdom. ²συνείδησις, εως, ἡ, [32] the conscience, a persisting notion. ³εἴδωλον, ου, τό, [11] an idol, false god. ⁴ἄρτι, [37] now, just now, at this moment. ⁵εἰδωλόθυτος, ον, [10] (of meat), sacrificed to an image (or an idol). ⁶ἀσθενής, ές, [25] (lit: not strong), (a) weak (physically, or morally), (b) infirm, sick. ⁷μολύνω, [3] I soil, stain, pollute, defile, lit. and met. ⁸βρῶμα, ατος, τό, [17] food of any kind. ⁹παρίστημι, [41] I bring, present, prove, come up to and stand by, am present. ¹⁰περισσεύω, [39] (a) intrans: I exceed the ordinary (the necessary), abound, overflow; am left over, (b) trans: I cause to abound. ¹¹ὑστερέω, [16] I fall behind, am lacking, fall short, suffer need, am inferior to. ¹²μήπως, [12] lest in any way, lest perhaps. ¹³πρόσκομμα, ατος, τό, [6] a stumbling-block, an occasion for falling, a moral embarrassment. ¹⁴ἀσθενέω, [36] I am weak (physically: then morally), I am sick. ¹⁵εἰδωλεῖον, ου, τό, [1] a temple for (containing) an image (an idol). ¹⁶κατάκειμαι, [11] I recline (at table); more often: I keep my bed, am lying ill (in bed). ¹⁷οἰκοδομέω, [39] I erect a building, build; fig. of the building up of character: I build up, edify, encourage. ¹⁸ἀσθενέω, [36] I am weak (physically: then morally), I am sick. ¹⁹σός, σή, σόν, [27] yours, thy, thine. ²⁰ἁμαρτάνω, [43] originally: I miss the mark, hence (a) I make a mistake, (b) I sin, commit a sin (against God); sometimes the idea of sinning against a fellow-creature is present. ²¹τύπτω, [14] I beat, strike, wound, inflict punishment. ²²ἀσθενέω, [36] I am weak (physically: then morally), I am sick. ²³ἁμαρτάνω, [43] originally: I miss the mark, hence (a) I make a mistake, (b) I sin, commit a sin (against God); sometimes the idea of sinning against a fellow-creature is present. ²⁴διόπερ, [3] wherefore (emphatically), for which very reason. ²⁵σκανδαλίζω, [30] I cause to stumble, cause to sin, cause to become indignant, shock, offend. ²⁶κρέας, έως, τό, [2] flesh; plur: pieces of flesh, kinds of flesh. ²⁷σκανδαλίζω, [30] I cause to stumble, cause to sin, cause to become indignant, shock, offend. ²⁸ἐλεύθερος, έρα, ερον, [23] free, delivered from obligation. ²⁹γε, [15] an enclitic, emphasizing particle: at least, indeed, really, but generally too subtle to be represented in English. ³⁰σφραγίς, ῖδος, ἡ, [16] a seal, signet ring, the impression of a seal, that which the seal attests, the proof. ³¹ἀποστολή, ῆς, ἡ, [4] commission, duty of apostle, apostleship. ³²ἀπολογία, ας, ἡ, [8] a verbal defense (particularly in a law court). ³³ἀνακρίνω, [16] I examine, inquire into, investigate, question. ³⁴ἀδελφή, ῆς, ἡ, [25] a sister, a woman (fellow-)member of a church, a Christian woman. ³⁵περιάγω, [6] I lead or carry about (or around), go about, traverse. ³⁶λοιπός, ή, όν, [42] left, left behind, the remainder, the rest, the others.

ἀπόστολοι, καὶ οἱ ἀδελφοὶ τοῦ κυρίου, καὶ Κηφᾶς; 6 Ἢ μόνος ¹ ἐγὼ καὶ Βαρνάβας οὐκ ἔχομεν ἐξουσίαν τοῦ μὴ ἐργάζεσθαι; ² 7 Τίς στρατεύεται³ ἰδίοις ὀψωνίοις⁴ ποτέ; ⁵ Τίς φυτεύει⁶ ἀμπελῶνα, ⁷ καὶ ἐκ τοῦ καρποῦ αὐτοῦ οὐκ ἐσθίει; Ἢ τίς ποιμαίνει⁸ ποίμνην, ⁹ καὶ ἐκ τοῦ γάλακτος¹⁰ τῆς ποίμνης⁹ οὐκ ἐσθίει; 8 Μὴ κατὰ ἄνθρωπον ταῦτα λαλῶ; Ἢ οὐχὶ καὶ ὁ νόμος ταῦτα λέγει; 9 Ἐν γὰρ τῷ Μωϋσέως νόμῳ γέγραπται, Οὐ φιμώσεις¹¹ βοῦν¹² ἀλοῶντα. ¹³ Μὴ τῶν βοῶν¹² μέλει¹⁴ τῷ θεῷ; 10 Ἢ δι' ἡμᾶς πάντως¹⁵ λέγει; Δι' ἡμᾶς γὰρ ἐγράφη, ὅτι ἐπ' ἐλπίδι ὀφείλει¹⁶ ὁ ἀροτριῶν¹⁷ ἀροτριᾶν, ¹⁸ καὶ ὁ ἀλοῶν¹⁹ τῆς ἐλπίδος αὐτοῦ μετέχειν²⁰ ἐπ' ἐλπίδι. 11 Εἰ ἡμεῖς ὑμῖν τὰ πνευματικὰ²¹ ἐσπείραμεν, μέγα εἰ ἡμεῖς ὑμῶν τὰ σαρκικὰ²² θερίσομεν; ²³ 12 Εἰ ἄλλοι τῆς ἐξουσίας ὑμῶν μετέχουσιν, ²⁴ οὐ μᾶλλον ἡμεῖς; Ἀλλ' οὐκ ἐχρησάμεθα²⁵ τῇ ἐξουσίᾳ ταύτῃ, ἀλλὰ πάντα στέγομεν, ²⁶ ἵνα μὴ ἐγκοπήν²⁷ τινα δῶμεν τῷ εὐαγγελίῳ τοῦ χριστοῦ. 13 Οὐκ οἴδατε ὅτι οἱ τὰ ἱερὰ²⁸ ἐργαζόμενοι²⁹ ἐκ τοῦ ἱεροῦ ἐσθίουσιν, οἱ τῷ θυσιαστηρίῳ³⁰ προσεδρεύοντες³¹ τῷ θυσιαστηρίῳ³⁰ συμμερίζονται; ³² 14 Οὕτως καὶ ὁ κύριος διέταξεν³³ τοῖς τὸ εὐαγγέλιον καταγγέλλουσιν³⁴ ἐκ τοῦ εὐαγγελίου ζῆν. 15 Ἐγὼ δὲ οὐδενὶ ἐχρησάμην³⁵ τούτων· οὐκ ἔγραψα δὲ ταῦτα ἵνα οὕτως γένηται ἐν ἐμοί· καλὸν γάρ μοι μᾶλλον ἀποθανεῖν, ἢ τὸ καύχημά³⁶ μου ἵνα τις κενώσῃ. ³⁷ 16 Ἐὰν γὰρ εὐαγγελίζωμαι, οὐκ ἔστιν μοι καύχημα · ³⁶ ἀνάγκη³⁸ γάρ μοι ἐπίκειται · ³⁹ οὐαὶ⁴⁰ δέ μοι ἐστίν, ἐὰν μὴ εὐαγγελίζωμαι. 17 Εἰ γὰρ

---

²ἐργάζεσθαι: PNN   ³στρατεύεται: PMI-3S   ⁶φυτεύει: PAI-3S   ⁸ποιμαίνει: PAI-3S   ¹¹φιμώσεις: FAI-2S   ¹³ἀλοῶντα: PAP-ASM   ¹⁴μέλει: PAI-3S   ¹⁶ὀφείλει: PAI-3S   ¹⁷ἀροτριῶν: PAP-NSM   ¹⁸ἀροτριᾶν: PAN   ¹⁹ἀλοῶν: PAP-NSM   ²⁰μετέχειν: PAN   ²³θερίσομεν: FAI-1P   ²⁴μετέχουσιν: PAI-3P   ²⁵ἐχρησάμεθα: ADI-1P   ²⁶στέγομεν: PAI-1P   ²⁹ἐργαζόμενοι: PNP-NPM   ³¹προσεδρεύοντες: PAP-NPM   ³²συμμερίζονται: PNI-3P   ³³διέταξεν: AAI-3S   ³⁴καταγγέλλουσιν: PAP-DPM   ³⁵ἐχρησάμην: ADI-1S   ³⁷κενώσῃ: AAS-3S   ³⁹ἐπίκειται: PNI-3S

---

¹μόνος, η, ον, [45] only, solitary, desolate.   ²ἐργάζομαι, [39] I work, trade, perform, do, practice, commit, acquire by labor.   ³στρατεύομαι, [7] I wage war, fight, serve as a soldier; fig: of the warring lusts against the soul.   ⁴ὀψώνιον, ου, τό, [4] pay, wages, salary, reward.   ⁵ποτέ, [29] at one time or other, at some time, formerly.   ⁶φυτεύω, [11] I plant, set.   ⁷ἀμπελών, ῶνος, ὁ, [23] a vineyard.   ⁸ποιμαίνω, [11] I shepherd, tend, herd; hence: I rule, govern.   ⁹ποίμνη, ης, ἡ, [5] a flock (of sheep or goats).   ¹⁰γάλα, ακτος, τό, [5] milk.   ¹¹φιμόω, [8] I muzzle, silence.   ¹²βοῦς, βοός, ὁ, [8] an ox, cow, bull.   ¹³ἀλοάω, [3] I thresh (wheat).   ¹⁴μέλει, [9] it is a care, it is an object of anxiety, it concerns.   ¹⁵πάντως, [9] wholly, entirely, in every way, by all means, certainly.   ¹⁶ὀφείλω, [36] I owe, ought.   ¹⁷ἀροτριάω, [3] I plow.   ¹⁸ἀροτριάω, [3] I plow.   ¹⁹ἀλοάω, [3] I thresh (wheat).   ²⁰μετέχω, [8] I have a share of, participate in, share, partake of, am a member of.   ²¹πνευματικός, ή, όν, [26] spiritual.   ²²σαρκικός, ή, όν, [11] fleshly, carnal, earthly.   ²³θερίζω, [21] I reap, gather, harvest.   ²⁴μετέχω, [8] I have a share of, participate in, share, partake of, am a member of.   ²⁵χράομαι, [11] I use, make use of, deal with, take advantage of.   ²⁶στέγω, [4] I cover, conceal, ward off, bear with, endure patiently.   ²⁷ἐγκοπή, ῆς, ἡ, [1] an incision, a cutting, break; met: an interruption, a hindrance.   ²⁸ἱερός, ά, όν, [2] sacred, holy, set apart.   ²⁹ἐργάζομαι, [39] I work, trade, perform, do, practice, commit, acquire by labor.   ³⁰θυσιαστήριον, ου, τό, [23] an altar (for sacrifice).   ³¹προσεδρεύω, [1] I wait upon, minister to, have charge of.   ³²συμμερίζομαι, [1] I partake with, divide together with, have a share in.   ³³διατάσσω, [15] I give orders to, prescribe, arrange.   ³⁴καταγγέλλω, [18] I declare openly, proclaim, preach, laud, celebrate.   ³⁵χράομαι, [11] I use, make use of, deal with, take advantage of.   ³⁶καύχημα, ατος, τό, [11] a boasting; a ground of boasting (glorying, exultation).   ³⁷κενόω, [5] (a) I empty, (b) I deprive of content, make unreal.   ³⁸ἀνάγκη, ης, ἡ, [18] necessity, constraint, compulsion; there is need to; force, violence.   ³⁹ἐπίκειμαι, [7] (a) dat: I am placed upon, am laid upon, lie upon, am imposed; I press upon, (b) absol: I press hard, am insistent, insist.   ⁴⁰οὐαί, [47] woe!, alas!, uttered in grief or denunciation.

ἑκών¹ τοῦτο πράσσω,² μισθὸν³ ἔχω· εἰ δὲ ἄκων,⁴ οἰκονομίαν⁵ πεπίστευμαι. **18** Τίς οὖν μοί ἐστιν ὁ μισθός;³ Ἵνα εὐαγγελιζόμενος ἀδάπανον⁶ θήσω τὸ εὐαγγέλιον τοῦ χριστοῦ, εἰς τὸ μὴ καταχρήσασθαι⁷ τῇ ἐξουσίᾳ μου ἐν τῷ εὐαγγελίῳ. **19** Ἐλεύθερος⁸ γὰρ ὢν ἐκ πάντων, πᾶσιν ἐμαυτὸν⁹ ἐδούλωσα,¹⁰ ἵνα τοὺς πλείονας κερδήσω.¹¹ **20** Καὶ ἐγενόμην τοῖς Ἰουδαίοις ὡς Ἰουδαῖος, ἵνα Ἰουδαίους κερδήσω·¹² τοῖς ὑπὸ νόμον ὡς ὑπὸ νόμον, ἵνα τοὺς ὑπὸ νόμον κερδήσω·¹³ **21** τοῖς ἀνόμοις¹⁴ ὡς ἄνομος,¹⁴ μὴ ὢν ἄνομος¹⁴ θεῷ ἀλλ' ἔννομος¹⁵ χριστῷ, ἵνα κερδήσω¹⁶ ἀνόμους.¹⁴ **22** Ἐγενόμην τοῖς ἀσθενέσιν¹⁷ ὡς ἀσθενής,¹⁷ ἵνα τοὺς ἀσθενεῖς¹⁷ κερδήσω.¹⁸ Τοῖς πᾶσιν γέγονα τὰ πάντα, ἵνα πάντως¹⁹ τινὰς σώσω. **23** Τοῦτο δὲ ποιῶ διὰ τὸ εὐαγγέλιον, ἵνα συγκοινωνὸς²⁰ αὐτοῦ γένωμαι. **24** Οὐκ οἴδατε ὅτι οἱ ἐν σταδίῳ²¹ τρέχοντες²² πάντες μὲν τρέχουσιν,²³ εἷς δὲ λαμβάνει τὸ βραβεῖον;²⁴ Οὕτως τρέχετε,²⁵ ἵνα καταλάβητε.²⁶ **25** Πᾶς δὲ ὁ ἀγωνιζόμενος²⁷ πάντα ἐγκρατεύεται·²⁸ ἐκεῖνοι μὲν οὖν ἵνα φθαρτὸν²⁹ στέφανον³⁰ λάβωσιν, ἡμεῖς δὲ ἄφθαρτον.³¹ **26** Ἐγὼ τοίνυν³² οὕτως τρέχω³³ ὡς οὐκ ἀδήλως·³⁴ οὕτως πυκτεύω,³⁵ ὡς οὐκ ἀέρα³⁶ δέρων·³⁷ **27** ἀλλ' ὑπωπιάζω³⁸ μου τὸ σῶμα καὶ δουλαγωγῶ,³⁹ μήπως,⁴⁰ ἄλλοις κηρύξας, αὐτὸς ἀδόκιμος⁴¹ γένωμαι.

---

²πράσσω: PAI-1S ⁷καταχρήσασθαι: ADN ¹⁰ἐδούλωσα: AAI-1S ¹¹κερδήσω: AAS-1S ¹²κερδήσω: AAS-1S ¹³κερδήσω: AAS-1S ¹⁶κερδήσω: AAS-1S ¹⁸κερδήσω: AAS-1S ²²τρέχοντες: PAP-NPM ²³τρέχουσιν: PAI-3P ²⁵τρέχετε: PAM-2P ²⁶καταλάβητε: 2AAS-2P ²⁷ἀγωνιζόμενος: PNP-NSM ²⁸ἐγκρατεύεται: PNI-3S ³³τρέχω: PAI-1S ³⁵πυκτεύω: PAI-1S ³⁷δέρων: PAP-NSM ³⁸ὑπωπιάζω: PAI-1S ³⁹δουλαγωγῶ: PAI-1S

---

¹ἑκών, ἑκοῦσα, ἑκόν, [2] willing, willingly, voluntarily. ²πράσσω, [38] I do, perform, accomplish; be in any condition, i.e. I fare; I exact, require. ³μισθός, οῦ, ὁ, [29] (a) pay, wages, salary, (b) reward, recompense, punishment. ⁴ἄκων, ἄκουσα, ἆκον, [1] unwilling, generally used where English would express by an adverb: unwillingly. ⁵οἰκονομία, ας, ἡ, [9] management of household affairs, stewardship, administration. ⁶ἀδάπανος, ον, [1] without expense, for which nothing has to be paid. ⁷καταχράομαι, [2] I use to the full, use up. ⁸ἐλεύθερος, έρα, ερον, [23] free, delivered from obligation. ⁹ἐμαυτοῦ, ῆς, οῦ, [37] of myself. ¹⁰δουλόω, [8] I enslave. ¹¹κερδαίνω, [16] I gain, acquire, win (over), avoid loss. ¹²κερδαίνω, [16] I gain, acquire, win (over), avoid loss. ¹³κερδαίνω, [16] I gain, acquire, win (over), avoid loss. ¹⁴ἄνομος, ον, [10] lawless, wicked, without law. ¹⁵ἔννομος, ον, [2] (a) legal, statutory, duly constituted, (b) under the law, obedient to the law. ¹⁶κερδαίνω, [16] I gain, acquire, win (over), avoid loss. ¹⁷ἀσθενής, ές, [25] (lit: not strong), (a) weak (physically, or morally), (b) infirm, sick. ¹⁸κερδαίνω, [16] I gain, acquire, win (over), avoid loss. ¹⁹πάντως, [9] wholly, entirely, in every way, by all means, certainly. ²⁰συγκοινωνός, οῦ, ὁ, ἡ, [3] a partaker with, co-partner. ²¹στάδιον, ου, τό, [6] (a) a stadium, one eighth of a Roman mile, (b) a race-course for public games. ²²τρέχω, [20] I run, exercise myself, make progress. ²³τρέχω, [20] I run, exercise myself, make progress. ²⁴βραβεῖον, ου, τό, [2] a prize. ²⁵τρέχω, [20] I run, exercise myself, make progress. ²⁶καταλαμβάνω, [15] (a) I seize tight hold of, arrest, catch, capture, appropriate, (b) I overtake, (c) mid. aor: I perceived, comprehended. ²⁷ἀγωνίζομαι, [7] I am struggling, striving (as in an athletic contest or warfare); I contend, as with an adversary. ²⁸ἐγκρατεύομαι, [2] I exercise self-control, am continent. ²⁹φθαρτός, ή, όν, [6] corruptible, perishable. ³⁰στέφανος, ου, ὁ, [18] a crown, garland, honor, glory. ³¹ἄφθαρτος, ον, [7] indestructible, imperishable, incorruptible; hence: immortal. ³²τοίνυν, [4] indeed now, therefore, accordingly, well then. ³³τρέχω, [20] I run, exercise myself, make progress. ³⁴ἀδήλως, [1] out of sight, obscurely, inconspicuously, uncertainly, without certain aim. ³⁵πυκτεύω, [1] I box, am a boxer. ³⁶ἀήρ, ἀέρος, ὁ, [7] air, the lower air we breathe. ³⁷δέρω, [15] I flay, flog, scourge, beat. ³⁸ὑπωπιάζω, [2] I strike under the eye, hence: I bruise, treat severely, discipline by hardship, molest, annoy, harass, worry, exhaust. ³⁹δουλαγωγέω, [1] I bring into subjection, enslave, treat as a slave. ⁴⁰μήπως, [12] lest in any way, lest perhaps. ⁴¹ἀδόκιμος, ον, [8] failing to pass the test, unapproved, counterfeit.

A Warning against Carnal Security

10 Οὐ θέλω δὲ ὑμᾶς ἀγνοεῖν,¹ ἀδελφοί, ὅτι οἱ πατέρες ἡμῶν πάντες ὑπὸ τὴν νεφέλην² ἦσαν, καὶ πάντες διὰ τῆς θαλάσσης διῆλθον,³ **2** καὶ πάντες εἰς τὸν Μωϋσῆν ἐβαπτίσαντο ἐν τῇ νεφέλῃ² καὶ ἐν τῇ θαλάσσῃ, **3** καὶ πάντες τὸ αὐτὸ βρῶμα⁴ πνευματικὸν⁵ ἔφαγον, **4** καὶ πάντες τὸ αὐτὸ πόμα⁶ πνευματικὸν⁵ ἔπιον· ἔπινον γὰρ ἐκ πνευματικῆς⁵ ἀκολουθούσης πέτρας·⁷ ἡ δὲ πέτρα⁷ ἦν ὁ χριστός. **5** Ἀλλ' οὐκ ἐν τοῖς πλείοσιν αὐτῶν εὐδόκησεν⁸ ὁ θεός· κατεστρώθησαν⁹ γὰρ ἐν τῇ ἐρήμῳ. **6** Ταῦτα δὲ τύποι¹⁰ ἡμῶν ἐγενήθησαν, εἰς τὸ μὴ εἶναι ἡμᾶς ἐπιθυμητὰς¹¹ κακῶν, καθὼς κἀκεῖνοι¹² ἐπεθύμησαν.¹³ **7** Μηδὲ εἰδωλολάτραι¹⁴ γίνεσθε, καθώς τινες αὐτῶν· ὥσπερ¹⁵ γέγραπται, Ἐκάθισεν¹⁶ ὁ λαὸς φαγεῖν καὶ πιεῖν, καὶ ἀνέστησαν παίζειν.¹⁷ **8** Μηδὲ πορνεύωμεν,¹⁸ καθώς τινες αὐτῶν ἐπόρνευσαν,¹⁹ καὶ ἔπεσον ἐν μιᾷ ἡμέρᾳ εἴκοσι²⁰ τρεῖς χιλιάδες.²¹ **9** Μηδὲ ἐκπειράζωμεν²² τὸν χριστόν, καθὼς καί τινες αὐτῶν ἐπείρασαν,²³ καὶ ὑπὸ τῶν ὄφεων²⁴ ἀπώλοντο. **10** Μηδὲ γογγύζετε,²⁵ καθὼς καί τινες αὐτῶν ἐγόγγυσαν,²⁶ καὶ ἀπώλοντο ὑπὸ τοῦ ὀλοθρευτοῦ.²⁷ **11** Ταῦτα δὲ πάντα τύποι¹⁰ συνέβαινον²⁸ ἐκείνοις· ἐγράφη δὲ πρὸς νουθεσίαν²⁹ ἡμῶν, εἰς οὓς τὰ τέλη³⁰ τῶν αἰώνων κατήντησεν.³¹ **12** Ὥστε ὁ δοκῶν ἑστάναι, βλεπέτω μὴ πέσῃ. **13** Πειρασμὸς³² ὑμᾶς οὐκ εἴληφεν εἰ μὴ ἀνθρώπινος·³³ πιστὸς δὲ ὁ θεός, ὃς οὐκ ἐάσει³⁴ ὑμᾶς πειρασθῆναι³⁵ ὑπὲρ ὃ δύνασθε, ἀλλὰ ποιήσει σὺν τῷ πειρασμῷ³² καὶ τὴν ἔκβασιν,³⁶ τοῦ δύνασθαι ὑμᾶς ὑπενεγκεῖν.³⁷

---

¹ἀγνοεῖν: PAN   ³διῆλθον: 2AAI-3P   ⁸εὐδόκησεν: AAI-3S   ⁹κατεστρώθησαν: API-3P   ¹³ἐπεθύμησαν: AAI-3P
¹⁶Ἐκάθισεν: AAI-3S   ¹⁷παίζειν: PAN   ¹⁸πορνεύωμεν: PAS-1P   ¹⁹ἐπόρνευσαν: AAI-3P   ²²ἐκπειράζωμεν: PAS-1P
²³ἐπείρασαν: AAI-3P   ²⁵γογγύζετε: PAM-2P   ²⁶ἐγόγγυσαν: AAI-3P   ²⁸συνέβαινον: IAI-3P   ³¹κατήντησεν: AAI-3S
³⁴ἐάσει: FAI-3S   ³⁵πειρασθῆναι: APN   ³⁷ὑπενεγκεῖν: 2AAN

---

¹ἀγνοέω, [22] I do not know, am ignorant of (a person, thing, or fact), sometimes with the idea of willful ignorance.   ²νεφέλη, ης, ἡ, [26] a cloud.   ³διέρχομαι, [42] I pass through, spread (as a report).   ⁴βρῶμα, ατος, τό, [17] food of any kind.   ⁵πνευματικός, ή, όν, [26] spiritual.   ⁶πόμα, ατος, τό, [2] drink.   ⁷πέτρα, ας, ἡ, [16] a rock, ledge, cliff, cave, stony ground.   ⁸εὐδοκέω, [21] I am well-pleased, think it good, am resolved.   ⁹καταστρώννυμι, [1] I strew or spread over; I lay low, overthrow.   ¹⁰τύπος, ου, ὁ, [16] (originally: the mark of a blow, then a stamp struck by a die), (a) a figure; a copy, image, (b) a pattern, model, (c) a type, prefiguring something or somebody.   ¹¹ἐπιθυμητής, οῦ, ὁ, [1] an eager desirer of.   ¹²κἀκεῖνος, η, ο, [21] and he, she, it, and that.   ¹³ἐπιθυμέω, [16] I long for, covet, lust after, set the heart upon.   ¹⁴εἰδωλολάτρης, ου, ὁ, [7] a server (worshipper) of an image (an idol).   ¹⁵ὥσπερ, [42] just as, as, even as.   ¹⁶καθίζω, [48] (a) trans: I make to sit; I set, appoint, (b) intrans: I sit down, am seated, stay.   ¹⁷παίζω, [1] I play, sport (includes singing and dancing), play in the manner of children.   ¹⁸πορνεύω, [8] I fornicate; met: I practice idolatry.   ¹⁹πορνεύω, [8] I fornicate; met: I practice idolatry.   ²⁰εἴκοσι, [11] twenty.   ²¹χιλιάς, άδος, ἡ, [23] a thousand, the number one thousand.   ²²ἐκπειράζω, [4] I put to the test, make trial of, tempt, try.   ²³πειράζω, [39] I try, tempt, test.   ²⁴ὄφις, εως, ὁ, [14] a serpent, snake; used of the devil or Satan.   ²⁵γογγύζω, [8] I whisper, murmur, grumble (generally of smoldering discontent).   ²⁶γογγύζω, [8] I whisper, murmur, grumble (generally of smoldering discontent).   ²⁷ὀλοθρευτής, οῦ, ὁ, [1] a destroyer.   ²⁸συμβαίνω, [8] I happen, occur, meet.   ²⁹νουθεσία, ας, ἡ, [3] a warning, admonition, counsel.   ³⁰τέλος, ους, τό, [41] (a) an end, (b) event or issue, (c) the principal end, aim, purpose, (d) a tax.   ³¹καταντάω, [13] (a) I come down, either from high land to lower (or actually to the sea-coast), or from the high seas to the coast; hence met: I arrive at, reach (my destination), (b) of property: I come down (descend) by inheritance to an heir.   ³²πειρασμός, οῦ, ὁ, [21] (a) trial, probation, testing, being tried, (b) temptation, (c) calamity, affliction.   ³³ἀνθρώπινος, η, ον, [7] belonging to human beings (especially as contrasted with God), human (as contrasted with divine).   ³⁴ἐάω, [12] I allow, permit, let alone, leave.   ³⁵πειράζω, [39] I try, tempt, test.   ³⁶ἔκβασις, εως, ἡ, [2] (a) a way out, escape, (b) result, issue.   ³⁷ὑποφέρω, [3] I bear up under, endure, suffer.

Conduct toward the Weak

14 Διόπερ, *1* ἀγαπητοί μου, φεύγετε *2* ἀπὸ τῆς εἰδωλολατρείας. *3* **15** Ὡς φρονίμοις *4* λέγω, κρίνατε ὑμεῖς ὅ φημι. **16** Τὸ ποτήριον *5* τῆς εὐλογίας *6* ὃ εὐλογοῦμεν, *7* οὐχὶ κοινωνία *8* τοῦ αἵματος τοῦ χριστοῦ ἐστίν; Τὸν ἄρτον ὃν κλῶμεν, *9* οὐχὶ κοινωνία *8* τοῦ σώματος τοῦ χριστοῦ ἐστίν; **17** Ὅτι εἷς ἄρτος, ἓν σῶμα, οἱ πολλοί ἐσμεν· οἱ γὰρ πάντες ἐκ τοῦ ἑνὸς ἄρτου μετέχομεν. *10* **18** Βλέπετε τὸν Ἰσραὴλ κατὰ σάρκα· οὐχὶ οἱ ἐσθίοντες τὰς θυσίας *11* κοινωνοὶ *12* τοῦ θυσιαστηρίου *13* εἰσίν; **19** Τί οὖν φημι; Ὅτι εἴδωλόν *14* τί ἐστιν; Ἤ ὅτι εἰδωλόθυτόν *15* τί ἐστιν; **20** Ἀλλ' ὅτι ἃ θύει *16* τὰ ἔθνη, δαιμονίοις θύει, *17* καὶ οὐ θεῷ· οὐ θέλω δὲ ὑμᾶς κοινωνοὺς *12* τῶν δαιμονίων γίνεσθαι. **21** Οὐ δύνασθε ποτήριον *5* κυρίου πίνειν καὶ ποτήριον *5* δαιμονίων· οὐ δύνασθε τραπέζης *18* κυρίου μετέχειν *19* καὶ τραπέζης *18* δαιμονίων. **22** Ἤ παραζηλοῦμεν *20* τὸν κύριον; Μὴ ἰσχυρότεροι *21* αὐτοῦ ἐσμέν;

23 Πάντα μοι ἔξεστιν, *22* ἀλλ' οὐ πάντα συμφέρει. *23* Πάντα μοι ἔξεστιν, *24* ἀλλ' οὐ πάντα οἰκοδομεῖ. *25* **24** Μηδεὶς τὸ ἑαυτοῦ ζητείτω, ἀλλὰ τὸ τοῦ ἑτέρου ἕκαστος. **25** Πᾶν τὸ ἐν μακέλλῳ *26* πωλούμενον *27* ἐσθίετε, μηδὲν ἀνακρίνοντες *28* διὰ τὴν συνείδησιν· *29* **26** Τοῦ γὰρ κυρίου ἡ γῆ καὶ τὸ πλήρωμα *30* αὐτῆς. **27** Εἰ δέ τις καλεῖ ὑμᾶς τῶν ἀπίστων, *31* καὶ θέλετε πορεύεσθαι, πᾶν τὸ παρατιθέμενον *32* ὑμῖν ἐσθίετε, μηδὲν ἀνακρίνοντες *33* διὰ τὴν συνείδησιν. *29* **28** Ἐὰν δέ τις ὑμῖν εἴπῃ, Τοῦτο εἰδωλόθυτόν *15* ἐστιν, μὴ ἐσθίετε δι' ἐκεῖνον τὸν μηνύσαντα *34* καὶ τὴν συνείδησιν· *29* Τοῦ γὰρ κυρίου ἡ γῆ καὶ τὸ πλήρωμα *30* αὐτῆς. **29** Συνείδησιν *29* δὲ λέγω, οὐχὶ τὴν ἑαυτοῦ, ἀλλὰ τὴν τοῦ ἑτέρου· ἵνα τί γὰρ

---

*2*φεύγετε: *PAM-2P* *7*εὐλογοῦμεν: *PAI-1P* *9*κλῶμεν: *PAI-1P* *10*μετέχομεν: *PAI-1P* *16*θύει: *PAI-3S* *17*θύει: *PAI-3S* *19*μετέχειν: *PAN* *20*παραζηλοῦμεν: *PAI-1P* *22*ἔξεστιν: *PAI-3S* *23*συμφέρει: *PAI-3S* *24*ἔξεστιν: *PAI-3S* *25*οἰκοδομεῖ: *PAI-3S* *27*πωλούμενον: *PPP-ASN* *28*ἀνακρίνοντες: *PAP-NPM* *32*παρατιθέμενον: *PPP-ASN* *33*ἀνακρίνοντες: *PAP-NPM* *34*μηνύσαντα: *AAP-ASM*

---

*1*διόπερ, *[3]* wherefore (emphatically), for which very reason. *2*φεύγω, *[31]* I flee, escape, shun. *3*εἰδωλολατρεία, ας, ἡ, *[4]* service (worship) of an image (an idol). *4*φρόνιμος, ον, *[14]* intelligent, prudent, sensible, wise. *5*ποτήριον, ου, τό, *[33]* a drinking cup, the contents of the cup; fig: the portion which God allots. *6*εὐλογία, ας, ἡ, *[16]* adulation, praise, blessing, gift. *7*εὐλογέω, *[43]* (lit: I speak well of) I bless; pass: I am blessed. *8*κοινωνία, ας, ἡ, *[19]* (lit: partnership) (a) contributory help, participation, (b) sharing in, communion, (c) spiritual fellowship, a fellowship in the spirit. *9*κλάω, *[15]* I break (in pieces), break bread. *10*μετέχω, *[8]* I have a share of, participate in, share, partake of, am a member of. *11*θυσία, ας, ἡ, *[29]* abstr. and concr: sacrifice; a sacrifice, offering. *12*κοινωνός, οῦ, ὁ, ἡ, *[11]* a sharer, partner, companion. *13*θυσιαστήριον, ου, τό, *[23]* an altar (for sacrifice). *14*εἴδωλον, ου, τό, *[11]* an idol, false god. *15*εἰδωλόθυτος, ον, *[10]* (of meat), sacrificed to an image (or an idol). *16*θύω, *[14]* I sacrifice, generally an animal; hence: I kill. *17*θύω, *[14]* I sacrifice, generally an animal; hence: I kill. *18*τράπεζα, ης, ἡ, *[15]* a table, (a) for food or banqueting, (b) for money-changing or business. *19*μετέχω, *[8]* I have a share of, participate in, share, partake of, am a member of. *20*παραζηλόω, *[4]* I make jealous, provoke to jealously, provoke to anger. *21*ἰσχυρός, ά, όν, *[29]* strong (originally and generally of physical strength); mighty, powerful, vehement, sure. *22*ἔξεστιν, *[31]* it is permitted, lawful, possible. *23*συμφέρω, *[17]* I bring together, collect; I am profitable to. *24*ἔξεστιν, *[31]* it is permitted, lawful, possible. *25*οἰκοδομέω, *[39]* I erect a building, build; fig. of the building up of character: I build up, edify, encourage. *26*μάκελλον, ου, τό, *[1]* a meat-market, marketplace. *27*πωλέω, *[22]* I sell, exchange, barter. *28*ἀνακρίνω, *[16]* I examine, inquire into, investigate, question. *29*συνείδησις, εως, ἡ, *[32]* the conscience, a persisting notion. *30*πλήρωμα, ατος, τό, *[17]* (a) a fill, fullness; full complement; supply, patch, supplement, (b) fullness, filling, fulfillment, completion. *31*ἄπιστος, ον, *[23]* unbelieving, incredulous, unchristian; sometimes subst: unbeliever. *32*παρατίθημι, *[19]* (a) I set (especially a meal) before, serve, (b) act. and mid: I deposit with, entrust to, (c) I bring forward, quote as evidence. *33*ἀνακρίνω, *[16]* I examine, inquire into, investigate, question. *34*μηνύω, *[4]* (a) I reveal, make known (in a law court), I lay information, inform, (b) I make known, point out.

ἡ ἐλευθερία¹ μου κρίνεται ὑπὸ ἄλλης συνειδήσεως;² 30 Εἰ ἐγὼ χάριτι μετέχω,³ τί βλασφημοῦμαι⁴ ὑπὲρ οὗ ἐγὼ εὐχαριστῶ;⁵ 31 Εἴτε οὖν ἐσθίετε, εἴτε πίνετε, εἴτε τι ποιεῖτε, πάντα εἰς δόξαν θεοῦ ποιεῖτε. 32 Ἀπρόσκοποι⁶ γίνεσθε καὶ Ἰουδαίοις καὶ Ἕλλησιν⁷ καὶ τῇ ἐκκλησίᾳ τοῦ θεοῦ· 33 καθὼς κἀγὼ πάντα πᾶσιν ἀρέσκω,⁸ μὴ ζητῶν τὸ ἐμαυτοῦ⁹ συμφέρον,¹⁰ ἀλλὰ τὸ τῶν πολλῶν, ἵνα σωθῶσιν.

Conduct in Public Worship

11 Μιμηταί¹¹ μου γίνεσθε, καθὼς κἀγὼ χριστοῦ.
2 Ἐπαινῶ¹² δὲ ὑμᾶς, ἀδελφοί, ὅτι πάντα μου μέμνησθε,¹³ καὶ καθὼς παρέδωκα ὑμῖν τὰς παραδόσεις¹⁴ κατέχετε.¹⁵ 3 Θέλω δὲ ὑμᾶς εἰδέναι, ὅτι παντὸς ἀνδρὸς ἡ κεφαλὴ ὁ χριστός ἐστιν· κεφαλὴ δὲ γυναικός, ὁ ἀνήρ· κεφαλὴ δὲ χριστοῦ, ὁ θεός. 4 Πᾶς ἀνὴρ προσευχόμενος ἢ προφητεύων,¹⁶ κατὰ κεφαλῆς ἔχων, καταισχύνει¹⁷ τὴν κεφαλὴν αὐτοῦ. 5 Πᾶσα δὲ γυνὴ προσευχομένη ἢ προφητεύουσα¹⁸ ἀκατακαλύπτῳ¹⁹ τῇ κεφαλῇ, καταισχύνει²⁰ τὴν κεφαλὴν ἑαυτῆς· ἓν γάρ ἐστιν καὶ τὸ αὐτὸ τῇ ἐξυρημένῃ.²¹ 6 Εἰ γὰρ οὐ κατακαλύπτεται²² γυνή, καὶ κειράσθω·²³ εἰ δὲ αἰσχρὸν²⁴ γυναικὶ τὸ κείρασθαι²⁵ ἢ ξυρᾶσθαι,²⁶ κατακαλυπτέσθω.²⁷ 7 Ἀνὴρ μὲν γὰρ οὐκ ὀφείλει²⁸ κατακαλύπτεσθαι²⁹ τὴν κεφαλήν, εἰκὼν³⁰ καὶ δόξα θεοῦ ὑπάρχων· γυνὴ δὲ δόξα ἀνδρός ἐστιν. 8 Οὐ γάρ ἐστιν ἀνὴρ ἐκ γυναικός, ἀλλὰ γυνὴ ἐξ ἀνδρός· 9 καὶ γὰρ οὐκ ἐκτίσθη³¹ ἀνὴρ διὰ τὴν γυναῖκα, ἀλλὰ γυνὴ διὰ τὸν ἄνδρα· 10 διὰ τοῦτο ὀφείλει³² ἡ γυνὴ ἐξουσίαν ἔχειν ἐπὶ τῆς κεφαλῆς διὰ τοὺς ἀγγέλους. 11 Πλὴν³³ οὔτε ἀνὴρ χωρὶς³⁴ γυναικός, οὔτε γυνὴ χωρὶς³⁴ ἀνδρός, ἐν κυρίῳ. 12 Ὥσπερ³⁵ γὰρ ἡ γυνὴ ἐκ τοῦ ἀνδρός, οὕτως καὶ ὁ ἀνὴρ

---

³μετέχω: PAI-1S   ⁴βλασφημοῦμαι: PPI-1S   ⁵εὐχαριστῶ: PAI-1S   ⁸ἀρέσκω: PAI-1S   ¹⁰συμφέρον: PAP-ASN ¹²Ἐπαινῶ: PAI-1S   ¹³μέμνησθε: RPI-2P   ¹⁵κατέχετε: PAI-2P   ¹⁶προφητεύων: PAP-NSM   ¹⁷καταισχύνει: PAI-3S   ¹⁸προφητεύουσα: PAP-NSF   ²⁰καταισχύνει: PAI-3S   ²¹ἐξυρημένῃ: RPP-DSF   ²²κατακαλύπτεται: PMI-3S ²³κειράσθω: AMM-3S   ²⁵κείρασθαι: AMN   ²⁶ξυρᾶσθαι: PPN   ²⁷κατακαλυπτέσθω: PMM-3S   ²⁸ὀφείλει: PAI-3S ²⁹κατακαλύπτεσθαι: PMN   ³¹ἐκτίσθη: API-3S   ³²ὀφείλει: PAI-3S

---

¹ἐλευθερία, ας, ἡ, [11] freedom, liberty, especially: a state of freedom from slavery.   ²συνείδησις, εως, ἡ, [32] the conscience, a persisting notion.   ³μετέχω, [8] I have a share of, participate in, share, partake of, am a member of.   ⁴βλασφημέω, [35] I speak evil against, blaspheme, use abusive or scurrilous language about (God or men). ⁵εὐχαριστέω, [40] I thank, give thanks; pass. 3 sing: is received with thanks.   ⁶ἀπρόσκοπος, ον, [3] (free from hurt or harm, hence) not offending, not causing offence, blameless.   ⁷Ἕλλην, ηνος, ὁ, [27] a Hellene, the native word for a Greek; it is, however, a term wide enough to include all Greek-speaking (i.e. educated) non-Jews. ⁸ἀρέσκω, [17] I please, with the idea of willing service rendered to others; hence almost: I serve.   ⁹ἐμαυτοῦ, ῆς, οῦ, [37] of myself.   ¹⁰συμφέρω, [17] I bring together, collect; I am profitable to.   ¹¹μιμητής, οῦ, ὁ, [7] an imitator, follower.   ¹²ἐπαινέω, [6] I praise, commend, applaud.   ¹³μιμνήσκομαι, [23] I remember, call to mind, recall, mention.   ¹⁴παράδοσις, εως, ἡ, [13] an instruction, tradition.   ¹⁵κατέχω, [19] (a) I hold fast, bind, arrest, (b) I take possession of, lay hold of, (c) I hold back, detain, restrain, (d) I hold a ship, keep its head.   ¹⁶προφητεύω, [28] I foretell, prophesy; I set forth matter of divine teaching by special faculty.   ¹⁷καταισχύνω, [13] I shame, disgrace, bring to shame, put to utter confusion, frustrate.   ¹⁸προφητεύω, [28] I foretell, prophesy; I set forth matter of divine teaching by special faculty.   ¹⁹ἀκατακάλυπτος, ον, [2] unveiled, uncovered.   ²⁰καταισχύνω, [13] I shame, disgrace, bring to shame, put to utter confusion, frustrate.   ²¹ξυράω, [3] I shave, shear, cut off the hair.   ²²κατακαλύπτω, [3] I veil, cover the head.   ²³κείρω, [4] I shear, cut the hair of; mid: I cut my own hair, have my hair cut.   ²⁴αἰσχρός, ά, όν, [4] base, disgraceful.   ²⁵κείρω, [4] I shear, cut the hair of; mid: I cut my own hair, have my hair cut.   ²⁶ξυράω, [3] I shave, shear, cut off the hair.   ²⁷κατακαλύπτω, [3] I veil, cover the head.   ²⁸ὀφείλω, [36] I owe, ought.   ²⁹κατακαλύπτω, [3] I veil, cover the head.   ³⁰εἰκών, όνος, ἡ, [23] an image, likeness, bust.   ³¹κτίζω, [14] I create, form, shape, make, always of God.   ³²ὀφείλω, [36] I owe, ought. ³³πλήν, [31] however, nevertheless, but, except that, yet.   ³⁴χωρίς, [39] apart from, separately from; without. ³⁵ὥσπερ, [42] just as, as, even as.

διὰ τῆς γυναικός, τὰ δὲ πάντα ἐκ τοῦ θεοῦ. **13** Ἐν ὑμῖν αὐτοῖς κρίνατε· πρέπον¹ ἐστὶν γυναῖκα ἀκατακάλυπτον² τῷ θεῷ προσεύχεσθαι; **14** Ἢ οὐδὲ αὐτὴ ἡ φύσις³ διδάσκει ὑμᾶς, ὅτι ἀνὴρ μὲν ἐὰν κομᾷ,⁴ ἀτιμία⁵ αὐτῷ ἐστιν; **15** Γυνὴ δὲ ἐὰν κομᾷ,⁶ δόξα αὐτῇ ἐστίν. Ὅτι ἡ κόμη⁷ ἀντὶ⁸ περιβολαίου⁹ δέδοται. **16** Εἰ δέ τις δοκεῖ φιλόνεικος¹⁰ εἶναι, ἡμεῖς τοιαύτην συνήθειαν¹¹ οὐκ ἔχομεν, οὐδὲ αἱ ἐκκλησίαι τοῦ θεοῦ.

17 Τοῦτο δὲ παραγγέλλων¹² οὐκ ἐπαινῶ,¹³ ὅτι οὐκ εἰς τὸ κρεῖττον¹⁴ ἀλλ᾽ εἰς τὸ ἧττον¹⁵ συνέρχεσθε.¹⁶ **18** Πρῶτον μὲν γὰρ συνερχομένων¹⁷ ὑμῶν ἐν ἐκκλησίᾳ, ἀκούω σχίσματα¹⁸ ἐν ὑμῖν ὑπάρχειν, καὶ μέρος¹⁹ τι πιστεύω. **19** Δεῖ γὰρ καὶ αἱρέσεις²⁰ ἐν ὑμῖν εἶναι, ἵνα οἱ δόκιμοι²¹ φανεροὶ²² γένωνται ἐν ὑμῖν. **20** Συνερχομένων²³ οὖν ὑμῶν ἐπὶ τὸ αὐτό, οὐκ ἔστιν κυριακὸν²⁴ δεῖπνον²⁵ φαγεῖν. **21** Ἕκαστος γὰρ τὸ ἴδιον δεῖπνον²⁵ προλαμβάνει²⁶ ἐν τῷ φαγεῖν, καὶ ὃς μὲν πεινᾷ,²⁷ ὃς δὲ μεθύει.²⁸ **22** Μὴ γὰρ οἰκίας οὐκ ἔχετε εἰς τὸ ἐσθίειν καὶ πίνειν; Ἢ τῆς ἐκκλησίας τοῦ θεοῦ καταφρονεῖτε,²⁹ καὶ καταισχύνετε³⁰ τοὺς μὴ ἔχοντας; Τί ὑμῖν εἴπω; Ἐπαινέσω³¹ ὑμᾶς ἐν τούτῳ; Οὐκ ἐπαινῶ.³² **23** Ἐγὼ γὰρ παρέλαβον³³ ἀπὸ τοῦ κυρίου, ὃ καὶ παρέδωκα ὑμῖν, ὅτι ὁ κύριος Ἰησοῦς ἐν τῇ νυκτὶ ᾗ παρεδίδοτο ἔλαβεν ἄρτον, **24** καὶ εὐχαριστήσας³⁴ ἔκλασεν,³⁵ καὶ εἶπεν, Λάβετε, φάγετε, Τοῦτό μού ἐστιν τὸ σῶμα τὸ ὑπὲρ ὑμῶν κλώμενον·³⁶ τοῦτο ποιεῖτε εἰς τὴν ἐμὴν ἀνάμνησιν.³⁷ **25** Ὡσαύτως³⁸ καὶ τὸ ποτήριον,³⁹ μετὰ τὸ δειπνῆσαι,⁴⁰

---

¹πρέπον: PAP-NSN ⁴κομᾷ: PAS-3S ⁶κομᾷ: PAS-3S ¹²παραγγέλλων: PAP-NSM ¹³ἐπαινῶ: PAI-1S ¹⁶συνέρχεσθε: PNI-2P ¹⁷συνερχομένων: PNP-GPM ²³Συνερχομένων: PNP-GPM ²⁶προλαμβάνει: PAI-3S ²⁷πεινᾷ: PAI-3S ²⁸μεθύει: PAI-3S ²⁹καταφρονεῖτε: PAI-2P ³⁰καταισχύνετε: PAI-2P ³¹Ἐπαινέσω: AAS-1S ³²ἐπαινῶ: PAI-1S ³³παρέλαβον: 2AAI-1S ³⁴εὐχαριστήσας: AAP-NSM ³⁵ἔκλασεν: AAI-3S ³⁶κλώμενον: PPP-NSN ⁴⁰δειπνῆσαι: AAN

---

¹πρέπω, [7] it becomes, is fitting to, is right. ²ἀκατακάλυπτος, ον, [2] unveiled, uncovered. ³φύσις, εως, ἡ, [14] nature, inherent nature, origin, birth. ⁴κομάω, [2] I wear the hair long, allow the hair to grow out. ⁵ἀτιμία, ας, ἡ, [7] disgrace, dishonor; a dishonorable use. ⁶κομάω, [2] I wear the hair long, allow the hair to grow out. ⁷κόμη, ης, ἡ, [1] hair, long hair. ⁸ἀντί, [22] (a) instead of, in return for, over against, opposite, in exchange for, as a substitute for, (b) on my behalf, (c) wherefore, because. ⁹περιβόλαιον, ου, τό, [2] a wrapper, mantle, veil, cloak, covering. ¹⁰φιλόνεικος, ον, [1] strife-loving, contentious. ¹¹συνήθεια, ας, ἡ, [2] a custom, habit, practice. ¹²παραγγέλλω, [30] I notify, command, charge, entreat solemnly. ¹³ἐπαινέω, [6] I praise, commend, applaud. ¹⁴κρείττων, ον, [16] stronger, more excellent. ¹⁵ἧττων, ον, [2] lesser, inferior, weaker. ¹⁶συνέρχομαι, [32] I come or go with, accompany; I come together, assemble. ¹⁷συνέρχομαι, [32] I come or go with, accompany; I come together, assemble. ¹⁸σχίσμα, ατος, τό, [8] a rent, as in a garment; a division, dissention. ¹⁹μέρος, ους, τό, [43] a part, portion, share. ²⁰αἴρεσις, εως, ἡ, [9] a self-chosen opinion, a religious or philosophical sect, discord or contention. ²¹δόκιμος, ον, [7] approved, acceptable, tried. ²²φανερός, ά, όν, [20] apparent, clear, visible, manifest; adv: clearly. ²³συνέρχομαι, [32] I come or go with, accompany; I come together, assemble. ²⁴κυριακός, ή, όν, [2] of the Lord, special to the Lord. ²⁵δεῖπνον, ου, τό, [16] a dinner, an afternoon or evening meal. ²⁶προλαμβάνω, [3] I take before, anticipate; pass: I am caught or overtaken, taken by surprise. ²⁷πεινάω, [23] I am hungry, needy, desire earnestly. ²⁸μεθύω, [6] I am intoxicated with wine, am drunk. ²⁹καταφρονέω, [9] I despise, scorn, and show it by active insult, disregard. ³⁰καταισχύνω, [13] I shame, disgrace, bring to shame, put to utter confusion, frustrate. ³¹ἐπαινέω, [6] I praise, commend, applaud. ³²ἐπαινέω, [6] I praise, commend, applaud. ³³παραλαμβάνω, [49] I take from, receive from, or: I take to, receive (apparently not used of money), admit, acknowledge; I take with me. ³⁴εὐχαριστέω, [40] I thank, give thanks; pass. 3 sing: is received with thanks. ³⁵κλάω, [15] I break (in pieces), break bread. ³⁶κλάω, [15] I break (in pieces), break bread. ³⁷ἀνάμνησις, εως, ἡ, [4] a recalling, remembrance, memory. ³⁸ὡσαύτως, [18] in like manner, likewise, just so. ³⁹ποτήριον, ου, τό, [33] a drinking cup, the contents of the cup; fig: the portion which God allots. ⁴⁰δειπνέω, [4] I dine, sup, eat.

λέγων, Τοῦτο τὸ ποτήριον¹ ἡ καινὴ² διαθήκη³ ἐστὶν ἐν τῷ ἐμῷ αἵματι· τοῦτο ποιεῖτε, ὁσάκις⁴ ἂν πίνητε, εἰς τὴν ἐμὴν ἀνάμνησιν.⁵ 26 Ὁσάκις⁴ γὰρ ἂν ἐσθίητε τὸν ἄρτον τοῦτον, καὶ τὸ ποτήριον¹ τοῦτο πίνητε, τὸν θάνατον τοῦ κυρίου καταγγέλλετε⁶ ἄχρι οὗ ἂν ἔλθῃ. 27 Ὥστε ὃς ἂν ἐσθίῃ τὸν ἄρτον τοῦτον ἢ πίνῃ τὸ ποτήριον¹ τοῦ κυρίου ἀναξίως⁷ τοῦ κυρίου, ἔνοχος⁸ ἔσται τοῦ σώματος καὶ τοῦ αἵματος τοῦ κυρίου. 28 Δοκιμαζέτω⁹ δὲ ἄνθρωπος ἑαυτόν, καὶ οὕτως ἐκ τοῦ ἄρτου ἐσθιέτω, καὶ ἐκ τοῦ ποτηρίου¹ πινέτω. 29 Ὁ γὰρ ἐσθίων καὶ πίνων ἀναξίως,⁷ κρίμα¹⁰ ἑαυτῷ ἐσθίει καὶ πίνει, μὴ διακρίνων¹¹ τὸ σῶμα τοῦ κυρίου. 30 Διὰ τοῦτο ἐν ὑμῖν πολλοὶ ἀσθενεῖς¹² καὶ ἄρρωστοι,¹³ καὶ κοιμῶνται¹⁴ ἱκανοί.¹⁵ 31 Εἰ γὰρ ἑαυτοὺς διεκρίνομεν,¹⁶ οὐκ ἂν ἐκρινόμεθα. 32 Κρινόμενοι δέ, ὑπὸ κυρίου παιδευόμεθα,¹⁷ ἵνα μὴ σὺν τῷ κόσμῳ κατακριθῶμεν.¹⁸ 33 Ὥστε, ἀδελφοί μου, συνερχόμενοι¹⁹ εἰς τὸ φαγεῖν, ἀλλήλους ἐκδέχεσθε.²⁰ 34 Εἰ δέ τις πεινᾷ,²¹ ἐν οἴκῳ ἐσθιέτω· ἵνα μὴ εἰς κρίμα¹⁰ συνέρχησθε.²² Τὰ δὲ λοιπά,²³ ὡς ἂν ἔλθω, διατάξομαι.²⁴

Of the Use and Purpose of Spiritual Gifts

12 Περὶ δὲ τῶν πνευματικῶν,²⁵ ἀδελφοί, οὐ θέλω ὑμᾶς ἀγνοεῖν.²⁶ 2 Οἴδατε ὅτι ὅτε ἔθνη ἦτε πρὸς τὰ εἴδωλα²⁷ τὰ ἄφωνα,²⁸ ὡς ἂν ἤγεσθε, ἀπαγόμενοι.²⁹ 3 Διὸ γνωρίζω³⁰ ὑμῖν, ὅτι οὐδεὶς ἐν πνεύματι θεοῦ λαλῶν λέγει Ἀνάθεμα³¹ Ἰησοῦν· καὶ οὐδεὶς δύναται εἰπεῖν, Κύριον Ἰησοῦν, εἰ μὴ ἐν πνεύματι ἁγίῳ.

---

⁶καταγγέλλετε: PAI-2P   ⁹Δοκιμαζέτω: PAM-3S   ¹¹διακρίνων: PAP-NSM   ¹⁴κοιμῶνται: PPI-3P   ¹⁶διεκρίνομεν: IAI-1P   ¹⁷παιδευόμεθα: PPI-1P   ¹⁸κατακριθῶμεν: APS-1P   ¹⁹συνερχόμενοι: PNP-NPM   ²⁰ἐκδέχεσθε: PNM-2P   ²¹πεινᾷ: PAI-3S   ²²συνέρχησθε: PNS-2P   ²⁴διατάξομαι: FDI-1S   ²⁶ἀγνοεῖν: PAN   ²⁹ἀπαγόμενοι: PPP-NPM   ³⁰γνωρίζω: PAI-1S

---

¹ποτήριον, ου, τό, [33] a drinking cup, the contents of the cup; fig: the portion which God allots.   ²καινός, ή, όν, [44] fresh, new, unused, novel.   ³διαθήκη, ης, ή, [33] (a) a covenant between two parties, (b) (the ordinary, everyday sense [found a countless number of times in papyri]) a will, testament.   ⁴ὁσάκις, [3] as often as, as many times as.   ⁵ἀνάμνησις, εως, ή, [4] a recalling, remembrance, memory.   ⁶καταγγέλλω, [18] I declare openly, proclaim, preach, laud, celebrate.   ⁷ἀναξίως, [2] unworthily, in an unworthy manner.   ⁸ἔνοχος, ον, [10] involved in, held in, hence: liable, generally with dat. (or gen.) of the punishment.   ⁹δοκιμάζω, [23] I put to the test, prove, examine; I distinguish by testing, approve after testing; I am fit.   ¹⁰κρίμα, ατος, τό, [28] (a) a judgment, a verdict; sometimes implying an adverse verdict, a condemnation, (b) a case at law, a lawsuit.   ¹¹διακρίνω, [19] I separate, distinguish, discern one thing from another; I doubt, hesitate, waver.   ¹²ἀσθενής, ές, [25] (lit: not strong), (a) weak (physically, or morally), (b) infirm, sick.   ¹³ἄρρωστος, ον, [5] infirm, sick, ill, feeble, sickly.   ¹⁴κοιμάομαι, [18] I fall asleep, am asleep, sometimes of the sleep of death.   ¹⁵ἱκανός, ή, όν, [41] (a) considerable, sufficient, of number, quantity, time, (b) of persons: sufficiently strong (good, etc.), worthy, suitable, with various constructions, (c) many, much.   ¹⁶διακρίνω, [19] I separate, distinguish, discern one thing from another; I doubt, hesitate, waver.   ¹⁷παιδεύω, [13] (a) I discipline, educate, train, (b) more severely: I chastise.   ¹⁸κατακρίνω, [17] I condemn, judge worthy of punishment.   ¹⁹συνέρχομαι, [32] I come or go with, accompany; I come together, assemble.   ²⁰ἐκδέχομαι, [7] I wait for, expect.   ²¹πεινάω, [23] I am hungry, needy, desire earnestly.   ²²συνέρχομαι, [32] I come or go with, accompany; I come together, assemble.   ²³λοιπός, ή, όν, [42] left, left behind, the remainder, the rest, the others.   ²⁴διατάσσω, [15] I give orders to, prescribe, arrange.   ²⁵πνευματικός, ή, όν, [26] spiritual.   ²⁶ἀγνοέω, [22] I do not know, am ignorant of (a person, thing, or fact), sometimes with the idea of willful ignorance.   ²⁷εἴδωλον, ου, τό, [11] an idol, false god.   ²⁸ἄφωνος, ον, [4] soundless, voiceless, speechless, dumb.   ²⁹ἀπάγω, [14] I lead, carry, take away; met: I am led astray, seduced.   ³⁰γνωρίζω, [24] I make known, declare, know, discover.   ³¹ἀνάθεμα, ατος, τό, [6] a votive offering, a thing devoted to God; a curse, the thing cursed.

4 Διαιρέσεις¹ δὲ χαρισμάτων² εἰσίν, τὸ δὲ αὐτὸ πνεῦμα. 5 Καὶ διαιρέσεις¹ διακονιῶν³ εἰσίν, καὶ ὁ αὐτὸς κύριος. 6 Καὶ διαιρέσεις¹ ἐνεργημάτων⁴ εἰσίν, ὁ δὲ αὐτός ἐστιν θεός, ὁ ἐνεργῶν⁵ τὰ πάντα ἐν πᾶσιν. 7 Ἑκάστῳ δὲ δίδοται ἡ φανέρωσις⁶ τοῦ πνεύματος πρὸς τὸ συμφέρον.⁷ 8 ᾯ μὲν γὰρ διὰ τοῦ πνεύματος δίδοται λόγος σοφίας, ἄλλῳ δὲ λόγος γνώσεως,⁸ κατὰ τὸ αὐτὸ πνεῦμα· 9 ἑτέρῳ δὲ πίστις, ἐν τῷ αὐτῷ πνεύματι· ἄλλῳ δὲ χαρίσματα² ἰαμάτων⁹ ἐν τῷ αὐτῷ πνεύματι· 10 ἄλλῳ δὲ ἐνεργήματα⁴ δυνάμεων, ἄλλῳ δὲ προφητεία,¹⁰ ἄλλῳ δὲ διακρίσεις¹¹ πνευμάτων, ἑτέρῳ δὲ γένη¹² γλωσσῶν, ἄλλῳ δὲ ἑρμηνεία¹³ γλωσσῶν· 11 πάντα δὲ ταῦτα ἐνεργεῖ¹⁴ τὸ ἓν καὶ τὸ αὐτὸ πνεῦμα, διαιροῦν¹⁵ ἰδίᾳ ἑκάστῳ καθὼς βούλεται.¹⁶

12 Καθάπερ¹⁷ γὰρ τὸ σῶμα ἕν ἐστιν, καὶ μέλη¹⁸ ἔχει πολλά, πάντα δὲ τὰ μέλη¹⁸ τοῦ σώματος τοῦ ἑνός, πολλὰ ὄντα, ἕν ἐστιν σῶμα· οὕτως καὶ ὁ χριστός. 13 Καὶ γὰρ ἐν ἑνὶ πνεύματι ἡμεῖς πάντες εἰς ἓν σῶμα ἐβαπτίσθημεν, εἴτε Ἰουδαῖοι εἴτε Ἕλληνες,¹⁹ εἴτε δοῦλοι εἴτε ἐλεύθεροι·²⁰ καὶ πάντες εἰς ἓν πνεῦμα ἐποτίσθημεν.²¹ 14 Καὶ γὰρ τὸ σῶμα οὐκ ἔστιν ἓν μέλος¹⁸ ἀλλὰ πολλά. 15 Ἐὰν εἴπῃ ὁ πούς, Ὅτι οὐκ εἰμὶ χείρ, οὐκ εἰμὶ ἐκ τοῦ σώματος· οὐ παρὰ τοῦτο οὐκ ἔστιν ἐκ τοῦ σώματος; 16 Καὶ ἐὰν εἴπῃ τὸ οὖς,²² Ὅτι οὐκ εἰμὶ ὀφθαλμός, οὐκ εἰμὶ ἐκ τοῦ σώματος· οὐ παρὰ τοῦτο οὐκ ἔστιν ἐκ τοῦ σώματος; 17 Εἰ ὅλον τὸ σῶμα ὀφθαλμός, ποῦ²³ ἡ ἀκοή;²⁴ Εἰ ὅλον ἀκοή,²⁴ ποῦ²³ ἡ ὄσφρησις;²⁵ 18 Νυνὶ²⁶ δὲ ὁ θεὸς ἔθετο τὰ μέλη¹⁸ ἓν ἕκαστον αὐτῶν ἐν τῷ σώματι, καθὼς ἠθέλησεν. 19 Εἰ δὲ ἦν τὰ πάντα ἓν μέλος,¹⁸ ποῦ²³ τὸ σῶμα; 20 Νῦν δὲ πολλὰ μὲν μέλη,¹⁸ ἓν δὲ σῶμα. 21 Οὐ δύναται δὲ ὁ ὀφθαλμὸς εἰπεῖν τῇ χειρί, Χρείαν²⁷ σου οὐκ ἔχω· ἢ πάλιν ἡ κεφαλὴ τοῖς ποσίν, Χρείαν²⁷ ὑμῶν οὐκ ἔχω. 22 Ἀλλὰ πολλῷ μᾶλλον τὰ δοκοῦντα μέλη¹⁸ τοῦ σώματος ἀσθενέστερα²⁸ ὑπάρχειν, ἀναγκαῖά²⁹ ἐστιν· 23 καὶ ἃ δοκοῦμεν ἀτιμότερα³⁰

---

⁵ἐνεργῶν: PAP-NSM ⁷συμφέρον: PAP-ASN ¹⁴ἐνεργεῖ: PAI-3S ¹⁵διαιροῦν: PAP-NSN ¹⁶βούλεται: PNI-3S
²¹ἐποτίσθημεν: API-1P

---

¹διαίρεσις, εως, ἡ, [3] division, distribution, difference, distinction. ²χάρισμα, ατος, τό, [17] a gift of grace, an undeserved favor. ³διακονία, ας, ἡ, [34] waiting at table; in a wider sense: service, ministration. ⁴ἐνέργημα, ατος, τό, [2] a working, an effect, operation. ⁵ἐνεργέω, [21] I work, am operative, am at work, am made to work, accomplish; mid: I work, display activity. ⁶φανέρωσις, εως, ἡ, [2] a manifestation, disclosure. ⁷συμφέρω, [17] I bring together, collect; I am profitable to. ⁸γνῶσις, εως, ἡ, [29] knowledge, doctrine, wisdom. ⁹ἴαμα, ατος, τό, [3] healing, curing, remedy. ¹⁰προφητεία, ας, ἡ, [19] prophecy, prophesying; the gift of communicating and enforcing revealed truth. ¹¹διάκρισις, εως, ἡ, [3] distinguishing; hence: deciding, passing sentence on; the act of judgment, discernment. ¹²γένος, ους, τό, [21] offspring, family, race, nation, kind. ¹³ἑρμηνεία, ας, ἡ, [2] translation, interpretation, explanation. ¹⁴ἐνεργέω, [21] I work, am operative, am at work, am made to work, accomplish; mid: I work, display activity. ¹⁵διαιρέω, [2] I divide into parts, cut asunder, distribute. ¹⁶βούλομαι, [34] I will, intend, desire, wish. ¹⁷καθάπερ, [13] even as, just as. ¹⁸μέλος, ους, τό, [34] a bodily organ, limb, member. ¹⁹Ἕλλην, ηνος, ὁ, [27] a Hellene, the native word for a Greek; it is, however, a term wide enough to include all Greek-speaking (i.e. educated) non-Jews. ²⁰ἐλεύθερος, έρα, ερον, [23] free, delivered from obligation. ²¹ποτίζω, [15] I cause to drink, give to drink; irrigate, water. ²²οὖς, ὠτός, τό, [37] (a) the ear, (b) met: the faculty of perception. ²³ποῦ, [44] where, in what place. ²⁴ἀκοή, ῆς, ἡ, [24] hearing, faculty of hearing, ear; report, rumor. ²⁵ὄσφρησις, εως, ἡ, [1] the sense of smell, smelling. ²⁶νυνί, [20] adv. (a) of time: just now, even now; just at hand, immediately, (b) of logical connection: now then, (c) in commands and appeals: at this instant. ²⁷χρεία, ας, ἡ, [49] need, necessity, business. ²⁸ἀσθενής, ές, [25] (lit: not strong), (a) weak (physically, or morally), (b) infirm, sick. ²⁹ἀναγκαῖος, α, ον, [8] necessary, essential, intimate, right, proper. ³⁰ἄτιμος, ον, [4] without honor, despised.

εἶναι τοῦ σώματος, τούτοις τιμὴν¹ περισσοτέραν² περιτίθεμεν·³ καὶ τὰ ἀσχήμονα⁴ ἡμῶν εὐσχημοσύνην⁵ περισσοτέραν² ἔχει· 24 τὰ δὲ εὐσχήμονα⁶ ἡμῶν οὐ χρείαν⁷ ἔχει· ἀλλ᾽ ὁ θεὸς συνεκέρασεν⁸ τὸ σῶμα, τῷ ὑστεροῦντι⁹ περισσοτέραν² δοὺς τιμήν,¹ 25 ἵνα μὴ ᾖ σχίσματα¹⁰ ἐν τῷ σώματι, ἀλλὰ τὸ αὐτὸ ὑπὲρ ἀλλήλων μεριμνῶσιν¹¹ τὰ μέλη.¹² 26 Καὶ εἴτε πάσχει¹³ ἓν μέλος,¹² συμπάσχει¹⁴ πάντα τὰ μέλη·¹² εἴτε δοξάζεται ἓν μέλος,¹² συγχαίρει¹⁵ πάντα τὰ μέλη.¹² 27 Ὑμεῖς δέ ἐστε σῶμα χριστοῦ, καὶ μέλη¹² ἐκ μέρους.¹⁶ 28 Καὶ οὓς μὲν ἔθετο ὁ θεὸς ἐν τῇ ἐκκλησίᾳ πρῶτον ἀποστόλους, δεύτερον¹⁷ προφήτας, τρίτον διδασκάλους, ἔπειτα¹⁸ δυνάμεις, εἶτα¹⁹ χαρίσματα²⁰ ἰαμάτων,²¹ ἀντιλήψεις,²² κυβερνήσεις,²³ γένη²⁴ γλωσσῶν. 29 Μὴ πάντες ἀπόστολοι; Μὴ πάντες προφῆται; Μὴ πάντες διδάσκαλοι; Μὴ πάντες δυνάμεις; 30 Μὴ πάντες χαρίσματα²⁰ ἔχουσιν ἰαμάτων;²¹ Μὴ πάντες γλώσσαις λαλοῦσιν; Μὴ πάντες διερμηνεύουσιν;²⁵ 31 Ζηλοῦτε²⁶ δὲ τὰ χαρίσματα²⁰ τὰ κρείττονα.²⁷ Καὶ ἔτι καθ᾽ ὑπερβολὴν²⁸ ὁδὸν ὑμῖν δείκνυμι.²⁹

A Psalm of Love

13 Ἐὰν ταῖς γλώσσαις τῶν ἀνθρώπων λαλῶ καὶ τῶν ἀγγέλων, ἀγάπην δὲ μὴ ἔχω, γέγονα χαλκὸς³⁰ ἠχῶν³¹ ἢ κύμβαλον³² ἀλαλάζον.³³ 2 Καὶ ἐὰν ἔχω προφητείαν,³⁴ καὶ εἰδῶ τὰ μυστήρια³⁵ πάντα καὶ πᾶσαν τὴν γνῶσιν,³⁶ καὶ ἐὰν ἔχω πᾶσαν τὴν πίστιν, ὥστε ὄρη μεθιστάνειν,³⁷ ἀγάπην δὲ μὴ ἔχω, οὐθέν εἰμι. 3 Καὶ ἐὰν ψωμίσω³⁸ πάντα τὰ

---

³περιτίθεμεν: PAI-1P ⁸συνεκέρασεν: AAI-3S ⁹ὑστεροῦντι: PAP-DSN ¹¹μεριμνῶσιν: PAS-3P ¹³πάσχει: PAI-3S
¹⁴συμπάσχει: PAI-3S ¹⁵συγχαίρει: PAI-3S ²⁵διερμηνεύουσιν: PAI-3P ²⁶Ζηλοῦτε: PAM-2P ²⁹δείκνυμι: PAI-1S
³¹ἠχῶν: PAP-NSM ³³ἀλαλάζον: PAP-NSN ³⁷μεθιστάνειν: PAN ³⁸ψωμίσω: AAS-1S

---

¹τιμή, ῆς, ἡ, [42] a price, honor. ²περισσός, ή, όν, [26] more, greater, excessive, abundant, exceedingly, vehemently; noun: preeminence, advantage. ³περιτίθημι, [8] I place or put around, clothe; fig: I bestow, confer.
⁴ἀσχήμων, ον, [1] unseemly, indecent. ⁵εὐσχημοσύνη, ῆς, ἡ, [1] decorum, becomingness, embellishment.
⁶εὐσχήμων, ον, [5] (a) comely, seemly, decorous, (b) of honorable position (in society), wealthy, influential.
⁷χρεία, ας, ἡ, [49] need, necessity, business. ⁸συγκεράννυμι, [2] I mix with, unite. ⁹ὑστερέω, [16] I fall behind, am lacking, fall short, suffer need, am inferior to. ¹⁰σχίσμα, ατος, τό, [8] a rent, as in a garment; a division, dissention. ¹¹μεριμνάω, [19] I am over-anxious; with acc: I am anxious about, distracted; I care for.
¹²μέλος, ους, τό, [34] a bodily organ, limb, member. ¹³πάσχω, [42] I am acted upon in a certain way, either good or bad; I experience ill treatment, suffer. ¹⁴συμπάσχω, [2] I suffer together with, sympathize. ¹⁵συγχαίρω, [7] I rejoice with, congratulate. ¹⁶μέρος, ους, τό, [43] a part, portion, share. ¹⁷δεύτερος, α, ον, [44] second; with the article: in the second place, for the second time. ¹⁸ἔπειτα, [16] then, thereafter, afterwards. ¹⁹εἶτα, [16] then, thereafter, next (marking a fresh stage); therefore, then, furthermore. ²⁰χάρισμα, ατος, τό, [17] a gift of grace, an undeserved favor. ²¹ἴαμα, ατος, τό, [3] healing, curing, remedy. ²²ἀντίληψις, εως, ἡ, [1] help, ministration; one who aids. ²³κυβέρνησις, εως, ἡ, [1] (lit: steering, piloting), governing, government.
²⁴γένος, ους, τό, [21] offspring, family, race, nation, kind. ²⁵διερμηνεύω, [6] I translate, interpret, explain.
²⁶ζηλόω, [11] (a) intrans: I am jealous, (b) trans: I am jealous of, with acc. of a person; I am eager for, am eager to possess, with acc. of a thing. ²⁷κρείττων, ον, [16] stronger, more excellent. ²⁸ὑπερβολή, ῆς, ἡ, [8] excess, surpassing excellence, preeminence; adv: exceedingly. ²⁹δείκνυμι, [31] I point out, show, exhibit; met: I teach, demonstrate, make known. ³⁰χαλκός, οῦ, ὁ, [5] copper, brass, money; a brazen musical instrument.
³¹ἠχέω, [2] I make a sound, give forth a sound, sound (when struck); I roar (as the sea). ³²κύμβαλον, ου, τό, [1] a cymbal. ³³ἀλαλάζω, [2] I cry aloud, raise a war-cry; a clanging or clashing cymbal. ³⁴προφητεία, ας, ἡ, [19] prophecy, prophesying; the gift of communicating and enforcing revealed truth. ³⁵μυστήριον, ου, τό, [27] a mystery, secret, of which initiation is necessary; in the NT: the counsels of God, once hidden but now revealed in the Gospel or some fact thereof; the Christian revelation generally; particular truths or details of the Christian revelation. ³⁶γνῶσις, εως, ἡ, [29] knowledge, doctrine, wisdom. ³⁷μεθίστημι, [5] I cause to change its place, move out of its place; I translate, transfer, remove. ³⁸ψωμίζω, [2] I feed, dole out.

ὑπάρχοντά μου, καὶ ἐὰν παραδῶ τὸ σῶμά μου ἵνα καυθήσωμαι,¹ ἀγάπην δὲ μὴ ἔχω, οὐδὲν ὠφελοῦμαι.² 4 Ἡ ἀγάπη μακροθυμεῖ,³ χρηστεύεται·⁴ ἡ ἀγάπη οὐ ζηλοῖ·⁵ ἡ ἀγάπη οὐ περπερεύεται,⁶ οὐ φυσιοῦται,⁷ 5 οὐκ ἀσχημονεῖ,⁸ οὐ ζητεῖ τὰ ἑαυτῆς, οὐ παροξύνεται,⁹ οὐ λογίζεται¹⁰ τὸ κακόν, 6 οὐ χαίρει ἐπὶ τῇ ἀδικίᾳ,¹¹ συγχαίρει¹² δὲ τῇ ἀληθείᾳ, 7 πάντα στέγει,¹³ πάντα πιστεύει, πάντα ἐλπίζει,¹⁴ πάντα ὑπομένει.¹⁵ 8 Ἡ ἀγάπη οὐδέποτε¹⁶ ἐκπίπτει·¹⁷ εἴτε δὲ προφητεῖαι,¹⁸ καταργηθήσονται·¹⁹ εἴτε γλῶσσαι, παύσονται·²⁰ εἴτε γνῶσις,²¹ καταργηθήσεται.²² 9 Ἐκ μέρους²³ δὲ γινώσκομεν, καὶ ἐκ μέρους²³ προφητεύομεν·²⁴ 10 ὅταν δὲ ἔλθῃ τὸ τέλειον,²⁵ τότε τὸ ἐκ μέρους²³ καταργηθήσεται.²⁶ 11 Ὅτε ἤμην νήπιος,²⁷ ὡς νήπιος²⁷ ἐλάλουν, ὡς νήπιος²⁷ ἐφρόνουν,²⁸ ὡς νήπιος²⁷ ἐλογιζόμην·²⁹ ὅτε δὲ γέγονα ἀνήρ, κατήργηκα³⁰ τὰ τοῦ νηπίου.²⁷ 12 Βλέπομεν γὰρ ἄρτι³¹ δι᾽ ἐσόπτρου³² ἐν αἰνίγματι,³³ τότε δὲ πρόσωπον πρὸς πρόσωπον· ἄρτι³¹ γινώσκω ἐκ μέρους,²³ τότε δὲ ἐπιγνώσομαι³⁴ καθὼς καὶ ἐπεγνώσθην.³⁵ 13 Νυνὶ³⁶ δὲ μένει πίστις, ἐλπίς, ἀγάπη, τὰ τρία ταῦτα· μείζων δὲ τούτων ἡ ἀγάπη.

---

¹καυθήσωμαι: FPI-1S ²ὠφελοῦμαι: PPI-1S ³μακροθυμεῖ: PAI-3S ⁴χρηστεύεται: PNI-3S ⁵ζηλοῖ: PAI-3S ⁶περπερεύεται: PNI-3S ⁷φυσιοῦται: PPI-3S ⁸ἀσχημονεῖ: PAI-3S ⁹παροξύνεται: PPI-3S ¹⁰λογίζεται: PNI-3S ¹²συγχαίρει: PAI-3S ¹³στέγει: PAI-3S ¹⁴ἐλπίζει: PAI-3S ¹⁵ὑπομένει: PAI-3S ¹⁷ἐκπίπτει: PAI-3S ¹⁹καταργηθήσονται: FPI-3P ²⁰παύσονται: FDI-3P ²²καταργηθήσεται: FPI-3S ²⁴προφητεύομεν: PAI-1P ²⁶καταργηθήσεται: FPI-3S ²⁸ἐφρόνουν: IAI-1S ²⁹ἐλογιζόμην: INI-1S ³⁰κατήργηκα: RAI-1S ³⁴ἐπιγνώσομαι: FDI-1S ³⁵ἐπεγνώσθην: API-1S

---

¹καίω, [14] I ignite, light, burn, lit. and met; I consume with fire. ²ὠφελέω, [15] I help, benefit, do good, am useful (to), profit. ³μακροθυμέω, [10] I suffer long, have patience, am forbearing, perseverance. ⁴χρηστεύομαι, [1] I am kind (full of service to others), gentle. ⁵ζηλόω, [11] (a) intrans: I am jealous of, with acc. of a person; I am eager for, am eager to possess, with acc. of a thing. ⁶περπερεύομαι, [1] I boast, vaunt myself. ⁷φυσιόω, [7] I inflate, puff up; pass: I am puffed up, arrogant, proud. ⁸ἀσχημονέω, [2] I act improperly, am unseemly, behave unbecomingly (or even dishonorably); perhaps: I consider (something) unseemly. ⁹παροξύνω, [2] I arouse anger, provoke, irritate. ¹⁰λογίζομαι, [41] I reckon, count, charge with; reason, decide, conclude; think, suppose. ¹¹ἀδικία, ας, ἡ, [26] injustice, unrighteousness, hurt. ¹²συγχαίρω, [7] I rejoice with, congratulate. ¹³στέγω, [4] I cover, conceal, ward off, bear with, endure patiently. ¹⁴ἐλπίζω, [31] I hope, hope for, expect, trust. ¹⁵ὑπομένω, [17] (a) I remain behind, (b) I stand my ground, show endurance, (c) I endure, bear up against, persevere. ¹⁶οὐδέποτε, [16] never. ¹⁷ἐκπίπτω, [12] I fall out, fall off, fall away; hence in nautical language: I fall off from the straight course; of flowers: I fade away, wither away; I fall from, lose, forfeit; I am cast ashore; I am fruitless. ¹⁸προφητεία, ας, ἡ, [19] prophecy, prophesying; the gift of communicating and enforcing revealed truth. ¹⁹καταργέω, [27] (a) I make idle (inactive), make of no effect, annul, abolish, bring to naught, (b) I discharge, sever, separate from. ²⁰παύω, [15] (a) act: I cause to cease, restrain, hinder, (b) mid: I cease, stop, leave off. ²¹γνῶσις, εως, ἡ, [29] knowledge, doctrine, wisdom. ²²καταργέω, [27] (a) I make idle (inactive), make of no effect, annul, abolish, bring to naught, (b) I discharge, sever, separate from. ²³μέρος, ους, τό, [43] a part, portion, share. ²⁴προφητεύω, [28] I foretell, prophesy; I set forth matter of divine teaching by special faculty. ²⁵τέλειος, α, ον, [19] perfect, (a) complete in all its parts, (b) full grown, of full age, (c) specially of the completeness of Christian character. ²⁶καταργέω, [27] (a) I make idle (inactive), make of no effect, annul, abolish, bring to naught, (b) I discharge, sever, separate from. ²⁷νήπιος, α, ον, [14] unlearned, unenlightened; noun: an infant, child. ²⁸φρονέω, [29] (a) I think, (b) I think, judge, (c) I direct the mind to, seek for, (d) I observe, (e) I care for. ²⁹λογίζομαι, [41] I reckon, count, charge with; reason, decide, conclude; think, suppose. ³⁰καταργέω, [27] (a) I make idle (inactive), make of no effect, annul, abolish, bring to naught, (b) I discharge, sever, separate from. ³¹ἄρτι, [37] now, just now, at this moment. ³²ἔσοπτρον, ου, τό, [2] a mirror, looking-glass (made of highly polished metal). ³³αἴνιγμα, ατος, τό, [1] a riddle, an enigma. ³⁴ἐπιγινώσκω, [42] I come to know by directing my attention to him or it, I perceive, discern, recognize; aor: I found out. ³⁵ἐπιγινώσκω, [42] I come to know by directing my attention to him or it, I perceive, discern, recognize; aor: I found out. ³⁶νυνί, [20] adv. (a) of time: just now, even now; just at hand, immediately, (b) of logical connection: now then, (c) in commands and appeals: at this instant.

The Use of Spiritual Gifts in Public Worship

14 Διώκετε¹ τὴν ἀγάπην· ζηλοῦτε² δὲ τὰ πνευματικά,³ μᾶλλον δὲ ἵνα προφητεύητε.⁴ 2 Ὁ γὰρ λαλῶν γλώσσῃ οὐκ ἀνθρώποις λαλεῖ, ἀλλὰ τῷ θεῷ· οὐδεὶς γὰρ ἀκούει, πνεύματι δὲ λαλεῖ μυστήρια.⁵ 3 Ὁ δὲ προφητεύων⁶ ἀνθρώποις λαλεῖ οἰκοδομὴν⁷ καὶ παράκλησιν⁸ καὶ παραμυθίαν.⁹ 4 Ὁ λαλῶν γλώσσῃ ἑαυτὸν οἰκοδομεῖ,¹⁰ ὁ δὲ προφητεύων¹¹ ἐκκλησίαν οἰκοδομεῖ.¹² 5 Θέλω δὲ πάντας ὑμᾶς λαλεῖν γλώσσαις, μᾶλλον δὲ ἵνα προφητεύητε·¹³ μείζων γὰρ ὁ προφητεύων¹⁴ ἢ ὁ λαλῶν γλώσσαις, ἐκτὸς¹⁵ εἰ μὴ διερμηνεύει,¹⁶ ἵνα ἡ ἐκκλησία οἰκοδομὴν⁷ λάβῃ. 6 Νυνὶ¹⁷ δέ, ἀδελφοί, ἐὰν ἔλθω πρὸς ὑμᾶς γλώσσαις λαλῶν, τί ὑμᾶς ὠφελήσω,¹⁸ ἐὰν μὴ ὑμῖν λαλήσω ἢ ἐν ἀποκαλύψει,¹⁹ ἢ ἐν γνώσει,²⁰ ἢ ἐν προφητείᾳ²¹ ἢ ἐν διδαχῇ;²² 7 Ὅμως²³ τὰ ἄψυχα²⁴ φωνὴν διδόντα, εἴτε αὐλός,²⁵ εἴτε κιθάρα,²⁶ ἐὰν διαστολὴν²⁷ τοῖς φθόγγοις²⁸ μὴ διδῷ, πῶς γνωσθήσεται τὸ αὐλούμενον²⁹ ἢ τὸ κιθαριζόμενον;³⁰ 8 Καὶ γὰρ ἐὰν ἄδηλον³¹ φωνὴν σάλπιγξ³² δῷ, τίς παρασκευάσεται³³ εἰς πόλεμον;³⁴ 9 Οὕτως καὶ ὑμεῖς διὰ τῆς γλώσσης ἐὰν μὴ εὔσημον³⁵ λόγον δῶτε, πῶς γνωσθήσεται τὸ λαλούμενον; Ἔσεσθε γὰρ εἰς ἀέρα³⁶ λαλοῦντες. 10 Τοσαῦτα,³⁷ εἰ τύχοι,³⁸ γένη³⁹ φωνῶν ἐστιν ἐν κόσμῳ καὶ οὐδὲν

---

¹Διώκετε: PAM-2P ²ζηλοῦτε: PAM-2P ⁴προφητεύητε: PAS-2P ⁶προφητεύων: PAP-NSM ¹⁰οἰκοδομεῖ: PAI-3S ¹¹προφητεύων: PAP-NSM ¹²οἰκοδομεῖ: PAI-3S ¹³προφητεύητε: PAS-2P ¹⁴προφητεύων: PAP-NSM ¹⁶διερμηνεύει: PAI-3S ¹⁸ὠφελήσω: FAI-1S ²⁹αὐλούμενον: PPP-NSN ³⁰κιθαριζόμενον: PPP-NSN ³³παρασκευάσεται: FDI-3S ³⁸τύχοι: 2AAO-3S

---

¹διώκω, [44] I pursue, hence: I persecute. ²ζηλόω, [11] (a) intrans: I am jealous, (b) trans: I am jealous of, with acc. of a person; I am eager for, am eager to possess, with acc. of a thing. ³πνευματικός, ή, όν, [26] spiritual. ⁴προφητεύω, [28] I foretell, prophesy; I set forth matter of divine teaching by special faculty. ⁵μυστήριον, ου, τό, [27] a mystery, secret, of which initiation is necessary; in the NT: the counsels of God, once hidden but now revealed in the Gospel or some fact thereof; the Christian revelation generally; particular truths or details of the Christian revelation. ⁶προφητεύω, [28] I foretell, prophesy; I set forth matter of divine teaching by special faculty. ⁷οἰκοδομή, ῆς, ἡ, [18] (a) the act of building, (b) a building, (c) met: spiritual advancement, edification. ⁸παράκλησις, εως, ἡ, [29] a calling for, summons, hence: (a) exhortation, (b) entreaty, (c) encouragement, joy, gladness, (d) consolation, comfort. ⁹παραμυθία, ας, ἡ, [1] encouragement, comfort, consolation, exhortation. ¹⁰οἰκοδομέω, [39] I erect a building, build; fig. of the building up of character: I build up, edify, encourage. ¹¹προφητεύω, [28] I foretell, prophesy; I set forth matter of divine teaching by special faculty. ¹²οἰκοδομέω, [39] I erect a building, build; fig. of the building up of character: I build up, edify, encourage. ¹³προφητεύω, [28] I foretell, prophesy; I set forth matter of divine teaching by special faculty. ¹⁴προφητεύω, [28] I foretell, prophesy; I set forth matter of divine teaching by special faculty. ¹⁵ἐκτός, [9] (a) adv: (1) without, outside, beyond, (2) except, (3) subst: the outside, (b) prep: outside, apart from. ¹⁶διερμηνεύω, [6] I translate, interpret, explain. ¹⁷νυνί, [20] adv. (a) of time: just now, even now; just at hand, immediately, (b) of logical connection: now then, (c) in commands and appeals: at this instant. ¹⁸ὠφελέω, [15] I help, benefit, do good, am useful (to), profit. ¹⁹ἀποκάλυψις, εως, ἡ, [18] an unveiling, uncovering, revealing, revelation. ²⁰γνῶσις, εως, ἡ, [29] knowledge, doctrine, wisdom. ²¹προφητεία, ας, ἡ, [19] prophecy, prophesying; the gift of communicating and enforcing revealed truth. ²²διδαχή, ῆς, ἡ, [30] teaching, doctrine, what is taught. ²³ὅμως, [3] yet, nevertheless, even. ²⁴ἄψυχος, ον, [1] lifeless, inanimate. ²⁵αὐλός, οῦ, ὁ, [1] a flute, pipe. ²⁶κιθάρα, ας, ἡ, [4] a harp, lyre. ²⁷διαστολή, ῆς, ἡ, [3] distinction, difference, separation. ²⁸φθόγγος, ου, ὁ, [2] a sound. ²⁹αὐλέω, [3] I play the flute, pipe. ³⁰κιθαρίζω, [2] intrans. and trans: I play on the harp, I harp, with acc. of the tune. ³¹ἄδηλος, ον, [2] unseen, not obvious, inconspicuous, indistinct. ³²σάλπιγξ, ιγγος, ἡ, [11] a trumpet, the sound of a trumpet. ³³παρασκευάζω, [4] I prepare; mid: I prepare, make preparations. ³⁴πόλεμος, ου, ὁ, [19] a war, battle, strife. ³⁵εὔσημος, ον, [1] with clear meaning, intelligible, clear to the understanding. ³⁶ἀήρ, ἀέρος, ὁ, [7] air, the lower air we breathe. ³⁷τοσοῦτος, τοσαύτη, τοσοῦτο, [20] so great, so large, so long, so many. ³⁸τυγχάνω, [13] (a) gen: I obtain, (b) absol: I chance, happen; ordinary, everyday, it may chance, perhaps. ³⁹γένος, ους, τό, [21] offspring, family, race, nation, kind.

αὐτῶν ἄφωνον. [1] 11 Ἐὰν οὖν μὴ εἰδῶ τὴν δύναμιν τῆς φωνῆς, ἔσομαι τῷ λαλοῦντι βάρβαρος, [2] καὶ ὁ λαλῶν ἐν ἐμοὶ βάρβαρος. [2] 12 Οὕτως καὶ ὑμεῖς, ἐπεὶ [3] ζηλωταί [4] ἐστε πνευμάτων, πρὸς τὴν οἰκοδομὴν [5] τῆς ἐκκλησίας ζητεῖτε ἵνα περισσεύητε. [6] 13 Διόπερ [7] ὁ λαλῶν γλώσσῃ προσευχέσθω ἵνα διερμηνεύῃ. [8] 14 Ἐὰν γὰρ προσεύχωμαι γλώσσῃ, τὸ πνεῦμά μου προσεύχεται, ὁ δὲ νοῦς [9] μου ἄκαρπός [10] ἐστιν. 15 Τί οὖν ἐστίν; Προσεύξομαι τῷ πνεύματι, προσεύξομαι δὲ καὶ τῷ νοΐ· [9] ψαλῶ [11] τῷ πνεύματι, ψαλῶ [12] δὲ καὶ τῷ νοΐ. [9] 16 Ἐπεὶ [3] ἐὰν εὐλογήσῃς [13] τῷ πνεύματι, ὁ ἀναπληρῶν [14] τὸν τόπον τοῦ ἰδιώτου [15] πῶς ἐρεῖ τὸ Ἀμὴν ἐπὶ τῇ σῇ [16] εὐχαριστίᾳ, [17] ἐπειδὴ [18] τί λέγεις οὐκ οἶδεν; 17 Σὺ μὲν γὰρ καλῶς [19] εὐχαριστεῖς, [20] ἀλλ᾽ ὁ ἕτερος οὐκ οἰκοδομεῖται. [21] 18 Εὐχαριστῶ [22] τῷ θεῷ μου, πάντων ὑμῶν μᾶλλον γλώσσαις λαλῶν· 19 ἀλλ᾽ ἐν ἐκκλησίᾳ θέλω πέντε [23] λόγους διὰ τοῦ νοός [9] μου λαλῆσαι, ἵνα καὶ ἄλλους κατηχήσω, [24] ἢ μυρίους [25] λόγους ἐν γλώσσῃ.

20 Ἀδελφοί, μὴ παιδία γίνεσθε ταῖς φρεσίν· [26] ἀλλὰ τῇ κακίᾳ [27] νηπιάζετε, [28] ταῖς δὲ φρεσὶν [26] τέλειοι [29] γίνεσθε. 21 Ἐν τῷ νόμῳ γέγραπται ὅτι Ἐν ἑτερογλώσσοις [30] καὶ ἐν χείλεσιν [31] ἑτέροις λαλήσω τῷ λαῷ τούτῳ, καὶ οὐδ᾽ οὕτως εἰσακούσονταί [32] μου, λέγει κύριος. 22 Ὥστε αἱ γλῶσσαι εἰς σημεῖόν εἰσιν, οὐ τοῖς πιστεύουσιν, ἀλλὰ τοῖς ἀπίστοις· [33] ἡ δὲ προφητεία, [34] οὐ τοῖς ἀπίστοις, [33] ἀλλὰ τοῖς πιστεύουσιν. 23 Ἐὰν οὖν συνέλθῃ [35] ἡ ἐκκλησία ὅλη ἐπὶ τὸ αὐτό, καὶ πάντες γλώσσαις λαλῶσιν, εἰσέλθωσιν δὲ

---

[6] περισσεύητε: PAS-2P [8] διερμηνεύῃ: PAS-3S [11] ψαλῶ: FAI-1S [12] ψαλῶ: FAI-1S [13] εὐλογήσῃς: AAS-2S [14] ἀναπληρῶν: PAP-NSM [20] εὐχαριστεῖς: PAI-2S [21] οἰκοδομεῖται: PPI-3S [22] Εὐχαριστῶ: PAI-1S [24] κατηχήσω: AAS-1S [28] νηπιάζετε: PAM-2P [32] εἰσακούσονταί: FDI-3P [35] συνέλθῃ: 2AAS-3S

---

[1] ἄφωνος, ον, [4] soundless, voiceless, speechless, dumb. [2] βάρβαρος, ου, ὁ, [6] a foreigner, one who speaks neither Greek nor Latin; as adj: foreign. [3] ἐπεί, [27] of time: when, after; of cause: since, because; otherwise: else. [4] ζηλωτής, οῦ, ὁ, [7] one who is eagerly devoted to a person or a thing, a zealot. [5] οἰκοδομή, ῆς, ἡ, [18] (a) the act of building, (b) a building, (c) met: spiritual advancement, edification. [6] περισσεύω, [39] (a) intrans: I exceed the ordinary (the necessary), abound, overflow; am left over, (b) trans: I cause to abound. [7] διόπερ, [3] wherefore (emphatically), for which very reason. [8] διερμηνεύω, [6] I translate, interpret, explain. [9] νοῦς, νοός, νοΐ, νοῦν, ὁ, [24] the mind, the reason, the reasoning faculty, intellect. [10] ἄκαρπος, ον, [7] unfruitful, barren, profitless. [11] ψάλλω, [5] I sing, sing psalms; earlier: I play on a stringed instrument. [12] ψάλλω, [5] I sing, sing psalms; earlier: I play on a stringed instrument. [13] εὐλογέω, [43] (lit: I speak well of) I bless; pass: I am blessed. [14] ἀναπληρόω, [6] I fill up, make up, complete the measure of, fulfill, carry out the commands (provisions, etc.) of. [15] ἰδιώτης, ου, ὁ, [5] (unofficial, hence) an amateur, an unprofessional man, a layman; an ungifted person. [16] σός, σή, σόν, [27] yours, thy, thine. [17] εὐχαριστία, ας, ἡ, [15] thankfulness, gratitude; giving of thanks, thanksgiving. [18] ἐπειδή, [10] of time: when, now, after that; of cause: seeing that, forasmuch as. [19] καλῶς, [36] well, nobly, honorably, rightly. [20] εὐχαριστέω, [40] I thank, give thanks; pass. 3 sing: is received with thanks. [21] οἰκοδομέω, [39] I erect a building, build; fig. of the building up of character: I build up, edify, encourage. [22] εὐχαριστέω, [40] I thank, give thanks; pass. 3 sing: is received with thanks. [23] πέντε, οἱ, αἱ, τά, [38] five. [24] κατηχέω, [8] I instruct orally, teach, inform. [25] μυρίοι, ίαι, ία, [3] ten thousand; also used for a very large number, innumerable. [26] φρήν, φρενός, ἡ, [2] the mind, intellect, thought, understanding. [27] κακία, ας, ἡ, [11] (a) evil (i.e. trouble, labor, misfortune), (b) wickedness, (c) vicious disposition, malice, spite. [28] νηπιάζω, [1] I am childlike, childish, infantile. [29] τέλειος, α, ον, [19] perfect, (a) complete in all its parts, (b) full grown, of full age, (c) specially of the completeness of Christian character. [30] ἑτερόγλωσσος, ον, [1] speaking another language; subst: one who speaks another language. [31] χεῖλος, ους, τό, [7] a lip, mouth, shore, edge, brink; meton: language, dialect. [32] εἰσακούω, [5] I hear, listen to, heed. [33] ἄπιστος, ον, [23] unbelieving, incredulous, unchristian; sometimes subst: unbeliever. [34] προφητεία, ας, ἡ, [19] prophecy, prophesying; the gift of communicating and enforcing revealed truth. [35] συνέρχομαι, [32] I come or go with, accompany; I come together, assemble.

ἰδιῶται¹ ἢ ἄπιστοι,² οὐκ ἐροῦσιν ὅτι μαίνεσθε;³ 24 Ἐὰν δὲ πάντες προφητεύωσιν,⁴ εἰσέλθῃ δέ τις ἄπιστος² ἢ ἰδιώτης,¹ ἐλέγχεται⁵ ὑπὸ πάντων, ἀνακρίνεται⁶ ὑπὸ πάντων, 25 καὶ οὕτως τὰ κρυπτὰ⁷ τῆς καρδίας αὐτοῦ φανερὰ⁸ γίνεται· καὶ οὕτως πεσὼν ἐπὶ πρόσωπον προσκυνήσει τῷ θεῷ ἀπαγγέλλων⁹ ὅτι Ὁ θεὸς ὄντως¹⁰ ἐν ὑμῖν ἐστιν.

26 Τί οὖν ἐστίν, ἀδελφοί; Ὅταν συνέρχησθε,¹¹ ἕκαστος ὑμῶν ψαλμὸν¹² ἔχει, διδαχὴν¹³ ἔχει, γλῶσσαν ἔχει, ἀποκάλυψιν¹⁴ ἔχει, ἑρμηνείαν¹⁵ ἔχει. Πάντα πρὸς οἰκοδομὴν¹⁶ γινέσθω. 27 Εἴτε γλώσσῃ τις λαλεῖ, κατὰ δύο ἢ τὸ πλεῖστον¹⁷ τρεῖς, καὶ ἀνὰ¹⁸ μέρος,¹⁹ καὶ εἷς διερμηνευέτω·²⁰ 28 ἐὰν δὲ μὴ ᾖ διερμηνευτής,²¹ σιγάτω²² ἐν ἐκκλησίᾳ· ἑαυτῷ δὲ λαλείτω καὶ τῷ θεῷ. 29 Προφῆται δὲ δύο ἢ τρεῖς λαλείτωσαν, καὶ οἱ ἄλλοι διακρινέτωσαν.²³ 30 Ἐὰν δὲ ἄλλῳ ἀποκαλυφθῇ²⁴ καθημένῳ, ὁ πρῶτος σιγάτω.²⁵ 31 Δύνασθε γὰρ καθ᾽ ἕνα πάντες προφητεύειν,²⁶ ἵνα πάντες μανθάνωσιν,²⁷ καὶ πάντες παρακαλῶνται· 32 καὶ πνεύματα προφητῶν προφήταις ὑποτάσσεται.²⁸ 33 Οὐ γάρ ἐστιν ἀκαταστασίας²⁹ ὁ θεός, ἀλλὰ εἰρήνης, ὡς ἐν πάσαις ταῖς ἐκκλησίαις τῶν ἁγίων.

34 Αἱ γυναῖκες ὑμῶν ἐν ταῖς ἐκκλησίαις σιγάτωσαν·³⁰ οὐ γὰρ ἐπιτέτραπται³¹ αὐταῖς λαλεῖν, ἀλλ᾽ ὑποτάσσεσθαι,³² καθὼς καὶ ὁ νόμος λέγει. 35 Εἰ δέ τι μαθεῖν³³ θέλουσιν,

---

³μαίνεσθε: PNI-2P   ⁴προφητεύωσιν: PAS-3P   ⁵ἐλέγχεται: PPI-3S   ⁶ἀνακρίνεται: PPI-3S   ⁹ἀπαγγέλλων: PAP-NSM   ¹¹συνέρχησθε: PNS-2P   ²⁰διερμηνευέτω: PAM-3S   ²²σιγάτω: PAM-3S   ²³διακρινέτωσαν: PAM-3P   ²⁴ἀποκαλυφθῇ: APS-3S   ²⁵σιγάτω: PAM-3S   ²⁶προφητεύειν: PAN   ²⁷μανθάνωσιν: PAS-3P   ²⁸ὑποτάσσεται: PPI-3S   ³⁰σιγάτωσαν: PAM-3P   ³¹ἐπιτέτραπται: RPI-3S   ³²ὑποτάσσεσθαι: PMN   ³³μαθεῖν: 2AAN

---

¹ἰδιώτης, ου, ὁ, [5] (unofficial, hence) an amateur, an unprofessional man, a layman; an ungifted person. ²ἄπιστος, ον, [23] unbelieving, incredulous, unchristian; sometimes subst: unbeliever. ³μαίνομαι, [5] I am raving mad, speak as a madman. ⁴προφητεύω, [28] I foretell, prophesy; I set forth matter of divine teaching by special faculty. ⁵ἐλέγχω, [18] (a) I reprove, rebuke, discipline, (b) I expose, show to be guilty. ⁶ἀνακρίνω, [16] I examine, inquire into, investigate, question. ⁷κρυπτός, ή, όν, [19] hidden, secret; as subst: the hidden (secret) things (parts), the inward nature (character). ⁸φανερός, ά, όν, [20] apparent, clear, visible, manifest; adv: clearly. ⁹ἀπαγγέλλω, [44] I report (from one place to another), bring a report, announce, declare. ¹⁰ὄντως, [10] really, truly, actually. ¹¹συνέρχομαι, [32] I come or go with, accompany; I come together, assemble. ¹²ψαλμός, οῦ, ὁ, [7] a psalm, song of praise, the Hebrew book of Psalms. ¹³διδαχή, ῆς, ἡ, [30] teaching, doctrine, what is taught. ¹⁴ἀποκάλυψις, εως, ἡ, [18] an unveiling, uncovering, revealing, revelation. ¹⁵ἑρμηνεία, ας, ἡ, [2] translation, interpretation, explanation. ¹⁶οἰκοδομή, ῆς, ἡ, [18] (a) the act of building, (b) a building, (c) met: spiritual advancement, edification. ¹⁷πλεῖστος, η, ον, [3] the greatest, the most, very great. ¹⁸ἀνά, [15] prep. Rare in NT: prop: upwards, up; among, between; in turn; apiece, by; as a prefix: up, to, anew, back. ¹⁹μέρος, ους, τό, [43] a part, portion, share. ²⁰διερμηνεύω, [6] I translate, interpret, explain. ²¹διερμηνευτής, οῦ, ὁ, [1] an interpreter. ²²σιγάω, [9] intrans: I am silent, keep silence; trans: I keep secret; pass: I am kept secret. ²³διακρίνω, [19] I separate, distinguish, discern one thing from another; I doubt, hesitate, waver. ²⁴ἀποκαλύπτω, [26] I uncover, bring to light, reveal. ²⁵σιγάω, [9] intrans: I am silent, keep silence; trans: I keep secret; pass: I am kept secret. ²⁶προφητεύω, [28] I foretell, prophesy; I set forth matter of divine teaching by special faculty. ²⁷μανθάνω, [25] I learn; with adj. or nouns: I learn to be so and so; with acc. of person who is the object of knowledge; aor. sometimes: to ascertain. ²⁸ὑποτάσσω, [40] I place under, subject to; mid, pass: I submit, put myself into subjection. ²⁹ἀκαταστασία, ας, ἡ, [5] disturbance, upheaval, revolution, almost anarchy, first in the political, and thence in the moral sphere. ³⁰σιγάω, [9] intrans: I am silent, keep silence; trans: I keep secret; pass: I am kept secret. ³¹ἐπιτρέπω, [19] I turn to, commit, entrust; I allow, yield, permit. ³²ὑποτάσσω, [40] I place under, subject to; mid, pass: I submit, put myself into subjection. ³³μανθάνω, [25] I learn; with adj. or nouns: I learn to be so and so; with acc. of person who is the object of knowledge; aor. sometimes: to ascertain.

ἐν οἴκῳ τοὺς ἰδίους ἄνδρας ἐπερωτάτωσαν· αἰσχρὸν¹ γάρ ἐστιν γυναιξὶν ἐν ἐκκλησίᾳ λαλεῖν. 36 Ἢ ἀφ᾽ ὑμῶν ὁ λόγος τοῦ θεοῦ ἐξῆλθεν; Ἢ εἰς ὑμᾶς μόνους² κατήντησεν;³

37 Εἴ τις δοκεῖ προφήτης εἶναι ἢ πνευματικός,⁴ ἐπιγινωσκέτω⁵ ἃ γράφω ὑμῖν, ὅτι κυρίου εἰσὶν ἐντολαί. 38 Εἰ δέ τις ἀγνοεῖ,⁶ ἀγνοείτω.⁷

39 Ὥστε, ἀδελφοί, ζηλοῦτε⁸ τὸ προφητεύειν,⁹ καὶ τὸ λαλεῖν γλώσσαις μὴ κωλύετε·¹⁰ 40 πάντα εὐσχημόνως¹¹ καὶ κατὰ τάξιν¹² γινέσθω.

Of the Resurrection of the Dead

15 Γνωρίζω¹³ δὲ ὑμῖν, ἀδελφοί, τὸ εὐαγγέλιον ὃ εὐηγγελισάμην ὑμῖν, ὃ καὶ παρελάβετε,¹⁴ ἐν ᾧ καὶ ἑστήκατε, 2 δι᾽ οὗ καὶ σῴζεσθε· τίνι λόγῳ εὐηγγελισάμην ὑμῖν, εἰ κατέχετε,¹⁵ ἐκτὸς¹⁶ εἰ μὴ εἰκῇ¹⁷ ἐπιστεύσατε. 3 Παρέδωκα γὰρ ὑμῖν ἐν πρώτοις, ὃ καὶ παρέλαβον,¹⁸ ὅτι χριστὸς ἀπέθανεν ὑπὲρ τῶν ἁμαρτιῶν ἡμῶν κατὰ τὰς γραφάς· 4 καὶ ὅτι ἐτάφη·¹⁹ καὶ ὅτι ἐγήγερται τῇ τρίτῃ ἡμέρᾳ κατὰ τὰς γραφάς· 5 καὶ ὅτι ὤφθη Κηφᾷ, εἶτα²⁰ τοῖς δώδεκα· 6 ἔπειτα²¹ ὤφθη ἐπάνω²² πεντακοσίοις²³ ἀδελφοῖς ἐφάπαξ,²⁴ ἐξ ὧν οἱ πλείους μένουσιν ἕως ἄρτι,²⁵ τινὲς δὲ καὶ ἐκοιμήθησαν·²⁶ 7 ἔπειτα²¹ ὤφθη Ἰακώβῳ, εἶτα²⁰ τοῖς ἀποστόλοις πᾶσιν· 8 ἔσχατον δὲ πάντων, ὡσπερεὶ²⁷ τῷ ἐκτρώματι,²⁸ ὤφθη κἀμοί. 9 Ἐγὼ γάρ εἰμι ὁ ἐλάχιστος²⁹ τῶν ἀποστόλων, ὃς οὐκ εἰμὶ ἱκανὸς³⁰ καλεῖσθαι ἀπόστολος, διότι³¹ ἐδίωξα³² τὴν ἐκκλησίαν τοῦ θεοῦ. 10 Χάριτι δὲ

---

³κατήντησεν: AAI-3S ⁵ἐπιγινωσκέτω: PAM-3S ⁶ἀγνοεῖ: PAI-3S ⁷ἀγνοείτω: PAM-3S ⁸ζηλοῦτε: PAM-2P
⁹προφητεύειν: PAN ¹⁰κωλύετε: PAM-2P ¹³Γνωρίζω: PAI-1S ¹⁴παρελάβετε: 2AAI-2P ¹⁵κατέχετε: PAI-2P
¹⁸παρέλαβον: 2AAI-1S ¹⁹ἐτάφη: 2API-3S ²⁶ἐκοιμήθησαν: API-3P ³²ἐδίωξα: AAI-1S

---

¹αἰσχρός, ά, όν, [4] base, disgraceful. ²μόνος, η, ον, [45] only, solitary, desolate. ³καταντάω, [13] (a) I come down, either from high land to lower (or actually to the sea-coast), or from the high seas to the coast; hence met: I arrive at, reach (my destination), (b) of property: I come down (descend) by inheritance to an heir. ⁴πνευματικός, ή, όν, [26] spiritual. ⁵ἐπιγινώσκω, [42] I come to know by directing my attention to him or it, I perceive, discern, recognize; aor: I found out. ⁶ἀγνοέω, [22] I do not know, am ignorant of (a person, thing, or fact), sometimes with the idea of willful ignorance. ⁷ἀγνοέω, [22] I do not know, am ignorant of (a person, thing, or fact), sometimes with the idea of willful ignorance. ⁸ζηλόω, [11] (a) intrans: I am jealous, (b) trans: I am jealous of, with acc. of a person; I am eager for, am eager to possess, with acc. of a thing. ⁹προφητεύω, [28] I foretell, prophesy; I set forth matter of divine teaching by special faculty. ¹⁰κωλύω, [23] I prevent, debar, hinder; with infin: from doing so and so. ¹¹εὐσχημόνως, [3] becomingly, decorously, decently. ¹²τάξις, εως, ἡ, [10] order, (a) regular arrangement, (b) appointed succession, (c) position, rank. ¹³γνωρίζω, [24] I make known, declare, know, discover. ¹⁴παραλαμβάνω, [49] I take from, receive from, or: I take to, receive (apparently not used of money), admit, acknowledge; I take with me. ¹⁵κατέχω, [19] (a) I hold fast, bind, arrest, (b) I take possession of, lay hold of, (c) I hold back, detain, restrain, (d) I hold a ship, keep its head. ¹⁶ἐκτός, [9] (a) adv: (1) without, outside, beyond, (2) except, (3) subst: the outside, (b) prep: outside, apart from. ¹⁷εἰκῇ, [7] without a cause, purpose; purposelessly, in vain, for nothing. ¹⁸παραλαμβάνω, [49] I take from, receive from, or: I take to, receive (apparently not used of money), admit, acknowledge; I take with me. ¹⁹θάπτω, [11] I bury. ²⁰εἶτα, [16] then, thereafter, next (marking a fresh stage); therefore, then, furthermore. ²¹ἔπειτα, [16] then, thereafter, afterwards. ²²ἐπάνω, [20] (a) adv: on the top, above, (b) prep: on the top of, above, over, on, above, more than, superior to. ²³πεντακόσιοι, αι, α, [2] five hundred. ²⁴ἐφάπαξ, [5] once, once for all; at once. ²⁵ἄρτι, [37] now, just now, at this moment. ²⁶κοιμάομαι, [18] I fall asleep, am asleep, sometimes of the sleep of death. ²⁷ὡσπερεί, [1] just as if, as it were. ²⁸ἔκτρωμα, ατος, τό, [1] (strictly: a lifeless abortion) an untimely birth. ²⁹ἐλάχιστος, ίστη, ιστον, [13] least, smallest, but perhaps oftener in the weaker sense: very little, very small. ³⁰ἱκανός, ή, όν, [41] (a) considerable, sufficient, of number, quantity, time, (b) of persons: sufficiently strong (good, etc.), worthy, suitable, with various constructions, (c) many, much. ³¹διότι, [24] on this account, because, for. ³²διώκω, [44] I pursue, hence: I persecute.

θεοῦ εἰμι ὅ εἰμι, καὶ ἡ χάρις αὐτοῦ ἡ εἰς ἐμὲ οὐ κενὴ¹ ἐγενήθη, ἀλλὰ περισσότερον² αὐτῶν πάντων ἐκοπίασα,³ οὐκ ἐγὼ δέ, ἀλλ᾽ ἡ χάρις τοῦ θεοῦ ἡ σὺν ἐμοί. 11 Εἴτε οὖν ἐγώ, εἴτε ἐκεῖνοι, οὕτως κηρύσσομεν καὶ οὕτως ἐπιστεύσατε.

12 Εἰ δὲ χριστὸς κηρύσσεται ὅτι ἐκ νεκρῶν ἐγήγερται, πῶς λέγουσίν τινες ἐν ὑμῖν ὅτι ἀνάστασις⁴ νεκρῶν οὐκ ἔστιν; 13 Εἰ δὲ ἀνάστασις⁴ νεκρῶν οὐκ ἔστιν, οὐδὲ χριστὸς ἐγήγερται· 14 εἰ δὲ χριστὸς οὐκ ἐγήγερται, κενὸν¹ ἄρα⁵ τὸ κήρυγμα⁶ ἡμῶν, κενὴ¹ δὲ καὶ ἡ πίστις ὑμῶν. 15 Εὑρισκόμεθα δὲ καὶ ψευδομάρτυρες⁷ τοῦ θεοῦ, ὅτι ἐμαρτυρήσαμεν κατὰ τοῦ θεοῦ ὅτι ἤγειρεν τὸν χριστόν, ὃν οὐκ ἤγειρεν, εἴπερ⁸ ἄρα⁵ νεκροὶ οὐκ ἐγείρονται. 16 Εἰ γὰρ νεκροὶ οὐκ ἐγείρονται, οὐδὲ χριστὸς ἐγήγερται· 17 εἰ δὲ χριστὸς οὐκ ἐγήγερται, ματαία⁹ ἡ πίστις ὑμῶν· ἔτι ἐστὲ ἐν ταῖς ἁμαρτίαις ὑμῶν. 18 Ἄρα⁵ καὶ οἱ κοιμηθέντες¹⁰ ἐν χριστῷ ἀπώλοντο. 19 Εἰ ἐν τῇ ζωῇ ταύτῃ ἠλπικότες¹¹ ἐσμὲν ἐν χριστῷ μόνον, ἐλεεινότεροι¹² πάντων ἀνθρώπων ἐσμέν.

20 Νυνὶ¹³ δὲ χριστὸς ἐγήγερται ἐκ νεκρῶν, ἀπαρχὴ¹⁴ τῶν κεκοιμημένων¹⁵ ἐγένετο. 21 Ἐπειδὴ¹⁶ γὰρ δι᾽ ἀνθρώπου ὁ θάνατος, καὶ δι᾽ ἀνθρώπου ἀνάστασις⁴ νεκρῶν. 22 Ὥσπερ¹⁷ γὰρ ἐν τῷ Ἀδὰμ πάντες ἀποθνήσκουσιν, οὕτως καὶ ἐν τῷ χριστῷ πάντες ζωοποιηθήσονται.¹⁸ 23 Ἕκαστος δὲ ἐν τῷ ἰδίῳ τάγματι·¹⁹ ἀπαρχὴ¹⁴ χριστός, ἔπειτα²⁰ οἱ τοῦ χριστοῦ ἐν τῇ παρουσίᾳ²¹ αὐτοῦ. 24 Εἶτα²² τὸ τέλος,²³ ὅταν παραδῷ τὴν βασιλείαν τῷ θεῷ καὶ πατρί, ὅταν καταργήσῃ²⁴ πᾶσαν ἀρχὴν καὶ πᾶσαν ἐξουσίαν καὶ δύναμιν. 25 Δεῖ γὰρ αὐτὸν βασιλεύειν,²⁵ ἄχρι οὗ ἂν θῇ πάντας τοὺς ἐχθροὺς²⁶ ὑπὸ τοὺς πόδας αὐτοῦ. 26 Ἔσχατος ἐχθρὸς²⁶ καταργεῖται²⁷ ὁ θάνατος. 27 Πάντα γὰρ ὑπέταξεν²⁸ ὑπὸ τοὺς πόδας αὐτοῦ. Ὅταν δὲ εἴπῃ ὅτι Πάντα ὑποτέτακται,²⁹ δῆλον³⁰ ὅτι ἐκτὸς³¹ τοῦ

---

³ἐκοπίασα: AAI-1S   ¹⁰κοιμηθέντες: APP-NPM   ¹¹ἠλπικότες: RAP-NPM   ¹⁵κεκοιμημένων: RPP-GPM ¹⁸ζωοποιηθήσονται: FPI-3P   ²⁴καταργήσῃ: AAS-3S   ²⁵βασιλεύειν: PAN   ²⁷καταργεῖται: PPI-3S   ²⁸ὑπέταξεν: AAI-3S   ²⁹ὑποτέτακται: RPI-3S

---

¹κενός, ή, όν, [18] (a) empty, (b) met: empty (in moral content), vain, ineffective, foolish, worthless, (c) false, unreal, pretentious, hollow.   ²περισσός, ή, όν, [26] more, greater, excessive, abundant, exceedingly, vehemently; noun: preeminence, advantage.   ³κοπιάω, [23] (a) I grow weary, (b) I toil, work with effort (of bodily and mental labor alike).   ⁴ἀνάστασις, εως, ή, [42] a rising again, resurrection.   ⁵ἄρα, [35] then, therefore, since. ⁶κήρυγμα, ατος, τό, [8] a proclamation, preaching.   ⁷ψευδόμαρτυς, υρος, ό, [3] a false witness.   ⁸εἴπερ, [6] if indeed, if so.   ⁹μάταιος, αία, αιον, [6] vain, unreal, ineffectual, unproductive; practically: godless.   ¹⁰κοιμάομαι, [18] I fall asleep, am asleep, sometimes of the sleep of death.   ¹¹ἐλπίζω, [31] I hope, hope for, expect, trust. ¹²ἐλεεινός, ή, όν, [2] merciful, pitiful, miserable.   ¹³νυνί, [20] adv. (a) of time: just now, even now; just at hand, immediately, (b) of logical connection: now then, (c) in commands and appeals: at this instant.   ¹⁴ἀπαρχή, ῆς, ἡ, [8] the first-fruits, the earliest crop of the year, hence also met., for example, of the earliest converts in a district; there is evidence in favor of rendering in some passages merely by: sacrifice, gift.   ¹⁵κοιμάομαι, [18] I fall asleep, am asleep, sometimes of the sleep of death.   ¹⁶ἐπειδή, [10] of time: when, now, after that; of cause: seeing that, forasmuch as.   ¹⁷ὥσπερ, [42] just as, as, even as.   ¹⁸ζωοποιέω, [12] I make that which was dead to live, cause to live, quicken.   ¹⁹τάγμα, ατος, τό, [1] rank, division, an ordered series.   ²⁰ἔπειτα, [16] then, thereafter, afterwards.   ²¹παρουσία, ας, ή, [24] (a) presence, (b) a coming, an arrival, advent, especially of the second coming of Christ.   ²²εἶτα, [16] then, thereafter, next (marking a fresh stage); therefore, then, furthermore.   ²³τέλος, ους, τό, [41] (a) an end, (b) event or issue, (c) the principal end, aim, purpose, (d) a tax.   ²⁴καταργέω, [27] (a) I make idle (inactive), make of no effect, annul, abolish, bring to naught, (b) I discharge, sever, separate from.   ²⁵βασιλεύω, [21] (a) I rule, reign, (b) I reign over.   ²⁶ἐχθρός, ά, όν, [32] hated, hostile; subst: an enemy.   ²⁷καταργέω, [27] (a) I make idle (inactive), make of no effect, annul, abolish, bring to naught, (b) I discharge, sever, separate from.   ²⁸ὑποτάσσω, [40] I place under, subject to; mid, pass: I submit, put myself into subjection.   ²⁹ὑποτάσσω, [40] I place under, subject to; mid, pass: I submit, put myself into subjection.   ³⁰δῆλος, η, ον, [4] clear, manifest, evident.   ³¹ἐκτός, [9] (a) adv: (1) without, outside, beyond, (2) except, (3) subst: the outside, (b) prep: outside, apart from.

ὑποτάξαντος¹ αὐτῷ τὰ πάντα. **28** Ὅταν δὲ ὑποταγῇ² αὐτῷ τὰ πάντα, τότε καὶ αὐτὸς ὁ υἱὸς ὑποταγήσεται³ τῷ ὑποτάξαντι⁴ αὐτῷ τὰ πάντα, ἵνα ᾖ ὁ θεὸς τὰ πάντα ἐν πᾶσιν.

29 Ἐπεὶ⁵ τί ποιήσουσιν οἱ βαπτιζόμενοι ὑπὲρ τῶν νεκρῶν; Εἰ ὅλως⁶ νεκροὶ οὐκ ἐγείρονται, τί καὶ βαπτίζονται ὑπὲρ τῶν νεκρῶν; **30** Τί καὶ ἡμεῖς κινδυνεύομεν⁷ πᾶσαν ὥραν; **31** Καθ᾽ ἡμέραν ἀποθνήσκω, νὴ⁸ τὴν ὑμετέραν⁹ καύχησιν,¹⁰ ἣν ἔχω ἐν χριστῷ Ἰησοῦ τῷ κυρίῳ ἡμῶν. **32** Εἰ κατὰ ἄνθρωπον ἐθηριομάχησα¹¹ ἐν Ἐφέσῳ,¹² τί μοι τὸ ὄφελος,¹³ εἰ νεκροὶ οὐκ ἐγείρονται; Φάγωμεν καὶ πίωμεν, αὔριον¹⁴ γὰρ ἀποθνήσκομεν. **33** Μὴ πλανᾶσθε·¹⁵ Φθείρουσιν¹⁶ ἤθη¹⁷ χρηστὰ¹⁸ ὁμιλίαι¹⁹ κακαί. **34** Ἐκνήψατε²⁰ δικαίως²¹ καὶ μὴ ἁμαρτάνετε·²² ἀγνωσίαν²³ γὰρ θεοῦ τινὲς ἔχουσιν· πρὸς ἐντροπὴν²⁴ ὑμῖν λέγω.

35 Ἀλλ᾽ ἐρεῖ τις, Πῶς ἐγείρονται οἱ νεκροί; Ποίῳ²⁵ δὲ σώματι ἔρχονται; **36** Ἄφρον,²⁶ σὺ ὃ σπείρεις, οὐ ζωοποιεῖται²⁷ ἐὰν μὴ ἀποθάνῃ· **37** καὶ ὃ σπείρεις, οὐ τὸ σῶμα τὸ γενησόμενον σπείρεις, ἀλλὰ γυμνὸν²⁸ κόκκον,²⁹ εἰ τύχοι,³⁰ σίτου³¹ ἤ τινος τῶν λοιπῶν·³² **38** ὁ δὲ θεὸς αὐτῷ δίδωσιν σῶμα καθὼς ἠθέλησεν, καὶ ἑκάστῳ τῶν σπερμάτων³³ τὸ ἴδιον σῶμα. **39** Οὐ πᾶσα σὰρξ ἡ αὐτὴ σάρξ· ἀλλὰ ἄλλη μὲν ἀνθρώπων, ἄλλη δὲ σὰρξ κτηνῶν,³⁴ ἄλλη δὲ ἰχθύων,³⁵ ἄλλη δὲ πτηνῶν.³⁶ **40** Καὶ σώματα ἐπουράνια,³⁷ καὶ σώματα ἐπίγεια·³⁸ ἀλλ᾽ ἑτέρα μὲν ἡ τῶν ἐπουρανίων³⁷ δόξα, ἑτέρα δὲ ἡ τῶν

---

¹ὑποτάξαντος: *AAP-GSM* ²ὑποταγῇ: *2APS-3S* ³ὑποταγήσεται: *2FPI-3S* ⁴ὑποτάξαντι: *AAP-DSM* ⁷κινδυνεύομεν: *PAI-1P* ¹¹ἐθηριομάχησα: *AAI-1S* ¹⁵πλανᾶσθε: *PPM-2P* ¹⁶Φθείρουσιν: *PAI-3P* ²⁰Ἐκνήψατε: *AAM-2P* ²²ἁμαρτάνετε: *PAM-2P* ²⁷ζωοποιεῖται: *PPI-3S* ³⁰τύχοι: *2AAO-3S*

---

¹ὑποτάσσω, *[40] I place under, subject to; mid, pass: I submit, put myself into subjection.* ²ὑποτάσσω, *[40] I place under, subject to; mid, pass: I submit, put myself into subjection.* ³ὑποτάσσω, *[40] I place under, subject to; mid, pass: I submit, put myself into subjection.* ⁴ὑποτάσσω, *[40] I place under, subject to; mid, pass: I submit, put myself into subjection.* ⁵ἐπεί, *[27] of time: when, after; of cause: since, because; otherwise: else.* ⁶ὅλως, *[4] wholly, altogether, actually, really; with negative: not at all.* ⁷κινδυνεύω, *[4] I am in danger or peril.* ⁸νή, *[1] of affirmative swearing: by, with acc. of person or thing sworn by.* ⁹ὑμέτερος, α, ον, *[10] your, yours.* ¹⁰καύχησις, εως, ἡ, *[12] the act of boasting, glorying, exultation.* ¹¹θηριομάχέω, *[1] I fight with wild beasts (i.e. wild beasts in human form); met: I am exposed to fierce hostility.* ¹²Ἔφεσος, ου, ἡ, *[16] Ephesus, a coast city, capital of the Roman province Asia.* ¹³ὄφελος, ους, τό, *[3] advantage, gain, profit, help.* ¹⁴αὔριον, *[15] tomorrow.* ¹⁵πλανάω, *[40] I lead astray, deceive, cause to wander.* ¹⁶φθείρω, *[7] I corrupt, spoil, destroy, ruin.* ¹⁷ἦθος, ους, τό, *[2] habit, manner, custom, morals.* ¹⁸χρηστός, ή, όν, *[7] useful, gentle, pleasant, kind.* ¹⁹ὁμιλία, ας, ἡ, *[1] intercourse, companionship, conversation, association.* ²⁰ἐκνήφω, *[1] I return to soberness of mind.* ²¹δικαίως, *[5] justly, righteously.* ²²ἁμαρτάνω, *[43] originally: I miss the mark, hence (a) I make a mistake, (b) I sin, commit a sin (against God); sometimes the idea of sinning against a fellow-creature is present.* ²³ἀγνωσία, ας, ἡ, *[2] ignorance; specifically: willful ignorance.* ²⁴ἐντροπή, ῆς, ἡ, *[2] shame.* ²⁵ποῖος, α, ον, *[34] of what sort.* ²⁶ἄφρων, ονος, ον, *[11] senseless, foolish, inconsiderate.* ²⁷ζωοποιέω, *[12] I make that which was dead to live, cause to live, quicken.* ²⁸γυμνός, ή, όν, *[15] rarely: stark-naked; generally: wearing only the under-garment; bare, open, manifest; mere.* ²⁹κόκκος, ου, ὁ, *[7] a kernel, grain, seed.* ³⁰τυγχάνω, *[13] (a) gen: I obtain, (b) absol: I chance, happen; ordinary, everyday, it may chance, perhaps.* ³¹σῖτος, ου, ὁ, *[14] wheat, grain.* ³²λοιπός, ή, όν, *[42] left, left behind, the remainder, the rest, the others.* ³³σπέρμα, ατος, τό, *[44] (a) seed, commonly of cereals, (b) offspring, descendents.* ³⁴κτῆνος, ους, τό, *[4] a beast of burden (generally, a horse or mule) either for riding or for carrying loads on its back, or for yoking to a cart or carriage.* ³⁵ἰχθύς, ύος, ὁ, *[20] a fish.* ³⁶πτηνός, ή, όν, *[1] winged; subst: a bird, fowl.* ³⁷ἐπουράνιος, ον, *[20] heavenly, celestial, in the heavenly sphere, the sphere of spiritual activities; met: divine, spiritual.* ³⁸ἐπίγειος, ον, *[7] (a) on the earth, belonging to the earth (as opposed to the sky), (b) in a spiritual sense, belonging to the earthly sphere, earthly (as opposed to heavenly).*

ἐπιγείων. *1* **41** Ἄλλη δόξα ἡλίου, *2* καὶ ἄλλη δόξα σελήνης, *3* καὶ ἄλλη δόξα ἀστέρων· *4* ἀστὴρ *4* γὰρ ἀστέρος *4* διαφέρει *5* ἐν δόξῃ. **42** Οὕτως καὶ ἡ ἀνάστασις *6* τῶν νεκρῶν. Σπείρεται ἐν φθορᾷ, *7* ἐγείρεται ἐν ἀφθαρσίᾳ· *8* **43** σπείρεται ἐν ἀτιμίᾳ, *9* ἐγείρεται ἐν δόξῃ· σπείρεται ἐν ἀσθενείᾳ, *10* ἐγείρεται ἐν δυνάμει· **44** σπείρεται σῶμα ψυχικόν, *11* ἐγείρεται σῶμα πνευματικόν. *12* Ἔστιν σῶμα ψυχικόν, *11* καὶ ἔστιν σῶμα πνευματικόν. *12* **45** Οὕτως καὶ γέγραπται, Ἐγένετο ὁ πρῶτος ἄνθρωπος Ἀδὰμ εἰς ψυχὴν ζῶσαν. Ὁ ἔσχατος Ἀδὰμ εἰς πνεῦμα ζῳοποιοῦν. *13* **46** Ἀλλ' οὐ πρῶτον τὸ πνευματικόν, *12* ἀλλὰ τὸ ψυχικόν, *11* ἔπειτα *14* τὸ πνευματικόν. *12* **47** Ὁ πρῶτος ἄνθρωπος ἐκ γῆς, χοϊκός· *15* ὁ δεύτερος *16* ἄνθρωπος ὁ κύριος ἐξ οὐρανοῦ. **48** Οἷος *17* ὁ χοϊκός, *15* τοιοῦτοι καὶ οἱ χοϊκοί, *15* καὶ οἷος *17* ὁ ἐπουράνιος, *18* τοιοῦτοι καὶ οἱ ἐπουράνιοι· *18* **49** καὶ καθὼς ἐφορέσαμεν *19* τὴν εἰκόνα *20* τοῦ χοϊκοῦ, *15* φορέσωμεν *21* καὶ τὴν εἰκόνα *20* τοῦ ἐπουρανίου. *18*

50 Τοῦτο δέ φημι, ἀδελφοί, ὅτι σὰρξ καὶ αἷμα βασιλείαν θεοῦ κληρονομῆσαι *22* οὐ δύνανται, οὐδὲ ἡ φθορὰ *7* τὴν ἀφθαρσίαν *8* κληρονομεῖ. *23* **51** Ἰδού, μυστήριον *24* ὑμῖν λέγω· πάντες μὲν οὐ κοιμηθησόμεθα, *25* πάντες δὲ ἀλλαγησόμεθα, *26* **52** ἐν ἀτόμῳ, *27* ἐν ῥιπῇ *28* ὀφθαλμοῦ, ἐν τῇ ἐσχάτῃ σάλπιγγι· *29* σαλπίσει *30* γάρ, καὶ οἱ νεκροὶ ἐγερθήσονται ἄφθαρτοι, *31* καὶ ἡμεῖς ἀλλαγησόμεθα. *32* **53** Δεῖ γὰρ τὸ φθαρτὸν *33* τοῦτο ἐνδύσασθαι *34* ἀφθαρσίαν, *8* καὶ τὸ θνητὸν *35* τοῦτο ἐνδύσασθαι *36* ἀθανασίαν. *37* **54** Ὅταν δὲ τὸ φθαρτὸν *33* τοῦτο ἐνδύσηται *38* ἀφθαρσίαν, *8* καὶ τὸ θνητὸν *35* τοῦτο ἐνδύσηται *39*

---

5 διαφέρει: PAI-3S   *13* ζῳοποιοῦν: PAP-ASN   *19* ἐφορέσαμεν: AAI-1P   *21* φορέσωμεν: AAS-1P   *22* κληρονομῆσαι: AAN   *23* κληρονομεῖ: PAI-3S   *25* κοιμηθησόμεθα: FPI-1P   *26* ἀλλαγησόμεθα: 2FPI-1P   *30* σαλπίσει: FAI-3S   *32* ἀλλαγησόμεθα: 2FPI-1P   *34* ἐνδύσασθαι: AMN   *36* ἐνδύσασθαι: AMN   *38* ἐνδύσηται: AMS-3S   *39* ἐνδύσηται: AMS-3S

---

1 ἐπίγειος, ον, [7] (a) on the earth, belonging to the earth (as opposed to the sky), (b) in a spiritual sense, belonging to the earthly sphere, earthly (as opposed to heavenly).   *2* ἥλιος, ου, ὁ, [32] the sun, sunlight.   *3* σελήνη, ης, ἡ, [9] the moon.   *4* ἀστήρ, έρος, ὁ, [24] a star.   *5* διαφέρω, [13] (a) trans: I carry through, hither and thither, (b) intrans: I am different, differ, and sometimes: I surpass, excel.   *6* ἀνάστασις, εως, ἡ, [42] a rising again, resurrection.   *7* φθορά, ᾶς, ἡ, [9] corruption, destruction, decay, rottenness, decomposition.   *8* ἀφθαρσία, ας, ἡ, [8] indestructibility, incorruptibility; hence: immortality.   *9* ἀτιμία, ας, ἡ, [7] disgrace, dishonor; a dishonorable use.   *10* ἀσθένεια, ας, ἡ, [24] want of strength, weakness, illness, suffering, calamity, frailty.   *11* ψυχικός, ή, όν, [6] animal, natural, sensuous.   *12* πνευματικός, ή, όν, [26] spiritual.   *13* ζῳοποιέω, [12] I make that which was dead to live, cause to live, quicken.   *14* ἔπειτα, [16] then, thereafter, afterwards.   *15* χοϊκός, ή, όν, [4] earthy, made of earth.   *16* δεύτερος, α, ον, [44] second; with the article: in the second place, for the second time.   *17* οἷος, α, ον, [15] of what kind, such as.   *18* ἐπουράνιος, ον, [20] heavenly, celestial, in the heavenly sphere, the sphere of spiritual activities; met: divine, spiritual.   *19* φορέω, [6] I carry, wear, bear constantly.   *20* εἰκών, όνος, ἡ, [23] an image, likeness, bust.   *21* φορέω, [6] I carry, wear, bear constantly.   *22* κληρονομέω, [18] I inherit, obtain (possess) by inheritance, acquire.   *23* κληρονομέω, [18] I inherit, obtain (possess) by inheritance, acquire.   *24* μυστήριον, ου, τό, [27] a mystery, secret, of which initiation is necessary; in the NT: the counsels of God, once hidden but now revealed in the Gospel or some fact thereof; the Christian revelation generally; particular truths or details of the Christian revelation.   *25* κοιμάομαι, [18] I fall asleep, am asleep, sometimes of the sleep of death.   *26* ἀλλάσσω, [6] I change, alter, exchange, transform.   *27* ἄτομος, ον, [1] (lit: that cannot be cut), an indivisible part of time, a moment.   *28* ῥιπή, ῆς, ἡ, [1] a glance, twinkle or flash of the eye; a rush of wind or flame; any rapid movement.   *29* σάλπιγξ, ιγγος, ἡ, [11] a trumpet, the sound of a trumpet.   *30* σαλπίζω, [12] I sound a trumpet.   *31* ἄφθαρτος, ον, [7] indestructible, imperishable, incorruptible; hence: immortal.   *32* ἀλλάσσω, [6] I change, alter, exchange, transform.   *33* φθαρτός, ή, όν, [6] corruptible, perishable.   *34* ἐνδύω, [28] I put on, clothe (another).   *35* θνητός, ή, όν, [6] mortal, subject to death.   *36* ἐνδύω, [28] I put on, clothe (another).   *37* ἀθανασία, ας, ἡ, [3] immortality, imperishability, freedom from death.   *38* ἐνδύω, [28] I put on, clothe (another).   *39* ἐνδύω, [28] I put on, clothe (another).

ἀθανασίαν,¹ τότε γενήσεται ὁ λόγος ὁ γεγραμμένος, Κατεπόθη ² ὁ θάνατος εἰς νῖκος.³ 55 Ποῦ⁴ σου, Θάνατε, τὸ κέντρον;⁵ Ποῦ⁴ σου, Ἅδη,⁶ τὸ νῖκος;³ 56 Τὸ δὲ κέντρον⁵ τοῦ θανάτου ἡ ἁμαρτία· ἡ δὲ δύναμις τῆς ἁμαρτίας ὁ νόμος· 57 τῷ δὲ θεῷ χάρις τῷ διδόντι ἡμῖν τὸ νῖκος³ διὰ τοῦ κυρίου ἡμῶν Ἰησοῦ χριστοῦ. 58 Ὥστε, ἀδελφοί μου ἀγαπητοί, ἑδραῖοι⁷ γίνεσθε, ἀμετακίνητοι,⁸ περισσεύοντες⁹ ἐν τῷ ἔργῳ τοῦ κυρίου πάντοτε,¹⁰ εἰδότες ὅτι ὁ κόπος¹¹ ὑμῶν οὐκ ἔστιν κενὸς¹² ἐν κυρίῳ.

Concluding Admonitions

16 Περὶ δὲ τῆς λογίας¹³ τῆς εἰς τοὺς ἁγίους, ὥσπερ¹⁴ διέταξα¹⁵ ταῖς ἐκκλησίαις τῆς Γαλατίας,¹⁶ οὕτως καὶ ὑμεῖς ποιήσατε. 2 Κατὰ μίαν σαββάτων ἕκαστος ὑμῶν παρ' ἑαυτῷ τιθέτω, θησαυρίζων¹⁷ ὅ τι ἂν εὐοδῶται,¹⁸ ἵνα μή, ὅταν ἔλθω, τότε λογίαι¹³ γίνωνται. 3 Ὅταν δὲ παραγένωμαι,¹⁹ οὓς ἐὰν δοκιμάσητε²⁰ δι' ἐπιστολῶν,²¹ τούτους πέμψω ἀπενεγκεῖν²² τὴν χάριν ὑμῶν εἰς Ἱερουσαλήμ· 4 ἐὰν δὲ ᾖ ἄξιον²³ τοῦ κἀμὲ πορεύεσθαι, σὺν ἐμοὶ πορεύσονται. 5 Ἐλεύσομαι δὲ πρὸς ὑμᾶς, ὅταν Μακεδονίαν²⁴ διέλθω·²⁵ Μακεδονίαν²⁴ γὰρ διέρχομαι·²⁶ 6 πρὸς ὑμᾶς δὲ τυχὸν²⁷ παραμενῶ,²⁸ ἢ καὶ παραχειμάσω,²⁹ ἵνα ὑμεῖς με προπέμψητε³⁰ οὗ³¹ ἐὰν πορεύωμαι. 7 Οὐ θέλω γὰρ ὑμᾶς ἄρτι³² ἐν παρόδῳ³³ ἰδεῖν· ἐλπίζω³⁴ δὲ χρόνον τινὰ ἐπιμεῖναι³⁵ πρὸς ὑμᾶς, ἐὰν ὁ κύριος

---

²Κατεπόθη: API-3S   ⁹περισσεύοντες: PAP-NPM   ¹⁵διέταξα: AAI-1S   ¹⁷θησαυρίζων: PAP-NSM   ¹⁸εὐοδῶται: PPS-3S   ¹⁹παραγένωμαι: 2ADS-1S   ²⁰δοκιμάσητε: AAS-2P   ²²ἀπενεγκεῖν: 2AAN   ²⁵διέλθω: 2AAS-1S   ²⁶διέρχομαι: PNI-1S   ²⁷τυχὸν: 2AAP-ASN   ²⁸παραμενῶ: FAI-1S   ²⁹παραχειμάσω: FAI-1S   ³⁰προπέμψητε: AAS-2P   ³⁴ἐλπίζω: PAI-1S   ³⁵ἐπιμεῖναι: AAN

---

¹ἀθανασία, ας, ἡ, [3] immortality, imperishability, freedom from death.   ²καταπίνω, [7] I drink down, swallow, devour, destroy, consume.   ³νῖκος, ους, τό, [4] victory.   ⁴ποῦ, [44] where, in what place.   ⁵κέντρον, ου, τό, [4] a sting, goad; met: of death.   ⁶Ἅιδης, ου, ὁ, [11] Hades, the unseen world.   ⁷ἑδραῖος, αία, αῖον, [3] sitting, seated; steadfast, firm.   ⁸ἀμετακίνητος, ον, [1] immovable, firm.   ⁹περισσεύω, [39] (a) intrans: I exceed the ordinary (the necessary), abound, overflow; am left over, (b) trans: I cause to abound.   ¹⁰πάντοτε, [42] always, at all times, ever.   ¹¹κόπος, ου, ὁ, [19] (a) trouble, (b) toil, labor, laborious toil, involving weariness and fatigue.   ¹²κενός, ή, όν, [18] (a) empty, (b) met: empty (in moral content), vain, ineffective, foolish, worthless, (c) false, unreal, pretentious, hollow.   ¹³λογία, ας, ἡ, [2] a collection, collecting (of money), particularly of an irregular local contribution for religious purposes.   ¹⁴ὥσπερ, [42] just as, as, even as.   ¹⁵διατάσσω, [15] I give orders to, prescribe, arrange.   ¹⁶Γαλατία, ας, ἡ, [4] Galatia, a large Roman province in central Asia Minor, comprising the districts of Paphlagonia, Pontus Galaticus, Galatia (in the narrower sense, which some still think is intended in the NT), Phrygia Galatica, Lycaonia Galatica, Pisidia and Isaurica.   ¹⁷θησαυρίζω, [8] I store up, treasure up, save, lay up.   ¹⁸εὐοδόω, [4] I cause to prosper, pass: I have a happy (successful) journey, hence: I prosper.   ¹⁹παραγίνομαι, [37] (a) I come on the scene, appear, come, (b) with words expressing destination: I present myself at, arrive at, reach.   ²⁰δοκιμάζω, [23] I put to the test, prove, examine; I distinguish by testing, approve after testing; I am fit.   ²¹ἐπιστολή, ῆς, ἡ, [24] a letter, dispatch, epistle, message.   ²²ἀποφέρω, [5] I carry, bear away (sometimes with violence).   ²³ἄξιος, ία, ιον, [41] worthy, worthy of, deserving, comparable, suitable.   ²⁴Μακεδονία, ας, ἡ, [22] (Hebrew), Macedonia, a Roman province north of Achaia (Greece).   ²⁵διέρχομαι, [42] I pass through, spread (as a report).   ²⁶διέρχομαι, [42] I pass through, spread (as a report).   ²⁷τυγχάνω, [13] (a) gen: I obtain, (b) absol: I chance, happen; ordinary, everyday, it may chance, perhaps.   ²⁸παραμένω, [3] I remain by, abide with; met: I persevere in.   ²⁹παραχειμάζω, [4] I pass the winter.   ³⁰προπέμπω, [9] I send forward, accompany, equip for a journey.   ³¹οὗ, [23] where, whither, when, in what place.   ³²ἄρτι, [37] now, just now, at this moment.   ³³πάροδος, ου, ἡ, [1] a passing by or through.   ³⁴ἐλπίζω, [31] I hope, hope for, expect, trust.   ³⁵ἐπιμένω, [17] (a) I remain, tarry, (b) I remain in, persist in.

ἐπιτρέπῃ.¹ **8** Ἐπιμενῶ² δὲ ἐν Ἐφέσῳ³ ἕως τῆς Πεντηκοστῆς·⁴ **9** θύρα⁵ γάρ μοι ἀνέῳγεν μεγάλη καὶ ἐνεργής,⁶ καὶ ἀντικείμενοι⁷ πολλοί.

10 Ἐὰν δὲ ἔλθῃ Τιμόθεος, βλέπετε ἵνα ἀφόβως⁸ γένηται πρὸς ὑμᾶς· τὸ γὰρ ἔργον κυρίου ἐργάζεται⁹ ὡς καὶ ἐγώ. **11** Μή τις οὖν αὐτὸν ἐξουθενήσῃ·¹⁰ προπέμψατε¹¹ δὲ αὐτὸν ἐν εἰρήνῃ, ἵνα ἔλθῃ πρός με· ἐκδέχομαι¹² γὰρ αὐτὸν μετὰ τῶν ἀδελφῶν. **12** Περὶ δὲ Ἀπολλὼ τοῦ ἀδελφοῦ, πολλὰ παρεκάλεσα αὐτὸν ἵνα ἔλθῃ πρὸς ὑμᾶς μετὰ τῶν ἀδελφῶν· καὶ πάντως¹³ οὐκ ἦν θέλημα ἵνα νῦν ἔλθῃ, ἐλεύσεται δὲ ὅταν εὐκαιρήσῃ.¹⁴

13 Γρηγορεῖτε,¹⁵ στήκετε¹⁶ ἐν τῇ πίστει, ἀνδρίζεσθε,¹⁷ κραταιοῦσθε.¹⁸ **14** Πάντα ὑμῶν ἐν ἀγάπῃ γινέσθω.

15 Παρακαλῶ δὲ ὑμᾶς, ἀδελφοί–οἴδατε τὴν οἰκίαν Στεφανᾶ, ὅτι ἐστὶν ἀπαρχὴ¹⁹ τῆς Ἀχαΐας,²⁰ καὶ εἰς διακονίαν²¹ τοῖς ἁγίοις ἔταξαν²² ἑαυτούς– **16** ἵνα καὶ ὑμεῖς ὑποτάσσησθε²³ τοῖς τοιούτοις, καὶ παντὶ τῷ συνεργοῦντι²⁴ καὶ κοπιῶντι.²⁵ **17** Χαίρω δὲ ἐπὶ τῇ παρουσίᾳ²⁶ Στεφανᾶ καὶ Φουρτουνάτου καὶ Ἀχαϊκοῦ, ὅτι τὸ ὑμῶν ὑστέρημα²⁷ οὗτοι ἀνεπλήρωσαν.²⁸ **18** Ἀνέπαυσαν²⁹ γὰρ τὸ ἐμὸν πνεῦμα καὶ τὸ ὑμῶν· ἐπιγινώσκετε³⁰ οὖν τοὺς τοιούτους.

19 Ἀσπάζονται ὑμᾶς αἱ ἐκκλησίαι τῆς Ἀσίας·³¹ ἀσπάζονται ὑμᾶς ἐν κυρίῳ πολλὰ Ἀκύλας καὶ Πρίσκιλλα, σὺν τῇ κατ' οἶκον αὐτῶν ἐκκλησίᾳ. **20** Ἀσπάζονται ὑμᾶς οἱ ἀδελφοὶ πάντες. Ἀσπάσασθε ἀλλήλους ἐν φιλήματι³² ἁγίῳ.

---

¹ἐπιτρέπῃ: PAS-3S ²Ἐπιμενῶ: FAI-1S ⁷ἀντικείμενοι: PNP-NPM ⁹ἐργάζεται: PNI-3S ¹⁰ἐξουθενήσῃ: AAS-3S ¹¹προπέμψατε: AAM-2P ¹²ἐκδέχομαι: PNI-1S ¹⁴εὐκαιρήσῃ: AAS-3S ¹⁵Γρηγορεῖτε: PAM-2P ¹⁶στήκετε: PAM-2P ¹⁷ἀνδρίζεσθε: PNM-2P ¹⁸κραταιοῦσθε: PPM-2P ²²ἔταξαν: AAI-3P ²³ὑποτάσσησθε: PPS-2P ²⁴συνεργοῦντι: PAP-DSM ²⁵κοπιῶντι: PAP-DSM ²⁸ἀνεπλήρωσαν: AAI-3P ²⁹Ἀνέπαυσαν: AAI-3P ³⁰ἐπιγινώσκετε: PAM-2P

---

¹ἐπιτρέπω, [19] I turn to, commit, entrust; I allow, yield, permit. ²ἐπιμένω, [17] (a) I remain, tarry, (b) I remain in, persist in. ³Ἔφεσος, ου, ἡ, [16] Ephesus, a coast city, capital of the Roman province Asia. ⁴πεντηκοστή, ῆς, ἡ, [3] Pentecost, a feast of the Jews, the fiftieth day after Passover. ⁵θύρα, ας, ἡ, [39] (a) a door, (b) met: an opportunity. ⁶ἐνεργής, ές, [3] effective, productive of due result, at work. ⁷ἀντίκειμαι, [8] I resist, oppose, withstand, lie opposite to. ⁸ἀφόβως, [4] fearlessly, shamelessly, securely, tranquilly. ⁹ἐργάζομαι, [39] I work, trade, perform, do, practice, commit, acquire by labor. ¹⁰ἐξουθενέω, [11] I set at naught, ignore, despise. ¹¹προπέμπω, [9] I send forward, accompany, equip for a journey. ¹²ἐκδέχομαι, [7] I wait for, expect. ¹³πάντως, [9] wholly, entirely, in every way, by all means, certainly. ¹⁴εὐκαιρέω, [3] I have a good (favorable) opportunity, have leisure; I devote my leisure to. ¹⁵γρηγορέω, [23] (a) I am awake (in the night), watch, (b) I am watchful, on the alert, vigilant. ¹⁶στήκω, [8] I stand fast, stand firm, persevere. ¹⁷ἀνδρίζομαι, [1] I act like a man, am brave. ¹⁸κραταιόω, [4] I strengthen, confirm; pass: I grow strong, become strong. ¹⁹ἀπαρχή, ῆς, ἡ, [8] the first-fruits, the earliest crop of the year, hence also met., for example, of the earliest converts in a district; there is evidence in favor of rendering in some passages merely by: sacrifice, gift. ²⁰Ἀχαΐα, ας, ἡ, [11] the Roman Province Achaia, governed by a proconsul, and practically conterminous with modern Greece before 1912. ²¹διακονία, ας, ἡ, [34] waiting at table; in a wider sense: service, ministration. ²²τάσσω, [9] (a) I assign, arrange, (b) I determine; mid: I appoint. ²³ὑποτάσσω, [40] I place under, subject to; mid, pass: I submit, put myself into subjection. ²⁴συνεργέω, [5] I cooperate with, work together. ²⁵κοπιάω, [23] (a) I grow weary, (b) I toil, work with effort (of bodily and mental labor alike). ²⁶παρουσία, ας, ἡ, [24] (a) presence, (b) a coming, an arrival, advent, especially of the second coming of Christ. ²⁷ὑστέρημα, ατος, τό, [9] (a) of things or persons: that which is lacking, a defect or shortcoming, (b) want, poverty. ²⁸ἀναπληρόω, [6] I fill up, make up, complete the measure of, fulfill, carry out the commands (provisions, etc.) of. ²⁹ἀναπαύω, [12] I make to rest, give rest to; mid. and pass: I rest, take my ease. ³⁰ἐπιγινώσκω, [42] I come to know by directing my attention to him or it, I perceive, discern, recognize; aor: I found out. ³¹Ἀσία, ας, ἡ, [18] the Roman province of Asia, roughly the western third of Asia Minor. ³²φίλημα, ατος, τό, [7] a kiss.

21 Ὁ ἀσπασμὸς[1] τῇ ἐμῇ χειρὶ Παύλου. **22** Εἴ τις οὐ φιλεῖ[2] τὸν κύριον Ἰησοῦν χριστόν, ἤτω ἀνάθεμα.[3] Μαρὰν ἀθά.[4] **23** Ἡ χάρις τοῦ κυρίου Ἰησοῦ χριστοῦ μεθ' ὑμῶν. **24** Ἡ ἀγάπη μου μετὰ πάντων ὑμῶν ἐν χριστῷ Ἰησοῦ. Ἀμήν.

---

[2] φιλεῖ: PAI-3S

---

[1] ἀσπασμός, οῦ, ὁ, [10] a greeting, salutation.　　[2] φιλέω, [25] I love (of friendship), regard with affection, cherish; I kiss.　　[3] ἀνάθεμα, ατος, τό, [6] a votive offering, a thing devoted to God; a curse, the thing cursed.　　[4] μαρὰν ἀθά, [1] (Aramaic), either: Our Lord hath come, or: Our Lord cometh (will come, is at hand).

ΠΡΟΣ ΚΟΡΙΝΘΙΟΥΣ Β
Second to the Corinthians

Address, Thanksgiving, and Consolation

Παῦλος ἀπόστολος Ἰησοῦ χριστοῦ διὰ θελήματος θεοῦ, καὶ Τιμόθεος ὁ ἀδελφός, τῇ ἐκκλησίᾳ τοῦ θεοῦ τῇ οὔσῃ ἐν Κορίνθῳ, ¹ σὺν τοῖς ἁγίοις πᾶσιν τοῖς οὖσιν ἐν ὅλῃ τῇ Ἀχαΐᾳ· ² χάρις ὑμῖν καὶ εἰρήνη ἀπὸ θεοῦ πατρὸς ἡμῶν καὶ κυρίου Ἰησοῦ χριστοῦ. 3 Εὐλογητὸς³ ὁ θεὸς καὶ πατὴρ τοῦ κυρίου ἡμῶν Ἰησοῦ χριστοῦ, ὁ πατὴρ τῶν οἰκτιρμῶν⁴ καὶ θεὸς πάσης παρακλήσεως,⁵ 4 ὁ παρακαλῶν ἡμᾶς ἐπὶ πάσῃ τῇ θλίψει⁶ ἡμῶν, εἰς τὸ δύνασθαι ἡμᾶς παρακαλεῖν τοὺς ἐν πάσῃ θλίψει,⁶ διὰ τῆς παρακλήσεως⁵ ἧς παρακαλούμεθα αὐτοὶ ὑπὸ τοῦ θεοῦ. 5 Ὅτι καθὼς περισσεύει⁷ τὰ παθήματα⁸ τοῦ χριστοῦ εἰς ἡμᾶς, οὕτως διὰ τοῦ χριστοῦ περισσεύει⁹ καὶ ἡ παράκλησις⁵ ἡμῶν. 6 Εἴτε δὲ θλιβόμεθα,¹⁰ ὑπὲρ τῆς ὑμῶν παρακλήσεως⁵ καὶ σωτηρίας,¹¹ τῆς ἐνεργουμένης¹² ἐν ὑπομονῇ¹³ τῶν αὐτῶν παθημάτων⁸ ὧν καὶ ἡμεῖς πάσχομεν· ¹⁴ καὶ ἡ ἐλπὶς ἡμῶν βεβαία¹⁵ ὑπὲρ ὑμῶν· εἴτε παρακαλούμεθα, ὑπὲρ τῆς ὑμῶν παρακλήσεως⁵ καὶ σωτηρίας·¹¹ 7 εἰδότες ὅτι ὥσπερ¹⁶ κοινωνοί¹⁷ ἐστε τῶν παθημάτων,⁸ οὕτως καὶ τῆς παρακλήσεως.⁵ 8 Οὐ γὰρ θέλομεν ὑμᾶς ἀγνοεῖν,¹⁸ ἀδελφοί, ὑπὲρ τῆς θλίψεως⁶ ἡμῶν τῆς γενομένης ἡμῖν

---

⁷περισσεύει: PAI-3S   ⁹περισσεύει: PAI-3S   ¹⁰θλιβόμεθα: PPI-1P   ¹²ἐνεργουμένης: PMP-GSF   ¹⁴πάσχομεν: PAI-1P
¹⁸ἀγνοεῖν: PAN

---

¹Κόρινθος, ου, ἡ, [6] Corinth, in north-east Peloponnese, the capital of the Roman province Achaia.   ²Ἀχαΐα, ας, ἡ, [11] the Roman Province Achaia, governed by a proconsul, and practically conterminous with modern Greece before 1912.   ³εὐλογητός, ή, όν, [8] (used only of God), blessed (as entitled to receive blessing from man), worthy of praise.   ⁴οἰκτιρμός, οῦ, ὁ, [5] pity, compassion, favor, grace, mercy.   ⁵παράκλησις, εως, ἡ, [29] a calling for, summons, hence: (a) exhortation, (b) entreaty, (c) encouragement, joy, gladness, (d) consolation, comfort.   ⁶θλῖψις, εως, ἡ, [45] persecution, affliction, distress, tribulation.   ⁷περισσεύω, [39] (a) intrans: I exceed the ordinary (the necessary), abound, overflow; am left over, (b) trans: I cause to abound.   ⁸πάθημα, ατος, τό, [16] (a) suffering, affliction, (b) passion, emotion, (c) an undergoing, an enduring.   ⁹περισσεύω, [39] (a) intrans: I exceed the ordinary (the necessary), abound, overflow; am left over, (b) trans: I cause to abound.   ¹⁰θλίβω, [10] (a) I make narrow (strictly: by pressure); I press upon, (b) I persecute, press hard.   ¹¹σωτηρία, ας, ἡ, [46] welfare, prosperity, deliverance, preservation, salvation, safety.   ¹²ἐνεργέω, [21] I work, am operative, am at work, am made to work, accomplish; mid: I work, display activity.   ¹³ὑπομονή, ῆς, ἡ, [32] endurance, steadfastness, patient waiting for.   ¹⁴πάσχω, [42] I am acted upon in a certain way, either good or bad; I experience ill treatment, suffer.   ¹⁵βέβαιος, α, ον, [9] firm, steadfast, enduring, sure, certain.   ¹⁶ὥσπερ, [42] just as, as, even as.   ¹⁷κοινωνός, οῦ, ὁ, ἡ, [11] a sharer, partner, companion.   ¹⁸ἀγνοέω, [22] I do not know, am ignorant of (a person, thing, or fact), sometimes with the idea of willful ignorance.

ἐν τῇ Ἀσίᾳ,¹ ὅτι καθ᾽ ὑπερβολὴν² ἐβαρήθημεν³ ὑπὲρ δύναμιν, ὥστε ἐξαπορηθῆναι⁴ ἡμᾶς καὶ τοῦ ζῆν. 9 Ἀλλὰ αὐτοὶ ἐν ἑαυτοῖς τὸ ἀπόκριμα⁵ τοῦ θανάτου ἐσχήκαμεν, ἵνα μὴ πεποιθότες ὦμεν ἐφ᾽ ἑαυτοῖς ἀλλ᾽ ἐπὶ τῷ θεῷ τῷ ἐγείροντι τοὺς νεκρούς· 10 ὃς ἐκ τηλικούτου⁶ θανάτου ἐρρύσατο⁷ ἡμᾶς καὶ ῥύεται,⁸ εἰς ὃν ἠλπίκαμεν⁹ ὅτι καὶ ἔτι ῥύσεται,¹⁰ 11 συνυπουργούντων¹¹ καὶ ὑμῶν ὑπὲρ ἡμῶν τῇ δεήσει,¹² ἵνα ἐκ πολλῶν προσώπων τὸ εἰς ἡμᾶς χάρισμα¹³ διὰ πολλῶν εὐχαριστηθῇ¹⁴ ὑπὲρ ὑμῶν.

Paul's Vindication of His Conduct and Life

12 Ἡ γὰρ καύχησις¹⁵ ἡμῶν αὕτη ἐστίν, τὸ μαρτύριον¹⁶ τῆς συνειδήσεως¹⁷ ἡμῶν, ὅτι ἐν ἁπλότητι¹⁸ καὶ εἰλικρινείᾳ¹⁹ θεοῦ, οὐκ ἐν σοφίᾳ σαρκικῇ²⁰ ἀλλ᾽ ἐν χάριτι θεοῦ, ἀνεστράφημεν²¹ ἐν τῷ κόσμῳ, περισσοτέρως²² δὲ πρὸς ὑμᾶς. 13 Οὐ γὰρ ἄλλα γράφομεν ὑμῖν, ἀλλ᾽ ἢ ἃ ἀναγινώσκετε²³ ἢ καὶ ἐπιγινώσκετε,²⁴ ἐλπίζω²⁵ δὲ ὅτι καὶ ἕως τέλους²⁶ ἐπιγνώσεσθε·²⁷ 14 καθὼς καὶ ἐπέγνωτε²⁸ ἡμᾶς ἀπὸ μέρους,²⁹ ὅτι καύχημα³⁰ ὑμῶν ἐσμέν, καθάπερ³¹ καὶ ὑμεῖς ἡμῶν, ἐν τῇ ἡμέρᾳ τοῦ κυρίου Ἰησοῦ.

15 Καὶ ταύτῃ τῇ πεποιθήσει³² ἐβουλόμην³³ ἐλθεῖν πρὸς ὑμᾶς τὸ πρότερον,³⁴ ἵνα δευτέραν³⁵ χάριν ἔχητε· 16 καὶ δι᾽ ὑμῶν διελθεῖν³⁶ εἰς Μακεδονίαν,³⁷ καὶ πάλιν ἀπὸ Μακεδονίας³⁷ ἐλθεῖν πρὸς ὑμᾶς, καὶ ὑφ᾽ ὑμῶν προπεμφθῆναι³⁸ εἰς τὴν Ἰουδαίαν.³⁹

³ἐβαρήθημεν: API-1P   ⁴ἐξαπορηθῆναι: APN   ⁷ἐρρύσατο: ANI-3S   ⁸ῥύεται: PNI-3S   ⁹ἠλπίκαμεν: RAI-1P   ¹⁰ῥύσεται: FDI-3S   ¹¹συνυπουργούντων: PAP-GPM   ¹⁴εὐχαριστηθῇ: APS-3S   ²¹ἀνεστράφημεν: 2API-1P   ²³ἀναγινώσκετε: PAI-2P   ²⁴ἐπιγινώσκετε: PAI-2P   ²⁵ἐλπίζω: PAI-1S   ²⁷ἐπιγνώσεσθε: FDI-2P   ²⁸ἐπέγνωτε: 2AAI-2P   ³³ἐβουλόμην: INI-1S   ³⁶διελθεῖν: 2AAN   ³⁸προπεμφθῆναι: APN

¹Ἀσία, ας, ἡ, [18] the Roman province of Asia, roughly the western third of Asia Minor.   ²ὑπερβολή, ῆς, ἡ, [8] excess, surpassing excellence, preeminence; adv: exceedingly.   ³βαρέω, [7] I weight, load, burden, lit. and met.   ⁴ἐξαπορέομαι, [2] I am utterly without resource, am in despair.   ⁵ἀπόκριμα, ατος, τό, [1] an answer, a judicial decision.   ⁶τηλικοῦτος, αύτη, οῦτο, [4] so great, so large, important.   ⁷ῥύομαι, [18] I rescue, deliver (from danger or destruction).   ⁸ῥύομαι, [18] I rescue, deliver (from danger or destruction).   ⁹ἐλπίζω, [31] I hope, hope for, expect, trust.   ¹⁰ῥύομαι, [18] I rescue, deliver (from danger or destruction).   ¹¹συνυπουργέω, [1] I help together, join in serving.   ¹²δέησις, εως, ἡ, [19] supplication, prayer, entreaty.   ¹³χάρισμα, ατος, τό, [17] a gift of grace, an undeserved favor.   ¹⁴εὐχαριστέω, [40] I thank, give thanks; pass. 3 sing: is received with thanks.   ¹⁵καύχησις, εως, ἡ, [12] the act of boasting, glorying, exultation.   ¹⁶μαρτύριον, ου, τό, [20] witness, evidence, testimony, proof.   ¹⁷συνείδησις, εως, ἡ, [32] the conscience, a persisting notion.   ¹⁸ἁπλότης, τητος, ἡ, [8] simplicity, sincerity, purity, graciousness.   ¹⁹εἰλικρίνεια, ας, ἡ, [3] clearness, sincerity, purity.   ²⁰σαρκικός, ή, όν, [11] fleshly, carnal, earthly.   ²¹ἀναστρέφω, [11] I overturn; I turn back, return; I turn hither and thither; pass: I turn myself about; I sojourn, dwell; I conduct myself, behave, live.   ²²περισσῶς, [16] greatly, exceedingly, abundantly, vehemently.   ²³ἀναγινώσκω, [32] I read, know again, know certainly, recognize, discern.   ²⁴ἐπιγινώσκω, [42] I come to know by directing my attention to him or it, I perceive, discern, recognize; aor: I found out.   ²⁵ἐλπίζω, [31] I hope, hope for, expect, trust.   ²⁶τέλος, ους, τό, [41] (a) an end, (b) event or issue, (c) the principal end, aim, purpose, (d) a tax.   ²⁷ἐπιγινώσκω, [42] I come to know by directing my attention to him or it, I perceive, discern, recognize; aor: I found out.   ²⁸ἐπιγινώσκω, [42] I come to know by directing my attention to him or it, I perceive, discern, recognize; aor: I found out.   ²⁹μέρος, ους, τό, [43] a part, portion, share.   ³⁰καύχημα, ατος, τό, [11] a boasting; a ground of boasting (glorying, exultation).   ³¹καθάπερ, [13] even as, just as.   ³²πεποίθησις, εως, ἡ, [6] confidence, trust, reliance.   ³³βούλομαι, [34] I will, intend, desire, wish.   ³⁴πρότερον, [11] formerly, before.   ³⁵δεύτερος, α, ον, [44] second; with the article: in the second place, for the second time.   ³⁶διέρχομαι, [42] I pass through, spread (as a report).   ³⁷Μακεδονία, ας, ἡ, [22] (Hebrew) Macedonia, a Roman province north of Achaia (Greece).   ³⁸προπέμπω, [9] I send forward, accompany, equip for a journey.   ³⁹Ἰουδαία, ας, ἡ, [43] Judea, a Roman province, capital Jerusalem.

17 Τοῦτο οὖν βουλευόμενος, ¹ μή τι ἄρα ² τῇ ἐλαφρίᾳ ³ ἐχρησάμην; ⁴ Ἢ ἃ βουλεύομαι, ⁵ κατὰ σάρκα βουλεύομαι, ⁶ ἵνα ᾖ παρ' ἐμοὶ τὸ Ναί, ⁷ ναὶ ⁷ καὶ τὸ Οὔ, οὔ; **18** Πιστὸς δὲ ὁ θεός, ὅτι ὁ λόγος ἡμῶν ὁ πρὸς ὑμᾶς οὐκ ἐγένετο Ναὶ ⁷ καὶ οὔ. **19** Ὁ γὰρ τοῦ θεοῦ υἱὸς Ἰησοῦς χριστὸς ὁ ἐν ὑμῖν δι' ἡμῶν κηρυχθείς, δι' ἐμοῦ καὶ Σιλουανοῦ καὶ Τιμοθέου, οὐκ ἐγένετο Ναὶ ⁷ καὶ Οὔ, ἀλλὰ Ναὶ ⁷ ἐν αὐτῷ γέγονεν. **20** Ὅσαι γὰρ ἐπαγγελίαι θεοῦ, ἐν αὐτῷ τὸ Ναί, ⁷ καὶ ἐν αὐτῷ τὸ Ἀμήν, τῷ θεῷ πρὸς δόξαν δι' ἡμῶν. **21** Ὁ δὲ βεβαιῶν ⁸ ἡμᾶς σὺν ὑμῖν εἰς χριστόν, καὶ χρίσας ⁹ ἡμᾶς, θεός· **22** ὁ καὶ σφραγισάμενος ¹⁰ ἡμᾶς, καὶ δοὺς τὸν ἀρραβῶνα ¹¹ τοῦ πνεύματος ἐν ταῖς καρδίαις ἡμῶν.

23 Ἐγὼ δὲ μάρτυρα ¹² τὸν θεὸν ἐπικαλοῦμαι ¹³ ἐπὶ τὴν ἐμὴν ψυχήν, ὅτι φειδόμενος ¹⁴ ὑμῶν οὐκέτι ¹⁵ ἦλθον εἰς Κόρινθον. ¹⁶ **24** Οὐχ ὅτι κυριεύομεν ¹⁷ ὑμῶν τῆς πίστεως, ἀλλὰ συνεργοί ¹⁸ ἐσμεν τῆς χαρᾶς ὑμῶν· τῇ γὰρ πίστει ἑστήκατε.

Paul's Apostolic Kindness

2 Ἔκρινα δὲ ἐμαυτῷ ¹⁹ τοῦτο, τὸ μὴ πάλιν ἐν λύπῃ ²⁰ πρὸς ὑμᾶς ἐλθεῖν. **2** Εἰ γὰρ ἐγὼ λυπῶ ²¹ ὑμᾶς, καὶ τίς ἐστιν ὁ εὐφραίνων ²² με, εἰ μὴ ὁ λυπούμενος ²³ ἐξ ἐμοῦ; **3** Καὶ ἔγραψα ὑμῖν τοῦτο αὐτό, ἵνα μὴ ἐλθὼν λύπην ²⁰ ἔχω ἀφ' ὧν ἔδει με χαίρειν, πεποιθὼς ἐπὶ πάντας ὑμᾶς, ὅτι ἡ ἐμὴ χαρὰ πάντων ὑμῶν ἐστιν. **4** Ἐκ γὰρ πολλῆς θλίψεως ²⁴ καὶ συνοχῆς ²⁵ καρδίας ἔγραψα ὑμῖν διὰ πολλῶν δακρύων, ²⁶ οὐχ ἵνα λυπηθῆτε, ²⁷ ἀλλὰ τὴν ἀγάπην ἵνα γνῶτε ἣν ἔχω περισσοτέρως ²⁸ εἰς ὑμᾶς.

5 Εἰ δέ τις λελύπηκεν, ²⁹ οὐκ ἐμὲ λελύπηκεν, ³⁰ ἀλλὰ ἀπὸ μέρους ³¹–ἵνα μὴ ἐπιβαρῶ ³²–πάντας ὑμᾶς. **6** Ἱκανὸν ³³ τῷ τοιούτῳ ἡ ἐπιτιμία ³⁴ αὕτη ἡ ὑπὸ τῶν πλειόνων· **7** ὥστε τοὐναντίον ³⁵ μᾶλλον ὑμᾶς χαρίσασθαι ³⁶ καὶ παρακαλέσαι, μήπως ³⁷ τῇ

---

¹βουλευόμενος: PNP-NSM   ⁴ἐχρησάμην: ADI-1S   ⁵βουλεύομαι: PNI-1S   ⁶βουλεύομαι: PNI-1S   ⁸βεβαιῶν: PAP-NSM   ⁹χρίσας: AAP-NSM   ¹⁰σφραγισάμενος: AMP-NSM   ¹³ἐπικαλοῦμαι: PMI-1S   ¹⁴φειδόμενος: PNP-NSM   ¹⁷κυριεύομεν: PAI-1P   ²¹λυπῶ: PAI-1S   ²²εὐφραίνων: PAP-NSM   ²³λυπούμενος: PPP-NSM   ²⁷λυπηθῆτε: APS-2P   ²⁹λελύπηκεν: RAI-3S   ³⁰λελύπηκεν: RAI-3S   ³²ἐπιβαρῶ: PAS-1S   ³⁶χαρίσασθαι: ADN

---

¹βουλεύω, [8] I deliberate, take counsel, determine.   ²ἄρα, [19] a particle asking a question, to which a negative answer is expected.   ³ἐλαφρία, ας, ἡ, [1] levity, fickleness, lightness.   ⁴χράομαι, [11] I use, make use of, deal with, take advantage of.   ⁵βουλεύω, [8] I deliberate, take counsel, determine.   ⁶βουλεύω, [8] I deliberate, take counsel, determine.   ⁷ναί, [35] yes, certainly, even so.   ⁸βεβαιόω, [8] I confirm, ratify, secure, establish; pass: I guarantee.   ⁹χρίω, [5] I anoint, consecrate by anointing.   ¹⁰σφραγίζω, [15] I seal, set a seal upon.   ¹¹ἀρραβών, ῶνος, ὁ, [3] an earnest, earnest-money, a large part of the payment, given in advance as a security that the whole will be paid afterwards.   ¹²μάρτυς, υρος, ὁ, [34] a witness; an eye- or ear-witness.   ¹³ἐπικαλέω, [32] (a) I call (name) by a supplementary (additional, alternative) name, (b) mid: I call upon, appeal to, address.   ¹⁴φείδομαι, [10] I spare, abstain, forbear.   ¹⁵οὐκέτι, [48] no longer, no more.   ¹⁶Κόρινθος, ου, ἡ, [6] Corinth, in north-east Peloponnese, the capital of the Roman province Achaia.   ¹⁷κυριεύω, [7] I have authority, rule over.   ¹⁸συνεργός, οῦ, ὁ, [13] a fellow worker, associate, helper.   ¹⁹ἐμαυτοῦ, ῆς, οῦ, [37] of myself.   ²⁰λύπη, ης, ἡ, [16] pain, grief, sorrow, affliction.   ²¹λυπέω, [26] I pain, grieve, vex.   ²²εὐφραίνω, [14] I cheer, make glad; generally mid. or pass: I am glad, make merry, revel, feast.   ²³λυπέω, [26] I pain, grieve, vex.   ²⁴θλῖψις, εως, ἡ, [45] persecution, affliction, distress, tribulation.   ²⁵συνοχή, ῆς, ἡ, [2] distress, anguish, anxiety.   ²⁶δάκρυον, ου, τό, [11] a tear.   ²⁷λυπέω, [26] I pain, grieve, vex.   ²⁸περισσῶς, [16] greatly, exceedingly, abundantly, vehemently.   ²⁹λυπέω, [26] I pain, grieve, vex.   ³⁰λυπέω, [26] I pain, grieve, vex.   ³¹μέρος, ους, τό, [43] a part, portion, share.   ³²ἐπιβαρέω, [3] I put a burden on, am burdensome.   ³³ἱκανός, ή, όν, [41] (a) considerable, sufficient, of number, quantity, time, (b) of persons: sufficiently strong (good, etc.), worthy, suitable, with various constructions, (c) many, much.   ³⁴ἐπιτιμία, ας, ἡ, [1] punishment, penalty.   ³⁵τοὐναντίον, [3] on the contrary, on the other hand.   ³⁶χαρίζομαι, [23] (a) I show favor to, (b) I pardon, forgive, (c) I show kindness.   ³⁷μήπως, [12] lest in any way, lest perhaps.

περισσοτέρᾳ¹ λύπῃ² καταποθῇ³ ὁ τοιοῦτος. 8 Διὸ παρακαλῶ ὑμᾶς κυρῶσαι⁴ εἰς αὐτὸν ἀγάπην. 9 Εἰς τοῦτο γὰρ καὶ ἔγραψα, ἵνα γνῶ τὴν δοκιμὴν⁵ ὑμῶν, εἰ εἰς πάντα ὑπήκοοί⁶ ἐστε. 10 Ὧ δέ τι χαρίζεσθε,⁷ καὶ ἐγώ· καὶ γὰρ ἐγὼ εἴ τι κεχάρισμαι,⁸ ᾧ κεχάρισμαι,⁹ δι᾽ ὑμᾶς ἐν προσώπῳ χριστοῦ, 11 ἵνα μὴ πλεονεκτηθῶμεν¹⁰ ὑπὸ τοῦ Σατανᾶ·¹¹ οὐ γὰρ αὐτοῦ τὰ νοήματα¹² ἀγνοοῦμεν.¹³

Paul's Triumph in Christ

12 Ἐλθὼν δὲ εἰς τὴν Τρῳάδα¹⁴ εἰς τὸ εὐαγγέλιον τοῦ χριστοῦ, καὶ θύρας¹⁵ μοι ἀνεῳγμένης ἐν κυρίῳ, 13 οὐκ ἔσχηκα ἄνεσιν¹⁶ τῷ πνεύματί μου, τῷ μὴ εὑρεῖν με Τίτον τὸν ἀδελφόν μου· ἀλλὰ ἀποταξάμενος¹⁷ αὐτοῖς ἐξῆλθον εἰς Μακεδονίαν.¹⁸ 14 Τῷ δὲ θεῷ χάρις τῷ πάντοτε¹⁹ θριαμβεύοντι²⁰ ἡμᾶς ἐν τῷ χριστῷ, καὶ τὴν ὀσμὴν²¹ τῆς γνώσεως²² αὐτοῦ φανεροῦντι²³ δι᾽ ἡμῶν ἐν παντὶ τόπῳ. 15 Ὅτι χριστοῦ εὐωδία²⁴ ἐσμὲν τῷ θεῷ ἐν τοῖς σῳζομένοις καὶ ἐν τοῖς ἀπολλυμένοις· 16 οἷς μὲν ὀσμὴ²¹ θανάτου εἰς θάνατον, οἷς δὲ ὀσμὴ²¹ ζωῆς εἰς ζωήν. Καὶ πρὸς ταῦτα τίς ἱκανός;²⁵ 17 Οὐ γὰρ ἐσμὲν ὡς οἱ λοιποί,²⁶ καπηλεύοντες²⁷ τὸν λόγον τοῦ θεοῦ· ἀλλ᾽ ὡς ἐξ εἰλικρινείας,²⁸ ἀλλ᾽ ὡς ἐκ θεοῦ, κατενώπιον²⁹ τοῦ θεοῦ, ἐν χριστῷ λαλοῦμεν.

The Glory of the New Testament Ministry

3 Ἀρχόμεθα πάλιν ἑαυτοὺς συνιστάνειν;³⁰ Εἰ μὴ χρῄζομεν,³¹ ὥς τινες, συστατικῶν³² ἐπιστολῶν³³ πρὸς ὑμᾶς, ἢ ἐξ ὑμῶν συστατικῶν;³² 2 Ἡ ἐπιστολὴ³³ ἡμῶν ὑμεῖς ἐστέ, ἐγγεγραμμένη³⁴ ἐν ταῖς καρδίαις ἡμῶν, γινωσκομένη καὶ ἀναγινωσκομένη³⁵ ὑπὸ

---

³καταποθῇ: APS-3S ⁴κυρῶσαι: AAN ⁷χαρίζεσθε: PNI-2P ⁸κεχάρισμαι: RNI-1S ⁹κεχάρισμαι: RNI-1S ¹⁰πλεονεκτηθῶμεν: APS-1P ¹³ἀγνοοῦμεν: PAI-1P ¹⁷ἀποταξάμενος: AMP-NSM ²⁰θριαμβεύοντι: PAP-DSM ²³φανεροῦντι: PAP-DSM ²⁷καπηλεύοντες: PAP-NPM ³⁰συνιστάνειν: PAN ³¹χρῄζομεν: PAI-1P ³⁴ἐγγεγραμμένη: RPP-NSF ³⁵ἀναγινωσκομένη: PPP-NSF

---

¹περισσός, ή, όν, [26] more, greater, excessive, abundant, exceedingly, vehemently; noun: preeminence, advantage. ²λύπη, ης, ἡ, [16] pain, grief, sorrow, affliction. ³καταπίνω, [7] I drink down, swallow, devour, destroy, consume. ⁴κυρόω, [2] I ratify, confirm, make valid, reaffirm, assure. ⁵δοκιμή, ῆς, ἡ, [7] a trial, proof; tried, approved character. ⁶ὑπήκοος, ον, [3] listening to, obedient, submissive. ⁷χαρίζομαι, [23] (a) I show favor to, (b) I pardon, forgive, (c) I show kindness. ⁸χαρίζομαι, [23] (a) I show favor to, (b) I pardon, forgive, (c) I show kindness. ⁹χαρίζομαι, [23] (a) I show favor to, (b) I pardon, forgive, (c) I show kindness. ¹⁰πλεονεκτέω, [5] I take advantage of, overreach, defraud. ¹¹Σατανᾶς, ᾶ, ὁ, [36] an adversary, Satan. ¹²νόημα, ατος, τό, [6] a thought, purpose, design; the mind; the heart, soul, feelings. ¹³ἀγνοέω, [22] I do not know, am ignorant of (a person, thing, or fact), sometimes with the idea of willful ignorance. ¹⁴Τρῳάς, άδος, ἡ, [6] Troas, a harbor city of Mysia. ¹⁵θύρα, ας, ἡ, [39] (a) a door, (b) met: an opportunity. ¹⁶ἄνεσις, εως, ἡ, [5] relief, remission, indulgence, freedom, rest. ¹⁷ἀποτάσσομαι, [6] I withdraw from, take leave of, renounce, send away. ¹⁸Μακεδονία, ας, ἡ, [22] (Hebrew) Macedonia, a Roman province north of Achaia (Greece). ¹⁹πάντοτε, [42] always, at all times, ever. ²⁰θριαμβεύω, [2] (properly: I lead one as my prisoner in a triumphal procession, hence) I lead around, make a show (spectacle) of, cause to triumph. ²¹ὀσμή, ῆς, ἡ, [6] a smell, odor, savor. ²²γνῶσις, εως, ἡ, [29] knowledge, doctrine, wisdom. ²³φανερόω, [49] I make clear (visible, manifest), make known. ²⁴εὐωδία, ας, ἡ, [3] a sweet smell, fragrance. ²⁵ἱκανός, ή, όν, [41] (a) considerable, sufficient, of number, quantity, time, (b) of persons: sufficiently strong (good, etc.), worthy, suitable, with various constructions, (c) many, much. ²⁶λοιπός, ή, όν, [42] left, left behind, the remainder, the rest, the others. ²⁷καπηλεύω, [1] I hawk, trade in, deal in for purposes of gain. ²⁸εἰλικρίνεια, ας, ἡ, [3] clearness, sincerity, purity. ²⁹κατενώπιον, [5] before the face of, over against. ³⁰συνίστημι, συνιστάνω, [16] I place together, commend, prove, exhibit; intrans: I stand with; I am composed of, cohere. ³¹χρῄζω, [5] I need, have need of, want, desire. ³²συστατικός, ή, όν, [2] commendatory, introductory. ³³ἐπιστολή, ῆς, ἡ, [24] a letter, dispatch, epistle, message. ³⁴ἐγγράφω, [2] I write, inscribe. ³⁵ἀναγινώσκω, [32] I read, know again, know certainly, recognize, discern.

πάντων ἀνθρώπων· 3 φανερούμενοι[1] ὅτι ἐστὲ ἐπιστολὴ[2] χριστοῦ διακονηθεῖσα[3] ὑφ᾽ ἡμῶν, ἐγγεγραμμένη[4] οὐ μέλανι,[5] ἀλλὰ πνεύματι θεοῦ ζῶντος, οὐκ ἐν πλαξὶν[6] λιθίναις,[7] ἀλλ᾽ ἐν πλαξὶν[6] καρδίαις σαρκίναις.[8] 4 Πεποίθησιν[9] δὲ τοιαύτην ἔχομεν διὰ τοῦ χριστοῦ πρὸς τὸν θεόν· 5 οὐχ ὅτι ἱκανοί[10] ἐσμεν ἀφ᾽ ἑαυτῶν λογίσασθαί[11] τι ὡς ἐξ ἑαυτῶν, ἀλλ᾽ ἡ ἱκανότης[12] ἡμῶν ἐκ τοῦ θεοῦ· 6 ὃς καὶ ἱκάνωσεν[13] ἡμᾶς διακόνους[14] καινῆς[15] διαθήκης,[16] οὐ γράμματος,[17] ἀλλὰ πνεύματος· τὸ γὰρ γράμμα[17] ἀποκτένει, τὸ δὲ πνεῦμα ζῳοποιεῖ.[18] 7 Εἰ δὲ ἡ διακονία[19] τοῦ θανάτου ἐν γράμμασιν,[17] ἐντετυπωμένη[20] ἐν λίθοις, ἐγενήθη ἐν δόξῃ, ὥστε μὴ δύνασθαι ἀτενίσαι[21] τοὺς υἱοὺς Ἰσραὴλ εἰς τὸ πρόσωπον Μωϋσέως διὰ τὴν δόξαν τοῦ προσώπου αὐτοῦ, τὴν καταργουμένην,[22] 8 πῶς οὐχὶ μᾶλλον ἡ διακονία[19] τοῦ πνεύματος ἔσται ἐν δόξῃ; 9 Εἰ γὰρ ἡ διακονία[19] τῆς κατακρίσεως[23] δόξα, πολλῷ μᾶλλον περισσεύει[24] ἡ διακονία[19] τῆς δικαιοσύνης ἐν δόξῃ. 10 Καὶ γὰρ οὐ δεδόξασται τὸ δεδοξασμένον ἐν τούτῳ τῷ μέρει,[25] ἕνεκεν[26] τῆς ὑπερβαλλούσης[27] δόξης. 11 Εἰ γὰρ τὸ καταργούμενον,[28] διὰ δόξης, πολλῷ μᾶλλον τὸ μένον, ἐν δόξῃ.

12 Ἔχοντες οὖν τοιαύτην ἐλπίδα, πολλῇ παρρησίᾳ[29] χρώμεθα·[30] 13 καὶ οὐ καθάπερ[31] Μωϋσῆς ἐτίθει κάλυμμα[32] ἐπὶ τὸ πρόσωπον ἑαυτοῦ, πρὸς τὸ μὴ ἀτενίσαι[33] τοὺς υἱοὺς Ἰσραὴλ εἰς τὸ τέλος[34] τοῦ καταργουμένου·[35] 14 ἀλλ᾽ ἐπωρώθη[36] τὰ νοήματα[37]

---

[1]φανερούμενοι: PPP-NPM   [3]διακονηθεῖσα: APP-NSF   [4]ἐγγεγραμμένη: RPP-NSF   [11]λογίσασθαί: ADN
[13]ἱκάνωσεν: AAI-3S   [18]ζῳοποιεῖ: PAI-3S   [20]ἐντετυπωμένη: RPP-NSF   [21]ἀτενίσαι: AAN   [22]καταργουμένην: PPP-ASF
[24]περισσεύει: PAI-3S   [27]ὑπερβαλλούσης: PAP-GSF   [28]καταργούμενον: PPP-NSN   [30]χρώμεθα: PNI-1P   [33]ἀτενίσαι:
AAN   [35]καταργουμένου: PPP-GSN   [36]ἐπωρώθη: API-3S

---

[1]φανερόω, [49] I make clear (visible, manifest), make known.   [2]ἐπιστολή, ῆς, ἡ, [24] a letter, dispatch, epistle, message.   [3]διακονέω, [37] I wait at table (particularly of a slave who waits on guests); I serve (generally).   [4]ἐγγράφω, [2] I write, inscribe.   [5]μέλαν, ανος, τό, [3] ink.   [6]πλάξ, πλακός, ἡ, [3] a tablet, flat surface.   [7]λίθινος, η, ον, [3] made of stone.   [8]σάρκινος, η, ον, [1] fleshly, consisting of flesh, carnal.   [9]πεποίθησις, εως, ἡ, [6] confidence, trust, reliance.   [10]ἱκανός, ή, όν, [41] (a) considerable, sufficient, of number, quantity, time, (b) of persons: sufficiently strong (good, etc.), worthy, suitable, with various constructions, (c) many, much.   [11]λογίζομαι, [41] I reckon, count, charge with; reason, decide, conclude; think, suppose.   [12]ἱκανότης, ητος, ἡ, [1] sufficiency, ability, power, fitness.   [13]ἱκανόω, [2] I make sufficient, render fit, qualify.   [14]διάκονος, οῦ, ὁ, ἡ, [30] a waiter, servant; then of any one who performs any service, an administrator.   [15]καινός, ή, όν, [44] fresh, new, unused, novel.   [16]διαθήκη, ης, ἡ, [33] (a) a covenant between two parties, (b) (the ordinary, everyday sense [found a countless number of times in papyri]) a will, testament.   [17]γράμμα, ατος, τό, [15] a letter of the alphabet; collectively: written (revelation); (a) a written document, a letter, an epistle, (b) writings, literature, learning.   [18]ζῳοποιέω, [12] I make that which was dead to live, cause to live, quicken.   [19]διακονία, ας, ἡ, [34] waiting at table; in a wider sense: service, ministration.   [20]ἐντυπόω, [1] I engrave, imprint.   [21]ἀτενίζω, [14] I direct my gaze, look steadily.   [22]καταργέω, [27] (a) I make idle (inactive), make of no effect, annul, abolish, bring to naught, (b) I discharge, sever, separate from.   [23]κατάκρισις, εως, ἡ, [2] condemnation, censure.   [24]περισσεύω, [39] (a) intrans: I exceed the ordinary (the necessary), abound, overflow; am left over, (b) trans: I cause to abound.   [25]μέρος, ους, τό, [43] a part, portion, share.   [26]ἕνεκεν, [26] for the sake of, on account of, on account of which, wherefore, on account of what, why.   [27]ὑπερβάλλω, [5] I surpass, excel, exceed, transcend.   [28]καταργέω, [27] (a) I make idle (inactive), make of no effect, annul, abolish, bring to naught, (b) I discharge, sever, separate from.   [29]παρρησία, ας, ἡ, [31] freedom, openness, especially in speech; boldness, confidence.   [30]χράομαι, [11] I use, make use of, deal with, take advantage of.   [31]καθάπερ, [13] even as, just as.   [32]κάλυμμα, ατος, τό, [4] a covering, especially a covering of head and face, a veil.   [33]ἀτενίζω, [14] I direct my gaze, look steadily.   [34]τέλος, ους, τό, [41] (a) an end, (b) event or issue, (c) the principal end, aim, purpose, (d) a tax.   [35]καταργέω, [27] (a) I make idle (inactive), make of no effect, annul, abolish, bring to naught, (b) I discharge, sever, separate from.   [36]πωρόω, [5] I harden, render callous, petrify.   [37]νόημα, ατος, τό, [6] a thought, purpose, design; the mind; the heart, soul, feelings.

αὐτῶν· ἄχρι γὰρ τῆς σήμερον¹ τὸ αὐτὸ κάλυμμα² ἐπὶ τῇ ἀναγνώσει³ τῆς παλαιᾶς⁴ διαθήκης⁵ μένει μὴ ἀνακαλυπτόμενον,⁶ ὅ τι ἐν χριστῷ καταργεῖται.⁷ 15 Ἀλλ᾽ ἕως σήμερον,¹ ἡνίκα⁸ ἀναγινώσκεται⁹ Μωϋσῆς, κάλυμμα² ἐπὶ τὴν καρδίαν αὐτῶν κεῖται.¹⁰ 16 Ἡνίκα⁸ δ᾽ ἂν ἐπιστρέψῃ¹¹ πρὸς κύριον, περιαιρεῖται¹² τὸ κάλυμμα.² 17 Ὁ δὲ κύριος τὸ πνεῦμά ἐστιν· οὗ¹³ δὲ τὸ πνεῦμα κυρίου, ἐκεῖ ἐλευθερία.¹⁴ 18 Ἡμεῖς δὲ πάντες, ἀνακεκαλυμμένῳ¹⁵ προσώπῳ τὴν δόξαν κυρίου κατοπτριζόμενοι,¹⁶ τὴν αὐτὴν εἰκόνα¹⁷ μεταμορφούμεθα¹⁸ ἀπὸ δόξης εἰς δόξαν, καθάπερ¹⁹ ἀπὸ κυρίου πνεύματος.

The Gospel-Message of Light and Life

4 Διὰ τοῦτο ἔχοντες τὴν διακονίαν²⁰ ταύτην, καθὼς ἠλεήθημεν,²¹ οὐκ ἐκκακοῦμεν·²² 2 ἀλλὰ ἀπειπάμεθα²³ τὰ κρυπτὰ²⁴ τῆς αἰσχύνης,²⁵ μὴ περιπατοῦντες ἐν πανουργίᾳ²⁶ μηδὲ δολοῦντες²⁷ τὸν λόγον τοῦ θεοῦ, ἀλλὰ τῇ φανερώσει²⁸ τῆς ἀληθείας συνιστῶντες²⁹ ἑαυτοὺς πρὸς πᾶσαν συνείδησιν³⁰ ἀνθρώπων ἐνώπιον τοῦ θεοῦ. 3 Εἰ δὲ καὶ ἔστιν κεκαλυμμένον³¹ τὸ εὐαγγέλιον ἡμῶν, ἐν τοῖς ἀπολλυμένοις ἐστὶν κεκαλυμμένον·³² 4 ἐν οἷς ὁ θεὸς τοῦ αἰῶνος τούτου ἐτύφλωσεν³³ τὰ νοήματα³⁴ τῶν ἀπίστων,³⁵ εἰς τὸ μὴ αὐγάσαι³⁶ αὐτοῖς τὸν φωτισμὸν³⁷ τοῦ εὐαγγελίου τῆς δόξης τοῦ χριστοῦ, ὅς ἐστιν εἰκὼν¹⁷ τοῦ θεοῦ. 5 Οὐ γὰρ ἑαυτοὺς κηρύσσομεν, ἀλλὰ χριστὸν Ἰησοῦν κύριον· ἑαυτοὺς δὲ δούλους ὑμῶν διὰ Ἰησοῦν. 6 Ὅτι ὁ θεὸς ὁ εἰπὼν ἐκ σκότους³⁸ φῶς λάμψαι,³⁹

---

⁶ἀνακαλυπτόμενον: *PPP-NSN* ⁷καταργεῖται: *PPI-3S* ⁹ἀναγινώσκεται: *PPI-3S* ¹⁰κεῖται: *PNI-3S* ¹¹ἐπιστρέψῃ: *AAS-3S* ¹²περιαιρεῖται: *PPI-3S* ¹⁵ἀνακεκαλυμμένῳ: *RPP-DSN* ¹⁶κατοπτριζόμενοι: *PMP-NPM* ¹⁸μεταμορφούμεθα: *PPI-1P* ²¹ἠλεήθημεν: *API-1P* ²²ἐκκακοῦμεν: *PAI-1P* ²³ἀπειπάμεθα: *2AMI-1P* ²⁷δολοῦντες: *PAP-NPM* ²⁹συνιστῶντες: *PAP-NPM* ³¹κεκαλυμμένον: *RPP-NSN* ³²κεκαλυμμένον: *RPP-NSN* ³³ἐτύφλωσεν: *AAI-3S* ³⁶αὐγάσαι: *AAN* ³⁹λάμψαι: *AAN*

---

¹σήμερον, *[41]* today, now. ²κάλυμμα, ατος, τό, *[4]* a covering, especially a covering of head and face, a veil. ³ἀνάγνωσις, εως, ἡ, *[3]* recognition, reading; public reading (of the law and prophets in synagogue or church). ⁴παλαιός, ά, όν, *[19]* old, ancient, not new or recent. ⁵διαθήκη, ης, ἡ, *[33]* (a) a covenant between two parties, (b) (the ordinary, everyday sense [found a countless number of times in papyri]) a will, testament. ⁶ἀνακαλύπτω, *[2]* I unveil, uncover. ⁷καταργέω, *[27]* (a) I make idle (inactive), make of no effect, annul, abolish, bring to naught, (b) I discharge, sever, separate from. ⁸ἡνίκα, *[2]* when, whenever, at which time. ⁹ἀναγινώσκω, *[32]* I read, know again, know certainly, recognize, discern. ¹⁰κεῖμαι, *[26]* I lie, recline, am placed, am laid, set, specially appointed, destined. ¹¹ἐπιστρέφω, *[37]* (a) trans: I turn (back) to (towards), (b) intrans: I turn (back) (to [towards]); I come to myself. ¹²περιαιρέω, *[4]* (a) I strip off, strip from, take away, (b) I cast off, cut adrift, cast loose. ¹³οὗ, *[23]* where, whither, when, in what place. ¹⁴ἐλευθερία, ας, ἡ, *[11]* freedom, liberty, especially: a state of freedom from slavery. ¹⁵ἀνακαλύπτω, *[2]* I unveil, uncover. ¹⁶κατοπτρίζομαι, *[1]* I mirror, reflect. ¹⁷εἰκών, όνος, ἡ, *[23]* an image, likeness, bust. ¹⁸μεταμορφόω, *[4]* I transform, transfigure. ¹⁹καθάπερ, *[13]* even as, just as. ²⁰διακονία, ας, ἡ, *[34]* waiting at table; in a wider sense: service, ministration. ²¹ἐλεέω, *[31]* I pity, have mercy on. ²²ἐκκακέω, *[6]* I am faint, am weary. ²³ἀπεῖπον, *[1]* I renounce, disown, forbid, refuse. ²⁴κρυπτός, ή, όν, *[19]* hidden, secret; as subst: the hidden (secret) things (parts), the inward nature (character). ²⁵αἰσχύνη, ης, ἡ, *[6]* shame, shamefacedness, shameful deeds. ²⁶πανουργία, ας, ἡ, *[5]* shrewdness, skill; hence: cunning, craftiness. ²⁷δολόω, *[1]* I adulterate, corrupt, ensnare. ²⁸φανέρωσις, εως, ἡ, *[2]* a manifestation, disclosure. ²⁹συνίστημι, συνιστάνω, *[16]* I place together, commend, prove, exhibit; intrans: I stand with; I am composed of, cohere. ³⁰συνείδησις, εως, ἡ, *[32]* the conscience, a persisting notion. ³¹καλύπτω, *[8]* I veil, hide, conceal, envelop. ³²καλύπτω, *[8]* I veil, hide, conceal, envelop. ³³τυφλόω, *[3]* I make blind, physically or mentally. ³⁴νόημα, ατος, τό, *[6]* a thought, purpose, design; the mind; the heart, soul, feelings. ³⁵ἄπιστος, ον, *[23]* unbelieving, incredulous, unchristian; sometimes subst: unbeliever. ³⁶αὐγάζω, *[1]* I flash, gleam, shine forth, appear white, bright; but perhaps: I see, see clearly, discern. ³⁷φωτισμός, οῦ, ὁ, *[2]* light, luster, illumination, enlightenment. ³⁸σκότος, ους, τό, *[32]* darkness, either physical or moral. ³⁹λάμπω, *[7]* I shine, give light.

ὃς ἔλαμψεν¹ ἐν ταῖς καρδίαις ἡμῶν πρὸς φωτισμὸν² τῆς γνώσεως³ τῆς δόξης τοῦ θεοῦ ἐν προσώπῳ Ἰησοῦ χριστοῦ.

7 Ἔχομεν δὲ τὸν θησαυρὸν⁴ τοῦτον ἐν ὀστρακίνοις⁵ σκεύεσιν,⁶ ἵνα ἡ ὑπερβολὴ⁷ τῆς δυνάμεως ᾖ τοῦ θεοῦ, καὶ μὴ ἐξ ἡμῶν· 8 ἐν παντὶ θλιβόμενοι,⁸ ἀλλ᾽ οὐ στενοχωρούμενοι·⁹ ἀπορούμενοι,¹⁰ ἀλλ᾽ οὐκ ἐξαπορούμενοι·¹¹ 9 διωκόμενοι,¹² ἀλλ᾽ οὐκ ἐγκαταλειπόμενοι·¹³ καταβαλλόμενοι,¹⁴ ἀλλ᾽ οὐκ ἀπολλύμενοι· 10 πάντοτε¹⁵ τὴν νέκρωσιν¹⁶ τοῦ κυρίου Ἰησοῦ ἐν τῷ σώματι περιφέροντες,¹⁷ ἵνα καὶ ἡ ζωὴ τοῦ Ἰησοῦ ἐν τῷ σώματι ἡμῶν φανερωθῇ.¹⁸ 11 Ἀεὶ¹⁹ γὰρ ἡμεῖς οἱ ζῶντες εἰς θάνατον παραδιδόμεθα διὰ Ἰησοῦν, ἵνα καὶ ἡ ζωὴ τοῦ Ἰησοῦ φανερωθῇ²⁰ ἐν τῇ θνητῇ²¹ σαρκὶ ἡμῶν. 12 Ὥστε ὁ μὲν θάνατος ἐν ἡμῖν ἐνεργεῖται,²² ἡ δὲ ζωὴ ἐν ὑμῖν. 13 Ἔχοντες δὲ τὸ αὐτὸ πνεῦμα τῆς πίστεως, κατὰ τὸ γεγραμμένον, Ἐπίστευσα, διὸ ἐλάλησα, καὶ ἡμεῖς πιστεύομεν, διὸ καὶ λαλοῦμεν· 14 εἰδότες ὅτι ὁ ἐγείρας τὸν κύριον Ἰησοῦν καὶ ἡμᾶς διὰ Ἰησοῦ ἐγερεῖ, καὶ παραστήσει²³ σὺν ὑμῖν. 15 Τὰ γὰρ πάντα δι᾽ ὑμᾶς, ἵνα ἡ χάρις πλεονάσασα²⁴ διὰ τῶν πλειόνων τὴν εὐχαριστίαν²⁵ περισσεύσῃ²⁶ εἰς τὴν δόξαν τοῦ θεοῦ.

16 Διὸ οὐκ ἐκκακοῦμεν,²⁷ ἀλλ᾽ εἰ καὶ ὁ ἔξω ἡμῶν ἄνθρωπος διαφθείρεται,²⁸ ἀλλ᾽ ὁ ἔσωθεν²⁹ ἀνακαινοῦται³⁰ ἡμέρᾳ καὶ ἡμέρᾳ. 17 Τὸ γὰρ παραυτίκα³¹ ἐλαφρὸν³² τῆς θλίψεως³³ ἡμῶν καθ᾽ ὑπερβολὴν⁷ εἰς ὑπερβολὴν⁷ αἰώνιον βάρος³⁴ δόξης

---

¹ἔλαμψεν: AAI-3S ⁸θλιβόμενοι: PPP-NPM ⁹στενοχωρούμενοι: PPP-NPM ¹⁰ἀπορούμενοι: PMP-NPM ¹¹ἐξαπορούμενοι: PNP-NPM ¹²διωκόμενοι: PPP-NPM ¹³ἐγκαταλειπόμενοι: PPP-NPM ¹⁴καταβαλλόμενοι: PPP-NPM ¹⁷περιφέροντες: PAP-NPM ¹⁸φανερωθῇ: APS-3S ²⁰φανερωθῇ: APS-3S ²²ἐνεργεῖται: PMI-3S ²³παραστήσει: FAI-3S ²⁴πλεονάσασα: AAP-NSF ²⁶περισσεύσῃ: AAS-3S ²⁷ἐκκακοῦμεν: PAI-1P ²⁸διαφθείρεται: PPI-3S ³⁰ἀνακαινοῦται: PPI-3S

---

¹λάμπω, [7] I shine, give light. ²φωτισμός, οῦ, ὁ, [2] light, luster, illumination, enlightenment. ³γνῶσις, εως, ἡ, [29] knowledge, doctrine, wisdom. ⁴θησαυρός, οῦ, ὁ, [18] a store-house for precious things; hence: a treasure, a store. ⁵ὀστράκινος, η, ον, [2] made of clay, earthen. ⁶σκεῦος, ους, τό, [23] a vessel to contain liquid; a vessel of mercy or wrath; any instrument by which anything is done; a household utensil; of ships: tackle. ⁷ὑπερβολή, ῆς, ἡ, [8] excess, surpassing excellence, preeminence; adv: exceedingly. ⁸θλίβω, [10] (a) I make narrow (strictly: by pressure); I press upon, (b) I persecute, press hard. ⁹στενοχωρέω, [3] (I keep some one in a tight place), I press upon, cramp, restrain. ¹⁰ἀπορέω, [4] I am at a loss, am perplexed; mid: I am in doubt. ¹¹ἐξαπορέομαι, [2] I am utterly without resource, am in despair. ¹²διώκω, [44] I pursue, hence: I persecute. ¹³ἐγκαταλείπω, [9] I leave in the lurch, abandon (one who is in straits), desert. ¹⁴καταβάλλω, [2] (a) mid: I lay, of a foundation, (b) met: I cast down, prostrate. ¹⁵πάντοτε, [42] always, at all times, ever. ¹⁶νέκρωσις, εως, ἡ, [2] (a) putting to death, (b) dead or lifeless condition. ¹⁷περιφέρω, [3] I carry around; pass: I am driven to and fro. ¹⁸φανερόω, [49] I make clear (visible, manifest), make known. ¹⁹ἀεί, [8] always, unceasingly; on every occasion. ²⁰φανερόω, [49] I make clear (visible, manifest), make known. ²¹θνητός, ή, όν, [6] mortal, subject to death. ²²ἐνεργέω, [21] I work, am operative, am at work, am made to work, accomplish; mid: I work, display activity. ²³παρίστημι, [41] I bring, present, prove, come up to and stand by, am present. ²⁴πλεονάζω, [9] I have more than enough; I abound, increase. ²⁵εὐχαριστία, ας, ἡ, [15] thankfulness, gratitude; giving of thanks, thanksgiving. ²⁶περισσεύω, [39] (a) intrans: I exceed the ordinary (the necessary), abound, overflow; am left over, (b) trans: I cause to abound. ²⁷ἐκκακέω, [6] I am faint, am weary. ²⁸διαφθείρω, [7] I destroy, waste; hence met: I corrupt. ²⁹ἔσωθεν, [13] (a) from within, from inside, (b) within, inside; with the article: the inner part, the inner element, (c) the mind, soul. ³⁰ἀνακαινόω, [2] I renew, make new again. ³¹παραυτίκα, [1] adv. with force of adj: present, immediate, for the moment. ³²ἐλαφρός, ά, όν, [2] light, not burdensome. ³³θλῖψις, εως, ἡ, [45] persecution, affliction, distress, tribulation. ³⁴βάρος, ους, τό, [6] a weight, burden, lit. or met.

κατεργάζεται¹ ἡμῖν, **18** μὴ σκοπούντων² ἡμῶν τὰ βλεπόμενα, ἀλλὰ τὰ μὴ βλεπόμενα· τὰ γὰρ βλεπόμενα πρόσκαιρα·³ τὰ δὲ μὴ βλεπόμενα αἰώνια.

Paul's Longing for the Future Glory

5 Οἴδαμεν γὰρ ὅτι ἐὰν ἡ ἐπίγειος⁴ ἡμῶν οἰκία τοῦ σκήνους⁵ καταλυθῇ,⁶ οἰκοδομὴν⁷ ἐκ θεοῦ ἔχομεν, οἰκίαν ἀχειροποίητον,⁸ αἰώνιον ἐν τοῖς οὐρανοῖς. **2** Καὶ γὰρ ἐν τούτῳ στενάζομεν,⁹ τὸ οἰκητήριον¹⁰ ἡμῶν τὸ ἐξ οὐρανοῦ ἐπενδύσασθαι¹¹ ἐπιποθοῦντες·¹² **3** εἴγε¹³ καὶ ἐνδυσάμενοι¹⁴ οὐ γυμνοὶ¹⁵ εὑρεθησόμεθα. **4** Καὶ γὰρ οἱ ὄντες ἐν τῷ σκήνει⁵ στενάζομεν¹⁶ βαρούμενοι·¹⁷ ἐφ᾽ ᾧ οὐ θέλομεν ἐκδύσασθαι,¹⁸ ἀλλ᾽ ἐπενδύσασθαι,¹⁹ ἵνα καταποθῇ²⁰ τὸ θνητὸν²¹ ὑπὸ τῆς ζωῆς. **5** Ὁ δὲ κατεργασάμενος²² ἡμᾶς εἰς αὐτὸ τοῦτο θεός, ὁ καὶ δοὺς ἡμῖν τὸν ἀρραβῶνα²³ τοῦ πνεύματος. **6** Θαρροῦντες²⁴ οὖν πάντοτε,²⁵ καὶ εἰδότες ὅτι ἐνδημοῦντες²⁶ ἐν τῷ σώματι ἐκδημοῦμεν²⁷ ἀπὸ τοῦ κυρίου— **7** διὰ πίστεως γὰρ περιπατοῦμεν, οὐ διὰ εἴδους²⁸— **8** θαρροῦμεν²⁹ δέ, καὶ εὐδοκοῦμεν³⁰ μᾶλλον ἐκδημῆσαι³¹ ἐκ τοῦ σώματος, καὶ ἐνδημῆσαι³² πρὸς τὸν κύριον. **9** Διὸ καὶ φιλοτιμούμεθα,³³ εἴτε ἐνδημοῦντες,³⁴ εἴτε ἐκδημοῦντες,³⁵ εὐάρεστοι³⁶ αὐτῷ εἶναι. **10** Τοὺς γὰρ πάντας ἡμᾶς φανερωθῆναι³⁷ δεῖ ἔμπροσθεν³⁸ τοῦ βήματος³⁹ τοῦ

---

¹*κατεργάζεται: PNI-3S* ²*σκοπούντων: PAP-GPM* ⁶*καταλυθῇ: APS-3S* ⁹*στενάζομεν: PAI-1P* ¹¹*ἐπενδύσασθαι: AMN* ¹²*ἐπιποθοῦντες: PAP-NPM* ¹⁴*ἐνδυσάμενοι: AMP-NPM* ¹⁶*στενάζομεν: PAI-1P* ¹⁷*βαρούμενοι: PPP-NPM* ¹⁸*ἐκδύσασθαι: AMN* ¹⁹*ἐπενδύσασθαι: AMN* ²⁰*καταποθῇ: APS-3S* ²²*κατεργασάμενος: ADP-NSM* ²⁴*Θαρροῦντες: PAP-NPM* ²⁶*ἐνδημοῦντες: PAP-NPM* ²⁷*ἐκδημοῦμεν: PAI-1P* ²⁹*θαρροῦμεν: PAI-1P* ³⁰*εὐδοκοῦμεν: PAI-1P* ³¹*ἐκδημῆσαι: AAN* ³²*ἐνδημῆσαι: AAN* ³³*φιλοτιμούμεθα: PNI-1P* ³⁴*ἐνδημοῦντες: PAP-NPM* ³⁵*ἐκδημοῦντες: PAP-NPM* ³⁷*φανερωθῆναι: APN*

---

¹*κατεργάζομαι, [24] I effect by labor, achieve, work out, bring about.* ²*σκοπέω, [6] I look at, regard attentively, take heed, beware, consider.* ³*πρόσκαιρος, ον, [4] for a season, temporary.* ⁴*ἐπίγειος, ον, [7] (a) on the earth, belonging to the earth (as opposed to the sky), (b) in a spiritual sense, belonging to the earthly sphere, earthly (as opposed to heavenly).* ⁵*σκῆνος, ους, τό, [2] a tent, tabernacle; fig: of the human body.* ⁶*καταλύω, [17] (lit: I loosen thoroughly), (a) trans: I break up, overthrow, destroy, both lit. and met., (b) I unyoke, unharness a carriage horse or pack animal; hence: I put up, lodge, find a lodging.* ⁷*οἰκοδομή, ῆς, ἡ, [18] (a) the act of building, (b) a building, (c) met: spiritual advancement, edification.* ⁸*ἀχειροποίητος, ον, [3] not made with hands.* ⁹*στενάζω, [6] I groan, expressing grief, anger, or desire.* ¹⁰*οἰκητήριον, ου, τό, [2] a dwelling-place, habitation, abode.* ¹¹*ἐπενδύομαι, [2] I have on over (as a garment); mid: I put on myself in addition.* ¹²*ἐπιποθέω, [9] I long for, strain after, desire greatly, have affection for.* ¹³*εἴγε, [5] if indeed, seeing that, unless.* ¹⁴*ἐνδύω, [28] I put on, clothe (another).* ¹⁵*γυμνός, ή, όν, [15] rarely: stark-naked; generally: wearing only the under-garment; bare, open, manifest; mere.* ¹⁶*στενάζω, [6] I groan, expressing grief, anger, or desire.* ¹⁷*βαρέω, [7] I weight, load, burden, lit. and met.* ¹⁸*ἐκδύω, [5] I put off, take off, strip off, with acc. of person or garment or both.* ¹⁹*ἐπενδύομαι, [2] I have on over (as a garment); mid: I put on myself in addition.* ²⁰*καταπίνω, [7] I drink down, swallow, devour, destroy, consume.* ²¹*θνητός, ή, όν, [6] mortal, subject to death.* ²²*κατεργάζομαι, [24] I effect by labor, achieve, work out, bring about.* ²³*ἀρραβών, ῶνος, ὁ, [3] an earnest, earnest-money, a large part of the payment, given in advance as a security that the whole will be paid afterwards.* ²⁴*θαρρέω, [6] I am courageous, confident, of good cheer.* ²⁵*πάντοτε, [42] always, at all times, ever.* ²⁶*ἐνδημέω, [3] I am at home, live in a place.* ²⁷*ἐκδημέω, [3] I go abroad, am absent.* ²⁸*εἶδος, ους, τό, [5] visible form, shape, appearance, outward show, kind, species, class.* ²⁹*θαρρέω, [6] I am courageous, confident, of good cheer.* ³⁰*εὐδοκέω, [21] I am well-pleased, think it good, am resolved.* ³¹*ἐκδημέω, [3] I go abroad, am absent.* ³²*ἐνδημέω, [3] I am at home, live in a place.* ³³*φιλοτιμέομαι, [3] I am zealous, strive eagerly, desire very strongly.* ³⁴*ἐνδημέω, [3] I am at home, live in a place.* ³⁵*ἐκδημέω, [3] I go abroad, am absent.* ³⁶*εὐάρεστος, ον, [9] acceptable, well-pleasing (especially to God), grateful.* ³⁷*φανερόω, [49] I make clear (visible, manifest), make known.* ³⁸*ἔμπροσθεν, [48] in front, before the face; sometimes made a subst. by the addition of the article: in front of, before the face of.* ³⁹*βῆμα, ατος, τό, [12] an elevated place ascended by steps, a throne, tribunal.*

χριστοῦ, ἵνα κομίσηται¹ ἕκαστος τὰ διὰ τοῦ σώματος, πρὸς ἃ ἔπραξεν,² εἴτε ἀγαθόν, εἴτε κακόν.

Paul an Ambassador of Christ

11 Εἰδότες οὖν τὸν φόβον³ τοῦ κυρίου ἀνθρώπους πείθομεν, θεῷ δὲ πεφανερώμεθα·⁴ ἐλπίζω⁵ δὲ καὶ ἐν ταῖς συνειδήσεσιν⁶ ὑμῶν πεφανερῶσθαι.⁷ **12** Οὐ γὰρ πάλιν ἑαυτοὺς συνιστάνομεν⁸ ὑμῖν, ἀλλὰ ἀφορμὴν⁹ διδόντες ὑμῖν καυχήματος¹⁰ ὑπὲρ ἡμῶν, ἵνα ἔχητε πρὸς τοὺς ἐν προσώπῳ καυχωμένους¹¹ καὶ οὐ καρδίᾳ. **13** Εἴτε γὰρ ἐξέστημεν,¹² θεῷ· εἴτε σωφρονοῦμεν,¹³ ὑμῖν. **14** Ἡ γὰρ ἀγάπη τοῦ χριστοῦ συνέχει¹⁴ ἡμᾶς, κρίναντας τοῦτο, ὅτι εἰ εἷς ὑπὲρ πάντων ἀπέθανεν, ἄρα¹⁵ οἱ πάντες ἀπέθανον· **15** καὶ ὑπὲρ πάντων ἀπέθανεν ἵνα οἱ ζῶντες μηκέτι¹⁶ ἑαυτοῖς ζῶσιν, ἀλλὰ τῷ ὑπὲρ αὐτῶν ἀποθανόντι καὶ ἐγερθέντι. **16** Ὥστε ἡμεῖς ἀπὸ τοῦ νῦν οὐδένα οἴδαμεν κατὰ σάρκα· εἰ δὲ καὶ ἐγνώκαμεν κατὰ σάρκα χριστόν, ἀλλὰ νῦν οὐκέτι¹⁷ γινώσκομεν. **17** Ὥστε εἴ τις ἐν χριστῷ, καινὴ¹⁸ κτίσις·¹⁹ τὰ ἀρχαῖα²⁰ παρῆλθεν,²¹ ἰδού, γέγονεν καινὰ¹⁸ τὰ πάντα. **18** Τὰ δὲ πάντα ἐκ τοῦ θεοῦ, τοῦ καταλλάξαντος²² ἡμᾶς ἑαυτῷ διὰ Ἰησοῦ χριστοῦ, καὶ δόντος ἡμῖν τὴν διακονίαν²³ τῆς καταλλαγῆς·²⁴ **19** ὡς ὅτι θεὸς ἦν ἐν χριστῷ κόσμον καταλλάσσων²⁵ ἑαυτῷ, μὴ λογιζόμενος²⁶ αὐτοῖς τὰ παραπτώματα²⁷ αὐτῶν, καὶ θέμενος ἐν ἡμῖν τὸν λόγον τῆς καταλλαγῆς.²⁴

20 Ὑπὲρ χριστοῦ οὖν πρεσβεύομεν,²⁸ ὡς τοῦ θεοῦ παρακαλοῦντος δι᾽ ἡμῶν· δεόμεθα²⁹ ὑπὲρ χριστοῦ, καταλλάγητε³⁰ τῷ θεῷ. **21** Τὸν γὰρ μὴ γνόντα ἁμαρτίαν, ὑπὲρ ἡμῶν ἁμαρτίαν ἐποίησεν, ἵνα ἡμεῖς γενώμεθα δικαιοσύνη θεοῦ ἐν αὐτῷ.

---

¹κομίσηται: AMS-3S ²ἔπραξεν: AAI-3S ⁴πεφανερώμεθα: RPI-1P ⁵ἐλπίζω: PAI-1S ⁷πεφανερῶσθαι: RPN ⁸συνιστάνομεν: PAI-1P ¹¹καυχωμένους: PNP-APM ¹²ἐξέστημεν: 2AAI-1P ¹³σωφρονοῦμεν: PAI-1P ¹⁴συνέχει: PAI-3S ²¹παρῆλθεν: 2AAI-3S ²²καταλλάξαντος: AAP-GSM ²⁵καταλλάσσων: PAP-NSM ²⁶λογιζόμενος: PNP-NSM ²⁸πρεσβεύομεν: PAI-1P ²⁹δεόμεθα: PNI-1P ³⁰καταλλάγητε: 2APM-2P

---

¹κομίζω, [11] (a) act: I convey, bring, carry, (b) mid: I receive back, receive what has belonged to myself but has been lost, or else promised but kept back, or: I get what has come to be my own by earning, recover. ²πράσσω, [38] I do, perform, accomplish; be in any condition, i.e. I fare; I exact, require. ³φόβος, ου, ὁ, [47] (a) fear, terror, alarm, (b) the object or cause of fear, (c) reverence, respect. ⁴φανερόω, [49] I make clear (visible, manifest), make known. ⁵ἐλπίζω, [31] I hope, hope for, expect, trust. ⁶συνείδησις, εως, ἡ, [32] the conscience, a persisting notion. ⁷φανερόω, [49] I make clear (visible, manifest), make known. ⁸συνίστημι, συνιστάνω, [16] I place together, commend, prove, exhibit; instrans: I stand with; I am composed of, cohere. ⁹ἀφορμή, ῆς, ἡ, [7] (a) a starting, a start, (b) cause, occasion, opportunity. ¹⁰καύχημα, ατος, τό, [11] a boasting; a ground of boasting (glorying, exultation). ¹¹καυχάομαι, [38] I boast; I glory (exult) proudly. ¹²ἐξίστημι, [17] (lit: I remove from a standing position), (a) in trans. tenses: I astonish, amaze, (b) in intrans. tenses: I am astonished, amazed; I am out of my mind, am mad. ¹³σωφρονέω, [6] I am of sound mind, am sober-minded, exercise self-control. ¹⁴συνέχω, [12] (a) I press together, close, (b) I press on every side, confine, (c) I hold fast, (d) I urge, impel, (e) pass: I am afflicted with (sickness). ¹⁵ἄρα, [35] then, therefore, since. ¹⁶μηκέτι, [21] no longer, no more. ¹⁷οὐκέτι, [48] no longer, no more. ¹⁸καινός, ή, όν, [44] fresh, new, unused, novel. ¹⁹κτίσις, εως, ἡ, [19] (often of the founding of a city), (a) abstr: creation, (b) concr: creation, creature, institution; always of Divine work, (c) an institution, ordinance. ²⁰ἀρχαῖος, αία, αῖον, [11] original, primitive, ancient. ²¹παρέρχομαι, [29] I pass by, pass away, pass out of sight; I am rendered void, become vain, neglect, disregard. ²²καταλλάσσω, [6] I change, exchange, reconcile. ²³διακονία, ας, ἡ, [34] waiting at table; in a wider sense: service, ministration. ²⁴καταλλαγή, ῆς, ἡ, [4] reconciliation, restoration to favor. ²⁵καταλλάσσω, [6] I change, exchange, reconcile. ²⁶λογίζομαι, [41] I reckon, count, charge with; reason, decide, conclude; think, suppose. ²⁷παράπτωμα, ατος, τό, [23] a falling away, lapse, slip, false step, trespass, sin. ²⁸πρεσβεύω, [2] I am aged, act as an ambassador. ²⁹δέομαι, [22] I want for myself; I want, need; I beg, request, beseech, pray. ³⁰καταλλάσσω, [6] I change, exchange, reconcile.

Paul's Ministry in the Midst of Difficulties

6 Συνεργοῦντες¹ δὲ καὶ παρακαλοῦμεν μὴ εἰς κενὸν² τὴν χάριν τοῦ θεοῦ δέξασθαι ὑμᾶς– 2 λέγει γάρ, Καιρῷ δεκτῷ³ ἐπήκουσά⁴ σου, καὶ ἐν ἡμέρᾳ σωτηρίας⁵ ἐβοήθησά⁶ σοι· ἰδού, νῦν καιρὸς εὐπρόσδεκτος,⁷ ἰδού, νῦν ἡμέρα σωτηρίας⁵– 3 μηδεμίαν ἐν μηδενὶ διδόντες προσκοπήν,⁸ ἵνα μὴ μωμηθῇ⁹ ἡ διακονία·¹⁰ 4 ἀλλ' ἐν παντὶ συνιστῶντες¹¹ ἑαυτοὺς ὡς θεοῦ διάκονοι,¹² ἐν ὑπομονῇ¹³ πολλῇ, ἐν θλίψεσιν,¹⁴ ἐν ἀνάγκαις,¹⁵ ἐν στενοχωρίαις,¹⁶ 5 ἐν πληγαῖς,¹⁷ ἐν φυλακαῖς,¹⁸ ἐν ἀκαταστασίαις,¹⁹ ἐν κόποις,²⁰ ἐν ἀγρυπνίαις,²¹ ἐν νηστείαις,²² 6 ἐν ἁγνότητι,²³ ἐν γνώσει,²⁴ ἐν μακροθυμίᾳ,²⁵ ἐν χρηστότητι,²⁶ ἐν πνεύματι ἁγίῳ, ἐν ἀγάπῃ ἀνυποκρίτῳ,²⁷ 7 ἐν λόγῳ ἀληθείας, ἐν δυνάμει θεοῦ, διὰ τῶν ὅπλων²⁸ τῆς δικαιοσύνης τῶν δεξιῶν καὶ ἀριστερῶν,²⁹ 8 διὰ δόξης καὶ ἀτιμίας,³⁰ διὰ δυσφημίας³¹ καὶ εὐφημίας·³² ὡς πλάνοι³³ καὶ ἀληθεῖς·³⁴ 9 ὡς ἀγνοούμενοι,³⁵ καὶ ἐπιγινωσκόμενοι·³⁶ ὡς ἀποθνῄσκοντες, καὶ ἰδού, ζῶμεν· ὡς παιδευόμενοι,³⁷ καὶ μὴ θανατούμενοι·³⁸ 10 ὡς λυπούμενοι,³⁹ ἀεὶ⁴⁰ δὲ χαίροντες· ὡς πτωχοί,⁴¹ πολλοὺς δὲ πλουτίζοντες·⁴² ὡς μηδὲν ἔχοντες, καὶ πάντα κατέχοντες.⁴³

---

¹*Συνεργοῦντες: PAP-NPM* ⁴*ἐπήκουσά: AAI-1S* ⁶*ἐβοήθησά: AAI-1S* ⁹*μωμηθῇ: APS-3S* ¹¹*συνιστῶντες: PAP-NPM* ³⁵*ἀγνοούμενοι: PPP-NPM* ³⁶*ἐπιγινωσκόμενοι: PPP-NPM* ³⁷*παιδευόμενοι: PPP-NPM* ³⁸*θανατούμενοι: PPP-NPM* ³⁹*λυπούμενοι: PPP-NPM* ⁴²*πλουτίζοντες: PAP-NPM* ⁴³*κατέχοντες: PAP-NPM*

---

¹*συνεργέω, [5] I cooperate with, work together.* ²*κενός, ή, όν, [18] (a) empty, (b) met: empty (in moral content), vain, ineffective, foolish, worthless, (c) false, unreal, pretentious, hollow.* ³*δεκτός, ή, όν, [5] acceptable, accepted.* ⁴*ἐπακούω, [1] I listen to, hear favorably.* ⁵*σωτηρία, ας, ή, [46] welfare, prosperity, deliverance, preservation, salvation, safety.* ⁶*βοηθέω, [8] I come to the rescue of, come to help, help.* ⁷*εὐπρόσδεκτος, ον, [5] well-received, acceptable, welcome, pleasing.* ⁸*προσκοπή, ῆς, ή, [1] a cause of stumbling, offense, shock.* ⁹*μωμάομαι, [2] I blame, find fault with, slander.* ¹⁰*διακονία, ας, ή, [34] waiting at table; in a wider sense: service, ministration.* ¹¹*συνίστημι, συνιστάνω, [16] I place together, commend, prove, exhibit; instrans: I stand with; I am composed of, cohere.* ¹²*διάκονος, οῦ, ὁ, ή, [30] a waiter, servant; then of any one who performs any service, an administrator.* ¹³*ὑπομονή, ῆς, ή, [32] endurance, steadfastness, patient waiting for.* ¹⁴*θλῖψις, εως, ή, [45] persecution, affliction, distress, tribulation.* ¹⁵*ἀνάγκη, ης, ή, [18] necessity, constraint, compulsion; there is need to; force, violence.* ¹⁶*στενοχωρία, ας, ή, [4] a narrow space, great distress, anguish.* ¹⁷*πληγή, ῆς, ή, [22] a blow, stripe, wound; an affliction, plague.* ¹⁸*φυλακή, ῆς, ή, [47] a watching, keeping guard; a guard, prison; imprisonment.* ¹⁹*ἀκαταστασία, ας, ή, [5] disturbance, upheaval, revolution, almost anarchy, first in the political, and thence in the moral sphere.* ²⁰*κόπος, ου, ὁ, [19] (a) trouble, (b) toil, labor, laborious toil, involving weariness and fatigue.* ²¹*ἀγρυπνία, ας, ή, [2] the state of being awake (at night), sleeplessness, watching.* ²²*νηστεία, ας, ή, [8] fasting, the day of atonement.* ²³*ἁγνότης, τητος, ή, [1] purity, chastity.* ²⁴*γνῶσις, εως, ή, [29] knowledge, doctrine, wisdom.* ²⁵*μακροθυμία, ας, ή, [14] patience, forbearance, longsuffering.* ²⁶*χρηστότης, τητος, ή, [10] goodness, uprightness, kindness, gentleness.* ²⁷*ἀνυπόκριτος, ον, [6] unfeigned, without hypocrisy, sincere.* ²⁸*ὅπλον, ου, τό, [6] an instrument; plur: arms, weapons.* ²⁹*ἀριστερός, ά, όν, [3] on the left hand.* ³⁰*ἀτιμία, ας, ή, [7] disgrace, dishonor; a dishonorable use.* ³¹*δυσφημία, ας, ή, [1] evil report, defamation, words of ill omen.* ³²*εὐφημία, ας, ή, [1] commendation, good report, praise.* ³³*πλάνος, ον, [5] adj: misleading, deceiving, wandering; as subst: a deceiver, imposter.* ³⁴*ἀληθής, ές, [25] unconcealed, true, true in fact, worthy of credit, truthful.* ³⁵*ἀγνοέω, [22] I do not know, am ignorant of (a person, thing, or fact), sometimes with the idea of willful ignorance.* ³⁶*ἐπιγινώσκω, [42] I come to know by directing my attention to him or it, I perceive, discern, recognize; aor: I found out.* ³⁷*παιδεύω, [13] (a) I discipline, educate, train, (b) more severely: I chastise.* ³⁸*θανατόω, [11] I put to death, subdue; pass: I am in danger of death, am dead to, am rid of, am parted from.* ³⁹*λυπέω, [26] I pain, grieve, vex.* ⁴⁰*ἀεί, [8] always, unceasingly, perpetually; on every occasion.* ⁴¹*πτωχός, ή, όν, [34] poor, destitute, spiritually poor, either in a good sense (humble devout persons) or bad.* ⁴²*πλουτίζω, [3] I make rich, cause to abound in, enrich.* ⁴³*κατέχω, [19] (a) I hold fast, bind, arrest, (b) I take possession of, lay hold of, (c) I hold back, detain, restrain, (d) I hold a ship, keep its head.*

Admonition to Flee the Fellowship of Unbelievers

11 Τὸ στόμα ἡμῶν ἀνέῳγεν πρὸς ὑμᾶς, Κορίνθιοι,¹ ἡ καρδία ἡμῶν πεπλάτυνται.²
12 Οὐ στενοχωρεῖσθε³ ἐν ἡμῖν, στενοχωρεῖσθε⁴ δὲ ἐν τοῖς σπλάγχνοις⁵ ὑμῶν. **13** Τὴν δὲ αὐτὴν ἀντιμισθίαν⁶ –ὡς τέκνοις λέγω–πλατύνθητε⁷ καὶ ὑμεῖς.

14 Μὴ γίνεσθε ἑτεροζυγοῦντες⁸ ἀπίστοις·⁹ τίς γὰρ μετοχὴ¹⁰ δικαιοσύνῃ καὶ ἀνομίᾳ;¹¹ Τίς δὲ κοινωνία¹² φωτὶ πρὸς σκότος;¹³ **15** Τίς δὲ συμφώνησις¹⁴ χριστῷ πρὸς Βελίαρ;¹⁵ Ἢ τίς μερὶς¹⁶ πιστῷ μετὰ ἀπίστου;⁹ **16** Τίς δὲ συγκατάθεσις¹⁷ ναῷ¹⁸ θεοῦ μετὰ εἰδώλων;¹⁹ Ὑμεῖς γὰρ ναὸς¹⁸ θεοῦ ἐστε ζῶντος, καθὼς εἶπεν ὁ θεὸς ὅτι Ἐνοικήσω²⁰ ἐν αὐτοῖς, καὶ ἐμπεριπατήσω·²¹ καὶ ἔσομαι αὐτῶν θεός, καὶ αὐτοὶ ἔσονταί μοι λαός. **17** Διό, Ἐξέλθετε ἐκ μέσου αὐτῶν καὶ ἀφορίσθητε,²² λέγει κύριος, καὶ ἀκαθάρτου²³ μὴ ἅπτεσθε·²⁴ κἀγὼ εἰσδέξομαι²⁵ ὑμᾶς, **18** καὶ ἔσομαι ὑμῖν εἰς πατέρα, καὶ ὑμεῖς ἔσεσθέ μοι εἰς υἱοὺς καὶ θυγατέρας,²⁶ λέγει κύριος παντοκράτωρ.²⁷

Paul's Consolation and Joy because of the Corinthians

7 Ταύτας οὖν ἔχοντες τὰς ἐπαγγελίας, ἀγαπητοί, καθαρίσωμεν²⁸ ἑαυτοὺς ἀπὸ παντὸς μολυσμοῦ²⁹ σαρκὸς καὶ πνεύματος, ἐπιτελοῦντες³⁰ ἁγιωσύνην³¹ ἐν φόβῳ³² θεοῦ.

2 Χωρήσατε³³ ἡμᾶς· οὐδένα ἠδικήσαμεν,³⁴ οὐδένα ἐφθείραμεν,³⁵ οὐδένα ἐπλεονεκτήσαμεν.³⁶ **3** Οὐ πρὸς κατάκρισιν³⁷ λέγω· προείρηκα³⁸ γάρ, ὅτι ἐν ταῖς

---

²πεπλάτυνται: RPI-3S   ³στενοχωρεῖσθε: PPI-2P   ⁴στενοχωρεῖσθε: PPI-2P   ⁷πλατύνθητε: APM-2P
⁸ἑτεροζυγοῦντες: PAP-NPM   ²⁰Ἐνοικήσω: FAI-1S   ²¹ἐμπεριπατήσω: FAI-1S   ²²ἀφορίσθητε: APM-2P   ²⁴ἅπτεσθε:
PMM-2P   ²⁵εἰσδέξομαι: FDI-1S   ²⁸καθαρίσωμεν: AAS-1P   ³⁰ἐπιτελοῦντες: PAP-NPM   ³³Χωρήσατε: AAM-2P
³⁴ἠδικήσαμεν: AAI-1P   ³⁵ἐφθείραμεν: AAI-1P   ³⁶ἐπλεονεκτήσαμεν: AAI-1P   ³⁸προείρηκα: RAI-1S

---

¹Κορίνθιος, ου, ὁ, [2] Corinthian, of Corinth.   ²πλατύνω, [3] I enlarge, make broad; met: of the growth of tenderness and love.   ³στενοχωρέω, [3] (I keep some one in a tight place), I press upon, cramp, restrain.   ⁴στενοχωρέω, [3] (I keep some one in a tight place), I press upon, cramp, restrain.   ⁵σπλάγχνα, ων, τά, [11] the inward parts; the heart, affections, seat of the feelings.   ⁶ἀντιμισθία, ας, ἡ, [2] a reward, recompense, retribution.   ⁷πλατύνω, [3] I enlarge, make broad; met: of the growth of tenderness and love.   ⁸ἑτεροζυγέω, [1] I am yoked with one different from myself, unequally yoked.   ⁹ἄπιστος, ον, [23] unbelieving, incredulous, unchristian; sometimes subst: unbeliever.   ¹⁰μετοχή, ῆς, ἡ, [1] sharing, partnership, fellowship.   ¹¹ἀνομία, ας, ἡ, [15] lawlessness, iniquity, disobedience, sin.   ¹²κοινωνία, ας, ἡ, [19] (lit: partnership) (a) contributory help, participation, (b) sharing in, communion, (c) spiritual fellowship, a fellowship in the spirit.   ¹³σκότος, ους, τό, [32] darkness, either physical or moral.   ¹⁴συμφώνησις, εως, ἡ, [1] harmony, agreement, concord.   ¹⁵Βελίαρ, ὁ, [1] Belial, a demon, and in fact a name for Satan.   ¹⁶μερίς, ίδος, ἡ, [5] (a) a part, division of a country, (b) a share, portion.   ¹⁷συγκατάθεσις, εως, ἡ, [1] assent, agreement, concord, alliance.   ¹⁸ναός, οῦ, ὁ, [46] a temple, a shrine, that part of the temple where God himself resides.   ¹⁹εἴδωλον, ου, τό, [11] an idol, false god.   ²⁰ἐνοικέω, [5] I dwell in, am settled (stationary) in; met: I am indwelling.   ²¹ἐμπεριπατέω, [1] I walk about in a place, live among, am conversant with.   ²²ἀφορίζω, [10] I rail off, separate, place apart.   ²³ἀκάθαρτος, ον, [31] unclean, impure.   ²⁴ἅπτομαι, [36] prop: I fasten to; I lay hold of, touch, know carnally.   ²⁵εἰσδέχομαι, [1] I welcome in, admit, receive.   ²⁶θυγάτηρ, τρός, ἡ, [29] a daughter; hence (Hebraistic?), of any female descendent, however far removed; even of one unrelated: my young lady.   ²⁷παντοκράτωρ, ορος, ὁ, [10] ruler of all, ruler of the universe, the almighty.   ²⁸καθαρίζω, [30] I cleanse, make clean, literally, ceremonially, or spiritually, according to context.   ²⁹μολυσμός, οῦ, ὁ, [1] staining, defilement, pollution.   ³⁰ἐπιτελέω, [11] I complete, accomplish, perfect.   ³¹ἁγιωσύνη, ης, ἡ, [3] a holy or sanctified state.   ³²φόβος, ου, ὁ, [47] (a) fear, terror, alarm, (b) the object or cause of fear, (c) reverence, respect.   ³³χωρέω, [10] (lit: I make room, hence) (a) I have room for, receive, contain, (b) I make room for by departing, go, make progress, turn myself.   ³⁴ἀδικέω, [27] I act unjustly towards, injure, harm.   ³⁵φθείρω, [7] I corrupt, spoil, destroy, ruin.   ³⁶πλεονεκτέω, [5] I take advantage of, overreach, defraud.   ³⁷κατάκρισις, εως, ἡ, [2] condemnation, censure.   ³⁸προερέω, [9] I say already, predict, foretell.

καρδίαις ἡμῶν ἐστὲ εἰς τὸ συναποθανεῖν¹ καὶ συζῆν.² 4 Πολλή μοι παρρησία³ πρὸς ὑμᾶς, πολλή μοι καύχησις⁴ ὑπὲρ ὑμῶν· πεπλήρωμαι τῇ παρακλήσει,⁵ ὑπερπερισσεύομαι⁶ τῇ χαρᾷ ἐπὶ πάσῃ τῇ θλίψει⁷ ἡμῶν.

5 Καὶ γὰρ ἐλθόντων ἡμῶν εἰς Μακεδονίαν⁸ οὐδεμίαν ἔσχηκεν ἄνεσιν⁹ ἡ σὰρξ ἡμῶν, ἀλλ᾽ ἐν παντὶ θλιβόμενοι·¹⁰ ἔξωθεν¹¹ μάχαι,¹² ἔσωθεν¹³ φόβοι.¹⁴ 6 Ἀλλ᾽ ὁ παρακαλῶν τοὺς ταπεινοὺς¹⁵ παρεκάλεσεν ἡμᾶς, ὁ θεός, ἐν τῇ παρουσίᾳ¹⁶ Τίτου· 7 οὐ μόνον δὲ ἐν τῇ παρουσίᾳ¹⁶ αὐτοῦ, ἀλλὰ καὶ ἐν τῇ παρακλήσει⁵ ᾗ παρεκλήθη ἐφ᾽ ὑμῖν, ἀναγγέλλων¹⁷ ἡμῖν τὴν ὑμῶν ἐπιπόθησιν,¹⁸ τὸν ὑμῶν ὀδυρμόν,¹⁹ τὸν ὑμῶν ζῆλον²⁰ ὑπὲρ ἐμοῦ, ὥστε με μᾶλλον χαρῆναι. 8 Ὅτι εἰ καὶ ἐλύπησα²¹ ὑμᾶς ἐν τῇ ἐπιστολῇ,²² οὐ μεταμέλομαι,²³ εἰ καὶ μετεμελόμην·²⁴ βλέπω γὰρ ὅτι ἡ ἐπιστολὴ²² ἐκείνη, εἰ καὶ πρὸς ὥραν, ἐλύπησεν²⁵ ὑμᾶς. 9 Νῦν χαίρω, οὐχ ὅτι ἐλυπήθητε,²⁶ ἀλλ᾽ ὅτι ἐλυπήθητε²⁷ εἰς μετάνοιαν·²⁸ ἐλυπήθητε²⁹ γὰρ κατὰ θεόν, ἵνα ἐν μηδενὶ ζημιωθῆτε³⁰ ἐξ ἡμῶν. 10 Ἡ γὰρ κατὰ θεὸν λύπη³¹ μετάνοιαν²⁸ εἰς σωτηρίαν³² ἀμεταμέλητον³³ κατεργάζεται·³⁴ ἡ δὲ τοῦ κόσμου λύπη³¹ θάνατον κατεργάζεται.³⁵ 11 Ἰδοὺ γάρ, αὐτὸ τοῦτο, τὸ κατὰ θεὸν λυπηθῆναι³⁶ ὑμᾶς, πόσην³⁷ κατειργάσατο³⁸ ὑμῖν σπουδήν,³⁹ ἀλλὰ ἀπολογίαν,⁴⁰ ἀλλὰ

---

¹συναποθανεῖν: 2AAN   ²συζῆν: PAN   ⁶ὑπερπερισσεύομαι: PMI-1S   ¹⁰θλιβόμενοι: PPP-NPM   ¹⁷ἀναγγέλλων: PAP-NSM   ²¹ἐλύπησα: AAI-1S   ²³μεταμέλομαι: PNI-1S   ²⁴μετεμελόμην: INI-1S   ²⁵ἐλύπησεν: AAI-3S   ²⁶ἐλυπήθητε: API-2P   ²⁷ἐλυπήθητε: API-2P   ²⁹ἐλυπήθητε: API-2P   ³⁰ζημιωθῆτε: APS-2P   ³⁴κατεργάζεται: PNI-3S   ³⁵κατεργάζεται: PNI-3S   ³⁶λυπηθῆναι: APN   ³⁸κατειργάσατο: ADI-3S

---

¹συναποθνῄσκω, [3] I die together with.   ²συζάω, [3] I live together with.   ³παρρησία, ας, ἡ, [31] freedom, openness, especially in speech; boldness, confidence.   ⁴καύχησις, εως, ἡ, [12] the act of boasting, glorying, exultation.   ⁵παράκλησις, εως, ἡ, [29] a calling for, summons, hence: (a) exhortation, (b) entreaty, (c) encouragement, joy, gladness, (d) consolation, comfort.   ⁶ὑπερπερισσεύω, [2] (a) intrans: I abound exceedingly, (b) dep: I overflow.   ⁷θλῖψις, εως, ἡ, [45] persecution, affliction, distress, tribulation.   ⁸Μακεδονία, ας, ἡ, [22] (Hebrew), Macedonia, a Roman province north of Achaia (Greece).   ⁹ἄνεσις, εως, ἡ, [5] relief, remission, indulgence, freedom, rest.   ¹⁰θλίβω, [10] (a) I make narrow (strictly: by pressure); I press upon, (b) I persecute, press hard.   ¹¹ἔξωθεν, [13] (a) from outside, from without, (b) outside, both as adj. and prep; with article: the outside.   ¹²μάχη, ης, ἡ, [4] (earlier: a battle, conflict, hence: in the sphere of words, etc: strife, contention, quarrel.   ¹³ἔσωθεν, [13] (a) from within, from inside, (b) within, inside; with the article: the inner part, the inner element, (c) the mind, soul.   ¹⁴φόβος, ου, ὁ, [47] (a) fear, terror, alarm, (b) the object or cause of fear, (c) reverence, respect.   ¹⁵ταπεινός, ή, όν, [8] humble, lowly, in position or spirit (in a good sense).   ¹⁶παρουσία, ας, ἡ, [24] (a) presence, (b) a coming, an arrival, advent, especially of the second coming of Christ.   ¹⁷ἀναγγέλλω, [18] I bring back word, report; I announce, declare.   ¹⁸ἐπιπόθησις, εως, ἡ, [2] eager longing (desire), strong affection.   ¹⁹ὀδυρμός, οῦ, ὁ, [2] lamentation, wailing, mourning, sorrow.   ²⁰ζῆλος, ου, ὁ, [17] (a) eagerness, zeal, enthusiasm, (b) jealousy, rivalry.   ²¹λυπέω, [26] I pain, grieve, vex.   ²²ἐπιστολή, ῆς, ἡ, [24] a letter, dispatch, epistle, message.   ²³μεταμέλομαι, [6] (lit: I change one care or interest for another), I change my mind (generally for the better), repent, regret.   ²⁴μεταμέλομαι, [6] (lit: I change one care or interest for another), I change my mind (generally for the better), repent, regret.   ²⁵λυπέω, [26] I pain, grieve, vex.   ²⁶λυπέω, [26] I pain, grieve, vex.   ²⁷λυπέω, [26] I pain, grieve, vex.   ²⁸μετάνοια, ας, ἡ, [24] repentance, a change of mind, change in the inner man.   ²⁹λυπέω, [26] I pain, grieve, vex.   ³⁰ζημιόω, [6] I inflict loss (damage) upon, fine, punish, sometimes with the acc. of the penalty, even when the verb is passive.   ³¹λύπη, ης, ἡ, [16] pain, grief, sorrow, affliction.   ³²σωτηρία, ας, ἡ, [46] welfare, prosperity, deliverance, preservation, salvation, safety.   ³³ἀμεταμέλητος, ον, [2] not to be repented of, about which no change of mind can take place, not affected by change of mind.   ³⁴κατεργάζομαι, [24] I effect by labor, achieve, work out, bring about.   ³⁵κατεργάζομαι, [24] I effect by labor, achieve, work out, bring about.   ³⁶λυπέω, [26] I pain, grieve, vex.   ³⁷πόσος, η, ον, [27] how much, how great, how many.   ³⁸κατεργάζομαι, [24] I effect by labor, achieve, work out, bring about.   ³⁹σπουδή, ῆς, ἡ, [12] (a) speed, haste, (b) diligence, earnestness, enthusiasm.   ⁴⁰ἀπολογία, ας, ἡ, [8] a verbal defense (particularly in a law court).

ἀγανάκτησιν,¹ ἀλλὰ φόβον,² ἀλλὰ ἐπιπόθησιν,³ ἀλλὰ ζῆλον,⁴ ἀλλὰ ἐκδίκησιν.⁵ Ἐν παντὶ συνεστήσατε⁶ ἑαυτοὺς ἁγνοὺς⁷ εἶναι ἐν τῷ πράγματι.⁸ 12 Ἄρα⁹ εἰ καὶ ἔγραψα ὑμῖν, οὐχ εἵνεκεν¹⁰ τοῦ ἀδικήσαντος,¹¹ οὐδὲ εἵνεκεν¹⁰ τοῦ ἀδικηθέντος,¹² ἀλλ' εἵνεκεν¹⁰ τοῦ φανερωθῆναι¹³ τὴν σπουδὴν¹⁴ ὑμῶν τὴν ὑπὲρ ἡμῶν πρὸς ὑμᾶς ἐνώπιον τοῦ θεοῦ. 13 Διὰ τοῦτο παρακεκλήμεθα.

Ἐπὶ δὲ τῇ παρακλήσει¹⁵ ὑμῶν περισσοτέρως¹⁶ μᾶλλον ἐχάρημεν ἐπὶ τῇ χαρᾷ Τίτου, ὅτι ἀναπέπαυται¹⁷ τὸ πνεῦμα αὐτοῦ ἀπὸ πάντων ὑμῶν. 14 Ὅτι εἴ τι αὐτῷ ὑπὲρ ὑμῶν κεκαύχημαι,¹⁸ οὐ κατῃσχύνθην· ¹⁹ ἀλλ' ὡς πάντα ἐν ἀληθείᾳ ἐλαλήσαμεν ὑμῖν, οὕτως καὶ ἡ καύχησις²⁰ ἡμῶν ἡ ἐπὶ Τίτου ἀλήθεια ἐγενήθη. 15 Καὶ τὰ σπλάγχνα²¹ αὐτοῦ περισσοτέρως¹⁶ εἰς ὑμᾶς ἐστίν, ἀναμιμνησκομένου²² τὴν πάντων ὑμῶν ὑπακοήν,²³ ὡς μετὰ φόβου² καὶ τρόμου²⁴ ἐδέξασθε αὐτόν. 16 Χαίρω ὅτι ἐν παντὶ θαρρῶ²⁵ ἐν ὑμῖν.

Paul's Tactful Appeal and Recommendation

8 Γνωρίζομεν²⁶ δὲ ὑμῖν, ἀδελφοί, τὴν χάριν τοῦ θεοῦ τὴν δεδομένην ἐν ταῖς ἐκκλησίαις τῆς Μακεδονίας· 2 ὅτι ἐν πολλῇ δοκιμῇ²⁸ θλίψεως²⁹ ἡ περισσεία³⁰ τῆς χαρᾶς αὐτῶν καὶ ἡ κατὰ βάθους³¹ πτωχεία³² αὐτῶν ἐπερίσσευσεν³³ εἰς τὸν πλοῦτον³⁴ τῆς ἁπλότητος³⁵ αὐτῶν. 3 Ὅτι κατὰ δύναμιν, μαρτυρῶ, καὶ ὑπὲρ δύναμιν αὐθαίρετοι,³⁶ 4 μετὰ πολλῆς παρακλήσεως¹⁵ δεόμενοι³⁷ ἡμῶν, τὴν χάριν καὶ τὴν

---

⁶συνεστήσατε: *AAI-2P* ¹¹ἀδικήσαντος: *AAP-GSM* ¹²ἀδικηθέντος: *APP-GSM* ¹³φανερωθῆναι: *APN* ¹⁷ἀναπέπαυται: *RPI-3S* ¹⁸κεκαύχημαι: *RNI-1S* ¹⁹κατῃσχύνθην: *API-1S* ²²ἀναμιμνησκομένου: *PMP-GSM* ²⁵θαρρῶ: *PAI-1S* ²⁶Γνωρίζομεν: *PAI-1P* ³³ἐπερίσσευσεν: *AAI-3S* ³⁷δεόμενοι: *PNP-NPM*

---

¹ἀγανάκτησις, εως, ἡ, [1] feeling of anger, indignation, vexation. ²φόβος, ου, ὁ, [47] (a) fear, terror, alarm, (b) the object or cause of fear, (c) reverence, respect. ³ἐπιπόθησις, εως, ἡ, [2] eager longing (desire), strong affection. ⁴ζῆλος, ου, ὁ, [17] (a) eagerness, zeal, enthusiasm, (b) jealousy, rivalry. ⁵ἐκδίκησις, εως, ἡ, [9] (a) a defense, avenging, vindication, vengeance, (b) full (complete) punishment. ⁶συνίστημι, συνιστάνω, [16] I place together, commend, prove, exhibit; intrans: I stand with; I am composed of, cohere. ⁷ἁγνός, ή, όν, [8] (originally, in a condition prepared for worship), pure (either ethically, or ritually, ceremonially), chaste. ⁸πρᾶγμα, ατος, τό, [11] a thing done, a deed, action; a matter, an affair. ⁹ἄρα, [35] then, therefore, since. ¹⁰ἕνεκεν, [26] for the sake of, on account of, on account of which, wherefore, on account of what, why. ¹¹ἀδικέω, [27] I act unjustly towards, injure, harm. ¹²ἀδικέω, [27] I act unjustly towards, injure, harm. ¹³φανερόω, [49] I make clear (visible, manifest), make known. ¹⁴σπουδή, ῆς, ἡ, [12] (a) speed, haste, (b) diligence, earnestness, enthusiasm. ¹⁵παράκλησις, εως, ἡ, [29] a calling for, summons, hence: (a) exhortation, (b) entreaty, (c) encouragement, joy, gladness, (d) consolation, comfort. ¹⁶περισσῶς, [16] greatly, exceedingly, abundantly, vehemently. ¹⁷ἀναπαύω, [12] I make to rest, give rest to; mid. and pass: I rest, take my ease. ¹⁸καυχάομαι, [38] I boast; I glory (exult) proudly. ¹⁹καταισχύνω, [13] I shame, disgrace, bring to shame, put to utter confusion, frustrate. ²⁰καύχησις, εως, ἡ, [12] the act of boasting, glorying, exultation. ²¹σπλάγχνα, ων, τά, [11] the inward parts; the heart, affections, seat of the feelings. ²²ἀναμιμνήσκω, [6] I remind, admonish, am reminded, remind myself; pass: I remember, recall. ²³ὑπακοή, ῆς, ἡ, [15] obedience, submissiveness, compliance. ²⁴τρόμος, ου, ὁ, [5] a trembling, quaking, fear. ²⁵θαρρέω, [6] I am courageous, confident, of good cheer. ²⁶γνωρίζω, [24] I make known, declare, know, discover. ²⁷Μακεδονία, ας, ἡ, [22] (Hebrew), Macedonia, a Roman province north of Achaia (Greece). ²⁸δοκιμή, ῆς, ἡ, [7] a trial, proof; tried, approved character. ²⁹θλῖψις, εως, ἡ, [45] persecution, affliction, distress, tribulation. ³⁰περισσεία, ας, ἡ, [4] abundance, superfluity. ³¹βάθος, ους, τό, [8] depth; deep water; met: fullness, immensity; an extreme degree; profundities, deep-laid plans. ³²πτωχεία, ας, ἡ, [3] beggary, poverty, destitution. ³³περισσεύω, [39] (a) intrans: I exceed the ordinary (the necessary), abound, overflow; am left over, (b) trans: I cause to abound. ³⁴πλοῦτος, ου, ὁ, [22] riches, wealth, abundance, materially or spiritually. ³⁵ἁπλότης, τητος, ἡ, [8] simplicity, sincerity, purity, graciousness. ³⁶αὐθαίρετος, ον, [2] of one's own accord, self-chosen. ³⁷δέομαι, [22] I want for myself; I want, need; I beg, request, beseech, pray.

κοινωνίαν¹ τῆς διακονίας² τῆς εἰς τοὺς ἁγίους· 5 καὶ οὐ καθὼς ἠλπίσαμεν,³ ἀλλ' ἑαυτοὺς ἔδωκαν πρῶτον τῷ κυρίῳ, καὶ ἡμῖν διὰ θελήματος θεοῦ 6 εἰς τὸ παρακαλέσαι ἡμᾶς Τίτον, ἵνα καθὼς προενήρξατο,⁴ οὕτως καὶ ἐπιτελέσῃ⁵ εἰς ὑμᾶς καὶ τὴν χάριν ταύτην. 7 Ἀλλ' ὥσπερ⁶ ἐν παντὶ περισσεύετε,⁷ πίστει, καὶ λόγῳ, καὶ γνώσει,⁸ καὶ πάσῃ σπουδῇ,⁹ καὶ τῇ ἐξ ὑμῶν ἐν ἡμῖν ἀγάπῃ, ἵνα καὶ ἐν ταύτῃ τῇ χάριτι περισσεύητε.¹⁰ 8 Οὐ κατ' ἐπιταγὴν¹¹ λέγω, ἀλλὰ διὰ τῆς ἑτέρων σπουδῆς⁹ καὶ τὸ τῆς ὑμετέρας¹² ἀγάπης γνήσιον¹³ δοκιμάζων.¹⁴ 9 Γινώσκετε γὰρ τὴν χάριν τοῦ κυρίου ἡμῶν Ἰησοῦ χριστοῦ, ὅτι δι' ὑμᾶς ἐπτώχευσεν,¹⁵ πλούσιος¹⁶ ὤν, ἵνα ὑμεῖς τῇ ἐκείνου πτωχείᾳ¹⁷ πλουτήσητε.¹⁸ 10 Καὶ γνώμην¹⁹ ἐν τούτῳ δίδωμι· τοῦτο γὰρ ὑμῖν συμφέρει,²⁰ οἵτινες οὐ μόνον τὸ ποιῆσαι ἀλλὰ καὶ τὸ θέλειν προενήρξασθε²¹ ἀπὸ πέρυσι.²² 11 Νυνὶ²³ δὲ καὶ τὸ ποιῆσαι ἐπιτελέσατε,²⁴ ὅπως, καθάπερ²⁵ ἡ προθυμία²⁶ τοῦ θέλειν, οὕτως καὶ τὸ ἐπιτελέσαι²⁷ ἐκ τοῦ ἔχειν. 12 Εἰ γὰρ ἡ προθυμία²⁶ πρόκειται,²⁸ καθὸ²⁹ ἐὰν ἔχῃ τις, εὐπρόσδεκτος,³⁰ οὐ καθὸ²⁹ οὐκ ἔχει. 13 Οὐ γὰρ ἵνα ἄλλοις ἄνεσις,³¹ ὑμῖν δὲ θλίψις·³² ἀλλ' ἐξ ἰσότητος,³³ ἐν τῷ νῦν καιρῷ τὸ ὑμῶν περίσσευμα³⁴ εἰς τὸ ἐκείνων ὑστέρημα,³⁵ 14 ἵνα καὶ τὸ ἐκείνων περίσσευμα³⁴ γένηται εἰς τὸ ὑμῶν ὑστέρημα·³⁵ ὅπως γένηται ἰσότης,³³ 15 καθὼς γέγραπται, Ὁ τὸ πολύ, οὐκ ἐπλεόνασεν·³⁶ καὶ ὁ τὸ ὀλίγον,³⁷ οὐκ ἠλαττόνησεν.³⁸

---

³ἠλπίσαμεν: AAI-1P ⁴προενήρξατο: ADI-3S ⁵ἐπιτελέσῃ: AAS-3S ⁷περισσεύετε: PAI-2P ¹⁰περισσεύητε: PAS-2P ¹⁴δοκιμάζων: PAP-NSM ¹⁵ἐπτώχευσεν: AAI-3S ¹⁸πλουτήσητε: AAS-2P ²⁰συμφέρει: PAI-3S ²¹προενήρξασθε: ADI-2P ²⁴ἐπιτελέσατε: AAM-2P ²⁷ἐπιτελέσαι: AAN ²⁸πρόκειται: PNI-3S ³⁶ἐπλεόνασεν: AAI-3S ³⁸ἠλαττόνησεν: AAI-3S

---

¹κοινωνία, ας, ἡ, [19] (lit: partnership) (a) contributory help, participation, (b) sharing in, communion, (c) spiritual fellowship, a fellowship in the spirit. ²διακονία, ας, ἡ, [34] waiting at table; in a wider sense: service, ministration. ³ἐλπίζω, [31] I hope, hope for, expect, trust. ⁴προενάρχομαι, [2] I begin before. ⁵ἐπιτελέω, [11] I complete, accomplish, perfect. ⁶ὥσπερ, [42] just as, as, even as. ⁷περισσεύω, [39] (a) intrans: I exceed the ordinary (the necessary), abound, overflow; am left over, (b) trans: I cause to abound. ⁸γνῶσις, εως, ἡ, [29] knowledge, doctrine, wisdom. ⁹σπουδή, ῆς, ἡ, [12] (a) speed, haste, (b) diligence, earnestness, enthusiasm. ¹⁰περισσεύω, [39] (a) intrans: I exceed the ordinary (the necessary), abound, overflow; am left over, (b) trans: I cause to abound. ¹¹ἐπιταγή, ῆς, ἡ, [7] instruction, command, order, authority. ¹²ὑμέτερος, α, ον, [10] your, yours. ¹³γνήσιος, α, ον, [4] (lit: born in wedlock), hence: real, true, genuine; with definite article: the true, genuine element. ¹⁴δοκιμάζω, [23] I put to the test, prove, examine; I distinguish by testing, approve after testing; I am fit. ¹⁵πτωχεύω, [1] I am in poverty, am a beggar. ¹⁶πλούσιος, α, ον, [28] rich, abounding in, wealthy; subst: a rich man. ¹⁷πτωχεία, ας, ἡ, [3] beggary, poverty, destitution. ¹⁸πλουτέω, [12] I become rich, am rich, abound in. ¹⁹γνώμη, ης, ἡ, [9] opinion, counsel, judgment, intention, decree. ²⁰συμφέρω, [17] I bring together, collect; I am profitable to. ²¹προενάρχομαι, [2] I begin before. ²²πέρυσι, [2] last year, a year ago. ²³νυνί, [20] adv. (a) of time: just now, even now; just at hand, immediately, (b) of logical connection: now then, (c) in commands and appeals: at this instant. ²⁴ἐπιτελέω, [11] I complete, accomplish, perfect. ²⁵καθάπερ, [13] even as, just as. ²⁶προθυμία, ας, ἡ, [5] inclination, readiness, eagerness, willingness, promptness. ²⁷ἐπιτελέω, [11] I complete, accomplish, perfect. ²⁸πρόκειμαι, [5] I am set (placed, put) before, am already there. ²⁹καθό, [4] according to which thing, as, according as. ³⁰εὐπρόσδεκτος, ον, [5] well-received, acceptable, welcome, pleasing. ³¹ἄνεσις, εως, ἡ, [5] relief, remission, indulgence, freedom, rest. ³²θλῖψις, εως, ἡ, [45] persecution, affliction, distress, tribulation. ³³ἰσότης, ητος, ἡ, [3] equality; equality of treatment, fairness. ³⁴περίσσευμα, ατος, τό, [5] abundance, overflow. ³⁵ὑστέρημα, ατος, τό, [9] (a) of things or persons: that which is lacking, a defect or shortcoming, (b) want, poverty. ³⁶πλεονάζω, [9] I have more than enough; I abound, increase. ³⁷ὀλίγος, η, ον, [43] (a) especially in plur: few, (b) in sing: small; hence, of time: short, of degree: light, slight, little. ³⁸ἐλαττονέω, [1] I have less, lack.

16 Χάρις δὲ τῷ θεῷ τῷ διδόντι τὴν αὐτὴν σπουδὴν¹ ὑπὲρ ὑμῶν ἐν τῇ καρδίᾳ Τίτου. 17 Ὅτι τὴν μὲν παράκλησιν² ἐδέξατο, σπουδαιότερος³ δὲ ὑπάρχων, αὐθαίρετος⁴ ἐξῆλθεν πρὸς ὑμᾶς. 18 Συνεπέμψαμεν⁵ δὲ μετ' αὐτοῦ τὸν ἀδελφόν, οὗ ὁ ἔπαινος⁶ ἐν τῷ εὐαγγελίῳ διὰ πασῶν τῶν ἐκκλησιῶν· 19 οὐ μόνον δέ, ἀλλὰ καὶ χειροτονηθεὶς⁷ ὑπὸ τῶν ἐκκλησιῶν συνέκδημος⁸ ἡμῶν σὺν τῇ χάριτι ταύτῃ τῇ διακονουμένῃ⁹ ὑφ' ἡμῶν πρὸς τὴν αὐτοῦ τοῦ κυρίου δόξαν καὶ προθυμίαν¹⁰ ἡμῶν· 20 στελλόμενοι¹¹ τοῦτο, μή τις ἡμᾶς μωμήσηται¹² ἐν τῇ ἀδρότητι¹³ ταύτῃ τῇ διακονουμένῃ¹⁴ ὑφ' ἡμῶν· 21 προνοούμενοι¹⁵ καλὰ οὐ μόνον ἐνώπιον κυρίου ἀλλὰ καὶ ἐνώπιον ἀνθρώπων. 22 Συνεπέμψαμεν¹⁶ δὲ αὐτοῖς τὸν ἀδελφὸν ἡμῶν, ὃν ἐδοκιμάσαμεν¹⁷ ἐν πολλοῖς πολλάκις¹⁸ σπουδαῖον³ ὄντα, νυνὶ¹⁹ δὲ πολὺ σπουδαιότερον,³ πεποιθήσει²⁰ πολλῇ τῇ εἰς ὑμᾶς. 23 Εἴτε ὑπὲρ Τίτου, κοινωνὸς²¹ ἐμὸς καὶ εἰς ὑμᾶς συνεργός·²² εἴτε ἀδελφοὶ ἡμῶν, ἀπόστολοι ἐκκλησιῶν, δόξα χριστοῦ. 24 Τὴν οὖν ἔνδειξιν²³ τῆς ἀγάπης ὑμῶν, καὶ ἡμῶν καυχήσεως²⁴ ὑπὲρ ὑμῶν, εἰς αὐτοὺς ἐνδείξασθε²⁵ εἰς πρόσωπον τῶν ἐκκλησιῶν.

Paul's Final Instructions Concerning the Collection

9 Περὶ μὲν γὰρ τῆς διακονίας²⁶ τῆς εἰς τοὺς ἁγίους περισσόν²⁷ μοί ἐστιν τὸ γράφειν ὑμῖν· 2 οἶδα γὰρ τὴν προθυμίαν¹⁰ ὑμῶν, ἣν ὑπὲρ ὑμῶν καυχῶμαι²⁸ Μακεδόσιν,²⁹ ὅτι Ἀχαΐα³⁰ παρεσκεύασται³¹ ἀπὸ πέρυσι·³² καὶ ὁ ἐξ ὑμῶν ζῆλος³³ ἠρέθισεν³⁴ τοὺς πλείονας. 3 Ἔπεμψα δὲ τοὺς ἀδελφούς, ἵνα μὴ τὸ καύχημα³⁵ ἡμῶν τὸ ὑπὲρ ὑμῶν κενωθῇ³⁶ ἐν

---

⁵Συνεπέμψαμεν: AAI-1P   ⁷χειροτονηθεὶς: APP-NSM   ⁹διακονουμένῃ: PPP-DSF   ¹¹στελλόμενοι: PMP-NPM
¹²μωμήσηται: ADS-3S   ¹⁴διακονουμένῃ: PPP-DSF   ¹⁵προνοούμενοι: PMP-NPM   ¹⁶Συνεπέμψαμεν: AAI-1P
¹⁷ἐδοκιμάσαμεν: AAI-1P   ²⁵ἐνδείξασθε: AMM-2P   ²⁸καυχῶμαι: PNI-1S   ³¹παρεσκεύασται: RPI-3S   ³⁴ἠρέθισεν:
AAI-3S   ³⁶κενωθῇ: APS-3S

---

¹σπουδή, ῆς, ἡ, [12] (a) speed, haste, (b) diligence, earnestness, enthusiasm.   ²παράκλησις, εως, ἡ, [29] a calling for, summons, hence: (a) exhortation, (b) entreaty, (c) encouragement, joy, gladness, (d) consolation, comfort. ³σπουδαῖος, α, ον, [4] diligent, earnest, zealous, eager.   ⁴αὐθαίρετος, ον, [2] of one's own accord, self-chosen. ⁵συμπέμπω, [2] I send together with.   ⁶ἔπαινος, ου, ὁ, [11] commendation, praise, approval.   ⁷χειροτονέω, [2] I elect by show of hands, choose by vote, appoint.   ⁸συνέκδημος, ου, ὁ, ἡ, [2] a fellow traveler.   ⁹διακονέω, [37] I wait at table (particularly of a slave who waits on guests); I serve (generally).   ¹⁰προθυμία, ας, ἡ, [5] inclination, readiness, eagerness, willingness, promptness.   ¹¹στέλλω, [2] I set, arrange; mid: I provide for, take care, withdraw from, hold aloof, avoid.   ¹²μωμάομαι, [2] I blame, find fault with, slander.   ¹³ἀδρότης, τητος, ἡ, [1] lavishness, lavish generosity, abundance, bounty.   ¹⁴διακονέω, [37] I wait at table (particularly of a slave who waits on guests); I serve (generally).   ¹⁵προνοέω, [3] I take thought for beforehand, provide for, practice.   ¹⁶συμπέμπω, [2] I send together with.   ¹⁷δοκιμάζω, [23] I put to the test, prove, examine; I distinguish by testing, approve after testing; I am fit.   ¹⁸πολλάκις, [18] many times, often, frequently.   ¹⁹νυνί, [20] adv. (a) of time: just now, even now; just at hand, immediately, (b) of logical connection: now then, (c) in commands and appeals: at this instant.   ²⁰πεποίθησις, εως, ἡ, [6] confidence, trust, reliance.   ²¹κοινωνός, οῦ, ὁ, ἡ, [11] a sharer, partner, companion.   ²²συνεργός, οῦ, ὁ, [13] a fellow worker, associate, helper.   ²³ἔνδειξις, εως, ἡ, [4] a showing, proof, demonstration, sign, token.   ²⁴καύχησις, εως, ἡ, [12] the act of boasting, glorying, exultation.   ²⁵ἐνδείκνυμι, [11] I show forth, prove.   ²⁶διακονία, ας, ἡ, [34] waiting at table; in a wider sense: service, ministration.   ²⁷περισσός, ή, όν, [26] more, greater, excessive, abundant, exceedingly, vehemently; noun: preeminence, advantage.   ²⁸καυχάομαι, [38] I boast; I glory (exult) proudly.   ²⁹Μακεδών, όνος, ὁ, [5] a Macedonian, an inhabitant of the Roman province Macedonia.   ³⁰Ἀχαΐα, ας, ἡ, [11] the Roman Province Achaia, governed by a proconsul, and practically conterminous with modern Greece before 1912.   ³¹παρασκευάζω, [4] I prepare; mid: I prepare, make preparations.   ³²πέρυσι, [2] last year, a year ago.   ³³ζῆλος, ου, ὁ, [17] (a) eagerness, zeal, enthusiasm, (b) jealousy, rivalry.   ³⁴ἐρεθίζω, [2] I stir up, arouse to anger, provoke, irritate, incite.   ³⁵καύχημα, ατος, τό, [11] a boasting; a ground of boasting (glorying, exultation).   ³⁶κενόω, [5] (a) I empty, (b) I deprive of content, make unreal.

τῷ μέρει¹ τούτῳ· ἵνα, καθὼς ἔλεγον, παρεσκευασμένοι² ἦτε· 4 μήπως,³ ἐὰν ἔλθωσιν σὺν ἐμοὶ Μακεδόνες⁴ καὶ εὕρωσιν ὑμᾶς ἀπαρασκευάστους,⁵ καταισχυνθῶμεν⁶ ἡμεῖς–ἵνα μὴ λέγωμεν ὑμεῖς–ἐν τῇ ὑποστάσει⁷ ταύτῃ τῆς καυχήσεως.⁸ 5 Ἀναγκαῖον⁹ οὖν ἡγησάμην¹⁰ παρακαλέσαι τοὺς ἀδελφούς, ἵνα προέλθωσιν¹¹ εἰς ὑμᾶς, καὶ προκαταρτίσωσιν¹² τὴν προκατηγγελμένην¹³ εὐλογίαν¹⁴ ὑμῶν, ταύτην ἑτοίμην¹⁵ εἶναι, οὕτως ὡς εὐλογίαν¹⁴ καὶ μὴ ὡς πλεονεξίαν.¹⁶

6 Τοῦτο δέ, ὁ σπείρων φειδομένως,¹⁷ φειδομένως¹⁷ καὶ θερίσει·¹⁸ καὶ ὁ σπείρων ἐπ᾽ εὐλογίαις,¹⁴ ἐπ᾽ εὐλογίαις¹⁴ καὶ θερίσει.¹⁹ 7 Ἕκαστος καθὼς προαιρεῖται²⁰ τῇ καρδίᾳ· μὴ ἐκ λύπης²¹ ἢ ἐξ ἀνάγκης·²² ἱλαρὸν²³ γὰρ δότην²⁴ ἀγαπᾷ ὁ θεός. 8 Δυνατὸς²⁵ δὲ ὁ θεὸς πᾶσαν χάριν περισσεῦσαι²⁶ εἰς ὑμᾶς, ἵνα ἐν παντὶ πάντοτε²⁷ πᾶσαν αὐτάρκειαν²⁸ ἔχοντες περισσεύητε²⁹ εἰς πᾶν ἔργον ἀγαθόν· 9 καθὼς γέγραπται, Ἐσκόρπισεν,³⁰ ἔδωκεν τοῖς πένησιν·³¹ ἡ δικαιοσύνη αὐτοῦ μένει εἰς τὸν αἰῶνα. 10 Ὁ δὲ ἐπιχορηγῶν³² σπέρμα³³ τῷ σπείροντι, καὶ ἄρτον εἰς βρῶσιν³⁴ χορηγήσαι,³⁵ καὶ πληθύναι³⁶ τὸν σπόρον³⁷ ὑμῶν, καὶ αὐξήσαι³⁸ τὰ γενήματα³⁹ τῆς δικαιοσύνης ὑμῶν· 11 ἐν παντὶ πλουτιζόμενοι⁴⁰ εἰς πᾶσαν ἁπλότητα,⁴¹ ἥτις κατεργάζεται⁴² δι᾽ ἡμῶν εὐχαριστίαν⁴³ τῷ θεῷ. 12 Ὅτι ἡ διακονία⁴⁴ τῆς

---

²παρεσκευασμένοι: RPP-NPM ⁶καταισχυνθῶμεν: APS-1P ¹⁰ἡγησάμην: ADI-1S ¹¹προέλθωσιν: 2AAS-3P ¹²προκαταρτίσωσιν: AAS-3P ¹³προκατηγγελμένην: RPP-ASF ¹⁸θερίσει: FAI-3S ¹⁹θερίσει: FAI-3S ²⁰προαιρεῖται: PNI-3S ²⁶περισσεῦσαι: AAN ²⁹περισσεύητε: PAS-2P ³⁰Ἐσκόρπισεν: AAI-3S ³²ἐπιχορηγῶν: PAP-NSM ³⁵χορηγήσαι: AAO-3S ³⁶πληθύναι: AAO-3S ³⁸αὐξήσαι: AAO-3S ⁴⁰πλουτιζόμενοι: PPP-NPM ⁴²κατεργάζεται: PNI-3S

---

¹μέρος, ους, τό, [43] a part, portion, share. ²παρασκευάζω, [4] I prepare; mid: I prepare, make preparations. ³μήπως, [12] lest in any way, lest perhaps. ⁴Μακεδών, όνος, ὁ, [5] a Macedonian, an inhabitant of the Roman province Macedonia. ⁵ἀπαρασκεύαστος, ον, [1] unprepared. ⁶καταισχύνω, [13] I shame, disgrace, bring to shame, put to utter confusion, frustrate. ⁷ὑπόστασις, εως, ἡ, [5] (lit: an underlying), (a) confidence, assurance, (b) a giving substance (or reality) to, or a guaranteeing, (c) substance, reality. ⁸καύχησις, εως, ἡ, [12] the act of boasting, glorying, exultation. ⁹ἀναγκαῖος, α, ον, [8] necessary, essential, intimate, right, proper. ¹⁰ἡγέομαι, [28] (a) I lead, (b) I think, am of opinion, suppose, consider. ¹¹προέρχομαι, [5] I go forward, go on, advance; I go before, precede. ¹²προκαταρτίζω, [1] I prepare or complete beforehand. ¹³προκαταγγέλλω, [3] I announce beforehand, promise, predict. ¹⁴εὐλογία, ας, ἡ, [16] adulation, praise, blessing, gift. ¹⁵ἕτοιμος, η, ον, [17] ready, prepared. ¹⁶πλεονεξία, ας, ἡ, [10] covetousness, avarice, aggression, desire for advantage. ¹⁷φειδομένως, [2] sparingly. ¹⁸θερίζω, [21] I reap, gather, harvest. ¹⁹θερίζω, [21] I reap, gather, harvest. ²⁰προαιρέω, [1] I propose; mid: I propose to myself, purpose. ²¹λύπη, ης, ἡ, [16] pain, grief, sorrow, affliction. ²²ἀνάγκη, ης, ἡ, [18] necessity, constraint, compulsion; there is need to; force, violence. ²³ἱλαρός, ά, όν, [1] joyous, cheerful, not grudging. ²⁴δότης, ου, ὁ, [1] a giver. ²⁵δυνατός, ή, όν, [36] (a) of persons: powerful, able, (b) of things: possible. ²⁶περισσεύω, [39] (a) intrans: I exceed the ordinary (the necessary), abound, overflow; am left over, (b) trans: I cause to abound. ²⁷πάντοτε, [42] always, at all times, ever. ²⁸αὐτάρκεια, ας, ἡ, [2] self-sufficiency, independence, contentment. ²⁹περισσεύω, [39] (a) intrans: I exceed the ordinary (the necessary), abound, overflow; am left over, (b) trans: I cause to abound. ³⁰σκορπίζω, [5] I disperse, scatter abroad (as of sheep); I dissipate, waste; I distribute alms. ³¹πένης, ητος, ὁ, [1] one who works for his living; a laborer, poor man. ³²ἐπιχορηγέω, [5] I supply, provide (perhaps lavishly), furnish. ³³σπέρμα, ατος, τό, [44] (a) seed, commonly of cereals, (b) offspring, descendents. ³⁴βρῶσις, εως, ἡ, [11] (a) abstr: eating, (b) food, a meal, (c) rust. ³⁵χορηγέω, [2] I furnish abundantly, supply. ³⁶πληθύνω, [12] I increase, multiply. ³⁷σπόρος, ου, ὁ, [5] seed for sowing. ³⁸αὐξάνω, [23] (a) I cause to increase, become greater (b) I increase, grow. ³⁹γέννημα, ατος, τό, [9] offspring, child, fruit. ⁴⁰πλουτίζω, [3] I make rich, cause to abound in, enrich. ⁴¹ἁπλότης, τητος, ἡ, [8] simplicity, sincerity, purity, graciousness. ⁴²κατεργάζομαι, [24] I effect by labor, achieve, work out, bring about. ⁴³εὐχαριστία, ας, ἡ, [15] thankfulness, gratitude; giving of thanks, thanksgiving. ⁴⁴διακονία, ας, ἡ, [34] waiting at table; in a wider sense: service, ministration.

λειτουργίας¹ ταύτης οὐ μόνον ἐστὶν προσαναπληροῦσα² τὰ ὑστερήματα³ τῶν ἁγίων, ἀλλὰ καὶ περισσεύουσα⁴ διὰ πολλῶν εὐχαριστιῶν⁵ τῷ θεῷ· 13 διὰ τῆς δοκιμῆς⁶ τῆς διακονίας⁷ ταύτης δοξάζοντες τὸν θεὸν ἐπὶ τῇ ὑποταγῇ⁸ τῆς ὁμολογίας⁹ ὑμῶν εἰς τὸ εὐαγγέλιον τοῦ χριστοῦ, καὶ ἁπλότητι¹⁰ τῆς κοινωνίας¹¹ εἰς αὐτοὺς καὶ εἰς πάντας· 14 καὶ αὐτῶν δεήσει¹² ὑπὲρ ὑμῶν ἐπιποθούντων¹³ ὑμᾶς διὰ τὴν ὑπερβάλλουσαν¹⁴ χάριν τοῦ θεοῦ ἐφ᾽ ὑμῖν. 15 Χάρις δὲ τῷ θεῷ ἐπὶ τῇ ἀνεκδιηγήτῳ¹⁵ αὐτοῦ δωρεᾷ.¹⁶

Paul's Apostolic Authority

10 Αὐτὸς δὲ ἐγὼ Παῦλος παρακαλῶ ὑμᾶς διὰ τῆς πρᾳότητος¹⁷ καὶ ἐπιεικείας¹⁸ τοῦ χριστοῦ, ὃς κατὰ πρόσωπον μὲν ταπεινὸς¹⁹ ἐν ὑμῖν, ἀπὼν²⁰ δὲ θαρρῶ²¹ εἰς ὑμᾶς· 2 δέομαι²² δέ, τὸ μὴ παρὼν²³ θαρρῆσαι²⁴ τῇ πεποιθήσει²⁵ ᾗ λογίζομαι²⁶ τολμῆσαι²⁷ ἐπί τινας τοὺς λογιζομένους²⁸ ἡμᾶς ὡς κατὰ σάρκα περιπατοῦντας. 3 Ἐν σαρκὶ γὰρ περιπατοῦντες, οὐ κατὰ σάρκα στρατευόμεθα²⁹– 4 τὰ γὰρ ὅπλα³⁰ τῆς στρατείας³¹ ἡμῶν οὐ σαρκικά,³² ἀλλὰ δυνατὰ³³ τῷ θεῷ πρὸς καθαίρεσιν³⁴ ὀχυρωμάτων³⁵– 5 λογισμοὺς³⁶ καθαιροῦντες³⁷ καὶ πᾶν ὕψωμα³⁸ ἐπαιρόμενον³⁹ κατὰ τῆς γνώσεως⁴⁰ τοῦ θεοῦ, καὶ αἰχμαλωτίζοντες⁴¹ πᾶν νόημα⁴² εἰς τὴν ὑπακοὴν⁴³ τοῦ χριστοῦ, 6 καὶ ἐν ἑτοίμῳ⁴⁴ ἔχοντες

---

²προσαναπληροῦσα: PAP-NSF　⁴περισσεύουσα: PAP-NSF　¹³ἐπιποθούντων: PAP-GPM　¹⁴ὑπερβάλλουσαν: PAP-ASF　²⁰ἀπὼν: PAP-NSM　²¹θαρρῶ: PAI-1S　²²δέομαι: PNI-1S　²³παρὼν: PAP-NSM　²⁴θαρρῆσαι: AAN　²⁶λογίζομαι: PNI-1S　²⁷τολμῆσαι: AAN　²⁸λογιζομένους: PNP-APM　²⁹στρατευόμεθα: PMI-1P　³⁷καθαιροῦντες: PAP-NPM　³⁹ἐπαιρόμενον: PMP-ASN　⁴¹αἰχμαλωτίζοντες: PAP-NPM

---

¹λειτουργία, ας, ἡ, [6] a charitable gift, public service in the widest sense; service as of priest or Levite ritual. ²προσαναπληρόω, [2] I fill up by adding to, supply. ³ὑστέρημα, ατος, τό, [9] (a) of things or persons: that which is lacking, a defect or shortcoming, (b) want, poverty. ⁴περισσεύω, [39] (a) intrans: I exceed the ordinary (the necessary), abound, overflow; am left over, (b) trans: I cause to abound. ⁵εὐχαριστία, ας, ἡ, [15] thankfulness, gratitude; giving of thanks, thanksgiving. ⁶δοκιμή, ῆς, ἡ, [7] a trial, proof; tried, approved character. ⁷διακονία, ας, ἡ, [34] waiting at table; in a wider sense: service, ministration. ⁸ὑποταγή, ῆς, ἡ, [4] subjection, submission, obedience. ⁹ὁμολογία, ας, ἡ, [6] a profession, confession. ¹⁰ἁπλότης, τητος, ἡ, [8] simplicity, sincerity, purity, graciousness. ¹¹κοινωνία, ας, ἡ, [19] (lit: partnership) (a) contributory help, participation, (b) sharing in, communion, (c) spiritual fellowship, a fellowship in the spirit. ¹²δέησις, εως, ἡ, [19] supplication, prayer, entreaty. ¹³ἐπιποθέω, [9] I long for, strain after, desire greatly, have affection for. ¹⁴ὑπερβάλλω, [5] I surpass, excel, exceed, transcend. ¹⁵ἀνεκδιήγητος, ον, [1] indescribable, that cannot be thoroughly related, inexpressible. ¹⁶δωρεά, ᾶς, ἡ, [11] a (free) gift, a gift (without repayment). ¹⁷πρᾳότης, τητος, ἡ, [12] mildness, gentleness. ¹⁸ἐπιείκεια, ας, ἡ, [2] considerateness, forbearance, fairness, gentleness, mildness. ¹⁹ταπεινός, ή, όν, [8] humble, lowly, in position or spirit (in a good sense). ²⁰ἄπειμι, [7] I am absent. ²¹θαρρέω, [6] I am courageous, confident, of good cheer. ²²δέομαι, [22] I want for myself; I want, need; I beg, request, beseech, pray. ²³πάρειμι, [24] I am present, am near; I have come, arrived. ²⁴θαρρέω, [6] I am courageous, confident, of good cheer. ²⁵πεποίθησις, εως, ἡ, [6] confidence, trust, reliance. ²⁶λογίζομαι, [41] I reckon, count, charge with; reason, decide, conclude; think, suppose. ²⁷τολμάω, [16] I dare, endure, am bold, have courage, make up the mind. ²⁸λογίζομαι, [41] I reckon, count, charge with; reason, decide, conclude; think, suppose. ²⁹στρατεύομαι, [7] I wage war, fight, serve as a soldier; fig: of the warring lusts against the soul. ³⁰ὅπλον, ου, τό, [6] an instrument; plur: arms, weapons. ³¹στρατεία, ας, ἡ, [2] warfare, military service; of Christian warfare. ³²σαρκικός, ή, όν, [11] fleshly, carnal, earthly. ³³δυνατός, ή, όν, [36] (a) of persons: powerful, able, (b) of things: possible. ³⁴καθαίρεσις, εως, ἡ, [3] taking down, razing, destroying. ³⁵ὀχύρωμα, ατος, τό, [1] a fortress, strong defense, stronghold. ³⁶λογισμός, οῦ, ὁ, [2] reasoning, thinking; a conception, device. ³⁷καθαιρέω, [9] (a) I take down, pull down, depose, destroy. ³⁸ὕψωμα, ατος, τό, [2] height, barrier, bulwark; presumption. ³⁹ἐπαίρω, [19] I raise, lift up. ⁴⁰γνῶσις, εως, ἡ, [29] knowledge, doctrine, wisdom. ⁴¹αἰχμαλωτίζω, [3] I take captive (in war); I subdue, ensnare. ⁴²νόημα, ατος, τό, [6] a thought, purpose, design; the mind; the heart, soul, feelings. ⁴³ὑπακοή, ῆς, ἡ, [15] obedience, submissiveness, compliance. ⁴⁴ἕτοιμος, η, ον, [17] ready, prepared.

ἐκδικῆσαι¹ πᾶσαν παρακοήν,² ὅταν πληρωθῇ ὑμῶν ἡ ὑπακοή.³ 7 Τὰ κατὰ πρόσωπον βλέπετε; Εἴ τις πέποιθεν ἑαυτῷ χριστοῦ εἶναι, τοῦτο λογιζέσθω⁴ πάλιν ἀφ' ἑαυτοῦ, ὅτι καθὼς αὐτὸς χριστοῦ, οὕτως καὶ ἡμεῖς χριστοῦ. 8 Ἐάν τε γὰρ καὶ περισσότερόν⁵ τι καυχήσωμαι⁶ περὶ τῆς ἐξουσίας ἡμῶν–ἧς ἔδωκεν ὁ κύριος ἡμῖν εἰς οἰκοδομήν,⁷ καὶ οὐκ εἰς καθαίρεσιν⁸ ὑμῶν–οὐκ αἰσχυνθήσομαι· 9 ἵνα μὴ δόξω ὡς ἂν ἐκφοβεῖν¹⁰ ὑμᾶς διὰ τῶν ἐπιστολῶν.¹¹ 10 Ὅτι, Αἱ μὲν ἐπιστολαί,¹¹ φησίν, βαρεῖαι¹² καὶ ἰσχυραί·¹³ ἡ δὲ παρουσία¹⁴ τοῦ σώματος ἀσθενής,¹⁵ καὶ ὁ λόγος ἐξουθενημένος.¹⁶ 11 Τοῦτο λογιζέσθω¹⁷ ὁ τοιοῦτος, ὅτι οἷοί¹⁸ ἐσμεν τῷ λόγῳ δι' ἐπιστολῶν¹¹ ἀπόντες,¹⁹ τοιοῦτοι καὶ παρόντες²⁰ τῷ ἔργῳ. 12 Οὐ γὰρ τολμῶμεν²¹ ἐγκρῖναι²² ἢ συγκρῖναι²³ ἑαυτούς τισιν τῶν ἑαυτοὺς συνιστανόντων·²⁴ ἀλλὰ αὐτοὶ ἐν ἑαυτοῖς ἑαυτοὺς μετροῦντες,²⁵ καὶ συγκρίνοντες²⁶ ἑαυτοὺς ἑαυτοῖς, οὐ συνιοῦσιν.²⁷ 13 Ἡμεῖς δὲ οὐχὶ εἰς τὰ ἄμετρα²⁸ καυχησόμεθα,²⁹ ἀλλὰ κατὰ τὸ μέτρον³⁰ τοῦ κανόνος³¹ οὗ ἐμέρισεν³² ἡμῖν ὁ θεός, μέτρου,³⁰ ἐφικέσθαι³³ ἄχρι καὶ ὑμῶν. 14 Οὐ γὰρ ὡς μὴ ἐφικνούμενοι³⁴ εἰς ὑμᾶς ὑπερεκτείνομεν³⁵ ἑαυτούς· ἄχρι γὰρ καὶ ὑμῶν ἐφθάσαμεν³⁶ ἐν τῷ εὐαγγελίῳ τοῦ χριστοῦ· 15 οὐκ εἰς τὰ ἄμετρα²⁸ καυχώμενοι,³⁷ ἐν ἀλλοτρίοις³⁸ κόποις,³⁹ ἐλπίδα δὲ ἔχοντες, αὐξανομένης⁴⁰ τῆς πίστεως

---

¹ἐκδικῆσαι: AAN   ⁴λογιζέσθω: PNM-3S   ⁶καυχήσωμαι: ADS-1S   ⁹αἰσχυνθήσομαι: FPI-1S   ¹⁰ἐκφοβεῖν: PAN   ¹⁶ἐξουθενημένος: RPP-NSM   ¹⁷λογιζέσθω: PNM-3S   ¹⁹ἀπόντες: PAP-NPM   ²⁰παρόντες: PAP-NPM   ²¹τολμῶμεν: PAI-1P   ²²ἐγκρῖναι: AAN   ²³συγκρῖναι: AAN   ²⁴συνιστανόντων: PAP-GPM   ²⁵μετροῦντες: PAP-NPM   ²⁶συγκρίνοντες: PAP-NPM   ²⁷συνιοῦσιν: PAI-3P   ²⁹καυχησόμεθα: FDI-1P   ³²ἐμέρισεν: AAI-3S   ³³ἐφικέσθαι: 2ADN   ³⁴ἐφικνούμενοι: PNP-NPM   ³⁵ὑπερεκτείνομεν: PAI-1P   ³⁶ἐφθάσαμεν: AAI-1P   ³⁷καυχώμενοι: PNP-NPM   ⁴⁰αὐξανομένης: PPP-GSF

---

¹ἐκδικέω, [6] I give justice over, defend, avenge, vindicate.   ²παρακοή, ῆς, ἡ, [3] disobedience, imperfect hearing.   ³ὑπακοή, ῆς, ἡ, [15] obedience, submissiveness, compliance.   ⁴λογίζομαι, [41] I reckon, count, charge with; reason, decide, conclude; think, suppose.   ⁵περισσός, ή, όν, [26] more, greater, excessive, abundant, exceedingly, vehemently; noun: preeminence, advantage.   ⁶καυχάομαι, [38] I boast; I glory (exult) proudly.   ⁷οἰκοδομή, ῆς, ἡ, [18] (a) the act of building, (b) a building, (c) met: spiritual advancement, edification.   ⁸καθαίρεσις, εως, ἡ, [3] taking down, razing, destroying.   ⁹αἰσχύνομαι, [5] I am ashamed, am put to shame.   ¹⁰ἐκφοβέω, [1] I frighten away, terrify.   ¹¹ἐπιστολή, ῆς, ἡ, [24] a letter, dispatch, epistle, message.   ¹²βαρύς, εῖα, ύ, [6] heavy, weighty, burdensome, lit. and met; violent, oppressive.   ¹³ἰσχυρός, ά, όν, [29] strong (originally and generally of physical strength); mighty, powerful, vehement, sure.   ¹⁴παρουσία, ας, ἡ, [24] (a) presence, (b) a coming, an arrival, advent, especially of the second coming of Christ.   ¹⁵ἀσθενής, ές, [25] (lit: not strong), (a) weak (physically, or morally), (b) infirm, sick.   ¹⁶ἐξουθενέω, [11] I set at naught, ignore, despise.   ¹⁷λογίζομαι, [41] I reckon, count, charge with; reason, decide, conclude; think, suppose.   ¹⁸οἷος, α, ον, [15] of what kind, such as.   ¹⁹ἄπειμι, [7] I am absent.   ²⁰πάρειμι, [24] I am present, am near; I have come, arrived.   ²¹τολμάω, [16] I dare, endure, am bold, have courage, make up the mind.   ²²ἐγκρίνω, [1] I count among.   ²³συγκρίνω, [3] I join together, combine, compare, interpret, explain.   ²⁴συνίστημι, συνιστάνω, [16] I place together, commend, prove, exhibit; intrans: I stand with; I am composed of, cohere.   ²⁵μετρέω, [11] I measure (out), estimate.   ²⁶συγκρίνω, [3] I join together, combine, compare, interpret, explain.   ²⁷συνίημι, [26] I consider, understand, perceive.   ²⁸ἄμετρος, ον, [2] not measurable, immeasurable, to a limitless degree.   ²⁹καυχάομαι, [38] I boast; I glory (exult) proudly.   ³⁰μέτρον, ου, τό, [14] a measure, whether lineal or cubic; a measuring rod.   ³¹κανών, όνος, ὁ, [5] (lit: a level, ruler), a rule, regulation, rule of conduct or doctrine, (b) a measured (defined) area, province.   ³²μερίζω, [14] I divide into parts, divide, part, share, distribute; mid: I share, take part in a partitioning; I distract.   ³³ἐφικνέομαι, [2] I come to, reach as far as.   ³⁴ἐφικνέομαι, [2] I come to, reach as far as.   ³⁵ὑπερεκτείνω, [1] I over-stretch, stretch out beyond the measure assigned to me.   ³⁶φθάνω, [7] (a) I anticipate, precede, (b) I come, arrive.   ³⁷καυχάομαι, [38] I boast; I glory (exult) proudly.   ³⁸ἀλλότριος, ία, ιον, [14] belonging to another person, belonging to others, foreign, strange.   ³⁹κόπος, ου, ὁ, [19] (a) trouble, (b) toil, labor, laborious toil, involving weariness and fatigue.   ⁴⁰αὐξάνω, [23] (a) I cause to increase, become greater (b) I increase, grow.

ὑμῶν, ἐν ὑμῖν μεγαλυνθῆναι[1] κατὰ τὸν κανόνα[2] ἡμῶν εἰς περισσείαν,[3] **16** εἰς τὰ ὑπερέκεινα[4] ὑμῶν εὐαγγελίσασθαι, οὐκ ἐν ἀλλοτρίῳ[5] κανόνι[2] εἰς τὰ ἕτοιμα[6] καυχήσασθαι.[7] **17** Ὁ δὲ καυχώμενος,[8] ἐν κυρίῳ καυχάσθω.[9] **18** Οὐ γὰρ ὁ ἑαυτὸν συνιστῶν,[10] ἐκεῖνός ἐστιν δόκιμος,[11] ἀλλ᾽ ὃν ὁ κύριος συνίστησιν.[12]

The True Apostle and the False Teachers

11 Ὄφελον[13] ἀνείχεσθέ[14] μου μικρὸν[15] τῇ ἀφροσύνῃ·[16] ἀλλὰ καὶ ἀνέχεσθέ[17] μου. **2** Ζηλῶ[18] γὰρ ὑμᾶς θεοῦ ζήλῳ·[19] ἡρμοσάμην[20] γὰρ ὑμᾶς ἑνὶ ἀνδρὶ παρθένον[21] ἁγνὴν[22] παραστῆσαι[23] τῷ χριστῷ. **3** Φοβοῦμαι δὲ μήπως[24] ὡς ὁ ὄφις[25] Εὕαν ἐξηπάτησεν[26] ἐν τῇ πανουργίᾳ[27] αὐτοῦ, οὕτως φθαρῇ[28] τὰ νοήματα[29] ὑμῶν ἀπὸ τῆς ἁπλότητος[30] τῆς εἰς τὸν χριστόν. **4** Εἰ μὲν γὰρ ὁ ἐρχόμενος ἄλλον Ἰησοῦν κηρύσσει ὃν οὐκ ἐκηρύξαμεν, ἢ πνεῦμα ἕτερον λαμβάνετε ὃ οὐκ ἐλάβετε, ἢ εὐαγγέλιον ἕτερον ὃ οὐκ ἐδέξασθε, καλῶς[31] ἠνείχεσθε.[32] **5** Λογίζομαι[33] γὰρ μηδὲν ὑστερηκέναι[34] τῶν ὑπὲρ λίαν[35] ἀποστόλων. **6** Εἰ δὲ καὶ ἰδιώτης[36] τῷ λόγῳ, ἀλλ᾽ οὐ τῇ γνώσει·[37] ἀλλ᾽ ἐν παντὶ φανερωθέντες[38] ἐν πᾶσιν εἰς ὑμᾶς. **7** Ἢ ἁμαρτίαν ἐποίησα ἐμαυτὸν[39] ταπεινῶν[40] ἵνα ὑμεῖς ὑψωθῆτε,[41] ὅτι δωρεὰν[42] τὸ τοῦ θεοῦ εὐαγγέλιον εὐηγγελισάμην ὑμῖν; **8** Ἄλλας ἐκκλησίας

---

[1]μεγαλυνθῆναι: APN   [7]καυχήσασθαι: ADN   [8]καυχώμενος: PNP-NSM   [9]καυχάσθω: PNM-3S   [10]συνιστῶν: PAP-NSM   [12]συνίστησιν: PAI-3S   [13]Ὄφελον: 2AAI-1S   [14]ἀνείχεσθέ: INI-2P   [17]ἀνέχεσθέ: PNI-2P   [18]Ζηλῶ: PAI-1S   [20]ἡρμοσάμην: AMI-1S   [23]παραστῆσαι: AAN   [26]ἐξηπάτησεν: AAI-3S   [28]φθαρῇ: 2APS-3S   [32]ἠνείχεσθε: INI-2P   [33]Λογίζομαι: PNI-1S   [34]ὑστερηκέναι: RAN   [38]φανερωθέντες: APP-NPM   [40]ταπεινῶν: PAP-NSM   [41]ὑψωθῆτε: APS-2P

---

[1]μεγαλύνω, [8] (a) I enlarge, lengthen, (b) I increase, magnify, extol.   [2]κανών, όνος, ὁ, [5] (lit: a level, ruler), a rule, regulation, rule of conduct or doctrine, (b) a measured (defined) area, province.   [3]περισσεία, ας, ἡ, [4] abundance, superfluity.   [4]ὑπερέκεινα, [1] beyond.   [5]ἀλλότριος, ία, ιον, [14] belonging to another person, belonging to others, foreign, strange.   [6]ἕτοιμος, η, ον, [17] ready, prepared.   [7]καυχάομαι, [38] I boast; I glory (exult) proudly.   [8]καυχάομαι, [38] I boast; I glory (exult) proudly.   [9]καυχάομαι, [38] I boast; I glory (exult) proudly.   [10]συνίστημι, συνιστάνω, [16] I place together, commend, prove, exhibit; instrans: I stand with; I am composed of, cohere.   [11]δόκιμος, ον, [7] approved, acceptable, tried.   [12]συνίστημι, συνιστάνω, [16] I place together, commend, prove, exhibit; instrans: I stand with; I am composed of, cohere.   [13]ὄφελον, [4] O that! I wish! Would that!, followed by indicative.   [14]ἀνέχομαι, [15] I endure, bear with, have patience with, suffer, admit, persist.   [15]μικρός, ά, όν, [45] little, small.   [16]ἀφροσύνη, ῆς, ἡ, [4] want of sense, foolishness, impiety, wickedness.   [17]ἀνέχομαι, [15] I endure, bear with, have patience with, suffer, admit, persist.   [18]ζηλόω, [11] (a) intrans: I am jealous, (b) trans: I am jealous of, with acc. of a person; I am eager for, am eager to possess, with acc. of a thing.   [19]ζῆλος, ου, ὁ, [17] (a) eagerness, zeal, enthusiasm, (b) jealousy, rivalry.   [20]ἁρμόζω, [1] I fit, join; mid: (the middle indicating deep personal interest) I espouse, betroth; mid: I take a wife, give in marriage.   [21]παρθένος, ου, ὁ, ἡ, [14] a maiden, virgin; extended to men who have not known women.   [22]ἁγνός, ή, όν, [8] (originally, in a condition prepared for worship), pure (either ethically, or ritually, ceremonially), chaste.   [23]παρίστημι, [41] I bring, present, prove, come up to and stand by, am present.   [24]μήπως, [12] lest in any way, lest perhaps.   [25]ὄφις, εως, ὁ, [14] a serpent, snake; used for the devil or Satan.   [26]ἐξαπατάω, [5] I deceive thoroughly.   [27]πανουργία, ας, ἡ, [5] shrewdness, skill; hence: cunning, craftiness.   [28]φθείρω, [7] I corrupt, spoil, destroy, ruin.   [29]νόημα, ατος, τό, [6] a thought, purpose, design; the mind; the heart, soul, feelings.   [30]ἁπλότης, τητος, ἡ, [8] simplicity, sincerity, purity, graciousness.   [31]καλῶς, [36] well, nobly, honorably, rightly.   [32]ἀνέχομαι, [15] I endure, bear with, have patience with, suffer, admit, persist.   [33]λογίζομαι, [41] I reckon, count, charge with; reason, decide, conclude; think, suppose.   [34]ὑστερέω, [16] I fall behind, am lacking, fall short, suffer need, am inferior to.   [35]λίαν, [14] very; very much, exceedingly, greatly.   [36]ἰδιώτης, ου, ὁ, [5] (unofficial, hence) an amateur, an unprofessional man, a layman; an ungifted person.   [37]γνῶσις, εως, ἡ, [29] knowledge, doctrine, wisdom.   [38]φανερόω, [49] I make clear (visible, manifest), make known.   [39]ἐμαυτοῦ, ῆς, οῦ, [37] of myself.   [40]ταπεινόω, [14] I make or bring low, humble, humiliate; pass: I am humbled.   [41]ὑψόω, [20] (a) I raise on high, lift up, (b) I exalt, set on high.   [42]δωρεάν, [9] as a free gift, without payment, freely.

ἐσύλησα,¹ λαβὼν ὀψώνιον² πρὸς τὴν ὑμῶν διακονίαν·³ 9 καὶ παρὼν⁴ πρὸς ὑμᾶς καὶ ὑστερηθείς,⁵ οὐ κατενάρκησα⁶ οὐδενός· τὸ γὰρ ὑστέρημά⁷ μου προσανεπλήρωσαν⁸ οἱ ἀδελφοί, ἐλθόντες ἀπὸ Μακεδονίας·⁹ καὶ ἐν παντὶ ἀβαρῆ¹⁰ ὑμῖν ἐμαυτὸν¹¹ ἐτήρησα καὶ τηρήσω. 10 Ἔστιν ἀλήθεια χριστοῦ ἐν ἐμοί, ὅτι ἡ καύχησις¹² αὕτη οὐ φραγήσεται¹³ εἰς ἐμὲ ἐν τοῖς κλίμασιν¹⁴ τῆς Ἀχαΐας.¹⁵ 11 Διὰ τί; Ὅτι οὐκ ἀγαπῶ ὑμᾶς; Ὁ θεὸς οἶδεν. 12 Ὃ δὲ ποιῶ, καὶ ποιήσω, ἵνα ἐκκόψω¹⁶ τὴν ἀφορμὴν¹⁷ τῶν θελόντων ἀφορμήν,¹⁷ ἵνα ἐν ᾧ καυχῶνται,¹⁸ εὑρεθῶσιν καθὼς καὶ ἡμεῖς. 13 Οἱ γὰρ τοιοῦτοι ψευδαπόστολοι,¹⁹ ἐργάται²⁰ δόλιοι,²¹ μετασχηματιζόμενοι²² εἰς ἀποστόλους χριστοῦ. 14 Καὶ οὐ θαυμαστόν·²³ αὐτὸς γὰρ ὁ Σατανᾶς²⁴ μετασχηματίζεται²⁵ εἰς ἄγγελον φωτός. 15 Οὐ μέγα οὖν εἰ καὶ οἱ διάκονοι²⁶ αὐτοῦ μετασχηματίζονται²⁷ ὡς διάκονοι²⁶ δικαιοσύνης, ὧν τὸ τέλος²⁸ ἔσται κατὰ τὰ ἔργα αὐτῶν.

Paul's Boast of His Apostolic Calling

16 Πάλιν λέγω, μή τίς με δόξῃ ἄφρονα²⁹ εἶναι· εἰ δὲ μήγε,³⁰ κἂν³¹ ὡς ἄφρονα²⁹ δέξασθέ με, ἵνα κἀγὼ μικρόν³² τι καυχήσωμαι.³³ 17 Ὃ λαλῶ, οὐ λαλῶ κατὰ κύριον, ἀλλ᾽ ὡς ἐν ἀφροσύνῃ,³⁴ ἐν ταύτῃ τῇ ὑποστάσει³⁵ τῆς καυχήσεως.¹² 18 Ἐπεὶ³⁶ πολλοὶ καυχῶνται³⁷ κατὰ τὴν σάρκα, κἀγὼ καυχήσομαι.³⁸ 19 Ἡδέως³⁹ γὰρ ἀνέχεσθε⁴⁰ τῶν

---

¹ἐσύλησα: AAI-1S　⁴παρὼν: PAP-NSM　⁵ὑστερηθείς: APP-NSM　⁶κατενάρκησα: AAI-1S　⁸προσανεπλήρωσαν: AAI-3P　¹³φραγήσεται: 2FPI-3S　¹⁶ἐκκόψω: AAS-1S　¹⁸καυχῶνται: PNI-3P　²²μετασχηματιζόμενοι: PMP-NPM　²⁵μετασχηματίζεται: PMI-3S　²⁷μετασχηματίζονται: PPI-3P　³³καυχήσωμαι: ADS-1S　³⁷καυχῶνται: PNI-3P　³⁸καυχήσομαι: FDI-1S　⁴⁰ἀνέχεσθε: PNI-2P

---

¹συλάω, [1] I rob, plunder, strip.　²ὀψώνιον, ου, τό, [4] pay, wages, salary, reward.　³διακονία, ας, ἡ, [34] waiting at table; in a wider sense: service, ministration.　⁴πάρειμι, [24] I am present, am near; I have come, arrived.　⁵ὑστερέω, [16] I fall behind, am lacking, fall short, suffer need, am inferior to.　⁶καταναρκάω, [3] (properly a medical term: I stupefy, hence) I burden, encumber.　⁷ὑστέρημα, ατος, τό, [9] (a) of things or persons: that which is lacking, a defect or shortcoming, (b) want, poverty.　⁸προσαναπληρόω, [2] I fill up by adding to, supply.　⁹Μακεδονία, ας, ἡ, [22] (Hebrew), Macedonia, a Roman province north of Achaia (Greece).　¹⁰ἀβαρής, ες, [1] not burdensome, bringing no weight or oppression upon.　¹¹ἐμαυτοῦ, ῆς, οῦ, [37] of myself.　¹²καύχησις, εως, ἡ, [12] the act of boasting, glorying, exultation.　¹³φράσσω, [3] I stop, close up, obstruct.　¹⁴κλίμα, ατος, τό, [3] a small geographical division, district, or territory.　¹⁵Ἀχαΐα, ας, ἡ, [11] the Roman Province Achaia, governed by a proconsul, and practically conterminous with modern Greece before 1912.　¹⁶ἐκκόπτω, [10] I cut out (off, away), remove, prevent.　¹⁷ἀφορμή, ῆς, ἡ, [7] (a) a starting, a start, (b) cause, occasion, opportunity.　¹⁸καυχάομαι, [38] I boast; I glory (exult) proudly.　¹⁹ψευδαπόστολος, ου, ὁ, [1] a false or pretended apostle.　²⁰ἐργάτης, ου, ὁ, [16] a field-laborer; then: a laborer, workman in general.　²¹δόλιος, ία, ιον, [1] treacherous, deceitful, fraudulent.　²²μετασχηματίζω, [5] I change the outward appearance (the dress, the form of presentment) of something, transfigure; I adapt.　²³θαυμαστός, ή, όν, [7] to be wondered at, wonderful, marvelous.　²⁴Σατανᾶς, ᾶ, ὁ, [36] an adversary, Satan.　²⁵μετασχηματίζω, [5] I change the outward appearance (the dress, the form of presentment) of something, transfigure; I adapt.　²⁶διάκονος, οῦ, ὁ, ἡ, [30] a waiter, servant; then of any one who performs any service, an administrator.　²⁷μετασχηματίζω, [5] I change the outward appearance (the dress, the form of presentment) of something, transfigure; I adapt.　²⁸τέλος, ους, τό, [41] (a) an end, (b) event or issue, (c) the principal end, aim, purpose, (d) a tax.　²⁹ἄφρων, ονος, ον, [11] senseless, foolish, inconsiderate.　³⁰εἰ δὲ μήγε, [8] but if not, else, otherwise.　³¹κἄν, [13] and if, even if, even, at least.　³²μικρός, ά, όν, [45] little, small.　³³καυχάομαι, [38] I boast; I glory (exult) proudly.　³⁴ἀφροσύνη, ῆς, ἡ, [4] want of sense, foolishness, impiety, wickedness.　³⁵ὑπόστασις, εως, ἡ, [5] (lit: an underlying), (a) confidence, assurance, (b) a giving substance (or reality) to, or a guaranteeing, (c) substance, reality.　³⁶ἐπεί, [27] of time: when, after; of cause: since, because; otherwise: else.　³⁷καυχάομαι, [38] I boast; I glory (exult) proudly.　³⁸καυχάομαι, [38] I boast; I glory (exult) proudly.　³⁹ἡδέως, [3] gladly, pleasantly, with pleasure.　⁴⁰ἀνέχομαι, [15] I endure, bear with, have patience with, suffer, admit, persist.

ἀφρόνων,[1] φρόνιμοι[2] ὄντες. 20 Ἀνέχεσθε[3] γάρ, εἴ τις ὑμᾶς καταδουλοῖ,[4] εἴ τις κατεσθίει,[5] εἴ τις λαμβάνει, εἴ τις ἐπαίρεται,[6] εἴ τις ὑμᾶς εἰς πρόσωπον δέρει.[7] 21 Κατὰ ἀτιμίαν[8] λέγω, ὡς ὅτι ἡμεῖς ἠσθενήσαμεν·[9] ἐν ᾧ δ' ἄν τις τολμᾷ[10]–ἐν ἀφροσύνῃ[11] λέγω–τολμῶ[12] κἀγώ. 22 Ἑβραῖοί[13] εἰσιν; Κἀγώ. Ἰσραηλῖταί[14] εἰσιν; Κἀγώ. Σπέρμα[15] Ἀβραάμ εἰσιν; Κἀγώ. 23 Διάκονοι[16] χριστοῦ εἰσιν;–παραφρονῶν[17] λαλῶ–Ὑπὲρ ἐγώ. Ἐν κόποις[18] περισσοτέρως,[19] ἐν πληγαῖς[20] ὑπερβαλλόντως,[21] ἐν φυλακαῖς[22] περισσοτέρως,[19] ἐν θανάτοις πολλάκις,[23] 24 ὑπὸ Ἰουδαίων πεντάκις[24] τεσσαράκοντα[25] παρὰ μίαν ἔλαβον. 25 Τρὶς[26] ἐραβδίσθην,[27] ἅπαξ[28] ἐλιθάσθην,[29] τρὶς[26] ἐναυάγησα,[30] νυχθήμερον[31] ἐν τῷ βυθῷ[32] πεποίηκα· 26 ὁδοιπορίαις[33] πολλάκις,[23] κινδύνοις[34] ποταμῶν,[35] κινδύνοις[34] λῃστῶν,[36] κινδύνοις[34] ἐκ γένους,[37] κινδύνοις[34] ἐξ ἐθνῶν, κινδύνοις[34] ἐν πόλει, κινδύνοις[34] ἐν ἐρημίᾳ,[38] κινδύνοις[34] ἐν θαλάσσῃ, κινδύνοις[34] ἐν ψευδαδέλφοις·[39] 27 ἐν κόπῳ[18] καὶ μόχθῳ,[40] ἐν ἀγρυπνίαις[41] πολλάκις,[23] ἐν λιμῷ[42] καὶ δίψει,[43] ἐν νηστείαις[44] πολλάκις,[23] ἐν ψύχει[45] καὶ γυμνότητι.[46] 28 Χωρὶς[47] τῶν παρεκτός,[48] ἡ ἐπισύστασίς[49] μου ἡ καθ' ἡμέραν, ἡ μέριμνα[50] πασῶν τῶν ἐκκλησιῶν. 29 Τίς ἀσθενεῖ,[51] καὶ οὐκ ἀσθενῶ;[52] Τίς σκανδαλίζεται,[53] καὶ οὐκ ἐγὼ πυροῦμαι;[54]

---

[3]Ἀνέχεσθε: PNI-2P [4]καταδουλοῖ: PAI-3S [5]κατεσθίει: PAI-3S [6]ἐπαίρεται: PMI-3S [7]δέρει: PAI-3S
[9]ἠσθενήσαμεν: AAI-1P [10]τολμᾷ: PAS-3S [12]τολμῶ: PAI-1S [17]παραφρονῶν: PAP-NSM [27]ἐραβδίσθην: API-1S
[29]ἐλιθάσθην: API-1S [30]ἐναυάγησα: AAI-1S [51]ἀσθενεῖ: PAI-3S [52]ἀσθενῶ: PAI-1S [53]σκανδαλίζεται: PPI-3S
[54]πυροῦμαι: PPI-1S

---

[1]ἄφρων, ονος, ον, [11] senseless, foolish, inconsiderate. [2]φρόνιμος, ον, [14] intelligent, prudent, sensible, wise. [3]ἀνέχομαι, [15] I endure, bear with, have patience with, suffer, admit, persist. [4]καταδουλόω, [2] I enslave. [5]κατεσθίω, [15] I eat up, eat till it is finished, devour, squander, annoy, injure. [6]ἐπαίρω, [19] I raise, lift up. [7]δέρω, [15] I flay, flog, scourge, beat. [8]ἀτιμία, ας, ἡ, [7] disgrace, dishonor; a dishonorable use. [9]ἀσθενέω, [36] I am weak (physically: then morally), I am sick. [10]τολμάω, [16] I dare, endure, am bold, have courage, make up the mind. [11]ἀφροσύνη, ῆς, ἡ, [4] want of sense, foolishness, impiety, wickedness. [12]τολμάω, [16] I dare, endure, am bold, have courage, make up the mind. [13]Ἑβραῖος, ου, ὁ, [4] a Hebrew, particularly one who speaks Hebrew (Aramaic). [14]Ἰσραηλίτης, ου, ὁ, [9] an Israelite, one of the chosen people of Israel, a Jew. [15]σπέρμα, ατος, τό, [44] (a) seed, commonly of cereals, (b) offspring, descendents. [16]διάκονος, οῦ, ὁ, ἡ, [30] a waiter, servant; then of any one who performs any service, an administrator. [17]παραφρονέω, [1] I am out of my senses, am beside myself. [18]κόπος, ου, ὁ, [19] (a) trouble, (b) toil, labor, laborious toil, involving weariness and fatigue. [19]περισσῶς, [16] greatly, exceedingly, abundantly, vehemently. [20]πληγή, ῆς, ἡ, [22] a blow, stripe, wound; an affliction, plague. [21]ὑπερβαλλόντως, [1] beyond measure. [22]φυλακή, ῆς, ἡ, [47] a watching, keeping guard; a guard, prison; imprisonment. [23]πολλάκις, [18] many times, often, frequently. [24]πεντάκις, [1] five times. [25]τεσσαράκοντα, [22] forty. [26]τρίς, [12] three times. [27]ῥαβδίζω, [2] I beat with rods, scourge. [28]ἅπαξ, [14] once, once for all. [29]λιθάζω, [8] I stone, pelt with stones. [30]ναυαγέω, [2] (a) I am shipwrecked; so (b) fig: I come to ruin. [31]νυχθήμερον, ου, τό, [1] a night and day, twenty-four hours. [32]βυθός, οῦ, ὁ, [1] the deep sea, the bottom. [33]ὁδοιπορία, ας, ἡ, [2] a journey, journeying, travel. [34]κίνδυνος, ου, ὁ, [9] danger, peril, risk. [35]ποταμός, οῦ, ὁ, [16] a river, torrent, stream. [36]λῃστής, οῦ, ὁ, [15] a robber, brigand, bandit. [37]γένος, ους, τό, [21] offspring, family, race, nation, kind. [38]ἐρημία, ας, ἡ, [4] a desert place, desert, uninhabited region. [39]ψευδάδελφος, ου, ὁ, [2] a false brother, pretend Christian. [40]μόχθος, ου, ὁ, [3] wearisome labor, toil, hardship. [41]ἀγρυπνία, ας, ἡ, [2] the state of being awake (at night), sleeplessness, watching. [42]λιμός, οῦ, ὁ, ἡ, [12] a famine, hunger. [43]δίψος, ους, τό, [1] thirst. [44]νηστεία, ας, ἡ, [8] fasting, the day of atonement. [45]ψῦχος, ους, τό, [3] cold. [46]γυμνότης, ητος, ἡ, [3] nakedness. [47]χωρίς, [39] apart from, separately from; without. [48]παρεκτός, [3] (a) adv. used as adj: besides, outside, without, left over; in addition, (b) prep: apart from, except. [49]ἐπισύστασις, εως, ἡ, [2] a gathering, concourse, tumult. [50]μέριμνα, ης, ἡ, [6] care, worry, anxiety. [51]ἀσθενέω, [36] I am weak (physically: then morally), I am sick. [52]ἀσθενέω, [36] I am weak (physically: then morally), I am sick. [53]σκανδαλίζω, [30] I cause to stumble, cause to sin, cause to become indignant, shock, offend. [54]πυρόω, [6] pass: I burn, am set on fire, am inflamed; glow with heat, am purified by fire.

30 Εἰ καυχᾶσθαι¹ δεῖ, τὰ τῆς ἀσθενείας² μου καυχήσομαι.³ **31** Ὁ θεὸς καὶ πατὴρ τοῦ κυρίου Ἰησοῦ χριστοῦ οἶδεν, ὁ ὢν εὐλογητὸς⁴ εἰς τοὺς αἰῶνας, ὅτι οὐ ψεύδομαι.⁵ **32** Ἐν Δαμασκῷ⁶ ὁ ἐθνάρχης⁷ Ἀρέτα τοῦ βασιλέως ἐφρούρει⁸ τὴν Δαμασκηνῶν⁹ πόλιν, πιάσαι¹⁰ με θέλων· **33** καὶ διὰ θυρίδος¹¹ ἐν σαργάνῃ¹² ἐχαλάσθην¹³ διὰ τοῦ τείχους¹⁴ καὶ ἐξέφυγον¹⁵ τὰς χεῖρας αὐτοῦ.

Paul's Boast of His Weakness

12 Καυχᾶσθαι¹⁶ δὴ¹⁷ οὐ συμφέρει¹⁸ μοι· ἐλεύσομαι γὰρ εἰς ὀπτασίας¹⁹ καὶ ἀποκαλύψεις²⁰ κυρίου. **2** Οἶδα ἄνθρωπον ἐν χριστῷ πρὸ²¹ ἐτῶν²² δεκατεσσάρων²³–εἴτε ἐν σώματι οὐκ οἶδα· εἴτε ἐκτὸς²⁴ τοῦ σώματος οὐκ οἶδα· ὁ θεὸς οἶδεν–ἁρπαγέντα²⁵ τὸν τοιοῦτον ἕως τρίτου οὐρανοῦ. **3** Καὶ οἶδα τὸν τοιοῦτον ἄνθρωπον–εἴτε ἐν σώματι, εἴτε ἐκτὸς²⁴ τοῦ σώματος, οὐκ οἶδα· ὁ θεὸς οἶδεν– **4** ὅτι ἡρπάγη²⁶ εἰς τὸν παράδεισον,²⁷ καὶ ἤκουσεν ἄρρητα²⁸ ῥήματα, ἃ οὐκ ἐξὸν²⁹ ἀνθρώπῳ λαλῆσαι. **5** Ὑπὲρ τοῦ τοιούτου καυχήσομαι·³⁰ ὑπὲρ δὲ ἐμαυτοῦ³¹ οὐ καυχήσομαι,³² εἰ μὴ ἐν ταῖς ἀσθενείαις² μου· **6** ἐὰν γὰρ θελήσω καυχήσασθαι,³³ οὐκ ἔσομαι ἄφρων·³⁴ ἀλήθειαν γὰρ ἐρῶ· φείδομαι³⁵ δέ, μή τις εἰς ἐμὲ λογίσηται³⁶ ὑπὲρ ὃ βλέπει με, ἢ ἀκούει τι ἐξ ἐμοῦ. **7** Καὶ τῇ ὑπερβολῇ³⁷ τῶν ἀποκαλύψεων²⁰ ἵνα μὴ ὑπεραίρωμαι,³⁸ ἐδόθη μοι σκόλοψ³⁹ τῇ σαρκί, ἄγγελος Σατᾶν,⁴⁰ ἵνα με κολαφίζῃ,⁴¹ ἵνα μὴ ὑπεραίρωμαι.⁴²

---

¹καυχᾶσθαι: PNN   ³καυχήσομαι: FDI-1S   ⁵ψεύδομαι: PNI-1S   ⁸ἐφρούρει: IAI-3S   ¹⁰πιάσαι: AAN
¹³ἐχαλάσθην: API-1S   ¹⁵ἐξέφυγον: 2AAI-1S   ¹⁶Καυχᾶσθαι: PNN   ¹⁸συμφέρει: PAI-3S   ²⁵ἁρπαγέντα: 2APP-ASM
²⁶ἡρπάγη: 2API-3S   ²⁹ἐξὸν: PAP-NSN   ³⁰καυχήσομαι: FDI-1S   ³²καυχήσομαι: FDI-1S   ³³καυχήσασθαι: ADN
³⁵φείδομαι: PNI-1S   ³⁶λογίσηται: ADS-3S   ³⁸ὑπεραίρωμαι: PPS-1S   ⁴¹κολαφίζῃ: PAS-3S   ⁴²ὑπεραίρωμαι: PPS-1S

---

¹καυχάομαι, [38] I boast; I glory (exult) proudly.   ²ἀσθένεια, ας, ἡ, [24] want of strength, weakness, illness, suffering, calamity, frailty.   ³καυχάομαι, [38] I boast; I glory (exult) proudly.   ⁴εὐλογητός, ή, όν, [8] (used only of God), blessed (as entitled to receive blessing from man), worthy of praise.   ⁵ψεύδομαι, [12] I deceive, lie, speak falsely.   ⁶Δαμασκός, οῦ, ἡ, [15] Damascus.   ⁷ἐθνάρχης, ου, ὁ, [1] an ethnarch, tribal lord, a subordinate ruler.   ⁸φρουρέω, [4] I guard, keep, as by a military guard.   ⁹Δαμασκηνός, ή, όν, [1] a Damascene, an inhabitant of Damascus.   ¹⁰πιάζω, [12] I lay hold of, apprehend, catch, arrest.   ¹¹θυρίς, ίδος, ἡ, [2] a small opening, window.   ¹²σαργάνη, ης, ἡ, [1] a basket, generally of twisted cords.   ¹³χαλάω, [7] I let down, lower, slacken, loosen.   ¹⁴τεῖχος, ους, τό, [9] a wall, especially of a city.   ¹⁵ἐκφεύγω, [7] I flee out, away, escape; with an acc: I escape something.   ¹⁶καυχάομαι, [38] I boast; I glory (exult) proudly.   ¹⁷δή, [7] (a) in a clause expressing demand: so, then, (b) indeed, (c) truly.   ¹⁸συμφέρω, [17] I bring together, collect; I am profitable to.   ¹⁹ὀπτασία, ας, ἡ, [4] a vision, supernatural appearance.   ²⁰ἀποκάλυψις, εως, ἡ, [18] an unveiling, uncovering, revealing, revelation.   ²¹πρό, [47] (a) of place: before, in front of, (b) of time: before, earlier than.   ²²ἔτος, ους, τό, [49] a year.   ²³δεκατέσσαρες, ων, [5] fourteen.   ²⁴ἐκτός, [9] (a) adv: (1) without, outside, beyond, (2) except, (3) subst: the outside, (b) prep: outside, apart from.   ²⁵ἁρπάζω, [13] I seize, snatch, obtain by robbery.   ²⁶ἁρπάζω, [13] I seize, snatch, obtain by robbery.   ²⁷παράδεισος, ου, ὁ, [3] Paradise.   ²⁸ἄρρητος, ον, [1] not to be uttered (because too sacred), secret, unspeakable, unspoken.   ²⁹ἔξεστιν, [31] it is permitted, lawful, possible.   ³⁰καυχάομαι, [38] I boast; I glory (exult) proudly.   ³¹ἐμαυτοῦ, ῆς, οῦ, [37] of myself.   ³²καυχάομαι, [38] I boast; I glory (exult) proudly.   ³³καυχάομαι, [38] I boast; I glory (exult) proudly.   ³⁴ἄφρων, ονος, ον, [11] senseless, foolish, inconsiderate.   ³⁵φείδομαι, [10] I spare, abstain, forbear.   ³⁶λογίζομαι, [41] I reckon, count, charge with; reason, decide, conclude; think, suppose.   ³⁷ὑπερβολή, ῆς, ἡ, [8] excess, surpassing excellence, preeminence; adv: exceedingly.   ³⁸ὑπεραίρω, [3] lit: I raise beyond, uplift; mid: I lift myself up, exalt myself, am arrogant.   ³⁹σκόλοψ, οπος, ὁ, [1] a stake or thorn; fig: a sharp affliction.   ⁴⁰Σατᾶν, ὁ, [1] Satan.   ⁴¹κολαφίζω, [5] I strike with the fist, buffet; hence: I mistreat violently.   ⁴²ὑπεραίρω, [3] lit: I raise beyond, uplift; mid: I lift myself up, exalt myself, am arrogant.

8 Ὑπὲρ τούτου τρὶς¹ τὸν κύριον παρεκάλεσα ἵνα ἀποστῇ² ἀπ' ἐμοῦ. 9 Καὶ εἴρηκέν μοι, Ἀρκεῖ³ σοι ἡ χάρις μου· ἡ γὰρ δύναμίς μου ἐν ἀσθενείᾳ⁴ τελειοῦται.⁵ Ἥδιστα⁶ οὖν μᾶλλον καυχήσομαι⁷ ἐν ταῖς ἀσθενείαις⁴ μου, ἵνα ἐπισκηνώσῃ⁸ ἐπ' ἐμὲ ἡ δύναμις τοῦ χριστοῦ. 10 Διὸ εὐδοκῶ⁹ ἐν ἀσθενείαις,⁴ ἐν ὕβρεσιν,¹⁰ ἐν ἀνάγκαις,¹¹ ἐν διωγμοῖς,¹² ἐν στενοχωρίαις,¹³ ὑπὲρ χριστοῦ· ὅταν γὰρ ἀσθενῶ,¹⁴ τότε δυνατός¹⁵ εἰμι.

What Paul Expects of the Corinthians

11 Γέγονα ἄφρων¹⁶ καυχώμενος·¹⁷ ὑμεῖς με ἠναγκάσατε·¹⁸ ἐγὼ γὰρ ὤφειλον¹⁹ ὑφ' ὑμῶν συνίστασθαι·²⁰ οὐδὲν γὰρ ὑστέρησα²¹ τῶν ὑπὲρ λίαν²² ἀποστόλων, εἰ καὶ οὐδέν εἰμι. 12 Τὰ μὲν σημεῖα τοῦ ἀποστόλου κατειργάσθη²³ ἐν ὑμῖν ἐν πάσῃ ὑπομονῇ,²⁴ ἐν σημείοις καὶ τέρασιν²⁵ καὶ δυνάμεσιν. 13 Τί γάρ ἐστιν ὃ ἡττήθητε²⁶ ὑπὲρ τὰς λοιπὰς²⁷ ἐκκλησίας, εἰ μὴ ὅτι αὐτὸς ἐγὼ οὐ κατενάρκησα²⁸ ὑμῶν; Χαρίσασθέ²⁹ μοι τὴν ἀδικίαν³⁰ ταύτην.

14 Ἰδού, τρίτον ἑτοίμως³¹ ἔχω ἐλθεῖν πρὸς ὑμᾶς, καὶ οὐ καταναρκήσω³² ὑμῶν· οὐ γὰρ ζητῶ τὰ ὑμῶν, ἀλλὰ ὑμᾶς· οὐ γὰρ ὀφείλει³³ τὰ τέκνα τοῖς γονεῦσιν³⁴ θησαυρίζειν,³⁵ ἀλλ' οἱ γονεῖς³⁴ τοῖς τέκνοις. 15 Ἐγὼ δὲ ἥδιστα⁶ δαπανήσω³⁶ καὶ ἐκδαπανηθήσομαι³⁷ ὑπὲρ τῶν ψυχῶν ὑμῶν, εἰ καὶ περισσοτέρως³⁸ ὑμᾶς ἀγαπῶν, ἧττον³⁹ ἀγαπῶμαι. 16 Ἔστω δέ, ἐγὼ οὐ κατεβάρησα⁴⁰ ὑμᾶς· ἀλλ' ὑπάρχων πανοῦργος,⁴¹ δόλῳ⁴² ὑμᾶς ἔλαβον. 17 Μή τινα

---

²ἀποστῇ: 2AAS-3S   ³Ἀρκεῖ: PAI-3S   ⁵τελειοῦται: PPI-3S   ⁷καυχήσομαι: FDI-1S   ⁸ἐπισκηνώσῃ: AAS-3S ⁹εὐδοκῶ: PAI-1S   ¹⁴ἀσθενῶ: PAS-1S   ¹⁷καυχώμενος: PNP-NSM   ¹⁸ἠναγκάσατε: AAI-2P   ¹⁹ὤφειλον: IAI-1S ²⁰συνίστασθαι: PPN   ²¹ὑστέρησα: AAI-1S   ²³κατειργάσθη: API-3S   ²⁶ἡττήθητε: API-2P   ²⁸κατενάρκησα: AAI-1S ²⁹Χαρίσασθέ: ADM-2P   ³²καταναρκήσω: FAI-1S   ³³ὀφείλει: PAI-3S   ³⁵Θησαυρίζειν: PAN   ³⁶δαπανήσω: FAI-1S ³⁷ἐκδαπανηθήσομαι: FPI-1S   ⁴⁰κατεβάρησα: AAI-1S

---

¹τρίς, [12] three times.   ²ἀφίστημι, [15] I make to stand away, draw away, repel, take up a position away from, withdraw from, leave, abstain from.   ³ἀρκέω, [8] I keep off, assist; I suffice; pass: I am satisfied.   ⁴ἀσθένεια, ας, ἡ, [24] want of strength, weakness, illness, suffering, calamity, frailty.   ⁵τελειόω, [24] (a) as a course, a race, or the like: I complete, finish (b) as of time or prediction: I accomplish, (c) I make perfect; pass: I am perfected. ⁶ἥδιστα, [2] most gladly, most pleasantly.   ⁷καυχάομαι, [38] I boast; I glory (exult) proudly.   ⁸ἐπισκηνόω, [1] I raise a tent (over), dwell, spread a tabernacle over.   ⁹εὐδοκέω, [21] I am well-pleased, think it good, am resolved.   ¹⁰ὕβρις, εως, ἡ, [3] (a) insult, injury, outrage, (b) damage, loss.   ¹¹ἀνάγκη, ης, ἡ, [18] necessity, constraint, compulsion; there is need to; force, violence.   ¹²διωγμός, οῦ, ὁ, [10] chase, pursuit; persecution. ¹³στενοχωρία, ας, ἡ, [4] a narrow space, great distress, anguish.   ¹⁴ἀσθενέω, [36] I am weak (physically: then morally), I am sick.   ¹⁵δυνατός, ή, όν, [36] (a) of persons: powerful, able, (b) of things: possible.   ¹⁶ἄφρων, ονος, ον, [11] senseless, foolish, inconsiderate.   ¹⁷καυχάομαι, [38] I boast; I glory (exult) proudly.   ¹⁸ἀναγκάζω, [9] I force, compel, constrain, urge.   ¹⁹ὀφείλω, [36] I owe, ought.   ²⁰συνίστημι, συνιστάνω, [16] I place together, commend, prove, exhibit; instrans: I stand with; I am composed of, cohere.   ²¹ὑστερέω, [16] I fall behind, am lacking, fall short, suffer need, am inferior.   ²²λίαν, [14] very; very much, exceedingly, greatly.   ²³κατεργάζομαι, [24] I effect by labor, achieve, work out, bring about.   ²⁴ὑπομονή, ῆς, ἡ, [32] endurance, steadfastness, patient waiting for.   ²⁵τέρας, ατος, τό, [16] a wonder, portent, marvel.   ²⁶ἡττάομαι, [3] I am defeated, am overcome, am made inferior.   ²⁷λοιπός, ή, όν, [42] left, left behind, the remainder, the rest, the others.   ²⁸καταναρκάω, [3] (properly a medical term: I stupefy, hence) I burden, encumber.   ²⁹χαρίζομαι, [23] (a) I show favor to, (b) I pardon, forgive, (c) I show kindness.   ³⁰ἀδικία, ας, ἡ, [26] injustice, unrighteousness, hurt.   ³¹ἑτοίμως, [3] readily.   ³²καταναρκάω, [3] (properly a medical term: I stupefy, hence) I burden, encumber.   ³³ὀφείλω, [36] I owe, ought.   ³⁴γονεύς, έως, ὁ, [19] a begetter, father; plur: parents.   ³⁵θησαυρίζω, [8] I store up, treasure up, save, lay up.   ³⁶δαπανάω, [5] I spend, bear expense, waste, squander.   ³⁷ἐκδαπανάω, [1] I spend (give out) completely, exhaust.   ³⁸περισσῶς, [16] greatly, exceedingly, abundantly, vehemently.   ³⁹ἥττων, ον, [2] lesser, inferior, weaker.   ⁴⁰καταβαρέω, [1] I burden, oppress, weigh down.   ⁴¹πανοῦργος, ον, [1] cunning, crafty, skilful, clever.   ⁴²δόλος, ου, ὁ, [11] deceit, guile, treachery.

ὧν ἀπέσταλκα πρὸς ὑμᾶς, δι' αὐτοῦ ἐπλεονέκτησα¹ ὑμᾶς; 18 Παρεκάλεσα Τίτον, καὶ συναπέστειλα² τὸν ἀδελφόν· μή τι ἐπλεονέκτησεν³ ὑμᾶς Τίτος; Οὐ τῷ αὐτῷ πνεύματι περιεπατήσαμεν; Οὐ τοῖς αὐτοῖς ἴχνεσιν;⁴

19 Πάλιν δοκεῖτε ὅτι ὑμῖν ἀπολογούμεθα;⁵ Κατενώπιον⁶ τοῦ θεοῦ ἐν χριστῷ λαλοῦμεν· τὰ δὲ πάντα, ἀγαπητοί, ὑπὲρ τῆς ὑμῶν οἰκοδομῆς.⁷ 20 Φοβοῦμαι γάρ, μήπως⁸ ἐλθὼν οὐχ οἵους⁹ θέλω εὕρω ὑμᾶς, κἀγὼ εὑρεθῶ ὑμῖν οἷον⁹ οὐ θέλετε· μήπως⁸ ἔρεις,¹⁰ ζῆλοι,¹¹ θυμοί,¹² ἐριθεῖαι,¹³ καταλαλιαί,¹⁴ ψιθυρισμοί,¹⁵ φυσιώσεις,¹⁶ ἀκαταστασίαι·¹⁷ 21 μὴ πάλιν ἐλθόντα με ταπεινώσει¹⁸ ὁ θεός μου πρὸς ὑμᾶς, καὶ πενθήσω¹⁹ πολλοὺς τῶν προημαρτηκότων,²⁰ καὶ μὴ μετανοησάντων²¹ ἐπὶ τῇ ἀκαθαρσίᾳ²² καὶ πορνείᾳ²³ καὶ ἀσελγείᾳ²⁴ ᾗ ἔπραξαν.²⁵

A Concluding Admonition and Greetings

13 Τρίτον τοῦτο ἔρχομαι πρὸς ὑμᾶς. Ἐπὶ στόματος δύο μαρτύρων²⁶ καὶ τριῶν σταθήσεται πᾶν ῥῆμα. 2 Προείρηκα²⁷ καὶ προλέγω,²⁸ ὡς παρὼν²⁹ τὸ δεύτερον,³⁰ καὶ ἀπὼν³¹ νῦν γράφω τοῖς προημαρτηκόσιν³² καὶ τοῖς λοιποῖς³³ πᾶσιν, ὅτι ἐὰν ἔλθω εἰς τὸ πάλιν, οὐ φείσομαι.³⁴ 3 ἐπεὶ³⁵ δοκιμὴν³⁶ ζητεῖτε τοῦ ἐν ἐμοὶ λαλοῦντος χριστοῦ, ὃς εἰς ὑμᾶς οὐκ ἀσθενεῖ,³⁷ ἀλλὰ δυνατεῖ³⁸ ἐν ὑμῖν· 4 καὶ γὰρ εἰ ἐσταυρώθη³⁹ ἐξ ἀσθενείας,⁴⁰ ἀλλὰ ζῇ ἐκ δυνάμεως θεοῦ. Καὶ γὰρ ἡμεῖς ἀσθενοῦμεν⁴¹ ἐν αὐτῷ, ἀλλὰ

---

¹ἐπλεονέκτησα: AAI-1S ²συναπέστειλα: AAI-1S ³ἐπλεονέκτησεν: AAI-3S ⁵ἀπολογούμεθα: PNI-1P ¹⁸ταπεινώσει: FAI-3S ¹⁹πενθήσω: AAS-1S ²⁰προημαρτηκότων: RAP-GPM ²¹μετανοησάντων: AAP-GPM ²⁵ἔπραξαν: AAI-3P ²⁷Προείρηκα: RAI-1S ²⁸προλέγω: PAI-1S ²⁹παρὼν: PAP-NSM ³¹ἀπὼν: PAP-NSM ³²προημαρτηκόσιν: RAP-DPM ³⁴φείσομαι: FDI-1S ³⁷ἀσθενεῖ: PAI-3S ³⁸δυνατεῖ: PAI-3S ³⁹ἐσταυρώθη: API-3S ⁴¹ἀσθενοῦμεν: PAI-1P

---

¹πλεονεκτέω, [5] I take advantage of, overreach, defraud. ²συναποστέλλω, [1] I send together with. ³πλεονεκτέω, [5] I take advantage of, overreach, defraud. ⁴ἴχνος, ους, τό, [3] a track, footstep. ⁵ἀπολογέομαι, [10] I give a defense, defend myself (especially in a law court): it can take an object of what is said in defense. ⁶κατενώπιον, [5] before the face of, over against. ⁷οἰκοδομή, ῆς, ἡ, [18] (a) the act of building, (b) a building, (c) met: spiritual advancement, edification. ⁸μήπως, [12] lest in any way, lest perhaps. ⁹οἷος, α, ον, [15] of what kind, such as. ¹⁰ἔρις, ιδος, ἡ, [9] contention, strife, wrangling. ¹¹ζῆλος, ου, ὁ, [17] (a) eagerness, zeal, enthusiasm, (b) jealousy, rivalry. ¹²θυμός, οῦ, ὁ, [18] an outburst of passion, wrath. ¹³ἐριθεία, ας, ἡ, [7] (the seeking of followers and adherents by means of gifts, the seeking of followers, hence) ambition, rivalry, self-seeking; a feud, faction. ¹⁴καταλαλιά, ας, ἡ, [2] evil-speaking, backbiting, detraction, slander. ¹⁵ψιθυρισμός, οῦ, ὁ, [1] a whispering, secret slandering. ¹⁶φυσίωσις, εως, ἡ, [1] a puffing up, pride, swelling. ¹⁷ἀκαταστασία, ας, ἡ, [5] disturbance, upheaval, revolution, almost anarchy, first in the political, and thence in the moral sphere. ¹⁸ταπεινόω, [14] I make or bring low, humble, humiliate; pass: I am humbled. ¹⁹πενθέω, [10] I mourn, lament, feel guilt. ²⁰προαμαρτάνω, [2] I sin previously. ²¹μετανοέω, [34] I repent, change my mind, change the inner man (particularly with reference to acceptance of the will of God), repent. ²²ἀκαθαρσία, ας, ἡ, [10] uncleanness, impurity. ²³πορνεία, ας, ἡ, [26] fornication, whoredom; met: idolatry. ²⁴ἀσέλγεια, ας, ἡ, [10] (outrageous conduct, conduct shocking to public decency, a wanton violence), wantonness, lewdness. ²⁵πράσσω, [38] I do, perform, accomplish; be in any condition, i.e. I fare; I exact, require. ²⁶μάρτυς, υρος, ὁ, [34] a witness; an eye- or ear-witness. ²⁷προερέω, [9] I say already, predict, foretell. ²⁸προλέγω, [6] I tell (say) beforehand, forewarn, declare, tell plainly. ²⁹πάρειμι, [24] I am present, am near; I have come, arrived. ³⁰δεύτερος, α, ον, [44] second; with the article: in the second place, for the second time. ³¹ἄπειμι, [7] I am absent. ³²προαμαρτάνω, [2] I sin previously. ³³λοιπός, ή, όν, [42] left, left behind, the remainder, the rest, the others. ³⁴φείδομαι, [10] I spare, abstain, forbear. ³⁵ἐπεί, [27] of time: when, after; of cause: since, because; otherwise: else. ³⁶δοκιμή, ῆς, ἡ, [7] a trial, proof; tried, approved character. ³⁷ἀσθενέω, [36] I am weak (physically: then morally), I am sick. ³⁸δυνατέω, [1] I am powerful, have power, am able, am mighty. ³⁹σταυρόω, [46] I fix to the cross, crucify; fig: I destroy, mortify. ⁴⁰ἀσθένεια, ας, ἡ, [24] want of strength, weakness, illness, suffering, calamity, frailty. ⁴¹ἀσθενέω, [36] I am weak (physically: then morally), I am sick.

ζησόμεθα σὺν αὐτῷ ἐκ δυνάμεως θεοῦ εἰς ὑμᾶς. 5 Ἑαυτοὺς πειράζετε¹ εἰ ἐστὲ ἐν τῇ πίστει, ἑαυτοὺς δοκιμάζετε.² Ἢ οὐκ ἐπιγινώσκετε³ ἑαυτούς, ὅτι Ἰησοῦς χριστὸς ἐν ὑμῖν ἐστίν; Εἰ μή τι ἀδόκιμοί⁴ ἐστε. 6 Ἐλπίζω⁵ δὲ ὅτι γνώσεσθε ὅτι ἡμεῖς οὐκ ἐσμὲν ἀδόκιμοι.⁴ 7 Εὔχομαι⁶ δὲ πρὸς τὸν θεόν, μὴ ποιῆσαι ὑμᾶς κακὸν μηδέν, οὐχ ἵνα ἡμεῖς δόκιμοι⁷ φανῶμεν,⁸ ἀλλ᾿ ἵνα ὑμεῖς τὸ καλὸν ποιῆτε, ἡμεῖς δὲ ὡς ἀδόκιμοι⁴ ὦμεν. 8 Οὐ γὰρ δυνάμεθά τι κατὰ τῆς ἀληθείας, ἀλλ᾿ ὑπὲρ τῆς ἀληθείας. 9 Χαίρομεν γὰρ ὅταν ἡμεῖς ἀσθενῶμεν,⁹ ὑμεῖς δὲ δυνατοὶ¹⁰ ἦτε· τοῦτο δὲ καὶ εὐχόμεθα,¹¹ τὴν ὑμῶν κατάρτισιν.¹² 10 Διὰ τοῦτο ταῦτα ἀπὼν¹³ γράφω, ἵνα παρὼν¹⁴ μὴ ἀποτόμως¹⁵ χρήσωμαι,¹⁶ κατὰ τὴν ἐξουσίαν ἣν ἔδωκέν μοι ὁ κύριος εἰς οἰκοδομήν,¹⁷ καὶ οὐκ εἰς καθαίρεσιν.¹⁸

11 Λοιπόν,¹⁹ ἀδελφοί, χαίρετε· καταρτίζεσθε,²⁰ παρακαλεῖσθε, τὸ αὐτὸ φρονεῖτε,²¹ εἰρηνεύετε·²² καὶ ὁ θεὸς τῆς ἀγάπης καὶ εἰρήνης ἔσται μεθ᾿ ὑμῶν. 12 Ἀσπάσασθε ἀλλήλους ἐν ἁγίῳ φιλήματι.²³

13 Ἀσπάζονται ὑμᾶς οἱ ἅγιοι πάντες.

14 Ἡ χάρις τοῦ κυρίου Ἰησοῦ χριστοῦ, καὶ ἡ ἀγάπη τοῦ θεοῦ, καὶ ἡ κοινωνία²⁴ τοῦ ἁγίου πνεύματος μετὰ πάντων ὑμῶν. Ἀμήν.

---

¹πειράζετε: PAM-2P ²δοκιμάζετε: PAM-2P ³ἐπιγινώσκετε: PAI-2P ⁵Ἐλπίζω: PAI-1S ⁶Εὔχομαι: PNI-1S ⁸φανῶμεν: 2APS-1P ⁹ἀσθενῶμεν: PAS-1P ¹¹εὐχόμεθα: PNI-1P ¹³ἀπὼν: PAP-NSM ¹⁴παρὼν: PAP-NSM ¹⁶χρήσωμαι: ADS-1S ²⁰καταρτίζεσθε: PPM-2P ²¹φρονεῖτε: PAM-2P ²²εἰρηνεύετε: PAM-2P

---

¹πειράζω, [39] I try, tempt, test. ²δοκιμάζω, [23] I put to the test, prove, examine; I distinguish by testing, approve after testing; I am fit. ³ἐπιγινώσκω, [42] I come to know by directing my attention to him or it, I perceive, discern, recognize; aor: I found out. ⁴ἀδόκιμος, ον, [8] failing to pass the test, unapproved, counterfeit. ⁵ἐλπίζω, [31] I hope, hope for, expect, trust. ⁶εὔχομαι, [7] I pray, wish. ⁷δόκιμος, ον, [7] approved, acceptable, tried. ⁸φαίνω, [31] (a) act: I shine, shed light, (b) pass: I shine, become visible, appear, (c) I become clear, appear, seem, show myself as. ⁹ἀσθενέω, [36] I am weak (physically: then morally), I am sick. ¹⁰δυνατός, ή, όν, [36] (a) of persons: powerful, able, (b) of things: possible. ¹¹εὔχομαι, [7] I pray, wish. ¹²κατάρτισις, εως, ή, [1] a perfecting, making fit. ¹³ἄπειμι, [7] I am absent. ¹⁴πάρειμι, [24] I am present, am near; I have come, arrived. ¹⁵ἀποτόμως, [2] sharply, severely. ¹⁶χράομαι, [11] I use, make use of, deal with, take advantage of. ¹⁷οἰκοδομή, ῆς, ή, [18] (a) the act of building, (b) a building, (c) met: spiritual advancement, edification. ¹⁸καθαίρεσις, εως, ή, [3] taking down, razing, destroying. ¹⁹λοιπόν, [14] finally, from now on, henceforth, beyond that. ²⁰καταρτίζω, [13] (a) I fit (join) together; met: I compact together, (b) act. and mid: I prepare, perfect, for his (its) full destination or use, bring into its proper condition (whether for the first time, or after a lapse). ²¹φρονέω, [29] (a) I think, (b) I think, judge, (c) I direct the mind to, seek for, (d) I observe, (e) I care for. ²²εἰρηνεύω, [4] I am peaceful, keep the peace, am at peace. ²³φίλημα, ατος, τό, [7] a kiss. ²⁴κοινωνία, ας, ή, [19] (lit: partnership) (a) contributory help, participation, (b) sharing in, communion, (c) spiritual fellowship, a fellowship in the spirit.

ΠΡΟΣ ΓΑΛΑΤΑΣ
To the Galatians

Introductory Greeting and Doxology

Παῦλος ἀπόστολος οὐκ ἀπ' ἀνθρώπων, οὐδὲ δι' ἀνθρώπου, ἀλλὰ διὰ Ἰησοῦ χριστοῦ, καὶ θεοῦ πατρὸς τοῦ ἐγείραντος αὐτὸν ἐκ νεκρῶν, **2** καὶ οἱ σὺν ἐμοὶ πάντες ἀδελφοί, ταῖς ἐκκλησίαις τῆς Γαλατίας·[1] **3** χάρις ὑμῖν καὶ εἰρήνη ἀπὸ θεοῦ πατρός, καὶ κυρίου ἡμῶν Ἰησοῦ χριστοῦ, **4** τοῦ δόντος ἑαυτὸν περὶ τῶν ἁμαρτιῶν ἡμῶν, ὅπως ἐξέληται[2] ἡμᾶς ἐκ τοῦ ἐνεστῶτος[3] αἰῶνος πονηροῦ, κατὰ τὸ θέλημα τοῦ θεοῦ καὶ πατρὸς ἡμῶν· **5** ᾧ ἡ δόξα εἰς τοὺς αἰῶνας τῶν αἰώνων. Ἀμήν.

Paul's Reason for Writing the Epistle

6 Θαυμάζω[4] ὅτι οὕτως ταχέως[5] μετατίθεσθε[6] ἀπὸ τοῦ καλέσαντος ὑμᾶς ἐν χάριτι χριστοῦ εἰς ἕτερον εὐαγγέλιον· **7** ὃ οὐκ ἔστιν ἄλλο, εἰ μή τινές εἰσιν οἱ ταράσσοντες[7] ὑμᾶς καὶ θέλοντες μεταστρέψαι[8] τὸ εὐαγγέλιον τοῦ χριστοῦ. **8** Ἀλλὰ καὶ ἐὰν ἡμεῖς ἢ ἄγγελος ἐξ οὐρανοῦ εὐαγγελίζηται ὑμῖν παρ' ὃ εὐηγγελισάμεθα ὑμῖν, ἀνάθεμα[9] ἔστω. **9** Ὡς προειρήκαμεν,[10] καὶ ἄρτι[11] πάλιν λέγω, εἴ τις ὑμᾶς εὐαγγελίζεται παρ' ὃ παρελάβετε,[12] ἀνάθεμα[9] ἔστω. **10** Ἄρτι[11] γὰρ ἀνθρώπους πείθω ἢ τὸν θεόν; Ἢ ζητῶ ἀνθρώποις ἀρέσκειν;[13] Εἰ γὰρ ἔτι ἀνθρώποις ἤρεσκον,[14] χριστοῦ δοῦλος οὐκ ἂν ἤμην.

---

[2]*ἐξέληται: 2AMS-3S* [3]*ἐνεστῶτος: RAP-GSM* [4]*Θαυμάζω: PAI-1S* [6]*μετατίθεσθε: PEI-2P* [7]*ταράσσοντες: PAP-NPM* [8]*μεταστρέψαι: AAN* [10]*προειρήκαμεν: RAI-1P* [12]*παρελάβετε: 2AAI-2P* [13]*ἀρέσκειν: PAN* [14]*ἤρεσκον: IAI-1S*

---

[1]*Γαλατία, ας, ἡ, [4] Galatia, a large Roman province in central Asia Minor, comprising the districts of Paphlagonia, Pontus Galaticus, Galatia (in the narrower sense, which some still think is intended in the NT), Phrygia Galatica, Lycaonia Galatica, Pisidia and Isaurica.* [2]*ἐξαιρέω, [8] I take out, remove; sometimes (mid): I choose, sometimes: I rescue.* [3]*ἐνίστημι, [7] I place in or upon; only in the intrans. tenses: I impend, am at hand, am present, threaten; as adj: present.* [4]*θαυμάζω, [46] (a) intrans: I wonder, marvel, (b) trans: I wonder at, admire.* [5]*ταχέως, [10] soon, quickly, hastily.* [6]*μετατίθημι, [6] (a) I transfer, mid: I go over to another party, desert, (b) I change.* [7]*ταράσσω, [17] I disturb, agitate, stir up, trouble.* [8]*μεταστρέφω, [3] I turn, change, corrupt, pervert.* [9]*ἀνάθεμα, ατος, τό, [6] a votive offering, a thing devoted to God; a curse, the thing cursed.* [10]*προερέω, [9] I say already, predict, foretell.* [11]*ἄρτι, [37] now, just now, at this moment.* [12]*παραλαμβάνω, [49] I take from, receive from, or: I take to, receive (apparently not used of money), admit, acknowledge; I take with me.* [13]*ἀρέσκω, [17] I please, with the idea of willing service rendered to others; hence almost: I serve.* [14]*ἀρέσκω, [17] I please, with the idea of willing service rendered to others; hence almost: I serve.*

Paul Called by God

11 Γνωρίζω¹ δὲ ὑμῖν, ἀδελφοί, τὸ εὐαγγέλιον τὸ εὐαγγελισθὲν ὑπ' ἐμοῦ, ὅτι οὐκ ἔστιν κατὰ ἄνθρωπον. **12** Οὐδὲ γὰρ ἐγὼ παρὰ ἀνθρώπου παρέλαβον² αὐτό, οὔτε ἐδιδάχθην, ἀλλὰ δι' ἀποκαλύψεως³ Ἰησοῦ χριστοῦ. **13** Ἠκούσατε γὰρ τὴν ἐμὴν ἀναστροφήν⁴ ποτε⁵ ἐν τῷ Ἰουδαϊσμῷ,⁶ ὅτι καθ' ὑπερβολὴν⁷ ἐδίωκον⁸ τὴν ἐκκλησίαν τοῦ θεοῦ, καὶ ἐπόρθουν⁹ αὐτήν· **14** καὶ προέκοπτον¹⁰ ἐν τῷ Ἰουδαϊσμῷ⁶ ὑπὲρ πολλοὺς συνηλικιώτας¹¹ ἐν τῷ γένει¹² μου, περισσοτέρως¹³ ζηλωτὴς¹⁴ ὑπάρχων τῶν πατρικῶν¹⁵ μου παραδόσεων.¹⁶ **15** Ὅτε δὲ εὐδόκησεν¹⁷ ὁ θεὸς ὁ ἀφορίσας¹⁸ με ἐκ κοιλίας¹⁹ μητρός μου καὶ καλέσας διὰ τῆς χάριτος αὐτοῦ, **16** ἀποκαλύψαι²⁰ τὸν υἱὸν αὐτοῦ ἐν ἐμοὶ ἵνα εὐαγγελίζωμαι αὐτὸν ἐν τοῖς ἔθνεσιν, εὐθέως οὐ προσανεθέμην²¹ σαρκὶ καὶ αἵματι· **17** οὐδὲ ἀνῆλθον²² εἰς Ἱεροσόλυμα πρὸς τοὺς πρὸ²³ ἐμοῦ ἀποστόλους, ἀλλὰ ἀπῆλθον εἰς Ἀραβίαν,²⁴ καὶ πάλιν ὑπέστρεψα²⁵ εἰς Δαμασκόν.²⁶

18 Ἔπειτα²⁷ μετὰ ἔτη²⁸ τρία ἀνῆλθον²⁹ εἰς Ἱεροσόλυμα ἱστορῆσαι³⁰ Πέτρον, καὶ ἐπέμεινα³¹ πρὸς αὐτὸν ἡμέρας δεκαπέντε.³² **19** Ἕτερον δὲ τῶν ἀποστόλων οὐκ εἶδον, εἰ μὴ Ἰάκωβον τὸν ἀδελφὸν τοῦ κυρίου. **20** Ἃ δὲ γράφω ὑμῖν, ἰδοὺ ἐνώπιον τοῦ θεοῦ ὅτι οὐ ψεύδομαι.³³ **21** Ἔπειτα²⁷ ἦλθον εἰς τὰ κλίματα³⁴ τῆς Συρίας³⁵ καὶ τῆς Κιλικίας.³⁶ **22** Ἤμην δὲ ἀγνοούμενος³⁷ τῷ προσώπῳ ταῖς ἐκκλησίαις τῆς Ἰουδαίας³⁸ ταῖς ἐν χριστῷ·

---

¹Γνωρίζω: PAI-1S　　²παρέλαβον: 2AAI-1S　　⁸ἐδίωκον: IAI-1S　　⁹ἐπόρθουν: IAI-1S　　¹⁰προέκοπτον: IAI-1S ¹⁷εὐδόκησεν: AAI-3S　　¹⁸ἀφορίσας: AAP-NSM　　²⁰ἀποκαλύψαι: AAN　　²¹προσανεθέμην: 2AMI-1S　　²²ἀνῆλθον: 2AAI-1S　　²⁵ὑπέστρεψα: AAI-1S　　²⁹ἀνῆλθον: 2AAI-1S　　³⁰ἱστορῆσαι: AAN　　³¹ἐπέμεινα: AAI-1S　　³³ψεύδομαι: PNI-1S ³⁷ἀγνοούμενος: PPP-NSM

---

¹γνωρίζω, [24] I make known, declare, know, discover.　　²παραλαμβάνω, [49] I take from, receive from, or: I take to, receive (apparently not used of money), admit, acknowledge; I take with me.　　³ἀποκάλυψις, εως, ἡ, [18] an unveiling, uncovering, revealing, revelation.　　⁴ἀναστροφή, ῆς, ἡ, [13] dealing with other men, conduct, life, behavior, manner of life.　　⁵ποτέ, [29] at one time or other, at some time, formerly.　　⁶Ἰουδαϊσμός, οῦ, ὁ, [2] the Jewish religion, Judaism.　　⁷ὑπερβολή, ῆς, ἡ, [8] excess, surpassing excellence, preeminence; adv: exceedingly.　　⁸διώκω, [44] I pursue, hence: I persecute.　　⁹πορθέω, [3] I lay waste, destroy, ravage, harass.　　¹⁰προκόπτω, [6] (originally of the pioneer cutting his way through brushwood), I advance, progress, make progress.　　¹¹συνηλικιώτης, ου, ὁ, [1] one of the same age.　　¹²γένος, ους, τό, [21] offspring, family, race, nation, kind.　　¹³περισσῶς, [16] greatly, exceedingly, abundantly, vehemently.　　¹⁴ζηλωτής, οῦ, ὁ, [7] one who is eagerly devoted to a person or a thing, a zealot.　　¹⁵πατρικός, ή, όν, [1] ancestral, paternal, belonging to the fathers (ancestors).　　¹⁶παράδοσις, εως, ἡ, [13] an instruction, tradition.　　¹⁷εὐδοκέω, [21] I am well-pleased, think it good, am resolved.　　¹⁸ἀφορίζω, [10] I rail off, separate, place apart.　　¹⁹κοιλία, ας, ἡ, [23] belly, abdomen, heart, a general term covering any organ in the abdomen, e.g. stomach, womb; met: the inner man.　　²⁰ἀποκαλύπτω, [26] I uncover, bring to light, reveal.　　²¹προσανατίθημι, [2] I consult with, communicate, impart.　　²²ἀνέρχομαι, [3] I come up, go up, ascend.　　²³πρό, [47] (a) of place: before, in front of, (b) of time: before, earlier than.　　²⁴Ἀραβία, ας, ἡ, [2] Arabia, the district south of Palestine.　　²⁵ὑποστρέφω, [37] I turn back, return.　　²⁶Δαμασκός, οῦ, ἡ, [15] Damascus.　　²⁷ἔπειτα, [16] then, thereafter, afterwards.　　²⁸ἔτος, ους, τό, [49] a year.　　²⁹ἀνέρχομαι, [3] I come up, go up, ascend.　　³⁰ἱστορέω, [1] I get acquainted with, visit.　　³¹ἐπιμένω, [17] (a) I remain, tarry, (b) I remain in, persist in.　　³²δεκαπέντε, [3] fifteen.　　³³ψεύδομαι, [12] I deceive, lie, speak falsely.　　³⁴κλίμα, ατος, τό, [3] a small geographical division, district, or territory.　　³⁵Συρία, ας, ἡ, [8] Syria, a great Roman imperial province, united with Cilicia.　　³⁶Κιλικία, ας, ἡ, [8] Cilicia, a Roman province between the Taurus range of mountains and the coast in the south-east corner of Asia Minor, linked up with the province of Syria.　　³⁷ἀγνοέω, [22] I do not know, am ignorant of (a person, thing, or fact), sometimes with the idea of willful ignorance.　　³⁸Ἰουδαία, ας, ἡ, [43] Judea, a Roman province, capital Jerusalem.

23 μόνον δὲ ἀκούοντες ἦσαν ὅτι Ὁ διώκων [1] ἡμᾶς ποτέ, [2] νῦν εὐαγγελίζεται τὴν πίστιν ἥν ποτε [2] ἐπόρθει. [3] **24** Καὶ ἐδόξαζον ἐν ἐμοὶ τὸν θεόν.

Further Confirmation of Paul's Apostleship

2 Ἔπειτα [4] διὰ δεκατεσσάρων [5] ἐτῶν [6] πάλιν ἀνέβην εἰς Ἱεροσόλυμα μετὰ Βαρνάβα, συμπαραλαβὼν [7] καὶ Τίτον· **2** ἀνέβην δὲ κατὰ ἀποκάλυψιν, [8] καὶ ἀνεθέμην [9] αὐτοῖς τὸ εὐαγγέλιον ὃ κηρύσσω ἐν τοῖς ἔθνεσιν, κατ' ἰδίαν δὲ τοῖς δοκοῦσιν, μήπως [10] εἰς κενὸν [11] τρέχω [12] ἢ ἔδραμον. [13] **3** Ἀλλ' οὐδὲ Τίτος ὁ σὺν ἐμοί, Ἕλλην [14] ὤν, ἠναγκάσθη [15] περιτμηθῆναι· [16] **4** διὰ δὲ τοὺς παρεισάκτους [17] ψευδαδέλφους, [18] οἵτινες παρεισῆλθον [19] κατασκοπῆσαι [20] τὴν ἐλευθερίαν [21] ἡμῶν ἣν ἔχομεν ἐν χριστῷ Ἰησοῦ, ἵνα ἡμᾶς καταδουλώσωνται· [22] **5** οἷς οὐδὲ πρὸς ὥραν εἴξαμεν [23] τῇ ὑποταγῇ, [24] ἵνα ἡ ἀλήθεια τοῦ εὐαγγελίου διαμείνῃ [25] πρὸς ὑμᾶς. **6** Ἀπὸ δὲ τῶν δοκούντων εἶναί τι–ὁποῖοί [26] ποτε [2] ἦσαν οὐδέν μοι διαφέρει· [27] πρόσωπον θεὸς ἀνθρώπου οὐ λαμβάνει–ἐμοὶ γὰρ οἱ δοκοῦντες οὐδὲν προσανέθεντο· [28] **7** ἀλλὰ τοὐναντίον, [29] ἰδόντες ὅτι πεπίστευμαι τὸ εὐαγγέλιον τῆς ἀκροβυστίας, [30] καθὼς Πέτρος τῆς περιτομῆς [31]– **8** ὁ γὰρ ἐνεργήσας [32] Πέτρῳ εἰς ἀποστολὴν [33] τῆς περιτομῆς, [31] ἐνήργησεν [34] καὶ ἐμοὶ εἰς τὰ ἔθνη– **9** καὶ γνόντες τὴν χάριν τὴν δοθεῖσάν μοι, Ἰάκωβος καὶ Κηφᾶς καὶ Ἰωάννης, οἱ δοκοῦντες στύλοι [35] εἶναι, δεξιὰς ἔδωκαν ἐμοὶ καὶ Βαρνάβᾳ κοινωνίας, [36] ἵνα ἡμεῖς μὲν εἰς τὰ ἔθνη, αὐτοὶ

---

[1] διώκων: PAP-NSM   [3] ἐπόρθει: IAI-3S   [7] συμπαραλαβὼν: 2AAP-NSM   [9] ἀνεθέμην: 2AMI-1S   [12] τρέχω: PAS-1S   [13] ἔδραμον: 2AAI-1S   [15] ἠναγκάσθη: API-3S   [16] περιτμηθῆναι: APN   [19] παρεισῆλθον: 2AAI-3P   [20] κατασκοπῆσαι: AAN   [22] καταδουλώσωνται: AMS-3P   [23] εἴξαμεν: AAI-1P   [25] διαμείνῃ: AAS-3S   [27] διαφέρει: PAI-3S   [28] προσανέθεντο: 2AMI-3P   [32] ἐνεργήσας: AAP-NSM   [34] ἐνήργησεν: AAI-3S

---

[1] διώκω, [44] I pursue, hence: I persecute.   [2] ποτέ, [29] at one time or other, at some time, formerly.   [3] πορθέω, [3] I lay waste, destroy, ravage, harass.   [4] ἔπειτα, [16] then, thereafter, afterwards.   [5] δεκατέσσαρες, ων, [5] fourteen.   [6] ἔτος, ους, τό, [49] a year.   [7] συμπαραλαμβάνω, [4] I take along as a companion.   [8] ἀποκάλυψις, εως, ἡ, [18] an unveiling, uncovering, revealing, revelation.   [9] ἀνατίθημι, [2] I lay (a case) before, impart, communicate, declare, relate (with a view to consulting).   [10] μήπως, [12] lest in any way, lest perhaps.   [11] κενός, ή, όν, [18] (a) empty, (b) met: empty (in moral content), vain, ineffective, foolish, worthless, (c) false, unreal, pretentious, hollow.   [12] τρέχω, [20] I run, exercise myself, make progress.   [13] τρέχω, [20] I run, exercise myself, make progress.   [14] Ἕλλην, ηνος, ὁ, [27] a Hellene, the native word for a Greek; it is, however, a term wide enough to include all Greek-speaking (i.e. educated) non-Jews.   [15] ἀναγκάζω, [9] I force, compel, constrain, urge.   [16] περιτέμνω, [18] I cut around, circumcise.   [17] παρείσακτος, ον, [1] brought in secretly, surreptitious.   [18] ψευδάδελφος, ου, ὁ, [2] a false brother, pretend Christian.   [19] παρεισέρχομαι, [2] I enter secretly, come in from the side.   [20] κατασκοπέω, [1] I view closely, inspect, spy out.   [21] ἐλευθερία, ας, ἡ, [11] freedom, liberty, especially: a state of freedom from slavery.   [22] καταδουλόω, [2] I enslave.   [23] εἴκω, [1] I give way, yield, submit.   [24] ὑποταγή, ῆς, ἡ, [4] subjection, submission, obedience.   [25] διαμένω, [5] I remain, continue.   [26] ὁποῖος, οία, οἶον, [5] of what kind or manner, of what sort.   [27] διαφέρω, [13] (a) trans: I carry through, hither and thither, (b) intrans: I am different, differ, and sometimes: I surpass, excel.   [28] προσανατίθημι, [2] I consult with, communicate, impart.   [29] τοὐναντίον, [3] on the contrary, on the other hand.   [30] ἀκροβυστία, ας, ἡ, [20] (a technical word of Jewish use) foreskin, prepuce: used sometimes as a slang term by Jews, of Gentiles.   [31] περιτομή, ῆς, ἡ, [36] circumcision.   [32] ἐνεργέω, [21] I work, am operative, am at work, am made to work, accomplish; mid: I work, display activity.   [33] ἀποστολή, ῆς, ἡ, [4] commission, duty of apostle, apostleship.   [34] ἐνεργέω, [21] I work, am operative, am at work, am made to work, accomplish; mid: I work, display activity.   [35] στῦλος, ου, ὁ, [4] a pillar, support, column.   [36] κοινωνία, ας, ἡ, [19] (lit: partnership) (a) contributory help, participation, (b) sharing in, communion, (c) spiritual fellowship, a fellowship in the spirit.

δὲ εἰς τὴν περιτομήν· ¹ 10 μόνον τῶν πτωχῶν ² ἵνα μνημονεύωμεν, ³ ὃ καὶ ἐσπούδασα ⁴ αὐτὸ τοῦτο ποιῆσαι.

Paul's Reproof of Peter, and the Lessons Drawn Therefrom

11 Ὅτε δὲ ἦλθεν Πέτρος εἰς Ἀντιόχειαν, ⁵ κατὰ πρόσωπον αὐτῷ ἀντέστην, ⁶ ὅτι κατεγνωσμένος ⁷ ἦν. 12 Πρὸ ⁸ τοῦ γὰρ ἐλθεῖν τινὰς ἀπὸ Ἰακώβου, μετὰ τῶν ἐθνῶν συνήσθιεν· ⁹ ὅτε δὲ ἦλθον, ὑπέστελλεν ¹⁰ καὶ ἀφώριζεν ¹¹ ἑαυτόν, φοβούμενος τοὺς ἐκ περιτομῆς. ¹ 13 Καὶ συνυπεκρίθησαν ¹² αὐτῷ καὶ οἱ λοιποὶ ¹³ Ἰουδαῖοι, ὥστε καὶ Βαρνάβας συναπήχθη ¹⁴ αὐτῶν τῇ ὑποκρίσει. ¹⁵ 14 Ἀλλ' ὅτε εἶδον ὅτι οὐκ ὀρθοποδοῦσιν ¹⁶ πρὸς τὴν ἀλήθειαν τοῦ εὐαγγελίου, εἶπον τῷ Πέτρῳ ἔμπροσθεν ¹⁷ πάντων, Εἰ σύ, Ἰουδαῖος ὑπάρχων, ἐθνικῶς ¹⁸ ζῇς καὶ οὐκ Ἰουδαϊκῶς, ¹⁹ τί τὰ ἔθνη ἀναγκάζεις ²⁰ Ἰουδαΐζειν; ²¹ 15 Ἡμεῖς φύσει ²² Ἰουδαῖοι καὶ οὐκ ἐξ ἐθνῶν ἁμαρτωλοί, ²³ 16 εἰδότες ὅτι οὐ δικαιοῦται ²⁴ ἄνθρωπος ἐξ ἔργων νόμου, ἐὰν μὴ διὰ πίστεως Ἰησοῦ χριστοῦ, καὶ ἡμεῖς εἰς χριστὸν Ἰησοῦν ἐπιστεύσαμεν, ἵνα δικαιωθῶμεν ²⁵ ἐκ πίστεως χριστοῦ, καὶ οὐκ ἐξ ἔργων νόμου· διότι ²⁶ οὐ δικαιωθήσεται ²⁷ ἐξ ἔργων νόμου πᾶσα σάρξ. 17 Εἰ δέ, ζητοῦντες δικαιωθῆναι ²⁸ ἐν χριστῷ, εὑρέθημεν καὶ αὐτοὶ ἁμαρτωλοί, ²³ ἆρα ²⁹ χριστὸς ἁμαρτίας διάκονος; ³⁰ Μὴ γένοιτο. 18 Εἰ γὰρ ἃ κατέλυσα, ³¹ ταῦτα πάλιν οἰκοδομῶ, ³²

---

³μνημονεύωμεν: PAS-1P ⁴ἐσπούδασα: AAI-1S ⁶ἀντέστην: 2AAI-1S ⁷κατεγνωσμένος: RPP-NSM ⁹συνήσθιεν: IAI-3S ¹⁰ὑπέστελλεν: IAI-3S ¹¹ἀφώριζεν: IAI-3S ¹²συνυπεκρίθησαν: API-3P ¹⁴συναπήχθη: API-3S ¹⁶ὀρθοποδοῦσιν: PAI-3P ²⁰ἀναγκάζεις: PAI-2S ²¹Ἰουδαΐζειν: PAN ²⁴δικαιοῦται: PPI-3S ²⁵δικαιωθῶμεν: APS-1P ²⁷δικαιωθήσεται: FPI-3S ²⁸δικαιωθῆναι: APN ³¹κατέλυσα: AAI-1S ³²οἰκοδομῶ: PAI-1S

---

¹περιτομή, ῆς, ἡ, [36] circumcision. ²πτωχός, ή, όν, [34] poor, destitute, spiritually poor, either in a good sense (humble devout persons) or bad. ³μνημονεύω, [21] I remember, hold in remembrance, make mention of. ⁴σπουδάζω, [11] I hasten, am eager, am zealous. ⁵Ἀντιόχεια, ας, ἡ, [18] Antioch, (a) Antioch on the river Orontes, capital of the Province Syria, (b) "Pisidian" Antioch, not in Pisidia, but near Pisidia, in the Roman Province Galatia. ⁶ἀνθίστημι, [14] I set against; I withstand, resist, oppose. ⁷καταγινώσκω, [3] I condemn, blame. ⁸πρό, [47] (a) of place: before, in front of, (b) of time: before, earlier than. ⁹συνεσθίω, [5] I eat with. ¹⁰ὑποστέλλω, [4] I withdraw, draw back, keep back, shun, conceal. ¹¹ἀφορίζω, [10] I rail off, separate, place apart. ¹²συνυποκρίνομαι, [1] I dissemble with, play a part with. ¹³λοιπός, ή, όν, [42] left, left behind, the remainder, the rest, the others. ¹⁴συναπάγω, [3] I lead away with, carry along with (in good or bad sense according to context); mid: I conform myself willingly to. ¹⁵ὑπόκρισις, εως, ἡ, [7] (lit: stage-playing), a response, answer, hypocrisy, dissembling. ¹⁶ὀρθοποδέω, [1] I walk in a straight course, walk uprightly. ¹⁷ἔμπροσθεν, [48] in front, before the face; sometimes made a subst. by the addition of the article: in front of, before the face of. ¹⁸ἐθνικῶς, [1] in the manner of Gentiles, like the rest of the world. ¹⁹Ἰουδαϊκῶς, [1] in the manner of Jews (religiously, ceremonially). ²⁰ἀναγκάζω, [9] I force, compel, constrain, urge. ²¹Ἰουδαΐζω, [1] I live as a Jew (in religion, ceremonially). ²²φύσις, εως, ἡ, [14] nature, inherent nature, origin, birth. ²³ἁμαρτωλός, ον, [48] sinning, sinful, depraved, detestable. ²⁴δικαιόω, [39] I make righteous, defend the cause of, plead for the righteousness (innocence) of, acquit, justify; hence: I regard as righteous. ²⁵δικαιόω, [39] I make righteous, defend the cause of, plead for the righteousness (innocence) of, acquit, justify; hence: I regard as righteous. ²⁶διότι, [24] on this account, because, for. ²⁷δικαιόω, [39] I make righteous, defend the cause of, plead for the righteousness (innocence) of, acquit, justify; hence: I regard as righteous. ²⁸δικαιόω, [39] I make righteous, defend the cause of, plead for the righteousness (innocence) of, acquit, justify; hence: I regard as righteous. ²⁹ἆρα, [19] a particle asking a question, to which a negative answer is expected. ³⁰διάκονος, οῦ, ὁ, ἡ, [30] a waiter, servant; then of any one who performs any service, an administrator. ³¹καταλύω, [17] (lit: I loosen thoroughly), (a) trans: I break up, overthrow, destroy, both lit. and met., (b) I unyoke, unharness a carriage horse or pack animal; hence: I put up, lodge, find a lodging. ³²οἰκοδομέω, [39] I erect a building, build; fig. of the building up of character: I build up, edify, encourage.

παραβάτην¹ ἐμαυτὸν² συνίστημι.³ **19** Ἐγὼ γὰρ διὰ νόμου νόμῳ ἀπέθανον, ἵνα θεῷ ζήσω. **20** Χριστῷ συνεσταύρωμαι·⁴ ζῶ δέ, οὐκέτι⁵ ἐγώ, ζῇ δὲ ἐν ἐμοὶ χριστός· ὃ δὲ νῦν ζῶ ἐν σαρκί, ἐν πίστει ζῶ τῇ τοῦ υἱοῦ τοῦ θεοῦ, τοῦ ἀγαπήσαντός με καὶ παραδόντος ἑαυτὸν ὑπὲρ ἐμοῦ. **21** Οὐκ ἀθετῶ⁶ τὴν χάριν τοῦ θεοῦ· εἰ γὰρ διὰ νόμου δικαιοσύνη, ἄρα⁷ χριστὸς δωρεὰν⁸ ἀπέθανεν.

Salvation Is Not of Works, but by Faith

3 Ὦ⁹ ἀνόητοι¹⁰ Γαλάται,¹¹ τίς ὑμᾶς ἐβάσκανεν¹² τῇ ἀληθείᾳ μὴ πείθεσθαι, οἷς κατ' ὀφθαλμοὺς Ἰησοῦς χριστὸς προεγράφη¹³ ἐν ὑμῖν ἐσταυρωμένος;¹⁴ **2** Τοῦτο μόνον θέλω μαθεῖν¹⁵ ἀφ' ὑμῶν, ἐξ ἔργων νόμου τὸ πνεῦμα ἐλάβετε, ἢ ἐξ ἀκοῆς¹⁶ πίστεως; **3** Οὕτως ἀνόητοί¹⁰ ἐστε; Ἐναρξάμενοι¹⁷ πνεύματι, νῦν σαρκὶ ἐπιτελεῖσθε;¹⁸ **4** Τοσαῦτα¹⁹ ἐπάθετε²⁰ εἰκῇ;²¹ Εἴγε²² καὶ εἰκῇ.²¹ **5** Ὁ οὖν ἐπιχορηγῶν²³ ὑμῖν τὸ πνεῦμα καὶ ἐνεργῶν²⁴ δυνάμεις ἐν ὑμῖν, ἐξ ἔργων νόμου, ἢ ἐξ ἀκοῆς¹⁶ πίστεως; **6** Καθὼς Ἀβραὰμ ἐπίστευσεν τῷ θεῷ, καὶ ἐλογίσθη²⁵ αὐτῷ εἰς δικαιοσύνην. **7** Γινώσκετε ἄρα⁷ ὅτι οἱ ἐκ πίστεως, οὗτοί εἰσιν υἱοὶ Ἀβραάμ. **8** Προϊδοῦσα²⁶ δὲ ἡ γραφὴ ὅτι ἐκ πίστεως δικαιοῖ²⁷ τὰ ἔθνη ὁ θεός, προευηγγελίσατο²⁸ τῷ Ἀβραὰμ ὅτι Ἐνευλογηθήσονται²⁹ ἐν σοὶ πάντα τὰ ἔθνη. **9** Ὥστε οἱ ἐκ πίστεως εὐλογοῦνται³⁰ σὺν τῷ πιστῷ Ἀβραάμ. **10** Ὅσοι γὰρ ἐξ ἔργων νόμου εἰσίν, ὑπὸ κατάραν³¹ εἰσίν· γέγραπται γάρ, Ἐπικατάρατος³² πᾶς ὃς οὐκ ἐμμένει³³ ἐν πᾶσιν τοῖς γεγραμμένοις ἐν τῷ βιβλίῳ³⁴ τοῦ νόμου, τοῦ ποιῆσαι αὐτά. **11** Ὅτι δὲ ἐν νόμῳ οὐδεὶς

---

³συνίστημι: PAI-1S   ⁴συνεσταύρωμαι: RPI-1S   ⁶ἀθετῶ: PAI-1S   ¹²ἐβάσκανεν: AAI-3S   ¹³προεγράφη: 2API-3S   ¹⁴ἐσταυρωμένος: RPP-NSM   ¹⁵μαθεῖν: 2AAN   ¹⁷Ἐναρξάμενοι: ADP-NPM   ¹⁸ἐπιτελεῖσθε: PEI-2P   ²⁰ἐπάθετε: 2AAI-2P   ²³ἐπιχορηγῶν: PAP-NSM   ²⁴ἐνεργῶν: PAP-NSM   ²⁵ἐλογίσθη: API-3S   ²⁶Προϊδοῦσα: 2AAP-NSF   ²⁷δικαιοῖ: PAI-3S   ²⁸προευηγγελίσατο: ADI-3S   ²⁹Ἐνευλογηθήσονται: FPI-3P   ³⁰εὐλογοῦνται: PPI-3P   ³³ἐμμένει: PAI-3S

---

¹παραβάτης, ου, ὁ, [5] a transgressor, law-breaker.   ²ἐμαυτοῦ, ῆς, οῦ, [37] of myself.   ³συνίστημι, συνιστάνω, [16] I place together, commend, prove, exhibit; instrans: I stand with; I am composed of, cohere.   ⁴συσταυρόω, [5] I crucify together with.   ⁵οὐκέτι, [48] no longer, no more.   ⁶ἀθετέω, [16] I annul, make of no effect, set aside, ignore, slight; I break faith with.   ⁷ἄρα, [35] then, therefore, since.   ⁸δωρεάν, [9] as a free gift, without payment, freely.   ⁹ὦ, [17] O, an exclamation, used in addressing someone.   ¹⁰ἀνόητος, ον, [6] foolish, thoughtless.   ¹¹Γαλάτης, ου, ὁ, [1] a Galatian (meaning any inhabitant of the Roman province Galatia).   ¹²βασκαίνω, [1] I give the evil eye to, fascinate, bewitch, overpower.   ¹³προγράφω, [5] (a) I write previously (aforetime); I write above (already), (b) I depict or portray openly, (c) I designate beforehand.   ¹⁴σταυρόω, [46] I fix to the cross, crucify; fig: I destroy, mortify.   ¹⁵μανθάνω, [25] I learn; with adj. or nouns: I learn to be so and so; with acc. of person who is the object of knowledge; aor. sometimes: to ascertain.   ¹⁶ἀκοή, ῆς, ἡ, [24] hearing, faculty of hearing, ear; report, rumor.   ¹⁷ἐνάρχομαι, [2] I begin (in), make a beginning, commence.   ¹⁸ἐπιτελέω, [11] I complete, accomplish, perfect.   ¹⁹τοσοῦτος, τοσαύτη, τοσοῦτο, [20] so great, so large, so long, so many.   ²⁰πάσχω, [42] I am acted upon in a certain way, either good or bad; I experience ill treatment, suffer.   ²¹εἰκῇ, [7] without a cause, purpose; purposelessly, in vain, for nothing.   ²²εἴγε, [5] if indeed, seeing that, unless.   ²³ἐπιχορηγέω, [5] I supply, provide (perhaps lavishly), furnish.   ²⁴ἐνεργέω, [21] I work, am operative, am at work, am made to work, accomplish; mid: I work, display activity.   ²⁵λογίζομαι, [41] I reckon, count, charge with; reason, decide, conclude; think, suppose.   ²⁶προείδω, [2] I see beforehand, am mindful.   ²⁷δικαιόω, [39] I make righteous, defend the cause of, plead for the righteousness (innocence) of, acquit, justify; hence: I regard as righteous.   ²⁸προευαγγελίζομαι, [1] I preach the gospel beforehand, foretell good tidings.   ²⁹ἐνευλογέω, [2] I bless (of God).   ³⁰εὐλογέω, [43] (lit: I speak well of) I bless; pass: I am blessed.   ³¹κατάρα, ας, ἡ, [6] cursing; a curse; meton: a doomed one.   ³²ἐπικατάρατος, ον, [3] on whom a curse has been invoked, accursed, doomed to destruction.   ³³ἐμμένω, [3] I remain (abide) in, abide by, maintain, persevere in.   ³⁴βιβλίον, ου, τό, [36] a papyrus roll.

δικαιοῦται¹ παρὰ τῷ θεῷ, δῆλον·² ὅτι Ὁ δίκαιος ἐκ πίστεως ζήσεται· **12** ὁ δὲ νόμος οὐκ ἔστιν ἐκ πίστεως, ἀλλ᾽ Ὁ ποιήσας αὐτὰ ἄνθρωπος ζήσεται ἐν αὐτοῖς. **13** Χριστὸς ἡμᾶς ἐξηγόρασεν³ ἐκ τῆς κατάρας⁴ τοῦ νόμου, γενόμενος ὑπὲρ ἡμῶν κατάρα·⁴ γέγραπται γάρ, Ἐπικατάρατος⁵ πᾶς ὁ κρεμάμενος⁶ ἐπὶ ξύλου·⁷ **14** ἵνα εἰς τὰ ἔθνη ἡ εὐλογία⁸ τοῦ Ἀβραὰμ γένηται ἐν χριστῷ Ἰησοῦ, ἵνα τὴν ἐπαγγελίαν τοῦ πνεύματος λάβωμεν διὰ τῆς πίστεως.

15 Ἀδελφοί, κατὰ ἄνθρωπον λέγω· ὅμως⁹ ἀνθρώπου κεκυρωμένην¹⁰ διαθήκην¹¹ οὐδεὶς ἀθετεῖ¹² ἢ ἐπιδιατάσσεται.¹³ **16** Τῷ δὲ Ἀβραὰμ ἐρρήθησαν αἱ ἐπαγγελίαι, καὶ τῷ σπέρματι¹⁴ αὐτοῦ. Οὐ λέγει, Καὶ τοῖς σπέρμασιν,¹⁴ ὡς ἐπὶ πολλῶν, ἀλλ᾽ ὡς ἐφ᾽ ἑνός, Καὶ τῷ σπέρματί¹⁴ σου, ὅς ἐστιν χριστός. **17** Τοῦτο δὲ λέγω, διαθήκην¹¹ προκεκυρωμένην¹⁵ ὑπὸ τοῦ θεοῦ εἰς χριστὸν ὁ μετὰ ἔτη¹⁶ τετρακόσια¹⁷ καὶ τριάκοντα¹⁸ γεγονὼς νόμος οὐκ ἀκυροῖ,¹⁹ εἰς τὸ καταργῆσαι²⁰ τὴν ἐπαγγελίαν. **18** Εἰ γὰρ ἐκ νόμου ἡ κληρονομία,²¹ οὐκέτι²² ἐξ ἐπαγγελίας· τῷ δὲ Ἀβραὰμ δι᾽ ἐπαγγελίας κεχάρισται²³ ὁ θεός.

Proofs for the Liberty of a Christian from the Nature and Meaning of the Law

19 Τί οὖν ὁ νόμος; Τῶν παραβάσεων²⁴ χάριν²⁵ προσετέθη,²⁶ ἄχρι οὗ ἔλθῃ τὸ σπέρμα¹⁴ ᾧ ἐπήγγελται,²⁷ διαταγεὶς²⁸ δι᾽ ἀγγέλων ἐν χειρὶ μεσίτου.²⁹ **20** Ὁ δὲ μεσίτης²⁹ ἑνὸς οὐκ ἔστιν, ὁ δὲ θεὸς εἷς ἐστίν. **21** Ὁ οὖν νόμος κατὰ τῶν ἐπαγγελιῶν τοῦ θεοῦ; Μὴ γένοιτο. Εἰ γὰρ ἐδόθη νόμος ὁ δυνάμενος ζωοποιῆσαι,³⁰ ὄντως³¹ ἂν ἐκ νόμου ἦν ἡ δικαιοσύνη.

---

¹δικαιοῦται: *PPI-3S* ³ἐξηγόρασεν: *AAI-3S* ⁶κρεμάμενος: *PMP-NSM* ¹⁰κεκυρωμένην: *RPP-ASF* ¹²ἀθετεῖ: *PAI-3S* ¹³ἐπιδιατάσσεται: *PNI-3S* ¹⁵προκεκυρωμένην: *RPP-ASF* ¹⁹ἀκυροῖ: *PAI-3S* ²⁰καταργῆσαι: *AAN* ²³κεχάρισται: *RNI-3S* ²⁶προσετέθη: *API-3S* ²⁷ἐπήγγελται: *RPI-3S* ²⁸διαταγεὶς: *2APP-NSM* ³⁰ζωοποιῆσαι: *AAN*

---

¹δικαιόω, [39] I make righteous, defend the cause of, plead for the righteousness (innocence) of, acquit, justify; hence: I regard as righteous. ²δῆλος, η, ον, [4] clear, manifest, evident. ³ἐξαγοράζω, [4] I buy out, buy away from, ransom; mid: I purchase out, buy, redeem, choose. ⁴κατάρα, ας, ἡ, [6] cursing; a curse; meton: a doomed one. ⁵ἐπικατάρατος, ον, [3] on whom a curse has been invoked, accursed, doomed to destruction. ⁶κρεμάννυμι, [7] I hang, hang up, suspend; mid: I am hanging, hang. ⁷ξύλον, ου, τό, [20] anything made of wood, a piece of wood, a club, staff; the trunk of a tree, used to support the cross-bar of a cross in crucifixion. ⁸εὐλογία, ας, ἡ, [16] adulation, praise, blessing, gift. ⁹ὅμως, [3] yet, nevertheless, even. ¹⁰κυρόω, [2] I ratify, confirm, make valid, reaffirm, assure. ¹¹διαθήκη, ης, ἡ, [33] (a) a covenant between two parties, (b) (the ordinary, everyday sense [found a countless number of times in papyri]) a will, testament. ¹²ἀθετέω, [16] I annul, make of no effect, set aside, ignore, slight; I break faith with. ¹³ἐπιδιατάσσομαι, [1] I make an additional testamentary disposition, I furnish with additions. ¹⁴σπέρμα, ατος, τό, [44] (a) seed, commonly of cereals, (b) offspring, descendents. ¹⁵προκυρόω, [1] I establish or ratify before. ¹⁶ἔτος, ους, τό, [49] a year. ¹⁷τετρακόσιοι, αι, α, [4] four hundred. ¹⁸τριάκοντα, οἱ, αἱ, τά, [11] thirty. ¹⁹ἀκυρόω, [3] I annul, make of no effect, cancel. ²⁰καταργέω, [27] (a) I make idle (inactive), make of no effect, annul, abolish, bring to naught, (b) I discharge, sever, separate from. ²¹κληρονομία, ας, ἡ, [14] an inheritance, an heritage, regularly the gift of God to His chosen people, in the Old Testament: the Promised Land, in NT a possession viewed in one sense as present, in another as future; a share, participation. ²²οὐκέτι, [48] no longer, no more. ²³χαρίζομαι, [23] (a) I show favor to, (b) I pardon, forgive, (c) I show kindness. ²⁴παράβασις, εως, ἡ, [7] a transgression, overstepping, deviation. ²⁵χάριν, [9] for the sake of, by reason of, on account of. ²⁶προστίθημι, [18] I place (put) to, add; I do again. ²⁷ἐπαγγέλλομαι, [15] I promise, profess. ²⁸διατάσσω, [15] I give orders to, prescribe, arrange. ²⁹μεσίτης, ου, ὁ, [6] (a) a mediator, intermediary, (b) a go-between, arbiter, agent of something good. ³⁰ζωοποιέω, [12] I make that which was dead to live, cause to live, quicken. ³¹ὄντως, [10] really, truly, actually.

22 Ἀλλὰ συνέκλεισεν[1] ἡ γραφὴ τὰ πάντα ὑπὸ ἁμαρτίαν, ἵνα ἡ ἐπαγγελία ἐκ πίστεως Ἰησοῦ χριστοῦ δοθῇ τοῖς πιστεύουσιν.

23 Πρὸ[2] τοῦ δὲ ἐλθεῖν τὴν πίστιν, ὑπὸ νόμον ἐφρουρούμεθα,[3] συγκεκλεισμένοι[4] εἰς τὴν μέλλουσαν πίστιν ἀποκαλυφθῆναι.[5] **24** Ὥστε ὁ νόμος παιδαγωγὸς[6] ἡμῶν γέγονεν εἰς χριστόν, ἵνα ἐκ πίστεως δικαιωθῶμεν.[7] **25** Ἐλθούσης δὲ τῆς πίστεως, οὐκέτι[8] ὑπὸ παιδαγωγόν[6] ἐσμεν. **26** Πάντες γὰρ υἱοὶ θεοῦ ἐστὲ διὰ τῆς πίστεως ἐν χριστῷ Ἰησοῦ. **27** Ὅσοι γὰρ εἰς χριστὸν ἐβαπτίσθητε, χριστὸν ἐνεδύσασθε.[9] **28** Οὐκ ἔνι[10] Ἰουδαῖος οὐδὲ Ἕλλην,[11] οὐκ ἔνι[12] δοῦλος οὐδὲ ἐλεύθερος,[13] οὐκ ἔνι[14] ἄρσεν[15] καὶ θῆλυ·[16] πάντες γὰρ ὑμεῖς εἷς ἐστὲ ἐν χριστῷ Ἰησοῦ. **29** Εἰ δὲ ὑμεῖς χριστοῦ, ἄρα[17] τοῦ Ἀβραὰμ σπέρμα[18] ἐστέ, καὶ κατ' ἐπαγγελίαν κληρονόμοι.[19]

The Sonship of the Believers Opposed to the Bondage of the Law

4 Λέγω δέ, ἐφ' ὅσον χρόνον ὁ κληρονόμος[19] νήπιός[20] ἐστιν, οὐδὲν διαφέρει[21] δούλου, κύριος πάντων ὤν· **2** ἀλλὰ ὑπὸ ἐπιτρόπους[22] ἐστὶν καὶ οἰκονόμους,[23] ἄχρι τῆς προθεσμίας[24] τοῦ πατρός. **3** Οὕτως καὶ ἡμεῖς, ὅτε ἦμεν νήπιοι,[20] ὑπὸ τὰ στοιχεῖα[25] τοῦ κόσμου ἦμεν δεδουλωμένοι·[26] **4** ὅτε δὲ ἦλθεν τὸ πλήρωμα[27] τοῦ χρόνου, ἐξαπέστειλεν[28] ὁ θεὸς τὸν υἱὸν αὐτοῦ, γενόμενον ἐκ γυναικός, γενόμενον ὑπὸ νόμον, **5** ἵνα τοὺς ὑπὸ νόμον ἐξαγοράσῃ,[29] ἵνα τὴν υἱοθεσίαν[30] ἀπολάβωμεν.[31] **6** Ὅτι δέ ἐστε υἱοί, ἐξαπέστειλεν[32] ὁ θεὸς τὸ πνεῦμα τοῦ υἱοῦ αὐτοῦ εἰς τὰς καρδίας ὑμῶν, κρᾶζον, Ἀββᾶ,[33] ὁ πατήρ. **7** Ὥστε οὐκέτι[8] εἶ δοῦλος, ἀλλ' υἱός· εἰ δὲ υἱός, καὶ κληρονόμος[19] θεοῦ διὰ χριστοῦ.

---

[1] συνέκλεισεν: AAI-3S   [3] ἐφρουρούμεθα: IPI-1P   [4] συγκεκλεισμένοι: RPP-NPM   [5] ἀποκαλυφθῆναι: APN
[7] δικαιωθῶμεν: APS-1P   [9] ἐνεδύσασθε: AMI-2P   [10] ἔνι: PAI-3S   [12] ἔνι: PAI-3S   [14] ἔνι: PAI-3S   [21] διαφέρει:
PAI-3S   [26] δεδουλωμένοι: RPP-NPM   [28] ἐξαπέστειλεν: AAI-3S   [29] ἐξαγοράσῃ: AAS-3S   [31] ἀπολάβωμεν: 2AAS-1P
[32] ἐξαπέστειλεν: AAI-3S

---

[1] συγκλείω, [4] I enclose, shut in, make subject to.   [2] πρό, [47] (a) of place: before, in front of, (b) of time: before, earlier than.   [3] φρουρέω, [4] I guard, keep, as by a military guard.   [4] συγκλείω, [4] I enclose, shut in, make subject to.   [5] ἀποκαλύπτω, [26] I uncover, bring to light, reveal.   [6] παιδαγωγός, οῦ, ὁ, [3] a boy's guardian or tutor, a slave who had charge of the life and morals of the boys of a family, not strictly a teacher.   [7] δικαιόω, [39] I make righteous, defend the cause of, plead for the righteousness (innocence) of, acquit, justify; hence: I regard as righteous.   [8] οὐκέτι, [48] no longer, no more.   [9] ἐνδύω, [28] I put on, clothe (another).   [10] ἔνι, [6] there is in, is present.   [11] Ἕλλην, ηνος, ὁ, [27] a Hellene, the native word for a Greek; it is, however, a term wide enough to include all Greek-speaking (i.e. educated) non-Jews.   [12] ἔνι, [6] there is in, is present.   [13] ἐλεύθερος, έρα, ερον, [23] free, delivered from obligation.   [14] ἔνι, [6] there is in, is present.   [15] ἄρσην, ενος, εν, [9] male.   [16] θῆλυς, εια, υ, [5] female.   [17] ἄρα, [35] then, therefore, since.   [18] σπέρμα, ατος, τό, [44] (a) seed, commonly of cereals, (b) offspring, descendents.   [19] κληρονόμος, ου, ὁ, [15] an heir, an inheritor.   [20] νήπιος, α, ον, [14] unlearned, unenlightened; noun: an infant, child.   [21] διαφέρω, [13] (a) trans: I carry through, hither and thither, (b) intrans: I am different, differ, and sometimes: I surpass, excel.   [22] ἐπίτροπος, ου, ὁ, [3] (a) (procurator) a steward, (b) (tutor) a guardian (appointed for an "infant" [under 14 perhaps] by the father or by a magistrate).   [23] οἰκονόμος, ου, ὁ, [10] a household manager, a steward, guardian.   [24] προθεσμία, ας, ἡ, [1] appointed before; a previously-appointed time.   [25] στοιχεῖον, ου, τό, [7] (a) plur: the heavenly bodies, (b) a rudiment, an element, a rudimentary principle, an elementary rule.   [26] δουλόω, [8] I enslave.   [27] πλήρωμα, ατος, τό, [17] (a) a fill, fullness; full complement; supply, patch, supplement, (b) fullness, filling, fulfillment, completion.   [28] ἐξαποστέλλω, [11] I send away, send forth (a person qualified for a task).   [29] ἐξαγοράζω, [4] I buy out, buy away from, ransom; mid: I purchase out, buy, redeem, choose.   [30] υἱοθεσία, ας, ἡ, [5] adoption, as a son into the divine family.   [31] ἀπολαμβάνω, [11] (a) I get back, receive back, (b) I get (receive) as due (deserved), (c) mid: I draw aside, separate.   [32] ἐξαποστέλλω, [11] I send away, send forth (a person qualified for a task).   [33] Ἀββᾶ, [3] Abba, Father.

8 Ἀλλὰ τότε μέν, οὐκ εἰδότες θεόν, ἐδουλεύσατε¹ τοῖς μὴ φύσει² οὖσιν θεοῖς· 9 νῦν δέ, γνόντες θεόν, μᾶλλον δὲ γνωσθέντες ὑπὸ θεοῦ, πῶς ἐπιστρέφετε³ πάλιν ἐπὶ τὰ ἀσθενῆ⁴ καὶ πτωχὰ⁵ στοιχεῖα,⁶ οἷς πάλιν ἄνωθεν⁷ δουλεύειν⁸ θέλετε; 10 Ἡμέρας παρατηρεῖσθε,⁹ καὶ μῆνας,¹⁰ καὶ καιρούς, καὶ ἐνιαυτούς.¹¹ 11 Φοβοῦμαι ὑμᾶς, μήπως¹² εἰκῇ¹³ κεκοπίακα¹⁴ εἰς ὑμᾶς.

12 Γίνεσθε ὡς ἐγώ, ὅτι κἀγὼ ὡς ὑμεῖς, ἀδελφοί, δέομαι¹⁵ ὑμῶν. Οὐδέν με ἠδικήσατε·¹⁶ 13 οἴδατε δὲ ὅτι δι᾽ ἀσθένειαν¹⁷ τῆς σαρκὸς εὐηγγελισάμην ὑμῖν τὸ πρότερον.¹⁸ 14 Καὶ τὸν πειρασμόν¹⁹ μου τὸν ἐν τῇ σαρκί μου οὐκ ἐξουθενήσατε²⁰ οὐδὲ ἐξεπτύσατε,²¹ ἀλλ᾽ ὡς ἄγγελον θεοῦ ἐδέξασθέ με, ὡς χριστὸν Ἰησοῦν. 15 Τίς οὖν ἦν ὁ μακαρισμὸς²² ὑμῶν; Μαρτυρῶ γὰρ ὑμῖν ὅτι, εἰ δυνατόν,²³ τοὺς ὀφθαλμοὺς ὑμῶν ἐξορύξαντες²⁴ ἂν ἐδώκατέ μοι. 16 Ὥστε ἐχθρὸς²⁵ ὑμῶν γέγονα ἀληθεύων²⁶ ὑμῖν; 17 Ζηλοῦσιν²⁷ ὑμᾶς οὐ καλῶς,²⁸ ἀλλὰ ἐκκλεῖσαι²⁹ ὑμᾶς θέλουσιν, ἵνα αὐτοὺς ζηλοῦτε.³⁰ 18 Καλὸν δὲ τὸ ζηλοῦσθαι³¹ ἐν καλῷ πάντοτε,³² καὶ μὴ μόνον ἐν τῷ παρεῖναί³³ με πρὸς ὑμᾶς. 19 Τεκνία³⁴ μου, οὓς πάλιν ὠδίνω,³⁵ ἄχρι οὗ μορφωθῇ³⁶ χριστὸς ἐν ὑμῖν, 20 ἤθελον δὲ παρεῖναι³⁷ πρὸς ὑμᾶς ἄρτι,³⁸ καὶ ἀλλάξαι³⁹ τὴν φωνήν μου, ὅτι ἀποροῦμαι⁴⁰ ἐν ὑμῖν.

---

¹ἐδουλεύσατε: AAI-2P　³ἐπιστρέφετε: PAI-2P　⁸δουλεύειν: PAN　⁹παρατηρεῖσθε: PMI-2P　¹⁴κεκοπίακα: RAI-1S　¹⁵δέομαι: PNI-1S　¹⁶ἠδικήσατε: AAI-2P　²⁰ἐξουθενήσατε: AAI-2P　²¹ἐξεπτύσατε: AAI-2P　²⁴ἐξορύξαντες: AAP-NPM　²⁶ἀληθεύων: PAP-NSM　²⁷Ζηλοῦσιν: PAI-3P　²⁹ἐκκλεῖσαι: AAN　³⁰ζηλοῦτε: PAS-2P　³¹ζηλοῦσθαι: PPN　³³παρεῖναί: PAN　³⁵ὠδίνω: PAI-1S　³⁶μορφωθῇ: APS-3S　³⁷παρεῖναι: PAN　³⁹ἀλλάξαι: AAN　⁴⁰ἀποροῦμαι: PMI-1S

---

¹δουλεύω, [25] I am a slave, am subject to, obey, am devoted.　²φύσις, εως, ἡ, [14] nature, inherent nature, origin, birth.　³ἐπιστρέφω, [37] (a) trans: I turn (back) to (towards), (b) intrans: I turn (back) (to [towards]); I come to myself.　⁴ἀσθενής, ές, [25] (lit: not strong), (a) weak (physically, or morally), (b) infirm, sick.　⁵πτωχός, ή, όν, [34] poor, destitute, spiritually poor, either in a good sense (humble devout persons) or bad.　⁶στοιχεῖον, ου, τό, [7] (a) plur: the heavenly bodies, (b) a rudiment, an element, a rudimentary principle, an elementary rule.　⁷ἄνωθεν, [13] (a) from above, from heaven, (b) from the beginning, from their origin (source), from of old, (c) again, anew.　⁸δουλεύω, [25] I am a slave, am subject to, obey, am devoted.　⁹παρατηρέω, [6] I watch, observe scrupulously.　¹⁰μήν, μηνός, ὁ, [18] a (lunar) month.　¹¹ἐνιαυτός, οῦ, ὁ, [14] a year, cycle of time.　¹²μήπως, [12] lest in any way, lest perhaps.　¹³εἰκῇ, [7] without a cause, purpose; purposelessly, in vain, for nothing.　¹⁴κοπιάω, [23] (a) I grow weary, (b) I toil, work with effort (of bodily and mental labor alike).　¹⁵δέομαι, [22] I want for myself; I want, need; I beg, request, beseech, pray.　¹⁶ἀδικέω, [27] I act unjustly towards, injure, harm.　¹⁷ἀσθένεια, ας, ἡ, [24] want of strength, weakness, illness, suffering, calamity, frailty.　¹⁸πρότερον, [11] formerly, before.　¹⁹πειρασμός, οῦ, ὁ, [21] (a) trial, probation, testing, being tried, (b) temptation, (c) calamity, affliction.　²⁰ἐξουθενέω, [11] I set at naught, ignore, despise.　²¹ἐκπτύω, [1] I spit out, disdain, reject, loathe.　²²μακαρισμός, οῦ, ὁ, [3] regarding as happy, blessed, or enviable.　²³δυνατός, ή, όν, [36] (a) of persons: powerful, able, (b) of things: possible.　²⁴ἐξορύσσω, [2] (a) I dig out, hence: I open up, (b) I gouge.　²⁵ἐχθρός, ά, όν, [32] hated, hostile; subst: an enemy.　²⁶ἀληθεύω, [2] I say (speak) truth, do truth, maintain truth (the truth).　²⁷ζηλόω, [11] (a) intrans: I am jealous, (b) trans: I am jealous of, with acc. of a person; I am eager for, am eager to possess, with acc. of a thing.　²⁸καλῶς, [36] well, nobly, honorably, rightly.　²⁹ἐκκλείω, [2] I shut out, exclude, separate.　³⁰ζηλόω, [11] (a) intrans: I am jealous, (b) trans: I am jealous of, with acc. of a person; I am eager for, am eager to possess, with acc. of a thing.　³¹ζηλόω, [11] (a) intrans: I am jealous, (b) trans: I am jealous of, with acc. of a person; I am eager for, am eager to possess, with acc. of a thing.　³²πάντοτε, [42] always, at all times, ever.　³³πάρειμι, [24] I am present, am near; I have come, arrived.　³⁴τεκνίον, ου, τό, [9] a little child.　³⁵ὠδίνω, [3] I am in travail, suffer birth-pangs.　³⁶μορφόω, [1] I form, fashion, shape, mold.　³⁷πάρειμι, [24] I am present, am near; I have come, arrived.　³⁸ἄρτι, [37] now, just now, at this moment.　³⁹ἀλλάσσω, [6] I change, alter, exchange, transform.　⁴⁰ἀπορέω, [4] I am at a loss, am perplexed; mid: I am in doubt.

21 Λέγετέ μοι, οἱ ὑπὸ νόμον θέλοντες εἶναι, τὸν νόμον οὐκ ἀκούετε; **22** Γέγραπται γάρ, ὅτι Ἀβραὰμ δύο υἱοὺς ἔσχεν· ἕνα ἐκ τῆς παιδίσκης,¹ καὶ ἕνα ἐκ τῆς ἐλευθέρας.² **23** Ἀλλ᾽ ὁ μὲν ἐκ τῆς παιδίσκης¹ κατὰ σάρκα γεγέννηται, ὁ δὲ ἐκ τῆς ἐλευθέρας² διὰ τῆς ἐπαγγελίας. **24** Ἅτινά ἐστιν ἀλληγορούμενα·³ αὗται γάρ εἰσιν δύο διαθῆκαι·⁴ μία μὲν ἀπὸ ὄρους Σινᾶ,⁵ εἰς δουλείαν⁶ γεννῶσα, ἥτις ἐστὶν Ἄγαρ. **25** Τὸ γὰρ Ἄγαρ Σινᾶ⁵ ὄρος ἐστὶν ἐν τῇ Ἀραβίᾳ,⁷ συστοιχεῖ⁸ δὲ τῇ νῦν Ἰερουσαλήμ, δουλεύει⁹ δὲ μετὰ τῶν τέκνων αὐτῆς. **26** Ἡ δὲ ἄνω¹⁰ Ἰερουσαλὴμ ἐλευθέρα² ἐστίν, ἥτις ἐστὶν μήτηρ πάντων ἡμῶν· **27** γέγραπται γάρ, Εὐφράνθητι,¹¹ στεῖρα,¹² ἡ οὐ τίκτουσα·¹³ ῥῆξον¹⁴ καὶ βόησον,¹⁵ ἡ οὐκ ὠδίνουσα·¹⁶ ὅτι πολλὰ τὰ τέκνα τῆς ἐρήμου μᾶλλον ἢ τῆς ἐχούσης τὸν ἄνδρα. **28** Ἡμεῖς δέ, ἀδελφοί, κατὰ Ἰσαάκ, ἐπαγγελίας τέκνα ἐσμέν. **29** Ἀλλ᾽ ὥσπερ¹⁷ τότε ὁ κατὰ σάρκα γεννηθεὶς ἐδίωκεν¹⁸ τὸν κατὰ πνεῦμα, οὕτως καὶ νῦν. **30** Ἀλλὰ τί λέγει ἡ γραφή; Ἔκβαλε τὴν παιδίσκην¹ καὶ τὸν υἱὸν αὐτῆς, οὐ γὰρ μὴ κληρονομήσῃ¹⁹ ὁ υἱὸς τῆς παιδίσκης¹ μετὰ τοῦ υἱοῦ τῆς ἐλευθέρας.² **31** Ἄρα,²⁰ ἀδελφοί, οὐκ ἐσμὲν παιδίσκης¹ τέκνα, ἀλλὰ τῆς ἐλευθέρας.²

Christian Liberty an Incentive to Holiness of Life

5 Τῇ ἐλευθερίᾳ²¹ οὖν ᾗ χριστὸς ἡμᾶς ἠλευθέρωσεν,²² στήκετε,²³ καὶ μὴ πάλιν ζυγῷ²⁴ δουλείας⁶ ἐνέχεσθε.²⁵

2 Ἴδε,²⁶ ἐγὼ Παῦλος λέγω ὑμῖν, ὅτι ἐὰν περιτέμνησθε,²⁷ χριστὸς ὑμᾶς οὐδὲν ὠφελήσει.²⁸ **3** Μαρτύρομαι²⁹ δὲ πάλιν παντὶ ἀνθρώπῳ περιτεμνομένῳ,³⁰ ὅτι ὀφειλέτης³¹ ἐστὶν ὅλον τὸν νόμον ποιῆσαι. **4** Κατηργήθητε³² ἀπὸ τοῦ χριστοῦ, οἵτινες ἐν νόμῳ

---

³ἀλληγορούμενα: *PPP-NPN*   ⁸συστοιχεῖ: *PAI-3S*   ⁹δουλεύει: *PAI-3S*   ¹¹Εὐφράνθητι: *APM-2S*   ¹³τίκτουσα: *PAP-NSF*   ¹⁴ῥῆξον: *AAM-2S*   ¹⁵βόησον: *AAM-2S*   ¹⁶ὠδίνουσα: *PAP-NSF*   ¹⁸ἐδίωκεν: *IAI-3S*   ¹⁹κληρονομήσῃ: *AAS-3S*   ²²ἠλευθέρωσεν: *AAI-3S*   ²³στήκετε: *PAM-2P*   ²⁵ἐνέχεσθε: *PPM-2P*   ²⁶Ἴδε: *2AAM-2S*   ²⁷περιτέμνησθε: *PPS-2P*   ²⁸ὠφελήσει: *FAI-3S*   ²⁹Μαρτύρομαι: *PNI-1S*   ³⁰περιτεμνομένῳ: *PPP-DSM*   ³²Κατηργήθητε: *API-2P*

---

¹παιδίσκη, ης, ἡ, [13] *a female slave, maidservant, maid, young girl.*   ²ἐλεύθερος, έρα, ερον, [23] *free, delivered from obligation.*   ³ἀλληγορέω, [1] *I speak allegorically.*   ⁴διαθήκη, ης, ἡ, [33] *(a) a covenant between two parties, (b) (the ordinary, everyday sense [found a countless number of times in papyri]) a will, testament.*   ⁵Σινᾶ, τό, [4] *Sinai, a mountain in Arabia.*   ⁶δουλεία, ας, ἡ, [5] *slavery, bondage.*   ⁷Ἀραβία, ας, ἡ, [2] *Arabia, the district south of Palestine.*   ⁸συστοιχέω, [1] *I am in the same rank with; I answer to, correspond to.*   ⁹δουλεύω, [25] *I am a slave, am subject to, obey, am devoted.*   ¹⁰ἄνω, [10] *up, above, up to the top, up to the brim, things above, heaven, the heavenly region.*   ¹¹εὐφραίνω, [14] *I cheer, make glad; generally mid. or pass: I am glad, make merry, revel, feast.*   ¹²στεῖρος, α, ον, [4] *barren.*   ¹³τίκτω, [19] *I bear, bring forth, produce, beget, yield.*   ¹⁴ῥήγνυμι, ῥήσσω, [7] *I rend, break asunder; I break forth (into speech); I throw or dash down.*   ¹⁵βοάω, [11] *I shout, call aloud, proclaim.*   ¹⁶ὠδίνω, [3] *I am in travail, suffer birth-pangs.*   ¹⁷ὥσπερ, [42] *just as, as, even as.*   ¹⁸διώκω, [44] *I pursue, hence: I persecute.*   ¹⁹κληρονομέω, [18] *I inherit, obtain (possess) by inheritance, acquire.*   ²⁰ἄρα, [35] *then, therefore, since.*   ²¹ἐλευθερία, ας, ἡ, [11] *freedom, liberty, especially: a state of freedom from slavery.*   ²²ἐλευθερόω, [7] *I free, set free, liberate.*   ²³στήκω, [8] *I stand fast, stand firm, persevere.*   ²⁴ζυγός, οῦ, ὁ, [6] *a yoke; hence met: (a Jewish idea) of a heavy burden, comparable to the heavy yokes resting on the bullocks' necks; a balance, pair of scales.*   ²⁵ἐνέχω, [3] *(a) I have a grudge against, am angry (with), (b) pass. or mid: I am entangled, entangle myself.*   ²⁶ἴδε, [35] *See! Lo! Behold! Look!*   ²⁷περιτέμνω, [18] *I cut around, circumcise.*   ²⁸ὠφελέω, [15] *I help, benefit, do good, am useful (to), profit.*   ²⁹μαρτύρομαι, [5] *(properly: I call (summon) to witness, and then absolutely) I testify, protest, asseverate; I conjure, solemnly charge.*   ³⁰περιτέμνω, [18] *I cut around, circumcise.*   ³¹ὀφειλέτης, ου, ὁ, [7] *(a) a debtor, one who owes, one who is indebted, (b) one who has sinned against another (an Aramaism), a sinner.*   ³²καταργέω, [27] *(a) I make idle (inactive), make of no effect, annul, abolish, bring to naught, (b) I discharge, sever, separate from.*

δικαιοῦσθε·¹ τῆς χάριτος ἐξεπέσατε.² 5 Ἡμεῖς γὰρ πνεύματι ἐκ πίστεως ἐλπίδα δικαιοσύνης ἀπεκδεχόμεθα.³ 6 Ἐν γὰρ χριστῷ Ἰησοῦ οὔτε περιτομή⁴ τι ἰσχύει,⁵ οὔτε ἀκροβυστία,⁶ ἀλλὰ πίστις δι' ἀγάπης ἐνεργουμένη.⁷ 7 Ἐτρέχετε⁸ καλῶς·⁹ τίς ὑμᾶς ἐνέκοψεν¹⁰ τῇ ἀληθείᾳ μὴ πείθεσθαι; 8 Ἡ πεισμονὴ¹¹ οὐκ ἐκ τοῦ καλοῦντος ὑμᾶς. 9 Μικρὰ¹² ζύμη¹³ ὅλον τὸ φύραμα¹⁴ ζυμοῖ.¹⁵ 10 Ἐγὼ πέποιθα εἰς ὑμᾶς ἐν κυρίῳ, ὅτι οὐδὲν ἄλλο φρονήσετε·¹⁶ ὁ δὲ ταράσσων¹⁷ ὑμᾶς βαστάσει¹⁸ τὸ κρίμα,¹⁹ ὅστις ἂν ᾖ. 11 Ἐγὼ δέ, ἀδελφοί, εἰ περιτομὴν⁴ ἔτι κηρύσσω, τί ἔτι διώκομαι;²⁰ Ἄρα²¹ κατήργηται²² τὸ σκάνδαλον²³ τοῦ σταυροῦ.²⁴ 12 Ὄφελον²⁵ καὶ ἀποκόψονται²⁶ οἱ ἀναστατοῦντες²⁷ ὑμᾶς.

13 Ὑμεῖς γὰρ ἐπ' ἐλευθερίᾳ²⁸ ἐκλήθητε, ἀδελφοί· μόνον μὴ τὴν ἐλευθερίαν²⁸ εἰς ἀφορμὴν²⁹ τῇ σαρκί, ἀλλὰ διὰ τῆς ἀγάπης δουλεύετε³⁰ ἀλλήλοις. 14 Ὁ γὰρ πᾶς νόμος ἐν ἑνὶ λόγῳ πληροῦται, ἐν τῷ, Ἀγαπήσεις τὸν πλησίον³¹ σου ὡς ἑαυτόν. 15 Εἰ δὲ ἀλλήλους δάκνετε³² καὶ κατεσθίετε,³³ βλέπετε μὴ ὑπὸ ἀλλήλων ἀναλωθῆτε.³⁴

16 Λέγω δέ, πνεύματι περιπατεῖτε, καὶ ἐπιθυμίαν³⁵ σαρκὸς οὐ μὴ τελέσητε.³⁶ 17 Ἡ γὰρ σὰρξ ἐπιθυμεῖ³⁷ κατὰ τοῦ πνεύματος, τὸ δὲ πνεῦμα κατὰ τῆς σαρκός· ταῦτα δὲ ἀντίκειται³⁸ ἀλλήλοις, ἵνα μὴ ἃ ἂν θέλητε, ταῦτα ποιῆτε. 18 Εἰ δὲ πνεύματι ἄγεσθε,

---

¹δικαιοῦσθε: PPI-2P ²ἐξεπέσατε: 2AAI-2P ³ἀπεκδεχόμεθα: PNI-1P ⁵ἰσχύει: PAI-3S ⁷ἐνεργουμένη: PMP-NSF ⁸Ἐτρέχετε: IAI-2P ¹⁰ἐνέκοψεν: AAI-3S ¹⁵ζυμοῖ: PAI-3S ¹⁶φρονήσετε: FAI-2P ¹⁷ταράσσων: PAP-NSM ¹⁸βαστάσει: FAI-3S ²⁰διώκομαι: PPI-1S ²²κατήργηται: RPI-3S ²⁵Ὄφελον: 2AAI-1S ²⁶ἀποκόψονται: FMI-3P ²⁷ἀναστατοῦντες: PAP-NPM ³⁰δουλεύετε: PAM-2P ³²δάκνετε: PAI-2P ³³κατεσθίετε: PAI-2P ³⁴ἀναλωθῆτε: APS-2P ³⁶τελέσητε: AAS-2P ³⁷ἐπιθυμεῖ: PAI-3S ³⁸ἀντίκειται: PNI-3S

---

¹δικαιόω, [39] I make righteous, defend the cause of, plead for the righteousness (innocence) of, acquit, justify; hence: I regard as righteous. ²ἐκπίπτω, [12] I fall out, fall off, fall away; hence in nautical language: I fall off from the straight course; of flowers: I fade away, wither away; I fall from, lose, forfeit; I am cast ashore; I am fruitless. ³ἀπεκδέχομαι, [8] I expect eagerly, wait for eagerly, look for. ⁴περιτομή, ῆς, ἡ, [36] circumcision. ⁵ἰσχύω, [29] I have strength, am strong, am in full health and vigor, am able; meton: I prevail. ⁶ἀκροβυστία, ας, ἡ, [20] (a technical word of Jewish use) foreskin, prepuce: used sometimes as a slang term by Jews, of Gentiles. ⁷ἐνεργέω, [21] I work, am operative, am at work, am made to work, accomplish; mid: I work, display activity. ⁸τρέχω, [20] I run, exercise myself, make progress. ⁹καλῶς, [36] well, nobly, honorably, rightly. ¹⁰ἐγκόπτω, [5] I interrupt, hinder. ¹¹πεισμονή, ῆς, ἡ, [1] persuasion, conviction, a yielding to persuasion. ¹²μικρός, ά, όν, [45] little, small. ¹³ζύμη, ης, ἡ, [13] leaven, ferment, both lit. and met. ¹⁴φύραμα, ατος, τό, [5] a mass or lump, as of bread dough. ¹⁵ζυμόω, [4] I leaven, ferment. ¹⁶φρονέω, [29] (a) I think, (b) I think, judge, (c) I direct the mind to, seek for, (d) I observe, (e) I care for. ¹⁷ταράσσω, [17] I disturb, agitate, stir up, trouble. ¹⁸βαστάζω, [27] (a) I carry, bear, (b) I carry (take) away. ¹⁹κρίμα, ατος, τό, [28] (a) a judgment, a verdict; sometimes implying an adverse verdict, a condemnation, (b) a case at law, a lawsuit. ²⁰διώκω, [44] I pursue, hence: I persecute. ²¹ἄρα, [35] then, therefore, since. ²²καταργέω, [27] (a) I make idle (inactive), make of no effect, annul, abolish, bring to naught, (b) I discharge, sever, separate from. ²³σκάνδαλον, ου, τό, [15] a snare, stumbling-block, cause for error. ²⁴σταυρός, οῦ, ὁ, [28] a cross. ²⁵ὄφελον, [4] O that! I wish! Would that!, followed by indicative. ²⁶ἀποκόπτω, [6] I smite, cut off, cut loose; mid: I emasculate, castrate, mutilate myself. ²⁷ἀναστατόω, [3] (perhaps a political metaphor), I turn upside down, upset, unsettle. ²⁸ἐλευθερία, ας, ἡ, [11] freedom, liberty, especially: a state of freedom from slavery. ²⁹ἀφορμή, ῆς, ἡ, [7] (a) a starting, a start, (b) cause, occasion, opportunity. ³⁰δουλεύω, [25] I am a slave, am subject to, obey, am devoted. ³¹πλησίον, [16] near, nearby, a neighbor. ³²δάκνω, [1] I bite; hence: I backbite, harm seriously. ³³κατεσθίω, [15] I eat up, eat till it is finished, devour, squander, annoy, injure. ³⁴ἀναλίσκω, [3] I destroy, annihilate, expend, consume. ³⁵ἐπιθυμία, ας, ἡ, [38] desire, eagerness for, inordinate desire, lust. ³⁶τελέω, [26] (a) I end, finish, (b) I fulfill, accomplish, (c) I pay. ³⁷ἐπιθυμέω, [16] I long for, covet, lust after, set the heart upon. ³⁸ἀντίκειμαι, [8] I resist, oppose, withstand, lie opposite to.

οὐκ ἐστὲ ὑπὸ νόμον. **19** Φανερὰ¹ δέ ἐστιν τὰ ἔργα τῆς σαρκός, ἅτινά ἐστιν μοιχεία,² πορνεία,³ ἀκαθαρσία,⁴ ἀσέλγεια,⁵ **20** εἰδωλολατρεία,⁶ φαρμακεία,⁷ ἔχθραι,⁸ ἔρεις,⁹ ζῆλοι,¹⁰ θυμοί,¹¹ ἐριθεῖαι,¹² διχοστασίαι,¹³ αἱρέσεις,¹⁴ **21** φθόνοι,¹⁵ φόνοι,¹⁶ μέθαι,¹⁷ κῶμοι,¹⁸ καὶ τὰ ὅμοια¹⁹ τούτοις· ἃ προλέγω²⁰ ὑμῖν, καθὼς καὶ προεῖπον,²¹ ὅτι οἱ τὰ τοιαῦτα πράσσοντες²² βασιλείαν θεοῦ οὐ κληρονομήσουσιν.²³ **22** Ὁ δὲ καρπὸς τοῦ πνεύματός ἐστιν ἀγάπη, χαρά, εἰρήνη, μακροθυμία,²⁴ χρηστότης,²⁵ ἀγαθωσύνη,²⁶ πίστις, **23** πραότης,²⁷ ἐγκράτεια·²⁸ κατὰ τῶν τοιούτων οὐκ ἔστιν νόμος. **24** Οἱ δὲ τοῦ χριστοῦ, τὴν σάρκα ἐσταύρωσαν²⁹ σὺν τοῖς παθήμασιν³⁰ καὶ ταῖς ἐπιθυμίαις.³¹

25 Εἰ ζῶμεν πνεύματι, πνεύματι καὶ στοιχῶμεν.³² **26** Μὴ γινώμεθα κενόδοξοι,³³ ἀλλήλους προκαλούμενοι,³⁴ ἀλλήλοις φθονοῦντες.³⁵

An Admonition to Serve One's Neighbor in Love

6 Ἀδελφοί, ἐὰν καὶ προληφθῇ³⁶ ἄνθρωπος ἔν τινι παραπτώματι,³⁷ ὑμεῖς οἱ πνευματικοὶ³⁸ καταρτίζετε³⁹ τὸν τοιοῦτον ἐν πνεύματι πραότητος,²⁷ σκοπῶν⁴⁰ σεαυτὸν⁴¹ μὴ καὶ σὺ πειρασθῇς.⁴² **2** Ἀλλήλων τὰ βάρη⁴³ βαστάζετε,⁴⁴ καὶ οὕτως ἀναπληρώσατε⁴⁵ τὸν νόμον τοῦ χριστοῦ. **3** Εἰ γὰρ δοκεῖ τις εἶναί τι, μηδὲν ὤν, ἑαυτὸν

---

²⁰προλέγω: PAI-1S   ²¹προεῖπον: 2AAI-1S   ²²πράσσοντες: PAP-NPM   ²³κληρονομήσουσιν: FAI-3P   ²⁹ἐσταύρωσαν: AAI-3P   ³²στοιχῶμεν: PAS-1P   ³⁴προκαλούμενοι: PMP-NPM   ³⁵φθονοῦντες: PAP-NPM   ³⁶προληφθῇ: APS-3S   ³⁹καταρτίζετε: PAM-2P   ⁴⁰σκοπῶν: PAP-NSM   ⁴²πειρασθῇς: APS-2S   ⁴⁴βαστάζετε: PAM-2P   ⁴⁵ἀναπληρώσατε: AAM-2P

---

¹φανερός, ά, όν, [20] apparent, clear, visible, manifest; adv: clearly.   ²μοιχεία, ας, ἡ, [4] adultery.   ³πορνεία, ας, ἡ, [26] fornication, whoredom; met: idolatry.   ⁴ἀκαθαρσία, ας, ἡ, [10] uncleanness, impurity.   ⁵ἀσέλγεια, ας, ἡ, [10] (outrageous conduct, conduct shocking to public decency, a wanton violence), wantonness, lewdness.   ⁶εἰδωλολατρεία, ας, ἡ, [4] service (worship) of an image (an idol).   ⁷φαρμακεία, ας, ἡ, [3] magic, sorcery, enchantment.   ⁸ἔχθρα, ας, ἡ, [6] enmity, hostility, alienation.   ⁹ἔρις, ιδος, ἡ, [9] contention, strife, wrangling.   ¹⁰ζῆλος, ου, ὁ, [17] (a) eagerness, zeal, enthusiasm, (b) jealousy, rivalry.   ¹¹θυμός, οῦ, ὁ, [18] an outburst of passion, wrath.   ¹²ἐριθεία, ας, ἡ, [7] (the seeking of followers and adherents by means of gifts, the seeking of followers, hence) ambition, rivalry, self-seeking; a feud, faction.   ¹³διχοστασία, ας, ἡ, [3] division, dissension, standing apart.   ¹⁴αἵρεσις, εως, ἡ, [9] a self-chosen opinion, a religious or philosophical sect, discord or contention.   ¹⁵φθόνος, ου, ὁ, [9] envy, a grudge, spite.   ¹⁶φόνος, ου, ὁ, [10] murder, slaughter, killing.   ¹⁷μέθη, ης, ἡ, [3] deep drinking, drunkenness.   ¹⁸κῶμος, ου, ὁ, [3] a feasting, reveling, carousal.   ¹⁹ὅμοιος, οία, οιον, [44] like, similar to, resembling, of equal rank.   ²⁰προλέγω, [6] I tell (say) beforehand, forewarn, declare, tell plainly.   ²¹προλέγω, [6] I tell (say) beforehand, forewarn, declare, tell plainly.   ²²πράσσω, [38] I do, perform, accomplish; be in any condition, i.e. I fare; I exact, require.   ²³κληρονομέω, [18] I inherit, obtain (possess) by inheritance, acquire.   ²⁴μακροθυμία, ας, ἡ, [14] patience, forbearance, longsuffering.   ²⁵χρηστότης, τητος, ἡ, [10] goodness, uprightness, kindness, gentleness.   ²⁶ἀγαθωσύνη, ης, ἡ, [4] intrinsic goodness, especially as a personal quality, with stress on the kindly (rather than the righteous) side of goodness.   ²⁷πραΰτης, τητος, ἡ, [12] mildness, gentleness.   ²⁸ἐγκράτεια, ας, ἡ, [4] self-mastery, self-restraint, self-control, continence.   ²⁹σταυρόω, [46] I fix to the cross, crucify; fig: I destroy, mortify.   ³⁰πάθημα, ατος, τό, [16] (a) suffering, affliction, (b) passion, emotion, (c) an undergoing, an enduring.   ³¹ἐπιθυμία, ας, ἡ, [38] desire, eagerness for, inordinate desire, lust.   ³²στοιχέω, [5] I walk in, walk by.   ³³κενόδοξας, ον, [1] vainglorious, boastful.   ³⁴προκαλέομαι, [1] I provoke, stimulate, challenge, call out.   ³⁵φθονέω, [1] I envy.   ³⁶προλαμβάνω, [3] I take before, anticipate; pass: I am caught or overtaken, taken by surprise.   ³⁷παράπτωμα, ατος, τό, [23] a falling away, lapse, slip, false step, trespass, sin.   ³⁸πνευματικός, ή, όν, [26] spiritual.   ³⁹καταρτίζω, [13] (a) I fit (join) together; met: I compact together, (b) act. and mid: I prepare, perfect, for his (its) full destination or use, bring into its proper condition (whether for the first time, or after a lapse).   ⁴⁰σκοπέω, [6] I look at, regard attentively, take heed, beware, consider.   ⁴¹σεαυτοῦ, ῆς, οῦ, [41] of yourself.   ⁴²πειράζω, [39] I try, tempt, test.   ⁴³βάρος, ους, τό, [6] a weight, burden, lit. or met.   ⁴⁴βαστάζω, [27] (a) I carry, bear, (b) I carry (take) away.   ⁴⁵ἀναπληρόω, [6] I fill up, make up, complete the measure of, fulfill, carry out the commands (provisions, etc.) of.

φρεναπατᾷ·¹ **4** τὸ δὲ ἔργον ἑαυτοῦ δοκιμαζέτω² ἕκαστος, καὶ τότε εἰς ἑαυτὸν μόνον³ τὸ καύχημα⁴ ἕξει, καὶ οὐκ εἰς τὸν ἕτερον. **5** Ἕκαστος γὰρ τὸ ἴδιον φορτίον⁵ βαστάσει.⁶

6 Κοινωνείτω⁷ δὲ ὁ κατηχούμενος⁸ τὸν λόγον τῷ κατηχοῦντι⁹ ἐν πᾶσιν ἀγαθοῖς. **7** Μὴ πλανᾶσθε,¹⁰ θεὸς οὐ μυκτηρίζεται·¹¹ ὃ γὰρ ἐὰν σπείρῃ ἄνθρωπος, τοῦτο καὶ θερίσει.¹² **8** Ὅτι ὁ σπείρων εἰς τὴν σάρκα ἑαυτοῦ, ἐκ τῆς σαρκὸς θερίσει¹³ φθοράν·¹⁴ ὁ δὲ σπείρων εἰς τὸ πνεῦμα, ἐκ τοῦ πνεύματος θερίσει¹⁵ ζωὴν αἰώνιον. **9** Τὸ δὲ καλὸν ποιοῦντες μὴ ἐκκακῶμεν·¹⁶ καιρῷ γὰρ ἰδίῳ θερίσομεν,¹⁷ μὴ ἐκλυόμενοι.¹⁸ **10** Ἄρα¹⁹ οὖν ὡς καιρὸν ἔχομεν, ἐργαζώμεθα²⁰ τὸ ἀγαθὸν πρὸς πάντας, μάλιστα²¹ δὲ πρὸς τοὺς οἰκείους²² τῆς πίστεως.

Concluding Remarks

11 Ἴδετε πηλίκοις²³ ὑμῖν γράμμασιν²⁴ ἔγραψα τῇ ἐμῇ χειρί. **12** Ὅσοι θέλουσιν εὐπροσωπῆσαι²⁵ ἐν σαρκί, οὗτοι ἀναγκάζουσιν²⁶ ὑμᾶς περιτέμνεσθαι,²⁷ μόνον ἵνα μὴ τῷ σταυρῷ²⁸ τοῦ χριστοῦ διώκωνται.²⁹ **13** Οὐδὲ γὰρ οἱ περιτετμημένοι³⁰ αὐτοὶ νόμον φυλάσσουσιν,³¹ ἀλλὰ θέλουσιν ὑμᾶς περιτέμνεσθαι,³² ἵνα ἐν τῇ ὑμετέρᾳ³³ σαρκὶ καυχήσωνται.³⁴ **14** Ἐμοὶ δὲ μὴ γένοιτο καυχᾶσθαι³⁵ εἰ μὴ ἐν τῷ σταυρῷ²⁸ τοῦ κυρίου ἡμῶν Ἰησοῦ χριστοῦ· δι᾽ οὗ ἐμοὶ κόσμος ἐσταύρωται,³⁶ κἀγὼ τῷ κόσμῳ. **15** Ἐν γὰρ

---

¹φρεναπατᾷ: *PAI-3S*   ²δοκιμαζέτω: *PAM-3S*   ⁶βαστάσει: *FAI-3S*   ⁷Κοινωνείτω: *PAM-3S*   ⁸κατηχούμενος: *PPP-NSM*   ⁹κατηχοῦντι: *PAP-DSM*   ¹⁰πλανᾶσθε: *PPM-2P*   ¹¹μυκτηρίζεται: *PPI-3S*   ¹²θερίσει: *FAI-3S*   ¹³θερίσει: *FAI-3S*   ¹⁵θερίσει: *FAI-3S*   ¹⁶ἐκκακῶμεν: *PAS-1P*   ¹⁷θερίσομεν: *FAI-1P*   ¹⁸ἐκλυόμενοι: *PPP-NPM*   ²⁰ἐργαζώμεθα: *PNS-1P*   ²⁵εὐπροσωπῆσαι: *AAN*   ²⁶ἀναγκάζουσιν: *PAI-3P*   ²⁷περιτέμνεσθαι: *PPN*   ²⁹διώκωνται: *PPS-3P*   ³⁰περιτετμημένοι: *RPP-NPM*   ³¹φυλάσσουσιν: *PAI-3P*   ³²περιτέμνεσθαι: *PPN*   ³⁴καυχήσωνται: *ADS-3P*   ³⁵καυχᾶσθαι: *PNN*   ³⁶ἐσταύρωται: *RPI-3S*

---

¹φρεναπατάω, *[1] I deceive the mind, impose upon.* ²δοκιμάζω, *[23] I put to the test, prove, examine; I distinguish by testing, approve after testing; I am fit.* ³μόνος, η, ον, *[45] only, solitary, desolate.* ⁴καύχημα, ατος, τό, [11] a boasting; a ground of boasting (glorying, exultation).* ⁵φορτίον, ου, τό, [6] a burden; the freight of a ship.* ⁶βαστάζω, [27] (a) I carry, bear, (b) I carry (take) away.* ⁷κοινωνέω, [8] (a) I share, communicate, contribute, impart, (b) I share in, have a share of, have fellowship with.* ⁸κατηχέω, [8] I instruct orally, teach, inform.* ⁹κατηχέω, [8] I instruct orally, teach, inform.* ¹⁰πλανάω, [40] I lead astray, deceive, cause to wander.* ¹¹μυκτηρίζω, [1] (properly: I turn up the nose as a sign of contempt), I sneer at, disdain.* ¹²θερίζω, [21] I reap, gather, harvest.* ¹³θερίζω, [21] I reap, gather, harvest.* ¹⁴φθορά, ᾶς, ἡ, [9] corruption, destruction, decay, rottenness, decomposition.* ¹⁵θερίζω, [21] I reap, gather, harvest.* ¹⁶ἐκκακέω, [6] I am faint, am weary.* ¹⁷θερίζω, [21] I reap, gather, harvest.* ¹⁸ἐκλύω, [5] I loose, release, unloose (as a bow-string), relax, enfeeble; pass: I am faint, grow weary.* ¹⁹ἄρα, [35] then, therefore, since.* ²⁰ἐργάζομαι, [39] I work, trade, perform, do, practice, commit, acquire by labor.* ²¹μάλιστα, [12] most of all, especially.* ²²οἰκεῖος, α, ον, [3] of one's family, domestic, intimate.* ²³πηλίκος, η, ον, [2] how large, how great.* ²⁴γράμμα, ατος, τό, [15] a letter of the alphabet; collectively: written (revelation); (a) a written document, a letter, an epistle, (b) writings, literature, learning.* ²⁵εὐπροσωπέω, [1] I look well, make a fair show (a good outward appearance), and so win good opinion).* ²⁶ἀναγκάζω, [9] I force, compel, constrain, urge.* ²⁷περιτέμνω, [18] I cut around, circumcise.* ²⁸σταυρός, οῦ, ὁ, [28] a cross.* ²⁹διώκω, [44] I pursue, hence: I persecute.* ³⁰περιτέμνω, [18] I cut around, circumcise.* ³¹φυλάσσω, [30] (a) I guard, protect; mid: I am on my guard, (b) act. and mid. of customs and regulations: I keep, observe.* ³²περιτέμνω, [18] I cut around, circumcise.* ³³ὑμέτερος, α, ον, [10] your, yours.* ³⁴καυχάομαι, [38] I boast; I glory (exult) proudly.* ³⁵καυχάομαι, [38] I boast; I glory (exult) proudly.* ³⁶σταυρόω, [46] I fix to the cross, crucify; fig: I destroy, mortify.*

χριστῷ Ἰησοῦ οὔτε περιτομή¹ τι ἰσχύει,² οὔτε ἀκροβυστία,³ ἀλλὰ καινὴ⁴ κτίσις.⁵
16 Καὶ ὅσοι τῷ κανόνι⁶ τούτῳ στοιχήσουσιν,⁷ εἰρήνη ἐπ᾽ αὐτούς, καὶ ἔλεος,⁸ καὶ ἐπὶ τὸν Ἰσραὴλ τοῦ θεοῦ.

17 Τοῦ λοιποῦ,⁹ κόπους¹⁰ μοι μηδεὶς παρεχέτω·¹¹ ἐγὼ γὰρ τὰ στίγματα¹² τοῦ κυρίου Ἰησοῦ ἐν τῷ σώματί μου βαστάζω.¹³

18 Ἡ χάρις τοῦ κυρίου ἡμῶν Ἰησοῦ χριστοῦ μετὰ τοῦ πνεύματος ὑμῶν, ἀδελφοί. Ἀμήν.

---

²ἰσχύει: PAI-3S   ⁷στοιχήσουσιν: FAI-3P   ¹¹παρεχέτω: PAM-3S   ¹³βαστάζω: PAI-1S

---

¹περιτομή, ῆς, ἡ, [36] circumcision.   ²ἰσχύω, [29] I have strength, am strong, am in full health and vigor, am able; meton: I prevail.   ³ἀκροβυστία, ας, ἡ, [20] (a technical word of Jewish use) foreskin, prepuce: used sometimes as a slang term by Jews, of Gentiles.   ⁴καινός, ή, όν, [44] fresh, new, unused, novel.   ⁵κτίσις, εως, ἡ, [19] (often of the founding of a city), (a) abstr: creation, (b) concr: creation, creature, institution; always of Divine work, (c) an institution, ordinance.   ⁶κανών, όνος, ὁ, [5] (lit: a level, ruler), a rule, regulation, rule of conduct or doctrine, (b) a measured (defined) area, province.   ⁷στοιχέω, [5] I walk in, walk by.   ⁸ἔλεος, ους, τό, [28] pity, mercy, compassion.   ⁹λοιποῦ, [1] from now on, henceforth, finally.   ¹⁰κόπος, ου, ὁ, [19] (a) trouble, (b) toil, labor, laborious toil, involving weariness and fatigue.   ¹¹παρέχω, [16] act. and mid: I offer, provide, confer, afford, give, bring, show, cause.   ¹²στίγμα, ατος, τό, [1] a mark or brand.   ¹³βαστάζω, [27] (a) I carry, bear, (b) I carry (take) away.

ΠΡΟΣ ΕΦΕΣΙΟΥΣ
To the Ephesians

Salutation

Παῦλος, ἀπόστολος Ἰησοῦ χριστοῦ διὰ θελήματος θεοῦ, τοῖς ἁγίοις τοῖς οὖσιν ἐν Ἐφέσῳ[1] καὶ πιστοῖς ἐν χριστῷ Ἰησοῦ· **2** χάρις ὑμῖν καὶ εἰρήνη ἀπὸ θεοῦ πατρὸς ἡμῶν καὶ κυρίου Ἰησοῦ χριστοῦ.

The Blessings of Eternal Election

3 Εὐλογητὸς[2] ὁ θεὸς καὶ πατὴρ τοῦ κυρίου ἡμῶν Ἰησοῦ χριστοῦ, ὁ εὐλογήσας[3] ἡμᾶς ἐν πάσῃ εὐλογίᾳ[4] πνευματικῇ[5] ἐν τοῖς ἐπουρανίοις[6] ἐν χριστῷ· **4** καθὼς ἐξελέξατο[7] ἡμᾶς ἐν αὐτῷ πρὸ[8] καταβολῆς[9] κόσμου, εἶναι ἡμᾶς ἁγίους καὶ ἀμώμους[10] κατενώπιον[11] αὐτοῦ ἐν ἀγάπῃ, **5** προορίσας[12] ἡμᾶς εἰς υἱοθεσίαν[13] διὰ Ἰησοῦ χριστοῦ εἰς αὐτόν, κατὰ τὴν εὐδοκίαν[14] τοῦ θελήματος αὐτοῦ, **6** εἰς ἔπαινον[15] δόξης τῆς χάριτος αὐτοῦ, ἐν ᾗ ἐχαρίτωσεν[16] ἡμᾶς ἐν τῷ ἠγαπημένῳ· **7** ἐν ᾧ ἔχομεν τὴν ἀπολύτρωσιν[17] διὰ τοῦ αἵματος αὐτοῦ, τὴν ἄφεσιν[18] τῶν παραπτωμάτων,[19] κατὰ τὸν πλοῦτον[20] τῆς χάριτος αὐτοῦ, **8** ἧς ἐπερίσσευσεν[21] εἰς ἡμᾶς ἐν πάσῃ σοφίᾳ καὶ φρονήσει,[22] **9** γνωρίσας[23] ἡμῖν

---

[3]εὐλογήσας: AAP-NSM [7]ἐξελέξατο: AMI-3S [12]προορίσας: AAP-NSM [16]ἐχαρίτωσεν: AAI-3S [21]ἐπερίσσευσεν: AAI-3S [23]γνωρίσας: AAP-NSM

---

[1]Ἔφεσος, ου, ἡ, [16] *Ephesus, a coast city, capital of the Roman province Asia.* [2]εὐλογητός, ή, όν, [8] *(used only of God), blessed (as entitled to receive blessing from man), worthy of praise.* [3]εὐλογέω, [43] *(lit: I speak well of) I bless; pass: I am blessed.* [4]εὐλογία, ας, ἡ, [16] *adulation, praise, blessing, gift.* [5]πνευματικός, ή, όν, [26] *spiritual.* [6]ἐπουράνιος, ον, [20] *heavenly, celestial, in the heavenly sphere, the sphere of spiritual activities; met: divine, spiritual.* [7]ἐκλέγομαι, [21] *I pick out for myself, choose, elect, select.* [8]πρό, [47] *(a) of place: before, in front of, (b) of time: before, earlier than.* [9]καταβολή, ῆς, ἡ, [11] *(a) foundation, (b) depositing, sowing, deposit, technically used of the act of conception.* [10]ἄμωμος, ον, [7] *blameless, without blemish, unblemished, faultless.* [11]κατενώπιον, [5] *before the face of, over against.* [12]προορίζω, [6] *I foreordain, predetermine, mark out beforehand.* [13]υἱοθεσία, ας, ἡ, [5] *adoption, as a son into the divine family.* [14]εὐδοκία, ας, ἡ, [9] *(a) good-will (good-pleasure), favor, feeling of complacency of God to man, (b) good-pleasure, satisfaction, happiness, delight of men.* [15]ἔπαινος, ου, ὁ, [11] *commendation, praise, approval.* [16]χαριτόω, [2] *I favor, bestow freely on.* [17]ἀπολύτρωσις, εως, ἡ, [10] *release effected by payment of ransom; redemption, deliverance.* [18]ἄφεσις, εως, ἡ, [17] *a sending away, a letting go, a release, pardon, complete forgiveness.* [19]παράπτωμα, ατος, τό, [23] *a falling away, lapse, slip, false step, trespass, sin.* [20]πλοῦτος, ου, ὁ, [22] *riches, wealth, abundance, materially or spiritually.* [21]περισσεύω, [39] *(a) intrans: I exceed the ordinary (the necessary), abound, overflow; am left over, (b) trans: I cause to abound.* [22]φρόνησις, εως, ἡ, [2] *understanding (which leads to right action), practical wisdom, prudence.* [23]γνωρίζω, [24] *I make known, declare, know, discover.*

τὸ μυστήριον¹ τοῦ θελήματος αὐτοῦ, κατὰ τὴν εὐδοκίαν² αὐτοῦ, ἣν προέθετο³ ἐν αὐτῷ 10 εἰς οἰκονομίαν⁴ τοῦ πληρώματος⁵ τῶν καιρῶν, ἀνακεφαλαιώσασθαι⁶ τὰ πάντα ἐν τῷ χριστῷ, τὰ ἐπὶ τοῖς οὐρανοῖς καὶ τὰ ἐπὶ τῆς γῆς· 11 ἐν αὐτῷ, ἐν ᾧ καὶ ἐκληρώθημεν⁷ προορισθέντες⁸ κατὰ πρόθεσιν⁹ τοῦ τὰ πάντα ἐνεργοῦντος¹⁰ κατὰ τὴν βουλὴν¹¹ τοῦ θελήματος αὐτοῦ, 12 εἰς τὸ εἶναι ἡμᾶς εἰς ἔπαινον¹² δόξης αὐτοῦ, τοὺς προηλπικότας¹³ ἐν τῷ χριστῷ· 13 ἐν ᾧ καὶ ὑμεῖς, ἀκούσαντες τὸν λόγον τῆς ἀληθείας, τὸ εὐαγγέλιον τῆς σωτηρίας¹⁴ ὑμῶν, ἐν ᾧ καὶ πιστεύσαντες ἐσφραγίσθητε¹⁵ τῷ πνεύματι τῆς ἐπαγγελίας τῷ ἁγίῳ, 14 ὅς ἐστιν ἀρραβὼν¹⁶ τῆς κληρονομίας¹⁷ ἡμῶν, εἰς ἀπολύτρωσιν¹⁸ τῆς περιποιήσεως,¹⁹ εἰς ἔπαινον¹² τῆς δόξης αὐτοῦ.

Prayer for Spiritual Enlightenment

15 Διὰ τοῦτο κἀγώ, ἀκούσας τὴν καθ᾽ ὑμᾶς πίστιν ἐν τῷ κυρίῳ Ἰησοῦ καὶ τὴν ἀγάπην τὴν εἰς πάντας τοὺς ἁγίους, 16 οὐ παύομαι²⁰ εὐχαριστῶν²¹ ὑπὲρ ὑμῶν, μνείαν²² ὑμῶν ποιούμενος ἐπὶ τῶν προσευχῶν²³ μου· 17 ἵνα ὁ θεὸς τοῦ κυρίου ἡμῶν Ἰησοῦ χριστοῦ, ὁ πατὴρ τῆς δόξης, δῴη ὑμῖν πνεῦμα σοφίας καὶ ἀποκαλύψεως,²⁴ ἐν ἐπιγνώσει²⁵ αὐτοῦ· 18 πεφωτισμένους²⁶ τοὺς ὀφθαλμοὺς τῆς καρδίας ὑμῶν, εἰς τὸ εἰδέναι ὑμᾶς τίς ἐστιν ἡ ἐλπὶς τῆς κλήσεως²⁷ αὐτοῦ, καὶ τίς ὁ πλοῦτος²⁸ τῆς δόξης τῆς κληρονομίας¹⁷ αὐτοῦ ἐν τοῖς ἁγίοις, 19 καὶ τί τὸ ὑπερβάλλον²⁹ μέγεθος³⁰ τῆς δυνάμεως αὐτοῦ εἰς ἡμᾶς τοὺς

---

³προέθετο: 2AMI-3S   ⁶ἀνακεφαλαιώσασθαι: ADN   ⁷ἐκληρώθημεν: API-1P   ⁸προορισθέντες: APP-NPM
¹⁰ἐνεργοῦντος: PAP-GSM   ¹³προηλπικότας: RAP-APM   ¹⁵ἐσφραγίσθητε: API-2P   ²⁰παύομαι: PMI-1S
²¹εὐχαριστῶν: PAP-NSM   ²⁶πεφωτισμένους: RPP-APM   ²⁹ὑπερβάλλον: PAP-NSN

---

¹μυστήριον, ου, τό, [27] a mystery, secret, of which initiation is necessary; in the NT: the counsels of God, once hidden but now revealed in the Gospel or some fact thereof; the Christian revelation generally; particular truths or details of the Christian revelation.   ²εὐδοκία, ας, ἡ, [9] (a) good-will (good-pleasure), favor, feeling of complacency of God to man, (b) good-pleasure, satisfaction, happiness, delight of men.   ³προτίθεμαι, [3] I purpose, design beforehand, determine.   ⁴οἰκονομία, ας, ἡ, [9] management of household affairs, stewardship, administration.   ⁵πλήρωμα, ατος, τό, [17] (a) a fill, fullness; full complement; supply, patch, supplement, (b) fullness, filling, fulfillment, completion.   ⁶ἀνακεφαλαιόω, [2] I sum up, summarize, recapitulate, gather up in one.   ⁷κληρόω, [1] I cast lots, choose by lot, assign by lot, assign a portion, receive a share.   ⁸προορίζω, [6] I foreordain, predetermine, mark out beforehand.   ⁹πρόθεσις, εως, ἡ, [12] a setting forth, the show-bread; predetermination, purpose.   ¹⁰ἐνεργέω, [21] I work, am operative, am at work, am made to work, accomplish; mid: I work, display activity.   ¹¹βουλή, ῆς, ἡ, [12] counsel, deliberate wisdom, decree.   ¹²ἔπαινος, ου, ὁ, [11] commendation, praise, approval.   ¹³προελπίζω, [1] I hope before, am the first to hope.   ¹⁴σωτηρία, ας, ἡ, [46] welfare, prosperity, deliverance, preservation, salvation, safety.   ¹⁵σφραγίζω, [15] I seal, set a seal upon.   ¹⁶ἀρραβών, ῶνος, ὁ, [3] an earnest, earnest-money, a large part of the payment, given in advance as a security that the whole will be paid afterwards.   ¹⁷κληρονομία, ας, ἡ, [14] an inheritance, an heritage, regularly the gift of God to His chosen people, in the Old Testament: the Promised Land, in NT a possession viewed in one sense as present, in another as future; a share, participation.   ¹⁸ἀπολύτρωσις, εως, ἡ, [10] release effected by payment of ransom; redemption, deliverance.   ¹⁹περιποίησις, εως, ἡ, [5] acquiring, obtaining, possessing, possession, ownership.   ²⁰παύω, [15] (a) act: I cause to cease, restrain, hinder, (b) mid: I cease, stop, leave off.   ²¹εὐχαριστέω, [40] I thank, give thanks; pass. 3 sing: is received with thanks.   ²²μνεία, ας, ἡ, [7] remembrance, recollection, mention; commemoration.   ²³προσευχή, ῆς, ἡ, [37] (a) prayer (to God), (b) a place for prayer (used by Jews, perhaps where there was no synagogue).   ²⁴ἀποκάλυψις, εως, ἡ, [18] an unveiling, uncovering, revealing, revelation.   ²⁵ἐπίγνωσις, εως, ἡ, [20] knowledge of a particular point (directed towards a particular object); perception, discernment, recognition, intuition.   ²⁶φωτίζω, [11] (a) I light up, illumine, (b) I bring to light, make evident, reveal.   ²⁷κλῆσις, εως, ἡ, [11] a calling, invitation; in the NT, always of a divine call.   ²⁸πλοῦτος, ου, ὁ, [22] riches, wealth, abundance, materially or spiritually.   ²⁹ὑπερβάλλω, [5] I surpass, excel, exceed, transcend.   ³⁰μέγεθος, ους, τό, [1] greatness, vastness.

πιστεύοντας, κατὰ τὴν ἐνέργειαν¹ τοῦ κράτους² τῆς ἰσχύος³ αὐτοῦ 20 ἣν ἐνήργησεν⁴ ἐν τῷ χριστῷ, ἐγείρας αὐτὸν ἐκ τῶν νεκρῶν, καὶ ἐκάθισεν⁵ ἐν δεξιᾷ αὐτοῦ ἐν τοῖς ἐπουρανίοις,⁶ 21 ὑπεράνω⁷ πάσης ἀρχῆς καὶ ἐξουσίας καὶ δυνάμεως καὶ κυριότητος,⁸ καὶ παντὸς ὀνόματος ὀνομαζομένου⁹ οὐ μόνον ἐν τῷ αἰῶνι τούτῳ, ἀλλὰ καὶ ἐν τῷ μέλλοντι· 22 καὶ πάντα ὑπέταξεν¹⁰ ὑπὸ τοὺς πόδας αὐτοῦ, καὶ αὐτὸν ἔδωκεν κεφαλὴν ὑπὲρ πάντα τῇ ἐκκλησίᾳ, 23 ἥτις ἐστὶν τὸ σῶμα αὐτοῦ, τὸ πλήρωμα¹¹ τοῦ τὰ πάντα ἐν πᾶσιν πληρουμένου.

The Church as the Sum Total of Men Saved by Grace

2 Καὶ ὑμᾶς ὄντας νεκροὺς τοῖς παραπτώμασιν¹² καὶ ταῖς ἁμαρτίαις, 2 ἐν αἷς ποτὲ¹³ περιεπατήσατε κατὰ τὸν αἰῶνα τοῦ κόσμου τούτου, κατὰ τὸν ἄρχοντα¹⁴ τῆς ἐξουσίας τοῦ ἀέρος,¹⁵ τοῦ πνεύματος τοῦ νῦν ἐνεργοῦντος¹⁶ ἐν τοῖς υἱοῖς τῆς ἀπειθείας·¹⁷ 3 ἐν οἷς καὶ ἡμεῖς πάντες ἀνεστράφημέν¹⁸ ποτε¹³ ἐν ταῖς ἐπιθυμίαις¹⁹ τῆς σαρκὸς ἡμῶν, ποιοῦντες τὰ θελήματα τῆς σαρκὸς καὶ τῶν διανοιῶν,²⁰ καὶ ἦμεν τέκνα φύσει²¹ ὀργῆς,²² ὡς καὶ οἱ λοιποί·²³ 4 ὁ δὲ θεός, πλούσιος²⁴ ὢν ἐν ἐλέει,²⁵ διὰ τὴν πολλὴν ἀγάπην αὐτοῦ ἣν ἠγάπησεν ἡμᾶς, 5 καὶ ὄντας ἡμᾶς νεκροὺς τοῖς παραπτώμασιν¹² συνεζωοποίησεν²⁶ τῷ χριστῷ–χάριτί ἐστε σεσωσμένοι– 6 καὶ συνήγειρεν,²⁷ καὶ συνεκάθισεν²⁸ ἐν τοῖς ἐπουρανίοις⁶ ἐν χριστῷ Ἰησοῦ· 7 ἵνα ἐνδείξηται²⁹ ἐν τοῖς αἰῶσιν τοῖς ἐπερχομένοις³⁰ τὸν ὑπερβάλλοντα³¹ πλοῦτον³² τῆς χάριτος αὐτοῦ ἐν χρηστότητι³³ ἐφ' ἡμᾶς ἐν χριστῷ Ἰησοῦ· 8 τῇ γὰρ χάριτί ἐστε σεσωσμένοι διὰ τῆς πίστεως, καὶ τοῦτο

---

⁴ἐνήργησεν: AAI-3S ⁵ἐκάθισεν: AAI-3S ⁹ὀνομαζομένου: PPP-GSN ¹⁰ὑπέταξεν: AAI-3S ¹⁶ἐνεργοῦντος: PAP-GSN ¹⁸ἀνεστράφημέν: 2API-1P ²⁶συνεζωοποίησεν: AAI-3S ²⁷συνήγειρεν: AAI-3S ²⁸συνεκάθισεν: AAI-3S ²⁹ἐνδείξηται: AMS-3S ³⁰ἐπερχομένοις: PNP-DPM ³¹ὑπερβάλλοντα: PAP-ASM

---

¹ἐνέργεια, ας, ἡ, [8] working, action, productive work, activity; in the NT, confined to superhuman activity. ²κράτος, ους, τό, [12] dominion, strength, power; a mighty deed. ³ἰσχύς, ύος, ἡ, [10] strength (absolutely), power, might, force, ability. ⁴ἐνεργέω, [21] I work, am operative, am at work, am made to work, accomplish; mid: I work, display activity. ⁵καθίζω, [48] (a) trans: I make to sit; I set, appoint, (b) intrans: I sit down, am seated, stay. ⁶ἐπουράνιος, ον, [20] heavenly, celestial, in the heavenly sphere, the sphere of spiritual activities; met: divine, spiritual. ⁷ὑπεράνω, [3] far above. ⁸κυριότης, τητος, ἡ, [4] (a) abstr: lordship, (b) concr: divine or angelic lordship, domination, dignity, usually with reference to a celestial hierarchy. ⁹ὀνομάζω, [10] I give a name to, mention, call upon the name of. ¹⁰ὑποτάσσω, [40] I place under, subject to; mid, pass: I submit, put myself into subjection. ¹¹πλήρωμα, ατος, τό, [17] (a) a fill, fullness; full complement; supply, patch, supplement, (b) fullness, filling, fulfillment, completion. ¹²παράπτωμα, ατος, τό, [23] a falling away, lapse, slip, false step, trespass, sin. ¹³ποτέ, [29] at one time or other, at some time, formerly. ¹⁴ἄρχων, οντος, ὁ, [37] a ruler, governor, leader, leading man; with the Jews, an official member (a member of the executive) of the assembly of elders. ¹⁵ἀήρ, ἀέρος, ὁ, [7] air, the lower air we breathe. ¹⁶ἐνεργέω, [21] I work, am operative, am at work, am made to work, accomplish; mid: I work, display activity. ¹⁷ἀπείθεια, ας, ἡ, [7] willful unbelief, obstinacy, disobedience. ¹⁸ἀναστρέφω, [11] I overturn; I turn back, return; I turn hither and thither; pass: I turn myself about; I sojourn, dwell; I conduct myself, behave, live. ¹⁹ἐπιθυμία, ας, ἡ, [38] desire, eagerness for, inordinate desire, lust. ²⁰διάνοια, ας, ἡ, [12] understanding, intellect, mind, insight. ²¹φύσις, εως, ἡ, [14] nature, inherent nature, origin, birth. ²²ὀργή, ῆς, ἡ, [36] anger, wrath, passion; punishment, vengeance. ²³λοιπός, ή, όν, [42] left, left behind, the remainder, the rest, the others. ²⁴πλούσιος, α, ον, [28] rich, abounding in, wealthy; subst: a rich man. ²⁵ἔλεος, ους, τό, [28] pity, mercy, compassion. ²⁶συζωοποιέω, [2] I make alive together with. ²⁷συνεγείρω, [3] I raise along with. ²⁸συγκαθίζω, [2] I cause to sit down with, sit down together. ²⁹ἐνδείκνυμι, [11] I show forth, prove. ³⁰ἐπέρχομαι, [10] I come to, arrive, come on, come upon, attack. ³¹ὑπερβάλλω, [5] I surpass, excel, exceed, transcend. ³²πλοῦτος, ου, ὁ, [22] riches, wealth, abundance, materially or spiritually. ³³χρηστότης, τητος, ἡ, [10] goodness, uprightness, kindness, gentleness.

οὐκ ἐξ ὑμῶν· θεοῦ τὸ δῶρον·¹ 9 οὐκ ἐξ ἔργων, ἵνα μή τις καυχήσηται.² 10 Αὐτοῦ γάρ ἐσμεν ποίημα,³ κτισθέντες⁴ ἐν χριστῷ Ἰησοῦ ἐπὶ ἔργοις ἀγαθοῖς, οἷς προητοίμασεν⁵ ὁ θεός, ἵνα ἐν αὐτοῖς περιπατήσωμεν.

11 Διὸ μνημονεύετε⁶ ὅτι ὑμεῖς ποτὲ⁷ τὰ ἔθνη ἐν σαρκί, οἱ λεγόμενοι ἀκροβυστία⁸ ὑπὸ τῆς λεγομένης περιτομῆς⁹ ἐν σαρκὶ χειροποιήτου,¹⁰ 12 ὅτι ἦτε ἐν τῷ καιρῷ ἐκείνῳ χωρὶς¹¹ χριστοῦ, ἀπηλλοτριωμένοι¹² τῆς πολιτείας¹³ τοῦ Ἰσραήλ, καὶ ξένοι¹⁴ τῶν διαθηκῶν¹⁵ τῆς ἐπαγγελίας, ἐλπίδα μὴ ἔχοντες, καὶ ἄθεοι¹⁶ ἐν τῷ κόσμῳ. 13 Νυνὶ¹⁷ δὲ ἐν χριστῷ Ἰησοῦ ὑμεῖς οἱ ποτὲ⁷ ὄντες μακρὰν¹⁸ ἐγγὺς¹⁹ ἐγενήθητε ἐν τῷ αἵματι τοῦ χριστοῦ. 14 Αὐτὸς γάρ ἐστιν ἡ εἰρήνη ἡμῶν, ὁ ποιήσας τὰ ἀμφότερα²⁰ ἕν, καὶ τὸ μεσότοιχον²¹ τοῦ φραγμοῦ²² λύσας,²³ 15 τὴν ἔχθραν²⁴ ἐν τῇ σαρκὶ αὐτοῦ, τὸν νόμον τῶν ἐντολῶν ἐν δόγμασιν,²⁵ καταργήσας·²⁶ ἵνα τοὺς δύο κτίσῃ²⁷ ἐν ἑαυτῷ εἰς ἕνα καινὸν²⁸ ἄνθρωπον, ποιῶν εἰρήνην, 16 καὶ ἀποκαταλλάξῃ²⁹ τοὺς ἀμφοτέρους²⁰ ἐν ἑνὶ σώματι τῷ θεῷ διὰ τοῦ σταυροῦ,³⁰ ἀποκτείνας τὴν ἔχθραν²⁴ ἐν αὐτῷ· 17 καὶ ἐλθὼν εὐηγγελίσατο εἰρήνην ὑμῖν τοῖς μακρὰν¹⁸ καὶ τοῖς ἐγγύς·¹⁹ 18 ὅτι δι᾽ αὐτοῦ ἔχομεν τὴν προσαγωγὴν³¹ οἱ ἀμφότεροι²⁰ ἐν ἑνὶ πνεύματι πρὸς τὸν πατέρα. 19 Ἄρα³² οὖν οὐκέτι³³ ἐστὲ ξένοι¹⁴ καὶ πάροικοι,³⁴ ἀλλὰ συμπολῖται³⁵ τῶν ἁγίων καὶ οἰκεῖοι³⁶ τοῦ θεοῦ, 20 ἐποικοδομηθέντες³⁷ ἐπὶ τῷ θεμελίῳ³⁸ τῶν ἀποστόλων καὶ προφητῶν, ὄντος ἀκρογωνιαίου³⁹ αὐτοῦ Ἰησοῦ

---

²καυχήσηται: ADS-3S   ⁴κτισθέντες: APP-NPM   ⁵προητοίμασεν: AAI-3S   ⁶μνημονεύετε: PAM-2P   ¹²ἀπηλλοτριωμένοι: RPP-NPM   ²³λύσας: AAP-NSM   ²⁶καταργήσας: AAP-NSM   ²⁷κτίσῃ: AAS-3S   ²⁹ἀποκαταλλάξῃ: AAS-3S   ³⁷ἐποικοδομηθέντες: APP-NPM

---

¹δῶρον, ου, τό, [19] a gift, present.   ²καυχάομαι, [38] I boast; I glory (exult) proudly.   ³ποίημα, ατος, τό, [2] a thing made, a work, workmanship.   ⁴κτίζω, [14] I create, form, shape, make, always of God.   ⁵προετοιμάζω, [2] I prepare or appoint beforehand, predestine.   ⁶μνημονεύω, [21] I remember, hold in remembrance, make mention of.   ⁷ποτέ, [29] at one time or other, at some time, formerly.   ⁸ἀκροβυστία, ας, ἡ, [20] (a technical word of Jewish use) foreskin, prepuce: used sometimes as a slang term by Jews, of Gentiles.   ⁹περιτομή, ῆς, ἡ, [36] circumcision.   ¹⁰χειροποίητος, ον, [6] done or made with hands, artificial.   ¹¹χωρίς, [39] apart from, separately from; without.   ¹²ἀπαλλοτριόομαι, [3] I estrange, alienate; pass: I am alienated from.   ¹³πολιτεία, ας, ἡ, [2] (a) commonwealth, polity; citizen body, (b) (the Roman) citizenship, citizen-rights, franchise.   ¹⁴ξένος, η, ον, [14] alien, new, novel; noun: a guest, stranger, foreigner.   ¹⁵διαθήκη, ης, ἡ, [33] (a) a covenant between two parties, (b) (the ordinary, everyday sense [found a countless number of times in papyri]) a will, testament.   ¹⁶ἄθεος, ον, [1] without god, without (the only true) God, godless.   ¹⁷νυνί, [20] adv. (a) of time: just now, even now; just at hand, immediately, (b) of logical connection: now then, (c) in commands and appeals: at this instant.   ¹⁸μακράν, [9] at a distance, far away, remote, alien.   ¹⁹ἐγγύς, [30] near.   ²⁰ἀμφότεροι, αι, α, [14] both (of two).   ²¹μεσότοιχον, ου, τό, [1] a middle wall, partition wall, barrier.   ²²φραγμός, οῦ, ὁ, [4] a hedge, fence, partition.   ²³λύω, [42] (a) I loose, untie, release, (b) met: I break, destroy, set at naught, contravene; I break up a meeting, annul.   ²⁴ἔχθρα, ας, ἡ, [6] enmity, hostility, alienation.   ²⁵δόγμα, ατος, τό, [5] a decree, edict, ordinance.   ²⁶καταργέω, [27] (a) I make idle (inactive), make of no effect, annul, abolish, bring to naught, (b) I discharge, sever, separate from.   ²⁷κτίζω, [14] I create, form, shape, make, always of God.   ²⁸καινός, ή, όν, [44] fresh, new, unused, novel.   ²⁹ἀποκαταλλάσσω, [3] I reconcile, change from one state of feeling to another.   ³⁰σταυρός, οῦ, ὁ, [28] a cross.   ³¹προσαγωγή, ῆς, ἡ, [3] approach, access, admission.   ³²ἄρα, [35] then, therefore, since.   ³³οὐκέτι, [48] no longer, no more.   ³⁴πάροικος, ον, [4] foreign, alien, subst: a foreigner, sojourner.   ³⁵συμπολίτης, ου, ὁ, [1] a fellow citizen.   ³⁶οἰκεῖος, α, ον, [3] of one's family, domestic, intimate.   ³⁷ἐποικοδομέω, [8] I build upon (above) a foundation.   ³⁸θεμέλιος, ον, [16] (properly, an adj: belonging to the foundation), a foundation stone.   ³⁹ἀκρογωνιαῖος, α, ον, [2] in the corner (of a building); subst: corner-(stone).

χριστοῦ, **21** ἐν ᾧ πᾶσα οἰκοδομὴ¹ συναρμολογουμένη² αὔξει³ εἰς ναὸν⁴ ἅγιον ἐν κυρίῳ, **22** ἐν ᾧ καὶ ὑμεῖς συνοικοδομεῖσθε⁵ εἰς κατοικητήριον⁶ τοῦ θεοῦ ἐν πνεύματι.

The Ministry of Paul for the Edification of the Church

3 Τούτου χάριν⁷ ἐγὼ Παῦλος ὁ δέσμιος⁸ τοῦ χριστοῦ Ἰησοῦ ὑπὲρ ὑμῶν τῶν ἐθνῶν, **2** εἴγε⁹ ἠκούσατε τὴν οἰκονομίαν¹⁰ τῆς χάριτος τοῦ θεοῦ τῆς δοθείσης μοι εἰς ὑμᾶς, **3** ὅτι κατὰ ἀποκάλυψιν¹¹ ἐγνώρισέν¹² μοι τὸ μυστήριον,¹³ καθὼς προέγραψα¹⁴ ἐν ὀλίγῳ,¹⁵ **4** πρὸς ὃ δύνασθε ἀναγινώσκοντες¹⁶ νοῆσαι¹⁷ τὴν σύνεσίν¹⁸ μου ἐν τῷ μυστηρίῳ¹³ τοῦ χριστοῦ· **5** ὃ ἑτέραις γενεαῖς¹⁹ οὐκ ἐγνωρίσθη²⁰ τοῖς υἱοῖς τῶν ἀνθρώπων, ὡς νῦν ἀπεκαλύφθη²¹ τοῖς ἁγίοις ἀποστόλοις αὐτοῦ καὶ προφήταις ἐν πνεύματι· **6** εἶναι τὰ ἔθνη συγκληρονόμα²² καὶ σύσσωμα²³ καὶ συμμέτοχα²⁴ τῆς ἐπαγγελίας αὐτοῦ ἐν τῷ χριστῷ, διὰ τοῦ εὐαγγελίου, **7** οὗ ἐγενόμην διάκονος²⁵ κατὰ τὴν δωρεὰν²⁶ τῆς χάριτος τοῦ θεοῦ, τὴν δοθεῖσάν μοι κατὰ τὴν ἐνέργειαν²⁷ τῆς δυνάμεως αὐτοῦ. **8** Ἐμοὶ τῷ ἐλαχιστοτέρῳ²⁸ πάντων ἁγίων ἐδόθη ἡ χάρις αὕτη, ἐν τοῖς ἔθνεσιν εὐαγγελίσασθαι τὸν ἀνεξιχνίαστον²⁹ πλοῦτον³⁰ τοῦ χριστοῦ, **9** καὶ φωτίσαι³¹ πάντας τίς ἡ οἰκονομία¹⁰ τοῦ μυστηρίου¹³ τοῦ ἀποκεκρυμμένου³² ἀπὸ τῶν αἰώνων ἐν τῷ θεῷ τῷ τὰ πάντα κτίσαντι³³ διὰ Ἰησοῦ χριστοῦ, **10** ἵνα γνωρισθῇ³⁴ νῦν ταῖς ἀρχαῖς καὶ ταῖς ἐξουσίαις ἐν τοῖς ἐπουρανίοις³⁵ διὰ τῆς ἐκκλησίας ἡ πολυποίκιλος³⁶ σοφία τοῦ θεοῦ, **11** κατὰ

---

²συναρμολογουμένη: *PPP-NSF* ³αὔξει: *PAI-3S* ⁵συνοικοδομεῖσθε: *PPI-2P* ¹²ἐγνώρισέν: *AAI-3S* ¹⁴προέγραψα: *AAI-1S* ¹⁶ἀναγινώσκοντες: *PAP-NPM* ¹⁷νοῆσαι: *AAN* ²⁰ἐγνωρίσθη: *API-3S* ²¹ἀπεκαλύφθη: *API-3S* ³¹φωτίσαι: *AAN* ³²ἀποκεκρυμμένου: *RPP-GSN* ³³κτίσαντι: *AAP-DSM* ³⁴γνωρισθῇ: *APS-3S*

---

¹οἰκοδομή, ῆς, ἡ, *[18] (a) the act of building, (b) a building, (c) met: spiritual advancement, edification.* ²συναρμολογέω, *[2] I fit together, compact.* ³αὐξάνω, *[23] (a) I cause to increase, become greater (b) I increase, grow.* ⁴ναός, οῦ, ὁ, *[46] a temple, a shrine, that part of the temple where God himself resides.* ⁵συνοικοδομέω, [1] I build together with.* ⁶κατοικητήριον, ου, τό, *[2] a habitation, dwelling-place, abode.* ⁷χάριν, *[9] for the sake of, by reason of, on account of.* ⁸δέσμιος, ου, ὁ, *[16] one bound, a prisoner.* ⁹εἴγε, *[5] if indeed, seeing that, unless.* ¹⁰οἰκονομία, ας, ἡ, *[9] management of household affairs, stewardship, administration.* ¹¹ἀποκάλυψις, εως, ἡ, *[18] an unveiling, uncovering, revealing, revelation.* ¹²γνωρίζω, *[24] I make known, declare, know, discover.* ¹³μυστήριον, ου, τό, *[27] a mystery, secret, of which initiation is necessary; in the NT: the counsels of God, once hidden but now revealed in the Gospel or some fact thereof; the Christian revelation generally; particular truths or details of the Christian revelation.* ¹⁴προγράφω, *[5] (a) I write previously (aforetime); I write above (already), (b) I depict or portray openly, (c) I designate beforehand.* ¹⁵ὀλίγος, η, ον, *[43] (a) especially in plur: few, (b) in sing: small; hence, of time: short, of degree: light, slight, little.* ¹⁶ἀναγινώσκω, *[32] I read, know again, know certainly, recognize, discern.* ¹⁷νοέω, *[14] I understand, think, consider, conceive, apprehend; aor. possibly: realize.* ¹⁸σύνεσις, εως, ἡ, *[7] a putting together in the mind, hence: understanding, practical discernment, intellect.* ¹⁹γενεά, ᾶς, ἡ, *[42] a generation; if repeated twice or with another time word, practically indicates infinity of time.* ²⁰γνωρίζω, *[24] I make known, declare, know, discover.* ²¹ἀποκαλύπτω, *[26] I uncover, bring to light, reveal.* ²²συγκληρονόμος, ου, ὁ, ἡ, *[4] a joint heir, participant.* ²³σύσσωμος, ον, *[1] belonging to the same body; fig: of Jews and Gentiles belonging to the same Church.* ²⁴συμμέτοχος, ον, *[2] jointly partaking.* ²⁵διάκονος, οῦ, ὁ, ἡ, *[30] a waiter, servant; then of any one who performs any service, an administrator.* ²⁶δωρεά, ᾶς, ἡ, *[11] a (free) gift, a gift (without repayment).* ²⁷ἐνέργεια, ας, ἡ, *[8] working, action, productive work, activity; in the NT, confined to superhuman activity.* ²⁸ἐλαχιστότερος, α, ον, *[1] the smallest, least important.* ²⁹ἀνεξιχνίαστος, ον, *[2] that cannot be explored, incomprehensible.* ³⁰πλοῦτος, ου, ὁ, *[22] riches, wealth, abundance, materially or spiritually.* ³¹φωτίζω, [11] (a) I light up, illumine, (b) I bring to light, make evident, reveal.* ³²ἀποκρύπτω, *[6] I hide away, conceal, keep secret.* ³³κτίζω, *[14] I create, form, shape, make, always of God.* ³⁴γνωρίζω, *[24] I make known, declare, know, discover.* ³⁵ἐπουράνιος, ον, *[20] heavenly, celestial, in the heavenly sphere, the sphere of spiritual activities; met: divine, spiritual.* ³⁶πολυποίκιλος, ον, *[1] much varied, manifold.*

πρόθεσιν¹ τῶν αἰώνων ἣν ἐποίησεν ἐν χριστῷ Ἰησοῦ τῷ κυρίῳ ἡμῶν· **12** ἐν ᾧ ἔχομεν τὴν παρρησίαν² καὶ τὴν προσαγωγὴν³ ἐν πεποιθήσει⁴ διὰ τῆς πίστεως αὐτοῦ. **13** Διὸ αἰτοῦμαι μὴ ἐκκακεῖν⁵ ἐν ταῖς θλίψεσίν⁶ μου ὑπὲρ ὑμῶν, ἥτις ἐστὶν δόξα ὑμῶν.

14 Τούτου χάριν⁷ κάμπτω⁸ τὰ γόνατά⁹ μου πρὸς τὸν πατέρα τοῦ κυρίου ἡμῶν Ἰησοῦ χριστοῦ, **15** ἐξ οὗ πᾶσα πατριὰ¹⁰ ἐν οὐρανοῖς καὶ ἐπὶ γῆς ὀνομάζεται,¹¹ **16** ἵνα δῴη ὑμῖν, κατὰ τὸν πλοῦτον¹² τῆς δόξης αὐτοῦ, δυνάμει κραταιωθῆναι¹³ διὰ τοῦ πνεύματος αὐτοῦ εἰς τὸν ἔσω¹⁴ ἄνθρωπον, **17** κατοικῆσαι¹⁵ τὸν χριστὸν διὰ τῆς πίστεως ἐν ταῖς καρδίαις ὑμῶν· **18** ἐν ἀγάπῃ ἐρριζωμένοι¹⁶ καὶ τεθεμελιωμένοι¹⁷ ἵνα ἐξισχύσητε¹⁸ καταλαβέσθαι¹⁹ σὺν πᾶσιν τοῖς ἁγίοις τί τὸ πλάτος²⁰ καὶ μῆκος²¹ καὶ βάθος²² καὶ ὕψος,²³ **19** γνῶναί τε τὴν ὑπερβάλλουσαν²⁴ τῆς γνώσεως²⁵ ἀγάπην τοῦ χριστοῦ, ἵνα πληρωθῆτε εἰς πᾶν τὸ πλήρωμα²⁶ τοῦ θεοῦ.

20 Τῷ δὲ δυναμένῳ ὑπὲρ πάντα ποιῆσαι ὑπὲρ ἐκπερισσοῦ²⁷ ὧν αἰτούμεθα ἢ νοοῦμεν,²⁸ κατὰ τὴν δύναμιν τὴν ἐνεργουμένην²⁹ ἐν ἡμῖν, **21** αὐτῷ ἡ δόξα ἐν τῇ ἐκκλησίᾳ ἐν χριστῷ Ἰησοῦ, εἰς πάσας τὰς γενεὰς³⁰ τοῦ αἰῶνος τῶν αἰώνων. Ἀμήν.

Admonitions to Unity, Perfection in Knowledge, Holiness, and Peace

4 Παρακαλῶ οὖν ὑμᾶς ἐγώ, ὁ δέσμιος³¹ ἐν κυρίῳ, ἀξίως³² περιπατῆσαι τῆς κλήσεως³³ ἧς ἐκλήθητε, **2** μετὰ πάσης ταπεινοφροσύνης³⁴ καὶ πραότητος,³⁵ μετὰ μακροθυμίας,³⁶ ἀνεχόμενοι³⁷ ἀλλήλων ἐν ἀγάπῃ, **3** σπουδάζοντες³⁸ τηρεῖν τὴν ἑνότητα³⁹

---

⁵ἐκκακεῖν: PAN   ⁸κάμπτω: PAI-1S   ¹¹ὀνομάζεται: PPI-3S   ¹³κραταιωθῆναι: APN   ¹⁵κατοικῆσαι: AAN
¹⁶ἐρριζωμένοι: RPP-NPM   ¹⁷τεθεμελιωμένοι: RPP-NPM   ¹⁸ἐξισχύσητε: AAS-2P   ¹⁹καταλαβέσθαι: 2AMN
²⁴ὑπερβάλλουσαν: PAP-ASF   ²⁸νοοῦμεν: PAI-1P   ²⁹ἐνεργουμένην: PMP-ASF   ³⁷ἀνεχόμενοι: PNP-NPM
³⁸σπουδάζοντες: PAP-NPM

---

¹πρόθεσις, εως, ἡ, [12] a setting forth, the show-bread; predetermination, purpose.   ²παρρησία, ας, ἡ, [31] freedom, openness, especially in speech; boldness, confidence.   ³προσαγωγή, ῆς, ἡ, [3] approach, access, admission.   ⁴πεποίθησις, εως, ἡ, [6] confidence, trust, reliance.   ⁵ἐκκακέω, [6] I am faint, am weary.   ⁶θλῖψις, εως, ἡ, [45] persecution, affliction, distress, tribulation.   ⁷χάριν, [9] for the sake of, by reason of, on account of.   ⁸κάμπτω, [4] I bend, bow.   ⁹γόνυ, ατος, τό, [12] the knee.   ¹⁰πατριά, ᾶς, ἡ, [3] lineage, ancestry; a family, tribe.   ¹¹ὀνομάζω, [10] I give a name to, mention, call upon the name of.   ¹²πλοῦτος, ου, ὁ, [22] riches, wealth, abundance, materially or spiritually.   ¹³κραταιόω, [4] I strengthen, confirm; pass: I grow strong, become strong.   ¹⁴ἔσω, [8] within, inside, with verbs either of rest or of motion; prep: within, to within, inside.   ¹⁵κατοικέω, [45] I dwell in, settle in, am established in (permanently), inhabit.   ¹⁶ῥιζόω, [2] I cause to take root; met: I plant, fix firmly, establish.   ¹⁷θεμελιόω, [6] I found, lay the foundation (lit. and met.).   ¹⁸ἐξισχύω, [1] I have strength for (a difficult task), am perfectly able.   ¹⁹καταλαμβάνω, [15] (a) I seize tight hold of, arrest, catch, capture, appropriate, (b) I overtake, (c) mid. aor: I perceived, comprehended.   ²⁰πλάτος, ους, τό, [4] breadth.   ²¹μῆκος, ους, τό, [3] length.   ²²βάθος, ους, τό, [8] depth; deep water; met: fullness, immensity; an extreme degree; profundities, deep-laid plans.   ²³ὕψος, ους, τό, [6] height, heaven; dignity, eminence.   ²⁴ὑπερβάλλω, [5] I surpass, excel, exceed, transcend.   ²⁵γνῶσις, εως, ἡ, [29] knowledge, doctrine, wisdom.   ²⁶πλήρωμα, ατος, τό, [17] (a) a fill, fullness; full complement; supply, patch, supplement, (b) fullness, filling, fulfillment, completion.   ²⁷περισσός, ή, όν, [26] more, greater, excessive, abundant, exceedingly, vehemently; noun: preeminence, advantage.   ²⁸νοέω, [14] I understand, think, consider, conceive, apprehend; aor. possibly: realize.   ²⁹ἐνεργέω, [21] I work, am operative, am at work, am made to work, accomplish; mid: I work, display activity.   ³⁰γενεά, ᾶς, ἡ, [42] a generation; if repeated twice or with another time word, practically indicates infinity of time.   ³¹δέσμιος, ου, ὁ, [16] one bound, a prisoner.   ³²ἀξίως, [6] worthily, in a manner worthy of.   ³³κλῆσις, εως, ἡ, [11] a calling, invitation; in the NT, always of a divine call.   ³⁴ταπεινοφροσύνη, ης, ἡ, [7] humility, lowliness of mind, modesty.   ³⁵πραΰτης, τητος, ἡ, [12] mildness, gentleness.   ³⁶μακροθυμία, ας, ἡ, [14] patience, forbearance, longsuffering.   ³⁷ἀνέχομαι, [15] I endure, bear with, have patience with, suffer, admit, persist.   ³⁸σπουδάζω, [11] I hasten, am eager, am zealous.   ³⁹ἑνότης, ητος, ἡ, [2] oneness, unity, unanimity.

τοῦ πνεύματος ἐν τῷ συνδέσμῳ¹ τῆς εἰρήνης. 4 Ἓν σῶμα καὶ ἓν πνεῦμα, καθὼς καὶ ἐκλήθητε ἐν μιᾷ ἐλπίδι τῆς κλήσεως² ὑμῶν· 5 εἷς κύριος, μία πίστις, ἓν βάπτισμα,³ 6 εἷς θεὸς καὶ πατὴρ πάντων, ὁ ἐπὶ πάντων, καὶ διὰ πάντων, καὶ ἐν πᾶσιν ἡμῖν. 7 Ἑνὶ δὲ ἑκάστῳ ἡμῶν ἐδόθη ἡ χάρις κατὰ τὸ μέτρον⁴ τῆς δωρεᾶς⁵ τοῦ χριστοῦ. 8 Διὸ λέγει, Ἀναβὰς εἰς ὕψος⁶ ᾐχμαλώτευσεν⁷ αἰχμαλωσίαν,⁸ καὶ ἔδωκεν δόματα⁹ τοῖς ἀνθρώποις. 9 Τὸ δέ, Ἀνέβη, τί ἐστιν εἰ μὴ ὅτι καὶ κατέβη πρῶτον εἰς τὰ κατώτερα¹⁰ μέρη¹¹ τῆς γῆς; 10 Ὁ καταβάς, αὐτός ἐστιν καὶ ὁ ἀναβὰς ὑπεράνω¹² πάντων τῶν οὐρανῶν, ἵνα πληρώσῃ τὰ πάντα. 11 Καὶ αὐτὸς ἔδωκεν τοὺς μὲν ἀποστόλους, τοὺς δὲ προφήτας, τοὺς δὲ εὐαγγελιστάς,¹³ τοὺς δὲ ποιμένας¹⁴ καὶ διδασκάλους, 12 πρὸς τὸν καταρτισμὸν¹⁵ τῶν ἁγίων, εἰς ἔργον διακονίας,¹⁶ εἰς οἰκοδομὴν¹⁷ τοῦ σώματος τοῦ χριστοῦ· 13 μέχρι¹⁸ καταντήσωμεν¹⁹ οἱ πάντες εἰς τὴν ἑνότητα²⁰ τῆς πίστεως καὶ τῆς ἐπιγνώσεως²¹ τοῦ υἱοῦ τοῦ θεοῦ, εἰς ἄνδρα τέλειον,²² εἰς μέτρον⁴ ἡλικίας²³ τοῦ πληρώματος²⁴ τοῦ χριστοῦ· 14 ἵνα μηκέτι²⁵ ὦμεν νήπιοι,²⁶ κλυδωνιζόμενοι²⁷ καὶ περιφερόμενοι²⁸ παντὶ ἀνέμῳ²⁹ τῆς διδασκαλίας,³⁰ ἐν τῇ κυβείᾳ³¹ τῶν ἀνθρώπων, ἐν πανουργίᾳ³² πρὸς τὴν μεθοδείαν³³ τῆς πλάνης·³⁴ 15 ἀληθεύοντες³⁵ δὲ ἐν ἀγάπῃ αὐξήσωμεν³⁶ εἰς αὐτὸν τὰ πάντα, ὅς ἐστιν ἡ κεφαλή, ὁ χριστός, 16 ἐξ οὗ πᾶν τὸ σῶμα συναρμολογούμενον³⁷ καὶ συμβιβαζόμενον³⁸ διὰ πάσης ἁφῆς³⁹ τῆς ἐπιχορηγίας,⁴⁰ κατ'

---

⁷ᾐχμαλώτευσεν: AAI-3S ¹⁹καταντήσωμεν: AAS-1P ²⁷κλυδωνιζόμενοι: PNP-NPM ²⁸περιφερόμενοι: PPP-NPM
³⁵ἀληθεύοντες: PAP-NPM ³⁶αὐξήσωμεν: AAS-1P ³⁷συναρμολογούμενον: PPP-NSN ³⁸συμβιβαζόμενον: PPP-NSN

---

¹σύνδεσμος, ου, ὁ, [4] that which binds together; a band, bond. ²κλῆσις, εως, ἡ, [11] a calling, invitation; in the NT, always of a divine call. ³βάπτισμα, ατος, τό, [22] the rite or ceremony of baptism. ⁴μέτρον, ου, τό, [14] a measure, whether lineal or cubic; a measuring rod. ⁵δωρεά, ᾶς, ἡ, [11] a (free) gift, a gift (without repayment). ⁶ὕψος, ους, τό, [6] height, heaven; dignity, eminence. ⁷αἰχμαλωτεύω, [2] I take captive, captivate. ⁸αἰχμαλωσία, ας, ἡ, [2] captivity; a captive multitude. ⁹δόμα, ατος, τό, [4] a gift, present. ¹⁰κατώτερος, α, ον, [1] lower. ¹¹μέρος, ους, τό, [43] a part, portion, share. ¹²ὑπεράνω, [3] far above. ¹³εὐαγγελιστής, οῦ, ὁ, [3] an evangelist, a missionary, bearer of good tidings. ¹⁴ποιμήν, ένος, ὁ, [18] a shepherd; hence met: of the feeder, protector, and ruler of a flock of men. ¹⁵καταρτισμός, ου, ὁ, [1] a bringing to a condition of fitness, perfecting. ¹⁶διακονία, ας, ἡ, [34] waiting at table; in a wider sense: service, ministration. ¹⁷οἰκοδομή, ῆς, ἡ, [18] (a) the act of building, (b) a building, (c) met: spiritual advancement, edification. ¹⁸μέχρι, [17] as far as, until, even to. ¹⁹καταντάω, [13] (a) I come down, either from high land to lower (or actually to the sea-coast), or from the high seas to the coast; hence met: I arrive at, reach (my destination), (b) of property: I come down (descend) by inheritance to an heir. ²⁰ἑνότης, ητος, ἡ, [2] oneness, unity, unanimity. ²¹ἐπίγνωσις, εως, ἡ, [20] knowledge of a particular point (directed towards a particular object); perception, discernment, recognition, intuition. ²²τέλειος, α, ον, [19] perfect, (a) complete in all its parts, (b) full grown, of full age, (c) specially of the completeness of Christian character. ²³ἡλικία, ας, ἡ, [8] age, term of life; full age, maturity; stature. ²⁴πλήρωμα, ατος, τό, [17] (a) a fill, fullness; full complement; supply, patch, supplement, (b) fullness, filling, fulfillment, completion. ²⁵μηκέτι, [21] no longer, no more. ²⁶νήπιος, α, ον, [14] unlearned, unenlightened; noun: an infant, child. ²⁷κλυδωνίζομαι, [1] I am tossed by waves, met: I am tossed to and fro. ²⁸περιφέρω, [3] I carry around; pass: I am driven to and fro. ²⁹ἄνεμος, ου, ὁ, [31] the wind; fig: applied to empty doctrines. ³⁰διδασκαλία, ας, ἡ, [21] instruction, teaching. ³¹κυβεία, ας, ἡ, [1] (lit: playing with dice, gaming, hence) trickery, sleight. ³²πανουργία, ας, ἡ, [5] shrewdness, skill; hence: cunning, craftiness. ³³μεθοδεία, ας, ἡ, [2] (a way of search after something, an inquiry; a method), scheming, craftiness, deceit. ³⁴πλάνη, ης, ἡ, [10] a wandering; fig: deceit, delusion, error, sin. ³⁵ἀληθεύω, [2] I say (speak) truth, do truth, maintain truth (the truth). ³⁶αὐξάνω, [23] (a) I cause to increase, become greater (b) I increase, grow. ³⁷συναρμολογέω, [2] I fit together, compact. ³⁸συμβιβάζω, [6] (a) I unite or knit together, (b) I put together in reasoning, and so: I conclude, prove, (c) I teach, instruct. ³⁹ἁφή, ῆς, ἡ, [2] a band, fastening (hence, possibly: a ligament), joint. ⁴⁰ἐπιχορηγία, ας, ἡ, [2] supply, provision, equipment, support.

ἐνέργειαν¹ ἐν μέτρῳ² ἑνὸς ἑκάστου μέρους,³ τὴν αὔξησιν⁴ τοῦ σώματος ποιεῖται εἰς οἰκοδομὴν⁵ ἑαυτοῦ ἐν ἀγάπῃ.

17 Τοῦτο οὖν λέγω καὶ μαρτύρομαι⁶ ἐν κυρίῳ, μηκέτι⁷ ὑμᾶς περιπατεῖν, καθὼς καὶ τὰ λοιπὰ⁸ ἔθνη περιπατεῖ ἐν ματαιότητι⁹ τοῦ νοὸς¹⁰ αὐτῶν, **18** ἐσκοτισμένοι¹¹ τῇ διανοίᾳ,¹² ὄντες ἀπηλλοτριωμένοι¹³ τῆς ζωῆς τοῦ θεοῦ διὰ τὴν ἄγνοιαν¹⁴ τὴν οὖσαν ἐν αὐτοῖς, διὰ τὴν πώρωσιν¹⁵ τῆς καρδίας αὐτῶν· **19** οἵτινες ἀπηλγηκότες¹⁶ ἑαυτοὺς παρέδωκαν τῇ ἀσελγείᾳ,¹⁷ εἰς ἐργασίαν¹⁸ ἀκαθαρσίας¹⁹ πάσης ἐν πλεονεξίᾳ.²⁰ **20** Ὑμεῖς δὲ οὐχ οὕτως ἐμάθετε²¹ τὸν χριστόν, **21** εἴγε²² αὐτὸν ἠκούσατε καὶ ἐν αὐτῷ ἐδιδάχθητε, καθώς ἐστιν ἀλήθεια ἐν τῷ Ἰησοῦ· **22** ἀποθέσθαι²³ ὑμᾶς, κατὰ τὴν προτέραν²⁴ ἀναστροφήν,²⁵ τὸν παλαιὸν²⁶ ἄνθρωπον, τὸν φθειρόμενον²⁷ κατὰ τὰς ἐπιθυμίας²⁸ τῆς ἀπάτης·²⁹ **23** ἀνανεοῦσθαι³⁰ δὲ τῷ πνεύματι τοῦ νοὸς¹⁰ ὑμῶν, **24** καὶ ἐνδύσασθαι³¹ τὸν καινὸν³² ἄνθρωπον, τὸν κατὰ θεὸν κτισθέντα³³ ἐν δικαιοσύνῃ καὶ ὁσιότητι³⁴ τῆς ἀληθείας.

25 Διὸ ἀποθέμενοι³⁵ τὸ ψεῦδος³⁶ λαλεῖτε ἀλήθειαν ἕκαστος μετὰ τοῦ πλησίον³⁷ αὐτοῦ· ὅτι ἐσμὲν ἀλλήλων μέλη.³⁸ **26** Ὀργίζεσθε³⁹ καὶ μὴ ἁμαρτάνετε·⁴⁰ ὁ ἥλιος⁴¹

---

⁶μαρτύρομαι: PNI-1S ¹¹ἐσκοτισμένοι: RPP-NPM ¹³ἀπηλλοτριωμένοι: RPP-NPM ¹⁶ἀπηλγηκότες: RAP-NPM ²¹ἐμάθετε: 2AAI-2P ²³ἀποθέσθαι: 2AMN ²⁷φθειρόμενον: PPP-ASM ³⁰ἀνανεοῦσθαι: PPN ³¹ἐνδύσασθαι: AMN ³³κτισθέντα: APP-ASM ³⁵ἀποθέμενοι: 2AMP-NPM ³⁹Ὀργίζεσθε: PPM-2P ⁴⁰ἁμαρτάνετε: PAM-2P

---

¹ἐνέργεια, ας, ἡ, [8] working, action, productive work, activity; in the NT, confined to superhuman activity. ²μέτρον, ου, τό, [14] a measure, whether lineal or cubic; a measuring rod. ³μέρος, ους, τό, [43] a part, portion, share. ⁴αὔξησις, εως, ἡ, [2] increasing, increase, growth. ⁵οἰκοδομή, ῆς, ἡ, [18] (a) the act of building, (b) a building, (c) met: spiritual advancement, edification. ⁶μαρτύρομαι, [5] (properly: I call (summon) to witness, and then absolutely) I testify, protest, asseverate; I conjure, solemnly charge. ⁷μηκέτι, [21] no longer, no more. ⁸λοιπός, ή, όν, [42] left, left behind, the remainder, the rest, the others. ⁹ματαιότης, τητος, ἡ, [3] vanity, emptiness, unreality, purposelessness, ineffectiveness, instability, frailty; false religion. ¹⁰νοῦς, νοός, νοΐ, νοῦν, ὁ, [24] the mind, the reason, the reasoning faculty, intellect. ¹¹σκοτίζω, [8] I darken. ¹²διάνοια, ας, ἡ, [12] understanding, intellect, mind, insight. ¹³ἀπαλλοτριόομαι, [3] I estrange, alienate; pass: I am alienated from. ¹⁴ἄγνοια, ας, ἡ, [4] ignorance, inadvertence, sometimes with the idea of willful blindness. ¹⁵πώρωσις, εως, ἡ, [3] hardness of heart, obtuseness. ¹⁶ἀπαλγέω, [1] (lit: I cease to feel [my] pain), am past feeling, cease to care (suggesting sometimes despair, sometimes recklessness), become callous, reckless. ¹⁷ἀσέλγεια, ας, ἡ, [10] (outrageous conduct, conduct shocking to public decency, a wanton violence), wantonness, lewdness. ¹⁸ἐργασία, ας, ἡ, [6] working, activity, work, service, trade, business, gains of business, performance, practice. ¹⁹ἀκαθαρσία, ας, ἡ, [10] uncleanness, impurity. ²⁰πλεονεξία, ας, ἡ, [10] covetousness, avarice, aggression, desire for advantage. ²¹μανθάνω, [25] I learn; with adj. or nouns: I learn to be so and so; with acc. of person who is the object of knowledge; aor. sometimes: to ascertain. ²²εἴγε, [5] if indeed, seeing that, unless. ²³ἀποτίθημι, [8] I lay off or aside, renounce, stow away, put. ²⁴πρότερον, [11] formerly, before. ²⁵ἀναστροφή, ῆς, ἡ, [13] dealing with other men, conduct, life, behavior, manner of life. ²⁶παλαιός, ά, όν, [19] old, ancient, not new or recent. ²⁷φθείρω, [7] I corrupt, spoil, destroy, ruin. ²⁸ἐπιθυμία, ας, ἡ, [38] desire, eagerness for, inordinate desire, lust. ²⁹ἀπάτη, ης, ἡ, [7] deceit, deception, deceitfulness, delusion. ³⁰ἀνανεόω, [1] I renew; mid: I renew myself, am renewed. ³¹ἐνδύω, [28] I put on, clothe (another). ³²καινός, ή, όν, [44] fresh, new, unused, novel. ³³κτίζω, [14] I create, form, shape, make, always of God. ³⁴ὁσιότης, τητος, ἡ, [2] holiness, godliness, piety. ³⁵ἀποτίθημι, [8] I lay off or aside, renounce, stow away, put. ³⁶ψεῦδος, ους, τό, [10] a lie, falsehood, untruth; false religion. ³⁷πλησίον, [16] near, nearby, a neighbor. ³⁸μέλος, ους, τό, [34] a bodily organ, limb, member. ³⁹ὀργίζω, [8] I irritate, provoke, am angry. ⁴⁰ἁμαρτάνω, [43] originally: I miss the mark, hence (a) I make a mistake, (b) I sin, commit a sin (against God); sometimes the idea of sinning against a fellow-creature is present. ⁴¹ἥλιος, ου, ὁ, [32] the sun, sunlight.

μὴ ἐπιδυέτω¹ ἐπὶ τῷ παροργισμῷ² ὑμῶν· 27 μηδὲ δίδοτε τόπον τῷ διαβόλῳ.³ 28 Ὁ κλέπτων⁴ μηκέτι⁵ κλεπτέτω·⁶ μᾶλλον δὲ κοπιάτω,⁷ ἐργαζόμενος⁸ τὸ ἀγαθὸν ταῖς χερσίν, ἵνα ἔχῃ μεταδιδόναι⁹ τῷ χρείαν¹⁰ ἔχοντι. 29 Πᾶς λόγος σαπρὸς¹¹ ἐκ τοῦ στόματος ὑμῶν μὴ ἐκπορευέσθω,¹² ἀλλ᾽ εἴ τις ἀγαθὸς πρὸς οἰκοδομὴν¹³ τῆς χρείας,¹⁰ ἵνα δῷ χάριν τοῖς ἀκούουσιν. 30 Καὶ μὴ λυπεῖτε¹⁴ τὸ πνεῦμα τὸ ἅγιον τοῦ θεοῦ, ἐν ᾧ ἐσφραγίσθητε¹⁵ εἰς ἡμέραν ἀπολυτρώσεως.¹⁶ 31 Πᾶσα πικρία¹⁷ καὶ θυμὸς¹⁸ καὶ ὀργὴ¹⁹ καὶ κραυγὴ²⁰ καὶ βλασφημία²¹ ἀρθήτω ἀφ᾽ ὑμῶν, σὺν πάσῃ κακίᾳ·²² 32 γίνεσθε δὲ εἰς ἀλλήλους χρηστοί,²³ εὔσπλαγχνοι,²⁴ χαριζόμενοι²⁵ ἑαυτοῖς, καθὼς καὶ ὁ θεὸς ἐν χριστῷ ἐχαρίσατο²⁶ ἡμῖν.

A Warning, Principally against the Sins of Uncleanness

5 Γίνεσθε οὖν μιμηταὶ²⁷ τοῦ θεοῦ, ὡς τέκνα ἀγαπητά· 2 καὶ περιπατεῖτε ἐν ἀγάπῃ, καθὼς καὶ ὁ χριστὸς ἠγάπησεν ἡμᾶς, καὶ παρέδωκεν ἑαυτὸν ὑπὲρ ἡμῶν προσφορὰν²⁸ καὶ θυσίαν²⁹ τῷ θεῷ εἰς ὀσμὴν³⁰ εὐωδίας.³¹ 3 Πορνεία³² δὲ καὶ πᾶσα ἀκαθαρσία³³ ἢ πλεονεξία³⁴ μηδὲ ὀνομαζέσθω³⁵ ἐν ὑμῖν, καθὼς πρέπει³⁶ ἁγίοις· 4 καὶ αἰσχρότης,³⁷ καὶ μωρολογία,³⁸ ἢ εὐτραπελία,³⁹ τὰ οὐκ ἀνήκοντα·⁴⁰ ἀλλὰ μᾶλλον εὐχαριστία.⁴¹ 5 Τοῦτο γάρ ἐστε γινώσκοντες, ὅτι πᾶς πόρνος,⁴² ἢ ἀκάθαρτος,⁴³ ἢ

---

¹ἐπιδυέτω: PAM-3S ⁴κλέπτων: PAP-NSM ⁶κλεπτέτω: PAM-3S ⁷κοπιάτω: PAM-3S ⁸ἐργαζόμενος: PNP-NSM ⁹μεταδιδόναι: PAN ¹²ἐκπορευέσθω: PNM-3S ¹⁴λυπεῖτε: PAM-2P ¹⁵ἐσφραγίσθητε: API-2P ²⁵χαριζόμενοι: PNP-NPM ²⁶ἐχαρίσατο: ADI-3S ³⁵ὀνομαζέσθω: PPM-3S ³⁶πρέπει: PAI-3S ⁴⁰ἀνήκοντα: PAP-NPN

---

¹ἐπιδύω, [1] I sink, set, set during, go down. ²παροργισμός, οῦ, ὁ, [1] exasperation, wrath, irritation, indignation. ³διάβολος, ον, [38] (adj. used often as a noun), slanderous; with the article: the Slanderer (par excellence), the Devil. ⁴κλέπτω, [13] I steal. ⁵μηκέτι, [21] no longer, no more. ⁶κλέπτω, [13] I steal. ⁷κοπιάω, [23] (a) I grow weary, (b) I toil, work with effort (of bodily and mental labor alike). ⁸ἐργάζομαι, [39] I work, trade, perform, do, practice, commit, acquire by labor. ⁹μεταδίδωμι, [5] (lit: I offer by way of change, offer so that a change of owner is produced), I share; sometimes merely: I impart, bestow. ¹⁰χρεία, ας, ἡ, [49] need, necessity, business. ¹¹σαπρός, ά, όν, [8] rotten, useless, corrupt, depraved. ¹²ἐκπορεύομαι, [32] I depart from; I am voided, cast out; I proceed from, am spoken; I burst forth, flow out, am spread abroad. ¹³οἰκοδομή, ῆς, ἡ, [18] (a) the act of building, (b) a building, (c) met: spiritual advancement, edification. ¹⁴λυπέω, [26] I pain, grieve, vex. ¹⁵σφραγίζω, [15] I seal, set a seal upon. ¹⁶ἀπολύτρωσις, εως, ἡ, [10] release effected by payment of ransom; redemption, deliverance. ¹⁷πικρία, ας, ἡ, [4] bitterness, harshness, hence met: an embittered (resentful) spirit. ¹⁸θυμός, οῦ, ὁ, [18] an outburst of passion, wrath. ¹⁹ὀργή, ῆς, ἡ, [36] anger, wrath, passion; punishment, vengeance. ²⁰κραυγή, ῆς, ἡ, [6] (a) a shout, cry, clamor, (b) outcry, clamoring against another. ²¹βλασφημία, ας, ἡ, [19] abusive or scurrilous language, blasphemy. ²²κακία, ας, ἡ, [11] (a) evil (i.e. trouble, labor, misfortune), (b) wickedness, (c) vicious disposition, malice, spite. ²³χρηστός, ή, όν, [7] useful, gentle, pleasant, kind. ²⁴εὔσπλαγχνος, ον, [2] tender-hearted, merciful, compassionate. ²⁵χαρίζομαι, [23] (a) I show favor to, (b) I pardon, forgive, (c) I show kindness. ²⁶χαρίζομαι, [23] (a) I show favor to, (b) I pardon, forgive, (c) I show kindness. ²⁷μιμητής, οῦ, ὁ, [7] an imitator, follower. ²⁸προσφορά, ᾶς, ἡ, [9] an offering, sacrifice. ²⁹θυσία, ας, ἡ, [29] abstr. and concr: sacrifice; a sacrifice, offering. ³⁰ὀσμή, ῆς, ἡ, [6] a smell, odor, savor. ³¹εὐωδία, ας, ἡ, [3] a sweet smell, fragrance. ³²πορνεία, ας, ἡ, [26] fornication, whoredom; met: idolatry. ³³ἀκαθαρσία, ας, ἡ, [10] uncleanness, impurity. ³⁴πλεονεξία, ας, ἡ, [10] covetousness, avarice, aggression, desire for advantage. ³⁵ὀνομάζω, [10] I give a name to, mention, call upon the name of. ³⁶πρέπω, [7] it becomes, is fitting to, is right. ³⁷αἰσχρότης, τητος, ἡ, [1] obscenity, indecency, baseness. ³⁸μωρολογία, ας, ἡ, [1] foolish talking. ³⁹εὐτραπελία, ας, ἡ, [1] low jesting, ribaldry. ⁴⁰ἀνήκω, [3] is due, becoming, suitable, proper. ⁴¹εὐχαριστία, ας, ἡ, [15] thankfulness, gratitude; giving of thanks, thanksgiving. ⁴²πόρνος, ου, ὁ, [10] a fornicator, man who prostitutes himself. ⁴³ἀκάθαρτος, ον, [31] unclean, impure.

πλεονέκτης,¹ ὅς ἐστιν εἰδωλολάτρης,² οὐκ ἔχει κληρονομίαν³ ἐν τῇ βασιλείᾳ τοῦ χριστοῦ καὶ θεοῦ. 6 Μηδεὶς ὑμᾶς ἀπατάτω⁴ κενοῖς⁵ λόγοις· διὰ ταῦτα γὰρ ἔρχεται ἡ ὀργὴ⁶ τοῦ θεοῦ ἐπὶ τοὺς υἱοὺς τῆς ἀπειθείας.⁷ 7 Μὴ οὖν γίνεσθε συμμέτοχοι⁸ αὐτῶν· 8 ἦτε γάρ ποτε⁹ σκότος,¹⁰ νῦν δὲ φῶς ἐν κυρίῳ· ὡς τέκνα φωτὸς περιπατεῖτε– 9 ὁ γὰρ καρπὸς τοῦ πνεύματος ἐν πάσῃ ἀγαθωσύνῃ¹¹ καὶ δικαιοσύνῃ καὶ ἀληθείᾳ– 10 δοκιμάζοντες¹² τί ἐστιν εὐάρεστον¹³ τῷ κυρίῳ· 11 καὶ μὴ συγκοινωνεῖτε¹⁴ τοῖς ἔργοις τοῖς ἀκάρποις¹⁵ τοῦ σκότους,¹⁰ μᾶλλον δὲ καὶ ἐλέγχετε·¹⁶ 12 τὰ γὰρ κρυφῇ¹⁷ γινόμενα ὑπ' αὐτῶν αἰσχρόν¹⁸ ἐστιν καὶ λέγειν. 13 Τὰ δὲ πάντα ἐλεγχόμενα¹⁹ ὑπὸ τοῦ φωτὸς φανεροῦται·²⁰ πᾶν γὰρ τὸ φανερούμενον²¹ φῶς ἐστίν. 14 Διὸ λέγει, Ἔγειρε ὁ καθεύδων²² καὶ ἀνάστα ἐκ τῶν νεκρῶν, καὶ ἐπιφαύσει²³ σοι ὁ χριστός.

15 Βλέπετε οὖν πῶς ἀκριβῶς²⁴ περιπατεῖτε, μὴ ὡς ἄσοφοι,²⁵ ἀλλ' ὡς σοφοί,²⁶ 16 ἐξαγοραζόμενοι²⁷ τὸν καιρόν, ὅτι αἱ ἡμέραι πονηραί εἰσιν. 17 Διὰ τοῦτο μὴ γίνεσθε ἄφρονες,²⁸ ἀλλὰ συνιέντες²⁹ τί τὸ θέλημα τοῦ κυρίου. 18 Καὶ μὴ μεθύσκεσθε³⁰ οἴνῳ,³¹ ἐν ᾧ ἐστιν ἀσωτία,³² ἀλλὰ πληροῦσθε ἐν πνεύματι, 19 λαλοῦντες ἑαυτοῖς ψαλμοῖς³³ καὶ ὕμνοις³⁴ καὶ ᾠδαῖς³⁵ πνευματικαῖς,³⁶ ᾄδοντες³⁷ καὶ ψάλλοντες³⁸ ἐν τῇ καρδίᾳ ὑμῶν τῷ κυρίῳ, 20 εὐχαριστοῦντες³⁹ πάντοτε⁴⁰ ὑπὲρ πάντων ἐν ὀνόματι τοῦ κυρίου ἡμῶν Ἰησοῦ χριστοῦ τῷ θεῷ καὶ πατρί, 21 ὑποτασσόμενοι⁴¹ ἀλλήλοις ἐν φόβῳ⁴² χριστοῦ.

---

⁴ἀπατάτω: *PAM-3S* ¹²δοκιμάζοντες: *PAP-NPM* ¹⁴συγκοινωνεῖτε: *PAM-2P* ¹⁶ἐλέγχετε: *PAM-2P* ¹⁹ἐλεγχόμενα: *PPP-NPN* ²⁰φανεροῦται: *PPI-3S* ²¹φανερούμενον: *PPP-NSN* ²²καθεύδων: *PAP-NSM* ²³ἐπιφαύσει: *FAI-3S* ²⁷ἐξαγοραζόμενοι: *PMP-NPM* ²⁹συνιέντες: *PAP-NPM* ³⁰μεθύσκεσθε: *PPM-2P* ³⁷ᾄδοντες: *PAP-NPM* ³⁸ψάλλοντες: *PAP-NPM* ³⁹εὐχαριστοῦντες: *PAP-NPM* ⁴¹ὑποτασσόμενοι: *PPP-NPM*

---

¹πλεονέκτης, ου, ὁ, [4] a covetous or avaricious person; one desirous of having more. ²εἰδωλολάτρης, ου, ὁ, [7] a server (worshipper) of an image (an idol). ³κληρονομία, ας, ἡ, [14] an inheritance, an heritage, regularly the gift of God to His chosen people, in the Old Testament: the Promised Land, in NT a possession viewed in one sense as present, in another as future; a share, participation. ⁴ἀπατάω, [4] I deceive, cheat, lead into error. ⁵κενός, ή, όν, [18] (a) empty, (b) met: empty (in moral content), vain, ineffective, foolish, worthless, (c) false, unreal, pretentious, hollow. ⁶ὀργή, ῆς, ἡ, [36] anger, wrath, passion; punishment, vengeance. ⁷ἀπείθεια, ας, ἡ, [7] willful unbelief, obstinacy, disobedience. ⁸συμμέτοχος, ον, [2] jointly partaking. ⁹ποτέ, [29] at one time or other, at some time, formerly. ¹⁰σκότος, ους, τό, [32] darkness, either physical or moral. ¹¹ἀγαθωσύνη, ης, ἡ, [4] intrinsic goodness, especially as a personal quality, with stress on the kindly (rather than the righteous) side of goodness. ¹²δοκιμάζω, [23] I put to the test, prove, examine; I distinguish by testing, approve after testing; I am fit. ¹³εὐάρεστος, ον, [9] acceptable, well-pleasing (especially to God), grateful. ¹⁴συγκοινωνέω, [3] I am a partaker with, have fellowship with, am an accomplice in. ¹⁵ἄκαρπος, ον, [7] unfruitful, barren, profitless. ¹⁶ἐλέγχω, [18] (a) I reprove, rebuke, discipline, (b) I expose, show to be guilty. ¹⁷κρυφῇ, [1] in secret, secretly. ¹⁸αἰσχρός, ά, όν, [4] base, disgraceful. ¹⁹ἐλέγχω, [18] (a) I reprove, rebuke, discipline, (b) I expose, show to be guilty. ²⁰φανερόω, [49] I make clear (visible, manifest), make known. ²¹φανερόω, [49] I make clear (visible, manifest), make known. ²²καθεύδω, [22] I sleep, am sleeping. ²³ἐπιφαύω, [1] I shine upon, give light to. ²⁴ἀκριβῶς, [9] carefully, exactly, strictly, distinctly. ²⁵ἄσοφος, ον, [1] unskilled, unwise, foolish. ²⁶σοφός, ή, όν, [22] wise, learned, cultivated, skilled, clever. ²⁷ἐξαγοράζω, [4] I buy out, buy away from, ransom; mid: I purchase out, buy, redeem, choose. ²⁸ἄφρων, ονος, ον, [11] senseless, foolish, inconsiderate. ²⁹συνίημι, [26] I consider, understand, perceive. ³⁰μεθύσκω, [4] I make drunk; pass: I become drunk. ³¹οἶνος, ου, ὁ, [33] wine. ³²ἀσωτία, ας, ἡ, [3] wantonness, profligacy, wastefulness. ³³ψαλμός, οῦ, ὁ, [7] a psalm, song of praise, the Hebrew book of Psalms. ³⁴ὕμνος, ου, ὁ, [2] a hymn, sacred song, song of praise to God. ³⁵ᾠδή, ῆς, ἡ, [7] an ode, song, hymn. ³⁶πνευματικός, ή, όν, [26] spiritual. ³⁷ᾄδω, [5] I sing. ³⁸ψάλλω, [5] I sing, sing psalms; earlier: I play on a stringed instrument. ³⁹εὐχαριστέω, [40] I thank, give thanks; pass. 3 sing: is received with thanks. ⁴⁰πάντοτε, [42] always, at all times, ever. ⁴¹ὑποτάσσω, [40] I place under; subject to; mid, pass: I submit, put myself into subjection. ⁴²φόβος, ου, ὁ, [47] (a) fear, terror, alarm, (b) the object or cause of fear, (c) reverence, respect.

The Duties of Husbands and Wives and the Relation of Christ to the Church

22 Αἱ γυναῖκες, τοῖς ἰδίοις ἀνδράσιν ὑποτάσσεσθε,[1] ὡς τῷ κυρίῳ. **23** Ὅτι ἀνήρ ἐστιν κεφαλὴ τῆς γυναικός, ὡς καὶ ὁ χριστὸς κεφαλὴ τῆς ἐκκλησίας, καὶ αὐτός ἐστιν σωτὴρ[2] τοῦ σώματος. **24** Ἀλλ᾽ ὥσπερ[3] ἡ ἐκκλησία ὑποτάσσεται[4] τῷ χριστῷ, οὕτως καὶ αἱ γυναῖκες τοῖς ἰδίοις ἀνδράσιν ἐν παντί. **25** Οἱ ἄνδρες, ἀγαπᾶτε τὰς γυναῖκας ἑαυτῶν, καθὼς καὶ ὁ χριστὸς ἠγάπησεν τὴν ἐκκλησίαν, καὶ ἑαυτὸν παρέδωκεν ὑπὲρ αὐτῆς· **26** ἵνα αὐτὴν ἁγιάσῃ,[5] καθαρίσας[6] τῷ λουτρῷ[7] τοῦ ὕδατος ἐν ῥήματι, **27** ἵνα παραστήσῃ[8] αὐτὴν ἑαυτῷ ἔνδοξον[9] τὴν ἐκκλησίαν, μὴ ἔχουσαν σπίλον[10] ἢ ῥυτίδα[11] ἤ τι τῶν τοιούτων, ἀλλ᾽ ἵνα ᾖ ἁγία καὶ ἄμωμος.[12] **28** Οὕτως ὀφείλουσιν[13] οἱ ἄνδρες ἀγαπᾶν τὰς ἑαυτῶν γυναῖκας ὡς τὰ ἑαυτῶν σώματα. Ὁ ἀγαπῶν τὴν ἑαυτοῦ γυναῖκα, ἑαυτὸν ἀγαπᾷ· **29** οὐδεὶς γάρ ποτε[14] τὴν ἑαυτοῦ σάρκα ἐμίσησεν,[15] ἀλλ᾽ ἐκτρέφει[16] καὶ θάλπει[17] αὐτήν, καθὼς καὶ ὁ κύριος τὴν ἐκκλησίαν· **30** ὅτι μέλη[18] ἐσμὲν τοῦ σώματος αὐτοῦ, ἐκ τῆς σαρκὸς αὐτοῦ καὶ ἐκ τῶν ὀστέων[19] αὐτοῦ. **31** Ἀντὶ[20] τούτου καταλείψει[21] ἄνθρωπος τὸν πατέρα αὐτοῦ καὶ τὴν μητέρα, καὶ προσκολληθήσεται[22] πρὸς τὴν γυναῖκα αὐτοῦ, καὶ ἔσονται οἱ δύο εἰς σάρκα μίαν. **32** Τὸ μυστήριον[23] τοῦτο μέγα ἐστίν· ἐγὼ δὲ λέγω εἰς χριστὸν καὶ εἰς τὴν ἐκκλησίαν. **33** Πλὴν[24] καὶ ὑμεῖς οἱ καθ᾽ ἕνα, ἕκαστος τὴν ἑαυτοῦ γυναῖκα οὕτως ἀγαπάτω ὡς ἑαυτόν· ἡ δὲ γυνὴ ἵνα φοβῆται τὸν ἄνδρα.

The Duties of Children, of Parents, of Servants

6 Τὰ τέκνα, ὑπακούετε[25] τοῖς γονεῦσιν[26] ὑμῶν ἐν κυρίῳ· τοῦτο γάρ ἐστιν δίκαιον. **2** Τίμα[27] τὸν πατέρα σου καὶ τὴν μητέρα ἥτις ἐστὶν ἐντολὴ πρώτη ἐν ἐπαγγελίᾳ, **3** ἵνα εὖ[28] σοι γένηται, καὶ ἔσῃ μακροχρόνιος[29] ἐπὶ τῆς γῆς. **4** Καὶ οἱ πατέρες, μὴ

---

[1]ὑποτάσσεσθε: PMM-2P   [4]ὑποτάσσεται: PPI-3S   [5]ἁγιάσῃ: AAS-3S   [6]καθαρίσας: AAP-NSM   [8]παραστήσῃ: AAS-3S   [13]ὀφείλουσιν: PAI-3P   [15]ἐμίσησεν: AAI-3S   [16]ἐκτρέφει: PAI-3S   [17]θάλπει: PAI-3S   [21]καταλείψει: FAI-3S   [22]προσκολληθήσεται: FPI-3S   [25]ὑπακούετε: PAM-2P   [27]Τίμα: PAM-2S

---

[1]ὑποτάσσω, [40] I place under, subject to; mid, pass: I submit, put myself into subjection.   [2]σωτήρ, ῆρος, ὁ, [23] a savior, deliverer, preserver.   [3]ὥσπερ, [42] just as, as, even as.   [4]ὑποτάσσω, [40] I place under, subject to; mid, pass: I submit, put myself into subjection.   [5]ἁγιάζω, [29] I make holy, treat as holy, set apart as holy, sanctify, hallow, purify.   [6]καθαρίζω, [30] I cleanse, make clean, literally, ceremonially, or spiritually, according to context.   [7]λουτρόν, οῦ, τό, [2] a bath (of water, not the vessel), water for washing, washing.   [8]παρίστημι, [41] I bring, present, prove, come up to and stand by, am present.   [9]ἔνδοξος, ον, [4] highly esteemed, splendid, glorious.   [10]σπίλος, ου, ὁ, [2] a spot, fault, stain, blemish.   [11]ῥυτίς, ίδος, ἡ, [1] a wrinkle; fig: a spiritual defect, flaw.   [12]ἄμωμος, ον, [7] blameless, without blemish, unblemished, faultless.   [13]ὀφείλω, [36] I owe, ought.   [14]ποτέ, [29] at one time or other, at some time, formerly.   [15]μισέω, [41] I hate, detest, love less, esteem less.   [16]ἐκτρέφω, [3] I nourish, nurture, bring up.   [17]θάλπω, [2] (properly: I warm, then) I cherish, nourish, foster, comfort.   [18]μέλος, ους, τό, [34] a bodily organ, limb, member.   [19]ὀστέον, ου, τό, [5] a bone.   [20]ἀντί, [22] (a) instead of, in return for, over against, opposite, in exchange for, as a substitute for, (b) on my behalf, (c) wherefore, because.   [21]καταλείπω, [25] I leave behind, desert, abandon, forsake; I leave remaining, reserve.   [22]προσκολλάω, [3] (lit: I glue one thing to another), I join (unite) closely, cleave (to), follow as an adherent.   [23]μυστήριον, ου, τό, [27] a mystery, secret, of which initiation is necessary; in the NT: the counsels of God, once hidden but now revealed in the Gospel or some fact thereof; the Christian revelation generally; particular truths or details of the Christian revelation.   [24]πλήν, [31] however, nevertheless, but, except that, yet.   [25]ὑπακούω, [21] I listen, hearken to, obey, answer.   [26]γονεύς, έως, ὁ, [19] a begetter, father; plur: parents.   [27]τιμάω, [21] (a) I value at a price, estimate, (b) I honor, reverence.   [28]εὖ, [6] well, well done, good, rightly; also used as an exclamation.   [29]μακροχρόνιος, ον, [1] long-timed, long-lived.

παροργίζετε¹ τὰ τέκνα ὑμῶν, ἀλλ' ἐκτρέφετε² αὐτὰ ἐν παιδείᾳ³ καὶ νουθεσίᾳ⁴ κυρίου.

5 Οἱ δοῦλοι, ὑπακούετε⁵ τοῖς κυρίοις κατὰ σάρκα, μετὰ φόβου⁶ καὶ τρόμου,⁷ ἐν ἁπλότητι⁸ τῆς καρδίας ὑμῶν, ὡς τῷ χριστῷ· 6 μὴ κατ' ὀφθαλμοδουλείαν⁹ ὡς ἀνθρωπάρεσκοι,¹⁰ ἀλλ' ὡς δοῦλοι τοῦ χριστοῦ, ποιοῦντες τὸ θέλημα τοῦ θεοῦ ἐκ ψυχῆς, 7 μετ' εὐνοίας¹¹ δουλεύοντες¹² ὡς τῷ κυρίῳ καὶ οὐκ ἀνθρώποις· 8 εἰδότες ὅτι ὃ ἐάν τι ἕκαστος ποιήσῃ ἀγαθόν, τοῦτο κομιεῖται¹³ παρὰ τοῦ κυρίου, εἴτε δοῦλος, εἴτε ἐλεύθερος.¹⁴ 9 Καὶ οἱ κύριοι, τὰ αὐτὰ ποιεῖτε πρὸς αὐτούς, ἀνιέντες¹⁵ τὴν ἀπειλήν·¹⁶ εἰδότες ὅτι καὶ ὑμῶν αὐτῶν ὁ κύριός ἐστιν ἐν οὐρανοῖς, καὶ προσωποληψία¹⁷ οὐκ ἔστιν παρ' αὐτῷ.

The Christian's Spiritual Armor and Its Use

10 Τὸ λοιπόν,¹⁸ ἀδελφοί μου, ἐνδυναμοῦσθε¹⁹ ἐν κυρίῳ, καὶ ἐν τῷ κράτει²⁰ τῆς ἰσχύος²¹ αὐτοῦ. 11 Ἐνδύσασθε²² τὴν πανοπλίαν²³ τοῦ θεοῦ, πρὸς τὸ δύνασθαι ὑμᾶς στῆναι πρὸς τὰς μεθοδείας²⁴ τοῦ διαβόλου.²⁵ 12 Ὅτι οὐκ ἔστιν ἡμῖν ἡ πάλη²⁶ πρὸς αἷμα καὶ σάρκα, ἀλλὰ πρὸς τὰς ἀρχάς, πρὸς τὰς ἐξουσίας, πρὸς τοὺς κοσμοκράτορας²⁷ τοῦ σκότους²⁸ τοῦ αἰῶνος τούτου, πρὸς τὰ πνευματικὰ²⁹ τῆς πονηρίας³⁰ ἐν τοῖς ἐπουρανίοις.³¹ 13 Διὰ τοῦτο ἀναλάβετε³² τὴν πανοπλίαν²³ τοῦ θεοῦ, ἵνα δυνηθῆτε ἀντιστῆναι³³ ἐν τῇ ἡμέρᾳ τῇ πονηρᾷ, καὶ ἅπαντα³⁴ κατεργασάμενοι³⁵ στῆναι. 14 Στῆτε

---

¹παροργίζετε: PAM-2P ²ἐκτρέφετε: PAM-2P ⁵ὑπακούετε: PAM-2P ¹²δουλεύοντες: PAP-NPM ¹³κομιεῖται: FDI-3S-ATT ¹⁵ἀνιέντες: PAP-NPM ¹⁹ἐνδυναμοῦσθε: PPM-2P ²²Ἐνδύσασθε: AMM-2P ³²ἀναλάβετε: 2AAM-2P ³³ἀντιστῆναι: 2AAN ³⁵κατεργασάμενοι: ADP-NPM

---

¹παροργίζω, [2] I provoke to anger, exasperate. ²ἐκτρέφω, [3] I nourish, nurture, bring up. ³παιδεία, ας, ἡ, [6] discipline; training and education of children, hence: instruction; chastisement, correction. ⁴νουθεσία, ας, ἡ, [3] a warning, admonition, counsel. ⁵ὑπακούω, [21] I listen, hearken to, obey, answer. ⁶φόβος, ου, ὁ, [47] (a) fear, terror, alarm, (b) the object or cause of fear, (c) reverence, respect. ⁷τρόμος, ου, ὁ, [5] a trembling, quaking, fear. ⁸ἁπλότης, τητος, ἡ, [8] simplicity, sincerity, purity, graciousness. ⁹ὀφθαλμοδουλεία, ας, ἡ, [2] eye-service; service rendered only while the master watches. ¹⁰ἀνθρωπάρεσκος, ον, [2] desirous of pleasing men, a renderer of service to human beings (as opposed to God). ¹¹εὔνοια, ας, ἡ, [2] good-will, kindliness; enthusiasm. ¹²δουλεύω, [25] I am a slave, am subject to, obey, am devoted. ¹³κομίζω, [11] (a) act: I convey, bring, carry, (b) mid: I receive back, receive what has belonged to myself but has been lost, or else promised but kept back, or: I get what has come to be my own by earning, recover. ¹⁴ἐλεύθερος, έρα, ερον, [23] free, delivered from obligation. ¹⁵ἀνίημι, [4] I send up, produce, send back; I let go; I relax, loosen, hence met: I give up, desist from. ¹⁶ἀπειλή, ῆς, ἡ, [4] a threatening, threat. ¹⁷προσωποληψία, ας, ἡ, [4] partiality, favoritism. ¹⁸λοιπόν, [14] finally, from now on, henceforth, beyond that. ¹⁹ἐνδυναμόω, [8] I fill with power, strengthen, make strong. ²⁰κράτος, ους, τό, [12] dominion, strength, power; a mighty deed. ²¹ἰσχύς, ύος, ἡ, [10] strength (absolutely), power, might, force, ability. ²²ἐνδύω, [28] I put on, clothe (another). ²³πανοπλία, ας, ἡ, [3] complete armor, panoply. ²⁴μεθοδεία, ας, ἡ, [2] (a way of search after something, an inquiry; a method), scheming, craftiness, deceit. ²⁵διάβολος, ον, [38] (adj. used often as a noun), slanderous; with the article: the Slanderer (par excellence), the Devil. ²⁶πάλη, ης, ἡ, [1] wrestling, a wrestling bout; hence: a struggle, fight, conflict, contest. ²⁷κοσμοκράτωρ, ορος, ὁ, [1] ruler of this world, that is, of the world as asserting its independence of God; used of the angelic or demonic powers controlling the sublunary world. ²⁸σκότος, ους, τό, [32] darkness, either physical or moral. ²⁹πνευματικός, ή, όν, [26] spiritual. ³⁰πονηρία, ας, ἡ, [7] wickedness, iniquities. ³¹ἐπουράνιος, ον, [20] heavenly, celestial, in the heavenly sphere, the sphere of spiritual activities; met: divine, spiritual. ³²ἀναλαμβάνω, [13] I take up, raise; I pick up, take on board; I carry off, lead away. ³³ἀνθίστημι, [14] I set against; I withstand, resist, oppose. ³⁴ἅπας, ασα, αν, [39] all, the whole, altogether. ³⁵κατεργάζομαι, [24] I effect by labor, achieve, work out, bring about.

οὖν περιζωσάμενοι¹ τὴν ὀσφὺν² ὑμῶν ἐν ἀληθείᾳ, καὶ ἐνδυσάμενοι³ τὸν θώρακα⁴ τῆς δικαιοσύνης, 15 καὶ ὑποδησάμενοι⁵ τοὺς πόδας ἐν ἑτοιμασίᾳ⁶ τοῦ εὐαγγελίου τῆς εἰρήνης· 16 ἐπὶ πᾶσιν ἀναλαβόντες⁷ τὸν θυρεὸν⁸ τῆς πίστεως, ἐν ᾧ δυνήσεσθε πάντα τὰ βέλη⁹ τοῦ πονηροῦ τὰ πεπυρωμένα¹⁰ σβέσαι.¹¹ 17 Καὶ τὴν περικεφαλαίαν¹² τοῦ σωτηρίου¹³ δέξασθαι, καὶ τὴν μάχαιραν¹⁴ τοῦ πνεύματος, ὅ ἐστιν ῥῆμα θεοῦ· 18 διὰ πάσης προσευχῆς¹⁵ καὶ δεήσεως¹⁶ προσευχόμενοι ἐν παντὶ καιρῷ ἐν πνεύματι, καὶ εἰς αὐτὸ τοῦτο ἀγρυπνοῦντες¹⁷ ἐν πάσῃ προσκαρτερήσει¹⁸ καὶ δεήσει¹⁶ περὶ πάντων τῶν ἁγίων, 19 καὶ ὑπὲρ ἐμοῦ, ἵνα μοι δοθῇ λόγος ἐν ἀνοίξει¹⁹ τοῦ στόματός μου ἐν παρρησίᾳ²⁰ γνωρίσαι²¹ τὸ μυστήριον²² τοῦ εὐαγγελίου, 20 ὑπὲρ οὗ πρεσβεύω²³ ἐν ἁλύσει,²⁴ ἵνα ἐν αὐτῷ παρρησιάσωμαι,²⁵ ὡς δεῖ με λαλῆσαι.

Concluding Remarks and Greeting

21 Ἵνα δὲ εἰδῆτε καὶ ὑμεῖς τὰ κατ᾽ ἐμέ, τί πράσσω,²⁶ πάντα ὑμῖν γνωρίσει²⁷ Τυχικὸς ὁ ἀγαπητὸς ἀδελφὸς καὶ πιστὸς διάκονος²⁸ ἐν κυρίῳ· 22 ὃν ἔπεμψα πρὸς ὑμᾶς εἰς αὐτὸ τοῦτο, ἵνα γνῶτε τὰ περὶ ἡμῶν, καὶ παρακαλέσῃ τὰς καρδίας ὑμῶν.

23 Εἰρήνη τοῖς ἀδελφοῖς καὶ ἀγάπη μετὰ πίστεως ἀπὸ θεοῦ πατρὸς καὶ κυρίου Ἰησοῦ χριστοῦ. 24 Ἡ χάρις μετὰ πάντων τῶν ἀγαπώντων τὸν κύριον ἡμῶν Ἰησοῦν χριστὸν ἐν ἀφθαρσίᾳ.²⁹ Ἀμήν.

---

¹περιζωσάμενοι: AMP-NPM   ³ἐνδυσάμενοι: AMP-NPM   ⁵ὑποδησάμενοι: AMP-NPM   ⁷ἀναλαβόντες: 2AAP-NPM ¹⁰πεπυρωμένα: RPP-APN   ¹¹σβέσαι: AAN   ¹⁷ἀγρυπνοῦντες: PAP-NPM   ²¹γνωρίσαι: AAN   ²³πρεσβεύω: PAI-1S ²⁵παρρησιάσωμαι: ADS-1S   ²⁶πράσσω: PAI-1S   ²⁷γνωρίσει: FAI-3S

---

¹περιζώννυμι, [7] I gird round; mid: I gird myself, generally for active work or travel.   ²ὀσφύς, ύος, ἡ, [8] the loins.   ³ἐνδύω, [28] I put on, clothe (another).   ⁴θώραξ, ακός, ὁ, [5] a breast-plate, corslet, cuirass. ⁵ὑποδέω, [3] (lit: I bind under), mid: I put on my feet, pass: I am shod.   ⁶ἑτοιμασία, ας, ἡ, [1] foundation, firm footing; preparation, readiness.   ⁷ἀναλαμβάνω, [13] I take up, raise; I pick up, take on board; I carry off, lead away.   ⁸θυρεός, οῦ, ὁ, [1] the heavy oblong Roman shield.   ⁹βέλος, ους, τό, [1] a missile, dart, javelin, arrow.   ¹⁰πυρόω, [6] pass: I burn, am set on fire, am inflamed; glow with heat, am purified by fire.   ¹¹σβέννυμι, [8] (a) I extinguish, quench, (b) I suppress, thwart.   ¹²περικεφαλαία, ας, ἡ, [2] a helmet.   ¹³σωτήριος, ον, [5] saving, bringing salvation; subst: salvation.   ¹⁴μάχαιρα, ας, ἡ, [29] a sword.   ¹⁵προσευχή, ῆς, ἡ, [37] (a) prayer (to God), (b) a place for prayer (used by Jews, perhaps where there was no synagogue).   ¹⁶δέησις, εως, ἡ, [19] supplication, prayer, entreaty.   ¹⁷ἀγρυπνέω, [4] I am not asleep, am awake; especially: I am watchful, careful.   ¹⁸προσκαρτέρησις, εως, ἡ, [1] perseverance.   ¹⁹ἄνοιξις, εως, ἡ, [1] the act of opening. ²⁰παρρησία, ας, ἡ, [31] freedom, openness, especially in speech; boldness, confidence.   ²¹γνωρίζω, [24] I make known, declare, know, discover.   ²²μυστήριον, ου, τό, [27] a mystery, secret, of which initiation is necessary; in the NT: the counsels of God, once hidden but now revealed in the Gospel or some fact thereof; the Christian revelation generally; particular truths or details of the Christian revelation.   ²³πρεσβεύω, [2] I am aged, act as an ambassador.   ²⁴ἅλυσις, εως, ἡ, [11] a (light) chain, bond.   ²⁵παρρησιάζομαι, [9] I speak freely, boldly; I am confident.   ²⁶πράσσω, [38] I do, perform, accomplish; be in any condition, i.e. I fare; I exact, require. ²⁷γνωρίζω, [24] I make known, declare, know, discover.   ²⁸διάκονος, οῦ, ὁ, ἡ, [30] a waiter, servant; then of any one who performs any service, an administrator.   ²⁹ἀφθαρσία, ας, ἡ, [8] indestructibility, incorruptibility; hence: immortality.

ΠΡΟΣ ΦΙΛΙΠΠΗΣΙΟΥΣ
To the Philippians

The Address and Salutation

Παῦλος καὶ Τιμόθεος, δοῦλοι Ἰησοῦ χριστοῦ, πᾶσιν τοῖς ἁγίοις ἐν χριστῷ Ἰησοῦ τοῖς οὖσιν ἐν Φιλίπποις, [1] σὺν ἐπισκόποις [2] καὶ διακόνοις· [3] 2 χάρις ὑμῖν καὶ εἰρήνη ἀπὸ θεοῦ πατρὸς ἡμῶν καὶ κυρίου Ἰησοῦ χριστοῦ.

The Apostle's Personal Feeling toward the Philippian Christians

3 Εὐχαριστῶ [4] τῷ θεῷ μου ἐπὶ πάσῃ τῇ μνείᾳ [5] ὑμῶν, 4 πάντοτε [6] ἐν πάσῃ δεήσει [7] μου ὑπὲρ πάντων ὑμῶν μετὰ χαρᾶς τὴν δέησιν [7] ποιούμενος, 5 ἐπὶ τῇ κοινωνίᾳ [8] ὑμῶν εἰς τὸ εὐαγγέλιον, ἀπὸ πρώτης ἡμέρας ἄχρι τοῦ νῦν· 6 πεποιθὼς αὐτὸ τοῦτο, ὅτι ὁ ἐναρξάμενος [9] ἐν ὑμῖν ἔργον ἀγαθὸν ἐπιτελέσει [10] ἄχρι ἡμέρας χριστοῦ Ἰησοῦ· 7 καθώς ἐστιν δίκαιον ἐμοὶ τοῦτο φρονεῖν [11] ὑπὲρ πάντων ὑμῶν, διὰ τὸ ἔχειν με ἐν τῇ καρδίᾳ ὑμᾶς, ἔν τε τοῖς δεσμοῖς [12] μου καὶ ἐν τῇ ἀπολογίᾳ [13] καὶ βεβαιώσει [14] τοῦ εὐαγγελίου, συγκοινωνούς [15] μου τῆς χάριτος πάντας ὑμᾶς ὄντας. 8 Μάρτυς [16] γάρ μού ἐστιν ὁ θεός, ὡς ἐπιποθῶ [17] πάντας ὑμᾶς ἐν σπλάγχνοις [18] Ἰησοῦ χριστοῦ. 9 Καὶ τοῦτο προσεύχομαι, ἵνα ἡ ἀγάπη ὑμῶν ἔτι μᾶλλον καὶ μᾶλλον περισσεύῃ [19] ἐν ἐπιγνώσει [20]

---

[4] Εὐχαριστῶ: PAI-1S   [9] ἐναρξάμενος: ADP-NSM   [10] ἐπιτελέσει: FAI-3S   [11] φρονεῖν: PAN   [17] ἐπιποθῶ: PAI-1S
[19] περισσεύῃ: PAS-3S

---

[1] Φίλιπποι, ων, οἱ, [4] Philippi, a great city of the Roman province Macedonia.   [2] ἐπίσκοπος, ου, ὁ, [5] (used as an official title in civil life), overseer, supervisor, ruler, especially used with reference to the supervising function exercised by an elder or presbyter of a church or congregation.   [3] διάκονος, οῦ, ὁ, ἡ, [30] a waiter, servant; then of any one who performs any service, an administrator.   [4] εὐχαριστέω, [40] I thank, give thanks; pass. 3 sing: is received with thanks.   [5] μνεία, ας, ἡ, [7] remembrance, recollection, mention; commemoration.   [6] πάντοτε, [42] always, at all times, ever.   [7] δέησις, εως, ἡ, [19] supplication, prayer, entreaty.   [8] κοινωνία, ας, ἡ, [19] (lit: partnership) (a) contributory help, participation, (b) sharing in, communion, (c) spiritual fellowship, a fellowship in the spirit.   [9] ἐνάρχομαι, [2] I begin (in), make a beginning, commence.   [10] ἐπιτελέω, [11] I complete, accomplish, perfect.   [11] φρονέω, [29] (a) I think, (b) I think, judge, (c) I direct the mind to, seek for, (d) I observe, (e) I care for.   [12] δεσμός, οῦ, ὁ, [20] a bond, chain, imprisonment; a string or ligament, an impediment, infirmity.   [13] ἀπολογία, ας, ἡ, [8] a verbal defense (particularly in a law court).   [14] βεβαίωσις, εως, ἡ, [2] confirmation, ratification, establishment.   [15] συγκοινωνός, ου, ὁ, ἡ, [3] a partaker with, co-partner.   [16] μάρτυς, υρος, ὁ, [34] a witness; an eye- or ear-witness.   [17] ἐπιποθέω, [9] I long for, strain after, desire greatly, have affection for.   [18] σπλάγχνα, ων, τά, [11] the inward parts; the heart, affections, seat of the feelings.   [19] περισσεύω, [39] (a) intrans: I exceed the ordinary (the necessary), abound, overflow; am left over, (b) trans: I cause to abound.   [20] ἐπίγνωσις, εως, ἡ, [20] knowledge of a particular point (directed towards a particular object); perception, discernment, recognition, intuition.

καὶ πάσῃ αἰσθήσει, ¹ **10** εἰς τὸ δοκιμάζειν ² ὑμᾶς τὰ διαφέροντα, ³ ἵνα ἦτε εἰλικρινεῖς ⁴ καὶ ἀπρόσκοποι ⁵ εἰς ἡμέραν χριστοῦ, **11** πεπληρωμένοι καρπῶν δικαιοσύνης τῶν διὰ Ἰησοῦ χριστοῦ, εἰς δόξαν καὶ ἔπαινον ⁶ θεοῦ.

Paul's Present Circumstances, Experiences, and Expectations

12 Γινώσκειν δὲ ὑμᾶς βούλομαι, ⁷ ἀδελφοί, ὅτι τὰ κατ᾽ ἐμὲ μᾶλλον εἰς προκοπὴν ⁸ τοῦ εὐαγγελίου ἐλήλυθεν· **13** ὥστε τοὺς δεσμούς ⁹ μου φανεροὺς ¹⁰ ἐν χριστῷ γενέσθαι ἐν ὅλῳ τῷ πραιτωρίῳ ¹¹ καὶ τοῖς λοιποῖς ¹² πᾶσιν, **14** καὶ τοὺς πλείονας τῶν ἀδελφῶν ἐν κυρίῳ, πεποιθότας τοῖς δεσμοῖς ⁹ μου, περισσοτέρως ¹³ τολμᾶν ¹⁴ ἀφόβως ¹⁵ τὸν λόγον λαλεῖν. **15** Τινὲς μὲν καὶ διὰ φθόνον ¹⁶ καὶ ἔριν, ¹⁷ τινὲς δὲ καὶ δι᾽ εὐδοκίαν ¹⁸ τὸν χριστὸν κηρύσσουσιν· **16** οἱ μὲν ἐξ ἐριθείας ¹⁹ τὸν χριστὸν καταγγέλλουσιν, ²⁰ οὐχ ἁγνῶς, ²¹ οἰόμενοι ²² θλῖψιν ²³ ἐπιφέρειν ²⁴ τοῖς δεσμοῖς ⁹ μου· **17** οἱ δὲ ἐξ ἀγάπης, εἰδότες ὅτι εἰς ἀπολογίαν ²⁵ τοῦ εὐαγγελίου κεῖμαι. ²⁶ **18** Τί γάρ; Πλὴν ²⁷ παντὶ τρόπῳ, ²⁸ εἴτε προφάσει ²⁹ εἴτε ἀληθείᾳ, χριστὸς καταγγέλλεται· ³⁰ καὶ ἐν τούτῳ χαίρω, ἀλλὰ καὶ χαρήσομαι. **19** Οἶδα γὰρ ὅτι τοῦτό μοι ἀποβήσεται ³¹ εἰς σωτηρίαν ³² διὰ τῆς ὑμῶν δεήσεως, ³³ καὶ ἐπιχορηγίας ³⁴ τοῦ πνεύματος Ἰησοῦ χριστοῦ, **20** κατὰ τὴν ἀποκαραδοκίαν ³⁵ καὶ ἐλπίδα μου, ὅτι ἐν οὐδενὶ αἰσχυνθήσομαι, ³⁶ ἀλλ᾽ ἐν πάσῃ παρρησίᾳ, ³⁷ ὡς πάντοτε, ³⁸ καὶ νῦν μεγαλυνθήσεται ³⁹ χριστὸς ἐν τῷ σώματί μου, εἴτε διὰ ζωῆς εἴτε διὰ θανάτου. **21** Ἐμοὶ

---

² δοκιμάζειν: PAN   ³ διαφέροντα: PAP-APN   ⁷ βούλομαι: PNI-1S   ¹⁴ τολμᾶν: PAN   ²⁰ καταγγέλλουσιν: PAI-3P   ²² οἰόμενοι: PNP-NPM   ²⁴ ἐπιφέρειν: PAN   ²⁶ κεῖμαι: PNI-1S   ³⁰ καταγγέλλεται: PPI-3S   ³¹ ἀποβήσεται: FDI-3S   ³⁶ αἰσχυνθήσομαι: FPI-1S   ³⁹ μεγαλυνθήσεται: FPI-3S

---

¹ αἴσθησις, εως, ἡ, [1] perception, understanding, discernment.   ² δοκιμάζω, [23] I put to the test, prove, examine; I distinguish by testing, approve after testing; I am fit.   ³ διαφέρω, [13] (a) trans: I carry through, hither and thither, (b) intrans: I am different, differ, and sometimes: I surpass, excel.   ⁴ εἰλικρινής, ές, [2] (originally: unmixed), pure, uncontaminated, sincere.   ⁵ ἀπρόσκοπος, ον, [3] (free from hurt or harm, hence) not offending, not causing offence, blameless.   ⁶ ἔπαινος, ου, ὁ, [11] commendation, praise, approval.   ⁷ βούλομαι, [34] I will, intend, desire, wish.   ⁸ προκοπή, ῆς, ἡ, [3] progress, advancement.   ⁹ δεσμός, οῦ, ὁ, [20] a bond, chain, imprisonment; a string or ligament, an impediment, infirmity.   ¹⁰ φανερός, ά, όν, [20] apparent, clear, visible, manifest; adv: clearly.   ¹¹ πραιτώριον, ου, τό, [8] the palace at Jerusalem occupied by the Roman governor, or the quarters of the praetorian guard in Rome.   ¹² λοιπός, ή, όν, [42] left, left behind, the remainder, the rest, the others.   ¹³ περισσῶς, [16] greatly, exceedingly, abundantly, vehemently.   ¹⁴ τολμάω, [16] I dare, endure, am bold, have courage, make up the mind.   ¹⁵ ἀφόβως, [4] fearlessly, shamelessly, securely, tranquilly.   ¹⁶ φθόνος, ου, ὁ, [9] envy, a grudge, spite.   ¹⁷ ἔρις, ιδος, ἡ, [9] contention, strife, wrangling.   ¹⁸ εὐδοκία, ας, ἡ, [9] (a) good-will (good-pleasure), favor, feeling of complacency of God to man, (b) good-pleasure, satisfaction, happiness, delight of men.   ¹⁹ ἐριθεία, ας, ἡ, [7] (the seeking of followers and adherents by means of gifts, the seeking of followers, hence) ambition, rivalry, self-seeking; a feud, faction.   ²⁰ καταγγέλλω, [18] I declare openly, proclaim, preach, laud, celebrate.   ²¹ ἁγνῶς, [1] purely, sincerely, with pure motives, honestly.   ²² οἴμαι, [3] I think, suppose, expect, imagine.   ²³ θλῖψις, εως, ἡ, [45] persecution, affliction, distress, tribulation.   ²⁴ ἐπιφέρω, [5] I bring forward (against), impose, inflict.   ²⁵ ἀπολογία, ας, ἡ, [8] a verbal defense (particularly in a law court).   ²⁶ κεῖμαι, [26] I lie, recline, am placed, am laid, set, specially appointed, destined.   ²⁷ πλήν, [31] however, nevertheless, but, except that, yet.   ²⁸ τρόπος, ου, ὁ, [13] (a) way, manner, (b) manner of life, character.   ²⁹ πρόφασις, εως, ἡ, [7] a pretext, an excuse.   ³⁰ καταγγέλλω, [18] I declare openly, proclaim, preach, laud, celebrate.   ³¹ ἀποβαίνω, [4] I go or come out of, disembark, turn out, result, become, happen.   ³² σωτηρία, ας, ἡ, [46] welfare, prosperity, deliverance, preservation, salvation, safety.   ³³ δέησις, εως, ἡ, [19] supplication, prayer, entreaty.   ³⁴ ἐπιχορηγία, ας, ἡ, [2] supply, provision, equipment, support.   ³⁵ ἀποκαραδοκία, ας, ἡ, [2] eager expectation.   ³⁶ αἰσχύνομαι, [5] I am ashamed, am put to shame.   ³⁷ παρρησία, ας, ἡ, [31] freedom, openness, especially in speech; boldness, confidence.   ³⁸ πάντοτε, [42] always, at all times, ever.   ³⁹ μεγαλύνω, [8] (a) I enlarge, lengthen, (b) I increase, magnify, extol.

γὰρ τὸ ζῆν, χριστός· καὶ τὸ ἀποθανεῖν, κέρδος.¹ **22** Εἰ δὲ τὸ ζῆν ἐν σαρκί, τοῦτό μοι καρπὸς ἔργου· καὶ τί αἱρήσομαι² οὐ γνωρίζω.³ **23** Συνέχομαι⁴ δὲ ἐκ τῶν δύο, τὴν ἐπιθυμίαν⁵ ἔχων εἰς τὸ ἀναλῦσαι⁶ καὶ σὺν χριστῷ εἶναι, πολλῷ μᾶλλον κρεῖσσον·⁷ **24** τὸ δὲ ἐπιμένειν⁸ ἐν τῇ σαρκὶ ἀναγκαιότερον⁹ δι' ὑμᾶς. **25** Καὶ τοῦτο πεποιθὼς οἶδα ὅτι μενῶ, καὶ συμπαραμενῶ¹⁰ πᾶσιν ὑμῖν εἰς τὴν ὑμῶν προκοπὴν¹¹ καὶ χαρὰν τῆς πίστεως, **26** ἵνα τὸ καύχημα¹² ὑμῶν περισσεύῃ¹³ ἐν χριστῷ Ἰησοῦ ἐν ἐμοί, διὰ τῆς ἐμῆς παρουσίας¹⁴ πάλιν πρὸς ὑμᾶς.

An Admonition to Constancy and True Unity

27 Μόνον ἀξίως¹⁵ τοῦ εὐαγγελίου τοῦ χριστοῦ πολιτεύεσθε,¹⁶ ἵνα εἴτε ἐλθὼν καὶ ἰδὼν ὑμᾶς, εἴτε ἀπών,¹⁷ ἀκούσω τὰ περὶ ὑμῶν, ὅτι στήκετε¹⁸ ἐν ἑνὶ πνεύματι, μιᾷ ψυχῇ συναθλοῦντες¹⁹ τῇ πίστει τοῦ εὐαγγελίου, **28** καὶ μὴ πτυρόμενοι²⁰ ἐν μηδενὶ ὑπὸ τῶν ἀντικειμένων·²¹ ἥτις αὐτοῖς μέν ἐστιν ἔνδειξις²² ἀπωλείας,²³ ὑμῖν δὲ σωτηρίας,²⁴ καὶ τοῦτο ἀπὸ θεοῦ· **29** ὅτι ὑμῖν ἐχαρίσθη²⁵ τὸ ὑπὲρ χριστοῦ, οὐ μόνον τὸ εἰς αὐτὸν πιστεύειν, ἀλλὰ καὶ τὸ ὑπὲρ αὐτοῦ πάσχειν·²⁶ **30** τὸν αὐτὸν ἀγῶνα²⁷ ἔχοντες οἷον²⁸ εἴδετε ἐν ἐμοί, καὶ νῦν ἀκούετε ἐν ἐμοί.

The Need of Loving Humility

2 Εἴ τις οὖν παράκλησις²⁹ ἐν χριστῷ, εἴ τι παραμύθιον³⁰ ἀγάπης, εἴ τις κοινωνία³¹ πνεύματος, εἴ τις σπλάγχνα³² καὶ οἰκτιρμοί,³³ **2** πληρώσατέ μου τὴν χαράν, ἵνα τὸ

---

²αἱρήσομαι: *FMI-1S*   ³γνωρίζω: *PAI-1S*   ⁴Συνέχομαι: *PPI-1S*   ⁶ἀναλῦσαι: *AAN*   ⁸ἐπιμένειν: *PAN* ¹⁰συμπαραμενῶ: *FAI-1S*   ¹³περισσεύῃ: *PAS-3S*   ¹⁶πολιτεύεσθε: *PNM-2P*   ¹⁷ἀπών: *PAP-NSM*   ¹⁸στήκετε: *PAI-2P* ¹⁹συναθλοῦντες: *PAP-NPM*   ²⁰πτυρόμενοι: *PPP-NPM*   ²¹ἀντικειμένων: *PNP-GPM*   ²⁵ἐχαρίσθη: *API-3S*   ²⁶πάσχειν: *PAN*

---

¹*κέρδος, ους, τό, [3] gain, advantage, profit.*   ²*αἱρέω, [3] I choose, prefer.*   ³*γνωρίζω, [24] I make known, declare, know, discover.*   ⁴*συνέχω, [12] (a) I press together, close, (b) I press on every side, confine, (c) I hold fast, (d) I urge, impel, (e) pass: I am afflicted with (sickness).*   ⁵*ἐπιθυμία, ας, ἡ, [38] desire, eagerness for, inordinate desire, lust.*   ⁶*ἀναλύω, [2] I unloose, unloose for departure, depart, return.*   ⁷*κρείσσων, ον, [4] stronger, more excellent.*   ⁸*ἐπιμένω, [17] (a) I remain, tarry, (b) I remain in, persist in.*   ⁹*ἀναγκαῖος, α, ον, [8] necessary, essential, intimate, right, proper.*   ¹⁰*συμπαραμένω, [1] I remain or continue together with.*   ¹¹*προκοπή, ῆς, ἡ, [3] progress, advancement.*   ¹²*καύχημα, ατος, τό, [11] a boasting; a ground of boasting (glorying, exultation).* ¹³*περισσεύω, [39] (a) intrans: I exceed the ordinary (the necessary), abound, overflow; am left over, (b) trans: I cause to abound.*   ¹⁴*παρουσία, ας, ἡ, [24] (a) presence, (b) a coming, an arrival, advent, especially of the second coming of Christ.*   ¹⁵*ἀξίως, [6] worthily, in a manner worthy of.*   ¹⁶*πολιτεύομαι, [2] I live the life of a citizen, live.*   ¹⁷*ἄπειμι, [7] I am absent.*   ¹⁸*στήκω, [8] I stand fast, stand firm, persevere.*   ¹⁹*συναθλέω, [2] I compete together with others, cooperate vigorously with.*   ²⁰*πτύρω, [1] I frighten, terrify.*   ²¹*ἀντίκειμαι, [8] I resist, oppose, withstand, lie opposite to.*   ²²*ἔνδειξις, εως, ἡ, [4] a showing, proof, demonstration, sign, token.*   ²³*ἀπώλεια, ας, ἡ, [19] destruction, ruin, loss, perishing; eternal ruin.*   ²⁴*σωτηρία, ας, ἡ, [46] welfare, prosperity, deliverance, preservation, salvation, safety.*   ²⁵*χαρίζομαι, [23] (a) I show favor to, (b) I pardon, forgive, (c) I show kindness.*   ²⁶*πάσχω, [42] I am acted upon in a certain way, either good or bad; I experience ill treatment, suffer.*   ²⁷*ἀγών, ῶνος, ὁ, [6] an (athletic) contest; hence, a struggle (in the soul).*   ²⁸*οἷος, α, ον, [15] of what kind, such as.*   ²⁹*παράκλησις, εως, ἡ, [29] a calling for, summons, hence: (a) exhortation, (b) entreaty, (c) encouragement, joy, gladness, (d) consolation, comfort.*   ³⁰*παραμύθιον, ου, τό, [1] comfort, consolation, an exhortation, persuasion, encouragement.*   ³¹*κοινωνία, ας, ἡ, [19] (lit: partnership) (a) contributory help, participation, (b) sharing in, communion, (c) spiritual fellowship, a fellowship in the spirit.*   ³²*σπλάγχνα, ων, τά, [11] the inward parts; the heart, affections, seat of the feelings.*   ³³*οἰκτιρμός, οῦ, ὁ, [5] pity, compassion, favor, grace, mercy.*

αὐτὸ φρονῆτε,¹ τὴν αὐτὴν ἀγάπην ἔχοντες, σύμψυχοι,² τὸ ἓν φρονοῦντες·³ 3 μηδὲν κατὰ ἐριθείαν⁴ ἢ κενοδοξίαν,⁵ ἀλλὰ τῇ ταπεινοφροσύνῃ⁶ ἀλλήλους ἡγούμενοι⁷ ὑπερέχοντας⁸ ἑαυτῶν· 4 μὴ τὰ ἑαυτῶν ἕκαστος σκοπεῖτε,⁹ ἀλλὰ καὶ τὰ ἑτέρων ἕκαστος.

The Example of Christ's Humility

5 Τοῦτο γὰρ φρονείσθω¹⁰ ἐν ὑμῖν ὃ καὶ ἐν χριστῷ Ἰησοῦ· 6 ὃς ἐν μορφῇ¹¹ θεοῦ ὑπάρχων, οὐχ ἁρπαγμὸν¹² ἡγήσατο¹³ τὸ εἶναι ἴσα¹⁴ θεῷ, 7 ἀλλ' ἑαυτὸν ἐκένωσεν,¹⁵ μορφὴν¹¹ δούλου λαβών, ἐν ὁμοιώματι¹⁶ ἀνθρώπων γενόμενος· 8 καὶ σχήματι¹⁷ εὑρεθεὶς ὡς ἄνθρωπος, ἐταπείνωσεν¹⁸ ἑαυτόν, γενόμενος ὑπήκοος¹⁹ μέχρι²⁰ θανάτου, θανάτου δὲ σταυροῦ.²¹ 9 Διὸ καὶ ὁ θεὸς αὐτὸν ὑπερύψωσεν,²² καὶ ἐχαρίσατο²³ αὐτῷ ὄνομα τὸ ὑπὲρ πᾶν ὄνομα· 10 ἵνα ἐν τῷ ὀνόματι Ἰησοῦ πᾶν γόνυ²⁴ κάμψῃ²⁵ ἐπουρανίων²⁶ καὶ ἐπιγείων²⁷ καὶ καταχθονίων,²⁸ 11 καὶ πᾶσα γλῶσσα ἐξομολογήσηται²⁹ ὅτι κύριος Ἰησοῦς χριστός, εἰς δόξαν θεοῦ πατρός.

Work Out Your Salvation with Fear and Trembling

12 Ὥστε, ἀγαπητοί μου, καθὼς πάντοτε³⁰ ὑπηκούσατε,³¹ μὴ ὡς ἐν τῇ παρουσίᾳ³² μου μόνον, ἀλλὰ νῦν πολλῷ μᾶλλον ἐν τῇ ἀπουσίᾳ³³ μου, μετὰ φόβου³⁴ καὶ τρόμου³⁵

---

¹φρονῆτε: PAS-2P   ³φρονοῦντες: PAP-NPM   ⁷ἡγούμενοι: PNP-NPM   ⁸ὑπερέχοντας: PAP-APM   ⁹σκοπεῖτε: PAM-2P   ¹⁰φρονείσθω: PPM-3S   ¹³ἡγήσατο: ADI-3S   ¹⁵ἐκένωσεν: AAI-3S   ¹⁸ἐταπείνωσεν: AAI-3S   ²²ὑπερύψωσεν: AAI-3S   ²³ἐχαρίσατο: ADI-3S   ²⁵κάμψῃ: AAS-3S   ²⁹ἐξομολογήσηται: AMS-3S   ³¹ὑπηκούσατε: AAI-2P

---

¹φρονέω, [29] (a) I think, (b) I think, judge, (c) I direct the mind to, seek for, (d) I observe, (e) I care for. ²σύμψυχος, ον, [1] of one accord. ³φρονέω, [29] (a) I think, (b) I think, judge, (c) I direct the mind to, seek for, (d) I observe, (e) I care for. ⁴ἐριθεία, ας, ἡ, [7] (the seeking of followers and adherents by means of gifts, the seeking of followers, hence) ambition, rivalry, self-seeking; a feud, faction. ⁵κενοδοξία, ας, ἡ, [1] vainglory, empty pride. ⁶ταπεινοφροσύνη, ης, ἡ, [7] humility, lowliness of mind, modesty. ⁷ἡγέομαι, [28] (a) I lead, (b) I think, am of opinion, suppose, consider. ⁸ὑπερέχω, [5] I excel, surpass, am superior. ⁹σκοπέω, [6] I look at, regard attentively, take heed, beware, consider. ¹⁰φρονέω, [29] (a) I think, (b) I think, judge, (c) I direct the mind to, seek for, (d) I observe, (e) I care for. ¹¹μορφή, ῆς, ἡ, [3] form, shape, outward appearance. ¹²ἁρπαγμός, οῦ, ὁ, [1] spoil, an object of eager desire, a prize. ¹³ἡγέομαι, [28] (a) I lead, (b) I think, am of opinion, suppose, consider. ¹⁴ἴσος, η, ον, [8] equal, equivalent, identical. ¹⁵κενόω, [5] (a) I empty, (b) I deprive of content, make unreal. ¹⁶ὁμοίωμα, ατος, τό, [6] (originally: a thing made like something else), a likeness, or rather: form; a similitude. ¹⁷σχῆμα, ατος, τό, [2] fashion, habit, form, appearance. ¹⁸ταπεινόω, [14] I make or bring low, humble, humiliate; pass: I am humbled. ¹⁹ὑπήκοος, ον, [3] listening to, obedient, submissive. ²⁰μέχρι, [17] as far as, until, even to. ²¹σταυρός, οῦ, ὁ, [28] a cross. ²²ὑπερυψόω, [1] I highly exalt. ²³χαρίζομαι, [23] (a) I show favor to, (b) I pardon, forgive, (c) I show kindness. ²⁴γόνυ, ατος, τό, [12] the knee. ²⁵κάμπτω, [4] I bend, bow. ²⁶ἐπουράνιος, ον, [20] heavenly, celestial, in the heavenly sphere, the sphere of spiritual activities; met: divine, spiritual. ²⁷ἐπίγειος, ον, [7] (a) on the earth, belonging to the earth (as opposed to the sky), (b) in a spiritual sense, belonging to the earthly sphere, earthly (as opposed to heavenly). ²⁸καταχθόνιος, ον, [1] under the earth, subterranean, infernal. ²⁹ἐξομολογέω, [10] (a) I consent fully, agree out and out, (b) I confess, admit, acknowledge (cf. the early Hellenistic sense of the middle: I acknowledge a debt), (c) I give thanks, praise. ³⁰πάντοτε, [42] always, at all times, ever. ³¹ὑπακούω, [21] I listen, hearken to, obey, answer. ³²παρουσία, ας, ἡ, [24] (a) presence, (b) a coming, an arrival, advent, especially of the second coming of Christ. ³³ἀπουσία, ας, ἡ, [1] absence, deficiency, waste. ³⁴φόβος, ου, ὁ, [47] (a) fear, terror, alarm, (b) the object or cause of fear, (c) reverence, respect. ³⁵τρόμος, ου, ὁ, [5] a trembling, quaking, fear.

τὴν ἑαυτῶν σωτηρίαν¹ κατεργάζεσθε·² 13 ὁ θεὸς γάρ ἐστιν ὁ ἐνεργῶν³ ἐν ὑμῖν καὶ τὸ θέλειν καὶ τὸ ἐνεργεῖν⁴ ὑπὲρ τῆς εὐδοκίας.⁵ 14 Πάντα ποιεῖτε χωρὶς⁶ γογγυσμῶν⁷ καὶ διαλογισμῶν,⁸ 15 ἵνα γένησθε ἄμεμπτοι⁹ καὶ ἀκέραιοι,¹⁰ τέκνα θεοῦ ἀμώμητα¹¹ ἐν μέσῳ γενεᾶς¹² σκολιᾶς¹³ καὶ διεστραμμένης,¹⁴ ἐν οἷς φαίνεσθε¹⁵ ὡς φωστῆρες¹⁶ ἐν κόσμῳ, 16 λόγον ζωῆς ἐπέχοντες,¹⁷ εἰς καύχημα¹⁸ ἐμοὶ εἰς ἡμέραν χριστοῦ, ὅτι οὐκ εἰς κενὸν¹⁹ ἔδραμον,²⁰ οὐδὲ εἰς κενὸν¹⁹ ἐκοπίασα.²¹ 17 Ἀλλ᾽ εἰ καὶ σπένδομαι²² ἐπὶ τῇ θυσίᾳ²³ καὶ λειτουργίᾳ²⁴ τῆς πίστεως ὑμῶν, χαίρω καὶ συγχαίρω²⁵ πᾶσιν ὑμῖν· 18 τὸ δ᾽ αὐτὸ καὶ ὑμεῖς χαίρετε καὶ συγχαίρετέ²⁶ μοι.

Recommendation of Timothy and Epaphroditus

19 Ἐλπίζω²⁷ δὲ ἐν κυρίῳ Ἰησοῦ, Τιμόθεον ταχέως²⁸ πέμψαι ὑμῖν, ἵνα κἀγὼ εὐψυχῶ,²⁹ γνοὺς τὰ περὶ ὑμῶν. 20 Οὐδένα γὰρ ἔχω ἰσόψυχον,³⁰ ὅστις γνησίως³¹ τὰ περὶ ὑμῶν μεριμνήσει.³² 21 Οἱ πάντες γὰρ τὰ ἑαυτῶν ζητοῦσιν, οὐ τὰ χριστοῦ Ἰησοῦ. 22 Τὴν δὲ δοκιμὴν³³ αὐτοῦ γινώσκετε, ὅτι ὡς πατρὶ τέκνον, σὺν ἐμοὶ ἐδούλευσεν³⁴ εἰς τὸ εὐαγγέλιον. 23 Τοῦτον μὲν οὖν ἐλπίζω³⁵ πέμψαι, ὡς ἂν ἀπίδω³⁶ τὰ περὶ ἐμέ, ἐξαυτῆς·³⁷ 24 πέποιθα δὲ ἐν κυρίῳ, ὅτι καὶ αὐτὸς ταχέως²⁸ ἐλεύσομαι. 25 Ἀναγκαῖον³⁸ δὲ ἡγησάμην³⁹ Ἐπαφρόδιτον τὸν ἀδελφὸν καὶ συνεργὸν⁴⁰ καὶ συστρατιώτην⁴¹ μου,

---

²κατεργάζεσθε: PNM-2P   ³ἐνεργῶν: PAP-NSM   ⁴ἐνεργεῖν: PAN   ¹⁴διεστραμμένης: RPP-GSF   ¹⁵φαίνεσθε: PPI-2P   ¹⁷ἐπέχοντες: PAP-NPM   ²⁰ἔδραμον: 2AAI-1S   ²¹ἐκοπίασα: AAI-1S   ²²σπένδομαι: PPI-1S   ²⁵συγχαίρω: PAI-1S   ²⁶συγχαίρετέ: PAM-2P   ²⁷Ἐλπίζω: PAI-1S   ²⁹εὐψυχῶ: PAS-1S   ³²μεριμνήσει: FAI-3S   ³⁴ἐδούλευσεν: AAI-3S   ³⁵ἐλπίζω: PAI-1S   ³⁶ἀπίδω: 2AAS-1S   ³⁹ἡγησάμην: ADI-1S

---

¹σωτηρία, ας, ἡ, [46] welfare, prosperity, deliverance, preservation, salvation, safety.   ²κατεργάζομαι, [24] I effect by labor, achieve, work out, bring about.   ³ἐνεργέω, [21] I work, am operative, am at work, am made to work, accomplish; mid: I work, display activity.   ⁴ἐνεργέω, [21] I work, am operative, am at work, am made to work, accomplish; mid: I work, display activity.   ⁵εὐδοκία, ας, ἡ, [9] (a) good-will (good-pleasure), favor, feeling of complacency of God to man, (b) good-pleasure, satisfaction, happiness, delight of men.   ⁶χωρίς, [39] apart from, separately from; without.   ⁷γογγυσμός, οῦ, ὁ, [4] murmuring, grumbling.   ⁸διαλογισμός, οῦ, ὁ, [14] a calculation, reasoning, thought, movement of thought, deliberation, plotting.   ⁹ἄμεμπτος, ον, [5] blameless, free from fault or defect.   ¹⁰ἀκέραιος, ον, [3] (lit: unmixed) simple, unsophisticated, sincere, blameless.   ¹¹ἀμώμητος, ον, [2] without blame or fault, unblemished.   ¹²γενεά, ᾶς, ἡ, [42] a generation; if repeated twice or with another time word, practically indicates infinity of time.   ¹³σκολιός, ά, όν, [4] crooked, perverse, unfair, curved, tortuous.   ¹⁴διαστρέφω, [7] I pervert, corrupt, oppose, distort.   ¹⁵φαίνω, [31] (a) act: I shine, shed light, (b) pass: I shine, become visible, appear, (c) I become clear, appear, seem, show myself as.   ¹⁶φωστήρ, ῆρος, ὁ, [2] a light, an illuminator, perhaps the sun; a star; brilliancy.   ¹⁷ἐπέχω, [5] (a) trans: I hold forth, (b) intrans: I mark, pay attention (heed), note; I delay, stay, wait.   ¹⁸καύχημα, ατος, τό, [11] a boasting; a ground of boasting (glorying, exultation).   ¹⁹κενός, ή, όν, [18] (a) empty, (b) met: empty (in moral content), vain, ineffective, foolish, worthless, (c) false, unreal, pretentious, hollow.   ²⁰τρέχω, [20] I run, exercise myself, make progress.   ²¹κοπιάω, [23] (a) I grow weary, (b) I toil, work with effort (of bodily and mental labor alike).   ²²σπένδω, [2] I pour out as a libation.   ²³θυσία, ας, ἡ, [29] abstr. and concr: sacrifice; a sacrifice, offering.   ²⁴λειτουργία, ας, ἡ, [6] a charitable gift, public service in the widest sense; service as of priest or Levite ritual.   ²⁵συγχαίρω, [7] I rejoice with, congratulate.   ²⁶συγχαίρω, [7] I rejoice with, congratulate.   ²⁷ἐλπίζω, [31] I hope, hope for, expect, trust.   ²⁸ταχέως, [10] soon, quickly, hastily.   ²⁹εὐψυχέω, [1] I am of good cheer.   ³⁰ἰσόψυχος, ον, [1] like-minded, of the same mind or spirit.   ³¹γνησίως, [1] truly, genuinely, honorably, sincerely.   ³²μεριμνάω, [19] I am over-anxious; with acc: I am anxious about, distracted; I care for.   ³³δοκιμή, ῆς, ἡ, [7] a trial, proof; tried, approved character.   ³⁴δουλεύω, [25] I am a slave, am subject to, obey, am devoted.   ³⁵ἐλπίζω, [31] I hope, hope for, expect, trust.   ³⁶ἀφοράω, [2] I look away from (something else) to, see distinctly.   ³⁷ἐξαυτῆς, [6] immediately, instantly, at once.   ³⁸ἀναγκαῖος, α, ον, [8] necessary, essential, intimate, right, proper.   ³⁹ἡγέομαι, [28] (a) I lead, (b) I think, am of opinion, suppose, consider.   ⁴⁰συνεργός, οῦ, ὁ, [13] a fellow worker, associate, helper.   ⁴¹συστρατιώτης, ου, ὁ, [2] a fellow soldier (in the Christian faith).

ὑμῶν δὲ ἀπόστολον, καὶ λειτουργὸν¹ τῆς χρείας² μου, πέμψαι πρὸς ὑμᾶς· **26** ἐπειδὴ³ ἐπιποθῶν⁴ ἦν πάντας ὑμᾶς, καὶ ἀδημονῶν,⁵ διότι⁶ ἠκούσατε ὅτι ἠσθένησεν·⁷ **27** καὶ γὰρ ἠσθένησεν⁸ παραπλήσιον⁹ θανάτῳ, ἀλλὰ ὁ θεὸς αὐτὸν ἠλέησεν,¹⁰ οὐκ αὐτὸν δὲ μόνον,¹¹ ἀλλὰ καὶ ἐμέ, ἵνα μὴ λύπην¹² ἐπὶ λύπην¹² σχῶ. **28** Σπουδαιοτέρως¹³ οὖν ἔπεμψα αὐτόν, ἵνα, ἰδόντες αὐτὸν πάλιν, χαρῆτε, κἀγὼ ἀλυπότερος¹⁴ ὦ. **29** Προσδέχεσθε¹⁵ οὖν αὐτὸν ἐν κυρίῳ μετὰ πάσης χαρᾶς, καὶ τοὺς τοιούτους ἐντίμους¹⁶ ἔχετε· **30** ὅτι διὰ τὸ ἔργον τοῦ χριστοῦ μέχρι¹⁷ θανάτου ἤγγισεν,¹⁸ παραβουλευσάμενος¹⁹ τῇ ψυχῇ, ἵνα ἀναπληρώσῃ²⁰ τὸ ὑμῶν ὑστέρημα²¹ τῆς πρός με λειτουργίας.²²

The Dangers of Judaistic Teaching

3 Τὸ λοιπόν,²³ ἀδελφοί μου, χαίρετε ἐν κυρίῳ. Τὰ αὐτὰ γράφειν ὑμῖν, ἐμοὶ μὲν οὐκ ὀκνηρόν,²⁴ ὑμῖν δὲ ἀσφαλές.²⁵ **2** Βλέπετε τοὺς κύνας,²⁶ βλέπετε τοὺς κακοὺς ἐργάτας,²⁷ βλέπετε τὴν κατατομήν·²⁸ **3** ἡμεῖς γάρ ἐσμεν ἡ περιτομή,²⁹ οἱ πνεύματι θεοῦ λατρεύοντες,³⁰ καὶ καυχώμενοι³¹ ἐν χριστῷ Ἰησοῦ, καὶ οὐκ ἐν σαρκὶ πεποιθότες· **4** καίπερ³² ἐγὼ ἔχων πεποίθησιν³³ καὶ ἐν σαρκί· εἴ τις δοκεῖ ἄλλος πεποιθέναι ἐν σαρκί, ἐγὼ μᾶλλον· **5** περιτομὴ²⁹ ὀκταήμερος,³⁴ ἐκ γένους³⁵ Ἰσραήλ, φυλῆς³⁶ Βενιαμίν, Ἑβραῖος³⁷ ἐξ Ἑβραίων,³⁷ κατὰ νόμον Φαρισαῖος, **6** κατὰ ζῆλον³⁸ διώκων³⁹ τὴν ἐκκλησίαν, κατὰ δικαιοσύνην τὴν ἐν νόμῳ γενόμενος ἄμεμπτος.⁴⁰ **7** Ἀλλ' ἅτινα ἦν

---

⁴ἐπιποθῶν: PAP-NSM   ⁵ἀδημονῶν: PAP-NSM   ⁷ἠσθένησεν: AAI-3S   ⁸ἠσθένησεν: AAI-3S   ¹⁰ἠλέησεν: AAI-3S   ¹⁵Προσδέχεσθε: PNM-2P   ¹⁸ἤγγισεν: AAI-3S   ¹⁹παραβουλευσάμενος: ADP-NSM   ²⁰ἀναπληρώσῃ: AAS-3S   ³⁰λατρεύοντες: PAP-NPM   ³¹καυχώμενοι: PNP-NPM   ³⁹διώκων: PAP-NSM

---

¹λειτουργός, οῦ, ὁ, [5] a minister, servant, of an official character; of priests and Levites.   ²χρεία, ας, ἡ, [49] need, necessity, business.   ³ἐπειδή, [10] of time: when, now, after that; of cause: seeing that, forasmuch as.   ⁴ἐπιποθέω, [9] I long for, strain after, desire greatly, have affection for.   ⁵ἀδημονέω, [3] I feel fear, lack courage, am distressed, troubled.   ⁶διότι, [24] on this account, because, for.   ⁷ἀσθενέω, [36] I am weak (physically: then morally), I am sick.   ⁸ἀσθενέω, [36] I am weak (physically: then morally), I am sick.   ⁹παραπλήσιον, [1] near to, nearly.   ¹⁰ἐλεέω, [31] I pity, have mercy on.   ¹¹μόνος, η, ον, [45] only, solitary, desolate.   ¹²λύπη, ης, ἡ, [16] pain, grief, sorrow, affliction.   ¹³σπουδαιοτέρως, [1] more earnestly, diligently, zealously.   ¹⁴ἄλυπος, ον, [1] free from pain (grief, trouble).   ¹⁵προσδέχομαι, [14] (a) I await, expect, (b) I receive, welcome (originally: to my house), (c) I accept.   ¹⁶ἔντιμος, ον, [5] (held precious, hence) precious, honored, honorable in rank.   ¹⁷μέχρι, [17] as far as, until, even to.   ¹⁸ἐγγίζω, [43] trans: I bring near; intrans: I come near, approach.   ¹⁹παραβουλεύομαι, [1] I expose myself to danger; I am adventuresome, reckless.   ²⁰ἀναπληρόω, [6] I fill up, make up, complete the measure of, fulfill, carry out the commands (provisions, etc.) of.   ²¹ὑστέρημα, ατος, τό, [9] (a) of things or persons: that which is lacking, a defect or shortcoming, (b) want, poverty.   ²²λειτουργία, ας, ἡ, [6] a charitable gift, public service in the widest sense; service as of priest or Levite ritual.   ²³λοιπόν, [14] finally, from now on, henceforth, beyond that.   ²⁴ὀκνηρός, ά, όν, [3] slothful, backward, hesitating; of things: irksome.   ²⁵ἀσφαλής, ές, [5] (lit: unfailing), safe, reliable, trustworthy, certain, sure.   ²⁶κύων, κυνός, ὁ, ἡ, [5] a dog, universally despised in the East.   ²⁷ἐργάτης, ου, ὁ, [16] a field-laborer; then: a laborer, workman in general.   ²⁸κατατομή, ῆς, ἡ, [1] a mutilation, spoiling.   ²⁹περιτομή, ῆς, ἡ, [36] circumcision.   ³⁰λατρεύω, [21] I serve, especially God, perhaps simply: I worship.   ³¹καυχάομαι, [38] I boast; I glory (exult) proudly.   ³²καίπερ, [5] although, though.   ³³πεποίθησις, εως, ἡ, [6] confidence, trust, reliance.   ³⁴ὀκταήμερος, ον, [1] of or belonging to the eighth day, eight days old.   ³⁵γένος, ους, τό, [21] offspring, family, race, nation, kind.   ³⁶φυλή, ῆς, ἡ, [31] a tribe or race of people.   ³⁷Ἑβραῖος, ου, ὁ, [4] a Hebrew, particularly one who speaks Hebrew (Aramaic).   ³⁸ζῆλος, ου, ὁ, [17] (a) eagerness, zeal, enthusiasm, (b) jealousy, rivalry.   ³⁹διώκω, [44] I pursue, hence: I persecute.   ⁴⁰ἄμεμπτος, ον, [5] blameless, free from fault or defect.

μοι κέρδη,¹ ταῦτα ἥγημαι² διὰ τὸν χριστὸν ζημίαν.³ 8 Ἀλλὰ μὲν οὖν καὶ ἡγοῦμαι⁴
πάντα ζημίαν³ εἶναι διὰ τὸ ὑπερέχον⁵ τῆς γνώσεως⁶ χριστοῦ Ἰησοῦ τοῦ κυρίου μου·
δι' ὃν τὰ πάντα ἐζημιώθην,⁷ καὶ ἡγοῦμαι⁸ σκύβαλα⁹ εἶναι, ἵνα χριστὸν κερδήσω,¹⁰
9 καὶ εὑρεθῶ ἐν αὐτῷ, μὴ ἔχων ἐμὴν δικαιοσύνην τὴν ἐκ νόμου, ἀλλὰ τὴν διὰ
πίστεως χριστοῦ, τὴν ἐκ θεοῦ δικαιοσύνην ἐπὶ τῇ πίστει· 10 τοῦ γνῶναι αὐτὸν καὶ
τὴν δύναμιν τῆς ἀναστάσεως¹¹ αὐτοῦ, καὶ τὴν κοινωνίαν¹² τῶν παθημάτων¹³ αὐτοῦ,
συμμορφούμενος¹⁴ τῷ θανάτῳ αὐτοῦ, 11 εἴ πως καταντήσω¹⁵ εἰς τὴν ἐξανάστασιν¹⁶ τῶν
νεκρῶν.

Pursuing the Goal

12 Οὐχ ὅτι ἤδη ἔλαβον, ἢ ἤδη τετελείωμαι·¹⁷ διώκω¹⁸ δέ, εἰ καὶ καταλάβω¹⁹ ἐφ' ᾧ
καὶ κατελήφθην²⁰ ὑπὸ τοῦ χριστοῦ Ἰησοῦ. 13 Ἀδελφοί, ἐγὼ ἐμαυτὸν²¹ οὐ λογίζομαι²²
κατειληφέναι·²³ ἓν δέ, τὰ μὲν ὀπίσω²⁴ ἐπιλανθανόμενος,²⁵ τοῖς δὲ ἔμπροσθεν²⁶
ἐπεκτεινόμενος,²⁷ 14 κατὰ σκοπὸν²⁸ διώκω²⁹ ἐπὶ τὸ βραβεῖον³⁰ τῆς ἄνω³¹ κλήσεως³² τοῦ
θεοῦ ἐν χριστῷ Ἰησοῦ. 15 Ὅσοι οὖν τέλειοι,³³ τοῦτο φρονῶμεν·³⁴ καὶ εἴ τι ἑτέρως³⁵

---

²*ἥγημαι: RNI-1S*   ⁴*ἡγοῦμαι: PNI-1S*   ⁵*ὑπερέχον: PAP-ASN*   ⁷*ἐζημιώθην: API-1S*   ⁸*ἡγοῦμαι: PNI-1S*
¹⁰*κερδήσω: AAS-1S*   ¹⁴*συμμορφούμενος: PPP-NSM*   ¹⁵*καταντήσω: AAS-1S*   ¹⁷*τετελείωμαι: RPI-1S*   ¹⁸*διώκω:*
PAI-1S   ¹⁹*καταλάβω: 2AAS-1S*   ²⁰*κατελήφθην: API-1S*   ²²*λογίζομαι: PNI-1S*   ²³*κατειληφέναι: RAN*
²⁵*ἐπιλανθανόμενος: PNP-NSM*   ²⁷*ἐπεκτεινόμενος: PNP-NSM*   ²⁹*διώκω: PAI-1S*   ³⁴*φρονῶμεν: PAS-1P*

---

¹*κέρδος, ους, τό, [3] gain, advantage, profit.*   ²*ἡγέομαι, [28] (a) I lead, (b) I think, am of opinion, suppose,*
consider.   ³*ζημία, ας, ἡ, [4] damage, loss, detriment.*   ⁴*ἡγέομαι, [28] (a) I lead, (b) I think, am of opinion,*
suppose, consider.   ⁵*ὑπερέχω, [5] I excel, surpass, am superior.*   ⁶*γνῶσις, εως, ἡ, [29] knowledge, doctrine,*
wisdom.   ⁷*ζημιόω, [6] I inflict loss (damage) upon, fine, punish, sometimes with the acc. of the penalty, even*
when the verb is passive.   ⁸*ἡγέομαι, [28] (a) I lead, (b) I think, am of opinion, suppose, consider.*   ⁹*σκύβαλον,*
ου, τό, [1] refuse, dregs, dung.   ¹⁰*κερδαίνω, [16] I gain, acquire, win (over), avoid loss.*   ¹¹*ἀνάστασις, εως, ἡ,*
[42] a rising again, resurrection.   ¹²*κοινωνία, ας, ἡ, [19] (lit: partnership) (a) contributory help, participation,*
(b) sharing in, communion, (c) spiritual fellowship, a fellowship in the spirit.   ¹³*πάθημα, ατος, τό, [16] (a)*
suffering, affliction, (b) passion, emotion, (c) an undergoing, an enduring.   ¹⁴*συμμορφόω, [1] I bring to the*
same form with, conform.   ¹⁵*καταντάω, [13] (a) I come down, either from high land to lower (or actually to the*
sea-coast), or from the high seas to the coast; hence met: I arrive at, reach (my destination), (b) of property: I
come down (descend) by inheritance to an heir.   ¹⁶*ἐξανάστασις, εως, ἡ, [1] a rising up and out, resurrection.*
¹⁷*τελειόω, [24] (a) as a course, a race, or the like: I complete, finish (b) as of time or prediction: I accomplish,*
(c) I make perfect; pass: I am perfected.   ¹⁸*διώκω, [44] I pursue, hence: I persecute.*   ¹⁹*καταλαμβάνω, [15] (a)*
I seize tight hold of, arrest, catch, capture, appropriate, (b) I overtake, (c) mid. aor: I perceived, comprehended.
²⁰*καταλαμβάνω, [15] (a) I seize tight hold of, arrest, catch, capture, appropriate, (b) I overtake, (c) mid. aor:*
I perceived, comprehended.   ²¹*ἐμαυτοῦ, ἧς, οῦ, [37] of myself.*   ²²*λογίζομαι, [41] I reckon, count, charge*
with; reason, decide, conclude; think, suppose.   ²³*καταλαμβάνω, [15] (a) I seize tight hold of, arrest, catch,*
capture, appropriate, (b) I overtake, (c) mid. aor: I perceived, comprehended.   ²⁴*ὀπίσω, [37] behind, after,*
back, backwards.   ²⁵*ἐπιλανθάνομαι, [8] I forget, neglect.*   ²⁶*ἔμπροσθεν, [48] in front, before the face; sometimes*
made a subst. by the addition of the article: in front of, before the face of.   ²⁷*ἐπεκτείνομαι, [1] I strain after,*
stretch forward.   ²⁸*σκοπός, οῦ, ὁ, [1] a watcher; a goal, a mark aimed at.*   ²⁹*διώκω, [44] I pursue, hence:*
I persecute.   ³⁰*βραβεῖον, ου, τό, [2] a prize.*   ³¹*ἄνω, [10] up, above, up to the top, up to the brim, things*
above, heaven, the heavenly region.   ³²*κλῆσις, εως, ἡ, [11] a calling, invitation; in the NT, always of a divine*
call.   ³³*τέλειος, α, ον, [19] perfect, (a) complete in all its parts, (b) full grown, of full age, (c) specially of the*
completeness of Christian character.   ³⁴*φρονέω, [29] (a) I think, (b) I think, judge, (c) I direct the mind to, seek*
for, (d) I observe, (e) I care for.   ³⁵*ἑτέρως, [1] otherwise, differently.*

φρονεῖτε,¹ καὶ τοῦτο ὁ θεὸς ὑμῖν ἀποκαλύψει·² 16 πλὴν³ εἰς ὃ ἐφθάσαμεν,⁴ τῷ αὐτῷ στοιχεῖν⁵ κανόνι,⁶ τὸ αὐτὸ φρονεῖν.⁷

17 Συμμιμηταί⁸ μου γίνεσθε, ἀδελφοί, καὶ σκοπεῖτε⁹ τοὺς οὕτως περιπατοῦντας, καθὼς ἔχετε τύπον¹⁰ ἡμᾶς. 18 Πολλοὶ γὰρ περιπατοῦσιν, οὓς πολλάκις¹¹ ἔλεγον ὑμῖν, νῦν δὲ καὶ κλαίων¹² λέγω, τοὺς ἐχθροὺς¹³ τοῦ σταυροῦ¹⁴ τοῦ χριστοῦ· 19 ὧν τὸ τέλος¹⁵ ἀπώλεια,¹⁶ ὧν ὁ θεὸς ἡ κοιλία,¹⁷ καὶ ἡ δόξα ἐν τῇ αἰσχύνῃ¹⁸ αὐτῶν, οἱ τὰ ἐπίγεια¹⁹ φρονοῦντες.²⁰ 20 Ἡμῶν γὰρ τὸ πολίτευμα²¹ ἐν οὐρανοῖς ὑπάρχει, ἐξ οὗ καὶ σωτῆρα²² ἀπεκδεχόμεθα,²³ κύριον Ἰησοῦν χριστόν· 21 ὃς μετασχηματίσει²⁴ τὸ σῶμα τῆς ταπεινώσεως²⁵ ἡμῶν, εἰς τὸ γενέσθαι αὐτὸ σύμμορφον²⁶ τῷ σώματι τῆς δόξης αὐτοῦ, κατὰ τὴν ἐνέργειαν²⁷ τοῦ δύνασθαι αὐτὸν καὶ ὑποτάξαι²⁸ ἑαυτῷ τὰ πάντα.

Firmness and Unanimity Enjoined

4 Ὥστε, ἀδελφοί μου ἀγαπητοὶ καὶ ἐπιπόθητοι,²⁹ χαρὰ καὶ στέφανός³⁰ μου, οὕτως στήκετε³¹ ἐν κυρίῳ, ἀγαπητοί.

2 Εὐοδίαν παρακαλῶ, καὶ Συντύχην παρακαλῶ, τὸ αὐτὸ φρονεῖν³² ἐν κυρίῳ. 3 Ναί,³³ ἐρωτῶ καί σε, σύζυγε³⁴ γνήσιε,³⁵ συλλαμβάνου³⁶ αὐταῖς, αἵτινες ἐν τῷ εὐαγγελίῳ

---

¹φρονεῖτε: PAI-2P ²ἀποκαλύψει: FAI-3S ⁴ἐφθάσαμεν: AAI-1P ⁵στοιχεῖν: PAN ⁷φρονεῖν: PAN ⁹σκοπεῖτε: PAM-2P ¹²κλαίων: PAP-NSM ²⁰φρονοῦντες: PAP-NPM ²³ἀπεκδεχόμεθα: PNI-1P ²⁴μετασχηματίσει: FAI-3S ²⁸ὑποτάξαι: AAN ³¹στήκετε: PAM-2P ³²φρονεῖν: PAN ³⁶συλλαμβάνου: PMM-2S

---

¹φρονέω, [29] (a) I think, (b) I think, judge, (c) I direct the mind to, seek for, (d) I observe, (e) I care for. ²ἀποκαλύπτω, [26] I uncover, bring to light, reveal. ³πλήν, [31] however, nevertheless, but, except that, yet. ⁴φθάνω, [7] (a) I anticipate, precede, (b) I come, arrive. ⁵στοιχέω, [5] I walk in, walk by. ⁶κανών, όνος, ὁ, [5] (lit: a level, ruler), a rule, regulation, rule of conduct or doctrine, (b) a measured (defined) area, province. ⁷φρονέω, [29] (a) I think, (b) I think, judge, (c) I direct the mind to, seek for, (d) I observe, (e) I care for. ⁸συμμιμητής, οῦ, ὁ, [1] a joint imitator. ⁹σκοπέω, [6] I look at, regard attentively, take heed, beware, consider. ¹⁰τύπος, ου, ὁ, [16] (originally: the mark of a blow, then a stamp struck by a die), (a) a figure; a copy, image, (b) a pattern, model, (c) a type, prefiguring something or somebody. ¹¹πολλάκις, [18] many times, often, frequently. ¹²κλαίω, [40] I weep, weep for, mourn, lament. ¹³ἐχθρός, ά, όν, [32] hated, hostile; subst: an enemy. ¹⁴σταυρός, οῦ, ὁ, [28] a cross. ¹⁵τέλος, ους, τό, [41] (a) an end, (b) event or issue, (c) the principal end, aim, purpose, (d) a tax. ¹⁶ἀπώλεια, ας, ἡ, [19] destruction, ruin, loss, perishing; eternal ruin. ¹⁷κοιλία, ας, ἡ, [23] belly, abdomen, heart, a general term covering any organ in the abdomen, e.g. stomach, womb; met: the inner man. ¹⁸αἰσχύνη, ης, ἡ, [6] shame, shamefacedness, shameful deeds. ¹⁹ἐπίγειος, ον, [7] (a) on the earth, belonging to the earth (as opposed to the sky), (b) in a spiritual sense, belonging to the earthly sphere, earthly (as opposed to heavenly). ²⁰φρονέω, [29] (a) I think, (b) I think, judge, (c) I direct the mind to, seek for, (d) I observe, (e) I care for. ²¹πολίτευμα, ατος, τό, [1] a state, commonwealth. ²²σωτήρ, ῆρος, ὁ, [23] a savior, deliverer, preserver. ²³ἀπεκδέχομαι, [8] I expect eagerly, wait for eagerly, look for. ²⁴μετασχηματίζω, [5] I change the outward appearance (the dress, the form of presentment) of something, transfigure; I adapt. ²⁵ταπείνωσις, εως, ἡ, [4] abasement (in spirit), low condition (in circumstances). ²⁶σύμμορφος, ον, [2] similar, conformed to. ²⁷ἐνέργεια, ας, ἡ, [8] working, action, productive work, activity; in the NT, confined to superhuman activity. ²⁸ὑποτάσσω, [40] I place under, subject to; mid, pass: I submit, put myself into subjection. ²⁹ἐπιπόθητος, ον, [1] longed for, missed, greatly desired. ³⁰στέφανος, ου, ὁ, [18] a crown, garland, honor, glory. ³¹στήκω, [8] I stand fast, stand firm, persevere. ³²φρονέω, [29] (a) I think, (b) I think, judge, (c) I direct the mind to, seek for, (d) I observe, (e) I care for. ³³ναί, [35] yes, certainly, even so. ³⁴σύζυγος, ου, ὁ, [1] a yoke-fellow, colleague. ³⁵γνήσιος, α, ον, [4] (lit: born in wedlock), hence: real, true, genuine; with definite article: the true, genuine element. ³⁶συλλαμβάνω, [16] I seize, apprehend, assist, conceive, become pregnant.

συνήθλησάν[1] μοι, μετὰ καὶ Κλήμεντος, καὶ τῶν λοιπῶν[2] συνεργῶν[3] μου, ὧν τὰ ὀνόματα ἐν βίβλῳ[4] ζωῆς.

The Rejoicing of the Christians Especially in Their Fellowship with Christ

4 Χαίρετε ἐν κυρίῳ πάντοτε·[5] πάλιν ἐρῶ, χαίρετε. **5** Τὸ ἐπιεικὲς[6] ὑμῶν γνωσθήτω πᾶσιν ἀνθρώποις. Ὁ κύριος ἐγγύς.[7] **6** Μηδὲν μεριμνᾶτε,[8] ἀλλ᾽ ἐν παντὶ τῇ προσευχῇ[9] καὶ τῇ δεήσει[10] μετὰ εὐχαριστίας[11] τὰ αἰτήματα[12] ὑμῶν γνωριζέσθω[13] πρὸς τὸν θεόν. **7** Καὶ ἡ εἰρήνη τοῦ θεοῦ ἡ ὑπερέχουσα[14] πάντα νοῦν,[15] φρουρήσει[16] τὰς καρδίας ὑμῶν καὶ τὰ νοήματα[17] ὑμῶν ἐν χριστῷ Ἰησοῦ.

8 Τὸ λοιπόν,[18] ἀδελφοί, ὅσα ἐστὶν ἀληθῆ,[19] ὅσα σεμνά,[20] ὅσα δίκαια, ὅσα ἁγνά,[21] ὅσα προσφιλῆ,[22] ὅσα εὔφημα,[23] εἴ τις ἀρετὴ[24] καὶ εἴ τις ἔπαινος,[25] ταῦτα λογίζεσθε.[26] **9** Ἃ καὶ ἐμάθετε[27] καὶ παρελάβετε[28] καὶ ἠκούσατε καὶ εἴδετε ἐν ἐμοί, ταῦτα πράσσετε·[29] καὶ ὁ θεὸς τῆς εἰρήνης ἔσται μεθ᾽ ὑμῶν.

Acknowledgment of the Kindness of the Philippians

10 Ἐχάρην δὲ ἐν κυρίῳ μεγάλως,[30] ὅτι ἤδη ποτὲ[31] ἀνεθάλετε[32] τὸ ὑπὲρ ἐμοῦ φρονεῖν·[33] ἐφ᾽ ᾧ καὶ ἐφρονεῖτε,[34] ἠκαιρεῖσθε[35] δέ. **11** Οὐχ ὅτι καθ᾽ ὑστέρησιν[36] λέγω· ἐγὼ γὰρ ἔμαθον,[37] ἐν οἷς εἰμι, αὐτάρκης[38] εἶναι. **12** Οἶδα καὶ ταπεινοῦσθαι,[39] οἶδα καὶ

---

¹συνήθλησάν: AAI-3P ⁸μεριμνᾶτε: PAM-2P ¹³γνωριζέσθω: PPM-3S ¹⁴ὑπερέχουσα: PAP-NSF ¹⁶φρουρήσει: FAI-3S ²⁶λογίζεσθε: PNM-2P ²⁷ἐμάθετε: 2AAI-2P ²⁸παρελάβετε: 2AAI-2P ²⁹πράσσετε: PAM-2P ³²ἀνεθάλετε: 2AAI-2P ³³φρονεῖν: PAN ³⁴ἐφρονεῖτε: IAI-2P ³⁵ἠκαιρεῖσθε: INI-2P ³⁷ἔμαθον: 2AAI-1S ³⁹ταπεινοῦσθαι: PPN

---

¹συναθλέω, [2] I compete together with others, cooperate vigorously with. ²λοιπός, ή, όν, [42] left, left behind, the remainder, the rest, the others. ³συνεργός, οῦ, ὁ, [13] a fellow worker, associate, helper. ⁴βίβλος, ου, ἡ, [9] a written book, roll, or volume, sometimes with a sacred connotation. ⁵πάντοτε, [42] always, at all times, ever. ⁶ἐπιεικής, ές, [5] gentle, mild, forbearing, fair, reasonable, moderate. ⁷ἐγγύς, [30] near. ⁸μεριμνάω, [19] I am over-anxious; with acc: I am anxious about, distracted; I care for. ⁹προσευχή, ῆς, ἡ, [37] (a) prayer (to God), (b) a place for prayer (used by Jews, perhaps where there was no synagogue). ¹⁰δέησις, εως, ἡ, [19] supplication, prayer, entreaty. ¹¹εὐχαριστία, ας, ἡ, [15] thankfulness, gratitude; giving of thanks, thanksgiving. ¹²αἴτημα, ατος, τό, [3] a petition, a request. ¹³γνωρίζω, [24] I make known, declare, know, discover. ¹⁴ὑπερέχω, [5] I excel, surpass, am superior. ¹⁵νοῦς, νοός, νοΐ, νοῦν, ὁ, [24] the mind, the reason, the reasoning faculty, intellect. ¹⁶φρουρέω, [4] I guard, keep, as by a military guard. ¹⁷νόημα, ατος, τό, [6] a thought, purpose, design; the mind; the heart, soul, feelings. ¹⁸λοιπόν, [14] finally, from now on, henceforth, beyond that. ¹⁹ἀληθής, ές, [25] unconcealed, true, true in fact, worthy of credit, truthful. ²⁰σεμνός, ή, όν, [4] venerable, honorable, grave, serious, dignified. ²¹ἁγνός, ή, όν, [8] (originally, in a condition prepared for worship), pure (either ethically, or ritually, ceremonially), chaste. ²²προσφιλής, ές, [1] pleasing, acceptable, grateful. ²³εὔφημος, ον, [1] well reported of, spoken in a kindly spirit, laudable, reputable. ²⁴ἀρετή, ῆς, ἡ, [5] goodness, a gracious act, virtue, uprightness. ²⁵ἔπαινος, ου, ὁ, [11] commendation, praise, approval. ²⁶λογίζομαι, [41] I reckon, count, charge with; reason, decide, conclude; think, suppose. ²⁷μανθάνω, [25] I learn; with adj. or nouns: I learn to be so and so; with acc. of person who is the object of knowledge; aor. sometimes: to ascertain. ²⁸παραλαμβάνω, [49] I take from, receive from, or: I take to, receive (apparently not used of money), admit, acknowledge; I take with me. ²⁹πράσσω, [38] I do, perform, accomplish; be in any condition, i.e. I fare; I exact, require. ³⁰μεγάλως, [1] greatly, very much, vehemently. ³¹ποτέ, [29] at one time or other, at some time, formerly. ³²ἀναθάλλω, [1] I thrive or flourish again, revive. ³³φρονέω, [29] (a) I think, (b) I think, judge, (c) I direct the mind to, seek for, (d) I observe, (e) I care for. ³⁴φρονέω, [29] (a) I think, (b) I think, judge, (c) I direct the mind to, seek for, (d) I observe, (e) I care for. ³⁵ἀκαιρέομαι, [1] I am without a suitable opportunity. ³⁶ὑστέρησις, εως, ἡ, [2] poverty, want, need. ³⁷μανθάνω, [25] I learn; with adj. or nouns: I learn to be so and so; with acc. of person who is the object of knowledge; aor. sometimes: to ascertain. ³⁸αὐτάρκης, ες, [1] self-sufficient, contented, satisfied, independent. ³⁹ταπεινόω, [14] I make or bring low, humble, humiliate; pass: I am humbled.

περισσεύειν·¹ ἐν παντὶ καὶ ἐν πᾶσιν μεμύημαι² καὶ χορτάζεσθαι³ καὶ πεινᾶν,⁴ καὶ περισσεύειν⁵ καὶ ὑστερεῖσθαι.⁶ **13** Πάντα ἰσχύω⁷ ἐν τῷ ἐνδυναμοῦντί⁸ με χριστῷ. **14** Πλὴν⁹ καλῶς¹⁰ ἐποιήσατε συγκοινωνήσαντές¹¹ μου τῇ θλίψει.¹² **15** Οἴδατε δὲ καὶ ὑμεῖς, Φιλιππήσιοι,¹³ ὅτι ἐν ἀρχῇ τοῦ εὐαγγελίου, ὅτε ἐξῆλθον ἀπὸ Μακεδονίας,¹⁴ οὐδεμία μοι ἐκκλησία ἐκοινώνησεν¹⁵ εἰς λόγον δόσεως¹⁶ καὶ λήψεως,¹⁷ εἰ μὴ ὑμεῖς μόνοι·¹⁸ **16** ὅτι καὶ ἐν Θεσσαλονίκῃ¹⁹ καὶ ἅπαξ²⁰ καὶ δὶς²¹ εἰς τὴν χρείαν²² μοι ἐπέμψατε. **17** Οὐχ ὅτι ἐπιζητῶ²³ τὸ δόμα,²⁴ ἀλλ᾽ ἐπιζητῶ²⁵ τὸν καρπὸν τὸν πλεονάζοντα²⁶ εἰς λόγον ὑμῶν. **18** Ἀπέχω²⁷ δὲ πάντα καὶ περισσεύω·²⁸ πεπλήρωμαι, δεξάμενος παρὰ Ἐπαφροδίτου τὰ παρ᾽ ὑμῶν, ὀσμὴν²⁹ εὐωδίας,³⁰ θυσίαν³¹ δεκτήν,³² εὐάρεστον³³ τῷ θεῷ. **19** Ὁ δὲ θεός μου πληρώσει πᾶσαν χρείαν²² ὑμῶν κατὰ τὸν πλοῦτον³⁴ αὐτοῦ ἐν δόξῃ, ἐν χριστῷ Ἰησοῦ. **20** Τῷ δὲ θεῷ καὶ πατρὶ ἡμῶν ἡ δόξα εἰς τοὺς αἰῶνας τῶν αἰώνων. Ἀμήν.

Greetings and Conclusion

21 Ἀσπάσασθε πάντα ἅγιον ἐν χριστῷ Ἰησοῦ. Ἀσπάζονται ὑμᾶς οἱ σὺν ἐμοὶ ἀδελφοί. **22** Ἀσπάζονται ὑμᾶς πάντες οἱ ἅγιοι, μάλιστα³⁵ δὲ οἱ ἐκ τῆς Καίσαρος³⁶ οἰκίας. **23** Ἡ χάρις τοῦ κυρίου Ἰησοῦ χριστοῦ μετὰ πάντων ὑμῶν. Ἀμήν.

---

¹περισσεύειν: PAN ²μεμύημαι: RPI-1S ³χορτάζεσθαι: PPN ⁴πεινᾶν: PAN ⁵περισσεύειν: PAN ⁶ὑστερεῖσθαι: PPN ⁷ἰσχύω: PAI-1S ⁸ἐνδυναμοῦντί: PAP-DSM ¹¹συγκοινωνήσαντές: AAP-NPM ¹⁵ἐκοινώνησεν: AAI-3S ²³ἐπιζητῶ: PAI-1S ²⁵ἐπιζητῶ: PAI-1S ²⁶πλεονάζοντα: PAP-ASM ²⁷Ἀπέχω: PAI-1S ²⁸περισσεύω: PAI-1S

---

¹περισσεύω, [39] (a) intrans: I exceed the ordinary (the necessary), abound, overflow; am left over, (b) trans: I cause to abound. ²μυέω, [1] I initiate, instruct; pass: I am disciplined, learn (a lesson). ³χορτάζω, [15] I feed, satisfy, fatten. ⁴πεινάω, [23] I am hungry, needy, desire earnestly. ⁵περισσεύω, [39] (a) intrans: I exceed the ordinary (the necessary), abound, overflow; am left over, (b) trans: I cause to abound. ⁶ὑστερέω, [16] I fall behind, am lacking, fall short, suffer need, am inferior to. ⁷ἰσχύω, [29] I have strength, am strong, am in full health and vigor, am able; meton: I prevail. ⁸ἐνδυναμόω, [8] I fill with power, strengthen, make strong. ⁹πλήν, [31] however, nevertheless, but, except that, yet. ¹⁰καλῶς, [36] well, nobly, honorably, rightly. ¹¹συγκοινωνέω, [3] I am a partaker with, have fellowship with, am an accomplice in. ¹²θλῖψις, εως, ἡ, [45] persecution, affliction, distress, tribulation. ¹³Φιλιππήσιος, ου, ὁ, [1] a Philippian, an inhabitant of Philippi. ¹⁴Μακεδονία, ας, ἡ, [22] (Hebrew), Macedonia, a Roman province north of Achaia (Greece). ¹⁵κοινωνέω, [8] (a) I share, communicate, contribute, impart, (b) I share in, have a share of, have fellowship with. ¹⁶δόσις, εως, ἡ, [2] a giving, gift, donation. ¹⁷λῆψις, εως, ἡ, [1] a receiving. ¹⁸μόνος, η, ον, [45] only, solitary, desolate. ¹⁹Θεσσαλονίκη, ης, ἡ, [5] Thessalonica (modern Saloniki), an important city of the Roman province Macedonia. ²⁰ἅπαξ, [14] once, once for all. ²¹δίς, [6] twice, entirely, utterly. ²²χρεία, ας, ἡ, [49] need, necessity, business. ²³ἐπιζητέω, [15] I seek after, desire, search for, make inquiries about. ²⁴δόμα, ατος, τό, [4] a gift, present. ²⁵ἐπιζητέω, [15] I seek after, desire, search for, make inquiries about. ²⁶πλεονάζω, [9] I have more than enough; I abound, increase. ²⁷ἀπέχω, [18] I have in full, am far, it is enough. ²⁸περισσεύω, [39] (a) intrans: I exceed the ordinary (the necessary), abound, overflow; am left over, (b) trans: I cause to abound. ²⁹ὀσμή, ῆς, ἡ, [6] a smell, odor, savor. ³⁰εὐωδία, ας, ἡ, [3] a sweet smell, fragrance. ³¹θυσία, ας, ἡ, [29] abstr. and concr: sacrifice; a sacrifice, offering. ³²δεκτός, ή, όν, [5] acceptable, accepted. ³³εὐάρεστος, ον, [9] acceptable, well-pleasing (especially to God), grateful. ³⁴πλοῦτος, ου, ὁ, [22] riches, wealth, abundance, materially or spiritually. ³⁵μάλιστα, [12] most of all, especially. ³⁶Καῖσαρ, αρος, ὁ, [30] Caesar, a surname of the gens Iulia, which became practically synonymous with the Emperor for the time being; in the Gospels it always refers to Tiberias.

ΠΡΟΣ ΚΟΛΑΣΣΑΕΙΣ
To the Colossians

The Opening Salutation

Παῦλος ἀπόστολος Ἰησοῦ χριστοῦ διὰ θελήματος θεοῦ, καὶ Τιμόθεος ὁ ἀδελφός, **2** τοῖς ἐν Κολασσαῖς¹ ἁγίοις καὶ πιστοῖς ἀδελφοῖς ἐν χριστῷ· χάρις ὑμῖν καὶ εἰρήνη ἀπὸ θεοῦ πατρὸς ἡμῶν καὶ κυρίου Ἰησοῦ χριστοῦ.

Paul's Prayer of Thanksgiving and Intercession

3 Εὐχαριστοῦμεν² τῷ θεῷ καὶ πατρὶ τοῦ κυρίου ἡμῶν Ἰησοῦ χριστοῦ, πάντοτε³ περὶ ὑμῶν προσευχόμενοι, **4** ἀκούσαντες τὴν πίστιν ὑμῶν ἐν χριστῷ Ἰησοῦ, καὶ τὴν ἀγάπην τὴν εἰς πάντας τοὺς ἁγίους, **5** διὰ τὴν ἐλπίδα τὴν ἀποκειμένην⁴ ὑμῖν ἐν τοῖς οὐρανοῖς, ἣν προηκούσατε⁵ ἐν τῷ λόγῳ τῆς ἀληθείας τοῦ εὐαγγελίου, **6** τοῦ παρόντος⁶ εἰς ὑμᾶς, καθὼς καὶ ἐν παντὶ τῷ κόσμῳ, καὶ ἔστιν καρποφορούμενον⁷ καὶ αὐξανόμενον,⁸ καθὼς καὶ ἐν ὑμῖν ἀφ᾽ ἧς ἡμέρας ἠκούσατε καὶ ἐπέγνωτε⁹ τὴν χάριν τοῦ θεοῦ ἐν ἀληθείᾳ· **7** καθὼς καὶ ἐμάθετε¹⁰ ἀπὸ Ἐπαφρᾶ τοῦ ἀγαπητοῦ συνδούλου¹¹ ἡμῶν, ὅς ἐστιν πιστὸς ὑπὲρ ὑμῶν διάκονος¹² τοῦ χριστοῦ, **8** ὁ καὶ δηλώσας¹³ ἡμῖν τὴν ὑμῶν ἀγάπην ἐν πνεύματι.

9 Διὰ τοῦτο καὶ ἡμεῖς, ἀφ᾽ ἧς ἡμέρας ἠκούσαμεν, οὐ παυόμεθα¹⁴ ὑπὲρ ὑμῶν προσευχόμενοι, καὶ αἰτούμενοι ἵνα πληρωθῆτε τὴν ἐπίγνωσιν¹⁵ τοῦ θελήματος αὐτοῦ

---

²*Εὐχαριστοῦμεν: PAI-1P*   ⁴*ἀποκειμένην: PNP-ASF*   ⁵*προηκούσατε: AAI-2P*   ⁶*παρόντος: PAP-GSN*
⁷*καρποφορούμενον: PMP-NSN*   ⁸*αὐξανόμενον: PPP-NSN*   ⁹*ἐπέγνωτε: 2AAI-2P*   ¹⁰*ἐμάθετε: 2AAI-2P*
¹³*δηλώσας: AAP-NSM*   ¹⁴*παυόμεθα: PMI-1P*

---

¹*Κολοσσαί, ῆς, ἡ, [1] Colossae, a town of the Roman province Asia, in the Lycus valley, near Laodicea and Hierapolis.*   ²*εὐχαριστέω, [40] I thank, give thanks; pass. 3 sing: is received with thanks.*   ³*πάντοτε, [42] always, at all times, ever.*   ⁴*ἀπόκειμαι, [4] I have been put away, am stored, am reserved for.*   ⁵*προακούω, [1] I hear beforehand.*   ⁶*πάρειμι, [24] I am present, am near; I have come, arrived.*   ⁷*καρποφορέω, [8] I bear fruit.*   ⁸*αὐξάνω, [23] (a) I cause to increase, become greater (b) I increase, grow.*   ⁹*ἐπιγινώσκω, [42] I come to know by directing my attention to him or it, I perceive, discern, recognize; aor: I found out.*   ¹⁰*μανθάνω, [25] I learn; with adj. or nouns: I learn to be so and so; with acc. of person who is the object of knowledge; aor. sometimes: to ascertain.*   ¹¹*σύνδουλος, ου, ὁ, [10] a fellow slave, fellow servant; of Christians: a fellow worker, colleague.*   ¹²*διάκονος, οῦ, ὁ, ἡ, [30] a waiter, servant; then of any one who performs any service, an administrator.*   ¹³*δηλόω, [7] I show, make clear, reveal.*   ¹⁴*παύω, [15] (a) act: I cause to cease, restrain, hinder, (b) mid: I cease, stop, leave off.*   ¹⁵*ἐπίγνωσις, εως, ἡ, [20] knowledge of a particular point (directed towards a particular object); perception, discernment, recognition, intuition.*

ἐν πάσῃ σοφίᾳ καὶ συνέσει¹ πνευματικῇ,² 10 περιπατῆσαι ὑμᾶς ἀξίως³ τοῦ κυρίου εἰς πᾶσαν ἀρέσκειαν,⁴ ἐν παντὶ ἔργῳ ἀγαθῷ καρποφοροῦντες⁵ καὶ αὐξανόμενοι⁶ εἰς τὴν ἐπίγνωσιν⁷ τοῦ θεοῦ· 11 ἐν πάσῃ δυνάμει δυναμούμενοι⁸ κατὰ τὸ κράτος⁹ τῆς δόξης αὐτοῦ, εἰς πᾶσαν ὑπομονὴν¹⁰ καὶ μακροθυμίαν¹¹ μετὰ χαρᾶς· 12 εὐχαριστοῦντες¹² τῷ πατρὶ τῷ ἱκανώσαντι¹³ ἡμᾶς εἰς τὴν μερίδα¹⁴ τοῦ κλήρου¹⁵ τῶν ἁγίων ἐν τῷ φωτί, 13 ὃς ἐρρύσατο¹⁶ ἡμᾶς ἐκ τῆς ἐξουσίας τοῦ σκότους,¹⁷ καὶ μετέστησεν¹⁸ εἰς τὴν βασιλείαν τοῦ υἱοῦ τῆς ἀγάπης αὐτοῦ, 14 ἐν ᾧ ἔχομεν τὴν ἀπολύτρωσιν,¹⁹ τὴν ἄφεσιν²⁰ τῶν ἁμαρτιῶν·

The Work of the Exalted Christ through the Medium of the Ministry

15 ὅς ἐστιν εἰκὼν²¹ τοῦ θεοῦ τοῦ ἀοράτου,²² πρωτότοκος²³ πάσης κτίσεως·²⁴ 16 ὅτι ἐν αὐτῷ ἐκτίσθη²⁵ τὰ πάντα, τὰ ἐν τοῖς οὐρανοῖς καὶ τὰ ἐπὶ τῆς γῆς, τὰ ὁρατὰ²⁶ καὶ τὰ ἀόρατα,²² εἴτε θρόνοι, εἴτε κυριότητες,²⁷ εἴτε ἀρχαί, εἴτε ἐξουσίαι· τὰ πάντα δι' αὐτοῦ καὶ εἰς αὐτὸν ἔκτισται·²⁸ 17 καὶ αὐτός ἐστιν πρὸ²⁹ πάντων, καὶ τὰ πάντα ἐν αὐτῷ συνέστηκεν.³⁰ 18 Καὶ αὐτός ἐστιν ἡ κεφαλὴ τοῦ σώματος, τῆς ἐκκλησίας· ὅς ἐστιν ἀρχή, πρωτότοκος²³ ἐκ τῶν νεκρῶν, ἵνα γένηται ἐν πᾶσιν αὐτὸς πρωτεύων·³¹ 19 ὅτι ἐν αὐτῷ εὐδόκησεν³² πᾶν τὸ πλήρωμα³³ κατοικῆσαι,³⁴ 20 καὶ δι' αὐτοῦ ἀποκαταλλάξαι³⁵ τὰ πάντα εἰς αὐτόν, εἰρηνοποιήσας³⁶ διὰ τοῦ αἵματος τοῦ σταυροῦ³⁷ αὐτοῦ, δι'

---

⁵καρποφοροῦντες: *PAP-NPM* ⁶αὐξανόμενοι: *PPP-NPM* ⁸δυναμούμενοι: *PPP-NPM* ¹²εὐχαριστοῦντες: *PAP-NPM* ¹³ἱκανώσαντι: *AAP-DSM* ¹⁶ἐρρύσατο: *ANI-3S* ¹⁸μετέστησεν: *AAI-3S* ²⁵ἐκτίσθη: *API-3S* ²⁸ἔκτισται: *RPI-3S* ³⁰συνέστηκεν: *RAI-3S* ³¹πρωτεύων: *PAP-NSM* ³²εὐδόκησεν: *AAI-3S* ³⁴κατοικῆσαι: *AAN* ³⁵ἀποκαταλλάξαι: *AAN* ³⁶εἰρηνοποιήσας: *AAP-NSM*

---

¹σύνεσις, εως, ἡ, [7] *a putting together in the mind, hence: understanding, practical discernment, intellect.* ²πνευματικός, ή, όν, [26] *spiritual.* ³ἀξίως, [6] *worthily, in a manner worthy of.* ⁴ἀρέσκεια, ας, ἡ, [1] *pleasing, willing service.* ⁵καρποφορέω, [8] *I bear fruit.* ⁶αὐξάνω, [23] *(a) I cause to increase, become greater (b) I increase, grow.* ⁷ἐπίγνωσις, εως, ἡ, [20] *knowledge of a particular point (directed towards a particular object); perception, discernment, recognition, intuition.* ⁸δυναμόω, [1] *I empower, fill with power, strengthen.* ⁹κράτος, ους, τό, [12] *dominion, strength, power; a mighty deed.* ¹⁰ὑπομονή, ῆς, ἡ, [32] *endurance, steadfastness, patient waiting for.* ¹¹μακροθυμία, ας, ἡ, [14] *patience, forbearance, longsuffering.* ¹²εὐχαριστέω, [40] *I thank, give thanks; pass. 3 sing: is received with thanks.* ¹³ἱκανόω, [2] *I make sufficient, render fit, qualify.* ¹⁴μερίς, ίδος, ἡ, [5] *(a) a part, division of a country, (b) a share, portion.* ¹⁵κλῆρος, ου, ὁ, [12] *(a) a lot, (b) a portion assigned; hence: a portion of the people of God assigned to one's care, a congregation.* ¹⁶ῥύομαι, [18] *I rescue, deliver (from danger or destruction).* ¹⁷σκότος, ους, τό, [32] *darkness, either physical or moral.* ¹⁸μεθίστημι, [5] *I cause to change its place, move out of its place; I translate, transfer, remove.* ¹⁹ἀπολύτρωσις, εως, ἡ, [10] *release effected by payment of ransom; redemption, deliverance.* ²⁰ἄφεσις, εως, ἡ, [17] *a sending away, a letting go, a release, pardon, complete forgiveness.* ²¹εἰκών, όνος, ἡ, [23] *an image, likeness, bust.* ²²ἀόρατος, ον, [5] *unseen, invisible.* ²³πρωτότοκος, ον, [9] *first-born, eldest.* ²⁴κτίσις, εως, ἡ, [19] *(often of the founding of a city), (a) abstr: creation, (b) concr: creation, creature, institution; always of Divine work, (c) an institution, ordinance.* ²⁵κτίζω, [14] *I create, form, shape, make, always of God.* ²⁶ὁρατός, ή, όν, [1] *visible.* ²⁷κυριότης, τητος, ἡ, [4] *(a) abstr: lordship, (b) concr: divine or angelic lordship, domination, dignity, usually with reference to a celestial hierarchy.* ²⁸κτίζω, [14] *I create, form, shape, make, always of God.* ²⁹πρό, [47] *(a) of place: before, in front of, (b) of time: before, earlier than.* ³⁰συνίστημι, συνιστάνω, [16] *I place together, commend, prove, exhibit; instrans: I stand with; I am composed of, cohere.* ³¹πρωτεύω, [1] *I have preeminence, am chief, am first.* ³²εὐδοκέω, [21] *I am well-pleased, think it good, am resolved.* ³³πλήρωμα, ατος, τό, [17] *(a) a fill, fullness; full complement; supply, patch, supplement, (b) fullness, filling, fulfillment, completion.* ³⁴κατοικέω, [45] *I dwell in, settle in, am established in (permanently), inhabit.* ³⁵ἀποκαταλλάσσω, [3] *I reconcile, change from one state of feeling to another.* ³⁶εἰρηνοποιέω, [1] *I make peace, reconcile.* ³⁷σταυρός, οῦ, ὁ, [28] *a cross.*

αὐτοῦ, εἴτε τὰ ἐπὶ τῆς γῆς, εἴτε τὰ ἐπὶ τοῖς οὐρανοῖς. **21** Καὶ ὑμᾶς ποτὲ¹ ὄντας ἀπηλλοτριωμένους² καὶ ἐχθροὺς³ τῇ διανοίᾳ⁴ ἐν τοῖς ἔργοις τοῖς πονηροῖς, νυνὶ⁵ δὲ ἀποκατήλλαξεν⁶ **22** ἐν τῷ σώματι τῆς σαρκὸς αὐτοῦ διὰ τοῦ θανάτου, παραστῆσαι⁷ ὑμᾶς ἁγίους καὶ ἀμώμους⁸ καὶ ἀνεγκλήτους⁹ κατενώπιον¹⁰ αὐτοῦ· **23** εἴγε¹¹ ἐπιμένετε¹² τῇ πίστει τεθεμελιωμένοι¹³ καὶ ἑδραῖοι,¹⁴ καὶ μὴ μετακινούμενοι¹⁵ ἀπὸ τῆς ἐλπίδος τοῦ εὐαγγελίου οὗ ἠκούσατε, τοῦ κηρυχθέντος ἐν πάσῃ τῇ κτίσει¹⁶ τῇ ὑπὸ τὸν οὐρανόν, οὗ ἐγενόμην ἐγὼ Παῦλος διάκονος.¹⁷

24 Νῦν χαίρω ἐν τοῖς παθήμασιν¹⁸ ὑπὲρ ὑμῶν, καὶ ἀνταναπληρῶ¹⁹ τὰ ὑστερήματα²⁰ τῶν θλίψεων²¹ τοῦ χριστοῦ ἐν τῇ σαρκί μου ὑπὲρ τοῦ σώματος αὐτοῦ, ὅ ἐστιν ἡ ἐκκλησία· **25** ἧς ἐγενόμην ἐγὼ διάκονος,¹⁷ κατὰ τὴν οἰκονομίαν²² τοῦ θεοῦ τὴν δοθεῖσάν μοι εἰς ὑμᾶς, πληρῶσαι τὸν λόγον τοῦ θεοῦ, **26** τὸ μυστήριον²³ τὸ ἀποκεκρυμμένον²⁴ ἀπὸ τῶν αἰώνων καὶ ἀπὸ τῶν γενεῶν·²⁵ νυνὶ⁵ δὲ ἐφανερώθη²⁶ τοῖς ἁγίοις αὐτοῦ, **27** οἷς ἠθέλησεν ὁ θεὸς γνωρίσαι²⁷ τί τὸ πλοῦτος²⁸ τῆς δόξης τοῦ μυστηρίου²³ τούτου ἐν τοῖς ἔθνεσιν, ὅς ἐστιν χριστὸς ἐν ὑμῖν, ἡ ἐλπὶς τῆς δόξης· **28** ὃν ἡμεῖς καταγγέλλομεν,²⁹ νουθετοῦντες³⁰ πάντα ἄνθρωπον, καὶ διδάσκοντες πάντα ἄνθρωπον ἐν πάσῃ σοφίᾳ,

---

²ἀπηλλοτριωμένους: RPP-APM   ⁶ἀποκατήλλαξεν: AAI-3S   ⁷παραστῆσαι: AAN   ¹²ἐπιμένετε: PAI-2P
¹³τεθεμελιωμένοι: RPP-NPM   ¹⁵μετακινούμενοι: PPP-NPM   ¹⁹ἀνταναπληρῶ: PAI-1S   ²⁴ἀποκεκρυμμένον:
RPP-ASN   ²⁶ἐφανερώθη: API-3S   ²⁷γνωρίσαι: AAN   ²⁹καταγγέλλομεν: PAI-1P   ³⁰νουθετοῦντες: PAP-NPM

---

¹ποτέ, [29] at one time or other, at some time, formerly.   ²ἀπαλλοτριόομαι, [3] I estrange, alienate; pass: I am alienated from.   ³ἐχθρός, ά, όν, [32] hated, hostile; subst: an enemy.   ⁴διάνοια, ας, ἡ, [12] understanding, intellect, mind, insight.   ⁵νυνί, [20] adv. (a) of time: just now, even now; just at hand, immediately, (b) of logical connection: now then, (c) in commands and appeals: at this instant.   ⁶ἀποκαταλλάσσω, [3] I reconcile, change from one state of feeling to another.   ⁷παρίστημι, [41] I bring, present, prove, come up to and stand by, am present.   ⁸ἄμωμος, ον, [7] blameless, without blemish, unblemished, faultless.   ⁹ἀνέγκλητος, ον, [5] irreproachable, blameless.   ¹⁰κατενώπιον, [5] before the face of, over against.   ¹¹εἴγε, [5] if indeed, seeing that, unless.   ¹²ἐπιμένω, [17] (a) I remain, tarry, (b) I remain in, persist in.   ¹³θεμελιόω, [6] I found, lay the foundation (lit. and met.).   ¹⁴ἑδραῖος, αία, αῖον, [3] sitting, seated; steadfast, firm.   ¹⁵μετακινέω, [1] trans: I move away, dislodge, remove.   ¹⁶κτίσις, εως, ἡ, [19] (often of the founding of a city), (a) abstr: creation, (b) concr: creation, creature, institution; always of Divine work, (c) an institution, ordinance.   ¹⁷διάκονος, οῦ, ὁ, ἡ, [30] a waiter, servant; then of any one who performs any service, an administrator.   ¹⁸πάθημα, ατος, τό, [16] (a) suffering, affliction, (b) passion, emotion, (c) an undergoing, an enduring.   ¹⁹ἀνταναπληρόω, [1] I fill up in place of someone else, complete, supply.   ²⁰ὑστέρημα, ατος, τό, [9] (a) of things or persons: that which is lacking, a defect or shortcoming, (b) want, poverty.   ²¹θλῖψις, εως, ἡ, [45] persecution, affliction, distress, tribulation.   ²²οἰκονομία, ας, ἡ, [9] management of household affairs, stewardship, administration.   ²³μυστήριον, ου, τό, [27] a mystery, secret, of which initiation is necessary; in the NT: the counsels of God, once hidden but now revealed in the Gospel or some fact thereof; the Christian revelation generally; particular truths or details of the Christian revelation.   ²⁴ἀποκρύπτω, [6] I hide away, conceal, keep secret.   ²⁵γενεά, ᾶς, ἡ, [42] a generation; if repeated twice or with another time word, practically indicates infinity of time.   ²⁶φανερόω, [49] I make clear (visible, manifest), make known.   ²⁷γνωρίζω, [24] I make known, declare, know, discover.   ²⁸πλοῦτος, ου, ὁ, [22] riches, wealth, abundance, materially or spiritually.   ²⁹καταγγέλλω, [18] I declare openly, proclaim, preach, laud, celebrate.   ³⁰νουθετέω, [8] I admonish, warn, counsel, exhort.

ἵνα παραστήσωμεν[1] πάντα ἄνθρωπον τέλειον[2] ἐν χριστῷ Ἰησοῦ· 29 εἰς ὃ καὶ κοπιῶ,[3] ἀγωνιζόμενος[4] κατὰ τὴν ἐνέργειαν[5] αὐτοῦ, τὴν ἐνεργουμένην[6] ἐν ἐμοὶ ἐν δυνάμει.

A Warning against Error

2 Θέλω γὰρ ὑμᾶς εἰδέναι ἡλίκον[7] ἀγῶνα[8] ἔχω περὶ ὑμῶν καὶ τῶν ἐν Λαοδικείᾳ,[9] καὶ ὅσοι οὐχ ἑωράκασιν τὸ πρόσωπόν μου ἐν σαρκί, 2 ἵνα παρακληθῶσιν αἱ καρδίαι αὐτῶν, συμβιβασθέντων[10] ἐν ἀγάπῃ, καὶ εἰς πάντα πλοῦτον[11] τῆς πληροφορίας[12] τῆς συνέσεως,[13] εἰς ἐπίγνωσιν[14] τοῦ μυστηρίου[15] τοῦ θεοῦ καὶ πατρὸς καὶ τοῦ χριστοῦ, 3 ἐν ᾧ εἰσὶν πάντες οἱ θησαυροὶ[16] τῆς σοφίας καὶ τῆς γνώσεως[17] ἀπόκρυφοι.[18] 4 Τοῦτο δὲ λέγω, ἵνα μή τις ὑμᾶς παραλογίζηται[19] ἐν πιθανολογίᾳ.[20] 5 Εἰ γὰρ καὶ τῇ σαρκὶ ἄπειμι,[21] ἀλλὰ τῷ πνεύματι σὺν ὑμῖν εἰμί, χαίρων καὶ βλέπων ὑμῶν τὴν τάξιν,[22] καὶ τὸ στερέωμα[23] τῆς εἰς χριστὸν πίστεως ὑμῶν.

6 Ὡς οὖν παρελάβετε[24] τὸν χριστὸν Ἰησοῦν τὸν κύριον, ἐν αὐτῷ περιπατεῖτε, 7 ἐρριζωμένοι[25] καὶ ἐποικοδομούμενοι[26] ἐν αὐτῷ, καὶ βεβαιούμενοι[27] ἐν τῇ πίστει, καθὼς ἐδιδάχθητε, περισσεύοντες[28] ἐν αὐτῇ ἐν εὐχαριστίᾳ.[29]

---

[1]παραστήσωμεν: AAS-1P   [3]κοπιῶ: PAI-1S   [4]ἀγωνιζόμενος: PNP-NSM   [6]ἐνεργουμένην: PMP-ASF
[10]συμβιβασθέντων: APP-GPM   [19]παραλογίζηται: PNS-3S   [21]ἄπειμι: PAI-1S   [24]παρελάβετε: 2AAI-2P
[25]ἐρριζωμένοι: RPP-NPM   [26]ἐποικοδομούμενοι: PPP-NPM   [27]βεβαιούμενοι: PPP-NPM   [28]περισσεύοντες: PAP-NPM

---

[1]παρίστημι, [41] I bring, present, prove, come up to and stand by, am present.   [2]τέλειος, α, ον, [19] perfect, (a) complete in all its parts, (b) full grown, of full age, (c) specially of the completeness of Christian character. [3]κοπιάω, [23] (a) I grow weary, (b) I toil, work with effort (of bodily and mental labor alike).   [4]ἀγωνίζομαι, [7] I am struggling, striving (as in an athletic contest or warfare); I contend, as with an adversary.   [5]ἐνέργεια, ας, ἡ, [8] working, action, productive work, activity; in the NT, confined to superhuman activity.   [6]ἐνεργέω, [21] I work, am operative, am at work, am made to work, accomplish; mid: I work, display activity.   [7]ἡλίκος, η, ον, [2] of which size, of what size, how small, how much.   [8]ἀγών, ῶνος, ὁ, [6] an (athletic) contest; hence, a struggle (in the soul).   [9]Λαοδικεία, ας, ἡ, [6] Laodicea, a city in the Lycos valley in the Roman province Asia, near Colossae and Hierapolis.   [10]συμβιβάζω, [6] (a) I unite or knit together, (b) I put together in reasoning, and so: I conclude, prove, (c) I teach, instruct.   [11]πλοῦτος, ου, ὁ, [22] riches, wealth, abundance, materially or spiritually.   [12]πληροφορία, ας, ἡ, [4] full assurance, conviction, confidence.   [13]σύνεσις, εως, ἡ, [7] a putting together in the mind, hence: understanding, practical discernment, intellect.   [14]ἐπίγνωσις, εως, ἡ, [20] knowledge of a particular point (directed towards a particular object); perception, discernment, recognition, intuition.   [15]μυστήριον, ου, τό, [27] a mystery, secret, of which initiation is necessary; in the NT: the counsels of God, once hidden but now revealed in the Gospel or some fact thereof; the Christian revelation generally; particular truths or details of the Christian revelation.   [16]θησαυρός, οῦ, ὁ, [18] a store-house for precious things; hence: a treasure, a store.   [17]γνῶσις, εως, ἡ, [29] knowledge, doctrine, wisdom.   [18]ἀπόκρυφος, ον, [3] hidden away, secret, stored up.   [19]παραλογίζομαι, [2] I deceive, beguile, reason falsely, mislead.   [20]πιθανολογία, ας, ἡ, [1] persuasive speech.   [21]ἄπειμι, [7] I am absent.   [22]τάξις, εως, ἡ, [10] order, (a) regular arrangement, (b) appointed succession, (c) position, rank.   [23]στερέωμα, ατος, τό, [1] firmness, steadfastness, constancy.   [24]παραλαμβάνω, [49] I take from, receive from, or: I take to, receive (apparently not used of money), admit, acknowledge; I take with me.   [25]ῥιζόω, [2] I cause to take root; met: I plant, fix firmly, establish.   [26]ἐποικοδομέω, [8] I build upon (above) a foundation.   [27]βεβαιόω, [8] I confirm, ratify, secure, establish; pass: I guarantee.   [28]περισσεύω, [39] (a) intrans: I exceed the ordinary (the necessary), abound, overflow; am left over, (b) trans: I cause to abound.   [29]εὐχαριστία, ας, ἡ, [15] thankfulness, gratitude; giving of thanks, thanksgiving.

8 Βλέπετε μή τις ὑμᾶς ἔσται ὁ συλαγωγῶν¹ διὰ τῆς φιλοσοφίας² καὶ κενῆς³ ἀπάτης,⁴ κατὰ τὴν παράδοσιν⁵ τῶν ἀνθρώπων, κατὰ τὰ στοιχεῖα⁶ τοῦ κόσμου, καὶ οὐ κατὰ χριστόν·

Christ's Work for His Church, Resulting in Sanctification

9 ὅτι ἐν αὐτῷ κατοικεῖ⁷ πᾶν τὸ πλήρωμα⁸ τῆς θεότητος⁹ σωματικῶς,¹⁰ 10 καί ἐστε ἐν αὐτῷ πεπληρωμένοι, ὅς ἐστιν ἡ κεφαλὴ πάσης ἀρχῆς καὶ ἐξουσίας· 11 ἐν ᾧ καὶ περιετμήθητε¹¹ περιτομῇ¹² ἀχειροποιήτῳ,¹³ ἐν τῇ ἀπεκδύσει¹⁴ τοῦ σώματος τῶν ἁμαρτιῶν τῆς σαρκός, ἐν τῇ περιτομῇ¹² τοῦ χριστοῦ, 12 συνταφέντες¹⁵ αὐτῷ ἐν τῷ βαπτίσματι,¹⁶ ἐν ᾧ καὶ συνηγέρθητε¹⁷ διὰ τῆς πίστεως τῆς ἐνεργείας¹⁸ τοῦ θεοῦ, τοῦ ἐγείραντος αὐτὸν ἐκ τῶν νεκρῶν. 13 Καὶ ὑμᾶς, νεκροὺς ὄντας ἐν τοῖς παραπτώμασιν¹⁹ καὶ τῇ ἀκροβυστίᾳ²⁰ τῆς σαρκὸς ὑμῶν, συνεζωοποίησεν²¹ ὑμᾶς σὺν αὐτῷ, χαρισάμενος²² ἡμῖν πάντα τὰ παραπτώματα,¹⁹ 14 ἐξαλείψας²³ τὸ καθ' ἡμῶν χειρόγραφον²⁴ τοῖς δόγμασιν,²⁵ ὃ ἦν ὑπεναντίον²⁶ ἡμῖν· καὶ αὐτὸ ἦρκεν ἐκ τοῦ μέσου, προσηλώσας²⁷ αὐτὸ τῷ σταυρῷ·²⁸ 15 ἀπεκδυσάμενος²⁹ τὰς ἀρχὰς καὶ τὰς ἐξουσίας, ἐδειγμάτισεν³⁰ ἐν παρρησίᾳ,³¹ θριαμβεύσας³² αὐτοὺς ἐν αὐτῷ.

16 Μὴ οὖν τις ὑμᾶς κρινέτω ἐν βρώσει³³ ἢ ἐν πόσει,³⁴ ἢ ἐν μέρει³⁵ ἑορτῆς³⁶ ἢ νουμηνίας³⁷ ἢ σαββάτων· 17 ἅ ἐστιν σκιὰ³⁸ τῶν μελλόντων, τὸ δὲ σῶμα χριστοῦ.

---

¹συλαγωγῶν: PAP-NSM　⁷κατοικεῖ: PAI-3S　¹¹περιετμήθητε: API-2P　¹⁵συνταφέντες: 2APP-NPM　¹⁷συνηγέρθητε: API-2P　²¹συνεζωοποίησεν: AAI-3S　²²χαρισάμενος: ADP-NSM　²³ἐξαλείψας: AAP-NSM　²⁷προσηλώσας: AAP-NSM　²⁹ἀπεκδυσάμενος: ADP-NSM　³⁰ἐδειγμάτισεν: AAI-3S　³²θριαμβεύσας: AAP-NSM

---

¹συλαγωγέω, [1] I plunder, lead captive; met: I make victim by fraud.　²φιλοσοφία, ας, ἡ, [1] love of wisdom, philosophy, in the NT of traditional Jewish theology.　³κενός, ή, όν, [18] (a) empty, (b) met: empty (in moral content), vain, ineffective, foolish, worthless, (c) false, unreal, pretentious, hollow.　⁴ἀπάτη, ης, ἡ, [7] deceit, deception, deceitfulness, delusion.　⁵παράδοσις, εως, ἡ, [13] an instruction, tradition.　⁶στοιχεῖον, ου, τό, [7] (a) plur: the heavenly bodies, (b) a rudiment, an element, a rudimentary principle, an elementary rule.　⁷κατοικέω, [45] I dwell in, settle in, am established in (permanently), inhabit.　⁸πλήρωμα, ατος, τό, [17] (a) a fill, fullness; full complement; supply, patch, supplement, (b) fullness, filling, fulfillment, completion.　⁹θεότης, ητος, ἡ, [1] deity, Godhead.　¹⁰σωματικῶς, [1] bodily, corporeally, belonging to the body.　¹¹περιτέμνω, [18] I cut around, circumcise.　¹²περιτομή, ῆς, ἡ, [36] circumcision.　¹³ἀχειροποίητος, ον, [3] not made with hands.　¹⁴ἀπέκδυσις, εως, ἡ, [1] a putting off (as of a garment), a casting off.　¹⁵συνθάπτω, [2] I bury along with.　¹⁶βάπτισμα, ατος, τό, [22] the rite or ceremony of baptism.　¹⁷συνεγείρω, [3] I raise along with.　¹⁸ἐνέργεια, ας, ἡ, [8] working, action, productive work, activity; in the NT, confined to superhuman activity.　¹⁹παράπτωμα, ατος, τό, [23] a falling away, lapse, slip, false step, trespass, sin.　²⁰ἀκροβυστία, ας, ἡ, [20] (a technical word of Jewish use) foreskin, prepuce: used sometimes as a slang term by Jews, of Gentiles.　²¹συζωοποιέω, [2] I make alive together with.　²²χαρίζομαι, [23] (a) I show favor to, (b) I pardon, forgive, (c) I show kindness.　²³ἐξαλείφω, [5] I plaster, wash over; I wipe off, wipe out, obliterate.　²⁴χειρόγραφον, ου, τό, [1] a handwriting, bond.　²⁵δόγμα, ατος, τό, [5] a decree, edict, ordinance.　²⁶ὑπεναντίος, α, ον, [2] opposite to, adverse; subst: an adversary.　²⁷προσηλόω, [1] I fasten with nails, nail to.　²⁸σταυρός, οῦ, ὁ, [28] a cross.　²⁹ἀπεκδύομαι, [2] I strip, divest, renounce.　³⁰δειγματίζω, [1] I hold up as an example, make a show of, expose.　³¹παρρησία, ας, ἡ, [31] freedom, openness, especially in speech; boldness, confidence.　³²θριαμβεύω, [2] (properly: I lead one as my prisoner in a triumphal procession, hence) I lead around, make a show (spectacle) of, cause to triumph.　³³βρῶσις, εως, ἡ, [11] (a) abstr: eating, (b) food, a meal, (c) rust.　³⁴πόσις, εως, ἡ, [3] drinking, drink, beverage.　³⁵μέρος, ους, τό, [43] a part, portion, share.　³⁶ἑορτή, ῆς, ἡ, [27] a festival, feast, periodically recurring.　³⁷νουμηνία, ας, ἡ, [1] the new moon, first of the month.　³⁸σκιά, ᾶς, ἡ, [7] a shadow, shade, thick darkness, an outline.

18 Μηδεὶς ὑμᾶς καταβραβευέτω¹ θέλων ἐν ταπεινοφροσύνῃ² καὶ θρησκείᾳ³ τῶν ἀγγέλων, ἃ μὴ ἑώρακεν ἐμβατεύων,⁴ εἰκῇ⁵ φυσιούμενος⁶ ὑπὸ τοῦ νοὸς⁷ τῆς σαρκὸς αὐτοῦ, **19** καὶ οὐ κρατῶν⁸ τὴν κεφαλήν, ἐξ οὗ πᾶν τὸ σῶμα, διὰ τῶν ἁφῶν⁹ καὶ συνδέσμων¹⁰ ἐπιχορηγούμενον¹¹ καὶ συμβιβαζόμενον,¹² αὔξει¹³ τὴν αὔξησιν¹⁴ τοῦ θεοῦ.

20 Εἰ ἀπεθάνετε σὺν χριστῷ, ἀπὸ τῶν στοιχείων¹⁵ τοῦ κόσμου, τί ὡς ζῶντες ἐν κόσμῳ δογματίζεσθε,¹⁶ **21** Μὴ ἅψῃ,¹⁷ μηδὲ γεύσῃ,¹⁸ μηδὲ θίγῃς¹⁹– **22** ἅ ἐστιν πάντα εἰς φθορὰν²⁰ τῇ ἀποχρήσει²¹–κατὰ τὰ ἐντάλματα²² καὶ διδασκαλίας²³ τῶν ἀνθρώπων; **23** Ἅτινά ἐστιν λόγον μὲν ἔχοντα σοφίας ἐν ἐθελοθρησκείᾳ²⁴ καὶ ταπεινοφροσύνῃ² καὶ ἀφειδίᾳ²⁵ σώματος, οὐκ ἐν τιμῇ²⁶ τινὶ πρὸς πλησμονὴν²⁷ τῆς σαρκός.

The Affections of the Christians Set on Things Above

3 Εἰ οὖν συνηγέρθητε²⁸ τῷ χριστῷ, τὰ ἄνω²⁹ ζητεῖτε, οὗ³⁰ ὁ χριστός ἐστιν ἐν δεξιᾷ τοῦ θεοῦ καθήμενος. **2** Τὰ ἄνω²⁹ φρονεῖτε,³¹ μὴ τὰ ἐπὶ τῆς γῆς. **3** Ἀπεθάνετε γάρ, καὶ ἡ ζωὴ ὑμῶν κέκρυπται³² σὺν τῷ χριστῷ ἐν τῷ θεῷ. **4** Ὅταν ὁ χριστὸς φανερωθῇ,³³ ἡ ζωὴ ἡμῶν, τότε καὶ ὑμεῖς σὺν αὐτῷ φανερωθήσεσθε³⁴ ἐν δόξῃ.

---

¹*καταβραβευέτω:* PAM-3S   ⁴*ἐμβατεύων:* PAP-NSM   ⁶*φυσιούμενος:* PPP-NSM   ⁸*κρατῶν:* PAP-NSM
¹¹*ἐπιχορηγούμενον:* PPP-NSN   ¹²*συμβιβαζόμενον:* PPP-NSN   ¹³*αὔξει:* PAI-3S   ¹⁶*δογματίζεσθε:* PPI-2P   ¹⁷*ἅψῃ:*
AMS-2S   ¹⁸*γεύσῃ:* ADS-2S   ¹⁹*θίγῃς:* 2AAS-2S   ²⁸*συνηγέρθητε:* API-2P   ³¹*φρονεῖτε:* PAM-2P   ³²*κέκρυπται:* RPI-3S
³³*φανερωθῇ:* APS-3S   ³⁴*φανερωθήσεσθε:* FPI-2P

---

¹*καταβραβεύω, [1] of the umpire in a contest: I decide against, take part against, condemn (perhaps with the idea of assumption, officialism).* ²*ταπεινοφροσύνη, ης, ἡ, [7] humility, lowliness of mind, modesty.* ³*θρησκεία, ας, ἡ, [4] (underlying sense: reverence or worship of the gods), worship as expressed in ritual acts, religion.* ⁴*ἐμβατεύω, [1] I enter, set foot on, intrude, pry into.* ⁵*εἰκῇ, [7] without a cause, purpose; purposelessly, in vain, for nothing.* ⁶*φυσιόω, [7] I inflate, puff up; pass: I am puffed up, arrogant, proud.* ⁷*νοῦς, νοός, νοΐ, νοῦν, ὁ, [24] the mind, the reason, the reasoning faculty, intellect.* ⁸*κρατέω, [47] I am strong, mighty, hence: I rule, am master, prevail; I obtain, take hold of; I hold, hold fast.* ⁹*ἁφή, ῆς, ἡ, [2] a band, fastening (hence, possibly: a ligament), joint.* ¹⁰*σύνδεσμος, ου, ὁ, [4] that which binds together; a band, bond.* ¹¹*ἐπιχορηγέω, [5] I supply, provide (perhaps lavishly), furnish.* ¹²*συμβιβάζω, [6] (a) I unite or knit together, (b) I put together in reasoning, and so: I conclude, prove, (c) I teach, instruct.* ¹³*αὐξάνω, [23] (a) I cause to increase, become greater (b) I increase, grow.* ¹⁴*αὔξησις, εως, ἡ, [2] increasing, increase, growth.* ¹⁵*στοιχεῖον, ου, τό, [7] (a) plur: the heavenly bodies, (b) a rudiment, an element, a rudimentary principle, an elementary rule.* ¹⁶*δογματίζω, [1] I subject to regulations, decree; mid: I subject myself to regulations, am decree-ridden.* ¹⁷*ἅπτομαι, [36] prop: I fasten to; I lay hold of, touch, know carnally.* ¹⁸*γεύομαι, [15] (a) I taste, (b) I experience.* ¹⁹*θιγγάνω, [3] I touch, handle, injure, harm.* ²⁰*φθορά, ᾶς, ἡ, [9] corruption, destruction, decay, rottenness, decomposition.* ²¹*ἀπόχρησις, εως, ἡ, [1] using up, abuse, misuse.* ²²*ἔνταλμα, ατος, τό, [3] an injunction, ordinance, precept.* ²³*διδασκαλία, ας, ἡ, [21] instruction, teaching.* ²⁴*ἐθελοθρησκεία, ας, ἡ, [1] arbitrary worship, self-imposed worship.* ²⁵*ἀφειδία, ας, ἡ, [1] severity, severe treatment.* ²⁶*τιμή, ῆς, ἡ, [42] a price, honor.* ²⁷*πλησμονή, ῆς, ἡ, [1] satisfaction, indulgence.* ²⁸*συνεγείρω, [3] I raise along with.* ²⁹*ἄνω, [10] up, above, up to the top, up to the brim, things above, heaven, the heavenly region.* ³⁰*οὗ, [23] where, whither, when, in what place.* ³¹*φρονέω, [29] (a) I think, (b) I think, judge, (c) I direct the mind to, seek for, (d) I observe, (e) I care for.* ³²*κρύπτω, [17] I hide, conceal, lay up.* ³³*φανερόω, [49] I make clear (visible, manifest), make known.* ³⁴*φανερόω, [49] I make clear (visible, manifest), make known.*

Putting Off the Old Man and Putting On the New

5 Νεκρώσατε¹ οὖν τὰ μέλη² ὑμῶν τὰ ἐπὶ τῆς γῆς, πορνείαν,³ ἀκαθαρσίαν,⁴ πάθος,⁵ ἐπιθυμίαν⁶ κακήν, καὶ τὴν πλεονεξίαν,⁷ ἥτις ἐστὶν εἰδωλολατρεία,⁸ **6** δι' ἃ ἔρχεται ἡ ὀργὴ⁹ τοῦ θεοῦ ἐπὶ τοὺς υἱοὺς τῆς ἀπειθείας·¹⁰ **7** ἐν οἷς καὶ ὑμεῖς περιεπατήσατέ ποτε,¹¹ ὅτε ἐζῆτε ἐν αὐτοῖς. **8** Νυνὶ¹² δὲ ἀπόθεσθε¹³ καὶ ὑμεῖς τὰ πάντα, ὀργήν,⁹ θυμόν,¹⁴ κακίαν,¹⁵ βλασφημίαν,¹⁶ αἰσχρολογίαν¹⁷ ἐκ τοῦ στόματος ὑμῶν· **9** μὴ ψεύδεσθε¹⁸ εἰς ἀλλήλους, ἀπεκδυσάμενοι¹⁹ τὸν παλαιὸν²⁰ ἄνθρωπον σὺν ταῖς πράξεσιν²¹ αὐτοῦ, **10** καὶ ἐνδυσάμενοι²² τὸν νέον,²³ τὸν ἀνακαινούμενον²⁴ εἰς ἐπίγνωσιν²⁵ κατ' εἰκόνα²⁶ τοῦ κτίσαντος²⁷ αὐτόν· **11** ὅπου οὐκ ἔνι²⁸ Ἕλλην²⁹ καὶ Ἰουδαῖος, περιτομὴ³⁰ καὶ ἀκροβυστία,³¹ βάρβαρος,³² Σκύθης,³³ δοῦλος, ἐλεύθερος·³⁴ ἀλλὰ τὰ πάντα καὶ ἐν πᾶσιν χριστός.

The Rule of God's Peace and Its Effect on Various Stations in Life

12 Ἐνδύσασθε³⁵ οὖν, ὡς ἐκλεκτοὶ³⁶ τοῦ θεοῦ, ἅγιοι καὶ ἠγαπημένοι, σπλάγχνα³⁷ οἰκτιρμοῦ,³⁸ χρηστότητα,³⁹ ταπεινοφροσύνην,⁴⁰ πραότητα,⁴¹ μακροθυμίαν·⁴² **13** ἀνεχόμενοι⁴³ ἀλλήλων, καὶ χαριζόμενοι⁴⁴ ἑαυτοῖς, ἐάν τις πρός τινα ἔχῃ μομφήν·⁴⁵

---

¹Νεκρώσατε: AAM-2P   ¹³ἀπόθεσθε: 2AMM-2P   ¹⁸ψεύδεσθε: PNM-2P   ¹⁹ἀπεκδυσάμενοι: ADP-NPM ²²ἐνδυσάμενοι: AMP-NPM   ²⁴ἀνακαινούμενον: PPP-ASM   ²⁷κτίσαντος: AAP-GSM   ²⁸ἔνι: PAI-3S   ³⁵Ἐνδύσασθε: AMM-2P   ⁴³ἀνεχόμενοι: PNP-NPM   ⁴⁴χαριζόμενοι: PNP-NPM

---

¹νεκρόω, [3] lit. and met: I put to death, make as dead; I render weak, impotent.   ²μέλος, ους, τό, [34] a bodily organ, limb, member.   ³πορνεία, ας, ἡ, [26] fornication, whoredom; met: idolatry.   ⁴ἀκαθαρσία, ας, ἡ, [10] uncleanness, impurity.   ⁵πάθος, ους, τό, [3] suffering, emotion, depraved passion, lust.   ⁶ἐπιθυμία, ας, ἡ, [38] desire, eagerness for, inordinate desire, lust.   ⁷πλεονεξία, ας, ἡ, [10] covetousness, avarice, aggression, desire for advantage.   ⁸εἰδωλολατρεία, ας, ἡ, [4] service (worship) of an image (an idol).   ⁹ὀργή, ῆς, ἡ, [36] anger, wrath, passion; punishment, vengeance.   ¹⁰ἀπείθεια, ας, ἡ, [7] willful unbelief, obstinacy, disobedience.   ¹¹ποτέ, [29] at one time or other, at some time, formerly.   ¹²νυνί, [20] adv. (a) of time: just now, even now; just at hand, immediately, (b) of logical connection: now then, (c) in commands and appeals: at this instant.   ¹³ἀποτίθημι, [8] I lay off or aside, renounce, stow away, put.   ¹⁴θυμός, οῦ, ὁ, [18] an outburst of passion, wrath.   ¹⁵κακία, ας, ἡ, [11] (a) evil (i.e. trouble, labor, misfortune), (b) wickedness, (c) vicious disposition, malice, spite.   ¹⁶βλασφημία, ας, ἡ, [19] abusive or scurrilous language, blasphemy.   ¹⁷αἰσχρολογία, ας, ἡ, [1] filthy speech, foul language.   ¹⁸ψεύδομαι, [12] I deceive, lie, speak falsely.   ¹⁹ἀπεκδύομαι, [2] I strip, divest, renounce.   ²⁰παλαιός, ά, όν, [19] old, ancient, not new or recent.   ²¹πρᾶξις, εως, ἡ, [6] (a) a doing, action, mode of action; plur: deeds, acts, (b) function, business.   ²²ἐνδύω, [28] I put on, clothe (another).   ²³νέος, α, ον, [24] (a) young, youthful, (b) new, fresh.   ²⁴ἀνακαινόω, [2] I renew, make new again.   ²⁵ἐπίγνωσις, εως, ἡ, [20] knowledge of a particular point (directed towards a particular object); perception, discernment, recognition, intuition.   ²⁶εἰκών, όνος, ἡ, [23] an image, likeness, bust.   ²⁷κτίζω, [14] I create, form, shape, make, always of God.   ²⁸ἔνι, [6] there is in, is present.   ²⁹Ἕλλην, ηνος, ὁ, [27] a Hellene, the native word for a Greek; it is, however, a term wide enough to include all Greek-speaking (i.e. educated) non-Jews.   ³⁰περιτομή, ῆς, ἡ, [36] circumcision.   ³¹ἀκροβυστία, ας, ἡ, [20] (a technical word of Jewish use) foreskin, prepuce: used sometimes as a slang term by Jews, of Gentiles.   ³²βάρβαρος, ου, ὁ, [6] a foreigner, one who speaks neither Greek nor Latin; as adj: foreign.   ³³Σκύθης, ου, ὁ, [1] a Scythian, as typical of the uncivilized.   ³⁴ἐλεύθερος, έρα, ερον, [23] free, delivered from obligation.   ³⁵ἐνδύω, [28] I put on, clothe (another).   ³⁶ἐκλεκτός, ή, όν, [24] chosen out, elect, choice, select, sometimes as subst: of those chosen out by God for the rendering of special service to Him (of the Hebrew race, particular Hebrews, the Messiah, and the Christians).   ³⁷σπλάγχνα, ων, τά, [11] the inward parts; the heart, affections, seat of the feelings.   ³⁸οἰκτιρμός, οῦ, ὁ, [5] pity, compassion, favor, grace, mercy.   ³⁹χρηστότης, τητος, ἡ, [10] goodness, uprightness, kindness, gentleness.   ⁴⁰ταπεινοφροσύνη, ης, ἡ, [7] humility, lowliness of mind, modesty.   ⁴¹πραΰτης, τητος, ἡ, [12] mildness, gentleness.   ⁴²μακροθυμία, ας, ἡ, [14] patience, forbearance, longsuffering.   ⁴³ἀνέχομαι, [15] I endure, bear with, have patience with, suffer, admit, persist.   ⁴⁴χαρίζομαι, [23] (a) I show favor to, (b) I pardon, forgive, (c) I show kindness.   ⁴⁵μομφή, ῆς, ἡ, [1] a complaint, fault, blame.

καθὼς καὶ ὁ χριστὸς ἐχαρίσατο¹ ὑμῖν, οὕτως καὶ ὑμεῖς· **14** ἐπὶ πᾶσιν δὲ τούτοις τὴν ἀγάπην, ἥτις ἐστὶν σύνδεσμος² τῆς τελειότητος.³ **15** Καὶ ἡ εἰρήνη τοῦ θεοῦ βραβευέτω⁴ ἐν ταῖς καρδίαις ὑμῶν, εἰς ἣν καὶ ἐκλήθητε ἐν ἑνὶ σώματι· καὶ εὐχάριστοι⁵ γίνεσθε. **16** Ὁ λόγος τοῦ χριστοῦ ἐνοικείτω⁶ ἐν ὑμῖν πλουσίως⁷ ἐν πάσῃ σοφίᾳ· διδάσκοντες καὶ νουθετοῦντες⁸ ἑαυτούς, ψαλμοῖς,⁹ καὶ ὕμνοις,¹⁰ καὶ ᾠδαῖς¹¹ πνευματικαῖς,¹² ἐν χάριτι ᾄδοντες¹³ ἐν τῇ καρδίᾳ ὑμῶν τῷ κυρίῳ. **17** Καὶ πᾶν ὅ τι ἂν ποιῆτε, ἐν λόγῳ ἢ ἐν ἔργῳ, πάντα ἐν ὀνόματι κυρίου Ἰησοῦ, εὐχαριστοῦντες¹⁴ τῷ θεῷ καὶ πατρὶ δι' αὐτοῦ.

18 Αἱ γυναῖκες, ὑποτάσσεσθε¹⁵ τοῖς ἰδίοις ἀνδράσιν, ὡς ἀνῆκεν¹⁶ ἐν κυρίῳ. **19** Οἱ ἄνδρες, ἀγαπᾶτε τὰς γυναῖκας, καὶ μὴ πικραίνεσθε¹⁷ πρὸς αὐτάς. **20** Τὰ τέκνα, ὑπακούετε¹⁸ τοῖς γονεῦσιν¹⁹ κατὰ πάντα· τοῦτο γάρ ἐστιν εὐάρεστον²⁰ ἐν κυρίῳ. **21** Οἱ πατέρες, μὴ ἐρεθίζετε²¹ τὰ τέκνα ὑμῶν, ἵνα μὴ ἀθυμῶσιν.²² **22** Οἱ δοῦλοι, ὑπακούετε²³ κατὰ πάντα τοῖς κατὰ σάρκα κυρίοις, μὴ ἐν ὀφθαλμοδουλείαις²⁴ ὡς ἀνθρωπάρεσκοι,²⁵ ἀλλ' ἐν ἁπλότητι²⁶ καρδίας, φοβούμενοι τὸν θεόν· **23** καὶ πᾶν ὅ τι ἐὰν ποιῆτε, ἐκ ψυχῆς ἐργάζεσθε,²⁷ ὡς τῷ κυρίῳ καὶ οὐκ ἀνθρώποις· **24** εἰδότες ὅτι ἀπὸ κυρίου λήψεσθε τὴν ἀνταπόδοσιν²⁸ τῆς κληρονομίας·²⁹ τῷ γὰρ κυρίῳ χριστῷ δουλεύετε.³⁰ **25** Ὁ δὲ ἀδικῶν³¹ κομιεῖται³² ὃ ἠδίκησεν·³³ καὶ οὐκ ἔστιν προσωποληψία.³⁴

4 Οἱ κύριοι, τὸ δίκαιον καὶ τὴν ἰσότητα³⁵ τοῖς δούλοις παρέχεσθε,³⁶ εἰδότες ὅτι καὶ ὑμεῖς ἔχετε κύριον ἐν οὐρανοῖς.

---

¹ἐχαρίσατο: ADI-3S   ⁴βραβευέτω: PAM-3S   ⁶ἐνοικείτω: PAM-3S   ⁸νουθετοῦντες: PAP-NPM   ¹³ᾄδοντες: PAP-NPM   ¹⁴εὐχαριστοῦντες: PAP-NPM   ¹⁵ὑποτάσσεσθε: PMM-2P   ¹⁶ἀνῆκεν: IAI-3S   ¹⁷πικραίνεσθε: PPM-2P   ¹⁸ὑπακούετε: PAM-2P   ²¹ἐρεθίζετε: PAM-2P   ²²ἀθυμῶσιν: PAS-3P   ²³ὑπακούετε: PAM-2P   ²⁷ἐργάζεσθε: PNM-2P   ³⁰δουλεύετε: PAI-2P or PAM-2P   ³¹ἀδικῶν: PAP-NSM   ³²κομιεῖται: FDI-3S-ATT   ³³ἠδίκησεν: AAI-3S   ³⁶παρέχεσθε: PMM-2P

---

¹χαρίζομαι, [23] (a) I show favor to, (b) I pardon, forgive, (c) I show kindness.   ²σύνδεσμος, ου, ὁ, [4] that which binds together; a band, bond.   ³τελειότης, τητος, ἡ, [2] perfectness, perfection, maturity.   ⁴βραβεύω, [1] (lit: to act as arbiter in the games), I rule, arbitrate.   ⁵εὐχάριστος, ον, [1] thankful, grateful.   ⁶ἐνοικέω, [5] I dwell in, am settled (stationary) in; met: I am indwelling.   ⁷πλουσίως, [4] richly, abundantly.   ⁸νουθετέω, [8] I admonish, warn, counsel, exhort.   ⁹ψαλμός, οῦ, ὁ, [7] a psalm, song of praise, the Hebrew book of Psalms.   ¹⁰ὕμνος, ου, ὁ, [2] a hymn, sacred song, song of praise to God.   ¹¹ᾠδή, ῆς, ἡ, [7] an ode, song, hymn.   ¹²πνευματικός, ή, όν, [26] spiritual.   ¹³ᾄδω, [5] I sing.   ¹⁴εὐχαριστέω, [40] I thank, give thanks; pass. 3 sing: is received with thanks.   ¹⁵ὑποτάσσω, [40] I place under, subject to; mid, pass: I submit, put myself into subjection.   ¹⁶ἀνήκω, [3] is due, becoming, suitable, proper.   ¹⁷πικραίνω, [4] I make bitter, embitter; pass: I grow angry or harsh.   ¹⁸ὑπακούω, [21] I listen, hearken to, obey, answer.   ¹⁹γονεύς, έως, ὁ, [19] a begetter, father; plur: parents.   ²⁰εὐάρεστος, ον, [9] acceptable, well-pleasing (especially to God), grateful.   ²¹ἐρεθίζω, [2] I stir up, arouse to anger, provoke, irritate, incite.   ²²ἀθυμέω, [1] I lose heart, am despondent, am disheartened.   ²³ὑπακούω, [21] I listen, hearken to, obey, answer.   ²⁴ὀφθαλμοδουλεία, ας, ἡ, [2] eye-service; service rendered only while the master watches.   ²⁵ἀνθρωπάρεσκος, ον, [2] desirous of pleasing men, a renderer of service to human beings (as opposed to God).   ²⁶ἁπλότης, τητος, ἡ, [8] simplicity, sincerity, purity, graciousness.   ²⁷ἐργάζομαι, [39] I work, trade, perform, do, practice, commit, acquire by labor.   ²⁸ἀνταπόδοσις, εως, ἡ, [1] a reward, recompense.   ²⁹κληρονομία, ας, ἡ, [14] an inheritance, an heritage, regularly the gift of God to His chosen people, in the Old Testament: the Promised Land, in NT a possession viewed in one sense as present, in another as future; a share, participation.   ³⁰δουλεύω, [25] I am a slave, am subject to, obey, am devoted.   ³¹ἀδικέω, [27] I act unjustly towards, injure, harm.   ³²κομίζω, [11] (a) act: I convey, bring, carry, (b) mid: I receive back, receive what has belonged to myself but has been lost, or else promised but kept back, or: I get what has come to be my own by earning, recover.   ³³ἀδικέω, [27] I act unjustly towards, injure, harm.   ³⁴προσωποληψία, ας, ἡ, [4] partiality, favoritism.   ³⁵ἰσότης, ητος, ἡ, [3] equality; equality of treatment, fairness.   ³⁶παρέχω, [16] act. and mid: I offer, provide, confer, afford, give, bring, show, cause.

Concluding Admonitions

2 Τῇ προσευχῇ[1] προσκαρτερεῖτε,[2] γρηγοροῦντες[3] ἐν αὐτῇ ἐν εὐχαριστίᾳ·[4] **3** προσευχόμενοι ἅμα[5] καὶ περὶ ἡμῶν, ἵνα ὁ θεὸς ἀνοίξῃ ἡμῖν θύραν[6] τοῦ λόγου, λαλῆσαι τὸ μυστήριον[7] τοῦ χριστοῦ, δι᾽ ὃ καὶ δέδεμαι·[8] **4** ἵνα φανερώσω[9] αὐτό, ὡς δεῖ με λαλῆσαι. **5** Ἐν σοφίᾳ περιπατεῖτε πρὸς τοὺς ἔξω, τὸν καιρὸν ἐξαγοραζόμενοι.[10] **6** Ὁ λόγος ὑμῶν πάντοτε[11] ἐν χάριτι, ἅλατι[12] ἠρτυμένος,[13] εἰδέναι πῶς δεῖ ὑμᾶς ἑνὶ ἑκάστῳ ἀποκρίνεσθαι.

Personal Matters, Greetings, and Concluding Salutation

7 Τὰ κατ᾽ ἐμὲ πάντα γνωρίσει[14] ὑμῖν Τυχικός, ὁ ἀγαπητὸς ἀδελφὸς καὶ πιστὸς διάκονος[15] καὶ σύνδουλος[16] ἐν κυρίῳ· **8** ὃν ἔπεμψα πρὸς ὑμᾶς εἰς αὐτὸ τοῦτο, ἵνα γνῷ τὰ περὶ ὑμῶν καὶ παρακαλέσῃ τὰς καρδίας ὑμῶν· **9** σὺν Ὀνησίμῳ τῷ πιστῷ καὶ ἀγαπητῷ ἀδελφῷ, ὅς ἐστιν ἐξ ὑμῶν. Πάντα ὑμῖν γνωριοῦσιν[17] τὰ ὧδε.

10 Ἀσπάζεται ὑμᾶς Ἀρίσταρχος ὁ συναιχμάλωτός[18] μου, καὶ Μάρκος ὁ ἀνεψιὸς[19] Βαρνάβα, περὶ οὗ ἐλάβετε ἐντολάς–ἐὰν ἔλθῃ πρὸς ὑμᾶς, δέξασθε αὐτόν· **11** καὶ Ἰησοῦς ὁ λεγόμενος Ἰοῦστος, οἱ ὄντες ἐκ περιτομῆς·[20] οὗτοι μόνοι[21] συνεργοὶ[22] εἰς τὴν βασιλείαν τοῦ θεοῦ, οἵτινες ἐγενήθησάν μοι παρηγορία.[23] **12** Ἀσπάζεται ὑμᾶς Ἐπαφρᾶς ὁ ἐξ ὑμῶν, δοῦλος χριστοῦ, πάντοτε[11] ἀγωνιζόμενος[24] ὑπὲρ ὑμῶν ἐν ταῖς προσευχαῖς,[1] ἵνα στῆτε τέλειοι[25] καὶ πεπληρωμένοι ἐν παντὶ θελήματι τοῦ θεοῦ. **13** Μαρτυρῶ γὰρ αὐτῷ ὅτι ἔχει ζῆλον[26] πολὺν ὑπὲρ ὑμῶν καὶ τῶν ἐν Λαοδικείᾳ[27] καὶ τῶν ἐν Ἱεραπόλει.[28] **14** Ἀσπάζεται ὑμᾶς Λουκᾶς ὁ ἰατρὸς[29] ὁ ἀγαπητός, καὶ Δημᾶς. **15** Ἀσπάσασθε τοὺς ἐν Λαοδικείᾳ[27] ἀδελφούς, καὶ Νυμφᾶν, καὶ τὴν κατ᾽ οἶκον αὐτοῦ ἐκκλησίαν. **16** Καὶ ὅταν ἀναγνωσθῇ[30]

---

[2]προσκαρτερεῖτε: *PAM-2P*   [3]γρηγοροῦντες: *PAP-NPM*   [8]δέδεμαι: *RPI-1S*   [9]φανερώσω: *AAS-1S*
[10]ἐξαγοραζόμενοι: *PMP-NPM*   [13]ἠρτυμένος: *RPP-NSM*   [14]γνωρίσει: *FAI-3S*   [17]γνωριοῦσιν: *FAI-3P*
[24]ἀγωνιζόμενος: *PNP-NSM*   [30]ἀναγνωσθῇ: *APS-3S*

---

[1]προσευχή, ῆς, ἡ, *[37] (a) prayer (to God), (b) a place for prayer (used by Jews, perhaps where there was no synagogue).*   [2]προσκαρτερέω, *[10] I persist, persevere in, continue steadfast in; I wait upon.*   [3]γρηγορέω, *[23] (a) I am awake (in the night), watch, (b) I am watchful, on the alert, vigilant.*   [4]εὐχαριστία, ας, ἡ, *[15] thankfulness, gratitude; giving of thanks, thanksgiving.*   [5]ἅμα, *[10] at the same time, therewith, along with, together with.*   [6]θύρα, ας, ἡ, *[39] (a) a door, (b) met: an opportunity.*   [7]μυστήριον, ου, τό, *[27] a mystery, secret, of which initiation is necessary; in the NT: the counsels of God, once hidden but now revealed in the Gospel or some fact thereof; the Christian revelation generally; particular truths or details of the Christian revelation.*   [8]δέω, *[44] I bind, tie, fasten; I impel, compel; I declare to be prohibited and unlawful.*   [9]φανερόω, *[49] I make clear (visible, manifest), make known.*   [10]ἐξαγοράζω, *[4] I buy out, buy away from, ransom; mid: I purchase out, buy, redeem, choose.*   [11]πάντοτε, *[42] always, at all times, ever.*   [12]ἅλας, ατος, τό, *[8] salt.*   [13]ἀρτύω, *[3] prop: I arrange, make ready; I season, flavor.*   [14]γνωρίζω, *[24] I make known, declare, know, discover.*   [15]διάκονος, οῦ, ὁ, ἡ, *[30] a waiter, servant; then of any one who performs any service, an administrator.*   [16]σύνδουλος, ου, ὁ, *[10] a fellow slave, fellow servant; of Christians: a fellow worker, colleague.*   [17]γνωρίζω, *[24] I make known, declare, know, discover.*   [18]συναιχμάλωτος, ου, ὁ, *[3] a fellow captive or prisoner.*   [19]ἀνεψιός, οῦ, ὁ, *[1] a cousin, nephew.*   [20]περιτομή, ῆς, ἡ, *[36] circumcision.*   [21]μόνος, η, ον, *[45] only, solitary, desolate.*   [22]συνεργός, οῦ, ὁ, *[13] a fellow worker, associate, helper.*   [23]παρηγορία, ας, ἡ, *[1] solace, consolation, comfort.*   [24]ἀγωνίζομαι, *[7] I am struggling, striving (as in an athletic contest or warfare); I contend, as with an adversary.*   [25]τέλειος, α, ον, *[19] perfect, (a) complete in all its parts, (b) full grown, of full age, (c) specially of the completeness of Christian character.*   [26]ζῆλος, ου, ὁ, *[17] (a) eagerness, zeal, enthusiasm, (b) jealousy, rivalry.*   [27]Λαοδικεία, ας, ἡ, *[6] Laodicea, a city in the Lycos valley in the Roman province Asia, near Colossae and Hierapolis.*   [28]Ἱεράπολις, εως, ἡ, *[1] Hierapolis, a city of the Lycus valley in Phrygia, near Laodicea and Colossae.*   [29]ἰατρός, οῦ, ὁ, *[7] a physician.*   [30]ἀναγινώσκω, *[32] I read, know again, know certainly, recognize, discern.*

παρ' ὑμῖν ἡ ἐπιστολή,¹ ποιήσατε ἵνα καὶ ἐν τῇ Λαοδικαίων² ἐκκλησίᾳ ἀναγνωσθῇ,³ καὶ τὴν ἐκ Λαοδικείας⁴ ἵνα καὶ ὑμεῖς ἀναγνῶτε.⁵ **17** Καὶ εἴπατε Ἀρχίππῳ, Βλέπε τὴν διακονίαν⁶ ἣν παρέλαβες⁷ ἐν κυρίῳ, ἵνα αὐτὴν πληροῖς.

18 Ὁ ἀσπασμὸς⁸ τῇ ἐμῇ χειρὶ Παύλου. Μνημονεύετέ⁹ μου τῶν δεσμῶν.¹⁰ Ἡ χάρις μεθ' ὑμῶν. Ἀμήν.

---

³ἀναγνωσθῇ: APS-3S　　⁵ἀναγνῶτε: 2AAS-2P　　⁷παρέλαβες: 2AAI-2S　　⁹Μνημονεύετέ: PAM-2P

---

¹ἐπιστολή, ῆς, ἡ, [24] a letter, dispatch, epistle, message.　²Λαοδικεύς, έως, ὁ, [1] a Laodicean, an inhabitant of Laodicea.　³ἀναγινώσκω, [32] I read, know again, know certainly, recognize, discern.　⁴Λαοδικεία, ας, ἡ, [6] Laodicea, a city in the Lycos valley in the Roman province Asia, near Colossae and Hierapolis.　⁵ἀναγινώσκω, [32] I read, know again, know certainly, recognize, discern.　⁶διακονία, ας, ἡ, [34] waiting at table; in a wider sense: service, ministration.　⁷παραλαμβάνω, [49] I take from, receive from, or: I take to, receive (apparently not used of money), admit, acknowledge; I take with me.　⁸ἀσπασμός, οῦ, ὁ, [10] a greeting, salutation.　⁹μνημονεύω, [21] I remember, hold in remembrance, make mention of.　¹⁰δεσμός, οῦ, ὁ, [20] a bond, chain, imprisonment; a string or ligament, an impediment, infirmity.

ΠΡΟΣ
ΘΕΣΣΑΛΟΝΙΚΕΙΣ Α
First to the Thessalonians

Introduction and Thanksgiving

Παῦλος καὶ Σιλουανὸς καὶ Τιμόθεος, τῇ ἐκκλησίᾳ Θεσσαλονικέων¹ ἐν θεῷ πατρί, καὶ κυρίῳ Ἰησοῦ χριστῷ· χάρις ὑμῖν καὶ εἰρήνη ἀπὸ θεοῦ πατρὸς ἡμῶν καὶ κυρίου Ἰησοῦ χριστοῦ.

2 Εὐχαριστοῦμεν² τῷ θεῷ πάντοτε³ περὶ πάντων ὑμῶν, μνείαν⁴ ὑμῶν ποιούμενοι ἐπὶ τῶν προσευχῶν⁵ ἡμῶν, **3** ἀδιαλείπτως⁶ μνημονεύοντες⁷ ὑμῶν τοῦ ἔργου τῆς πίστεως, καὶ τοῦ κόπου⁸ τῆς ἀγάπης, καὶ τῆς ὑπομονῆς⁹ τῆς ἐλπίδος τοῦ κυρίου ἡμῶν Ἰησοῦ χριστοῦ, ἔμπροσθεν¹⁰ τοῦ θεοῦ καὶ πατρὸς ἡμῶν· **4** εἰδότες, ἀδελφοὶ ἠγαπημένοι ὑπὸ θεοῦ, τὴν ἐκλογὴν¹¹ ὑμῶν·

A Recommendation of the Congregation's Attitude

5 ὅτι τὸ εὐαγγέλιον ἡμῶν οὐκ ἐγενήθη εἰς ὑμᾶς ἐν λόγῳ μόνον, ἀλλὰ καὶ ἐν δυνάμει, καὶ ἐν πνεύματι ἁγίῳ, καὶ ἐν πληροφορίᾳ¹² πολλῇ, καθὼς οἴδατε οἷοι¹³ ἐγενήθημεν ἐν ὑμῖν δι' ὑμᾶς. **6** Καὶ ὑμεῖς μιμηταὶ¹⁴ ἡμῶν ἐγενήθητε καὶ τοῦ κυρίου, δεξάμενοι τὸν λόγον ἐν θλίψει¹⁵ πολλῇ μετὰ χαρᾶς πνεύματος ἁγίου, **7** ὥστε γενέσθαι ὑμᾶς τύπους¹⁶

---

² Εὐχαριστοῦμεν: *PAI-1P*   ⁷ μνημονεύοντες: *PAP-NPM*

---

¹ Θεσσαλονικεύς, έως, ὁ, [4] a Thessalonian.   ² εὐχαριστέω, [40] I thank, give thanks; pass. 3 sing: is received with thanks.   ³ πάντοτε, [42] always, at all times, ever.   ⁴ μνεία, ας, ἡ, [7] remembrance, recollection, mention; commemoration.   ⁵ προσευχή, ῆς, ἡ, [37] (a) prayer (to God), (b) a place for prayer (used by Jews, perhaps where there was no synagogue).   ⁶ ἀδιαλείπτως, [4] unceasingly, without remission.   ⁷ μνημονεύω, [21] I remember, hold in remembrance, make mention of.   ⁸ κόπος, ου, ὁ, [19] (a) trouble, (b) toil, labor, laborious toil, involving weariness and fatigue.   ⁹ ὑπομονή, ῆς, ἡ, [32] endurance, steadfastness, patient waiting for. ¹⁰ ἔμπροσθεν, [48] in front, before the face; sometimes made a subst. by the addition of the article: in front of, before the face of.   ¹¹ ἐκλογή, ῆς, ἡ, [7] a choosing out, selecting, choice (by God).   ¹² πληροφορία, ας, ἡ, [4] full assurance, conviction, confidence.   ¹³ οἷος, α, ον, [15] of what kind, such as.   ¹⁴ μιμητής, οῦ, ὁ, [7] an imitator, follower.   ¹⁵ θλῖψις, εως, ἡ, [45] persecution, affliction, distress, tribulation.   ¹⁶ τύπος, ου, ὁ, [16] (originally: the mark of a blow, then a stamp struck by a die), (a) a figure; a copy, image, (b) a pattern, model, (c) a type, prefiguring something or somebody.

πᾶσιν τοῖς πιστεύουσιν ἐν τῇ Μακεδονίᾳ¹ καὶ τῇ Ἀχαΐᾳ.² **8** Ἀφ' ὑμῶν γὰρ ἐξήχηται³ ὁ λόγος τοῦ κυρίου οὐ μόνον ἐν τῇ Μακεδονίᾳ¹ καὶ ἐν τῇ Ἀχαΐᾳ,² ἀλλὰ καὶ ἐν παντὶ τόπῳ ἡ πίστις ὑμῶν ἡ πρὸς τὸν θεὸν ἐξελήλυθεν, ὥστε μὴ χρείαν⁴ ἡμᾶς ἔχειν λαλεῖν τι. **9** Αὐτοὶ γὰρ περὶ ἡμῶν ἀπαγγέλλουσιν⁵ ὁποίαν⁶ εἴσοδον⁷ ἔσχομεν πρὸς ὑμᾶς, καὶ πῶς ἐπεστρέψατε⁸ πρὸς τὸν θεὸν ἀπὸ τῶν εἰδώλων,⁹ δουλεύειν¹⁰ θεῷ ζῶντι καὶ ἀληθινῷ,¹¹ **10** καὶ ἀναμένειν¹² τὸν υἱὸν αὐτοῦ ἐκ τῶν οὐρανῶν, ὃν ἤγειρεν ἐκ τῶν νεκρῶν, Ἰησοῦν, τὸν ῥυόμενον¹³ ἡμᾶς ἀπὸ τῆς ὀργῆς¹⁴ τῆς ἐρχομένης.

Paul's Manner of Working in Thessalonica

2 Αὐτοὶ γὰρ οἴδατε, ἀδελφοί, τὴν εἴσοδον⁷ ἡμῶν τὴν πρὸς ὑμᾶς, ὅτι οὐ κενὴ¹⁵ γέγονεν· **2** ἀλλὰ προπαθόντες¹⁶ καὶ ὑβρισθέντες,¹⁷ καθὼς οἴδατε, ἐν Φιλίπποις,¹⁸ ἐπαρρησιασάμεθα¹⁹ ἐν τῷ θεῷ ἡμῶν λαλῆσαι πρὸς ὑμᾶς τὸ εὐαγγέλιον τοῦ θεοῦ ἐν πολλῷ ἀγῶνι.²⁰ **3** Ἡ γὰρ παράκλησις²¹ ἡμῶν οὐκ ἐκ πλάνης,²² οὐδὲ ἐξ ἀκαθαρσίας,²³ οὔτε ἐν δόλῳ·²⁴ **4** ἀλλὰ καθὼς δεδοκιμάσμεθα²⁵ ὑπὸ τοῦ θεοῦ πιστευθῆναι τὸ εὐαγγέλιον, οὕτως λαλοῦμεν, οὐχ ὡς ἀνθρώποις ἀρέσκοντες,²⁶ ἀλλὰ τῷ θεῷ τῷ δοκιμάζοντι²⁷ τὰς καρδίας ἡμῶν. **5** Οὔτε γάρ ποτε²⁸ ἐν λόγῳ κολακείας²⁹ ἐγενήθημεν, καθὼς οἴδατε, οὔτε ἐν προφάσει³⁰ πλεονεξίας·³¹ θεὸς μάρτυς·³² **6** οὔτε ζητοῦντες ἐξ ἀνθρώπων δόξαν, οὔτε ἀφ' ὑμῶν οὔτε ἀπὸ ἄλλων, δυνάμενοι ἐν βάρει³³ εἶναι, ὡς χριστοῦ ἀπόστολοι, **7** ἀλλ' ἐγενήθημεν ἤπιοι³⁴ ἐν μέσῳ ὑμῶν ὡς ἂν τροφὸς³⁵ θάλπῃ³⁶ τὰ

---

³ἐξήχηται: RPI-3S   ⁵ἀπαγγέλλουσιν: PAI-3P   ⁸ἐπεστρέψατε: AAI-2P   ¹⁰δουλεύειν: PAN   ¹²ἀναμένειν: PAN
¹³ῥυόμενον: PNP-ASM   ¹⁶προπαθόντες: 2AAP-NPM   ¹⁷ὑβρισθέντες: APP-NPM   ¹⁹ἐπαρρησιασάμεθα: ADI-1P
²⁵δεδοκιμάσμεθα: RPI-1P   ²⁶ἀρέσκοντες: PAP-NPM   ²⁷δοκιμάζοντι: PAP-DSM   ³⁶θάλπῃ: PAS-3S

---

¹Μακεδονία, ας, ἡ, [22] (Hebrew), Macedonia, a Roman province north of Achaia (Greece).   ²Ἀχαΐα, ας, ἡ, [11] the Roman Province Achaia, governed by a proconsul, and practically conterminous with modern Greece before 1912.   ³ἐξηχέω, [1] I sound out (forth) (referring either to the clearness or to the loudness of the sound).   ⁴χρεία, ας, ἡ, [49] need, necessity, business.   ⁵ἀπαγγέλλω, [44] I report (from one place to another), bring a report, announce, declare.   ⁶ὁποῖος, οία, οῖον, [5] of what kind or manner, of what sort.   ⁷εἴσοδος, ου, ἡ, [5] (act of) entering, an entrance, entry.   ⁸ἐπιστρέφω, [37] (a) trans: I turn (back) to (towards), (b) intrans: I turn (back) (to [towards]); I come to myself.   ⁹εἴδωλον, ου, τό, [11] an idol, false god.   ¹⁰δουλεύω, [25] I am a slave, am subject to, obey, am devoted.   ¹¹ἀληθινός, η, ον, [27] true (lit: made of truth), real, genuine.   ¹²ἀναμένω, [1] I await (one whose coming is expected).   ¹³ῥύομαι, [18] I rescue, deliver (from danger or destruction).   ¹⁴ὀργή, ῆς, ἡ, [36] anger, wrath, passion; punishment, vengeance.   ¹⁵κενός, ή, όν, [18] (a) empty, (b) met: empty (in moral content), vain, ineffective, foolish, worthless, (c) false, unreal, pretentious, hollow.   ¹⁶προπάσχω, [1] I suffer previously.   ¹⁷ὑβρίζω, [5] I insult, treat with insolence.   ¹⁸Φίλιπποι, ων, οἱ, [4] Philippi, a great city of the Roman province Macedonia.   ¹⁹παρρησιάζομαι, [9] I speak freely, boldly; I am confident.   ²⁰ἀγών, ῶνος, ὁ, [6] an (athletic) contest; hence, a struggle (in the soul).   ²¹παράκλησις, εως, ἡ, [29] a calling for, summons, hence: (a) exhortation, (b) entreaty, (c) encouragement, joy, gladness, (d) consolation, comfort.   ²²πλάνη, ης, ἡ, [10] a wandering; fig: deceit, delusion, error, sin.   ²³ἀκαθαρσία, ας, ἡ, [10] uncleanness, impurity.   ²⁴δόλος, ου, ὁ, [11] deceit, guile, treachery.   ²⁵δοκιμάζω, [23] I put to the test, prove, examine; I distinguish by testing, approve after testing; I am fit.   ²⁶ἀρέσκω, [17] I please, with the idea of willing service rendered to others; hence almost: I serve.   ²⁷δοκιμάζω, [23] I put to the test, prove, examine; I distinguish by testing, approve after testing; I am fit.   ²⁸ποτέ, [29] at one time or other, at some time, formerly.   ²⁹κολακεία, ας, ἡ, [1] flattery, with a view to advantage or gain.   ³⁰πρόφασις, εως, ἡ, [7] a pretext, an excuse.   ³¹πλεονεξία, ας, ἡ, [10] covetousness, avarice, aggression, desire for advantage.   ³²μάρτυς, υρος, ὁ, [34] a witness; an eye- or ear-witness.   ³³βάρος, ους, τό, [6] a weight, burden, lit. or met.   ³⁴ἤπιος, α, ον, [2] placid, gentle, mild.   ³⁵τροφός, οῦ, ἡ, [1] a nurse.   ³⁶θάλπω, [2] (properly: I warm, then) I cherish, nourish, foster, comfort.

ἑαυτῆς τέκνα· **8** οὕτως, ὁμειρόμενοι[1] ὑμῶν, εὐδοκοῦμεν[2] μεταδοῦναι[3] ὑμῖν οὐ μόνον τὸ εὐαγγέλιον τοῦ θεοῦ, ἀλλὰ καὶ τὰς ἑαυτῶν ψυχάς, διότι[4] ἀγαπητοὶ ἡμῖν γεγένησθε. **9** Μνημονεύετε[5] γάρ, ἀδελφοί, τὸν κόπον[6] ἡμῶν καὶ τὸν μόχθον·[7] νυκτὸς γὰρ καὶ ἡμέρας ἐργαζόμενοι,[8] πρὸς τὸ μὴ ἐπιβαρῆσαί[9] τινα ὑμῶν, ἐκηρύξαμεν εἰς ὑμᾶς τὸ εὐαγγέλιον τοῦ θεοῦ. **10** Ὑμεῖς μάρτυρες[10] καὶ ὁ θεός, ὡς ὁσίως[11] καὶ δικαίως[12] καὶ ἀμέμπτως[13] ὑμῖν τοῖς πιστεύουσιν ἐγενήθημεν· **11** καθάπερ[14] οἴδατε ὡς ἕνα ἕκαστον ὑμῶν, ὡς πατὴρ τέκνα ἑαυτοῦ, παρακαλοῦντες ὑμᾶς καὶ παραμυθούμενοι[15] **12** καὶ μαρτυρόμενοι,[16] εἰς τὸ περιπατῆσαι ὑμᾶς ἀξίως[17] τοῦ θεοῦ τοῦ καλοῦντος ὑμᾶς εἰς τὴν ἑαυτοῦ βασιλείαν καὶ δόξαν.

The Manner in Which the Thessalonians Received the Gospel

13 Διὰ τοῦτο καὶ ἡμεῖς εὐχαριστοῦμεν[18] τῷ θεῷ ἀδιαλείπτως,[19] ὅτι παραλαβόντες[20] λόγον ἀκοῆς[21] παρ' ἡμῶν τοῦ θεοῦ, ἐδέξασθε οὐ λόγον ἀνθρώπων, ἀλλὰ καθώς ἐστιν ἀληθῶς,[22] λόγον θεοῦ, ὃς καὶ ἐνεργεῖται[23] ἐν ὑμῖν τοῖς πιστεύουσιν. **14** Ὑμεῖς γὰρ μιμηταὶ[24] ἐγενήθητε, ἀδελφοί, τῶν ἐκκλησιῶν τοῦ θεοῦ τῶν οὐσῶν ἐν τῇ Ἰουδαίᾳ[25] ἐν χριστῷ Ἰησοῦ· ὅτι τὰ αὐτὰ ἐπάθετε[26] καὶ ὑμεῖς ὑπὸ τῶν ἰδίων συμφυλετῶν,[27] καθὼς καὶ αὐτοὶ ὑπὸ τῶν Ἰουδαίων, **15** τῶν καὶ τὸν κύριον ἀποκτεινάντων Ἰησοῦν καὶ τοὺς ἰδίους προφήτας, καὶ ἡμᾶς ἐκδιωξάντων,[28] καὶ θεῷ μὴ ἀρεσκόντων,[29] καὶ πᾶσιν ἀνθρώποις ἐναντίων,[30] **16** κωλυόντων[31] ἡμᾶς τοῖς ἔθνεσιν λαλῆσαι ἵνα σωθῶσιν, εἰς τὸ

---

[1]*ὁμειρόμενοι:* PNP-NPM   [2]*εὐδοκοῦμεν:* IAI-1P   [3]*μεταδοῦναι:* 2AAN   [5]*Μνημονεύετε:* PAI-2P   [8]*ἐργαζόμενοι:* PNP-NPM   [9]*ἐπιβαρῆσαί:* AAN   [15]*παραμυθούμενοι:* PNP-NPM   [16]*μαρτυρόμενοι:* PNP-NPM   [18]*εὐχαριστοῦμεν:* PAI-1P   [20]*παραλαβόντες:* 2AAP-NPM   [23]*ἐνεργεῖται:* PMI-3S   [26]*ἐπάθετε:* 2AAI-2P   [28]*ἐκδιωξάντων:* AAP-GPM   [29]*ἀρεσκόντων:* PAP-GPM   [31]*κωλυόντων:* PAP-GPM

---

[1]*ὁμείρομαι,* [1] I desire earnestly, long for; I have a strong affection for, love fervently.   [2]*εὐδοκέω,* [21] I am well-pleased, think it good, am resolved.   [3]*μεταδίδωμι,* [5] (lit: I offer by way of change, offer so that a change of owner is produced), I share; sometimes merely: I impart, bestow.   [4]*διότι,* [24] on this account, because, for.   [5]*μνημονεύω,* [21] I remember, hold in remembrance, make mention of.   [6]*κόπος, ου, ὁ,* [19] (a) trouble, (b) toil, labor, laborious toil, involving weariness and fatigue.   [7]*μόχθος, ου, ὁ,* [3] wearisome labor, toil, hardship.   [8]*ἐργάζομαι,* [39] I work, trade, perform, do, practice, commit, acquire by labor.   [9]*ἐπιβαρέω,* [3] I put a burden on, am burdensome.   [10]*μάρτυς, υρος, ὁ,* [34] a witness; an eye- or ear-witness.   [11]*ὁσίως,* [1] religiously, piously.   [12]*δικαίως,* [5] justly, righteously.   [13]*ἀμέμπτως,* [2] blamelessly.   [14]*καθάπερ,* [13] even as, just as.   [15]*παραμυθέομαι,* [4] I encourage, comfort, console, exhort.   [16]*μαρτύρομαι,* [5] (properly: I call (summon) to witness, and then absolutely) I testify, protest, asseverate; I conjure, solemnly charge.   [17]*ἀξίως,* [6] worthily, in a manner worthy of.   [18]*εὐχαριστέω,* [40] I thank, give thanks; pass. 3 sing: is received with thanks.   [19]*ἀδιαλείπτως,* [4] unceasingly, without remission.   [20]*παραλαμβάνω,* [49] I take from, receive from, or: I take to, receive (apparently not used of money), admit, acknowledge; I take with me.   [21]*ἀκοή, ῆς, ἡ,* [24] hearing, faculty of hearing, ear; report, rumor.   [22]*ἀληθῶς,* [21] truly, really, certainly, surely.   [23]*ἐνεργέω,* [21] I work, am operative, am at work, am made to work, accomplish; mid: I work, display activity.   [24]*μιμητής, οῦ, ὁ,* [7] an imitator, follower.   [25]*Ἰουδαία, ας, ἡ,* [43] Judea, a Roman province, capital Jerusalem.   [26]*πάσχω,* [42] I am acted upon in a certain way, either good or bad; I experience ill treatment, suffer.   [27]*συμφυλέτης, ου, ὁ,* [1] one of the same tribe, a fellow country-man.   [28]*ἐκδιώκω,* [2] I persecute, expel by persecuting, drive out, vex, harass.   [29]*ἀρέσκω,* [17] I please, with the idea of willing service rendered to others; hence almost: I serve.   [30]*ἐναντίος, α, ον,* [8] opposite, opposed, contrary; the adversary.   [31]*κωλύω,* [23] I prevent, debar, hinder; with infin: from doing so and so.

ἀναπληρῶσαι¹ αὐτῶν τὰς ἁμαρτίας πάντοτε·² ἔφθασεν³ δὲ ἐπ᾽ αὐτοὺς ἡ ὀργὴ⁴ εἰς τέλος.⁵

17 Ἡμεῖς δέ, ἀδελφοί, ἀπορφανισθέντες⁶ ἀφ᾽ ὑμῶν πρὸς καιρὸν ὥρας, προσώπῳ οὐ καρδίᾳ, περισσοτέρως⁷ ἐσπουδάσαμεν⁸ τὸ πρόσωπον ὑμῶν ἰδεῖν ἐν πολλῇ ἐπιθυμίᾳ·⁹ **18** διὸ ἠθελήσαμεν ἐλθεῖν πρὸς ὑμᾶς, ἐγὼ μὲν Παῦλος καὶ ἅπαξ¹⁰ καὶ δίς,¹¹ καὶ ἐνέκοψεν¹² ἡμᾶς ὁ Σατανᾶς.¹³ **19** Τίς γὰρ ἡμῶν ἐλπὶς ἢ χαρὰ ἢ στέφανος¹⁴ καυχήσεως;¹⁵ Ἢ οὐχὶ καὶ ὑμεῖς, ἔμπροσθεν¹⁶ τοῦ κυρίου ἡμῶν Ἰησοῦ ἐν τῇ αὐτοῦ παρουσίᾳ;¹⁷ **20** Ὑμεῖς γάρ ἐστε ἡ δόξα ἡμῶν καὶ ἡ χαρά.

Various Proofs of Paul's Love for the Thessalonians

3 Διὸ μηκέτι¹⁸ στέγοντες,¹⁹ εὐδοκήσαμεν²⁰ καταλειφθῆναι²¹ ἐν Ἀθήναις²² μόνοι,²³ **2** καὶ ἐπέμψαμεν Τιμόθεον τὸν ἀδελφὸν ἡμῶν καὶ διάκονον²⁴ τοῦ θεοῦ καὶ συνεργὸν²⁵ ἡμῶν ἐν τῷ εὐαγγελίῳ τοῦ χριστοῦ, εἰς τὸ στηρίξαι²⁶ ὑμᾶς καὶ παρακαλέσαι ὑμᾶς περὶ τῆς πίστεως ὑμῶν, **3** τὸ μηδένα σαίνεσθαι²⁷ ἐν ταῖς θλίψεσιν²⁸ ταύταις· αὐτοὶ γὰρ οἴδατε ὅτι εἰς τοῦτο κείμεθα.²⁹ **4** Καὶ γὰρ ὅτε πρὸς ὑμᾶς ἦμεν, προελέγομεν³⁰ ὑμῖν ὅτι μέλλομεν θλίβεσθαι,³¹ καθὼς καὶ ἐγένετο καὶ οἴδατε. **5** Διὰ τοῦτο κἀγώ, μηκέτι¹⁸ στέγων,³² ἔπεμψα εἰς τὸ γνῶναι τὴν πίστιν ὑμῶν, μήπως³³ ἐπείρασεν³⁴ ὑμᾶς ὁ πειράζων,³⁵ καὶ εἰς κενὸν³⁶ γένηται ὁ κόπος³⁷ ἡμῶν. **6** Ἄρτι³⁸ δὲ ἐλθόντος Τιμοθέου πρὸς ἡμᾶς ἀφ᾽ ὑμῶν, καὶ εὐαγγελισαμένου ἡμῖν τὴν πίστιν καὶ τὴν ἀγάπην ὑμῶν, καὶ ὅτι

---

¹ἀναπληρῶσαι: AAN   ³ἔφθασεν: AAI-3S   ⁶ἀπορφανισθέντες: APP-NPM   ⁸ἐσπουδάσαμεν: AAI-1P   ¹²ἐνέκοψεν: AAI-3S   ¹⁹στέγοντες: PAP-NPM   ²⁰εὐδοκήσαμεν: AAI-1P   ²¹καταλειφθῆναι: APN   ²⁶στηρίξαι: AAN   ²⁷σαίνεσθαι: PPN   ²⁹κείμεθα: PNI-1P   ³⁰προελέγομεν: IAI-1P   ³¹θλίβεσθαι: PPN   ³²στέγων: PAP-NSM   ³⁴ἐπείρασεν: AAI-3S   ³⁵πειράζων: PAP-NSM

---

¹ἀναπληρόω, [6] I fill up, make up, complete the measure of, fulfill, carry out the commands (provisions, etc.) of.   ²πάντοτε, [42] always, at all times, ever.   ³φθάνω, [7] (a) I anticipate, precede, (b) I come, arrive.   ⁴ὀργή, ῆς, ἡ, [36] anger, wrath, passion; punishment, vengeance.   ⁵τέλος, ους, τό, [41] (a) an end, (b) event or issue, (c) the principal end, aim, purpose, (d) a tax.   ⁶ἀπορφανίζω, [1] I separate from some one, am bereaved.   ⁷περισσῶς, [16] greatly, exceedingly, abundantly, vehemently.   ⁸σπουδάζω, [11] I hasten, am eager, am zealous.   ⁹ἐπιθυμία, ας, ἡ, [38] desire, eagerness for, inordinate desire, lust.   ¹⁰ἅπαξ, [14] once, once for all.   ¹¹δίς, [6] twice, entirely, utterly.   ¹²ἐγκόπτω, [5] I interrupt, hinder.   ¹³Σατανᾶς, ᾶ, ὁ, [36] an adversary, Satan.   ¹⁴στέφανος, ου, ὁ, [18] a crown, garland, honor, glory.   ¹⁵καύχησις, εως, ἡ, [12] the act of boasting, glorying, exultation.   ¹⁶ἔμπροσθεν, [48] in front, before the face; sometimes made a subst. by the addition of the article: in front of, before the face of.   ¹⁷παρουσία, ας, ἡ, [24] (a) presence, (b) a coming, an arrival, advent, especially of the second coming of Christ.   ¹⁸μηκέτι, [21] no longer, no more.   ¹⁹στέγω, [4] I cover, conceal, ward off, bear with, endure patiently.   ²⁰εὐδοκέω, [21] I am well-pleased, think it good, am resolved.   ²¹καταλείπω, [25] I leave behind, desert, abandon, forsake; I leave remaining, reserve.   ²²Ἀθῆναι, ῶν, αἱ, [4] Athens, the intellectual capital of Greece.   ²³μόνος, η, ον, [45] only, solitary, desolate.   ²⁴διάκονος, οῦ, ὁ, ἡ, [30] a waiter, servant; then of any one who performs any service, an administrator.   ²⁵συνεργός, οῦ, ὁ, [13] a fellow worker, associate, helper.   ²⁶στηρίζω, [13] (a) I fix firmly, direct myself towards; (b) generally met: I buttress, prop, support; I strengthen, establish.   ²⁷σαίνω, [1] I fawn upon, flatter, beguile; pass: I am perturbed.   ²⁸θλῖψις, εως, ἡ, [45] persecution, affliction, distress, tribulation.   ²⁹κεῖμαι, [26] I lie, recline, am placed, am laid, set, specially appointed, destined.   ³⁰προλέγω, [6] I tell (say) beforehand, forewarn, declare, tell plainly.   ³¹θλίβω, [10] (a) I make narrow (strictly: by pressure); I press upon, (b) I persecute, press hard.   ³²στέγω, [4] I cover, conceal, ward off, bear with, endure patiently.   ³³μήπως, [12] lest in any way, lest perhaps.   ³⁴πειράζω, [39] I try, tempt, test.   ³⁵πειράζω, [39] I try, tempt, test.   ³⁶κενός, ή, όν, [18] (a) empty, (b) met: empty (in moral content), vain, ineffective, foolish, worthless, (c) false, unreal, pretentious, hollow.   ³⁷κόπος, ου, ὁ, [19] (a) trouble, (b) toil, labor, laborious toil, involving weariness and fatigue.   ³⁸ἄρτι, [37] now, just now, at this moment.

ἔχετε μνείαν¹ ἡμῶν ἀγαθὴν πάντοτε,² ἐπιποθοῦντες³ ἡμᾶς ἰδεῖν, καθάπερ⁴ καὶ ἡμεῖς ὑμᾶς· 7 διὰ τοῦτο παρεκλήθημεν, ἀδελφοί, ἐφ' ὑμῖν ἐπὶ πάσῃ τῇ θλίψει⁵ καὶ ἀνάγκῃ⁶ ἡμῶν διὰ τῆς ὑμῶν πίστεως· 8 ὅτι νῦν ζῶμεν, ἐὰν ὑμεῖς στήκετε⁷ ἐν κυρίῳ. 9 Τίνα γὰρ εὐχαριστίαν⁸ δυνάμεθα τῷ θεῷ ἀνταποδοῦναι⁹ περὶ ὑμῶν, ἐπὶ πάσῃ τῇ χαρᾷ ᾗ χαίρομεν δι' ὑμᾶς ἔμπροσθεν¹⁰ τοῦ θεοῦ ἡμῶν, 10 νυκτὸς καὶ ἡμέρας ὑπὲρ ἐκπερισσοῦ¹¹ δεόμενοι¹² εἰς τὸ ἰδεῖν ὑμῶν τὸ πρόσωπον, καὶ καταρτίσαι¹³ τὰ ὑστερήματα¹⁴ τῆς πίστεως ὑμῶν;

11 Αὐτὸς δὲ ὁ θεὸς καὶ πατὴρ ἡμῶν, καὶ ὁ κύριος ἡμῶν Ἰησοῦς χριστός, κατευθύναι¹⁵ τὴν ὁδὸν ἡμῶν πρὸς ὑμᾶς· 12 ὑμᾶς δὲ ὁ κύριος πλεονάσαι¹⁶ καὶ περισσεύσαι¹⁷ τῇ ἀγάπῃ εἰς ἀλλήλους καὶ εἰς πάντας, καθάπερ⁴ καὶ ἡμεῖς εἰς ὑμᾶς, 13 εἰς τὸ στηρίξαι¹⁸ ὑμῶν τὰς καρδίας ἀμέμπτους¹⁹ ἐν ἁγιωσύνῃ,²⁰ ἔμπροσθεν¹⁰ τοῦ θεοῦ καὶ πατρὸς ἡμῶν, ἐν τῇ παρουσίᾳ²¹ τοῦ κυρίου ἡμῶν Ἰησοῦ χριστοῦ μετὰ πάντων τῶν ἁγίων αὐτοῦ.

Warning Regarding Various Sins

4 Λοιπὸν²² οὖν, ἀδελφοί, ἐρωτῶμεν ὑμᾶς καὶ παρακαλοῦμεν ἐν κυρίῳ Ἰησοῦ καθὼς παρελάβετε²³ παρ' ἡμῶν τὸ πῶς δεῖ ὑμᾶς περιπατεῖν καὶ ἀρέσκειν²⁴ θεῷ, ἵνα περισσεύητε²⁵ μᾶλλον. 2 Οἴδατε γὰρ τίνας παραγγελίας²⁶ ἐδώκαμεν ὑμῖν διὰ τοῦ κυρίου Ἰησοῦ. 3 Τοῦτο γάρ ἐστιν θέλημα τοῦ θεοῦ, ὁ ἁγιασμὸς²⁷ ὑμῶν, ἀπέχεσθαι²⁸ ὑμᾶς ἀπὸ τῆς πορνείας·²⁹ 4 εἰδέναι ἕκαστον ὑμῶν τὸ ἑαυτοῦ σκεῦος³⁰ κτᾶσθαι³¹ ἐν

---

³ἐπιποθοῦντες: PAP-NPM   ⁷στήκετε: PAI-2P   ⁹ἀνταποδοῦναι: 2AAN   ¹²δεόμενοι: PNP-NPM   ¹³καταρτίσαι: AAN   ¹⁵κατευθύναι: AAO-3S   ¹⁶πλεονάσαι: AAO-3S   ¹⁷περισσεύσαι: AAO-3S   ¹⁸στηρίξαι: AAN   ²³παρελάβετε: 2AAI-2P   ²⁴ἀρέσκειν: PAN   ²⁵περισσεύητε: PAS-2P   ²⁸ἀπέχεσθαι: PMN   ³¹κτᾶσθαι: PNN

---

¹μνεία, ας, ἡ, [7] remembrance, recollection, mention; commemoration.   ²πάντοτε, [42] always, at all times, ever.   ³ἐπιποθέω, [9] I long for, strain after, desire greatly, have affection for.   ⁴καθάπερ, [13] even as, just as.   ⁵θλῖψις, εως, ἡ, [45] persecution, affliction, distress, tribulation.   ⁶ἀνάγκη, ης, ἡ, [18] necessity, constraint, compulsion; there is need to; force, violence.   ⁷στήκω, [8] I stand fast, stand firm, persevere.   ⁸εὐχαριστία, ας, ἡ, [15] thankfulness, gratitude; giving of thanks, thanksgiving.   ⁹ἀνταποδίδωμι, [7] I give in return, recompense.   ¹⁰ἔμπροσθεν, [48] in front, before the face; sometimes made a subst. by the addition of the article: in front of, before the face of.   ¹¹περισσός, ή, όν, [26] more, greater, excessive, abundant, exceedingly, vehemently; noun: preeminence, advantage.   ¹²δέομαι, [22] I want for myself; I want, need; I beg, request, beseech, pray.   ¹³καταρτίζω, [13] (a) I fit (join) together; met: I compact together, (b) act. and mid: I prepare, perfect, for his (its) full destination or use, bring into its proper condition (whether for the first time, or after a lapse).   ¹⁴ὑστέρημα, ατος, τό, [9] (a) of things or persons: that which is lacking, a defect or shortcoming, (b) want, poverty.   ¹⁵κατευθύνω, [3] (a) I make straight, (b) met: I put in the right way, direct.   ¹⁶πλεονάζω, [9] I have more than enough; I abound, increase.   ¹⁷περισσεύω, [39] (a) intrans: I exceed the ordinary (the necessary), abound, overflow; am left over, (b) trans: I cause to abound.   ¹⁸στηρίζω, [13] (a) I fix firmly, direct myself towards, (b) generally met: I buttress, prop, support; I strengthen, establish.   ¹⁹ἄμεμπτος, ον, [5] blameless, free from fault or defect.   ²⁰ἁγιωσύνη, ης, ἡ, [3] a holy or sanctified state.   ²¹παρουσία, ας, ἡ, [24] (a) presence, (b) a coming, an arrival, advent, especially of the second coming of Christ.   ²²λοιπόν, [14] finally, from now on, henceforth, beyond that.   ²³παραλαμβάνω, [49] I take from, receive from, or: I take to, receive (apparently not used of money), admit, acknowledge; I take with me.   ²⁴ἀρέσκω, [17] I please, with the idea of willing service rendered to others; hence almost: I serve.   ²⁵περισσεύω, [39] (a) intrans: I exceed the ordinary (the necessary), abound, overflow; am left over, (b) trans: I cause to abound.   ²⁶παραγγελία, ας, ἡ, [5] a command, charge, injunction; a precept, rule of living.   ²⁷ἁγιασμός, οῦ, ὁ, [10] the process of making or becoming holy, set apart, sanctification, holiness, consecration.   ²⁸ἀπέχω, [18] I have in full, am far, it is enough.   ²⁹πορνεία, ας, ἡ, [26] fornication, whoredom; met: idolatry.   ³⁰σκεῦος, ους, τό, [23] a vessel to contain liquid; a vessel of mercy or wrath; any instrument by which anything is done; a household utensil; of ships: tackle.   ³¹κτάομαι, [7] (a) I acquire, win, get, purchase, buy, (b) I possess, win mastery over.

ἁγιασμῷ¹ καὶ τιμῇ,² 5 μὴ ἐν πάθει³ ἐπιθυμίας,⁴ καθάπερ⁵ καὶ τὰ ἔθνη τὰ μὴ εἰδότα τὸν θεόν· 6 τὸ μὴ ὑπερβαίνειν⁶ καὶ πλεονεκτεῖν⁷ ἐν τῷ πράγματι⁸ τὸν ἀδελφὸν αὐτοῦ· διότι⁹ ἔκδικος¹⁰ ὁ κύριος περὶ πάντων τούτων, καθὼς καὶ προείπομεν¹¹ ὑμῖν καὶ διεμαρτυράμεθα.¹² 7 Οὐ γὰρ ἐκάλεσεν ἡμᾶς ὁ θεὸς ἐπὶ ἀκαθαρσίᾳ,¹³ ἀλλ᾽ ἐν ἁγιασμῷ.¹ 8 Τοιγαροῦν¹⁴ ὁ ἀθετῶν¹⁵ οὐκ ἄνθρωπον ἀθετεῖ,¹⁶ ἀλλὰ τὸν θεὸν τὸν καὶ δόντα τὸ πνεῦμα αὐτοῦ τὸ ἅγιον εἰς ὑμᾶς.

9 Περὶ δὲ τῆς φιλαδελφίας¹⁷ οὐ χρείαν¹⁸ ἔχετε γράφειν ὑμῖν· αὐτοὶ γὰρ ὑμεῖς θεοδίδακτοί¹⁹ ἐστε εἰς τὸ ἀγαπᾶν ἀλλήλους· 10 καὶ γὰρ ποιεῖτε αὐτὸ εἰς πάντας τοὺς ἀδελφοὺς τοὺς ἐν ὅλῃ τῇ Μακεδονίᾳ.²⁰ Παρακαλοῦμεν δὲ ὑμᾶς, ἀδελφοί, περισσεύειν²¹ μᾶλλον, 11 καὶ φιλοτιμεῖσθαι²² ἡσυχάζειν,²³ καὶ πράσσειν²⁴ τὰ ἴδια, καὶ ἐργάζεσθαι²⁵ ταῖς ἰδίαις χερσὶν ὑμῶν, καθὼς ὑμῖν παρηγγείλαμεν·²⁶ 12 ἵνα περιπατῆτε εὐσχημόνως²⁷ πρὸς τοὺς ἔξω, καὶ μηδενὸς χρείαν¹⁸ ἔχητε.

Information about the Resurrection of the Dead

13 Οὐ θέλομεν δὲ ὑμᾶς ἀγνοεῖν,²⁸ ἀδελφοί, περὶ τῶν κεκοιμημένων,²⁹ ἵνα μὴ λυπῆσθε,³⁰ καθὼς καὶ οἱ λοιποὶ³¹ οἱ μὴ ἔχοντες ἐλπίδα. 14 Εἰ γὰρ πιστεύομεν ὅτι Ἰησοῦς ἀπέθανεν καὶ ἀνέστη, οὕτως καὶ ὁ θεὸς τοὺς κοιμηθέντας³² διὰ τοῦ Ἰησοῦ ἄξει σὺν αὐτῷ. 15 Τοῦτο γὰρ ὑμῖν λέγομεν ἐν λόγῳ κυρίου, ὅτι ἡμεῖς οἱ ζῶντες οἱ περιλειπόμενοι³³ εἰς τὴν παρουσίαν³⁴ τοῦ κυρίου, οὐ μὴ φθάσωμεν³⁵ τοὺς κοιμηθέντας.³⁶

---

⁶ὑπερβαίνειν: PAN   ⁷πλεονεκτεῖν: PAN   ¹¹προείπομεν: 2AAI-1P   ¹²διεμαρτυράμεθα: ADI-1P   ¹⁵ἀθετῶν: PAP-NSM   ¹⁶ἀθετεῖ: PAI-3S   ²¹περισσεύειν: PAN   ²²φιλοτιμεῖσθαι: PNN   ²³ἡσυχάζειν: PAN   ²⁴πράσσειν: PAN   ²⁵ἐργάζεσθαι: PNN   ²⁶παρηγγείλαμεν: AAI-1P   ²⁸ἀγνοεῖν: PAN   ²⁹κεκοιμημένων: RPP-GPM   ³⁰λυπῆσθε: PPS-2P   ³²κοιμηθέντας: APP-APM   ³³περιλειπόμενοι: POP-NPM   ³⁵φθάσωμεν: AAS-1P   ³⁶κοιμηθέντας: APP-APM

---

¹ἁγιασμός, οῦ, ὁ, [10] the process of making or becoming holy, set apart, sanctification, holiness, consecration. ²τιμή, ῆς, ἡ, [42] a price, honor. ³πάθος, ους, τό, [3] suffering, emotion, depraved passion, lust. ⁴ἐπιθυμία, ας, ἡ, [38] desire, eagerness for, inordinate desire, lust. ⁵καθάπερ, [13] even as, just as. ⁶ὑπερβαίνω, [1] I transgress; I go beyond, overreach, defraud. ⁷πλεονεκτέω, [5] I take advantage of, overreach, defraud. ⁸πρᾶγμα, ατος, τό, [11] a thing done, a deed, action; a matter, an affair. ⁹διότι, [24] on this account, because, for. ¹⁰ἔκδικος, ον, [2] avenging, subst: an avenger (the word occurs frequently in the sense of a special advocate [champion] of a city). ¹¹προλέγω, [6] I tell (say) beforehand, forewarn, declare, tell plainly. ¹²διαμαρτύρομαι, [15] I give solemn evidence, testify (declare) solemnly. ¹³ἀκαθαρσία, ας, ἡ, [10] uncleanness, impurity. ¹⁴τοιγαροῦν, [2] consequently, therefore, well then, so then. ¹⁵ἀθετέω, [16] I annul, make of no effect, set aside, ignore, slight; I break faith with. ¹⁶ἀθετέω, [16] I annul, make of no effect, set aside, ignore, slight; I break faith with. ¹⁷φιλαδελφία, ας, ἡ, [6] brotherly love, love of Christian brethren. ¹⁸χρεία, ας, ἡ, [49] need, necessity, business. ¹⁹θεοδίδακτος, ον, [1] taught by God, divinely instructed. ²⁰Μακεδονία, ας, ἡ, [22] (Hebrew), Macedonia, a Roman province north of Achaia (Greece). ²¹περισσεύω, [39] (a) intrans: I exceed the ordinary (the necessary), abound, overflow; am left over, (b) trans: I cause to abound. ²²φιλοτιμέομαι, [3] I am zealous, strive eagerly, desire very strongly. ²³ἡσυχάζω, [5] I rest from work, cease from altercation, am silent, live quietly. ²⁴πράσσω, [38] I do, perform, accomplish; be in any condition, i.e. I fare; I exact, require. ²⁵ἐργάζομαι, [39] I work, trade, perform, do, practice, commit, acquire by labor. ²⁶παραγγέλλω, [30] I notify, command, charge, entreat solemnly. ²⁷εὐσχημόνως, [3] becomingly, decorously, decently. ²⁸ἀγνοέω, [22] I do not know, am ignorant of (a person, thing, or fact), sometimes with the idea of willful ignorance. ²⁹κοιμάομαι, [18] I fall asleep, am asleep, sometimes the sleep of death. ³⁰λυπέω, [26] I pain, grieve, vex. ³¹λοιπός, ή, όν, [42] left, left behind, the remainder, the rest, the others. ³²κοιμάομαι, [18] I fall asleep, am asleep, sometimes of the sleep of death. ³³περιλείπω, [2] I leave behind; pass: I am left behind, remain, survive. ³⁴παρουσία, ας, ἡ, [24] (a) presence, (b) a coming, an arrival, advent, especially of the second coming of Christ. ³⁵φθάνω, [7] (a) I anticipate, precede, (b) I come, arrive. ³⁶κοιμάομαι, [18] I fall asleep, am asleep, sometimes of the sleep of death.

16 Ὅτι αὐτὸς ὁ κύριος ἐν κελεύσματι, ¹ ἐν φωνῇ ἀρχαγγέλου, ² καὶ ἐν σάλπιγγι ³ θεοῦ, καταβήσεται ἀπ᾽ οὐρανοῦ, καὶ οἱ νεκροὶ ἐν χριστῷ ἀναστήσονται πρῶτον· 17 ἔπειτα ⁴ ἡμεῖς οἱ ζῶντες, οἱ περιλειπόμενοι, ⁵ ἅμα ⁶ σὺν αὐτοῖς ἁρπαγησόμεθα ⁷ ἐν νεφέλαις ⁸ εἰς ἀπάντησιν ⁹ τοῦ κυρίου εἰς ἀέρα· ¹⁰ καὶ οὕτως πάντοτε¹¹ σὺν κυρίῳ ἐσόμεθα. 18 Ὥστε παρακαλεῖτε ἀλλήλους ἐν τοῖς λόγοις τούτοις.

Christian Watchfulness with Reference to the Last Day

5 Περὶ δὲ τῶν χρόνων καὶ τῶν καιρῶν, ἀδελφοί, οὐ χρείαν¹² ἔχετε ὑμῖν γράφεσθαι. 2 Αὐτοὶ γὰρ ἀκριβῶς¹³ οἴδατε ὅτι ἡ ἡμέρα κυρίου ὡς κλέπτης¹⁴ ἐν νυκτὶ οὕτως ἔρχεται· 3 ὅταν γὰρ λέγωσιν, Εἰρήνη καὶ ἀσφάλεια,¹⁵ τότε αἰφνίδιος¹⁶ αὐτοῖς ἐφίσταται¹⁷ ὄλεθρος,¹⁸ ὥσπερ¹⁹ ἡ ὠδὶν²⁰ τῇ ἐν γαστρὶ²¹ ἐχούσῃ, καὶ οὐ μὴ ἐκφύγωσιν.²² 4 Ὑμεῖς δέ, ἀδελφοί, οὐκ ἐστὲ ἐν σκότει,²³ ἵνα ἡ ἡμέρα ὑμᾶς ὡς κλέπτης¹⁴ καταλάβῃ·²⁴ 5 πάντες ὑμεῖς υἱοὶ φωτός ἐστε καὶ υἱοὶ ἡμέρας· οὐκ ἐσμὲν νυκτὸς οὐδὲ σκότους·²³ 6 ἄρα²⁵ οὖν μὴ καθεύδωμεν²⁶ ὡς καὶ οἱ λοιποί,²⁷ ἀλλὰ γρηγορῶμεν²⁸ καὶ νήφωμεν.²⁹ 7 Οἱ γὰρ καθεύδοντες³⁰ νυκτὸς καθεύδουσιν·³¹ καὶ οἱ μεθυσκόμενοι,³² νυκτὸς μεθύουσιν.³³ 8 Ἡμεῖς δέ, ἡμέρας ὄντες, νήφωμεν,³⁴ ἐνδυσάμενοι³⁵ θώρακα³⁶ πίστεως καὶ ἀγάπης, καὶ περικεφαλαίαν,³⁷ ἐλπίδα σωτηρίας.³⁸ 9 Ὅτι οὐκ ἔθετο ἡμᾶς ὁ θεὸς εἰς ὀργήν,³⁹ ἀλλ᾽ εἰς περιποίησιν⁴⁰ σωτηρίας³⁸ διὰ τοῦ κυρίου ἡμῶν Ἰησοῦ χριστοῦ, 10 τοῦ ἀποθανόντος

---

⁵περιλειπόμενοι: POP-NPM   ⁷ἁρπαγησόμεθα: 2FPI-1P   ¹⁷ἐφίσταται: PMI-3S   ²²ἐκφύγωσιν: 2AAS-3P ²⁴καταλάβῃ: 2AAS-3S   ²⁶καθεύδωμεν: PAS-1P   ²⁸γρηγορῶμεν: PAS-1P   ²⁹νήφωμεν: PAS-1P   ³⁰καθεύδοντες: PAP-NPM   ³¹καθεύδουσιν: PAI-3P   ³²μεθυσκόμενοι: PPP-NPM   ³³μεθύουσιν: PAI-3P   ³⁴νήφωμεν: PAS-1P ³⁵ἐνδυσάμενοι: AMP-NPM

---

¹κέλευσμα, ατος, τό, [1] a word of command, a call, an arousing outcry.   ²ἀρχάγγελος, ου, ὁ, [2] a ruler of angels, a superior angel, an archangel.   ³σάλπιγξ, ιγγος, ἡ, [11] a trumpet, the sound of a trumpet.   ⁴ἔπειτα, [16] then, thereafter, afterwards.   ⁵περιλείπω, [2] I leave behind; pass: I am left behind, remain, survive.   ⁶ἅμα, [10] at the same time, therewith, along with, together with.   ⁷ἁρπάζω, [13] I seize, snatch, obtain by robbery.   ⁸νεφέλη, ης, ἡ, [26] a cloud.   ⁹ἀπάντησις, εως, ἡ, [4] the act of meeting, to meet (a phrase seemingly almost technical for the reception of a newly arrived official).   ¹⁰ἀήρ, ἀέρος, ὁ, [7] air, the lower air we breathe. ¹¹πάντοτε, [42] always, at all times, ever.   ¹²χρεία, ας, ἡ, [49] need, necessity, business.   ¹³ἀκριβῶς, [9] carefully, exactly, strictly, distinctly.   ¹⁴κλέπτης, ου, ὁ, [16] a thief.   ¹⁵ἀσφάλεια, ας, ἡ, [3] safety, security, reliability, firmness.   ¹⁶αἰφνίδιος, ον, [2] unexpected, sudden.   ¹⁷ἐφίστημι, [21] I stand by, am urgent, befall one (as of evil), am at hand, impend.   ¹⁸ὄλεθρος, ου, ὁ, [4] ruin, doom, destruction, death.   ¹⁹ὥσπερ, [42] just as, as, even as.   ²⁰ὠδίν, ῖνος, ἡ, [4] the pain of childbirth, acute pain, severe agony, a snare.   ²¹γαστήρ, γαστρός, ἡ, [9] the womb, stomach; of a woman: to be with child (lit: to have [a child] in the belly).   ²²ἐκφεύγω, [7] I flee out, away, escape; with an acc: I escape something.   ²³σκότος, ους, τό, [32] darkness, either physical or moral.   ²⁴καταλαμβάνω, [15] (a) I seize tight hold of, arrest, catch, capture, appropriate, (b) I overtake, (c) mid. aor: I perceived, comprehended.   ²⁵ἄρα, [35] then, therefore, since.   ²⁶καθεύδω, [22] I sleep, am sleeping. ²⁷λοιπός, ή, όν, [42] left, left behind, the remainder, the rest, the others.   ²⁸γρηγορέω, [23] (a) I am awake (in the night), watch, (b) I am watchful, on the alert, vigilant.   ²⁹νήφω, [6] (lit: I am sober), I am calm (vigilant), circumspect.   ³⁰καθεύδω, [22] I sleep, am sleeping.   ³¹καθεύδω, [22] I sleep, am sleeping.   ³²μεθύσκω, [4] I make drunk; pass: I become drunk.   ³³μεθύω, [6] I am intoxicated with wine, am drunk.   ³⁴νήφω, [6] (lit: I am sober), I am calm (vigilant), circumspect.   ³⁵ἐνδύω, [28] I put on, clothe (another).   ³⁶θώραξ, ακός, ὁ, [5] a breast-plate, corslet, cuirass.   ³⁷περικεφαλαία, ας, ἡ, [2] a helmet.   ³⁸σωτηρία, ας, ἡ, [46] welfare, prosperity, deliverance, preservation, salvation, safety.   ³⁹ὀργή, ῆς, ἡ, [36] anger, wrath, passion; punishment, vengeance.   ⁴⁰περιποίησις, εως, ἡ, [5] acquiring, obtaining, possessing, possession, ownership.

ὑπὲρ ἡμῶν, ἵνα, εἴτε γρηγορῶμεν[1] εἴτε καθεύδωμεν,[2] ἅμα[3] σὺν αὐτῷ ζήσωμεν. 11 Διὸ παρακαλεῖτε ἀλλήλους, καὶ οἰκοδομεῖτε[4] εἰς τὸν ἕνα, καθὼς καὶ ποιεῖτε.

Concluding Admonitions and Greeting

12 Ἐρωτῶμεν δὲ ὑμᾶς, ἀδελφοί, εἰδέναι τοὺς κοπιῶντας[5] ἐν ὑμῖν, καὶ προϊσταμένους[6] ὑμῶν ἐν κυρίῳ, καὶ νουθετοῦντας[7] ὑμᾶς, 13 καὶ ἡγεῖσθαι[8] αὐτοὺς ὑπὲρ ἐκπερισσοῦ[9] ἐν ἀγάπῃ διὰ τὸ ἔργον αὐτῶν. Εἰρηνεύετε[10] ἐν ἑαυτοῖς. 14 Παρακαλοῦμεν δὲ ὑμᾶς, ἀδελφοί, νουθετεῖτε[11] τοὺς ἀτάκτους,[12] παραμυθεῖσθε[13] τοὺς ὀλιγοψύχους,[14] ἀντέχεσθε[15] τῶν ἀσθενῶν,[16] μακροθυμεῖτε[17] πρὸς πάντας. 15 Ὁρᾶτε μή τις κακὸν ἀντὶ[18] κακοῦ τινὶ ἀποδῷ·[19] ἀλλὰ πάντοτε[20] τὸ ἀγαθὸν διώκετε[21] καὶ εἰς ἀλλήλους καὶ εἰς πάντας. 16 Πάντοτε[20] χαίρετε· 17 ἀδιαλείπτως[22] προσεύχεσθε· 18 ἐν παντὶ εὐχαριστεῖτε·[23] τοῦτο γὰρ θέλημα θεοῦ ἐν χριστῷ Ἰησοῦ εἰς ὑμᾶς. 19 Τὸ πνεῦμα μὴ σβέννυτε·[24] 20 προφητείας[25] μὴ ἐξουθενεῖτε·[26] 21 πάντα δὲ δοκιμάζετε·[27] τὸ καλὸν κατέχετε·[28] 22 ἀπὸ παντὸς εἴδους[29] πονηροῦ ἀπέχεσθε.[30]

23 Αὐτὸς δὲ ὁ θεὸς τῆς εἰρήνης ἁγιάσαι[31] ὑμᾶς ὁλοτελεῖς·[32] καὶ ὁλόκληρον[33] ὑμῶν τὸ πνεῦμα καὶ ἡ ψυχὴ καὶ τὸ σῶμα ἀμέμπτως[34] ἐν τῇ παρουσίᾳ[35] τοῦ κυρίου ἡμῶν Ἰησοῦ χριστοῦ τηρηθείη. 24 Πιστὸς ὁ καλῶν ὑμᾶς, ὃς καὶ ποιήσει.

25 Ἀδελφοί, προσεύχεσθε περὶ ἡμῶν.

---

[1]γρηγορῶμεν: PAS-1P [2]καθεύδωμεν: PAS-1P [4]οἰκοδομεῖτε: PAM-2P [5]κοπιῶντας: PAP-APM [6]προϊσταμένους: PMP-APM [7]νουθετοῦντας: PAP-APM [8]ἡγεῖσθαι: PNN [10]Εἰρηνεύετε: PAM-2P [11]νουθετεῖτε: PAM-2P [13]παραμυθεῖσθε: PNM-2P [15]ἀντέχεσθε: PNM-2P [17]μακροθυμεῖτε: PAM-2P [19]ἀποδῷ: 2AAS-3S [21]διώκετε: PAM-2P [23]εὐχαριστεῖτε: PAM-2P [24]σβέννυτε: PAM-2P [26]ἐξουθενεῖτε: PAM-2P [27]δοκιμάζετε: PAM-2P [28]κατέχετε: PAM-2P [30]ἀπέχεσθε: PMM-2P [31]ἁγιάσαι: AAO-3S

---

[1]γρηγορέω, [23] (a) I am awake (in the night), watch, (b) I am watchful, on the alert, vigilant. [2]καθεύδω, [22] I sleep, am sleeping. [3]ἅμα, [10] at the same time, therewith, along with, together with. [4]οἰκοδομέω, [39] I erect a building, build; fig. of the building up of character: I build up, edify, encourage. [5]κοπιάω, [23] (a) I grow weary, (b) I toil, work with effort (of bodily and mental labor alike). [6]προΐστημι, [8] I preside, rule over, give attention to, direct, maintain, practice diligently. [7]νουθετέω, [8] I admonish, warn, counsel, exhort. [8]ἡγέομαι, [28] (a) I lead, (b) I think, am of opinion, suppose, consider. [9]περισσός, ή, όν, [26] more, greater, excessive, abundant, exceedingly, vehemently; noun: preeminence, advantage. [10]εἰρηνεύω, [4] I am peaceful, keep the peace, am at peace. [11]νουθετέω, [8] I admonish, warn, counsel, exhort. [12]ἄτακτος, ον, [1] (lit: out of order), disorderly, slack (in performance of duty). [13]παραμυθέομαι, [4] I encourage, comfort, console, exhort. [14]ὀλιγόψυχος, ον, [1] faint-hearted, of small courage. [15]ἀντέχομαι, [4] trans: I hold against; intrans: I withstand; mid: I hold out against, hold firmly to, cleave to. [16]ἀσθενής, ές, [25] (lit: not strong), (a) weak (physically, or morally), (b) infirm, sick. [17]μακροθυμέω, [10] I suffer long, have patience, am forbearing, perseverance. [18]ἀντί, [22] (a) instead of, in return for, over against, opposite, in exchange for, as a substitute for, (b) on my behalf, (c) wherefore, because. [19]ἀποδίδωμι, [47] (a) I give back, return, restore, (b) I give, render, as due, (c) mid: I sell. [20]πάντοτε, [42] always, at all times, ever. [21]διώκω, [44] I pursue, hence: I persecute. [22]ἀδιαλείπτως, [4] unceasingly, without remission. [23]εὐχαριστέω, [40] I thank, give thanks; pass. 3 sing: is received with thanks. [24]σβέννυμι, [8] (a) I extinguish, quench, (b) I suppress, thwart. [25]προφητεία, ας, ή, [19] prophecy, prophesying; the gift of communicating and enforcing revealed truth. [26]ἐξουθενέω, [11] I set at naught, ignore, despise. [27]δοκιμάζω, [23] I put to the test, prove, examine; I distinguish by testing, approve after testing; I am fit. [28]κατέχω, [19] (a) I hold fast, bind, arrest, (b) I take possession of, lay hold of, (c) I hold back, detain, restrain, (d) I hold a ship, keep its head. [29]εἶδος, ους, τό, [5] visible form, shape, appearance, outward show, kind, species, class. [30]ἀπέχω, [18] I have in full, am far, it is enough. [31]ἁγιάζω, [29] I make holy, treat as holy, set apart as holy, sanctify, hallow, purify. [32]ὁλοτελής, ές, [1] perfect, complete, all. [33]ὁλόκληρος, ον, [2] complete in every part, sound, perfect, entire. [34]ἀμέμπτως, [2] blamelessly. [35]παρουσία, ας, ή, [24] (a) presence, (b) a coming, an arrival, advent, especially of the second coming of Christ.

26 Ἀσπάσασθε τοὺς ἀδελφοὺς πάντας ἐν φιλήματι[1] ἁγίῳ. **27** Ὁρκίζω[2] ὑμᾶς τὸν κύριον, ἀναγνωσθῆναι[3] τὴν ἐπιστολὴν[4] πᾶσιν τοῖς ἁγίοις ἀδελφοῖς.

28 Ἡ χάρις τοῦ κυρίου ἡμῶν Ἰησοῦ χριστοῦ μεθ' ὑμῶν. Ἀμήν.

---

[2]Ὁρκίζω: PAI-1S   [3]ἀναγνωσθῆναι: APN

---

[1]φίλημα, ατος, τό, [7] a kiss.   [2]ὁρκίζω, [3] I adjure by, charge solemnly by.   [3]ἀναγινώσκω, [32] I read, know again, know certainly, recognize, discern.   [4]ἐπιστολή, ῆς, ἡ, [24] a letter, dispatch, epistle, message.

ΠΡΟΣ
ΘΕΣΣΑΛΟΝΙΚΕΙΣ Β
Second to the Thessalonians

Introductory Salutation

Παῦλος καὶ Σιλουανὸς καὶ Τιμόθεος τῇ ἐκκλησίᾳ Θεσσαλονικέων[1] ἐν θεῷ πατρὶ ἡμῶν καὶ κυρίῳ Ἰησοῦ χριστῷ· **2** χάρις ὑμῖν καὶ εἰρήνη ἀπὸ θεοῦ πατρὸς ἡμῶν καὶ κυρίου Ἰησοῦ χριστοῦ.

Paul's Prayer of Thanksgiving and Intercession

3 Εὐχαριστεῖν[2] ὀφείλομεν[3] τῷ θεῷ πάντοτε[4] περὶ ὑμῶν, ἀδελφοί, καθὼς ἄξιόν[5] ἐστιν, ὅτι ὑπεραυξάνει[6] ἡ πίστις ὑμῶν, καὶ πλεονάζει[7] ἡ ἀγάπη ἑνὸς ἑκάστου πάντων ὑμῶν εἰς ἀλλήλους· **4** ὥστε ἡμᾶς αὐτοὺς ἐν ὑμῖν καυχᾶσθαι[8] ἐν ταῖς ἐκκλησίαις τοῦ θεοῦ ὑπὲρ τῆς ὑπομονῆς[9] ὑμῶν καὶ πίστεως ἐν πᾶσιν τοῖς διωγμοῖς[10] ὑμῶν καὶ ταῖς θλίψεσιν[11] αἷς ἀνέχεσθε·[12] **5** ἔνδειγμα[13] τῆς δικαίας κρίσεως[14] τοῦ θεοῦ, εἰς τὸ καταξιωθῆναι[15] ὑμᾶς τῆς βασιλείας τοῦ θεοῦ, ὑπὲρ ἧς καὶ πάσχετε·[16] **6** εἴπερ[17] δίκαιον παρὰ θεῷ ἀνταποδοῦναι[18] τοῖς θλίβουσιν[19] ὑμᾶς θλίψιν,[11] **7** καὶ ὑμῖν τοῖς θλιβομένοις[20] ἄνεσιν[21] μεθ᾽ ἡμῶν, ἐν τῇ ἀποκαλύψει[22] τοῦ κυρίου Ἰησοῦ ἀπ᾽ οὐρανοῦ μετ᾽ ἀγγέλων

---

[2]Εὐχαριστεῖν: *PAN*   [3]ὀφείλομεν: *PAI-1P*   [6]ὑπεραυξάνει: *PAI-3S*   [7]πλεονάζει: *PAI-3S*   [8]καυχᾶσθαι: *PNN*
[12]ἀνέχεσθε: *PNI-2P*   [15]καταξιωθῆναι: *APN*   [16]πάσχετε: *PAI-2P*   [18]ἀνταποδοῦναι: *2AAN*   [19]θλίβουσιν: *PAP-DPM*
[20]θλιβομένοις: *PPP-DPM*

---

[1]Θεσσαλονικεύς, έως, ὁ, [4] a Thessalonian.   [2]εὐχαριστέω, [40] I thank, give thanks; pass. 3 sing: is received with thanks.   [3]ὀφείλω, [36] I owe, ought.   [4]πάντοτε, [42] always, at all times, ever.   [5]ἄξιος, ία, ιον, [41] worthy, worthy of, deserving, comparable, suitable.   [6]ὑπεραυξάνω, [1] I increase exceedingly or beyond measure.   [7]πλεονάζω, [9] I have more than enough; I abound, increase.   [8]καυχάομαι, [38] I boast; I glory (exult) proudly.   [9]ὑπομονή, ῆς, ἡ, [32] endurance, steadfastness, patient waiting for.   [10]διωγμός, οῦ, ὁ, [10] chase, pursuit; persecution.   [11]θλῖψις, εως, ἡ, [45] persecution, affliction, distress, tribulation.   [12]ἀνέχομαι, [15] I endure, bear with, have patience with, suffer, admit, persist.   [13]ἔνδειγμα, ατος, τό, [1] (a thing proved, hence) a plain token (sign, proof).   [14]κρίσις, εως, ἡ, [48] judging, judgment, decision, sentence; generally: divine judgment; accusation.   [15]καταξιόω, [4] I deem (count) worthy.   [16]πάσχω, [42] I am acted upon in a certain way, either good or bad; I experience ill treatment, suffer.   [17]εἴπερ, [6] if indeed, if so.   [18]ἀνταποδίδωμι, [7] I give in return, recompense.   [19]θλίβω, [10] (a) I make narrow (strictly: by pressure); I press upon, (b) I persecute, press hard.   [20]θλίβω, [10] (a) I make narrow (strictly: by pressure); I press upon, (b) I persecute, press hard.   [21]ἄνεσις, εως, ἡ, [5] relief, remission, indulgence, freedom, rest.   [22]ἀποκάλυψις, εως, ἡ, [18] an unveiling, uncovering, revealing, revelation.

δυνάμεως αὐτοῦ, **8** ἐν πυρὶ φλογός, *¹* διδόντος ἐκδίκησιν *²* τοῖς μὴ εἰδόσιν θεόν, καὶ τοῖς μὴ ὑπακούουσιν *³* τῷ εὐαγγελίῳ τοῦ κυρίου ἡμῶν Ἰησοῦ· **9** οἵτινες δίκην *⁴* τίσουσιν, *⁵* ὄλεθρον *⁶* αἰώνιον ἀπὸ προσώπου τοῦ κυρίου καὶ ἀπὸ τῆς δόξης τῆς ἰσχύος *⁷* αὐτοῦ, **10** ὅταν ἔλθῃ ἐνδοξασθῆναι *⁸* ἐν τοῖς ἁγίοις αὐτοῦ, καὶ θαυμασθῆναι *⁹* ἐν πᾶσιν τοῖς πιστεύσασιν ὅτι ἐπιστεύθη τὸ μαρτύριον *¹⁰* ἡμῶν ἐφ' ὑμᾶς ἐν τῇ ἡμέρᾳ ἐκείνῃ. **11** Εἰς ὃ καὶ προσευχόμεθα πάντοτε *¹¹* περὶ ὑμῶν, ἵνα ὑμᾶς ἀξιώσῃ *¹²* τῆς κλήσεως *¹³* ὁ θεὸς ἡμῶν, καὶ πληρώσῃ πᾶσαν εὐδοκίαν *¹⁴* ἀγαθωσύνης *¹⁵* καὶ ἔργον πίστεως ἐν δυνάμει· **12** ὅπως ἐνδοξασθῇ *¹⁶* τὸ ὄνομα τοῦ κυρίου ἡμῶν Ἰησοῦ ἐν ὑμῖν, καὶ ὑμεῖς ἐν αὐτῷ, κατὰ τὴν χάριν τοῦ θεοῦ ἡμῶν καὶ κυρίου Ἰησοῦ χριστοῦ.

The Man of Sin and the Mystery of Iniquity

2 Ἐρωτῶμεν δὲ ὑμᾶς, ἀδελφοί, ὑπὲρ τῆς παρουσίας *¹⁷* τοῦ κυρίου ἡμῶν Ἰησοῦ χριστοῦ, καὶ ἡμῶν ἐπισυναγωγῆς *¹⁸* ἐπ' αὐτόν, **2** εἰς τὸ μὴ ταχέως *¹⁹* σαλευθῆναι *²⁰* ὑμᾶς ἀπὸ τοῦ νοός, *²¹* μήτε *²²* θροεῖσθαι, *²³* μήτε *²²* διὰ πνεύματος, μήτε *²²* διὰ λόγου, μήτε *²²* δι' ἐπιστολῆς *²⁴* ὡς δι' ἡμῶν, ὡς ὅτι ἐνέστηκεν *²⁵* ἡ ἡμέρα τοῦ χριστοῦ· **3** μή τις ὑμᾶς ἐξαπατήσῃ *²⁶* κατὰ μηδένα τρόπον· *²⁷* ὅτι ἐὰν μὴ ἔλθῃ ἡ ἀποστασία *²⁸* πρῶτον, καὶ ἀποκαλυφθῇ *²⁹* ὁ ἄνθρωπος τῆς ἁμαρτίας, ὁ υἱὸς τῆς ἀπωλείας, *³⁰* **4** ὁ ἀντικείμενος *³¹* καὶ ὑπεραιρόμενος *³²* ἐπὶ πάντα λεγόμενον θεὸν ἢ σέβασμα, *³³* ὥστε αὐτὸν εἰς τὸν ναὸν *³⁴* τοῦ θεοῦ ὡς θεὸν καθίσαι, *³⁵* ἀποδεικνύντα *³⁶* ἑαυτὸν ὅτι ἐστὶν θεός. **5** Οὐ

---

³ ὑπακούουσιν: *PAP-DPM* *⁵* τίσουσιν: *FAI-3P* *⁸* ἐνδοξασθῆναι: *APN* *⁹* θαυμασθῆναι: *APN* *¹²* ἀξιώσῃ: *AAS-3S* *¹⁶* ἐνδοξασθῇ: *APS-3S* *²⁰* σαλευθῆναι: *APN* *²³* θροεῖσθαι: *PPN* *²⁵* ἐνέστηκεν: *RAI-3S* *²⁶* ἐξαπατήσῃ: *AAS-3S* *²⁹* ἀποκαλυφθῇ: *APS-3S* *³¹* ἀντικείμενος: *PNP-NSM* *³²* ὑπεραιρόμενος: *PPP-NSM* *³⁵* καθίσαι: *AAN* *³⁶* ἀποδεικνύντα: *PAP-ASM*

---

¹ φλόξ, φλογός, ἡ, [7] a flame. *²* ἐκδίκησις, εως, ἡ, [9] (a) a defense, avenging, vindication, vengeance, (b) full (complete) punishment. *³* ὑπακούω, [21] I listen, hearken to, obey, answer. *⁴* δίκη, ης, ἡ, [4] (a) (originally: custom, usage) right, justice, (b) process of law, judicial hearing, (c) execution of sentence, punishment, penalty, (d) justice, vengeance. *⁵* τίνω, [1] I pay (penalty). *⁶* ὄλεθρος, ου, ὁ, [4] ruin, doom, destruction, death. *⁷* ἰσχύς, ύος, ἡ, [10] strength (absolutely), power, might, force, ability. *⁸* ἐνδοξάζω, [2] I glorify, acknowledge the glory belonging to, recognize as glorious; pass: I am glorified in. *⁹* θαυμάζω, [46] (a) intrans: I wonder, marvel, (b) trans: I wonder at, admire. *¹⁰* μαρτύριον, ου, τό, [20] witness, evidence, testimony, proof. *¹¹* πάντοτε, [42] always, at all times, ever. *¹²* ἀξιόω, [7] I account or treat as worthy. *¹³* κλῆσις, εως, ἡ, [11] a calling, invitation; in the NT, always of a divine call. *¹⁴* εὐδοκία, ας, ἡ, [9] (a) good-will (good-pleasure), favor, feeling of complacency of God to man, (b) good-pleasure, satisfaction, happiness, delight of men. *¹⁵* ἀγαθωσύνη, ης, ἡ, [4] intrinsic goodness, especially as a personal quality, with stress on the kindly (rather than the righteous) side of goodness. *¹⁶* ἐνδοξάζω, [2] I glorify, acknowledge the glory belonging to, recognize as glorious; pass: I am glorified in. *¹⁷* παρουσία, ας, ἡ, [24] (a) presence, (b) a coming, an arrival, advent, especially of the second coming of Christ. *¹⁸* ἐπισυναγωγή, ῆς, ἡ, [2] a gathering (collecting) together, assembling. *¹⁹* ταχέως, [10] soon, quickly, hastily. *²⁰* σαλεύω, [15] I shake, excite, disturb in mind, stir up, drive away. *²¹* νοῦς, νοός, νοΐ, νοῦν, ὁ, [24] the mind, the reason, the reasoning faculty, intellect. *²²* μήτε, [36] nor, neither, not even, neither...nor. *²³* θροέω, [3] I disturb, agitate; pass: I am troubled, alarmed. *²⁴* ἐπιστολή, ῆς, ἡ, [24] a letter, dispatch, epistle, message. *²⁵* ἐνίστημι, [7] I place in or upon; only in the intrans. tenses: I impend, am at hand, am present, threaten; as adj: present. *²⁶* ἐξαπατάω, [5] I deceive thoroughly. *²⁷* τρόπος, ου, ὁ, [13] (a) way, manner, (b) manner of life, character. *²⁸* ἀποστασία, ας, ἡ, [2] defection, apostasy, revolt. *²⁹* ἀποκαλύπτω, [26] I uncover, bring to light, reveal. *³⁰* ἀπώλεια, ας, ἡ, [19] destruction, ruin, loss, perishing; eternal ruin. *³¹* ἀντίκειμαι, [8] I resist, oppose, withstand, lie opposite to. *³²* ὑπεραίρω, [3] lit: I raise beyond, uplift; mid: I lift myself up, exalt myself, am arrogant. *³³* σέβασμα, ατος, τό, [2] an object of worship or veneration. *³⁴* ναός, οῦ, ὁ, [46] a temple, a shrine, that part of the temple where God himself resides. *³⁵* καθίζω, [48] (a) trans: I make to sit; I set, appoint, (b) intrans: I sit down, am seated, stay. *³⁶* ἀποδείκνυμι, [4] I show by proof, demonstrate, set forth, proclaim to an officer.

μνημονεύετε¹ ὅτι ἔτι ὢν πρὸς ὑμᾶς, ταῦτα ἔλεγον ὑμῖν; 6 Καὶ νῦν τὸ κατέχον² οἴδατε, εἰς τὸ ἀποκαλυφθῆναι³ αὐτὸν ἐν τῷ ἑαυτοῦ καιρῷ. 7 Τὸ γὰρ μυστήριον⁴ ἤδη ἐνεργεῖται⁵ τῆς ἀνομίας·⁶ μόνον ὁ κατέχων⁷ ἄρτι,⁸ ἕως ἐκ μέσου γένηται, 8 καὶ τότε ἀποκαλυφθήσεται⁹ ὁ ἄνομος,¹⁰ ὃν ὁ κύριος ἀναλώσει¹¹ τῷ πνεύματι τοῦ στόματος αὐτοῦ, καὶ καταργήσει¹² τῇ ἐπιφανείᾳ¹³ τῆς παρουσίας¹⁴ αὐτοῦ· 9 οὗ ἐστὶν ἡ παρουσία¹⁴ κατ' ἐνέργειαν¹⁵ τοῦ Σατανᾶ¹⁶ ἐν πάσῃ δυνάμει καὶ σημείοις καὶ τέρασιν¹⁷ ψεύδους,¹⁸ 10 καὶ ἐν πάσῃ ἀπάτῃ¹⁹ τῆς ἀδικίας²⁰ ἐν τοῖς ἀπολλυμένοις, ἀνθ'²¹ ὧν τὴν ἀγάπην τῆς ἀληθείας οὐκ ἐδέξαντο εἰς τὸ σωθῆναι αὐτούς. 11 Καὶ διὰ τοῦτο πέμψει αὐτοῖς ὁ θεὸς ἐνέργειαν¹⁵ πλάνης,²² εἰς τὸ πιστεῦσαι αὐτοὺς τῷ ψεύδει·¹⁸ 12 ἵνα κριθῶσιν πάντες οἱ μὴ πιστεύσαντες τῇ ἀληθείᾳ, ἀλλ' εὐδοκήσαντες²³ ἐν τῇ ἀδικίᾳ.²⁰

13 Ἡμεῖς δὲ ὀφείλομεν²⁴ εὐχαριστεῖν²⁵ τῷ θεῷ πάντοτε²⁶ περὶ ὑμῶν, ἀδελφοὶ ἠγαπημένοι ὑπὸ κυρίου, ὅτι εἵλετο²⁷ ὑμᾶς ὁ θεὸς ἀπ' ἀρχῆς εἰς σωτηρίαν²⁸ ἐν ἁγιασμῷ²⁹ πνεύματος, καὶ πίστει ἀληθείας· 14 εἰς ὃ ἐκάλεσεν ὑμᾶς διὰ τοῦ εὐαγγελίου ἡμῶν, εἰς περιποίησιν³⁰ δόξης τοῦ κυρίου ἡμῶν Ἰησοῦ χριστοῦ. 15 Ἄρα³¹ οὖν, ἀδελφοί, στήκετε,³² καὶ κρατεῖτε³³ τὰς παραδόσεις³⁴ ἃς ἐδιδάχθητε, εἴτε διὰ λόγου, εἴτε δι' ἐπιστολῆς³⁵ ἡμῶν.

---

¹μνημονεύετε: PAI-2P   ²κατέχον: PAP-ASN   ³ἀποκαλυφθῆναι: APN   ⁵ἐνεργεῖται: PMI-3S   ⁷κατέχων: PAP-NSM   ⁹ἀποκαλυφθήσεται: FPI-3S   ¹¹ἀναλώσει: FAI-3S   ¹²καταργήσει: FAI-3S   ²³εὐδοκήσαντες: AAP-NPM   ²⁴ὀφείλομεν: PAI-1P   ²⁵εὐχαριστεῖν: PAN   ²⁷εἵλετο: 2AMI-3S   ³²στήκετε: PAM-2P   ³³κρατεῖτε: PAM-2P

---

¹μνημονεύω, [21] I remember, hold in remembrance, make mention of.   ²κατέχω, [19] (a) I hold fast, bind, arrest, (b) I take possession of, lay hold of, (c) I hold back, detain, restrain, (d) I hold a ship, keep its head. ³ἀποκαλύπτω, [26] I uncover, bring to light, reveal.   ⁴μυστήριον, ου, τό, [27] a mystery, secret, of which initiation is necessary; in the NT: the counsels of God, once hidden but now revealed in the Gospel or some fact thereof; the Christian revelation generally; particular truths or details of the Christian revelation.   ⁵ἐνεργέω, [21] I work, am operative, am at work, am made to work, accomplish; mid: I work, display activity.   ⁶ἀνομία, ας, ἡ, [15] lawlessness, iniquity, disobedience, sin.   ⁷κατέχω, [19] (a) I hold fast, bind, arrest, (b) I take possession of, lay hold of, (c) I hold back, detain, restrain, (d) I hold a ship, keep its head.   ⁸ἄρτι, [37] now, just now, at this moment.   ⁹ἀποκαλύπτω, [26] I uncover, bring to light, reveal.   ¹⁰ἄνομος, ον, [10] lawless, wicked, without law.   ¹¹ἀναλίσκω, [3] I destroy, annihilate, expend, consume.   ¹²καταργέω, [27] (a) I make idle (inactive), make of no effect, annul, abolish, bring to naught, (b) I discharge, sever, separate from.   ¹³ἐπιφάνεια, ας, ἡ, [6] appearing, manifestation, glorious display.   ¹⁴παρουσία, ας, ἡ, [24] (a) presence, (b) a coming, an arrival, advent, especially of the second coming of Christ.   ¹⁵ἐνέργεια, ας, ἡ, [8] working, action, productive work, activity; in the NT, confined to superhuman activity.   ¹⁶Σατανᾶς, ᾶ, ὁ, [36] an adversary, Satan.   ¹⁷τέρας, ατος, τό, [16] a wonder, portent, marvel.   ¹⁸ψεῦδος, ους, τό, [10] a lie, falsehood, untruth; false religion.   ¹⁹ἀπάτη, ης, ἡ, [7] deceit, deception, deceitfulness, delusion.   ²⁰ἀδικία, ας, ἡ, [26] injustice, unrighteousness, hurt.   ²¹ἀντί, [22] (a) instead of, in return for, over against, opposite, in exchange for, as a substitute for, (b) on my behalf, (c) wherefore, because.   ²²πλάνη, ης, ἡ, [10] a wandering; fig: deceit, delusion, error, sin.   ²³εὐδοκέω, [21] I am well-pleased, think it good, am resolved.   ²⁴ὀφείλω, [36] I owe, ought.   ²⁵εὐχαριστέω, [40] I thank, give thanks; pass. 3 sing: is received with thanks.   ²⁶πάντοτε, [42] always, at all times, ever.   ²⁷αἱρέω, [3] I choose, prefer. ²⁸σωτηρία, ας, ἡ, [46] welfare, prosperity, deliverance, preservation, salvation, safety.   ²⁹ἁγιασμός, οῦ, ὁ, [10] the process of making or becoming holy, set apart, sanctification, holiness, consecration.   ³⁰περιποίησις, εως, ἡ, [5] acquiring, obtaining, possessing, possession, ownership.   ³¹ἄρα, [35] then, therefore, since.   ³²στήκω, [8] I stand fast, stand firm, persevere.   ³³κρατέω, [47] I am strong, mighty, hence: I rule, am master, prevail; I obtain, take hold of; I hold, hold fast.   ³⁴παράδοσις, εως, ἡ, [13] an instruction, tradition.   ³⁵ἐπιστολή, ῆς, ἡ, [24] a letter, dispatch, epistle, message.

16 Αὐτὸς δὲ ὁ κύριος ἡμῶν Ἰησοῦς χριστός, καὶ ὁ θεὸς καὶ πατὴρ ἡμῶν ὁ ἀγαπήσας ἡμᾶς, καὶ δοὺς παράκλησιν¹ αἰωνίαν καὶ ἐλπίδα ἀγαθὴν ἐν χάριτι, 17 παρακαλέσαι ὑμῶν τὰς καρδίας, καὶ στηρίξαι² ὑμᾶς ἐν παντὶ λόγῳ καὶ ἔργῳ ἀγαθῷ.

Concluding Exhortations and Greeting

3 Τὸ λοιπόν,³ προσεύχεσθε, ἀδελφοί, περὶ ἡμῶν, ἵνα ὁ λόγος τοῦ κυρίου τρέχῃ⁴ καὶ δοξάζηται, καθὼς καὶ πρὸς ὑμᾶς, 2 καὶ ἵνα ῥυσθῶμεν⁵ ἀπὸ τῶν ἀτόπων⁶ καὶ πονηρῶν ἀνθρώπων· οὐ γὰρ πάντων ἡ πίστις. 3 Πιστὸς δέ ἐστιν ὁ κύριος, ὃς στηρίξει⁷ ὑμᾶς καὶ φυλάξει⁸ ἀπὸ τοῦ πονηροῦ. 4 Πεποίθαμεν δὲ ἐν κυρίῳ ἐφ' ὑμᾶς, ὅτι ἃ παραγγέλλομεν⁹ ὑμῖν, καὶ ποιεῖτε καὶ ποιήσετε. 5 Ὁ δὲ κύριος κατευθύναι¹⁰ ὑμῶν τὰς καρδίας εἰς τὴν ἀγάπην τοῦ θεοῦ, καὶ εἰς τὴν ὑπομονὴν¹¹ τοῦ χριστοῦ.

6 Παραγγέλλομεν¹² δὲ ὑμῖν, ἀδελφοί, ἐν ὀνόματι τοῦ κυρίου ἡμῶν Ἰησοῦ χριστοῦ, στέλλεσθαι¹³ ὑμᾶς ἀπὸ παντὸς ἀδελφοῦ ἀτάκτως¹⁴ περιπατοῦντος, καὶ μὴ κατὰ τὴν παράδοσιν¹⁵ ἣν παρέλαβον¹⁶ παρ' ἡμῶν. 7 Αὐτοὶ γὰρ οἴδατε πῶς δεῖ μιμεῖσθαι¹⁷ ἡμᾶς· ὅτι οὐκ ἠτακτήσαμεν¹⁸ ἐν ὑμῖν, 8 οὐδὲ δωρεὰν¹⁹ ἄρτον ἐφάγομεν παρά τινος, ἀλλ' ἐν κόπῳ²⁰ καὶ μόχθῳ,²¹ νύκτα καὶ ἡμέραν ἐργαζόμενοι,²² πρὸς τὸ μὴ ἐπιβαρῆσαί²³ τινα ὑμῶν· 9 οὐχ ὅτι οὐκ ἔχομεν ἐξουσίαν, ἀλλ' ἵνα ἑαυτοὺς τύπον²⁴ δῶμεν ὑμῖν εἰς τὸ μιμεῖσθαι²⁵ ἡμᾶς. 10 Καὶ γὰρ ὅτε ἦμεν πρὸς ὑμᾶς, τοῦτο παρηγγέλλομεν²⁶ ὑμῖν ὅτι εἴ τις οὐ θέλει ἐργάζεσθαι,²⁷ μηδὲ ἐσθιέτω. 11 Ἀκούομεν γάρ τινας περιπατοῦντας ἐν ὑμῖν ἀτάκτως,¹⁴ μηδὲν ἐργαζομένους,²⁸ ἀλλὰ περιεργαζομένους.²⁹ 12 Τοῖς δὲ

---

²στηρίξαι: AAO-3S   ⁴τρέχῃ: PAS-3S   ⁵ῥυσθῶμεν: APS-1P   ⁷στηρίξει: FAI-3S   ⁸φυλάξει: FAI-3S
⁹παραγγέλλομεν: PAI-1P   ¹⁰κατευθύναι: AAO-3S   ¹²Παραγγέλλομεν: PAI-1P   ¹³στέλλεσθαι: PMN   ¹⁶παρέλαβον: 2AAI-3P   ¹⁷μιμεῖσθαι: PNN   ¹⁸ἠτακτήσαμεν: AAI-1P   ²²ἐργαζόμενοι: PNP-NPM   ²³ἐπιβαρῆσαί: AAN   ²⁵μιμεῖσθαι: PNN   ²⁶παρηγγέλλομεν: IAI-1P   ²⁷ἐργάζεσθαι: PNN   ²⁸ἐργαζομένους: PNP-APM   ²⁹περιεργαζομένους: PNP-APM

---

¹παράκλησις, εως, ἡ, [29] a calling for, summons, hence: (a) exhortation, (b) entreaty, (c) encouragement, joy, gladness, (d) consolation, comfort.   ²στηρίζω, [13] (a) I fix firmly, direct myself towards, (b) generally met: I buttress, prop, support; I strengthen, establish.   ³λοιπόν, [14] finally, from now on, henceforth, beyond that.   ⁴τρέχω, [20] I run, exercise myself, make progress.   ⁵ῥύομαι, [18] I rescue, deliver (from danger or destruction).   ⁶ἄτοπος, ον, [3] (lit: out of place, unusual, unbecoming), improper, unrighteous, perverse.   ⁷στηρίζω, [13] (a) I fix firmly, direct myself towards, (b) generally met: I buttress, prop, support; I strengthen, establish.   ⁸φυλάσσω, [30] (a) I guard, protect; mid: I am on my guard, (b) act. and mid. of customs and regulations: I keep, observe.   ⁹παραγγέλλω, [30] I notify, command, charge, entreat solemnly.   ¹⁰κατευθύνω, [3] (a) I make straight, (b) met: I put in the right way, direct.   ¹¹ὑπομονή, ῆς, ἡ, [32] endurance, steadfastness, patient waiting for.   ¹²παραγγέλλω, [30] I notify, command, charge, entreat solemnly.   ¹³στέλλω, [2] I set, arrange; mid: I provide for, take care, withdraw from, hold aloof, avoid.   ¹⁴ἀτάκτως, [2] in a disorderly manner, irregularly.   ¹⁵παράδοσις, εως, ἡ, [13] an instruction, tradition.   ¹⁶παραλαμβάνω, [49] I take from, receive from, or: I take to, receive (apparently not used of money), admit, acknowledge; I take with me.   ¹⁷μιμέομαι, [4] I imitate, follow.   ¹⁸ἀτακτέω, [1] (lit: I march out of order; then: I riot, rebel), behave disorderly, neglect my duty, am careless (or idle) in habits.   ¹⁹δωρεάν, [9] as a free gift, without payment, freely.   ²⁰κόπος, ου, ὁ, [19] (a) trouble, (b) toil, labor, laborious toil, involving weariness and fatigue.   ²¹μόχθος, ου, ὁ, [3] wearisome labor, toil, hardship.   ²²ἐργάζομαι, [39] I work, trade, perform, do, practice, commit, acquire by labor.   ²³ἐπιβαρέω, [3] I put a burden on, am burdensome.   ²⁴τύπος, ου, ὁ, [16] (originally: the mark of a blow, then a stamp struck by a die), (a) a figure; a copy, image, (b) a pattern, model, (c) a type, prefiguring something or somebody.   ²⁵μιμέομαι, [4] I imitate, follow.   ²⁶παραγγέλλω, [30] I notify, command, charge, entreat solemnly.   ²⁷ἐργάζομαι, [39] I work, trade, perform, do, practice, commit, acquire by labor.   ²⁸ἐργάζομαι, [39] I work, trade, perform, do, practice, commit, acquire by labor.   ²⁹περιεργάζομαι, [1] I overdo, am a busybody, waste my labor about (a thing).

τοιούτοις παραγγέλλομεν¹ καὶ παρακαλοῦμεν διὰ τοῦ κυρίου ἡμῶν Ἰησοῦ χριστοῦ, ἵνα μετὰ ἡσυχίας² ἐργαζόμενοι³ τὸν ἑαυτῶν ἄρτον ἐσθίωσιν. **13** Ὑμεῖς δέ, ἀδελφοί, μὴ ἐκκακήσητε⁴ καλοποιοῦντες.⁵ **14** Εἰ δέ τις οὐχ ὑπακούει⁶ τῷ λόγῳ ἡμῶν διὰ τῆς ἐπιστολῆς,⁷ τοῦτον σημειοῦσθε,⁸ καὶ μὴ συναναμίγνυσθε⁹ αὐτῷ, ἵνα ἐντραπῇ,¹⁰ **15** καὶ μὴ ὡς ἐχθρὸν¹¹ ἡγεῖσθε,¹² ἀλλὰ νουθετεῖτε¹³ ὡς ἀδελφόν.

16 Αὐτὸς δὲ ὁ κύριος τῆς εἰρήνης δῴη ὑμῖν τὴν εἰρήνην διὰ παντὸς ἐν παντὶ τρόπῳ.¹⁴ Ὁ κύριος μετὰ πάντων ὑμῶν.

17 Ὁ ἀσπασμὸς¹⁵ τῇ ἐμῇ χειρὶ Παύλου, ὅ ἐστιν σημεῖον ἐν πάσῃ ἐπιστολῇ· ⁷ οὕτως γράφω. **18** Ἡ χάρις τοῦ κυρίου ἡμῶν Ἰησοῦ χριστοῦ μετὰ πάντων ὑμῶν. Ἀμήν.

---

¹παραγγέλλομεν: PAI-1P   ³ἐργαζόμενοι: PNP-NPM   ⁴ἐκκακήσητε: AAS-2P   ⁵καλοποιοῦντες: PAP-NPM ⁶ὑπακούει: PAI-3S   ⁸σημειοῦσθε: PMM-2P   ⁹συναναμίγνυσθε: PMM-2P   ¹⁰ἐντραπῇ: 2APS-3S   ¹²ἡγεῖσθε: PNM-2P   ¹³νουθετεῖτε: PAM-2P

---

¹παραγγέλλω, [30] I notify, command, charge, entreat solemnly.   ²ἡσυχία, ας, ἡ, [4] quietness, stillness, silence. ³ἐργάζομαι, [39] I work, trade, perform, do, practice, commit, acquire by labor.   ⁴ἐκκακέω, [6] I am faint, am weary.   ⁵καλοποιέω, [1] I do well, act honorably, do what is right.   ⁶ὑπακούω, [21] I listen, hearken to, obey, answer.   ⁷ἐπιστολή, ῆς, ἡ, [24] a letter, dispatch, epistle, message.   ⁸σημειόομαι, [1] I note, mark for myself. ⁹συναναμίγνυμι, [3] I mingle together with, keep company with.   ¹⁰ἐντρέπω, [9] (a) I turn to confusion, put to shame, (b) mid: I reverence, regard.   ¹¹ἐχθρός, ά, όν, [32] hated, hostile; subst: an enemy.   ¹²ἡγέομαι, [28] (a) I lead, (b) I think, am of opinion, suppose, consider.   ¹³νουθετέω, [8] I admonish, warn, counsel, exhort.   ¹⁴τρόπος, ου, ὁ, [13] (a) a way, manner, (b) manner of life, character.   ¹⁵ἀσπασμός, οῦ, ὁ, [10] a greeting, salutation.

ΠΡΟΣ ΤΙΜΟΘΕΟΝ Α

First to Timothy

Address and Greeting

Παῦλος ἀπόστολος Ἰησοῦ χριστοῦ κατ' ἐπιταγὴν¹ θεοῦ σωτῆρος² ἡμῶν, καὶ κυρίου Ἰησοῦ χριστοῦ τῆς ἐλπίδος ἡμῶν, **2** Τιμοθέῳ γνησίῳ³ τέκνῳ ἐν πίστει· χάρις, ἔλεος,⁴ εἰρήνη ἀπὸ θεοῦ πατρὸς ἡμῶν καὶ χριστοῦ Ἰησοῦ τοῦ κυρίου ἡμῶν.

Warning Against False Teachers

3 Καθὼς παρεκάλεσά σε προσμεῖναι⁵ ἐν Ἐφέσῳ,⁶ πορευόμενος εἰς Μακεδονίαν,⁷ ἵνα παραγγείλῃς⁸ τισὶν μὴ ἑτεροδιδασκαλεῖν,⁹ **4** μηδὲ προσέχειν¹⁰ μύθοις¹¹ καὶ γενεαλογίαις¹² ἀπεράντοις,¹³ αἵτινες ζητήσεις¹⁴ παρέχουσιν¹⁵ μᾶλλον ἢ οἰκονομίαν¹⁶ θεοῦ τὴν ἐν πίστει. **5** Τὸ δὲ τέλος¹⁷ τῆς παραγγελίας¹⁸ ἐστὶν ἀγάπη ἐκ καθαρᾶς¹⁹ καρδίας καὶ συνειδήσεως²⁰ ἀγαθῆς καὶ πίστεως ἀνυποκρίτου·²¹ **6** ὧν τινὲς ἀστοχήσαντες²²

---

⁵προσμεῖναι: *AAN* ⁸παραγγείλῃς: *AAS-2S* ⁹ἑτεροδιδασκαλεῖν: *PAN* ¹⁰προσέχειν: *PAN* ¹⁵παρέχουσιν: *PAI-3P* ²²ἀστοχήσαντες: *AAP-NPM*

---

¹ἐπιταγή, ῆς, ἡ, *[7] instruction, command, order, authority.* ²σωτήρ, ῆρος, ὁ, *[23] a savior, deliverer, preserver.* ³γνήσιος, α, ον, *[4] (lit: born in wedlock), hence: real, true, genuine; with definite article: the true, genuine element.* ⁴ἔλεος, ους, τό, *[28] pity, mercy, compassion.* ⁵προσμένω, *[6] I remain; I abide in, remain in, persist in, adhere to.* ⁶Ἔφεσος, ου, ἡ, *[16] Ephesus, a coast city, capital of the Roman province Asia.* ⁷Μακεδονία, ας, ἡ, *[22] (Hebrew), Macedonia, a Roman province north of Achaia (Greece).* ⁸παραγγέλλω, *[30] I notify, command, charge, entreat solemnly.* ⁹ἑτεροδιδασκαλέω, *[2] I teach different things, that is, different from the true or necessary teaching.* ¹⁰προσέχω, *[24] (a) I attend to, pay attention to, (b) I beware, am cautious, (c) I join, devote myself to.* ¹¹μῦθος, ου, ὁ, *[5] an idle tale, fable, fanciful story.* ¹²γενεαλογία, ας, ἡ, *[2] genealogy.* ¹³ἀπέραντος, ον, *[1] unaccomplished, unending, endless.* ¹⁴ζήτησις, εως, ἡ, *[7] a question, debate, controversy; a seeking, search.* ¹⁵παρέχω, *[16] act. and mid: I offer, provide, confer, afford, give, bring, show, cause.* ¹⁶οἰκονομία, ας, ἡ, *[9] management of household affairs, stewardship, administration.* ¹⁷τέλος, ους, τό, *[41] (a) an end, (b) event or issue, (c) the principal end, aim, purpose, (d) a tax.* ¹⁸παραγγελία, ας, ἡ, *[5] a command, charge, injunction; a precept, rule of living.* ¹⁹καθαρός, ά, όν, *[28] clean, pure, unstained, either literally or ceremonially or spiritually; guiltless, innocent, upright.* ²⁰συνείδησις, εως, ἡ, *[32] the conscience, a persisting notion.* ²¹ἀνυπόκριτος, ον, *[6] unfeigned, without hypocrisy, sincere.* ²²ἀστοχέω, *[3] I miss the mark, miss my aim, make a false aim, fail.*

ἐξετράπησαν¹ εἰς ματαιολογίαν,² 7 θέλοντες εἶναι νομοδιδάσκαλοι,³ μὴ νοοῦντες⁴ μήτε⁵ ἃ λέγουσιν, μήτε⁵ περὶ τίνων διαβεβαιοῦνται.⁶

The Real Purpose of the Law

8 Οἴδαμεν δὲ ὅτι καλὸς ὁ νόμος, ἐάν τις αὐτῷ νομίμως⁷ χρῆται,⁸ 9 εἰδὼς τοῦτο, ὅτι δικαίῳ νόμος οὐ κεῖται,⁹ ἀνόμοις¹⁰ δὲ καὶ ἀνυποτάκτοις,¹¹ ἀσεβέσιν¹² καὶ ἁμαρτωλοῖς,¹³ ἀνοσίοις¹⁴ καὶ βεβήλοις,¹⁵ πατρολῴαις¹⁶ καὶ μητρολῴαις,¹⁷ ἀνδροφόνοις,¹⁸ 10 πόρνοις,¹⁹ ἀρσενοκοίταις,²⁰ ἀνδραποδισταῖς,²¹ ψεύσταις,²² ἐπιόρκοις,²³ καὶ εἴ τι ἕτερον τῇ ὑγιαινούσῃ²⁴ διδασκαλίᾳ²⁵ ἀντίκειται,²⁶ 11 κατὰ τὸ εὐαγγέλιον τῆς δόξης τοῦ μακαρίου θεοῦ, ὃ ἐπιστεύθην ἐγώ.

Paul's Praise for the Grace which He has Experienced

12 Καὶ χάριν ἔχω τῷ ἐνδυναμώσαντί²⁷ με χριστῷ Ἰησοῦ τῷ κυρίῳ ἡμῶν, ὅτι πιστόν με ἡγήσατο,²⁸ θέμενος εἰς διακονίαν,²⁹ 13 τὸν πρότερον³⁰ ὄντα βλάσφημον³¹ καὶ διώκτην³² καὶ ὑβριστήν·³³ ἀλλὰ ἠλεήθην,³⁴ ὅτι ἀγνοῶν³⁵ ἐποίησα ἐν ἀπιστίᾳ·³⁶ 14 ὑπερεπλεόνασεν³⁷ δὲ ἡ χάρις τοῦ κυρίου ἡμῶν μετὰ πίστεως καὶ ἀγάπης τῆς ἐν χριστῷ Ἰησοῦ. 15 Πιστὸς ὁ λόγος καὶ πάσης ἀποδοχῆς³⁸ ἄξιος,³⁹ ὅτι χριστὸς Ἰησοῦς ἦλθεν εἰς τὸν κόσμον ἁμαρτωλοὺς¹³ σῶσαι, ὧν πρῶτός εἰμι ἐγώ· 16 ἀλλὰ διὰ τοῦτο ἠλεήθην,⁴⁰ ἵνα ἐν ἐμοὶ πρώτῳ ἐνδείξηται⁴¹ Ἰησοῦς χριστὸς τὴν πᾶσαν μακροθυμίαν,⁴² πρὸς ὑποτύπωσιν⁴³ τῶν μελλόντων πιστεύειν ἐπ᾽ αὐτῷ εἰς ζωὴν αἰώνιον. 17 Τῷ δὲ

---

¹ἐξετράπησαν: 2API-3P   ⁴νοοῦντες: PAP-NPM   ⁶διαβεβαιοῦνται: PNI-3P   ⁸χρῆται: PNS-3S   ⁹κεῖται: PNI-3S ²⁴ὑγιαινούσῃ: PAP-DSF   ²⁶ἀντίκειται: PNI-3S   ²⁷ἐνδυναμώσαντί: AAP-DSM   ²⁸ἡγήσατο: ADI-3S   ³⁴ἠλεήθην: API-1S   ³⁵ἀγνοῶν: PAP-NSM   ³⁷ὑπερεπλεόνασεν: AAI-3S   ⁴⁰ἠλεήθην: API-1S   ⁴¹ἐνδείξηται: AMS-3S

---

¹ἐκτρέπω, [5] (lit: I turn out from); mid. and pass: I turn aside (from the right road), wander, forsake, and with an object: I remove from myself, shun, avoid.   ²ματαιολογία, ας, ἡ, [1] vain speaking, foolish talking. ³νομοδιδάσκαλος, ου, ὁ, [3] a teacher and interpreter of the Mosaic Law.   ⁴νοέω, [14] I understand, think, consider, conceive, apprehend; aor. possibly: realize.   ⁵μήτε, [36] nor, neither, not even, neither…nor. ⁶διαβεβαιόομαι, [2] I assert emphatically.   ⁷νομίμως, [2] lawfully, rightfully.   ⁸χράομαι, [11] I use, make use of, deal with, take advantage of.   ⁹κεῖμαι, [26] I lie, recline, am placed, am laid, set, specially appointed, destined. ¹⁰ἄνομος, ον, [10] lawless, wicked, without law.   ¹¹ἀνυπότακτος, ον, [4] not subject to rule, unruly.   ¹²ἀσεβής, ές, [9] impious, ungodly, wicked.   ¹³ἁμαρτωλός, όν, [48] sinning, sinful, depraved, detestable.   ¹⁴ἀνόσιος, ον, [2] unholy, profane.   ¹⁵βέβηλος, ον, [5] permitted to be trodden, accessible.   ¹⁶πατρολῴας, ου, ὁ, [1] a patricide, a murderer of his father.   ¹⁷μητραλῴας, ου, ὁ, [1] a matricide, smiter of his mother.   ¹⁸ἀνδροφόνος, ου, ὁ, [1] a murderer, man-slayer.   ¹⁹πόρνος, ου, ὁ, [10] a fornicator, man who prostitutes himself.   ²⁰ἀρσενοκοίτης, ου, ὁ, [2] a male engaging in same-gender sexual activity; a sodomite, pederast.   ²¹ἀνδραποδιστής, οῦ, ὁ, [1] an enslaver, one who forcibly enslaves, a kidnapper.   ²²ψεύστης, ου, ὁ, [10] a liar, deceiver.   ²³ἐπίορκος, ον, [1] perjured, sworn falsely.   ²⁴ὑγιαίνω, [12] I am well, am in good health; I am right, reasonable, sound, pure, uncorrupted.   ²⁵διδασκαλία, ας, ἡ, [21] instruction, teaching.   ²⁶ἀντίκειμαι, [8] I resist, oppose, withstand, lie opposite to.   ²⁷ἐνδυναμόω, [8] I fill with power, strengthen, make strong.   ²⁸ἡγέομαι, [28] (a) I lead, (b) I think, am of opinion, suppose, consider.   ²⁹διακονία, ας, ἡ, [34] waiting at table; in a wider sense: service, ministration.   ³⁰πρότερον, [11] formerly, before.   ³¹βλάσφημος, ον, [5] slanderous; subst: a blasphemer.   ³²διώκτης, ου, ὁ, [1] a persecutor.   ³³ὑβριστής, οῦ, ὁ, [2] an insolent, insulting, or violent man.   ³⁴ἐλεέω, [31] I pity, have mercy on.   ³⁵ἀγνοέω, [22] I do not know, am ignorant of (a person, thing, or fact), sometimes with the idea of willful ignorance.   ³⁶ἀπιστία, ας, ἡ, [12] unbelief, unfaithfulness, distrust.   ³⁷ὑπερπλεονάζω, [1] I abound exceedingly, am exceedingly abundant.   ³⁸ἀποδοχή, ῆς, ἡ, [2] (properly: reception, welcome, of guests), acceptance, appreciation, approbation.   ³⁹ἄξιος, ία, ιον, [41] worthy, worthy of, deserving, comparable, suitable.   ⁴⁰ἐλεέω, [31] I pity, have mercy on.   ⁴¹ἐνδείκνυμι, [11] I show forth, prove.   ⁴²μακροθυμία, ας, ἡ, [14] patience, forbearance, longsuffering.   ⁴³ὑποτύπωσις, εως, ἡ, [2] a pattern, example; a form, sample.

βασιλεῖ τῶν αἰώνων, ἀφθάρτῳ, ¹ ἀοράτῳ, ² μόνῳ ³ σοφῷ ⁴ θεῷ, τιμὴ ⁵ καὶ δόξα εἰς τοὺς αἰῶνας τῶν αἰώνων. Ἀμήν.

A Warning against Apostasy

18 Ταύτην τὴν παραγγελίαν ⁶ παρατίθεμαί ⁷ σοι, τέκνον Τιμόθεε, κατὰ τὰς προαγούσας ⁸ ἐπί σε προφητείας, ⁹ ἵνα στρατεύῃ ¹⁰ ἐν αὐταῖς τὴν καλὴν στρατείαν, ¹¹ **19** ἔχων πίστιν καὶ ἀγαθὴν συνείδησιν, ¹² ἥν τινες ἀπωσάμενοι ¹³ περὶ τὴν πίστιν ἐναυάγησαν· ¹⁴ **20** ὧν ἐστιν Ὑμέναιος καὶ Ἀλέξανδρος, οὓς παρέδωκα τῷ Σατανᾷ, ¹⁵ ἵνα παιδευθῶσιν ¹⁶ μὴ βλασφημεῖν. ¹⁷

An Admonition to Pray for All Men on the Basis of Christ's Atoning Death

2 Παρακαλῶ οὖν πρῶτον πάντων ποιεῖσθαι δεήσεις, ¹⁸ προσευχάς, ¹⁹ ἐντεύξεις, ²⁰ εὐχαριστίας, ²¹ ὑπὲρ πάντων ἀνθρώπων· **2** ὑπὲρ βασιλέων καὶ πάντων τῶν ἐν ὑπεροχῇ ²² ὄντων, ἵνα ἤρεμον ²³ καὶ ἡσύχιον ²⁴ βίον ²⁵ διάγωμεν ²⁶ ἐν πάσῃ εὐσεβείᾳ ²⁷ καὶ σεμνότητι. ²⁸ **3** Τοῦτο γὰρ καλὸν καὶ ἀπόδεκτον ²⁹ ἐνώπιον τοῦ σωτῆρος ³⁰ ἡμῶν θεοῦ, **4** ὃς πάντας ἀνθρώπους θέλει σωθῆναι καὶ εἰς ἐπίγνωσιν ³¹ ἀληθείας ἐλθεῖν. **5** Εἷς γὰρ θεός, εἷς καὶ μεσίτης ³² θεοῦ καὶ ἀνθρώπων, ἄνθρωπος χριστὸς Ἰησοῦς, **6** ὁ δοὺς ἑαυτὸν ἀντίλυτρον ³³ ὑπὲρ πάντων, τὸ μαρτύριον ³⁴ καιροῖς ἰδίοις, **7** εἰς ὃ ἐτέθην ἐγὼ κῆρυξ ³⁵ καὶ ἀπόστολος· ἀλήθειαν λέγω ἐν χριστῷ, οὐ ψεύδομαι· ³⁶ διδάσκαλος ἐθνῶν ἐν πίστει καὶ ἀληθείᾳ.

---

⁷παρατίθεμαί: PMI-1S   ⁸προαγούσας: PAP-APF   ¹⁰στρατεύῃ: PMS-2S   ¹³ἀπωσάμενοι: ADP-NPM   ¹⁴ἐναυάγησαν: AAI-3P   ¹⁶παιδευθῶσιν: APS-3P   ¹⁷βλασφημεῖν: PAN   ²⁶διάγωμεν: PAS-1P   ³⁶ψεύδομαι: PNI-1S

---

¹ἄφθαρτος, ον, [7] indestructible, imperishable, incorruptible; hence: immortal.   ²ἀόρατος, ον, [5] unseen, invisible.   ³μόνος, η, ον, [45] only, solitary, desolate.   ⁴σοφός, ή, όν, [22] wise, learned, cultivated, skilled, clever.   ⁵τιμή, ῆς, ἡ, [42] a price, honor.   ⁶παραγγελία, ας, ἡ, [5] a command, charge, injunction; a precept, rule of living.   ⁷παρατίθημι, [19] (a) I set (especially a meal) before, serve, (b) act. and mid: I deposit with, entrust to, (c) I bring forward, quote as evidence.   ⁸προάγω, [18] (a) trans: I lead forth; in the judicial sense, into court, (b) intrans. and trans: I precede, go before, (c) intrans: I go too far.   ⁹προφητεία, ας, ἡ, [19] prophecy, prophesying; the gift of communicating and enforcing revealed truth.   ¹⁰στρατεύομαι, [7] I wage war, fight, serve as a soldier; fig: of the warring lusts against the soul.   ¹¹στρατεία, ας, ἡ, [2] warfare, military service; of Christian warfare.   ¹²συνείδησις, εως, ἡ, [32] the conscience, a persisting notion.   ¹³ἀπωθέω, [6] I push (thrust) away, repulse, reject, refuse.   ¹⁴ναυαγέω, [2] (a) I am shipwrecked; so (b) fig: I come to ruin.   ¹⁵Σατανᾶς, ᾶ, ὁ, [36] an adversary, Satan.   ¹⁶παιδεύω, [13] (a) I discipline, educate, train, (b) more severely: I chastise.   ¹⁷βλασφημέω, [35] I speak evil against, blaspheme, use abusive or scurrilous language about (God or men).   ¹⁸δέησις, εως, ἡ, [19] supplication, prayer, entreaty.   ¹⁹προσευχή, ῆς, ἡ, [37] (a) prayer (to God), (b) a place for prayer (used by Jews, perhaps where there was no synagogue).   ²⁰ἔντευξις, εως, ἡ, [2] (lit: approaching the king, hence a technical term), a petition, prayer, intercession.   ²¹εὐχαριστία, ας, ἡ, [15] thankfulness, gratitude; giving of thanks, thanksgiving.   ²²ὑπεροχή, ῆς, ἡ, [2] superiority, excellence, preeminence, authority.   ²³ἤρεμος, ον, [1] quiet, tranquil.   ²⁴ἡσύχιος, α, ον, [2] quiet, tranquil, peaceful.   ²⁵βίος, ου, ὁ, [11] (a) life, (b) manner of life; livelihood.   ²⁶διάγω, [2] (either trans. or intrans.), I spend time, pass time, live.   ²⁷εὐσέβεια, ας, ἡ, [15] piety (towards God), godliness, devotion, godliness.   ²⁸σεμνότης, τητος, ἡ, [3] dignity, honor, gravity, seriousness.   ²⁹ἀπόδεκτος, ον, [2] worthy to be received (welcomed), acceptable, welcome, pleasant.   ³⁰σωτήρ, ῆρος, ὁ, [23] a savior, deliverer, preserver.   ³¹ἐπίγνωσις, εως, ἡ, [20] knowledge of a particular point (directed towards a particular object); perception, discernment, recognition, intuition.   ³²μεσίτης, ου, ὁ, [6] (a) a mediator, intermediary, (b) a go-between, arbiter, agent of something good.   ³³ἀντίλυτρον, ου, τό, [1] a ransom.   ³⁴μαρτύριον, ου, τό, [20] witness, evidence, testimony, proof.   ³⁵κῆρυξ, υκος, ὁ, [3] a herald, preacher, proclaimer.   ³⁶ψεύδομαι, [12] I deceive, lie, speak falsely.

8 Βούλομαι¹ οὖν προσεύχεσθαι τοὺς ἄνδρας ἐν παντὶ τόπῳ, ἐπαίροντας² ὁσίους³ χεῖρας, χωρὶς⁴ ὀργῆς⁵ καὶ διαλογισμοῦ.⁶

The Station and Calling of Christian Women

9 Ὡσαύτως⁷ καὶ τὰς γυναῖκας ἐν καταστολῇ⁸ κοσμίῳ,⁹ μετὰ αἰδοῦς¹⁰ καὶ σωφροσύνης,¹¹ κοσμεῖν¹² ἑαυτάς, μὴ ἐν πλέγμασιν,¹³ ἢ χρυσῷ,¹⁴ ἢ μαργαρίταις,¹⁵ ἢ ἱματισμῷ¹⁶ πολυτελεῖ,¹⁷ **10** ἀλλ᾽ ὃ πρέπει¹⁸ γυναιξὶν ἐπαγγελλομέναις¹⁹ θεοσέβειαν,²⁰ δι᾽ ἔργων ἀγαθῶν. **11** Γυνὴ ἐν ἡσυχίᾳ²¹ μανθανέτω²² ἐν πάσῃ ὑποταγῇ.²³ **12** Γυναικὶ δὲ διδάσκειν οὐκ ἐπιτρέπω,²⁴ οὐδὲ αὐθεντεῖν²⁵ ἀνδρός, ἀλλ᾽ εἶναι ἐν ἡσυχίᾳ.²¹ **13** Ἀδὰμ γὰρ πρῶτος ἐπλάσθη,²⁶ εἶτα²⁷ Εὔα· **14** καὶ Ἀδὰμ οὐκ ἠπατήθη,²⁸ ἡ δὲ γυνὴ ἀπατηθεῖσα²⁹ ἐν παραβάσει³⁰ γέγονεν· **15** σωθήσεται δὲ διὰ τῆς τεκνογονίας,³¹ ἐὰν μείνωσιν ἐν πίστει καὶ ἀγάπῃ καὶ ἁγιασμῷ³² μετὰ σωφροσύνης.¹¹

The Office of a Bishop, or Overseer

3 Πιστὸς ὁ λόγος· εἴ τις ἐπισκοπῆς³³ ὀρέγεται,³⁴ καλοῦ ἔργου ἐπιθυμεῖ.³⁵ **2** Δεῖ οὖν τὸν ἐπίσκοπον³⁶ ἀνεπίληπτον³⁷ εἶναι, μιᾶς γυναικὸς ἄνδρα, νηφάλεον,³⁸ σώφρονα,³⁹ κόσμιον,⁹ φιλόξενον,⁴⁰ διδακτικόν·⁴¹ **3** μὴ πάροινον,⁴² μὴ πλήκτην,⁴³ μὴ αἰσχροκερδῆ,⁴⁴

---

¹Βούλομαι: PNI-1S   ²ἐπαίροντας: PAP-APM   ¹²κοσμεῖν: PAN   ¹⁸πρέπει: PAI-3S   ¹⁹ἐπαγγελλομέναις: PNP-DPF
²²μανθανέτω: PAM-3S   ²⁴ἐπιτρέπω: PAI-1S   ²⁵αὐθεντεῖν: PAN   ²⁶ἐπλάσθη: API-3S   ²⁸ἠπατήθη: API-3S
²⁹ἀπατηθεῖσα: APP-NSF   ³⁴ὀρέγεται: PMI-3S   ³⁵ἐπιθυμεῖ: PAI-3S

---

¹βούλομαι, [34] I will, intend, desire, wish.   ²ἐπαίρω, [19] I raise, lift up.   ³ὅσιος, ία, ιον, [7] holy, pious, godly, beloved of God.   ⁴χωρίς, [39] apart from, separately from; without.   ⁵ὀργή, ῆς, ἡ, [36] anger, wrath, passion; punishment, vengeance.   ⁶διαλογισμός, οῦ, ὁ, [14] a calculation, reasoning, thought, movement of thought, deliberation, plotting.   ⁷ὡσαύτως, [18] in like manner, likewise, just so.   ⁸καταστολή, ῆς, ἡ, [1] garb, clothing, dress, attire.   ⁹κόσμιος, ία, ον, [2] orderly, virtuous, decent, modest, well-ordered.   ¹⁰αἰδώς, οῦς, ἡ, [2] shame, modesty.   ¹¹σωφροσύνη, ης, ἡ, [3] soundness of mind, sanity; self-control, sobriety.   ¹²κοσμέω, [10] I put into order; I decorate, deck, adorn.   ¹³πλέγμα, ατος, τό, [1] braided hair, anything interwoven.   ¹⁴χρυσός, οῦ, ὁ, [10] gold, anything made of gold, a gold coin.   ¹⁵μαργαρίτης, ου, ὁ, [9] a pearl.   ¹⁶ἱματισμός, οῦ, ὁ, [5] a collective word: raiment, clothing.   ¹⁷πολυτελής, ές, [3] very costly, very precious, of great value.   ¹⁸πρέπω, [7] it becomes, is fitting to, is right.   ¹⁹ἐπαγγέλλομαι, [15] I promise, profess.   ²⁰θεοσέβεια, ας, ἡ, [1] reverence for God, fear of God, godliness, piety.   ²¹ἡσυχία, ας, ἡ, [4] quietness, stillness, silence.   ²²μανθάνω, [25] I learn; with adj. or nouns: I learn to be so and so; with acc. of person who is the object of knowledge; aor. sometimes: to ascertain.   ²³ὑποταγή, ῆς, ἡ, [4] subjection, submission, obedience.   ²⁴ἐπιτρέπω, [19] I turn to, commit, entrust; I allow, yield, permit.   ²⁵αὐθεντέω, [1] I domineer, govern, have mastery over.   ²⁶πλάσσω, [2] I form, mould, as a potter his clay.   ²⁷εἶτα, [16] then, thereafter, next (marking a fresh stage); therefore, then, furthermore.   ²⁸ἀπατάω, [4] I deceive, cheat, lead into error.   ²⁹ἀπατάω, [4] I deceive, cheat, lead into error.   ³⁰παράβασις, εως, ἡ, [7] a transgression, overstepping, deviation.   ³¹τεκνογονία, ας, ἡ, [1] child bearing, the rearing of a family.   ³²ἁγιασμός, οῦ, ὁ, [10] the process of making or becoming holy, set apart, sanctification, holiness, consecration.   ³³ἐπισκοπή, ῆς, ἡ, [4] (a) visitation (of judgment), (b) oversight, supervision, overseership.   ³⁴ὀρέγω, [3] I stretch forth, mid: I hanker after, long for, am eager for, aspire to.   ³⁵ἐπιθυμέω, [16] I long for, covet, lust after, set the heart upon.   ³⁶ἐπίσκοπος, ου, ὁ, [5] (used as an official title in civil life), overseer, supervisor, ruler, especially used with reference to the supervising function exercised by an elder or presbyter of a church or congregation.   ³⁷ἀνεπίληπτος, ον, [3] irreproachable, never caught doing wrong.   ³⁸νηφάλεος, α, ον, [3] sober, not intoxicated (with wine), temperate, vigilant.   ³⁹σώφρων, ον, [4] of sound mind, self-controlled, temperate, sober-minded, modest, chaste.   ⁴⁰φιλόξενος, ον, [3] hospitable, loving strangers.   ⁴¹διδακτικός, ή, όν, [2] able to teach, apt to teach.   ⁴²πάροινος, ον, [2] given to wine, drunken, quarrelsome.   ⁴³πλήκτης, ου, ὁ, [2] a striker, contentious person, brawler.   ⁴⁴αἰσχροκερδής, ες, [3] greedy, fond of base gain.

ἀλλ' ἐπιεικῆ,¹ ἄμαχον,² ἀφιλάργυρον·³ 4 τοῦ ἰδίου οἴκου καλῶς⁴ προϊστάμενον,⁵ τέκνα ἔχοντα ἐν ὑποταγῇ⁶ μετὰ πάσης σεμνότητος.⁷ 5 Εἰ δέ τις τοῦ ἰδίου οἴκου προστῆναι⁸ οὐκ οἶδεν, πῶς ἐκκλησίας θεοῦ ἐπιμελήσεται;⁹ 6 Μὴ νεόφυτον,¹⁰ ἵνα μὴ τυφωθεὶς¹¹ εἰς κρίμα¹² ἐμπέσῃ¹³ τοῦ διαβόλου.¹⁴ 7 Δεῖ δὲ αὐτὸν καὶ μαρτυρίαν¹⁵ καλὴν ἔχειν ἀπὸ τῶν ἔξωθεν,¹⁶ ἵνα μὴ εἰς ὀνειδισμὸν¹⁷ ἐμπέσῃ¹⁸ καὶ παγίδα¹⁹ τοῦ διαβόλου.¹⁴

The Office of Deacons

8 Διακόνους²⁰ ὡσαύτως²¹ σεμνούς,²² μὴ διλόγους,²³ μὴ οἴνῳ²⁴ πολλῷ προσέχοντας,²⁵ μὴ αἰσχροκερδεῖς,²⁶ 9 ἔχοντας τὸ μυστήριον²⁷ τῆς πίστεως ἐν καθαρᾷ²⁸ συνειδήσει.²⁹ 10 Καὶ οὗτοι δὲ δοκιμαζέσθωσαν³⁰ πρῶτον, εἶτα³¹ διακονείτωσαν,³² ἀνέγκλητοι³³ ὄντες. 11 Γυναῖκας ὡσαύτως²¹ σεμνάς,²² μὴ διαβόλους,¹⁴ νηφαλέους,³⁴ πιστὰς ἐν πᾶσιν. 12 Διάκονοι²⁰ ἔστωσαν μιᾶς γυναικὸς ἄνδρες, τέκνων καλῶς⁴ προϊστάμενοι³⁵ καὶ τῶν ἰδίων οἴκων. 13 Οἱ γὰρ καλῶς⁴ διακονήσαντες³⁶ βαθμὸν³⁷ ἑαυτοῖς καλὸν περιποιοῦνται,³⁸ καὶ πολλὴν παρρησίαν³⁹ ἐν πίστει τῇ ἐν χριστῷ Ἰησοῦ.

---

⁵προϊστάμενον: PMP-ASM ⁸προστῆναι: 2AAN ⁹ἐπιμελήσεται: FDI-3S ¹¹τυφωθεὶς: APP-NSM ¹³ἐμπέσῃ: 2AAS-3S ¹⁸ἐμπέσῃ: 2AAS-3S ²⁵προσέχοντας: PAP-APM ³⁰δοκιμαζέσθωσαν: PPM-3P ³²διακονείτωσαν: PAM-3P ³⁵προϊστάμενοι: PMP-NPM ³⁶διακονήσαντες: AAP-NPM ³⁸περιποιοῦνται: PMI-3P

---

¹ἐπιεικής, ές, [5] gentle, mild, forbearing, fair, reasonable, moderate. ²ἄμαχος, ον, [2] peaceable, abstaining from fighting, not contentious. ³ἀφιλάργυρος, ον, [2] not loving money, not avaricious. ⁴καλῶς, [36] well, nobly, honorably, rightly. ⁵προΐστημι, [8] I preside, rule over, give attention to, direct, maintain, practice diligently. ⁶ὑποταγή, ῆς, ἡ, [4] subjection, submission, obedience. ⁷σεμνότης, τητος, ἡ, [3] dignity, honor, gravity, seriousness. ⁸προΐστημι, [8] I preside, rule over, give attention to, direct, maintain, practice diligently. ⁹ἐπιμελέομαι, [3] I take care of, attend to. ¹⁰νεόφυτος, ον, [1] (lit: newly-planted), newly converted to Christianity, recent convert. ¹¹τυφόω, [3] I puff up, make haughty; pass: I am puffed up, am haughty. ¹²κρίμα, ατος, τό, [28] (a) a judgment, a verdict; sometimes implying an adverse verdict, a condemnation, (b) a case at law, a lawsuit. ¹³ἐμπίπτω, [7] I fall in, am cast in, am involved in. ¹⁴διάβολος, ον, [38] (adj. used often as a noun), slanderous; with the article: the Slanderer (par excellence), the Devil. ¹⁵μαρτυρία, ας, ἡ, [37] witness, evidence, testimony, reputation. ¹⁶ἔξωθεν, [13] (a) from outside, from without, (b) outside, both as adj. and prep; with article: the outside. ¹⁷ὀνειδισμός, οῦ, ὁ, [5] reproach, reviling. ¹⁸ἐμπίπτω, [7] I fall in, am involved in. ¹⁹παγίς, ίδος, ἡ, [5] a snare, trap (especially for catching birds) hence, met: stratagem, device, wile. ²⁰διάκονος, οῦ, ὁ, ἡ, [30] a waiter, servant; then of any one who performs any service, an administrator. ²¹ὡσαύτως, [18] in like manner, likewise, just so. ²²σεμνός, ή, όν, [4] venerable, honorable, grave, serious, dignified. ²³δίλογος, ον, [1] double-tongued, deceitful. ²⁴οἶνος, ου, ὁ, [33] wine. ²⁵προσέχω, [24] (a) I attend to, pay attention to, (b) I beware, am cautious, (c) I join, devote myself to. ²⁶αἰσχροκερδής, ες, [3] greedy, fond of base gain. ²⁷μυστήριον, ου, τό, [27] a mystery, secret, of which initiation is necessary; in the NT: the counsels of God, once hidden but now revealed in the Gospel or some fact thereof; the Christian revelation generally; particular truths or details of the Christian revelation. ²⁸καθαρός, ά, όν, [28] clean, pure, unstained, either literally or ceremonially or spiritually; guiltless, innocent, upright. ²⁹συνείδησις, εως, ἡ, [32] the conscience, a persisting notion. ³⁰δοκιμάζω, [23] I put to the test, prove, examine; I distinguish by testing, approve after testing; I am fit. ³¹εἶτα, [16] then, thereafter, next (marking a fresh stage); therefore, then, furthermore. ³²διακονέω, [37] I wait at table (particularly of a slave who waits on guests); I serve (generally). ³³ἀνέγκλητος, ον, [5] irreproachable, blameless. ³⁴νηφαλέος, α, ον, [3] sober, not intoxicated (with wine), temperate, vigilant. ³⁵προΐστημι, [8] I preside, rule over, give attention to, direct, maintain, practice diligently. ³⁶διακονέω, [37] I wait at table (particularly of a slave who waits on guests); I serve (generally). ³⁷βαθμός, οῦ, ὁ, [1] a step (of a stairway); hence: a stage in a career, a position. ³⁸περιποιέω, [2] I acquire, earn, purchase, make my own, preserve alive. ³⁹παρρησία, ας, ἡ, [31] freedom, openness, especially in speech; boldness, confidence.

The Purpose of Paul's Letter and a Doxology

14 Ταῦτά σοι γράφω, ἐλπίζων¹ ἐλθεῖν πρός σε τάχιον·² **15** ἐὰν δὲ βραδύνω,³ ἵνα εἰδῇς πῶς δεῖ ἐν οἴκῳ θεοῦ ἀναστρέφεσθαι,⁴ ἥτις ἐστὶν ἐκκλησία θεοῦ ζῶντος, στῦλος⁵ καὶ ἑδραίωμα⁶ τῆς ἀληθείας. **16** Καὶ ὁμολογουμένως⁷ μέγα ἐστὶν τὸ τῆς εὐσεβείας⁸ μυστήριον·⁹ θεὸς ἐφανερώθη¹⁰ ἐν σαρκί, ἐδικαιώθη¹¹ ἐν πνεύματι, ὤφθη ἀγγέλοις, ἐκηρύχθη ἐν ἔθνεσιν, ἐπιστεύθη ἐν κόσμῳ, ἀνελήφθη¹² ἐν δόξῃ.

The False Doctrines of the Last Days and Their Refutation

4 Τὸ δὲ πνεῦμα ῥητῶς¹³ λέγει, ὅτι ἐν ὑστέροις¹⁴ καιροῖς ἀποστήσονταί¹⁵ τινες τῆς πίστεως, προσέχοντες¹⁶ πνεύμασιν πλάνοις¹⁷ καὶ διδασκαλίαις¹⁸ δαιμονίων, **2** ἐν ὑποκρίσει¹⁹ ψευδολόγων,²⁰ κεκαυτηριασμένων²¹ τὴν ἰδίαν συνείδησιν,²² **3** κωλυόντων²³ γαμεῖν,²⁴ ἀπέχεσθαι²⁵ βρωμάτων,²⁶ ἃ ὁ θεὸς ἔκτισεν²⁷ εἰς μετάληψιν²⁸ μετὰ εὐχαριστίας²⁹ τοῖς πιστοῖς καὶ ἐπεγνωκόσιν³⁰ τὴν ἀλήθειαν. **4** Ὅτι πᾶν κτίσμα³¹ θεοῦ καλόν, καὶ οὐδὲν ἀπόβλητον,³² μετὰ εὐχαριστίας²⁹ λαμβανόμενον· **5** ἁγιάζεται³³ γὰρ διὰ λόγου θεοῦ καὶ ἐντεύξεως.³⁴

---

¹ἐλπίζων: PAP-NSM   ³βραδύνω: PAS-1S   ⁴ἀναστρέφεσθαι: PPN   ¹⁰ἐφανερώθη: API-3S   ¹¹ἐδικαιώθη: API-3S   ¹²ἀνελήφθη: API-3S   ¹⁵ἀποστήσονταί: FDI-3P   ¹⁶προσέχοντες: PAP-NPM   ²¹κεκαυτηριασμένων: RPP-GPM   ²³κωλυόντων: PAP-GPM   ²⁴γαμεῖν: PAN   ²⁵ἀπέχεσθαι: PMN   ²⁷ἔκτισεν: AAI-3S   ³⁰ἐπεγνωκόσιν: RAP-DPM   ³³ἁγιάζεται: PPI-3S

---

¹ἐλπίζω, [31] I hope, hope for, expect, trust.   ²τάχιον, [5] more swiftly, more quickly.   ³βραδύνω, [2] I am slow, I delay, tarry.   ⁴ἀναστρέφω, [11] I overturn; I turn back, return; I turn hither and thither; pass: I turn myself about; I sojourn, dwell; I conduct myself, behave, live.   ⁵στῦλος, ου, ὁ, [4] a pillar, support, column.   ⁶ἑδραίωμα, ατος, τό, [1] a foundation, stay, support.   ⁷ὁμολογουμένως, [1] admittedly, without controversy.   ⁸εὐσέβεια, ας, ἡ, [15] piety (towards God), godliness, devotion, godliness.   ⁹μυστήριον, ου, τό, [27] a mystery, secret, of which initiation is necessary; in the NT: the counsels of God, once hidden but now revealed in the Gospel or some fact thereof; the Christian revelation generally; particular truths or details of the Christian revelation.   ¹⁰φανερόω, [49] I make clear (visible, manifest), make known.   ¹¹δικαιόω, [39] I make righteous, defend the cause of, plead for the righteousness (innocence) of, acquit, justify; hence: I regard as righteous.   ¹²ἀναλαμβάνω, [13] I take up, raise; I pick up, take on board; I carry off, lead away.   ¹³ῥητῶς, [1] expressly, explicitly, in so many words.   ¹⁴ὕστερος, α, ον, [1] later, latter, last.   ¹⁵ἀφίστημι, [15] I make to stand away, draw away, repel, take up a position away from, withdraw from, leave, abstain from.   ¹⁶προσέχω, [24] (a) I attend to, pay attention to, (b) I beware, am cautious, (c) I join, devote myself to.   ¹⁷πλάνος, ον, [5] adj: misleading, deceiving, wandering; as subst: a deceiver, imposter.   ¹⁸διδασκαλία, ας, ἡ, [21] instruction, teaching.   ¹⁹ὑπόκρισις, εως, ἡ, [7] (lit: stage-playing), a response, answer, hypocrisy, dissembling.   ²⁰ψευδολόγος, ον, [1] false-speaking, speaking lies.   ²¹καυτηριάζω, [1] I cauterize, burn with a hot iron; hence met: I sear.   ²²συνείδησις, εως, ἡ, [32] the conscience, a persisting notion.   ²³κωλύω, [23] I prevent, debar, hinder; with infin: from doing so and so.   ²⁴γαμέω, [29] I marry, used of either sex.   ²⁵ἀπέχω, [18] I have in full, am far, it is enough.   ²⁶βρῶμα, ατος, τό, [17] food of any kind.   ²⁷κτίζω, [14] I create, form, shape, make, always of God.   ²⁸μετάληψις, εως, ἡ, [1] participation, sharing in, receiving.   ²⁹εὐχαριστία, ας, ἡ, [15] thankfulness, gratitude; giving of thanks, thanksgiving.   ³⁰ἐπιγινώσκω, [42] I come to know by directing my attention to him or it, I perceive, discern, recognize; aor: I found out.   ³¹κτίσμα, ατος, τό, [4] a created thing, a creature.   ³²ἀπόβλητος, ον, [1] worthy to be cast away, worthless, regarded as vile.   ³³ἁγιάζω, [29] I make holy, treat as holy, set apart as holy, sanctify, hallow, purify.   ³⁴ἔντευξις, εως, ἡ, [2] (lit: approaching the king, hence a technical term), a petition, prayer, intercession.

The Personal Conduct of Timothy

6 Ταῦτα ὑποτιθέμενος¹ τοῖς ἀδελφοῖς καλὸς ἔσῃ διάκονος² Ἰησοῦ χριστοῦ, ἐντρεφόμενος³ τοῖς λόγοις τῆς πίστεως, καὶ τῆς καλῆς διδασκαλίας⁴ ᾗ παρηκολούθηκας.⁵ **7** Τοὺς δὲ βεβήλους⁶ καὶ γραώδεις⁷ μύθους⁸ παραιτοῦ.⁹ Γύμναζε¹⁰ δὲ σεαυτὸν¹¹ πρὸς εὐσέβειαν·¹² **8** ἡ γὰρ σωματικὴ¹³ γυμνασία¹⁴ πρὸς ὀλίγον¹⁵ ἐστὶν ὠφέλιμος·¹⁶ ἡ δὲ εὐσέβεια¹² πρὸς πάντα ὠφέλιμός¹⁶ ἐστιν, ἐπαγγελίαν ἔχουσα ζωῆς τῆς νῦν καὶ τῆς μελλούσης. **9** Πιστὸς ὁ λόγος καὶ πάσης ἀποδοχῆς¹⁷ ἄξιος.¹⁸ **10** Εἰς τοῦτο γὰρ καὶ κοπιῶμεν¹⁹ καὶ ὀνειδιζόμεθα,²⁰ ὅτι ἠλπίκαμεν²¹ ἐπὶ θεῷ ζῶντι, ὅς ἐστιν σωτὴρ²² πάντων ἀνθρώπων, μάλιστα²³ πιστῶν. **11** Παράγγελλε²⁴ ταῦτα καὶ δίδασκε. **12** Μηδείς σου τῆς νεότητος²⁵ καταφρονείτω,²⁶ ἀλλὰ τύπος²⁷ γίνου τῶν πιστῶν ἐν λόγῳ, ἐν ἀναστροφῇ,²⁸ ἐν ἀγάπῃ, ἐν πνεύματι, ἐν πίστει, ἐν ἁγνείᾳ.²⁹ **13** Ἕως ἔρχομαι, πρόσεχε³⁰ τῇ ἀναγνώσει,³¹ τῇ παρακλήσει,³² τῇ διδασκαλίᾳ.⁴ **14** Μὴ ἀμέλει³³ τοῦ ἐν σοὶ χαρίσματος,³⁴ ὃ ἐδόθη σοι διὰ προφητείας³⁵ μετὰ ἐπιθέσεως³⁶ τῶν χειρῶν τοῦ πρεσβυτερίου.³⁷ **15** Ταῦτα μελέτα,³⁸ ἐν τούτοις ἴσθι, ἵνα σου ἡ προκοπὴ³⁹ φανερὰ⁴⁰ ᾖ ἐν

---

¹ὑποτιθέμενος: *PMP-NSM*　³ἐντρεφόμενος: *PPP-NSM*　⁵παρηκολούθηκας: *RAI-2S*　⁹παραιτοῦ: *PNM-2S* ¹⁰Γύμναζε: *PAM-2S*　¹⁹κοπιῶμεν: *PAI-1P*　²⁰ὀνειδιζόμεθα: *PPI-1P*　²¹ἠλπίκαμεν: *RAI-1P*　²⁴Παράγγελλε: *PAM-2S* ²⁶καταφρονείτω: *PAM-3S*　³⁰πρόσεχε: *PAM-2S*　³³ἀμέλει: *PAM-2S*　³⁸μελέτα: *PAM-2S*

---

¹ὑποτίθημι, *[2] I put under, lay down, suggest to, put in mind.*　²διάκονος, οῦ, ὁ, ἡ, *[30] a waiter, servant; then of any one who performs any service, an administrator.*　³ἐντρέφω, *[1] I nourish (sustain) on, am educated in.*　⁴διδασκαλία, ας, ἡ, *[21] instruction, teaching.*　⁵παρακολουθέω, *[4] I accompany, follow closely, characterize, both lit. and met.; I investigate.*　⁶βέβηλος, ον, *[5] permitted to be trodden, accessible.*　⁷γραώδης, ες, *[1] belonging to old women, such as old women tell.*　⁸μῦθος, ου, ὁ, *[5] an idle tale, fable, fanciful story.*　⁹παραιτέομαι, *[11] I beg off, make excuse, deprecate, refuse, reject, decline, shun, avoid.*　¹⁰γυμνάζω, *[4] I train by physical exercise; hence: train, in the widest sense.*　¹¹σεαυτοῦ, ῆς, οῦ, *[41] of yourself.*　¹²εὐσέβεια, ας, ἡ, *[15] piety (towards God), godliness, devotion, godliness.*　¹³σωματικός, ή, όν, *[2] bodily, corporeal.*　¹⁴γυμνασία, ας, ἡ, *[1] (physical) exercise, in a wide sense.*　¹⁵ὀλίγος, η, ον, *[43] (a) especially in plur: few, (b) in sing: small; hence, of time: short, of degree: light, slight, little.*　¹⁶ὠφέλιμος, ον, *[4] profitable, beneficial, useful.*　¹⁷ἀποδοχή, ῆς, ἡ, *[2] (properly: reception, welcome, of guests), acceptance, appreciation, approbation.*　¹⁸ἄξιος, ία, ιον, *[41] worthy, worthy of, deserving, comparable, suitable.*　¹⁹κοπιάω, *[23] (a) I grow weary, (b) I toil, work with effort (of bodily and mental labor alike).*　²⁰ὀνειδίζω, *[10] I reproach, revile, upbraid.*　²¹ἐλπίζω, *[31] I hope, hope for, expect, trust.*　²²σωτήρ, ῆρος, ὁ, *[23] a savior, deliverer, preserver.*　²³μάλιστα, *[12] most of all, especially.*　²⁴παραγγέλλω, *[30] I notify, command, charge, entreat solemnly.*　²⁵νεότης, τητος, ἡ, *[5] youth, youthfulness.*　²⁶καταφρονέω, *[9] I despise, scorn, and show it by active insult, disregard.*　²⁷τύπος, ου, ὁ, *[16] (originally: the mark of a blow, then a stamp struck by a die), (a) a figure; a copy, image, (b) a pattern, model, (c) a type, prefiguring something or somebody.*　²⁸ἀναστροφή, ῆς, ἡ, *[13] dealing with other men, conduct, life, behavior, manner of life.*　²⁹ἁγνεία, ας, ἡ, *[2] purity, chastity.*　³⁰προσέχω, *[24] (a) I attend to, pay attention to, (b) I beware, am cautious, (c) I join, devote myself to.*　³¹ἀνάγνωσις, εως, ἡ, *[3] recognition, reading; public reading (of the law and prophets in synagogue or church).*　³²παράκλησις, εως, ἡ, *[29] a calling for, summons, hence: (a) exhortation, (b) entreaty, (c) encouragement, joy, gladness, (d) consolation, comfort.*　³³ἀμελέω, *[5] I neglect, am careless of, disregard.*　³⁴χάρισμα, ατος, τό, *[17] a gift of grace, an undeserved favor.*　³⁵προφητεία, ας, ἡ, *[19] prophecy, prophesying; the gift of communicating and enforcing revealed truth.*　³⁶ἐπίθεσις, εως, ἡ, *[4] a laying on; an attack, assault.*　³⁷πρεσβυτέριον, ου, τό, *[3] an assembly of elders, the Sanhedrin, officers of the church assembly, presbytery.*　³⁸μελετάω, *[3] I devise, plan; practice, exercise myself in, study, ponder.*　³⁹προκοπή, ῆς, ἡ, *[3] progress, advancement.*　⁴⁰φανερός, ά, όν, *[20] apparent, clear, visible, manifest; adv: clearly.*

πᾶσιν. **16** Ἔπεχε¹ σεαυτῷ² καὶ τῇ διδασκαλίᾳ.³ Ἐπίμενε⁴ αὐτοῖς· τοῦτο γὰρ ποιῶν καὶ σεαυτὸν² σώσεις καὶ τοὺς ἀκούοντάς σου.

The Pastoral Care of the Aged, the Young, the Widows

5 Πρεσβυτέρῳ μὴ ἐπιπλήξῃς,⁵ ἀλλὰ παρακάλει ὡς πατέρα· νεωτέρους,⁶ ὡς ἀδελφούς· **2** πρεσβυτέρας, ὡς μητέρας· νεωτέρας,⁶ ὡς ἀδελφάς,⁷ ἐν πάσῃ ἁγνείᾳ.⁸ **3** Χήρας⁹ τίμα¹⁰ τὰς ὄντως¹¹ χήρας.⁹ **4** Εἰ δέ τις χήρα⁹ τέκνα ἢ ἔκγονα¹² ἔχει, μανθανέτωσαν¹³ πρῶτον τὸν ἴδιον οἶκον εὐσεβεῖν,¹⁴ καὶ ἀμοιβὰς¹⁵ ἀποδιδόναι¹⁶ τοῖς προγόνοις·¹⁷ τοῦτο γάρ ἐστιν ἀπόδεκτον¹⁸ ἐνώπιον τοῦ θεοῦ. **5** Ἡ δὲ ὄντως¹¹ χήρα⁹ καὶ μεμονωμένη¹⁹ ἤλπικεν²⁰ ἐπὶ τὸν θεόν, καὶ προσμένει²¹ ταῖς δεήσεσιν²² καὶ ταῖς προσευχαῖς²³ νυκτὸς καὶ ἡμέρας. **6** Ἡ δὲ σπαταλῶσα,²⁴ ζῶσα τέθνηκεν.²⁵ **7** Καὶ ταῦτα παράγγελλε,²⁶ ἵνα ἀνεπίληπτοι²⁷ ὦσιν. **8** Εἰ δέ τις τῶν ἰδίων καὶ μάλιστα²⁸ τῶν οἰκείων²⁹ οὐ προνοεῖ,³⁰ τὴν πίστιν ἤρνηται,³¹ καὶ ἔστιν ἀπίστου³² χείρων.³³

The Care of Widows on the Part of the Congregation

9 Χήρα⁹ καταλεγέσθω³⁴ μὴ ἔλαττον³⁵ ἐτῶν³⁶ ἑξήκοντα,³⁷ γεγονυῖα ἑνὸς ἀνδρὸς γυνή, **10** ἐν ἔργοις καλοῖς μαρτυρουμένη, εἰ ἐτεκνοτρόφησεν,³⁸ εἰ ἐξενοδόχησεν,³⁹ εἰ ἁγίων πόδας ἔνιψεν,⁴⁰ εἰ θλιβομένοις⁴¹ ἐπήρκεσεν,⁴² εἰ παντὶ ἔργῳ ἀγαθῷ ἐπηκολούθησεν.⁴³

---

¹Ἔπεχε: PAM-2S   ⁴Ἐπίμενε: PAM-2S   ⁵ἐπιπλήξῃς: AAS-2S   ¹⁰τίμα: PAM-2S   ¹³μανθανέτωσαν: PAM-3P   ¹⁴εὐσεβεῖν: PAN   ¹⁶ἀποδιδόναι: PAN   ¹⁹μεμονωμένη: RPP-NSF   ²⁰ἤλπικεν: RAI-3S   ²¹προσμένει: PAI-3S   ²⁴σπαταλῶσα: PAP-NSF   ²⁵τέθνηκεν: RAI-3S   ²⁶παράγγελλε: PAM-2S   ³⁰προνοεῖ: PAI-3S   ³¹ἤρνηται: RDI-3S   ³⁴καταλεγέσθω: PPM-3S   ³⁸ἐτεκνοτρόφησεν: AAI-3S   ³⁹ἐξενοδόχησεν: AAI-3S   ⁴⁰ἔνιψεν: AAI-3S   ⁴¹θλιβομένοις: PPP-DPM   ⁴²ἐπήρκεσεν: AAI-3S   ⁴³ἐπηκολούθησεν: AAI-3S

---

¹ἐπέχω, [5] (a) trans: I hold forth, (b) intrans: I mark, pay attention (heed), note; I delay, stay, wait.   ²σεαυτοῦ, ἧς, οῦ, [41] of yourself.   ³διδασκαλία, ας, ἡ, [21] instruction, teaching.   ⁴ἐπιμένω, [17] (a) I remain, tarry, (b) I remain in, persist in.   ⁵ἐπιπλήσσω, [1] I rebuke, chide, reprove, strike at.   ⁶νέος, α, ον, [24] (a) young, youthful, (b) new, fresh.   ⁷ἀδελφή, ἧς, ἡ, [25] a sister, a woman (fellow-)member of a church, a Christian woman.   ⁸ἁγνεία, ας, ἡ, [2] purity, chastity.   ⁹χήρα, ας, ἡ, [27] a widow.   ¹⁰τιμάω, [21] (a) I value at a price, estimate, (b) I honor, reverence.   ¹¹ὄντως, [10] really, truly, actually.   ¹²ἔκγονος, ον, [1] descended, subst: a descendant.   ¹³μανθάνω, [25] I learn; with adj. or nouns: I learn to be so and so; with acc. of person who is the object of knowledge; aor. sometimes: to ascertain.   ¹⁴εὐσεβέω, [2] I am dutiful, pious, show piety towards, worship.   ¹⁵ἀμοιβή, ῆς, ἡ, [1] a change, an exchange; hence plur: reciprocal good deeds (services), a fitting requital.   ¹⁶ἀποδίδωμι, [47] (a) I give back, return, restore, (b) I give, render, as due, (c) mid: I sell.   ¹⁷πρόγονος, ου, ὁ, [2] an ancestor.   ¹⁸ἀπόδεκτος, ον, [2] worthy to be received (welcomed), acceptable, welcome, pleasant.   ¹⁹μονόω, [1] I leave alone (solitary), forsake.   ²⁰ἐλπίζω, [31] I hope, hope for, expect, trust.   ²¹προσμένω, [6] I remain; I abide in, remain in, persist in, adhere to.   ²²δέησις, εως, ἡ, [19] supplication, prayer, entreaty.   ²³προσευχή, ῆς, ἡ, [37] (a) prayer (to God), (b) a place for prayer (used by Jews, perhaps where there was no synagogue).   ²⁴σπαταλάω, [2] I live extravagantly, luxuriously; I am wanton.   ²⁵θνήσκω, [13] I die, am dying, am dead.   ²⁶παραγγέλλω, [30] I notify, command, charge, entreat solemnly.   ²⁷ἀνεπίληπτος, ον, [3] irreproachable, never caught doing wrong.   ²⁸μάλιστα, [12] most of all, especially.   ²⁹οἰκεῖος, α, ον, [3] of one's family, domestic, intimate.   ³⁰προνοέω, [3] I take thought for beforehand, provide for, practice.   ³¹ἀρνέομαι, [31] (a) I deny (a statement), (b) I repudiate (a person, or belief).   ³²ἄπιστος, ον, [23] unbelieving, incredulous, unchristian; sometimes subst: unbeliever.   ³³χείρων, ον, [11] worse, more severe.   ³⁴καταλέγω, [1] I enter in a list, register, enroll.   ³⁵ἐλάσσων, ον, [4] less, smaller; poorer, inferior.   ³⁶ἔτος, ους, τό, [49] a year.   ³⁷ἑξήκοντα, οἱ, αἱ, τά, [9] sixty.   ³⁸τεκνοτροφέω, [1] I bring up children, rear young.   ³⁹ξενοδοχέω, [1] I entertain strangers, practice hospitality.   ⁴⁰νίπτω, [17] I wash; mid. I wash my own (hands, etc.).   ⁴¹θλίβω, [10] (a) I make narrow (strictly: by pressure); I press upon, (b) I persecute, press hard.   ⁴²ἐπαρκέω, [3] I aid, relieve, do service, render help, am strong enough for.   ⁴³ἐπακολουθέω, [4] I follow close after, accompany, dog; I imitate, pursue, am studious of.

11 Νεωτέρας¹ δὲ χήρας² παραιτοῦ·³ ὅταν γὰρ καταστρηνιάσωσιν⁴ τοῦ χριστοῦ, γαμεῖν⁵ θέλουσιν, 12 ἔχουσαι κρίμα,⁶ ὅτι τὴν πρώτην πίστιν ἠθέτησαν.⁷ 13 Ἅμα⁸ δὲ καὶ ἀργαὶ⁹ μανθάνουσιν,¹⁰ περιερχόμεναι¹¹ τὰς οἰκίας, οὐ μόνον δὲ ἀργαί,⁹ ἀλλὰ καὶ φλύαροι¹² καὶ περίεργοι,¹³ λαλοῦσαι τὰ μὴ δέοντα. 14 Βούλομαι¹⁴ οὖν νεωτέρας¹ γαμεῖν,¹⁵ τεκνογονεῖν,¹⁶ οἰκοδεσποτεῖν,¹⁷ μηδεμίαν ἀφορμὴν¹⁸ διδόναι τῷ ἀντικειμένῳ¹⁹ λοιδορίας²⁰ χάριν.²¹ 15 Ἤδη γάρ τινες ἐξετράπησαν²² ὀπίσω²³ τοῦ Σατανᾶ.²⁴ 16 Εἴ τις πιστὸς ἢ πιστὴ ἔχει χήρας,² ἐπαρκείτω²⁵ αὐταῖς, καὶ μὴ βαρείσθω²⁶ ἡ ἐκκλησία, ἵνα ταῖς ὄντως²⁷ χήραις² ἐπαρκέσῃ.²⁸

Rules of Conduct with Regard to the Elders of the Congregation

17 Οἱ καλῶς²⁹ προεστῶτες³⁰ πρεσβύτεροι διπλῆς³¹ τιμῆς³² ἀξιούσθωσαν,³³ μάλιστα³⁴ οἱ κοπιῶντες³⁵ ἐν λόγῳ καὶ διδασκαλίᾳ.³⁶ 18 Λέγει γὰρ ἡ γραφή, Βοῦν³⁷ ἀλοῶντα³⁸ οὐ φιμώσεις·³⁹ καί, Ἄξιος⁴⁰ ὁ ἐργάτης⁴¹ τοῦ μισθοῦ⁴² αὐτοῦ. 19 Κατὰ πρεσβυτέρου κατηγορίαν⁴³ μὴ παραδέχου,⁴⁴ ἐκτὸς⁴⁵ εἰ μὴ ἐπὶ δύο ἢ τριῶν μαρτύρων.⁴⁶ 20 Τοὺς

---

³παραιτοῦ: PNM-2S   ⁴καταστρηνιάσωσιν: AAS-3P   ⁵γαμεῖν: PAN   ⁷ἠθέτησαν: AAI-3P   ¹⁰μανθάνουσιν: PAI-3P
¹¹περιερχόμεναι: PNP-NPF   ¹⁴Βούλομαι: PNI-1S   ¹⁵γαμεῖν: PAN   ¹⁶τεκνογονεῖν: PAN   ¹⁷οἰκοδεσποτεῖν: PAN
¹⁹ἀντικειμένῳ: PNP-DSM   ²²ἐξετράπησαν: 2API-3P   ²⁵ἐπαρκείτω: PAM-3S   ²⁶βαρείσθω: PPM-3S   ²⁸ἐπαρκέσῃ:
AAS-3S   ³⁰προεστῶτες: RAP-NPM   ³³ἀξιούσθωσαν: PPM-3P   ³⁵κοπιῶντες: PAP-NPM   ³⁸ἀλοῶντα: PAP-ASM
³⁹φιμώσεις: FAI-2S   ⁴⁴παραδέχου: PNM-2S

---

¹νέος, α, ον, [24] (a) young, youthful, (b) new, fresh.   ²χήρα, ας, ἡ, [27] a widow.   ³παραιτέομαι, [11] I beg off, make excuse, deprecate, refuse, reject, decline, shun, avoid.   ⁴καταστρηνιάω, [1] I grow wanton towards.   ⁵γαμέω, [29] I marry, used of either sex.   ⁶κρίμα, ατος, τό, [28] (a) a judgment, a verdict; sometimes implying an adverse verdict, a condemnation, (b) a case at law, a lawsuit.   ⁷ἀθετέω, [16] I annul, make of no effect, set aside, ignore, slight; I break faith with.   ⁸ἅμα, [10] at the same time, therewith, along with, together with.   ⁹ἀργός, ή, όν, [8] idle, lazy, thoughtless, unprofitable, injurious.   ¹⁰μανθάνω, [25] I learn; with adj. or nouns: I learn to be so and so; with acc. of person who is the object of knowledge; aor. sometimes: to ascertain.   ¹¹περιέρχομαι, [4] I go around, move about, visit; I make a circuit, tack (as a ship).   ¹²φλύαρος, ον, [1] prating, talking foolishly, babbling.   ¹³περίεργος, ον, [2] of persons: over-careful; curious, meddling, a busy-body; of things: over-wrought; superfluous; curious, uncanny; subst: curious arts, magic.   ¹⁴βούλομαι, [34] I will, intend, desire, wish.   ¹⁵γαμέω, [29] I marry, used of either sex.   ¹⁶τεκνογονέω, [1] I bear children, beget, rear a family.   ¹⁷οἰκοδεσποτέω, [1] I manage a household.   ¹⁸ἀφορμή, ῆς, ἡ, [7] (a) a starting, a start, (b) cause, occasion, opportunity.   ¹⁹ἀντίκειμαι, [8] I resist, oppose, withstand, lie opposite to.   ²⁰λοιδορία, ας, ἡ, [3] reviling, abuse.   ²¹χάριν, [9] for the sake of, by reason of, on account of.   ²²ἐκτρέπω, [5] (lit: I turn out from); mid. and pass: I turn aside (from the right road), wander, forsake, and with an object: I remove from myself, shun, avoid.   ²³ὀπίσω, [37] behind, after; back, backwards.   ²⁴Σατανᾶς, ᾶ, ὁ, [36] an adversary, Satan.   ²⁵ἐπαρκέω, [3] I aid, relieve, do service, render help, am strong enough for.   ²⁶βαρέω, [7] I weight, load, burden, lit. and met.   ²⁷ὄντως, [10] really, truly, actually.   ²⁸ἐπαρκέω, [3] I aid, relieve, do service, render help, am strong enough for.   ²⁹καλῶς, [36] well, nobly, honorably, rightly.   ³⁰προΐστημι, [8] I preside, rule over, give attention to, direct, maintain, practice diligently.   ³¹διπλοῦς, ῆ, οῦν, [4] double, two-fold.   ³²τιμή, ῆς, ἡ, [42] a price, honor.   ³³ἀξιόω, [7] I account or treat as worthy.   ³⁴μάλιστα, [12] most of all, especially.   ³⁵κοπιάω, [23] (a) I grow weary, (b) I toil, work with effort (of bodily and mental labor alike).   ³⁶διδασκαλία, ας, ἡ, [21] instruction, teaching.   ³⁷βοῦς, βοός, ὁ, [8] an ox, cow, bull.   ³⁸ἀλοάω, [3] I thresh (wheat).   ³⁹φιμόω, [8] I muzzle, silence.   ⁴⁰ἄξιος, ία, ιον, [41] worthy, worthy of, deserving, comparable, suitable.   ⁴¹ἐργάτης, ου, ὁ, [16] a field-laborer; then: a laborer, workman in general.   ⁴²μισθός, οῦ, ὁ, [29] (a) pay, wages, salary, (b) reward, recompense, punishment.   ⁴³κατηγορία, ας, ἡ, [4] an accusation, charge.   ⁴⁴παραδέχομαι, [5] I receive, accept, acknowledge.   ⁴⁵ἐκτός, [9] (a) adv: (1) without, outside, beyond, (2) except, (3) subst: the outside, (b) prep: outside, apart from.   ⁴⁶μάρτυς, υρος, ὁ, [34] a witness; an eye- or ear-witness.

ἁμαρτάνοντας¹ ἐνώπιον πάντων ἔλεγχε,² ἵνα καὶ οἱ λοιποὶ³ φόβον⁴ ἔχωσιν. 21 Διαμαρτύρομαι⁵ ἐνώπιον τοῦ θεοῦ καὶ κυρίου Ἰησοῦ χριστοῦ καὶ τῶν ἐκλεκτῶν⁶ ἀγγέλων, ἵνα ταῦτα φυλάξῃς⁷ χωρὶς⁸ προκρίματος,⁹ μηδὲν ποιῶν κατὰ πρόσκλησιν.¹⁰ 22 Χεῖρας ταχέως¹¹ μηδενὶ ἐπιτίθει,¹² μηδὲ κοινώνει¹³ ἁμαρτίαις ἀλλοτρίαις·¹⁴ σεαυτὸν¹⁵ ἁγνὸν¹⁶ τήρει. 23 Μηκέτι¹⁷ ὑδροπότει,¹⁸ ἀλλ᾽ οἴνῳ¹⁹ ὀλίγῳ²⁰ χρῶ,²¹ διὰ τὸν στόμαχόν²² σου καὶ τὰς πυκνάς²³ σου ἀσθενείας.²⁴ 24 Τινῶν ἀνθρώπων αἱ ἁμαρτίαι πρόδηλοί²⁵ εἰσιν, προάγουσαι²⁶ εἰς κρίσιν·²⁷ τισὶν δὲ καὶ ἐπακολουθοῦσιν.²⁸ 25 Ὡσαύτως²⁹ καὶ τὰ καλὰ ἔργα πρόδηλά²⁵ ἐστιν· καὶ τὰ ἄλλως³⁰ ἔχοντα κρυβῆναι³¹ οὐ δύνανται.

6 Ὅσοι εἰσὶν ὑπὸ ζυγὸν³² δοῦλοι, τοὺς ἰδίους δεσπότας³³ πάσης τιμῆς³⁴ ἀξίους³⁵ ἡγείσθωσαν,³⁶ ἵνα μὴ τὸ ὄνομα τοῦ θεοῦ καὶ ἡ διδασκαλία³⁷ βλασφημῆται.³⁸ 2 Οἱ δὲ πιστοὺς ἔχοντες δεσπότας³³ μὴ καταφρονείτωσαν,³⁹ ὅτι ἀδελφοί εἰσιν· ἀλλὰ μᾶλλον δουλευέτωσαν,⁴⁰ ὅτι πιστοί εἰσιν καὶ ἀγαπητοὶ οἱ τῆς εὐεργεσίας⁴¹ ἀντιλαμβανόμενοι.⁴² Ταῦτα δίδασκε καὶ παρακάλει.

---

¹ἁμαρτάνοντας: PAP-APM   ²ἔλεγχε: PAM-2S   ⁵Διαμαρτύρομαι: PNI-1S   ⁷φυλάξῃς: AAS-2S   ¹²ἐπιτίθει: PAM-2S   ¹³κοινώνει: PAM-2S   ¹⁸ὑδροπότει: PAM-2S   ²¹χρῶ: PNM-2S   ²⁶προάγουσαι: PAP-NPF   ²⁸ἐπακολουθοῦσιν: PAI-3P   ³¹κρυβῆναι: 2APN   ³⁶ἡγείσθωσαν: PNM-3P   ³⁸βλασφημῆται: PPS-3S   ³⁹καταφρονείτωσαν: PAM-3P   ⁴⁰δουλευέτωσαν: PAM-3P   ⁴²ἀντιλαμβανόμενοι: PNP-NPM

---

¹ἁμαρτάνω, [43] originally: I miss the mark, hence (a) I make a mistake, (b) I sin, commit a sin (against God); sometimes the idea of sinning against a fellow-creature is present.   ²ἐλέγχω, [18] (a) I reprove, rebuke, discipline, (b) I expose, show to be guilty.   ³λοιπός, ή, όν, [42] left, left behind, the remainder, the rest, the others.   ⁴φόβος, ου, ὁ, [47] (a) fear, terror, alarm, (b) the object or cause of fear, (c) reverence, respect.   ⁵διαμαρτύρομαι, [15] I give solemn evidence, testify (declare) solemnly.   ⁶ἐκλεκτός, ή, όν, [24] chosen out, elect, choice, select, sometimes as subst: of those chosen out by God for the rendering of special service to Him (of the Hebrew race, particular Hebrews, the Messiah, and the Christians).   ⁷φυλάσσω, [30] (a) I guard, protect; mid: I am on my guard, (b) act. and mid. of customs and regulations: I keep, observe.   ⁸χωρίς, [39] apart from, separately from; without.   ⁹πρόκριμα, ατος, τό, [1] a prejudgment, prejudice, partiality, preference.   ¹⁰πρόσκλησις, εως, ἡ, [1] partiality, an inclination towards.   ¹¹ταχέως, [10] soon, quickly, hastily.   ¹²ἐπιτίθημι, [41] I put, place upon, lay on; I add, give in addition.   ¹³κοινωνέω, [8] (a) I share, communicate, contribute, impart, (b) I share in, have a share of, have fellowship with.   ¹⁴ἀλλότριος, ία, ιον, [14] belonging to another person, belonging to others, foreign, strange.   ¹⁵σεαυτοῦ, ῆς, οῦ, [41] of yourself.   ¹⁶ἁγνός, ή, όν, [8] (originally, in a condition prepared for worship), pure (either ethically, or ritually, ceremonially), chaste.   ¹⁷μηκέτι, [21] no longer, no more.   ¹⁸ὑδροποτέω, [1] I am only a water drinker.   ¹⁹οἶνος, ου, ὁ, [33] wine.   ²⁰ὀλίγος, η, ον, [43] (a) especially in plur: few, (b) in sing: small; hence, of time: short, of degree: light, slight, little.   ²¹χράομαι, [11] I use, make use of, deal with, take advantage of.   ²²στόμαχος, ου, ὁ, [1] the stomach.   ²³πυκνός, ή, όν, [3] frequent, often, much.   ²⁴ἀσθένεια, ας, ἡ, [24] want of strength, weakness, illness, suffering, calamity, frailty.   ²⁵πρόδηλος, ον, [3] manifest to all, evident, very clear.   ²⁶προάγω, [18] (a) trans: I lead forth; in the judicial sense, into court, (b) intrans. and trans: I precede, go before, (c) intrans: I go too far.   ²⁷κρίσις, εως, ἡ, [48] judging, judgment, decision, sentence; generally: divine judgment; accusation.   ²⁸ἐπακολουθέω, [4] I follow close after, accompany, dog; I imitate, pursue, am studious of.   ²⁹ὡσαύτως, [18] in like manner, likewise, just so.   ³⁰ἄλλως, [1] otherwise, things that are otherwise.   ³¹κρύπτω, [17] I hide, conceal, lay up.   ³²ζυγός, οῦ, ὁ, [6] a yoke; hence met: (a Jewish idea) of a heavy burden, comparable to the heavy yokes resting on the bullocks' necks; a balance, pair of scales.   ³³δεσπότης, ου, ὁ, [10] a lord, master, or prince.   ³⁴τιμή, ῆς, ἡ, [42] a price, honor.   ³⁵ἄξιος, ία, ιον, [41] worthy, worthy of, deserving, comparable, suitable.   ³⁶ἡγέομαι, [28] (a) I lead, (b) I think, am of opinion, suppose, consider.   ³⁷διδασκαλία, ας, ἡ, [21] instruction, teaching.   ³⁸βλασφημέω, [35] I speak evil against, blaspheme, use abusive or scurrilous language about (God or men).   ³⁹καταφρονέω, [9] I despise, scorn, and show it by active insult, disregard.   ⁴⁰δουλεύω, [25] I am a slave, am subject to, obey, am devoted.   ⁴¹εὐεργεσία, ας, ἡ, [2] good action, well-doing, benefiting, kind service.   ⁴²ἀντιλαμβάνομαι, [3] I take hold of, help, share in, partake of, enjoy.

A Description Characterizing the Errorists

3 Εἴ τις ἑτεροδιδασκαλεῖ,¹ καὶ μὴ προσέρχεται ὑγιαίνουσιν² λόγοις, τοῖς τοῦ κυρίου ἡμῶν Ἰησοῦ χριστοῦ, καὶ τῇ κατ' εὐσέβειαν³ διδασκαλίᾳ,⁴ 4 τετύφωται,⁵ μηδὲν ἐπιστάμενος,⁶ ἀλλὰ νοσῶν⁷ περὶ ζητήσεις⁸ καὶ λογομαχίας,⁹ ἐξ ὧν γίνεται φθόνος,¹⁰ ἔρις,¹¹ βλασφημίαι,¹² ὑπόνοιαι¹³ πονηραί, 5 διαπαρατριβαὶ¹⁴ διεφθαρμένων¹⁵ ἀνθρώπων τὸν νοῦν,¹⁶ καὶ ἀπεστερημένων¹⁷ τῆς ἀληθείας, νομιζόντων¹⁸ πορισμὸν¹⁹ εἶναι τὴν εὐσέβειαν.³ Ἀφίστασο²⁰ ἀπὸ τῶν τοιούτων.

The Sin of Avarice and Its Results

6 Ἔστιν δὲ πορισμὸς¹⁹ μέγας ἡ εὐσέβεια³ μετὰ αὐταρκείας·²¹ 7 οὐδὲν γὰρ εἰσηνέγκαμεν²² εἰς τὸν κόσμον, δῆλον²³ ὅτι οὐδὲ ἐξενεγκεῖν²⁴ τι δυνάμεθα· 8 ἔχοντες δὲ διατροφὰς²⁵ καὶ σκεπάσματα²⁶ τούτοις ἀρκεσθησόμεθα.²⁷ 9 Οἱ δὲ βουλόμενοι²⁸ πλουτεῖν²⁹ ἐμπίπτουσιν³⁰ εἰς πειρασμὸν³¹ καὶ παγίδα³² καὶ ἐπιθυμίας³³ πολλὰς ἀνοήτους³⁴ καὶ βλαβεράς,³⁵ αἵτινες βυθίζουσιν³⁶ τοὺς ἀνθρώπους εἰς ὄλεθρον³⁷ καὶ ἀπώλειαν.³⁸ 10 Ῥίζα³⁹ γὰρ πάντων τῶν κακῶν ἐστιν ἡ φιλαργυρία·⁴⁰ ἧς τινες ὀρεγόμενοι⁴¹ ἀπεπλανήθησαν⁴² ἀπὸ τῆς πίστεως, καὶ ἑαυτοὺς περιέπειραν⁴³ ὀδύναις⁴⁴ πολλαῖς.

¹ἑτεροδιδασκαλεῖ: *PAI-3S*   ²ὑγιαίνουσιν: *PAP-DPM*   ⁵τετύφωται: *RPI-3S*   ⁶ἐπιστάμενος: *PNP-NSM*   ⁷νοσῶν: *PAP-NSM*   ¹⁵διεφθαρμένων: *RPP-GPM*   ¹⁷ἀπεστερημένων: *RPP-GPM*   ¹⁸νομιζόντων: *PAP-GPM*   ²⁰Ἀφίστασο: *PNM-2S*   ²²εἰσηνέγκαμεν: *AAI-1P*   ²⁴ἐξενεγκεῖν: *2AAN*   ²⁷ἀρκεσθησόμεθα: *FPI-1P*   ²⁸βουλόμενοι: *PNP-NPM*   ²⁹πλουτεῖν: *PAN*   ³⁰ἐμπίπτουσιν: *PAI-3P*   ³⁶βυθίζουσιν: *PAI-3P*   ⁴¹ὀρεγόμενοι: *PMP-NPM*   ⁴²ἀπεπλανήθησαν: *API-3P*   ⁴³περιέπειραν: *AAI-3P*

¹ἑτεροδιδασκαλέω, *[2] I teach different things, that is, different from the true or necessary teaching.*   ²ὑγιαίνω, *[12] I am well, am in good health; I am right, reasonable, sound, pure, uncorrupted.*   ³εὐσέβεια, ας, ἡ, *[15] piety (towards God), godliness, devotion, godliness.*   ⁴διδασκαλία, ας, ἡ, *[21] instruction, teaching.*   ⁵τυφόω, *[3] I puff up, make haughty; pass: I am puffed up, am haughty.*   ⁶ἐπίσταμαι, *[14] I know, know of, understand.*   ⁷νοσέω, *[1] I am diseased, hence of mental or spiritual disease.*   ⁸ζήτησις, εως, ἡ, *[7] a question, debate, controversy; a seeking, search.*   ⁹λογομαχία, ας, ἡ, *[1] contention about words, an unprofitable controversy.*   ¹⁰φθόνος, ου, ὁ, *[9] envy, a grudge, spite.*   ¹¹ἔρις, ιδος, ἡ, *[9] contention, strife, wrangling.*   ¹²βλασφημία, ας, ἡ, *[19] abusive or scurrilous language, blasphemy.*   ¹³ὑπόνοια, ας, ἡ, *[1] a supposition, suspicion.*   ¹⁴παραδιατριβή, ῆς, ἡ, *[1] useless debate.*   ¹⁵διαφθείρω, *[7] I destroy, waste; hence met: I corrupt.*   ¹⁶νοῦς, νοός, νοΐ, νοῦν, ὁ, *[24] the mind, the reason, the reasoning faculty, intellect.*   ¹⁷ἀποστερέω, *[6] I defraud, deprive of, despoil; mid: I endure deprivation; pass: I am bereft of.*   ¹⁸νομίζω, *[15] I practice, hold by custom; I deem, think, consider, suppose.*   ¹⁹πορισμός, οῦ, ὁ, *[2] a source of gain, livelihood.*   ²⁰ἀφίστημι, *[15] I make to stand away, draw away, repel, take up a position away from, withdraw from, leave, abstain from.*   ²¹αὐτάρκεια, ας, ἡ, *[2] self-sufficiency, independence, contentment.*   ²²εἰσφέρω, *[7] I lead into, bring in, announce.*   ²³δῆλος, η, ον, *[4] clear, manifest, evident.*   ²⁴ἐκφέρω, *[7] I bring out, carry out, sometimes out of the city for burial; I bring forth, bear, produce.*   ²⁵διατροφή, ῆς, ἡ, *[1] nourishment, food.*   ²⁶σκέπασμα, ατος, τό, *[1] clothing, a covering, raiment.*   ²⁷ἀρκέω, *[8] I keep off, assist; I suffice; pass: I am satisfied.*   ²⁸βούλομαι, *[34] I will, intend, desire, wish.*   ²⁹πλουτέω, *[12] I become rich, am rich, abound in.*   ³⁰ἐμπίπτω, *[7] I fall in, am cast in, am involved in.*   ³¹πειρασμός, οῦ, ὁ, *[21] (a) trial, probation, testing, being tried, (b) temptation, (c) calamity, affliction.*   ³²παγίς, ίδος, ἡ, *[5] a snare, trap (especially for catching birds) hence, met: stratagem, device, wile.*   ³³ἐπιθυμία, ας, ἡ, *[38] desire, eagerness for, inordinate desire, lust.*   ³⁴ἀνόητος, ον, *[6] foolish, thoughtless.*   ³⁵βλαβερός, ά, όν, *[1] injurious, hurtful.*   ³⁶βυθίζω, *[2] I cause to sink; mid: I sink, submerge, drown.*   ³⁷ὄλεθρος, ου, ὁ, *[4] ruin, doom, destruction, death.*   ³⁸ἀπώλεια, ας, ἡ, *[19] destruction, ruin, loss, perishing; eternal ruin.*   ³⁹ῥίζα, ης, ἡ, *[17] a root, shoot, source; that which comes from the root, a descendent.*   ⁴⁰φιλαργυρία, ας, ἡ, *[1] love of money, avarice, covetousness.*   ⁴¹ὀρέγω, *[3] I stretch forth, mid: I hanker after, long for, am eager for, aspire to.*   ⁴²ἀποπλανάω, *[2] I cause to go astray; pass: I am led astray.*   ⁴³περιπείρω, *[1] I put on a spit; met: I pierce, wound deeply.*   ⁴⁴ὀδύνη, ης, ἡ, *[2] pain, sorrow, distress, of body or mind.*

The Conduct of the True Christian and Its Reward

11 Σὺ δέ, ὦ¹ ἄνθρωπε τοῦ θεοῦ, ταῦτα φεῦγε·² δίωκε³ δὲ δικαιοσύνην, εὐσέβειαν,⁴ πίστιν, ἀγάπην, ὑπομονήν,⁵ πραότητα.⁶ **12** Ἀγωνίζου⁷ τὸν καλὸν ἀγῶνα⁸ τῆς πίστεως, ἐπιλαβοῦ⁹ τῆς αἰωνίου ζωῆς, εἰς ἣν ἐκλήθης, καὶ ὡμολόγησας¹⁰ τὴν καλὴν ὁμολογίαν¹¹ ἐνώπιον πολλῶν μαρτύρων.¹² **13** Παραγγέλλω¹³ σοι ἐνώπιον τοῦ θεοῦ τοῦ ζῳοποιοῦντος¹⁴ τὰ πάντα, καὶ χριστοῦ Ἰησοῦ τοῦ μαρτυρήσαντος ἐπὶ Ποντίου Πιλάτου τὴν καλὴν ὁμολογίαν,¹¹ **14** τηρῆσαί σε τὴν ἐντολὴν ἄσπιλον,¹⁵ ἀνεπίληπτον,¹⁶ μέχρι¹⁷ τῆς ἐπιφανείας¹⁸ τοῦ κυρίου ἡμῶν Ἰησοῦ χριστοῦ, **15** ἣν καιροῖς ἰδίοις δείξει¹⁹ ὁ μακάριος καὶ μόνος²⁰ δυνάστης,²¹ ὁ βασιλεὺς τῶν βασιλευόντων,²² καὶ κύριος τῶν κυριευόντων,²³ **16** ὁ μόνος²⁰ ἔχων ἀθανασίαν,²⁴ φῶς οἰκῶν²⁵ ἀπρόσιτον,²⁶ ὃν εἶδεν οὐδεὶς ἀνθρώπων, οὐδὲ ἰδεῖν δύναται· ᾧ τιμὴ²⁷ καὶ κράτος²⁸ αἰώνιον. Ἀμήν.

Final Admonitions and Conclusion

17 Τοῖς πλουσίοις²⁹ ἐν τῷ νῦν αἰῶνι παράγγελλε,³⁰ μὴ ὑψηλοφρονεῖν,³¹ μηδὲ ἠλπικέναι³² ἐπὶ πλούτου³³ ἀδηλότητι,³⁴ ἀλλ᾽ ἐν τῷ θεῷ τῷ ζῶντι, τῷ παρέχοντι³⁵ ἡμῖν πάντα πλουσίως³⁶ εἰς ἀπόλαυσιν·³⁷ **18** ἀγαθοεργεῖν,³⁸ πλουτεῖν³⁹ ἐν ἔργοις καλοῖς,

---

²φεῦγε: PAM-2S   ³δίωκε: PAM-2S   ⁷Ἀγωνίζου: PNM-2S   ⁹ἐπιλαβοῦ: 2ADM-2S   ¹⁰ὡμολόγησας: AAI-2S   ¹³Παραγγέλλω: PAI-1S   ¹⁴ζῳοποιοῦντος: PAP-GSM   ¹⁹δείξει: FAI-3S   ²²βασιλευόντων: PAP-GPM   ²³κυριευόντων: PAP-GPM   ²⁵οἰκῶν: PAP-NSM   ³⁰παράγγελλε: PAM-2S   ³¹ὑψηλοφρονεῖν: PAN   ³²ἠλπικέναι: RAN   ³⁵παρέχοντι: PAP-DSM   ³⁸ἀγαθοεργεῖν: PAN   ³⁹πλουτεῖν: PAN

---

¹ὦ, [17] O, an exclamation, used in addressing someone.   ²φεύγω, [31] I flee, escape, shun.   ³διώκω, [44] I pursue, hence: I persecute.   ⁴εὐσέβεια, ας, ἡ, [15] piety (towards God), godliness, devotion, godliness.   ⁵ὑπομονή, ῆς, ἡ, [32] endurance, steadfastness, patient waiting for.   ⁶πραΰτης, τητος, ἡ, [12] mildness, gentleness.   ⁷ἀγωνίζομαι, [7] I am struggling, striving (as in an athletic contest or warfare); I contend, as with an adversary.   ⁸ἀγών, ῶνος, ὁ, [6] an (athletic) contest; hence, a struggle (in the soul).   ⁹ἐπιλαμβάνομαι, [19] I lay hold of, take hold of, seize (sometimes with beneficent, sometimes with hostile, intent).   ¹⁰ὁμολογέω, [24] (a) I promise, agree, (b) I confess, (c) I publicly declare, (d) a Hebraism, I praise, celebrate.   ¹¹ὁμολογία, ας, ἡ, [6] a profession, confession.   ¹²μάρτυς, υρος, ὁ, [34] a witness; an eye- or ear-witness.   ¹³παραγγέλλω, [30] I notify, command, charge, entreat solemnly.   ¹⁴ζῳοποιέω, [12] I make that which was dead to live, cause to live, quicken.   ¹⁵ἄσπιλος, ον, [4] unstained, undefiled, spotless, pure.   ¹⁶ἀνεπίληπτος, ον, [3] irreproachable, never caught doing wrong.   ¹⁷μέχρι, [17] as far as, until, even to.   ¹⁸ἐπιφάνεια, ας, ἡ, [6] appearing, manifestation, glorious display.   ¹⁹δείκνυμι, [31] I point out, show, exhibit; met: I teach, demonstrate, make known.   ²⁰μόνος, η, ον, [45] only, solitary, desolate.   ²¹δυνάστης, ου, ὁ, [3] (lit: a man who rules by force), a ruler, potentate; also: courtier, member of the court.   ²²βασιλεύω, [21] (a) I rule, reign, (b) I reign over.   ²³κυριεύω, [7] I have authority, rule over.   ²⁴ἀθανασία, ας, ἡ, [3] immortality, imperishability, freedom from death.   ²⁵οἰκέω, [9] I inhabit, dwell, indwell.   ²⁶ἀπρόσιτος, ον, [1] unapproachable.   ²⁷τιμή, ῆς, ἡ, [42] a price, honor.   ²⁸κράτος, ους, τό, [12] dominion, strength, power; a mighty deed.   ²⁹πλούσιος, α, ον, [28] rich, abounding in, wealthy; subst: a rich man.   ³⁰παραγγέλλω, [30] I notify, command, charge, entreat solemnly.   ³¹ὑψηλοφρονέω, [2] I am high-minded, proud.   ³²ἐλπίζω, [31] I hope, hope for, expect, trust.   ³³πλοῦτος, ου, ὁ, [22] riches, wealth, abundance, materially or spiritually.   ³⁴ἀδηλότης, τητος, ἡ, [1] the quality of being unseen (of disappearing), indefiniteness, uncertainty.   ³⁵παρέχω, [16] act. and mid: I offer, provide, confer, afford, give, bring, show, cause.   ³⁶πλουσίως, [4] richly, abundantly.   ³⁷ἀπόλαυσις, εως, ἡ, [2] the faculty or experience of enjoyment.   ³⁸ἀγαθοεργέω, [1] I work that which is good, perform good deeds.   ³⁹πλουτέω, [12] I become rich, am rich, abound in.

εὐμεταδότους¹ εἶναι, κοινωνικούς,² **19** ἀποθησαυρίζοντας³ ἑαυτοῖς θεμέλιον⁴ καλὸν εἰς τὸ μέλλον, ἵνα ἐπιλάβωνται⁵ τῆς αἰωνίου ζωῆς.

20 Ὦ⁶ Τιμόθεε, τὴν παραθήκην⁷ φύλαξον,⁸ ἐκτρεπόμενος⁹ τὰς βεβήλους¹⁰ κενοφωνίας¹¹ καὶ ἀντιθέσεις¹² τῆς ψευδωνύμου¹³ γνώσεως·¹⁴ **21** ἥν τινες ἐπαγγελλόμενοι¹⁵ περὶ τὴν πίστιν ἠστόχησαν.¹⁶

Ἡ χάρις μετὰ σοῦ. Ἀμήν.

---

³ἀποθησαυρίζοντας: *PAP-APM*　　⁵ἐπιλάβωνται: *2ADS-3P*　　⁸φύλαξον: *AAM-2S*　　⁹ἐκτρεπόμενος: *PMP-NSM*
¹⁵ἐπαγγελλόμενοι: *PNP-NPM*　　¹⁶ἠστόχησαν: *AAI-3P*

---

¹εὐμετάδοτος, ον, [1] willingly sharing, ready to impart, generous.　　²κοινωνικός, ή, όν, [1] willing to share, sociable, ready to communicate, beneficent.　　³ἀποθησαυρίζω, [1] I store up, treasure up.　　⁴θεμέλιος, ον, [16] (properly, an adj: belonging to the foundation), a foundation stone.　　⁵ἐπιλαμβάνομαι, [19] I lay hold of, take hold of, seize (sometimes with beneficent, sometimes with hostile, intent).　　⁶ὦ, [17] O, an exclamation, used in addressing someone.　　⁷παραθήκη, ης, ή, [3] a deposit, anything committed to one's charge or trust.　　⁸φυλάσσω, [30] (a) I guard, protect; mid: I am on my guard, (b) act. and mid. of customs and regulations: I keep, observe.　　⁹ἐκτρέπω, [5] (lit: I turn out from); mid. and pass: I turn aside (from the right road), wander, forsake, and with an object: I remove from myself, shun, avoid.　　¹⁰βέβηλος, ον, [5] permitted to be trodden, accessible.　　¹¹κενοφωνία, ας, ή, [2] empty disputing, worthless babble.　　¹²ἀντίθεσις, εως, ή, [1] a proposition, tenet, opinion advanced by one party against another; opposition.　　¹³ψευδώνυμος, ον, [1] falsely named, under a false name.　　¹⁴γνῶσις, εως, ή, [29] knowledge, doctrine, wisdom.　　¹⁵ἐπαγγέλλομαι, [15] I promise, profess.　　¹⁶ἀστοχέω, [3] I miss the mark, miss my aim, make a false aim, fail.

ΠΡΟΣ ΤΙΜΟΘΕΟΝ Β
Second to Timothy

Address and Salutation

Παῦλος, ἀπόστολος Ἰησοῦ χριστοῦ διὰ θελήματος θεοῦ, κατ' ἐπαγγελίαν ζωῆς τῆς ἐν χριστῷ Ἰησοῦ, **2** Τιμοθέῳ ἀγαπητῷ τέκνῳ· χάρις, ἔλεος,¹ εἰρήνη ἀπὸ θεοῦ πατρὸς καὶ χριστοῦ Ἰησοῦ τοῦ κυρίου ἡμῶν.

Paul Reminds Timothy of His Early Training and Its Obligations

3 Χάριν ἔχω τῷ θεῷ, ᾧ λατρεύω² ἀπὸ προγόνων³ ἐν καθαρᾷ⁴ συνειδήσει,⁵ ὡς ἀδιάλειπτον⁶ ἔχω τὴν περὶ σοῦ μνείαν⁷ ἐν ταῖς δεήσεσίν⁸ μου νυκτὸς καὶ ἡμέρας, **4** ἐπιποθῶν⁹ σε ἰδεῖν, μεμνημένος¹⁰ σου τῶν δακρύων,¹¹ ἵνα χαρᾶς πληρωθῶ,

An Admonition to Steadfastness

5 ὑπόμνησιν¹² λαμβάνων τῆς ἐν σοὶ ἀνυποκρίτου¹³ πίστεως, ἥτις ἐνῴκησεν¹⁴ πρῶτον ἐν τῇ μάμμῃ¹⁵ σου Λωΐδι καὶ τῇ μητρί σου Εὐνίκῃ, πέπεισμαι δὲ ὅτι καὶ ἐν σοί. **6** Δι' ἣν αἰτίαν¹⁶ ἀναμιμνήσκω¹⁷ σε ἀναζωπυρεῖν¹⁸ τὸ χάρισμα¹⁹ τοῦ θεοῦ, ὅ ἐστιν ἐν σοὶ διὰ τῆς ἐπιθέσεως²⁰ τῶν χειρῶν μου. **7** Οὐ γὰρ ἔδωκεν ἡμῖν ὁ θεὸς πνεῦμα δειλίας,²¹ ἀλλὰ δυνάμεως καὶ ἀγάπης καὶ σωφρονισμοῦ.²² **8** Μὴ οὖν ἐπαισχυνθῇς²³ τὸ μαρτύριον²⁴ τοῦ

---

²λατρεύω: PAI-1S   ⁹ἐπιποθῶν: PAP-NSM   ¹⁰μεμνημένος: RPP-NSM   ¹⁴ἐνῴκησεν: AAI-3S   ¹⁷ἀναμιμνήσκω: PAI-1S   ¹⁸ἀναζωπυρεῖν: PAN   ²³ἐπαισχυνθῇς: AOS-2S

---

¹ἔλεος, ους, τό, [28] pity, mercy, compassion.   ²λατρεύω, [21] I serve, especially God, perhaps simply: I worship.   ³πρόγονος, ου, ὁ, [2] an ancestor.   ⁴καθαρός, ά, όν, [28] clean, pure, unstained, either literally or ceremonially or spiritually; guiltless, innocent, upright.   ⁵συνείδησις, εως, ἡ, [32] the conscience, a persisting notion.   ⁶ἀδιάλειπτος, ον, [2] unceasing, unremitting.   ⁷μνεία, ας, ἡ, [7] remembrance, recollection, mention; commemoration.   ⁸δέησις, εως, ἡ, [19] supplication, prayer, entreaty.   ⁹ἐπιποθέω, [9] I long for, strain after, desire greatly, have affection for.   ¹⁰μιμνήσκομαι, [23] I remember, call to mind, recall, mention.   ¹¹δάκρυον, ου, τό, [11] a tear.   ¹²ὑπόμνησις, εως, ἡ, [3] remembrance, recollection, putting in mind; a reminder.   ¹³ἀνυπόκριτος, ον, [6] unfeigned, without hypocrisy, sincere.   ¹⁴ἐνοικέω, [5] I dwell in, am settled (stationary) in; met: I am indwelling.   ¹⁵μάμμη, ης, ἡ, [1] a grandmother.   ¹⁶αἰτία, ας, ἡ, [20] a cause, reason, excuse; a charge, accusation; guilt; circumstances, case.   ¹⁷ἀναμιμνήσκω, [6] I remind, admonish, am reminded, remind myself; pass: I remember, recall.   ¹⁸ἀναζωπυρέω, [1] I stir up the fire, fan the flame of.   ¹⁹χάρισμα, ατος, τό, [17] a gift of grace, an undeserved favor.   ²⁰ἐπίθεσις, εως, ἡ, [4] a laying on; an attack, assault.   ²¹δειλία, ας, ἡ, [1] cowardice, timidity.   ²²σωφρονισμός, οῦ, ὁ, [1] self-control, self-discipline, prudence.   ²³ἐπαισχύνομαι, [11] I am ashamed, am ashamed of.   ²⁴μαρτύριον, ου, τό, [20] witness, evidence, testimony, proof.

κυρίου ἡμῶν, μηδὲ ἐμὲ τὸν δέσμιον¹ αὐτοῦ· ἀλλὰ συγκακοπάθησον² τῷ εὐαγγελίῳ κατὰ δύναμιν θεοῦ, 9 τοῦ σώσαντος ἡμᾶς καὶ καλέσαντος κλήσει³ ἁγίᾳ, οὐ κατὰ τὰ ἔργα ἡμῶν, ἀλλὰ κατ᾽ ἰδίαν πρόθεσιν⁴ καὶ χάριν τὴν δοθεῖσαν ἡμῖν ἐν χριστῷ Ἰησοῦ πρὸ⁵ χρόνων αἰωνίων, 10 φανερωθεῖσαν⁶ δὲ νῦν διὰ τῆς ἐπιφανείας⁷ τοῦ σωτῆρος⁸ ἡμῶν Ἰησοῦ χριστοῦ, καταργήσαντος⁹ μὲν τὸν θάνατον, φωτίσαντος¹⁰ δὲ ζωὴν καὶ ἀφθαρσίαν¹¹ διὰ τοῦ εὐαγγελίου, 11 εἰς ὃ ἐτέθην ἐγὼ κῆρυξ¹² καὶ ἀπόστολος καὶ διδάσκαλος ἐθνῶν. 12 Δι᾽ ἣν αἰτίαν¹³ καὶ ταῦτα πάσχω,¹⁴ ἀλλ᾽ οὐκ ἐπαισχύνομαι· ¹⁵ οἶδα γὰρ ᾧ πεπίστευκα, καὶ πέπεισμαι ὅτι δυνατός¹⁶ ἐστιν τὴν παραθήκην¹⁷ μου φυλάξαι¹⁸ εἰς ἐκείνην τὴν ἡμέραν. 13 Ὑποτύπωσιν¹⁹ ἔχε ὑγιαινόντων²⁰ λόγων ὧν παρ᾽ ἐμοῦ ἤκουσας, ἐν πίστει καὶ ἀγάπῃ τῇ ἐν χριστῷ Ἰησοῦ. 14 Τὴν καλὴν παραθήκην¹⁷ φύλαξον²¹ διὰ πνεύματος ἁγίου τοῦ ἐνοικοῦντος²² ἐν ἡμῖν.

Paul's Sorrowful and Cheerful Experiences

15 Οἶδας τοῦτο, ὅτι ἀπεστράφησάν²³ με πάντες οἱ ἐν τῇ Ἀσίᾳ,²⁴ ὧν ἐστιν Φύγελος καὶ Ἑρμογένης. 16 Δῴη ἔλεος²⁵ ὁ κύριος τῷ Ὀνησιφόρου οἴκῳ· ὅτι πολλάκις²⁶ με ἀνέψυξεν,²⁷ καὶ τὴν ἅλυσίν²⁸ μου οὐκ ἐπαισχύνθη,²⁹ 17 ἀλλὰ γενόμενος ἐν Ῥώμῃ,³⁰ σπουδαιότερον³¹ ἐζήτησέν με καὶ εὗρεν– 18 δῴη αὐτῷ ὁ κύριος εὑρεῖν ἔλεος²⁵ παρὰ κυρίου ἐν ἐκείνῃ τῇ ἡμέρᾳ–καὶ ὅσα ἐν Ἐφέσῳ³² διηκόνησεν,³³ βέλτιον³⁴ σὺ γινώσκεις.

---

²συγκακοπάθησον: AAM-2S ⁶φανερωθεῖσαν: APP-ASF ⁹καταργήσαντος: AAP-GSM ¹⁰φωτίσαντος: AAP-GSM ¹⁴πάσχω: PAI-1S ¹⁵ἐπαισχύνομαι: PNI-1S ¹⁸φυλάξαι: AAN ²⁰ὑγιαινόντων: PAP-GPM ²¹φύλαξον: AAM-2S ²²ἐνοικοῦντος: PAP-GSN ²³ἀπεστράφησάν: 2API-3P ²⁷ἀνέψυξεν: AAI-3S ²⁹ἐπαισχύνθη: AOI-3S ³³διηκόνησεν: AAI-3S

---

¹δέσμιος, ου, ὁ, [16] one bound, a prisoner. ²συγκακοπαθέω, [1] I suffer hardships together with. ³κλῆσις, εως, ἡ, [11] a calling, invitation; in the NT, always of a divine call. ⁴πρόθεσις, εως, ἡ, [12] a setting forth, the show-bread; predetermination, purpose. ⁵πρό, [47] (a) of place: before, in front of, (b) of time: before, earlier than. ⁶φανερόω, [49] I make clear (visible, manifest), make known. ⁷ἐπιφάνεια, ας, ἡ, [6] appearing, manifestation, glorious display. ⁸σωτήρ, ῆρος, ὁ, [23] a savior, deliverer, preserver. ⁹καταργέω, [27] (a) I make idle (inactive), make of no effect, annul, abolish, bring to naught, (b) I discharge, sever, separate from. ¹⁰φωτίζω, [11] (a) I light up, illumine, (b) I bring to light, make evident, reveal. ¹¹ἀφθαρσία, ας, ἡ, [8] indestructibility, incorruptibility; hence: immortality. ¹²κῆρυξ, υκος, ὁ, [3] a herald, preacher, proclaimer. ¹³αἰτία, ας, ἡ, [20] a cause, reason, excuse; a charge, accusation; guilt; circumstances, case. ¹⁴πάσχω, [42] I am acted upon in a certain way, either good or bad; I experience ill treatment, suffer. ¹⁵ἐπαισχύνομαι, [11] I am ashamed, am ashamed of. ¹⁶δυνατός, ή, όν, [36] (a) of persons: powerful, able, (b) of things: possible. ¹⁷παραθήκη, ης, ἡ, [3] a deposit, anything committed to one's charge or trust. ¹⁸φυλάσσω, [30] (a) I guard, protect; mid: I am on my guard, (b) act. and mid. of customs and regulations: I keep, observe. ¹⁹ὑποτύπωσις, εως, ἡ, [2] a pattern, example; a form, sample. ²⁰ὑγιαίνω, [12] I am well, am in good health; I am right, reasonable, sound, pure, uncorrupted. ²¹φυλάσσω, [30] (a) I guard, protect; mid: I am on my guard, (b) act. and mid. of customs and regulations: I keep, observe. ²²ἐνοικέω, [5] I dwell in, am settled (stationary) in; met: I am indwelling. ²³ἀποστρέφω, [10] I turn away, pervert, remove; I restore, replace; mid: I desert, reject. ²⁴Ἀσία, ας, ἡ, [18] the Roman province of Asia, roughly the western third of Asia Minor. ²⁵ἔλεος, ους, τό, [28] pity, mercy, compassion. ²⁶πολλάκις, [18] many times, often, frequently. ²⁷ἀναψύχω, [1] I refresh, revive, comfort. ²⁸ἅλυσις, εως, ἡ, [11] a (light) chain, bond. ²⁹ἐπαισχύνομαι, [11] I am ashamed, am ashamed of. ³⁰Ῥώμη, ης, ἡ, [8] Rome, the famous city on the Tiber, the capital of the Roman Empire. ³¹σπουδαῖος, α, ον, [4] diligent, earnest, zealous, eager. ³²Ἔφεσος, ου, ἡ, [16] Ephesus, a coast city, capital of the Roman province Asia. ³³διακονέω, [37] I wait at table (particularly of a slave who waits on guests); I serve (generally). ³⁴βελτίων, ον, [1] better; adv: very well.

Admonition to Faithfulness in the Ministry

2 Σὺ οὖν, τέκνον μου, ἐνδυναμοῦ[1] ἐν τῇ χάριτι τῇ ἐν χριστῷ Ἰησοῦ. 2 Καὶ ἃ ἤκουσας παρ᾽ ἐμοῦ διὰ πολλῶν μαρτύρων,[2] ταῦτα παράθου[3] πιστοῖς ἀνθρώποις, οἵτινες ἱκανοὶ[4] ἔσονται καὶ ἑτέρους διδάξαι. 3 Σὺ οὖν κακοπάθησον[5] ὡς καλὸς στρατιώτης[6] Ἰησοῦ χριστοῦ. 4 Οὐδεὶς στρατευόμενος[7] ἐμπλέκεται[8] ταῖς τοῦ βίου[9] πραγματείαις,[10] ἵνα τῷ στρατολογήσαντι[11] ἀρέσῃ.[12] 5 Ἐὰν δὲ καὶ ἀθλῇ[13] τις, οὐ στεφανοῦται[14] ἐὰν μὴ νομίμως[15] ἀθλήσῃ.[16] 6 Τὸν κοπιῶντα[17] γεωργὸν[18] δεῖ πρῶτον τῶν καρπῶν μεταλαμβάνειν.[19] 7 Νόει[20] ἃ λέγω· δῴη γάρ σοι ὁ κύριος σύνεσιν[21] ἐν πᾶσιν.

An Admonition to Faithfulness in Faith and Christian Conduct

8 Μνημόνευε[22] Ἰησοῦν χριστὸν ἐγηγερμένον ἐκ νεκρῶν, ἐκ σπέρματος[23] Δαυίδ, κατὰ τὸ εὐαγγέλιόν μου· 9 ἐν ᾧ κακοπαθῶ[24] μέχρι[25] δεσμῶν,[26] ὡς κακοῦργος·[27] ἀλλ᾽ ὁ λόγος τοῦ θεοῦ οὐ δέδεται.[28] 10 Διὰ τοῦτο πάντα ὑπομένω[29] διὰ τοὺς ἐκλεκτούς,[30] ἵνα καὶ αὐτοὶ σωτηρίας[31] τύχωσιν[32] τῆς ἐν χριστῷ Ἰησοῦ, μετὰ δόξης αἰωνίου. 11 Πιστὸς ὁ λόγος· εἰ γὰρ συναπεθάνομεν,[33] καὶ συζήσομεν·[34] 12 εἰ ὑπομένομεν,[35] καὶ συμβασιλεύσομεν·[36]

---

[1]ἐνδυναμοῦ: PPM-2S   [3]παράθου: 2AMM-2S   [5]κακοπάθησον: AAM-2S   [7]στρατευόμενος: PMP-NSM
[8]ἐμπλέκεται: PPI-3S   [11]στρατολογήσαντι: AAP-DSM   [12]ἀρέσῃ: AAS-3S   [13]ἀθλῇ: PAS-3S   [14]στεφανοῦται: PPI-3S
[16]ἀθλήσῃ: AAS-3S   [17]κοπιῶντα: PAP-ASM   [19]μεταλαμβάνειν: PAN   [20]Νόει: PAM-2S   [22]Μνημόνευε: PAM-2S
[24]κακοπαθῶ: PAI-1S   [28]δέδεται: RPI-3S   [29]ὑπομένω: PAI-1S   [32]τύχωσιν: 2AAS-3P   [33]συναπεθάνομεν: 2AAI-1P
[34]συζήσομεν: FAI-1P   [35]ὑπομένομεν: PAI-1P   [36]συμβασιλεύσομεν: FAI-1P

---

[1]ἐνδυναμόω, [8] I fill with power, strengthen, make strong.   [2]μάρτυς, υρος, ὁ, [34] a witness; an eye- or ear-witness.   [3]παρατίθημι, [19] (a) I set (especially a meal) before, serve, (b) act. and mid: I deposit with, entrust to, (c) I bring forward, quote as evidence.   [4]ἱκανός, ή, όν, [41] (a) considerable, sufficient, of number, quantity, time, (b) of persons: sufficiently strong (good, etc.), worthy, suitable, with various constructions, (c) many, much.   [5]κακοπαθέω, [4] I suffer evil, endure affliction.   [6]στρατιώτης, ου, ὁ, [26] a soldier.   [7]στρατεύομαι, [7] I wage war, fight, serve as a soldier; fig: of the warring lusts against the soul.   [8]ἐμπλέκω, [2] I enfold, entangle; pass: I am involved in.   [9]βίος, ου, ὁ, [11] (a) life, (b) manner of life; livelihood.   [10]πραγματεία, ας, ἡ, [1] a business, an occupation, affair, transaction.   [11]στρατολογέω, [1] I collect an army, enlist troops.   [12]ἀρέσκω, [17] I please, with the idea of willing service rendered to others; hence almost: I serve.   [13]ἀθλέω, [2] I engage, compete, in an (athletic) contest.   [14]στεφανόω, [3] I crown, adorn, decorate.   [15]νομίμως, [2] lawfully, rightfully.   [16]ἀθλέω, [2] I engage, compete, in an (athletic) contest.   [17]κοπιάω, [23] (a) I grow weary, (b) I toil, work with effort (of bodily and mental labor alike).   [18]γεωργός, οῦ, ὁ, [19] a worker of the soil, husbandman, farmer, farm-laborer, vine-dresser.   [19]μεταλαμβάνω, [6] (a) with gen: I take a share (part) of, share in, partake of, (b) with acc: I take after (later) or take instead.   [20]νοέω, [14] I understand, think, consider, conceive, apprehend; aor. possibly: realize.   [21]σύνεσις, εως, ἡ, [7] a putting together in the mind, hence: understanding, practical discernment, intellect.   [22]μνημονεύω, [21] I remember, hold in remembrance, make mention of.   [23]σπέρμα, ατος, τό, [44] (a) seed, commonly of cereals, (b) offspring, descendents.   [24]κακοπαθέω, [4] I suffer evil, endure affliction.   [25]μέχρι, [17] as far as, until, even to.   [26]δεσμός, οῦ, ὁ, [20] a bond, chain, imprisonment; a string or ligament, an impediment, infirmity.   [27]κακοῦργος, ον, [4] (lit: an evil-worker), a criminal.   [28]δέω, [44] I bind, tie, fasten; I impel, compel; I declare to be prohibited and unlawful.   [29]ὑπομένω, [17] (a) I remain behind, (b) I stand my ground, show endurance, (c) I endure, bear up against, persevere.   [30]ἐκλεκτός, ή, όν, [24] chosen out, elect, choice, select, sometimes as subst: of those chosen out by God for the rendering of special service to Him (of the Hebrew race, particular Hebrews, the Messiah, and the Christians).   [31]σωτηρία, ας, ἡ, [46] welfare, prosperity, deliverance, preservation, salvation, safety.   [32]τυγχάνω, [13] (a) gen: I obtain, (b) absol: I chance, happen; ordinary, everyday, it may chance, perhaps.   [33]συναποθνήσκω, [3] I die together with.   [34]συζάω, [3] I live together with.   [35]ὑπομένω, [17] (a) I remain behind, (b) I stand my ground, show endurance, (c) I endure, bear up against, persevere.   [36]συμβασιλεύω, [2] I reign together with.

εἰ ἀρνούμεθα,¹ κἀκεῖνος² ἀρνήσεται³ ἡμᾶς· **13** εἰ ἀπιστοῦμεν,⁴ ἐκεῖνος πιστὸς μένει· ἀρνήσασθαι⁵ ἑαυτὸν οὐ δύναται.

The Proper Dividing of the Word of God

14 Ταῦτα ὑπομίμνησκε,⁶ διαμαρτυρόμενος⁷ ἐνώπιον τοῦ κυρίου μὴ λογομαχεῖν⁸ εἰς οὐδὲν χρήσιμον,⁹ ἐπὶ καταστροφῇ¹⁰ τῶν ἀκουόντων. **15** Σπούδασον¹¹ σεαυτὸν¹² δόκιμον¹³ παραστῆσαι¹⁴ τῷ θεῷ, ἐργάτην¹⁵ ἀνεπαίσχυντον,¹⁶ ὀρθοτομοῦντα¹⁷ τὸν λόγον τῆς ἀληθείας. **16** Τὰς δὲ βεβήλους¹⁸ κενοφωνίας¹⁹ περιΐστασο·²⁰ ἐπὶ πλεῖον γὰρ προκόψουσιν²¹ ἀσεβείας,²² **17** καὶ ὁ λόγος αὐτῶν ὡς γάγγραινα²³ νομὴν²⁴ ἕξει· ὧν ἐστιν Ὑμέναιος καὶ Φιλητός· **18** οἵτινες περὶ τὴν ἀλήθειαν ἠστόχησαν,²⁵ λέγοντες τὴν ἀνάστασιν²⁶ ἤδη γεγονέναι, καὶ ἀνατρέπουσιν²⁷ τήν τινων πίστιν.

Of Clean and Unclean Vessels

19 Ὁ μέντοι²⁸ στερεὸς²⁹ θεμέλιος³⁰ τοῦ θεοῦ ἕστηκεν, ἔχων τὴν σφραγῖδα³¹ ταύτην, Ἔγνω κύριος τοὺς ὄντας αὐτοῦ, καί, Ἀποστήτω³² ἀπὸ ἀδικίας³³ πᾶς ὁ ὀνομάζων³⁴ τὸ ὄνομα κυρίου. **20** Ἐν μεγάλῃ δὲ οἰκίᾳ οὐκ ἔστιν μόνον σκεύη³⁵ χρυσᾶ³⁶ καὶ ἀργυρᾶ,³⁷ ἀλλὰ καὶ ξύλινα³⁸ καὶ ὀστράκινα,³⁹ καὶ ἃ μὲν εἰς τιμήν,⁴⁰ ἃ δὲ εἰς ἀτιμίαν.⁴¹ **21** Ἐὰν

---

¹ἀρνούμεθα: *PNI-1P*   ³ἀρνήσεται: *FDI-3S*   ⁴ἀπιστοῦμεν: *PAI-1P*   ⁵ἀρνήσασθαι: *ADN*   ⁶ὑπομίμνησκε: *PAM-2S*   ⁷διαμαρτυρόμενος: *PNP-NSM*   ⁸λογομαχεῖν: *PAN*   ¹¹Σπούδασον: *AAM-2S*   ¹⁴παραστῆσαι: *AAN*   ¹⁷ὀρθοτομοῦντα: *PAP-ASM*   ²⁰περιΐστασο: *PMM-2S*   ²¹προκόψουσιν: *FAI-3P*   ²⁵ἠστόχησαν: *AAI-3P*   ²⁷ἀνατρέπουσιν: *PAI-3P*   ³²Ἀποστήτω: *2AAM-3S*   ³⁴ὀνομάζων: *PAP-NSM*

---

¹ἀρνέομαι, [31] (a) I deny (a statement), (b) I repudiate (a person, or belief).   ²κἀκεῖνος, η, ο, [21] and he, she, it, and that.   ³ἀρνέομαι, [31] (a) I deny (a statement), (b) I repudiate (a person, or belief).   ⁴ἀπιστέω, [7] I am unfaithful, disbelieve, refuse belief, prove false.   ⁵ἀρνέομαι, [31] (a) I deny (a statement), (b) I repudiate (a person, or belief).   ⁶ὑπομιμνήσκω, [7] I remind; pass: I remember, call to mind.   ⁷διαμαρτύρομαι, [15] I give solemn evidence, testify (declare) solemnly.   ⁸λογομαχέω, [1] I contend about words.   ⁹χρήσιμος, η, ον, [1] useful, profitable.   ¹⁰καταστροφή, ῆς, ἡ, [2] overthrow, destruction, material or spiritual.   ¹¹σπουδάζω, [11] I hasten, am eager, am zealous.   ¹²σεαυτοῦ, ῆς, οῦ, [41] of yourself.   ¹³δόκιμος, ον, [7] approved, acceptable, tried.   ¹⁴παρίστημι, [41] I bring, present, prove, come up to and stand by, am present.   ¹⁵ἐργάτης, ου, ὁ, [16] a field-laborer; then: a laborer, workman in general.   ¹⁶ἀνεπαίσχυντος, ον, [1] having no cause to be ashamed.   ¹⁷ὀρθοτομέω, [1] I cut straight; met: I handle correctly, teach rightly.   ¹⁸βέβηλος, ον, [5] permitted to be trodden, accessible.   ¹⁹κενοφωνία, ας, ἡ, [2] empty disputing, worthless babble.   ²⁰περιΐστημι, [4] in intrans. act. tenses: I stand around; mid: I avoid, shun.   ²¹προκόπτω, [6] (originally of the pioneer cutting his way through brushwood), I advance, progress, make progress.   ²²ἀσέβεια, ας, ἡ, [6] impiety, irreverence, ungodliness, wickedness.   ²³γάγγραινα, ης, ἡ, [1] gangrene, mortification.   ²⁴νομή, ῆς, ἡ, [2] (a) pasture, pasturage, (b) met: growth, increase.   ²⁵ἀστοχέω, [3] I miss the mark, miss my aim, make a false aim, fail.   ²⁶ἀνάστασις, εως, ἡ, [42] a rising again, resurrection.   ²⁷ἀνατρέπω, [2] I overturn (lit. or met.), subvert, overthrow, corrupt.   ²⁸μέντοι, [8] (a) indeed, really, (b) yet, however, nevertheless.   ²⁹στερεός, ά, όν, [4] solid, firm, steadfast.   ³⁰θεμέλιος, ον, [16] (properly, an adj: belonging to the foundation), a foundation stone.   ³¹σφραγίς, ῖδος, ἡ, [16] a seal, signet ring, the impression of a seal, that which the seal attests, the proof.   ³²ἀφίστημι, [15] I make to stand away, draw away, repel, take up a position away from, withdraw from, leave, abstain from.   ³³ἀδικία, ας, ἡ, [26] injustice, unrighteousness, hurt.   ³⁴ὀνομάζω, [10] I give a name to, mention, call upon the name of.   ³⁵σκεῦος, ους, τό, [23] a vessel to contain liquid; a vessel of mercy or wrath; any instrument by which anything is done; a household utensil; of ships: tackle.   ³⁶χρυσοῦς, ῆ, οῦν, [19] golden, made of gold, adorned with gold.   ³⁷ἀργυροῦς, ᾶ, οῦν, [3] made of silver.   ³⁸ξύλινος, η, ον, [2] wooden.   ³⁹ὀστράκινος, η, ον, [2] made of clay, earthen.   ⁴⁰τιμή, ῆς, ἡ, [42] a price, honor.   ⁴¹ἀτιμία, ας, ἡ, [7] disgrace, dishonor; a dishonorable use.

οὖν τις ἐκκαθάρῃ¹ ἑαυτὸν ἀπὸ τούτων, ἔσται σκεῦος² εἰς τιμήν,³ ἡγιασμένον,⁴ καὶ εὔχρηστον⁵ τῷ δεσπότῃ,⁶ εἰς πᾶν ἔργον ἀγαθὸν ἡτοιμασμένον.⁷

The Minister's Personal Conduct

22 Τὰς δὲ νεωτερικὰς⁸ ἐπιθυμίας⁹ φεῦγε·¹⁰ δίωκε¹¹ δὲ δικαιοσύνην, πίστιν, ἀγάπην, εἰρήνην, μετὰ τῶν ἐπικαλουμένων¹² τὸν κύριον ἐκ καθαρᾶς¹³ καρδίας. **23** Τὰς δὲ μωρὰς¹⁴ καὶ ἀπαιδεύτους¹⁵ ζητήσεις¹⁶ παραιτοῦ,¹⁷ εἰδὼς ὅτι γεννῶσιν μάχας.¹⁸ **24** Δοῦλον δὲ κυρίου οὐ δεῖ μάχεσθαι,¹⁹ ἀλλ' ἤπιον²⁰ εἶναι πρὸς πάντας, διδακτικόν,²¹ ἀνεξίκακον,²² **25** ἐν πραότητι²³ παιδεύοντα²⁴ τοὺς ἀντιδιατιθεμένους·²⁵ μήποτε²⁶ δῷ αὐτοῖς ὁ θεὸς μετάνοιαν²⁷ εἰς ἐπίγνωσιν²⁸ ἀληθείας, **26** καὶ ἀνανήψωσιν²⁹ ἐκ τῆς τοῦ διαβόλου³⁰ παγίδος,³¹ ἐζωγρημένοι³² ὑπ' αὐτοῦ εἰς τὸ ἐκείνου θέλημα.

The False Teachers and False Brethren of the Last Days

3 Τοῦτο δὲ γίνωσκε, ὅτι ἐν ἐσχάταις ἡμέραις ἐνστήσονται³³ καιροὶ χαλεποί.³⁴ **2** Ἔσονται γὰρ οἱ ἄνθρωποι φίλαυτοι,³⁵ φιλάργυροι,³⁶ ἀλαζόνες,³⁷ ὑπερήφανοι,³⁸ βλάσφημοι,³⁹ γονεῦσιν⁴⁰ ἀπειθεῖς,⁴¹ ἀχάριστοι,⁴² ἀνόσιοι,⁴³ **3** ἄστοργοι,⁴⁴ ἄσπονδοι,⁴⁵

---

¹ἐκκαθάρῃ: AAS-3S   ⁴ἡγιασμένον: RPP-NSN   ⁷ἡτοιμασμένον: RPP-NSN   ¹⁰φεῦγε: PAM-2S   ¹¹δίωκε: PAM-2S   ¹²ἐπικαλουμένων: PMP-GPM   ¹⁷παραιτοῦ: PNM-2S   ¹⁹μάχεσθαι: PNN   ²⁴παιδεύοντα: PAP-ASM ²⁵ἀντιδιατιθεμένους: PMP-APM   ²⁹ἀνανήψωσιν: AAS-3P   ³²ἐζωγρημένοι: RPP-NPM   ³³ἐνστήσονται: FDI-3P

---

¹ἐκκαθαίρω, [2] I clean (cleanse) out, clean thoroughly.   ²σκεῦος, ους, τό, [23] a vessel to contain liquid; a vessel of mercy or wrath; any instrument by which anything is done; a household utensil; of ships: tackle. ³τιμή, ῆς, ἡ, [42] a price, honor.   ⁴ἁγιάζω, [29] I make holy, treat as holy, set apart as holy, sanctify, hallow, purify. ⁵εὔχρηστος, ον, [3] useful, serviceable, very profitable.   ⁶δεσπότης, ου, ὁ, [10] a lord, master, or prince. ⁷ἑτοιμάζω, [40] I make ready, prepare.   ⁸νεωτερικός, ή, όν, [1] associated with youth, youthful, juvenile. ⁹ἐπιθυμία, ας, ἡ, [38] desire, eagerness for, inordinate desire, lust.   ¹⁰φεύγω, [31] I flee, escape, shun.   ¹¹διώκω, [44] I pursue, hence: I persecute.   ¹²ἐπικαλέω, [32] (a) I call (name) by a supplementary (additional, alternative) name, (b) mid: I call upon, appeal to, address.   ¹³καθαρός, ά, όν, [28] clean, pure, unstained, either literally or ceremonially or spiritually; guiltless, innocent, upright.   ¹⁴μωρός, ά, όν, [13] (a) adj: stupid, foolish, (b) noun: a fool.   ¹⁵ἀπαίδευτος, ον, [1] untrained, uneducated, showing a want of training or education, ignorant. ¹⁶ζήτησις, εως, ἡ, [7] a question, debate, controversy; a seeking, search.   ¹⁷παραιτέομαι, [11] I beg off, make excuse, deprecate, refuse, reject, decline, shun, avoid.   ¹⁸μάχη, ης, ἡ, [4] (earlier: a battle, conflict, hence) in the sphere of words, etc: strife, contention, quarrel.   ¹⁹μάχομαι, [4] I engage in battle, fight; hence: I strive, contend, dispute.   ²⁰ἤπιος, α, ον, [2] placid, gentle, mild.   ²¹διδακτικός, ή, όν, [2] able to teach, apt to teach. ²²ἀνεξίκακος, ον, [1] enduring evil, patient of evil, patiently forbearing.   ²³πραΰτης, τητος, ἡ, [12] mildness, gentleness.   ²⁴παιδεύω, [13] (a) I discipline, educate, train, (b) more severely: I chastise.   ²⁵ἀντιδιατίθεμαι, [1] I set myself against, oppose.   ²⁶μήποτε, [25] lest at any time, lest; then weakened: whether perhaps, whether at all; in a principal clause: perhaps.   ²⁷μετάνοια, ας, ἡ, [24] repentance, a change of mind, change in the inner man.   ²⁸ἐπίγνωσις, εως, ἡ, [20] knowledge of a particular point (directed towards a particular object); perception, discernment, recognition, intuition.   ²⁹ἀνανήφω, [1] I become sober again, recover sound sense. ³⁰διάβολος, ον, [38] (adj. used often as a noun), slanderous; with the article: the Slanderer (par excellence), the Devil.   ³¹παγίς, ίδος, ἡ, [5] a snare, trap (especially for catching birds) hence, met: stratagem, device, wile.   ³²ζωγρέω, [2] I capture alive, capture for life, enthrall.   ³³ἐνίστημι, [7] I place in or upon; only in the intrans. tenses: I impend, am at hand, am present, threaten; as adj: present.   ³⁴χαλεπός, ή, όν, [2] (a) hard, troublesome, (b) harsh, fierce.   ³⁵φίλαυτος, ον, [1] self-loving, selfish.   ³⁶φιλάργυρος, ον, [2] money-loving, avaricious, covetous.   ³⁷ἀλαζών, όνος, ὁ, [2] a boaster, one who gives one's self airs in a loud and flaunting way. ³⁸ὑπερήφανος, ον, [5] proud, arrogant, disdainful.   ³⁹βλάσφημος, ον, [5] slanderous; subst: a blasphemer. ⁴⁰γονεύς, έως, ὁ, [19] a begetter, father; plur: parents.   ⁴¹ἀπειθής, ές, [6] unbelieving, disobedient, who will not be persuaded.   ⁴²ἀχάριστος, ον, [2] ungrateful, ungracious, unpleasing.   ⁴³ἀνόσιος, ον, [2] unholy, profane. ⁴⁴ἄστοργος, ον, [2] unloving, devoid of affection.   ⁴⁵ἄσπονδος, ον, [2] implacable, "not to be bound by truce".

διάβολοι,¹ ἀκρατεῖς,² ἀνήμεροι,³ ἀφιλάγαθοι,⁴ **4** προδόται,⁵ προπετεῖς,⁶ τετυφωμένοι,⁷ φιλήδονοι⁸ μᾶλλον ἢ φιλόθεοι,⁹ **5** ἔχοντες μόρφωσιν¹⁰ εὐσεβείας,¹¹ τὴν δὲ δύναμιν αὐτῆς ἠρνημένοι·¹² καὶ τούτους ἀποτρέπου.¹³ **6** Ἐκ τούτων γάρ εἰσιν οἱ ἐνδύνοντες¹⁴ εἰς τὰς οἰκίας, καὶ αἰχμαλωτεύοντες¹⁵ γυναικάρια¹⁶ σεσωρευμένα¹⁷ ἁμαρτίαις, ἀγόμενα ἐπιθυμίαις¹⁸ ποικίλαις,¹⁹ **7** πάντοτε²⁰ μανθάνοντα,²¹ καὶ μηδέποτε²² εἰς ἐπίγνωσιν²³ ἀληθείας ἐλθεῖν δυνάμενα. **8** Ὃν τρόπον²⁴ δὲ Ἰαννῆς καὶ Ἰαμβρῆς ἀντέστησαν²⁵ Μωϋσῆ, οὕτως καὶ οὗτοι ἀνθίστανται²⁶ τῇ ἀληθείᾳ, ἄνθρωποι κατεφθαρμένοι²⁷ τὸν νοῦν,²⁸ ἀδόκιμοι²⁹ περὶ τὴν πίστιν. **9** Ἀλλ' οὐ προκόψουσιν³⁰ ἐπὶ πλεῖον· ἡ γὰρ ἄνοια³¹ αὐτῶν ἔκδηλος³² ἔσται πᾶσιν, ὡς καὶ ἡ ἐκείνων ἐγένετο.

The Special Lessons of Paul's Afflictions

10 Σὺ δὲ παρηκολούθηκάς³³ μου τῇ διδασκαλίᾳ,³⁴ τῇ ἀγωγῇ,³⁵ τῇ προθέσει,³⁶ τῇ πίστει, τῇ μακροθυμίᾳ,³⁷ τῇ ἀγάπῃ, τῇ ὑπομονῇ,³⁸ **11** τοῖς διωγμοῖς,³⁹ τοῖς παθήμασιν,⁴⁰ οἷά⁴¹ μοι ἐγένετο ἐν Ἀντιοχείᾳ,⁴² ἐν Ἰκονίῳ,⁴³ ἐν Λύστροις,⁴⁴ οἵους⁴¹ διωγμοὺς³⁹ ὑπήνεγκα·⁴⁵ καὶ ἐκ πάντων με ἐρρύσατο⁴⁶ ὁ κύριος. **12** Καὶ πάντες δὲ οἱ θέλοντες εὐσεβῶς⁴⁷ ζῆν ἐν

---

⁷τετυφωμένοι: RPP-NPM   ¹²ἠρνημένοι: RNP-NPM   ¹³ἀποτρέπου: PMM-2S   ¹⁴ἐνδύνοντες: PAP-NPM
¹⁵αἰχμαλωτεύοντες: PAP-NPM   ¹⁷σεσωρευμένα: RPP-APN   ²¹μανθάνοντα: PAP-APN   ²⁵ἀντέστησαν: 2AAI-3P
²⁶ἀνθίστανται: PMI-3P   ²⁷κατεφθαρμένοι: RPP-NPM   ³⁰προκόψουσιν: FAI-3P   ³³παρηκολούθηκάς: RAI-2S
⁴⁵ὑπήνεγκα: AAI-1S   ⁴⁶ἐρρύσατο: ANI-3S

---

¹διάβολος, ον, [38] (adj. used often as a noun), slanderous; with the article: the Slanderer (par excellence), the Devil.   ²ἀκρατής, ές, [1] lacking self-control, powerless, inclined to excess.   ³ἀνήμερος, ον, [1] not tame, fierce, savage.   ⁴ἀφιλάγαθος, ον, [1] not loving that which is good.   ⁵προδότης, ου, ὁ, [3] a betrayer, traitor.   ⁶προπετής, ές, [2] impulsive, rash, reckless.   ⁷τυφόω, [3] I puff up, make haughty; pass: I am puffed up, am haughty.   ⁸φιλήδονος, ον, [1] pleasure-loving.   ⁹φιλόθεος, ον, [1] loving God.   ¹⁰μόρφωσις, εως, ἡ, [2] form, outline, semblance.   ¹¹εὐσέβεια, ας, ἡ, [15] piety (towards God), godliness, devotion, godliness.   ¹²ἀρνέομαι, [31] (a) I deny (a statement), (b) I repudiate (a person, or belief).   ¹³ἀποτρέπω, [1] I turn away from, shun.   ¹⁴ἐνδύνω, [1] I clothe; mid: I enter, creep into.   ¹⁵αἰχμαλωτεύω, [2] I take captive, captivate.   ¹⁶γυναικάριον, ου, τό, [1] a woman, with all a woman's weakness, a poor weak woman, a silly woman.   ¹⁷σωρεύω, [2] I heap up, load.   ¹⁸ἐπιθυμία, ας, ἡ, [38] desire, eagerness for, inordinate desire, lust.   ¹⁹ποικίλος, η, ον, [10] various, of different colors, diverse, various.   ²⁰πάντοτε, [42] always, at all times, ever.   ²¹μανθάνω, [25] I learn; with adj. or nouns: I learn to be so and so; with acc. of person who is the object of knowledge; aor. sometimes: to ascertain.   ²²μηδέποτε, [1] not at any time, never.   ²³ἐπίγνωσις, εως, ἡ, [20] knowledge of a particular point (directed towards a particular object); perception, discernment, recognition, intuition.   ²⁴τρόπος, ου, ὁ, [13] (a) way, manner, (b) manner of life, character.   ²⁵ἀνθίστημι, [14] I set against; I withstand, resist, oppose.   ²⁶ἀνθίστημι, [14] I set against; I withstand, resist, oppose.   ²⁷καταφθείρω, [2] I destroy, corrupt.   ²⁸νοῦς, νοός, νοΐ, νοῦν, ὁ, [24] the mind, the reason, the reasoning faculty, intellect.   ²⁹ἀδόκιμος, ον, [8] failing to pass the test, unapproved, counterfeit.   ³⁰προκόπτω, [6] (originally of the pioneer cutting his way through brushwood), I advance, progress, make progress.   ³¹ἄνοια, ας, ἡ, [2] folly, madness, foolishness.   ³²ἔκδηλος, ον, [1] perfectly evident, manifest.   ³³παρακολουθέω, [4] I accompany, follow closely, characterize, both lit. and met.; I investigate.   ³⁴διδασκαλία, ας, ἡ, [21] instruction, teaching.   ³⁵ἀγωγή, ῆς, ἡ, [1] a leading, guiding; hence: mode of life, conduct.   ³⁶πρόθεσις, εως, ἡ, [12] a setting forth, the show-bread; predetermination, purpose.   ³⁷μακροθυμία, ας, ἡ, [14] patience, forbearance, longsuffering.   ³⁸ὑπομονή, ῆς, ἡ, [32] endurance, steadfastness, patient waiting for.   ³⁹διωγμός, οῦ, ὁ, [10] chase, pursuit; persecution.   ⁴⁰πάθημα, ατος, τό, [16] (a) suffering, affliction, (b) passion, emotion, (c) an undergoing, an enduring.   ⁴¹οἷος, α, ον, [15] of what kind, such as.   ⁴²Ἀντιόχεια, ας, ἡ, [18] Antioch, (a) Antioch on the river Orontes, capital of the Province Syria, (b) "Pisidian" Antioch, not in Pisidia, but near Pisidia, in the Roman Province Galatia.   ⁴³Ἰκόνιον, ου, τό, [6] Iconium, a Phrygian city of the Roman province Galatia (modern Konia).   ⁴⁴Λύστρα, ας, ἡ, ων, τά, [6] Lystra, a Lycaonian city in the southern part of the Roman province Galatia.   ⁴⁵ὑποφέρω, [3] I bear up under, endure, suffer.   ⁴⁶ῥύομαι, [18] I rescue, deliver (from danger or destruction).   ⁴⁷εὐσεβῶς, [2] piously, religiously.

χριστῷ Ἰησοῦ διωχθήσονται. ¹ 13 Πονηροὶ δὲ ἄνθρωποι καὶ γόητες ² προκόψουσιν ³ ἐπὶ τὸ χεῖρον, ⁴ πλανῶντες ⁵ καὶ πλανώμενοι. ⁶

The Purpose of Holy Scriptures

14 Σὺ δὲ μένε ἐν οἷς ἔμαθες ⁷ καὶ ἐπιστώθης, ⁸ εἰδὼς παρὰ τίνος ἔμαθες, ⁹ 15 καὶ ὅτι ἀπὸ βρέφους ¹⁰ τὰ ἱερὰ ¹¹ γράμματα ¹² οἶδας, τὰ δυνάμενά σε σοφίσαι ¹³ εἰς σωτηρίαν ¹⁴ διὰ πίστεως τῆς ἐν χριστῷ Ἰησοῦ. 16 Πᾶσα γραφὴ θεόπνευστος ¹⁵ καὶ ὠφέλιμος ¹⁶ πρὸς διδασκαλίαν, ¹⁷ πρὸς ἔλεγχον, ¹⁸ πρὸς ἐπανόρθωσιν, ¹⁹ πρὸς παιδείαν ²⁰ τὴν ἐν δικαιοσύνῃ · 17 ἵνα ἄρτιος ²¹ ᾖ ὁ τοῦ θεοῦ ἄνθρωπος, πρὸς πᾶν ἔργον ἀγαθὸν ἐξηρτισμένος. ²²

Faithfulness in Office

4 Διαμαρτύρομαι ²³ οὖν ἐγὼ ἐνώπιον τοῦ θεοῦ, καὶ τοῦ κυρίου Ἰησοῦ χριστοῦ, τοῦ μέλλοντος κρίνειν ζῶντας καὶ νεκρούς, κατὰ τὴν ἐπιφάνειαν ²⁴ αὐτοῦ καὶ τὴν βασιλείαν αὐτοῦ, 2 κήρυξον τὸν λόγον, ἐπίστηθι ²⁵ εὐκαίρως, ²⁶ ἀκαίρως, ²⁷ ἔλεγξον, ²⁸ ἐπιτίμησον, ²⁹ παρακάλεσον, ἐν πάσῃ μακροθυμίᾳ ³⁰ καὶ διδαχῇ. ³¹ 3 Ἔσται γὰρ καιρὸς ὅτε τῆς ὑγιαινούσης ³² διδασκαλίας ¹⁷ οὐκ ἀνέξονται, ³³ ἀλλὰ κατὰ τὰς ἐπιθυμίας ³⁴ τὰς ἰδίας ἑαυτοῖς ἐπισωρεύσουσιν ³⁵ διδασκάλους, κνηθόμενοι ³⁶ τὴν ἀκοήν · ³⁷ 4 καὶ ἀπὸ μὲν

---

¹διωχθήσονται: FPI-3P   ³προκόψουσιν: FAI-3P   ⁵πλανῶντες: PAP-NPM   ⁶πλανώμενοι: PPP-NPM
⁷ἔμαθες: 2AAI-2S   ⁸ἐπιστώθης: API-2S   ⁹ἔμαθες: 2AAI-2S   ¹³σοφίσαι: AAN   ²²ἐξηρτισμένος: RPP-NSM
²³Διαμαρτύρομαι: PNI-1S   ²⁵ἐπίστηθι: 2AAM-2S   ²⁸ἔλεγξον: AAM-2S   ²⁹ἐπιτίμησον: AAM-2S   ³²ὑγιαινούσης:
PAP-GSF   ³³ἀνέξονται: FDI-3P   ³⁵ἐπισωρεύσουσιν: FAI-3P   ³⁶κνηθόμενοι: PPP-NPM

---

¹διώκω, [44] I pursue, hence: I persecute.   ²γόης, ητος, ὁ, [1] a conjuror, juggler, sorcerer; a tricky (crafty) deceiver, imposter.   ³προκόπτω, [6] (originally of the pioneer cutting his way through brushwood), I advance, progress, make progress.   ⁴χείρων, ον, [11] worse, more severe.   ⁵πλανάω, [40] I lead astray, deceive, cause to wander.   ⁶πλανάω, [40] I lead astray, deceive, cause to wander.   ⁷μανθάνω, [25] I learn; with adj. or nouns: I learn to be so and so; with acc. of person who is the object of knowledge; aor. sometimes: to ascertain.   ⁸πιστόω, [1] I convince, establish, give assurance to; pass: I am assured of.   ⁹μανθάνω, [25] I learn; with adj. or nouns: I learn to be so and so; with acc. of person who is the object of knowledge; aor. sometimes: to ascertain.   ¹⁰βρέφος, ους, τό, [8] infant, babe, child in arms.   ¹¹ἱερός, ά, όν, [2] sacred, holy, set apart.   ¹²γράμμα, ατος, τό, [15] a letter of the alphabet; collectively: written (revelation); (a) a written document, a letter, an epistle, (b) writings, literature, learning.   ¹³σοφίζω, [2] I make wise, instruct; pass: I am skillfully devised.   ¹⁴σωτηρία, ας, ἡ, [46] welfare, prosperity, deliverance, preservation, salvation, safety.   ¹⁵θεόπνευστος, ον, [1] God-breathed, inspired by God, due to the inspiration of God.   ¹⁶ὠφέλιμος, ον, [4] profitable, beneficial, useful.   ¹⁷διδασκαλία, ας, ἡ, [21] instruction, teaching.   ¹⁸ἔλεγχος, ου, ὁ, [2] a proof, possibly: a persuasion; reproof.   ¹⁹ἐπανόρθωσις, εως, ἡ, [1] correction, reformation, setting straight (right) again.   ²⁰παιδεία, ας, ἡ, [6] discipline; training and education of children, hence: instruction; chastisement, correction.   ²¹ἄρτιος, ια, ον, [1] perfect, complete, fitted, ready.   ²²ἐξαρτίζω, [2] (a) I fit up, completely furnish, equip, furnish, supply, (b) I accomplish, finish.   ²³διαμαρτύρομαι, [15] I give solemn evidence, testify (declare) solemnly.   ²⁴ἐπιφάνεια, ας, ἡ, [6] appearing, manifestation, glorious display.   ²⁵ἐφίστημι, [21] I stand by, am urgent, befall one (as of evil), am at hand, impend.   ²⁶εὐκαίρως, [2] opportunely, in season, conveniently.   ²⁷ἀκαίρως, [1] unseasonably, out of due season, inopportunely.   ²⁸ἐλέγχω, [18] (a) I reprove, rebuke, discipline, (b) I expose, show to be guilty.   ²⁹ἐπιτιμάω, [29] (a) I rebuke, chide, admonish, (b) I warn.   ³⁰μακροθυμία, ας, ἡ, [14] patience, forbearance, longsuffering.   ³¹διδαχή, ῆς, ἡ, [30] teaching, doctrine, what is taught.   ³²ὑγιαίνω, [12] I am well, am in good health; I am right, reasonable, sound, pure, uncorrupted.   ³³ἀνέχομαι, [15] I endure, bear with, have patience with, suffer, admit, persist.   ³⁴ἐπιθυμία, ας, ἡ, [38] desire, eagerness for, inordinate desire, lust.   ³⁵ἐπισωρεύω, [1] I heap up, obtain a multitude of.   ³⁶κνήθω, [1] I rub, tickle, scratch; pass: I itch.   ³⁷ἀκοή, ῆς, ἡ, [24] hearing, faculty of hearing, ear; report, rumor.

τῆς ἀληθείας τὴν ἀκοὴν¹ ἀποστρέψουσιν,² ἐπὶ δὲ τοὺς μύθους³ ἐκτραπήσονται. ⁴ **5** Σὺ δὲ νῆφε⁵ ἐν πᾶσιν, κακοπάθησον,⁶ ἔργον ποίησον εὐαγγελιστοῦ,⁷ τὴν διακονίαν⁸ σου πληροφόρησον.⁹

Paul's Fight and Victory

6 Ἐγὼ γὰρ ἤδη σπένδομαι,¹⁰ καὶ ὁ καιρὸς τῆς ἐμῆς ἀναλύσεως¹¹ ἐφέστηκεν.¹² **7** Τὸν ἀγῶνα¹³ τὸν καλὸν ἠγώνισμαι,¹⁴ τὸν δρόμον¹⁵ τετέλεκα,¹⁶ τὴν πίστιν τετήρηκα· **8** λοιπόν,¹⁷ ἀπόκειταί¹⁸ μοι ὁ τῆς δικαιοσύνης στέφανος,¹⁹ ὃν ἀποδώσει²⁰ μοι ὁ κύριος ἐν ἐκείνῃ τῇ ἡμέρᾳ, ὁ δίκαιος κριτής·²¹ οὐ μόνον δὲ ἐμοί, ἀλλὰ καὶ πᾶσιν τοῖς ἠγαπηκόσιν τὴν ἐπιφάνειαν²² αὐτοῦ.

A Report Concerning Various Acquaintances and the First Hearing

9 Σπούδασον²³ ἐλθεῖν πρός με ταχέως·²⁴ **10** Δημᾶς γάρ με ἐγκατέλιπεν,²⁵ ἀγαπήσας τὸν νῦν αἰῶνα, καὶ ἐπορεύθη εἰς Θεσσαλονίκην·²⁶ Κρήσκης εἰς Γαλατίαν,²⁷ Τίτος εἰς Δαλματίαν.²⁸ **11** Λουκᾶς ἐστιν μόνος²⁹ μετ' ἐμοῦ. Μάρκον ἀναλαβὼν³⁰ ἄγε μετὰ σεαυτοῦ·³¹ ἔστιν γάρ μοι εὔχρηστος³² εἰς διακονίαν. ⁸ **12** Τυχικὸν δὲ ἀπέστειλα εἰς Ἔφεσον.³³ **13** Τὸν φελόνην³⁴ ὃν ἀπέλιπον³⁵ ἐν Τρῳάδι³⁶ παρὰ Κάρπῳ, ἐρχόμενος φέρε,

---

²ἀποστρέψουσιν: FAI-3P   ⁴ἐκτραπήσονται: 2FPI-3P   ⁵νῆφε: PAM-2S   ⁶κακοπάθησον: AAM-2S ⁹πληροφόρησον: AAM-2S   ¹⁰σπένδομαι: PPI-1S   ¹²ἐφέστηκεν: RAI-3S   ¹⁴ἠγώνισμαι: RNI-1S   ¹⁶τετέλεκα: RAI-1S   ¹⁸ἀπόκειταί: PNI-3S   ²⁰ἀποδώσει: FAI-3S   ²³Σπούδασον: AAM-2S   ²⁵ἐγκατέλιπεν: 2AAI-3S   ³⁰ἀναλαβὼν: 2AAP-NSM   ³⁵ἀπέλιπον: 2AAI-1S

---

¹ἀκοή, ῆς, ἡ, [24] hearing, faculty of hearing, ear; report, rumor.   ²ἀποστρέφω, [10] I turn away, pervert, remove; I restore, replace; mid: I desert, reject.   ³μῦθος, ου, ὁ, [5] an idle tale, fable, fanciful story.   ⁴ἐκτρέπω, [5] (lit: I turn out from); mid. and pass: I turn aside (from the right road), wander, forsake, and with an object: I remove from myself, shun, avoid.   ⁵νήφω, [6] (lit: I am sober), I am calm (vigilant), circumspect.   ⁶κακοπαθέω, [4] I suffer evil, endure affliction.   ⁷εὐαγγελιστής, οῦ, ὁ, [3] an evangelist, a missionary, bearer of good tidings. ⁸διακονία, ας, ἡ, [34] waiting at table; in a wider sense: service, ministration.   ⁹πληροφορέω, [5] (lit: I carry full), (a) I complete, carry out fully, (b) I fully convince, satisfy fully, (c) I fully believe.   ¹⁰σπένδω, [2] I pour out as a libation.   ¹¹ἀνάλυσις, εως, ἡ, [1] a loosing, departing, departure (from this life); (Probably a metaphor from the yoking and unyoking of transport animals).   ¹²ἐφίστημι, [21] I stand by, am urgent, befall one (as of evil), am at hand, impend.   ¹³ἀγών, ῶνος, ὁ, [6] an (athletic) contest; hence, a struggle (in the soul). ¹⁴ἀγωνίζομαι, [7] I am struggling, striving (as in an athletic contest or warfare); I contend, as with an adversary. ¹⁵δρόμος, ου, ὁ, [3] a running, course, career, race.   ¹⁶τελέω, [26] (a) I end, finish, (b) I fulfill, accomplish, (c) I pay.   ¹⁷λοιπόν, [14] finally, from now on, henceforth, beyond that.   ¹⁸ἀπόκειμαι, [4] I have been put away, am stored, am reserved for.   ¹⁹στέφανος, ου, ὁ, [18] a crown, garland, honor, glory.   ²⁰ἀποδίδωμι, [47] (a) I give back, return, restore, (b) I give, render, as due, (c) mid: I sell.   ²¹κριτής, ου, ὁ, [17] a judge, magistrate, ruler.   ²²ἐπιφάνεια, ας, ἡ, [6] appearing, manifestation, glorious display.   ²³σπουδάζω, [11] I hasten, am eager, am zealous.   ²⁴ταχέως, [10] soon, quickly, hastily.   ²⁵ἐγκαταλείπω, [9] I leave in the lurch, abandon (one who is in straits), desert.   ²⁶Θεσσαλονίκη, ης, ἡ, [5] Thessalonica (modern Saloniki), an important city of the Roman province Macedonia.   ²⁷Γαλατία, ας, ἡ, [4] Galatia, a large Roman province in central Asia Minor, comprising the districts of Paphlagonia, Pontus Galaticus, Galatia (in the narrower sense, which some still think is intended in the NT), Phrygia Galatica, Lycaonia Galatica, Pisidia and Isaurica.   ²⁸Δαλματία, ας, ἡ, [1] Dalmatia, a province of the Roman Empire, east of the Adriatic, a later name for part of what was earlier called Illyricum.   ²⁹μόνος, η, ον, [45] only, solitary, desolate.   ³⁰ἀναλαμβάνω, [13] I take up, raise; I pick up, take on board; I carry off, lead away.   ³¹σεαυτοῦ, ῆς, οῦ, [41] of yourself.   ³²εὔχρηστος, ον, [3] useful, serviceable, very profitable.   ³³Ἔφεσος, ου, ἡ, [16] Ephesus, a coast city, capital of the Roman province Asia. ³⁴φελόνης, ου, ὁ, [1] a mantle, cloak.   ³⁵ἀπολείπω, [6] I leave, leave behind; pass: I am reserved, remain; I desert, abandon.   ³⁶Τρῳάς, άδος, ἡ, [6] Troas, a harbor city of Mysia.

καὶ τὰ βιβλία,¹ μάλιστα² τὰς μεμβράνας.³ 14 Ἀλέξανδρος ὁ χαλκεὺς⁴ πολλά μοι κακὰ ἐνεδείξατο·⁵ ἀποδῴη⁶ αὐτῷ ὁ κύριος κατὰ τὰ ἔργα αὐτοῦ· 15 ὃν καὶ σὺ φυλάσσου,⁷ λίαν⁸ γὰρ ἀνθέστηκεν⁹ τοῖς ἡμετέροις¹⁰ λόγοις. 16 Ἐν τῇ πρώτῃ μου ἀπολογίᾳ¹¹ οὐδείς μοι συμπαρεγένετο,¹² ἀλλὰ πάντες με ἐγκατέλιπον·¹³ μὴ αὐτοῖς λογισθείη.¹⁴ 17 Ὁ δὲ κύριός μοι παρέστη,¹⁵ καὶ ἐνεδυνάμωσέν¹⁶ με, ἵνα δι' ἐμοῦ τὸ κήρυγμα¹⁷ πληροφορηθῇ,¹⁸ καὶ ἀκούσῃ πάντα τὰ ἔθνη· καὶ ἐρρύσθην¹⁹ ἐκ στόματος λέοντος.²⁰ 18 Καὶ ῥύσεταί²¹ με ὁ κύριος ἀπὸ παντὸς ἔργου πονηροῦ, καὶ σώσει εἰς τὴν βασιλείαν αὐτοῦ τὴν ἐπουράνιον·²² ᾧ ἡ δόξα εἰς τοὺς αἰῶνας τῶν αἰώνων. Ἀμήν.

Concluding Remarks and Greeting

19 Ἄσπασαι Πρίσκαν καὶ Ἀκύλαν, καὶ τὸν Ὀνησιφόρου οἶκον. 20 Ἔραστος ἔμεινεν ἐν Κορίνθῳ·²³ Τρόφιμον δὲ ἀπέλιπον²⁴ ἐν Μιλήτῳ²⁵ ἀσθενοῦντα.²⁶ 21 Σπούδασον²⁷ πρὸ²⁸ χειμῶνος²⁹ ἐλθεῖν. Ἀσπάζεταί σε Εὔβουλος, καὶ Πούδης, καὶ Λῖνος, καὶ Κλαυδία, καὶ οἱ ἀδελφοὶ πάντες.

22 Ὁ κύριος Ἰησοῦς χριστὸς μετὰ τοῦ πνεύματός σου. Ἡ χάρις μεθ' ὑμῶν. Ἀμήν.

---

⁵ἐνεδείξατο: AMI-3S   ⁶ἀποδῴη: 2AAO-3S   ⁷φυλάσσου: PMM-2S   ⁹ἀνθέστηκεν: RAI-3S   ¹²συμπαρεγένετο: 2ADI-3S   ¹³ἐγκατέλιπον: 2AAI-3P   ¹⁴λογισθείη: AOO-3S   ¹⁵παρέστη: 2AAI-3S   ¹⁶ἐνεδυνάμωσέν: AAI-3S   ¹⁸πληροφορηθῇ: APS-3S   ¹⁹ἐρρύσθην: API-1S   ²¹ῥύσεταί: FDI-3S   ²⁴ἀπέλιπον: 2AAI-1S   ²⁶ἀσθενοῦντα: PAP-ASM   ²⁷Σπούδασον: AAM-2S

---

¹βιβλίον, ου, τό, [36] a papyrus roll.   ²μάλιστα, [12] most of all, especially.   ³μεμβράνα, ης, ἡ, [1] a parchment leaf, perhaps for notes.   ⁴χαλκεύς, έως, ὁ, [1] a worker in brass or copper; a smith.   ⁵ἐνδείκνυμι, [11] I show forth, prove.   ⁶ἀποδίδωμι, [47] (a) I give back, return, restore, (b) I give, render, as due, (c) mid: I sell.   ⁷φυλάσσω, [30] (a) I guard, protect; mid: I am on my guard, (b) act. and mid. of customs and regulations: I keep, observe.   ⁸λίαν, [14] very; very much, exceedingly, greatly.   ⁹ἀνθίστημι, [14] I set against; I withstand, resist, oppose.   ¹⁰ἡμέτερος, α, ον, [7] our, our own.   ¹¹ἀπολογία, ας, ἡ, [8] a verbal defense (particularly in a law court).   ¹²συμπαραγίνομαι, [2] I come together with, stand by one, help.   ¹³ἐγκαταλείπω, [9] I leave in the lurch, abandon (one who is in straits), desert.   ¹⁴λογίζομαι, [41] I reckon, count, charge with; reason, decide, conclude; think, suppose.   ¹⁵παρίστημι, [41] I bring, present, prove, come up to and stand by, am present.   ¹⁶ἐνδυναμόω, [8] I fill with power, strengthen, make strong.   ¹⁷κήρυγμα, ατος, τό, [8] a proclamation, preaching.   ¹⁸πληροφορέω, [5] (lit: I carry full), (a) I complete, carry out fully, (b) I fully convince, satisfy fully, (c) I fully believe.   ¹⁹ῥύομαι, [18] I rescue, deliver (from danger or destruction).   ²⁰λέων, οντος, ὁ, [9] a lion.   ²¹ῥύομαι, [18] I rescue, deliver (from danger or destruction).   ²²ἐπουράνιος, ον, [20] heavenly, celestial, in the heavenly sphere, the sphere of spiritual activities; met: divine, spiritual.   ²³Κόρινθος, ου, ἡ, [6] Corinth, in north-east Peloponnese, the capital of the Roman province Achaia.   ²⁴ἀπολείπω, [6] I leave, leave behind; pass: I am reserved, remain; I desert, abandon.   ²⁵Μίλητος, ου, ἡ, [3] Miletus, a city on the coast of the Roman province Asia.   ²⁶ἀσθενέω, [36] I am weak (physically: then morally), I am sick.   ²⁷σπουδάζω, [11] I hasten, am eager, am zealous.   ²⁸πρό, [47] (a) of place: before, in front of, (b) of time: before, earlier than.   ²⁹χειμών, ῶνος, ὁ, [6] a storm, tempest; winter, the rainy season.

ΠΡΟΣ ΤΙΤΟΝ
To Titus

Address and Opening Salutation

Παῦλος, δοῦλος θεοῦ, ἀπόστολος δὲ Ἰησοῦ χριστοῦ, κατὰ πίστιν ἐκλεκτῶν[1] θεοῦ καὶ ἐπίγνωσιν[2] ἀληθείας τῆς κατ᾽ εὐσέβειαν,[3] **2** ἐπ᾽ ἐλπίδι ζωῆς αἰωνίου, ἣν ἐπηγγείλατο[4] ὁ ἀψευδὴς[5] θεὸς πρὸ[6] χρόνων αἰωνίων, **3** ἐφανέρωσεν[7] δὲ καιροῖς ἰδίοις τὸν λόγον αὐτοῦ ἐν κηρύγματι[8] ὃ ἐπιστεύθην ἐγὼ κατ᾽ ἐπιταγὴν[9] τοῦ σωτῆρος[10] ἡμῶν θεοῦ, **4** Τίτῳ γνησίῳ[11] τέκνῳ κατὰ κοινὴν[12] πίστιν· χάρις, ἔλεος,[13] εἰρήνη ἀπὸ θεοῦ πατρός, καὶ κυρίου Ἰησοῦ χριστοῦ τοῦ σωτῆρος[10] ἡμῶν.

The Qualifications of Christian Pastors

5 Τούτου χάριν[14] κατέλιπόν[15] σε ἐν Κρήτῃ,[16] ἵνα τὰ λείποντα[17] ἐπιδιορθώσῃ,[18] καὶ καταστήσῃς[19] κατὰ πόλιν πρεσβυτέρους, ὡς ἐγώ σοι διεταξάμην·[20] **6** εἴ τίς ἐστιν ἀνέγκλητος,[21] μιᾶς γυναικὸς ἀνήρ, τέκνα ἔχων πιστά, μὴ ἐν κατηγορίᾳ[22] ἀσωτίας[23]

---

[4]*ἐπηγγείλατο: ADI-3S*   [7]*ἐφανέρωσεν: AAI-3S*   [15]*κατέλιπόν: 2AAI-1S*   [17]*λείποντα: PAP-APN*   [18]*ἐπιδιορθώσῃ: AMS-2S*   [19]*καταστήσῃς: AAS-2S*   [20]*διεταξάμην: AMI-1S*

---

[1]*ἐκλεκτός, ή, όν, [24] chosen out, elect, choice, select, sometimes as subst: of those chosen out by God for the rendering of special service to Him (of the Hebrew race, particular Hebrews, the Messiah, and the Christians).* [2]*ἐπίγνωσις, εως, ἡ, [20] knowledge of a particular point (directed towards a particular object); perception, discernment, recognition, intuition.* [3]*εὐσέβεια, ας, ἡ, [15] piety (towards God), godliness, devotion, godliness.* [4]*ἐπαγγέλλομαι, [15] I promise, profess.* [5]*ἀψευδής, ές, [1] not guilty of falsehood, truthful.* [6]*πρό, [47] (a) of place: before, in front of, (b) of time: before, earlier than.* [7]*φανερόω, [49] I make clear (visible, manifest), make known.* [8]*κήρυγμα, ατος, τό, [8] a proclamation, preaching.* [9]*ἐπιταγή, ῆς, ἡ, [7] instruction, command, order, authority.* [10]*σωτήρ, ῆρος, ὁ, [23] a savior, deliverer, preserver.* [11]*γνήσιος, α, ον, [4] (lit: born in wedlock), hence: real, true, genuine; with definite article: the true, genuine element.* [12]*κοινός, ή, όν, [13] (a) common, shared, (b) Hebraistic use: profane; dirty, unclean, unwashed.* [13]*ἔλεος, ους, τό, [28] pity, mercy, compassion.* [14]*χάριν, [9] for the sake of, by reason of, on account of.* [15]*καταλείπω, [25] I leave behind, desert, abandon, forsake; I leave remaining, reserve.* [16]*Κρήτη, ης, ἡ, [5] Crete.* [17]*λείπω, [6] (earlier: I leave behind, abandon), (a) I am wanting, (b) mid: e.g. with gen: I come behind (in a race), am left behind in, fall short of (some standard), am wanting in.* [18]*ἐπιδιορθόω, [1] I set in order besides, put in order, correct.* [19]*καθίστημι, [21] I set down, bring down to a place; I set in order, appoint, make, constitute.* [20]*διατάσσω, [15] I give orders to, prescribe, arrange.* [21]*ἀνέγκλητος, ον, [5] irreproachable, blameless.* [22]*κατηγορία, ας, ἡ, [4] an accusation, charge.* [23]*ἀσωτία, ας, ἡ, [3] wantonness, profligacy, wastefulness.*

ἢ ἀνυπότακτα.¹ 7 Δεῖ γὰρ τὸν ἐπίσκοπον² ἀνέγκλητον³ εἶναι, ὡς θεοῦ οἰκονόμον·⁴ μὴ αὐθάδη,⁵ μὴ ὀργίλον,⁶ μὴ πάροινον,⁷ μὴ πλήκτην,⁸ μὴ αἰσχροκερδῆ,⁹ 8 ἀλλὰ φιλόξενον,¹⁰ φιλάγαθον,¹¹ σώφρονα,¹² δίκαιον, ὅσιον,¹³ ἐγκρατῆ,¹⁴ 9 ἀντεχόμενον¹⁵ τοῦ κατὰ τὴν διδαχὴν¹⁶ πιστοῦ λόγου, ἵνα δυνατὸς¹⁷ ᾖ καὶ παρακαλεῖν ἐν τῇ διδασκαλίᾳ¹⁸ τῇ ὑγιαινούσῃ,¹⁹ καὶ τοὺς ἀντιλέγοντας²⁰ ἐλέγχειν.²¹

The False Teachers Characterized and the Question of How to Deal with Them

10 Εἰσὶν γὰρ πολλοὶ καὶ ἀνυπότακτοι,¹ ματαιολόγοι²² καὶ φρεναπάται,²³ μάλιστα²⁴ οἱ ἐκ περιτομῆς,²⁵ 11 οὓς δεῖ ἐπιστομίζειν·²⁶ οἵτινες ὅλους οἴκους ἀνατρέπουσιν,²⁷ διδάσκοντες ἃ μὴ δεῖ, αἰσχροῦ²⁸ κέρδους²⁹ χάριν.³⁰ 12 Εἶπέν τις ἐξ αὐτῶν, ἴδιος αὐτῶν προφήτης, Κρῆτες³¹ ἀεὶ³² ψεῦσται,³³ κακὰ θηρία,³⁴ γαστέρες³⁵ ἀργαί.³⁶ 13 Ἡ μαρτυρία³⁷ αὕτη ἐστὶν ἀληθής.³⁸ Δι' ἣν αἰτίαν³⁹ ἔλεγχε⁴⁰ αὐτοὺς ἀποτόμως,⁴¹ ἵνα ὑγιαίνωσιν⁴² ἐν τῇ πίστει, 14 μὴ προσέχοντες⁴³ Ἰουδαϊκοῖς⁴⁴ μύθοις,⁴⁵ καὶ ἐντολαῖς ἀνθρώπων ἀποστρεφομένων⁴⁶ τὴν ἀλήθειαν. 15 Πάντα μὲν καθαρὰ⁴⁷ τοῖς καθαροῖς·⁴⁷

---

¹⁵ἀντεχόμενον: PNP-ASM   ¹⁹ὑγιαινούσῃ: PAP-DSF   ²⁰ἀντιλέγοντας: PAP-APM   ²¹ἐλέγχειν: PAN   ²⁶ἐπιστομίζειν: PAN   ²⁷ἀνατρέπουσιν: PAI-3P   ⁴⁰ἔλεγχε: PAM-2S   ⁴²ὑγιαίνωσιν: PAS-3P   ⁴³προσέχοντες: PAP-NPM   ⁴⁶ἀποστρεφομένων: PMP-GPM

---

¹ἀνυπότακτος, ον, [4] not subject to rule, unruly.   ²ἐπίσκοπος, ου, ὁ, [5] (used as an official title in civil life), overseer, supervisor, ruler, especially used with reference to the supervising function exercised by an elder or presbyter of a church or congregation.   ³ἀνέγκλητος, ον, [5] irreproachable, blameless.   ⁴οἰκονόμος, ου, ὁ, [10] a household manager, a steward, guardian.   ⁵αὐθάδης, ες, [2] self-satisfied, arrogant, stubborn.   ⁶ὀργίλος, η, ον, [1] prone to anger, passionate.   ⁷πάροινος, ον, [2] given to wine, drunken, quarrelsome.   ⁸πλήκτης, ου, ὁ, [2] a striker, contentious person, brawler.   ⁹αἰσχροκερδής, ες, [3] greedy, fond of base gain.   ¹⁰φιλόξενος, ον, [3] hospitable, loving strangers.   ¹¹φιλάγαθος, ον, [1] loving what is good.   ¹²σώφρων, ον, [4] of sound mind, self-controlled, temperate, sober-minded, modest, chaste.   ¹³ὅσιος, ία, ιον, [7] holy, pious, godly, beloved of God.   ¹⁴ἐγκρατής, ές, [1] self-controlled.   ¹⁵ἀντέχομαι, [4] trans: I hold against; intrans: I withstand; mid: I hold out against, hold firmly to, cleave to.   ¹⁶διδαχή, ῆς, ἡ, [30] teaching, doctrine, what is taught.   ¹⁷δυνατός, ή, όν, [36] (a) of persons: powerful, able, (b) of things: possible.   ¹⁸διδασκαλία, ας, ἡ, [21] instruction, teaching.   ¹⁹ὑγιαίνω, [12] I am well, am in good health; I am right, reasonable, sound, pure, uncorrupted.   ²⁰ἀντιλέγω, [12] I speak or say in opposition, contradict (oppose, resist).   ²¹ἐλέγχω, [18] (a) I reprove, rebuke, discipline, (b) I expose, show to be guilty.   ²²ματαιολόγος, ου, ὁ, [1] a vain, empty talker.   ²³φρεναπάτης, ου, ὁ, [1] a deceiver, seducer.   ²⁴μάλιστα, [12] most of all, especially.   ²⁵περιτομή, ῆς, ἡ, [36] circumcision.   ²⁶ἐπιστομίζω, [1] I muzzle, silence, stop the mouth.   ²⁷ἀνατρέπω, [2] I overturn (lit. or met.), subvert, overthrow, corrupt.   ²⁸αἰσχρός, ά, όν, [4] base, disgraceful.   ²⁹κέρδος, ους, τό, [3] gain, advantage, profit.   ³⁰χάριν, [9] for the sake of, by reason of, on account of.   ³¹Κρής, ητός, ὁ, [2] a Cretan, an inhabitant of Crete.   ³²ἀεί, [8] always, unceasingly, perpetually; on every occasion.   ³³ψεύστης, ου, ὁ, [10] a liar, deceiver.   ³⁴θηρίον, ου, τό, [46] properly: a wild beast, hence: any animal; met: a brute.   ³⁵γαστήρ, γαστρός, ἡ, [9] the womb, stomach; of a woman: to be with child (lit: to have [a child] in the belly).   ³⁶ἀργός, ή, όν, [8] idle, lazy, thoughtless, unprofitable, injurious.   ³⁷μαρτυρία, ας, ἡ, [37] witness, evidence, testimony, reputation.   ³⁸ἀληθής, ές, [25] unconcealed, true, true in fact, worthy of credit, truthful.   ³⁹αἰτία, ας, ἡ, [20] a cause, reason, excuse; a charge, accusation; guilt; circumstances, case.   ⁴⁰ἐλέγχω, [18] (a) I reprove, rebuke, discipline, (b) I expose, show to be guilty.   ⁴¹ἀποτόμως, [2] sharply, severely.   ⁴²ὑγιαίνω, [12] I am well, am in good health; I am right, reasonable, sound, pure, uncorrupted.   ⁴³προσέχω, [24] (a) I attend to, pay attention to, (b) I beware, am cautious, (c) I join, devote myself to.   ⁴⁴Ἰουδαϊκός, ή, όν, [1] Jewish, Judaic.   ⁴⁵μῦθος, ου, ὁ, [5] an idle tale, fable, fanciful story.   ⁴⁶ἀποστρέφω, [10] I turn away, pervert, remove; I restore, replace; mid: I desert, reject.   ⁴⁷καθαρός, ά, όν, [28] clean, pure, unstained, either literally or ceremonially or spiritually; guiltless, innocent, upright.

τοῖς δὲ μεμιασμένοις¹ καὶ ἀπίστοις² οὐδὲν καθαρόν·³ ἀλλὰ μεμίανται⁴ αὐτῶν καὶ ὁ νοῦς⁵ καὶ ἡ συνείδησις.⁶ **16** Θεὸν ὁμολογοῦσιν⁷ εἰδέναι, τοῖς δὲ ἔργοις ἀρνοῦνται,⁸ βδελυκτοὶ⁹ ὄντες καὶ ἀπειθεῖς¹⁰ καὶ πρὸς πᾶν ἔργον ἀγαθὸν ἀδόκιμοι.¹¹

Admonitions concerning Various Stations

2 Σὺ δὲ λάλει ἃ πρέπει¹² τῇ ὑγιαινούσῃ¹³ διδασκαλίᾳ·¹⁴ **2** πρεσβύτας¹⁵ νηφαλέους¹⁶ εἶναι, σεμνούς,¹⁷ σώφρονας,¹⁸ ὑγιαίνοντας¹⁹ τῇ πίστει, τῇ ἀγάπῃ, τῇ ὑπομονῇ·²⁰ **3** πρεσβύτιδας²¹ ὡσαύτως²² ἐν καταστήματι²³ ἱεροπρεπεῖς,²⁴ μὴ διαβόλους,²⁵ μὴ οἴνῳ²⁶ πολλῷ δεδουλωμένας,²⁷ καλοδιδασκάλους,²⁸ **4** ἵνα σωφρονίζωσιν²⁹ τὰς νέας³⁰ φιλάνδρους³¹ εἶναι, φιλοτέκνους,³² **5** σώφρονας,¹⁸ ἁγνάς,³³ οἰκουρούς,³⁴ ἀγαθάς, ὑποτασσομένας³⁵ τοῖς ἰδίοις ἀνδράσιν, ἵνα μὴ ὁ λόγος τοῦ θεοῦ βλασφημῆται·³⁶ **6** τοὺς νεωτέρους³⁰ ὡσαύτως²² παρακάλει σωφρονεῖν·³⁷ **7** περὶ πάντα σεαυτὸν³⁸ παρεχόμενος³⁹ τύπον⁴⁰ καλῶν ἔργων, ἐν τῇ διδασκαλίᾳ¹⁴ ἀδιαφθορίαν,⁴¹ σεμνότητα,⁴² ἀφθαρσίαν,⁴³ **8** λόγον ὑγιῆ,⁴⁴ ἀκατάγνωστον,⁴⁵ ἵνα ὁ ἐξ ἐναντίας⁴⁶ ἐντραπῇ,⁴⁷ μηδὲν ἔχων περὶ ἡμῶν

---

¹μεμιασμένοις: RPP-DPM   ⁴μεμίανται: RPI-3S   ⁷ὁμολογοῦσιν: PAI-3P   ⁸ἀρνοῦνται: PNI-3P   ¹²πρέπει: PAI-3S   ¹³ὑγιαινούσῃ: PAP-DSF   ¹⁹ὑγιαίνοντας: PAP-APM   ²⁷δεδουλωμένας: RPP-APF   ²⁹σωφρονίζωσιν: PAS-3P   ³⁵ὑποτασσομένας: PPP-APF   ³⁶βλασφημῆται: PPS-3S   ³⁷σωφρονεῖν: PAN   ³⁹παρεχόμενος: PMP-NSM   ⁴⁷ἐντραπῇ: 2APS-3S

---

¹μιαίνω, [5] I stain, pollute, defile, corrupt.   ²ἄπιστος, ον, [23] unbelieving, incredulous, unchristian; sometimes subst: unbeliever.   ³καθαρός, ά, όν, [28] clean, pure, unstained, either literally or ceremonially or spiritually; guiltless, innocent, upright.   ⁴μιαίνω, [5] I stain, pollute, defile, corrupt.   ⁵νοῦς, νοός, νοΐ, νοῦν, ὁ, [24] the mind, the reason, the reasoning faculty, intellect.   ⁶συνείδησις, εως, ἡ, [32] the conscience, a persisting notion.   ⁷ὁμολογέω, [24] (a) I promise, agree, (b) I confess, (c) I publicly declare, (d) a Hebraism, I praise, celebrate.   ⁸ἀρνέομαι, [31] (a) I deny (a statement), (b) I repudiate (a person, or belief).   ⁹βδελυκτός, ή, όν, [1] abominable, detestable.   ¹⁰ἀπειθής, ές, [6] unbelieving, disobedient, who will not be persuaded.   ¹¹ἀδόκιμος, ον, [8] failing to pass the test, unapproved, counterfeit.   ¹²πρέπω, [7] it becomes, is fitting to, is right.   ¹³ὑγιαίνω, [12] I am well, am in good health; I am right, reasonable, sound, pure, uncorrupted.   ¹⁴διδασκαλία, ας, ἡ, [21] instruction, teaching.   ¹⁵πρεσβύτης, ου, ὁ, [3] an old man, an ambassador.   ¹⁶νηφαλέος, α, ον, [3] sober, not intoxicated (with wine), temperate, vigilant.   ¹⁷σεμνός, ή, όν, [4] venerable, honorable, grave, serious, dignified.   ¹⁸σώφρων, ον, [4] of sound mind, self-controlled, temperate, sober-minded, modest, chaste.   ¹⁹ὑγιαίνω, [12] I am well, am in good health; I am right, reasonable, sound, pure, uncorrupted.   ²⁰ὑπομονή, ῆς, ἡ, [32] endurance, steadfastness, patient waiting for.   ²¹πρεσβῦτις, ιδος, ἡ, [1] an old woman.   ²²ὡσαύτως, [18] in like manner, likewise, just so.   ²³κατάστημα, ατος, τό, [1] behavior, conduct, deportment, demeanor.   ²⁴ἱεροπρεπής, ές, [1] suitable to a sacred character, reverent.   ²⁵διάβολος, ον, [38] (adj. used often as a noun), slanderous; with the article: the Slanderer (par excellence), the Devil.   ²⁶οἶνος, ου, ὁ, [33] wine.   ²⁷δουλόω, [8] I enslave.   ²⁸καλοδιδάσκαλος, ου, ὁ, ἡ, [1] a teacher of that which is noble (honorable) and good.   ²⁹σωφρονίζω, [1] I make sober-minded, admonish, control.   ³⁰νέος, α, ον, [24] (a) young, youthful, (b) new, fresh.   ³¹φίλανδρος, ον, [1] loving one's husband.   ³²φιλότεκνος, ον, [1] loving one's children.   ³³ἁγνός, ή, όν, [8] (originally, in a condition prepared for worship), pure (either ethically, or ritually, ceremonially), chaste.   ³⁴οὐκουρός, οῦ, ὁ, ἡ, [1] a keeper-at-home, a housekeeper.   ³⁵ὑποτάσσω, [40] I place under, subject to; mid, pass: I submit, put myself into subjection.   ³⁶βλασφημέω, [35] I speak evil against, blaspheme, use abusive or scurrilous language about (God or men).   ³⁷σωφρονέω, [6] I am of sound mind, am sober-minded, exercise self-control.   ³⁸σεαυτοῦ, ῆς, οῦ, [41] of yourself.   ³⁹παρέχω, [16] act. and mid: I offer, provide, confer, afford, give, bring, show, cause.   ⁴⁰τύπος, ου, ὁ, [16] (originally: the mark of a blow, then a stamp struck by a die), (a) a figure; a copy, image, (b) a pattern, model, (c) a type, prefiguring something or somebody.   ⁴¹ἀδιαφθορία, ας, ἡ, [1] incorruptibility, soundness, integrity, purity.   ⁴²σεμνότης, τητος, ἡ, [3] dignity, honor, gravity, seriousness.   ⁴³ἀφθαρσία, ας, ἡ, [8] indestructibility, incorruptibility; hence: immortality.   ⁴⁴ὑγιής, ές, [14] (a) sound, healthy, pure, whole, (b) wholesome.   ⁴⁵ἀκατάγνωστος, ον, [1] not open to just rebuke; irreprehensible.   ⁴⁶ἐναντίος, α, ον, [8] opposite, opposed, contrary; the adversary.   ⁴⁷ἐντρέπω, [9] (a) I turn to confusion, put to shame, (b) mid: I reverence, regard.

λέγειν φαῦλον. ' **9** Δούλους ἰδίοις δεσπόταις² ὑποτάσσεσθαι,³ ἐν πᾶσιν εὐαρέστους⁴ εἶναι, μὴ ἀντιλέγοντας,⁵ **10** μὴ νοσφιζομένους,⁶ ἀλλὰ πίστιν πᾶσαν ἐνδεικνυμένους⁷ ἀγαθήν, ἵνα τὴν διδασκαλίαν⁸ τοῦ σωτῆρος⁹ ἡμῶν θεοῦ κοσμῶσιν¹⁰ ἐν πᾶσιν.

The Grace of Salvation and Its Sanctifying Power

11 Ἐπεφάνη¹¹ γὰρ ἡ χάρις τοῦ θεοῦ ἡ σωτήριος¹² πᾶσιν ἀνθρώποις, **12** παιδεύουσα¹³ ἡμᾶς ἵνα, ἀρνησάμενοι¹⁴ τὴν ἀσέβειαν¹⁵ καὶ τὰς κοσμικὰς¹⁶ ἐπιθυμίας,¹⁷ σωφρόνως¹⁸ καὶ δικαίως¹⁹ καὶ εὐσεβῶς²⁰ ζήσωμεν ἐν τῷ νῦν αἰῶνι, **13** προσδεχόμενοι²¹ τὴν μακαρίαν ἐλπίδα καὶ ἐπιφάνειαν²² τῆς δόξης τοῦ μεγάλου θεοῦ καὶ σωτῆρος⁹ ἡμῶν Ἰησοῦ χριστοῦ, **14** ὃς ἔδωκεν ἑαυτὸν ὑπὲρ ἡμῶν, ἵνα λυτρώσηται²³ ἡμᾶς ἀπὸ πάσης ἀνομίας,²⁴ καὶ καθαρίσῃ²⁵ ἑαυτῷ λαὸν περιούσιον,²⁶ ζηλωτὴν²⁷ καλῶν ἔργων.

15 Ταῦτα λάλει, καὶ παρακάλει, καὶ ἔλεγχε²⁸ μετὰ πάσης ἐπιταγῆς.²⁹ Μηδείς σου περιφρονείτω.³⁰

An Admonition to Obedience and Meekness

3 Ὑπομίμνησκε³¹ αὐτοὺς ἀρχαῖς καὶ ἐξουσίαις ὑποτάσσεσθαι,³² πειθαρχεῖν,³³ πρὸς πᾶν ἔργον ἀγαθὸν ἑτοίμους³⁴ εἶναι, **2** μηδένα βλασφημεῖν,³⁵ ἀμάχους³⁶ εἶναι, ἐπιεικεῖς,³⁷ πᾶσαν ἐνδεικνυμένους³⁸ πραότητα³⁹ πρὸς πάντας ἀνθρώπους. **3** Ἦμεν γὰρ

---

³ὑποτάσσεσθαι: PMN   ⁵ἀντιλέγοντας: PAP-APM   ⁶νοσφιζομένους: PMP-APM   ⁷ἐνδεικνυμένους: PMP-APM   ¹⁰κοσμῶσιν: PAS-3P   ¹¹Ἐπεφάνη: 2API-3S   ¹³παιδεύουσα: PAP-NSF   ¹⁴ἀρνησάμενοι: ADP-NPM   ²¹προσδεχόμενοι: PNP-NPM   ²³λυτρώσηται: AMS-3S   ²⁵καθαρίσῃ: AAS-3S   ²⁸ἔλεγχε: PAM-2S   ³⁰περιφρονείτω: PAM-3S   ³¹Ὑπομίμνησκε: PAM-2S   ³²ὑποτάσσεσθαι: PMN   ³³πειθαρχεῖν: PAN   ³⁵βλασφημεῖν: PAN   ³⁸ἐνδεικνυμένους: PMP-APM

---

¹φαῦλος, η, ον, [4] worthless, wicked, base.   ²δεσπότης, ου, ὁ, [10] a lord, master, or prince.   ³ὑποτάσσω, [40] I place under, subject to; mid, pass: I submit, put myself into subjection.   ⁴εὐάρεστος, ον, [9] acceptable, well-pleasing (especially to God), grateful.   ⁵ἀντιλέγω, [12] I speak or say in opposition, contradict (oppose, resist).   ⁶νοσφίζω, [3] I rob; mid: I set apart for myself, appropriate for my own benefit, purloin.   ⁷ἐνδείκνυμι, [11] I show forth, prove.   ⁸διδασκαλία, ας, ἡ, [21] instruction, teaching.   ⁹σωτήρ, ῆρος, ὁ, [23] a savior, deliverer, preserver.   ¹⁰κοσμέω, [10] I put into order; I decorate, deck, adorn.   ¹¹ἐπιφαίνω, [4] I appear (as of a light in the heavens or from the heavens), shine upon.   ¹²σωτήριος, ον, [5] saving, bringing salvation; subst: salvation.   ¹³παιδεύω, [13] (a) I discipline, educate, train, (b) more severely: I chastise.   ¹⁴ἀρνέομαι, [31] (a) I deny (a statement), (b) I repudiate (a person, or belief).   ¹⁵ἀσέβεια, ας, ἡ, [6] impiety, irreverence, ungodliness, wickedness.   ¹⁶κοσμικός, ή, όν, [2] earthly, worldly (belonging to the present earthly world as opposed to the heavenly and future).   ¹⁷ἐπιθυμία, ας, ἡ, [38] desire, eagerness for, inordinate desire, lust.   ¹⁸σωφρόνως, [1] soberly, with moderation, prudently.   ¹⁹δικαίως, [5] justly, righteously.   ²⁰εὐσεβῶς, [2] piously, religiously.   ²¹προσδέχομαι, [14] (a) I await, expect, (b) I receive, welcome (originally: to my house), (c) I accept.   ²²ἐπιφάνεια, ας, ἡ, [6] appearing, manifestation, glorious display.   ²³λυτρόω, [3] I release on receipt of ransom; mid: I redeem, release by paying ransom, liberate.   ²⁴ἀνομία, ας, ἡ, [15] lawlessness, iniquity, disobedience, sin.   ²⁵καθαρίζω, [30] I cleanse, make clean, literally, ceremonially, or spiritually, according to context.   ²⁶περιούσιος, ον, [1] costly, treasured, select, specially chosen.   ²⁷ζηλωτής, οῦ, ὁ, [7] one who is eagerly devoted to a person or a thing, a zealot.   ²⁸ἐλέγχω, [18] (a) I reprove, rebuke, discipline, (b) I expose, show to be guilty.   ²⁹ἐπιταγή, ῆς, ἡ, [7] instruction, command, order, authority.   ³⁰περιφρονέω, [1] I look down upon, despise.   ³¹ὑπομιμνήσκω, [7] I remind; pass: I remember, call to mind.   ³²ὑποτάσσω, [40] I place under, subject to; mid, pass: I submit, put myself into subjection.   ³³πειθαρχέω, [4] I obey one in authority, conform to advice, obey, follow.   ³⁴ἕτοιμος, η, ον, [17] ready, prepared.   ³⁵βλασφημέω, [35] I speak evil against, blaspheme, use abusive or scurrilous language about (God or men).   ³⁶ἄμαχος, ον, [2] peaceable, abstaining from fighting, not contentious.   ³⁷ἐπιεικής, ές, [5] gentle, mild, forbearing, fair, reasonable, moderate.   ³⁸ἐνδείκνυμι, [11] I show forth, prove.   ³⁹πραΰτης, τητος, ἡ, [12] mildness, gentleness.

ποτε¹ καὶ ἡμεῖς ἀνόητοι,² ἀπειθεῖς,³ πλανώμενοι,⁴ δουλεύοντες⁵ ἐπιθυμίαις⁶ καὶ ἡδοναῖς⁷ ποικίλαις,⁸ ἐν κακίᾳ⁹ καὶ φθόνῳ¹⁰ διάγοντες,¹¹ στυγητοί,¹² μισοῦντες¹³ ἀλλήλους.

The Washing of Regeneration and Its Wonderful Power

4 Ὅτε δὲ ἡ χρηστότης¹⁴ καὶ ἡ φιλανθρωπία¹⁵ ἐπεφάνη¹⁶ τοῦ σωτῆρος¹⁷ ἡμῶν θεοῦ, **5** οὐκ ἐξ ἔργων τῶν ἐν δικαιοσύνῃ ὧν ἐποιήσαμεν ἡμεῖς, ἀλλὰ κατὰ τὸν αὐτοῦ ἔλεον¹⁸ ἔσωσεν ἡμᾶς, διὰ λουτροῦ¹⁹ παλιγγενεσίας²⁰ καὶ ἀνακαινώσεως²¹ πνεύματος ἁγίου, **6** οὗ ἐξέχεεν²² ἐφ' ἡμᾶς πλουσίως,²³ διὰ Ἰησοῦ χριστοῦ τοῦ σωτῆρος¹⁷ ἡμῶν, **7** ἵνα δικαιωθέντες²⁴ τῇ ἐκείνου χάριτι, κληρονόμοι²⁵ γενώμεθα κατ' ἐλπίδα ζωῆς αἰωνίου. **8** Πιστὸς ὁ λόγος, καὶ περὶ τούτων βούλομαί²⁶ σε διαβεβαιοῦσθαι,²⁷ ἵνα φροντίζωσιν²⁸ καλῶν ἔργων προΐστασθαι²⁹ οἱ πεπιστευκότες θεῷ. Ταῦτά ἐστιν τὰ καλὰ καὶ ὠφέλιμα³⁰ τοῖς ἀνθρώποις·

The Conduct of Titus toward False Teachers and Heretics

9 μωρὰς³¹ δὲ ζητήσεις³² καὶ γενεαλογίας³³ καὶ ἔρεις³⁴ καὶ μάχας³⁵ νομικὰς³⁶ περιΐστασο·³⁷ εἰσὶν γὰρ ἀνωφελεῖς³⁸ καὶ μάταιοι.³⁹ **10** Αἱρετικὸν⁴⁰ ἄνθρωπον μετὰ μίαν

---

⁴πλανώμενοι: PPP-NPM   ⁵δουλεύοντες: PAP-NPM   ¹¹διάγοντες: PAP-NPM   ¹³μισοῦντες: PAP-NPM   ¹⁶ἐπεφάνη: 2API-3S   ²²ἐξέχεεν: AAI-3S   ²⁴δικαιωθέντες: APP-NPM   ²⁶βούλομαί: PNI-1S   ²⁷διαβεβαιοῦσθαι: PNN ²⁸φροντίζωσιν: PAS-3P   ²⁹προΐστασθαι: PMN   ³⁷περιΐστασο: PMM-2S

---

¹ποτέ, [29] at one time or other, at some time, formerly.   ²ἀνόητος, ον, [6] foolish, thoughtless.   ³ἀπειθής, ές, [6] unbelieving, disobedient, who will not be persuaded.   ⁴πλανάω, [40] I lead astray, deceive, cause to wander.   ⁵δουλεύω, [25] I am a slave, am subject to, obey, am devoted.   ⁶ἐπιθυμία, ας, ἡ, [38] desire, eagerness for, inordinate desire, lust.   ⁷ἡδονή, ῆς, ἡ, [5] pleasure, a pleasure, especially sensuous pleasure; a strong desire, passion.   ⁸ποικίλος, η, ον, [10] various, of different colors, diverse, various.   ⁹κακία, ας, ἡ, [11] (a) evil (i.e. trouble, labor, misfortune), (b) wickedness, (c) vicious disposition, malice, spite.   ¹⁰φθόνος, ου, ὁ, [9] envy, a grudge, spite.   ¹¹διάγω, [2] (either trans. or intrans.), I spend time, pass time, live.   ¹²στυγητός, ή, όν, [1] hateful, detestable, disgusting.   ¹³μισέω, [41] I hate, detest, love less, esteem less.   ¹⁴χρηστότης, τητος, ἡ, [10] goodness, uprightness, kindness, gentleness.   ¹⁵φιλανθρωπία, ας, ἡ, [2] love of mankind, benevolence.   ¹⁶ἐπιφαίνω, [4] I appear (as of a light in the heavens or from the heavens), shine upon.   ¹⁷σωτήρ, ῆρος, ὁ, [23] a savior, deliverer, preserver.   ¹⁸ἔλεος, ους, τό, [28] pity, mercy, compassion.   ¹⁹λουτρόν, οῦ, τό, [2] a bath (of water, not the vessel), water for washing, washing.   ²⁰παλιγγενεσία, ας, ἡ, [2] a new birth, regeneration, renewal.   ²¹ἀνακαίνωσις, εως, ἡ, [2] renewing; a renewal or change of heart and life.   ²²ἐκχέω, [28] I pour out (liquid or solid); I shed, bestow liberally.   ²³πλουσίως, [4] richly, abundantly.   ²⁴δικαιόω, [39] I make righteous, defend the cause of, plead for the righteousness (innocence) of, acquit, justify; hence: I regard as righteous.   ²⁵κληρονόμος, ου, ὁ, [15] an heir, an inheritor.   ²⁶βούλομαι, [34] I will, intend, desire, wish.   ²⁷διαβεβαιόομαι, [2] I assert emphatically.   ²⁸φροντίζω, [1] I am thoughtful, careful, give heed.   ²⁹προΐστημι, [8] I preside, rule over, give attention to, direct, maintain, practice diligently.   ³⁰ὠφέλιμος, ον, [4] profitable, beneficial, useful.   ³¹μωρός, ά, όν, [13] (a) adj: stupid, foolish, (b) noun: a fool.   ³²ζήτησις, εως, ἡ, [7] a question, debate, controversy; a seeking, search.   ³³γενεαλογία, ας, ἡ, [2] genealogy.   ³⁴ἔρις, ιδος, ἡ, [9] contention, strife, wrangling.   ³⁵μάχη, ης, ἡ, [4] (earlier: a battle, conflict, hence) in the sphere of words, etc: strife, contention, quarrel.   ³⁶νομικός, ή, όν, [9] (a) adj: connected with law, about law, (b) noun: a lawyer, one learned in the Law, one learned in the Old Testament.   ³⁷περιΐστημι, [4] in intrans. act. tenses: I stand around; mid: I avoid, shun.   ³⁸ἀνωφελής, ές, [2] useless, unprofitable.   ³⁹μάταιος, αία, αιον, [6] vain, unreal, ineffectual, unproductive; practically: godless.   ⁴⁰αἱρετικός, ή, όν, [1] disposed to form sects, sectarian, heretical, factious.

καὶ δευτέραν¹ νουθεσίαν² παραιτοῦ,³ **11** εἰδὼς ὅτι ἐξέστραπται⁴ ὁ τοιοῦτος, καὶ ἁμαρτάνει,⁵ ὢν αὐτοκατάκριτος.⁶

Final Directions and Greetings

12 Ὅταν πέμψω Ἀρτεμᾶν πρός σε ἢ Τυχικόν, σπούδασον⁷ ἐλθεῖν πρός με εἰς Νικόπολιν·⁸ ἐκεῖ γὰρ κέκρικα παραχειμάσαι.⁹ **13** Ζηνᾶν τὸν νομικὸν¹⁰ καὶ Ἀπολλὼ σπουδαίως¹¹ πρόπεμψον,¹² ἵνα μηδὲν αὐτοῖς λείπῃ.¹³ **14** Μανθανέτωσαν¹⁴ δὲ καὶ οἱ ἡμέτεροι¹⁵ καλῶν ἔργων προΐστασθαι¹⁶ εἰς τὰς ἀναγκαίας¹⁷ χρείας,¹⁸ ἵνα μὴ ὦσιν ἄκαρποι.¹⁹

15 Ἀσπάζονταί σε οἱ μετ᾽ ἐμοῦ πάντες. Ἄσπασαι τοὺς φιλοῦντας²⁰ ἡμᾶς ἐν πίστει. Ἡ χάρις μετὰ πάντων ὑμῶν. Ἀμήν.

---

³παραιτοῦ: PNM-2S　⁴ἐξέστραπται: RPI-3S　⁵ἁμαρτάνει: PAI-3S　⁷σπούδασον: AAM-2S　⁹παραχειμάσαι: AAN　¹²πρόπεμψον: AAM-2S　¹³λείπῃ: PAS-3S　¹⁴Μανθανέτωσαν: PAM-3P　¹⁶προΐστασθαι: PMN　²⁰φιλοῦντας: PAP-APM

---

¹δεύτερος, α, ον, [44] second; with the article: in the second place, for the second time.　²νουθεσία, ας, ἡ, [3] a warning, admonition, counsel.　³παραιτέομαι, [11] I beg off, make excuse, deprecate, refuse, reject, decline, shun, avoid.　⁴ἐκστρέφω, [1] I change for the worse, corrupt, pervert.　⁵ἁμαρτάνω, [43] originally: I miss the mark, hence (a) I make a mistake, (b) I sin, commit a sin (against God); sometimes the idea of sinning against a fellow-creature is present.　⁶αὐτοκατάκριτος, ον, [1] (perhaps a new coinage), self-condemned.　⁷σπουδάζω, [11] I hasten, am eager, am zealous.　⁸Νικόπολις, εως, ἡ, [1] Nicopolis, a city of Macedonia.　⁹παραχειμάζω, [4] I pass the winter.　¹⁰νομικός, ή, όν, [9] (a) adj: connected with law, about law, (b) noun: a lawyer, one learned in the Law, one learned in the Old Testament.　¹¹σπουδαίως, [2] diligently, earnestly, zealously.　¹²προπέμπω, [9] I send forward, accompany, equip for a journey.　¹³λείπω, [6] (earlier: I leave behind, abandon), (a) I am wanting, (b) mid: e.g. with gen: I come behind (in a race), am left behind in, fall short of (some standard), am wanting in.　¹⁴μανθάνω, [25] I learn; with adj. or nouns: I learn to be so and so; with acc. of person who is the object of knowledge; aor. sometimes: to ascertain.　¹⁵ἡμέτερος, α, ον, [7] our, our own.　¹⁶προΐστημι, [8] I preside, rule over, give attention to, direct, maintain, practice diligently.　¹⁷ἀναγκαῖος, α, ον, [8] necessary, essential, intimate, right, proper.　¹⁸χρεία, ας, ἡ, [49] need, necessity, business.　¹⁹ἄκαρπος, ον, [7] unfruitful, barren, profitless.　²⁰φιλέω, [25] I love (of friendship), regard with affection, cherish; I kiss.

ΠΡΟΣ ΦΙΛΗΜΟΝΑ
To Philemon

Address and Salutation

Παῦλος δέσμιος¹ χριστοῦ Ἰησοῦ, καὶ Τιμόθεος ὁ ἀδελφός, Φιλήμονι τῷ ἀγαπητῷ καὶ συνεργῷ² ἡμῶν, **2** καὶ Ἀπφίᾳ τῇ ἀγαπητῇ, καὶ Ἀρχίππῳ τῷ συστρατιώτῃ³ ἡμῶν, καὶ τῇ κατ' οἶκόν σου ἐκκλησίᾳ· **3** χάρις ὑμῖν καὶ εἰρήνη ἀπὸ θεοῦ πατρὸς ἡμῶν καὶ κυρίου Ἰησοῦ χριστοῦ.

Paul's Thankfulness and Sympathy on Account of Philemon's Christian State

4 Εὐχαριστῶ⁴ τῷ θεῷ μου, πάντοτε⁵ μνείαν⁶ σου ποιούμενος ἐπὶ τῶν προσευχῶν⁷ μου, **5** ἀκούων σου τὴν ἀγάπην, καὶ τὴν πίστιν ἣν ἔχεις πρὸς τὸν κύριον Ἰησοῦν καὶ εἰς πάντας τοὺς ἁγίους, **6** ὅπως ἡ κοινωνία⁸ τῆς πίστεώς σου ἐνεργὴς⁹ γένηται ἐν ἐπιγνώσει¹⁰ παντὸς ἀγαθοῦ τοῦ ἐν ἡμῖν εἰς χριστὸν Ἰησοῦν. **7** Χάριν γὰρ ἔχομεν πολλὴν καὶ παράκλησιν¹¹ ἐπὶ τῇ ἀγάπῃ σου, ὅτι τὰ σπλάγχνα¹² τῶν ἁγίων ἀναπέπαυται¹³ διὰ σοῦ, ἀδελφέ.

Paul's Intercession for Onesimus

8 Διὸ πολλὴν ἐν χριστῷ παρρησίαν¹⁴ ἔχων ἐπιτάσσειν¹⁵ σοι τὸ ἀνῆκον,¹⁶ **9** διὰ τὴν ἀγάπην μᾶλλον παρακαλῶ, τοιοῦτος ὢν ὡς Παῦλος πρεσβύτης,¹⁷ νυνὶ¹⁸ δὲ καὶ δέσμιος¹

---

⁴Εὐχαριστῶ: *PAI-1S* ¹³ἀναπέπαυται: *RPI-3S* ¹⁵ἐπιτάσσειν: *PAN* ¹⁶ἀνῆκον: *PAP-ASN*

---

¹δέσμιος, ου, ὁ, [16] *one bound, a prisoner.* ²συνεργός, οῦ, ὁ, [13] *a fellow worker, associate, helper.* ³συστρατιώτης, ου, ὁ, [2] *a fellow soldier (in the Christian faith).* ⁴εὐχαριστέω, [40] *I thank, give thanks; pass. 3 sing: is received with thanks.* ⁵πάντοτε, [42] *always, at all times, ever.* ⁶μνεία, ας, ἡ, [7] *remembrance, recollection, mention; commemoration.* ⁷προσευχή, ῆς, ἡ, [37] *(a) prayer (to God), (b) a place for prayer (used by Jews, perhaps where there was no synagogue).* ⁸κοινωνία, ας, ἡ, [19] (lit: partnership) *(a) contributory help, participation, (b) sharing in, communion, (c) spiritual fellowship, a fellowship in the spirit.* ⁹ἐνεργής, ές, [3] *effective, productive of due result, at work.* ¹⁰ἐπίγνωσις, εως, ἡ, [20] *knowledge of a particular point (directed towards a particular object); perception, discernment, recognition, intuition.* ¹¹παράκλησις, εως, ἡ, [29] *a calling for, summons, hence: (a) exhortation, (b) entreaty, (c) encouragement, joy, gladness, (d) consolation, comfort.* ¹²σπλάγχνα, ων, τά, [11] *the inward parts; the heart, affections, seat of the feelings.* ¹³ἀναπαύω, [12] *I make to rest, give rest to; mid. and pass: I rest, take my ease.* ¹⁴παρρησία, ας, ἡ, [31] *freedom, openness, especially in speech; boldness, confidence.* ¹⁵ἐπιτάσσω, [10] *I give order, command, charge.* ¹⁶ἀνήκω, [3] *is due, becoming, suitable, proper.* ¹⁷πρεσβύτης, ου, ὁ, [3] *an old man, an ambassador.* ¹⁸νυνί, [20] *adv. (a) of time: just now, even now; just at hand, immediately, (b) of logical connection: now then, (c) in commands and appeals: at this instant.*

Ἰησοῦ χριστοῦ. **10** Παρακαλῶ σε περὶ τοῦ ἐμοῦ τέκνου, ὃν ἐγέννησα ἐν τοῖς δεσμοῖς[1] μου, Ὀνήσιμον, **11** τόν ποτέ[2] σοι ἄχρηστον,[3] νυνὶ[4] δὲ σοὶ καὶ ἐμοὶ εὔχρηστον,[5] ὃν ἀνέπεμψα·[6] **12** σὺ δὲ αὐτόν, τοῦτ' ἔστιν τὰ ἐμὰ σπλάγχνα,[7] προσλαβοῦ·[8] **13** ὃν ἐγὼ ἐβουλόμην[9] πρὸς ἐμαυτὸν[10] κατέχειν,[11] ἵνα ὑπὲρ σοῦ διακονῇ[12] μοι ἐν τοῖς δεσμοῖς[1] τοῦ εὐαγγελίου· **14** χωρὶς[13] δὲ τῆς σῆς[14] γνώμης[15] οὐδὲν ἠθέλησα ποιῆσαι, ἵνα μὴ ὡς κατὰ ἀνάγκην[16] τὸ ἀγαθόν σου ᾖ, ἀλλὰ κατὰ ἑκούσιον.[17]

Another Point Urged by the Apostle

15 Τάχα[18] γὰρ διὰ τοῦτο ἐχωρίσθη[19] πρὸς ὥραν, ἵνα αἰώνιον αὐτὸν ἀπέχῃς·[20] **16** οὐκέτι[21] ὡς δοῦλον, ἀλλ' ὑπὲρ δοῦλον, ἀδελφὸν ἀγαπητόν, μάλιστα[22] ἐμοί, πόσῳ[23] δὲ μᾶλλον σοὶ καὶ ἐν σαρκὶ καὶ ἐν κυρίῳ. **17** Εἰ οὖν με ἔχεις κοινωνόν,[24] προσλαβοῦ[25] αὐτὸν ὡς ἐμέ. **18** Εἰ δέ τι ἠδίκησέν[26] σε ἢ ὀφείλει,[27] τοῦτο ἐμοὶ ἐλλόγει·[28] **19** ἐγὼ Παῦλος ἔγραψα τῇ ἐμῇ χειρί, ἐγὼ ἀποτίσω·[29] ἵνα μὴ λέγω σοι ὅτι καὶ σεαυτόν[30] μοι προσοφείλεις.[31] **20** Ναί,[32] ἀδελφέ, ἐγώ σου ὀναίμην[33] ἐν κυρίῳ· ἀνάπαυσόν[34] μου τὰ σπλάγχνα[7] ἐν κυρίῳ.

Concluding Remarks and Greeting

21 Πεποιθὼς τῇ ὑπακοῇ[35] σου ἔγραψά σοι, εἰδὼς ὅτι καὶ ὑπὲρ ὃ λέγω ποιήσεις. **22** Ἅμα[36] δὲ καὶ ἑτοίμαζέ[37] μοι ξενίαν·[38] ἐλπίζω[39] γὰρ ὅτι διὰ τῶν προσευχῶν[40] ὑμῶν χαρισθήσομαι[41] ὑμῖν.

---

[6]ἀνέπεμψα: AAI-1S   [8]προσλαβοῦ: 2AMM-2S   [9]ἐβουλόμην: INI-1S   [11]κατέχειν: PAN   [12]διακονῇ: PAS-3S   [19]ἐχωρίσθη: API-3S   [20]ἀπέχῃς: PAS-2S   [25]προσλαβοῦ: 2AMM-2S   [26]ἠδίκησέν: AAI-3S   [27]ὀφείλει: PAI-3S   [28]ἐλλόγει: PAM-2S   [29]ἀποτίσω: FAI-1S   [31]προσοφείλεις: PAI-2S   [33]ὀναίμην: 2ADO-1S   [34]ἀνάπαυσόν: AAM-2S   [37]ἑτοίμαζέ: PAM-2S   [39]ἐλπίζω: PAI-1S   [41]χαρισθήσομαι: FPI-1S

---

[1]δεσμός, οῦ, ὁ, [20] a bond, chain, imprisonment; a string or ligament, an impediment, infirmity.   [2]ποτέ, [29] at one time or other, at some time, formerly.   [3]ἄχρηστος, ον, [1] unprofitable, useless, detrimental.   [4]νυνί, [20] adv. (a) of time: just now, even now; just at hand, immediately, (b) of logical connection: now then, (c) in commands and appeals: at this instant.   [5]εὔχρηστος, ον, [3] useful, serviceable, very profitable.   [6]ἀναπέμπω, [4] I send up (to a higher tribunal), send back.   [7]σπλάγχνα, ων, τά, [11] the inward parts; the heart, affections, seat of the feelings.   [8]προσλαμβάνω, [14] (a) I take to myself, (b) I take aside, (c) I welcome.   [9]βούλομαι, [34] I will, intend, desire, wish.   [10]ἐμαυτοῦ, ῆς, οῦ, [37] of myself.   [11]κατέχω, [19] (a) I hold fast, bind, arrest, (b) I take possession of, lay hold of, (c) I hold back, detain, restrain, (d) I hold a ship, keep its head.   [12]διακονέω, [37] I wait at table (particularly of a slave who waits on guests); I serve (generally).   [13]χωρίς, [39] apart from, separately from; without.   [14]σός, σή, σόν, [27] yours, thy, thine.   [15]γνώμη, ης, ἡ, [9] opinion, counsel, judgment, intention, decree.   [16]ἀνάγκη, ης, ἡ, [18] necessity, constraint, compulsion; there is need to; force, violence.   [17]ἑκούσιος, ία, ιον, [1] willing, with right good will, voluntary, spontaneous.   [18]τάχα, [2] quickly, presently, perhaps.   [19]χωρίζω, [13] (a) I separate, put apart, (b) mid. or pass: I separate myself, depart, withdraw.   [20]ἀπέχω, [18] I have in full, am far, it is enough.   [21]οὐκέτι, [48] no longer, no more.   [22]μάλιστα, [12] most of all, especially.   [23]πόσος, η, ον, [27] how much, how great, how many.   [24]κοινωνός, οῦ, ὁ, ἡ, [11] a sharer, partner, companion.   [25]προσλαμβάνω, [14] (a) I take to myself, (b) I take aside, (c) I welcome.   [26]ἀδικέω, [27] I act unjustly towards, injure, harm.   [27]ὀφείλω, [36] I owe, ought.   [28]ἐλλογέω, [2] I charge to, put to one's account, impute.   [29]ἀποτίνω, [1] I repay, pay what is due (by way of punishment or fine), make good.   [30]σεαυτοῦ, ῆς, οῦ, [41] of yourself.   [31]προσοφείλω, [1] I owe besides (in addition).   [32]ναί, [35] yes, certainly, even so.   [33]ὀνίνημι, [1] I profit, benefit, help; mid: I have profit, derive benefit.   [34]ἀναπαύω, [12] I make to rest, give rest to; mid. and pass: I rest, take my ease.   [35]ὑπακοή, ῆς, ἡ, [15] obedience, submissiveness, compliance.   [36]ἅμα, [10] at the same time, therewith, along with, together with.   [37]ἑτοιμάζω, [40] I make ready, prepare.   [38]ξενία, ας, ἡ, [2] lodging, hospitality.   [39]ἐλπίζω, [31] I hope, hope for, expect, trust.   [40]προσευχή, ῆς, ἡ, [37] (a) prayer (to God), (b) a place for prayer (used by Jews, perhaps where there was no synagogue).   [41]χαρίζομαι, [23] (a) I show favor to, (b) I pardon, forgive, (c) I show kindness.

23 Ἀσπάζονταί σε Ἐπαφρᾶς ὁ συναιχμάλωτός¹ μου ἐν χριστῷ Ἰησοῦ, **24** Μάρκος, Ἀρίσταρχος, Δημᾶς, Λουκᾶς, οἱ συνεργοί² μου.

25 Ἡ χάρις τοῦ κυρίου ἡμῶν Ἰησοῦ χριστοῦ μετὰ τοῦ πνεύματος ὑμῶν. Ἀμήν.

---

¹συναιχμάλωτος, ου, ὁ, [3] a fellow captive or prisoner.   ²συνεργός, οῦ, ὁ, [13] a fellow worker, associate, helper.

ΠΡΟΣ ΕΒΡΑΙΟΥΣ
To the Hebrews

The Superiority of Christ over the Angels

Πολυμερῶς¹ καὶ πολυτρόπως² πάλαι³ ὁ θεὸς λαλήσας τοῖς πατράσιν ἐν τοῖς προφήταις, ἐπ᾽ ἐσχάτου τῶν ἡμερῶν τούτων ἐλάλησεν ἡμῖν ἐν υἱῷ, **2** ὃν ἔθηκεν κληρονόμον⁴ πάντων, δι᾽ οὗ καὶ τοὺς αἰῶνας ἐποίησεν, **3** ὃς ὢν ἀπαύγασμα⁵ τῆς δόξης καὶ χαρακτὴρ⁶ τῆς ὑποστάσεως⁷ αὐτοῦ, φέρων τε τὰ πάντα τῷ ῥήματι τῆς δυνάμεως αὐτοῦ, δι᾽ ἑαυτοῦ καθαρισμὸν⁸ ποιησάμενος τῶν ἁμαρτιῶν ἡμῶν, ἐκάθισεν⁹ ἐν δεξιᾷ τῆς μεγαλωσύνης¹⁰ ἐν ὑψηλοῖς,¹¹ **4** τοσούτῳ¹² κρείττων¹³ γενόμενος τῶν ἀγγέλων, ὅσῳ διαφορώτερον¹⁴ παρ᾽ αὐτοὺς κεκληρονόμηκεν¹⁵ ὄνομα. **5** Τίνι γὰρ εἶπέν ποτε¹⁶ τῶν ἀγγέλων, Υἱός μου εἶ σύ, ἐγὼ σήμερον¹⁷ γεγέννηκά σε; Καὶ πάλιν, Ἐγὼ ἔσομαι αὐτῷ εἰς πατέρα, καὶ αὐτὸς ἔσται μοι εἰς υἱόν; **6** Ὅταν δὲ πάλιν εἰσαγάγῃ¹⁸ τὸν πρωτότοκον¹⁹ εἰς τὴν οἰκουμένην²⁰ λέγει, Καὶ προσκυνησάτωσαν αὐτῷ πάντες ἄγγελοι θεοῦ. **7** Καὶ πρὸς μὲν τοὺς ἀγγέλους λέγει, Ὁ ποιῶν τοὺς ἀγγέλους αὐτοῦ πνεύματα, καὶ τοὺς λειτουργοὺς²¹ αὐτοῦ πυρὸς φλόγα·²² **8** πρὸς δὲ τὸν υἱόν, Ὁ θρόνος σου, ὁ θεός, εἰς τὸν αἰῶνα τοῦ αἰῶνος· ῥάβδος²³ εὐθύτητος²⁴ ἡ ῥάβδος²³ τῆς βασιλείας σου.

---

⁹ἐκάθισεν: AAI-3S   ¹⁵κεκληρονόμηκεν: RAI-3S   ¹⁸εἰσαγάγῃ: 2AAS-3S

---

¹πολυμερῶς, [1] in many parts (one at one time, another at another, and so on).   ²πολυτρόπως, [1] in many ways.   ³πάλαι, [6] of old, long ago, in times past, former.   ⁴κληρονόμος, ου, ὁ, [15] an heir, an inheritor.   ⁵ἀπαύγασμα, ατος, τό, [1] a light flashing forth (from), radiation, gleam.   ⁶χαρακτήρ, ῆρος, ὁ, [1] an impression, representation, exact reproduction; a graving-tool.   ⁷ὑπόστασις, εως, ἡ, [5] (lit: an underlying), (a) confidence, assurance, (b) a giving substance (or reality) to, or a guaranteeing, (c) substance, reality.   ⁸καθαρισμός, οῦ, ὁ, [7] cleansing, purifying, purification, literal, ceremonial, or moral; met: expiation.   ⁹καθίζω, [48] (a) trans: I make to sit; I set, appoint, (b) intrans: I sit down, am seated, stay.   ¹⁰μεγαλωσύνη, ης, ἡ, [3] (divine) majesty, greatness.   ¹¹ὑψηλός, ή, όν, [11] high, lofty.   ¹²τοσοῦτος, τοσαύτη, τοσοῦτο, [20] so great, so large, so long, so many.   ¹³κρείττων, ον, [16] stronger, more excellent.   ¹⁴διάφορος, ον, [4] differing, different; hence: excellent.   ¹⁵κληρονομέω, [18] I inherit, obtain (possess) by inheritance, acquire.   ¹⁶ποτέ, [29] at one time or other, at some time, formerly.   ¹⁷σήμερον, [41] today, now.   ¹⁸εἰσάγω, [10] I lead in, bring in, introduce.   ¹⁹πρωτότοκος, ον, [9] first-born, eldest.   ²⁰οἰκουμένη, ης, ἡ, [16] (properly: the land that is being inhabited, the land in a state of habitation), the inhabited world, that is, the Roman world, for all outside it was regarded as of no account.   ²¹λειτουργός, οῦ, ὁ, [5] a minister, servant, of an official character; of priests and Levites.   ²²φλόξ, φλογός, ἡ, [7] a flame.   ²³ῥάβδος, ου, ἡ, [12] a rod, staff, staff of authority, scepter.   ²⁴εὐθύτης, ητος, ἡ, [1] straightness, uprightness.

9 Ἠγάπησας δικαιοσύνην, καὶ ἐμίσησας¹ ἀνομίαν·² διὰ τοῦτο ἔχρισέν³ σε ὁ θεός, ὁ θεός σου, ἔλαιον⁴ ἀγαλλιάσεως⁵ παρὰ τοὺς μετόχους⁶ σου. 10 Καί, Σὺ κατ᾽ ἀρχάς, κύριε, τὴν γῆν ἐθεμελίωσας,⁷ καὶ ἔργα τῶν χειρῶν σού εἰσιν οἱ οὐρανοί· 11 αὐτοὶ ἀπολοῦνται, σὺ δὲ διαμένεις·⁸ καὶ πάντες ὡς ἱμάτιον παλαιωθήσονται,⁹ 12 καὶ ὡσεὶ¹⁰ περιβόλαιον¹¹ ἑλίξεις¹² αὐτούς, καὶ ἀλλαγήσονται·¹³ σὺ δὲ ὁ αὐτὸς εἶ, καὶ τὰ ἔτη¹⁴ σου οὐκ ἐκλείψουσιν.¹⁵ 13 Πρὸς τίνα δὲ τῶν ἀγγέλων εἴρηκέν ποτε,¹⁶ Κάθου ἐκ δεξιῶν μου, ἕως ἂν θῶ τοὺς ἐχθρούς¹⁷ σου ὑποπόδιον¹⁸ τῶν ποδῶν σου; 14 Οὐχὶ πάντες εἰσὶν λειτουργικὰ¹⁹ πνεύματα, εἰς διακονίαν²⁰ ἀποστελλόμενα διὰ τοὺς μέλλοντας κληρονομεῖν²¹ σωτηρίαν;²²

The Need of Cheerful Obedience to Christ

2 Διὰ τοῦτο δεῖ περισσοτέρως²³ ἡμᾶς προσέχειν²⁴ τοῖς ἀκουσθεῖσιν, μήποτε²⁵ παραρρυῶμεν.²⁶ 2 Εἰ γὰρ ὁ δι᾽ ἀγγέλων λαληθεὶς λόγος ἐγένετο βέβαιος,²⁷ καὶ πᾶσα παράβασις²⁸ καὶ παρακοὴ²⁹ ἔλαβεν ἔνδικον³⁰ μισθαποδοσίαν,³¹ 3 πῶς ἡμεῖς ἐκφευξόμεθα³² τηλικαύτης³³ ἀμελήσαντες³⁴ σωτηρίας;²² Ἥτις, ἀρχὴν λαβοῦσα λαλεῖσθαι διὰ τοῦ κυρίου, ὑπὸ τῶν ἀκουσάντων εἰς ἡμᾶς ἐβεβαιώθη,³⁵ 4 συνεπιμαρτυροῦντος³⁶ τοῦ θεοῦ σημείοις τε καὶ τέρασιν,³⁷ καὶ ποικίλαις³⁸ δυνάμεσιν, καὶ πνεύματος ἁγίου μερισμοῖς,³⁹ κατὰ τὴν αὐτοῦ θέλησιν.⁴⁰

---

¹ἐμίσησας: AAI-2S   ³ἔχρισέν: AAI-3S   ⁷ἐθεμελίωσας: AAI-2S   ⁸διαμένεις: PAI-2S   ⁹παλαιωθήσονται: FPI-3P   ¹²ἑλίξεις: FAI-2S   ¹³ἀλλαγήσονται: 2FPI-3P   ¹⁵ἐκλείψουσιν: FAI-3P   ²¹κληρονομεῖν: PAN   ²⁴προσέχειν: PAN   ²⁶παραρρυῶμεν: 2APS-1P   ³²ἐκφευξόμεθα: FDI-1P   ³⁴ἀμελήσαντες: AAP-NPM   ³⁵ἐβεβαιώθη: API-3S   ³⁶συνεπιμαρτυροῦντος: PAP-GSM

---

¹μισέω, [41] I hate, detest, love less, esteem less.   ²ἀνομία, ας, ἡ, [15] lawlessness, iniquity, disobedience, sin.   ³χρίω, [5] I anoint, consecrate by anointing.   ⁴ἔλαιον, ου, τό, [11] olive oil, oil.   ⁵ἀγαλλίασις, εως, ἡ, [5] wild joy, ecstatic delight, exultation, exhilaration.   ⁶μέτοχος, ου, ὁ, [6] a sharer, partner, associate.   ⁷θεμελιόω, [6] I found, lay the foundation (lit. and met.).   ⁸διαμένω, [5] I remain, continue.   ⁹παλαιόω, [4] I make old, declare obsolete; pass: I grow old, become obsolete.   ¹⁰ὡσεί, [31] as if, as it were, like; with numbers: about.   ¹¹περιβόλαιον, ου, τό, [2] a wrapper, mantle, veil, cloak, covering.   ¹²ἑλίσσω, [2] I roll, roll up, fold up.   ¹³ἀλλάσσω, [6] I change, alter, exchange, transform.   ¹⁴ἔτος, ους, τό, [49] a year.   ¹⁵ἐκλείπω, [3] I fail, die out, come to an end, am defunct.   ¹⁶ποτέ, [29] at one time or other, at some time, formerly.   ¹⁷ἐχθρός, ά, όν, [32] hated, hostile; subst: an enemy.   ¹⁸ὑποπόδιον, ου, τό, [9] a footstool.   ¹⁹λειτουργικός, ή, όν, [1] given to serving (ministration), ministering.   ²⁰διακονία, ας, ἡ, [34] waiting at table; in a wider sense: service, ministration.   ²¹κληρονομέω, [18] I inherit, obtain (possess) by inheritance, acquire.   ²²σωτηρία, ας, ἡ, [46] welfare, prosperity, deliverance, preservation, salvation, safety.   ²³περισσῶς, [16] greatly, exceedingly, abundantly, vehemently.   ²⁴προσέχω, [24] (a) I attend to, pay attention to, (b) I beware, am cautious, (c) I join, devote myself to.   ²⁵μήποτε, [25] lest at any time; then weakened: whether perhaps, whether at all; in a principal clause: perhaps.   ²⁶παραρρέω, [1] (lit: I flow past, glide past, hence) I am lost, perish, or merely: I drift away (fall away) from duty.   ²⁷βέβαιος, α, ον, [9] firm, steadfast, enduring, sure, certain.   ²⁸παράβασις, εως, ἡ, [7] a transgression, overstepping, deviation.   ²⁹παρακοή, ῆς, ἡ, [3] disobedience, imperfect hearing.   ³⁰ἔνδικος, ον, [2] righteous, just.   ³¹μισθαποδοσία, ας, ἡ, [3] (lit: repayment of price or payment of price due), reward, due punishment.   ³²ἐκφεύγω, [7] I flee out, away, escape; with an acc: I escape something.   ³³τηλικοῦτος, αύτη, οῦτο, [4] so great, so large, important.   ³⁴ἀμελέω, [5] I neglect, am careless of, disregard.   ³⁵βεβαιόω, [8] I confirm, ratify, secure, establish; pass: I guarantee.   ³⁶συνεπιμαρτυρέω, [1] I unite in bearing witness, sanction.   ³⁷τέρας, ατος, τό, [16] a wonder, portent, marvel.   ³⁸ποικίλος, η, ον, [10] various, of different colors, diverse, various.   ³⁹μερισμός, οῦ, ὁ, [2] (a) a distributing, a distribution, (b) a parting, dividing, severance, separation.   ⁴⁰θέλησις, εως, ἡ, [1] a willing, will.

5 Οὐ γὰρ ἀγγέλοις ὑπέταξεν¹ τὴν οἰκουμένην² τὴν μέλλουσαν, περὶ ἧς λαλοῦμεν. 6 Διεμαρτύρατο³ δέ πού⁴ τις λέγων, Τί ἐστιν ἄνθρωπος, ὅτι μιμνήσκῃ⁵ αὐτοῦ; Ἢ υἱὸς ἀνθρώπου, ὅτι ἐπισκέπτῃ⁶ αὐτόν; 7 Ἠλάττωσας⁷ αὐτὸν βραχύ⁸ τι παρ' ἀγγέλους· δόξῃ καὶ τιμῇ⁹ ἐστεφάνωσας¹⁰ αὐτόν· 8 πάντα ὑπέταξας¹¹ ὑποκάτω¹² τῶν ποδῶν αὐτοῦ. Ἐν γὰρ τῷ ὑποτάξαι¹³ αὐτῷ τὰ πάντα, οὐδὲν ἀφῆκεν αὐτῷ ἀνυπότακτον.¹⁴ Νῦν δὲ οὔπω¹⁵ ὁρῶμεν αὐτῷ τὰ πάντα ὑποτεταγμένα.¹⁶ 9 Τὸν δὲ βραχύ⁸ τι παρ' ἀγγέλους ἠλαττωμένον¹⁷ βλέπομεν Ἰησοῦν, διὰ τὸ πάθημα¹⁸ τοῦ θανάτου δόξῃ καὶ τιμῇ⁹ ἐστεφανωμένον,¹⁹ ὅπως χάριτι θεοῦ ὑπὲρ παντὸς γεύσηται²⁰ θανάτου. 10 Ἔπρεπεν²¹ γὰρ αὐτῷ, δι' ὃν τὰ πάντα, καὶ δι' οὗ τὰ πάντα, πολλοὺς υἱοὺς εἰς δόξαν ἀγαγόντα, τὸν ἀρχηγὸν²² τῆς σωτηρίας²³ αὐτῶν διὰ παθημάτων¹⁸ τελειῶσαι.²⁴ 11 Ὅ τε γὰρ ἁγιάζων²⁵ καὶ οἱ ἁγιαζόμενοι,²⁶ ἐξ ἑνὸς πάντες· δι' ἣν αἰτίαν²⁷ οὐκ ἐπαισχύνεται²⁸ ἀδελφοὺς αὐτοὺς καλεῖν, 12 λέγων, Ἀπαγγελῶ²⁹ τὸ ὄνομά σου τοῖς ἀδελφοῖς μου, ἐν μέσῳ ἐκκλησίας ὑμνήσω³⁰ σε. 13 Καὶ πάλιν, Ἐγὼ ἔσομαι πεποιθὼς ἐπ' αὐτῷ. Καὶ πάλιν, Ἰδοὺ ἐγὼ καὶ τὰ παιδία ἅ μοι ἔδωκεν ὁ θεός.

The Deliverance Effected by Christ

14 Ἐπεὶ³¹ οὖν τὰ παιδία κεκοινώνηκεν³² σαρκὸς καὶ αἵματος, καὶ αὐτὸς παραπλησίως³³ μετέσχεν³⁴ τῶν αὐτῶν, ἵνα διὰ τοῦ θανάτου καταργήσῃ³⁵ τὸν τὸ κράτος³⁶ ἔχοντα

---

¹ὑπέταξεν: AAI-3S ³Διεμαρτύρατο: ADI-3S ⁵μιμνήσκῃ: PNI-2S ⁶ἐπισκέπτῃ: PNI-2S ⁷Ἠλάττωσας: AAI-2S ¹⁰ἐστεφάνωσας: AAI-2S ¹¹ὑπέταξας: AAI-2S ¹³ὑποτάξαι: AAN ¹⁶ὑποτεταγμένα: RPP-APN ¹⁷ἠλαττωμένον: RPP-ASM ¹⁹ἐστεφανωμένον: RPP-ASM ²⁰γεύσηται: ADS-3S ²¹Ἔπρεπεν: IAI-3S ²⁴τελειῶσαι: AAN ²⁵ἁγιάζων: PAP-NSM ²⁶ἁγιαζόμενοι: PPP-NPM ²⁸ἐπαισχύνεται: PNI-3S ²⁹Ἀπαγγελῶ: FAI-1S ³⁰ὑμνήσω: FAI-1S ³²κεκοινώνηκεν: RAI-3S ³⁴μετέσχεν: 2AAI-3S ³⁵καταργήσῃ: AAS-3S

---

¹ὑποτάσσω, [40] I place under, subject to; mid, pass: I submit, put myself into subjection. ²οἰκουμένη, ης, ἡ, [16] (properly: the land that is being inhabited, the land in a state of habitation), the inhabited world, that is, the Roman world, for all outside it was regarded as of no account. ³διαμαρτύρομαι, [15] I give solemn evidence, testify (declare) solemnly. ⁴πού, [6] somewhere, anywhere, in a certain place. ⁵μιμνήσκομαι, [23] I remember, call to mind, recall, mention. ⁶ἐπισκέπτομαι, [11] I look upon, visit, look out, select. ⁷ἐλαττόω, [3] I make less (inferior). ⁸βραχύς, εῖα, ύ, [7] short, little, few. ⁹τιμή, ῆς, ἡ, [42] a price, honor. ¹⁰στεφανόω, [3] I crown, adorn, decorate. ¹¹ὑποτάσσω, [40] I place under, subject to; mid, pass: I submit, put myself into subjection. ¹²ὑποκάτω, [9] underneath, below, under. ¹³ὑποτάσσω, [40] I place under, subject to; mid, pass: I submit, put myself into subjection. ¹⁴ἀνυπότακτος, ον, [4] not subject to rule, unruly. ¹⁵οὔπω, [23] not yet. ¹⁶ὑποτάσσω, [40] I place under, subject to; mid, pass: I submit, put myself into subjection. ¹⁷ἐλαττόω, [3] I make less (inferior). ¹⁸πάθημα, ατος, τό, [16] (a) suffering, affliction, (b) passion, emotion, (c) an undergoing, an enduring. ¹⁹στεφανόω, [3] I crown, adorn, decorate. ²⁰γεύομαι, [15] (a) I taste, (b) I experience. ²¹πρέπω, [7] it becomes, is fitting to, is right. ²²ἀρχηγός, οῦ, ὁ, [4] originator, author, founder, prince, leader. ²³σωτηρία, ας, ἡ, [46] welfare, prosperity, deliverance, preservation, salvation, safety. ²⁴τελειόω, [24] (a) as a course, a race, or the like: I complete, finish (b) as of time or prediction: I accomplish, I make perfect; pass: I am perfected. ²⁵ἁγιάζω, [29] I make holy, treat as holy, set apart as holy, sanctify, hallow, purify. ²⁶ἁγιάζω, [29] I make holy, treat as holy, set apart as holy, sanctify, hallow, purify. ²⁷αἰτία, ας, ἡ, [20] a cause, reason, excuse; a charge, accusation; guilt; circumstances, case. ²⁸ἐπαισχύνομαι, [11] I am ashamed, am ashamed of. ²⁹ἀπαγγέλλω, [44] I report (from one place to another), bring a report, announce, declare. ³⁰ὑμνέω, [4] I sing, sing hymns to, praise. ³¹ἐπεί, [27] of time: when, after; of cause: since, because; otherwise: else. ³²κοινωνέω, [8] (a) I share, communicate, contribute, impart, (b) I share in, have a share of, have fellowship with. ³³παραπλησίως, [1] similarly, in like manner, likewise. ³⁴μετέχω, [8] I have a share of, participate in, share, partake of, am a member of. ³⁵καταργέω, [27] (a) I make idle (inactive), make of no effect, annul, abolish, bring to naught, (b) I discharge, sever, separate from. ³⁶κράτος, ους, τό, [12] dominion, strength, power; a mighty deed.

τοῦ θανάτου, τοῦτ᾽ ἔστιν τὸν διάβολον,[1] 15 καὶ ἀπαλλάξῃ[2] τούτους, ὅσοι φόβῳ[3] θανάτου διὰ παντὸς τοῦ ζῆν ἔνοχοι[4] ἦσαν δουλείας.[5] 16 Οὐ γὰρ δήπου[6] ἀγγέλων ἐπιλαμβάνεται,[7] ἀλλὰ σπέρματος[8] Ἀβραὰμ ἐπιλαμβάνεται.[9] 17 Ὅθεν[10] ὤφειλεν[11] κατὰ πάντα τοῖς ἀδελφοῖς ὁμοιωθῆναι,[12] ἵνα ἐλεήμων[13] γένηται καὶ πιστὸς ἀρχιερεὺς τὰ πρὸς τὸν θεόν, εἰς τὸ ἱλάσκεσθαι[14] τὰς ἁμαρτίας τοῦ λαοῦ. 18 Ἐν ᾧ γὰρ πέπονθεν[15] αὐτὸς πειρασθείς,[16] δύναται τοῖς πειραζομένοις[17] βοηθῆσαι.[18]

The Superiority of Christ over Moses

3 Ὅθεν,[10] ἀδελφοὶ ἅγιοι, κλήσεως[19] ἐπουρανίου[20] μέτοχοι,[21] κατανοήσατε[22] τὸν ἀπόστολον καὶ ἀρχιερέα τῆς ὁμολογίας[23] ἡμῶν Ἰησοῦν χριστόν, 2 πιστὸν ὄντα τῷ ποιήσαντι αὐτόν, ὡς καὶ Μωϋσῆς ἐν ὅλῳ τῷ οἴκῳ αὐτοῦ. 3 Πλείονος γὰρ δόξης οὗτος παρὰ Μωϋσῆν ἠξίωται,[24] καθ᾽ ὅσον πλείονα τιμὴν[25] ἔχει τοῦ οἴκου ὁ κατασκευάσας[26] αὐτόν. 4 Πᾶς γὰρ οἶκος κατασκευάζεται[27] ὑπό τινος· ὁ δὲ τὰ πάντα κατασκευάσας[28] θεός. 5 Καὶ Μωϋσῆς μὲν πιστὸς ἐν ὅλῳ τῷ οἴκῳ αὐτοῦ ὡς θεράπων,[29] εἰς μαρτύριον[30] τῶν λαληθησομένων· 6 χριστὸς δὲ ὡς υἱὸς ἐπὶ τὸν οἶκον αὐτοῦ· οὗ οἶκός ἐσμεν ἡμεῖς, ἐάνπερ τὴν παρρησίαν[31] καὶ τὸ καύχημα[32] τῆς ἐλπίδος μέχρι[33] τέλους[34] βεβαίαν[35] κατάσχωμεν.[36] 7 Διό, καθὼς λέγει τὸ πνεῦμα τὸ ἅγιον, Σήμερον[37] ἐὰν τῆς φωνῆς αὐτοῦ ἀκούσητε, 8 μὴ σκληρύνητε[38] τὰς καρδίας ὑμῶν, ὡς ἐν τῷ παραπικρασμῷ,[39] κατὰ

---

[2]ἀπαλλάξῃ: AAS-3S   [7]ἐπιλαμβάνεται: PNI-3S   [9]ἐπιλαμβάνεται: PNI-3S   [11]ὤφειλεν: IAI-3S   [12]ὁμοιωθῆναι: APN [14]ἱλάσκεσθαι: PPN   [15]πέπονθεν: 2RAI-3S   [16]πειρασθείς: APP-NSM   [17]πειραζομένοις: PPP-DPM   [18]βοηθῆσαι: AAN   [22]κατανοήσατε: AAM-2P   [24]ἠξίωται: RPI-3S   [26]κατασκευάσας: AAP-NSM   [27]κατασκευάζεται: PPI-3S [28]κατασκευάσας: AAP-NSM   [36]κατάσχωμεν: 2AAS-1P   [38]σκληρύνητε: PAS-2P

---

[1]διάβολος, ον, [38] (adj. used often as a noun), slanderous; with the article: the Slanderer (par excellence), the Devil.   [2]ἀπαλλάσσω, [3] I free (a person) from (anything), oftener in the middle voice: I am released from, am rid of (a person or thing), depart.   [3]φόβος, ου, ὁ, [47] (a) fear, terror, alarm, (b) the object or cause of fear, (c) reverence, respect.   [4]ἔνοχος, ον, [10] involved in, held in, hence: liable, generally with dat. (or gen.) of the punishment.   [5]δουλεία, ας, ἡ, [5] slavery, bondage.   [6]δήπου, [1] of course, indeed, qualifying and yet strengthening the assertion.   [7]ἐπιλαμβάνομαι, [19] I lay hold of, take hold of, seize (sometimes with beneficent, sometimes with hostile, intent).   [8]σπέρμα, ατος, τό, [44] (a) seed, commonly of cereals, (b) off-spring, descendents.   [9]ἐπιλαμβάνομαι, [19] I lay hold of, take hold of, seize (sometimes with beneficent, some-times with hostile, intent).   [10]ὅθεν, [15] (a) whence, from which place, (b) wherefore.   [11]ὀφείλω, [36] I owe, ought.   [12]ὁμοιόω, [15] I make like, liken; I compare.   [13]ἐλεήμων, ον, [2] full of pity, merciful, compassionate.   [14]ἱλάσκομαι, [2] (a) I have mercy on, show favor to, (b) trans. with object of sins: I forgive, pardon.   [15]πάσχω, [42] I am acted upon in a certain way, either good or bad; I experience ill treatment, suffer.   [16]πειράζω, [39] I try, tempt, test.   [17]πειράζω, [39] I try, tempt, test.   [18]βοηθέω, [8] I come to the rescue of, come to help, help.   [19]κλῆσις, εως, ἡ, [11] a calling, invitation; in the NT, always of a divine call.   [20]ἐπουράνιος, ον, [20] heavenly, celestial, in the heavenly sphere, the sphere of spiritual activities; met: divine, spiritual.   [21]μέτοχος, ου, ὁ, [6] a sharer, partner, associate.   [22]κατανοέω, [14] I take note of, perceive, consider carefully, discern, detect, make account of.   [23]ὁμολογία, ας, ἡ, [6] a profession, confession.   [24]ἀξιόω, [7] I account or treat as worthy.   [25]τιμή, ῆς, ἡ, [42] a price, honor.   [26]κατασκευάζω, [11] I build, construct, prepare, make ready.   [27]κατασκευάζω, [11] I build, construct, prepare, make ready.   [28]κατασκευάζω, [11] I build, construct, prepare, make ready.   [29]θεράπων, οντος, ὁ, [1] a servant, attendant, minister.   [30]μαρτύριον, ου, τό, [20] witness, evidence, testimony, proof.   [31]παρρησία, ας, ἡ, [31] freedom, openness, especially in speech; boldness, confidence.   [32]καύχημα, ατος, τό, [11] a boasting; a ground of boasting (glorying, exultation).   [33]μέχρι, [17] as far as, until, even to.   [34]τέλος, ους, τό, [41] (a) an end, (b) event or issue, (c) the principal end, aim, purpose, (d) a tax.   [35]βέβαιος, α, ον, [9] firm, steadfast, enduring, sure, certain.   [36]κατέχω, [19] (a) I hold fast, bind, arrest, (b) I take possession of, lay hold of, (c) I hold back, detain, restrain, (d) I hold a ship, keep its head.   [37]σήμερον, [41] today, now.   [38]σκληρύνω, [6] I harden, make hard, make stubborn.   [39]παραπικρασμός, οῦ, ὁ, [2] a provocation, irritation, rebellion.

τὴν ἡμέραν τοῦ πειρασμοῦ¹ ἐν τῇ ἐρήμῳ, 9 οὗ² ἐπείρασάν³ με οἱ πατέρες ὑμῶν, ἐδοκίμασάν⁴ με, καὶ εἶδον τὰ ἔργα μου τεσσαράκοντα⁵ ἔτη.⁶ 10 Διὸ προσώχθισα⁷ τῇ γενεᾷ⁸ ἐκείνῃ, καὶ εἶπον, Ἀεὶ⁹ πλανῶνται¹⁰ τῇ καρδίᾳ· αὐτοὶ δὲ οὐκ ἔγνωσαν τὰς ὁδούς μου· 11 ὡς ὤμοσα¹¹ ἐν τῇ ὀργῇ¹² μου, Εἰ εἰσελεύσονται εἰς τὴν κατάπαυσίν¹³ μου. 12 Βλέπετε, ἀδελφοί, μήποτε¹⁴ ἔσται ἔν τινι ὑμῶν καρδία πονηρὰ ἀπιστίας¹⁵ ἐν τῷ ἀποστῆναι¹⁶ ἀπὸ θεοῦ ζῶντος· 13 ἀλλὰ παρακαλεῖτε ἑαυτοὺς καθ᾽ ἑκάστην ἡμέραν, ἄχρι οὗ τὸ σήμερον¹⁷ καλεῖται, ἵνα μὴ σκληρυνθῇ¹⁸ ἐξ ὑμῶν τις ἀπάτῃ¹⁹ τῆς ἁμαρτίας· 14 μέτοχοι²⁰ γὰρ γεγόναμεν τοῦ χριστοῦ, ἐάνπερ τὴν ἀρχὴν τῆς ὑποστάσεως²¹ μέχρι²² τέλους²³ βεβαίαν²⁴ κατάσχωμεν·²⁵ 15 ἐν τῷ λέγεσθαι, Σήμερον¹⁷ ἐὰν τῆς φωνῆς αὐτοῦ ἀκούσητε, μὴ σκληρύνητε²⁶ τὰς καρδίας ὑμῶν, ὡς ἐν τῷ παραπικρασμῷ.²⁷ 16 Τινὲς γὰρ ἀκούσαντες παρεπίκραναν,²⁸ ἀλλ᾽ οὐ πάντες οἱ ἐξελθόντες ἐξ Αἰγύπτου²⁹ διὰ Μωϋσέως. 17 Τίσιν δὲ προσώχθισεν³⁰ τεσσαράκοντα⁵ ἔτη;⁶ Οὐχὶ τοῖς ἁμαρτήσασιν,³¹ ὧν τὰ κῶλα³² ἔπεσεν ἐν τῇ ἐρήμῳ; 18 Τίσιν δὲ ὤμοσεν³³ μὴ εἰσελεύσεσθαι εἰς τὴν κατάπαυσιν¹³ αὐτοῦ, εἰ μὴ τοῖς ἀπειθήσασιν;³⁴ 19 Καὶ βλέπομεν ὅτι οὐκ ἠδυνήθησαν εἰσελθεῖν δι᾽ ἀπιστίαν.¹⁵

A Further Warning against Unbelief

4 Φοβηθῶμεν οὖν μήποτε¹⁴ καταλειπομένης³⁵ ἐπαγγελίας εἰσελθεῖν εἰς τὴν κατάπαυσιν¹³ αὐτοῦ, δοκῇ τις ἐξ ὑμῶν ὑστερηκέναι.³⁶ 2 Καὶ γάρ ἐσμεν

---

³ἐπείρασάν: AAI-3P   ⁴ἐδοκίμασάν: AAI-3P   ⁷προσώχθισα: AAI-1S   ¹⁰πλανῶνται: PPI-3P   ¹¹ὤμοσα: AAI-1S   ¹⁶ἀποστῆναι: 2AAN   ¹⁸σκληρυνθῇ: APS-3S   ²⁵κατάσχωμεν: 2AAS-1P   ²⁶σκληρύνητε: PAS-2P   ²⁸παρεπίκραναν: AAI-3P   ³⁰προσώχθισεν: AAI-3S   ³¹ἁμαρτήσασιν: AAP-DPM   ³³ὤμοσεν: AAI-3S   ³⁴ἀπειθήσασιν: AAP-DPM   ³⁵καταλειπομένης: PPP-GSF   ³⁶ὑστερηκέναι: RAN

---

¹πειρασμός, οῦ, ὁ, [21] (a) trial, probation, testing, being tried, (b) temptation, (c) calamity, affliction.   ²οὗ, [23] where, whither, when, in what place.   ³πειράζω, [39] I try, tempt, test.   ⁴δοκιμάζω, [23] I put to the test, prove, examine; I distinguish by testing, approve after testing; I am fit.   ⁵τεσσαράκοντα, [22] forty.   ⁶ἔτος, ους, τό, [49] a year.   ⁷προσοχθίζω, [2] I am displeased or offended with.   ⁸γενεά, ᾶς, ἡ, [42] a generation; if repeated twice or with another time word, practically indicates infinity of time.   ⁹ἀεί, [8] always, unceasingly, perpetually; on every occasion.   ¹⁰πλανάω, [40] I lead astray, deceive, cause to wander.   ¹¹ὀμνύω, [27] I swear, take an oath, promise with an oath.   ¹²ὀργή, ῆς, ἡ, [36] anger, wrath, passion; punishment, vengeance.   ¹³κατάπαυσις, εως, ἡ, [9] (in the Old Testament the rest attained by the settlement in Canaan), resting, rest, dwelling, habitation.   ¹⁴μήποτε, [25] lest at any time, lest; then weakened: whether perhaps, whether at all; in a principal clause: perhaps.   ¹⁵ἀπιστία, ας, ἡ, [12] unbelief, unfaithfulness, distrust.   ¹⁶ἀφίστημι, [15] I make to stand away, draw away, repel, take up a position away from, withdraw from, leave, abstain from.   ¹⁷σήμερον, [41] today, now.   ¹⁸σκληρύνω, [6] I harden, make hard, make stubborn.   ¹⁹ἀπάτη, ης, ἡ, [7] deceit, deception, deceitfulness, delusion.   ²⁰μέτοχος, ου, ὁ, [6] a sharer, partner, associate.   ²¹ὑπόστασις, εως, ἡ, [5] (lit: an underlying), (a) confidence, assurance, (b) a giving substance (or reality) to, or a guaranteeing, (c) substance, reality.   ²²μέχρι, [17] as far as, until, even to.   ²³τέλος, ους, τό, [41] (a) an end, (b) event or issue, (c) the principal end, aim, purpose, (d) a tax.   ²⁴βέβαιος, α, ον, [9] firm, steadfast, enduring, sure, certain.   ²⁵κατέχω, [19] (a) I hold fast, bind, arrest, (b) I take possession of, lay hold of, (c) I hold back, detain, restrain, (d) I hold a ship, keep its head.   ²⁶σκληρύνω, [6] I harden, make hard, make stubborn.   ²⁷παραπικρασμός, οῦ, ὁ, [2] a provocation, irritation, rebellion.   ²⁸παραπικραίνω, [1] I embitter, provoke, irritate.   ²⁹Αἴγυπτος, ου, ἡ, [24] Egypt.   ³⁰προσοχθίζω, [2] I am displeased or offended with.   ³¹ἁμαρτάνω, [43] originally: I miss the mark, hence (a) I make a mistake, (b) I sin, commit a sin (against God); sometimes the idea of sinning against a fellow-creature is present.   ³²κῶλον, ου, τό, [1] a limb, member of a body; fig: a corpse, carcass.   ³³ὀμνύω, [27] I swear, take an oath, promise with an oath.   ³⁴ἀπειθέω, [16] I disobey, rebel, am disloyal, refuse conformity.   ³⁵καταλείπω, [25] I leave behind, desert, abandon, forsake; I leave remaining, reserve.   ³⁶ὑστερέω, [16] I fall behind, am lacking, fall short, suffer need, am inferior to.

εὐηγγελισμένοι, καθάπερ¹ κἀκεῖνοι·² ἀλλ᾽ οὐκ ὠφέλησεν³ ὁ λόγος τῆς ἀκοῆς⁴ ἐκείνους, μὴ συγκεκραμένους⁵ τῇ πίστει τοῖς ἀκούσασιν. 3 Εἰσερχόμεθα γὰρ εἰς τὴν κατάπαυσιν⁶ οἱ πιστεύσαντες, καθὼς εἴρηκεν, Ὡς ὤμοσα⁷ ἐν τῇ ὀργῇ⁸ μου, Εἰ εἰσελεύσονται εἰς τὴν κατάπαυσίν⁶ μου· καίτοι⁹ τῶν ἔργων ἀπὸ καταβολῆς¹⁰ κόσμου γενηθέντων. 4 Εἴρηκεν γάρ που¹¹ περὶ τῆς ἑβδόμης¹² οὕτως, Καὶ κατέπαυσεν¹³ ὁ θεὸς ἐν τῇ ἡμέρᾳ τῇ ἑβδόμῃ¹² ἀπὸ πάντων τῶν ἔργων αὐτοῦ· 5 καὶ ἐν τούτῳ πάλιν, Εἰ εἰσελεύσονται εἰς τὴν κατάπαυσίν⁶ μου. 6 Ἐπεὶ¹⁴ οὖν ἀπολείπεται¹⁵ τινὰς εἰσελθεῖν εἰς αὐτήν, καὶ οἱ πρότερον¹⁶ εὐαγγελισθέντες οὐκ εἰσῆλθον δι᾽ ἀπείθειαν,¹⁷ 7 πάλιν τινὰ ὁρίζει¹⁸ ἡμέραν, Σήμερον,¹⁹ ἐν Δαυὶδ λέγων, μετὰ τοσοῦτον²⁰ χρόνον, καθὼς εἴρηται, Σήμερον¹⁹ ἐὰν τῆς φωνῆς αὐτοῦ ἀκούσητε, μὴ σκληρύνητε²¹ τὰς καρδίας ὑμῶν. 8 Εἰ γὰρ αὐτοὺς Ἰησοῦς κατέπαυσεν,²² οὐκ ἂν περὶ ἄλλης ἐλάλει μετὰ ταῦτα ἡμέρας. 9 Ἄρα²³ ἀπολείπεται²⁴ σαββατισμὸς²⁵ τῷ λαῷ τοῦ θεοῦ. 10 Ὁ γὰρ εἰσελθὼν εἰς τὴν κατάπαυσιν⁶ αὐτοῦ καὶ αὐτὸς κατέπαυσεν²⁶ ἀπὸ τῶν ἔργων αὐτοῦ, ὥσπερ²⁷ ἀπὸ τῶν ἰδίων ὁ θεός.

Boldness in Faith in Our High Priest

11 Σπουδάσωμεν²⁸ οὖν εἰσελθεῖν εἰς ἐκείνην τὴν κατάπαυσιν,⁶ ἵνα μὴ ἐν τῷ αὐτῷ τις ὑποδείγματι²⁹ πέσῃ τῆς ἀπειθείας.¹⁷ 12 Ζῶν γὰρ ὁ λόγος τοῦ θεοῦ, καὶ ἐνεργής,³⁰ καὶ τομώτερος³¹ ὑπὲρ πᾶσαν μάχαιραν³² δίστομον,³³ καὶ διϊκνούμενος³⁴ ἄχρι μερισμοῦ³⁵ ψυχῆς τε καὶ πνεύματος, ἁρμῶν³⁶ τε καὶ μυελῶν,³⁷ καὶ κριτικὸς³⁸ ἐνθυμήσεων³⁹ καὶ

---

³ὠφέλησεν: AAI-3S ⁵συγκεκραμένους: RPP-APM ⁷ὤμοσα: AAI-1S ¹³κατέπαυσεν: AAI-3S ¹⁵ἀπολείπεται: PPI-3S ¹⁸ὁρίζει: PAI-3S ²¹σκληρύνητε: PAS-2P ²²κατέπαυσεν: AAI-3S ²⁴ἀπολείπεται: PPI-3S ²⁶κατέπαυσεν: AAI-3S ²⁸Σπουδάσωμεν: AAS-1P ³⁴διϊκνούμενος: PNP-NSM

---

¹καθάπερ, [13] even as, just as. ²κἀκεῖνος, η, ο, [21] and he, she, it, and that. ³ὠφελέω, [15] I help, benefit, do good, am useful (to), profit. ⁴ἀκοή, ῆς, ἡ, [24] hearing, faculty of hearing, ear; report, rumor. ⁵συγκεράννυμι, [2] I mix with, unite. ⁶κατάπαυσις, εως, ἡ, [9] (in the Old Testament of the rest attained by the settlement in Canaan), resting, rest, dwelling, habitation. ⁷ὀμνύω, [27] I swear, take an oath, promise with an oath. ⁸ὀργή, ῆς, ἡ, [36] anger, wrath, passion; punishment, vengeance. ⁹καίτοι, [1] and yet, although, though. ¹⁰καταβολή, ῆς, ἡ, [11] (a) foundation, (b) depositing, sowing, deposit, technically used of the act of conception. ¹¹πού, [6] somewhere, anywhere, in a certain place. ¹²ἕβδομος, η, ον, [9] seventh. ¹³καταπαύω, [4] (a) trans: I cause to rest, bring to rest; I cause to refrain, (b) intrans: I rest. ¹⁴ἐπεί, [27] of time: when, after; of cause: since, because; otherwise: else. ¹⁵ἀπολείπω, [6] I leave, leave behind; pass: I am reserved, remain; I desert, abandon. ¹⁶πρότερον, [11] formerly, before. ¹⁷ἀπείθεια, ας, ἡ, [7] willful unbelief, obstinacy, disobedience. ¹⁸ὁρίζω, [8] I separate, mark off by boundaries; I determine, appoint, designate. ¹⁹σήμερον, [41] today, now. ²⁰τοσοῦτος, τοσαύτη, τοσοῦτο, [20] so great, so large, so long, so many. ²¹σκληρύνω, [6] I harden, make hard, make stubborn. ²²καταπαύω, [4] (a) trans: I cause to rest, bring to rest; I cause to refrain, (b) intrans: I rest. ²³ἄρα, [35] then, therefore, since. ²⁴ἀπολείπω, [6] I leave, leave behind; pass: I am reserved, remain; I desert, abandon. ²⁵σαββατισμός, οῦ, ὁ, [1] a keeping of the Sabbath, a Sabbath rest. ²⁶καταπαύω, [4] (a) trans: I cause to rest, bring to rest; I cause to refrain, (b) intrans: I rest. ²⁷ὥσπερ, [42] just as, as, even as. ²⁸σπουδάζω, [11] I hasten, am eager, am zealous. ²⁹ὑπόδειγμα, ατος, τό, [6] (a) a figure, copy, (b) an example, model. ³⁰ἐνεργής, ές, [3] effective, productive of due result, at work. ³¹τομώτερος, [1] sharper, keener. ³²μάχαιρα, ας, ἡ, [29] a sword. ³³δίστομος, ον, [4] (lit: twain-mouthed; hence: of a sword, as a drinker of blood), two-edged. ³⁴διϊκνέομαι, [1] I pass through (to), come through (to), pierce. ³⁵μερισμός, οῦ, ὁ, [2] (a) a distributing, a distribution, (b) a parting, dividing, severance, separation. ³⁶ἁρμός, οῦ, ὁ, [1] a joint of the body. ³⁷μυελός, οῦ, ὁ, [1] marrow. ³⁸κριτικός, ή, όν, [1] critical, able to judge or discern. ³⁹ἐνθύμησις, εως, ἡ, [4] inward thought, reflection, plur: thoughts.

ἐννοιῶν¹ καρδίας. 13 Καὶ οὐκ ἔστιν κτίσις² ἀφανὴς³ ἐνώπιον αὐτοῦ· πάντα δὲ γυμνὰ⁴ καὶ τετραχηλισμένα⁵ τοῖς ὀφθαλμοῖς αὐτοῦ πρὸς ὃν ἡμῖν ὁ λόγος.

14 Ἔχοντες οὖν ἀρχιερέα μέγαν, διεληλυθότα⁶ τοὺς οὐρανούς, Ἰησοῦν τὸν υἱὸν τοῦ θεοῦ, κρατῶμεν⁷ τῆς ὁμολογίας.⁸ 15 Οὐ γὰρ ἔχομεν ἀρχιερέα μὴ δυνάμενον συμπαθῆσαι⁹ ταῖς ἀσθενείαις¹⁰ ἡμῶν, πεπειραμένον¹¹ δὲ κατὰ πάντα καθ' ὁμοιότητα,¹² χωρὶς¹³ ἁμαρτίας. 16 Προσερχώμεθα οὖν μετὰ παρρησίας¹⁴ τῷ θρόνῳ τῆς χάριτος, ἵνα λάβωμεν ἔλεον,¹⁵ καὶ χάριν εὕρωμεν εἰς εὔκαιρον¹⁶ βοήθειαν.¹⁷

The Authority of Christ, Our High Priest

5 Πᾶς γὰρ ἀρχιερεύς, ἐξ ἀνθρώπων λαμβανόμενος, ὑπὲρ ἀνθρώπων καθίσταται¹⁸ τὰ πρὸς τὸν θεόν, ἵνα προσφέρῃ¹⁹ δῶρά²⁰ τε καὶ θυσίας²¹ ὑπὲρ ἁμαρτιῶν· 2 μετριοπαθεῖν²² δυνάμενος τοῖς ἀγνοοῦσιν²³ καὶ πλανωμένοις,²⁴ ἐπεὶ²⁵ καὶ αὐτὸς περίκειται²⁶ ἀσθένειαν·¹⁰ 3 καὶ διὰ ταύτην ὀφείλει,²⁷ καθὼς περὶ τοῦ λαοῦ, οὕτως καὶ περὶ ἑαυτοῦ, προσφέρειν²⁸ ὑπὲρ ἁμαρτιῶν. 4 Καὶ οὐχ ἑαυτῷ τις λαμβάνει τὴν τιμήν,²⁹ ἀλλὰ καλούμενος ὑπὸ τοῦ θεοῦ, καθάπερ³⁰ καὶ Ἀαρών. 5 Οὕτως καὶ ὁ χριστὸς οὐχ ἑαυτὸν ἐδόξασεν γενηθῆναι ἀρχιερέα, ἀλλ' ὁ λαλήσας πρὸς αὐτόν, Υἱός μου εἶ σύ, ἐγὼ σήμερον³¹ γεγέννηκά σε. 6 Καθὼς καὶ ἐν ἑτέρῳ λέγει, Σὺ ἱερεὺς³² εἰς τὸν αἰῶνα κατὰ τὴν τάξιν³³ Μελχισεδέκ. 7 Ὃς ἐν ταῖς ἡμέραις τῆς σαρκὸς αὐτοῦ, δεήσεις³⁴ τε καὶ ἱκετηρίας³⁵ πρὸς τὸν δυνάμενον σῴζειν αὐτὸν ἐκ θανάτου μετὰ κραυγῆς³⁶ ἰσχυρᾶς³⁷ καὶ

---

⁵τετραχηλισμένα: RPP-NPN   ⁶διεληλυθότα: 2RAP-ASM   ⁷κρατῶμεν: PAS-1P   ⁹συμπαθῆσαι: AAN   ¹¹πεπειραμένον: RPP-ASM   ¹⁸καθίσταται: PPI-3S   ¹⁹προσφέρῃ: PAS-3S   ²²μετριοπαθεῖν: PAN   ²³ἀγνοοῦσιν: PAP-DPM   ²⁴πλανωμένοις: PPP-DPM   ²⁶περίκειται: PNI-3S   ²⁷ὀφείλει: PAI-3S   ²⁸προσφέρειν: PAN

---

¹ἔννοια, ας, ἡ, [2] thinking, consideration; a thought, purpose, design, intention.   ²κτίσις, εως, ἡ, [19] (often of the founding of a city), (a) abstr: creation, (b) concr: creation, creature, institution; always of Divine work, (c) an institution, ordinance.   ³ἀφανής, ές, [1] invisible, unseen, hidden.   ⁴γυμνός, ή, όν, [15] rarely: stark-naked; generally: wearing only the under-garment; bare, open, manifest; mere.   ⁵τραχηλίζω, [1] I am laid bare, laid open.   ⁶διέρχομαι, [42] I pass through, spread (as a report).   ⁷κρατέω, [47] I am strong, mighty, hence: I rule, am master, prevail; I obtain, take hold of; I hold, hold fast.   ⁸ὁμολογία, ας, ἡ, [6] a profession, confession.   ⁹συμπαθέω, [2] I sympathize with, have compassion on.   ¹⁰ἀσθένεια, ας, ἡ, [24] want of strength, weakness, illness, suffering, calamity, frailty.   ¹¹πειράω, [3] mid: I try, attempt, endeavor.   ¹²ὁμοιότης, τητος, ἡ, [2] likeness, resemblance.   ¹³χωρίς, [39] apart from, separately from; without.   ¹⁴παρρησία, ας, ἡ, [31] freedom, openness, especially in speech; boldness, confidence.   ¹⁵ἔλεος, ους, τό, [28] pity, mercy, compassion.   ¹⁶εὔκαιρος, ον, [2] opportune, timely, suitable; perhaps sometimes: holiday, festival.   ¹⁷βοήθεια, ας, ἡ, [2] (a) abstr: assistance, (b) concr: (a technical term of nautical language), a help.   ¹⁸καθίστημι, [21] I set down, bring down to a place; I set in order, appoint, make, constitute.   ¹⁹προσφέρω, [48] (a) I bring to, (b) characteristically: I offer (of gifts, sacrifices, etc).   ²⁰δῶρον, ου, τό, [19] a gift, present.   ²¹θυσία, ας, ἡ, [29] abstr. and concr: sacrifice; a sacrifice, offering.   ²²μετριοπαθέω, [1] I bear gently with, have compassion.   ²³ἀγνοέω, [22] I do not know, am ignorant of (a person, thing, or fact), sometimes with the idea of willful ignorance.   ²⁴πλανάω, [40] I lead astray, deceive, cause to wander.   ²⁵ἐπεί, [27] of time: when, after; of cause: since, because; otherwise: else.   ²⁶περίκειμαι, [5] I lie about, surround; I am encompassed, surrounded, or clothed with, am in submission to.   ²⁷ὀφείλω, [36] I owe, ought.   ²⁸προσφέρω, [48] (a) I bring to, (b) characteristically: I offer (of gifts, sacrifices, etc).   ²⁹τιμή, ῆς, ἡ, [42] a price, honor.   ³⁰καθάπερ, [13] even as, just as.   ³¹σήμερον, [41] today, now.   ³²ἱερεύς, έως, ὁ, [33] a priest, one who offers sacrifice to a god (in Jewish and pagan religions; of Christians only met.).   ³³τάξις, εως, ἡ, [10] order, (a) regular arrangement, (b) appointed succession, (c) position, rank.   ³⁴δέησις, εως, ἡ, [19] supplication, prayer, entreaty.   ³⁵ἱκετηρία, ας, ἡ, [1] (originally: the olive branch held in the hand of the suppliant), supplication, entreaty.   ³⁶κραυγή, ῆς, ἡ, [6] (a) a shout, cry, clamor, (b) outcry, clamoring against another.   ³⁷ἰσχυρός, ά, όν, [29] strong (originally and generally of physical strength); mighty, powerful, vehement, sure.

δακρύων¹ προσενέγκας,² καὶ εἰσακουσθεὶς³ ἀπὸ τῆς εὐλαβείας,⁴ **8** καίπερ⁵ ὢν υἱός, ἔμαθεν⁶ ἀφ᾽ ὧν ἔπαθεν⁷ τὴν ὑπακοήν,⁸ **9** καὶ τελειωθεὶς⁹ ἐγένετο τοῖς ὑπακούουσιν¹⁰ αὐτῷ πᾶσιν αἴτιος¹¹ σωτηρίας¹² αἰωνίου· **10** προσαγορευθεὶς¹³ ὑπὸ τοῦ θεοῦ ἀρχιερεὺς κατὰ τὴν τάξιν¹⁴ Μελχισεδέκ.

A Reproof of Spiritual Ignorance

11 Περὶ οὗ πολὺς ἡμῖν ὁ λόγος καὶ δυσερμήνευτος¹⁵ λέγειν, ἐπεὶ¹⁶ νωθροὶ¹⁷ γεγόνατε ταῖς ἀκοαῖς.¹⁸ **12** Καὶ γὰρ ὀφείλοντες¹⁹ εἶναι διδάσκαλοι διὰ τὸν χρόνον, πάλιν χρείαν²⁰ ἔχετε τοῦ διδάσκειν ὑμᾶς, τίνα τὰ στοιχεῖα²¹ τῆς ἀρχῆς τῶν λογίων²² τοῦ θεοῦ· καὶ γεγόνατε χρείαν²⁰ ἔχοντες γάλακτος,²³ καὶ οὐ στερεᾶς²⁴ τροφῆς.²⁵ **13** Πᾶς γὰρ ὁ μετέχων²⁶ γάλακτος²³ ἄπειρος²⁷ λόγου δικαιοσύνης· νήπιος²⁸ γάρ ἐστιν. **14** Τελείων²⁹ δέ ἐστιν ἡ στερεὰ²⁴ τροφή,²⁵ τῶν διὰ τὴν ἕξιν³⁰ τὰ αἰσθητήρια³¹ γεγυμνασμένα³² ἐχόντων πρὸς διάκρισιν³³ καλοῦ τε καὶ κακοῦ.

An Exhortation to Progress and Steadfastness in the Faith

6 Διό, ἀφέντες τὸν τῆς ἀρχῆς τοῦ χριστοῦ λόγον, ἐπὶ τὴν τελειότητα³⁴ φερώμεθα, μὴ πάλιν θεμέλιον³⁵ καταβαλλόμενοι³⁶ μετανοίας³⁷ ἀπὸ νεκρῶν ἔργων, καὶ πίστεως ἐπὶ θεόν, **2** βαπτισμῶν³⁸ διδαχῆς,³⁹ ἐπιθέσεώς⁴⁰ τε χειρῶν, ἀναστάσεώς⁴¹ τε νεκρῶν, καὶ

---

²προσενέγκας: AAP-NSM   ³εἰσακουσθεὶς: APP-NSM   ⁶ἔμαθεν: 2AAI-3S   ⁷ἔπαθεν: 2AAI-3S   ⁹τελειωθεὶς: APP-NSM   ¹⁰ὑπακούουσιν: PAP-DPM   ¹³προσαγορευθεὶς: APP-NSM   ¹⁹ὀφείλοντες: PAP-NPM   ²⁶μετέχων: PAP-NSM   ³²γεγυμνασμένα: RPP-APN   ³⁶καταβαλλόμενοι: PMP-NPM

---

¹δάκρυον, ου, τό, [11] a tear.   ²προσφέρω, [48] (a) I bring to, (b) characteristically: I offer (of gifts, sacrifices, etc).   ³εἰσακούω, [5] I hear, listen to, heed.   ⁴εὐλάβεια, ας, ἡ, [2] reverence, fear of God, piety.   ⁵καίπερ, [5] although, though.   ⁶μανθάνω, [25] I learn; with adj. or nouns: I learn to be so and so; with acc. of person who is the object of knowledge; aor. sometimes: to ascertain.   ⁷πάσχω, [42] I am acted upon in a certain way, either good or bad; I experience ill treatment, suffer.   ⁸ὑπακοή, ῆς, ἡ, [15] obedience, submissiveness, compliance.   ⁹τελειόω, [24] (a) as a course, a race, or the like: I complete, finish (b) as of time or prediction: I accomplish, (c) I make perfect; pass: I am perfected.   ¹⁰ὑπακούω, [21] I listen, hearken to, obey, answer.   ¹¹αἴτιος, ου, ὁ, [5] the cause, author; the culprit, the accused; the crime.   ¹²σωτηρία, ας, ἡ, [46] welfare, prosperity, deliverance, preservation, salvation, safety.   ¹³προσαγορεύω, [1] I address by name, designate, accost.   ¹⁴τάξις, εως, ἡ, [10] order, (a) regular arrangement, (b) appointed succession, (c) position, rank.   ¹⁵δυσερμήνευτος, ον, [1] difficult to interpret, hard to be understood.   ¹⁶ἐπεί, [27] of time: when, after; of cause: since, because; otherwise: else.   ¹⁷νωθρός, ά, όν, [2] blunt, dull, hence spiritually; sluggish, remiss, slack.   ¹⁸ἀκοή, ῆς, ἡ, [24] hearing, faculty of hearing, ear; report, rumor.   ¹⁹ὀφείλω, [36] I owe, ought.   ²⁰χρεία, ας, ἡ, [49] need, necessity, business.   ²¹στοιχεῖον, ου, τό, [7] (a) plur: the heavenly bodies, (b) a rudiment, an element, a rudimentary principle, an elementary rule.   ²²λόγιον, ου, τό, [3] plur: oracles, divine responses or utterances (it can include the entire Old Testament).   ²³γάλα, ακτος, τό, [5] milk.   ²⁴στερεός, ά, όν, [4] solid, firm, steadfast.   ²⁵τροφή, ῆς, ἡ, [16] food, nourishment, maintenance.   ²⁶μετέχω, [8] I have a share of, participate in, share, partake of, am a member of.   ²⁷ἄπειρος, ον, [1] inexperienced, unskillful, ignorant.   ²⁸νήπιος, α, ον, [14] unlearned, unenlightened; noun: an infant, child.   ²⁹τέλειος, α, ον, [19] perfect, (a) complete in all its parts, (b) full grown, of full age, (c) specially of the completeness of Christian character.   ³⁰ἕξις, εως, ἡ, [1] condition, state, habit, use, especially: good condition of body or soul.   ³¹αἰσθητήριον, ου, τό, [1] perceptive faculty.   ³²γυμνάζω, [4] I train by physical exercise; hence: train, in the widest sense.   ³³διάκρισις, εως, ἡ, [3] distinguishing; hence: deciding, passing sentence on; the act of judgment, discernment.   ³⁴τελειότης, τητος, ἡ, [2] perfectness, perfection, maturity.   ³⁵θεμέλιος, ον, [16] (properly, an adj: belonging to the foundation), a foundation stone.   ³⁶καταβάλλω, [2] (a) mid: I lay, of a foundation, (b) met: I cast down, prostrate.   ³⁷μετάνοια, ας, ἡ, [24] repentance, a change of mind, change in the inner man.   ³⁸βαπτισμός, οῦ, ὁ, [4] dipping, washing (of a ceremonial character).   ³⁹διδαχή, ῆς, ἡ, [30] teaching, doctrine, what is taught.   ⁴⁰ἐπίθεσις, εως, ἡ, [4] a laying on; an attack, assault.   ⁴¹ἀνάστασις, εως, ἡ, [42] a rising again, resurrection.

κρίματος¹ αἰωνίου. 3 Καὶ τοῦτο ποιήσωμεν, ἐάνπερ ἐπιτρέπῃ² ὁ θεός. 4 Ἀδύνατον³ γὰρ τοὺς ἅπαξ⁴ φωτισθέντας,⁵ γευσαμένους⁶ τε τῆς δωρεᾶς⁷ τῆς ἐπουρανίου,⁸ καὶ μετόχους⁹ γενηθέντας πνεύματος ἁγίου, 5 καὶ καλὸν γευσαμένους¹⁰ θεοῦ ῥῆμα, δυνάμεις τε μέλλοντος αἰῶνος, 6 καὶ παραπεσόντας,¹¹ πάλιν ἀνακαινίζειν¹² εἰς μετάνοιαν,¹³ ἀνασταυροῦντας¹⁴ ἑαυτοῖς τὸν υἱὸν τοῦ θεοῦ καὶ παραδειγματίζοντας.¹⁵ 7 Γῆ γὰρ ἡ πιοῦσα τὸν ἐπ᾽ αὐτῆς πολλάκις¹⁶ ἐρχόμενον ὑετόν,¹⁷ καὶ τίκτουσα¹⁸ βοτάνην¹⁹ εὔθετον²⁰ ἐκείνοις δι᾽ οὓς καὶ γεωργεῖται,²¹ μεταλαμβάνει²² εὐλογίας²³ ἀπὸ τοῦ θεοῦ· 8 ἐκφέρουσα²⁴ δὲ ἀκάνθας²⁵ καὶ τριβόλους,²⁶ ἀδόκιμος²⁷ καὶ κατάρας²⁸ ἐγγύς,²⁹ ἧς τὸ τέλος³⁰ εἰς καῦσιν.³¹

9 Πεπείσμεθα δὲ περὶ ὑμῶν, ἀγαπητοί, τὰ κρείσσονα³² καὶ ἐχόμενα σωτηρίας,³³ εἰ καὶ οὕτως λαλοῦμεν· 10 οὐ γὰρ ἄδικος³⁴ ὁ θεὸς ἐπιλαθέσθαι³⁵ τοῦ ἔργου ὑμῶν, καὶ τοῦ κόπου³⁶ τῆς ἀγάπης ἧς ἐνεδείξασθε³⁷ εἰς τὸ ὄνομα αὐτοῦ, διακονήσαντες³⁸ τοῖς ἁγίοις καὶ διακονοῦντες.³⁹ 11 Ἐπιθυμοῦμεν⁴⁰ δὲ ἕκαστον ὑμῶν τὴν αὐτὴν ἐνδείκνυσθαι⁴¹ σπουδὴν⁴² πρὸς τὴν πληροφορίαν⁴³ τῆς ἐλπίδος ἄχρι τέλους·³⁰ 12 ἵνα μὴ νωθροὶ⁴⁴

---

²ἐπιτρέπῃ: PAS-3S   ⁵φωτισθέντας: APP-APM   ⁶γευσαμένους: ADP-APM   ¹⁰γευσαμένους: ADP-APM
¹¹παραπεσόντας: 2AAP-APM   ¹²ἀνακαινίζειν: PAN   ¹⁴ἀνασταυροῦντας: PAP-APM   ¹⁵παραδειγματίζοντας:
PAP-APM   ¹⁸τίκτουσα: PAP-NSF   ²¹γεωργεῖται: PPI-3S   ²²μεταλαμβάνει: PAI-3S   ²⁴ἐκφέρουσα: PAP-NSF
³⁵ἐπιλαθέσθαι: 2ADN   ³⁷ἐνεδείξασθε: AMI-2P   ³⁸διακονήσαντες: AAP-NPM   ³⁹διακονοῦντες: PAP-NPM
⁴⁰Ἐπιθυμοῦμεν: PAI-1P   ⁴¹ἐνδείκνυσθαι: PMN

---

¹κρίμα, ατος, τό, [28] (a) a judgment, a verdict; sometimes implying an adverse verdict, a condemnation, (b) a case at law, a lawsuit.   ²ἐπιτρέπω, [19] I turn to, commit, entrust; I allow, yield, permit.   ³ἀδύνατος, ον, [10] of persons: incapable; of things: impossible; either the inability, or that which is impossible.   ⁴ἅπαξ, [14] once, once for all.   ⁵φωτίζω, [11] (a) I light up, illumine, (b) I bring to light, make evident, reveal.   ⁶γεύομαι, [15] (a) I taste, (b) I experience.   ⁷δωρεά, ᾶς, ἡ, [11] a (free) gift, a gift (without repayment).   ⁸ἐπουράνιος, ον, [20] heavenly, celestial, in the heavenly sphere, the sphere of spiritual activities; met: divine, spiritual.   ⁹μέτοχος, ου, ὁ, [6] a sharer, partner, associate.   ¹⁰γεύομαι, [15] (a) I taste, (b) I experience.   ¹¹παραπίπτω, [1] I fall away, fall back (into the unbelieving and godless ways of the old time).   ¹²ἀνακαινίζω, [1] I make fresh again, renew, restore.   ¹³μετάνοια, ας, ἡ, [24] repentance, a change of mind, change in the inner man.   ¹⁴ἀνασταυρόω, [1] I impede, crucify (again).   ¹⁵παραδειγματίζω, [2] I put to open shame, make a public example of, put to disgrace.   ¹⁶πολλάκις, [18] many times, often, frequently.   ¹⁷ὑετός, οῦ, ὁ, [6] rain.   ¹⁸τίκτω, [19] I bear, bring forth, produce, beget, yield.   ¹⁹βοτάνη, ης, ἡ, [1] fodder, food, herbage.   ²⁰εὔθετος, ον, [3] suitable, fit, useful.   ²¹γεωργέω, [1] I work the soil, cultivate the earth.   ²²μεταλαμβάνω, [6] (a) with gen: I take a share (part) of, share in, partake of, (b) with acc: I take after (later) or take instead.   ²³εὐλογία, ας, ἡ, [16] adulation, praise, blessing, gift.   ²⁴ἐκφέρω, [7] I bring out, carry out, sometimes out of the city for burial; I bring forth, bear, produce.   ²⁵ἄκανθα, ης, ἡ, [14] a thorn-bush, prickly plant; a thorn.   ²⁶τρίβολος, ου, ὁ, [2] a thistle.   ²⁷ἀδόκιμος, ον, [8] failing to pass the test, unapproved, counterfeit.   ²⁸κατάρα, ας, ἡ, [6] cursing; a curse; meton: a doomed one.   ²⁹ἐγγύς, [30] near.   ³⁰τέλος, ους, τό, [41] (a) an end, (b) event or issue, (c) the principal end, aim, purpose, (d) a tax.   ³¹καῦσις, εως, ἡ, [1] a burning up, being burned.   ³²κρείσσων, ον, [4] stronger, more excellent.   ³³σωτηρία, ας, ἡ, [46] welfare, prosperity, deliverance, preservation, salvation, safety.   ³⁴ἄδικος, ον, [12] unjust, unrighteous, wicked.   ³⁵ἐπιλανθάνομαι, [8] I forget, neglect.   ³⁶κόπος, ου, ὁ, [19] (a) trouble, (b) toil, labor, laborious toil, involving weariness and fatigue.   ³⁷ἐνδείκνυμι, [11] I show forth, prove.   ³⁸διακονέω, [37] I wait at table (particularly of a slave who waits on guests); I serve (generally).   ³⁹διακονέω, [37] I wait at table (particularly of a slave who waits on guests); I serve (generally).   ⁴⁰ἐπιθυμέω, [16] I long for, covet, lust after, set the heart upon.   ⁴¹ἐνδείκνυμι, [11] I show forth, prove.   ⁴²σπουδή, ῆς, ἡ, [12] (a) speed, haste, (b) diligence, earnestness, enthusiasm.   ⁴³πληροφορία, ας, ἡ, [4] full assurance, conviction, confidence.   ⁴⁴νωθρός, ά, όν, [2] blunt, dull, hence spiritually: sluggish, remiss, slack.

γένησθε, μιμηταὶ¹ δὲ τῶν διὰ πίστεως καὶ μακροθυμίας² κληρονομούντων³ τὰς ἐπαγγελίας.

13 Τῷ γὰρ Ἀβραὰμ ἐπαγγειλάμενος⁴ ὁ θεός, ἐπεὶ⁵ κατ' οὐδενὸς εἶχεν μείζονος ὀμόσαι,⁶ ὤμοσεν⁷ καθ' ἑαυτοῦ, **14** λέγων, ἦ⁸ μὴν⁹ εὐλογῶν¹⁰ εὐλογήσω¹¹ σε, καὶ πληθύνων¹² πληθυνῶ¹³ σε. **15** Καὶ οὕτως μακροθυμήσας¹⁴ ἐπέτυχεν¹⁵ τῆς ἐπαγγελίας. **16** Ἄνθρωποι μὲν γὰρ κατὰ τοῦ μείζονος ὀμνύουσιν,¹⁶ καὶ πάσης αὐτοῖς ἀντιλογίας¹⁷ πέρας¹⁸ εἰς βεβαίωσιν¹⁹ ὁ ὅρκος.²⁰ **17** Ἐν ᾧ περισσότερον²¹ βουλόμενος²² ὁ θεὸς ἐπιδεῖξαι²³ τοῖς κληρονόμοις²⁴ τῆς ἐπαγγελίας τὸ ἀμετάθετον²⁵ τῆς βουλῆς²⁶ αὐτοῦ, ἐμεσίτευσεν²⁷ ὅρκῳ,²⁰ **18** ἵνα διὰ δύο πραγμάτων²⁸ ἀμεταθέτων,²⁵ ἐν οἷς ἀδύνατον²⁹ ψεύσασθαι³⁰ θεόν, ἰσχυρὰν³¹ παράκλησιν³² ἔχωμεν οἱ καταφυγόντες³³ κρατῆσαι³⁴ τῆς προκειμένης³⁵ ἐλπίδος· **19** ἣν ὡς ἄγκυραν³⁶ ἔχομεν τῆς ψυχῆς ἀσφαλῆ³⁷ τε καὶ βεβαίαν,³⁸ καὶ εἰσερχομένην εἰς τὸ ἐσώτερον³⁹ τοῦ καταπετάσματος·⁴⁰ **20** ὅπου πρόδρομος⁴¹ ὑπὲρ ἡμῶν εἰσῆλθεν Ἰησοῦς, κατὰ τὴν τάξιν⁴² Μελχισεδὲκ ἀρχιερεὺς γενόμενος εἰς τὸν αἰῶνα.

---

³κληρονομούντων: PAP-GPM ⁴ἐπαγγειλάμενος: ADP-NSM ⁶ὀμόσαι: AAN ⁷ὤμοσεν: AAI-3S ¹⁰εὐλογῶν: PAP-NSM ¹¹εὐλογήσω: FAI-1S ¹²πληθύνων: PAP-NSM ¹³πληθυνῶ: FAI-1S ¹⁴μακροθυμήσας: AAP-NSM ¹⁵ἐπέτυχεν: 2AAI-3S ¹⁶ὀμνύουσιν: PAI-3P ²²βουλόμενος: PNP-NSM ²³ἐπιδεῖξαι: AAN ²⁷ἐμεσίτευσεν: AAI-3S ³⁰ψεύσασθαι: ADN ³³καταφυγόντες: 2AAP-NPM ³⁴κρατῆσαι: AAN ³⁵προκειμένης: PNP-GSF

---

¹μιμητής, οῦ, ὁ, [7] an imitator, follower. ²μακροθυμία, ας, ἡ, [14] patience, forbearance, longsuffering. ³κληρονομέω, [18] I inherit, obtain (possess) by inheritance, acquire. ⁴ἐπαγγέλλομαι, [15] I promise, profess. ⁵ἐπεί, [27] of time: when, after; of cause: since, because; otherwise: else. ⁶ὀμνύω, [27] I swear, take an oath, promise with an oath. ⁷ὀμνύω, [27] I swear, take an oath, promise with an oath. ⁸ἦ, [1] truly, surely. ⁹μήν, [1] assuredly, certainly. ¹⁰εὐλογέω, [43] (lit: I speak well of) I bless; pass: I am blessed. ¹¹εὐλογέω, [43] (lit: I speak well of) I bless; pass: I am blessed. ¹²πληθύνω, [12] I increase, multiply. ¹³πληθύνω, [12] I increase, multiply. ¹⁴μακροθυμέω, [10] I suffer long, have patience, am forbearing, perseverance. ¹⁵ἐπιτυγχάνω, [5] I attain, obtain, acquire. ¹⁶ὀμνύω, [27] I swear, take an oath, promise with an oath. ¹⁷ἀντιλογία, ας, ἡ, [4] contradiction, contention, rebellion. ¹⁸πέρας, ατος, τό, [4] (a) a boundary, limit, extremity, (b) an end, conclusion. ¹⁹βεβαίωσις, εως, ἡ, [2] confirmation, ratification, establishment. ²⁰ὅρκος, ου, ὁ, [10] an oath. ²¹περισσός, ή, όν, [26] more, greater, excessive, abundant, exceedingly, vehemently; noun: preeminence, advantage. ²²βούλομαι, [34] I will, intend, desire, wish. ²³ἐπιδείκνυμι, [9] I show, display, point out, indicate; I prove, demonstrate. ²⁴κληρονόμος, ου, ὁ, [15] an heir, an inheritor. ²⁵ἀμετάθετος, ον, [2] unchanged, unchangeable. ²⁶βουλή, ῆς, ἡ, [12] counsel, deliberate wisdom, decree. ²⁷μεσιτεύω, [1] I mediate, interpose, give bail. ²⁸πρᾶγμα, ατος, τό, [11] a thing done, a deed, action; a matter, an affair. ²⁹ἀδύνατος, ον, [10] of persons: incapable; of things: impossible; either the inability, or that which is impossible. ³⁰ψεύδομαι, [12] I deceive, lie, speak falsely. ³¹ἰσχυρός, ά, όν, [29] strong (originally and generally of physical strength); mighty, powerful, vehement, sure. ³²παράκλησις, εως, ἡ, [29] a calling for, summons, hence: (a) exhortation, (b) entreaty, (c) encouragement, joy, gladness, (d) consolation, comfort. ³³καταφεύγω, [2] I flee for refuge (implying that the refuge is reached); aor. indicates moment of arrival. ³⁴κρατέω, [47] I am strong, mighty, hence: I rule, am master, prevail; I obtain, take hold of; I hold, hold fast. ³⁵πρόκειμαι, [5] I am set (placed, put) before, am already there. ³⁶ἄγκυρα, ας, ἡ, [4] an anchor. ³⁷ἀσφαλής, ές, [5] (lit: unfailing), safe, reliable, trustworthy, certain, sure. ³⁸βέβαιος, α, ον, [9] firm, steadfast, enduring, sure, certain. ³⁹ἐσώτερος, α, ον, [2] inner; with the article: the part that is within. ⁴⁰καταπέτασμα, ατος, τό, [6] (lit: that which is spread out downwards, that which hangs down), a curtain, veil, of that which separated the Holy of Holies from the outer parts of the temple at Jerusalem, also of an outer curtain at the entrance to the Holy Place in the same temple. ⁴¹πρόδρομος, ου, ὁ, ἡ, [1] a precursor, forerunner, advance guard. ⁴²τάξις, εως, ἡ, [10] order, (a) regular arrangement, (b) appointed succession, (c) position, rank.

A Comparison between Christ and Melchizedek

7 Οὗτος γὰρ ὁ Μελχισεδέκ, βασιλεὺς Σαλήμ, [1] ἱερεὺς [2] τοῦ θεοῦ τοῦ ὑψίστου, [3] ὁ συναντήσας [4] Ἀβραὰμ ὑποστρέφοντι [5] ἀπὸ τῆς κοπῆς [6] τῶν βασιλέων καὶ εὐλογήσας [7] αὐτόν, 2 ᾧ καὶ δεκάτην [8] ἀπὸ πάντων ἐμέρισεν [9] Ἀβραάμ–πρῶτον μὲν ἑρμηνευόμενος [10] βασιλεὺς δικαιοσύνης, ἔπειτα [11] δὲ καὶ βασιλεὺς Σαλήμ, [1] ὅ ἐστιν βασιλεὺς εἰρήνης· 3 ἀπάτωρ, [12] ἀμήτωρ, [13] ἀγενεαλόγητος, [14] μήτε [15] ἀρχὴν ἡμερῶν μήτε [15] ζωῆς τέλος [16] ἔχων, ἀφωμοιωμένος [17] δὲ τῷ υἱῷ τοῦ θεοῦ–μένει ἱερεὺς [2] εἰς τὸ διηνεκές. [18] 4 Θεωρεῖτε δὲ πηλίκος [19] οὗτος, ᾧ καὶ δεκάτην [8] Ἀβραὰμ ἔδωκεν ἐκ τῶν ἀκροθινίων [20] ὁ πατριάρχης. [21] 5 Καὶ οἱ μὲν ἐκ τῶν υἱῶν Λευὶ τὴν ἱερατείαν [22] λαμβάνοντες ἐντολὴν ἔχουσιν ἀποδεκατοῦν [23] τὸν λαὸν κατὰ τὸν νόμον, τοῦτ᾽ ἔστιν τοὺς ἀδελφοὺς αὐτῶν, καίπερ [24] ἐξεληλυθότας ἐκ τῆς ὀσφύος [25] Ἀβραάμ· 6 ὁ δὲ μὴ γενεαλογούμενος [26] ἐξ αὐτῶν δεδεκάτωκεν [27] τὸν Ἀβραάμ, καὶ τὸν ἔχοντα τὰς ἐπαγγελίας εὐλόγηκεν. [28] 7 Χωρὶς [29] δὲ πάσης ἀντιλογίας, [30] τὸ ἔλαττον [31] ὑπὸ τοῦ κρείττονος [32] εὐλογεῖται. [33] 8 Καὶ ὧδε μὲν δεκάτας [8] ἀποθνήσκοντες ἄνθρωποι λαμβάνουσιν· ἐκεῖ δέ, μαρτυρούμενος ὅτι ζῇ. 9 Καί, ὡς ἔπος [34] εἰπεῖν, δι᾽ Ἀβραὰμ καὶ Λευὶ ὁ δεκάτας [8] λαμβάνων δεδεκάτωται· [35] 10 ἔτι γὰρ ἐν τῇ ὀσφύϊ [25] τοῦ πατρὸς ἦν, ὅτε συνήντησεν [36] αὐτῷ ὁ Μελχισεδέκ.

11 Εἰ μὲν οὖν τελείωσις [37] διὰ τῆς Λευϊτικῆς [38] ἱερωσύνης [39] ἦν–ὁ λαὸς γὰρ ἐπ᾽ αὐτῇ νενομοθέτητο [40]–τίς ἔτι χρεία, [41] κατὰ τὴν τάξιν [42] Μελχισεδὲκ ἕτερον ἀνίστασθαι

---

[4]συναντήσας: AAP-NSM [5]ὑποστρέφοντι: PAP-DSM [7]εὐλογήσας: AAP-NSM [9]ἐμέρισεν: AAI-3S
[10]ἑρμηνευόμενος: PPP-NSM [17]ἀφωμοιωμένος: RPP-NSM [23]ἀποδεκατοῦν: PAN [26]γενεαλογούμενος: PPP-NSM
[27]δεδεκάτωκεν: RAI-3S [28]εὐλόγηκεν: RAI-3S [33]εὐλογεῖται: PPI-3S [35]δεδεκάτωται: RPI-3S [36]συνήντησεν: AAI-3S
[40]νενομοθέτητο: LPI-3S

---

[1]Σαλήμ, ἡ, [3] Salem, doubtless identical with Jerusalem. [2]ἱερεύς, έως, ὁ, [33] a priest, one who offers sacrifice to a god (in Jewish and pagan religions; of Christians only met.). [3]ὕψιστος, η, ον, [13] highest, most high, the heights. [4]συναντάω, [6] I meet, encounter, fall in with. [5]ὑποστρέφω, [37] I turn back, return. [6]κοπή, ῆς, ἡ, [1] slaughter, smiting in battle. [7]εὐλογέω, [43] (lit: I speak well of) I bless; pass: I am blessed. [8]δεκάτη, ης, ἡ, [4] a tenth part, a tithe. [9]μερίζω, [14] I divide into parts, divide, part, share, distribute; mid: I share, take part in a partitioning; I distract. [10]ἑρμηνεύω, [4] (a) I translate, explain, (b) I interpret the meaning of. [11]ἔπειτα, [16] then, thereafter, afterwards. [12]ἀπάτωρ, ορος, τό, [1] without (recorded) father, of unknown father. [13]ἀμήτωρ, ορος, [1] (lit: motherless), whose mother's name is not recorded (or known). [14]ἀγενεαλόγητος, ον, [1] of unrecorded genealogy, whose descent cannot be traced. [15]μήτε, [36] nor, neither, not even, neither…nor. [16]τέλος, ους, τό, [41] (a) an end, (b) event or issue, (c) the principal end, aim, purpose, (d) a tax. [17]ἀφομοιόω, [1] I assimilate, make like to. [18]διηνεκής, ές, [4] continuous, continually, unbroken. [19]πηλίκος, η, ον, [2] how large, how great. [20]ἀκροθίνιον, ίου, τό, [1] (lit: top of a heap), first-fruits, spoil, treasure (taken in war). [21]πατριάρχης, ου, ὁ, [4] a patriarch, head or founder of a family. [22]ἱερατεία, ας, ἡ, [2] the duty (office) of a priest, priesthood. [23]ἀποδεκατόω, [4] I take off (deduct) a tenth part (of my property) (and give it away), pay tithe. [24]καίπερ, [5] although, though. [25]ὀσφύς, ύος, ἡ, [8] the loins. [26]γενεαλογέω, [1] I put into a genealogy, reckon my descent. [27]δεκατόω, [2] I tithe, collect tithe from. [28]εὐλογέω, [43] (lit: I speak well of) I bless; pass: I am blessed. [29]χωρίς, [39] apart from, separately from; without. [30]ἀντιλογία, ας, ἡ, [4] contradiction, contention, rebellion. [31]ἐλάσσων, ον, [4] less, smaller; poorer, inferior. [32]κρείττων, ον, [16] stronger, more excellent. [33]εὐλογέω, [43] (lit: I speak well of) I bless; pass: I am blessed. [34]ἔπος, ους, τό, [1] a word, so to speak. [35]δεκατόω, [2] I tithe, collect tithe from. [36]συναντάω, [6] I meet, encounter, fall in with. [37]τελείωσις, εως, ἡ, [2] completion, fulfillment, perfection. [38]Λευϊτικός, ή, όν, [1] belonging to the tribe of Levi; Levitical. [39]ἱερωσύνη, ης, ἡ, [4] the abstract notion of the priestly office. [40]νομοθετέω, [2] (a) I ordain, lay down, give the sanction of law to, enact, (b) I base legally, regulate, direct. [41]χρεία, ας, ἡ, [49] need, necessity, business. [42]τάξις, εως, ἡ, [10] order, (a) regular arrangement, (b) appointed succession, (c) position, rank.

ἱερέα,¹ καὶ οὐ κατὰ τὴν τάξιν² Ἀαρὼν λέγεσθαι; 12 Μετατιθεμένης³ γὰρ τῆς ἱερωσύνης,⁴ ἐξ ἀνάγκης⁵ καὶ νόμου μετάθεσις⁶ γίνεται. 13 Ἐφ' ὃν γὰρ λέγεται ταῦτα, φυλῆς⁷ ἑτέρας μετέσχηκεν,⁸ ἀφ' ἧς οὐδεὶς προσέσχηκεν⁹ τῷ θυσιαστηρίῳ.¹⁰ 14 Πρόδηλον¹¹ γὰρ ὅτι ἐξ Ἰούδα ἀνατέταλκεν¹² ὁ κύριος ἡμῶν, εἰς ἣν φυλὴν⁷ οὐδὲν περὶ ἱερωσύνης⁴ Μωϋσῆς ἐλάλησεν. 15 Καὶ περισσότερον¹³ ἔτι κατάδηλόν¹⁴ ἐστιν, εἰ κατὰ τὴν ὁμοιότητα¹⁵ Μελχισεδὲκ ἀνίσταται ἱερεὺς¹ ἕτερος, 16 ὃς οὐ κατὰ νόμον ἐντολῆς σαρκικῆς¹⁶ γέγονεν, ἀλλὰ κατὰ δύναμιν ζωῆς ἀκαταλύτου·¹⁷ 17 μαρτυρεῖ γὰρ ὅτι Σὺ ἱερεὺς¹ εἰς τὸν αἰῶνα κατὰ τὴν τάξιν² Μελχισεδέκ. 18 Ἀθέτησις¹⁸ μὲν γὰρ γίνεται προαγούσης¹⁹ ἐντολῆς, διὰ τὸ αὐτῆς ἀσθενὲς²⁰ καὶ ἀνωφελές·²¹ 19 οὐδὲν γὰρ ἐτελείωσεν²² ὁ νόμος, ἐπεισαγωγὴ²³ δὲ κρείττονος²⁴ ἐλπίδος, δι' ἧς ἐγγίζομεν²⁵ τῷ θεῷ. 20 Καὶ καθ' ὅσον οὐ χωρὶς²⁶ ὁρκωμοσίας²⁷–οἱ μὲν γὰρ χωρὶς²⁶ ὁρκωμοσίας²⁷ εἰσὶν ἱερεῖς¹ γεγονότες, 21 ὁ δὲ μετὰ ὁρκωμοσίας,²⁷ διὰ τοῦ λέγοντος πρὸς αὐτόν, Ὤμοσεν²⁸ κύριος καὶ οὐ μεταμεληθήσεται,²⁹ Σὺ ἱερεὺς¹ εἰς τὸν αἰῶνα κατὰ τὴν τάξιν² Μελχισεδέκ– 22 κατὰ τοσοῦτον³⁰ κρείττονος²⁴ διαθήκης³¹ γέγονεν ἔγγυος³² Ἰησοῦς. 23 Καὶ οἱ μὲν πλείονές εἰσιν γεγονότες ἱερεῖς,¹ διὰ τὸ θανάτῳ κωλύεσθαι³³ παραμένειν·³⁴ 24 ὁ δέ, διὰ τὸ μένειν αὐτὸν εἰς τὸν αἰῶνα, ἀπαράβατον³⁵ ἔχει τὴν

---

³ Μετατιθεμένης: PPP-GSF   ⁸ μετέσχηκεν: RAI-3S   ⁹ προσέσχηκεν: RAI-3S   ¹² ἀνατέταλκεν: RAI-3S ¹⁹ προαγούσης: PAP-GSF   ²² ἐτελείωσεν: AAI-3S   ²⁵ ἐγγίζομεν: PAI-1P   ²⁸ Ὤμοσεν: AAI-3S   ²⁹ μεταμεληθήσεται: FOI-3S   ³³ κωλύεσθαι: PPN   ³⁴ παραμένειν: PAN

---

¹ ἱερεύς, έως, ὁ, [33] a priest, one who offers sacrifice to a god (in Jewish and pagan religions; of Christians only met.).   ² τάξις, εως, ἡ, [10] order, (a) regular arrangement, (b) appointed succession, (c) position, rank. ³ μετατίθημι, [6] (a) I transfer, mid: I go over to another party, desert, (b) I change.   ⁴ ἱερωσύνη, ης, ἡ, [4] the abstract notion of the priestly office.   ⁵ ἀνάγκη, ης, ἡ, [18] necessity, constraint, compulsion; there is need to; force, violence.   ⁶ μετάθεσις, εως, ἡ, [3] (a) change, transformation, (b) removal.   ⁷ φυλή, ἧς, ἡ, [31] a tribe or race of people.   ⁸ μετέχω, [8] I have a share of, participate in, share, partake of, am a member of.   ⁹ προσέχω, [24] (a) I attend to, pay attention to, (b) I beware, am cautious, (c) I join, devote myself to.   ¹⁰ θυσιαστήριον, ου, τό, [23] an altar (for sacrifice).   ¹¹ πρόδηλος, ον, [3] manifest to all, evident, very clear.   ¹² ἀνατέλλω, [9] I make to rise, I rise, shine (generally of the sun, and hence met.).   ¹³ περισσός, ή, όν, [26] more, greater, excessive, abundant, exceedingly, vehemently; noun: preeminence, advantage.   ¹⁴ κατάδηλος, ον, [1] quite clear, evident. ¹⁵ ὁμοιότης, τητος, ἡ, [2] likeness, resemblance.   ¹⁶ σαρκικός, ή, όν, [11] fleshly, carnal, earthly.   ¹⁷ ἀκατάλυτος, ον, [1] indissoluble, that cannot be broken up.   ¹⁸ ἀθέτησις, εως, ἡ, [2] annulment, nullification, abrogation. ¹⁹ προάγω, [18] (a) trans: I lead forth; in the judicial sense, into court, (b) intrans. and trans: I precede, go before, (c) intrans: I go too far.   ²⁰ ἀσθενής, ές, [25] (lit: not strong), (a) weak (physically, or morally), (b) infirm, sick. ²¹ ἀνωφελής, ές, [2] useless, unprofitable.   ²² τελειόω, [24] (a) as a course, a race, or the like: I complete, finish (b) as of time or prediction: I accomplish, (c) I make perfect; pass: I am perfected.   ²³ ἐπεισαγωγή, ἧς, ἡ, [1] bringing in (besides or in addition), introduction, importation.   ²⁴ κρείττων, ον, [16] stronger, more excellent. ²⁵ ἐγγίζω, [43] trans: I bring near; intrans: I come near, approach.   ²⁶ χωρίς, [39] apart from, separately from; without.   ²⁷ ὁρκωμοσία, ας, ἡ, [4] the taking of an oath, an oath.   ²⁸ ὀμνύω, [27] I swear, take an oath, promise with an oath.   ²⁹ μεταμέλομαι, [6] (lit: I change one care or interest for another), I change my mind (generally for the better), repent, regret.   ³⁰ τοσοῦτος, τοσαύτη, τοσοῦτο, [20] so great, so large, so long, so many.   ³¹ διαθήκη, ης, ἡ, [33] (a) a covenant between two parties, (b) (the ordinary, everyday sense [found a countless number of times in papyri]) a will, testament.   ³² ἔγγυος, ου, ὁ, ἡ, [1] a surety, security.   ³³ κωλύω, [23] I prevent, debar, hinder; with infin: from doing so and so.   ³⁴ παραμένω, [3] I remain by, abide with; met: I persevere in. ³⁵ ἀπαράβατος, ον, [1] inviolable, unchangeable.

ἱερωσύνην.¹ 25 Ὅθεν² καὶ σῴζειν εἰς τὸ παντελὲς³ δύναται τοὺς προσερχομένους δι᾽ αὐτοῦ τῷ θεῷ, πάντοτε⁴ ζῶν εἰς τὸ ἐντυγχάνειν⁵ ὑπὲρ αὐτῶν.

26 Τοιοῦτος γὰρ ἡμῖν ἔπρεπεν⁶ ἀρχιερεύς, ὅσιος,⁷ ἄκακος,⁸ ἀμίαντος,⁹ κεχωρισμένος¹⁰ ἀπὸ τῶν ἁμαρτωλῶν,¹¹ καὶ ὑψηλότερος¹² τῶν οὐρανῶν γενόμενος· 27 ὃς οὐκ ἔχει καθ᾽ ἡμέραν ἀνάγκην,¹³ ὥσπερ¹⁴ οἱ ἀρχιερεῖς, πρότερον¹⁵ ὑπὲρ τῶν ἰδίων ἁμαρτιῶν θυσίας¹⁶ ἀναφέρειν,¹⁷ ἔπειτα¹⁸ τῶν τοῦ λαοῦ· τοῦτο γὰρ ἐποίησεν ἐφάπαξ,¹⁹ ἑαυτὸν ἀνενέγκας.²⁰ 28 Ὁ νόμος γὰρ ἀνθρώπους καθίστησιν²¹ ἀρχιερεῖς, ἔχοντας ἀσθένειαν·²² ὁ λόγος δὲ τῆς ὁρκωμοσίας²³ τῆς μετὰ τὸν νόμον, υἱὸν εἰς τὸν αἰῶνα τετελειωμένον.²⁴

Christ's Eternal Priesthood has Superseded the Temporary Priesthood of Aaron

8 Κεφάλαιον²⁵ δὲ ἐπὶ τοῖς λεγομένοις· τοιοῦτον ἔχομεν ἀρχιερέα, ὃς ἐκάθισεν²⁶ ἐν δεξιᾷ τοῦ θρόνου τῆς μεγαλωσύνης²⁷ ἐν τοῖς οὐρανοῖς, 2 τῶν ἁγίων λειτουργός,²⁸ καὶ τῆς σκηνῆς²⁹ τῆς ἀληθινῆς,³⁰ ἣν ἔπηξεν³¹ ὁ κύριος, καὶ οὐκ ἄνθρωπος· 3 πᾶς γὰρ ἀρχιερεὺς εἰς τὸ προσφέρειν³² δῶρά³³ τε καὶ θυσίας¹⁶ καθίσταται·³⁴ ὅθεν² ἀναγκαῖον³⁵ ἔχειν τι καὶ τοῦτον ὃ προσενέγκῃ.³⁶ 4 Εἰ μὲν γὰρ ἦν ἐπὶ γῆς, οὐδ᾽ ἂν ἦν ἱερεύς,³⁷ ὄντων τῶν ἱερέων³⁷ τῶν προσφερόντων³⁸ κατὰ τὸν νόμον τὰ δῶρα,³³ 5 οἵτινες ὑποδείγματι³⁹

---

⁵ἐντυγχάνειν: PAN   ⁶ἔπρεπεν: IAI-3S   ¹⁰κεχωρισμένος: RPP-NSM   ¹⁷ἀναφέρειν: PAN   ²⁰ἀνενέγκας: AAP-NSM
²¹καθίστησιν: PAI-3S   ²⁴τετελειωμένον: RPP-ASM   ²⁶ἐκάθισεν: AAI-3S   ³¹ἔπηξεν: AAI-3S   ³²προσφέρειν: PAN
³⁴καθίσταται: PPI-3S   ³⁶προσενέγκῃ: AAS-3S   ³⁸προσφερόντων: PAP-GPM

---

¹ἱερωσύνη, ης, ἡ, [4] the abstract notion of the priestly office.   ²ὅθεν, [15] (a) whence, from which place, (b) wherefore.   ³παντελής, ές, [2] complete, entire, perfect, through all time.   ⁴πάντοτε, [42] always, at all times, ever.   ⁵ἐντυγχάνω, [5] (a) I meet, encounter, hence: (b) I call (upon), make a petition, make suit, supplication.   ⁶πρέπω, [7] it becomes, is fitting to, is right.   ⁷ὅσιος, ία, ιον, [7] holy, pious, godly, beloved of God.   ⁸ἄκακος, ον, [2] innocent, guileless, simple.   ⁹ἀμίαντος, ον, [4] undefiled, untainted, free from contamination.   ¹⁰χωρίζω, [13] (a) I separate, put apart, (b) mid. or pass: I separate myself, depart, withdraw.   ¹¹ἁμαρτωλός, ον, [48] sinning, sinful, depraved, detestable.   ¹²ὑψηλός, ή, όν, [11] high, lofty.   ¹³ἀνάγκη, ης, ἡ, [18] necessity, constraint, compulsion; there is need to; force, violence.   ¹⁴ὥσπερ, [42] just as, as, even as.   ¹⁵πρότερον, [11] formerly, before.   ¹⁶θυσία, ας, ἡ, [29] abstr. and concr: sacrifice; a sacrifice, offering.   ¹⁷ἀναφέρω, [10] (a) I carry up, lead up, (b) I offer up (on a high altar) as a sacrifice, offer up to God on high.   ¹⁸ἔπειτα, [16] then, thereafter, afterwards.   ¹⁹ἐφάπαξ, [5] once, once for all; at once.   ²⁰ἀναφέρω, [10] (a) I carry up, lead up, (b) I offer up (on a high altar) as a sacrifice, offer up to God on high.   ²¹καθίστημι, [21] I set down, bring down to a place; I set in order, appoint, make, constitute.   ²²ἀσθένεια, ας, ἡ, [24] want of strength, weakness, illness, suffering, calamity, frailty.   ²³ὁρκωμοσία, ας, ἡ, [4] the taking of an oath, an oath.   ²⁴τελειόω, [24] (a) as a course, a race, or the like: I complete, finish (b) as of time or prediction: I accomplish, (c) I make perfect; pass: I am perfected.   ²⁵κεφάλαιον, ου, τό, [2] (a) the chief matter, the main point, (b) a sum of money.   ²⁶καθίζω, [48] (a) trans: I make to sit; I set, appoint, (b) intrans: I sit down, am seated, stay.   ²⁷μεγαλωσύνη, ης, ἡ, [3] (divine) majesty, greatness.   ²⁸λειτουργός, ου, ὁ, [5] a minister, servant, of an official character; of priests and Levites.   ²⁹σκηνή, ῆς, ἡ, [20] a tent, booth, tabernacle, abode, dwelling, mansion, habitation.   ³⁰ἀληθινός, η, ον, [27] true (lit: made of truth), real, genuine.   ³¹πήγνυμι, [1] I fasten, pitch a tent.   ³²προσφέρω, [48] (a) I bring to, (b) characteristically: I offer (of gifts, sacrifices, etc).   ³³δῶρον, ου, τό, [19] a gift, present.   ³⁴καθίστημι, [21] I set down, bring down to a place; I set in order, appoint, make, constitute.   ³⁵ἀναγκαῖος, α, ον, [8] necessary, essential, intimate, right, proper.   ³⁶προσφέρω, [48] (a) I bring to, (b) characteristically: I offer (of gifts, sacrifices, etc).   ³⁷ἱερεύς, έως, ὁ, [33] a priest, one who offers sacrifice to a god (in Jewish and pagan religions; of Christians only met.).   ³⁸προσφέρω, [48] (a) I bring to, (b) characteristically: I offer (of gifts, sacrifices, etc).   ³⁹ὑπόδειγμα, ατος, τό, [6] (a) a figure, copy, (b) an example, model.

καὶ σκιᾷ¹ λατρεύουσιν² τῶν ἐπουρανίων,³ καθὼς κεχρημάτισται⁴ Μωϋσῆς μέλλων ἐπιτελεῖν⁵ τὴν σκηνήν,⁶ Ὅρα, γάρ φησιν, ποιήσεις πάντα κατὰ τὸν τύπον⁷ τὸν δειχθέντα⁸ σοι ἐν τῷ ὄρει. 6 Νυνὶ⁹ δὲ διαφορωτέρας¹⁰ τέτυχεν¹¹ λειτουργίας,¹² ὅσῳ καὶ κρείττονός¹³ ἐστιν διαθήκης¹⁴ μεσίτης,¹⁵ ἥτις ἐπὶ κρείττοσιν¹³ ἐπαγγελίαις νενομοθέτηται.¹⁶ 7 Εἰ γὰρ ἡ πρώτη ἐκείνη ἦν ἄμεμπτος,¹⁷ οὐκ ἂν δευτέρας¹⁸ ἐζητεῖτο τόπος. 8 Μεμφόμενος¹⁹ γὰρ αὐτοῖς λέγει, Ἰδού, ἡμέραι ἔρχονται, λέγει κύριος, καὶ συντελέσω²⁰ ἐπὶ τὸν οἶκον Ἰσραὴλ καὶ ἐπὶ τὸν οἶκον Ἰούδα διαθήκην¹⁴ καινήν·²¹ 9 οὐ κατὰ τὴν διαθήκην¹⁴ ἣν ἐποίησα τοῖς πατράσιν αὐτῶν ἐν ἡμέρᾳ ἐπιλαβομένου²² μου τῆς χειρὸς αὐτῶν ἐξαγαγεῖν²³ αὐτοὺς ἐκ γῆς Αἰγύπτου·²⁴ ὅτι αὐτοὶ οὐκ ἐνέμειναν²⁵ ἐν τῇ διαθήκῃ¹⁴ μου, κἀγὼ ἠμέλησα²⁶ αὐτῶν, λέγει κύριος. 10 Ὅτι αὕτη ἡ διαθήκη¹⁴ ἣν διαθήσομαι²⁷ τῷ οἴκῳ Ἰσραὴλ μετὰ τὰς ἡμέρας ἐκείνας, λέγει κύριος, διδοὺς νόμους μου εἰς τὴν διάνοιαν²⁸ αὐτῶν, καὶ ἐπὶ καρδίας αὐτῶν ἐπιγράψω²⁹ αὐτούς· καὶ ἔσομαι αὐτοῖς εἰς θεόν, καὶ αὐτοὶ ἔσονταί μοι εἰς λαόν. 11 Καὶ οὐ μὴ διδάξωσιν ἕκαστος τὸν πολίτην³⁰ αὐτοῦ, καὶ ἕκαστος τὸν ἀδελφὸν αὐτοῦ, λέγων, Γνῶθι τὸν κύριον· ὅτι πάντες εἰδήσουσίν με, ἀπὸ μικροῦ³¹ αὐτῶν ἕως μεγάλου αὐτῶν. 12 Ὅτι ἵλεως³² ἔσομαι ταῖς ἀδικίαις³³ αὐτῶν, καὶ τῶν ἁμαρτιῶν αὐτῶν καὶ τῶν ἀνομιῶν³⁴ αὐτῶν οὐ μὴ μνησθῶ³⁵

²λατρεύουσιν: PAI-3P ⁴κεχρημάτισται: RPI-3S ⁵ἐπιτελεῖν: PAN ⁸δειχθέντα: APP-ASM ¹¹τέτυχεν: 2RAI-3S ¹⁶νενομοθέτηται: RPI-3S ¹⁹Μεμφόμενος: PNP-NSM ²⁰συντελέσω: FAI-1S ²²ἐπιλαβομένου: 2ADP-GSM ²³ἐξαγαγεῖν: 2AAN ²⁵ἐνέμειναν: AAI-3P ²⁶ἠμέλησα: AAI-1S ²⁷διαθήσομαι: FDI-1S ²⁹ἐπιγράψω: FAI-1S ³⁵μνησθῶ: APS-1S

¹σκιά, ᾶς, ἡ, [7] a shadow, shade, thick darkness, an outline. ²λατρεύω, [21] I serve, especially God, perhaps simply: I worship. ³ἐπουράνιος, ον, [20] heavenly, celestial, in the heavenly sphere, the sphere of spiritual activities; met: divine, spiritual. ⁴χρηματίζω, [9] (originally: I transact business), (a) act. of God: I warn; pass: I am warned by God (probably in response to an inquiry as to one's duty), (b) (I take a name from my public business, hence) I receive a name, am publicly called. ⁵ἐπιτελέω, [11] I complete, accomplish, perfect. ⁶σκηνή, ῆς, ἡ, [20] a tent, booth, tabernacle, abode, dwelling, mansion, habitation. ⁷τύπος, ου, ὁ, [16] (originally: the mark of a blow, then a stamp struck by a die), (a) a figure; a copy, image, (b) a pattern, model, (c) a type, prefiguring something or somebody. ⁸δείκνυμι, [31] I point out, show, exhibit; met: I teach, demonstrate, make known. ⁹νυνί, [20] adv. (a) of time: just now, even now; just at hand, immediately, (b) of logical connection: now then, (c) in commands and appeals: at this instant. ¹⁰διάφορος, ον, [4] differing, different; hence: excellent. ¹¹τυγχάνω, [13] (a) gen: I obtain, (b) absol: I chance, happen; ordinary, everyday, it may chance, perhaps. ¹²λειτουργία, ας, ἡ, [6] a charitable gift, public service in the widest sense; service as of priest or Levite ritual. ¹³κρείττων, ον, [16] stronger, more excellent. ¹⁴διαθήκη, ης, ἡ, [33] (a) a covenant between two parties, (b) (the ordinary, everyday sense [found a countless number of times in papyri]) a will, testament. ¹⁵μεσίτης, ου, ὁ, [6] (a) a mediator, intermediary, (b) a go-between, arbiter, agent of something good. ¹⁶νομοθετέω, [2] (a) I ordain, lay down, give the sanction of law to, enact, (b) I base legally, regulate, direct. ¹⁷ἄμεμπτος, ον, [5] blameless, free from fault or defect. ¹⁸δεύτερος, α, ον, [44] second; with the article: in the second place, for the second time. ¹⁹μέμφομαι, [3] I blame, censure, find fault. ²⁰συντελέω, [7] I bring to an end, fulfill, accomplish. ²¹καινός, ή, όν, [44] fresh, new, unused, novel. ²²ἐπιλαμβάνομαι, [19] I lay hold of, take hold of, seize (sometimes with beneficent, sometimes with hostile, intent). ²³ἐξάγω, [13] I lead out, sometimes to death, execution. ²⁴Αἴγυπτος, ου, ἡ, [24] Egypt. ²⁵ἐμμένω, [3] I remain (abide) in, abide by, maintain, persevere in. ²⁶ἀμελέω, [5] I neglect, am careless of, disregard. ²⁷διατίθεμαι, [7] (a) I appoint, make (of a covenant), (b) I make (a will). ²⁸διάνοια, ας, ἡ, [12] understanding, intellect, mind, insight. ²⁹ἐπιγράφω, [5] I write upon, inscribe, imprint a mark on. ³⁰πολίτης, ου, ὁ, [4] a citizen, fellow-citizen. ³¹μικρός, ά, όν, [45] little, small. ³²ἵλεως, [2] propitious, forgiving, merciful. ³³ἀδικία, ας, ἡ, [26] injustice, unrighteousness, hurt. ³⁴ἀνομία, ας, ἡ, [15] lawlessness, iniquity, disobedience, sin. ³⁵μιμνήσκομαι, [23] I remember, call to mind, recall, mention.

ἔτι. **13** Ἐν τῷ λέγειν, Καινήν,[1] πεπαλαίωκεν[2] τὴν πρώτην. Τὸ δὲ παλαιούμενον[3] καὶ γηράσκον,[4] ἐγγὺς[5] ἀφανισμοῦ.[6]

The Old Testament System Inferior to the Perfection of Christ's Sacrifice

9 Εἶχεν μὲν οὖν καὶ ἡ πρώτη δικαιώματα[7] λατρείας,[8] τό τε ἅγιον κοσμικόν.[9] **2** Σκηνὴ[10] γὰρ κατεσκευάσθη[11] ἡ πρώτη, ἐν ᾗ ἥ τε λυχνία[12] καὶ ἡ τράπεζα[13] καὶ ἡ πρόθεσις[14] τῶν ἄρτων, ἥτις λέγεται ἅγια. **3** Μετὰ δὲ τὸ δεύτερον[15] καταπέτασμα[16] σκηνὴ[10] ἡ λεγομένη ἅγια ἁγίων, **4** χρυσοῦν[17] ἔχουσα θυμιατήριον,[18] καὶ τὴν κιβωτὸν[19] τῆς διαθήκης[20] περικεκαλυμμένην[21] πάντοθεν[22] χρυσίῳ,[23] ἐν ᾗ στάμνος[24] χρυσῆ[17] ἔχουσα τὸ μάννα,[25] καὶ ἡ ῥάβδος[26] Ἀαρὼν ἡ βλαστήσασα,[27] καὶ αἱ πλάκες[28] τῆς διαθήκης·[20] **5** ὑπεράνω[29] δὲ αὐτῆς Χερουβὶμ[30] δόξης κατασκιάζοντα[31] τὸ ἱλαστήριον·[32] περὶ ὧν οὐκ ἔστιν νῦν λέγειν κατὰ μέρος.[33] **6** Τούτων δὲ οὕτως κατεσκευασμένων,[34] εἰς μὲν τὴν πρώτην σκηνὴν[10] διὰ παντὸς εἰσίασιν[35] οἱ ἱερεῖς,[36] τὰς λατρείας[8] ἐπιτελοῦντες·[37] **7** εἰς δὲ τὴν δευτέραν[15] ἅπαξ[38] τοῦ ἐνιαυτοῦ[39] μόνος[40] ὁ ἀρχιερεύς, οὐ χωρὶς[41] αἵματος,

---

[2]πεπαλαίωκεν: RAI-3S   [3]παλαιούμενον: PPP-NSN   [4]γηράσκον: PAP-NSN   [11]κατεσκευάσθη: API-3S   [21]περικεκαλυμμένην: RPP-ASF   [27]βλαστήσασα: AAP-NSF   [31]κατασκιάζοντα: PAP-NPN   [34]κατεσκευασμένων: RPP-GPM   [35]εἰσίασιν: PAI-3P   [37]ἐπιτελοῦντες: PAP-NPM

---

[1]καινός, ή, όν, [44] fresh, new, unused, novel.   [2]παλαιόω, [4] I make old, declare obsolete; pass: I grow old, become obsolete.   [3]παλαιόω, [4] I make old, declare obsolete; pass: I grow old, become obsolete.   [4]γηράσκω, [2] I become old, grow old.   [5]ἐγγύς, [30] near.   [6]ἀφανισμός, οῦ, ὁ, [1] disappearing, disappearance, obliteration.   [7]δικαίωμα, ατος, τό, [10] a thing pronounced (by God) to be righteous (just, the right); or the restoration of a criminal, a fresh chance given him; a righteous deed, an instance of perfect righteousness.   [8]λατρεία, ας, ἡ, [5] service rendered to God, perhaps simply: worship.   [9]κοσμικός, ή, όν, [2] earthly, worldly (belonging to the present earthly world as opposed to the heavenly and future).   [10]σκηνή, ῆς, ἡ, [20] a tent, booth, tabernacle, abode, dwelling, mansion, habitation.   [11]κατασκευάζω, [11] I build, construct, prepare, make ready.   [12]λυχνία, ας, ἡ, [12] a lamp-stand.   [13]τράπεζα, ης, ἡ, [15] a table, (a) for food or banqueting, (b) for money-changing or business.   [14]πρόθεσις, εως, ἡ, [12] a setting forth, the show-bread; predetermination, purpose.   [15]δεύτερος, α, ον, [44] second; with the article: in the second place, for the second time.   [16]καταπέτασμα, ατος, τό, [6] (lit: that which is spread out downwards, that which hangs down), a curtain, veil, of that which separated the Holy of Holies from the outer parts of the temple at Jerusalem, also of an outer curtain at the entrance to the Holy Place in the same temple.   [17]χρυσοῦς, ῆ, οῦν, [19] golden, made of gold, adorned with gold.   [18]θυμιατήριον, ου, τό, [1] (ordinarily: censer, but) either the altar of incense, or the shovel, on which the high-priest poured the coals, when he entered the Holy of Holies on the Day of Atonement.   [19]κιβωτός, οῦ, ἡ, [6] (properly: a wooden box, hence) the Ark, in which Noah sailed; the Ark of the Covenant.   [20]διαθήκη, ης, ἡ, [33] (a) a covenant between two parties, (b) (the ordinary, everyday sense [found a countless number of times in papyri]) a will, testament.   [21]περικαλύπτω, [3] I cover up, cover round about, veil round, blindfold.   [22]πάντοθεν, [2] from all sides, on all sides.   [23]χρυσίον, ου, τό, [11] a piece of gold, golden ornament.   [24]στάμνος, ου, ὁ, ἡ, [1] a jar or vase.   [25]μάννα, τό, [5] (Hebrew), manna, the supernatural food eaten by the Israelites in the desert: of spiritual food.   [26]ῥάβδος, ου, ἡ, [12] a rod, staff, staff of authority, scepter.   [27]βλαστάνω, [4] intrans: I sprout; trans: I cause to sprout, make to grow up.   [28]πλάξ, πλακός, ἡ, [3] a tablet, flat surface.   [29]ὑπεράνω, [3] far above.   [30]Χερουβίμ, [1] Cherubim.   [31]κατασκιάζω, [1] I overshadow.   [32]ἱλαστήριον, ου, τό, [2] (a) a sin offering, by which the wrath of the deity shall be appeased; a means of propitiation, (b) the covering of the ark, which was sprinkled with the atoning blood on the Day of Atonement.   [33]μέρος, ους, τό, [43] a part, portion, share.   [34]κατασκευάζω, [11] I build, construct, prepare, make ready.   [35]εἴσειμι, [4] I go in, enter (originally: I shall go in).   [36]ἱερεύς, έως, ὁ, [33] a priest, one who offers sacrifice to a god (in Jewish and pagan religions; of Christians only met.).   [37]ἐπιτελέω, [11] I complete, accomplish, perfect.   [38]ἅπαξ, [14] once, once for all.   [39]ἐνιαυτός, οῦ, ὁ, [14] a year, cycle of time.   [40]μόνος, η, ον, [45] only, solitary, desolate.   [41]χωρίς, [39] apart from, separately from; without.

ὃ προσφέρει¹ ὑπὲρ ἑαυτοῦ καὶ τῶν τοῦ λαοῦ ἀγνοημάτων· ² 8 τοῦτο δηλοῦντος³ τοῦ πνεύματος τοῦ ἁγίου, μήπω⁴ πεφανερῶσθαι⁵ τὴν τῶν ἁγίων ὁδόν, ἔτι τῆς πρώτης σκηνῆς⁶ ἐχούσης στάσιν· ⁷ 9 ἥτις παραβολὴ εἰς τὸν καιρὸν τὸν ἐνεστηκότα,⁸ καθ᾽ ὃν δῶρά⁹ τε καὶ θυσίαι¹⁰ προσφέρονται,¹¹ μὴ δυνάμεναι κατὰ συνείδησιν¹² τελειῶσαι¹³ τὸν λατρεύοντα,¹⁴ 10 μόνον ἐπὶ βρώμασιν¹⁵ καὶ πόμασιν¹⁶ καὶ διαφόροις¹⁷ βαπτισμοῖς¹⁸ καὶ δικαιώμασιν¹⁹ σαρκός, μέχρι²⁰ καιροῦ διορθώσεως²¹ ἐπικείμενα.²²

11 Χριστὸς δὲ παραγενόμενος²³ ἀρχιερεὺς τῶν μελλόντων ἀγαθῶν, διὰ τῆς μείζονος καὶ τελειοτέρας²⁴ σκηνῆς,⁶ οὐ χειροποιήτου,²⁵ τοῦτ᾽ ἔστιν, οὐ ταύτης τῆς κτίσεως,²⁶ 12 οὐδὲ δι᾽ αἵματος τράγων²⁷ καὶ μόσχων,²⁸ διὰ δὲ τοῦ ἰδίου αἵματος εἰσῆλθεν ἐφάπαξ²⁹ εἰς τὰ ἅγια, αἰωνίαν λύτρωσιν³⁰ εὑράμενος. 13 Εἰ γὰρ τὸ αἷμα ταύρων³¹ καὶ τράγων,²⁷ καὶ σποδὸς³² δαμάλεως³³ ῥαντίζουσα³⁴ τοὺς κεκοινωμένους,³⁵ ἁγιάζει³⁶ πρὸς τὴν τῆς σαρκὸς καθαρότητα,³⁷ 14 πόσῳ³⁸ μᾶλλον τὸ αἷμα τοῦ χριστοῦ, ὃς διὰ πνεύματος αἰωνίου ἑαυτὸν προσήνεγκεν³⁹ ἄμωμον⁴⁰ τῷ θεῷ, καθαριεῖ⁴¹ τὴν συνείδησιν¹² ὑμῶν ἀπὸ νεκρῶν ἔργων,

---

¹προσφέρει: PAI-3S   ³δηλοῦντος: PAP-GSN   ⁵πεφανερῶσθαι: RPN   ⁸ἐνεστηκότα: RAP-ASM   ¹¹προσφέρονται: PPI-3P   ¹³τελειῶσαι: AAN   ¹⁴λατρεύοντα: PAP-ASM   ²²ἐπικείμενα: PNP-NPN   ²³παραγενόμενος: 2ADP-NSM ³⁴ῥαντίζουσα: PAP-NSF   ³⁵κεκοινωμένους: RPP-APM   ³⁶ἁγιάζει: PAI-3S   ³⁹προσήνεγκεν: AAI-3S   ⁴¹καθαριεῖ: FAI-3S-ATT

---

¹προσφέρω, [48] (a) I bring to, (b) characteristically: I offer (of gifts, sacrifices, etc).   ²ἀγνόημα, ατος, τό, [1] an offence committed through ignorance, an error due to (willful or culpable) ignorance.   ³δηλόω, [7] I show, make clear, reveal.   ⁴μήπω, [2] not yet.   ⁵φανερόω, [49] I make clear (visible, manifest), make known.   ⁶σκηνή, ῆς, ἡ, [20] a tent, booth, tabernacle, abode, dwelling, mansion, habitation.   ⁷στάσις, εως, ἡ, [9] an insurrection, dissension; originally: standing, position, place.   ⁸ἐνίστημι, [7] I place in or upon; only in the intrans. tenses: I impend, am at hand, am present, threaten; as adj: present.   ⁹δῶρον, ου, τό, [19] a gift, present.   ¹⁰θυσία, ας, ἡ, [29] abstr. and concr: sacrifice; a sacrifice, offering.   ¹¹προσφέρω, [48] (a) I bring to, (b) characteristically: I offer (of gifts, sacrifices, etc).   ¹²συνείδησις, εως, ἡ, [32] the conscience, a persisting notion.   ¹³τελειόω, [24] (a) as a course, a race, or the like: I complete, finish (b) as of time or prediction: I accomplish, (c) I make perfect; pass: I am perfected.   ¹⁴λατρεύω, [21] I serve, especially God, perhaps simply: I worship.   ¹⁵βρῶμα, ατος, τό, [17] food of any kind.   ¹⁶πόμα, ατος, τό, [2] drink.   ¹⁷διάφορος, ον, [4] differing, different; hence: excellent.   ¹⁸βαπτισμός, οῦ, ὁ, [4] dipping, washing (of a ceremonial character).   ¹⁹δικαίωμα, ατος, τό, [10] a thing pronounced (by God) to be righteous (just, the right); or the restoration of a criminal, a fresh chance given him; a righteous deed, an instance of perfect righteousness.   ²⁰μέχρι, [17] as far as, until, even to.   ²¹διόρθωσις, εως, ἡ, [1] amendment, improvement, reformation.   ²²ἐπίκειμαι, [7] (a) dat: I am placed upon, am laid upon, lie upon, am imposed; I press upon, (b) absol: I press hard, am insistent, insist.   ²³παραγίνομαι, [37] (a) I come on the scene, appear, come, (b) with words expressing destination: I present myself at, arrive at, reach.   ²⁴τέλειος, α, ον, [19] perfect, (a) complete in all its parts, (b) full grown, of full age, (c) specially of the completeness of Christian character.   ²⁵χειροποίητος, ον, [6] done or made with hands, artificial.   ²⁶κτίσις, εως, ἡ, [19] (often of the founding of a city), (a) abstr: creation, (b) concr: creation, creature, institution; always of Divine work, (c) an institution, ordinance.   ²⁷τράγος, ου, ὁ, [4] a he-goat.   ²⁸μόσχος, ου, ὁ, ἡ, [6] a calf, heifer, young bull.   ²⁹ἐφάπαξ, [5] once, once for all; at once.   ³⁰λύτρωσις, εως, ἡ, [3] (in the Old Testament: ransoming from imprisonment for debt, or from slavery, release from national misfortune, etc.), liberation, deliverance, release.   ³¹ταῦρος, ου, ὁ, [4] a bull, an ox.   ³²σποδός, οῦ, ἡ, [3] ashes.   ³³δάμαλις, εως, ἡ, [1] a heifer, young cow.   ³⁴ῥαντίζω, [4] I sprinkle, cleanse ceremonially by sprinkling.   ³⁵κοινόω, [14] I make unclean, pollute, desecrate, mid: I regard (treat) as unclean.   ³⁶ἁγιάζω, [29] I make holy, treat as holy, set apart as holy, sanctify, hallow, purify.   ³⁷καθαρότης, ητος, ἡ, [1] cleanness, purity.   ³⁸πόσος, η, ον, [27] how much, how great, how many.   ³⁹προσφέρω, [48] (a) I bring to, (b) characteristically: I offer (of gifts, sacrifices, etc).   ⁴⁰ἄμωμος, ον, [7] blameless, without blemish, unblemished, faultless.   ⁴¹καθαρίζω, [30] I cleanse, make clean, literally, ceremonially, or spiritually, according to context.

εἰς τὸ λατρεύειν¹ θεῷ ζῶντι; 15 Καὶ διὰ τοῦτο διαθήκης² καινῆς³ μεσίτης⁴ ἐστίν, ὅπως, θανάτου γενομένου εἰς ἀπολύτρωσιν⁵ τῶν ἐπὶ τῇ πρώτῃ διαθήκῃ² παραβάσεων,⁶ τὴν ἐπαγγελίαν λάβωσιν οἱ κεκλημένοι τῆς αἰωνίου κληρονομίας.⁷ 16 Ὅπου γὰρ διαθήκη,² θάνατον ἀνάγκη⁸ φέρεσθαι τοῦ διαθεμένου.⁹ 17 Διαθήκη² γὰρ ἐπὶ νεκροῖς βεβαία,¹⁰ ἐπεὶ¹¹ μήποτε¹² ἰσχύει¹³ ὅτε ζῇ ὁ διαθέμενος.¹⁴ 18 Ὅθεν¹⁵ οὐδ᾽ ἡ πρώτη χωρὶς¹⁶ αἵματος ἐγκεκαίνισται.¹⁷ 19 Λαληθείσης γὰρ πάσης ἐντολῆς κατὰ νόμον ὑπὸ Μωϋσέως παντὶ τῷ λαῷ, λαβὼν τὸ αἷμα τῶν μόσχων¹⁸ καὶ τράγων,¹⁹ μετὰ ὕδατος καὶ ἐρίου²⁰ κοκκίνου²¹ καὶ ὑσσώπου,²² αὐτό τε τὸ βιβλίον²³ καὶ πάντα τὸν λαὸν ἐρράντισεν,²⁴ 20 λέγων, Τοῦτο τὸ αἷμα τῆς διαθήκης² ἧς ἐνετείλατο²⁵ πρὸς ὑμᾶς ὁ θεός. 21 Καὶ τὴν σκηνὴν²⁶ δὲ καὶ πάντα τὰ σκεύη²⁷ τῆς λειτουργίας²⁸ τῷ αἵματι ὁμοίως²⁹ ἐρράντισεν.³⁰ 22 Καὶ σχεδὸν³¹ ἐν αἵματι πάντα καθαρίζεται³² κατὰ τὸν νόμον, καὶ χωρὶς¹⁶ αἱματεκχυσίας³³ οὐ γίνεται ἄφεσις.³⁴

23 Ἀνάγκη⁸ οὖν τὰ μὲν ὑποδείγματα³⁵ τῶν ἐν τοῖς οὐρανοῖς, τούτοις καθαρίζεσθαι,³⁶ αὐτὰ δὲ τὰ ἐπουράνια³⁷ κρείττοσιν³⁸ θυσίαις³⁹ παρὰ ταύτας. 24 Οὐ γὰρ εἰς χειροποίητα⁴⁰ ἅγια εἰσῆλθεν ὁ χριστός, ἀντίτυπα⁴¹ τῶν ἀληθινῶν,⁴² ἀλλ᾽ εἰς αὐτὸν τὸν οὐρανόν,

---

¹λατρεύειν: PAN ⁹διαθεμένου: 2AMP-GSM ¹³ἰσχύει: PAI-3S ¹⁴διαθέμενος: 2AMP-NSM ¹⁷ἐγκεκαίνισται: RPI-3S ²⁴ἐρράντισεν: AAI-3S ²⁵ἐνετείλατο: ADI-3S ³⁰ἐρράντισεν: AAI-3S ³²καθαρίζεται: PPI-3S ³⁶καθαρίζεσθαι: PPN

---

¹λατρεύω, [21] I serve, especially God, perhaps simply: I worship. ²διαθήκη, ης, ἡ, [33] (a) a covenant between two parties, (b) (the ordinary, everyday sense [found a countless number of times in papyri]) a will, testament. ³καινός, ή, όν, [44] fresh, new, unused, novel. ⁴μεσίτης, ου, ὁ, [6] (a) a mediator, intermediary, (b) a go-between, arbiter, agent of something good. ⁵ἀπολύτρωσις, εως, ἡ, [10] release effected by payment of ransom; redemption, deliverance. ⁶παράβασις, εως, ἡ, [7] a transgression, overstepping, deviation. ⁷κληρονομία, ας, ἡ, [14] an inheritance, an heritage, regularly the gift of God to His chosen people, in the Old Testament: the Promised Land, in NT a possession viewed in one sense as present, in another as future; a share, participation. ⁸ἀνάγκη, ης, ἡ, [18] necessity, constraint, compulsion; there is need to; force, violence. ⁹διατίθεμαι, [7] (a) I appoint, make (of a covenant), (b) I make (a will). ¹⁰βέβαιος, α, ον, [9] firm, steadfast, enduring, sure, certain. ¹¹ἐπεί, [27] of time: when, after; of cause: since, because; otherwise: else. ¹²μήποτε, [25] lest at any time, lest; then weakened: whether perhaps, whether at all; in a principal clause: perhaps. ¹³ἰσχύω, [29] I have strength, am strong, am in full health and vigor, am able; meton: I prevail. ¹⁴διατίθεμαι, [7] (a) I appoint, make (of a covenant), (b) I make (a will). ¹⁵ὅθεν, [15] (a) whence, from which place, (b) wherefore. ¹⁶χωρίς, [39] apart from, separately from; without. ¹⁷ἐγκαινίζω, [2] I consecrate, dedicate, renovate. ¹⁸μόσχος, ου, ὁ, ἡ, [6] a calf, heifer, young bull. ¹⁹τράγος, ου, ὁ, [4] a he-goat. ²⁰ἔριον, ου, τό, [2] wool. ²¹κόκκινος, η, ον, [6] crimson, scarlet, dyed with Kermes (coccum), the female coccus of the Kermes oak. ²²ὕσσωπος, ου, ἡ, [2] hyssop, a stalk or stem of hyssop. ²³βιβλίον, ου, τό, [36] a papyrus roll. ²⁴ῥαντίζω, [4] I sprinkle, cleanse ceremonially by sprinkling. ²⁵ἐντέλλομαι, [17] I give orders (injunctions, instructions, commands). ²⁶σκηνή, ῆς, ἡ, [20] a tent, booth, tabernacle, abode, dwelling, mansion, habitation. ²⁷σκεῦος, ους, τό, [23] a vessel to contain liquid; a vessel of mercy or wrath; any instrument by which anything is done; a household utensil; of ships: tackle. ²⁸λειτουργία, ας, ἡ, [6] a charitable gift, public service in the widest sense; service as of priest or Levite ritual. ²⁹ὁμοίως, [32] in like manner, similarly, in the same way, equally. ³⁰ῥαντίζω, [4] I sprinkle, cleanse ceremonially by sprinkling. ³¹σχεδόν, [3] nearly, almost. ³²καθαρίζω, [30] I cleanse, make clean, literally, ceremonially, or spiritually, according to context. ³³αἱματεκχυσία, ας, ἡ, [1] a shedding or pouring forth of blood (in sacrifice). ³⁴ἄφεσις, εως, ἡ, [17] a sending away, a letting go, a release, pardon, complete forgiveness. ³⁵ὑπόδειγμα, ατος, τό, [6] (a) a figure, copy, (b) an example, model. ³⁶καθαρίζω, [30] I cleanse, make clean, literally, ceremonially, or spiritually, according to context. ³⁷ἐπουράνιος, ον, [20] heavenly, celestial, in the heavenly sphere, the sphere of spiritual activities; met: divine, spiritual. ³⁸κρείττων, ον, [16] stronger, more excellent. ³⁹θυσία, ας, ἡ, [29] abstr. and concr: sacrifice; a sacrifice, offering. ⁴⁰χειροποίητος, ον, [6] done or made with hands, artificial. ⁴¹ἀντίτυπος, ον, [2] typical of, representing by type (or pattern), corresponding to, an image. ⁴²ἀληθινός, η, ον, [27] true (lit: made of truth), real, genuine.

νῦν ἐμφανισθῆναι¹ τῷ προσώπῳ τοῦ θεοῦ ὑπὲρ ἡμῶν· **25** οὐδ' ἵνα πολλάκις²
προσφέρῃ³ ἑαυτόν, ὥσπερ⁴ ὁ ἀρχιερεὺς εἰσέρχεται εἰς τὰ ἅγια κατ' ἐνιαυτὸν⁵
ἐν αἵματι ἀλλοτρίῳ·⁶ **26** ἐπεὶ⁷ ἔδει αὐτὸν πολλάκις² παθεῖν⁸ ἀπὸ καταβολῆς⁹
κόσμου· νῦν δὲ ἅπαξ¹⁰ ἐπὶ συντελείᾳ¹¹ τῶν αἰώνων εἰς ἀθέτησιν¹² ἁμαρτίας διὰ τῆς
θυσίας¹³ αὐτοῦ πεφανέρωται.¹⁴ **27** Καὶ καθ' ὅσον ἀπόκειται¹⁵ τοῖς ἀνθρώποις ἅπαξ¹⁰
ἀποθανεῖν, μετὰ δὲ τοῦτο κρίσις·¹⁶ **28** οὕτως καὶ ὁ χριστός, ἅπαξ¹⁰ προσενεχθεὶς¹⁷ εἰς τὸ
πολλῶν ἀνενεγκεῖν¹⁸ ἁμαρτίας, ἐκ δευτέρου¹⁹ χωρὶς²⁰ ἁμαρτίας ὀφθήσεται τοῖς αὐτὸν
ἀπεκδεχομένοις,²¹ εἰς σωτηρίαν.²²

The Superiority of the One Perfect Offering of Christ

10 Σκιὰν²³ γὰρ ἔχων ὁ νόμος τῶν μελλόντων ἀγαθῶν, οὐκ αὐτὴν τὴν εἰκόνα²⁴ τῶν
πραγμάτων,²⁵ κατ' ἐνιαυτὸν⁵ ταῖς αὐταῖς θυσίαις¹³ ἃς προσφέρουσιν²⁶ εἰς
τὸ διηνεκές,²⁷ οὐδέποτε²⁸ δύνανται τοὺς προσερχομένους τελειῶσαι.²⁹ **2** Ἐπεὶ⁷ οὐκ
ἂν ἐπαύσαντο³⁰ προσφερόμεναι,³¹ διὰ τὸ μηδεμίαν ἔχειν ἔτι συνείδησιν³² ἁμαρτιῶν
τοὺς λατρεύοντας,³³ ἅπαξ¹⁰ κεκαθαρμένους;³⁴ **3** Ἀλλ' ἐν αὐταῖς ἀνάμνησις³⁵ ἁμαρτιῶν
κατ' ἐνιαυτόν·⁵ **4** ἀδύνατον³⁶ γὰρ αἷμα ταύρων³⁷ καὶ τράγων³⁸ ἀφαιρεῖν³⁹ ἁμαρτίας.
5 Διὸ εἰσερχόμενος εἰς τὸν κόσμον λέγει, Θυσίαν¹³ καὶ προσφορὰν⁴⁰ οὐκ ἠθέλησας,

---

¹ἐμφανισθῆναι: APN   ³προσφέρῃ: PAS-3S   ⁸παθεῖν: 2AAN   ¹⁴πεφανέρωται: RPI-3S   ¹⁵ἀπόκειται:
PNI-3S   ¹⁷προσενεχθεὶς: APP-NSM   ¹⁸ἀνενεγκεῖν: 2AAN   ²¹ἀπεκδεχομένοις: PNP-DPM   ²⁶προσφέρουσιν:
PAI-3P   ²⁹τελειῶσαι: AAN   ³⁰ἐπαύσαντο: AMI-3P   ³¹προσφερόμεναι: PPP-NPF   ³³λατρεύοντας: PAP-APM
³⁴κεκαθαρμένους: RPP-APM   ³⁹ἀφαιρεῖν: PAN

---

¹ἐμφανίζω, [10] I make visible (manifest); hence: I report (inform) against; pass: I appear before.   ²πολλάκις,
[18] many times, often, frequently.   ³προσφέρω, [48] (a) I bring to, (b) characteristically: I offer (of gifts, sac-
rifices, etc).   ⁴ὥσπερ, [42] just as, as, even as.   ⁵ἐνιαυτός, οῦ, ὁ, [14] a year, cycle of time.   ⁶ἀλλότριος, ία,
ιον, [14] belonging to another person, belonging to others, foreign, strange.   ⁷ἐπεί, [27] of time: when, after;
of cause: since, because; otherwise: else.   ⁸πάσχω, [42] I am acted upon in a certain way, either good or
bad; I experience ill treatment, suffer.   ⁹καταβολή, ῆς, ἡ, [11] (a) foundation, (b) depositing, sowing, deposit,
technically used of the act of conception.   ¹⁰ἅπαξ, [14] once, once for all.   ¹¹συντέλεια, ας, ἡ, [6] a completion,
consummation, end.   ¹²ἀθέτησις, εως, ἡ, [2] annulment, nullification, abrogation.   ¹³θυσία, ας, ἡ, [29] ab-
str. and concr: sacrifice; a sacrifice, offering.   ¹⁴φανερόω, [49] I make clear (visible, manifest), make known.
¹⁵ἀπόκειμαι, [4] I have been put away, am stored, am reserved for.   ¹⁶κρίσις, εως, ἡ, [48] judging, judgment,
decision, sentence; generally: divine judgment; accusation.   ¹⁷προσφέρω, [48] (a) I bring to, (b) characteristi-
cally: I offer (of gifts, sacrifices, etc).   ¹⁸ἀναφέρω, [10] (a) I carry up, lead up, (b) I offer up (on a high altar) as
a sacrifice, offer up to God on high.   ¹⁹δεύτερος, α, ον, [44] second; with the article: in the second place, for the
second time.   ²⁰χωρίς, [39] apart from, separately from; without.   ²¹ἀπεκδέχομαι, [8] I expect eagerly, wait
for eagerly, look for.   ²²σωτηρία, ας, ἡ, [46] welfare, prosperity, deliverance, preservation, salvation, safety.
²³σκιά, ᾶς, ἡ, [7] a shadow, shade, thick darkness, an outline.   ²⁴εἰκών, όνος, ἡ, [23] an image, likeness, bust.
²⁵πρᾶγμα, ατος, τό, [11] a thing done, a deed, action; a matter, an affair.   ²⁶προσφέρω, [48] (a) I bring to,
(b) characteristically: I offer (of gifts, sacrifices, etc).   ²⁷διηνεκής, ές, [4] continuous, continually, unbroken.
²⁸οὐδέποτε, [16] never.   ²⁹τελειόω, [24] (a) as a course, a race, or the like: I complete, finish (b) as of time
or prediction: I accomplish, (c) I make perfect; pass: I am perfected.   ³⁰παύω, [15] (a) act: I cause to cease,
restrain, hinder, (b) mid: I cease, stop, leave off.   ³¹προσφέρω, [48] (a) I bring to, (b) characteristically: I offer
(of gifts, sacrifices, etc).   ³²συνείδησις, εως, ἡ, [32] the conscience, a persisting notion.   ³³λατρεύω, [21] I
serve, especially God, perhaps simply: I worship.   ³⁴καθαίρω, [2] I cleanse, purify, prune.   ³⁵ἀνάμνησις, εως,
ἡ, [4] a recalling, remembrance, memory.   ³⁶ἀδύνατος, ον, [10] of persons: incapable; of things: impossible;
either the inability, or that which is impossible.   ³⁷ταῦρος, ου, ὁ, [4] a bull, an ox.   ³⁸τράγος, ου, ὁ, [4] a he-
goat.   ³⁹ἀφαιρέω, [10] I take away, smite off.   ⁴⁰προσφορά, ᾶς, ἡ, [9] an offering, sacrifice.

σῶμα δὲ κατηρτίσω¹ μοι· 6 ὁλοκαυτώματα² καὶ περὶ ἁμαρτίας οὐκ εὐδόκησας·³ 7 τότε εἶπον, Ἰδού, ἥκω⁴–ἐν κεφαλίδι⁵ βιβλίου⁶ γέγραπται περὶ ἐμοῦ–τοῦ ποιῆσαι, ὁ θεός, τὸ θέλημά σου. 8 Ἀνώτερον⁷ λέγων ὅτι Θυσίαν⁸ καὶ προσφορὰν⁹ καὶ ὁλοκαυτώματα² καὶ περὶ ἁμαρτίας οὐκ ἠθέλησας, οὐδὲ εὐδόκησας¹⁰–αἵτινες κατὰ τὸν νόμον προσφέρονται¹¹– 9 τότε εἴρηκεν, Ἰδού, ἥκω¹² τοῦ ποιῆσαι, ὁ θεός, τὸ θέλημά σου. Ἀναιρεῖ¹³ τὸ πρῶτον, ἵνα τὸ δεύτερον¹⁴ στήσῃ. 10 Ἐν ᾧ θελήματι ἡγιασμένοι¹⁵ ἐσμέν, οἱ διὰ τῆς προσφορᾶς⁹ τοῦ σώματος Ἰησοῦ χριστοῦ ἐφάπαξ.¹⁶ 11 Καὶ πᾶς μὲν ἱερεὺς¹⁷ ἕστηκεν καθ' ἡμέραν λειτουργῶν,¹⁸ καὶ τὰς αὐτὰς πολλάκις¹⁹ προσφέρων²⁰ θυσίας,⁸ αἵτινες οὐδέποτε²¹ δύνανται περιελεῖν²² ἁμαρτίας· 12 αὐτὸς δὲ μίαν ὑπὲρ ἁμαρτιῶν προσενέγκας²³ θυσίαν⁸ εἰς τὸ διηνεκές,²⁴ ἐκάθισεν²⁵ ἐν δεξιᾷ τοῦ θεοῦ, 13 τὸ λοιπὸν²⁶ ἐκδεχόμενος²⁷ ἕως τεθῶσιν οἱ ἐχθροὶ²⁸ αὐτοῦ ὑποπόδιον²⁹ τῶν ποδῶν αὐτοῦ. 14 Μιᾷ γὰρ προσφορᾷ⁹ τετελείωκεν³⁰ εἰς τὸ διηνεκὲς²⁴ τοὺς ἁγιαζομένους.³¹ 15 Μαρτυρεῖ δὲ ἡμῖν καὶ τὸ πνεῦμα τὸ ἅγιον· μετὰ γὰρ τὸ προειρηκέναι,³² 16 Αὕτη ἡ διαθήκη³³ ἣν διαθήσομαι³⁴ πρὸς αὐτοὺς μετὰ τὰς ἡμέρας ἐκείνας, λέγει κύριος, διδοὺς νόμους μου ἐπὶ καρδίας αὐτῶν, καὶ ἐπὶ τῶν διανοιῶν³⁵ αὐτῶν ἐπιγράψω³⁶ αὐτούς· 17 καὶ τῶν

---

¹κατηρτίσω: AMI-2S   ³εὐδόκησας: AAI-2S   ⁴ἥκω: PAI-1S   ¹⁰εὐδόκησας: AAI-2S   ¹¹προσφέρονται: PPI-3P ¹²ἥκω: PAI-1S   ¹³Ἀναιρεῖ: PAI-3S   ¹⁵ἡγιασμένοι: RPP-NPM   ¹⁸λειτουργῶν: PAP-NSM   ²⁰προσφέρων: PAP-NSM ²²περιελεῖν: 2AAN   ²³προσενέγκας: AAP-NSM   ²⁵ἐκάθισεν: AAI-3S   ²⁷ἐκδεχόμενος: PNP-NSM   ³⁰τετελείωκεν: RAI-3S   ³¹ἁγιαζομένους: PPP-APM   ³²προειρηκέναι: RAN   ³⁴διαθήσομαι: FDI-1S   ³⁶ἐπιγράψω: FAI-1S

---

¹καταρτίζω, [13] (a) I fit (join) together; met: I compact together, (b) act. and mid: I prepare, perfect, for his (its) full destination or use, bring into its proper condition (whether for the first time, or after a lapse). ²ὁλοκαύτωμα, ατος, τό, [3] a whole burnt offering.   ³εὐδοκέω, [21] I am well-pleased, think it good, am resolved.   ⁴ἥκω, [27] I have come, am present, have arrived.   ⁵κεφαλίς, ίδος, ἡ, [1] (lit: little head, then: the knob at the end of the wooden core of a roll of papyrus, then) a roll, volume, division (of a book).   ⁶βιβλίον, ου, τό, [36] a papyrus roll.   ⁷ἀνώτερον, [2] higher, to a more honorable place (at the dinner table); previously, in an earlier passage (or a book), above.   ⁸θυσία, ας, ἡ, [29] abstr. and concr: sacrifice; a sacrifice, offering. ⁹προσφορά, ᾶς, ἡ, [9] an offering, sacrifice.   ¹⁰εὐδοκέω, [21] I am well-pleased, think it good, am resolved. ¹¹προσφέρω, [48] (a) I bring to, (b) characteristically: I offer (of gifts, sacrifices, etc).   ¹²ἥκω, [27] I have come, am present, have arrived.   ¹³ἀναιρέω, [23] I take up, take away the life of, make an end of, murder.   ¹⁴δεύτερος, α, ον, [44] second; with the article: in the second place, for the second time.   ¹⁵ἁγιάζω, [29] I make holy, treat as holy, set apart as holy, sanctify, hallow, purify.   ¹⁶ἐφάπαξ, [5] once, once for all; at once.   ¹⁷ἱερεύς, έως, ὁ, [33] a priest, one who offers sacrifice to a god (in Jewish and pagan religions; of Christians only met.). ¹⁸λειτουργέω, [3] I act in the public service, render service, minister, in the widest sense, of some special public religious service, but also of the service of priests and Levites.   ¹⁹πολλάκις, [18] many times, often, frequently. ²⁰προσφέρω, [48] (a) I bring to, (b) characteristically: I offer (of gifts, sacrifices, etc).   ²¹οὐδέποτε, [16] never. ²²περιαιρέω, [4] (a) I strip off, strip from, take away, (b) I cast off, cut adrift, cast loose.   ²³προσφέρω, [48] (a) I bring to, (b) characteristically: I offer (of gifts, sacrifices, etc).   ²⁴διηνεκής, ές, [4] continuous, continually, unbroken.   ²⁵καθίζω, [48] (a) trans: I make to sit; I set, appoint, (b) intrans: I sit down, am seated, stay. ²⁶λοιπόν, [14] finally, from now on, henceforth, beyond that.   ²⁷ἐκδέχομαι, [7] I wait for, expect.   ²⁸ἐχθρός, ά, όν, [32] hated, hostile; subst: an enemy.   ²⁹ὑποπόδιον, ου, τό, [9] a footstool.   ³⁰τελειόω, [24] (a) as a course, a race, or the like: I complete, finish (b) as of time or prediction: I accomplish, (c) I make perfect; pass: I am perfected.   ³¹ἁγιάζω, [29] I make holy, treat as holy, set apart as holy, sanctify, hallow, purify.   ³²προερέω, [9] I say already, predict, foretell.   ³³διαθήκη, ης, ἡ, [33] (a) a covenant between two parties, (b) (the ordinary, everyday sense [found a countless number of times in papyri]) a will, testament.   ³⁴διατίθεμαι, [7] (a) I appoint, make (of a covenant), (b) I make (a will).   ³⁵διάνοια, ας, ἡ, [12] understanding, intellect, mind, insight. ³⁶ἐπιγράφω, [5] I write upon, inscribe, imprint a mark on.

ἁμαρτιῶν αὐτῶν καὶ τῶν ἀνομιῶν¹ αὐτῶν οὐ μὴ μνησθῶ² ἔτι. **18** Ὅπου δὲ ἄφεσις³ τούτων, οὐκέτι⁴ προσφορὰ⁵ περὶ ἁμαρτίας.

An Admonition to Stand Firm in the Faith, with Patience and Thanksgiving

19 Ἔχοντες οὖν, ἀδελφοί, παρρησίαν⁶ εἰς τὴν εἴσοδον⁷ τῶν ἁγίων ἐν τῷ αἵματι Ἰησοῦ, **20** ἣν ἐνεκαίνισεν⁸ ἡμῖν ὁδὸν πρόσφατον⁹ καὶ ζῶσαν, διὰ τοῦ καταπετάσματος,¹⁰ τοῦτ᾽ ἔστιν, τῆς σαρκὸς αὐτοῦ, **21** καὶ ἱερέα¹¹ μέγαν ἐπὶ τὸν οἶκον τοῦ θεοῦ, **22** προσερχώμεθα μετὰ ἀληθινῆς¹² καρδίας ἐν πληροφορίᾳ¹³ πίστεως, ἐρραντισμένοι¹⁴ τὰς καρδίας ἀπὸ συνειδήσεως¹⁵ πονηρᾶς, καὶ λελουμένοι¹⁶ τὸ σῶμα ὕδατι καθαρῷ·¹⁷ **23** κατέχωμεν¹⁸ τὴν ὁμολογίαν¹⁹ τῆς ἐλπίδος ἀκλινῆ,²⁰ πιστὸς γὰρ ὁ ἐπαγγειλάμενος·²¹ **24** καὶ κατανοῶμεν²² ἀλλήλους εἰς παροξυσμὸν²³ ἀγάπης καὶ καλῶν ἔργων, **25** μὴ ἐγκαταλείποντες²⁴ τὴν ἐπισυναγωγὴν²⁵ ἑαυτῶν, καθὼς ἔθος²⁶ τισίν, ἀλλὰ παρακαλοῦντες, καὶ τοσούτῳ²⁷ μᾶλλον, ὅσῳ βλέπετε ἐγγίζουσαν²⁸ τὴν ἡμέραν.

26 Ἑκουσίως²⁹ γὰρ ἁμαρτανόντων³⁰ ἡμῶν μετὰ τὸ λαβεῖν τὴν ἐπίγνωσιν³¹ τῆς ἀληθείας, οὐκέτι⁴ περὶ ἁμαρτιῶν ἀπολείπεται³² θυσία,³³ **27** φοβερὰ³⁴ δέ τις ἐκδοχὴ³⁵ κρίσεως,³⁶ καὶ πυρὸς ζῆλος³⁷ ἐσθίειν μέλλοντος τοὺς ὑπεναντίους.³⁸ **28** Ἀθετήσας³⁹

---

²μνησθῶ: APS-1S ⁸ἐνεκαίνισεν: AAI-3S ¹⁴ἐρραντισμένοι: RPP-NPM ¹⁶λελουμένοι: RPP-NPM ¹⁸κατέχωμεν: PAS-1P ²¹ἐπαγγειλάμενος: ADP-NSM ²²κατανοῶμεν: PAS-1P ²⁴ἐγκαταλείποντες: PAP-NPM ²⁸ἐγγίζουσαν: PAP-ASF ³⁰ἁμαρτανόντων: PAP-GPM ³²ἀπολείπεται: PPI-3S ³⁹Ἀθετήσας: AAP-NSM

---

¹ἀνομία, ας, ἡ, [15] lawlessness, iniquity, disobedience, sin. ²μιμνήσκομαι, [23] I remember, call to mind, recall, mention. ³ἄφεσις, εως, ἡ, [17] a sending away, a letting go, a release, pardon, complete forgiveness. ⁴οὐκέτι, [48] no longer, no more. ⁵προσφορά, ᾶς, ἡ, [9] an offering, sacrifice. ⁶παρρησία, ας, ἡ, [31] freedom, openness, especially in speech; boldness, confidence. ⁷εἴσοδος, ου, ἡ, [5] (act of) entering, an entrance, entry. ⁸ἐγκαινίζω, [2] I consecrate, dedicate, renovate. ⁹πρόσφατος, ον, [1] (originally: newly slaughtered, freshly killed), recent, new. ¹⁰καταπέτασμα, ατος, τό, [6] (lit: that which is spread out downwards, that which hangs down), a curtain, veil, of that which separated the Holy of Holies from the outer parts of the temple at Jerusalem, also of an outer curtain at the entrance to the Holy Place in the same temple. ¹¹ἱερεύς, έως, ὁ, [33] a priest, one who offers sacrifice to a god (in Jewish and pagan religions; of Christians only met.). ¹²ἀληθινός, η, ον, [27] true (lit: made of truth), real, genuine. ¹³πληροφορία, ας, ἡ, [4] full assurance, conviction, confidence. ¹⁴ῥαντίζω, [4] I sprinkle, cleanse ceremonially by sprinkling. ¹⁵συνείδησις, εως, ἡ, [32] the conscience, a persisting notion. ¹⁶λούω, [6] (lit. or merely ceremonially), I wash, bathe (the body); mid: of washing, bathing one's self; met: I cleanse from sin. ¹⁷καθαρός, ά, όν, [28] clean, pure, unstained, either literally or ceremonially or spiritually; guiltless, innocent, upright. ¹⁸κατέχω, [19] (a) I hold fast, bind, arrest, (b) I take possession of, lay hold of, (c) I hold back, detain, restrain, (d) I hold a ship, keep its head. ¹⁹ὁμολογία, ας, ἡ, [6] a profession, confession. ²⁰ἀκλινής, ες, [1] unbent, unyielding, resolute, firm. ²¹ἐπαγγέλλομαι, [15] I promise, profess. ²²κατανοέω, [14] I take note of, perceive, consider carefully, discern, detect, make account of. ²³παροξυσμός, οῦ, ὁ, [2] stimulation, provocation, irritation, angry dispute. ²⁴ἐγκαταλείπω, [9] I leave in the lurch, abandon (one who is in straits), desert. ²⁵ἐπισυναγωγή, ῆς, ἡ, [2] a gathering (collecting) together, assembling. ²⁶ἔθος, ους, τό, [11] a custom, habit; an institute, rite. ²⁷τοσοῦτος, τοσαύτη, τοσοῦτο, [20] so great, so large, so long, so many. ²⁸ἐγγίζω, [43] trans: I bring near; intrans: I come near, approach. ²⁹ἑκουσίως, [2] willingly, of one's own accord, spontaneously. ³⁰ἁμαρτάνω, [43] originally: I miss the mark, hence (a) I make a mistake, (b) I sin, commit a sin (against God); sometimes then the idea of sinning against a fellow-creature is present. ³¹ἐπίγνωσις, εως, ἡ, [20] knowledge of a particular point (directed towards a particular object); perception, discernment, recognition, intuition. ³²ἀπολείπω, [6] I leave, leave behind; pass: I am reserved, remain; I desert, abandon. ³³θυσία, ας, ἡ, [29] abstr. and concr: sacrifice; a sacrifice, offering. ³⁴φοβερός, ά, όν, [3] fearful, dreadful, terrible. ³⁵ἐκδοχή, ῆς, ἡ, [1] a waiting for, expectation. ³⁶κρίσις, εως, ἡ, [48] judging, judgment, decision, sentence; generally: divine judgment; accusation. ³⁷ζῆλος, ου, ὁ, [17] (a) eagerness, zeal, enthusiasm, (b) jealousy, rivalry. ³⁸ὑπεναντίος, α, ον, [2] opposite to, adverse; subst: an adversary. ³⁹ἀθετέω, [16] I annul, make of no effect, set aside, ignore, slight; I break faith with.

τις νόμον Μωϋσέως χωρὶς¹ οἰκτιρμῶν² ἐπὶ δυσὶν ἢ τρισὶν μάρτυσιν³ ἀποθνῄσκει·
29 πόσῳ,⁴ δοκεῖτε, χείρονος⁵ ἀξιωθήσεται⁶ τιμωρίας⁷ ὁ τὸν υἱὸν τοῦ θεοῦ
καταπατήσας,⁸ καὶ τὸ αἷμα τῆς διαθήκης⁹ κοινὸν¹⁰ ἡγησάμενος¹¹ ἐν ᾧ ἡγιάσθη,¹² καὶ
τὸ πνεῦμα τῆς χάριτος ἐνυβρίσας;¹³ 30 Οἴδαμεν γὰρ τὸν εἰπόντα, Ἐμοὶ ἐκδίκησις,¹⁴ ἐγὼ
ἀνταποδώσω,¹⁵ λέγει κύριος· καὶ πάλιν, κύριος κρινεῖ τὸν λαὸν αὐτοῦ. 31 Φοβερὸν¹⁶ τὸ
ἐμπεσεῖν¹⁷ εἰς χεῖρας θεοῦ ζῶντος.

32 Ἀναμιμνῄσκεσθε¹⁸ δὲ τὰς πρότερον¹⁹ ἡμέρας, ἐν αἷς φωτισθέντες²⁰ πολλὴν
ἄθλησιν²¹ ὑπεμείνατε²² παθημάτων·²³ 33 τοῦτο μέν, ὀνειδισμοῖς²⁴ τε καὶ θλίψεσιν²⁵
θεατριζόμενοι·²⁶ τοῦτο δέ, κοινωνοὶ²⁷ τῶν οὕτως ἀναστρεφομένων²⁸ γενηθέντες. 34 Καὶ
γὰρ τοῖς δεσμοῖς²⁹ μου συνεπαθήσατε,³⁰ καὶ τὴν ἁρπαγὴν³¹ τῶν ὑπαρχόντων ὑμῶν
μετὰ χαρᾶς προσεδέξασθε,³² γινώσκοντες ἔχειν ἑαυτοῖς κρείττονα³³ ὕπαρξιν³⁴ ἐν
οὐρανοῖς καὶ μένουσαν. 35 Μὴ ἀποβάλητε³⁵ οὖν τὴν παρρησίαν³⁶ ὑμῶν, ἥτις ἔχει
μισθαποδοσίαν³⁷ μεγάλην. 36 Ὑπομονῆς³⁸ γὰρ ἔχετε χρείαν,³⁹ ἵνα τὸ θέλημα τοῦ θεοῦ
ποιήσαντες κομίσησθε⁴⁰ τὴν ἐπαγγελίαν. 37 Ἔτι γὰρ μικρὸν⁴¹ ὅσον ὅσον, Ὁ ἐρχόμενος

---

⁶ἀξιωθήσεται: FPI-3S ⁸καταπατήσας: AAP-NSM ¹¹ἡγησάμενος: ADP-NSM ¹²ἡγιάσθη: API-3S ¹³ἐνυβρίσας:
AAP-NSM ¹⁵ἀνταποδώσω: FAI-1S ¹⁷ἐμπεσεῖν: 2AAN ¹⁸Ἀναμιμνῄσκεσθε: PMM-2P ²⁰φωτισθέντες: APP-NPM
²²ὑπεμείνατε: AAI-2P ²⁶θεατριζόμενοι: PPP-NPM ²⁸ἀναστρεφομένων: PPP-GPM ³⁰συνεπαθήσατε: AAI-2P
³²προσεδέξασθε: ADI-2P ³⁵ἀποβάλητε: 2AAS-2P ⁴⁰κομίσησθε: AMS-2P

---

¹χωρίς, [39] apart from, separately from; without. ²οἰκτιρμός, οῦ, ὁ, [5] pity, compassion, favor, grace, mercy.
³μάρτυς, υρος, ὁ, [34] a witness; an eye- or ear-witness. ⁴πόσος, η, ον, [27] how much, how great, how many.
⁵χείρων, ον, [11] worse, more severe. ⁶ἀξιόω, [7] I account or treat as worthy. ⁷τιμωρία, ας, ἡ, [1] pun-
ishment, penalty. ⁸καταπατέω, [5] I trample down, trample under foot (lit. and met.), spurn. ⁹διαθήκη,
ης, ἡ, [33] (a) a covenant between two parties, (b) (the ordinary, everyday sense [found a countless number
of times in papyri]) a will, testament. ¹⁰κοινός, ή, όν, [13] (a) common, shared, (b) Hebraistic use: profane;
dirty, unclean, unwashed. ¹¹ἡγέομαι, [28] (a) I lead, (b) I think, am of opinion, suppose, consider. ¹²ἁγιάζω,
[29] I make holy, treat as holy, set apart as holy, sanctify, hallow, purify. ¹³ἐνυβρίζω, [1] I insult, outrage,
treat contemptuously, mock at. ¹⁴ἐκδίκησις, εως, ἡ, [9] (a) a defense, avenging, vindication, vengeance, (b)
full (complete) punishment. ¹⁵ἀνταποδίδωμι, [7] I give in return, recompense. ¹⁶φοβερός, ά, όν, [3] fearful,
dreadful, terrible. ¹⁷ἐμπίπτω, [7] I fall in, am cast in, am involved in. ¹⁸ἀναμιμνήσκω, [6] I remind, admon-
ish, am reminded, remind myself; pass: I remember, recall. ¹⁹πρότερον, [11] formerly, before. ²⁰φωτίζω,
[11] (a) I light up, illumine, (b) I bring to light, make evident, reveal. ²¹ἄθλησις, εως, ἡ, [1] a struggling (as
in an athletic contest). ²²ὑπομένω, [17] (a) I remain behind, (b) I stand my ground, show endurance, (c) I
endure, bear up against, persevere. ²³πάθημα, ατος, τό, [16] (a) suffering, affliction, (b) passion, emotion, (c)
an undergoing, an enduring. ²⁴ὀνειδισμός, οῦ, ὁ, [5] reproach, reviling. ²⁵θλῖψις, εως, ἡ, [45] persecution,
affliction, distress, tribulation. ²⁶θεατρίζω, [1] I make a public show of, expose to public shame. ²⁷κοινωνός,
οῦ, ὁ, ἡ, [11] a sharer, partner, companion. ²⁸ἀναστρέφω, [11] I overturn; I turn back, return; I turn hither
and thither; pass: I turn myself about; I sojourn, dwell; I conduct myself, behave, live. ²⁹δεσμός, οῦ, ὁ, [20] a
bond, chain, imprisonment; a string or ligament, an impediment, infirmity. ³⁰συμπαθέω, [2] I sympathize with,
have compassion on. ³¹ἁρπαγή, ῆς, ἡ, [3] the act of plundering; plunder, spoil, robbery. ³²προσδέχομαι, [14]
(a) I await, expect, (b) I receive, welcome (originally: to my house), (c) I accept. ³³κρείττων, ον, [16] stronger,
more excellent. ³⁴ὕπαρξις, εως, ἡ, [2] goods, substance, property, possessions. ³⁵ἀποβάλλω, [3] I throw
away from, throw overboard, cast aside. ³⁶παρρησία, ας, ἡ, [31] freedom, openness, especially in speech; bold-
ness, confidence. ³⁷μισθαποδοσία, ας, ἡ, [3] (lit: repayment of price or payment of price due), reward, due
punishment. ³⁸ὑπομονή, ῆς, ἡ, [32] endurance, steadfastness, patient waiting for. ³⁹χρεία, ας, ἡ, [49] need,
necessity, business. ⁴⁰κομίζω, [11] (a) act: I convey, bring, carry, (b) mid: I receive back, receive what has
belonged to myself but has been lost, or else promised but kept back, or: I get what has come to be my own by
earning, recover. ⁴¹μικρός, ά, όν, [45] little, small.

ἥξει,¹ καὶ οὐ χρονιεῖ.² **38** Ὁ δὲ δίκαιος ἐκ πίστεως ζήσεται· καὶ ἐὰν ὑποστείληται,³ οὐκ εὐδοκεῖ⁴ ἡ ψυχή μου ἐν αὐτῷ. **39** Ἡμεῖς δὲ οὐκ ἐσμὲν ὑποστολῆς⁵ εἰς ἀπώλειαν,⁶ ἀλλὰ πίστεως εἰς περιποίησιν⁷ ψυχῆς.

A Wonderful Epic on the Power of Faith

11 Ἔστιν δὲ πίστις ἐλπιζομένων⁸ ὑπόστασις,⁹ πραγμάτων¹⁰ ἔλεγχος¹¹ οὐ βλεπομένων. **2** Ἐν ταύτῃ γὰρ ἐμαρτυρήθησαν οἱ πρεσβύτεροι. **3** Πίστει νοοῦμεν¹² κατηρτίσθαι¹³ τοὺς αἰῶνας ῥήματι θεοῦ, εἰς τὸ μὴ ἐκ φαινομένων¹⁴ τὰ βλεπόμενα γεγονέναι. **4** Πίστει πλείονα θυσίαν¹⁵ Ἄβελ παρὰ Κάϊν προσήνεγκεν¹⁶ τῷ θεῷ, δι᾿ ἧς ἐμαρτυρήθη εἶναι δίκαιος, μαρτυροῦντος ἐπὶ τοῖς δώροις¹⁷ αὐτοῦ τοῦ θεοῦ· καὶ δι᾿ αὐτῆς ἀποθανὼν ἔτι λαλεῖται. **5** Πίστει Ἐνὼχ μετετέθη¹⁸ τοῦ μὴ ἰδεῖν θάνατον, καὶ οὐχ εὑρίσκετο, διότι¹⁹ μετέθηκεν²⁰ αὐτὸν ὁ θεός· πρὸ²¹ γὰρ τῆς μεταθέσεως²² αὐτοῦ μεμαρτύρηται εὐηρεστηκέναι²³ τῷ θεῷ· **6** χωρὶς²⁴ δὲ πίστεως ἀδύνατον²⁵ εὐαρεστῆσαι·²⁶ πιστεῦσαι γὰρ δεῖ τὸν προσερχόμενον τῷ θεῷ, ὅτι ἔστιν, καὶ τοῖς ἐκζητοῦσιν²⁷ αὐτὸν μισθαποδότης²⁸ γίνεται. **7** Πίστει χρηματισθεὶς²⁹ Νῶε περὶ τῶν μηδέπω³⁰ βλεπομένων, εὐλαβηθεὶς³¹ κατεσκεύασεν³² κιβωτὸν³³ εἰς σωτηρίαν³⁴ τοῦ οἴκου αὐτοῦ· δι᾿ ἧς κατέκρινεν³⁵ τὸν κόσμον, καὶ τῆς κατὰ πίστιν δικαιοσύνης

---

¹ἥξει: FAI-3S   ²χρονιεῖ: FAI-3S   ³ὑποστείληται: AMS-3S   ⁴εὐδοκεῖ: PAI-3S   ⁸ἐλπιζομένων: PPP-GPM   ¹²νοοῦμεν: PAI-1P   ¹³κατηρτίσθαι: RPN   ¹⁴φαινομένων: PEP-GPN   ¹⁶προσήνεγκεν: AAI-3S   ¹⁸μετετέθη: API-3S   ²⁰μετέθηκεν: AAI-3S   ²³εὐηρεστηκέναι: RAN   ²⁶εὐαρεστῆσαι: AAN   ²⁷ἐκζητοῦσιν: PAP-DPM   ²⁹χρηματισθεὶς: APP-NSM   ³¹εὐλαβηθεὶς: AOP-NSM   ³²κατεσκεύασεν: AAI-3S   ³⁵κατέκρινεν: AAI-3S

---

¹ἥκω, [27] I have come, am present, have arrived.   ²χρονίζω, [5] I delay, tarry, linger, spend time.   ³ὑποστέλλω, [4] I withdraw, draw back, keep back, shun, conceal.   ⁴εὐδοκέω, [21] I am well-pleased, think it good, am resolved.   ⁵ὑποστολή, ῆς, ἡ, [1] a shrinking, drawing back.   ⁶ἀπώλεια, ας, ἡ, [19] destruction, ruin, loss, perishing; eternal ruin.   ⁷περιποίησις, εως, ἡ, [5] acquiring, obtaining, possessing, possession, ownership.   ⁸ἐλπίζω, [31] I hope, hope for, expect, trust.   ⁹ὑπόστασις, εως, ἡ, [5] (lit: an underlying), (a) confidence, assurance, (b) a giving substance (or reality) to, or a guaranteeing, (c) substance, reality.   ¹⁰πρᾶγμα, ατος, τό, [11] a thing done, a deed, action; a matter, an affair.   ¹¹ἔλεγχος, ου, ὁ, [2] a proof, possibly: a persuasion; reproof.   ¹²νοέω, [14] I understand, think, consider, conceive, apprehend; aor. possibly: realize.   ¹³καταρτίζω, [13] (a) I fit (join) together; met: I compact together, (b) act. and mid: I prepare, perfect, for his (its) full destination or use, bring into its proper condition (whether for the first time, or after a lapse).   ¹⁴φαίνω, [31] (a) act: I shine, shed light, (b) pass: I shine, become visible, appear, (c) I become clear, appear, seem, show myself as.   ¹⁵θυσία, ας, ἡ, [29] abstr. and concr: sacrifice; a sacrifice, offering.   ¹⁶προσφέρω, [48] (a) I bring to, (b) characteristically: I offer (of gifts, sacrifices, etc).   ¹⁷δῶρον, ου, τό, [19] a gift, present.   ¹⁸μετατίθημι, [6] (a) I transfer, mid: I go over to another party, desert, (b) I change.   ¹⁹διότι, [24] on this account, because, for.   ²⁰μετατίθημι, [6] (a) I transfer, mid: I go over to another party, desert, (b) I change.   ²¹πρό, [47] (a) of place: before, in front of, (b) of time: before, earlier than.   ²²μετάθεσις, εως, ἡ, [3] (a) change, transformation, (b) removal.   ²³εὐαρεστέω, [3] I give pleasure to, please (perhaps with the added idea of: rendering good service to).   ²⁴χωρίς, [39] apart from, separately from; without.   ²⁵ἀδύνατος, ον, [10] of persons: incapable; of things: impossible; either the inability, or that which is impossible.   ²⁶εὐαρεστέω, [3] I give pleasure to, please (perhaps with the added idea of: rendering good service to).   ²⁷ἐκζητέω, [7] I seek out, seek out after, require.   ²⁸μισθαποδότης, ου, ὁ, [1] a rewarder.   ²⁹χρηματίζω, [9] (originally: I transact business), (a) act. of God: I warn; pass: I am warned by God (probably in response to an inquiry as to one's duty), (b) (I take a name from my public business, hence) I receive a name, am publicly called.   ³⁰μηδέπω, [1] not yet.   ³¹εὐλαβέομαι, [2] I fear, am anxious, am cautious; I reverence.   ³²κατασκευάζω, [11] I build, construct, prepare, make ready.   ³³κιβωτός, οῦ, ἡ, [6] (properly: a wooden box, hence) the Ark, in which Noah sailed; the Ark of the Covenant.   ³⁴σωτηρία, ας, ἡ, [46] welfare, prosperity, deliverance, preservation, salvation, safety.   ³⁵κατακρίνω, [17] I condemn, judge worthy of punishment.

ἐγένετο κληρονόμος. ¹ 8 Πίστει καλούμενος Ἀβραὰμ ὑπήκουσεν ² ἐξελθεῖν εἰς τὸν τόπον ὃν ἤμελλεν λαμβάνειν εἰς κληρονομίαν, ³ καὶ ἐξῆλθεν μὴ ἐπιστάμενος ⁴ ποῦ ⁵ ἔρχεται. 9 Πίστει παρῴκησεν ⁶ εἰς γῆν τῆς ἐπαγγελίας, ὡς ἀλλοτρίαν, ⁷ ἐν σκηναῖς ⁸ κατοικήσας ⁹ μετὰ Ἰσαὰκ καὶ Ἰακώβ, τῶν συγκληρονόμων ¹⁰ τῆς ἐπαγγελίας τῆς αὐτῆς· 10 ἐξεδέχετο ¹¹ γὰρ τὴν τοὺς θεμελίους ¹² ἔχουσαν πόλιν, ἧς τεχνίτης ¹³ καὶ δημιουργὸς ¹⁴ ὁ θεός. 11 Πίστει καὶ αὐτὴ Σάρρα δύναμιν εἰς καταβολὴν ¹⁵ σπέρματος ¹⁶ ἔλαβεν, καὶ παρὰ καιρὸν ἡλικίας ¹⁷ ἔτεκεν, ¹⁸ ἐπεὶ ¹⁹ πιστὸν ἡγήσατο ²⁰ τὸν ἐπαγγειλάμενον. ²¹ 12 Διὸ καὶ ἀφ' ἑνὸς ἐγεννήθησαν, καὶ ταῦτα νενεκρωμένου, ²² καθὼς τὰ ἄστρα ²³ τοῦ οὐρανοῦ τῷ πλήθει, ²⁴ καὶ ὡς ἡ ἄμμος ²⁵ ἡ παρὰ τὸ χεῖλος ²⁶ τῆς θαλάσσης ἡ ἀναρίθμητος. ²⁷

13 Κατὰ πίστιν ἀπέθανον οὗτοι πάντες, μὴ λαβόντες τὰς ἐπαγγελίας, ἀλλὰ πόρρωθεν ²⁸ αὐτὰς ἰδόντες, καὶ ἀσπασάμενοι, καὶ ὁμολογήσαντες ²⁹ ὅτι ξένοι ³⁰ καὶ παρεπίδημοί ³¹ εἰσιν ἐπὶ τῆς γῆς. 14 Οἱ γὰρ τοιαῦτα λέγοντες ἐμφανίζουσιν ³² ὅτι πατρίδα ³³ ἐπιζητοῦσιν. ³⁴ 15 Καὶ εἰ μὲν ἐκείνης ἐμνημόνευον ³⁵ ἀφ' ἧς ἐξῆλθον, εἶχον ἂν καιρὸν ἀνακάμψαι. ³⁶ 16 Νῦν δὲ κρείττονος ³⁷ ὀρέγονται, ³⁸ τοῦτ' ἔστιν, ἐπουρανίου· ³⁹ διὸ οὐκ ἐπαισχύνεται ⁴⁰ αὐτοὺς ὁ θεός, θεὸς ἐπικαλεῖσθαι ⁴¹ αὐτῶν· ἡτοίμασεν ⁴² γὰρ αὐτοῖς πόλιν.

---

²ὑπήκουσεν: AAI-3S ⁴ἐπιστάμενος: PNP-NSM ⁶παρῴκησεν: AAI-3S ⁹κατοικήσας: AAP-NSM ¹¹ἐξεδέχετο: INI-3S ¹⁸ἔτεκεν: 2AAI-3S ²⁰ἡγήσατο: ADI-3S ²¹ἐπαγγειλάμενον: ADP-ASM ²²νενεκρωμένου: RPP-GSM ²⁹ὁμολογήσαντες: AAP-NPM ³²ἐμφανίζουσιν: PAI-3P ³⁴ἐπιζητοῦσιν: PAI-3P ³⁵ἐμνημόνευον: IAI-3P ³⁶ἀνακάμψαι: AAN ³⁸ὀρέγονται: PMI-3P ⁴⁰ἐπαισχύνεται: PNI-3S ⁴¹ἐπικαλεῖσθαι: PPN ⁴²ἡτοίμασεν: AAI-3S

---

¹κληρονόμος, ου, ὁ, [15] an heir, an inheritor. ²ὑπακούω, [21] I listen, hearken to, obey, answer. ³κληρονομία, ας, ἡ, [14] an inheritance, an heritage, regularly the gift of God to His chosen people, in the Old Testament: the Promised Land, in NT a possession viewed in one sense as present, in another as future; a share, participation. ⁴ἐπίσταμαι, [14] I know, know of, understand. ⁵ποῦ, [44] where, in what place. ⁶παροικέω, [2] I sojourn, dwell in as a stranger. ⁷ἀλλότριος, ία, ιον, [14] belonging to another person, belonging to others, foreign, strange. ⁸σκηνή, ῆς, ἡ, [20] a tent, booth, tabernacle, abode, dwelling, mansion, habitation. ⁹κατοικέω, [45] I dwell in, settle in, am established in (permanently), inhabit. ¹⁰συγκληρονόμος, ου, ὁ, ἡ, [4] a joint heir, participant. ¹¹ἐκδέχομαι, [7] I wait for, expect. ¹²θεμέλιος, ον, [16] (properly, an adj: belonging to the foundation), a foundation stone. ¹³τεχνίτης, ου, ὁ, [4] a craftsman, artisan, architect, builder. ¹⁴δημιουργός, οῦ, ὁ, [1] an artisan, builder, maker; one who labors for the public. ¹⁵καταβολή, ῆς, ἡ, [11] (a) foundation, (b) depositing, sowing, deposit, technically used of the act of conception. ¹⁶σπέρμα, ατος, τό, [44] (a) seed, commonly of cereals, (b) offspring, descendents. ¹⁷ἡλικία, ας, ἡ, [8] age, term of life; full age, maturity; stature. ¹⁸τίκτω, [19] I bear, bring forth, produce, beget, yield. ¹⁹ἐπεί, [27] of time: when, after; of cause: since, because; otherwise: else. ²⁰ἡγέομαι, [28] (a) I lead, (b) I think, am of opinion, suppose, consider. ²¹ἐπαγγέλλομαι, [15] I promise, profess. ²²νεκρόω, [3] lit. and met: I put to death, make as dead; I render weak, impotent. ²³ἄστρον, ου, τό, [4] a star. ²⁴πλῆθος, ους, τό, [32] a multitude, crowd, great number, assemblage. ²⁵ἄμμος, ου, ἡ, [5] sand, sandy ground. ²⁶χεῖλος, ους, τό, [7] a lip, mouth, shore, edge, brink; meton: language, dialect. ²⁷ἀναρίθμητος, ον, [1] uncountable, innumerable, that cannot be numbered. ²⁸πόρρωθεν, [2] from afar, far off, from a distance. ²⁹ὁμολογέω, [24] (a) I promise, agree, (b) I confess, (c) I publicly declare, (d) a Hebraism, I praise, celebrate. ³⁰ξένος, η, ον, [14] alien, new, novel; noun: a guest, stranger, foreigner. ³¹παρεπίδημος, ον, [3] residing in a strange country; subst: a stranger, sojourner. ³²ἐμφανίζω, [10] I make visible (manifest); hence: I report (inform) against; pass: I appear before. ³³πατρίς, ίδος, ἡ, [8] fatherland, one's native place. ³⁴ἐπιζητέω, [15] I seek after, desire, search for, make inquiries about. ³⁵μνημονεύω, [21] I remember, hold in remembrance, make mention of. ³⁶ἀνακάμπτω, [4] I bend or turn back; I return. ³⁷κρείττων, ον, [16] stronger, more excellent. ³⁸ὀρέγω, [3] I stretch forth, mid: I hanker after, long for, am eager for, aspire to. ³⁹ἐπουράνιος, ον, [20] heavenly, celestial, in the heavenly sphere, the sphere of spiritual activities; met: divine, spiritual. ⁴⁰ἐπαισχύνομαι, [11] I am ashamed, am ashamed of. ⁴¹ἐπικαλέω, [32] (a) I call (name) by a supplementary (additional, alternative) name, (b) mid: I call upon, appeal to, address. ⁴²ἑτοιμάζω, [40] I make ready, prepare.

17 Πίστει προσενήνοχεν¹ Ἀβραὰμ τὸν Ἰσαὰκ πειραζόμενος,² καὶ τὸν μονογενῆ³ προσέφερεν⁴ ὁ τὰς ἐπαγγελίας ἀναδεξάμενος,⁵ 18 πρὸς ὃν ἐλαλήθη, ὅτι Ἐν Ἰσαὰκ κληθήσεταί σοι σπέρμα·⁶ 19 λογισάμενος⁷ ὅτι καὶ ἐκ νεκρῶν ἐγείρειν δυνατὸς⁸ ὁ θεός· ὅθεν⁹ αὐτὸν καὶ ἐν παραβολῇ ἐκομίσατο.¹⁰ 20 Πίστει περὶ μελλόντων εὐλόγησεν¹¹ Ἰσαὰκ τὸν Ἰακὼβ καὶ τὸν Ἠσαῦ. 21 Πίστει Ἰακὼβ ἀποθνήσκων ἕκαστον τῶν υἱῶν Ἰωσὴφ εὐλόγησεν,¹² καὶ προσεκύνησεν ἐπὶ τὸ ἄκρον¹³ τῆς ῥάβδου¹⁴ αὐτοῦ. 22 Πίστει Ἰωσὴφ τελευτῶν¹⁵ περὶ τῆς ἐξόδου¹⁶ τῶν υἱῶν Ἰσραὴλ ἐμνημόνευσεν,¹⁷ καὶ περὶ τῶν ὀστέων¹⁸ αὐτοῦ ἐνετείλατο.¹⁹ 23 Πίστει Μωϋσῆς γεννηθεὶς ἐκρύβη²⁰ τρίμηνον²¹ ὑπὸ τῶν πατέρων αὐτοῦ, διότι²² εἶδον ἀστεῖον²³ τὸ παιδίον· καὶ οὐκ ἐφοβήθησαν τὸ διάταγμα²⁴ τοῦ βασιλέως. 24 Πίστει Μωϋσῆς μέγας γενόμενος ἠρνήσατο²⁵ λέγεσθαι υἱὸς θυγατρὸς²⁶ Φαραώ,²⁷ 25 μᾶλλον ἑλόμενος²⁸ συγκακουχεῖσθαι²⁹ τῷ λαῷ τοῦ θεοῦ ἢ πρόσκαιρον³⁰ ἔχειν ἁμαρτίας ἀπόλαυσιν·³¹ 26 μείζονα πλοῦτον³² ἡγησάμενος³³ τῶν Αἰγύπτου³⁴ θησαυρῶν³⁵ τὸν ὀνειδισμὸν³⁶ τοῦ χριστοῦ· ἀπέβλεπεν³⁷ γὰρ εἰς τὴν μισθαποδοσίαν.³⁸ 27 Πίστει κατέλιπεν³⁹ Αἴγυπτον,³⁴ μὴ φοβηθεὶς τὸν θυμὸν⁴⁰ τοῦ βασιλέως· τὸν γὰρ ἀόρατον⁴¹ ὡς ὁρῶν ἐκαρτέρησεν.⁴² 28 Πίστει πεποίηκεν τὸ Πάσχα⁴³

---

¹προσενήνοχεν: 2RAI-3S-ATT   ²πειραζόμενος: PPP-NSM   ⁴προσέφερεν: IAI-3S   ⁵ἀναδεξάμενος: ADP-NSM
⁷λογισάμενος: ADP-NSM   ¹⁰ἐκομίσατο: AMI-3S   ¹¹εὐλόγησεν: AAI-3S   ¹²εὐλόγησεν: AAI-3S   ¹⁵τελευτῶν: PAP-NSM
¹⁷ἐμνημόνευσεν: AAI-3S   ¹⁹ἐνετείλατο: ADI-3S   ²⁰ἐκρύβη: 2API-3S   ²⁵ἠρνήσατο: ADI-3S   ²⁸ἑλόμενος: 2AMP-NSM
²⁹συγκακουχεῖσθαι: PNN   ³³ἡγησάμενος: ADP-NSM   ³⁷ἀπέβλεπεν: IAI-3S   ³⁹κατέλιπεν: 2AAI-3S   ⁴²ἐκαρτέρησεν:
AAI-3S

---

¹προσφέρω, [48] (a) I bring to, (b) characteristically: I offer (of gifts, sacrifices, etc).   ²πειράζω, [39] I try, tempt, test.   ³μονογενής, ές, [9] only, only-begotten; unique.   ⁴προσφέρω, [48] (a) I bring to, (b) characteristically: I offer (of gifts, sacrifices, etc).   ⁵ἀναδέχομαι, [2] I welcome, receive kindly; I undertake, assume the responsibility of.   ⁶σπέρμα, ατος, τό, [44] (a) seed, commonly of cereals, (b) offspring, descendents.   ⁷λογίζομαι, [41] I reckon, count, charge with; reason, decide, conclude; think, suppose.   ⁸δυνατός, ή, όν, [36] (a) of persons: powerful, able, (b) of things: possible.   ⁹ὅθεν, [15] (a) whence, from which place, (b) wherefore.   ¹⁰κομίζω, [11] (a) act: I convey, bring, carry, (b) mid: I receive back, receive what has belonged to myself but has been lost, or else promised but kept back, or: I get what has come to be my own by earning, recover.   ¹¹εὐλογέω, [43] (lit: I speak well of) I bless; pass: I am blessed.   ¹²εὐλογέω, [43] (lit: I speak well of) I bless; pass: I am blessed.   ¹³ἄκρον, ου, τό, [6] the end, extremity.   ¹⁴ῥάβδος, ου, ἡ, [12] a rod, staff, staff of authority, scepter.   ¹⁵τελευτάω, [12] I end, finish, die, complete.   ¹⁶ἔξοδος, ου, ἡ, [3] (a) an exit, going out, departure from a place; the exodus, (b) death.   ¹⁷μνημονεύω, [21] I remember, hold in remembrance, make mention of.   ¹⁸ὀστέον, ου, τό, [5] a bone.   ¹⁹ἐντέλλομαι, [17] I give orders (injunctions, instructions, commands).   ²⁰κρύπτω, [17] I hide, conceal, lay up.   ²¹τρίμηνος, ον, [1] lasting three months.   ²²διότι, [24] on this account, because, for.   ²³ἀστεῖος, α, ον, [2] (lit: belonging to the city; then: witty, clever), elegant, pretty, fair, fine, beautiful.   ²⁴διάταγμα, ατος, τό, [1] a mandate, decree, edict.   ²⁵ἀρνέομαι, [31] (a) I deny (a statement), (b) I repudiate (a person, or belief).   ²⁶θυγάτηρ, τρός, ἡ, [29] a daughter; hence (Hebraistic?), of any female descendent, however far removed; even of one unrelated: my young lady.   ²⁷Φαραώ, ὁ, [5] Pharaoh, the title of ancient Egyptian kings.   ²⁸αἱρέω, [3] I choose, prefer.   ²⁹συγκακουχέω, [1] I suffer ill-treatment with.   ³⁰πρόσκαιρος, ον, [4] for a season, temporary.   ³¹ἀπόλαυσις, εως, ἡ, [2] the faculty or experience of enjoyment.   ³²πλοῦτος, ου, ὁ, [22] riches, wealth, abundance, materially or spiritually.   ³³ἡγέομαι, [28] (a) I lead, (b) I think, am of opinion, suppose, consider.   ³⁴Αἴγυπτος, ου, ἡ, [24] Egypt.   ³⁵θησαυρός, οῦ, ὁ, [18] a store-house for precious things; hence: a treasure, a store.   ³⁶ὀνειδισμός, οῦ, ὁ, [5] reproach, reviling.   ³⁷ἀποβλέπω, [1] I look away from all else at one object, look steadfastly.   ³⁸μισθαποδοσία, ας, ἡ, [3] (lit: repayment of price or payment of price due), reward, due punishment.   ³⁹καταλείπω, [25] I leave behind, desert, abandon, forsake; I leave remaining, reserve.   ⁴⁰θυμός, οῦ, ὁ, [18] an outburst of passion, wrath.   ⁴¹ἀόρατος, ον, [5] unseen, invisible.   ⁴²καρτερέω, [1] I persevere, endure, am steadfast, patient.   ⁴³πάσχα, τό, [29] the feast of Passover, the Passover lamb.

καὶ τὴν πρόσχυσιν¹ τοῦ αἵματος, ἵνα μὴ ὁ ὀλοθρεύων² τὰ πρωτότοκα³ θίγῃ⁴ αὐτῶν. **29** Πίστει διέβησαν⁵ τὴν Ἐρυθρὰν⁶ θάλασσαν ὡς διὰ ξηρᾶς·⁷ ἧς πεῖραν⁸ λαβόντες οἱ Αἰγύπτιοι⁹ κατεπόθησαν.¹⁰ **30** Πίστει τὰ τείχη¹¹ Ἰεριχὼ¹² ἔπεσεν, κυκλωθέντα¹³ ἐπὶ ἑπτὰ ἡμέρας. **31** Πίστει Ῥαὰβ ἡ πόρνη¹⁴ οὐ συναπώλετο¹⁵ τοῖς ἀπειθήσασιν,¹⁶ δεξαμένη τοὺς κατασκόπους¹⁷ μετ᾽ εἰρήνης. **32** Καὶ τί ἔτι λέγω; Ἐπιλείψει¹⁸ γάρ με διηγούμενον¹⁹ ὁ χρόνος περὶ Γεδεών, Βαράκ τε καὶ Σαμψὼν καὶ Ἰεφθάε, Δαυίδ τε καὶ Σαμουὴλ καὶ τῶν προφητῶν· **33** οἳ διὰ πίστεως κατηγωνίσαντο²⁰ βασιλείας, εἰργάσαντο²¹ δικαιοσύνην, ἐπέτυχον²² ἐπαγγελιῶν, ἔφραξαν²³ στόματα λεόντων,²⁴ **34** ἔσβεσαν²⁵ δύναμιν πυρός, ἔφυγον²⁶ στόματα μαχαίρας,²⁷ ἐνεδυναμώθησαν²⁸ ἀπὸ ἀσθενείας,²⁹ ἐγενήθησαν ἰσχυροὶ³⁰ ἐν πολέμῳ,³¹ παρεμβολὰς³² ἔκλιναν³³ ἀλλοτρίων.³⁴ **35** Ἔλαβον γυναῖκες ἐξ ἀναστάσεως³⁵ τοὺς νεκροὺς αὐτῶν· ἄλλοι δὲ ἐτυμπανίσθησαν,³⁶ οὐ προσδεξάμενοι³⁷ τὴν ἀπολύτρωσιν,³⁸ ἵνα κρείττονος³⁹ ἀναστάσεως³⁵ τύχωσιν·⁴⁰ **36** ἕτεροι δὲ ἐμπαιγμῶν⁴¹ καὶ μαστίγων⁴² πεῖραν⁸ ἔλαβον, ἔτι δὲ δεσμῶν⁴³ καὶ φυλακῆς·⁴⁴ **37** ἐλιθάσθησαν,⁴⁵ ἐπρίσθησαν,⁴⁶ ἐπειράσθησαν,⁴⁷ ἐν φόνῳ⁴⁸ μαχαίρας²⁷ ἀπέθανον· περιῆλθον⁴⁹ ἐν

---

²ὀλοθρεύων: *PAP-NSM* ⁴θίγῃ: *2AAS-3S* ⁵διέβησαν: *2AAI-3P* ¹⁰κατεπόθησαν: *API-3P* ¹³κυκλωθέντα: *APP-NPN* ¹⁵συναπώλετο: *2AMI-3S* ¹⁶ἀπειθήσασιν: *AAP-DPM* ¹⁸Ἐπιλείψει: *FAI-3S* ¹⁹διηγούμενον: *PNP-ASM* ²⁰κατηγωνίσαντο: *ADI-3P* ²¹εἰργάσαντο: *ADI-3P* ²²ἐπέτυχον: *2AAI-3P* ²³ἔφραξαν: *AAI-3P* ²⁵ἔσβεσαν: *AAI-3P* ²⁶ἔφυγον: *2AAI-3P* ²⁸ἐνεδυναμώθησαν: *API-3P* ³³ἔκλιναν: *AAI-3P* ³⁶ἐτυμπανίσθησαν: *API-3P* ³⁷προσδεξάμενοι: *ADP-NPM* ⁴⁰τύχωσιν: *2AAS-3P* ⁴⁵ἐλιθάσθησαν: *API-3P* ⁴⁶ἐπρίσθησαν: *API-3P* ⁴⁷ἐπειράσθησαν: *API-3P* ⁴⁹περιῆλθον: *2AAI-3P*

---

¹πρόσχυσις, εως, ἡ, [1] a pouring upon, an effusion, a sprinkling. ²ὀλοθρεύω, [1] I destroy, cause to perish. ³πρωτότοκος, ον, [9] first-born, eldest. ⁴θιγγάνω, [3] I touch, handle, injure, harm. ⁵διαβαίνω, [3] I cross, pass through, step across. ⁶ἐρυθρός, ά, όν, [2] red. ⁷ξηρός, ά, όν, [7] dry, withered; noun: dry land. ⁸πεῖρα, ας, ἡ, [2] a trial, experiment, attempt. ⁹Αἰγύπτιος, α, ον, [5] Egyptian. ¹⁰καταπίνω, [7] I drink down, swallow, devour, destroy, consume. ¹¹τεῖχος, ους, τό, [9] a wall, especially of a city. ¹²Ἰεριχώ, ἡ, [7] Jericho, a city a little north of the Dead Sea. ¹³κυκλόω, [5] I encircle, besiege, surround. ¹⁴πόρνη, ης, ἡ, [12] a prostitute; met: an idolatrous community. ¹⁵συναπόλλυμι, [1] I perish along with. ¹⁶ἀπειθέω, [16] I disobey, rebel, am disloyal, refuse conformity. ¹⁷κατάσκοπος, ου, ὁ, [1] a spy, scout. ¹⁸ἐπιλείπω, [1] I fail, fall short. ¹⁹διηγέομαι, [8] I relate in full, describe, narrate. ²⁰καταγωνίζομαι, [1] I subdue (in warfare); I struggle against, conquer, overcome. ²¹ἐργάζομαι, [39] I work, trade, perform, do, practice, commit, acquire by labor. ²²ἐπιτυγχάνω, [5] I attain, obtain, acquire. ²³φράσσω, [3] I stop, close up, obstruct. ²⁴λέων, οντος, ὁ, [9] a lion. ²⁵σβέννυμι, [8] (a) I extinguish, quench, (b) I suppress, thwart. ²⁶φεύγω, [31] I flee, escape, shun. ²⁷μάχαιρα, ας, ἡ, [29] a sword. ²⁸ἐνδυναμόω, [8] I fill with power, strengthen, make strong. ²⁹ἀσθένεια, ας, ἡ, [24] want of strength, weakness, illness, suffering, calamity, frailty. ³⁰ἰσχυρός, ά, όν, [29] strong (originally and generally of physical strength); mighty, powerful, vehement, sure. ³¹πόλεμος, ου, ὁ, [19] a war, battle, strife. ³²παρεμβολή, ῆς, ἡ, [10] a camp, fort, castle, barracks, army in battle array. ³³κλίνω, [7] trans: I rest, recline; I bend, incline; I cause to give ground, make to yield; intrans: I decline, approach my end. ³⁴ἀλλότριος, ία, ιον, [14] belonging to another person, belonging to others, foreign, strange. ³⁵ἀνάστασις, εως, ἡ, [42] a rising again, resurrection. ³⁶τυμπανίζω, [1] I torture, break on the wheel, beat to death. ³⁷προσδέχομαι, [14] (a) I await, expect, (b) I receive, welcome (originally: to my house), (c) I accept. ³⁸ἀπολύτρωσις, εως, ἡ, [10] release effected by payment of ransom; redemption, deliverance. ³⁹κρείττων, ον, [16] stronger, more excellent. ⁴⁰τυγχάνω, [13] (a) gen: I obtain, (b) absol: I chance, happen; ordinary, everyday, it may chance, perhaps. ⁴¹ἐμπαιγμός, οῦ, ὁ, [1] mockery, scoffing, scorn. ⁴²μάστιξ, ιγος, ἡ, [6] (a) a scourge, lash, of leathern thongs with pieces of metal sewn up in them, (b) met: severe pains (sufferings), disease. ⁴³δεσμός, οῦ, ὁ, [20] a bond, chain, imprisonment; a string or ligament, an impediment, infirmity. ⁴⁴φυλακή, ῆς, ἡ, [47] a watching, keeping guard; a guard, prison; imprisonment. ⁴⁵λιθάζω, [8] I stone, pelt with stones. ⁴⁶πρίζω, [1] I saw, saw through. ⁴⁷πειράζω, [39] I try, tempt, test. ⁴⁸φόνος, ου, ὁ, [10] murder, slaughter, killing. ⁴⁹περιέρχομαι, [4] I go around, move about, visit; I make a circuit, tack (as a ship).

μηλωταῖς,¹ ἐν αἰγείοις² δέρμασιν,³ ὑστερούμενοι,⁴ θλιβόμενοι,⁵ κακουχούμενοι⁶ – **38** ὧν οὐκ ἦν ἄξιος⁷ ὁ κόσμος–ἐν ἐρημίαις⁸ πλανώμενοι⁹ καὶ ὄρεσιν καὶ σπηλαίοις¹⁰ καὶ ταῖς ὀπαῖς¹¹ τῆς γῆς. **39** Καὶ οὗτοι πάντες, μαρτυρηθέντες διὰ τῆς πίστεως, οὐκ ἐκομίσαντο¹² τὴν ἐπαγγελίαν, **40** τοῦ θεοῦ περὶ ἡμῶν κρεῖττόν¹³ τι προβλεψαμένου,¹⁴ ἵνα μὴ χωρὶς¹⁵ ἡμῶν τελειωθῶσιν.¹⁶

An Appeal to Heed the Old Testament Examples, Aided by God's Chastisement

12 Τοιγαροῦν¹⁷ καὶ ἡμεῖς, τοσοῦτον¹⁸ ἔχοντες περικείμενον¹⁹ ἡμῖν νέφος²⁰ μαρτύρων,²¹ ὄγκον²² ἀποθέμενοι²³ πάντα καὶ τὴν εὐπερίστατον²⁴ ἁμαρτίαν, δι' ὑπομονῆς²⁵ τρέχωμεν²⁶ τὸν προκείμενον²⁷ ἡμῖν ἀγῶνα,²⁸ **2** ἀφορῶντες²⁹ εἰς τὸν τῆς πίστεως ἀρχηγὸν³⁰ καὶ τελειωτὴν³¹ Ἰησοῦν, ὅς, ἀντὶ³² τῆς προκειμένης³³ αὐτῷ χαρᾶς, ὑπέμεινεν³⁴ σταυρόν,³⁵ αἰσχύνης³⁶ καταφρονήσας,³⁷ ἐν δεξιᾷ τε τοῦ θρόνου τοῦ θεοῦ κεκάθικεν.³⁸ **3** Ἀναλογίσασθε³⁹ γὰρ τὸν τοιαύτην ὑπομεμενηκότα⁴⁰ ὑπὸ τῶν ἁμαρτωλῶν⁴¹ εἰς αὐτὸν ἀντιλογίαν,⁴² ἵνα μὴ κάμητε⁴³ ταῖς ψυχαῖς ὑμῶν ἐκλυόμενοι.⁴⁴

---

⁴*ὑστερούμενοι:* PPP-NPM   ⁵*θλιβόμενοι:* PPP-NPM   ⁶*κακουχούμενοι:* PPP-NPM   ⁹*πλανώμενοι:* PPP-NPM   ¹²*ἐκομίσαντο:* AMI-3P   ¹⁴*προβλεψαμένου:* AMP-GSM   ¹⁶*τελειωθῶσιν:* APS-3P   ¹⁹*περικείμενον:* PNP-ASN   ²³*ἀποθέμενοι:* 2AMP-NPM   ²⁶*τρέχωμεν:* PAS-1P   ²⁷*προκείμενον:* PNP-ASM   ²⁹*ἀφορῶντες:* PAP-NPM   ³³*προκειμένης:* PNP-GSF   ³⁴*ὑπέμεινεν:* AAI-3S   ³⁷*καταφρονήσας:* AAP-NSM   ³⁸*κεκάθικεν:* RAI-3S   ³⁹*Ἀναλογίσασθε:* ADM-2P   ⁴⁰*ὑπομεμενηκότα:* RAP-ASM   ⁴³*κάμητε:* 2AAS-2P   ⁴⁴*ἐκλυόμενοι:* PPP-NPM

---

¹*μηλωτή, ῆς, ἡ, [1] a sheep's (sometimes pig's) hide, sheepskin.*   ²*αἴγειος, α, ον, [1] of a goat.*   ³*δέρμα, ατος, τό, [1] the skin or hide of an animal.*   ⁴*ὑστερέω, [16] I fall behind, am lacking, fall short, suffer need, am inferior to.*   ⁵*θλίβω, [10] (a) I make narrow (strictly: by pressure); I press upon, (b) I persecute, press hard.*   ⁶*κακουχέω, [2] I treat evilly, hurt, torment.*   ⁷*ἄξιος, ία, ιον, [41] worthy, worthy of, deserving, comparable, suitable.*   ⁸*ἐρημία, ας, ἡ, [4] a desert place, desert, uninhabited region.*   ⁹*πλανάω, [40] I lead astray, deceive, cause to wander.*   ¹⁰*σπήλαιον, ου, τό, [6] a cave, den, hideout.*   ¹¹*ὀπή, ῆς, ἡ, [2] a crevice (in a rock), a cave, an opening, hole.*   ¹²*κομίζω, [11] (a) act: I convey, bring, carry, (b) mid: I receive back, receive what has belonged to myself but has been lost, or else promised but kept back, or: I get what has come to be my own by earning, recover.*   ¹³*κρείττων, ον, [16] stronger, more excellent.*   ¹⁴*προβλέπομαι, [1] I provide, foresee.*   ¹⁵*χωρίς, [39] apart from, separately from; without.*   ¹⁶*τελειόω, [24] (a) as a course, a race, or the like: I complete, finish (b) as of time or prediction: I accomplish, (c) I make perfect; pass: I am perfected.*   ¹⁷*τοιγαροῦν, [2] consequently, therefore, well then, so then.*   ¹⁸*τοσοῦτος, τοσαύτη, τοσοῦτο, [20] so great, so large, so long, so many.*   ¹⁹*περίκειμαι, [5] I lie about, surround; I am encompassed, surrounded, or clothed with, am in submission to.*   ²⁰*νέφος, ους, τό, [1] a cloud; met: a dense crowd, a multitude, great company.*   ²¹*μάρτυς, υρος, ὁ, [34] a witness; an eye- or ear-witness.*   ²²*ὄγκος, ου, ὁ, [1] (properly: bulk, mass, hence) a weight, burden, encumbrance.*   ²³*ἀποτίθημι, [8] I lay off or aside, renounce, stow away, put.*   ²⁴*εὐπερίστατος, ον, [1] easily surrounding, encircling, easily distracted.*   ²⁵*ὑπομονή, ῆς, ἡ, [32] endurance, steadfastness, patient waiting for.*   ²⁶*τρέχω, [20] I run, exercise myself, make progress.*   ²⁷*πρόκειμαι, [5] I am set (placed, put) before, am already there.*   ²⁸*ἀγών, ῶνος, ὁ, [6] an (athletic) contest; hence, a struggle (in the soul).*   ²⁹*ἀφοράω, [2] I look away from (something else) to, see distinctly.*   ³⁰*ἀρχηγός, οῦ, ὁ, [4] originator, author, founder, prince, leader.*   ³¹*τελειωτής, οῦ, ὁ, [1] a perfecter, completer, finisher.*   ³²*ἀντί, [22] (a) instead of, in return for, over against, opposite, in exchange for, as a substitute for, (b) on my behalf, (c) wherefore, because.*   ³³*πρόκειμαι, [5] I am set (placed, put) before, am already there.*   ³⁴*ὑπομένω, [17] (a) I remain behind, (b) I stand my ground, show endurance, (c) I endure, bear up against, persevere.*   ³⁵*σταυρός, οῦ, ὁ, [28] a cross.*   ³⁶*αἰσχύνη, ης, ἡ, [6] shame, shamefacedness, shameful deeds.*   ³⁷*καταφρονέω, [9] I despise, scorn, and show it by active insult, disregard.*   ³⁸*καθίζω, [48] (a) trans: I make to sit; I set, appoint, (b) intrans: I sit down, am seated, stay.*   ³⁹*ἀναλογίζομαι, [1] I think upon, consider attentively.*   ⁴⁰*ὑπομένω, [17] (a) I remain behind, (b) I stand my ground, show endurance, (c) I endure, bear up against, persevere.*   ⁴¹*ἁμαρτωλός, ον, [48] sinning, sinful, depraved, detestable.*   ⁴²*ἀντιλογία, ας, ἡ, [4] contradiction, contention, rebellion.*   ⁴³*κάμνω, [2] I work, am weary, am sick.*   ⁴⁴*ἐκλύω, [5] I loose, release, unloose (as a bow-string), relax, enfeeble; pass: I am faint, grow weary.*

4 Οὔπω¹ μέχρι² αἵματος ἀντικατέστητε³ πρὸς τὴν ἁμαρτίαν ἀνταγωνιζόμενοι· **5** καὶ ἐκλέλησθε⁵ τῆς παρακλήσεως,⁶ ἥτις ὑμῖν ὡς υἱοῖς διαλέγεται,⁷ Υἱέ μου, μὴ ὀλιγώρει⁸ παιδείας⁹ κυρίου, μηδὲ ἐκλύου¹⁰ ὑπ' αὐτοῦ ἐλεγχόμενος·¹¹ **6** ὃν γὰρ ἀγαπᾷ κύριος παιδεύει·¹² μαστιγοῖ¹³ δὲ πάντα υἱὸν ὃν παραδέχεται.¹⁴ **7** Εἰς παιδείαν⁹ ὑπομένετε,¹⁵ ὡς υἱοῖς ὑμῖν προσφέρεται¹⁶ ὁ θεός· τίς γάρ ἐστιν υἱὸς ὃν οὐ παιδεύει¹⁷ πατήρ; **8** Εἰ δὲ χωρίς¹⁸ ἐστε παιδείας,⁹ ἧς μέτοχοι¹⁹ γεγόνασιν πάντες, ἄρα²⁰ νόθοι²¹ ἐστὲ καὶ οὐχ υἱοί. **9** Εἶτα²² τοὺς μὲν τῆς σαρκὸς ἡμῶν πατέρας εἴχομεν παιδευτάς,²³ καὶ ἐνετρεπόμεθα·²⁴ οὐ πολλῷ μᾶλλον ὑποταγησόμεθα²⁵ τῷ πατρὶ τῶν πνευμάτων, καὶ ζήσομεν; **10** Οἱ μὲν γὰρ πρὸς ὀλίγας²⁶ ἡμέρας κατὰ τὸ δοκοῦν αὐτοῖς ἐπαίδευον·²⁷ ὁ δὲ ἐπὶ τὸ συμφέρον,²⁸ εἰς τὸ μεταλαβεῖν²⁹ τῆς ἁγιότητος³⁰ αὐτοῦ. **11** Πᾶσα δὲ παιδεία⁹ πρὸς μὲν τὸ παρὸν³¹ οὐ δοκεῖ χαρᾶς εἶναι, ἀλλὰ λύπης·³² ὕστερον³³ δὲ καρπὸν εἰρηνικὸν³⁴ τοῖς δι' αὐτῆς γεγυμνασμένοις³⁵ ἀποδίδωσιν³⁶ δικαιοσύνης. **12** Διὸ τὰς παρειμένας³⁷ χεῖρας καὶ τὰ

---

³ἀντικατέστητε: 2AAI-2P   ⁴ἀνταγωνιζόμενοι: PNP-NPM   ⁵ἐκλέλησθε: RPI-2P   ⁷διαλέγεται: PNI-3S ⁸ὀλιγώρει: PAM-2S   ¹⁰ἐκλύου: PPM-2S   ¹¹ἐλεγχόμενος: PPP-NSM   ¹²παιδεύει: PAI-3S   ¹³μαστιγοῖ: PAI-3S ¹⁴παραδέχεται: PNI-3S   ¹⁵ὑπομένετε: PAI-2P   ¹⁶προσφέρεται: PPI-3S   ¹⁷παιδεύει: PAI-3S   ²⁴ἐνετρεπόμεθα: IPI-1P   ²⁵ὑποταγησόμεθα: 2FPI-1P   ²⁷ἐπαίδευον: IAI-3P   ²⁸συμφέρον: PAP-ASN   ²⁹μεταλαβεῖν: 2AAN   ³¹παρὸν: PAP-ASN   ³⁵γεγυμνασμένοις: RPP-DPM   ³⁶ἀποδίδωσιν: PAI-3S   ³⁷παρειμένας: RPP-APF

---

¹οὔπω, [23] not yet.   ²μέχρι, [17] as far as, until, even to.   ³ἀντικαθίστημι, [1] I resist, supersede, replace, oppose.   ⁴ἀνταγωνίζομαι, [1] I resist, strive against, contend.   ⁵ἐκλανθάνομαι, [1] I forget entirely, make to forget.   ⁶παράκλησις, εως, ἡ, [29] a calling for, summons, hence: (a) exhortation, (b) entreaty, (c) encouragement, joy, gladness, (d) consolation, comfort.   ⁷διαλέγομαι, [13] I converse, address, preach, lecture; I argue, reason.   ⁸ὀλιγωρέω, [1] I despise, hold in low esteem, make light of.   ⁹παιδεία, ας, ἡ, [6] discipline; training and education of children, hence: instruction; chastisement, correction.   ¹⁰ἐκλύω, [5] I loose, release, unloose (as a bow-string), relax, enfeeble; pass: I am faint, grow weary.   ¹¹ἐλέγχω, [18] (a) I reprove, rebuke, discipline, (b) I expose, show to be guilty.   ¹²παιδεύω, [13] (a) I discipline, educate, train, (b) more severely: I chastise.   ¹³μαστιγόω, [7] I flog, scourge, the victim being strapped to a pole or frame; met: I chastise.   ¹⁴παραδέχομαι, [5] I receive, accept, acknowledge.   ¹⁵ὑπομένω, [17] (a) I remain behind, (b) I stand my ground, show endurance, (c) I endure, bear up against, persevere.   ¹⁶προσφέρω, [48] (a) I bring to, (b) characteristically: I offer (of gifts, sacrifices, etc).   ¹⁷παιδεύω, [13] (a) I discipline, educate, train, (b) more severely: I chastise.   ¹⁸χωρίς, [39] apart from, separately from; without.   ¹⁹μέτοχος, ου, ὁ, [6] a sharer, partner, associate.   ²⁰ἄρα, [35] then, therefore, since.   ²¹νόθος, η, ον, [1] illegitimate, base-born.   ²²εἶτα, [16] then, thereafter, next (marking a fresh stage); therefore, then, furthermore.   ²³παιδευτής, οῦ, ὁ, [2] an instructor, trainer; almost: a chastiser.   ²⁴ἐντρέπω, [9] (a) I turn to confusion, put to shame, (b) mid: I reverence, regard.   ²⁵ὑποτάσσω, [40] I place under, subject to; mid, pass: I submit, put myself into subjection.   ²⁶ὀλίγος, η, ον, [43] (a) especially in plur: few, (b) in sing: small; hence, of time: short, of degree: light, slight, little.   ²⁷παιδεύω, [13] (a) I discipline, educate, train, (b) more severely: I chastise.   ²⁸συμφέρω, [17] I bring together, collect; I am profitable to.   ²⁹μεταλαμβάνω, [6] (a) with gen: I take a share (part) of, share in, partake of, (b) with acc: I take after (later) or take instead.   ³⁰ἁγιότης, ητος, ἡ, [1] holiness, sanctity, as an abstract quality.   ³¹πάρειμι, [24] I am present, am near; I have come, arrived.   ³²λύπη, ης, ἡ, [16] pain, grief, sorrow, affliction.   ³³ὕστερον, [12] lastly, afterward, later.   ³⁴εἰρηνικός, ή, όν, [2] peaceable, disposed to peace, profitable.   ³⁵γυμνάζω, [4] I train by physical exercise; hence: train, in the widest sense.   ³⁶ἀποδίδωμι, [47] (a) I give back, return, restore, (b) I give, render, as due, (c) mid: I sell.   ³⁷παρίημι, [1] (a) I let pass, neglect, omit, disregard, (b) I slacken, loosen; pass: I am wearied.

παραλελυμένα¹ γόνατα² ἀνορθώσατε·³ **13** καὶ τροχιὰς⁴ ὀρθὰς⁵ ποιήσατε τοῖς ποσὶν ὑμῶν, ἵνα μὴ τὸ χωλὸν⁶ ἐκτραπῇ,⁷ ἰαθῇ⁸ δὲ μᾶλλον.

A Warning against Apostasy on the Basis of the Excellency of the New Covenant

14 Εἰρήνην διώκετε⁹ μετὰ πάντων, καὶ τὸν ἁγιασμόν,¹⁰ οὗ χωρὶς¹¹ οὐδεὶς ὄψεται τὸν κύριον· **15** ἐπισκοποῦντες¹² μή τις ὑστερῶν¹³ ἀπὸ τῆς χάριτος τοῦ θεοῦ· μή τις ῥίζα¹⁴ πικρίας¹⁵ ἄνω¹⁶ φύουσα¹⁷ ἐνοχλῇ,¹⁸ καὶ διὰ ταύτης μιανθῶσιν¹⁹ πολλοί· **16** μή τις πόρνος,²⁰ ἢ βέβηλος,²¹ ὡς Ἠσαῦ, ὃς ἀντὶ²² βρώσεως²³ μιᾶς ἀπέδοτο²⁴ τὰ πρωτοτόκια²⁵ αὐτοῦ. **17** Ἴστε γὰρ ὅτι καὶ μετέπειτα,²⁶ θέλων κληρονομῆσαι²⁷ τὴν εὐλογίαν,²⁸ ἀπεδοκιμάσθη·²⁹ μετανοίας³⁰ γὰρ τόπον οὐχ εὗρεν, καίπερ³¹ μετὰ δακρύων³² ἐκζητήσας³³ αὐτήν.

18 Οὐ γὰρ προσεληλύθατε ψηλαφωμένῳ³⁴ ὄρει, καὶ κεκαυμένῳ³⁵ πυρί, καὶ γνόφῳ,³⁶ καὶ σκότῳ,³⁷ καὶ θυέλλῃ,³⁸ **19** καὶ σάλπιγγος³⁹ ἤχῳ,⁴⁰ καὶ φωνῇ ῥημάτων, ἧς οἱ ἀκούσαντες παρῃτήσαντο⁴¹ μὴ προστεθῆναι⁴² αὐτοῖς λόγον· **20** οὐκ ἔφερον γὰρ τὸ διαστελλόμενον,⁴³ Κἂν⁴⁴ θηρίον⁴⁵ θίγῃ⁴⁶ τοῦ ὄρους, λιθοβοληθήσεται·⁴⁷ **21** καί,

---

¹*παραλελυμένα:* RPP-APN ³*ἀνορθώσατε:* AAM-2P ⁷*ἐκτραπῇ:* 2APS-3S ⁸*ἰαθῇ:* APS-3S ⁹*διώκετε:* PAM-2P ¹²*ἐπισκοποῦντες:* PAP-NPM ¹³*ὑστερῶν:* PAP-NSM ¹⁷*φύουσα:* PAP-NSF ¹⁸*ἐνοχλῇ:* PAS-3S ¹⁹*μιανθῶσιν:* APS-3P ²⁴*ἀπέδοτο:* 2AMI-3S ²⁷*κληρονομῆσαι:* AAN ²⁹*ἀπεδοκιμάσθη:* API-3S ³³*ἐκζητήσας:* AAP-NSM ³⁴*ψηλαφωμένῳ:* PPP-DSN ³⁵*κεκαυμένῳ:* RPP-DSN ⁴¹*παρῃτήσαντο:* ADI-3P ⁴²*προστεθῆναι:* APN ⁴³*διαστελλόμενον:* PPP-ASN ⁴⁶*θίγῃ:* 2AAS-3S ⁴⁷*λιθοβοληθήσεται:* FPI-3S

---

¹*παραλύω, [5] I relax, enfeeble, weaken.* ²*γόνυ, ατος, τό, [12] the knee.* ³*ἀνορθόω, [3] I make upright (straight) again, rear again, restore.* ⁴*τροχιά, ᾶς, ἡ, [1] the track of a wheel, a path.* ⁵*ὀρθός, ή, όν, [1] upright, straight, direct.* ⁶*χωλός, ή, όν, [15] lame, deprived of a foot, limping.* ⁷*ἐκτρέπω, [5] (lit: I turn out from); mid. and pass: I turn aside (from the right road), wander, forsake, and with an object: I remove from myself, shun, avoid.* ⁸*ἰάομαι, [28] I heal, generally of the physical, sometimes of spiritual, disease.* ⁹*διώκω, [44] I pursue, hence: I persecute.* ¹⁰*ἁγιασμός, οῦ, ὁ, [10] the process of making or becoming holy, set apart, sanctification, holiness, consecration.* ¹¹*χωρίς, [39] apart from, separately from; without.* ¹²*ἐπισκοπέω, [2] I exercise oversight, care for, visit.* ¹³*ὑστερέω, [16] I fall behind, am lacking, fall short, suffer need, am inferior to.* ¹⁴*ῥίζα, ης, ἡ, [17] a root, shoot, source; that which comes from the root, a descendent.* ¹⁵*πικρία, ας, ἡ, [4] bitterness, harshness, hence met: an embittered (resentful) spirit.* ¹⁶*ἄνω, [10] up, above, up to the top, up to the brim, things above, heaven, the heavenly region.* ¹⁷*φύω, [3] I grow, grow up, spring up.* ¹⁸*ἐνοχλέω, [1] I disturb, cause tumult, trouble, annoy.* ¹⁹*μιαίνω, [5] I stain, pollute, defile, corrupt.* ²⁰*πόρνος, ου, ὁ, [10] a fornicator, man who prostitutes himself.* ²¹*βέβηλος, ον, [5] permitted to be trodden, accessible.* ²²*ἀντί, [22] (a) instead of, in return for, over against, opposite, in exchange for, as a substitute for, (b) on my behalf, (c) wherefore, because.* ²³*βρῶσις, εως, ἡ, [11] (a) abstr: eating, (b) food, a meal, (c) rust.* ²⁴*ἀποδίδωμι, [47] (a) I give back, return, restore, (b) I give, render, as due, (c) mid: I sell.* ²⁵*πρωτοτόκια, ων, τά, [1] the birthright, the rights of the first-born.* ²⁶*μετέπειτα, [1] afterwards.* ²⁷*κληρονομέω, [18] I inherit, obtain (possess) by inheritance, acquire.* ²⁸*εὐλογία, ας, ἡ, [16] adulation, praise, blessing, gift.* ²⁹*ἀποδοκιμάζω, [9] I reject after testing (examination), disqualify.* ³⁰*μετάνοια, ας, ἡ, [24] repentance, a change of mind, change in the inner man.* ³¹*καίπερ, [5] although, though.* ³²*δάκρυον, ου, τό, [11] a tear.* ³³*ἐκζητέω, [7] I seek out, seek out after, require.* ³⁴*ψηλαφάω, [4] I feel, touch, handle; I feel after, grope for.* ³⁵*καίω, [14] I ignite, light, burn, lit. and met: I consume with fire.* ³⁶*γνόφος, ου, ὁ, [1] darkness, gloom; a thick cloud.* ³⁷*σκότος, ους, τό, [32] darkness, either physical or moral.* ³⁸*θύελλα, ης, ἡ, [1] a storm, tempest, whirlwind.* ³⁹*σάλπιγξ, ιγγος, ἡ, [11] a trumpet, the sound of a trumpet.* ⁴⁰*ἦχος, ου, ὁ, [3] (a) a sound, noise, (b) a rumor, report.* ⁴¹*παραιτέομαι, [11] I beg off, make excuse, deprecate, refuse, reject, decline, shun, avoid.* ⁴²*προστίθημι, [18] I place (put) to, add; I do again.* ⁴³*διαστέλλομαι, [8] I give a commission (instructions), order; I admonish, prohibit.* ⁴⁴*κἄν, [13] and if, even if, even, at least.* ⁴⁵*θηρίον, ου, τό, [46] properly: a wild beast, hence: any animal; met: a brute.* ⁴⁶*θιγγάνω, [3] I touch, handle, injure, harm.* ⁴⁷*λιθοβολέω, [9] I stone, cast stones (at), kill by stoning.*

οὕτως φοβερὸν¹ ἦν τὸ φανταζόμενον,² Μωϋσῆς εἶπεν, Ἔκφοβός³ εἰμι καὶ ἔντρομος.⁴ 22 Ἀλλὰ προσεληλύθατε Σιὼν⁵ ὄρει, καὶ πόλει θεοῦ ζῶντος, Ἰερουσαλὴμ ἐπουρανίῳ,⁶ καὶ μυριάσιν⁷ ἀγγέλων, 23 πανηγύρει⁸ καὶ ἐκκλησίᾳ πρωτοτόκων⁹ ἐν οὐρανοῖς ἀπογεγραμμένων,¹⁰ καὶ κριτῇ¹¹ θεῷ πάντων, καὶ πνεύμασιν δικαίων τετελειωμένων,¹² 24 καὶ διαθήκης¹³ νέας¹⁴ μεσίτῃ¹⁵ Ἰησοῦ, καὶ αἵματι ῥαντισμοῦ¹⁶ κρεῖττον¹⁷ λαλοῦντι παρὰ τὸν Ἄβελ. 25 Βλέπετε μὴ παραιτήσησθε¹⁸ τὸν λαλοῦντα. Εἰ γὰρ ἐκεῖνοι οὐκ ἔφυγον,¹⁹ τὸν ἐπὶ γῆς παραιτησάμενοι²⁰ χρηματίζοντα,²¹ πολλῷ μᾶλλον ἡμεῖς οἱ τὸν ἀπ᾽ οὐρανῶν ἀποστρεφόμενοι·²² 26 οὗ ἡ φωνὴ τὴν γῆν ἐσάλευσεν²³ τότε, νῦν δὲ ἐπήγγελται,²⁴ λέγων, Ἔτι ἅπαξ²⁵ ἐγὼ σείω²⁶ οὐ μόνον τὴν γῆν, ἀλλὰ καὶ τὸν οὐρανόν. 27 Τὸ δέ, Ἔτι ἅπαξ,²⁵ δηλοῖ²⁷ τῶν σαλευομένων²⁸ τὴν μετάθεσιν,²⁹ ὡς πεποιημένων, ἵνα μείνῃ τὰ μὴ σαλευόμενα.³⁰ 28 Διὸ βασιλείαν ἀσάλευτον³¹ παραλαμβάνοντες,³² ἔχωμεν χάριν, δι᾽ ἧς λατρεύομεν³³ εὐαρέστως³⁴ τῷ θεῷ μετὰ αἰδοῦς³⁵ καὶ εὐλαβείας·³⁶ 29 καὶ γὰρ ὁ θεὸς ἡμῶν πῦρ καταναλίσκον.³⁷

---

²φανταζόμενον: PPP-NSN ¹⁰ἀπογεγραμμένων: RPP-GPM ¹²τετελειωμένων: RPP-GPM ¹⁸παραιτήσησθε: ADS-2P ¹⁹ἔφυγον: 2AAI-3P ²⁰παραιτησάμενοι: ADP-NPM ²¹χρηματίζοντα: PAP-ASM ²²ἀποστρεφόμενοι: PMP-NPM ²³ἐσάλευσεν: AAI-3S ²⁴ἐπήγγελται: RNI-3S ²⁶σείω: PAI-1S ²⁷δηλοῖ: PAI-3S ²⁸σαλευομένων: PPP-GPN ³⁰σαλευόμενα: PPP-NPN ³²παραλαμβάνοντες: PAP-NPM ³³λατρεύομεν: PAI-1P ³⁷καταναλίσκον: PAP-NSN

---

¹φοβερός, ά, όν, [3] fearful, dreadful, terrible. ²φαντάζω, [1] I cause to appear, make visible. ³ἔκφοβος, ον, [2] greatly terrified, horrified. ⁴ἔντρομος, ον, [3] trembling with fear, terrified. ⁵Σιών, ἡ, [7] Zion, the hill; used for Jerusalem or heaven. ⁶ἐπουράνιος, ον, [20] heavenly, celestial, in the heavenly sphere, the sphere of spiritual activities; met: divine, spiritual. ⁷μυριάς, άδος, ἡ, [9] a myriad, group of ten thousand, a ten thousand. ⁸πανήγυρις, εως, ἡ, [1] a festival assembly. ⁹πρωτότοκος, ον, [9] first-born, eldest. ¹⁰ἀπογράφω, [4] I enroll, inscribe in a register; mid: I give my name for registration (or census-taking). ¹¹κριτής, ου, ὁ, [17] a judge, magistrate, ruler. ¹²τελειόω, [24] (a) as a course, a race, or the like: I complete, finish (b) as of time or prediction: I accomplish, (c) I make perfect; pass: I am perfected. ¹³διαθήκη, ης, ἡ, [33] (a) a covenant between two parties, (b) (the ordinary, everyday sense [found a countless number of times in papyri]) a will, testament. ¹⁴νέος, α, ον, [24] (a) young, youthful, (b) new, fresh. ¹⁵μεσίτης, ου, ὁ, [6] (a) a mediator, intermediary, (b) a go-between, arbiter, agent of something good. ¹⁶ῥαντισμός, οῦ, ὁ, [2] sprinkling, purification. ¹⁷κρείττων, ον, [16] stronger, more excellent. ¹⁸παραιτέομαι, [11] I beg off, make excuse, deprecate, refuse, reject, decline, shun, avoid. ¹⁹φεύγω, [31] I flee, escape, shun. ²⁰παραιτέομαι, [11] I beg off, make excuse, deprecate, refuse, reject, decline, shun, avoid. ²¹χρηματίζω, [9] (originally: I transact business), (a) act. of God: I warn; pass: I am warned by God (probably in response to an inquiry as to one's duty), (b) (I take a name from my public business, hence) I receive a name, am publicly called. ²²ἀποστρέφω, [10] I turn away, pervert, remove; I restore, replace; mid: I desert, reject. ²³σαλεύω, [15] I shake, excite, disturb in mind, stir up, drive away. ²⁴ἐπαγγέλλομαι, [15] I promise, profess. ²⁵ἅπαξ, [14] once, once for all. ²⁶σείω, [5] I shake; fig: I agitate, stir up. ²⁷δηλόω, [7] I show, make clear, reveal. ²⁸σαλεύω, [15] I shake, excite, disturb in mind, stir up, drive away. ²⁹μετάθεσις, εως, ἡ, [3] (a) change, transformation, (b) removal. ³⁰σαλεύω, [15] I shake, excite, disturb in mind, stir up, drive away. ³¹ἀσάλευτος, ον, [2] unshaken, immovable. ³²παραλαμβάνω, [49] I take from, receive from, or: I take to, receive (apparently not used of money), admit, acknowledge; I take with me. ³³λατρεύω, [21] I serve, especially God, perhaps simply: I worship. ³⁴εὐαρέστως, [1] acceptably, in a well-pleasing way. ³⁵αἰδώς, οῦς, ἡ, [2] shame, modesty. ³⁶εὐλάβεια, ας, ἡ, [2] reverence, fear of God, piety. ³⁷καταναλίσκω, [1] I use up, spend, consume (as with fire).

Final Admonitions and Conclusion

13 Ἡ φιλαδελφία¹ μενέτω. **2** Τῆς φιλοξενίας² μὴ ἐπιλανθάνεσθε·³ διὰ ταύτης γὰρ ἔλαθόν⁴ τινες ξενίσαντες⁵ ἀγγέλους. **3** Μιμνήσκεσθε⁶ τῶν δεσμίων,⁷ ὡς συνδεδεμένοι·⁸ τῶν κακουχουμένων,⁹ ὡς καὶ αὐτοὶ ὄντες ἐν σώματι. **4** Τίμιος¹⁰ ὁ γάμος¹¹ ἐν πᾶσιν, καὶ ἡ κοίτη¹² ἀμίαντος·¹³ πόρνους¹⁴ δὲ καὶ μοιχοὺς¹⁵ κρινεῖ ὁ θεός. **5** Ἀφιλάργυρος¹⁶ ὁ τρόπος,¹⁷ ἀρκούμενοι¹⁸ τοῖς παροῦσιν·¹⁹ αὐτὸς γὰρ εἴρηκεν, Οὐ μή σε ἀνῶ,²⁰ οὐδ᾽ οὐ μή σε ἐγκαταλείπω.²¹ **6** Ὥστε θαρροῦντας²² ἡμᾶς λέγειν, Κύριος ἐμοὶ βοηθός,²³ καὶ οὐ φοβηθήσομαι τί ποιήσει μοι ἄνθρωπος.

7 Μνημονεύετε²⁴ τῶν ἡγουμένων²⁵ ὑμῶν, οἵτινες ἐλάλησαν ὑμῖν τὸν λόγον τοῦ θεοῦ· ὧν ἀναθεωροῦντες²⁶ τὴν ἔκβασιν²⁷ τῆς ἀναστροφῆς,²⁸ μιμεῖσθε²⁹ τὴν πίστιν. **8** Ἰησοῦς χριστὸς χθὲς³⁰ καὶ σήμερον³¹ ὁ αὐτός, καὶ εἰς τοὺς αἰῶνας. **9** Διδαχαῖς³² ποικίλαις³³ καὶ ξέναις³⁴ μὴ παραφέρεσθε·³⁵ καλὸν γὰρ χάριτι βεβαιοῦσθαι³⁶ τὴν καρδίαν, οὐ βρώμασιν,³⁷ ἐν οἷς οὐκ ὠφελήθησαν³⁸ οἱ περιπατήσαντες. **10** Ἔχομεν θυσιαστήριον,³⁹ ἐξ οὗ φαγεῖν οὐκ ἔχουσιν ἐξουσίαν οἱ τῇ σκηνῇ⁴⁰ λατρεύοντες.⁴¹ **11** Ὧν γὰρ εἰσφέρεται⁴² ζῴων⁴³ τὸ αἷμα περὶ ἁμαρτίας εἰς τὰ ἅγια διὰ τοῦ ἀρχιερέως, τούτων

---

³ἐπιλανθάνεσθε: PNM-2P ⁴ἔλαθόν: 2AAI-3P ⁵ξενίσαντες: AAP-NPM ⁶Μιμνήσκεσθε: PNM-2P ⁸συνδεδεμένοι: RPP-NPM ⁹κακουχουμένων: PPP-GPM ¹⁸ἀρκούμενοι: PPP-NPM ¹⁹παροῦσιν: PAP-DPN ²⁰ἀνῶ: 2AAS-1S ²¹ἐγκαταλείπω: PAS-1S ²²θαρροῦντας: PAP-APM ²⁴Μνημονεύετε: PAM-2P ²⁵ἡγουμένων: PNP-GPM ²⁶ἀναθεωροῦντες: PAP-NPM ²⁹μιμεῖσθε: PNM-2P ³⁵παραφέρεσθε: PPM-2P ³⁶βεβαιοῦσθαι: PPN ³⁸ὠφελήθησαν: API-3P ⁴¹λατρεύοντες: PAP-NPM ⁴²εἰσφέρεται: PPI-3S

---

¹φιλαδελφία, ας, ἡ, [6] brotherly love, love of Christian brethren. ²φιλοξενία, ας, ἡ, [2] love to strangers, hospitality. ³ἐπιλανθάνομαι, [8] I forget, neglect. ⁴λανθάνω, [6] I am hidden (concealed), lie hid, escape notice, sometimes with acc. of person from whom concealment takes place; I do so and so unconsciously, unknown to myself, I shut my eyes to so and so. ⁵ξενίζω, [10] (a) I entertain a stranger, (b) I startle, bewilder. ⁶μιμνήσκομαι, [23] I remember, call to mind, recall, mention. ⁷δέσμιος, ου, ὁ, [16] one bound, a prisoner. ⁸συνδέω, [1] I bind together; pass: I am bound together with, as of prisoners in chains. ⁹κακουχέω, [2] I treat evilly, hurt, torment. ¹⁰τίμιος, α, ον, [14] of great price, precious, honored. ¹¹γάμος, ου, ὁ, [16] a marriage, wedding, wedding-ceremony; plur: a wedding-feast. ¹²κοίτη, ης, ἡ, [4] (a) a bed, (b) a marriage bed; plur: repeated (immoral) sexual intercourse. ¹³ἀμίαντος, ον, [4] undefiled, untainted, free from contamination. ¹⁴πόρνος, ου, ὁ, [10] a fornicator, man who prostitutes himself. ¹⁵μοιχός, οῦ, ὁ, [4] an adulterer, that is, a man who is guilty with a married woman. ¹⁶ἀφιλάργυρος, ον, [2] not loving money, not avaricious. ¹⁷τρόπος, ου, ὁ, [13] (a) way, manner, (b) manner of life, character. ¹⁸ἀρκέω, [8] I keep off, assist; I suffice; pass: I am satisfied. ¹⁹πάρειμι, [24] I am present, am near; I have come, arrived. ²⁰ἀνίημι, [4] I send up, produce, send back; I let go; I relax, loosen, hence met: I give up, desist from. ²¹ἐγκαταλείπω, [9] I leave in the lurch, abandon (one who is in straits), desert. ²²θαρρέω, [6] I am courageous, confident, of good cheer. ²³βοηθός, οῦ, ὁ, ἡ, [1] a helper. ²⁴μνημονεύω, [21] I remember, hold in remembrance, make mention of. ²⁵ἡγέομαι, [28] (a) I lead, (b) I think, am of opinion, suppose, consider. ²⁶ἀναθεωρέω, [2] I look at attentively, gaze at, consider. ²⁷ἔκβασις, εως, ἡ, [2] (a) a way out, escape, (b) result, issue. ²⁸ἀναστροφή, ῆς, ἡ, [13] dealing with other men, conduct, life, behavior, manner of life. ²⁹μιμέομαι, [4] I imitate, follow. ³⁰χθές, [3] yesterday. ³¹σήμερον, [41] today, now. ³²διδαχή, ῆς, ἡ, [30] teaching, doctrine, what is taught. ³³ποικίλος, η, ον, [10] various, of different colors, diverse, various. ³⁴ξένος, η, ον, [14] alien, new, novel; noun: a guest, stranger, foreigner. ³⁵παραφέρω, [4] I turn aside, carry away, remove, cause to pass away; pass: I am misled, seduced. ³⁶βεβαιόω, [8] I confirm, ratify, secure, establish; pass: I guarantee. ³⁷βρῶμα, ατος, τό, [17] food of any kind. ³⁸ὠφελέω, [15] I help, benefit, do good, am useful (to), profit. ³⁹θυσιαστήριον, ου, τό, [23] an altar (for sacrifice). ⁴⁰σκηνή, ῆς, ἡ, [20] a tent, booth, tabernacle, abode, dwelling, mansion, habitation. ⁴¹λατρεύω, [21] I serve, especially God, perhaps simply: I worship. ⁴²εἰσφέρω, [7] I lead into, bring in, announce. ⁴³ζῷον, ου, τό, [23] an animal, living creature.

τὰ σώματα κατακαίεται¹ ἔξω τῆς παρεμβολῆς.² 12 Διὸ καὶ Ἰησοῦς, ἵνα ἁγιάσῃ³ διὰ τοῦ ἰδίου αἵματος τὸν λαόν, ἔξω τῆς πύλης⁴ ἔπαθεν.⁵ 13 Τοίνυν⁶ ἐξερχώμεθα πρὸς αὐτὸν ἔξω τῆς παρεμβολῆς,² τὸν ὀνειδισμὸν⁷ αὐτοῦ φέροντες. 14 Οὐ γὰρ ἔχομεν ὧδε μένουσαν πόλιν, ἀλλὰ τὴν μέλλουσαν ἐπιζητοῦμεν.⁸ 15 Δι’ αὐτοῦ οὖν ἀναφέρωμεν⁹ θυσίαν¹⁰ αἰνέσεως¹¹ διὰ παντὸς τῷ θεῷ, τοῦτ’ ἔστιν, καρπὸν χειλέων¹² ὁμολογούντων¹³ τῷ ὀνόματι αὐτοῦ. 16 Τῆς δὲ εὐποιΐας¹⁴ καὶ κοινωνίας¹⁵ μὴ ἐπιλανθάνεσθε·¹⁶ τοιαύταις γὰρ θυσίαις¹⁰ εὐαρεστεῖται¹⁷ ὁ θεός. 17 Πείθεσθε τοῖς ἡγουμένοις¹⁸ ὑμῶν, καὶ ὑπείκετε·¹⁹ αὐτοὶ γὰρ ἀγρυπνοῦσιν²⁰ ὑπὲρ τῶν ψυχῶν ὑμῶν, ὡς λόγον ἀποδώσοντες·²¹ ἵνα μετὰ χαρᾶς τοῦτο ποιῶσιν, καὶ μὴ στενάζοντες·²² ἀλυσιτελὲς²³ γὰρ ὑμῖν τοῦτο.

18 Προσεύχεσθε περὶ ἡμῶν· πεποίθαμεν γὰρ ὅτι καλὴν συνείδησιν²⁴ ἔχομεν, ἐν πᾶσιν καλῶς²⁵ θέλοντες ἀναστρέφεσθαι.²⁶ 19 Περισσοτέρως²⁷ δὲ παρακαλῶ τοῦτο ποιῆσαι, ἵνα τάχιον²⁸ ἀποκατασταθῶ²⁹ ὑμῖν.

20 Ὁ δὲ θεὸς τῆς εἰρήνης, ὁ ἀναγαγὼν³⁰ ἐκ νεκρῶν τὸν ποιμένα³¹ τῶν προβάτων³² τὸν μέγαν ἐν αἵματι διαθήκης³³ αἰωνίου, τὸν κύριον ἡμῶν Ἰησοῦν, 21 καταρτίσαι³⁴ ὑμᾶς ἐν παντὶ ἔργῳ ἀγαθῷ εἰς τὸ ποιῆσαι τὸ θέλημα αὐτοῦ, ποιῶν ἐν ὑμῖν τὸ εὐάρεστον³⁵ ἐνώπιον αὐτοῦ, διὰ Ἰησοῦ χριστοῦ· ᾧ ἡ δόξα εἰς τοὺς αἰῶνας τῶν αἰώνων. Ἀμήν.

---

¹κατακαίεται: PPI-3S   ³ἁγιάσῃ: AAS-3S   ⁵ἔπαθεν: 2AAI-3S   ⁸ἐπιζητοῦμεν: PAI-1P   ⁹ἀναφέρωμεν: PAS-1P   ¹³ὁμολογούντων: PAP-GPN   ¹⁶ἐπιλανθάνεσθε: PNM-2P   ¹⁷εὐαρεστεῖται: PPI-3S   ¹⁸ἡγουμένοις: PNP-DPM   ¹⁹ὑπείκετε: PAM-2P   ²⁰ἀγρυπνοῦσιν: PAI-3P   ²¹ἀποδώσοντες: FAP-NPM   ²²στενάζοντες: PAP-NPM   ²⁶ἀναστρέφεσθαι: PPN   ²⁹ἀποκατασταθῶ: APS-1S   ³⁰ἀναγαγὼν: 2AAP-NSM   ³⁴καταρτίσαι: AAO-3S

---

¹κατακαίω, [12] I burn up, consume entirely.   ²παρεμβολή, ῆς, ἡ, [10] a camp, fort, castle, barracks, army in battle array.   ³ἁγιάζω, [29] I make holy, treat as holy, set apart as holy, sanctify, hallow, purify.   ⁴πύλη, ης, ἡ, [10] a gate.   ⁵πάσχω, [42] I am acted upon in a certain way, either good or bad; I experience ill treatment, suffer.   ⁶τοίνυν, [4] indeed now, therefore, accordingly, well then.   ⁷ὀνειδισμός, οῦ, ὁ, [5] reproach, reviling.   ⁸ἐπιζητέω, [15] I seek after, desire, search for, make inquiries about.   ⁹ἀναφέρω, [10] (a) I carry up, lead up, (b) I offer up (on a high altar) as a sacrifice, offer up to God on high.   ¹⁰θυσία, ας, ἡ, [29] abstr. and concr: sacrifice; a sacrifice, offering.   ¹¹αἴνεσις, εως, ἡ, [1] praise, commendation.   ¹²χεῖλος, ους, τό, [7] a lip, mouth, shore, edge, brink; meton: language, dialect.   ¹³ὁμολογέω, [24] (a) I promise, agree, (b) I confess, (c) I publicly declare, (d) a Hebraism, I praise, celebrate.   ¹⁴εὐποιΐα, ας, ἡ, [1] good-doing, doing of good.   ¹⁵κοινωνία, ας, ἡ, [19] (lit: partnership) (a) contributory help, participation, (b) sharing in, communion, (c) spiritual fellowship, a fellowship in the spirit.   ¹⁶ἐπιλανθάνομαι, [8] I forget, neglect.   ¹⁷εὐαρεστέω, [3] I give pleasure to, please (perhaps with the added idea of: rendering good service to).   ¹⁸ἡγέομαι, [28] (a) I lead, (b) I think, am of opinion, suppose, consider.   ¹⁹ὑπείκω, [1] I yield, submit to authority.   ²⁰ἀγρυπνέω, [4] I am not asleep, am awake; especially: I am watchful, careful.   ²¹ἀποδίδωμι, [47] (a) I give back, return, restore, (b) I give, render, as due, (c) mid: I sell.   ²²στενάζω, [6] I groan, expressing grief, anger, or desire.   ²³ἀλυσιτελής, ές, [1] profitless, unprofitable, ruinous, detrimental.   ²⁴συνείδησις, εως, ἡ, [32] the conscience, a persisting notion.   ²⁵καλῶς, [36] well, nobly, honorably, rightly.   ²⁶ἀναστρέφω, [11] I overturn; I turn back, return; I turn hither and thither; pass: I turn myself about; I sojourn, dwell; I conduct myself, behave, live.   ²⁷περισσῶς, [16] greatly, exceedingly, abundantly, vehemently.   ²⁸τάχιον, [5] more swiftly, more quickly.   ²⁹ἀποκαθίστημι, [8] I set up again, restore to its original position or condition; hence: I restore, give back.   ³⁰ἀνάγω, [23] I lead up, bring up, offer, product, put to sea, set sail.   ³¹ποιμήν, ένος, ὁ, [18] a shepherd; hence met: of the feeder, protector, and ruler of a flock of men.   ³²πρόβατον, ου, τό, [41] a sheep.   ³³διαθήκη, ης, ἡ, [33] (a) a covenant between two parties, (b) (the ordinary, everyday sense [found a countless number of times in papyri]) a will, testament.   ³⁴καταρτίζω, [13] (a) I fit (join) together; met: I compact together, (b) act. and mid: I prepare, perfect, for his (its) full destination or use, bring into its proper condition (whether for the first time, or after a lapse).   ³⁵εὐάρεστος, ον, [9] acceptable, well-pleasing (especially to God), grateful.

22 Παρακαλῶ δὲ ὑμᾶς, ἀδελφοί, ἀνέχεσθε [1] τοῦ λόγου τῆς παρακλήσεως· [2] καὶ γὰρ διὰ βραχέων [3] ἐπέστειλα [4] ὑμῖν. **23** Γινώσκετε τὸν ἀδελφὸν Τιμόθεον ἀπολελυμένον, μεθ' οὗ, ἐὰν τάχιον [5] ἔρχηται, ὄψομαι ὑμᾶς.

24 Ἀσπάσασθε πάντας τοὺς ἡγουμένους [6] ὑμῶν, καὶ πάντας τοὺς ἁγίους. Ἀσπάζονται ὑμᾶς οἱ ἀπὸ τῆς Ἰταλίας. [7]

25 Ἡ χάρις μετὰ πάντων ὑμῶν. Ἀμήν.

---

[1] ἀνέχεσθε: PNM-2P   [4] ἐπέστειλα: AAI-1S   [6] ἡγουμένους: PNP-APM

---

[1] ἀνέχομαι, [15] I endure, bear with, have patience with, suffer, admit, persist.   [2] παράκλησις, εως, ἡ, [29] a calling for, summons, hence: (a) exhortation, (b) entreaty, (c) encouragement, joy, gladness, (d) consolation, comfort.   [3] βραχύς, εῖα, ύ, [7] short, little, few.   [4] ἐπιστέλλω, [3] I write, send by letter to.   [5] τάχιον, [5] more swiftly, more quickly.   [6] ἡγέομαι, [28] (a) I lead, (b) I think, am of opinion, suppose, consider.   [7] Ἰταλία, ας, ἡ, [4] Italy.

Part III

The General Epistles

ΙΑΚΩΒΟΥ
Of James

Various Temptations and Their Endurance

Ἰάκωβος, θεοῦ καὶ κυρίου Ἰησοῦ χριστοῦ δοῦλος, ταῖς δώδεκα φυλαῖς¹ ταῖς ἐν τῇ διασπορᾷ,² χαίρειν.

2 Πᾶσαν χαρὰν ἡγήσασθε,³ ἀδελφοί μου, ὅταν πειρασμοῖς⁴ περιπέσητε⁵ ποικίλοις,⁶ **3** γινώσκοντες ὅτι τὸ δοκίμιον⁷ ὑμῶν τῆς πίστεως κατεργάζεται⁸ ὑπομονήν·⁹ **4** ἡ δὲ ὑπομονὴ⁹ ἔργον τέλειον¹⁰ ἐχέτω, ἵνα ἦτε τέλειοι¹⁰ καὶ ὁλόκληροι,¹¹ ἐν μηδενὶ λειπόμενοι.¹²

5 Εἰ δέ τις ὑμῶν λείπεται¹³ σοφίας, αἰτείτω παρὰ τοῦ διδόντος θεοῦ πᾶσιν ἁπλῶς,¹⁴ καὶ οὐκ ὀνειδίζοντος,¹⁵ καὶ δοθήσεται αὐτῷ. **6** Αἰτείτω δὲ ἐν πίστει, μηδὲν διακρινόμενος·¹⁶ ὁ γὰρ διακρινόμενος¹⁷ ἔοικεν¹⁸ κλύδωνι¹⁹ θαλάσσης ἀνεμιζομένῳ²⁰

---

³*ἡγήσασθε: ADM-2P* ⁵*περιπέσητε: 2AAS-2P* ⁸*κατεργάζεται: PNI-3S* ¹²*λειπόμενοι: PPP-NPM* ¹³*λείπεται: PPI-3S* ¹⁵*ὀνειδίζοντος: PAP-GSM* ¹⁶*διακρινόμενος: PMP-NSM* ¹⁷*διακρινόμενος: PMP-NSM* ¹⁸*ἔοικεν: RAI-3S* ²⁰*ἀνεμιζομένῳ: PPP-DSM*

---

¹*φυλή, ῆς, ἡ, [31] a tribe or race of people.* ²*διασπορά, ᾶς, ἡ, [3] lit: scattering abroad of seed by the sower, hence: dispersion, used especially of the Jews who had migrated and were scattered over the ancient world.* ³*ἡγέομαι, [28] (a) I lead, (b) I think, am of opinion, suppose, consider.* ⁴*πειρασμός, οῦ, ὁ, [21] (a) trial, probation, testing, being tried, (b) temptation, (c) calamity, affliction.* ⁵*περιπίπτω, [3] I fall into the midst of, am involved in, happen upon a place.* ⁶*ποικίλος, η, ον, [10] various, of different colors, diverse, various.* ⁷*δοκίμιον, ου, τό, [2] a test, trial, what is genuine.* ⁸*κατεργάζομαι, [24] I effect by labor, achieve, work out, bring about.* ⁹*ὑπομονή, ῆς, ἡ, [32] endurance, steadfastness, patient waiting for.* ¹⁰*τέλειος, α, ον, [19] perfect, (a) complete in all its parts, (b) full grown, of full age, (c) specially of the completeness of Christian character.* ¹¹*ὁλόκληρος, ον, [2] complete in every part, sound, perfect, entire.* ¹²*λείπω, [6] (earlier: I leave behind, abandon), (a) I am wanting, (b) mid: e.g. with gen: I come behind (in a race), am left behind in, fall short of (some standard), am wanting in.* ¹³*λείπω, [6] (earlier: I leave behind, abandon), (a) I am wanting, (b) mid: e.g. with gen: I come behind (in a race), am left behind in, fall short of (some standard), am wanting in.* ¹⁴*ἁπλῶς, [1] simply, sincerely, graciously, bountifully.* ¹⁵*ὀνειδίζω, [10] I reproach, revile, upbraid.* ¹⁶*διακρίνω, [19] I separate, distinguish, discern one thing from another; I doubt, hesitate, waver.* ¹⁷*διακρίνω, [19] I separate, distinguish, discern one thing from another; I doubt, hesitate, waver.* ¹⁸*ἔοικα, [2] I am like, resemble.* ¹⁹*κλύδων, ῶνος, ὁ, [2] rough water, a wave, billow, surge.* ²⁰*ἀνεμίζω, [1] I am blown with the wind (referring to the gentler motions of the air).*

καὶ ῥιπιζομένῳ. ¹ 7 Μὴ γὰρ οἰέσθω ² ὁ ἄνθρωπος ἐκεῖνος ὅτι λήψεταί τι παρὰ τοῦ κυρίου. 8 Ἀνὴρ δίψυχος, ³ ἀκατάστατος ⁴ ἐν πάσαις ταῖς ὁδοῖς αὐτοῦ.

9 Καυχάσθω ⁵ δὲ ὁ ἀδελφὸς ὁ ταπεινὸς ⁶ ἐν τῷ ὕψει ⁷ αὐτοῦ· 10 ὁ δὲ πλούσιος ⁸ ἐν τῇ ταπεινώσει ⁹ αὐτοῦ· ὅτι ὡς ἄνθος ¹⁰ χόρτου ¹¹ παρελεύσεται. ¹² 11 Ἀνέτειλεν ¹³ γὰρ ὁ ἥλιος ¹⁴ σὺν τῷ καύσωνι, ¹⁵ καὶ ἐξήρανεν ¹⁶ τὸν χόρτον, ¹¹ καὶ τὸ ἄνθος ¹⁰ αὐτοῦ ἐξέπεσεν, ¹⁷ καὶ ἡ εὐπρέπεια ¹⁸ τοῦ προσώπου αὐτοῦ ἀπώλετο· οὕτως καὶ ὁ πλούσιος ⁸ ἐν ταῖς πορείαις ¹⁹ αὐτοῦ μαρανθήσεται. ²⁰

12 Μακάριος ἀνὴρ ὃς ὑπομένει ²¹ πειρασμόν· ²² ὅτι δόκιμος ²³ γενόμενος λήψεται τὸν στέφανον ²⁴ τῆς ζωῆς, ὃν ἐπηγγείλατο ²⁵ ὁ κύριος τοῖς ἀγαπῶσιν αὐτόν. 13 Μηδεὶς πειραζόμενος ²⁶ λεγέτω ὅτι Ἀπὸ θεοῦ πειράζομαι· ²⁷ ὁ γὰρ θεὸς ἀπείραστός ²⁸ ἐστιν κακῶν, πειράζει ²⁹ δὲ αὐτὸς οὐδένα· 14 ἕκαστος δὲ πειράζεται, ³⁰ ὑπὸ τῆς ἰδίας ἐπιθυμίας ³¹ ἐξελκόμενος ³² καὶ δελεαζόμενος. ³³ 15 Εἶτα ³⁴ ἡ ἐπιθυμία ³¹ συλλαβοῦσα ³⁵ τίκτει ³⁶ ἁμαρτίαν· ἡ δὲ ἁμαρτία ἀποτελεσθεῖσα ³⁷ ἀποκύει ³⁸ θάνατον.

---

¹ῥιπιζομένῳ: PPP-DSM ²οἰέσθω: PNM-3S ⁵Καυχάσθω: PNM-3S ¹²παρελεύσεται: FDI-3S ¹³Ἀνέτειλεν: AAI-3S ¹⁶ἐξήρανεν: AAI-3S ¹⁷ἐξέπεσεν: 2AAI-3S ²⁰μαρανθήσεται: FPI-3S ²¹ὑπομένει: PAI-3S ²⁵ἐπηγγείλατο: ADI-3S ²⁶πειραζόμενος: PPP-NSM ²⁷πειράζομαι: PPI-1S ²⁹πειράζει: PAI-3S ³⁰πειράζεται: PPI-3S ³²ἐξελκόμενος: PPP-NSM ³³δελεαζόμενος: PPP-NSM ³⁵συλλαβοῦσα: 2AAP-NSF ³⁶τίκτει: PAI-3S ³⁷ἀποτελεσθεῖσα: APP-NSF ³⁸ἀποκύει: PAI-3S

---

¹ῥιπίζω, [1] I toss to and fro, fan, blow. ²οἴμαι, [3] I think, suppose, expect, imagine. ³δίψυχος, ον, [2] (lit: of two souls, of two selves), double-minded, wavering. ⁴ἀκατάστατος, ον, [1] unsettled, unstable (though these are hardly strong enough equivalents), almost anarchic. ⁵καυχάομαι, [38] I boast; I glory (exult) proudly. ⁶ταπεινός, ή, όν, [8] humble, lowly, in position or spirit (in a good sense). ⁷ὕψος, ους, τό, [6] height, heaven; dignity, eminence. ⁸πλούσιος, α, ον, [28] rich, abounding in, wealthy; subst: a rich man. ⁹ταπείνωσις, εως, ἡ, [4] abasement (in spirit), low condition (in circumstances). ¹⁰ἄνθος, ους, τό, [4] bloom, possibly a reference to the bright flowers, such as poppies (among the grass). ¹¹χόρτος, ου, ὁ, [15] grass, herbage, growing grain, hay. ¹²παρέρχομαι, [29] I pass by, pass away, pass out of sight; I am rendered void, become vain, neglect, disregard. ¹³ἀνατέλλω, [9] I make to rise, I rise, shine (generally of the sun, and hence met.). ¹⁴ἥλιος, ου, ὁ, [32] the sun, sunlight. ¹⁵καύσων, ῶνος, ὁ, [3] a scorching heat, hot wind. ¹⁶ξηραίνω, [16] I dry up, parch, am ripened, wither, waste away. ¹⁷ἐκπίπτω, [12] I fall out, fall off, fall away; hence in nautical language: I fall off from the straight course; of flowers: I fade away, wither away; I fall from, lose, forfeit; I am cast ashore; I am fruitless. ¹⁸εὐπρέπεια, ας, ἡ, [1] beauty, gracefulness, comeliness. ¹⁹πορεία, ας, ἡ, [2] a journey, pursuit, undertaking, progress. ²⁰μαραίνω, [1] I pass: I die, wither (like the grass). ²¹ὑπομένω, [17] (a) I remain behind, (b) I stand my ground, show endurance, (c) I endure, bear up against, persevere. ²²πειρασμός, οῦ, ὁ, [21] (a) a trial, probation, testing, being tried, (b) temptation, (c) calamity, affliction. ²³δόκιμος, ον, [7] approved, acceptable, tried. ²⁴στέφανος, ου, ὁ, [18] a crown, garland, honor, glory. ²⁵ἐπαγγέλλομαι, [15] I promise, profess. ²⁶πειράζω, [39] I try, tempt, test. ²⁷πειράζω, [39] I try, tempt, test. ²⁸ἀπείραστος, ον, [1] untried, inexperienced, untempted, incapable of being tempted. ²⁹πειράζω, [39] I try, tempt, test. ³⁰πειράζω, [39] I try, tempt, test. ³¹ἐπιθυμία, ας, ἡ, [38] desire, eagerness for, inordinate desire, lust. ³²ἐξέλκω, [1] (lit: I draw out of the right place, or I draw aside out of the right way), I entice. ³³δελεάζω, [3] I allure, entice (by a bait). ³⁴εἶτα, [16] then, thereafter, next (marking a fresh stage); therefore, then, furthermore. ³⁵συλλαμβάνω, [16] I seize, apprehend, assist, conceive, become pregnant. ³⁶τίκτω, [19] I bear, bring forth, produce, beget, yield. ³⁷ἀποτελέω, [1] I complete, accomplish, form fully, perfect, bring to maturity. ³⁸ἀποκυέω, [2] I bring forth, give birth to (a child), a medical or physical word, marking the close of pregnancy.

God's Fatherhood and the Obligations of Sonship

16 Μὴ πλανᾶσθε,¹ ἀδελφοί μου ἀγαπητοί. **17** Πᾶσα δόσις² ἀγαθὴ καὶ πᾶν δώρημα³ τέλειον⁴ ἄνωθέν⁵ ἐστιν, καταβαῖνον ἀπὸ τοῦ πατρὸς τῶν φώτων, παρ' ᾧ οὐκ ἔνι⁶ παραλλαγή,⁷ ἢ τροπῆς⁸ ἀποσκίασμα.⁹ **18** Βουληθεὶς¹⁰ ἀπεκύησεν¹¹ ἡμᾶς λόγῳ ἀληθείας, εἰς τὸ εἶναι ἡμᾶς ἀπαρχήν¹² τινα τῶν αὐτοῦ κτισμάτων.¹³

19 Ὥστε, ἀδελφοί μου ἀγαπητοί, ἔστω πᾶς ἄνθρωπος ταχὺς¹⁴ εἰς τὸ ἀκοῦσαι, βραδὺς¹⁵ εἰς τὸ λαλῆσαι, βραδὺς¹⁵ εἰς ὀργήν· ¹⁶ **20** ὀργὴ¹⁶ γὰρ ἀνδρὸς δικαιοσύνην θεοῦ οὐ κατεργάζεται.¹⁷ **21** Διὸ ἀποθέμενοι¹⁸ πᾶσαν ῥυπαρίαν¹⁹ καὶ περισσείαν²⁰ κακίας,²¹ ἐν πραΰτητι²² δέξασθε τὸν ἔμφυτον²³ λόγον, τὸν δυνάμενον σῶσαι τὰς ψυχὰς ὑμῶν. **22** Γίνεσθε δὲ ποιηταὶ²⁴ λόγου, καὶ μὴ μόνον ἀκροαταί,²⁵ παραλογιζόμενοι²⁶ ἑαυτούς. **23** Ὅτι εἴ τις ἀκροατὴς²⁵ λόγου ἐστὶν καὶ οὐ ποιητής,²⁴ οὗτος ἔοικεν²⁷ ἀνδρὶ κατανοοῦντι²⁸ τὸ πρόσωπον τῆς γενέσεως²⁹ αὐτοῦ ἐν ἐσόπτρῳ·³⁰ **24** κατενόησεν³¹ γὰρ ἑαυτὸν καὶ ἀπελήλυθεν, καὶ εὐθέως ἐπελάθετο³² ὁποῖος³³ ἦν. **25** Ὁ δὲ παρακύψας³⁴ εἰς νόμον τέλειον⁴ τὸν τῆς ἐλευθερίας³⁵ καὶ παραμείνας,³⁶ οὗτος οὐκ ἀκροατὴς²⁵ ἐπιλησμονῆς³⁷ γενόμενος ἀλλὰ ποιητὴς²⁴ ἔργου, οὗτος μακάριος ἐν τῇ ποιήσει³⁸ αὐτοῦ ἔσται. **26** Εἴ τις δοκεῖ θρῆσκος³⁹ εἶναι ἐν ὑμῖν, μὴ χαλιναγωγῶν⁴⁰ γλῶσσαν αὐτοῦ, ἀλλὰ

---

¹πλανᾶσθε: *PPM-2P* ⁶ἔνι: *PAI-3S* ¹⁰Βουληθεὶς: *AOP-NSM* ¹¹ἀπεκύησεν: *AAI-3S* ¹⁷κατεργάζεται: *PNI-3S* ¹⁸ἀποθέμενοι: *2AMP-NPM* ²⁶παραλογιζόμενοι: *PNP-NPM* ²⁷ἔοικεν: *RAI-3S* ²⁸κατανοοῦντι: *PAP-DSM* ³¹κατενόησεν: *AAI-3S* ³²ἐπελάθετο: *2ADI-3S* ³⁴παρακύψας: *AAP-NSM* ³⁶παραμείνας: *AAP-NSM* ⁴⁰χαλιναγωγῶν: *PAP-NSM*

---

¹πλανάω, *[40] I lead astray, deceive, cause to wander.* ²δόσις, εως, ἡ, *[2] a giving, gift, donation.* ³δώρημα, ατος, τό, [2] a gift, bounty.* ⁴τέλειος, α, ον, *[19] perfect, (a) complete in all its parts, (b) full grown, of full age, (c) specially of the completeness of Christian character.* ⁵ἄνωθεν, *[13] (a) from above, from heaven, (b) from the beginning, from their origin (source), from of old, (c) again, anew.* ⁶ἔνι, *[6] there is in, is present.* ⁷παραλλαγή, ῆς, ἡ, *[1] a change, variation, mutation.* ⁸τροπή, ῆς, ἡ, *[1] a turning, change, mutation.* ⁹ἀποσκίασμα, ατος, τό, *[1] either a shadow cast by an object, or a faint image or copy of an object.* ¹⁰βούλομαι, *[34] I will, intend, desire, wish.* ¹¹ἀποκυέω, *[2] I bring forth, give birth to (a child), a medical or physical word, marking the close of pregnancy.* ¹²ἀπαρχή, ῆς, ἡ, *[8] the first-fruits, the earliest crop of the year, hence also met., for example, of the earliest converts in a district; there is evidence in favor of rendering in some passages merely by: sacrifice, gift.* ¹³κτίσμα, ατος, τό, *[4] a created thing, a creature.* ¹⁴ταχύς, εῖα, ύ, *[1] quick, swift, speedy, ready, prompt.* ¹⁵βραδύς, εῖα, ύ, *[3] slow, slow of understanding.* ¹⁶ὀργή, ῆς, ἡ, *[36] anger, wrath, passion; punishment, vengeance.* ¹⁷κατεργάζομαι, *[24] I effect by labor, achieve, work out, bring about.* ¹⁸ἀποτίθημι, *[8] I lay off or aside, renounce, stow away, put.* ¹⁹ῥυπαρία, ας, ἡ, *[1] filth, pollution, defilement.* ²⁰περισσεία, ας, ἡ, *[4] abundance, superfluity.* ²¹κακία, ας, ἡ, *[11] (a) evil (i.e. trouble, labor, misfortune), (b) wickedness, (c) vicious disposition, malice, spite.* ²²πραΰτης, τητος, ἡ, *[12] mildness, gentleness.* ²³ἔμφυτος, ον, *[1] inborn, ingrown, congenital, natural, rooted, implanted.* ²⁴ποιητής, οῦ, ὁ, *[6] (a) a "maker," poet, (b) a doer, carrier out, performer.* ²⁵ἀκροατής, οῦ, ὁ, *[4] a hearer of, a listener to.* ²⁶παραλογίζομαι, *[2] I deceive, beguile, reason falsely, mislead.* ²⁷ἔοικα, *[2] I am like, resemble.* ²⁸κατανοέω, *[14] I take note of, perceive, consider carefully, discern, detect, make account of.* ²⁹γένεσις, εως, ἡ, *[3] birth, lineage, descent.* ³⁰ἔσοπτρον, ου, τό, *[2] a mirror, looking-glass (made of highly polished metal).* ³¹κατανοέω, *[14] I take note of, perceive, consider carefully, discern, detect, make account of.* ³²ἐπιλανθάνομαι, *[8] I forget, neglect.* ³³ὁποῖος, οία, οῖον, *[5] of what kind or manner, of what sort.* ³⁴παρακύπτω, *[5] I stoop, peer in, look down, look intently.* ³⁵ἐλευθερία, ας, ἡ, *[11] freedom, liberty, especially: a state of freedom from slavery.* ³⁶παραμένω, *[3] I remain by, abide with; met: I persevere in.* ³⁷ἐπιλησμονή, ῆς, ἡ, *[1] forgetfulness, oblivion.* ³⁸ποίησις, εως, ἡ, *[1] a doing, making, performance.* ³⁹θρῆσκος, ον, *[1] (refers probably to a careful observance of religious restrictions), religious (probably in a limited sense), devout.* ⁴⁰χαλιναγωγέω, *[2] I bridle, curb, restrain, sway.*

ἀπατῶν¹ καρδίαν αὐτοῦ, τούτου μάταιος² ἡ θρησκεία.³ **27** Θρησκεία³ καθαρὰ⁴ καὶ ἀμίαντος⁵ παρὰ θεῷ καὶ πατρὶ αὕτη ἐστίν, ἐπισκέπτεσθαι⁶ ὀρφανοὺς⁷ καὶ χήρας⁸ ἐν τῇ θλίψει⁹ αὐτῶν, ἄσπιλον¹⁰ ἑαυτὸν τηρεῖν ἀπὸ τοῦ κόσμου.

Dead Faith Compared with Living Faith

2 Ἀδελφοί μου, μὴ ἐν προσωποληψίαις¹¹ ἔχετε τὴν πίστιν τοῦ κυρίου ἡμῶν Ἰησοῦ χριστοῦ τῆς δόξης. **2** Ἐὰν γὰρ εἰσέλθῃ εἰς τὴν συναγωγὴν ὑμῶν ἀνὴρ χρυσοδακτύλιος¹² ἐν ἐσθῆτι¹³ λαμπρᾷ,¹⁴ εἰσέλθῃ δὲ καὶ πτωχὸς¹⁵ ἐν ῥυπαρᾷ¹⁶ ἐσθῆτι,¹³ **3** καὶ ἐπιβλέψητε¹⁷ ἐπὶ τὸν φοροῦντα¹⁸ τὴν ἐσθῆτα¹³ τὴν λαμπράν,¹⁴ καὶ εἴπητε αὐτῷ, Σὺ κάθου ὧδε καλῶς,¹⁹ καὶ τῷ πτωχῷ¹⁵ εἴπητε, Σὺ στῆθι ἐκεῖ, ἢ κάθου ὧδε ὑπὸ τὸ ὑποπόδιόν²⁰ μου· **4** καὶ οὐ διεκρίθητε²¹ ἐν ἑαυτοῖς, καὶ ἐγένεσθε κριταὶ²² διαλογισμῶν²³ πονηρῶν; **5** Ἀκούσατε, ἀδελφοί μου ἀγαπητοί. Οὐχ ὁ θεὸς ἐξελέξατο²⁴ τοὺς πτωχοὺς¹⁵ τοῦ κόσμου πλουσίους²⁵ ἐν πίστει, καὶ κληρονόμους²⁶ τῆς βασιλείας ἧς ἐπηγγείλατο²⁷ τοῖς ἀγαπῶσιν αὐτόν; **6** Ὑμεῖς δὲ ἠτιμάσατε²⁸ τὸν πτωχόν.¹⁵ Οὐχ οἱ πλούσιοι²⁵ καταδυναστεύουσιν²⁹ ὑμῶν, καὶ αὐτοὶ ἕλκουσιν³⁰ ὑμᾶς εἰς κριτήρια;³¹ **7** Οὐκ αὐτοὶ βλασφημοῦσιν³² τὸ καλὸν ὄνομα τὸ ἐπικληθὲν³³ ἐφ᾽ ὑμᾶς; **8** Εἰ μέντοι³⁴ νόμον τελεῖτε³⁵ βασιλικόν,³⁶ κατὰ τὴν γραφήν, Ἀγαπήσεις τὸν πλησίον³⁷ σου ὡς σεαυτόν,³⁸ καλῶς¹⁹ ποιεῖτε· **9** εἰ δὲ προσωποληπτεῖτε,³⁹ ἁμαρτίαν ἐργάζεσθε,⁴⁰ ἐλεγχόμενοι⁴¹ ὑπὸ τοῦ νόμου

---

¹ἀπατῶν: *PAP-NSM* ⁶ἐπισκέπτεσθαι: *PNN* ¹⁷ἐπιβλέψητε: *AAS-2P* ¹⁸φοροῦντα: *PAP-ASM* ²¹διεκρίθητε: *API-2P* ²⁴ἐξελέξατο: *AMI-3S* ²⁷ἐπηγγείλατο: *ADI-3S* ²⁸ἠτιμάσατε: *AAI-2P* ²⁹καταδυναστεύουσιν: *PAI-3P* ³⁰ἕλκουσιν: *PAI-3P* ³²βλασφημοῦσιν: *PAI-3P* ³³ἐπικληθὲν: *APP-ASN* ³⁵τελεῖτε: *PAI-2P* ³⁹προσωποληπτεῖτε: *PAI-2P* ⁴⁰ἐργάζεσθε: *PNI-2P* ⁴¹ἐλεγχόμενοι: *PPP-NPM*

---

¹ἀπατάω, [4] I deceive, cheat, lead into error. ²μάταιος, αία, αιον, [6] vain, unreal, ineffectual, unproductive; practically: godless. ³θρησκεία, ας, ἡ, [4] (underlying sense: reverence or worship of the gods), worship as expressed in ritual acts, religion. ⁴καθαρός, ά, όν, [28] clean, pure, unstained, either literally or ceremonially or spiritually; guiltless, innocent, upright. ⁵ἀμίαντος, ον, [4] undefiled, untainted, free from contamination. ⁶ἐπισκέπτομαι, [11] I look upon, visit, look out, select. ⁷ὀρφανός, ή, όν, [2] bereaved, an orphan, fatherless, desolate. ⁸χήρα, ας, ἡ, [27] a widow. ⁹θλῖψις, εως, ἡ, [45] persecution, affliction, distress, tribulation. ¹⁰ἄσπιλος, ον, [4] unstained, undefiled, spotless, pure. ¹¹προσωποληψία, ας, ἡ, [4] partiality, favoritism. ¹²χρυσοδακτύλιος, ον, [1] adorned with a gold ring. ¹³ἐσθής, ῆτος, ἡ, [8] clothing, raiment, vestment, robe. ¹⁴λαμπρός, ά, όν, [9] shining, magnificent, bright, splendid. ¹⁵πτωχός, ή, όν, [34] poor, destitute, spiritually poor, either in a good sense (humble devout persons) or bad. ¹⁶ῥυπαρός, ά, όν, [2] filthy, defiled, dirty. ¹⁷ἐπιβλέπω, [3] I look with favor on, regard. ¹⁸φορέω, [6] I carry, wear, bear constantly. ¹⁹καλῶς, [36] well, nobly, honorably, rightly. ²⁰ὑποπόδιον, ου, τό, [9] a footstool. ²¹διακρίνω, [19] I separate, distinguish, discern one thing from another; I doubt, hesitate, waver. ²²κριτής, ου, ὁ, [17] a judge, magistrate, ruler. ²³διαλογισμός, οῦ, ὁ, [14] a calculation, reasoning, thought, movement of thought, deliberation, plotting. ²⁴ἐκλέγομαι, [21] I pick out for myself, choose, elect, select. ²⁵πλούσιος, α, ον, [28] rich, abounding in, wealthy; subst: a rich man. ²⁶κληρονόμος, ου, ὁ, [15] an heir, an inheritor. ²⁷ἐπαγγέλλομαι, [15] I promise, profess. ²⁸ἀτιμάζω, [6] I disgrace, treat disgracefully, dishonor, insult; I despise. ²⁹καταδυναστεύω, [2] I overpower, quell, treat harshly. ³⁰ἑλκύω, [8] I drag, draw, pull, persuade, unsheathe. ³¹κριτήριον, ου, τό, [3] criterion; a law-court; a law-case before an arbiter; a cause, controversy. ³²βλασφημέω, [35] I speak evil against, blaspheme, use abusive or scurrilous language about (God or men). ³³ἐπικαλέω, [32] (a) I call (name) by a supplementary (additional, alternative) name, (b) mid: I call upon, appeal to, address. ³⁴μέντοι, [8] (a) indeed, really, (b) yet, however, nevertheless. ³⁵τελέω, [26] (a) I end, finish, (b) I fulfill, accomplish, (c) I pay. ³⁶βασιλικός, ή, όν, [5] connected with a king, royal, regal, (a) an officer in the service of the king, (b) the king's country. ³⁷πλησίον, [16] near, nearby, a neighbor. ³⁸σεαυτοῦ, ῆς, οῦ, [41] of yourself. ³⁹προσωποληπτέω, [1] I favor specially, show partiality. ⁴⁰ἐργάζομαι, [39] I work, trade, perform, do, practice, commit, acquire by labor. ⁴¹ἐλέγχω, [18] (a) I reprove, rebuke, discipline, (b) I expose, show to be guilty.

ὡς παραβάται. ¹ 10 Ὅστις γὰρ ὅλον τὸν νόμον τηρήσει, πταίσει² δὲ ἐν ἑνί, γέγονεν πάντων ἔνοχος.³ 11 Ὁ γὰρ εἰπών, Μὴ μοιχεύσῃς,⁴ εἶπεν καί, Μὴ φονεύσῃς·⁵ εἰ δὲ οὐ μοιχεύσεις,⁶ φονεύσεις⁷ δέ, γέγονας παραβάτης¹ νόμου. 12 Οὕτως λαλεῖτε καὶ οὕτως ποιεῖτε, ὡς διὰ νόμου ἐλευθερίας⁸ μέλλοντες κρίνεσθαι. 13 Ἡ γὰρ κρίσις⁹ ἀνέλεος¹⁰ τῷ μὴ ποιήσαντι ἔλεος·¹¹ κατακαυχᾶται¹² ἔλεον¹¹ κρίσεως.⁹

14 Τί τὸ ὄφελος,¹³ ἀδελφοί μου, ἐὰν πίστιν λέγῃ τις ἔχειν, ἔργα δὲ μὴ ἔχῃ; Μὴ δύναται ἡ πίστις σῶσαι αὐτόν; 15 Ἐὰν δὲ ἀδελφὸς ἢ ἀδελφὴ¹⁴ γυμνοὶ¹⁵ ὑπάρχωσιν καὶ λειπόμενοι¹⁶ ὦσιν τῆς ἐφημέρου¹⁷ τροφῆς,¹⁸ 16 εἴπῃ δέ τις αὐτοῖς ἐξ ὑμῶν, Ὑπάγετε ἐν εἰρήνῃ, θερμαίνεσθε¹⁹ καὶ χορτάζεσθε,²⁰ μὴ δῶτε δὲ αὐτοῖς τὰ ἐπιτήδεια²¹ τοῦ σώματος, τί τὸ ὄφελος;¹³ 17 Οὕτως καὶ ἡ πίστις, ἐὰν μὴ ἔργα ἔχῃ, νεκρά ἐστιν καθ᾽ ἑαυτήν. 18 Ἀλλ᾽ ἐρεῖ τις, Σὺ πίστιν ἔχεις, κἀγὼ ἔργα ἔχω· δεῖξόν²² μοι τὴν πίστιν σου ἐκ τῶν ἔργων σου, κἀγὼ δείξω²³ σοι ἐκ τῶν ἔργων μου τὴν πίστιν μου. 19 Σὺ πιστεύεις ὅτι ὁ θεὸς εἷς ἐστιν· καλῶς²⁴ ποιεῖς· καὶ τὰ δαιμόνια πιστεύουσιν, καὶ φρίσσουσιν.²⁵ 20 Θέλεις δὲ γνῶναι, ὦ²⁶ ἄνθρωπε κενέ,²⁷ ὅτι ἡ πίστις χωρὶς²⁸ τῶν ἔργων νεκρά ἐστιν; 21 Ἀβραὰμ ὁ πατὴρ ἡμῶν οὐκ ἐξ ἔργων ἐδικαιώθη,²⁹ ἀνενέγκας³⁰ Ἰσαὰκ τὸν υἱὸν αὐτοῦ ἐπὶ τὸ θυσιαστήριον;³¹ 22 Βλέπεις ὅτι ἡ πίστις συνήργει³² τοῖς ἔργοις αὐτοῦ, καὶ ἐκ τῶν ἔργων ἡ πίστις ἐτελειώθη;³³ 23 Καὶ ἐπληρώθη ἡ γραφὴ ἡ λέγουσα, Ἐπίστευσεν δὲ Ἀβραὰμ τῷ θεῷ, καὶ ἐλογίσθη³⁴ αὐτῷ εἰς δικαιοσύνην, καὶ φίλος³⁵ θεοῦ ἐκλήθη.

---

²πταίσει: FAI-3S ⁴μοιχεύσεις: FAI-2S ⁵φονεύσεις: FAI-2S ⁶μοιχεύσεις: FAI-2S ⁷φονεύσεις: FAI-2S
¹²κατακαυχᾶται: PNI-3S ¹⁶λειπόμενοι: PPP-NPM ¹⁹θερμαίνεσθε: PEM-2P ²⁰χορτάζεσθε: PPM-2P ²²δεῖξόν: AAM-2S ²³δείξω: FAI-1S ²⁵φρίσσουσιν: PAI-3P ²⁹ἐδικαιώθη: API-3S ³⁰ἀνενέγκας: AAP-NSM ³²συνήργει: IAI-3S ³³ἐτελειώθη: API-3S ³⁴ἐλογίσθη: API-3S

---

¹παραβάτης, ου, ὁ, [5] a transgressor, law-breaker. ²πταίω, [5] I stumble, fall, sin, err, transgress. ³ἔνοχος, ον, [10] involved in, held in, hence: liable, generally with dat. (or gen.) of the punishment. ⁴μοιχεύω, [14] I commit adultery (of a man with a married woman, but also of a married man). ⁵φονεύω, [12] I murder, kill. ⁶μοιχεύω, [14] I commit adultery (of a man with a married woman, but also of a married man). ⁷φονεύω, [12] I murder, kill. ⁸ἐλευθερία, ας, ἡ, [11] freedom, liberty, especially: a state of freedom from slavery. ⁹κρίσις, εως, ἡ, [48] judging, judgment, decision, sentence; generally: divine judgment; accusation. ¹⁰ἀνέλεος, ον, [1] without mercy, merciless. ¹¹ἔλεος, ους, τό, [28] pity, mercy, compassion. ¹²κατακαυχάομαι, [4] I boast against, exult over. ¹³ὄφελος, ους, τό, [3] advantage, gain, profit, help. ¹⁴ἀδελφή, ῆς, ἡ, [25] a sister, a woman (fellow-)member of a church, a Christian woman. ¹⁵γυμνός, ή, όν, [15] rarely: stark-naked; generally: wearing only the under-garment; bare, open, manifest; mere. ¹⁶λείπω, [6] (earlier: I leave behind, abandon), (a) I am wanting, (b) mid: e.g. with gen: I come behind (in a race), am left behind in, fall short of (some standard), am wanting in. ¹⁷ἐφήμερος, ον, [1] for the day, daily, necessary for every day. ¹⁸τροφή, ῆς, ἡ, [16] food, nourishment, maintenance. ¹⁹θερμαίνω, [6] I warm; mid: I warm myself. ²⁰χορτάζω, [15] I feed, satisfy, fatten. ²¹ἐπιτήδειος, α, ον, [1] necessary, suitable, fit. ²²δείκνυμι, [31] I point out, show, exhibit; met: I teach, demonstrate, make known. ²³δείκνυμι, [31] I point out, show, exhibit; met: I teach, demonstrate, make known. ²⁴καλῶς, [36] well, nobly, honorably, rightly. ²⁵φρίσσω, [1] I shudder, shiver, tremble. ²⁶ὦ, [17] O, an exclamation, used in addressing someone. ²⁷κενός, ή, όν, [18] (a) empty, (b) met: empty (in moral content), vain, ineffective, foolish, worthless, (c) false, unreal, pretentious, hollow. ²⁸χωρίς, [39] apart from, separately from; without. ²⁹δικαιόω, [39] I make righteous, defend the cause of, plead for the righteousness (innocence) of, acquit, justify; hence: I regard as righteous. ³⁰ἀναφέρω, [10] (a) I carry up, lead up, (b) I offer up (on a high altar) as a sacrifice, offer up to God on high. ³¹θυσιαστήριον, ου, τό, [23] an altar (for sacrifice). ³²συνεργέω, [5] I cooperate with, work together. ³³τελειόω, [24] (a) as a course, a race, or the like: I complete, finish (b) as of time or prediction: I accomplish, (c) I make perfect; pass: I am perfected. ³⁴λογίζομαι, [41] I reckon, count, charge with; reason, decide, conclude; think, suppose. ³⁵φίλος, η, ον, [30] friendly; subst: a friend, an associate.

24 Ὁρᾶτε τοίνυν¹ ὅτι ἐξ ἔργων δικαιοῦται² ἄνθρωπος, καὶ οὐκ ἐκ πίστεως μόνον. **25** Ὁμοίως³ δὲ καὶ Ῥαὰβ ἡ πόρνη⁴ οὐκ ἐξ ἔργων ἐδικαιώθη,⁵ ὑποδεξαμένη⁶ τοὺς ἀγγέλους, καὶ ἑτέρα ὁδῷ ἐκβαλοῦσα; **26** Ὥσπερ⁷ γὰρ τὸ σῶμα χωρὶς⁸ πνεύματος νεκρόν ἐστιν, οὕτως καὶ ἡ πίστις χωρὶς⁸ τῶν ἔργων νεκρά ἐστιν.

Caution against False Activity in Teaching and the Use of the Tongue

3 Μὴ πολλοὶ διδάσκαλοι γίνεσθε, ἀδελφοί μου, εἰδότες ὅτι μεῖζον κρίμα⁹ ληψόμεθα. **2** Πολλὰ γὰρ πταίομεν¹⁰ ἅπαντες.¹¹ Εἴ τις ἐν λόγῳ οὐ πταίει,¹² οὗτος τέλειος¹³ ἀνήρ, δυνατὸς¹⁴ χαλιναγωγῆσαι¹⁵ καὶ ὅλον τὸ σῶμα. **3** Ἴδε,¹⁶ τῶν ἵππων¹⁷ τοὺς χαλινοὺς¹⁸ εἰς τὰ στόματα βάλλομεν πρὸς τὸ πείθεσθαι αὐτοὺς ἡμῖν, καὶ ὅλον τὸ σῶμα αὐτῶν μετάγομεν.¹⁹ **4** Ἰδού, καὶ τὰ πλοῖα, τηλικαῦτα²⁰ ὄντα, καὶ ὑπὸ σκληρῶν²¹ ἀνέμων²² ἐλαυνόμενα,²³ μετάγεται²⁴ ὑπὸ ἐλαχίστου²⁵ πηδαλίου,²⁶ ὅπου ἂν ἡ ὁρμὴ²⁷ τοῦ εὐθύνοντος²⁸ βούληται.²⁹ **5** Οὕτως καὶ ἡ γλῶσσα μικρὸν³⁰ μέλος³¹ ἐστίν, καὶ μεγαλαυχεῖ.³² Ἰδού, ὀλίγον³³ πῦρ ἡλίκην³⁴ ὕλην³⁵ ἀνάπτει.³⁶ **6** Καὶ ἡ γλῶσσα πῦρ, ὁ κόσμος τῆς ἀδικίας·³⁷ οὕτως ἡ γλῶσσα καθίσταται³⁸ ἐν τοῖς μέλεσιν³¹ ἡμῶν, ἡ σπιλοῦσα³⁹ ὅλον τὸ σῶμα, καὶ φλογίζουσα⁴⁰ τὸν τροχὸν⁴¹ τῆς γενέσεως,⁴² καὶ

---

²δικαιοῦται: PPI-3S ⁵ἐδικαιώθη: API-3S ⁶ὑποδεξαμένη: ADP-NSF ¹⁰πταίομεν: PAI-1P ¹²πταίει: PAI-3S ¹⁵χαλιναγωγῆσαι: AAN ¹⁶Ἴδε: 2AAM-2S ¹⁹μετάγομεν: PAI-1P ²³ἐλαυνόμενα: PPP-NPN ²⁴μετάγεται: PPI-3S ²⁸εὐθύνοντος: PAP-GSM ²⁹βούληται: PNS-3S ³²μεγαλαυχεῖ: PAI-3S ³⁶ἀνάπτει: PAI-3S ³⁸καθίσταται: PPI-3S ³⁹σπιλοῦσα: PAP-NSF ⁴⁰φλογίζουσα: PAP-NSF

---

¹τοίνυν, [4] indeed now, therefore, accordingly, well then. ²δικαιόω, [39] I make righteous, defend the cause of, plead for the righteousness (innocence) of, acquit, justify; hence: I regard as righteous. ³ὁμοίως, [32] in like manner, similarly, in the same way, equally. ⁴πόρνη, ης, ἡ, [12] a prostitute; met: an idolatrous community. ⁵δικαιόω, [39] I make righteous, defend the cause of, plead for the righteousness (innocence) of, acquit, justify; hence: I regard as righteous. ⁶ὑποδέχομαι, [4] I receive as a guest, entertain hospitably, welcome. ⁷ὥσπερ, [42] just as, as, even as. ⁸χωρίς, [39] apart from, separately from; without. ⁹κρίμα, ατος, τό, [28] (a) a judgment, a verdict; sometimes implying an adverse verdict, a condemnation, (b) a case at law, a lawsuit. ¹⁰πταίω, [5] I stumble, fall, sin, err, transgress. ¹¹ἅπας, ασα, αν, [39] all, the whole, altogether. ¹²πταίω, [5] I stumble, fall, sin, err, transgress. ¹³τέλειος, α, ον, [19] perfect, (a) complete in all its parts, (b) full grown, of full age, (c) specially of the completeness of Christian character. ¹⁴δυνατός, ή, όν, [36] (a) of persons: powerful, able, (b) of things: possible. ¹⁵χαλιναγωγέω, [2] I bridle, curb, restrain, sway. ¹⁶ἴδε, [35] See! Lo! Behold! Look! ¹⁷ἵππος, ου, ὁ, [18] a horse. ¹⁸χαλινός, οῦ, ὁ, [2] a bridle, bit. ¹⁹μετάγω, [2] (usually: transfer, transport, and met: to a better mind), I turn about, change the position of; pass: I am brought back. ²⁰τηλικοῦτος, αύτη, οῦτο, [4] so great, so large, important. ²¹σκληρός, ά, όν, [5] hard, violent, harsh, stern. ²²ἄνεμος, ου, ὁ, [31] the wind; fig: applied to empty doctrines. ²³ἐλαύνω, [5] (a) trans: I drive (on), propel, (b) intrans: I row. ²⁴μετάγω, [2] (usually: transfer, transport, and met: to a better mind), I turn about, change the position of; pass: I am brought back. ²⁵ἐλάχιστος, ίστη, ιστον, [13] least, smallest, but perhaps oftener in the weaker sense: very little, very small. ²⁶πηδάλιον, ου, τό, [2] the rudder of a ship. ²⁷ὁρμή, ῆς, ἡ, [2] a rush, violent assault, impulse. ²⁸εὐθύνω, [2] (a) I make straight (of the direction, not the surface, of a road), (b) I guide, steer. ²⁹βούλομαι, [34] I will, intend, desire, wish. ³⁰μικρός, ά, όν, [45] little, small. ³¹μέλος, ους, τό, [34] a bodily organ, limb, member. ³²μεγαλαυχέω, [1] I boast, am arrogant, vaunt. ³³ὀλίγος, η, ον, [43] (a) especially in plur: few, (b) in sing: small; hence, of time: short, of degree: light, slight, little. ³⁴ἡλίκος, η, ον, [2] of which size, of what size, how small, how much. ³⁵ὕλη, ης, ἡ, [1] wood, fuel. ³⁶ἀνάπτω, [3] I kindle, set on fire, light. ³⁷ἀδικία, ας, ἡ, [26] injustice, unrighteousness, hurt. ³⁸καθίστημι, [21] I set down, bring down to a place; I set in order, appoint, make, constitute. ³⁹σπιλόω, [2] I defile, spot, stain, soil. ⁴⁰φλογίζω, [2] I inflame, fire with passion, set on fire, burn up. ⁴¹τροχός, οῦ, ὁ, [1] a wheel, course. ⁴²γένεσις, εως, ἡ, [3] birth, lineage, descent.

φλογιζομένη¹ ὑπὸ τῆς γεέννης.² **7** Πᾶσα γὰρ φύσις³ θηρίων⁴ τε καὶ πετεινῶν,⁵ ἑρπετῶν⁶ τε καὶ ἐναλίων,⁷ δαμάζεται⁸ καὶ δεδάμασται⁹ τῇ φύσει³ τῇ ἀνθρωπίνῃ·¹⁰ **8** τὴν δὲ γλῶσσαν οὐδεὶς δύναται ἀνθρώπων δαμάσαι·¹¹ ἀκατάσχετον¹² κακόν, μεστὴ¹³ ἰοῦ¹⁴ θανατηφόρου.¹⁵ **9** Ἐν αὐτῇ εὐλογοῦμεν¹⁶ τὸν θεὸν καὶ πατέρα, καὶ ἐν αὐτῇ καταρώμεθα¹⁷ τοὺς ἀνθρώπους τοὺς καθ᾽ ὁμοίωσιν¹⁸ θεοῦ γεγονότας· **10** ἐκ τοῦ αὐτοῦ στόματος ἐξέρχεται εὐλογία¹⁹ καὶ κατάρα.²⁰ Οὐ χρή,²¹ ἀδελφοί μου, ταῦτα οὕτως γίνεσθαι. **11** Μήτι²² ἡ πηγὴ²³ ἐκ τῆς αὐτῆς ὀπῆς²⁴ βρύει²⁵ τὸ γλυκὺ²⁶ καὶ τὸ πικρόν;²⁷ **12** Μὴ δύναται, ἀδελφοί μου, συκῆ²⁸ ἐλαίας²⁹ ποιῆσαι, ἢ ἄμπελος³⁰ σῦκα;³¹ Οὕτως οὐδεμία πηγὴ²³ ἁλυκὸν³² καὶ γλυκὺ²⁶ ποιῆσαι ὕδωρ.

13 Τίς σοφὸς³³ καὶ ἐπιστήμων³⁴ ἐν ὑμῖν; Δειξάτω³⁵ ἐκ τῆς καλῆς ἀναστροφῆς³⁶ τὰ ἔργα αὐτοῦ ἐν πραΰτητι³⁷ σοφίας. **14** Εἰ δὲ ζῆλον³⁸ πικρὸν²⁷ ἔχετε καὶ ἐριθείαν³⁹ ἐν τῇ καρδίᾳ ὑμῶν, μὴ κατακαυχᾶσθε⁴⁰ καὶ ψεύδεσθε⁴¹ κατὰ τῆς ἀληθείας. **15** Οὐκ ἔστιν αὕτη ἡ σοφία ἄνωθεν⁴² κατερχομένη,⁴³ ἀλλ᾽ ἐπίγειος,⁴⁴ ψυχική,⁴⁵ δαιμονιώδης.⁴⁶ **16** Ὅπου γὰρ ζῆλος³⁸ καὶ ἐριθεία,³⁹ ἐκεῖ ἀκαταστασία⁴⁷ καὶ πᾶν φαῦλον⁴⁸ πρᾶγμα.⁴⁹

---

¹φλογιζομένη: PPP-NSF   ⁸δαμάζεται: PPI-3S   ⁹δεδάμασται: RPI-3S   ¹¹δαμάσαι: AAN   ¹⁶εὐλογοῦμεν: PAI-1P   ¹⁷καταρώμεθα: PNI-1P   ²¹χρή: PAI-3S   ²⁵βρύει: PAI-3S   ³⁵Δειξάτω: AAM-3S   ⁴⁰κατακαυχᾶσθε: PNM-2P   ⁴¹ψεύδεσθε: PNM-2P   ⁴³κατερχομένη: PNP-NSF

---

¹φλογίζω, [2] I inflame, fire with passion, set on fire, burn up. ²γέεννα, ης, ἡ, [12] Gehenna, and originally the name of a valley or cavity near Jerusalem, a place underneath the earth, a place of punishment for evil. ³φύσις, εως, ἡ, [14] nature, inherent nature, origin, birth. ⁴θηρίον, ου, τό, [46] properly: a wild beast, hence: any animal; met: a brute. ⁵πετεινόν, οῦ, τό, [14] a bird, fowl. ⁶ἑρπετόν, οῦ, τό, [4] a creeping creature, reptile, especially a serpent. ⁷ἐνάλιος, ον, [1] marine, living in the sea. ⁸δαμάζω, [4] I tame, subdue, involving obedience and restraint. ⁹δαμάζω, [4] I tame, subdue, involving obedience and restraint. ¹⁰ἀνθρώπινος, η, ον, [7] belonging to human beings (especially as contrasted with God), human (as contrasted with divine). ¹¹δαμάζω, [4] I tame, subdue, involving obedience and restraint. ¹²ἀκατάσχετος, ον, [1] unrestrainable, unruly, untamable. ¹³μεστός, ή, όν, [8] full, filled with. ¹⁴ἰός, οῦ, ὁ, [3] poison, rust; an arrow. ¹⁵θανατηφόρος, ον, [1] death-bringing, deadly. ¹⁶εὐλογέω, [43] (lit: I speak well of) I bless; pass: I am blessed. ¹⁷καταράομαι, [6] I curse. ¹⁸ὁμοίωσις, εως, ἡ, [1] making like, likeness, resemblance. ¹⁹εὐλογία, ας, ἡ, [16] adulation, praise, blessing, gift. ²⁰κατάρα, ας, ἡ, [6] cursing; a curse; meton: a doomed one. ²¹χρή, [1] it is necessary, proper, fitting. ²²μήτι, [16] if not, unless, whether at all. ²³πηγή, ῆς, ἡ, [12] a fountain, spring, well, issue, flow. ²⁴ὀπή, ῆς, ἡ, [2] a crevice (in a rock), a cave, an opening, hole. ²⁵βρύω, [1] I cause to gush forth, send forth. ²⁶γλυκύς, εῖα, ύ, [4] sweet. ²⁷πικρός, ά, όν, [2] bitter, acrid, malignant. ²⁸συκῆ, ῆς, ἡ, [16] a fig-tree. ²⁹ἐλαία, ας, ἡ, [15] an olive tree; the Mount of Olives. ³⁰ἄμπελος, ου, ἡ, [9] a vine, grape-vine. ³¹σῦκον, ου, τό, [4] a (ripe) fig. ³²ἁλυκός, ή, όν, [1] salty, saltine, bitter. ³³σοφός, ή, όν, [22] wise, learned, cultivated, skilled, clever. ³⁴ἐπιστήμων, ον, [1] skillful, experienced, knowing. ³⁵δείκνυμι, [31] I point out, show, exhibit; met: I teach, demonstrate, make known. ³⁶ἀναστροφή, ῆς, ἡ, [13] dealing with other men, conduct, life, behavior, manner of life. ³⁷πραΰτης, τητος, ἡ, [12] mildness, gentleness. ³⁸ζῆλος, ου, ὁ, [17] (a) eagerness, zeal, enthusiasm, (b) jealousy, rivalry. ³⁹ἐριθεία, ας, ἡ, [7] (the seeking of followers and adherents by means of gifts, the seeking of followers, hence) ambition, rivalry, self-seeking; a feud, faction. ⁴⁰κατακαυχάομαι, [4] I boast against, exult over. ⁴¹ψεύδομαι, [12] I deceive, lie, speak falsely. ⁴²ἄνωθεν, [13] (a) from above, from heaven, (b) from the beginning, from their origin (source), from of old, (c) again, anew. ⁴³κατέρχομαι, [13] I come down from sky to earth, or from high land to lower land (or to the coast), or from the high seas to the shore. ⁴⁴ἐπίγειος, ον, [7] (a) on the earth, belonging to the earth (as opposed to the sky), (b) in a spiritual sense, belonging to the earthly sphere, earthly (as opposed to heavenly). ⁴⁵ψυχικός, ή, όν, [6] animal, natural, sensuous. ⁴⁶δαιμονιώδης, ες, [1] demon-like, such as demons have. ⁴⁷ἀκαταστασία, ας, ἡ, [5] disturbance, upheaval, revolution, almost anarchy, first in the political, and thence in the moral sphere. ⁴⁸φαῦλος, η, ον, [4] worthless, wicked, base. ⁴⁹πρᾶγμα, ατος, τό, [11] a thing done, a deed, action; a matter, an affair.

17 Ἡ δὲ ἄνωθεν¹ σοφία πρῶτον μὲν ἁγνή² ἐστιν, ἔπειτα³ εἰρηνική,⁴ ἐπιεικής,⁵ εὐπειθής,⁶ μεστὴ⁷ ἐλέους⁸ καὶ καρπῶν ἀγαθῶν, ἀδιάκριτος⁹ καὶ ἀνυπόκριτος.¹⁰ **18** Καρπὸς δὲ τῆς δικαιοσύνης ἐν εἰρήνῃ σπείρεται τοῖς ποιοῦσιν εἰρήνην.

Caution against Worldly-Mindedness and Its Consequences

4 Πόθεν¹¹ πόλεμοι¹² καὶ μάχαι¹³ ἐν ὑμῖν; Οὐκ ἐντεῦθεν,¹⁴ ἐκ τῶν ἡδονῶν¹⁵ ὑμῶν τῶν στρατευομένων¹⁶ ἐν τοῖς μέλεσιν¹⁷ ὑμῶν; **2** Ἐπιθυμεῖτε,¹⁸ καὶ οὐκ ἔχετε· φονεύετε¹⁹ καὶ ζηλοῦτε,²⁰ καὶ οὐ δύνασθε ἐπιτυχεῖν·²¹ μάχεσθε²² καὶ πολεμεῖτε,²³ οὐκ ἔχετε διὰ τὸ μὴ αἰτεῖσθαι ὑμᾶς· **3** αἰτεῖτε, καὶ οὐ λαμβάνετε, διότι²⁴ κακῶς²⁵ αἰτεῖσθε, ἵνα ἐν ταῖς ἡδοναῖς¹⁵ ὑμῶν δαπανήσητε.²⁶ **4** Μοιχοὶ²⁷ καὶ μοιχαλίδες,²⁸ οὐκ οἴδατε ὅτι ἡ φιλία²⁹ τοῦ κόσμου ἔχθρα³⁰ τοῦ θεοῦ ἐστιν; Ὃς ἂν οὖν βουληθῇ³¹ φίλος³² εἶναι τοῦ κόσμου, ἐχθρὸς³³ τοῦ θεοῦ καθίσταται.³⁴ **5** Ἢ δοκεῖτε ὅτι κενῶς³⁵ ἡ γραφὴ λέγει; Πρὸς φθόνον³⁶ ἐπιποθεῖ³⁷ τὸ πνεῦμα ὃ κατῴκησεν³⁸ ἐν ἡμῖν. **6** Μείζονα δὲ δίδωσιν χάριν· διὸ λέγει, Ὁ θεὸς ὑπερηφάνοις³⁹ ἀντιτάσσεται,⁴⁰ ταπεινοῖς⁴¹ δὲ δίδωσιν χάριν. **7** Ὑποτάγητε⁴² οὖν τῷ θεῷ· ἀντίστητε⁴³ δὲ τῷ διαβόλῳ,⁴⁴ καὶ φεύξεται⁴⁵ ἀφ᾽ ὑμῶν. **8** Ἐγγίσατε⁴⁶ τῷ

---

¹⁶στρατευομένων: PMP-GPF ¹⁸Ἐπιθυμεῖτε: PAI-2P ¹⁹φονεύετε: PAI-2P ²⁰ζηλοῦτε: PAI-2P ²¹ἐπιτυχεῖν: 2AAN ²²μάχεσθε: PNI-2P ²³πολεμεῖτε: PAI-2P ²⁶δαπανήσητε: AAS-2P ³¹βουληθῇ: AOS-3S ³⁴καθίσταται: PPI-3S ³⁷ἐπιποθεῖ: PAI-3S ³⁸κατῴκησεν: AAI-3S ⁴⁰ἀντιτάσσεται: PMI-3S ⁴²Ὑποτάγητε: 2APM-2P ⁴³ἀντίστητε: 2AAM-2P ⁴⁵φεύξεται: FDI-3S ⁴⁶Ἐγγίσατε: AAM-2P

---

¹ἄνωθεν, [13] (a) from above, from heaven, (b) from the beginning, from their origin (source), from of old, (c) again, anew. ²ἁγνός, ή, όν, [8] (originally, in a condition prepared for worship), pure (either ethically, or ritually, ceremonially), chaste. ³ἔπειτα, [16] then, thereafter, afterwards. ⁴εἰρηνικός, ή, όν, [2] peaceable, disposed to peace, profitable. ⁵ἐπιεικής, ές, [5] gentle, mild, forbearing, fair, reasonable, moderate. ⁶εὐπειθής, ές, [1] compliant, ready to obey. ⁷μεστός, ή, όν, [8] full, filled with. ⁸ἔλεος, ους, τό, [28] pity, mercy, compassion. ⁹ἀδιάκριτος, ον, [1] without uncertainty, unambiguous, undivided, wholehearted. ¹⁰ἀνυπόκριτος, ον, [6] unfeigned, without hypocrisy, sincere. ¹¹πόθεν, [28] whence, from what place. ¹²πόλεμος, ου, ὁ, [19] a war, battle, strife. ¹³μάχη, ης, ἡ, [4] (earlier: a battle, conflict, hence) in the sphere of words, etc: strife, contention, quarrel. ¹⁴ἐντεῦθεν, [11] hence, from this place, on this side and on that. ¹⁵ἡδονή, ῆς, ἡ, [5] pleasure, a pleasure, especially sensuous pleasure; a strong desire, passion. ¹⁶στρατεύομαι, [7] I wage war, fight, serve as a soldier; fig: of the warring lusts against the soul. ¹⁷μέλος, ους, τό, [34] a bodily organ, limb, member. ¹⁸ἐπιθυμέω, [16] I long for, covet, lust after, set the heart upon. ¹⁹φονεύω, [12] I murder, kill. ²⁰ζηλόω, [11] (a) intrans: I am jealous, (b) trans: I am jealous of, with acc. of a person; I am eager for, am eager to possess, with acc. of a thing. ²¹ἐπιτυγχάνω, [5] I attain, obtain, acquire. ²²μάχομαι, [4] I engage in battle, fight; hence: I strive, contend, dispute. ²³πολεμέω, [7] I make war, contend, fight, battle. ²⁴διότι, [24] on this account, because, for. ²⁵κακῶς, [16] badly, evilly, wrongly. ²⁶δαπανάω, [5] I spend, bear expense, waste, squander. ²⁷μοιχός, οῦ, ὁ, [4] an adulterer, that is, a man who is guilty with a married woman. ²⁸μοιχαλίς, ίδος, ἡ, [7] (a) an adulteress (that is, a married woman who commits adultery), (b) Hebraistically: extended to those who worship any other than the true God. ²⁹φιλία, ας, ἡ, [1] friendship, affection, fondness, love. ³⁰ἔχθρα, ας, ἡ, [6] enmity, hostility, alienation. ³¹βούλομαι, [34] I will, intend, desire, wish. ³²φίλος, η, ον, [30] friendly; subst: a friend, an associate. ³³ἐχθρός, ά, όν, [32] hated, hostile; subst: an enemy. ³⁴καθίστημι, [21] I set down, bring down to a place; I set in order, appoint, make, constitute. ³⁵κενῶς, [1] falsely, in vain, to no purpose. ³⁶φθόνος, ου, ὁ, [9] envy, a grudge, spite. ³⁷ἐπιποθέω, [9] I long for, strain after, desire greatly, have affection for. ³⁸κατοικέω, [45] I dwell in, settle in, am established in (permanently), inhabit. ³⁹ὑπερήφανος, ον, [5] proud, arrogant, disdainful. ⁴⁰ἀντιτάσσομαι, [5] I set myself against, resist (the attack of). ⁴¹ταπεινός, ή, όν, [8] humble, lowly, in position or spirit (in a good sense). ⁴²ὑποτάσσω, [40] I place under, subject to; mid, pass: I submit, put myself into subjection. ⁴³ἀνθίστημι, [14] I set against; I withstand, resist, oppose. ⁴⁴διάβολος, ον, [38] (adj. used often as a noun), slanderous; with the article: the Slanderer (par excellence), the Devil. ⁴⁵φεύγω, [31] I flee, escape, shun. ⁴⁶ἐγγίζω, [43] trans: I bring near; intrans: I come near, approach.

θεῷ, καὶ ἐγγιεῖ[1] ὑμῖν· καθαρίσατε[2] χεῖρας, ἁμαρτωλοί,[3] καὶ ἁγνίσατε[4] καρδίας, δίψυχοι.[5] 9 Ταλαιπωρήσατε[6] καὶ πενθήσατε[7] καὶ κλαύσατε·[8] ὁ γέλως[9] ὑμῶν εἰς πένθος[10] μεταστραφήτω,[11] καὶ ἡ χαρὰ εἰς κατήφειαν.[12] 10 Ταπεινώθητε[13] ἐνώπιον τοῦ κυρίου, καὶ ὑψώσει[14] ὑμᾶς.

11 Μὴ καταλαλεῖτε[15] ἀλλήλων, ἀδελφοί. Ὁ καταλαλῶν[16] ἀδελφοῦ, καὶ κρίνων τὸν ἀδελφὸν αὐτοῦ, καταλαλεῖ[17] νόμου, καὶ κρίνει νόμον· εἰ δὲ νόμον κρίνεις, οὐκ εἶ ποιητὴς[18] νόμου, ἀλλὰ κριτής.[19] 12 Εἷς ἐστὶν ὁ νομοθέτης,[20] ὁ δυνάμενος σῶσαι καὶ ἀπολέσαι· σὺ δὲ τίς εἶ ὃς κρίνεις τὸν ἕτερον;

13 Ἄγε νῦν οἱ λέγοντες, Σήμερον[21] καὶ αὔριον[22] πορευσώμεθα εἰς τήνδε[23] τὴν πόλιν, καὶ ποιήσωμεν ἐκεῖ ἐνιαυτὸν[24] ἕνα, καὶ ἐμπορευσώμεθα,[25] καὶ κερδήσωμεν·[26] 14 οἵτινες οὐκ ἐπίστασθε[27] τὸ τῆς αὔριον.[22] Ποία[28] γὰρ ἡ ζωὴ ὑμῶν; Ἀτμὶς[29] γὰρ ἔσται ἡ πρὸς ὀλίγον[30] φαινομένη,[31] ἔπειτα[32] δὲ καὶ ἀφανιζομένη.[33] 15 Ἀντὶ[34] τοῦ λέγειν ὑμᾶς, Ἐὰν ὁ κύριος θελήσῃ, καὶ ζήσωμεν, καὶ ποιήσωμεν τοῦτο ἢ ἐκεῖνο. 16 Νῦν δὲ καυχᾶσθε[35] ἐν ταῖς ἀλαζονείαις[36] ὑμῶν· πᾶσα καύχησις[37] τοιαύτη πονηρά ἐστιν. 17 Εἰδότι οὖν καλὸν ποιεῖν καὶ μὴ ποιοῦντι, ἁμαρτία αὐτῷ ἐστίν.

---

[1]ἐγγιεῖ: FAI-3S-ATT [2]καθαρίσατε: AAM-2P [4]ἁγνίσατε: AAM-2P [6]Ταλαιπωρήσατε: AAM-2P [7]πενθήσατε: AAM-2P [8]κλαύσατε: AAM-2P [11]μεταστραφήτω: 2APM-3S [13]Ταπεινώθητε: APM-2P [14]ὑψώσει: FAI-3S [15]καταλαλεῖτε: PAM-2P [16]καταλαλῶν: PAP-NSM [17]καταλαλεῖ: PAI-3S [25]ἐμπορευσώμεθα: ADS-1P [26]κερδήσωμεν: AAS-1P [27]ἐπίστασθε: PNI-2P [31]φαινομένη: PEP-NSF [33]ἀφανιζομένη: PPP-NSF [35]καυχᾶσθε: PNI-2P

---

[1]ἐγγίζω, [43] trans: I bring near; intrans: I come near, approach. [2]καθαρίζω, [30] I cleanse, make clean, literally, ceremonially, or spiritually, according to context. [3]ἁμαρτωλός, ον, [48] sinning, sinful, depraved, detestable. [4]ἁγνίζω, [7] I cleanse, purify, either ceremonially, actually, or morally. [5]δίψυχος, ον, [2] (lit: of two souls, of two selves), double-minded, wavering. [6]ταλαιπωρέω, [1] I endure severe hardship, am harassed, complain. [7]πενθέω, [10] I mourn, lament, feel guilt. [8]κλαίω, [40] I weep, weep for, mourn, lament. [9]γέλως, ωτος, ὁ, [1] laughter. [10]πένθος, ους, τό, [5] mourning, sorrow, sadness, grief. [11]μεταστρέφω, [3] I turn, change, corrupt, pervert. [12]κατήφεια, ας, ἡ, [1] a downcast countenance as a sign of sorrow, gloominess, gloom, dejection. [13]ταπεινόω, [14] I make or bring low, humble, humiliate; pass: I am humbled. [14]ὑψόω, [20] (a) I raise on high, lift up, (b) I exalt, set on high. [15]καταλαλέω, [5] I speak evil of, rail at, slander. [16]καταλαλέω, [5] I speak evil of, rail at, slander. [17]καταλαλέω, [5] I speak evil of, rail at, slander. [18]ποιητής, οῦ, ὁ, [6] (a) a "maker," poet, (b) a doer, carrier out, performer. [19]κριτής, ου, ὁ, [17] a judge, magistrate, ruler. [20]νομοθέτης, ου, ὁ, [1] a law-giver, legislator. [21]σήμερον, [41] today, now. [22]αὔριον, [15] tomorrow. [23]ὅδε, ἥδε, τόδε, [11] this here, this, that, he, she, it. [24]ἐνιαυτός, οῦ, ὁ, [14] a year, cycle of time. [25]ἐμπορεύομαι, [2] I travel as a merchant, engage in trade; I traffic in, make gain or business of. [26]κερδαίνω, [16] I gain, acquire, win (over), avoid loss. [27]ἐπίσταμαι, [14] I know, know of, understand. [28]ποῖος, α, ον, [34] of what sort. [29]ἀτμίς, ίδος, ἡ, [2] breath, steam, vapor. [30]ὀλίγος, η, ον, [43] (a) especially in plur: few, (b) in sing: small; hence, of time: short, of degree: light, slight, little. [31]φαίνω, [31] (a) act: I shine, shed light, (b) pass: I shine, become visible, appear, (c) I become clear, appear, seem, show myself as. [32]ἔπειτα, [16] then, thereafter, afterwards. [33]ἀφανίζω, [5] I cause to disappear, hide, remove; I disfigure (probably by leaving unwashed for a long period), destroy. [34]ἀντί, [22] (a) instead of, in return for, over against, opposite, in exchange for, as a substitute for, (b) on my behalf, (c) wherefore, because. [35]καυχάομαι, [38] I boast; I glory (exult) proudly. [36]ἀλαζονεία, ας, ἡ, [2] boasting, show, arrogant display, ostentation; plur: occasions of ostentation. [37]καύχησις, εως, ἡ, [12] the act of boasting, glorying, exultation.

Various Admonitions in View of the Nearness of the Judgment

5 Ἄγε νῦν οἱ πλούσιοι,[1] κλαύσατε[2] ὀλολύζοντες[3] ἐπὶ ταῖς ταλαιπωρίαις[4] ὑμῶν ταῖς ἐπερχομέναις.[5] **2** Ὁ πλοῦτος[6] ὑμῶν σέσηπεν,[7] καὶ τὰ ἱμάτια ὑμῶν σητόβρωτα[8] γέγονεν· **3** ὁ χρυσὸς[9] ὑμῶν καὶ ὁ ἄργυρος[10] κατίωται,[11] καὶ ὁ ἰὸς[12] αὐτῶν εἰς μαρτύριον[13] ὑμῖν ἔσται, καὶ φάγεται τὰς σάρκας ὑμῶν ὡς πῦρ. Ἐθησαυρίσατε[14] ἐν ἐσχάταις ἡμέραις. **4** Ἰδού, ὁ μισθὸς[15] τῶν ἐργατῶν[16] τῶν ἀμησάντων[17] τὰς χώρας[18] ὑμῶν, ὁ ἀπεστερημένος[19] ἀφ' ὑμῶν, κράζει· καὶ αἱ βοαὶ[20] τῶν θερισάντων[21] εἰς τὰ ὦτα[22] κυρίου Σαβαὼθ[23] εἰσεληλύθασιν. **5** Ἐτρυφήσατε[24] ἐπὶ τῆς γῆς καὶ ἐσπαταλήσατε·[25] ἐθρέψατε[26] τὰς καρδίας ὑμῶν ὡς ἐν ἡμέρᾳ σφαγῆς.[27] **6** Κατεδικάσατε,[28] ἐφονεύσατε[29] τὸν δίκαιον· οὐκ ἀντιτάσσεται[30] ὑμῖν.

7 Μακροθυμήσατε[31] οὖν, ἀδελφοί, ἕως τῆς παρουσίας[32] τοῦ κυρίου. Ἰδού, ὁ γεωργὸς[33] ἐκδέχεται[34] τὸν τίμιον[35] καρπὸν τῆς γῆς, μακροθυμῶν[36] ἐπ' αὐτόν, ἕως λάβῃ ὑετὸν[37] πρώϊμον[38] καὶ ὄψιμον.[39] **8** Μακροθυμήσατε[40] καὶ ὑμεῖς, στηρίξατε[41] τὰς καρδίας ὑμῶν, ὅτι ἡ παρουσία[32] τοῦ κυρίου ἤγγικεν.[42] **9** Μὴ στενάζετε[43] κατ' ἀλλήλων, ἀδελφοί, ἵνα μὴ κριθῆτε· ἰδού, ὁ κριτὴς[44] πρὸ[45] τῶν θυρῶν[46] ἕστηκεν. **10** Ὑπόδειγμα[47] λάβετε,

---

[2]κλαύσατε: AAM-2P [3]ὀλολύζοντες: PAP-NPM [5]ἐπερχομέναις: PNP-DPF [7]σέσηπεν: 2RAI-3S [11]κατίωται: RPI-3S [14]Ἐθησαυρίσατε: AAI-2P [17]ἀμησάντων: AAP-GPM [19]ἀπεστερημένος: RPP-NSM [21]θερισάντων: AAP-GPM [24]Ἐτρυφήσατε: AAI-2P [25]ἐσπαταλήσατε: AAI-2P [26]ἐθρέψατε: AAI-2P [28]Κατεδικάσατε: AAI-2P [29]ἐφονεύσατε: AAI-2P [30]ἀντιτάσσεται: PMI-3S [31]Μακροθυμήσατε: AAM-2P [34]ἐκδέχεται: PNI-3S [36]μακροθυμῶν: PAP-NSM [40]Μακροθυμήσατε: AAM-2P [41]στηρίξατε: AAM-2P [42]ἤγγικεν: RAI-3S [43]στενάζετε: PAM-2P

---

[1]πλούσιος, α, ον, [28] rich, abounding in, wealthy; subst: a rich man. [2]κλαίω, [40] I weep, weep for, mourn, lament. [3]ὀλολύζω, [1] I howl, lament loudly, cry aloud, bewail. [4]ταλαιπωρία, ας, ἡ, [2] hardship, misery, distress, toil. [5]ἐπέρχομαι, [10] I come to, arrive, come on, come upon, attack. [6]πλοῦτος, ου, ὁ, [22] riches, wealth, abundance, materially or spiritually. [7]σήπω, [1] I cause to rot, make corrupt. [8]σητόβρωτος, ον, [1] moth-eaten. [9]χρυσός, οῦ, ὁ, [10] gold, anything made of gold, a gold coin. [10]ἄργυρος, ου, ὁ, [5] silver as a metal. [11]κατιόω, [1] I rust; pass: I am rusted, tarnished. [12]ἰός, οῦ, ὁ, [3] poison, rust; an arrow. [13]μαρτύριον, ου, τό, [20] witness, evidence, testimony, proof. [14]θησαυρίζω, [8] I store up, treasure up, save, lay up. [15]μισθός, οῦ, ὁ, [29] (a) pay, wages, salary, (b) reward, recompense, punishment. [16]ἐργάτης, ου, ὁ, [16] a field-laborer; then: a laborer, workman in general. [17]ἀμάω, [1] I mow, reap, collect. [18]χώρα, ας, ἡ, [27] (a) a country or region, (b) the land, as opposed to the sea, (c) the country, distinct from town, (d) plur: fields. [19]ἀποστερέω, [6] I defraud, deprive of, despoil; mid: I endure deprivation; pass: I am bereft of. [20]βοή, ῆς, ἡ, [1] a shout, cry. [21]θερίζω, [21] I reap, gather, harvest. [22]οὖς, ὠτός, τό, [37] (a) the ear, (b) met: the faculty of perception. [23]σαβαώθ, [2] hosts, armies. [24]τρυφάω, [1] I live a luxurious life, live self-indulgently. [25]σπαταλάω, [2] I live extravagantly, luxuriously; I am wanton. [26]τρέφω, [7] I feed, nourish; I bring up, rear, provide for. [27]σφαγή, ῆς, ἡ, [3] slaughter, sacrifice. [28]καταδικάζω, [5] I condemn, pass sentence upon. [29]φονεύω, [12] I murder, kill. [30]ἀντιτάσσομαι, [5] I set myself against, resist (the attack of). [31]μακροθυμέω, [10] I suffer long, have patience, am forbearing, perseverance. [32]παρουσία, ας, ἡ, [24] (a) presence, (b) a coming, an arrival, advent, especially of the second coming of Christ. [33]γεωργός, οῦ, ὁ, [19] a worker of the soil, husbandman, farmer, farm-laborer, vine-dresser. [34]ἐκδέχομαι, [7] I wait for, expect. [35]τίμιος, α, ον, [14] of great price, precious, honored. [36]μακροθυμέω, [10] I suffer long, have patience, am forbearing, perseverance. [37]ὑετός, οῦ, ὁ, [6] rain. [38]πρώϊμος, η, ον, [1] dawning, early. [39]ὄψιμος, ον, [1] late, latter. [40]μακροθυμέω, [10] I suffer long, have patience, am forbearing, perseverance. [41]στηρίζω, [13] (a) I fix firmly, direct myself towards, (b) generally met: I buttress, prop, support; I strengthen, establish. [42]ἐγγίζω, [43] trans: I bring near; intrans: I come near, approach. [43]στενάζω, [6] I groan, expressing grief, anger, or desire. [44]κριτής, ου, ὁ, [17] a judge, magistrate, ruler. [45]πρό, [47] (a) of place: before, in front of, (b) of time: before, earlier than. [46]θύρα, ας, ἡ, [39] (a) a door, (b) met: an opportunity. [47]ὑπόδειγμα, ατος, τό, [6] (a) a figure, copy, (b) an example, model.

ἀδελφοί μου, τῆς κακοπαθείας,¹ καὶ τῆς μακροθυμίας,² τοὺς προφήτας οἳ ἐλάλησαν τῷ ὀνόματι κυρίου. **11** Ἰδού, μακαρίζομεν³ τοὺς ὑπομένοντας·⁴ τὴν ὑπομονὴν⁵ Ἰὼβ ἠκούσατε, καὶ τὸ τέλος⁶ κυρίου ἴδετε, ὅτι πολύσπλαγχνός⁷ ἐστιν καὶ οἰκτίρμων.⁸

12 Πρὸ⁹ πάντων δέ, ἀδελφοί μου, μὴ ὀμνύετε,¹⁰ μήτε¹¹ τὸν οὐρανόν, μήτε¹¹ τὴν γῆν, μήτε¹¹ ἄλλον τινὰ ὅρκον·¹² ἤτω δὲ ὑμῶν τὸ ναί,¹³ ναί,¹³ καὶ τὸ οὔ, οὔ· ἵνα μὴ εἰς ὑπόκρισιν¹⁴ πέσητε.

13 Κακοπαθεῖ¹⁵ τις ἐν ὑμῖν; Προσευχέσθω. Εὐθυμεῖ¹⁶ τις; Ψαλλέτω.¹⁷ **14** Ἀσθενεῖ¹⁸ τις ἐν ὑμῖν; Προσκαλεσάσθω¹⁹ τοὺς πρεσβυτέρους τῆς ἐκκλησίας, καὶ προσευξάσθωσαν ἐπ᾽ αὐτόν, ἀλείψαντες²⁰ αὐτὸν ἐλαίῳ²¹ ἐν τῷ ὀνόματι τοῦ κυρίου· **15** καὶ ἡ εὐχὴ²² τῆς πίστεως σώσει τὸν κάμνοντα,²³ καὶ ἐγερεῖ αὐτὸν ὁ κύριος· κἂν²⁴ ἁμαρτίας ᾖ πεποιηκώς, ἀφεθήσεται αὐτῷ. **16** Ἐξομολογεῖσθε²⁵ ἀλλήλοις τὰ παραπτώματα,²⁶ καὶ εὔχεσθε²⁷ ὑπὲρ ἀλλήλων, ὅπως ἰαθῆτε.²⁸ Πολὺ ἰσχύει²⁹ δέησις³⁰ δικαίου ἐνεργουμένη.³¹ **17** Ἠλίας ἄνθρωπος ἦν ὁμοιοπαθὴς³² ἡμῖν, καὶ προσευχῇ³³ προσηύξατο τοῦ μὴ βρέξαι·³⁴ καὶ οὐκ ἔβρεξεν³⁵ ἐπὶ τῆς γῆς ἐνιαυτοὺς³⁶ τρεῖς καὶ μῆνας³⁷ ἕξ.³⁸ **18** Καὶ πάλιν προσηύξατο, καὶ ὁ οὐρανὸς ὑετὸν³⁹ ἔδωκεν, καὶ ἡ γῆ ἐβλάστησεν⁴⁰ τὸν καρπὸν αὐτῆς.

19 Ἀδελφοί, ἐάν τις ἐν ὑμῖν πλανηθῇ[1] ἀπὸ τῆς ἀληθείας, καὶ ἐπιστρέψῃ[2] τις αὐτόν, **20** γινωσκέτω ὅτι ὁ ἐπιστρέψας[3] ἁμαρτωλὸν[4] ἐκ πλάνης[5] ὁδοῦ αὐτοῦ σώσει ψυχὴν ἐκ θανάτου, καὶ καλύψει[6] πλῆθος[7] ἁμαρτιῶν.

---

[1]πλανηθῇ: APS-3S   [2]ἐπιστρέψῃ: AAS-3S   [3]ἐπιστρέψας: AAP-NSM   [6]καλύψει: FAI-3S

---

[1]πλανάω, [40] I lead astray, deceive, cause to wander.   [2]ἐπιστρέφω, [37] (a) trans: I turn (back) to (towards), (b) intrans: I turn (back) (to [towards]); I come to myself.   [3]ἐπιστρέφω, [37] (a) trans: I turn (back) to (towards), (b) intrans: I turn (back) (to [towards]); I come to myself.   [4]ἁμαρτωλός, ον, [48] sinning, sinful, depraved, detestable.   [5]πλάνη, ης, ἡ, [10] a wandering; fig: deceit, delusion, error, sin.   [6]καλύπτω, [8] I veil, hide, conceal, envelop.   [7]πλῆθος, ους, τό, [32] a multitude, crowd, great number, assemblage.

ΠΕΤΡΟΥ Α
First of Peter

Address and Salutation

Π έτρος, ἀπόστολος Ἰησοῦ χριστοῦ, ἐκλεκτοῖς¹ παρεπιδήμοις² διασπορᾶς³ Πόντου,⁴ Γαλατίας,⁵ Καππαδοκίας,⁶ Ἀσίας,⁷ καὶ Βιθυνίας,⁸ **2** κατὰ πρόγνωσιν⁹ θεοῦ πατρός, ἐν ἁγιασμῷ¹⁰ πνεύματος, εἰς ὑπακοὴν¹¹ καὶ ῥαντισμὸν¹² αἵματος Ἰησοῦ χριστοῦ· χάρις ὑμῖν καὶ εἰρήνη πληθυνθείη.¹³

A Praise of God for His Manifold Blessings

3 Εὐλογητὸς¹⁴ ὁ θεὸς καὶ πατὴρ τοῦ κυρίου ἡμῶν Ἰησοῦ χριστοῦ, ὁ κατὰ τὸ πολὺ αὐτοῦ ἔλεος¹⁵ ἀναγεννήσας¹⁶ ἡμᾶς εἰς ἐλπίδα ζῶσαν δι' ἀναστάσεως¹⁷ Ἰησοῦ χριστοῦ ἐκ νεκρῶν, **4** εἰς κληρονομίαν¹⁸ ἄφθαρτον¹⁹ καὶ ἀμίαντον²⁰ καὶ ἀμάραντον,²¹ τετηρημένην ἐν οὐρανοῖς εἰς ὑμᾶς, **5** τοὺς ἐν δυνάμει θεοῦ φρουρουμένους²² διὰ

---

¹³*πληθυνθείη: APO-3S* ¹⁶*ἀναγεννήσας: AAP-NSM* ²²*φρουρουμένους: PPP-APM*

---

¹*ἐκλεκτός, ή, όν, [24] chosen out, elect, choice, select, sometimes as subst: of those chosen out by God for the rendering of special service to Him (of the Hebrew race, particular Hebrews, the Messiah, and the Christians).* ²*παρεπίδημος, ον, [3] residing in a strange country; subst: a stranger, sojourner.* ³*διασπορά, ᾶς, ἡ, [3] lit: scattering abroad of seed by the sower, hence: dispersion, used especially of the Jews who had migrated and were scattered over the ancient world.* ⁴*Πόντος, ου, ὁ, [2] Pontus, a Roman province in the north of Asia Minor, bordering on the Black Sea, governed along with Bithynia.* ⁵*Γαλατία, ας, ἡ, [4] Galatia, a large Roman province in central Asia Minor, comprising the districts of Paphlagonia, Pontus Galaticus, Galatia (in the narrower sense, which some still think is intended in the NT), Phrygia Galatica, Lycaonia Galatica, Pisidia and Isaurica.* ⁶*Καππαδοκία, ας, ἡ, [2] Cappadocia, a large Roman province in the central eastern part of Asia Minor.* ⁷*Ἀσία, ας, ἡ, [18] the Roman province of Asia, roughly the western third of Asia Minor.* ⁸*βιθυνία, ας, ἡ, [2] Bithynia, a Roman province, north-west of Asia Minor and south-west of the Black Sea.* ⁹*πρόγνωσις, εως, ἡ, [2] foreknowledge, previous determination.* ¹⁰*ἁγιασμός, οῦ, ὁ, [10] the process of making or becoming holy, set apart, sanctification, holiness, consecration.* ¹¹*ὑπακοή, ῆς, ἡ, [15] obedience, submissiveness, compliance.* ¹²*ῥαντισμός, οῦ, ὁ, [2] sprinkling, purification.* ¹³*πληθύνω, [12] I increase, multiply.* ¹⁴*εὐλογητός, ή, όν, [8] (used only of God), blessed (as entitled to receive blessing from man), worthy of praise.* ¹⁵*ἔλεος, ους, τό, [28] pity, mercy, compassion.* ¹⁶*ἀναγεννάω, [2] I beget again, beget into a new life.* ¹⁷*ἀνάστασις, εως, ἡ, [42] a rising again, resurrection.* ¹⁸*κληρονομία, ας, ἡ, [14] an inheritance, an heritage, regularly the gift of God to His chosen people, in the Old Testament: the Promised Land, in NT a possession viewed in one sense as present, in another as future; a share, participation.* ¹⁹*ἄφθαρτος, ον, [7] indestructible, imperishable, incorruptible; hence: immortal.* ²⁰*ἀμίαντος, ον, [4] undefiled, untainted, free from contamination.* ²¹*ἀμάραντος, ον, [1] unfading, enduring.* ²²*φρουρέω, [4] I guard, keep, as by a military guard.*

πίστεως εἰς σωτηρίαν¹ ἑτοίμην² ἀποκαλυφθῆναι³ ἐν καιρῷ ἐσχάτῳ. **6** Ἐν ᾧ ἀγαλλιᾶσθε,⁴ ὀλίγον⁵ ἄρτι,⁶ εἰ δέον ἐστίν, λυπηθέντες⁷ ἐν ποικίλοις⁸ πειρασμοῖς,⁹ **7** ἵνα τὸ δοκίμιον¹⁰ ὑμῶν τῆς πίστεως πολὺ τιμιώτερον¹¹ χρυσίου¹² τοῦ ἀπολλυμένου, διὰ πυρὸς δὲ δοκιμαζομένου,¹³ εὑρεθῇ εἰς ἔπαινον¹⁴ καὶ τιμὴν¹⁵ καὶ εἰς δόξαν ἐν ἀποκαλύψει¹⁶ Ἰησοῦ χριστοῦ· **8** ὃν οὐκ εἰδότες ἀγαπᾶτε, εἰς ὃν ἄρτι⁶ μὴ ὁρῶντες, πιστεύοντες δέ, ἀγαλλιᾶσθε¹⁷ χαρᾷ ἀνεκλαλήτῳ¹⁸ καὶ δεδοξασμένη, **9** κομιζόμενοι¹⁹ τὸ τέλος²⁰ τῆς πίστεως ὑμῶν, σωτηρίαν¹ ψυχῶν. **10** Περὶ ἧς σωτηρίας¹ ἐξεζήτησαν²¹ καὶ ἐξηρεύνησαν²² προφῆται οἱ περὶ τῆς εἰς ὑμᾶς χάριτος προφητεύσαντες·²³ **11** ἐρευνῶντες²⁴ εἰς τίνα ἢ ποῖον²⁵ καιρὸν ἐδήλου²⁶ τὸ ἐν αὐτοῖς πνεῦμα χριστοῦ, προμαρτυρόμενον²⁷ τὰ εἰς χριστὸν παθήματα,²⁸ καὶ τὰς μετὰ ταῦτα δόξας. **12** Οἷς ἀπεκαλύφθη²⁹ ὅτι οὐχ ἑαυτοῖς, ὑμῖν δὲ διηκόνουν³⁰ αὐτά, ἃ νῦν ἀνηγγέλη³¹ ὑμῖν διὰ τῶν εὐαγγελισαμένων ὑμᾶς ἐν πνεύματι ἁγίῳ ἀποσταλέντι ἀπ' οὐρανοῦ, εἰς ἃ ἐπιθυμοῦσιν³² ἄγγελοι παρακύψαι.³³

An Admonition to Lead a Godly Life

13 Διὸ ἀναζωσάμενοι³⁴ τὰς ὀσφύας³⁵ τῆς διανοίας³⁶ ὑμῶν, νήφοντες,³⁷ τελείως³⁸ ἐλπίσατε³⁹ ἐπὶ τὴν φερομένην ὑμῖν χάριν ἐν ἀποκαλύψει¹⁶ Ἰησοῦ χριστοῦ· **14** ὡς

---

³ἀποκαλυφθῆναι: APN   ⁴ἀγαλλιᾶσθε: PNI-2P   ⁷λυπηθέντες: APP-NPM   ¹³δοκιμαζομένου: PPP-GSN
¹⁷ἀγαλλιᾶσθε: PNI-2P   ¹⁹κομιζόμενοι: PMP-NPM   ²¹ἐξεζήτησαν: AAI-3P   ²²ἐξηρεύνησαν: AAI-3P
²³προφητεύσαντες: AAP-NPM   ²⁴ἐρευνῶντες: PAP-NPM   ²⁶ἐδήλου: IAI-3S   ²⁷προμαρτυρόμενον: PNP-NSN
²⁹ἀπεκαλύφθη: API-3S   ³⁰διηκόνουν: IAI-3P   ³¹ἀνηγγέλη: 2API-3S   ³²ἐπιθυμοῦσιν: PAI-3P   ³³παρακύψαι: AAN
³⁴ἀναζωσάμενοι: AMP-NPM   ³⁷νήφοντες: PAP-NPM   ³⁹ἐλπίσατε: AAM-2P

---

¹σωτηρία, ας, ἡ, [46] welfare, prosperity, deliverance, preservation, salvation, safety.   ²ἕτοιμος, η, ον, [17] ready, prepared.   ³ἀποκαλύπτω, [26] I uncover, bring to light, reveal.   ⁴ἀγαλλιάω, [11] I exult, am full of joy.
⁵ὀλίγος, η, ον, [43] (a) especially in plur: few, (b) in sing: small; hence, of time: short, of degree: light, slight, little.   ⁶ἄρτι, [37] now, just now, at this moment.   ⁷λυπέω, [26] I pain, grieve, vex.   ⁸ποικίλος, η, ον, [10] various, of different colors, diverse, various.   ⁹πειρασμός, οῦ, ὁ, [21] (a) trial, probation, testing, being tried, (b) temptation, (c) calamity, affliction.   ¹⁰δοκίμιον, ου, τό, [2] a test, trial, what is genuine.   ¹¹τίμιος, α, ον, [14] of great price, precious, honored.   ¹²χρυσίον, ου, τό, [11] a piece of gold, golden ornament.   ¹³δοκιμάζω, [23] I put to the test, prove, examine; I distinguish by testing, approve after testing; I am fit.   ¹⁴ἔπαινος, ου, ὁ, [11] commendation, praise, approval.   ¹⁵τιμή, ῆς, ἡ, [42] a price, honor.   ¹⁶ἀποκάλυψις, εως, ἡ, [18] an unveiling, uncovering, revealing, revelation.   ¹⁷ἀγαλλιάω, [11] I exult, am full of joy.   ¹⁸ἀνεκλάλητος, ον, [1] unspeakable.
¹⁹κομίζω, [11] (a) act: I convey, bring, carry, (b) mid: I receive back, receive what has belonged to myself but has been lost, or else promised but kept back, or: I get what has come to be my own by earning, recover.   ²⁰τέλος, ους, τό, [41] (a) an end, (b) event or issue, (c) the principal end, aim, purpose, (d) a tax.   ²¹ἐκζητέω, [7] I seek out, seek out after, require.   ²²ἐξερευνάω, [1] I search diligently, I examine carefully (minutely).   ²³προφητεύω, [28] I foretell, prophesy; I set forth matter of divine teaching by special faculty.   ²⁴ἐρευνάω, [6] I search diligently, examine.   ²⁵ποῖος, α, ον, [34] of what sort.   ²⁶δηλόω, [7] I show, make clear, reveal.   ²⁷προμαρτύρομαι, [1] I predict, testify or protest beforehand.   ²⁸πάθημα, ατος, τό, [16] (a) suffering, affliction, (b) passion, emotion, (c) an undergoing, an enduring.   ²⁹ἀποκαλύπτω, [26] I uncover, bring to light, reveal.   ³⁰διακονέω, [37] I wait at table (particularly of a slave who waits on guests); I serve (generally).   ³¹ἀναγγέλλω, [18] I bring back word, report; I announce, declare.   ³²ἐπιθυμέω, [16] I long for, covet, lust after, set the heart upon.   ³³παρακύπτω, [5] I stoop, peer in, look down, look intently.   ³⁴ἀναζώννυμι, [1] I gird up, brace up (with a view to active exertion); a metaphor from the girding of the flowing tunic, to prevent its hampering one in active work.   ³⁵ὀσφύς, ύος, ἡ, [8] the loins.   ³⁶διάνοια, ας, ἡ, [12] understanding, intellect, mind, insight.   ³⁷νήφω, [6] (lit: I am sober), I am calm (vigilant), circumspect.   ³⁸τελείως, [1] perfectly, completely, without wavering.   ³⁹ἐλπίζω, [31] I hope, hope for, expect, trust.

τέκνα ὑπακοῆς,¹ μὴ συσχηματιζόμενοι² ταῖς πρότερον³ ἐν τῇ ἀγνοίᾳ⁴ ὑμῶν ἐπιθυμίαις,⁵ 15 ἀλλὰ κατὰ τὸν καλέσαντα ὑμᾶς ἅγιον καὶ αὐτοὶ ἅγιοι ἐν πάσῃ ἀναστροφῇ⁶ γενήθητε· 16 διότι⁷ γέγραπται, Ἅγιοι γίνεσθε, ὅτι ἐγὼ ἅγιός εἰμι. 17 Καὶ εἰ πατέρα ἐπικαλεῖσθε⁸ τὸν ἀπροσωπολήπτως⁹ κρίνοντα κατὰ τὸ ἑκάστου ἔργον, ἐν φόβῳ¹⁰ τὸν τῆς παροικίας¹¹ ὑμῶν χρόνον ἀναστράφητε·¹² 18 εἰδότες ὅτι οὐ φθαρτοῖς,¹³ ἀργυρίῳ¹⁴ ἢ χρυσίῳ,¹⁵ ἐλυτρώθητε¹⁶ ἐκ τῆς ματαίας¹⁷ ὑμῶν ἀναστροφῆς⁶ πατροπαραδότου,¹⁸ 19 ἀλλὰ τιμίῳ¹⁹ αἵματι ὡς ἀμνοῦ²⁰ ἀμώμου²¹ καὶ ἀσπίλου²² χριστοῦ, 20 προεγνωσμένου²³ μὲν πρὸ²⁴ καταβολῆς²⁵ κόσμου, φανερωθέντος²⁶ δὲ ἐπ᾽ ἐσχάτων τῶν χρόνων δι᾽ ὑμᾶς, 21 τοὺς δι᾽ αὐτοῦ πιστεύοντας εἰς θεόν, τὸν ἐγείραντα αὐτὸν ἐκ νεκρῶν, καὶ δόξαν αὐτῷ δόντα, ὥστε τὴν πίστιν ὑμῶν καὶ ἐλπίδα εἶναι εἰς θεόν. 22 Τὰς ψυχὰς ὑμῶν ἡγνικότες²⁷ ἐν τῇ ὑπακοῇ¹ τῆς ἀληθείας διὰ πνεύματος εἰς φιλαδελφίαν²⁸ ἀνυπόκριτον,²⁹ ἐκ καθαρᾶς³⁰ καρδίας ἀλλήλους ἀγαπήσατε ἐκτενῶς·³¹ 23 ἀναγεγεννημένοι³² οὐκ ἐκ σπορᾶς³³ φθαρτῆς,¹³ ἀλλὰ ἀφθάρτου,³⁴ διὰ λόγου ζῶντος θεοῦ καὶ μένοντος εἰς τὸν αἰῶνα. 24 Διότι,⁷ Πᾶσα σὰρξ ὡς χόρτος,³⁵ καὶ πᾶσα δόξα ἀνθρώπου ὡς ἄνθος³⁶ χόρτου.³⁵ Ἐξηράνθη³⁷ ὁ χόρτος,³⁵ καὶ τὸ ἄνθος³⁶ αὐτοῦ ἐξέπεσεν·³⁸ 25 τὸ δὲ ῥῆμα κυρίου μένει εἰς τὸν αἰῶνα. Τοῦτο δέ ἐστιν τὸ ῥῆμα τὸ εὐαγγελισθὲν εἰς ὑμᾶς.

---

²συσχηματιζόμενοι: PEP-NPM ⁸ἐπικαλεῖσθε: PMI-2P ¹²ἀναστράφητε: 2APM-2P ¹⁶ἐλυτρώθητε: API-2P ²³προεγνωσμένου: RPP-GSM ²⁶φανερωθέντος: APP-GSM ²⁷ἡγνικότες: RAP-NPM ³²ἀναγεγεννημένοι: RPP-NPM ³⁷Ἐξηράνθη: API-3S ³⁸ἐξέπεσεν: 2AAI-3S

---

¹ὑπακοή, ῆς, ἡ, [15] obedience, submissiveness, compliance. ²συσχηματίζω, [2] I conform to. ³πρότερον, [11] formerly, before. ⁴ἄγνοια, ας, ἡ, [4] ignorance, inadvertence, sometimes with the idea of willful blindness. ⁵ἐπιθυμία, ας, ἡ, [38] desire, eagerness for, inordinate desire, lust. ⁶ἀναστροφή, ῆς, ἡ, [13] dealing with other men, conduct, life, behavior, manner of life. ⁷διότι, [24] on this account, because, for. ⁸ἐπικαλέω, [32] (a) I call (name) by a supplementary (additional, alternative) name, (b) mid: I call upon, appeal to, address. ⁹ἀπροσωπολήπτως, [1] (literary and Jewish), without any preference (undue favor, partiality) for a person. ¹⁰φόβος, ου, ὁ, [47] (a) fear, terror, alarm, (b) the object or cause of fear, (c) reverence, respect. ¹¹παροικία, ας, ἡ, [2] a sojourning, a dwelling in a strange land. ¹²ἀναστρέφω, [11] I overturn; I turn back, return; I turn hither and thither; pass: I turn myself about; I sojourn, dwell; I conduct myself, behave, live. ¹³φθαρτός, ή, όν, [6] corruptible, perishable. ¹⁴ἀργύριον, ου, τό, [20] silver, a piece of silver, a shekel, money in general. ¹⁵χρυσίον, ου, τό, [11] a piece of gold, golden ornament. ¹⁶λυτρόω, [3] I release on receipt of ransom; mid: I redeem, release by paying ransom, liberate. ¹⁷μάταιος, αία, αιον, [6] vain, unreal, ineffectual, unproductive; practically: godless. ¹⁸πατροπαράδοτος, ον, [1] handed down by (from) one's ancestors, inherited. ¹⁹τίμιος, α, ον, [14] of great price, precious, honored. ²⁰ἀμνός, οῦ, ὁ, [4] a lamb (as a type of innocence, and with sacrificial connotation). ²¹ἄμωμος, ον, [7] blameless, without blemish, unblemished, faultless. ²²ἄσπιλος, ον, [4] unstained, undefiled, spotless, pure. ²³προγινώσκω, [5] I know beforehand, foreknow. ²⁴πρό, [47] (a) of place: before, in front of, (b) of time: before, earlier than. ²⁵καταβολή, ῆς, ἡ, [11] (a) foundation, (b) depositing, sowing, deposit, technically used of the act of conception. ²⁶φανερόω, [49] I make clear (visible, manifest), make known. ²⁷ἁγνίζω, [7] I cleanse, purify, either ceremonially, actually, or morally. ²⁸φιλαδελφία, ας, ἡ, [6] brotherly love, love of Christian brethren. ²⁹ἀνυπόκριτος, ον, [6] unfeigned, without hypocrisy, sincere. ³⁰καθαρός, ά, όν, [28] clean, pure, unstained, either literally or ceremonially or spiritually; guiltless, innocent, upright. ³¹ἐκτενῶς, [1] earnestly, strenuously, fervently. ³²ἀναγεννάω, [2] I beget again, beget into a new life. ³³σπορά, ᾶς, ἡ, [1] seed sown, a sowing. ³⁴ἄφθαρτος, ον, [7] indestructible, imperishable, incorruptible; hence: immortal. ³⁵χόρτος, ου, ὁ, [15] grass, herbage, growing grain, hay. ³⁶ἄνθος, ους, τό, [4] bloom, possibly a reference to the bright flowers, such as poppies (among the grass). ³⁷ξηραίνω, [16] I dry up, parch, am ripened, wither, waste away. ³⁸ἐκπίπτω, [12] I fall out, fall off, fall away; hence in nautical language: I fall off from the straight course; of flowers: I fade away, wither away; I fall from, lose, forfeit; I am cast ashore; I am fruitless.

Further Practical Admonitions

2 Ἀποθέμενοι¹ οὖν πᾶσαν κακίαν² καὶ πάντα δόλον³ καὶ ὑποκρίσεις⁴ καὶ φθόνους⁵ καὶ πάσας καταλαλιάς,⁶ 2 ὡς ἀρτιγέννητα⁷ βρέφη,⁸ τὸ λογικὸν⁹ ἄδολον¹⁰ γάλα¹¹ ἐπιποθήσατε,¹² ἵνα ἐν αὐτῷ αὐξηθῆτε,¹³ 3 εἴπερ¹⁴ ἐγεύσασθε¹⁵ ὅτι χρηστός¹⁶ ὁ κύριος· 4 πρὸς ὃν προσερχόμενοι, λίθον ζῶντα, ὑπὸ ἀνθρώπων μὲν ἀποδεδοκιμασμένον,¹⁷ παρὰ δὲ θεῷ ἐκλεκτόν,¹⁸ ἔντιμον,¹⁹ 5 καὶ αὐτοὶ ὡς λίθοι ζῶντες οἰκοδομεῖσθε²⁰ οἶκος πνευματικός,²¹ ἱεράτευμα²² ἅγιον, ἀνενέγκαι²³ πνευματικὰς²¹ θυσίας²⁴ εὐπροσδέκτους²⁵ τῷ θεῷ διὰ Ἰησοῦ χριστοῦ. 6 Διότι²⁶ περιέχει²⁷ ἐν τῇ γραφῇ, Ἰδού, τίθημι ἐν Σιὼν²⁸ λίθον ἀκρογωνιαῖον,²⁹ ἐκλεκτόν,¹⁸ ἔντιμον·¹⁹ καὶ ὁ πιστεύων ἐπ᾽ αὐτῷ οὐ μὴ καταισχυνθῇ.³⁰ 7 Ὑμῖν οὖν ἡ τιμὴ³¹ τοῖς πιστεύουσιν· ἀπειθοῦσιν³² δέ, Λίθον ὃν ἀπεδοκίμασαν³³ οἱ οἰκοδομοῦντες,³⁴ οὗτος ἐγενήθη εἰς κεφαλὴν γωνίας,³⁵ 8 καί, Λίθος προσκόμματος³⁶ καὶ πέτρα³⁷ σκανδάλου·³⁸ οἳ προσκόπτουσιν³⁹ τῷ λόγῳ ἀπειθοῦντες·⁴⁰ εἰς ὃ καὶ ἐτέθησαν. 9 Ὑμεῖς δὲ γένος⁴¹ ἐκλεκτόν,¹⁸ βασίλειον⁴² ἱεράτευμα,²² ἔθνος ἅγιον, λαὸς εἰς περιποίησιν,⁴³ ὅπως τὰς ἀρετὰς⁴⁴ ἐξαγγείλητε⁴⁵ τοῦ ἐκ σκότους⁴⁶ ὑμᾶς καλέσαντος εἰς

---

¹Ἀποθέμενοι: 2AMP-NPM ¹²ἐπιποθήσατε: AAM-2P ¹³αὐξηθῆτε: APS-2P ¹⁵ἐγεύσασθε: ADI-2P ¹⁷ἀποδεδοκιμασμένον: RPP-ASM ²⁰οἰκοδομεῖσθε: PPI-2P ²³ἀνενέγκαι: AAN ²⁷περιέχει: PAI-3S ³⁰καταισχυνθῇ: APS-3S ³²ἀπειθοῦσιν: PAP-DPM ³³ἀπεδοκίμασαν: AAI-3P ³⁴οἰκοδομοῦντες: PAP-NPM ³⁹προσκόπτουσιν: PAI-3P ⁴⁰ἀπειθοῦντες: PAP-NPM ⁴⁵ἐξαγγείλητε: AAS-2P

---

¹ἀποτίθημι, [8] I lay off or aside, renounce, stow away, put. ²κακία, ας, ἡ, [11] (a) evil (i.e. trouble, labor, misfortune), (b) wickedness, (c) vicious disposition, malice, spite. ³δόλος, ου, ὁ, [11] deceit, guile, treachery. ⁴ὑπόκρισις, εως, ἡ, [7] (lit: stage-playing), a response, answer, hypocrisy, dissembling. ⁵φθόνος, ου, ὁ, [9] envy, a grudge, spite. ⁶καταλαλιά, ας, ἡ, [2] evil-speaking, backbiting, detraction, slander. ⁷ἀρτιγέννητος, ον, [1] newly begotten, newly born. ⁸βρέφος, ους, τό, [8] infant, babe, child in arms. ⁹λογικός, ή, όν, [2] (a) reasonable, rational, (b) metaphorical, as contrasted with the literal. ¹⁰ἄδολος, ον, [1] unadulterated, pure, guileless. ¹¹γάλα, ακτος, τό, [5] milk. ¹²ἐπιποθέω, [9] I long for, strain after, desire greatly, have affection for. ¹³αὐξάνω, [23] (a) I cause to increase, become greater (b) I increase, grow. ¹⁴εἴπερ, [6] if indeed, if so. ¹⁵γεύομαι, [15] (a) I taste, (b) I experience. ¹⁶χρηστός, ή, όν, [7] useful, gentle, pleasant, kind. ¹⁷ἀποδοκιμάζω, [9] I reject after testing (examination), disqualify. ¹⁸ἐκλεκτός, ή, όν, [24] chosen out, elect, choice, select, sometimes as subst: of those chosen out by God for the rendering of special service to Him (of the Hebrew race, particular Hebrews, the Messiah, and the Christians). ¹⁹ἔντιμος, ον, [5] (held precious, hence) precious, honored, honorable in rank. ²⁰οἰκοδομέω, [39] I erect a building, build; fig. of the building up of character: I build up, edify, encourage. ²¹πνευματικός, ή, όν, [26] spiritual. ²²ἱεράτευμα, ατος, τό, [2] the act or office of priesthood. ²³ἀναφέρω, [10] (a) I carry up, lead up, (b) I offer up (on a high altar) as a sacrifice, offer up to God on high. ²⁴θυσία, ας, ἡ, [29] abstr. and concr: sacrifice; a sacrifice, offering. ²⁵εὐπρόσδεκτος, ον, [5] well-received, acceptable, welcome, pleasing. ²⁶διότι, [24] on this account, because, for. ²⁷περιέχω, [3] (a) I contain (of a book containing subject matter); hence: it stands (has its content) thus, (b) I encompass, surround, get hold of, seize. ²⁸Σιών, ἡ, [7] Zion, the hill; used for Jerusalem or heaven. ²⁹ἀκρογωνιαῖος, α, ον, [2] in the corner (of a building); subst: corner-(stone). ³⁰καταισχύνω, [13] I shame, disgrace, bring to shame, put to utter confusion, frustrate. ³¹τιμή, ῆς, ἡ, [42] a price, honor. ³²ἀπειθέω, [16] I disobey, rebel, am disloyal, refuse conformity. ³³ἀποδοκιμάζω, [9] I reject after testing (examination), disqualify. ³⁴οἰκοδομέω, [39] I erect a building, build; fig. of the building up of character: I build up, edify, encourage. ³⁵γωνία, ας, ἡ, [9] a corner; met: a secret place. ³⁶πρόσκομμα, ατος, τό, [6] a stumbling-block, an occasion for falling, a moral embarrassment. ³⁷πέτρα, ας, ἡ, [16] a rock, ledge, cliff, cave, stony ground. ³⁸σκάνδαλον, ου, τό, [15] a snare, stumbling-block, cause for error. ³⁹προσκόπτω, [8] I stumble, strike the foot against, beat upon, take offense at. ⁴⁰ἀπειθέω, [16] I disobey, rebel, am disloyal, refuse conformity. ⁴¹γένος, ους, τό, [21] offspring, family, race, nation, kind. ⁴²βασίλειος, ον, [3] courtiers, palaces, a body of kings, royal. ⁴³περιποίησις, εως, ἡ, [5] acquiring, obtaining, possessing, possession, ownership. ⁴⁴ἀρετή, ῆς, ἡ, [5] goodness, a gracious act, virtue, uprightness. ⁴⁵ἐξαγγέλλω, [1] I announce publicly, proclaim. ⁴⁶σκότος, ους, τό, [32] darkness, either physical or moral.

τὸ θαυμαστὸν¹ αὐτοῦ φῶς· 10 οἱ ποτὲ² οὐ λαός, νῦν δὲ λαὸς θεοῦ· οἱ οὐκ ἠλεημένοι,³ νῦν δὲ ἐλεηθέντες.⁴

Specific Admonitions Concerning the Station of the Christians

11 Ἀγαπητοί, παρακαλῶ ὡς παροίκους⁵ καὶ παρεπιδήμους,⁶ ἀπέχεσθαι⁷ τῶν σαρκικῶν⁸ ἐπιθυμιῶν,⁹ αἵτινες στρατεύονται¹⁰ κατὰ τῆς ψυχῆς· 12 τὴν ἀναστροφὴν¹¹ ὑμῶν ἔχοντες καλὴν ἐν τοῖς ἔθνεσιν, ἵνα, ἐν ᾧ καταλαλοῦσιν¹² ὑμῶν ὡς κακοποιῶν,¹³ ἐκ τῶν καλῶν ἔργων, ἐποπτεύσαντες,¹⁴ δοξάσωσιν τὸν θεὸν ἐν ἡμέρᾳ ἐπισκοπῆς.¹⁵

13 Ὑποτάγητε¹⁶ οὖν πάσῃ ἀνθρωπίνῃ¹⁷ κτίσει¹⁸ διὰ τὸν κύριον· εἴτε βασιλεῖ, ὡς ὑπερέχοντι·¹⁹ 14 εἴτε ἡγεμόσιν,²⁰ ὡς δι᾽ αὐτοῦ πεμπομένοις εἰς ἐκδίκησιν²¹ κακοποιῶν,¹³ ἔπαινον²² δὲ ἀγαθοποιῶν.²³ 15 Ὅτι οὕτως ἐστὶν τὸ θέλημα τοῦ θεοῦ, ἀγαθοποιοῦντας²⁴ φιμοῦν²⁵ τὴν τῶν ἀφρόνων²⁶ ἀνθρώπων ἀγνωσίαν·²⁷ 16 ὡς ἐλεύθεροι,²⁸ καὶ μὴ ὡς ἐπικάλυμμα²⁹ ἔχοντες τῆς κακίας³⁰ τὴν ἐλευθερίαν,³¹ ἀλλ᾽ ὡς δοῦλοι θεοῦ. 17 Πάντας τιμήσατε.³² Τὴν ἀδελφότητα³³ ἀγαπήσατε. Τὸν θεὸν φοβεῖσθε. Τὸν βασιλέα τιμᾶτε.³⁴

18 Οἱ οἰκέται,³⁵ ὑποτασσόμενοι³⁶ ἐν παντὶ φόβῳ³⁷ τοῖς δεσπόταις,³⁸ οὐ μόνον τοῖς ἀγαθοῖς καὶ ἐπιεικέσιν,³⁹ ἀλλὰ καὶ τοῖς σκολιοῖς.⁴⁰ 19 Τοῦτο γὰρ χάρις, εἰ διὰ

---

³ἠλεημένοι: RPP-NPM   ⁴ἐλεηθέντες: APP-NPM   ⁷ἀπέχεσθαι: PMN   ¹⁰στρατεύονται: PMI-3P   ¹²καταλαλοῦσιν: PAI-3P   ¹⁴ἐποπτεύσαντες: AAP-NPM   ¹⁶Ὑποτάγητε: 2APM-2P   ¹⁹ὑπερέχοντι: PAP-DSM   ²⁴ἀγαθοποιοῦντας: PAP-APM   ²⁵φιμοῦν: PAN   ³²τιμήσατε: AAM-2P   ³⁴τιμᾶτε: PAM-2P   ³⁶ὑποτασσόμενοι: PPP-NPM

---

¹θαυμαστός, ή, όν, [7] to be wondered at, wonderful, marvelous.   ²ποτέ, [29] at one time or other, at some time, formerly.   ³ἐλεέω, [31] I pity, have mercy on.   ⁴ἐλεέω, [31] I pity, have mercy on.   ⁵πάροικος, ον, [4] foreign, alien, subst: a foreigner, sojourner.   ⁶παρεπίδημος, ον, [3] residing in a strange country; subst: a stranger, sojourner.   ⁷ἀπέχω, [18] I have in full, am far, it is enough.   ⁸σαρκικός, ή, όν, [11] fleshly, carnal, earthly.   ⁹ἐπιθυμία, ας, ἡ, [38] desire, eagerness for, inordinate desire, lust.   ¹⁰στρατεύομαι, [7] I wage war, fight, serve as a soldier; fig: of the warring lusts against the soul.   ¹¹ἀναστροφή, ῆς, ἡ, [13] dealing with other men, conduct, life, behavior, manner of life.   ¹²καταλαλέω, [5] I speak evil of, rail at, slander.   ¹³κακοποιός, όν, [5] doing evil; subst: an evil-doer.   ¹⁴ἐποπτεύω, [2] I am an eyewitness of, behold, look upon.   ¹⁵ἐπισκοπή, ῆς, ἡ, [4] (a) visitation (of judgment), (b) oversight, supervision, overseership.   ¹⁶ὑποτάσσω, [40] I place under, subject to; mid, pass: I submit, put myself into subjection.   ¹⁷ἀνθρώπινος, η, ον, [7] belonging to human beings (especially as contrasted with God), human (as contrasted with divine).   ¹⁸κτίσις, εως, ἡ, [19] (often of the founding of a city), (a) abstr: creation, (b) concr: creation, creature, institution; always of Divine work, (c) an institution, ordinance.   ¹⁹ὑπερέχω, [5] I excel, surpass, am superior.   ²⁰ἡγεμών, όνος, ὁ, [22] a leader, guide; a commander; a governor (of a province); plur: leaders.   ²¹ἐκδίκησις, εως, ἡ, [9] (a) a defense, avenging, vindication, vengeance, (b) full (complete) punishment.   ²²ἔπαινος, ου, ὁ, [11] commendation, praise, approval.   ²³ἀγαθοποιός, οῦ, ὁ, [1] a doer of that which is good.   ²⁴ἀγαθοποιέω, [11] I do that which is good.   ²⁵φιμόω, [8] I muzzle, silence.   ²⁶ἄφρων, ονος, ον, [11] senseless, foolish, inconsiderate.   ²⁷ἀγνωσία, ας, ἡ, [2] ignorance; specifically: willful ignorance.   ²⁸ἐλεύθερος, έρα, ερον, [23] free, delivered from obligation.   ²⁹ἐπικάλυμμα, ατος, τό, [1] a covering, cloak, veil, pretext.   ³⁰κακία, ας, ἡ, [11] (a) evil (i.e. trouble, labor, misfortune), (b) wickedness, (c) vicious disposition, malice, spite.   ³¹ἐλευθερία, ας, ἡ, [11] freedom, liberty, especially: a state of freedom from slavery.   ³²τιμάω, [21] (a) I value at a price, estimate, (b) I honor, reverence.   ³³ἀδελφότης, τητος, ἡ, [2] brotherhood (in the collective sense), the members of the Christian Church, Christendom.   ³⁴τιμάω, [21] (a) I value at a price, estimate, (b) I honor, reverence.   ³⁵οἰκέτης, ου, ὁ, [4] a household servant.   ³⁶ὑποτάσσω, [40] I place under, subject to; mid, pass: I submit, put myself into subjection.   ³⁷φόβος, ου, ὁ, [47] (a) fear, terror, alarm, (b) the object or cause of fear, (c) reverence, respect.   ³⁸δεσπότης, ου, ὁ, [10] a lord, master, or prince.   ³⁹ἐπιεικής, ές, [5] gentle, mild, forbearing, fair, reasonable, moderate.   ⁴⁰σκολιός, ά, όν, [4] crooked, perverse, unfair, curved, tortuous.

συνείδησιν¹ θεοῦ ὑποφέρει² τις λύπας,³ πάσχων⁴ ἀδίκως.⁵ 20 Ποῖον⁶ γὰρ κλέος,⁷ εἰ ἁμαρτάνοντες⁸ καὶ κολαφιζόμενοι⁹ ὑπομενεῖτε;¹⁰ Ἀλλ᾽ εἰ ἀγαθοποιοῦντες¹¹ καὶ πάσχοντες¹² ὑπομενεῖτε,¹³ τοῦτο χάρις παρὰ θεῷ. 21 Εἰς τοῦτο γὰρ ἐκλήθητε, ὅτι καὶ χριστὸς ἔπαθεν¹⁴ ὑπὲρ ἡμῶν, ὑμῖν ὑπολιμπάνων¹⁵ ὑπογραμμόν,¹⁶ ἵνα ἐπακολουθήσητε¹⁷ τοῖς ἴχνεσιν¹⁸ αὐτοῦ· 22 ὃς ἁμαρτίαν οὐκ ἐποίησεν, οὐδὲ εὑρέθη δόλος¹⁹ ἐν τῷ στόματι αὐτοῦ· 23 ὃς λοιδορούμενος²⁰ οὐκ ἀντελοιδόρει,²¹ πάσχων²² οὐκ ἠπείλει,²³ παρεδίδου δὲ τῷ κρίνοντι δικαίως·²⁴ 24 ὃς τὰς ἁμαρτίας ἡμῶν αὐτὸς ἀνήνεγκεν²⁵ ἐν τῷ σώματι αὐτοῦ ἐπὶ τὸ ξύλον,²⁶ ἵνα, ταῖς ἁμαρτίαις ἀπογενόμενοι,²⁷ τῇ δικαιοσύνῃ ζήσωμεν· οὗ τῷ μώλωπι²⁸ αὐτοῦ ἰάθητε.²⁹ 25 Ἦτε γὰρ ὡς πρόβατα³⁰ πλανώμενα·³¹ ἀλλ᾽ ἐπεστράφητε³² νῦν ἐπὶ τὸν ποιμένα³³ καὶ ἐπίσκοπον³⁴ τῶν ψυχῶν ὑμῶν.

Exhortations to the Married

3 Ὁμοίως,³⁵ αἱ γυναῖκες, ὑποτασσόμεναι³⁶ τοῖς ἰδίοις ἀνδράσιν, ἵνα, καὶ εἴ τινες ἀπειθοῦσιν³⁷ τῷ λόγῳ, διὰ τῆς τῶν γυναικῶν ἀναστροφῆς³⁸ ἄνευ³⁹ λόγου

²ὑποφέρει: PAI-3S ⁴πάσχων: PAP-NSM ⁸ἁμαρτάνοντες: PAP-NPM ⁹κολαφιζόμενοι: PPP-NPM ¹⁰ὑπομενεῖτε: FAI-2P ¹¹ἀγαθοποιοῦντες: PAP-NPM ¹²πάσχοντες: PAP-NPM ¹³ὑπομενεῖτε: FAI-2P ¹⁴ἔπαθεν: 2AAI-3S ¹⁵ὑπολιμπάνων: PAP-NSM ¹⁷ἐπακολουθήσητε: AAS-2P ²⁰λοιδορούμενος: PPP-NSM ²¹ἀντελοιδόρει: IAI-3S ²²πάσχων: PAP-NSM ²³ἠπείλει: IAI-3S ²⁵ἀνήνεγκεν: AAI-3S ²⁷ἀπογενόμενοι: 2ADP-NPM ²⁹ἰάθητε: API-2P ³¹πλανώμενα: PPP-NPN ³²ἐπεστράφητε: 2API-2P ³⁶ὑποτασσόμεναι: PPP-NPF ³⁷ἀπειθοῦσιν: PAI-3P

¹συνείδησις, εως, ἡ, [32] the conscience, a persisting notion. ²ὑποφέρω, [3] I bear up under, endure, suffer. ³λύπη, ης, ἡ, [16] pain, grief, sorrow, affliction. ⁴πάσχω, [42] I am acted upon in a certain way, either good or bad; I experience ill treatment, suffer. ⁵ἀδίκως, [1] unjustly, undeservedly. ⁶ποῖος, α, ον, [34] of what sort. ⁷κλέος, ους, τό, [1] glory, fame, praise; rumor, report, credit. ⁸ἁμαρτάνω, [43] originally: I miss the mark, hence (a) I make a mistake, (b) I sin, commit a sin (against God); sometimes the idea of sinning against a fellow-creature is present. ⁹κολαφίζω, [5] I strike with the fist, buffet; hence: I mistreat violently. ¹⁰ὑπομένω, [17] (a) I remain behind, (b) I stand my ground, show endurance, (c) I endure, bear up against, persevere. ¹¹ἀγαθοποιέω, [11] I do that which is good. ¹²πάσχω, [42] I am acted upon in a certain way, either good or bad; I experience ill treatment, suffer. ¹³ὑπομένω, [17] (a) I remain behind, (b) I stand my ground, show endurance, (c) I endure, bear up against, persevere. ¹⁴πάσχω, [42] I am acted upon in a certain way, either good or bad; I experience ill treatment, suffer. ¹⁵ὑπολιμπάνω, [1] I leave behind. ¹⁶ὑπογραμμός, οῦ, ὁ, [1] a writing-copy, an example, pattern. ¹⁷ἐπακολουθέω, [4] I follow close after, accompany, dog; I imitate, pursue, am studious of. ¹⁸ἴχνος, ους, τό, [3] a track, footstep. ¹⁹δόλος, ου, ὁ, [11] deceit, guile, treachery. ²⁰λοιδορέω, [4] I revile a person to his face, abuse insultingly. ²¹ἀντιλοιδορέω, [1] I abuse in return, give abuse for abuse. ²²πάσχω, [42] I am acted upon in a certain way, either good or bad; I experience ill treatment, suffer. ²³ἀπειλέω, [2] I threaten, forbid by threatening. ²⁴δικαίως, [5] justly, righteously. ²⁵ἀναφέρω, [10] (a) I carry up, lead up, (b) I offer up (on a high altar) as a sacrifice, offer up to God on high. ²⁶ξύλον, ου, τό, [20] anything made of wood, a piece of wood, a club, staff; the trunk of a tree, used to support the cross-bar of a cross in crucifixion. ²⁷ἀπογίνομαι, [1] I am away, am removed from, depart life, die. ²⁸μώλωψ, ωπος, ὁ, [1] a bruise, stripe, left on the body by scourging. ²⁹ἰάομαι, [28] I heal, generally of the physical, sometimes of spiritual, disease. ³⁰πρόβατον, ου, τό, [41] a sheep. ³¹πλανάω, [40] I lead astray, deceive, cause to wander. ³²ἐπιστρέφω, [37] (a) trans: I turn (back) to (towards), (b) intrans: I turn (back) (to [towards]); I come to myself. ³³ποιμήν, ένος, ὁ, [18] a shepherd; hence met: of the feeder, protector, and ruler of a flock of men. ³⁴ἐπίσκοπος, ου, ὁ, [5] (used as an official title in civil life), overseer, supervisor, ruler, especially used with reference to the supervising function exercised by an elder or presbyter of a church or congregation. ³⁵ὁμοίως, [32] in like manner, similarly, in the same way, equally. ³⁶ὑποτάσσω, [40] I place under, subject to; mid, pass: I submit, put myself into subjection. ³⁷ἀπειθέω, [16] I disobey, rebel, am disloyal, refuse conformity. ³⁸ἀναστροφή, ῆς, ἡ, [13] dealing with other men, conduct, life, behavior, manner of life. ³⁹ἄνευ, [3] without, without the cooperation (or knowledge) of.

κερδηθήσονται,¹ **2** ἐποπτεύσαντες² τὴν ἐν φόβῳ³ ἁγνὴν⁴ ἀναστροφὴν⁵ ὑμῶν. **3** Ὧν ἔστω οὐχ ὁ ἔξωθεν⁶ ἐμπλοκῆς⁷ τριχῶν,⁸ καὶ περιθέσεως⁹ χρυσίων,¹⁰ ἢ ἐνδύσεως¹¹ ἱματίων κόσμος· **4** ἀλλ᾽ ὁ κρυπτὸς¹² τῆς καρδίας ἄνθρωπος, ἐν τῷ ἀφθάρτῳ¹³ τοῦ πραέος¹⁴ καὶ ἡσυχίου¹⁵ πνεύματος, ὅ ἐστιν ἐνώπιον τοῦ θεοῦ πολυτελές.¹⁶ **5** Οὕτως γάρ ποτε¹⁷ καὶ αἱ ἅγιαι γυναῖκες αἱ ἐλπίζουσαι¹⁸ ἐπὶ θεὸν ἐκόσμουν¹⁹ ἑαυτάς, ὑποτασσόμεναι²⁰ τοῖς ἰδίοις ἀνδράσιν· **6** ὡς Σάρρα ὑπήκουσεν²¹ τῷ Ἀβραάμ, κύριον αὐτὸν καλοῦσα, ἧς ἐγενήθητε τέκνα, ἀγαθοποιοῦσαι²² καὶ μὴ φοβούμεναι μηδεμίαν πτόησιν.²³

7 Οἱ ἄνδρες ὁμοίως,²⁴ συνοικοῦντες²⁵ κατὰ γνῶσιν,²⁶ ὡς ἀσθενεστέρῳ²⁷ σκεύει²⁸ τῷ γυναικείῳ²⁹ ἀπονέμοντες³⁰ τιμήν,³¹ ὡς καὶ συγκληρονόμοι³² χάριτος ζωῆς, εἰς τὸ μὴ ἐγκόπτεσθαι³³ τὰς προσευχὰς³⁴ ὑμῶν.

Exhortations to Christians in General

8 Τὸ δὲ τέλος,³⁵ πάντες ὁμόφρονες,³⁶ συμπαθεῖς,³⁷ φιλάδελφοι,³⁸ εὔσπλαγχνοι,³⁹ φιλόφρονες·⁴⁰ **9** μὴ ἀποδιδόντες⁴¹ κακὸν ἀντὶ⁴² κακοῦ, ἢ λοιδορίαν⁴³ ἀντὶ⁴² λοιδορίας·⁴³ τοὐναντίον⁴⁴ δὲ εὐλογοῦντες,⁴⁵ εἰδότες ὅτι εἰς τοῦτο ἐκλήθητε, ἵνα εὐλογίαν⁴⁶

---

¹κερδηθήσονται: FPI-3P   ²ἐποπτεύσαντες: AAP-NPM   ¹⁸ἐλπίζουσαι: PAP-NPF   ¹⁹ἐκόσμουν: IAI-3P ²⁰ὑποτασσόμεναι: PPP-NPF   ²¹ὑπήκουσεν: AAI-3S   ²²ἀγαθοποιοῦσαι: PAP-NPF   ²⁵συνοικοῦντες: PAP-NPM ³⁰ἀπονέμοντες: PAP-NPM   ³³ἐγκόπτεσθαι: PPN   ⁴¹ἀποδιδόντες: PAP-NPM   ⁴⁵εὐλογοῦντες: PAP-NPM

---

¹κερδαίνω, [16] I gain, acquire, win (over), avoid loss.   ²ἐποπτεύω, [2] I am an eyewitness of, behold, look upon. ³φόβος, ου, ὁ, [47] (a) fear, terror, alarm, (b) the object or cause of fear, (c) reverence, respect.   ⁴ἁγνός, ή, όν, [8] (originally, in a condition prepared for worship), pure (either ethically, or ritually, ceremonially), chaste. ⁵ἀναστροφή, ῆς, ἡ, [13] dealing with other men, conduct, life, behavior, manner of life.   ⁶ἔξωθεν, [13] (a) from outside, from without, (b) outside, both as adj. and prep; with article: the outside.   ⁷ἐμπλοκή, ῆς, ἡ, [1] a plaiting, braiding.   ⁸θρίξ, τριχός, ἡ, [15] hair (of the head or of animals).   ⁹περίθεσις, εως, ἡ, [1] a putting around or on (as of ornaments).   ¹⁰χρυσίον, ου, τό, [11] a piece of gold, golden ornament.   ¹¹ἔνδυσις, εως, ἡ, [1] a putting on of clothing.   ¹²κρυπτός, ή, όν, [19] hidden, secret; as subst: the hidden (secret) things (parts), the inward nature (character).   ¹³ἄφθαρτος, ον, [7] indestructible, imperishable, incorruptible; hence: immortal. ¹⁴πραΰς, πραεῖα, πραΰ, [4] mild, gentle.   ¹⁵ἡσύχιος, α, ον, [2] quiet, tranquil, peaceful.   ¹⁶πολυτελής, ές, [3] very costly, very precious, of great value.   ¹⁷ποτέ, [29] at one time or other, at some time, formerly.   ¹⁸ἐλπίζω, [31] I hope, hope for, expect, trust.   ¹⁹κοσμέω, [10] I put into order; I decorate, deck, adorn.   ²⁰ὑποτάσσω, [40] I place under, subject to; mid, pass: I submit, put myself into subjection.   ²¹ὑπακούω, [21] I listen, hearken to, obey, answer.   ²²ἀγαθοποιέω, [11] I do that which is good.   ²³πτόησις, εως, ἡ, [1] terror, consternation, dismay. ²⁴ὁμοίως, [32] in like manner, similarly, in the same way, equally.   ²⁵συνοικέω, [1] I dwell with, live in wedlock with.   ²⁶γνῶσις, εως, ἡ, [29] knowledge, doctrine, wisdom.   ²⁷ἀσθενής, ές, [25] (lit: not strong), (a) weak (physically, or morally), (b) infirm, sick.   ²⁸σκεῦος, ους, τό, [23] a vessel to contain liquid; a vessel of mercy or wrath; any instrument by which anything is done; a household utensil; of ships: tackle.   ²⁹γυναικεῖος, α, ον, [1] belonging to woman, of woman, female.   ³⁰ἀπονέμω, [1] I assign, apportion, render (as due).   ³¹τιμή, ῆς, ἡ, [42] a price, honor.   ³²συγκληρονόμος, ου, ὁ, ἡ, [4] a joint heir, participant.   ³³ἐγκόπτω, [5] I interrupt, hinder.   ³⁴προσευχή, ῆς, ἡ, [37] (a) prayer (to God), (b) a place for prayer (used by Jews, perhaps where there was no synagogue).   ³⁵τέλος, ους, τό, [41] (a) an end, (b) event or issue, (c) the principal end, aim, purpose, (d) a tax.   ³⁶ὁμόφρων, ον, [1] of one mind (intent, purpose), like-minded.   ³⁷συμπαθής, ές, [1] sympathizing, compassionate.   ³⁸φιλάδελφος, ον, [1] loving like a brother, loving one's brethren.   ³⁹εὔσπλαγχνος, ον, [2] tender-hearted, merciful, compassionate.   ⁴⁰φιλόφρων, ον, [1] friendly, kindly, courteous.   ⁴¹ἀποδίδωμι, [47] (a) I give back, return, restore, (b) I give, render, as due, (c) mid: I sell.   ⁴²ἀντί, [22] (a) instead of, in return for, over against, opposite, in exchange for, as a substitute for, (b) on my behalf, (c) wherefore, because.   ⁴³λοιδορία, ας, ἡ, [3] reviling, abuse.   ⁴⁴τοὐναντίον, [3] on the contrary, on the other hand.   ⁴⁵εὐλογέω, [43] (lit: I speak well of) I bless; pass: I am blessed.   ⁴⁶εὐλογία, ας, ἡ, [16] adulation, praise, blessing, gift.

κληρονομήσητε. ¹ **10** Ὁ γὰρ θέλων ζωὴν ἀγαπᾶν, καὶ ἰδεῖν ἡμέρας ἀγαθάς, παυσάτω ²
τὴν γλῶσσαν αὐτοῦ ἀπὸ κακοῦ, καὶ χείλη ³ αὐτοῦ τοῦ μὴ λαλῆσαι δόλον · ⁴
11 ἐκκλινάτω ⁵ ἀπὸ κακοῦ, καὶ ποιησάτω ἀγαθόν · ζητησάτω εἰρήνην, καὶ διωξάτω ⁶
αὐτήν. **12** Ὅτι ὀφθαλμοὶ κυρίου ἐπὶ δικαίους, καὶ ὦτα ⁷ αὐτοῦ εἰς δέησιν ⁸ αὐτῶν ·
πρόσωπον δὲ κυρίου ἐπὶ ποιοῦντας κακά.

13 Καὶ τίς ὁ κακώσων ⁹ ὑμᾶς, ἐὰν τοῦ ἀγαθοῦ μιμηταὶ ¹⁰ γένησθε; **14** Ἀλλ' εἰ καὶ
πάσχοιτε ¹¹ διὰ δικαιοσύνην, μακάριοι · τὸν δὲ φόβον ¹² αὐτῶν μὴ φοβηθῆτε, μηδὲ
ταραχθῆτε · ¹³ **15** κύριον δὲ τὸν θεὸν ἁγιάσατε ¹⁴ ἐν ταῖς καρδίαις ὑμῶν · ἕτοιμοι ¹⁵ δὲ
ἀεί ¹⁶ πρὸς ἀπολογίαν ¹⁷ παντὶ τῷ αἰτοῦντι ὑμᾶς λόγον περὶ τῆς ἐν ὑμῖν ἐλπίδος, μετὰ
πραΰτητος ¹⁸ καὶ φόβου · ¹² **16** συνείδησιν ¹⁹ ἔχοντες ἀγαθήν, ἵνα, ἐν ᾧ καταλαλοῦσιν ²⁰
ὑμῶν ὡς κακοποιῶν, ²¹ καταισχυνθῶσιν ²² οἱ ἐπηρεάζοντες ²³ ὑμῶν τὴν ἀγαθὴν ἐν
χριστῷ ἀναστροφήν. ²⁴ **17** Κρεῖττον ²⁵ γὰρ ἀγαθοποιοῦντας, ²⁶ εἰ θέλοι τὸ θέλημα
τοῦ θεοῦ, πάσχειν, ²⁷ ἢ κακοποιοῦντας. ²⁸ **18** Ὅτι καὶ χριστὸς ἅπαξ ²⁹ περὶ ἁμαρτιῶν
ἔπαθεν, ³⁰ δίκαιος ὑπὲρ ἀδίκων, ³¹ ἵνα ὑμᾶς προσαγάγῃ ³² τῷ θεῷ, θανατωθεὶς ³³ μὲν
σαρκί, ζωοποιηθεὶς ³⁴ δὲ πνεύματι, **19** ἐν ᾧ καὶ τοῖς ἐν φυλακῇ ³⁵ πνεύμασιν πορευθεὶς
ἐκήρυξεν, **20** ἀπειθήσασίν ³⁶ ποτε, ³⁷ ὅτε ἀπεξεδέχετο ³⁸ ἡ τοῦ θεοῦ μακροθυμία ³⁹ ἐν

---

¹κληρονομήσητε: AAS-2P   ²παυσάτω: AAM-3S   ⁵ἐκκλινάτω: AAM-3S   ⁶διωξάτω: AAM-3S   ⁹κακώσων:
FAP-NSM   ¹¹πάσχοιτε: PAO-2P   ¹³ταραχθῆτε: APS-2P   ¹⁴ἁγιάσατε: AAM-2P   ²⁰καταλαλοῦσιν: PAI-3P
²²καταισχυνθῶσιν: APS-3P   ²³ἐπηρεάζοντες: PAP-NPM   ²⁶ἀγαθοποιοῦντας: PAP-APM   ²⁷πάσχειν: PAN
²⁸κακοποιοῦντας: PAP-APM   ³⁰ἔπαθεν: 2AAI-3S   ³²προσαγάγῃ: 2AAS-3S   ³³θανατωθεὶς: RPP-NSM
³⁴ζωοποιηθεὶς: APP-NSM   ³⁶ἀπειθήσασίν: AAP-DPM   ³⁸ἀπεξεδέχετο: INI-3S

---

¹κληρονομέω, [18] I inherit, obtain (possess) by inheritance, acquire.   ²παύω, [15] (a) act: I cause to cease,
restrain, hinder, (b) mid: I cease, stop, leave off.   ³χεῖλος, ους, τό, [7] a lip, mouth, shore, edge, brink; meton:
language, dialect.   ⁴δόλος, ου, ὁ, [11] deceit, guile, treachery.   ⁵ἐκκλίνω, [3] (lit: I bend away from), I fall
away from, turn away (from), deviate.   ⁶διώκω, [44] I pursue, hence: I persecute.   ⁷οὖς, ὠτός, τό, [37] (a)
the ear, (b) met: the faculty of perception.   ⁸δέησις, εως, ἡ, [19] supplication, prayer, entreaty.   ⁹κακόω, [6] I
treat badly, afflict, embitter, make angry.   ¹⁰μιμητής, οῦ, ὁ, [7] an imitator, follower.   ¹¹πάσχω, [42] I am acted
upon in a certain way, either good or bad; I experience ill treatment, suffer.   ¹²φόβος, ου, ὁ, [47] (a) fear, terror,
alarm, (b) the object or cause of fear, (c) reverence, respect.   ¹³ταράσσω, [17] I disturb, agitate, stir up, trouble.
¹⁴ἁγιάζω, [29] I make holy, treat as holy, set apart as holy, sanctify, hallow, purify.   ¹⁵ἕτοιμος, η, ον, [17] ready,
prepared.   ¹⁶ἀεί, [8] always, unceasingly, perpetually; on every occasion.   ¹⁷ἀπολογία, ας, ἡ, [8] a verbal
defense (particularly in a law court).   ¹⁸πραΰτης, τητος, ἡ, [12] mildness, gentleness.   ¹⁹συνείδησις, εως, ἡ,
[32] the conscience, a persisting notion.   ²⁰καταλαλέω, [5] I speak evil of, rail at, slander.   ²¹κακοποιός, όν, [5]
doing evil; subst: an evil-doer.   ²²καταισχύνω, [13] I shame, disgrace, bring to shame, put to utter confusion,
frustrate.   ²³ἐπηρεάζω, [3] I insult, treat wrongfully, molest, revile.   ²⁴ἀναστροφή, ῆς, ἡ, [13] dealing with other
men, conduct, life, behavior, manner of life.   ²⁵κρείττων, ον, [16] stronger, more excellent.   ²⁶ἀγαθοποιέω,
[11] I do that which is good.   ²⁷πάσχω, [42] I am acted upon in a certain way, either good or bad; I experience ill
treatment, suffer.   ²⁸κακοποιέω, [4] I do harm, do wrong, do evil, commit sin.   ²⁹ἅπαξ, [14] once, once for all.
³⁰πάσχω, [42] I am acted upon in a certain way, either good or bad; I experience ill treatment, suffer.   ³¹ἄδικος,
ον, [12] unjust, unrighteous, wicked.   ³²προσάγω, [4] I bring to, bring near; I come to or towards, approach.
³³θανατόω, [11] I put to death, subdue; pass: I am in danger of death, am dead to, am rid of, am parted from.
³⁴ζωοποιέω, [12] I make that which was dead to live, cause to live, quicken.   ³⁵φυλακή, ῆς, ἡ, [47] a watching,
keeping guard; a guard, prison; imprisonment.   ³⁶ἀπειθέω, [16] I disobey, rebel, am disloyal, refuse conformity.
³⁷ποτέ, [29] at one time or other, at some time, formerly.   ³⁸ἀπεκδέχομαι, [8] I expect eagerly, wait for eagerly,
look for.   ³⁹μακροθυμία, ας, ἡ, [14] patience, forbearance, longsuffering.

ἡμέραις Νῶε, κατασκευαζομένης¹ κιβωτοῦ,² εἰς ἣν ὀλίγαι,³ τοῦτ' ἔστιν ὀκτὼ⁴ ψυχαί, διεσώθησαν⁵ δι' ὕδατος· **21** ὃ ἀντίτυπον⁶ νῦν καὶ ἡμᾶς σῴζει βάπτισμα,⁷ οὐ σαρκὸς ἀπόθεσις⁸ ῥύπου,⁹ ἀλλὰ συνειδήσεως¹⁰ ἀγαθῆς ἐπερώτημα¹¹ εἰς θεόν, δι' ἀναστάσεως¹² Ἰησοῦ χριστοῦ, **22** ὅς ἐστιν ἐν δεξιᾷ τοῦ θεοῦ, πορευθεὶς εἰς οὐρανόν, ὑποταγέντων¹³ αὐτῷ ἀγγέλων καὶ ἐξουσιῶν καὶ δυνάμεων.

Admonitions in View of the Second Coming of Christ

4 Χριστοῦ οὖν παθόντος¹⁴ ὑπὲρ ἡμῶν σαρκί, καὶ ὑμεῖς τὴν αὐτὴν ἔννοιαν¹⁵ ὁπλίσασθε·¹⁶ ὅτι ὁ παθὼν¹⁷ ἐν σαρκί, πέπαυται¹⁸ ἁμαρτίας· **2** εἰς τὸ μηκέτι¹⁹ ἀνθρώπων ἐπιθυμίαις,²⁰ ἀλλὰ θελήματι θεοῦ τὸν ἐπίλοιπον²¹ ἐν σαρκὶ βιῶσαι²² χρόνον. **3** Ἀρκετὸς²³ γὰρ ἡμῖν ὁ παρεληλυθὼς²⁴ χρόνος τοῦ βίου²⁵ τὸ θέλημα τῶν ἐθνῶν κατεργάσασθαι,²⁶ πεπορευμένους ἐν ἀσελγείαις,²⁷ ἐπιθυμίαις,²⁰ οἰνοφλυγίαις,²⁸ κώμοις,²⁹ πότοις,³⁰ καὶ ἀθεμίτοις³¹ εἰδωλολατρείαις·³² **4** ἐν ᾧ ξενίζονται,³³ μὴ συντρεχόντων³⁴ ὑμῶν εἰς τὴν αὐτὴν τῆς ἀσωτίας³⁵ ἀνάχυσιν,³⁶ βλασφημοῦντες·³⁷ **5** οἳ ἀποδώσουσιν³⁸ λόγον τῷ ἑτοίμως³⁹ ἔχοντι κρῖναι ζῶντας καὶ νεκρούς. **6** Εἰς τοῦτο γὰρ καὶ νεκροῖς εὐηγγελίσθη, ἵνα κριθῶσιν μὲν κατὰ ἀνθρώπους σαρκί, ζῶσιν δὲ κατὰ θεὸν πνεύματι.

---

¹κατασκευαζομένης: PPP-GSF   ⁵διεσώθησαν: API-3P   ¹³ὑποταγέντων: 2APP-GPM   ¹⁴παθόντος: 2AAP-GSM   ¹⁶ὁπλίσασθε: AMM-2P   ¹⁷παθὼν: 2AAP-NSM   ¹⁸πέπαυται: RPI-3S   ²²βιῶσαι: AAN   ²⁴παρεληλυθὼς: 2RAP-NSM   ²⁶κατεργάσασθαι: ADN   ³³ξενίζονται: PPI-3P   ³⁴συντρεχόντων: PAP-GPM   ³⁷βλασφημοῦντες: PAP-NPM   ³⁸ἀποδώσουσιν: FAI-3P

---

¹κατασκευάζω, [11] I build, construct, prepare, make ready.   ²κιβωτός, οῦ, ἡ, [6] (properly: a wooden box, hence) the Ark, in which Noah sailed; the Ark of the Covenant.   ³ὀλίγος, η, ον, [43] (a) especially in plur: few, (b) in sing: small; hence, of time: short, of degree: light, slight, little.   ⁴ὀκτώ, [9] eight.   ⁵διασώζω, [8] I save (rescue) through (some danger), bring safely to, escaped to.   ⁶ἀντίτυπος, ον, [2] typical of, representing by type (or pattern), corresponding to, an image.   ⁷βάπτισμα, ατος, τό, [22] the rite or ceremony of baptism.   ⁸ἀπόθεσις, εως, ἡ, [2] a putting off, a laying down.   ⁹ῥύπος, ου, ὁ, [1] filth, filthiness, dirt, squalor.   ¹⁰συνείδησις, εως, ἡ, [32] the conscience, a persisting notion.   ¹¹ἐπερώτημα, ατος, τό, [1] inquiry, request, appeal, demand; a profession, pledge.   ¹²ἀνάστασις, εως, ἡ, [42] a rising again, resurrection.   ¹³ὑποτάσσω, [40] I place under, subject to; mid, pass: I submit, put myself into subjection.   ¹⁴πάσχω, [42] I am acted upon in a certain way, either good or bad; I experience ill treatment, suffer.   ¹⁵ἔννοια, ας, ἡ, [2] thinking, consideration; a thought, purpose, design, intention.   ¹⁶ὁπλίζω, [1] I make ready, arm, equip.   ¹⁷πάσχω, [42] I am acted upon in a certain way, either good or bad; I experience ill treatment, suffer.   ¹⁸παύω, [15] (a) act: I cause to cease, restrain, hinder, (b) mid: I cease, stop, leave off.   ¹⁹μηκέτι, [21] no longer, no more.   ²⁰ἐπιθυμία, ας, ἡ, [38] desire, eagerness for, inordinate desire, lust.   ²¹ἐπίλοιπος, ον, [1] remaining, that is left over, still left.   ²²βιόω, [1] I live, pass my life.   ²³ἀρκετός, ή, όν, [3] sufficient, enough.   ²⁴παρέρχομαι, [29] I pass by, pass away, pass out of sight; I am rendered void, become vain, neglect, disregard.   ²⁵βίος, ου, ὁ, [11] (a) life, (b) manner of life; livelihood.   ²⁶κατεργάζομαι, [24] I effect by labor, achieve, work out, bring about.   ²⁷ἀσέλγεια, ας, ἡ, [10] (outrageous conduct, conduct shocking to public decency, a wanton violence), wantonness, lewdness.   ²⁸οἰνοφλυγία, ας, ἡ, [1] drunkenness, debauchery.   ²⁹κῶμος, ου, ὁ, [3] a feasting, reveling, carousal.   ³⁰πότος, ου, ὁ, [1] a drinking, carousing.   ³¹ἀθέμιτος, ον, [2] illegal, unlawful, criminal, lawless.   ³²εἰδωλολατρεία, ας, ἡ, [4] service (worship) of an image (an idol).   ³³ξενίζω, [10] (a) I entertain a stranger, (b) I startle, bewilder.   ³⁴συντρέχω, [3] I run (rush) together, run with.   ³⁵ἀσωτία, ας, ἡ, [3] wantonness, profligacy, wastefulness.   ³⁶ἀνάχυσις, εως, ἡ, [1] outpouring, excess, overflow, a pouring out.   ³⁷βλασφημέω, [35] I speak evil against, blaspheme, use abusive or scurrilous language about (God or men).   ³⁸ἀποδίδωμι, [47] (a) I give back, return, restore, (b) I give, render, as due, (c) mid: I sell.   ³⁹ἑτοίμως, [3] readily.

7 Πάντων δὲ τὸ τέλος¹ ἤγγικεν·² σωφρονήσατε³ οὖν καὶ νήψατε⁴ εἰς τὰς προσευχάς·⁵ 8 πρὸ⁶ πάντων δὲ τὴν εἰς ἑαυτοὺς ἀγάπην ἐκτενῆ⁷ ἔχοντες, ὅτι ἀγάπη καλύψει⁸ πλῆθος⁹ ἁμαρτιῶν· 9 φιλόξενοι¹⁰ εἰς ἀλλήλους ἄνευ¹¹ γογγυσμῶν·¹² 10 ἕκαστος καθὼς ἔλαβεν χάρισμα,¹³ εἰς ἑαυτοὺς αὐτὸ διακονοῦντες,¹⁴ ὡς καλοὶ οἰκονόμοι¹⁵ ποικίλης¹⁶ χάριτος θεοῦ· 11 εἴ τις λαλεῖ, ὡς λόγια¹⁷ θεοῦ· εἴ τις διακονεῖ,¹⁸ ὡς ἐξ ἰσχύος¹⁹ ὡς χορηγεῖ²⁰ ὁ θεός· ἵνα ἐν πᾶσιν δοξάζηται ὁ θεὸς διὰ Ἰησοῦ χριστοῦ, ᾧ ἐστιν ἡ δόξα καὶ τὸ κράτος²¹ εἰς τοὺς αἰῶνας τῶν αἰώνων. Ἀμήν.

12 Ἀγαπητοί, μὴ ξενίζεσθε²² τῇ ἐν ὑμῖν πυρώσει²³ πρὸς πειρασμὸν²⁴ ὑμῖν γινομένῃ, ὡς ξένου²⁵ ὑμῖν συμβαίνοντος·²⁶ 13 ἀλλὰ καθὸ²⁷ κοινωνεῖτε²⁸ τοῖς τοῦ χριστοῦ παθήμασιν,²⁹ χαίρετε, ἵνα καὶ ἐν τῇ ἀποκαλύψει³⁰ τῆς δόξης αὐτοῦ χαρῆτε ἀγαλλιώμενοι.³¹ 14 Εἰ ὀνειδίζεσθε³² ἐν ὀνόματι χριστοῦ, μακάριοι· ὅτι τὸ τῆς δόξης καὶ τὸ τοῦ θεοῦ πνεῦμα ἐφ' ὑμᾶς ἀναπαύεται·³³ κατὰ μὲν αὐτοὺς βλασφημεῖται,³⁴ κατὰ δὲ ὑμᾶς δοξάζεται. 15 Μὴ γάρ τις ὑμῶν πασχέτω³⁵ ὡς φονεύς,³⁶ ἢ κλέπτης,³⁷ ἢ κακοποιός,³⁸ ἢ ὡς ἀλλοτριοεπίσκοπος·³⁹ 16 εἰ δὲ ὡς Χριστιανός,⁴⁰ μὴ αἰσχυνέσθω,⁴¹ δοξαζέτω δὲ τὸν θεὸν ἐν τῷ μέρει⁴² τούτῳ. 17 Ὅτι ὁ καιρὸς τοῦ ἄρξασθαι τὸ κρίμα⁴³

---

²ἤγγικεν: RAI-3S   ³σωφρονήσατε: AAM-2P   ⁴νήψατε: AAM-2P   ⁸καλύψει: FAI-3S   ¹⁴διακονοῦντες: PAP-NPM   ¹⁸διακονεῖ: PAI-3S   ²⁰χορηγεῖ: PAI-3S   ²²ξενίζεσθε: PPM-2P   ²⁶συμβαίνοντος: PAP-GSN   ²⁸κοινωνεῖτε: PAI-2P   ³¹ἀγαλλιώμενοι: PNP-NPM   ³²ὀνειδίζεσθε: PPI-2P   ³³ἀναπαύεται: PMI-3S   ³⁴βλασφημεῖται: PPI-3S   ³⁵πασχέτω: PAM-3S   ⁴¹αἰσχυνέσθω: PPM-3S

---

¹τέλος, ους, τό, [41] (a) an end, (b) event or issue, (c) the principal end, aim, purpose, (d) a tax.   ²ἐγγίζω, [43] trans: I bring near; intrans: I come near, approach.   ³σωφρονέω, [6] I am of sound mind, am sober-minded, exercise self-control.   ⁴νήφω, [6] (lit: I am sober), I am calm (vigilant), circumspect.   ⁵προσευχή, ῆς, ἡ, [37] (a) prayer (to God), (b) a place for prayer (used by Jews, perhaps where there was no synagogue).   ⁶πρό, [47] (a) of place: before, in front of, (b) of time: before, earlier than.   ⁷ἐκτενής, ές, [2] intent, constant, strenuous, intense; met: earnest, zealous.   ⁸καλύπτω, [8] I veil, hide, conceal, envelop.   ⁹πλῆθος, ους, τό, [32] a multitude, crowd, great number, assemblage.   ¹⁰φιλόξενος, ον, [3] hospitable, loving strangers.   ¹¹ἄνευ, [3] without, without the cooperation (or knowledge) of.   ¹²γογγυσμός, οῦ, ὁ, [4] murmuring, grumbling.   ¹³χάρισμα, ατος, τό, [17] a gift of grace, an undeserved favor.   ¹⁴διακονέω, [37] I wait at table (particularly of a slave who waits on guests); I serve (generally).   ¹⁵οἰκονόμος, ου, ὁ, [10] a household manager, a steward, guardian.   ¹⁶ποικίλος, η, ον, [10] various, of different colors, diverse, various.   ¹⁷λόγιον, ου, τό, [3] plur: oracles, divine responses or utterances (it can include the entire Old Testament).   ¹⁸διακονέω, [37] I wait at table (particularly of a slave who waits on guests); I serve (generally).   ¹⁹ἰσχύς, ύος, ἡ, [10] strength (absolutely), power, might, force, ability.   ²⁰χορηγέω, [2] I furnish abundantly, supply.   ²¹κράτος, ους, τό, [12] dominion, strength, power; a mighty deed.   ²²ξενίζω, [10] (a) I entertain a stranger, (b) I startle, bewilder.   ²³πύρωσις, εως, ἡ, [3] a burning, trial, fiery test.   ²⁴πειρασμός, οῦ, ὁ, [21] (a) trial, probation, testing, being tried, (b) temptation, (c) calamity, affliction.   ²⁵ξένος, η, ον, [14] alien, new, novel; noun: a guest, stranger, foreigner.   ²⁶συμβαίνω, [8] I happen, occur, meet.   ²⁷καθό, [4] according to which thing, as, according as.   ²⁸κοινωνέω, [8] (a) I share, communicate, contribute, impart, (b) I share in, have a share of, have fellowship with.   ²⁹πάθημα, ατος, τό, [16] (a) suffering, affliction, (b) passion, emotion, (c) an undergoing, an enduring.   ³⁰ἀποκάλυψις, εως, ἡ, [18] an unveiling, uncovering, revealing, revelation.   ³¹ἀγαλλιάω, [11] I exult, am full of joy.   ³²ὀνειδίζω, [10] I reproach, revile, upbraid.   ³³ἀναπαύω, [12] I make to rest, give rest to; mid. and pass: I rest, take my ease.   ³⁴βλασφημέω, [35] I speak evil against, blaspheme, use abusive or scurrilous language about (God or men).   ³⁵πάσχω, [42] I am acted upon in a certain way, either good or bad; I experience ill treatment, suffer.   ³⁶φονεύς, έως, ὁ, [7] a murderer.   ³⁷κλέπτης, ου, ὁ, [16] a thief.   ³⁸κακοποιός, όν, [5] doing evil; subst: an evil-doer.   ³⁹ἀλλοτριοεπίσκοπος, ου, ὁ, [1] one who meddles in things alien to his calling or in matters belonging to others; factious.   ⁴⁰Χριστιανός, οῦ, ὁ, [3] a Christian.   ⁴¹αἰσχύνομαι, [5] I am ashamed, am put to shame.   ⁴²μέρος, ους, τό, [43] a part, portion, share.   ⁴³κρίμα, ατος, τό, [28] (a) a judgment, a verdict; sometimes implying an adverse verdict, a condemnation, (b) a case at law, a lawsuit.

ἀπὸ τοῦ οἴκου τοῦ θεοῦ· εἰ δὲ πρῶτον ἀφ' ἡμῶν, τί τὸ τέλος¹ τῶν ἀπειθούντων² τῷ τοῦ
θεοῦ εὐαγγελίῳ; **18** Καὶ εἰ ὁ δίκαιος μόλις³ σῴζεται, ὁ ἀσεβὴς⁴ καὶ ἁμαρτωλὸς⁵ ποῦ⁶
φανεῖται;⁷ **19** Ὥστε καὶ οἱ πάσχοντες⁸ κατὰ τὸ θέλημα τοῦ θεοῦ, ὡς πιστῷ κτίστῃ⁹
παρατιθέσθωσαν¹⁰ τὰς ψυχὰς αὐτῶν ἐν ἀγαθοποιΐᾳ.¹¹

Final Admonitions and Concluding Greetings

5 Πρεσβυτέρους τοὺς ἐν ὑμῖν παρακαλῶ ὁ συμπρεσβύτερος¹² καὶ μάρτυς¹³ τῶν τοῦ
χριστοῦ παθημάτων,¹⁴ ὁ καὶ τῆς μελλούσης ἀποκαλύπτεσθαι¹⁵ δόξης κοινωνός·¹⁶
2 ποιμάνατε¹⁷ τὸ ἐν ὑμῖν ποίμνιον¹⁸ τοῦ θεοῦ, ἐπισκοποῦντες¹⁹ μὴ ἀναγκαστῶς,²⁰ ἀλλ'
ἑκουσίως·²¹ μηδὲ αἰσχροκερδῶς,²² ἀλλὰ προθύμως·²³ **3** μηδὲ ὡς κατακυριεύοντες²⁴
τῶν κλήρων,²⁵ ἀλλὰ τύποι²⁶ γινόμενοι τοῦ ποιμνίου.¹⁸ **4** Καὶ φανερωθέντος²⁷ τοῦ
ἀρχιποίμενος,²⁸ κομιεῖσθε²⁹ τὸν ἀμαράντινον³⁰ τῆς δόξης στέφανον.³¹ **5** Ὁμοίως,³²
νεώτεροι,³³ ὑποτάγητε³⁴ πρεσβυτέροις· πάντες δὲ ἀλλήλοις ὑποτασσόμενοι,³⁵ τὴν
ταπεινοφροσύνην³⁶ ἐγκομβώσασθε·³⁷ ὅτι ὁ θεὸς ὑπερηφάνοις³⁸ ἀντιτάσσεται,³⁹
ταπεινοῖς⁴⁰ δὲ δίδωσιν χάριν. **6** Ταπεινώθητε⁴¹ οὖν ὑπὸ τὴν κραταιὰν⁴² χεῖρα τοῦ

---

²ἀπειθούντων: PAP-GPM   ⁷φανεῖται: FDI-3S   ⁸πάσχοντες: PAP-NPM   ¹⁰παρατιθέσθωσαν: PPM-3P
¹⁵ἀποκαλύπτεσθαι: PPN   ¹⁷ποιμάνατε: AAM-2P   ¹⁹ἐπισκοποῦντες: PAP-NPM   ²⁴κατακυριεύοντες: PAP-NPM
²⁷φανερωθέντος: APP-GSM   ²⁹κομιεῖσθε: FDI-2P-ATT   ³⁴ὑποτάγητε: 2APM-2P   ³⁵ὑποτασσόμενοι: PPP-NPM
³⁷ἐγκομβώσασθε: ADM-2P   ³⁹ἀντιτάσσεται: PMI-3S   ⁴¹Ταπεινώθητε: APM-2P

---

¹τέλος, ους, τό, [41] (a) an end, (b) event or issue, (c) the principal end, aim, purpose, (d) a tax.   ²ἀπειθέω,
[16] I disobey, rebel, am disloyal, refuse conformity.   ³μόλις, [6] with difficulty, hardly, scarcely.   ⁴ἀσεβής, ές,
[9] impious, ungodly, wicked.   ⁵ἁμαρτωλός, ον, [48] sinning, sinful, depraved, detestable.   ⁶ποῦ, [44] where,
in what place.   ⁷φαίνω, [31] (a) act: I shine, shed light, (b) pass: I shine, become visible, appear, (c) I become
clear, appear, seem, show myself as.   ⁸πάσχω, [42] I am acted upon in a certain way, either good or bad; I
experience ill treatment, suffer.   ⁹κτίστης, ου, ὁ, [1] (often of the founder of a city), creator, God.   ¹⁰παρατίθημι,
[19] (a) I set (especially a meal) before, serve, (b) act. and mid: I deposit with, entrust to, (c) I bring forward,
quote as evidence.   ¹¹ἀγαθοποιΐα, ας, ἡ, [1] the doing of that which is good, well-doing.   ¹²συμπρεσβύτερος,
ου, ὁ, [1] a fellow elder.   ¹³μάρτυς, υρος, ὁ, [34] a witness; an eye- or ear-witness.   ¹⁴πάθημα, ατος, τό, [16]
(a) suffering, affliction, (b) passion, emotion, (c) an undergoing, an enduring.   ¹⁵ἀποκαλύπτω, [26] I uncover,
bring to light, reveal.   ¹⁶κοινωνός, οῦ, ὁ, ἡ, [11] a sharer, partner, companion.   ¹⁷ποιμαίνω, [11] I shepherd,
tend, herd; hence: I rule, govern.   ¹⁸ποίμνιον, ου, τό, [5] a little flock.   ¹⁹ἐπισκοπέω, [2] I exercise oversight,
care for, visit.   ²⁰ἀναγκαστῶς, [1] by way of compulsion, unwillingly, by force, necessarily.   ²¹ἑκουσίως, [2]
willingly, of one's own accord, spontaneously.   ²²αἰσχροκερδῶς, [1] greedily, in a spirit of eagerness for base
gain.   ²³προθύμως, [1] readily, eagerly, with a ready mind, cheerfully.   ²⁴κατακυριεύω, [4] I exercise authority
over, overpower, master.   ²⁵κλῆρος, ου, ὁ, [12] (a) a lot, (b) a portion assigned; hence: a portion of the people
of God assigned to one's care, a congregation.   ²⁶τύπος, ου, ὁ, [16] (originally: the mark of a blow, then a
stamp struck by a die), (a) a figure; a copy, image, (b) a pattern, model, (c) a type, prefiguring something or
somebody.   ²⁷φανερόω, [49] I make clear (visible, manifest), make known.   ²⁸ἀρχιποίμην, ενος, ὁ, [1] the chief
shepherd.   ²⁹κομίζω, [11] (a) act: I convey, bring, carry, (b) mid: I receive back, receive what has belonged to
myself but has been lost, or else promised but kept back, or: I get what has come to be my own by earning, recover.
³⁰ἀμαράντινος, η, ον, [1] unfading, fadeless, enduring.   ³¹στέφανος, ου, ὁ, [18] a crown, garland, honor, glory.
³²ὁμοίως, [32] in like manner, similarly, in the same way, equally.   ³³νέος, α, ον, [24] (a) young, youthful,
(b) new, fresh.   ³⁴ὑποτάσσω, [40] I place under, subject to; mid, pass: I submit, put myself into subjection.
³⁵ὑποτάσσω, [40] I place under, subject to; mid, pass: I submit, put myself into subjection.   ³⁶ταπεινοφροσύνη,
ης, ἡ, [7] humility, lowliness of mind, modesty.   ³⁷ἐγκομβόομαι, [1] I clothe myself (originally: I tie round in
a knot).   ³⁸ὑπερήφανος, ον, [5] proud, arrogant, disdainful.   ³⁹ἀντιτάσσομαι, [5] I set myself against, resist
(the attack of).   ⁴⁰ταπεινός, ή, όν, [8] humble, lowly, in position or spirit (in a good sense).   ⁴¹ταπεινόω, [14]
I make or bring low, humble, humiliate; pass: I am humbled.   ⁴²κραταιός, ά, όν, [1] strong, powerful, mighty.

θεοῦ, ἵνα ὑμᾶς ὑψώσῃ¹ ἐν καιρῷ, **7** πᾶσαν τὴν μέριμναν² ὑμῶν ἐπιρρίψαντες³ ἐπ' αὐτόν, ὅτι αὐτῷ μέλει⁴ περὶ ὑμῶν. **8** Νήψατε,⁵ γρηγορήσατε·⁶ ὁ ἀντίδικος⁷ ὑμῶν διάβολος,⁸ ὡς λέων⁹ ὠρυόμενος,¹⁰ περιπατεῖ ζητῶν τίνα καταπίῃ·¹¹ **9** ᾧ ἀντίστητε¹² στερεοὶ¹³ τῇ πίστει, εἰδότες τὰ αὐτὰ τῶν παθημάτων¹⁴ τῇ ἐν κόσμῳ ὑμῶν ἀδελφότητι¹⁵ ἐπιτελεῖσθαι.¹⁶ **10** Ὁ δὲ θεὸς πάσης χάριτος, ὁ καλέσας ὑμᾶς εἰς τὴν αἰώνιον αὐτοῦ δόξαν ἐν χριστῷ Ἰησοῦ, ὀλίγον¹⁷ παθόντας¹⁸ αὐτὸς καταρτίσαι¹⁹ ὑμᾶς, στηρίξει,²⁰ σθενώσει,²¹ θεμελιώσει.²² **11** Αὐτῷ ἡ δόξα καὶ τὸ κράτος²³ εἰς τοὺς αἰῶνας τῶν αἰώνων. Ἀμήν.

12 Διὰ Σιλουανοῦ ὑμῖν τοῦ πιστοῦ ἀδελφοῦ, ὡς λογίζομαι,²⁴ δι' ὀλίγων¹⁷ ἔγραψα, παρακαλῶν καὶ ἐπιμαρτυρῶν²⁵ ταύτην εἶναι ἀληθῆ²⁶ χάριν τοῦ θεοῦ εἰς ἣν ἐστήκατε. **13** Ἀσπάζεται ὑμᾶς ἡ ἐν Βαβυλῶνι²⁷ συνεκλεκτή,²⁸ καὶ Μάρκος ὁ υἱός μου. **14** Ἀσπάσασθε ἀλλήλους ἐν φιλήματι²⁹ ἀγάπης.

Εἰρήνη ὑμῖν πᾶσιν τοῖς ἐν χριστῷ Ἰησοῦ. Ἀμήν.

---

¹ὑψώσῃ: AAS-3S ³ἐπιρρίψαντες: AAP-NPM ⁴μέλει: PAI-3S ⁵Νήψατε: AAM-2P ⁶γρηγορήσατε: AAM-2P ¹⁰ὠρυόμενος: PNP-NSM ¹¹καταπίῃ: 2AAS-3S ¹²ἀντίστητε: 2AAM-2P ¹⁶ἐπιτελεῖσθαι: PPN ¹⁸παθόντας: 2AAP-APM ¹⁹καταρτίσαι: AAO-3S ²⁰στηρίξει: FAI-3S ²¹σθενώσει: FAI-3S ²²θεμελιώσει: FAI-3S ²⁴λογίζομαι: PNI-1S ²⁵ἐπιμαρτυρῶν: PAP-NSM

---

¹ὑψόω, [20] (a) I raise on high, lift up, (b) I exalt, set on high. ²μέριμνα, ης, ἡ, [6] care, worry, anxiety. ³ἐπιρρίπτω, [2] I throw (cast) (upon), as of cares. ⁴μέλει, [9] it is a care, it is an object of anxiety, it concerns. ⁵νήφω, [6] (lit: I am sober), I am calm (vigilant), circumspect. ⁶γρηγορέω, [23] (a) I am awake (in the night), watch, (b) I am watchful, on the alert, vigilant. ⁷ἀντίδικος, ου, ὁ, [5] an opponent (at law), an adversary. ⁸διάβολος, ον, [38] (adj. used often as a noun), slanderous; with the article: the Slanderer (par excellence), the Devil. ⁹λέων, οντος, ὁ, [9] a lion. ¹⁰ὠρύομαι, [1] I roar, howl, as a beast. ¹¹καταπίνω, [7] I drink down, swallow, devour, destroy, consume. ¹²ἀνθίστημι, [14] I set against; I withstand, resist, oppose. ¹³στερεός, ά, όν, [4] solid, firm, steadfast. ¹⁴πάθημα, ατος, τό, [16] (a) suffering, affliction, (b) passion, emotion, (c) an undergoing, an enduring. ¹⁵ἀδελφότης, τητος, ἡ, [2] brotherhood (in the collective sense), the members of the Christian Church, Christendom. ¹⁶ἐπιτελέω, [11] I complete, accomplish, perfect. ¹⁷ὀλίγος, η, ον, [43] (a) especially in plur: few, (b) in sing: small; hence, of time: short, of degree: light, slight, little. ¹⁸πάσχω, [42] I am acted upon in a certain way, either good or bad; I experience ill treatment, suffer. ¹⁹καταρτίζω, [13] (a) I fit (join) together; met: I compact together, (b) act. and mid: I prepare, perfect, for his (its) full destination or use, bring into its proper condition (whether for the first time, or after a lapse). ²⁰στηρίζω, [13] (a) I fix firmly, direct myself towards, (b) generally met: I buttress, prop, support; I strengthen, establish. ²¹σθενόω, [1] I strengthen. ²²θεμελιόω, [6] I found, lay the foundation (lit. and met.). ²³κράτος, ους, τό, [12] dominion, strength, power; a mighty deed. ²⁴λογίζομαι, [41] I reckon, count, charge with; reason, decide, conclude; think, suppose. ²⁵ἐπιμαρτυρέω, [1] I testify earnestly, bear witness to. ²⁶ἀληθής, ές, [25] unconcealed, true, true in fact, worthy of credit, truthful. ²⁷Βαβυλών, ῶνος, ἡ, [12] (a) Babylon, the ancient city on the Euphrates, to which the people of Jerusalem, etc., were transported, (b) hence allegorically of Rome, from the point of view of the Christian people. ²⁸συνεκλεκτός, ή, όν, [1] fellow-elect, fellow-chosen. ²⁹φίλημα, ατος, τό, [7] a kiss.

ΠΕΤΡΟΥ Β
Second of Peter

Address and Salutation

Συμεὼν Πέτρος, δοῦλος καὶ ἀπόστολος Ἰησοῦ χριστοῦ, τοῖς ἰσότιμον¹ ἡμῖν λαχοῦσιν² πίστιν ἐν δικαιοσύνῃ τοῦ θεοῦ ἡμῶν καὶ σωτῆρος³ Ἰησοῦ χριστοῦ· **2** χάρις ὑμῖν καὶ εἰρήνη πληθυνθείη⁴ ἐν ἐπιγνώσει⁵ τοῦ θεοῦ, καὶ Ἰησοῦ τοῦ κυρίου ἡμῶν·

The Obligations Imposed upon the Believers by the Rich Promises of God

3 ὡς πάντα ἡμῖν τῆς θείας⁶ δυνάμεως αὐτοῦ τὰ πρὸς ζωὴν καὶ εὐσέβειαν⁷ δεδωρημένης,⁸ διὰ τῆς ἐπιγνώσεως⁵ τοῦ καλέσαντος ἡμᾶς διὰ δόξης καὶ ἀρετῆς·⁹ **4** δι᾽ ὧν τὰ τίμια¹⁰ ἡμῖν καὶ μέγιστα ἐπαγγέλματα¹¹ δεδώρηται,¹² ἵνα διὰ τούτων γένησθε θείας⁶ κοινωνοὶ¹³ φύσεως,¹⁴ ἀποφυγόντες¹⁵ τῆς ἐν κόσμῳ ἐν ἐπιθυμίᾳ¹⁶ φθορᾶς.¹⁷ **5** Καὶ αὐτὸ τοῦτο δέ, σπουδὴν¹⁸ πᾶσαν παρεισενέγκαντες,¹⁹ ἐπιχορηγήσατε²⁰ ἐν τῇ πίστει ὑμῶν τὴν ἀρετήν,⁹ ἐν δὲ τῇ ἀρετῇ⁹ τὴν γνῶσιν,²¹ **6** ἐν δὲ τῇ γνώσει²¹ τὴν ἐγκράτειαν,²² ἐν δὲ τῇ ἐγκρατείᾳ²² τὴν ὑπομονήν,²³ ἐν δὲ τῇ ὑπομονῇ²³ τὴν εὐσέβειαν,⁷ **7** ἐν δὲ τῇ εὐσεβείᾳ⁷ τὴν φιλαδελφίαν,²⁴ ἐν δὲ τῇ φιλαδελφίᾳ²⁴ τὴν ἀγάπην. **8** Ταῦτα

---

²λαχοῦσιν: 2AAP-DPM   ⁴πληθυνθείη: APO-3S   ⁸δεδωρημένης: RPP-GSF   ¹²δεδώρηται: RPI-3S   ¹⁵ἀποφυγόντες: 2AAP-NPM   ¹⁹παρεισενέγκαντες: AAP-NPM   ²⁰ἐπιχορηγήσατε: AAM-2P

---

¹ἰσότιμος, ον, [1] equally privileged, equal in honor.   ²λαγχάνω, [4] (a) I obtain (receive) by lot, my lot (turn) is, (b) I draw lots.   ³σωτήρ, ῆρος, ὁ, [23] a savior, deliverer, preserver.   ⁴πληθύνω, [12] I increase, multiply.   ⁵ἐπίγνωσις, εως, ἡ, [20] knowledge of a particular point (directed towards a particular object); perception, discernment, recognition, intuition.   ⁶θεῖος, α, ον, [3] divine; subst: the Deity.   ⁷εὐσέβεια, ας, ἡ, [15] piety (towards God), godliness, devotion, godliness.   ⁸δωρέομαι, [3] I give, grant, donate.   ⁹ἀρετή, ῆς, ἡ, [5] goodness, a gracious act, virtue, uprightness.   ¹⁰τίμιος, α, ον, [14] of great price, precious, honored.   ¹¹ἐπάγγελμα, ατος, τό, [2] a promise.   ¹²δωρέομαι, [3] I give, grant, donate.   ¹³κοινωνός, οῦ, ὁ, ἡ, [11] a sharer, partner, companion.   ¹⁴φύσις, εως, ἡ, [14] nature, inherent nature, origin, birth.   ¹⁵ἀποφεύγω, [3] I flee from, escape.   ¹⁶ἐπιθυμία, ας, ἡ, [38] desire, eagerness for, inordinate desire, lust.   ¹⁷φθορά, ᾶς, ἡ, [9] corruption, destruction, decay, rottenness, decomposition.   ¹⁸σπουδή, ῆς, ἡ, [12] (a) speed, haste, (b) diligence, earnestness, enthusiasm.   ¹⁹παρεισφέρω, [1] I contribute besides, bring in besides, smuggle in.   ²⁰ἐπιχορηγέω, [5] I supply, provide (perhaps lavishly), furnish.   ²¹γνῶσις, εως, ἡ, [29] knowledge, doctrine, wisdom.   ²²ἐγκράτεια, ας, ἡ, [4] self-mastery, self-restraint, self-control, continence.   ²³ὑπομονή, ῆς, ἡ, [32] endurance, steadfastness, patient waiting for.   ²⁴φιλαδελφία, ας, ἡ, [6] brotherly love, love of Christian brethren.

γὰρ ὑμῖν ὑπάρχοντα καὶ πλεονάζοντα, ¹ οὐκ ἀργοὺς ² οὐδὲ ἀκάρπους ³ καθίστησιν ⁴ εἰς τὴν τοῦ κυρίου ἡμῶν Ἰησοῦ χριστοῦ ἐπίγνωσιν. ⁵ 9 Ὧ γὰρ μὴ πάρεστιν ⁶ ταῦτα, τυφλός ἐστιν, μυωπάζων, ⁷ λήθην ⁸ λαβὼν τοῦ καθαρισμοῦ ⁹ τῶν πάλαι ¹⁰ αὐτοῦ ἁμαρτιῶν. 10 Διὸ μᾶλλον, ἀδελφοί, σπουδάσατε ¹¹ βεβαίαν ¹² ὑμῶν τὴν κλῆσιν ¹³ καὶ ἐκλογὴν ¹⁴ ποιεῖσθαι· ταῦτα γὰρ ποιοῦντες οὐ μὴ πταίσητέ ¹⁵ ποτε· ¹⁶ 11 οὕτως γὰρ πλουσίως ¹⁷ ἐπιχορηγηθήσεται ¹⁸ ὑμῖν ἡ εἴσοδος ¹⁹ εἰς τὴν αἰώνιον βασιλείαν τοῦ κυρίου ἡμῶν καὶ σωτῆρος ²⁰ Ἰησοῦ χριστοῦ.

The Reliability of the Gospel and of the Prophecy

12 Διὸ οὐκ ἀμελήσω ²¹ ἀεὶ ²² ὑμᾶς ὑπομιμνῄσκειν ²³ περὶ τούτων, καίπερ ²⁴ εἰδότας, καὶ ἐστηριγμένους ²⁵ ἐν τῇ παρούσῃ ²⁶ ἀληθείᾳ. 13 Δίκαιον δὲ ἡγοῦμαι, ²⁷ ἐφ᾽ ὅσον εἰμὶ ἐν τούτῳ τῷ σκηνώματι, ²⁸ διεγείρειν ²⁹ ὑμᾶς ἐν ὑπομνήσει· ³⁰ 14 εἰδὼς ὅτι ταχινή ³¹ ἐστιν ἡ ἀπόθεσις ³² τοῦ σκηνώματός ²⁸ μου, καθὼς καὶ ὁ κύριος ἡμῶν Ἰησοῦς χριστὸς ἐδήλωσέν ³³ μοι. 15 Σπουδάσω ³⁴ δὲ καὶ ἑκάστοτε ³⁵ ἔχειν ὑμᾶς μετὰ τὴν ἐμὴν ἔξοδον ³⁶ τὴν τούτων μνήμην ³⁷ ποιεῖσθαι. 16 Οὐ γὰρ σεσοφισμένοις ³⁸ μύθοις ³⁹ ἐξακολουθήσαντες ⁴⁰ ἐγνωρίσαμεν ⁴¹ ὑμῖν τὴν τοῦ κυρίου ἡμῶν Ἰησοῦ χριστοῦ δύναμιν καὶ παρουσίαν, ⁴² ἀλλ᾽ ἐπόπται ⁴³ γενηθέντες τῆς ἐκείνου μεγαλειότητος. ⁴⁴ 17 Λαβὼν γὰρ παρὰ θεοῦ

---

¹πλεονάζοντα: PAP-NPN ⁴καθίστησιν: PAI-3S ⁶πάρεστιν: PAI-3S ⁷μυωπάζων: PAP-NSM ¹¹σπουδάσατε: AAM-2P ¹⁵πταίσητέ: AAS-2P ¹⁸ἐπιχορηγηθήσεται: FPI-3S ²¹ἀμελήσω: FAI-1S ²³ὑπομιμνῄσκειν: PAN ²⁵ἐστηριγμένους: RPP-APM ²⁶παρούσῃ: PAP-DSF ²⁷ἡγοῦμαι: PNI-1S ²⁹διεγείρειν: PAN ³³ἐδήλωσέν: AAI-3S ³⁴Σπουδάσω: FAI-1S ³⁸σεσοφισμένοις: RPP-DPM ⁴⁰ἐξακολουθήσαντες: AAP-NPM ⁴¹ἐγνωρίσαμεν: AAI-1P

---

¹πλεονάζω, [9] I have more than enough; I abound, increase. ²ἀργός, ή, όν, [8] idle, lazy, thoughtless, unprofitable, injurious. ³ἄκαρπος, ον, [7] unfruitful, barren, profitless. ⁴καθίστημι, [21] I set down, bring down to a place; I set in order, appoint, make, constitute. ⁵ἐπίγνωσις, εως, ἡ, [20] knowledge of a particular point (directed towards a particular object); perception, discernment, recognition, intuition. ⁶πάρειμι, [24] I am present, am near; I have come, arrived. ⁷μυωπάζω, [1] I am short-sighted, blink, see dimly. ⁸λήθη, ῆς, ἡ, [1] forgetfulness, oblivion. ⁹καθαρισμός, οῦ, ὁ, [7] cleansing, purifying, purification, literal, ceremonial, or moral; met: expiation. ¹⁰πάλαι, [6] of old, long ago, in times past, former. ¹¹σπουδάζω, [11] I hasten, am eager, am zealous. ¹²βέβαιος, α, ον, [9] firm, steadfast, enduring, sure, certain. ¹³κλῆσις, εως, ἡ, [11] a calling, invitation; in the NT, always of a divine call. ¹⁴ἐκλογή, ῆς, ἡ, [7] a choosing out, selecting, choice (by God). ¹⁵πταίω, [5] I stumble, fall, sin, err, transgress. ¹⁶ποτέ, [29] at one time or other, at some time, formerly. ¹⁷πλουσίως, [4] richly, abundantly. ¹⁸ἐπιχορηγέω, [5] I supply, provide (perhaps lavishly), furnish. ¹⁹εἴσοδος, ου, ἡ, [5] (act of) entering, an entrance, entry. ²⁰σωτήρ, ῆρος, ὁ, [23] a savior, deliverer, preserver. ²¹ἀμελέω, [5] I neglect, am careless of, disregard. ²²ἀεί, [8] always, unceasingly, perpetually; on every occasion. ²³ὑπομιμνῄσκω, [7] I remind; pass: I remember, call to mind. ²⁴καίπερ, [5] although, though. ²⁵στηρίζω, [13] (a) I fix firmly, direct myself towards, (b) generally met: I buttress, prop, support; I strengthen, establish. ²⁶πάρειμι, [24] I am present, am near; I have come, arrived. ²⁷ἡγέομαι, [28] (a) I lead, (b) I think, am of opinion, suppose, consider. ²⁸σκήνωμα, ατος, τό, [3] a tent pitched, a dwelling, tabernacle. ²⁹διεγείρω, [7] I wake out of sleep, arouse in general, stir up. ³⁰ὑπόμνησις, εως, ἡ, [3] remembrance, recollection, putting in mind; a reminder. ³¹ταχινός, ή, όν, [2] swift, quick, impending. ³²ἀπόθεσις, εως, ἡ, [2] a putting off, a laying down. ³³δηλόω, [7] I show, make clear, reveal. ³⁴σπουδάζω, [11] I hasten, am eager, am zealous. ³⁵ἑκάστοτε, [1] at every time, always. ³⁶ἔξοδος, ου, ἡ, [3] (a) an exit, going out, departure from a place; the exodus, (b) death. ³⁷μνήμη, ης, ἡ, [1] memory, remembrance, mention. ³⁸σοφίζω, [2] I make wise, instruct; pass: I am skillfully devised. ³⁹μῦθος, ου, ὁ, [5] an idle tale, fable, fanciful story. ⁴⁰ἐξακολουθέω, [3] I follow after, imitate. ⁴¹γνωρίζω, [24] I make known, declare, know, discover. ⁴²παρουσία, ας, ἡ, [24] (a) presence, (b) a coming, an arrival, advent, especially of the second coming of Christ. ⁴³ἐπόπτης, ου, ὁ, [1] an eyewitness, spectator, looker-on. ⁴⁴μεγαλειότης, τητος, ἡ, [3] (divine) majesty or magnificence, glory.

πατρὸς τιμὴν¹ καὶ δόξαν, φωνῆς ἐνεχθείσης αὐτῷ τοιᾶσδε² ὑπὸ τῆς μεγαλοπρεποῦς³ δόξης, Οὗτός ἐστιν ὁ υἱός μου ὁ ἀγαπητός, εἰς ὃν ἐγὼ εὐδόκησα·⁴ **18** καὶ ταύτην τὴν φωνὴν ἡμεῖς ἠκούσαμεν ἐξ οὐρανοῦ ἐνεχθεῖσαν, σὺν αὐτῷ ὄντες ἐν τῷ ὄρει τῷ ἁγίῳ. **19** Καὶ ἔχομεν βεβαιότερον⁵ τὸν προφητικὸν⁶ λόγον, ᾧ καλῶς⁷ ποιεῖτε προσέχοντες,⁸ ὡς λύχνῳ⁹ φαίνοντι¹⁰ ἐν αὐχμηρῷ¹¹ τόπῳ, ἕως οὗ ἡμέρα διαυγάσῃ,¹² καὶ φωσφόρος¹³ ἀνατείλη¹⁴ ἐν ταῖς καρδίαις ὑμῶν· **20** τοῦτο πρῶτον γινώσκοντες, ὅτι πᾶσα προφητεία¹⁵ γραφῆς ἰδίας ἐπιλύσεως¹⁶ οὐ γίνεται. **21** Οὐ γὰρ θελήματι ἀνθρώπου ἠνέχθη ποτὲ¹⁷ προφητεία,¹⁵ ἀλλ' ὑπὸ πνεύματος ἁγίου φερόμενοι ἐλάλησαν ἅγιοι θεοῦ ἄνθρωποι.

A Warning against the False Teachers of All Times

2 Ἐγένοντο δὲ καὶ ψευδοπροφῆται¹⁸ ἐν τῷ λαῷ, ὡς καὶ ἐν ὑμῖν ἔσονται ψευδοδιδάσκαλοι,¹⁹ οἵτινες παρεισάξουσιν²⁰ αἱρέσεις²¹ ἀπωλείας,²² καὶ τὸν ἀγοράσαντα²³ αὐτοὺς δεσπότην²⁴ ἀρνούμενοι,²⁵ ἐπάγοντες²⁶ ἑαυτοῖς ταχινὴν²⁷ ἀπώλειαν.²² **2** Καὶ πολλοὶ ἐξακολουθήσουσιν²⁸ αὐτῶν ταῖς ἀσελγείαις,²⁹ δι' οὓς ἡ ὁδὸς τῆς ἀληθείας βλασφημηθήσεται.³⁰ **3** Καὶ ἐν πλεονεξίᾳ³¹ πλαστοῖς³² λόγοις ὑμᾶς ἐμπορεύσονται·³³ οἷς τὸ κρίμα³⁴ ἔκπαλαι³⁵ οὐκ ἀργεῖ,³⁶ καὶ ἡ ἀπώλεια²² αὐτῶν οὐ νυστάξει.³⁷ **4** Εἰ γὰρ ὁ θεὸς ἀγγέλων ἁμαρτησάντων³⁸ οὐκ ἐφείσατο,³⁹ ἀλλὰ σειραῖς⁴⁰

---

⁴εὐδόκησα: AAI-1S   ⁸προσέχοντες: PAP-NPM   ¹⁰φαίνοντι: PEP-DSM   ¹²διαυγάσῃ: AAS-3S   ¹⁴ἀνατείλῃ: AAS-3S   ²⁰παρεισάξουσιν: FAI-3P   ²³ἀγοράσαντα: AAP-ASM   ²⁵ἀρνούμενοι: PNP-NPM   ²⁶ἐπάγοντες: PAP-NPM   ²⁸ἐξακολουθήσουσιν: FAI-3P   ³⁰βλασφημηθήσεται: FPI-3S   ³³ἐμπορεύσονται: FDI-3P   ³⁶ἀργεῖ: PAI-3S   ³⁷νυστάξει: FAI-3S   ³⁸ἁμαρτησάντων: AAP-GPM   ³⁹ἐφείσατο: ADI-3S

---

¹τιμή, ῆς, ἡ, [42] a price, honor.   ²τοιόσδε, τοιάδε, τοιόνδε, [1] of this kind, such, such as follows.   ³μεγαλοπρεπής, ές, [1] magnificent, superb, transcendent, majestic.   ⁴εὐδοκέω, [21] I am well-pleased, think it good, am resolved.   ⁵βέβαιος, α, ον, [9] firm, steadfast, enduring, sure, certain.   ⁶προφητικός, ή, όν, [2] prophetic, uttered by a prophet.   ⁷καλῶς, [36] well, nobly, honorably, rightly.   ⁸προσέχω, [24] (a) I attend to, pay attention to, (b) I beware, am cautious, (c) I join, devote myself to.   ⁹λύχνος, ου, ὁ, [14] a lamp.   ¹⁰φαίνω, [31] (a) act: I shine, shed light, (b) pass: I shine, become visible, appear, (c) I become clear, appear, seem, show myself as.   ¹¹αὐχμηρός, ά, όν, [1] (poetical, lit: dry and parched; then: squalid and rough), dingy, murky, obscure, dark, funereal.   ¹²διαυγάζω, [2] I shine through, dawn (of the light coming through the shadows).   ¹³φωσφόρος, ον, [1] (lit: light-bearing), radiant, the morning-star.   ¹⁴ἀνατέλλω, [9] I make to rise, I rise, shine (generally of the sun, and hence met.).   ¹⁵προφητεία, ας, ἡ, [19] prophecy, prophesying; the gift of communicating and enforcing revealed truth.   ¹⁶ἐπίλυσις, εως, ἡ, [1] solution, explanation, interpretation; release.   ¹⁷ποτέ, [29] at one time or other, at some time, formerly.   ¹⁸ψευδοπροφήτης, ου, ὁ, [11] a false prophet; one who in God's name teaches what is false.   ¹⁹ψευδοδιδάσκαλος, ου, ὁ, [1] a false teacher, teacher of false things.   ²⁰παρεισάγω, [1] I bring in secretly, am at hand.   ²¹αἵρεσις, εως, ἡ, [9] a self-chosen opinion, a religious or philosophical sect, discord or contention.   ²²ἀπώλεια, ας, ἡ, [19] destruction, ruin, loss, perishing; eternal ruin.   ²³ἀγοράζω, [31] I buy.   ²⁴δεσπότης, ου, ὁ, [10] a lord, master, or prince.   ²⁵ἀρνέομαι, [31] (a) I deny (a statement), (b) I repudiate (a person, or belief).   ²⁶ἐπάγω, [3] I bring upon; met: I cause to be imputed to.   ²⁷ταχινός, ή, όν, [2] swift, quick, impending.   ²⁸ἐξακολουθέω, [3] I follow after, imitate.   ²⁹ἀσέλγεια, ας, ἡ, [10] (outrageous conduct, conduct shocking to public decency, a wanton violence), wantonness, lewdness.   ³⁰βλασφημέω, [35] I speak evil against, blaspheme, use abusive or scurrilous language about (God or men).   ³¹πλεονεξία, ας, ἡ, [10] covetousness, avarice, aggression, desire for advantage.   ³²πλαστός, ή, όν, [1] formed, molded; fig: feigned, made up, counterfeit.   ³³ἐμπορεύομαι, [2] I travel as a merchant, engage in trade; I traffic in, make gain or business of.   ³⁴κρίμα, ατος, τό, [28] (a) a judgment, a verdict; sometimes implying an adverse verdict, a condemnation, (b) a case at law, a lawsuit.   ³⁵ἔκπαλαι, [2] from of old, long since.   ³⁶ἀργέω, [1] I linger, delay, am idle.   ³⁷νυστάζω, [2] I nod in sleep, am drowsy, slumber.   ³⁸ἁμαρτάνω, [43] originally: I miss the mark, hence (a) I make a mistake, (b) I sin, commit a sin (against God); sometimes the idea of sinning against a fellow-creature is present.   ³⁹φείδομαι, [10] I spare, abstain, forbear.   ⁴⁰σειρά, ᾶς, ἡ, [1] a chain.

ζόφου *1* ταρταρώσας *2* παρέδωκεν εἰς κρίσιν *3* τηρουμένους· **5** καὶ ἀρχαίου *4* κόσμου οὐκ ἐφείσατο, *5* ἀλλὰ ὄγδοον *6* Νῶε δικαιοσύνης κήρυκα *7* ἐφύλαξεν, *8* κατακλυσμὸν *9* κόσμῳ ἀσεβῶν *10* ἐπάξας· *11* **6** καὶ πόλεις Σοδόμων *12* καὶ Γομόρρας *13* τεφρώσας *14* καταστροφῇ *15* κατέκρινεν, *16* ὑπόδειγμα *17* μελλόντων ἀσεβεῖν *18* τεθεικώς· **7** καὶ δίκαιον Λώτ, καταπονούμενον *19* ὑπὸ τῆς τῶν ἀθέσμων *20* ἐν ἀσελγείᾳ *21* ἀναστροφῆς, *22* ἐρρύσατο· *23* **8** βλέμματι *24* γὰρ καὶ ἀκοῇ *25* ὁ δίκαιος, ἐγκατοικῶν *26* ἐν αὐτοῖς, ἡμέραν ἐξ ἡμέρας ψυχὴν δικαίαν ἀνόμοις *27* ἔργοις ἐβασάνιζεν· *28* **9** οἶδεν κύριος εὐσεβεῖς *29* ἐκ πειρασμοῦ *30* ῥύεσθαι, *31* ἀδίκους *32* δὲ εἰς ἡμέραν κρίσεως *3* κολαζομένους *33* τηρεῖν· **10** μάλιστα *34* δὲ τοὺς ὀπίσω *35* σαρκὸς ἐν ἐπιθυμίᾳ *36* μιασμοῦ *37* πορευομένους, καὶ κυριότητος *38* καταφρονοῦντας. *39* Τολμηταί, *40* αὐθάδεις, *41* δόξας οὐ τρέμουσιν *42* βλασφημοῦντες· *43* **11** ὅπου ἄγγελοι, ἰσχύϊ *44* καὶ δυνάμει μείζονες ὄντες, οὐ φέρουσιν κατ᾽ αὐτῶν παρὰ κυρίῳ βλάσφημον *45* κρίσιν. *3* **12** Οὗτοι δέ, ὡς ἄλογα *46* ζῷα *47* φυσικὰ *48* γεγενημένα εἰς ἅλωσιν *49* καὶ φθοράν, *50* ἐν οἷς ἀγνοοῦσιν *51* βλασφημοῦντες, *52* ἐν τῇ

---

2 ταρταρώσας: *AAP-NSM*   *5* ἐφείσατο: *ADI-3S*   *8* ἐφύλαξεν: *AAI-3S*   *11* ἐπάξας: *AAP-NSM*   *14* τεφρώσας: *AAP-NSM*   *16* κατέκρινεν: *AAI-3S*   *18* ἀσεβεῖν: *PAN*   *19* καταπονούμενον: *PPP-ASM*   *23* ἐρρύσατο: *ANI-3S*   *26* ἐγκατοικῶν: *PAP-NSM*   *28* ἐβασάνιζεν: *IAI-3S*   *31* ῥύεσθαι: *PNN*   *33* κολαζομένους: *PPP-APM*   *39* καταφρονοῦντας: *PAP-APM*   *42* τρέμουσιν: *PAI-3P*   *43* βλασφημοῦντες: *PAP-NPM*   *51* ἀγνοοῦσιν: *PAI-3P*   *52* βλασφημοῦντες: *PAP-NPM*

---

1 ζόφος, ου, ὁ, [4] darkness, murkiness, gloom.   *2* ταρταρόω, [1] I thrust down to Tartarus or Gehenna.   *3* κρίσις, εως, ἡ, [48] judging, judgment, decision, sentence; generally: divine judgment; accusation.   *4* ἀρχαῖος, αία, αῖον, [11] original, primitive, ancient.   *5* φείδομαι, [10] I spare, abstain, forbear.   *6* ὄγδοος, η, ον, [5] the eighth, one of eight, with seven others.   *7* κῆρυξ, υκος, ὁ, [3] a herald, preacher, proclaimer.   *8* φυλάσσω, [30] (a) I guard, protect; mid: I am on my guard, (b) act. and mid. of customs and regulations: I keep, observe.   *9* κατακλυσμός, οῦ, ὁ, [4] a deluge, flood.   *10* ἀσεβής, ές, [9] impious, ungodly, wicked.   *11* ἐπάγω, [3] I bring upon; met: I cause to be imputed to.   *12* Σόδομα, ων, τά, [10] Sodom.   *13* Γόμορρα, ας, ἡ, [5] Gomorrah, one of the destroyed cities on the Dead Sea.   *14* τεφρόω, [1] I reduce to ashes, consume, destroy.   *15* καταστροφή, ῆς, ἡ, [2] overthrow, destruction, material or spiritual.   *16* κατακρίνω, [17] I condemn, judge worthy of punishment.   *17* ὑπόδειγμα, ατος, τό, [6] (a) a figure, copy, (b) an example, model.   *18* ἀσεβέω, [2] I am ungodly, act profanely.   *19* καταπονέω, [2] I exhaust by labor or suffering, wear out, overpower, oppress.   *20* ἄθεσμος, ον, [2] lawless, unrestrained, licentious.   *21* ἀσέλγεια, ας, ἡ, [10] (outrageous conduct, conduct shocking to public decency, a wanton violence), wantonness, lewdness.   *22* ἀναστροφή, ῆς, ἡ, [13] dealing with other men, conduct, life, behavior, manner of life.   *23* ῥύομαι, [18] I rescue, deliver (from danger or destruction).   *24* βλέμμα, ατος, τό, [1] a look, glance; sight and hearing.   *25* ἀκοή, ῆς, ἡ, [24] hearing, faculty of hearing, ear; report, rumor.   *26* ἐγκατοικέω, [1] I dwell in, among.   *27* ἄνομος, ον, [10] lawless, wicked, without law.   *28* βασανίζω, [12] I examine, as by torture; I torment; I buffet, as of waves.   *29* εὐσεβής, ές, [4] pious, God-fearing, devout.   *30* πειρασμός, οῦ, ὁ, [21] (a) trial, probation, testing, being tried, (b) temptation, (c) calamity, affliction.   *31* ῥύομαι, [18] I rescue, deliver (from danger or destruction).   *32* ἄδικος, ον, [12] unjust, unrighteous, wicked.   *33* κολάζω, [2] I chastise, curtail, punish; mid: I cause to be punished.   *34* μάλιστα, [12] most of all, especially.   *35* ὀπίσω, [37] behind, after; back, backwards.   *36* ἐπιθυμία, ας, ἡ, [38] desire, eagerness for, inordinate desire, lust.   *37* μιασμός, οῦ, ὁ, [1] the act of pollution, defilement.   *38* κυριότης, τητος, ἡ, [4] (a) abstr: lordship, (b) concr: divine or angelic lordship, domination, dignity, usually with reference to a celestial hierarchy.   *39* καταφρονέω, [9] I despise, scorn, and show it by active insult, disregard.   *40* τολμητής, οῦ, ὁ, [1] a daring, bold man.   *41* αὐθάδης, ες, [2] self-satisfied, arrogant, stubborn.   *42* τρέμω, [3] I tremble, am afraid.   *43* βλασφημέω, [35] I speak evil against, blaspheme, use abusive or scurrilous language about (God or men).   *44* ἰσχύς, ύος, ἡ, [10] strength (absolutely), power, might, force, ability.   *45* βλάσφημος, ον, [5] slanderous; subst: a blasphemer.   *46* ἄλογος, ον, [3] without reason, irrational; contrary to reason, absurd.   *47* ζῷον, ου, τό, [23] an animal, living creature.   *48* φυσικός, ή, όν, [3] natural, (a) according to nature, (b) merely animal.   *49* ἅλωσις, εως, ἡ, [1] capture, capturing.   *50* φθορά, ᾶς, ἡ, [9] corruption, destruction, decay, rottenness, decomposition.   *51* ἀγνοέω, [22] I do not know, am ignorant of (a person, thing, or fact), sometimes with the idea of willful ignorance.   *52* βλασφημέω, [35] I speak evil against, blaspheme, use abusive or scurrilous language about (God or men).

φθορᾷ¹ αὐτῶν καταφθαρήσονται,² **13** κομιούμενοι³ μισθὸν⁴ ἀδικίας,⁵ ἡδονὴν⁶ ἡγούμενοι⁷ τὴν ἐν ἡμέρᾳ τρυφήν,⁸ σπίλοι⁹ καὶ μῶμοι,¹⁰ ἐντρυφῶντες¹¹ ἐν ταῖς ἀπάταις¹² αὐτῶν συνευωχούμενοι¹³ ὑμῖν, **14** ὀφθαλμοὺς ἔχοντες μεστοὺς¹⁴ μοιχαλίδος¹⁵ καὶ ἀκαταπαύστους¹⁶ ἁμαρτίας, δελεάζοντες¹⁷ ψυχὰς ἀστηρίκτους,¹⁸ καρδίαν γεγυμνασμένην¹⁹ πλεονεξίας²⁰ ἔχοντες, κατάρας²¹ τέκνα· **15** καταλιπόντες²² εὐθεῖαν²³ ὁδὸν ἐπλανήθησαν,²⁴ ἐξακολουθήσαντες²⁵ τῇ ὁδῷ τοῦ Βαλαὰμ τοῦ Βοσόρ, ὃς μισθὸν⁴ ἀδικίας⁵ ἠγάπησεν, **16** ἔλεγξιν²⁶ δὲ ἔσχεν ἰδίας παρανομίας·²⁷ ὑποζύγιον²⁸ ἄφωνον,²⁹ ἐν ἀνθρώπου φωνῇ φθεγξάμενον,³⁰ ἐκώλυσεν³¹ τὴν τοῦ προφήτου παραφρονίαν.³² **17** Οὗτοί εἰσιν πηγαὶ³³ ἄνυδροι,³⁴ νεφέλαι³⁵ ὑπὸ λαίλαπος³⁶ ἐλαυνόμεναι,³⁷ οἷς ὁ ζόφος³⁸ τοῦ σκότους³⁹ εἰς αἰῶνα τετήρηται. **18** Ὑπέρογκα⁴⁰ γὰρ ματαιότητος⁴¹ φθεγγόμενοι,⁴² δελεάζουσιν⁴³ ἐν ἐπιθυμίαις⁴⁴ σαρκός, ἀσελγείαις,⁴⁵ τοὺς ὄντως⁴⁶ ἀποφυγόντας⁴⁷ τοὺς ἐν πλάνῃ⁴⁸ ἀναστρεφομένους,⁴⁹ **19** ἐλευθερίαν⁵⁰ αὐτοῖς ἐπαγγελλόμενοι,⁵¹ αὐτοὶ δοῦλοι

---

²καταφθαρήσονται: 2FPI-3P   ³κομιούμενοι: FDP-NPM   ⁷ἡγούμενοι: PNP-NPM   ¹¹ἐντρυφῶντες: PAP-NPM
¹³συνευωχούμενοι: PNP-NPM   ¹⁷δελεάζοντες: PAP-NPM   ¹⁹γεγυμνασμένην: RPP-ASF   ²²καταλιπόντες: 2AAP-NPM
²⁴ἐπλανήθησαν: API-3P   ²⁵ἐξακολουθήσαντες: AAP-NPM   ³⁰φθεγξάμενον: ANP-NSN   ³¹ἐκώλυσεν: AAI-3S
³⁷ἐλαυνόμεναι: PPP-NPF   ⁴²φθεγγόμενοι: PDP-NPM   ⁴³δελεάζουσιν: PAI-3P   ⁴⁷ἀποφυγόντας: 2AAP-APM
⁴⁹ἀναστρεφομένους: PPP-APM   ⁵¹ἐπαγγελλόμενοι: PNP-NPM

---

¹φθορά, ᾶς, ἡ, [9] corruption, destruction, decay, rottenness, decomposition.   ²καταφθείρω, [2] I destroy, corrupt.   ³κομίζω, [11] (a) act: I convey, bring, carry, (b) mid: I receive back, receive what has belonged to myself but has been lost, or else promised but kept back, or: I get what has come to be my own by earning, recover.   ⁴μισθός, οῦ, ὁ, [29] (a) pay, wages, salary, (b) reward, recompense, punishment.   ⁵ἀδικία, ας, ἡ, [26] injustice, unrighteousness, hurt.   ⁶ἡδονή, ῆς, ἡ, [5] pleasure, a pleasure, especially sensuous pleasure; a strong desire, passion.   ⁷ἡγέομαι, [28] (a) I lead, (b) I think, am of opinion, suppose, consider.   ⁸τρυφή, ῆς, ἡ, [2] effeminate luxury, softness, indulgent living.   ⁹σπίλος, ου, ὁ, [2] a spot, fault, stain, blemish.   ¹⁰μῶμος, ου, ὁ, [1] a blemish, disgrace; blame.   ¹¹ἐντρυφάω, [1] I revel (in), live luxuriously, riot.   ¹²ἀπάτη, ης, ἡ, [7] deceit, deception, deceitfulness, delusion.   ¹³συνευωχέομαι, [2] I feast sumptuously with.   ¹⁴μεστός, ή, όν, [8] full, filled with.   ¹⁵μοιχαλίς, ίδος, ἡ, [7] (a) an adulteress (that is, a married woman who commits adultery), (b) Hebraistically: extended to those who worship any other than the true God.   ¹⁶ἀκατάπαυστος, ον, [1] not ceasing from, not abandoning (giving up).   ¹⁷δελεάζω, [3] I allure, entice (by a bait).   ¹⁸ἀστήρικτος, ον, [2] (lit: unpropped), unsteady, unstable, unsettled.   ¹⁹γυμνάζω, [4] I train by physical exercise; hence: train, in the widest sense.   ²⁰πλεονεξία, ας, ἡ, [10] covetousness, avarice, aggression, desire for advantage.   ²¹κατάρα, ας, ἡ, [6] cursing; a curse; meton: a doomed one.   ²²καταλείπω, [25] I leave behind, desert, abandon, forsake; I leave remaining, reserve.   ²³εὐθύς, εῖα, ύ, [8] adj: (a) straight of direction, as opposed to crooked, (b) upright; adv: immediately.   ²⁴πλανάω, [40] I lead astray, deceive, cause to wander.   ²⁵ἐξακολουθέω, [3] I follow after, imitate.   ²⁶ἔλεγξις, εως, ἡ, [1] rebuke, reproof, refutation.   ²⁷παρανομία, ας, ἡ, [1] a transgression, violation of law.   ²⁸ὑποζύγιον, ου, τό, [2] a beast of burden, an ass or mule.   ²⁹ἄφωνος, ον, [4] soundless, voiceless, speechless, dumb.   ³⁰φθέγγομαι, [3] I speak aloud, utter.   ³¹κωλύω, [23] I prevent, debar, hinder; with infin: from doing so and so.   ³²παραφρονία, ας, ἡ, [1] madness, folly.   ³³πηγή, ῆς, ἡ, [12] a fountain, spring, well, issue, flow.   ³⁴ἄνυδρος, ον, [4] without water, dry; subst: dry places, desert.   ³⁵νεφέλη, ης, ἡ, [26] a cloud.   ³⁶λαῖλαψ, απος, ἡ, [3] a sudden storm, squall, whirlwind, hurricane.   ³⁷ἐλαύνω, [5] (a) trans: I drive (on), propel, (b) intrans: I row.   ³⁸ζόφος, ου, ὁ, [4] darkness, murkiness, gloom.   ³⁹σκότος, ους, τό, [32] darkness, either physical or moral.   ⁴⁰ὑπέρογκος, ον, [2] immoderate, boastful, excessive, pompous.   ⁴¹ματαιότης, τητος, ἡ, [3] vanity, emptiness, unreality, purposelessness, ineffectiveness, instability, frailty; false religion.   ⁴²φθέγγομαι, [3] I speak aloud, utter.   ⁴³δελεάζω, [3] I allure, entice (by a bait).   ⁴⁴ἐπιθυμία, ας, ἡ, [38] desire, eagerness for, inordinate desire, lust.   ⁴⁵ἀσέλγεια, ας, ἡ, [10] (outrageous conduct, conduct shocking to public decency, a wanton violence), wantonness, lewdness.   ⁴⁶ὄντως, [10] really, truly, actually.   ⁴⁷ἀποφεύγω, [3] I flee from, escape.   ⁴⁸πλάνη, ης, ἡ, [10] a wandering; fig: deceit, delusion, error, sin.   ⁴⁹ἀναστρέφω, [11] I overturn; I turn back, return; I turn hither and thither; pass: I turn myself about; I sojourn, dwell; I conduct myself, behave, live.   ⁵⁰ἐλευθερία, ας, ἡ, [11] freedom, liberty, especially: a state of freedom from slavery.   ⁵¹ἐπαγγέλλομαι, [15] I promise, profess.

ὑπάρχοντες τῆς φθορᾶς·¹ ᾧ γάρ τις ἥττηται,² τούτῳ καὶ δεδούλωται.³ 20 Εἰ γὰρ ἀποφυγόντες⁴ τὰ μιάσματα⁵ τοῦ κόσμου ἐν ἐπιγνώσει⁶ τοῦ κυρίου καὶ σωτῆρος⁷ Ἰησοῦ χριστοῦ, τούτοις δὲ πάλιν ἐμπλακέντες⁸ ἡττῶνται,⁹ γέγονεν αὐτοῖς τὰ ἔσχατα χείρονα¹⁰ τῶν πρώτων. 21 Κρεῖττον¹¹ γὰρ ἦν αὐτοῖς μὴ ἐπεγνωκέναι¹² τὴν ὁδὸν τῆς δικαιοσύνης, ἢ ἐπιγνοῦσιν¹³ ἐπιστρέψαι¹⁴ ἐκ τῆς παραδοθείσης αὐτοῖς ἁγίας ἐντολῆς. 22 Συμβέβηκεν¹⁵ δὲ αὐτοῖς τὸ τῆς ἀληθοῦς¹⁶ παροιμίας,¹⁷ Κύων¹⁸ ἐπιστρέψας¹⁹ ἐπὶ τὸ ἴδιον ἐξέραμα,²⁰ καὶ ὗς²¹ λουσαμένη²² εἰς κύλισμα²³ βορβόρου.²⁴

The Certain Coming of Christ and Its Lessons

3 Ταύτην ἤδη, ἀγαπητοί, δευτέραν²⁵ ὑμῖν γράφω ἐπιστολήν,²⁶ ἐν αἷς διεγείρω²⁷ ὑμῶν ἐν ὑπομνήσει²⁸ τὴν εἰλικρινῆ²⁹ διάνοιαν,³⁰ 2 μνησθῆναι³¹ τῶν προειρημένων³² ῥημάτων ὑπὸ τῶν ἁγίων προφητῶν, καὶ τῆς τῶν ἀποστόλων ὑμῶν ἐντολῆς τοῦ κυρίου καὶ σωτῆρος·⁷ 3 τοῦτο πρῶτον γινώσκοντες, ὅτι ἐλεύσονται ἐπ᾽ ἐσχάτου τῶν ἡμερῶν ἐμπαῖκται,³³ κατὰ τὰς ἰδίας ἐπιθυμίας³⁴ αὐτῶν πορευόμενοι, 4 καὶ λέγοντες, Ποῦ³⁵ ἐστιν ἡ ἐπαγγελία τῆς παρουσίας³⁶ αὐτοῦ; Ἀφ᾽ ἧς γὰρ οἱ πατέρες ἐκοιμήθησαν,³⁷ πάντα οὕτως διαμένει³⁸ ἀπ᾽ ἀρχῆς κτίσεως.³⁹ 5 Λανθάνει⁴⁰ γὰρ αὐτοὺς τοῦτο θέλοντας, ὅτι

---

²ἥττηται: RNI-3S   ³δεδούλωται: RPI-3S   ⁴ἀποφυγόντες: 2AAP-NPM   ⁸ἐμπλακέντες: 2APP-NPM   ⁹ἡττῶνται: PNI-3P   ¹²ἐπεγνωκέναι: RAN   ¹³ἐπιγνοῦσιν: 2AAP-DPM   ¹⁴ἐπιστρέψαι: AAN   ¹⁵Συμβέβηκεν: RAI-3S   ¹⁹ἐπιστρέψας: AAP-NSM   ²²λουσαμένη: AMP-NSF   ²⁷διεγείρω: PAI-1S   ³¹μνησθῆναι: APN   ³²προειρημένων: RPP-GPM   ³⁷ἐκοιμήθησαν: API-3P   ³⁸διαμένει: PAI-3S   ⁴⁰Λανθάνει: PAI-3S

---

¹φθορά, ᾶς, ἡ, [9] corruption, destruction, decay, rottenness, decomposition.   ²ἡττάομαι, [3] I am defeated, am overcome, am made inferior.   ³δουλόω, [8] I enslave.   ⁴ἀποφεύγω, [3] I flee from, escape.   ⁵μίασμα, ατος, τό, [1] pollution, defilement; a stain.   ⁶ἐπίγνωσις, εως, ἡ, [20] knowledge of a particular point (directed towards a particular object); perception, discernment, recognition, intuition.   ⁷σωτήρ, ῆρος, ὁ, [23] a savior, deliverer, preserver.   ⁸ἐμπλέκω, [2] I enfold, entangle; pass: I am involved in.   ⁹ἡττάομαι, [3] I am defeated, am overcome, am made inferior.   ¹⁰χείρων, ον, [11] worse, more severe.   ¹¹κρείττων, ον, [16] stronger, more excellent.   ¹²ἐπιγινώσκω, [42] I come to know by directing my attention to him or it, I perceive, discern, recognize; aor: I found out.   ¹³ἐπιγινώσκω, [42] I come to know by directing my attention to him or it, I perceive, discern, recognize; aor: I found out.   ¹⁴ἐπιστρέφω, [37] (a) trans: I turn (back) to (towards), (b) intrans: I turn (back) (to [towards]); I come to myself.   ¹⁵συμβαίνω, [8] I happen, occur, meet.   ¹⁶ἀληθής, ές, [25] unconcealed, true, true in fact, worthy of credit, truthful.   ¹⁷παροιμία, ας, ἡ, [5] a cryptic saying, an allegory; a proverb, figurative discourse.   ¹⁸κύων, κυνός, ὁ, ἡ, [5] a dog, universally despised in the East.   ¹⁹ἐπιστρέφω, [37] (a) trans: I turn (back) to (towards), (b) intrans: I turn (back) (to [towards]); I come to myself.   ²⁰ἐξέραμα, ατος, τό, [1] vomit.   ²¹ὗς, ὑός, ἡ, [1] a hog, boar, or sow.   ²²λούω, [6] (lit. or merely ceremonially), I wash, bathe (the body); mid: of washing, bathing one's self; met: I cleanse from sin.   ²³κύλισμα, ατος, τό, [1] a place of wallowing.   ²⁴βόρβορος, ου, ὁ, [1] mud, mire, filth.   ²⁵δεύτερος, α, ον, [44] second; with the article: in the second place, for the second time.   ²⁶ἐπιστολή, ῆς, ἡ, [24] a letter, dispatch, epistle, message.   ²⁷διεγείρω, [7] I wake out of sleep, arouse in general, stir up.   ²⁸ὑπόμνησις, εως, ἡ, [3] remembrance, recollection, putting in mind; a reminder.   ²⁹εἰλικρινής, ές, [2] (originally: unmixed), pure, uncontaminated, sincere.   ³⁰διάνοια, ας, ἡ, [12] understanding, intellect, mind, insight.   ³¹μιμνήσκομαι, [23] I remember, call to mind, recall, mention.   ³²προερέω, [9] I say already, predict, foretell.   ³³ἐμπαίκτης, ου, ὁ, [2] a mocker, scoffer.   ³⁴ἐπιθυμία, ας, ἡ, [38] desire, eagerness for, inordinate desire, lust.   ³⁵ποῦ, [44] where, in what place.   ³⁶παρουσία, ας, ἡ, [24] (a) presence, (b) a coming, an arrival, advent, especially of the second coming of Christ.   ³⁷κοιμάομαι, [18] I fall asleep, am asleep, sometimes of the sleep of death.   ³⁸διαμένω, [5] I remain, continue.   ³⁹κτίσις, εως, ἡ, [19] (often of the founding of a city), (a) abstr: creation, (b) concr: creation, creature, institution; always of Divine work, (c) an institution, ordinance.   ⁴⁰λανθάνω, [6] I am hidden (concealed), lie hid, escape notice, sometimes with acc. of person from whom concealment takes place; I do so and so unconsciously, unknown to myself, I shut my eyes to so and so.

οὐρανοὶ ἦσαν ἔκπαλαι,¹ καὶ γῆ ἐξ ὕδατος καὶ δι᾽ ὕδατος συνεστῶσα,² τῷ τοῦ θεοῦ λόγῳ, **6** δι᾽ ὧν ὁ τότε κόσμος ὕδατι κατακλυσθεὶς³ ἀπώλετο· **7** οἱ δὲ νῦν οὐρανοὶ καὶ ἡ γῆ τῷ αὐτοῦ λόγῳ τεθησαυρισμένοι⁴ εἰσίν, πυρὶ τηρούμενοι εἰς ἡμέραν κρίσεως⁵ καὶ ἀπωλείας⁶ τῶν ἀσεβῶν⁷ ἀνθρώπων.

8 Ἓν δὲ τοῦτο μὴ λανθανέτω⁸ ὑμᾶς, ἀγαπητοί, ὅτι μία ἡμέρα παρὰ κυρίῳ ὡς χίλια⁹ ἔτη,¹⁰ καὶ χίλια⁹ ἔτη¹⁰ ὡς ἡμέρα μία. **9** Οὐ βραδύνει¹¹ ὁ κύριος τῆς ἐπαγγελίας, ὥς τινες βραδυτῆτα¹² ἡγοῦνται·¹³ ἀλλὰ μακροθυμεῖ¹⁴ εἰς ἡμᾶς, μὴ βουλόμενός¹⁵ τινας ἀπολέσθαι, ἀλλὰ πάντας εἰς μετάνοιαν¹⁶ χωρῆσαι.¹⁷ **10** Ἥξει¹⁸ δὲ ἡ ἡμέρα κυρίου ὡς κλέπτης¹⁹ ἐν νυκτί, ἐν ᾗ οἱ οὐρανοὶ ῥοιζηδὸν²⁰ παρελεύσονται,²¹ στοιχεῖα²² δὲ καυσούμενα²³ λυθήσονται,²⁴ καὶ γῆ καὶ τὰ ἐν αὐτῇ ἔργα κατακαήσεται.²⁵ **11** Τούτων οὖν πάντων λυομένων,²⁶ ποταποὺς²⁷ δεῖ ὑπάρχειν ὑμᾶς ἐν ἁγίαις ἀναστροφαῖς²⁸ καὶ εὐσεβείαις,²⁹ **12** προσδοκῶντας³⁰ καὶ σπεύδοντας³¹ τὴν παρουσίαν³² τῆς τοῦ θεοῦ ἡμέρας, δι᾽ ἣν οὐρανοὶ πυρούμενοι³³ λυθήσονται,³⁴ καὶ στοιχεῖα²² καυσούμενα³⁵ τήκεται;³⁶ **13** Καινοὺς³⁷ δὲ οὐρανοὺς καὶ γῆν καινὴν³⁷ κατὰ τὸ ἐπάγγελμα³⁸ αὐτοῦ προσδοκῶμεν,³⁹ ἐν οἷς δικαιοσύνη κατοικεῖ.⁴⁰

---

²συνεστῶσα: RAP-NSF   ³κατακλυσθεὶς: APP-NSM   ⁴τεθησαυρισμένοι: RPP-NPM   ⁸λανθανέτω: PAM-3S   ¹¹βραδύνει: PAI-3S   ¹³ἡγοῦνται: PNI-3P   ¹⁴μακροθυμεῖ: PAI-3S   ¹⁵βουλόμενός: PNP-NSM   ¹⁷χωρῆσαι: AAN   ¹⁸Ἥξει: FAI-3S   ²¹παρελεύσονται: FDI-3P   ²³καυσούμενα: PPP-NPN   ²⁴λυθήσονται: FPI-3P   ²⁵κατακαήσεται: 2FPI-3S   ²⁶λυομένων: PPP-GPN   ³⁰προσδοκῶντας: PAP-APM   ³¹σπεύδοντας: PAP-APM   ³³πυρούμενοι: PPP-NPM   ³⁴λυθήσονται: FPI-3P   ³⁵καυσούμενα: PPP-NPN   ³⁶τήκεται: PPI-3S   ³⁹προσδοκῶμεν: PAI-1P   ⁴⁰κατοικεῖ: PAI-3S

---

¹ἔκπαλαι, [2] from of old, long since.   ²συνίστημι, συνιστάνω, [16] I place together, commend, prove, exhibit; instrans: I stand with; I am composed of, cohere.   ³κατακλύζω, [1] I flood over, overwhelm, inundate.   ⁴θησαυρίζω, [8] I store up, treasure up, save, lay up.   ⁵κρίσις, εως, ἡ, [48] judging, judgment, decision, sentence; generally: divine judgment; accusation.   ⁶ἀπώλεια, ας, ἡ, [19] destruction, ruin, loss, perishing; eternal ruin.   ⁷ἀσεβής, ές, [9] impious, ungodly, wicked.   ⁸λανθάνω, [6] I am hidden (concealed), lie hid, escape notice, sometimes with acc. of person from whom concealment takes place; I do so and so unconsciously, unknown to myself, I shut my eyes to so and so.   ⁹χίλιοι, αι, α, [11] a thousand.   ¹⁰ἔτος, ους, τό, [49] a year.   ¹¹βραδύνω, [2] I am slow, I delay, tarry.   ¹²βραδυτής, τῆτος, ἡ, [1] tardiness, slowness, delay.   ¹³ἡγέομαι, [28] (a) I lead, (b) I think, am of opinion, suppose, consider.   ¹⁴μακροθυμέω, [10] I suffer long, have patience, am forbearing, perseverance.   ¹⁵βούλομαι, [34] I will, intend, desire, wish.   ¹⁶μετάνοια, ας, ἡ, [24] repentance, a change of mind, change in the inner man.   ¹⁷χωρέω, [10] (lit: I make room, hence) (a) I have room for, receive, contain, (b) I make room for by departing, go, make progress, turn myself.   ¹⁸ἥκω, [27] I have come, am present, have arrived.   ¹⁹κλέπτης, ου, ὁ, [16] a thief.   ²⁰ῥοιζηδόν, [1] with a great noise, with a rushing sound.   ²¹παρέρχομαι, [29] I pass by, pass away, pass out of sight; I am rendered void, become vain, neglect, disregard.   ²²στοιχεῖον, ου, τό, [7] (a) plur: the heavenly bodies, (b) a rudiment, an element, a rudimentary principle, an elementary rule.   ²³καυσόω, [2] I burn with great heat.   ²⁴λύω, [42] (a) I loose, untie, release, (b) met: I break, destroy, set at naught, contravene; I break up a meeting, annul.   ²⁵κατακαίω, [12] I burn up, consume entirely.   ²⁶λύω, [42] (a) I loose, untie, release, (b) met: I break, destroy, set at naught, contravene; I break up a meeting, annul.   ²⁷ποταπός, ή, όν, [7] of what kind, of what manner.   ²⁸ἀναστροφή, ῆς, ἡ, [13] dealing with other men, conduct, life, behavior, manner of life.   ²⁹εὐσέβεια, ας, ἡ, [15] piety (towards God), godliness, devotion, godliness.   ³⁰προσδοκάω, [16] I expect, wait for, await, think, anticipate.   ³¹σπεύδω, [6] I hasten, urge on, desire earnestly.   ³²παρουσία, ας, ἡ, [24] (a) presence, (b) a coming, an arrival, advent, especially of the second coming of Christ.   ³³πυρόω, [6] pass: I burn, am set on fire, am inflamed; glow with heat, am purified by fire.   ³⁴λύω, [42] (a) I loose, untie, release, (b) met: I break, destroy, set at naught, contravene; I break up a meeting, annul.   ³⁵καυσόω, [2] I burn with great heat.   ³⁶τήκω, [1] I make liquid; pass: I melt (away).   ³⁷καινός, ή, όν, [44] fresh, new, unused, novel.   ³⁸ἐπάγγελμα, ατος, τό, [2] a promise.   ³⁹προσδοκάω, [16] I expect, wait for, await, think, anticipate.   ⁴⁰κατοικέω, [45] I dwell in, settle in, am established in (permanently), inhabit.

14 Διό, ἀγαπητοί, ταῦτα προσδοκῶντες,[1] σπουδάσατε[2] ἄσπιλοι[3] καὶ ἀμώμητοι[4] αὐτῷ εὑρεθῆναι ἐν εἰρήνῃ. **15** Καὶ τὴν τοῦ κυρίου ἡμῶν μακροθυμίαν[5] σωτηρίαν[6] ἡγεῖσθε,[7] καθὼς καὶ ὁ ἀγαπητὸς ἡμῶν ἀδελφὸς Παῦλος κατὰ τὴν αὐτῷ δοθεῖσαν σοφίαν ἔγραψεν ὑμῖν· **16** ὡς καὶ ἐν πάσαις ταῖς ἐπιστολαῖς,[8] λαλῶν ἐν αὐταῖς περὶ τούτων· ἐν οἷς ἔστιν δυσνόητά[9] τινα, ἃ οἱ ἀμαθεῖς[10] καὶ ἀστήρικτοι[11] στρεβλοῦσιν,[12] ὡς καὶ τὰς λοιπὰς[13] γραφάς, πρὸς τὴν ἰδίαν αὐτῶν ἀπώλειαν.[14] **17** Ὑμεῖς οὖν, ἀγαπητοί, προγινώσκοντες[15] φυλάσσεσθε,[16] ἵνα μή, τῇ τῶν ἀθέσμων[17] πλάνῃ[18] συναπαχθέντες,[19] ἐκπέσητε[20] τοῦ ἰδίου στηριγμοῦ.[21] **18** Αὐξάνετε[22] δὲ ἐν χάριτι καὶ γνώσει[23] τοῦ κυρίου ἡμῶν καὶ σωτῆρος[24] Ἰησοῦ χριστοῦ. Αὐτῷ ἡ δόξα καὶ νῦν καὶ εἰς ἡμέραν αἰῶνος. Ἀμήν.

---

[1]προσδοκῶντες: *PAP-NPM*   [2]σπουδάσατε: *AAM-2P*   [7]ἡγεῖσθε: *PNM-2P*   [12]στρεβλοῦσιν: *PAI-3P*   [15]προγινώσκοντες: *PAP-NPM*   [16]φυλάσσεσθε: *PMM-2P*   [19]συναπαχθέντες: *APP-NPM*   [20]ἐκπέσητε: *2AAS-2P*   [22]Αὐξάνετε: *PAM-2P*

---

[1]*προσδοκάω, [16] I expect, wait for, await, think, anticipate.*   [2]*σπουδάζω, [11] I hasten, am eager, am zealous.* [3]*ἄσπιλος, ον, [4] unstained, undefiled, spotless, pure.*   [4]*ἀμώμητος, ον, [2] without blame or fault, unblemished.* [5]*μακροθυμία, ας, ἡ, [14] patience, forbearance, longsuffering.*   [6]*σωτηρία, ας, ἡ, [46] welfare, prosperity, deliverance, preservation, salvation, safety.*   [7]*ἡγέομαι, [28] (a) I lead, (b) I think, am of opinion, suppose, consider.* [8]*ἐπιστολή, ῆς, ἡ, [24] a letter, dispatch, epistle, message.*   [9]*δυσνόητος, ον, [1] hard to understand.*   [10]*ἀμαθής, ές, [1] unlearned, ignorant.*   [11]*ἀστήρικτος, ον, [2] (lit: unpropped), unsteady, unstable, unsettled.*   [12]*στρεβλόω, [1] I twist, torture; met: I twist or pervert language.*   [13]*λοιπός, ή, όν, [42] left, left behind, the remainder; the rest, the others.*   [14]*ἀπώλεια, ας, ἡ, [19] destruction, ruin, loss, perishing; eternal ruin.*   [15]*προγινώσκω, [5] I know beforehand, foreknow.*   [16]*φυλάσσω, [30] (a) I guard, protect; mid: I am on my guard, (b) act. and mid. of customs and regulations: I keep, observe.*   [17]*ἄθεσμος, ον, [2] lawless, unrestrained, licentious.*   [18]*πλάνη, ης, ἡ, [10] a wandering; fig: deceit, delusion, error, sin.*   [19]*συναπάγω, [3] I lead away with, carry along with (in good or bad sense according to context); mid: I conform myself willingly to.*   [20]*ἐκπίπτω, [12] I fall out, fall off, fall away; hence in nautical language: I fall off from the straight course; of flowers: I fade away, wither away; I fall from, lose, forfeit; I am cast ashore; I am fruitless.*   [21]*στηριγμός, οῦ, ὁ, [1] firmness, steadfastness.* [22]*αὐξάνω, [23] (a) I cause to increase, become greater (b) I increase, grow.*   [23]*γνῶσις, εως, ἡ, [29] knowledge, doctrine, wisdom.*   [24]*σωτήρ, ῆρος, ὁ, [23] a savior, deliverer, preserver.*

ΙΩΑΝΝΟΥ Α
First of John

Christ's Person and Office

῞Ο ἦν ἀπ᾽ ἀρχῆς, ὃ ἀκηκόαμεν, ὃ ἑωράκαμεν τοῖς ὀφθαλμοῖς ἡμῶν, ὃ ἐθεασάμεθα, [1] καὶ αἱ χεῖρες ἡμῶν ἐψηλάφησαν [2] περὶ τοῦ λόγου τῆς ζωῆς. **2** Καὶ ἡ ζωὴ ἐφανερώθη, [3] καὶ ἑωράκαμεν, καὶ μαρτυροῦμεν, καὶ ἀπαγγέλλομεν [4] ὑμῖν τὴν ζωὴν τὴν αἰώνιον, ἥτις ἦν πρὸς τὸν πατέρα, καὶ ἐφανερώθη [5] ἡμῖν. **3** Ὃ ἑωράκαμεν καὶ ἀκηκόαμεν, ἀπαγγέλλομεν [6] ὑμῖν, ἵνα καὶ ὑμεῖς κοινωνίαν [7] ἔχητε μεθ᾽ ἡμῶν· καὶ ἡ κοινωνία [7] δὲ ἡ ἡμετέρα [8] μετὰ τοῦ πατρὸς καὶ μετὰ τοῦ υἱοῦ αὐτοῦ Ἰησοῦ χριστοῦ· **4** καὶ ταῦτα γράφομεν ὑμῖν, ἵνα ἡ χαρὰ ἡμῶν ᾖ πεπληρωμένη.

5 Καὶ ἔστιν αὕτη ἡ ἀγγελία [9] ἣν ἀκηκόαμεν ἀπ᾽ αὐτοῦ καὶ ἀναγγέλλομεν [10] ὑμῖν, ὅτι ὁ θεὸς φῶς ἐστίν, καὶ σκοτία [11] ἐν αὐτῷ οὐκ ἔστιν οὐδεμία. **6** Ἐὰν εἴπωμεν ὅτι κοινωνίαν [7] ἔχομεν μετ᾽ αὐτοῦ, καὶ ἐν τῷ σκότει [12] περιπατῶμεν, ψευδόμεθα, [13] καὶ οὐ ποιοῦμεν τὴν ἀλήθειαν· **7** ἐὰν δὲ ἐν τῷ φωτὶ περιπατῶμεν, ὡς αὐτός ἐστιν ἐν τῷ φωτί, κοινωνίαν [7] ἔχομεν μετ᾽ ἀλλήλων, καὶ τὸ αἷμα Ἰησοῦ χριστοῦ τοῦ υἱοῦ αὐτοῦ καθαρίζει [14] ἡμᾶς ἀπὸ πάσης ἁμαρτίας. **8** Ἐὰν εἴπωμεν ὅτι ἁμαρτίαν οὐκ ἔχομεν, ἑαυτοὺς πλανῶμεν, [15] καὶ ἡ ἀλήθεια οὐκ ἔστιν ἐν ἡμῖν. **9** Ἐὰν ὁμολογῶμεν [16] τὰς ἁμαρτίας ἡμῶν, πιστός ἐστιν καὶ δίκαιος ἵνα ἀφῇ ἡμῖν τὰς ἁμαρτίας, καὶ καθαρίσῃ [17] ἡμᾶς ἀπὸ πάσης ἀδικίας. [18] **10** Ἐὰν

---

[1] *ἐθεασάμεθα: ADI-1P*   [2] *ἐψηλάφησαν: AAI-3P*   [3] *ἐφανερώθη: API-3S*   [4] *ἀπαγγέλλομεν: PAI-1P*   [5] *ἐφανερώθη: API-3S*   [6] *ἀπαγγέλλομεν: PAI-1P*   [10] *ἀναγγέλλομεν: PAI-1P*   [13] *ψευδόμεθα: PNI-1P*   [14] *καθαρίζει: PAI-3S*   [15] *πλανῶμεν: PAI-1P*   [16] *ὁμολογῶμεν: PAS-1P*   [17] *καθαρίσῃ: AAS-3S*

---

[1] *θεάομαι, [24] I see, behold, contemplate, look upon, view; I see, visit.*   [2] *ψηλαφάω, [4] I feel, touch, handle; I feel after, grope for.*   [3] *φανερόω, [49] I make clear (visible, manifest), make known.*   [4] *ἀπαγγέλλω, [44] I report (from one place to another), bring a report, announce, declare.*   [5] *φανερόω, [49] I make clear (visible, manifest), make known.*   [6] *ἀπαγγέλλω, [44] I report (from one place to another), bring a report, announce, declare.*   [7] *κοινωνία, ας, ἡ, [19] (lit: partnership) (a) contributory help, participation, (b) sharing in, communion, (c) spiritual fellowship, a fellowship in the spirit.*   [8] *ἡμέτερος, α, ον, [7] our, our own.*   [9] *ἀγγελία, ας, ἡ, [2] a message.*   [10] *ἀναγγέλλω, [18] I bring back word, report; I announce, declare.*   [11] *σκοτία, ας, ἡ, [16] darkness; fig: spiritual darkness.*   [12] *σκότος, ους, τό, [32] darkness, either physical or moral.*   [13] *ψεύδομαι, [12] I deceive, lie, speak falsely.*   [14] *καθαρίζω, [30] I cleanse, make clean, literally, ceremonially, or spiritually, according to context.*   [15] *πλανάω, [40] I lead astray, deceive, cause to wander.*   [16] *ὁμολογέω, [24] (a) I promise, agree, (b) I confess, (c) I publicly declare, (d) a Hebraism, I praise, celebrate.*   [17] *καθαρίζω, [30] I cleanse, make clean, literally, ceremonially, or spiritually, according to context.*   [18] *ἀδικία, ας, ἡ, [26] injustice, unrighteousness, hurt.*

εἴπωμεν ὅτι οὐχ ἡμαρτήκαμεν,¹ ψεύστην² ποιοῦμεν αὐτόν, καὶ ὁ λόγος αὐτοῦ οὐκ ἔστιν ἐν ἡμῖν.

Christ's Propitiation and Its Influence upon the Life of the Christians

2 Τεκνία³ μου, ταῦτα γράφω ὑμῖν, ἵνα μὴ ἁμάρτητε.⁴ Καὶ ἐάν τις ἁμάρτῃ,⁵ παράκλητον⁶ ἔχομεν πρὸς τὸν πατέρα, Ἰησοῦν χριστὸν δίκαιον· 2 καὶ αὐτὸς ἱλασμός⁷ ἐστιν περὶ τῶν ἁμαρτιῶν ἡμῶν· οὐ περὶ τῶν ἡμετέρων⁸ δὲ μόνον, ἀλλὰ καὶ περὶ ὅλου τοῦ κόσμου. 3 Καὶ ἐν τούτῳ γινώσκομεν ὅτι ἐγνώκαμεν αὐτόν, ἐὰν τὰς ἐντολὰς αὐτοῦ τηρῶμεν. 4 Ὁ λέγων, Ἔγνωκα αὐτόν, καὶ τὰς ἐντολὰς αὐτοῦ μὴ τηρῶν, ψεύστης² ἐστίν, καὶ ἐν τούτῳ ἡ ἀλήθεια οὐκ ἔστιν· 5 ὃς δ᾽ ἂν τηρῇ αὐτοῦ τὸν λόγον, ἀληθῶς⁹ ἐν τούτῳ ἡ ἀγάπη τοῦ θεοῦ τετελείωται.¹⁰ Ἐν τούτῳ γινώσκομεν ὅτι ἐν αὐτῷ ἐσμέν· 6 ὁ λέγων ἐν αὐτῷ μένειν ὀφείλει,¹¹ καθὼς ἐκεῖνος περιεπάτησεν, καὶ αὐτὸς οὕτως περιπατεῖν.

7 Ἀδελφοί, οὐκ ἐντολὴν καινὴν¹² γράφω ὑμῖν, ἀλλ᾽ ἐντολὴν παλαιάν,¹³ ἣν εἴχετε ἀπ᾽ ἀρχῆς· ἡ ἐντολὴ ἡ παλαιά¹³ ἐστιν ὁ λόγος ὃν ἠκούσατε ἀπ᾽ ἀρχῆς. 8 Πάλιν ἐντολὴν καινὴν¹² γράφω ὑμῖν, ὅ ἐστιν ἀληθὲς¹⁴ ἐν αὐτῷ καὶ ἐν ὑμῖν· ὅτι ἡ σκοτία¹⁵ παράγεται,¹⁶ καὶ τὸ φῶς τὸ ἀληθινὸν¹⁷ ἤδη φαίνει.¹⁸ 9 Ὁ λέγων ἐν τῷ φωτὶ εἶναι καὶ τὸν ἀδελφὸν αὐτοῦ μισῶν,¹⁹ ἐν τῇ σκοτίᾳ¹⁵ ἐστὶν ἕως ἄρτι.²⁰ 10 Ὁ ἀγαπῶν τὸν ἀδελφὸν αὐτοῦ ἐν τῷ φωτὶ μένει, καὶ σκάνδαλον²¹ ἐν αὐτῷ οὐκ ἔστιν. 11 Ὁ δὲ μισῶν²² τὸν ἀδελφὸν αὐτοῦ ἐν τῇ σκοτίᾳ¹⁵ ἐστίν, καὶ ἐν τῇ σκοτίᾳ¹⁵ περιπατεῖ, καὶ οὐκ οἶδεν ποῦ²³ ὑπάγει, ὅτι ἡ σκοτία¹⁵ ἐτύφλωσεν²⁴ τοὺς ὀφθαλμοὺς αὐτοῦ.

12 Γράφω ὑμῖν, τεκνία,³ ὅτι ἀφέωνται ὑμῖν αἱ ἁμαρτίαι διὰ τὸ ὄνομα αὐτοῦ. 13 Γράφω ὑμῖν, πατέρες, ὅτι ἐγνώκατε τὸν ἀπ᾽ ἀρχῆς. Γράφω ὑμῖν, νεανίσκοι,²⁵ ὅτι νενικήκατε²⁶ τὸν πονηρόν. Γράφω ὑμῖν, παιδία, ὅτι ἐγνώκατε τὸν πατέρα. 14 Ἔγραψα

---

¹ἡμαρτήκαμεν: RAI-1P ⁴ἁμάρτητε: 2AAS-2P ⁵ἁμάρτῃ: 2AAS-3S ¹⁰τετελείωται: RPI-3S ¹¹ὀφείλει: PAI-3S ¹⁶παράγεται: PMI-3S ¹⁸φαίνει: PAI-3S ¹⁹μισῶν: PAP-NSM ²²μισῶν: PAP-NSM ²⁴ἐτύφλωσεν: AAI-3S ²⁶νενικήκατε: RAI-2P

---

¹ἁμαρτάνω, [43] originally: I miss the mark, hence (a) I make a mistake, (b) I sin, commit a sin (against God); sometimes the idea of sinning against a fellow-creature is present. ²ψεύστης, ου, ὁ, [10] a liar, deceiver. ³τεκνίον, ου, τό, [9] a little child. ⁴ἁμαρτάνω, [43] originally: I miss the mark, hence (a) I make a mistake, (b) I sin, commit a sin (against God); sometimes the idea of sinning against a fellow-creature is present. ⁵ἁμαρτάνω, [43] originally: I miss the mark, hence (a) I make a mistake, (b) I sin, commit a sin (against God); sometimes the idea of sinning against a fellow-creature is present. ⁶παράκλητος, ου, ὁ, [5] (a) an advocate, intercessor, (b) a consoler, comforter, helper, (c) Paraclete. ⁷ἱλασμός, οῦ, ὁ, [2] a propitiation (of an angry god), atoning sacrifice. ⁸ἡμέτερος, α, ον, [7] our, our own. ⁹ἀληθῶς, [21] truly, really, certainly, surely. ¹⁰τελειόω, [24] (a) as a course, a race, or the like: I complete, finish (b) as of time or prediction: I accomplish, (c) I make perfect; pass: I am perfected. ¹¹ὀφείλω, [36] I owe, ought. ¹²καινός, ή, όν, [44] fresh, new, unused, novel. ¹³παλαιός, ά, όν, [19] old, ancient, not new or recent. ¹⁴ἀληθής, ές, [25] unconcealed, true, true in fact, worthy of credit, truthful. ¹⁵σκοτία, ας, ἡ, [16] darkness; fig: spiritual darkness. ¹⁶παράγω, [10] I pass by, depart, pass away. ¹⁷ἀληθινός, η, ον, [27] true (lit: made of truth), real, genuine. ¹⁸φαίνω, [31] (a) act: I shine, shed light, (b) pass: I shine, become visible, appear, (c) I become clear, appear, seem, show myself as. ¹⁹μισέω, [41] I hate, detest, love less, esteem less. ²⁰ἄρτι, [37] now, just now, at this moment. ²¹σκάνδαλον, ου, τό, [15] a snare, stumbling-block, cause for error. ²²μισέω, [41] I hate, detest, love less, esteem less. ²³πού, [6] somewhere, anywhere, in a certain place. ²⁴τυφλόω, [3] I make blind, physically or mentally. ²⁵νεανίσκος, ου, ὁ, [10] a young man, youth, an attendant. ²⁶νικάω, [28] I conquer, am victorious, overcome, prevail, subdue.

ὑμῖν, πατέρες, ὅτι ἐγνώκατε τὸν ἀπ᾽ ἀρχῆς. Ἔγραψα ὑμῖν, νεανίσκοι,[1] ὅτι ἰσχυροί[2] ἐστε, καὶ ὁ λόγος τοῦ θεοῦ ἐν ὑμῖν μένει, καὶ νενικήκατε[3] τὸν πονηρόν. **15** Μὴ ἀγαπᾶτε τὸν κόσμον, μηδὲ τὰ ἐν τῷ κόσμῳ. Ἐάν τις ἀγαπᾷ τὸν κόσμον, οὐκ ἔστιν ἡ ἀγάπη τοῦ πατρὸς ἐν αὐτῷ. **16** Ὅτι πᾶν τὸ ἐν τῷ κόσμῳ, ἡ ἐπιθυμία[4] τῆς σαρκός, καὶ ἡ ἐπιθυμία[4] τῶν ὀφθαλμῶν, καὶ ἡ ἀλαζονεία[5] τοῦ βίου,[6] οὐκ ἔστιν ἐκ τοῦ πατρός, ἀλλ᾽ ἐκ τοῦ κόσμου ἐστίν. **17** Καὶ ὁ κόσμος παράγεται,[7] καὶ ἡ ἐπιθυμία[4] αὐτοῦ· ὁ δὲ ποιῶν τὸ θέλημα τοῦ θεοῦ μένει εἰς τὸν αἰῶνα.

18 Παιδία, ἐσχάτη ὥρα ἐστίν· καὶ καθὼς ἠκούσατε ὅτι ὁ ἀντίχριστος[8] ἔρχεται, καὶ νῦν ἀντίχριστοι[8] πολλοὶ γεγόνασιν· ὅθεν[9] γινώσκομεν ὅτι ἐσχάτη ὥρα ἐστίν. **19** Ἐξ ἡμῶν ἐξῆλθον, ἀλλ᾽ οὐκ ἦσαν ἐξ ἡμῶν· εἰ γὰρ ἦσαν ἐξ ἡμῶν, μεμενήκεισαν ἂν μεθ᾽ ἡμῶν· ἀλλ᾽ ἵνα φανερωθῶσιν[10] ὅτι οὐκ εἰσὶν πάντες ἐξ ἡμῶν. **20** Καὶ ὑμεῖς χρίσμα[11] ἔχετε ἀπὸ τοῦ ἁγίου, καὶ οἴδατε πάντα. **21** Οὐκ ἔγραψα ὑμῖν, ὅτι οὐκ οἴδατε τὴν ἀλήθειαν, ἀλλ᾽ ὅτι οἴδατε αὐτήν, καὶ ὅτι πᾶν ψεῦδος[12] ἐκ τῆς ἀληθείας οὐκ ἔστιν. **22** Τίς ἐστιν ὁ ψεύστης,[13] εἰ μὴ ὁ ἀρνούμενος[14] ὅτι Ἰησοῦς οὐκ ἔστιν ὁ χριστός; Οὗτός ἐστιν ὁ ἀντίχριστος,[8] ὁ ἀρνούμενος[15] τὸν πατέρα καὶ τὸν υἱόν. **23** Πᾶς ὁ ἀρνούμενος[16] τὸν υἱὸν οὐδὲ τὸν πατέρα ἔχει. **24** Ὑμεῖς οὖν ὃ ἠκούσατε ἀπ᾽ ἀρχῆς, ἐν ὑμῖν μενέτω. Ἐὰν ἐν ὑμῖν μείνῃ ὃ ἀπ᾽ ἀρχῆς ἠκούσατε, καὶ ὑμεῖς ἐν τῷ υἱῷ καὶ ἐν τῷ πατρὶ μενεῖτε. **25** Καὶ αὕτη ἐστὶν ἡ ἐπαγγελία ἣν αὐτὸς ἐπηγγείλατο[17] ἡμῖν, τὴν ζωὴν τὴν αἰώνιον. **26** Ταῦτα ἔγραψα ὑμῖν περὶ τῶν πλανώντων[18] ὑμᾶς. **27** Καὶ ὑμεῖς, τὸ χρίσμα[11] ὃ ἐλάβετε ἀπ᾽ αὐτοῦ ἐν ὑμῖν μένει, καὶ οὐ χρείαν[19] ἔχετε ἵνα τις διδάσκῃ ὑμᾶς· ἀλλ᾽ ὡς τὸ αὐτὸ χρίσμα[11] διδάσκει ὑμᾶς περὶ πάντων, καὶ ἀληθές[20] ἐστιν, καὶ οὐκ ἔστιν ψεῦδος,[12] καὶ καθὼς ἐδίδαξεν ὑμᾶς, μενεῖτε ἐν αὐτῷ. **28** Καὶ νῦν, τεκνία,[21] μένετε ἐν αὐτῷ· ἵνα ὅταν φανερωθῇ,[22] ἔχωμεν παρρησίαν,[23] καὶ μὴ αἰσχυνθῶμεν[24] ἀπ᾽ αὐτοῦ ἐν τῇ παρουσίᾳ[25] αὐτοῦ. **29** Ἐὰν εἰδῆτε ὅτι δίκαιός ἐστιν, γινώσκετε ὅτι πᾶς ὁ ποιῶν τὴν δικαιοσύνην ἐξ αὐτοῦ γεγέννηται.

---

[3] νενικήκατε: RAI-2P   [7] παράγεται: PMI-3S   [10] φανερωθῶσιν: APS-3P   [14] ἀρνούμενος: PNP-NSM   [15] ἀρνούμενος: PNP-NSM   [16] ἀρνούμενος: PNP-NSM   [17] ἐπηγγείλατο: ADI-3S   [18] πλανώντων: PAP-GPM   [22] φανερωθῇ: APS-3S   [24] αἰσχυνθῶμεν: APS-1P

---

[1] νεανίσκος, ου, ὁ, [10] a young man, youth, an attendant.   [2] ἰσχυρός, ά, όν, [29] strong (originally and generally of physical strength); mighty, powerful, vehement, sure.   [3] νικάω, [28] I conquer, am victorious, overcome, prevail, subdue.   [4] ἐπιθυμία, ας, ἡ, [38] desire, eagerness for, inordinate desire, lust.   [5] ἀλαζονεία, ας, ἡ, [2] boasting, show, arrogant display, ostentation; plur: occasions of ostentation.   [6] βίος, ου, ὁ, [11] (a) life, (b) manner of life; livelihood.   [7] παράγω, [10] I pass by, depart, pass away.   [8] ἀντίχριστος, ου, ὁ, [5] antichrist, either one who puts himself in the place of, or the enemy (opponent) of the Messiah.   [9] ὅθεν, [15] (a) whence, from which place, (b) wherefore.   [10] φανερόω, [49] I make clear (visible, manifest), make known.   [11] χρίσμα, ατος, τό, [3] an anointing.   [12] ψεῦδος, ους, τό, [10] a lie, falsehood, untruth; false religion.   [13] ψεύστης, ου, ὁ, [10] a liar, deceiver.   [14] ἀρνέομαι, [31] (a) I deny (a statement), (b) I repudiate (a person, or belief).   [15] ἀρνέομαι, [31] (a) I deny (a statement), (b) I repudiate (a person, or belief).   [16] ἀρνέομαι, [31] (a) I deny (a statement), (b) I repudiate (a person, or belief).   [17] ἐπαγγέλλομαι, [15] I promise, profess.   [18] πλανάω, [40] I lead astray, deceive, cause to wander.   [19] χρεία, ας, ἡ, [49] need, necessity, business.   [20] ἀληθής, ές, [25] unconcealed, true, true in fact, worthy of credit, truthful.   [21] τεκνίον, ου, τό, [9] a little child.   [22] φανερόω, [49] I make clear (visible, manifest), make known.   [23] παρρησία, ας, ἡ, [31] freedom, openness, especially in speech; boldness, confidence.   [24] αἰσχύνομαι, [5] I am ashamed, am put to shame.   [25] παρουσία, ας, ἡ, [24] (a) presence, (b) a coming, an arrival, advent, especially of the second coming of Christ.

The Glory, Privileges, and Obligations of Sonship

3 Ἴδετε ποταπὴν¹ ἀγάπην δέδωκεν ἡμῖν ὁ πατήρ, ἵνα τέκνα θεοῦ κληθῶμεν. Διὰ τοῦτο ὁ κόσμος οὐ γινώσκει ὑμᾶς, ὅτι οὐκ ἔγνω αὐτόν. 2 Ἀγαπητοί, νῦν τέκνα θεοῦ ἐσμέν, καὶ οὔπω² ἐφανερώθη³ τί ἐσόμεθα· οἴδαμεν δὲ ὅτι ἐὰν φανερωθῇ,⁴ ὅμοιοι⁵ αὐτῷ ἐσόμεθα, ὅτι ὀψόμεθα αὐτὸν καθώς ἐστιν. 3 Καὶ πᾶς ὁ ἔχων τὴν ἐλπίδα ταύτην ἐπ᾽ αὐτῷ ἁγνίζει⁶ ἑαυτόν, καθὼς ἐκεῖνος ἁγνός⁷ ἐστιν. 4 Πᾶς ὁ ποιῶν τὴν ἁμαρτίαν, καὶ τὴν ἀνομίαν⁸ ποιεῖ· καὶ ἡ ἁμαρτία ἐστὶν ἡ ἀνομία.⁸ 5 Καὶ οἴδατε ὅτι ἐκεῖνος ἐφανερώθη,⁹ ἵνα τὰς ἁμαρτίας ἡμῶν ἄρῃ· καὶ ἁμαρτία ἐν αὐτῷ οὐκ ἔστιν. 6 Πᾶς ὁ ἐν αὐτῷ μένων οὐχ ἁμαρτάνει·¹⁰ πᾶς ὁ ἁμαρτάνων¹¹ οὐχ ἑώρακεν αὐτόν, οὐδὲ ἔγνωκεν αὐτόν. 7 Τεκνία,¹² μηδεὶς πλανάτω¹³ ὑμᾶς· ὁ ποιῶν τὴν δικαιοσύνην δίκαιός ἐστιν, καθὼς ἐκεῖνος δίκαιός ἐστιν· 8 ὁ ποιῶν τὴν ἁμαρτίαν ἐκ τοῦ διαβόλου¹⁴ ἐστίν, ὅτι ἀπ᾽ ἀρχῆς ὁ διάβολος¹⁴ ἁμαρτάνει.¹⁵ Εἰς τοῦτο ἐφανερώθη¹⁶ ὁ υἱὸς τοῦ θεοῦ, ἵνα λύσῃ¹⁷ τὰ ἔργα τοῦ διαβόλου.¹⁴ 9 Πᾶς ὁ γεγεννημένος ἐκ τοῦ θεοῦ ἁμαρτίαν οὐ ποιεῖ, ὅτι σπέρμα¹⁸ αὐτοῦ ἐν αὐτῷ μένει· καὶ οὐ δύναται ἁμαρτάνειν,¹⁹ ὅτι ἐκ τοῦ θεοῦ γεγέννηται. 10 Ἐν τούτῳ φανερά²⁰ ἐστιν τὰ τέκνα τοῦ θεοῦ καὶ τὰ τέκνα τοῦ διαβόλου·¹⁴ πᾶς ὁ μὴ ποιῶν δικαιοσύνην οὐκ ἔστιν ἐκ τοῦ θεοῦ, καὶ ὁ μὴ ἀγαπῶν τὸν ἀδελφὸν αὐτοῦ. 11 Ὅτι αὕτη ἐστὶν ἡ ἀγγελία²¹ ἣν ἠκούσατε ἀπ᾽ ἀρχῆς, ἵνα ἀγαπῶμεν ἀλλήλους· 12 οὐ καθὼς Κάϊν ἐκ τοῦ πονηροῦ ἦν, καὶ ἔσφαξεν²² τὸν ἀδελφὸν αὐτοῦ. Καὶ χάριν²³ τίνος ἔσφαξεν²⁴ αὐτόν; Ὅτι τὰ ἔργα αὐτοῦ πονηρὰ ἦν, τὰ δὲ τοῦ ἀδελφοῦ αὐτοῦ δίκαια.

13 Μὴ θαυμάζετε,²⁵ ἀδελφοί μου, εἰ μισεῖ²⁶ ὑμᾶς ὁ κόσμος· 14 ἡμεῖς οἴδαμεν ὅτι μεταβεβήκαμεν²⁷ ἐκ τοῦ θανάτου εἰς τὴν ζωήν, ὅτι ἀγαπῶμεν τοὺς ἀδελφούς. Ὁ

---

³ἐφανερώθη: API-3S   ⁴φανερωθῇ: APS-3S   ⁶ἁγνίζει: PAI-3S   ⁹ἐφανερώθη: API-3S   ¹⁰ἁμαρτάνει: PAI-3S   ¹¹ἁμαρτάνων: PAP-NSM   ¹³πλανάτω: PAM-3S   ¹⁵ἁμαρτάνει: PAI-3S   ¹⁶ἐφανερώθη: API-3S   ¹⁷λύσῃ: AAS-3S   ¹⁹ἁμαρτάνειν: PAN   ²²ἔσφαξεν: AAI-3S   ²⁴ἔσφαξεν: AAI-3S   ²⁵θαυμάζετε: PAM-2P   ²⁶μισεῖ: PAI-3S   ²⁷μεταβεβήκαμεν: RAI-1P

---

¹ποταπός, ή, όν, [7] of what kind, of what manner.   ²οὔπω, [23] not yet.   ³φανερόω, [49] I make clear (visible, manifest), make known.   ⁴φανερόω, [49] I make clear (visible, manifest), make known.   ⁵ὅμοιος, οία, οιον, [44] like, similar to, resembling, of equal rank.   ⁶ἁγνίζω, [7] I cleanse, purify, either ceremonially, actually, or morally.   ⁷ἁγνός, ή, όν, [8] (originally, in a condition prepared for worship), pure (either ethically, or ritually, ceremonially), chaste.   ⁸ἀνομία, ας, ἡ, [15] lawlessness, iniquity, disobedience, sin.   ⁹φανερόω, [49] I make clear (visible, manifest), make known.   ¹⁰ἁμαρτάνω, [43] originally: I miss the mark, hence (a) I make a mistake, (b) I sin, commit a sin (against God); sometimes the idea of sinning against a fellow-creature is present.   ¹¹ἁμαρτάνω, [43] originally: I miss the mark, hence (a) I make a mistake, (b) I sin, commit a sin (against God); sometimes the idea of sinning against a fellow-creature is present.   ¹²τεκνίον, ου, τό, [9] a little child.   ¹³πλανάω, [40] I lead astray, deceive, cause to wander.   ¹⁴διάβολος, ον, [38] (adj. used often as a noun), slanderous; with the article: the Slanderer (par excellence), the Devil.   ¹⁵ἁμαρτάνω, [43] originally: I miss the mark, hence (a) I make a mistake, (b) I sin, commit a sin (against God); sometimes the idea of sinning against a fellow-creature is present.   ¹⁶φανερόω, [49] I make clear (visible, manifest), make known.   ¹⁷λύω, [42] (a) I loose, untie, release, (b) met: I break, destroy, set at naught, contravene; I break up a meeting, annul.   ¹⁸σπέρμα, ατος, τό, [44] (a) seed, commonly of cereals, (b) offspring, descendents.   ¹⁹ἁμαρτάνω, [43] originally: I miss the mark, hence (a) I make a mistake, (b) I sin, commit a sin (against God); sometimes the idea of sinning against a fellow-creature is present.   ²⁰φανερός, ά, όν, [20] apparent, clear, visible, manifest; adv: clearly.   ²¹ἀγγελία, ας, ἡ, [2] a message.   ²²σφάζω, [10] I slay, kill by violence, slaughter, wound mortally.   ²³χάριν, [9] for the sake of, by reason of, on account of.   ²⁴σφάζω, [10] I slay, kill by violence, slaughter, wound mortally.   ²⁵θαυμάζω, [46] (a) intrans: I wonder, marvel, (b) trans: I wonder at, admire.   ²⁶μισέω, [41] I hate, detest, love less, esteem less.   ²⁷μεταβαίνω, [12] I change my place (abode), leave, depart, remove, pass over.

μὴ ἀγαπῶν τὸν ἀδελφόν, μένει ἐν τῷ θανάτῳ. **15** Πᾶς ὁ μισῶν¹ τὸν ἀδελφὸν αὐτοῦ ἀνθρωποκτόνος² ἐστίν· καὶ οἴδατε ὅτι πᾶς ἀνθρωποκτόνος² οὐκ ἔχει ζωὴν αἰώνιον ἐν ἑαυτῷ μένουσαν. **16** Ἐν τούτῳ ἐγνώκαμεν τὴν ἀγάπην, ὅτι ἐκεῖνος ὑπὲρ ἡμῶν τὴν ψυχὴν αὐτοῦ ἔθηκεν· καὶ ἡμεῖς ὀφείλομεν³ ὑπὲρ τῶν ἀδελφῶν τὰς ψυχὰς τιθέναι. **17** Ὃς δ᾽ ἂν ἔχῃ τὸν βίον⁴ τοῦ κόσμου, καὶ θεωρῇ τὸν ἀδελφὸν αὐτοῦ χρείαν⁵ ἔχοντα, καὶ κλείσῃ⁶ τὰ σπλάγχνα⁷ αὐτοῦ ἀπ᾽ αὐτοῦ, πῶς ἡ ἀγάπη τοῦ θεοῦ μένει ἐν αὐτῷ; **18** Τεκνία⁸ μου, μὴ ἀγαπῶμεν λόγῳ μηδὲ τῇ γλώσσῃ, ἀλλ᾽ ἐν ἔργῳ καὶ ἀληθείᾳ. **19** Καὶ ἐν τούτῳ γινώσκομεν ὅτι ἐκ τῆς ἀληθείας ἐσμέν, καὶ ἔμπροσθεν⁹ αὐτοῦ πείσομεν τὰς καρδίας ἡμῶν, **20** ὅτι ἐὰν καταγινώσκῃ¹⁰ ἡμῶν ἡ καρδία, ὅτι μείζων ἐστὶν ὁ θεὸς τῆς καρδίας ἡμῶν, καὶ γινώσκει πάντα. **21** Ἀγαπητοί, ἐὰν ἡ καρδία ἡμῶν μὴ καταγινώσκῃ¹¹ ἡμῶν, παρρησίαν¹² ἔχομεν πρὸς τὸν θεόν, **22** καὶ ὃ ἐὰν αἰτῶμεν, λαμβάνομεν παρ᾽ αὐτοῦ, ὅτι τὰς ἐντολὰς αὐτοῦ τηροῦμεν, καὶ τὰ ἀρεστὰ¹³ ἐνώπιον αὐτοῦ ποιοῦμεν. **23** Καὶ αὕτη ἐστὶν ἡ ἐντολὴ αὐτοῦ, ἵνα πιστεύσωμεν τῷ ὀνόματι τοῦ υἱοῦ αὐτοῦ Ἰησοῦ χριστοῦ, καὶ ἀγαπῶμεν ἀλλήλους, καθὼς ἔδωκεν ἐντολήν. **24** Καὶ ὁ τηρῶν τὰς ἐντολὰς αὐτοῦ ἐν αὐτῷ μένει, καὶ αὐτὸς ἐν αὐτῷ. Καὶ ἐν τούτῳ γινώσκομεν ὅτι μένει ἐν ἡμῖν, ἐκ τοῦ πνεύματος οὗ ἡμῖν ἔδωκεν.

The Attitude of Christians toward False Teachers and toward One Another

4 Ἀγαπητοί, μὴ παντὶ πνεύματι πιστεύετε, ἀλλὰ δοκιμάζετε¹⁴ τὰ πνεύματα, εἰ ἐκ τοῦ θεοῦ ἐστίν· ὅτι πολλοὶ ψευδοπροφῆται¹⁵ ἐξεληλύθασιν εἰς τὸν κόσμον. **2** Ἐν τούτῳ γινώσκεται τὸ πνεῦμα τοῦ θεοῦ· πᾶν πνεῦμα ὃ ὁμολογεῖ¹⁶ Ἰησοῦν χριστὸν ἐν σαρκὶ ἐληλυθότα ἐκ τοῦ θεοῦ ἐστίν· **3** καὶ πᾶν πνεῦμα ὃ μὴ ὁμολογεῖ¹⁷ Ἰησοῦν χριστὸν ἐν σαρκὶ ἐληλυθότα, ἐκ τοῦ θεοῦ οὐκ ἔστιν· καὶ τοῦτό ἐστιν τὸ τοῦ ἀντιχρίστου,¹⁸ ὃ ἀκηκόατε ὅτι ἔρχεται, καὶ νῦν ἐν τῷ κόσμῳ ἐστὶν ἤδη. **4** Ὑμεῖς ἐκ τοῦ θεοῦ ἐστέ, τεκνία,⁸ καὶ νενικήκατε¹⁹ αὐτούς· ὅτι μείζων ἐστὶν ὁ ἐν ὑμῖν ἢ ὁ ἐν τῷ κόσμῳ. **5** Αὐτοὶ ἐκ τοῦ κόσμου εἰσίν· διὰ τοῦτο ἐκ τοῦ κόσμου λαλοῦσιν, καὶ ὁ κόσμος αὐτῶν ἀκούει. **6** Ἡμεῖς ἐκ τοῦ θεοῦ ἐσμέν· ὁ γινώσκων τὸν θεόν, ἀκούει ἡμῶν· ὃς οὐκ ἔστιν ἐκ τοῦ θεοῦ, οὐκ ἀκούει ἡμῶν. Ἐκ τούτου γινώσκομεν τὸ πνεῦμα τῆς ἀληθείας καὶ τὸ πνεῦμα τῆς πλάνης.²⁰

---

¹*μισῶν*: PAP-NSM   ³*ὀφείλομεν*: PAI-1P   ⁶*κλείσῃ*: AAS-3S   ¹⁰*καταγινώσκῃ*: PAS-3S   ¹¹*καταγινώσκῃ*: PAS-3S
¹⁴*δοκιμάζετε*: PAM-2P   ¹⁶*ὁμολογεῖ*: PAI-3S   ¹⁷*ὁμολογεῖ*: PAI-3S   ¹⁹*νενικήκατε*: RAI-2P

---

¹*μισέω*, [41] I hate, detest, love less, esteem less.   ²*ἀνθρωποκτόνος, ου, ὁ*, [3] a murderer, man-slayer.   ³*ὀφείλω*, [36] I owe, ought.   ⁴*βίος, ου, ὁ*, [11] (a) life, (b) manner of life; livelihood.   ⁵*χρεία, ας, ἡ*, [49] need, necessity, business.   ⁶*κλείω*, [15] I shut, shut up.   ⁷*σπλάγχνα, ων, τά*, [11] the inward parts; the heart, affections, seat of the feelings.   ⁸*τεκνίον, ου, τό*, [9] a little child.   ⁹*ἔμπροσθεν*, [48] in front, before the face; sometimes made a subst. by the addition of the article: in front of, before the face of.   ¹⁰*καταγινώσκω*, [3] I condemn, blame.   ¹¹*καταγινώσκω*, [3] I condemn, blame.   ¹²*παρρησία, ας, ἡ*, [31] freedom, openness, especially in speech; boldness, confidence.   ¹³*ἀρεστός, ή, όν*, [4] pleasing, satisfactory, acceptable.   ¹⁴*δοκιμάζω*, [23] I put to the test, prove, examine; I distinguish by testing, approve after testing; I am fit.   ¹⁵*ψευδοπροφήτης, ου, ὁ*, [11] a false prophet; one who in God's name teaches what is false.   ¹⁶*ὁμολογέω*, [24] (a) I promise, agree, (b) I confess, (c) I publicly declare, (d) a Hebraism, I praise, celebrate.   ¹⁷*ὁμολογέω*, [24] (a) I promise, agree, (b) I confess, (c) I publicly declare, (d) a Hebraism, I praise, celebrate.   ¹⁸*ἀντίχριστος, ου, ὁ*, [5] antichrist, either one who puts himself in the place of, or the enemy (opponent) of the Messiah.   ¹⁹*νικάω*, [28] I conquer, am victorious, overcome, prevail, subdue.   ²⁰*πλάνη, ης, ἡ*, [10] a wandering; fig: deceit, delusion, error, sin.

7 Ἀγαπητοί, ἀγαπῶμεν ἀλλήλους· ὅτι ἡ ἀγάπη ἐκ τοῦ θεοῦ ἐστίν, καὶ πᾶς ὁ ἀγαπῶν ἐκ τοῦ θεοῦ γεγέννηται, καὶ γινώσκει τὸν θεόν. 8 Ὁ μὴ ἀγαπῶν οὐκ ἔγνω τὸν θεόν· ὅτι ὁ θεὸς ἀγάπη ἐστίν. 9 Ἐν τούτῳ ἐφανερώθη¹ ἡ ἀγάπη τοῦ θεοῦ ἐν ἡμῖν, ὅτι τὸν υἱὸν αὐτοῦ τὸν μονογενῆ² ἀπέσταλκεν ὁ θεὸς εἰς τὸν κόσμον, ἵνα ζήσωμεν δι' αὐτοῦ. 10 Ἐν τούτῳ ἐστὶν ἡ ἀγάπη, οὐχ ὅτι ἡμεῖς ἠγαπήσαμεν τὸν θεόν, ἀλλ' ὅτι αὐτὸς ἠγάπησεν ἡμᾶς, καὶ ἀπέστειλεν τὸν υἱὸν αὐτοῦ ἱλασμὸν³ περὶ τῶν ἁμαρτιῶν ἡμῶν. 11 Ἀγαπητοί, εἰ οὕτως ὁ θεὸς ἠγάπησεν ἡμᾶς, καὶ ἡμεῖς ὀφείλομεν⁴ ἀλλήλους ἀγαπᾶν. 12 Θεὸν οὐδεὶς πώποτε⁵ τεθέαται·⁶ ἐὰν ἀγαπῶμεν ἀλλήλους, ὁ θεὸς ἐν ἡμῖν μένει, καὶ ἡ ἀγάπη αὐτοῦ τετελειωμένη⁷ ἐστὶν ἐν ἡμῖν. 13 Ἐν τούτῳ γινώσκομεν ὅτι ἐν αὐτῷ μένομεν καὶ αὐτὸς ἐν ἡμῖν, ὅτι ἐκ τοῦ πνεύματος αὐτοῦ δέδωκεν ἡμῖν. 14 Καὶ ἡμεῖς τεθεάμεθα⁸ καὶ μαρτυροῦμεν ὅτι ὁ πατὴρ ἀπέσταλκεν τὸν υἱὸν σωτῆρα⁹ τοῦ κόσμου. 15 Ὃς ἂν ὁμολογήσῃ¹⁰ ὅτι Ἰησοῦς ἐστιν ὁ υἱὸς τοῦ θεοῦ, ὁ θεὸς ἐν αὐτῷ μένει, καὶ αὐτὸς ἐν τῷ θεῷ. 16 Καὶ ἡμεῖς ἐγνώκαμεν καὶ πεπιστεύκαμεν τὴν ἀγάπην ἣν ἔχει ὁ θεὸς ἐν ἡμῖν. Ὁ θεὸς ἀγάπη ἐστίν, καὶ ὁ μένων ἐν τῇ ἀγάπῃ, ἐν τῷ θεῷ μένει, καὶ ὁ θεὸς ἐν αὐτῷ μένει. 17 Ἐν τούτῳ τετελείωται¹¹ ἡ ἀγάπη μεθ' ἡμῶν, ἵνα παρρησίαν¹² ἔχωμεν ἐν τῇ ἡμέρᾳ τῆς κρίσεως,¹³ ὅτι καθὼς ἐκεῖνός ἐστιν, καὶ ἡμεῖς ἐσμεν ἐν τῷ κόσμῳ τούτῳ. 18 Φόβος¹⁴ οὐκ ἔστιν ἐν τῇ ἀγάπῃ, ἀλλ' ἡ τελεία¹⁵ ἀγάπη ἔξω βάλλει τὸν φόβον,¹⁴ ὅτι ὁ φόβος¹⁴ κόλασιν¹⁶ ἔχει· ὁ δὲ φοβούμενος οὐ τετελείωται¹⁷ ἐν τῇ ἀγάπῃ. 19 Ἡμεῖς ἀγαπῶμεν αὐτόν, ὅτι αὐτὸς πρῶτος ἠγάπησεν ἡμᾶς. 20 Ἐάν τις εἴπῃ ὅτι Ἀγαπῶ τὸν θεόν, καὶ τὸν ἀδελφὸν αὐτοῦ μισῇ,¹⁸ ψεύστης¹⁹ ἐστίν· ὁ γὰρ μὴ ἀγαπῶν τὸν ἀδελφὸν αὐτοῦ ὃν ἑώρακεν, τὸν θεὸν ὃν οὐχ ἑώρακεν πῶς δύναται ἀγαπᾶν; 21 Καὶ ταύτην τὴν ἐντολὴν ἔχομεν ἀπ' αὐτοῦ, ἵνα ὁ ἀγαπῶν τὸν θεόν, ἀγαπᾷ καὶ τὸν ἀδελφὸν αὐτοῦ.

The Power, Testimony, and Substance of Faith

5 Πᾶς ὁ πιστεύων ὅτι Ἰησοῦς ἐστιν ὁ χριστός, ἐκ τοῦ θεοῦ γεγέννηται· καὶ πᾶς ὁ ἀγαπῶν τὸν γεννήσαντα ἀγαπᾷ καὶ τὸν γεγεννημένον ἐξ αὐτοῦ. 2 Ἐν τούτῳ γινώσκομεν ὅτι ἀγαπῶμεν τὰ τέκνα τοῦ θεοῦ, ὅταν τὸν θεὸν ἀγαπῶμεν, καὶ τὰς ἐντολὰς αὐτοῦ τηρῶμεν. 3 Αὕτη γάρ ἐστιν ἡ ἀγάπη τοῦ θεοῦ, ἵνα τὰς ἐντολὰς αὐτοῦ

---

¹ἐφανερώθη: API-3S ⁴ὀφείλομεν: PAI-1P ⁶τεθέαται: RNI-3S ⁷τετελειωμένη: RPP-NSF ⁸τεθεάμεθα: RNI-1P ¹⁰ὁμολογήσῃ: AAS-3S ¹¹τετελείωται: RPI-3S ¹⁷τετελείωται: RPI-3S ¹⁸μισῇ: PAS-3S

---

¹φανερόω, [49] I make clear (visible, manifest), make known. ²μονογενής, ές, [9] only, only-begotten; unique. ³ἱλασμός, οῦ, ὁ, [2] a propitiation (of an angry god), atoning sacrifice. ⁴ὀφείλω, [36] I owe, ought. ⁵πώποτε, [6] at any time, ever. ⁶θεάομαι, [24] I see, behold, contemplate, look upon, view; I see, visit. ⁷τελειόω, [24] (a) as a course, a race, or the like: I complete, finish (b) as of time or prediction: I accomplish, (c) I make perfect; pass: I am perfected. ⁸θεάομαι, [24] I see, behold, contemplate, look upon, view; I see, visit. ⁹σωτήρ, ῆρος, ὁ, [23] a savior, deliverer, preserver. ¹⁰ὁμολογέω, [24] (a) I promise, agree, (b) I confess, (c) I publicly declare, (d) a Hebraism, I praise, celebrate. ¹¹τελειόω, [24] (a) as a course, a race, or the like: I complete, finish (b) as of time or prediction: I accomplish, (c) I make perfect; pass: I am perfected. ¹²παρρησία, ας, ἡ, [31] freedom, openness, especially in speech; boldness, confidence. ¹³κρίσις, εως, ἡ, [48] judging, judgment, decision, sentence; generally: divine judgment; accusation. ¹⁴φόβος, ου, ὁ, [47] (a) fear, terror, alarm, (b) the object or cause of fear, (c) reverence, respect. ¹⁵τέλειος, α, ον, [19] perfect, (a) complete in all its parts, (b) full grown, of full age, (c) specially of the completeness of Christian character. ¹⁶κόλασις, εως, ἡ, [2] chastisement, punishment, torment, perhaps with the idea of deprivation. ¹⁷τελειόω, [24] (a) as a course, a race, or the like: I complete, finish (b) as of time or prediction: I accomplish, (c) I make perfect; pass: I am perfected. ¹⁸μισέω, [41] I hate, detest, love less, esteem less. ¹⁹ψεύστης, ου, ὁ, [10] a liar, deceiver.

τηρῶμεν· καὶ αἱ ἐντολαὶ αὐτοῦ βαρεῖαι¹ οὐκ εἰσίν. 4 Ὅτι πᾶν τὸ γεγεννημένον ἐκ τοῦ θεοῦ νικᾷ² τὸν κόσμον· καὶ αὕτη ἐστὶν ἡ νίκη³ ἡ νικήσασα⁴ τὸν κόσμον, ἡ πίστις ἡμῶν. 5 Τίς ἐστιν ὁ νικῶν⁵ τὸν κόσμον, εἰ μὴ ὁ πιστεύων ὅτι Ἰησοῦς ἐστιν ὁ υἱὸς τοῦ θεοῦ; 6 Οὗτός ἐστιν ὁ ἐλθὼν δι' ὕδατος καὶ αἵματος, Ἰησοῦς χριστός· οὐκ ἐν τῷ ὕδατι μόνον, ἀλλ' ἐν τῷ ὕδατι καὶ τῷ αἵματι. Καὶ τὸ πνεῦμά ἐστιν τὸ μαρτυροῦν, ὅτι τὸ πνεῦμά ἐστιν ἡ ἀλήθεια. 7 Ὅτι τρεῖς εἰσὶν οἱ μαρτυροῦντες, 8 τὸ πνεῦμα, καὶ τὸ ὕδωρ, καὶ τὸ αἷμα· καὶ οἱ τρεῖς εἰς τὸ ἕν εἰσιν. 9 Εἰ τὴν μαρτυρίαν⁶ τῶν ἀνθρώπων λαμβάνομεν, ἡ μαρτυρία⁶ τοῦ θεοῦ μείζων ἐστίν· ὅτι αὕτη ἐστὶν ἡ μαρτυρία⁶ τοῦ θεοῦ, ἣν μεμαρτύρηκεν περὶ τοῦ υἱοῦ αὐτοῦ. 10 Ὁ πιστεύων εἰς τὸν υἱὸν τοῦ θεοῦ ἔχει τὴν μαρτυρίαν⁶ ἐν αὐτῷ· ὁ μὴ πιστεύων τῷ θεῷ ψεύστην⁷ πεποίηκεν αὐτόν, ὅτι οὐ πεπίστευκεν εἰς τὴν μαρτυρίαν,⁶ ἣν μεμαρτύρηκεν ὁ θεὸς περὶ τοῦ υἱοῦ αὐτοῦ. 11 Καὶ αὕτη ἐστὶν ἡ μαρτυρία,⁶ ὅτι ζωὴν αἰώνιον ἔδωκεν ἡμῖν ὁ θεός, καὶ αὕτη ἡ ζωὴ ἐν τῷ υἱῷ αὐτοῦ ἐστίν. 12 Ὁ ἔχων τὸν υἱὸν ἔχει τὴν ζωήν· ὁ μὴ ἔχων τὸν υἱὸν τοῦ θεοῦ τὴν ζωὴν οὐκ ἔχει.

A Concluding Summary

13 Ταῦτα ἔγραψα ὑμῖν τοῖς πιστεύουσιν εἰς τὸ ὄνομα τοῦ υἱοῦ τοῦ θεοῦ, ἵνα εἰδῆτε ὅτι ζωὴν αἰώνιον ἔχετε, καὶ ἵνα πιστεύητε εἰς τὸ ὄνομα τοῦ υἱοῦ τοῦ θεοῦ. 14 Καὶ αὕτη ἐστὶν ἡ παρρησία⁸ ἣν ἔχομεν πρὸς αὐτόν, ὅτι ἐάν τι αἰτώμεθα κατὰ τὸ θέλημα αὐτοῦ, ἀκούει ἡμῶν· 15 καὶ ἐὰν οἴδαμεν ὅτι ἀκούει ἡμῶν, ὃ ἐὰν αἰτώμεθα, οἴδαμεν ὅτι ἔχομεν τὰ αἰτήματα⁹ ἃ ᾐτήκαμεν παρ' αὐτοῦ. 16 Ἐάν τις ἴδῃ τὸν ἀδελφὸν αὐτοῦ ἁμαρτάνοντα¹⁰ ἁμαρτίαν μὴ πρὸς θάνατον, αἰτήσει, καὶ δώσει αὐτῷ ζωὴν τοῖς ἁμαρτάνουσιν¹¹ μὴ πρὸς θάνατον. Ἔστιν ἁμαρτία πρὸς θάνατον· οὐ περὶ ἐκείνης λέγω ἵνα ἐρωτήσῃ. 17 Πᾶσα ἀδικία¹² ἁμαρτία ἐστίν· καὶ ἔστιν ἁμαρτία οὐ πρὸς θάνατον.

18 Οἴδαμεν ὅτι πᾶς ὁ γεγεννημένος ἐκ τοῦ θεοῦ οὐχ ἁμαρτάνει·¹³ ἀλλ' ὁ γεννηθεὶς ἐκ τοῦ θεοῦ τηρεῖ ἑαυτόν, καὶ ὁ πονηρὸς οὐχ ἅπτεται¹⁴ αὐτοῦ. 19 Οἴδαμεν ὅτι ἐκ τοῦ θεοῦ ἐσμέν, καὶ ὁ κόσμος ὅλος ἐν τῷ πονηρῷ κεῖται.¹⁵ 20 Οἴδαμεν δὲ ὅτι ὁ υἱὸς τοῦ θεοῦ ἥκει,¹⁶ καὶ δέδωκεν ἡμῖν διάνοιαν¹⁷ ἵνα γινώσκωμεν τὸν ἀληθινόν·¹⁸ καί ἐσμεν ἐν

---

²νικᾷ: PAI-3S   ⁴νικήσασα: AAP-NSF   ⁵νικῶν: PAP-NSM   ¹⁰ἁμαρτάνοντα: PAP-ASM   ¹¹ἁμαρτάνουσιν: PAP-DPM
¹³ἁμαρτάνει: PAI-3S   ¹⁴ἅπτεται: PMI-3S   ¹⁵κεῖται: PNI-3S   ¹⁶ἥκει: PAI-3S

---

¹βαρύς, εῖα, ύ, [6] heavy, weighty, burdensome, lit. and met; violent, oppressive.   ²νικάω, [28] I conquer, am victorious, overcome, prevail, subdue.   ³νίκη, ης, ἡ, [1] victory, a victorious principle.   ⁴νικάω, [28] I conquer, am victorious, overcome, prevail, subdue.   ⁵νικάω, [28] I conquer, am victorious, overcome, prevail, subdue.   ⁶μαρτυρία, ας, ἡ, [37] witness, evidence, testimony, reputation.   ⁷ψεύστης, ου, ὁ, [10] a liar, deceiver.   ⁸παρρησία, ας, ἡ, [31] freedom, openness, especially in speech; boldness, confidence.   ⁹αἴτημα, ατος, τό, [3] a petition, request.   ¹⁰ἁμαρτάνω, [43] originally: I miss the mark, hence (a) I make a mistake, (b) I sin, commit a sin (against God); sometimes the idea of sinning against a fellow-creature is present.   ¹¹ἁμαρτάνω, [43] originally: I miss the mark, hence (a) I make a mistake, (b) I sin, commit a sin (against God); sometimes the idea of sinning against a fellow-creature is present.   ¹²ἀδικία, ας, ἡ, [26] injustice, unrighteousness, hurt.   ¹³ἁμαρτάνω, [43] originally: I miss the mark, hence (a) I make a mistake, (b) I sin, commit a sin (against God); sometimes the idea of sinning against a fellow-creature is present.   ¹⁴ἅπτομαι, [36] prop: I fasten to; I lay hold of, touch, know carnally.   ¹⁵κεῖμαι, [26] I lie, recline, am placed, am laid, set, specially appointed, destined.   ¹⁶ἥκω, [27] I have come, am present, have arrived.   ¹⁷διάνοια, ας, ἡ, [12] understanding, intellect, mind, insight.   ¹⁸ἀληθινός, η, ον, [27] true (lit: made of truth), real, genuine.

τῷ ἀληθινῷ, [1] ἐν τῷ υἱῷ αὐτοῦ Ἰησοῦ χριστῷ. Οὗτός ἐστιν ὁ ἀληθινὸς [1] θεός, καὶ ζωὴ αἰώνιος. **21** Τεκνία, [2] φυλάξατε [3] ἑαυτὰ ἀπὸ τῶν εἰδώλων. [4] Ἀμήν.

---

[3]φυλάξατε: AAM-2P

---

[1]ἀληθινός, η, ον, [27] true (lit: made of truth), real, genuine.   [2]τεκνίον, ου, τό, [9] a little child.   [3]φυλάσσω, [30] (a) I guard, protect; mid: I am on my guard, (b) act. and mid. of customs and regulations: I keep, observe. [4]εἴδωλον, ου, τό, [11] an idol, false god.

ΙΩΑΝΝΟΥ Β
Second of John

Address and Salutation

Ὁ πρεσβύτερος ἐκλεκτῇ¹ κυρίᾳ² καὶ τοῖς τέκνοις αὐτῆς, οὓς ἐγὼ ἀγαπῶ ἐν ἀληθείᾳ, καὶ οὐκ ἐγὼ μόνος,³ ἀλλὰ καὶ πάντες οἱ ἐγνωκότες τὴν ἀλήθειαν, **2** διὰ τὴν ἀλήθειαν τὴν μένουσαν ἐν ἡμῖν, καὶ μεθ' ἡμῶν ἔσται εἰς τὸν αἰῶνα· **3** ἔσται μεθ' ἡμῶν χάρις, ἔλεος,⁴ εἰρήνη παρὰ θεοῦ πατρός, καὶ παρὰ κυρίου Ἰησοῦ χριστοῦ τοῦ υἱοῦ τοῦ πατρός, ἐν ἀληθείᾳ καὶ ἀγάπῃ.

Exhortation to Walk in Truth and Love

4 Ἐχάρην λίαν⁵ ὅτι εὕρηκα ἐκ τῶν τέκνων σου περιπατοῦντας ἐν ἀληθείᾳ, καθὼς ἐντολὴν ἐλάβομεν παρὰ τοῦ πατρός. **5** Καὶ νῦν ἐρωτῶ σε, κυρία,² οὐχ ὡς ἐντολὴν γράφων σοι καινήν,⁶ ἀλλὰ ἣν εἴχομεν ἀπ' ἀρχῆς, ἵνα ἀγαπῶμεν ἀλλήλους. **6** Καὶ αὕτη ἐστὶν ἡ ἀγάπη, ἵνα περιπατῶμεν κατὰ τὰς ἐντολὰς αὐτοῦ. Αὕτη ἐστὶν ἡ ἐντολή, καθὼς ἠκούσατε ἀπ' ἀρχῆς, ἵνα ἐν αὐτῇ περιπατῆτε.

Warning against False Teachers

7 Ὅτι πολλοὶ πλάνοι⁷ εἰσῆλθον εἰς τὸν κόσμον, οἱ μὴ ὁμολογοῦντες⁸ Ἰησοῦν χριστὸν ἐρχόμενον ἐν σαρκί. Οὗτός ἐστιν ὁ πλάνος⁷ καὶ ὁ ἀντίχριστος.⁹ **8** Βλέπετε ἑαυτούς, ἵνα μὴ ἀπολέσωμεν ἃ εἰργασάμεθα,¹⁰ ἀλλὰ μισθὸν¹¹ πλήρη¹² ἀπολάβωμεν.¹³ **9** Πᾶς ὁ παραβαίνων¹⁴ καὶ μὴ μένων ἐν τῇ διδαχῇ¹⁵ τοῦ χριστοῦ, θεὸν οὐκ ἔχει· ὁ μένων ἐν τῇ

---

⁸ὁμολογοῦντες: *PAP-NPM*   ¹⁰εἰργασάμεθα: *ADI-1P*   ¹³ἀπολάβωμεν: *2AAS-1P*   ¹⁴παραβαίνων: *PAP-NSM*

---

¹ἐκλεκτός, ή, όν, *[24] chosen out, elect, choice, select, sometimes as subst: of those chosen out by God for the rendering of special service to Him (of the Hebrew race, particular Hebrews, the Messiah, and the Christians).* ²κυρία, ας, ἡ, *[2] a lady.* ³μόνος, η, ον, *[45] only, solitary, desolate.* ⁴ἔλεος, ους, τό, *[28] pity, mercy, compassion.* ⁵λίαν, *[14] very; very much, exceedingly, greatly.* ⁶καινός, ή, όν, *[44] fresh, new, unused, novel.* ⁷πλάνος, ον, *[5] adj: misleading, deceiving, wandering; as subst: a deceiver, imposter.* ⁸ὁμολογέω, *[24] (a) I promise, agree, (b) I confess, (c) I publicly declare, (d) a Hebraism, I praise, celebrate.* ⁹ἀντίχριστος, ου, ὁ, *[5] antichrist, either one who puts himself in the place of, or the enemy (opponent) of the Messiah.* ¹⁰ἐργάζομαι, [39] I work, trade, perform, do, practice, commit, acquire by labor.* ¹¹μισθός, οῦ, ὁ, *[29] (a) pay, wages, salary, (b) reward, recompense, punishment.* ¹²πλήρης, ες, *[17] full, abounding in, complete, completely occupied with.* ¹³ἀπολαμβάνω, *[11] (a) I get back, receive back, (b) I get (receive) as due (deserved), (c) mid: I draw aside, separate.* ¹⁴παραβαίνω, *[4] I transgress, violate, depart, desert.* ¹⁵διδαχή, ῆς, ἡ, *[30] teaching, doctrine, what is taught.*

διδαχῇ[1] τοῦ χριστοῦ, οὗτος καὶ τὸν πατέρα καὶ τὸν υἱὸν ἔχει. **10** Εἴ τις ἔρχεται πρὸς ὑμᾶς, καὶ ταύτην τὴν διδαχὴν[1] οὐ φέρει, μὴ λαμβάνετε αὐτὸν εἰς οἰκίαν, καὶ χαίρειν αὐτῷ μὴ λέγετε · **11** ὁ γὰρ λέγων αὐτῷ χαίρειν κοινωνεῖ[2] τοῖς ἔργοις αὐτοῦ τοῖς πονηροῖς.

Conclusion

12 Πολλὰ ἔχων ὑμῖν γράφειν, οὐκ ἐβουλήθην[3] διὰ χάρτου[4] καὶ μέλανος·[5] ἀλλὰ ἐλπίζω[6] ἐλθεῖν πρὸς ὑμᾶς, καὶ στόμα πρὸς στόμα λαλῆσαι, ἵνα ἡ χαρὰ ἡμῶν ᾖ πεπληρωμένη. **13** Ἀσπάζεταί σε τὰ τέκνα τῆς ἀδελφῆς[7] σου τῆς ἐκλεκτῆς.[8] Ἀμήν.

---

[2]κοινωνεῖ: PAI-3S   [3]ἐβουλήθην: AOI-1S   [6]ἐλπίζω: PAI-1S

---

[1]διδαχή, ῆς, ἡ, [30] teaching, doctrine, what is taught.   [2]κοινωνέω, [8] (a) I share, communicate, contribute, impart, (b) I share in, have a share of, have fellowship with.   [3]βούλομαι, [34] I will, intend, desire, wish.   [4]χάρτης, ου, ὁ, [1] papyrus, paper.   [5]μέλαν, ανος, τό, [3] ink.   [6]ἐλπίζω, [31] I hope, hope for, expect, trust.   [7]ἀδελφή, ῆς, ἡ, [25] a sister, a woman (fellow-)member of a church, a Christian woman.   [8]ἐκλεκτός, ή, όν, [24] chosen out, elect, choice, select, sometimes as subst: of those chosen out by God for the rendering of special service to Him (of the Hebrew race, particular Hebrews, the Messiah, and the Christians).

ΙΩΑΝΝΟΥ Γ
Third of John

Address and Commendation

Ὁ πρεσβύτερος Γαΐῳ τῷ ἀγαπητῷ, ὃν ἐγὼ ἀγαπῶ ἐν ἀληθείᾳ. 2 Ἀγαπητέ, περὶ πάντων εὔχομαί[1] σε εὐοδοῦσθαι[2] καὶ ὑγιαίνειν,[3] καθὼς εὐοδοῦταί[4] σου ἡ ψυχή. 3 Ἐχάρην γὰρ λίαν,[5] ἐρχομένων ἀδελφῶν καὶ μαρτυρούντων σου τῇ ἀληθείᾳ, καθὼς σὺ ἐν ἀληθείᾳ περιπατεῖς. 4 Μειζοτέραν τούτων οὐκ ἔχω χαράν, ἵνα ἀκούω τὰ ἐμὰ τέκνα ἐν ἀληθείᾳ περιπατοῦντα.

The Hospitality of Gaius

5 Ἀγαπητέ, πιστὸν ποιεῖς ὃ ἐὰν ἐργάσῃ[6] εἰς τοὺς ἀδελφοὺς καὶ εἰς τοὺς ξένους,[7] 6 οἳ ἐμαρτύρησάν σου τῇ ἀγάπῃ ἐνώπιον ἐκκλησίας· οὓς καλῶς[8] ποιήσεις προπέμψας[9] ἀξίως[10] τοῦ θεοῦ. 7 Ὑπὲρ γὰρ τοῦ ὀνόματος ἐξῆλθον μηδὲν λαμβάνοντες ἀπὸ τῶν ἐθνῶν. 8 Ἡμεῖς οὖν ὀφείλομεν[11] ἀπολαμβάνειν[12] τοὺς τοιούτους, ἵνα συνεργοὶ[13] γινώμεθα τῇ ἀληθείᾳ.

The Insolence of Diotrephes

9 Ἔγραψα τῇ ἐκκλησίᾳ· ἀλλ᾽ ὁ φιλοπρωτεύων[14] αὐτῶν Διοτρεφὴς οὐκ ἐπιδέχεται[15] ἡμᾶς. 10 Διὰ τοῦτο, ἐὰν ἔλθω, ὑπομνήσω[16] αὐτοῦ τὰ ἔργα ἃ ποιεῖ, λόγοις πονηροῖς φλυαρῶν[17] ἡμᾶς· καὶ μὴ ἀρκούμενος[18] ἐπὶ τούτοις, οὔτε αὐτὸς ἐπιδέχεται[19] τοὺς

---

[1]εὔχομαί: PNI-1S [2]εὐοδοῦσθαι: PPN [3]ὑγιαίνειν: PAN [4]εὐοδοῦταί: PPI-3S [6]ἐργάσῃ: ADS-2S [9]προπέμψας: AAP-NSM [11]ὀφείλομεν: PAI-1P [12]ἀπολαμβάνειν: PAN [14]φιλοπρωτεύων: PAP-NSM [15]ἐπιδέχεται: PNI-3S [16]ὑπομνήσω: FAI-1S [17]φλυαρῶν: PAP-NSM [18]ἀρκούμενος: PPP-NSM [19]ἐπιδέχεται: PNI-3S

---

[1]εὔχομαι, [7] I pray, wish. [2]εὐοδόω, [4] I cause to prosper, pass: I have a happy (successful) journey, hence: I prosper. [3]ὑγιαίνω, [12] I am well, am in good health; I am right, reasonable, sound, pure, uncorrupted. [4]εὐοδόω, [4] I cause to prosper, pass: I have a happy (successful) journey, hence: I prosper. [5]λίαν, [14] very; very much, exceedingly, greatly. [6]ἐργάζομαι, [39] I work, trade, perform, do, practice, commit, acquire by labor. [7]ξένος, η, ον, [14] alien, new, novel; noun: a guest, stranger, foreigner. [8]καλῶς, [36] well, nobly, honorably, rightly. [9]προπέμπω, [9] I send forward, accompany, equip for a journey. [10]ἀξίως, [6] worthily, in a manner worthy of. [11]ὀφείλω, [36] I owe, ought. [12]ἀπολαμβάνω, [11] (a) I get back, receive back, (b) I get (receive) as due (deserved), (c) mid: I draw aside, separate. [13]συνεργός, οῦ, ὁ, [13] a fellow worker, associate, helper. [14]φιλοπρωτεύω, [1] I love the chief place, desire preeminence. [15]ἐπιδέχομαι, [2] I accept, admit, welcome. [16]ὑπομιμνήσκω, [7] I remind; pass: I remember, call to mind. [17]φλυαρέω, [1] I gossip against, talk idly, make empty charges against, talk nonsense. [18]ἀρκέω, [8] I keep off, assist; I suffice; pass: I am satisfied. [19]ἐπιδέχομαι, [2] I accept, admit, welcome.

ἀδελφούς, καὶ τοὺς βουλομένους¹ κωλύει,² καὶ ἐκ τῆς ἐκκλησίας ἐκβάλλει. 11 Ἀγαπητέ, μὴ μιμοῦ³ τὸ κακόν, ἀλλὰ τὸ ἀγαθόν. Ὁ ἀγαθοποιῶν⁴ ἐκ τοῦ θεοῦ ἐστίν· ὁ κακοποιῶν⁵ οὐχ ἑώρακεν τὸν θεόν.

Commendation of Demetrius and Conclusion

12 Δημητρίῳ μεμαρτύρηται ὑπὸ πάντων, καὶ ὑπ' αὐτῆς τῆς ἀληθείας· καὶ ἡμεῖς δὲ μαρτυροῦμεν, καὶ οἴδατε ὅτι ἡ μαρτυρία⁶ ἡμῶν ἀληθής⁷ ἐστιν.

13 Πολλὰ εἶχον γράφειν, ἀλλ' οὐ θέλω διὰ μέλανος⁸ καὶ καλάμου⁹ σοι γράψαι· 14 ἐλπίζω¹⁰ δὲ εὐθέως ἰδεῖν σε, καὶ στόμα πρὸς στόμα λαλήσομεν. Εἰρήνη σοι. Ἀσπάζονταί σε οἱ φίλοι.¹¹ Ἀσπάζου τοὺς φίλους¹¹ κατ' ὄνομα.

---

¹βουλομένους: PNP-APM ²κωλύει: PAI-3S ³μιμοῦ: PNM-2S ⁴ἀγαθοποιῶν: PAP-NSM ⁵κακοποιῶν: PAP-NSM
¹⁰ἐλπίζω: PAI-1S

---

¹βούλομαι, [34] I will, intend, desire, wish. ²κωλύω, [23] I prevent, debar, hinder; with infin: from doing so and so. ³μιμέομαι, [4] I imitate, follow. ⁴ἀγαθοποιέω, [11] I do that which is good. ⁵κακοποιέω, [4] I do harm, do wrong, do evil, commit sin. ⁶μαρτυρία, ας, ἡ, [37] witness, evidence, testimony, reputation. ⁷ἀληθής, ές, [25] unconcealed, true, true in fact, worthy of credit, truthful. ⁸μέλαν, ανος, τό, [3] ink. ⁹κάλαμος, ου, ὁ, [12] a reed; a reed-pen, reed-staff, measuring rod. ¹⁰ἐλπίζω, [31] I hope, hope for, expect, trust. ¹¹φίλος, η, ον, [30] friendly; subst: a friend, an associate.

ΙΟΥΔΑ
Of Jude

Ἰούδας Ἰησοῦ χριστοῦ δοῦλος, ἀδελφὸς δὲ Ἰακώβου, τοῖς ἐν θεῷ πατρὶ ἡγιασμένοις, [1] καὶ Ἰησοῦ χριστῷ τετηρημένοις, κλητοῖς· [2] **2** ἔλεος [3] ὑμῖν καὶ εἰρήνη καὶ ἀγάπη πληθυνθείη. [4]

An Exhortation to Constancy in Faith

3 Ἀγαπητοί, πᾶσαν σπουδὴν [5] ποιούμενος γράφειν ὑμῖν περὶ τῆς κοινῆς [6] σωτηρίας, [7] ἀνάγκην [8] ἔσχον γράψαι ὑμῖν, παρακαλῶν ἐπαγωνίζεσθαι [9] τῇ ἅπαξ [10] παραδοθείσῃ τοῖς ἁγίοις πίστει. **4** Παρεισέδυσαν [11] γάρ τινες ἄνθρωποι, οἱ πάλαι [12] προγεγραμμένοι [13] εἰς τοῦτο τὸ κρίμα, [14] ἀσεβεῖς, [15] τὴν τοῦ θεοῦ ἡμῶν χάριν μετατιθέντες [16] εἰς ἀσέλγειαν, [17] καὶ τὸν μόνον [18] δεσπότην [19] θεὸν καὶ κύριον ἡμῶν Ἰησοῦν χριστὸν ἀρνούμενοι. [20]

Examples of the Judgment of God

5 Ὑπομνῆσαι [21] δὲ ὑμᾶς βούλομαι, [22] εἰδότας ὑμᾶς ἅπαξ [10] τοῦτο, ὅτι ὁ κύριος, λαὸν ἐκ γῆς Αἰγύπτου [23] σώσας, τὸ δεύτερον [24] τοὺς μὴ πιστεύσαντας ἀπώλεσεν. **6** Ἀγγέλους τε

---

[1] ἡγιασμένοις: *RPP-DPM*   [4] πληθυνθείη: *APO-3S*   [9] ἐπαγωνίζεσθαι: *PNN*   [11] Παρεισέδυσαν: *AAI-3P*
[13] προγεγραμμένοι: *RPP-NPM*   [16] μετατιθέντες: *PAP-NPM*   [20] ἀρνούμενοι: *PNP-NPM*   [21] Ὑπομνῆσαι: *AAN*
[22] βούλομαι: *PNI-1S*

---

[1] ἁγιάζω, [29] *I make holy, treat as holy, set apart as holy, sanctify, hallow, purify.*   [2] κλητός, ή, όν, [12] *called, invited, summoned by God to an office or to salvation.*   [3] ἔλεος, ους, τό, [28] *pity, mercy, compassion.*   [4] πληθύνω, [12] *I increase, multiply.*   [5] σπουδή, ῆς, ἡ, [12] *(a) speed, haste, (b) diligence, earnestness, enthusiasm.*   [6] κοινός, ή, όν, [13] *(a) common, shared, (b) Hebraistic use: profane; dirty, unclean, unwashed.*   [7] σωτηρία, ας, ἡ, [46] *welfare, prosperity, deliverance, preservation, salvation, safety.*   [8] ἀνάγκη, ης, ἡ, [18] *necessity, constraint, compulsion; there is need to; force, violence.*   [9] ἐπαγωνίζομαι, [1] *I contend earnestly for.*   [10] ἅπαξ, [14] *once, once for all.*   [11] παρεισδύω, [1] *I enter secretly, come in by stealth.*   [12] πάλαι, [6] *of old, long ago, in times past, former.*   [13] προγράφω, [5] *(a) I write previously (aforetime); I write above (already), (b) I depict or portray openly, (c) I designate beforehand.*   [14] κρίμα, ατος, τό, [28] *(a) a judgment, a verdict; sometimes implying an adverse verdict, a condemnation, (b) a case at law, a lawsuit.*   [15] ἀσεβής, ές, [9] *impious, ungodly, wicked.*   [16] μετατίθημι, [6] *(a) I transfer, mid: I go over to another party, desert, (b) I change.*   [17] ἀσέλγεια, ας, ἡ, [10] *(outrageous conduct, conduct shocking to public decency, a wanton violence), wantonness, lewdness.*   [18] μόνος, η, ον, [45] *only, solitary, desolate.*   [19] δεσπότης, ου, ὁ, [10] *a lord, master, or prince.*   [20] ἀρνέομαι, [31] *(a) I deny (a statement), (b) I repudiate (a person, or belief).*   [21] ὑπομιμνήσκω, [7] *I remind; pass: I remember, call to mind.*   [22] βούλομαι, [34] *I will, intend, desire, wish.*   [23] Αἴγυπτος, ου, ἡ, [24] *Egypt.*   [24] δεύτερος, α, ον, [44] *second; with the article: in the second place, for the second time.*

τοὺς μὴ τηρήσαντας τὴν ἑαυτῶν ἀρχήν, ἀλλὰ ἀπολιπόντας¹ τὸ ἴδιον οἰκητήριον,² εἰς κρίσιν³ μεγάλης ἡμέρας δεσμοῖς⁴ ἀϊδίοις⁵ ὑπὸ ζόφον⁶ τετήρηκεν. 7 Ὡς Σόδομα⁷ καὶ Γόμορρα,⁸ καὶ αἱ περὶ αὐτὰς πόλεις, τὸν ὅμοιον⁹ τούτοις τρόπον¹⁰ ἐκπορνεύσασαι,¹¹ καὶ ἀπελθοῦσαι ὀπίσω¹² σαρκὸς ἑτέρας, πρόκεινται¹³ δεῖγμα,¹⁴ πυρὸς αἰωνίου δίκην¹⁵ ὑπέχουσαι.¹⁶

The Character of the Seducing Teachers

8 Ὁμοίως¹⁷ μέντοι¹⁸ καὶ οὗτοι ἐνυπνιαζόμενοι¹⁹ σάρκα μὲν μιαίνουσιν,²⁰ κυριότητα²¹ δὲ ἀθετοῦσιν,²² δόξας δὲ βλασφημοῦσιν.²³ 9 Ὁ δὲ Μιχαὴλ ὁ ἀρχάγγελος,²⁴ ὅτε τῷ διαβόλῳ²⁵ διακρινόμενος²⁶ διελέγετο²⁷ περὶ τοῦ Μωϋσέως σώματος, οὐκ ἐτόλμησεν²⁸ κρίσιν³ ἐπενεγκεῖν²⁹ βλασφημίας,³⁰ ἀλλ᾽ εἶπεν, Ἐπιτιμήσαι³¹ σοι κύριος. 10 Οὗτοι δὲ ὅσα μὲν οὐκ οἴδασιν βλασφημοῦσιν·³² ὅσα δὲ φυσικῶς,³³ ὡς τὰ ἄλογα³⁴ ζῷα,³⁵ ἐπίστανται,³⁶ ἐν τούτοις φθείρονται.³⁷ 11 Οὐαὶ³⁸ αὐτοῖς· ὅτι τῇ ὁδῷ τοῦ Κάϊν ἐπορεύθησαν, καὶ τῇ πλάνῃ³⁹ τοῦ Βαλαὰμ μισθοῦ⁴⁰ ἐξεχύθησαν,⁴¹ καὶ τῇ ἀντιλογίᾳ⁴² τοῦ Κόρε ἀπώλοντο. 12 Οὗτοί εἰσιν ἐν ταῖς ἀγάπαις ὑμῶν σπιλάδες,⁴³

---

¹ἀπολιπόντας: 2AAP-APM　　¹¹ἐκπορνεύσασαι: AAP-NPF　　¹³πρόκεινται: PNI-3P　　¹⁶ὑπέχουσαι: PAP-NPF
¹⁹ἐνυπνιαζόμενοι: PNP-NPM　　²⁰μιαίνουσιν: PAI-3P　　²²ἀθετοῦσιν: PAI-3P　　²³βλασφημοῦσιν: PAI-3P
²⁶διακρινόμενος: PMP-NSM　　²⁷διελέγετο: INI-3S　　²⁸ἐτόλμησεν: AAI-3S　　²⁹ἐπενεγκεῖν: 2AAN　　³¹Ἐπιτιμήσαι:
AAO-3S　　³²βλασφημοῦσιν: PAI-3P　　³⁶ἐπίστανται: PNI-3P　　³⁷φθείρονται: PPI-3P　　⁴¹ἐξεχύθησαν: API-3P

---

¹ἀπολείπω, [6] I leave, leave behind; pass: I am reserved, remain; I desert, abandon.　　²οἰκητήριον, ου, τό, [2] a dwelling-place, habitation, abode.　　³κρίσις, εως, ἡ, [48] judging, judgment, decision, sentence; generally: divine judgment; accusation.　　⁴δεσμός, οῦ, ὁ, [20] a bond, chain, imprisonment; a string or ligament, an impediment, infirmity.　　⁵ἀΐδιος, ον, [2] eternal, everlasting.　　⁶ζόφος, ου, ὁ, [4] darkness, murkiness, gloom.　　⁷Σόδομα, ων, τά, [10] Sodom.　　⁸Γόμορρα, ας, ἡ, [5] Gomorrah, one of the destroyed cities on the Dead Sea.　　⁹ὅμοιος, οία, οιον, [44] like, similar to, resembling, of equal rank.　　¹⁰τρόπος, ου, ὁ, [13] (a) way, manner, (b) manner of life, character.　　¹¹ἐκπορνεύω, [1] I am guilty of fornication.　　¹²ὀπίσω, [37] behind, after; back, backwards.　　¹³πρόκειμαι, [5] I am set (placed, put) before, am already there.　　¹⁴δεῖγμα, ατος, τό, [1] an example, type; a thing shown.　　¹⁵δίκη, ης, ἡ, [4] (a) (originally: custom, usage) right, justice, (b) process of law, judicial hearing, (c) execution of sentence, punishment, penalty, (d) justice, vengeance.　　¹⁶ὑπέχω, [1] I submit to, undergo, suffer.　　¹⁷ὁμοίως, [32] in like manner, similarly, in the same way, equally.　　¹⁸μέντοι, [8] (a) indeed, really, (b) yet, however, nevertheless.　　¹⁹ἐνυπνιάζομαι, [2] I dream (see visions) in my sleep.　　²⁰μιαίνω, [5] I stain, pollute, defile, corrupt.　　²¹κυριότης, τητος, ἡ, [4] (a) abstr: lordship, (b) concr: divine or angelic lordship, domination, dignity, usually with reference to a celestial hierarchy.　　²²ἀθετέω, [16] I annul, make of no effect, set aside, ignore, slight; I break faith with.　　²³βλασφημέω, [35] I speak evil against, blaspheme, use abusive or scurrilous language about (God or men).　　²⁴ἀρχάγγελος, ου, ὁ, [2] a ruler of angels, a superior angel, an archangel.　　²⁵διάβολος, ον, [38] (adj. used often as a noun), slanderous; with the article: the Slanderer (par excellence), the Devil.　　²⁶διακρίνω, [19] I separate, distinguish, discern one thing from another; I doubt, hesitate, waver.　　²⁷διαλέγομαι, [13] I converse, address, preach, lecture; I argue, reason.　　²⁸τολμάω, [16] I dare, endure, am bold, have courage, make up the mind.　　²⁹ἐπιφέρω, [5] I bring forward (against), impose, inflict.　　³⁰βλασφημία, ας, ἡ, [19] abusive or scurrilous language, blasphemy.　　³¹ἐπιτιμάω, [29] (a) I rebuke, chide, admonish, (b) I warn.　　³²βλασφημέω, [35] I speak evil against, blaspheme, use abusive or scurrilous language about (God or men).　　³³φυσικῶς, [1] by nature, naturally.　　³⁴ἄλογος, ον, [3] without reason, irrational; contrary to reason, absurd.　　³⁵ζῷον, ου, τό, [23] an animal, living creature.　　³⁶ἐπίσταμαι, [14] I know, know of, understand.　　³⁷φθείρω, [7] I corrupt, spoil, destroy, ruin.　　³⁸οὐαί, [47] woe!, alas!, uttered in grief or denunciation.　　³⁹πλάνη, ης, ἡ, [10] a wandering; fig: deceit, delusion, error, sin.　　⁴⁰μισθός, οῦ, ὁ, [29] (a) pay, wages, salary, (b) reward, recompense, punishment.　　⁴¹ἐκχέω, [28] I pour out (liquid or solid); I shed, bestow liberally.　　⁴²ἀντιλογία, ας, ἡ, [4] contradiction, contention, rebellion.　　⁴³σπιλάς, άδος, ἡ, [1] a hidden rock; fig: a flaw, stigma.

συνευωχούμενοι,¹ ἀφόβως² ἑαυτοὺς ποιμαίνοντες·³ νεφέλαι⁴ ἄνυδροι,⁵ ὑπὸ ἀνέμων⁶ παραφερόμεναι·⁷ δένδρα⁸ φθινοπωρινά,⁹ ἄκαρπα,¹⁰ δὶς¹¹ ἀποθανόντα, ἐκριζωθέντα·¹² 13 κύματα¹³ ἄγρια¹⁴ θαλάσσης, ἐπαφρίζοντα¹⁵ τὰς ἑαυτῶν αἰσχύνας·¹⁶ ἀστέρες¹⁷ πλανῆται,¹⁸ οἷς ὁ ζόφος¹⁹ τοῦ σκότους²⁰ εἰς αἰῶνα τετήρηται.

God's Coming Judgment Upon the False Teachers

14 Προεφήτευσεν²¹ δὲ καὶ τούτοις ἕβδομος²² ἀπὸ Ἀδὰμ Ἐνώχ, λέγων, Ἰδού, ἦλθεν κύριος ἐν ἁγίαις μυριάσιν²³ αὐτοῦ, 15 ποιῆσαι κρίσιν²⁴ κατὰ πάντων, καὶ ἐλέγξαι²⁵ πάντας τοὺς ἀσεβεῖς²⁶ αὐτῶν περὶ πάντων τῶν ἔργων ἀσεβείας²⁷ αὐτῶν ὧν ἠσέβησαν,²⁸ καὶ περὶ πάντων τῶν σκληρῶν²⁹ ὧν ἐλάλησαν κατ' αὐτοῦ ἁμαρτωλοὶ³⁰ ἀσεβεῖς.²⁶ 16 Οὗτοί εἰσιν γογγυσταί,³¹ μεμψίμοιροι,³² κατὰ τὰς ἐπιθυμίας³³ αὐτῶν πορευόμενοι, καὶ τὸ στόμα αὐτῶν λαλεῖ ὑπέρογκα,³⁴ θαυμάζοντες³⁵ πρόσωπα ὠφελείας³⁶ χάριν.³⁷

An Admonition to Holy Steadfastness

17 Ὑμεῖς δέ, ἀγαπητοί, μνήσθητε³⁸ τῶν ῥημάτων τῶν προειρημένων³⁹ ὑπὸ τῶν ἀποστόλων τοῦ κυρίου ἡμῶν Ἰησοῦ χριστοῦ· 18 ὅτι ἔλεγον ὑμῖν, ὅτι ἐν ἐσχάτῳ χρόνῳ ἔσονται ἐμπαῖκται,⁴⁰ κατὰ τὰς ἑαυτῶν ἐπιθυμίας³³ πορευόμενοι τῶν ἀσεβειῶν.²⁷ 19 Οὗτοί εἰσιν οἱ ἀποδιορίζοντες,⁴¹ ψυχικοί,⁴² πνεῦμα μὴ ἔχοντες. 20 Ὑμεῖς δέ, ἀγαπητοί, τῇ ἁγιωτάτῃ ὑμῶν πίστει ἐποικοδομοῦντες⁴³ ἑαυτούς, ἐν πνεύματι ἁγίῳ προσευχόμενοι, 21 ἑαυτοὺς ἐν ἀγάπῃ θεοῦ τηρήσατε, προσδεχόμενοι⁴⁴ τὸ ἔλεος⁴⁵ τοῦ

---

¹συνευωχούμενοι: PNP-NPM   ³ποιμαίνοντες: PAP-NPM   ⁷παραφερόμεναι: PPP-NPF   ¹²ἐκριζωθέντα: APP-NPN ¹⁵ἐπαφρίζοντα: PAP-NPN   ²¹Προεφήτευσεν: AAI-3S   ²⁵ἐλέγξαι: AAN   ²⁸ἠσέβησαν: AAI-3P   ³⁵θαυμάζοντες: PAP-NPM   ³⁸μνήσθητε: APM-2P   ³⁹προειρημένων: RPP-GPN   ⁴¹ἀποδιορίζοντες: PAP-NPM   ⁴³ἐποικοδομοῦντες: PAP-NPM   ⁴⁴προσδεχόμενοι: PNP-NPM

---

¹συνευωχέομαι, [2] I feast sumptuously with.   ²ἀφόβως, [4] fearlessly, shamelessly, securely, tranquilly. ³ποιμαίνω, [11] I shepherd, tend, herd; hence: I rule, govern.   ⁴νεφέλη, ης, ἡ, [26] a cloud.   ⁵ἄνυδρος, ον, [4] without water, dry; subst: dry places, desert.   ⁶ἄνεμος, ου, ὁ, [31] the wind; fig: applied to empty doctrines. ⁷παραφέρω, [4] I turn aside, carry away, remove, cause to pass away; pass: I am misled, seduced.   ⁸δένδρον, ου, τό, [26] a tree.   ⁹φθινοπωρινός, ή, όν, [1] autumnal, in autumn, when fruit is expected.   ¹⁰ἄκαρπος, ον, [7] unfruitful, barren, profitless.   ¹¹δίς, [6] twice, entirely, utterly.   ¹²ἐκριζόω, [4] I root out, pluck up by the roots.   ¹³κῦμα, ατος, τό, [5] a wave, surge, billow.   ¹⁴ἄγριος, ία, ιον, [3] wild, fierce.   ¹⁵ἐπαφρίζω, [1] I foam out (a metaphor from the seaweed and refuse borne on the crest of waves), vomit forth.   ¹⁶αἰσχύνη, ης, ἡ, [6] shame, shamefacedness, shameful deeds.   ¹⁷ἀστήρ, έρος, ὁ, [24] a star.   ¹⁸πλανήτης, ου, ὁ, [1] a wanderer. ¹⁹ζόφος, ου, ὁ, [4] darkness, murkiness, gloom.   ²⁰σκότος, ους, τό, [32] darkness, either physical or moral. ²¹προφητεύω, [28] I foretell, prophesy; I set forth matter of divine teaching by special faculty.   ²²ἕβδομος, η, ον, [9] seventh.   ²³μυριάς, άδος, ἡ, [9] a myriad, group of ten thousand, a ten thousand.   ²⁴κρίσις, εως, ἡ, [48] judging, judgment, decision, sentence; generally: divine judgment; accusation.   ²⁵ἐλέγχω, [18] (a) I reprove, rebuke, discipline, (b) I expose, show to be guilty.   ²⁶ἀσεβής, ές, [9] impious, ungodly, wicked.   ²⁷ἀσέβεια, ας, ἡ, [6] impiety, irreverence, ungodliness, wickedness.   ²⁸ἀσεβέω, [2] I am ungodly, act profanely.   ²⁹σκληρός, ά, όν, [5] hard, violent, harsh, stern.   ³⁰ἁμαρτωλός, ον, [48] sinning, sinful, depraved, detestable.   ³¹γογγυστής, οῦ, ὁ, [1] a murmurer, grumbler.   ³²μεμψίμοιρος, ον, [1] blaming one's lot or destiny, discontented, complaining. ³³ἐπιθυμία, ας, ἡ, [38] desire, eagerness for, inordinate desire, lust.   ³⁴ὑπέρογκος, ον, [2] immoderate, boastful, excessive, pompous.   ³⁵θαυμάζω, [46] (a) intrans: I wonder, marvel, (b) trans: I wonder at, admire.   ³⁶ὠφέλεια, ας, ἡ, [2] usefulness, profit, advantage, benefit, gain.   ³⁷χάριν, [9] for the sake of, by reason of, on account of.   ³⁸μιμνήσκομαι, [23] I remember, call to mind, recall, mention.   ³⁹προερέω, [9] I say already, predict, foretell.   ⁴⁰ἐμπαίκτης, ου, ὁ, [2] a mocker, scoffer.   ⁴¹ἀποδιορίζω, [1] I make a logical distinction, make an invidious distinction.   ⁴²ψυχικός, ή, όν, [6] animal, natural, sensuous.   ⁴³ἐποικοδομέω, [8] I build upon (above) a foundation.   ⁴⁴προσδέχομαι, [14] (a) I await, expect, (b) I receive, welcome (originally: to my house), (c) I accept.   ⁴⁵ἔλεος, ους, τό, [28] pity, mercy, compassion.

κυρίου ἡμῶν Ἰησοῦ χριστοῦ εἰς ζωὴν αἰώνιον. **22** Καὶ οὓς μὲν ἐλεεῖτε¹ διακρινόμενοι·² **23** οὓς δὲ ἐν φόβῳ³ σῴζετε, ἐκ πυρὸς ἁρπάζοντες,⁴ μισοῦντες⁵ καὶ τὸν ἀπὸ τῆς σαρκὸς ἐσπιλωμένον⁶ χιτῶνα.⁷

Concluding Doxology

24 Τῷ δὲ δυναμένῳ φυλάξαι⁸ αὐτοὺς ἀπταίστους,⁹ καὶ στῆσαι κατενώπιον¹⁰ τῆς δόξης αὐτοῦ ἀμώμους¹¹ ἐν ἀγαλλιάσει,¹² **25** μόνῳ¹³ σοφῷ¹⁴ θεῷ σωτῆρι¹⁵ ἡμῶν, δόξα καὶ μεγαλωσύνη,¹⁶ κράτος¹⁷ καὶ ἐξουσία, καὶ νῦν καὶ εἰς πάντας τοὺς αἰῶνας. Ἀμήν.

---

¹ἐλεεῖτε: PAM-2P   ²διακρινόμενοι: PMP-NPM   ⁴ἁρπάζοντες: PAP-NPM   ⁵μισοῦντες: PAP-NPM   ⁶ἐσπιλωμένον: RPP-ASM   ⁸φυλάξαι: AAN

---

¹ἐλεέω, [31] I pity, have mercy on.   ²διακρίνω, [19] I separate, distinguish, discern one thing from another; I doubt, hesitate, waver.   ³φόβος, ου, ὁ, [47] (a) fear, terror, alarm, (b) the object or cause of fear, (c) reverence, respect.   ⁴ἁρπάζω, [13] I seize, snatch, obtain by robbery.   ⁵μισέω, [41] I hate, detest, love less, esteem less.   ⁶σπιλόω, [2] I defile, spot, stain, soil.   ⁷χιτών, ῶνος, ὁ, [11] a tunic, garment, undergarment.   ⁸φυλάσσω, [30] (a) I guard, protect; mid: I am on my guard, (b) act. and mid. of customs and regulations: I keep, observe.   ⁹ἄπταιστος, ον, [1] without stumbling or falling, sure-footed.   ¹⁰κατενώπιον, [5] before the face of, over against.   ¹¹ἄμωμος, ον, [7] blameless, without blemish, unblemished, faultless.   ¹²ἀγαλλίασις, εως, ἡ, [5] wild joy, ecstatic delight, exultation, exhilaration.   ¹³μόνος, η, ον, [45] only, solitary, desolate.   ¹⁴σοφός, ή, όν, [22] wise, learned, cultivated, skilled, clever.   ¹⁵σωτήρ, ῆρος, ὁ, [23] a savior, deliverer, preserver.   ¹⁶μεγαλωσύνη, ης, ἡ, [3] (divine) majesty, greatness.   ¹⁷κράτος, ους, τό, [12] dominion, strength, power; a mighty deed.

Part IV

The Apocalypse of John

ΑΠΟΚΑΛΥΨΙΣ ΙΩΑΝΝΟΥ
Apocalypse of John

The Mystery of the Seven Stars and the Seven Candlesticks

Ἀποκάλυψις[1] Ἰησοῦ χριστοῦ, ἣν ἔδωκεν αὐτῷ ὁ θεὸς δεῖξαι[2] τοῖς δούλοις αὐτοῦ, ἃ δεῖ γενέσθαι ἐν τάχει,[3] καὶ ἐσήμανεν[4] ἀποστείλας διὰ τοῦ ἀγγέλου αὐτοῦ τῷ δούλῳ αὐτοῦ Ἰωάννῃ, **2** ὃς ἐμαρτύρησεν τὸν λόγον τοῦ θεοῦ καὶ τὴν μαρτυρίαν[5] Ἰησοῦ χριστοῦ, ὅσα εἶδεν. **3** Μακάριος ὁ ἀναγινώσκων,[6] καὶ οἱ ἀκούοντες τοὺς λόγους τῆς προφητείας[7] καὶ τηροῦντες τὰ ἐν αὐτῇ γεγραμμένα· ὁ γὰρ καιρὸς ἐγγύς.[8]

4 Ἰωάννης ταῖς ἑπτὰ ἐκκλησίαις ταῖς ἐν τῇ Ἀσίᾳ·[9] χάρις ὑμῖν καὶ εἰρήνη ἀπὸ θεοῦ ὁ ὢν καὶ ὁ ἦν καὶ ὁ ἐρχόμενος· καὶ ἀπὸ τῶν ἑπτὰ πνευμάτων ἃ ἐνώπιον τοῦ θρόνου αὐτοῦ· **5** καὶ ἀπὸ Ἰησοῦ χριστοῦ, ὁ μάρτυς[10] ὁ πιστός, ὁ πρωτότοκος[11] τῶν νεκρῶν, καὶ ὁ ἄρχων[12] τῶν βασιλέων τῆς γῆς. Τῷ ἀγαπῶντι ἡμᾶς, καὶ λούσαντι[13] ἡμᾶς ἀπὸ τῶν ἁμαρτιῶν ἡμῶν ἐν τῷ αἵματι αὐτοῦ· **6** καὶ ἐποίησεν ἡμᾶς βασιλείαν, ἱερεῖς[14] τῷ θεῷ καὶ πατρὶ αὐτοῦ· αὐτῷ ἡ δόξα καὶ τὸ κράτος[15] εἰς τοὺς αἰῶνας τῶν αἰώνων. Ἀμήν. **7** Ἰδού, ἔρχεται μετὰ τῶν νεφελῶν,[16] καὶ ὄψεται αὐτὸν πᾶς ὀφθαλμός, καὶ οἵτινες αὐτὸν ἐξεκέντησαν·[17] καὶ κόψονται[18] ἐπ' αὐτὸν πᾶσαι αἱ φυλαὶ[19] τῆς γῆς. Ναί,[20] ἀμήν.

---

[2]δεῖξαι: AAN   [4]ἐσήμανεν: AAI-3S   [6]ἀναγινώσκων: PAP-NSM   [13]λούσαντι: AAP-DSM   [17]ἐξεκέντησαν: AAI-3P   [18]κόψονται: FDI-3P

---

[1]ἀποκάλυψις, εως, ἡ, [18] *an unveiling, uncovering, revealing, revelation.*   [2]δείκνυμι, [31] *I point out, show, exhibit; met: I teach, demonstrate, make known.*   [3]τάχος, ους, τό, [7] *quickness, speed; hastily, immediately.*   [4]σημαίνω, [6] *I signify, indicate, give a sign, make known.*   [5]μαρτυρία, ας, ἡ, [37] *witness, evidence, testimony, reputation.*   [6]ἀναγινώσκω, [32] *I read, know again, know certainly, recognize, discern.*   [7]προφητεία, ας, ἡ, [19] *prophecy, prophesying; the gift of communicating and enforcing revealed truth.*   [8]ἐγγύς, [30] *near.*   [9]Ἀσία, ας, ἡ, [18] *the Roman province of Asia, roughly the western third of Asia Minor.*   [10]μάρτυς, υρος, ὁ, [34] *a witness; an eye- or ear-witness.*   [11]πρωτότοκος, ον, [9] *first-born, eldest.*   [12]ἄρχων, οντος, ὁ, [37] *a ruler, governor, leader, leading man; with the Jews, an official member (a member of the executive) of the assembly of elders.*   [13]λούω, [6] *(lit. or merely ceremonially), I wash, bathe (the body); mid: of washing, bathing one's self; met: I cleanse from sin.*   [14]ἱερεύς, έως, ὁ, [33] *a priest, one who offers sacrifice to a god (in Jewish and pagan religions; Christians only met.).*   [15]κράτος, ους, τό, [12] *dominion, strength, power; a mighty deed.*   [16]νεφέλη, ης, ἡ, [26] *a cloud.*   [17]ἐκκεντέω, [2] *I pierce through (or deeply), transfix.*   [18]κόπτω, [8] *(a) I cut, cut off, strike, smite, (b) mid: I beat my breast or head in lamentation, lament, mourn, sometimes with acc. of person whose loss is mourned.*   [19]φυλή, ῆς, ἡ, [31] *a tribe or race of people.*   [20]ναί, [35] *yes, certainly, even so.*

8 Ἐγώ εἰμι τὸ Ἄλφα¹ καὶ τὸ Ὦ,² λέγει κύριος ὁ θεός, ὁ ὢν καὶ ὁ ἦν καὶ ὁ ἐρχόμενος, ὁ παντοκράτωρ.³

9 Ἐγὼ Ἰωάννης, ὁ ἀδελφὸς ὑμῶν καὶ κοινωνὸς⁴ ἐν τῇ θλίψει⁵ καὶ βασιλείᾳ καὶ ὑπομονῇ⁶ ἐν χριστῷ Ἰησοῦ, ἐγενόμην ἐν τῇ νήσῳ⁷ τῇ καλουμένῃ Πάτμῳ,⁸ διὰ τὸν λόγον τοῦ θεοῦ καὶ διὰ τὴν μαρτυρίαν⁹ Ἰησοῦ χριστοῦ. **10** Ἐγενόμην ἐν πνεύματι ἐν τῇ κυριακῇ¹⁰ ἡμέρᾳ· καὶ ἤκουσα φωνὴν ὀπίσω¹¹ μου μεγάλην ὡς σάλπιγγος,¹² **11** λεγούσης, Ὃ βλέπεις γράψον εἰς βιβλίον,¹³ καὶ πέμψον ταῖς ἑπτὰ ἐκκλησίαις, εἰς Ἔφεσον,¹⁴ καὶ εἰς Σμύρναν,¹⁵ καὶ εἰς Πέργαμον,¹⁶ καὶ εἰς Θυάτειρα,¹⁷ καὶ εἰς Σάρδεις,¹⁸ καὶ εἰς Φιλαδέλφειαν,¹⁹ καὶ εἰς Λαοδίκειαν.²⁰ **12** Καὶ ἐκεῖ ἐπέστρεψα²¹ βλέπειν τὴν φωνὴν ἥτις ἐλάλει μετ᾽ ἐμοῦ. Καὶ ἐπιστρέψας²² εἶδον ἑπτὰ λυχνίας²³ χρυσᾶς,²⁴ **13** καὶ ἐν μέσῳ τῶν ἑπτὰ λυχνιῶν²³ ὅμοιον²⁵ υἱῷ ἀνθρώπου, ἐνδεδυμένον²⁶ ποδήρη,²⁷ καὶ περιεζωσμένον²⁸ πρὸς τοῖς μαστοῖς²⁹ ζώνην³⁰ χρυσῆν.²⁴ **14** Ἡ δὲ κεφαλὴ αὐτοῦ καὶ αἱ τρίχες³¹ λευκαὶ³² ὡς ἔριον³³ λευκόν,³² ὡς χιών·³⁴ καὶ οἱ ὀφθαλμοὶ αὐτοῦ ὡς φλὸξ³⁵ πυρός· **15** καὶ οἱ πόδες αὐτοῦ ὅμοιοι²⁵ χαλκολιβάνῳ,³⁶ ὡς ἐν καμίνῳ³⁷ πεπυρωμένοι·³⁸ καὶ ἡ φωνὴ αὐτοῦ ὡς φωνὴ ὑδάτων πολλῶν. **16** Καὶ ἔχων ἐν τῇ δεξιᾷ αὐτοῦ χειρὶ ἀστέρας³⁹ ἑπτά· καὶ ἐκ τοῦ στόματος αὐτοῦ ῥομφαία⁴⁰ δίστομος⁴¹ ὀξεῖα⁴² ἐκπορευομένη·⁴³ καὶ ἡ ὄψις⁴⁴ αὐτοῦ, ὡς ὁ ἥλιος⁴⁵ φαίνει⁴⁶ ἐν τῇ δυνάμει αὐτοῦ. **17** Καὶ ὅτε εἶδον αὐτόν, ἔπεσα πρὸς τοὺς πόδας

---

²¹ἐπέστρεψα: AAI-1S ²²ἐπιστρέψας: AAP-NSM ²⁶ἐνδεδυμένον: RMP-ASM ²⁸περιεζωσμένον: RPP-ASM ³⁸πεπυρωμένοι: RPP-NPM ⁴³ἐκπορευομένη: PNP-NSF ⁴⁶φαίνει: PAI-3S

---

¹ἄλφα, [3] alpha; the first letter of the Greek alphabet. ²Ὦ, [3] omega, the last letter of the Greek alphabet. ³παντοκράτωρ, ορος, ὁ, [10] ruler of all, ruler of the universe, the almighty. ⁴κοινωνός, οῦ, ὁ, ἡ, [11] a sharer, partner, companion. ⁵θλῖψις, εως, ἡ, [45] persecution, affliction, distress, tribulation. ⁶ὑπομονή, ῆς, ἡ, [32] endurance, steadfastness, patient waiting for. ⁷νῆσος, ου, ἡ, [9] an island. ⁸Πάτμος, ου, ἡ, [1] Patmos, a small rocky island in the Aegean sea, south-west of Ephesus. ⁹μαρτυρία, ας, ἡ, [37] witness, evidence, testimony, reputation. ¹⁰κυριακός, ή, όν, [2] of the Lord, special to the Lord. ¹¹ὀπίσω, [37] behind, after; back, backwards. ¹²σάλπιγξ, ιγγος, ἡ, [11] a trumpet, the sound of a trumpet. ¹³βιβλίον, ου, τό, [36] a papyrus roll. ¹⁴Ἔφεσος, ου, ἡ, [16] Ephesus, a coast city, capital of the Roman province Asia. ¹⁵Σμύρνα, ης, ἡ, [2] Smyrna, a great port of the Roman province Asia. ¹⁶Πέργαμος, ου, ἡ, [2] Pergamum, an important city of the Roman province Asia. ¹⁷Θυάτειρα, ων, τά, [4] Thyatira, a city of the old district Lydia, in the Roman province Asia. ¹⁸Σάρδεις, εων, αἱ, [3] Sardis, an ancient city of Lydia in the province of Asia. ¹⁹Φιλαδέλφεια, ας, ἡ, [2] Philadelphia, a city of the Roman province Asia. ²⁰Λαοδικεία, ας, ἡ, [6] Laodicea, a city in the Lycos valley in the Roman province Asia, near Colossae and Hierapolis. ²¹ἐπιστρέφω, [37] (a) trans: I turn (back) to (towards), (b) intrans: I turn (back) (to [towards]); I come to myself. ²²ἐπιστρέφω, [37] (a) trans: I turn (back) to (towards), (b) intrans: I turn (back) (to [towards]); I come to myself. ²³λυχνία, ας, ἡ, [12] a lamp-stand. ²⁴χρυσοῦς, ῆ, οῦν, [19] golden, made of gold, adorned with gold. ²⁵ὅμοιος, οία, οιον, [44] like, similar to, resembling, of equal rank. ²⁶ἐνδύω, [28] I put on, clothe (another). ²⁷ποδήρης, ες, [1] reaching to the feet (of a garment). ²⁸περιζώννυμι, [7] I gird round; mid: I gird myself, generally for active work or travel. ²⁹μαστός, οῦ, ὁ, [3] the breast, pap. ³⁰ζώνη, ῆς, ἡ, [8] a girdle, belt, waistband; because the purse was kept there, also: a purse. ³¹θρίξ, τριχός, ἡ, [15] hair (of the head or of animals). ³²λευκός, ή, όν, [25] white, bright, brilliant. ³³ἔριον, ου, τό, [2] wool. ³⁴χιών, όνος, ἡ, [3] snow. ³⁵φλόξ, φλογός, ἡ, [7] a flame. ³⁶χαλκολίβανον, ου, τό, [2] orichalcum, a fine metal, or frankincense of a yellow color. ³⁷κάμινος, ου, ἡ, [4] a furnace, oven, kiln. ³⁸πυρόω, [6] pass: I burn, am set on fire, am inflamed; glow with heat, am purified by fire. ³⁹ἀστήρ, έρος, ὁ, [24] a star. ⁴⁰ῥομφαία, ας, ἡ, [7] a sword, scimitar; fig: war, piercing grief. ⁴¹δίστομος, ον, [4] (lit: twain-mouthed; hence: of a sword, as a drinker of blood), two-edged. ⁴²ὀξύς, εῖα, ύ, [8] (a) sharp, (b) swift, eager. ⁴³ἐκπορεύομαι, [32] I depart from; I am voided, cast out; I proceed from, am spoken; I burst forth, flow out, am spread abroad. ⁴⁴ὄψις, εως, ἡ, [3] (a) the face, countenance, (b) the features, outward appearance. ⁴⁵ἥλιος, ου, ὁ, [32] the sun, sunlight. ⁴⁶φαίνω, [31] (a) act: I shine, shed light, (b) pass: I shine, become visible, appear, (c) I become clear, appear, seem, show myself as.

αὐτοῦ ὡς νεκρός· καὶ ἔθηκεν τὴν δεξιὰν αὐτοῦ ἐπ' ἐμέ, λέγων, Μὴ φοβοῦ· ἐγώ εἰμι ὁ πρῶτος καὶ ὁ ἔσχατος, **18** καὶ ὁ ζῶν, καὶ ἐγενόμην νεκρός, καὶ ἰδού, ζῶν εἰμι εἰς τοὺς αἰῶνας τῶν αἰώνων, ἀμήν· καὶ ἔχω τὰς κλεῖς¹ τοῦ θανάτου καὶ τοῦ Ἅιδου.² **19** Γράψον οὖν ἃ εἶδες, καὶ ἅ εἰσιν, καὶ ἃ μέλλει γίνεσθαι μετὰ ταῦτα· **20** τὸ μυστήριον³ τῶν ἑπτὰ ἀστέρων⁴ ὧν εἶδες ἐπὶ τῆς δεξιᾶς μου, καὶ τὰς ἑπτὰ λυχνίας⁵ τὰς χρυσᾶς.⁶ Οἱ ἑπτὰ ἀστέρες⁴ ἄγγελοι τῶν ἑπτὰ ἐκκλησιῶν εἰσίν· καὶ αἱ λυχνίαι⁵ αἱ ἑπτὰ ἑπτὰ ἐκκλησίαι εἰσίν.

Letters to Congregations at Ephesus, Smyrna, Pergamum, and Thyatira

2 Τῷ ἀγγέλῳ τῆς ἐν Ἐφέσῳ⁷ ἐκκλησίας γράψον, Τάδε⁸ λέγει ὁ κρατῶν⁹ τοὺς ἑπτὰ ἀστέρας⁴ ἐν τῇ δεξιᾷ αὐτοῦ, ὁ περιπατῶν ἐν μέσῳ τῶν ἑπτὰ λυχνιῶν⁵ τῶν χρυσῶν·⁶ **2** Οἶδα τὰ ἔργα σου, καὶ τὸν κόπον¹⁰ σου, καὶ τὴν ὑπομονήν¹¹ σου, καὶ ὅτι οὐ δύνῃ βαστάσαι¹² κακούς, καὶ ἐπείρασας¹³ τοὺς λέγοντας ἑαυτοὺς ἀποστόλους εἶναι καὶ οὐκ εἰσίν, καὶ εὗρες αὐτοὺς ψευδεῖς,¹⁴ **3** καὶ ὑπομονὴν¹¹ ἔχεις καὶ ἐβάστασας¹⁵ διὰ τὸ ὄνομά μου καὶ οὐκ ἐκοπίασας.¹⁶ **4** Ἀλλὰ ἔχω κατὰ σοῦ, ὅτι τὴν ἀγάπην σου τὴν πρώτην ἀφῆκας. **5** Μνημόνευε¹⁷ οὖν πόθεν¹⁸ πέπτωκας, καὶ μετανόησον,¹⁹ καὶ τὰ πρῶτα ἔργα ποίησον· εἰ δὲ μή, ἔρχομαί σοι ταχύ,²⁰ καὶ κινήσω²¹ τὴν λυχνίαν⁵ σου ἐκ τοῦ τόπου αὐτῆς, ἐὰν μὴ μετανοήσῃς.²² **6** Ἀλλὰ τοῦτο ἔχεις, ὅτι μισεῖς²³ τὰ ἔργα τῶν Νικολαϊτῶν,²⁴ ἃ κἀγὼ μισῶ.²⁵ **7** Ὁ ἔχων οὖς²⁶ ἀκουσάτω τί τὸ πνεῦμα λέγει ταῖς ἐκκλησίαις. Τῷ νικῶντι²⁷ δώσω αὐτῷ φαγεῖν ἐκ τοῦ ξύλου²⁸ τῆς ζωῆς, ὅ ἐστιν ἐν τῷ παραδείσῳ²⁹ τοῦ θεοῦ μου.

8 Καὶ τῷ ἀγγέλῳ τῆς ἐν Σμύρνῃ³⁰ ἐκκλησίας γράψον,

---

⁹*κρατῶν*: PAP-NSM   ¹²*βαστάσαι*: AAN   ¹³*ἐπείρασας*: AAI-2S   ¹⁵*ἐβάστασας*: AAI-2S   ¹⁶*ἐκοπίασας*: AAI-2S ¹⁷*Μνημόνευε*: PAM-2S   ¹⁹*μετανόησον*: AAM-2S   ²¹*κινήσω*: FAI-1S   ²²*μετανοήσῃς*: AAS-2S   ²³*μισεῖς*: PAI-2S ²⁵*μισῶ*: PAI-1S   ²⁷*νικῶντι*: PAP-DSM

---

¹*κλεῖς, κλειδός, ἡ, [6] a key.*   ²*Ἅιδης, ου, ὁ, [11] Hades, the unseen world.*   ³*μυστήριον, ου, τό, [27] a mystery, secret, of which initiation is necessary; in the NT: the counsels of God, once hidden but now revealed in the Gospel or some fact thereof; the Christian revelation generally; particular truths or details of the Christian revelation.*   ⁴*ἀστήρ, έρος, ὁ, [24] a star.*   ⁵*λυχνία, ας, ἡ, [12] a lamp-stand.*   ⁶*χρυσοῦς, ῆ, οῦν, [19] golden, made of gold, adorned with gold.*   ⁷*Ἔφεσος, ου, ἡ, [16] Ephesus, a coast city, capital of the Roman province Asia.*   ⁸*ὅδε, ἥδε, τόδε, [11] this here, this, that, he, she, it.*   ⁹*κρατέω, [47] I am strong, mighty, hence: I rule, am master, prevail; I obtain, take hold of; I hold, hold fast.*   ¹⁰*κόπος, ου, ὁ, [19] (a) trouble, (b) toil, labor, laborious toil, involving weariness and fatigue.*   ¹¹*ὑπομονή, ῆς, ἡ, [32] endurance, steadfastness, patient waiting for.* ¹²*βαστάζω, [27] (a) I carry, bear, (b) I carry (take) away.*   ¹³*πειράζω, [39] I try, tempt, test.*   ¹⁴*ψευδής, ές, [3] false, deceitful, lying, untrue.*   ¹⁵*βαστάζω, [27] (a) I carry, bear, (b) I carry (take) away.*   ¹⁶*κοπιάω, [23] (a) I grow weary, (b) I toil, work with effort (of bodily and mental labor alike).*   ¹⁷*μνημονεύω, [21] I remember, hold in remembrance, make mention of.*   ¹⁸*πόθεν, [28] whence, from what place.*   ¹⁹*μετανοέω, [34] I repent, change my mind, change the inner man (particularly with reference to acceptance of the will of God), repent.*   ²⁰*ταχύ, [12] quickly, speedily.*   ²¹*κινέω, [8] I set in motion, move, remove, excite, stir up.*   ²²*μετανοέω, [34] I repent, change my mind, change the inner man (particularly with reference to acceptance of the will of God), repent.* ²³*μισέω, [41] I hate, detest, love less, esteem less.*   ²⁴*Νικολαΐτης, ου, ὁ, [2] a Nicolaitan, possibly a follower of Nicolaus (a heretic at Ephesus).*   ²⁵*μισέω, [41] I hate, detest, love less, esteem less.*   ²⁶*οὖς, ὠτός, τό, [37] (a) the ear, (b) met: the faculty of perception.*   ²⁷*νικάω, [28] I conquer, am victorious, overcome, prevail, subdue.* ²⁸*ξύλον, ου, τό, [20] anything made of wood, a piece of wood, a club, staff; the trunk of a tree, used to support the cross-bar of a cross in crucifixion.*   ²⁹*παράδεισος, ου, ὁ, [3] Paradise.*   ³⁰*Σμύρνα, ης, ἡ, [2] Smyrna, a great port of the Roman province Asia.*

Τάδε ¹ λέγει ὁ πρῶτος καὶ ὁ ἔσχατος, ὃς ἐγένετο νεκρὸς καὶ ἔζησεν· **9** Οἶδά σου τὰ ἔργα καὶ τὴν θλίψιν² καὶ τὴν πτωχείαν,³ ἀλλὰ πλούσιος⁴ εἶ· καὶ τὴν βλασφημίαν⁵ ἐκ τῶν λεγόντων Ἰουδαίους εἶναι ἑαυτούς, καὶ οὐκ εἰσίν, ἀλλὰ συναγωγὴ τοῦ Σατανᾶ.⁶ **10** Μηδὲν φοβοῦ ἃ μέλλεις παθεῖν·⁷ ἰδοὺ δή,⁸ μέλλει βαλεῖν ὁ διάβολος⁹ ἐξ ὑμῶν εἰς φυλακήν,¹⁰ ἵνα πειρασθῆτε·¹¹ καὶ ἕξετε θλίψιν² ἡμερῶν δέκα.¹² Γίνου πιστὸς ἄχρι θανάτου, καὶ δώσω σοι τὸν στέφανον¹³ τῆς ζωῆς. **11** Ὁ ἔχων οὖς¹⁴ ἀκουσάτω τί τὸ πνεῦμα λέγει ταῖς ἐκκλησίαις. Ὁ νικῶν¹⁵ οὐ μὴ ἀδικηθῇ¹⁶ ἐκ τοῦ θανάτου τοῦ δευτέρου.¹⁷

12 Καὶ τῷ ἀγγέλῳ τῆς ἐν Περγάμῳ¹⁸ ἐκκλησίας γράψον,

Τάδε ¹ λέγει ὁ ἔχων τὴν ῥομφαίαν¹⁹ τὴν δίστομον²⁰ τὴν ὀξεῖαν·²¹ **13** Οἶδα τὰ ἔργα σου καὶ ποῦ²² κατοικεῖς,²³ ὅπου ὁ θρόνος τοῦ Σατανᾶ·⁶ καὶ κρατεῖς²⁴ τὸ ὄνομά μου, καὶ οὐκ ἠρνήσω²⁵ τὴν πίστιν μου ἐν ταῖς ἡμέραις ἐν αἷς Ἀντίπας ὁ μάρτυς²⁶ μου, ὁ πιστός, ὃς ἀπεκτάνθη παρ' ὑμῖν, ὅπου ὁ Σατανᾶς⁶ κατοικεῖ.²⁷ **14** Ἀλλ' ἔχω κατὰ σοῦ ὀλίγα,²⁸ ὅτι ἔχεις ἐκεῖ κρατοῦντας²⁹ τὴν διδαχὴν³⁰ Βαλαάμ, ὃς ἐδίδαξεν τὸν Βαλὰκ βαλεῖν σκάνδαλον³¹ ἐνώπιον τῶν υἱῶν Ἰσραήλ, καὶ φαγεῖν εἰδωλόθυτα³² καὶ πορνεῦσαι.³³ **15** Οὕτως ἔχεις καὶ σὺ κρατοῦντας³⁴ τὴν διδαχὴν³⁰ τῶν Νικολαϊτῶν³⁵ ὁμοίως.³⁶ **16** Μετανόησον³⁷ οὖν· εἰ δὲ μή, ἔρχομαί σοι ταχύ,³⁸ καὶ πολεμήσω³⁹ μετ' αὐτῶν ἐν τῇ ῥομφαίᾳ¹⁹ τοῦ στόματός μου. **17** Ὁ ἔχων οὖς¹⁴ ἀκουσάτω τί τὸ πνεῦμα

---

⁷παθεῖν: 2AAN ¹¹πειρασθῆτε: APS-2P ¹⁵νικῶν: PAP-NSM ¹⁶ἀδικηθῇ: APS-3S ²³κατοικεῖς: PAI-2S ²⁴κρατεῖς: PAI-2S ²⁵ἠρνήσω: ADI-2S ²⁷κατοικεῖ: PAI-3S ²⁹κρατοῦντας: PAP-APM ³³πορνεῦσαι: AAN ³⁴κρατοῦντας: PAP-APM ³⁷Μετανόησον: AAM-2S ³⁹πολεμήσω: FAI-1S

---

¹ὅδε, ἥδε, τόδε, [11] this here, this, that, he, she, it. ²θλῖψις, εως, ἡ, [45] persecution, affliction, distress, tribulation. ³πτωχεία, ας, ἡ, [3] beggary, poverty, destitution. ⁴πλούσιος, α, ον, [28] rich, abounding in, wealthy; subst: a rich man. ⁵βλασφημία, ας, ἡ, [19] abusive or scurrilous language, blasphemy. ⁶Σατανᾶς, ᾶ, ὁ, [36] an adversary, Satan. ⁷πάσχω, [42] I am acted upon in a certain way, either good or bad; I experience ill treatment, suffer. ⁸δή, [7] (a) in a clause expressing demand: so, then, (b) indeed, (c) truly. ⁹διάβολος, ον, [38] (adj. used often as a noun), slanderous; with the article: the Slanderer (par excellence), the Devil. ¹⁰φυλακή, ῆς, ἡ, [47] a watching, keeping guard; a guard, prison; imprisonment. ¹¹πειράζω, [39] I try, tempt, test. ¹²δέκα, [27] ten. ¹³στέφανος, ου, ὁ, [18] a crown, garland, honor, glory. ¹⁴οὖς, ὠτός, τό, [37] (a) the ear, (b) met: the faculty of perception. ¹⁵νικάω, [28] I conquer, am victorious, overcome, prevail, subdue. ¹⁶ἀδικέω, [27] I act unjustly towards, injure, harm. ¹⁷δεύτερος, α, ον, [44] second; with the article: in the second place, for the second time. ¹⁸Πέργαμος, ου, ἡ, [2] Pergamum, an important city of the Roman province Asia. ¹⁹ῥομφαία, ας, ἡ, [7] a sword, scimitar; fig: war, piercing grief. ²⁰δίστομος, ον, [4] (lit: twain-mouthed; hence: of a sword, as a drinker of blood), two-edged. ²¹ὀξύς, εῖα, ύ, [8] (a) sharp, (b) swift, eager. ²²ποῦ, [44] where, in what place. ²³κατοικέω, [45] I dwell in, settle in, am established in (permanently), inhabit. ²⁴κρατέω, [47] I am strong, mighty, hence: I rule, am master, prevail; I obtain, take hold of; I hold, hold fast. ²⁵ἀρνέομαι, [31] (a) I deny (a statement), (b) I repudiate (a person, or belief). ²⁶μάρτυς, υρος, ὁ, [34] a witness; an eye- or ear-witness. ²⁷κατοικέω, [45] I dwell in, settle in, am established in (permanently), inhabit. ²⁸ὀλίγος, η, ον, [43] (a) especially in plur: few, (b) in sing: small; hence, of time: short, of degree: light, slight, little. ²⁹κρατέω, [47] I am strong, mighty, hence: I rule, am master, prevail; I obtain, take hold of; I hold, hold fast. ³⁰διδαχή, ῆς, ἡ, [30] teaching, doctrine, what is taught. ³¹σκάνδαλον, ου, τό, [15] a snare, stumbling-block, cause for error. ³²εἰδωλόθυτος, ον, [10] (of meat), sacrificed to an image (or an idol). ³³πορνεύω, [8] I fornicate; met: I practice idolatry. ³⁴κρατέω, [47] I am strong, mighty, hence: I rule, am master, prevail; I obtain, take hold of; I hold, hold fast. ³⁵Νικολαΐτης, ου, ὁ, [2] a Nicolaitan, possibly a follower of Nicolaus (a heretic at Ephesus). ³⁶ὁμοίως, [32] in like manner, similarly, in the same way, equally. ³⁷μετανοέω, [34] I repent, change my mind, change the inner man (particularly with reference to acceptance of the will of God), repent. ³⁸ταχύ, [12] quickly, speedily. ³⁹πολεμέω, [7] I make war, contend, fight, battle.

λέγει ταῖς ἐκκλησίαις. Τῷ νικῶντι¹ δώσω αὐτῷ φαγεῖν τοῦ μάννα² τοῦ κεκρυμμένου,³ καὶ δώσω αὐτῷ ψῆφον⁴ λευκήν,⁵ καὶ ἐπὶ τὴν ψῆφον⁴ ὄνομα καινὸν⁶ γεγραμμένον, ὃ οὐδεὶς οἶδεν εἰ μὴ ὁ λαμβάνων.

18 Καὶ τῷ ἀγγέλῳ τῆς ἐν Θυατείροις⁷ ἐκκλησίας γράψον,

Τάδε⁸ λέγει ὁ υἱὸς τοῦ θεοῦ, ὁ ἔχων τοὺς ὀφθαλμοὺς αὐτοῦ ὡς φλόγα⁹ πυρός, καὶ οἱ πόδες αὐτοῦ ὅμοιοι¹⁰ χαλκολιβάνῳ·¹¹ **19** Οἶδά σου τὰ ἔργα, καὶ τὴν ἀγάπην καὶ τὴν πίστιν καὶ τὴν διακονίαν¹² καὶ τὴν ὑπομονήν¹³ σου, καὶ τὰ ἔργα σου, τὰ ἔσχατα πλείονα τῶν πρώτων. **20** Ἀλλ' ἔχω κατὰ σοῦ ὅτι ἀφεῖς τὴν γυναῖκά σου Ἰεζάβελ, ἣ λέγει ἑαυτὴν προφῆτιν,¹⁴ καὶ διδάσκει καὶ πλανᾷ¹⁵ τοὺς ἐμοὺς δούλους πορνεῦσαι¹⁶ καὶ φαγεῖν εἰδωλόθυτα.¹⁷ **21** Καὶ ἔδωκα αὐτῇ χρόνον ἵνα μετανοήσῃ,¹⁸ καὶ οὐ θέλει μετανοῆσαι¹⁹ ἐκ τῆς πορνείας²⁰ αὐτῆς. **22** Ἰδού, βάλλω αὐτὴν εἰς κλίνην,²¹ καὶ τοὺς μοιχεύοντας²² μετ' αὐτῆς εἰς θλῖψιν²³ μεγάλην, ἐὰν μὴ μετανοήσωσιν²⁴ ἐκ τῶν ἔργων αὐτῆς. **23** Καὶ τὰ τέκνα αὐτῆς ἀποκτενῶ ἐν θανάτῳ· καὶ γνώσονται πᾶσαι αἱ ἐκκλησίαι ὅτι ἐγώ εἰμι ὁ ἐρευνῶν²⁵ νεφροὺς²⁶ καὶ καρδίας· καὶ δώσω ὑμῖν ἑκάστῳ κατὰ τὰ ἔργα ὑμῶν. **24** Ὑμῖν δὲ λέγω, τοῖς λοιποῖς²⁷ τοῖς ἐν Θυατείροις,⁷ ὅσοι οὐκ ἔχουσιν τὴν διδαχὴν²⁸ ταύτην, οἵτινες οὐκ ἔγνωσαν τὰ βαθέα²⁹ τοῦ Σατανᾶ,³⁰ ὡς λέγουσιν, οὐ βάλλω ἐφ' ὑμᾶς ἄλλο βάρος.³¹ **25** Πλὴν³² ὃ ἔχετε κρατήσατε,³³ ἄχρι οὗ ἂν ἥξω.³⁴ **26** Καὶ ὁ νικῶν³⁵ καὶ ὁ τηρῶν ἄχρι τέλους³⁶ τὰ ἔργα μου, δώσω αὐτῷ ἐξουσίαν ἐπὶ τῶν ἐθνῶν· **27** καὶ ποιμανεῖ³⁷

---

¹νικῶντι: PAP-DSM   ³κεκρυμμένου: RPP-GSN   ¹⁵πλανᾷ: PAI-3S   ¹⁶πορνεῦσαι: AAN   ¹⁸μετανοήσῃ: AAS-3S ¹⁹μετανοῆσαι: AAN   ²²μοιχεύοντας: PAP-APM   ²⁴μετανοήσωσιν: AAS-3P   ²⁵ἐρευνῶν: PAP-NSM   ³³κρατήσατε: AAM-2P   ³⁴ἥξω: AAS-1S   ³⁵νικῶν: PAP-NSM   ³⁷ποιμανεῖ: FAI-3S

---

¹νικάω, [28] I conquer, am victorious, overcome, prevail, subdue.   ²μάννα, τό, [5] (Hebrew), manna, the supernatural food eaten by the Israelites in the desert: of spiritual food.   ³κρύπτω, [17] I hide, conceal, lay up. ⁴ψῆφος, ου, ἡ, [3] (a) a pebble, small stone, (b) hence, from their use in voting: a vote.   ⁵λευκός, ή, όν, [25] white, bright, brilliant.   ⁶καινός, ή, όν, [44] fresh, new, unused, novel.   ⁷Θυάτειρα, ων, τά, [4] Thyatira, a city of the old district Lydia, in the Roman province Asia.   ⁸ὅδε, ἥδε, τόδε, [11] this here, this, that, he, she, it.   ⁹φλόξ, φλογός, ἡ, [7] a flame.   ¹⁰ὅμοιος, οία, οιον, [44] like, similar to, resembling, of equal rank. ¹¹χαλκολίβανον, ου, τό, [2] orichalcum, a fine metal, or frankincense of a yellow color.   ¹²διακονία, ας, ἡ, [34] waiting at table; in a wider sense: service, ministration.   ¹³ὑπομονή, ῆς, ἡ, [32] endurance, steadfastness, patient waiting for.   ¹⁴προφῆτις, ιδος, ἡ, [2] a prophetess.   ¹⁵πλανάω, [40] I lead astray, deceive, cause to wander.   ¹⁶πορνεύω, [8] I fornicate; met: I practice idolatry.   ¹⁷εἰδωλόθυτος, ον, [10] (of meat), sacrificed to an image (or an idol).   ¹⁸μετανοέω, [34] I repent, change my mind, change the inner man (particularly with reference to acceptance of the will of God), repent.   ¹⁹μετανοέω, [34] I repent, change my mind, change the inner man (particularly with reference to acceptance of the will of God), repent.   ²⁰πορνεία, ας, ἡ, [26] fornication, whoredom; met: idolatry.   ²¹κλίνη, ης, ἡ, [10] a couch, bed, portable bed or mat, a couch for reclining at meals, possibly also a bier.   ²²μοιχεύω, [14] I commit adultery (of a man with a married woman, but also of a married man).   ²³θλῖψις, εως, ἡ, [45] persecution, affliction, distress, tribulation.   ²⁴μετανοέω, [34] I repent, change my mind, change the inner man (particularly with reference to acceptance of the will of God), repent. ²⁵ἐρευνάω, [6] I search diligently, examine.   ²⁶νεφρός, οῦ, ὁ, [1] a kidney (as a general emotional center), the reins.   ²⁷λοιπός, ή, όν, [42] left, left behind, the remainder, the rest, the others.   ²⁸διδαχή, ῆς, ἡ, [30] teaching, doctrine, what is taught.   ²⁹βαθέα, εῖα, ύ, [4] deep (lit. and met.); in the depths of the early morning, while still very early; profound.   ³⁰Σατανᾶς, ᾶ, ὁ, [36] an adversary, Satan.   ³¹βάρος, ους, τό, [6] a weight, burden, lit. or met.   ³²πλήν, [31] however, nevertheless, but, except that, yet.   ³³κρατέω, [47] I am strong, mighty, hence: I rule, am master, prevail; I obtain, take hold of; I hold, hold fast.   ³⁴ἥκω, [27] I have come, am present, have arrived.   ³⁵νικάω, [28] I conquer, am victorious, overcome, prevail, subdue.   ³⁶τέλος, ους, τό, [41] (a) an end, (b) event or issue, (c) the principal end, aim, purpose, (d) a tax.   ³⁷ποιμαίνω, [11] I shepherd, tend, herd; hence: I rule, govern.

αὐτοὺς ἐν ῥάβδῳ¹ σιδηρᾷ·² ὡς τὰ σκεύη³ τὰ κεραμικά,⁴ συντριβήσεται·⁵ ὡς κἀγὼ εἴληφα παρὰ τοῦ πατρός μου· **28** καὶ δώσω αὐτῷ τὸν ἀστέρα⁶ τὸν πρωϊνόν.⁷ **29** Ὁ ἔχων οὖς⁸ ἀκουσάτω τί τὸ πνεῦμα λέγει ταῖς ἐκκλησίαις.

Letters to the Congregations at Sardis, at Philadelphia, and at Laodicea

3 Καὶ τῷ ἀγγέλῳ τῆς ἐν Σάρδεσιν⁹ ἐκκλησίας γράψον, Τάδε¹⁰ λέγει ὁ ἔχων τὰ ἑπτὰ πνεύματα τοῦ θεοῦ καὶ τοὺς ἑπτὰ ἀστέρας·⁶ Οἶδά σου τὰ ἔργα, ὅτι ὄνομα ἔχεις ὅτι ζῇς, καὶ νεκρὸς εἶ. **2** Γίνου γρηγορῶν,¹¹ καὶ στήρισον¹² τὰ λοιπὰ¹³ ἃ ἔμελλες ἀποβάλλειν·¹⁴ οὐ γὰρ εὕρηκά σου τὰ ἔργα πεπληρωμένα ἐνώπιον τοῦ θεοῦ μου. **3** Μνημόνευε¹⁵ οὖν πῶς εἴληφας καὶ ἤκουσας, καὶ τήρει, καὶ μετανόησον.¹⁶ Ἐὰν οὖν μὴ γρηγορήσῃς,¹⁷ ἥξω¹⁸ ἐπί σε ὡς κλέπτης,¹⁹ καὶ οὐ μὴ γνῷς ποίαν²⁰ ὥραν ἥξω²¹ ἐπί σε. **4** Ἀλλ' ὀλίγα²² ἔχεις ὀνόματα ἐν Σάρδεσιν,⁹ ἃ οὐκ ἐμόλυναν²³ τὰ ἱμάτια αὐτῶν· καὶ περιπατήσουσιν μετ' ἐμοῦ ἐν λευκοῖς,²⁴ ὅτι ἄξιοί²⁵ εἰσιν. **5** Ὁ νικῶν,²⁶ οὗτος περιβαλεῖται²⁷ ἐν ἱματίοις λευκοῖς·²⁴ καὶ οὐ μὴ ἐξαλείψω²⁸ τὸ ὄνομα αὐτοῦ ἐκ τῆς βίβλου²⁹ τῆς ζωῆς, καὶ ὁμολογήσω³⁰ τὸ ὄνομα αὐτοῦ ἐνώπιον τοῦ πατρός μου, καὶ ἐνώπιον τῶν ἀγγέλων αὐτοῦ. **6** Ὁ ἔχων οὖς⁸ ἀκουσάτω τί τὸ πνεῦμα λέγει ταῖς ἐκκλησίαις.

7 Καὶ τῷ ἀγγέλῳ τῆς ἐν Φιλαδελφείᾳ³¹ ἐκκλησίας γράψον,

Τάδε¹⁰ λέγει ὁ ἅγιος, ὁ ἀληθινός,³² ὁ ἔχων τὴν κλεῖν³³ τοῦ Δαυίδ, ὁ ἀνοίγων καὶ οὐδεὶς κλείσει³⁴ αὐτήν, εἰ μὴ ὁ ἀνοίγων· καὶ οὐδεὶς ἀνοίξει. **8** Οἶδά σου τὰ ἔργα·

---

⁵συντριβήσεται: 2FPI-3S   ¹¹γρηγορῶν: PAP-NSM   ¹²στήρισον: AAM-2S   ¹⁴ἀποβάλλειν: PAN   ¹⁵Μνημόνευε: PAM-2S   ¹⁶μετανόησον: AAM-2S   ¹⁷γρηγορήσῃς: AAS-2S   ¹⁸ἥξω: FAI-1S   ²¹ἥξω: FAI-1S   ²³ἐμόλυναν: AAI-3P   ²⁶νικῶν: PAP-NSM   ²⁷περιβαλεῖται: FMI-3S   ²⁸ἐξαλείψω: FAI-1S   ³⁰ὁμολογήσω: FAI-1S   ³⁴κλείσει: FAI-3S

---

¹ῥάβδος, ου, ἡ, [12] a rod, staff, staff of authority, scepter.   ²σιδήρεος, έα, εον, [5] made of iron.   ³σκεῦος, ους, τό, [23] a vessel to contain liquid; a vessel of mercy or wrath; any instrument by which anything is done; a household utensil; of ships: tackle.   ⁴κεραμικός, ή, όν, [1] of clay, made by a potter, earthen.   ⁵συντρίβω, [8] I break by crushing, break in pieces, shatter, crush, bruise.   ⁶ἀστήρ, έρος, ὁ, [24] a star.   ⁷πρωϊνός, ή, όν, [2] belonging to the morning, early.   ⁸οὖς, ὠτός, τό, [37] (a) the ear, (b) met: the faculty of perception.   ⁹Σάρδεις, εων, αἱ, [3] Sardis, an ancient city of Lydia in the province of Asia.   ¹⁰ὅδε, ἥδε, τόδε, [11] this here, this, that, he, she, it.   ¹¹γρηγορέω, [23] (a) I am awake (in the night), watch, (b) I am watchful, on the alert, vigilant.   ¹²στηρίζω, [13] (a) I fix firmly, direct myself towards, (b) generally met: I buttress, prop, support; I strengthen, establish.   ¹³λοιπός, ή, όν, [42] left, left behind, the remainder, the rest, the others.   ¹⁴ἀποβάλλω, [3] I throw away from, throw overboard, cast aside.   ¹⁵μνημονεύω, [21] I remember, hold in remembrance, make mention of.   ¹⁶μετανοέω, [34] I repent, change my mind, change the inner man (particularly with reference to acceptance of the will of God), repent.   ¹⁷γρηγορέω, [23] (a) I am awake (in the night), watch, (b) I am watchful, on the alert, vigilant.   ¹⁸ἥκω, [27] I have come, am present, have arrived.   ¹⁹κλέπτης, ου, ὁ, [16] a thief.   ²⁰ποῖος, α, ον, [34] of what sort.   ²¹ἥκω, [27] I have come, am present, have arrived.   ²²ὀλίγος, η, ον, [43] (a) especially in plur: few, (b) in sing: small; hence, of time: short, of degree: light, slight, little.   ²³μολύνω, [3] I soil, stain, pollute, defile, lit. and met.   ²⁴λευκός, ή, όν, [25] white, bright, brilliant.   ²⁵ἄξιος, ία, ιον, [41] worthy, worthy of, deserving, comparable, suitable.   ²⁶νικάω, [28] I conquer, am victorious, overcome, prevail, subdue.   ²⁷περιβάλλω, [24] I cast around, wrap a garment about, put on; hence mid: I put on to myself, clothe myself, dress; I draw (a line).   ²⁸ἐξαλείφω, [5] I plaster, wash over; I wipe off, wipe out, obliterate.   ²⁹βίβλος, ου, ἡ, [9] a written book, roll, or volume, sometimes with a sacred connotation.   ³⁰ὁμολογέω, [24] (a) I promise, agree, (b) I confess, (c) I publicly declare, (d) a Hebraism, I praise, celebrate.   ³¹Φιλαδέλφεια, ας, ἡ, [2] Philadelphia, a city of the Roman province Asia.   ³²ἀληθινός, η, ον, [27] true (lit: made of truth), real, genuine.   ³³κλεῖς, κλειδός, ἡ, [6] a key.   ³⁴κλείω, [15] I shut, shut up.

ἰδού, δέδωκα ἐνώπιόν σου θύραν¹ ἀνεῳγμένην, ἣν οὐδεὶς δύναται κλεῖσαι² αὐτήν, ὅτι μικρὰν³ ἔχεις δύναμιν, καὶ ἐτήρησάς μου τὸν λόγον, καὶ οὐκ ἠρνήσω⁴ τὸ ὄνομά μου. 9 Ἰδού, δίδωμι ἐκ τῆς συναγωγῆς τοῦ Σατανᾶ,⁵ τῶν λεγόντων ἑαυτοὺς Ἰουδαίους εἶναι, καὶ οὐκ εἰσίν, ἀλλὰ ψεύδονται· ⁶ ἰδού, ποιήσω αὐτοὺς ἵνα ἥξωσιν⁷ καὶ προσκυνήσωσιν ἐνώπιον τῶν ποδῶν σου, καὶ γνῶσιν ὅτι ἠγάπησά σε. 10 Ὅτι ἐτήρησας τὸν λόγον τῆς ὑπομονῆς⁸ μου, κἀγώ σε τηρήσω ἐκ τῆς ὥρας τοῦ πειρασμοῦ,⁹ τῆς μελλούσης ἔρχεσθαι ἐπὶ τῆς οἰκουμένης¹⁰ ὅλης, πειράσαι¹¹ τοὺς κατοικοῦντας¹² ἐπὶ τῆς γῆς. 11 Ἔρχομαι ταχύ·¹³ κράτει¹⁴ ὃ ἔχεις, ἵνα μηδεὶς λάβῃ τὸν στέφανόν¹⁵ σου. 12 Ὁ νικῶν,¹⁶ ποιήσω αὐτὸν στύλον¹⁷ ἐν τῷ ναῷ¹⁸ τοῦ θεοῦ μου, καὶ ἔξω οὐ μὴ ἐξέλθῃ ἔτι, καὶ γράψω ἐπ᾽ αὐτὸν τὸ ὄνομα τοῦ θεοῦ μου, καὶ τὸ ὄνομα τῆς πόλεως τοῦ θεοῦ μου, τῆς καινῆς¹⁹ Ἰερουσαλήμ, ἣ καταβαίνει ἐκ τοῦ οὐρανοῦ ἀπὸ τοῦ θεοῦ μου, καὶ τὸ ὄνομά μου τὸ καινόν.¹⁹ 13 Ὁ ἔχων οὖς²⁰ ἀκουσάτω τί τὸ πνεῦμα λέγει ταῖς ἐκκλησίαις.

14 Καὶ τῷ ἀγγέλῳ τῆς ἐν Λαοδικείᾳ²¹ ἐκκλησίας γράψον,

Τάδε²² λέγει ὁ Ἀμήν, ὁ μάρτυς²³ ὁ πιστὸς καὶ ἀληθινός,²⁴ ἡ ἀρχὴ τῆς κτίσεως²⁵ τοῦ θεοῦ· 15 Οἶδά σου τὰ ἔργα, ὅτι οὔτε ψυχρὸς²⁶ εἶ οὔτε ζεστός·²⁷ ὄφελον²⁸ ψυχρὸς²⁶ ἦς ἢ ζεστός.²⁷ 16 Οὕτως ὅτι χλιαρὸς²⁹ εἶ, καὶ οὐ ζεστὸς²⁷ οὔτε ψυχρός,²⁶ μέλλω σε ἐμέσαι³⁰ ἐκ τοῦ στόματός μου. 17 Ὅτι λέγεις, Πλούσιός³¹ εἰμι, καὶ πεπλούτηκα,³² καὶ οὐδενὸς χρείαν³³ ἔχω, καὶ οὐκ οἶδας ὅτι σὺ εἶ ὁ ταλαίπωρος³⁴ καὶ ὁ ἐλεεινὸς³⁵ καὶ πτωχὸς³⁶ καὶ τυφλὸς καὶ γυμνός·³⁷ 18 συμβουλεύω³⁸ σοι ἀγοράσαι³⁹ χρυσίον⁴⁰ παρ᾽

---

²κλεῖσαι: AAN   ⁴ἠρνήσω: ADI-2S   ⁶ψεύδονται: PNI-3P   ⁷ἥξωσιν: AAS-3P   ¹¹πειράσαι: AAN   ¹²κατοικοῦντας: PAP-APM   ¹⁴κράτει: PAM-2S   ¹⁶νικῶν: PAP-NSM   ²⁸ὄφελον: 2AAI-1S   ³⁰ἐμέσαι: AAN   ³²πεπλούτηκα: RAI-1S   ³⁸συμβουλεύω: PAI-1S   ³⁹ἀγοράσαι: AAN

---

¹θύρα, ας, ἡ, [39] (a) a door, (b) met: an opportunity.   ²κλείω, [15] I shut, shut up.   ³μικρός, ά, όν, [45] little, small.   ⁴ἀρνέομαι, [31] (a) I deny (a statement), (b) I repudiate (a person, or belief).   ⁵Σατανᾶς, ᾶ, ὁ, [36] an adversary, Satan.   ⁶ψεύδομαι, [12] I deceive, lie, speak falsely.   ⁷ἥκω, [27] I have come, am present, have arrived.   ⁸ὑπομονή, ῆς, ἡ, [32] endurance, steadfastness, patient waiting for.   ⁹πειρασμός, οῦ, ὁ, [21] (a) trial, probation, testing, being tried, (b) temptation, (c) calamity, affliction.   ¹⁰οἰκουμένη, ης, ἡ, [16] (properly: the land that is being inhabited, the land in a state of habitation), the inhabited world, that is, the Roman world, for all outside it was regarded as of no account.   ¹¹πειράζω, [39] I try, tempt, test.   ¹²κατοικέω, [45] I dwell in, settle in, am established in (permanently), inhabit.   ¹³ταχύ, [12] quickly, speedily.   ¹⁴κρατέω, [47] I am strong, mighty, hence: I rule, am master, prevail; I obtain, take hold of; I hold, hold fast.   ¹⁵στέφανος, ου, ὁ, [18] a crown, garland, honor, glory.   ¹⁶νικάω, [28] I conquer, am victorious, overcome, prevail, subdue.   ¹⁷στῦλος, ου, ὁ, [4] a pillar, support, column.   ¹⁸ναός, οῦ, ὁ, [46] a temple, a shrine, that part of the temple where God himself resides.   ¹⁹καινός, ή, όν, [44] fresh, new, unused, novel.   ²⁰οὖς, ὠτός, τό, [37] (a) the ear, (b) met: the faculty of perception.   ²¹Λαοδικεία, ας, ἡ, [6] Laodicea, a city in the Lycos valley in the Roman province Asia, near Colossae and Hierapolis.   ²²ὅδε, ἥδε, τόδε, [11] this here, this, that, he, she, it.   ²³μάρτυς, υρος, ὁ, [34] a witness; an eye- or ear-witness.   ²⁴ἀληθινός, η, ον, [27] true (lit: made of truth), real, genuine.   ²⁵κτίσις, εως, ἡ, [19] (often of the founding of a city), (a) abstr: creation, (b) concr: creation, creature, institution; always of Divine work, (c) an institution, ordinance.   ²⁶ψυχρός, ά, όν, [4] cool, cold; fig: cold-hearted.   ²⁷ζεστός, ή, όν, [3] boiling hot; met: fervent.   ²⁸ὄφελον, [4] O that! I wish! Would that!, followed by indicative.   ²⁹χλιαρός, ά, όν, [1] warm, tepid; of persons: lukewarm.   ³⁰ἐμέω, [1] I vomit forth.   ³¹πλούσιος, α, ον, [28] rich, abounding in, wealthy; subst: a rich man.   ³²πλουτέω, [12] I become rich, am rich, abound in.   ³³χρεία, ας, ἡ, [49] need, necessity, business.   ³⁴ταλαίπωρος, ον, [2] wretched, afflicted, miserable.   ³⁵ἐλεεινός, ή, όν, [2] merciful, pitiful, miserable.   ³⁶πτωχός, ή, όν, [34] poor, destitute, spiritually poor, either in a good sense (humble devout persons) or bad.   ³⁷γυμνός, ή, όν, [15] rarely: stark-naked; generally: wearing only the under-garment; bare, open, manifest; mere.   ³⁸συμβουλεύω, [5] I give advice, exhort; mid: I take counsel together, consult.   ³⁹ἀγοράζω, [31] I buy.   ⁴⁰χρυσίον, ου, τό, [11] a piece of gold, golden ornament.

ἐμοῦ πεπυρωμένον¹ ἐκ πυρός, ἵνα πλουτήσῃς,² καὶ ἱμάτια λευκά,³ ἵνα περιβάλῃ,⁴ καὶ μὴ φανερωθῇ⁵ ἡ αἰσχύνη⁶ τῆς γυμνότητός⁷ σου· καὶ κολλύριον⁸ ἵνα ἐγχρίσῃ⁹ τοὺς ὀφθαλμούς σου, ἵνα βλέπῃς. 19 Ἐγὼ ὅσους ἐὰν φιλῶ,¹⁰ ἐλέγχω¹¹ καὶ παιδεύω·¹² ζήλωσον¹³ οὖν καὶ μετανόησον.¹⁴ 20 Ἰδού, ἕστηκα ἐπὶ τὴν θύραν¹⁵ καὶ κρούω·¹⁶ ἐάν τις ἀκούσῃ τῆς φωνῆς μου, καὶ ἀνοίξῃ τὴν θύραν,¹⁵ καὶ εἰσελεύσομαι πρὸς αὐτόν, καὶ δειπνήσω¹⁷ μετ᾽ αὐτοῦ, καὶ αὐτὸς μετ᾽ ἐμοῦ. 21 Ὁ νικῶν,¹⁸ δώσω αὐτῷ καθίσαι¹⁹ μετ᾽ ἐμοῦ ἐν τῷ θρόνῳ μου, ὡς κἀγὼ ἐνίκησα,²⁰ καὶ ἐκάθισα²¹ μετὰ τοῦ πατρός μου ἐν τῷ θρόνῳ αὐτοῦ. 22 Ὁ ἔχων οὖς²² ἀκουσάτω τί τὸ πνεῦμα λέγει ταῖς ἐκκλησίαις.

The Vision of God's Throne of Majesty and Glory

4 Μετὰ ταῦτα εἶδον, καὶ ἰδού, θύρα¹⁵ ἀνεῳγμένη ἐν τῷ οὐρανῷ, καὶ ἡ φωνὴ ἡ πρώτη ἣν ἤκουσα ὡς σάλπιγγος²³ λαλούσης μετ᾽ ἐμοῦ, λέγων, Ἀνάβα ὧδε, καὶ δείξω²⁴ σοι ἃ δεῖ γενέσθαι μετὰ ταῦτα. 2 Καὶ εὐθέως ἐγενόμην ἐν πνεύματι· καὶ ἰδού, θρόνος ἔκειτο²⁵ ἐν τῷ οὐρανῷ, καὶ ἐπὶ τὸν θρόνον καθήμενος, 3 ὅμοιος²⁶ ὁράσει²⁷ λίθῳ ἰάσπιδι²⁸ καὶ σαρδίῳ·²⁹ καὶ ἶρις³⁰ κυκλόθεν³¹ τοῦ θρόνου ὁμοίως³² ὅρασις²⁷ σμαραγδίνων.³³ 4 Καὶ κυκλόθεν³¹ τοῦ θρόνου θρόνοι εἴκοσι³⁴ τέσσαρες·³⁵ καὶ ἐπὶ τοὺς θρόνους τοὺς εἴκοσι³⁴ τέσσαρας³⁵ πρεσβυτέρους καθημένους, περιβεβλημένους³⁶ ἐν ἱματίοις λευκοῖς,³ καὶ ἐπὶ τὰς κεφαλὰς αὐτῶν στεφάνους³⁷ χρυσοῦς.³⁸ 5 Καὶ ἐκ τοῦ θρόνου ἐκπορεύονται³⁹

---

¹πεπυρωμένον: RPP-ASN　²πλουτήσῃς: AAS-2S　⁴περιβάλῃ: 2AMS-2S　⁵φανερωθῇ: APS-3S　⁹ἐγχρίσῃ: AAS-3S ¹⁰φιλῶ: PAS-1S　¹¹ἐλέγχω: PAI-1S　¹²παιδεύω: PAI-1S　¹³ζήλωσον: AAM-2S　¹⁴μετανόησον: AAM-2S　¹⁶κρούω: PAI-1S　¹⁷δειπνήσω: FAI-1S　¹⁸νικῶν: PAP-NSM　¹⁹καθίσαι: AAN　²⁰ἐνίκησα: AAI-1S　²¹ἐκάθισα: AAI-1S　²⁴δείξω: FAI-1S　²⁵ἔκειτο: INI-3S　³⁶περιβεβλημένους: RPP-APM　³⁹ἐκπορεύονται: PNI-3P

---

¹πυρόω, [6] pass: I burn, am set on fire, am inflamed; glow with heat, am purified by fire.　²πλουτέω, [12] I become rich, am rich, abound in.　³λευκός, ή, όν, [25] white, bright, brilliant.　⁴περιβάλλω, [24] I cast around, wrap a garment about, put on; hence mid: I put on to myself, clothe myself, dress; I draw (a line). ⁵φανερόω, [49] I make clear (visible, manifest), make known.　⁶αἰσχύνη, ης, ἡ, [6] shame, shamefacedness, shameful deeds.　⁷γυμνότης, ητος, ἡ, [3] nakedness.　⁸κολλούριον, ου, τό, [1] eye-salve.　⁹ἐγχρίω, [1] I rub in, anoint.　¹⁰φιλέω, [25] I love (of friendship), regard with affection, cherish; I kiss.　¹¹ἐλέγχω, [18] (a) I reprove, rebuke, discipline, (b) I expose, show to be guilty.　¹²παιδεύω, [13] (a) I discipline, educate, train, (b) more severely: I chastise.　¹³ζηλόω, [11] (a) intrans: I am jealous, (b) trans: I am jealous of, with acc. of a person; I am eager for, am eager to possess, with acc. of a thing.　¹⁴μετανοέω, [34] I repent, change my mind, change the inner man (particularly with reference to acceptance of the will of God), repent.　¹⁵θύρα, ας, ἡ, [39] (a) a door, (b) met: an opportunity.　¹⁶κρούω, [9] I knock, beat a door with a stick, to gain admittance. ¹⁷δειπνέω, [4] I dine, sup, eat.　¹⁸νικάω, [28] I conquer, am victorious, overcome, prevail, subdue.　¹⁹καθίζω, [48] (a) trans: I make to sit; I set, appoint, (b) intrans: I sit down, am seated, stay.　²⁰νικάω, [28] I conquer, am victorious, overcome, prevail, subdue.　²¹καθίζω, [48] (a) trans: I make to sit; I set, appoint, (b) intrans: I sit down, am seated, stay.　²²οὖς, ὠτός, τό, [37] (a) the ear, (b) met: the faculty of perception.　²³σάλπιγξ, ιγγος, ἡ, [11] a trumpet, the sound of a trumpet.　²⁴δείκνυμι, [31] I point out, show, exhibit; met: I teach, demonstrate, make known.　²⁵κεῖμαι, [26] I lie, recline, am placed, am laid, set, specially appointed, destined.　²⁶ὅμοιος, οία, οιον, [44] like, similar to, resembling, of equal rank.　²⁷ὅρασις, εως, ἡ, [4] a sight, vision, appearance. ²⁸ἴασπις, ιδος, ἡ, [4] jasper; a precious stone.　²⁹σάρδιον, ου, τό, [2] carnelian, a precious stone.　³⁰ἶρις, ιδος, ἡ, [2] a rainbow or halo.　³¹κυκλόθεν, [3] in a circle round, round about.　³²ὁμοίως, [32] in like manner, similarly, in the same way, equally.　³³σμαράγδινος, η, ον, [1] made of emerald, emerald-green.　³⁴εἴκοσι, [11] twenty.　³⁵τέσσαρες, τέσσαρα, [41] four.　³⁶περιβάλλω, [24] I cast around, wrap a garment about, put on; hence mid: I put on to myself, clothe myself, dress; I draw (a line).　³⁷στέφανος, ου, ὁ, [18] a crown, garland, honor, glory.　³⁸χρυσοῦς, ῆ, οῦν, [19] golden, made of gold, adorned with gold.　³⁹ἐκπορεύομαι, [32] I depart from; I am voided, cast out; I proceed from, am spoken; I burst forth, flow out, am spread abroad.

ἀστραπαὶ[1] καὶ φωναὶ καὶ βρονταί.[2] Καὶ ἑπτὰ λαμπάδες[3] πυρὸς καιόμεναι[4] ἐνώπιον τοῦ θρόνου αὐτοῦ, αἵ εἰσιν ἑπτὰ πνεύματα τοῦ θεοῦ· 6 καὶ ἐνώπιον τοῦ θρόνου ὡς θάλασσα ὑαλίνη,[5] ὁμοία[6] κρυστάλλῳ.[7] Καὶ ἐν μέσῳ τοῦ θρόνου καὶ κύκλῳ[8] τοῦ θρόνου τέσσαρα[9] ζῷα[10] γέμοντα[11] ὀφθαλμῶν ἔμπροσθεν[12] καὶ ὄπισθεν.[13] 7 Καὶ τὸ ζῷον[10] τὸ πρῶτον ὅμοιον[6] λέοντι,[14] καὶ τὸ δεύτερον[15] ζῷον[10] ὅμοιον[6] μόσχῳ,[16] καὶ τὸ τρίτον ζῷον[10] ἔχον πρόσωπον ἀνθρώπου, καὶ τὸ τέταρτον[17] ζῷον[10] ὅμοιον[6] ἀετῷ[18] πετομένῳ.[19] 8 Καὶ τὰ τέσσαρα[9] ζῷα,[10] ἓν καθ᾽ ἓν ἔχον ἀνὰ[20] πτέρυγας[21] ἓξ[22] κυκλόθεν,[23] καὶ ἔσωθεν[24] γέμουσιν[25] ὀφθαλμῶν, καὶ ἀνάπαυσιν[26] οὐκ ἔχουσιν ἡμέρας καὶ νυκτός, λέγοντες, Ἅγιος, ἅγιος, ἅγιος, κύριος ὁ θεὸς ὁ παντοκράτωρ,[27] ὁ ἦν καὶ ὁ ὢν καὶ ὁ ἐρχόμενος. 9 Καὶ ὅταν δῶσιν τὰ ζῷα[10] δόξαν καὶ τιμὴν[28] καὶ εὐχαριστίαν[29] τῷ καθημένῳ ἐπὶ τοῦ θρόνου, τῷ ζῶντι εἰς τοὺς αἰῶνας τῶν αἰώνων, 10 πεσοῦνται οἱ εἴκοσι[30] τέσσαρες[9] πρεσβύτεροι ἐνώπιον τοῦ καθημένου ἐπὶ τοῦ θρόνου, καὶ προσκυνήσουσιν τῷ ζῶντι εἰς τοὺς αἰῶνας τῶν αἰώνων, καὶ βαλοῦσιν τοὺς στεφάνους[31] αὐτῶν ἐνώπιον τοῦ θρόνου, λέγοντες, 11 Ἄξιος[32] εἶ, ὁ κύριος καὶ ὁ θεὸς ἡμῶν, ὁ ἅγιος, λαβεῖν τὴν δόξαν καὶ τὴν τιμὴν[28] καὶ τὴν δύναμιν· ὅτι σὺ ἔκτισας[33] πάντα, καὶ διὰ τὸ θέλημά σου ἦσαν καὶ ἐκτίσθησαν.[34]

Christ, the Lion and the Lamb, Praised with a New Song

5 Καὶ εἶδον ἐπὶ τὴν δεξιὰν τοῦ καθημένου ἐπὶ τοῦ θρόνου βιβλίον[35] γεγραμμένον ἔσωθεν[24] καὶ ἔξωθεν,[36] κατεσφραγισμένον[37] σφραγῖσιν[38] ἑπτά. 2 Καὶ εἶδον ἄγγελον ἰσχυρὸν[39] κηρύσσοντα ἐν φωνῇ μεγάλῃ, Τίς ἄξιός[32] ἐστιν ἀνοῖξαι τὸ βιβλίον,[35] καὶ λῦσαι[40] τὰς σφραγῖδας[38] αὐτοῦ; 3 Καὶ οὐδεὶς ἐδύνατο ἐν τῷ οὐρανῷ ἄνω,[41] οὔτε ἐπὶ

---

[4]καιόμεναι: PPP-NPF   [11]γέμοντα: PAP-NPN   [19]πετομένῳ: PNP-DSM   [25]γέμουσιν: PAI-3P   [33]ἔκτισας: AAI-2S
[34]ἐκτίσθησαν: API-3P   [37]κατεσφραγισμένον: RPP-ASN   [40]λῦσαι: AAN

---

[1]ἀστραπή, ῆς, ἡ, [9] a flash of lightning, brightness, luster.   [2]βροντή, ῆς, ἡ, [12] thunder.   [3]λαμπάς, άδος, ἡ, [9] a torch, lamp, lantern.   [4]καίω, [14] I ignite, light, burn, lit. and met; I consume with fire.   [5]ὑάλινος, η, ον, [3] glassy, made of glass, transparent.   [6]ὅμοιος, οία, οιον, [44] like, similar to, resembling, of equal rank.   [7]κρύσταλλος, ου, ὁ, [2] crystal.   [8]κύκλος, ου, ὁ, [8] a circle, ring.   [9]τέσσαρες, τέσσαρα, [41] four.   [10]ζῷον, ου, τό, [23] an animal, living creature.   [11]γέμω, [11] I am full of.   [12]ἔμπροσθεν, [48] in front, before the face; sometimes made a subst. by the addition of the article: in front of, before the face of.   [13]ὄπισθεν, [6] from behind, after.   [14]λέων, οντος, ὁ, [9] a lion.   [15]δεύτερος, α, ον, [44] second; with the article: in the second place, for the second time.   [16]μόσχος, ου, ὁ, ἡ, [6] a calf, heifer, young bull.   [17]τέταρτος, η, ον, [10] fourth.   [18]ἀετός, οῦ, ὁ, [5] an eagle, bird of prey.   [19]πέτομαι, [5] I fly.   [20]ἀνά, [15] prep. Rare in NT; prop: upwards, up; among, between; in turn; apiece, by; as a prefix: up, to, anew, back.   [21]πτέρυξ, υγος, ἡ, [5] a wing, pinion.   [22]ἕξ, οἱ, αἱ, τά, [13] six.   [23]κυκλόθεν, [3] in a circle round, round about.   [24]ἔσωθεν, [13] (a) from within, from inside, (b) within, inside; with the article: the inner part, the inner element, (c) the mind, soul.   [25]γέμω, [11] I am full of.   [26]ἀνάπαυσις, εως, ἡ, [5] rest, cessation from labor, refreshment.   [27]παντοκράτωρ, ορος, ὁ, [10] ruler of all, ruler of the universe, the almighty.   [28]τιμή, ῆς, ἡ, [42] a price, honor.   [29]εὐχαριστία, ας, ἡ, [15] thankfulness, gratitude; giving of thanks, thanksgiving.   [30]εἴκοσι, [11] twenty.   [31]στέφανος, ου, ὁ, [18] a crown, garland, honor, glory.   [32]ἄξιος, ία, ιον, [41] worthy, worthy of, deserving, comparable, suitable.   [33]κτίζω, [14] I create, form, shape, make, always of God.   [34]κτίζω, [14] I create, form, shape, make, always of God.   [35]βιβλίον, ου, τό, [36] a papyrus roll.   [36]ἔξωθεν, [13] (a) from outside, from without, (b) outside, both as adj. and prep; with article: the outside.   [37]κατασφραγίζω, [1] I seal up, secure with a seal.   [38]σφραγίς, ῖδος, ἡ, [16] a seal, signet ring, the impression of a seal, that which the seal attests, the proof.   [39]ἰσχυρός, ά, όν, [29] strong (originally and generally of physical strength); mighty, powerful, vehement, sure.   [40]λύω, [42] (a) I loose, untie, release, (b) met: I break, destroy, set at naught, contravene; I break up a meeting, annul.   [41]ἄνω, [10] up, above, up to the top, up to the brim, things above, heaven, the heavenly region.

τῆς γῆς, οὔτε ὑποκάτω¹ τῆς γῆς, ἀνοῖξαι τὸ βιβλίον,² οὔτε βλέπειν αὐτό. 4 Καὶ ἐγὼ ἔκλαιον³ πολύ, ὅτι οὐδεὶς ἄξιος⁴ εὑρέθη ἀνοῖξαι τὸ βιβλίον,² οὔτε βλέπειν αὐτό. 5 Καὶ εἷς ἐκ τῶν πρεσβυτέρων λέγει μοι, Μὴ κλαῖε·⁵ ἰδού, ἐνίκησεν⁶ ὁ λέων⁷ ὁ ἐκ τῆς φυλῆς⁸ Ἰούδα, ἡ ῥίζα⁹ Δαυίδ, ὁ ἀνοίγων τὸ βιβλίον² καὶ τὰς ἑπτὰ σφραγῖδας¹⁰ αὐτοῦ. 6 Καὶ εἶδον ἐν μέσῳ τοῦ θρόνου καὶ τῶν τεσσάρων¹¹ ζῴων,¹² καὶ ἐν μέσῳ τῶν πρεσβυτέρων, ἀρνίον¹³ ἑστηκὸς ὡς ἐσφαγμένον,¹⁴ ἔχον κέρατα¹⁵ ἑπτὰ καὶ ὀφθαλμοὺς ἑπτά, ἅ εἰσιν τὰ ἑπτὰ πνεύματα τοῦ θεοῦ ἀποστελλόμενα εἰς πᾶσαν τὴν γῆν. 7 Καὶ ἦλθεν, καὶ εἴληφεν ἐκ τῆς δεξιᾶς τοῦ καθημένου ἐπὶ τοῦ θρόνου. 8 Καὶ ὅτε ἔλαβεν τὸ βιβλίον,² τὰ τέσσαρα¹¹ ζῷα¹² καὶ οἱ εἴκοσι¹⁶ τέσσαρες¹¹ πρεσβύτεροι ἔπεσον ἐνώπιον τοῦ ἀρνίου,¹³ ἔχοντες ἕκαστος κιθάραν,¹⁷ καὶ φιάλας¹⁸ χρυσᾶς¹⁹ γεμούσας²⁰ θυμιαμάτων,²¹ αἵ εἰσιν προσευχαὶ²² τῶν ἁγίων. 9 Καὶ ἄδουσιν²³ ᾠδὴν²⁴ καινήν,²⁵ λέγοντες, Ἄξιος⁴ εἶ λαβεῖν τὸ βιβλίον,² καὶ ἀνοῖξαι τὰς σφραγῖδας¹⁰ αὐτοῦ· ὅτι ἐσφάγης,²⁶ καὶ ἠγόρασας²⁷ τῷ θεῷ ἡμᾶς ἐν τῷ αἵματί σου ἐκ πάσης φυλῆς⁸ καὶ γλώσσης καὶ λαοῦ καὶ ἔθνους, 10 καὶ ἐποίησας αὐτοὺς τῷ θεῷ ἡμῶν βασιλεῖς καὶ ἱερεῖς,²⁸ καὶ βασιλεύσουσιν²⁹ ἐπὶ τῆς γῆς. 11 Καὶ εἶδον, καὶ ἤκουσα ὡς φωνὴν ἀγγέλων πολλῶν κύκλῳ³⁰ τοῦ θρόνου καὶ τῶν ζῴων¹² καὶ τῶν πρεσβυτέρων· καὶ ἦν ὁ ἀριθμὸς³¹ αὐτῶν μυριάδες³² μυριάδων,³² καὶ χιλιάδες³³ χιλιάδων,³³ 12 λέγοντες φωνῇ μεγάλῃ, Ἄξιόν⁴ ἐστιν τὸ ἀρνίον¹³ τὸ ἐσφαγμένον³⁴ λαβεῖν τὴν δύναμιν καὶ τὸν πλοῦτον³⁵ καὶ σοφίαν καὶ ἰσχὺν³⁶ καὶ τιμὴν³⁷ καὶ δόξαν καὶ εὐλογίαν.³⁸ 13 Καὶ πᾶν κτίσμα³⁹ ὃ ἐν τῷ οὐρανῷ, καὶ ἐπὶ τῆς γῆς, καὶ ὑποκάτω¹ τῆς γῆς, καὶ ἐπὶ τῆς θαλάσσης ἐστίν, καὶ τὰ ἐν αὐτοῖς, πάντας ἤκουσα λέγοντας, Τῷ καθημένῳ ἐπὶ τοῦ θρόνου καὶ τῷ ἀρνίῳ¹³ ἡ εὐλογία³⁸ καὶ ἡ τιμὴ³⁷ καὶ ἡ δόξα καὶ τὸ κράτος⁴⁰ εἰς τοὺς αἰῶνας τῶν αἰώνων.

---

³ἔκλαιον: IAI-1S ⁵κλαῖε: PAM-2S ⁶ἐνίκησεν: AAI-3S ¹⁴ἐσφαγμένον: RPP-ASN ²⁰γεμούσας: PAP-APF
²³ἄδουσιν: PAI-3P ²⁶ἐσφάγης: 2API-2S ²⁷ἠγόρασας: AAI-2S ²⁹βασιλεύσουσιν: FAI-3P ³⁴ἐσφαγμένον: RPP-NSN

---

¹ὑποκάτω, [9] underneath, below, under. ²βιβλίον, ου, τό, [36] a papyrus roll. ³κλαίω, [40] I weep, weep for, mourn, lament. ⁴ἄξιος, ία, ιον, [41] worthy, worthy of, deserving, comparable, suitable. ⁵κλαίω, [40] I weep, weep for, mourn, lament. ⁶νικάω, [28] I conquer, am victorious, overcome, prevail, subdue. ⁷λέων, οντος, ὁ, [9] a lion. ⁸φυλή, ῆς, ἡ, [31] a tribe or race of people. ⁹ῥίζα, ης, ἡ, [17] a root, shoot, source; that which comes from the root, a descendent. ¹⁰σφραγίς, ῖδος, ἡ, [16] a seal, signet ring, the impression of a seal, that which the seal attests, the proof. ¹¹τέσσαρες, τέσσαρα, [41] four. ¹²ζῷον, ου, τό, [23] an animal, living creature. ¹³ἀρνίον, ου, τό, [31] (originally: a little lamb, but diminutive force was lost), a lamb. ¹⁴σφάζω, [10] I slay, kill by violence, slaughter, wound mortally. ¹⁵κέρας, ατος, τό, [11] (a) a horn, (b) a horn-like projection at the corner of an altar, (c) a horn as a symbol of power. ¹⁶εἴκοσι, [11] twenty. ¹⁷κιθάρα, ας, ἡ, [4] a harp, lyre. ¹⁸φιάλη, ης, ἡ, [12] a shallow and flat bowl. ¹⁹χρυσοῦς, ῆ, οῦν, [19] golden, made of gold, adorned with gold. ²⁰γέμω, [11] I am full of. ²¹θυμίαμα, ατος, τό, [6] incense. ²²προσευχή, ῆς, ἡ, [37] (a) prayer (to God), (b) a place for prayer (used by Jews, perhaps where there was no synagogue). ²³ἄδω, [5] I sing. ²⁴ᾠδή, ῆς, ἡ, [7] an ode, song, hymn. ²⁵καινός, ή, όν, [44] fresh, new, unused, novel. ²⁶σφάζω, [10] I slay, kill by violence, slaughter, wound mortally. ²⁷ἀγοράζω, [31] I buy. ²⁸ἱερεύς, έως, ὁ, [33] a priest, one who offers sacrifice to a god (in Jewish and pagan religions; of Christians only met.). ²⁹βασιλεύω, [21] (a) I rule, reign, (b) I reign over. ³⁰κύκλος, ου, ὁ, [8] a circle, ring. ³¹ἀριθμός, οῦ, ὁ, [19] a number, total. ³²μυριάς, άδος, ἡ, [9] a myriad, group of ten thousand, a ten thousand. ³³χιλιάς, άδος, ἡ, [23] a thousand, the number one thousand. ³⁴σφάζω, [10] I slay, kill by violence, slaughter, wound mortally. ³⁵πλοῦτος, ου, ὁ, [22] riches, wealth, abundance, materially or spiritually. ³⁶ἰσχύς, ύος, ἡ, [10] strength (absolutely), power, might, force, ability. ³⁷τιμή, ῆς, ἡ, [42] a price, honor. ³⁸εὐλογία, ας, ἡ, [16] adulation, praise, blessing, gift. ³⁹κτίσμα, ατος, τό, [4] a created thing, a creature. ⁴⁰κράτος, ους, τό, [12] dominion, strength, power; a mighty deed.

Ἀμήν. 14 Καὶ τὰ τέσσαρα¹ ζῷα² λέγοντα τὸ Ἀμήν. Καὶ οἱ πρεσβύτεροι ἔπεσον, καὶ προσεκύνησαν.

The Opening of Six Seals of the Scroll

6 Καὶ εἶδον ὅτι ἤνοιξεν τὸ ἀρνίον³ μίαν ἐκ τῶν ἑπτὰ σφραγίδων,⁴ καὶ ἤκουσα ἑνὸς ἐκ τῶν τεσσάρων¹ ζῴων² λέγοντος, ὡς φωνὴ βροντῆς,⁵ Ἔρχου καὶ ἴδε.⁶ 2 Καὶ ἰδού, ἵππος⁷ λευκός,⁸ καὶ ὁ καθήμενος ἐπ᾽ αὐτὸν ἔχων τόξον·⁹ καὶ ἐδόθη αὐτῷ στέφανος,¹⁰ καὶ ἐξῆλθεν νικῶν,¹¹ καὶ ἵνα νικήσῃ.¹²

3 Καὶ ὅτε ἤνοιξεν τὴν δευτέραν¹³ σφραγῖδα,⁴ ἤκουσα τοῦ δευτέρου¹³ ζῴου² λέγοντος, Ἔρχου. 4 Καὶ ἐξῆλθεν ἄλλος ἵππος⁷ πυρός· καὶ τῷ καθημένῳ ἐπ᾽ αὐτὸν ἐδόθη αὐτῷ λαβεῖν τὴν εἰρήνην ἐκ τῆς γῆς, ἵνα ἀλλήλους σφάξωσιν·¹⁴ καὶ ἐδόθη αὐτῷ μάχαιρα¹⁵ μεγάλη.

5 Καὶ ὅτε ἤνοιξεν τὴν σφραγῖδα⁴ τὴν τρίτην, ἤκουσα τοῦ τρίτου ζῴου² λέγοντος, Ἔρχου καὶ ἴδε.¹⁶ Καὶ ἰδού, ἵππος⁷ μέλας,¹⁷ καὶ ὁ καθήμενος ἐπ᾽ αὐτὸν ἔχων ζυγὸν¹⁸ ἐν τῇ χειρὶ αὐτοῦ. 6 Καὶ ἤκουσα φωνὴν ἐν μέσῳ τῶν τεσσάρων¹ ζῴων² λέγουσαν, Χοῖνιξ¹⁹ σίτου²⁰ δηναρίου,²¹ καὶ τρεῖς χοίνικες¹⁹ κριθῆς²² δηναρίου·²¹ καὶ τὸ ἔλαιον²³ καὶ τὸν οἶνον²⁴ μὴ ἀδικήσῃς.²⁵

7 Καὶ ὅτε ἤνοιξεν τὴν σφραγῖδα⁴ τὴν τετάρτην,²⁶ ἤκουσα τοῦ τετάρτου²⁶ ζῴου² λέγοντος, Ἔρχου καὶ ἴδε.²⁷ 8 Καὶ ἰδού, ἵππος⁷ χλωρός,²⁸ καὶ ὁ καθήμενος ἐπάνω²⁹ αὐτοῦ, ὄνομα αὐτῷ ὁ Θάνατος, καὶ ὁ Ἅδης³⁰ ἠκολούθει αὐτῷ. Καὶ ἐδόθη αὐτῷ ἐξουσία ἐπὶ τὸ τέταρτον²⁶ τῆς γῆς ἀποκτεῖναι ἐν ῥομφαίᾳ³¹ καὶ ἐν λιμῷ³² καὶ ἐν θανάτῳ, καὶ ὑπὸ τῶν θηρίων³³ τῆς γῆς.

9 Καὶ ὅτε ἤνοιξεν τὴν πέμπτην³⁴ σφραγῖδα,⁴ εἶδον ὑποκάτω³⁵ τοῦ θυσιαστηρίου³⁶ τὰς ψυχὰς τῶν ἐσφαγμένων³⁷ διὰ τὸν λόγον τοῦ θεοῦ, καὶ διὰ τὴν μαρτυρίαν³⁸ τοῦ ἀρνίου³ ἣν εἶχον, 10 καὶ ἔκραξαν φωνῇ μεγάλῃ, λέγοντες, Ἕως πότε,³⁹ ὁ δεσπότης,⁴⁰ ὁ ἅγιος καὶ

---

⁶ἴδε: 2AAM-2S   ¹¹νικῶν: PAP-NSM   ¹²νικήσῃ: AAS-3S   ¹⁴σφάξωσιν: AAS-3P   ¹⁶ἴδε: 2AAM-2S   ²⁵ἀδικήσῃς: AAS-2S   ²⁷ἴδε: 2AAM-2S   ³⁷ἐσφαγμένων: RPP-GPM

---

¹τέσσαρες, τέσσαρα, [41] four.   ²ζῷον, ου, τό, [23] an animal, living creature.   ³ἀρνίον, ου, τό, [31] (originally: a little lamb, but diminutive force was lost), a lamb.   ⁴σφραγίς, ῖδος, ἡ, [16] a seal, signet ring, the impression of a seal, that which the seal attests, the proof.   ⁵βροντή, ῆς, ἡ, [12] thunder.   ⁶ἴδε, [35] See! Lo! Behold! Look!   ⁷ἵππος, ου, ὁ, [18] a horse.   ⁸λευκός, ή, όν, [25] white, bright, brilliant.   ⁹τόξον, ου, τό, [1] a bow.   ¹⁰στέφανος, ου, ὁ, [18] a crown, garland, honor, glory.   ¹¹νικάω, [28] I conquer, am victorious, overcome, prevail, subdue.   ¹²νικάω, [28] I conquer, am victorious, overcome, prevail, subdue.   ¹³δεύτερος, α, ον, [44] second; with the article: in the second place, for the second time.   ¹⁴σφάζω, [10] I slay, kill by violence, slaughter, wound mortally.   ¹⁵μάχαιρα, ας, ἡ, [29] a sword.   ¹⁶ἴδε, [35] See! Lo! Behold! Look!   ¹⁷μέλας, αινα, αν, [3] black.   ¹⁸ζυγός, οῦ, ὁ, [6] a yoke; hence met: (a Jewish idea) of a heavy burden, comparable to the heavy yokes resting on the bullocks' necks; a balance, pair of scales.   ¹⁹χοῖνιξ, ικος, ἡ, [2] a Greek dry measure, equivalent to 1.92 pints.   ²⁰σῖτος, ου, ὁ, [14] wheat, grain.   ²¹δηνάριον, ου, τό, [16] a denarius, a small Roman silver coin.   ²²κριθή, ῆς, ἡ, [1] barley.   ²³ἔλαιον, ου, τό, [11] olive oil, oil.   ²⁴οἶνος, ου, ὁ, [33] wine.   ²⁵ἀδικέω, [27] I act unjustly towards, injure, harm.   ²⁶τέταρτος, η, ον, [10] fourth.   ²⁷ἴδε, [35] See! Lo! Behold! Look!   ²⁸χλωρός, ά, όν, [4] green, pale green.   ²⁹ἐπάνω, [20] (a) adv: on the top, above, (b) prep: on the top of, above, over, on, above, more than, superior to.   ³⁰Ἅιδης, ου, ὁ, [11] Hades, the unseen world.   ³¹ῥομφαία, ας, ἡ, [7] a sword, scimitar; fig: war, piercing grief.   ³²λιμός, οῦ, ὁ, ἡ, [12] a famine, hunger.   ³³θηρίον, ου, τό, [46] properly: a wild beast, hence: any animal; met: a brute.   ³⁴πέμπτος, η, ον, [4] the fifth.   ³⁵ὑποκάτω, [9] underneath, below, under.   ³⁶θυσιαστήριον, ου, τό, [23] an altar (for sacrifice).   ³⁷σφάζω, [10] I slay, kill by violence, slaughter, wound mortally.   ³⁸μαρτυρία, ας, ἡ, [37] witness, evidence, testimony, reputation.   ³⁹πότε, [19] when, at what time.   ⁴⁰δεσπότης, ου, ὁ, [10] a lord, master, or prince.

ἀληθινός, [1] οὐ κρίνεις καὶ ἐκδικεῖς [2] τὸ αἷμα ἡμῶν ἐκ τῶν κατοικούντων [3] ἐπὶ τῆς γῆς; 11 Καὶ ἐδόθη αὐτοῖς ἑκάστῳ στολὴ [4] λευκή, [5] καὶ ἐρρέθη αὐτοῖς ἵνα ἀναπαύσωνται [6] ἔτι χρόνον, ἕως πληρώσωσιν καὶ οἱ σύνδουλοι [7] αὐτῶν καὶ οἱ ἀδελφοὶ αὐτῶν καὶ οἱ μέλλοντες ἀποκτένεσθαι ὡς καὶ αὐτοί.

12 Καὶ εἶδον ὅτε ἤνοιξεν τὴν σφραγῖδα [8] τὴν ἕκτην, [9] καὶ σεισμὸς [10] μέγας ἐγένετο, καὶ ὁ ἥλιος [11] μέλας [12] ἐγένετο ὡς σάκκος [13] τρίχινος, [14] καὶ ἡ σελήνη [15] ὅλη ἐγένετο ὡς αἷμα, 13 καὶ οἱ ἀστέρες [16] τοῦ οὐρανοῦ ἔπεσον εἰς τὴν γῆν, ὡς συκῆ [17] βαλοῦσα τοὺς ὀλύνθους [18] αὐτῆς, ὑπὸ ἀνέμου [19] μεγάλου σειομένη. [20] 14 Καὶ ὁ οὐρανὸς ἀπεχωρίσθη [21] ὡς βιβλίον [22] ἑλισσόμενον, [23] καὶ πᾶν ὄρος καὶ νῆσος [24] ἐκ τῶν τόπων αὐτῶν ἐκινήθησαν. [25] 15 Καὶ οἱ βασιλεῖς τῆς γῆς, καὶ οἱ μεγιστᾶνες, [26] καὶ οἱ χιλίαρχοι, [27] καὶ οἱ πλούσιοι, [28] καὶ οἱ ἰσχυροί, [29] καὶ πᾶς δοῦλος καὶ ἐλεύθερος, [30] ἔκρυψαν [31] ἑαυτοὺς εἰς τὰ σπήλαια [32] καὶ εἰς τὰς πέτρας [33] τῶν ὀρέων, 16 καὶ λέγουσιν τοῖς ὄρεσιν καὶ ταῖς πέτραις, [33] Πέσετε ἐφ᾽ ἡμᾶς, καὶ κρύψατε [34] ἡμᾶς ἀπὸ προσώπου τοῦ καθημένου ἐπὶ τοῦ θρόνου, καὶ ἀπὸ τῆς ὀργῆς [35] τοῦ ἀρνίου· [36] 17 ὅτι ἦλθεν ἡ ἡμέρα ἡ μεγάλη τῆς ὀργῆς [35] αὐτοῦ, καὶ τίς δύναται σταθῆναι;

The Comfort of the Church in Spiritual Afflictions

7 Καὶ μετὰ τοῦτο εἶδον τέσσαρας [37] ἀγγέλους ἑστῶτας ἐπὶ τὰς τέσσαρας [37] γωνίας [38] τῆς γῆς, κρατοῦντας [39] τοὺς τέσσαρας [37] ἀνέμους [19] τῆς γῆς, ἵνα μὴ πνέῃ [40] ἄνεμος [19] ἐπὶ τῆς γῆς, μήτε [41] ἐπὶ τῆς θαλάσσης, μήτε [41] ἐπί τι δένδρον. [42] 2 Καὶ εἶδον ἄλλον ἄγγελον

---

[2] ἐκδικεῖς: PAI-2S [3] κατοικούντων: PAP-GPM [6] ἀναπαύσωνται: AMS-3P [20] σειομένη: PPP-NSF [21] ἀπεχωρίσθη: API-3S [23] ἑλισσόμενον: PPP-NSN [25] ἐκινήθησαν: API-3P [31] ἔκρυψαν: AAI-3P [34] κρύψατε: AAM-2P [39] κρατοῦντας: PAP-APM [40] πνέῃ: PAS-3S

---

[1] ἀληθινός, η, ον, [27] true (lit: made of truth), real, genuine. [2] ἐκδικέω, [6] I give justice over, defend, avenge, vindicate. [3] κατοικέω, [45] I dwell in, settle in, am established in (permanently), inhabit. [4] στολή, ῆς, ἡ, [8] a long robe, worn by the upper classes in the East. [5] λευκός, ή, όν, [25] white, bright, brilliant. [6] ἀναπαύω, [12] I make to rest, give rest to; mid. and pass: I rest, take my ease. [7] σύνδουλος, ου, ὁ, [10] a fellow slave, fellow servant; of Christians: a fellow worker, colleague. [8] σφραγίς, ῖδος, ἡ, [16] a seal, signet ring, the impression of a seal, that which the seal attests, the proof. [9] ἕκτος, η, ον, [14] sixth. [10] σεισμός, οῦ, ὁ, [13] a shaking (as an earthquake); a storm. [11] ἥλιος, ου, ὁ, [32] the sun, sunlight. [12] μέλας, αινα, αν, [3] black. [13] σάκκος, ου, ὁ, [4] sack-cloth, a sign of mourning. [14] τρίχινος, η, ον, [1] made of hair. [15] σελήνη, ης, ἡ, [9] the moon. [16] ἀστήρ, έρος, ὁ, [24] a star. [17] συκῆ, ῆς, ἡ, [16] a fig-tree. [18] ὄλυνθος, ου, ὁ, [1] an unripe fig, one which, not ripening in due time, grows through the winter and falls off in the spring. [19] ἄνεμος, ου, ὁ, [31] the wind; fig: applied to empty doctrines. [20] σείω, [5] I shake; fig: I agitate, stir up. [21] ἀποχωρίζω, [2] I separate from; mid: I part; pass: I am swept aside. [22] βιβλίον, ου, τό, [36] a papyrus roll. [23] ἑλίσσω, [2] I roll, roll up, fold up. [24] νῆσος, ου, ἡ, [9] an island. [25] κινέω, [8] I set in motion, move, remove, excite, stir up. [26] μεγιστάν, ᾶνος, ὁ, [3] a great one, a lord; a courtier, satrap, nobleman. [27] χιλίαρχος, ου, ὁ, [21] a commander of a thousand men, a military tribune. [28] πλούσιος, α, ον, [28] rich, abounding in, wealthy; subst: a rich man. [29] ἰσχυρός, ά, όν, [29] strong (originally and generally of physical strength); mighty, powerful, vehement, sure. [30] ἐλεύθερος, έρα, ερον, [23] free, delivered from obligation. [31] κρύπτω, [17] I hide, conceal, lay up. [32] σπήλαιον, ου, τό, [6] a cave, den, hideout. [33] πέτρα, ας, ἡ, [16] a rock, ledge, cliff, cave, stony ground. [34] κρύπτω, [17] I hide, conceal, lay up. [35] ὀργή, ῆς, ἡ, [36] anger, wrath, passion; punishment, vengeance. [36] ἀρνίον, ου, τό, [31] (originally: a little lamb, but diminutive force was lost), a lamb. [37] τέσσαρες, τέσσαρα, [41] four. [38] γωνία, ας, ἡ, [9] a corner; met: a secret place. [39] κρατέω, [47] I am strong, mighty, hence: I rule, am master, prevail; I obtain, take hold of; I hold, hold fast. [40] πνέω, [7] I blow, breathe, as the wind. [41] μήτε, [36] nor, neither, not even, neither … nor. [42] δένδρον, ου, τό, [26] a tree.

ἀναβαίνοντα ἀπὸ ἀνατολῆς¹ ἡλίου,² ἔχοντα σφραγῖδα³ θεοῦ ζῶντος· καὶ ἔκραξεν φωνῇ μεγάλῃ τοῖς τέσσαρσιν⁴ ἀγγέλοις, οἷς ἐδόθη αὐτοῖς ἀδικῆσαι⁵ τὴν γῆν καὶ τὴν θάλασσαν, **3** λέγων, Μὴ ἀδικήσητε⁶ τὴν γῆν, μήτε⁷ τὴν θάλασσαν, μήτε⁷ τὰ δένδρα,⁸ ἄχρι οὗ σφραγίσωμεν⁹ τοὺς δούλους τοῦ θεοῦ ἡμῶν ἐπὶ τῶν μετώπων¹⁰ αὐτῶν. **4** Καὶ ἤκουσα τὸν ἀριθμὸν¹¹ τῶν ἐσφραγισμένων,¹² ἑκατὸν¹³ καὶ τεσσαράκοντα¹⁴ τέσσαρες⁴ χιλιάδες,¹⁵ ἐσφραγισμένων¹⁶ ἐκ πάσης φυλῆς¹⁷ υἱῶν Ἰσραήλ.

     5 Ἐκ φυλῆς¹⁷ Ἰούδα, δώδεκα χιλιάδες¹⁵ ἐσφραγισμέναι·¹⁸

     ἐκ φυλῆς¹⁷ Ῥουβίμ, δώδεκα χιλιάδες·¹⁵

     ἐκ φυλῆς¹⁷ Γάδ, δώδεκα χιλιάδες·¹⁵

     6 ἐκ φυλῆς¹⁷ Ἀσήρ, δώδεκα χιλιάδες·¹⁵

     ἐκ φυλῆς¹⁷ Νεφθαλείμ, δώδεκα χιλιάδες·¹⁵

     ἐκ φυλῆς¹⁷ Μανασσῆ, δώδεκα χιλιάδες·¹⁵

     7 ἐκ φυλῆς¹⁷ Συμεών, δώδεκα χιλιάδες·¹⁵

     ἐκ φυλῆς¹⁷ Λευί, δώδεκα χιλιάδες·¹⁵

     ἐκ φυλῆς¹⁷ Ἰσαχάρ, δώδεκα χιλιάδες·¹⁵

     8 ἐκ φυλῆς¹⁷ Ζαβουλών, δώδεκα χιλιάδες·¹⁵

     ἐκ φυλῆς¹⁷ Ἰωσήφ, δώδεκα χιλιάδες·¹⁵

     ἐκ φυλῆς¹⁷ Βενιαμίν, δώδεκα χιλιάδες¹⁵ ἐσφραγισμέναι.¹⁹

     9 Μετὰ ταῦτα εἶδον, καὶ ἰδού, ὄχλος πολύς, ὃν ἀριθμῆσαι²⁰ οὐδεὶς ἐδύνατο, ἐκ παντὸς ἔθνους καὶ φυλῶν¹⁷ καὶ λαῶν καὶ γλωσσῶν, ἑστῶτας ἐνώπιον τοῦ θρόνου καὶ ἐνώπιον τοῦ ἀρνίου,²¹ περιβεβλημένους²² στολὰς²³ λευκάς,²⁴ καὶ φοίνικας²⁵ ἐν ταῖς χερσὶν αὐτῶν· **10** καὶ κράζουσιν φωνῇ μεγάλῃ, λέγοντες, Ἡ σωτηρία²⁶ τῷ θεῷ ἡμῶν τῷ καθημένῳ ἐπὶ τῷ θρόνῳ, καὶ τῷ ἀρνίῳ.²¹ **11** Καὶ πάντες οἱ ἄγγελοι εἱστήκεισαν κύκλῳ²⁷ τοῦ θρόνου καὶ τῶν πρεσβυτέρων καὶ τῶν τεσσάρων⁴ ζῴων,²⁸ καὶ ἔπεσον ἐνώπιον τοῦ θρόνου ἐπὶ τὰ πρόσωπα αὐτῶν, καὶ προσεκύνησαν τῷ θεῷ, **12** λέγοντες, Ἀμήν· ἡ εὐλογία²⁹ καὶ ἡ δόξα καὶ ἡ σοφία καὶ ἡ εὐχαριστία³⁰ καὶ ἡ τιμὴ³¹ καὶ ἡ δύναμις καὶ ἡ ἰσχὺς³² τῷ θεῷ ἡμῶν εἰς τοὺς αἰῶνας τῶν αἰώνων. Ἀμήν.

---

⁵ἀδικῆσαι: *AAN*   ⁶ἀδικήσητε: *AAS-2P*   ⁹σφραγίσωμεν: *AAS-1P*   ¹²ἐσφραγισμένων: *RPP-GPM* ¹⁶ἐσφραγισμένων: *RPP-GPM*   ¹⁸ἐσφραγισμέναι: *RPP-NPF*   ¹⁹ἐσφραγισμέναι: *RPP-NPF*   ²⁰ἀριθμῆσαι: *AAN* ²²περιβεβλημένους: *RPP-APM*

---

¹ἀνατολή, ῆς, ἡ, [10] (a) rising of the sun, hence (b) (sing. and plur.) the quarter whence the sun rises, the East. ²ἥλιος, ου, ὁ, [32] the sun, sunlight.   ³σφραγίς, ῖδος, ἡ, [16] a seal, signet ring, the impression of a seal, that which the seal attests, the proof.   ⁴τέσσαρες, τέσσαρα, [41] four.   ⁵ἀδικέω, [27] I act unjustly towards, injure, harm.   ⁶ἀδικέω, [27] I act unjustly towards, injure, harm.   ⁷μήτε, [36] nor, neither, not even, neither...nor. ⁸δένδρον, ου, τό, [26] a tree.   ⁹σφραγίζω, [15] I seal, set a seal upon.   ¹⁰μέτωπον, ου, τό, [8] the forehead, front. ¹¹ἀριθμός, οῦ, ὁ, [19] a number, total.   ¹²σφραγίζω, [15] I seal, set a seal upon.   ¹³ἑκατόν, [17] one hundred. ¹⁴τεσσαράκοντα, [22] forty.   ¹⁵χιλιάς, άδος, ἡ, [23] a thousand, the number one thousand.   ¹⁶σφραγίζω, [15] I seal, set a seal upon.   ¹⁷φυλή, ῆς, ἡ, [31] a tribe or race of people.   ¹⁸σφραγίζω, [15] I seal, set a seal upon. ¹⁹σφραγίζω, [15] I seal, set a seal upon.   ²⁰ἀριθμέω, [3] I number, count.   ²¹ἀρνίον, ου, τό, [31] (originally: a little lamb, but diminutive force was lost), a lamb.   ²²περιβάλλω, [24] I cast around, wrap a garment about, put on; hence mid: I put on to myself, clothe myself, dress; I draw (a line).   ²³στολή, ῆς, ἡ, [8] a long robe, worn by the upper classes in the East.   ²⁴λευκός, ή, όν, [25] white, bright, brilliant.   ²⁵φοίνιξ, ικος, ὁ, [2] a palm tree, the date-palm.   ²⁶σωτηρία, ας, ἡ, [46] welfare, prosperity, deliverance, preservation, salvation, safety.   ²⁷κύκλος, ου, ὁ, [8] a circle, ring.   ²⁸ζῷον, ου, τό, [23] an animal, living creature.   ²⁹εὐλογία, ας, ἡ, [16] adulation, praise, blessing, gift.   ³⁰εὐχαριστία, ας, ἡ, [15] thankfulness, gratitude; giving of thanks, thanksgiving.   ³¹τιμή, ῆς, ἡ, [42] a price, honor.   ³²ἰσχύς, ύος, ἡ, [10] strength (absolutely), power, might, force, ability.

13 Καὶ ἀπεκρίθη εἷς ἐκ τῶν πρεσβυτέρων, λέγων μοι, Οὗτοι οἱ περιβεβλημένοι¹ τὰς στολὰς² τὰς λευκάς,³ τίνες εἰσίν, καὶ πόθεν⁴ ἦλθον; 14 Καὶ εἶπον αὐτῷ, Κύριέ μου, σὺ οἶδας. Καὶ εἶπέν μοι, Οὗτοί εἰσιν οἱ ἐρχόμενοι ἐκ τῆς θλίψεως⁵ τῆς μεγάλης, καὶ ἔπλυναν⁶ τὰς στολὰς² αὐτῶν, καὶ ἐλεύκαναν⁷ ἐν τῷ αἵματι τοῦ ἀρνίου.⁸ 15 Διὰ τοῦτό εἰσιν ἐνώπιον τοῦ θρόνου τοῦ θεοῦ, καὶ λατρεύουσιν⁹ αὐτῷ ἡμέρας καὶ νυκτὸς ἐν τῷ ναῷ¹⁰ αὐτοῦ· καὶ ὁ καθήμενος ἐπὶ τῷ θρόνῳ σκηνώσει¹¹ ἐπ᾽ αὐτούς. 16 Οὐ πεινάσουσιν¹² ἔτι, οὐδὲ διψήσουσιν¹³ ἔτι, οὐδ᾽ οὐ μὴ πέσῃ ἐπ᾽ αὐτοὺς ὁ ἥλιος,¹⁴ οὐδὲ πᾶν καῦμα·¹⁵ 17 ὅτι τὸ ἀρνίον⁸ τὸ ἀνὰ¹⁶ μέσον τοῦ θρόνου ποιμαίνει¹⁷ αὐτούς, καὶ ὁδηγεῖ¹⁸ αὐτοὺς ἐπὶ ζωῆς πηγὰς¹⁹ ὑδάτων, καὶ ἐξαλείψει²⁰ ὁ θεὸς πᾶν δάκρυον²¹ ἐκ τῶν ὀφθαλμῶν αὐτῶν.

The Third Vision and the Opening of the Seventh Seal

8 Καὶ ὅτε ἤνοιξεν τὴν σφραγῖδα²² τὴν ἑβδόμην,²³ ἐγένετο σιγὴ²⁴ ἐν τῷ οὐρανῷ ὡς ἡμιώριον.²⁵ 2 Καὶ εἶδον τοὺς ἑπτὰ ἀγγέλους οἳ ἐνώπιον τοῦ θεοῦ ἑστήκασιν, καὶ ἐδόθησαν αὐτοῖς ἑπτὰ σάλπιγγες.²⁶

3 Καὶ ἄλλος ἄγγελος ἦλθεν, καὶ ἐστάθη ἐπὶ τοῦ θυσιαστηρίου,²⁷ ἔχων λιβανωτὸν²⁸ χρυσοῦν·²⁹ καὶ ἐδόθη αὐτῷ θυμιάματα³⁰ πολλά, ἵνα δώσῃ ταῖς προσευχαῖς³¹ τῶν ἁγίων πάντων ἐπὶ τὸ θυσιαστήριον²⁷ τὸ χρυσοῦν²⁹ τὸ ἐνώπιον τοῦ θρόνου. 4 Καὶ ἀνέβη ὁ καπνὸς³² τῶν θυμιαμάτων³⁰ ταῖς προσευχαῖς³¹ τῶν ἁγίων ἐκ χειρὸς τοῦ ἀγγέλου ἐνώπιον τοῦ θεοῦ. 5 Καὶ εἴληφεν ὁ ἄγγελος τὸν λιβανωτόν,²⁸ καὶ ἐγέμισεν³³ αὐτὸν ἐκ τοῦ πυρὸς τοῦ θυσιαστηρίου,²⁷ καὶ ἔβαλεν εἰς τὴν γῆν· καὶ ἐγένοντο βρονταὶ³⁴ καὶ φωναὶ καὶ ἀστραπαὶ³⁵ καὶ σεισμός.³⁶

6 Καὶ οἱ ἑπτὰ ἄγγελοι οἱ ἔχοντες τὰς ἑπτὰ σάλπιγγας²⁶ ἡτοίμασαν³⁷ ἑαυτοὺς ἵνα σαλπίσωσιν.³⁸

---

¹περιβεβλημένοι: RPP-NPM ⁶ἔπλυναν: AAI-3P ⁷ἐλεύκαναν: AAI-3P ⁹λατρεύουσιν: PAI-3P ¹¹σκηνώσει: FAI-3S ¹²πεινάσουσιν: FAI-3P ¹³διψήσουσιν: FAI-3P ¹⁷ποιμαίνει: PAI-3S ¹⁸ὁδηγεῖ: PAI-3S ²⁰ἐξαλείψει: FAI-3S ³³ἐγέμισεν: AAI-3S ³⁷ἡτοίμασαν: AAI-3P ³⁸σαλπίσωσιν: AAS-3P

---

¹περιβάλλω, [24] I cast around, wrap a garment about, put on; hence mid: I put on to myself, clothe myself, dress; I draw (a line). ²στολή, ῆς, ἡ, [8] a long robe, worn by the upper classes in the East. ³λευκός, ή, όν, [25] white, bright, brilliant. ⁴πόθεν, [28] whence, from what place. ⁵θλῖψις, εως, ἡ, [45] persecution, affliction, distress, tribulation. ⁶πλύνω, [1] I wash. ⁷λευκαίνω, [2] I whiten, make white. ⁸ἀρνίον, ου, τό, [31] (originally: a little lamb, but diminutive force was lost), a lamb. ⁹λατρεύω, [21] I serve, especially God, perhaps simply: I worship. ¹⁰ναός, οῦ, ὁ, [46] a temple, a shrine, that part of the temple where God himself resides. ¹¹σκηνόω, [5] I dwell as in a tent, encamp, have my tabernacle. ¹²πεινάω, [23] I am hungry, needy, desire earnestly. ¹³διψάω, [16] I thirst for, desire earnestly. ¹⁴ἥλιος, ου, ὁ, [32] the sun, sunlight. ¹⁵καῦμα, ατος, τό, [2] burning heat, heat. ¹⁶ἀνά, [15] prep. Rare in NT; prop: upwards, up; among, between; in turn; apiece, by; as a prefix: up, to, anew, back. ¹⁷ποιμαίνω, [11] I shepherd, tend, herd; hence: I rule, govern. ¹⁸ὁδηγέω, [5] I lead, guide; met: I instruct, teach. ¹⁹πηγή, ῆς, ἡ, [12] a fountain, spring, well, issue, flow. ²⁰ἐξαλείφω, [5] I plaster, wash over; I wipe off, wipe out, obliterate. ²¹δάκρυον, ου, τό, [11] a tear. ²²σφραγίς, ῖδος, ἡ, [16] a seal, signet ring, the impression of a seal, that which the seal attests, the proof. ²³ἕβδομος, η, ον, [9] seventh. ²⁴σιγή, ῆς, ἡ, [2] silence. ²⁵ἡμιώριον, ου, τό, [1] half an hour. ²⁶σάλπιγξ, ιγγος, ἡ, [11] a trumpet, the sound of a trumpet. ²⁷θυσιαστήριον, ου, τό, [23] an altar (for sacrifice). ²⁸λιβανωτός, οῦ, ὁ, [2] a censer. ²⁹χρυσοῦς, ῆ, οῦν, [19] golden, made of gold, adorned with gold. ³⁰θυμίαμα, ατος, τό, [6] incense. ³¹προσευχή, ῆς, ἡ, [37] (a) prayer (to God), (b) a place for prayer (used by Jews, perhaps where there was no synagogue). ³²καπνός, οῦ, ὁ, [13] smoke. ³³γεμίζω, [9] I fill, load. ³⁴βροντή, ῆς, ἡ, [12] thunder. ³⁵ἀστραπή, ῆς, ἡ, [9] a flash of lightning, brightness, luster. ³⁶σεισμός, οῦ, ὁ, [13] a shaking (as an earthquake); a storm. ³⁷ἑτοιμάζω, [40] I make ready, prepare. ³⁸σαλπίζω, [12] I sound a trumpet.

7 Καὶ ὁ πρῶτος ἐσάλπισεν,¹ καὶ ἐγένετο χάλαζα² καὶ πῦρ μεμιγμένα³ ἐν αἵματι, καὶ ἐβλήθη εἰς τὴν γῆν· καὶ τὸ τρίτον τῆς γῆς κατεκάη,⁴ καὶ τὸ τρίτον τῶν δένδρων⁵ κατεκάη,⁶ καὶ πᾶς χόρτος⁷ χλωρὸς⁸ κατεκάη. ⁹

8 Καὶ ὁ δεύτερος¹⁰ ἄγγελος ἐσάλπισεν,¹¹ καὶ ὡς ὄρος μέγα καιόμενον¹² ἐβλήθη εἰς τὴν θάλασσαν· καὶ ἐγένετο τὸ τρίτον τῆς θαλάσσης αἷμα· **9** καὶ ἀπέθανεν τὸ τρίτον τῶν κτισμάτων¹³ ἐν τῇ θαλάσσῃ, τὰ ἔχοντα ψυχάς, καὶ τὸ τρίτον τῶν πλοίων διεφθάρη. ¹⁴

10 Καὶ ὁ τρίτος ἄγγελος ἐσάλπισεν,¹⁵ καὶ ἔπεσεν ἐκ τοῦ οὐρανοῦ ἀστὴρ¹⁶ μέγας καιόμενος¹⁷ ὡς λαμπάς,¹⁸ καὶ ἔπεσεν ἐπὶ τὸ τρίτον τῶν ποταμῶν,¹⁹ καὶ ἐπὶ τὰς πηγὰς²⁰ τῶν ὑδάτων. **11** Καὶ τὸ ὄνομα τοῦ ἀστέρος¹⁶ λέγεται ὁ Ἄψινθος·²¹ καὶ ἐγένετο τὸ τρίτον τῶν ὑδάτων εἰς ἄψινθον,²¹ καὶ πολλοὶ τῶν ἀνθρώπων ἀπέθανον ἐκ τῶν ὑδάτων, ὅτι ἐπικράνθησαν.²²

12 Καὶ ὁ τέταρτος²³ ἄγγελος ἐσάλπισεν,²⁴ καὶ ἐπλήγη²⁵ τὸ τρίτον τοῦ ἡλίου²⁶ καὶ τὸ τρίτον τῆς σελήνης²⁷ καὶ τὸ τρίτον τῶν ἀστέρων,¹⁶ ἵνα σκοτισθῇ²⁸ τὸ τρίτον αὐτῶν, καὶ τὸ τρίτον αὐτῆς μὴ φάνῃ²⁹ ἡ ἡμέρα, καὶ ἡ νὺξ ὁμοίως.³⁰

13 Καὶ εἶδον, καὶ ἤκουσα ἑνὸς ἀετοῦ³¹ πετομένου³² ἐν μεσουρανήματι,³³ λέγοντος φωνῇ μεγάλῃ, Οὐαί,³⁴ οὐαί,³⁴ οὐαὶ³⁴ τοῖς κατοικοῦσιν³⁵ ἐπὶ τῆς γῆς, ἐκ τῶν λοιπῶν³⁶ φωνῶν τῆς σάλπιγγος³⁷ τῶν τριῶν ἀγγέλων τῶν μελλόντων σαλπίζειν.³⁸

The Sounding or the Fifth and Sixth Trumpets

9 Καὶ ὁ πέμπτος³⁹ ἄγγελος ἐσάλπισεν,⁴⁰ καὶ εἶδον ἀστέρα¹⁶ ἐκ τοῦ οὐρανοῦ πεπτωκότα εἰς τὴν γῆν, καὶ ἐδόθη αὐτῷ ἡ κλεὶς⁴¹ τοῦ φρέατος⁴² τῆς ἀβύσσου.⁴³ **2** Καὶ ἤνοιξεν τὸ φρέαρ⁴² τῆς ἀβύσσου,⁴³ καὶ ἀνέβη καπνὸς⁴⁴ ἐκ τοῦ φρέατος⁴² ὡς καπνὸς⁴⁴ καμίνου⁴⁵

---

¹ἐσάλπισεν: AAI-3S   ³μεμιγμένα: RPP-NPN   ⁴κατεκάη: 2API-3S   ⁶κατεκάη: 2API-3S   ⁹κατεκάη: 2API-3S
¹¹ἐσάλπισεν: AAI-3S   ¹²καιόμενον: PPP-NSN   ¹⁴διεφθάρη: 2API-3S   ¹⁵ἐσάλπισεν: AAI-3S   ¹⁷καιόμενος: PPP-NSM
²²ἐπικράνθησαν: API-3P   ²⁴ἐσάλπισεν: AAI-3S   ²⁵ἐπλήγη: 2API-3S   ²⁸σκοτισθῇ: APS-3S   ²⁹φάνῃ: 2AAS-3S
³²πετομένου: PNP-GSM   ³⁵κατοικοῦσιν: PAP-DPM   ³⁸σαλπίζειν: PAN   ⁴⁰ἐσάλπισεν: AAI-3S

---

¹σαλπίζω, [12] I sound a trumpet.   ²χάλαζα, ης, ἡ, [4] hail.   ³μίγνυμι, [4] I mix, mingle.   ⁴κατακαίω, [12] I burn up, consume entirely.   ⁵δένδρον, ου, τό, [26] a tree.   ⁶κατακαίω, [12] I burn up, consume entirely. ⁷χόρτος, ου, ὁ, [15] grass, herbage, growing grain, hay.   ⁸χλωρός, ά, όν, [4] green, pale green.   ⁹κατακαίω, [12] I burn up, consume entirely.   ¹⁰δεύτερος, α, ον, [44] second; with the article: in the second place, for the second time.   ¹¹σαλπίζω, [12] I sound a trumpet.   ¹²καίω, [14] I ignite, light, burn, lit. and met; I consume with fire.   ¹³κτίσμα, ατος, τό, [4] a created thing, a creature.   ¹⁴διαφθείρω, [7] I destroy, waste; hence met: I corrupt. ¹⁵σαλπίζω, [12] I sound a trumpet.   ¹⁶ἀστήρ, έρος, ὁ, [24] a star.   ¹⁷καίω, [14] I ignite, light, burn, lit. and met; I consume with fire.   ¹⁸λαμπάς, άδος, ἡ, [9] a torch, lamp, lantern.   ¹⁹ποταμός, οῦ, ὁ, [16] a river, torrent, stream. ²⁰πηγή, ῆς, ἡ, [12] a fountain, spring, well, issue, flow.   ²¹ἄψινθος, οῦ, ὁ, [2] wormwood.   ²²πικραίνω, [4] I make bitter, embitter; pass: I grow angry or harsh.   ²³τέταρτος, η, ον, [10] fourth.   ²⁴σαλπίζω, [12] I sound a trumpet.   ²⁵πλήσσω, [1] I strike, smite.   ²⁶ἥλιος, ου, ὁ, [32] the sun, sunlight.   ²⁷σελήνη, ης, ἡ, [9] the moon. ²⁸σκοτίζω, [8] I darken.   ²⁹φαίνω, [31] (a) act: I shine, shed light, (b) pass: I shine, become visible, appear, (c) I become clear, appear, seem, show myself as.   ³⁰ὁμοίως, [32] in like manner, similarly, in the same way, equally. ³¹ἀετός, οῦ, ὁ, [5] an eagle, bird of prey.   ³²πέτομαι, [5] I fly.   ³³μεσουράνημα, ατος, τό, [3] mid-heaven, the middle of heaven, the zenith.   ³⁴οὐαί, [47] woe!, alas!, uttered in grief or denunciation.   ³⁵κατοικέω, [45] I dwell in, settle in, am established in (permanently), inhabit.   ³⁶λοιπός, ή, όν, [42] left, left behind, the remainder, the rest, the others.   ³⁷σάλπιγξ, ιγγος, ἡ, [11] a trumpet, the sound of a trumpet.   ³⁸σαλπίζω, [12] I sound a trumpet.   ³⁹πέμπτος, η, ον, [4] the fifth.   ⁴⁰σαλπίζω, [12] I sound a trumpet.   ⁴¹κλεῖς, κλειδός, ἡ, [6] a key. ⁴²φρέαρ, φρέατος, τό, [7] a pit, well, cistern.   ⁴³ἄβυσσος, ου, ἡ, [9] the abyss, unfathomable depth, an especially Jewish conception, the home of the dead and of evil spirits.   ⁴⁴καπνός, οῦ, ὁ, [13] smoke.   ⁴⁵κάμινος, ου, ἡ, [4] a furnace, oven, kiln.

καιομένης,[1] καὶ ἐσκοτίσθη[2] ὁ ἥλιος[3] καὶ ὁ ἀὴρ[4] ἐκ τοῦ καπνοῦ[5] τοῦ φρέατος.[6] 3 Καὶ ἐκ τοῦ καπνοῦ[5] ἐξῆλθον ἀκρίδες[7] εἰς τὴν γῆν, καὶ ἐδόθη αὐταῖς ἐξουσία, ὡς ἔχουσιν ἐξουσίαν οἱ σκορπίοι[8] τῆς γῆς. 4 Καὶ ἐρρέθη αὐταῖς ἵνα μὴ ἀδικήσωσιν[9] τὸν χόρτον[10] τῆς γῆς, οὐδὲ πᾶν χλωρόν,[11] οὐδὲ πᾶν δένδρον,[12] εἰ μὴ τοὺς ἀνθρώπους οἵτινες οὐκ ἔχουσιν τὴν σφραγῖδα[13] τοῦ θεοῦ ἐπὶ τῶν μετώπων[14] αὐτῶν. 5 Καὶ ἐδόθη αὐταῖς ἵνα μὴ ἀποκτείνωσιν αὐτούς, ἀλλ᾿ ἵνα βασανισθῶσιν[15] μῆνας[16] πέντε·[17] καὶ ὁ βασανισμὸς[18] αὐτῶν ὡς βασανισμὸς[18] σκορπίου,[8] ὅταν παίσῃ[19] ἄνθρωπον. 6 Καὶ ἐν ταῖς ἡμέραις ἐκείναις ζητήσουσιν οἱ ἄνθρωποι τὸν θάνατον, καὶ οὐ μὴ εὑρήσουσιν αὐτόν· καὶ ἐπιθυμήσουσιν[20] ἀποθανεῖν, καὶ φεύξεται[21] ἀπ᾿ αὐτῶν ὁ θάνατος. 7 Καὶ τὰ ὁμοιώματα[22] τῶν ἀκρίδων[7] ὅμοια[23] ἵπποις[24] ἡτοιμασμένοις[25] εἰς πόλεμον,[26] καὶ ἐπὶ τὰς κεφαλὰς αὐτῶν ὡς στέφανοι[27] χρυσοῖ,[28] καὶ τὰ πρόσωπα αὐτῶν ὡς πρόσωπα ἀνθρώπων. 8 Καὶ εἶχον τρίχας[29] ὡς τρίχας[29] γυναικῶν, καὶ οἱ ὀδόντες[30] αὐτῶν ὡς λεόντων[31] ἦσαν. 9 Καὶ εἶχον θώρακας[32] ὡς θώρακας[32] σιδηροῦς,[33] καὶ ἡ φωνὴ τῶν πτερύγων[34] αὐτῶν ὡς φωνὴ ἁρμάτων[35] ἵππων[24] πολλῶν τρεχόντων[36] εἰς πόλεμον.[26] 10 Καὶ ἔχουσιν οὐρὰς[37] ὁμοίας[23] σκορπίοις,[8] καὶ κέντρα.[38] Καὶ ἐν ταῖς οὐραῖς[37] αὐτῶν ἐξουσίαν ἔχουσιν τοῦ ἀδικῆσαι[39] τοὺς ἀνθρώπους μῆνας[16] πέντε.[17] 11 Ἔχουσαι βασιλέα ἐπ᾿ αὐτῶν ἄγγελον τῆς ἀβύσσου·[40] ὄνομα αὐτῷ Ἑβραϊστὶ[41] Ἀββαδών,[42] ἐν δὲ τῇ Ἑλληνικῇ[43] ὄνομα ἔχει Ἀπολλύων.[44] 12 Ἡ οὐαὶ[45] ἡ μία ἀπῆλθεν· ἰδού, ἔρχεται ἔτι δύο οὐαὶ[45] μετὰ ταῦτα.

13 Καὶ ὁ ἕκτος[46] ἄγγελος ἐσάλπισεν,[47] καὶ ἤκουσα φωνὴν μίαν ἐκ τῶν τεσσάρων[48] κεράτων[49] τοῦ θυσιαστηρίου[50] τοῦ χρυσοῦ[28] τοῦ ἐνώπιον τοῦ θεοῦ, 14 λέγουσαν

---

[1]καιομένης: PPP-GSF [2]ἐσκοτίσθη: API-3S [9]ἀδικήσωσιν: AAS-3P [15]βασανισθῶσιν: APS-3P [19]παίσῃ: AAS-3S [20]ἐπιθυμήσουσιν: FAI-3P [21]φεύξεται: FDI-3S [25]ἡτοιμασμένοις: RPP-DPM [36]τρεχόντων: PAP-GPM [39]ἀδικῆσαι: AAN [47]ἐσάλπισεν: AAI-3S

---

[1]καίω, [14] I ignite, light, burn, lit. and met; I consume with fire. [2]σκοτίζω, [8] I darken. [3]ἥλιος, ου, ὁ, [32] the sun, sunlight. [4]ἀήρ, ἀέρος, ὁ, [7] air, the lower air we breathe. [5]καπνός, οῦ, ὁ, [13] smoke. [6]φρέαρ, φρέατος, τό, [7] a pit, well, cistern. [7]ἀκρίς, ίδος, ἡ, [4] a locust. [8]σκορπίος, ου, ὁ, [5] a scorpion. [9]ἀδικέω, [27] I act unjustly towards, injure, harm. [10]χόρτος, ου, ὁ, [15] grass, herbage, growing grain, hay. [11]χλωρός, ά, όν, [4] green, pale green. [12]δένδρον, ου, τό, [26] a tree. [13]σφραγίς, ῖδος, ἡ, [16] a seal, signet ring, the impression of a seal, that which the seal attests, the proof. [14]μέτωπον, ου, τό, [8] the forehead, front. [15]βασανίζω, [12] I examine, as by torture; I torment; I buffet, as of waves. [16]μήν, μηνός, ὁ, [18] a (lunar) month. [17]πέντε, οἱ, αἱ, τά, [38] five. [18]βασανισμός, οῦ, ὁ, [6] torture, torment. [19]παίω, [5] I strike, smite, sting. [20]ἐπιθυμέω, [16] I long for, covet, lust after, set the heart upon. [21]φεύγω, [31] I flee, escape, shun. [22]ὁμοίωμα, ατος, τό, [6] (originally: a thing made like something else), a likeness, or rather: form; a similitude. [23]ὅμοιος, οία, οιον, [44] like, similar to, resembling, of equal rank. [24]ἵππος, ου, ὁ, [18] a horse. [25]ἑτοιμάζω, [40] I make ready, prepare. [26]πόλεμος, ου, ὁ, [19] a war, battle, strife. [27]στέφανος, ου, ὁ, [18] a crown, garland, honor, glory. [28]χρυσοῦς, ῆ, οῦν, [19] golden, made of gold, adorned with gold. [29]θρίξ, τριχός, ἡ, [15] hair (of the head or of animals). [30]ὀδούς, όντος, ὁ, [12] a tooth. [31]λέων, οντος, ὁ, [9] a lion. [32]θώραξ, ακός, ὁ, [5] a breast-plate, corslet, cuirass. [33]σιδήρεος, έα, εον, [5] made of iron. [34]πτέρυξ, υγος, ἡ, [5] a wing, pinion. [35]ἅρμα, ατος, τό, [4] a chariot, vehicle. [36]τρέχω, [20] I run, exercise myself, make progress. [37]οὐρά, ᾶς, ἡ, [5] a tail. [38]κέντρον, ου, τό, [4] a sting, goad; met: of death. [39]ἀδικέω, [27] I act unjustly towards, injure, harm. [40]ἄβυσσος, ου, ἡ, [9] the abyss, unfathomable depth, an especially Jewish conception, the home of the dead and of evil spirits. [41]Ἑβραϊστί, [6] in the Hebrew, or rather, in the Aramaic dialect. [42]Ἀβαδδών, ὁ, [1] Abaddon, Destroyer (i.e. Destroying Angel) or "place of destruction" (personified). [43]Ἑλληνικός, ή, όν, [2] Greek, the Greek language. [44]Ἀπολλύων, ονος, ὁ, [1] Apollyon, The Destroying One, a Greek translation of the Hebrew: Abaddon. [45]οὐαί, [47] woe!, alas!, uttered in grief or denunciation. [46]ἕκτος, η, ον, [14] sixth. [47]σαλπίζω, [12] I sound a trumpet. [48]τέσσαρες, τέσσαρα, [41] four. [49]κέρας, ατος, τό, [11] (a) a horn, (b) a horn-like projection at the corner of an altar, (c) a horn as a symbol of power. [50]θυσιαστήριον, ου, τό, [23] an altar (for sacrifice).

τῷ ἕκτῳ¹ ἀγγέλῳ ὁ ἔχων τὴν σάλπιγγα,² Λῦσον³ τοὺς τέσσαρας⁴ ἀγγέλους τοὺς δεδεμένους⁵ ἐπὶ τῷ ποταμῷ⁶ τῷ μεγάλῳ Εὐφράτῃ.⁷ **15** Καὶ ἐλύθησαν⁸ οἱ τέσσαρες⁴ ἄγγελοι οἱ ἡτοιμασμένοι⁹ εἰς τὴν ὥραν καὶ εἰς τὴν ἡμέραν καὶ μῆνα¹⁰ καὶ ἐνιαυτόν,¹¹ ἵνα ἀποκτείνωσιν τὸ τρίτον τῶν ἀνθρώπων. **16** Καὶ ὁ ἀριθμὸς¹² τῶν στρατευμάτων¹³ τοῦ ἵππου¹⁴ μυριάδες¹⁵ μυριάδων·¹⁵ ἤκουσα τὸν ἀριθμὸν¹² αὐτῶν. **17** Καὶ οὕτως εἶδον τοὺς ἵππους¹⁴ ἐν τῇ ὁράσει,¹⁶ καὶ τοὺς καθημένους ἐπ' αὐτῶν, ἔχοντας θώρακας¹⁷ πυρίνους¹⁸ καὶ ὑακινθίνους¹⁹ καὶ θειώδεις·²⁰ καὶ αἱ κεφαλαὶ τῶν ἵππων¹⁴ ὡς κεφαλαὶ λεόντων,²¹ καὶ ἐκ τῶν στομάτων αὐτῶν ἐκπορεύεται²² πῦρ καὶ καπνὸς²³ καὶ θεῖον.²⁴ **18** Ἀπὸ τῶν τριῶν πληγῶν²⁵ τούτων ἀπεκτάνθησαν τὸ τρίτον τῶν ἀνθρώπων, ἀπὸ τοῦ πυρὸς καὶ τοῦ καπνοῦ²³ καὶ τοῦ θείου²⁴ τοῦ ἐκπορευομένου²⁶ ἐκ τῶν στομάτων αὐτῶν. **19** Ἡ γὰρ ἐξουσία τῶν ἵππων¹⁴ ἐν τῷ στόματι αὐτῶν ἐστίν, καὶ ἐν ταῖς οὐραῖς²⁷ αὐτῶν· αἱ γὰρ οὐραὶ²⁷ αὐτῶν ὅμοιαι²⁸ ὄφεσιν,²⁹ ἔχουσαι κεφαλάς, καὶ ἐν αὐταῖς ἀδικοῦσιν.³⁰ **20** Καὶ οἱ λοιποὶ³¹ τῶν ἀνθρώπων, οἳ οὐκ ἀπεκτάνθησαν ἐν ταῖς πληγαῖς²⁵ ταύταις, οὐ μετενόησαν³² ἐκ τῶν ἔργων τῶν χειρῶν αὐτῶν, ἵνα μὴ προσκυνήσωσιν τὰ δαιμόνια, καὶ τὰ εἴδωλα³³ τὰ χρυσᾶ³⁴ καὶ τὰ ἀργυρᾶ³⁵ καὶ τὰ χαλκᾶ³⁶ καὶ τὰ λίθινα³⁷ καὶ τὰ ξύλινα,³⁸ ἃ οὔτε βλέπειν δύναται, οὔτε ἀκούειν, οὔτε περιπατεῖν· **21** καὶ οὐ μετενόησαν³⁹ ἐκ τῶν φόνων⁴⁰ αὐτῶν, οὔτε ἐκ τῶν φαρμακειῶν⁴¹ αὐτῶν, οὔτε ἐκ τῆς πορνείας⁴² αὐτῶν, οὔτε ἐκ τῶν κλεμμάτων⁴³ αὐτῶν.

---

³Λῦσον: AAM-2S   ⁵δεδεμένους: RPP-APM   ⁸ἐλύθησαν: API-3P   ⁹ἡτοιμασμένοι: RPP-NPM   ²²ἐκπορεύεται: PNI-3S   ²⁶ἐκπορευομένου: PNP-GSN   ³⁰ἀδικοῦσιν: PAI-3P   ³²μετενόησαν: AAI-3P   ³⁹μετενόησαν: AAI-3P

---

¹ἕκτος, η, ον, [14] sixth.   ²σάλπιγξ, ιγγος, ἡ, [11] a trumpet, the sound of a trumpet.   ³λύω, [42] (a) I loose, untie, release, (b) met: I break, destroy, set at naught, contravene; I break up a meeting, annul.   ⁴τέσσαρες, τέσσαρα, [41] four.   ⁵δέω, [44] I bind, tie, fasten; I impel, compel; I declare to be prohibited and unlawful.   ⁶ποταμός, οῦ, ὁ, [16] a river, torrent, stream.   ⁷Εὐφράτης, ου, ὁ, [2] the Euphrates, boundary river of the province Syria.   ⁸λύω, [42] (a) I loose, untie, release, (b) met: I break, destroy, set at naught, contravene; I break up a meeting, annul.   ⁹ἑτοιμάζω, [40] I make ready, prepare.   ¹⁰μήν, μηνός, ὁ, [18] a (lunar) month.   ¹¹ἐνιαυτός, οῦ, ὁ, [14] a year, cycle of time.   ¹²ἀριθμός, οῦ, ὁ, [19] a number, total.   ¹³στράτευμα, ατος, τό, [8] an army, detachment of troops.   ¹⁴ἵππος, ου, ὁ, [18] a horse.   ¹⁵μυριάς, άδος, ἡ, [9] a myriad, group of ten thousand, a ten thousand.   ¹⁶ὅρασις, εως, ἡ, [4] a sight, vision, appearance.   ¹⁷θώραξ, ακός, ὁ, [5] a breast-plate, corslet, cuirass.   ¹⁸πύρινος, η, ον, [1] fiery, glittering.   ¹⁹ὑακίνθινος, ίνη, ινον, [1] dark purple or blue, of the color of hyacinth.   ²⁰θειώδης, ες, [1] of brimstone, sulfurous.   ²¹λέων, οντος, ὁ, [9] a lion.   ²²ἐκπορεύομαι, [32] I depart from; I am voided, cast out; I proceed from, am spoken; I burst forth, flow out, am spread abroad.   ²³καπνός, οῦ, ὁ, [13] smoke.   ²⁴θεῖον, ου, τό, [7] brimstone, sulfur.   ²⁵πληγή, ῆς, ἡ, [22] a blow, stripe, wound; an affliction, plague.   ²⁶ἐκπορεύομαι, [32] I depart from; I am voided, cast out; I proceed from, am spoken; I burst forth, flow out, am spread abroad.   ²⁷οὐρά, ᾶς, ἡ, [5] a tail.   ²⁸ὅμοιος, οία, οιον, [44] like, similar to, resembling, of equal rank.   ²⁹ὄφις, εως, ὁ, [14] a serpent, snake; used for the devil or Satan.   ³⁰ἀδικέω, [27] I act unjustly towards, injure, harm.   ³¹λοιπός, ή, όν, [42] left, left behind, the remainder, the rest, the others.   ³²μετανοέω, [34] I repent, change my mind, change the inner man (particularly with reference to acceptance of the will of God), repent.   ³³εἴδωλον, ου, τό, [11] an idol, false god.   ³⁴χρυσοῦς, ῆ, οῦν, [19] golden, made of gold, adorned with gold.   ³⁵ἀργυροῦς, ᾶ, οῦν, [3] made of silver.   ³⁶χάλκοῦς, ῆ, οῦν, [1] made of bronze, bronze, brass.   ³⁷λίθινος, η, ον, [3] made of stone.   ³⁸ξύλινος, η, ον, [2] wooden.   ³⁹μετανοέω, [34] I repent, change my mind, change the inner man (particularly with reference to acceptance of the will of God), repent.   ⁴⁰φόνος, ου, ὁ, [10] murder, slaughter, killing.   ⁴¹φαρμακεία, ας, ἡ, [3] magic, sorcery, enchantment.   ⁴²πορνεία, ας, ἡ, [26] fornication, whoredom; met: idolatry.   ⁴³κλέμμα, ατος, τό, [1] a theft.

The Angel and the Little Scroll

10 Καὶ εἶδον ἄγγελον ἰσχυρὸν¹ καταβαίνοντα ἐκ τοῦ οὐρανοῦ, περιβεβλημένον² νεφέλην,³ καὶ ἡ ἶρις⁴ ἐπὶ τῆς κεφαλῆς αὐτοῦ, καὶ τὸ πρόσωπον αὐτοῦ ὡς ὁ ἥλιος,⁵ καὶ οἱ πόδες αὐτοῦ ὡς στύλοι⁶ πυρός· **2** καὶ ἔχων ἐν τῇ χειρὶ αὐτοῦ βιβλίον⁷ ἀνεῳγμένον· καὶ ἔθηκεν τὸν πόδα αὐτοῦ τὸν δεξιὸν ἐπὶ τῆς θαλάσσης, τὸν δὲ εὐώνυμον⁸ ἐπὶ τῆς γῆς, **3** καὶ ἔκραξεν φωνῇ μεγάλῃ ὥσπερ⁹ λέων¹⁰ μυκᾶται·¹¹ καὶ ὅτε ἔκραξεν, ἐλάλησαν αἱ ἑπτὰ βρονταὶ¹² τὰς ἑαυτῶν φωνάς. **4** Καὶ ὅτε ἐλάλησαν αἱ ἑπτὰ βρονταί,¹² ἔμελλον γράφειν· καὶ ἤκουσα φωνὴν ἐκ τοῦ οὐρανοῦ, λέγουσαν, Σφράγισον¹³ ἃ ἐλάλησαν αἱ ἑπτὰ βρονταί,¹² καὶ μὴ αὐτὰ γράψῃς. **5** Καὶ ὁ ἄγγελος ὃν εἶδον ἑστῶτα ἐπὶ τῆς θαλάσσης καὶ ἐπὶ τῆς γῆς ἦρεν τὴν χεῖρα αὐτοῦ τὴν δεξιὰν εἰς τὸν οὐρανόν, **6** καὶ ὤμοσεν¹⁴ τῷ ζῶντι εἰς τοὺς αἰῶνας τῶν αἰώνων, ὃς ἔκτισεν¹⁵ τὸν οὐρανὸν καὶ τὰ ἐν αὐτῷ, καὶ τὴν γῆν καὶ τὰ ἐν αὐτῇ, καὶ τὴν θάλασσαν καὶ τὰ ἐν αὐτῇ, ὅτι χρόνος οὐκέτι¹⁶ ἔσται· **7** ἀλλ᾽ ἐν ταῖς ἡμέραις τῆς φωνῆς τοῦ ἑβδόμου¹⁷ ἀγγέλου, ὅταν μέλλῃ σαλπίζειν,¹⁸ καὶ ἐτελέσθη¹⁹ τὸ μυστήριον²⁰ τοῦ θεοῦ, ὡς εὐηγγέλισεν τοὺς δούλους αὐτοῦ τοὺς προφήτας. **8** Καὶ ἡ φωνὴ ἣν ἤκουσα ἐκ τοῦ οὐρανοῦ, πάλιν λαλοῦσα μετ᾽ ἐμοῦ, καὶ λέγουσα, Ὕπαγε, λάβε τὸ βιβλιδάριον²¹ τὸ ἀνεῳγμένον ἐν τῇ χειρὶ τοῦ ἀγγέλου τοῦ ἑστῶτος ἐπὶ τῆς θαλάσσης καὶ ἐπὶ τῆς γῆς. **9** Καὶ ἀπῆλθον πρὸς τὸν ἄγγελον, λέγων αὐτῷ δοῦναί μοι τὸ βιβλιδάριον.²¹ Καὶ λέγει μοι, Λάβε καὶ κατάφαγε²² αὐτό· καὶ πικρανεῖ²³ σου τὴν κοιλίαν,²⁴ ἀλλ᾽ ἐν τῷ στόματί σου ἔσται γλυκὺ²⁵ ὡς μέλι.²⁶ **10** Καὶ ἔλαβον τὸ βιβλίον⁷ ἐκ τῆς χειρὸς τοῦ ἀγγέλου, καὶ κατέφαγον²⁷ αὐτό, καὶ ἦν ἐν τῷ στόματί μου ὡς μέλι,²⁶ γλυκύ·²⁵ καὶ ὅτε ἔφαγον αὐτό, ἐπικράνθη²⁸ ἡ κοιλία²⁴ μου. **11** Καὶ λέγουσίν μοι, Δεῖ σε πάλιν προφητεῦσαι²⁹ ἐπὶ λαοῖς καὶ ἐπὶ ἔθνεσιν καὶ γλώσσαις καὶ βασιλεῦσιν πολλοῖς.

---

²*περιβεβλημένον: RPP-ASM* ¹¹*μυκᾶται: PNI-3S* ¹³*Σφράγισον: AAM-2S* ¹⁴*ὤμοσεν: AAI-3S* ¹⁵*ἔκτισεν: AAI-3S* ¹⁸*σαλπίζειν: PAN* ¹⁹*ἐτελέσθη: API-3S* ²²*κατάφαγε: 2AAM-2S* ²³*πικρανεῖ: FAI-3S* ²⁷*κατέφαγον: 2AAI-1S* ²⁸*ἐπικράνθη: API-3S* ²⁹*προφητεῦσαι: AAN*

---

¹*ἰσχυρός, ά, όν, [29] strong (originally and generally of physical strength); mighty, powerful, vehement, sure.* ²*περιβάλλω, [24] I cast around, wrap a garment about, put on; hence mid: I put on to myself, clothe myself, dress; I draw (a line).* ³*νεφέλη, ης, ἡ, [26] a cloud.* ⁴*ἶρις, ιδος, ἡ, [2] a rainbow or halo.* ⁵*ἥλιος, ου, ὁ, [32] the sun, sunlight.* ⁶*στῦλος, ου, ὁ, [4] a pillar, support, column.* ⁷*βιβλίον, ου, τό, [36] a papyrus roll.* ⁸*εὐώνυμος, ον, [10] (lit: well-named, to avoid the evil omen attaching to the left), on the left-hand side, left.* ⁹*ὥσπερ, [42] just as, as, even as.* ¹⁰*λέων, οντος, ὁ, [9] a lion.* ¹¹*μυκάομαι, [1] I bellow, roar.* ¹²*βροντή, ῆς, ἡ, [12] thunder.* ¹³*σφραγίζω, [15] I seal, set a seal upon.* ¹⁴*ὀμνύω, [27] I swear, take an oath, promise with an oath.* ¹⁵*κτίζω, [14] I create, form, shape, make, always of God.* ¹⁶*οὐκέτι, [48] no longer, no more.* ¹⁷*ἕβδομος, η, ον, [9] seventh.* ¹⁸*σαλπίζω, [12] I sound a trumpet.* ¹⁹*τελέω, [26] (a) I end, finish, (b) I fulfill, accomplish, (c) I pay.* ²⁰*μυστήριον, ου, τό, [27] a mystery, secret, of which initiation is necessary; in the NT: the counsels of God, once hidden but now revealed in the Gospel or some fact thereof; the Christian revelation generally; particular truths or details of the Christian revelation.* ²¹*βιβλιδάριον, ου, τό, [2] a little papyrus roll.* ²²*κατεσθίω, [15] I eat up, eat till it is finished, devour, squander, annoy, injure.* ²³*πικραίνω, [4] I make bitter, embitter; pass: I grow angry or harsh.* ²⁴*κοιλία, ας, ἡ, [23] belly, abdomen, heart, a general term covering any organ in the abdomen, e.g. stomach, womb; met: the inner man.* ²⁵*γλυκύς, εῖα, ύ, [4] sweet.* ²⁶*μέλι, ιτος, τό, [4] honey.* ²⁷*κατεσθίω, [15] I eat up, eat till it is finished, devour, squander, annoy, injure.* ²⁸*πικραίνω, [4] I make bitter, embitter; pass: I grow angry or harsh.* ²⁹*προφητεύω, [28] I foretell, prophesy; I set forth matter of divine teaching by special faculty.*

Of the Two Witnesses and the Sounding of the Seventh Trumpet

11 Καὶ ἐδόθη μοι κάλαμος¹ ὅμοιος² ῥάβδῳ,³ λέγων, Ἔγειραι, καὶ μέτρησον⁴ τὸν ναὸν⁵ τοῦ θεοῦ, καὶ τὸ θυσιαστήριον,⁶ καὶ τοὺς προσκυνοῦντας ἐν αὐτῷ. **2** Καὶ τὴν αὐλὴν⁷ τὴν ἔξωθεν⁸ τοῦ ναοῦ⁵ ἔκβαλε ἔξω, καὶ μὴ αὐτὴν μετρήσῃς,⁹ ὅτι ἐδόθη τοῖς ἔθνεσιν· καὶ τὴν πόλιν τὴν ἁγίαν πατήσουσιν¹⁰ μῆνας¹¹ τεσσαράκοντα¹² καὶ δύο. **3** Καὶ δώσω τοῖς δυσὶν μάρτυσίν¹³ μου, καὶ προφητεύσουσιν¹⁴ ἡμέρας χιλίας¹⁵ διακοσίας¹⁶ ἐξήκοντα¹⁷ περιβεβλημένοι¹⁸ σάκκους.¹⁹ **4** Οὗτοί εἰσιν αἱ δύο ἐλαῖαι,²⁰ καὶ αἱ δύο λυχνίαι²¹ αἱ ἐνώπιον τοῦ κυρίου τῆς γῆς ἑστῶσαι. **5** Καὶ εἴ τις αὐτοὺς θέλει ἀδικῆσαι,²² πῦρ ἐκπορεύεται²³ ἐκ τοῦ στόματος αὐτῶν, καὶ κατεσθίει²⁴ τοὺς ἐχθροὺς²⁵ αὐτῶν· καὶ εἴ τις θέλει αὐτοὺς ἀδικῆσαι,²⁶ οὕτως δεῖ αὐτὸν ἀποκτανθῆναι. **6** Οὗτοι ἔχουσιν τὸν οὐρανὸν ἐξουσίαν κλεῖσαι,²⁷ ἵνα μὴ ὑετὸς²⁸ βρέχῃ²⁹ τὰς ἡμέρας τῆς προφητείας³⁰ αὐτῶν· καὶ ἐξουσίαν ἔχουσιν ἐπὶ τῶν ὑδάτων, στρέφειν³¹ αὐτὰ εἰς αἷμα, καὶ πατάξαι³² τὴν γῆν ὁσάκις³³ ἐὰν θελήσωσιν ἐν πάσῃ πληγῇ.³⁴ **7** Καὶ ὅταν τελέσωσιν³⁵ τὴν μαρτυρίαν³⁶ αὐτῶν, τὸ θηρίον³⁷ τὸ ἀναβαῖνον ἐκ τῆς ἀβύσσου³⁸ ποιήσει μετ' αὐτῶν πόλεμον,³⁹ καὶ νικήσει⁴⁰ αὐτούς, καὶ ἀποκτενεῖ αὐτούς. **8** Καὶ τὸ πτῶμα⁴¹ αὐτῶν ἐπὶ τῆς πλατείας⁴² τῆς πόλεως τῆς μεγάλης, ἥτις καλεῖται πνευματικῶς⁴³ Σόδομα⁴⁴ καὶ Αἴγυπτος,⁴⁵ ὅπου καὶ ὁ κύριος αὐτῶν ἐσταυρώθη.⁴⁶ **9** Καὶ βλέπουσιν ἐκ τῶν λαῶν

---

⁴μέτρησον: AAM-2S   ⁹μετρήσῃς: AAS-2S   ¹⁰πατήσουσιν: FAI-3P   ¹⁴προφητεύσουσιν: FAI-3P   ¹⁸περιβεβλημένοι: RPP-NPM   ²²ἀδικῆσαι: AAN   ²³ἐκπορεύεται: PNI-3S   ²⁴κατεσθίει: PAI-3S   ²⁶ἀδικῆσαι: AAN   ²⁷κλεῖσαι: AAN   ²⁹βρέχῃ: PAS-3S   ³¹στρέφειν: PAN   ³²πατάξαι: AAN   ³⁵τελέσωσιν: AAS-3P   ⁴⁰νικήσει: FAI-3S   ⁴⁶ἐσταυρώθη: API-3S

---

¹κάλαμος, ου, ὁ, [12] a reed; a reed-pen, reed-staff, measuring rod.   ²ὅμοιος, οία, οιον, [44] like, similar to, resembling, of equal rank.   ³ῥάβδος, ου, ἡ, [12] a rod, staff, staff of authority, scepter.   ⁴μετρέω, [11] I measure (out), estimate.   ⁵ναός, οῦ, ὁ, [46] a temple, a shrine, that part of the temple where God himself resides.   ⁶θυσιαστήριον, ου, τό, [23] an altar (for sacrifice).   ⁷αὐλή, ῆς, ἡ, [12] court-yard, fore-court, sheep-fold; but it may be understood as: palace, house.   ⁸ἔξωθεν, [13] (a) from outside, from without, (b) outside, both as adj. and prep; with article: the outside.   ⁹μετρέω, [11] I measure (out), estimate.   ¹⁰πατέω, [5] I tread, trample upon.   ¹¹μήν, μηνός, ὁ, [18] a (lunar) month.   ¹²τεσσαράκοντα, [22] forty.   ¹³μάρτυς, υρος, ὁ, [34] a witness; an eye- or ear-witness.   ¹⁴προφητεύω, [28] I foretell, prophesy; I set forth matter of divine teaching by special faculty.   ¹⁵χίλιοι, αι, α, [11] a thousand.   ¹⁶διακόσιοι, αι, α, [8] two hundred.   ¹⁷ἐξήκοντα, οἱ, αἱ, τά, [9] sixty.   ¹⁸περιβάλλω, [24] I cast around, wrap a garment about, put on; hence mid: I put on to myself, clothe myself, dress; I draw (a line).   ¹⁹σάκκος, ου, ὁ, [4] sack-cloth, a sign of mourning.   ²⁰ἐλαία, ας, ἡ, [15] an olive tree; the Mount of Olives.   ²¹λυχνία, ας, ἡ, [12] a lamp-stand.   ²²ἀδικέω, [27] I act unjustly towards, injure, harm.   ²³ἐκπορεύομαι, [32] I depart from; I am voided, cast out; I proceed from, am spoken; I burst forth, flow out, am spread abroad.   ²⁴κατεσθίω, [15] I eat up, eat till it is finished, devour, squander, annoy, injure.   ²⁵ἐχθρός, ά, όν, [32] hated, hostile; subst: an enemy.   ²⁶ἀδικέω, [27] I act unjustly towards, injure, harm.   ²⁷κλείω, [15] I shut, shut up.   ²⁸ὑετός, οῦ, ὁ, [6] rain.   ²⁹βρέχω, [7] I moisten, rain, send rain.   ³⁰προφητεία, ας, ἡ, [19] prophecy, prophesying; the gift of communicating and enforcing revealed truth.   ³¹στρέφω, [19] I turn, am converted, change, change my direction.   ³²πατάσσω, [10] I smite, strike (as with a sword), smite to death, afflict.   ³³ὁσάκις, [3] as often as, as many times as.   ³⁴πληγή, ῆς, ἡ, [22] a blow, stripe, wound; an affliction, plague.   ³⁵τελέω, [26] (a) I end, finish, (b) I fulfill, accomplish, (c) I pay.   ³⁶μαρτυρία, ας, ἡ, [37] witness, evidence, testimony, reputation.   ³⁷θηρίον, ου, τό, [46] properly: a wild beast, hence: any animal; met: a brute.   ³⁸ἄβυσσος, ου, ἡ, [9] the abyss, unfathomable depth, an especially Jewish conception, the home of the dead and of evil spirits.   ³⁹πόλεμος, ου, ὁ, [19] a war, battle, strife.   ⁴⁰νικάω, [28] I conquer, am victorious, overcome, prevail, subdue.   ⁴¹πτῶμα, ατος, τό, [5] a fall; a carcass, corpse, dead body.   ⁴²πλατεῖα, ας, ἡ, [9] a street, public square, broad way.   ⁴³πνευματικῶς, [2] spiritually, in a spiritual way; from a spiritual point of view.   ⁴⁴Σόδομα, ων, τά, [10] Sodom.   ⁴⁵Αἴγυπτος, ου, ἡ, [24] Egypt.   ⁴⁶σταυρόω, [46] I fix to the cross, crucify; fig: I destroy, mortify.

καὶ φυλῶν¹ καὶ γλωσσῶν καὶ ἐθνῶν τὸ πτῶμα² αὐτῶν ἡμέρας τρεῖς ἥμισυ,³ καὶ τὰ πτώματα² αὐτῶν οὐκ ἀφήσουσιν τεθῆναι εἰς μνῆμα.⁴ **10** Καὶ οἱ κατοικοῦντες⁵ ἐπὶ τῆς γῆς χαίρουσιν ἐπ᾽ αὐτοῖς καὶ εὐφρανθήσονται,⁶ καὶ δῶρα⁷ δώσουσιν ἀλλήλοις, ὅτι οὗτοι οἱ δύο προφῆται ἐβασάνισαν⁸ τοὺς κατοικοῦντας⁹ ἐπὶ τῆς γῆς. **11** Καὶ μετὰ τὰς τρεῖς ἡμέρας καὶ ἥμισυ,³ πνεῦμα ζωῆς ἐκ τοῦ θεοῦ εἰσῆλθεν εἰς αὐτούς, καὶ ἔστησαν ἐπὶ τοὺς πόδας αὐτῶν, καὶ φόβος¹⁰ μέγας ἔπεσεν ἐπὶ τοὺς θεωροῦντας αὐτούς. **12** Καὶ ἤκουσα φωνὴν μεγάλην ἐκ τοῦ οὐρανοῦ, λέγουσαν αὐτοῖς, Ἀνάβητε ὧδε. Καὶ ἀνέβησαν εἰς τὸν οὐρανὸν ἐν τῇ νεφέλῃ,¹¹ καὶ ἐθεώρησαν αὐτοὺς οἱ ἐχθροὶ¹² αὐτῶν. **13** Καὶ ἐν ἐκείνῃ τῇ ἡμέρᾳ ἐγένετο σεισμὸς¹³ μέγας, καὶ τὸ δέκατον¹⁴ τῆς πόλεως ἔπεσεν, καὶ ἀπεκτάνθησαν ἐν τῷ σεισμῷ¹³ ὀνόματα ἀνθρώπων, χιλιάδες¹⁵ ἑπτά· καὶ οἱ λοιποὶ¹⁶ ἔμφοβοι¹⁷ ἐγένοντο, καὶ ἔδωκαν δόξαν τῷ θεῷ τοῦ οὐρανοῦ.

14 Ἡ οὐαὶ¹⁸ ἡ δευτέρα¹⁹ ἀπῆλθεν· ἡ οὐαὶ¹⁸ ἡ τρίτη, ἰδού, ἔρχεται ταχύ.²⁰

15 Καὶ ὁ ἕβδομος²¹ ἄγγελος ἐσάλπισεν,²² καὶ ἐγένοντο φωναὶ μεγάλαι ἐν τῷ οὐρανῷ, λέγουσαι, Ἐγένετο ἡ βασιλεία τοῦ κόσμου, τοῦ κυρίου ἡμῶν, καὶ τοῦ χριστοῦ αὐτοῦ, καὶ βασιλεύσει²³ εἰς τοὺς αἰῶνας τῶν αἰώνων. **16** Καὶ οἱ εἴκοσι²⁴ τέσσαρες²⁵ πρεσβύτεροι οἱ ἐνώπιον τοῦ θρόνου τοῦ θεοῦ καθήμενοι ἐπὶ τοὺς θρόνους αὐτῶν, ἔπεσον ἐπὶ τὰ πρόσωπα αὐτῶν, καὶ προσεκύνησαν τῷ θεῷ, **17** λέγοντες, Εὐχαριστοῦμέν²⁶ σοι, κύριε ὁ θεὸς ὁ παντοκράτωρ,²⁷ ὁ ὢν καὶ ὁ ἦν, ὅτι εἴληφας τὴν δύναμίν σου τὴν μεγάλην, καὶ ἐβασίλευσας.²⁸ **18** Καὶ τὰ ἔθνη ὠργίσθησαν,²⁹ καὶ ἦλθεν ἡ ὀργή³⁰ σου, καὶ ὁ καιρὸς τῶν νεκρῶν κριθῆναι, καὶ δοῦναι τὸν μισθὸν³¹ τοῖς δούλοις σου τοῖς προφήταις καὶ τοῖς ἁγίοις καὶ τοῖς φοβουμένοις τὸ ὄνομά σου, τοῖς μικροῖς³² καὶ τοῖς μεγάλοις, καὶ διαφθεῖραι³³ τοὺς διαφθείροντας³⁴ τὴν γῆν.

---

⁵κατοικοῦντες: *PAP-NPM*   ⁶εὐφρανθήσονται: *FPI-3P*   ⁸ἐβασάνισαν: *AAI-3P*   ⁹κατοικοῦντας: *PAP-APM*   ²²ἐσάλπισεν: *AAI-3S*   ²³βασιλεύσει: *FAI-3S*   ²⁶Εὐχαριστοῦμέν: *PAI-1P*   ²⁸ἐβασίλευσας: *AAI-2S*   ²⁹ὠργίσθησαν: *API-3P*   ³³διαφθεῖραι: *AAN*   ³⁴διαφθείροντας: *PAP-APM*

---

¹φυλή, ῆς, ἡ, [31] a tribe or race of people.   ²πτῶμα, ατος, τό, [5] a fall; a carcass, corpse, dead body.   ³ἥμισυς, εια, υ, [5] half.   ⁴μνῆμα, ατος, τό, [8] a tomb, monument, memorial.   ⁵κατοικέω, [45] I dwell in, settle in, am established in (permanently), inhabit.   ⁶εὐφραίνω, [14] I cheer, make glad; generally mid. or pass: I am glad, make merry, revel, feast.   ⁷δῶρον, ου, τό, [19] a gift, present.   ⁸βασανίζω, [12] I examine, as by torture; I torment; I buffet, as of waves.   ⁹κατοικέω, [45] I dwell in, settle in, am established in (permanently), inhabit.   ¹⁰φόβος, ου, ὁ, [47] (a) fear, terror, alarm, (b) the object or cause of fear, (c) reverence, respect.   ¹¹νεφέλη, ης, ἡ, [26] a cloud.   ¹²ἐχθρός, ά, όν, [32] hated, hostile; subst: an enemy.   ¹³σεισμός, οῦ, ὁ, [13] a shaking (as an earthquake); a storm.   ¹⁴δέκατος, η, ον, [3] tenth.   ¹⁵χιλιάς, άδος, ἡ, [23] a thousand, the number one thousand.   ¹⁶λοιπός, ή, όν, [42] left, left behind, the remainder, the rest, the others.   ¹⁷ἔμφοβος, ον, [6] full of fear, terrified.   ¹⁸οὐαί, [47] woe!, alas!, uttered in grief or denunciation.   ¹⁹δεύτερος, α, ον, [44] second; with the article: in the second place, for the second time.   ²⁰ταχύ, [12] quickly, speedily.   ²¹ἕβδομος, η, ον, [9] seventh.   ²²σαλπίζω, [12] I sound a trumpet.   ²³βασιλεύω, [21] (a) I rule, reign, (b) I reign over.   ²⁴εἴκοσι, [11] twenty.   ²⁵τέσσαρες, τέσσαρα, [41] four.   ²⁶εὐχαριστέω, [40] I thank, give thanks; pass. 3 sing: is received with thanks.   ²⁷παντοκράτωρ, ορος, ὁ, [10] ruler of all, ruler of the universe, the almighty.   ²⁸βασιλεύω, [21] (a) I rule, reign, (b) I reign over.   ²⁹ὀργίζω, [8] I irritate, provoke, am angry.   ³⁰ὀργή, ῆς, ἡ, [36] anger, wrath, passion; punishment, vengeance.   ³¹μισθός, οῦ, ὁ, [29] (a) pay, wages, salary, (b) reward, recompense, punishment.   ³²μικρός, ά, όν, [45] little, small.   ³³διαφθείρω, [7] I destroy, waste; hence met: I corrupt.   ³⁴διαφθείρω, [7] I destroy, waste; hence met: I corrupt.

19 Καὶ ἠνοίγη ὁ ναὸς¹ τοῦ θεοῦ ἐν τῷ οὐρανῷ, καὶ ὤφθη ἡ κιβωτὸς² τῆς διαθήκης³ τοῦ κυρίου ἐν τῷ ναῷ¹ αὐτοῦ· καὶ ἐγένοντο ἀστραπαὶ⁴ καὶ φωναὶ καὶ βρονταὶ⁵ καὶ χάλαζα⁶ μεγάλη.

The Battle of Michael with the Dragon

12 Καὶ σημεῖον μέγα ὤφθη ἐν τῷ οὐρανῷ, γυνὴ περιβεβλημένη⁷ τὸν ἥλιον,⁸ καὶ ἡ σελήνη⁹ ὑποκάτω¹⁰ τῶν ποδῶν αὐτῆς, καὶ ἐπὶ τῆς κεφαλῆς αὐτῆς στέφανος¹¹ ἀστέρων¹² δώδεκα· **2** καὶ ἐν γαστρὶ¹³ ἔχουσα, ἔκραζεν ὠδίνουσα,¹⁴ καὶ βασανιζομένη¹⁵ τεκεῖν.¹⁶ **3** Καὶ ὤφθη ἄλλο σημεῖον ἐν τῷ οὐρανῷ, καὶ ἰδού, δράκων¹⁷ πυρὸς μέγας, ἔχων κεφαλὰς ἑπτὰ καὶ κέρατα¹⁸ δέκα,¹⁹ καὶ ἐπὶ τὰς κεφαλὰς αὐτοῦ ἑπτὰ διαδήματα.²⁰ **4** Καὶ ἡ οὐρὰ²¹ αὐτοῦ σύρει²² τὸ τρίτον τῶν ἀστέρων¹² τοῦ οὐρανοῦ, καὶ ἔβαλεν αὐτοὺς εἰς τὴν γῆν· καὶ ὁ δράκων¹⁷ ἔστηκεν ἐνώπιον τῆς γυναικὸς τῆς μελλούσης τεκεῖν,²³ ἵνα, ὅταν τέκῃ,²⁴ τὸ τέκνον αὐτῆς καταφάγῃ.²⁵ **5** Καὶ ἔτεκεν²⁶ υἱὸν ἄρρενα,²⁷ ὃς μέλλει ποιμαίνειν²⁸ πάντα τὰ ἔθνη ἐν ῥάβδῳ²⁹ σιδηρᾷ·³⁰ καὶ ἡρπάσθη³¹ τὸ τέκνον αὐτῆς πρὸς τὸν θεὸν καὶ πρὸς τὸν θρόνον αὐτοῦ. **6** Καὶ ἡ γυνὴ ἔφυγεν³² εἰς τὴν ἔρημον, ὅπου ἔχει ἐκεῖ τόπον ἡτοιμασμένον³³ ὑπὸ τοῦ θεοῦ, ἵνα ἐκεῖ ἐκτρέφωσιν³⁴ αὐτὴν ἡμέρας χιλίας³⁵ διακοσίας³⁶ ἑξήκοντα.³⁷

7 Καὶ ἐγένετο πόλεμος³⁸ ἐν τῷ οὐρανῷ· ὁ Μιχαὴλ καὶ οἱ ἄγγελοι αὐτοῦ πολεμῆσαι³⁹ μετὰ τοῦ δράκοντος·¹⁷ καὶ ὁ δράκων¹⁷ ἐπολέμησεν,⁴⁰ καὶ οἱ ἄγγελοι αὐτοῦ, **8** καὶ οὐκ ἴσχυσεν,⁴¹ οὐδὲ τόπος εὑρέθη αὐτῷ ἔτι ἐν τῷ οὐρανῷ. **9** Καὶ ἐβλήθη ὁ δράκων¹⁷ ὁ

---

⁷περιβεβλημένη: *RPP-NSF* ¹⁴ὠδίνουσα: *PAP-NSF* ¹⁵βασανιζομένη: *PPP-NSF* ¹⁶τεκεῖν: *2AAN* ²²σύρει: *PAI-3S* ²³τεκεῖν: *2AAN* ²⁴τέκῃ: *2AAS-3S* ²⁵καταφάγῃ: *2AAS-3S* ²⁶ἔτεκεν: *2AAI-3S* ²⁸ποιμαίνειν: *PAN* ³¹ἡρπάσθη: *API-3S* ³²ἔφυγεν: *2AAI-3S* ³³ἡτοιμασμένον: *RPP-ASM* ³⁴ἐκτρέφωσιν: *PAS-3P* ³⁹πολεμῆσαι: *AAN* ⁴⁰ἐπολέμησεν: *AAI-3S* ⁴¹ἴσχυσεν: *AAI-3S*

---

¹ναός, οῦ, ὁ, [46] a temple, a shrine, that part of the temple where God himself resides. ²κιβωτός, οῦ, ἡ, [6] (properly: a wooden box, hence) the Ark, in which Noah sailed; the Ark of the Covenant. ³διαθήκη, ης, ἡ, [33] (a) a covenant between two parties, (b) (the ordinary, everyday sense [found a countless number of times in papyri]) a will, testament. ⁴ἀστραπή, ῆς, ἡ, [9] a flash of lightning, brightness, luster. ⁵βροντή, ῆς, ἡ, [12] thunder. ⁶χάλαζα, ης, ἡ, [4] hail. ⁷περιβάλλω, [24] I cast around, wrap a garment about, put on; hence mid: I put on to myself, clothe myself, dress; I draw (a line). ⁸ἥλιος, ου, ὁ, [32] the sun, sunlight. ⁹σελήνη, ης, ἡ, [9] the moon. ¹⁰ὑποκάτω, [9] underneath, below, under. ¹¹στέφανος, ου, ὁ, [18] a crown, garland, honor, glory. ¹²ἀστήρ, έρος, ὁ, [24] a star. ¹³γαστήρ, γαστρός, ἡ, [9] the womb, stomach; of a woman: to be with child (lit: to have [a child] in the belly). ¹⁴ὠδίνω, [3] I am in travail, suffer birth-pangs. ¹⁵βασανίζω, [12] I examine, as by torture; I torment; I buffet, as of waves. ¹⁶τίκτω, [19] I bear, bring forth, produce, beget, yield. ¹⁷δράκων, οντος, ὁ, [13] a dragon or huge serpent; met: Satan. ¹⁸κέρας, ατος, τό, [11] (a) a horn, (b) a horn-like projection at the corner of an altar, (c) a horn as a symbol of power. ¹⁹δέκα, [27] ten. ²⁰διάδημα, ατος, τό, [3] a head-wreath, crown, diadem. ²¹οὐρά, ᾶς, ἡ, [5] a tail. ²²σύρω, [5] I draw, drag, force away. ²³τίκτω, [19] I bear, bring forth, produce, beget, yield. ²⁴τίκτω, [19] I bear, bring forth, produce, beget, yield. ²⁵κατεσθίω, [15] I eat up, eat till it is finished, devour, squander, annoy, injure. ²⁶τίκτω, [19] I bear, bring forth, produce, beget, yield. ²⁷ἄρσην, ενος, εν, [9] male. ²⁸ποιμαίνω, [11] I shepherd, tend, herd; hence: I rule, govern. ²⁹ῥάβδος, ου, ἡ, [12] a rod, staff, staff of authority, scepter. ³⁰σιδήρεος, έα, εον, [5] made of iron. ³¹ἁρπάζω, [13] I seize, snatch, obtain by robbery. ³²φεύγω, [31] I flee, escape, shun. ³³ἑτοιμάζω, [40] I make ready, prepare. ³⁴ἐκτρέφω, [3] I nourish, nurture, bring up. ³⁵χίλιοι, αι, α, [11] a thousand. ³⁶διακόσιοι, αι, α, [8] two hundred. ³⁷ἑξήκοντα, οἱ, αἱ, τά, [9] sixty. ³⁸πόλεμος, ου, ὁ, [19] a war, battle, strife. ³⁹πολεμέω, [7] I make war, contend, fight, battle. ⁴⁰πολεμέω, [7] I make war, contend, fight, battle. ⁴¹ἰσχύω, [29] I have strength, am strong, am in full health and vigor, am able; meton: I prevail.

μέγας, ὁ ὄφις[1] ὁ ἀρχαῖος,[2] ὁ καλούμενος διάβολος[3] καὶ Σατανᾶς,[4] ὁ πλανῶν[5] τὴν οἰκουμένην[6] ὅλην· ἐβλήθη εἰς τὴν γῆν, καὶ οἱ ἄγγελοι αὐτοῦ μετ' αὐτοῦ ἐβλήθησαν. **10** Καὶ ἤκουσα φωνὴν μεγάλην ἐν τῷ οὐρανῷ, λέγουσαν, Ἄρτι[7] ἐγένετο ἡ σωτηρία[8] καὶ ἡ δύναμις καὶ ἡ βασιλεία τοῦ θεοῦ ἡμῶν, καὶ ἡ ἐξουσία τοῦ χριστοῦ αὐτοῦ· ὅτι ἐβλήθη ὁ κατήγορος[9] τῶν ἀδελφῶν ἡμῶν, ὁ κατηγορῶν[10] αὐτῶν ἐνώπιον τοῦ θεοῦ ἡμῶν ἡμέρας καὶ νυκτός. **11** Καὶ αὐτοὶ ἐνίκησαν[11] αὐτὸν διὰ τὸ αἷμα τοῦ ἀρνίου,[12] καὶ διὰ τὸν λόγον τῆς μαρτυρίας[13] αὐτῶν, καὶ οὐκ ἠγάπησαν τὴν ψυχὴν αὐτῶν ἄχρι θανάτου. **12** Διὰ τοῦτο εὐφραίνεσθε,[14] οὐρανοὶ καὶ οἱ ἐν αὐτοῖς σκηνοῦντες·[15] Οὐαὶ[16] τῇ γῇ καὶ τῇ θαλάσσῃ, ὅτι κατέβη ὁ διάβολος[3] πρὸς ὑμᾶς ἔχων θυμὸν[17] μέγαν, εἰδὼς ὅτι ὀλίγον[18] καιρὸν ἔχει.

13 Καὶ ὅτε εἶδεν ὁ δράκων[19] ὅτι ἐβλήθη εἰς τὴν γῆν, ἐδίωξεν[20] τὴν γυναῖκα ἥτις ἔτεκεν[21] τὸν ἄρρενα.[22] **14** Καὶ ἐδόθησαν τῇ γυναικὶ δύο πτέρυγες[23] τοῦ ἀετοῦ[24] τοῦ μεγάλου, ἵνα πέτηται[25] εἰς τὴν ἔρημον εἰς τὸν τόπον αὐτῆς, ὅπως τρέφηται[26] ἐκεῖ καιρόν, καὶ καιρούς, καὶ ἥμισυ[27] καιροῦ, ἀπὸ προσώπου τοῦ ὄφεως.[1] **15** Καὶ ἔβαλεν ὁ ὄφις[1] ἐκ τοῦ στόματος αὐτοῦ ὀπίσω[28] τῆς γυναικὸς ὕδωρ ὡς ποταμόν,[29] ἵνα αὐτὴν ποταμοφόρητον[30] ποιήσῃ. **16** Καὶ ἐβοήθησεν[31] ἡ γῆ τῇ γυναικί, καὶ ἤνοιξεν ἡ γῆ τὸ στόμα αὐτῆς, καὶ κατέπιεν[32] τὸν ποταμὸν[29] ὃν ἔβαλεν ὁ δράκων[19] ἐκ τοῦ στόματος αὐτοῦ. **17** Καὶ ὠργίσθη[33] ὁ δράκων[19] ἐπὶ τῇ γυναικί, καὶ ἀπῆλθεν ποιῆσαι πόλεμον[34] μετὰ τῶν λοιπῶν[35] τοῦ σπέρματος[36] αὐτῆς, τῶν τηρούντων τὰς ἐντολὰς τοῦ θεοῦ καὶ ἐχόντων τὴν μαρτυρίαν[13] Ἰησοῦ.

---

[5]πλανῶν: PAP-NSM   [10]κατηγορῶν: PAP-NSM   [11]ἐνίκησαν: AAI-3P   [14]εὐφραίνεσθε: PPM-2P   [15]σκηνοῦντες: PAP-NPM   [20]ἐδίωξεν: AAI-3S   [21]ἔτεκεν: 2AAI-3S   [25]πέτηται: PNS-3S   [26]τρέφηται: PPS-3S   [31]ἐβοήθησεν: AAI-3S   [32]κατέπιεν: 2AAI-3S   [33]ὠργίσθη: API-3S

---

[1]ὄφις, εως, ὁ, [14] a serpent, snake; used of the devil or Satan.   [2]ἀρχαῖος, αία, αῖον, [11] original, primitive, ancient.   [3]διάβολος, ον, [38] (adj. used often as a noun), slanderous; with the article: the Slanderer (par excellence), the Devil.   [4]Σατανᾶς, ᾶ, ὁ, [36] an adversary, Satan.   [5]πλανάω, [40] I lead astray, deceive, cause to wander.   [6]οἰκουμένη, ης, ἡ, [16] (properly: the land that is being inhabited, the land in a state of habitation), the inhabited world, that is, the Roman world, for all outside it was regarded as of no account.   [7]ἄρτι, [37] now, just now, at this moment.   [8]σωτηρία, ας, ἡ, [46] welfare, prosperity, deliverance, preservation, salvation, safety.   [9]κατήγορος, ου, ὁ, [6] an accuser, prosecutor.   [10]κατηγορέω, [22] I accuse, charge, prosecute.   [11]νικάω, [28] I conquer, am victorious, overcome, prevail, subdue.   [12]ἀρνίον, ου, τό, [31] (originally: a little lamb, but diminutive force was lost), a lamb.   [13]μαρτυρία, ας, ἡ, [37] witness, evidence, testimony, reputation.   [14]εὐφραίνω, [14] I cheer, make glad; generally mid. or pass: I am glad, make merry, revel, feast.   [15]σκηνόω, [5] I dwell as in a tent, encamp, have my tabernacle.   [16]οὐαί, [47] woe!, alas!, uttered in grief or denunciation.   [17]θυμός, οῦ, ὁ, [18] an outburst of passion, wrath.   [18]ὀλίγος, η, ον, [43] (a) especially in plur: few, (b) in sing: small; hence, of time: short, of degree: light, slight, little.   [19]δράκων, οντος, ὁ, [13] a dragon or huge serpent; met: Satan.   [20]διώκω, [44] I pursue, hence: I persecute.   [21]τίκτω, [19] I bear, bring forth, produce, beget, yield.   [22]ἄρσην, ενος, εν, [9] male.   [23]πτέρυξ, υγος, ἡ, [5] a wing, pinion.   [24]ἀετός, οῦ, ὁ, [5] an eagle, bird of prey.   [25]πέτομαι, [5] I fly.   [26]τρέφω, [7] I feed, nourish; I bring up, rear, provide for.   [27]ἥμισυς, εια, υ, [5] half.   [28]ὀπίσω, [37] behind, after; back, backwards.   [29]ποταμός, οῦ, ὁ, [16] a river, torrent, stream.   [30]ποταμοφόρητος, ον, [1] carried away by a stream.   [31]βοηθέω, [8] I come to the rescue of, come to help, help.   [32]καταπίνω, [7] I drink down, swallow, devour, destroy, consume.   [33]ὀργίζω, [8] I irritate, provoke, am angry.   [34]πόλεμος, ου, ὁ, [19] a war, battle, strife.   [35]λοιπός, ή, όν, [42] left, left behind, the remainder, the rest, the others.   [36]σπέρμα, ατος, τό, [44] (a) seed, commonly of cereals, (b) offspring, descendents.

The Seven-Headed Beast of Blasphemy and the Two-Horned Beast of Deceit

13 Καὶ ἐστάθην ἐπὶ τὴν ἄμμον¹ τῆς θαλάσσης· καὶ εἶδον ἐκ τῆς θαλάσσης θηρίον² ἀναβαῖνον, ἔχον κέρατα³ δέκα⁴ καὶ κεφαλὰς ἑπτά, καὶ ἐπὶ τῶν κεράτων³ αὐτοῦ δέκα⁴ διαδήματα,⁵ καὶ ἐπὶ τὰς κεφαλὰς αὐτοῦ ὀνόματα βλασφημίας.⁶ **2** Καὶ τὸ θηρίον,² ὃ εἶδον, ἦν ὅμοιον⁷ παρδάλει,⁸ καὶ οἱ πόδες αὐτοῦ ὡς ἄρκου,⁹ καὶ τὸ στόμα αὐτοῦ ὡς στόμα λέοντος·¹⁰ καὶ ἔδωκεν αὐτῷ ὁ δράκων¹¹ τὴν δύναμιν αὐτοῦ, καὶ τὸν θρόνον αὐτοῦ, καὶ ἐξουσίαν μεγάλην. **3** Καὶ μίαν ἐκ τῶν κεφαλῶν αὐτοῦ ὡσεὶ¹² ἐσφαγμένην¹³ εἰς θάνατον· καὶ ἡ πληγὴ¹⁴ τοῦ θανάτου αὐτοῦ ἐθεραπεύθη·¹⁵ καὶ ἐθαύμασεν¹⁶ ὅλη ἡ γῆ ὀπίσω¹⁷ τοῦ θηρίου·² **4** καὶ προσεκύνησαν τῷ δράκοντι¹¹ τῷ δεδωκότι τὴν ἐξουσίαν τῷ θηρίῳ,² καὶ προσεκύνησαν τῷ θηρίῳ,² λέγοντες, Τίς ὅμοιος⁷ τῷ θηρίῳ;² Καὶ τίς δυνατὸς¹⁸ πολεμῆσαι¹⁹ μετ᾽ αὐτοῦ; **5** Καὶ ἐδόθη αὐτῷ στόμα λαλοῦν μεγάλα καὶ βλασφημίαν·⁶ καὶ ἐδόθη αὐτῷ ἐξουσία πόλεμον²⁰ ποιῆσαι μῆνας²¹ τεσσαράκοντα²² δύο. **6** Καὶ ἤνοιξεν τὸ στόμα αὐτοῦ εἰς βλασφημίαν⁶ πρὸς τὸν θεόν, βλασφημῆσαι²³ τὸ ὄνομα αὐτοῦ, καὶ τὴν σκηνὴν²⁴ αὐτοῦ, τοὺς ἐν τῷ οὐρανῷ σκηνοῦντας.²⁵ **7** Καὶ ἐδόθη αὐτῷ ποιῆσαι πόλεμον²⁰ μετὰ τῶν ἁγίων, καὶ νικῆσαι²⁶ αὐτούς· καὶ ἐδόθη αὐτῷ ἐξουσία ἐπὶ πᾶσαν φυλὴν²⁷ καὶ λαὸν καὶ γλῶσσαν καὶ ἔθνος. **8** Καὶ προσκυνήσουσιν αὐτῷ πάντες οἱ κατοικοῦντες²⁸ ἐπὶ τῆς γῆς, ὧν οὐ γέγραπται τὸ ὄνομα ἐν τῷ βιβλίῳ²⁹ τῆς ζωῆς τοῦ ἀρνίου³⁰ τοῦ ἐσφαγμένου³¹ ἀπὸ καταβολῆς³² κόσμου. **9** Εἴ τις ἔχει οὖς,³³ ἀκουσάτω. **10** Εἴ τις ἔχει αἰχμαλωσίαν,³⁴ ὑπάγει· εἴ τις ἐν μαχαίρᾳ³⁵ ἀποκτενεῖ, δεῖ αὐτὸν ἐν μαχαίρᾳ³⁵ ἀποκτανθῆναι. Ὧδέ ἐστιν ἡ ὑπομονὴ³⁶ καὶ ἡ πίστις τῶν ἁγίων.

---

¹³ἐσφαγμένην: RPP-ASF   ¹⁵ἐθεραπεύθη: API-3S   ¹⁶ἐθαύμασεν: AAI-3S   ¹⁹πολεμῆσαι: AAN   ²³βλασφημῆσαι: AAN
²⁵σκηνοῦντας: PAP-APM   ²⁶νικῆσαι: AAN   ²⁸κατοικοῦντες: PAP-NPM   ³¹ἐσφαγμένου: RPP-GSN

---

¹ἄμμος, ου, ἡ, [5] sand, sandy ground.   ²θηρίον, ου, τό, [46] properly: a wild beast, hence: any animal; met: a brute.   ³κέρας, ατος, τό, [11] (a) a horn, (b) a horn-like projection at the corner of an altar, (c) a horn as a symbol of power.   ⁴δέκα, [27] ten.   ⁵διάδημα, ατος, τό, [3] a head-wreath, crown, diadem.   ⁶βλασφημία, ας, ἡ, [19] abusive or scurrilous language, blasphemy.   ⁷ὅμοιος, οία, οιον, [44] like, similar to, resembling, of equal rank.   ⁸πάρδαλις, εως, ἡ, [1] a leopard, panther.   ⁹ἄρκος, ου, ὁ, ἡ, [1] a bear.   ¹⁰λέων, οντος, ὁ, [9] a lion.   ¹¹δράκων, οντος, ὁ, [13] a dragon or huge serpent; met: Satan.   ¹²ὡσεί, [31] as if, as it were, like; with numbers: about.   ¹³σφάζω, [10] I slay, kill by violence, slaughter, wound mortally.   ¹⁴πληγή, ῆς, ἡ, [22] a blow, stripe, wound; an affliction, plague.   ¹⁵θεραπεύω, [44] I care for, attend, serve, treat, especially of a physician; hence: I heal.   ¹⁶θαυμάζω, [46] (a) intrans: I wonder, marvel, (b) trans: I wonder at, admire.   ¹⁷ὀπίσω, [37] behind, after; back, backwards.   ¹⁸δυνατός, ή, όν, [36] (a) of persons: powerful, able, (b) of things: possible.   ¹⁹πολεμέω, [7] I make war, contend, fight, battle.   ²⁰πόλεμος, ου, ὁ, [19] a war, battle, strife.   ²¹μήν, μηνός, ὁ, [18] a (lunar) month.   ²²τεσσαράκοντα, [22] forty.   ²³βλασφημέω, [35] I speak evil against, blaspheme, use abusive or scurrilous language about (God or men).   ²⁴σκηνή, ῆς, ἡ, [20] a tent, booth, tabernacle, abode, dwelling, mansion, habitation.   ²⁵σκηνόω, [5] I dwell as in a tent, encamp, have my tabernacle.   ²⁶νικάω, [28] I conquer, am victorious, overcome, prevail, subdue.   ²⁷φυλή, ῆς, ἡ, [31] a tribe or race of people.   ²⁸κατοικέω, [45] I dwell in, settle in, am established in (permanently), inhabit.   ²⁹βιβλίον, ου, τό, [36] a papyrus roll.   ³⁰ἀρνίον, ου, τό, [31] (originally: a little lamb, but diminutive force was lost), a lamb.   ³¹σφάζω, [10] I slay, kill by violence, slaughter, wound mortally.   ³²καταβολή, ῆς, ἡ, [11] (a) foundation, (b) depositing, sowing, deposit, technically used of the act of conception.   ³³οὖς, ὠτός, τό, [37] (a) the ear, (b) met: the faculty of perception.   ³⁴αἰχμαλωσία, ας, ἡ, [2] captivity; a captive multitude.   ³⁵μάχαιρα, ας, ἡ, [29] a sword.   ³⁶ὑπομονή, ῆς, ἡ, [32] endurance, steadfastness, patient waiting for.

11 Καὶ εἶδον ἄλλο θηρίον¹ ἀναβαῖνον ἐκ τῆς γῆς, καὶ εἶχεν κέρατα² δύο ὅμοια³ ἀρνίῳ,⁴ καὶ ἐλάλει ὡς δράκων.⁵ **12** Καὶ τὴν ἐξουσίαν τοῦ πρώτου θηρίου¹ πᾶσαν ποιεῖ ἐνώπιον αὐτοῦ. Καὶ ἐποίει τὴν γῆν καὶ τοὺς ἐν αὐτῇ κατοικοῦντας⁶ ἵνα προσκυνήσωσιν τὸ θηρίον¹ τὸ πρῶτον, οὗ ἐθεραπεύθη⁷ ἡ πληγὴ⁸ τοῦ θανάτου αὐτοῦ. **13** Καὶ ποιεῖ σημεῖα μεγάλα, καὶ πῦρ ἵνα ἐκ τοῦ οὐρανοῦ καταβαίνῃ ἐπὶ τὴν γῆν ἐνώπιον τῶν ἀνθρώπων. **14** Καὶ πλανᾷ⁹ τοὺς ἐμοὺς τοὺς κατοικοῦντας¹⁰ ἐπὶ τῆς γῆς διὰ τὰ σημεῖα ἃ ἐδόθη αὐτῷ ποιῆσαι ἐνώπιον τοῦ θηρίου,¹ λέγων τοῖς κατοικοῦσιν¹¹ ἐπὶ τῆς γῆς ποιῆσαι εἰκόνα¹² τῷ θηρίῳ¹ ὃ εἶχεν τὴν πληγὴν⁸ καὶ ἔζησεν ἀπὸ τῆς μαχαίρας.¹³ **15** Καὶ ἐδόθη αὐτῷ πνεῦμα δοῦναι τῇ εἰκόνι¹² τοῦ θηρίου,¹ ἵνα καὶ λαλήσῃ ἡ εἰκὼν¹² τοῦ θηρίου,¹ καὶ ποιήσῃ, ὅσοι ἐὰν μὴ προσκυνήσωσιν τῇ εἰκόνι¹² τοῦ θηρίου,¹ ἀποκτανθῶσιν. **16** Καὶ ποιεῖ πάντας, τοὺς μικροὺς¹⁴ καὶ τοὺς μεγάλους, καὶ τοὺς πλουσίους¹⁵ καὶ τοὺς πτωχούς,¹⁶ καὶ τοὺς ἐλευθέρους¹⁷ καὶ τοὺς δούλους, ἵνα δώσωσιν αὐτοῖς χαράγματα¹⁸ ἐπὶ τῆς χειρὸς αὐτῶν τῆς δεξιᾶς, ἢ ἐπὶ τὸ μέτωπον¹⁹ αὐτῶν, **17** καὶ ἵνα μή τις δύναται ἀγοράσαι²⁰ ἢ πωλῆσαι,²¹ εἰ μὴ ὁ ἔχων τὸ χάραγμα,¹⁸ τὸ ὄνομα τοῦ θηρίου¹ ἢ τὸν ἀριθμὸν²² τοῦ ὀνόματος αὐτοῦ. **18** Ὧδε ἡ σοφία ἐστίν. Ὁ ἔχων νοῦν²³ ψηφισάτω²⁴ τὸν ἀριθμὸν²² τοῦ θηρίου·¹ ἀριθμὸς²² γὰρ ἀνθρώπου ἐστίν, καὶ ὁ ἀριθμὸς²² αὐτοῦ ἐστιν ἑξακόσια²⁵ ἑξήκοντα²⁶ ἕξ.²⁷

Of the 144,000 and the Fall of Spiritual Babylon

14 Καὶ εἶδον, καὶ ἰδού, τὸ ἀρνίον⁴ ἑστηκὸς ἐπὶ τὸ ὄρος Σιών,²⁸ καὶ μετ᾽ αὐτοῦ ἀριθμὸς²² ἑκατὸν²⁹ τεσσαράκοντα³⁰ τέσσαρες³¹ χιλιάδες,³² ἔχουσαι τὸ ὄνομα αὐτοῦ καὶ τὸ ὄνομα τοῦ πατρὸς αὐτοῦ γεγραμμένον ἐπὶ τῶν μετώπων¹⁹ αὐτῶν. **2** Καὶ ἤκουσα φωνὴν ἐκ τοῦ οὐρανοῦ, ὡς φωνὴν ὑδάτων πολλῶν, καὶ ὡς φωνὴν βροντῆς³³ μεγάλης· καὶ ἡ φωνὴ ἣν ἤκουσα ὡς κιθαρῳδῶν³⁴ κιθαριζόντων³⁵ ἐν ταῖς κιθάραις³⁶

---

⁶κατοικοῦντας: PAP-APM   ⁷ἐθεραπεύθη: API-3S   ⁹πλανᾷ: PAI-3S   ¹⁰κατοικοῦντας: PAP-APM   ¹¹κατοικοῦσιν: PAP-DPM   ²⁰ἀγοράσαι: AAN   ²¹πωλῆσαι: AAN   ²⁴ψηφισάτω: AAM-3S   ³⁵κιθαριζόντων: PAP-GPM

---

¹θηρίον, ου, τό, [46] properly: a wild beast, hence: any animal; met: a brute.   ²κέρας, ατος, τό, [11] (a) a horn, (b) a horn-like projection at the corner of an altar, (c) a horn as a symbol of power.   ³ὅμοιος, οία, οιον, [44] like, similar to, resembling, of equal rank.   ⁴ἀρνίον, ου, τό, [31] (originally: a little lamb, but diminutive force was lost), a lamb.   ⁵δράκων, οντος, ὁ, [13] a dragon or huge serpent; met: Satan.   ⁶κατοικέω, [45] I dwell in, settle in, am established in (permanently), inhabit.   ⁷θεραπεύω, [44] I care for, attend, serve, treat, especially of a physician; hence: I heal.   ⁸πληγή, ῆς, ἡ, [22] a blow, stripe, wound; an affliction, plague.   ⁹πλανάω, [40] I lead astray, deceive, cause to wander.   ¹⁰κατοικέω, [45] I dwell in, settle in, am established in (permanently), inhabit.   ¹¹κατοικέω, [45] I dwell in, settle in, am established in (permanently), inhabit.   ¹²εἰκών, όνος, ἡ, [23] an image, likeness, bust.   ¹³μάχαιρα, ας, ἡ, [29] a sword.   ¹⁴μικρός, ά, όν, [45] little, small.   ¹⁵πλούσιος, α, ον, [28] rich, abounding in, wealthy; subst: a rich man.   ¹⁶πτωχός, ή, όν, [34] poor, destitute, spiritually poor, either in a good sense (humble devout persons) or bad.   ¹⁷ἐλεύθερος, έρα, ερον, [23] free, delivered from obligation.   ¹⁸χάραγμα, ατος, τό, [8] sculpture; engraving, a stamp, sign.   ¹⁹μέτωπον, ου, τό, [8] the forehead, front.   ²⁰ἀγοράζω, [31] I buy.   ²¹πωλέω, [22] I sell, exchange, barter.   ²²ἀριθμός, οῦ, ὁ, [19] a number, total.   ²³νοῦς, νοός, νοΐ, νοῦν, ὁ, [24] the mind, the reason, the reasoning faculty, intellect.   ²⁴ψηφίζω, [2] I reckon, compute, calculate.   ²⁵ἑξακόσιοι, αι, α, [2] six hundred.   ²⁶ἑξήκοντα, οι, αι, τά, [9] sixty.   ²⁷ἕξ, οἱ, αἱ, τά, [13] six.   ²⁸Σιών, ἡ, [7] Zion, the hill; used for Jerusalem or heaven.   ²⁹ἑκατόν, [17] one hundred.   ³⁰τεσσαράκοντα, [22] forty.   ³¹τέσσαρες, τέσσαρα, [41] four.   ³²χιλιάς, άδος, ἡ, [23] a thousand, the number one thousand.   ³³βροντή, ῆς, ἡ, [12] thunder.   ³⁴κιθαρῳδός, οῦ, ὁ, [2] a harpist, one who sings with harp as accompaniment.   ³⁵κιθαρίζω, [2] intrans. and trans: I play on the harp, I harp, with acc. of the tune.   ³⁶κιθάρα, ας, ἡ, [4] a harp, lyre.

αὐτῶν. 3 Καὶ ᾄδουσιν¹ ᾠδὴν² καινὴν³ ἐνώπιον τοῦ θρόνου, καὶ ἐνώπιον τῶν τεσσάρων⁴ ζῴων⁵ καὶ τῶν πρεσβυτέρων· καὶ οὐδεὶς ἐδύνατο μαθεῖν⁶ τὴν ᾠδήν,² εἰ μὴ αἱ ἑκατὸν⁷ τεσσαράκοντα⁸ τέσσαρες⁴ χιλιάδες,⁹ οἱ ἠγορασμένοι¹⁰ ἀπὸ τῆς γῆς. 4 Οὗτοί εἰσιν οἳ μετὰ γυναικῶν οὐκ ἐμολύνθησαν·¹¹ παρθένοι¹² γάρ εἰσιν. Οὗτοί εἰσιν οἱ ἀκολουθοῦντες τῷ ἀρνίῳ¹³ ὅπου ἂν ὑπάγῃ. Οὗτοι ὑπὸ Ἰησοῦ ἠγοράσθησαν¹⁴ ἀπὸ τῶν ἀνθρώπων, ἀπαρχὴ¹⁵ τῷ θεῷ καὶ τῷ ἀρνίῳ.¹³ 5 Καὶ οὐχ εὑρέθη ἐν τῷ στόματι αὐτῶν ψεῦδος·¹⁶ ἄμωμοι¹⁷ γάρ εἰσιν.

6 Καὶ εἶδον ἄγγελον πετόμενον¹⁸ ἐν μεσουρανήματι,¹⁹ ἔχοντα εὐαγγέλιον αἰώνιον, εὐαγγελίσαι τοὺς καθημένους ἐπὶ τῆς γῆς, καὶ ἐπὶ πᾶν ἔθνος καὶ φυλὴν²⁰ καὶ γλῶσσαν καὶ λαόν, 7 λέγων ἐν φωνῇ μεγάλῃ, Φοβήθητε τὸν κύριον, καὶ δότε αὐτῷ δόξαν, ὅτι ἦλθεν ἡ ὥρα τῆς κρίσεως²¹ αὐτοῦ, καὶ προσκυνήσατε αὐτὸν τὸν ποιήσαντα τὸν οὐρανὸν καὶ τὴν γῆν καὶ τὴν θάλασσαν καὶ πηγὰς²² ὑδάτων.

8 Καὶ ἄλλος δεύτερος²³ ἄγγελος ἠκολούθησεν, λέγων, Ἔπεσεν Βαβυλὼν²⁴ ἡ μεγάλη, ἐκ τοῦ οἴνου²⁵ τοῦ θυμοῦ²⁶ τῆς πορνείας²⁷ αὐτῆς πεπότικεν²⁸ πάντα τὰ ἔθνη.

9 Καὶ ἄλλος ἄγγελος τρίτος ἠκολούθησεν αὐτοῖς, λέγων ἐν φωνῇ μεγάλῃ, Εἴ τις προσκυνεῖ τὸ θηρίον²⁹ καὶ τὴν εἰκόνα³⁰ αὐτοῦ, καὶ λαμβάνει χάραγμα³¹ ἐπὶ τοῦ μετώπου³² αὐτοῦ, ἢ ἐπὶ τὴν χεῖρα αὐτοῦ, 10 καὶ αὐτὸς πίεται ἐκ τοῦ οἴνου²⁵ τοῦ θυμοῦ²⁶ τοῦ θεοῦ, τοῦ κεκερασμένου³³ ἀκράτου³⁴ ἐν τῷ ποτηρίῳ³⁵ τῆς ὀργῆς³⁶ αὐτοῦ, καὶ βασανισθήσεται³⁷ ἐν πυρὶ καὶ θείῳ³⁸ ἐνώπιον τῶν ἁγίων ἀγγέλων, καὶ ἐνώπιον τοῦ ἀρνίου·¹³ 11 καὶ ὁ καπνὸς³⁹ τοῦ βασανισμοῦ⁴⁰ αὐτῶν εἰς αἰῶνας αἰώνων ἀναβαίνει·

---

¹ᾄδουσιν: PAI-3P ⁶μαθεῖν: 2AAN ¹⁰ἠγορασμένοι: RPP-NPM ¹¹ἐμολύνθησαν: API-3P ¹⁴ἠγοράσθησαν: API-3P ¹⁸πετόμενον: PNP-ASM ²⁸πεπότικεν: RAI-3S ³³κεκερασμένου: RPP-GSM ³⁷βασανισθήσεται: FPI-3S

---

¹ᾄδω, [5] I sing. ²ᾠδή, ῆς, ἡ, [7] an ode, song, hymn. ³καινός, ή, όν, [44] fresh, new, unused, novel. ⁴τέσσαρες, τέσσαρα, [41] four. ⁵ζῷον, ου, τό, [23] an animal, living creature. ⁶μανθάνω, [25] I learn; with adj. or nouns: I learn to be so and so; with acc. of person who is the object of knowledge; aor. sometimes: to ascertain. ⁷ἑκατόν, [17] one hundred. ⁸τεσσαράκοντα, [22] forty. ⁹χιλιάς, άδος, ἡ, [23] a thousand, the number one thousand. ¹⁰ἀγοράζω, [31] I buy. ¹¹μολύνω, [3] I soil, stain, pollute, defile, lit. and met. ¹²παρθένος, ου, ὁ, ἡ, [14] a maiden, virgin; extended to men who have not known women. ¹³ἀρνίον, ου, τό, [31] (originally: a little lamb, but diminutive force was lost), a lamb. ¹⁴ἀγοράζω, [31] I buy. ¹⁵ἀπαρχή, ῆς, ἡ, [8] the first-fruits, the earliest crop of the year, hence also met., for example, of the earliest converts in a district; there is evidence in favor of rendering in some passages merely by: sacrifice, gift. ¹⁶ψεῦδος, ους, τό, [10] a lie, falsehood, untruth; false religion. ¹⁷ἄμωμος, ον, [7] blameless, without blemish, unblemished, faultless. ¹⁸πέτομαι, [5] I fly. ¹⁹μεσουράνημα, ατος, τό, [3] mid-heaven, the middle of heaven, the zenith. ²⁰φυλή, ῆς, ἡ, [31] a tribe or race of people. ²¹κρίσις, εως, ἡ, [48] judging, judgment, decision, sentence; generally: divine judgment; accusation. ²²πηγή, ῆς, ἡ, [12] a fountain, spring, well, issue, flow. ²³δεύτερος, α, ον, [44] second; with the article: in the second place, for the second time. ²⁴Βαβυλών, ῶνος, ἡ, [12] (a) Babylon, the ancient city on the Euphrates, to which the people of Jerusalem, etc., were transported, (b) hence allegorically of Rome, from the point of view of the Christian people. ²⁵οἶνος, ου, ὁ, [33] wine. ²⁶θυμός, οῦ, ὁ, [18] an outburst of passion, wrath. ²⁷πορνεία, ας, ἡ, [26] fornication, whoredom; met: idolatry. ²⁸ποτίζω, [15] I cause to drink, give to drink; irrigate, water. ²⁹θηρίον, ου, τό, [46] properly: a wild beast, hence: any animal; met: a brute. ³⁰εἰκών, όνος, ἡ, [23] an image, likeness, bust. ³¹χάραγμα, ατος, τό, [8] sculpture; engraving, a stamp, sign. ³²μέτωπον, ου, τό, [8] the forehead, front. ³³κεράννυμι, [3] I mix, mingle, pour out for drinking. ³⁴ἄκρατος, ον, [1] unmixed, undiluted, pure. ³⁵ποτήριον, ου, τό, [33] a drinking cup, the contents of the cup; fig: the portion which God allots. ³⁶ὀργή, ῆς, ἡ, [36] anger, wrath, passion; punishment, vengeance. ³⁷βασανίζω, [12] I examine, as by torture; I torment; I buffet, as of waves. ³⁸θεῖον, ου, τό, [7] brimstone, sulfur. ³⁹καπνός, οῦ, ὁ, [13] smoke. ⁴⁰βασανισμός, οῦ, ὁ, [6] torture, torment.

καὶ οὐκ ἔχουσιν ἀνάπαυσιν¹ ἡμέρας καὶ νυκτὸς οἱ προσκυνοῦντες τὸ θηρίον² καὶ τὴν εἰκόνα³ αὐτοῦ, καὶ εἴ τις λαμβάνει τὸ χάραγμα⁴ τοῦ ὀνόματος αὐτοῦ. 12 Ὧδε ἡ ὑπομονὴ⁵ τῶν ἁγίων ἐστίν· οἱ τηροῦντες τὰς ἐντολὰς τοῦ θεοῦ καὶ τὴν πίστιν Ἰησοῦ.

13 Καὶ ἤκουσα φωνῆς ἐκ τοῦ οὐρανοῦ λεγούσης, Γράψον, Μακάριοι οἱ νεκροὶ οἱ ἐν κυρίῳ ἀποθνῄσκοντες ἀπ' ἄρτι·⁶ λέγει Ναί⁷ τὸ πνεῦμα, ἵνα ἀναπαύσωνται⁸ ἐκ τῶν κόπων⁹ αὐτῶν· τὰ δὲ ἔργα αὐτῶν ἀκολουθεῖ μετ' αὐτῶν.

14 Καὶ εἶδον, καὶ ἰδού, νεφέλη¹⁰ λευκή,¹¹ καὶ ἐπὶ τὴν νεφέλην¹⁰ καθήμενον ὅμοιον¹² υἱῷ ἀνθρώπου, ἔχων ἐπὶ τῆς κεφαλῆς αὐτοῦ στέφανον¹³ χρυσοῦν,¹⁴ καὶ ἐν τῇ χειρὶ αὐτοῦ δρέπανον¹⁵ ὀξύ.¹⁶ 15 Καὶ ἄλλος ἄγγελος ἐξῆλθεν ἐκ τοῦ ναοῦ,¹⁷ κράζων ἐν φωνῇ μεγάλῃ τῷ καθημένῳ ἐπὶ τῆς νεφέλης,¹⁰ Πέμψον τὸ δρέπανόν¹⁵ σου καὶ θέρισον·¹⁸ ὅτι ἦλθεν ἡ ὥρα θερίσαι,¹⁹ ὅτι ἐξηράνθη²⁰ ὁ θερισμὸς²¹ τῆς γῆς. 16 Καὶ ἔβαλεν ὁ καθήμενος ἐπὶ τὴν νεφέλην¹⁰ τὸ δρέπανον¹⁵ αὐτοῦ ἐπὶ τὴν γῆν, καὶ ἐθερίσθη²² ἡ γῆ.

17 Καὶ ἄλλος ἄγγελος ἐξῆλθεν ἐκ τοῦ ναοῦ¹⁷ τοῦ ἐν τῷ οὐρανῷ, ἔχων καὶ αὐτὸς δρέπανον¹⁵ ὀξύ.¹⁶ 18 Καὶ ἄλλος ἄγγελος ἐξῆλθεν ἐκ τοῦ θυσιαστηρίου,²³ ἔχων ἐξουσίαν ἐπὶ τοῦ πυρός, καὶ ἐφώνησεν²⁴ κραυγῇ²⁵ μεγάλῃ τῷ ἔχοντι τὸ δρέπανον¹⁵ τὸ ὀξύ,¹⁶ λέγων, Πέμψον σου τὸ δρέπανον¹⁵ τὸ ὀξὺ¹⁶ καὶ τρύγησον²⁶ τοὺς βότρυας²⁷ τῆς ἀμπέλου²⁸ τῆς γῆς, ὅτι ἤκμασαν²⁹ αἱ σταφυλαὶ³⁰ αὐτῆς. 19 Καὶ ἔβαλεν ὁ ἄγγελος τὸ δρέπανον¹⁵ αὐτοῦ εἰς τὴν γῆν, καὶ ἐτρύγησεν³¹ τὴν ἄμπελον²⁸ τῆς γῆς, καὶ ἔβαλεν εἰς τὴν ληνὸν³² τοῦ θυμοῦ³³ τοῦ θεοῦ τὸν μέγαν. 20 Καὶ ἐπατήθη³⁴ ἡ ληνὸς³² ἔξωθεν³⁵ τῆς πόλεως, καὶ ἐξῆλθεν αἷμα ἐκ τῆς ληνοῦ³² ἄχρι τῶν χαλινῶν³⁶ τῶν ἵππων,³⁷ ἀπὸ σταδίων³⁸ χιλίων³⁹ ἑξακοσίων.⁴⁰

---

⁸ ἀναπαύσωνται: AMS-3P   ¹⁸ θέρισον: AAM-2S   ¹⁹ θερίσαι: AAN   ²⁰ ἐξηράνθη: API-3S   ²² ἐθερίσθη: API-3S
²⁴ ἐφώνησεν: AAI-3S   ²⁶ τρύγησον: AAM-2S   ²⁹ ἤκμασαν: AAI-3P   ³¹ ἐτρύγησεν: AAI-3S   ³⁴ ἐπατήθη: API-3S

---

¹ ἀνάπαυσις, εως, ἡ, [5] rest, cessation from labor, refreshment.   ² θηρίον, ου, τό, [46] properly: a wild beast, hence: any animal; met: a brute.   ³ εἰκών, όνος, ἡ, [23] an image, likeness, bust.   ⁴ χάραγμα, ατος, τό, [8] sculpture; engraving, a stamp, sign.   ⁵ ὑπομονή, ῆς, ἡ, [32] endurance, steadfastness, patient waiting for.   ⁶ ἄρτι, [37] now, just now, at this moment.   ⁷ ναί, [35] yes, certainly, even so.   ⁸ ἀναπαύω, [12] I make to rest, give rest to; mid. and pass: I rest, take my ease.   ⁹ κόπος, ου, ὁ, [19] (a) trouble, (b) toil, labor, laborious toil, involving weariness and fatigue.   ¹⁰ νεφέλη, ης, ἡ, [26] a cloud.   ¹¹ λευκός, ή, όν, [25] white, bright, brilliant.   ¹² ὅμοιος, οία, οιον, [44] like, similar to, resembling, of equal rank.   ¹³ στέφανος, ου, ὁ, [18] a crown, garland, honor, glory.   ¹⁴ χρυσοῦς, ῆ, οῦν, [19] golden, made of gold, adorned with gold.   ¹⁵ δρέπανον, ου, τό, [8] a sickle, pruning-hook.   ¹⁶ ὀξύς, εῖα, ύ, [8] (a) sharp, (b) swift, eager.   ¹⁷ ναός, οῦ, ὁ, [46] a temple, a shrine, that part of the temple where God himself resides.   ¹⁸ θερίζω, [21] I reap, gather, harvest.   ¹⁹ θερίζω, [21] I reap, gather, harvest.   ²⁰ ξηραίνω, [16] I dry up, parch, am ripened, wither, waste away.   ²¹ θερισμός, οῦ, ὁ, [13] reaping, harvest; met: the harvest, crop.   ²² θερίζω, [21] I reap, gather, harvest.   ²³ θυσιαστήριον, ου, τό, [23] an altar (for sacrifice).   ²⁴ φωνέω, [42] I give forth a sound, hence: (a) of a cock: I crow, (b) of men: I shout, (c) trans: I call (to myself), summon; I invite, address.   ²⁵ κραυγή, ῆς, ἡ, [6] (a) a shout, cry, clamor, (b) outcry, clamoring against another.   ²⁶ τρυγάω, [3] I gather (as of grapes), harvest.   ²⁷ βότρυς, υος, ὁ, [1] a cluster (bunch) of grapes.   ²⁸ ἄμπελος, ου, ἡ, [9] a vine, grape-vine.   ²⁹ ἀκμάζω, [1] I reach maturity, become ripe, am in full vigor.   ³⁰ σταφυλή, ῆς, ἡ, [3] a grape, cluster of grapes.   ³¹ τρυγάω, [3] I gather (as of grapes), harvest.   ³² ληνός, οῦ, ὁ, ἡ, [5] a trough, vat, winepress.   ³³ θυμός, οῦ, ὁ, [18] an outburst of passion, wrath.   ³⁴ πατέω, [5] I tread, trample upon.   ³⁵ ἔξωθεν, [13] (a) from outside, from without, (b) outside, both as adj. and prep; with article: the outside.   ³⁶ χαλινός, οῦ, ὁ, [2] a bridle, bit.   ³⁷ ἵππος, ου, ὁ, [18] a horse.   ³⁸ στάδιον, ου, τό, [6] (a) a stadium, one eighth of a Roman mile, (b) a race-course for public games.   ³⁹ χίλιοι, αι, α, [11] a thousand.   ⁴⁰ ἑξακόσιοι, αι, α, [2] six hundred.

The Angels with the Seven Vials and the Opening of the Temple

15 Καὶ εἶδον ἄλλο σημεῖον ἐν τῷ οὐρανῷ μέγα καὶ θαυμαστόν,[1] ἀγγέλους ἑπτὰ ἔχοντας πληγὰς[2] ἑπτὰ τὰς ἐσχάτας, ὅτι ἐν αὐταῖς ἐτελέσθη[3] ὁ θυμὸς[4] τοῦ θεοῦ.

2 Καὶ εἶδον ὡς θάλασσαν ὑαλίνην[5] μεμιγμένην[6] πυρί, καὶ τοὺς νικῶντας[7] ἐκ τοῦ θηρίου[8] καὶ ἐκ τῆς εἰκόνος[9] αὐτοῦ καὶ ἐκ τοῦ ἀριθμοῦ[10] τοῦ ὀνόματος αὐτοῦ, ἑστῶτας ἐπὶ τὴν θάλασσαν τὴν ὑαλίνην,[5] ἔχοντας κιθάρας[11] τοῦ θεοῦ. **3** Καὶ ᾄδουσιν[12] τὴν ᾠδὴν[13] Μωϋσέως τοῦ δούλου τοῦ θεοῦ, καὶ τὴν ᾠδὴν[13] τοῦ ἀρνίου,[14] λέγοντες, Μεγάλα καὶ θαυμαστὰ[1] τὰ ἔργα σου, κύριε ὁ θεὸς ὁ παντοκράτωρ·[15] δίκαιαι καὶ ἀληθιναὶ[16] αἱ ὁδοί σου, ὁ βασιλεὺς τῶν ἐθνῶν. **4** Τίς οὐ μὴ φοβηθῇ σε, κύριε, καὶ δοξάσῃ τὸ ὄνομά σου; Ὅτι μόνος[17] ἅγιος· ὅτι πάντα τὰ ἔθνη ἥξουσιν[18] καὶ προσκυνήσουσιν ἐνώπιόν σου, ὅτι τὰ δικαιώματά[19] σου ἐφανερώθησαν.[20]

5 Καὶ μετὰ ταῦτα εἶδον, καὶ ἠνοίγη ὁ ναὸς[21] τῆς σκηνῆς[22] τοῦ μαρτυρίου[23] ἐν τῷ οὐρανῷ· **6** καὶ ἐξῆλθον οἱ ἑπτὰ ἄγγελοι οἱ ἔχοντες τὰς ἑπτὰ πληγὰς[2] ἐκ τοῦ ναοῦ,[21] οἳ ἦσαν ἐνδεδυμένοι[24] λίνον[25] καθαρὸν[26] λαμπρόν,[27] καὶ περιεζωσμένοι[28] περὶ τὰ στήθη[29] ζώνας[30] χρυσᾶς·[31] **7** καὶ ἓν ἐκ τῶν τεσσάρων[32] ζώων[33] ἔδωκεν τοῖς ἑπτὰ ἀγγέλοις ἑπτὰ φιάλας[34] χρυσᾶς[31] γεμούσας[35] τοῦ θυμοῦ[4] τοῦ θεοῦ τοῦ ζῶντος εἰς τοὺς αἰῶνας τῶν αἰώνων. **8** Καὶ ἐγεμίσθη[36] ὁ ναὸς[21] καπνοῦ[37] ἐκ τῆς δόξης τοῦ θεοῦ, καὶ ἐκ τῆς δυνάμεως αὐτοῦ· καὶ οὐδεὶς ἐδύνατο εἰσελθεῖν εἰς τὸν ναόν,[21] ἄχρι τελεσθῶσιν[38] αἱ ἑπτὰ πληγαὶ[2] τῶν ἑπτὰ ἀγγέλων.

---

[3]ἐτελέσθη: API-3S [6]μεμιγμένην: RPP-ASF [7]νικῶντας: PAP-ARM [12]ᾄδουσιν: PAI-3P [18]ἥξουσιν: FAI-3P
[20]ἐφανερώθησαν: API-3P [24]ἐνδεδυμένοι: RMP-NPM [28]περιεζωσμένοι: RPP-NPM [35]γεμούσας: PAP-APF
[36]ἐγεμίσθη: API-3S [38]τελεσθῶσιν: APS-3P

---

[1]θαυμαστός, ή, όν, [7] to be wondered at, wonderful, marvelous. [2]πληγή, ῆς, ἡ, [22] a blow, stripe, wound; an affliction, plague. [3]τελέω, [26] (a) I end, finish, (b) I fulfill, accomplish, (c) I pay. [4]θυμός, οῦ, ὁ, [18] an outburst of passion, wrath. [5]ὑάλινος, η, ον, [3] glassy, made of glass, transparent. [6]μίγνυμι, [4] I mix, mingle. [7]νικάω, [28] I conquer, am victorious, overcome, prevail, subdue. [8]θηρίον, ου, τό, [46] properly: a wild beast, hence: any animal; met: a brute. [9]εἰκών, όνος, ἡ, [23] an image, likeness, bust. [10]ἀριθμός, οῦ, ὁ, [19] a number, total. [11]κιθάρα, ας, ἡ, [4] a harp, lyre. [12]ᾄδω, [5] I sing. [13]ᾠδή, ῆς, ἡ, [7] an ode, song, hymn. [14]ἀρνίον, ου, τό, [31] (originally: a little lamb, but diminutive force was lost), a lamb. [15]παντοκράτωρ, ορος, ὁ, [10] ruler of all, ruler of the universe, the almighty. [16]ἀληθινός, η, ον, [27] true (lit: made of truth), real, genuine. [17]μόνος, η, ον, [45] only, solitary, desolate. [18]ἥκω, [27] I have come, am present, have arrived. [19]δικαίωμα, ατος, τό, [10] a thing pronounced (by God) to be righteous (just, the right); or the restoration of a criminal, a fresh chance given him; a righteous deed, an instance of perfect righteousness. [20]φανερόω, [49] I make clear (visible, manifest), make known. [21]ναός, οῦ, ὁ, [46] a temple, a shrine, that part of the temple where God himself resides. [22]σκηνή, ῆς, ἡ, [20] a tent, booth, tabernacle, abode, dwelling, mansion, habitation. [23]μαρτύριον, ου, τό, [20] witness, evidence, testimony, proof. [24]ἐνδύω, [28] I put on, clothe (another). [25]λίνον, ου, τό, [2] flax, linen. [26]καθαρός, ά, όν, [28] clean, pure, unstained, either literally or ceremonially or spiritually; guiltless, innocent, upright. [27]λαμπρός, ά, όν, [9] shining, magnificent, bright, splendid. [28]περιζώννυμι, [7] I gird round; mid: I gird myself, generally for active work or travel. [29]στῆθος, ους, τό, [5] the breast, chest. [30]ζώνη, ῆς, ἡ, [8] a girdle, belt, waistband; because the purse was kept there, also: a purse. [31]χρυσοῦς, ῆ, οῦν, [19] golden, made of gold, adorned with gold. [32]τέσσαρες, τέσσαρα, [41] four. [33]ζῷον, ου, τό, [23] an animal, living creature. [34]φιάλη, ης, ἡ, [12] a shallow and flat bowl. [35]γέμω, [11] I am full of. [36]γεμίζω, [9] I fill, load. [37]καπνός, οῦ, ὁ, [13] smoke. [38]τελέω, [26] (a) I end, finish, (b) I fulfill, accomplish, (c) I pay.

The Seven Vials of Wrath are Poured Out

16 Καὶ ἤκουσα φωνῆς μεγάλης ἐκ τοῦ ναοῦ,¹ λεγούσης τοῖς ἑπτὰ ἀγγέλοις, Ὑπάγετε, καὶ ἐκχέατε² τὰς ἑπτὰ φιάλας³ τοῦ θυμοῦ⁴ τοῦ θεοῦ εἰς τὴν γῆν.

2 Καὶ ἀπῆλθεν ὁ πρῶτος, καὶ ἐξέχεεν⁵ τὴν φιάλην³ αὐτοῦ εἰς τὴν γῆν· καὶ ἐγένετο ἕλκος⁶ κακὸν καὶ πονηρὸν ἐπὶ τοὺς ἀνθρώπους τοὺς ἔχοντας τὸ χάραγμα⁷ τοῦ θηρίου,⁸ καὶ τοὺς προσκυνοῦντας τῇ εἰκόνι⁹ αὐτοῦ.

3 Καὶ ὁ δεύτερος¹⁰ ἄγγελος ἐξέχεεν¹¹ τὴν φιάλην³ αὐτοῦ εἰς τὴν θάλασσαν· καὶ ἐγένετο αἷμα ὡς νεκροῦ, καὶ πᾶσα ψυχὴ ζῶσα ἀπέθανεν ἐν τῇ θαλάσσῃ.

4 Καὶ ὁ τρίτος ἐξέχεεν¹² τὴν φιάλην³ αὐτοῦ εἰς τοὺς ποταμοὺς¹³ καὶ εἰς τὰς πηγὰς¹⁴ τῶν ὑδάτων· καὶ ἐγένετο αἷμα. **5** Καὶ ἤκουσα τοῦ ἀγγέλου τῶν ὑδάτων λέγοντος, Δίκαιος εἶ, ὁ ὢν καὶ ὁ ἦν, ὁ ὅσιος,¹⁵ ὅτι ταῦτα ἔκρινας· **6** ὅτι αἷμα ἁγίων καὶ προφητῶν ἐξέχεαν,¹⁶ καὶ αἷμα αὐτοῖς ἔδωκας πιεῖν· ἄξιοί¹⁷ εἰσιν. **7** Καὶ ἤκουσα τοῦ θυσιαστηρίου¹⁸ λέγοντος, Ναί,¹⁹ κύριε ὁ θεὸς ὁ παντοκράτωρ,²⁰ ἀληθιναὶ²¹ καὶ δίκαιαι αἱ κρίσεις²² σου.

8 Καὶ ὁ τέταρτος²³ ἄγγελος ἐξέχεεν²⁴ τὴν φιάλην³ αὐτοῦ ἐπὶ τὸν ἥλιον·²⁵ καὶ ἐδόθη αὐτῷ καυματίσαι²⁶ ἐν πυρὶ τοὺς ἀνθρώπους. **9** Καὶ ἐκαυματίσθησαν²⁷ οἱ ἄνθρωποι καῦμα²⁸ μέγα, καὶ ἐβλασφήμησαν²⁹ οἱ ἄνθρωποι τὸ ὄνομα τοῦ θεοῦ τοῦ ἔχοντος ἐξουσίαν ἐπὶ τὰς πληγὰς³⁰ ταύτας, καὶ οὐ μετενόησαν³¹ δοῦναι αὐτῷ δόξαν.

10 Καὶ ὁ πέμπτος³² ἐξέχεεν³³ τὴν φιάλην³ αὐτοῦ ἐπὶ τὸν θρόνον τοῦ θηρίου·⁸ καὶ ἐγένετο ἡ βασιλεία αὐτοῦ ἐσκοτωμένη·³⁴ καὶ ἐμασῶντο³⁵ τὰς γλώσσας αὐτῶν ἐκ τοῦ

---

²ἐκχέατε: AAM-2P ⁵ἐξέχεεν: AAI-3S ¹¹ἐξέχεεν: AAI-3S ¹²ἐξέχεεν: AAI-3S ¹⁶ἐξέχεαν: AAI-3P ²⁴ἐξέχεεν: AAI-3S ²⁶καυματίσαι: AAN ²⁷ἐκαυματίσθησαν: API-3P ²⁹ἐβλασφήμησαν: AAI-3P ³¹μετενόησαν: AAI-3P ³³ἐξέχεεν: AAI-3S ³⁴ἐσκοτωμένη: RPP-NSF ³⁵ἐμασῶντο: INI-3P

---

¹ναός, οῦ, ὁ, [46] a temple, a shrine, that part of the temple where God himself resides. ²ἐκχέω, [28] I pour out (liquid or solid); I shed, bestow liberally. ³φιάλη, ης, ἡ, [12] a shallow and flat bowl. ⁴θυμός, οῦ, ὁ, [18] an outburst of passion, wrath. ⁵ἐκχέω, [28] I pour out (liquid or solid); I shed, bestow liberally. ⁶ἕλκος, ους, τό, [3] a (festering) sore, a wound. ⁷χάραγμα, ατος, τό, [8] sculpture; engraving, a stamp, sign. ⁸θηρίον, ου, τό, [46] properly: a wild beast, hence: any animal; met: a brute. ⁹εἰκών, όνος, ἡ, [23] an image, likeness, bust. ¹⁰δεύτερος, α, ον, [44] second; with the article: in the second place, for the second time. ¹¹ἐκχέω, [28] I pour out (liquid or solid); I shed, bestow liberally. ¹²ἐκχέω, [28] I pour out (liquid or solid); I shed, bestow liberally. ¹³ποταμός, οῦ, ὁ, [16] a river, torrent, stream. ¹⁴πηγή, ῆς, ἡ, [12] a fountain, spring, well, issue, flow. ¹⁵ὅσιος, ία, ιον, [7] holy, pious, godly, beloved of God. ¹⁶ἐκχέω, [28] I pour out (liquid or solid); I shed, bestow liberally. ¹⁷ἄξιος, ία, ιον, [41] worthy, worthy of, deserving, comparable, suitable. ¹⁸θυσιαστήριον, ου, τό, [23] an altar (for sacrifice). ¹⁹ναί, [35] yes, certainly, even so. ²⁰παντοκράτωρ, ορος, ὁ, [10] ruler of all, ruler of the universe, the almighty. ²¹ἀληθινός, η, ον, [27] true (lit: made of truth), real, genuine. ²²κρίσις, εως, ἡ, [48] judging, judgment, decision, sentence; generally: divine judgment; accusation. ²³τέταρτος, η, ον, [10] fourth. ²⁴ἐκχέω, [28] I pour out (liquid or solid); I shed, bestow liberally. ²⁵ἥλιος, ου, ὁ, [32] the sun, sunlight. ²⁶καυματίζω, [4] I burn, scorch. ²⁷καυματίζω, [4] I burn, scorch. ²⁸καῦμα, ατος, τό, [2] burning heat, heat. ²⁹βλασφημέω, [35] I speak evil against, blaspheme, use abusive or scurrilous language about (God or men). ³⁰πληγή, ῆς, ἡ, [22] a blow, stripe, wound; an affliction, plague. ³¹μετανοέω, [34] I repent, change my mind, change the inner man (particularly with reference to acceptance of the will of God), repent. ³²πέμπτος, η, ον, [4] the fifth. ³³ἐκχέω, [28] I pour out (liquid or solid); I shed, bestow liberally. ³⁴σκοτόω, [1] (lit. or met.) I darken. ³⁵μασσάομαι, [1] I bite, gnaw, chew.

πόνου,¹ 11 καὶ ἐβλασφήμησαν² τὸν θεὸν τοῦ οὐρανοῦ ἐκ τῶν πόνων¹ αὐτῶν καὶ ἐκ τῶν ἑλκῶν³ αὐτῶν, καὶ οὐ μετενόησαν⁴ ἐκ τῶν ἔργων αὐτῶν.

12 Καὶ ὁ ἕκτος⁵ ἐξέχεεν⁶ τὴν φιάλην⁷ αὐτοῦ ἐπὶ τὸν ποταμὸν⁸ τὸν μέγαν Εὐφράτην·⁹ καὶ ἐξηράνθη¹⁰ τὸ ὕδωρ αὐτοῦ, ἵνα ἑτοιμασθῇ¹¹ ἡ ὁδὸς τῶν βασιλέων τῶν ἀπὸ ἀνατολῆς¹² ἡλίου.¹³ 13 Καὶ εἶδον ἐκ τοῦ στόματος τοῦ δράκοντος,¹⁴ καὶ ἐκ τοῦ στόματος τοῦ θηρίου,¹⁵ καὶ ἐκ τοῦ στόματος τοῦ ψευδοπροφήτου,¹⁶ πνεύματα ἀκάθαρτα¹⁷ τρία ὡς βάτραχοι·¹⁸ 14 εἰσὶν γὰρ πνεύματα δαιμονίων ποιοῦντα σημεῖα, ἃ ἐκπορεύεται¹⁹ ἐπὶ τοὺς βασιλεῖς τῆς οἰκουμένης²⁰ ὅλης, συναγαγεῖν αὐτοὺς εἰς τὸν πόλεμον²¹ τῆς ἡμέρας ἐκείνης τῆς μεγάλης τοῦ θεοῦ τοῦ παντοκράτορος²²– 15 Ἰδού, ἔρχομαι ὡς κλέπτης.²³ Μακάριος ὁ γρηγορῶν²⁴ καὶ τηρῶν τὰ ἱμάτια αὐτοῦ, ἵνα μὴ γυμνὸς²⁵ περιπατῇ, καὶ βλέπωσιν τὴν ἀσχημοσύνην²⁶ αὐτοῦ– 16 Καὶ συνήγαγεν αὐτοὺς εἰς τὸν τόπον τὸν καλούμενον Ἑβραϊστὶ²⁷ Ἁρμαγεδών.²⁸

17 Καὶ ὁ ἕβδομος²⁹ ἐξέχεεν³⁰ τὴν φιάλην⁷ αὐτοῦ ἐπὶ τὸν ἀέρα·³¹ καὶ ἐξῆλθεν φωνὴ μεγάλη ἀπὸ τοῦ ναοῦ³² τοῦ οὐρανοῦ, ἀπὸ τοῦ θρόνου, λέγουσα, Γέγονεν. 18 Καὶ ἐγένοντο ἀστραπαὶ³³ καὶ βρονταὶ³⁴ καὶ φωναί, καὶ σεισμὸς³⁵ μέγας, οἷος³⁶ οὐκ ἐγένετο ἀφ’ οὗ οἱ ἄνθρωποι ἐγένοντο ἐπὶ τῆς γῆς, τηλικοῦτος³⁷ σεισμός,³⁵ οὕτως μέγας. 19 Καὶ ἐγένετο ἡ πόλις ἡ μεγάλη εἰς τρία μέρη,³⁸ καὶ αἱ πόλεις τῶν ἐθνῶν ἔπεσον· καὶ Βαβυλὼν³⁹ ἡ μεγάλη ἐμνήσθη⁴⁰ ἐνώπιον τοῦ θεοῦ, δοῦναι αὐτῇ τὸ ποτήριον⁴¹ τοῦ

---

²ἐβλασφήμησαν: AAI-3P ⁴μετενόησαν: AAI-3P ⁶ἐξέχεεν: AAI-3S ¹⁰ἐξηράνθη: API-3S ¹¹ἑτοιμασθῇ: APS-3S ¹⁹ἐκπορεύεται: PNI-3S ²⁴γρηγορῶν: PAP-NSM ³⁰ἐξέχεεν: AAI-3S ⁴⁰ἐμνήσθη: API-3S

---

¹πόνος, ου, ὁ, [3] (a) labor, toil, (b) pain, anguish, distress, suffering. ²βλασφημέω, [35] I speak evil against, blaspheme, use abusive or scurrilous language about (God or men). ³ἕλκος, ους, τό, [3] a (festering) sore, a wound. ⁴μετανοέω, [34] I repent, change my mind, change the inner man (particularly with reference to acceptance of the will of God), repent. ⁵ἕκτος, η, ον, [14] sixth. ⁶ἐκχέω, [28] I pour out (liquid or solid); I shed, bestow liberally. ⁷φιάλη, ης, ἡ, [12] a shallow and flat bowl. ⁸ποταμός, οῦ, ὁ, [16] a river, torrent, stream. ⁹Εὐφράτης, ου, ὁ, [2] the Euphrates, boundary river of the province Syria. ¹⁰ξηραίνω, [16] I dry up, parch, am ripened, wither, waste away. ¹¹ἑτοιμάζω, [40] I make ready, prepare. ¹²ἀνατολή, ῆς, ἡ, [10] (a) rising of the sun, hence (b) (sing. and plur.) the quarter whence the sun rises, the East. ¹³ἥλιος, ου, ὁ, [32] the sun, sunlight. ¹⁴δράκων, οντος, ὁ, [13] a dragon or huge serpent; met: Satan. ¹⁵θηρίον, ου, τό, [46] properly: a wild beast, hence: any animal; met: a brute. ¹⁶ψευδοπροφήτης, ου, ὁ, [11] a false prophet; one who in God's name teaches what is false. ¹⁷ἀκάθαρτος, ον, [31] unclean, impure. ¹⁸βάτραχος, ου, ὁ, [1] a frog. ¹⁹ἐκπορεύομαι, [32] I depart from; I am voided, cast out; I proceed from, am spoken; I burst forth, flow out, am spread abroad. ²⁰οἰκουμένη, ης, ἡ, [16] (properly: the land that is being inhabited, the land in a state of habitation), the inhabited world, that is, the Roman world, for all outside it was regarded as of no account. ²¹πόλεμος, ου, ὁ, [19] a war, battle, strife. ²²παντοκράτωρ, ορος, ὁ, [10] ruler of all, ruler of the universe, the almighty. ²³κλέπτης, ου, ὁ, [16] a thief. ²⁴γρηγορέω, [23] (a) I am awake (in the night), watch, (b) I am watchful, on the alert, vigilant. ²⁵γυμνός, ή, όν, [15] rarely: stark-naked; generally: wearing only the undergarment; bare, open, manifest; mere. ²⁶ἀσχημοσύνη, ῆς, ἡ, [2] unseemly behavior, unseemliness, indecency, shame, nakedness, an indecent (lewd) act. ²⁷Ἑβραϊστί, [6] in the Hebrew, or rather, in the Aramaic dialect. ²⁸Ἁρμαγεδών, [1] Armageddon. ²⁹ἕβδομος, η, ον, [9] seventh. ³⁰ἐκχέω, [28] I pour out (liquid or solid); I shed, bestow liberally. ³¹ἀήρ, ἀέρος, ὁ, [7] air, the lower air we breathe. ³²ναός, οῦ, ὁ, [46] a temple, a shrine, that part of the temple where God himself resides. ³³ἀστραπή, ῆς, ἡ, [9] a flash of lightning, brightness, luster. ³⁴βροντή, ῆς, ἡ, [12] thunder. ³⁵σεισμός, οῦ, ὁ, [13] a shaking (as an earthquake); a storm. ³⁶οἷος, α, ον, [15] of what kind, such as. ³⁷τηλικοῦτος, αὕτη, οῦτο, [4] so great, so large, important. ³⁸μέρος, ους, τό, [43] a part, portion, share. ³⁹Βαβυλών, ῶνος, ἡ, [12] (a) Babylon, the ancient city on the Euphrates, to which the people of Jerusalem, etc., were transported, (b) hence allegorically of Rome, from the point of view of the Christian people. ⁴⁰μιμνήσκομαι, [23] I remember, call to mind, recall, mention. ⁴¹ποτήριον, ου, τό, [33] a drinking cup, the contents of the cup; fig: the portion which God allots.

οἴνου¹ τοῦ θυμοῦ² τῆς ὀργῆς³ αὐτοῦ. 20 Καὶ πᾶσα νῆσος⁴ ἔφυγεν,⁵ καὶ ὄρη οὐχ εὑρέθησαν. 21 Καὶ χάλαζα⁶ μεγάλη, ὡς ταλαντιαία,⁷ καταβαίνει ἐκ τοῦ οὐρανοῦ ἐπὶ τοὺς ἀνθρώπους· καὶ ἐβλασφήμησαν⁸ οἱ ἄνθρωποι τὸν θεὸν ἐκ τῆς πληγῆς⁹ τῆς χαλάζης·⁶ ὅτι μεγάλη ἐστὶν ἡ πληγὴ⁹ αὐτῆς σφόδρα.¹⁰

The Kingdom of Antichrist Symbolized by the Great Harlot

17 Καὶ ἦλθεν εἷς ἐκ τῶν ἑπτὰ ἀγγέλων τῶν ἐχόντων τὰς ἑπτὰ φιάλας,¹¹ καὶ ἐλάλησεν μετ᾽ ἐμοῦ, λέγων, Δεῦρο,¹² δείξω¹³ σοι τὸ κρίμα¹⁴ τῆς πόρνης¹⁵ τῆς μεγάλης, τῆς καθημένης ἐπὶ τῶν ὑδάτων τῶν πολλῶν· 2 μεθ᾽ ἧς ἐπόρνευσαν¹⁶ οἱ βασιλεῖς τῆς γῆς, καὶ ἐμεθύσθησαν¹⁷ οἱ κατοικοῦντες¹⁸ τὴν γῆν ἐκ τοῦ οἴνου¹ τῆς πορνείας¹⁹ αὐτῆς. 3 Καὶ ἀπήνεγκέν²⁰ με εἰς ἔρημον ἐν πνεύματι· καὶ εἶδον γυναῖκα καθημένην ἐπὶ θηρίον²¹ κόκκινον,²² γέμον²³ ὀνόματα βλασφημίας,²⁴ ἔχον κεφαλὰς ἑπτὰ καὶ κέρατα²⁵ δέκα.²⁶ 4 Καὶ ἡ γυνὴ ἦν περιβεβλημένη²⁷ πορφυροῦν²⁸ καὶ κόκκινον,²² κεχρυσωμένη²⁹ χρυσίῳ³⁰ καὶ λίθῳ τιμίῳ³¹ καὶ μαργαρίταις,³² ἔχουσα ποτήριον³³ χρυσοῦν³⁴ ἐν τῇ χειρὶ αὐτῆς, γέμον³⁵ βδελυγμάτων³⁶ καὶ τὰ ἀκάθαρτα³⁷ τῆς πορνείας¹⁹ αὐτῆς, 5 καὶ ἐπὶ τὸ μέτωπον³⁸ αὐτῆς ὄνομα γεγραμμένον, Μυστήριον,³⁹ Βαβυλὼν⁴⁰ ἡ μεγάλη, ἡ μήτηρ τῶν πορνῶν¹⁵ καὶ τῶν βδελυγμάτων³⁶ τῆς γῆς. 6 Καὶ εἶδον τὴν γυναῖκα μεθύουσαν⁴¹ ἐκ τοῦ αἵματος τῶν ἁγίων, ἐκ τοῦ αἵματος τῶν μαρτύρων⁴² Ἰησοῦ. Καὶ

---

⁵ἔφυγεν: 2AAI-3S   ⁸ἐβλασφήμησαν: AAI-3P   ¹²Δεῦρο: PAM-2S   ¹³δείξω: FAI-1S   ¹⁶ἐπόρνευσαν: AAI-3P
¹⁷ἐμεθύσθησαν: API-3P   ¹⁸κατοικοῦντες: PAP-NPM   ²⁰ἀπήνεγκέν: AAI-3S   ²³γέμον: PAP-ASN   ²⁷περιβεβλημένη:
RPP-NSF   ²⁹κεχρυσωμένη: RPP-NSF   ³⁵γέμον: PAP-ASN   ⁴¹μεθύουσαν: PAP-ASF

---

¹οἶνος, ου, ὁ, [33] wine.   ²θυμός, οῦ, ὁ, [18] an outburst of passion, wrath.   ³ὀργή, ῆς, ἡ, [36] anger, wrath, passion; punishment, vengeance.   ⁴νῆσος, ου, ἡ, [9] an island.   ⁵φεύγω, [31] I flee, escape, shun.   ⁶χάλαζα, ης, ἡ, [4] hail.   ⁷ταλαντιαῖος, αία, αῖον, [1] a talent in weight.   ⁸βλασφημέω, [35] I speak evil against, blaspheme, use abusive or scurrilous language about (God or men).   ⁹πληγή, ῆς, ἡ, [22] a blow, stripe, wound; an affliction, plague.   ¹⁰σφόδρα, [11] exceedingly, greatly, very much.   ¹¹φιάλη, ης, ἡ, [12] a shallow and flat bowl.   ¹²δεῦρο, [9] (originally: hither, hence) (a) exclamatory: come, (b) temporal: now, the present.   ¹³δείκνυμι, [31] I point out, show, exhibit; met: I teach, demonstrate, make known.   ¹⁴κρίμα, ατος, τό, [28] (a) a judgment, a verdict; sometimes implying an adverse verdict, a condemnation, (b) a case at law, a lawsuit.   ¹⁵πόρνη, ης, ἡ, [12] a prostitute; met: an idolatrous community.   ¹⁶πορνεύω, [8] I fornicate; met: I practice idolatry.   ¹⁷μεθύσκω, [4] I make drunk; pass: I become drunk.   ¹⁸κατοικέω, [45] I dwell in, settle in, am established in (permanently), inhabit.   ¹⁹πορνεία, ας, ἡ, [26] fornication, whoredom; met: idolatry.   ²⁰ἀποφέρω, [5] I carry, bear away (sometimes with violence).   ²¹θηρίον, ου, τό, [46] properly: a wild beast, hence: any animal; met: a brute.   ²²κόκκινος, η, ον, [6] crimson, scarlet, dyed with Kermes (coccum), the female coccus of the Kermes oak.   ²³γέμω, [11] I am full of.   ²⁴βλασφημία, ας, ἡ, [19] abusive or scurrilous language, blasphemy.   ²⁵κέρας, ατος, τό, [11] (a) a horn, (b) a horn-like projection at the corner of an altar, (c) a horn as a symbol of power.   ²⁶δέκα, [27] ten.   ²⁷περιβάλλω, [24] I cast around, wrap a garment about, put on; hence mid: I put on to myself, clothe myself, dress; I draw (a line).   ²⁸πορφυροῦς, ᾶ, οῦν, [5] purple.   ²⁹χρυσόω, [2] I gild, adorn with gold.   ³⁰χρυσίον, ου, τό, [11] a piece of gold, golden ornament.   ³¹τίμιος, α, ον, [14] of great price, precious, honored.   ³²μαργαρίτης, ου, ὁ, [9] a pearl.   ³³ποτήριον, ου, τό, [33] a drinking cup, the contents of the cup; fig: the portion which God allots.   ³⁴χρυσοῦς, ῆ, οῦν, [19] golden, made of gold, adorned with gold.   ³⁵γέμω, [11] I am full of.   ³⁶βδέλυγμα, ατος, τό, [6] an abominable thing, an accursed thing.   ³⁷ἀκάθαρτος, ον, [31] unclean, impure.   ³⁸μέτωπον, ου, τό, [8] the forehead, front.   ³⁹μυστήριον, ου, τό, [27] a mystery, secret, of which initiation is necessary; in the NT: the counsels of God, once hidden but now revealed in the Gospel or some fact thereof; the Christian revelation generally; particular truths or details of the Christian revelation.   ⁴⁰Βαβυλών, ῶνος, ἡ, [12] (a) Babylon, the ancient city on the Euphrates, to which the people of Jerusalem, etc., were transported, (b) hence allegorically of Rome, from the point of view of the Christian people.   ⁴¹μεθύω, [6] I am intoxicated with wine, am drunk.   ⁴²μάρτυς, υρος, ὁ, [34] a witness; an eye- or ear-witness.

ἐθαύμασα,¹ ἰδὼν αὐτήν, θαῦμα² μέγα. 7 Καὶ εἶπέν μοι ὁ ἄγγελος, Διὰ τί ἐθαύμασας;³ Ἐγὼ ἐρῶ σοι τὸ μυστήριον⁴ τῆς γυναικός, καὶ τοῦ θηρίου⁵ τοῦ βαστάζοντος⁶ αὐτήν, τοῦ ἔχοντος τὰς ἑπτὰ κεφαλὰς καὶ τὰ δέκα⁷ κέρατα.⁸ 8 Τὸ θηρίον,⁵ ὃ εἶδες, ἦν, καὶ οὐκ ἔστιν, καὶ μέλλει ἀναβαίνειν ἐκ τῆς ἀβύσσου,⁹ καὶ εἰς ἀπώλειαν¹⁰ ὑπάγειν. Καὶ θαυμάσονται¹¹ οἱ κατοικοῦντες¹² ἐπὶ τῆς γῆς, ὧν οὐ γέγραπται τὰ ὀνόματα ἐπὶ τὸ βιβλίον¹³ τῆς ζωῆς ἀπὸ καταβολῆς¹⁴ κόσμου, βλεπόντων ὅτι ἦν τὸ θηρίον,⁵ καὶ οὐκ ἔστιν, καὶ παρέσται.¹⁵ 9 Ὧδε ὁ νοῦς¹⁶ ὁ ἔχων σοφίαν. Αἱ ἑπτὰ κεφαλαὶ ἑπτὰ ὄρη εἰσίν, ὅπου ἡ γυνὴ κάθηται ἐπ’ αὐτῶν. 10 Καὶ βασιλεῖς εἰσιν ἑπτά· οἱ πέντε¹⁷ ἔπεσον, ὁ εἷς ἔστιν, ὁ ἄλλος οὔπω¹⁸ ἦλθεν· καί, ὅταν ἔλθῃ, ὀλίγον¹⁹ δεῖ αὐτὸν μεῖναι. 11 Καὶ τὸ θηρίον⁵ ὃ ἦν, καὶ οὐκ ἔστιν, καὶ αὐτὸς ὄγδοός²⁰ ἐστιν, καὶ ἐκ τῶν ἑπτά ἐστιν, καὶ εἰς ἀπώλειαν¹⁰ ὑπάγει. 12 Καὶ τὰ δέκα⁷ κέρατα,⁸ ἃ εἶδες, δέκα⁷ βασιλεῖς εἰσιν, οἵτινες βασιλείαν οὔπω¹⁸ ἔλαβον, ἀλλ’ ἐξουσίαν ὡς βασιλεῖς μίαν ὥραν λαμβάνουσιν μετὰ τοῦ θηρίου.⁵ 13 Οὗτοι μίαν ἔχουσιν γνώμην,²¹ καὶ τὴν δύναμιν καὶ τὴν ἐξουσίαν αὐτῶν τῷ θηρίῳ⁵ διδόασιν. 14 Οὗτοι μετὰ τοῦ ἀρνίου²² πολεμήσουσιν,²³ καὶ τὸ ἀρνίον²² νικήσει²⁴ αὐτούς, ὅτι κύριος κυρίων ἐστὶν καὶ βασιλεὺς βασιλέων, καὶ οἱ μετ’ αὐτοῦ, κλητοὶ²⁵ καὶ ἐκλεκτοὶ²⁶ καὶ πιστοί. 15 Καὶ λέγει μοι, Τὰ ὕδατα, ἃ εἶδες, οὗ²⁷ ἡ πόρνη²⁸ κάθηται, λαοὶ καὶ ὄχλοι εἰσίν, καὶ ἔθνη καὶ γλῶσσαι. 16 Καὶ τὰ δέκα⁷ κέρατα,⁸ ἃ εἶδες, καὶ τὸ θηρίον,⁵ οὗτοι μισήσουσιν²⁹ τὴν πόρνην,²⁸ καὶ ἠρημωμένην³⁰ ποιήσουσιν αὐτὴν καὶ γυμνὴν³¹ ποιήσουσιν αὐτήν, καὶ τὰς σάρκας αὐτῆς φάγονται, καὶ αὐτὴν κατακαύσουσιν³² ἐν πυρί. 17 Ὁ γὰρ θεὸς ἔδωκεν εἰς τὰς καρδίας αὐτῶν ποιῆσαι τὴν

---

¹ἐθαύμασα: AAI-1S   ³ἐθαύμασας: AAI-2S   ⁶βαστάζοντος: PAP-GSN   ¹¹θαυμάσονται: FDI-3P   ¹²κατοικοῦντες: PAP-NPM   ¹⁵παρέσται: FDI-3S   ²³πολεμήσουσιν: FAI-3P   ²⁴νικήσει: FAI-3S   ²⁹μισήσουσιν: FAI-3P   ³⁰ἠρημωμένην: RPP-ASF   ³²κατακαύσουσιν: FAI-3P

---

¹θαυμάζω, [46] (a) intrans: I wonder, marvel, (b) trans: I wonder at, admire.   ²θαῦμα, ατος, τό, [1] (a) concr: a marvel, wonder, (b) abstr: wonder, amazement.   ³θαυμάζω, [46] (a) intrans: I wonder, marvel, (b) trans: I wonder at, admire.   ⁴μυστήριον, ου, τό, [27] a mystery, secret, of which initiation is necessary; in the NT: the counsels of God, once hidden but now revealed in the Gospel or some fact thereof; the Christian revelation generally; particular truths or details of the Christian revelation.   ⁵θηρίον, ου, τό, [46] properly: a wild beast, hence: any animal; met: a brute.   ⁶βαστάζω, [27] (a) I carry, bear, (b) I carry (take) away.   ⁷δέκα, [27] ten.   ⁸κέρας, ατος, τό, [11] (a) a horn, (b) a horn-like projection at the corner of an altar, (c) a horn as a symbol of power.   ⁹ἄβυσσος, ου, ἡ, [9] the abyss, unfathomable depth, an especially Jewish conception, the home of the dead and of evil spirits.   ¹⁰ἀπώλεια, ας, ἡ, [19] destruction, ruin, loss, perishing; eternal ruin.   ¹¹θαυμάζω, [46] (a) intrans: I wonder, marvel, (b) trans: I wonder at, admire.   ¹²κατοικέω, [45] I dwell in, settle in, am established in (permanently), inhabit.   ¹³βιβλίον, ου, τό, [36] a papyrus roll.   ¹⁴καταβολή, ῆς, ἡ, [11] (a) foundation, (b) depositing, sowing, deposit, technically used of the act of conception.   ¹⁵πάρειμι, [24] I am present, am near; I have come, arrived.   ¹⁶νοῦς, νοός, νοΐ, νοῦν, ὁ, [24] the mind, the reason, the reasoning faculty, intellect.   ¹⁷πέντε, οἱ, αἱ, τά, [38] five.   ¹⁸οὔπω, [23] not yet.   ¹⁹ὀλίγος, η, ον, [43] (a) especially in plur: few, (b) in sing: small; hence, of time: short, of degree: light, slight, little.   ²⁰ὄγδοος, η, ον, [5] the eighth, one of eight, with seven others.   ²¹γνώμη, ης, ἡ, [9] opinion, counsel, judgment, intention, decree.   ²²ἀρνίον, ου, τό, [31] (originally: a little lamb, but diminutive force was lost), a lamb.   ²³πολεμέω, [7] I make war, contend, fight, battle.   ²⁴νικάω, [28] I conquer, am victorious, overcome, prevail, subdue.   ²⁵κλητός, ή, όν, [12] called, invited, summoned by God to an office or to salvation.   ²⁶ἐκλεκτός, ή, όν, [24] chosen out, elect, choice, select, sometimes as subst: of those chosen out by God for the rendering of special service to Him (of the Hebrew race, particular Hebrews, the Messiah, and the Christians).   ²⁷οὗ, [23] where, whither, when, in what place.   ²⁸πόρνη, ης, ἡ, [12] a prostitute; met: an idolatrous community.   ²⁹μισέω, [41] I hate, detest, love less, esteem less.   ³⁰ἐρημόω, [5] (a) I make desolate, bring to desolation, destroy, waste, (b) of a person: I strip, rob.   ³¹γυμνός, ή, όν, [15] rarely: stark-naked; generally: wearing only the under-garment; bare, open, manifest; mere.   ³²κατακαίω, [12] I burn up, consume entirely.

γνώμην¹ αὐτοῦ, καὶ ποιῆσαι γνώμην¹ μίαν, καὶ δοῦναι τὴν βασιλείαν αὐτῶν τῷ θηρίῳ,² ἄχρι τελεσθῶσιν³ οἱ λόγοι τοῦ θεοῦ. 18 Καὶ ἡ γυνή, ἣν εἶδες, ἐστὶν ἡ πόλις ἡ μεγάλη, ἡ ἔχουσα βασιλείαν ἐπὶ τῶν βασιλέων τῆς γῆς.

The Fall and Destruction of Antichrist's Kingdom

18 Μετὰ ταῦτα εἶδον ἄλλον ἄγγελον καταβαίνοντα ἐκ τοῦ οὐρανοῦ, ἔχοντα ἐξουσίαν μεγάλην· καὶ ἡ γῆ ἐφωτίσθη⁴ ἐκ τῆς δόξης αὐτοῦ. 2 Καὶ ἔκραξεν ἰσχυρᾷ⁵ φωνῇ, λέγων, Ἔπεσεν Βαβυλὼν⁶ ἡ μεγάλη, καὶ ἐγένετο κατοικητήριον⁷ δαιμόνων,⁸ καὶ φυλακὴ⁹ παντὸς πνεύματος ἀκαθάρτου,¹⁰ καὶ φυλακὴ⁹ παντὸς ὀρνέου¹¹ ἀκαθάρτου¹⁰ καὶ μεμισημένου.¹² 3 Ὅτι ἐκ τοῦ οἴνου¹³ τοῦ θυμοῦ¹⁴ τῆς πορνείας¹⁵ αὐτῆς πεπτώκασιν πάντα τὰ ἔθνη, καὶ οἱ βασιλεῖς τῆς γῆς μετ' αὐτῆς ἐπόρνευσαν,¹⁶ καὶ οἱ ἔμποροι¹⁷ τῆς γῆς ἐκ τῆς δυνάμεως τοῦ στρήνους¹⁸ αὐτῆς ἐπλούτησαν.¹⁹

4 Καὶ ἤκουσα ἄλλην φωνὴν ἐκ τοῦ οὐρανοῦ, λέγουσαν, Ἔξελθε ἐξ αὐτῆς ὁ λαός μου, ἵνα μὴ συγκοινωνήσητε²⁰ ταῖς ἁμαρτίαις αὐτῆς, καὶ ἐκ τῶν πληγῶν²¹ αὐτῆς ἵνα μὴ λάβητε· 5 ὅτι ἐκολλήθησαν²² αὐτῆς αἱ ἁμαρτίαι ἄχρι τοῦ οὐρανοῦ, καὶ ἐμνημόνευσεν²³ ὁ θεὸς τὰ ἀδικήματα²⁴ αὐτῆς. 6 Ἀπόδοτε²⁵ αὐτῇ ὡς καὶ αὐτὴ ἀπέδωκεν,²⁶ καὶ διπλώσατε²⁷ αὐτῇ διπλᾶ²⁸ κατὰ τὰ ἔργα αὐτῆς· ἐν τῷ ποτηρίῳ²⁹ ᾧ ἐκέρασεν³⁰ κεράσατε³¹ αὐτῇ διπλοῦν.²⁸ 7 Ὅσα ἐδόξασεν αὐτὴν καὶ ἐστρηνίασεν,³² τοσοῦτον³³ δότε αὐτῇ βασανισμὸν³⁴ καὶ πένθος·³⁵ ὅτι ἐν τῇ καρδίᾳ αὐτῆς λέγει ὅτι Κάθημαι βασίλισσα,³⁶ καὶ χήρα³⁷ οὐκ εἰμί, καὶ πένθος³⁵ οὐ μὴ ἴδω. 8 Διὰ τοῦτο ἐν

---

³τελεσθῶσιν: APS-3P ⁴ἐφωτίσθη: API-3S ¹²μεμισημένου: RPP-GSN ¹⁶ἐπόρνευσαν: AAI-3P ¹⁹ἐπλούτησαν: AAI-3P ²⁰συγκοινωνήσητε: AAS-2P ²²ἐκολλήθησαν: API-3P ²³ἐμνημόνευσεν: AAI-3S ²⁵Ἀπόδοτε: 2AAM-2P ²⁶ἀπέδωκεν: AAI-3S ²⁷διπλώσατε: AAM-2P ³⁰ἐκέρασεν: AAI-3S ³¹κεράσατε: AAM-2P ³²ἐστρηνίασεν: AAI-3S

---

¹γνώμη, ης, ἡ, [9] opinion, counsel, judgment, intention, decree. ²θηρίον, ου, τό, [46] properly: a wild beast, hence: any animal; met: a brute. ³τελέω, [26] (a) I end, finish, (b) I fulfill, accomplish, (c) I pay. ⁴φωτίζω, [11] (a) I light up, illumine, (b) I bring to light, make evident, reveal. ⁵ἰσχυρός, ά, όν, [29] strong (originally and generally of physical strength); mighty, powerful, vehement, sure. ⁶Βαβυλών, ῶνος, ἡ, [12] (a) Babylon, the ancient city on the Euphrates, to which the people of Jerusalem, etc., were transported, (b) hence allegorically of Rome, from the point of view of the Christian people. ⁷κατοικητήριον, ου, τό, [2] a habitation, dwelling-place, abode. ⁸δαίμων, ονος, ὁ, [4] an evil-spirit, demon. ⁹φυλακή, ῆς, ἡ, [47] a watching, keeping guard; a guard, prison; imprisonment. ¹⁰ἀκάθαρτος, ον, [31] unclean, impure. ¹¹ὄρνεον, ου, τό, [3] a bird, fowl. ¹²μισέω, [41] I hate, detest, love less, esteem less. ¹³οἶνος, ου, ὁ, [33] wine. ¹⁴θυμός, οῦ, ὁ, [18] an outburst of passion, wrath. ¹⁵πορνεία, ας, ἡ, [26] fornication, whoredom; met: idolatry. ¹⁶πορνεύω, [8] I fornicate; met: I practice idolatry. ¹⁷ἔμπορος, ου, ὁ, [5] a merchant, trader; one on a journey. ¹⁸στρῆνος, ους, τό, [1] wantonness, luxury. ¹⁹πλουτέω, [12] I become rich, am rich, abound in. ²⁰συγκοινωνέω, [3] I am a partaker with, have fellowship with, am an accomplice in. ²¹πληγή, ῆς, ἡ, [22] a blow, stripe, wound; an affliction, plague. ²²κολλάω, [11] (lit: I glue); hence: mid. and pass: I join myself closely, cleave, adhere (to), I keep company (with), of friendly intercourse. ²³μνημονεύω, [21] I remember, hold in remembrance, make mention of. ²⁴ἀδίκημα, ατος, τό, [3] a legal wrong, crime (with which one is charged), misdeed, crime against God, a sin. ²⁵ἀποδίδωμι, [47] (a) I give back, return, restore, (b) I give, render, as due, (c) mid: I sell. ²⁶ἀποδίδωμι, [47] (a) I give back, return, restore, (b) I give, render, as due, (c) mid: I sell. ²⁷διπλόω, [1] I double, render back double. ²⁸διπλοῦς, ῆ, οῦν, [4] double, two-fold. ²⁹ποτήριον, ου, τό, [33] a drinking cup, the contents of the cup; fig: the portion which God allots. ³⁰κεράννυμι, [3] I mix, mingle, pour out for drinking. ³¹κεράννυμι, [3] I mix, mingle, pour out for drinking. ³²στρηνιάω, [2] I live luxuriously, revel, riot. ³³τοσοῦτος, τοσαύτη, τοσοῦτο, [20] so great, so large, so long, so many. ³⁴βασανισμός, οῦ, ὁ, [6] torture, torment. ³⁵πένθος, ους, τό, [5] mourning, sorrow, sadness, grief. ³⁶βασίλισσα, ης, ἡ, [4] a queen. ³⁷χήρα, ας, ἡ, [27] a widow.

μιᾷ ἡμέρᾳ ἥξουσιν[1] αἱ πληγαὶ[2] αὐτῆς, θάνατος καὶ πένθος[3] καὶ λιμός,[4] καὶ ἐν πυρὶ κατακαυθήσεται,[5] ὅτι ἰσχυρὸς[6] κύριος ὁ θεὸς ὁ κρίνας αὐτήν. 9 Καὶ κλαύσουσιν[7] καὶ κόψονται[8] ἐπ᾽ αὐτὴν οἱ βασιλεῖς τῆς γῆς οἱ μετ᾽ αὐτῆς πορνεύσαντες[9] καὶ στρηνιάσαντες,[10] ὅταν βλέπωσιν τὸν καπνὸν[11] τῆς πυρώσεως[12] αὐτῆς, 10 ἀπὸ μακρόθεν[13] ἑστηκότες διὰ τὸν φόβον[14] τοῦ βασανισμοῦ[15] αὐτῆς, λέγοντες, Οὐαί,[16] οὐαί,[16] ἡ πόλις ἡ μεγάλη Βαβυλών,[17] ἡ πόλις ἡ ἰσχυρά,[6] ὅτι μιᾷ ὥρᾳ ἦλθεν ἡ κρίσις[18] σου. 11 Καὶ οἱ ἔμποροι[19] τῆς γῆς κλαύσουσιν[20] καὶ πενθήσουσιν[21] ἐπ᾽ αὐτῇ, ὅτι τὸν γόμον[22] αὐτῶν οὐδεὶς ἀγοράζει[23] οὐκέτι·[24] 12 γόμον[22] χρυσοῦ,[25] καὶ ἀργύρου,[26] καὶ λίθου τιμίου,[27] καὶ μαργαρίτου,[28] καὶ βυσσίνου,[29] καὶ πορφυροῦ,[30] καὶ σηρικοῦ,[31] καὶ κοκκίνου·[32] καὶ πᾶν ξύλον[33] θύϊνον,[34] καὶ πᾶν σκεῦος[35] ἐλεφάντινον,[36] καὶ πᾶν σκεῦος[35] ἐκ ξύλου[33] τιμιωτάτου,[27] καὶ χαλκοῦ,[37] καὶ σιδήρου,[38] καὶ μαρμάρου·[39] 13 καὶ κινάμωμον,[40] καὶ θυμιάματα,[41] καὶ μύρον,[42] καὶ λίβανον,[43] καὶ οἶνον,[44] καὶ ἔλαιον,[45] καὶ σεμίδαλιν,[46] καὶ σῖτον,[47] καὶ πρόβατα,[48] καὶ κτήνη·[49] καὶ ἵππων,[50] καὶ ῥαιδῶν,[51] καὶ σωμάτων, καὶ ψυχὰς ἀνθρώπων. 14 Καὶ ἡ ὀπώρα[52] τῆς ἐπιθυμίας[53] τῆς ψυχῆς σου ἀπῆλθεν ἀπὸ σοῦ, καὶ πάντα τὰ λιπαρὰ[54] καὶ τὰ λαμπρὰ[55] ἀπώλετο ἀπὸ σοῦ, καὶ οὐκέτι[24] αὐτὰ οὐ μὴ εὕρῃς.

---

[1]ἥξουσιν: FAI-3P   [5]κατακαυθήσεται: FPI-3S   [7]κλαύσουσιν: FAI-3P   [8]κόψονται: FDI-3P   [9]πορνεύσαντες: AAP-NPM   [10]στρηνιάσαντες: AAP-NPM   [20]κλαύσουσιν: FAI-3P   [21]πενθήσουσιν: FAI-3P   [23]ἀγοράζει: PAI-3S

---

[1]ἥκω, [27] I have come, am present, have arrived.   [2]πληγή, ῆς, ἡ, [22] a blow, stripe, wound; an affliction, plague.   [3]πένθος, ους, τό, [5] mourning, sorrow, sadness, grief.   [4]λιμός, οῦ, ὁ, ἡ, [12] a famine, hunger.   [5]κατακαίω, [12] I burn up, consume entirely.   [6]ἰσχυρός, ά, όν, [29] strong (originally and generally of physical strength); mighty, powerful, vehement, sure.   [7]κλαίω, [40] I weep, weep for, mourn, lament.   [8]κόπτω, [8] (a) I cut, cut off, strike, smite, (b) mid: I beat my breast or head in lamentation, lament, mourn, sometimes with acc. of person whose loss is mourned.   [9]πορνεύω, [8] I fornicate; met: I practice idolatry.   [10]στρηνιάω, [2] I live luxuriously, revel, riot.   [11]καπνός, οῦ, ὁ, [13] smoke.   [12]πύρωσις, εως, ἡ, [3] a burning, trial, fiery test.   [13]μακρόθεν, [14] from a (long) distance, afar.   [14]φόβος, ου, ὁ, [47] (a) fear, terror, alarm, (b) the object or cause of fear, (c) reverence, respect.   [15]βασανισμός, οῦ, ὁ, [6] torture, torment.   [16]οὐαί, [47] woe!, alas!, uttered in grief or denunciation.   [17]Βαβυλών, ῶνος, ἡ, [12] (a) Babylon, the ancient city on the Euphrates, to which the people of Jerusalem, etc., were transported, (b) hence allegorically of Rome, from the point of view of the Christian people.   [18]κρίσις, εως, ἡ, [48] judging, judgment, decision, sentence; generally: divine judgment; accusation.   [19]ἔμπορος, ου, ὁ, [5] a merchant, trader; one on a journey.   [20]κλαίω, [40] I weep, weep for, mourn, lament.   [21]πενθέω, [10] I mourn, lament, feel guilt.   [22]γόμος, ου, ὁ, [3] a cargo, freight.   [23]ἀγοράζω, [31] I buy.   [24]οὐκέτι, [48] no longer, no more.   [25]χρυσός, οῦ, ὁ, [10] gold, anything made of gold, a gold coin.   [26]ἄργυρος, ου, ὁ, [5] silver as a metal.   [27]τίμιος, α, ον, [14] of great price, precious, honored.   [28]μαργαρίτης, ου, ὁ, [9] a pearl.   [29]βύσσινος, η, ον, [5] of fine linen, cotton.   [30]πορφυροῦς, ᾶ, οῦν, [5] purple.   [31]σηρικός, ή, όν, [1] silken, silk.   [32]κόκκινος, η, ον, [6] crimson, scarlet, dyed with Kermes (coccum), the female coccus of the Kermes oak.   [33]ξύλον, ου, τό, [20] anything made of wood, a piece of wood, a club, staff; the trunk of a tree, used to support the cross-bar of a cross in crucifixion.   [34]θύϊνος, η, ον, [1] of the sandarach (so-called citron) tree.   [35]σκεῦος, ους, τό, [23] a vessel to contain liquid; a vessel of mercy or wrath; any instrument by which anything is done; a household utensil; of ships: tackle.   [36]ἐλεφάντινος, η, ον, [1] made of ivory, subst: ivory.   [37]χαλκός, οῦ, ὁ, [5] copper, brass, money; a brazen musical instrument.   [38]σίδηρος, ου, ὁ, [1] iron.   [39]μάρμαρος, ου, ὁ, ἡ, [1] marble.   [40]κινάμωμον, ου, τό, [1] (a Semitic word) cinnamon.   [41]θυμίαμα, ατος, τό, [6] incense.   [42]μύρον, ου, τό, [14] anointing-oil, ointment.   [43]λίβανος, ου, ὁ, [2] (Semitic word) frankincense, incense.   [44]οἶνος, ου, ὁ, [33] wine.   [45]ἔλαιον, ου, τό, [11] olive oil, oil.   [46]σεμίδαλις, εως, ἡ, [1] the finest wheaten flour.   [47]σῖτος, ου, ὁ, [14] wheat, grain.   [48]πρόβατον, ου, τό, [41] a sheep.   [49]κτῆνος, ους, τό, [4] a beast of burden (generally, a horse or mule) either for riding or for carrying loads on its back, or for yoking to a cart or carriage.   [50]ἵππος, ου, ὁ, [18] a horse.   [51]ῥέδα, ης, ἡ, [1] a chariot.   [52]ὀπώρα, ας, ἡ, [1] autumn, autumnal fruits.   [53]ἐπιθυμία, ας, ἡ, [38] desire, eagerness for, inordinate desire, lust.   [54]λιπαρός, ά, όν, [1] (lit: fat), rich, sumptuous.   [55]λαμπρός, ά, όν, [9] shining, magnificent, bright, splendid.

15 Οἱ ἔμποροι¹ τούτων, οἱ πλουτήσαντες² ἀπ᾽ αὐτῆς, ἀπὸ μακρόθεν³ στήσονται διὰ τὸν φόβον⁴ τοῦ βασανισμοῦ⁵ αὐτῆς, κλαίοντες⁶ καὶ πενθοῦντες,⁷ **16** καὶ λέγοντες, Οὐαί,⁸ οὐαί,⁸ ἡ πόλις ἡ μεγάλη, ἡ περιβεβλημένη⁹ βύσσινον¹⁰ καὶ πορφυροῦν¹¹ καὶ κόκκινον,¹² καὶ κεχρυσωμένη¹³ χρυσίῳ¹⁴ καὶ λίθῳ τιμίῳ¹⁵ καὶ μαργαρίταις·¹⁶ **17** ὅτι μιᾷ ὥρᾳ ἠρημώθη¹⁷ ὁ τοσοῦτος¹⁸ πλοῦτος.¹⁹ Καὶ πᾶς κυβερνήτης,²⁰ καὶ πᾶς ὁ ἐπὶ τόπον πλέων,²¹ καὶ ναῦται,²² καὶ ὅσοι τὴν θάλασσαν ἐργάζονται,²³ ἀπὸ μακρόθεν³ ἔστησαν, **18** καὶ ἔκραζον, βλέποντες τὸν καπνὸν²⁴ τῆς πυρώσεως²⁵ αὐτῆς, λέγοντες, Τίς ὁμοία²⁶ τῇ πόλει τῇ μεγάλῃ; **19** Καὶ ἔβαλον χοῦν²⁷ ἐπὶ τὰς κεφαλὰς αὐτῶν, καὶ ἔκραζον κλαίοντες²⁸ καὶ πενθοῦντες²⁹ καὶ λέγοντες, Οὐαί,⁸ οὐαί,⁸ ἡ πόλις ἡ μεγάλη, ἐν ᾗ ἐπλούτησαν³⁰ πάντες οἱ ἔχοντες τὰ πλοῖα ἐν τῇ θαλάσσῃ ἐκ τῆς τιμιότητος³¹ αὐτῆς, ὅτι μιᾷ ὥρᾳ ἠρημώθη.³² **20** Εὐφραίνου³³ ἐπ᾽ αὐτῇ, οὐρανέ, καὶ οἱ ἅγιοι, καὶ οἱ ἀπόστολοι, καὶ οἱ προφῆται, ὅτι ἔκρινεν ὁ θεὸς τὸ κρίμα³⁴ ὑμῶν ἐξ αὐτῆς.

21 Καὶ ἦρεν εἷς ἄγγελος ἰσχυρὸς³⁵ λίθον ὡς μύλον³⁶ μέγαν, καὶ ἔβαλεν εἰς τὴν θάλασσαν, λέγων, Οὕτως ὁρμήματι³⁷ βληθήσεται Βαβυλὼν³⁸ ἡ μεγάλη πόλις, καὶ οὐ μὴ εὑρεθῇ ἔτι. **22** Καὶ φωνὴ κιθαρῳδῶν³⁹ καὶ μουσικῶν⁴⁰ καὶ αὐλητῶν⁴¹ καὶ σαλπιστῶν⁴² οὐ μὴ ἀκουσθῇ ἐν σοὶ ἔτι, καὶ πᾶς τεχνίτης⁴³ πάσης τέχνης⁴⁴ οὐ μὴ εὑρεθῇ ἐν σοὶ ἔτι,

---

²πλουτήσαντες: AAP-NPM   ⁶κλαίοντες: PAP-NPM   ⁷πενθοῦντες: PAP-NPM   ⁹περιβεβλημένη: RPP-NSF
¹³κεχρυσωμένη: RPP-NSF   ¹⁷ἠρημώθη: API-3S   ²¹πλέων: PAP-NSM   ²³ἐργάζονται: PNI-3P   ²⁸κλαίοντες: PAP-NPM
²⁹πενθοῦντες: PAP-NPM   ³⁰ἐπλούτησαν: AAI-3P   ³²ἠρημώθη: API-3S   ³³Εὐφραίνου: PPM-2S

---

¹ἔμπορος, ου, ὁ, [5] a merchant, trader; one on a journey.   ²πλουτέω, [12] I become rich, am rich, abound in.
³μακρόθεν, [14] from a (long) distance, afar.   ⁴φόβος, ου, ὁ, [47] (a) fear, terror, alarm, (b) the object or cause of fear, (c) reverence, respect.   ⁵βασανισμός, οῦ, ὁ, [6] torture, torment.   ⁶κλαίω, [40] I weep, weep for, mourn, lament.   ⁷πενθέω, [10] I mourn, lament, feel guilt.   ⁸οὐαί, [47] woe!, alas!, uttered in grief or denunciation.
⁹περιβάλλω, [24] I cast around, wrap a garment about, put on; hence mid: I put on to myself, clothe myself, dress; I draw (a line).   ¹⁰βύσσινος, η, ον, [5] of fine linen, cotton.   ¹¹πορφυροῦς, ᾶ, οῦν, [5] purple.   ¹²κόκκινος, η, ον, [6] crimson, scarlet, dyed with Kermes (coccum), the female coccus of the Kermes oak.   ¹³χρυσόω, [2] I gild, adorn with gold.   ¹⁴χρυσίον, ου, τό, [11] a piece of gold, golden ornament.   ¹⁵τίμιος, α, ον, [14] of great price, precious, honored.   ¹⁶μαργαρίτης, ου, ὁ, [9] a pearl.   ¹⁷ἐρημόω, [5] (a) I make desolate, bring to desolation, destroy, waste, (b) of a person: I strip, rob.   ¹⁸τοσοῦτος, τοσαύτη, τοσοῦτο, [20] so great, so large, so long, so many.   ¹⁹πλοῦτος, ου, ὁ, [22] riches, wealth, abundance, materially or spiritually.   ²⁰κυβερνήτης, ου, ὁ, [2] a steersman, pilot; met: a guide, governor.   ²¹πλέω, [6] I sail, travel by sea, voyage.   ²²ναύτης, ου, ὁ, [3] a sailor, seaman.   ²³ἐργάζομαι, [39] I work, trade, perform, do, practice, commit, acquire by labor.
²⁴καπνός, οῦ, ὁ, [13] smoke.   ²⁵πύρωσις, εως, ἡ, [3] a burning, trial, fiery test.   ²⁶ὅμοιος, οία, οιον, [44] like, similar to, resembling, of equal rank.   ²⁷χοῦς, χοός, ὁ, [2] earth, soil, dust.   ²⁸κλαίω, [40] I weep, weep for, mourn, lament.   ²⁹πενθέω, [10] I mourn, lament, feel guilt.   ³⁰πλουτέω, [12] I become rich, am rich, abound in.   ³¹τιμιότης, τητος, ἡ, [1] preciousness, costliness, worth.   ³²ἐρημόω, [5] (a) I make desolate, bring to desolation, destroy, waste, (b) of a person: I strip, rob.   ³³εὐφραίνω, [14] I cheer, make glad; generally mid. or pass: I am glad, make merry, revel, feast.   ³⁴κρίμα, ατος, τό, [28] (a) a judgment, a verdict; sometimes implying an adverse verdict, a condemnation, (b) a case at law, a lawsuit.   ³⁵ἰσχυρός, ά, όν, [29] strong (originally and generally of physical strength); mighty, powerful, vehement, sure.   ³⁶μύλος, ου, ὁ, [4] a millstone, mill.
³⁷ὅρμημα, ατος, τό, [1] a rushing on, impulse, violence.   ³⁸Βαβυλών, ῶνος, ἡ, [12] (a) Babylon, the ancient city on the Euphrates, to which the people of Jerusalem, etc., were transported, (b) hence allegorically of Rome, from the point of view of the Christian people.   ³⁹κιθαρῳδός, ου, ὁ, [2] a harpist, one who sings with harp as accompaniment.   ⁴⁰μουσικός, ή, όν, [1] skilled in music; subst: a musician, singer.   ⁴¹αὐλητής, οῦ, ὁ, [2] a flute-player.   ⁴²σαλπιστής, οῦ, ὁ, [1] a trumpeter.   ⁴³τεχνίτης, ου, ὁ, [4] a craftsman, artisan, architect, builder.
⁴⁴τέχνη, ης, ἡ, [3] art, skill, trade, craft.

καὶ φωνὴ μύλου ¹ οὐ μὴ ἀκουσθῇ ἐν σοὶ ἔτι, **23** καὶ φῶς λύχνου ² οὐ μὴ φανῇ ³ ἐν σοὶ ἔτι, καὶ φωνὴ νυμφίου ⁴ καὶ νύμφης ⁵ οὐ μὴ ἀκουσθῇ ἐν σοὶ ἔτι· ὅτι οἱ ἔμποροί ⁶ σου ἦσαν οἱ μεγιστᾶνες ⁷ τῆς γῆς· ὅτι ἐν τῇ φαρμακείᾳ ⁸ σου ἐπλανήθησαν ⁹ πάντα τὰ ἔθνη. **24** Καὶ ἐν αὐτῇ αἵματα προφητῶν καὶ ἁγίων εὑρέθη, καὶ πάντων τῶν ἐσφαγμένων ¹⁰ ἐπὶ τῆς γῆς.

The Triumph of the Elect in Heaven

19 Μετὰ ταῦτα ἤκουσα ὡς φωνὴν μεγάλην ὄχλου πολλοῦ ἐν τῷ οὐρανῷ, λεγόντων, Ἀλληλούϊα·¹¹ ἡ σωτηρία¹² καὶ ἡ δύναμις καὶ ἡ δόξα τοῦ θεοῦ ἡμῶν· **2** ὅτι ἀληθιναὶ¹³ καὶ δίκαιαι αἱ κρίσεις¹⁴ αὐτοῦ· ὅτι ἔκρινεν τὴν πόρνην¹⁵ τὴν μεγάλην, ἥτις διέφθειρεν¹⁶ τὴν γῆν ἐν τῇ πορνείᾳ¹⁷ αὐτῆς, καὶ ἐξεδίκησεν¹⁸ τὸ αἷμα τῶν δούλων αὐτοῦ ἐκ χειρὸς αὐτῆς. **3** Καὶ δεύτερον¹⁹ εἴρηκεν, Ἀλληλούϊα·¹¹ καὶ ὁ καπνὸς²⁰ αὐτῆς ἀναβαίνει εἰς τοὺς αἰῶνας τῶν αἰώνων. **4** Καὶ ἔπεσον οἱ πρεσβύτεροι οἱ εἴκοσι²¹ τέσσαρες,²² καὶ τὰ τέσσαρα²² ζῷα,²³ καὶ προσεκύνησαν τῷ θεῷ τῷ καθημένῳ ἐπὶ τοῦ θρόνου, λέγοντες, Ἀμήν· Ἀλληλούϊα.¹¹ **5** Καὶ φωνὴ ἀπὸ τοῦ θρόνου ἐξῆλθεν, λέγουσα, Αἰνεῖτε²⁴ τὸν θεὸν ἡμῶν πάντες οἱ δοῦλοι αὐτοῦ, καὶ οἱ φοβούμενοι αὐτόν, οἱ μικροὶ²⁵ καὶ οἱ μεγάλοι. **6** Καὶ ἤκουσα ὡς φωνὴν ὄχλου πολλοῦ, καὶ ὡς φωνὴν ὑδάτων πολλῶν, καὶ ὡς φωνὴν βροντῶν²⁶ ἰσχυρῶν,²⁷ λέγοντες, Ἀλληλούϊα·¹¹ ὅτι ἐβασίλευσεν²⁸ κύριος ὁ θεὸς ἡμῶν ὁ παντοκράτωρ.²⁹ **7** Χαίρωμεν καὶ ἀγαλλιώμεθα,³⁰ καὶ δῶμεν τὴν δόξαν αὐτῷ· ὅτι ἦλθεν ὁ γάμος³¹ τοῦ ἀρνίου,³² καὶ ἡ γυνὴ αὐτοῦ ἡτοίμασεν³³ ἑαυτήν. **8** Καὶ ἐδόθη αὐτῇ ἵνα περιβάληται³⁴ βύσσινον³⁵ λαμπρὸν³⁶ καὶ καθαρόν·³⁷ τὸ γὰρ

---

³φανῇ: 2APS-3S ⁹ἐπλανήθησαν: API-3P ¹⁰ἐσφαγμένων: RPP-GPM ¹⁶διέφθειρεν: IAI-3S ¹⁸ἐξεδίκησεν: AAI-3S ²⁴Αἰνεῖτε: PAM-2P ²⁸ἐβασίλευσεν: AAI-3S ³⁰ἀγαλλιώμεθα: PNS-1P ³³ἡτοίμασεν: AAI-3S ³⁴περιβάληται: 2AMS-3S

---

¹μύλος, ου, ὁ, [4] a millstone, mill. ²λύχνος, ου, ὁ, [14] a lamp. ³φαίνω, [31] (a) act: I shine, shed light, (b) pass: I shine, become visible, appear, (c) I become clear, appear, seem, show myself as. ⁴νυμφίος, ου, ὁ, [16] a bridegroom. ⁵νύμφη, ης, ἡ, [8] (a) a bride, young wife, young woman, (b) a daughter-in-law. ⁶ἔμπορος, ου, ὁ, [5] a merchant, trader; one on a journey. ⁷μεγιστάν, ᾶνος, ὁ, [3] a great one, a lord; a courtier, satrap, nobleman. ⁸φαρμακεία, ας, ἡ, [3] magic, sorcery, enchantment. ⁹πλανάω, [40] I lead astray, deceive, cause to wander. ¹⁰σφάζω, [10] I slay, kill by violence, slaughter, wound mortally. ¹¹Ἀλληλούϊα, [4] Hallelujah, Praise the Lord. ¹²σωτηρία, ας, ἡ, [46] welfare, prosperity, deliverance, preservation, salvation, safety. ¹³ἀληθινός, η, ον, [27] true (lit: made of truth), real, genuine. ¹⁴κρίσις, εως, ἡ, [48] judging, judgment, decision, sentence; generally: divine judgment; accusation. ¹⁵πόρνη, ης, ἡ, [12] a prostitute; met: an idolatrous community. ¹⁶διαφθείρω, [7] I destroy, waste; hence met: I corrupt. ¹⁷πορνεία, ας, ἡ, [26] fornication, whoredom; met: idolatry. ¹⁸ἐκδικέω, [6] I give justice over, defend, avenge, vindicate. ¹⁹δεύτερος, α, ον, [44] second; with the article: in the second place, for the second time. ²⁰καπνός, οῦ, ὁ, [13] smoke. ²¹εἴκοσι, [11] twenty. ²²τέσσαρες, τέσσαρα, [41] four. ²³ζῷον, ου, τό, [23] an animal, living creature. ²⁴αἰνέω, [9] I praise. ²⁵μικρός, ά, όν, [45] little, small. ²⁶βροντή, ῆς, ἡ, [12] thunder. ²⁷ἰσχυρός, ά, όν, [29] strong (originally and generally of physical strength); mighty, powerful, vehement, sure. ²⁸βασιλεύω, [21] (a) I rule, reign, (b) I reign over. ²⁹παντοκράτωρ, ορος, ὁ, [10] ruler of all, ruler of the universe, the almighty. ³⁰ἀγαλλιάω, [11] I exult, am full of joy. ³¹γάμος, ου, ὁ, [16] a marriage, wedding, wedding-ceremony; plur: a wedding-feast. ³²ἀρνίον, ου, τό, [31] (originally: a little lamb, but diminutive force was lost), a lamb. ³³ἑτοιμάζω, [40] I make ready, prepare. ³⁴περιβάλλω, [24] I cast around, wrap a garment about, put on; hence mid: I put on to myself, clothe myself, dress; I draw (a line). ³⁵βύσσινος, η, ον, [5] of fine linen, cotton. ³⁶λαμπρός, ά, όν, [9] shining, magnificent, bright, splendid. ³⁷καθαρός, ά, όν, [28] clean, pure, unstained, either literally or ceremonially or spiritually; guiltless, innocent, upright.

βύσσινον¹ τὰ δικαιώματα² τῶν ἁγίων ἐστίν. 9 Καὶ λέγει μοι, Γράψον, Μακάριοι οἱ εἰς τὸ δεῖπνον³ τοῦ γάμου⁴ τοῦ ἀρνίου⁵ κεκλημένοι. Καὶ λέγει μοι, Οὗτοι οἱ λόγοι ἀληθινοὶ⁶ τοῦ θεοῦ εἰσιν. 10 Καὶ ἔπεσα ἔμπροσθεν⁷ τῶν ποδῶν αὐτοῦ προσκυνῆσαι αὐτῷ· καὶ λέγει μοι, Ὅρα μή· σύνδουλός⁸ σου εἰμὶ καὶ τῶν ἀδελφῶν σου τῶν ἐχόντων τὴν μαρτυρίαν⁹ Ἰησοῦ· τῷ θεῷ προσκύνησον· ἡ γὰρ μαρτυρία⁹ τοῦ Ἰησοῦ ἐστὶν τὸ πνεῦμα τῆς προφητείας.¹⁰

11 Καὶ εἶδον τὸν οὐρανὸν ἀνεῳγμένον, καὶ ἰδού, ἵππος¹¹ λευκός,¹² καὶ ὁ καθήμενος ἐπ᾽ αὐτόν, καλούμενος πιστὸς καὶ ἀληθινός,⁶ καὶ ἐν δικαιοσύνη κρίνει καὶ πολεμεῖ.¹³ 12 Οἱ δὲ ὀφθαλμοὶ αὐτοῦ φλὸξ¹⁴ πυρός, καὶ ἐπὶ τὴν κεφαλὴν αὐτοῦ διαδήματα¹⁵ πολλά· ἔχων ὀνόματα γεγραμμένα καὶ ὄνομα γεγραμμένον ὃ οὐδεὶς οἶδεν εἰ μὴ αὐτός, 13 καὶ περιβεβλημένος¹⁶ ἱμάτιον βεβαμμένον¹⁷ αἵματι· καὶ καλεῖται τὸ ὄνομα αὐτοῦ, Ὁ λόγος τοῦ θεοῦ. 14 Καὶ τὰ στρατεύματα¹⁸ τὰ ἐν τῷ οὐρανῷ ἠκολούθει αὐτῷ ἐπὶ ἵπποις¹¹ λευκοῖς,¹² ἐνδεδυμένοι¹⁹ βύσσινον¹ λευκὸν¹² καθαρόν.²⁰ 15 Καὶ ἐκ τοῦ στόματος αὐτοῦ ἐκπορεύεται²¹ ῥομφαία²² δίστομος²³ ὀξεῖα,²⁴ ἵνα ἐν αὐτῇ πατάξῃ²⁵ τὰ ἔθνη· καὶ αὐτὸς ποιμανεῖ²⁶ αὐτοὺς ἐν ῥάβδῳ²⁷ σιδηρᾷ·²⁸ καὶ αὐτὸς πατεῖ²⁹ τὴν ληνὸν³⁰ τοῦ οἴνου³¹ τοῦ θυμοῦ³² τῆς ὀργῆς³³ τοῦ θεοῦ τοῦ παντοκράτορος.³⁴ 16 Καὶ ἔχει ἐπὶ τὸ ἱμάτιον καὶ ἐπὶ τὸν μηρὸν³⁵ αὐτοῦ ὄνομα γεγραμμένον, Βασιλεὺς βασιλέων καὶ κύριος κυρίων.

17 Καὶ εἶδον ἄγγελον ἑστῶτα ἐν τῷ ἡλίῳ·³⁶ καὶ ἔκραξεν φωνῇ μεγάλῃ, λέγων πᾶσιν τοῖς ὀρνέοις³⁷ τοῖς πετομένοις³⁸ ἐν μεσουρανήματι,³⁹ Δεῦτε,⁴⁰ συνάχθητε εἰς τὸ δεῖπνον³

---

¹³πολεμεῖ: PAI-3S ¹⁶περιβεβλημένος: RPP-NSM ¹⁷βεβαμμένον: RPP-ASN ¹⁹ἐνδεδυμένοι: RMP-NPM ²¹ἐκπορεύεται: PNI-3S ²⁵πατάξῃ: AAS-3S ²⁶ποιμανεῖ: FAI-3S ²⁹πατεῖ: PAI-3S ³⁸πετομένοις: PNP-DPN ⁴⁰Δεῦτε: PAM-2P

---

¹βύσσινος, η, ον, [5] of fine linen, cotton. ²δικαίωμα, ατος, τό, [10] a thing pronounced (by God) to be righteous (just, the right); or the restoration of a criminal, a fresh chance given him; a righteous deed, an instance of perfect righteousness. ³δεῖπνον, ου, τό, [16] a dinner, an afternoon or evening meal. ⁴γάμος, ου, ὁ, [16] a marriage, wedding, wedding-ceremony; plur: a wedding-feast. ⁵ἀρνίον, ου, τό, [31] (originally: a little lamb, but diminutive force was lost), a lamb. ⁶ἀληθινός, η, ον, [27] true (lit: made of truth), real, genuine. ⁷ἔμπροσθεν, [48] in front, before the face; sometimes made a subst. by the addition of the article: in front of, before the face of. ⁸σύνδουλος, ου, ὁ, [10] a fellow slave, fellow servant; of Christians: a fellow worker, colleague. ⁹μαρτυρία, ας, ἡ, [37] witness, evidence, testimony, reputation. ¹⁰προφητεία, ας, ἡ, [19] prophecy, prophesying; the gift of communicating and enforcing revealed truth. ¹¹ἵππος, ου, ὁ, [18] a horse. ¹²λευκός, ή, όν, [25] white, bright, brilliant. ¹³πολεμέω, [7] I make war, contend, fight, battle. ¹⁴φλόξ, φλογός, ἡ, [7] a flame. ¹⁵διάδημα, ατος, τό, [3] a head-wreath, crown, diadem. ¹⁶περιβάλλω, [24] I cast around, wrap a garment about, put on; hence mid: I put on to myself, clothe myself, dress; I draw (a line). ¹⁷βάπτω, [3] (a) I dip, (b) I dye. ¹⁸στράτευμα, ατος, τό, [8] an army, detachment of troops. ¹⁹ἐνδύω, [28] I put on, clothe (another). ²⁰καθαρός, ά, όν, [28] clean, pure, unstained, either literally or ceremonially or spiritually; guiltless, innocent, upright. ²¹ἐκπορεύομαι, [32] I depart from; I am voided, cast out; I proceed from, am spoken; I burst forth, flow out, am spread abroad. ²²ῥομφαία, ας, ἡ, [7] a sword, scimitar; fig: war, piercing grief. ²³δίστομος, ον, [4] (lit: twain-mouthed; hence: of a sword, as a drinker of blood), two-edged. ²⁴ὀξύς, εῖα, ύ, [8] (a) sharp, (b) swift, eager. ²⁵πατάσσω, [10] I smite, strike (as with a sword), smite to death, afflict. ²⁶ποιμαίνω, [11] I shepherd, tend, herd; hence: I rule, govern. ²⁷ῥάβδος, ου, ἡ, [12] a rod, staff, staff of authority, scepter. ²⁸σιδήρεος, έα, εον, [5] made of iron. ²⁹πατέω, [5] I tread, trample upon. ³⁰ληνός, οῦ, ὁ, ἡ, [5] a trough, vat, winepress. ³¹οἶνος, ου, ὁ, [33] wine. ³²θυμός, οῦ, ὁ, [18] an outburst of passion, wrath. ³³ὀργή, ῆς, ἡ, [36] anger, wrath, passion; punishment, vengeance. ³⁴παντοκράτωρ, ορος, ὁ, [10] ruler of all, ruler of the universe, the almighty. ³⁵μηρός, οῦ, ὁ, [1] the thigh. ³⁶ἥλιος, ου, ὁ, [32] the sun, sunlight. ³⁷ὄρνεον, ου, τό, [3] a bird, fowl. ³⁸πέτομαι, [5] I fly. ³⁹μεσουράνημα, ατος, τό, [3] mid-heaven, the middle of heaven, the zenith. ⁴⁰δεῦτε, [13] come hither, come, hither, an exclamatory word.

τὸ μέγα τοῦ θεοῦ, **18** ἵνα φάγητε σάρκας βασιλέων, καὶ σάρκας χιλιάρχων,¹ καὶ σάρκας ἰσχυρῶν,² καὶ σάρκας ἵππων³ καὶ τῶν καθημένων ἐπ᾽ αὐτῶν, καὶ σάρκας πάντων, ἐλευθέρων⁴ τε καὶ δούλων, καὶ μικρῶν⁵ τε καὶ μεγάλων.

19 Καὶ εἶδον τὸ θηρίον,⁶ καὶ τοὺς βασιλεῖς τῆς γῆς, καὶ τὰ στρατεύματα⁷ αὐτῶν συνηγμένα ποιῆσαι πόλεμον⁸ μετὰ τοῦ καθημένου ἐπὶ τοῦ ἵππου,³ καὶ μετὰ τοῦ στρατεύματος⁷ αὐτοῦ. **20** Καὶ ἐπιάσθη⁹ τὸ θηρίον,⁶ καὶ ὁ μετ᾽ αὐτοῦ ψευδοπροφήτης¹⁰ ὁ ποιήσας τὰ σημεῖα ἐνώπιον αὐτοῦ, ἐν οἷς ἐπλάνησεν¹¹ τοὺς λαβόντας τὸ χάραγμα¹² τοῦ θηρίου,⁶ καὶ τοὺς προσκυνοῦντας τῇ εἰκόνι¹³ αὐτοῦ· ζῶντες ἐβλήθησαν οἱ δύο εἰς τὴν λίμνην¹⁴ τοῦ πυρὸς τὴν καιομένην¹⁵ ἐν θείῳ·¹⁶ **21** καὶ οἱ λοιποὶ¹⁷ ἀπεκτάνθησαν ἐν τῇ ῥομφαίᾳ¹⁸ τοῦ καθημένου ἐπὶ τοῦ ἵππου,³ τῇ ἐξελθούσῃ ἐκ τοῦ στόματος αὐτοῦ· καὶ πάντα τὰ ὄρνεα¹⁹ ἐχορτάσθησαν²⁰ ἐκ τῶν σαρκῶν αὐτῶν.

Of the Dragon Bound and Loosed, of Gog and Magog, and of the Last Judgment

20 Καὶ εἶδον ἄγγελον καταβαίνοντα ἐκ τοῦ οὐρανοῦ, ἔχοντα τὴν κλεῖν²¹ τῆς ἀβύσσου,²² καὶ ἅλυσιν²³ μεγάλην ἐπὶ τὴν χεῖρα αὐτοῦ. **2** Καὶ ἐκράτησεν²⁴ τὸν δράκοντα,²⁵ τὸν ὄφιν²⁶ τὸν ἀρχαῖον,²⁷ ὅς ἐστιν διάβολος²⁸ καὶ ὁ Σατανᾶς,²⁹ ὁ πλανῶν³⁰ τὴν οἰκουμένην³¹ ὅλην, καὶ ἔδησεν³² αὐτὸν χίλια³³ ἔτη,³⁴ **3** καὶ ἔβαλεν αὐτὸν εἰς τὴν ἄβυσσον,²² καὶ ἔκλεισεν³⁵ καὶ ἐσφράγισεν³⁶ ἐπάνω³⁷ αὐτοῦ, ἵνα μὴ πλανᾷ³⁸ ἔτι τὰ ἔθνη, ἄχρι τελεσθῇ³⁹ τὰ χίλια³³ ἔτη·³⁴ καὶ μετὰ ταῦτα δεῖ αὐτὸν λυθῆναι⁴⁰ μικρὸν⁵ χρόνον.

---

⁹ἐπιάσθη: API-3S ¹¹ἐπλάνησεν: AAI-3S ¹⁵καιομένην: PPP-ASF ²⁰ἐχορτάσθησαν: API-3P ²⁴ἐκράτησεν: AAI-3S
³⁰πλανῶν: PAP-NSM ³²ἔδησεν: AAI-3S ³⁵ἔκλεισεν: AAI-3S ³⁶ἐσφράγισεν: AAI-3S ³⁸πλανᾷ: PAS-3S ³⁹τελεσθῇ:
APS-3S ⁴⁰λυθῆναι: APN

---

¹χιλίαρχος, ου, ὁ, [21] a commander of a thousand men, a military tribune. ²ἰσχυρός, ά, όν, [29] strong (originally and generally of physical strength); mighty, powerful, vehement, sure. ³ἵππος, ου, ὁ, [18] a horse. ⁴ἐλεύθερος, έρα, ερον, [23] free, delivered from obligation. ⁵μικρός, ά, όν, [45] little, small. ⁶θηρίον, ου, τό, [46] properly: a wild beast, hence: any animal; met: a brute. ⁷στράτευμα, ατος, τό, [8] an army, detachment of troops. ⁸πόλεμος, ου, ὁ, [19] a war, battle, strife. ⁹πιάζω, [12] I lay hold of, apprehend, catch, arrest. ¹⁰ψευδοπροφήτης, ου, ὁ, [11] a false prophet; one who in God's name teaches what is false. ¹¹πλανάω, [40] I lead astray, deceive, cause to wander. ¹²χάραγμα, ατος, τό, [8] sculpture; engraving, a stamp, sign. ¹³εἰκών, όνος, ἡ, [23] an image, likeness, bust. ¹⁴λίμνη, ης, ἡ, [11] a lake. ¹⁵καίω, [14] I ignite, light, burn, lit. and met; I consume with fire. ¹⁶θεῖον, ου, τό, [7] brimstone, sulfur. ¹⁷λοιπός, ή, όν, [42] left, left behind, the remainder, the rest, the others. ¹⁸ῥομφαία, ας, ἡ, [7] a sword, scimitar; fig: war, piercing grief. ¹⁹ὄρνεον, ου, τό, [3] a bird, fowl. ²⁰χορτάζω, [15] I feed, satisfy, fatten. ²¹κλείς, κλειδός, ἡ, [6] a key. ²²ἄβυσσος, ου, ἡ, [9] the abyss, unfathomable depth, an especially Jewish conception, the home of the dead and of evil spirits. ²³ἅλυσις, εως, ἡ, [11] a (light) chain, bond. ²⁴κρατέω, [47] I am strong, mighty, hence: I rule, am master, prevail; I obtain, take hold of; I hold, hold fast. ²⁵δράκων, οντος, ὁ, [13] a dragon or huge serpent; met: Satan. ²⁶ὄφις, εως, ὁ, [14] a serpent, snake; used of the devil or Satan. ²⁷ἀρχαῖος, αία, αῖον, [11] original, primitive, ancient. ²⁸διάβολος, ον, [38] (adj. used often as a noun), slanderous; with the article: the Slanderer (par excellence), the Devil. ²⁹Σατανᾶς, ᾶ, ὁ, [36] an adversary, Satan. ³⁰πλανάω, [40] I lead astray, deceive, cause to wander. ³¹οἰκουμένη, ης, ἡ, [16] (properly: the land that is being inhabited, the land in a state of habitation), the inhabited world, that is, the Roman world, for all outside it was regarded as of no account. ³²δέω, [44] I bind, tie, fasten; I impel, compel; I declare to be prohibited and unlawful. ³³χίλιοι, αι, α, [11] a thousand. ³⁴ἔτος, ους, τό, [49] a year. ³⁵κλείω, [15] I shut, shut up. ³⁶σφραγίζω, [15] I seal, set a seal upon. ³⁷ἐπάνω, [20] (a) adv: on the top, above, (b) prep: on the top of, above, over, on, above, more than, superior to. ³⁸πλανάω, [40] I lead astray, deceive, cause to wander. ³⁹τελέω, [26] (a) I end, finish, (b) I fulfill, accomplish, (c) I pay. ⁴⁰λύω, [42] (a) I loose, untie, release, (b) met: I break, destroy, set at naught, contravene; I break up a meeting, annul.

4 Καὶ εἶδον θρόνους, καὶ ἐκάθισαν¹ ἐπ' αὐτούς, καὶ κρίμα² ἐδόθη αὐτοῖς· καὶ τὰς ψυχὰς τῶν πεπελεκισμένων³ διὰ τὴν μαρτυρίαν⁴ Ἰησοῦ, καὶ διὰ τὸν λόγον τοῦ θεοῦ, καὶ οἵτινες οὐ προσεκύνησαν τὸ θηρίον,⁵ οὐδὲ τὴν εἰκόνα⁶ αὐτοῦ, καὶ οὐκ ἔλαβον τὸ χάραγμα⁷ ἐπὶ τὸ μέτωπον,⁸ καὶ ἐπὶ τὴν χεῖρα αὐτῶν· καὶ ἔζησαν, καὶ ἐβασίλευσαν⁹ μετὰ τοῦ χριστοῦ τὰ χίλια¹⁰ ἔτη.¹¹ 5 Καὶ οἱ λοιποὶ¹² τῶν νεκρῶν οὐκ ἔζησαν ἄχρι τελεσθῇ¹³ τὰ χίλια¹⁰ ἔτη.¹¹ Αὕτη ἡ ἀνάστασις¹⁴ ἡ πρώτη. 6 Μακάριος καὶ ἅγιος ὁ ἔχων μέρος¹⁵ ἐν τῇ ἀναστάσει¹⁴ τῇ πρώτῃ· ἐπὶ τούτων ὁ δεύτερος¹⁶ θάνατος οὐκ ἔχει ἐξουσίαν, ἀλλ' ἔσονται ἱερεῖς¹⁷ τοῦ θεοῦ καὶ τοῦ χριστοῦ, καὶ βασιλεύσουσιν¹⁸ μετ' αὐτοῦ χίλια¹⁰ ἔτη.¹¹

7 Καὶ ὅταν τελεσθῇ¹⁹ τὰ χίλια¹⁰ ἔτη,¹¹ λυθήσεται²⁰ ὁ Σατανᾶς²¹ ἐκ τῆς φυλακῆς²² αὐτοῦ, 8 καὶ ἐξελεύσεται πλανῆσαι²³ τὰ ἔθνη τὰ ἐν ταῖς τέσσαρσιν²⁴ γωνίαις²⁵ τῆς γῆς, τὸν Γὼγ καὶ τὸν Μαγώγ, συναγαγεῖν αὐτοὺς εἰς τὸν πόλεμον·²⁶ ὧν ὁ ἀριθμὸς²⁷ ὡς ἡ ἄμμος²⁸ τῆς θαλάσσης. 9 Καὶ ἀνέβησαν ἐπὶ τὸ πλάτος²⁹ τῆς γῆς, καὶ ἐκύκλωσαν³⁰ τὴν παρεμβολὴν³¹ τῶν ἁγίων καὶ τὴν πόλιν τὴν ἠγαπημένην· καὶ κατέβη πῦρ ἐκ τοῦ οὐρανοῦ ἀπὸ τοῦ θεοῦ, καὶ κατέφαγεν³² αὐτούς. 10 Καὶ ὁ διάβολος³³ ὁ πλανῶν³⁴ αὐτοὺς ἐβλήθη εἰς τὴν λίμνην³⁵ τοῦ πυρὸς καὶ θείου,³⁶ ὅπου καὶ τὸ θηρίον⁵ καὶ ὁ ψευδοπροφήτης·³⁷ καὶ βασανισθήσονται³⁸ ἡμέρας καὶ νυκτὸς εἰς τοὺς αἰῶνας τῶν αἰώνων.

11 Καὶ εἶδον θρόνον μέγαν λευκόν,³⁹ καὶ τὸν καθήμενον ἐπ' αὐτόν, οὗ ἀπὸ προσώπου ἔφυγεν⁴⁰ ἡ γῆ καὶ ὁ οὐρανός, καὶ τόπος οὐχ εὑρέθη αὐτοῖς. 12 Καὶ εἶδον τοὺς νεκρούς, τοὺς μεγάλους καὶ τοὺς μικρούς,⁴¹ ἑστῶτας ἐνώπιον τοῦ θρόνου, καὶ βιβλία⁴²

---

¹ἐκάθισαν: AAI-3P ³πεπελεκισμένων: RPP-GPM ⁹ἐβασίλευσαν: AAI-3P ¹³τελεσθῇ: APS-3S ¹⁸βασιλεύσουσιν: FAI-3P ¹⁹τελεσθῇ: APS-3S ²⁰λυθήσεται: FPI-3S ²³πλανῆσαι: AAN ³⁰ἐκύκλωσαν: AAI-3P ³²κατέφαγεν: 2AAI-3S ³⁴πλανῶν: PAP-NSM ³⁸βασανισθήσονται: FPI-3P ⁴⁰ἔφυγεν: 2AAI-3S

---

¹καθίζω, [48] (a) trans: I make to sit; I set, appoint, (b) intrans: I sit down, am seated, stay. ²κρίμα, ατος, τό, [28] (a) a judgment, a verdict; sometimes implying an adverse judgment, a condemnation, (b) a case at law, a lawsuit. ³πελεκίζω, [1] I behead (with an axe). ⁴μαρτυρία, ας, ἡ, [37] witness, evidence, testimony, reputation. ⁵θηρίον, ου, τό, [46] properly: a wild beast, hence: any animal; met: a brute. ⁶εἰκών, όνος, ἡ, [23] an image, likeness, bust. ⁷χάραγμα, ατος, τό, [8] sculpture; engraving, a stamp, sign. ⁸μέτωπον, ου, τό, [8] the forehead, front. ⁹βασιλεύω, [21] (a) I rule, reign, (b) I reign over. ¹⁰χίλιοι, αι, α, [11] a thousand. ¹¹ἔτος, ους, τό, [49] a year. ¹²λοιπός, ή, όν, [42] left, left behind, the remainder, the rest, the others. ¹³τελέω, [26] (a) I end, finish, (b) I fulfill, accomplish, (c) I pay. ¹⁴ἀνάστασις, εως, ἡ, [42] a rising again, resurrection. ¹⁵μέρος, ους, τό, [43] a part, portion, share. ¹⁶δεύτερος, α, ον, [44] second; with the article: in the second place, for the second time. ¹⁷ἱερεύς, έως, ὁ, [33] a priest, one who offers sacrifice to a god (in Jewish and pagan religions; of Christians only met.). ¹⁸βασιλεύω, [21] (a) I rule, reign, (b) I reign over. ¹⁹τελέω, [26] (a) I end, finish, (b) I fulfill, accomplish, (c) I pay. ²⁰λύω, [42] (a) I loose, untie, release, (b) met: I break, destroy, set at naught, contravene; I break up a meeting, annul. ²¹Σατανᾶς, ᾶ, ὁ, [36] an adversary, Satan. ²²φυλακή, ῆς, ἡ, [47] a watching, keeping guard; a guard, prison; imprisonment. ²³πλανάω, [40] I lead astray, deceive, cause to wander. ²⁴τέσσαρες, τέσσαρα, [41] four. ²⁵γωνία, ας, ἡ, [9] a corner; met: a secret place. ²⁶πόλεμος, ου, ὁ, [19] a war, battle, strife. ²⁷ἀριθμός, οῦ, ὁ, [19] a number, total. ²⁸ἄμμος, ου, ἡ, [5] sand, sandy ground. ²⁹πλάτος, ους, τό, [4] breadth. ³⁰κυκλόω, [5] I encircle, besiege, surround. ³¹παρεμβολή, ῆς, ἡ, [10] a camp, fort, castle, barracks, army in battle array. ³²κατεσθίω, [15] I eat up, eat till it is finished, devour, squander, annoy, injure. ³³διάβολος, ον, [38] (adj. used often as a noun), slanderous; with the article: the Slanderer (par excellence), the Devil. ³⁴πλανάω, [40] I lead astray, deceive, cause to wander. ³⁵λίμνη, ης, ἡ, [11] a lake. ³⁶θεῖον, ου, τό, [7] brimstone, sulfur. ³⁷ψευδοπροφήτης, ου, ὁ, [11] a false prophet; one who in God's name teaches what is false. ³⁸βασανίζω, [12] I examine, as by torture; I torment; I buffet, as of waves. ³⁹λευκός, ή, όν, [25] white, bright, brilliant. ⁴⁰φεύγω, [31] I flee, escape, shun. ⁴¹μικρός, ά, όν, [45] little, small. ⁴²βιβλίον, ου, τό, [36] a papyrus roll.

ἠνεῴχθησαν· καὶ ἄλλο βιβλίον¹ ἠνεῴχθη, ὅ ἐστιν τῆς ζωῆς· καὶ ἐκρίθησαν οἱ νεκροὶ ἐκ τῶν γεγραμμένων ἐν τοῖς βιβλίοις,¹ κατὰ τὰ ἔργα αὐτῶν. **13** Καὶ ἔδωκεν ἡ θάλασσα τοὺς νεκροὺς τοὺς ἐν αὐτῇ, καὶ ὁ Θάνατος καὶ ὁ Ἅδης² ἔδωκαν τοὺς νεκροὺς τοὺς ἐν αὐτοῖς· καὶ ἐκρίθησαν ἕκαστος κατὰ τὰ ἔργα αὐτῶν. **14** Καὶ ὁ Θάνατος καὶ ὁ Ἅδης² ἐβλήθησαν εἰς τὴν λίμνην³ τοῦ πυρός· οὗτος ὁ θάνατος ὁ δεύτερός⁴ ἐστιν, ἡ λίμνη³ τοῦ πυρός. **15** Καὶ εἴ τις οὐχ εὑρέθη ἐν τῷ βιβλίῳ¹ τῆς ζωῆς γεγραμμένος, ἐβλήθη εἰς τὴν λίμνην³ τοῦ πυρός.

The Seventh Vision: Of the Heavenly Jerusalem

21 Καὶ εἶδον οὐρανὸν καινὸν⁵ καὶ γῆν καινήν·⁵ ὁ γὰρ πρῶτος οὐρανὸς καὶ ἡ πρώτη γῆ ἀπῆλθον, καὶ ἡ θάλασσα οὐκ ἔστιν ἔτι. **2** Καὶ τὴν πόλιν τὴν ἁγίαν, Ἰερουσαλὴμ καινήν,⁵ εἶδον καταβαίνουσαν ἐκ τοῦ οὐρανοῦ ἀπὸ τοῦ θεοῦ, ἡτοιμασμένην⁶ ὡς νύμφην⁷ κεκοσμημένην⁸ τῷ ἀνδρὶ αὐτῆς. **3** Καὶ ἤκουσα φωνῆς μεγάλης ἐκ τοῦ οὐρανοῦ, λεγούσης, Ἰδού, ἡ σκηνὴ⁹ τοῦ θεοῦ μετὰ τῶν ἀνθρώπων, καὶ σκηνώσει¹⁰ μετ᾽ αὐτῶν, καὶ αὐτοὶ λαὸς αὐτοῦ ἔσονται, καὶ αὐτὸς ὁ θεὸς ἔσται μετ᾽ αὐτῶν· **4** καὶ ἐξαλείψει¹¹ πᾶν δάκρυον¹² ἀπὸ τῶν ὀφθαλμῶν αὐτῶν, καὶ ὁ θάνατος οὐκ ἔσται ἔτι· οὔτε πένθος,¹³ οὔτε κραυγή,¹⁴ οὔτε πόνος¹⁵ οὐκ ἔσται ἔτι· ὅτι τὰ πρῶτα ἀπῆλθον. **5** Καὶ εἶπεν ὁ καθήμενος ἐπὶ τῷ θρόνῳ, Ἰδού, πάντα καινὰ⁵ ποιῶ. Καὶ λέγει μοι, Γράψον· ὅτι οὗτοι οἱ λόγοι ἀληθινοὶ¹⁶ καὶ πιστοί εἰσιν. **6** Καὶ εἶπέν μοι, Γέγονα· τὸ Ἄλφα¹⁷ καὶ τὸ Ὦ,¹⁸ ἡ ἀρχὴ καὶ τὸ τέλος.¹⁹ Ἐγὼ τῷ διψῶντι²⁰ δώσω ἐκ τῆς πηγῆς²¹ τοῦ ὕδατος τῆς ζωῆς δωρεάν.²² **7** Ὁ νικῶν²³ κληρονομήσει²⁴ ταῦτα, καὶ ἔσομαι αὐτῷ θεός, καὶ αὐτὸς ἔσται μοι υἱός. **8** Τοῖς δὲ δειλοῖς²⁵ καὶ ἀπίστοις²⁶ καὶ ἁμαρτωλοῖς²⁷ καὶ ἐβδελυγμένοις²⁸ καὶ φονεῦσιν²⁹ καὶ πόρνοις³⁰ καὶ φαρμάκοις³¹ καὶ εἰδωλολάτραις,³²

---

⁶ἡτοιμασμένην: RPP-ASF ⁸κεκοσμημένην: RPP-ASF ¹⁰σκηνώσει: FAI-3S ¹¹ἐξαλείψει: FAI-3S ²⁰διψῶντι: PAP-DSM ²³νικῶν: PAP-NSM ²⁴κληρονομήσει: FAI-3S ²⁸ἐβδελυγμένοις: RPP-DPM

---

¹βιβλίον, ου, τό, [36] a papyrus roll. ²Ἅιδης, ου, ὁ, [11] Hades, the unseen world. ³λίμνη, ης, ἡ, [11] a lake. ⁴δεύτερος, α, ον, [44] second; with the article: in the second place, for the second time. ⁵καινός, ή, όν, [44] fresh, new, unused, novel. ⁶ἑτοιμάζω, [40] I make ready, prepare. ⁷νύμφη, ης, ἡ, [8] (a) a bride, young wife, young woman, (b) a daughter-in-law. ⁸κοσμέω, [10] I put into order; I decorate, deck, adorn. ⁹σκηνή, ῆς, ἡ, [20] a tent, booth, tabernacle, abode, dwelling, mansion, habitation. ¹⁰σκηνόω, [5] I dwell as in a tent, encamp, have my tabernacle. ¹¹ἐξαλείφω, [5] I plaster, wash over; I wipe off, wipe out, obliterate. ¹²δάκρυον, ου, τό, [11] a tear. ¹³πένθος, ους, τό, [5] mourning, sorrow, sadness, grief. ¹⁴κραυγή, ῆς, ἡ, [6] (a) a shout, cry, clamor, (b) outcry, clamoring against another. ¹⁵πόνος, ου, ὁ, [3] (a) labor, toil, (b) pain, anguish, distress, suffering. ¹⁶ἀληθινός, η, ον, [27] true (lit: made of truth), real, genuine. ¹⁷ἄλφα, [3] alpha; the first letter of the Greek alphabet. ¹⁸Ὦ, [3] omega, the last letter of the Greek alphabet. ¹⁹τέλος, ους, τό, [41] (a) an end, (b) event or issue, (c) the principal end, aim, purpose, (d) a tax. ²⁰διψάω, [16] I thirst for, desire earnestly. ²¹πηγή, ῆς, ἡ, [12] a fountain, spring, well, issue, flow. ²²δωρεάν, [9] as a free gift, without payment, freely. ²³νικάω, [28] I conquer, am victorious, overcome, prevail, subdue. ²⁴κληρονομέω, [18] I inherit, obtain (possess) by inheritance, acquire. ²⁵δειλός, ή, όν, [3] cowardly, timid, fearful. ²⁶ἄπιστος, ον, [23] unbelieving, incredulous, unchristian; sometimes subst: unbeliever. ²⁷ἁμαρτωλός, ον, [48] sinning, sinful, depraved, detestable. ²⁸βδελύσσομαι, [2] I abhor, detest, loathe. ²⁹φονεύς, έως, ὁ, [7] a murderer. ³⁰πόρνος, ου, ὁ, [10] a fornicator, man who prostitutes himself. ³¹φάρμακος, οῦ, ὁ, [2] a magician, sorcerer. ³²εἰδωλολάτρης, ου, ὁ, [7] a server (worshipper) of an image (an idol).

καὶ πᾶσιν τοῖς ψευδέσιν,¹ τὸ μέρος² αὐτῶν ἐν τῇ λίμνῃ³ τῇ καιομένῃ⁴ πυρὶ καὶ θείῳ,⁵ ὅ ἐστιν ὁ θάνατος ὁ δεύτερος.⁶

9 Καὶ ἦλθεν εἷς ἐκ τῶν ἑπτὰ ἀγγέλων τῶν ἐχόντων τὰς ἑπτὰ φιάλας⁷ γεμούσας⁸ τῶν ἑπτὰ πληγῶν⁹ τῶν ἐσχάτων, καὶ ἐλάλησεν μετ' ἐμοῦ, λέγων, Δεῦρο,¹⁰ δείξω¹¹ σοι τὴν γυναῖκα τὴν νύμφην¹² τοῦ ἀρνίου.¹³ **10** Καὶ ἀπήνεγκέν¹⁴ με ἐν πνεύματι ἐπ' ὄρος μέγα καὶ ὑψηλόν,¹⁵ καὶ ἔδειξέν¹⁶ μοι τὴν πόλιν τὴν μεγάλην, τὴν ἁγίαν Ἰερουσαλήμ, καταβαίνουσαν ἐκ τοῦ οὐρανοῦ ἀπὸ τοῦ θεοῦ, **11** ἔχουσαν τὴν δόξαν τοῦ θεοῦ· ὁ φωστὴρ¹⁷ αὐτῆς ὅμοιος¹⁸ λίθῳ τιμιωτάτῳ,¹⁹ ὡς λίθῳ ἰάσπιδι²⁰ κρυσταλλίζοντι·²¹ **12** ἔχουσα τεῖχος²² μέγα καὶ ὑψηλόν,¹⁵ ἔχουσα πυλῶνας²³ δώδεκα, καὶ ἐπὶ τοῖς πυλῶσιν²³ ἀγγέλους δώδεκα, καὶ ὀνόματα ἐπιγεγραμμένα,²⁴ ἅ ἐστιν ὀνόματα τῶν δώδεκα φυλῶν²⁵ τῶν υἱῶν Ἰσραήλ. **13** Ἀπὸ ἀνατολῶν,²⁶ πυλῶνες²³ τρεῖς· καὶ ἀπὸ βορρᾶ,²⁷ πυλῶνες²³ τρεῖς· καὶ ἀπὸ νότου,²⁸ πυλῶνες²³ τρεῖς· καὶ ἀπὸ δυσμῶν,²⁹ πυλῶνες²³ τρεῖς. **14** Καὶ τὸ τεῖχος²² τῆς πόλεως ἔχον θεμελίους³⁰ δώδεκα, καὶ ἐπ' αὐτῶν δώδεκα ὀνόματα τῶν δώδεκα ἀποστόλων τοῦ ἀρνίου.¹³ **15** Καὶ ὁ λαλῶν μετ' ἐμοῦ εἶχεν μέτρον³¹ κάλαμον³² χρυσοῦν,³³ ἵνα μετρήσῃ³⁴ τὴν πόλιν, καὶ τοὺς πυλῶνας²³ αὐτῆς, καὶ τὸ τεῖχος²² αὐτῆς. **16** Καὶ ἡ πόλις τετράγωνος³⁵ κεῖται,³⁶ καὶ τὸ μῆκος³⁷ αὐτῆς ὅσον τὸ πλάτος.³⁸ Καὶ ἐμέτρησεν³⁹ τὴν πόλιν τῷ καλάμῳ³² ἐπὶ σταδίους⁴⁰ δώδεκα χιλιάδων·⁴¹ δώδεκα τὸ μῆκος³⁷ καὶ τὸ πλάτος³⁸ καὶ τὸ ὕψος⁴² αὐτῆς ἴσα⁴³ ἐστίν. **17** Καὶ ἐμέτρησεν⁴⁴ τὸ τεῖχος²² αὐτῆς ἑκατὸν⁴⁵ τεσσαράκοντα⁴⁶ τεσσάρων⁴⁷ πηχῶν,⁴⁸ μέτρον³¹ ἀνθρώπου, ὅ ἐστιν

---

⁴καιομένη: PPP-DSF ⁸γεμούσας: PAP-APF ¹⁰Δεῦρο: PAM-2S ¹¹δείξω: FAI-1S ¹⁴ἀπήνεγκέν: AAI-3S ¹⁶Ἔδειξέν: AAI-3S ²¹κρυσταλλίζοντι: PAP-DSM ²⁴ἐπιγεγραμμένα: RPP-APN ³⁴μετρήσῃ: AAS-3S ³⁶κεῖται: PNI-3S ³⁹ἐμέτρησεν: AAI-3S ⁴⁴ἐμέτρησεν: AAI-3S

---

¹ψευδής, ές, [3] false, deceitful, lying, untrue. ²μέρος, ους, τό, [43] a part, portion, share. ³λίμνη, ης, ἡ, [11] a lake. ⁴καίω, [14] I ignite, light, burn, lit. and met; I consume with fire. ⁵θεῖον, ου, τό, [7] brimstone, sulfur. ⁶δεύτερος, α, ον, [44] second; with the article: in the second place, for the second time. ⁷φιάλη, ης, ἡ, [12] a shallow and flat bowl. ⁸γέμω, [11] I am full of. ⁹πληγή, ῆς, ἡ, [22] a blow, stripe, wound; an affliction, plague. ¹⁰δεῦρο, [9] (originally: hither, hence) (a) exclamatory: come, (b) temporal: now, the present. ¹¹δείκνυμι, [31] I point out, show, exhibit; met: I teach, demonstrate, make known. ¹²νύμφη, ης, ἡ, [8] (a) a bride, young wife, young woman, (b) a daughter-in-law. ¹³ἀρνίον, ου, τό, [31] (originally: a little lamb, but diminutive force was lost), a lamb. ¹⁴ἀποφέρω, [5] I carry, bear away (sometimes with violence). ¹⁵ὑψηλός, ή, όν, [11] high, lofty. ¹⁶δείκνυμι, [31] I point out, show, exhibit; met: I teach, demonstrate, make known. ¹⁷φωστήρ, ῆρος, ὁ, [2] a light, an illuminator, perhaps the sun; a star; brilliancy. ¹⁸ὅμοιος, οία, οιον, [44] like, similar to, resembling, of equal rank. ¹⁹τίμιος, α, ον, [14] of great price, precious, honored. ²⁰ἴασπις, ιδος, ἡ, [4] jasper; a precious stone. ²¹κρυσταλλίζω, [1] I am clear as crystal, brilliant like crystal. ²²τεῖχος, ους, τό, [9] a wall, especially of a city. ²³πυλών, ῶνος, ὁ, [18] a large gate; a gateway, porch, vestibule. ²⁴ἐπιγράφω, [5] I write upon, inscribe, imprint a mark on. ²⁵φυλή, ῆς, ἡ, [31] a tribe or race of people. ²⁶ἀνατολή, ῆς, ἡ, [10] (a) rising of the sun, hence (b) (sing. and plur.) the quarter whence the sun rises, the East. ²⁷βορρᾶς, ᾶ, ὁ, [2] the north wind, hence: the North. ²⁸νότος, ου, ὁ, [7] the south wind, the South. ²⁹δυσμή, ῆς, ἡ, [5] a setting (of the sun), hence: the West. ³⁰θεμέλιος, ον, [16] (properly, an adj: belonging to the foundation), a foundation stone. ³¹μέτρον, ου, τό, [14] a measure, whether lineal or cubic; a measuring rod. ³²κάλαμος, ου, ὁ, [12] a reed; a reed-pen, reed-staff, measuring rod. ³³χρυσοῦς, ῆ, οῦν, [19] golden, made of gold, adorned with gold. ³⁴μετρέω, [11] I measure (out), estimate. ³⁵τετράγωνος, ον, [1] square, four-cornered. ³⁶κεῖμαι, [26] I lie, recline, am placed, am laid, set, specially appointed, destined. ³⁷μῆκος, ους, τό, [3] length. ³⁸πλάτος, ους, τό, [4] breadth. ³⁹μετρέω, [11] I measure (out), estimate. ⁴⁰στάδιον, ου, τό, [6] (a) a stadium, one eighth of a Roman mile, (b) a race-course for public games. ⁴¹χιλιάς, άδος, ἡ, [23] a thousand, the number one thousand. ⁴²ὕψος, ους, τό, [6] height, heaven; dignity, eminence. ⁴³ἴσος, η, ον, [8] equal, equivalent, identical. ⁴⁴μετρέω, [11] I measure (out), estimate. ⁴⁵ἑκατόν, [17] one hundred. ⁴⁶τεσσαράκοντα, [22] forty. ⁴⁷τέσσαρες, τέσσαρα, [41] four. ⁴⁸πῆχυς, εως, ὁ, [4] a cubit, about a foot and a half.

ἀγγέλου. **18** Καὶ ἦν ἡ ἐνδόμησις¹ τοῦ τείχους² αὐτῆς, ἴασπις·³ καὶ ἡ πόλις χρυσίον⁴ καθαρόν,⁵ ὅμοιον⁶ ὑέλῳ⁷ καθαρῷ.⁵ **19** Οἱ θεμέλιοι⁸ τοῦ τείχους² τῆς πόλεως παντὶ λίθῳ τιμίῳ⁹ κεκοσμημένοι.¹⁰ Ὁ θεμέλιος⁸ ὁ πρῶτος, ἴασπις·³ ὁ δεύτερος,¹¹ σάπφειρος·¹² ὁ τρίτος, χαλκηδών·¹³ ὁ τέταρτος,¹⁴ σμάραγδος·¹⁵ **20** ὁ πέμπτος,¹⁶ σαρδόνυξ·¹⁷ ὁ ἕκτος,¹⁸ σάρδιον·¹⁹ ὁ ἕβδομος,²⁰ χρυσόλιθος·²¹ ὁ ὄγδοος,²² βήρυλλος·²³ ὁ ἔνατος,²⁴ τοπάζιον·²⁵ ὁ δέκατος,²⁶ χρυσόπρασος·²⁷ ὁ ἑνδέκατος,²⁸ ὑάκινθος·²⁹ ὁ δωδέκατος,³⁰ ἀμέθυσος.³¹ **21** Καὶ οἱ δώδεκα πυλῶνες,³² δώδεκα μαργαρῖται·³³ ἀνὰ³⁴ εἷς ἕκαστος τῶν πυλώνων³² ἦν ἐξ ἑνὸς μαργαρίτου·³³ καὶ ἡ πλατεῖα³⁵ τῆς πόλεως χρυσίον⁴ καθαρόν,⁵ ὡς ὕελος⁷ διαυγής.³⁶ **22** Καὶ ναὸν³⁷ οὐκ εἶδον ἐν αὐτῇ· ὁ γὰρ κύριος ὁ θεὸς ὁ παντοκράτωρ³⁸ ναὸς³⁷ αὐτῆς ἐστίν, καὶ τὸ ἀρνίον.³⁹ **23** Καὶ ἡ πόλις οὐ χρείαν⁴⁰ ἔχει τοῦ ἡλίου,⁴¹ οὐδὲ τῆς σελήνης,⁴² ἵνα φαίνωσιν⁴³ αὐτῇ· ἡ γὰρ δόξα τοῦ θεοῦ ἐφώτισεν⁴⁴ αὐτήν, καὶ ὁ λύχνος⁴⁵ αὐτῆς τὸ ἀρνίον.³⁹ **24** Καὶ περιπατήσουσιν τὰ ἔθνη διὰ τοῦ φωτὸς αὐτῆς· καὶ οἱ βασιλεῖς τῆς γῆς φέρουσιν αὐτῷ δόξαν καὶ τιμὴν⁴⁶ τῶν ἐθνῶν εἰς αὐτήν. **25** Καὶ οἱ πυλῶνες³² αὐτῆς οὐ μὴ κλεισθῶσιν⁴⁷ ἡμέρας–νὺξ γὰρ οὐκ ἔσται ἐκεῖ– **26** καὶ οἴσουσιν τὴν δόξαν καὶ τὴν τιμὴν⁴⁶ τῶν ἐθνῶν εἰς αὐτήν· **27** καὶ οὐ μὴ εἰσέλθῃ εἰς αὐτὴν πᾶν κοινόν,⁴⁸ καὶ ποιοῦν βδέλυγμα⁴⁹ καὶ ψεῦδος·⁵⁰ εἰ μὴ οἱ γεγραμμένοι ἐν τῷ βιβλίῳ⁵¹ τῆς ζωῆς τοῦ ἀρνίου.³⁹

---

¹⁰κεκοσμημένοι: RPP-NPM   ⁴³φαίνωσιν: PAS-3P   ⁴⁴ἐφώτισεν: AAI-3S   ⁴⁷κλεισθῶσιν: APS-3P

---

¹ἐνδόμησις, εως, ἡ, [1] the material of a building, a structure.   ²τεῖχος, ους, τό, [9] a wall, especially of a city.   ³ἴασπις, ιδος, ἡ, [4] jasper; a precious stone.   ⁴χρυσίον, ου, τό, [11] a piece of gold, golden ornament.   ⁵καθαρός, ά, όν, [28] clean, pure, unstained, either literally or ceremonially or spiritually; guiltless, innocent, upright.   ⁶ὅμοιος, οία, οιον, [44] like, similar to, resembling, of equal rank.   ⁷ὕαλος, ου, ἡ, [2] glass, crystal, clear transparent stone.   ⁸θεμέλιος, ον, [16] (properly, an adj: belonging to the foundation), a foundation stone.   ⁹τίμιος, α, ον, [14] of great price, precious, honored.   ¹⁰κοσμέω, [10] I put into order; I decorate, deck, adorn.   ¹¹δεύτερος, α, ον, [44] second; with the article: in the second place, for the second time.   ¹²σάπφειρος, ου, ἡ, [1] a sapphire.   ¹³χαλκηδών, όνος, ὁ, [1] chalcedony, a small stone of various colors.   ¹⁴τέταρτος, η, ον, [10] fourth.   ¹⁵σμάραγδος, ου, ὁ, [1] an emerald.   ¹⁶πέμπτος, η, ον, [4] the fifth.   ¹⁷σαρδόνυξ, υχος, ὁ, [1] sardonyx, a precious stone, white streaked with red.   ¹⁸ἕκτος, η, ον, [14] sixth.   ¹⁹σάρδιον, ου, τό, [2] carnelian, a precious stone.   ²⁰ἕβδομος, η, ον, [9] seventh.   ²¹χρυσόλιθος, ου, ὁ, [1] a topaz, a gem with a bright yellow color.   ²²ὄγδοος, η, ον, [5] the eighth, one of eight, with seven others.   ²³βήρυλλος, ου, ὁ, [1] a beryl, a precious stone of various colors, the best known being sea-green.   ²⁴ἔνατος, η, ον, [10] ninth.   ²⁵τοπάζιον, ου, τό, [1] topaz.   ²⁶δέκατος, η, ον, [3] tenth.   ²⁷χρυσόπρασος, ου, ὁ, [1] a chrysoprase, gem of a golden-greenish color.   ²⁸ἑνδέκατος, η, ον, [3] eleventh.   ²⁹ὑάκινθος, ου, ὁ, [1] jacinth, a precious stone of the color of hyacinth.   ³⁰δωδέκατος, η, ον, [1] twelfth.   ³¹ἀμέθυστος, ου, ἡ, [1] amethyst (a kind of rock crystal: the best specimens are the color of unmixed wine, whence perhaps the name), believed to stave off drunkenness.   ³²πυλών, ῶνος, ὁ, [18] a large gate; a gateway, porch, vestibule.   ³³μαργαρίτης, ου, ὁ, [9] a pearl.   ³⁴ἀνά, [15] prep. Rare in NT; prop: upwards, up; among, between; in turn; apiece, by; as a prefix: up, to, anew, back.   ³⁵πλατεῖα, ας, ἡ, [9] a street, public square, broad way.   ³⁶διαυγάζω, [2] I shine through, dawn (of the light coming through the shadows).   ³⁷ναός, οῦ, ὁ, [46] a temple, a shrine, that part of the temple where God himself resides.   ³⁸παντοκράτωρ, ορος, ὁ, [10] ruler of all, ruler of the universe, the almighty.   ³⁹ἀρνίον, ου, τό, [31] (originally: a little lamb, but diminutive force was lost), a lamb.   ⁴⁰χρεία, ας, ἡ, [49] need, necessity, business.   ⁴¹ἥλιος, ου, ὁ, [32] the sun, sunlight.   ⁴²σελήνη, ης, ἡ, [9] the moon.   ⁴³φαίνω, [31] (a) act: I shine, shed light, (b) pass: I shine, become visible, appear, (c) I become clear, appear, seem, show myself as.   ⁴⁴φωτίζω, [11] (a) I light up, illumine, (b) I bring to light, make evident, reveal.   ⁴⁵λύχνος, ου, ὁ, [14] a lamp.   ⁴⁶τιμή, ῆς, ἡ, [42] a price, honor.   ⁴⁷κλείω, [15] I shut, shut up.   ⁴⁸κοινός, ή, όν, [13] (a) common, shared, (b) Hebraistic use: profane; dirty, unclean, unwashed.   ⁴⁹βδέλυγμα, ατος, τό, [6] an abominable thing, an accursed thing.   ⁵⁰ψεῦδος, ους, τό, [10] a lie, falsehood, untruth; false religion.   ⁵¹βιβλίον, ου, τό, [36] a papyrus roll.

Of the Certain Bliss of Eternal Life

22 Καὶ ἔδειξέν¹ μοι ποταμὸν² καθαρὸν³ ὕδατος ζωῆς, λαμπρὸν⁴ ὡς κρύσταλλον,⁵ ἐκπορευόμενον⁶ ἐκ τοῦ θρόνου τοῦ θεοῦ καὶ τοῦ ἀρνίου.⁷ **2** Ἐν μέσῳ τῆς πλατείας⁸ αὐτῆς, καὶ τοῦ ποταμοῦ² ἐντεῦθεν⁹ καὶ ἐκεῖθεν,¹⁰ ξύλον¹¹ ζωῆς, ποιοῦν καρποὺς δώδεκα, κατὰ μῆνα¹² ἕκαστον ἀποδιδοὺς¹³ τὸν καρπὸν αὐτοῦ· καὶ τὰ φύλλα¹⁴ τοῦ ξύλου¹¹ εἰς θεραπείαν¹⁵ τῶν ἐθνῶν. **3** Καὶ πᾶν κατάθεμα¹⁶ οὐκ ἔσται ἔτι· καὶ ὁ θρόνος τοῦ θεοῦ καὶ τοῦ ἀρνίου⁷ ἐν αὐτῇ ἔσται· καὶ οἱ δοῦλοι αὐτοῦ λατρεύσουσιν¹⁷ αὐτῷ, **4** καὶ ὄψονται τὸ πρόσωπον αὐτοῦ· καὶ τὸ ὄνομα αὐτοῦ ἐπὶ τῶν μετώπων¹⁸ αὐτῶν. **5** Καὶ νὺξ οὐκ ἔσται ἐκεῖ, καὶ χρείαν¹⁹ οὐκ ἔχουσιν λύχνου²⁰ καὶ φωτὸς ἡλίου,²¹ ὅτι κύριος ὁ θεὸς φωτιεῖ²² αὐτούς· καὶ βασιλεύσουσιν²³ εἰς τοὺς αἰῶνας τῶν αἰώνων.

6 Καὶ λέγει μοι, Οὗτοι οἱ λόγοι πιστοὶ καὶ ἀληθινοί·²⁴ καὶ κύριος ὁ θεὸς τῶν πνευμάτων τῶν προφητῶν ἀπέστειλεν τὸν ἄγγελον αὐτοῦ δεῖξαι²⁵ τοῖς δούλοις αὐτοῦ ἃ δεῖ γενέσθαι ἐν τάχει.²⁶ **7** Καὶ ἰδού, ἔρχομαι ταχύ.²⁷ Μακάριος ὁ τηρῶν τοὺς λόγους τῆς προφητείας²⁸ τοῦ βιβλίου²⁹ τούτου.

8 Κἀγὼ Ἰωάννης ὁ ἀκούων καὶ βλέπων ταῦτα. Καὶ ὅτε ἤκουσα καὶ ἔβλεψα, ἔπεσον προσκυνῆσαι ἔμπροσθεν³⁰ τῶν ποδῶν τοῦ ἀγγέλου τοῦ δεικνύοντός³¹ μοι ταῦτα. **9** Καὶ λέγει μοι, Ὅρα μή· σύνδουλός³² σού εἰμι, καὶ τῶν ἀδελφῶν σου τῶν προφητῶν, καὶ τῶν τηρούντων τοὺς λόγους τοῦ βιβλίου²⁹ τούτου· τῷ θεῷ προσκύνησον.

10 Καὶ λέγει μοι, Μὴ σφραγίσῃς³³ τοὺς λόγους τῆς προφητείας²⁸ τοῦ βιβλίου²⁹ τούτου· ὁ καιρὸς γὰρ ἐγγύς³⁴ ἐστιν. **11** Ὁ ἀδικῶν³⁵ ἀδικησάτω³⁶ ἔτι· καὶ ὁ ῥυπαρὸς³⁷

---

¹ἔδειξέν: AAI-3S ⁶ἐκπορευόμενον: PNP-ASM ¹³ἀποδιδοὺς: PAP-NSM ¹⁷λατρεύσουσιν: FAI-3P ²²φωτιεῖ: FAI-3S ²³βασιλεύσουσιν: FAI-3P ²⁵δεῖξαι: AAN ³¹δεικνύοντός: PAP-GSM ³³σφραγίσῃς: AAS-2S ³⁵ἀδικῶν: PAP-NSM ³⁶ἀδικησάτω: AAM-3S

---

¹δείκνυμι, [31] I point out, show, exhibit; met: I teach, demonstrate, make known. ²ποταμός, οῦ, ὁ, [16] a river, torrent, stream. ³καθαρός, ά, όν, [28] clean, pure, unstained, either literally or ceremonially or spiritually; guiltless, innocent, upright. ⁴λαμπρός, ά, όν, [9] shining, magnificent, bright, splendid. ⁵κρύσταλλος, ου, ὁ, [2] crystal. ⁶ἐκπορεύομαι, [32] I depart from; I am voided, cast out; I proceed from, am spoken; I burst forth, flow out, am spread abroad. ⁷ἀρνίον, ου, τό, [31] (originally: a little lamb, but diminutive force was lost), a lamb. ⁸πλατεῖα, ας, ἡ, [9] a street, public square, broad way. ⁹ἐντεῦθεν, [11] hence, from this place, on this side and on that. ¹⁰ἐκεῖθεν, [28] thence, from that place. ¹¹ξύλον, ου, τό, [20] anything made of wood, a piece of wood, a club, staff; the trunk of a tree, used to support the cross-bar of a cross in crucifixion. ¹²μήν, μηνός, ὁ, [18] a (lunar) month. ¹³ἀποδίδωμι, [47] (a) I give back, return, restore, (b) I give, render, as due, (c) mid: I sell. ¹⁴φύλλον, ου, τό, [6] a leaf. ¹⁵θεραπεία, ας, ἡ, [4] care, attention, especially medical attention (treatment); hence almost: healing; meton: those who render service. ¹⁶κατάθεμα, ατος, τό, [1] a curse, an accursed thing. ¹⁷λατρεύω, [21] I serve, especially God, perhaps simply: I worship. ¹⁸μέτωπον, ου, τό, [8] the forehead, front. ¹⁹χρεία, ας, ἡ, [49] need, necessity, business. ²⁰λύχνος, ου, ὁ, [14] a lamp. ²¹ἥλιος, ου, ὁ, [32] the sun, sunlight. ²²φωτίζω, [11] (a) I light up, illumine, (b) I bring to light, make evident, reveal. ²³βασιλεύω, [21] (a) I rule, reign, (b) I reign over. ²⁴ἀληθινός, η, ον, [27] true (lit: made of truth), real, genuine. ²⁵δείκνυμι, [31] I point out, show, exhibit; met: I teach, demonstrate, make known. ²⁶τάχος, ους, τό, [7] quickness, speed; hastily, immediately. ²⁷ταχύ, [12] quickly, speedily. ²⁸προφητεία, ας, ἡ, [19] prophecy, prophesying; the gift of communicating and enforcing revealed truth. ²⁹βιβλίον, ου, τό, [36] a papyrus roll. ³⁰ἔμπροσθεν, [48] in front, before, before the face; sometimes made a subst. by the addition of the article: in front of, before the face of. ³¹δείκνυμι, [31] I point out, show, exhibit; met: I teach, demonstrate, make known. ³²σύνδουλος, ου, ὁ, [10] a fellow slave, fellow servant; of Christians: a fellow worker, colleague. ³³σφραγίζω, [15] I seal, set a seal upon. ³⁴ἐγγύς, [30] near. ³⁵ἀδικέω, [27] I act unjustly towards, injure, harm. ³⁶ἀδικέω, [27] I act unjustly towards, injure, harm. ³⁷ῥυπαρός, ά, όν, [2] filthy, defiled, dirty.

ρυπαρευθήτω¹ ἔτι· καὶ ὁ δίκαιος δικαιοσύνην ποιησάτω ἔτι· καὶ ὁ ἅγιος ἁγιασθήτω²
ἔτι. **12** Ἰδού, ἔρχομαι ταχύ,³ καὶ ὁ μισθός⁴ μου μετ' ἐμοῦ, ἀποδοῦναι⁵ ἑκάστῳ ὡς τὸ
ἔργον ἔσται αὐτοῦ. **13** Ἐγὼ τὸ Ἄλφα⁶ καὶ τὸ Ὦ,⁷ ὁ πρῶτος καὶ ὁ ἔσχατος, ἡ ἀρχὴ
καὶ τὸ τέλος.⁸ **14** Μακάριοι οἱ ποιοῦντες τὰς ἐντολὰς αὐτοῦ, ἵνα ἔσται ἡ ἐξουσία
αὐτῶν ἐπὶ τὸ ξύλον⁹ τῆς ζωῆς, καὶ τοῖς πυλῶσιν¹⁰ εἰσέλθωσιν εἰς τὴν πόλιν. **15** Ἔξω
οἱ κύνες¹¹ καὶ οἱ φαρμακοὶ¹² καὶ οἱ πόρνοι¹³ καὶ οἱ φονεῖς¹⁴ καὶ οἱ εἰδωλολάτραι,¹⁵ καὶ
πᾶς φιλῶν¹⁶ καὶ ποιῶν ψεῦδος.¹⁷

16 Ἐγὼ Ἰησοῦς ἔπεμψα τὸν ἄγγελόν μου μαρτυρῆσαι ὑμῖν ταῦτα ἐπὶ ταῖς
ἐκκλησίαις. Ἐγώ εἰμι ἡ ῥίζα¹⁸ καὶ τὸ γένος¹⁹ Δαυίδ, ὁ ἀστὴρ²⁰ ὁ λαμπρὸς²¹ ὁ πρωϊνός.²²

17 Καὶ τὸ πνεῦμα καὶ ἡ νύμφη²³ λέγουσιν, Ἔρχου. Καὶ ὁ ἀκούων εἰπάτω, Ἔρχου.
Καὶ ὁ διψῶν²⁴ ἐρχέσθω· ὁ θέλων λαβέτω ὕδωρ ζωῆς δωρεάν.²⁵

18 Μαρτυρῶ ἐγὼ παντὶ τῷ ἀκούοντι τοὺς λόγους τῆς προφητείας²⁶ τοῦ βιβλίου²⁷
τούτου, ἐάν τις ἐπιθῇ²⁸ ἐπ' αὐτά, ἐπιθήσαι²⁹ ὁ θεὸς ἐπ' αὐτὸν τὰς πληγὰς³⁰ τὰς
γεγραμμένας ἐν τῷ βιβλίῳ²⁷ τούτῳ· **19** καὶ ἐάν τις ἀφέλῃ³¹ ἀπὸ τῶν λόγων τοῦ βιβλίου²⁷
τῆς προφητείας²⁶ ταύτης, ἀφέλοι³² ὁ θεὸς τὸ μέρος³³ αὐτοῦ ἀπὸ τοῦ ξύλου⁹ τῆς ζωῆς,
καὶ ἐκ τῆς πόλεως τῆς ἁγίας, τῶν γεγραμμένων ἐν τῷ βιβλίῳ²⁷ τούτῳ.

20 Λέγει ὁ μαρτυρῶν ταῦτα, Ναί,³⁴ ἔρχομαι ταχύ.³ Ἀμήν. Ναί,³⁴ ἔρχου, κύριε Ἰησοῦ.
21 Ἡ χάρις τοῦ κυρίου Ἰησοῦ χριστοῦ μετὰ πάντων τῶν ἁγίων. Ἀμήν.

---

¹ρυπαρευθήτω: APM-3S   ²ἁγιασθήτω: APM-3S   ⁵ἀποδοῦναι: 2AAN   ¹⁶φιλῶν: PAP-NSM   ²⁴διψῶν: PAP-NSM
²⁸ἐπιθῇ: 2AAS-3S   ²⁹ἐπιθήσαι: AAO-3S   ³¹ἀφέλῃ: 2AAS-3S   ³²ἀφέλοι: AAO-3S

---

¹ρυπαρεύομαι, [1] I am filthy; hence (morally): I am stained with sin.   ²ἁγιάζω, [29] I make holy, treat as holy,
set apart as holy, sanctify, hallow, purify.   ³ταχύ, [12] quickly, speedily.   ⁴μισθός, οῦ, ὁ, [29] (a) pay, wages,
salary, (b) reward, recompense, punishment.   ⁵ἀποδίδωμι, [47] (a) I give back, return, restore, (b) I give, render,
as due, (c) mid: I sell.   ⁶ἄλφα, [3] alpha; the first letter of the Greek alphabet.   ⁷Ὦ, [3] omega, the last letter
of the Greek alphabet.   ⁸τέλος, ους, τό, [41] (a) an end, (b) event or issue, (c) the principal end, aim, purpose,
(d) a tax.   ⁹ξύλον, ου, τό, [20] anything made of wood, a piece of wood, a club, staff; the trunk of a tree,
used to support the cross-bar of a cross in crucifixion.   ¹⁰πυλών, ῶνος, ὁ, [18] a large gate; a gateway, porch,
vestibule.   ¹¹κύων, κυνός, ὁ, ἡ, [5] a dog, universally despised in the East.   ¹²φάρμακος, οῦ, ὁ, [2] a magician,
sorcerer.   ¹³πόρνος, ου, ὁ, [10] a fornicator, man who prostitutes himself.   ¹⁴φονεύς, έως, ὁ, [7] a murderer.
¹⁵εἰδωλολάτρης, ου, ὁ, [7] a server (worshipper) of an image (an idol).   ¹⁶φιλέω, [25] I love (of friendship),
regard with affection, cherish; I kiss.   ¹⁷ψεῦδος, ους, τό, [10] a lie, falsehood, untruth; false religion.   ¹⁸ῥίζα,
ης, ἡ, [17] a root, shoot, source; that which comes from the root, a descendent.   ¹⁹γένος, ους, τό, [21] offspring,
family, race, nation, kind.   ²⁰ἀστήρ, έρος, ὁ, [24] a star.   ²¹λαμπρός, ά, όν, [9] shining, magnificent, bright,
splendid.   ²²πρωϊνός, ή, όν, [2] belonging to the morning, early.   ²³νύμφη, ης, ἡ, [8] (a) a bride, young wife,
young woman, (b) a daughter-in-law.   ²⁴διψάω, [16] I thirst for, desire earnestly.   ²⁵δωρεάν, [9] as a free
gift, without payment, freely.   ²⁶προφητεία, ας, ἡ, [19] prophecy, prophesying; the gift of communicating and
enforcing revealed truth.   ²⁷βιβλίον, ου, τό, [36] a papyrus roll.   ²⁸ἐπιτίθημι, [41] I put, place upon, lay on; I
add, give in addition.   ²⁹ἐπιτίθημι, [41] I put, place upon, lay on; I add, give in addition.   ³⁰πληγή, ῆς, ἡ, [22]
a blow, stripe, wound; an affliction, plague.   ³¹ἀφαιρέω, [10] I take away, smite off.   ³²ἀφαιρέω, [10] I take
away, smite off.   ³³μέρος, ους, τό, [43] a part, portion, share.   ³⁴ναί, [35] yes, certainly, even so.

An Abbreviated
Greek-English
Lexicon

An Abbreviated Greek-English Lexicon
of Proper Nouns and Words Occurring Fifty Times or More

This appendix contains an abbreviated Greek to English lexicon consisting of all words occurring fifty times or more in the Greek New Testament. Words occurring less than fifty times are covered in the footnote apparatus of the main text. The lexicon also lists people names, place names, and proper nouns, regardless of their frequency of occurrence.

A, α

Ἀαρών, ὁ, Aaron, son of Amram and Jochebed, brother of Moses.

Ἄβελ, ὁ, Abel, second son of Adam and Eve, brother of Cain.

Ἀβιά, ὁ, Abijah, (a) a king, son of Rehoboam, (b) founder of the eighth class of priests.

Ἀβιάθαρ, ὁ, Abiathar, a priest in King David's time.

Ἀβιούδ, ὁ, Abiud, son of Zerubbabel and father of Eliakim.

Ἀβραάμ, ὁ, Abraham, progenitor of the Hebrew race.

Ἄγαβος, ου, ὁ, Agabus, a Christian prophet.

ἀγαθός, ή, όν, intrinsically good, good in nature, good whether it be seen to be so or not, the widest and most colorless of all words with this meaning.

ἀγαπάω, I love, wish well to, take pleasure in, long for; denotes the love of reason, esteem.

ἀγάπη, ης, ἡ, love, benevolence, good will, esteem; plur: love-feasts.

ἀγαπητός, ή, όν, loved, beloved, with two special applications: the Beloved, a title of the Messiah (Christ), as beloved beyond all others by the God who sent Him; of Christians, as beloved by God, Christ, and one another.

Ἄγαρ, ἡ, Hagar, the servant of Sarah, concubine of Abraham.

ἄγγελος, ου, ὁ, a messenger, generally a (supernatural) messenger from God, an angel, conveying news or behests from God to men.

ἅγιος, ία, ον, set apart by (or for) God, holy, sacred.

Ἀγρίππας, α, ὁ, Agrippa, i.e. Herod Agrippa II.

ἄγω, I lead, lead away, bring (a person, or animal), guide, spend a day, go.

Ἀδάμ, ὁ, Adam, the first man, the first parent of the human race.

Ἀδδί, ὁ, Addi, son of Cosam, and father of Melchi, one of the ancestors of Jesus.

ἀδελφός, οῦ, ὁ, a brother, member of the same religious community, especially a fellow-Christian.

Ἀζώρ, ὁ, Azor, son of Eliakim and father of Zadok, an ancestor of Jesus.

αἷμα, ατος, τό, blood (especially as shed).

Αἰνέας, α, ὁ, Aeneas, a citizen of Lydda.

αἴρω, I raise, lift up, take away, remove.

αἰτέω, I ask, request, petition, demand.

αἰών, ῶνος, ὁ, an age, a cycle (of time), especially of the present age as contrasted with the future age, and of one of a series of ages stretching to infinity.

αἰώνιος, ία, ιον, age-long, and therefore: practically eternal, unending; partaking of the character of that which lasts for an age, as contrasted with that which is brief and fleeting.

ἀκολουθέω, I accompany, attend, follow.

ἀκούω, I hear, listen, comprehend by hearing; pass: is heard, reported.

Ἀκύλας, ου, ὁ, the Greek way of writing the Latin Aquila, a male proper name; the husband of Priscilla (Prisca), and a Jew, of a family belonging to (Sinope in ?) Pontus.

Ἀλέξανδρος, ου, ὁ, Alexander, a name of Greek origin, (a) son of Simon of Cyrene, (b) the High Priest's kinsman, (c) an Ephesian Jew, (d) the coppersmith.

ἀλήθεια, ας, ἡ, truth, but not merely truth as spoken; truth of idea, reality, sincerity, truth in the moral sphere, divine truth revealed to man, straightforwardness.

ἀλλά, but, except, however.

ἀλλήλων, one another, each other.

ἄλλος, η, ον, other, another (of more than two), different.

Ἀλφαῖος, ου, ὁ, Alphaeus; apparently two persons, (a) father of Levi, and (b) father of James.

ἁμαρτία, ας, ἡ, prop: missing the mark; hence: (a) guilt, sin, (b) a fault, failure (in an ethical sense), sinful deed.

ἀμήν, verily, truly, amen; at the end of sentences may be paraphrased by: So let it be.

Ἀμιναδάβ, ὁ, Amminadab, son of Ram and father of Nahshon, one of the ancestors of Jesus.

Ἀμπλίας, ου, ὁ, Ampliatus (Amplias), a male member of the church at Rome, probably of the imperial household.

Ἀμών, ὁ, Amon (Amos), son of Manasseh and father of Josiah, an ancestor of Jesus.

Ἀμώς, ὁ, Amos, son of Manasseh and father of Josiah, an ancestor of Jesus.

ἄν, an untranslatable word (under the circumstances, in that case, anyhow), the general effect of which is to make a statement contingent, which would otherwise be definite: it is thus regularly used with the subjunctive mood.

ἀναβαίνω, I go up, mount, ascend; of things: I rise, spring up, come up.

Ἀνανίας, α, ὁ, Ananias, (a) husband of Sapphira, a member of the early church at Jerusalem, (b) a member of the church at Damascus, (c) the high priest at Jerusalem.

Ἀνδρέας, ου, ὁ, Andrew, brother of Simon Peter, and one of the apostles of Jesus, belonging to Bethsaida.

Ἀνδρόνικος, ου, ὁ, Andronicus, a member of the Roman church, and a kinsman or fellow-tribesman of Paul.

ἀνήρ, ἀνδρός, ὁ, a male human being; a man, husband.

ἄνθρωπος, ου, ὁ, a man, one of the human race.

ἀνίστημι, I raise up, set up; I rise from among (the) dead; I arise, appear.

Ἄννα, ας, ἡ, Anna, a prophetess, who visited the infant Jesus.

Ἄννας, α, ὁ, Annas, high priest at Jerusalem.

ἀνοίγω, I open.

Ἀντίπας, α, ὁ, Antipas, a Christian martyr of Pergamum.

Ἀπελλῆς, οῦ, ὁ, Apelles, a Christian (man) in Rome.

ἀπέρχομαι, I come or go away from, depart, return, arrive, go after, follow.

ἀπό, from, away from.

ἀποθνήσκω, I am dying, am about to die, wither, decay.

ἀποκρίνομαι, I answer, reply, take up the conversation.

ἀποκτείνω, I put to death, kill; fig: I abolish.

ἀπόλλυμι, (a) I kill, destroy, (b) I lose, mid: I am perishing (the resultant death being viewed as certain).

Ἀπολλώς, ώ, ὁ, Apollos, a Jew of Alexandria.

ἀπολύω, I release, let go, send away, divorce, am rid; mid: I depart.

ἀποστέλλω, I send forth, send (as a messenger, commission, etc.), send away, dismiss.

ἀπόστολος, ου, ὁ, a messenger, envoy, delegate, one commissioned by another to represent him in some way, especially a man sent out by Jesus Christ Himself to preach the Gospel; an apostle.

Ἀπφία, ας, ἡ, Apphia, a Christian lady of Colossae, either wife or sister of Philemon.

Ἀράμ, ὁ, Ram, son of Hezron and father of

730 Ἀρέτας–Βενιαμίν

Amminadab.

Ἀρέτας, α, ὁ, Aretas IV, King of the Nabataeans.

Ἀρίσταρχος, ου, ὁ, Aristarchus, a Christian, belonging to Thessalonica in Macedonia.

Ἀριστόβουλος, ου, ὁ, Aristobulus, a Christian in Rome.

Ἀρτεμᾶς, ᾶ, ὁ, Artemas, a Christian in Rome.

ἄρτος, ου, ὁ, bread, a loaf, food.

Ἀρφαξάδ, ὁ, Arphaxad, son of Shem, and father of Cainan.

Ἀρχέλαος, ου, ὁ, Archelaus, Herod Archelaus, son and successor of Herod I, reigned over Judea from 4 B.C. to A.D. 6 and died before A.D. 18.

ἀρχή, ῆς, ἡ, (a) rule (kingly or magisterial), (b) plur: in a quasi-personal sense, almost: rulers, magistrates, (c) beginning.

ἀρχιερεύς, έως, ὁ, high priest, chief priest.

Ἄρχιππος, ου, ὁ, Archippus, a Christian of Colossae.

ἄρχομαι, I begin.

Ἀσά, ὁ, Asa, son of Abijah and father of Jehoshaphat, king of Judah about 900 B.C. for 41 years.

Ἀσήρ, ὁ, Asher, one of the sons of Jacob, and founder of one of the Twelve Tribes.

ἀσπάζομαι, I greet, salute, pay my respects to, welcome.

Ἀσύγκριτος, ου, ὁ, Asyncritus, a Christian in Rome.

αὐτός, αὐτή, αὐτό, he, she, it, they, them, same.

ἀφίημι, (a) I send away, (b) I let go, release, permit to depart, (c) I remit, forgive, (d) I permit, suffer.

Ἄχαζ, ὁ, Ahaz, son of Jotham and father of Hezekiah.

Ἀχαϊκός, οῦ, ὁ, Achaicus, a Corinthian Christian.

Ἀχείμ, ὁ, Achim, son of Zadok and father of Eliud.

ἄχρι, as far as, up to, until, during.

B, β

Βαλαάμ, ὁ, Balaam, son of Beor of Pethor on the Euphrates, a soothsayer in the Old Testament.

Βαλάκ, ὁ, Balak, son of Zippor, King of Moab.

βάλλω, (a) I cast, throw, rush, (b) often, in the weaker sense: I place, put, drop.

βαπτίζω, lit: I dip, submerge, but specifically of ceremonial dipping; I baptize.

Βαραββᾶς, ᾶ, ὁ, Barabbas.

Βαράκ, ὁ, Barak, one of the judges of Israel.

Βαραχίας, ου, ὁ, Barachiah; his identity is uncertain, perhaps father of the Zechariah killed by the Zealots in the last Jewish War.

Βαρθολομαῖος, ου, ὁ, Bartholomew, surname of Nathanael, one of the twelve apostles of Jesus.

Βαρϊησοῦς, οῦ, ὁ, Bar-Jesus, the name of the magician and false prophet at Paphos in Cyprus; he is also called Elymas.

Βαριωνᾶς, ᾶ, ὁ, Bar-Jonas, son of Jonas, the surname of Simon Peter.

Βαρνάβας, α, ὁ, Barnabas, a Cypriote Jew, uncle of John Mark; his other name was Joseph.

Βαρσαββᾶς, ᾶ, ὁ, Barsabbas, son of Sabbas, a surname of Joseph and Judas.

Βαρτίμαιος, ου, ὁ, Bartimaeus, son of (?) Timaeus.

βασιλεία, ας, ἡ, kingship, sovereignty, authority, rule, especially of God, both in the world, and in the hearts of men; hence: kingdom, in the concrete sense.

βασιλεύς, έως, ὁ, a king, ruler, but in some passages clearly to be translated: emperor.

Βενιαμίν, ὁ, Benjamin, youngest son of Jacob, founder of one of the twelve tribes of Israel.

Βερνίκη, ης, ἡ, Bernice, daughter of Agrippa I and Kypros, and sister of M. Julius Agrippa II.

Βλάστος, ου, ὁ, Blastus, chamberlain of King Herod Agrippa I.

βλέπω, (primarily physical), I look, see, perceive, discern.

Βοόζ, ὁ, Boaz, son of Salmon and Rahab, husband of Ruth, father of Obed.

Βοσόρ, ὁ, Bosor, father of Balaam.

Γ, γ

Γαβριήλ, ὁ, the angel Gabriel, a messenger of God.

Γάδ, ὁ, Gad, one of the twelve tribes of Israel.

Γάϊος, ου, ὁ, Gaius, (a) a Corinthian, (b) a Macedonian, (c) a citizen of Derbe, (d) an Ephesian.

Γαλιλαία, ας, ἡ, Galilee, a district towards the southern end of the Roman province Syria; the northern division of Palestine.

Γαλλίων, ωνος, ὁ, Gallio, Lucius Iunius Gallio, who received this name by adoption into another family, but was born brother of the philosopher Seneca and originally named L. Annaeus Nouatus; proconsul of the Roman province Achaia from spring A.D. 52 to spring 53.

Γαμαλιήλ, ὁ, Gamaliel, a noted Pharisee, teacher of Saul.

γάρ, for.

Γεδεών, ὁ, Gideon, one of the Judges of Israel.

γεννάω, I beget (of the male), (of the female) I bring forth, give birth to.

γῆ, γῆς, ἡ, the earth, soil, land, region, country, inhabitants of a region.

γίνομαι, I come into being, am born, become, come about, happen.

γινώσκω, I am taking in knowledge, come to know, learn; aor: I ascertained, realized.

γλῶσσα, ης, ἡ, the tongue, a language, a nation (usually distinguished by their speech).

γραμματεύς, έως, ὁ, (a) in Jerusalem, a scribe, one learned in the Jewish Law, a religious teacher, (b) at Ephesus, the town-clerk, the secretary of the city, (c) a man of learning generally.

γραφή, ῆς, ἡ, (a) a writing, (b) a passage of scripture; plur: the scriptures.

γράφω, I write; pass: it is written, it stands written (in the scriptures).

γυνή, αικός, ἡ, a woman, wife, my lady.

Γώγ, ὁ, Gog, in Ezekiel a king of Magog, a land of the remote north; hence, in Revelation, of a people far remote from Palestine.

Δ, δ

δαιμόνιον, ου, τό, an evil-spirit, demon; a heathen deity.

Δάμαρις, ιδος, ἡ, Damaris, an Athenian woman.

Δανιήλ, ὁ, Daniel.

Δαυίδ, ὁ, David, King of Israel.

δέ, a weak adversative particle, generally placed second in its clause; but, on the other hand, and.

δεῖ, it is necessary, inevitable; less frequently: it is a duty, what is proper.

δεξιός, ά, όν, on the right hand, right hand, right.

δέχομαι, I take, receive, accept, welcome.

Δημᾶς, ᾶ, ὁ, Demas, a helper of Paul in Rome.

Δημήτριος, ου, ὁ, Demetrius, a silversmith of Ephesus.

διά, (a) gen: through, throughout, by the

instrumentality of, (b) acc: through, on account of, by reason of, for the sake of, because of.

διδάσκαλος, ου, ὁ, a teacher, master.

διδάσκω, I teach, direct, admonish.

Δίδυμος, ου, ὁ, the Twin; Didymus, the Greek name equivalent to Thomas.

δίδωμι, I offer, give; I put, place.

δίκαιος, ία, ιον, just; especially, just in the eyes of God; righteous; the elect (a Jewish idea).

δικαιοσύνη, ης, ἡ, (usually if not always in a Jewish atmosphere), justice, justness, righteousness, righteousness of which God is the source or author, but practically: a divine righteousness.

διό, wherefore, on which account, therefore.

Διονύσιος, ου, ὁ, Dionysius, an Athenian.

Διοτρεφής, ους, ὁ, Diotrephes.

δοκέω, I think, seem, appear, it seems.

δόξα, ης, ἡ, honor, renown; glory, an especially divine quality, the unspoken manifestation of God, splendor.

δοξάζω, I glorify, honor, bestow glory on.

Δορκάς, άδος, ἡ, Dorcas, the Greek name of Tabitha.

δοῦλος, ου, ὁ, (a) (as adj.) enslaved, (b) (as noun) a (male) slave.

Δρούσιλλα, ης, ἡ, Drusilla (born A.D. 39), daughter of Herod Agrippa I.

δύναμαι, (a) I am powerful, have (the) power, (b) I am able, I can.

δύναμις, εως, ἡ, (a) physical power, force, might, ability, efficacy, energy, meaning (b) plur: powerful deeds, deeds showing (physical) power, marvelous works.

δύο, two.

δώδεκα, twelve; the usual way in which the Twelve apostles of Jesus are referred to.

Ε, ε

ἐάν, if.

ἑαυτοῦ, ῆς, οῦ, himself, herself, itself.

Ἔβερ, ὁ, Eber, father of Peleg and son of Shelah.

ἐγείρω, (a) I wake, arouse, (b) I raise up.

ἐγώ, I, the first-person pronoun.

Ἐζεκίας, ου, ὁ, Hezekiah, son of Ahaz, father of Manasseh, and king of Judah (727-686 [?] B.C.).

ἔθνος, ους, τό, a race, people, nation; the nations, heathen world, Gentiles.

εἰ, if.

εἰμί, I am, exist.

εἰρήνη, ης, ἡ, peace, peace of mind; invocation of peace a common Jewish farewell, in the Hebraistic sense of the health (welfare) of an individual.

εἰς, into, in, unto, to, upon, towards, for, among.

εἷς, μία, ἕν, one.

εἰσέρχομαι, I go in, come in, enter.

εἴτε, and if, whether.

ἐκ, ἐξ, from out, out from among, from, suggesting from the interior outwards.

ἕκαστος, η, ον, each (of more than two), every one.

ἐκβάλλω, I throw (cast, put) out; I banish; I bring forth, produce.

ἐκεῖ, (a) there, yonder, in that place, (b) thither, there.

ἐκεῖνος, η, ο, that, that one there, yonder.

ἐκκλησία, ας, ἡ, an assembly, congregation, church; the Church, the whole body of Christian believers.

Ἐλεάζαρ, ὁ, Eleazar, son of Eliud, and father of Matthan.

Ἐλιακείμ, ὁ, Eliakim, son of Abiud and father of Azor; son of Melea and father of Jonam.

Ἐλιέζερ, ὁ, Eliezer, son of Joram and father

of Joshua.

Ἐλιούδ, ὁ, Eliud, son of Achim, and father of Eleazar.

Ἐλισάβετ, ἡ, Elizabeth, mother of John the Baptizer.

Ἐλισσαῖος, ου, ὁ, Elisha.

Ἐλμωδάμ, ὁ, Elmadam, father of Cosam, son of Er.

ἐλπίς, ίδος, ἡ, hope, expectation, trust, confidence.

Ἐλύμας, ᾶ, ὁ, Elymas, the name of the sorcerer at Paphos.

Ἐμμόρ, ὁ, Hamor, a man whose sons sold a field at Shechem to Jacob.

ἐμός, ή, όν, my, mine.

ἐν, in, on, among.

ἐντολή, ῆς, ἡ, an ordinance, injunction, command, law.

ἐνώπιον, before the face of, in the presence of, in the eyes of.

Ἐνώχ, ὁ, Enoch, son of Jared and father of Methuselah.

ἐξέρχομαι, I go out, come out.

ἐξουσία, ας, ἡ, (a) power, authority, weight, especially: moral authority, influence, (b) in a quasi-personal sense, derived from later Judaism, of a spiritual power, and hence of an earthly power.

ἔξω, without, outside.

ἐπαγγελία, ας, ἡ, a promise.

Ἐπαίνετος, ου, ὁ, Epaenetus, a Christian of Rome.

Ἐπαφρᾶς, ᾶ, ὁ, Epaphras, Epaphroditus, a Colossian Christian, in captivity with Paul in Rome.

Ἐπαφρόδιτος, ου, ὁ, Epaphras, Epaphroditus, a Colossian Christian, in captivity with Paul in Rome.

ἐπερωτάω, I interrogate, question, demand of.

ἐπί, on, to, against, on the basis of, at.

ἑπτά, οἱ, αἱ, τά, seven.

Ἔραστος, ου, ὁ, Erastus, steward of Corinth, a Christian.

ἔργον, ου, τό, work, task, employment; a deed, action; that which is wrought or made, a work.

ἐρέω, (denoting speech in progress), (a) I say, speak; I mean, mention, tell, (b) I call, name, especially in the pass., (c) I tell, command.

ἔρημος, ον, as an adj: deserted, desolate, waste; hence: the desert, to the east and south of Palestine; of a person: deserted, abandoned, desolate.

Ἑρμᾶς, ᾶ, ὁ, Hermas, a Roman Christian.

Ἑρμῆς, οῦ, ὁ, (a) Hermes, the messenger and herald of the Greek gods, or rather the corresponding Lycaonian deity, (b) Hermes, a Roman Christian.

Ἑρμογένης, ους, ὁ, Hermogenes, a man of Rome.

ἔρχομαι, I come, go.

ἐρωτάω, (a) I ask (a question), question, (b) I request, make a request to, pray.

ἐσθίω, I eat, partake of food; met: I devour, consume (e.g. as rust does).

Ἐσλί, ὁ, Esli, son of Naggai and father of Nahum.

Ἑσρώμ, ὁ, Hezron, son of Perez, father of Ram.

ἔσχατος, η, ον, last, at the last, finally, till the end.

ἕτερος, α, ον, (a) of two: another, a second, (b) other, different, (c) one's neighbor.

ἔτι, (a) of time: still, yet, even now, (b) of degree: even, further, more, in addition.

Εὔα, ας, ἡ, Eve, the first woman; wife of first man Adam.

εὐαγγελίζω, I bring good news, preach good tidings, with or without an object, expressing either the persons who receive the good news or the good news itself (the good news being sometimes expressed as a person).

εὐαγγέλιον, ου, τό, the good news of the coming of the Messiah, the gospel; the gen. after it expresses sometimes the giver (God), sometimes the subject (the Messiah, etc.), sometimes the human transmitter (an apostle).

Εὔβουλος, ου, ὁ, Eubulus, a Christian with Paul in Rome.

εὐθέως, immediately, soon, at once.

Εὐνίκη, ης, ἡ, Eunice, mother of Timothy.

Εὐοδία, ας, ἡ, Euodia, or rather Euhodia, a Christian woman of Philippi.

εὑρίσκω, I find, learn, discover, especially after searching.

Εὔτυχος, ου, ὁ, Eutychus, a young hearer of Paul at Troas.

ἔχω, I have, hold, possess.

ἕως, (a) conj: until, (b) prep: as far as, up to, as much as, until.

Z, ζ

Ζαβουλών, ὁ, Zebulon, one of the sons of Jacob, and founder of one of the twelve tribes.

Ζακχαῖος, ου, ὁ, Zacchaeus, a Jewish tax-gatherer.

Ζαρά, ὁ, Zerah, son of Judah and Tamar.

Ζαχαρίας, ου, ὁ, Zechariah, (a) a priest referred to as a son of Jehoiada, (b) another priest, father of John the Baptist.

ζάω, I live, am alive.

Ζεβεδαῖος, ου, ὁ, Zebedee, father of the apostles James and John.

Ζεύς, Διός, ὁ, Zeus, the Greek god of the sky in all its manifestations, corresponding to the Roman Jupiter and to the leading god of the native Lycaonians.

Ζηνᾶς, ᾶν, ὁ, Zenas, a lawyer in Rome.

ζητέω, I seek, search for, desire, require, demand.

Ζοροβάβελ, ὁ, Zerubbabel, son of Shealtiel (Salathiel) and father of Abiud and Rhesa.

ζωή, ῆς, ἡ, life, both of physical (present) and of spiritual (particularly future) existence.

H, η

ἤ, or, than.

ἤδη, already; now at length, now after all this waiting.

Ἡλί, ὁ, Heli, an ancestor of Jesus.

Ἠλί, Eli, my God (Hebrew).

Ἠλίας, ου, ὁ, Elijah, the prophet.

ἡμέρα, ας, ἡ, a day, the period from sunrise to sunset.

Ἤρ, ὁ, Er, son of Joshua and father of Elmadam.

Ἡρῴδης, ου, ὁ, Herod; four persons are called by this name: Herod the Great,

Herod Antipas, Herod Agrippa, and Herod Agrippa the younger.

Ἡρῳδιάς, άδος, ἡ, Herodias (died after A.D. 40), daughter of Aristobulus and granddaughter of Herod I, wife, first, of her uncle Herod, second, of his half-brother, her uncle Herod Antipas.

Ἡρῳδίων, ωνος, ὁ, Herodion, a Christian in Rome, a relative of Paul.

Ἠσαΐας, ου, ὁ, Isaiah, the prophet.

Ἠσαῦ, ὁ, Esau, elder son of Isaac the patriarch, brother of Jacob.

Θ, θ

Θαδδαῖος, ου, ὁ, Thaddaeus, one of the twelve apostles.

θάλασσα, ης, ἡ, (a) the sea, in contrast to the land, (b) a particular sea or lake, e.g. the sea of Galilee (Tiberias), the Red Sea.

Θάμαρ, ἡ, Tamar, mother of Perez and Zerah by Judah, son of Jacob.

θάνατος, ου, ὁ, death, physical or spiritual.

Θάρα, ὁ, Terah, the father of Abraham.

θέλημα, ατος, τό, an act of will, will; plur: wishes, desires.

θέλω, I will, wish, desire, am willing, intend, design.

θεός, οῦ, ὁ, (a) God, (b) a god, generally.

Θεόφιλος, ου, ὁ, Theophilus, a friend of Luke of equestrian rank, to whom the Gospel and Acts are dedicated.

Θευδᾶς, ᾶ, ὁ, Theudas, a Jewish pretender of date about 4 B.C., otherwise unknown.

θεωρέω, I look at, gaze, behold; I see, experience, discern; I partake of.

θρόνος, ου, ὁ, a (king's) throne, seat; meton: power, dominion; a potentate.

Θωμᾶς, ᾶ, ὁ, Thomas, also called Didymus, one of the Twelve.

Ι, ι

Ἰάειρος, ου, ὁ, Jairus, a Jewish ruler of the synagogue.

Ἰακώβ, ὁ, (Hebrew), Jacob, (a) the patriarch, son of Isaac, (b) father of Joseph, the husband of Mary.

Ἰάκωβος, ου, ὁ, James, (a) the Small, son of Alphaeus, and one of the Twelve, (b) half-brother of Jesus, (c) father (?) of Jude, (d) son of Zebedee, and brother of John, one of the Twelve, killed A.D. 44.

Ἰαμβρῆς, ου, ὁ, Jambres, a sorcerer at the court of the Pharaoh.

Ἰαννά, ὁ, Jannai, an ancestor of Jesus; Jannai was the son of Joseph, and father of Melchi.

Ἰαννῆς, ου, ὁ, Jannes, a sorcerer at the court of the Pharaoh.

Ἰαρέδ, ὁ, (Hebrew), Jared, son of Mahalalel and father of Enoch.

Ἰάσων, ονος, ὁ, Jason, a Christian of Thessalonica, perhaps the same as the "relative" of Paul.

ἴδιος, α, ν, one's own, belonging to one, private, personal; one's own people, one's own family, home, property.

ἰδού, See! Lo! Behold! Look!

Ἰεζάβελ, ἡ, Jezebel, name given to a false prophetess of Thyatira, possibly borrowed from the name of Ahab's wife, queen of Israel.

Ἰερεμίας, ου, ὁ, Jeremiah, Hebrew prophet.

ἱερόν, οῦ, τό, a temple, either the whole building, or specifically the outer courts, open to worshippers.

Ἰεροσόλυμα, ατος, τά, ἡ, the Greek form of the Hebrew name: Jerusalem.

Ἰερουσαλήμ, ἡ, (Aramaic form), Jerusalem, the capital of Palestine: hence Judaism, and allegorically, Christendom, the Christian Church.

Ἰεσσαί, ὁ, (Hebrew), Jesse, son of Obed, and father of King David.

Ἰεφθάε, ὁ, (Hebrew), Jephthah, one of the Judges of Israel.

Ἰεχονίας, ου, ὁ, (Hebrew), Jechoniah, son of Josiah and father of Salathiel.

Ἰησοῦς, οῦ, ὁ, Jesus; the Greek form of Joshua; Jesus, son of Eliezer; Jesus, surnamed Justus.

ἱμάτιον, ου, τό, a long flowing outer garment, tunic.

ἵνα, in order that, so that.

Ἰούδα, ὁ, Judah, Judas, Jude.

Ἰουδαῖος, αία, αῖον, Jewish.

Ἰούδας, α, ὁ, Judah, Judas, Jude.

Ἰουλία, ας, ἡ, Julia, a Roman Christian, probably a slave or freed from the Imperial household.

Ἰούλιος, ου, ὁ, Julius, a Roman centurion on special service.

Ἰουνιᾶς, ᾶ, ὁ, Junia, Junias, a Roman Christian.

Ἰοῦστος, ου, ὁ, Justus, (a) a surname of Joseph Barsabbas, one of the two nominated to fill Judas' place as apostle, (b) Titius Justus, a Corinthian Christian, (c) surname of Jesus, a Christian with Paul in Rome.

Ἰσαάκ, ὁ, (Hebrew), Isaac, the patriarch.

Ἰσαχάρ, ὁ, Issachar, a proper name.

Ἰσκαριώτης, ου, ὁ, Iscariot, surname of Judas.

Ἰσραήλ, ὁ, (Hebrew), Israel, surname of Jacob, then the Jewish people, the people of God.

ἵστημι, trans: (a) I make to stand, place, set up, establish, appoint; mid: I place myself, stand, (b) I set in balance, weigh; intrans: (c) I stand, stand by, stand still; met: I stand ready, stand firm, am steadfast.

Ἰωάθαμ, ὁ, Jotham, son of Uzziah and father of Ahaz.

Ἰωανάν, ὁ, Joanan, a proper name.

Ἰωάννα, ας, ἡ, (Hebrew), Joanna, Johanna, wife of Chuza, Herod's steward.

Ἰωάννης, ου, ὁ, John: the Baptist, the apostle, a member of the Sanhedrin, or John Mark.

Ἰώβ, ὁ, (Hebrew), Job, the hero of the book of that name in the Old Testament.

Ἰωήλ, ὁ, Joel, the Hebrew prophet.

Ἰωνάν, ὁ, (Hebrew), Jonam, an ancestor of Jesus.

Ἰωνᾶς, ᾶ, ὁ, (Hebrew), Jonah, the Hebrew prophet.

Ἰωράμ, ὁ, (Hebrew), Joram, Jehoram, son of Jehoshaphat and father of Uzziah.

Ἰωρείμ, ὁ, (Hebrew), Jorim, an ancestor of Jesus.

Ἰωσαφάτ, ὁ, (Hebrew), Jehoshaphat, king of Judah, son of Asaph, father of Joram, an ancestor of Jesus.

Ἰωσῆς, ῆτος, ὁ, (Hebrew), Joses (a) son of Eliezer, (b) son of Mary, half-brother of Jesus, (c) surnamed Barnabas (also called Joseph).

Ἰωσήφ, ὁ, Joseph, a proper name.

Ἰωσίας, ου, ὁ, (Hebrew), Josiah, king of Judah.

Κ, κ

κἀγώ, I also, I too, but I.

κάθημαι, I sit, am seated, enthroned; I dwell, reside.

καθώς, according to the manner in which, in the degree that, just as, as.

καί, and, even, also, namely.

Καϊάφας, ᾶ, ὁ, Caiaphas, Jewish high priest.

Κάϊν, ὁ, (Hebrew), Cain, son of Adam and Eve and brother of Abel.

Καϊνάν, ὁ, (Hebrew), Cainan, one of the ancestors of Jesus.

καιρός, οῦ, ὁ, fitting season, season, opportunity, occasion, time.

κακός, ή, όν, bad, evil, in the widest sense.

καλέω, (a) I call, summon, invite, (b) I call, name.

καλός, ή, όν, beautiful, as an outward sign of the inward good, noble, honorable character; good, worthy, honorable, noble, and seen to be so.

Κανδάκη, ης, ἡ, Candace, a proper name; the Candace, a dynastic name for queens of the Ethiopians in Abyssinia.

καρδία, ας, ἡ, lit: the heart; mind, character, inner self, will, intention, center.

καρπός, οῦ, ὁ, (a) fruit, generally vegetable, sometimes animal, (b) met: fruit, deed, action, result, (c) profit, gain.

Κάρπος, ου, ὁ, Carpus, a Christian of Troas.

κατά, gen: against, down from, throughout, by; acc: over against, among, daily, day-by-day, each day, according to, by way of.

καταβαίνω, I go down, come down, either from the sky or from higher land, descend.

κεφαλή, ῆς, ἡ, (a) the head, (b) met: a corner stone, uniting two walls; head, ruler, lord.

κηρύσσω, I proclaim, herald, preach.

Κηφᾶς, ᾶ, ὁ, Cephas (Aramaic for rock), the new name given to Simon Peter, the apostle.

Κίς, ὁ, Kish, the father of Saul.

Κλαυδία, ας, ἡ, Claudia, a Christian woman in Rome; probably a freedwoman of the imperial household.

Κλαύδιος, ου, ὁ, (a) Claudius, the fourth of the Roman Emperors, Tiberius Claudius Caesar Augustus Germanicus, who ruled A.D. 41-54, (b) Claudius Lysias, a tribune at Jerusalem.

Κλεοπᾶς, ᾶ, ὁ, Cleopas, one of the two companions of the risen Jesus from Jerusalem to Emmaus.

Κλήμης, μεντος, ὁ, Clement, a fellow-worker of Paul in Rome.

Κλωπᾶς, ᾶ, ὁ, Clopas, husband of one Mary, who stood by the cross.

Κορέ, ὁ, (Hebrew) Korah.

Κορνήλιος, ου, ὁ, Cornelius, a centurion of the Roman army, stationed at Caesarea.

κόσμος, ου, ὁ, the world, universe; worldly affairs; the inhabitants of the world; adornment.

Κούαρτος, ου, ὁ, Quartus, a Christian, brother of Erastus the Corinthian.

κράζω, I cry aloud, shriek.

Κρήσκης, κεντος, ὁ, Crescens, a Christian, coadjutor of Paul.

κρίνω, (a) I judge, whether in a law-court or privately: sometimes with cognate nouns emphasizing the notion of the verb, (b) I decide, I think (it) good.

Κρίσπος, ου, ὁ, Crispus, ruler of the synagogue at Corinth, converted and baptized by Paul.

Κυρήνιος, ου, ὁ, Cyrenius or Quirinius, governor of Syria.

κύριος, ου, ὁ, lord, master, sir; the Lord.

Κωσάμ, ὁ, Cosam, son of Elmadam and father of Addi.

Λ, λ

Λάζαρος, ου, ὁ, Lazarus, Eliezer, (a) the beggar, (b) the brother of Martha and Mary, of Bethany.

λαλέω, (I talk, chatter in classical Greek, but in NT a more dignified word) I speak, say.

λαμβάνω, (a) I receive, get, (b) I take, lay hold of.

Λάμεχ, ὁ, (Hebrew), Lamech, son of Methuselah and father of Noah.

λαός, οῦ, ὁ, (a) a people, characteristically of God's chosen people, first the Jews, then the Christians, (b) sometimes, but rarely, the people, the crowd.

Λεββαῖος, ου, ὁ, Lebbaeus, a pet-name for Thaddaeus, one of the twelve apostles of Jesus; the full form of the name is not known.

λέγω, (denoting speech in progress), (a) I say, speak; I mean, mention, tell, (b) I call, name, especially in the pass., (c) I tell, command.

Λευΐ, ὁ, (Hebrew), Levi, (a) an ancestor of Jesus, (b) another ancestor of Jesus, (c) third son of Jacob, the patriarch, and founder of a tribe named after him, (d) son of Alphaeus, and called Matthew, a revenue officer and one of the twelve apostles of Jesus.

Λευΐς, ὁ, (Hebrew), Levi, son of Alphaeus, the publican.

λίθος, ου, ὁ, a stone; met: of Jesus as the chief stone in a building.

Λῖνος, ου, ὁ, Linus, a Christian in Rome.

λόγος, ου, ὁ, a word, speech, divine utterance, analogy.

Λουκᾶς, ᾶ, ὁ, Lucas, Luke, Christian physician and writer of the Third Gospel and Acts.

Λούκιος, ου, ὁ, Lucius, (a) of Cyrene, an early Christian, in the church of Antioch, by some identified with the evangelist Luke, (b) a Christian with Paul at Corinth, by some identified with (a).

Λυδία, ας, ἡ, Lydia, a lady resident of Philippi, native of Thyatira in Lydia (Asia Minor), and engaged in the clothing trade.

Λυσανίας, ου, ὁ, Lysanias, tetrarch of Abilene.

Λυσίας, ου, ὁ, Claudius Lysias, a Roman tribune of the soldiers in Jerusalem.

Λωΐς, ΐδος, ἡ, Lois, grandmother of Timothy.

Λώτ, ὁ, (Hebrew), Lot, nephew of Abraham.

M, μ

Μαάθ, ὁ, (Hebrew), Maath, an ancestor of Jesus.

Μαγδαλά, ἡ, Magdala, Magadan, a proper name.

Μαγδαληνή, ῆς, ἡ, Magdalene, a woman of Magdala.

Μαγώγ, ὁ, (Hebrew), Magog, sometimes as name of a people, sometimes as name of a country in the Old Testament, probably the Scythians; hence: used in apocalyptic literature.

μαθητής, οῦ, ὁ, a learner, disciple, pupil.

Μαθουσάλα, ὁ, (Hebrew) Methuselah, son of Enoch and father of Lamech.

Μαϊνάν, ὁ, Menna, Mainan, a proper name.

μακάριος, α, ον, happy, blessed, to be envied.

Μαλελεήλ, ὁ, Mahalaleel or Maleleel, one of the ancestors of Jesus.

μᾶλλον, more, rather.

Μάλχος, ου, ὁ, Malchus, a servant of the high-priest at Jerusalem.

Μαναήν, ὁ, (Graecized form of Aramaic Menahem), Manaen, probably a member of Herod Antipas' court.

Μανασσῆς, ῆ, ὁ, (Hebrew), Manasseh, (a) son of Joseph, founder of a tribe of Israel, (b) son of Hezekiah and father of Amon

(Amos).

Μάρθα, ας, ἡ, Martha, sister of Mary and Lazarus of Bethany.

Μαρία, ας, ἡ, Mary, Miriam, (a) the mother of Jesus, (b) of Magdala, (c) sister of Martha and Lazarus, (d) wife of Cleopas, (e) mother of John Mark, (f) a Christian woman in Rome.

Μάρκος, ου, ὁ, Mark, who also had the Hebrew name John, son of Mary, nephew of Barnabas, coadjutor of Barnabas, Paul, and Peter.

μαρτυρέω, I witness, bear witness, give evidence, testify, give a good report.

Ματθαῖος, ου, ὁ, Matthew.

Ματθάν, ὁ, Matthan.

Ματθάτ, ὁ, Matthat, an ancestor of Jesus.

Ματθίας, α, ὁ, Matthias.

Ματταθά, ὁ, Mattatha.

Ματταθίας, ου, ὁ, Mattathias, an ancestor of Jesus.

μέγας, μεγάλη, μέγα, large, great, in the widest sense.

Μελεᾶς, ᾶ, ὁ, Melea, one of the ancestors of Jesus.

μέλλω, I intend, am about to; I delay, linger.

Μελχί, ὁ, Melchi, one of the ancestors of Jesus.

Μελχισεδέκ, ὁ, Melchizedek, king and priest of Salem.

μέν, an untranslatable particle, generally answered by "de", each of the two introducing a clause intended to be contrasted with the other.

μένω, I remain, abide, stay, wait; with acc: I wait for, await.

μέσος, η, ον, middle, in the middle, between, in the midst of.

μετά, (a) gen: with, in company with, (b) acc: (1) behind, beyond, after, of place, (2) after, of time, with nouns, neut. of adjectives.

μή, not, lest.

μηδέ, and not, not even, neither…nor.

μηδείς, μηδεμία, μηδέν, no one, none, nothing.

μήτηρ, μητρός, ἡ, a mother.

Μιχαήλ, ὁ, Michael, an archangel.

Μνάσων, ωνος, ὁ, Mnason, an early Christian, native of Cyprus, resident at a place between Caesarea and Jerusalem.

Μολόχ, ὁ, Moloch, a god worshipped by several Semitic peoples.

μόνον, alone, but, only.

Μωσῆς, έως, ὁ, Moses; met: the books of Moses, the Pentateuch.

N, ν

Ναασσών, ὁ, Nahshon, son of Amminadab and father of Salmon, and one of the ancestors of Jesus.

Ναγγαί, ὁ, Naggai, one of the ancestors of Jesus.

Ναθάν, ὁ, Nathan, son of David, and an ancestor of Jesus.

Ναθαναήλ, ὁ, Nathanael, of Cana in Galilee, an early disciple, probably to be identified with Bartholomew.

Ναούμ, ὁ, Nahum, an ancestor of Jesus.

Νάρκισσος, ου, ὁ, Narcissus, a resident of Rome.

Ναχώρ, ὁ, Nahor, one of the ancestors of Jesus.

Νεεμάν, ὁ, Naaman.

νεκρός, ά, όν, (a) adj: dead, lifeless, subject to death, mortal, (b) noun: a dead body, a corpse.

Νεφθαλείμ, ὁ, Naphtali, son of Jacob, founder of a tribe which occupied territory.

Νηρεύς, έως, ὁ, Nereus, a Christian in Rome.

Νηρί, ὁ, Neri, an ancestor of Jesus.

Νίγερ, ὁ, Niger, a proper name.

Νικάνωρ, ορος, ὁ, Nicanor, a proper name.

Νικόδημος, ου, ὁ, Nicodemus, a member of the Sanhedrin.

Νικόλαος, ου, ὁ, Nicolaus, a proper name.

νόμος, ου, ὁ, usage, custom, law; in NT: of law in general, plur: of divine laws; of a force or influence impelling to action; of the Mosaic law; meton: of the books which contain the law, the Pentateuch, the Old Testament scriptures in general.

Νυμφᾶς, ᾶ, ὁ, Nymphas, a proper name.

νῦν, adv. (a) of time: just now, even now; just at hand, immediately, (b) of logical connection: now then, (c) in commands and appeals: at this instant.

νύξ, νυκτός, ἡ, the night, night-time.

Νῶε, ὁ, (Hebrew) Noah.

O, ο

ὁ, ἡ, τό, the, the definite article.

ὁδός, οῦ, ἡ, a way, road, journey, path.

Ὀζίας, ου, ὁ, Uzziah, son of Joram and father of Jotham, and king of Judah from about 785 to 746 B.C., an ancestor of Jesus.

οἶδα, I know, remember, appreciate.

οἰκία, ας, ἡ, a house, household, dwelling; meton: goods, property, means.

οἶκος, ου, ὁ, (a) a house, the material building, (b) a household, family, lineage, nation.

ὅλος, η, ον, all, the whole, entire, complete.

Ὀλυμπᾶς, ᾶ, ὁ, Olympas, a Christian man in Rome.

Ὀνήσιμος, ου, ὁ, (originally adj: useful, hence the play upon words in Philemon 10, 11, and very common as slave name), Onesimus, a slave of Philemon, a Christian of Colossae.

Ὀνησίφορος, ου, ὁ, Onesiphorus, a Christian of the province of Asia.

ὄνομα, ατος, τό, name, character, fame, reputation.

ὅπου, where, whither, in what place.

ὅπως, how, in order that, so that, that.

ὁράω, I see, look upon, experience, perceive, discern, beware.

ὄρος, ους, τό, a mountain, hill.

ὅς, ἥ, ὅ, who, which, what, that.

ὅσος, η, ον, how much, how great, how many, as great as, as much.

ὅστις, ἥτις, ὅτι, whosoever, whichsoever, whatsoever.

ὅταν, when, whenever.

ὅτε, when, at which time.

ὅτι, that, since, because; may introduce direct discourse.

οὐ, no, not.

οὐδέ, neither, nor, not even, and not.

οὐδείς, οὐδεμία, οὐδέν, no one, none, nothing.

οὖν, therefore, then.

οὐρανός, οῦ, ὁ, heaven, (a) the visible heavens: the atmosphere, the sky, the starry heavens, (b) the spiritual heavens.

Οὐρβανός, οῦ, ὁ, Urbanus, a Christian in Rome, fellow-worker of Paul.

Οὐρίας, ου, ὁ, Uriah, husband of Bathsheba the mother of Solomon.

οὔτε, and not, neither, nor.

οὗτος, αὕτη, τοῦτο, this; he, she, it.

οὕτως, thus, so, in this manner.

οὐχί, by no means, not at all.

ὀφθαλμός, οῦ, ὁ, the eye; fig: the mind's eye.

ὄχλος, ου, ὁ, a crowd, mob, the common people.

Π, π

παιδίον, ου, τό, a little child, an infant, little one.

πάλιν, again, back, once more, further, on the other hand.

παρά, gen: from; dat: beside, in the presence of; acc: alongside of.

παραβολή, ῆς, ἡ, (a) a comparison, (b) a parable, often of those uttered by our Lord, (c) a proverb, an adage.

παραδίδωμι, I hand over, pledge, hand down, deliver, commit, commend, betray, abandon.

παρακαλέω, (a) I send for, summon, invite, (b) I beseech, entreat, beg, (c) I exhort, admonish, (d) I comfort, encourage, console.

Παρμενᾶς, ᾶ, ὁ, Parmenas, one of the original seven deacons at Jerusalem.

πᾶς, πᾶσα, πᾶν, all, the whole, every kind of.

πατήρ, πατρός, ὁ, father, (Heavenly) Father, ancestor, elder, senior.

Πατρόβας, α, ὁ, Patrobas, a Christian in Rome.

Παῦλος, ου, ὁ, Paul, Paulus.

πείθω, I persuade, urge.

πέμπω, I send, transmit, permit to go, put

forth.

περί, (a) gen: about, concerning, (b) acc: around.

περιπατέω, I walk, hence Hebraistically (in an ethical sense): I conduct my life, live.

Περσίς, ίδος, ἡ, Persis, name of a Christian lady in Rome.

Πέτρος, ου, ὁ, Peter, a Greek name meaning "rock".

Πιλᾶτος, ου, ὁ, Pilate.

πίνω, I drink, imbibe.

πίπτω, I fall, fall under (as under condemnation), fall prostrate.

πιστεύω, I believe, have faith in, trust in; pass: I am entrusted with.

πίστις, εως, ἡ, faith, belief, trust, confidence; fidelity, faithfulness.

πιστός, ή, όν, trustworthy, faithful, believing.

πλείων, εῖον, more, greater, of higher value.

πληρόω, I fill, fulfill, complete.

πλοῖον, ου, τό, a ship, vessel, boat.

πνεῦμα, ατος, τό, wind, breath, spirit.

ποιέω, (a) I make, manufacture, construct, (b) I do, act, cause.

πόλις, εως, ἡ, a city, the inhabitants of a city.

πολύς, πολλή, πολύ, much, many; often.

πονηρός, ά, όν, evil, bad, wicked, malicious, slothful.

Πόντιος, ου, ὁ, Pontius.

Πόπλιος, ου, ὁ, Publius, a governor of Malta.

πορεύομαι, I travel, journey, go, die.

Πόρκιος, ου, ὁ, Porcius, the middle (gentile) name of the procurator Festus.

Πούδης, δεντος, τό, Pudens, a Christian man in Rome.

πούς, ποδός, ὁ, the foot.

πρεσβύτερος, α, ον, elder, usually used as subst.; an elder, a member of the Sanhedrin, an elder of a Christian assembly.

Πρίσκα, ης, ἡ, Prisca, Priscilla, the former being the more correct and formal name, the latter a diminutive and more familiar; a Roman lady, probably of good birth, wife of the Jewish Christian Aquila.

Πρίσκιλλα, ης, ἡ, Prisca, Priscilla, the former being the more correct and formal name, the latter a diminutive and more familiar; a Roman lady, probably of good birth, wife of the Jewish Christian Aquila.

πρός, to, towards, with.

προσέρχομαι, I come up to, come to, come near (to), approach, consent (to).

προσεύχομαι, I pray, pray for, offer prayer.

προσκυνέω, I go down on my knees to, do obeisance to, worship.

πρόσωπον, ου, τό, the face, countenance, surface.

προφήτης, ου, ὁ, a prophet, poet; a person gifted at expositing divine truth.

Πρόχορος, ου, ὁ, Prochorus, one of the seven original deacons at Jerusalem.

πρῶτον, first, in the first place, before, formerly.

πρῶτος, η, ον, first, before, principal, most important.

πῦρ, πυρός, τό, fire; the heat of the sun, lightning; fig: strife, trials; the eternal fire.

πῶς, how, in what manner, by what means.

Ρ, ρ

Ῥαάβ, ἡ, Rahab, a Canaanitess, who rescued the Hebrew spies at Jericho.

Ῥαγαῦ, ὁ, Ragau (or Reu), an ancestor of Jesus.

Ῥαχάβ, ἡ, Rahab, a Canaanitess, who rescued the Hebrew spies at Jericho.

Ῥαχήλ, ἡ, Rachel, younger wife of the patriarch Jacob.

Ῥεβέκκα, ας, ἡ, Rebecca, wife of the patriarch Isaac.

Ῥεμφάν, ὁ, Rephan, the Saturn of later mythology.

ῥῆμα, ατος, τό, a thing spoken, (a) a word or saying of any kind, as command, report, promise, (b) a thing, matter, business.

Ῥησά, ὁ, Rhesa, an ancestor of Jesus.

Ῥοβοάμ, ὁ, Rehoboam, son of Solomon, and King of Israel.

Ῥόδη, ης, ἡ, Rhoda, a maidservant in the house of John Mark's mother at Jerusalem.

Ῥουβίμ, ὁ, Reuben, eldest son of the patriarch Jacob and founder of a tribe.

Ῥούθ, ἡ, Ruth, wife of Boaz and mother of Obed.

Ῥοῦφος, ου, ὁ, Rufus, a Christian man in Rome, probably to be identified with the brother of Alexander and son of Simon of Cyrene.

Σ, σ/ς

σάββατον, ου, τό, the Sabbath, a week.

Σαδώκ, ὁ, Zadok, an ancestor of Jesus.

Σαλά, ὁ, Sala, the name of two of the ancestors of Jesus.

Σαλαθιήλ, ὁ, Salathiel, son of Jechoniah.

Σαλμών, ὁ, Salmon, son of Nahshon and father of Boaz.

Σαλώμη, ης, ἡ, Salome, wife of Zebedee and mother of James and John, the apostles.

Σαμουήλ, ὁ, Samuel, a Hebrew prophet.

Σαμψών, ὁ, Samson, one of the Judges of Israel.

Σαούλ, ὁ, Saul, (a) the first king of Israel, (b) the Hebrew name of the Apostle to the Gentiles.

Σαπφείρη, ης, ἡ, Sapphira, wife of Ananias, an early Christian.

σάρξ, σαρκός, ἡ, flesh, body, human nature, materiality; kindred.

Σάρρα, ας, ἡ, Sarah, wife of Abraham.

Σαῦλος, ου, ὁ, Saul, the apostle.

Σεκοῦνδος, ου, ὁ, Secundus, a Christian of Thessalonica.

Σεμεΐ, ὁ, Semein, an ancestor of Jesus.

Σέργιος, ου, ὁ, Sergius, the middle (gentile) name of the proconsul of Cyprus.

Σερούχ, ὁ, Serug, an ancestor of Jesus.

Σήθ, ὁ, Seth, third son of Adam.

Σήμ, ὁ, Shem, a son of Noah.

σημεῖον, ου, τό, a sign, miracle, indication, mark, token.

Σίλας, ᾶ, ὁ, Silas, a pet-form of the name

"Silvanus"; a Roman citizen and a helper of Paul.

Σιλουανός, οῦ, ὁ, Silvanus, a Roman citizen and a helper of Paul.

Σίμων, ωνος, ὁ, Simon.

Σκευᾶς, ᾶ, ὁ, Sceva, an inhabitant of Ephesus.

Σολομών, ῶνος, ὁ, Solomon, son of David King of Israel, and Bathsheba.

Σουσάννα, ης, ἡ, Susannah, a woman of the retinue of Jesus.

σοφία, ας, ἡ, wisdom, insight, skill (human or divine), intelligence.

σπείρω, I sow, spread, scatter.

Στάχυς, υος, ὁ, Stachys, a Christian man at Rome.

Στεφανᾶς, ᾶ, ὁ, Stephanas, a Corinthian Christian.

Στέφανος, ου, ὁ, Stephen, one of the seven original deacons at Jerusalem, and the first martyr.

στόμα, ατος, τό, the mouth, speech, eloquence in speech, the point of a sword.

σύ, σοῦ, σοί, σέ, you.

Συμεών, ὁ, Simeon or Simon.

σύν, with.

συνάγω, I gather together, collect, assemble, receive with hospitality, entertain.

συναγωγή, ῆς, ἡ, an assembly, congregation, synagogue, either the place or the people gathered together in the place.

Συντύχη, ης, ἡ, Syntyche, a woman member of the church at Philippi.

σῴζω, I save, heal, preserve, rescue.

σῶμα, ατος, τό, body, flesh; the body of the Church.

Σώπατρος, ου, ὁ, Sopater, a proper name.

Σωσθένης, ου, ὁ, Sosthenes, the ruler of the synagogue at Corinth.

Σωσίπατρος, ου, ὁ, Sosipater, a proper name.

Τ, τ

Ταβηθά, ἡ, antelope; Tabitha, a Christian woman at Joppa.

τέ, and, both.

τέκνον, ου, τό, a child, descendent, inhabitant.

Τέρτιος, ου, ὁ, Tertius, who wrote the Epistle to the Romans at Paul's dictation.

Τέρτυλλος, ου, ὁ, Tertullus, a barrister acting as professional prosecutor of Paul at Caesarea.

τηρέω, I keep, guard, observe, watch over.

Τιβέριος, ου, ὁ, Tiberius, the second Roman emperor (died A.D. 37).

τίθημι, I put, place, lay, set, fix, establish.

Τιμαῖος, ου, ὁ, Timaeus, father of the blind beggar Bartimaeus.

Τιμόθεος, ου, ὁ, Timothy, a Christian of Lystra, helper of Paul.

Τίμων, ωνος, ὁ, Timon, one of the seven original deacons at Jerusalem.

τίς, τί, who, which, what, why.

τις, τι, any one, some one, a certain one or thing.

Τίτος, ου, ὁ, Titus, a Greek Christian, helper of Paul, perhaps also brother of Luke.

τοιοῦτος, τοιαύτη, τοιοῦτο, of such a kind, such.

τόπος, ου, ὁ, a place, region, seat; an opportunity.

τότε, then, at that time.

τρεῖς, τρία, three.

τρίτος, η, ον, third.

Τρόφιμος, ου, ὁ, Trophimus, a Christian of Ephesus in Asia.

Τρύφαινα, ης, ἡ, Tryphaena, a Christian woman in Rome.

Τρυφῶσα, ης, ἡ, Tryphosa, a Christian woman in Rome, perhaps a sister of Tryphaena.

Τύραννος, ου, ὁ, Tyrannus, an inhabitant of Ephesus, probably a rhetorician.

τυφλός, ή, όν, blind, physically or mentally.

Τυχικός, ου, ὁ, Tychicus, a Christian of the Roman province Asia.

Y, υ

ὕδωρ, ὕδατος, τό, water.

υἱός, οῦ, ὁ, a son, descendent.

Ὑμέναιος, ου, ὁ, Hymenaeus.

ὑπάγω, I go away, depart, begone, die.

ὑπάρχω, I begin, am, exist, am in possession.

ὑπέρ, gen: in behalf of; acc: above.

ὑπό, by, under, about.

Φ, φ

φάγω, I eat, partake of food; met: I devour, consume (e.g. as rust does); used only in fut. and 2nd aor. tenses.

Φάλεκ, ὁ, Peleg, son of Eber, and one of the ancestors of Jesus.

Φανουήλ, ὁ, Phanuel, father of Anna the

prophetess.

Φαρές, ὁ, Perez, son of Judah and one of the ancestors of Jesus.

Φαρισαῖος, ου, ὁ, a Pharisee, one of the Jewish sect so called.

φέρω, I carry, bear, bring; I conduct, lead; perhaps: I make publicly known.

Φῆλιξ, ικος, ὁ, Felix, third name of (Marcus) Antonius Felix, procurator of the Roman province Judea from an uncertain date (before A.D. 52 ?) till A.D. 59.

φημί, I say, declare.

Φῆστος, ου, ὁ, Festus.

Φιλήμων, ονος, ὁ, Philemon, a Christian man of Colossae.

Φίλητος, ου, ὁ, Philetus, a Christian at Rome.

Φίλιππος, ου, ὁ, Philip, (a) one of the twelve apostles of Jesus, (b) tetrarch of the Ituraean and Trachonitic region,

half-brother of Herod Antipas, tetrarch of Galilee, (c) one of the seven original deacons at Jerusalem and a missionary.

Φιλόλογος, ου, ὁ, Philologus, a Roman Christian.

Φλέγων, οντος, ὁ, Phlegon, a Roman Christian man.

φοβέομαι, I fear, dread, reverence, am afraid, terrified.

Φοίβη, ης, ἡ, Phoebe, a Christian woman in the church at Cenchreae.

Φορτουνάτος, ου, ὁ, Fortunatus, a Christian of Corinth.

Φύγελος, ου, ὁ, Phygelus, a Christian of the Roman province Asia who deserted Paul.

φωνή, ῆς, ἡ, a sound, noise, voice, language, dialect.

φῶς, φωτός, τό, light, a source of light, radiance.

Χ, χ

χαίρω, I rejoice, am glad; also a salutation: Hail.

χαρά, ᾶς, ἡ, joy, gladness, a source of joy.

χάρις, ιτος, ἡ, (a) grace, as a gift or blessing brought to man by Jesus Christ, (b) favor, (c) gratitude, thanks, (d) a favor, kindness.

χείρ, χειρός, ἡ, a hand.

Χλόη, ης, ἡ, Chloe, probably with business connections either in Corinth or in Ephesus or in both.

Χουζᾶς, ᾶ, ὁ, Chuza, a steward of Herod Antipas.

Χριστός, οῦ, ὁ, anointed; the Messiah, the Christ.

χρόνος, ου, ὁ, time, a particular time, season.

Ψ, ψ

ψυχή, ῆς, ἡ, (a) the vital breath, breath of life, (b) the human soul, (c) the soul as the seat

of affections and will, (d) the self, (e) a human person, an individual.

Ω, ω

Ὠβήδ, ὁ, Obed.

ὧδε, here, the things here, what is here, what is going on here, the state of affairs here.

ὥρα, ας, ἡ, (a) a definite space of time, a season, (b) an hour, (c) the particular time

for anything.

ὡς, as, like as, about, as it were, according as, how, when, while, as soon as, so that.

Ὠσηέ, ὁ, Hosea, the Hebrew prophet.

ὥστε, so that, therefore, so then, so as to.

Alphabetic List
of Verb Forms
and Their Parsings

An Alphabetic List
of Verb Forms and Their Parsings

This appendix contains an alphabetized list of verb forms and their parsings. The forms listed are for those verbs appearing in the text fifty times or more. Verbs appearing less than fifty times are parsed in the footnote apparatus of the main text. For an explanation of and key to the verb parsing codes, please see the introduction of this edition.

ἀγαγεῖν, 2AAN of ἄγω

ἀγάγετέ, 2AAM-2P of ἄγω

ἀγάγῃ, 2AAS-3S of ἄγω

ἀγαγόντα, 2AAP-ASM of ἄγω

ἀγαγόντες, 2AAP-NPM of ἄγω

ἀγάγωσιν, 2AAS-3P of ἄγω

ἀγαπᾷ, PAI-3S or PAS-3S of ἀγαπάω

ἀγαπᾷν, PAN of ἀγαπάω

ἀγαπᾷς, PAI-2S of ἀγαπάω

ἀγαπᾶτε, PAI-2P, PAM-2P or PAS-2P of ἀγαπάω

ἀγαπάτω, PAM-3S of ἀγαπάω

ἀγαπηθήσεται, FPI-3S of ἀγαπάω

ἀγαπήσαντός, AAP-GSM of ἀγαπάω

ἀγαπήσας, AAP-NSM of ἀγαπάω

ἀγαπήσατε, AAM-2P of ἀγαπάω

ἀγαπήσει, FAI-3S of ἀγαπάω

ἀγαπήσεις, FAI-2S of ἀγαπάω

ἀγαπήσητε, AAS-2P of ἀγαπάω

ἀγαπήσω, FAI-1S of ἀγαπάω

ἀγαπῶ, PAI-1S of ἀγαπάω

ἀγαπῶμαι, PPI-1S of ἀγαπάω

ἀγαπῶμεν, PAI-1P or PAS-1P of ἀγαπάω

ἀγαπῶν, PAP-NSM of ἀγαπάω

ἀγαπῶντας, PAP-APM of ἀγαπάω

ἀγαπῶντι, PAP-DSM of ἀγαπάω

ἀγαπώντων, PAP-GPM of ἀγαπάω

ἀγαπῶσιν, PAI-3P or PAP-DPM of ἀγαπάω

ἄγε, PAM-2S of ἄγω

ἄγει, PAI-3S of ἄγω

ἄγειν, PAN of ἄγω

ἄγεσθαι, PPN of ἄγω

ἄγεσθε, PPI-2P of ἄγω

ἀγόμενα, PPP-APN of ἄγω

ἀγομένους, PPP-APM of ἄγω

ἀγομένων, PPP-GPN of ἄγω

ἄγονται, PPI-3P of ἄγω

ἄγοντες, PAP-NPM of ἄγω

ἄγουσιν, PAI-3P of ἄγω

ἄγω, PAI-1S of ἄγω

ἄγωμεν, PAS-1P of ἄγω

αἶρε, PAM-2S of αἴρω

αἴρει, PAI-3S of αἴρω

αἴρεις, PAI-2S of αἴρω

αἴρεται, PPI-3S of αἴρω

αἴρετε, PAM-2P of αἴρω

αἰρόμενον, PPP-ASM of αἴρω

αἴροντος, PAP-GSM of αἴρω

αἴρων, PAP-NSM of αἴρω

αἴρωσιν, PAS-3P of αἴρω

αἰτεῖν, PAN of αἰτέω

αἰτεῖς, PAI-2S of αἰτέω

αἰτεῖσθαι, PMN of αἰτέω

αἰτεῖσθε, PMI-2P of αἰτέω

αἰτεῖτε, PAI-2P or PAM-2P of αἰτέω

αἰτείτω, PAM-3S of αἰτέω

αἰτῆσαι, AAN of αἰτέω

αἰτήσας, AAP-NSM of αἰτέω

αἰτήσει, FAI-3S of αἰτέω

αἰτήσεσθε, FMI-2P of αἰτέω

αἰτήσῃ, AAS-3S or AMS-2S of αἰτέω

αἰτήσῃς, AAS-2S of αἰτέω

αἰτήσηται, AMS-3S of αἰτέω

αἰτήσητε, AAS-2P of αἰτέω

αἰτῆσθε, PPS-2P of αἰτέω

αἰτήσομαι, FMI-1S of αἰτέω

αἴτησόν, AAM-2S of αἰτέω

αἰτήσουσιν, FAI-3P of αἰτέω

αἰτήσωμεν, AAS-1P of αἰτέω

αἰτήσωνται, AMS-3P of αἰτέω

αἰτοῦμαι, PMI-1S of αἰτέω

αἰτούμεθα, PMI-1P of αἰτέω

αἰτούμενοι, PMP-NPM of αἰτέω

αἰτοῦντί, PAP-DSM of αἰτέω

αἰτοῦσά, PAP-NSF of αἰτέω

αἰτοῦσιν, PAI-3P or PAP-DPM of αἰτέω

αἰτώμεθα, PMS-1P of αἰτέω

αἰτῶμεν, PAS-1P of αἰτέω

αἰτῶν, PAP-NSM of αἰτέω

ἀκήκοα, 2RAI-1S of ἀκούω

ἀκηκόαμεν, 2RAI-1P-ATT of ἀκούω

ἀκηκόασιν, 2RAI-3P-ATT of ἀκούω

ἀκηκόατε, 2RAI-2P-ATT of ἀκούω

ἀκηκοότας, 2RAP-APM-ATT of ἀκούω

ἀκολουθεῖ, PAI-3S of ἀκολουθέω

ἀκολούθει, PAM-2S of ἀκολουθέω

ἀκολουθεῖν, PAN of ἀκολουθέω

ἀκολουθείτω, PAM-3S of ἀκολουθέω

ἀκολουθῆσαι, AAN of ἀκολουθέω

ἀκολουθήσαντές, AAP-NPM of ἀκολουθέω

ἀκολουθησάντων, AAP-GPM of ἀκολουθέω

ἀκολουθήσατε, AAM-2P of ἀκολουθέω

ἀκολουθήσεις, FAI-2S of ἀκολουθέω

ἀκολουθήσω, FAI-1S of ἀκολουθέω

ἀκολουθήσωσιν, AAS-3P of ἀκολουθέω

ἀκολουθοῦντα, PAP-ASM of ἀκολουθέω

ἀκολουθοῦντας, PAP-APM of ἀκολουθέω

ἀκολουθοῦντες, PAP-NPM of ἀκολουθέω

ἀκολουθοῦντι, PAP-DSM of ἀκολουθέω

ἀκολουθούσης, PAP-GSF of ἀκολουθέω

ἀκολουθοῦσιν, PAI-3P or PAP-DPM of ἀκολουθέω

ἀκολουθῶν, PAP-NSM of ἀκολουθέω

ἄκουε, PAM-2S of ἀκούω

ἀκούει, PAI-3S of ἀκούω

ἀκούειν, PAN of ἀκούω

ἀκούεις, PAI-2S of ἀκούω

ἀκούεται, PPI-3S of ἀκούω

ἀκούετε, PAI-2P or PAM-2P of ἀκούω

ἀκουέτω, PAM-3S of ἀκούω

ἀκούομεν, PAI-1P of ἀκούω

ἀκούοντα, PAP-ASM or PAP-NPN of ἀκούω

ἀκούοντας, PAP-APM of ἀκούω

ἀκούοντες, PAP-NPM of ἀκούω

ἀκούοντι, PAP-DSM of ἀκούω

ἀκούοντος, PAP-GSM of ἀκούω

ἀκουόντων, PAP-GPM of ἀκούω

ἀκούουσιν, PAI-3P or PAP-DPM of ἀκούω

ἀκοῦσαι, AAN of ἀκούω

ἀκούσαντες, AAP-NPM of ἀκούω

ἀκουσάντων, AAP-GPM of ἀκούω

ἀκούσας, AAP-NSM of ἀκούω

ἀκούσασα, AAP-NSF of ἀκούω

ἀκούσασιν, AAP-DPM of ἀκούω

ἀκούσατέ, AAM-2P of ἀκούω

ἀκουσάτω, AAM-3S of ἀκούω

ἀκουσάτωσαν, AAM-3P of ἀκούω

ἀκούσει, FAI-3S of ἀκούω

ἀκούσεσθε, FDI-2P of ἀκούω

ἀκούσετε, FAI-2P of ἀκούω

ἀκούσῃ, AAS-3S or FDI-2S of ἀκούω

ἀκούσητε, AAS-2P of ἀκούω

ἀκουσθεῖσιν, APP-DPN of ἀκούω

ἀκουσθῇ, APS-3S of ἀκούω

ἀκουσθήσεται, FPI-3S of ἀκούω

ἀκουσόμεθά, FDI-1P of ἀκούω

ἀκούσονται, FDI-3P of ἀκούω

ἀκούσουσιν, FAI-3P of ἀκούω

ἀκούσω, AAS-1S of ἀκούω

ἀκούσωσιν, AAS-3P of ἀκούω

ἀκούω, PAI-1S or PAS-1S of ἀκούω

ἀκούων, PAP-NSM of ἀκούω

ἀκούωσιν, PAS-3P of ἀκούω

ἀνάβα, 2AAM-2S of ἀναβαίνω

ἀναβαίνει, PAI-3S of ἀναβαίνω

ἀναβαίνειν, PAN of ἀναβαίνω

ἀναβαίνομεν, PAI-1P of ἀναβαίνω

ἀναβαῖνον, PAP-ASN or PAP-NSN of ἀναβαίνω

ἀναβαίνοντα, PAP-ASM of ἀναβαίνω

ἀναβαίνοντας, PAP-APM of ἀναβαίνω

ἀναβαίνοντες, PAP-NPM of ἀναβαίνω

ἀναβαινόντων, PAP-GPM of ἀναβαίνω

ἀναβαίνουσιν, PAI-3P of ἀναβαίνω

ἀναβαίνω, PAI-1S of ἀναβαίνω

ἀναβαίνων, PAP-NSM of ἀναβαίνω

ἀναβάντα, 2AAP-ASM of ἀναβαίνω

ἀναβάντες, 2AAP-NPM of ἀναβαίνω

ἀναβάντων, 2AAP-GPM of ἀναβαίνω

ἀναβάς, 2AAP-NSM of ἀναβαίνω

ἀναβέβηκα, RAI-1S of ἀναβαίνω

ἀναβέβηκεν, RAI-3S of ἀναβαίνω

ἀναβήσεται, FDI-3S of ἀναβαίνω

ἀνάβητε, 2AAM-2P of ἀναβαίνω

ἀνάστα, 2AAM-2S of ἀνίστημι

ἀναστὰν, 2AAP-NSN of ἀνίστημι

ἀναστάντες, 2AAP-NPM of ἀνίστημι

ἀναστὰς, 2AAP-NSM of ἀνίστημι

ἀναστᾶσα, 2AAP-NSF of ἀνίστημι

ἀναστῇ, 2AAS-3S of ἀνίστημι

ἀναστῆναι, 2AAN of ἀνίστημι

ἀναστήσας, AAP-NSM of ἀνίστημι

ἀναστήσει, FAI-3S of ἀνίστημι

ἀναστήσειν, FAN of ἀνίστημι

ἀναστήσεται, FMI-3S of ἀνίστημι

ἀναστήσονται, FMI-3P of ἀνίστημι

ἀναστήσω, FAI-1S of ἀνίστημι

ἀναστῶσιν, 2AAS-3P of ἀνίστημι

ἀνεβαίνομεν, IAI-1P of ἀναβαίνω

ἀνέβαινον, IAI-3P of ἀναβαίνω

ἀνέβη, 2AAI-3S of ἀναβαίνω

ἀνέβην, 2AAI-1S of ἀναβαίνω

ἀνέβησαν, 2AAI-3P of ἀναβαίνω

ἀνέστη, 2AAI-3S of ἀνίστημι

ἀνέστησαν, AAI-3P of ἀνίστημι

ἀνέστησεν, AAI-3S of ἀνίστημι

ἀνέῳγεν, 2RAI-3S of ἀνοίγω

ἀνεῳγμένας, RPP-APF of ἀνοίγω

ἀνεῳγμένη, RPP-NSF of ἀνοίγω

ἀνεῳγμένην, RPP-ASF of ἀνοίγω

ἀνεῳγμένης, RPP-GSF of ἀνοίγω

ἀνεῳγμένον, RPP-ASM or RPP-ASN of ἀνοίγω

ἀνεῳγμένος, RPP-NSM of ἀνοίγω

ἀνεῳγμένους, RPP-APM of ἀνοίγω

ἀνεῳγμένων, RPP-GPM of ἀνοίγω

ἀνεῳγότα, 2RAP-ASM of ἀνοίγω

ἀνέῳξεν, AAI-3S of ἀνοίγω

ἀνεῴχθη, API-3S of ἀνοίγω

ἀνεῳχθῆναι, APN of ἀνοίγω

ἀνεῴχθησάν, API-3P of ἀνοίγω

ἀνιστάμενος, PMP-NSM of ἀνίστημι

ἀνίστασθαι, PMN of ἀνίστημι

ἀνίσταται, PMI-3S of ἀνίστημι

ἀνοίγει, PAI-3S of ἀνοίγω

ἀνοίγειν, PAN of ἀνοίγω

ἀνοιγήσεται, 2FPI-3S of ἀνοίγω

ἀνοίγων, PAP-NSM of ἀνοίγω

ἀνοῖξαι, AAN of ἀνοίγω

ἀνοίξαντες, AAP-NPM of ἀνοίγω

ἀνοίξας, AAP-NSM of ἀνοίγω

ἀνοίξει, FAI-3S of ἀνοίγω

ἀνοίξῃ, AAS-3S of ἀνοίγω

ἄνοιξον, AAM-2S of ἀνοίγω

ἀνοίξω, FAI-1S of ἀνοίγω

ἀνοίξωσιν, AAS-3P of ἀνοίγω

ἀνοιχθῶσιν, APS-3P of ἀνοίγω

ἄξει, FAI-3S of ἄγω

ἄξων, FAP-NSM of ἄγω

ἀπέθανεν, 2AAI-3S of ἀποθνήσκω

ἀπεθάνετε, 2AAI-2P of ἀποθνήσκω

ἀπεθάνομεν, 2AAI-1P of ἀποθνήσκω

ἀπέθανον, 2AAI-1S or 2AAI-3P of ἀποθνήσκω

ἀπέθνῃσκεν, IAI-3S of ἀποθνήσκω

ἀπεκρίθη, ADI-3S of ἀποκρίνομαι

ἀπεκρίθην, ADI-1S of ἀποκρίνομαι

ἀπεκρίθης, ADI-2S of ἀποκρίνομαι

ἀπεκρίθησαν, ADI-3P of ἀποκρίνομαι

ἀπεκτάνθη, API-3S of ἀποκτείνω

ἀπεκτάνθησαν, API-3P of ἀποκτείνω

ἀπέκτειναν, AAI-3P of ἀποκτείνω

ἀπεκτείνατε, AAI-2P of ἀποκτείνω

ἀπέκτεινεν, AAI-3S of ἀποκτείνω

ἀπελεύσομαι, FDI-1S of ἀπέρχομαι

ἀπελευσόμεθα, FDI-1P of ἀπέρχομαι

ἀπελεύσονται, FDI-3P of ἀπέρχομαι

ἀπελήλυθεισαν, LAI-3P of ἀπέρχομαι

ἀπελήλυθεν, 2RAI-3S of ἀπέρχομαι

ἀπελθεῖν, 2AAN of ἀπέρχομαι

ἀπέλθητε, 2AAS-2P of ἀπέρχομαι

ἀπελθόντες, 2AAP-NPM of ἀπέρχομαι
ἀπελθόντι, 2AAP-DSM of ἀπέρχομαι
ἀπελθόντων, 2AAP-GPM of ἀπέρχομαι
ἀπελθοῦσα, 2AAP-NSF of ἀπέρχομαι
ἀπελθοῦσαι, 2AAP-NPF of ἀπέρχομαι
ἀπέλθω, 2AAS-1S of ἀπέρχομαι
ἀπελθὼν, 2AAP-NSM of ἀπέρχομαι
ἀπέλθωσιν, 2AAS-3P of ἀπέρχομαι
ἀπέλυεν, IAI-3S of ἀπολύω
ἀπελύθησαν, API-3P of ἀπολύω
ἀπελύοντο, IMI-3P of ἀπολύω
ἀπέλυσαν, AAI-3P of ἀπολύω
ἀπέλυσεν, AAI-3S of ἀπολύω
ἀπέρχῃ, PNS-2S of ἀπέρχομαι
ἀπερχομένων, PNP-GPF of ἀπέρχομαι
ἀπεστάλη, 2API-3S of ἀποστέλλω
ἀπεστάλην, 2API-1S of ἀποστέλλω
ἀπέσταλκα, RAI-1S of ἀποστέλλω
ἀπεστάλκαμεν, RAI-1P of ἀποστέλλω
ἀπεστάλκασιν, RAI-3P of ἀποστέλλω
ἀπεστάλκατε, RAI-2P of ἀποστέλλω
ἀπέσταλκεν, RAI-3S of ἀποστέλλω
ἀπέσταλμαι, RPI-1S of ἀποστέλλω
ἀπεσταλμένοι, RPP-NPM of ἀποστέλλω
ἀπεσταλμένος, RPP-NSM of ἀποστέλλω
ἀπεσταλμένους, RPP-APM of ἀποστέλλω
ἀπέστειλα, AAI-1S of ἀποστέλλω
ἀπέστειλαν, AAI-3P of ἀποστέλλω
ἀπέστειλας, AAI-2S of ἀποστέλλω
ἀπέστειλεν, AAI-3S of ἀποστέλλω
ἀπῆλθεν, 2AAI-3S of ἀπέρχομαι
ἀπῆλθον, 2AAI-1S or 2AAI-3P of ἀπέρχομαι
ἀποθανεῖν, 2AAN of ἀποθνήσκω
ἀποθανεῖσθε, FDI-2P of ἀποθνήσκω
ἀποθανεῖται, FDI-3S of ἀποθνήσκω
ἀποθάνῃ, 2AAS-3S of ἀποθνήσκω
ἀποθανόντα, 2AAP-NPN of ἀποθνήσκω
ἀποθανόντες, 2AAP-NPM of ἀποθνήσκω
ἀποθανόντι, 2AAP-DSM of ἀποθνήσκω
ἀποθανόντος, 2AAP-GSM of ἀποθνήσκω
ἀποθανοῦνται, FDI-3P of ἀποθνήσκω
ἀποθάνωμεν, 2AAS-1P of ἀποθνήσκω

ἀποθανὼν, 2AAP-NSM of ἀποθνήσκω
ἀποθνήσκει, PAI-3S of ἀποθνήσκω
ἀποθνήσκειν, PAN of ἀποθνήσκω
ἀποθνήσκομεν, PAI-1P of ἀποθνήσκω
ἀποθνήσκοντες, PAP-NPM of ἀποθνήσκω
ἀποθνήσκουσιν, PAI-3P of ἀποθνήσκω
ἀποθνήσκω, PAI-1S of ἀποθνήσκω
ἀποθνήσκωμεν, PAS-1P of ἀποθνήσκω
ἀποθνήσκων, PAP-NSM of ἀποθνήσκω
ἀποκριθείς, AOP-NSM of ἀποκρίνομαι
ἀποκριθεῖσα, AOP-NSF of ἀποκρίνομαι
ἀποκριθὲν, AOP-NSN of ἀποκρίνομαι
ἀποκριθέντες, AOP-NPM of ἀποκρίνομαι
ἀποκριθῆναι, AON of ἀποκρίνομαι
ἀποκριθήσεται, FOI-3S of ἀποκρίνομαι
ἀποκριθήσονται, FOI-3P of ἀποκρίνομαι
ἀποκριθῆτέ, AOS-2P of ἀποκρίνομαι
ἀποκρίθητέ, AOM-2P of ἀποκρίνομαι
ἀποκριθῶσιν, AOS-3P of ἀποκρίνομαι
ἀποκρίνεσθαι, PNN of ἀποκρίνομαι
ἀποκρίνεται, PNI-3S of ἀποκρίνομαι
ἀποκρίνῃ, PNI-2S of ἀποκρίνομαι
ἀποκτανθείς, APP-NSM of ἀποκτείνω
ἀποκτανθῆναι, APN of ἀποκτείνω
ἀποκτανθῶσιν, APS-3P of ἀποκτείνω
ἀποκτεῖναι, AAN of ἀποκτείνω
ἀποκτεινάντων, AAP-GPM of ἀποκτείνω
ἀποκτείνας, AAP-NSM of ἀποκτείνω
ἀποκτείνωμεν, PAS-1P of ἀποκτείνω
ἀποκτείνωσιν, AAS-3P of ἀποκτείνω
ἀποκτένει, PAI-3S of ἀποκτείνω
ἀποκτενεῖ, FAI-3S of ἀποκτείνω
ἀποκτενεῖτε, FAI-2P of ἀποκτείνω
ἀποκτένεσθαι, PPN of ἀποκτείνω
ἀποκτένοντες, PAP-NPM of ἀποκτείνω
ἀποκτενόντων, PAP-GPM of ἀποκτείνω
ἀποκτένουσα, PAP-NSF of ἀποκτείνω
ἀποκτενοῦσιν, FAI-3P of ἀποκτείνω
ἀποκτενῶ, FAI-1S of ἀποκτείνω
ἀπολεῖσθε, FMI-2P of ἀπόλλυμι
ἀπολεῖται, 2FMI-3S of ἀπόλλυμι
ἀπολελυμένην, RPP-ASF of ἀπολύω

ἀπολελυμένον, RPP-ASM of ἀπολύω

ἀπολέλυσαι, RPI-2S of ἀπολύω

ἀπολελύσθαι, RPN of ἀπολύω

ἀπολέσαι, AAN of ἀπόλλυμι

ἀπολέσας, AAP-NSM of ἀπόλλυμι

ἀπολέσει, FAI-3S of ἀπόλλυμι

ἀπολέσῃ, AAS-3S of ἀπόλλυμι

ἀπολέσθαι, 2AMN of ἀπόλλυμι

ἀπολέσω, AAS-1S of ἀπόλλυμι

ἀπολέσωμεν, AAS-1P of ἀπόλλυμι

ἀπολέσωσιν, AAS-3P of ἀπόλλυμι

ἀπόληται, 2AMS-3S of ἀπόλλυμι

ἀπόλλυε, PAM-2S of ἀπόλλυμι

ἀπόλλυμαι, PMI-1S of ἀπόλλυμι

ἀπολλύμεθα, PMI-1P of ἀπόλλυμι

ἀπολλυμένην, PMP-ASF of ἀπόλλυμι

ἀπολλύμενοι, PEP-NPM of ἀπόλλυμι

ἀπολλυμένοις, PEP-DPM of ἀπόλλυμι

ἀπολλυμένου, PMP-GSN of ἀπόλλυμι

ἀπολομένου, 2AMP-GSM of ἀπόλλυμι

ἀπολοῦνται, FMI-3P of ἀπόλλυμι

ἀπολύειν, PAN of ἀπολύω

ἀπολύεις, PAI-2S of ἀπολύω

ἀπολύετε, PAM-2P of ἀπολύω

ἀπολυθέντες, APP-NPM of ἀπολύω

ἀπολυθήσεσθε, FPI-2P of ἀπολύω

ἀπολυθῆτε, APS-2P of ἀπολύω

ἀπολῦσαι, AAN of ἀπολύω

ἀπολύσας, AAP-NSM of ἀπολύω

ἀπολύσῃ, AAS-3S of ἀπολύω

ἀπολύσῃς, AAS-2S of ἀπολύω

ἀπολύσητε, AAS-2P of ἀπολύω

ἀπόλυσον, AAM-2S of ἀπολύω

ἀπολύσω, AAS-1S or FAI-1S of ἀπολύω

ἀπολύων, PAP-NSM of ἀπολύω

ἀπολῶ, FAI-1S of ἀπόλλυμι

ἀπολωλός, 2RAP-ASN of ἀπόλλυμι

ἀπολωλότα, 2RAP-APN of ἀπόλλυμι

ἀπολωλὼς, 2RAP-NSM of ἀπόλλυμι

ἀπόλωνται, 2AMS-3P of ἀπόλλυμι

ἀποσταλέντι, 2APP-DSN of ἀποστέλλω

ἀποσταλῶσιν, 2APS-3P of ἀποστέλλω

ἀποστεῖλαι, AAN of ἀποστέλλω

ἀποστείλαντά, AAP-ASM of ἀποστέλλω

ἀποστείλαντες, AAP-NPM of ἀποστέλλω

ἀποστείλας, AAP-NSM of ἀποστέλλω

ἀποστείλῃ, AAS-3S of ἀποστέλλω

ἀπόστειλον, AAM-2S of ἀποστέλλω

ἀποστελεῖ, FAI-3S of ἀποστέλλω

ἀποστέλλει, PAI-3S of ἀποστέλλω

ἀποστέλλειν, PAN of ἀποστέλλω

ἀποστέλλῃ, PAS-3S of ἀποστέλλω

ἀποστελλόμενα, PPP-NPN of ἀποστέλλω

ἀποστέλλουσιν, PAI-3P of ἀποστέλλω

ἀποστέλλω, PAI-1S of ἀποστέλλω

ἀποστελῶ, FAI-1S of ἀποστέλλω

ἀπώλεσα, AAI-1S of ἀπόλλυμι

ἀπώλεσεν, AAI-3S of ἀπόλλυμι

ἀπώλετο, 2AMI-3S of ἀπόλλυμι

ἀπώλοντο, 2AMI-3P of ἀπόλλυμι

ἆραι, AAN of αἴρω

ἄραντες, AAP-NPM of αἴρω

ἄρας, AAP-NSM of αἴρω

ἄρατε, AAM-2P of αἴρω

ἀράτω, AAM-3S of αἴρω

ἄρῃ, AAS-3S of αἴρω

ἄρῃς, AAS-2S of αἴρω

ἀρθήσεται, FPI-3S of αἴρω

ἄρθητι, APM-2S of αἴρω

ἀρθήτω, APM-3S of αἴρω

ἀρθῶσιν, APS-3P of αἴρω

ἀρξάμενοι, AMP-NPM of ἄρχομαι

ἀρξάμενον, AMP-ASN or AMP-NSN of ἄρχομαι

ἀρξάμενος, AMP-NSM of ἄρχομαι

ἀρξαμένου, AMP-GSM of ἄρχομαι

ἄρξασθαι, AMN of ἄρχομαι

ἄρξεσθε, FMI-2P of ἄρχομαι

ἄρξῃ, AMS-2S of ἄρχομαι

ἄρξησθε, AMS-2P of ἄρχομαι

ἄρξηται, AMS-3S of ἄρχομαι

ἄρξονται, FMI-3P of ἄρχομαι

ἄρξωνται, AMS-3P of ἄρχομαι

ἆρον, AAM-2S of αἴρω

ἀροῦσιν, FAI-3P of αἴρω

ἀρχόμεθα, PMI-1P of ἄρχομαι

ἀρχόμενος, PMP-NSM of ἄρχομαι

ἀρχομένων, PMP-GPM of ἄρχομαι

ἀρῶ, FAI-1S of αἴρω

ἀσπάζεσθαι, PNN of ἀσπάζομαι

ἀσπάζεται, PNI-3S of ἀσπάζομαι

ἀσπάζομαι, PNI-1S of ἀσπάζομαι

ἀσπάζονται, PNI-3P of ἀσπάζομαι

ἀσπάζου, PNM-2S of ἀσπάζομαι

ἄσπασαι, ADM-2S of ἀσπάζομαι

ἀσπασάμενοι, ADP-NPM of ἀσπάζομαι

ἀσπασάμενος, ADP-NSM of ἀσπάζομαι

ἀσπάσασθε, ADM-2P of ἀσπάζομαι

ἀσπάσησθε, ADS-2P of ἀσπάζομαι

ἀφεθῇ, APS-3S of ἀφίημι

ἀφέθησαν, API-3P of ἀφίημι

ἀφεθήσεται, FPI-3S of ἀφίημι

ἀφείς, 2AAP-NSM of ἀφίημι

ἀφεῖς, PAI-2S of ἀφίημι

ἀφέντες, 2AAP-NPM of ἀφίημι

ἄφες, 2AAM-2S of ἀφίημι

ἄφετε, 2AAM-2P of ἀφίημι

ἀφέωνται, RPI-3P of ἀφίημι

ἀφῇ, 2AAS-3S of ἀφίημι

ἀφῆκά, AAI-1S of ἀφίημι

ἀφήκαμεν, AAI-1P of ἀφίημι

ἀφῆκαν, AAI-3P of ἀφίημι

ἀφῆκας, AAI-2S of ἀφίημι

ἀφήκατε, AAI-2P of ἀφίημι

ἀφῆκεν, AAI-3S of ἀφίημι

ἀφήσει, FAI-3S of ἀφίημι

ἀφήσεις, FAI-2S of ἀφίημι

ἀφήσουσιν, FAI-3P of ἀφίημι

ἀφήσω, FAI-1S of ἀφίημι

ἀφῆτε, 2AAS-2P of ἀφίημι

ἀφίεμεν, PAI-1P of ἀφίημι

ἀφιέναι, PAN of ἀφίημι

ἀφίενται, PPI-3P of ἀφίημι

ἀφίεται, PPI-3S of ἀφίημι

ἀφίετε, PAI-2P or PAM-2P of ἀφίημι

ἀφιέτω, PAM-3S of ἀφίημι

ἀφίημι, PAI-1S of ἀφίημι

ἀφίησιν, PAI-3S of ἀφίημι

ἀφῶμεν, 2AAS-1P of ἀφίημι

ἀχθῆναι, APN of ἄγω

ἀχθήσεσθε, FPI-2P of ἄγω

βάλε, 2AAM-2S of βάλλω

βαλεῖν, 2AAN of βάλλω

βάλετε, 2AAM-2P of βάλλω

βαλέτω, 2AAM-3S of βάλλω

βάλῃ, 2AAS-3S of βάλλω

βάλητε, 2AAS-2P of βάλλω

βάλλει, PAI-3S of βάλλω

βάλλεται, PPI-3S of βάλλω

βάλλομεν, PAI-1P of βάλλω

βαλλόμενα, PPP-APN of βάλλω

βαλλόμενον, PPP-ASM of βάλλω

βάλλοντας, PAP-APM of βάλλω

βάλλοντες, PAP-NPM of βάλλω

βαλλόντων, PAP-GPM of βάλλω

βάλλουσαν, PAP-ASF of βάλλω

βάλλουσιν, PAI-3P of βάλλω

βάλλω, PAI-1S of βάλλω

βαλοῦσα, 2AAP-NSF of βάλλω

βαλοῦσιν, FAI-3P of βάλλω

βάλω, 2AAS-1S of βάλλω

βάλωσιν, 2AAS-3P of βάλλω

βαπτίζει, PAI-3S of βαπτίζω

βαπτίζειν, PAN of βαπτίζω

βαπτίζεις, PAI-2S of βαπτίζω

βαπτίζομαι, PPI-1S of βαπτίζω

βαπτιζόμενοι, PPP-NPM of βαπτίζω

βαπτίζονται, PPI-3P of βαπτίζω

βαπτίζοντες, PAP-NPM of βαπτίζω

βαπτίζω, PAI-1S of βαπτίζω

βαπτίζων, PAP-NSM of βαπτίζω

βάπτισαι, AMM-2S of βαπτίζω

βαπτίσει, FAI-3S of βαπτίζω

βαπτισθείς, APP-NSM of βαπτίζω

βαπτισθέντες, APP-NPM of βαπτίζω

βαπτισθέντος, APP-GSM of βαπτίζω

βαπτισθῆναι, APN of βαπτίζω

βαπτισθήσεσθε, FPI-2P of βαπτίζω

βαπτισθήτω, APM-3S of βαπτίζω

βαπτίσωνται, AMS-3P of βαπτίζω

βεβαπτισμένοι, RPP-NPM of βαπτίζω

βέβληκεν, RAI-3S of βάλλω

βεβληκότος, RAP-GSM of βάλλω

βεβλημένην, RPP-ASF of βάλλω

βεβλημένον, RPP-ASM of βάλλω

βεβλημένος, RPP-NSM of βάλλω

βέβληται, RPI-3S of βάλλω

βλέπε, PAM-2S of βλέπω

βλέπει, PAI-3S of βλέπω

βλέπειν, PAN of βλέπω

βλέπεις, PAI-2S of βλέπω

βλέπετε, PAI-2P or PAM-2P of βλέπω

βλεπέτω, PAM-3S of βλέπω

βλέπῃ, PAS-3S of βλέπω

βλέπῃς, PAS-2S of βλέπω

βλέπομεν, PAI-1P of βλέπω

βλεπόμενα, PPP-APN or PPP-NPN of βλέπω

βλεπομένη, PPP-NSF of βλέπω

βλεπομένων, PPP-GPN of βλέπω

βλέποντα, PAP-ASM of βλέπω

βλέποντας, PAP-APM of βλέπω

βλέποντες, PAP-NPM of βλέπω

βλεπόντων, PAP-GPM of βλέπω

βλέπουσιν, PAI-3P of βλέπω

βλέπω, PAI-1S of βλέπω

βλέπων, PAP-NSM of βλέπω

βλέπωσιν, PAS-3P of βλέπω

βλέψετε, FAI-2P of βλέπω

βλέψον, AAM-2S of βλέπω

βληθείσῃ, APP-DSF of βάλλω

βληθῇ, APS-3S of βάλλω

βληθῆναι, APN of βάλλω

βληθήσεται, FPI-3S of βάλλω

βληθήσῃ, FPI-2S of βάλλω

βλήθητι, APM-2S of βάλλω

γεγενημένα, RPP-NPN of γίνομαι

γεγενημένον, RPP-ASN of γίνομαι

γεγενῆσθαι, RPN of γίνομαι

γεγένησθε, RPI-2P of γίνομαι

γεγέννηκά, RAI-1S of γεννάω

γεγέννημαι, RPI-1S of γεννάω

γεγεννήμεθα, RPI-1P of γεννάω

γεγεννημένον, RPP-ASM or RPP-NSN of γεννάω

γεγεννημένος, RPP-NSM of γεννάω

γεγεννημένου, RPP-GSM of γεννάω

γεγέννηται, RPI-3S of γεννάω

γέγονα, 2RAI-1S of γίνομαι

γεγόναμεν, 2RAI-1P of γίνομαι

γέγονας, 2RAI-2S of γίνομαι

γεγόνασιν, 2RAI-3P of γίνομαι

γεγόνατε, 2RAI-2P of γίνομαι

γέγονεν, 2RAI-3S of γίνομαι

γεγονέναι, 2RAN of γίνομαι

γεγονός, 2RAP-ASN or 2RAP-NSN of γίνομαι

γεγονότας, 2RAP-APM of γίνομαι

γεγονότες, 2RAP-NPM of γίνομαι

γεγονότι, 2RAP-DSN of γίνομαι

γεγονυῖα, 2RAP-NSF of γίνομαι

γεγονὼς, 2RAP-NSM of γίνομαι

γεγραμμένα, RPP-APN or RPP-NPN of γράφω

γεγραμμένας, RPP-APF of γράφω

γεγραμμένη, RPP-NSF of γράφω

γεγραμμένην, RPP-ASF of γράφω

γεγραμμένοι, RPP-NPM of γράφω

γεγραμμένοις, RPP-DPN of γράφω

γεγραμμένον, RPP-ASN or RPP-NSN of γράφω

γεγραμμένος, RPP-NSM of γράφω

γεγραμμένων, RPP-GPN of γράφω

γέγραπται, RPI-3S of γράφω

γέγραφα, RAI-1S of γράφω

γενέσθαι, 2ADN of γίνομαι

γενέσθω, 2ADM-3S of γίνομαι

γενηθέντας, AOP-APM of γίνομαι

γενηθέντες, AOP-NPM of γίνομαι

γενηθέντων, AOP-GPN of γίνομαι

γενηθῆναι, AON of γίνομαι

γενήθητε, AOM-2P of γίνομαι

γενηθήτω, AOM-3S of γίνομαι

γενήσεσθε, FDI-2P of γίνομαι

γενήσεται, FDI-3S of γίνομαι

γένησθε, 2ADS-2P of γίνομαι

γενησόμενον, FDP-ASN of γίνομαι

γένηται, 2ADS-3S of γίνομαι

γεννᾶται, PPS-3S of γεννάω

γεννηθείς, APP-NSM of γεννάω

γεννηθέν, APP-NSN of γεννάω

γεννηθέντος, APP-GSM of γεννάω

γεννηθέντων, APP-GPM of γεννάω

γεννηθῇ, APS-3S of γεννάω

γεννηθῆναι, APN of γεννάω

γεννήσαντα, AAP-ASM of γεννάω

γεννήσει, FAI-3S of γεννάω

γεννήσῃ, AAS-3S of γεννάω

γεννώμενον, PPP-NSN of γεννάω

γεννῶσα, PAP-NSF of γεννάω

γεννῶσιν, PAI-3P of γεννάω

γένοιτο, 2ADO-3S of γίνομαι

γενόμενα, 2ADP-APN of γίνομαι

γενόμεναι, 2ADP-NPF of γίνομαι

γενομένην, 2ADP-ASF of γίνομαι

γενομένης, 2ADP-GSF of γίνομαι

γενόμενοι, 2ADP-NPM of γίνομαι

γενομένοις, 2ADP-DPM of γίνομαι

γενόμενον, 2ADP-ASM or 2ADP-ASN of γίνομαι

γενόμενος, 2ADP-NSM of γίνομαι

γενομένου, 2ADP-GSM or 2ADP-GSN of γίνομαι

γενομένων, 2ADP-GPF or 2ADP-GPM of γίνομαι

γένωμαι, 2ADS-1S of γίνομαι

γενώμεθα, 2ADS-1P of γίνομαι

γένωνται, 2ADS-3P of γίνομαι

γίνεσθαι, PNN of γίνομαι

γίνεσθε, PNM-2P of γίνομαι

γινέσθω, PNM-3S of γίνομαι

γίνεται, PNI-3S of γίνομαι

γινόμενα, PNP-APN of γίνομαι

γινομένῃ, PNP-DSF of γίνομαι

γινομένη, PNP-NSF of γίνομαι

γινόμενοι, PNP-NPM of γίνομαι

γινομένοις, PNP-DPN of γίνομαι

γινόμενον, PNP-ASM, PNP-ASN or PNP-NSN of γίνομαι

γινομένων, PNP-GPN of γίνομαι

γίνονται, PNI-3P of γίνομαι

γίνου, PNM-2S of γίνομαι

γινώμεθα, PNS-1P of γίνομαι

γίνωνται, PNS-3P of γίνομαι

γίνωσκε, PAM-2S of γινώσκω

γινώσκει, PAI-3S of γινώσκω

γινώσκειν, PAN of γινώσκω

γινώσκεις, PAI-2S of γινώσκω

γινώσκεται, PPI-3S of γινώσκω

γινώσκετε, PAI-2P or PAM-2P of γινώσκω

γινωσκέτω, PAM-3S of γινώσκω

γινώσκῃ, PAS-3S of γινώσκω

γινώσκομαι, PPI-1S of γινώσκω

γινώσκομεν, PAI-1P of γινώσκω

γινωσκομένη, PPP-NSF of γινώσκω

γινώσκοντες, PAP-NPM of γινώσκω

γινώσκουσιν, PAP-DPM of γινώσκω

γινώσκω, PAI-1S of γινώσκω

γινώσκωμεν, PAS-1P of γινώσκω

γινώσκων, PAP-NSM of γινώσκω

γινώσκωσίν, PAS-3P of γινώσκω

γνόντα, 2AAP-ASM of γινώσκω

γνόντες, 2AAP-NPM of γινώσκω

γνοὺς, 2AAP-NSM of γινώσκω

γνῷ, 2AAS-3S of γινώσκω

γνῶ, 2AAS-1S of γινώσκω

γνῶθι, 2AAM-2S of γινώσκω

γνῶναί, 2AAN of γινώσκω

γνῷς, 2AAS-2S of γινώσκω

γνώσεσθε, FDI-2P of γινώσκω

γνώσεται, FDI-3S of γινώσκω

γνώσῃ, FDI-2S of γινώσκω

γνωσθέντες, APP-NPM of γινώσκω

γνωσθήσεται, FPI-3S of γινώσκω

γνωσθήτω, APM-3S of γινώσκω

γνῶσιν, 2AAS-3P of γινώσκω

γνώσομαι, FDI-1S of γινώσκω

γνώσονται, FDI-3P of γινώσκω

γνῶτε, 2AAM-2P or 2AAS-2P of γινώσκω

γνώτω, 2AAM-3S of γινώσκω

γράφε, PAM-2S of γράφω

γράφει, PAI-3S of γράφω

γράφειν, PAN of γράφω

γράφεσθαι, PPN of γράφω

γράφηται, PPS-3S of γράφω

γράφομεν, PAI-1P of γράφω

γραφόμενα, PPP-APN of γράφω

γράφω, PAI-1S of γράφω

γράφων, PAP-NSM of γράφω

γράψαι, AAN of γράφω

γράψαντες, AAP-NPM of γράφω

γράψας, AAP-NSM of γράφω

γράψῃς, AAS-2S of γράφω

γράψον, AAM-2S of γράφω

γράψω, FAI-1S of γράφω

δέδεκται, RNI-3S of δέχομαι

δεδομένην, RPP-ASF of δίδωμι

δεδομένον, RPP-NSN of δίδωμι

δεδόξασμαι, RPI-1S of δοξάζω

δεδοξασμένῃ, RPP-DSF of δοξάζω

δεδοξασμένον, RPP-NSN of δοξάζω

δεδόξασται, RPI-3S of δοξάζω

δέδοται, RPI-3S of δίδωμι

δέδωκα, RAI-1S of δίδωμι

δέδωκάς, RAI-2S of δίδωμι

δεδώκει, LAI-3S-ATT of δίδωμι

δεδώκεισαν, LAI-3P-ATT of δίδωμι

δέδωκέν, RAI-3S of δίδωμι

δεδωκότι, RAP-DSM of δίδωμι

δέῃ, PAS-3S of δεῖ

δεῖ, PAI-3S of δεῖ

δεῖν, PAN of δεῖ

δέξαι, ADM-2S of δέχομαι

δεξαμένη, ADP-NSF of δέχομαι

δεξάμενοι, ADP-NPM of δέχομαι

δεξάμενος, ADP-NSM of δέχομαι

δέξασθαι, ADN of δέχομαι

δέξασθε, ADM-2P of δέχομαι

δέξηται, ADS-3S of δέχομαι

δέξωνται, ADS-3P of δέχομαι

δέον, PAP-NSN of δεῖ

δέοντα, PAP-APN of δεῖ

δέχεται, PNI-3S of δέχομαι

δεχόμενος, PNP-NSM of δέχομαι

δέχονται, PNI-3P of δέχομαι

δέχωνται, PNS-3P of δέχομαι

διδάξαι, AAN of διδάσκω

διδάξει, FAI-3S of διδάσκω

διδάξῃ, AAS-3S of διδάσκω

δίδαξον, AAM-2S of διδάσκω

διδάξωσιν, AAS-3P of διδάσκω

δίδασκε, PAM-2S of διδάσκω

διδάσκει, PAI-3S of διδάσκω

διδάσκειν, PAN of διδάσκω

διδάσκεις, PAI-2S of διδάσκω

διδάσκῃ, PAS-3S of διδάσκω

διδάσκοντες, PAP-NPM of διδάσκω

διδάσκοντι, PAP-DSM of διδάσκω

διδάσκοντος, PAP-GSM of διδάσκω

διδάσκω, PAI-1S of διδάσκω

διδάσκων, PAP-NSM of διδάσκω

διδόασιν, PAI-3P of δίδωμι

διδόμενον, PPP-NSN of δίδωμι

διδόναι, PAN of δίδωμι

διδόντα, PAP-NPN of δίδωμι

διδόντες, PAP-NPM of δίδωμι

διδόντι, PAP-DSM of δίδωμι

διδόντος, PAP-GSM of δίδωμι

δίδοται, PPI-3S of δίδωμι

δίδοτε, PAM-2P of δίδωμι

δίδου, PAM-2S of δίδωμι

διδοὺς, PAP-NSM of δίδωμι

διδῶ, PAS-1S of δίδωμι

δίδωμι, PAI-1S of δίδωμι

δίδωσιν, PAI-3S of δίδωμι

διεξελθοῦσα, 2AAP-NSF of ἐξέρχομαι

δοθεῖσα, APP-NSF of δίδωμι

δοθεῖσάν, APP-ASF of δίδωμι

δοθείσῃ, APP-DSF of δίδωμι

δοθείσης, APP-GSF of δίδωμι

δοθέντος, APP-GSN of δίδωμι

δοθῇ, APS-3S of δίδωμι

δοθῆναι, APN of δίδωμι

δοθήσεται, FPI-3S of δίδωμι

δοκεῖ, PAI-3S of δοκέω

δοκεῖν, PAN of δοκέω

δοκεῖς, PAI-2S of δοκέω

δοκεῖτε, PAI-2P or PAM-2P of δοκέω

δοκῇ, PAS-3S of δοκέω

δοκοῦμεν, PAI-1P of δοκέω

δοκοῦν, PAP-ASN of δοκέω

δοκοῦντα, PAP-NPN of δοκέω

δοκοῦντες, PAP-NPM of δοκέω

δοκούντων, PAP-GPM of δοκέω

δοκοῦσα, PAP-NSF of δοκέω

δοκοῦσιν, PAI-3P or PAP-DPM of δοκέω

δοκῶ, PAI-1S of δοκέω

δοκῶν, PAP-NSM of δοκέω

δόντα, 2AAP-ASM of δίδωμι

δόντος, 2AAP-GSM of δίδωμι

δοξάζειν, PAN of δοξάζω

δοξάζεται, PPI-3S of δοξάζω

δοξαζέτω, PAM-3S of δοξάζω

δοξάζηται, PPS-3S of δοξάζω

δοξάζητε, PAS-2P of δοξάζω

δοξαζόμενος, PPP-NSM of δοξάζω

δοξάζοντες, PAP-NPM of δοξάζω

δοξάζω, PAI-1S of δοξάζω

δοξάζων, PAP-NSM of δοξάζω

δόξαντες, AAP-NPM of δοκέω

δοξάσαι, AAN of δοξάζω

δοξάσατε, AAM-2P of δοξάζω

δοξάσει, FAI-3S of δοξάζω

δοξάσῃ, AAS-3S of δοξάζω

δοξασθῇ, APS-3S of δοξάζω

δοξασθῶσιν, APS-3P of δοξάζω

δόξασόν, AAM-2S of δοξάζω

δοξάσω, FAI-1S of δοξάζω

δοξάσωσιν, AAS-3P of δοξάζω

δόξῃ, AAS-3S of δοκέω

δόξητε, AAS-2P of δοκέω

δόξω, AAS-1S of δοκέω

δὸς, 2AAM-2S of δίδωμι

δότε, 2AAM-2P of δίδωμι

δότω, 2AAM-3S of δίδωμι

δοῦναι, 2AAN of δίδωμι

δοὺς, 2AAP-NSM of δίδωμι

δυναίμην, PNO-1S of δύναμαι

δύναιντο, PNO-3P of δύναμαι

δύναμαι, PNI-1S of δύναμαι

δυνάμεθα, PNI-1P of δύναμαι

δυνάμενά, PNP-APN of δύναμαι

δυνάμεναι, PNP-NPF of δύναμαι

δυναμένη, PNP-NSF of δύναμαι

δυνάμενοι, PNP-NPM of δύναμαι

δυνάμενον, PNP-ASM of δύναμαι

δυνάμενος, PNP-NSM of δύναμαι

δυναμένου, PNP-GSM or PNP-GSN of δύναμαι

δυναμένους, PNP-APM of δύναμαι

δυναμένῳ, PNP-DSM of δύναμαι

δυναμένων, PNP-GPM of δύναμαι

δύνανται, PNI-3P of δύναμαι

δύνασαι, PNI-2S of δύναμαι

δύνασθαι, PNN of δύναμαι

δύνασθε, PNI-2P of δύναμαι

δύναται, PNI-3S of δύναμαι

δυνηθῆτε, AOS-2P of δύναμαι

δυνήσεσθε, FDI-2P of δύναμαι

δυνήσεται, FDI-3S of δύναμαι

δυνήσῃ, FDI-2S of δύναμαι

δυνησόμεθα, FDI-1P of δύναμαι

δυνήσονται, FDI-3P of δύναμαι

δύνωνται, PNS-3P of δύναμαι

δῷ, 2AAS-3S of δίδωμι

δῴη, 2AAO-3S of δίδωμι

δῶμεν, 2AAS-1P of δίδωμι

δῷς, 2AAS-2S of δίδωμι

δώσει, FAI-3S of δίδωμι

δώσεις, FAI-2S of δίδωμι

δώσῃ, AAS-3S of δίδωμι

δῶσιν, 2AAS-3P of δίδωμι

δώσουσιν, FAI-3P of δίδωμι

δώσω, FAI-1S of δίδωμι

δώσωσιν, AAS-3P of δίδωμι

δῶτε, 2AAS-2P of δίδωμι

ἔβαλεν, 2AAI-3S of βάλλω

ἔβαλλον, IAI-3P of βάλλω

ἔβαλον, 2AAI-3P of βάλλω

ἐβάπτιζεν, IAI-3S of βαπτίζω

ἐβαπτίζοντο, IPI-3P of βαπτίζω

ἐβάπτισα, AAI-1S of βαπτίζω

ἐβαπτίσαντο, AMI-3P of βαπτίζω

ἐβάπτισεν, AAI-3S of βαπτίζω

ἐβαπτίσθη, API-3S of βαπτίζω

ἐβαπτίσθημεν, API-1P of βαπτίζω

ἐβαπτίσθησαν, API-3P of βαπτίζω

ἐβαπτίσθητε, API-2P of βαπτίζω

ἐβέβλητο, LPI-3S of βάλλω

ἔβλεπεν, IAI-3S of βλέπω

ἔβλεπον, IAI-3P of βλέπω

ἔβλεψα, AAI-1S of βλέπω

ἐβλήθη, API-3S of βάλλω

ἐβλήθησαν, API-3P of βάλλω

ἐγεγόνει, LAI-3S of γίνομαι

ἔγειραι, AMM-2S of ἐγείρω

ἐγεῖραι, AAN of ἐγείρω

ἐγείραντα, AAP-ASM of ἐγείρω

ἐγείραντος, AAP-GSM of ἐγείρω

ἐγείρας, AAP-NSM of ἐγείρω

ἔγειρε, PAM-2S of ἐγείρω

ἐγείρει, PAI-3S of ἐγείρω

ἐγείρειν, PAN of ἐγείρω

ἐγείρεσθε, PEM-2P of ἐγείρω

ἐγείρεται, PPI-3S of ἐγείρω

ἐγείρηται, PPS-3S of ἐγείρω

ἐγείρομαι, PPI-1S of ἐγείρω

ἐγείρονται, PPI-3P of ἐγείρω

ἐγείροντι, PAP-DSM of ἐγείρω

ἐγείρου, PEM-2S of ἐγείρω

ἐγένεσθε, 2ADI-2P of γίνομαι

ἐγένετο, 2ADI-3S of γίνομαι

ἐγενήθη, AOI-3S of γίνομαι

ἐγενήθημεν, AOI-1P of γίνομαι

ἐγενήθησαν, AOI-3P of γίνομαι

ἐγενήθητε, AOI-2P of γίνομαι

ἐγεννήθη, API-3S of γεννάω

ἐγεννήθημεν, API-1P of γεννάω

ἐγεννήθης, API-2S of γεννάω

ἐγεννήθησαν, API-3P of γεννάω

ἐγέννησα, AAI-1S of γεννάω

ἐγέννησαν, AAI-3P of γεννάω

ἐγέννησεν, AAI-3S of γεννάω

ἐγενόμην, 2ADI-1S of γίνομαι

ἐγένοντο, 2ADI-3P of γίνομαι

ἐγένου, 2ADI-2S of γίνομαι

ἐγερεῖ, FAI-3S of ἐγείρω

ἐγερεῖς, FAI-2S of ἐγείρω

ἐγερθεὶς, APP-NSM of ἐγείρω

ἐγερθέντι, APP-DSM of ἐγείρω

ἐγερθῇ, APS-3S of ἐγείρω

ἐγερθῆναι, APN of ἐγείρω

ἐγερθήσεται, FPI-3S of ἐγείρω

ἐγερθήσονται, FPI-3P of ἐγείρω

ἐγέρθητε, APM-2P of ἐγείρω

ἐγέρθητι, APM-2S of ἐγείρω

ἐγερῶ, FAI-1S of ἐγείρω

ἐγηγερμένον, RPP-ASM of ἐγείρω

ἐγήγερται, RPI-3S of ἐγείρω

ἐγίνετο, INI-3S of γίνομαι

ἐγίνωσκεν, IAI-3S of γινώσκω

ἐγίνωσκον, IAI-3P of γινώσκω

ἔγνω, 2AAI-3S of γινώσκω

ἔγνωκα, RAI-1S of γινώσκω

ἐγνώκαμεν, RAI-1P of γινώσκω

ἔγνωκαν, RAI-3P of γινώσκω

ἔγνωκάς, RAI-2S of γινώσκω

ἐγνώκατε, RAI-2P of γινώσκω

ἐγνώκειτε, LAI-2P of γινώσκω

ἔγνωκεν, RAI-3S of γινώσκω

ἐγνωκότες, RAP-NPM of γινώσκω

ἔγνων, 2AAI-1S of γινώσκω

ἔγνως, 2AAI-2S of γινώσκω

ἔγνωσαν, 2AAI-3P of γινώσκω

ἐγνώσθη, 2API-3S of γινώσκω

ἔγνωσται, RPI-3S of γινώσκω

ἔγραφεν, IAI-3S of γράφω

ἐγράφη, 2API-3S of γράφω

ἔγραψα, AAI-1S of γράφω

ἔγραψαν, AAI-3P of γράφω

ἐγράψατέ, AAI-2P of γράφω

ἔγραψεν, AAI-3S of γράφω

ἔδει, IAI-3S of δεῖ

ἐδεξάμεθα, ADI-1P of δέχομαι

ἐδέξαντο, ADI-3P of δέχομαι

ἐδέξασθε, ADI-2P of δέχομαι

ἐδέξατο, ADI-3S of δέχομαι

ἐδίδαξα, AAI-1S of διδάσκω

ἐδίδαξαν, AAI-3P of διδάσκω

ἐδίδαξας, AAI-2S of διδάσκω

ἐδίδαξεν, AAI-3S of διδάσκω

ἐδίδασκεν, IAI-3S of διδάσκω

ἐδίδασκον, IAI-3P of διδάσκω

ἐδιδάχθην, API-1S of διδάσκω

ἐδιδάχθησαν, API-3P of διδάσκω

ἐδιδάχθητε, API-2P of διδάσκω

ἐδίδου, IAI-3S of δίδωμι

ἐδίδουν, IAI-3P of δίδωμι

ἐδόθη, API-3S of δίδωμι

ἐδόθησαν, API-3P of δίδωμι

ἐδόκει, IAI-3S of δοκέω

ἐδόκουν, IAI-3P of δοκέω

ἔδοξα, AAI-1S of δοκέω

ἐδόξαζεν, IAI-3S of δοξάζω

ἐδόξαζον, IAI-3P of δοξάζω

ἔδοξαν, AAI-3P of δοκέω

ἐδόξασα, AAI-1S of δοξάζω

ἐδόξασαν, AAI-3P of δοξάζω

ἐδόξασεν, AAI-3S of δοξάζω

ἐδοξάσθη, API-3S of δοξάζω

ἔδοξεν, AAI-3S of δοκέω

ἐδύναντο, INI-3P of δύναμαι

ἐδύνασθε, INI-2P of δύναμαι

ἐδύνατο, INI-3S of δύναμαι

ἔδωκα, AAI-1S of δίδωμι

ἐδώκαμεν, AAI-1P of δίδωμι

ἔδωκαν, AAI-3P of δίδωμι

ἔδωκας, AAI-2S of δίδωμι

ἐδώκατέ, AAI-2P of δίδωμι

ἔδωκεν, AAI-3S of δίδωμι

ἔζησα, AAI-1S of ζάω

ἔζησαν, AAI-3P of ζάω

ἔζησεν, AAI-3S of ζάω

ἐζῆτε, IAI-2P of ζάω

ἐζήτει, IAI-3S of ζητέω

ἐζητεῖτέ, IAI-2P of ζητέω

ἐζητεῖτο, IPI-3S of ζητέω

ἐζητήσαμεν, AAI-1P of ζητέω

ἐζήτησαν, AAI-3P of ζητέω

ἐζήτησέν, AAI-3S of ζητέω

ἐζητοῦμέν, IAI-1P of ζητέω

ἐζήτουν, IAI-3P of ζητέω

ἔζων, IAI-1S of ζάω

ἔθεντο, 2AMI-3P of τίθημι

ἔθεσθε, 2AMI-2P of τίθημι

ἔθετο, 2AMI-3S of τίθημι

ἐθεώρει, IAI-3S of θεωρέω

ἐθεώρησαν, AAI-3P of θεωρέω

ἐθεώρουν, IAI-1S or IAI-3P of θεωρέω

ἔθηκα, AAI-1S of τίθημι

ἔθηκαν, AAI-3P of τίθημι

ἔθηκας, AAI-2S of τίθημι

ἔθηκεν, AAI-3S of τίθημι

ἔθου, 2AMI-2S of τίθημι

εἶ, PAI-2S of εἰμί

εἶδεν, 2AAI-3S of ὁράω

εἰδέναι, RAN of οἶδα

εἶδες, 2AAI-2S of ὁράω

εἴδετε, 2AAI-2P of ὁράω

εἰδῇς, RAS-2S of οἶδα

εἰδήσουσίν, FAI-3P of οἶδα

εἰδῆτε, RAS-2P of οἶδα

εἴδομεν, 2AAI-1P of ὁράω

εἶδον, 2AAI-1S or 2AAI-3P of ὁράω

εἰδόσιν, RAP-DPM of οἶδα

εἰδότα, RAP-NPN of οἶδα

εἰδότας, RAP-APM of οἶδα

εἰδότες, RAP-NPM of οἶδα

εἰδότι, RAP-DSM of οἶδα

εἰδυῖα, RAP-NSF of οἶδα

εἰδῶ, RAS-1S of οἶδα

εἰδῶμεν, RAS-1P of οἶδα

εἰδώς, RAP-NSM of οἶδα

εἴη, PAO-3S of εἰμί

εἴληφα, RAI-1S of λαμβάνω

εἴληφας, RAI-2S of λαμβάνω

εἴληφεν, RAI-3S of λαμβάνω

εἰληφὼς, RAP-NSM of λαμβάνω

εἰμὶ, PAI-1S of εἰμί

εἶναί, PAN of εἰμί

εἶπα, 2AAI-1S of λέγω

εἶπας, 2AAI-2S of λέγω

εἴπατε, 2A AI-2P or 2AAM 2P of λέγω

εἰπάτω, 2AAM-3S of λέγω

εἰπάτωσαν, 2AAM-3P of λέγω

εἰπέ, 2AAM-2S of λέγω

εἰπεῖν, 2AAN of λέγω

εἶπεν, 2AAI-3S of λέγω

εἴπῃ, 2AAS-3S of λέγω

εἴπῃς, 2AAS-2S of λέγω

εἴπητε, 2AAS-2P of λέγω

εἶπον, 2AAI-3P of λέγω

εἰπόντα, 2AAP-ASM of λέγω

εἰπόντες, 2AAP-NPM of λέγω

εἰπόντι, 2AAP-DSM of λέγω

εἰπόντος, 2AAP-GSM of λέγω

εἰποῦσα, 2AAP-NSF of λέγω

εἴπω, 2AAS-1S of λέγω

εἴπωμεν, 2AAS-1P of λέγω

εἰπὼν, 2AAP-NSM of λέγω

εἴπωσιν, 2AAS-3P of λέγω

εἴρηκα, RAI-1S-ATT of ἐρεῶ

εἴρηκας, RAI-2S-ATT of ἐρεῶ

εἰρήκασιν, RAI-3P-ATT of ἐρεῶ

εἰρήκατε, RAI-2P-ATT of ἐρεῶ

εἰρήκει, LAI-3S-ATT of ἐρεῶ

εἴρηκεν, RAI-3S-ATT of ἐρεῶ

εἰρηκότος, RAP-GSM-ATT of ἐρεῶ

εἰρημένον, RPP-ASN-ATT or RPP-NSN-ATT of ἐρεῶ

εἴρηται, RPI-3S of ἐρεῶ

εἰσελεύσεσθαι, FDN of εἰσέρχομαι

εἰσελεύσεται, FDI-3S of εἰσέρχομαι

εἰσελεύσομαι, FDI-1S of εἰσέρχομαι

εἰσελεύσονται, FDI-3P of εἰσέρχομαι

εἰσεληλύθασιν, 2RAI-3P of εἰσέρχομαι

εἰσεληλύθατε, 2RAI-2P of εἰσέρχομαι

εἴσελθε, 2AAM-2S of εἰσέρχομαι

εἰσελθεῖν, 2AAN of εἰσέρχομαι

εἰσέλθετε, 2AAM-2P of εἰσέρχομαι

εἰσελθέτω, 2AAM-3S of εἰσέρχομαι

εἰσέλθῃ, 2AAS-3S of εἰσέρχομαι

εἰσέλθῃς, 2AAS-2S of εἰσέρχομαι

εἰσέλθητε, 2AAS-2P of εἰσέρχομαι

εἰσελθόντα, 2AAP-ASM or 2AAP-NPN of εἰσέρχομαι

εἰσελθόντες, 2AAP-NPM of εἰσέρχομαι

εἰσελθόντι, 2AAP-DSM of εἰσέρχομαι

εἰσελθόντος, 2AAP-GSM of εἰσέρχομαι

εἰσελθόντων, 2AAP-GPM of εἰσέρχομαι

εἰσελθοῦσα, 2AAP-NSF of εἰσέρχομαι

εἰσελθοῦσαι, 2AAP-NPF of εἰσέρχομαι

εἰσελθούσης, 2AAP-GSF of εἰσέρχομαι

εἰσέλθωμεν, 2AAS-1P of εἰσέρχομαι

εἰσελθών, 2AAP-NSM of εἰσέρχομαι

εἰσέλθωσιν, 2AAS-3P of εἰσέρχομαι

εἰσέρχεσθε, PNI-2P of εἰσέρχομαι

εἰσερχέσθωσαν, PNM-3P of εἰσέρχομαι

εἰσέρχεται, PNI-3S of εἰσέρχομαι

εἰσέρχησθε, PNS-2P of εἰσέρχομαι

εἰσερχόμεθα, PNI-1P of εἰσέρχομαι

εἰσερχομένην, PNP-ASF of εἰσέρχομαι

εἰσερχόμενοι, PNP-NPM of εἰσέρχομαι

εἰσερχόμενον, PNP-NSN of εἰσέρχομαι

εἰσερχόμενος, PNP-NSM of εἰσέρχομαι

εἰσερχομένου, PNP-GSM of εἰσέρχομαι

εἰσερχομένους, PNP-APM of εἰσέρχομαι

εἰσῆλθεν, 2AAI-3S of εἰσέρχομαι

εἰσῆλθες, 2AAI-2S of εἰσέρχομαι

εἰσήλθετε, 2AAI-2P of εἰσέρχομαι

εἰσήλθομεν, 2AAI-1P of εἰσέρχομαι

εἰσῆλθον, 2AAI-1S or 2AAI-3P of εἰσέρχομαι

εἰσὶν, PAI-3P of εἰμί

εἱστήκει, LAI-3S of ἵστημι

εἱστήκεισαν, LAI-3P of ἵστημι

εἶχεν, IAI-3S of ἔχω

εἶχες, IAI-2S of ἔχω

εἴχετε, IAI-2P of ἔχω

εἴχομεν, IAI-1P of ἔχω

εἶχον, IAI-1S or IAI-3P of ἔχω

ἐκάθητο, INI-3S of κάθημαι

ἐκάλεσα, AAI-1S of καλέω

ἐκάλεσαν, AAI-3P of καλέω

ἐκάλεσεν, AAI-3S of καλέω

ἐκάλουν, IAI-3P of καλέω

ἔκβαλε, 2AAM-2S of ἐκβάλλω

ἐκβαλεῖν, 2AAN of ἐκβάλλω

ἐκβάλετε, 2AAM-2P of ἐκβάλλω

ἐκβάλῃ, 2AAS-3S of ἐκβάλλω

ἐκβάλλει, PAI-3S of ἐκβάλλω

ἐκβάλλειν, PAN of ἐκβάλλω

ἐκβάλλεις, PAI-2S of ἐκβάλλω

ἐκβάλλεται, PPI-3S of ἐκβάλλω

ἐκβάλλετε, PAM-2P of ἐκβάλλω

ἐκβαλλόμενοι, PMP-NPM of ἐκβάλλω

ἐκβαλλομένους, PPP-APM of ἐκβάλλω

ἐκβάλλοντα, PAP-ASM of ἐκβάλλω

ἐκβάλλουσιν, PAI-3P of ἐκβάλλω

ἐκβάλλω, PAI-1S of ἐκβάλλω

ἐκβάλλων, PAP-NSM of ἐκβάλλω

ἐκβαλόντες, 2AAP-NPM of ἐκβάλλω

ἐκβαλοῦσα, 2AAP-NSF of ἐκβάλλω

ἐκβαλοῦσιν, FAI-3P of ἐκβάλλω

ἐκβάλω, 2AAS-1S of ἐκβάλλω

ἐκβαλὼν, 2AAP-NSM of ἐκβάλλω

ἐκβάλωσιν, 2AAS-3P of ἐκβάλλω

ἐκβεβλήκει, LAI-3S of ἐκβάλλω

ἐκβληθέντος, APP-GSN of ἐκβάλλω

ἐκβληθήσεται, FPI-3S of ἐκβάλλω

ἐκβληθήσονται, FPI-3P of ἐκβάλλω

ἐκηρύξαμεν, AAI-1P of κηρύσσω

ἐκήρυξαν, AAI-3P of κηρύσσω

ἐκήρυξεν, AAI-3S of κηρύσσω

ἐκήρυσσεν, IAI-3S of κηρύσσω

ἐκήρυσσον, IAI-3P of κηρύσσω

ἐκηρύχθη, API-3S of κηρύσσω

ἐκλήθη, API-3S of καλέω

ἐκλήθης, API-2S of καλέω

ἐκλήθητε, API-2P of καλέω

ἔκραζεν, IAI-3S of κράζω

ἔκραζον, IAI-3P of κράζω

ἔκραξα, AAI-1S of κράζω

ἔκραξαν, AAI-3P of κράζω

ἔκραξεν, AAI-3S of κράζω

ἐκρίθη, API-3S of κρίνω

ἐκρίθησαν, API-3P of κρίνω

ἔκρινα, AAI-1S of κρίνω

ἔκρινας, AAI-2S of κρίνω

ἔκρινεν, AAI-3S of κρίνω

ἐκρινόμεθα, IPI-1P of κρίνω

ἔλαβεν, 2AAI-3S of λαμβάνω

ἔλαβες, 2AAI-2S of λαμβάνω

ἐλάβετε, 2AAI-2P of λαμβάνω

ἐλάβομεν, 2AAI-1P of λαμβάνω

ἔλαβον, 2AAI-1S or 2AAI-3P of λαμβάνω

ἐλάλει, IAI-3S of λαλέω

ἐλαλήθη, API-3S of λαλέω

ἐλάλησα, AAI-1S of λαλέω

ἐλαλήσαμεν, AAI-1P of λαλέω

ἐλάλησαν, AAI-3P of λαλέω

ἐλαλήσατε, AAI-2P of λαλέω

ἐλάλησεν, AAI-3S of λαλέω

ἐλαλοῦμεν, IAI-1P of λαλέω

ἐλάλουν, IAI-1S or IAI-3P of λαλέω

ἐλάμβανον, IAI-3P of λαμβάνω

ἔλεγεν, IAI-3S of λέγω

ἐλέγετε, IAI-2P of λέγω

ἔλεγον, IAI-1S or IAI-3P of λέγω

ἐλεύσεται, FDI-3S of ἔρχομαι

ἐλεύσομαι, FDI-1S of ἔρχομαι

ἐλευσόμεθα, FDI-1P of ἔρχομαι

ἐλεύσονται, FDI-3P of ἔρχομαι

ἐλήλυθα, 2RAI-1S of ἔρχομαι

ἐλήλυθας, 2RAI-2S of ἔρχομαι

ἐληλύθει, LAI-3S of ἔρχομαι

ἐληλύθεισαν, LAI-3P of ἔρχομαι

ἐλήλυθεν, 2RAI-3S of ἔρχομαι

ἐληλυθότα, 2RAP-ASM of ἔρχομαι

ἐληλυθότες, 2RAP-NPM of ἔρχομαι

ἐληλυθυῖαν, 2RAP-ASF of ἔρχομαι

ἐλθὲ, 2AAM-2S of ἔρχομαι

ἐλθεῖν, 2AAN of ἔρχομαι

ἐλθέτω, 2AAM-3S of ἔρχομαι

ἔλθῃ, 2AAS-3S of ἔρχομαι

ἔλθῃς, 2AAS-2S of ἔρχομαι

ἐλθὸν, 2AAP-NSN of ἔρχομαι

ἐλθόντα, 2AAP-ASM or 2AAP-NPN of ἔρχομαι

ἐλθόντας, 2AAP-APM of ἔρχομαι

ἐλθόντες, 2AAP-NPM of ἔρχομαι

ἐλθόντι, 2AAP-DSM of ἔρχομαι

ἐλθόντος, 2AAP-GSM of ἔρχομαι

ἐλθόντων, 2AAP-GPM of ἔρχομαι

ἐλθοῦσα, 2AAP-NSF of ἔρχομαι

ἐλθοῦσαι, 2AAP-NPF of ἔρχομαι

ἐλθούσης, 2AAP-GSF of ἔρχομαι

ἔλθω, 2AAS-1S of ἔρχομαι

ἐλθὼν, 2AAP-NSM of ἔρχομαι

ἔλθωσιν, 2AAS-3P of ἔρχομαι

ἐμαρτύρει, IAI-3S of μαρτυρέω

ἐμαρτυρεῖτο, IPI-3S of μαρτυρέω

ἐμαρτυρήθη, API-3S of μαρτυρέω

ἐμαρτυρήθησαν, API-3P of μαρτυρέω

ἐμαρτυρήσαμεν, AAI-1P of μαρτυρέω

ἐμαρτύρησάν, AAI-3P of μαρτυρέω

ἐμαρτύρησεν, AAI-3S of μαρτυρέω

ἐμαρτύρουν, IAI-3P of μαρτυρέω

ἐμείναμεν, AAI-1P of μένω

ἔμειναν, AAI-3P of μένω

ἔμεινεν, AAI-3S of μένω

ἔμελλεν, IAI-3S of μέλλω

ἔμελλες, IAI-2S of μέλλω

ἔμελλον, IAI-1S or IAI-3P of μέλλω

ἔμενεν, IAI-3S of μένω

ἔμενον, IAI-3P of μένω

ἐνέγκαντες, AAP-NPM of φέρω

ἐνέγκας, AAP-NSM of φέρω

ἐνέγκατε, AAM-2P of φέρω

ἐνεχθεῖσαν, APP-ASF of φέρω

ἐνεχθείσης, APP-GSF of φέρω

ἐνεχθῆναι, APN of φέρω

ἐξέβαλεν, 2AAI-3S of ἐκβάλλω

ἐξέβαλλον, IAI-3P of ἐκβάλλω

ἐξεβάλομεν, 2AAI-1P of ἐκβάλλω

ἐξέβαλον, 2AAI-3P of ἐκβάλλω

ἐξεβλήθη, API-3S of ἐκβάλλω

ἕξει, FAI-3S of ἔχω

ἕξεις, FAI-2S of ἔχω

ἐξελεύσεται, FDI-3S of ἐξέρχομαι

ἐξελεύσονται, FDI-3P of ἐξέρχομαι

ἐξελήλυθα, RAI-1S of ἐξέρχομαι

ἐξεληλύθασιν, RAI-3P of ἐξέρχομαι

ἐξεληλύθατε, RAI-2P of ἐξέρχομαι

ἐξελήλύθει, LAI-3S of ἐξέρχομαι

ἐξελήλυθεν, RAI-3S of ἐξέρχομαι

ἐξεληλυθός, RAP-ASN of ἐξέρχομαι

ἐξεληλυθότας, RAP-APM of ἐξέρχομαι

ἔξελθε, 2AAM-2S of ἐξέρχομαι

ἐξελθεῖν, 2AAN of ἐξέρχομαι

ἐξέλθετε, 2AAM-2P of ἐξέρχομαι

ἐξέλθῃ, 2AAS-3S of ἐξέρχομαι

ἐξέλθῃς, 2AAS-2S of ἐξέρχομαι

ἐξέλθητε, 2AAS-2P of ἐξέρχομαι

ἐξελθόντα, 2AAP-ASM or 2AAP-NPN of ἐξέρχομαι

ἐξελθόντες, 2AAP-NPM of ἐξέρχομαι

ἐξελθόντι, 2AAP-DSM of ἐξέρχομαι

ἐξελθόντος, 2AAP-GSN of ἐξέρχομαι

ἐξελθόντων, 2AAP-GPM of ἐξέρχομαι

ἐξελθοῦσαι, 2AAP-NPF of ἐξέρχομαι

ἐξελθοῦσαν, 2AAP-ASF of ἐξέρχομαι

ἐξελθούσῃ, 2AAP-DSF of ἐξέρχομαι

ἐξελθὼν, 2AAP-NSM of ἐξέρχομαι

ἐξέρχεσθαι, PNN of ἐξέρχομαι

ἐξέρχεσθε, PNM-2P of ἐξέρχομαι

ἐξέρχεται, PNI-3S of ἐξέρχομαι

ἐξερχόμενοι, PNP-NPM of ἐξέρχομαι

ἐξερχόμενος, PNP-NSM of ἐξέρχομαι

ἐξερχομένων, PNP-GPM of ἐξέρχομαι

ἐξέρχονται, PNI-3P of ἐξέρχομαι

ἐξερχώμεθα, PNS-1P of ἐξέρχομαι

ἕξετε, FAI-2P of ἔχω

ἐξῆλθεν, 2AAI-3S of ἐξέρχομαι

ἐξῆλθες, 2AAI-2S of ἐξέρχομαι

ἐξήλθετε, 2AAI-2P of ἐξέρχομαι

ἐξήλθομεν, 2AAI-1P of ἐξέρχομαι

ἐξῆλθον, 2AAI-1S or 2AAI-3P of ἐξέρχομαι

ἐξήρχετο, INI-3S of ἐξέρχομαι

ἐξήρχοντο, INI-3P of ἐξέρχομαι

ἕξουσιν, FAI-3P of ἔχω

ἔπειθέν, IAI-3S of πείθω

ἐπείθετο, IPI-3S of πείθω

ἔπειθον, IAI-3P of πείθω

ἐπείθοντο, IPI-3P of πείθω

ἔπεισαν, AAI-3P of πείθω

ἐπείσθησαν, API-3P of πείθω

ἐπέμφθη, API-3S of πέμπω

ἔπεμψα, AAI-1S of πέμπω

ἐπέμψαμεν, AAI-1P of πέμπω

ἐπέμψατε, AAI-2P of πέμπω

ἔπεμψεν, AAI-3S of πέμπω

ἐπεποίθει, 2LAI-3S of πείθω

ἐπερωτᾷν, PAN of ἐπερωτάω

ἐπερωτᾷς, PAI-2S of ἐπερωτάω

ἐπερωτάτωσαν, PAM-3P of ἐπερωτάω

ἐπερωτηθείς, APP-NSM of ἐπερωτάω

ἐπερωτῆσαι, AAN of ἐπερωτάω

ἐπερωτήσας, AAP-NSM of ἐπερωτάω

ἐπερώτησον, AAM-2S of ἐπερωτάω

ἐπερωτήσω, FAI-1S of ἐπερωτάω

ἐπερωτῶντα, PAP-ASM of ἐπερωτάω

ἐπερωτῶσιν, PAI-3P or PAP-DPM of ἐπερωτάω

ἔπεσα, 2AAI-1S of πίπτω

ἔπεσεν, 2AAI-3S of πίπτω

ἔπεσον, 2AAI-3P of πίπτω

ἐπηρώτα, IAI-3S of ἐπερωτάω

ἐπηρώτησαν, AAI-3P of ἐπερωτάω

ἐπηρώτησεν, AAI-3S of ἐπερωτάω

ἐπηρώτων, IAI-3P of ἐπερωτάω

ἔπιεν, 2AAI-3S of πίνω

ἔπινον, IAI-3P of πίνω

ἐπίομεν, 2AAI-1P of πίνω

ἔπιον, 2AAI-3P of πίνω

ἐπίστευεν, IAI-3S of πιστεύω

ἐπιστεύετε, IAI-2P of πιστεύω

ἐπιστεύθη, API-3S of πιστεύω

ἐπιστεύθην, API-1S of πιστεύω

ἐπιστεύθησαν, API-3P of πιστεύω

ἐπίστευον, IAI-3P of πιστεύω

ἐπίστευσα, AAI-1S of πιστεύω

ἐπιστεύσαμεν, AAI-1P of πιστεύω

ἐπίστευσαν, AAI-3P of πιστεύω

ἐπίστευσας, AAI-2S of πιστεύω

ἐπιστεύσατε, AAI-2P of πιστεύω

ἐπίστευσεν, AAI-3S of πιστεύω

ἐπλήρου, IAI-3S of πληρόω

ἐπληροῦντο, IPI-3P of πληρόω

ἐπληροῦτο, IPI-3S of πληρόω

ἐπληρώθη, API-3S of πληρόω

ἐπλήρωσαν, AAI-3P of πληρόω

ἐπλήρωσεν, AAI-3S of πληρόω

ἐποίει, IAI-3S of ποιέω

ἐποιεῖτε, IAI-2P of ποιέω

ἐποίησα, AAI-1S of ποιέω

ἐποιήσαμεν, AAI-1P of ποιέω

ἐποιησάμην, AMI-1S of ποιέω

ἐποίησαν, AAI-3P of ποιέω

ἐποιήσαντο, AMI-3P of ποιέω

ἐποίησας, AAI-2S of ποιέω

ἐποιήσατε, AAI-2P of ποιέω

ἐποίησεν, AAI-3S of ποιέω

ἐποίουν, IAI-3P of ποιέω

ἐποιοῦντο, IMI-3P of ποιέω

ἐπορεύετο, INI-3S of πορεύομαι

ἐπορεύθη, AOI-3S of πορεύομαι

ἐπορεύθησαν, AOI-3P of πορεύομαι

ἐπορευόμεθα, INI-1P of πορεύομαι

ἐπορευόμην, INI-1S of πορεύομαι

ἐπορεύοντο, INI-3P of πορεύομαι

ἐρεῖ, FAI-3S of ἐρεῶ

ἐρεῖς, FAI-2S of ἐρεῶ

ἐρεῖτε, FAI-2P of ἐρεῶ

ἐροῦμεν, FAI-1P of ἐρεῶ

ἐροῦσιν, FAI-3P of ἐρεῶ

ἐρρέθη, API-3S of ἐρεῶ

ἐρρήθησαν, API-3P of ἐρεῶ

ἔρχεσθαι, PNN of ἔρχομαι

ἔρχεσθε, PNM-2P of ἔρχομαι

ἐρχέσθω, PNM-3S of ἔρχομαι

ἔρχεται, PNI-3S of ἔρχομαι

ἔρχῃ, PNI-2S of ἔρχομαι

ἔρχηται, PNS-3S of ἔρχομαι

ἔρχομαι, PNI-1S of ἔρχομαι

ἐρχόμεθα, PNI-1P of ἔρχομαι

ἐρχόμενα, PNP-APN of ἔρχομαι

ἐρχομένη, PNP-NSF of ἔρχομαι

ἐρχομένην, PNP-ASF of ἔρχομαι

ἐρχομένης, PNP-GSF of ἔρχομαι

ἐρχόμενοι, PNP-NPM of ἔρχομαι

ἐρχόμενον, PNP-ΛSM, PNP-ASN or PNP-NSN of ἔρχομαι

ἐρχόμενος, PNP-NSM of ἔρχομαι

ἐρχομένου, PNP-GSM of ἔρχομαι

ἐρχομένους, PNP-APM of ἔρχομαι

ἐρχομένῳ, PNP-DSM or PNP-DSN of ἔρχομαι

ἐρχομένων, PNP-GPM of ἔρχομαι

ἔρχονται, PNI-3P of ἔρχομαι

ἔρχου, PNM-2S of ἔρχομαι

ἐρῶ, FAI-1S of ἐρεῶ

ἐρωτᾷ, PAI-3S or PAS-3S of ἐρωτάω

ἐρωτᾷν, PAN of ἐρωτάω

ἐρωτῆσαι, AAN of ἐρωτάω

ἐρωτήσατε, AAM-2P of ἐρωτάω

ἐρωτήσετε, FAI-2P of ἐρωτάω

ἐρωτήσῃ, AAS-3S of ἐρωτάω

ἐρωτήσω, AAS-1S or FAI-1S of ἐρωτάω

ἐρωτήσωσιν, AAS-3P of ἐρωτάω

ἐρωτῶ, PAI-1S of ἐρωτάω

ἐρωτῶμεν, PAI-1P of ἐρωτάω

ἐρωτῶν, PAP-NSM of ἐρωτάω

ἐρωτῶντες, PAP-NPM of ἐρωτάω

ἐρωτώντων, PAP-GPM of ἐρωτάω

ἔσεσθαι, FDN of εἰμί

ἔσεσθε, FDI-2P of εἰμί

ἔσῃ, FDI-2S of εἰμί

ἐσθίει, PAI-3S of ἐσθίω

ἐσθίειν, PAN of ἐσθίω

ἐσθίετε, PAI-2P or PAM-2P of ἐσθίω

ἐσθιέτω, PAM-3S of ἐσθίω

ἐσθίῃ, PAS-3S of ἐσθίω

ἐσθίητε, PAS-2P of ἐσθίω

ἐσθίοντα, PAP-ASM of ἐσθίω

ἐσθίοντας, PAP-APM of ἐσθίω

ἐσθίοντες, PAP-NPM of ἐσθίω

ἐσθίοντι, PAP-DSM of ἐσθίω

ἐσθιόντων, PAP-GPM of ἐσθίω

ἐσθίουσιν, PAI-3P of ἐσθίω

ἐσθίων, PAP-NSM of ἐσθίω

ἐσθίωσιν, PAS-3P of ἐσθίω

ἐσμὲν, PAI-1P of εἰμί

ἔσομαι, FDI-1S of εἰμί

ἐσόμεθα, FDI-1P of εἰμί

ἐσόμενον, FDP-ASN of εἰμί

ἔσονται, FDI-3P of εἰμί

ἐσπαρμένον, RPP-ASM or RPP-ASN of σπείρω

ἔσπειρα, AAI-1S of σπείρω

ἐσπείραμεν, AAI-1P of σπείρω

ἔσπειρας, AAI-2S of σπείρω

ἔσπειρεν, AAI-3S of σπείρω

ἐστάθη, API-3S of ἵστημι

ἐστάθην, API-1S of ἵστημι

ἔσται, FDI-3S of εἰμί

ἑστάναι, RAN of ἵστημι

ἐστέ, PAI-2P of εἰμί

ἔστη, 2AAI-3S of ἵστημι

ἕστηκα, RAI-1S of ἵστημι

ἑστήκαμεν, RAI-1P of ἵστημι

ἕστηκας, RAI-2S of ἵστημι

ἑστήκασιν, RAI-3P of ἵστημι

ἑστήκατε, RAI-2P of ἵστημι

ἕστηκεν, RAI-3S of ἵστημι

ἑστηκὸς, RAP-ASN or RAP-NSN of ἵστημι

ἑστηκότες, RAP-NPM of ἵστημι

ἑστηκότων, RAP-GPM of ἵστημι

ἑστηκὼς, RAP-NSM of ἵστημι

ἔστησαν, AAI-3P of ἵστημι

ἔστησεν, AAI-3S of ἵστημι

ἐστιν, PAI-3S of εἰμί

ἔστω, PAM-3S of εἰμί

ἑστῶσαι, RAP-NPF of ἵστημι

ἔστωσαν, PAM-3P of εἰμί

ἑστῶτα, RAP-APN or RAP-ASM of ἵστημι

ἑστῶτας, RAP-APM of ἵστημι

ἑστῶτος, RAP-GSM of ἵστημι

ἔσχεν, 2AAI-3S of ἔχω

ἔσχες, 2AAI-2S of ἔχω

ἔσχηκα, RAI-1S of ἔχω

ἐσχήκαμεν, RAI-1P of ἔχω

ἔσχηκεν, RAI-3S of ἔχω

ἐσχηκότα, RAP-ASM of ἔχω

ἔσχομεν, 2AAI-1P of ἔχω

ἔσχον, 2AAI-1S or 2AAI-3P of ἔχω

ἐσῴζοντο, IPI-3P of σῴζω

ἐσώθη, API-3S of σῴζω

ἐσώθημεν, API-1P of σῴζω

ἔσωσεν, AAI-3S of σῴζω

ἐτέθη, API-3S of τίθημι

ἐτέθην, API-1S of τίθημι

ἐτέθησαν, API-3P of τίθημι

ἐτηρεῖτο, IPI-3S of τηρέω

ἐτήρησα, AAI-1S of τηρέω

ἐτήρησαν, AAI-3P of τηρέω

ἐτήρησάς, AAI-2S of τηρέω

ἐτήρουν, IAI-1S or IAI-3P of τηρέω

ἐτίθει, IAI-3S of τίθημι

ἐτίθουν, IAI-3P of τίθημι

εὐαγγελίζεσθαι, PMN of εὐαγγελίζω

εὐαγγελίζεται, PMI-3S or PPI-3S of εὐαγγελίζω

εὐαγγελίζηται, PMS-3S of εὐαγγελίζω

εὐαγγελίζομαι, PMI-1S of εὐαγγελίζω

εὐαγγελιζόμεθα, PMI-1P of εὐαγγελίζω

εὐαγγελιζόμενοι, PMP-NPM of εὐαγγελίζω

εὐαγγελιζόμενος, PMP-NSM of εὐαγγελίζω

εὐαγγελιζομένου, PMP-GSM of εὐαγγελίζω

εὐαγγελιζομένῳ, PMP-DSM of εὐαγγελίζω

εὐαγγελιζομένων, PMP-GPM of εὐαγγελίζω

εὐαγγελίζονται, PPI-3P of εὐαγγελίζω

εὐαγγελίζωμαι, PMS-1S of εὐαγγελίζω

εὐαγγελίσαι, AAN of εὐαγγελίζω

εὐαγγελισάμενοί, AMP-NPM of εὐαγγελίζω

εὐαγγελισαμένου, AMP-GSM of εὐαγγελίζω

εὐαγγελισαμένων, AMP-GPM of εὐαγγελίζω

εὐαγγελίσασθαί, AMN of εὐαγγελίζω

εὐαγγελισθὲν, APP-ASN or APP-NSN of
    εὐαγγελίζω

εὐαγγελισθέντες, APP-NPM of εὐαγγελίζω

εὐηγγελίζετο, IMI-3S of εὐαγγελίζω

εὐηγγελισάμεθα, AMI-1P of εὐαγγελίζω

εὐηγγελισάμην, AMI-1S of εὐαγγελίζω

εὐηγγελίσαντο, AMI-3P of εὐαγγελίζω

εὐηγγελίσατο, AMI-3S of εὐαγγελίζω

εὐηγγέλισεν, AAI-3S of εὐαγγελίζω

εὐηγγελίσθη, API-3S of εὐαγγελίζω

εὐηγγελισμένοι, RPP-NPM of εὐαγγελίζω

εὐράμενος, 2AMP-NSM of εὑρίσκω

εὑρεθεὶς, APP-NSM of εὑρίσκω

εὑρέθη, API-3S of εὑρίσκω

εὑρεθῇ, APS-3S of εὑρίσκω

εὑρέθημεν, API-1P of εὑρίσκω

εὑρέθην, API-1S of εὑρίσκω

εὑρεθῆναι, APN of εὑρίσκω

εὑρέθησαν, API-3P of εὑρίσκω

εὑρεθησόμεθα, FPI-1P of εὑρίσκω

εὑρεθῆτε, APS-2P of εὑρίσκω

εὑρεθῶ, APS-1S of εὑρίσκω

εὑρεθῶσιν, APS-3P of εὑρίσκω

εὑρεῖν, 2AAN of εὑρίσκω

εὗρεν, 2AAI-3S of εὑρίσκω

εὗρες, 2AAI-2S of εὑρίσκω

εὕρῃ, 2AAS-3S of εὑρίσκω

εὕρηκά, RAI-1S of εὑρίσκω

εὑρήκαμεν, RAI-1P of εὑρίσκω

εὑρηκέναι, RAN of εὑρίσκω

εὕρῃς, 2AAS-2S of εὑρίσκω

εὑρήσει, FAI-3S of εὑρίσκω

εὑρήσεις, FAI-2S of εὑρίσκω

εὑρήσετε, FAI-2P of εὑρίσκω

εὑρήσομεν, FAI-1P of εὑρίσκω

εὑρήσουσιν, FAI-3P of εὑρίσκω

εὕρητε, 2AAS-2P of εὑρίσκω

εὑρίσκει, PAI-3S of εὑρίσκω

εὑρίσκετο, IPI-3S of εὑρίσκω

εὑρισκόμεθα, PPI-1P of εὑρίσκω

εὑρίσκομεν, PAI-1P of εὑρίσκω

εὕρισκον, IAI-3P of εὑρίσκω

εὑρίσκον, PAP-NSN of εὑρίσκω

εὑρίσκοντες, PAP-NPM of εὑρίσκω

εὑρίσκω, PAI-1S of εὑρίσκω

εὕροιεν, 2AAO-3P of εὑρίσκω

εὕρομεν, 2AAI-1P of εὑρίσκω

εὗρόν, 2AAI-3P of εὑρίσκω

εὗρον, 2AAI-1S of εὑρίσκω

εὑρόντες, 2AAP-NPM of εὑρίσκω

εὑροῦσα, 2AAP-NSF of εὑρίσκω

εὑροῦσαι, 2AAP-NPF of εὑρίσκω

εὕρω, 2AAS-1S of εὑρίσκω

εὕρωμεν, 2AAS-1P of εὑρίσκω

εὑρών, 2AAP-NSM of εὑρίσκω

εὕρωσιν, 2AAS-3P of εὑρίσκω

ἔφαγεν, 2AAI-3S of φάγω

ἐφάγετε, 2AAI-2P of φάγω

ἐφάγομεν, 2AAI-1P of φάγω

ἔφαγον, 2AAI-1S or 2AAI-3P of φάγω

ἔφερεν, IAI-3S of φέρω

ἐφερόμεθα, IPI-1P of φέρω

ἔφερον, IAI-3P of φέρω

ἐφέροντο, IPI-3P of φέρω

ἔφη, IAI-3S of φημί

ἐφοβεῖτο, INI-3S of φοβέομαι

ἐφοβήθη, AOI-3S of φοβέομαι

ἐφοβήθησαν, AOI-3P of φοβέομαι

ἐφοβούμην, INI-1S of φοβέομαι

ἐφοβοῦντο, INI-3P of φοβέομαι

ἔχαιρεν, IAI-3S of χαίρω

ἐχάρη, 2AOI-3S of χαίρω

ἐχάρημεν, 2AOI-1P of χαίρω

ἐχάρην, 2AOI-1S of χαίρω

ἐχάρησαν, 2AOI-3P of χαίρω

ἐχάρητε, 2AOI-2P of χαίρω

ἔχε, PAM-2S of ἔχω

ἔχει, PAI-3S of ἔχω

ἔχειν, PAN of ἔχω

ἔχεις, PAI-2S of ἔχω

ἔχετε, PAI-2P or PAM-2P of ἔχω

ἐχέτω, PAM-3S of ἔχω

ἔχῃ, PAS-3S of ἔχω

ἔχητε, PAS-2P of ἔχω

ἔχοι, PAO-3S of ἔχω

ἔχοιεν, PAO-3P of ἔχω

ἔχομεν, PAI-1P of ἔχω

ἐχόμενα, PPP-APN of ἔχω

ἐχομένας, PPP-APF of ἔχω

ἐχομένῃ, PPP-DSF of ἔχω

ἔχον, PAP-ASN or PAP-NSN of ἔχω

ἔχοντα, PAP-ASM or PAP-NPN of ἔχω

ἔχοντας, PAP-APM of ἔχω

ἔχοντες, PAP-NPM of ἔχω

ἔχοντι, PAP-DSM of ἔχω

ἔχοντος, PAP-GSM or PAP-GSN of ἔχω

ἐχόντων, PAP-GPM of ἔχω

ἔχουσα, PAP-NSF of ἔχω

ἔχουσαι, PAP-NPF of ἔχω

ἐχούσαις, PAP-DPF of ἔχω

ἔχουσαν, PAP-ASF of ἔχω

ἐχούσῃ, PAP-DSF of ἔχω

ἐχούσης, PAP-GSF of ἔχω

ἔχουσιν, PAI-3P of ἔχω

ἔχω, PAI-1S or PAS-1S of ἔχω

ἔχωμεν, PAS-1P of ἔχω

ἔχων, PAP-NSM of ἔχω

ἔχωσιν, PAS-3P of ἔχω

ἑώρακα, RAI-1S-ATT of ὁράω

ἑωράκαμεν, RAI-1P-ATT of ὁράω

ἑώρακας, RAI-2S-ATT of ὁράω

ἑωράκασιν, RAI-3P-ATT of ὁράω

ἑωράκατέ, RAI-2P-ATT of ὁράω

ἑωράκει, LAI-3S-ATT of ὁράω

ἑώρακεν, RAI-3S-ATT of ὁράω

ἑωρακέναι, RAN-ATT of ὁράω

ἑωρακότες, RAP-NPM-ATT of ὁράω

ἑωρακώς, RAP-NSM-ATT of ὁράω

ἑώρων, IAI-3P-ATT of ὁράω

ζῇ, PAI-3S of ζάω

ζῆν, PAN of ζάω

ζῇς, PAI-2S of ζάω

ζήσασα, AAP-NSF of ζάω

ζήσεσθε, FDI-2P of ζάω

ζήσεται, FDI-3S of ζάω

ζήσῃ, FDI-2S of ζάω

ζησόμεθα, FDI-1P of ζάω

ζήσομεν, FAI-1P of ζάω

ζήσονται, FDI-3P of ζάω

ζήσω, AAS-1S of ζάω

ζήσωμεν, AAS-1P of ζάω

ζῆτε, PAI-2P of ζάω

ζήτει, PAM-2S of ζητέω

ζητεῖ, PAI-3S of ζητέω

ζητεῖν, PAN of ζητέω

ζητεῖς, PAI-2S of ζητέω

ζητεῖται, PPI-3S of ζητέω

ζητεῖτε, PAI-2P or PAM-2P of ζητέω

ζητείτω, PAM-3S of ζητέω

ζητηθήσεται, FPI-3S of ζητέω

ζητῆσαι, AAN of ζητέω

ζητησάτω, AAM-3S of ζητέω

ζητήσετέ, FAI-2P of ζητέω

ζητήσῃ, AAS-3S of ζητέω

ζήτησον, AAM-2S of ζητέω

ζητήσουσιν, FAI-3P of ζητέω

ζητοῦν, PAP-NSN of ζητέω

ζητοῦντες, PAP-NPM of ζητέω

ζητοῦντι, PAP-DSM of ζητέω

ζητούντων, PAP-GPM of ζητέω

ζητοῦσίν, PAI-3P of ζητέω

ζητοῦσιν, PAP-DPM of ζητέω

ζητῶ, PAI-1S of ζητέω

ζητῶν, PAP-NSM of ζητέω

ζῶ, PAI-1S of ζάω

ζῶμεν, PAI-1P or PAS-1P of ζάω

ζῶν, PAP-ASN or PAP-NSM of ζάω

ζῶντα, PAP-ASM of ζάω

ζῶντας, PAP-APM of ζάω

ζῶντες, PAP-NPM of ζάω

ζῶντι, PAP-DSM of ζάω

ζῶντος, PAP-GSM or PAP-GSN of ζάω

ζώντων, PAP-GPM of ζάω

ζῶσα, PAP-NSF of ζάω

ζῶσαν, PAP-ASF of ζάω

ζῶσιν, PAI-3P or PAS-3P of ζάω

ᾖ, PAS-3S of εἰμί

ἤγαγεν, 2AAI-3S of ἄγω

ἠγάγετε, 2AAI-2P of ἄγω

ἤγαγον, 2AAI-3P of ἄγω

ἠγάπα, IAI-3S of ἀγαπάω

ἠγαπᾶτέ, IAI-2P of ἀγαπάω

ἠγαπηκόσιν, RAP-DPM of ἀγαπάω

ἠγαπημένην, RPP-ASF of ἀγαπάω

ἠγαπημένοι, RPP-NPM of ἀγαπάω

ἠγαπημένῳ, RPP-DSM of ἀγαπάω

ἠγάπησα, AAI-1S of ἀγαπάω

ἠγαπήσαμεν, AAI-1P of ἀγαπάω

ἠγάπησαν, AAI-3P of ἀγαπάω

ἠγάπησας, AAI-2S of ἀγαπάω

ἠγάπησεν, AAI-3S of ἀγαπάω

ἤγειραν, AAI-3P of ἐγείρω

ἤγειρεν, AAI-3S of ἐγείρω

ἠγέρθη, API-3S of ἐγείρω

ἠγέρθησαν, API-3P of ἐγείρω

ἤγεσθε, IPI-2P of ἄγω

ἤγετο, IPI-3S of ἄγω

ἤγοντο, IPI-3P of ἄγω

ᾔδει, LAI-3S of οἶδα

ᾔδειν, LAI-1S of οἶδα

ᾔδεις, LAI-2S of οἶδα

ᾔδεισαν, LAI-3P of οἶδα

ᾔδειτε, LAI-2P of οἶδα

ἠδύναντο, INI-3P-ATT of δύναμαι

ἠδύνατο, INI-3S-ATT of δύναμαι

ἠδυνήθη, AOI-3S-ATT of δύναμαι

ἠδυνήθημεν, AOI-1P-ATT of δύναμαι

ἠδυνήθην, AOI-1S-ATT of δύναμαι

ἠδυνήθησαν, AOI-3P-ATT of δύναμαι

ἠδυνήθητε, AOI-2P-ATT of δύναμαι

ἤθελεν, IAI-3S of θέλω

ἤθελες, IAI-2S of θέλω

ἠθέλησα, AAI-1S of θέλω

ἠθελήσαμεν, AAI-1P of θέλω

ἠθέλησαν, AAI-3P of θέλω

ἠθέλησας, AAI-2S of θέλω

ἠθελήσατε, AAI-2P of θέλω

ἠθέλησεν, AAI-3S of θέλω

ἤθελον, IAI-1S or IAI-3P of θέλω

ἠκολούθει, IAI-3S of ἀκολουθέω

ἠκολουθήσαμέν, AAI-1P of ἀκολουθέω

ἠκολούθησαν, AAI-3P of ἀκολουθέω

ἠκολούθησεν, AAI-3S of ἀκολουθέω

ἠκολούθουν, IAI-3P of ἀκολουθέω

ἤκουεν, IAI-3S of ἀκούω

ἤκουον, IAI-3P of ἀκούω

ἤκουσα, AAI-1S of ἀκούω

ἠκούσαμεν, AAI-1P of ἀκούω

ἤκουσαν, AAI-3P of ἀκούω

ἤκουσας, AAI-2S of ἀκούω

ἠκούσατέ, AAI-2P of ἀκούω

ἤκουσεν, AAI-3S of ἀκούω

ἠκούσθη, ΑΡΙ 3S of ἀκούω

ἦλθεν, 2ΑΑΙ-3S of ἔρχομαι

ἦλθες, 2ΑΑΙ-2S of ἔρχομαι

ἤλθετε, 2ΑΑΙ-2P of ἔρχομαι

ἤλθομεν, 2ΑΑΙ-1P of ἔρχομαι

ἦλθον, 2ΑΑΙ-1S or 2ΑΑΙ-3P of ἔρχομαι

ἤμελλεν, ΙΑΙ-3S-ATT of μέλλω

ἦμεν, ΙΑΙ-1P of εἰμί

ἤμην, ΙΜΙ-1S of εἰμί

ἦν, ΙΑΙ-3S of εἰμί

ἤνεγκα, ΑΑΙ-1S of φέρω

ἤνεγκαν, ΑΑΙ-3P of φέρω

ἤνεγκεν, ΑΑΙ-3S of φέρω

ἠνέχθη, ΑΡΙ-3S of φέρω

ἠνοίγη, 2ΑΡΙ-3S of ἀνοίγω

ἦραν, ΑΑΙ-3P of αἴρω

ἤρατε, ΑΑΙ-2P of αἴρω

ἦρεν, ΑΑΙ-3S of αἴρω

ἤρθη, ΑΡΙ-3S of αἴρω

ἦρκεν, ΡΑΙ-3S of αἴρω

ἠρμένον, RPP-ASM of αἴρω

ἤρξαντο, ADI-3P of ἄρχομαι

ἤρξατο, ADI-3S of ἄρχομαι

ἤρχετο, INI-3S of ἔρχομαι

ἤρχοντο, INI-3P of ἔρχομαι

ἤρχου, INI-2S of ἔρχομαι

ἠρώτα, ΙΑΙ-3S of ἐρωτάω

ἠρώτησαν, ΑΑΙ-3P of ἐρωτάω

ἠρώτησεν, ΑΑΙ-3S of ἐρωτάω

ἠρώτων, ΙΑΙ-3P of ἐρωτάω

ἦς, ΙΑΙ-2S of εἰμί

ᾖς, PAS-2S of εἰμί

ἦσαν, ΙΑΙ-3P of εἰμί

ἤσθιον, ΙΑΙ-3P of ἐσθίω

ἠσπάζοντο, INI-3P of ἀσπάζομαι

ἠσπάσατο, ADI-3S of ἀσπάζομαι

ἦτε, ΙΑΙ-2P or PAS-2P of εἰμί

ᾐτήκαμεν, RAI-1P of αἰτέω

ᾐτήσαντο, ΑΜΙ-3P of αἰτέω

ᾔτησας, ΑΑΙ-2S of αἰτέω

ᾐτήσασθε, ΑΜΙ-2P of αἰτέω

ᾐτήσατε, ΑΑΙ-2P of αἰτέω

ᾐτήσατο, ΑΜΙ-3S of αἰτέω

ᾐτοῦντο, ΙΜΙ-3P of αἰτέω

ἤφιεν, ΙΑΙ-3S of ἀφίημι

ἤχθη, ΑΡΙ-3S of ἄγω

ἤχθημεν, ΑΡΙ-1P of ἄγω

θεῖναι, 2ΑΑΝ of τίθημι

θείς, 2ΑΑΡ-NSM of τίθημι

θέλει, ΡΑΙ-3S of θέλω

θέλειν, PAN of θέλω

θέλεις, ΡΑΙ-2S of θέλω

θέλετε, ΡΑΙ-2P of θέλω

θέλῃ, PAS-3S of θέλω

θέλῃς, PAS-2S of θέλω

θελήσαντάς, ΑΑP-APM of θέλω

θελήσῃ, AAS-3S of θέλω

θελήσω, AAS-1S of θέλω

θελήσωσιν, AAS-3P of θέλω

θέλητε, PAS-2P of θέλω

θέλοι, PAO-3S of θέλω

θέλομεν, PAI-1P of θέλω

θέλοντα, PAP-ASM of θέλω

θέλοντας, PAP-APM of θέλω

θέλοντες, PAP-NPM of θέλω

θέλοντι, PAP-DSM of θέλω

θέλοντος, PAP-GSM of θέλω

θελόντων, PAP-GPM of θέλω

θέλουσιν, PAI-3P of θέλω

θέλω, PAI-1S or PAS-1S of θέλω

θέλων, PAP-NSM of θέλω

θέλωσιν, PAS-3P of θέλω

θέμενος, 2ΑΜP-NSM of τίθημι

θέντες, 2ΑΑΡ-NPM of τίθημι

θέντος, 2ΑΑΡ-GSM of τίθημι

θέσθε, 2ΑΜΜ-2P of τίθημι

θεωρεῖ, PAI-3S of θεωρέω

θεωρεῖν, PAN of θεωρέω

θεωρεῖς, PAI-2S of θεωρέω

θεωρεῖτέ, PAI-2P of θεωρέω

θεωρεῖτε, PAM-2P of θεωρέω

θεωρῇ, PAS-3S of θεωρέω

θεωρῆσαι, AAN of θεωρέω

θεωρήσῃ, AAS-3S of θεωρέω

θεωρήσωσιν, AAS-3P of θεωρέω

θεωρῆτε, PAS-2P of θεωρέω

θεωροῦντας, PAP-APM of θεωρέω

θεωροῦντες, PAP-NPM of θεωρέω

θεωροῦντι, PAP-DSM of θεωρέω

θεωρούντων, PAP-GPM of θεωρέω

θεωροῦσαι, PAP-NPF of θεωρέω

θεωροῦσιν, PAI-3P of θεωρέω

θεωρῶ, PAI-1S of θεωρέω

θεωρῶν, PAP-NSM of θεωρέω

θεωρῶσιν, PAS-3P of θεωρέω

θῇ, 2AAS-3S of τίθημι

θήσει, FAI-3S of τίθημι

θήσεις, FAI-2S of τίθημι

θήσω, AAS-1S or FAI-1S of τίθημι

θῶ, 2AAS-1S of τίθημι

ἰδεῖν, 2AAN of ὁράω

ἴδετε, 2AAM-2P of ὁράω

ἴδῃ, 2AAS-3S of ὁράω

ἴδῃς, 2AAS-2S of ὁράω

ἴδητε, 2AAS-2P of ὁράω

ἰδόντες, 2AAP-NPM of ὁράω

ἰδού, 2AMM-2S of ἰδού

ἰδοῦσα, 2AAP-NSF of ὁράω

ἴδω, 2AAS-1S of ὁράω

ἴδωμεν, 2AAS-1P of ὁράω

ἰδὼν, 2AAP-NSM of ὁράω

ἴδωσιν, 2AAS-3P of ὁράω

ἴσασιν, RAI-3P of οἶδα

ἴσθι, PAM-2S of εἰμί

ἴστε, RAI-2P of οἶδα

ἵστησιν, PAI-3S of ἵστημι

ἱστῶμεν, PAI-1P of ἵστημι

κάθῃ, PNI-2S-ATT of κάθημαι

κάθημαι, PNI-1S of κάθημαι

καθήμεναι, PNP-NPF of κάθημαι

καθημένην, PNP-ASF of κάθημαι

καθημένης, PNP-GSF of κάθημαι

καθήμενοι, PNP-NPM of κάθημαι

καθημένοις, PNP-DPM or PNP-DPN of κάθημαι

καθήμενον, PNP-ASM of κάθημαι

καθήμενος, PNP-NSM of κάθημαι

καθημένου, PNP-GSM of κάθημαι

καθημένους, PNP-APM of κάθημαι

καθημένῳ, PNP-DSM of κάθημαι

καθημένων, PNP-GPM of κάθημαι

καθῆσθαι, PNN of κάθημαι

κάθηται, PNI-3S of κάθημαι

κάθου, PNM-2S of κάθημαι

κάλει, PAM-2S of καλέω

καλεῖ, PAI-3S of καλέω

καλεῖν, PAN of καλέω

καλεῖσθαι, PPN of καλέω

καλεῖται, PPI-3S of καλέω

καλεῖτε, PAI-2P of καλέω

καλέσαι, AAN of καλέω

καλέσαντα, AAP-ASM of καλέω

καλέσαντες, AAP-NPM of καλέω

καλέσαντος, AAP-GSM of καλέω

καλέσας, AAP-NSM of καλέω

καλέσατε, AAM-2P of καλέω

καλέσεις, FAI-2S of καλέω

καλέσητε, AAS-2P of καλέω

κάλεσον, AAM-2S of καλέω

καλέσουσιν, FAI-3P of καλέω

καλέσω, FAI-1S of καλέω

καλουμένῃ, PPP-DSF of καλέω

καλουμένη, PPP-NSF of καλέω

καλουμένην, PPP-ASF of καλέω

καλουμένης, PPP-GSF of καλέω

καλούμενον, PPP-ASM or PPP-ASN of καλέω

καλούμενος, PPP-NSM of καλέω

καλουμένου, PPP-GSM or PPP-GSN of καλέω

καλοῦνται, PPI-3P of καλέω

καλοῦντος, PAP-GSM of καλέω

καλοῦσα, PAP-NSF of καλέω

καλῶν, PAP-NSM of καλέω

κατάβα, 2AAM-2S-ATT of καταβαίνω

καταβαίνει, PAI-3S of καταβαίνω

καταβαινέτω, PAM-3S of καταβαίνω

καταβαίνῃ, PAS-3S of καταβαίνω

καταβαῖνον, PAP-ASN or PAP-NSN of καταβαίνω

καταβαίνοντα, PAP-ASM of καταβαίνω

καταβαίνοντας, PAP-APM of καταβαίνω

καταβαίνοντες, PAP-NPM of καταβαίνω

καταβαίνοντος, PAP-GSM of καταβαίνω

καταβαινόντων, PAP-GPM of καταβαίνω

καταβαίνουσαν, PAP-ASF of καταβαίνω

καταβαίνων, PAP-NSM of καταβαίνω

καταβάντες, 2AAP-NPM of καταβαίνω

καταβάντι, 2AAP-DSM of καταβαίνω

καταβὰς, 2AAP-NSM of καταβαίνω

καταβάτω, 2AAM-3S of καταβαίνω

καταβέβηκα, RAI-1S of καταβαίνω

καταβεβηκότες, RAP-NPM of καταβαίνω

καταβῇ, 2AAS-3S of καταβαίνω

κατάβηθι, 2AAM-2S of καταβαίνω

καταβῆναι, 2AAN of καταβαίνω

καταβήσεται, FDI-3S of καταβαίνω

κατέβαινεν, IAI-3S of καταβαίνω

κατέβη, 2AAI-3S of καταβαίνω

κατέβην, 2AAI-1S of καταβαίνω

κατέβησαν, 2AAI-3P of καταβαίνω

κέκληκεν, RAI-3S of καλέω

κεκληκότι, RAP-DSM of καλέω

κεκληκώς, RAP-NSM of καλέω

κεκλημένοι, RPP-NPM of καλέω

κεκλημένοις, RPP-DPM of καλέω

κεκλημένος, RPP-NSM of καλέω

κεκλημένους, RPP-APM of καλέω

κεκλημένων, RPP-GPM of καλέω

κέκραγεν, 2RAI-3S of κράζω

κεκράξονται, 2FDI-3P of κράζω

κέκρικα, RAI-1S of κρίνω

κεκρίκατέ, RAI-2P of κρίνω

κέκρικεν, RAI-3S of κρίνω

κεκριμένα, RPP-APN of κρίνω

κέκριται, RPI-3S of κρίνω

κηρύξαι, AAN of κηρύσσω

κηρύξας, AAP-NSM of κηρύσσω

κηρύξατε, AAM-2P of κηρύσσω

κήρυξον, AAM-2S of κηρύσσω

κηρύξουσιν, FAI-3P of κηρύσσω

κηρύξω, AAS-1S of κηρύσσω

κηρύσσει, PAI-3S of κηρύσσω

κηρύσσειν, PAN of κηρύσσω

κηρύσσεται, PPI-3S of κηρύσσω

κηρύσσετε, PAM-2P of κηρύσσω

κηρύσσομεν, PAI-1P of κηρύσσω

κηρύσσοντα, PAP-ASM of κηρύσσω

κηρύσσοντας, PAP-APM of κηρύσσω

κηρύσσοντος, PAP-GSM of κηρύσσω

κηρύσσουσιν, PAI-3P of κηρύσσω

κηρύσσω, PAI-1S of κηρύσσω

κηρύσσων, PAP-NSM of κηρύσσω

κηρυχθείς, APP-NSM of κηρύσσω

κηρυχθέντος, APP-GSN of κηρύσσω

κηρυχθῇ, APS-3S of κηρύσσω

κηρυχθῆναι, APN of κηρύσσω

κηρυχθήσεται, FPI-3S of κηρύσσω

κληθείς, APP-NSM of καλέω

κληθὲν, APP-NSN of καλέω

κληθέντος, APP-GSM of καλέω

κληθῆναι, APN of καλέω

κληθῇς, APS-2S of καλέω

κληθήσεταί, FPI-3S of καλέω

κληθήσῃ, FPI-2S of καλέω

κληθήσονται, FPI-3P of καλέω

κληθῆτε, APS-2P of καλέω

κληθῶμεν, APS-1P of καλέω

κράζει, PAI-3S of κράζω

κράζειν, PAN of κράζω

κράζομεν, PAI-1P of κράζω

κρᾶζον, PAP-ASN of κράζω

κράζοντα, PAP-NPN of κράζω

κράζοντας, PAP-APM of κράζω

κράζοντες, PAP-NPM of κράζω

κραζόντων, PAP-GPM of κράζω

κράζουσιν, PAI-3P of κράζω

κράζων, PAP-NSM of κράζω

κράξαν, AAP-NSN of κράζω

κράξαντες, AAP-NPM of κράζω

κράξας, AAP-NSM of κράζω

κριθῆναι, APN of κρίνω

κριθήσεσθε, FPI-2P of κρίνω

κριθήσονται, FPI-3P of κρίνω

κριθῆτε, APS-2P of κρίνω

κριθῶσιν, APS-3P of κρίνω

κρῖναι, AAN of κρίνω

κρίναντας, AAP-APM of κρίνω

κρίναντες, AAP-NPM of κρίνω

κρίναντος, AAP-GSM of κρίνω

κρίνας, AAP-NSM of κρίνω

κρίνατε, AAM-2P of κρίνω

κρινεῖ, FAI-3S of κρίνω

κρίνει, PAI-3S of κρίνω

κρίνειν, PAN of κρίνω

κρίνεις, PAI-2S of κρίνω

κρίνεσθαι, PPN of κρίνω

κρίνεται, PPI-3S of κρίνω

κρίνετε, PAI-2P or PAM-2P of κρίνω

κρινέτω, PAM-3S of κρίνω

κρίνῃ, PAS-3S of κρίνω

κρίνομαι, PPI-1S of κρίνω

κρινόμενοι, PPP-NPM of κρίνω

κρινόμενος, PPP-NSM of κρίνω

κρίνοντα, PAP-ASM of κρίνω

κρίνοντες, PAP-NPM of κρίνω

κρίνοντι, PAP-DSM of κρίνω

κρινοῦμεν, FAI-1P of κρίνω

κρινοῦσιν, FAI-3P of κρίνω

κρίνω, PAI-1S or PAS-1S of κρίνω

κρινῶ, FAI-1S of κρίνω

κρίνωμεν, PAS-1P of κρίνω

κρίνων, PAP-NSM of κρίνω

λάβε, 2AAM-2S of λαμβάνω

λαβεῖν, 2AAN of λαμβάνω

λάβετε, 2AAM-2P of λαμβάνω

λαβέτω, 2AAM-3S of λαμβάνω

λάβῃ, 2AAS-3S of λαμβάνω

λάβητε, 2AAS-2P of λαμβάνω

λάβοι, 2AAO-3S of λαμβάνω

λαβόντα, 2AAP-ASM of λαμβάνω

λαβόντας, 2AAP-APM of λαμβάνω

λαβόντες, 2AAP-NPM of λαμβάνω

λαβοῦσα, 2AAP-NSF of λαμβάνω

λαβοῦσαι, 2AAP-NPF of λαμβάνω

λάβω, 2AAS-1S of λαμβάνω

λάβωμεν, 2AAS-1P of λαμβάνω

λαβὼν, 2AAP-NSM of λαμβάνω

λάβωσιν, 2AAS-3P of λαμβάνω

λαλεῖ, PAI-3S of λαλέω

λάλει, PAM-2S of λαλέω

λαλεῖν, PAN of λαλέω

λαλεῖς, PAI-2S of λαλέω

λαλεῖσθαι, PPN of λαλέω

λαλεῖται, PMI-3S of λαλέω

λαλεῖτε, PAM-2P of λαλέω

λαλείτω, PAM-3S of λαλέω

λαλείτωσαν, PAM-3P of λαλέω

λαλῇ, PAS-3S of λαλέω

λαληθεὶς, APP-NSM of λαλέω

λαληθείσης, APP-GSF of λαλέω

λαληθέντος, APP-GSN of λαλέω

λαληθέντων, APP-GPN of λαλέω

λαληθῆναι, APN of λαλέω

λαληθήσεταί, FPI-3S of λαλέω

λαληθησομένων, FPP-GPN of λαλέω

λαλῆσαι, AAN of λαλέω

λαλήσαντες, AAP-NPM of λαλέω

λαλήσαντος, AAP-GSM of λαλέω

λαλήσας, AAP-NSM of λαλέω

λαλήσει, FAI-3S of λαλέω

λαλήσετε, FAI-2P of λαλέω

λαλήσῃ, AAS-3S of λαλέω

λαλήσητε, AAS-2P of λαλέω

λαλήσομεν, FAI-1P of λαλέω

λαλήσουσιν, FAI-3P of λαλέω

λαλήσω, AAS-1S or FAI-1S of λαλέω

λαλήσωσιν, AAS-3P of λαλέω

λαλοῦμεν, PAI-1P of λαλέω

λαλουμένη, PPP-NSF of λαλέω

λαλουμένοις, PPP-DPN of λαλέω

λαλούμενον, PPP-ASM or PPP-NSN of λαλέω

λαλοῦν, PAP-NSN of λαλέω

λαλοῦντα, PAP-ASM of λαλέω

λαλοῦντας, PAP-APM of λαλέω

λαλοῦντες, PAP-NPM of λαλέω

λαλοῦντι, PAP-DSM of λαλέω

λαλοῦντος, PAP-GSM of λαλέω

λαλούντων, PAP-GPM of λαλέω

λαλοῦσα, PAP-NSF of λαλέω

λαλοῦσαι, PAP-NPF of λαλέω

λαλοῦσαν, PAP-ASF of λαλέω

λαλούσης, PAP-GSF of λαλέω

λαλοῦσιν, PAI-3P of λαλέω

λαλῶ, PAI-1S or PAS-1S of λαλέω

λαλῶν, PAP-NSM of λαλέω

λαλῶσιν, PAS-3P of λαλέω

λαμβάνει, PAI-3S of λαμβάνω

λαμβάνειν, PAN of λαμβάνω

λαμβάνεις, PAI-2S of λαμβάνω

λαμβάνετέ, PAI-2P of λαμβάνω

λαμβάνετε, PAM-2P of λαμβάνω

λαμβάνῃ, PAS-3S of λαμβάνω

λαμβάνομεν, PAI-1P of λαμβάνω

λαμβανόμενον, PPP-NSN of λαμβάνω

λαμβανόμενος, PPP-NSM of λαμβάνω

λαμβάνοντες, PAP-NPM of λαμβάνω

λαμβάνουσιν, PAI-3P of λαμβάνω

λαμβάνω, PAI-1S of λαμβάνω

λαμβάνων, PAP-NSM of λαμβάνω

λέγε, PAM-2S of λέγω

λέγει, PAI-3S of λέγω

λέγειν, PAN of λέγω

λέγεις, PAI-2S of λέγω

λέγεσθαι, PPN of λέγω

λέγεται, PPI-3S of λέγω

λέγετε, PAI-2P or PAM-2P of λέγω

λεγέτω, PAM-3S of λέγω

λέγῃ, PAS-3S of λέγω

λέγητε, PAS-2P of λέγω

λέγομεν, PAI-1P of λέγω

λεγόμενα, PPP-APN of λέγω

λεγομένη, PPP-NSF of λέγω

λεγομένην, PPP-ASF of λέγω

λεγομένης, PPP-GSF of λέγω

λεγόμενοι, PPP-NPM of λέγω

λεγομένοις, PPP-DPN of λέγω

λεγόμενον, PPP-ASM or PPP-ASN of λέγω

λεγόμενος, PPP-NSM of λέγω

λεγομένου, PPP-GSM of λέγω

λέγον, PAP-NSN of λέγω

λέγοντα, PAP-ASM or PAP-NPN of λέγω

λέγοντας, PAP-APM of λέγω

λέγοντες, PAP-NPM of λέγω

λέγοντος, PAP-GSM or PAP-GSN of λέγω

λεγόντων, PAP-GPM of λέγω

λέγουσα, PAP-NSF of λέγω

λέγουσαι, PAP-NPF of λέγω

λέγουσαν, PAP-ASF of λέγω

λεγούσης, PAP-GSF of λέγω

λέγουσιν, PAI-3P or PAP-DPN of λέγω

λέγω, PAI-1S or PAS-1S of λέγω

λέγωμεν, PAS-1P of λέγω

λέγων, PAP-NSM of λέγω

λέγωσιν, PAS-3P of λέγω

λελάληκα, RAI-1S of λαλέω

λελάληκεν, RAI-3S of λαλέω

λελαλημένοις, RPP-DPN of λαλέω

λελάληταί, RPI-3S of λαλέω

λήψεσθε, FDI-2P of λαμβάνω

λήψεταί, FDI-3S of λαμβάνω

ληψόμεθα, FDI-1P of λαμβάνω

λήψονται, FDI-3P of λαμβάνω

μαρτυρεῖ, PAI-3S of μαρτυρέω

μαρτυρεῖν, PAN of μαρτυρέω

μαρτυρεῖς, PAI-2S of μαρτυρέω

μαρτυρεῖτε, PAI-2P of μαρτυρέω

μαρτυρηθέντες, APP-NPM of μαρτυρέω

μαρτυρῆσαι, AAN of μαρτυρέω

μαρτυρήσαντος, AAP-GSM of μαρτυρέω

μαρτυρήσας, AAP-NSM of μαρτυρέω

μαρτυρήσει, FAI-3S of μαρτυρέω

μαρτυρήσῃ, AAS-3S of μαρτυρέω

μαρτύρησον, AAM-2S of μαρτυρέω

μαρτυρήσω, AAS-1S of μαρτυρέω

μαρτυροῦμεν, PAI-1P of μαρτυρέω

μαρτυρουμένη, PPP-NSF of μαρτυρέω

μαρτυρούμενός, PPP-NSM of μαρτυρέω

μαρτυρουμένους, PPP-APM of μαρτυρέω

μαρτυροῦν, PAP-NSN of μαρτυρέω

μαρτυροῦντες, PAP-NPM of μαρτυρέω

μαρτυροῦντι, PAP-DSM of μαρτυρέω

μαρτυροῦντος, PAP-GSM of μαρτυρέω

μαρτυρούντων, PAP-GPM of μαρτυρέω

μαρτυροῦσαι, PAP-NPF of μαρτυρέω

μαρτυρούσης, PAP-GSF of μαρτυρέω

μαρτυροῦσιν, PAI-3P of μαρτυρέω

μαρτυρῶ, PAI-1S or PAS-1S of μαρτυρέω

μαρτυρῶν, PAP-NSM of μαρτυρέω

μεῖναι, AAN of μένω

μείναντες, AAP-NPM of μένω

μείνατε, AAM-2P of μένω

μείνῃ, AAS-3S of μένω

μείνητε, AAS-2P of μένω

μεῖνον, AAM-2S of μένω

μείνωσιν, AAS-3P of μένω

μέλλει, PAI-3S of μέλλω

μέλλειν, PAN of μέλλω

μέλλεις, PAI-2S of μέλλω

μέλλετε, PAI-2P of μέλλω

μέλλῃ, PAS-3S of μέλλω

μελλήσετε, FAI-2P of μέλλω

μέλλομεν, PAI-1P of μέλλω

μέλλον, PAP-ASN of μέλλω

μέλλοντά, PAP-NPN of μέλλω

μέλλοντα, PAP-APN or PAP-ASM of μέλλω

μέλλοντας, PAP-APM of μέλλω

μέλλοντες, PAP-NPM of μέλλω

μέλλοντι, PAP-DSM of μέλλω

μέλλοντος, PAP-GSM or PAP-GSN of μέλλω

μελλόντων, PAP-GPM or PAP-GPN of μέλλω

μέλλουσαν, PAP-ASF of μέλλω

μελλούσης, PAP-GSF of μέλλω

μέλλουσιν, PAI-3P of μέλλω

μέλλω, PAI-1S of μέλλω

μέλλων, PAP-NSM of μέλλω

μεμαρτύρηκα, RAI-1S of μαρτυρέω

μεμαρτύρηκας, RAI-2S of μαρτυρέω

μεμαρτύρηκεν, RAI-3S of μαρτυρέω

μεμαρτύρηται, RPI-3S of μαρτυρέω

μεμενήκεισαν, LAI-3P of μένω

μένε, PAM-2S of μένω

μένει, PAI-3S of μένω

μένειν, PAN of μένω

μένεις, PAI-2S of μένω

μενεῖτε, FAI-2P of μένω

μένετε, PAM-2P of μένω

μενέτω, PAM-3S of μένω

μένῃ, PAS-3S of μένω

μένομεν, PAI-1P of μένω

μένον, PAP-ASN or PAP-NSN of μένω

μένοντα, PAP-ASM of μένω

μένοντος, PAP-GSM of μένω

μένουσαν, PAP-ASF of μένω

μένουσιν, PAI-3P of μένω

μένω, PAI-1S of μένω

μενῶ, FAI-1S of μένω

μένων, PAP-NSM of μένω

οἶδα, RAI-1S of οἶδα

οἴδαμεν, RAI-1P of οἶδα

οἶδας, RAI-2S of οἶδα

οἶδεν, RAI-3S of οἶδα

οἴσει, FAI-3S of φέρω

οἴσουσιν, FAI-3P of φέρω

ὄντα, PAP-APN, PAP-ASM or PAP-NPN of εἰμί

ὄντας, PAP-APM of εἰμί

ὄντες, PAP-NPM of εἰμί

ὄντι, PAP-DSM of εἰμί

ὄντος, PAP-GSM or PAP-GSN of εἰμί

ὄντων, PAP-GPM or PAP-GPN of εἰμί

ὅρα, PAM-2S of ὁράω

ὁρᾷ, PAI-3S of ὁράω

ὁρᾶτε, PAI-2P or PAM-2P of ὁράω

ὁρῶ, PAI-1S of ὁράω

ὁρῶμεν, PAI-1P of ὁράω

ὁρῶν, PAP-NSM of ὁράω

ὁρῶντες, PAP-NPM of ὁράω

ὁρῶσαι, PAP-NPF of ὁράω

οὖσα, PAP-NSF of εἰμί

οὖσαι, PAP-NPF of εἰμί

οὖσαν, PAP-ASF of εἰμί

οὔσῃ, PAP-DSF of εἰμί

οὔσης, PAP-GSF of εἰμί

οὖσιν, PAP-DPM of εἰμί

οὐσῶν, PAP-GPF of εἰμί

ὀφθείς, APP-NSM of ὁράω

ὀφθέντες, APP-NPM of ὁράω

ὀφθέντος, APP-GSM of ὁράω

ὀφθήσεται, FPI-3S of ὁράω

ὀφθήσομαί, FPI-1S of ὁράω

ὄψει, FDI-2S-ATT of ὁράω

ὄψεσθε, FDI-2P of ὁράω

ὄψεται, FDI-3S of ὁράω

ὄψησθε, ADS-2P of ὁράω

ὄψομαι, FDI-1S of ὁράω

ὀψόμεθα, FDI-1P of ὁράω

ὄψονται, FDI-3P of ὁράω

παραδεδομένοι, RPP-NPM of παραδίδωμι

παραδέδοται, RPI-3S of παραδίδωμι

παραδεδώκεισαν, LAI-3P of παραδίδωμι

παραδεδωκόσιν, RAP-DPM of παραδίδωμι

παραδιδόμεθα, PPI-1P of παραδίδωμι

παραδιδόναι, PAN of παραδίδωμι

παραδιδόντα, PAP-ASM of παραδίδωμι

παραδιδόντες, PAP-NPM of παραδίδωμι

παραδιδόντος, PAP-GSM of παραδίδωμι

παραδίδοσθαι, PPN of παραδίδωμι

παραδίδοται, PPI-3S of παραδίδωμι

παραδιδοὺς, PAP-NSM of παραδίδωμι

παραδίδως, PAI-2S of παραδίδωμι

παραδιδῶσιν, PAS-3P of παραδίδωμι

παραδοθεὶς, APP-NSM of παραδίδωμι

παραδοθείσῃ, APP-DSF of παραδίδωμι

παραδοθείσης, APP-GSF of παραδίδωμι

παραδοθῆναι, APN of παραδίδωμι

παραδοθήσεσθε, FPI-2P of παραδίδωμι

παραδοθήσεται, FPI-3S of παραδίδωμι

παραδοθῶ, APS-1S of παραδίδωμι

παραδόντος, 2AAP-GSM of παραδίδωμι

παραδοῦναι, 2AAN of παραδίδωμι

παραδοὺς, 2AAP-NSM of παραδίδωμι

παραδῷ, 2AAS-3S of παραδίδωμι

παραδῶ, 2AAS-1S of παραδίδωμι

παραδώσει, FAI-3S of παραδίδωμι

παραδώσουσιν, FAI-3P of παραδίδωμι

παραδώσω, FAI-1S of παραδίδωμι

παραδώσων, FAP-NSM of παραδίδωμι

παρακάλει, PAM-2S of παρακαλέω

παρακαλεῖν, PAN of παρακαλέω

παρακαλεῖσθε, PPM-2P of παρακαλέω

παρακαλεῖται, PPI-3S of παρακαλέω

παρακαλεῖτε, PAM-2P of παρακαλέω

παρακαλέσαι, AAN or AAO-3S of παρακαλέω

παρακαλέσας, AAP-NSM of παρακαλέω

παρακαλέσῃ, AAS-3S of παρακαλέω

παρακάλεσον, AAM-2S of παρακαλέω

παρακαλούμεθα, PPI-1P of παρακαλέω

παρακαλοῦμεν, PAI-1P of παρακαλέω

παρακαλοῦντες, PAP-NPM of παρακαλέω

παρακαλοῦντος, PAP-GSM of παρακαλέω

παρακαλοῦσιν, PAI-3P of παρακαλέω

παρακαλῶ, PAI-1S of παρακαλέω

παρακαλῶν, PAP-NSM of παρακαλέω

παρακαλῶνται, PPS-3P of παρακαλέω

παρακεκλήμεθα, RPI-1P of παρακαλέω

παρακληθῆναι, APN of παρακαλέω

παρακληθήσονται, FPI-3P of παρακαλέω

παρακληθῶσιν, APS-3P of παρακαλέω

παρεδίδοτο, IPI-3S of παραδίδωμι

παρεδίδου, IAI-3S of παραδίδωμι

παρεδίδουν, IAI-3P of παραδίδωμι

παρεδόθη, API-3S of παραδίδωμι

παρεδόθην, API-1S of παραδίδωμι

παρεδόθητε, API-2P of παραδίδωμι

παρέδοσαν, 2AAI-3P of παραδίδωμι

παρέδωκα, AAI-1S of παραδίδωμι

παρεδώκαμεν, AAI-1P of παραδίδωμι

παρέδωκαν, AAI-3P of παραδίδωμι

παρέδωκας, AAI-2S of παραδίδωμι

παρεδώκατε, AAI-2P of παραδίδωμι

παρέδωκεν, AAI-3S of παραδίδωμι

παρεκάλει, IAI-3S of παρακαλέω

παρεκάλεσα, AAI-1S of παρακαλέω

παρεκάλεσαν, AAI-3P of παρακαλέω

παρεκάλεσάς, AAI-2S of παρακαλέω

παρεκάλεσέν, AAI-3S of παρακαλέω

παρεκαλοῦμεν, IAI-1P of παρακαλέω

παρεκάλουν, IAI-3P of παρακαλέω

παρεκλήθη, API-3S of παρακαλέω

παρεκλήθημεν, API-1P of παρακαλέω

παρεκλήθησαν, API-3P of παρακαλέω

πείθεις, PAI-2S of πείθω

πείθεσθαι, PPN of πείθω

πείθεσθε, PMM-2P of πείθω

πείθομαι, PPI-1S of πείθω

πείθομεν, PAI-1P of πείθω

πειθομένοις, PMP-DPM of πείθω

πειθομένου, PPP-GSM of πείθω

πείθω, PAI-1S of πείθω

πείθων, PAP-NSM of πείθω

πείσαντες, AAP-NPM of πείθω

πείσας, AAP-NSM of πείθω

πεισθῇς, APS-2S of πείθω

πεισθήσονται, FPI-3P of πείθω

πείσομεν, FAI-1P of πείθω

πέμπειν, PAN of πέμπω

πεμπομένοις, PPP-DPM of πέμπω

πέμποντα, PAP-ASM of πέμπω

πέμπω, PAI-1S of πέμπω

πεμφθέντες, APP-NPM of πέμπω

πέμψαι, AAN of πέμπω

πέμψαντά, AAP-ASM of πέμπω

πέμψαντες, AAP-NPM of πέμπω

πέμψαντί, AAP-DSM of πέμπω

πέμψαντός, AAP-GSM of πέμπω

πέμψας, AAP-NSM of πέμπω

πέμψασιν, AAP-DPM of πέμπω

πέμψει, FAI-3S of πέμπω

πέμψῃς, AAS-2S of πέμπω

πέμψον, AAM-2S of πέμπω

πέμψω, AAS-1S or FAI-1S of πέμπω

πέπεισμαι, RPI-1S of πείθω

πεπείσμεθα, RPI-1P of πείθω

πεπεισμένος, RPP-NSM of πείθω

πεπίστευκα, RAI-1S of πιστεύω

πεπιστεύκαμεν, RAI-1P of πιστεύω

πεπίστευκας, RAI-2S of πιστεύω

πεπιστεύκατε, RAI-2P of πιστεύω

πεπιστεύκεισαν, LAI-3P of πιστεύω

πεπίστευκεν, RAI-3S of πιστεύω

πεπιστευκόσιν, RAP-DPM of πιστεύω

πεπιστευκότας, RAP-APM of πιστεύω

πεπιστευκότες, RAP-NPM of πιστεύω

πεπιστευκότων, RAP-GPM of πιστεύω

πεπιστευκὼς, RAP-NSM of πιστεύω

πεπίστευμαι, RPI-1S of πιστεύω

πεπληρώκατε, RAI-2P of πληρόω

πεπλήρωκεν, RAI-3S of πληρόω

πεπληρωκέναι, RAN of πληρόω

πεπλήρωμαι, RPI-1S of πληρόω

πεπληρωμένα, RPP-APN of πληρόω

πεπληρωμένη, RPP-NSF of πληρόω

πεπληρωμένην, RPP-ASF of πληρόω

πεπληρωμένοι, RPP-NPM of πληρόω

πεπληρωμένους, RPP-APM of πληρόω

πεπλήρωται, RPI-3S of πληρόω

πεποίηκα, RAI-1S of ποιέω

πεποιήκαμεν, RAI-1P of ποιέω

πεποιήκεισαν, LAI-3P of ποιέω

πεποίηκεν, RAI-3S of ποιέω

πεποιηκέναι, RAN of ποιέω

πεποιηκόσιν, RAP-DPM of ποιέω

πεποιηκότες, RAP-NPM of ποιέω

πεποιηκότος, RAP-GSM of ποιέω

πεποιηκώς, RAP-NSM of ποιέω

πεποιημένων, RPP-GPM of ποιέω

πέποιθα, 2RAI-1S of πείθω

πεποίθαμεν, 2RAI-1P of πείθω

πέποιθάς, 2RAI-2S of πείθω

πέποιθεν, 2RAI-3S of πείθω

πεποιθέναι, 2RAN of πείθω

πεποιθότας, 2RAP-APM of πείθω

πεποιθότες, 2RAP-NPM of πείθω

πεποιθὼς, 2RAP-NSM of πείθω

πεπορευμένους, RNP-APM of πορεύομαι

πέπτωκας, RAI-2S of πίπτω

πεπτώκασιν, RAI-3P of πίπτω

πεπτωκότα, RAP-ASM of πίπτω

πεπτωκυῖαν, RAP-ASF of πίπτω

περιεπάτει, IAI-3S of περιπατέω

περιεπάτεις, IAI-2S of περιπατέω

περιεπατήσαμεν, AAI-1P of περιπατέω

περιεπατήσατέ, AAI-2P of περιπατέω

περιεπάτησεν, AAI-3S of περιπατέω

περιεπάτουν, IAI-3P of περιπατέω

περιπάτει, PAM-2S of περιπατέω

περιπατεῖ, PAI-3S of περιπατέω

περιπατεῖν, PAN of περιπατέω

περιπατεῖς, PAI-2S of περιπατέω

περιπατεῖτε, PAI-2P or PAM-2P of περιπατέω

περιπατείτω, PAM-3S of περιπατέω

περιπατῇ, PAS-3S of περιπατέω

περιπατῆσαι, AAN of περιπατέω

περιπατήσαντες, AAP-NPM of περιπατέω

περιπατήσῃ, AAS-3S of περιπατέω

περιπατήσουσιν, FAI-3P of περιπατέω

περιπατήσωμεν, AAS-1P of περιπατέω

περιπατῆτε, PAS-2P of περιπατέω

περιπατοῦμεν, PAI-1P of περιπατέω

περιπατοῦντα, PAP-APN or PAP-ASM of
    περιπατέω

περιπατοῦντας, PAP-APM of περιπατέω

περιπατοῦντες, PAP-NPM of περιπατέω

περιπατοῦντι, PAP-DSM of περιπατέω

περιπατοῦντος, PAP-GSM of περιπατέω

περιπατοῦσιν, PAI-3P or PAP-DPM of περιπατέω

περιπατῶμεν, PAS-1P of περιπατέω

περιπατῶν, PAP-NSM of περιπατέω

περιπεπατήκει, LAI-3S of περιπατέω

πεσεῖν, 2AAN of πίπτω

πεσεῖται, FDI-3S of πίπτω

πέσετε, 2AAM-2P of πίπτω

πέσῃ, 2AAS-3S of πίπτω

πέσητε, 2AAS-2P of πίπτω

πεσόν, 2AAP-NSN of πίπτω

πεσόντα, 2AAP-ASM of πίπτω

πεσόντας, 2AAP-APM of πίπτω

πεσόντες, 2AAP-NPM of πίπτω

πεσοῦνται, FNI-3P of πίπτω

πεσὼν, 2AAP-NSM of πίπτω

πέσωσιν, 2AAS-3P of πίπτω

πίε, 2AAM-2S of πίνω

πιεῖν, 2AAN of πίνω

πίεσαι, FDI-2S of πίνω

πίεσθε, FDI-2P of πίνω

πίεται, FDI-3S of πίνω

πίετε, 2AAM-2P of πίνω

πίῃ, 2AAS-3S of πίνω

πίητε, 2AAS-2P of πίνω

πίνει, PAI-3S of πίνω

πίνειν, PAN of πίνω

πίνετε, PAI-2P of πίνω

πινέτω, PAM-3S of πίνω

πίνῃ, PAS-3S of πίνω

πίνητε, PAS-2P of πίνω

πίνοντες, PAP-NPM of πίνω

πίνουσιν, PAI-3P of πίνω

πίνω, PAI-1S or PAS-1S of πίνω

πίνων, PAP-NSM of πίνω

πιοῦσα, 2AAP-NSF of πίνω

πίπτει, PAI-3S of πίπτω

πιπτόντων, PAP-GPN of πίπτω

πίστευε, PAM-2S of πιστεύω

πιστεύει, PAI-3S of πιστεύω

πιστεύειν, PAN of πιστεύω

πιστεύεις, PAI-2S of πιστεύω

πιστεύεται, PPI-3S of πιστεύω

πιστεύετέ, PAI-2P or PAM-2P of πιστεύω

πιστεύητε, PAS-2P of πιστεύω

πιστευθῆναι, APN of πιστεύω

πιστεύομεν, PAI-1P of πιστεύω

πιστεύοντα, PAP-ASM of πιστεύω

πιστεύοντας, PAP-APM of πιστεύω

πιστεύοντες, PAP-NPM of πιστεύω

πιστεύοντι, PAP-DSM of πιστεύω

πιστευόντων, PAP-GPM of πιστεύω

πιστεύουσιν, PAI-3P or PAP-DPM of πιστεύω

πιστεῦσαι, AAN of πιστεύω

πιστεύσαντας, AAP-APM of πιστεύω

πιστεύσαντες, AAP-NPM of πιστεύω

πιστευσάντων, AAP-GPM of πιστεύω

πιστεύσας, AAP-NSM of πιστεύω

πιστεύσασα, AAP-NSF of πιστεύω

πιστεύσασιν, AAP-DPM of πιστεύω

πιστεύσατε, AAM-2P of πιστεύω

πιστεύσει, FAI-3S of πιστεύω

πιστεύσετε, FAI-2P of πιστεύω

πιστεύσῃ, AAS-3S of πιστεύω

πιστεύσῃς, AAS-2S of πιστεύω

πιστεύσητε, AAS-2P of πιστεύω

πιστεύσομεν, FAI-1P of πιστεύω

πίστευσον, AAM-2S of πιστεύω

πιστεύσουσιν, FAI-3P of πιστεύω

πιστεύσω, AAS-1S or FAI-1S of πιστεύω

πιστεύσωμέν, AAS-1P of πιστεύω

πιστεύσωσιν, AAS-3P of πιστεύω

πιστεύω, PAI-1S of πιστεύω

πιστεύων, PAP-NSM of πιστεύω

πίω, 2AAS-1S of πίνω

πίωμεν, 2AAS-1P of πίνω

πιὼν, 2AAP-NSM of πίνω

πίωσιν, 2AAS-3P of πίνω

πληροῖς, PAS-2S of πληρόω

πληρούμενον, PPP-NSN of πληρόω

πληρουμένου, PMP-GSM of πληρόω

πληροῦν, PAN of πληρόω

πληροῦσθε, PPM-2P of πληρόω

πληροῦται, PPI-3S of πληρόω

πληρωθείσης, APP-GSF of πληρόω

πληρωθέντων, APP-GPN of πληρόω

πληρωθῇ, APS-3S of πληρόω

πληρωθῆναι, APN of πληρόω

πληρωθήσεται, FPI-3S of πληρόω

πληρωθήσονται, FPI-3P of πληρόω

πληρωθῆτε, APS-2P of πληρόω

πληρωθῶ, APS-1S of πληρόω

πληρωθῶσιν, APS-3P of πληρόω

πληρῶσαι, AAO-3S of πληρόω

πληρῶσαι, AAN of πληρόω

πληρώσαντες, AAP-NPM of πληρόω

πληρώσατε, AAM-2P of πληρόω

πληρώσει, FAI-3S of πληρόω

πληρώσεις, FAI-2S of πληρόω

πληρώσῃ, AAS-3S of πληρόω

πληρώσωσιν, AAS-3P of πληρόω

ποίει, PAM-2S of ποιέω

ποιεῖ, PAI-3S of ποιέω

ποιεῖν, PAN of ποιέω

ποιεῖς, PAI-2S of ποιέω

ποιεῖσθαι, PMN or PPN of ποιέω

ποιεῖσθε, PMM-2P of ποιέω

ποιεῖται, PMI-3S of ποιέω

ποιεῖτε, PAI-2P or PAM-2P of ποιέω

ποιείτω, PAM-3S of ποιέω

ποιῇ, PAS-3S of ποιέω

ποιῇς, PAS-2S of ποιέω

ποιῆσαι, AAN of ποιέω

ποιησάμενος, AMP-NSM of ποιέω

ποιήσαντα, AAP-ASM of ποιέω

ποιήσαντές, AAP-NPM of ποιέω

ποιήσαντι, AAP-DSM of ποιέω

ποιήσας, AAP-NSM of ποιέω

ποιήσασαν, AAP-ASF of ποιέω

ποιήσασθαι, AMN of ποιέω

ποιήσατε, AAM-2P of ποιέω

ποιησάτω, AAM-3S of ποιέω

ποιήσει, FAI-3S of ποιέω

ποιήσειαν, AAO-3P of ποιέω

ποιήσεις, FAI-2S of ποιέω

ποιήσετε, FAI-2P of ποιέω

ποιήσῃ, AAS-3S of ποιέω

ποιήσῃς, AAS-2S of ποιέω

ποιήσητε, AAS-2P of ποιέω

ποιήσομεν, FAI-1P of ποιέω

ποίησον, AAM-2S of ποιέω

ποιήσουσιν, FAI-3P of ποιέω

ποιήσω, AAS-1S or FAI-1S of ποιέω

ποιήσωμεν, AAS-1P of ποιέω

ποιήσων, FAP-NSM of ποιέω

ποιήσωσιν, AAS-3P of ποιέω

ποιῆτε, PAS-2P of ποιέω

ποιοῦμαι, PMI-1S of ποιέω

ποιοῦμεν, PAI-1P of ποιέω

ποιούμενοι, PMP-NPM of ποιέω

ποιούμενος, PMP-NSM of ποιέω

ποιοῦν, PAP-NSN of ποιέω

ποιοῦντα, PAP-ASM or PAP-NPN of ποιέω

ποιοῦνται, PMI-3P of ποιέω

ποιοῦντας, PAP-APM of ποιέω

ποιοῦντες, PAP-NPM of ποιέω

ποιοῦντι, PAP-DSM or PAP-DSN of ποιέω

ποιοῦντος, PAP-GSM of ποιέω

ποιοῦσιν, PAI-3P or PAP-DPM of ποιέω

ποιῶ, PAI-1S or PAS-1S of ποιέω

ποιῶμεν, PAS-1P of ποιέω
ποιῶν, PAP-NSM of ποιέω
ποιῶσιν, PAS-3P of ποιέω
πορεύεσθαι, PNN of πορεύομαι
πορεύεσθε, PNM-2P of πορεύομαι
πορεύεται, PNI-3S of πορεύομαι
πορευθείς, AOP-NSM of πορεύομαι
πορευθεῖσα, AOP-NSF of πορεύομαι
πορευθεῖσαι, AOP-NPF of πορεύομαι
πορευθέντα, AOP-ASM of πορεύομαι
πορευθέντες, AOP-NPM of πορεύομαι
πορευθῇ, AOS-3S of πορεύομαι
πορευθῆναι, AON of πορεύομαι
πορευθῆτε, AOS-2P of πορεύομαι
πορεύθητε, AOM-2P of πορεύομαι
πορεύθητι, AOM-2S of πορεύομαι
πορευθῶ, AOS-1S of πορεύομαι
πορευθῶσιν, AOS-3P of πορεύομαι
πορεύομαι, PNI-1S of πορεύομαι
πορευόμεναι, PNP-NPF of πορεύομαι
πορευόμενοι, PNP-NPM of πορεύομαι
πορευομένοις, PNP-DPM of πορεύομαι
πορευόμενον, PNP-ASM or PNP-NSN of πορεύομαι
πορευόμενος, PNP-NSM of πορεύομαι
πορευομένου, PNP-GSM of πορεύομαι
πορευομένους, PNP-APM of πορεύομαι
πορευομένῳ, PNP-DSM of πορεύομαι
πορευομένων, PNP-GPF or PNP-GPM of πορεύομαι
πορεύου, PNM-2S of πορεύομαι
πορεύσεται, FDI-3S of πορεύομαι
πορεύσῃ, FDI-2S of πορεύομαι
πορεύσομαι, FDI-1S of πορεύομαι
πορεύσονται, FDI-3P of πορεύομαι
πορευσώμεθα, ADS-1P of πορεύομαι
πορεύωμαι, PNS-1S of πορεύομαι
προσεκύνει, IAI-3S of προσκυνέω
προσεκύνησαν, AAI-3P of προσκυνέω
προσεκύνησεν, AAI-3S of προσκυνέω
προσεκύνουν, IAI-3P of προσκυνέω
προσεληλύθατε, 2RAI-2P of προσέρχομαι

πρόσελθε, 2AAM-2S of προσέρχομαι
προσελθόντες, 2AAP-NPM of προσέρχομαι
προσελθόντων, 2AAP-GPM of προσέρχομαι
προσελθοῦσα, 2AAP-NSF of προσέρχομαι
προσελθοῦσαι, 2AAP-NPF of προσέρχομαι
προσελθών, 2AAP-NSM of προσέρχομαι
προσέρχεσθαι, PNN of προσέρχομαι
προσέρχεται, PNI-3S of προσέρχομαι
προσερχόμενοι, PNP-NPM of προσέρχομαι
προσερχόμενον, PNP-ASM of προσέρχομαι
προσερχομένου, PNP-GSM of προσέρχομαι
προσερχομένους, PNP-APM of προσέρχομαι
προσέρχονται, PNI-3P of προσέρχομαι
προσερχώμεθα, PNS-1P of προσέρχομαι
πρόσευξαι, ADM-2S of προσεύχομαι
προσευξάμενοι, ADP-NPM of προσεύχομαι
προσευξάμενος, ADP-NSM of προσεύχομαι
προσεύξασθαι, ADN of προσεύχομαι
προσευξάσθωσαν, ADM-3P of προσεύχομαι
προσεύξηται, ADS-3S of προσεύχομαι
προσεύξομαι, FDI-1S of προσεύχομαι
προσευξόμεθα, FDI-1P of προσεύχομαι
προσεύξωμαι, ADS-1S of προσεύχομαι
προσεύχεσθαι, PNN of προσεύχομαι
προσεύχεσθε, PNM-2P of προσεύχομαι
προσευχέσθω, PNM-3S of προσεύχομαι
προσεύχεται, PNI-3S of προσεύχομαι
προσεύχῃ, PNS-2S of προσεύχομαι
προσεύχησθε, PNS-2P of προσεύχομαι
προσεύχομαι, PNI-1S of προσεύχομαι
προσευχόμεθα, PNI-1P of προσεύχομαι
προσευχομένη, PNP-NSF of προσεύχομαι
προσευχόμενοι, PNP-NPM of προσεύχομαι
προσευχόμενον, PNP-ASM or PNP-NSN of προσεύχομαι
προσευχόμενος, PNP-NSM of προσεύχομαι
προσευχομένου, PNP-GSM of προσεύχομαι
προσεύχονται, PNI-3P of προσεύχομαι
προσεύχωμαι, PNS-1S of προσεύχομαι
προσῆλθεν, 2AAI-3S of προσέρχομαι
προσῆλθον, 2AAI-3P of προσέρχομαι
προσήρχοντο, INI-3P of προσέρχομαι

προσηυξάμεθα, ADI-1P of προσεύχομαι

προσηύξαντο, ADI-3P of προσεύχομαι

προσηύξατο, ADI-3S of προσεύχομαι

προσηύχετο, INI-3S of προσεύχομαι

προσκυνεῖ, PAI-3S of προσκυνέω

προσκυνεῖν, PAN of προσκυνέω

προσκυνεῖτε, PAI-2P of προσκυνέω

προσκυνῆσαι, AAN of προσκυνέω

προσκυνήσαντες, AAP-NPM of προσκυνέω

προσκυνήσατε, AAM-2P of προσκυνέω

προσκυνησάτωσαν, AAM-3P of προσκυνέω

προσκυνήσει, FAI-3S of προσκυνέω

προσκυνήσεις, FAI-2S of προσκυνέω

προσκυνήσετε, FAI-2P of προσκυνέω

προσκυνήσῃς, AAS-2S of προσκυνέω

προσκύνησον, AAM-2S of προσκυνέω

προσκυνήσουσιν, FAI-3P of προσκυνέω

προσκυνήσω, AAS-1S of προσκυνέω

προσκυνήσων, FAP-NSM of προσκυνέω

προσκυνήσωσιν, AAS-3P of προσκυνέω

προσκυνοῦμεν, PAI-1P of προσκυνέω

προσκυνοῦντας, PAP-APM of προσκυνέω

προσκυνοῦντες, PAP-NPM of προσκυνέω

προσκυνοῦσα, PAP-NSF of προσκυνέω

ῥηθείς, APP-NSM of ἐρεῶ

ῥηθὲν, APP-ASN or APP-NSN of ἐρεῶ

σέσωκέν, RAI-3S of σῴζω

σεσωσμένοι, RPP-NPM of σῴζω

σέσωσται, RPI-3S of σῴζω

σπαρείς, 2APP-NSM of σπείρω

σπαρέντες, 2APP-NPM of σπείρω

σπαρῇ, 2APS-3S of σπείρω

σπεῖραι, AAN of σπείρω

σπείρας, AAP-NSM of σπείρω

σπείρει, PAI-3S of σπείρω

σπείρειν, PAN of σπείρω

σπείρεις, PAI-2S of σπείρω

σπείρεται, PPI-3S of σπείρω

σπείρῃ, PAS-3S of σπείρω

σπειρόμενοι, PPP-NPM of σπείρω

σπείροντι, PAP-DSM of σπείρω

σπείροντος, PAP-GSM of σπείρω

σπείρουσιν, PAI-3P of σπείρω

σπείρων, PAP-NSM of σπείρω

σταθείς, APP-NSM of ἵστημι

σταθέντα, APP-ASM of ἵστημι

σταθέντες, APP-NPM of ἵστημι

σταθῇ, APS-3S of ἵστημι

σταθῆναι, APN of ἵστημι

σταθήσεσθε, FPI-2P of ἵστημι

σταθήσεται, FPI-3S of ἵστημι

στάντος, 2AAP-GSM of ἵστημι

στὰς, 2AAP-NSM of ἵστημι

στᾶσα, 2AAP-NSF of ἵστημι

στῆθι, 2AAM-2S of ἵστημι

στῆναι, 2AAN of ἵστημι

στῆσαι, AAN of ἵστημι

στήσαντες, AAP-NPM of ἵστημι

στήσει, FAI-3S of ἵστημι

στήσῃ, AAS-3S of ἵστημι

στήσῃς, AAS-2S of ἵστημι

στήσονται, FDI-3P of ἵστημι

στῆτε, 2AAM-2P or 2AAS-2P of ἵστημι

συναγαγεῖν, 2AAN of συνάγω

συναγάγετε, 2AAM-2P of συνάγω

συναγάγῃ, 2AAS-3S of συνάγω

συναγαγόντες, 2AAP-NPM of συνάγω

συναγαγούσῃ, 2AAP-DSF of συνάγω

συναγαγὼν, 2AAP-NSM of συνάγω

συνάγει, PAI-3S of συνάγω

συνάγονται, PPI-3P of συνάγω

συνάγουσιν, PAI-3P of συνάγω

συνάγω, PAI-1S of συνάγω

συνάγων, PAP-NSM of συνάγω

συνάξει, FAI-3S of συνάγω

συνάξω, FAI-1S of συνάγω

συναχθέντες, APP-NPM of συνάγω

συναχθέντων, APP-GPM of συνάγω

συναχθῆναι, APN of συνάγω

συναχθήσεται, FPI-3S of συνάγω

συναχθήσονται, FPI-3P of συνάγω

συνάχθητε, APM-2P of συνάγω

συνήγαγεν, 2AAI-3S of συνάγω

συνηγάγετέ, 2AAI-2P of συνάγω

συνηγάγομεν, 2AAI-1P of συνάγω

συνήγαγον, 2AAI-3P of συνάγω

συνηγμένα, RPP-APN of συνάγω

συνηγμένοι, RPP-NPM of συνάγω

συνηγμένων, RPP-GPM of συνάγω

συνήχθη, API-3S of συνάγω

συνήχθησαν, API-3P of συνάγω

σχῶ, 2AAS-1S of ἔχω

σῴζει, PAI-3S of σῴζω

σῴζειν, PAN of σῴζω

σῴζεσθαι, PPN of σῴζω

σῴζεσθε, PPI-2P of σῴζω

σῴζεται, PPI-3S of σῴζω

σῴζετε, PAM-2P of σῴζω

σῳζόμενοι, PPP-NPM of σῴζω

σῳζομένοις, PPP-DPM of σῴζω

σῳζομένους, PPP-APM of σῴζω

σωθῇ, APS-3S of σῴζω

σωθῆναι, APN of σῴζω

σωθήσεται, FPI-3S of σῴζω

σωθήσῃ, FPI-2S of σῴζω

σωθήσομαι, FPI-1S of σῴζω

σωθησόμεθα, FPI-1P of σῴζω

σωθῆτε, APS-2P of σῴζω

σώθητε, APM-2P of σῴζω

σωθῶ, APS-1S of σῴζω

σωθῶσιν, APS-3P of σῴζω

σῶσαι, AAN of σῴζω

σώσαντος, AAP-GSM of σῴζω

σώσας, AAP-NSM of σῴζω

σωσάτω, AAM-3S of σῴζω

σώσει, FAI-3S of σῴζω

σώσεις, FAI-2S of σῴζω

σῶσον, AAM-2S of σῴζω

σώσω, AAS-1S of σῴζω

σώσων, FAP-NSM of σῴζω

τέθεικά, RAI-1S of τίθημι

τεθείκατε, RAI-2P of τίθημι

τεθεικώς, RAP-NSM of τίθημι

τεθῇ, APS-3S of τίθημι

τεθῆναι, APN of τίθημι

τεθῶσιν, APS-3P of τίθημι

τετήρηκα, RAI-1S of τηρέω

τετήρηκας, RAI-2S of τηρέω

τετηρήκασιν, RAI-3P of τηρέω

τετήρηκεν, RAI-3S of τηρέω

τετηρημένην, RPP-ASF of τηρέω

τετηρημένοις, RPP-DPM of τηρέω

τετήρηται, RPI-3S of τηρέω

τηρεῖ, PAI-3S of τηρέω

τήρει, PAM-2S of τηρέω

τηρεῖν, PAN of τηρέω

τηρεῖσθαι, PPN of τηρέω

τηρεῖτε, PAM-2P of τηρέω

τηρῇ, PAS-3S of τηρέω

τηρηθείη, APO-3S of τηρέω

τηρηθῆναι, APN of τηρέω

τηρῆσαί, AAN of τηρέω

τηρήσαντας, AAP-APM of τηρέω

τηρήσατε, AAM-2P of τηρέω

τηρήσει, FAI-3S of τηρέω

τηρήσῃ, AAS-3S of τηρέω

τηρήσῃς, AAS-2S of τηρέω

τηρήσητε, AAS-2P of τηρέω

τήρησον, AAM-2S of τηρέω

τηρήσουσιν, FAI-3P of τηρέω

τηρήσω, FAI-1S of τηρέω

τηροῦμεν, PAI-1P of τηρέω

τηρούμενοι, PPP-NPM of τηρέω

τηρουμένους, PPP-APM of τηρέω

τηροῦντες, PAP-NPM of τηρέω

τηρούντων, PAP-GPM of τηρέω

τηρῶ, PAI-1S of τηρέω

τηρῶμεν, PAS-1P of τηρέω

τηρῶν, PAP-NSM of τηρέω

τιθέασιν, PAI-3P of τίθημι

τιθεὶς, PAP-NSM of τίθημι

τιθέναι, PAN of τίθημι

τιθέντες, PAP-NPM of τίθημι

τίθεται, PPI-3S of τίθημι

τιθέτω, PAM-3S of τίθημι

τίθημι, PAI-1S of τίθημι

τίθησιν, PAI-3S of τίθημι

ὕπαγε, PAM-2S of ὑπάγω

ὑπάγει, PAI-3S of ὑπάγω

ὑπάγειν, PAN of ὑπάγω

ὑπάγεις, PAI-2S of ὑπάγω

ὑπάγετε, PAM-2P of ὑπάγω

ὑπάγῃ, PAS-3S of ὑπάγω

ὑπάγητε, PAS-2P of ὑπάγω

ὑπάγοντας, PAP-APM of ὑπάγω

ὑπάγοντες, PAP-NPM of ὑπάγω

ὑπάγω, PAI-1S of ὑπάγω

ὑπάρχει, PAI-3S of ὑπάρχω

ὑπάρχειν, PAN of ὑπάρχω

ὑπάρχοντά, PAP-APN of ὑπάρχω

ὑπάρχοντα, PAP-ASM or PAP-NPN of ὑπάρχω

ὑπάρχοντας, PAP-APM of ὑπάρχω

ὑπάρχοντες, PAP-NPM of ὑπάρχω

ὑπάρχοντος, PAP-GSM or PAP-GSN of ὑπάρχω

ὑπαρχόντων, PAP-GPN of ὑπάρχω

ὑπαρχούσης, PAP-GSF of ὑπάρχω

ὑπάρχουσιν, PAI-3P or PAP-DPN of ὑπάρχω

ὑπάρχων, PAP-NSM of ὑπάρχω

ὑπάρχωσιν, PAS-3P of ὑπάρχω

ὑπῆγον, IAI-3P of ὑπάγω

ὑπῆρχεν, IAI-3S of ὑπάρχω

ὑπῆρχον, IAI-3P of ὑπάρχω

φάγε, 2AAM-2S of φάγω

φαγεῖν, 2AAN of φάγω

φάγεσαι, FDI-2S of φάγω

φάγεται, FDI-3S of φάγω

φάγετε, 2AAM-2P of φάγω

φάγῃ, 2AAS-3S of φάγω

φάγῃς, 2AAS-2S of φάγω

φάγητε, 2AAS-2P of φάγω

φάγοι, 2AAO-3S of φάγω

φάγονται, FDI-3P of φάγω

φαγόντες, 2AAP-NPM of φάγω

φάγω, 2AAS-1S of φάγω

φάγωμεν, 2AAS-1P of φάγω

φάγωσιν, 2AAS-3P of φάγω

φασίν, PAI-3P of φημί

φέρε, PAM-2S of φέρω

φέρει, PAI-3S of φέρω

φέρειν, PAN of φέρω

φέρεσθαι, PPN of φέρω

φερετέ, PAM-2P of φέρω

φέρετε, PAI-2P of φέρω

φέρῃ, PAS-3S of φέρω

φέρητε, PAS-2P of φέρω

φερομένην, PPP-ASF of φέρω

φερομένης, PPP-GSF of φέρω

φερόμενοι, PPP-NPM of φέρω

φέρον, PAP-ASN of φέρω

φέροντες, PAP-NPM of φέρω

φέρουσαι, PAP-NPF of φέρω

φέρουσαν, PAP-ASF of φέρω

φέρουσιν, PAI-3P of φέρω

φερώμεθα, PPS-1P of φέρω

φέρων, PAP-NSM of φέρω

φημι, PAI-1S of φημί

φησιν, PAI-3S of φημί

φοβεῖσθαι, PNN of φοβέομαι

φοβεῖσθε, PNM-2P of φοβέομαι

φοβῇ, PNI-2S of φοβέομαι

φοβηθείς, AOP-NSM of φοβέομαι

φοβηθεῖσα, AOP-NSF of φοβέομαι

φοβηθέντες, AOP-NPM of φοβέομαι

φοβηθῇ, AOS-3S of φοβέομαι

φοβηθῇς, AOS-2S of φοβέομαι

φοβηθήσομαι, FOI-1S of φοβέομαι

φοβήθητε, AOM-2P of φοβέομαι

φοβηθῆτε, AOS-2P of φοβέομαι

φοβηθῶμεν, AOS-1P of φοβέομαι

φοβῆται, PNS-3S of φοβέομαι

φοβοῦ, PNM-2S of φοβέομαι

φοβοῦμαι, PNI-1S of φοβέομαι

φοβούμεθα, PNI-1P of φοβέομαι

φοβούμεναι, PNP-NPF of φοβέομαι

φοβούμενοί, PNP-NPM of φοβέομαι

φοβουμένοις, PNP-DPM of φοβέομαι

φοβούμενος, PNP-NSM of φοβέομαι

χαῖρε, PAM-2S of χαίρω

χαίρει, PAI-3S of χαίρω

χαίρειν, PAN of χαίρω

χαίρετε, PAM-2P of χαίρω

χαίρῃ, PAS-3S of χαίρω

χαίρομεν, PAI-1P of χαίρω

χαίροντες, PAP-NPM of χαίρω

χαιρόντων, PAP-GPM of χαίρω

χαίρουσιν, PAI-3P of χαίρω

χαίρω, PAI-1S of χαίρω

χαίρωμεν, PAS-1P of χαίρω

χαίρων, PAP-NSM of χαίρω

χαρῆναι, 2AON of χαίρω

χαρήσεται, 2FOI-3S of χαίρω

χαρήσομαι, 2FOI-1S of χαίρω

χαρήσονται, 2FOI-3P of χαίρω

χαρῆτε, 2AOS-2P of χαίρω

χάρητε, 2AOM-2P of χαίρω

ὦ, PAS-1S of εἰμί

ὦμεν, PAS-1P of εἰμί

ὢν, PAP-NSM of εἰμί

ὦσιν, PAS-3P of εἰμί

ὤφθη, API-3S of ὁράω

ὤφθην, API-1S of ὁράω

ὤφθησαν, API-3P of ὁράω

Bibliography

[1] Abbott-Smith, G., *A Manual Greek Lexicon of the New Testament*, New York: Charles Scribner's Sons, 1922.

[2] Berry, George R., *A New Greek-English Lexicon to the New Testament*, New York: Hinds & Noble, 1897.

[3] Kretzmann, Paul E., *The Popular Commentary of the Bible, Volumes 1 & 2*, 1924.

[4] Robinson, Maurice A. and William G. Pierpont, *The New Testament in the Original Greek: Byzantine Textform 2005*, Southborough, MA: Chilton Book Publishing, 2005.

[5] Souter, Alexander, *A Pocket Lexicon to the Greek New Testament*, Oxford: Clarendon Press, 1917.

[6] Strong, J., *Strong's Exhaustive Concordance of the Bible*, 1890.

CPSIA information can be obtained
at www.ICGtesting.com
Printed in the USA
BVOW06*0941130617
486770BV00006B/25/P